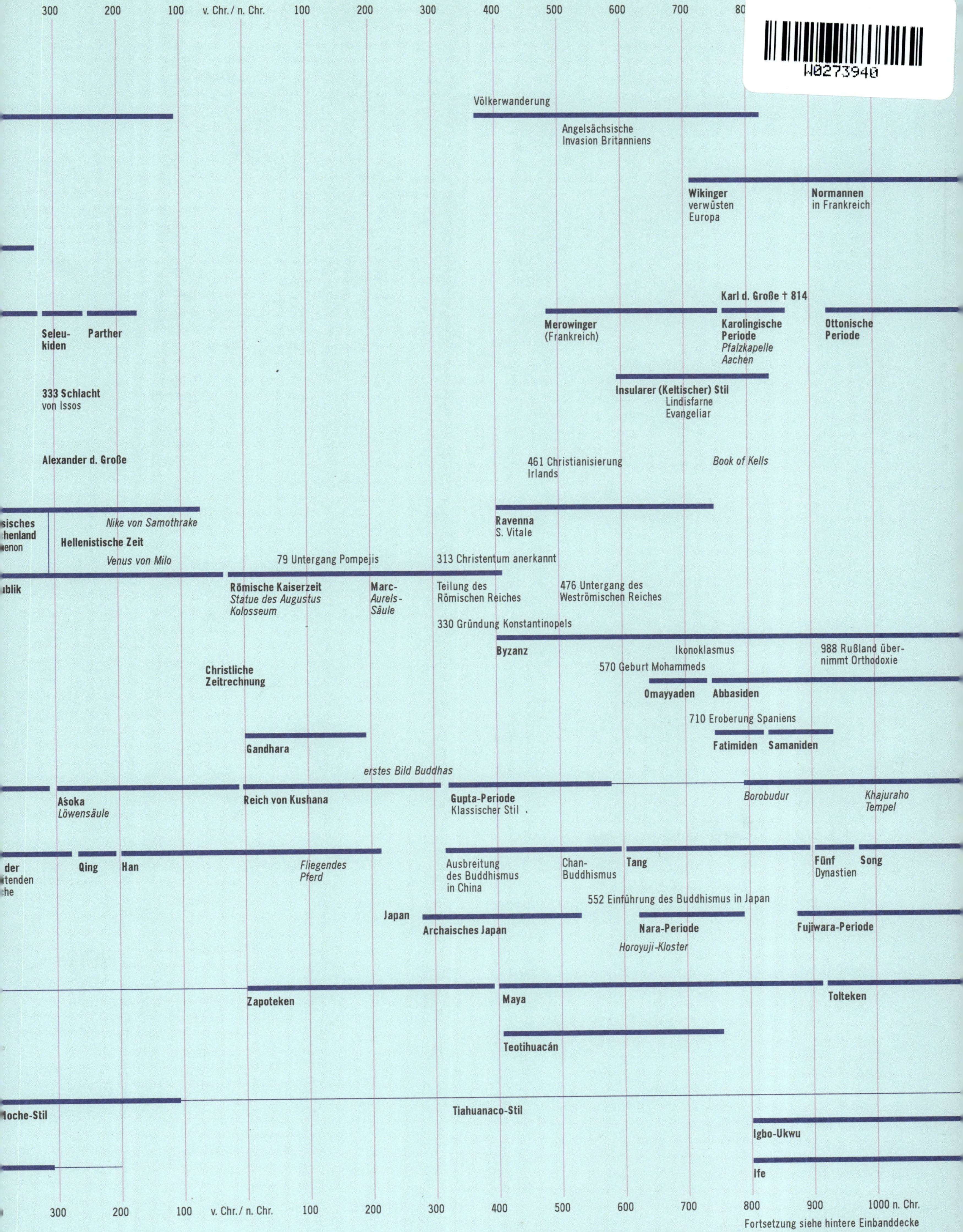


Fortsetzung siehe hintere Einbanddecke

Hugh Honour · John Fleming

# Weltgeschichte der KUNST

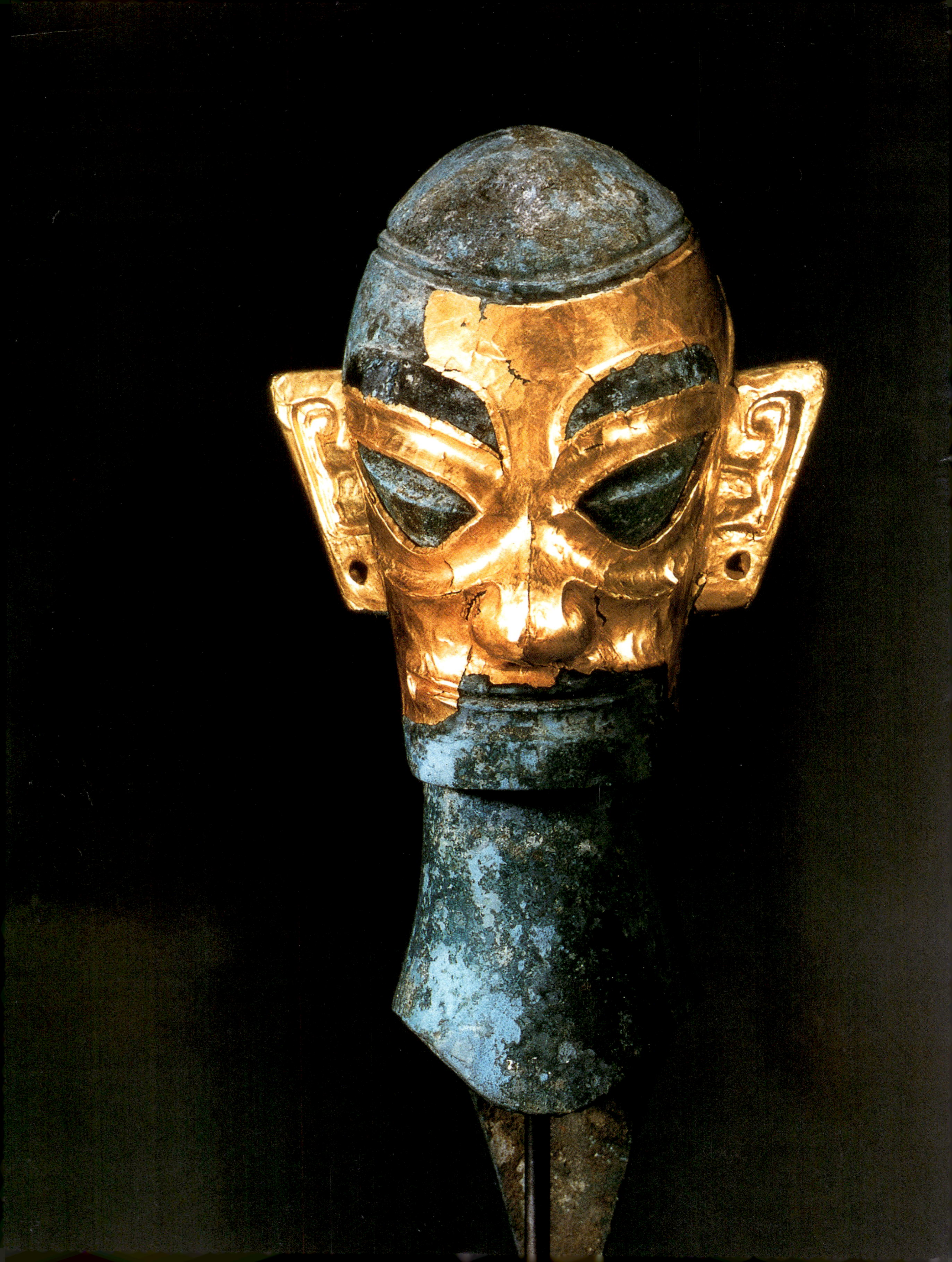

Hugh Honour · John Fleming

# Weltgeschichte der KUNST

6., grundlegend e … be

Hallo lieber Richi,
Du laesst mich Deine Welt und die Deiner Soehne sehen, und ich lass Dich so viel wie moeglich meine Welt sehen. Viel Leesvergnuegen in freien Stunden wuenscht Dir mit aller Liebe, Evi

Prestel

MÜNCHEN · LONDON · NEW YORK

*Im Gedenken an John Calmann*

Die englische Originalausgabe dieses Buches erschien unter dem Titel ›A World History of Art‹ bei Laurence King Ltd., London

Die Übersetzung besorgten Dagmar Bosse, Lydia Dewiel, Nikolas Hepp, Wolfgang Himmelberg, John Matheson, Rosemarie Möller-Wagenitz, Katrin Mönch, Magda Moses, Bram Opstelten, Regina & Stefan B. Polter, Alfred Renz und Nikolaus Schneider

Redaktion der deutschen Ausgabe: Peter Stepan unter Mitarbeit von Alexander Langkals, Ines Jeanette Engelmann, Lutz Fichtner, Rainer Kalmbach, Gesine Salzmann und Claudia Strand

*Auf dem Schutzumschlag:*
Michelangelo, David, Florenz (Abb. 11.37)
Frank Gehry, Guggenheim Museum, Bilbao (Foto Archipress/Luc)
Botticelli, La Primavera, Ausschnitt (Abb. 10.59)
Franz Marc, Pferde, Ausschnitt (Abb. 19.31)

*Frontispiz:*
*Menschenähnlicher Kopf,* aus Sanxingdui,
China (Abb. 2.84)



Die Deutsche Bibliothek - CIP-Einheitsaufnahme
Weltgeschichte der Kunst / Hugh Honour; John Fleming.
6., grundl. erweiterte und neu gest. Ausg. –
München · London · New York: Prestel, 2000
Einheitssacht.: A World History of Art <dt.>
NE: Fleming, John
ISBN 3-7913-2425-X

Prestel-Verlag · Mandlstraße 26 · 80802 München
Telefon 089-381709-0 · Telefax · 089-381709-35
www.prestel.de

Gestaltung und Herstellung: Ulrike Schmidt
Lithographie: Repro Brüll, Saalfelden
Druck und Bindung: GRASPO, Zlín

Printed in Czech Republic

ISBN 3-7913-2425-X

# Inhalt

# Vorwort

Seit ihrem erstmaligen Erscheinen im Jahr 1983 ist die ›Weltgeschichte der Kunst‹ von Honour/Fleming *die* gültige Gesamtdarstellung der Weltkunst. Sie behandelt die Kunst aller Zeiten auf allen Kontinenten unseres Planeten. Der Anspruch ist gewaltig, und es gelingt den Autoren, statt einer Aneinanderreihung von Fakten immer den Nerv einer Epoche und Kultur zu treffen sowie die Entstehungszusammenhänge bedeutender Kunstwerke lebendig zu vermitteln. Kennerschaft, ein sicheres Urteil und fundiertes Wissen gehören zu den ständigen Begleitern auf ihren Reisen durch die Jahrtausende. Mehr noch: Das vor bald zwanzig Jahren entstandene Panorama von den neolithischen Anfängen bis zur Kunst der Gegenwart, von den Monumenten der Osterinsel bis zur Kunst der Eskimos wurde nie als abgeschlossen betrachtet. Hugh Honour und John Fleming haben kontinuierlich weiter geforscht, die vielen Facetten der Weltkunst weiter überdacht und in der Darstellung vertieft. Allein in die vorliegende 6. Ausgabe haben Manuskripte im Umfang eines größeren Buches neu Eingang gefunden. Dabei schien es geraten, neue Entdeckungen und Themen nicht nur unauffällig in den Text zu integrieren, sondern sie als eigene Kapitel kenntlich zu machen. Unter der Überschrift ›Im Kontext‹ sowie ›Konzepte‹ findet der Leser 33 neue Aufsätze mit Darstellungen zu herausragenden Einzelthemen: z.B. über Çatal Hüyük – die erste Stadt der Welt –, über die Pharaonin Hatschepsut, den Wagenlenker von Delphi, das Leben des Buddha oder den Londoner Kristallpalast. 37 Mal werden unter der Rubrik ›Quellen und Dokumente‹ wichtige Originaltexte aus allen Epochen im ursprünglichen Wortlaut zitiert und erläutert: Pyramidentexte aus dem Alten Ägypten, ein Bericht über byzantinische Botschafter in Bagdad, über Michelangelos David, Veroneses Verhör durch die Inquisition und viele andere. Neben den klassischen Gattungen Skulptur, Malerei und Architektur wurde auch der Entwicklung und Planung der Städte besondere Aufmerksamkeit geschenkt, und so finden sich 6 neue Kapitel ›Stadtentwicklung‹, die u.a. ausführlich von Jericho, Konstantinopel, Samarkand, von der Urbanistik der Renaissance oder der frühen Industrialisierung handeln. Die Themen dieser ergänzenden Beiträge wurden in der Absicht ausgewählt, das große Spektrum an Faktoren vorzuführen, die zu den unterschiedlichsten Zeiten und an den verschiedensten Orten die Arbeit der Künstler mitgeprägt haben.

Darüber hinaus wurden an vielen Stellen die Auswahl der Bildbeispiele sowie die zugehörigen Erläuterungen erweitert. Zum ersten Mal bzw. noch ausführlicher als bisher dargestellt findet man jetzt die Malereien der neu entdeckten Chauvethöhle in Südfrankreich, die Freskenausstattung der Sancta Sanctorum (der erstmals seit dem Jahr 1280 wieder zugänglichen Privatkapelle der Päpste), die Kunst der Spätgotik, des 17. Jahrhunderts in Holland, des 19. Jahrhunderts in den Vereinigten Staaten sowie der indianischen Kunst. Dem künstlerischen Schaffen der beiden letzten Jahrzehnte des 20. Jahrhunderts wurde ein eigenes neues Kapitel gewidmet. Es sei daran erinnert, daß bereits seit der erweiterten Ausgabe von 1992 mit vier Kapiteln erstmals auch die Geschichte der Fotografie ausführlich dargestellt ist. Damals wurde die Anzahl der Abbildungen bereits auf mehr als das Doppelte erhöht, und auch die vorliegende Ausgabe kann mit mehr als 200 zusätzlichen Abbildungen, die meisten davon in Farbe, aufwarten.

Der Dank der Autoren geht an eine Vielzahl von Persönlichkeiten, insbesondere an James Ackerman, Bruce Boucher, Michael Craig-Martin, Oleg Grabar, die späten Francis und Larissa Haskell, Robert Hillenbrand, John Dixon Hunt, Maria Kecskési, Ronald de Leeuw, Michael Rogers, David Sylvester, die Bibliothekare des Kunsthistorischen Instituts in Florenz, schließlich an die Mitarbeiter des Verlags Laurence King und des Prestel Verlages.

September 2000

# Einleitung

Als wir dieses Buch schrieben, wollten wir einen Gesamtüberblick über die Kunst der Welt geben und sie weniger kunstkritisch untersuchen. Wir wollten sie vor dem Leser ausbreiten, anstatt sie zu interpretieren oder zu bewerten, insofern das überhaupt zu trennen ist. Wir wollten der Meinung entgegentreten, Kunst habe zuerst dem ästhetischen Genuss oder gesellschaftlichem Ehrgeiz zu dienen – Auffassungen, die weitgehend vom Kunstmarkt und von Kunstsammlern bestimmt werden und die zu dem gängigen Kunstbegriff des Westens geführt haben. Man vergisst dabei allzu leicht, dass diese Vorstellungen nur für den Westen und selbst da erst seit relativ kurzer Zeit gelten. Bis zum 19. Jahrhundert wurden nur wenige Kunstwerke geschaffen, um in Museen oder Kunstgalerien ausgestellt zu werden. Die meisten entstanden im Dienst der Religion, hatten kultische Funktion oder verkörperten ein weltliches Ideal. Nur selten befriedigten sie die persönlichen Vorlieben des Künstlers. Die grundlegende Einheit von ästhetischer, ethischer und Naturerfahrung ist in Kunstwerken in unterschiedlichen Graden spürbar. Sie schärfen unseren Blick für die Vielfalt unseres Wahrnehmungsvermögens. Denn seine verschiedenen Facetten sind unentwirrbar miteinander verquickt: das religiöse Bewusstsein mit dem ästhetischen, das ästhetische mit dem ethischen und das ethische mit unserem Sinn für Ordnung und Proportion. Die Wirkung eines Meisterwerks liegt niemals nur im rein Visuellen, nie will es einfach nur das Auge erfreuen. So will dieses Buch den unterschiedlichen Formen nachgehen, durch welche die Menschen einem immer währenden Impuls und Bedürfnis Ausdruck verliehen haben: ihrer Sehnsucht nach sinnlicher Freude und ihrem Drang nach Selbsterkenntnis, Selbstbestimmung, kühnen Träumen und dämonischen Leidenschaften, ihren Vorstellungen vom Ende des Lebens, von irdischen Kräften und überirdischen Mächten, Jenseitshoffnungen und Jenseitsangst.

Da wir einem zeitlich und räumlich so unübersehbaren Stoff gegenüberstanden, mussten wir uns auf die historisch wichtigsten Perioden und Gebiete konzentrieren, die auch das größte allgemeine Interesse verdienen. Die Kapitel sind chronologisch über einen weiten geographischen Raum angeordnet, um die Hauptentwicklungen der Weltgeschichte (die die Künstler wie alle anderen Menschen betrafen) zu akzentuieren: den Übergang von Jägern und Sammlern zu Hirten- und Ackerbaugemeinschaften, das Entstehen städtischer Kulturen mit sozialer Schichtung, Aufstieg und Fall der Imperien oder die Ausbreitung und Wandlung der großen Religionen, das Emporkommen von Industriestaaten usw. Innerhalb dieser und anderer großer historischer Übergänge sollen detaillierte Gegenüberstellungen erfolgen, etwa von ›zivilisierten‹ und ›barbarischen‹ Kulturen zur Blütezeit der griechischen Antike oder von Werken so unterschiedlicher Zeitgenossen wie MICHELANGELO und KOCA MIMAR SINAN. Betont komparatistisch ist auch die Analyse der Naturauffassung in Landschaftsbildern aus China, Japan und Europa im 16. und 17. Jahrhundert. Gegenüberstellungen dieser Art dienen nicht nur der wechselseitigen Erhellung, sondern schärfen auch das Bewusstsein für die Bedeutung und den Sinn der Kunst. Wir suchten insbesondere Kunstwerke in ihrem Entstehungszusammenhang zu betrachten und, soweit möglich, von ihrer heutigen Museumsumgebung abzusehen, ohne sie jedoch in ein bestimmtes Entwicklungsmuster zu pressen.

In jeder menschlichen Gesellschaft ist Kunst Teil eines komplexen Gewebes aus Glaubensvorstellungen und Riten, ethischen und gesellschaftlichen Normen, aus Magie und Wissenschaft, Mythos und Geschichte. Sie steht in der Mitte zwischen wissenschaftlicher Erkenntnis und magischem oder mythischem Bewusstsein, zwischen dem, was wahrgenommen und was geglaubt wird, zwischen Erreichbarem und Erstrebtem. Als Kommunikationsmittel ist sie der Sprache verwandt. Sie kann Aussagen didaktischer oder moralisch belehrender Art treffen. Gleichzeitig aber ist sie oft ein Mittel, um – ähnlich der Magie – Kontrolle auszuüben, mit dem Ziel, die physische Welt zu ordnen, die Zeit zu transzendieren oder eine Ahnung von Unsterblichkeit zu geben. Innerhalb der sozialen Gruppe, sei es ein einzelnes Dorf oder ein großes Reich, entstammen die Motive und Themen aus einer von allen geteilten Vorstellungswelt. Die Darstellungsmöglichkeiten werden von den vorhandenen Materialien und Werkzeugen bestimmt, von den Techniken und Fähigkeiten, die von einer Generation zur nächsten weitergegeben werden, sowie den zuweilen sehr komplexen Normen der ›Stammes‹- oder Volkstradition.

Die Kunst erneuert sich jedoch ständig wie die lebendigen Organismen sozialer und kultureller Strukturen, die durch inneres Wachstum oder äußeren Druck dauernd Veränderungen unterworfen sind. In stabilen Gesellschaften oder solchen, die Stabilität anstreben, finden künstlerische Veränderungen oft über sehr lange Zeiträume hinweg statt, so dass sie kaum wahrnehmbar sind. Sogar in dynamischeren sozialen Strukturen kann künstlerischer Wandel auf einer Ebene rasch voranschreiten, während die Kontinuität auf einer anderen erhalten bleibt. Unsere westlichen Vorstellungen von ›Fortschritt‹ haben zu einem einseitigen und verzerrten Bild der Weltkunst geführt.

# Kunst als Handwerk

Kunst, Handwerk und Technik sind drei Begriffe, die selten eine so klar definierte Bedeutung hatten wie seit dem 16. Jahrhundert im Westen – und nur im Westen. Um diese Zeit billigte man Malern und Bildhauern einen Status zu, der demjenigen von Töpfern, Möbeltischlern, Metallarbeitern, Stickern und Vertretern anderer Metiers überlegen war. Daran, dass einst Kunst und Handwerk ebenbürtig waren, erinnert noch heute das Wort ›Meisterwerk‹. Es meinte ursprünglich eine Arbeit, die ein Geselle als Beweis für seine Kunstfertigkeit herstellte und für die ihm seine Handwerksgilde den Meistertitel verlieh. Später wandte man den Begriff auf Bilder oder Skulpturen an, die andere Werke desselben oder anderer Künstler übertrafen. In beiden Bedeutungen impliziert ›Meisterwerk‹ ein Werturteil, das aber bis vor noch nicht allzu langer Zeit vor allem auf einer Einschätzung des Könnens und der Kunstfertigkeit beruhte.

Die Entstehung eines Bildwerks hängt sowohl von handwerklichem Geschick als auch von technischen Kenntnissen ab. Ein Tongefäß erfordert ebenso wie ein Tempelbau, ein Gemälde oder eine Statue, dass Formgedanken auf das Rohmaterial abgestimmt werden, um eine gewisse Lebensdauer zu garantieren. In der Regel besteht jedoch eine Spannung zwischen Zweck und Mitteln, zwischen der Idealvorstellung und den Möglichkeiten ihrer Realisierung. Durch diese Spannung hat die Kunst, wie wir sie verstehen, eine andere Geschichte als die Technik. Die Methoden der Baukunst, Bildhauerei und Malerei lösen einander nicht ab wie in der Geschichte der Technik, wo eine neue Erfindung ihren Vorläufer ersetzt. Kunstwerke haben oft eine Bedeutung jenseits ihres praktischen Zwecks. Dies wird im Zusammenspiel konstruktiver und stilistischer Entwicklungen in der Architektur, auch der heutigen, besonders deutlich.

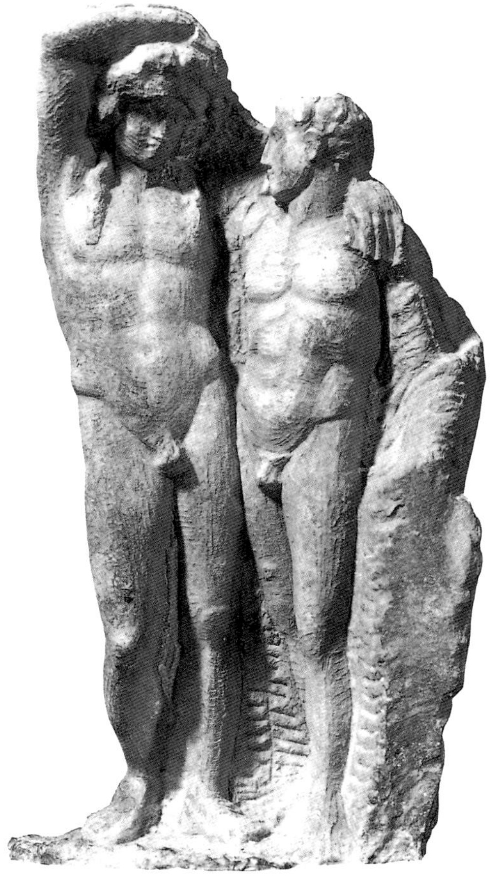

0.1 *Dionysos und Satyr* (unvollendet), 2. Jh., Marmor, Höhe 71 cm. Nationalmuseum, Athen.

### *Bauweisen*

Grundsätzlich unterscheiden wir zwei Bauweisen, die manchmal miteinander kombiniert sind: die Verbindung tragender senkrechter mit horizontalen Elementen, die Säulen- und Balken-Architektur, die auch die Grundlage der Skelettbauweise bildet, sowie den Bau von Mauern mit Öffnungen, die z. B. die Form eines Bogens annehmen können. Die ägyptischen und griechischen Tempel sowie fast die gesamte traditionelle chinesische Architektur sind die bekanntesten Beispiele für die erstere Bauweise; ihre Wände sind lediglich Füllungen. Gleichwohl praktizierten sowohl die Ägypter als auch die Griechen auch den Mauerbau, vor allem zu Verteidigungszwecken. Dächer, die Schutz vor den Elementen boten, waren in beiden Systemen praktikabel. Bei der Säulen- und Balken-Architektur wurde die Spannweite des Daches durch die Länge der horizontalen Elemente, die von den vertikalen getragen wurden, bestimmt. Daher war der Raum im Inneren eines Gebäudes, das ganz aus Stein bestand, stark begrenzt. Schon sehr früh wurde in verschiedenen Gegenden entdeckt, dass man einen Raum völlig umschließen konnte, indem man die Wände oben zunehmend nach innen neigte und ein Gewölbe oder eine Kuppel entstand – wie im Schatzhaus des Atreus in Mykene aus der Zeit um 1300 v. Chr. ▸ 2.76, wenngleich das älteste erhaltene Beispiel auf den Orkneyinseln vor der Nordküste Schottlands noch wesentlich älter ist: Es stammt aus der Zeit um 2600 v. Chr. Die bereits den Ägyptern vertraute Verwendung keilförmiger Steine für den Bau von Rundbögen und Gewölben wurde von den Römern weiterentwickelt. Ihnen erlaubte der Einsatz von Rundbögen und die Erfindung des Zements, Gewölbe von bislang nie da gewesener Spannweite zu bauen, worin ihnen jahrhundertelang niemand gleichkam. Denn die Zementbauweise wurde in frühchristlicher Zeit wieder aufgegeben, wohingegen andere Elemente der römischen Baukunst – Säulenordnungen und Rundbogen – beibehalten wurden, allerdings häufig in einer verfälschten und rudimentären Form. Im europäischen Mittelalter führte die gotische Baukunst ein modifiziertes System ein, bei dem Stützpfeiler, wie in der römischen Wandarchitektur, Bogen und Gewölbe tragen, die Wände aber, wie in der Pfeiler- und Balkenarchitektur, speziell im Fachwerkbau, auf wenig mehr als eine dünne ›Haut‹ reduziert sind. Obgleich die Mehrzahl der Bauten überall in der Welt immer noch auf Grundlage der alten Bauweisen entsteht – oder sie zumindest äußerlich so wirken –, hat es infolge neuer Entwicklungen in der Konstruktions- und Materialtechnologie in unserem Jahrhundert radikale Veränderungen gegeben: etwa Metallgerippe, die an nichttragende Fassadenwände (›curtain walls‹) angehängt werden, Verschalungen aus Stahlbeton, die den Übergang zwischen Wand und Dach kaschieren, ›Zeltbauten‹, deren Dächer aus freischwebend aufgehängten Stahl- oder Kunststoffnetzen bestehen, die an einer zwischen Masten und Boden verankerten Spannseilkonstruktion befestigt sind.

### *Techniken und Materialien der Skulptur*

Auch die Bildnerei kennt – oder kannte zumindest bis zu Beginn des 20. Jahrhunderts – zwei grundsätzliche Techniken:

das Modellieren sowie das Schnitzen bzw. Meißeln. Da bei der einen Technik Ton oder ein anderes formbares Material aufgebaut und bei der anderen Stein oder Holz abgearbeitet wird, spricht man von einem additiven bzw. subtraktiven Vorgehen, von Plastik bzw. Skulptur. (Bronzegüsse sowie die Eisenstatuen, die im China des 15. und 16. Jahrhunderts entstanden, beruhten normalerweise auf vorgefertigten Modellen. Heutzutage jedoch wird Eisen eher geschmiedet und geschweißt. Weiche Metalle wie Gold, Silber und Kupfer werden entweder in eine modellierte Form gegossen oder durch Hämmern in ihre Form gebracht und dann mit einem dem Schnitzen ähnelnden Meißelverfahren weiterbearbeitet.) Beim Schnitzen oder Meißeln ist der Künstler durch die natürlichen Eigenschaften des Materials und die Wirksamkeit der Werkzeuge eingeschränkt. Wie ein unsichtbarer Käfig umfängt die Zylinderform eines Baumstammes eine aus Holz geschnitzte Figur. Die rechteckige Form eines gebrochenen Steinquaders bestimmt in ähnlicher Weise die Ausgangssituation des Bildhauers, wenn er auf den vier Seiten die Umrisslinien anbringt. Von der Härte oder Sprödigkeit des Steins hängt seine Gestaltbarkeit ab. Eiserne Meißel und Bohrer, die im Westen im 1. Jahrtausend in Gebrauch kamen, eröffneten neue Möglichkeiten, besonders im Hinterschneiden, und ließen die Produktion steigen. Jedoch sind auch ohne ihre Hilfe im Alten Ägypten einige der besten Statuen aus härtestem Gestein gemeißelt worden. In der Holzschnitzerei wurden die schwierigsten und feinsten Werke oft mit den primitivsten Werkzeugen geschaffen – in Melanesien nur mit Steinsplittern und Muscheln (s. S. 675 f.).

Die für die Geschichte der europäischen Skulptur wichtigste, vermutlich im 5. Jahrhundert v. Chr. in Griechenland gemachte Erfindung ermöglichte es dem Bildhauer, ein Modell aus Ton, Gips oder einem anderen leicht zu bearbeitenden Material exakt auf den Stein zu übertragen. Das Modell wurde an den Extrempunkten markiert und die Entfernungen zwischen diesen Punkten und einer Senklinie oder einem Holzrahmen gemessen, so dass man an den entsprechenden Stellen Löcher gleicher Tiefe bohren konnte. Das Material zwischen diesen Löchern wurde dann weggemeißelt, bis man eine grobe Version des Modells besaß. Eine antike griechische Statue, die in diesem Zustand zurückgelassen wurde, hat sich durch Zufall erhalten ▸ 0.1. Wie Abbildungen in Handbüchern für Bildhauer belegen ▸ 0.2, wurde dieses Verfahren bis zu Beginn des 19. Jahrhunderts unverändert beibehalten. Später wurden Instrumente entwickelt, bei denen jede hervortretende Stelle und jede Einbuchtung des Modells von drei fixierten Punkten aus gemessen und so die Fertigstellung der Marmorplastik erleichtert wurde. Durch einfaches Multiplizieren oder Dividieren der verschiedenen Messungen ließ sich eine maßstabsgetreu vergrößerte oder verkleinerte Version des Modells meißeln. Im Europa des 19. Jahrhunderts ermöglichte dieses Verfahren vielen Bildhauern, sich auf die Herstellung von Tonmodellen zu beschränken und die harte Arbeit des Abtragens Assistenten zu überlassen, die in Frankreich in Abgrenzung zu den schöpferisch tätigen Künstlern ›practiciens‹ (Handwerker) genannt wurden.

Auch die Materialeigenschaften von Ton und anderen formbaren Materialien beschränken den Bildner. Keine ausladende Form kann ohne Gerüst aus Holz oder Metall zusammengehalten werden. Tonfiguren sind nicht von langer Lebensdauer, es sei denn, man brennt sie in einem Ofen, dessen Hitze kontrolliert werden muss, um ihr Zerreißen zu vermeiden. In der zweiten Hälfte des 3. Jahrtausends v. Chr. wurde in Mesopotamien (und später auch andernorts) der Bronzeguss im einfachen Wachsausschmelzverfahren erfunden. Später entwickelte man zwei auf diesem aufbauende Verfahren. Bei dem einen wird die in Ton modellierte Figur mit Wachs in der für die Bronze benötigten Wandstärke bedeckt und dann mit einer weiteren dicken Tonschicht ummantelt. In ihr befinden sich Öffnungen, durch die man die geschmolzene Bronze gießt, sowie viele kleinere Löcher, durch die das Wachs herausfließt. Bei dem anderen, dem negativen Gussverfahren hingegen fertigt man Hohlformen von beiden Seiten des Modells, bestreicht diese auf der Innenseite mit Wachs der entsprechenden Stärke, fügt sie wieder zusammen und versieht sie mit einem Kern. Dann wird die Bronze hineingegossen, und das Wachs fließt heraus. Bei beiden Verfahren wird die äußere Hülle entfernt, nachdem das Metall abgekühlt und hart geworden ist. Dann schüttelt man die Reste des ursprünglichen Modells oder Kerns heraus, so dass eine Bronzehülle übrig bleibt, die vollendet wird, indem alle Fehlstellen weggehämmert und weggekratzt werden. (Für den Guss von Bronzegefäßen wurde im China des 2. Jahrtausends v. Chr. ein anderes Verfahren entwickelt (s. S. 79 ff.).

Ein hohler Bronzeguss mit geringerem Gewicht und einer gewissen Elastizität erlaubt ein weit größeres Spektrum von Ausdrucksmöglichkeiten als entsprechende Arbeiten aus Stein (vor allem aus Marmor und anderen feinkörnigen, wegen ihrer Haltbarkeit bevorzugten Steinsorten). Steinskulpturen müssen säulenförmig, kubisch oder pyramidal sein, um ohne zusätzliche Stütze aufrecht stehen zu können. Die Beine einer stehenden Figur dürfen nicht zu weit voneinander entfernt sein, außer wenn eine dritte Stütze verhindert, dass sie an den Fersen bricht. Bronzefiguren dagegen können in raumgreifenden und riskanten Stellungen komponiert werden, so dass sie

0.2 FRANCESCO CARRADORI, *Elementare Einführung für Studierende der Bildhauerei*, Florenz 1802, Tafel IX.

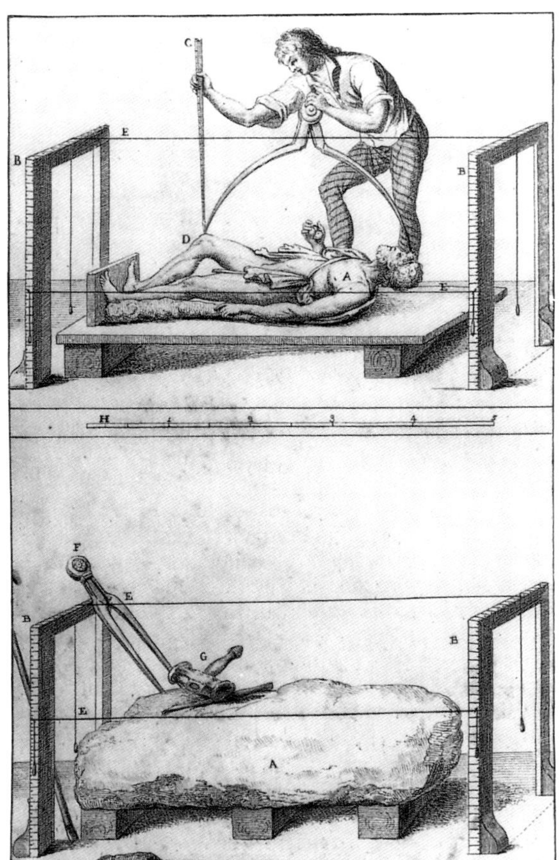

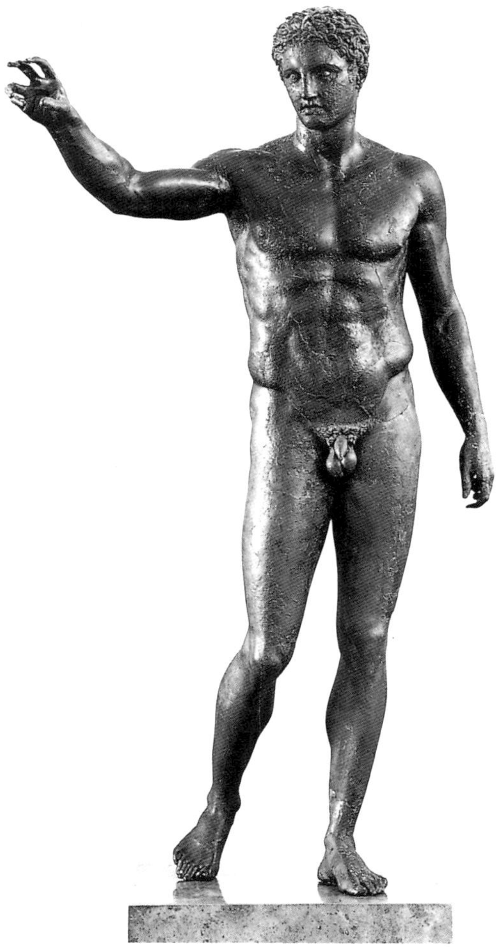

0.3 *Jüngling aus Antikythera*, Mitte 4. Jh. v. Chr., Höhe 192 cm. Nationalmuseum, Athen.

den Eindruck von lebensechter Bewegung vermitteln, der bei Marmorskulpturen selten gelingt. Der griechische *Jüngling aus Antikythera* ist hierfür ein bemerkenswertes Beispiel ▸0.3. Wenn eine griechische Bronzestatue in römischer Zeit in Marmor kopiert wurde, war eine dritte Stütze hinzuzufügen, normalerweise ein Baumstumpf, wodurch die Figur viel von ihrer Vitalität einbüßte. Man sieht dies sehr deutlich an Kopien von MYRONS *Discobol* ▸4.51.

Dennoch ist es Bildhauern und Plastikern in vielen Teilen der Welt gelungen, aus Stein und Holz, aus Ton und Bronze Bildnisse zu schaffen, die erstaunlich lebensecht wirken – weit mehr als Abgüsse von lebenden Körpern. Doch eine naturgetreue Statue bedarf mehr als nur der sorgfältigen Imitation von Form und Oberfläche, was den Bildhauern nur selten ein Anliegen war. Ob Statuen buddhistischer und hinduistischer Gottheiten, geschnitzte Kultfiguren in Afrika und Polynesien oder Masken im Nordwesten Amerikas: die Bildnerei stand im Dienst des Religiösen. Ähnlichkeit wurde im 20. Jahrhundert von vielen westlichen Künstlern nicht angestrebt, da sie Skulptur als die Kunst der Erschaffung dreidimensionaler Formen begriffen und sie selten, wenn überhaupt, Abbilder herstellten. Viele von ihnen verwarfen die etablierten Techniken des Skulptierens und Modellierens sowie traditionelle Materialien wie Marmor und Bronze. Stattdessen wurde Eisen zu einem beliebten Werkstoff, der geschmiedet, gehämmert und geschweißt wurde – einstmals Verfahren zur Herstellung von Waffen und Gebrauchsgegenständen. Die Verwendung dieses Materials leitete eine der großen Revolutionen in der Skulptur des 20. Jahrhunderts ein: den Übergang von der ›geschlossenen‹ (massiven) zur ›offenen‹ (konstruierten) Form. GONZÁLEZ' Werke und insbesondere seine Zusammenarbeit mit PICASSO in den zwanziger und dreißiger Jahren waren der Katalysator für diesen Durchbruch, und GONZÁLEZ selbst war einer seiner wichtigsten Vertreter ▸20.26. Später bediente man sich neuer, synthetischer Materialien für dreidimensionale Assemblagen. Manche Künstler haben den Skulpturbegriff so erweitert, dass er auch ihren eigenen Körper mit einbezieht (s. S. 770 f.).

### *Maltechniken und Materialien*

Das praktische Problem, das sich den Malern stellte, bestand in der Fixierung der Pigmente auf dem Untergrund, um sie haltbar zu machen (wenngleich Dauerhaftigkeit nicht immer angestrebt war; viele Bilder waren und sind nur für eine kurze Zeitspanne gedacht). Gewöhnlich besteht ein Bild aus drei Schichten: der Farbschicht, der Grundierung und dem darunter liegenden Bildträger, der ein Felsblock, eine Wand oder eine transportable Fläche aus Holz, Papier, Leinwand oder einem anderen Material sein kann. Bei den Pigmenten unterscheidet man prinzipiell zwei verschiedene Arten: Farbstoffe, die vom Bildgrund absorbiert werden, und Farbpulver (vor allem mineralische Substanzen), die mit einem Bindemittel vermischt und auf dem Bildgrund aufgebracht werden. Erstere wurden schon sehr früh in vielen Teilen der Welt verwendet, um mit Gips verkleidete Wände und Decken zu bemalen. Verwendet wurden sie ebenso in der Freskotechnik. Diese Bezeichnung wird häufig auf verschiedene Typen von Wandgemälden angewendet, sollte aber denjenigen vorbehalten bleiben, bei denen das Pigment von der Wandoberfläche absorbiert wird, d.h. insbesondere jener Technik, die Ende des 13. Jahrhunderts in Italien von GIOTTO perfektioniert wurde (s. S. 374 ff.). Bei einem echten Fresko wird die Wand oder Decke mit einer glatten Putzschicht bedeckt, die man trocknen lässt, bevor man das Gemälde über einer weiteren, noch feuchten und frischen (›fresco‹) Schicht aufträgt. Da diese Putze rasch trocknen, kann man immer nur einen bestimmten Abschnitt des Bildes malen, der daher in Italien ›giornata‹ (Tagewerk)

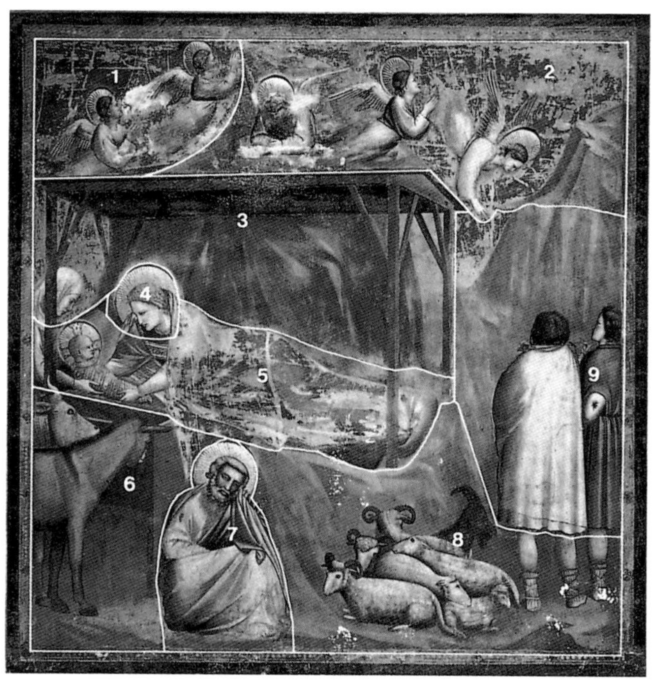


0.4 GIOTTO, *Geburt Christi*, mit der Markierung der Tagewerke, um 1304–13, Fresko, 231 x 202 cm. Scrovegni-Kapelle, Padua.

genannt wird ▶ 0.4. Um Brüche zwischen einem fertig gestellten Bildabschnitt und dem nächsten zu vermeiden – eine latente Gefahr dieser stückweisen Arbeitsmethode – skizzierten einige Künstler des 14. Jahrhunderts die Umrisse ihrer Bilder mit einem roten Ockerpigment (Sinopia) auf die erste Putzschicht. (Einige dieser so genannten Sinopien sind bei Restaurierungsarbeiten zum Vorschein gekommen.) In späterer Zeit wurde das Bild auf ein als Karton bezeichnetes Papier gezeichnet, das man auf den trockenen Putz legte und dessen Konturen man dann durch Perforationen auf den Bildgrund übertrug. (RAFFAEL wendete dieses Verfahren an, als er die Stanzen des Vatikans ausmalte; (s. S. 439 und 442) Der große Vorteil der Freskomalerei besteht darin, dass die Pigmente, die von der dicken Putzschicht absorbiert werden, sehr haltbar sind, aber mit dem Nachteil, dass im Verlauf des Malens keine weiteren Änderungen oder Korrekturen mehr möglich sind. Auch war die Palette der verwendbaren Farbpigmente beschränkt. Einige Farben, insbesondere Blau und einige Rot- und Grüntöne, ließen sich erst auftragen, wenn das Fresko trocken (›secco‹) war. Im Italien des 15. Jahrhunderts verwendeten die Künstler in zunehmendem Maße Pigmente ›al secco‹. Um 1500 jedoch erlebte die reine Freskotechnik eine Renaissance. Kunsttheoretikern erschien sie für die Bemalung von Wänden und Decken als ideale Methode, welche zudem die Kunstfertigkeit am Deutlichsten verriet. Sie erforderte, wie GIORGIO VASARI (s. S. 435) später bemerkte, eine »geschickte, entschlossene und flinke« Hand, »behende und frei«. Fresken sind großflächig, doch noch vor Beginn des 16. Jahrhunderts wurde eine vergleichbare Technik mit Wasserfarben für die Malerei auf kleinen Papierformaten entwickelt. Die Farbpigmente wurden mit einer Gummilösung vermengt, die sich im Wasser auflöst und transparent bleibt. Auch dieses Verfahren erforderte eine schnelle und freie Pinselführung, denn sobald die Farbe aufgetragen und vom Bildgrund absorbiert war, konnten weder der Aquarell- noch der Freskenmaler irgendwelche Änderungen vornehmen – außer durch den Auftrag fester Pigmente oder Farbstoffe.

Für Gemälde auf Holztafeln verwendete man in Europa ab dem 12. Jahrhundert die Temperatechnik: Farbpulver wurden mit Eidotter versetzt (temperiert) und mit einem Bindemittel gemischt. Den Bildträger überzog man mit ›gesso‹ (Gips gemischt mit Leim), auf den man das Bild zeichnete und/oder einritzte. Wenn man Abschnitte vergolden wollte, was häufig der Fall war, wurden diese zunächst mit Bolus (einem feinen roten Ton) überzogen, den man polierte und dann mit hauchdünnem Blattgold bedeckte. Andere Teile wurden in gedämpften Fassungen der gewünschten Farben untermalt und dann mit mehreren Schichten durchscheinender Temperafarbe überzogen, die jeweils schnell aufgebracht werden musste, bevor sie getrocknet war. Details ließen sich besser darstellen als in der Freskotechnik, und das Werk hatte zum Schluss eine größere Leuchtkraft. Noch leichter ließen sich solche Effekte mit Ölfarben erzielen, die im 15. Jahrhundert allmählich an die Stelle der Tempera traten (die erst im 20. Jahrhundert wieder entdeckt wurde). Schon im antiken Rom und im Frühmittelalter hatte man für manche Bildtypen (etwa auf Schilden) Pigmente mit Ölen gemischt. Im Übrigen war die Ölmalerei, wie wir sie heute verstehen, keine Erfindung, die man einem einzelnen Individuum in einem bestimmten Moment zuschreiben könnte, sondern das Ergebnis einer schrittweisen, auf zahlreichen Experimenten beruhenden Entwicklung in den Ateliers der Künstler, von denen einige die Farbpigmente

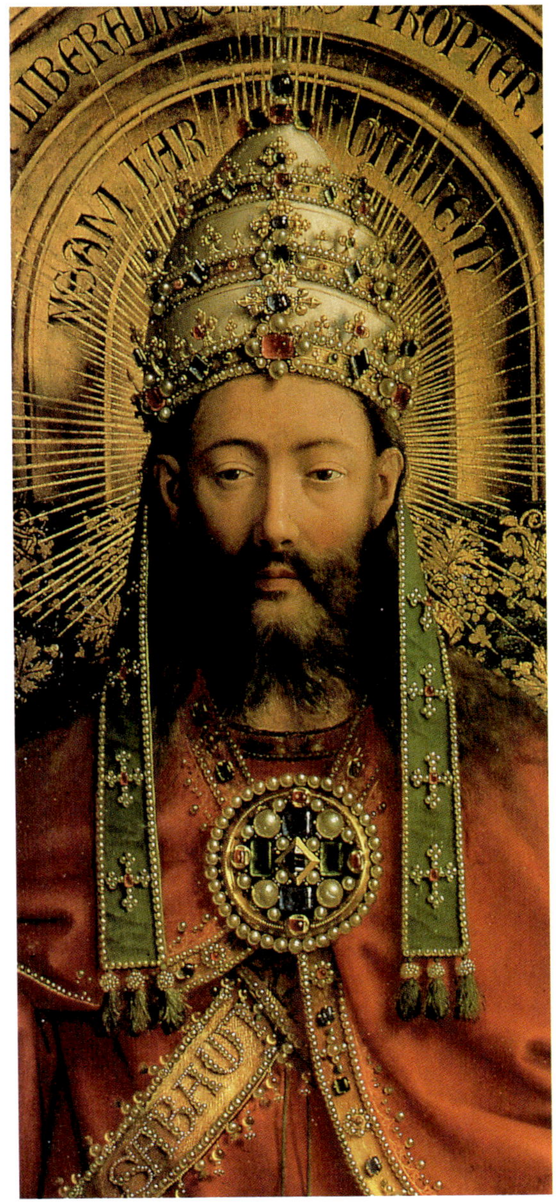

0.5 HUBERT und JAN VAN EYCK, *Der thronende Christus*, Detail aus dem *Genter Altar*, vollendet 1432, Öl auf Holz. St. Bavo, Gent.

sowohl mit Ölen als auch mit Eidotter vermengten. Ab den dreißiger Jahren des 15. Jahrhunderts verwendeten JAN VAN EYCK und vermutlich auch andere Maler in den Niederlanden Mischungen, die Öl (von Leinsamen oder Nüssen) enthielten, mit einem harten Harz (Bernstein oder Kopal) vermengt und mit Lavendel- oder Rosmarinöl verdünnt. Man erhielt einen leichten, flüssigen Werkstoff, der problemlos, wenn auch langsam trocknete und die sorgfältige Darstellung winziger Details ermöglichte. Mit durchscheinenden, in mehreren Schichten aufgetragenen Ölfarben ließ sich eine außerordentliche Leuchtkraft erzielen, wovon etwa der *Genter Altar* ▶ 0.5 zeugt. Aber das Lasieren eignete sich nur für Tafeln oder feines Leinen, das danach auf einen Holzträger geklebt wurde. In Italien entwickelte man eine andere Mischung mit weichem statt hartem Harz für die Malerei auf Leinwand, die über einen Holzrahmen gespannt und in ganz Europa zum beliebtesten Bildträger wurde. Die Ölmalerei erlaubte einen freieren Pinselduktus als die Tempera und bot überdies nahezu unbegrenzte Möglichkeiten des Schattierens, des deckenden und transparenten Über- und Nebeneinandersetzens von Pinselstrichen, des Retuschierens und Lasierens. Die Maler entwickelten unzählige Varianten der Grundmischung, um nicht nur die gewünschten Farben zu erhalten, sondern auch die erforderliche Konsistenz des Mediums, das entweder flüssig oder so dick sein konnte, dass es sich mit dem Spachtel oder sogar den Fingern auftragen ließ. Im weiteren Verlauf der Kunstgeschichte suchten die berühmtesten Maler, insbesondere TIZIAN ▶ 11.59–64, von der Erfahrung, vielleicht aber auch vom Zufall geleitet, ältere Techniken erneut fruchtbar zu machen.

Ab dem frühen 16. Jahrhundert konnten die Farben von Händlern gebrauchsfertig erworben werden. Dennoch unterschieden sich die Maler voneinander darin, welche Pigmente sie als Grundfarbe benutzten, und vor allem in den Mixturen, die sie für jene Farbtöne anfertigten, mit denen sie das Bild vollendeten. Bis ins 19. Jahrhundert blieb die bekannte Bandbreite der Farben aus natürlichen, mineralischen und pflanzlichen Stoffen bestehen und wurde dann erst durch die industrielle Herstellung synthetischer Pigmente erweitert, die auf ähnliche Weise mit Leinsamenöl und anderen Ölen vermengt wurden. Im Westen nutzen Künstler die Ölfarbe bis zum heutigen Tag. Tatsächlich war kein anderer Werkstoff für großformatige Malerei auf beweglichen Bildträgern ähnlich geeignet – bis zur Erfindung des Acryls in den sechziger Jahren des 20. Jahrhunderts, einer synthetischen Emulsion (eine Art Kunststoff), die sich auf dieselbe Weise auftragen lässt. Künstler haben Acryl häufig verwendet, um gegen die mystische Überhöhung der Ölmalerei ▶ 21.19 zu protestieren. (Der einzige Konkurrent im Bereich der Porträtkunst war das Pastell: Bilder aus opaken, trockenen Kreiden, die mit etwas Bindemittel vermischt wurden. Die Pastellfarben wurden im 18. Jahrhundert perfektioniert ▶ 14.30 und erlebten im späten 19. eine zweite Blüte, nachdem sie zwischenzeitlich außer Mode gekommen waren.)

Das gerahmte Bild auf Leinwand ist ein westliches Phänomen (das andernorts erst im 19. Jahrhundert nachgeahmt wurde), und seine Beliebtheit trug zu dem hohen Ansehen der Malerei ab dem 16. Jahrhundert wesentlich bei. Auch ihre Unterscheidung vom Kunsthandwerk lässt sich darauf zurückführen. Im Mittelalter hatten sich Bilder auf Edelmetallen in Email größerer Wertschätzung erfreut als jene in Tempera, deren Vergoldung sich teilweise aus dem Wettstreit mit diesen erklärt. Nicht nur wegen des höheren Zeit- und Materialaufwands wurden auch als Wand- und Deckenschmuck gestaltete Mosaike aus kleinen Würfeln verschiedenfarbiger Steine und Glassorten oder bestickte und gewebte Teppiche mehr geschätzt als Fresken. Später kehrte sich das Verhältnis um, und Ölgemälde wurden führend. Gobelins, die bis zum Ende des 18. Jahrhunderts die teuerste Form des Wandschmucks waren, wurden gewöhnlich von Malern entworfen. Ihre geschickten Weber galten als untergeordnete Handwerker. Auch Stickereien, die häufig von Frauen angefertigt wurden und von den Malerentwürfen weniger abhängig waren, sanken im Ansehen.

## *Druckgrafik*

Auch bei der Druckgrafik entstand seit dem 16. Jahrhundert eine Arbeitsteilung zwischen den Entwurfszeichnern und den Ausführenden. Zweck der Druckgrafik ist die Herstellung einer Serie von Abzügen eines individuellen Entwurfs auf Papier, Seide oder einem anderen die Druckfarbe absorbierenden Material. Das früheste Verfahren war der Holzschnitt, bei dem der Entwurf auf eine glatte Holzplatte gezeichnet wurde. Jene Abschnitte, die auf dem Abzug weiß bleiben sollten, schnitt man weg, während diejenigen, die schwarz werden sollten, als Relief stehen blieben und die Druckfarbe trugen. Bei diesem Hochdruckverfahren entstand ein seitenverkehrter Abdruck des Motivs, wenn man den Block auf Papier oder Stoff presste. Es wurde erstmals im 7. Jahrhundert in China verwendet, um Bilder des Buddha zu reproduzieren, und im 14. Jahrhundert in Europa für christliche Bilder. Ab Mitte des 15. Jahrhunderts wurden in Europa verschiedene Verfahren des Tiefdrucks entwickelt: In Metallplatten wurden die Teile, die später Farbe aufnehmen sollten, entweder mit Werkzeugen eingeritzt (Stiche) oder von Säure weggeätzt (Radierungen). Ab dem 16. Jahrhundert waren das Zeichnen der Entwürfe und deren Schneiden in die Holzstöcke bzw. das Radieren der Metallplatten gewöhnlich verschiedene Tätigkeiten. Für wissenschaftliche (anatomische, zoologische, botanische usw.) Abbildungen löste der Kupferstich mit seinen feinen, aber kräftigen Linien schon bald den Holzschnitt ab. Bei freien künstlerischen Werken gravierten die Künstler mitunter in Kupferplatten, doch bevorzugten sie meist die Technik der Radierung, die sie selbst ausführten. Dabei zeichneten sie mit einer Nadel auf einer wachsbeschichteten Kupferplatte, die danach in ein Säurebad getaucht wurde, das die von der Nadel freigelegten Teile wegätzte (s. S. 550 f.). Ab dem frühen 19. Jahrhundert schufen Künstler auch Lithografien, wobei auf den Stein als Druckträger mit Ölkreide gezeichnet wurde ▶ 15.28.

Im 19. Jahrhundert entdeckte man, dass sich von stahlbeschichteten Platten Abzüge von hoher Qualität und in wesentlich höherer Auflage anfertigen ließen als von den empfindlichen Kupferplatten. Doch Künstler interessierten sich kaum für diese Technik, die bis zur Einführung der Fotografie vor allem für Illustrationen in Büchern und Zeitschriften verwendet wurde. In der Zwischenzeit hatten japanische Künstler ein Holzschnittverfahren entwickelt, mit dem sich Farbdrucke herstellen ließen. Diese wurden ab der Mitte des 19. Jahrhunderts nach Europa und Amerika exportiert und dort von vielen Künstlern begeistert aufgenommen, die darin eine Alternative zur europäischen Tradition der Ölmalerei sahen. Im Westen wurden diese Farbholzschnitte vielfach kopiert und ihre Wirkung in Ölgemälden nachgeahmt, aber auch Radierung und Lithografie wurden von ihnen beeinflusst (s. S. 592). Zu Beginn des 20. Jahrhunderts kehrten mehrere europäische Künstler zum alten Holzschnittverfahren zurück und nutzten dessen Expressivität ▶ 19.18.

## *Fotografie*

Seit ihrer Erfindung und Patentierung in den dreißiger Jahren des 19. Jahrhunderts stand die Fotografie in einer engen Wechselbeziehung mit Malerei und Druckgrafik. Man wusste seit langem, dass Licht, wenn es durch eine kleine Öffnung in einen dunklen Kasten einfällt, auf der gegenüberliegenden Seite ein auf dem Kopf stehendes Bild projiziert – die ›Camera obscura‹, die von Malern gelegentlich als Hilfsmittel bei der perspektivischen Darstellung von Stadtansichten und Interieurs verwendet wurde. Die Fotografie erlaubte die Fixierung dieser Bilder, wofür zwei Verfahren entwickelt wurden. Bei demjenigen, das der französische Maler LOUIS-JACQUES-MANDÉ DAGUERRE 1837 erfand, wurde das Bild auf einer lichtempfindlich gemachten Kupferplatte fixiert, die man als Daguerreotypie bezeichnet. Ebenso wie ein Gemälde oder eine

Zeichnung sind solche ›Fotos‹ Unikate. Sie wurden vor allem für Porträts verwendet. In England gelang es WILLIAM HENRY FOX TALBOT noch vor 1839 Negativbilder auf durchscheinendem Papier zu fixieren, das dann über opakem, sensibilisiertem Papier zur Herstellung von positiven Abzügen belichtet wurde. Der Vorteil bestand darin, dass sich von einem einzigen ›Negativ‹ viele identische Abzüge herstellen ließen. Aufgrund der Struktur des durchscheinenden Papiers waren diese Abzüge jedoch leicht verschwommen ▸ 15.62. Die Einführung von Glasplatten für Negative in den fünfziger Jahren des 19. Jahrhunderts erleichterte die Herstellung von Abzügen mit einer ebenso scharfen Auflösung wie die Daguerreotypien, an deren Stelle sie bald traten.

Danach kam es zu zahlreichen technischen Verbesserungen: besonders der Verkürzung der Belichtungszeit, so dass es in den siebziger Jahren des 19. Jahrhunderts möglich wurde, Aufnahmen von bewegten Objekten zu machen, bei denen die Belichtungszeit nur den Bruchteil einer Sekunde betrug ▸ 15.114. Unterdessen hatte es heftige Auseinandersetzungen um die Frage gegeben, ob Fotografie den Anspruch erheben dürfe, als Kunst bezeichnet zu werden oder nicht (s. S. 604). Wurde sie noch bis zur Jahrhundertmitte in offiziellen Ausstellungen gemeinsam mit Lithografien gezeigt, schloss man sie danach aus und zeigte sie nur noch in eigenen Ausstellungen. Ungefähr zur gleichen Zeit begannen Fotografen mit künstlerischen Ambitionen Sujets zu wählen, die denen der Maler ähnelten. Sie bevorzugten weich gezeichnete Bilder unbewegter Personen und Szenen. Die Resultate sehen Gemälden zum Verwechseln ähnlich. So zählt *Gebenedeit seist du unter den Frauen* ▸ 0.6 von der amerikanischen Fotografin GERTRUDE KÄSEBIER (1851–1934) zu den überzeugendsten Bildern jener Zeit. Die technische Weiterentwicklung der Fotografie wurde vor allem von Dokumentarfotografen genutzt, deren Straßenszenen ▸ 15.116 aus heutiger Sicht zu den schönsten Aufnahmen zählen, die je gemacht wurden. Seinerzeit jedoch betrachtete man sie lediglich als Bilddokumente und nicht als Kunstwerke.

Der Kult um den einmaligen Kunstgegenstand ließ einige Fotografen auf die Möglichkeit verzichten, eine unbestimmte Anzahl von Abzügen eines Negativs zu machen. Sie gaben limitierte Auflagen heraus, nummerierten und signierten die Abzüge, die sich wegen ihrer Bearbeitung in der Dunkelkammer voneinander jeweils leicht unterschieden. Obwohl das Verfahren der Farbfotografie in den vierziger Jahren des 20. Jahrhunderts perfektioniert wurde, bevorzugten die meisten Fotografen, zum Teil bis heute, Schwarz-Weiß-Bilder. Es gibt kein schlagenderes Beispiel als die 160-jährige Geschichte der Fotografie für nicht gleichzeitige und häufig widersprüchliche Entwicklungen in Technologie und Kunst. Trotz vieler bedeutender Leistungen hat die Fotografie erst in neuerer Zeit als Medium künstlerischen Ausdrucks breite Anerkennung gefunden, das einzigartige Möglichkeiten bietet – selbst dann, wenn nur einfache Kameras zum Einsatz kommen.

## Bildliche Darstellung

Seit jeher und überall auf der Welt dienten Bilder, ob geritzt, gezeichnet oder gemalt, nicht zuletzt der Herausarbeitung eines Gegenstandes aus der Menge farbiger Flecken, die das Auge in der Natur sieht. Die frühesten bekannten Bilder in französischen und spanischen Höhlen (s. S. 33 ff.) sind Umrisszeichnungen von Tieren, die keinen Bezug zur Erde, dem Himmel oder untereinander haben. Kompositionen von Figurengruppen wurden ebenso wie der fest umrissene Bildraum, in dem alle Formen in geordneter Wechselbeziehung zueinander stehen, erst später entwickelt. Noch später folgte die Erfindung von Rahmungen. Sogar in verfeinerten Formen zweidimensionaler Kunst zählte nur das Dargestellte an sich, während der Bildträger einem undefinierten Raum angehörte und damit kein Hintergrund im modernen westlichen Sinne bildete. Im Alten Ägypten befanden sich dort häufig Hieroglyphen, und auf chinesischen Bildrollen wird der ›Himmel‹ von Gedichten geziert.

Bilder wurden entweder konzeptionell, auf der Grundlage eines bestimmten Wissens, oder perzeptorisch, auf der Grundlage dessen, was das Auge in einem bestimmten Moment wahrnimmt, gemalt (›Augenbild‹). Ein konzeptionelles Bild (›Vorstellungsbild‹) hält zumindest theoretisch die herausragenden Merkmale eines Gegenstands fest, indem es diesen in seine Einzelteile zerlegt, und ihn neu zusammensetzt. Alle seine Ansichten – von vorn, hinten und den übrigen Seiten – sind so sichtbar. (Der Begriff ›Konzeptkunst‹ meint etwas anderes, s. S. 766 f.). Wahrnehmungsbilder hingegen sind der Versuch, die Wahrheit visueller Erscheinungen festzuhalten, auch wenn in der Praxis zwangsläufig davon beeinflusst, was die Maler über die Eigenschaften eines bestimmten Gegen-

0.6 GERTRUDE KÄSEBIER, *Gebenedeit seist Du unter den Frauen*, um 1900, Platindruck auf Japanpapier, 23,8 x 13,9 cm. The Museum of Modern Art, New York (Schenkung Frau Hermione M. Turner).

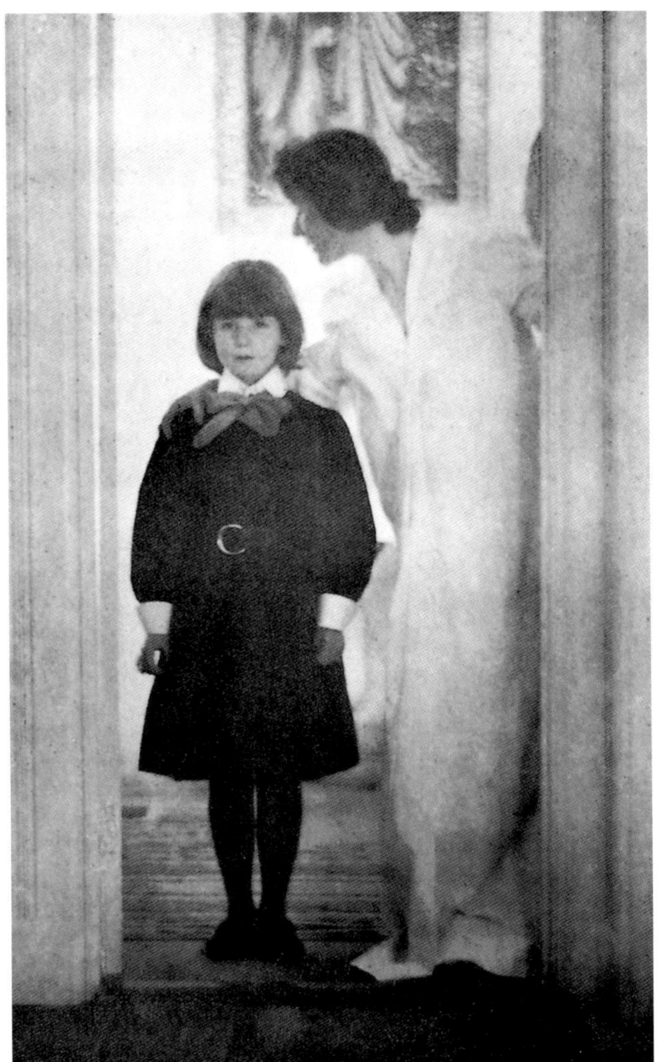

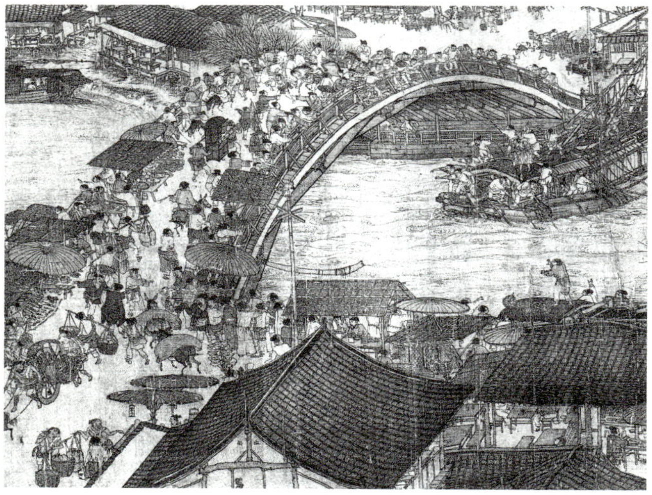

0.7 ZHANG ZEDUAN (?), *Flussaufwärts beim Qing Ming-Fest*, Detail von einer Bildrolle, Aquarell auf Seide, 1111–1126. Palastmuseum, Peking.

stands wissen und wie dieses Sujet von ihren Vorläufern dargestellt wurde. Beide Grundtypen treten auch miteinander kombiniert auf. In gewisser Weise sind daher alle Bilder perzeptiv und konzeptionell.

## *Perspektive*

Auf vielen Zeichnungen und Gemälden – außer denen, die zwischen dem 15. und dem 20. Jahrhundert in Europa entstanden – verweisen Größenunterschiede der Dargestellten (Gottheit und Gläubige, Herrscher und Höflinge, mitunter auch Mann und Frau) auf ihre religiöse und soziale Bedeutung und nicht auf ihre physische Größe, ihren Abstand untereinander oder vom Vordergrund des Bildes. Sind die Figuren nicht alle auf derselben Bildebene versammelt wie Schauspieler vor einem Vorhang, kann jedoch eine kleinere auch auf eine räumliche Darstellung hinweisen. So sind auf einem assyrischen Relief aus dem 8. Jahrhundert vor Chr. die drei Repräsentanten des Staates wesentlich größer dargestellt als die Gefangenen oder der eine Schafherde vor sich hertreibende Hirte daneben ▸3.37. Ihre Entfernung voneinander wird durch ihre Anordnung in drei Reihen angedeutet. Der Künstler wollte ein bestimmtes Ereignis zeigen. Viel später erfand man Techniken, um auf einer planen Oberfläche dreidimensionale Objekte wie Gebäude darzustellen. Griechische Vasenmaler aus dem 4. Jahrhundert v. Chr. und die römischen Wandmaler der Antike bedienten sich der Axialperspektive, bei der parallele Linien, z. B. die Wände eines Innenraums, seine Deckenbalken oder Bodenfliesen, symmetrisch auf einer Zentralachse zusammenlaufen.

Auch chinesische Künstler entwickelten ein perspektivisches Verfahren zur Darstellung von Gebäuden, in der Regel aus der Untersicht. Da sie davon ausgingen, dass man eine Bildrolle so betrachtet, dass man sie langsam auseinander rollt, bestand für sie kein Grund, ein Panorama von einem einzigen Standpunkt aus darzustellen. So ist zwar jede Gebäudegruppe in sich perspektivisch schlüssig, berücksichtigt dabei aber nicht die angrenzenden Bauten. Manchmal wurden benachbarte Gebäude aus verschiedenen Blickwinkeln wiedergegeben, wie in jenem Abschnitt einer Bildrolle aus dem frühen 12. Jahrhundert, auf dem man auf Hausdächer hinab blickt, zugleich aber eine Brücke aus der Untersicht sehen kann ▸0.7.

Europäische Künstler des Mittelalters entwickelten verschiedene Verfahren zur Darstellung dreidimensionaler Formen. Innenräume wurden häufig in Axialperspektive dargestellt, wie etwa in GIOTTOS *Die Hochzeit zu Kanaa* ▸9.98. Die Wände des Raumes scheinen sich nach innen zu neigen. Vermutlich sollen sie als parallele Flächen verstanden werden, die im rechten Winkel auf die weiter entfernte Wand treffen. Erst

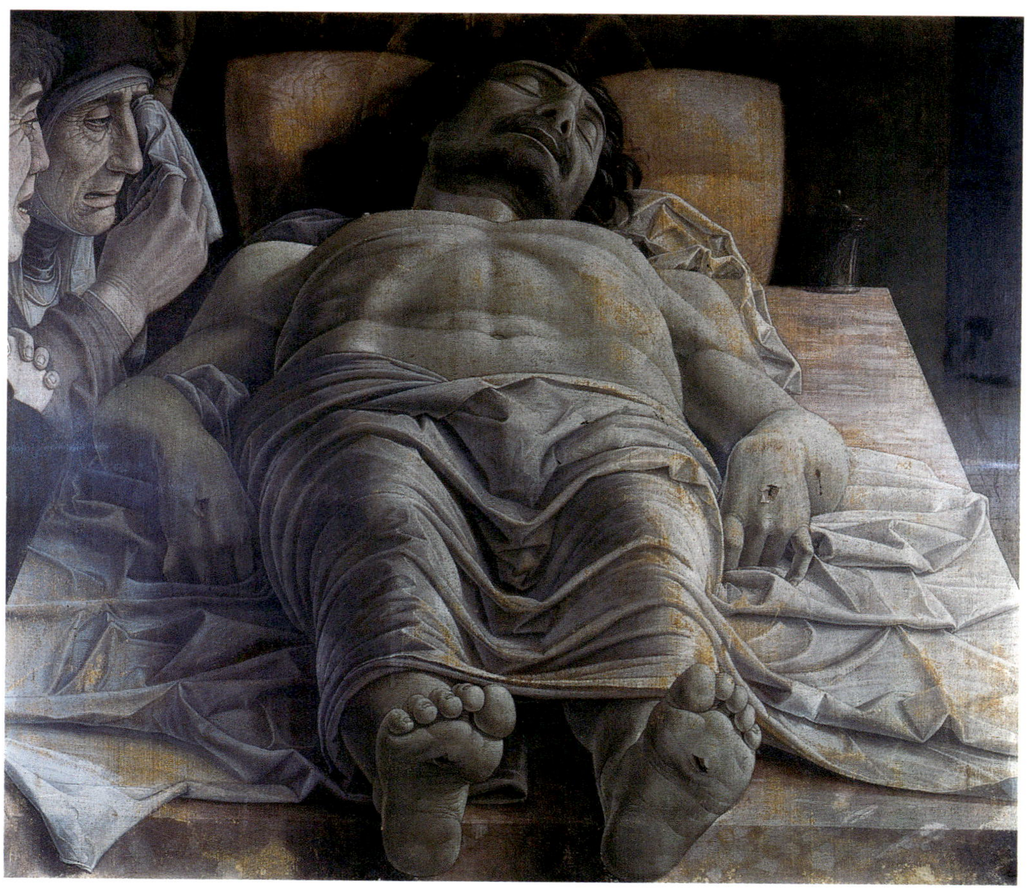

0.8 ANDREA MANTEGNA, *Der tote Christus*, nach 1466, Tempera auf Leinwand, 67,9 x 81 cm. Pinacoteca di Brera, Mailand.

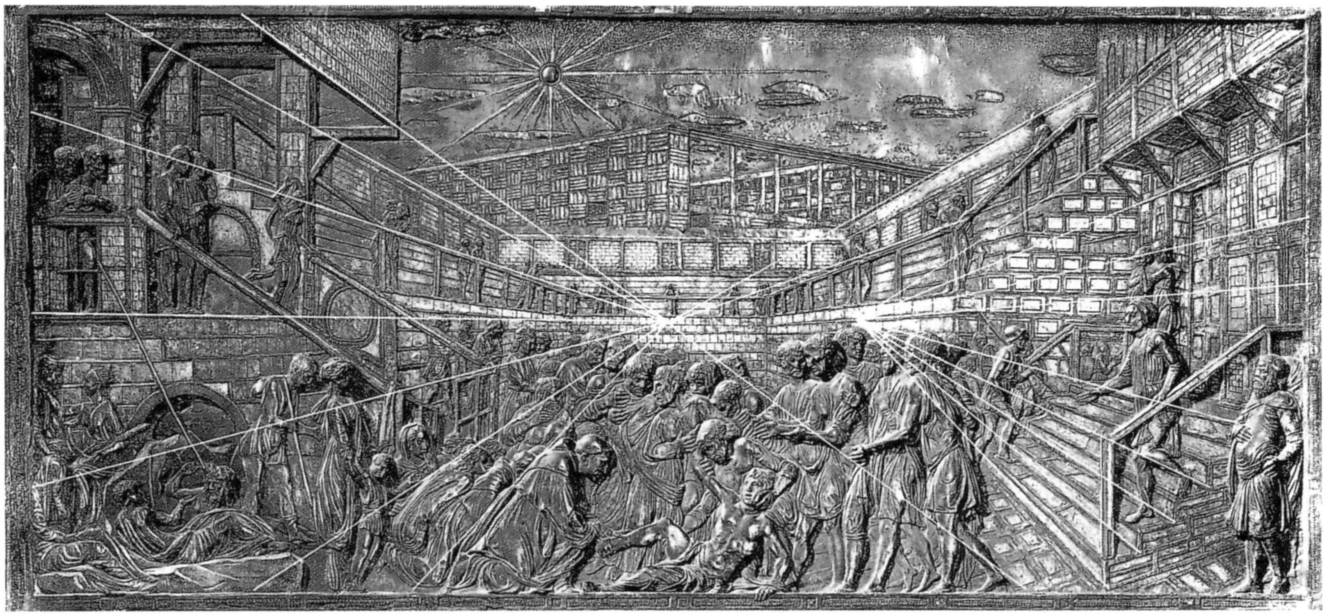

0.9 DONATELLO, *Das Beinwunder des hl. Antonius*, mit Schema des perspektivischen Systems, 1446–49, Bronze, 53,3 x 124,5 cm. San Antonio, Padua.

zu Beginn des 15. Jahrhunderts erkannte man, dass alle parallelen Linien, die einen rechten Winkel zur Bildebene bilden – die Orthogonalen –, in einem entfernten Fluchtpunkt zusammenzulaufen scheinen (Fluchtlinien). Diese Annahme ist die Grundlage für die Theorie der Zentralperspektive, die um 1415 erstmals von FILIPPO BRUNELLESCHI in einem Gemälde angewandt und 1435 von LEON BATTISTA ALBERTI in einer Abhandlung beschrieben wurde. Beide waren Architekten aus Florenz. Die Konsequenzen aus dieser Entdeckung werden deutlich beim Vergleich einer Stadtansicht des AMBROGLIO LORENZETTI aus dem Jahr 1339 ▸9.103, in der jedes Gebäude aus einem anderen Blickwinkel gezeigt wird, mit dem ein Jahrhundert später gemalten, rational angelegten Bild einer *Idealstadt* ▸10.34. Diese ist von einem einzigen Blickpunkt aus dargestellt, und die Fluchtlinien, die den Linien der Dächer zu beiden Seiten der Piazza sowie den Linien des Straßenpflasters entsprechen, laufen im Fluchtpunkt in der Mitte, hinter der Tür des Bauwerks, zusammen. LORENZETTIS Bild hingegen vermittelt den realistischen Eindruck einer bunt zusammengewürfelten Stadtlandschaft, in der Fremde sich leicht verlaufen könnten. Die *Idealstadt* ist so präzise wiedergegeben, dass sich maßstabsgetreue Zeichnungen ihres Grundrisses und von der Fassade jedes einzelnen Gebäudes herstellen ließen. In Italien und insbesondere in Florenz übernahmen Maler und Bildhauer von Flachreliefs schon bald das geometrische Netzwerk der Fluchtlinien, um die Position menschlicher Figuren im Raum anzudeuten, wie etwa in MASACCIOS *Zinsgroschen* ▸10.11. Aber so praktikabel derartige monoperspektivische Systeme zunächst auch sein mochten, sie lösten nicht alle Probleme, denen sich Künstler bei der räumlichen Darstellung gegenüber sahen. Man suchte andere Lösungen, etwa zwei oder mehrere Fluchtpunkte gleichzeitig, wie DONATELLO in seinem Relief *Das Beinwunder des hl. Antonius* ▸0.9. Kompliziertere und raffiniertere Versuche wurden unternommen. Dabei war jedoch nie strittig, dass diese optischen Regeln lediglich ein Hilfsmittel der Malerei waren. Den niederländischen Künstlern waren sie sogar vor dem 16. Jahrhundert völlig unbekannt. Statt dessen besaßen sie eigene empirische Methoden, um Tiefenwirkung zu erzeugen. So findet sich in JAN VAN EYCKS *Madonna des Kanzlers Rolin* kein einziger Fluchtpunkt ▸10.21. In Italien gehörte ANDREA MANTEGNA zu jenen Künstlern, die die Prinzipien der Linearperspektive so gut beherrschten, dass sie bei Bedarf von ihnen abweichen konnten. In seinem Gemälde *Der tote Christus* ▸0.8, einem Musterbeispiel perspektivischer Verkürzung, behandelt er die Perspektive sehr frei. Bei einer geometrischen Projektion wären die Füße wesentlich größer und der Kopf um einiges kleiner gewesen, als sie MANTEGNA wiedergibt.

## *Farbe*

Die Entwicklung perspektivischer Systeme verlief parallel mit der Entstehung einer den Europäern eigenen Vorstellung vom Bild als einem ›Fenster‹ zu einer realen oder imaginären Welt. Hierfür war die Farbe ebenso notwendig wie die Zeichnung. Wissenschaftlich wird Farbe als jene Empfindung definiert, die durch Lichtstrahlen im Auge hervorgerufen wird, welche auf eine Oberfläche treffen, die einige dieser Strahlen reflektiert, andere absorbiert. Dies demonstrierte Isaac Newton 1672, indem er natürliches Licht durch ein Prisma lenkte, wodurch es in ein Spektrum chromatischer Strahlen aufgefächert wurde, wie bei einem Regenbogen, der entsteht, wenn sich das Sonnenlicht in den Regentropfen bricht. Diese Strahlen lassen sich unterteilen in die Primärfarben – Rot, Gelb und Blau – und die Sekundärfarben – z. B. Grün aus Blau und Gelb –, die sich aus ihrer Verbindung ergeben. Newton vertrat die Auffassung, dass diese Farben einen Kreis bilden, in dem das Rot am Ende des Spektrums mit Violett verschmilzt. Die Farben auf der jeweils gegenüberliegenden Seite des Kreises (Rot – Grün, Gelb-Violett usw.) werden als Komplementärfarben bezeichnet ▸0.10. Newtons Erklärung für das Phänomen der Farbe war revolutionär, obwohl sie auf früheren Theorien und Experimenten fußte. Dennoch war sie für die Künstler weniger relevant als die Kenntnis der Linearperspektive, hatten sie doch bereits in der Praxis erfahren, welche Effekte sich erzielen lassen, wenn man Pigmente, die nur selten den in der Natur wahrgenommenen Gegenständen genau entsprechen, miteinander mischte, kontrastierte oder sie übereinander legte. Auch waren ihnen, wie z. B. RUBENS, die Farben des Regenbogens aufgefallen.

Seit den Anfängen haben Künstler Farbpigmente verwendet, um Motive mit ihren Konturen darzustellen. Überall auf der Welt wurden die meisten Motive linear, mit markanten, in der Natur selbst kaum vorkommenden Linien umrissen. Erst

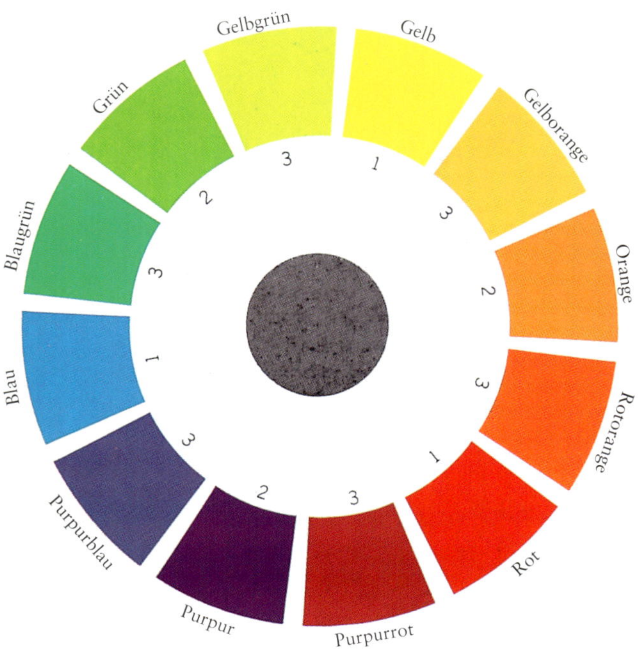


0.10 Farbkreis.

Ende des 15. Jahrhunderts begannen europäische Künstler in einem heute als ›malerisch‹ bezeichneten Stil Formen allein mit Hilfe der Farbe ohne Konturen wiederzugeben, was durch die Weiterentwicklung der Ölfarbe erleichtert wurde. Außerdem begannen sie zwischen jener Farbe eines Gegenstandes zu unterscheiden, wie man sie in klarem, hellem Tageslicht wahrnimmt, der so genannten Lokalfarbe, und der Erscheinungsfarbe, die aus ihrer Nachbarschaft zu anderen Farben, etwa dem Schein der untergehenden Sonne, oder durch zunehmende Entfernung entsteht. Der Tonwert, also die Helligkeit oder Dunkelheit einer Farbe, wird durch den Kontrast mit einer dunkleren oder helleren modifiziert: Vor einem roten Hintergrund wirken Fleischtöne blass, vor einem gelben hingegen rötlich. Berücksichtigte man die Lichtreflexion, kam die Modellierung der Formen im ›chiaroscuro‹ (Helldunkel) deutlicher zur Geltung, als wenn man eine einzelne Farbe schattierte. Die Luftperspektive wurde erfunden, um Entfernungen in einer Landschaft nicht durch ein Netz rechtwinkliger Linien anzudeuten, sondern durch gedämpfte Farbkontraste und abgestufte Töne – wie in Leonardo da Vincis *Heiliger Anna Selbdritt* ▸ 11.25. Um Tiefe zu verdeutlichen, verwendeten die Maler häufig ein ›repoussoir‹, eine auffällige dunkle Form im Vordergrund oder in mittlerer Distanz, wie einen großen Baum in einer Landschaft ▸ 13.33.

Linearperspektive, Luftperspektive und ›chiaroscuro‹ ermöglichten den Malern, das Auge des Betrachters zu täuschen (›trompe l'œil‹). Durch ein komplexes System perspektivischer Verkürzung lernten sie, Figuren so kunstvoll darzustellen, dass sie auf Deckengemälden im Himmel zu schweben oder über eine Brüstung zu lehnen scheinen, als seien sie Teil des dreidimensionalen Raums. Aber der Illusionismus war selten Selbstzweck, und wenn doch, trachteten die Künstler danach, ihre Fähigkeit, das ›Auge zu täuschen‹, zu beweisen. Vom 15. bis zur Mitte des 19. Jahrhunderts strebten die Maler vor allem nach Wirklichkeitstreue, dem Anschein visueller Wahrheit, so als blicke man durch die Öffnung einer Wand oder Decke. Für verschiedene Sujets – religiöse Bilder, Landschaften, Alltagsszenen, Herrscherbildnisse oder das Porträt eines Freundes des Künstlers – galten verschiedenen Grade von Realitätsnähe als angemessen. Ganz allgemein wurde sie aber deswegen angestrebt, um der Botschaft eines Bildes Nachdruck zu verleihen, da sie implizierte, dass das, was der visuellen Erscheinung entspricht, auch in anderer Hinsicht wahr sein müsse.

Im 19. Jahrhundert bezweifelte eine Reihe von Künstlern, dass es mit der tradierten Farbanwendung möglich sei, das darzustellen, was das Auge in der Natur wahrnimmt. Insbesondere bei Landschaften schwanken die Farbwerte bei sich ändernden Lichtverhältnissen beträchtlich. Entschlossen, nur das auf die Leinwand zu bannen, was sie in einem bestimmten Moment sahen, versuchten die französischen Impressionisten (s. S. 642 ff.) all das zu vergessen, was sie über die Lokalfarbe der Gegenstände wussten, um ihre unmittelbaren optischen Wahrnehmungen festhalten zu können. Maler einer jüngeren Generation, insbesondere Georges Seurat (s. S. 654 f.), bedienten sich Erkenntnissen aus der Optik, um visuelle Impressionen aufzuzeichnen. Er erfand dazu ein neues Malverfahren, bei dem er reine Farben mit kurzen Pinselstrichen nebeneinander setzte. Aus der Distanz betrachtet, verschmelzen sie miteinander. Gleichwohl waren sich die Maler bewusst, dass solche verfeinerten Techniken zur Aufzeichnung dessen, was das Auge sieht, nur eine der Funktionen der Malerei erfüllte.

Farben haben neben ihrer beschreibenden häufig auch eine symbolische Funktion, vor allem in der religiösen Kunst – das ›himmelblaue‹ Gewand Marias etwa. Aber sie besitzen auch expressive Eigenschaften: Dunkle Farben evozieren Melancholie, helle Rosa- und blasse Blautöne hingegen Fröhlichkeit. Sanfte Abstufungen wirken harmonisch, grelle Kontraste verstörend. Solche intuitiv erfassbaren Farbeigenschaften wurden im 19. Jahrhundert stärker empfunden, insbesondere von Vincent van Gogh, der 1888 über sein Gemälde *Das Nachtcafé* schrieb: »Ich habe die schrecklichen Leidenschaften der Menschheit mit Rot und Grün auszudrücken versucht« ▸ 17.42. Der russische Maler Wassily Kandinsky, der sich zwischen 1911 und 1914 allmählich ganz von der gegenständlichen Darstellung löste, erklärte die Farbe zu einer Macht, die unmittelbar auf die Seele einwirke. Seine Gemälde beinhalteten, was der Betrachter erleben oder fühlen kann, während er die Form- und Farbkombinationen auf sich wirken lässt (s. S. 705). Im weiteren Verlauf der Kunstgeschichte, insbesondere nach dem Zweiten Weltkrieg in den USA, verschwand die Form aus vielen ungegenständlichen Gemälden völlig.

Das Thema von Ellsworth Kellys *Spektrum III* von 1967 ist die reine Farbe. Dreizehn Streifen des natürlichen Farbspektrums stehen nebeneinander und verschmelzen nicht wie im Regenbogen miteinander, sondern schließen links und rechts mit Gelb ab, während Rot und Violett in der Mitte stehen ▸ 0.11. Das Gemälde verdeutlicht die vom Betrachter empfundenen, wissenschaftlich jedoch nicht darstellbaren Wirkungen, die benachbarte Farben auf das Auge ausüben. Obwohl die Streifen gleich breit sind (mit Ausnahme der beiden äußeren) wirken manche breiter als andere. Ebenso scheinen die warmen Rottöne hervorzutreten, die kühlen Blau- und Grüntöne hingegen zurückzuweichen. Durch seinen Bezug auf die Theorien Newtons verweist dieses Gemälde auf die Kluft zwischen Naturwissenschaft und Kunst, darauf, wie Farben definiert und wie sie psychisch erlebt werden, und zwar nicht nur vom Auge allein.

Im 18. und 19. Jahrhundert wurden zahlreiche theoretische Schriften zur Optik publiziert, einige auch von Künstlern. Jedoch erlernten Maler die Wirkungen vermischter und unver-

0.11 ELLSWORTH KELLY, *Spectrum III*, 1967, Öl auf Leinwand in 13 Teilen, 84 x 276 cm. The Museum of Modern Art, New York (The Sidney and Harriet Janis Collection).

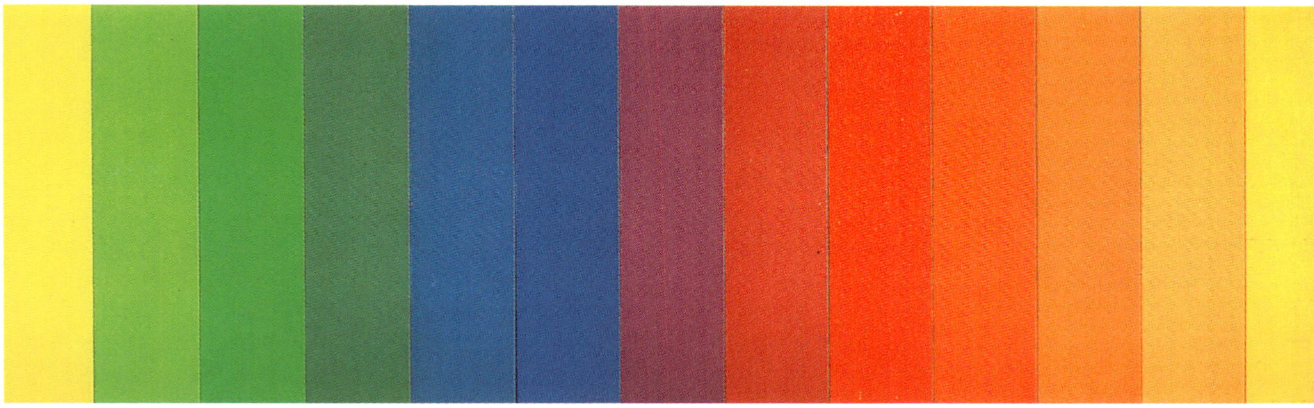

mischter Farben gewöhnlich weniger aus der Theorie als in der Praxis, indem sie andere Werke studierten und in den Ateliers ihrer Lehrer arbeiteten. Dies erklärt die Kontinuität in der Geschichte der bildnerischen Darstellung, die Tradierung von Schemata und visuellen Formeln, auch wenn Künstler für sich selbst immer neue Möglichkeiten entdeckten, ihrer individuellen Vision Ausdruck zu verleihen und diese weiterzuentwickeln.

## Stil und individueller Ausdruck

Das Wort ›Stil‹ stammt von ›stylus‹ (lat.), dem römischen Schreibgriffel. Zuerst bezeichnete es metaphorisch die verschiedenen Formen der öffentlichen Rede, die für unterschiedliche Gelegenheiten als angemessen galten. So machte es einen großen Unterschied, ob man zu einer großen Menge oder zu einem erlauchten Kreis gebildeter Menschen sprach. In der Kunstgeschichte wird der Begriff in zwei in gewisser Weise täuschend ähnlichen Bedeutungen verwendet, die beide Analogien zum Schreiben haben: Er bezieht sich auf das Schaffen eines Einzelnen, zum anderen auf das einer zeitlich und geographisch definierten Gruppe von Künstlern. Der Handschrift verwandt und in ähnlicher Weise identifizierbar, kann ein individueller Stil aus einer Reihe von Eigentümlichkeiten bestehen – z. B. Besonderheiten im Umgang mit einer Technik, Vorliebe für bestimmte Farbkombinationen. Daher hat seine Analyse große Bedeutung bei der Zuschreibung unsignierter Werke an namentlich bekannte Künstler. Er kann aber noch sehr viel mehr sein: der persönliche Ausdruck der Weltanschauung des Künstlers, – seine Sicht der natürlichen oder übernatürlichen Dinge, die durch das Wie der Darstellung vermittelt wird: sinnlich oder intellektuell, emotional oder sachlich neutral. Deshalb kann sich ein Stil im Laufe eines Künstlerlebens verändern, spiegelt er doch die fortgesetzte Auseinandersetzung mit Materialien und Inhalten. So zeigen die markanten Unterschiede zwischen frühen und späten Gemälden TIZIANS (s. S. 455 ff.), wie dieser zu einem immer persönlicheren Stil fand. Die einsame Suche eines einzelnen Künstlers nach neuen, persönlicheren Ausdrucksmöglichkeiten inspirierte häufig Zeitgenossen und führte zu einem Wandel im Stil ganzer Gruppen von Künstlern.

Der Gruppenstil, aus dem sich der eines Individuums ableitet, ist eine Bildersprache mit einem bestimmten Vokabular von Formen, Motiven und einer Syntax, die deren Beziehungen untereinander regelt. Selbst in einer kleinen Gruppe können indes unterschiedliche Stile für verschiedene Zwecke angewandt werden – einer kann etwa sakraler Kunst vorbehalten sein, ebenso wie sich häufig die liturgische von der Alltagssprache unterscheidet (dies galt bis vor kurzem etwa für das Latein in katholischen Ländern und gilt noch heute für das Arabisch in der gesamten islamischen Welt und für das Sanskrit in Indien). Je nach der gesellschaftlichen Stellung der Menschen, für die ein Kunstwerk bestimmt war, wurde der Stil in größeren sozialen Verbänden variiert: einer blieb der Oberschicht vorbehalten, ein anderer war für den Rest der Bevölkerung bestimmt. Kunst für den königlichen Hof und für wohlhabendere Bürger unterschied sich vor allem hinsichtlich ihrer Materialkosten und der zu investierenden Herstellungszeit, was mitunter zur Entwicklung nur leicht voneinander divergierender Stile führte.

Diese Stile können sich grundsätzlich von der oft sehr lebendigen, wenngleich meist konservativen Folklore unterscheiden, die vor allem von und für Menschen geschaffen wurde, die in den Kleinstädten und auf dem Land leben. Im Westen hat sich seit dem 19. Jahrhundert eine tiefe Kluft zwischen den von Intellektuellen favorisierten Stilen und denjenigen mit einer größeren Breitenwirkung aufgetan, die viele Künstler in neuerer Zeit zu überbrücken suchten, vor allem in der Pop-Art (s. S. 762 ff.). Diese Faktoren wie auch der Wandel von Stilen, der eine Neubewertung früherer (ein Grundzug in der abendländischen ebenso wie der chinesischen Kunst) und die Assimilation fremder Kulturen miteinschließt, unterscheidet die Kunstgeschichte grundsätzlich von der der Technik und der Wissenschaft. Auch durch Entwicklungen in Philosophie und Religion oder in Politik und Wirtschaft kamen Veränderungen in Gang. Umgesetzt wurden sie gleichwohl von einzelnen Malern, Bildhauern, Architekten, Webern, Töpfern usw. Und auch wenn viele ihrer Werke anonym sind, also von Künstlern stammen, die wir heute nicht mehr kennen, sind sie seit jeher die einzigartige Leistung von Geist und Hand von Individuen, wie sehr diese auch von Traditionen und anderen örtlichen und zeitlichen Umständen beeinflusst sein mögen.

Die Kategorisierung von Stilen war jedoch nicht das Werk von Künstlern, sondern von Schriftstellern, welche die unendlich vielfältigen Ausdrucksformen schöpferischer Tätigkeit zu ordnen suchten, eine – wenn auch weniger exakte – Methode, die der botanischen Klassifikation von Pflanzen nach Gattungen und Arten ähnelt. Viele Bezeichnungen für historische Stile haben lediglich eine chronologische Bedeutung, insbesondere diejenigen, die auf Herrscherdynastien (wie in Ägypten, Indien, China und Japan) oder auf Regierungszeiten von Monarchen (wie in Europa) fußen und sich häufig überschneiden oder trotz der Unterschiede mehrere Jahrhunderte zusammenfassen. Die Bezeichnungen für die ›historischen‹ Stile des Abendlandes sind größtenteils die Erfindung späterer Zeiten. In den seltensten Fällen würden sie von den zu diesen Zeiten schaffenden Künstlern selbst verstanden oder gutgeheißen worden sein, da sie deren Bestrebungen kaum erfassen. Stilbezeichnungen, wie Gotik, Barock oder Rokoko entstanden im Nachhinein sogar als Ausdruck der Geringschätzung des Überholten. Mittels dieser Etikettierungen werden Stile voneinander unterschieden, die gleichzeitig nebeneinander existierten, sich voneinander ableiteten, miteinander verschmolzen oder die an einem Ort entwickelt und an einem anderen aufgegriffen wurden. Sie können durch ihre formalen, rein künstlerischen Merkmale definiert werden. Erwähnt wurden bereits die Unterschiede zwischen einer in der Vorstellung konstruierten und einer nach dem wahrgenommenen Bild umgesetzten Darstellung (›Vorstellungsbild‹ und ›Augenbild‹), zwischen linearer und malerischer Auffassung. Aber auch andere Kategorien sind im Zusammenhang mit künstlerischen Stilen wichtig.

Eine Form – sei sie gezeichnet, gemalt oder gemeißelt – bezeichnet man nach dem Grad ihrer Kompaktheit als geschlossen oder offen. In der Bildhauerei können Formen frontal-geschlossen oder allansichtig konzipiert sein, monolithisch statisch oder so, dass sie bewegt werden können. In der Malerei wirkt die frontale Darstellung einer Person oder ihr Profil gewöhnlich statisch, während eine Dreiviertelansicht Dynamik suggeriert. Eine Komposition, das heißt die Kombination mehrerer Formen, kann ebenfalls als geschlossen oder offen bezeichnet werden, je nachdem, ob sie das Dargestellte isoliert oder als Teil einer Welt präsentiert, in die einzutreten der Betrachter eingeladen wird. Im letzteren Fall werden Formen in einem genau bestimmten Raum gezeigt, der sich über eine größere vom Betrachter zurückweichende Fläche erstreckt und einem bestimmten perspektivischen System entsprechend dargestellt ist (s. S. 16 f.). Dieses bedingt auch die relative Größe der Figuren je nach ihrer Entfernung vom Vordergrund in einem naturalistischen Gemälde, das Menschen und Gegenstände so zeigt oder zu zeigen vorgibt, wie sie dem Auge gemeinhin erscheinen.

Naturalismus ist ein charakteristisches Merkmal mehrerer Stile innerhalb der abendländischen Kunst, z. B. der holländischen Malerei des 17. Jahrhunderts. Freilich gibt es unterschiedliche Grade, hält man sich den Realismus eines GUSTAVE COURBET und anderer Maler aus der Mitte des 19. Jahrhunderts vor Augen, die bestrebt waren, die harsche Wirklichkeit des Lebens ihrer Zeit in schonungsloser Offenheit wiederzugeben. Der Naturalismus wird normalerweise mit dem Idealismus kontrastiert, der den Klassizismus des späten 18. Jahrhunderts charakterisierte und der natürliche Objekte einem Vollkommenheitsideal gemäß darstellte, das sich hinter den Makeln des alltäglichen Antlitzes der Natur entdecken ließe. (Allerdings gilt es zu beachten, dass die Begriffe Naturalismus, Realismus und Idealismus in der Philosophie andere Bedeutungen haben.)

Den Künstlern des Idealismus ging es vor allem um die vollkommenen Proportionen der menschlichen Gestalt, also um das von den Statuen der griechischen Antike abgeleitete perfekte Größenverhältnis der verschiedenen Teile des menschlichen Körpers zueinander. Aber dieses besitzt keine universelle Gültigkeit, sondern weicht etwa von dem ab, dessen sich ägyptische Künstler bedienten (s. S. 65). In Indien mussten Götter und Gläubige unterschiedlich groß dargestellt werden. Ein natürliches Gespür für ›richtige‹ oder ausgeglichene Proportionen wird wahrscheinlich schon in der Kindheit erworben, ebenso wie für musikalische Harmonie, und es prägt häufig alle Artefakte, einschließlich der Gebrauchsgegenstände, die innerhalb einer bestimmten Kultur hergestellt werden (wobei es von Kultur zu Kultur verschieden ausgeprägt ist). Manchmal aber durchbrachen Künstler die Norm der maßstäblichen Größenverhältnisse gezielt, nicht nur bei der Darstellung des Menschen. Das Verhältnis von Höhe zu Breite eines Bildträgers spielt häufig eine große, manchmal gar die entscheidende Rolle. Die ungewöhnliche Vergrößerung einer Dimension auf Kosten einer anderen, kann durchaus ein künstlerisches Ausdrucksmittel sein.

Architektonische Proportionen basieren auf einem Modul bzw. einer Maßeinheit, ursprünglich eines menschlichen Körperteils (etwa des Fußes), die für sämtliche Abmessungen multipliziert und in einfache Bruchteile zerlegt wurde. In der antiken Baukunst (bei griechischen und römischen Tempeln und den aus ihnen abgeleiteten Gebäuden) wird der Proportionsmaßstab gebildet durch das mathematische Verhältnis zwischen der Breite einer Säule – eine einzelne Maßeinheit – und ihrer Höhe, auch wenn dieses System in der Praxis selten exakt umgesetzt wurde. Bei der Stilbestimmung von Gebäuden wird die Einfachheit (z. B. Kubus- oder doppelte Kubusform) bzw. die Komplexität ihrer Proportionen (einige gotische Kathedralen) ebenso berücksichtigt wie ihr Grundriss, das heißt die Anordnung von abgegrenzten Räumen in der Ebene. Der Grundriss eines ummauerten Bereichs kann wie beim Pantheon in Rom (s. S. 194 f.) zentral angelegt sein, oder wie bei frühchristlichen Basiliken (s. S. 283 ff.) axial. Ein weiteres auffallendes Merkmal eines Baustils ist die Art der Wandgliederung, ihre Einteilung durch Nischen und Vorsprünge oder Türen und Fenster und ob diese mit oder ohne auffälligen zentralen Akzent, symmetrisch oder asymmetrisch angeordnet sind. In der Ornamentierung von Flächen spiegeln sich gleichfalls Vorlieben wider; sie können von linearen Formen reiner Geometrie (Kreis und Rechteck) bis zu kühn modellierten organischen Formen reichen.

Viele formale Begriffe, die der stilistischen Einordnung dienen, beruhen auf Vorstellungen, die sich kaum mit denjenigen der Künstler und Architekten der Vergangenheit treffen dürften. Natürlich kann eine Entscheidung zugunsten symmetrischer statt asymmetrischer Grundrisse, für geschlossene statt offene Formen usw. instinktiv getroffen worden sein, wodurch das Ethos oder das Gepräge einer Kultur umso deutlicher wird. Stiluntersuchungen sind aber besonders dann aufschlussreich, wenn sie Werke der bildenden Kunst mit der zeitgenössischen Literatur, Musik, dem Alltag, Denken und den Besonderheiten des Entstehungsortes in Beziehung setzen können.

## Der Kontext: Bedeutung und Funktion

Auch wenn alle große Kunst in einem bestimmten Funktionszusammenhang entstand, sei er religiös, sozial, politisch oder, in Ausnahmefällen, von der inneren Vision eines Künstlers bestimmt, so wurden nur wenige Werke ohne gewisse ästhetische Rücksichten geschaffen. Ein möglicherweise dem Menschen angeborener Wunsch nach Symmetrie, Verzierung und Farbe ist sogar im einfachsten Gebrauchsgerät spürbar. Dekorationen sind jedoch nie zweckfrei, sondern befriedigen zwei grundlegende menschliche Bedürfnisse: der Natur und ihren natürlichen Formen eine Ordnung aufzuerlegen und Individualität zur Geltung zu bringen, indem sie Unterschiede zwischen Einzelnen oder Gruppen verdeutlichen. Formen und Farben sind oft innerhalb eines sozialen Verbandes als Teil seiner traditionellen Lebensweise entstanden. Schilde, die man in allen Zivilisationen findet, sind dafür ein gutes Beispiel. Trotz ihres einfachen, überall gleichen Zwecks differiert ihre Form (rund, oval, sechseckig usw.) stärker, als dies aus ihrer Funktion, dem Kampfstil oder den verschiedenen Materialien heraus erklärt werden kann. Eine bestimmte Schildform konnte einer Gruppe oder einem Familienverband als Erkennungszeichen dienen. Farben wurden oft ähnlich eingesetzt und auch, um den Rang eines Schildträgers anzuzeigen. Dies trifft ebenso auf figürliche Muster, wie etwa Wappenbilder der europäischen Heraldik zu. Den Zeichen wurde oft ebenso eine magische Schutzwirkung zugeschrieben. So zeigt ein Schild auf einem Mosaik in Ravenna aus dem 6. Jahrhundert ein christliches Symbol ▸7.40. Die Malerei auf einem Schild von den Trobriandinseln in Melanesien ▸18.8 ist zwar – möglicherweise absichtlich – für Fremde schwer verständlich, hat jedoch sicherlich ebenso Unheil abwehrende Bedeutung. Viele Motive der Malerei und Plastik waren apotropäisch, d.h. dazu bestimmt, das Böse zu vertreiben: etwa der große *Lamassu* der assyrischen Paläste (s.S.99) oder die Wasserspeier gotischer Kirchen. Kunst und Aberglaube sind in ihnen eng miteinander verbunden.

Doch wie zugänglich uns die formalen Eigenschaften eines Kunstwerks auch sind und wie faszinierend sein Thema sein mag, es bleibt in seiner umfassenden Bedeutung unverständlich ohne die Kenntnis des Entstehungszusammenhangs – des Glaubens, der Hoffnungen und Ängste der Menschen, von denen und für die es entstand. Und diese können sich von den heute im Westen vorherrschenden drastisch unterscheiden. Bei vielen Werken gibt es mehrere Bedeutungsschichten, die nicht immer freizulegen sind. Sie können sich auf verschiedene Weise ausdrücken – direkt (die Darstellung von Göttern und Herrschern), symbolisch (festgelegte Farben und Zeichen wie z.B. der Nimbus) und allegorisch (die Personifizierung abstrakter Ideen; z. B. die Gerechtigkeit durch eine Frau mit verbundenen Augen, die ein Schwert und eine Waage in den Händen hält). Die Ikonographie widmet sich dem Studium der Kunstwerke mit dem Ziel, ihre ursprüngliche Bedeutung zu erhellen. Bei narrativen Kompositionen etwa untersucht sie ihre literarischen Quellen, oder sie analysiert Symbole und Allegorietypen, die von Künstlern an verschiedenen Orten und zu unterschiedlichen Zeiten benutzt wurden.

Formale Bildmittel, die inhaltlichen Aussagen dienen, sind uns häufig so vertraut, dass sie kaum mehr auffallen, so die Symmetrie, die eine stabile Ordnung andeutet oder die Asymmetrie zum Ausdruck von Dynamik oder heftiger Gefühle. Wie bereits erwähnt, kann Größe oder Position die Bedeutung einer Figur hervorheben, etwa in Dreiergruppen, die in der Weltkunst immer wieder vorkommen. Die mittlere Person wird in der Regel frontal, mit geradeaus gerichtetem Blick gezeigt, während die flankierenden häufig im Profil dargestellt sind. Wird Symmetrie – wie in narrativen Bildern – vermieden und erscheinen die Figuren im naturalistischen Maßstab, werden Handlungsträger auf subtilere Weise akzentuiert: durch die Platzierung vor einer leeren Fläche oder durch einen kompositorischen Aufbau, der den Blick des Betrachters mittels dominierender Linien auf sie lenkt.

Bildhauer bedienten sich ähnlicher Kunstgriffe, um inhaltliche Aspekte zu unterstreichen, insbesondere wenn sie im Flach- oder Hochrelief arbeiteten. In der altägyptischen Kunst gibt es kaum einen Unterschied zwischen Wandgemälden und Reliefs, die nur wenig Tiefe aufweisen und bemalt waren: Beide Gattungen folgten denselben Regeln. Auch dem Material, das für eine Plastik oder eine Skulptur verwendet wird, kann eine bestimmte Aussagekraft zukommen: Edelmetalle, Bronze und bestimmte Arten harten Gesteins, deren Bearbeitung aufwändig ist und die überdies kostspielig sind, spiegeln häufig die Bedeutung des Dargestellten wider. In ihrer Haltbarkeit erkannte man ›Zeichen der Unsterblichkeit‹: Marmorstatuen und die goldenen Denkmäler der Prinzen waren für die Ewigkeit gedacht. Ebenso konnte die Größe übermenschliche Macht anzeigen; überdimensionale Plastiken und Skulpturen blieben im Allgemeinen religiösen und politischen Bildnissen vorbehalten, z. B. im Alten Ägypten, im Rom der Kaiserzeit oder dem Kambodscha der Khmer. Die dritte Dimension verleiht Statuen greifbare Gegenwart, und in vielen Kulturen betrachtet man sie als Gefäße eines menschlichen oder göttlichen Geistes. Deshalb wurden sie verehrungs- und anbetungswürdige Gegenstände. Das erklärt die strengen Regeln für ihre Form und gelegentlich sogar für den Herstellungsprozess. Es erklärt aber auch, warum verschiedene Religionen ein Bilderverbot ausgesprochen und Statuen vom Sockel gestürzt haben.

Größe und Material sind in der Architektur nicht weniger bedeutungsvoll als in der Plastik. Ein Gebäude, das andere an Höhe überragt oder durch eine Plattform herausgehoben wird, beansprucht einen höheren Rang, der auch durch besondere Materialien betont werden kann. Größe und Dekoration sind oft nach sozialen Klassen gesetzlich festgelegt, wobei die Schutzfunktion eines Baus beinahe sekundär wird. In den meisten Gesellschaften und Zivilisationen schuf Architektur einen Rahmen für menschliche Aktivitäten. Entwurf und Anordnung einer Siedlung stehen in direktem Bezug zur Vorstellung, die die Bewohner von ihrem Verhältnis zueinander und zu äußeren Mächten haben. Planung schafft Ordnung und ein Rasterplan wurde häufig in absolutistischen Staaten gewählt, in denen Landbesitz nur dem Herrscher zustand, der den Untertanen in einem Akt der Gunstbezeugung zugeteilt werden konnte. Auch städtische Neugründungen, etwa im Alten Griechenland oder kolonialen Amerika, weisen eine Gitterstruktur auf. Ebenso konnten Bauwerke und sogar ganze Städte nach astronomischen Gesichtspunkten angelegt werden – nach dem Sonnenauf- und untergang oder der Bewegung der Sterne –, um damit eine Harmonie zwischen dem Leben auf der Erde und dem Himmel zu symbolisieren. Die Ost-Ausrichtung des Chors christlicher Kirchen hat eine solche Bedeutung, verbunden mit der symbolischen Vorstellung vom Weg, den der Gläubige von seiner Einweihung bis zu Erlösung und ewigem Leben zurücklegt.

Räumliche Formen sind sozusagen das Vokabular der architektonischen Sprache. Symbolische Bedeutungen werden durch Formen und Motive ausgedrückt. Kuppeln beispielsweise, die im Allgemeinen Palast- und Sakralbauten vorbehalten sind, stellen ein Abbild des Himmelsgewölbes dar, wie es ihre Ausschmückung im Inneren häufig ausdrücklich unterstreicht. Durch die Gliederung der Baumasse lassen sich Wirkungen erzeugen, wie die einer prozessionsartigen Bewegung in der Horizontalen oder aufstrebende Vertikalität. Auf diese Weise erhält ein Bauwerk architektonischen Ausdruck oder Charakter innerhalb des räumlichen Umfeldes, das es beherrscht oder mitprägt.

Häufig wurde Architektur aber auch dazu benutzt, die Unterwerfung einer Gruppe von Menschen durch eine andere sinnfällig zu machen. Die Moslems, die im 12. Jahrhundert einen Großteil Nordindiens eroberten, zeigten ihre Präsenz durch die Errichtung von Moscheen. Ihre Form, Dimension und Bauweise unterschieden sich auffallend von denen hinduistischer Tempel, von denen viele zerstört wurden, um Baumaterial für die neuen Gebäude zu gewinnen. Bogen, Gewölbe und Kuppel waren so offenkundig mit dem Islam verbunden, dass man sie trotz ihrer praktischen Vorzüge in den von Hindus regierten südindischen Staaten mied. (In China blieben die Moslems eine Minderheit und bauten Moscheen im lokalen Stil mit Minaretten in Pagodenform.) Die Zeit der britischen Besatzung in Indien war architektonisch durch neugotische Eisenbahnstationen und Verwaltungsbauten im Stil des kaiserlichen Rom geprägt. Wo immer sich der westliche Imperialismus ausbreitete, kündigten Gebäude im europäischen Stil von seiner Ankunft. Doch nicht nur Bauten. Die Bildhauer wurden in den Prozess der Kolonialisierung mit einbezogen – in den Worten Franz Fanons, der im französischen Martinique geboren wurde und aufwuchs: »eine Welt der Statuen: die Statue des Generals, der die Eroberung anführte, die Statue des Ingenieurs, der die Brücke errichtete; eine Welt, die sich ihrer selbst sicher ist und die die ausgepeitschten Schwarzen unter Steinen zermalmt«. Auch in Europa und Nordamerika unterstrichen die überlebensgroßen, auf Sockeln platzierten Statuen weißer Männer, seltener auch Frauen, den Ehrgeiz derjenigen, die sie in Auftrag gegeben hatten.

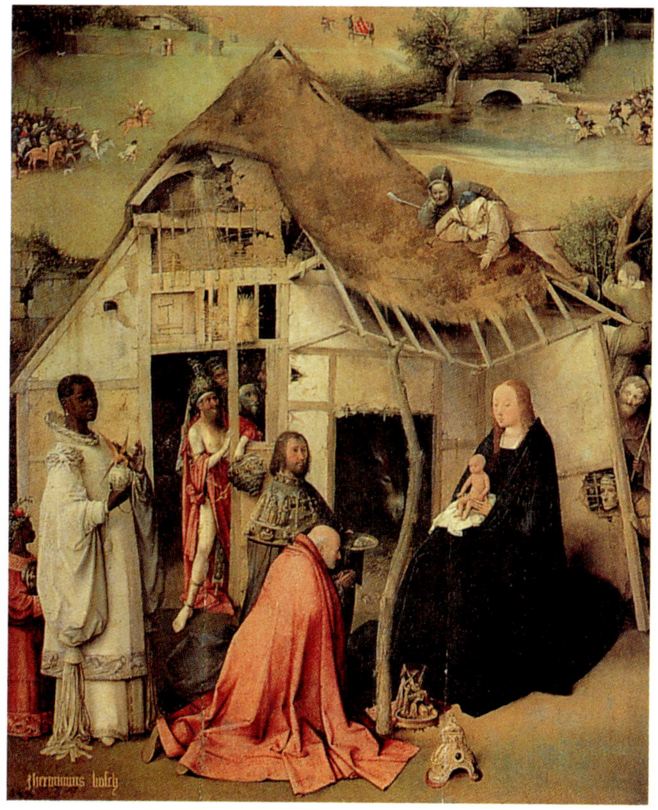


0.12 HIERONYMUS BOSCH, *Anbetung der heiligen drei Könige*, Detail der Mitteltafel, um 1490–1510, Holz. Prado, Madrid

### *Die Macht der Bilder*

Kunstwerke sind immer Teil eines übergreifenden kulturellen Gefüges. Sie bringen nicht nur religiöse Überzeugungen, Moralvorstellungen und ästhetische Vorlieben zum Ausdruck, sondern spiegeln auch eine Gesellschaftsordnung mit ihren Hierarchien, Marginalisierungen und Ausgrenzungen wider und tragen überdies zum Fortbestand dieser Strukturen bei. Auch wenn sie vordergründig keinen pädagogischen Anspruch erheben und keine religiösen oder politischen Botschaften verkünden, wirken sie unter Umständen um so mehr auf indirektem Weg. Die Nachwirkung des antiken griechischen Ideals von physischer Vollkommenheit hat rassische Vorurteile befördert – die Vorstellung der intellektuellen, moralischen und physischen Überlegenheit der Weißen. Auch hat die Antike neben anderen Relikten einer von Männern dominierten Gesellschaft, das Rollenverständnis der Geschlechter in der Kunst des Abendlandes wesentlich geprägt. Doch gehört zur Geschichte der Kunst – wie zu derjenigen anderer kultureller Äußerungen – das Spiel zwischen Künstlern als Individuen und dem, was neuerdings als ›Reproduktion soziokultureller Systeme‹ bezeichnet wird, notwendig dazu. Während manche Künstler zur Entwicklung der Kultur einen bedeutenden Beitrag geleistet haben, indem sie gängige Vorstellungen entweder vertieft oder untergraben oder ganz allgemein den geistigen Horizont erweiterten, sah sich die Mehrheit gezwungen, ihren Lebensunterhalt zu verdienen, indem sie die jeweils herrschende Ideologie, die sie durch Erziehung oder Indoktrination meist mit ihren Auftraggebern teilten, stillschweigend unterstützten. In Europa wurden großformatige Kunstwerke, das heißt die Mehrzahl der Gemälde und praktisch alle Skulpturen, von Stiftern in Auftrag gegeben, die die Themen und die Künstler, die ihnen am geeignetsten schienen, selbst bestimmten. Aber selbst wenn sie keine Auftragswerke schufen, mussten die Künstler die Ansichten potentieller Käufer und Auftraggeber berücksichtigen und nicht zuletzt jener, die Ausstellungen organisierten und ihnen den Zugang zu den wichtigsten Märkten versperren oder öffnen konnten. Nur wenige Künstler waren in der Lage, sich ihre eigene Öffentlichkeit zu schaffen, weil sie finanziell unabhängig, damit aber auch Mitglieder der Bourgeoisie waren, selbst wenn sie gegen diese aufbegehrten.

Musterbeispiele dafür, wie Bilder dazu beitragen können, kulturelle Strukturen aufrechtzuerhalten, sind die Darstellungen von Schwarzen in der Kunst des Abendlandes. Auf einem Gemälde aus der Zeit um 1500 n. Chr. zeigt der holländische Maler HIERONYMUS BOSCH die prächtig gekleidete, aufrecht stehende und stattliche Figur eines Afrikaners, der einer der drei Könige oder ›Weisen‹ ist, die von weither angereist sind, um das Christuskind anzubeten. Innerhalb der Gesamtkomposition nimmt er eine genauso bedeutende Stellung ein wie die Jungfrau Maria ▸0.12. Wegen seiner markanten Gesichtszüge kann man davon ausgehen, dass BOSCH hier einen ihm persönlich bekannten Mann porträtierte. Natürlich hatte es in Europa seit der Antike Afrikaner gegeben, doch waren es nie sehr viele gewesen. In der Kunst waren Schwarze zwar vereinzelt abgebildet worden, nur selten aber an prominenter Stelle. Ungeachtet der sprachlichen Identifizierung der Farbe Schwarz mit dem Bösen und der Dunkelheit und der Farbe Weiß mit Reinheit und Licht erschienen sie in der religiösen Kunst des Mittelalters in einer Vielzahl von Rollen, als Heilige und Teufel, als christliche Märtyrer und Folterknechte. Seit der Mitte des 14. Jahrhunderts war es keineswegs unüblich, einen der drei Könige als Schwarzen darzustellen, häufig von

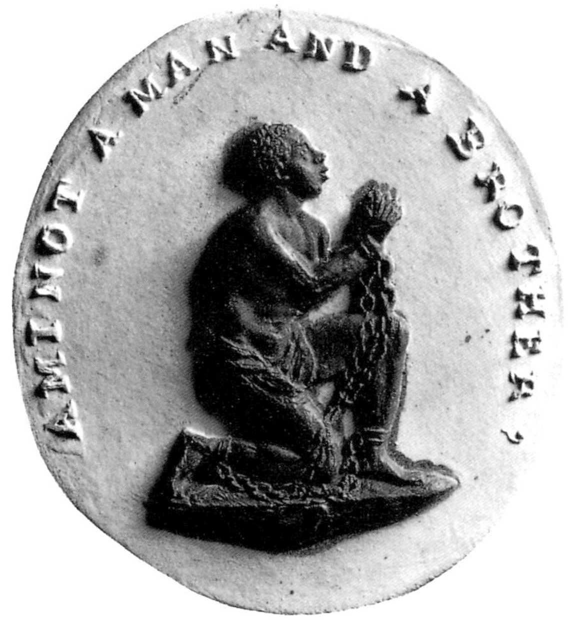


0.13 Manufaktur Wedgwood, *›Am I not a man and brother?‹* (*›Bin ich denn kein Mensch und Bruder?‹*), 1787, Jasperware, 3,5 x 3,5 cm. Wedgwood Museum, Barlaston/Staffordshire.

einem Zug prächtig gekleideter Gefolgsleute begleitet, die an die sagenumwobenen Reichtümer Afrikas denken ließen. Ab dem 16. Jahrhundert wurde in Bildnissen von Mitgliedern der Oberschicht häufig ein schwarzer Diener beigesellt. Fantasievoll gewandete Pagen erfreuten sich besonderer Beliebtheit, um die vermeintliche Überlegenheit des porträtierten Weißen und seine Hautfarbe hervorzuheben. Doch zugleich nahm in dieser Zeit der Sklavenhandel von Afrika nach Amerika stark zu, und das Wort Sklave, das sich aus Slave ableitet (Osteuropa war viele Jahrhunderte eine der Hauptquellen des Menschenhandels), wurde vor allem auf Schwarze angewendet. Dieser schändliche Handel wurde in späterer Zeit immer heftiger bekämpft – sowohl von christlichen Denkern als auch von Aufklärern, die Ende des 18. Jahrhunderts Gesellschaften zur Abschaffung der Sklaverei gründeten. Die britische Gesellschaft wählte sich zu ihrem Emblem, das auch in den Vereinigten Staaten zirkulierte und in Frankreich kopiert wurde, einen Schwarzen in Ketten, der auf Knien und in flehender Pose dargestellt ist mit dem Motto »Bin ich denn kein Mensch und Bruder?« ►0.13. In England produzierte einer der führenden Gegner der Sklaverei, JOSIAH WEDGEWOOD, elegante kleine Porzellanmedaillons, die, in Gold gefasst, von ihren Besitzern zur Beförderung ihres Anliegens und zum Ausweis ihrer Menschenliebe als Schmuckstücke getragen wurden. Das Motiv fügsamer Unterwürfigkeit wurde in zahllosen großen wie kleinen Gemälden und Skulpturen variiert. Doch in Wirklichkeit schadete es der Sache, für die es kämpfen wollte, mehr, als dass es ihr nützte. Indirekt bestätigte es das Vorurteil von der Unterlegenheit der Schwarzen, vermittelte es doch, dass diese selbst für ihre Befreiung auf die Weißen angewiesen seien. Ganz unmissverständlich und auf wesentlich verstörendere Weise stellte WILLIAM BLAKE die widerwärtigen Strafen dar, die jenen Sklaven auferlegt wurden, die in Surinam gewagt hatten, gegen ihre Herren aufzubegehren ►0.14. BLAKES Radierungen zeigen den physischen und moralischen Stolz und Gleichmut, mit dem sie ihre Leiden ertrugen. Doch kein Künstler mit vergleichbaren Fähigkeiten hielt den Triumph jener Sklaven fest, die sich in Haiti befreiten, obwohl dies vielleicht dazu beigetragen hätte, eine andere Vorstellung von Afrikanern entstehen zu lassen als die von außerordentlich muskulösen und kräftigen Gestalten, wie im *Tod des Sardanapal* ►15.24. Die menschenverachtende Sklaverei wurde in Großbritannien und Frankreich auch nach ihrer Abschaffung noch häufig dargestellt (s. S. 600 f.), somit in jenen beiden Ländern, die als Kolonialmächte gleichzeitig aktiv an der Unterjochung der Afrikaner beteiligt waren.

Die Sklavenhaltung, die für Europäer zunehmend zu einem befremdlichen und entlegenen Phänomen wurde, blieb in den Vereinigten Staaten, wo Schwarze einen hohen Bevölkerungsanteil stellen, die Mehrheit von ihnen Sklaven, ein zentrales Thema. Während der ersten drei Jahrzehnte des 19. Jahrhunderts traten Schwarze in den Gemälden amerikanischer Künstler dabei nur selten und wenn, dann nur am Rande in Erscheinung. Und obwohl sie ab den dreißiger Jahren des 19. Jahrhunderts häufiger abgebildet wurden, blieben sie dabei fast ausnahmslos von den Weißen getrennt. Nicht selten sind sie mit einem Feingefühl dargestellt, das auf eine tiefere Anteilnahme des Malers schließen lässt. Direkte Verweise auf die Sklaverei blieben bis in die fünfziger Jahre des 19. Jahrhunderts tabu, als eine zunehmende Zahl von Weißen in den Nordstaaten deren Abschaffung verlangte. In diesen Jahren trug Harriet Beecher Stowes berühmter Roman *Onkel Toms Hütte* maßgeblich dazu bei, die Weißen von den Übeln der Sklaverei zu überzeugen. Das Buch war ebenso wie das gut gemeinte Emblem der britischen Sklavengegner vor allem deswegen erfolgreich, weil es mit einem problematischen, aber weithin akzeptierten Klischee arbeitete. Ähnlich unbedrohliche Schemata dominierten die Darstellung von meist sehr jungen oder sehr alten Schwarzen bis zu Beginn des 20. Jahrhun-

0.14 WILLIAM BLAKE, *Neger, bei lebendigem Leib an den Rippen an einem Galgen aufgehängt*, 1792, Radierung nach einer Zeichnung, 26,7 x 20,3 cm. Abbildung aus John Gabriel Stedman, *Narrative of a Five Years' Expedition Against the Revolted Negros of Surinam*, London 1796.

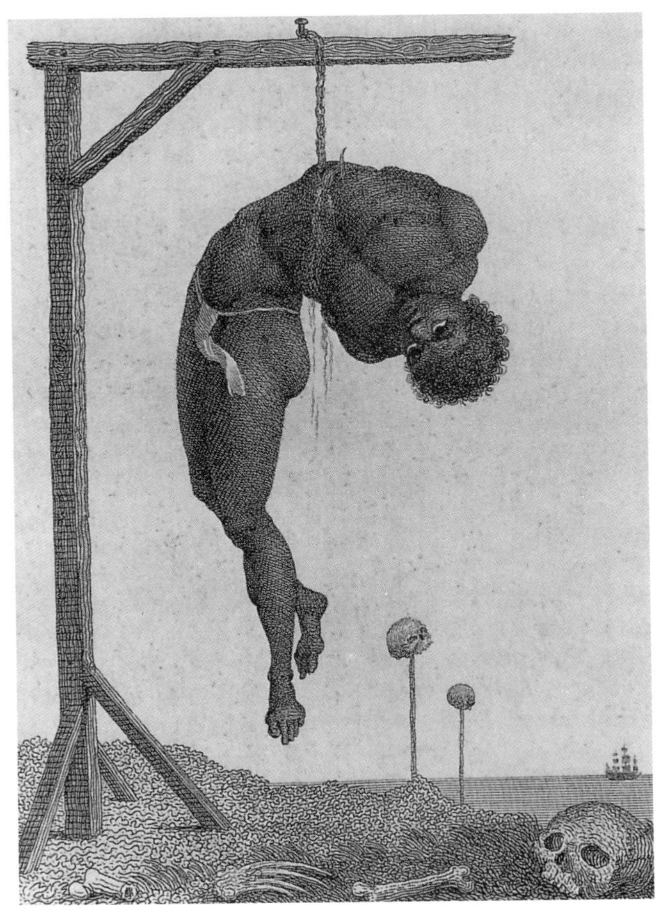

derts. Nur in den Bildern, die, wie es seinerzeit hieß, das ›Leben der Neger‹ schilderten, durften stämmige und kräftige Männer und sexuell attraktive Frauen erscheinen. Doch letztlich bestätigten solche Gemälde und Skulpturen nur herrschende Vorstellungen der Rassenunterschiede einer von Weißen dominierten Welt.

Noch ein weiteres Herrschaftsverhältnis hat die Kunst des Abendlandes geprägt, nämlich die Vorrangstellung des Mannes gegenüber der Frau. Die Geschlechterdifferenz spiegelt sich in den Kunstwerken und wurde von diesen fortgeschrieben. Ob sie nun die Passivität, die Empfindlichkeit und Sittsamkeit von Ehefrauen und Töchtern der Oberschicht darstellten – das exakte Gegenteil der ihren Ehemännern und Vätern zugestandenen Charaktermerkmale – oder aber die freizügigere Art von Frauen der Arbeiterklasse: Sie erhielten die Trennungen nach Geschlecht und Stand in Gesellschaften aufrecht, in denen Männer den Ton angaben. Natürlich sind Frauendarstellungen in der Kunst der Welt allgegenwärtig. Bei den ältesten uns bekannten (s. S. 30) handelt es sich vermutlich um Muttergottheiten, da sie aber in schriftlosen Kulturen entstanden, ist ihre genaue Bedeutung nicht bekannt. Als die ersten Formen der Schrift erfunden wurden, blieb deren Kenntnis den Männern vorbehalten, die im engen Kontakt zu den Herrschern standen (im antiken Mesopotamien oder Ägypten gab es keine Schreiberinnen). In historischer Frühzeit wurden weibliche Gottheiten verehrt (dies ist in den meisten Kulturen so geblieben), und mitunter errangen Frauen auch politische Macht. Aber in allen Dokumenten über das Leben auf der Erde dominieren die Männer, die häufig auch die Siege der Könige in Chroniken schilderten. Bis vor noch nicht allzu langer Zeit wurde das Patronat über die Künste vor allem und mancherorts ausschließlich von Männern der herrschenden Schicht ausgeübt, deren Ideale von Männlichkeit und Weiblichkeit sich in Kunstwerken widerspiegeln, selbst wenn diese – selten genug – von Frauen stammen.

## Künstlerinnen

In manchen Gemeinschaften ist praktisch jeder Mann und jede Frau gelegentlich künstlerisch tätig. (Nur die komplexeren soziologisch stärker differenzierten Gesellschaften konnten sich professionelle Maler und Bildhauer leisten.) Die Geschlechtszugehörigkeit aber entschied – nach lokalen Traditionen unterschiedlich – welche Art von Arbeit verrichtet und mit welchem Material gearbeitet wurde. Bei verschiedenen Gruppen südlich der Sahara werden gewebte Stoffe entweder von Männern oder von Frauen hergestellt. Wo dies aber beide Geschlechter tun, bedienen sie sich unterschiedlicher Webtechniken. Die Metallbearbeitung ist in dieser Region ausschließlich Sache der Männer, während Tonwaren, teilweise wegen der Assoziation von Ton mit der Erdmutter oder -göttin, überwiegend von Frauen gefertigt werden. Nicht nur schlichte Töpfe für den Hausgebrauch, sondern auch kunstvoll gearbeitete Ritualgefäße – bisweilen herausragende Beispiele afrikanischer Kunst – und Tonstatuetten sind von den Frauen der Yoruba in Nigeria geschaffen worden. In anderen Gruppen war nur Männern gestattet, die menschliche Figur darzustellen. Im südwestlichen Nordamerika haben indianische Frauen das Korbflechten zu einer erlesenen Kunst ausgebildet, die berühmteste unter ihnen ist DAT SO LA LEE (um 1850–1925) vom Stamm der Washo in Nevada (s. S. 684; ▸18.30).

Die Stellung der Frauen in größeren sozialen Verbänden bedingte ihren Anteil am künstlerischen Schaffen. Die Unterjochung der Frau in China von den frühesten Zeiten bis zur Revolution von 1911 (und auch noch danach) ist nur allzu bekannt. Trotzdem gelangten auch hier einige Künstlerinnen zu einem gewissen Ruhm, wurden aber von späteren chinesischen Kunstgelehrten ignoriert oder herabgesetzt. Spätestens seit dem 2. Jahrhundert wurde die Kalligrafie, in China bisweilen als höchste Kunstform angesehen, mit großem Geschick von Frauen ausgeübt, wenn auch nur von Angehörigen der gebildeten Oberschicht, da die Mehrheit der Bevölkerung des Lesens und Schreibens unkundig war. Dieser Klassen- und Bildungsunterschied hat erhebliche Bedeutung, da außer in China einer Kunst nirgends eine derart hohe Wertschätzung entgegengebracht wurde, die von Gelehrten aus der Oberschicht gepflegt wurde – den so genannten ›Literatenmalern‹, die man im Westen als Amateure einstufen würde. Berufsmaler, zu denen auch Frauen zählen konnten, wurden mit Handwerkern und Unterhaltungskünstlern auf eine Stufe gestellt; Kunstkenner nahmen sie gar nicht wahr, und es ist kaum etwas von ihnen überliefert. Da die Ausbildung auf die Zugangsprüfungen zum Staatsdienst ausgerichtet war, die den Weg zu Macht und Reichtum eröffneten, war sie eine reine Männerdomäne, deren Grundlage hauptsächlich Schriften bildeten, die Konfuzius zugeschrieben wurden. Seine Einstellung zu Frauen war bestenfalls paternalistisch. Einige jedoch lernten von ihren Vätern, Brüdern oder Ehemännern, und die erste Künstlerin, deren Bilder so viel Anerkennung fanden, dass sie in die kaiserliche Sammlung aufgenommen wurden, war die im 13. Jahrhundert tätige GUAN DAOSHENG, eine Frau von vornehmer Herkunft, hoch gebildet und verheiratet mit einem Maler und kaiserlichen Beamten von noch höherer Geburt (s. S. 510; ▸12.80). Auch wenn immer in der Minderheit, fanden später immer mehr Frauen Anerkennung als ›Literatenmalerinnen‹, deren Stil sich kaum von dem ihrer männlichen Kollegen unterschied. Aus einem typisch chinesischen Traditionsbewusstsein heraus nahmen sie in Bildaufschriften häufig Bezug auf ihre Vorgängerinnen, und eine Frau verfasste im frühen 19. Jahrhundert eine Geschichte der chinesischen Malerinnen.

Auch in Japan schränkte die Erziehung die Rolle der Frau in den Künsten ein, doch war die Situation insgesamt eine andere. Seit dem 8. Jahrhundert war Chinesisch die offizielle Sprache in der von Männern dominierten Staatsverwaltung, in Buddhismus und Gelehrtentum. Von Frauen wurde der Umgang mit dem Japanischen erwartet, der Sprache der Dichtung und erzählenden Prosa. In ihr taten sie sich durch eine wunderbar fließende Schrift hervor, die mitunter ›weibliche Handschrift‹ genannt wurde und vielleicht den reinsten Ausdruck des künstlerischen Genius Japans darstellt (s. S. 274). Diese Schrift wurde auch von Männern für Gedichte und private Briefe verwendet, und wenn sie innerhalb der Malerei auftrat, war dies aber kein Hinweis auf das Geschlecht des Künstlers, sondern auf den ganz persönlichen, gefühlsbetonten Inhalt. Die Kunst, kurze Gedichte zu schreiben, galt Frauen der Oberschicht – unter ihnen herausragende Kalligraphinnen – mit der Zeit als hohes Ideal. Erst ab dem 17. Jahrhundert sind Frauen als Bildkünstlerinnen geschichtlich bezeugt. Manche entstammten dem Stand der Samurai, in der Mehrzahl aber waren sie offenbar Töchter von Berufsmalern (die in Japan einen höheren Status inne hatten als in China). Sie imitierten ihre Meister so getreu, dass ihr Schaffen für das von Männern gehalten werden könnte, hätten sie nicht die entspre-

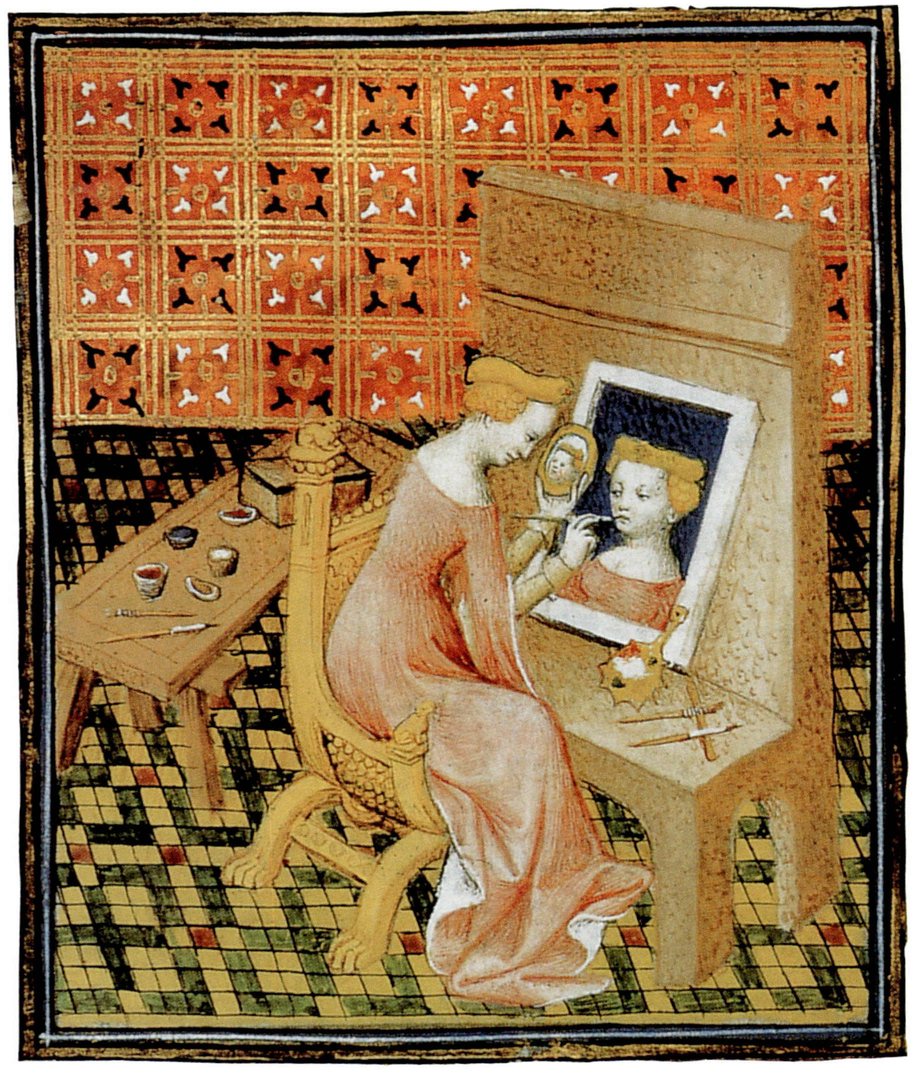

0.15 *Marcia*, Illustration zu Giovanni Boccaccio, *De claris mulieribus*, frühes 15. Jahrhundert. Bibliothèque Nationale, Paris.

chende Bezeichnung für ›Fräulein‹ oder ›Frau‹ in ihre Signatur mit einbezogen.

In Persien und im Indien der Mogulen betrieben Prinzessinnen und andere hochgestellte Hofdamen, die der täglichen Pflichten einfacherer Frauen enthoben waren, gelegentlich Miniaturmalerei (s. S. 500). Ihre Namen und ihr Werk sind allerdings nur aufgrund ihrer gesellschaftlichen Stellung bekannt. Wie groß der Beitrag von Frauen zum Schaffen männlicher Berufsmaler gewesen ist, ist nicht überliefert, da die Erzeugnisse einer Werkstatt meist nur dem Meister zugeschrieben wurden. In Indien aber werden auf einer niedrigeren gesellschaftlichen und künstlerisch eher volkstümlichen Ebene große Wand- und Fußbodenkompositionen von magisch-religiöser Bedeutung ausschließlich von Frauen gemalt.

Im Westen sind die Beiträge, die Frauen zur Geschichte der Kunst leisteten, gründlicher dokumentiert. Plinius der Ältere (s. S. 139) erwähnt sechs Malerinnen in der hellenistischen Welt, tatsächlich aber dürften es wesentlich mehr gewesen sein. Zwei von ihnen sind auf Wandgemälden in Pompeji bei der Arbeit dargestellt. Im europäischen Mittelalter illuminierten einige Frauen Handschriften, wobei die älteste überlieferte von einer – mutmaßlichen – Nonne des 10. Jahrhunderts namens ENDE stammt, die 970 einen Kommentar zur *Apokalypse* von Beatus illustrierte (Domschatz von Gerona). Dies ist das vielleicht herausragendste Beispiel der mozarabischen Buchmalerei überhaupt. Im Rheinland gestaltete die Nonne GUDA im späten 12. Jahrhundert eine der komplexen Manuskriptinitialen als ihr Selbstporträt. Da aber solche Malereien selten signiert wurden, lässt sich kaum jemals mit Sicherheit sagen, ob sie von der Hand eines Mannes oder einer Frau sind. Sicher ist nur, dass die Buch- wie auch die Monumentalmalerei in Klöstern auch von Nonnen betrieben wurde, denen das Gebären und Großziehen von Kindern ebenso erspart blieb wie die Hausarbeit. Auch wurden in Nonnenklöstern Gewänder mit Bildstickereien hergestellt. Auch adlige Frauen, die ein privilegiertes Leben führten, schufen feinste Stickereien, darunter vermutlich auch den *Wandteppich von Bayeux* (s. S. 346). Außerhalb dieser Kreise waren Frauen vielleicht an der künstlerischen Arbeit ihrer Väter, Brüder und Ehegatten beteiligt, auch wenn sie in der Regel von den Zünften ausgeschlossen waren. Berufskünstlerinnen treten in Europa erstmals gegen Ende des 14. Jahrhunderts in Erscheinung. In Paris illuminierte ANASTASIE die Bordüren von Manuskripten für König Karl VI. sowie für die Schriftstellerin Christine de Pisan (um 1365–um 1431), von der die Aussage stammt, dass kein Mann ANASTASIE bei dieser Arbeit übertreffe. Illustrationen waren auch den etwa zur gleichen Zeit entstandenen Manuskripten von Giovanni Boccaccios höchst populärem *De claris mulieribus* (*Über berühmte Frauen*, 1361) beigegeben, einer Darstellung berühmter Künstlerinnen der Antike, die weit über die kurze Passage bei Plinius hinausgeht. Eine von ihnen zeigt Marcia, eine Vestalin, deren Name auf einem Missverständnis Boccaccios beruht, beim Malen ihres Selbstporträts. Sie trägt die typische Kleidung des frühen 15. Jahrhunderts, wie sie ANASTASIE getragen haben dürfte ▸0.15. Als Malerinnen im 16. Jahrhundert stärker in den Vordergrund traten, wurden die Berichte von Plinius und Boccaccio über ihre antiken Vorgängerinnen immer wieder in Erinnerung gerufen, sowohl von Schriftstellern wie VASARI als auch von den Künstlerinnen selbst, insbesondere von SOFONISBA ANGUISCIOLA.

Frauen bildeten unter den Berufskünstlern weiterhin eine verschwindende Minderheit, und jene, die sich einen Namen machten, wurden meist als Ausnahmepersönlichkeiten betrachtet – daher vielleicht die starke Nachfrage nach Selbstporträts von SOFONISBA ANGUISCIOLA, die ihre Bilder im Wettstreit mit Boccaccios ›Marcia‹ manchmal mit ›Sofonisba virgo‹ signierte (s. S. 466). In den Sammlungen von Künstlerinnenbiographien, die ab der Mitte des 16. Jahrhunderts zu erscheinen begannen (und die, wie könnte es anders sein, ausschließlich von Männern verfasst wurden), wird ihre Weiblichkeit stärker in den Vordergrund gerückt als ihre künstlerische Leistung. So behauptet GIORGIO VASARI (s. S. 435), dass das von PROPERZIA DE'ROSSI (um 1490 bis 1530) gemeißelte Relief am Hauptportal der Kirche von San Petronio in Bologna – es zeigt Joseph und Potiphars Weib – durch ihre eigene unerwiderte Liebe zu einem jungen Mann inspiriert worden sei. Sie gehörte zu den wenigen Frauen, die sich vor dem 19. Jahrhundert als Bildhauerinnen betätigten – die anstrengende Meißelarbeit blieb eine Domäne der Männer. Frauen waren eher als Malerinnen tätig. Manche schufen großformatige Gemälde, in der Regel aber spezialisierten sie sich auf Porträtmalerei (s. S. 571), Stillleben oder Blumenstücke (s. S. 554). Denn sie waren nicht nur vom Malunterricht nach dem Modell ausgeschlossen – eine unentbehrliche Übung für die Darstellung des menschlichen Körpers –, man erwartete von ihnen auch, dass in ihrem Werk jene Eigenschaften des Zartgefühls und Charmes, der Innigkeit und Sanftheit hervortraten, die die Männer in willfähriger Anpassung an die Konvention für zutiefst weiblich hielten. Viele waren gezwungen, sich vor allem als Kopistinnen zu betätigen: Originalität in der bildenden Kunst war – wie auch in der Musik – angeblich ein männlicher Zug. Trotz einer Lockerung der Beschränkungen während der Französischen Revolution (s. S. 587) wurde es Frauen erst im späten 19. Jahrhundert mit dem Zusammenbruch des akademischen Systems und der allgemeinen Lockerung gesellschaftlicher Konventionen möglich, sich stärker zu verwirklichen und einen entscheidenden Beitrag zur Kunstgeschichte zu leisten: im Impressionismus (s. S. 642 ff.), im Postimpressionismus (s. S. 654 ff.), in der gegenstandslosen Kunst (s. S. 712 f. und 715) im Surrealismus (s. S. 731), im Expressionismus (s. S. 702) und in verschiedenen Richtungen nach dem Zweiten Weltkrieg (s. S. 760 und 787 ff.). Die letzten vier Jahrzehnte sind vor allem in den Vereinigten Staaten, aber auch andernorts durch die zunehmende Präsenz feministischer Kunstwerke geprägt. Sie unterscheiden sich nachhaltig von aktuellen Arbeiten in den von Männern dominierten Stilen, welche sie häufig kritisieren (s. S. 787). Außerdem hat der Feminismus zu einer radikalen Revision der Kunstgeschichte geführt. Die Werke von Künstlerinnen wurden einer grundsätzlichen Neubewertung unterzogen. Intensiv auseinandergesetzt wurde sich auch mit von Männern geschaffenen Kunstwerken, um die darin zum Ausdruck kommenden Positionen zur Rolle der Frau herauszuarbeiten.

## Die Geschichte der Kunst

In mancher Hinsicht ist die Geschichte der Kunst vergleichbar mit der der Literatur. In beiden Gattungen gibt es Konstanten und Neuerungen, in keiner eine geradlinige Stufenleiter der Vervollkommnung. Beide brachten Meisterwerke hervor, die den Rahmen äußerer Bedingtheiten sprengten und jenseits der Individualität ihres Schöpfers das Zeitlose berührten. Doch die Geschichte der Kunst beruht nicht zuletzt darauf, dass die Kunstwerke in ihrer materiellen Gestalt erhalten bleiben, und dies ist ebenso wie ihre Zerstörung von verschiedenen Faktoren abhängig. Einerseits wurden (und werden) immer wieder religiöse Bildwerke zerstört, um den Glauben ihrer Anhänger zu untergraben: von frühen Christen im Römischen Reich, von Moslems in Indien, von Spaniern in Mittelamerika, von Protestanten in Nordeuropa, von den Missionaren des 19. Jahrhunderts in Afrika und Polynesien und in jüngerer Zeit von den Roten Garden der Kulturrevolution in China, deren erschreckender Fanatismus beredter Ausdruck der Bedeutung ist, die der Kunst noch immer beigemessen wird – wenn auch keineswegs aus ästhetischen Gründen. Andererseits wurden Kunstwerke an vielen Orten wegen ihrer künstlerischen Qualität in Privatsammlungen und später in öffentlichen Museen aufbewahrt. Nicht zufällig wurden auch nur dort Geschichten der Kunst verfasst. In ihnen werden manche Arbeiten marginalisiert, viele andere ausgeschlossen, womit ihre Verfasser die Aufmerksamkeit auf die wenigen lenken, die sie zur Nachahmung empfahlen: Ein Kanon wurde geschaffen. Solche Werke bilden das Grundgerüst für eine Kunstgeschichte der Kontinuitäten und Wandlungen, der Wiederbelebungen vergangener Stile und der Experimente mit neuen Verfahren (wobei das Übergangene oder in seiner Bedeutung Heruntergespielte von gleichem, wenn nicht gar von größerem Interesse ist).

Die älteste noch existierende Kunstgeschichte, die Griechenland und Rom gewidmet ist, wurde von Plinius dem Älteren, einem römischen Universalgelehrten, als Teil einer großen Abhandlung über die Naturgeschichte verfasst. Er vollendete sie, bevor er beim Ausbruch des Vesuvs im Jahre 79 n. Chr. ums Leben kam. Plinius verfügte über inzwischen verlorene griechische Berichte über Künstler. Aus einem leitete er den Begriff des Fortschritts im Sinne eines immer weiter zunehmenden Naturalismus ab. Dieser, so meinte man, habe zu Lebzeiten des Schriftstellers die höchste Vollkommenheit erreicht. Die älteste bekannte Abhandlung über die chinesische Malerei wurde um 500 n.Chr. von Xie He verfasst: das *Klassifizierte Verzeichnis antiker Maler*, das Künstler gemäß ihrer Beherrschung von sechs wesentlichen Prinzipien (s. S. 263) einstufte, ohne dabei von einer Entwicklung auf ein bestimmtes Ziel hin auszugehen. Über eineinhalb Jahrtausende bot dieses Traktat rein ästhetische Kriterien für die Beurteilung von Gemälden, freilich nur für diejenigen der ›Literatenmaler‹. Dong Qichangs Schriften über die Malerei aus dem 17. Jahrhundert sind ein typisches Beispiel hierfür (s. S. 516).

Nach dem Mittelalter, in dessen Verlauf sich Schriften zur Kunst vor allem auf technische Handbücher beschränkten, wurde Plinius' Fortschrittsbegriff wieder aufgegriffen und zwar durch den florentinischen Maler und Architekten GIORGIO VASARI in seinem erstmals 1550 in Florenz veröffentlichten Buch *Die Lebensgeschichten der hervorragendsten italienischen Architekten, Maler und Bildhauer von Cimabue bis in unsere Zeit*. Darin beschrieb der Verfasser die »Restauration oder vielmehr die Renaissance der Künste«, die während der vorangegangenen zweieinhalb Jahrhunderte stattgefunden habe, also nach ihrem »Aufstieg zur Vollkommenheit« im antiken Griechenland und Rom und ihrem anschließenden Verfall. Wie die meisten Historiker studierte VASARI die Vergangenheit vor allem, um die Gegenwart besser erklären zu können. Er verstand die Kunstgeschichte seit dem 14. Jahrhundert als eine Abfolge steter Fortschritte: GIOTTO war es gelungen, feste Körper und expressive Bewegung darzustellen, MASACCIO hatte die Perspektive sowie die Behandlung von Licht und Schatten gemeistert, und LEONARDO DA VINCI und RAFFAEL hatten die Kunst um Anmut und Schönheit bereichert. Doch der eigentliche Held VASARIS war MICHELANGELO, ein »Universalgenie in allen Künsten« – in der Skulptur und Architektur ebenso wie in der Malerei. Obwohl das Buch fast ausschließlich italienischen Künstlern gewidmet war und die Florentiner eine auch lokalpatriotisch bedingte Vorrangstellung genossen, wurde es zu einem Vorbild für die Beschreibung der ganz anders gearteten Kunst der Niederlande und später auch für die anderer Nationen. Die herausragende Stellung, die VASARI MICHELANGELO zugesprochen hatte, wurde allerdings bald von anderen Experten in Frage gestellt, die erkannten, dass er auf einigen Gebieten durchaus übertroffen worden war: durch RAFFAEL etwa in seinen Zeichnungen und der kompositorischen Anlage seiner Bilder oder durch TIZIAN in seiner Farbgebung. Aber keiner von ihnen hatte jene Vollkommenheit in allen Sparten der Kunst erlangt, die für VASARI das Ziel des weiteren Fortschritts war, das anzustreben die Künstler ermutigt werden sollten.

In der zweiten Hälfte des 18. Jahrhunderts war die Auffassung weit verbreitet, dass sich die Künste erneut in einem Stadium des Verfalls befänden, das sich nach Ansicht des Kunsttheoretikers Johann Joachim Winkelmann durch eine Rückkehr zu den wahren Prinzipien der griechischen Kunst überwinden ließe. In seiner *Geschichte der Kunst des Altertums* (1763) beschrieb er weniger einen Fortschritt als einen organischen Prozess der Entstehung, Reifung und des Verfalls, der auch in der italienischen Kunst zum Ausdruck käme. Die Künste Griechenlands vor dem 5. Jahrhundert v. Chr. und diejenigen Italiens vor dem 16. seien nicht in jeder Hinsicht miteinander vergleichbar, doch seien beide im Besitz einer der Vervollkommnung förderlichen schlichten Einfalt und Reinheit gewesen, wohingegen jene Künste, die bereits den höchsten Grad an Vollkommenheit erreicht hätten, immer die Keime des Verderbens und der Manieriertheit in sich trügen, die unter restaurativen politischen Systemen dann akut würden. Bald folgte eine Neubewertung der älteren Künste Italiens und Nordeuropas, an die sich dann eine Umorientierung der Kunstgeschichte anschloss. Eine wesentlich radikalere Veränderung ging zu Beginn des 19. Jahrhunderts von den Romantikern aus, für die das Ziel der Kunst darin bestand, die individuellen Gefühle und Wahrnehmungen auszudrücken.

Im späten 19. Jahrhundert, als der Glaube an den Fortschritt der abendländischen Zivilisation erschüttert wurde, kam es vor allem in Deutschland und Österreich zu neuen Ansätzen. In diesen Ländern wurde Kunstgeschichte erstmals als Studienfach an den Universitäten zugelassen. 1893 entwickelte Alois Riegl seine Lehre vom rein objektiven Studium des Ornaments. Sie beruhte auf der Vorstellung, dass Stile verschiedener Orte und Zeiten lediglich Manifestationen eines allgemeinen, wenn auch etwas vage gefassten ›Kunstwollens‹ seien. Auseinandersetzungen über Fortschritt und Niedergang seien deshalb irrelevant, ja bedeutungslos. Später sollte Riegl erklären, jeder Stil ziele auf nichts anderes als auf eine getreue Wiedergabe der Natur ab, aber jeder basiere auch auf seinem eigenen Naturbegriff. 1899 schlug Heinrich Wölfflin in seinem Buch über *Die klassische Kunst*, einer Studie zur Malerei und Skulptur der italienischen Renaissance, Kriterien für die Stilanalyse vor, die er 1915 in seinen *Kunstgeschichtlichen Grundbegriffen* weiterentwickelte. Darin arbeitete er verschiedene Strömungen in der klassischen und barocken Kunst anhand bestimmter Begriffspaare heraus: linear und malerisch, Fläche und Tiefe, geschlossene und offene Form, Vielheit und Einheit, unbedingte und bedingte Klarheit. Seine Terminologie wurde für eine rein formale Analyse von Bildern angewandt, gleich ob es sich dabei um Andachtsbilder, Historienbilder, Stillleben, Landschaftsdarstellungen oder Genreszenen handelte. Gemälde wurden analysiert, als seien sie ungegenständlich. Bedeutende Reaktion hierauf waren Aby Warburgs Untersuchungen des Überlebens und der Wiederbelebung der klassischen Antike in der Kunst der Renaissance sowie die Analyse der Ikonographie, bei der es sich im engeren Sinne um das Studium und die Identifizierung des Sujets handelt. Für einen umfassenderen Ansatz bei der Bedeutungsanalyse in der Kunst wurde, insbesondere von Erwin Panofsky, der Begriff Ikonologie benutzt. Panofsky unterschied drei Bedeutungsebenen eines Sujets: seine Primär- oder offensichtliche Bedeutung (das Bild einer Frau), seine herkömmliche Bedeutung (die Jungfrau Maria) und seine immanente Bedeutung bzw. sein Gehalt (die in dem Bild enthaltenen und durch dieses vermittelten religiösen Anschauungen). Die Suche nach letzteren wurde zum Hauptanliegen vieler späterer Kunsthistoriker und hat zu einer breiteren, pluralistischen und vorurteilsfreien Auseinandersetzung mit der Kunst geführt. Marxisten griffen die Ikonologie auf und verfassten verschiedene Sozialgeschichten der Kunst. Aber auch Feministinnen nutzten sie in jüngerer Zeit auf höchst fruchtbare Weise, um Kritik an einer von Männern dominierten Kunstgeschichte zu üben und zu zeigen, wie viele Bilder – absichtlich oder nicht – für die Unterjochung der Frau stehen und diese zugleich fortsetzen und wie die Geschlechtszugehörigkeit mitentscheidet wie Frauen Kunst schaffen und deuten, da sich ihre Erfahrung von der der Männer unterscheidet.

Zwangsläufig spiegeln Kunstgeschichten die Auffassungen und Gefühle ihrer Verfasser wider, die fast genauso vielfältig sind wie die der Künstler, über die sie schreiben – ebenso vielfältig und vielseitig wie die Kunst selbst. Große Kunstwerke sind mehr als nur ästhetisch ansprechende Gegenstände, mehr als nur Meisterstücke menschlicher Geschicklichkeit und Erfindungsgabe: Sie vertiefen unser Verständnis für uns selbst und andere, sie schärfen unser Bewusstsein für unsere eigenen und fremde religiöse Überzeugungen, sie erweitern unsere Kenntnis anderer und fremder Lebensweisen – kurz, sie verhelfen uns zu tiefen Einsichten in unser eigenes Menschsein. Die Schaffung von Kunstwerken ist jene Tätigkeit, die uns Menschen am Deutlichsten von anderen Lebewesen unterscheidet. Damit ist die Geschichte der Kunst ein wesentlicher Teil der Geschichte des menschlichen Bewusstseins überhaupt.

# 1 Ursprünge der Kunst

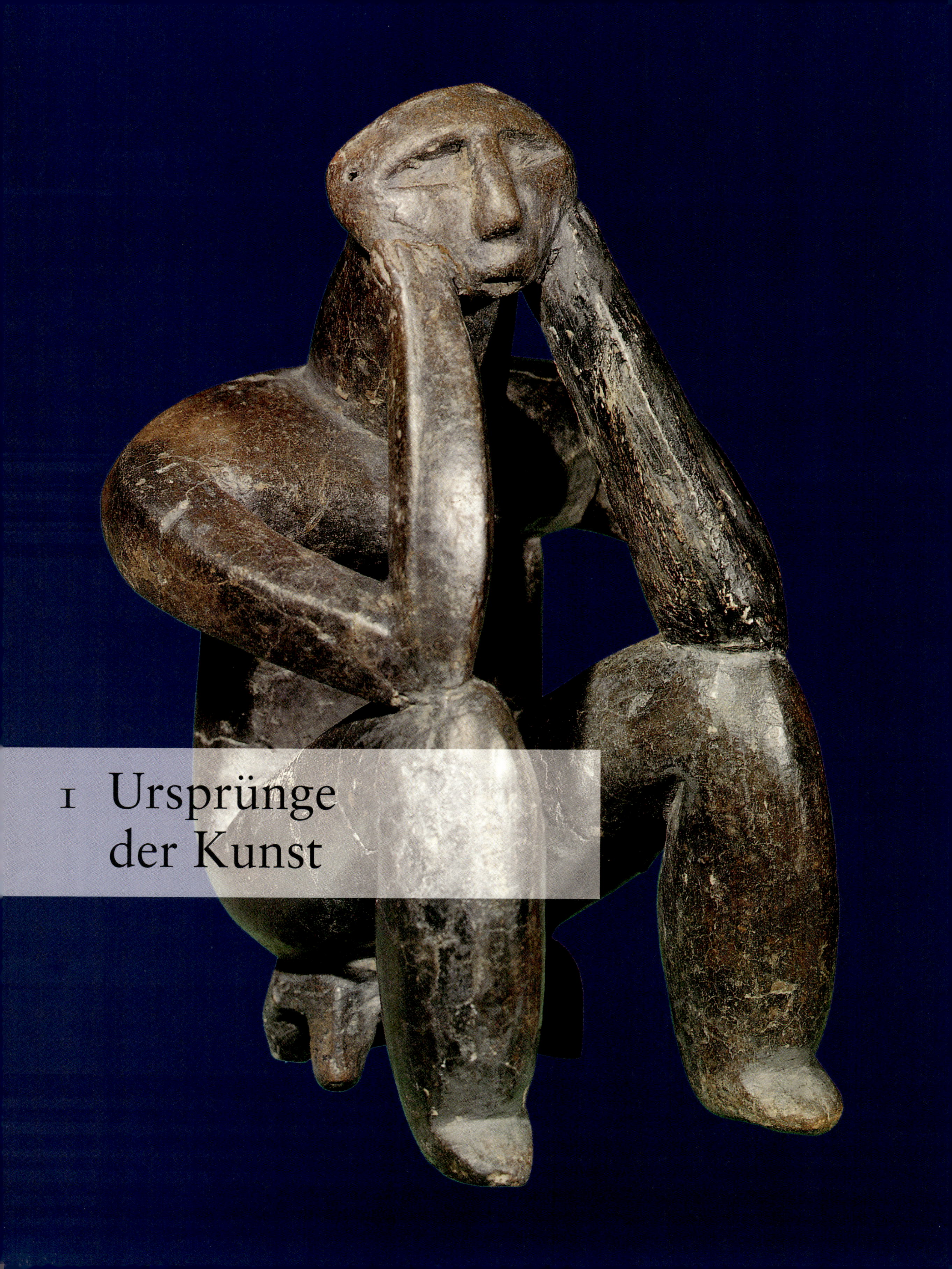

# I
# Die vorgeschichtliche Zeit

Die Entwicklung von Techniken, die den Menschen befähigt haben, seinen Lebensraum zu beherrschen, begann vor über zwei Millionen Jahren im Osten Zentralafrikas. Diese ersten Werkzeuge aus abgekanteten Kieselsteinen wurden von einem menschenähnlichen Lebewesen gefertigt, das als ›Homo habilis‹, der geschickte Mensch, bezeichnet wird. Vor etwa einer Million Jahren in Afrika und vor etwa einer halben Million Jahren in Asien und Europa schuf der ›Homo erectus‹ ein wirksameres Werkzeug, den zweischneidigen Faustkeil. In China hatten Angehörige dieser Spezies bereits die Verwendung des Feuers erlernt. Es dauerte weitere 250000 Jahre, bis man dazu überging, Beilen und Vielzweckwerkzeugen mehr oder weniger regelmäßige Formen zu geben. Damit war der erste Schritt in Richtung einer künstlerischen Tätigkeit getan. Der Neandertaler, ›Homo sapiens neandertalensis‹, der in Europa und im westlichen Asien seit etwa 125000 v. Chr. lebte, stellte eine Vielzahl von Werkzeugen her. Angehörige dieser Subspezies färbten ihre Körper mit rötlichem Ocker. Ihre Gedanken scheinen sich bereits über die materielle Welt hinaus erstreckt zu haben, denn sie beerdigten ihre Toten mit Grabbeigaben, Lebensmitteln und Waffen. Bei La Ferrassie in Frankreich hat sich sogar eine Art Grabdenkmal erhalten, ein großer Stein, aus dem paarweise konkave Kerben herausgehackt worden sind. Wenn diese Markierungen dem Gedenken, dem Magischen oder einer anderen von äußerer Zwecksetzung freien Absicht gedient haben sollten, dann wäre hier der zweite Schritt zur Kunst hin geschehen. Diese Jahrtausende der letzten Eiszeit wurden von den etwas wärmeren Perioden der Zwischeneiszeiten unterbrochen. Während der letzten Zwischeneiszeit, etwa um 40000 v. Chr.,

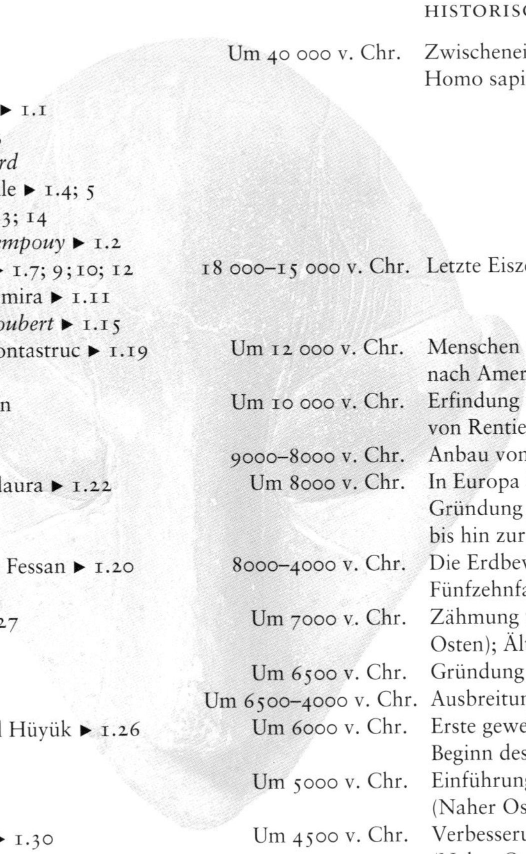

| | BILDENDE KUNST |
|---|---|
| 30000–25000 v. Chr. | *Venus von Willendorf* ▸ 1.1 |
| | *Mann aus Brünn* ▸ 1.3 |
| 25000–20000 v. Chr. | *Mammut* und *Wildpferd* aus der Vogelherdhöhle ▸ 1.4; 5 |
| 25000–17000 v. Chr. | Chauvethöhle ▸ 1.8; 13; 14 |
| Um 22000 v. Chr. | *Frauenkopf aus Brassempouy* ▸ 1.2 |
| 16000–14000 v. Chr. | Höhlen von Lascaux ▸ 1.7; 9; 10; 12 |
| 16000–14000 v. Chr. | Höhlenbilder von Altamira ▸ 1.11 |
| Nach 15000 v. Chr. | *Bisons aus Tuc d'Audoubert* ▸ 1.15 |
| 12000 v. Chr. | Speerschleuder aus Montastruc ▸ 1.19 |
| Um 10000 v. Chr. | Kopf eines Kojoten von Tequixquiac ▸ 1.18 |
| Um 8000 v. Chr. | Felsritzungen von Addaura ▸ 1.22 |
| 8000–5000 v. Chr. | Felsritzungen aus dem Fessan ▸ 1.20 |
| 7000–6000 v. Chr. | *Kopf aus Jericho* ▸ 1.27 |
| Um 5800 v. Chr. | Wandbilder von Çatal Hüyük ▸ 1.26 |
| 4500–4000 v. Chr. | *Kopf aus Predionica* ▸ 1.30 |
| 4000–3500 v. Chr. | *Mann aus Cernavodă* ▸ 1.31 |
| 2100–2000 v. Chr. | Stonehenge ▸ 1.34; 36–38 |

| | HISTORISCHE & KULTURELLE DATEN |
|---|---|
| Um 40 000 v. Chr. | Zwischeneiszeit. Entstehung des Homo sapiens sapiens |
| 18 000–15 000 v. Chr. | Letzte Eiszeit |
| Um 12 000 v. Chr. | Menschen wandern erstmals von Asien nach Amerika |
| Um 10 000 v. Chr. | Erfindung von Pfeil und Bogen; Zähmung von Rentier und Hund (nördl. Eurasien) |
| 9000–8000 v. Chr. | Anbau von Weizen und Gerste (Naher Osten) |
| Um 8000 v. Chr. | In Europa Beginn des heutigen Klimas; Gründung Jerichos; Menschliche Besiedelung bis hin zur Magellanstraße |
| 8000–4000 v. Chr. | Die Erdbevölkerung wächst um das Fünfzehnfache |
| Um 7000 v. Chr. | Zähmung von Schaf und Ziege (Naher Osten); Älteste Keramik (Japan) |
| Um 6500 v. Chr. | Gründung von Çatal Hüyük |
| Um 6500–4000 v. Chr. | Ausbreitung des Ackerbaus nach Westeuropa |
| Um 6000 v. Chr. | Erste gewebte Wollstoffe (Naher Osten); Beginn des Reisanbaus in Asien |
| Um 5000 v. Chr. | Einführung künstlicher Bewässerung (Naher Osten) |
| Um 4500 v. Chr. | Verbesserung des Kupfergusses (Naher Osten) |
| Um 4000 v. Chr. | Beginn des Bronzegusses (Naher Osten) |

*Mann aus Cernavodă*, Rumänien, 4000–3500 v. Chr., Ton, Höhe 11,5 cm. Antikenmuseum, Institut für Archäologie, Bukarest.

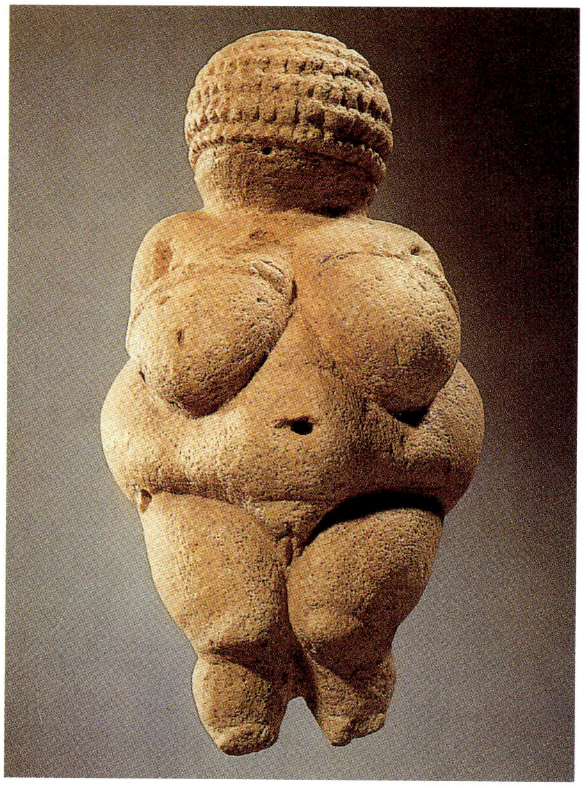

1.1 *Venus von Willendorf,* Österreich, 30 000–25 000 v. Chr., Kalkstein, Höhe 11,5 cm. Naturhistorisches Museum, Wien.

verschwand der Neandertaler, und eine andere Subspezies trat in Asien und Europa in Erscheinung, die als Einzige überlebte: der ›Homo sapiens sapiens‹, wie wir zoologisch bezeichnet werden. Die damaligen Menschen, die uns in jeder wesentlichen Hinsicht glichen, meißelten vor der Endzeit der Eiszeit die frühesten uns bekannten Gegenstände, die als Kunstwerke angesprochen werden können ▸ 1.4; 5.

Leider lassen sich die aus dieser fernen Zeit erhaltenen Bildwerke noch nicht genau datieren und zu einer Entwicklungsreihe ordnen. Die frühesten davon sind nur mit einem Spielraum von fünftausend Jahren einzugrenzen. Vorläufer dieser Werke aus vergänglichen Materialien wie Holz und ungebranntem Ton sind zu vermuten. Somit hebt sich der Vorhang der Kunstgeschichte erst einige Zeit nach ihrem Beginn. Inwieweit die erhaltenen Bildhauerarbeiten überhaupt für die Kultur typisch sind, aus der sie stammen, können wir nicht feststellen. Man fand sie über ein riesengroßes Gebiet Europas und Südrusslands verstreut und im Vergleich zu Werkzeugen und Geräten – darunter eindrucksvoll gearbeitete Flintsteine von schematischer Form – verständlicherweise selten.

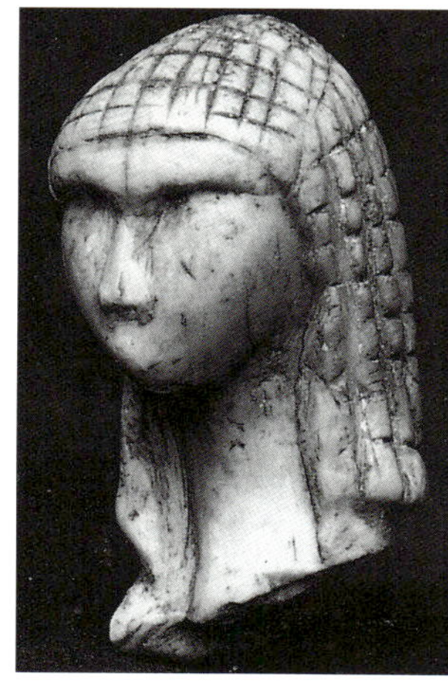

1.2 *Frauenkopf aus Brassempouy*, Frankreich, um 22 000 v. Chr., Elfenbein, Höhe 3,4 cm. Musée des Antiquités Nationales, Saint-Germain-en-Laye.

## Die Kunst der Jäger

Die bei Willendorf in Österreich gefundene kleine Frauenfigur – nicht größer als 10,6 cm – ist das berühmteste dieser frühesten Kunstwerke ▸ 1.1. Sie ist etwa 20 000 bis 27 000 Jahre alt und wurde aus Kalkstein gemeißelt, Farbspuren weisen auf eine ursprüngliche Bemalung. Die überdeutlichen fleischigen Rundungen des Körpers sind mehr erfühlt als beobachtet. Hände, Arme, Unterschenkel sind nur skizzenhaft wiedergegeben, und die Frau hat kein Gesicht. Winzige Haarlocken bedecken fast den gesamten Kopf. Es lässt sich kaum daran zweifeln, dass die Figur als Verkörperung der Fruchtbarkeit geschaffen wurde, wohl als magisches Amulett, das in der Hand zu halten war. Bei anderen weiblichen Figuren, die später datiert werden, sind Brüste, Bauch und Gesäß ähnlich betont. In einem Fall, bei der *Frau aus Lespugne* (Musée de l'Homme, Paris), sind diese Körperteile sogar fast völlig zu Kegeln und Kugeln abstrahiert worden. Manchmal wird nur ein Teil des Körpers wiedergegeben, so die aus Elfenbein geschnitzten Brüste, die bei Dolní Věstonice in der Slowakei gefunden wurden (jetzt im Mährischen Museum, Brünn); so der in Stein gemeißelte genau umrissene Bauch mit Oberschenkeln aus Tursac in der Dordogne sowie zahlreiche um 25 000

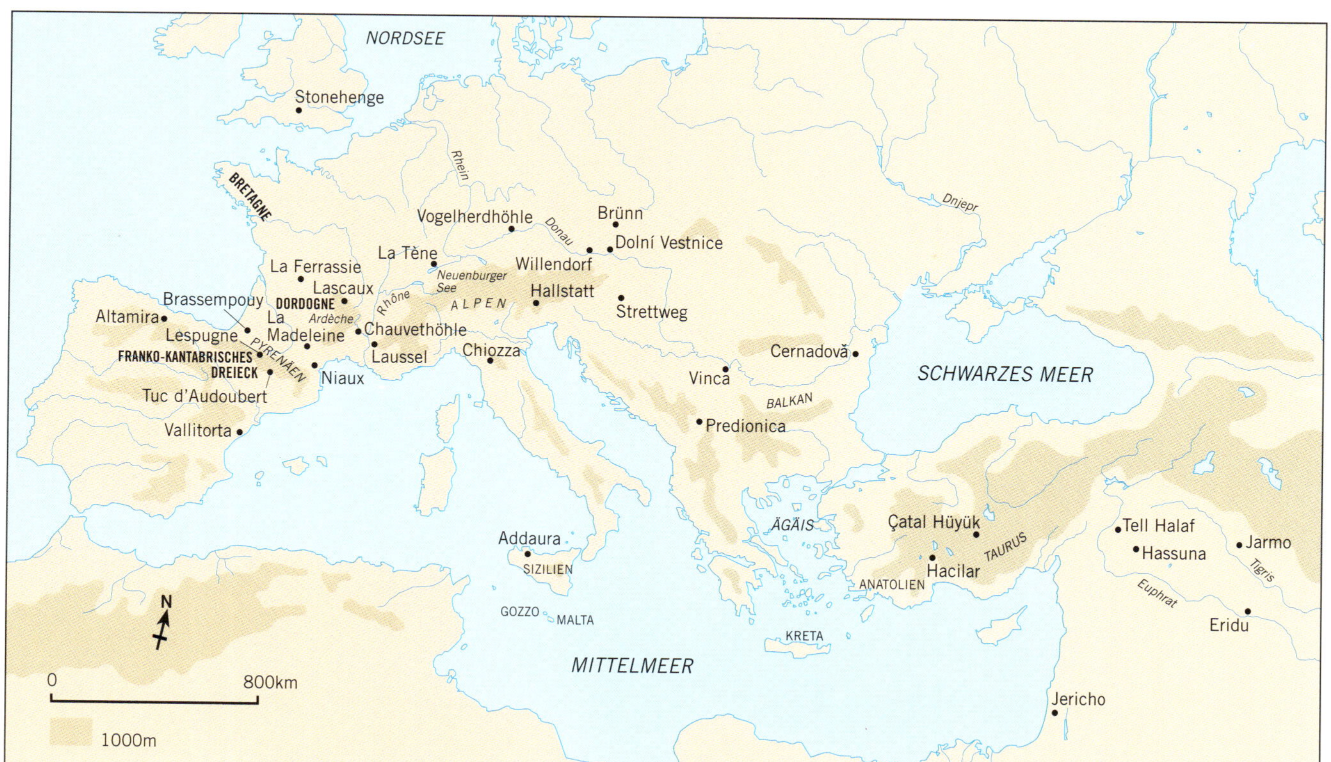


Europa und der Nahe Osten in prähistorischer Zeit.

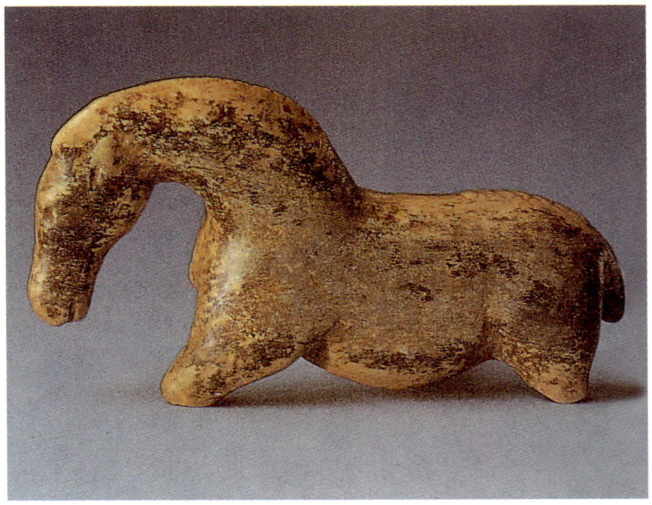

1.4 *Wildpferd aus der Vogelherdhöhle*, Schwäbische Alb, 25 000–20 000 v. Chr., Mammutelfenbein, Länge 4,8 cm. Institut für Urgeschichte der Universität Tübingen.

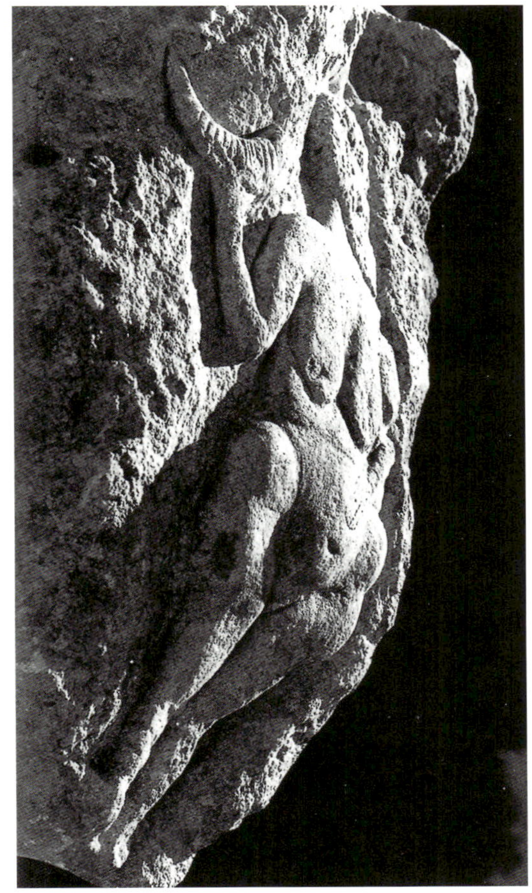

1.6 *Muttergottheit von Laussel*, Dordogne, Frankreich, um 22 000–19 000 v. Chr., Relief eines Felsüberhangs, Höhe 47 cm. Musée d'Aquitaine, Bordeaux.

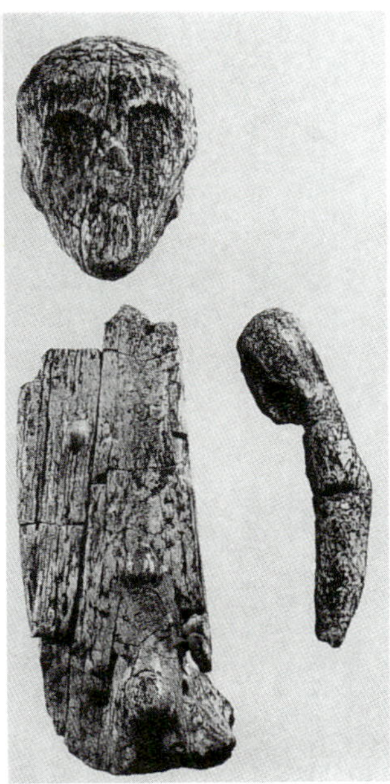

1.3 *Mann aus Brünn*, Tschechische Republik, um 30 000–25 000 v. Chr., Elfenbein, Höhe 20,3 cm. Mährisches Museum, Brünn.

v. Chr. in Felswände der Dordogne eingeritzte Bilder von Schamlippen. Bei einer fremdartigen Sandsteinfigur aus der gleichen Zeit, die bei Chioggia in Italien gefunden wurde, ist der weibliche Körper ohne Füße mit einem gesichtslosen Kopf kombiniert worden, der der Spitze eines Phallus ähnelt, so als ob die Zeugungsorgane der beiden Geschlechter in einem gemeinsamen Bild vereinigt werden sollten (Museo Civico, Reggio nell'Emilia). Sexualität und Kunst erscheinen vom ersten Beginn an eng verbunden.

Eine sehr beschädigte, wohl ursprünglich etwa 43 cm hohe Elfenbeinstatuette eines Mannes ▸ 1.3 aus der gleichen Zeit wie die *Venus von Willendorf* wurde bei Brünn in der Slowakei im Grab eines offensichtlich bedeutenden Mannes gefunden, der mit reichem Schmuck bestattet worden war. Der Körper ist schematisch dargestellt, der Kopf jedoch mit kurz geschorenem Haar und tief eingefallenen Augen naturalistisch wiedergegeben. Ob es sich um ein Porträt, ein Symbol oder um das Abbild eines übernatürlichen Wesens handelte, muss offen bleiben. Aber durch den Fundort wird deutlich, dass die Statuette im Rahmen eines Beerdigungsritus verwendet worden war, der religiösen Glauben voraussetzt.

Die im Grab des Mannes aus Brünn gefundenen Gegenstände dienten eindeutig dem Schmuck seiner Person – also einem anderen menschlichen Impuls, der mit den Künsten eng verknüpft ist, wenn wir auch nicht abschätzen können, inwieweit ästhetische oder magische Gesichtspunkte die Auswahl bestimmten. Ein kleiner Elfenbeinkopf aus Brassempouy ▸ 1.2 zeigt, dass die Frauen ihr Haar schon damals flochten. Bei anderen kleinen Elfenbein- und Knochenschnitzereien finden sich Anzeichen dafür, dass sie als Anhänger oder in Beuteln am Körper – vielleicht als Amulett – getragen worden sind. Unter ihnen gibt es einige bemerkenswert gut beobachtete Tiere ▸ 1.4; 5, die zusammen mit anderen ebenso fein gearbeiteten Stücken aus gebranntem Ton in der Vogelherdhöhle auf der Schwäbischen Alb gefunden wurden (jetzt im Institut für Urgeschichte der Universität Tübingen). Wesentlich größer, ja wirklich imponierend, ist die erste echte Reliefskulptur ▸ 1.6. Sie wurde 1911 in einem offenen Felsunterschlupf in der Nähe von Laussel im Tal der Dordogne entdeckt, unweit der Höhlen von Lascaux ▸ 1.7; 9; 10; 12. Wenn man sie vor Ort aus einer leichten Untersicht betrachtet, wirkt diese bemerkenswerte Skulptur höchst plastisch: Die Wölbung der Schwangeren entspricht dem bauchigen Profil der Felsoberfläche, als sei es dem Bildhauer darum gegangen, eine darin wahrgenommene menschliche Gestalt herauszuarbeiten. Der Kopf existiert heute nicht mehr, doch offensichtlich war er im Profil dargestellt und blickte auf die erhobene rechte Hand, in der sich ein Bisonhorn befindet. Die linke Hand ruht auf dem Bauch und deutet auf den anschwellenden Schoß. Dies und vor allem das Bisonhorn, das sichelförmig ist wie der Mond und mit seinen dreizehn Kerben möglicherweise auf die Mondphasen hinweist, machen diese Figur zu einem wesentlich komplexeren Gebilde als die Venus von Willendorf oder andere frühe Fruchtbarkeitsdarstellungen. Die Jäger dürften

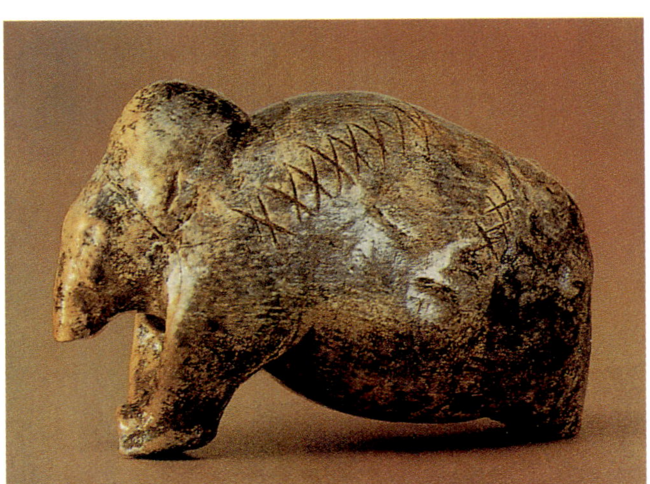

1.5 *Mammut aus der Vogelherdhöhle*, Schwäbische Alb, 25 000–20 000 v. Chr., Mammutelfenbein, Länge 4,8 cm. Institut für Urgeschichte der Universität Tübingen.

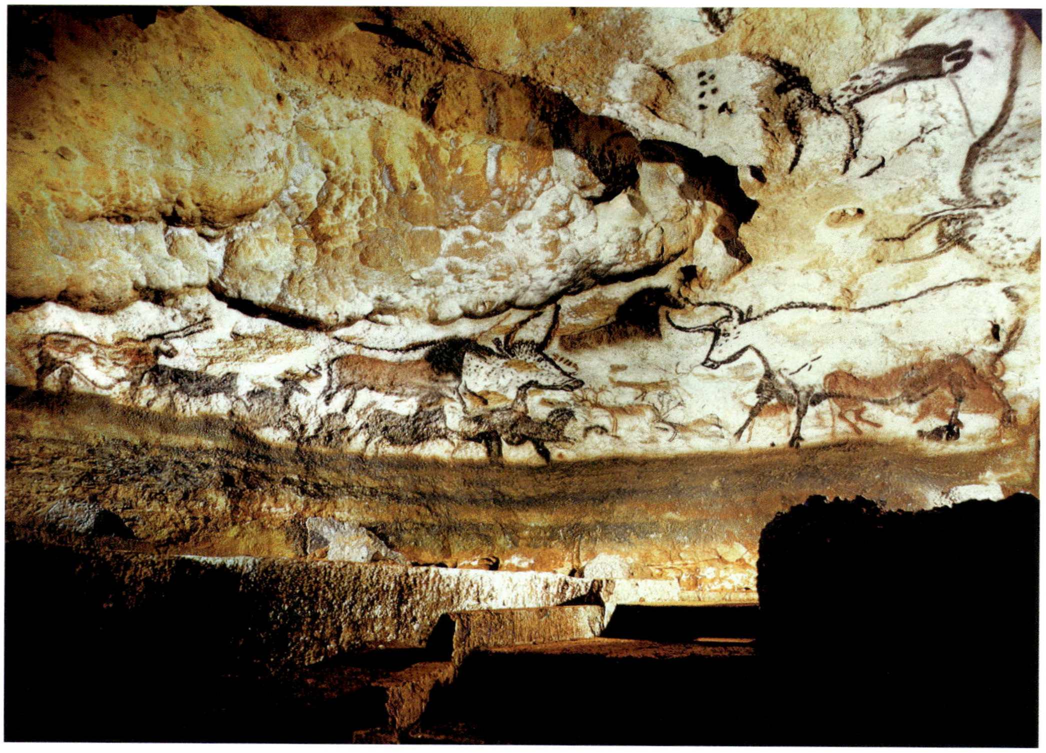

1.7 Gesamtansicht der Großen Halle von Lascaux, Frankreich, um 16000–14000 v. Chr., Pigment auf Kalksteinfelsen.

gewusst haben, dass das Wachstum von Hörnern und Geweihen mit dem Geschlechtszyklus von Tieren im Zusammenhang steht, und sie könnten das Horn als Verkörperung der Fortpflanzungsfähigkeit und Fruchtbarkeit – und eher noch nicht als Füllhorn – betrachtet haben. Dass die Figur als Ganzes als ein Sinnbild für die lebensspendenden, nährenden und erneuernden Kräfte der Natur konzipiert wurde, scheint wahrscheinlich. Es könnte sich durchaus um die Darstellung einer Fruchtbarkeits- oder Muttergottheit handeln.

Wie die *Venus von Willendorf*, die *Frau aus Brassempouy* und die Tiere aus der Vogelherdhöhle ist auch die *Muttergöttin aus Laussel* naturgetreu dargestellt. Dieser Naturalismus überrascht an der prähistorischen Kunst am meisten. Er wird sogar noch deutlicher bei den Tieren der Höhlenmalerei, die visuell und nicht konzeptionell wiedergegeben sind. Das bedeutet, dass sie im Gegensatz etwa zu Kinderzeichnungen darauf beruhen, was das Auge sieht und nicht, was das Bewusstsein weiß. Man kann nur vermuten, dass ihre ursprüngliche Zwecksetzung in irgendeiner Weise mit ihrer Naturtreue in Verbindung gestanden hat. Noch ungewöhnlicher ist, dass zur selben Zeit in der gleichen Region eine Symbolkunst gepflegt worden ist.

Diese Periode wird Jungpaläolithikum, Jüngere Altsteinzeit, genannt. Als man sich im 19. Jahrhundert des langen Zeitabschnitts bewusst wurde, der den frühesten Schriftaufzeichnungen vorausging, übertrug man ein bereits zur Klassifizierung der Artefakte benutztes chronologisches System auf die Frühgeschichte des Menschen: Steinzeit, Bronzezeit und Eisenzeit. Die Steinzeit wurde dann in Paläo-, Meso- und Neolithikum unterteilt, und diese wurden wiederum jeweils in Kulturen aufgeteilt, die man nach bedeutsamen Fundorten benannte. Dieses System wurde auch zur Charakterisierung der noch existierenden schriftlosen Kulturen Afrikas, Australiens, Asiens und Amerikas verwendet, was zu großer Verwirrung führte. In neuerer Zeit ist es durch die → Radiokarbonmethode und durch andere wissenschaftliche Verfahren möglich geworden, sogar die ältesten Artefakte weitgehend präzise zu datieren. Dennoch werden die Begriffe des 19. Jahrhunderts weiterhin gebraucht.

Die *Venus von Willendorf* und der *Mann aus Brünn* sind Erzeugnisse einer Kultur des Jungpaläolithikums, die in einem Gebiet blühte, das sich vom heutigen Frankreich bis zum südlichen Russland erstreckte, und die ›Ost-Gravettien‹ genannt wird. Ihre Schöpfer lebten am Rande der Vereisungsgrenze in einer Landschaft, die dem heutigen Grönland vergleichbar ist. Sie ernährten sich durch die Jagd auf Mammuts, Rentiere, Wölfe, Pferde, arktische Füchse und Moorhühner. Während des langen Winters sammelten sie sich in Dörfern nahe einer Quelle, und manche dieser Dörfer sind mehrere Jahrhunderte lang bewohnt worden. Die Hütten aus Lehm, Steinen oder Mammutknochen verfügten über mindestens eine Feuerstelle. Es gab bereits Werkstätten, in denen Gerätschaften aus Stein, Knochen und Elfenbein hergestellt wurden und wo man Ton brannte – Hinweise auf die Herausbildung spezialisierter handwerklicher Tätigkeiten.

1.8 *Hyäne und Panther*, aus der Chauvethöhle, Ardèchetal, Frankreich, um 25000–17000 v. Chr., Pigment auf Kalksteinfelsen.

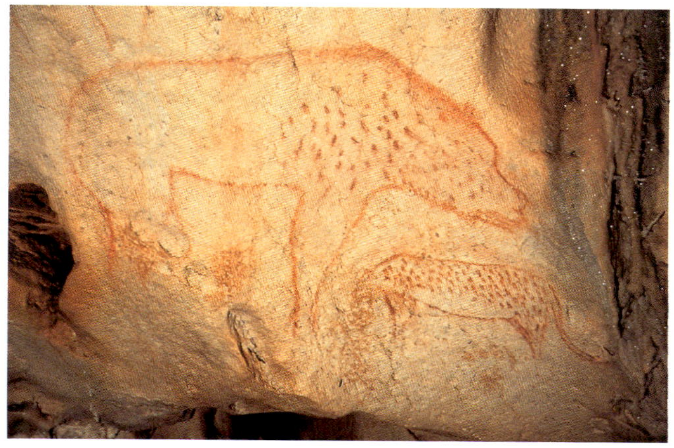

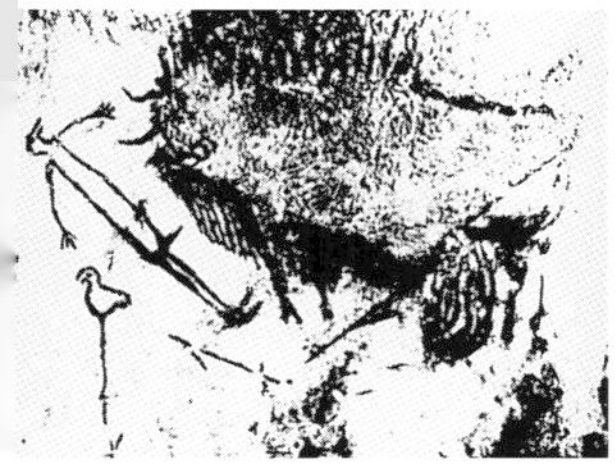

1.9 *Verwundeter Bison greift einen Menschen mit Vogelkopf an*, Lascaux, Frankreich.

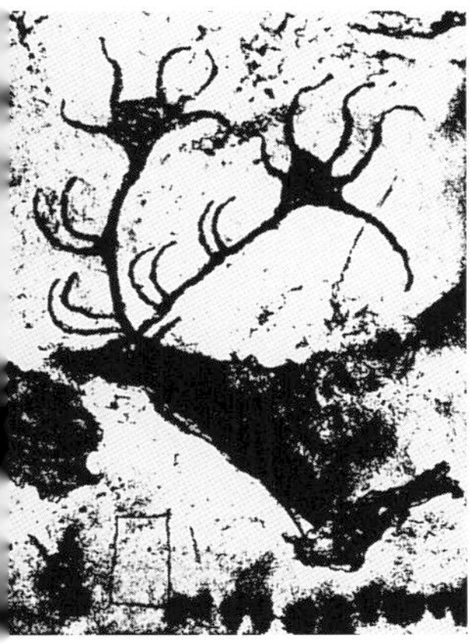

1.10 *Hirsch mit eigentümlichem Geweih*, Lascaux, Frankreich.

## *Die Höhlenkunst*

Unser Wissen über die prähistorische Kunst beruht auf Werken, die durch Zufall erhalten geblieben sind und wieder entdeckt wurden. Es bleibt offen, wie typisch oder wie außergewöhnlich diese Zufallsfunde sind. Über eine Periode, deren immense zeitliche Erstreckung das Einzige ist, was mit Sicherheit feststeht – eine nicht nach Jahrhunderten, sondern nach Zehntausenden von Jahren zählende Zeitspanne –, lassen sich aufgrund solcher Zufallsfunde keine Verallgemeinerungen treffen. Als 1879 in Altamira in Nordspanien die ersten Beispiele prähistorischer Gemälde entdeckt wurden, verwarfen sie die meisten Archäologen als Fälschungen eines mit dem Eigentümer der Höhlen befreundeten Künstlers. Nur wenige konnten glauben, dass derart anschauliche Darstellungen von Tieren prähistorisch sein könnten ▸ 1.11, und erst zu Beginn des 20. Jahrhunderts wurde allgemein anerkannt, dass sie aus dem Paläolithikum stammen. Weitere Entdeckungen im ›franko-kantabrischen Dreieck‹, das sich von Nordspanien nach Südwestfrankreich erstreckt und dessen Spitze vom Tal der Dordogne, vor allem bei Lascaux, gebildet wird, erlaubten eine ungefähre Datierung mit Hilfe naturwissenschaftlicher Methoden: ca. 16000–14000 v. Chr. für Lascaux, ca. 14000 v. Chr. für Altamira und ca. 13000–12000 v. Chr. für Niaux ▸ 1.17. Im Rahmen dieser Datierung wurde eine Chronologie vorgeschlagen, die auf der Annahme beruhte, dass sich die Darstellungsweise von einfachen zu komplexen Formen, von nur im Umriss skizzierten hin zu mittels tonaler Abstufungen wiedergegebenen Tieren, von in groben Zügen gearbeiteten zu sorgfältig ausgeführten Bildern entwickelt habe. Doch alle diese Hypothesen wurden hinfällig, als man 1994 in einer Schlucht der Ardèche im Südosten Frankreichs eine Höhle entdeckte, die zahlreiche Malereien enthält, die sich mit Hilfe der Radiokarbonmethode als etwa 10000 Jahre älter als die Malereien von Lascaux erwiesen haben, also vor etwa 25000 Jahren entstanden und damit genauso alt sind, wenn nicht sogar älter als die *Venus von Willendorf* ▸ 1.1. Diese in der Chauvethöhle gefundenen Malereien (benannt nach einem Höhlenforscher, der sie entdeckte) zeugen mit mehr als 200 Tierbildern von einer umfassenden Vertrautheit mit den Grundlagen malerischer Darstellung. Bei einigen dieser Bilder handelt es sich um Ritzzeichnungen, doch ist die Mehrzahl gemalt, einige von ihnen sind mehr als zwei Meter lang. Das Ensemble erstreckt sich über etwa 500 m an den Wänden und Decken dieser natürlichen Hohlräume entlang. Mit einer erstaunlichen Ökonomie der Mittel wird das Charakteristische der Tiere erfasst, nicht nur deren Form und Textur, sondern auch ihre Gangart und physische Präsenz. Nahe dem Eingang sind die Konturen einer Hyäne mit einem gefleckten Kopf und einem wuchtigen Hals dargestellt, so, als habe das Tier gerade einen Eindringling gewittert ▸ 1.8. Es handelt sich um die ältesten uns bekannten Gemälde, und wir können nur spekulieren, wie ihre Schöpfer eine solche Kunstfertigkeit und eine derartige Freiheit und Souveränität bei der Ausführung erworben haben – mit Schattierungen, insbesondere bei Pferdeköpfen ▸ 1.14 und, wie es scheint, sogar der Fähigkeit zur perspektivischen Darstellung einer Nashornherde ▸ 1.13: Vielleicht auf den Wänden noch älterer Höhlen, die zerstört wurden oder noch ihrer Entdeckung harren, oder auf unbeständigen Oberflächen, etwa Leder oder der menschlichen Haut. Wir wissen nicht mit Sicherheit, ob die Ursprünge dieser Kunst nördlich des Mittelmeerraumes liegen, aber sicher und bemerkenswert ist, dass sie in Südeuropa seit der Zeit der Chauvethöhle 20000 Jahre lang, von lokalen Variationen abgesehen, im Wesentlichen unverändert fortgesetzt wurde.

1.12 *Stier*, Lascaux, Frankreich, 16 000–14 000 v. Chr., Pigment auf Kalksteinfels, Gesamtlänge des Stiers 4,88 m.

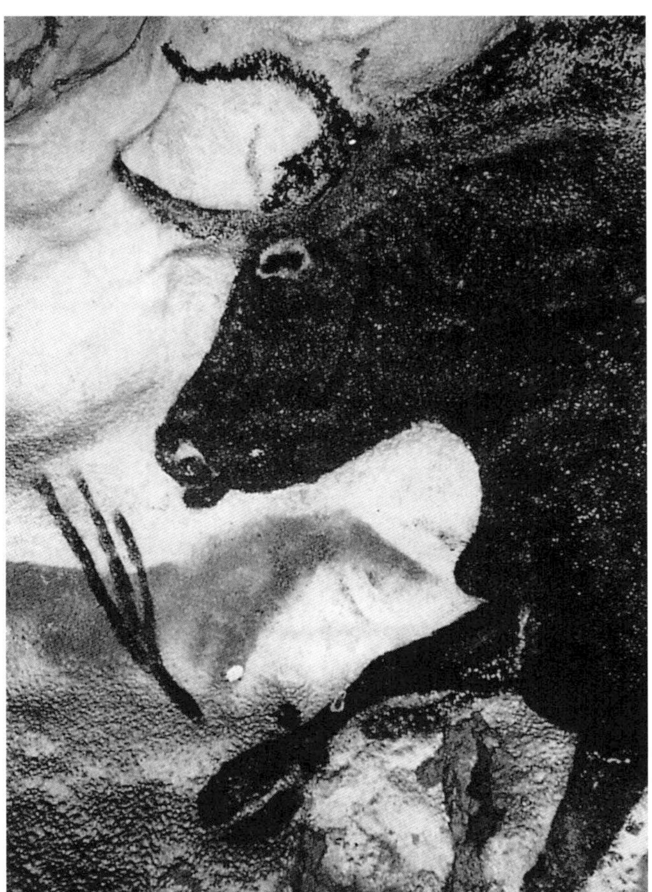

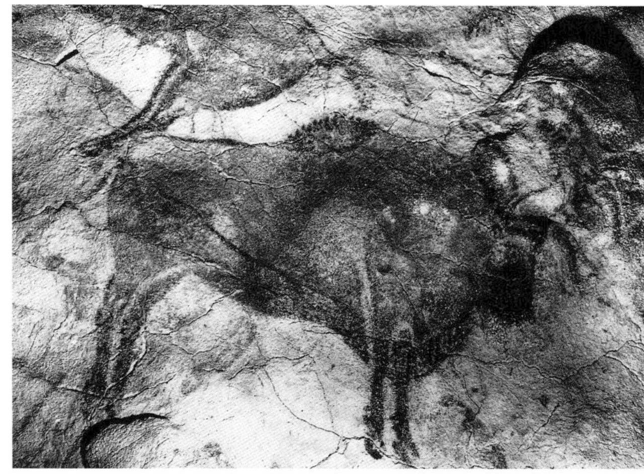

1.11 *Bison*, Altamira, Spanien, um 16 000–14 000 v. Chr., Pigment auf Kalksteinfels, Länge 1,95 m.

Die Höhle von Chauvet weist viele Gemeinsamkeiten mit denjenigen des franko-kantabrischen Dreiecks auf. Sie alle erstrecken sich Hunderte von Metern unter Tage, und die Malereien befinden sich meistens in den hintersten Winkeln, weit vom Tageslicht und jenen Höhlenvorplätzen entfernt, die wohl zum Wohnen dienten. In Niaux liegt die am kunstvollsten bemalte Kammer achthundert Meter tief, und die Besucher der Hauptkammer von Bédeilhac müssen sogar durch einen langen Durchgang kriechen. Die Pigmente, die in der Höhle von Chauvet benutzt wurden, waren roter Ocker und

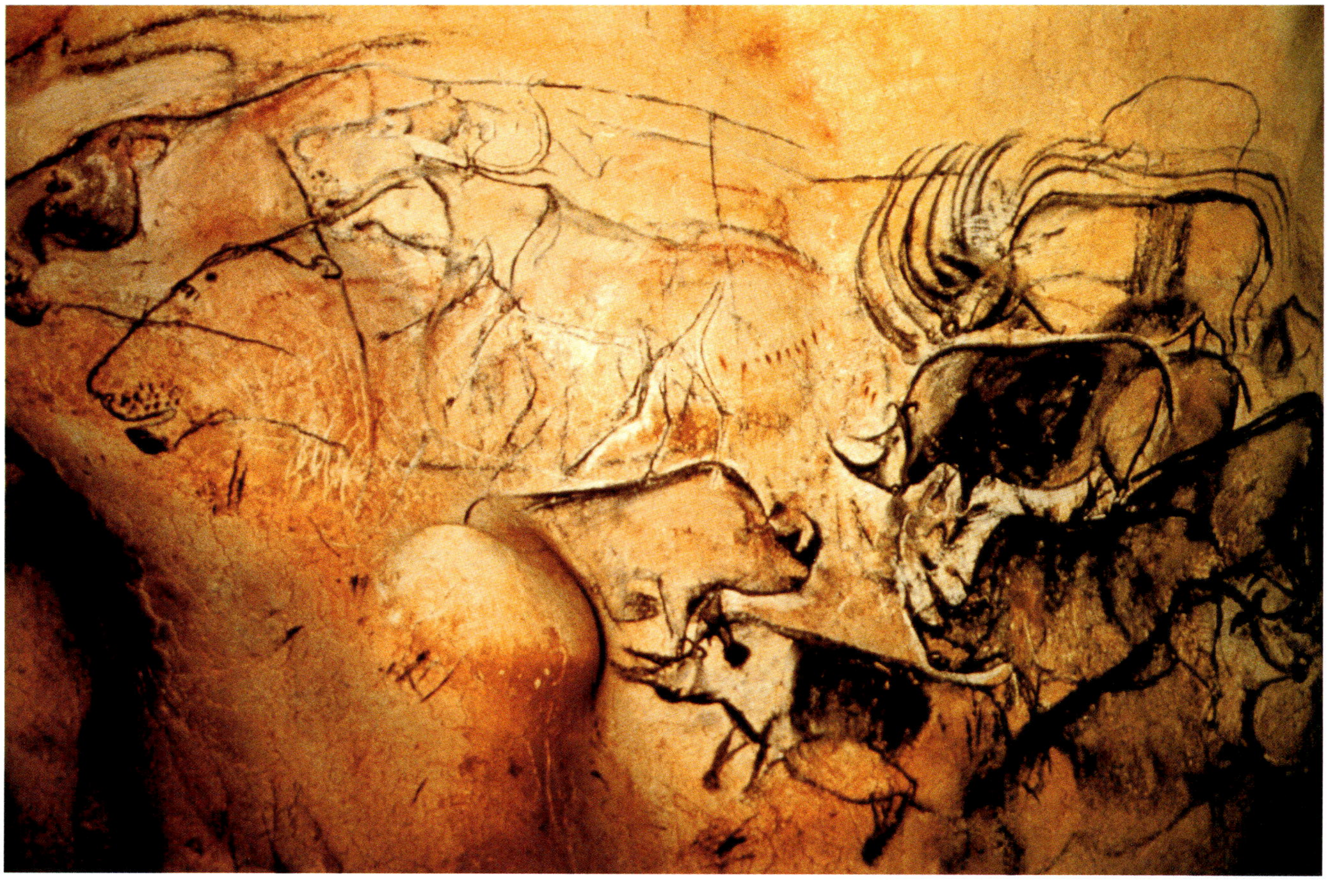

1.13 Linke Seite der *Löwentafel* und eine *Nashornherde*, Chauvethöhle, Ardèchetal, Frankreich, um 25 000–17 000 v. Chr., Pigment auf Kalksteinfels.

Holzkohle, ersterer vor allem für Bilder in der Nähe des Eingangs, letztere für die meisten Tierdarstellungen in den inneren Kammern, vor allem bei Pferden und Löwen. Manchmal wurden zunächst Linien in den Fels geritzt und dann mit Farbe ausgefüllt. In Lascaux sind die Bilder schärfer geritzt, sehr klein und dienen als Ergänzung der Malereien, außerdem wurde eine umfangreichere Farbpalette benutzt, die auf natürlichen Mineralien beruht – Rot-, Gelb- und Brauntöne aus Ocker und Hämatit; Schwarz, Dunkelbraun und Violett aus verschiedenen Manganerzen. Diese Stoffe wurden zu Pulver gerieben und direkt auf die feuchte Kalksteinoberfläche aufgetragen. Zuerst wurden die Umrisse mit einem Pelz- oder Moosbausch, mit einfachen Pinseln aus Pelz, Federn oder einem weichgekauten Stock, auch einfach mit dem Finger an die Wand gemalt. Dann wurden sie farbig ausgefüllt, indem man das Farbpulver durch Röhrenknochen verstäubte (solche Röhren mit Farbspuren wurden in etlichen Höhlen gefunden). Häufig, aber nicht immer machten sich die Maler die natürliche Form der Höhlenkammern zunutze. So verwendete man eine große, etwa zehn Meter breite Fläche in der Höhle von Chauvet zur Darstellung einer immensen Ansammlung von Tieren, von denen die meisten dem Eingang einer anderen Kammer zugewandt sind ▸ 1.14. Große, je fünf Meter lange Stiere wurden auf die Decke der ungewöhnlich geräumigen Großen Halle von Lascaux gemalt ▸ 1.7. An anderen Stellen finden sich weiträumige Höhlenkammern mit sehr wenigen Gemälden. Die Unregelmäßigkeiten der Felswände wurden mitunter geglättet, aber in der Regel ignoriert und manchmal bildnerisch genutzt, etwa in der Höhle von Chauvet, wo die Vordertatze eines Bären als Relief auf einen Vorsprung gemalt wurde. Ob die Höhlenmalerei dadurch entstand, dass ein Steinzeitjäger in den Ritzen und Adern, den Ausbeulungen und Vertiefungen der Felsoberflächen Bilder von Tieren sah – so wie wir selbst manchmal Bilder in den zufälligen Flecken auf einer alten Wand erkennen – muss offen bleiben.

1.14 *Pferde, Nashörner und Auerochsen*, Chauvethöhle, Ardèchetal, Frankreich, um 25 000–17 000 v. Chr., Pigment auf Kalksteinfels.

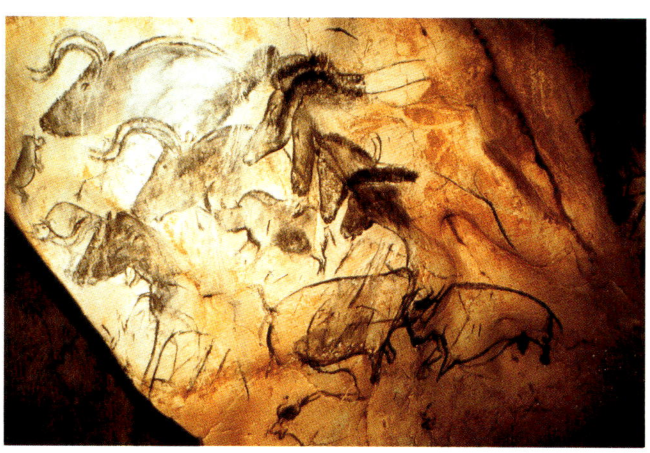

Thematisch sind die Höhlenbilder fast ausschließlich auf Tiere beschränkt (vgl. aber auch ▸ 1.21). In auffallendem Kontrast zur paläolithischen Skulptur erscheinen nur wenige Männer und gar keine Frauen. Auch die Auswahl der Tierarten ist etwas überraschend, da sie sich nicht auf die gejagten Tiere beschränkt. Es waren ursprünglich Rentiere, die den damaligen Menschen als Hauptnahrungsquelle dienten und deren Felle, Geweihe, Knochen und Sehnen ebenfalls Verwendung fanden. Als die Rentiere gegen Ende der Eiszeit (ca. 15 000 v.Chr.) allmählich weiter nach Norden zogen, trat der Steinbock an ihre Stelle. Rentiere finden sich in der Höhle von Chauvet, aber im franko-kantabrischen Dreieck sind sie selten, obwohl sie oft auf Knochen eingeritzt wurden, und Steinböcke erscheinen nicht so oft wie Bisons und Pferde, die kaum jemals gegessen worden sein dürften. Gefährliche Tiere – Mammuts, Löwen, Höhlenbären und Wollnashörner – befinden sich in der Höhle von Chauvet deutlich in der Überzahl, und sie wurden auch andernorts häufiger abgebildet als die alltäglicheren Hasen, Vögel und Fische.

Dass wir auch die heute ausgestorbenen Tiere – Mammut, Wollnashörner und Auerochsen, von denen wir aufgrund erhaltener Skelette wissen – identifizieren können, beweist die große Fähigkeit der Höhlenmaler zu naturnaher Darstellung. Mammuts und Nashörner sind in der Regel nur relativ grob umrissen, vielleicht deswegen, weil nur diejenigen sie kannten, die sie aus einer relativ sicheren Distanz gesehen hatten. Aber alle anderen Tiere wirken so lebensecht, dass man beim Anblick der Stiere an der Decke der Großen Halle in Lascaux das Donnern der Hufe zu hören glaubt ▸ 1.7. Es finden sich aber auch einige halb tierische, halb menschliche Figuren, eine in der Höhle von Chauvet und eine in der von Lascaux, die einen Schamanen zeigen könnten, der eine Maske trägt. Im Übrigen stellten die Höhlenmaler den Menschen in sparsamster Abstraktion dar – eine Schachtel mit Stöckchen für Beine und Arme. Auch Zeichen und Symbole waren ihnen nicht unbekannt, denn neben den naturalistischen Tierdarstellungen findet man oft seltsame geometrische Konfigurationen, von denen einige als männliche und weibliche Sexualsymbole interpretiert worden sind.

Der Naturalismus der Höhlenmalerei kann aber auch irreführend sein. Wie später immer wieder und bis heute arbeiteten auch die Künstler des Paläolithikums innerhalb eines bewussten oder unbewussten Rahmens visueller Konventionen. Sie malten nach der Erinnerung, aber ihre Erinnerungen enthielten sowohl Bilder von Dingen als auch andere Motive, und für verschiedene Tiere entwickelten sich bestimmte Darstellungstraditionen. Pferd, Mammut und Bison werden fast ausnahmslos im Profil gezeigt, während Hirsche ihre Köpfe drehen, um hinter sich zu schauen oder den Betrachter anzublicken. Diese Konventionen sind so ausgeprägt, dass man die Tiere oft an einer einzelnen charakteristischen Linie wieder erkennen kann – am gewölbten Kopf eines Mammuts etwa oder am Höcker eines Bisons. Aber die Erfahrung mit späterer Kunst, die uns dabei hilft, diese Abkürzungsweisen, fast ohne nachzudenken, zu entziffern, behindert uns wahrscheinlich in anderer Hinsicht.

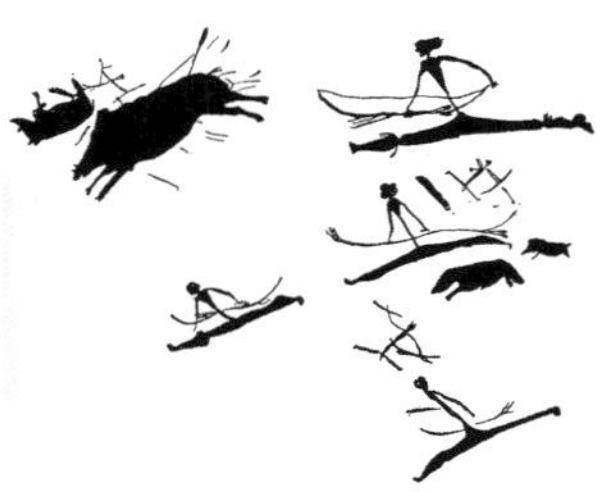

1.16 *Wildschweinjagd*, Umzeichnung, Höhle von Remigia, Castellón, Spanien.

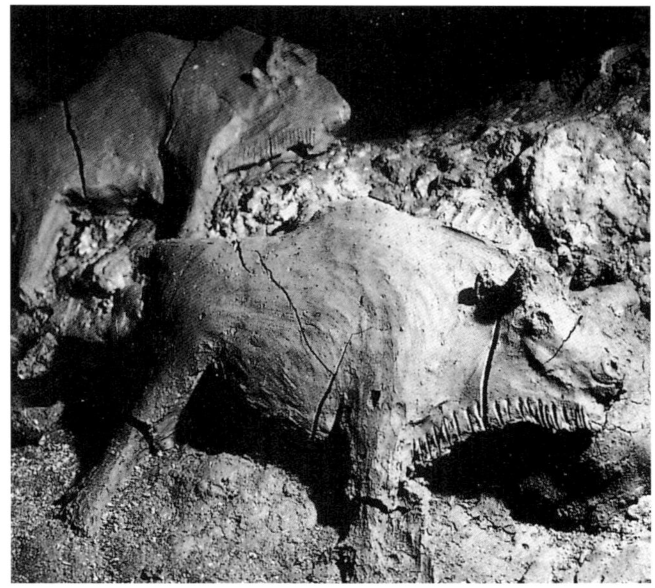

1.15 *Bisons aus Tuc d'Audoubert,* Ariège, Frankreich, nach 15 000 v. Chr., ungebrannter Ton, Länge 63,5 und 61 cm.

Man malte die Tiere auf die rohe Steinoberfläche der Höhlen, die aber ein neutraler Bereich blieb und nicht als Hintergrund auf das Bild bezogen wurde. Der Künstler arbeitete auf einem Feld ohne abgesteckte Grenzen und mit unregelmäßiger Oberfläche, die durch die Malereien sichtbar wird. Darauf beruht zweifellos zum Teil ihre starke Wirkung auf uns. Dass der Künstler von einer Leinwand, einer Tafel oder einem abgegrenzten Feld ausgeht, erscheint uns selbstverständlich, wobei wir vergessen, wie künstlich dies im Grunde ist. Denn in der Natur oder in unserer Phantasie tauchen Erscheinungen ja stets in einem unumgrenzten Raum auf – ebenso wie in der Höhlenmalerei. Hier gibt es keinen Hintergrund, nicht einmal Standlinien. So erhalten wir etwa keinen Hinweis darauf, ob die ausgestreckten Beine eines Pferdes fliegenden Galopp oder Tod anzeigen; ebensowenig lässt sich aus den vorhandenen Größenunterschieden auf die Wiedergabe von Entfernungen schließen – wie beim Nebeneinander einer Hyäne und eines wesentlich kleineren Panthers ▸ 1.8. Offenbar sind manche Tierdarstellungen zu unterschiedlichen Zeiten entstanden, und häufig wurden sie übereinander gelegt. In der Höhle von Chauvet sind zwei kämpfende Nashörner dar-

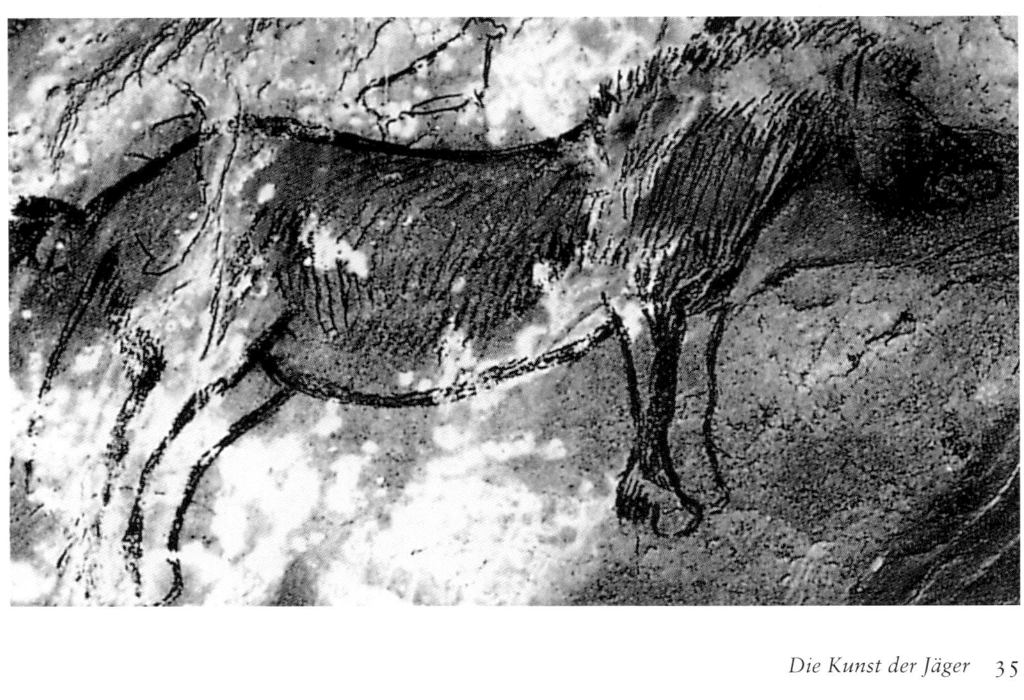

1.17 *Wildpferd*, Niaux, Ariège, Frankreich, 14 000–12 000 v. Chr., Pigment auf Kalksteinfels, Länge des Pferdes 71 cm.

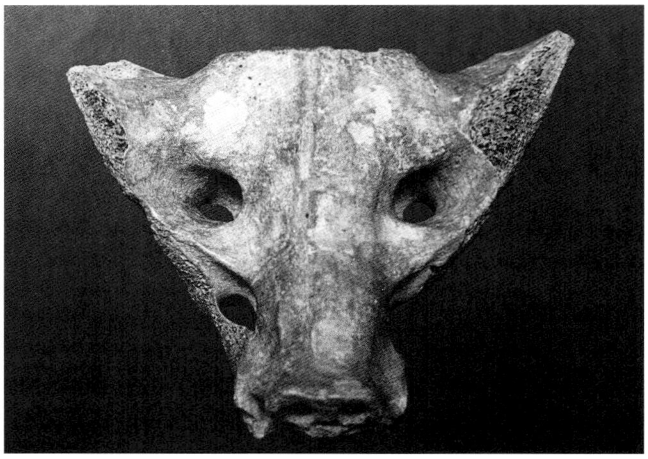

1.18 Kopf eines Kojoten, aus Tequixquiac, Mexico, um 10 000 v. Chr., Knochen, Breite 17,8 cm. Museo Nacional de Antropología, Mexiko City.

gestellt, die sich frontal gegenüberstehen – eine seltene, wenn nicht einzigartige Szene in der Kunst des Paläolithikums. Darüber scheinen Nashörner und Auerochsen über die Oberfläche zu jagen, aber ob dies die Absicht des Künstlers oder der Künstler war, können wir nicht wissen ▸ 1.14. Narrative Bedeutungen lassen sich unschwer in diese Bilder hineinlesen. Visuelle Mehrdeutigkeiten erscheinen traumartig und verlockend; es ist uns aber unmöglich, die Höhlenmalereien so zu sehen wie die damaligen Menschen. Man sollte bedenken, dass ursprünglich jeweils nur eine sehr begrenzte Fläche der Wand oder der Decke gleichzeitig sichtbar war, nämlich immer nur so viel, wie Harzfackeln oder kleine, mit Tieröl oder -fett brennende Steinlampen beleuchten konnten.

Einige Decken scheinen auf den ersten Blick nur aus einem Liniengewirr zu bestehen, und erst bei näherem Hinsehen lassen sich Tiere darin erkennen – deutlich gezogene Umrisse von Pferden, Wisenten und Rotwild in einem wilden Linienknäuel. Einander überschneidende Konturen finden sich auch auf mit Ritzzeichnungen versehenen Kieselsteinen. Man vermutet, dass das wiederholte Zeichnen eines Tieres auf derselben Wandfläche eine rituelle oder magische Bedeutung hatte und

1.20 *Zwei Giraffen und ein Elefant*, Wadi Bergiug, Fessan, Libyen, 8000–5000 v. Chr., Felsritzung.

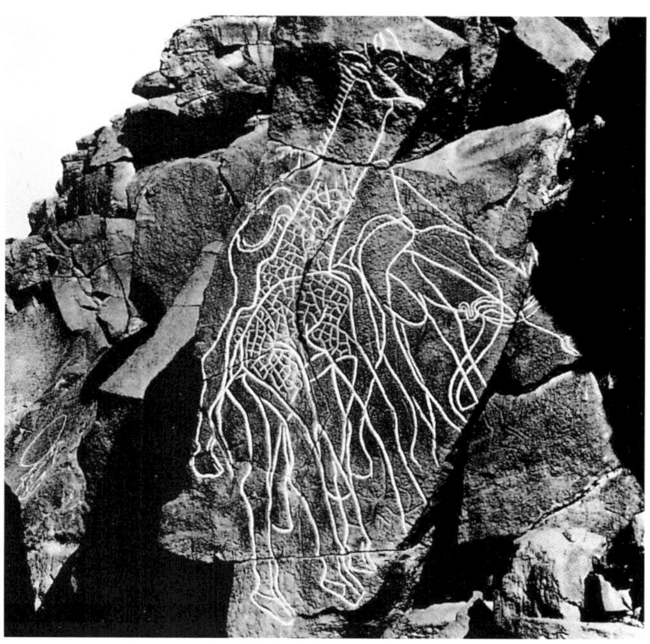

auf demselben Abschnitt der Wand wiederholt wurde, so wie man jedes Jahr an derselben Feuerstelle über derselben erloschenen Glut ein neues Feuer entzündete. Ob die Überlagerungen selbst irgendeine rituelle, jahreszeitliche Bedeutung hatten, ist nicht bekannt, aber es ist vor kurzem nachgewiesen worden, dass Linien auf vielen Knochen- und Elfenbeinschnitzereien, die man zuvor für Dekoration ohne Bedeutung hielt, in Wirklichkeit in regelmäßigen Abständen eingeritzt wurden. Solche Schnitzereien dienten offenbar als ›Kerbhölzer‹, und erstaunlich viele von ihnen weisen Markierungen auf, die mit den Tagen des Mondmonats übereinstimmen – vielleicht ein Hinweis, dass man Zeitabläufen auch aus rituellen und nicht nur praktischen Gründen Beachtung schenkte.

Viele Versuche wurden unternommen, die Bedeutung der Kunst des Paläolithikums zu entschlüsseln. Zunächst war man der Meinung, sie sei rein dekorativ und habe ein dem Menschen angeborenes Bedürfnis nach Ausschmückung seines Lebensraums befriedigt. Doch nach der Entdeckung von Wandmalereien in den hintersten, nicht als menschliche Unterkünfte dienenden Winkeln von Höhlen ließ sich diese These nicht länger aufrechterhalten. In der Folgezeit wurden komplexere Theorien aufgestellt und durch Kunst und Riten noch heute existierender Jäger- und Sammlerstämme in Afrika, Amerika und Australien untermauert. Doch die wichtigste Lehre aus den Erkenntnissen der Ethnographie dürfte sein, dass Deutungen, die nur vom Visuellen eines Werks ausgehen, meist wenig mit der Wirklichkeit zu tun haben.

Da einige, wenn auch wenige der dargestellten Bisons und andere Tiere von Pfeilen verwundet zu sein scheinen, hat man sie mit magischen Ritualen in Zusammenhang gebracht, die eine erfolgreiche Jagd gewährleisten sollten ▸ 1.16. Stiere in Lascaux mit pfeilartigen Markierungen und ähnliche Malereien, etwa die in Niaux, sind unterschiedlich interpretiert worden. So wurde ein Wildpferd mit einer pfeilartigen Markierung auf der Flanke wahlweise als schwangere Stute gedeutet, auf die Pfeile gerichtet sind, oder als wilde Stute mit einem Zweig, der das Ende des Frühlings oder die Tragezeit versinnbildlicht, oder aber als wohlgenährter Hengst mit linearen, das Geschlecht andeutenden Zeichen (stilisierten Penissen). In den Genitalien männlicher Tiere und in einigen offenbar schwangeren Stuten wollte man Fruchtbarkeitssymbole, aber auch die bereits erwähnten abstrakten Zeichen erkennen. Eine kosmisch argumentierende Interpretation stützt sich auf den Zusammenhang zwischen den Wanderungen der Herden und den Jahreszeiten. Die Tiere wurden als mythologische Wesen und auch als Totems verschiedener paläolithischer Menschengruppen oder Familien identifiziert, vgl. ▸ 1.17. Von den Höhlen selbst hat man gedacht, dass sie Heiligtümer oder Stätten für Initiationsriten gewesen seien. Eine neuere Analyse meint, dass sie eine Mythologie veranschaulichen könnten, ein kulturelles System, mit dem der paläolithische Jäger sein Verhältnis zur Welt darstellte, denn es konnte überraschend gezeigt werden, dass es übereinstimmende Zuordnungen zwischen den Tieren gibt, sogar, wenn sie wiederholt übereinander gemalt sind.

Die besten Flächenstücke sind fast immer den Rindern vorbehalten, die fast durchgängig von Pferden begleitet werden. In dem außergewöhnlich reichen Bestiarium der Höhle von Chauvet scheint es aber keine derartig klaren Grenzziehungen zu geben.

Die Malereien verdanken ihre Erhaltung der besonderen Luftbeschaffenheit in den Kalksteinhöhlen, in denen sie Jahr-

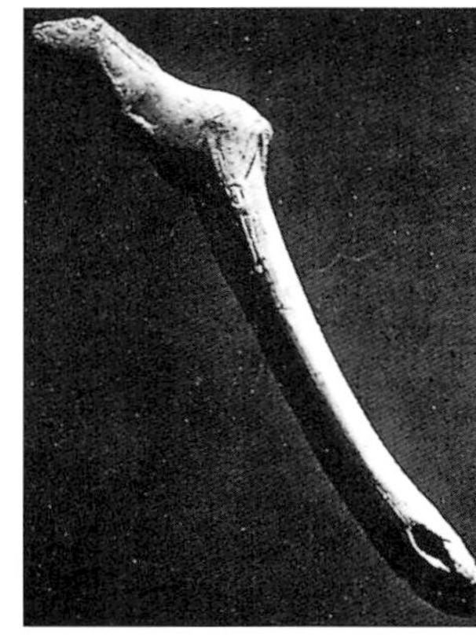

1.19 Speerschleuder mit geschnitztem springenden Pferd, aus Montastruc, Frankreich, um 12 000 v. Chr., Knochen, Länge 28 cm. Sammlung Betirac, Montauban.

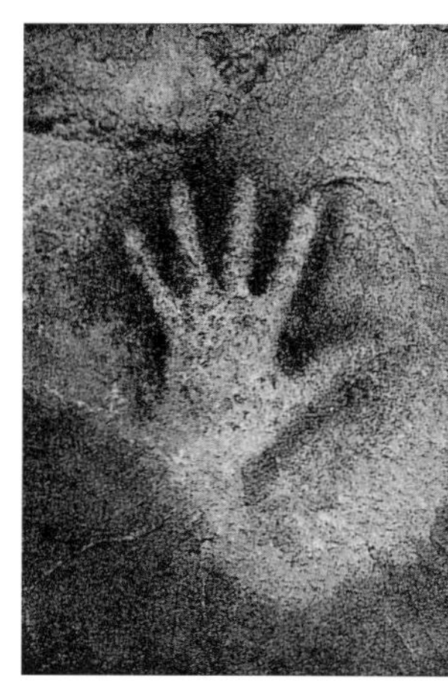

1.21 Mit Pigmentstaub konturierte Hand, El Castillo, Spanien.

tausende hermetisch abgeschlossen blieben. (Bei vielen von ihnen hat sich dieser Erhaltungszustand seit ihrer Entdeckung erheblich verschlechtert, und bei einigen, insbesondere Lascaux, ist der Zugang inzwischen stark eingeschränkt; es ist unwahrscheinlich, dass das allgemeine Publikum jemals Zutritt zur Höhle von Chauvet erhalten wird.) In den tiefen Stollen sind nur wenige Bildhauerarbeiten gefunden worden. Die bemerkenswertesten Ausnahmen sind zwei Wisentpaare, bei denen das männliche jeweils dem weiblichen Tier folgt. Sie sind aus dem Ton des Bodens einer Kammer modelliert worden, die sich etwa siebenhundert Meter vom Eingang der Höhle in Tuc d'Audoubert entfernt befindet ▸ 1.15. Diese Wisente sind als Hochrelief gestaltet und ebenso naturnah wiedergegeben wie die gemalten. Bildwerke an Höhleneingängen und im Freien haben sich hingegen weniger erhalten. Hier erscheinen Frauenreliefs ▸ 1.6, wovon insbesondere auch zwei liegende, etwa lebensgroße Akte am Eingang der Höhle von La Madeleine bei Penne (Tarn) hervorzuheben sind. Es gibt aber auch mehrere Tierreliefs. Eines davon, das sich auf einer Kalksteinterrasse oberhalb eines Flusses bei Cap Blanc in der Dordogne befindet, ist die Darstellung eines lebensgroßen Pferdes. Ob diese dem Wetter ausgesetzten Arbeiten ursprünglich die Lebendigkeit der Höhlenmalereien besessen haben, ist schwer zu sagen. Aber einige kleine Tierschnitzereien aus Knochen sind wegen ihrer Naturnähe und ihrer fast stromlinienförmigen Eleganz bemerkenswert. Sie gehören zu den Objekten, die allgemein als Speerschleudern bezeichnet werden – Vorrichtungen, um dem Arm des Jägers Hebelwirkung zu verleihen –, obwohl die kunstvollsten wahrscheinlich eher symbolische als funktionale Verwendung fanden. An der Spitze einer dieser Speerschleudern balanciert ein reizender junger Steinbock, eine andere endet mit einem galoppierenden Pferd ▸ 1.19. Die Form ist perfekt mit dem Material abgestimmt. Das Gleiche lässt sich von der Darstellung eines Kojotenkopfs sagen, der etwa der gleichen Zeit, aber einem ganz anderen Teil der Welt entstammt ▸ 1.18. Aus dem Kreuzbein eines Lamas geschnitzt, wurde er in Mexiko gefunden und ist das früheste bekannte Kunstwerk Amerikas.

Der Kojotenkopf mahnt uns daran, wie bruchstückhaft unsere Kenntnis der paläolithischen Kunst ist, die nur auf zufällig Erhaltenem und Entdecktem gründet. So sind beispielsweise kürzlich in der Kapovaya-Höhle im südlichen Ural gemalte Mammuts zum Vorschein gekommen, jenen in der Dordogne nicht unähnlich. Mit den auf Felswände der Sahara eingekerbten Tierdarstellungen, ein über acht Meter langes Nashorn und Giraffen sowie ein dann darüber gelegter Elefant ▸ 1.20, steht es ähnlich; auch sie weisen viele Charakterzüge der Höhlenkunst Südfrankreichs und Nordspaniens auf. Sie sind wahrscheinlich später entstanden, jedoch bevor diese Region um 2000 v. Chr. zur Wüste wurde.

Innerhalb der paläolithischen Kunst lässt sich eine gewisse Einheitlichkeit erkennen, eine generelle Ähnlichkeit zwischen den auf Stein gemalten oder eingeritzten Tierdarstellungen und den plastischen Figuren, die an vielen, weit auseinander liegenden Orten gefunden worden sind. Es ist jedoch nicht möglich, an den Werken irgendwelche Entwicklungslinien abzulesen wie an den Werkzeugen. Die magische, religiöse oder sonstige Funktion der Malereien und Figuren scheint in irgendeiner Weise unveränderbar festgelegt gewesen zu sein, ohne dadurch den künstlerischen Impuls zu schwächen.

## *Die Kunst des Mesolithikums*

Um 8000 v. Chr. fand in Europa eine grundlegende Veränderung des Klimas und der Umwelt statt: Die Vereisungszone erreichte ihre heutige Grenze, neue Wasserstände schufen viele der jetzigen geographischen Aufgliederungen – etwa die Trennung der Britischen Inseln vom Kontinent um 6000 v. Chr. –, Wälder breiteten sich aus, behinderten die Mobilität der Menschen, und paläolithische Jagdtiere starben aus oder zogen zu nördlicherem Weideland. Das ist der Beginn des Mesolithikums, in dessen Verlauf man Hunde zähmte, Bögen für die Jagd und Kanus zum Reisen anfertigte. Die wichtigsten künstlerischen Veränderungen geschahen im Mittelmeerraum, der von dem Klimawechsel am wenigsten betroffen wurde.

Auf einer Felswand bei Addaura in Sizilien befinden sich Umrisszeichnungen von Tieren aus der Zeit um 8000 v. Chr. Sie sind denen des Paläolithikums nicht unähnlich, aber sie werden von 25 bis 38 cm hohen Bildern nackter Menschen begleitet, die ebenso naturalistisch dargestellt sind wie die Tiere ▸ 1.22. Diese athletischen Nackten sind mit makelloser Konturlinie sicher gezeichnet, so dass Muskeln wie Bewegung anschaulich werden. In der vorangehenden Kunst kann man derart anatomisch richtige und anmutige menschliche Gestalten nicht finden, und auch für die Zeit bis zum Beginn der Hochkulturen sind sie selten. Hinzu kommt, dass drei stehende Männer mit Tiermasken und zwei gefesselte Männer zu ihren Füßen deutlich in erzählerischem Zusammenhang stehen, dessen Bedeutung – vielleicht ein Initiationsritus, eine Tötung oder ein Tanz mit Akrobaten – jedoch rätselhaft bleibt.

Eine leichter verständliche erzählerische Kunst bildete sich in Ostspanien um 5000 v. Chr. heraus. Im Bergland oberhalb der Mittelmeerküste bei Vallitorta und Remigia sind unter flachen, überhängenden Felsvorsprüngen Malereien gefunden worden, die sich von den Höhlenmalereien nicht nur durch ihre Lage im natürlichen Licht, sondern auch technisch, stili-

1.22 Figurengruppe, Addaura, Monte Pellegrino, nahe Palermo, Sizilien, um 8000 v. Chr., Felsritzung, Figurenhöhe 25–38 cm.

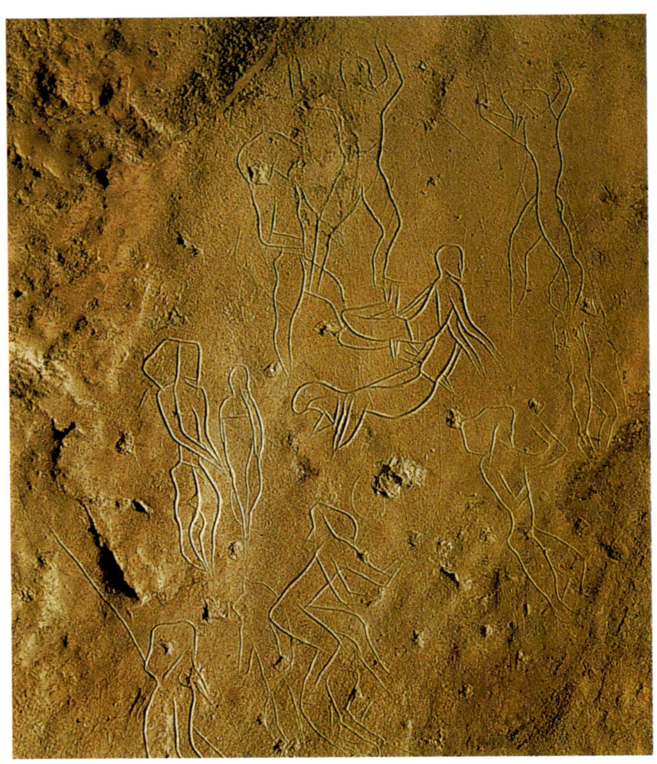

# *Çatal Hüyük*
# Eine neolithische Stadt

Die Entdeckung einer unbekannten 8000 Jahre alten Zivilisation in der Zentraltürkei vor rund 40 Jahren – einer städtischen, landwirtschaftlich ausgerichteten, künstlerisch hoch entwickelten und bemerkenswert friedlichen Zivilisation, die offenbar ohne Befestigungsanlagen, Waffen und Kriegsgötter auskam – hat neue Erkenntnisse über Alltag und Kultur der Jungsteinzeit erbracht. Çatal Hüyük, nahe dem heutigen Konya gelegen, war eine der ersten Städte der Welt, eine Siedlung mit mindestens 5000 Einwohnern, also wesentlich größer als Jericho, obwohl bislang noch nicht einmal 10 % einer Fläche von insgesamt 13 Hektar ausgegraben worden sind. Zwölf aufeinander folgende Bauschichten umspannen ein Jahrtausend von ca. 6500 bis ca. 5650 v. Chr. und lassen eine kontinuierliche Entwicklung von Wirtschaft und Kultur über einen Zeitraum von rund 800 Jahren hinweg erkennen, bis die Stadt aus unbekannten Gründen, offenbar aber ohne Blutvergießen oder Gewalt, verlassen wurde. Çatal Hüyük und die rund 322 km westlich gelegene kleinere Stadt Hacilar lassen vermuten, dass im 6. Jahrtausend v. Chr. die zentralanatolische Hochebene tatsächlich die am weitesten entwickelte Region der Welt war. Es war dies die Zeit der sogenannten neolithischen Revolution, das heißt der Anfänge der Landwirtschaft in Form von Viehhaltung und Getreideanbau sowie früher handwerklicher Tätigkeiten wie Spinnen, Weben, Färben und Korbflechten und der Bearbeitung von Ton und Stein. Sogar das Schmelzen von Kupfer und Blei war bekannt. Çatal Hüyük war darüber hinaus möglicherweise ein Zentrum für den Handel mit Gegenständen aus Obsidian, einem harten vulkanischen Glas von hohem Glanz, sowie aus anderen ungewöhnlichen Materialien.

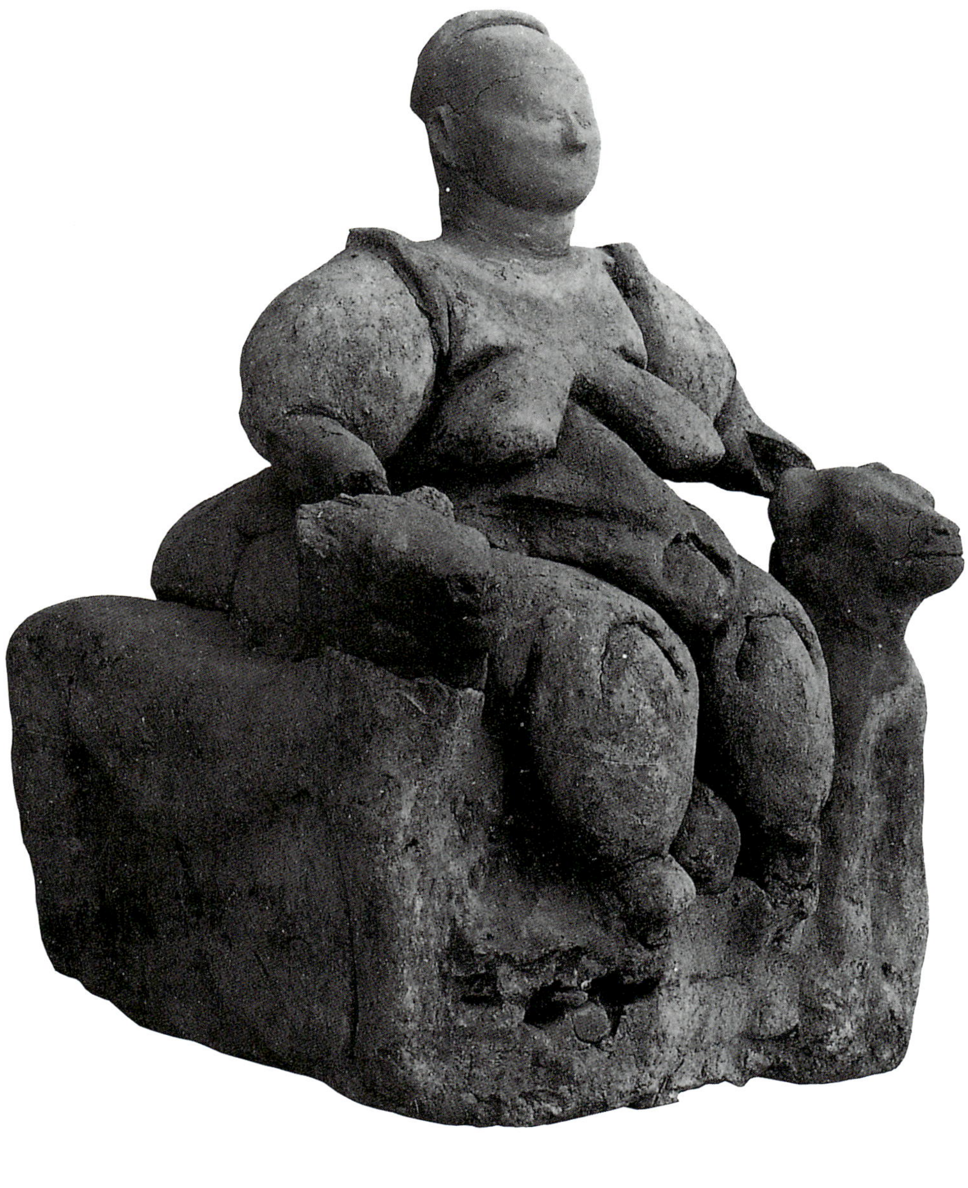

1.23 Muttergottheit aus Çatal Hüyük, um 800 v. Chr. (Kopf rekonstruiert), Terrakotta, Höhe 20 cm. Archäologisches Museum, Ankara.

Die Malereien und Skulpturen, die man in Çatal Hüyük gefunden hat, sind bemerkenswert, auch wenn ihre Interpretation Schwierigkeiten bereitet. In welchem Kontext stand ihre Entstehung? Diese Frage stellt sich zum Beispiel angesichts des *Tanzenden Jägers* ▸ 1.26. Er ist einer der zahlreichen mit Pfeil und Bogen ausgestatteten, zum Teil mit Leopardenfell bekleideten männlichen Figuren in einer Szene, die für die Wandmalerei in Çatal Hüyük typisch ist, wo die Jagd das beherrschende Thema bildet. Frauen sind selten dargestellt. Eine Ausnahme bilden die Tonstatuetten, bei denen weibliche Figuren tatsächlich zahlreicher sind als männliche. Auf einer wichtigen inhaltlichen Ebene dieser prähistorischen Bildwerke – die Gegenüberstellung des Wilden mit dem Gezähmten oder Kultivierten – sind Männer mit ersterem verbunden, und zwar zu einer Zeit, als die Landwirtschaft gegenüber der Jagd zunehmend an Bedeutung gewann. Wäre es anachronistisch, diese Bildwerke vor dem Hintergrund einer Geschlechterdifferenzierung, das heißt einer sich verschiebenden Rollenverteilung zwischen Mann und Frau an diesem Wendepunkt im Alltag der Jungsteinzeit zu sehen?

Eine Vielzahl paläolithischer weiblicher Figurinen ist erhalten, die, wie wir gesehen haben, in mehreren Fällen überzeugend als Fruchtbarkeits- oder Muttergottheiten gedeutet worden sind ▸ 1.6. Verschiedene der weiblichen Figurinen, die in Çatal Hüyük gefunden wurden, lassen sich mit ihnen in Zusammenhang bringen. Bescheiden im Format – ihre Höhe schwankt zwischen 5 und 30,5 cm –, stellen sie die Gottheit in verschiedenerlei Gestalt dar: in Jugendblüte, im Alter, als Schwangere oder Gebärende. Sie sind realistisch wiedergegeben, wobei vor allem die Gliedmaßen und Brüste mit großem, ja sinnlichem Feingefühl modelliert sind, und gelegentlich ist die gesamte Figur bemalt mit kreuzförmigen Blumenmustern, deren Bedeutung unbekannt ist. Das bemerkenswerteste

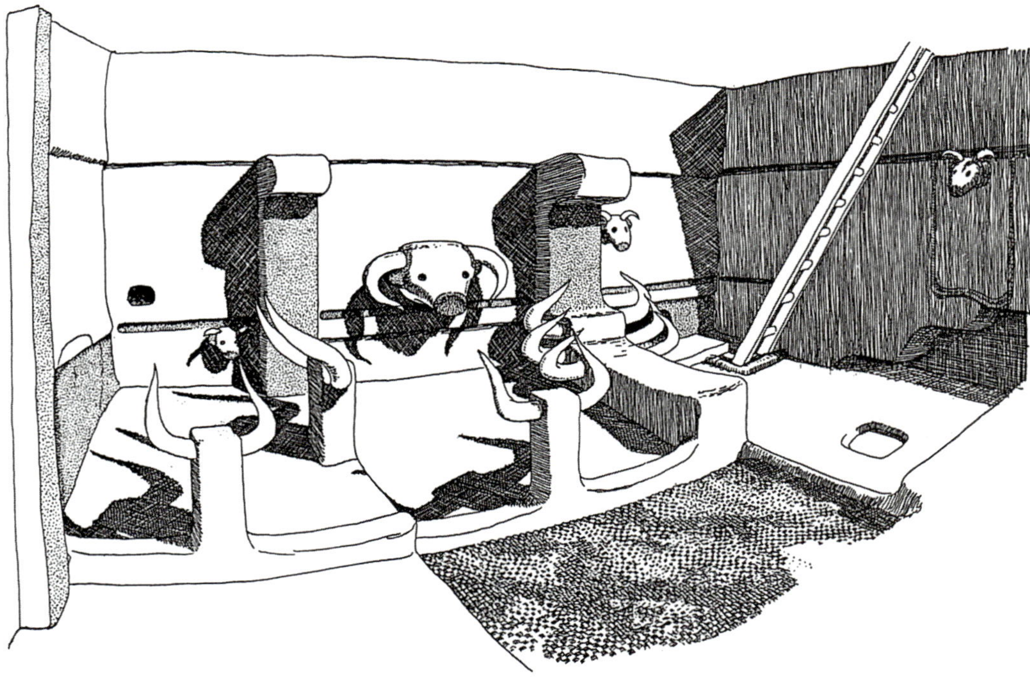

1.24 Rekonstruierte Ansicht des dritten Schreins, Çatal Hüyük. Zeichnung von G. Huxtable.

Beispiel jedoch ist nicht bemalt und zeigt die Figur sitzend auf einem felsartigen Thron oder Sessel, dem frühesten bekannten Beispiel eines Sitzmöbels ▸ 1.23. Sie bringt gerade ein Kind zur Welt und stützt ihre (verloren gegangenen) Hände auf zwei Großkatzen, vermutlich Leoparden, die die Armlehnen ihres Throns bilden: vielleicht Verweise auf eine weitere ihrer Eigenschaften: Bändigerin oder Herrin wilder Tiere. In diesem Fall wäre sie das Vorbild für eine großartige Reihe von Muttergottheiten – Innana/Ishtar aus Sumer und Babylon, Isis im alten Ägypten und Cybele im alten Anatolien und Griechenland. Sie alle werden von Löwen begleitet oder sitzen auf einem Löwenthron; Cybele fährt sogar einen von Löwen gezogenen Triumphwagen. (Es finden sich in Çatal Hüyük vielfach Reliefdarstellungen menschlicher Figuren, nur handelt es sich dabei um eher schematische Figuren mit ausgestreckten Armen und Beinen. Diese sind ebenfalls als Darstellungen der Muttergottheit beim Gebären gedeutet worden, was aber aufgrund des Fehlens klar erkennbarer weiblicher Brüste oder Genitalien zweifelhaft ist.)

Die Räume, in denen die meisten der Malereien und Skulpturen vorgefunden wurden, sind als ›Schreine‹ bezeichnet worden, ein eher irreführender Begriff, selbst wenn er sich lediglich auf die Rituale eines Fruchtbarkeitskultes bezieht. Die Bewohner trennten vermutlich ebenso wenig rituelle und häusliche Sphäre, wie dies bis heute bestehende kleinere Gesellschaften, wie etwa die der Nuba in Nordafrika, tun. Zu den Funden in den betreffenden Räumen zählen allerdings – zum Teil polychrome – Wandmalereien (in natürlichen Farben, mit Fett vermischt und mit einem Pinsel auf einen Grund aus feinem weißen Mörtel aufgetragen), Stuckreliefs, Tierköpfe, Bukranien (Ornamente in Form von Rinderschädeln), Stierhörner, die in stilisierte Stierköpfe oder in Bänke oder Pfeiler eingesetzt sind, sowie überwiegend weibliche Tonfiguren ebenso wie Tierstatuetten ▸ 1.24. Nichts deutet darauf hin, dass der Stier oder irgendein anderes Tier als Gottheit verehrt wurde, wiewohl den unübersehbaren Stierhörnern möglicherweise apotropäische, das Böse abwehrende Kräfte, zugeschrieben wurden. Tatsächlich erscheinen Tiere immer, wenn sie zusammen mit Menschen dargestellt sind, als diesen untergeordnet.

Jeder Raum wies mindestens zwei erhöhte Bodenflächen auf, von denen eine von Holzpfosten eingerahmt, verputzt und rot angestrichen war. Eine erhöhte Bank war an der Hinterwand der Hauptplattform angebracht. Diese erhöhten Bereiche dienten zum Arbeiten, Essen und Schlafen sowie zur Bestattung (nachdem die Verstorbenen wohl von Geiern skelettiert worden waren). Von den erwachsenen Skeletten, die geborgen wurden, waren 84 männlich und 132 weiblich. Zu den Grabbeigaben, mit denen Frauen bestattet wurden, zählten Spiegel aus Obsidian, Schmucksachen wie bunte Perlen und Toilettgarnituren einschließlich mit rotem Ocker gefüllter Muschelschalen. Bei den Männern fanden sich weniger Schmucksachen, dafür aber zahlreiche Waffen wie Streitkolben, Dolche, Messer, Pfeilspitzen und einige wenige Sichelklingen. Über die Einwohner von Çatal Hüyük lässt sich nicht viel sagen, außer dass sie dolichokephal (langköpfig), gut gebaut und dünnknochig waren. Begraben wurden überwiegend Frauen und Kinder, und nur wenige Personen erreichten offenbar das mittlere Alter. Gesamtanlage und Architektur von Çatal Hüyük sind aus Grundformen abgeleitet ▸ 1.25. Die Lehmziegelhäuser, zum Teil mit Balkenwerk verstärkt, ruhen auf Grundmauern aus Lehmziegeln und sind ausnahmslos eingeschossig. Während sie in der Größe leicht variieren, haben alle den gleichen standardisierten rechteckigen Grundriss. Da sie aneinander gebaut wurden, waren sie ausschließlich über Öffnungen in den Dächern zugänglich, über die der ganze Verkehr innerhalb der Stadt ablief. Die Höhe der Dächer variierte, da sich die Häuser terrassenartig über einen Hügel erhoben. Es gab keine Straßen, obwohl stellenweise Zwischenräume zwischen zwei Häusern vorhanden waren, und Çatal Hüyük wurde von einer massiven, ununterbrochenen Umfassungsmauer geschützt, die jede weitere Befestigung überflüssig machte. Aus einiger Entfernung dürfte die Stadt einen ähnlichen Anblick geboten haben wie manch eine Adobesiedlung im heutigen New Mexico.

1.25 Rekonstruktion eines Teils von Çatal Hüyük (Schicht VI). Zeichnung von G. Huxtable.

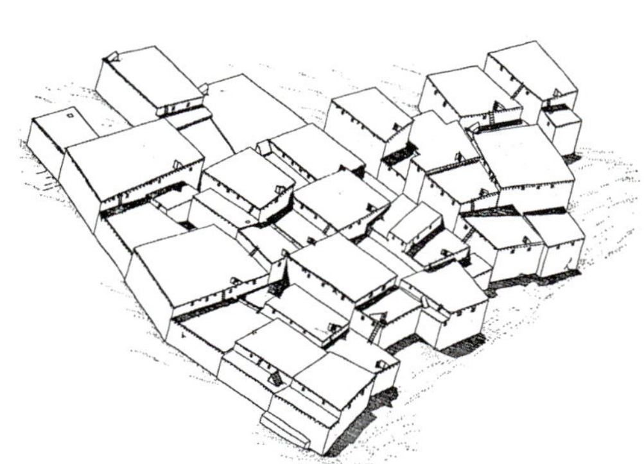

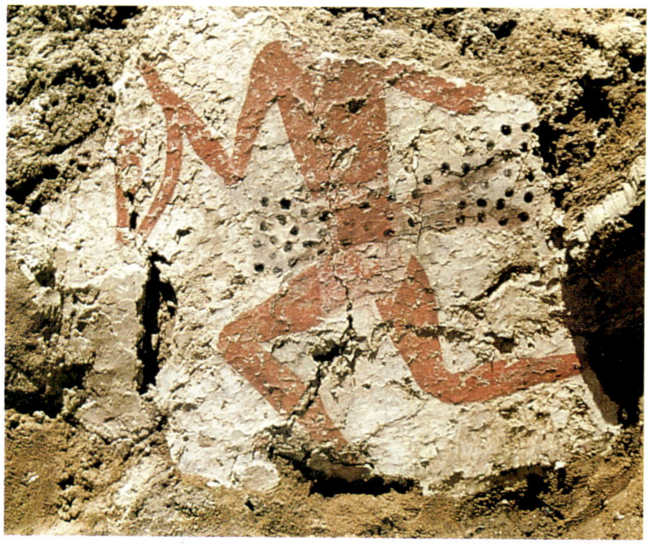

1.26 *Tanzender Jäger*, Wandmalerei im Hauptraum des Altars A. III. 1. Çatal Hüyük, Türkei, um 5800 v. Chr.

stisch und thematisch unterscheiden. Die Anzahl der Tiere tritt in diesen kaum photographierbaren Malereien hinter der der kleinen, 2,5 bis 20 cm hohen Menschen zurück, die bei verschiedenen Tätigkeiten gezeigt werden, hauptsächlich beim Jagen und – erstmals! – im Kampf. Einige der jüngsten, wahrscheinlich vor 2000 v. Chr. gemalten Szenen geben gezähmte Rinder und Pferde wieder und dokumentieren damit den Übergang zu Ackerbau und Viehzucht. Etwa zur gleichen Zeit tauchen auch auf Felswänden der Sahara Ritzzeichnungen von Rindern auf.

## Die Kunst der Bauern

Bevölkerungswachstum verstärkte vermutlich Bestrebungen, Vieh zu halten und Getreide anzubauen, um die durch Jagen und Sammeln erlangte Nahrung zu ergänzen, und löste damit

1.28 Bemalte Schüssel aus Samarra, 6000–5000 v. Chr., Terrakotta, Durchmesser 29 cm. Pergamon-Museum, Berlin.

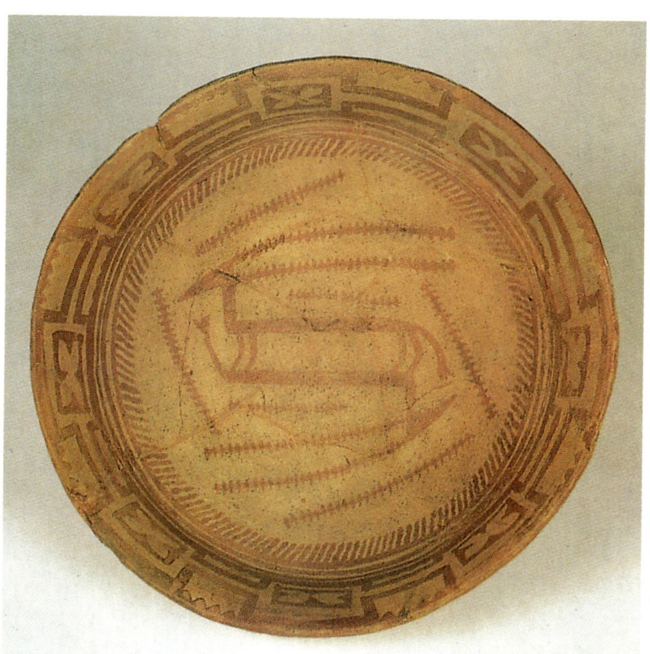

die sogenannte ›neolithische Revolution‹ aus. Zweifellos ist die durch den Beginn der Landwirtschaft erfolgte Veränderung, die zu Landbesitz, Stadt- und Staatenbildung führte und einen großen technischen Fortschritt einleitete, einer der entscheidenden Wendepunkte in der Geschichte der Menschheit. In unzähligen Mythen und Sagen ist dieses schrittweise Geschehen festgehalten worden. Die Landwirtschaft begann in der Mitte des 8. Jahrtausends in Palästina und im Westiran, dann in Ägypten; etwa im 6. Jahrtausend setzte sie in Griechenland und auf dem Balkan ein, im frühen 5. Jahrtausend in China sowie in Mittelamerika, doch erst ein oder zwei Jahrtausende später im nördlichen Europa. Einige Stämme in Australien und im Herzen Südamerikas leben bis heute als Jäger und Sammler, ohne auf Landwirtschaft angewiesen zu sein. ›Neolithisch‹ wird daher als kultureller wie als chronologischer Begriff gebraucht.

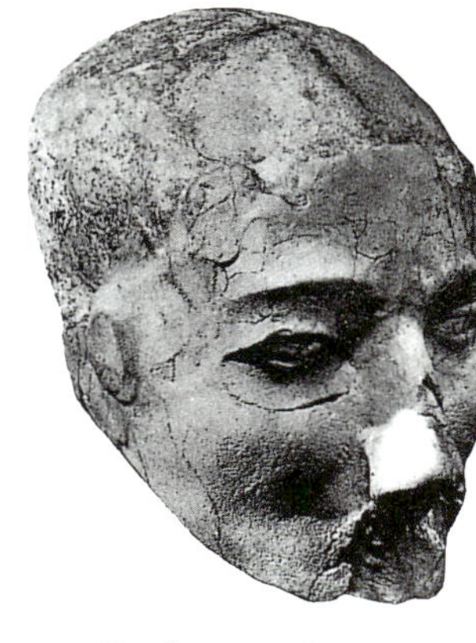

1.27 *Kopf aus Jericho*, Jordanien, um 7000–6000 v. Chr., menschlicher Schädel, getönter Mörtel und Muscheln. Archäologisches Museum Amman.

Die Landwirtschaft machte dauerhaftere Niederlassungen notwendig, die verlegt wurden, sobald der Boden erschöpft war. Die frühesten uns bekannten Niederlassungen von gewisser Größe und Beständigkeit waren Jericho in Jordanien, Çatal Hüyük in Anatolien und Jarmo im Irak, das vor wenigen Jahren teilweise ausgegraben wurde. Jericho war um 8000 v. Chr. eine bedeutende Stadt mit ovalen Wohnhäusern aus Lehmziegeln auf Steinfundamenten. Um 7500 v. Chr. wurde die Stadt von einem gewaltigen Festungswerk umgeben, mit bis zu 3,50 m hohen Mauern und mindestens einem neun Meter hohen Turm. Höchst eindrucksvoll sind die dort gefundenen Plastiken menschlicher Köpfe ▸ 1.27. Es scheint, dass sie auf die Gräber gestellt wurden, nachdem der Körper beerdigt und der Kopf konserviert und so gleichsam wieder zum Leben erweckt worden war, denn man schuf die Köpfe aus menschlichen Schädeln und ersetzte das Fleisch durch getönten Mörtel, die Augen durch Seemuscheln. Die Gesichtszüge dieser erstaunlich geschickt modellierten Köpfe sind derart individuell (einer hat einen gemalten Schnurrbart), dass man einen bewussten Versuch des Porträtierens vermuten kann, zumindest aber eine memoriale, wenn nicht animistische Zwecksetzung.

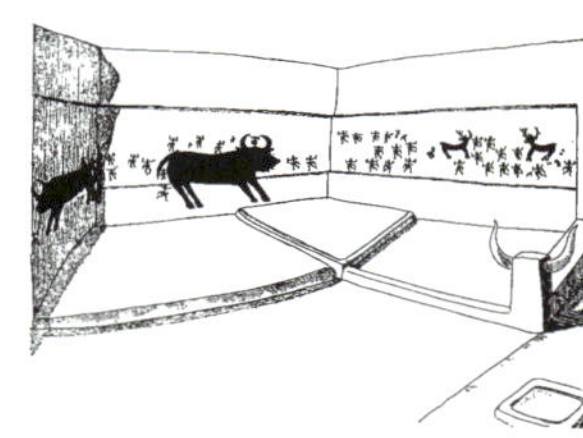

1.29 Kultstätte in Çatal Hüyük, Türkei, um 6000–5650 v. Chr.

Die in Çatal Hüyük entdeckten Skulpturen und Wandmalereien sind wesentlich jünger. Diese Ansiedlung war seit der Mitte des 7. Jahrtausends etwa 800 Jahre von Menschen bewohnt, die neben der Jagd Getreide und Erbsen anbauten, Schafe und Rinder züchteten und mit Seemuscheln und Spiegeln aus poliertem Obsidian als Zahlungsmittel Handel trieben. Im Inneren vieler der dortigen rechteckigen Wohnhäuser aus Lehmziegeln, die man nur vom Dach her betreten konnte, befanden sich Schreine, unter denen die Toten beerdigt wurden. In diesen Schreinen sowie in anderen Räumen sind bemerkenswerte gemalte und plastische Dekorationen gefunden worden ▸ 1.24; 29. Die hervorragendste ist eine große Komposition aus Männern und Frauen, die mit kräftigen Farben als Silhouetten gemalt sind und die bei naturalistischer Haltung ein gewisses Gefühl für Körperschwere und Bewegung zum Ausdruck bringen ▸ 1.26. Diese Malereien befinden sich auf einem vorbereiteten Grund, auf der gleichmäßig eingefärbten Fläche einer glatt gemörtelten Wand. Zwar sind die Figuren immer noch wie in einer Leere dargestellt, sie haben keine Standlinien, geschweige denn einen Hintergrund, aber die Wand hat ein Empfindungsvermögen für das Eingeschlossensein innerhalb eines rechteckigen Feldes hervorgerufen. Ein bedeutsamer Schritt zur Konzeption einer Malerei, die sich innerhalb eines festgelegten ›Bildfeldes‹ ereignet, war hiermit

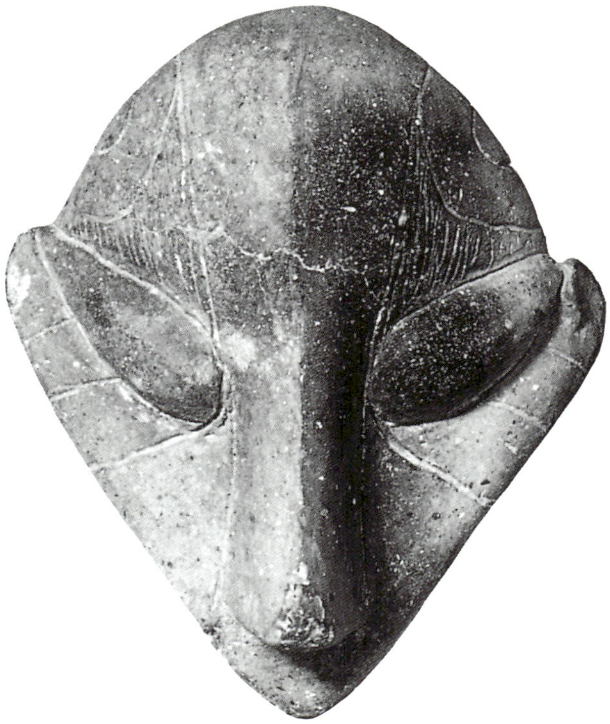

1.30 *Kopf aus Predionica,* Kosovo, Jugoslawien, 4500–4000 v. Chr., Ton, Höhe 17,8 cm.

getan. Es lässt sich nicht sagen, in welchem Maße derartige Malereien verbreitet waren. Çatal Hüyük ist einzigartig, und die Entdeckung der Stadt in den frühen sechziger Jahren war eine völlig unerwartete Enthüllung des neolithischen Lebens in Kleinasien, denn in einer etwa gleichzeitigen Ansiedlung bei Hacilar, ebenfalls in Anatolien, ist nichts Vergleichbares gefunden worden.

Sieht man von den geschliffenen Steinwerkzeugen ab, die der Jungsteinzeit den Namen gaben, dann sind es unter den Artefakten vor allem die Tongefäße, die die Lebensweise der ersten Bauern kennzeichnen. Man hatte bereits viel früher Tiere aus Ton modelliert (s. S. 35), und im Japan der voragrikulturellen Epoche wurden rohe, schnurgemusterte Gefäße bereits im 7. Jahrtausend, wenn nicht schon früher, hergestellt. Aber vor der Entstehung dauerhafter Gemeinwesen wurden Tonwaren nicht in größerem Umfang verwendet – und auch dann nicht immer, denn die ersten Einwohner Jerichos hatten Gefäße aus Stein. Die Töpferei bildete sich in landwirtschaftlichen Siedlungen heraus. In Jarmo, einem Dorf von etwa 25 Haushalten in den Zagrosbergen des nördlichen Irak, dessen Einwohner ungefähr um 6500 v. Chr. Getreide anbauten und Schaf- sowie Ziegenherden hielten, wurden die der Vorratshaltung dienenden Gruben mit in situ gebranntem Ton ausgekleidet. Mit Beginn des 6. Jahrtausends fertigte man dort auch Tongefäße und -figuren an ebenso wie in anderen Siedlungen der gleichen Region, insbesondere in dem erwähnten Hacilar und Hassuna (Irak) – eine Gruppe einfacher, dickwandiger lederfarbener Tongefäße, deren Oberfläche manchmal poliert ist und aufgemalte oder eingeritzte geometrische Muster aufweist, die frühesten Beispiele einer anscheinend rein dekorativen Kunst. Etwas weiter im Süden hergestellte Töpfe, die Samarra-Keramik, wurden vor Beginn des 5. Jahrtausends mit Vögeln, Fischen, Vierfüßlern und Menschen bemalt ▸ 1.28. Kurz nach 5000 v. Chr. erschienen auf den fein geformten, dünnen und festen Tongefäßen, die man im Tell Halaf an der türkisch-syrischen Grenze fand, Motive, denen nahezu sicher Symbolbedeutung zukam – Stierkopf, Doppelaxt und Malteserkreuz. Man wird kaum an hauptberufliche Töpfer denken können. Die Gefäße wurden aus Tonwülsten aufgebaut, dann mit den Händen modelliert und schließlich in kleinen Öfen wie im neolithischen China, in Japan und Südostasien gebrannt. Erst die Erfindung der Töpferscheibe brachte den spezialisierten Handwerker hervor, in Mesopotamien um 3400 v. Chr., im Laufe der folgenden tausend Jahre in China und nicht vor 2400 v. Chr. in Südosteuropa.

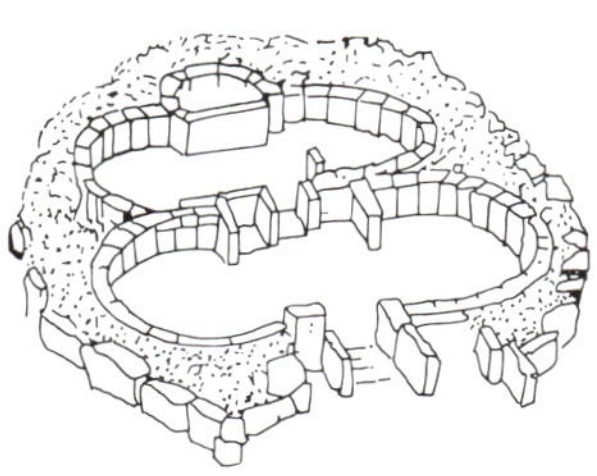

1.31 Grundriss des Tempels von Mnaidra, Malta.

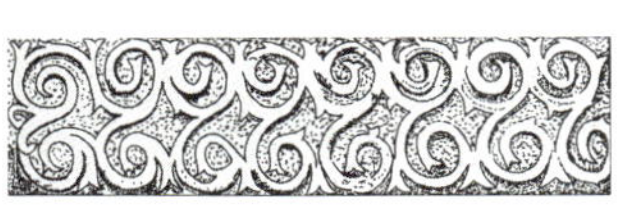

1.32 Weinrankenornament vom Tempel von Tarxien, Malta, um 3000–2000 v. Chr.

Aus Ton modellierte und gebrannte Statuetten haben sich zahlreich erhalten. Allein im serbischen Vinca an der Donau sind über 1500 Statuetten aus der Zeit um 4000 v. Chr. gefunden worden. Die meisten fand man nicht in Gräbern, sondern in den Behausungen. Einige stellen zahme und wilde Tiere, die anderen Männer und Frauen dar, die manchmal porträthaft wirken. Die nur wenig südlicher in Predionica gefundenen Köpfe sind dagegen zu schlichten Formschemata reduziert – unergründlich und unpersönlich, mit langen Nasen und starrenden Augen ▸ 1.30. Noch einen anderen Darstellungstypus bezeugt ein Figurenpaar, ein Mann und eine Frau, das aus Cernavodă an der unteren Donau stammt. Obwohl sie nur 11,5 cm hoch sind, haben sie eine kühne Monumentalität, und der sitzende Mann könnte als erster ›Denker‹ der Kunstgeschichte gelten ▸ 1.33. Schwerlich ließe sich diese expressive Haltung mit größerer Ökonomie der Mittel und mit mehr Kraft gestalten.

## *Neolithische Architektur*

Die beständigeren Lebensformen führten auch zur Entwicklung der Architektur. Jäger und Sammler hatten zu bestimmten Jahreszeiten selbst gemachte oder natürliche Unterstände von früh an aufgesucht (vgl. S. 33). In Jericho waren Wohnhäuser und Festungsbauwerke mit einfachem, regelmäßigem

1.33 *Mann aus Cernavodă,* Rumänien, 4000–3500 v. Chr., Ton, Höhe 11,5 cm. Antikenmuseum, Institut für Archäologie, Bukarest.

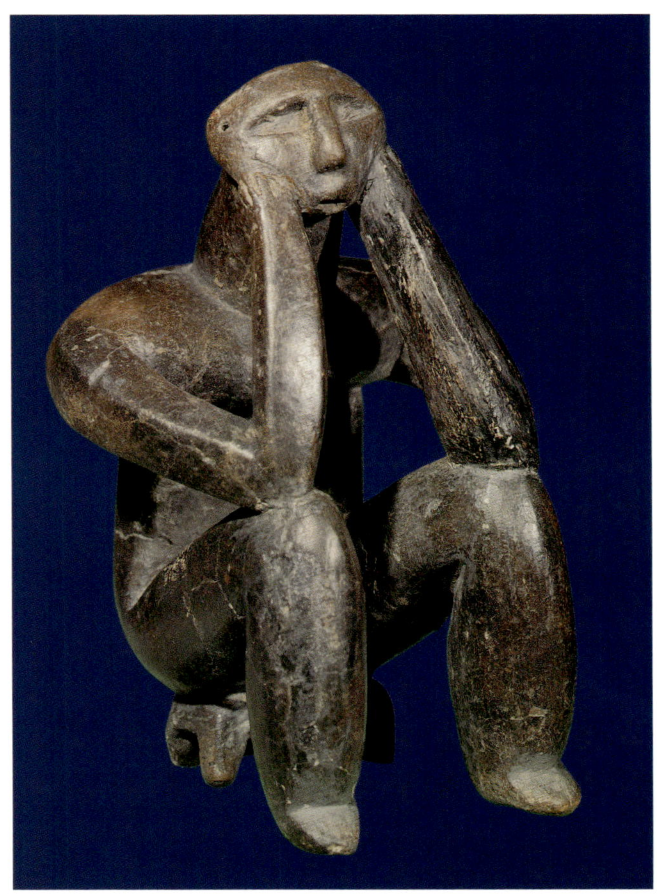

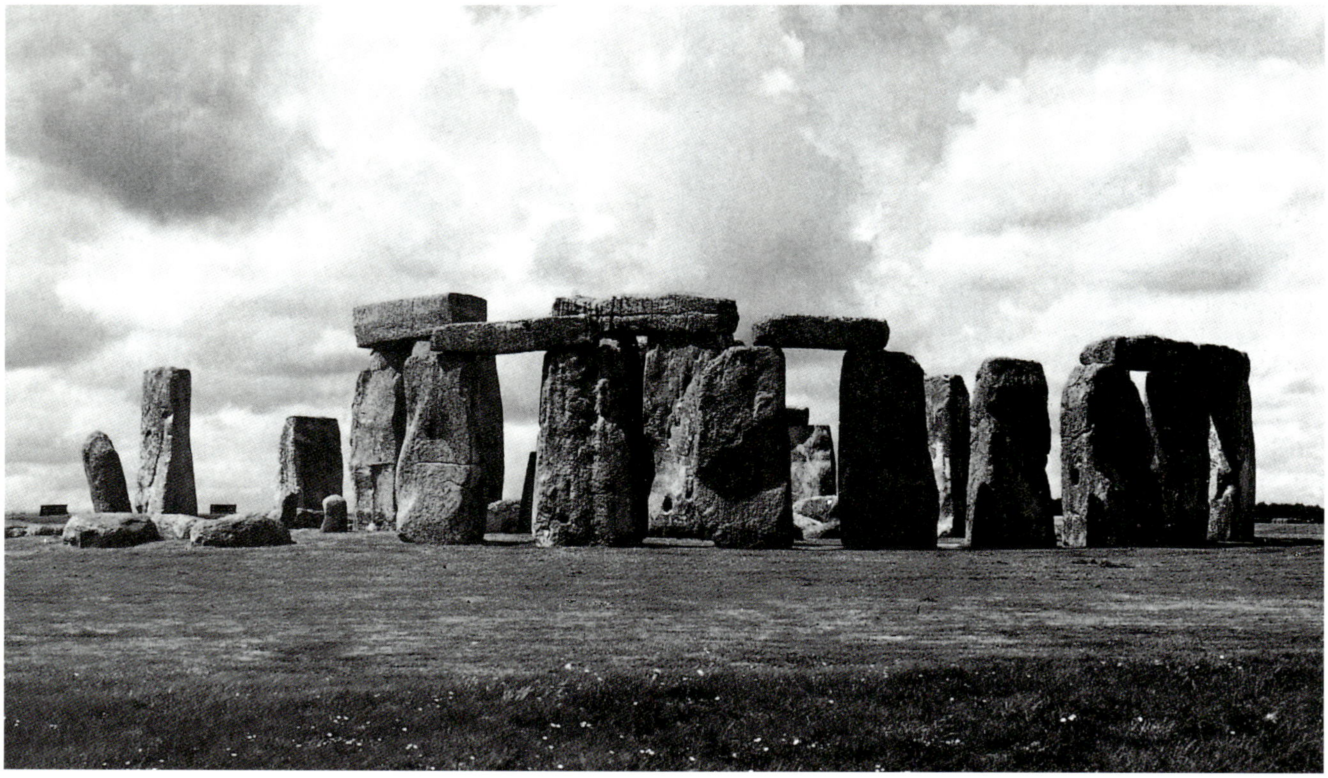

1.34 Stonehenge, Salisburyebene, England, 2100–2000 v. Chr.

Grundriss errichtet worden. Zu Beginn des 4. Jahrtausends kam im südlichen Mesopotamien ein neuer Gebäudetyp auf: der nach Lage und Form von den Wohngebäuden unterschiedene Tempel. Eine kleine Anlage aus dieser Zeit, die man in Eridu entdeckte, besaß bereits eine innere Wandnische und einen Opfertisch, also jene Elemente, die bei den späteren sumerischen Tempeln – wie bei denen vieler folgender Kulturen – zu den wichtigsten wurden. Dieses Heiligtum war aus Lehmziegeln erbaut. In Stein baute man hier wie auch in Ägypten sehr viel später, nachdem Steine bei den Tempeln auf Malta und den megalithischen Grabkammern an der europäischen Atlantikküste verwendet worden waren.

1.35 Eingang des Tempels von Mnaidra, Malta, 3000–2000 v. Chr.

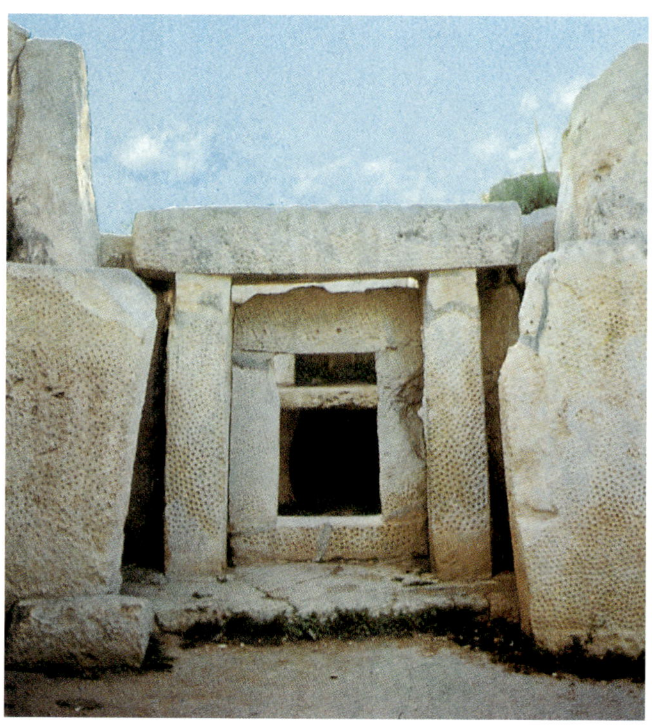

Die mindestens 16 Tempel auf Malta und der benachbarten Insel Gozzo wurden vor 3000 v. Chr. begonnen und etwa um 2200 v. Chr. aufgegeben. Sie sind die frühesten bekannten Steinbauten und bestehen aus riesigen unvermörtelten Steinblöcken. Die Fassade des größten, Gigantija auf Gozzo, hat eine Basis aus ziemlich regelmäßigen, etwa 3,50 m hohen Kalksteinplatten, über der Lagen kleinerer und größerer Steine ursprünglich anscheinend eine Gesamthöhe von 15 m erreichten. Die Innenräume sind abgerundet; der wichtigste hat einen Kleeblattgrundriss. Andere Räume sind oval, und einige scheinen mit Holz überdacht gewesen zu sein. Das Steinwerk ist weitgehend glatt behauen und teilweise mit ›Grübchen‹, kleinen Vertiefungen, verziert, die einen gesprenkelten Eindruck hervorrufen ▸ 1.31; 35. In Tarxien, an dem kunstvollsten dieser Tempel, gibt es sogar an Schnecken erinnernde Spiralmotive eines Typs, wie er später im gesamten Mittelmeerraum zu finden ist ▸ 1.32. Hier wurde auch ein Fragment einer überlebensgroßen Statue entdeckt, die eine sitzende Frau darstellte. Sonst fand man nur gekonnt naturalistische Stein- und Tonstatuetten fettleibiger Frauen.

### *Stonehenge*

Das einfache System aus Pfosten und Sturz, das man bei den Durchgängen der Malteser Tempel antrifft – ein liegender auf zwei stehenden Steinen – hatten die Erbauer der Megalithgräber in West- und Nordeuropa bereits früher verwendet. Man erbaute auf diese Weise lange Durchgänge und bedeckte die Steine mit Erde, um künstliche Hügel zu schaffen. Es überrascht, dass in Britannien einige der frühesten, die um 4000 v. Chr. entstanden, technisch zu den ausgefeiltesten zählen. Ihre Hauptkammern sind von sogenannten Kragwölbungen überdeckt, die man durch Vorschieben der jeweils höheren Steinlagen zur Raummitte hin erzielte. Unterschiedliche Grabtypen scheinen unabhängig voneinander in den verschiedenen Gegenden entwickelt worden zu sein, je nach verfügbarem Baumaterial. So verdanken etwa die Gräber auf den Orkneyin-

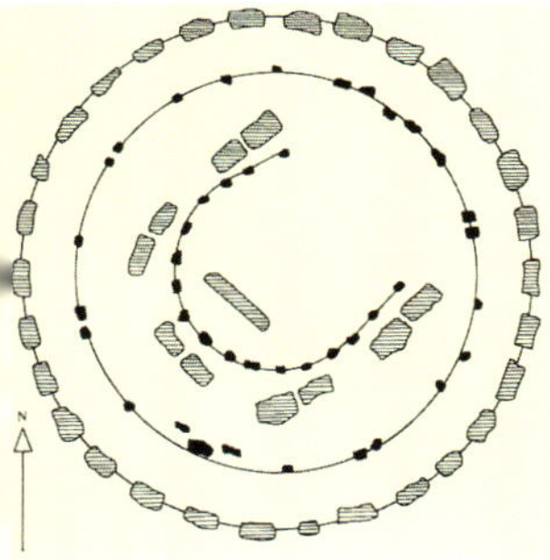

1.36 Grundriss von Stonehenge.

seln ihre Rechtwinkligkeit und Kragwölbungen dem dortigen Stein, der sich sauber in Stücke mit glatten Seiten spalten lässt. Andererseits könnten die damaligen Menschen bestimmten Gesteinsarten eine besondere Bedeutung beigelegt haben. Das würde erklären, warum man um 2100 v. Chr. 19 große Blausteine von 1,80 und 2,40 m Höhe aus den walisischen Bergen 300 km weit bis zur Salisburyebene schleppte, um damit das berühmte Monument in Stonehenge zu errichten ▸1.34; 36–38.

Trotz zahlreicher Erklärungsversuche bleibt die Funktion von Stonehenge rätselhaft. Gewissheit besteht im wesentlichen nur darin, dass dieses Monument ein wichtiges Kultzentrum war und dass die Steine sorgsam auf verschiedene Punkte am Horizont ausgerichtet wurden: auf den Punkt des Sonnenaufgangs zur Sommersonnenwende, auf den des Sonnenuntergangs der Wintersonnenwende und auch auf die nördlichsten und südlichsten Punkte des Mondaufgangs. Derartige Fixpunkte im Wechsel der Jahreszeiten sind für eine bäuerliche Bevölkerung ohne Zweifel sowohl praktisch als auch religiös bedeutsam. Kunstgeschichtlich muss Stonehenge wegen der bemerkenswerten Präzision, der Symmetrie und der Einheitlichkeit seiner Konzeption sowie wegen der technischen Fähigkeiten seiner Erbauer, denen keinerlei Metallwerkzeuge zur Verfügung standen, gewürdigt werden.

Transport und Aufrichtung großer Sandsteinblöcke aus Wiltshire auf einem konzentrischen Kreis in Stonehenge, etwa ein Jahrhundert nach den Blausteinen, war eine organisatorische und technische Großtat. Man hat ausgerechnet, dass 1100 Männer fünfeinhalb Jahre lang beschäftigt gewesen sein müssen, um diese Steine aus den Marlborough Downs heranzuschaffen, also mehr als 30 km weit zu ziehen. Sie wurden mit Steinhämmern auf der Innenseite geglättet und zur Spitze hin leicht verjüngt. Die Bearbeitung der Sturzplatten ist noch bemerkenswerter. Man zapfte sie exakt in die senkrechten Steine ein und rundete sie als Kreissegmente ab. Am überraschendsten sind die optischen Korrekturen: Die Stirnen der Sturzplatten neigen sich etwa 15 cm nach außen, so dass sie im

1.38 Stonehenge.

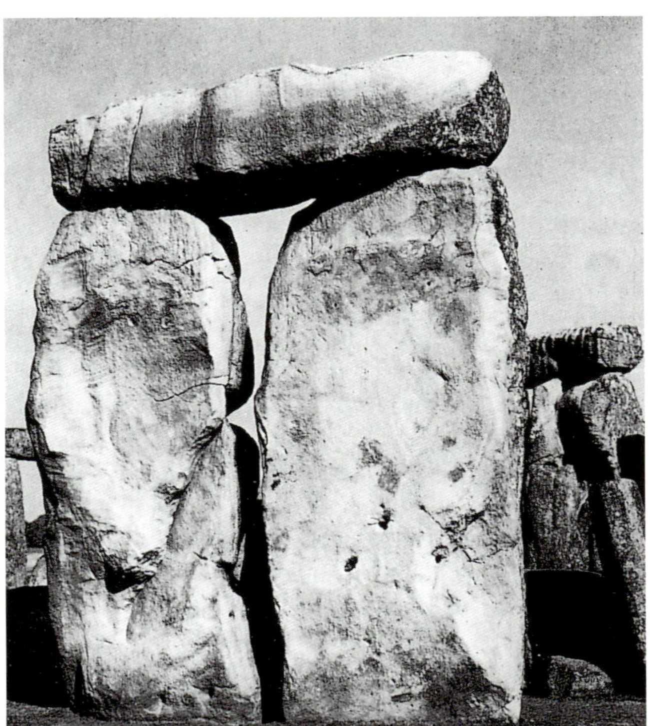

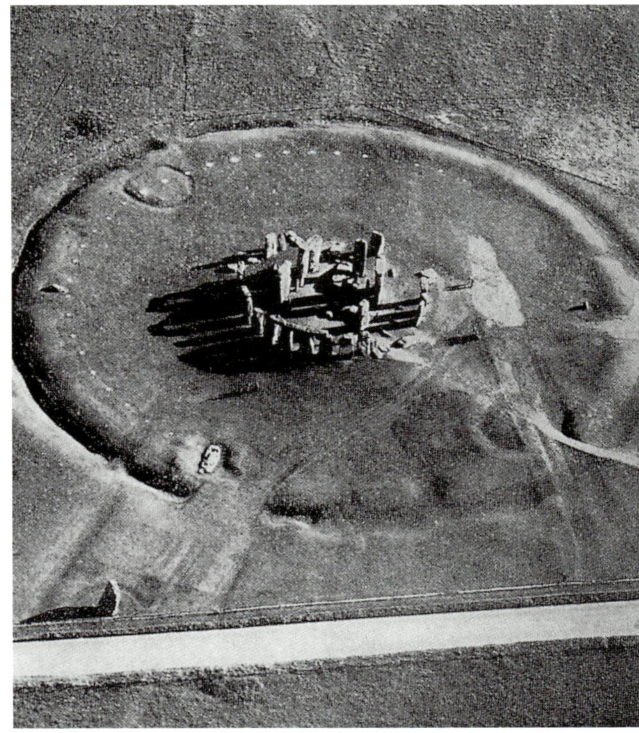

1.37 Luftaufnahme von Stonehenge aus nördlicher Richtung.

Blick von unten vertikal erscheinen. Es scheint daher möglich, dass der ausbuchtende Umriss der Sandsteinblöcke als ›Entasis‹ gemeint ist. Verständlicherweise glaubte man im Mittelalter, Stonehenge sei durch Magie hervorgezaubert. Später dachte man an einen ägäischen Wanderarchitekten. Aber die Datierung mit der →Radiokarbonmethode hat ergeben, dass die Megalithbauten im nördlichen Europa lange vor den ersten Steinaufbauten auf Kreta errichtet worden sind. Stonehenge muss als das komplexeste Denkmal dieser nördlichen Steinzeittradition angesehen werden.

Die Steinzeit endete im nördlichen Europa erst lange nach dem Beginn der Bronzezeit im Nahen Osten. Dort wurde bereits vor dem 6. Jahrtausend einheimisches Kupfer (Klumpen wurden auf der Erdoberfläche gefunden) zu kleinen Gegenständen zurechtgehämmert, ähnlich wie Gold. Da Kupfer und Gold weicher als Stein sind, wurden sie nicht zur Werkzeugherstellung verwendet. Eine Zeit von dreitausend Jahren war nötig, bis man im Nahen Osten entdeckte, dass man eine wesentlich härtere Substanz erhalten kann, wenn man Kupfer mit Zinn zu Bronze legiert. Es ist vermutet worden, dass diese Entdeckung dann nach China (s. S. 79 ff.) und nach Europa vermittelt wurde, wo auf dem Balkan um 2500 v. Chr. Bronzewerkzeuge auftauchten. Es ist jedoch durchaus möglich, dass die Bronze in China und in Europa unabhängig voneinander erfunden wurde, wie es dann auch um 1000 n. Chr. in Südamerika neuerdings der Fall war. Jedenfalls hatte man im 2. Jahrtausend eine große Geschicklichkeit im Formen und Verzieren bronzener Gegenstände in Südosteuropa erlangt. Die Erzeugnisse wurden rasch in andere Gegenden Europas verbreitet. Äxte und Schwerter schmückte man mit einer bestimmten Art von eingeritzten Spiralmotiven, die dann viel später in der keltischen Kunst aufleben sollten. Sie zeigen den Beginn einer neuen Phase der europäischen Vorgeschichte an, aber damals hatten sich die frühen Hochkulturen im Nahen Osten, im Flussgebiet des Indus, in Ägypten und China bereits herausgebildet.

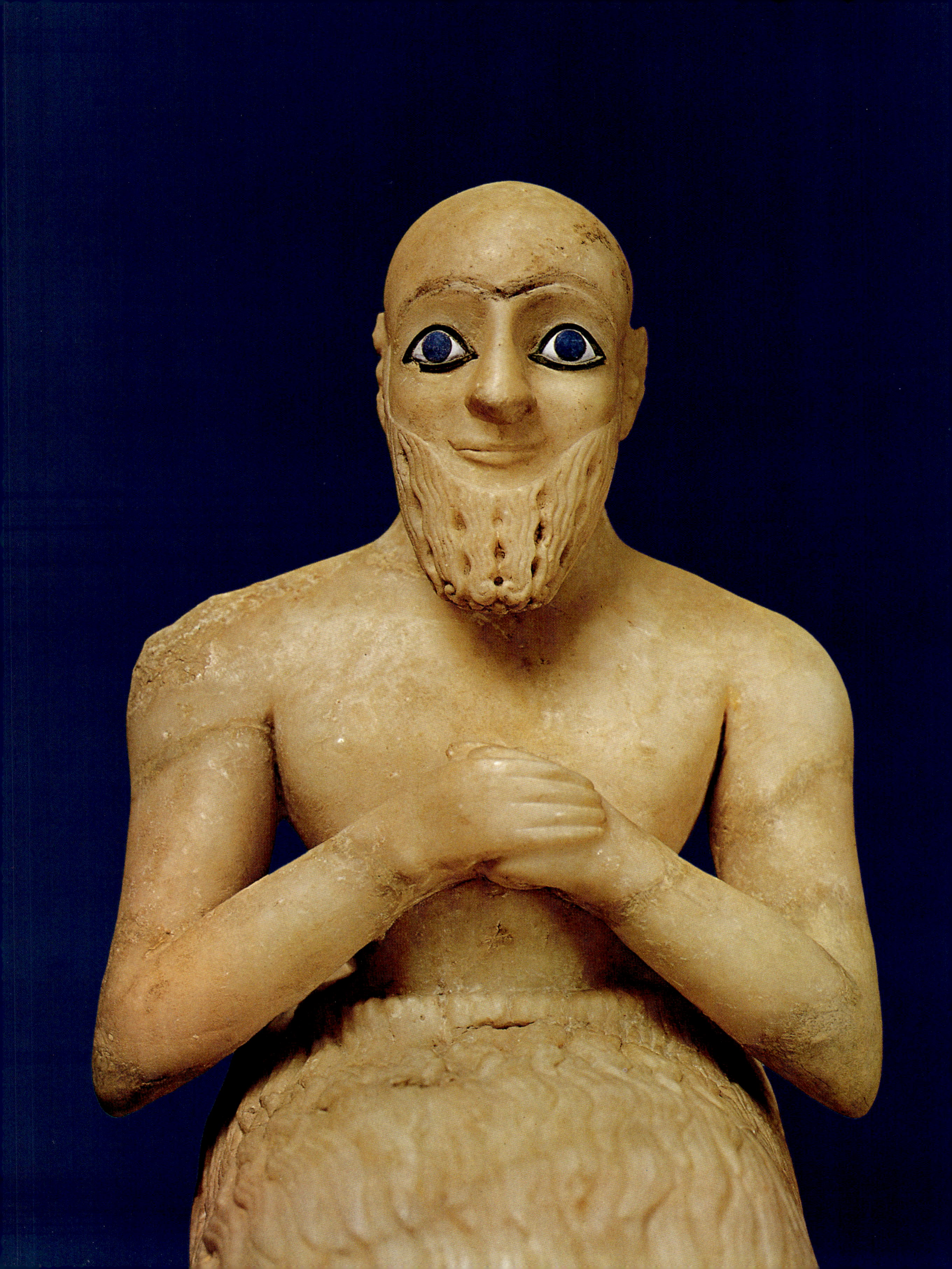

2

# Die frühen Hochkulturen

Es ist bedauerlich, dass unser Begriff der ›Zivilisation‹ ein Werturteil einschließt, denn die ersten ›zivilisiert‹ genannten Kulturen waren den vorangegangenen Kulturen der Jäger und der sich von ihrem landwirtschaftlichen Ertrag ernährenden Bauern nicht notwendigerweise und in jeder Hinsicht überlegen. Der Übergang der vorzivilisatorischen zu den zivilisierten Gesellschaften hing vor allem von der Schaffung eines Überschusses ab, d.h. von Bauern, die genügend Nahrung produzierten, um einem Großteil der Bevölkerung die ausschließliche Teilnahme an anderen, nicht produktiven Tätigkeiten – dem Handel, der Verwaltung und natürlich dem Krieg – zu ermöglichen. Die allmähliche Spezialisierung des Handwerks führte zu verbesserten Methoden des Ackerbaus, so zur künstlichen Bewässerung und zur Regulierung von Überschwemmungen sowie zur Verwendung von Rad und Pflug. Dies ermöglichte nicht nur die Herausbildung großer Stadtgemeinden, sondern in der Folge auch die Entstehung von staatlichen Strukturen. Deutliche soziale Schichtungen entstanden mehr oder weniger gleichzeitig mit einem Verwaltungsapparat, dem zahlreiche Kontrollaufgaben oblagen. Diese Funktion machte die Erfindung und Weiterentwicklung der Schrift erforderlich. Mit der Einführung eines standardisierten Tauschmittels bei der Bezahlung der Güter und Arbeitsleistungen beschritt man ebenfalls neue Wege. Auf diese Weise wurde die auf dem Tauschhandel beruhende ›Naturalwirtschaft‹ durch eine Geldwirtschaft ersetzt, die die Lagerung und den Verkehr mit Gütern erleichterte. Dieser Prozess wiederholte sich bei der Entstehung jeder Hochkultur mit nur geringen Abweichungen in den verschiedenen voneinander getrennten Weltteilen – im Gebiet der großen Flussbecken des Euphrat und Tigris im Nahen Osten, des Indus in Pakistan, des Nils in Ägypten und des Gelben Flusses in China.

| | BILDENDE KUNST | | HISTORISCHE & KULTURELLE DATEN |
|---|---|---|---|
| | | Um 4000 v. Chr. | Entstehung der sumerischen Kultur |
| Um 3500–3000 v. Chr. | *Frauenkopf aus Uruk* ▸ 2.6 | Um 3500 v. Chr. | Erfindung von Rad und Pflug (Mesopotamien) sowie des Segels (Ägypten) |
| Um 3200 v. Chr. | *Schminkpalette des Narmer* ▸ 2.35 | Um 3200 v. Chr. | Vereinigung von Ober- und Unterägypten unter Narmer |
| Um 3000 v. Chr. | Kykladische Idole ▸ 2.56; 57 | Um 3000 v. Chr. | Entwicklung der Keilschrift in Mesopotamien |
| 2700–2500 v. Chr. | Statuetten aus Tell Asmar ▸ 2.5 | Um 2780 v. Chr. | Gründung des Alten Reiches in Ägypten |
| 2690–2660 v. Chr. | *Sitzstatue von König Djoser* ▸ 2.36 | | |
| Um 2685 v. Chr. | Leier aus Ur ▸ 2.8; 10 | | |
| Um 2650 v. Chr. | *Sphinx und Pyramide des Chephren* ▸ 2.41 | | |
| Um 2580 v. Chr. | *Rahotep und Nofret aus Medum* ▸ 2.44 | Um 2500 v. Chr. | Zähmung des Pferdes (Zentralasien) |
| Um 2300–2200 v. Chr. | *Siegesstele des Naramsin* ▸ 2.12 | Um 2350 v. Chr. | Die Akkader erlangen die Herrschaft über Sumer |
| Um 2300–1750 v. Chr. | Büste aus Mohenjo-Daro ▸ 2.26 | Um 2285 v. Chr. | Zerfall des Alten Reiches in Ägypten |
| Um 2144–2124 v. Chr. | *Kopf des Gudea* ▸ 2.13 | Um 2180 v. Chr. | Zusammenbruch des akkadischen Reiches |
| | | Um 2134 v. Chr. | Beginn des Mittleren Reiches in Ägypten |
| | | Um 2050 v. Chr. | Entstehung der minoischen Kultur |
| | | Um 2000 v. Chr. | Entwicklung der Linear-A-Schrift auf Kreta |
| Um 1760 v. Chr. | *Stele des Hammurabi* ▸ 2.15 | Um 1792 v. Chr. | Aufstieg des babylonischen Reiches |
| Um 1600–1400 v. Chr. | Palast von Knossos ▸ 2.60; 61 | Um 1670 v. Chr. | Die Hyksos aus Asien erlangen die Herrschaft über Ägypten |
| | | Um 1600 v. Chr. | Die Hethiter plündern Babylon; In China entsteht das Shang-Reich |
| Um 1550 v. Chr. | Fresken von Akrotiri ▸ 2.64; 65 | Um 1500 v. Chr. | Entwicklung der Linear-B-Schrift auf Kreta und dem griechischen Festland |
| Um 1550 v. Chr. | Tasse aus Vaphio ▸ 2.66 | | |
| | | Um 1450 v. Chr. | Truppeneinfälle vom Festland auf Kreta |
| Um 1300 v. Chr. | Schatzhaus des Atreus, Mykene ▸ 2.77–79 | Um 1300 v. Chr. | Invasion Griechenlands aus dem Norden |
| Um 1300–1100 v. Chr. | Bronzegefäße, China ▸ 2.88; 90–93 | Um 1200 v. Chr. | Anfänge der jüdischen Religion |

*Sitzstatuette des Tempel-Intendanten Abichil*, 2900–2685 v. Chr., Alabaster, Höhe 52,5 cm. Louvre, Paris.

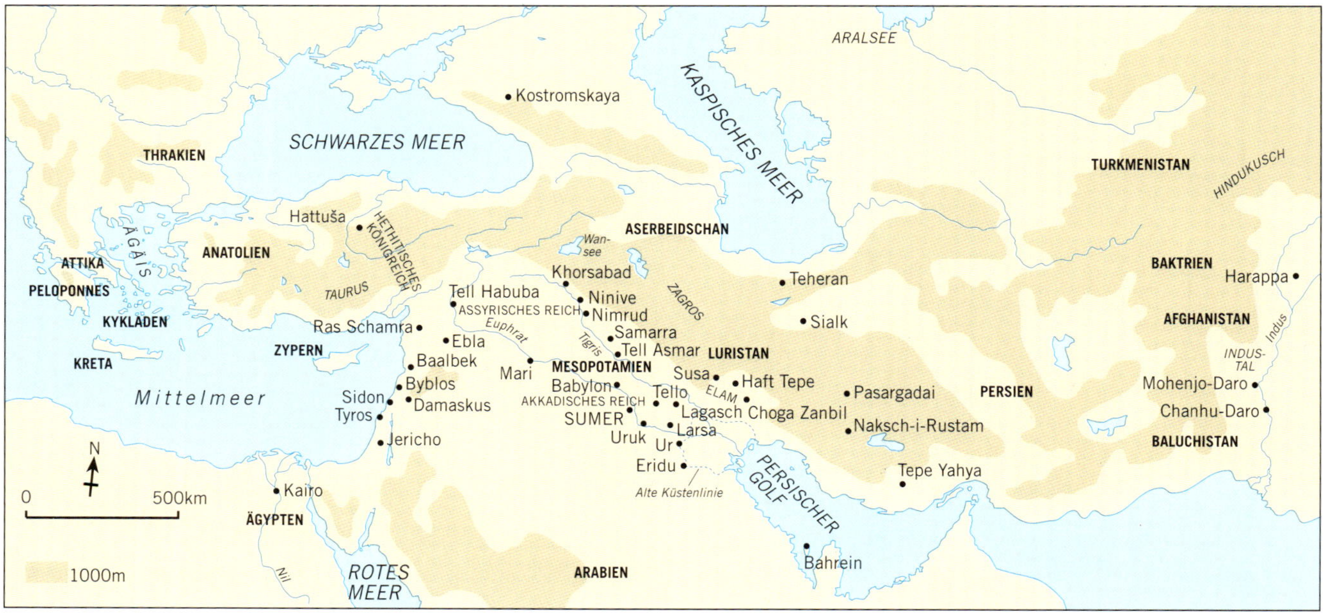


Der Nahe und Mittlere Osten im Altertum.

## Mesopotamien

Die Wiege der ersten dieser Evolutionen war der Nahe Osten, ein ausgedehntes, Asien und Afrika umspannendes Gebiet, das das heutige Israel, Jordanien, den Libanon, Syrien, die Türkei, Iran und Irak umfasst. Die neolithischen Kulturen hatten dort eine Blütezeit erlebt, insbesondere auf dem idyllischen Hochland um Sialk nahe dem heutigen Teheran und nahe dem weiter südlich gelegenen Susa. Legt man die Töpferkunst zugrunde, so war damals bereits ein hohes Maß technischer Fähigkeiten erreicht worden. Bei einigen der Gefäße sind die Wände nämlich erstaunlich dünn und feiner als alles, was die unmittelbaren Nachfolger herstellten, und die aufgemalten Verzierungen kündigen schon spätere Entwicklungen an. Ein Becher aus Susa ist in kühner und eleganter Weise mit schematischen und dennoch bemerkenswert lebendigen Tiersilhouetten bemalt: oben mit einem Fries langhalsiger Vögel, dann mit einem Band aus laufenden Hunden und darunter einem Steinbock mit riesigen Hörnern ▸ 2.1. Diese Tiere sind expressiv stilisiert, wobei zum Beispiel die Hunde in ihrer Längsstreckung starke Bewegung andeuten. Mit ihren Kurven und Geraden, die in einer strengen Beziehung zum Kontur des Gefäßes stehen und somit Dekor und Gefäßform also integriert werden, zeigen sie zudem ein hochentwickeltes Gefühl für Formgebung. Ferner stehen Vögel und Steinbock auf deutlich angegebenen Grundlinien, die jeweils den unteren Rand eines Rahmens bilden, der ein ›Bildfeld‹ umschließt. Auf diese Weise erhält das Bild erstmals einen festgelegten eigenen Raum – in deutlichem Gegensatz zur Höhlenmalerei. Man sollte vermerken, dass diese Erfindung der Entwicklung der Schrift vorausging, obwohl es scheint, dass die in ihr angelegten gewaltigen Darstellungsmöglichkeiten erst später erkannt wurden (s. S. 48).

2.1 Bemalter Becher, aus Susa, Iran, 5000–4000 v. Chr., Höhe 28,5 cm. Louvre, Paris.

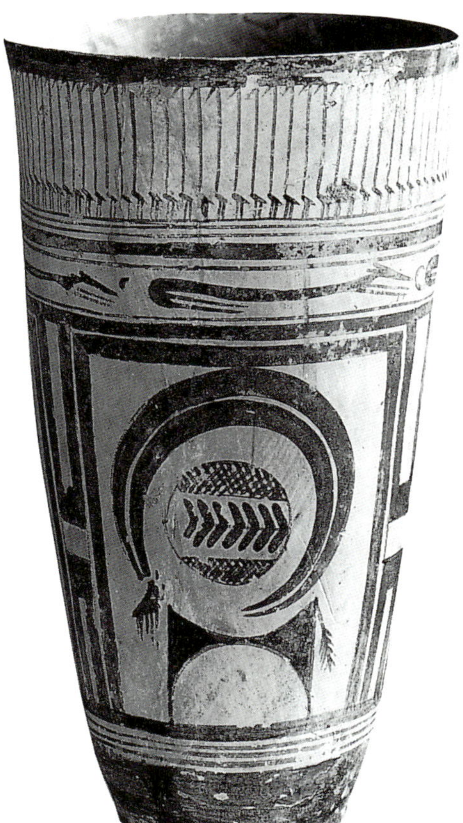

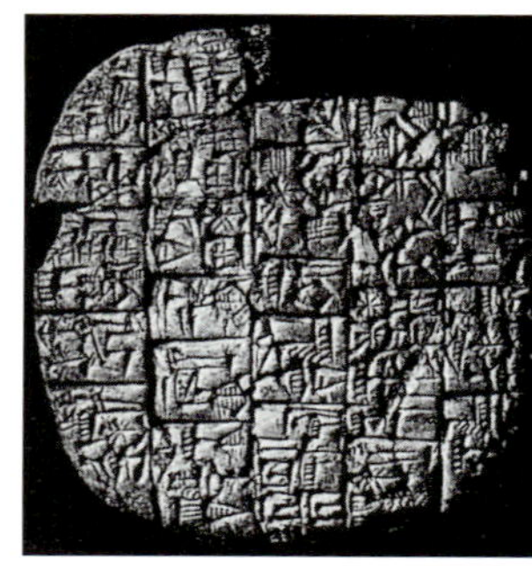

2.2 Tontafel mit sumerischer Schrift, um 2500 v. Chr., Höhe 9 cm. Nationalmuseum des Irak, Bagdad.

### *Sumer*

Die sich um 4000 v. Chr. herausbildende Zivilisation entstand nicht auf den Hochebenen, die von den neolithischen Kulturen des Nahen Ostens bevorzugt wurden, sondern auf den flachen, tiefgelegenen Ebenen Mesopotamiens (griechisches Wort für ›Land zwischen den Flüssen‹), die von Euphrat und Tigris umfasst werden und deren Wasser die neuen Siedler auszunutzen lernten. Sie schafften es, diese vormals unergiebigen und wohl unbewohnten flachen Landstriche in eine große Oase zu verwandeln, die sich etwas nördlich von der sumpfigen Stelle, an der sich die zwei Ströme einander nähern, bis zur Spitze des Persischen Golfs erstreckt.

Die Siedler nannten dieses Gebiet Sumer. Woher sie stammten, ist nicht bekannt; ihre Sprache weist keine Beziehungen zu irgendeiner anderen bekannten Sprache auf. Sie lebten in Siedlungen, die aus Lehmziegeln errichtet waren und schrittweise auf Stadtgröße anwuchsen, insgesamt elf oder mehr an Anzahl einschließlich Uruk (dem biblischen Erech und heutigen

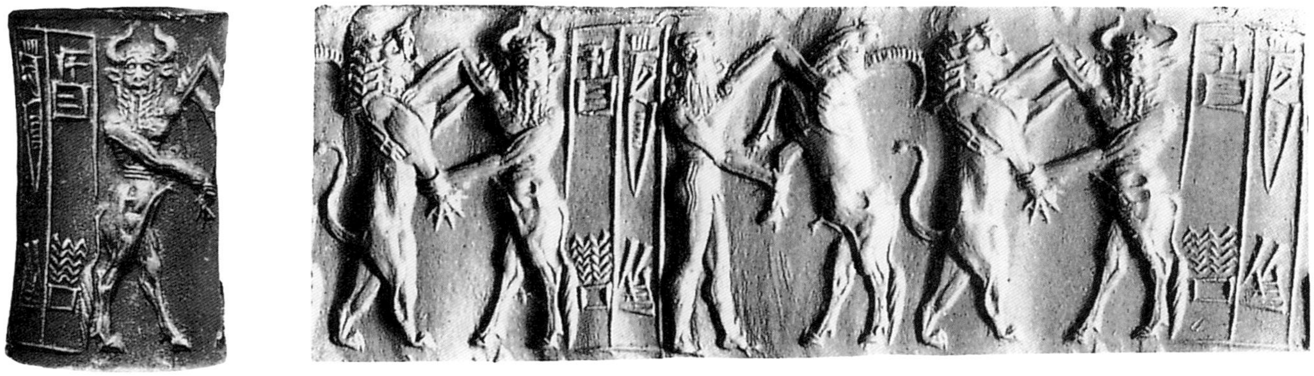

.3 Zylindersiegel mit Abrollung, aus Ur, Irak, um 2700 v. Chr., Stein, Höhe ,8 cm. The Oriental Institute, University of Chicago.

Warka), Eridu, Ur, Larsa und dem kürzlich entdeckten Tell Habuba im Gebiet des oberen Euphrat. Sie waren unabhängig und zogen zeitweise gegeneinander in den Krieg, teilten jedoch die gleiche Sprache und Kultur und hatten allesamt einen gemeinsamen Glauben an ein Götterpantheon, das die aufbauenden und zerstörenden Naturkräfte personifizierte. Jede Stadt stand unter dem Schutz eines dieser Götter, wobei sich die gesamte Einwohnerschaft dem Dienst an ihm widmete. Man war in dem Glauben, dass die Gottheit Eigentümer und heiliger Souverän der Stadt sei und die menschlichen Herrscher seine irdischen Verwalter und Priester. Die sich so verstehende Regierungsform ist als ›theokratischer Sozialismus‹ beschrieben worden, und sie verfügte mit Sicherheit über Merkmale eines Wohlfahrtsstaates. Die Verwaltung lag in den Händen der Priester. Sie leiteten das Volk an, ließen Vorräte an Gerätschaften und Zugvieh anlegen. Sie beaufsichtigten die Arbeitsteilung bei Gemeinschaftsaufgaben, etwa bei den äußerst wichtigen Bewässerungsgräben und den Flutkanälen. Ferner trieben sie Nahrungsmittel ein und verteilten sie an Handwerker und andere, die nicht in der Landwirtschaft arbeiteten; sie lagerten Getreide, um Hungersnöten abhelfen zu können. In diesem Zusammenhang wurde erstmalig ein Zahlensystem entwickelt. In ähnlicher Weise bildete man aus Bildzeichen eine standardisierte Keilschrift, die diesen Namen aufgrund des rechteckigen, keilförmigen Aussehens ihrer mehreren hundert Schriftzeichen erhalten hat. Sie wurden mit einem aufgespaltenen Schilfrohr in Tontafeln eingeritzt – die älteste uns bekannte Schreibweise der Welt ▸ 2.2. Man benutzte sie vom 3. bis zum 1. Jahrtausend v. Chr. bei einer Anzahl nahöstlicher Sprachen – dem Sumerischen, Akkadischen, Elamitischen, Hethitischen und anderen. Die frühesten Beispiele datieren nicht später als etwa 3000 v. Chr. und wurden in Tepe Yahya im südöstlichen Iran entdeckt, einem großen städtischen Zentrum, das in seiner Zusammensetzung bereits eine gewisse Komplexität aufweist. Tepe Yahya hat zusammen mit anderen, weit voneinander entfernten Städten bzw. städtischen Urformen im Nahen Osten einige bis heute ungelöste Probleme aufgeworfen, insbesondere das des Primats von Sumer. War Sumer in dieser Region die Wiege der Zivilisation? Oder verlief die Stadtentwicklung in einem großen Gebiet gleichzeitig und in wechselseitiger Abhängigkeit? Es mehren sich die Hinweise, die auf letztere Vermutung deuten, dass also die städtischen Zentren von Mesopotamien bis zum Flusstal des Indus und vom Persischen Golf bis nach Belutschistan und Turkmenien im 3. Jahrtausend miteinander verbunden und voneinander abhängig waren. Die Entwicklungsimpulse gingen nicht von einem einzelnen Zentrum aus. (Ähnliche Schlussfolgerungen ergeben sich aus den Ausgrabungen in einer anderen Gegend, nämlich Ebla [Tell Mardikh] in Nordsyrien, das allerdings aus späterer Zeit stammt. Aufgrund der dort erfolgten Entdeckung von mehr als 15 000 Keilschrift-Tontafeln aus den Jahren 2400–2250 v. Chr. hat sich Nordsyrien als eine kulturelle Einheit erwiesen, die unabhängig von der babylonischen und assyrischen Kultur bestanden hat.)

Die Sumerer verfügten über eine Literatur von hoher Bedeutung, zu der auch das *Gilgamesch-Epos* gehört, von dem noch heute – nach mehr als 4000 Jahren – eine bezaubernde und bewegende Kraft ausgeht. Obwohl es den Homerischen Epen 1500 Jahre vorausliegt, gehören die Helden Gilgamesch, Enki-

2.4 Vase aus Uruk, Irak, um 3500–3000 v. Chr., Alabaster, Höhe 91,4 cm. Nationalmuseum des Irak, Bagdad.

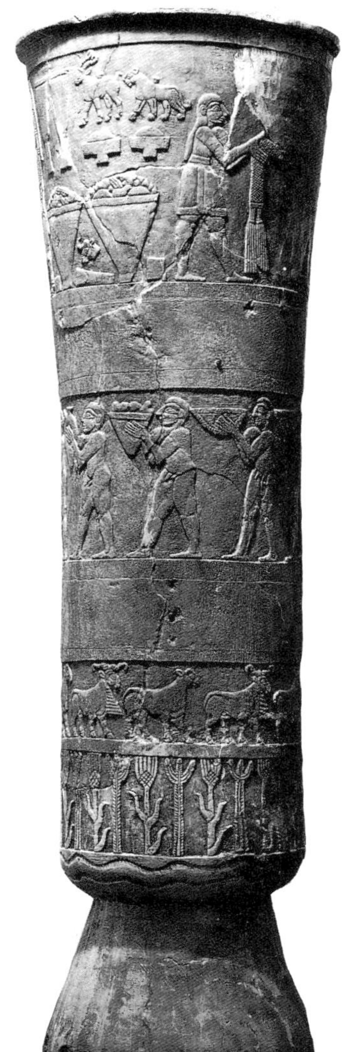

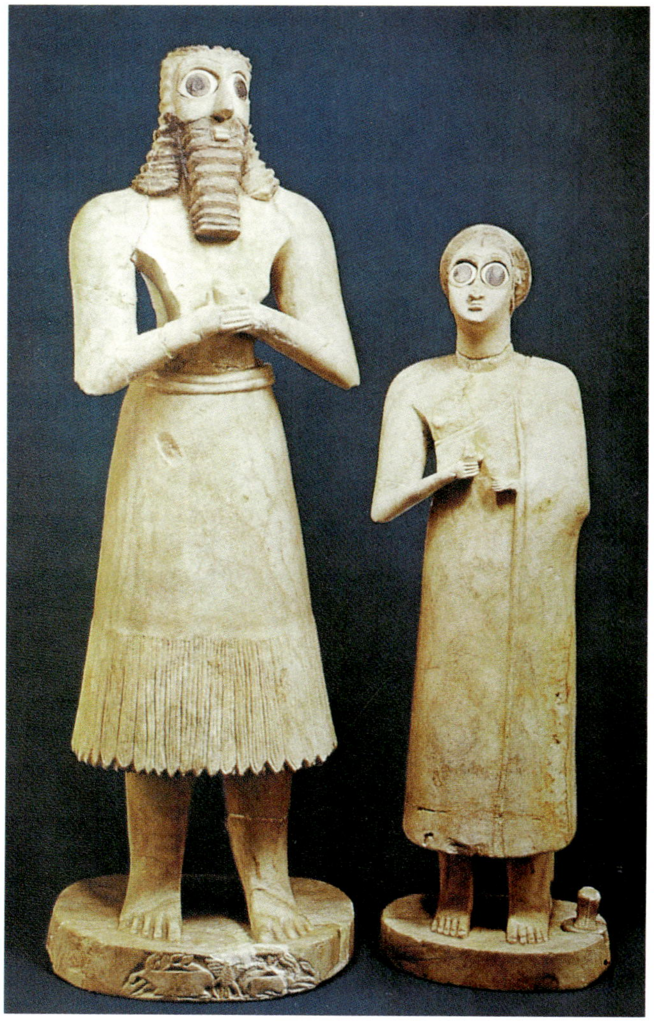

2.5 *Statuetten eines Mannes und einer Frau*, aus Tell Asmar, Irak, um 2700–2500 v. Chr., Gipsstein, Höhe 72 cm. Nationalmuseum des Irak, Bagdad.

du und Huwawa zu demselben Universum wie die Götter und die Sterblichen der *Odyssee*.

Im Bereich der bildenden Kunst der Sumerer hat man bis heute nichts entdeckt, was sich mit dem ›Gilgamesch-Epos‹ in der Qualität vergleichen ließe. Zu der vorwiegend religiösen Kunst zählen als früheste erhalten gebliebene Stücke einige über 90 cm hohe Alabastervasen aus dem Tempel von Uruk. Sie stammen aus der sogenannten protoliterarischen Periode, d. h. aus den letzten Jahrhunderten des 4. Jahrtausends v. Chr., als die Schrift erfunden wurde. Auf der schönsten ist das Neujahrsfest festgehalten worden ▸ 2.4. Auf dem oberen Streifen der Vase bietet ein Mann einer Frau einen Korb dar, entweder der Muttergöttin Inanna oder ihrer Priesterin; hinter ihr liegen andere Gaben aufgestapelt, Körbe, Vasen und ein Widder, der männliche und weibliche Statuetten trägt. Unterhalb dieses Streifens tragen Männer in der Art einer Prozession weitere Geschenke. Sie sind nackt und entsprechen damit der üblichen Darstellungsweise von Männern, die sich den Göttern nähern. Die unterste Zone wird abwechselnd von Mutterschafen und Widdern über einem Fries aus Dattelpalmen und Gerstenähren gebildet.

Es handelt sich hier um das früheste Beispiel eines Künstlers, der die Möglichkeiten eines abgegrenzten ›Bildfeldes‹ ausnutzt, um die Figuren auf eine feste Grundlinie vor einem als Raum verständlichen Hintergrund zu stellen. Es ist vielleicht nicht zufällig, dass diese Bildidee mit der Erfindung des Schreibens aufkam. Das bei der *Vase aus Uruk* so auffallende Regelmaß der Richtungen und der Rhythmisierung trifft in analoger Weise auch für die Schrift zu. Ähnlich verhält es sich möglicherweise mit der Verwendung paralleler Streifen, um damit eine räumliche Schichtung anzudeuten. Auf der Vase aus Uruk geschieht die Abfolge eher hierarchisch als chronologisch. Jeder ihrer Friese stellt einen kontinuierlichen Fortgang ohne Anfang und Ende dar. Vielleicht sollte damit die immer währende Bedeutung des Rituals zum Ausdruck gebracht werden, das den Jahresbeginn und die Erneuerung des Zyklus der Jahreszeiten anzeigte.

Der sich in diesen Reliefwerken offenbarende Kunstsinn ist auch bei den Siegeln anzutreffen, kleinen Zylindern aus hartem Gestein, kaum 5 cm hoch, denen abstrakte oder figurative Formen eingeritzt wurden. Beim Abrollen über Wachs oder feuchtem Ton entsteht ein Reliefabdruck ▸ 2.3, der gewöhnlich zur Kennzeichnung von Eigentum verwendet worden ist. Vor dem Ausgang des 4. Jahrtausends hatte man auch schon freistehende Skulpturen angefertigt, von denen aber nur Fragmente erhalten geblieben sind. Von ihnen ist ein lebensgroßes Frauengesicht aus weißem Marmor, das man in Uruk fand, das schönste ▸ 2.6. Die Arbeit der Bildhauer ist von außergewöhnlichem Feingefühl, insbesondere bei den zarten, kaum merklichen Übergängen der Wangen zur Nase, zur Oberlippe und zum entschlossenen, sinnlichen Mund. Die tiefen Einschnitte unterhalb der Stirn waren wahrscheinlich ursprünglich durch Augenbrauen aus Lapislazuli gefüllt und die Augenhöhlen mit irgendeinem anderen farbigen Material, vielleicht mit Muscheln für die Augäpfel und Obsidian für die Pupillen. Der Kopf war wohl mit goldenen oder kupfernen Haaren bedeckt gewesen. Bohrlöcher auf der flachen Rückseite scheinen dazu bestimmt gewesen zu sein, die Maske mit einer Statue, vermutlich einer hölzernen Kultfigur, zu verbinden.

Priester und andere Anbetende vor einer Kultfigur sind das Thema mehrerer Statuetten, die im Tempel des Abu, dem Gott der Pflanzenwelt, in Tell Asmar gefunden wurden. Sie sind in weißem Gips geschnitten, einem weichen, leicht zu bearbeitenden Material, wodurch sich die zylindrische oder konische

2.6 *Frauenkopf aus Uruk*, ca. 3500–3000 v. Chr., Marmor, Höhe 20,3 cm. Irak-Museum, Bagdad.

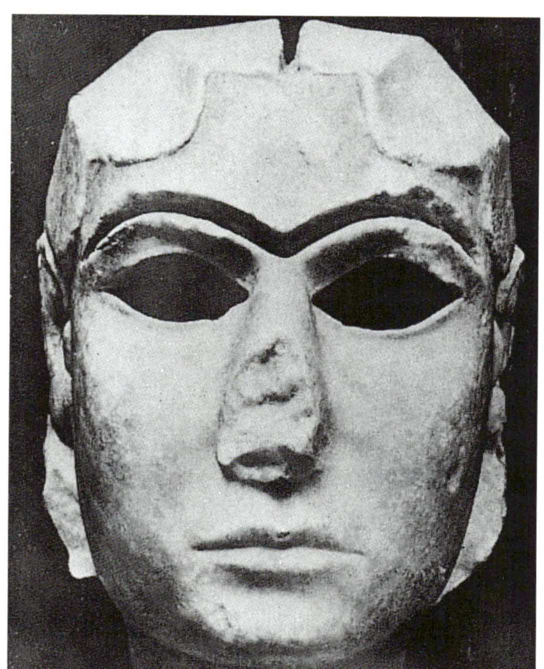

Form teilweise erklären mag. Die Haare und Bärte sind durch schwarze, pechhaltige Farbe wiedergegeben, die großen, starrenden – geradezu glotzenden – Augen durch Lapislazuli oder schwarzen Kalkstein, der in weißen Muscheln eingesetzt ist ▸ 2.5, vgl. auch ▸ 2.7. Tell Asmar war eine kleine Siedlung, abgelegen von den größeren sumerischen Städten. Diese Statuen sind dem Kopf aus Uruk und den Figuren aus Mari künstlerisch unterlegen. Sie lassen auf eine provinzielle Ausführung schließen. Trotzdem offenbaren sie, dass viele Konventionen religiöser Kunst des Nahen Ostens (die später nach Europa und auch nach dem Fernen Osten übertragen wurden) schon damals vorhanden waren. Alle Figuren schauen streng geradeaus und stehen oder knien in starr symmetrischen Körperhaltungen mit knapp unterhalb des Brustkorbes gefalteten Händen. Die vorhandenen Größenunterschiede scheinen jeweils verschiedene Rangstufen innerhalb der Hierarchie zu bezeichnen.

Verschiedene Inschriften bezeugen, dass die Sumerer die Statuen nicht einfach als Darstellungen auffassten: Man schrieb ihnen vielmehr ein eigenes Leben zu. Der Gott war im Kultbild anwesend, ebenso der Sterbliche in der davorstehenden Statuette mit ihrer fortwährenden Ehrfurchtshaltung. Dieses primitive, animistische Bewusstsein ist bei früheren Werken stark zu spüren, auch wenn sie in relativ kleinem Maßstab gehalten sind, so bei einem, das unter den bisherigen Funden zu den aussagekräftigsten Bildwerken zählt. Es handelt sich um ein Figürchen aus Marmor, das ein monströses weibliches Wesen darstellt. Sein gewaltig verformter Körper, der Schrecken erregende Kopf und die Klauen konfrontieren uns mit der ganzen Unbegreiflichkeit des Bösen und der menschlichen Hilflosigkeit in einem feindlichen Universum ▸ 2.9.

Viele der schönsten Kunstwerke des 3. Jahrtausends wurden in der königlichen Begräbnisstätte von Ur entdeckt, wo die sumerischen Könige und Königinnen in ihrem gesamten Schmuck aus Gold und Juwelen zusammen mit ihren Dienern und Höflingen – die man tötete, damit sie als Begleitung beim Weg in die künftige Welt dienen konnten – beerdigt wurden. Zu diesen Werken zählen Palast- bzw. Tempelausstattungen, die in ihrer Ausführung eine vorher nicht dagewesene und selten erreichte Pracht und Vollkommenheit vorzeigen. So besteht zum Beispiel eine Leier aus einem Schallgehäuse, das in einem herrlich realistischen Stierkopf aus geschnittenem Lapislazuli und getriebenem Gold mündet ▸ 2.8. Lapislazuli, der von den Sumerern hochgeschätzte, intensiv blaue Stein, der von seiner einzigen Fundstelle – etwa 3200 km entfernt in Nordafghanistan gelegen – importiert wurde, fand Verwendung für die Hornspitzen des Stiers, für das Haar zwischen den Hörnern, für die Augenlider und Pupillen sowie für den menschlichen Bart (vermutlich eine rituelle Verzierung). Die darunter liegenden Tafeln ▸ 2.10 sind auf sehr zierliche Weise mit Muscheln und Blattgold eingelegt, um vier Szenen in einer Deutlichkeit wiederzugeben, die das Unklare ihrer Bedeutung umso quälender macht. Sie sind zugleich voller Raffinesse und derart naiv, dass man nicht sagen kann, in welcher Weise bzw. wie ernsthaft diese fremdartigen kleinen Bilder von Tieren, die Menschen verkörpern, gemeint waren, oder ob sie Mythen oder Fabeln veranschaulichen. Sie haben die magnetisierende Poesie von Märchen, die den Zweifel außer Kraft setzen, während sie erzählt werden. Das Motiv eines Mannes im obersten Feld, der zwei Stiere mit menschlichen Köpfen umarmt, ist ein wiederkehrendes Motiv der alten nahöstlichen

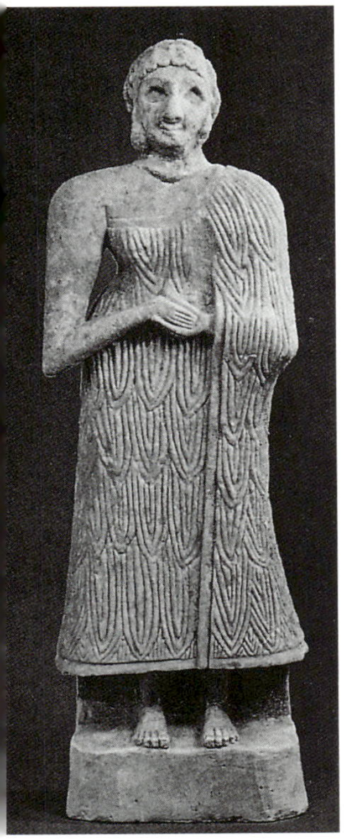

2.7 *Stehende weibliche Figur*, aus Chafadsche, Irak, 2500–2300 v. Chr, Kalkstein, Höhe 33 cm. Nationalmuseum des Irak, Bagdad.

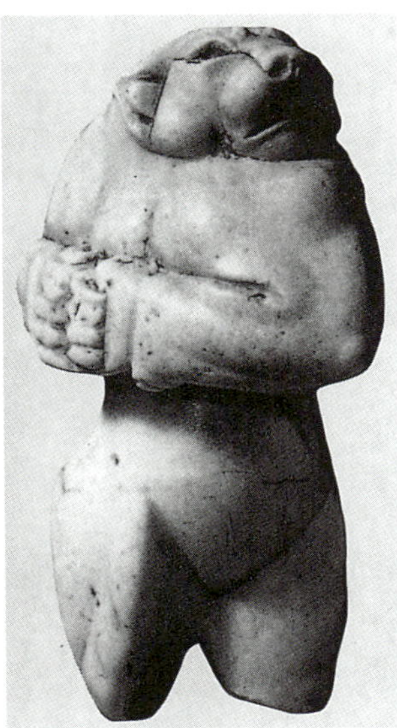

2.9 *Weibliches Ungeheuer*, um 3500–3000 v. Chr., Marmor, Höhe 8,9 cm. Brooklyn Museum, New York. (Mit freundlicher Genehmigung von Mr. und Mrs. Robin B. Martin).

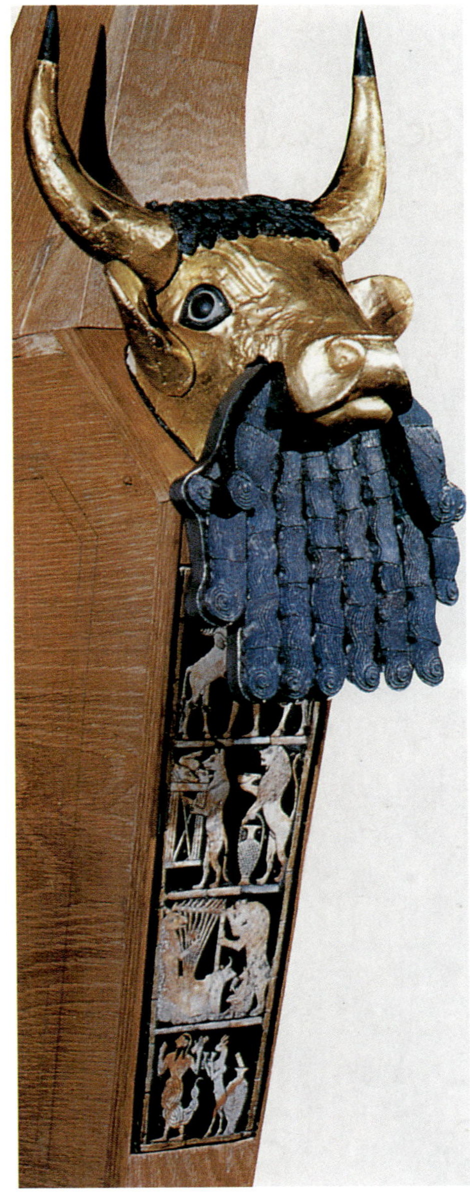

2.8 Schallgehäuse einer Leier, aus Ur, um 2685 v. Chr., Gold, Lapislazuli und Muschelintarsien (Holzteile modern), Höhe ca. 43 cm. University Museum, Philadelphia.

2.10 Muschelintarsie vom Schallgehäuse der Leier ▸ 2.8, Höhe ca. 5 cm.

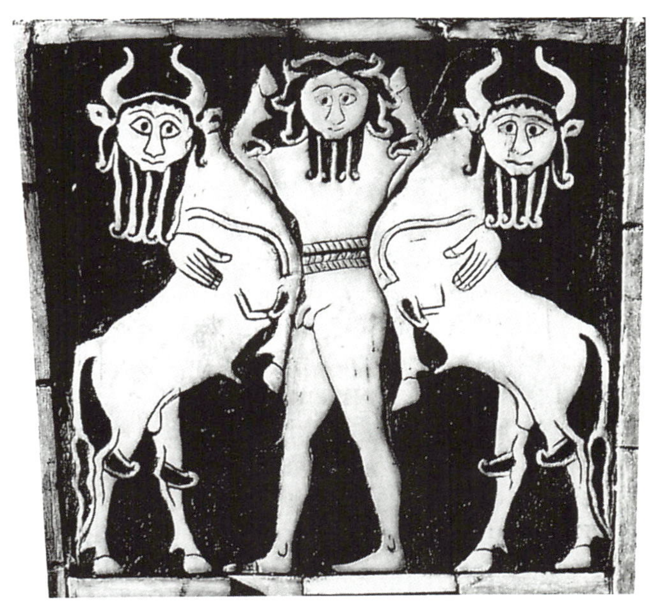

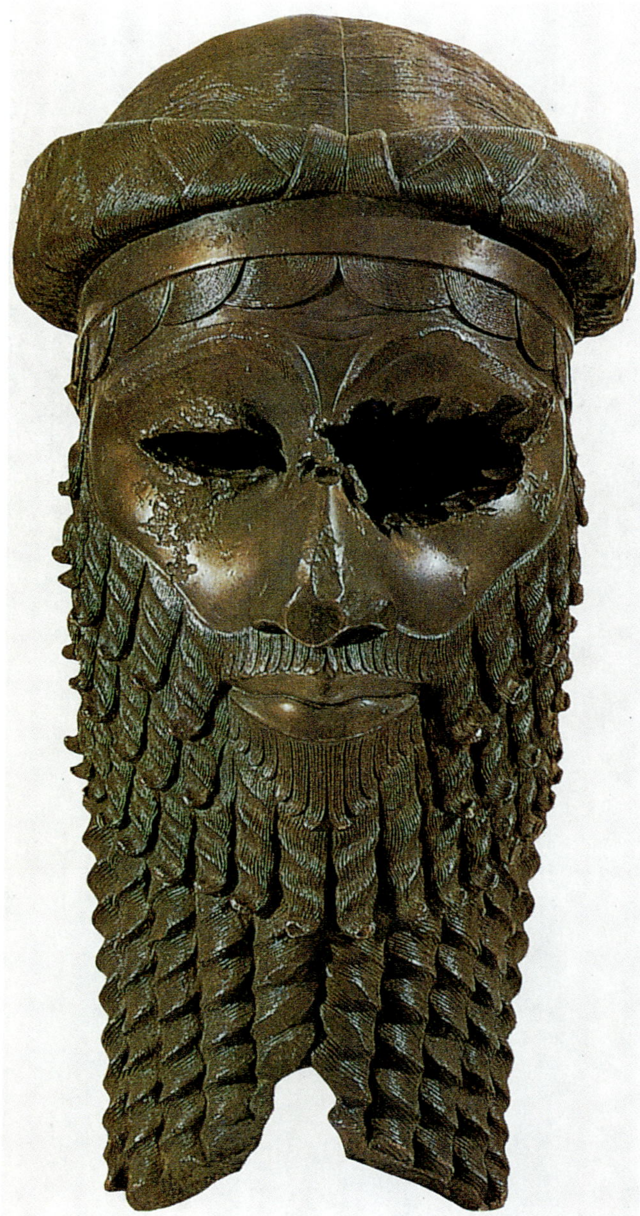

2.11 *Kopf eines akkadischen Herrschers*, aus Ninive, Irak, 2300–2200 v. Chr., Bronze, Höhe 30,5 cm. Nationalmuseum des Irak, Bagdad.

Kunst (es wird manchmal das Gilgamesch-Motiv genannt, obwohl im Epos keine derartige Szene exakt beschrieben ist). Die merkwürdig verdrehte Körperhaltung, Profilansicht des Unterkörpers bei gleichzeitiger Frontalstellung des Rumpfes, wurde etwa zur gleichen Zeit in Ägypten verwendet (s. S. 66).

## *Akkadische Kunst*

Kurz vor Beginn des 3. Jahrtausends, an einigen Orten vielleicht noch früher, ersetzten Kriegsfürsten die Hohepriester in ihrer Funktion als Herrscher, allerdings ohne das theokratische Regierungssystem aufzulösen. Eine größere Veränderung ereignete sich etwa um 2350 v. Chr., als die Akkadier, die von Nordosten her in die Region eingedrungen waren, die Herrschaft an sich rissen. Ihre semitische Sprache unterschied sich deutlich vom Sumerischen. Ihr erster König, Sargon, schloss die Städte zu einem einzigen Staat zusammen, der sich von Nordmesopotamien bis nach Elam hinein erstreckte (s. S. 52). Sein Enkel Naramsin dehnte das Königreich nach Westen hin aus und eroberte um 2250 v. Chr. Ebla (s. S. 47). Diese Machtpolitik der Akkadier kann zum Teil erklären, weshalb der Herrscher in seiner Bedeutung als individueller Führer und Eroberer nicht mehr nur als Diener der lokalen Gottheit bewertet wurde. Man erschuf lebensgroße Statuen der Könige. Der herrliche Bronzekopf einer dieser Statuen mit geflochtenem Haar und streng gelocktem Bart ist erhalten geblieben – er offenbart die perfekte Beherrschung der Techniken der Metallbearbeitung ▸ 2.11. Er ist zu einem hieratischen Eindruck stilisiert, das Bild eines Herrschers mit einer Furcht gebietenden Erscheinung. Dieser Eindruck muss noch stärker gewesen sein und sich fast ins Übermenschliche gesteigert haben, als noch Augen in kostbarem Edelstein aus den jetzt leeren Augenhöhlen blitzten. Die akkadische Vorstellung einer gottgleichen Unantastbarkeit hätte nicht eindringlicher ausgedrückt werden können.

Naramsin selbst erscheint auf einer Stele, die man zum Ehrengedächtnis eines Sieges über einen iranischen Grenzstamm schuf ▸ 2.12. Er wird fast doppelt so groß wie seine Soldaten dargestellt, so wie vorher die Götter (hier nur durch ihre Symbole im Himmel vertreten) von den Sterblichen unterschieden wurden. Vielleicht um eine besondere Situation zu schildern, hat der Bildhauer das übliche System übereinander gelagerter Figurenfriese verworfen und die gesamte Fläche als eine einzige dramatische Komposition behandelt. Die im Berg-

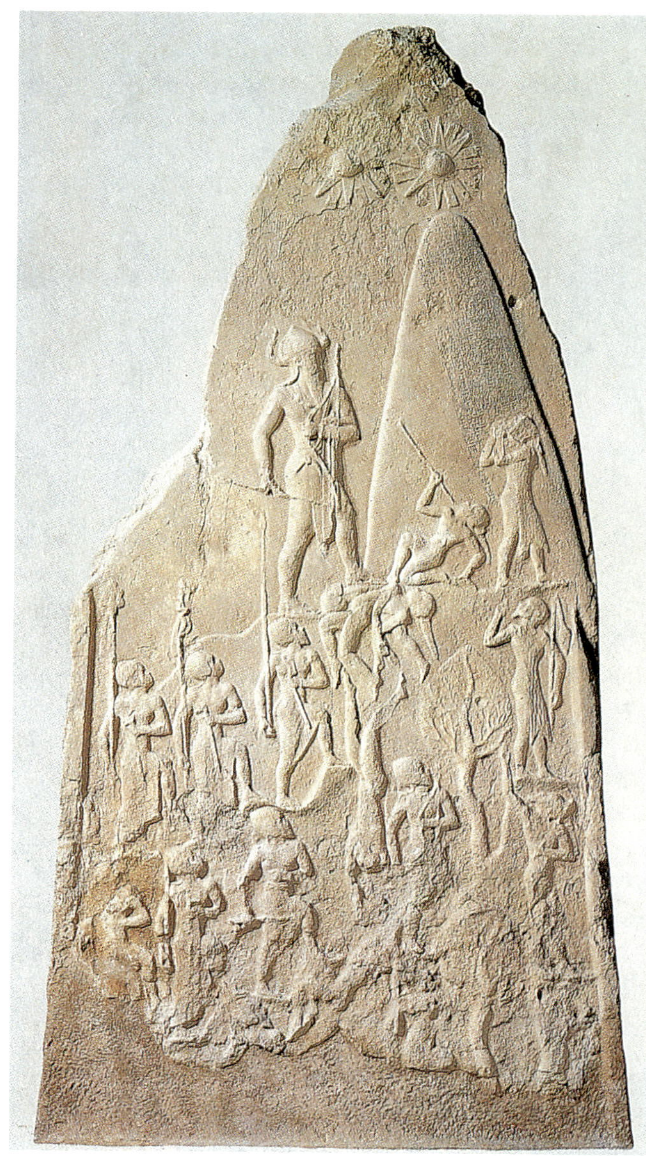

2.12 *Siegesstele des Naramsin*, aus Susa, Iran, um 2300–2200 v. Chr., rosafarbener Sandstein, Höhe 203 cm. Louvre, Paris.

QUELLEN UND DOKUMENTE

## Gudeas Traum

Gudea, der Herrscher von Lagasch (das moderne Al-Hiba im Irak, das man früher mit Tello gleichsetzte) in den Jahren von 2144 bis 2124 v. Chr. wandte nicht nur viel Kraft und Geld für den Neubau des Tempels von Ningirsu auf, sondern ließ in dessen Fundament auch eine Reihe von Tontafeln mit Keilinschriften vergraben, auf denen seine Taten geschildert wurden. Diese im späten 19. Jahrhundert entdeckten Texte sind höchst bemerkenswert, gehen sie doch weit über einen reinen Tatsachenbericht hinaus, was für jene Zeit bereits ungewöhnlich genug gewesen wäre, und erwähnen auch Gudeas Stimmungen und Gefühle und selbst die Träume, die er hatte, während er im Tempel schlief. Sie vermitteln etwas von jenem poetischen Geist, der auch in seinen Skulpturenporträts spürbar ist ▸ 2.13. Im folgenden Abschnitt gibt ihm der Gott Ningirsu Anweisungen für den Bau des Tempels. »*In dem Traum erschien ein Mann, der war so groß wie der Himmel, so groß wie die Erde. Sein Oberkörper war der eines Gottes, seine Schwingen die des Imduqud-Vogels, sein Unterleib war der Orkan. Rechts und links von ihm kauerte ein Löwe. Er befahl mir, einen Tempel zu bauen, aber ich verstand nicht alles, was er sagte ... Ein zweiter Held war anwesend. Er hatte seine Arme angewinkelt und hielt eine Tafel aus Lapislazuli in den Händen, auf der er den Grundriss des Tempels aufzeichnete. Er stellte den zeremoniell gereinigten Trog vor mir auf, bereitete die auf ähnliche Weise gereinigte Ziegelgussform und legte den ›Ziegel der Schicksalentscheidung‹ hinein.*«

In einem weiteren Traum, der Gudea schließlich davon überzeugt, den Tempel zu bauen, verspricht Ningirsu ihm einen feuchten Wind zu schicken, der den Leben spendenden Regen bringen soll, damit die Errichtung des Tempelfundaments von Wohlstand begleitet wird. In diesem Traum sagt der Gott zu ihm: »*Alle großen Felder werden für dich Früchte tragen; Deiche und Kanäle werden für dich anschwellen; da, wo das Wasser bisher nicht an die Oberfläche tritt, wird es für dich steigen.*«

Die Herstellung des ersten Ziegels oblag dem König, und Gudea beschreibt, wie er den »gereinigten obersten Block« und die Ziegelform für den »Ziegel der Schicksalentscheidung« aufhob und »*... glück bringendes Wasser in den Rahmen der Form goss. Während er dies tat, wurden Trommeln geschlagen. Er schmierte die Form mit Honig ein, bestem Öl, wundervollem, feinstem Öl. Er hob den heiligen Trog, ging zu der Form, Gudea rührte den Schlamm in der Form an, führte alle erforderlichen Rituale aus, schuf auf prächtige Weise den Ziegel für den Tempel.*

Nachdem der neue Tempel vollendet war, wurde er geweiht, und Gudea beschreibt, wie er den Gott im Tempel aufsuchte und zu ihm betete:

»*Mein König, Ningirsu,*<br>
*Herr, der du die wilden Fluten bändigst,*<br>
*Herr, dessen Wort über alles erhaben ist,*<br>
*Sohn des Enlil, du hast mir Befehle gegeben,*<br>
*Ich habe sie getreulich für dich ausgeführt,*<br>
*Oh Ningirsu, ich habe deinen Tempel für dich gebaut,*<br>
*Mögest du ihn erfreut betreten.*«

H. W. F. Saggs, The Greatness that was Babylon, London 1962

land gelegene Örtlichkeit wurde durch die kletternde Körperhaltung der Soldaten, durch Bäume und einen konisch geformten Hügel angedeutet. Vielleicht haben wir hier die früheste Landschaftsdarstellung der Kunstgeschichte vor uns. Die beherrschende Position von Naramsin, der auf die Körper zweier erschlagener Stammesleute tritt und gerade einen anderen tötet, dokumentiert den Augenblick des Sieges. Es gab ursprünglich keinerlei Inschrift (die Schrift auf dem Hügel ist eine spätere Hinzufügung); die Bedeutung der Szene wurde rein bildlich zum Ausdruck gebracht. Das Relief weist eine durchdachte Komposition auf. So steht die aufwärts gerichtete Bewegung der Akkadier auf der linken Seite in einem Gleichgewichtsverhältnis zu den Gefallenen und noch fallenden Stammesangehörigen sowie den um Gnade flehenden Überlebenden auf der rechten Seite. Naramsin steht als dramatischer Gipfelpunkt der Komposition zuoberst, ist auf die anderen Figuren durch deren Gesten und Blickrichtungen bezogen und dennoch durch die ihn umgebende leere Steinfläche von ihnen abgetrennt. Man muss 1500 Jahre vergehen lassen, um in der nahöstlichen Kunst etwas mit dieser Stele Vergleichbares aufzufinden.

Das akkadische Reich brach um 2180 v. Chr. zusammen. Nur eine Stadt konnte sich halten, Lagasch (das heutige Tello), wo Literatur und bildende Künste unter der ›Ensi‹ bzw. der Herrschaft Gudeas in einer Oase des Friedens blühten. Obwohl Gudea dem akkadischen Brauch folgte und lebensgroße Statuen von sich errichten ließ, verkörpern diese eine ganz andere Auffassung von Königtum. Er ließ sich selbst als der ›getreue Hirte‹ seines Volkes darstellen, als Diener Ningirsus, des Gottes der Bewässerung und Fruchtbarkeit. Sein Gesicht bringt eine zarte, fast jugendliche Empfindsamkeit zum Ausdruck, und er wird immer in einem fromm-nachdenklichen Gemütszustand gezeigt ▸ 2.13, wobei er bei einer Darstellung einen Architekturentwurf – wahrscheinlich für einen Tempelbezirk – im Schoß hält. Man hat für diese Statuen einen sehr harten Stein verwendet, der vielleicht weniger wegen seiner farblichen Qualität als wegen seiner Festigkeit ausgewählt worden war – wegen seiner Kraft, ein unverwüstliches Zeugnis königlicher Frömmigkeit zu bewahren.

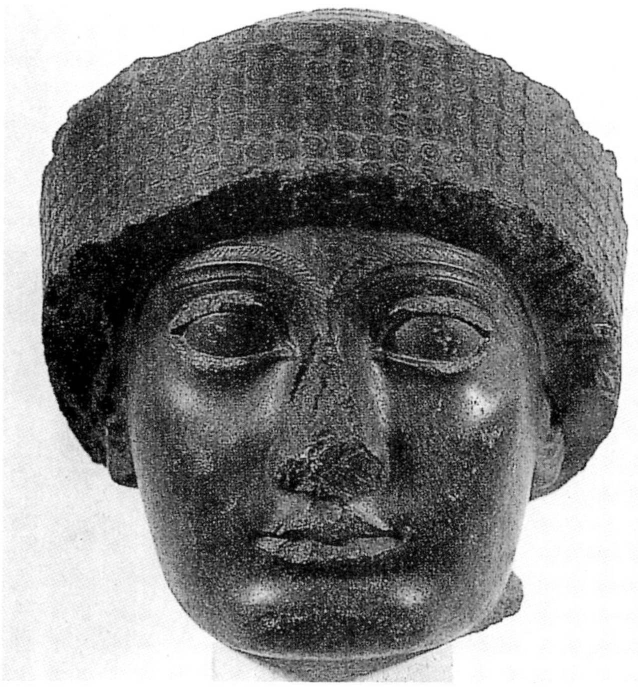

2.13 *Kopf des Gudea*, aus Tello, um 2144–2124 v.Chr., Diorit, Höhe 23,2 cm. Louvre, Paris.

## Die Zikkurate

Tempel waren in Mesopotamien seit der Mitte des 4. Jahrtausends v.Chr. gebaut worden (s.S.42). Es handelte sich um kleine Aufbauten aus Lehmziegeln, die, nicht für einen gemeinschaftlichen Gottesdienst bestimmt, wohl nur den Priestern und Priesterkönigen vorbehalten waren. Sie wurden auf Plattformen errichtet, so dass sie dadurch erhaben aus der Landschaft ragten. Diese Plattformen verwandelten sich bald in abgeflachte Stufenpyramiden. Die sogenannten Zikkurate könnten als heilige Berge verstanden worden sein, auf denen die Priester den Göttern näher waren, wenn sie nicht sogar deren tatsächliche Gegenwärtigkeit ermöglichten. (Moses musste den Berg Sinai ersteigen, um von Gott die Gesetzestafeln zu empfangen.)

Für die Sumerer als Bewohner flacher Landstriche besaßen die Berge eine weitere Bedeutung, nämlich Quelle der Gewässer zu sein, die herunter zu den Tälern flossen. Sie waren ein Symbol für die Erde als Ganzes und für die lebenbringende Kraft der Vegetation unter ihr. Die Sumerer nannten ihre Muttergöttin Ninbursag, die ›Herrin des Berges‹. Daher hat die Metapher des Berges, die die Bibel später über die gesamte westliche Welt verbreitete, ihren Ursprung wahrscheinlich in Südmesopotamien. Gemäß der Genesis, dem Ersten Buch Moses, stammte Abraham aus Ur, dessen Zikkurat noch teilweise erhalten ist ▸ 2.16. Kurz nachdem die Stadt im Jahre 2125 v.Chr. zum Zentrum eines erneuerten sumerischen Staates geworden war, ließ man sie erbauen. Der Grundriss ist rechteckig, wobei die Ecken nach Norden, Süden, Osten und Westen weisen. Die Wände neigen sich beim Ansteigen nach innen, und ihre monotonen leeren Flächen sind durch nichtfunktionale Strebepfeiler belebt. An der nordöstlichen Seite führen lange Treppenläufe zu einem mehr als 12 m über dem Boden befindlichen Torbau. Ursprünglich gab es darüber noch weitere Baustufen, deren Gipfel ein Tempel bildete ▸ 2.14.

2.14 Rekonstruktion einer Zikkurat.

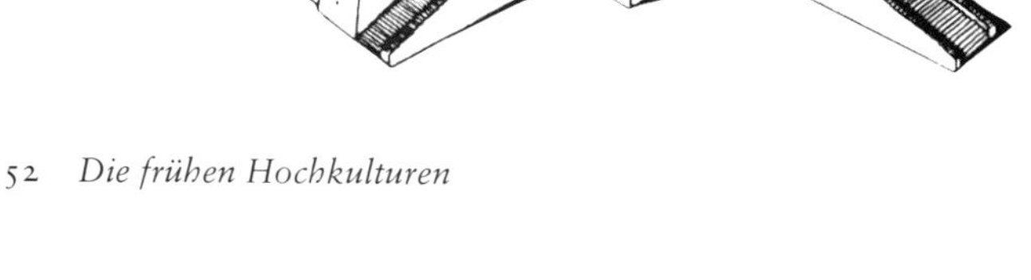

## Babylon

Ein neuer Abschnitt der Geschichte Mesopotamiens begann, als Babylon zu Anfang des 2. Jahrtausends v.Chr. zur Vorherrschaft gelangt war. Unter Hammurabi, der von 1792 bis 1750 v.Chr. regierte, wurde es zur Hauptstadt eines von Mari und Ninive bis zum Persischen Golf reichenden Imperiums. Hammurabi hat als Autor des ältesten erhalten gebliebenen Gesetzeskodex große historische Bedeutung. Seine Absicht war, »die Gerechtigkeit zu veranlassen, im Land zu obsiegen, die Schlechten und das Böse zu zerstören, auf dass der Starke den Schwachen nicht unterdrücken könne«, obgleich ein Hauptanliegen darin bestand, Geldverleiher vor säumigen Schuldnern zu schützen, für die rigorose Strafen erlassen wurden. Der Kodex ist auf eine Stele unterhalb eines Reliefs mit Hammurabi geschrieben worden. Der Herrscher steht vor dem Sonnengott, der auf der Kuppe eines heiligen Bergs oder einer Zikkurat thront: eine perfekte Verbildlichung des halbgöttlichen Status des Priesterkönigs, dem der Gott, der selbst in menschlicher Form dargestellt ist, die Gesetze übergibt ▸ 2.15. Dass der Stein die Form eines Phallus hat, ein offensichtliches Symbol männlicher Vorherrschaft, ist vielleicht nicht zufällig.

Das Reich zerfiel im Verlauf der Regierungen von Hammurabis Nachfolgern, und Babylon selbst wurde um 1600 v.Chr. von den aus Anatolien stammenden Hethitern geplündert (s.S.83). Angriffe kamen auch aus der entgegengesetzten Richtung, und am Ausgang des 2. Jahrtausends wurden die Stelen Naramsins und Hammurabis nach Susa weggebracht, dem Zentrum von Elam, einer landwirtschaftlich ergiebigen Region, die sich im Nordosten des unteren Euphrat befand (das heutige Chusistan). Die Kompliziertheit der politischen und künstlerischen Beziehungen Elams zu den Städten Mesopotamiens und des Fernen Ostens ist schwer zu enträtseln. Deren Zivilisationen scheinen sich parallel fortentwickelt zu haben. Schon vor dem Ausgang des 4. Jahrtausends hatten die Elamiter eine piktographische Schrift ähnlich der der Sumerer entwickelt, sie aber ihrer eigenen Sprache angepasst (Tafeln mit protoelamitischer Schrift von etwa 3200 v.Chr. sind vor einiger Zeit in Tepe Yahya, südlich von Kirman, gefunden worden). Später fertigte man in Elam zylindrische Siegel an, die den sumerischen ähnlich sind, obwohl sie sich thematisch unterscheiden. Unter den wenigen großformatigen Werken der elamitischen Skulptur, die erhalten geblieben sind, befindet sich ein sehr schöner Kopf aus Kupfer ▸ 2.17, der an den Bronzekopf eines akkadischen Herrschers erinnert ▸ 2.11.

Jedoch ist die Formung des Gesichts weicher und die Bearbeitung des Barts und der Haarbänder großzügiger. Die elamitische Kultur scheint ihre volle Blüte gegen Ende des 2. Jahr-

2.15 *Stele des Hammurabi*, aus Susa, Iran, um 1760 v.Chr., Basalt, Höhe 2,24 m. Louvre, Paris.

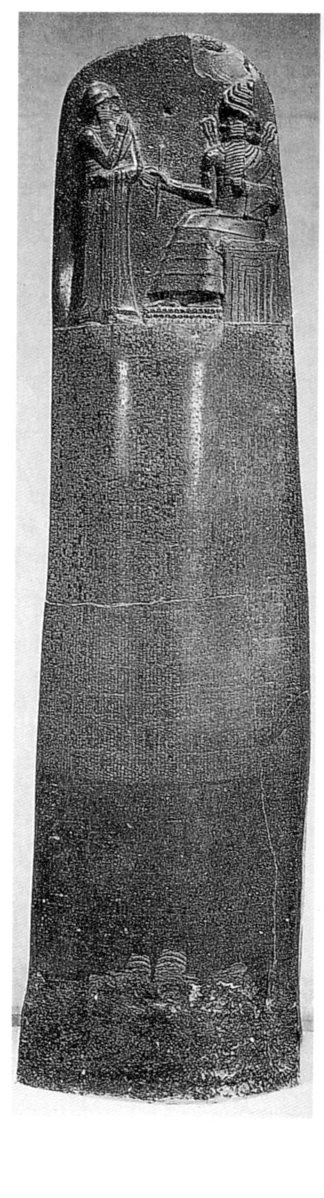

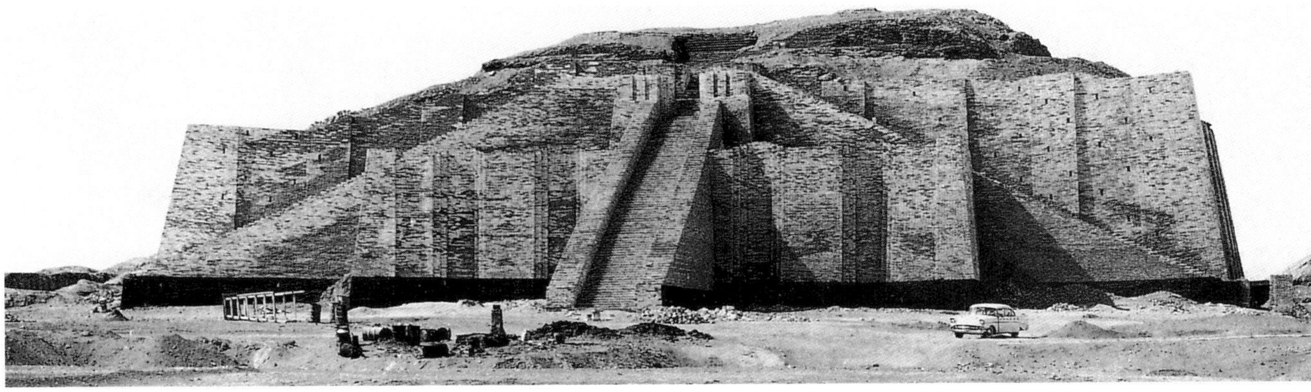

2.16 Zikkurat von Ur, Irak, um 2100 v. Chr.

tausends erreicht zu haben. Eine eindrucksvolle, wenn auch leider kopflose Bronzestatue der Königin Napirasu aus Susa datiert um 1260 v. Chr. (Louvre, Paris). Unlängst sind die eindrucksvollsten Überbleibsel Elams in Haft Tepe im Süden Susas ans Licht gebracht worden. Dort bestanden die königlichen Grabstätten aus bemerkenswert abgesicherten Ziegelgewölben, die etwa aus der Zeit von 1500 bis 1300 v. Chr. stammen. Die Zikkurat in Choga Zanbil nahe Haft Tepe ist größer als diejenigen des früheren Mesopotamiens und unterscheidet sich auch in anderer Hinsicht. Sie ist mit grünen und blauen Ziegeln verkleidet und vereinigt drei Tempel in sich. Um 1250 v. Chr. erbaut, war sie ursprünglich fünf Stockwerke hoch. Elam wurde schließlich um 640 v. Chr. vom Assyrer Assurbanipal (s. S. 98 ff.) erobert.

2.17 *Kopf eines Elamiters*, aus Aserbaidschan (?), Iran, um 2000 v. Chr., Kupfer, Höhe 34,3 cm. Metropolitan Museum of Art, New York, Rogers Fund, 1947.

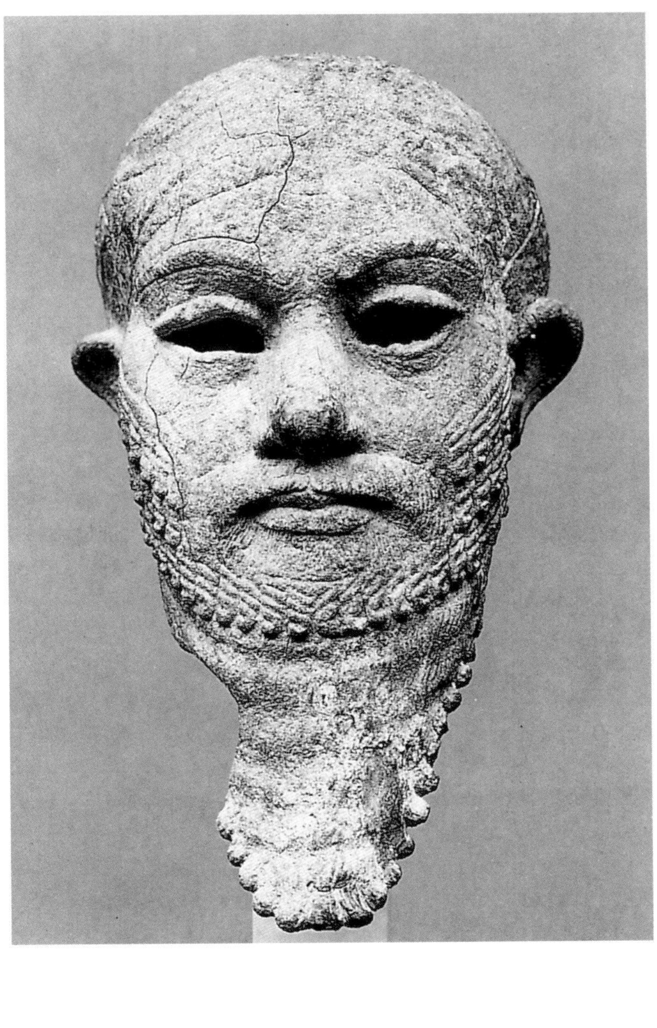

## Das Tal des Indus

Es gibt Hinweise darauf, dass es zwischen dem sumerischen Mesopotamien und den Städten des Industals (im heutigen Pakistan) – vermittelt über die Insel Bahrein im Persischen Golf – zu einem wechselseitigen Austausch der Götter kam, und die in Tepe Yahya im südöstlichen Iran (s. oben) entdeckten Figuren sowie anderen Gegenstände sind denen aus dem Industal verblüffend ähnlich.

Es erscheint daher durchaus wahrscheinlich, dass die Kultur des Industals – die Harappa-Kultur –, die um 2300 v. Chr. zu voller Entfaltung gelangt war und sich etwa fünf Jahrhunderte später aufzulösen begann (um schließlich ganz unterzugehen und bis zu ihrer Wiederentdeckung in den zwanziger Jahren des 20. Jahrhunderts in völlige Vergessenheit geraten war), an jenem Aufschwung in der Entwicklung asiatischer Städte im 3. Jahrtausend teil hatte, auf den wir bereits verwiesen haben.

Jedoch wich diese Kultur von der sumerischen stark ab. Sie schuf keine großen Tempel, keine königlichen Grabstätten, Paläste oder ähnliche dynastische Monumente. Das von ihr bedeckte Gebiet übertraf bei weitem das des akkadischen Reiches und war in etwa so groß wie Westeuropa, erstreckte sich der Küste entlang vom Golf von Oman (Iran) bis hinunter zum Golf von Kambay (oder Khambhat), weit hinauf bis ins Innere Afghanistans und zu den Ausläufern des Himalaya und nach Osten bis in die Gegend des heutigen Delhi. Seine äußeren Grenzorte in Lothal und Rupa sind über 1600 km Luftlinie voneinander entfernt und über die sich in den Bergen entlangziehenden Wege noch entlegener. Doch die Mehrzahl der Artefakte, die man an den verschiedensten Stellen und in unterschiedlichen archäologischen Schichten (die das relative Alter angeben) fand, sind untereinander so ähnlich, dass sie auf eine über ein halbes Jahrtausend währende kulturelle Einheit schließen lassen: Sogar die zum Bau verwendeten Ziegelsteine wiesen das gleiche Standardformat auf. Aus diesen Artefakten ergeben sich keinerlei Hinweise auf kriegerische Angriffe von außen oder Erschütterungen im Innern. Es wurde eine Schriftart verwendet, die sich von den sumerischen Bildzeichen und dem Keiltypus völlig unterschied. Sie ist nur von Siegeln bekannt, die verwendet wurden, um Gegenstände mit Eigentumszeichen und bisher unentschlüsselten kurzen Inschriften zu markieren. So gibt es also kein Schrifttum über Geschichte und Glauben dieses Volkes. Die Gewichte und Maße waren standardisiert, aber wiederum nach einem von den Sumerern abweichenden System. Soweit man nach archäologischen Erkenntnissen zu urteilen vermag – und es gibt hier keine andere Informationsquelle –, war die Zivilisation des Industales im Wesentlichen städtisch und merkantil

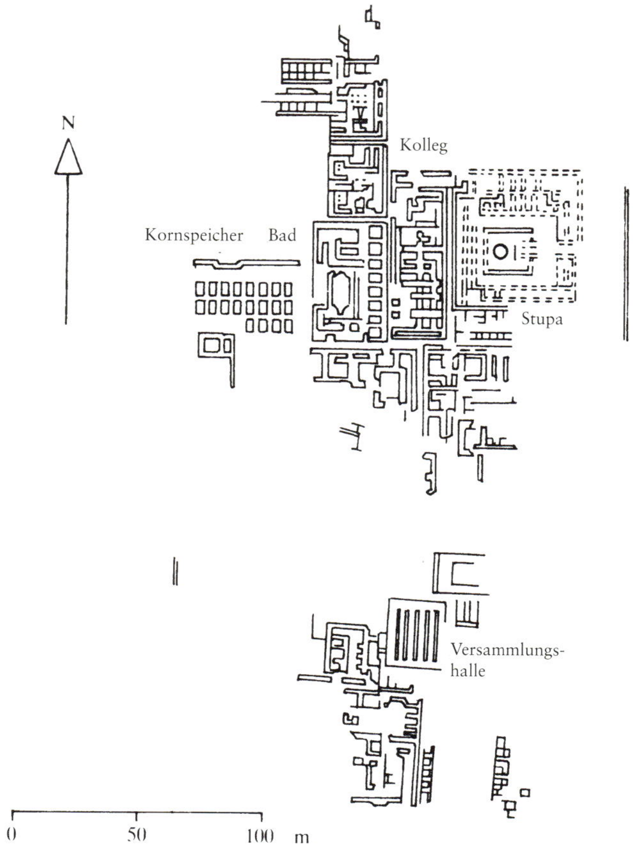


2.18 Grundriss der Zitadelle, Mohenjo-Daro.

2.20 Das ausgegrabene Mohenjo-Daro mit Blick auf den Stupa.

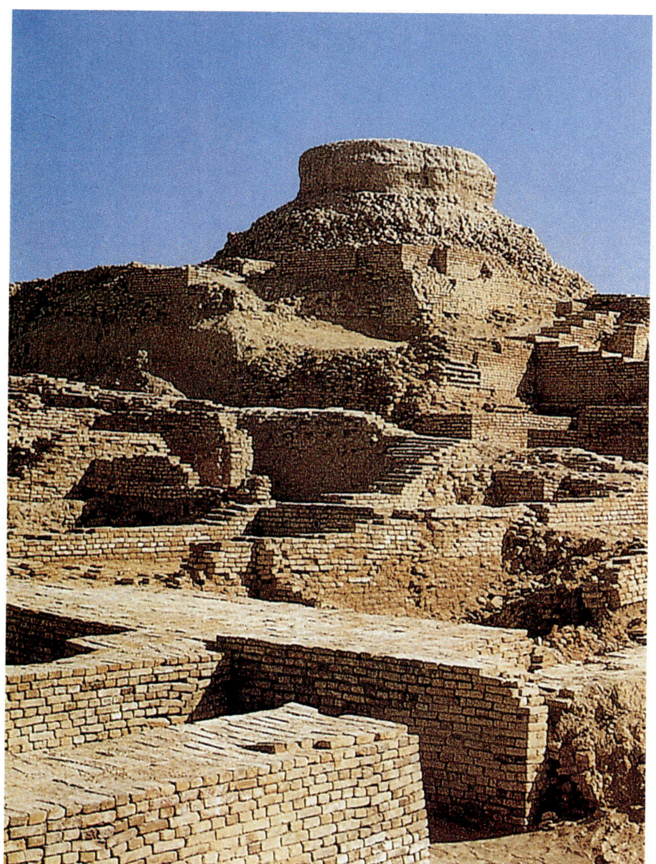

geprägt. Es scheint keine herrschende Priester- oder Kriegerklasse gegeben zu haben. Die Waffenherstellung war noch unentwickelt. Das Gleiche gilt für die landwirtschaftlichen Geräte der Bauern, die weiterhin in kleinen, ländlichen Gemeinschaften lebten, obwohl man aufgrund von Terrakottamodellen weiß, dass sie Radkarren benutzten (denen sehr ähnlich, die noch heute in Sind, im heutigen Pakistan, verwendet werden), wahrscheinlich um ihren Ertrag zu den städtischen Zentren zu transportieren. Ihre Zivilisation aber kulminierte in den Städten Harappa und Mohenjo-Daro. Weder zuvor noch mehr als tausend Jahre später konnte man etwas auch nur entfernt Ähnliches sehen. Für verschiedenste öffentliche Dienstleistungen war gesorgt. Es gab keine Befestigungsanlagen, wahrscheinlich weil man sie nicht brauchte. Jedoch besaß jede Stadt eine Zitadelle, die auf einem künstlich angelegten Hügel aus Lehmziegeln – einer eingeschossigen Zikkurat vergleichbar – errichtet und von einer dicken Mauer umgeben war.

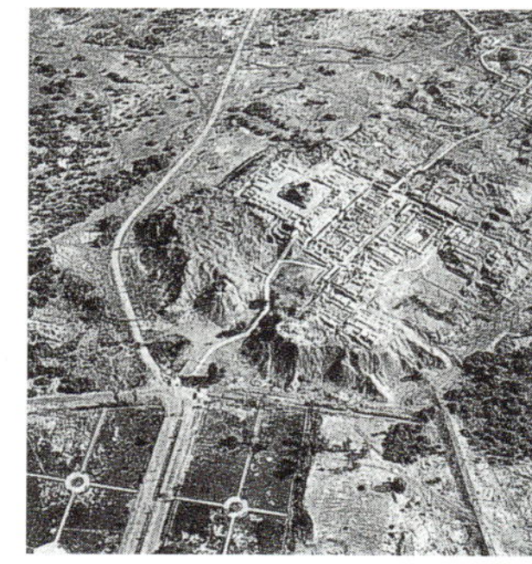

2.19 Luftbild der Akropolis von Mohenjo-Daro.

Harappa war die größere und wichtigere Stadt, aber ihre Überreste sind im 19. Jahrhundert durch britische Eisenbahngesellschaften größtenteils zerstört worden. Von Mohenjo-Daro ist mehr erhalten geblieben ▸ 2.18–20. Diese Stadt befand sich ursprünglich am Westufer des Indus (der später seinen Lauf verändern sollte), wo man Terrassen anlegte, um sich vor Hochwasser zu schützen. Das große Areal zum Leben und Arbeiten, etwa 1,6 km im Durchmesser, war auf der Basis eines Gitternetzes entworfen worden und hatte breite, in Nord-Süd-Richtung verlaufende Straßen, um damit die Hauptwindrichtungen auszunutzen. Zu den öffentlichen Dienstleistungen gehörten frisches Leitungswasser und eine Kanalisation sowohl für die Abwässer als auch für Regen und Flutwasser. Die Wohnhäuser, die Werkstätten und Handelshäuser waren etwa von gleicher Größe. Man erbaute sie alle aus gebrannten Ziegeln (keine sonnengetrockneten wie in Mesopotamien) im Regelverbund, d.h. sie wurden abwechselnd mit der langen und der schmalen Ziegelseite an die äußeren Wandflächen gelegt. Noch sichtbare Treppen lassen darauf schließen, dass es obere Stockwerke aus Holz gab. Mit Ausnahme schmaler, spitzbogiger Nischen an den Innenwänden sind keinerlei Dekorationselemente erhalten geblieben. Die öffentlichen Gebäude auf der Zitadelle scheinen sich von den anderen Bauwerken nur hinsichtlich ihrer Größe unterschieden zu haben. Es gab hier eine große Halle bzw. einen Versammlungsplatz mit einem von vielen Säulen gestützten Dach (eine Konstruktionsart, die sich später in Ägypten entfaltete und von den Griechen ›Hypostylon‹ genannt wurde), ferner einen geräumigen Kornspeicher oder ein mit Asphalt verkleidetes Bad, wohl für rituelle Waschungen. In der Nähe stand ein in seiner Zweckbestimmung ungedeutetes Gebäude mit vielen schmalen Zellen wie bei einer Akademie oder einem Kloster.

Die Einwohner der Städte besaßen dünne, aber unverzierte Gefäße aus getriebenem Kupfer. Der größte Teil ihrer Keramik war zweckbetont schlicht, obwohl einige ziemlich große Vorratsgefäße von anspruchsvoller Form existieren, die, geometrisch und mit Blattmotiven, gelegentlich mit schwarzen oder roten Tieren geschmückt sind und hochglänzend poliert waren ▸ 2.21;23. Die Kleidung stellte man aus gemusterter Baumwolle her, die im Industal spätestens seit etwa 2500 v.Chr. angebaut und gewebt wurde (einige Jahrhunderte später als in Amerika; der Anbau und die Verarbeitung von Baumwolle sind zuerst in Zentralmexiko um 3000 v.Chr. registriert wor-

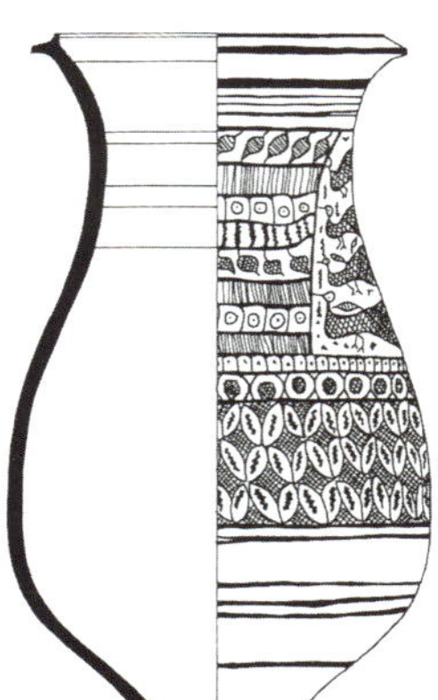

2.21 Dekor eines Gefäßes aus Harappa, 2400–2000 v.Chr.

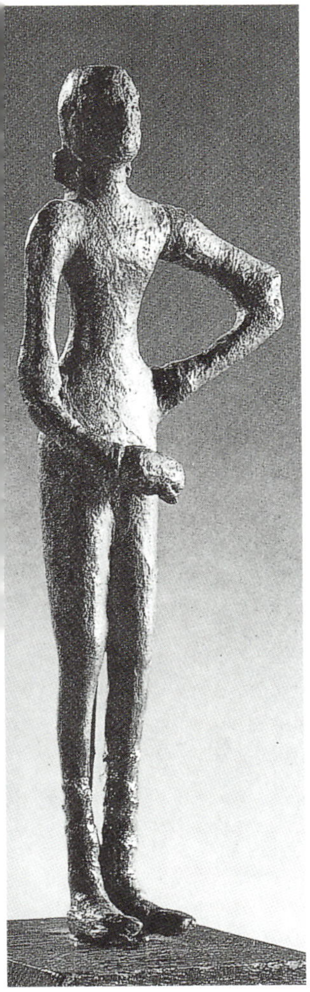

2.22 *Statuette einer Tänzerin,* aus Mohenjo-Daro, 2400–2000 v.Chr., Kupfer, Höhe 13 cm.

den). Schmuckstücke stellte man aus Gold und Silber her und verzierte sie mit perlenförmig gearbeiteten Halbedelsteinen – Lapislazuli aus Afghanistan, Türkis aus dem Iran oder aus Tibet und Jade aus Zentralasien. Es gab sogar eine Fabrik zur Herstellung dieser perlenartigen Verzierungen in der kleinen Stadt Chanhu-Daro.

Die erhalten gebliebenen Kunstwerke sind allesamt klein und scheinen persönlicher Besitz gewesen zu sein ▸ 2.23. Es gibt keinerlei Spuren einer monumentalen, öffentlichen Kunst. Die Terrakotten sind zahlreich und reichen von ziemlich grob gehaltenen Figuren, die Männer, und öfter noch, Frauen mit breiten Hüften und betonten Geschlechtsorganen darstellen – wahrscheinlich Kultgegenstände ▸ 2.24 –, bis zu naturalistisch gestalteten Tieren und verkleinerten Nachbildungen, wie etwa von den bereits erwähnten Karren, die möglicherweise Kinderspielzeug waren. Künstlerisch interessanter sind die Steatitsiegel (leicht zu bearbeitender grauer oder grünlicher Speckstein), die nach ihrer Anfertigung durch einen leichten Brand – vermutlich in einem Brennofen für Tonwaren – eine glänzende Oberfläche erhielten ▸ 2.25. Man hat Figuren in flache Täfelchen eingemeißelt, die Männer, phantastische Tiergestalten und wirkliche Tiere darstellen. Das quadratische Format schließt erzählerische Elemente aus, wie sie sich auf den zylindrischen Siegeln Mesopotamiens aus der sumerischen bis hin zur assyrischen Periode entwickelt hatten (s. S. 48). Die präzise geschnittenen Steine sind Meisterwerke der Gemmenkunst und trotz ihrer geringen Größe – niemals über 5 cm im Quadrat – von erstaunlicher Vitalität erfüllt. Sie erfassen die wesentliche Ausdrucksweise der dargestellten Tiere, insbesondere des Buckelrindes, das ein beliebtes Bildthema war.

Auch die steinernen Skulpturen sind außergewöhnlich klein und beschränken sich – sieht man von zwei bemerkenswerten Ausnahmen ab, auf die wir später zu sprechen kommen – auf männliche Köpfe und Halbfiguren mit fremdartigen, asiatischen Schlitzaugen, flachen, breiten Lippen und Bartfransen. Die beste wurde aus weißem Kalkstein gemeißelt und ursprünglich mit roter Paste beschichtet ▸ 2.26. Die Anordnung des Gewandes über der linken Schulter ist ein besonderes Merkmal und hat zu der Vermutung geführt, dass hier ein Priester oder Schamane dargestellt sei. Die besondere Aus-

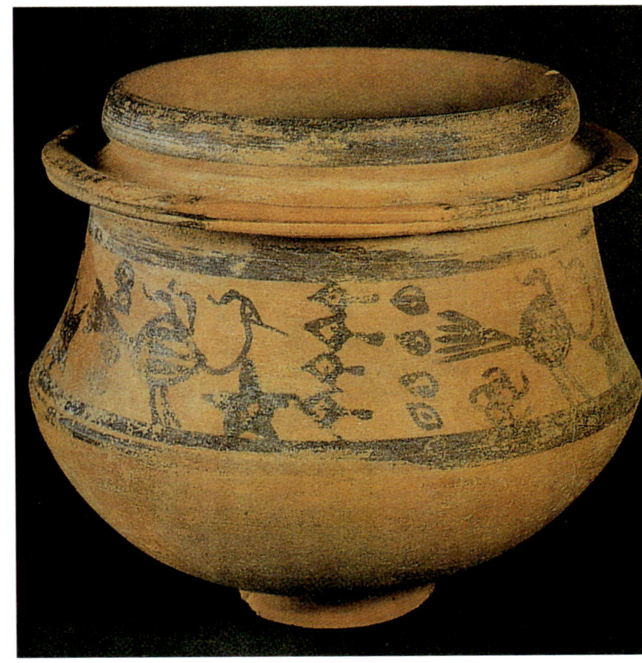

2.23 Urne, aus Harappa, 2400–2000 v.Chr., Terrakotta.

2.24 *Weibliche Figur*, aus Mohenjo-Daro, 2400–2000 v.Chr., Terrakotta, Höhe 19 cm.

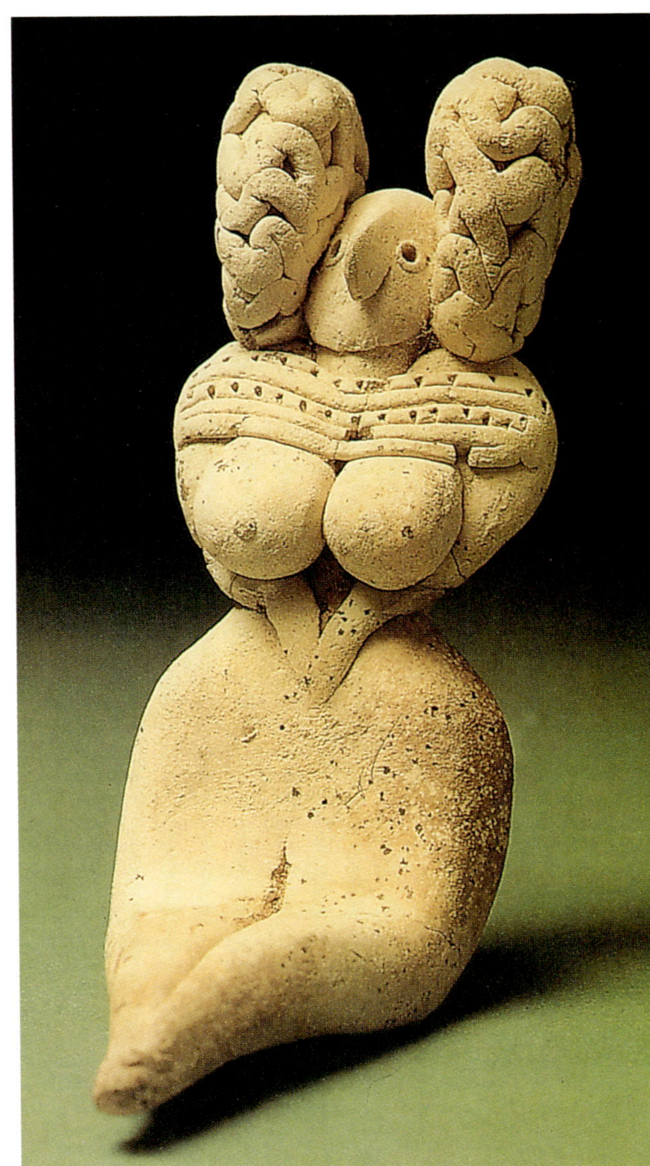

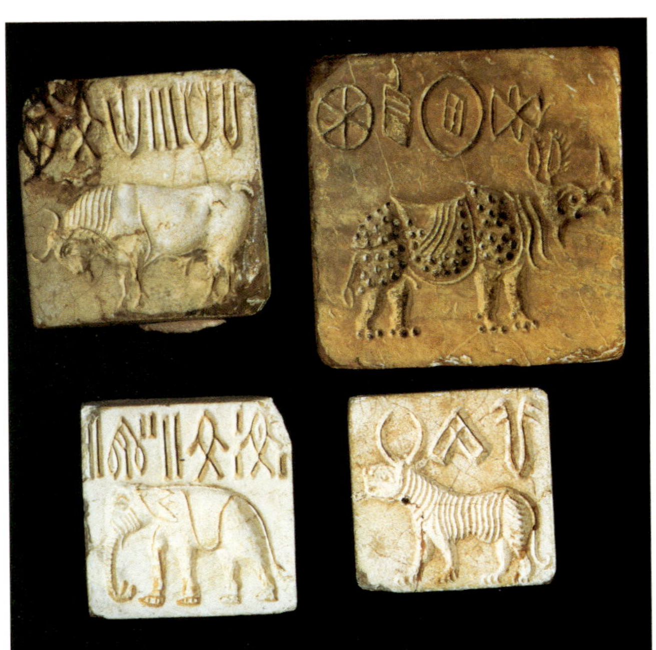

2.25 Siegel, aus Mohenjo-Daro, um 2300–1750 v.Chr., Steatit, Seitenlänge ca. 3,8 cm. Indisches Nationalmuseum, Neu-Delhi.

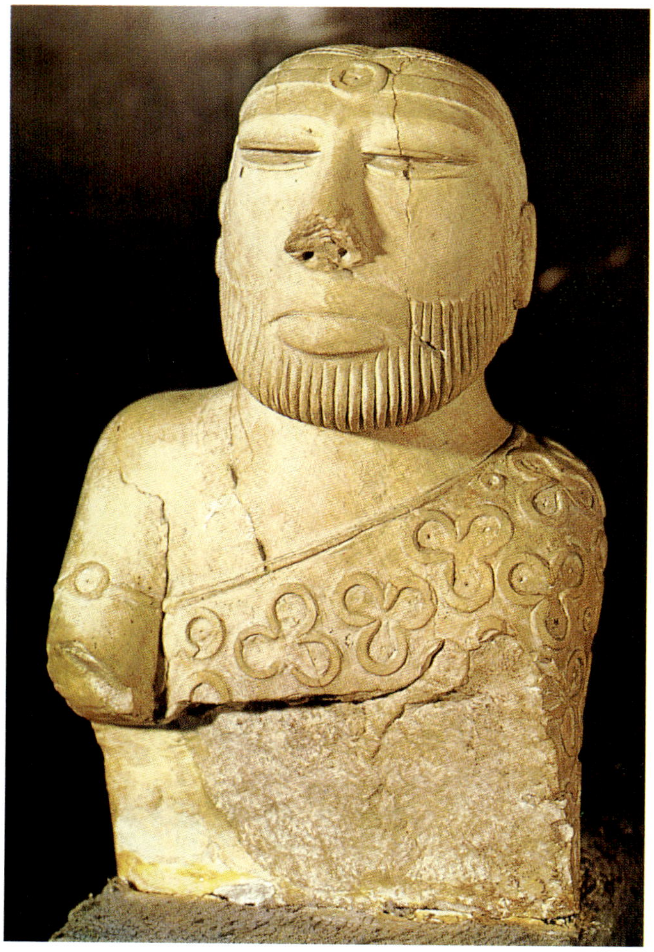

2.26 Büste, aus Mohenjo-Daro, um 2300–1750 v. Chr., Kalkstein, Höhe 17,5 cm. Indisches Nationalmuseum, Neu-Delhi.

drucksintensität des Gesichts unterscheidet das Werk von allem, was in Mesopotamien gefunden wurde, trotz einiger äußerlicher Ähnlichkeiten, zum Beispiel dem dreiblättrigen Muster des Gewandes, der Anordnung der Haare und des Barts mit glatter Oberlippe oder der strengen, maskenähnlichen Glätte der Meißelarbeit. Es bestand eine grundlegende Trennung zwischen dem Kunstschaffen Mesopotamiens und des Industals, noch deutlicher zu ahnen bei zwei Torsi aus Kalkstein. Die eine Figur ist in tänzerischer Haltung gedreht, die andere steht ruhig aufrecht ▸ 2.28; 29.

Obwohl kaum 10 cm hoch, eignet diesen außergewöhnlich perfekten Skulpturen nichts Kleinmeisterliches. Die Beschaffenheit festen, jugendlichen Fleisches und die Weichheit des spannungsvollen Konturs sind selten sinnlicher verbildlicht worden. Die breiten, konvexen Flächen gehen zart modellierend ineinander über. In Abkehr von der reinen Frontalität sind die Figuren rundplastisch angelegt und von jeder Ansichtsseite ästhetisch befriedigend. Die tanzende Figur offenbart darüber hinaus einen Sinn für Bewegung im Raum, der bei anderen Kunstwerken – bis zu sehr viel späteren Perioden – selten anzutreffen ist. Sie ist in einer gewundenen, dreifach gebeugten Drehbewegung gestaltet, die von zahllosen Beispielen der späteren indischen Kunst seit dem 2. Jahrhundert v. Chr. her bekannt ist und die ›tribhanga‹-Körperstellung (s. S. 214) genannt wird. Die Figur erfasst den Rhythmus eines Tanzes, der vielleicht als Teil eines religiösen Rituals – wie in vielen anderen Kulturen – aufgeführt wurde. Beide Torsi fassen den menschlichen Körper als lebenden und sich bewegenden Organismus auf, nicht etwa – wie in Mesopotamien und Ägypten – als Symbol eines zeitlosen Götterbildes oder gottähnlichen Königtums. Ihre Körperauffassung ist derart außergewöhnlich, dass man ihre frühe Datierung in Zweifel gezogen hat. Sollte schon das 3. oder 2. Jahrtausend v. Chr. eine solch konsequente Naturnähe realisiert haben? Dennoch fand man beide in Harappa zusammen mit anderen erhalten gebliebenen Zeugnissen der Zivilisation des Industals. Man kann nur Ver-

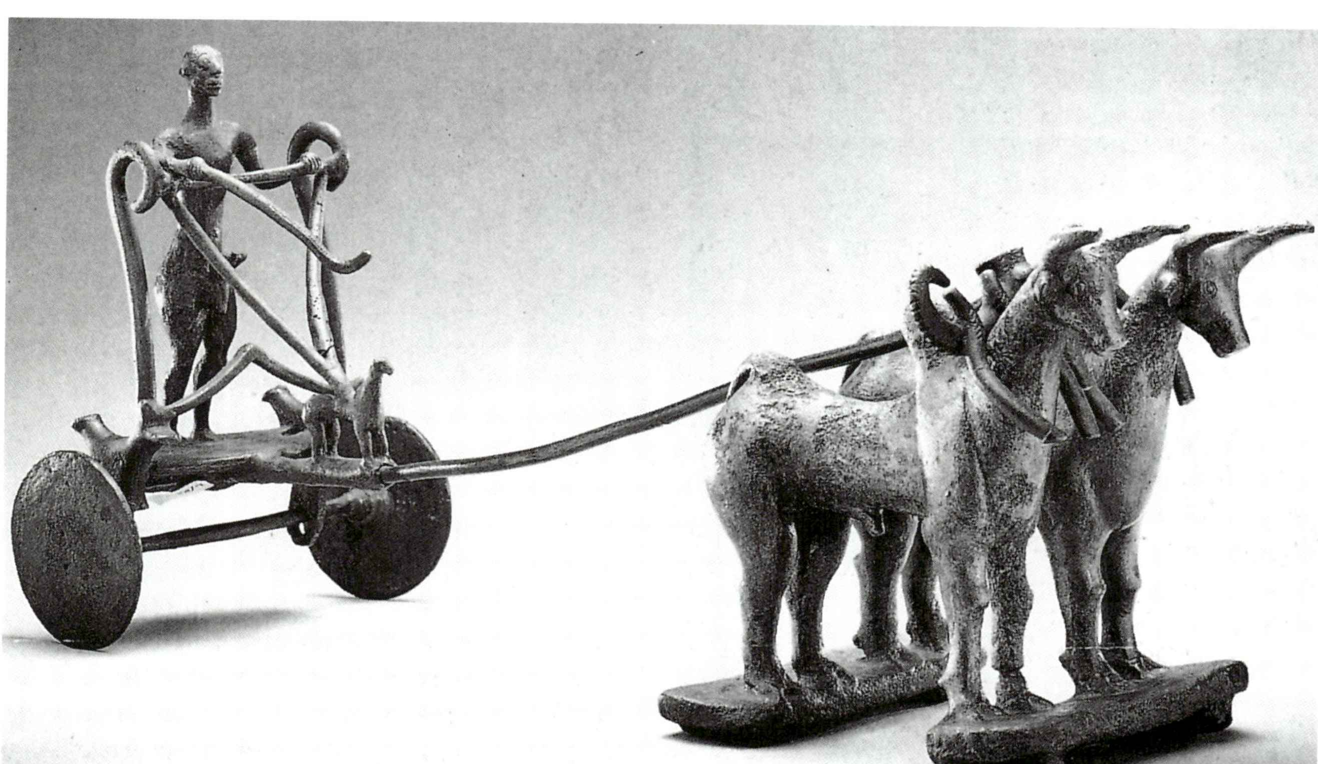

2.27 *Zweispänniger Wagen*, aus Daimabad, Maharashtra, um 1500 v. Chr., Bronze, 22 x 52 x 17,5 cm. The Prince of Wales Museum of Western India, Bombay.

.28 *Tanzende Figur*, aus Harappa, um 2300–1700 v. Chr., Kalkstein, Höhe 9,8 cm. Indisches Nationalmuseum, Neu-Delhi.

.29 *Männlicher Torso*, aus Harappa, um 2300–1700 v. Chr., Kalkstein, Höhe 8,9 cm. Indisches Nationalmuseum, Neu-Delhi.

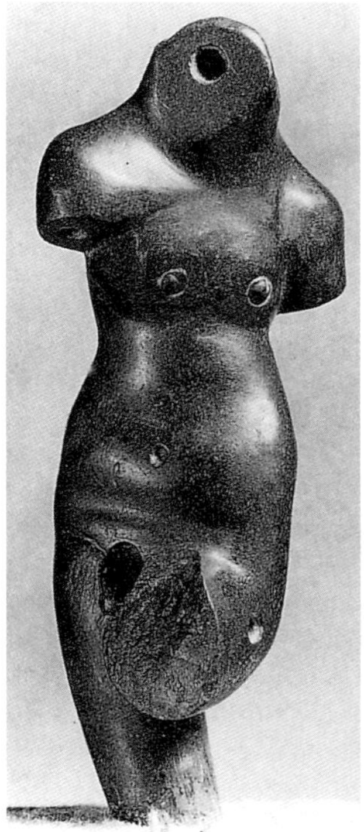

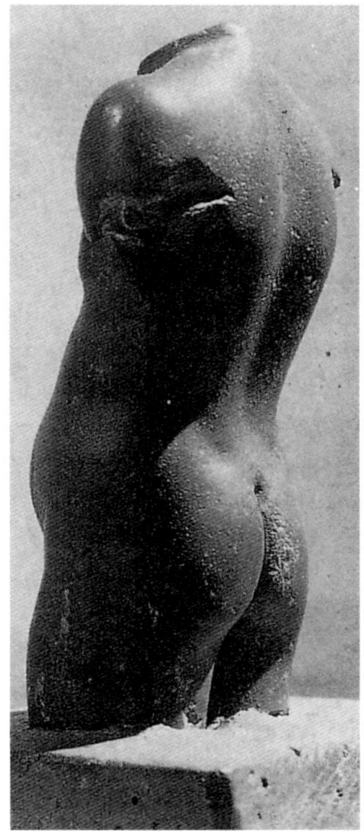

mutungen darüber anstellen, warum so wenige und verhältnismäßig kleine figurative Kunstwerke in diesen großen, rationell entworfenen und gut gebauten Städten am Indus wiedergefunden wurden. Fehlte dieser Kultur die Absicht, Bleibendes für die Nachwelt zu schaffen, die so vielen monumentalen Schöpfungen Mesopotamiens und Ägyptens zugrunde liegt? Forderte ihre Religion keine imposanten Kultfiguren und ihr Gesellschaftssystem keine Verbildlichungen politischer Macht?

Wie und weshalb diese Kulturen untergingen, bleibt ein Rätsel. Arische Stämme aus dem Iran, die der späteren indischen Kultur ihren Stempel aufdrücken sollten (diese Arier oder ›Aryanen‹ sprachen eine indogermanische Sprache, von der sich das Sanskrit herleitet), drangen im 2. Jahrtausend ganz allmählich, über einen Zeitraum von einigen Jahrhunderten, in das Gebiet ein. Städte wurden nicht geplündert, sondern nach und nach verlassen. Im außerhalb des Kerngebiets (ca. 130 km landeinwärts von Bombay) gelegenen Daimabad hat die Ausgrabung einer Siedlung, die bis Ende des 2. Jahrtausends bewohnt war, einen Schatz schwerer, im Wachsausschmelzverfahren gegossener Bronzetiere ans Tageslicht gebracht, die vermutlich aus der Zeit um 1500 v. Chr. datieren – namentlich ein von einem Ochsenpaar gezogener Triumphwagen ▸ 2.27; sie ähneln Terrakotten aus dem Industal, sind aber etwas schematischer als diese. Möglicherweise wurden sie importiert, doch weisen sie eine Verwandtschaft mit Malereien auf örtlich gefertigter Keramik auf, die sich von in Mohenjo-Daro gefundenen Arbeiten unterscheidet. Es hielten sich handwerkliche Techniken zur Herstellung von Waffen aus Kupfer und auf Töpferscheiben gedrehter Keramik zweier deutlich unterschiedlicher Arten, was darauf hindeutet, dass verschiedene Kulturen, die eine einheimisch, die andere arisch, nebeneinander existierten. Im religiösen Denken und Leben herrscht eine stark ausgeprägte Kontinuität: Die ältesten *Veden* – Hymnendichtungen in Sanskrit, die bis heute wie die Psalmen im Christentum verehrt werden – sind mutmaßlich zwischen 1500 und 800 v. Chr. entstanden. In der archäologischen Überlieferung hingegen klafft eine große Lücke bis zu dem Zeitpunkt, da – im 4. Jahrhundert v. Chr. – die zusammenhängende Geschichte der indischen Kunst ihren Anfang nimmt (s. S. 213 ff.).

## Das Alte Ägypten

### *Die prädynastische Zeit*

Die altägyptische Zivilisation entstand wie die Kulturen von Sumer und vom Industal entlang eines großen Flusses, der dem Ackerbau zur Bewässerung verhalf und dem Transport von Menschen und Materialien – für Holz, Steine und natürlich für die landwirtschaftlichen Erzeugnisse – eine Verkehrsader bot. Die Antriebskräfte, die den Sprung von der neolithischen Stufe zur Bildung organisierter Gemeinschaften bewirkten, waren hier aller Wahrscheinlichkeit nach die gleichen wie dort, nämlich die Notwendigkeit einer Eindämmung des Hochwassers und der Einrichtung von Bewässerungssystemen. Die daher rührende Herausbildung einer kommunalen Gesinnung muss in Ägypten von ebensolch tragender Bedeutung gewesen sein wie in Mesopotamien. Aber es gab auch wesentliche Unterschiede. Im Gegensatz zu Sumer, wo große Städte in gegenseitiger Rivalität existierten und oft gegeneinander Krieg führten, entwickelte sich Ägypten als vereinigte, weitgespannte Landgemeinschaft ohne lokale Zentren und unter der Herrschaft eines absoluten Monarchen. Dieses hatte wahrscheinlich vorwiegend natürliche Ursachen. Denn als sich im 4. Jahrtausend die afrikanischen Wüsten bildeten, stand das Niltal in wachsendem Maße unter dem Schutz dieser großen, natürlichen Barrieren. Die Gemeinschaft wurde immer enger von dem einen lebenspendenden Fluss zusammengehalten, später von der zentralen Staatsgewalt der Könige bzw. der Pharaonen, wie die Bibel sie bezeichnete. Zusammen mit der Sonne formte der Nil auch die religiösen Grundüberzeugungen. Der Fluss (genauer: der über seine Ufer tretende Nil) wurde als der Gott Hapy angebetet, während man die Sonne als Re (oder Ra) verehrte, als Vater der Götter, den man im Morgengrauen willkommen hieß, zur Mittagszeit fürchtete und abends bei Sonnenuntergang ehrte.

Der Nil fließt durch zwei unterschiedliche Landschaften: durch das schmale und manchmal durch Felsen eingeengte Tal im (südlichen) Oberägypten und das weite Schwemmland, das sich in das riesige Delta des (nördlichen) Unterägypten erstreckt. Mit dem Ackerbau begann man vor der Mitte des 5. Jahrtausends im Delta, wo der vom Fluss herbeigetragene Schlamm ein reichhaltig fruchtbares Anbaugebiet geschaffen hatte. Oberägypten wurde von Nomaden aus weiter südlichen und westlichen Landstrichen besiedelt und stand mit den neolithischen Kulturen der Sahara in Verbindung. Dies ist vermutlich die einzige Gegend der Welt, wo man eine ungebrochene Kontinuität von der Felsenkunst der Steinzeit bis zur Malerei und Bildhauerei der schriftkundigen Menschen nachweisen könnte.

Die in Oberägypten in prädynastischer Zeit (von etwa 4000 bis etwa 3200 v. Chr.) geschaffenen Tongefäße trugen Tierdarstellungen ähnlich denen, wie sie auf die Felsen im Fessan eingeritzt worden waren ▸ 2.33. Jedoch scheint die Herstellung bemalter Töpferwaren vor dem Ausgang des 4. Jahrtausends nachgelassen zu haben. Die hervorragendsten prädyna-

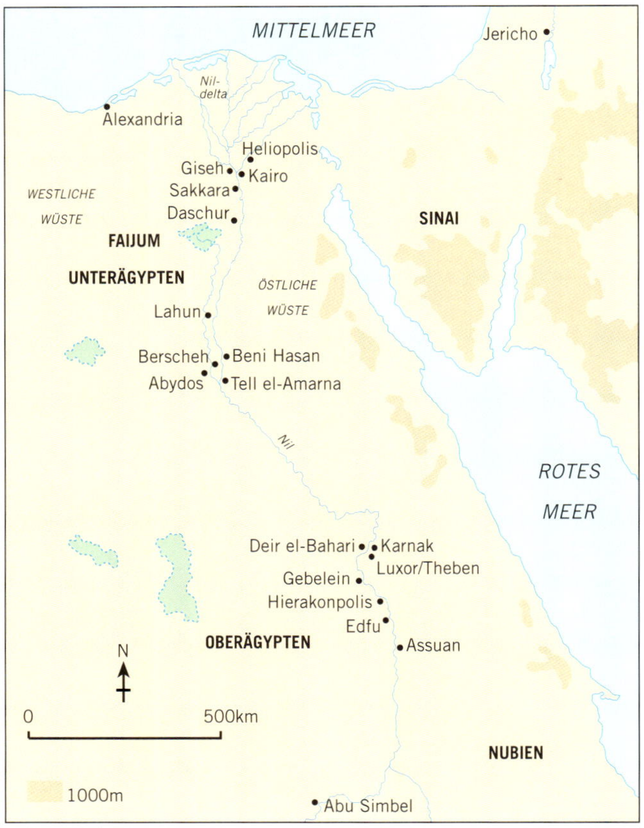


Das Alte Ägypten.

stischen Gefäße sind aus Marmor oder Diorit gefertigt und weisen bereits große technische Vollkommenheit hinsichtlich des Bohrens, Meißelns und Polierens harten Gesteins auf, obwohl die einzig verfügbaren Metallwerkzeuge aus Kupfer bestanden (Bronze wurde hier nicht vor Beginn des 2. Jahrtausends gegossen) ▸ 2.30, vgl. auch ▸ 2.31.

Man formte kleine, Männer und Frauen darstellende Tonfiguren, um sie zusammen mit dem Toten zu vergraben. In der Regel verbildlichen sie Diener und sind ein Anzeichen für die frühe Entstehung des Glaubens an eine Unsterblichkeit, die die Freuden des irdischen Lebens ins Unbegrenzte verlängern sollte und in ihrer entwickelten Form jedem guten Menschen ein glückliches Jenseits versprach. Dieser Glaube inspirierte die Mehrzahl der erhalten gebliebenen Kunstwerke des alten Ägypten. Von etwa der gleichen Zeit an tauchen Malereien in Gräbern auf, so auf der Wand eines Grabes in Hierakonpolis (jetzt im Ägyptischen Museum, Kairo) und auf Fragmenten eines Leinentuchs aus einer anderen Nekropole ▸ 2.32. Bei beiden ist das Leben auf dem Nil dargestellt: auf dem Leinenstück ein Nilpferd und Boote mit Deckkabinen sowie vielen Rudern, die von gelbbraunen Figuren bedient werden. Alles ist als flache Silhouette gestaltet, die – wie bei der paläolithischen Höhlenmalerei und Felsenkunst – in einem unbegrenzten Raum schwebt. Aber hinsichtlich ihrer Thematik und ihres Ortes, den Grabbauten, brechen diese Malereien entschieden mit der prähistorischen Vergangenheit. Somit waren die Grundelemente der altägyptischen Kultur bereits entwickelt, bevor Ober- und Unterägypten um 3200 v. Chr. von Narmer vereinigt wurden, dem ersten König der 1. Dynastie.

## *Frühdynastische Zeit*

Narmer ist auf einer Votivpalette aus gemeißeltem Schiefer (einem kristallinen Gestein) abgebildet ▸ 2.35. Hier erscheinen bereits viele der Formmerkmale, die die ägyptische Kunst der nächsten 3000 Jahre kennzeichnen sollten. Auf der Vorderseite umrahmen die verschlungenen Hälse zweier Ungeheuer eine Vertiefung für eine kosmetische Farbe, die man verwendete, um die Augen eines Kultbildes in einem Ritual zu färben, vermutlich zur Feier eines Sieges. Diese Geschöpfe stehen auf deutlich angegebenen Grundlinien. Die figürlichen Darstellungen der altägyptischen Malereien und Reliefs waren fortan streng auf solche Grundlinien bezogen. Die verstreuten, in unbegrenzter Leere schwebenden Bilder wie noch auf dem Leinenfragment ▸ 2.32 und die flachen, undeutlichen Silhouetten gehören der Vergangenheit an. Über den Ungeheuern besichtigt der die rote Krone Unterägyptens tragende Narmer den Hinrichtungsort von Gefangenen, die – enthauptet – auf der rechten Seite gezeigt werden. Im untersten Bildfeld ist seine Macht symbolisch dargestellt durch einen Stier, der die Mauer einer Stadt niederreißt; unter dem Stier ein gestürzter Mann, dessen Nacktheit auf Unterlegenheit deutet.

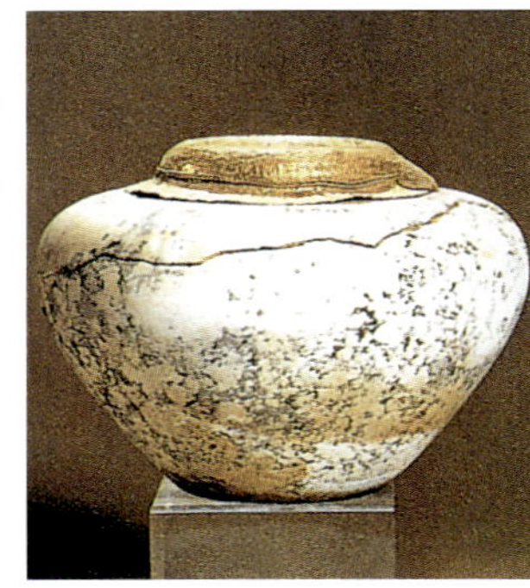

2.30 Versiegelter Topf, um 2740–2705, Dolomit und Gold, Höhe 4,2 cm. Ägyptisches Museum, Kairo.

Die Rückseite zeigt Narmer mit der weißen bzw. Kobra-Krone Oberägyptens in einer Körperhaltung, die später zum kanonischen Bestand der Bildmotive gehören sollte, nämlich mit dem gegen einen Gefangenen erhobenen rechten Arm. Die Größe bezeichnete die Bedeutung der Figuren: Narmer ist mehr als doppelt so hoch wie der Diener, der ihm die Sandalen trägt und auf einer eigenen, gesonderten Grundlinie steht. Die Figur Narmers wird auch durch die sorgsam modellierte Beinmuskulatur von den anderen unterschieden. Der Vogel rechts ist ein Falke, das Symbol für den Himmelsgott Horus, der Gott Oberägyptens, der an einem Seil das Symbol Unterägyptens mit den sechs Papyrusstauden hält. Jedes Bildmotiv hat seine besondere Bedeutung, die von der späteren Verwendung her entschlüsselt werden kann.

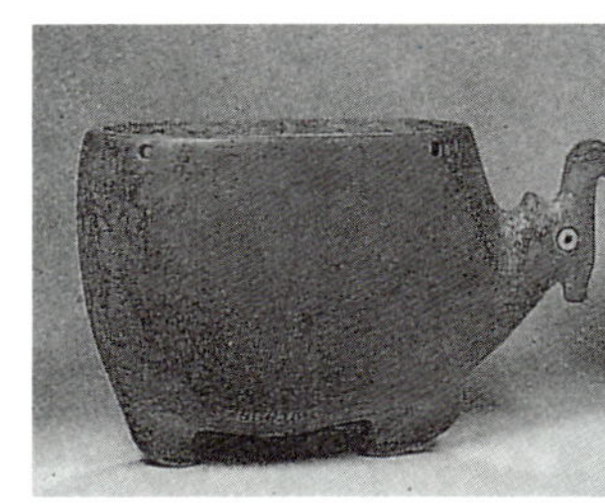

2.31 Steingefäß in Form einer Antilope, 4. Jahrtausend v. Chr., Kalkstein, Länge 14 cm. Ägyptisches Museum, Kairo.

Die Kompositionsweise in übereinanderliegenden Reihen erinnert an die frühere *Vase aus Uruk* ▸ 2.4. Die Bildsprache umfasst zwei rhetorische Möglichkeiten: die realistisch erfassten Szenen (der König und die Gefangenen oder die Fliehenden darunter) und die Bildsymbole (auf der Vorderseite die Zeichen für den Einzug und das Ende der Fahnenprozession, auf der Rückseite die Embleme für Ober- und Unterägypten), eine inhaltliche Ambivalenz, die der Künstler formal nur teilweise zu lösen verstand. Die Palette sollte als ein Dokument der Macht Narmers ›gelesen‹ werden. Aber wie so viele der ägyptischen Kunstwerke des Altertums ist sie auch symbolisch. Die

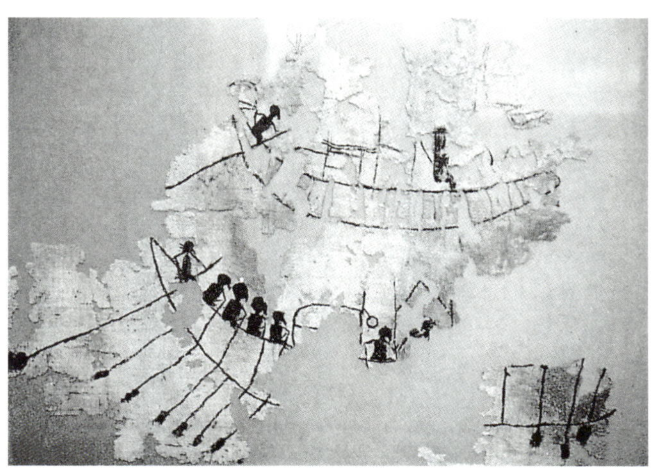

2.32 Gemäldefragment, aus Gebelein, um 3500–3200 v. Chr., Leinen. Museo Egizio, Turin.

alten Ägypter waren weniger um die Aufzeichnung zeitlichen Menschenwerks in einer Welt des Übergangs bemüht als um die ›ewige Gegenwart‹. Dies erforderte eine okkulte Sprache der Zeichen und Symbole.

Die Stele aus dem Grab von Djet, dem ›Schlangenkönig‹, einem der frühen Monarchen der 1. Dynastie, ist vollständig symbolisch ▸ 2.34. Sie trägt einen treffend gemeißelten Falken, der den – in der Person des Königs verkörperten – Gott Horus repräsentiert, sowie eine Schlange (Namenszeichen des Königs) über einer Gebäudefassade, vermutlich der königliche Palast (das Wort ›Pharao‹ bedeutet ursprünglich großes Haus oder Palast). Die Hieroglyphen, die Zeichen der Bilderschrift, wurden etwa zu dieser Zeit systematisiert, um sie vor allem als Inschriften königlicher Monumente zu verwenden (nicht zu administrativen Zwecken wie in Sumer, wo die frühesten Schriftformen für Tempelregister usw. entwickelt worden waren). In Ägypten wurde eine den Erfordernissen des Schreibens auf Papyrus besser angepasste Gebrauchsschrift erst nach der Mitte des 3. Jahrtausends aus den Hieroglyphen abgeleitet. Man blieb aber dabei, die Hieroglyphen für Grabinschriften auf Denkmälern und in Tempeln zu verwenden, so lange, bis die altägyptische Religion selbst im 4. Jahrhundert n. Chr. unterdrückt wurde. Sie bewahrten ihren Bildcharakter bis zuletzt, ebenso wie die Bilddarstellungen ihre semantische Bedeutung behielten.

Autarkie und innere Festigkeit, Konservatismus und ein fast besessenes Bemühen um Beständigkeit und Kontinuität, eine für Veränderungen fast unempfindliche Starrheit, diese Eigenschaften wurden bereits sehr früh wirksam, und die ägyptische Kunst des Altertums hielt während ihres gesamten Verlaufes an ihnen mit außergewöhnlicher Zähigkeit fest. Plato bemerkte im 4. Jahrhundert v. Chr., dass es in der ägyptischen Kunst 10000 Jahre lang keine Veränderung gegeben habe. Dies sei ein Verstoß gegen das Gesetz der Innovation gewesen. Die Beobachtung ist zu einseitig. Sie konnte nur vor einer Kunst gemacht werden, die mit einem tradierten Vokabular arbeitete. Trotz periodischer Umwandlungen und Erneuerungen behielt die ägyptische Kunst des Altertums stets ihr unverwechselbares Erscheinungsbild – und das in einem von keiner anderen Zivilisation übertroffenen Maße, vielleicht mit Ausnahme Chinas.

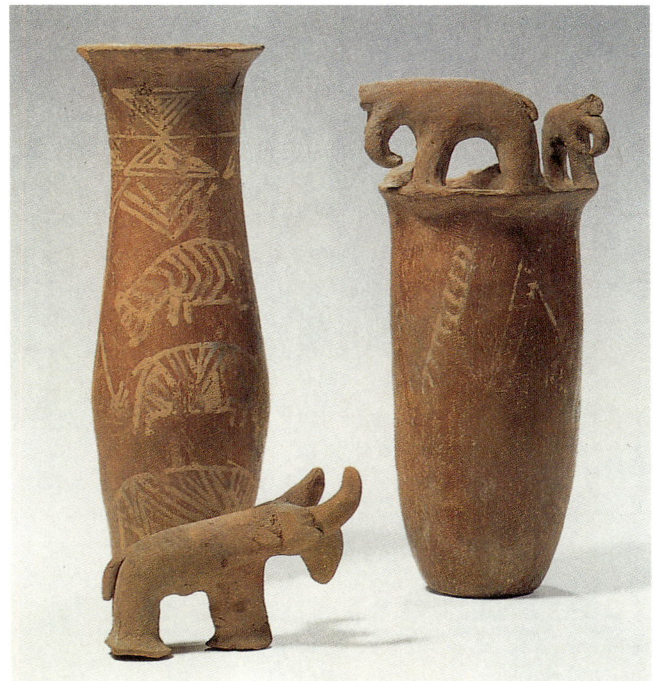

2.33 Gefäße und Rinderfigur, 4. Jahrtausend v. Chr., Ton, Höhe des Gefäßes mit den Elefantenfiguren 20,5 cm. Ägyptisches Museum, Berlin.

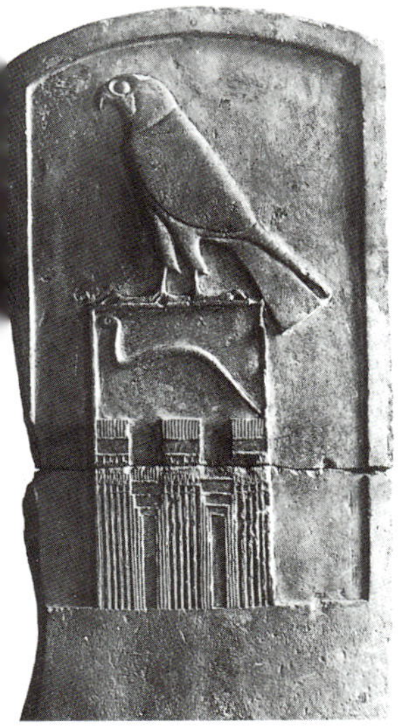

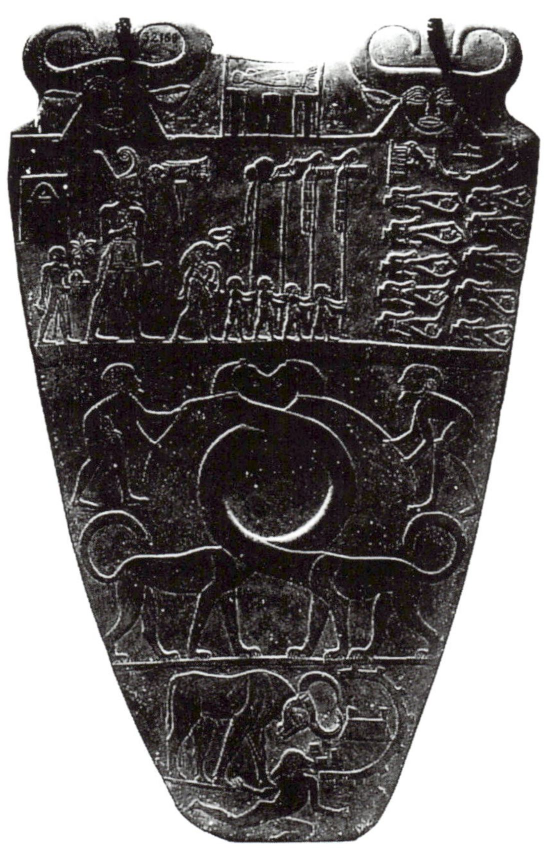

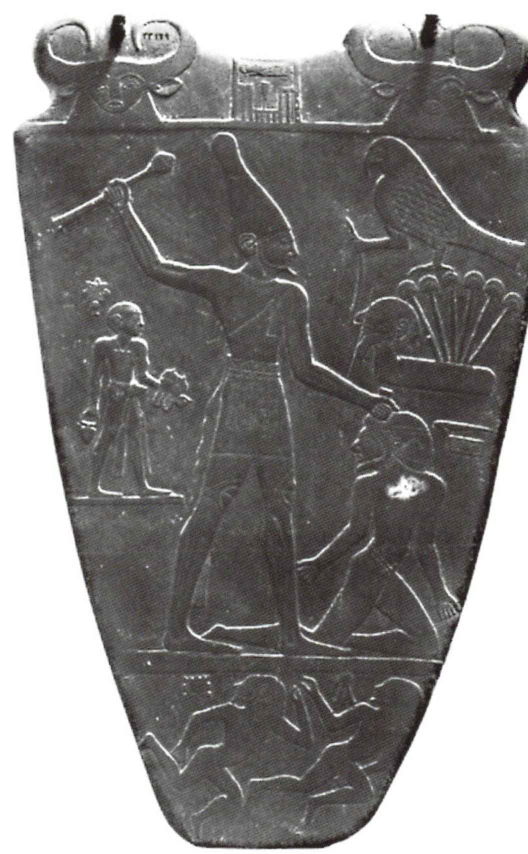

2.34 *Stele von Djet*, aus Abydos, um 3000 v. Chr., Kalkstein, Höhe 54,9 cm. Louvre, Paris.

2.35 *Schminkpalette des Narmer* (Vorder- und Rückseite), aus Hierakonpolis, um 3200 v. Chr., Schiefer, Höhe 63,5 cm. Ägyptisches Museum, Kairo.

Die für die Alten Ägypter charakteristischen und immer noch nicht vollständig aufgehellten Einstellungen zu Leben und Tod waren nahezu für ihre gesamte Kunst formbestimmend in einer Ära, die lange vor den Pyramidenbauten begann und noch geraume Zeit danach währte. Die Pharaonen wurden für Götter gehalten, nicht nur – wie bei den Herrschern Sumers – für die Diener oder Stellvertreter der Götter. Jedoch hing die ihnen und auch ihren unmittelbar Ergebenen erreichbare Unsterblichkeit von der Konservierung ihrer mumifizierten sterblichen Überreste ab. (Das Verfahren der Einbalsamierung des Körpers und der gesonderten Erhaltung der inneren Organe beherrschte man seit der Mitte des 3. Jahrtausends v. Chr.) Man hat das Grab einer Prinzessin der 1. Dynastie gefunden, die zusammen mit ihrer – zwecks Begleitung in die künftige Welt dahingeschlachteten – Dienerschaft beerdigt wurde, eine vielen Kulturen gemeinsame grausame Bestattungssitte (s. S. 49). Man weiß aber nicht, wie verbreitet sie in Ägypten war und wie das Verlangen nach skulptierten und gemalten Grabfiguren damit zusammenhing. Wichtiger für die Sepulkralkunst der Alten Ägypter waren ihre Vorstellungen über das Verhältnis zwischen Körper und Geist, die nur bei ihnen auftauchen und die zu Beginn der dynastischen Epoche entwickelt waren. Vereinfacht lässt sich sagen, dass sie an die Existenz dreier verschiedener, aber eng aufeinander bezogener Formen geistigen Lebensausdrucks glaubten. Das ›Ka‹ war Teil der Lebenskraft des Universums und begleitete den Körper im Leben und im Tode, obwohl man seine vollständigen Wirkungsmöglichkeiten erst als Verstorbener erfahren konnte. Das ›Akh‹ war die ›wirkende Persönlichkeit‹ eines Menschen sowie die Seele, die den Körper beim Sterben verließ, um im Himmel zu verweilen. Das ›Ba‹ ähnelte eher einem Geist, der sich vom toten Körper weg und wieder zurück bewegen konnte. Die ständige Präsenz dieser Vorstellungen ist nicht nur bei der Sepulkralkunst spürbar, sondern hinter allen Kulturerscheinungen. Es gibt nichts, womit sich das Alte Ägypten deutlicher von allen anderen Kulturen abgrenzen würde. So waren die bildenden Künste vorwiegend der Aufgabe gewidmet, diesen spirituellen Einheiten angemessene Wirkungsräume zu schaffen: Die Statuen waren beständige Leiber für das ›Ka‹ oder eines Teils davon, um ihnen auf ewig innezuwohnen. Die den Genuss des gegenwärtigen Lebens darstellenden Reliefs sollten seine Fortsetzung im nächsten Leben absichern, während die Darstellungen historischer Ereignisse die immerwährende Macht Ägyptens zu garantieren hatten. Das Porträtieren religiöser Riten entsprang der Absicht, das ewige Wohlbefinden der Götter sicherzustellen.

»Die Ägypter sagen, dass ihre Häuser nur vorübergehende Unterkünfte sind und ihre Gräber ihre Behausungen«, so schrieb der griechische Historiker Diodorus Siculus im 1. Jahrhundert v. Chr. Zwei verschiedene Bestattungsmethoden waren im prähistorischen Ägypten üblich gewesen. In der Deltaregion wurden die Toten in den Dörfern begraben, manchmal unter ihren Häusern, während man sie in Südägypten in Wüstengräbern beerdigte (wo der trockene Sand die Körper konservierte) und sie mit Speise und Trank, Kleidung, Waffen und Werkzeugen versorgte. Nach der Eroberung Unterägyptens durch Narmer und der dadurch erreichten Vereinigung der zwei Reiche entstand im Süden die Idee, ein Gebäude für die Toten zu errichten. Man ersetzte den Sandhügel, mit dem die Gräber zuvor bedeckt worden waren, durch ein aus Lehmziegeln bestehendes, niedriges Bauwerk in bankähnlicher Form, das heutzutage ›Mastaba‹ (das arabische Wort für Bank) genannt wird. Mit wachsendem Wohlstand vergrößerten sich auch die Abmessungen dieser ›Mastabas‹ sowie die Kompliziertheit der darunter liegenden Grabkammern. Schließlich begann man, Stein zu verwenden. Das geschah nicht aus Gründen der baulichen Konstruktion, sondern um die Fußböden und Wände zu verkleiden und um Reliefs anbringen zu können – etwa die *Stele von Djet*.

### *Die Architektur des Alten Reiches*

Eine alte Überlieferung schreibt die ›Erfindung‹ der Steingebäude IMHOTEP zu, einem Hohepriester aus Heliopolis, der später als Gott verehrt wurde. IMHOTEP ist nicht nur der früheste, sondern auch einer der wenigen namhaft zu machen-

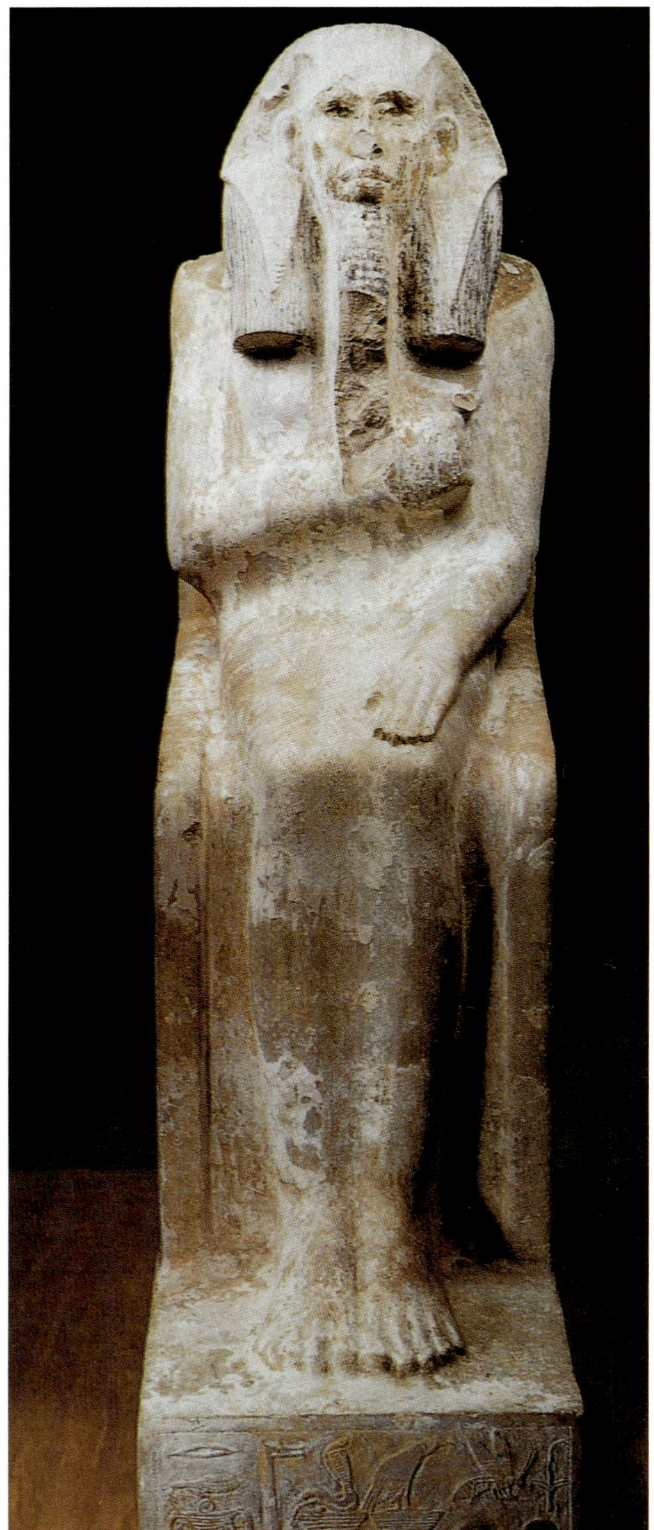

2.36 *König Djoser*, 2690–2660 v. Chr., Kalkstein, Höhe 142 cm. Ägyptisches Museum, Kairo.

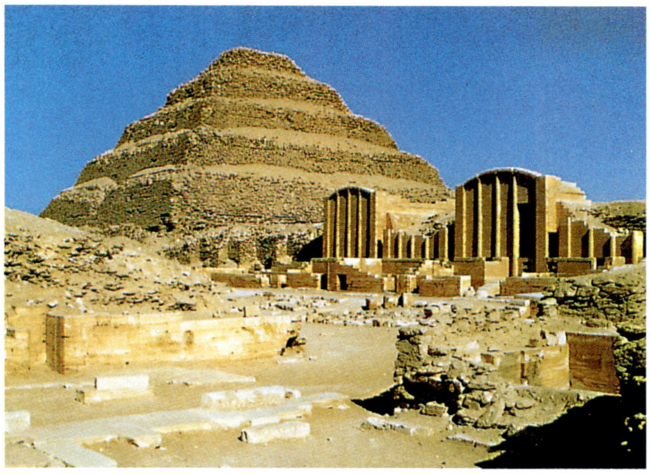

2.37 Stufenpyramide und Palast König Djosers, um 2700 v. Chr., Sakkara, Ägypten

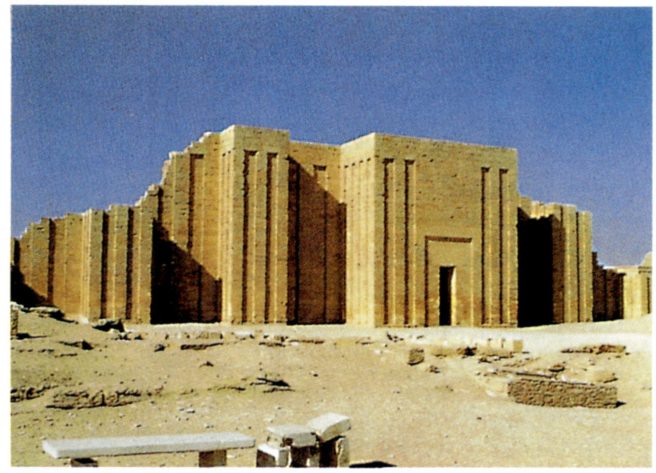

2.38 Palast König Djosers (restauriert), Sakkara.

den Architekten des Alten Ägypten. Die Vorstellung von ihm ist halbmythisch, aber in Sakkara gibt es reale Überreste eines Grabbauten-Komplexes, den er für König Djoser gebaut haben soll, den Begründer der 3. Dynastie (2780–2680 v. Chr.), die das Zeitalter des Alten Reiches einleitete ▸ 2.36. Viele Charakteristika dieses Baus könnten sich aus mangelnder Erfahrung bei der Verwendung von Stein ergeben haben, aber er schuf Mustergültiges für die spätere ägyptische Architektur, insbesondere für die ›Stufenpyramide‹. Sie scheint sich aus der ›Mastaba‹ entwickelt zu haben, denn der Stufenbau von Sakkara ist eine ›Mastaba‹, die man durch weitere Geschosse von abnehmender Fläche bis zu einer Gesamthöhe von etwa 60 Meter erhöht hatte. So ergab sich eigentlich die Form einer Zikkurat, doch ohne Tempel an der Spitze. Der Zweck des Baus lag in der Kennzeichnung und dem Schutz der 27 Meter tiefer befindlichen unterirdischen Grabkammer.

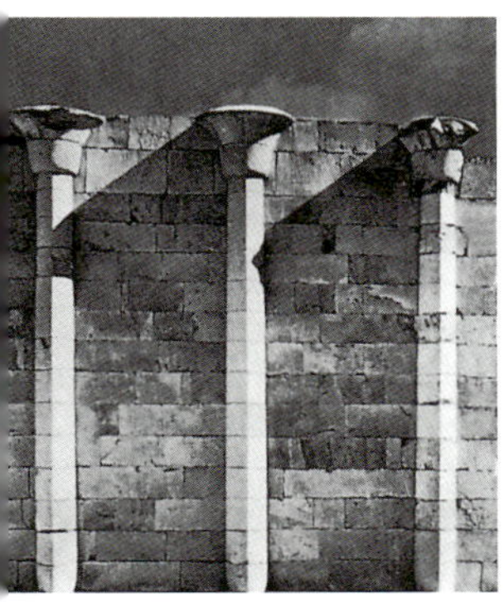

.39 *Haus des Nordens*
m Grabbezirk König Djosers,
Hofummauerung,
m 2600 v. Chr., Sakkara.

Im Pyramidenbezirk befanden sich eingeschossige Gebäude und Innenhöfe, die von einer 9 Meter hohen Kalksteinmauer umschlossen waren. Sie ahmte die Lehmziegelwände von Djosers Palast in Bauweise und Aussehen nach ▸ 2.37;38. Sorgsam behauene Steinquader wurden wie Lehmziegel gesetzt. Die Außenseite wurde durch Nischen gegliedert, wie es ähnlich die Architektur der Stele von Djet wiedergibt ▸ 2.34. Tatsächlich setzte man für den Baukomplex durchgehend Stein als Ersatz für weniger haltbare Materialien ein: Steinsäulen in der Form gebündelter Papyrusstiele, die man üblicherweise zum Abstützen dünner, primitiver Schutzdächer verwendete, und Halbsäulen in der Form einzelner dicker Papyrusstämme (vielleicht auch mit symbolischer Bedeutung) ▸ 2.39. Fachmännisch wurden Pfosten und Sparren in Stein gemeißelt und gefärbt, um hölzerne Pfosten und Sparren vorzutäuschen. Am außergewöhnlichsten ist, dass es in den unterirdischen Kammern unechte Türen mit blaugrünen Kacheln gibt, die zusammengerollte Schilfmatten einer Beschaffenheit imitieren, wie man sie im Nahen Osten bis heute für Vorhänge benutzt ▸ 2.40. All dies scheint eine besonders raffinierte Form von Illusionismus und ›Trompe-l'œil‹ zu sein. Dieses Verständnis darf man hier nicht voraussetzen, es ist zu modern und wird den Intentionen von Bauherren und Künstlern im Alten Ägypten nicht gerecht. Während für uns die illusionistische Kunst ein trügerisches Bild der ›Wirklichkeit‹ liefert, gilt für die alten Ägypter das Umgekehrte. Für sie war der Grabstättenbezirk von König Djoser die ›Wirklichkeit‹, und der hier imitierte königliche Palast war nur ein kurzlebiger irdischer Ersatz, den Gesetzen der Veränderung und des Verfalls unterworfen. Das Verhältnis der Bauten ist dem Verhältnis zwischen Geist und sterblichem Körper analog. Die Türen dieser unterirdischen Kammern sind aus solidem Stein, durch den das ›Ba‹ dringen konnte. In einem der Innenhöfe des Bezirks befinden sich den lokalen Gottheiten Ägyptens geweihte ›Kapellen‹, die lediglich aus Fassaden mit Scheintüren bestehen, für die Augen der Sterblichen sichtbar, aber nur vom Geistigen her zu durchdringen.

Vorgetäuschte Türen und steinerne Papyrussäulen treten in der ägyptischen Architektur des Altertums immer wieder auf. Aber der längliche Grundriss und die Stufenform der Pyramide Djosers wurden schrittweise verändert. Drei für Snofru, den Begründer der 4. Dynastie (um 2680–2565 v. Chr.), errichtete Pyramiden weisen nahezu quadratische Grundrisse auf. Eine davon, die Pyramide in Dahschur, ist der klassischen Form mit geglätteter Oberfläche nahe, die schließlich von sei-

2.40 Scheintür, südliche Grabstätte des Djoser-Komplexes, unterirdisches Areal, um 2700 v. Chr., Sakkara.

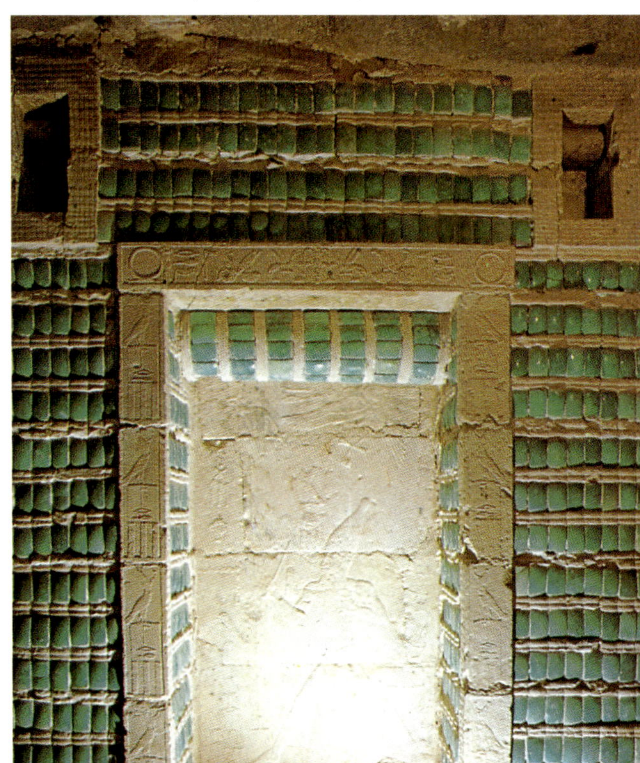

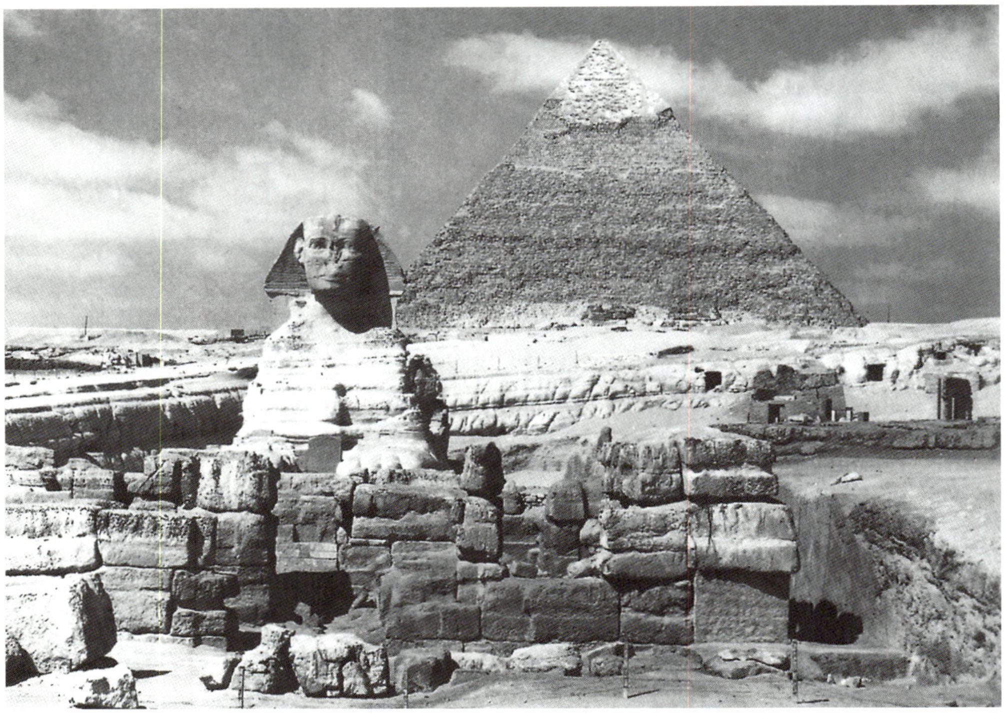

2.41 *Sphinx und Pyramide des Chephren*, um 2650 v. Chr., Giseh

nen Nachfolgern Khufu (Cheops) und Khafra (Chephren) bei den allergrößten Pyramiden, jenen von Giseh nahe Kairo, verwirklicht wurde ▸ 2.41. Die Form scheint von einem Kultstein aus dem Tempel des Sonnengottes in Heliopolis übernommen worden zu sein, der als der ›Ben-Ben‹ bekannt ist – ein Stein mit einer pyramidalen oder konischen Spitze, die Urform des Obelisken. Die Pyramide erinnert zudem an den Eindruck der Sonne, wenn sie durch ein Wolkenloch auf die Erde scheint – und es waren Sonnenstrahlen, auf denen der tote König zum Himmel aufsteigen sollte.

Die Cheops-Pyramide ▸ 2.42 erreicht eine Höhe von 137 Metern und ruht auf einer quadratischen Grundfläche von 5,25 Hektar (sie bedeckt fast die doppelte Fläche von St. Peter in Rom), wobei ihre Außenflächen gleichseitige Dreiecke bilden. Die Präzision ihrer Ausführung ist bemerkenswert. So wurden die Seiten auf die Hauptpunkte des Kompasses mit einer Genauigkeit von einem Zehntel Grad ausgerichtet (der genaue Norden ist anscheinend dadurch bestimmt worden, dass man einen Stern am nördlichen Firmament ausmachte und den Winkel zwischen seiner aufgehenden Position, dem Beobachtungspunkt und seiner untergehenden Position halbierte). Soweit heute feststellbar, wurden die Steine für den Pyramidenkern auf Wällen oder Rampen emporgezogen, die entsprechend dem Fortgang des Baus erhöht und schrittweise wieder abgerissen wurden, als man die Seitenflächen mit genauer zugehauenen Steinen verkleidete und dabei von der Spitze nach unten arbeitete. Es müssen gelernte Maurer beschäftigt gewesen sein, um die steinerne Verkleidung der Korridore zu besorgen, die zu den Grabkammern im Herzen der Pyramide führen. Die große Zahl der Arbeitskräfte, die für den Transport der Steine zur Baustelle nötig war, wurde möglicherweise zwangsweise eingezogen. Wahrscheinlich arbeitete man von Ende Juli bis zum späten Oktober jeden Jahres, wenn der Nil Hochwasser führte, das Land nicht bebaut werden konnte und die Mehrheit der Bevölkerung unbeschäftigt war. Das Nilhochwasser erleichterte zudem den Schiffstransport der Steine aus Oberägypten. Folgt man dem griechischen Historiker Herodot aus dem 5. Jahrhundert v. Chr., so erforderte die Khufu-Pyramide eine Bauzeit von zwanzig Jahren – ein relativ bescheidener Aufwand, wenn man bedenkt, dass die Pyramide das ewige Wohlbefinden des Königs garantierte, von dem nach ägyptischer Vorstellung das zukünftige Wohl des Staates abhing.

Die später erbauten Pyramiden waren kleiner; sie unterschieden sich sonst nur durch das System der Gänge zu den Grabkammern – und der Wege, durch die Eindringlinge fehlgeleitet werden sollten. Man erreichte jede dieser Pyramiden durch einen vorgelagerten Begräbnisbezirk, der Zeremonien und Ritualen diente. Jedoch ist von diesen Bezirken des Alten Reichs nur wenig erhalten geblieben, sieht man von dem Taltempel ab, der am Anfang des Prozessionsweges zur Pyramide von Khafra in Giseh steht – ein Tempel, den man aus massiven, monolithischen Stützpfeilern und Sturzblöcken konstruiert hatte, die mit höchster Präzision gemeißelt und eingepasst worden waren. In der Nähe hatte man einen kleinen Hügel aus naturwüchsigem Felsen, wo man Steine für den Bau der Pyramide gewonnen hatte, zur Großen Sphinx verwandelt, wahrscheinlich um Chephren als den Sonnengott am westlichen Horizont darzustellen, der die Pforten des Sonnenuntergangs bewacht ▸ 2.41.

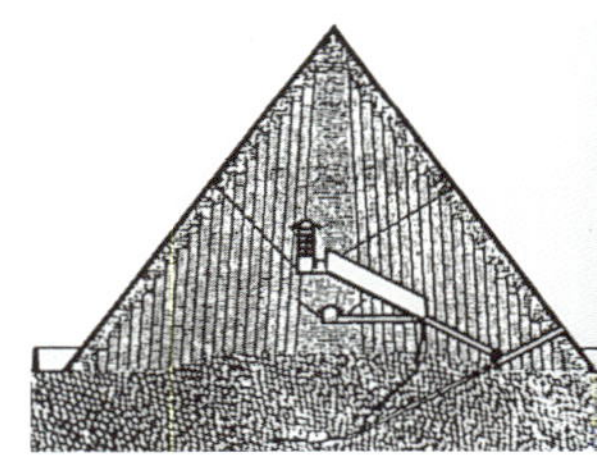

2.42 Schnitt in Nord-Süd-Richtung durch die Cheops-Pyramide von Giseh.

Obwohl sich die Pyramiden des Alten Reiches als die beständigsten aller groß angelegten Monumente des Menschen erwiesen haben, versagten sie ironischerweise bei ihrer Hauptaufgabe, die unter ihnen beerdigten Mumien, Statuen und Einrichtungsgegenstände des Toten zu behüten. Alle wurden aufgebrochen und beraubt. Die zur Verhinderung von Grabschändungen verwendeten Kunstgriffe nützten nichts – was erst viel später im Neuen Reich gelang. Doch glücklicherweise blieb der Schatz des tief in die Erde gesenkten Grabes der Königin Hetepheres I. (der Mutter von Cheops) erhalten. Er umfasst u. a. einen tragbaren Pavillon auf hölzernen Pfosten, die mit Blattgold verkleidet sind, zwei Armsessel, ein Bett, eine Sänfte und Schmuckkästchen mit Intarsien aus Gold und Elfenbein ▸ 2.43 sowie Schmuckstücke aus Türkis, Lapislazuli und Karneol, die in Silber gefasst wurden (ein Metall, das im Alten Ägypten seltener und wertvoller als Gold war). Die

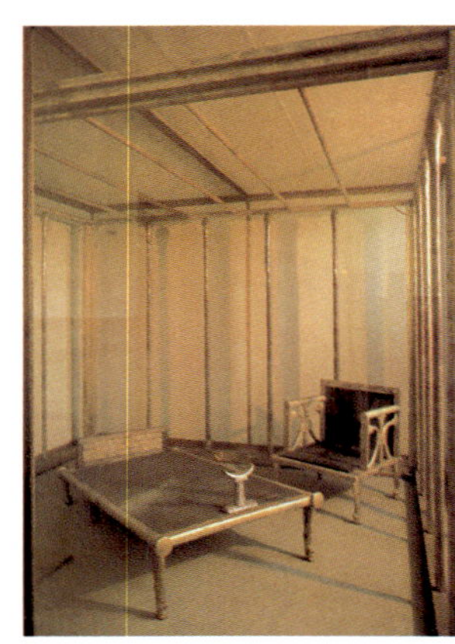

2.43 Tragbarer Pavillon und Möbel der Königin Hetepheres I., um 2650 v. Chr. Holz und Blattgold. Ägyptisches Museum, Kairo.

QUELLEN UND DOKUMENTE

# Altägyptische Pyramidentexte

Sinn und Zweck der Pyramiden – ewiges Wohlergehen eines Königs im Jenseits – wurde mitunter in Hieroglypheninschriften von Gebeten und Zaubersprüchen zum Ausdruck gebracht, welche die Wände und Decken der Grabkammern im Inneren der Pyramiden bedeckten. Die ältesten bekannten ›Pyramidentexte‹ befinden sich in Sakkara in der Pyramide des Unas, des letzten Königs der fünften Dynastie, der um 2345 v. Chr. starb. Andere, insgesamt mehr als 700, befinden sich in den Gräbern der Könige und Königinnen der sechsten Dynastie (um 2345–um 2184 v. Chr.). Während des Mittleren Reiches (um 2134–1787 v. Chr.) wurden ähnliche Texte auf den Innenseiten der Holzsärge des Adels und der Mitglieder des Königshauses angebracht und später mit Variationen und Ergänzungen auf Papyrusrollen unter der Bezeichnung *Totenbuch* (ursprünglich: *Heraustreten ins Tageslicht*). Solche Rollen wurden den Mumiensärgen beigegeben und waren weit verbreitet (s. S. 96).

Das Grundschema der ägyptischen Hieroglyphen (s. S. 59) war 1822 von Jean-François Champollion durch Analyse des Rosette-Steins (British Museum, London) erkannt worden, einer schwarzen Basalttafel mit einem Dekret von 196 v. Chr., das in Hieroglyphen, Demotisch (der vereinfachten Schrift, die im zweiten Jahrhundert n. Chr. in Ägypten verwendet wurde) und Griechisch abgefasst war. Er erkannte, dass hier zwei Zeichenarten miteinander kombiniert sind: Ideogramme und Phonogramme. (Ideogramme sind Bildzeichen für Objekte, die Substantive und mit diesen verbundene Verben bezeichnen, etwa ›Sonne‹, ›Licht‹, ›aufgehen‹ und ›scheinen‹, während Phonogramme den Klang der Laute nachbilden.) In den folgenden Jahrzehnten wurden große Fortschritte bei der Entzifferung der Hieroglyphen gemacht. Doch die in den achtziger Jahren des 19. Jahrhunderts entdeckten Pyramidentexte bereiteten Probleme eigener Art, da man die in einigen der Ideogramme dargestellten Tiere verstümmelt hatte, wo man sie nicht weglassen konnte, um sie daran zu hindern, sich zu materialisieren und die Körper der Toten anzugreifen. Es gibt kaum deutlichere Hinweise auf den ägyptischen Glauben an die magische Kraft insbesondere lebensechter Bilder.

Von den Pyramidentexten glaubte man, dass sie das Wohlergehen der Toten besser gewährleisten könnten als die Reliefs von Dienern und Tieren oder die Nahrungsmittelvorräte an den Wänden der äußeren Grabkammern und Totentempel. Immer wieder wiederholen diese Texte die Anrufungen, die in Begräbniszeremonien rezitiert wurden. Aber obwohl viele dieser Anrufungen einander ähneln, sind sie nie völlig miteinander identisch. Ein typischer Auferstehungstext enthält die folgenden Sätze:

*»Oh Fleisch des Königs, verfalle nicht, verwese nicht, rieche nicht unangenehm. Dein Fuß wird nicht übertreten werden, dein Schritt soll nicht überholt werden, du sollst nicht auf die Verderbnis des Osiris treten. Du sollst den Himmel als Orion erreichen, deine Seele soll so wirkungsvoll wie Sothis sein; habe Macht, der du Macht hast; sei stark, der du stark bist; möge deine Seele unter den Göttern stehen, so wie Horus in ʻIrw weilt. Möge dein Entsetzen in den Herzen der Götter Gestalt annehmen wie die Nt-Krone auf dem König von Unterägypten, wie die Mizwt-Krone auf dem König von Oberägypten, wie der Zopf auf dem Scheitel der Mntw-Stammesmitglieder. Du sollst die Hand der unvergänglichen Sterne ergreifen, deine Knochen sollen nicht vergehen, dein Fleisch soll nicht erkranken, oh König, deine Glieder sollen nicht weit entfernt von dir sein, denn du bist einer der Götter.«*

In einem anderen Pyramidentext richtet sich ein Gebet an Tait, die Göttin der Webkunst:

*»Heil dir Tait, die auf der Lippe der Großen Lagune weilt, die den Gott mit seinem Bruder versöhnte! Existierst du, oder existierst du nicht? Wirst du existieren, oder wirst du es nicht? Behüte das Haupt des Königs, damit es sich nicht lockert; suche die Knochen des Königs zusammen, damit sie sich nicht lockern, und lege die Liebe des Königs in den Körper jedes Gottes, der ihn sehen wird.«*

R.O. Faulkner, The Ancient Egyptian Pyramid Texts, Oxford 1969

Möbelstücke sind sowohl wegen der schlichten und doch höchst kunstvollen Formgebung als auch wegen ihrer hohen handwerklichen Qualität bemerkenswert. Wahrscheinlich wurden diese Stücke für die Bestattung angefertigt. Sie ähneln den Gegenständen, die auf zeitgenössischen Gemälden und Reliefs beim alltäglichen Gebrauch gezeigt werden, und liefern nicht nur Anhaltspunkte für die Ausstattung anderer königlicher Gräber. Sie lassen den Glanz der Paläste im Alten Reich erahnen, von denen es heute keine Spuren mehr gibt.

### *Skulptur und Malerei im Alten Reich*

Sieht man von der Mumie selbst einmal ab, so war der wichtigste Gegenstand im Grab die Statue des Verstorbenen, sein ›anderes Ich‹, in welchem sich sein ›Ka‹ ganz oder teilweise hätte aufhalten können. Am Beginn der 4. Dynastie verliehen die Bildhauer solchen Statuen einen Realismus, der nirgendwo in der Kunst Vorläufer hatte. Mehrere dieser Werke sind äußerst glaubwürdige Porträts, so zum Beispiel die Statuen

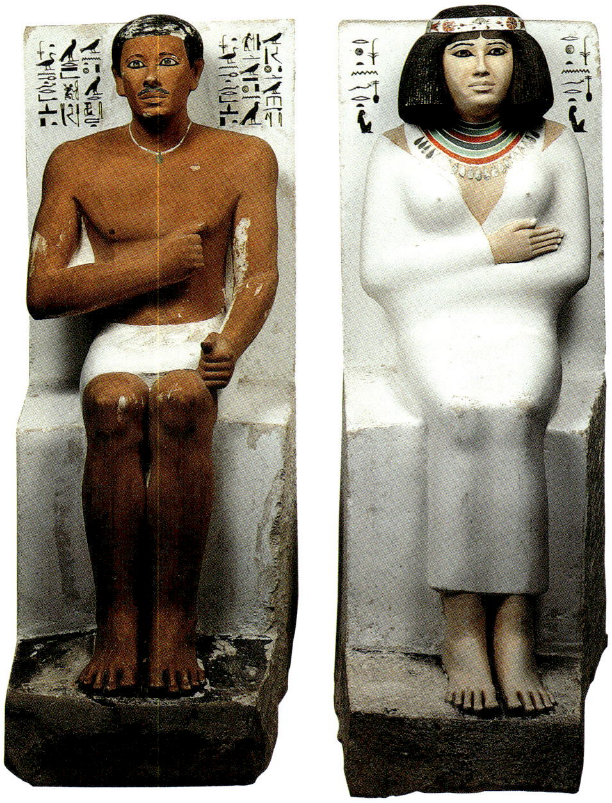

2.44 *Rahotep und Nofret*, aus Medum, um 2580 v. Chr., bemalter Kalkstein, Höhe 120 cm. Ägyptisches Museum. Kairo.

von Prinz Rahotep, einem Sohn Snofrus, und seiner Gemahlin Nofret, deren Farbgebung in ihrer ursprünglichen Frische bewahrt ist ▸ 2.44. Der etwas später als Schreiber porträtierte Hofbeamte – die Fähigkeit des Lesens und Schreibens war auf Priester und Regierungsbeamte beschränkt – mit seinem ockerfarbigen Leib und den funkelnden Augen aus polierten Steinen

2.45 *Schreiber aus Sakkara*, um 2600 v. Chr., bemalter Kalkstein, Höhe 53,3 cm. Louvre, Paris.

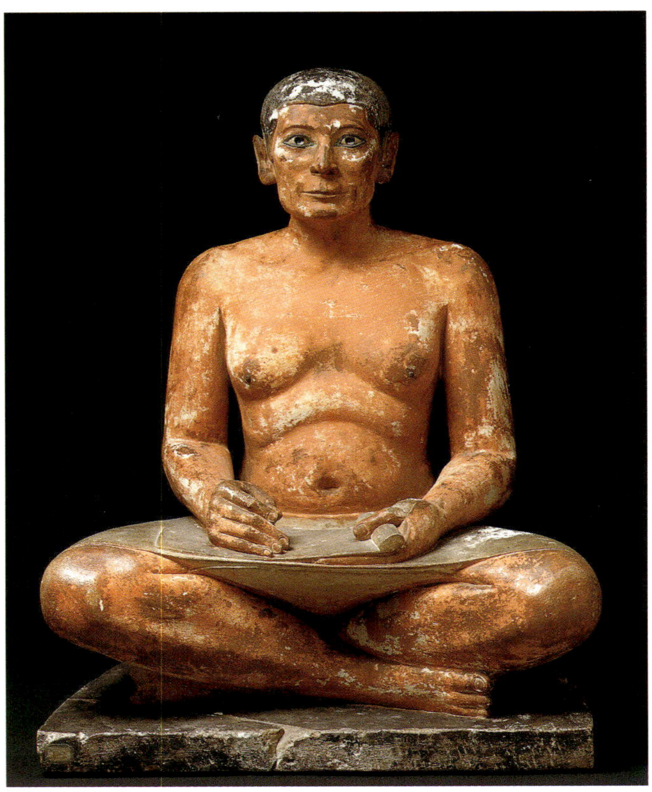

ist weniger hieratisch dargestellt ▸ 2.45. Obwohl kaum 60 cm hoch, hat diese Figur eine noch erstaunlichere Lebensähnlichkeit als die Statuen von Rahotep und Nofret. Die Genauigkeit des Porträtierens war notwendig, damit die Statuen ihre Unsterblichkeit verleihende Funktion erfüllen konnten, und bei vielen finden sich Inschriften, sie seien »nach dem lebenden Modell geformt worden«. Ihnen lagen ebensowenig Täuschungsabsichten zugrunde wie den nachgebildeten und gekachelten Mattenrollen über den Türen innerhalb des Begräbnisbezirks von Djoser. Es würde sie kein Sterblicher sehen, wenn sie erst einmal in den Gräbern eingemauert waren.

Allerdings wurden nicht alle Statuen in Gräbern verschlossen. Viele schuf man für jene Tempel, die für den ständigen Totenkult eines Königs bestimmt waren, den eine wohlhabende Priesterschaft zelebrierte. Mykerinos, der vorletzte König der 4. Dynastie, gab den Auftrag für eine ganze Skulpturenserie (vielleicht bis zu 42 Stück), um sie im Taltempel, dem Beginn des Prozessionsweges zu seiner Pyramide in Giseh, aufzustellen. Bei einer wird er von seiner Frau Khamerernebty begleitet ▸ 2.46. Diese plastische Gruppe ist (im Gegensatz zu Rahotep und Nofret) nicht nur eine Addition zweier Einzelskulpturen, sondern bildet eher eine skulpturale Einheit. Ein unüberwindliches Vertrauen in das Zukünftige, Ewige spricht aus ihren Blicken. Der untere Teil dieser Gruppe ist unvollendet. Von einer ursprünglichen Bemalung sind nur Spuren geblieben. Die Statuen der ägyptischen Kunst des Altertums waren ganz oder teilweise bemalt. (Die herrlichen harten Steine, aus denen sie oft gemeißelt wurden, hatte man eher wegen ihrer Haltbarkeit als wegen ihrer Farbe oder ihrer Maserung ausgewählt!) Daher muss die Figurengruppe von Mykerinos und seiner Gattin ursprünglich ganz anders ausgesehen haben. Jedoch zeigt der gegenwärtige einfarbige Zustand das starre System darstellerischer Konventionen umso deutlicher, unter dessen Kontrolle die Skulpturenherstellung seit der Ära des Alten Reiches stand.

Konzeption und Platzierung der Statuen geschah ausnahmslos in Hinsicht auf einen frontalen Blickpunkt. Die Vielfalt der Körperhaltungen war streng begrenzt. Entweder stehen die Figuren mit leicht nach vorn gestelltem linken Bein, oder sie sitzen kerzengerade: die Könige und Königinnen auf ihrem Thron, die Hofbeamten, Schreiber und Ärzte hocken mit überkreuzten Beinen. Großformatige Freiskulpturen waren den Angehörigen des Königshauses und des Hofes vorbehalten. Diese Starrheit hat man auf die Besonderheit der damaligen Arbeitsweise der Bildhauer, vor allem auf die Verwendung rechteckiger Steinblöcke, zurückgeführt. Das Argument ist umkehrbar, dass nämlich die schematischen Vorstellungen von skulpturaler Form dazu führten, dass die Blöcke in den Steinbrüchen rechteckig gebrochen wurden. Die Bildhauer konnten auf den Oberflächen die Umrisse der vier Ansichtsseiten einer Statue mit einem regelmäßigen Liniennetz, das die ›richtige‹ Größe jedes Körperteils bestimmte, zeichnen ▸ 2.47. Nichts wurde beim Zurechtmeißeln der Skulptur dem Zufall oder dem persönlichen Geschmack des Bildhauers überlassen. Eine Figur konnte – nach dem Empfinden der Alten Ägypter – dem Geist nur dann eine Hülle sein und damit ihren Wesenszweck erfüllen, wenn sie feststehende Konventionen befolgte.

Hinsichtlich der miteinander verbundenen Künste der Malerei und des Flachreliefs ist ein ähnlicher Formenkanon bereits bei dem meisterlich geschnitzten Holzrelief des Hesire, einem Hofbeamten König Djosers, offenkundig ▸ 2.50. Der gefühlvolle Kopf ist individuell, nicht als Typus gestaltet. Die Weise, wie die linke Hand den Amtsstab ergreift, könnte schwerlich naturalistischer beobachtet werden. Die Knie und die Wadenmuskeln sind zart modelliert. Dennoch ist die Körperhaltung höchst unnatürlich, wenn nicht sogar anatomisch undenkbar – die Schultern sind frontal ausgerichtet, Kopf und Beine im Profil. Die Figur scheint zwei linke Füße zu haben, denn bei dem eigentlich rechten Fuß ist nur dessen Innenseite sichtbar – es gibt hier keine kleinen Zehen! Der Rockumhang wird frontal gezeigt, während die Beine nach rechts hin ausschreiten.

Diese seltsam konstruierten Proportionen sind das Kennzeichen der ägyptischen Kunst des Altertums und Zeichen für deren grundlegend intellektuellen bzw. konzeptionellen Charakter, im Unterschied zu einer Gestaltung nach dem Naturvorbild. Die Künstler des Alten Ägypten wollten vor allem vermitteln, was sie wussten, und nicht nur das, was sie sahen. Sie erinnern somit sehr an einen Botaniker, der eine Pflanze oder Blume flach ausbreitet und presst, um ihre wesentlichen Teile zur Schau zu stellen. Die Körperhaltung ist also nicht nur Konvention: Sie wurde sehr sorgfältig als Mittel erdacht, um in einem einzigen bildnerischen Ausdruck alle ins Auge springenden Merkmale des Dargestellten zu vereinigen, die sozusagen zunächst auseinander getrennt und dann neu zusammengesetzt wurden. Daher zeigt der Kopf sowohl das unverkürzte Auge als auch den Kontur von Stirn, Nase und Kinn im Profil sowie das nach hinten gebürstete dichte Haar. Die Beinstellung, bei der das vom Betrachter entferntere (gewöhnlich das linke) Bein nach vorn gestreckt ist, war ein Mittel, um sowohl das Geschlecht, ob beim Menschen oder beim Tier, als auch die Gesamtgestalt des Beins von der Hüfte und dem Gesäß an abwärts darzustellen – was man in Frontalsicht nicht hätte erreichen können. (Die Figur darf nicht so gelesen werden, dass sie sich nach rechts oder links bewegt, sondern von der Wand ausgehend auf den Betrachter zu.) Diese Körperhaltung wurde ziemlich bald zur ›richtigen‹ Weise der Verbildlichung des Menschen erklärt. Eine geringe Abweichung wäre einem Rechtschreibfehler gleichgekommen; eine größere hätte die Bedeutung der Figur verändert und zum Beispiel einen Hofbeamten in einen Bauern oder einen Sklaven verwandelt (bei denen man eine weniger strenge Formalisierung tolerierte).

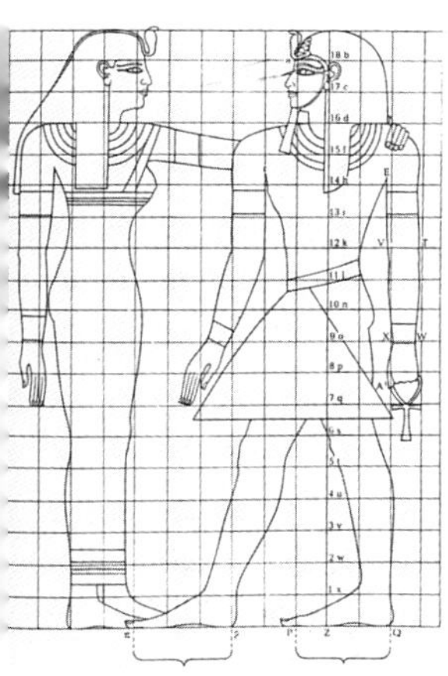

..47 Der ›Kanon‹ der ltägyptischen Kunst nach E. Iverson: *Kanon und Proportionen in der ägyptischen Kunst*).

Mit der schematischen Körperdarstellung eng verbunden war ein nicht weniger streng beachtetes System bzw. ein Kanon der Körperproportionen. Wie bei den meisten anderen Kulturen lagen den Längenmaßen der alten Ägypter menschliche Körpermaße zugrunde – ihre Grundeinheit, die kleine Elle, bezog sich auf die Länge des Arms vom Ellbogen bis zur Daumenspitze, die mit sechs Handbreiten oder vierundzwanzig Fingerbreiten identisch war. Diese Maße sind natürlich im Alltagsleben von Person zu Person unterschiedlich, aber die Ägypter fanden heraus, dass das innere Verhältnis dieser Maße bei jedem annähernd gleich ist. Von dieser Beobachtung ausgehend, wurden die Proportionsverhältnisse zwischen den Körperteilen festgelegt. Um die strikte Anwendung dieses Kanons zu sichern, zeichnete der ägyptische Maler bzw. der Reliefkünstler ein Netz von Quadraten auf die Wand, wobei jedes einzelne der Fußgröße der darzustellenden Figur entsprach, und teilte den Körper von der Fußsohle bis zur Haarlinie der Stirn in achtzehn Abschnitte auf ▸ 2.47. Eine festgelegte Anzahl der Abschnitte bestimmte die Länge der Arme und Beine, die Breite der Schultern (die durch die gedrehte Körperhaltung so deutlich und abmessbar gezeigt wird), den Abstand zwischen den Füßen und so weiter. Spuren mehrerer solcher Gitternetze aus der Zeit des Alten Reiches blieben erhalten. Nur eine Größenveränderung der Grundeinheit war nötig, um die Figuren zu vergrößern oder zu verkleinern, ohne dass vom Kanon abgewichen wurde. In der ägyptischen Kunst des Altertums ist die Größe immer ein Zeichen für die relative Bedeutung des Dargestellten, nicht für die Entfernung vom Betrachter. Das System war in der Tat völlig rational und gab der natürlichen Muskelausdehnung bewegter Gliedmaßen keinerlei Spielraum, ganz abgesehen von den optischen Wirkungen der Verkürzungen oder der Perspektive.

Die konsequente Durchführung des Kanons machte einen wesentlichen Teil der künstlerischen Aussage aus. Die Empfindung von beherrschtem Gleichgewicht und von Ruhe, die man bei der gesamten altägyptischen Malerei und Skulptur verspürt, ihre würdevolle Monotonie, die einen fremdartigen, beinahe hypnotischen Charme ausstrahlen kann, all dies ist sicherlich mit ein Resultat der statischen Grundstruktur. Diese Menschenbilder mit ihren würdevoll schweigenden Gebärden, die rhythmisierten Reihen von Männern mit schmaler Taille und jene schlanken Frauen, die mit ihren langen, dünnen Fingern zartfühlend Lotusblumen halten, haben die Wirkung sich

2.46 *Mykerinos und seine Gemahlin*, aus Giseh, um 2600 v. Chr., Schiefer, Höhe 124 cm. Museum of Fine Arts, Boston.

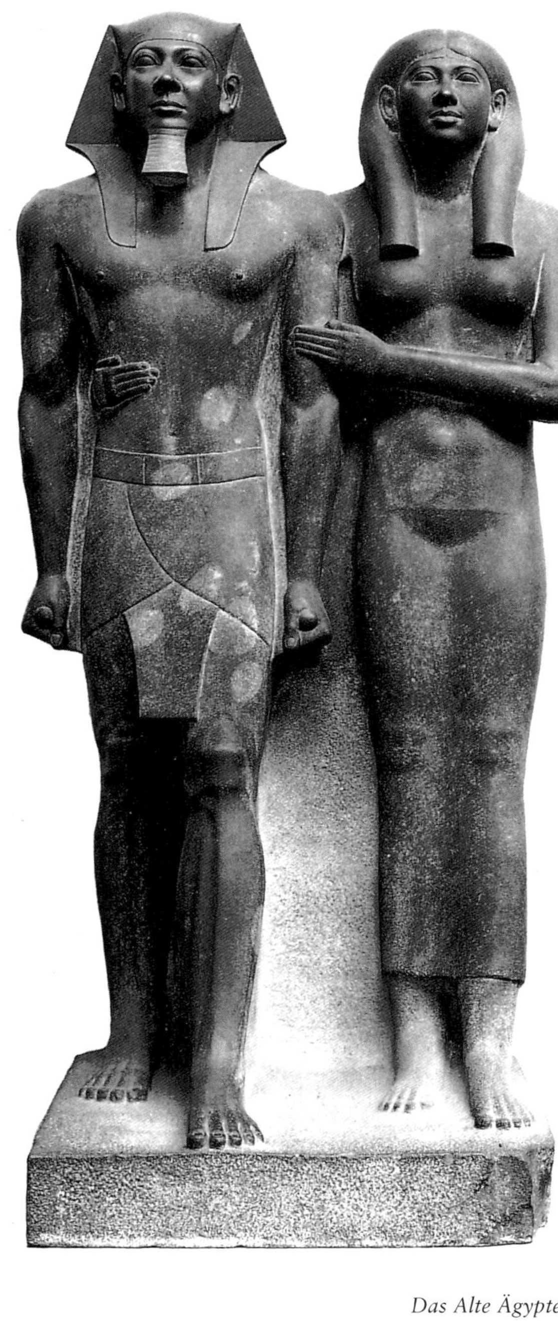

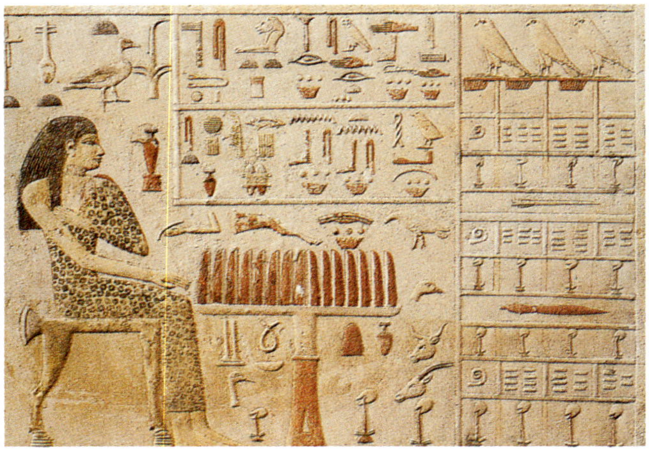

2.48 *Stele der Prinzessin Nefertiabet*, um 2575 v. Chr., Kalkstein, 37,5 x 52 cm. Louvre, Paris.

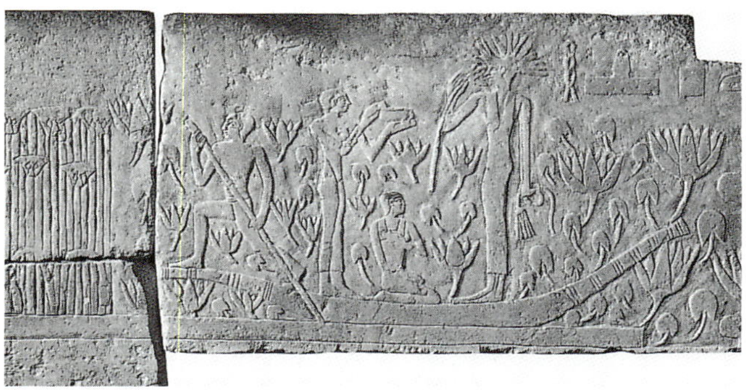

2.49 *Fahrt auf dem Lotosteich*, Relief aus der Opferkammer des Grabes des Hetepet, Memphis, um 2300 v. Chr., Kalkstein, Höhe 38,5 cm. Ägyptisches Museum, Berlin.

wiederholender Sätze einer poetischen Beschwörung. Doch solche Deutungen hätten die alten Ägypter als völlig belanglos erachtet, da ihnen die ästhetisch motivierte Reaktion der Lebenden wenig oder gar nichts galt.

Nichts offenbart das auf dem Verstand statt auf dem Visuellen oder Sinnlichen beruhende Gestaltungsprinzip der ägyptischen Kunst deutlicher als die Mischung von Hieroglyphen-Zeichen mit Bildern. Auf der Tafel aus dem Grab Hesires sind die Hieroglyphen auf den oberen Teil beschränkt ▸ 2.50. Oft aber umgeben sie die Figur ▸ 2.48 und zeigen damit, dass das, was wir als einen räumlichen Hintergrund zu sehen gewohnt sind, vom ägyptischen Künstler des Altertums als eine Oberfläche betrachtet wurde, auf die man die Bilder projizierte. Manchmal gibt es kaum einen inhaltlichen Zusammenhang zwischen Wort und Bild, die doch dicht nebeneinander stehen.

Die Funktion der Malereien und Flachreliefs in den Gräbern war, die ›ewige Residenz‹ des Verstorbenen mit zeitlos haltbaren Besitztümern auszustatten sowie dem zu Lebzeiten erreichten gesellschaftlichen Status Dauer zu verleihen. Das Ansehen eines Verstorbenen kann den Inschriften entnommen werden. Die Erwartung, im Jenseits an noch höherem Genuss teilzuhaben, war groß. Gewöhnlich ist ein Begräbnisbankett dargestellt. In einem königlichen Grab in Giseh sieht man zudem noch die Köche, die es in der Küche zubereiten. Frauen erscheinen nur als Gemahlinnen, Töchter oder Bedienstete, denn eine Frau wurde als Besitz angesehen, als ›das ergiebige Feld ihres Herrn‹, wie sie manchmal genannt wurde. Als nicht nur die Königsgräber, sondern auch die der Hofbeamten an Größe zunahmen, wurde die Malerei vervollkommnet, wobei zahlreiche Darstellungen von Alltagsszenen in der Familie und bei der Dienerschaft des Verstorbenen entstanden. Unter der 5. Dynastie (von etwa 2565 bis etwa 2420 v. Chr.) erweiterte sich das Spektrum der Themen. Ländliche Szenen gewannen an Bedeutung, in denen sich die Verstorbenen an Bootsfahrten durch Papyrusdickicht erfreuten ▸ 2.49 oder am Wüstenrand auf Jagd gingen ▸ 2.51. Mit solchen Bildern war beabsichtigt, für den Toten die Leben spendende Kraft des Sonnengotts Ra (oder Re) zu wecken. Sie wurden zahlenmäßig übertroffen von Szenen, die die jahreszeitlich bedingten Arbeiten auf dem Lande darstellten, Szenen, die sich auf den Landgütern der Verstorbenen zutrugen. Diese Bilder gewähren uns erstaunlich lebendige Einblicke in das ägyptische Alltagsleben vor 4000 Jahren, zum Beispiel jene aus dem Grab von Ti in Sakkara, bei denen die Grundsätze der altägyptischen Malerei umfassend veranschaulicht werden ▸ 2.53. Das Wasser des Nils wird durch einen welligen Streifen am unteren Rand wiedergegeben. Die eine Schafherde treibenden Männer auf dem oberen Flächenband befinden sich in einer Körperhaltung, die zur Kennzeichnung von Bewegung leicht vom Körperschema abweicht. Noch größer ist die Abweichung bei der Darstellung der Bauern. Einer bückt sich unter dem Gewicht des von ihm getragenen Kalbs. Sie sind fast so naturalistisch wie die wundervoll lebendigen Tiere. Die Gradabstufungen des Naturalismus scheinen somit der jeweiligen Stellung im Sozialsystem entsprochen zu haben.

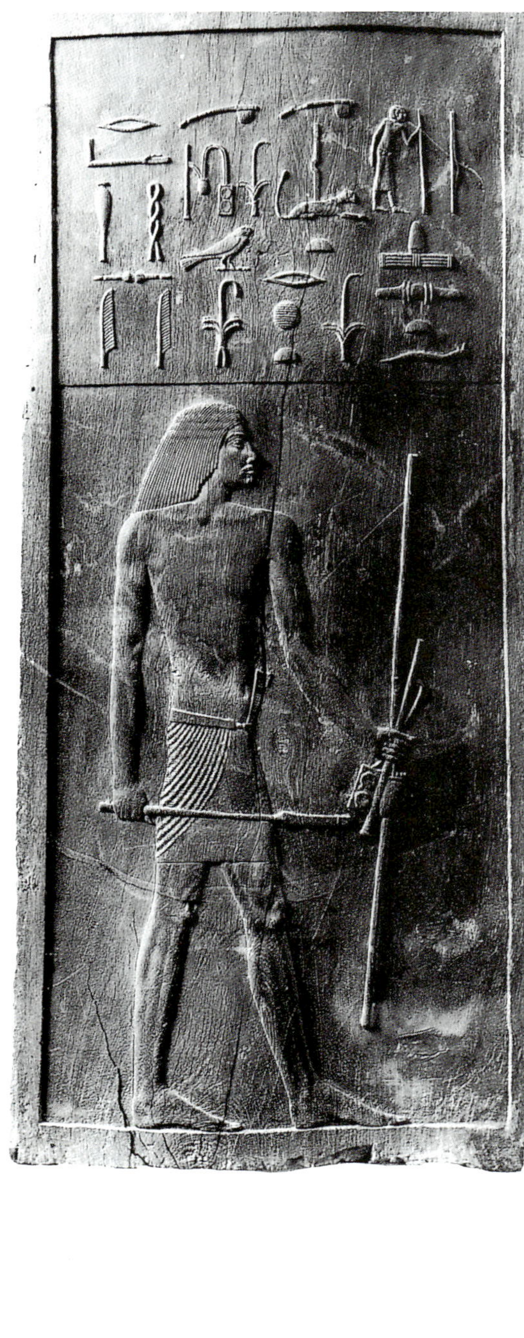

2.50 *Porträttafel des Hesire*, aus Sakkara, um 2770 v. Chr., Holz, Höhe 141 cm. Ägyptisches Museum, Kairo.

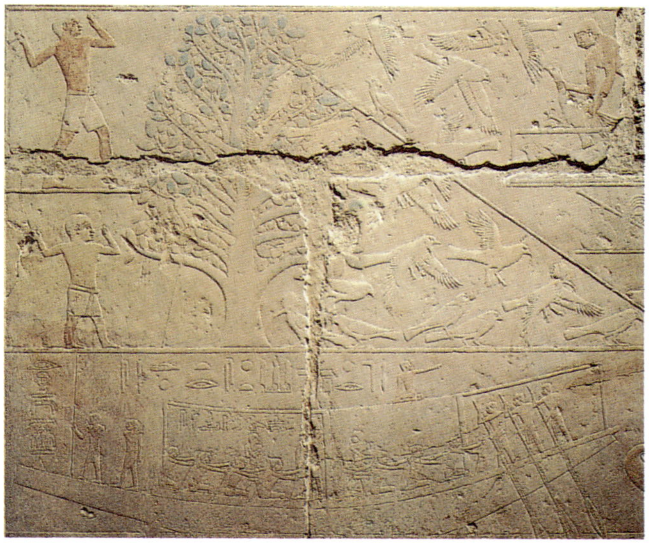

2.51 *Vogeljagd*, Wanddekor der Mastaba des Akhet-Hetep, um 2400–2350 v. Chr., Kalkstein. Louvre, Paris.

## *Das Mittlere Reich*

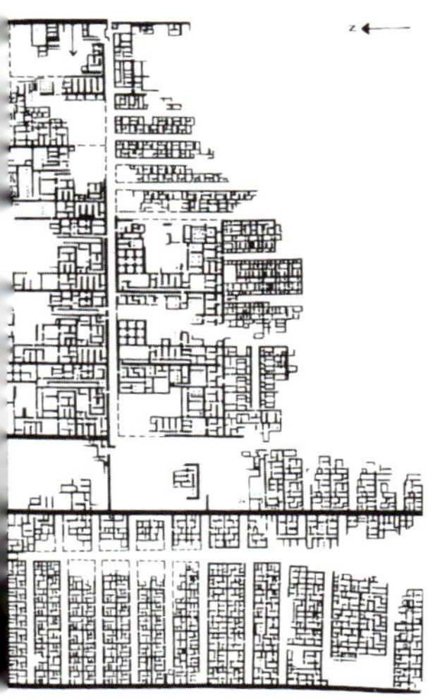

.52 *Grundriss der Stadt Kahun.*

Etwa um 2258 v. Chr. brach die zentrale Königsherrschaft zusammen. Das Land fiel in mehrere Feudalstaaten auseinander und wurde erst von Mentuhotep, dem Herrscher von Theben, wieder vereint, der um 2134 v. Chr. das Mittlere Reich begründete. Das wichtigste Ergebnis der Zeit zwischen Altem und Mittlerem Reich war die sogenannte ›Demokratisierung des Jenseits‹. Im Alten Reich war nur der König dazu bestimmt, ein Gott zu werden, und das Leben seiner Untertanen im Jenseits hing von seiner Gnade ab. Nun aber eigneten sich die örtlichen Machthaber dieses göttliche Recht an, das ferner auf alle diejenigen ausgedehnt wurde, die es sich leisten konnten, entsprechende Rituale bei ihrer Beerdigung durchzuführen und auf ihre Särge die magischen Zauberworte zu schreiben, die zuvor bei der königlichen Apotheose Verwendung gefunden hatten. Diese ›Demokratisierung‹ wurde von der Entstehung neuer Götterkulte (insbesondere dem des Osiris) und der Infragestellung alter Glaubensinhalte begleitet. Man griff moralische und halbphilosophische Probleme auf – die Selbsttötung in ›Der Dialog eines Pessimisten mit seiner Seele‹ eingeschlossen. Aber dieses Aufblühen geistigen Lebens fand in der bildenden Kunst keine Entsprechung. Eher das

2.53 *Rinder beim Durchwaten eines Flusses*, um 2450 v. Chr., bemalter Kalkstein. Grab von Ti, Sakkara.

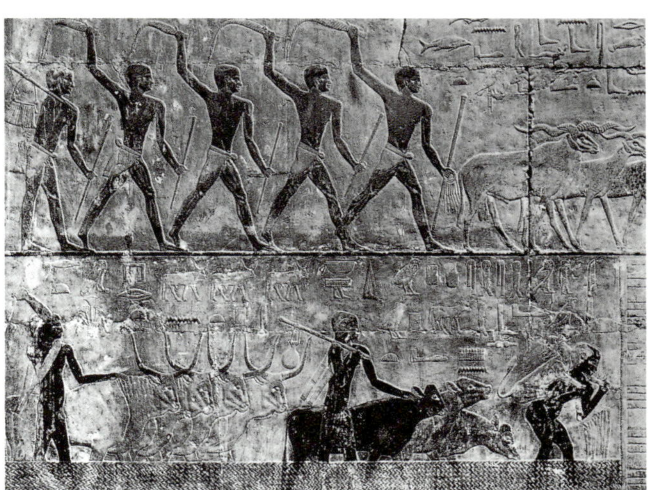

Gegenteil war der Fall, so dass man bis zum Mittleren Reich warten muss, um eine verspätete Reaktion insbesondere bei der Malerei zu beobachten.

Die Grundprinzipien der Malerei blieben im Mittleren Reich unverändert, aber die Farbe wurde nun freier und subtiler verwendet, so wie auf dem äußeren Sarg von Djehutynekht aus Berscheh zu erkennen ist ▸ 2.55. Man bemühte sich um die Wiedergabe von Schatten und anderen natürlichen Effekten. Beim Federkleid der Taube, das mit zarten grauen und schwarzen Pinselstrichen über einem weißen Grund wiedergegeben ist, dringt noch die Andeutung eines Rosentons hindurch, der vom Zedernholz des Bildträgers stammt. Das Spektrum der Bildthemen hatte sich ebenfalls erweitert. Man stellte historische Ereignisse dar wie etwa den Sieg Mentuhoteps über Asiaten. Auf den Grabwänden in Beni Hasan raufen Hunderte von Ringerpaaren miteinander, wobei gelegentliche (vielleicht irreführende) Andeutungen von perspektivischer Verkürzung auftreten. Die ländlichen Szenen verfügen nunmehr über eine stärkere Freiluftatmosphäre. Unter einer Szene mit Fischern am Nil verkünden Hieroglyphen: »Auf Bootsfahrt durch die Ufergehölze des Papyrus, durch die Wildvögelteiche, die Sümpfe und die Ströme durchbohrt er dreißig Fische, aufgespießt mit dem zweizackigen Speer; wie herrlich ist doch der Tag der Nilpferdjagd.« (Das ist eine lebendige Aussage über die Liebe der Ägypter zum Leben, die auch ihrem Bemühen innewohnte, die irdischen Freuden nach dem Tod für immer fortzusetzen – ein Korrektiv gegenüber jeder oberflächlichen Annahme, dass die damalige Sepulkralkunst morbid gewesen sei.) »Möge es mir frisch sein unter den Feigenbäumen« (so lautet eines ihrer Gebete), »möge ich in meinem Weiher baden; möge mein Geist nicht eingeschlossen sein; möge ich meine Güter am Acker von Iaru pflegen können.« Ebenso lässt sich auch in der Bildhauerkunst des Mittleren Reiches manchmal ein neues und entspannteres Lebensgefühl verspüren. Ein Anflug von Lächeln, in der ägyptischen Kunst des Altertums sehr selten, schwebt um die rätselhaften Lippen einer unbenannten Prinzessin, deren Wangen noch voller Jugendfrische sind ▸ 2.54. Die stilisierende Gestaltung der Augenbrauen und des Haares steht in spürbarem Kontrast zur naturalistischen Wiedergabe der schmelzend sanften Hautpartien.

Wie schon im Alten Reich blieben auch die großartigsten Architekturmonumente des Mittleren Reiches weiterhin Königen vorbehalten. Aber in Lahun in der Region des Faijum gibt es Überreste einer ganzen Stadt, die man für die Arbeiter, Handwerker und alle anderen baute, die mit dem Bau der Pyramide von Sesostris II. (1897–1878 v. Chr.) beschäftigt waren ▸ 2.52. In einem Land, wo die meisten Leute in Bauerndörfern entlang des Nils lebten, sind dies die frühesten Spuren ägyptischer Stadtarchitektur. Die Planung basierte auf einem quadratischen Gitternetz (regelmäßiger als das der früher entstandenen Städte des Industals, s. S. 53 ff.) mit einem Durchmesser von etwa 400 Metern. Die Vermessung des Grundes in Rasterfeldern erleichterte Aufteilung und Verwaltung. Eine dicke Mauer in Nord-Süd-Richtung teilte die Stadt in zwei Teile. Im östlichen Teil säumten die Bauten der höheren Funktionsträger breite Straßen. Manche ihrer Häuser hatten bis zu fünfzig Zimmer. Der Palast des Gouverneurs war auf einer künstlich angelegten Plattform errichtet. Der wesentlich kleinere Westteil war dagegen mit Blöcken von Rücken an Rücken stehenden Arbeiterhäusern mit drei oder vier Zimmern übersät. Was war mit diesen Arbeitern? Sie nahmen an

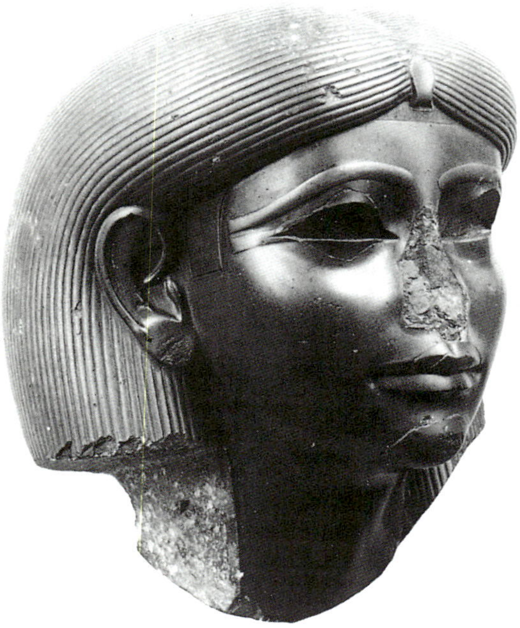

2.54 *Kopf einer Prinzessin*, 1929–1892 v. Chr., grüner Chlorit, Höhe 38,9 cm. Brooklyn Museum, New York, Charles Edwin Wilbour Fund.

dem offiziellen, um den Pharao zentrierten Religionskult keinen Anteil. Das religiös-politische System verurteilte sie dazu, sich in dieser und auch in der nächsten Welt abzuplagen. Sie erscheinen häufig auf Grabmalereien und -reliefs sowie als kleine freistehende Figuren, die man ›Shabti‹ genannt hat (später ›Shawabti‹ oder ›Ushabti‹) und deren Rolle im Jenseits die Hieroglyphen aussprechen:
*»Wenn ich gerufen werde, um mich um das Land zu kümmern, dann horchst du, ›Shabti‹, auf und sagst: Hier bin ich.«*
*»... Ergreift eure Karste, eure Hacken, euer Joch und euren Korb mit euren Händen, wie es jedermann für seinen Herrn tut.«*

Die Künstler und Handwerker (zwischen ihnen gab es den für uns heute selbstverständlichen Unterschied damals noch nicht) gehörten natürlich zu dieser umfangreichen Dienerschaft der Großen des Reiches, und als solche sind auch sie auf den Wänden der Grabstätten abgebildet. Einzelne sind kaum herausgehoben. Dagegen haben die Architekten anscheinend einen recht hohen Rang als Hofbeamte eingenommen. Einer von ihnen mit dem Namen NEKHEBU, der für einen König der 5. Dynastie arbeitete, rühmte sich in seinem Epitaph (Museum of Fine Arts, Boston):
*»Seine Majestät begegnete mir, als ich einfacher Bauhand-werker war. Seine Majestät übertrug mir nacheinander die Ämter des Baugesellen, des Baumeisters und des Handwerksmeisters. Danach übertrug mir Seine Majestät nacheinander Ämter des Königlichen Konstrukteurs und Baumeisters, des Königlichen Attachés und des Königlichen Konstrukteurs und Architekten ... Seine Majestät tat all dies, weil Seine Majestät mir so umfassend gewogen war.«*

Dieser einzigartige Einblick in die Struktur des Bauberufes im Alten Ägypten sagt leider nichts über die Bauwerke aus, die NEKHEBU entworfen hat. Ein Bildhauer mit dem Namen IRITSEN, der zur Regierungszeit Mentuhoteps lebte, war bei der Inschrift seiner Grabstele (Louvre) – der bei weitem frühesten schriftlichen Erklärung eines Künstlers – weniger zurückhaltend:
*»Ich war ein in meinem Handwerk erfahrener Mann und in meinem Wissensstand hervorragend«*, schrieb er. *»Mir war bekannt, wie das Gehen eines Mannes und die Körperstellung einer Frau abzubilden waren ... die Haltung des Arms, um das Nilpferd niederzustoßen, und die Bewegungen eines Läufers.«*

Er rühmte sich seiner Fertigkeiten im Umgang mit verschiedenartigen, hauptsächlich wertvollen Materialien. Aber mit besonderem Stolz erfüllte ihn sein Geheimwissen der »Mysterien der göttlichen Worte«, der »Vorschriften hinsichtlich der Feierlichkeitsrituale« und der Kenntnis »jeder Art von Magie«. Obwohl klar im Ausdruck, sollte man IRITSEN nicht so verstehen, als wolle er eine irgend geartete künstlerische

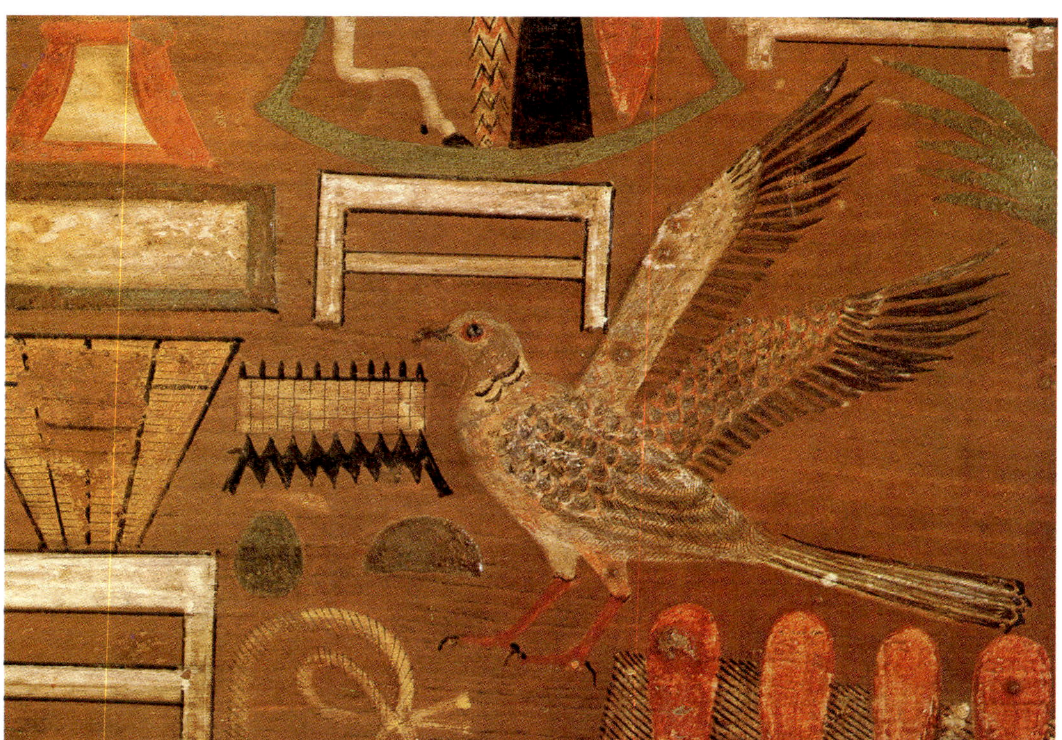

2.55 Detail des äußeren Sarges von Djehutynekht, aus Berscheh, um 1870 v. Chr., Zedernholz bemalt. Museum of Fine Arts, Boston.

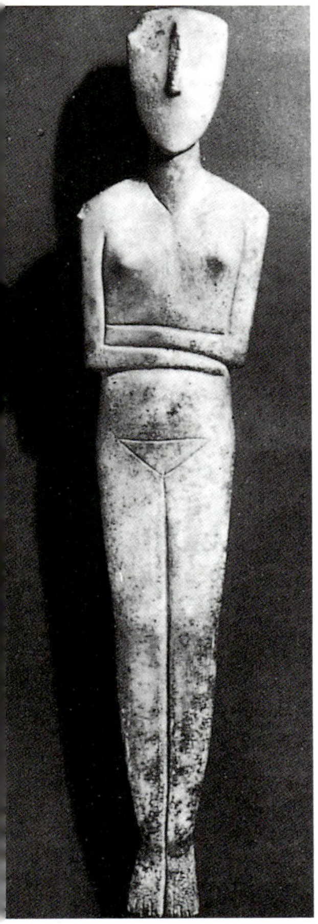

2.56 Kykladische Figur, aus Amorgos, um 3000 v. Chr., Marmor, Höhe 76,2 cm. Ashmolean Museum, Oxford.

Unabhängigkeit zum Ausdruck bringen. Sein Anspruch, zu wissen, »*wie man eine menschliche Figur darstellt*«, ist strikt auf die Kenntnis der allgemein anerkannten Konventionen bezogen, auf diejenigen ›Regeln‹, die es dem Bild ermöglichen, seine rituellen, religiösen oder magischen Zwecke zu erfüllen, und die der gesamten altägyptischen Kunst und Architektur zugrunde lagen. Die bildenden Künste waren so eng in die religiös-politische Struktur des Staates eingebunden, dass sie immer dann deutlich verfielen, wenn dessen innere Ordnung instabil wurde. Dies war in der sogenannten ersten Zwischenzeit und in der wesentlich längeren zweiten Zwischenzeit (1786–1570 v. Chr.) nach dem Auseinanderbrechen des Mittleren Reiches der Fall. Dass die Künste nach jeder dieser Unterbrechungen wieder auflebten, zeugt von der Spannkraft und Stärke ihrer Traditionen. (Spätere Entwicklungen s. S. 72).

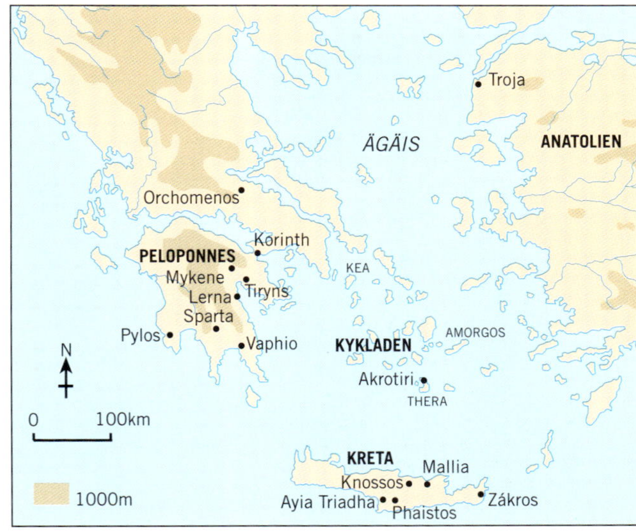


Ägäis.

## Die Ägäis

Am Ausgang des 3. Jahrtausends v. Chr., ungefähr als das Mittlere Reich in Ägypten begann (S. 67) und die akkadische Herrschaft in Mesopotamien zusammenbrach (S. 50 ff.), also zwei bis drei Jahrhunderte nach den Städtegründungen im Industal (S. 53 ff.), bildete sich etwa 560 km nordöstlich des Nildeltas eine weitere Kultur auf der Insel Kreta in der Ägäis, dem östlichen Mittelmeer, heraus. Sie stand über Händler mit Ägypten und Mesopotamien in Verbindung, doch ihre Entstehung war autonom, und sie unterschied sich in vieler Hinsicht von diesen Ländern. Hier handelt es sich im Gegensatz zu den Zivilisationen in Flusstälern um eine Seefahrer- und Inselkultur. Sie war auf ein verhältnismäßig kleines geographisches Gebiet beschränkt, Kreta misst nur etwa 240 km in der Länge und an der breitesten Stelle 56 km. Jedoch erfreute sich die Insel eines milden Klimas ohne Perioden der Trockenheit oder des Hochwassers, wovon andere Kulturen heimgesucht wurden, und die Erträge des Ackerbaus überstiegen den eigenen Bedarf. Die Ernte an Getreide, Wein und Oliven – und wahrscheinlich auch die Produktion von Wolle – reichte aus, um Teile davon zu exportieren. Kreta war damals wesentlich fruchtbarer als heute. Das Meer als der zentrale Transportweg des Handels mit Rohmaterialien und Produkten war zugleich ein Schutz vor fremder Invasion, der allerdings kaum mehr als 500 Jahre währte (um 2050–1450 v. Chr.). Man weiß so gut wie nichts über die geschichtliche Entwicklung dieser Inselkultur mit Ausnahme der Tatsache, dass ihre Bauwerke um 1730 v. Chr. vermutlich durch ein Erdbeben zerstört und sehr bald darauf wieder aufgebaut wurden. Einer zweiten Katastrophe zu Beginn des 15. Jahrhunderts v. Chr., die vielleicht das Ergebnis eines Vulkanausbruchs war, folgte eine Invasion vom griechischen Festland aus.

### *Das minoische Kreta*

Die Ursprünge dieser minoischen Zivilisation – so nach dem mythischen König Minos von Kreta genannt – sind jedoch schwer zurückzuverfolgen. Sie scheint so plötzlich aufgetaucht zu sein, wie abrupt ihr Verschwinden war. Neuere Ausgrabungen förderten Zeugnisse einer fortgeschrittenen neolithischen Kultur zutage, die um 3200 v. Chr. in die der Bronzezeit überging, die sich auf allen ägäischen Inseln, an der Ostküste Griechenlands und der kleinasiatischen Küste bis nach Troja finden lässt. Diese kulturellen Vorläufer scheinen die Voraussetzung gewesen zu sein für das Entstehen einer von äußeren Einflüssen unabhängigen Zivilisation auf der landwirtschaftlich begünstigten Insel Kreta.

Obwohl die Menschen der ägäischen Kultur des 3. Jahrtausends Bronzewerkzeuge verwendeten, wurden ihre einzig beachtenswerten Kunstwerke nach neolithischen Methoden geschaffen: Statuetten aus hartem weißen Marmor sind mit Klingen aus Obsidian geschnitten und mit Schmirgel glatt gerieben worden ▸ 2.56; 57. Sie scheinen auf den Kykladen entstanden zu sein, wo diese Materialien leicht verfügbar waren. Dargestellt sind nackte menschliche Figuren, deren Größe bei wenigen Zentimetern beginnt, in sehr seltenen Fäl-

2.57 *Harfenspieler*, kykladisch, um 2600 v. Chr., Marmor, Höhe 16,5 cm. Badisches Landesmuseum, Karlsruhe.

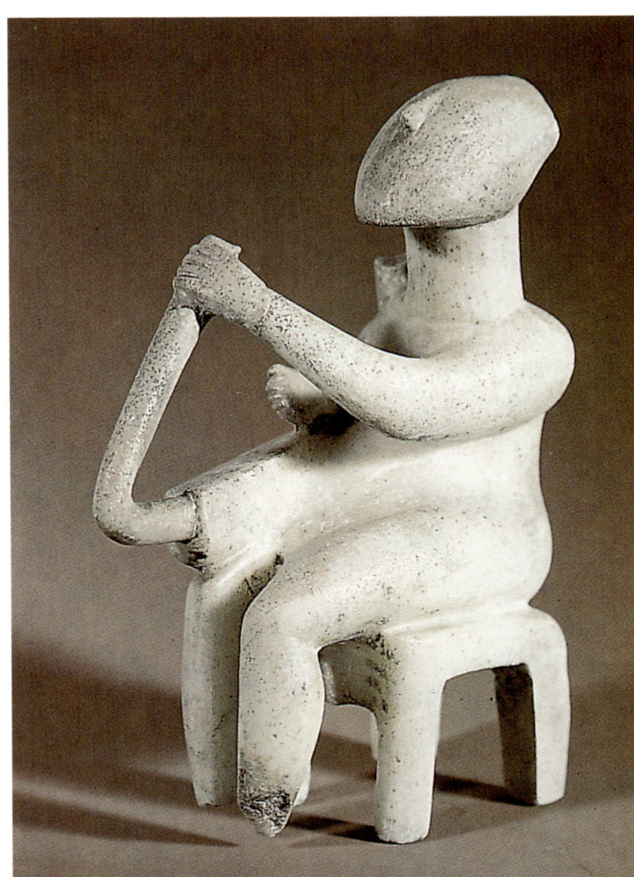

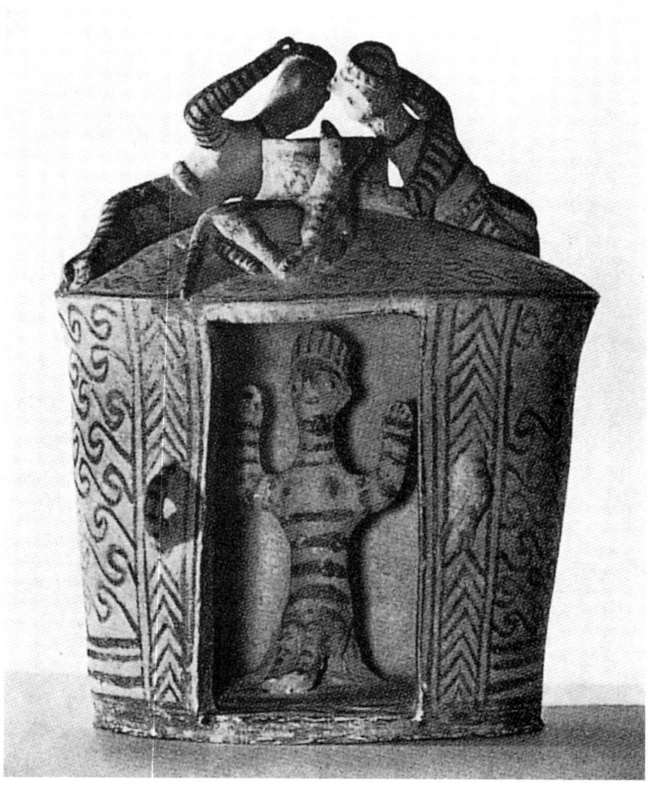

2.58 Tonnachbildung eines Tempelchen, um 1100–1000 v. Chr., Höhe 22 cm. Sammlung Giamalakis.

len fast bis Lebensgröße reicht und die in äußerst schematischer Einfachheit wiedergegeben werden. Einige wenige nehmen natürlichere Körperhaltungen ein und zeigen, obwohl sie fast in Röhrenform gehalten sind, ein gewisses Gespür für Dreidimensionalität. Die meisten Figuren sind Frauen mit seltsam ausdruckslosen, schildförmigen Gesichtern, keilähnlichen Nasen, kleinen Brüsten und darunter liegenden eng verschränkten Armen. Die Beine liegen eng aneinander, das Schamdreieck ist eingeritzt. Die Köpfe sind leicht nach hinten geneigt und die Füße in eine Linie mit dem Schienbein gestreckt, so dass die Figuren zu liegen scheinen (ohne Stütze können sie nicht aufrecht stehend gezeigt werden). Der menschliche Körper ist fast vollständig in geometrische Formen – Dreiecke, Rechtecke, Ovale – verwandelt worden, doch die stilisierte Wirkung war bei der originalen Farbfassung sicherlich geringer. Man hatte Augen, verschiedene Halsketten, Armbänder und andere Verzierungen auf die Figuren gemalt. Ihre Fundorte sind meistens Grabstätten, aber es lässt sich nicht sagen, ob sie Kultfiguren oder Gefährtinnen des Toten waren (wie die ägyptischen ›Shabtis‹, s. S. 53), Göttinnen oder Konkubinen. Sie haben etwas merkwürdig Unschuldiges um sich, eine Reinheit der kristallinen Form, so als ob alles Derbe von ihnen gewaschen wäre. Hierin unterscheiden sich die kykladischen Idole von den fleischigen Kultbildern der Fruchtbarkeit oder der Mutterschaft, die andere prähistorische Kulturen schufen, ebenso von den Kunstwerken, die man in den kretischen Palästen fand.

Die kretische Zivilisation hatte eher den Palast zum Zentrum als den Tempel (wie in Sumer) oder die Stadt (wie im Industal) oder Grabstätten (wie in Ägypten). Hier gab es keine großen Tempel: Die Altäre befanden sich in hausähnlichen Gebäuden ▸ 2.58, und man konnte sie auch verstreut auf dem Lande finden: in Höhlen, in der Nähe von Wasserquellen und auf Berghügeln, vgl. ▸ 2.59. Die Städte waren unsystematisierte Ballungsräume kleiner Behausungen ohne Festungsmauern, wie sie etwa die Ansiedlungen auf den Kykladen und auch Troja umgaben (es ist das sechste Troja der Serie der dort aufeinander gebauten Städte, das ungefähr mit den Städten Kretas zeitgleich ist). Die Kreter bestatteten ihre Toten in Beinhäusern der Gemeinde. Die wenigen kunstvoller gestalteten Grabstätten wie die in Knossos und Isopata, die anscheinend einer herrschenden Familie gehörten, sind im Vergleich mit Ägypten bescheiden und dürftig. Aber die Paläste in Knossos ▸ 2.60 und Phaistos (jeder von ihnen bedeckte eine Fläche zwischen 1 und 1,5 Hektar), die etwas kleineren in Mallia, Ayia Triadha und Zákros sowie schließlich mehrere benachbarte ›Villen‹ waren in Mobiliar und Dekoration reich ausgestattet.

Ob diese Paläste verschiedenen Herrscherfamilien oder nur einer einzigen gehörten, ist ungewiss. Sie könnten sogar das Übergangsstadium von einer Fürstenherrschaft zu einer vereinigten Monarchie bezeichnen. Das Wenige, das den archäologischen Zeugnissen zuverlässig entnommen werden kann, besagt, dass das minoische Kreta eine deutlich geschichtete Sozialstruktur aufwies, dass die Wirtschaft über ein System der Wiederverteilung funktionierte (ohne Geld) und dass der Staat genügend Stärke besaß, um den Städten und den Einzelsiedlungen massive Festungsanlagen zu ersparen. Man baute die Paläste in die Nähe der fruchtbarsten Landstriche. Ihre großen Vorratsräume zeigen, dass sie Sammlungs- und Wiederverteilungszentren der vier Hauptprodukte waren: Wolle, Getreide, Wein und Olivenöl (letzteres für Beleuchtung, Körperreinigung, zur Parfümherstellung sowie zum Kochen). In einem einzigen Vorratslager in Knossos standen über 400 riesige Tongefäße, vermutlich für Öl, mit einer Gesamtkapazität von etwa 91000 Litern. Es war dieser zwischen Tausch-

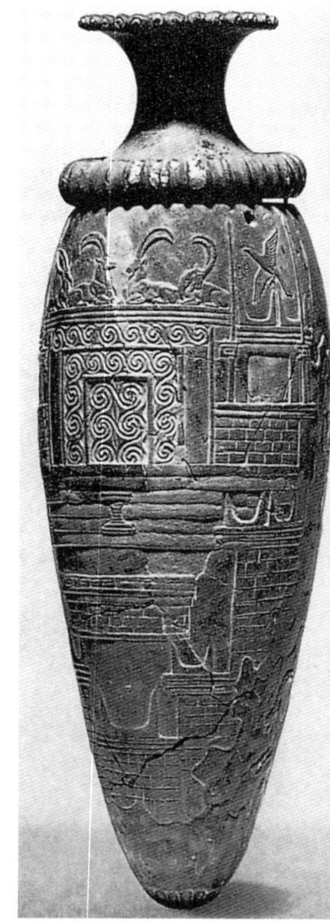

2.59 Rhyton mit der Darstellung eines Bergheiligtums, um 1500 v. Chr., Schiefer, Höhe 31 cm. Archäologisches Museum, Heraklion, Kreta.

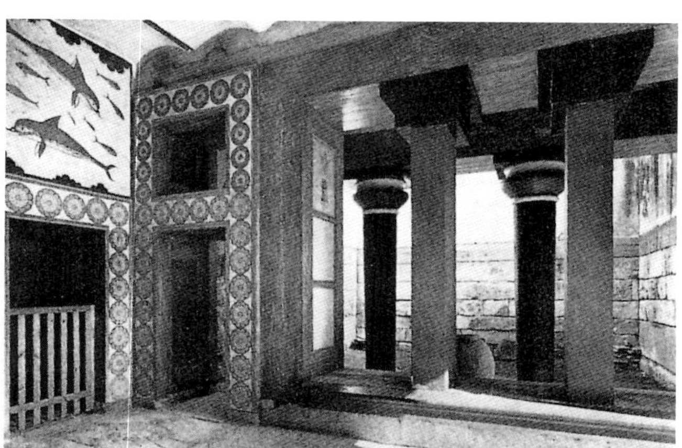

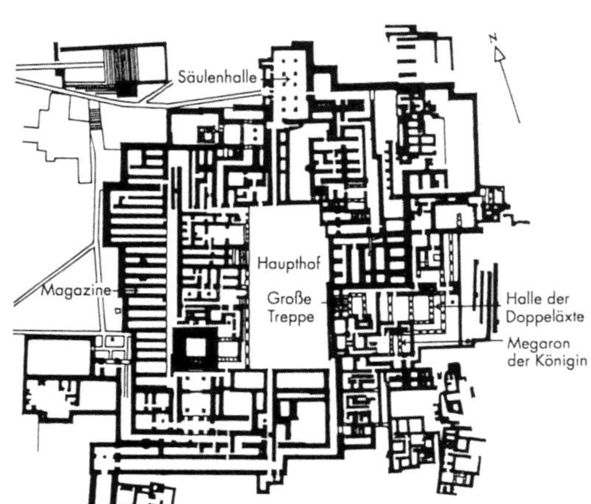


2.60 Megaron der Königin im Palast von Knossos.

2.61 Grundriss des Palastes von Knossos.

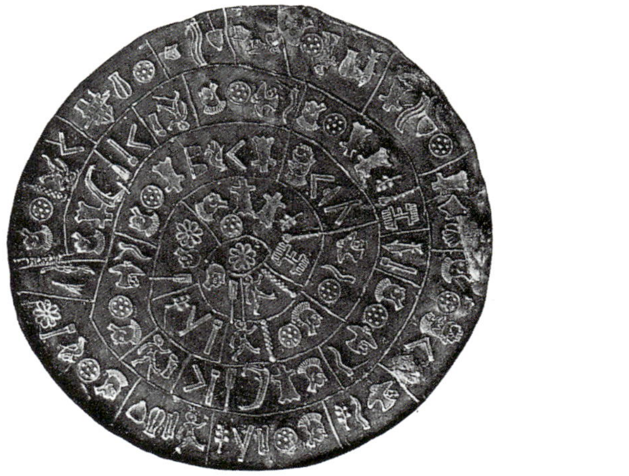

2.62 *Diskos von Phaistos*, nach 1600 v. Chr., Terrakotta, Durchmesser 16 cm. Archäologisches Museum, Heraklion, Kreta.

handel und Geldgeschäft liegende wirtschaftliche Zusammenhang, in welchem sich die minoische Schrift herausbildete, da man sie zur Führung der Geschäftsbücher des Palastes benötigte ▸ 2.62. Die Inventare der Güter wurden auf Tontafeln geschrieben, wobei man die spätere zweier Schriftarten, Linear-B genannt, verwendete. Die Sprache war eine primitive Form des Griechischen.

Die Paläste hatten einen merkwürdig unregelmäßigen Grundriss – was heutzutage ›informell‹ oder ›offen‹ genannt werden würde – mit rechteckigen, in der Größe sehr unterschiedlichen Räumen, die sich um einen großen, gepflasterten Zentralhof gruppierten ▸ 2.61. Die Vorratslager befanden sich im Erdgeschoss, die größeren Zimmer und die Kolonnadenterrassen darüber. Das Zentrum jedes Palastes war von verschiedenen Richtungen aus zu erreichen, wenn man durch eine Abfolge verschiedener Räume entlang scharf abknickender Korridore ging. Diese Raumfolge ließe sich sehr gut als Ursprung des mythischen Labyrinths des Minotaurus deuten. Der Komfort scheint von sehr großer Bedeutung gewesen zu sein: Teile des Gebäudes blieben offen, um im Sommer eine kühle Brise einzulassen, andere waren im Winter verschließbar und konnten mit Feuerschalen geheizt werden. Bäder und Toiletten (mit hölzerner Sitzmöglichkeit) standen zur Verfügung, und es gab ein hervorragendes Abwassersystem.

Die Ausschmückung dieser Gebäude war ganz offensichtlich nicht weniger wichtig als ihr Komfort. Die Fassaden sind anscheinend mit leuchtenden Farben bemalt gewesen, und das Innere der Paläste und Villen war mit Steinfußböden ausgelegt. Die Säulen, mit denen man Kolonnaden und Säulengänge stützte, bestanden allesamt aus Holz und verjüngten sich in der Regel in Richtung ihrer Basis. Die verputzten Wände waren über einer unteren Wandverkleidung aus Gips mit Rot, Blau oder Gelb gestrichen worden. In den wichtigeren Räumen gab es auch figurative Malereien und gelegentlich Stuckreliefs. Größere und teilweise sehr viel besser erhaltene Wandmalereien, die um 1550 v. Chr. entstanden sind, hat man kürzlich in Akrotiri auf Thera (das heutige Santorin), einem Teil der südlichen Kykladen, entdeckt, damals eine minoische Kolonie in kultureller, wenn nicht sogar politischer Hinsicht. Diese Malereien scheinen die Wohnzimmer der Privathäuser geschmückt zu haben (obwohl bei einem eine Priesterin abgebildet ist). Szenen aus dem Alltagsleben fallen besonders auf, zwei Jungen beim Boxkampf oder zum Beispiel Fischer, die ihren Fang an Land tragen ▸ 2.64. Die Farbgebung ist flächig, nur hier und da werden Versuche zu plastischer Körpermodellierung unternommen.

Vielleicht kann man sich den Stil der Wandmalereien in den Palästen und Wohnhäusern sowie die allgemeine Wirkung, die von ihnen ursprünglich ausging, am besten bei der Betrachtung eines kleinen Sarkophags vorstellen, der in Ayia Triadha auf Kreta gefunden wurde. Nahezu am Ende der minoischen Periode entstanden, ist er als Grabmalerei eigentlich untypisch, doch unbeschädigt und hervorragend erhalten. Auf jeder Seite ist eine einzige Szene dargestellt, auf der hier abgebildeten ein Begräbnisritual ▸ 2.63. Ganz rechts steht der Verstorbene vor seinem Grab, an der linken Seite gießt eine Frau (vielleicht seine Witwe) ein Trankopfer in eine Urne, die sich zwischen zwei Säulen mit Doppeläxten befindet. Das Motiv der Doppeläxte, dessen Bedeutung unbekannt ist, ist schon von den viel früher entstandenen Gefäßen aus Mesopotamien (s. S. 41) bekannt und kehrt in der minoischen Kunst wieder. Wie bei der ägyptischen und mesopotamischen Kunst hat man alle Figuren mit ihren Füßen flach auf eine durchgehende Grundlinie gestellt und ihre Augen frontal abgebildet. Die drei Männer, die Tiere und ein Boot als Opfergeschenke herantragen, nehmen die ägyptische Körperhaltung mit ihrer typischen Torsion ein. Doch der Verstorbene, der Leierspieler und die zwei Frauen sind reine Profildarstellungen. Es gibt noch andere bemerkenswerte Unterschiede zur ägyptischen Malerei. So ist die Szene mit Schmuckbändern gerahmt, die das Bildfeld hervorheben, welches wie eine Bühne mit einem ausgesparten Hintergrund aufgefasst wurde. Der Versuch ist erkennbar, die optische Erscheinung von Figuren in einem deutlich bestimmten Raum zu erfassen. Doch ergaben sich dabei einige merkwürdige Ungereimtheiten, wie zum Beispiel in der Darstellung der Frau hinter den Säulen, die das Trankopfer gießt. Im Vergleich zur altägyptischen Kunst sind die Figuren ziemlich grob gezeichnet, weisen aber dennoch eine Geschmeidigkeit und Natürlichkeit der Bewegung auf, die man in Ägypten vor dem Neuen Reich kaum findet (s. S. 86). Es ist diese Freude an der Bewegung, an den fließenden Linien und freien Formen, der die minoische Kunst ihren spannungsvollen Atem verdankt.

Ihre kleinen, meist aus edlen Materialien gefertigten Objekte, wahrscheinlich Produkte der Palastwerkstätten, zeigen die minoische Kunst in ihrer höchsten Vollendung. Monumentale Bildhauerei ist dagegen nicht überliefert, sieht man von einigen lebensgroßen und lebensnahen Stuckreliefs aus Knossos ab, auf denen Männer und Stiere dargestellt sind. Diese gehörten zu einer auch die Malerei mit einbeziehenden Wanddekoration, von der leider nur noch Fragmente erhalten sind. Die

2.63 Sarkophag, aus Ayia Triadha, Kreta, um 1450–1400 v. Chr., Kalkstein mit verputzter und bemalter Oberfläche, Breite 135 cm. Archäologisches Museum, Heraklion, Kreta.

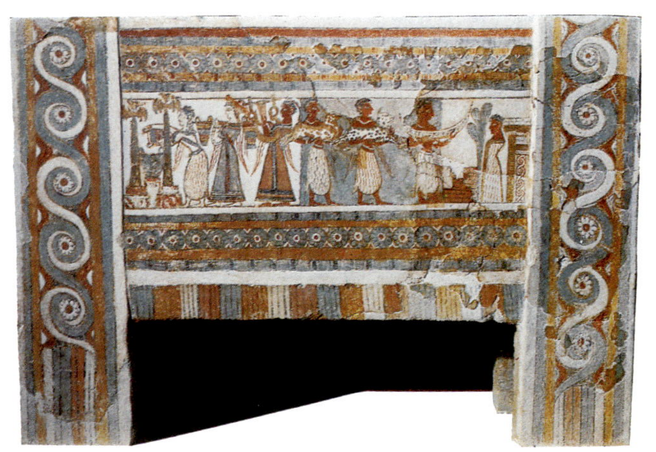

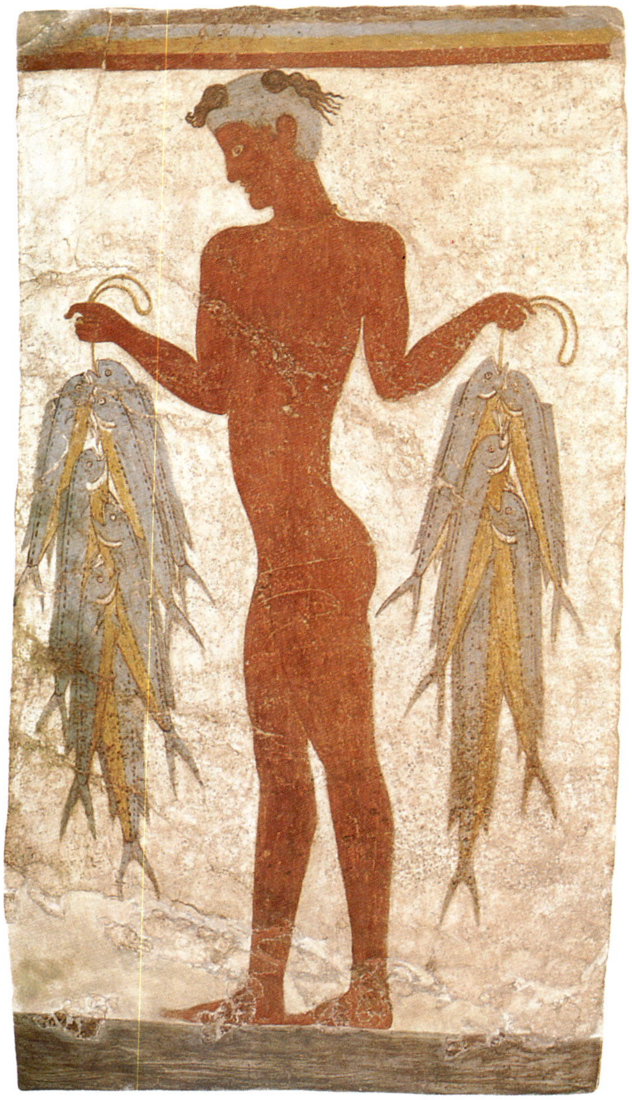

2.64 *Fischer*, aus Akrotiri, Thera (Santorin), um 1550 v. Chr., Wandmalerei, Höhe ca. 229 cm. Nationalmuseum, Athen.

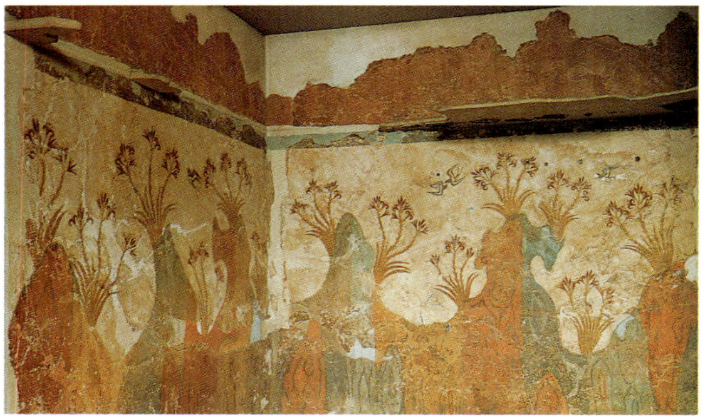

2.65 *Frühlingsfresko*, aus Akrotiri, Thera (Santorin), um 1550 v. Chr., Wandmalereien, Höhe ca. 229 cm. Nationalmuseum, Athen.

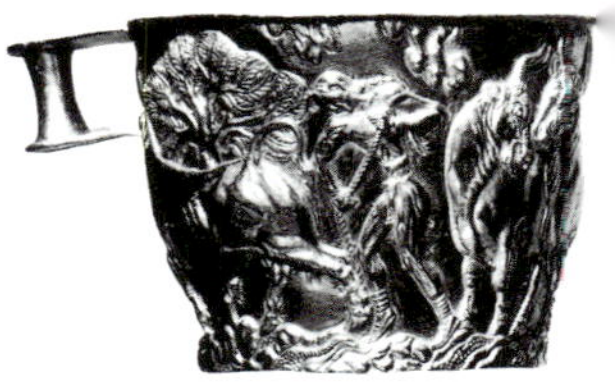

2.66 Tasse, aus Vaphio, um 1550 v. Chr., Gold, Höhe etwa 9 cm. Nationalmuseum, Athen.

vollplastischen Statuetten barbusiger Göttinnen mit Schlangen in den Händen sind kaum über 30 cm hoch, manchmal noch kleiner ▸ 2.67. Zwei von ihnen schuf man aus dem glitzernden, gläsernen Stoff, der entsteht, wenn eine Mischung aus Sand und Ton so gebrannt wird, dass die Oberfläche glasiert (diese Erfindung wurde im 4. Jahrtausend v. Chr. in Ägypten oder Mesopotamien gemacht und wird von den Archäologen irrtümlich als ›Fayence‹ bezeichnet). Lebensgroße, barbusige Frauenfiguren aus Ton, von denen man auf der Kykladeninsel Kea Fragmente entdeckte, könnten in ihrer Formgebung gewisse Ähnlichkeiten mit den kleinen Schlangengöttinnen gehabt haben. Man fand sie alle zusammen an einem Ort, der früher ein Tempel gewesen sein könnte, das einzige derartige Gebäude der Ägäis aus dieser Zeit, das man bis jetzt entdeckt hat.

In der minoischen Skulptur und Malerei gibt es – abgesehen von den Schlangengöttinnen – nur wenige Bildwerke von unverkennbar kultischer Bedeutung. Man findet weder historische Szenen noch Porträts, die als Herrscherdarstellungen zu identifizieren wären. In dieser Beziehung hätte der Kontrast zu Mesopotamien als auch zu Ägypten nicht schärfer ausfallen können. Die Themen der minoischen Kunst sind hauptsächlich der Natur entnommen. Das Meer lieferte hier viele Motive: Auf kleinen goldenen Tassen und großen Tonvasen gedeihen Unterwasserpflanzen und wiegen sich träge, Tintenfische breiten ihre Fangarme eher dekorativ als bedrohlich aus, und leicht spielen die Delphine. Vögel, Vierbeiner und Pflanzen belebten die bemalten Palastwände. Auf der Insel Thera verfügte ein Haus über einen ganz mit Blumen bemalten Raum, die von kleinen Hügeln aufschießen, über denen Vögel fliegen ▸ 2.65. Diese mit Sicherheit vor 1500 v. Chr. gemalten Bilder sind die frühesten reinen Landschaftsdarstellungen überhaupt, wenn es auch Fragmente gibt, die nahelegen, dass sich andere, ihnen ähnliche Landschaften in den Palästen und Villen von Kreta selbst befunden haben. In der minoischen Kunst erblühten die Blumen in der Tat überall, so auf Wasserkannen und Vorratskrügen, dort oft in Reliefform, und sogar auf winzigen goldenen Schmuckstücken zusammen mit zierlich geschmiedeten Insekten.

Das beliebteste Tiermotiv der minoischen Kunst ist der Stier. Er wurde auf Siegel eingeritzt, in Ton modelliert, in Gold und Silber geschmiedet, in Bronze gegossen, in harten Stein gemeißelt sowie auf Wände und Tonwaren gemalt. Rhytome – Vasen, aus denen man Trankopfer für den Toten oder die Göt-

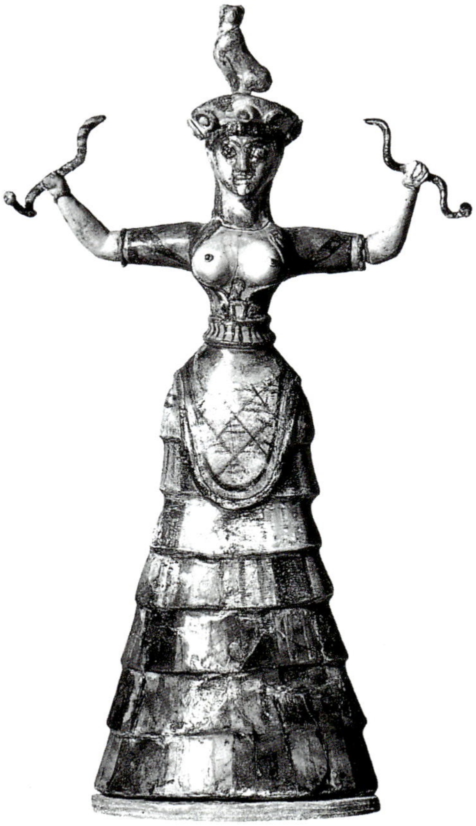

2.67 *Schlangengöttin*, aus Knossos, um 1600 v. Chr., Fayence, Höhe 34 cm. Archäologisches Museum, Heraklion, Kreta.

ter goss – waren oft als Stierköpfe geformt. Der Rhytom des Museums in Heraklion ist aus Steatit gearbeitet und hat Perlmuttintarsien um die Nüstern und im Weiß der Augen, deren Iris aus rotem Jaspis und deren Pupillen aus Bergkristall bestehen ▸ 2.68. Die eigentliche kultische Funktion dieser Tierbilder ist bisher ungedeutet. Vielleicht standen sie mit dem Stierspringen in Beziehung, das damals von Mädchen und Jungen entweder als Ritual oder als Sport oder auch als Kombination dieser beiden Möglichkeiten durchgeführt wurde und von dem viele Darstellungen erhalten geblieben sind. So zeigen Fragmente eines Wandbildes in Knossos einen sich bäumenden Stier, dessen Hörner von einem Mädchen festgehalten werden, während ein Jüngling einen Salto über dessen Rücken schlägt. Akrobaten treten auch einzeln auf und haben vermutlich keinerlei versteckte Bedeutung.

Die Lebhaftigkeit, der fröhliche, sorgenfreie Schwung, durch den sich die Kunst des minoischen Kreta von der des Alten Ägypten und Mesopotamiens unterscheidet, wird in dem vielleicht am besten aller erhaltenen minoischen Kunstwerke besonders auffällig. Das Relief einer kleinen steinernen Trankopfervase zeigt einen fortlaufenden Aufzug von Landarbeitern, die Garben tragen und Heugabeln schwingen, während sie zu den Geräuschen einer Rassel marschieren, die von einem alten Mann emporgehoben wird ▸ 2.69. Die breitschultrigen Männer mit ihren Wespentaillen werden in der ägyptischen Körperhaltung gezeigt – wie auf dem Sarkophag aus Ayia Triadha ▸ 2.63 –, doch ist ihr Schreiten von überschwenglicher Lebenskraft. Ein Gespür für Räumlichkeit, für Bewegung im Raum kommt in diesem kleinen Meisterwerk in einem für die Kunst das 2. Jahrtausends seltenen Maße zum Ausdruck.

Eine vergleichbare Meisterschaft ist bei den ausgezeichnet gefertigten → Repoussé-Reliefs auf zwei kleinen, goldenen Tassen erreicht, die Szenen des Stierfangs zeigen ▸ 2.66. Ein Jüngling bindet die Hinterbeine eines Stiers zusammen. Seine gespannten Muskeln sind lebendig modelliert. Diese Tassen wurden allerdings in einem Grab in Vaphio bei Sparta gefunden. Neben der Peloponnes kommt auch Kreta als Entstehungsort in Frage. Das gleiche Problem stellt sich bei anderen Werken der → Thorreutik, die auf dem Festland gefunden wurden. So ist eine bronzene Dolchklinge aus einem Grab in Mykene u. a. mit der Szene eines Löwenkampfes geschmückt ▸ 2.70. Das Thema war in der minoischen Malerei weit verbreitet, doch hat man auf Kreta nichts Vergleichbares gefunden, denn den Toten wurden vor den Truppeneinfällen vom Festland (1450–1400 v.Chr.) keine kostbaren ›Grabgüter‹ beigegeben.

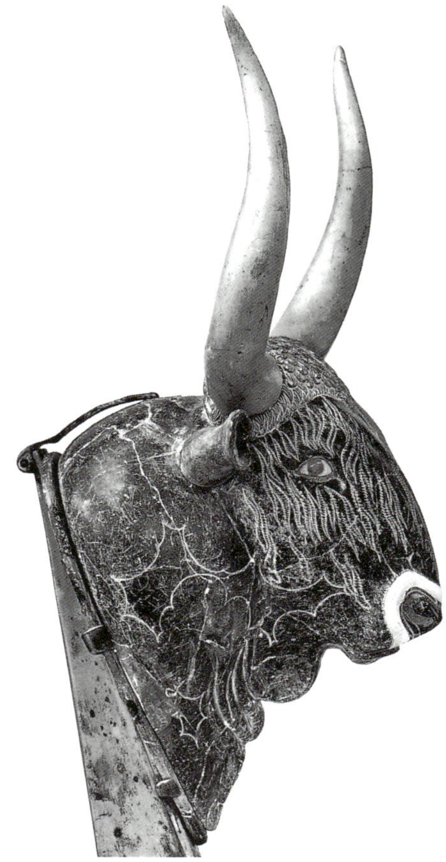

2.68 Stierkopf-Rhyton, um 1500 v. Chr., Steatit mit Perlmutt, Jaspis und Bergkristall, Kopf 30,5 cm hoch. Archäologisches Museum, Heraklion, Kreta.

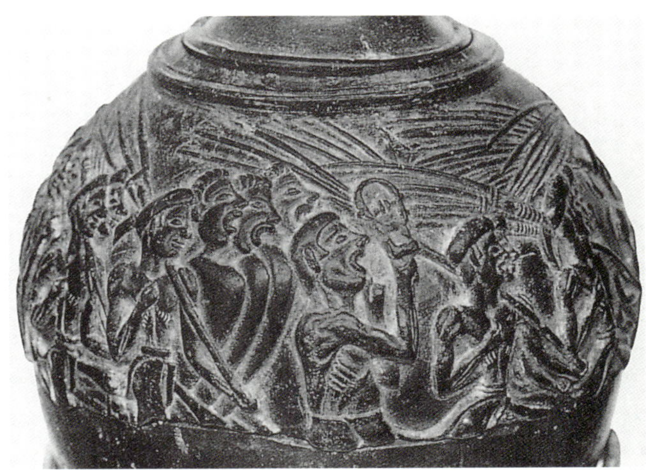

2.69 Detail einer *Erntevase*, aus Ayia Triadha, um 1500 v. Chr., Steatit. Archäologisches Museum, Heraklion, Kreta.

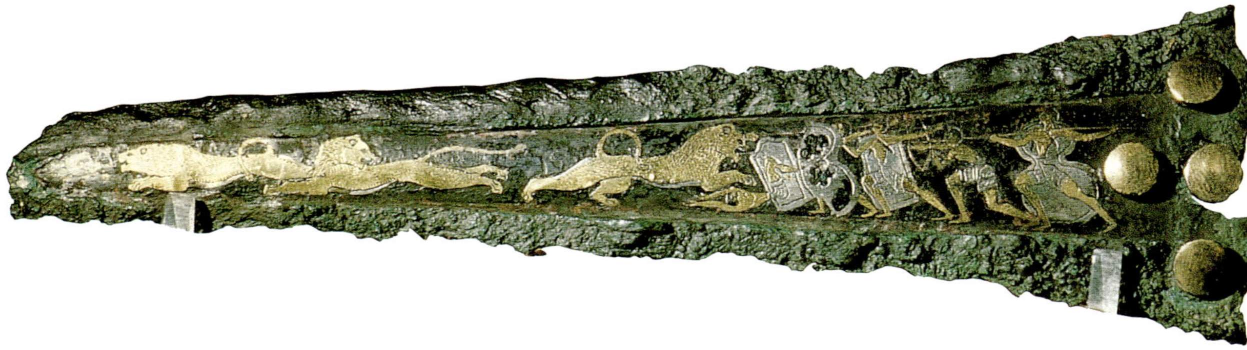

2.70 Dolchklinge mit Einlegearbeiten, aus Mykene, um 1600–1500 v. Chr., Bronze mit Gold und Silber, Länge 22,8 cm. Nationalmuseum, Athen.

IM KONTEXT

# Die homerische Welt

Als Heinrich Schliemann 1876 in Mykene eine lebensgroße goldene Maske fand, deren Gesichtszüge, obwohl flach gehämmert, auch im Tod noch großes Selbstbewusstsein ausstrahlten, telegraphierte er dem König von Griechenland: »Heute habe ich Agamemnon ins Antlitz geblickt«. ▸ 2.74 Schliemann war ein erfolgreicher Kaufmann, der sich für Homer begeisterte und seinen Beruf an den Nagel hängte, um sich der Altertumsforschung zu widmen. Überzeugt, dass die Ilias und die Odyssee auf historische Vorbilder zurückgingen, fand er anhand der topographischen Angaben in den Dichtungen in Hisarlik an der anatolischen Küste der Türkei die Überreste einer Stadt, bei der es sich seiner Auffassung nach um Troja handelte. Auf der Suche nach dem Palast des Agamemnon begann er anschließend Ausgrabungen in Mykene im mittleren Griechenland. An beiden Orten förderte er Artefakte aus Gold und Bronze zutage, die er mit den homerischen Helden in Verbindung brachte. Unterstützt von dem Archäologen Wilhelm Dörpfeld, hielt er die Abfolge der bei der Ausgrabung freigelegten Kulturschichten genau fest, die allerdings seinen homerischen Theorien letzten Endes den Boden entziehen sollten. Die sogenannte Maske des Agamemnon ist nach heutigen Erkenntnissen um 1500 v. Chr. entstanden, die Stadt, die er für Troja hielt, erlebte ihre Blütezeit um 2500–2000 v. Chr., und eine spätere von Dörpfeld identifizierte Schicht war um 1275 v. Chr. zerstört worden. Es sollte fast ein halbes Jahrtausend finsteren griechischen Mittelalters vergehen, ehe die Verse der Ilias und der Odyssee zur Rezitation komponiert wurden, und ihre Niederschrift kann nicht wesentlich früher als 650 v. Chr. erfolgt sein.

Wie die meisten Epen beschwören die Ilias und die Odyssee ein heroisches Zeitalter, das zwar in graue Vorzeit verlegt, aber doch so geschildert wird, dass die angesprochenen Zuhörer sich einfühlen konnten. Die Welt, die beschrieben wird, ist überwiegend die der Jahrhunderte unmittelbar vor ihrer Entstehung, allerdings gibt es Elemente, die älteren Epen oder volkstümlichen Überlieferungen entlehnt zu sein scheinen. Nur wenige der Artefakte jedoch, die in den Versen beschrieben werden, kostbare Gegenstände von erlesener Machart, erinnern an das kulturell verarmte Griechenland des finsteren ›Mittelalters‹. So gehörte zu Agamemnons Rüstung ein Bruststück mit »zehn Reifen aus dunklem Email, zehn aus Gold und zehn aus Zinn und mit Schlangen aus dunklem Email, die bis zum Hals hinaufreichten«. Die sogar noch kunstvollere Ausführung des Schildes von Achilles war vermutlich eher ein Produkt der dichterischen Phantasie als der Beobachtung. Das einzige erhaltene Artefakt, das sich überhaupt mit einem Detail aus den Epen in Verbindung bringen lässt, ist der ›Kelch des Nestor‹, ein schlichter, arg zerbeulter Goldkelch, der in Mykene gefunden wurde und Henkel mit Tauben darauf aufwies – wie der Kelch, der in der Ilias beschrieben wird.

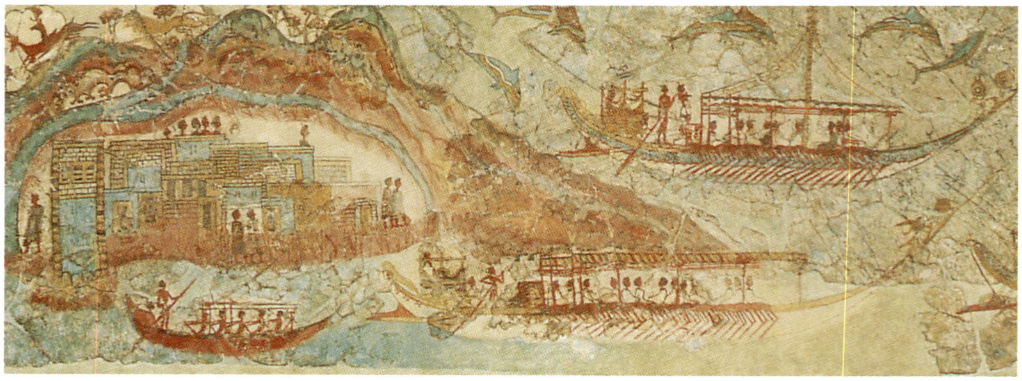

2.71 *Ruderschiffe*, Ausschnitt eines Frieses, aus Akrotiri, Thera (Santorin), um 1550 v. Chr., Fresko, Höhe 43,2 cm. Nationalmuseum, Athen.

Gemalte Dekorationen sind in Mykene und Tiryns lediglich in Fragmenten erhalten, weisen aber Ähnlichkeiten mit Wandmalereien auf Kreta sowie mit den wesentlich besser erhaltenen Malereien in Akrotiri auf. Diese stammen aus der Zeit kurz vor 1570–1550 v. Chr. und vermitteln einen einzigartigen Eindruck vom damaligen Leben im östlichen Mittelmeerraum. Ein Fries zeigt einen kleinen Verband von Ruderschiffen bei der Überfahrt über eine See, in der sich Delphine tummeln ▸ 2.71. Es könnte sich um eine Handelsexpedition handeln, die aufwendige Dekoration eines der Schiffe jedoch lässt auf einen feierlichen Anlass, vielleicht eine Hochzeit, schließen. Die menschlichen Figuren sind klein, doch andere Malereien wie die eines Fischers ▸ 2.64 und eines Mädchens bei der Safranlese ▸ 2.72 zeigen die Figuren nahezu in Lebensgröße. Man könnte sich Nausikaa, als Odysseus ihr am Strand von Scheria begegnete, ähnlich wie dieses Mädchen von der Insel Thera vorstellen, und es ist durchaus denkbar, dass die Schiffe, die in der Ilias erwähnt werden, darunter die zehn, die der König von Kreta aussandte, den in Akrotiri dargestellten Schiffen ähnlich waren. Doch nach den Malereien zu urteilen – und andere Zeugnisse fehlen –, war die Welt Akrotiris eine ganz andere als die, welche die homerischen Epen beschwören. Sie dokumentieren eine friedliche Gemeinschaft von Handeltreibenden und Fischern, die vom homerischen Personenkreis heldenhafter, muskulöser Krieger und verführerischer, willensstarker Frauen Welten trennt.

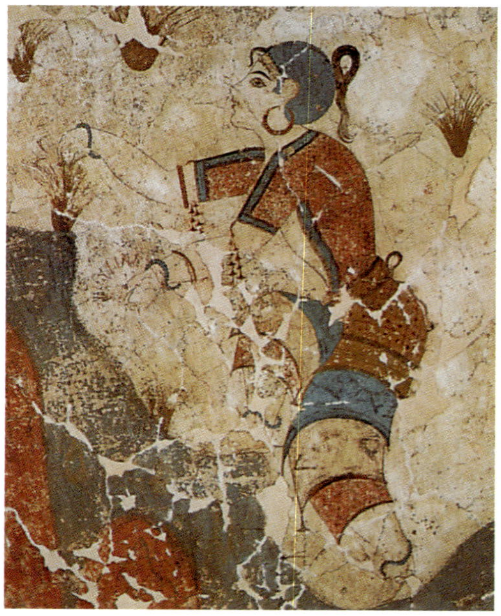

2.72 *Mädchen bei der Safranlese*, Ausschnitt einer Wandmalerei aus Akrotiri, Thera (Santorin), um 1550 v. Chr., Gold, Höhe 25,4 cm. Nationalmuseum, Athen.

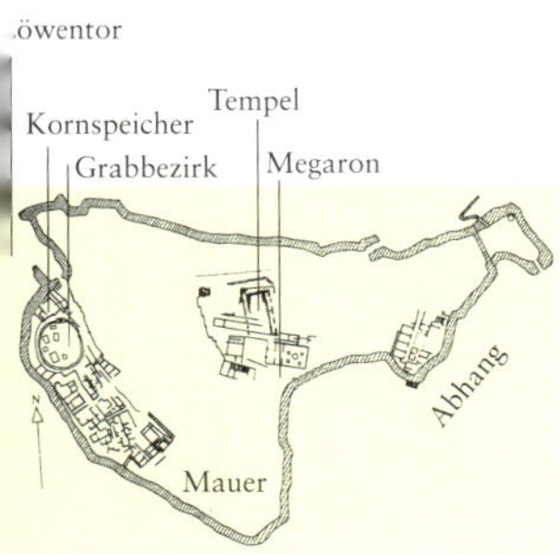


2.73 Plan der Zitadelle von Mykene.

Die frühe Kulturepoche des griechischen Festlands wird allgemein mykenisch genannt, obwohl die Bezeichnung irreführend ist. Die Archäologen ziehen nunmehr ›helladisch‹ vor (ein Begriff, der auch für die frühere, prähistorische Kultur verwendet wird). Sie blühte in einer Anzahl kleiner ›Staaten‹ oder Königreiche, die sich auf der Peloponnes von Mykene und Tiryns im Osten bis nach Pylos an der Südwestküste erstreckten. Diese ›Staaten‹, zu denen auch Vaphio, Orchomenos und Lerna gehörten, waren anscheinend alle voneinander unabhängig und führten manchmal gegeneinander Krieg. Dennoch besaßen sie eine gemeinsame Vergangenheit und Sprache (eine frühe Form des Griechischen, das zu der sogenannten indoeuropäischen Sprachgruppe gehört), hatten ähnliche Bauwerke und Waffen und die gleichen Bestattungssitten. Es gibt Grund zu der Annahme, dass diese Zivilisation zunächst einen Weg parallel zu der Entwicklung des minoischen Kreta genommen hatte. Als man aber in wachsendem Ausmaß Bronze zur Herstellung der Waffen und Werkzeuge verwendete, als größere und stärker verteidigte Städte errichtet und die Ländereien ertragreicher bebaut wurden, entwickelte sich ein redistributives Wirtschaftssystem. Die helladischen Herrscher benutzten den gesellschaftlich produzierten Überschuss, um Paläste zu erbauen und Künstler zu finanzieren, die mit solch kostbaren Materialien wie nubischem Gold aus Südägypten arbeiteten ▸ 2.74, mit Elfenbein, das aus Afrika oder – über Syrien – aus Indien stammte, und Bernstein, der den langen Weg von den baltischen Küsten zurücklegte.

Diese festländische Zivilisation unterschied sich in vielerlei Hinsicht von der auf dem minoischen Kreta. Ihre massiven Festungsanlagen, ihre zahlreichen Waffen sowie andere Zeugnisse legen nahe, dass es sich um ein wilderes und aggressiveres Volk handelte. Ihre örtlichen Herrscher oder auch Könige wurden in der ersten Hälfte des 2. Jahrtausends mit Grabbeigaben bestattet. Obwohl im Vergleich zu denen der Könige von Ur (s. S. 49) oder der ägyptischen Pharaonen (s. S. 64) bescheiden, weisen diese einen innerhalb der ägäischen Welt vorher nicht gekannten Reichtum auf und liefern damit einige Hinweise auf das materielle Vermögen und die Macht dieser Könige. Es lässt sich kaum daran zweifeln, dass die helladischen Staaten schon zu dieser Zeit dem geschichteten Sozialsystem entgegenstrebten, das auf den Linear-B-Inschriften in Pylos dokumentiert ist – eine Pyramide mit dem Häuptling oder König, manchmal unterstützt von einem Führer, an der Spitze; dann eine ›Adelsschicht‹, die Land auf der Basis eines feudalen Verhältnisses im Austausch für Agrarprodukte und für Dienste im Kriegsfall zum Lehen hatte; dann die Handwerker und Landarbeiter, denen die Sklaven auf der niedrigsten Stufe folgten.

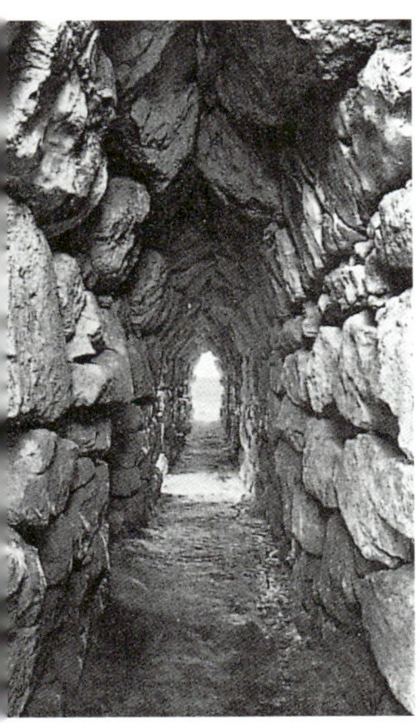

2.75 Große Kasematte der Burg von Tiryns.

Es ist wenig über die frühen Bauwerke Mykenes bekannt, die man zur Zeit der ersten Schachtgräber erbaute, welche – so wurde neuerlich argumentiert – schon um 1850 v. Chr. entstanden sein könnten. Diese Gebäude bestanden vermutlich aus Lehmziegeln und Holz, nicht aus Stein. Die erhaltenen Überreste der Stadt und der Zitadelle gehen anscheinend noch in die Zeit vor 1700 v. Chr. zurück, als der auf dem Berghügel errichtete königliche Palast isoliert im Zentrum eines ungefähr dreieckigen Gebiets stand, das von einer massiven Steinmauer umgeben war, die der Umrisslinie des Bergs folgte ▸ 2.73. Wenige Häuser und ein Kornspeicher (ebenso der Bezirk der Schachtgräber) befanden sich knapp außerhalb dieser Mauer.

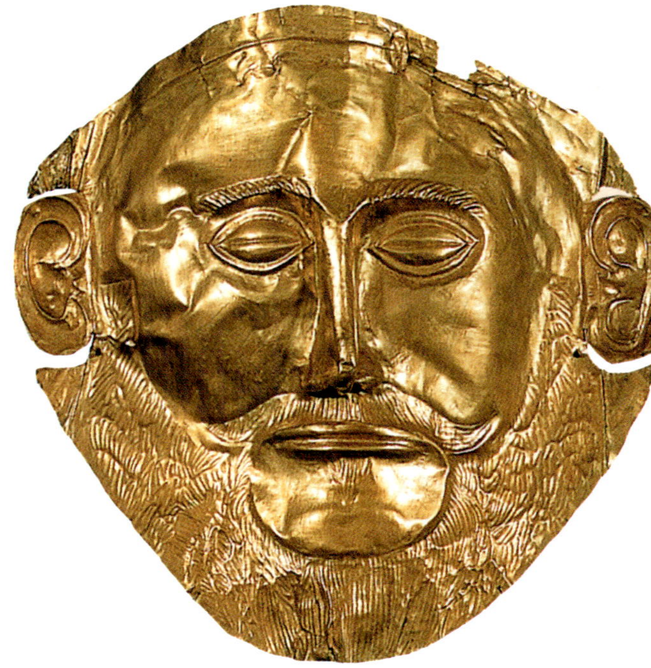

2.74 *Maske,* aus Mykene, Schachtgrab v, um 1500 v. Chr., Gold, Höhe 25,4 cm. Nationalmuseum, Athen.

Die Masse der Bevölkerung lebte unterhalb der Zitadelle in einem Konglomerat von Häusern der verschiedensten Größe, die, aus sonnengetrockneten Ziegeln erbaut, nur flache Dächer und festgestampfte Böden hatten. Keines dieser Häuser steht heute noch, aber Ausgrabungen lassen erkennen, dass einige von ihnen gemalte Dekorationen schmückten. In Gefahrenzeiten zogen die Einwohner wahrscheinlich hoch zur Zitadelle. In Tiryns folgte man dem gleichen Prinzip (das dem zuvor in Troja eingeführten ähnlich war), doch im Hinblick auf die örtlichen Gegebenheiten modifiziert. Der Gegensatz zwischen diesen bedrohlich wirkenden Bergfestungen ▸ 2.75 und den nur schwach abgesicherten Städten und Palästen des minoischen Kreta könnte kaum stärker ausfallen. Auf der anderen Seite sind Ähnlichkeiten mit den Festungsanlagen der Hethiter in Bogazköy in Anatolien recht deutlich (s. S. 84).

Besonders eindrucksvoll sind die Zitadellenmauern, die nicht nur den Schein von Unüberwindlichkeit vorgaben. Sie wurden aus Erde und Bruchsteinen erbaut und mit wuchtigen,

2.76 *Löwentor*, Mykene, um 1500–1300 v. Chr., Kalksteinrelief, Höhe 290 cm.

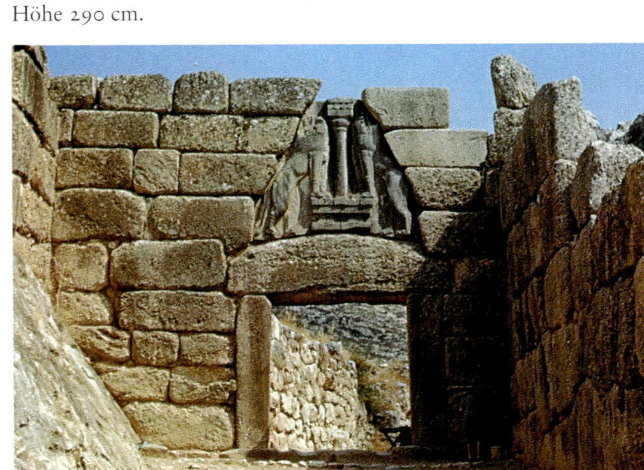

grob behauenen Steinblöcken verkleidet. Wegen ihrer Größe nannte man sie später zyklopisch, als habe sie der mythische einäugige Riese Zyklop versetzt. Das Haupttor Mykenes besteht aus drei Megalithsteinen, d. h. aus einem Trilithen wie in Stonehenge (s. S. 42 f.). Der darüber aufsteigende Bogen enthält eine gemeißelte Steintafel ▸ 2.76. Ebenso unerschrocken und kraftvoll wie das von ihm geschmückte Bauwerk, ist dieses Relief das eindrucksvollste Beispiel mykenischer Skulptur, das erhalten blieb. Die mittlere Säule könnte entweder ein dynastisches oder ein religiöses Symbol sein, und obwohl die zwei kopflosen Tierkörper, die an beiden Seiten in heraldischer Haltung dargestellt sind, gewöhnlich als Löwen bezeichnet werden, könnten sie wohl auch Sphingen oder Greife mit Menschen- oder Vogelköpfen aus Bronze, farbigem Stein oder aus einem anderen Material gewesen sein. (Die Köpfe wurden gesondert angebracht.) Ursprünglich muss die Wirkung stärker gewesen sein, als sie heute erscheint.

Im Vergleich zur gigantischen Monumentalität der Mauern wirken die Paläste klein. Der Hauptraum in ihnen allen war das Megaron mit höchstens zwölf Metern im Quadrat. Im Griechischen bedeutet das Wort einfach ›großer Raum‹, aber man verwendet es als Bezeichnung für eine spezifische Raumform: eine quadratische oder längliche Kammer mit zentraler Feuerstelle und normalerweise vier Säulen zur Abstützung des Daches, wobei die Seitenwände über die Eingangswand hinaus nach vorne vorspringen, um die Seiten einer säulengestützten Vorhalle zu bilden. Manchmal wurde eine zweite Eingangswand, ebenso mit einer einzigen Öffnung wie die erste, hinzugefügt, um ein Vorzimmer zwischen Vorhalle und dem inneren Raum zu bilden. Vorratsräume konnten an der Rückseite hinzukommen, blieben aber immer innerhalb der gleichen Seitenwände. Die neolithischen Bauten in Nordgriechenland wiesen annäherungsweise diese Form auf, aber das eigentliche Megaron findet sich zuerst in der Mitte des 3. Jahrtausends in Troja. (Es scheint vor der Eroberung Kretas dort nicht verwendet worden zu sein, und die zwei sogenannten ›Megara‹ in Knossos sind einfach nur ›große Räume‹.)

Die mykenische bzw. helladische Kultur hat anscheinend die minoische Kunst in ähnlicher Weise verwertet wie die minoische Silbentabelle für die Linear-B-Schrift. Im Falle der → Tholos-Grabstätten hingegen stieß sie zu einer selbstständigen und unabhängigen Entwicklung vor. Wie wir bereits gesehen haben (s. S. 42), wurden Gräber mit Kragstein-Dächern oder auch ›unechten Kuppeln‹ schon im 5. Jahrtausend in Nordeuropa erbaut. Aber weder dort noch bei den Tholoi auf Kreta sind die geometrische Präzision und die Erhabenheit der königlichen Gräber Mykenes vorbereitet worden. Dabei handelt es sich um einen Grabtyp, bei dem ein seitwärts in einen Hügel getriebener Gang in einen bienenkorbförmigen Raum mündet. Man entwickelte diesen Typ seit dem späten 16. Jahrhundert v. Chr. für die königlichen Bestattungen in Mykene, wo es heute noch Überreste von etwa einem Dutzend dieser Grabkammern gibt ▸ 2.80 – und einige an anderen Orten, insbesondere bei Orchomenos im Norden des Golfes von Korinth.

Die ›Schatzkammer des Atreus‹ bzw. das ›Grab des Agamemnon‹ in Mykene ist die bei weitem schönste Anlage. Man erreicht sie durch einen Gang, den sogenannten ›Dromos‹, dessen Seitenwände aus rechteckig behauenen Blöcken dunkelgrauen Steins bestehen. Ein sich leicht nach oben verjüngender Eingang mit einer wuchtigen Sturzplatte, die etwa 120 Tonnen wiegt, und einem Entlastungsdreieck darüber führt zu der

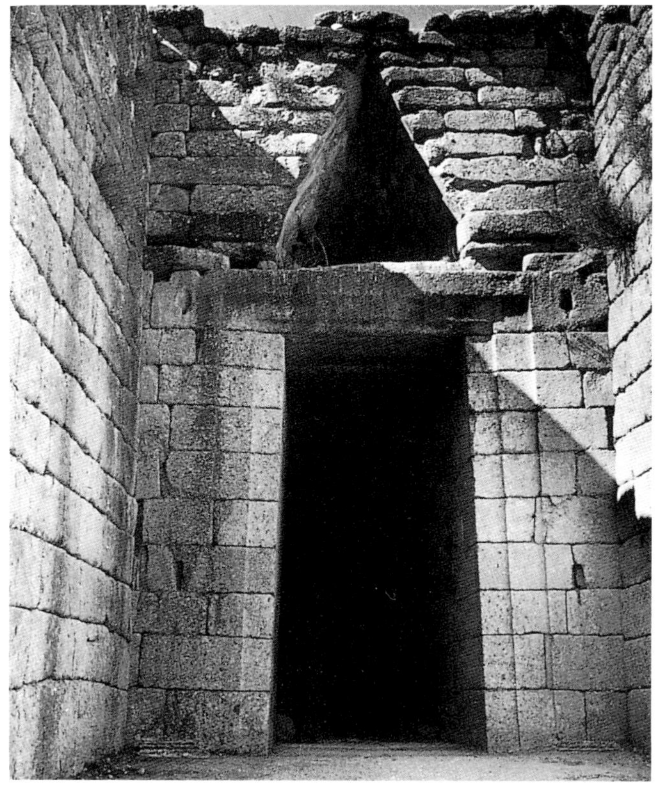

2.77 Schatzhaus des Atreus, Portalansicht, Mykene.

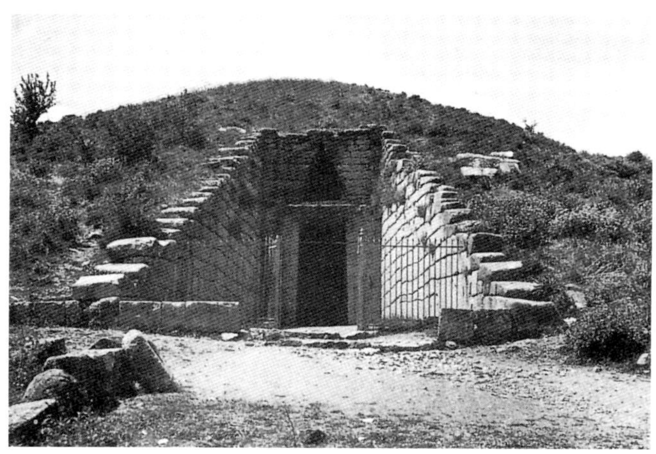

2.78 Schatzhaus des Atreus, Mykene, um 1300 v. Chr.

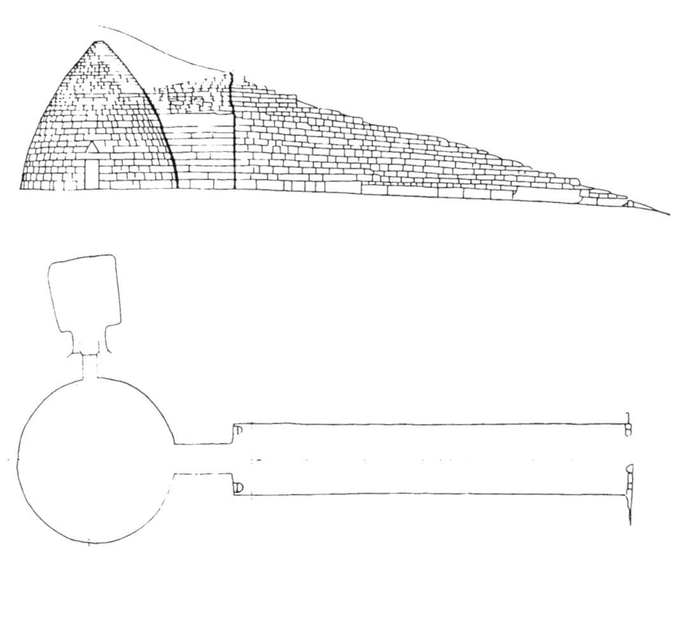

2.79 Grundrisse und Schnitte des Schatzhauses des Atreus.

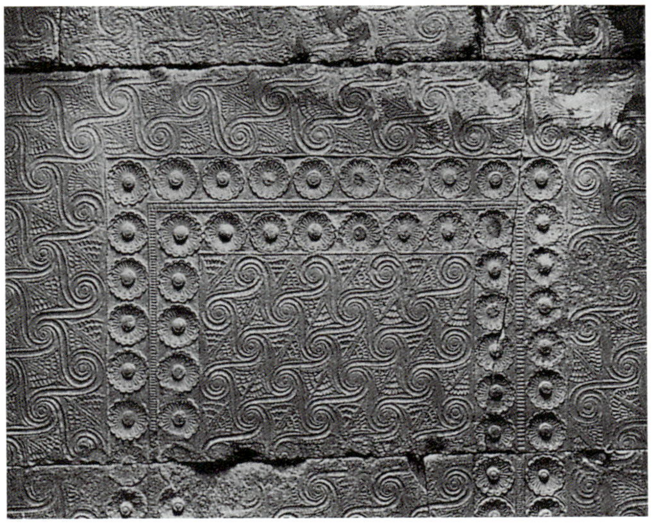

2.80 *Decke im Schatzhaus des Minyas*, um 1300 v. Chr.

Grabstätte ▸ 2.77–79. Ursprünglich war diese Eingangsfassade mit ineinander greifenden Säulen aus grünem Kalkstein geschmückt, die sich leicht nach unten verjüngten und in lebhafter Gestaltung ornamentiert waren – mit Zickzacklinien, Perlenmustern, Riffelungen und minoischen Spiralmustern ▸ 2.81. Das Entlastungsdreieck war mit Skulpturen aus dunkelrotem, rosa und grünem Stein geschmückt. Die Grabkammer wirkt heute karg, doch bronzene Nägel weisen darauf hin, dass ihre Wände einstmals dekoriert waren, vgl. ▸ 2.80. Dieser große überkuppelte Raum ist schon konstruktionstechnisch bemerkenswert. Mit einem Durchmesser von 14,5 m und 13 m Höhe handelt es sich um den größten freitragend gewölbten Raum der Welt vor der Erbauung des Pantheon – etwa eineinhalbtausend Jahre später – in Rom. Aber es ist mehr als nur eine technische Großtat: Die Architektur ist voll eindrucksvoller Vornehmheit und Würde. Dieses großartige Monument lässt zweifeln, ob die mykenische Kultur der minoischen den höheren Rang zu überlassen hat.

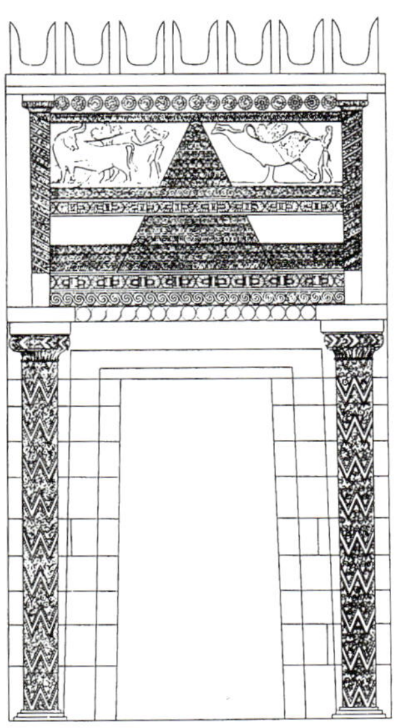

2.81 Rekonstruktion der Portalfassade des Schatzhauses des Atreus (nach Marinatos).

Das Wirtschaftssystem, auf dem die mykenische Zivilisation basierte, begann um 1300 v. Chr. zu zerbröckeln. Ein die Landwirtschaft betreffender Klimawechsel war möglicherweise die auslösende Ursache, aber vor dem Ausgang des 13. Jahrhunderts v. Chr. vollzog sich die Invasion eines nördlichen Volksstammes, den man in der späteren Literatur Dorer nannte. Dieses Ereignis war Bestandteil einer größeren Bevölkerungsbewegung, die Verwüstungen im gesamten östlichen Mittelmeerraum anrichtete, den Zusammenbruch der hethitischen Zivilisation in Anatolien bewirkte und Ägypten bedrohte (s. S. 83). Anscheinend hatte man den Isthmus von Korinth entlang eine wuchtige Mauer erbaut, aber dieses letzte Monument der helladischen Architektur konnte nicht die Flut der Eindringlinge aufhalten und die Verwüstung der Peloponnes verhindern. Städte wurden geplündert, Paläste zerstört. Die Zivilisation war vernichtet und mit ihr die Kunst des Schreibens. Doch die Ruinen der großartigen Zitadellen blieben erhalten und regten zur Mythen- und Legendenbildung an, die uns in poetischer Form überliefert sind: Homers ›Ilias‹ und ›Odyssee‹ – die umfassendsten der geschriebenen Epen aus dem 8. und 7. Jahrhundert v. Chr., die ›Oden‹ von Pindar und die Meisterwerke des klassischen Dramas von Aischylos, Sophokles und Euripides aus dem 5. Jahrhundert v. Chr.

## China

Von den Zivilisationen der Bronzezeit kann man nur eine – die chinesische – unzweifelhaft als die erste Stufe eines langen Prozesses kultureller Evolution begreifen, der sich ohne einen einzigen entscheidenden Bruch bis in die Neuzeit fortgesetzt hat. Die chinesische Zivilisation hat sowohl den Revolutionen im Inneren als auch den Invasionsversuchen von außen widerstanden. Immer wieder haben sich die Eroberer von ihr wie in einem Abgrund verschlungen gefunden und sind dann schließlich besiegt worden. Fast 4000 Jahre lang hat die chinesische Kunst ihre charakteristischen Formen und kulturellen Werte beibehalten. Das soll nicht heißen, dass sie wie die Kunst des Alten Ägypten streng schematisiert gewesen wäre. Seit einer sehr frühen Entwicklungsstufe hat sie große Flexibilität bewiesen – wie der Bambus, den die chinesischen Weisen bewunderten, weil er sich biegt, ohne zu brechen (sie rühmten auch die Jade, weil sie bricht, ohne sich zu biegen). Tradition und Erneuerung standen in einem günstigen Gleichgewicht bei dieser Kunst, deren Geschichte durch ein häufiges Wiederaufleben vergangener Formen und die Absorption und Transformation neuer, manchmal fremder Stile und Techniken gekennzeichnet ist.

Die neolithischen Kulturen Chinas stellten spätestens schon im 4. Jahrtausend fein geformte Tongefäße her: Man hat runde Schalen und Vasen mit eingeritztem oder aufgemaltem Dekor in einem großen Gebiet Zentralchinas verteilt gefunden. Sie sind mit der prähistorischen Töpferkunst des Nahen Ostens, des Industals, des prädynastischen Ägypten und Japans vergleichbar. (Einige japanische Tonwaren sind früher entstanden und sind, da sie aus dem 8. Jahrtausend v. Chr. stammen, möglicherweise die frühesten der Welt.) Zu den chinesischen Werken des Neolithikums zählen Gefäße mit komplexer Formgebung, insbesondere Krüge, die wie umgekehrte Birnen auf drei knolligen Beinen stehen ▸ 2.82. Seit dem 3. Jahrtausend wurde Keramik auf der Töpferscheibe angefer-

Das Alte China.

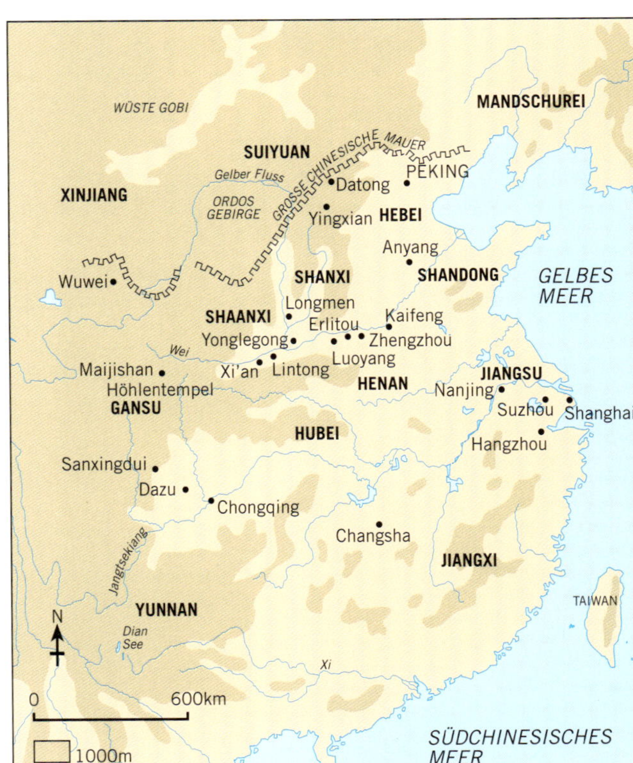

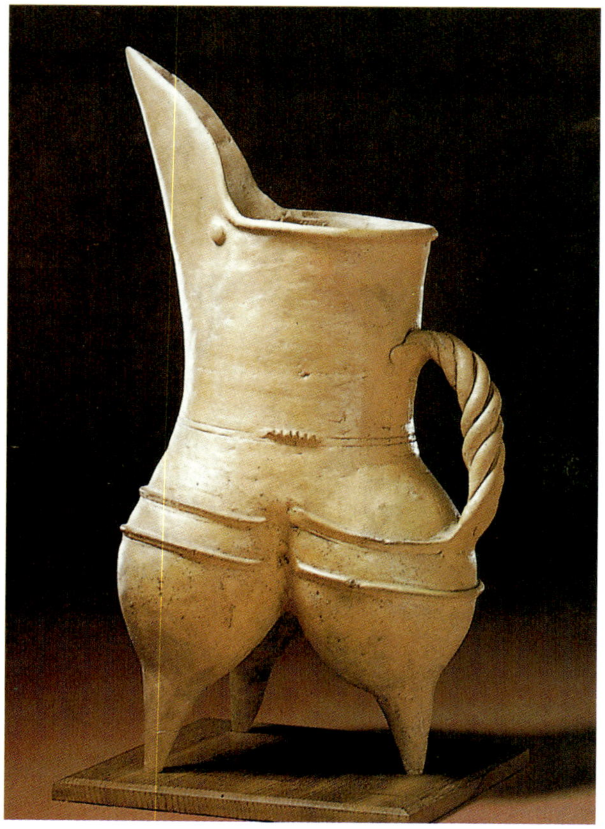

2.82 Dreifüßiger Gießer ›gui‹, neolithisch (Longshan-Kultur), Terrakotta, Höhe 39 cm. Palastmuseum, Peking.

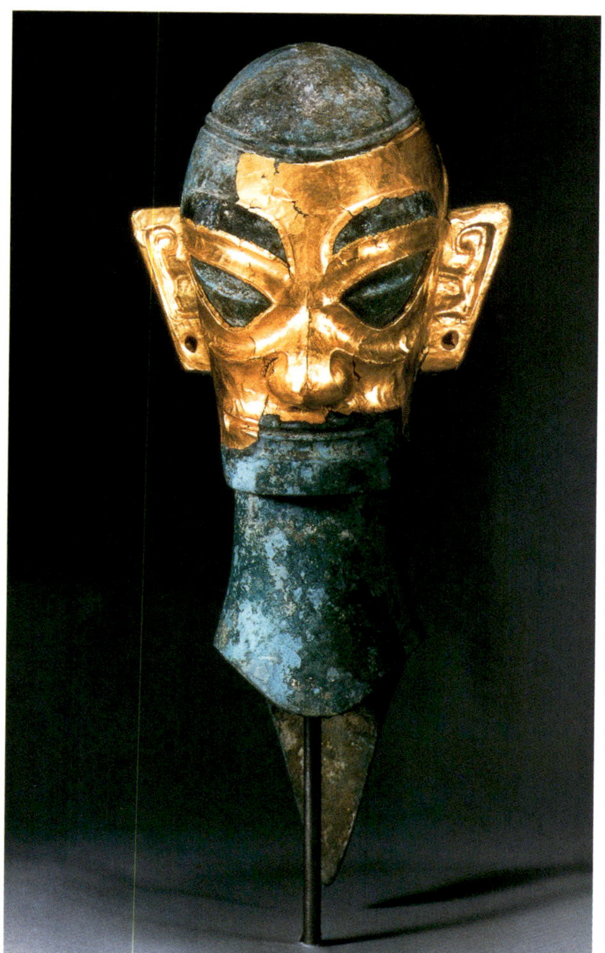

2.84 Anthropomorpher Kopf, aus Sanxingdui, China, um 1200–1000 v. Chr., Bronze, Höhe 36,7 cm. Archäologisches Institut, Provinz Sichuan.

tigt, die entweder vom Westen her eingeführt oder eigenständig erfunden worden war. Dieses Hilfsgerät ermöglicht, aus einem Tonklumpen ein Gefäß zu formen, da die sich drehende Scheibe Fliehkraft erzeugt, durch die sich der Ton zu einer hohlen Form hochziehen lässt. An der Ostküste, südlich des Jangtsekiang, fertigten die Menschen der Longshan-Kultur komplex geformte Schüsseln und Schalen aus einem fast papierdünnen, schwarzen Ton – wohl weniger für den täglichen als vielmehr für den rituellen Gebrauch bestimmt.

Auch die Bearbeitung von Jade wurde im 3. Jahrtausend von den an der Ostküste lebenden Menschen beherrscht. Dies ist insofern bemerkenswert, als der Stein so hart ist, dass er sich nur mit Hilfe von Schmirgelmitteln (und nicht durch Schnitzen) formen und verzieren lässt, und zum anderen, als er in China selbst nicht vorkommt und also aus Zentralasien oder vermutlich eher noch Sibirien importiert werden musste. Zu den prähistorischen Objekten aus Jade zählen neben Axtklingen, Dolchen, Armreifen und Anhängern auch zwei eher rätselhafte Arten von Gegenständen, ein außen vierkantig geformtes Rohr, genannt *cong* ▸ 2.85, und eine Scheibe mit einem großen, allerdings nicht ganz mittigen Loch, mit dem Namen *bi*. Die *cong* sollen in der Verehrung der Erde eine Rolle gespielt haben, während die *bi* bei der Verehrung des Himmels verwendet wurden ▸ 2.83 (vgl. S. 109). Die *bi* sollten jahrtausendelang als Instrumente im kaiserlichen Opferkult für den Himmel dienen. Die Bewunderung für Jade als ein Material, dem eine beinahe mystische Ehrfurcht entgegengebracht wurde, die sich später zu einer Art lyrischer Ekstase steigerte, wie sie den Chinesen eigentümlich ist, setzt mit diesen neolithischen Handwerkern des 4. Jahrtausends ein, die in Dorfgemeinschaften von Bauern und Landarbeitern lebten und deren Nachkommen über mehrere Jahrtausende hinweg die gleiche bäuerliche Lebens- und Arbeitsweise beibehalten sollten.

## *Die Shang-Dynastie*

Der ersten offiziellen Chronik Chinas zufolge, wie sie im 2. Jahrhundert v. Chr. von kaiserlichen Schreibern niedergelegt wurde, begann die dynastische Herrschaft im Tal des Gelben Flusses mit den Xia, gefolgt von den Shang und den Zhou in linearer Nachfolge, woraus spätere Herrscher ihre Autorität ableiteten. Unerwähnt blieb ein zeitgenössischer Staat am Oberlauf des Jangtsekiang, der dort im zweiten Jahrtausend v. Chr. eine Blütezeit erlebte. Dessen Hauptstadt war das moderne Sanxingdui nördlich von Chengdu, ein Territorium, das dem chinesischen Reich zum Zeitpunkt der Abfassung der ersten Geschichtswerke bereits einverleibt worden war. Neuere Ausgrabungen in Sanxingdui haben imposante, kunstvoll gegossene Bronzeskulpturen zu Tage gefördert, die aus dem Zeitraum 1200–1000 v. Chr. stammen: darunter finster dreinblickende Köpfe ▸ 2.84 und die lebensgroße Statue eines Mannes mit einem prächtig gemusterten Gewand – ein König, ein Priester oder eine Gottheit –, die sich deutlich von dem unterscheiden, was in anderen Teilen Chinas hergestellt wurde, wo anthropomorphe Skulpturen zu diesem Zeitpunkt selten waren. Die Objekte wurden am Ausgrabungsort einer großen antiken Stadt in rechteckigen Opfergruben gefunden, die auch mit Gegenständen aus Jade und Gold sowie Elefantenstoßzähnen gefüllt waren und auf beträchtlichen Reichtum schließen lassen. Über ihre rituelle Funktion oder religiöse Bedeutung ist aber nichts oder kaum etwas bekannt.

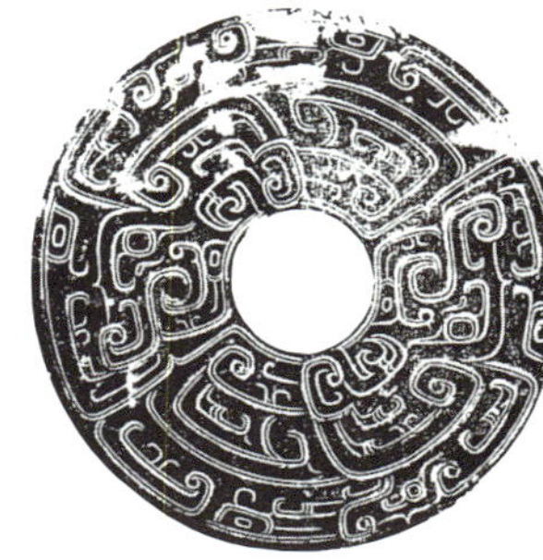

2.83 Kultscheibe ›bi‹, 8000 v. Chr., Jade, Durchmesser 24 cm. Seattle Art Museum.

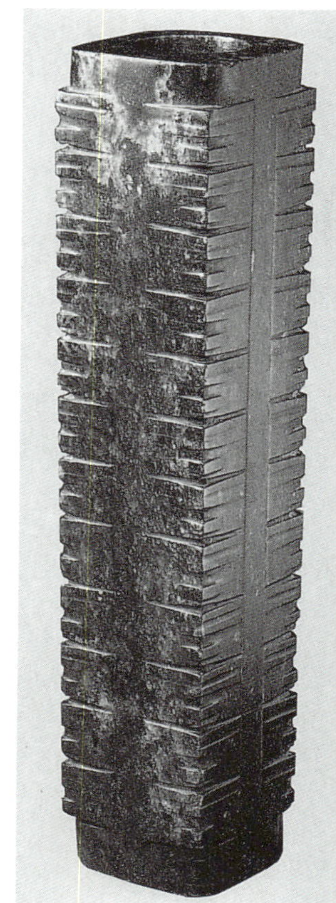

2.85 Ritualobjekt ›cong‹, neolithisch, Nephrit, Höhe 40 cm. Palastmuseum, Peking.

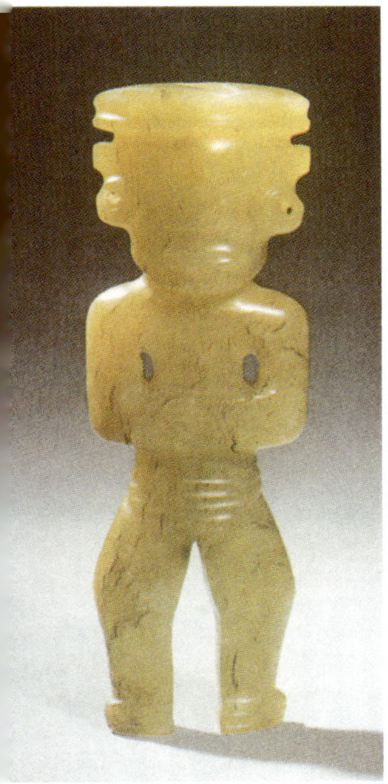

2.86 Figurine, 1600–1100 v. Chr., Jade. Shanghai Museum.

Archäologische Entdeckungen seit den 1920er Jahren haben unser Wissen über die Zivilisation der chinesischen Bronzezeit, die unter der Shang-Dynastie ihre Blütezeit erlebte, vertieft. Herrscher, die in den Berichten antiker Chronisten ebenso mythisch wie Homers Helden anmuten, haben sich inzwischen als historische Gestalten erwiesen. Zwei der bemerkenswertesten unter ihnen waren König Wuding, der sein Reich um 1200 v.Chr. ausweitete, und seine Gemahlin Fu Hao, eine außergewöhnliche Frau, welche die Leitung wichtiger Kulte innehatte, politischen Einfluss ausübte, Kriegszügen zum Sieg verhalf und mit einer Fülle wertvoller Grabbeigaben, darunter zahlreiche persönliche Schmuckartikel, bestattet wurde. In dem ausgedehnten Gebiet von der Region nördlich des Gelben Flusses bis südlich des Jangtsekiang haben Ausgrabungen an über hundert Orten Gegenstände zu Tage gefördert, die in stilistischer Hinsicht große Übereinstimmungen aufweisen; einige davon sind die Vorläufer von Bronzegefäßen, wie wir sie aus der späteren Shang-Zeit kennen und damit Zeugnisse einer gemeinsamen Kultur und Glaubenswelt. Die frühesten dieser Gegenstände stammen aus Erlitou in der Nähe von Luoyang, wo sich Reste von Stadtmauern und die Fundamente eines großen Palastes oder Sakralbaus aus der Zeit um 1700–1500 v.Chr. erhalten haben. Der Name des Ortes steht heute für den ersten Abschnitt der Shang-Kunst bzw. für die Spätphase der vorausgehenden Xia-Periode, über die bislang wenig bekannt ist. Über die Beziehungen zwischen den zahlreichen späteren Stadtgründungen der Shang-Periode (um 1500–1050 v.Chr.) weiß man nichts: Bildeten diese ein einziges Reich oder waren sie selbständig wie die griechischen Stadtstaaten? Unbestritten ist indessen die Bedeutung der Städte, deren Überreste außerhalb des modernen Zhengzhou und in Anyang ausgegraben wurden – wie auch Erlitou liegen sie in Henan, das bis zum 12. Jahrhundert n. Chr. das Kernland des chinesischen Reiches bildete.

Die Städte von Zhengzhou und Anyang waren über einem rechteckigen Gitternetz als Grundriss erbaut, den man nach den Haupthimmelsrichtungen ausgerichtet hatte. Als Schutz dienten Mauern aus Pisé (Erde und Kies zwischen Holzbohlen eingestampft, die in Zhengzhou eine Dicke von etwa 18 m erreichten, in Anyang wesentlich weniger. Während Zhengzhou einen Durchmesser von 1,6 km aufwies, war Anyang viel kleiner und scheint eher eine Verwaltungshauptstadt als ein Bevölkerungszentrum gewesen zu sein. Anders als die fast unterirdischen Behausungen Nordchinas und die auf Pfählen errichteten Häuser im Süden wiesen die Gebäude einen rechteckigen Grundriss, Holzsäulen und -balken mit Piséwänden und gegiebelte Strohdächer auf. Bedeutendere Bauten wie Paläste oder Tempel wurden auf Plattformen aus festgestampfter Erde errichtet, symmetrisch auf eine Nord-Süd-Achse hin ausgerichtet. In Zhengzhou wohnten die Töpfer, Jadeschnitzer, Metallhandwerker etc. in eigenen Bezirken.

Die Königsgräber in Anyang – es handelt sich um breite Schächte, zu denen Treppen oder auch Rampen aus den vier Himmelsrichtungen herabführten – waren reichhaltig mit Schmuck und kostbaren Gegenständen aus Jade und Bronze ausgestattet. Triumphwagen, Waffen und andere Besitztümer des Verstorbenen kamen hinzu. Damit sie ihren toten Herrscher begleiteten, schlachtete man Menschen ab: Die Skelette von 22 Männern und 24 Frauen wurden zusammen mit 16 Pferden und zahlreichen Hunden in einer einzigen Grabstätte gefunden, die von kleineren Grabschächten mit weiteren 50 menschlichen Schädeln umgeben war.

Zur weiteren Erhellung der Shang-Periode dienen Schildkrötenpanzer und Knochen (in der Regel Schulterblätter von Ochsen), die man gravierte oder mit Symbolen beschriftete, von denen viele Frühformen der chinesischen Schrift darstellen. Man benutzte diese ›Orakelknochen‹, von denen mehr als 100000 entweder unbeschädigt oder als Fragmente überdauert haben, zum Wahrsagen. Die auf ihnen geschriebenen Sätze enthalten Fragen zu Themen wie dem Wohlbefinden des Herrschers, dem Wetter, dem günstigsten Moment für die Jagd oder auch für die Kriegsführung und, vielleicht das Allerwichtigste, welche Opfer den Ahnen erbracht werden sollten, von denen die herrschende Klasse ihre Macht herleitete. Somit wurde die Schrift in China anscheinend weder zuerst zur Tempel- oder Palastbuchführung (wie in Mesopotamien und der Ägäis) noch zu Denkmalinschriften (wie im Alten Ägypten), sondern zur Verständigung mit der anderen Welt benutzt. Es ist möglich, dass hierdurch die spätere Herausbildung der chinesischen Kalligraphie als Kunstform in die Wege geleitet wurde, der man fast abergläubische Ehrerbietung zollte.

Keine andere Kultur der Bronzezeit verdient diesen Namen in einem solchen Maße wie die chinesische der Shang-Dynastie. Der Bronze, aus der Gefäße für Rituale und den Ahnenkult gefertigt wurden ▸ 2.88, kam sowohl eine religiöse als auch eine soziale Bedeutung zu. Mit der Ausnahme einiger weniger Marmorskulpturen bestehen alle hochrangigen Kunstgegenstände, soweit erhalten, aus diesem Metall. Zwar verwendete man auch andere Materialien meisterhaft, aber dabei fehlte die auf die Bronze konzentrierte, dämonischbesessene Schaffenskraft. Die Gräber der Shang-Zeit enthielten auch Schnitzereien aus Jade und Nephrit ▸ 2.86; 87, insbesondere rituelle Messer mit türkisverzierten Griffen oder schöne glasierte Tongefäße. Von den gewebten Seidenstoffen weiß man nur aufgrund der Abdrücke auf den Gegenständen, die in sie eingehüllt waren. Die Bronzen sind zumeist rituelle Gefäße, die bei Opfern für königliche Ahnen Verwendung fanden.

Bronze stellte man in China schon lange vor dem Ausgang des 2. Jahrtausends v.Chr. her. Obwohl im Nahen Osten, im Balkan und der Ägäis in großem Maßstab produziert, spricht wenig dafür, dass die Herstellungstechnik quer durch Asien hindurch übermittelt wurde. Die für die Legierung notwendigen Metalle (Kupfer und Zinn) standen den Chinesen zur Ver-

2.87 Ritualwaffen, 2000 v. Chr., Nephrit, Länge 50 cm (oben), 37 cm (unten). Palastmuseum, Peking.

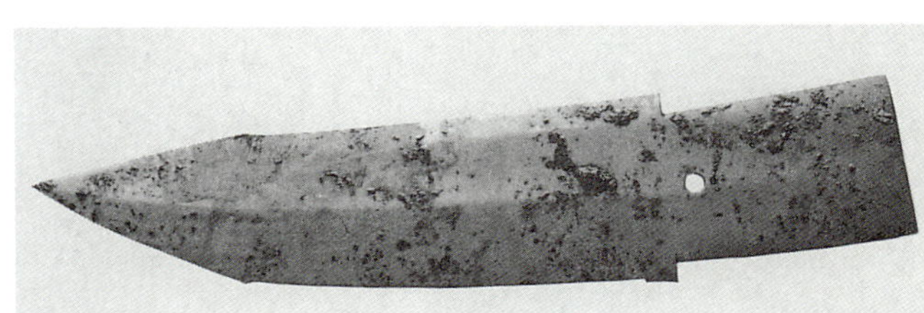

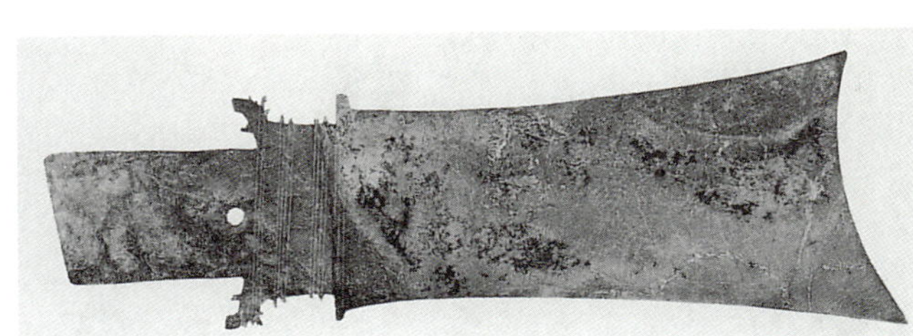

fügung, die ja auch die Brennöfen für Töpferwaren entwickelt und somit die technischen Mittel für den Schmelzprozess zur Hand hatten. Die Metallhandwerker des Westens und des Nahen Ostens stellten ihre Bronzen in Vollguss oder im Wachsausschmelzverfahren her. Auch die Chinesen wandten diese Technik des Hohlgusses an, allerdings nur für kleinere Werkstücke. Größere Kessel etwa setzten sie aus stückweise gegossenen Teilen zusammen, wobei man keramische und metallurgische Techniken in eigentümlicher Weise miteinander kombinierte. Zuerst fertigte man ein Modell des Gefäßes mit den gröberen Formen der gewünschten Verzierungen an, das vermutlich aus Ton bestand, den man wie Stein schnitt und formte. Hiervon wurden Negativabdrücke gemacht, indem man Tonplatten Stück für Stück auf das Modell presste. Nachdem in diese weitere und feinere Verzierungen geritzt worden waren, brannte man die Formstücke: ein heikles Unternehmen, da die Präzision des Reliefs nicht verloren gehen sollte. Schließlich fügte man diese Stücke zu einer Gesamtform, in die die geschmolzene Legierung gegossen wurde. Dekorative Flansche verdeckten die Gussnähte, welche an den Säumen der Gussformen entstanden.

Die Grundformen dieser Gefäße stammten von Haushaltsgerät aus anderen Materialien, in der Regel von Tonwaren, wurden aber vervollkommnet, um die Wirkungsmöglichkeiten des Metalls auszunutzen. Es gab etwa 30 Gefäßtypen, die in ihrer Größe von ungefähr 15 cm bis zu über 120 cm mit einem Gewicht von bis ca. 900 kg reichten ▸ 2.91. Jedem Typ kam eine besondere Aufgabe bei den rituellen Speise- und Weinopfern für die Ahnen zu. Einer mit dem Namen *ding* war für Esswaren bestimmt, und die Inschriften auf den Orakelknochen enthalten Opfervorschläge wie diesen: »Drittens, in ein *ding*-Gefäß einen Hund. Viertens ein Schwein« etc. Ein *ding* konnte entweder eine Art dreifüßiger Kessel oder eine wuchtige rechteckige Wanne auf vier stumpfartigen zylindrischen Füßen sein. Es gab Schüsseln für rituelle Waschungen sowie Vasen, Tassen und Kannen für heißen, schwarzen Hirsewein. Der bemerkenswerteste Gefäßtyp, der pflanzlichen Formen nahekommt, ist der *jue*, ein Trankopferbecher, der sich aus einer in Zhengzhou gefundenen, etwas unbeholfenen frühen Version zu einer sehr ausgeglichenen Form entwickelte, die auf ihren drei spitz zulaufenden Füßen fast zu tanzen scheint ▸ 2.90. Kontur und Dekor dieser außergewöhnlichen Gefäße lassen einen dem Chinesischen oder eher den Shang eigentümlichen Formsinn verspüren ▸ 2.89. Abgerundete Rechtecke, die spielerisch ornamentiert werden, bilden das gestalterische Hauptelement, so als ob diese wie gewachsen wirkenden Formen irgendein organischer Prozess hervorgebracht hätte, wie etwa bei den regelmäßigen, aber sich nicht wiederholenden Mustern auf den Rückenschilden und den Hornhäuten bestimmter Reptilien. Niemals wirken die Shang-Formen schwerfällig oder kraftlos. Ein spannungsvoller Rhythmus trägt die sich entfaltende Bewegung der Ornamentik. Dieser besondere und sehr charakteristische Formsinn tritt, soweit man weiß, nirgendwo sonst als in der chinesischen Kunst auf. Vielleicht sind Entsprechungen zur Kunst der Vorzeit in Amerika nicht zufällig.

Die Verzierungen dieser rituellen Gefäße trugen eine Bedeutung, die von den chinesischen Schriftstellern seit dem 3. Jahrhundert v. Chr. und der modernen Sinologie sehr unterschiedlich und manchmal widersprüchlich gedeutet wird. Eine Art Drachenmaske mit zwei runden Augen, die sich in einigen Jadeobjekten der Longshan-Kultur eingeschnitten findet, wurde zu einem auffälligen Motiv ausgearbeitet, das später ›Taotie‹ genannt und verschiedentlich als Sturmgott, als Weingott, als ein Ungeheuer, das die Menschheit zu verschlingen sucht, oder als ein Fruchtbarkeitssymbol beschrieben wurde, obgleich es keinerlei zeitgenössische Zeugnisse für die Bedeutung dieses Motivs auf Bronzen aus der Shang-Zeit gibt ▸ 2.93. Die Maske mag zunächst als das Gesicht eines Ungeheuers erscheinen, das die Züge des pazifischen Ochsen oder Wasserbüffels mit denen eines wilden Tigers vereinigt. Allerdings geben sich bei näherer Betrachtung zwei Drachen im Profil zu erkennen, die sich Nase an Nase gegenüberstehen, jeder mit einem Bein und einem Fuß mit Klauen. Doch sind diese zwei Geschöpfe so perfekt symmetrisch, dass man sie auch als die zwei Seiten eines einzigen Drachen lesen könnte, der der Länge nach vom Kopf bis zu dem sich ringelnden Schwanz gespalten ist ▸ 2.92. Die sehr ähnliche ›furchtbare Symmetrie‹ sehr vieler der späteren Schnitzereien und Malereien der Indianer Nordwestamerikas und der Maori Neuseelands sind mit Sicherheit als Darstellung von Tieren oder menschlichen Gesichtern in zwei Profilen zu verstehen (s. Kap. 18). Diese motivischen Ähnlichkeiten führten in Verbindung mit der Beobachtung ähnlichen Formgefühls zur Theorie eines gemeinsamen Ursprungs oder irgendeines direkten Kontakts zwischen dem China und dem Nordamerika der Frühzeit.

2.88 Dampftopf ›yan‹, 1300–1200 v. Chr., Bronze, Höhe 81 cm. Palastmuseum, Peking.

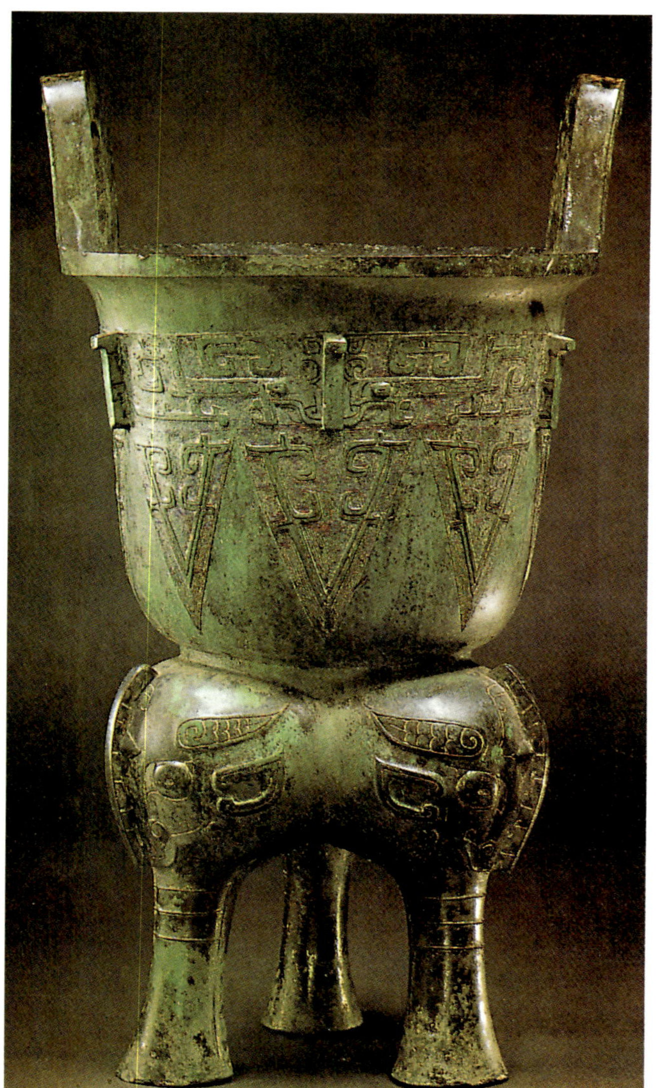

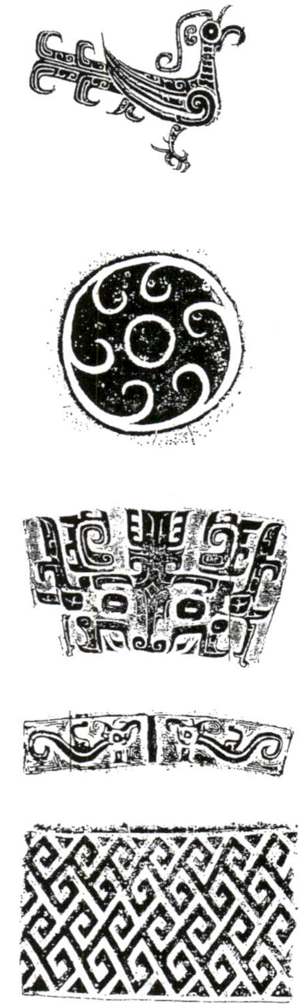

2.89 Die häufigsten Dekorelemente auf Bronzegefäßen der Shang- und Zhou-Zeit.

2.90 Ritueller Pokal ›jue‹, 1120–947 v. Chr., Bronze, Höhe 25 cm. Metropolitan Museum of Art, New York.

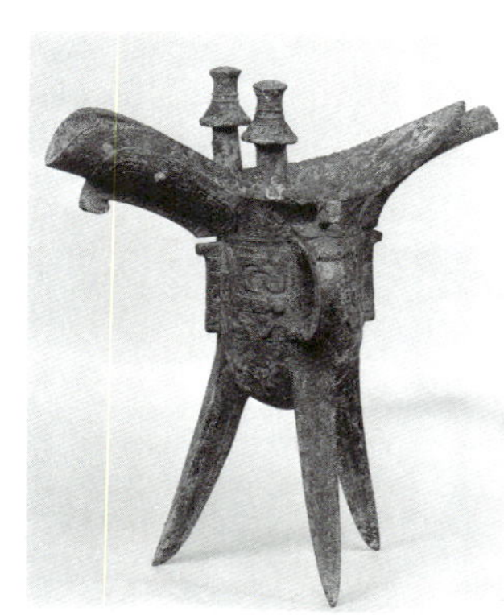

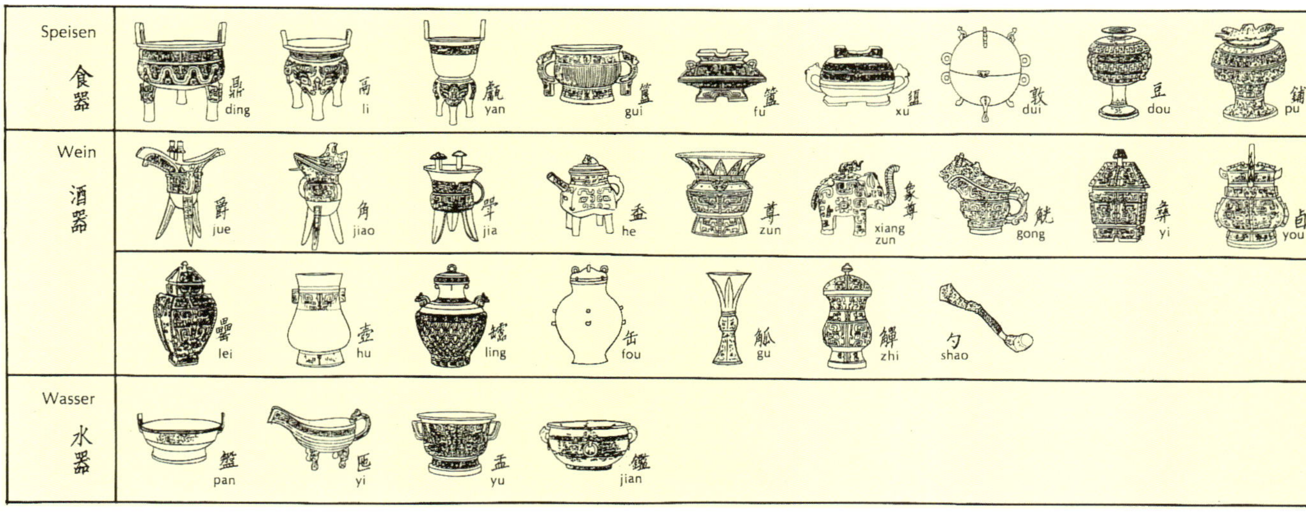


2.91 Formen von Bronzegefäßen aus der Shang- und Zhou-Dynastie, nach drei Hauptfunktionen unterteilt. Zu den Speisegefäßen gehören Kochgefäße und Behälter; zu den Weingefäßen Weinwärmer, Behälter, Trinkbecher und Gießer; die Wassergefäße bestehen aus Becken und Gießern (seltenere Gefäßtypen sind nicht aufgeführt).

Die chinesischen Künstler zeichneten sich durch eine besondere Phantasie aus. Sie setzten komplexe Mischwesen aus heterogenen Gliedmaßen, Klauen, Schnäbeln, Flügeln, Schuppen und Fell zusammen, um etwas zu schaffen, was Mythozoologie genannt werden könnte. Manchmal wurden die Gefäße insgesamt in der Form solcher Ungeheuer gegossen, wobei Drachen und Reptilien über ihre Körper schwärmten. So trägt zum Beispiel ein Mischgefäß für Wein Hörner mit Augen sowie Krokodil- und Drachendarstellungen an seinen Seiten, oben ist dem dreidimensionalen Kopf eine Schlange hinzugefügt worden. In einem Grab nahe Anyang wurden ähnlich doppelsinnige Geschöpfe aus Stein entdeckt, eine Figur hatte Rachen und Klauen wie ein Tiger ▸ 2.94. Wildheit und Dämonie bringen auch Bronze- und Steinfiguren von tatsächlichen Tieren zum Ausdruck, obwohl es wenige gibt, die vor dem Ausgang der Shang-Periode im späten 11. Jahrhundert v. Chr. datieren (s. S. 108).

Lebendige Ausdrucksweise war der chinesischen Kunst stets wichtiger als die Suggestion von Realität, geschweige denn Illusionismus. Die Legende überliefert, dass ein berühmter chinesischer Künstler ein Pferd mit solcher Vitalität zeichnete, dass seine Zeichnung vom Papier sprang. Die Geschichte eines griechischen Malers des Altertums, der Kirschen so täuschend wiedergab, dass sogar die Vögel genarrt wurden und an ihnen pickten, zeigt daher treffend einen grundlegenden Unterschied zwischen den Auffassungen im Osten und im Westen.

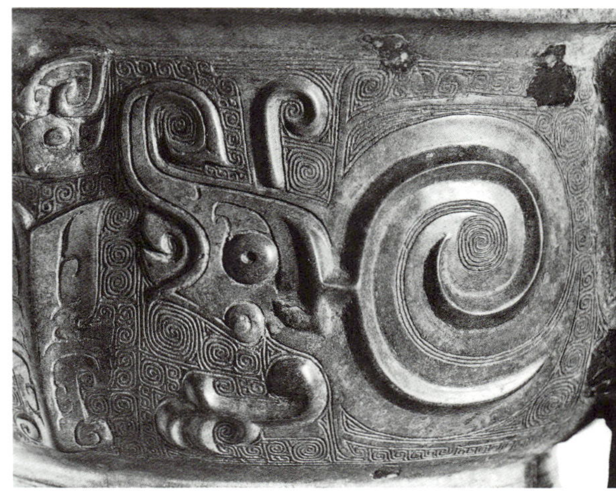

2.92 Detail eines ›gui‹, 1200–1000 v. Chr., Bronze. Ashmolean Museum, Oxford.

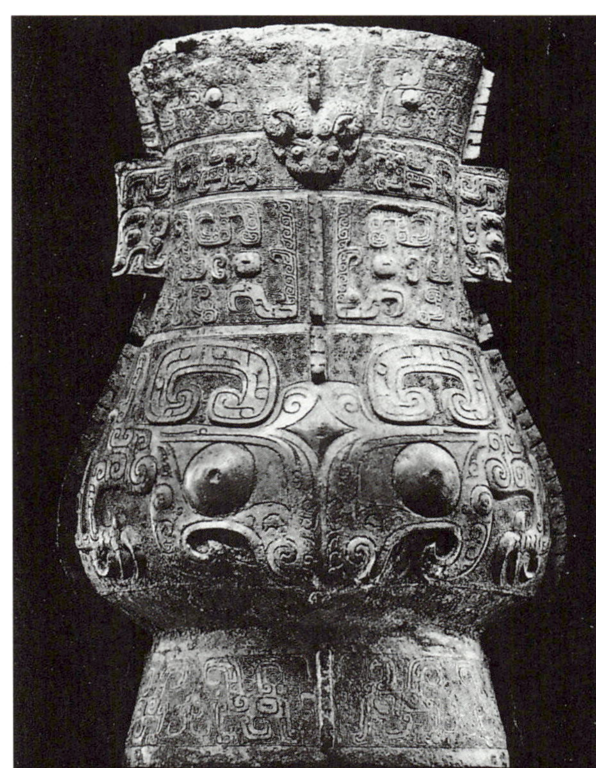

2.93 Rituelles Weingefäß ›hu‹, um 1300–1100 v. Chr., Bronze, Höhe 40,6 cm. Nelson-Atkins Museum, Kansas City of Art.

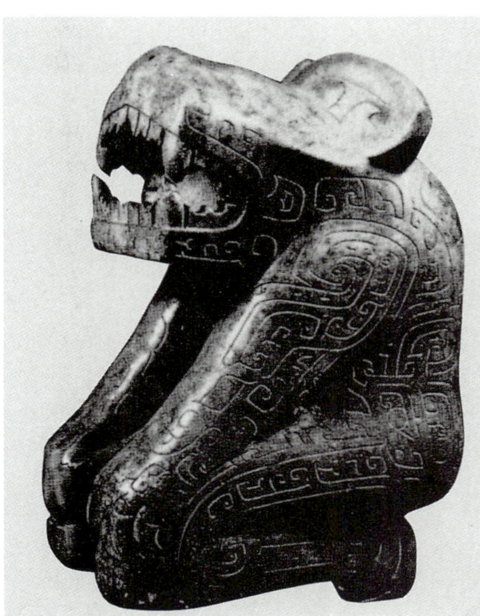

2.94 *Ungeheuer mit Tigerkopf*, aus Haibeigang nahe Anyang, 1400–1100 v. Chr., Höhe 36,5 cm. Academia Sinica, Taipeh, Taiwan.

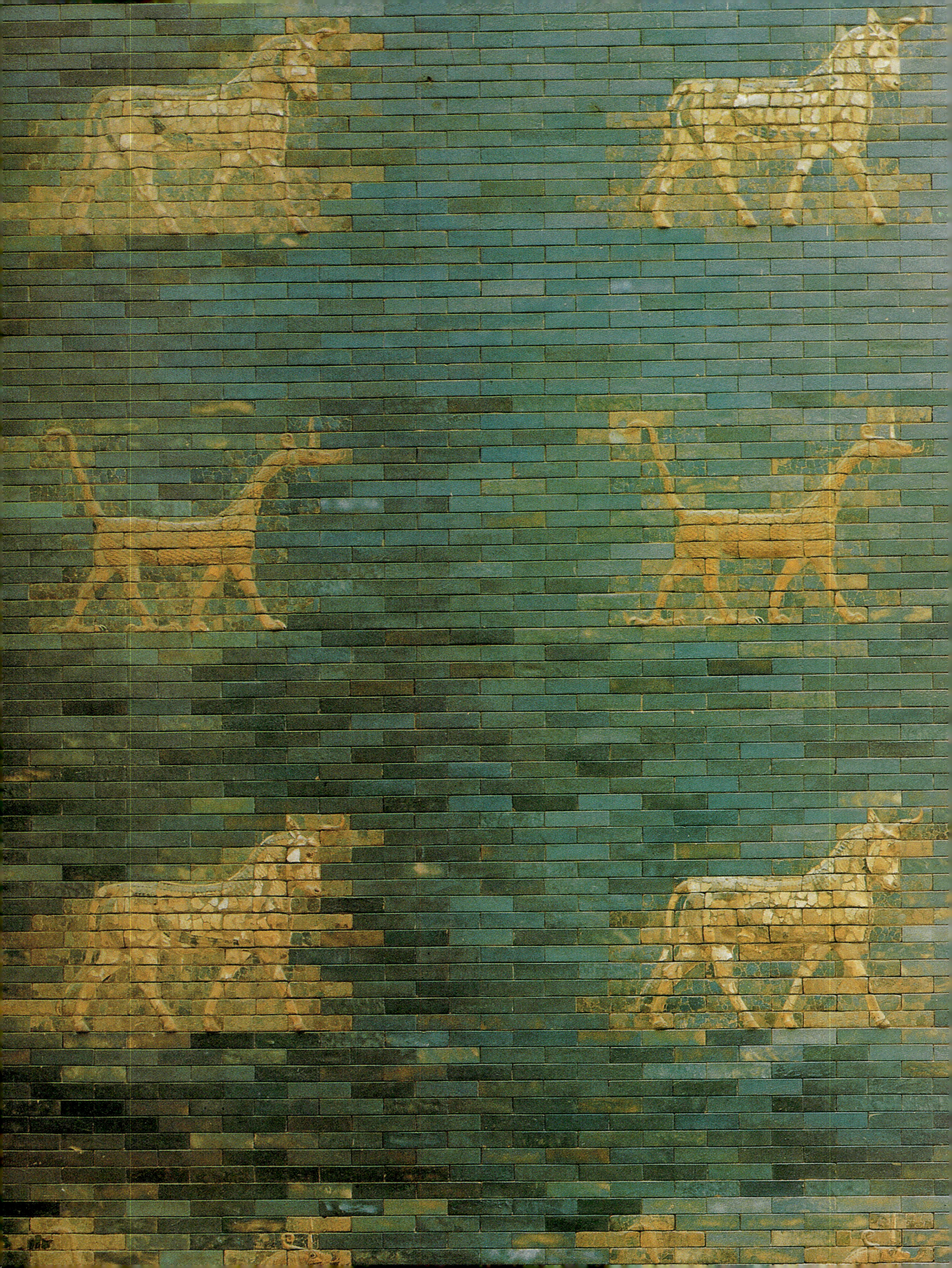

# 3
# Kulturelle Entwicklungen auf den Kontinenten

## Die Hethiter

*»Bitte, mein Bruder, sende mir einen Bildhauer. Sobald er die Statuen vollendet hat, werde ich ihn zurückschicken, und er wird wieder bei dir sein. Habe ich nicht auch den letzten Bildhauer zurückgesandt? Habe ich etwa nicht mein Wort gehalten? Mein Bruder, verweigere mir nicht diesen Bildhauer.«*

Das schrieb Hattusilis III., der das hethitische Königreich in Anatolien von 1275–1250 v.Chr. beherrschte, dem – mehr als 1600 km entfernten – kassitischen König von Babylon. Die Werke dieser Bildhauer sind unbekannt, und sie selbst blieben jahrhundertelang genauso anonym wie alle anderen Handwerker oder Künstler (mit sehr wenigen Ausnahmen in Ägypten). Der Brief ist deshalb bedeutsam, weil er die gesellschaftliche Stellung der Künstler als hochgeschätzte Diener des Königs beleuchtet und weil er ein Zeugnis für die kulturellen Verbindungen im Nahen Osten um die Mitte des 2. Jahrtausends v. Chr. liefert. Auch ein Rangunterschied zwischen anatolischer und babylonischer Bildhauerkunst findet sich angedeutet. Der Brief stammt aus einem königlichen Archiv von Keilschrifttafeln, das einen Großteil der diplomatischen Korrespondenz zwischen den hethitischen Königen und ›ihren Brüdern‹ enthält (wie sie aus Höflichkeit hießen) – gemeint waren damit die Herrscher Babylons, Assyriens und Ägyptens.

Die Hethiter, ein Volk mit indoeuropäischer Sprache, drangen zu Beginn des 2. Jahrtausends v.Chr. von Osten kommend allmählich in Anatolien ein. Um 1600 v.Chr. zog ein hethitischer König den Euphrat hinunter und plünderte Babylon (s. S. 52f.), wich aber dann wieder auf das anatolische Gebirgsplateau zurück. Zur Mitte des 15. Jahrhunderts v.Chr. waren die Hethiter eine der Großmächte des Nahen Ostens geworden, wobei ein großer Teil Syriens unter ihrer Herrschaft stand. Nach einer großen Schlacht zwischen Hethitern und Ägyptern bei Kadesch 1286/85 v.Chr. schlossen die Gegner einen Friedensvertrag, der in prophetisch modern anmutenden Begriffen ihre beiderseitigen Einflusszonen entlang einer durch Syrien führenden Linie festlegte.

Einige dieser Kontakte mit fremden Völkern spiegelten sich in der Kultur der Hethiter wider. Obwohl sie über eine

| | BILDENDE KUNST |
|---|---|
| Um 1480 v. Chr. | Grabtempel der Königin Hatschepsut ▸ 3.11 |
| Um 1417–1379 v. Chr. | Tempel des Amun-Re, Luxor ▸ 3.15 |
| Um 1400 v. Chr. | *Königstor von Boğazköy* ▸ 3.2 |
| Um 1375 v. Chr. | *Statue des Echnaton* ▸ 3.18 |
| Um 1360 v. Chr. | *Nofretete* ▸ 3.19 |
| Um 1340 v. Chr. | Grabausstattung des Tutanchamun ▸ 3.22; 23 |
| Um 1300 v. Chr. | *Statuetten aus Xochipala* ▸ 3.66 |
| Um 1257 v. Chr. | Abu Simbel ▸ 3.24 |
| Um 1250–1220 v. Chr. | *Relief König Tudhaliyas IV.* ▸ 3.4 |
| Um 1150 v. Chr. | Grabstätte Sennedjems ▸ 3.26 |
| Um 900 v. Chr. | Bronze-Tiger aus der Zhou-Zeit ▸ 3.58 |
| | *Lanzón*, Chavín de Huántar ▸ 3.77 |
| Um 720 v. Chr. | *Lamassu* aus Khorsabad ▸ 3.31 |
| Um 650 v. Chr. | *Relief aus Ninive* ▸ 3.39 |
| Um 575 v. Chr. | *Ischtar-Tor*, Babylon ▸ 3.43 |
| Um 500 v. Chr. | Persepolis ▸ 3.52–55 |
| Vor 400 v. Chr. | Monumentale Kopfskulpturen der Olmeken ▸ 3.69 |
| Um 400 v. Chr. | Terrakotta-Kopf der Nok-Kultur ▸ 3.80 |

| | HISTORISCHE & KULTURELLE DATEN |
|---|---|
| Um 1570 v. Chr. | Beginn des Neuen Reiches in Ägypten |
| Um 1500 v. Chr. | Entwicklung der Webtechnik in Peru |
| Um 1400 v. Chr. | Entstehung der Kultur der Olmeken in Mesoamerika |
| 1379–1362 v. Chr. | Echnaton, König von Ägypten |
| 1285 v. Chr. | Vertrag zwischen Ägyptern und Hethitern, der ihre Einflusssphären festlegt |
| Um 1100 v. Chr. | Die Phönizier entwickeln die alphabetische Schrift |
| 1027 v. Chr. | Beginn der Zhou-Dynastie in China |
| 883 v. Chr. | Assurnasirpal erweitert das assyrische Reich |
| 612 v. Chr. | Zusammenbruch des assyrischen Reiches; Nabopolassar König von Babylonien |
| 550 v. Chr. | Kyros der Große König von Persien |
| 539 v. Chr. | Babylonien von den Persern erobert |
| 525 v. Chr. | Ägypten fällt an die Perser |
| 490 v. Chr. | Sieg der Griechen über die Perser bei Marathon |
| Um 475 v. Chr. | Beginn der ›Zeit der streitenden Reiche‹ in China |

*schtar-Tor aus Babylon*, )etail, um 575 v.Chr., ;lasierter Ziegel. /orderasiatisches Museum, Berlin.

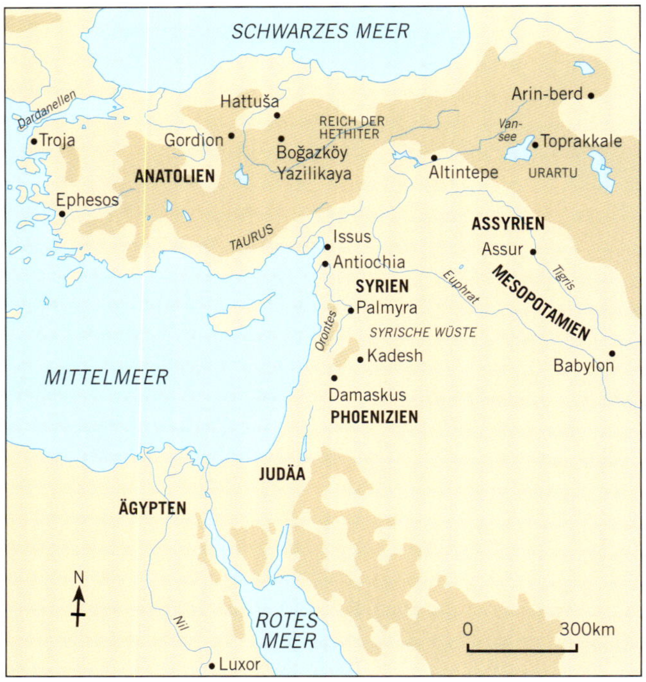


Das Alte Kleinasien.

eigene Bilderschrift verfügten, übernahmen sie die Keilschrift aus Mesopotamien und schrieben bei offiziellen Anlässen in Akkadisch, der völkerübergreifenden Sprache (ähnlich dem Lateinischen im Europa des Mittelalters). Innerhalb der Kunst sind Einflüsse aus Altägypten, bei Motiven wie der Sphinx und der geflügelten Sonnenscheibe (s. S. 93), wie auch aus Babylon und dem benachbarten Syrien nachzuweisen. Einige kleinere Kunstgegenstände sind nicht zweifelsfrei hethitischen oder syrischen Ursprungs. Trotz dieser Einflüsse besitzt die hethitische Kunst einen sehr eigenständigen Charakter.

Die Hauptstadt Hattuša nahe dem heutigen türkischen Dorf Boğazköy wurde um 1600 v. Chr. auf den verkohlten Ruinen einer früheren, zum Teil assyrischen Ansiedlung gegründet, die um 1700 v. Chr. zerstört worden war. Seit ihrer Entstehung scheint die Stadt über einen axial ausgerichteten Grundriss sowie über regelmäßige, rechteckige Gebäude verfügt zu haben, die durch gepflasterte Wege voneinander getrennt waren. Die Grundmauern von fünf Tempeln sind gefunden worden. Jeder hatte einen inneren Hof, der von vielen kleinen Räumen mit Fenstern an den Außenwänden umgeben war. Der Gesamteindruck muss daher sehr von den abweisenden, nach innen gerichteten Tempeln Mesopotamiens und Ägyptens unterschieden haben. Die eindrucksvollsten Überreste in Boğazköy und anderen hethitischen Stätten sind jedoch die um 1400 v. Chr. erbauten massiven, grob gehaltenen Mauern mit ihrer Bruchsteinfüllung und oberen Lagen aus sonnengetrockneten Ziegeln, die Kasematten und Brustwehrgänge ausbildeten. Diese Wehrbauten sind in mancher Hinsicht mit der Befestigung von Mykene und Tiryns (s. S. 75ff.) vergleichbar. In Boğazköy umgab eine ebenso massive innere Mauer die Zitadelle, die auf einer Felsanhöhe die Stadt beherrschte. Die Verteidigung stand im Vordergrund. Lange unterirdische Gänge führten vom Stadtzentrum zu den Ausfalltoren, von denen aus eine Belagerungsarmee angegriffen werden konnte. Außerdem besaßen die Befestigungsanlagen auch symbolische Merkmale.

Parabolisch gekurvte Monolithe fassten die Haupttore ein. Dem Eintretenden bot sich der Anblick von Löwen oder Sphingen, die im Hochrelief aus dem Steinblock der Torpfosten gemeißelt waren ▸ 3.2. Sie sind weit stärker in das Bauwerk eingegliedert als die Wächterfiguren Altägyptens und Mesopotamiens. Diese halb freistehenden Skulpturen haben keinerlei Vorläufer, und wenn sie später ähnlich in der Architektur Assyriens auftreten, so dürfte dies auf das Vorbild hethitischer Bauten zurückgehen. Das Relief des äußeren Pfostens des ›Königlichen Tores‹ von Boğazköy nähert sich so stark dem Vollplastischen, dass die massive Gestalt Teschubs, des Wettergottes, fast als Halbstatue hervortritt ▸ 3.1. Der stark vom Reliefgrund gelöste Kopf gibt mehr als nur die Profilansicht wieder. In ähnlicher Weise sind auch reliefierte Orthostaten (aufrecht gestellte Steinplatten an der Basis einer Mauer) bei der hethitischen Architektur erstmalig überliefert, und auch sie wurden später von den Assyrern übernommen und von ihnen verfeinert (s. S. 99ff.).

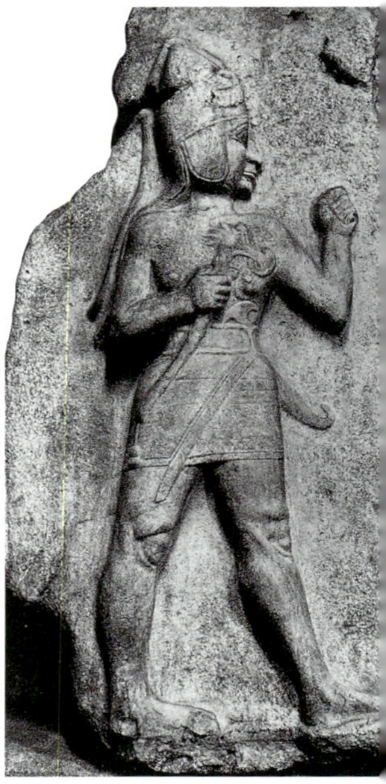

3.1 Figur eines Gottes, Königstor, Außenpfosten, Boğazköy, Türkei, um 1400 v. Chr.

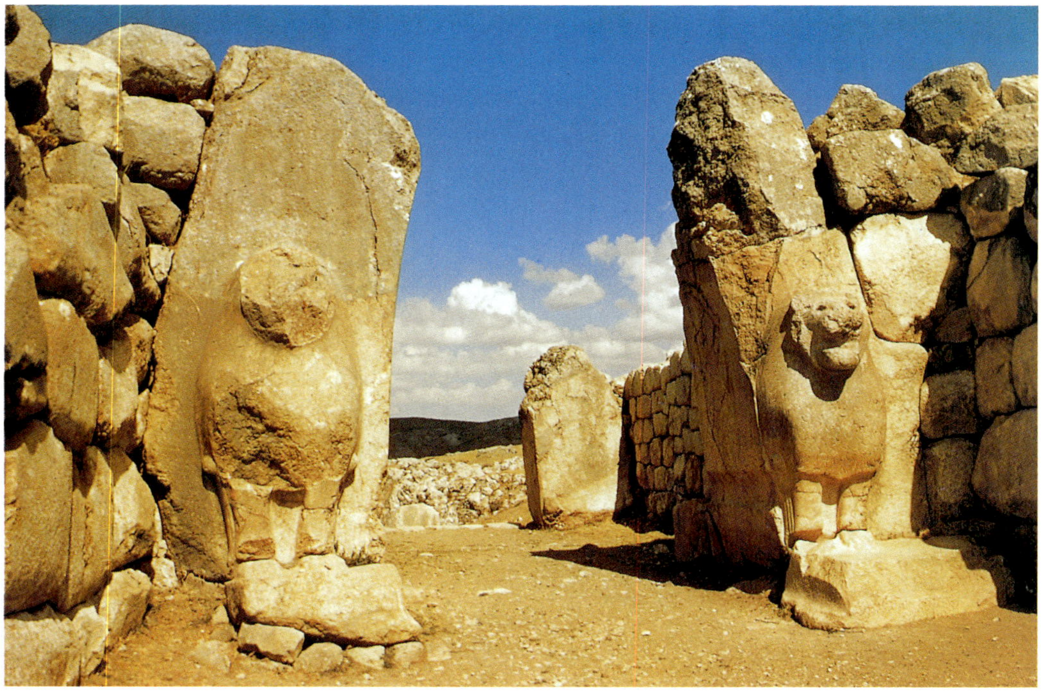

3.2 *Königstor von Boğazköy*, Türkei, um 1400 v. Chr.

In den religiösen Schriften, die auf den Tafeln aus dem königlichen Archiv erhalten blieben, sprechen die Hethiter oft von ihren ›tausend Göttern‹, unter denen der Wetter- oder Sturmgott der wichtigste gewesen zu sein scheint, verständlich bei einer hochgelegenen, vom Wind gepeitschten Region ▸ 3.3. Ihr wichtigster Altar befindet sich weniger als 3,5 km von Boğazköy entfernt in Yazilikaya, wo man eine natürliche Gebirgsbucht zu einem außergewöhnlichen Heiligtum unter offenem Himmel gestaltet hatte. Hier gab es Gebäude (von denen nur Spuren erhalten sind), die vor den sie umgebenden Bergspitzen zwergenhaft erschienen sein mussten. Die Erhabenheit des landschaftlichen Hintergrundes vermindert jedoch nicht die Kraft der verhältnismäßig kleinen, in die Felswand gemeißelten Reliefs, die – trotz ihrer Rahmung in abgegrenzten Flächen – mit den latent vorhandenen Kräften im Felsinneren verbunden scheinen. Zwei langgestreckte, rechteckige Bildflächen stellen Götter und Göttinnen, offenbar in einer Prozession, dar. Eines der besterhaltenen Bildhauerwerke befindet sich in einer Felsspalte oder -kammer und zeigt König Tudhaliyas IV. (um 1250–1200 v. Chr.), den ein Gott mit langem Gewand und hohem gehörnten Hut beschützt ▸ 3.4. Der ägyptische Einfluss ist hier bei der geflügelten Scheibe ersichtlich, die die Hieroglyphen mit der Bedeutung ›Meine Sonne, mein Großer König‹ krönt und die, wie im Alten Ägypten, den mit dem Königtum verbundenen Aspekt der Sonnengottheit andeutet. Gott und König stehen beide in der sogenannten ›ägyptischen Körperhaltung‹, die natürlich im gesamten Nahen Osten verbreitet war. (Die Prozession der Göttinnen in Yazilikaya in reinem Profil gehört zu den wenigen Ausnahmen.) Dennoch ist der Gesamteindruck dieser Bildhauerarbeit deutlich von dem altägyptischer Reliefs verschieden; sie besitzt nichts von deren eleganter Linienführung. In ihrer robusten, körperintensiven Auffassung ist der Bezug zum Vollplastischen stärker. Zudem offenbart das Relief mit König Tudhaliyas eine andere Auffassung des Geistigen. Etwas feierlich Religiöses und zugleich zart Natürliches liegt in der Art, wie der Gott seinen Arm um den Hals des Königs legt und dessen Hand umfasst.

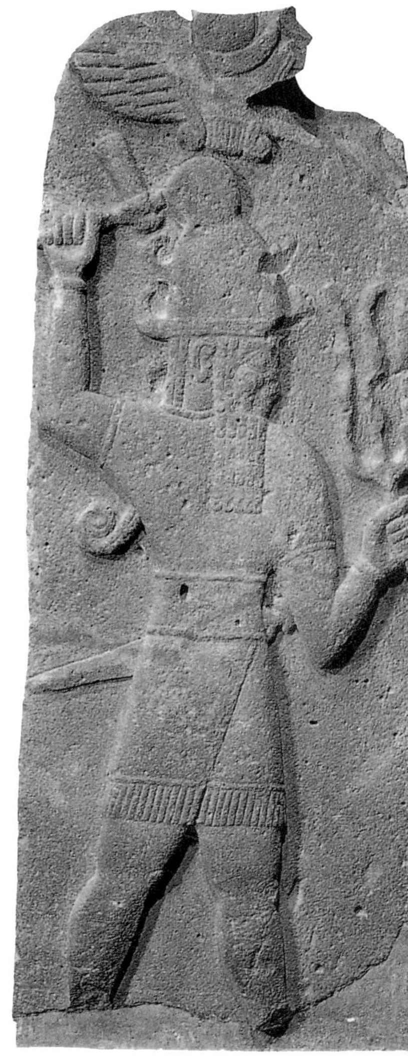

3.3 *Stele des Gewittergottes*, 9. Jh. v. Chr., Basalt, Höhe 206 cm. Louvre, Paris.

3.4 *König Tudhaliyas IV. von einem Gott beschützt*, Yazilikaya, Türkei, 1250–1220 v. Chr., Höhe ca. 213 cm.

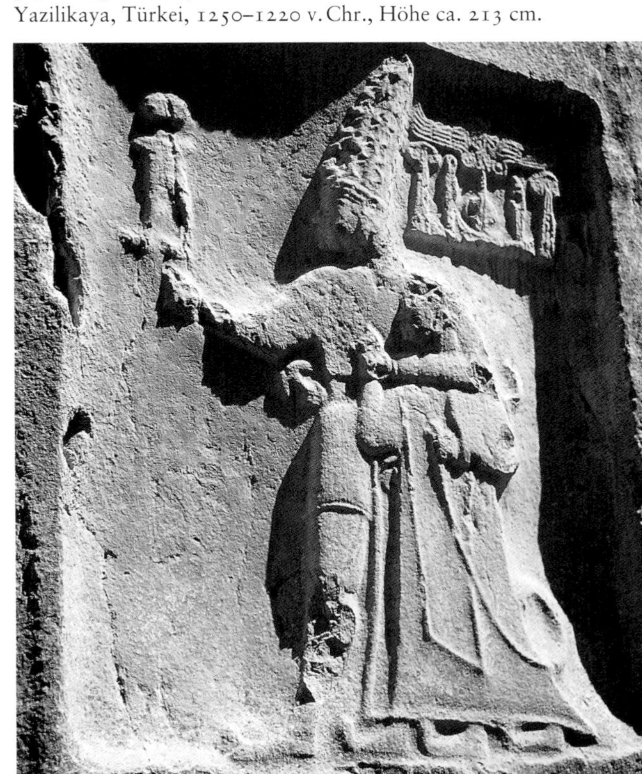

## *Die Entdeckung des Eisens*

Kraftvolle Reliefskulpturen und massiv befestigte Städte sind Beiträge der Hethiter zur Kultur des Nahen Ostens. Für Tierstatuetten verwendeten sie auch Bronze und die aus Gold und Silber bestehende Legierung Elektrum. Jedoch werden diese Errungenschaften von einer kaum zu überschätzenden technischen Neuerung in den Schatten gestellt: der Eisenherstellung. Eisen wurde in Anatolien spätestens seit dem 15. Jahrhundert v. Chr. hergestellt. Eisenerz wird überall auf der Welt gefunden. Wenige Kulturen der Bronzezeit aber waren gleichermaßen mit Kupfer und Zinn ausreichend versorgt, um die Legierung Bronze herzustellen, ohne eines der beiden Metalle importieren zu müssen. Da der Außenhandel ein königliches Privileg war und auch die Minen von den Herrschern monopolisiert waren, konnte die Versorgung mit Bronzegeräten und -waffen kontrolliert werden. Zur Eisenproduktion benötigte man nur die leicht zugänglichen Erze, einen einfachen Kohleofen und das Wissen, dass die poröse Masse, zu der sich das Erz unter der Hitze verwandelte, durch Hämmern in Barren verdichtet und dann zu Sicheln, Pflugscharen, Lanzen und Schwertern geschmiedet werden konnte. Armeen konnten auf

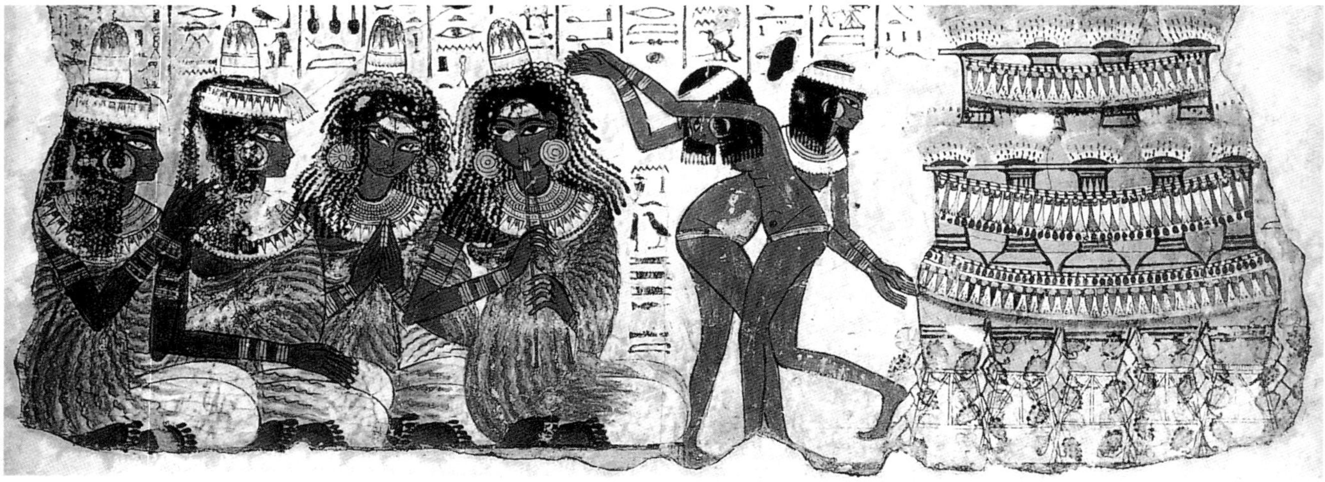

3.5 Bankettszene aus dem Grab des Netamun, Theben, um 1400 v. Chr., bemalte Stuckatur, Höhe 63 cm. British Museum, London.

diese Weise einfacher als bisher ausgerüstet werden. Die Rüstung der Kulturstaaten verlor ihre Überlegenheit, die ihnen die Bronzewaffen verschafft hatten. Eisen ist überdies härter als Bronze und schwerer zu brechen. Anscheinend haben die Hethiter den neuen Werkstoff jedoch nicht künstlerisch gestaltet, obwohl er den Baumeistern und Bildhauern eine Reihe neuartiger Werkzeuge zugänglich machte.

Auch die Waffen aus Eisen konnten das Auseinanderfallen des hethitischen Reiches um 1200 v. Chr. nicht verhindern. Dies geschah in einer unruhigen, von Völkerwanderungen heimgesuchten Zeit, in der auch die helladische Kultur in Griechenland unterging.

## Das Neue Reich im Alten Ägypten

In der als das Neue Reich bekannten Ära (1570–1085 v. Chr.) – unter der Pharaonenherrschaft der 18., 19. und 20. Dynastie – erreichte Ägypten den Gipfel von Macht und Reichtum. Die Künste wurden verschwenderischer als jemals vorher oder nachher gefördert. Die Periode begann mit der Vertreibung eines asiatischen Volkes – später Hyksos genannt –, das sich während der Spätzeit des Mittleren Reiches in Unterägypten niedergelassen und um 1670 v. Chr. in der Deltaregion die Macht ergriffen hatte. Nachdem die Hyksos etwa um 1570 v. Chr. vertrieben waren, verfolgte Ägypten eine aggressive Expansionspolitik. So wurde Nubien mit seinen Goldminen unterworfen. Noch vor 1500 v. Chr. rückten die Ägypter westlich nach Libyen und östlich nach Asien vor, einmal sogar bis zum Euphrat, und schufen dadurch ein Imperium aus tributpflichtigen Satellitenstaaten, das sogar das hethitische Reich im Norden übertraf.

Die imperiale Expansion brachte Ägypten in engeren Kontakt mit den Bronzekulturen in der Ägäis und dem Nahen Osten. In der Kunst tauchten einige fremde Motive auf, vor allem das aus dem Mykenischen bekannte Bild der Pferde, die zweirädrige Streitwagen ziehen und sich dabei aufbäumen. Zu wichtigen Neuerungen in der Kunst gelangte das Neue Reich jedoch autonom, insbesondere bei der Grabmalerei, die nunmehr die Verstorbenen in freier aufgefassten Alltagsszenen zeigte.

Ein Lieblingsthema der 18. Dynastie waren Bankette, die lebendig, bisweilen sogar ausgelassen dargestellt wurden. Ein Gemäldefragment aus einem Grab in Theben zeigt eine Musikantengruppe und ein nacktes Mädchen beim Tanzen ▸ 3.5. Darüber steht der Text eines Frühlingsliedes:

*»Der Erdgott hat seine Schönheit jedem Körper eingepflanzt. Der Schöpfer hat dieses mit seinen zwei Händen als Balsam für sein Herz getan. Die Kanäle sind von neuem voller Wasser. Und das Land ist mit seiner Liebe erfüllt.«*

Die Inschrift eines anderen Grabes behandelt das Thema der Todesgewissheit als Aufforderung, die Freuden des diesseitigen Lebens zu genießen:

*»Folge deinem Begehren, solange du lebst,*
*Salbe dein Haupt mit Myrrhe und trage*
*vorzügliches Linnen,*
*Parfümiere dich mit den unverfälschten Wundern*
*göttlicher Öle!*
*Genieße, soviel du kannst …*
*Denn ein Mensch kann seinen Besitz nicht*
*mit sich nehmen.*
*Weil von denen, die scheiden, niemand zurückkehrt.«*

Diesseitigkeit und Lebensbejahung kommen in Text und Bild gleichermaßen zum Ausdruck. Da die Grabmalereien für die Augen der Lebenden bestimmt waren, besaßen die Künstler mehr Freiheit, von den Regeln und Schemata abzuweichen, auf denen die halbmagische Kraft der Grabbeigaben, der gemalten und gemeißelten Figuren, beruhte (s. S. 63ff.). Die Skizze einer Akrobatin auf einem Steintäfelchen (das Ostrakon genannt und anstelle von Papyrus für Skizzen, Notizen usw. verwendet wird) offenbart, wie weit die naturalistische Darstellungsweise gehen konnte ▸ 3.6.

Das ziemlich bröcklige Gestein der nahe Theben, der Hauptstadt des Neuen Reiches, gelegenen Totenstadt mit den privaten Grabanlagen eignete sich schlecht für die Bildhauerei,

3.6 *Ostrakon mit Akrobatin*, um 1180 v. Chr., bemalter Kalkstein, Länge 16,8 cm. Museo Egizio, Turin.

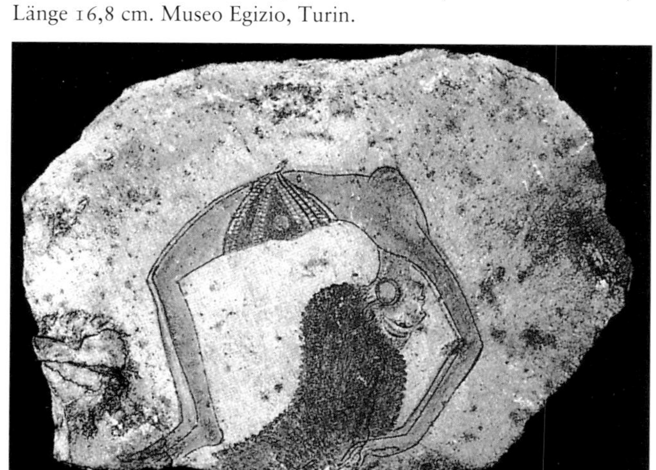

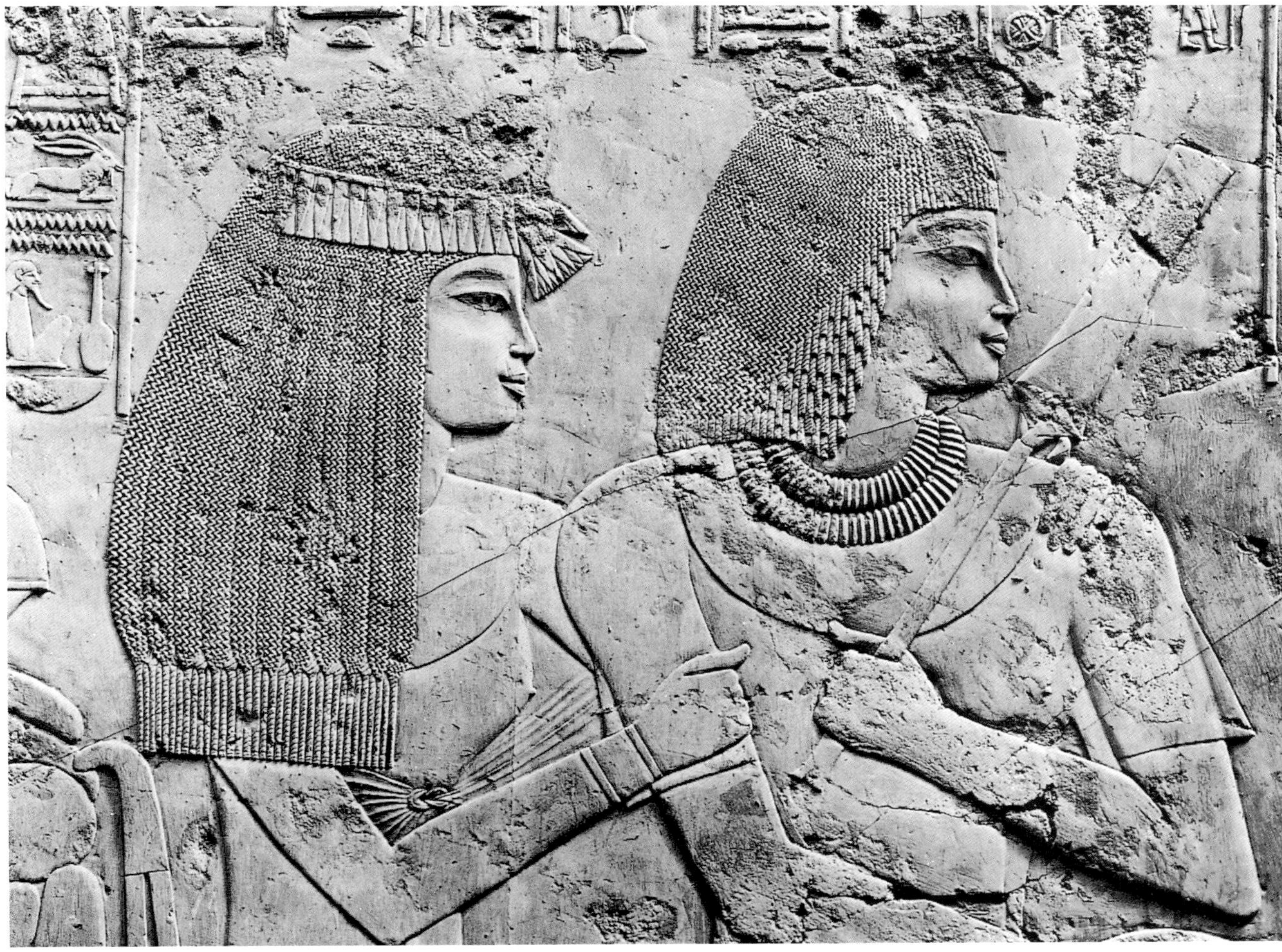

3.7 *Ramoses' Bruder und dessen Frau*, um 1370 v. Chr., Kalksteinrelief im Grab des Wesirs Ramose, nahe Theben.

so dass mehr Malereien als Reliefs entstanden. Gewöhnlich diente ein über die Wände der Grabstätten gelegter Putz als Malgrund. Als Ausnahme besteht das Grab von Ramoses (Wesir von Amenophis III., 1417–1379 v. Chr., und Amenophis IV. 1379–1362 v. Chr.) aus einem überdurchschnittlich festen Gestein, so dass der Vorraum mit kunstvollen Reliefs geschmückt werden konnte. Der Bruder und die Schwägerin Ramoses' sind mit außergewöhnlich beseeltem Kontur wiedergegeben ▸ 3.7. Mit viel Sinn für raffinierte Wirkungen sind die Gewänder hauchdünn und fast durchscheinend, so dass die darunter liegenden Körperumrisse sichtbar wurden, ein Kunstgriff, der im Neuen Reich seinen Ursprung zu haben scheint.

Andere Reliefs folgen einer abweichenden Technik, die ihre Wurzeln im Alten Reich hatte, aber erst im Neuen Reich Verbreitung fand – die des versenkten Reliefs. Dabei werden die Umrisse in den Stein gekerbt und die Figuren hinter die Vorderfläche zurückgeschnitten ▸ 3.8. Diese Technik, die oft bei im Freien sichtbaren Dekorationen monumentaler Bauwerke angewandt wurde, nutzte die Schlagschatten des Sonnenlichts zur besonderen Konturierung. Die sich ergebende stärkere Kontrastwirkung führte besonders bei entfernterem Blickpunkt zu einer verbesserten Fernwirkung der Darstellungen. Das versenkte Relief war auch arbeitssparend, denn es befreite den Bildhauer von der Notwendigkeit, den gesamten Hintergrund abtragen zu müssen. Die Verbindung von Klarheit und wuchtiger Einfachheit im Gesamtentwurf einerseits und verfeinerter Detailbehandlung andererseits ist für die gesamte Kunst des Neuen Reiches, für die Rundskulptur wie für das versenkte Relief, charakteristisch.

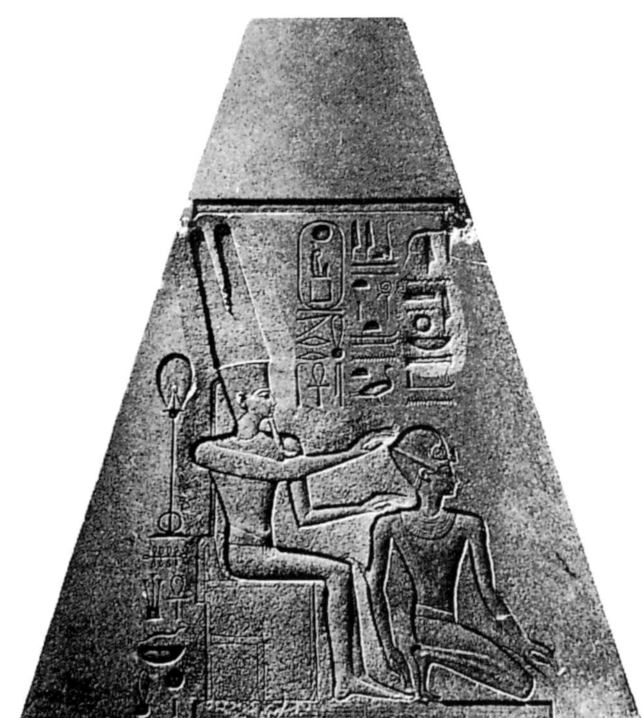

3.8 *Königin Hatschepsut*, um 1480 v. Chr., versenktes Relief auf gestürztem Obelisk, Karnak.

QUELLEN UND DOKUMENTE

## Thutmosis unterweist seinen Wesir

Hieroglypheninschriften auf den Reliefs im Grab des Ramoses ▸ 3.7 beschreiben seine Stellung als Wesir, höchster Beamter des Reiches, unter Amenophis III. und seinem Nachfolger Amenophis IV., der sich den Namen Echnaton gab. Doch nicht alle Inschriften haben sich erhalten; ein umfangreicheres Verzeichnis der Pflichten eines Wesirs findet sich in dem nahe gelegenen Grab seines Vorgängers Rekhmire, dem Wesir von Thutmosis III. Die Leitung der Justiz war die wichtigste Funktion des Wesirs, und Rekhmire wurde von Thutmosis folgendermaßen belehrt:

*»... errege dich nicht zu Unrecht über einen Menschen, sondern nur über den Sachverhalt, über den man sich zu Recht erregen sollte; sei Ehrfurcht gebietend; lass sie dich fürchten, denn ein Prinz ist ein Prinz, vor dem man Angst hat. Siehe, die wahre Furcht vor dem Prinzen bedeutet, dass er Gerechtigkeit übt.«*

Der Wesir war zugleich Chef der Polizei, Außenminister und zusammen mit dem Schatzmeister Verwalter der Finanzen des Reiches. Auch die Architektur und die Künste unterstanden seiner Verantwortung, und er musste sogar persönlich die Arbeit der königlichen Kunsthandwerker überwachen, die »*... die Gefäße für die göttlichen Gliedmaßen schufen und die Vasen aus Gold und Silber auf jedwede kunstfertige Weise vervielfältigten, die von Dauer ist... das asiatische Kupfer bringen, das Ihre Majestät in den Siegen von Retenu eroberte, um damit die beiden Türen des Tempels des Amun von Karnak zu gießen. Der Boden dieses Tempels war mit Gold ausgelegt wie der Himmelshorizont ... die Truhen aus bestem Elfenbein, Eben-, Johannisbeerbaum-, Merueichen- und Zedernholz hergestellt.*«

Beim Bau des Amuntempels in Karnak wurden Kriegsgefangene als Ziegelbrenner und Ziegelleger eingesetzt, die der Inschrift zufolge »mit geschickten Fingern arbeiteten«. Rekhmire überwachte ihre Arbeit »*... und sorgte unter den Eroberten für Wachsamkeit, die hören, was man von diesem Beamten sagt, der ein erfahrener Baumeister ist und ihren Anführern Anweisungen gibt. Sie sagen: ›Er versorgt uns mit Brot, Bier und allem Guten; er führt uns mit einem liebenden Herzen für den König.‹ Der Aufseher sagt zu den Bauhandwerkern: ›Der Stock ist in meiner Hand, gebt euch nicht dem Müßiggang hin.‹* «

Das Amt des Wesirs war reich dotiert, wie die üppig ausgeschmückten Gräber von Rekhmire und besonders Ramoses zeigen. Bei einer Inschrift im Gang zum Grab des Ramoses dürfte es sich um eine Selbstrechtfertigung handeln:

*»Ich bin in Frieden in meinem Grab angekommen, mir wurde die Gunst des Guten Gottes zuteil. Zu meiner Zeit diente ich der Freude des Königs; ich habe keine einzige Vorschrift missachtet, die er ausgesprochen hat, ich habe das Volk nicht betrogen, auf dass ich mein Grab im großen Westen von Theben erhalten möge.«*

J. H. Breasted, Ancient Records of Egypt, Chicago 1906, II

### *Die Architektur des Neuen Reiches*

Im Neuen Reich fand die Architektur zu einem neuen charakteristischen Gepräge. Es wurden keine Pyramiden mehr gebaut. Zum Schutz gegen Grabräuber wurden die Pharaonen nunmehr in ausgeschachteten Grabstätten bestattet. Im Tal der Könige, der Theben gegenüberliegenden westlichen Wüste, reichten die versteckten Stollen manchmal bis zu 150 m in den Berghang hinein. (Der Name Theben, der griechischen Ursprungs ist, bezieht sich sowohl auf die alte Stadt der Lebenden am Ostufer des Nil, die jetzt teilweise vom heutigen Luxor bedeckt wird, als auch auf die Stadt der Toten auf der gegenüberliegenden Seite, ein ausgedehntes Gelände mit Kult- und Grabstätten.) Dennoch blieb nur das Grab Tutanchamuns unangetastet (s. S. 95). Die Grabtempel wurden von den eigentlichen Gräbern getrennt angelegt und als Demonstration königlicher Macht am Westufer des Nil auf hervorstechenden Aussichtsplätzen errichtet. Der größte und am besten erhaltene gehörte der Königin Hatschepsut, der Tochter Thutmosis' I. (des dritten Königs der 18. Dynastie) und Gattin Thutmosis' II., nach dessen Tod sie die Macht ergriff und auch dann noch behielt, als der männliche Thronfolger bereits das regierungsfähige Alter erreicht hatte. Hatschepsut, deren Alleinherrschaft von 1503–1482 v. Chr. dauerte, ist die erste uns bekannte Monarchin in der überlieferten Geschichte ▸ 3.8; 9. An der Gestaltung ihres Grabtempels hatte ihr Kämmerer und Ratgeber Sernmut, ein früherer Soldat in der Armee ihres Vaters, wesentlichen Anteil.

Der Tempel der Königin Hatschepsut ▸ 3.11 grenzte fast an den früher entstandenen Grabkomplex von Mentuhotep I. aus dem Mittleren Reich, der in ähnlicher Weise auf Terrassen errichtet worden war. Doch der Skulpturenschmuck war reichhaltiger, und man berücksichtigte noch überlegter die eindrucksvolle Lage am Fuße hoher Felsen, hinter denen das Tal der Könige liegt. Menschliche und naturhafte Architektur wurden beziehungsvoll zueinander gefügt. Vielleicht nicht zufällig liegt das Bauwerk exakt auf der gleichen Achse wie der 8 km entfernte, auf der anderen Nilseite gelegene Tempel von Karnak. Eine monumentale Auffahrt führte am Rande des Tals zu einem Vorhof mit einer von gemalten Sphingen flankierten Rampe. Sie leitet oberhalb einer Kolonnade zu einer großen Terrasse hinauf, die mit den Amun geweihten Myrrhebäumen bepflanzt war. Diese Terrasse schloss man mit einer tiefer liegenden Kolonnade ab, die von Mauern hinterfangen wurde, auf denen Reliefs Ereignisse des Lebens und der Regentschaft der Königin erzählen. Von der ersten Terrasse führte eine Rampe auf die zweite, bei deren langem Säulengang ursprünglich vor jeder Säule eine Statue der Königin stand. Dahinter befand sich ein von einer doppelten Kolonnade umgebener Innenhof, auf dessen gegenüberliegender Seite das Granittor ein in den Fels getriebenes Heiligtum Amuns verschloss. Die etwa 200 Statuen Hatschepsuts, die in den verschiedenen Höfen und Gotteshäusern standen, entfernte man nach ihrem Tode und machte sie unkenntlich. Dieses geschah wahrscheinlich auf Befehl von Thutmosis III., ihrem Stiefsohn, Neffen und Schwiegersohn, dem sie so lange den Thron vorenthalten hatte.

Die eindrucksvolle Gestaltung des Tempels der Königin Hatschepsut fand keine Nachfolge. Doch erhielt der altägyptische Tempel in der 18. Dynastie seine endgültige Form – er war nach innen gerichtet und von hohen, abschreckenden Mauern umschlossen. Kolonnaden-Höfe und vielsäulige Säle bildeten eine Raumfolge für Prozessionen. Insgesamt eine Architektur von unpersönlicher und noch immer einschüchternder Monumentalität. Diese Tempel hatten bei den Bestattungsfeierlichkeiten keine besondere Funktion. Die ersten waren Amun (oder Amon oder auch Amen) gewidmet, der ›lokalen‹ Gottheit für Theben, die mit dem Sonnengott Re vereint wurde und als Amun-Re zur ägyptischen Staatsgottheit erhöht wurde. Sein auf der östlichen Nilseite nahe Theben gelegenes Heiligtum wurde mit Gütern beschenkt, insbesondere mit Kriegsbeute, so dass es bald einen ungeheuren Reichtum versammelte (im frühen 12. Jahrhundert v. Chr. besaß es 86486 Sklaven, fast eine Million Stück Vieh, über 200000 Hektar Land sowie 65 Ortschaften und Städte – davon neun in Syrien –, von Gold und Silber ganz zu schweigen). Das ursprüngliche Bauwerk erweiterte man nach und nach zu einem der eindrucksvollsten Tempel der Alten Welt, der mit einer Länge von 370 m und einer Breite von 100 m in einem fast 25000 Hektar großen heiligen Bezirk lag ▸ 3.15. Ein zweiter, kaum weniger grandioser Tempel wurde etwa 3,5 km südlich in Luxor errichtet und Amun, dessen Frau und ihrem Sohn Khonsu gewidmet ▸ 3.10. Er erlitt weniger Veränderungen als der Tempel von Karnak, und der unter der Regentschaft von Amenophis III. (1417–1379 v. Chr.) erbaute Hypostylensaal mit seinen riesigen papyrusförmigen Säulen ist fast unversehrt erhalten geblieben ▸ 3.16. Die Tempel von Karnak und Luxor wurden durch einen Kanal und eine

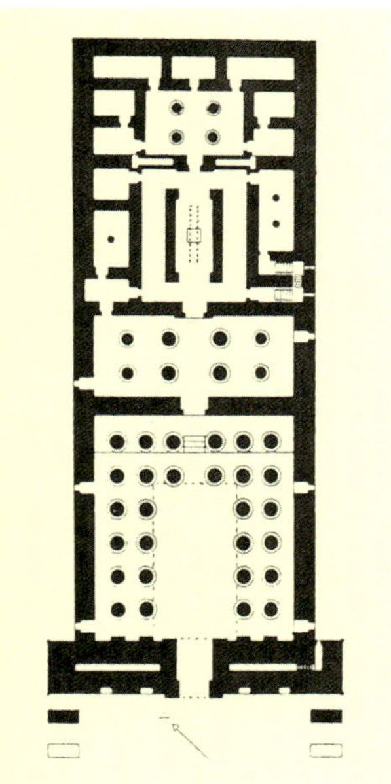

3.10 Grundriss des Khonsu-Tempels, Karnak.

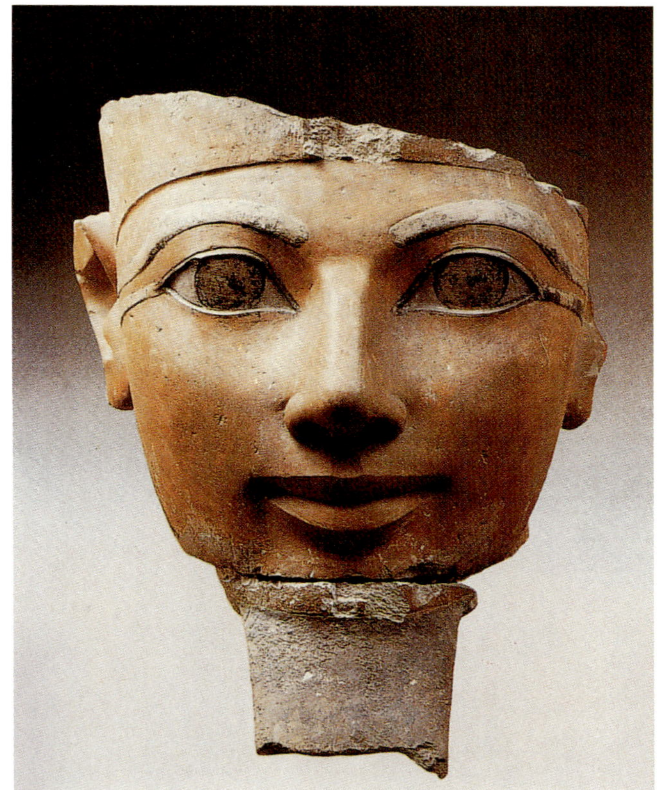

3.9 *Königin Hatschepsut*, 1490–1470 v. Chr., Kalkstein, Höhe 61 cm. Ägyptisches Museum, Kairo.

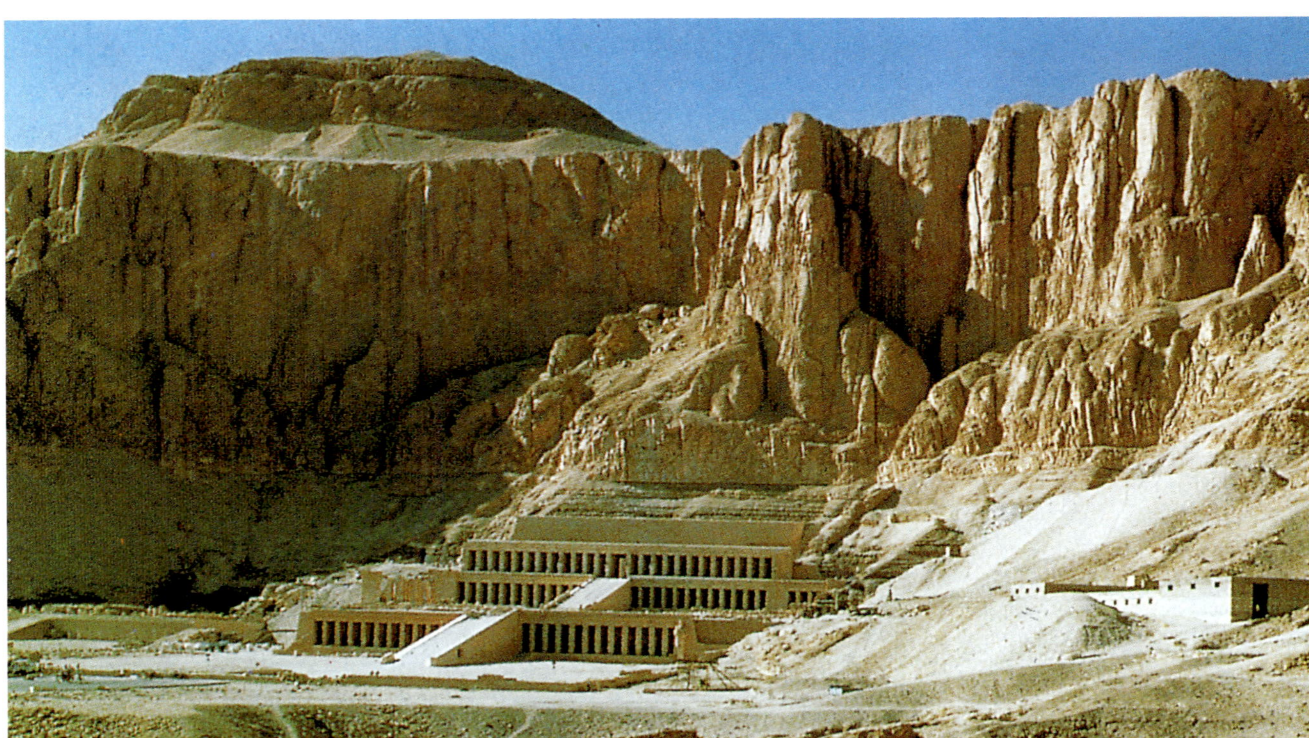

3.11 Grabtempel der Königin Hatschepsut, Deir el-Bahari, um 1480 v. Chr.

# *Hatschepsut*
# Frauen im Alten Ägypten

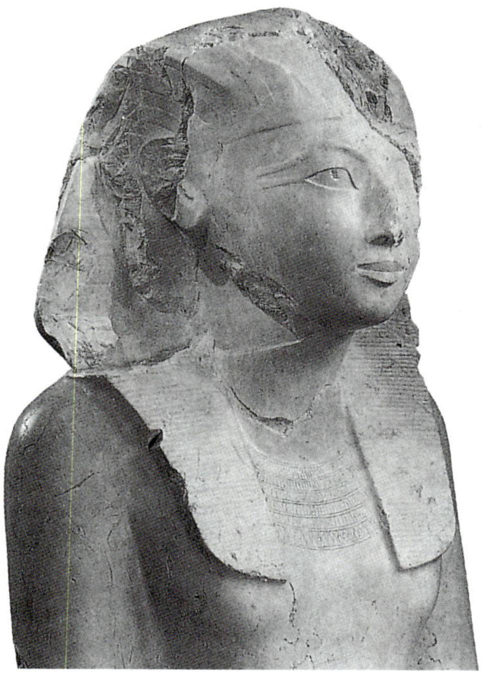

3.12 *Kopf einer Statue der Hatschepsut* (vor der Restaurierung) um 1480 v. Chr., Kalkstein, Gesamthöhe 195 cm. The Metropolitan Museum of Art, New York.

Von den verschiedenen Frauen, die im Alten Ägypten Machtpositionen innehatten, war Hatschepsut die bekannteste. Keine andere regierte das Reich so lange wie sie, und kein Grabtempel, den andere Könige errichten ließen, war so prachtvoll wie derjenige in Deir el-Bahari, den sie für ihren Vater Thutmosis I. und sich selbst baute ▸ 3.11. Sie weihte die von ihr errichteten Heiligtümer der Staatsgottheit Amun-Re (siehe S. 89), dem schackalgestaltigen Totengott Anubis und als Rind oder als Frau mit Kuhgehörn dargestellten Göttin Hathor, die sich – Fruchtbarkeitsspenderin und Beschützerin der Frauen – auf die Muttergottheiten zurückführen lässt, die im gesamten vorderasiatischen Raum verehrt wurden. Auf diese Weise wurden in Deir el-Bahari verschiedene Stränge altägyptischer Vorstellungen über Göttlichkeit und sakrales Königtum nahtlos verwoben zu einer Legitimation der Herrschaft Hatschepsuts. Dass der Tempelbau eine neuartige Form erhielt, war in diesem Zusammenhang wohl kein Zufall.

Im Neuen Reich gewannen Frauen in der königlichen Linie zunehmend an Bedeutung; dies lassen zumindest Inschriften und bildliche Darstellungen vermuten, deren Deutung allerdings vor allem bei Inschriften durch die Verbindung von frommer Fiktion und historischen Fakten nicht unbedingt zwingend ist. Vermutlich seit den Anfängen der dynastischen Zeit waren Könige und Königinnen, die in Statuen so oft Seite an Seite dargestellt wurden ▸ 2.46;47, in ihrer jeweiligen Rolle eng aneinander gebunden, genauso wie die Götter und Göttinnen in den Schöpfungsmythen. Die Schöpfergottheit, die beide Geschlechter in sich vereinte, zeugte durch Masturbation das erste Paar einer männlichen und einer weiblichen Gottheit, die der Luft und der Feuchtigkeit. Deren Nachkommen wiederum, Gott und Göttin der Erde und des Himmels, waren die Eltern des Gottes Osiris und der Göttin Isis, zweier zentraler Gestalten des altägyptischen Pantheons. Die Verbindung von Isis und Osiris war von grundlegender Bedeutung für das gesamte ägyptische Verständnis kosmischer Harmonie, und diese und andere derartige Ehen göttlicher Geschwisterpaare spiegelten sich auf Erden wider in den Ehen zwischen Königen und deren Schwestern, unabhängig davon, ob diese sexuell vollzogen wurden. Besondere Bedeutung in den Ritualen am Hof und im Tempel kam auch der Mutter des Königs zu, die, so besagten Inschriften, vom Gott Amun-Re geschwängert worden war. Offenbar folgte also beim Königtum die Erbfolge der mütterlichen und nicht der väterlichen Linie, obwohl die Zeugnisse wie bei so vielem im Alten Ägypten nicht eindeutig sind.

Ein Beispiel dafür, wie kompliziert die Frage der geschlechtlichen Zugehörigkeit der Monarchen und seines Stellenwerts im Alten Ägypten war, bietet eine Inschrift, mit der Amosis, der Begründer der 18. Dynastie und des Neuen Reiches, (reg. um 1570–1546 v. Chr.), eine Stele in Karnak versehen hatte. Sie war seiner Mutter Ahotep gewidmet und beschrieb diese als *»jemand, dem Ägypten am Herzen liegt. Sie hat sich um die Soldaten Ägyptens gekümmert, hat seine Flüchtlinge heimgeholt und seine Deserteure wieder eingesammelt, sie hat Oberägypten befriedet und seine Rebellen vertrieben.«* Obgleich Ahotep nur so lange königliche Macht ausgeübt haben dürfte, bis ihr Sohn die Volljährigkeit erreichte, war mit ihrer Herrschaft vermutlich ein Präzedenzfall geschaffen. Denn Ahmose Nefertari, der Hauptfrau und Halbschwester des Amosis, wurde nicht nur eine Rolle im Ritual des Amun-Re in Theben zuerkannt, sondern auch der Ehrentitel ›Gattin Gottes‹ in Verbindung mit Landbesitz, der von Müttern auf Töchter übergehen sollte. Sie war an der Bautätigkeit des Königs beteiligt, und nach ihrem Tod wurde sie in den Reihen der Arbeiter, die Königsgräber im Tal der Könige anlegten, bis zum Ende des Neuen Reiches als Göttin verehrt. Ihr Sohn, König Amenophis I., hatte keinen männlichen Erben. Ihm folgten Thutmosis I., der Vater Hatschepsuts, und – für kurze Zeit – Thutmosis II. auf den Thron. Als letzterer um 1504 v. Chr. starb, trat zwar dessen Sohn als Thutmosis III. die Thronfolge an, doch »die Geschicke des Landes lenkte«, wie ein Chronist jener Zeit festhielt, »die Gattin Gottes Hatschepsut«.

Nach etwa siebenjähriger Regentschaft legte sich Hatschepsut den Titel König zu. In dieser Eigenschaft regierte sie zwar offiziell gemeinsam mit ihrem Neffen, doch hatte sie rund 15 Jahre lang das Heft in der Hand. Als König bezeichnet und dargestellt, ist sie äußer-

3.13 Teil des Mumiensarges der Henout-oudjebou, um 1375 v. Chr., Holz, bemalt und vergoldet, Gesamtlänge 183 cm. Washington University Gallery of Art, St. Louis.

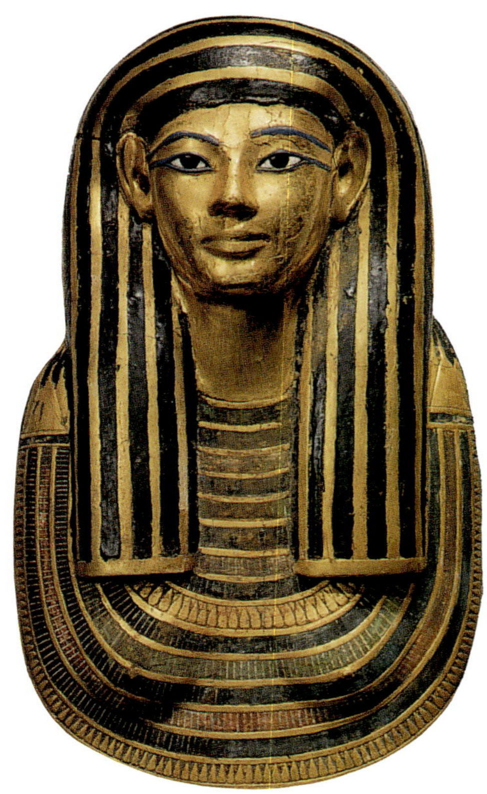

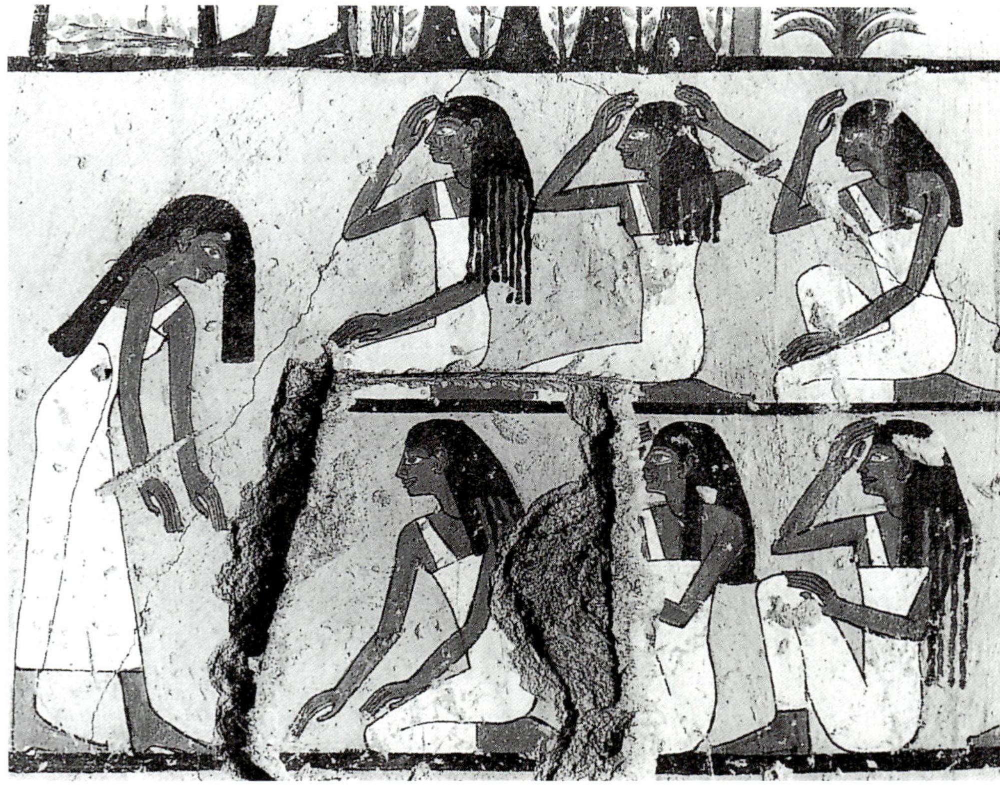

3.14 *Trauernde Frauen*, Ausschnitt einer Wandmalerei im Grab des Minnakht, Theben, um 1480 v. Chr.

lich, das heißt von der Kleidung und den Insignien der Königswürde, nicht von Thutmosis III. zu unterscheiden, wenn beide zusammen dargestellt sind. Dennoch wurde nicht versucht, ihr Geschlecht oder ihre Weiblichkeit zu verbergen. So sind bei dem erhaltenen Kopf einer Statue, einer Darstellung von ihr mit dem Kopfschmuck eines Königs, ihre feinen Züge unverkennbar weiblich ▸ 3.12. Die Skulptur wurde gegen Ende der langjährigen Herrschaft von Thutmosis III. beschädigt, als Darstellungen der Hatschepsut als König (nicht aber solche, in denen sie als Königin erscheint) unkenntlich gemacht wurden. In manchen Fällen wurde zwar die Darstellung unbeschädigt gelassen, ihr Name aber aus den Inschriften gestrichen, wie etwa auf dem Obelisken, den sie im Tempel des Amun-Re in Karnak hatte aufstellen lassen und auf dem sie vor Amun niederkniet ▸ 3.8. Die Motive für diesen Bildersturm sind unbekannt, der Verdacht fällt aber auf die männliche Priesterschaft und deren Unmut darüber, dass die Hauptrolle im Kult von einer Frau übernommen worden war.

Der Rolle der Frauen im Ritual waren Grenzen gesetzt. Im Alten und Mittleren Reich wurden Frauen der Oberschicht manchmal als Priesterinnen Hathors bezeichnet, doch selbst im Kult dieser Göttin verlasen Männer die Gebete und lag die Leitung in Männerhand. Zu Beginn des Neuen Reiches war die Priesterschaft in gleichem Maße zur Männerdomäne geworden wie der Staatsapparat, und der Titel Priesterin war nicht mehr im Gebrauch. Vielleicht als Geste des Ausgleichs wurde den Gattinnen und Töchtern von Staatsbeamten und Priestern eine untergeordnete Rolle in Hof- und Tempelritualen zugestanden. Sie wurden als ›Musikerinnen‹ bezeichnet, meist in Verbindung mit dem Namen der Gottheit, in deren Kult sie dienten. Sie leiteten Gruppen von Frauen, vermutlich niedrigen Standes, die die Sistrum genannte Rassel schüttelten, das Tamburin schlugen und in die Hände klatschten, während der Priester den Gottesdienst leitete – zweifellos im Wesentlichen nicht anders als bei heutigen Hochzeiten in Ägypten.

Ein überaus prächtiger, bemalter, vergoldeter und mit Glasinkrustationen verzierter Mumiensarg aus Holz wurde, wie die zahlreichen Aufschriften besagen, angefertigt für Henout-oudjebou, ›Musikerin des Amun‹, Gattin und ›Herrin des Hauses‹ des Schreibers Hatiay, der seinerseits ›Verwalter des Tempelbezirks des Aten‹ war ▸ 3.13. Diese für die Zeit durchaus nicht ungewöhnliche Verbindung von Titeln deutet an, wie Frauen höheren gesellschaftlichen Ranges ihre Zeit zwischen religiösen Ritualen und häuslichen Angelegenheiten teilten. Nach ihrem kunstvoll gestalteten Mumiensarg zu urteilen, muss Henout-oudjebou relativ wohlhabend gewesen sein, und vermutlich verfügte sie über Bedienstete, die unter ihrer Aufsicht Speisen zubereiteten, Leinen webten etc. In Alltagsszenen, die sich auf den Wänden von Grabstätten dargestellt finden, werden derartige Hausarbeiten von dem verstorbenen Mann beaufsichtigt, während dessen Gattin (sofern dargestellt) züchtig hinter ihm steht. Überhaupt sind im Bilderschmuck, mit dem die überwiegend für Männer angelegten Gräber ausgestattet wurden, Frauen stark unterrepräsentiert. Am häufigsten noch tauchen sie auf in Darstellungen von Trauerriten, die sie mit traditionellen Trauergesten zeigen ▸ 3.14, oder in Festmahlszenen, in denen sie entweder als – vollständig bekleidete – Verwandte oder Musikerinnen zu sehen sind oder als tanzende Mädchen, die lediglich Halsschmuck und Gürtel um ihre schlanken Hüften tragen ▸ 3.5. Nacktheit deutete auf einen niedrigen gesellschaftlichen Rang hin. In diesen Bildern sind Ehepaare immer zusammen dargestellt, und zwar der Mann vor seiner Gattin ▸ 3.7. In Gruppen wiederum erscheinen Männer und Frauen stets voneinander getrennt. Inwiefern diese Darstellungen den Realitäten des gesellschaftlichen Alltags entsprechen, lässt sich nicht sagen. Ganz unzweifelhaft aber war das Alte Ägypten eine von Männern dominierte Welt: Nur Männer waren des Lesens und Schreibens kundig und konnten Beamte werden. Gleichwohl spiegelten sich religiöse Vorstellungen von der wechselseitigen Abhängigkeit des männlichen und weiblichen Prinzips bis zu einem gewissen Grad im Alltag wider. So war es Frauen jeden Ranges gestattet, Privateigentum zu erben und zu besitzen. Zumindest in dieser Hinsicht erfreuten sie sich im Alten Ägypten einer größeren Selbständigkeit als in irgendeiner anderen frühen Hochkultur.

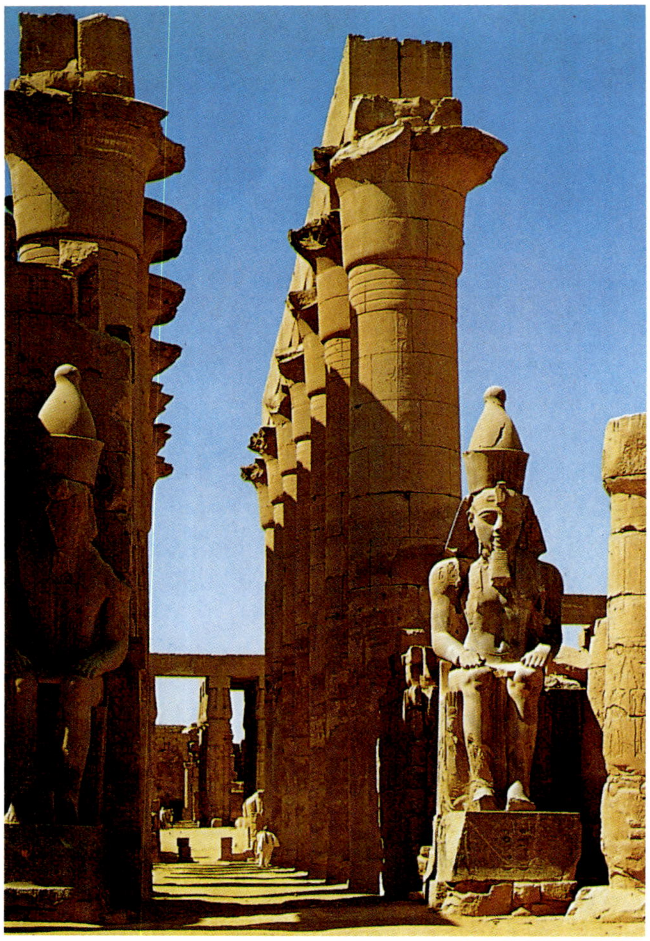

3.15 Tempel des Amun-Re, Luxor, 1417–1379 v. Chr.

Sphinxallee verbunden, von der sich noch Hunderte der Fabelwesen in situ befinden. Beim großen Jahresfest zu Ehren Amuns führte man dessen Abbild auf einer Barkasse von Karnak nach Luxor, damit er ›seinen Harem besuche‹.

Wie alle altägyptischen Tempel waren auch diese in erster Linie als Schauplatz für Rituale gestaltet worden. Die Architekten hatten sich ausschließlich auf die Gestaltung des Inneren konzentriert, zu dem – daran sollte man sich erinnern – nur wenige Auserwählte Zugang hatten. Das Äußere weist keine vereinheitlichte Ansicht auf – bestand es doch manchmal nur aus kahlen Mauern, die in Karnak einen Umfang von über 1,6 km haben. Das einzig Markante war der Eingang durch einen von Zwillingstürmen flankierten Torweg, Pylon genannt, der in steinerner Form zuerst im Neuen Reich auftrat. Allerdings sind die wenigen gut erhaltenen Beispiele sehr viel später entstanden ▸ 3.27. Man erbaute den Pylon, der oft ›Himmelshorizont‹ genannt wurde, in der Regel so, dass die Außenseite nach Westen ausgerichtet war, damit der Pharao mit der aufgehenden Sonne durch das Tor seinen feierlichen Einzug hielt. Das Tempelinnere war streng spiegelsymmetrisch konzipiert, als Abfolge von säulenumstandenen Höfen und Sälen, die nach und nach zum innersten Raum anstiegen. Die Wirkung auf diejenigen, die den schmalen, sich immer mehr verengenden Weg mit niedriger werdenden Decken und Dämmerlicht langsam hinaufschritten, muss überwältigend gewesen sein.

Die Konstruktionsweise besteht aus der einfachsten Kombination von tragenden und gestützten Elementen (obwohl sich bei den wenigen erhalten gebliebenen Ziegelbauten Altägyptens zeigt, dass man auch andere Techniken beherrscht

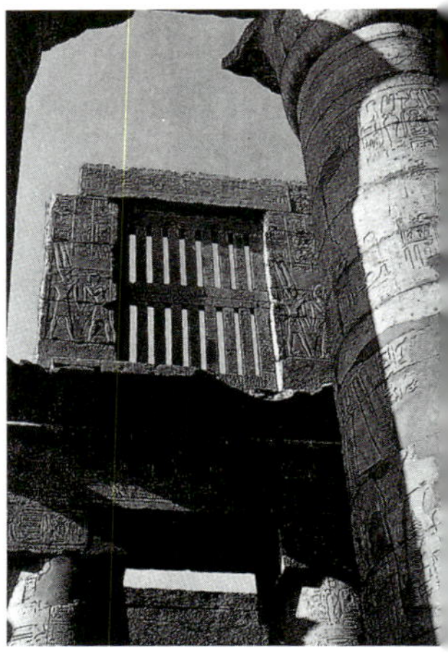

3.16 Hypostylensaal im Tempel des Amun, Karnak, 1417–1379 v. Chr.

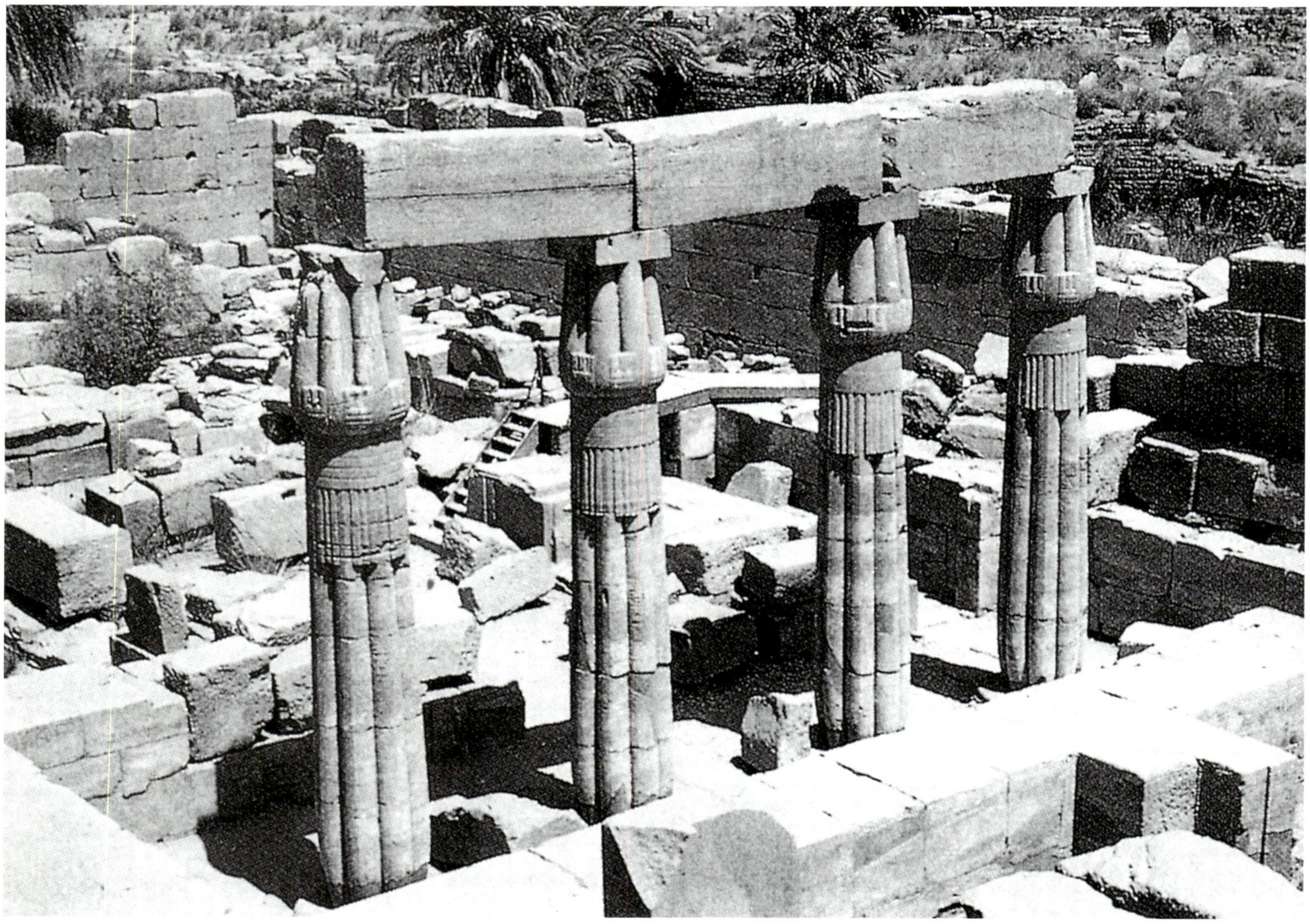

3.17 Papyrussäulen des Vestibüls im ›Botanischen Garten‹ von Karnak.

hatte: In Theben gibt es Tonnengewölbe aus Backstein mit einer Spanne von mehr als 4 m). Riesige horizontale Steinplatten wurden von wuchtigen Säulen getragen, die gebündelte Papyrusstämme nachahmten ▸ 3.17. Diese strebten von der Basis auseinander und waren oben gleichsam zusammengebunden oder zu palmblättrigen Kapitellen ausgewachsen. Die Säulen standen so dicht, dass sie eine Wand zu bilden schienen. Die stützende Funktion der Säulen wurde nicht betont. Eher scheint man diese durch Horizontalstreifen aus versenkten Reliefs und Hieroglyphen überspielt zu haben. Die Wände selbst wurden mit farbig gefassten Reliefs geschmückt.

Der verschwenderische Umgang mit Gold und Farbe muss diesen Innenräumen ursprünglich eine überwältigende Üppigkeit verliehen haben. Sie wurden jedoch wie die Grabkunst nicht für die Lebenden geschaffen. Viele der in den Tempeln eingemeißelten Bilder und Inschriften waren für das Auge nur schwer zugänglich, und einige blieben wegen der Dunkelheit völlig verborgen. Sie hatten die Ehrfurcht des Pharao vor dem Gott zu verkünden, dessen leibgewordener Sohn er war. Vom Pharao hingen Wohlstand und Gedeihen des Reiches ab. Dies schien die Monumentalität solcher Bauwerke zu rechtfertigen. Der Gedanke ewiger Dauer stand im Zentrum. Amenophis III. beschrieb einen Tempel, den er bauen ließ, als »ewig währende Festung aus kostbarem weißen Sandstein, der durchgängig mit Gold bearbeitet ist. Ihr Fußboden ist mit Silber verziert und alle Eingänge mit Elektrum. Sie ist sehr weitläufig und groß angelegt und für immer errichtet worden ... Aus Elektrum geschmiedete Fahnenstangen sind davor aufgestellt; der Pylon ähnelt dem Horizont im Himmel, wenn Re in ihm aufsteigt.«

## *Echnaton*

Während der Herrschaft Amenophis' III. gewann ein neuer Kult zunehmende Bedeutung, der des Aton bzw. der Sonnenscheibe. Dieser wurde von seinem Sohn und Nachfolger Amenophis IV. offiziell übernommen, der sich in Echnaton, ›dem Aton wohlgefällig‹, umbenannte (1379–1362 v. Chr.). Echnaton erklärte Aton zum einzigen Gott und verbot nach einem Streit mit der Priesterschaft die Anbetung Amuns und anderer Staatsgötter. Diese Bekehrung von der Vielgötterei zum Monotheismus brachte auch die Vorstellung von einem nichtanthropomorphen Gott mit sich. Der neue Kult war nämlich um die sichtbare Sonnenscheibe zentriert, der Spenderin von Licht, Wärme und Leben. Aton wurde als Sonnenausstrahlung dargestellt, wobei die Strahlen in menschliche Hände mündeten ▸ 3.21. Doch die innere Überzeugungskraft dieses Kultes wird in den Hymnen besser wiedergegeben, die man für Dichtungen Echnatons hielt. Eine dieser Hymnen enthält recht verblüffende gedankliche und sprachliche Parallelen zu den sechs bis sieben Jahrhunderte später entstandenen hebräischen Psalmen, und es sind gewisse Berührungen zwischen der Aton-Verehrung und der hebräischen Religion vermutet worden. Die berühmte ›Hymne an Aton‹ ist sicher die erste rein monotheistisch ausgerichtete Dichtung der Weltliteratur. Ihr Thema ist die allumfassende Liebe Gottes zu all seinen Geschöpfen.

Es versteht sich von selbst, dass der Aton-Kult nicht in dunklen Innenräumen, sondern im Tempel unter freiem Himmel zelebriert wurde. Der größte Tempel entstand in Echnatons neuer Hauptstadt Echetaton, dem jetzt Tell el-Amarna genannten Ort, über 320 km nilabwärts von Theben entfernt ▸ 3.20. Er bestand aus einer Reihe großer Höfe, die durch

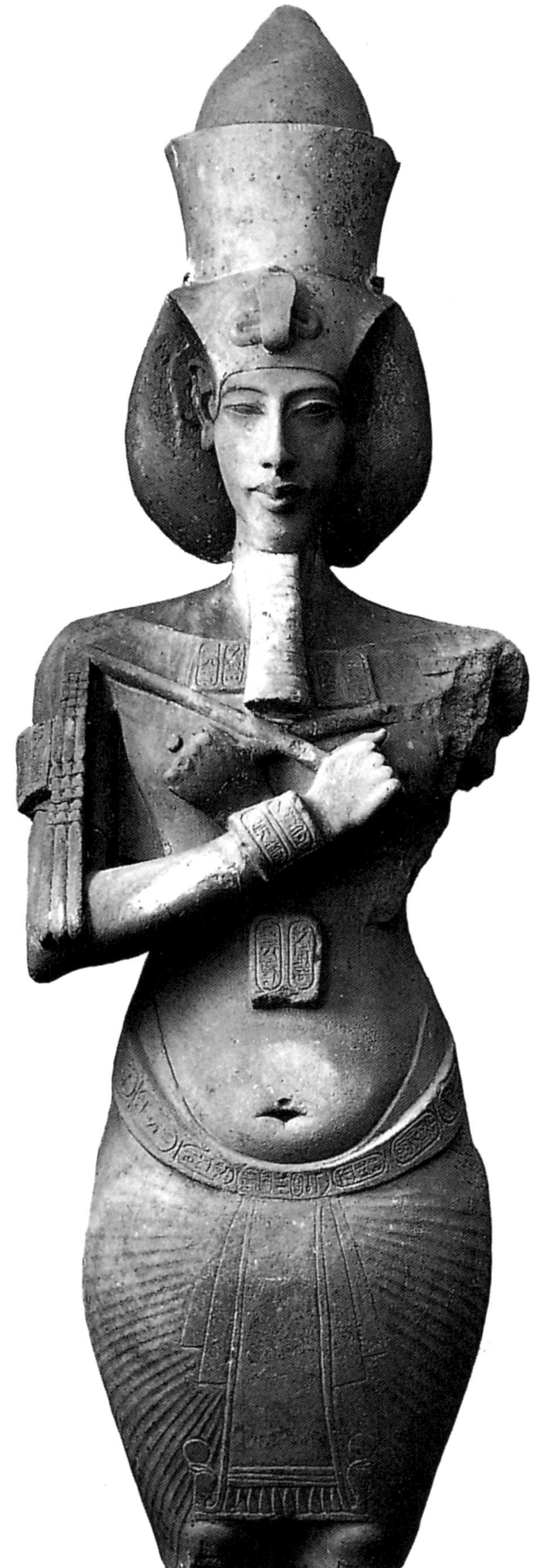

3.18 *Echnaton*, Kolossalstatue aus Karnak, um 1375 v. Chr., Sandstein, Höhe 396 cm. Ägyptisches Museum, Kairo.

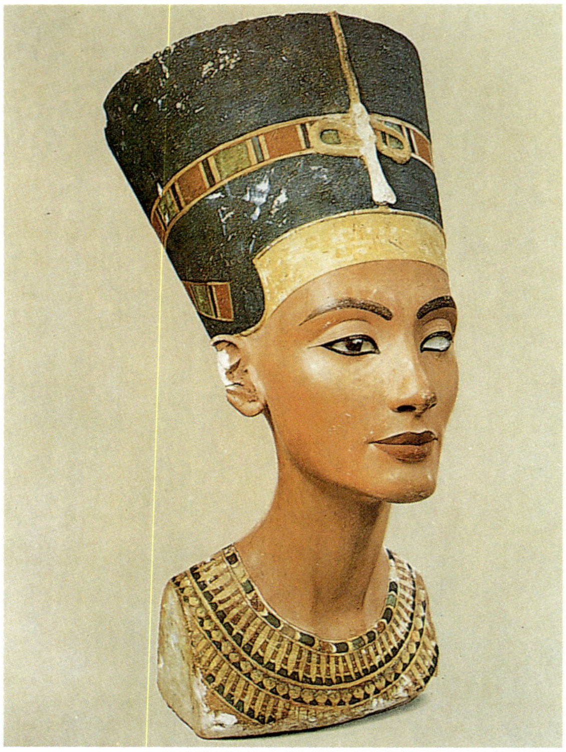

3.19 *Nofretete*, um 1360 v. Chr., bemalter Kalkstein, Höhe 48 cm. Ägyptisches Museum, Berlin.

3.21 *Echnaton und seine Familie beten zu Aton*, Alabasterrelief aus Tell el-Amarna, 1365–1349 v. Chr., Höhe 102 cm. Ägyptisches Museum, Kairo.

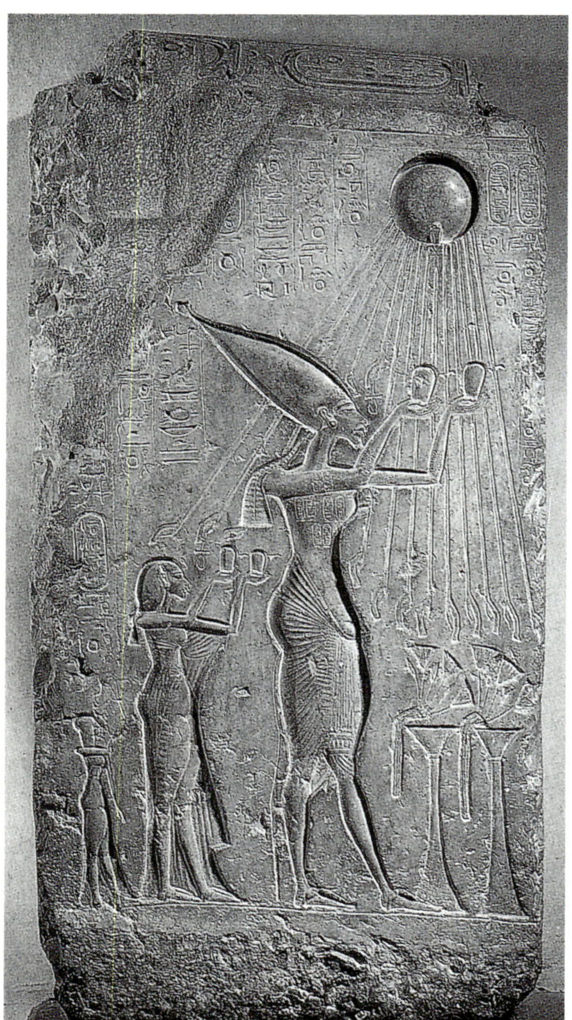

Pylone miteinander verbunden waren und über 20 Hektar bedeckten. Um ihn herum wurde eine blühende Gartenstadt mit einem Amts- und einem Wohnpalast der königlichen Familie sowie geräumigen Häusern für die Höflinge erbaut. (Die Arbeiter wurden in gesonderten Stadtteilen mit gitterförmigem Grundriss untergebracht.)

Es gibt keinen deutlicheren Hinweis darauf, wie ausschließlich die Künste Altägyptens der Monarchie dienten, als die Malerei, Skulptur und Architektur der kurzen, siebzehnjährigen Herrschaft Echnatons. Zwar war bereits in der vorangegangenen Kunst des Neuen Reiches eine Tendenz zu größerem Naturalismus sichtbar, doch die Förderung durch Echnaton führte zu ihrer vollen Entfaltung. Allein schon die Porträts des Pharao, allen voran die kolossalen Statuen aus dem Aton-Tempel in Tell el-Amarna, vgl. ▸ 3.18, machen den radikalen Bruch mit der Kunst der Vergangenheit deutlich. Es gibt an diesen außergewöhnlichen Königsbildern nichts Heroisches. Die individuellen Merkmale – das lange, magere Gesicht mit seinen dicken Lippen, die starklidrigen Augen und das hervorstehende Kinn, die schmale Brust und die schwächlichen Arme usw. – sind alle derart realistisch dargestellt, dass man eine medizinische Diagnose stellen konnte (eine als Fröhlich-Syndrom bekannte Drüsenkrankheit). Das überlieferte Antlitz teilt mehr von seiner Persönlichkeit mit als die schmeichelnden Masken früherer und auch späterer ägyptischer Pharaonen. Naturalistische Beobachtung wurde mit der Tradition der Stilisierung neu in Einklang gebracht. Bei den in Amarna entdeckten Grab- und Altarreliefs finden sich geradezu Karikaturen der für Echnaton charakteristischen Gesichtsmerkmale. Manche Darstellungen zeigen ihn im Familienkreis, wie er seine jüngste Tochter auf den Armen wiegt oder wie er seine Frau Nofretete umarmt, ohne indes jemals die religiöse Aura des Aton-Symbols zu verlassen.

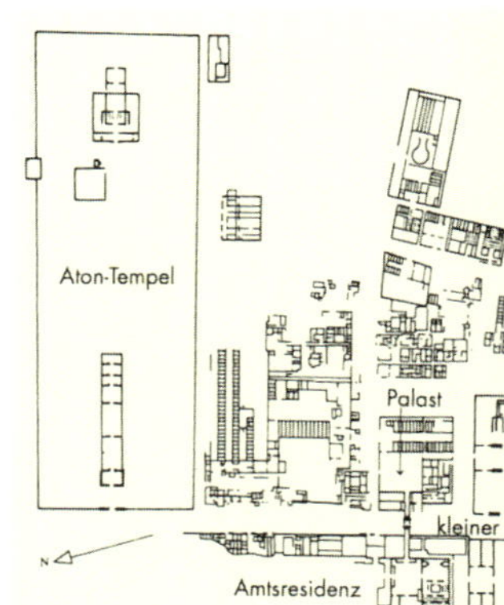


3.20 Stadtplan von Echetaton (Tell el-Amarna).

Die verschiedenen plastischen Porträts von Mitgliedern der königlichen Familie, im Atelier von Echnatons leitendem Bildhauer Thutmosis in Amarna gefunden, sind nicht weniger bemerkenswert. Hierzu gehört der zu Recht als eines der berühmtesten altägyptischen Kunstwerke angesehene bemalte Kalksteinkopf der Königin Nofretete ▸ 3.19, ein Meisterwerk skulpturaler Formgebung. Seinen Meister charakterisiert ein Höchstmaß an Sensibilität, an Einfühlung in weibliche Anmut und die jugendliche Ausstrahlung der Monarchin. Die Büste wurde wahrscheinlich als Probestück oder Modell angefertigt und nicht als abgeschlossenes Werk betrachtet. Die Endfassung hätte gewiss einige der Nuancen eingebüßt. Im selben Atelier gab es sowohl unvollendete Statuen und Köpfe aus härterem Gestein (auch einige unfertige, unbemalte Köpfe Nofretetes) als auch Tonmodelle und Gesichtsabgüsse von Lebenden und Toten. Die hier möglichen Einblicke in die alltägliche Arbeit des Bildhauers sind faszinierend. Sie verdeutlichen auch, welche Grade an Abstraktion zwischen den ersten Stufen der plastischen Ausführung und den letzten Fassungen liegen.

Der in Amarna entwickelte Bildstil lässt sich anhand des Reliefs der Rückenlehne eines Throns mit originaler Vergoldung und Farbfassung veranschaulichen ▸ 3.23. Sie zeigt Tutanchamun, Echnatons Schwiegersohn und Nachfolger, wie er auf dem Thron sitzend von seiner Frau unter dem Aton-Symbol gesalbt wird. Gegenüber der strengen Förmlichkeit früherer Hofszenen spricht sich hier viel unzeremonieller Charme aus. Die Begegnung der beiden jugendlichen Gestalten ist von Zärtlichkeit erfüllt.

Diese Tafel bildet die Rückenstütze des Throns, mit dem Tutanchamuns Grabstätte zusammen mit zahlreichen anderen Gegenständen ausgestattet wurde. Sie gewähren uns einen bedeutsamen Einblick in die luxuriöse Pracht, die die Pharaonen der 18. Dynastie umgab. (Man hat kein anderes Pharaonengrab mit unversehrtem Inhalt gefunden.) Tutanchamun, der 1346 v. Chr. die Thronfolge antrat, wurde von den Priestern veranlasst, die alte polytheistische Religion Ägyptens wiederherzustellen und die Hauptstadt zurück nach Theben zu verlegen. Daher sein Name, der Ehrerbietung gegenüber Amun ausdrückt. Tempel und andere Bauwerke Amarnas wurden niedergerissen. Eine religionspolitische Reaktion setzte ein, deren Wirkung auf die bildenden Künste deutlich am Beispiel der Totenmaske seines Mumiensargdeckels abzulesen ist, wo ihm die Attribute Osiris', des Königs des Jenseits, verliehen worden sind ▸ 3.22. Bei diesem teilnahmslosen, fast unpersönlichen Bild göttlichen Königtums ist von dem subtilen und gefühlvollen Naturalismus der Zeit Echnatons kaum eine Spur übriggeblieben.

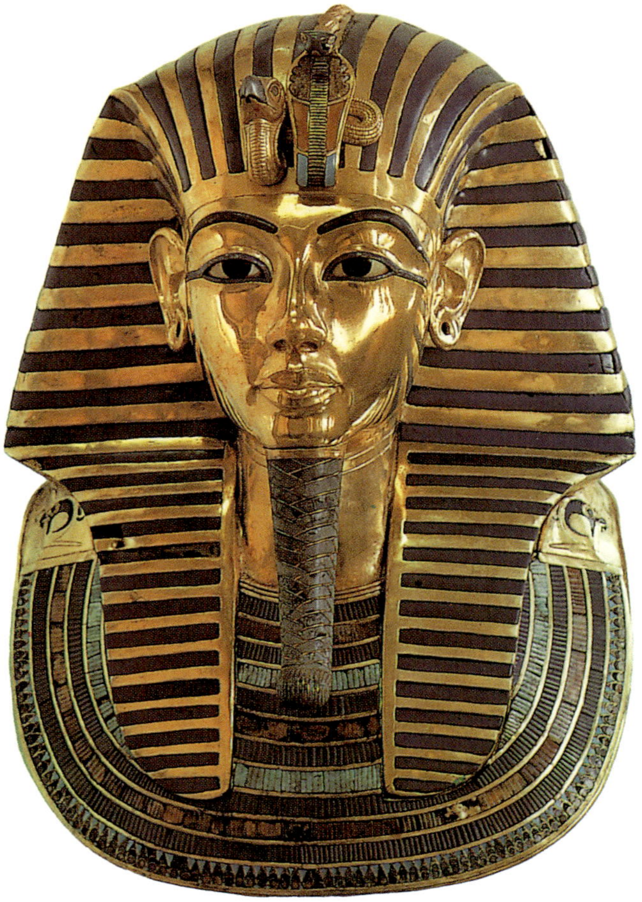

3.22 *Tutanchamun*, Gesichtsmaske des Mumiensarges aus Theben, um 1340 v. Chr., Gold, eingelegt mit Emaille und Halbedelsteinen, Höhe 54 cm. Ägyptisches Museum, Kairo.

### *Die Kunst der Ramessiden*

Die anschließende Zeit war Zeuge einer weiteren und noch radikaleren Reaktion, einer bewussten Rückkehr zu Formalismus und Traditionen vor dem Neuen Reich. Sethos I., der 1304 v. Chr. zur Macht kam und die 19. Dynastie gründete, ließ Reliefs innerhalb der Tempel von Karnak und Abydos anfertigen, die ihn in Anbetung der Götter zeigen. Reliefs der Außenwände in Karnak tragen Darstellungen des im Krieg sieghaften Pharao, der Ländereien zurückgewann, die in Asien verloren gegangen waren, während Echnaton sich von religiösen Fragen in Anspruch nehmen ließ: Sethos' Aufbruch in die Schlacht; Szenen, in denen der Feind die Flucht ergreift; seine triumphale Rückkehr und die Übergabe von Kriegsbeute an Amun. All das ist in einem Stil erzählt, den das Alte Reich geschaffen hatte. Teilweise als Folge der Häresien Echnatons scheinen es Pharaonen der 19. und 20. Dynastie für notwendig erachtet zu haben, ihre martialische Tapferkeit in Eroberungsbildern feiern zu lassen, die oft für alle sichtbar an die Außenseiten der Pylon-Torwege gemeißelt wurden. Ebenso monumentalisierte man Tempel und Statuen, um die gebieterische Macht einer absoluten Monarchie sinnfällig zu machen.

In Abu Simbel ließ Ramses II. (1304–1237 v. Chr.) einen riesigen Tempel aus dem natürlichen Fels heraushauen, der Amun, dem Gott Thebens, Re-Harachte, dem Sonnengott von Heliopolis, Ptah, dem Schöpfergott von Memphis, und ihm selbst geweiht war ▸ 3.24. Er erhielt den traditionellen Tempelgrundriss und wurde 65 m in den Fels hineingehauen. Die Fassade behandelte man wie einen riesigen Pylon, wobei der Haupteingang von vier sitzenden, etwa 20 m hohen Ramses-Statuen mit kleineren, doch immer noch überlebensgroßen Figuren seiner Familie zwischen seinen Beinen flankiert wurde. Im Inneren gab es 9 m hohe Statuen von Ramses II. und auch Reliefs, die seine Schlacht mit den Hethitern bei Kadesch in Syrien sehr detailliert schildern (s. S. 83). Der Tempel ist in der Tat ein Monument für Ramses. Da er aber selbst als leibgewordener Gott galt wurde, haftete dieser Selbstverherrlichung der Makel der Häresie nicht an. (1968 wurde der Tempel aus dem Fels herausgeschlagen und etwa 180 m landeinwärts und auf ein höheres Niveau versetzt, um ihn vor der drohenden Überschwemmung infolge des neuen Damms bei Assuan zu retten.)

3.23 Thron aus dem Grab Tutanchamuns, 1355–1342 v. Chr., Holzschnitzerei mit Gold, eingelegt mit ägyptischer Fayence, Glasmasse, Halbedelsteinen und Silber. Ägyptisches Museum, Kairo.

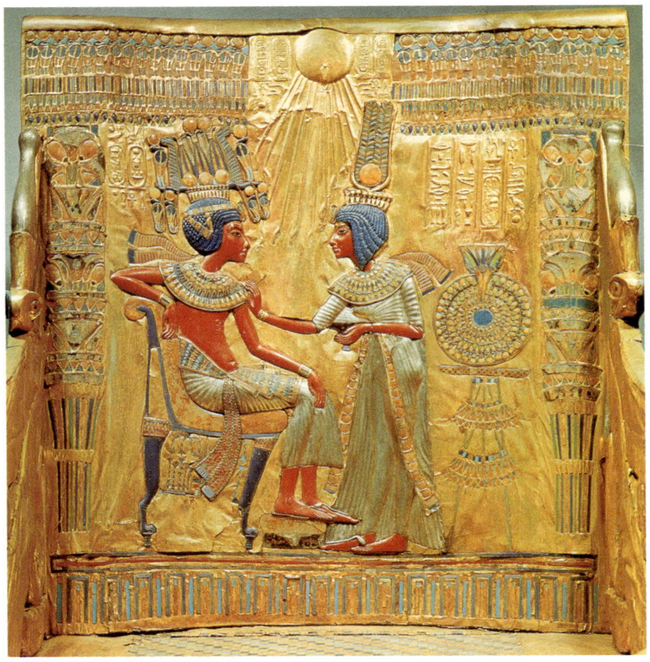

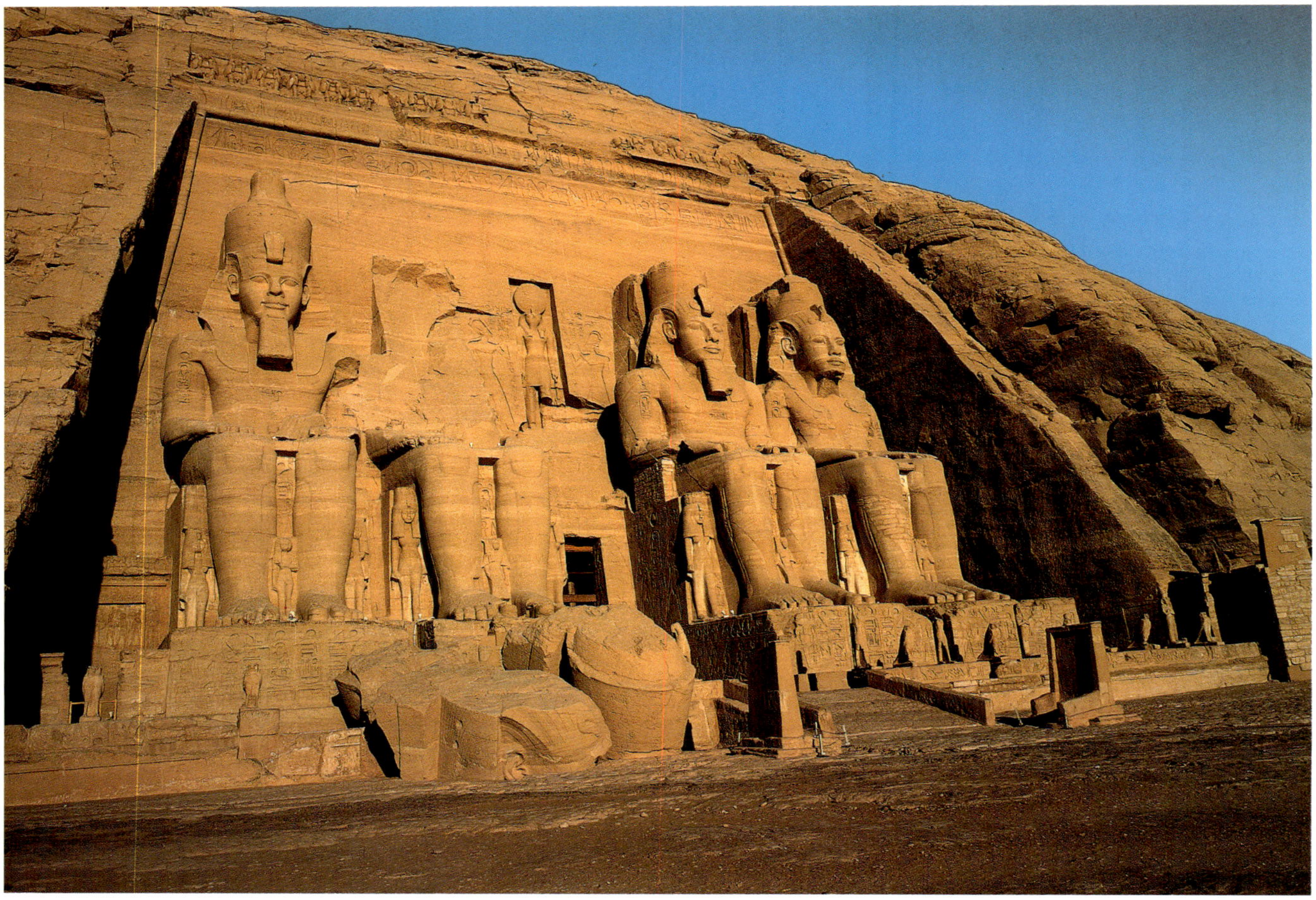

3.24 Tempel Ramses II., Abu Simbel, 1290–1224 v. Chr. Die Kolossalstatuen sind etwa 20 m hoch.

Dem bombastischen Charakter von Abu Simbel mag vom inneren Gehalt her eine gewisse Leere entsprechen, und tatsächlich begann die Macht Ägyptens vor dem Ende der langen Regierungszeit Ramses' II. zu schrumpfen. Ramses III. (1198–1166 v. Chr.) war der letzte Pharao, der im Kolossalstil bauen ließ. Der einzige Sieg, mit dem er sich auf Reliefs rühmen lassen konnte, war der über die ›Seevölker‹ von etwa 1170 v. Chr., die ein Eindringen nach Ägypten von Norden her versuchten – ein Ausläufer der Völkerwanderung, die das helladische Griechenland überflutete (s. S. 76f.) und das hethitische Reich wenige Jahrzehnte zuvor vernichtet hatte. Ramses III. hatte auch eine Invasion aus Libyen abzuwehren. Von nun an war Ägypten in der Defensive und eine Beute der Plünderer. Die sich verschlechternde politische Situation spiegelt sich vielleicht indirekt in der Grabmalerei, die nun ihren fröhlichen, unbeschwerten Charakter verlor ▸ 3.5. Den Wandel verdeutlicht das Grab eines Mannes namens Sennedjem aus spätramessidischer Zeit in Deir el-Medineh (eine von Künstlern und Handwerkern bewohnte Ortschaft, die an den Grabstätten der riesigen in der Nähe liegenden Totenstadt von Theben beschäftigt waren). Der Verstorbene ist nicht länger die vorherrschende Figur ▸ 3.26, deren Selbstbehauptung und Zuversicht gepriesen werden (vgl. ▸ 2.50). Sennedjem und seine Frau erscheinen im Vergleich zu den Götterbildern wie Zwerge. Nach ihrer Reise durch die Unterwelt, während derer ihre Seelen auf der Waagschale gewogen werden, arbeiten sie auf den Feldern des Osiris.

3.26 Grabstätte Sennedjems, Deir el-Medineh, um 1150 v. Chr.

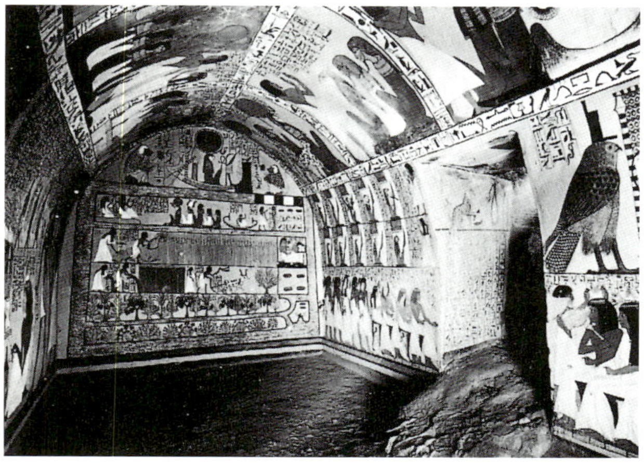

Die Sammlungen von Zaubersprüchen, Beschwörungen und Gebeten, aus denen man einen Führer für das Jenseits zusammenstellte (den Gelehrte der vierziger Jahre des 19. Jahrhunderts als *Ägyptisches Totenbuch* herausgaben), beschreiben wiederholt die abgebildete Szene ▸ 3.29, die Jahrhunderte später in den christlichen Vorstellungen vom Letzten Gericht wiederkehren sollte. Ein ›Buch der Toten‹ wurde auf Papyrus oder Leder geschrieben, zusammen mit einer *Osiris-Statuette* in eine Urne gesteckt, vgl. ▸ 3.25, und dem Sarkophag oder der Mumienhülle beigegeben, um es dem Toten zu ermöglichen, die Sonne mit Hymnen zu begrüßen. Er konnte sich mit Osiris gleichsetzen, seine persönlichen Feinde besiegen, das Krokodil und die Schlange töten oder dem Netz des Fischers entfliehen. Die Illustrationen waren in der Regel keine voneinander abgetrennten Bilder, sondern gingen ineinander über wie bei späteren Büchern in Kodexform. Eine Papyrusrolle konnte ungefähr 9–10,5 m lang sein und wurde aus dem Mark der Papyruspflanze hergestellt, das man presste, in dünne Streifen schnitt und zu einem Blatt zusammenklebte.

Während der vielen Jahrhunderte des langsamen Abstiegs Ägyptens, als es nacheinander von feindlichen Eindringlingen

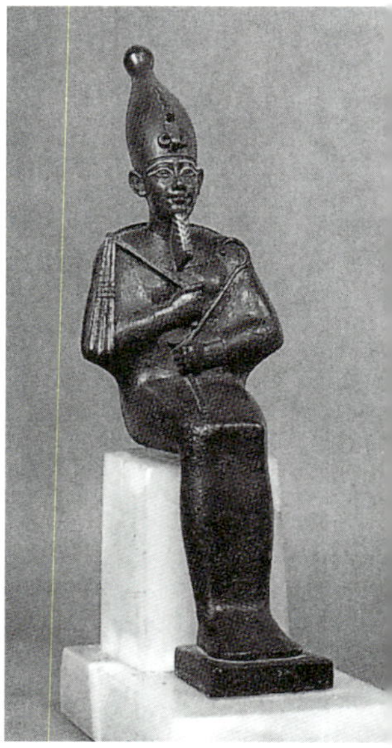

3.25 *Osiris*, 3. Jh. v. Chr., Bronze mit Goldeinlagen, Höhe 17 cm. Louvre, Paris.

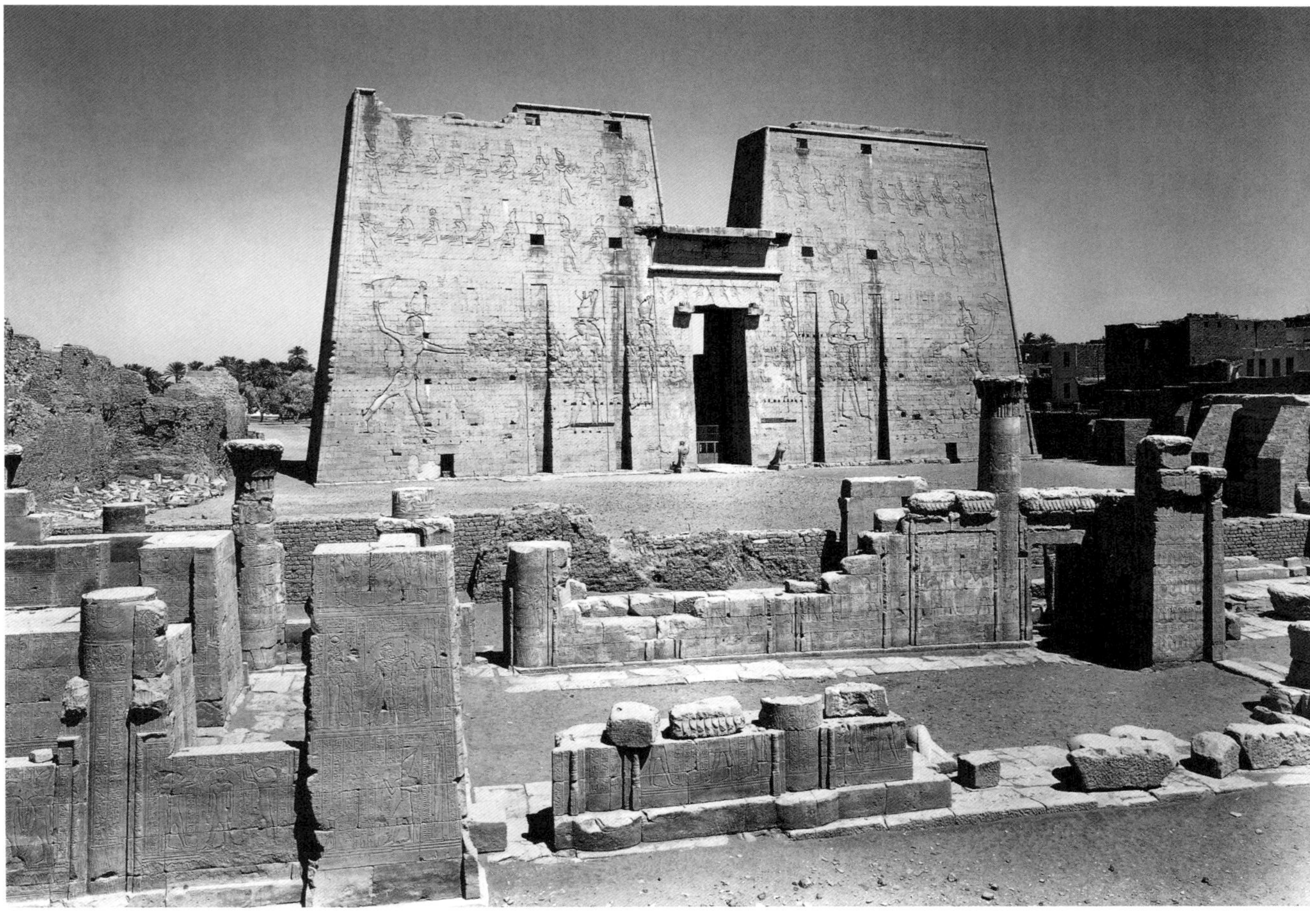

3.27 Horus-Tempel, Edfu, 237–212 v. Chr.

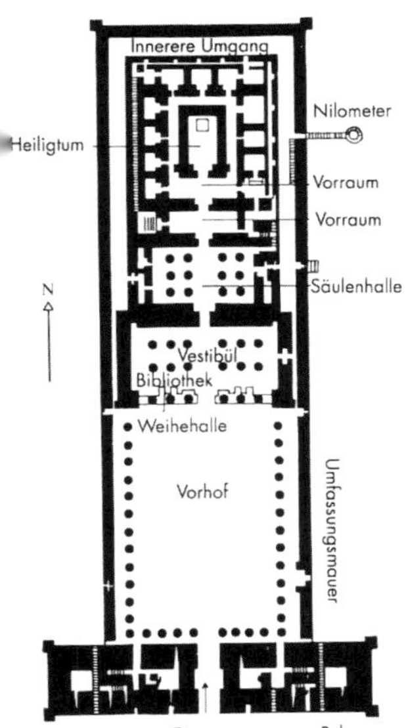


3.28 Grundriss des Horus-Tempels, Edfu.

erobert und unterworfen wurde – von den Assyrern 670–664 v. Chr., von den Persern 525 v. Chr. und schließlich von Alexander dem Großen 332 v. Chr. –, überdauerten die bildenden Künste in fast unveränderter Weise. Derart eigentümliche ägyptische Bildungen wie zum Beispiel die Würfel- oder Blockstatue oder der Pylon-Torweg in der Architektur widerstanden äußeren Einflüssen. Bei den Würfel- oder Blockstatuen sitzt die Figur so, dass die Knie bis zum Kinn gezogen und die Hände auf ihnen ausgestreckt sind, wobei nur die Füße und der Kopf aus dem Steinblock hervorragen. Ihre genaue Bedeutung ist ungewiss, obschon sie ursprünglich mit dem Osiris-Kult in Beziehung gestanden zu haben scheinen. (Rein formal orientierte Deutungen hinsichtlich der Befreiung einer innerhalb des Blocks ›gefangenen‹ Figur leiten in die Irre.) Doch sie wurden noch lange, nachdem Ägypten besetzt worden war, angefertigt. In der Architektur blieben die traditionellen Formen gleichermaßen vorherrschend. Es gibt kein besser erhaltenes Beispiel eines altägyptischen Tempels als den aus Edfu, der Horus geweiht war ▸ 3.27; 28. Der traditionelle Grundriss, dessen Hauptachse vom Eingang durch einen weitläufigen Hof und Säulenhallen zum innersten Heiligtum führt, ist unverändert übernommen worden. Die Fassade des Pylon-Torwegs entspricht dem Typus, der zur Frühzeit des Neuen Reiches entwickelt worden war, und unter den im versenkten Relief dargestellten Figuren gibt es zur Linken eine, die etwa 3000 Jahre zurückgreift – auf König Narmer, den Begründer der 1. Dynastie. Diese außergewöhnliche Langlebigkeit künstlerischer Formen ist nicht nur auf die Fortdauer religiöser Kulte zurückzuführen, für die sie hauptsächlich geschaffen worden waren, sondern auf die stete

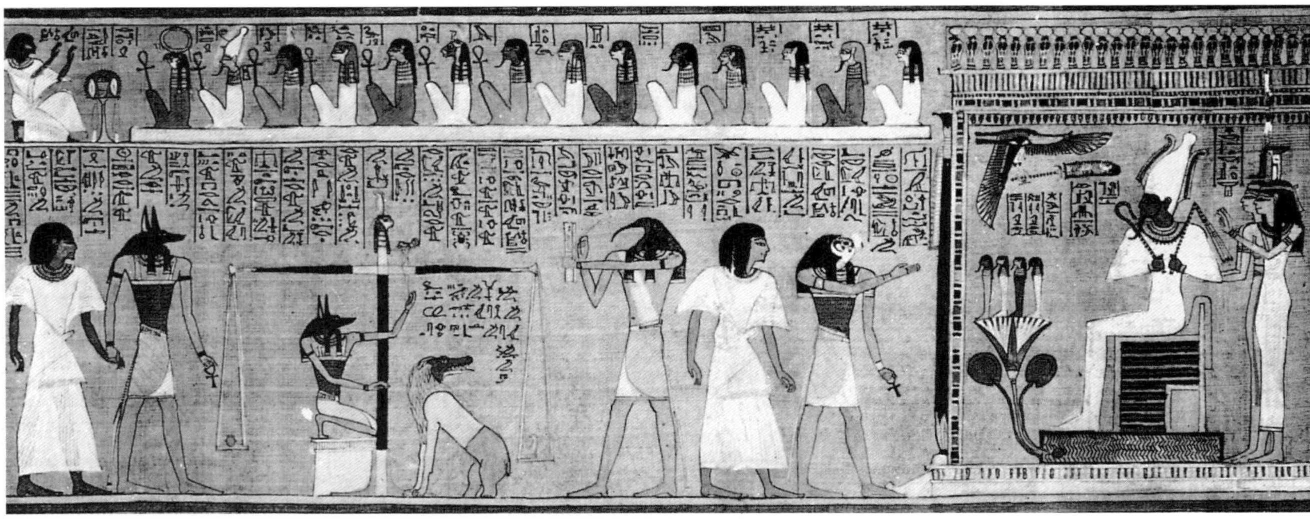

3.29 *Das letzte Gericht vor Osiris*, aus dem *Totenbuch* von Hunefer, um 1300 v. Chr., bemalter Papyrus, Höhe 7 cm. British Museum, London.

Beschäftigung der alten Ägypter mit dem Unveränderbaren und Ewigen, das ihrer Kultur zugrunde lag.

## Assyrien und Babylon

Der Name Assyrien leitet sich von einem mesopotamischen Gott, Assur oder Ashur, ab, nach dem auch eine Stadt am Tigris (etwa 100 km südlich des heutigen Mosul) benannt wurde. Diese Stadt wird im 3. Jahrtausend v.Chr. zum ersten Mal als Grenzort des akkadischen Reiches (s.S. 50ff.) erwähnt. Aber erst seit der zweiten Hälfte des 14. Jahrhunderts v.Chr. begann die Herausbildung Assyriens zu einer unabhängigen Macht. Gegen Ende des 2. Jahrtausends v.Chr. dehnten die Assyrer ihren Herrschaftsbereich rasch bis zum Mittelmeer aus, und bei einem neuen Ausgreifen während der Regierungszeit Assurnasirpals II. (883–859 v.Chr.) eroberten sie ein riesiges Reich, das sich schließlich vom Kaspischen Meer bis zum Nil und vom Taurus-Gebirge bis zum Persischen Golf erstreckte und somit die heutigen Staaten Irak, Syrien, Jordanien, Libanon, große Teile Israels sowie Regionen der Südtürkei und Nordägyptens umfasste. Die Assyrer waren ungefähr 300 Jahre lang – bis 612 v.Chr., als sie von den vereinigten Medern und Skythen überrannt wurden – die Hauptmacht im Nahen Osten und wegen der erbarmungslosen Schlagkraft ihrer mit eisernen Waffen ausgerüsteten Truppen gefürchtet. Sie lebten in ständiger Kriegsbereitschaft, und ihre Geschichte ist die einer Abfolge von Feldzügen, um ihr ausgedehntes Reich erst zu erobern und dann zu verteidigen.

Unter diesen besonderen Umständen brachten die Assyrer Werke der Kunst hervor, deren Funktion streng definiert war: Darstellung und Verherrlichung assyrischer Macht. Sie verfolgte ein ausschließlich öffentliches, offizielles und, so könnte man sagen, sogar propagandistisches Ziel. Die figürlichen Künste widmeten sich hauptsächlich den Heldentaten der assyrischen Könige und ihrer Armeen. Viele Kriegsszenen, in denen Menschen oder Tiere getötet werden, wiederholen oft stereotype Grundmuster, doch wurde hier zum ersten Mal ein wirklich erzählender Stil entwickelt. Frühere Künstler hatten zwar auch mystische Stoffe und historische Ereignisse behandelt, doch lasen sich ihre szenischen Darstellungen wie unverbundene Sätze (zum Beispiel im Ägypten des Neuen Reiches in Beni Hasan und bei den Grabstätten im Tal der Könige). Die Assyrer hingegen fanden bildnerische Mittel, um zu zeigen, wie ein Ereignis folgerichtig zum nächsten führt – wie bei einer gut erzählten Geschichte oder einer Kriegschronik. Die Realität des Kriegs mag das Bewusstsein für Zeit und Raum, von denen die narrative Kunst abhängt, geschärft haben.

Viele der auffallenden Charakterzüge assyrischer Kunst erscheinen bereits vor dem Ausgang des 2. Jahrtausends v.Chr. Von den Sumerern (s.S. 46ff.) wurde vieles, doch mit deutlichen Veränderungen, übernommen. Die in Assur erbauten Zikkurate unterschieden sich von denen Südmesopotamiens durch das Fehlen imposanter Außentreppen, so dass die vom Dach eines nahen Tempels aus oder durch ein besonderes Treppenhaus erreichbaren oberen Ebenen der Alltagswelt noch weiter entrückt waren. Zwar wurden die sumerischen Götter noch angebetet, aber sie scheinen sich von der Menschheit zurückgezogen zu haben. Auf zwei erhaltenen Reliefs werden sie durch ihre vom Himmel hinunterreichenden Hände verkörpert. Wenn sie zusammen mit Königen auftreten, sind

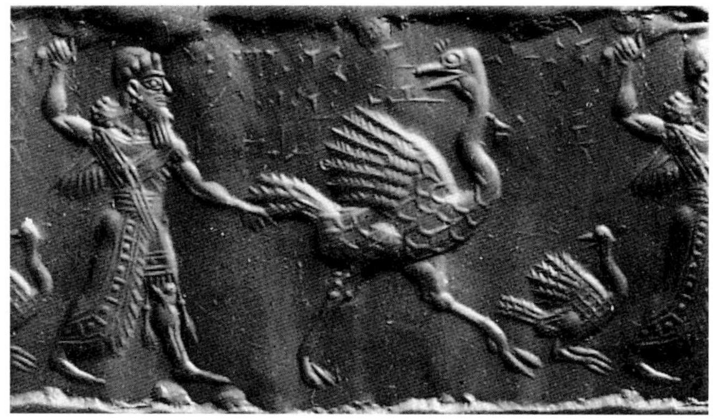

3.30 *Geflügelter Dämon beim Jagen eines Straußes*, um 1250 v.Chr., Abdruck eines Zylindersiegels. Pierpont Morgan Library, New York.

sie nicht als lebende Wesen, sondern als Statuen auf Sockeln dargestellt. Der assyrischen Literatur zufolge hatte nur der König direkten Zugang zu den Göttern. In einer größeren Gemeinschaft war er ihr Stellvertreter. Doch es gab auch übernatürliche Wesen von geringerem Rang: Geister und Dämonen, die überall lauerten und oft auf Siegeln und Schutzamuletten dargestellt wurden.

Die Siegel sind am interessantesten, weil sie auch in der Ausführung andere Kunstwerke übertreffen. Ihre Kompositionen beherrscht ein dynamischer Lebensrhythmus. Kräftig eingekerbte Figuren – Menschen, übernatürliche Wesen und Tiere – bewegen sich flink um den Zylinder herum. Auf einem springt ein Hirsch leichthufig zwischen zwei Bäumen über den Boden. Ein Löwe und ein geflügeltes Pferd stellen sich, symmetrisch angeordnet, auf die Hinterläufe. Ein Dämon mit Flügeln und fließendem Gewand verfolgt einen Strauß und sein Junges, die ihre Köpfe im Lauf zurückwenden ▸ 3.30. Ein nackter Mann zielt mit dem Speer auf einen sprungbereiten Löwen, den ein Hirsch und ein Strauß begleiten. Diese Siegel entstanden um 1250 v.Chr. und zeigen bereits die Fähigkeit, Situationen durch besondere Figurenstellungen zu dramatisieren, wie auch eine lebendige Tierwiedergabe, die für die späteren, größeren Reliefs der Paläste assyrischer Könige so charakteristisch wird.

Jeder der bedeutenderen Könige Assyriens aus der Frühzeit des 1. Jahrtausends v.Chr. ließ, um seine Macht vor Augen zu führen, entweder einen alten Palast vergrößern oder einen völlig neuen erbauen: Assurnasirpal II. (883–859 v.Chr.) in Nimrud (das heutige Kalach), Sargon II. (721–705 v.Chr.) in Dur Scharrukin (das heutige Khorsabad, ▸ 3.33), Sanherib (705–681 v.Chr.) in Ninive (das heutige Kujundschik) und Assurbanipal (669–626 v.Chr.) ebenfalls in Ninive. Der von Sargon II. erst kurz vor dessen Tod beendete und dann sich selbst überlassene Palastbau ist systematischer als die anderen ausgegraben worden. Er befand sich innerhalb einer zitadellenartigen Einfriedung am Rande einer ummauerten Stadt, die man zu gleicher Zeit errichtete und die einen Durchmesser von etwa 1,6 km hatte. Das Baumaterial bestand hauptsächlich aus Lehmziegeln, doch die Sockelzone der Mauern war mit Steinplatten, Orthostaten genannt, die ein charakteristisches Merkmal assyrischer Architektur sind, verkleidet. Der Grundriss des Palastes war auffallend systematisiert, wie es im 13. Jahrhundert v.Chr. in Assur üblich wurde. Die Höfe und Raumgruppen wurden einander nicht axial, sondern diagonal zugeordnet, so dass eine Abfolge großer Freiräume ohne beherrschende Mittelachse entstand. Von einem ersten, etwa

90 qm großen Hof führte ein Durchgang nahe der Ecke zur Ecke des zweiten, länglichen Hofs, an dessen nächstliegender Langseite sich der Thronsaal befand. Bei der Gestaltung der einzelnen Einheiten wurde die Symmetrie jedoch beachtet, speziell bei den monumentalen Eingängen.

Riesige Stierskulpturen mit Flügeln und menschlichen Köpfen, die ›*Lamassu*‹ genannt wurden – Dämonen, die böse Geister abwehren sollten –, bewachten jeden Eingang, den die Botschafter fremder Länder, Vasallen und Bittsteller auf ihrem Weg zum Thronsaal durchschreiten mussten ▸ 3.31. Ähnliche ›Lamassu‹ hielten auch an den Eingängen anderer Paläste steinerne Wache. Trotz ihrer massiven Gesamtwirkung ist die bildhauerische Feinarbeit nicht vernachlässigt. Die Locken des Bartes, die Federn der Adlerschwingen sowie die Muskeln und Adern der Beine wurden mit gleichbleibender Sorgfalt behandelt. Die frühesten Beispiele solch architektonisch eingebundener Skulpturen, die manchmal mit Löwen- statt mit Stierleibern auftraten, fand man in Nimrud; sie stammen aus dem frühen 9. Jahrhundert v. Chr. (British Museum, London). Wie wir bereits sahen ▸ 3.2, hatten schon die Hethiter Löwen und Sphingen in ähnlicher Weise an ihren monumentalen Eingangspforten aufgestellt, und auch sie hatten ihre Bauten mit reliefgeschmückten Orthostaten verkleidet. Die Assyrer verdanken den Hethitern viele Anregungen, doch ist die archäologische Forschung noch weit davon entfernt, die gegenseitigen Einflüsse in dieser Periode nahöstlicher Geschichte genau verfolgen zu können.

Einige assyrische ›Lamassu‹ zeichnen sich durch eine verblüffende Eigenart aus. Bei frontaler Ansicht stehen sie stocksteif, von der Seite betrachtet schreiten sie langsam vorwärts; das führt zu der peinlichen Konsequenz, dass die Tiere bei Schrägsicht fünf Beine haben. Man hat sie offensichtlich nicht als Rundskulptur, sondern als zwei im rechten Winkel verbundene Reliefs konzipiert. Die Hochreliefs von Geistern, die Eimer und Gießkannen für heiliges Wasser tragen, wirken in einer anderen Hinsicht unbeholfen, ebenso die Reliefs von Männern mit Löwenjungen aus Khorsabad ▸ 3.32. Ihre Köpfe ragen oberhalb der starken Bärte über die Wand heraus und sind wie ihre Oberkörper in strenger Frontalität gehalten. Jedoch bewegen sich ihre kräftigen Beine mit den starken Waden zusammenhanglos nach links oder rechts wie in der ägyptischen Kunst. Die Steifheit der Posen wird konterkariert durch den Naturalismus ihrer Hände, Handgelenke und anderer Details, besonders der Löwenjungen. Deren gesamte Körperbildung, vom zuckenden Schwanz über die krallenden Tatzen bis hin zur Schnauze, zeigt, wie sie sich dem muskulösen Griff dieser brutalen Männer – manchmal mit dem sumerischen Helden Gilgamesch identifiziert – zu entwinden suchen.

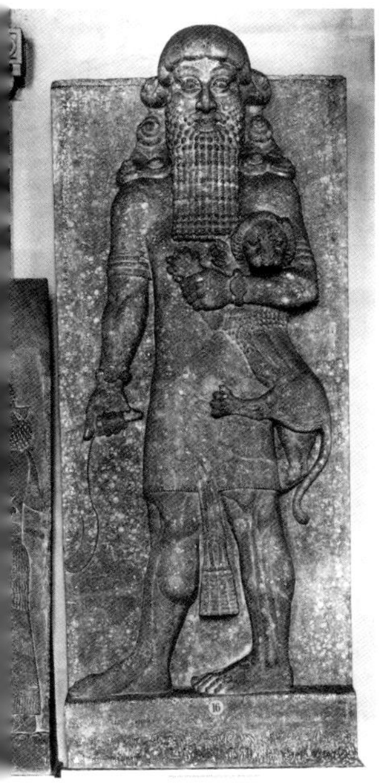

.32 *Mann mit jungem Löwen*, us Khorsabad, Irak, m 720 v. Chr., Kalkstein, Iöhe 470 cm. Louvre, Paris.

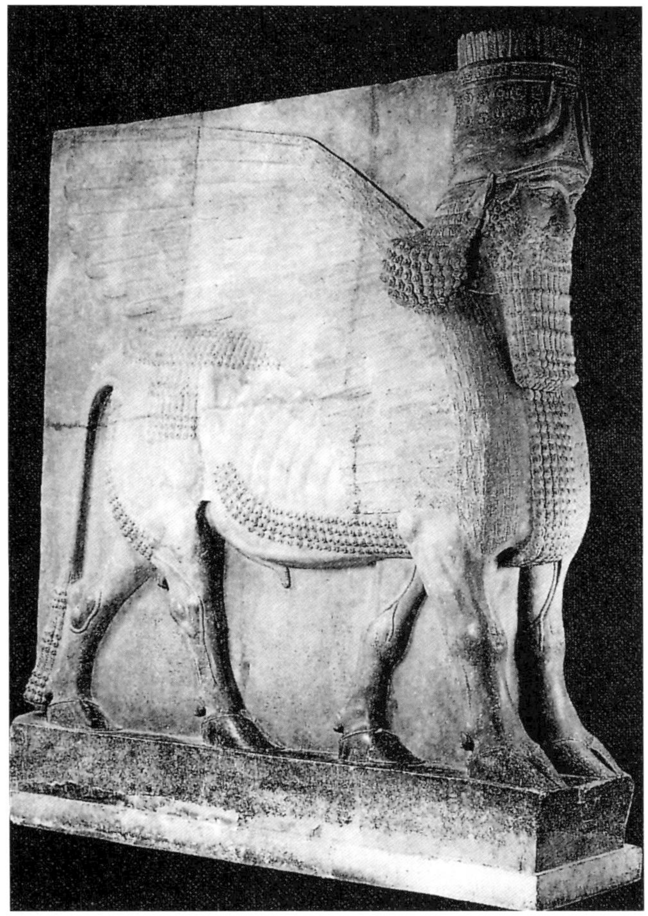

3.31 *Lamassu*, aus Khorsabad, Irak, um 720 v. Chr., Kalkstein, Höhe 421 cm. Louvre, Paris.

3.33 Rekonstruktionszeichnung des Palastes von Sargon, Khorsabad, Irak.

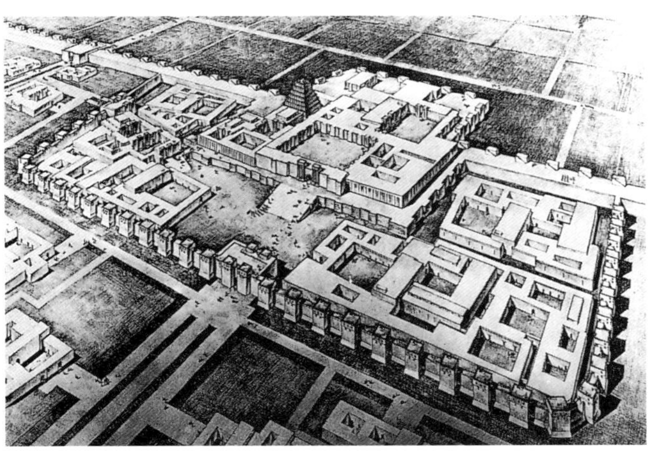

## *Das narrative Relief*

Die assyrischen Orthostatenreliefs ▸ 3.34; 35 werden in die Zeit zwischen der Assurnasirpals II. (883–859 v. Chr.) bis zu der Assurbanipals (669–626 v. Chr.) datiert. Die frühestbekannten stammen aus dem Thronsaal des Nimruder Palastes (jetzt British Museum, London). Es sind Gipstafeln, kaum höher als 2 m, von denen einige Figuren im großen Format abbilden. Die Mehrzahl ist durch ein mittleres Inschriftenband horizontal in zwei Zonen geteilt. Diese immens langen, ununterbrochenen Streifen dienten zur Darstellung der Feldzüge des Königs in einer leicht lesbaren Erzählfolge, wobei ein Ereignis das andere ablöste. Dasselbe System übernahmen die später erbauten Paläste bei unveränderter Thematik. Es war die Geschichte von Gewalttaten der Belagerung, Erstürmung und Plünderung unterworfener Städte, von geknechteten und gemordeten Kriegsgefangenen oder des rituellen Tötens von Löwen und Stieren durch den König. Nur in den wenigen Szenen, die von der Ehrerbietung gefügiger Vasallen handeln, gibt es kurze Momente, in denen die Chronik der Gemetzel unterbrochen ist. Jedoch ist der Gesamteindruck nicht monoton: Der Abwechslungsreichtum und die Lebendigkeit der vielen tausend Figuren sind außergewöhnlich. Auch wurde die Technik des Erzählens im Verlauf von zweieinhalb Jahrhunderten weitergeführt.

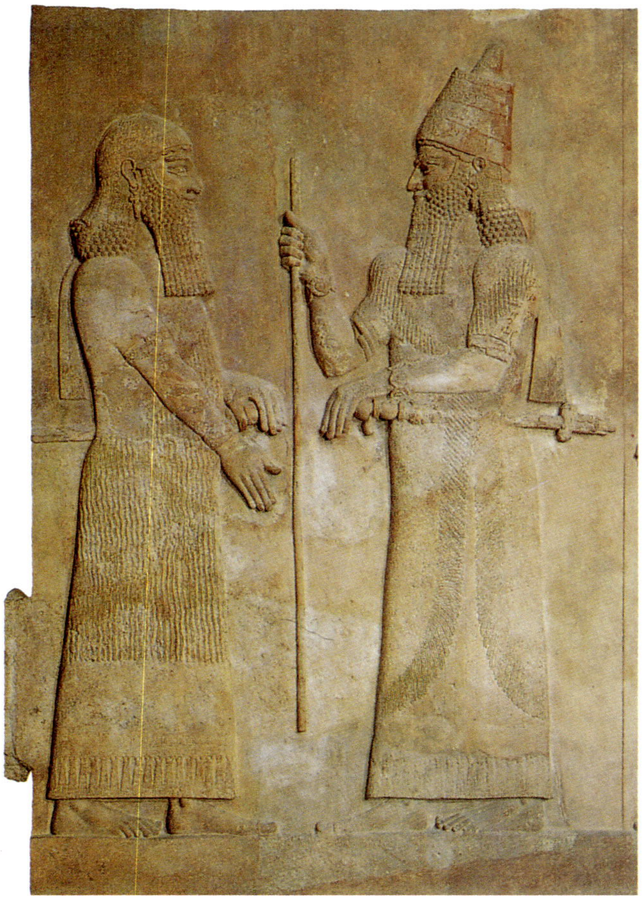

3.34 *Sargon und ein Würdenträger*, Ende 8. Jh. v. Chr., Gips, Höhe 298 cm. Louvre, Paris.

Schon im Frühstadium gab es bezeichnende Abweichungen sowohl von den mesopotamischen als auch von den ägyptischen Traditionen. Die Bilder wurden nicht mehr auf die Wand ›projiziert‹, eher scheinen sie aus dem Hintergrund, der stärker in das Bildgeschehen integriert ist, aufzutauchen. Die Figuren sind immer gleich groß, ob sie nun im Vordergrund oder auf den Türmen einer entfernten Stadt stehen, und der assyrische König ist nicht größer als seine Soldaten, auch nicht größer als seine Feinde. Der Rang einer Person wird nicht mehr durch Größenunterschiede kenntlich gemacht, stattdessen werden Größenmaßstäbe gelegentlich dazu verwendet, räumliche Perspektive anzudeuten. Man gab die Bedeutung einer Figur, gewöhnlich die des Königs, subtiler durch seine Position im Bild wieder – oft dadurch, dass er am Rand der Szene steht, auf die er schaut und seinen Bogen richtet – oder durch eine ihn und sein persönliches Gefolge wie eine Aura umgebende Leerfläche. Die Figuren stehen in der ›ägyptischen Körperhaltung‹, doch in den späteren Reliefs werden reine Profildarstellungen immer häufiger. Zur gleichen Zeit treten landschaftliche Motive aus einer schematisierten Darstellungsweise heraus und gewinnen an Detailreichtum. Auf den für Tiglathpileser III. (745–727 v. Chr.) gemeißelten Orthostaten wurde eine nahezu realistische Wiedergabe von Figuren im Raum erreicht. Ein Relief zeigt, wie die Bevölkerung einer eroberten Stadt umgesiedelt wird ▸ 3.37. Das Gleiche verfügte Schalmaneser, der, nach dem *Zweiten Buch der Könige*, »Israel nach Assyrien fortbrachte«.

3.35 *Belagerung einer Stadt durch die Truppen Tiglathpilesers III.*, 744–727 v. Chr., Kalkstein, 82 x 77 cm. Eremitage, St. Petersburg.

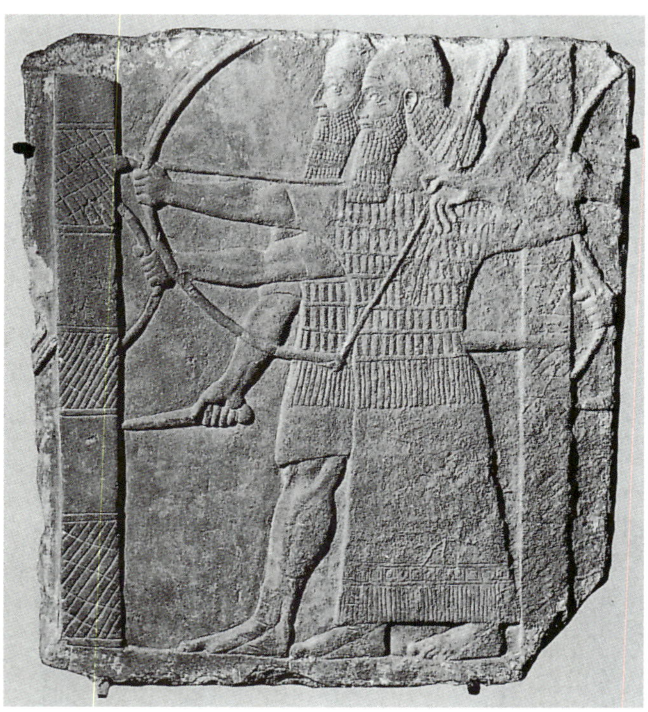

Im Zentrum der Komposition stehen zwei Schreiber und ein Offizier, umringt von abziehenden Viehherden. Die schräg fallende Grundlinie der Hufe in der oberen rechten Ecke deutet auf eine elementare Berücksichtigung der Perspektive hin. Ein Relief aus der Mitte des 7. Jahrhunderts v. Chr. mit einer anderen Darstellung einer eroberten Stadt zeigt deutlich, wie Soldaten bergabwärts einen Pfad entlangschreiten, der sich nach und nach verbreitert, so als ob eine rein optische Wirkung erzielt werden sollte. Solche perspektivischen Versuche wurden in der Folge nicht weitergeführt.

Auf den eindrucksvollsten assyrischen Reliefs befinden sich die Figuren in einer einzigen Zone und stehen dabei weiter auseinander als auf ägyptischen Reliefs. So erhält jede Figur einen gewissen Handlungsspielraum. Die Bildhauer wenden sich in erhöhtem Maße dem Detail zu, das naturnah verbildlicht wird, und zeichnen sich durch ein stärkeres Gespür für Dramatik aus. Die vielleicht besten dieser Reliefs zeigen Assurbanipal beim Töten von Löwen. (Man sollte sie nicht, wie es häufig geschieht, als ›Jagd‹ bezeichnen, denn die Tiere waren bereits gefangen und wurden freigelassen, um vom König mit Pfeilen getroffen zu werden. Teils spielten dabei sportliche, teils rituelle Motive, die Zurschaustellung königlicher Macht, eine Rolle.) Eine Tafel zeigt den König im Triumphwagen, dessen Spur ein Schlachtfeld voll sterbender und toter Tiere hinterlässt. Das Relief einer sterbenden, mit Pfeilen durchbohrten Löwin, die ihre Hinterläufe voller Schmerzen nachschleppt, ist

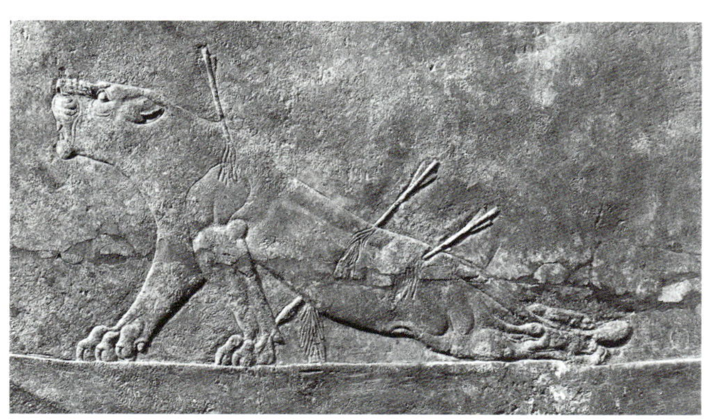

3.36 *Sterbende Löwin*, aus Ninive, Irak, um 650 v. Chr., Kalkstein, Höhe 71 cm. British Museum, London.

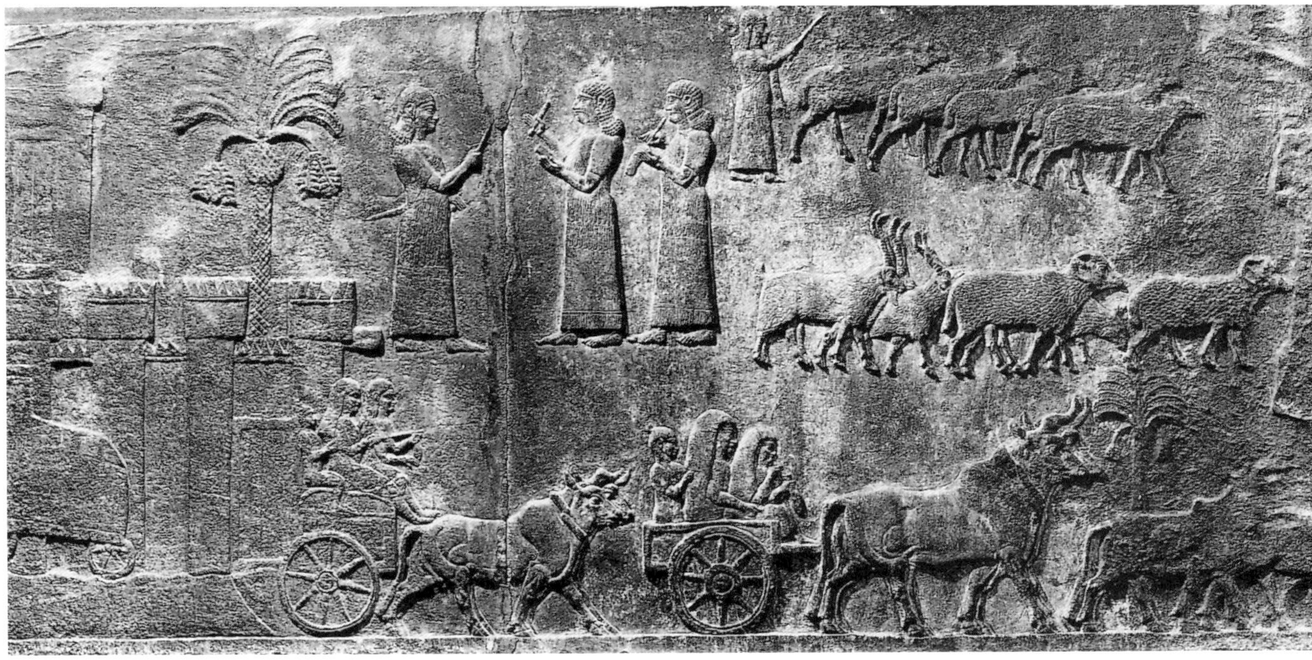

3.37 *Abtransport der Kriegsbeute aus einer von Tiglathpileser III. eroberten Stadt*, aus Nimrud, Irak, 745–727 v. Chr., Kalkstein, Höhe 101,6 cm. British Museum, London.

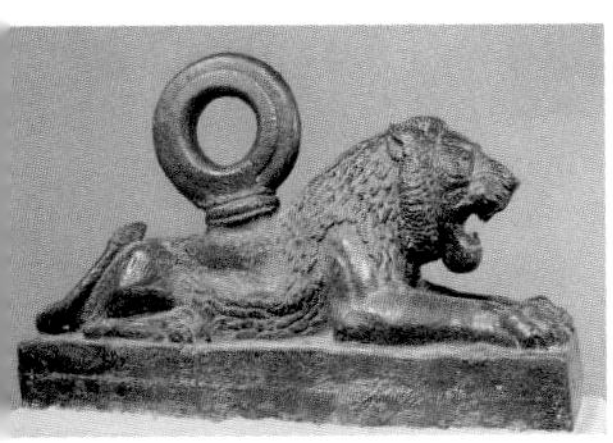

3.38 *Liegender Löwe*, aus dem Palast Sargons in Khorsabad, Ende 800 v. Chr., Bronze, Länge 41 cm. Louvre, Paris.

3.39 *Freigelassene Löwen, die getötet werden*, aus Ninive, Irak, um 650 v. Chr., Kalkstein, Höhe 68,6 cm. British Museum, London.

zu Recht dafür berühmt, ein Meisterwerk der Tierdarstellung zu sein ▸ 3.36.

Derart ausdrucksstarke Wirkungen wären ohne die Erfindung des kontinuierlichen Erzählstils unmöglich gewesen, der noch raffiniertere Möglichkeiten bot. Eine sich dem dramatischen Höhepunkt nähernde Szene wird in einzelne Handlungsphasen aufgeteilt – fast wie auf einem Filmstreifen –, so dass eine Art Spannung beim Betrachter erzeugt wird. Schon im 13. Jahrhundert v. Chr. hatten die Assyrer ein zeitliches Nacheinander in einem einzigen Bildraum vereinigt. Minoische und helladische Künstler kannten die in einer Bewegungsabfolge wiedergegebene Einzelfigur (so etwa die Stiere auf den Tassen aus Vaphio ▸ 2.66). Aber die assyrischen Bildhauer des 7. Jahrhunderts v. Chr. entwickelten diese Technik sehr viel weiter. Ein für Assurbanipal in Ninive gemeißeltes Relief liefert ein besonders schönes Beispiel ▸ 3.39. Es zeigt einen Löwen, wie er aus dem Käfig gelassen, beim Vorwärtsstürmen von einem Pfeil getroffen wird, schließlich einen verzweifelten Sprung auf seinen Widersacher unternimmt. Die Figuren des Königs und seines Dieners mit dem Schild werden in zwei verschiedenen Erzählmomenten gezeigt: Der König spannt seinen Bogen, als das Tier freigelassen wird, und der Diener stößt ihm den Speer ins Herz, als es springt. Um das Relief richtig zu lesen, ist die gedankliche Trennung zwischen den drei Schichten der Sequenz erforderlich. Doch entfaltet sich der Spannungsbogen in dem Moment, da die Käfigtür geöffnet wird und der zähnefletschende Löwe herausläuft. Das Tier ist mit außergewöhnlicher Beobachtungsschärfe für Bewegung, Muskelkraft und Felltextur wiedergegeben, vgl. ▸ 3.38. Vielleicht ist es bezeichnend, dass diese wunderbaren Reliefs, in denen die Kunst der Bilderzählung auf ihrem Höhepunkt steht, für Assurbanipal gemeißelt wurden, dem auch die Bibliothek der Keilschrifttafeln gehörte, die Meisterwerke mesopotamischer Literatur einschließlich des *Gilgameschepos* (s. S. 47f.) enthielt.

Die Reliefs waren höchstwahrscheinlich koloriert, und auch die von ihnen geschmückten Paläste hatten bemalte Dekorationen (von denen nur Fragmente erhalten sind) wie auch ein angemessen reiches Mobiliar. Auf Schrifttafeln der königlichen Archive ist von elfenbeinernen Stühlen, Betten und Thronsitzen die Rede, die als Tribut aus Damaskus und den phönikischen Städten an der Mittelmeerküste Libanons empfangen wurden, welche seit etwa 743 v. Chr. dem assyrischen Reich einverleibt waren. Wenige dieser Stücke sind unversehrt geblieben. Von einer in Nimrud und anderen assyrischen Stätten gefundenen Anzahl Elfenbeinschnitzereien wird angenommen, dass sie phönikischen Ursprungs sind. Einige wurden deutlich aus ägyptischen Vorbildern abgeleitet, bei anderen spiegelt sich assyrischer Einfluss. Am bemerkens-

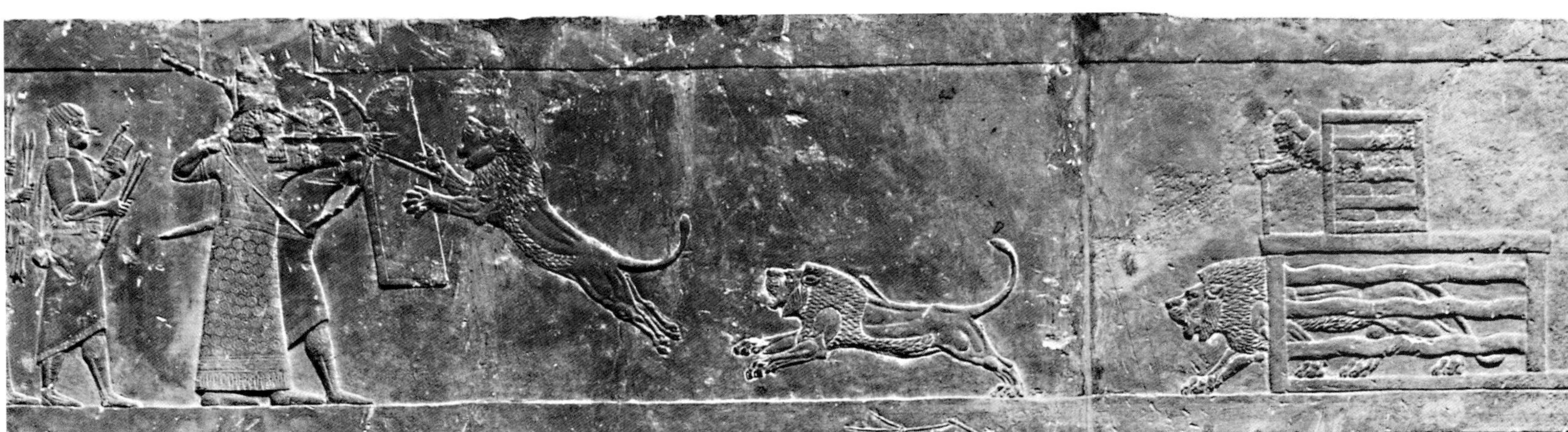

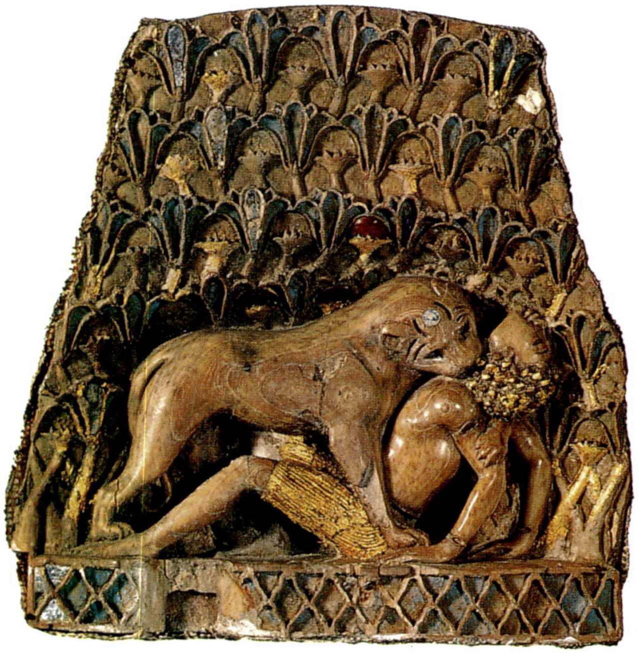

3.40 *Löwin, einen nubischen Knaben tötend*, aus Nimrud, Irak, um 700 v. Chr., Elfenbein, Gold, farbige Glasmasse, Höhe 7 cm. British Museum, London.

wertesten sind mehrere Tierschnitzereien – etwa eine Kuh, die ihr Kalb säugt –, die im Grad des Naturalismus assyrischen Reliefs kaum nachstehen, aber in ihrer weichen, fast sentimentalen Art ganz anders sind. Sogar Gewaltthemen wurden sanft und dekorativ, nahezu spielerisch behandelt, wie bei zwei kleinen Reliefs einer Löwin, die einen jungen Nubier tötet ▸ 3.40. Die Figuren sind plastischer als auf allen assyrischen Reliefs, doch sie haben nicht deren Gespür für kraftvolle Lebendigkeit. Die Betonung liegt auf Zierlichkeit und Kultiviertheit. Der Hintergrund aus stilisierten ägyptischen Blumen ist mit Gold, roter ›Fayence‹ und Lapislazuli eingelegt. Der Knabenrock besteht aus Blattgold, und sein lockiges Haar ist aus winzigen goldbesetzten Elfenbeinnägeln zusammengesetzt. Dieses Werk ist nicht nur als Ergebnis exquisiter Handwerkskunst bedeutsam, sondern auch als Beispiel für den Internationalismus der Zeit – das Elfenbein aus Indien, Lapislazuli aus Zentralasien, ägyptische Blumen, ein nubischer Knabe, ein phönikischer Bildschnitzer und ein assyrischer Gönner. Es stammt aus dem beginnenden 7. Jahrhundert v. Chr., als Griechenland und Italien, wie wir noch sehen werden, in den Kulturkreis der nahöstlichen Zivilisationen aufstiegen. (Der phönikische Synkretismus machte ihre Kunst zum Hauptvermittler der Kulturen, obwohl sie ihren eigenen Charakter besaß, insbesondere bei der Metallbearbeitung. Die bemerkenswerten phönikischen Grabkammern in Ras Schamraa/Ugarit in Syrien entsprechen dem ägäischen Typus und haben ausgezeichnetes Mauerwerk.)

3.42 Rekonstruktionszeichnung der Anlagen des babylonischen Turms.

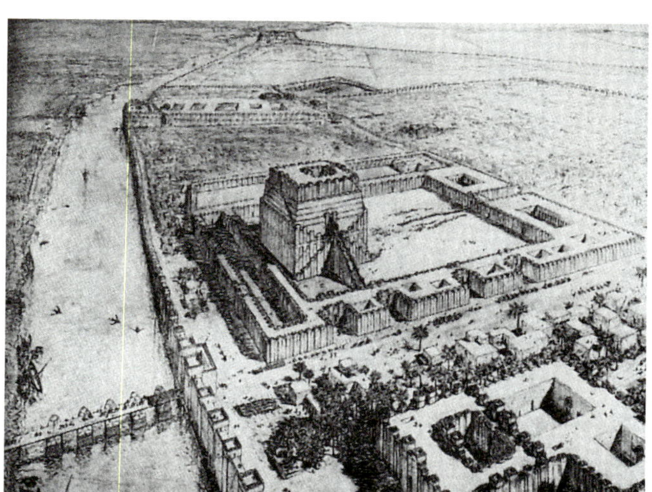

### *Babylon*

Sofort nach dem Tode Assurbanipals begann die Macht der Assyrer zu schwanken. Die Meder und Skythen, die schon eine gewisse Zeit die Ost- und Nordgrenze verunsichert hatten, drangen in das Reich ein und plünderten 612 v. Chr. Ninive. Sie waren mit Nabopolassar verbündet, einem früheren Befehlshaber der assyrischen Armee, der sich selbst zum König von Babylon erhob, das nun die Hauptstadt großer Teile des früher assyrischen Gebiets und erneut das Zentrum mesopotamischer Zivilisation wurde – wenn auch nur für kaum mehr als 70 Jahre (bis zur Herrschaftsübernahme durch Kyros den Großen von Persien im Jahre 539 v. Chr.). Nabopolassar und die ihm folgenden babylonischen Könige nannten sich ›getreue Hirten‹ des lokalen Gottes Marduk. Sie scheinen genauso kämpferisch wie die Assyrer gewesen zu sein – zwei Volksstämme Judäas wurden von Nabopolassars berüchtigtem Sohn Nebukadnezar in die Knechtschaft geführt. Die Künste in dieser kurzen Zeit der Spätblüte waren nur entfernt dem Assyrischen verbunden: Sie waren theozentrisch, statisch und ließen altes Formgut wieder aufleben. Die Bildhauer übernahmen die Figurendarstellung in reinem Profil von den spätassyrischen Reliefs, aber sie griffen auf die ziemlich weich gerundeten Formen und die bewegungslosen Kompositionen der fast tausend Jahre früher für Hammurabi gemeißelten Stelen zurück.

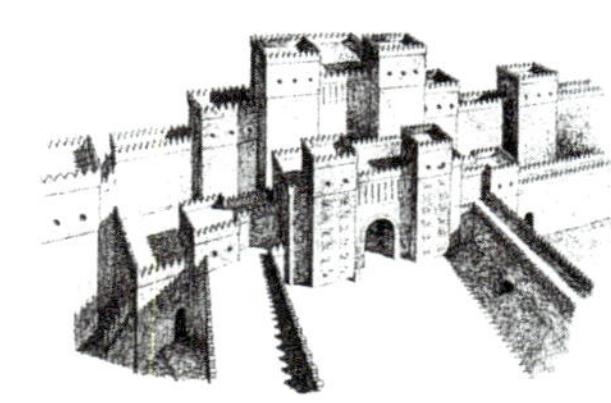

3.41 Rekonstruktionszeichnung des Ischtar-Tors (nach Koldewe

Der Unterschied zwischen assyrischer und babylonischer Kunstweise ist am Deutlichsten bei der Architektur und Bauornamentik zu erkennen, obwohl von den Tempeln und den Zikkuraten, abgesehen von den Grundmauern des größten Bauwerks (der biblische Turm von Babel ▸ 3.42), leider nichts erhalten blieb. Der königliche Palast in Babylon war fast so groß wie die assyrischen Paläste, hatte aber nicht deren überwältigende Monumentalität. Er bestand aus zahlreichen recht kleinen Räumen, die um fünf Höfe herum angeordnet waren. Dort befanden sich vermutlich auch die berühmten hängenden Gärten, von denen es heißt, Nebukadnezar habe sie anlegen lassen. Es scheint keine Reliefs oder andere Darstellungen königlicher Triumphe gegeben zu haben, keine riesigen ›Lamassu‹, die finster drohend vor den Eingängen stehen. Die Wände des Thronsaals und des Prozessionswegs zum Ischtar-Tor waren mit Löwen und Ungeheuern geschmückt, die aus konvex gewölbten, kolorierten und glasierten Ziegeln zusammengesetzt waren (eine zuerst in kassitischen Gebäuden von etwa 1200 v. Chr. angewandte Technik ▸ 3.41;43;44). Das Temperament der Tierdarstellungen ist im Vergleich zu assyrischen Beispielen beruhigt. Die Tiere sind voneinander kaum unterschieden, ihr Gang mutet erstarrt an. Langhalsige Drachen in Weiß und Gelb, die Marduk und Stiere, die dem Wettergott Adad geweiht waren, beleben den dunkelblauen Hintergrund. In übereinander gestaffelten Reihen bedeckten ursprünglich 575 Tiere die gesamte Außenfläche des zeremoniellen Tordurchgangs, weitere 120 weiße und gelbe Löwen

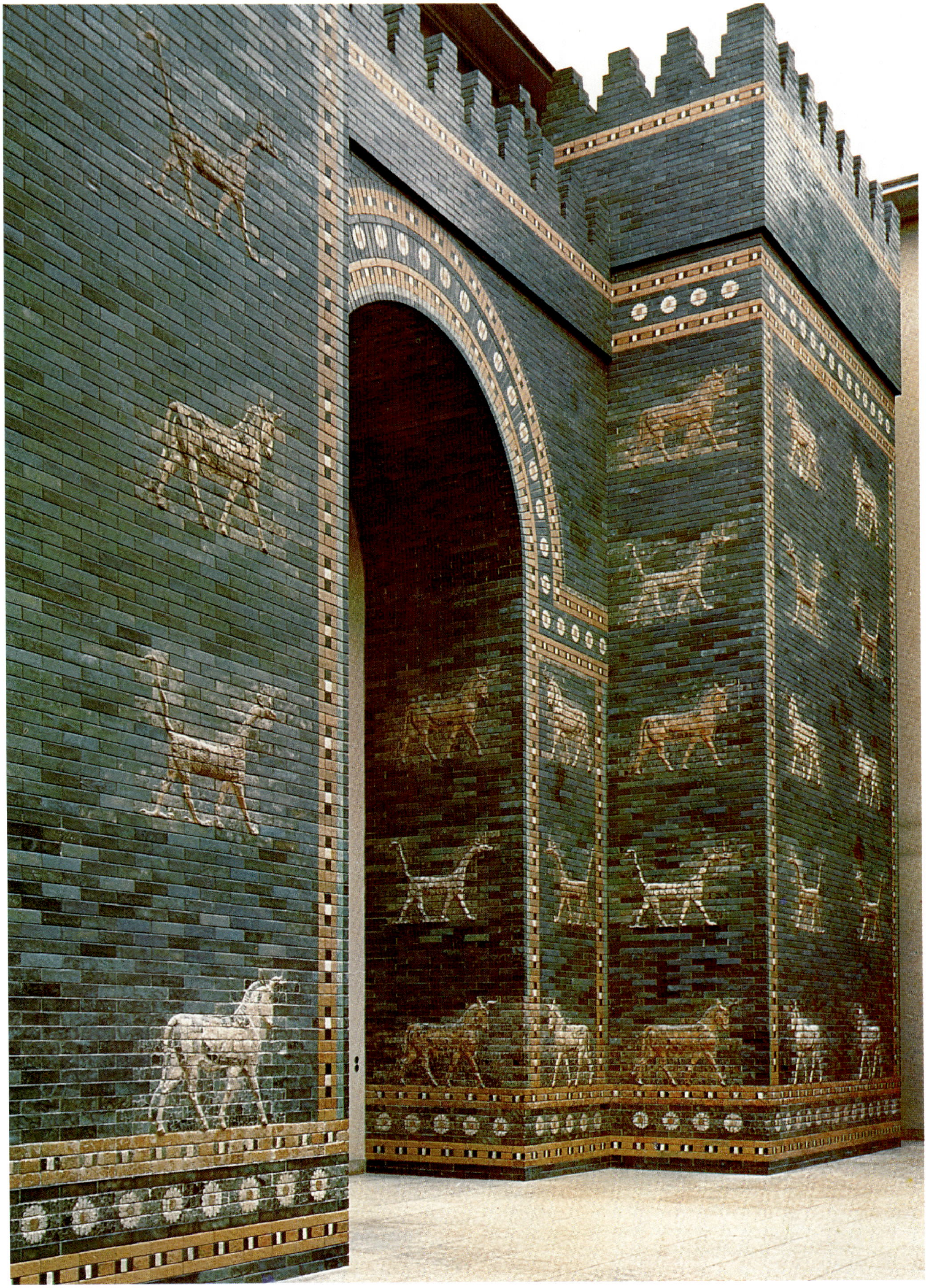

3.43 *Ischtar-Tor,* aus Babylon (restauriert), um 575 v. Chr., glasierter Ziegel. Vorderasiatisches Museum, Berlin.

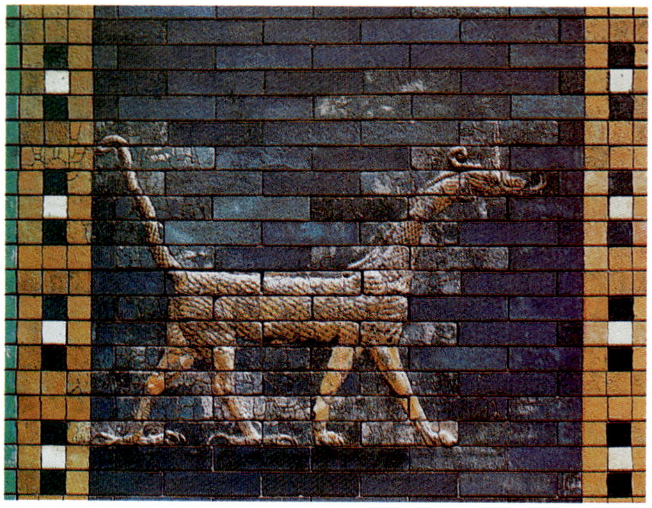

3.44 *Schlangendrache*, vom Ischtar-Tor, Glasurziegel, Höhe 110 cm.

befinden sich in Reihen auf den Mauern des vom Eingang zur Haupttempelgruppe führenden Prozessionswegs. Die Anlage ist das eindrucksvollste Beispiel neobabylonischer Kunst.

## Iran

In Mesopotamien mit offenen Grenzen im Norden zwischen Kaspischem und Schwarzem Meer, im Osten über das große zentralasiatische Plateau hinweg, war die Beständigkeit der Kunst von der politischen Macht bestimmt, die stark genug war, der äußeren Bedrängung standzuhalten. Im Norden und Westen gedieh in dem jetzt von den Kurden bewohnten Gebiet die Kultur von Urartu, die etwa zwischen 825 und 750 v. Chr. die Militärmacht Assyrien zum Kampf herausforderte, zugleich aber ihren künstlerischen Einfluss positiv aufnahm. Die wichtigsten Orte mit bedeutenden architektonischen Überresten sind Wan, Toprak Kale und Altintepe (Türkei), Bastam (Iran) und Arin-berd. Ihre Metallarbeiten sind von hoher Qualität ▸ 3.45, und anscheinend kommt ihnen eine Vermittlerrolle zu (zusammen mit der der Phöniker) bei der Weitergabe von Bildmotiven aus Assyrien und dem Orient nach Griechenland und Etrurien. Etwa zu gleicher Zeit wurden in der als Luristan bekannten Region Bronzen ganz anderer Art hergestellt, bei denen die mesopotamischen Motive viel seltener als die aus prähistorischen Kulturen Zentralasiens abgeleiteten Formen vorkommen.

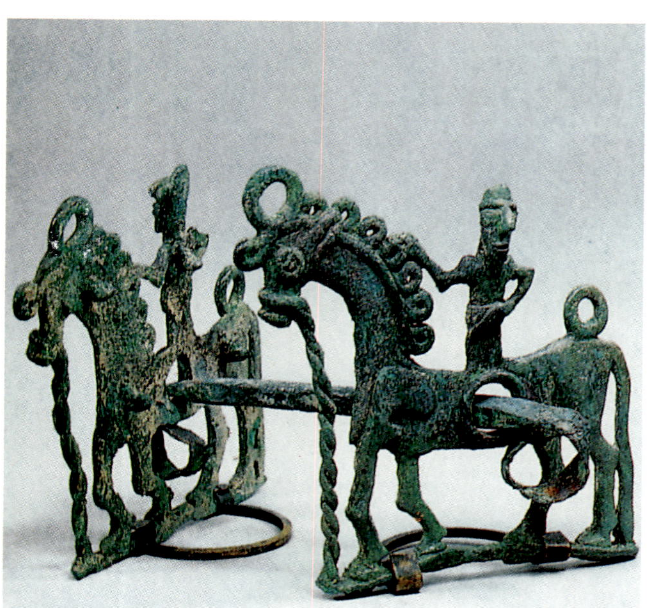

3.46 Zaumzeug, 8.–7. Jh. v. Chr., Bronze, Höhe 13,6 cm. Louvre, Paris.

Seit der Mitte des 3. Jahrtausends v. Chr. wurden in Luristan unverzierte Metallgeräte und -waffen produziert. Doch diese kompliziert gearbeiteten Bronzen, die im → Wachsausschmelzverfahren gegossen wurden, datieren zwischen dem 9. und dem 7. Jahrhundert v. Chr. Obwohl die meisten Stücke in die Kategorie ›Nomadengerät‹ fallen – leicht mitzuführende Gegenstände wie Kessel, Tassen, Kleiderschmuck, Verzierungen für Streitwagen und Schmuckgeschirr für Pferde ▸ 3.46 –, waren sie von sesshaften Handwerkern für ein Volk geschaffen worden, dessen Herrscher auf den Hochebenen Luristans ihren festen Wohnsitz hatten. Die interessantesten dieser Bronzen sind Rundskulpturen, die offenbar keinen Gebrauchszweck erfüllten und allgemein Finiale oder Standarten genannt werden – sie haben am unteren Teil entweder einen Dorn oder eine Fassung ▸ 3.47. Vielleicht dienten sie der Abwehr böser Geister oder einer ähnlichen Aufgabe. Es handelt sich um Gestaltungen aus menschlichen und tierischen Formen, deren Spitze in der Regel aus zwei Bogengliedern besteht, die ein festes Vertikalelement, manchmal eine menschliche Figur, flankieren. Ihr schnabelnäsiges Gesicht mit großen, runden Augen kann darunter noch bis zu dreimal wiederholt werden. In dem hier abgebildeten Beispiel einer männlichen Figur sind die Beine mit dem Hinterteil von Tieren kombiniert, das Drachenköpfe hervorwachsen lässt. Diese Finiale zeigen eine erstaunliche Kraft zu organischen Formbildungen. Phantastische, bisweilen skurrile Metamorphosen entstehen, die entfernt an die zwitterhaften Wesen Chinas zur Shang-Zeit erinnern (s. S. 78ff.). Die Kultur, aus der die luristanischen Bronzen hervorgingen, wurde im 7. Jahrhundert v. Chr. von der iranischen verschlungen.

### *Achämenidische Kunst*

Der Iran verdankt seinen Namen einem nomadischen Steppenvolk – den Iraniern oder Ariern (die Ursprungsbedeutung dieses oft missbrauchten Begriffs) –, die kurz vor dem Ausgang des 2. Jahrtausends v. Chr. auf das zentralasiatische Plateau zogen. Sie sprachen eine indoeuropäische Sprache, die Beziehungen zu Sanskrit, Griechisch, Lateinisch und zu fast allen modernen europäischen Sprachen aufweist. Diese Volksgruppe bildete keine homogene Einheit. Unabhängig voneinander ankommende Stämme ließen sich in nur flüchtig abgegrenzten Gebieten nieder, die Meder südlich des Kaspischen Meeres – sie drangen um 650 v. Chr. bis nach Luristan vor –, die Skythen und Kimmerier westlich und die Perser noch weiter südlich. Die Meder waren am straffsten organisiert und führten im Bündnis mit den Skythen 612 v. Chr. den Zusammenbruch des assyrischen Reiches herbei. Kyros der Große (gestorben 530 v. Chr.) war einer ihrer Vasallen, bis er zusammen mit seiner persischen Gefolgschaft um 550 v. Chr. putschte, die medische Hauptstadt Ekbatana (das heutige Hamadan) plünderte und ganz Iran unter seine Herrschaft brachte. Das neue Reich vergrößerte er bald in östlicher und westlicher Richtung; es war das größte, das die Welt jemals gesehen hatte: Am Ausgang des 6. Jahrhunderts reichte es von den Flüssen Oxus und

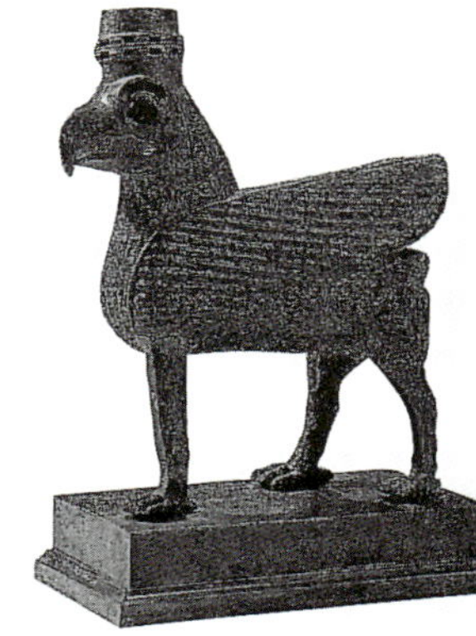

3.45 *Greif*, aus Toprak Kale, 7. Jh. v. Chr., Bronze, Höhe 21 cm. Pergamon-Museum, Berlin.

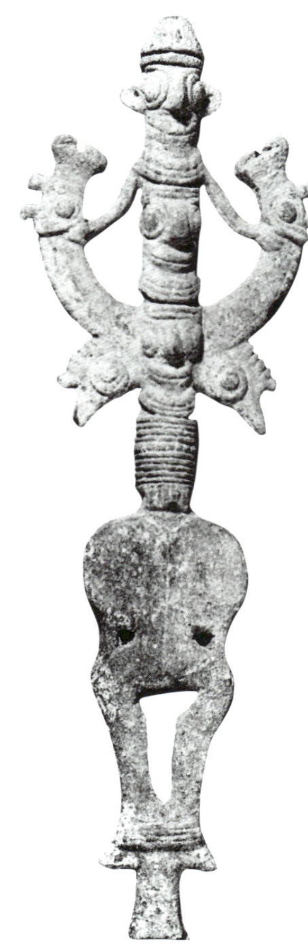

3.47 Finial aus Luristan, um 750 v. Chr., Bronze, Höhe 36 cm. Musées Royaux d'Art et d'Histoire, Brüssel.

Indus bis zur Donau und über den Nil hinaus. Es schloss sowohl das gesamte frühere Assyrien als auch Anatolien sowie das heute türkische Gebiet in Europa, Bulgarien, einen Großteil Nordgriechenlands, Ägypten und Libyen ein. Bis zur Eroberung durch Alexander den Großen im Jahre 332 v. Chr. behielt die nach Achämenides, dem Vorfahren von Kyros, benannte achämenidische Dynastie die Herrschaft über den größten Teil dieses riesigen Gebietes.

Auf diese Weise kam der Nahe Osten, ja sogar das gesamte Kulturgebiet Westasiens, in die Gewalt eines Stammes nomadischer oder halbnomadischer Reiter. Die Wirkung ihrer Herrschaft war dem Gedeihen kultureller Werte förderlich. Kyros zwang Königreiche zum Frieden, die jahrhundertelang gegeneinander Krieg geführt hatten. Im Gegensatz zu allen vorhergehenden und den meisten nachfolgenden Eroberern respektierte er die religiösen und andere Traditionen der von ihm besiegten Völker. So verwendete man etwa mehrsprachige Inschriften. Er entließ sogar die Juden aus der Babylonischen Gefangenschaft, und gemäß der Bibel befahl er den Wiederaufbau des Tempels von Jerusalem: »So spricht Cyrus, der König von Persien: Der Herr, der Gott des Himmels, hat mir alle Königreiche der Erde gegeben und hat mir befohlen, ihm ein Haus zu bauen zu Jerusalem in Juda« (2. Chronik 36,23). Die Kunst des achämenidischen Reiches spiegelt die Verschiedenheit der ihm untergebenen Staaten wie auch die Bestrebung der Herrscher nach Einheit wider. Dareios I. (521–486 v. Chr.) benannte in einer Inschrift an seinem Palast in Susa, vgl. ▸ 3.49, die Herkunft aller Materialien aus den verschiedenen Teilen seiner Herrschaft und erklärte:

*»Die Steinmetze, die den Stein bearbeiteten, waren Ionier und Sarden. Die Goldschmiede, die das Gold verarbeiteten, waren Meder und Ägypter. Die Männer, die die gebrannten Ziegel herstellten, waren Babylonier. Die Männer, die die Mauern verzierten, waren Meder und Ägypter.«*

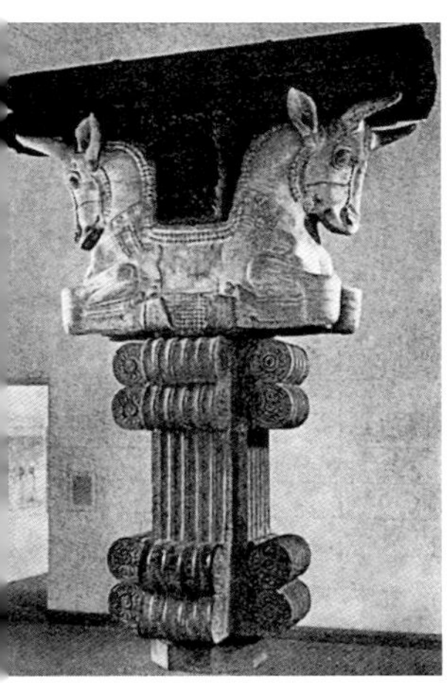

.49 Doppelprotomenkapitell, us Susa, um 500 v. Chr., Kalkstein, Höhe 232 cm. ouvre, Paris.

Die Perser selbst werden nicht erwähnt, aber sie waren es, die die kosmopolitische Stilsynthese ermöglichten und wahrscheinlich Elemente ihrer eigenen Tradition dazu beitrugen.

Die höchste künstlerische Vollendung in der Zeit der achämenidischen Dynastie erreichte die Architektur. Die Lehmziegel-Architektur der Meder wurde weit übertroffen, obwohl ihr so hervorstechende Merkmale wie der große rechteckige und vielsäulige bzw. Hypostylensaal verdankt wurden (der seine Vorformen bei den medischen Zitadellen des 8.–6. Jahrhunderts v. Chr. in Godin Tepe und Tepe Nushi-i Jan nahe Hamadan hatte). Große achämenidische Tempel gab es nicht, denn schon bevor der monotheistische Glaube Zarathustras (628–551 v. Chr.) zur offiziellen Religion Irans erhoben wurde – wahrscheinlich nach der achämenidischen Ära –, opferte man den Göttern auf Feueraltären im Freien. Kyros der Große wurde in Pasargadai in einer freistehenden steinernen Grabstätte auf einer hochgestuften Plattform beigesetzt ▸ 3.50. Andere bedeutsame Gräber wurden aus dem Fels gehauen und ihre Vorderseiten mit – in das Gestein gemeißelten – Figuren, mit Pilastern und Architekturfriesen bereichert, die eher dekorativ und skulptural als architektonisch und funktional waren. Als eindrucksvollstes Beispiel wird oft das Grab des Dareios angesehen, das sich nahe Persepolis in Naksch-i Rustam befindet ▸ 3.48. Den oberen Abschluss bildet ein Relief, auf dem ein König mit Bogen vor einem Feueraltar steht. Die monumentale achämenidische Bildhauerei scheint fast ausschließlich auf Reliefs und die Architekturornamentik wie etwa die stierköpfigen Kapitelle beschränkt gewesen zu sein. Die frei-

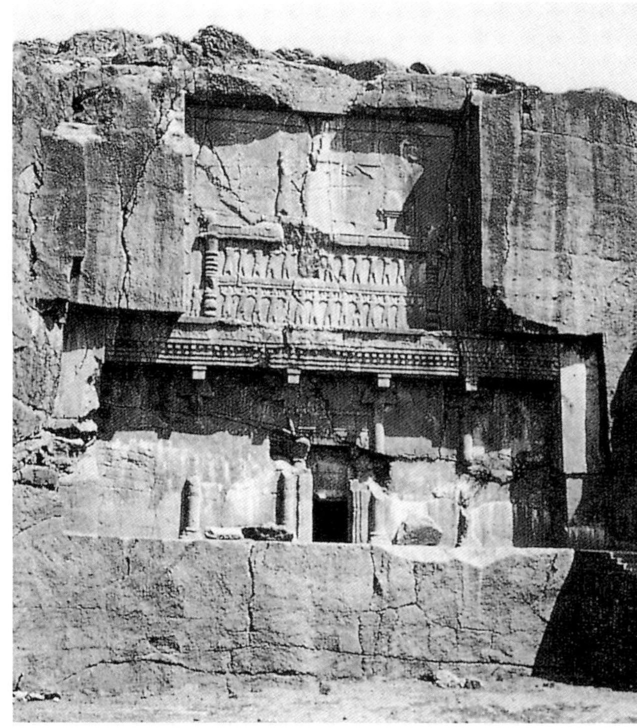

3.48 Grab in Naksch-i Rustam, Iran, um 500 v. Chr.

stehende und überlebensgroße Statue des Dareios aus Susa ist einzigartig. Unglücklicherweise hat dieses zwischen 500 und 490 v. Chr. entstandene Werk den Kopf verloren (heute im Archäologischen Museum, Teheran).

Kyros der Große gründete seine Hauptstadt Pasargadai auf einer weiten, fruchtbaren Ebene in der heutigen Provinz Fars. Der Name bedeutet ›Lager der Perser‹, und der in Kyros' Auftrag erbaute Palast war mit seinen locker gruppierten Gebäuden wie ein in Stein verwandeltes Lager eines Nomadenfürsten. Diese frei und in größeren Abständen voneinander liegenden Bauten befanden sich innerhalb einer riesigen, Park und Gärten umfassenden Einfriedung, die aus einer 4 m dicken Mauer bestand und durch ein monumentales Torhaus Zutritt bot. Hohe Säulen – einige davon mit löwenköpfigen Steinkapitellen – stützten Säulengänge wie auch die Dächer großer Hypostylensäle, die teilweise von altägyptischen (s. S. 92) und medischen (s. o.) Vorläufern beeinflusst gewesen sein können, obwohl sie einen quadratischen Grundriss ohne eine irgendwie ausgerichtete Hauptachse aufweisen. Da die Säulen keine Steinplatten, sondern Balken aus dem Holz der Libanonzeder trugen, konnten sie viel höher, dünner und in größerem

3.50 Grabmal Kyros' des Großen in Pasargadai, vor 530 v. Chr.

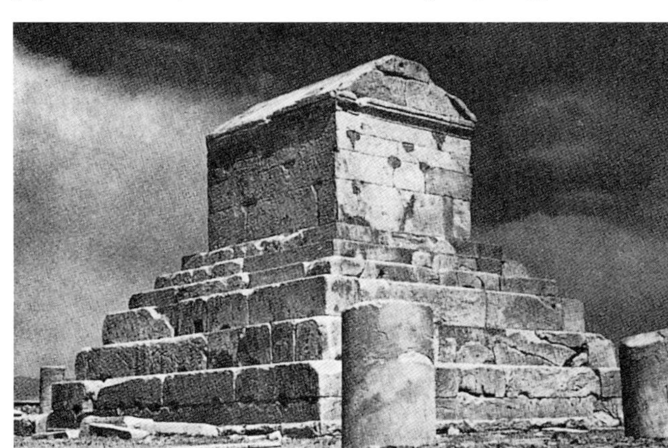

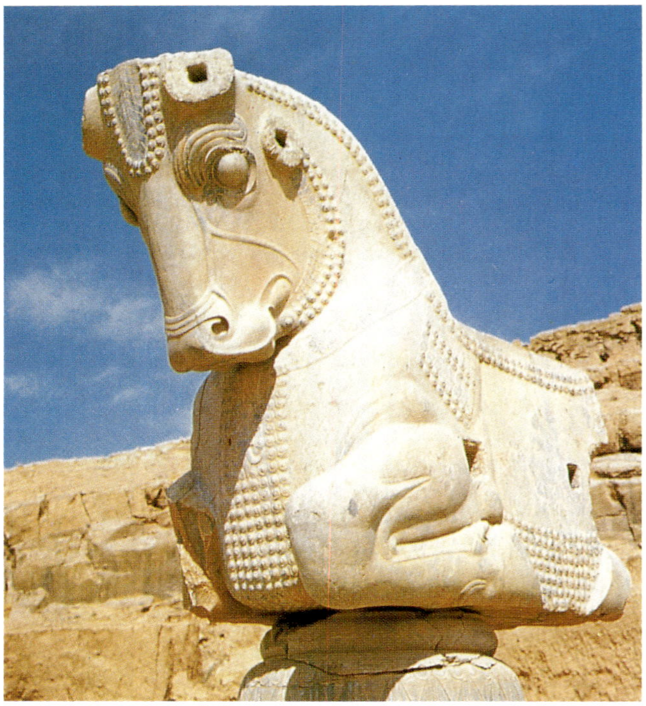

3.51 Stierkapitell, Persepolis, Iran, um 500 v. Chr.

Abstand als in Ägypten geführt werden, wodurch die Innenräume entsprechend leichter und luftiger wirkten. Eine eindrucksvolle Wirkung ergaben die schwarzen und weißen Kalksteinplatten, die man dekorativ im Wechsel mit äußerst präziser → Stereotomie verwendete. Daher muss der Gesamteindruck von dem der altägyptischen Tempel oder der mesopotamischen Paläste stark differiert haben – auch wenn Bildwerke wie die geflügelten Stiere an den Eingängen und die Reliefs geflügelter Dämonen oder Geister aus Assyrien stammten.

### *Persepolis*

Dareios I., der Kyros' Sohn Kambyses II. (der Eroberer Ägyptens) 521 v. Chr. auf dem Thron folgte, verlegte die Hauptstadt zu der früher elamitischen Stadt Susa. Der dort von ihm erbaute Palast war mit seinen großen, runden Innenhöfen deutlich von dem babylonischen beeinflusst. Babylonische Löwen, Stiere und Greife marschierten auf den Mauern entlang. Sie waren in geformtem, glasiertem Ziegelwerk ausgeführt, aber reicher als in ihrem Ursprungsland koloriert und durch Bogenschützen-Figuren aus Dareios' berühmter königlicher Garde vermehrt worden – man nannte sie die tausend ›Unsterblichen‹. Auch hier gab es wieder einen großzügig proportionierten Audienzsaal mit 72 Säulen, die etwa 20 m hoch waren. Der Palast brannte 465–425 v. Chr. nieder, nur wenig blieb stehen. Von dem Palast in Persepolis, der von Dareios I. 518 v. Chr. begonnen und unter seinem Sohn Xerxes und seinem Enkel Artaxerxes I. etwa 70 Jahre später vollendet wurde, blieb hingegen mehr erhalten ▸ 3.52; 53.

Der Grundriss von Persepolis erinnert an Pasargadai, denn obwohl die Gebäude näher beisammen stehen, sind sie erneut als getrennte Einheiten in unregelmäßigen, offenen Räumen locker wie bei einem Zeltlager angeordnet. Eine riesige Terrasse in der Größe von fast 460 auf 300 m entstand durch das Abtragen des untersten Hangs eines angrenzenden Berges; sie wurde mit einer etwa 12 m hohen Stützmauer aus massiven, sorgsam gehauenen Rechteckquadern verkleidet. Breite Treppen, die ein Hinaufreiten erlaubten, führten zu der Terrasse, wo die Hauptgebäude auf einer wieder über Treppen erreichbaren Plattform lagern. Es gab dort zwei riesige Hypostylensäle, den 76 qm großen und 18 m hohen Audienzsaal (oder ›Apadana‹), in welchem der König die persischen und medischen Adligen empfing, und den noch größeren Thronsaal (Saal der Hundert Säulen), der für die Empfänge der Abge-

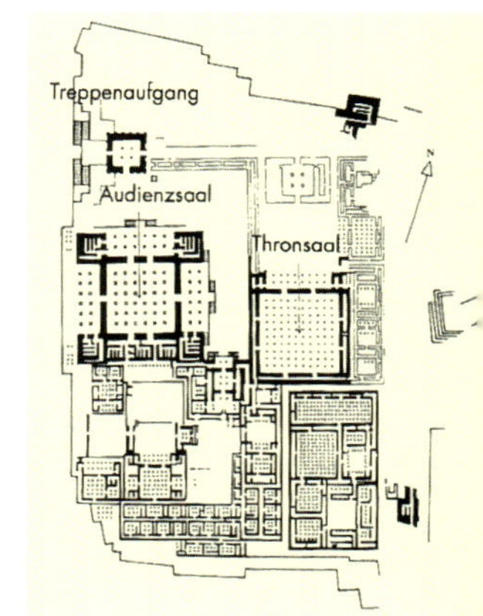


3.52 Plan des Palastbezirks von Persepolis.

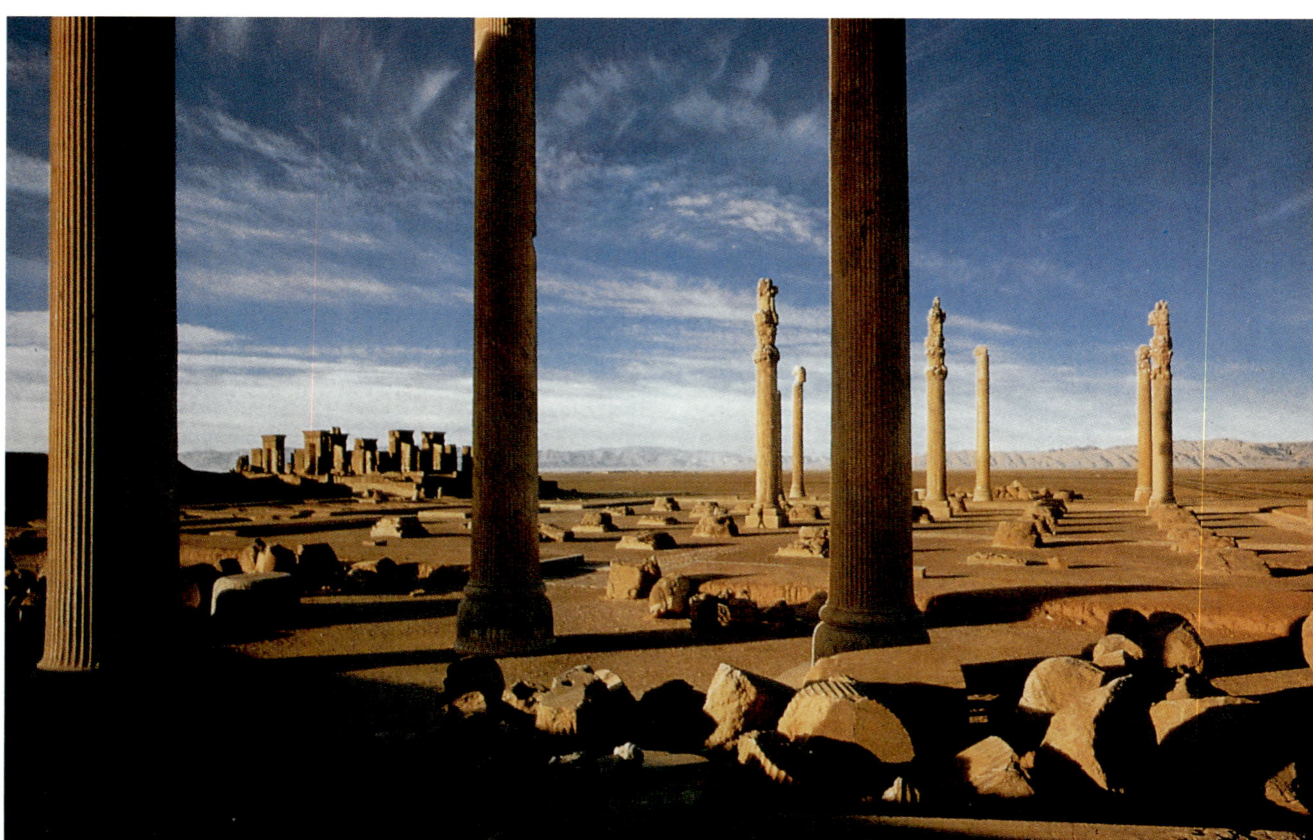

3.53 Persepolis, Iran, um 500 v. Chr.

sandten tributpflichtiger Völker diente. Die Säulen dieser Säle hatten eine charakteristische Form: leicht geweitete, glockenförmige Basen, schlanke Schäfte mit Kanneluren und komplexe Kapitellformen aus Palmblättern mit Voluten und → Kämpferblöcken, die aus dem Vorderteil zweier Löwen oder zweier Stiere – teilweise auch mit menschlichen Köpfen – gebildet wurden ▸ 3.51, vgl. ▸ 3.49.

Noch fremdartiger als ihre Form ist die Konstruktion der Säulen. Obschon es in Persepolis Blendwände aus Lehmziegeln und einige Ziegelgewölbe gab, wurde dort in einem für asiatische Verhältnisse ungewöhnlichen Ausmaß Stein verwendet. Die Art der Verarbeitung verdient besondere Aufmerksamkeit. So sind etwa die Trommeln, aus denen sich die Säulen zusammensetzen, unterschiedlich hoch, und die Verbindungsstellen stimmen mit der Gliederung der Schmuckelemente nicht überein. Ähnlich verhält es sich mit den Fenstern im Residenzpalast, die man nicht aus einzelnen Vertikal- und Horizontalelementen, also aus Pfosten, Sturz und Fensterbank, konstruierte. Entweder wurde ein einzelner Steinblock so gemeißelt, dass der gesamte Fensterrahmen in einem Stück entstand; oder die Stücke wurden – bei der Verwendung zweier oder mehrerer Blöcke – in gleicher Weise gemeißelt und dann aufeinander gestellt, statt an den Ecken zusammengefügt zu werden. Die Treppen setzte man nicht aus einzelnen Platten für je eine Stufe, sondern aus großen Blöcken zusammen, die jeweils eine Reihe von Stufen und den zugehörigen Abschnitt des Geländers bildeten. Ein derartiges Verfahren ist nicht aus der Tradition des Holz- und Lehmziegelbaus ableitbar. Es könnte seinen Ursprung in dem Brauch gehabt haben, Treppen aus dem natürlichen Fels zu schlagen, wie es an einem urartäischen Ort am Vansee zu sehen ist. Der Architekt von Persepolis war offenbar um die Verbindung felsähnlicher Beständigkeit mit der weiträumigen Leichtigkeit eines nomadischen Fürstenlagers bemüht.

Susa war die achämenidische Verwaltungshauptstadt, Persepolis dagegen Machtsymbol und eine eindrucksvolle Kulisse für Zeremonien, bei denen aus jedem Teil des Reiches dem ›Großen König, König der Könige, König von Persien‹ – wie Dareios I. und seiner Nachfolger Titel hieß – der Tribut gebracht wurde. Die architektonischen Schmuckelemente symbolisierten das Ausmaß seines Herrschaftsgebietes – so etwa die königlichen geflügelten Scheiben aus Ägypten und die menschenköpfigen geflügelten Stiere aus Assyrien. Jede der hundert Säulen bestand aus verschiedenen nationalen Elementen – der gerillte Schaft und das mit Voluten versehene Kapitell stammten von den ionischen Griechen, die Blattverzierung vom Nil, die Stiere und Löwen aus Mesopotamien –, alles zu einer neuen, imperialen Einheit miteinander verbunden. Aber so eindrucksvoll Persepolis als Ausdruck des imperialen achämenidischen Anspruchs auch ist, scheint doch noch eine weitere Dimension angesprochen. Verschiedene Details der plastischen Dekoration legen nahe, dass es auch das rituelle Zentrum der achämenidischen Welt war. Das gilt vor allem für das wiederholt und hervorstechend platzierte Motiv des Löwen, der den Stier tötet. Diese Tatsache wurde mit dem Zusammentreffen der Tierkreiszeichen Löwe und Stier am Frühlingsäquinoktium in Verbindung gebracht. Persepolis ist vielleicht als eine Form der Predigt oder des Gebets in Stein begriffen worden, das die Riten des persischen Neujahrsfestes, des Now Ruz, auf ewig skulptural verkörpert und immer wiederholt. Man glaubte, dass die Welt an diesen Tagen von den bösen Kräften des Chaos bedroht wäre und anfänglich von

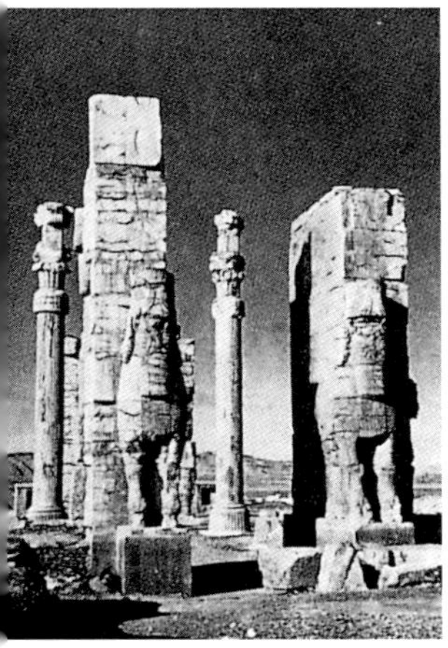

3.55 Tor aller Länder, Persepolis, Iran, 485–465 v.Chr.

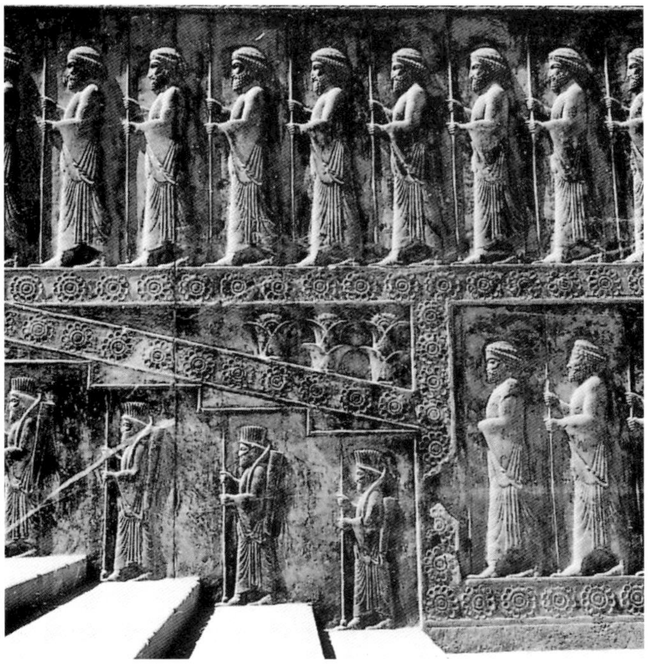

3.54 *Untertanen bringen dem König Geschenke*, Relief am Treppenaufgang zum Audienzsaal, Persepolis, Iran, um 500 v.Chr.

einem Gott und später symbolisch von dem König neu zu erschaffen war. Die figurativen Reliefs auf den Terrassenmauern, die ursprünglich wie die glasierten Ziegel aus Susa und Babylon koloriert waren, spiegeln wahrscheinlich einstmals durchgeführte Zeremonien ▸ 3.54; 56. In zwei Zonen bilden Meder und Perser mit ihrer charakteristischen Kopfbedeckung ein rhythmisches Defilee. Soldatenmannschaften erscheinen, Dienerscharen, die Speisen zum Bankett tragen, das der Inthronisierung des Großen Königs vorausging und mit dem Fest endete. Da sind die lange Prozession der Abgesandten unterworfener Völker, vgl. ▸ 3.54, der Baktrier mit seinem Kamel, der Babylonier mit einem Buckelrind und die Syrer mit Werken aus Metall. All dies zu Ehren des Glück verheißenden Beginns eines neuen Jahres und der Fortdauer der achämenidischen Weltordnung. Alle Dargestellten bewegen sich im gleichen, langsamen Regimentschritt, alle haben die gleichen ausdruckslosen Gesicher, alle sind in der gleichen stilisierten, beinahe uniformen Art gemeißelt.

Diese Figuren folgen den fast 3000 Jahre früher in Sumer und Ägypten entstandenen künstlerischen Formprinzipien. Ob sie nun in reinem Profil oder mit frontalisiertem Oberkörper gezeigt werden, ihre Füße befinden sich immer auf einer einzigen Ebene, auf der unbeweglichen Standlinie der alten nahöstlichen Kunst. Möglicherweise hat man von den assyrischen Reliefs manche Anregung erhalten, doch deren erregende Energie und dramatische Intensität sind verloren gegangen. Die Tatsache, dass die Köpfe und die stark drapierten Körper mit einem größeren Gespür für Dreidimensionalität wiedergegeben sind, könnte den Bildhauern aus dem ionischen Griechenland zu verdanken sein, die nach der Überlieferung zum persischen Hof gesandt wurden. Dennoch ist kaum ein größerer stilistischer Kontrast vorstellbar als der zwischen diesen Regimentsfiguren und den athletischen Reitern der panathenäischen Prozession, die der nur zwei Jahrzehnte nach der Vollendung von Persepolis für den Parthenon in Athen gemeißelte Fries zeigt ▸ 4.43. Jeder Grieche bewegt sich eigenständig innerhalb eines freien Handlungsraumes. Die Figuren in Persepolis bleiben an die grammatischen und syntaktischen

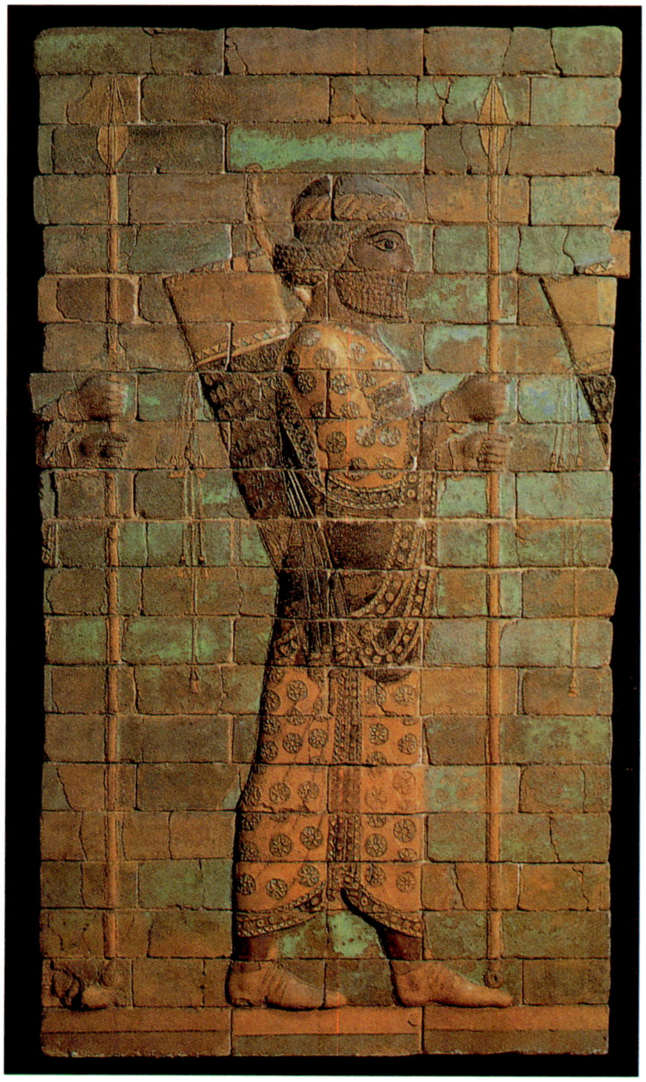

3.56 *Speerträger des Dareios*, aus dem Palast von Dareios I. in Susa, um 500 v. Chr., glasierte Ziegelsteine, Höhe 200 cm. Pergamon-Museum, Berlin.

Regeln einer Bildsprache gebunden, die man zur gleichen Zeit in der mediterranen Welt zu verwerfen begann.

## Das China der Zhou-Dynastie

Nach dem Zusammenbruch der Shang – 1027 v. Chr. wurde ihr letzter König entthront – wurde der größere Teil Chinas von der Mandschurei bis südlich des Jangtsekiang etwa 800 Jahre lang von den Königen der Zhou-Dynastie beherrscht. Zu Beginn des 11. Jahrhunderts v. Chr. gründeten sie ihre Hauptstadt nahe dem heutigen Xian. Die Zhou kamen ursprünglich aus dem Nordwesten, wo sie dem kulturellen Einfluss der Shang bereits einige Zeit ausgesetzt gewesen waren. So gab es keinen Bruch, und die Institutionen der Shang wurden weiterentwickelt. Doch erfuhr die chinesische Kunst einen Wandel, der, wie noch des öfteren, den Kern ihres Wesens nicht antasten sollte.

Bis heute förderten die Zhou-Stätten keine Spuren von Steinskulpturen zutage, wie sie die Shang-Gebäude schmückten ▸ 2.94. Obgleich die Zhou-Künstler gewiss zu figurativen Werken fähig waren, zeigen die frühen Bronzen nur stilisierende und dekorative Formen. Der abgebildete Tiger aus Bronze ▸ 3.58 gehört zu einem Paar, das als Stütze diente (die Löcher in ihren Rücken sind Fassungen für einen vermutlich aus Holz bestehenden Aufsatz). Die Ornamentik ist vielleicht eleganter, linearer und raffinierter als bei den Shang-Bronzen, hat aber kaum noch deren organische Vitalität ▸ 2.88 ff. Sie ist nicht mehr dem Grund ›verwachsen‹, sondern aufgesetzt. Auch die Rauheit der Shang-Formen ist geglättet worden. Deren aggressiv vorspringende, zackige Flansche haben sich in gleichmäßig verzierten Oberflächen und dem abgerundeten Kontur verloren. In ihrer Art verfeinerter, arbeitet diese Kunst vor allem mit rein dekorativen Mitteln. Sogar dem ›Taotie‹ bzw. der Drachenmaske (S. 80f.) eignet Additives, die magische Kraft ging verloren.

Diese Veränderung könnte teilweise auf eine wachsende Säkularisation zurückzuführen sein. Tatsächlich legen dies umfangreiche Inschriften, die von der Herstellung der Ritualgefäße handeln, oft nahe. So beschreibt die auf einem ›ding‹ (ein bestimmter Ritualkessel-Typ) des frühen 8. Jahrhunderts v. Chr. befindliche Schrift in farbenreichen Details, wie einem Beamten die königliche Vollmacht verliehen wurde, eine Stadt zu regieren, und wie er zum Andenken daran Gefäße bestellte, um in ihnen den Geistern seiner Eltern zu opfern, »um sich Gemütsruhe, Ehrfurcht, echten Segen, beständige Einkünfte und ein langes Leben zu erbitten ... um sich einer Unzahl an Lebensjahren und der buschigen Augenbrauen des Alters zu erfreuen«. Der Kessel sollte, so der Beamte, von seinen Söhnen und Enkeln in Ehren gehalten und weiterverwendet werden. Derartige Bronzegefäße waren offensichtlich zu Statussymbolen für Mitglieder der herrschenden Klasse geworden ▸ 3.57; 59.

Die Verehrung der Vorfahren förderte den Konservatismus im Alltagsleben und in der Kunst. Sie war ein Ausdruck sowohl von politischen und sozialen als auch von religiösen Vorstellungen. So berief sich das Geschlecht der Zhou darauf, in direkter männlicher Linie von einem mythischen Vorfahren abzustammen. Der Status der Sippenmitglieder wurde von der genealogischen Nähe zur Hauptlinie der ersten Söhne von den ersten Ehefrauen jeder Generation bestimmt. Der als ›Sohn des Himmels‹ verehrte König residierte in der Hauptstadt, zur Herrschaft über die Provinzen wurden Prinzen von königlichem Geblüt entsandt, die dort unabhängige Stammbäume mit noch entfernteren Verästelungen begründeten. Auch die verwandten Sippen und Gefolgsleute bei Hofe erhielten Landschenkungen, die an die Nachkommen vererbt wurden. Dieses Feudalsystem sicherte, bei absoluter Autorität des Königs, die Einheitlichkeit der Regierung. Ihm entsprach in der Kunst der vorherrschende Einfluss des hauptstädtischen Stils. Als 771 v. Chr. Stämme aus den nördlichen Ordos-Gebieten eindrangen, die Hauptstadt plünderten und den König töteten, verlegten die Nachfolger ihren Hof weiter östlich nach Luoyang, das zur

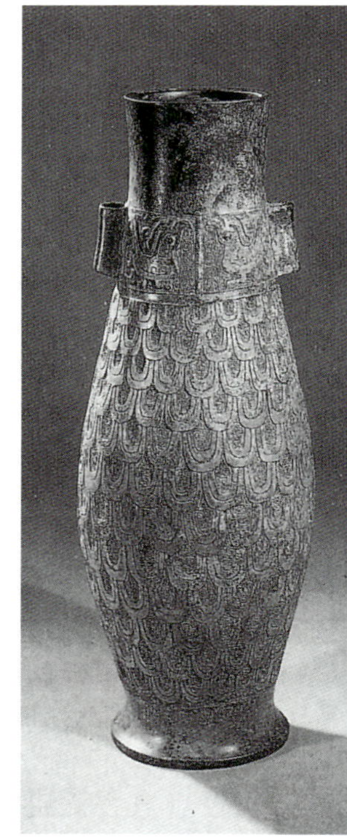

3.57 Weinbehälter ›hu‹, 1000–800 v. Chr., Bronze. Shanghai Museum.

3.58 *Tiger*, 9. Jh. v. Chr., Bronze, 25 x 75,2 cm. Freer Gallery of Art, Washington.

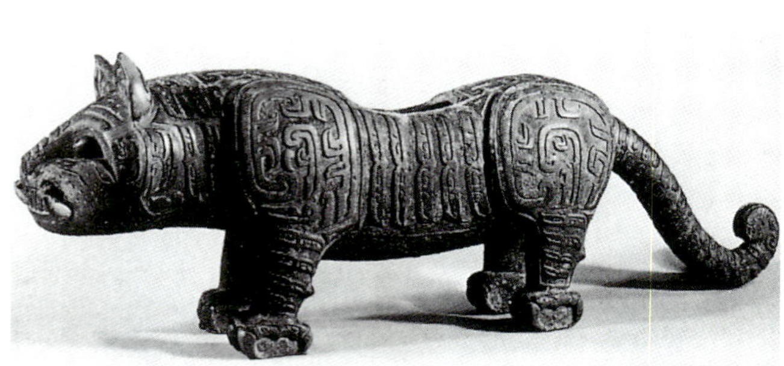

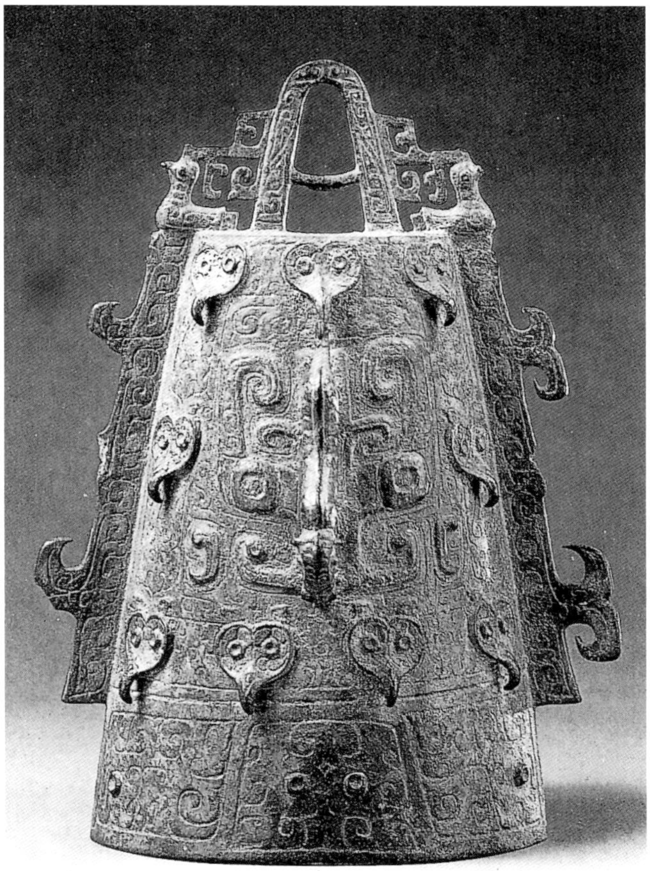

3.59 Glocke ›zhong‹, 1000–800 v. Chr., Bronze, Höhe 27 cm. Palastmuseum, Peking.

Hauptstadt des östlichen Zhou-Königreichs wurde. Als die königliche Macht in den folgenden Jahrhunderten zerfiel, wurden die Lehnsherren immer unabhängiger, und das Land teilte sich schrittweise in verfeindete Staaten auf, nach denen die Ära von 475 v. Chr. bis zur Wiedervereinigung im Jahre 221 v. Chr. unter dem ersten Qin-Herrscher benannt wird. (Die Zeit von 771 bis 475 v. Chr. nennt man die der Frühlings- und Herbstannalen.) Etwas überraschend ist es, dass dieser unruhige Zeitabschnitt einen raschen wirtschaftlichen, technologischen und sozialen Fortschritt brachte – insbesondere in der Bewässerung, dem Ackerbau und der Metallurgie. Ähnlich war es in der Kunst, wo einer Periode der Vermehrung regionaler Stile im 8. und 7. Jahrhundert v. Chr., manchmal von Nomaden aus Zentralasien beeinflusst (S. 149 ff.), in der ›Zeit der streitenden Reiche‹ ein Aufblühen folgte. Der chinesische Erfindungsgeist konnte sich ungehindert in dekorativen Arbeiten von höchstem künstlerischen Rang manifestieren. Stilisierte Naturformen, die sonst zu dekorativen Formeln erstarrten, behielten jetzt einen lebendigen Atem. Keine anderen Künstler vermochten die Abstraktion und Stilisierung ohne Verlust an Ausdruck oder Vitalität zu einer solchen Höhe zu führen. Es war auch in dieser unruhigen Zeit, dass die Gelehrten und Philosophen erstmalig den Einfluss gewannen, den sie die gesamte spätere chinesische Geschichte hindurch behielten. Die Begründer der zwei großen philosophischen Richtungen, Konfuzianismus und Taoismus (S. 247 ff.), lebten in dieser Zeit.

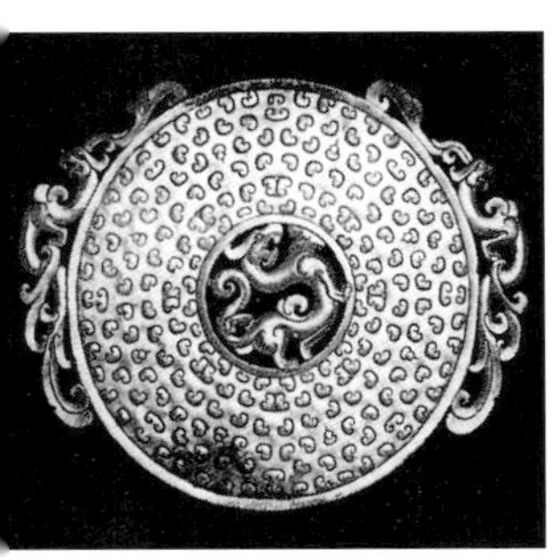

3.60 Kultscheibe ›bi‹, 475–221 v. Chr., Nephrit, Durchmesser 11,4 cm (Stärke 3 mm). Palastmuseum, Peking.

Jade wurde seit alters in China geschätzt, zunächst jedoch nur mit linear eingeritzten Formen verziert. Die Kunst, durch das Wegschleifen des harten und spröden Steins feingliedrige Reliefs zu schaffen, wurde jetzt vervollkommnet. Einige Kultgegenstände aus Jade sind sowohl technisch als auch von ihrem Ausdrucksgehalt her virtuos ▸ 3.60; 61. Das Regelmaß des Oberflächendekors kontrapunktiert mit den freien, doch immer geschmeidigen Drachenformen der Ränder. Geistige Kontrolle und freier Fluss der Formen charakterisieren die Zhou-Kunst.

Wie die Jade verlangten auch die Lackarbeiten ein Höchstmaß an technischer Gewandtheit. Den Saft des Lackbaums, Rhus vernicifera, hatte man bereits früher zur Imprägnierung von Kleidungsstücken und möglicherweise auch für Einlegearbeiten auf Bronzegefäßen verwendet. Etwa im 5. Jahrhundert v. Chr. entdeckte man, dass durch das Auftragen mehrerer Lackschichten übereinander auf Holz oder Stoff glänzend kolorierte Oberflächen entstanden, die gegen Hitze und Dampf widerstandsfähig waren. Der Herstellungsprozess war arbeitsintensiv, da immer wieder die mit eingefärbtem Lack gemalten Muster zu wiederholen waren, wobei jede Lackschicht vor der nächsten hart werden musste. Das Resultat lohnte die Mühe. Dekorative Wirkungen von höchster Raffinesse wurden erzielt, wie etwa bei den Pfauen in zinnoberroten Tönen auf dem glänzend schwarzen Grund eines Dosendeckels ▸ 3.62. Die einherstolzierenden Vögel, deren Schwanzfedern jeweils den Flügel des folgenden überlappen, bilden ein reich bewegtes Muster, dessen Vibration in einem abstrakt ornamentierten Randstreifen ausklingt.

Lange nachdem sich das Eisen in revolutionärer Weise im Westen ausgebreitet hatte (S. 85), kam es im 5. Jahrhundert v. Chr. auch in China in Gebrauch, wahrscheinlich als Ergebnis einer unabhängigen Entdeckung. (Im Westen wurden die Geräte geschmiedet und erst seit dem 14. Jahrhundert n. Chr. gegossen; diese Reihenfolge war in China umgekehrt.) Andererseits könnte das →Wachsausschmelzverfahren beim Bronzeguss, wie es in der Spätzeit der Zhou zur Ergänzung der traditionellen chinesischen Technik des Formstückgusses verwendet wurde (S. 79 f.), über Zentralasien hinweg vermittelt worden sein. Eine Maske mit Griff und vielen unterhöhlten Vorsprüngen hätte in keiner anderen Technik gegossen wer-

3.61 Kultscheibe ›bi‹, um 400 v. Chr., Jade, Durchmesser 16,5 cm. Nelson-Atkins Museum of Art, Kansas City.

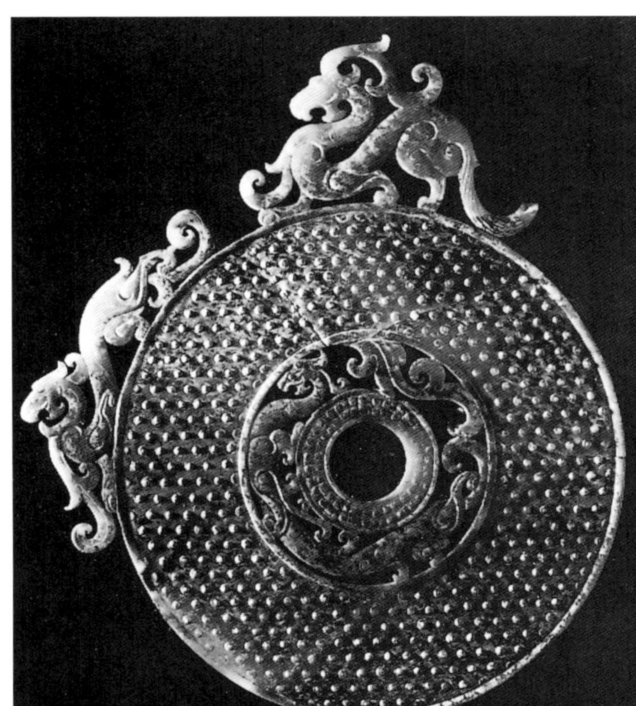

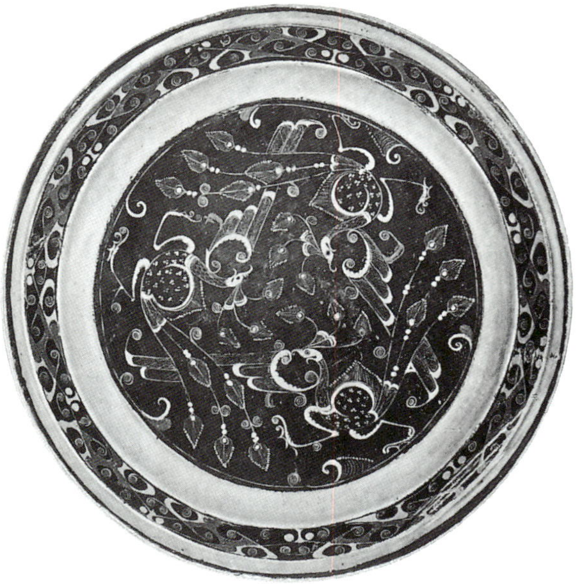

3.62 Lackierte Dose, um 400 v. Chr., Durchmesser 20 cm. John Hadley Cox Collection, Washington.

den können ▸ 3.63. Sie wurde in einem Grab gefunden, wo sie wahrscheinlich zur Abwehr von Geistern an einer Tür befestigt war. Die Maske erinnert an das ›Taotie‹, das aber durch die Hinzufügung naturgetreuer Schlangen, Drachen mit Schuppenkörpern und eines Phönix in der Mitte zu kühner Komplexität erweitert ist. Die geschmeidigen Formen scheinen sich in ständiger Bewegung zu befinden.

3.63 Gesichtsmaske und Griff aus Yixian, Hopei, China, um 400 v. Chr., Bronze, Gesamthöhe 45,5 cm.

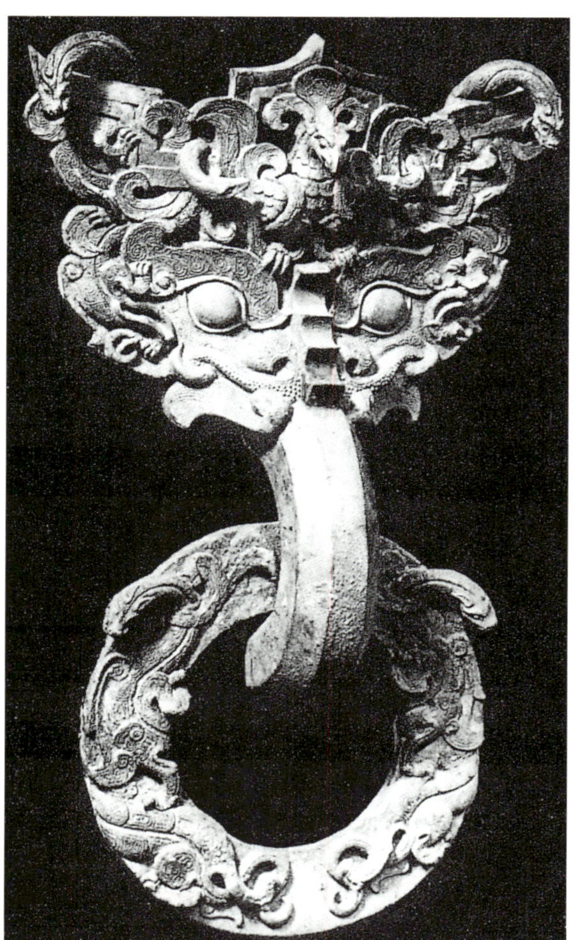

Neben dieser rein dekorativen Kunst gibt es eine Anzahl Skulpturen aus der späten Zhou-Zeit (beziehungsweise aus der ›Zeit der streitenden Reiche‹), die ein für China neuer, außergewöhnlicher Naturalismus kennzeichnet. Die Statuetten stämmiger Pferde und die Gefäße in Form von Nashörnern scheint man nach dem Leben geformt zu haben. Menschliche Figuren wurden gewöhnlich mit geringerer Lebendigkeit wiedergegeben, doch eine kleine Akrobaten- oder Ringergruppe ragt qualitativ hervor ▸ 3.64. Ähnlich den besten dekorativen Kunstwerken der Zhou erhält auch dieses seine Kraft aus der Spannung zwischen einem freien Formrhythmus und einer strukturierenden Einbindung. Da es eher expressiv als deskriptiv, eher eine Verkörperung von körperlicher Energie als geistiger Ausstrahlung und in keiner Weise idealisierend gebildet ist, besteht ein auffallender Kontrast zu den Athletenstatuen, die – wie wir noch sehen werden – zu genau der gleichen Zeit in Griechenland entstanden.

Die weiten Ebenen Mittelasiens, die sich zwischen den Gebieten erstrecken, in denen sich die griechische und die chinesische Kultur entfalteten, wurden hauptsächlich von Nomadenstämmen bevölkert, die, von den Griechen als ›Barbaren‹ angesehen (s. S. 149ff.), von den Chinesen jedoch zu dieser Zeit weitaus weniger, wenn überhaupt, gering geachtet wurden. Am südöstlichen Rand des Territoriums, um das die streitenden Reiche Chinas kämpften, war rund um den Dian-See (in der heutigen Provinz Yunnan an der Grenze zu Birma, Laos und Vietnam) ein Volk mit einer eigenständigen Kultur angesiedelt. In chinesischen Chroniken fand es erst Erwähnung, nachdem es 109 v. Chr. dem Han-Reich einverleibt worden war. Seine Grabstätten aber, mit deren Ausgrabung in den fünfziger Jahren begonnen worden ist, haben die Überreste einer hoch organisierten Gesellschaft zutage gefördert, die sich gelernte Handwerker und Künstler hatte leisten können. Ein bronzenes Opfertischchen ▸ 3.65 aus dem 6. bis 5. vorchristlichen Jahrhundert zählt zu den ältesten uns bekannten Kunstwerken dieser Menschen – technisch wie auch künstlerisch von höchster Perfektion. Es unterscheidet sich auffallend von Bronzen aus der Shang- und frühen Zhou-Zeit, in der Art, wie es gegossen wurde (in einzelnen Teilen, aber nicht aus keramischen Gussformen), und zum anderen durch die außergewöhnlich naturalistische Darstellung des Kopfes des großen Stiers, des kleineren und des von hinten angreifenden Tigers. Unter den weiteren Überresten dieser ›Dian-Kultur‹ stehen einige Objekte mit dem Tier-Stil Zentralasiens in Verbindung (s. S. 150ff.), während andere wieder eine Nähe zur Kunst Südostasiens aufweisen, insbesondere trommelförmige Behältnisse für Kaurischnecken, die von sehr lebendig dargestellten kleinen Figurengruppen – beim Kampf oder während ritueller

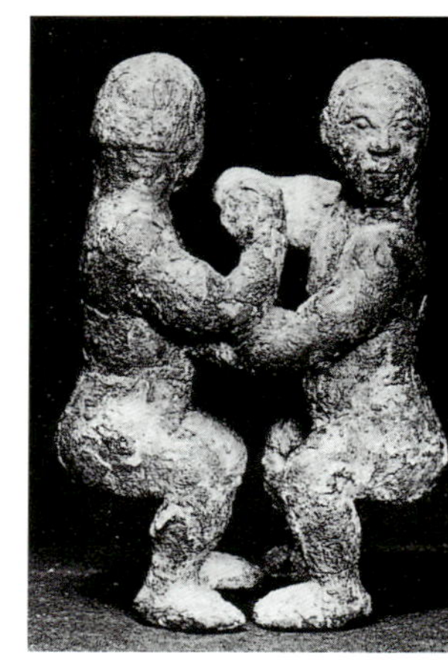

3.64 Akrobaten oder Ringer, um 400 v. Chr., Bronze, Höhe 15,2 cm. British Museum, London.

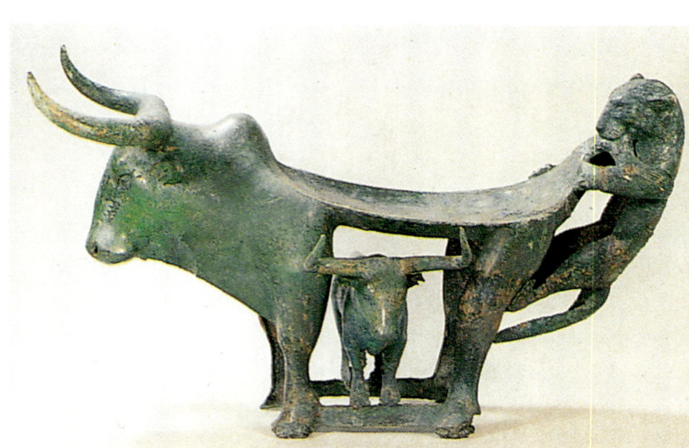

3.65 Opfertischchen, 6.–5. Jh. v. Chr., Bronze, Höhe 43 cm. Nationalmuseum Kunming, Yunnan, China.

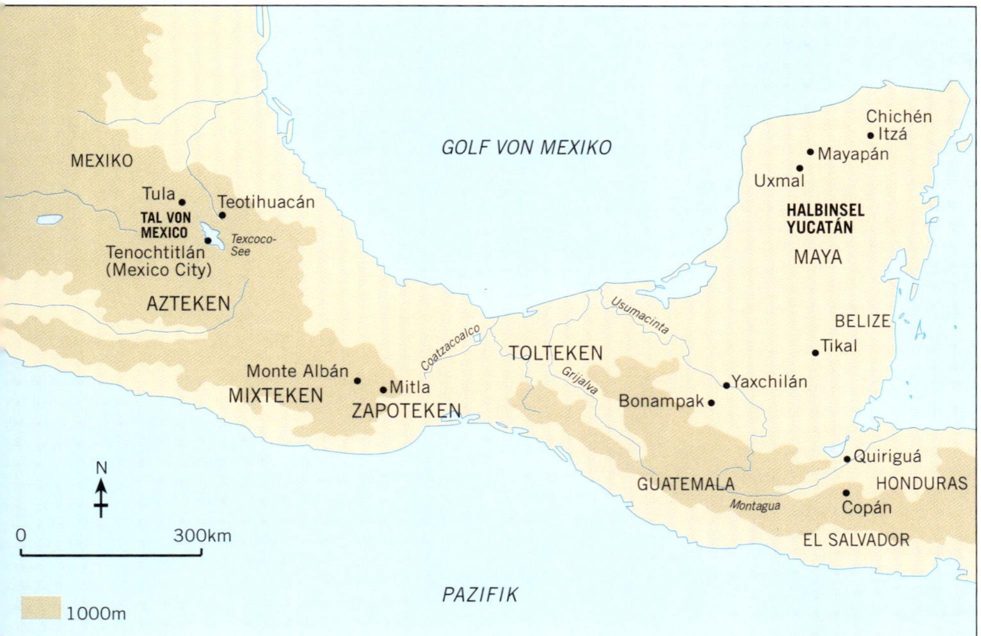


as Alte Mesoamerika.

Handlungen – gekrönt werden. Schon allein ihrer selbst wegen von Interesse, sind sie auch signifikante Beispiele für künstlerische Ausdrucksformen, die von den Chinesen abgelehnt wurden, obgleich sie trotz regionaler Unterschiede eine gemeinsame Sprache aufwiesen.

## Amerika

Zwischen der Kunst Altamerikas, Chinas und des Alten Orients gibt es faszinierende Übereinstimmungen – so die zikkuratähnlichen, künstlichen Erdhügel in Mexiko und die an die Reliefs auf den Bronzen der Shang-Dynastie erinnernden Bildhauereien in Peru –, aber auch grundlegende Differenzen. Die Frühstadien der sozialen Entwicklung waren ziemlich gleich. Ungefähr im 7. Jahrtausend wurde das Jagen und Sammeln durch den Anbau von Mais ersetzt, der allmählich zum Grundnahrungsmittel von Meso-Amerika (das heißt das heutige Mexiko, Belize, Guatemala und Honduras) wurde und noch immer ist. Etwa um 1500 v. Chr. gab es im Hochland von Mexiko sesshafte Ackerbauerndörfer. Sie sind vor dem Ausgang des 2. Jahrtausends zu einem Staatsgebilde mit großen Kult- oder Zeremonialzentren vereinigt worden, die die Existenz einer organisierten Religion und einer herrschenden Priesterklasse voraussetzten. Es scheint so, dass die durch einen Ausleseprozess zustande gebrachte Qualitätsverbesserung von angebautem Mais ein Resultat zeitigte, das dem der Bewässerung in Mesopotamien vergleichbar ist, nämlich den zur Ernährung eines gesellschaftlichen Überbaus nötigen Nahrungsüberschuss. Städte wurden jedoch erst tausend Jahre später erbaut (die erste Stadt scheint Teotihuacán gewesen zu sein, siehe Kapitel 12), und die gewöhnlich mit der Urbanisation verbundenen wirtschaftlichen Entwicklungen fanden kaum statt. Die Priester konnten mit Millionen rechnen. Sie verstanden den Begriff der Null und vermochten die Länge des Sonnenjahres mit wissenschaftlicher Präzision zu messen; doch ein einheitliches System der Gewichte, Maße und Zahlungsmittel wurde nicht ersonnen. Es war ein Volk, das riesige Tempelbezirke entwarf und einige der beeindruckendsten Monumentalskulpturen der Welt schuf, aber bei der Entwicklung der Metallurgie nur langsam vorankam und nie das Prinzip des Rades erfasste, auf welchem so viele Technologien fußen. Seine Begabung tendierte auf das Immaterielle und Theoretische, zu dem eine entsprechende Gleichgültigkeit gegenüber dem praktischen Alltagsleben kam, manchmal gegenüber dem Leben schlechthin – ein Phänomen, das seine Kunst sehr deutlich widerspiegelt.

Zwischen dem in prähistorischer Zeit geschnitzten Kojotenkopf aus Tequixquiac ▸ 1.18 und dem Beginn einer archäologisch rekonstruierbaren kulturellen Abfolge klafft eine Lücke von etwa 8000 Jahren. Man hat nahe Xochipala, das etwa 100 km von der Pazifikküste landeinwärts in der heutigen Provinz Guerrero von Mexiko liegt, eine Anzahl Tonstatuetten aus der Zeit um 1300 v. Chr. gefunden, die mit einer derart sicheren Hand, einem so lebendigen Gefühl für dreidimensionale Formen gestaltet sind, dass sie die Existenz einer verwurzelten Tradition voraussetzen. Bemerkenswert ist die Gruppe zweier ins Gespräch vertieften Figuren ▸ 3.66. Sie sitzen in entspannter Haltung und sprechen mit ausdrucksvollen Gesichtern und beredter Gebärde, wobei die altersbedingte Leibesfülle des einen in fast rührender Weise der jünglingshaften Schlankheit des anderen gegenübergestellt ist. Wie bei vielen der späteren mesoamerikanischen Figuren ist ihr Geschlecht unbestimmbar. Andere Statuetten stellen Jugendliche dar, die für das Ballspiel gekleidet sind – das sowohl Sport als auch religiöses Ritual war (wie die Athletik der Alten Griechen). Diese Figuren aus Xochipala sind die frühesten Kunstwerke, die mit den Olmeken in Verbindung gebracht werden können, deren formender Einfluss auf die Kulturen Altamerikas dem der Sumerer im Nahen Osten vergleichbar ist.

### *Die Olmeken*

Die großen olmekischen Stätten befinden sich in den Provinzen Veracruz und Tabasco an Mexikos Ostküste, wo die Besiedlung bis vor 1200 v. Chr. zurückverfolgt werden kann. (Das Wort Olmeke bedeutet ›Einwohner im Land des Gummis‹ und war ursprünglich einem ganz anderen Volk zugeteilt worden, das zur Zeit der spanischen Eroberung dieselbe Region an der Golfküste bewohnte.) Die meisten der in diesem Gebiet gefundenen Kunstwerke sind Steinskulpturen. Sie können nicht genau datiert werden, weil Stein keinem wissenschaftlichen Datierungsverfahren zugänglich ist. Wahrschein-

3.66 *Statuetten aus Xochipala*, um 1300 v. Chr., Terrakotta, Höhe 13,5 cm und 11 cm. Art Museum, Princeton University.

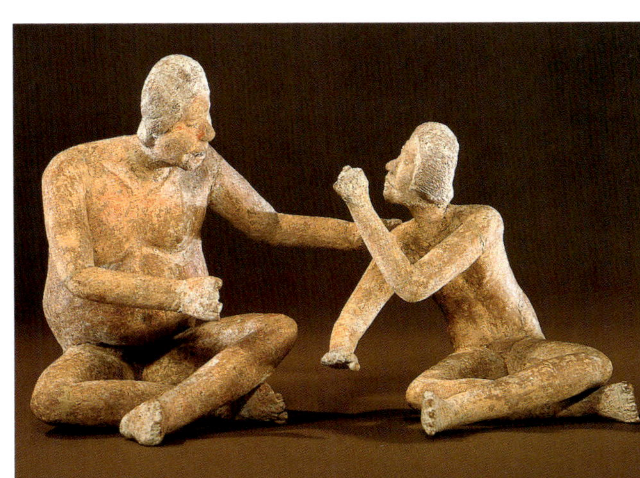

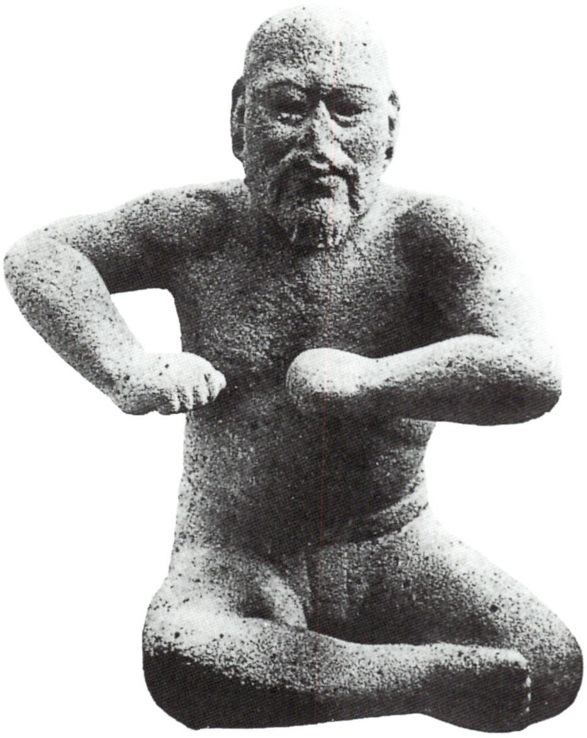

3.67 *Ringer,* aus S. Maria Uxpanapan, vor 400 v. Chr., Basalt, Höhe 66 cm. Museo Nacional de Antropología, Mexiko City.

lich sind sie jedoch viel später als die in Xochipala gefundenen Figuren entstanden, obschon deren Naturalismus erhalten blieb und bei der besten aller olmekischen Skulpturen auf eine noch weitaus kultiviertere Ebene gebracht wurde ▸ 3.67. Der als ›Ringer‹ bekannte bärtige Athlet könnte eine bestimmte Einzelperson darstellen, da Bärte bei den meist bartlosen indigenen Völkern Amerikas selten sind. Die intensive körperliche Ausstrahlung ist von starker Konzentration erfüllt. Andere olmekische Skulpturen sind strenger frontalisiert und rigoros symmetrisch. Kleine Jadefiguren – ein Material, das im Alten Amerika genauso wie in China geschätzt wurde – stellen oft Kinder mit ›knurrenden‹ Jaguarschnauzen dar, wobei die Köpfe stark schematisiert und die Körper oft nur durch eingeritzte Linien angedeutet sind ▸ 3.68. Es gibt auch riesige, bis zu 3,50 m hohe Köpfe aus Stein, von denen insgesamt 16 an den verschiedenen Kultstätten der Olmeken entdeckt wurden ▸ 3.69. Alle tragen die gleichen halbkugeligen, über die Augenbrauen geklemmten Helme und haben ähnlich aufgeblähte Wangen, abgeflachte Nasen und dicke Lippen, vielleicht als ethnische Merkmale einer Herrscherrasse, obwohl man nicht weiß, ob sie Götter oder Oberpriester verkörpern. Unterschiede in der Kopfbedeckung könnten auf den Porträtcharakter dieser Skulpturen schließen lassen, zumindest aber auf eine Spezialisierung der Ämter. Diese Köpfe wurden so platziert, dass sie von einer Kultstätte aus nach außen blickten, möglicherweise um – wie die assyrischen Lamassu – Böses abzuwehren.

Die Kultstätten der Olmeken befanden sich nicht in den Gebieten des Maisanbaus, der sie ernährte, sondern in den tropischen Regenwäldern, und sie wurden nur von wenigen Oberpriestern und ihren Gefolgsleuten, wahrscheinlich einschließlich der Bildhauer, ständig bewohnt. Die Materialien, aus denen man sie erbaute, und auch die riesigen Steinköpfe wurden von weit her herangeschafft. Zu dem wichtigsten Zentrum, La Venta auf einer Insel im Tonalá-Fluss, gehörte ein gefurchter, konischer Erdhügel mit einem Durchmesser von 130 m und einer Höhe von 30 m. Die architektonische Anlage bestand aus einem langen, von Plattformen flankierten Hof und einem kleineren Platz, der in Nord-Süd-Richtung von dichtstehenden Basaltsäulen umgeben war. Im kleineren Hof war eine tiefe, rechteckige Grube mit Schichten kleiner Klötze aus Serpentinmarmor gefüllt, vermutlich Opfergaben, deren nächstliegender Ursprungsort 560 km auf dem Wasserweg entfernt ist. Die Grube war mit einer Jaguarmaske bedeckt, die zu geometrischen Formen abstrahiert und offensichtlich sofort nach Fertigstellung zugedeckt worden war. Anscheinend haben die Olmeken den Brauch eingeführt, religiöse Gebäude rituell zu errichten, dann zu zerstören und wiederaufzubauen, ein Ritus, den spätere mittelamerikanische Kulturen in Übereinstimmung mit den 52-Jahre-Zyklen des Kalenders befolgten. (Auch in Japan mussten die Shinto-Tempel in regelmäßigen, vorgeschriebenen Intervallen zerstört und wiederaufgebaut werden, s. S. 267ff.).

Der Lageplan der Erdhügel und Höfe in La Venta ähnelt einer Jaguarmaske. Diese Sinnbilder sind von solchen Dimensionen, dass ihre Symbolik nur von einem hohen Blickwinkel erkannt werden kann. Auch in anderen, weit voneinander entfernten Gebieten Amerikas entstanden solche Kultstätten. Im Norden wurden etwa zwischen 500 v. Chr. und 500 n. Chr. Bildwälle in Form von Schlangen und Vögeln aufgeschüttet, vermutlich als kultische Zentren für die Feldbau betreibenden Stämme, die auf den großen Ebenen ihre Ernährung durch Jagen und Sammeln ergänzten. Die Große Schlange in Adams County, Ohio, USA, eine wellige Erdaufschüttung mit einer Breite von etwa 5,50 m und einer Länge von über 365 m, zeugt von der Fähigkeit der Erdwallerbauer, in großem Maßstab zu planen, um die überirdischen Mächte zu ehren oder sie günstig zu stimmen ▸ 3.72. In Südperu wurde wahrscheinlich

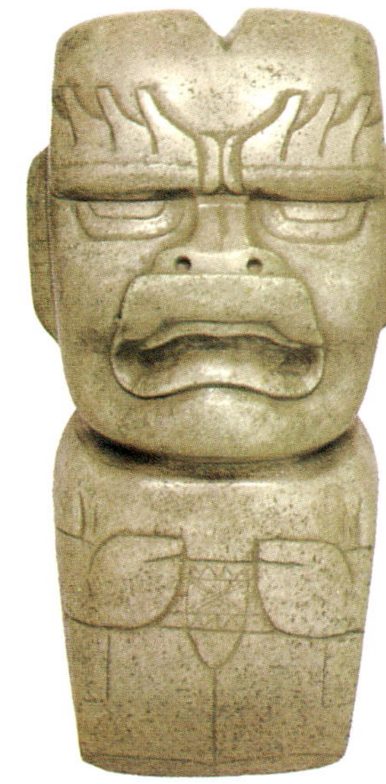

3.68 Kultaxt, vor 600 v. Chr., Jade, Höhe 30,5 cm. British Museum, London.

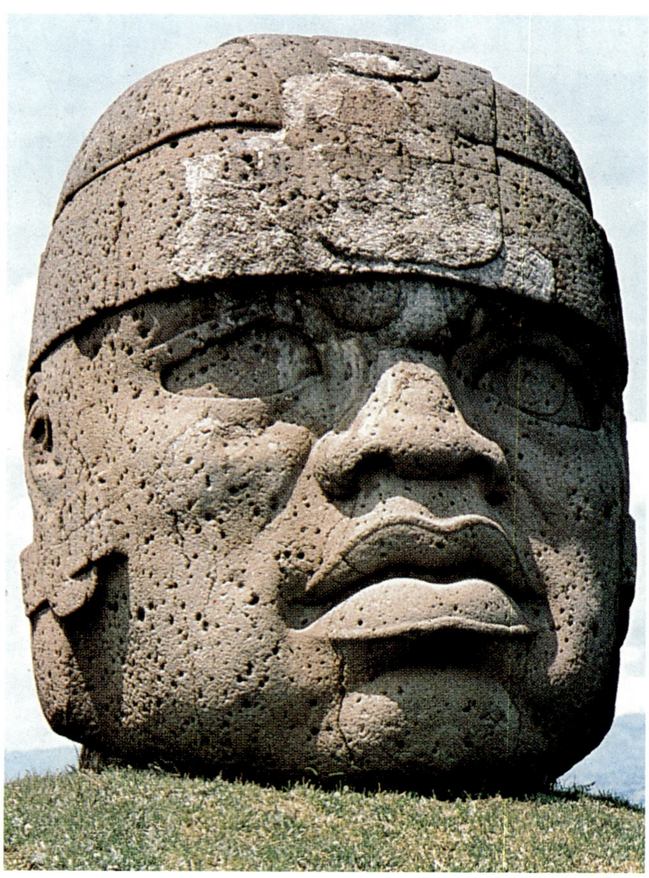

3.69 Kolossalkopf aus S. Lorenzo, Tenochtitlán, vor 400 v. Chr., Basalt, Höhe 180 cm. Museo Regional de Veracruz, Jalapa, Mexiko.

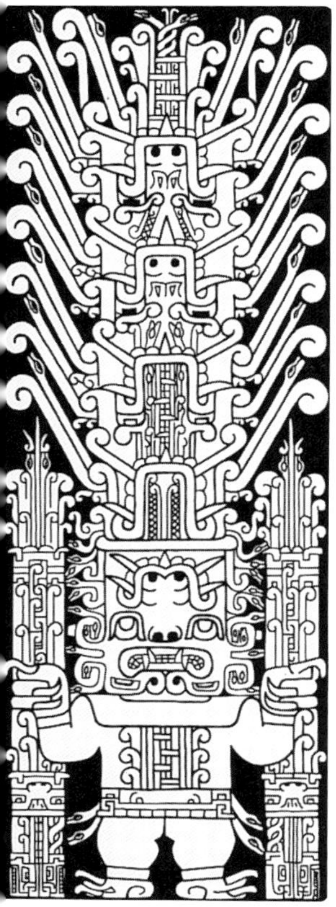

.70 *Raimondi-Stele* (Umzeichnung), aus Chavín de Huántar, Peru, nach 900 v. Chr., Diorit, Höhe 195 cm. Nationalmuseum, Lima, Peru.

einige Jahrhunderte später das unfruchtbare Plateau zwischen den Flüssen Palpa und Ingenio zum Träger für ein gigantisches Netz schnurgerader Linien mit einer Länge von vielen Kilometern, für Zickzacklinien und Tier›zeichnungen‹, die man durch das Entfernen von Steinen an der Oberfläche bildete, um den gelben Erdboden bloßzulegen: das größte Kunstwerk der Welt ▸ 3.73. Die Linien scheint man aufgrund astronomischer Beobachtungen festgelegt zu haben. Sie spiegeln vielleicht Rituale mit kosmischer Bedeutung, wobei sie ein mehrere hundert Quadratkilometer großes Gebiet in einen Tempel ohne Mauern verwandelten, eine Architektur des zweidimensionalen Raums und des Diagramms, die das Verhältnis an die Stelle der Masse setzte.

### *Peru*

Es könnte sein, dass es Parallelentwicklungen gab zwischen der Kultur Mittelamerikas und den 3200 km entfernten, zum Pazifik führenden Andentälern, wo es nach Aufnahme der Landwirtschaft und einer sesshaften Lebensweise zur Erbauung großer religiöser Bauwerke kam und dies noch vor Einführung der Töpferei. In Aspero, 160 km nördlich des heutigen Lima, finden sich beträchtliche Reste großer steinbedeckter Plattformen, auf denen Tempel standen. Sie datieren wie die Zikkurate Mesopotamiens und die großen Pyramiden Ägyptens auf das frühe 3. Jahrtausend v. Chr. Allein die Größe dieser frühen peruanischen Monumente erstaunt. An der Zentralküste, in El Paraíso, wurden um 1200 v. Chr. auf einem Gelände von mehr als 57 Hektar zwei rechteckige, je etwa 41 m breite Bauten errichtet. In Sechin Alto überragt eine stumpfe, 35 m hohe Pyramide, gleichfalls um 1200 v. Chr. erbaut, eine Reihe von bis zu 1,6 km vorgelagerten Plätzen und tiefer liegenden Höfen. Hoch oben in den Anden, in Kuntur Wasi, wurde ein natürlicher Gipfel Ende des 2. Jahrtausends v. Chr. so abgetragen, dass eine quadratische Plattform mit einer Fläche von 13 Hektar entstand. Sie ist über breite Steintreppen zu erreichen.

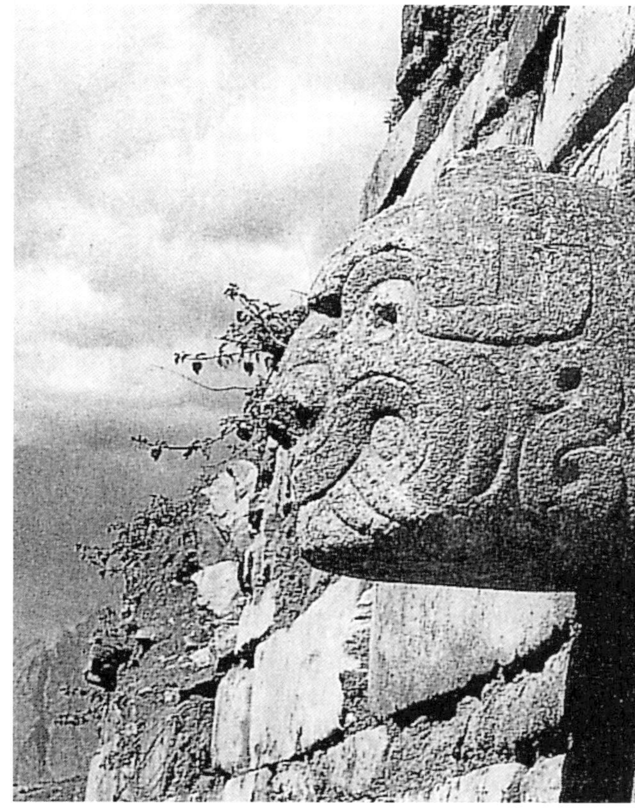

3.71 *Gott von Chavín*, Skulptur im Mauerwerk der Hauptpyramide von Chavín de Huántar, Peru, 900–500 v. Chr.

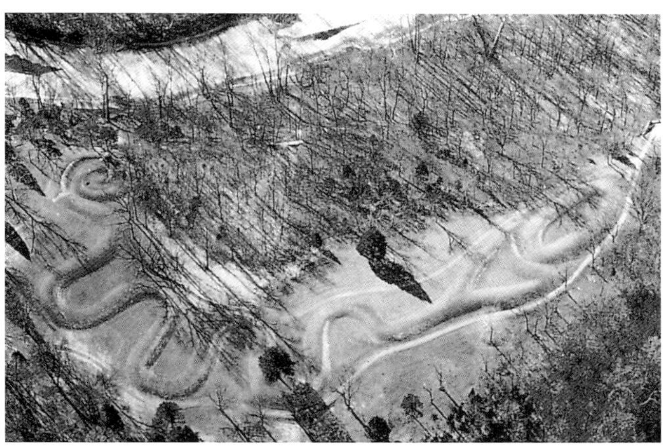

.72 *Großer Schlangenwall*, Adams County, Ohio, um 300 v. Chr.–400 n. Chr.

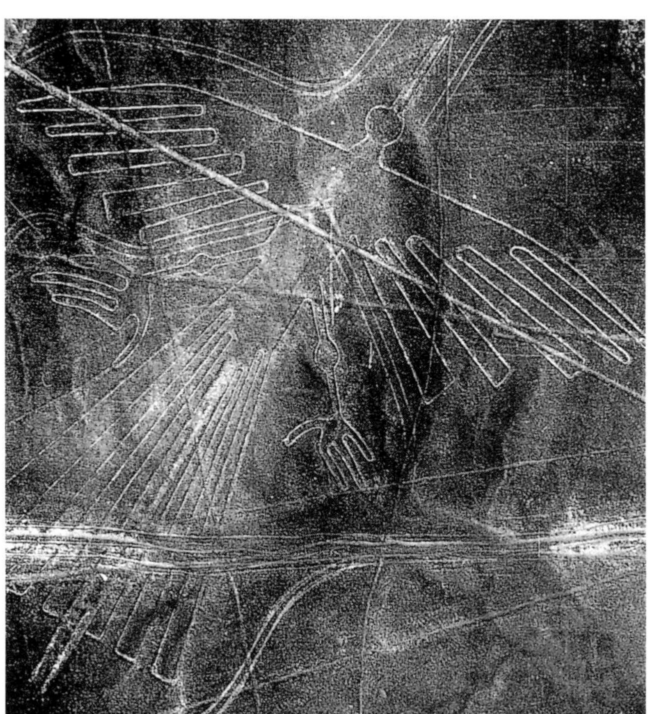

.73 Bodenzeichnungen, Nazca, Peru, 1. Jahrtausend v. Chr.

Chavín de Huántar, um 900 v. Chr. begonnen und 400 Jahre später erweitert, scheint eine der wichtigsten dieser frühen religiösen Stätten gewesen zu sein. Die ursprüngliche Anlage, ein U-förmiger Block mit zwei Armen unterschiedlicher Höhe ▸ 3.78, die mit sorgfältig behauenen Steinen verkleidet wurden, umschließt einen quadratischen Platz und eine tiefer liegende runde Piazza. Sie ist mit Platten, die Flachreliefs von Jaguaren und mythologischen Wesen tragen, ausgekleidet. Der Block, dessen höchster Teil sich 16 m erhebt, hat keine Fenster, schließt aber drei Galeriegeschosse ein, die durch Treppen und Rampen miteinander verbunden und in genialer Weise durch Luftschächte belüftet wurden. Die Außenseiten schmücken Reliefs ▸ 3.71. Im Hauptgebäude steht ein Monolith aus weißem Granit mit einer Höhe von etwa 4,50 m, der ›Lanzón‹ (Lanze) genannt wird und zwischen Boden und Decke des Hauptzimmers befestigt ist ▸ 3.77. Dieses Kultbild ist in sehr flachem Relief gemeißelt und zeigt einen stehenden Mann, der ein katzenartiges, mit Fangzähnen bewaffnetes Gesicht sowie Haarlocken hat, die in Schlangenköpfen enden.

IM KONTEXT

# *Chavín de Huántar*
# Religion und Gesellschaft in Altperu

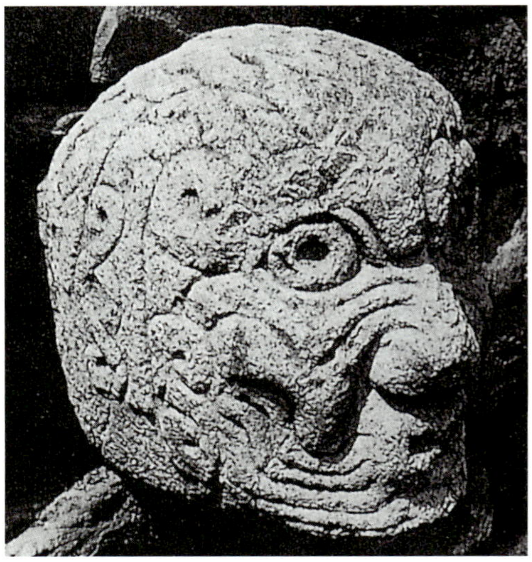

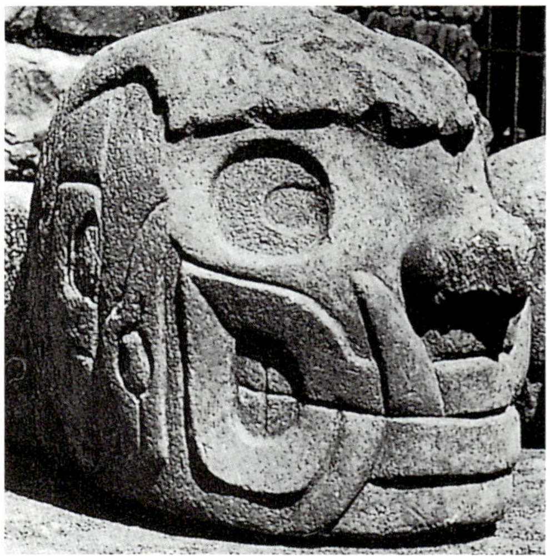

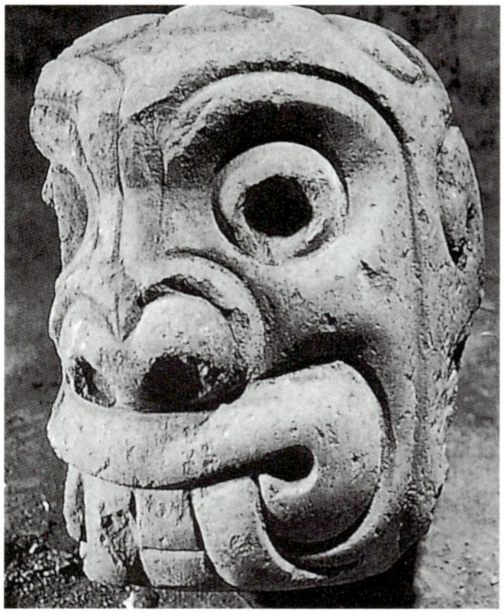

3.74;75;76 Drei Köpfe, von der Westwand des Tempels, 900–500 v. Chr., Sandstein, Höhe ca. 87 cm. Chavín de Huántar.

Chavín de Huántar liegt in den Hochanden, rund 3140 m über dem Meeresspiegel, auf der östlichen Seite der Cordillera Blanca. Zwei Flüsse fließen hier auf ihrem Weg hinunter zum Marañón und zum Amazonas zusammen, etwa auf halbem Weg zwischen dem trockenen pazifischen Küstenland und den tropischen Urwäldern. Zugleich ist Chavín im Schnittpunkt alter Handelswege gelegen. Die über kleine Ansiedlungen verstreute örtliche Bevölkerung lebte von Landwirtschaft und der Haltung von Lamas. Wie es ihr möglich war, in der Zeit um 900–500 v. Chr. ein Baudenkmal von solcher Größe und aufwendigen Ausführung wie den Tempel in Chavín zu errichten, ist ein Rätsel. Hinweise auf eine Herrscherkaste von Kriegern oder Priestern fehlen ebenso wie Grabfunde, die auf Reichtum oder Macht schließen ließen. Und das Gleiche gilt für ältere Kultanlagen an anderen Orten in Peru, wo der Bau allem Anschein nach eine Gemeinschaftsarbeit war.

Die religiösen Vorstellungen, als deren Zeugnisse die riesigen kultischen Komplexe in Chavín und andernorts erhalten sind, überdauerten 2000 Jahre, und weder die Inka (s. S. 481 ff.) noch die spanischen Konquistadoren vermochten sie völlig auszurotten. Obwohl in den klimatisch grundverschiedenen Regionen des Küstenlandes, des Hochlandes der Anden und des tropischen Marañón-Tals entstanden, war für alle die gleiche Kosmologie verbindlich, richtete sich die Anbetung an die gleichen Gottheiten, die, nach ihren Bildnissen zu urteilen, Barmherzigkeit nicht kannten. Kennzeichnend für alle Kultanlagen sind hohe, steinverkleidete Plattformen mit steilen Wänden. Diese haben vielfach, wie in Chavín, einen U-förmigen Grundriss, wobei der eine Arm des U höher und breiter ist als der andere. Bei aller Ähnlichkeit jedoch weisen diese Anlagen große Unterschiede auf.

Die Plattform in Chavín de Huántar öffnet sich nach Osten hin zum Fluss und zu den Bergen in der Ferne, wobei keine Bauten den Blick verstellen. Ihre Ausrichtung wurde offenbar von einer Ost-West-Achse bestimmt, die vom Punkt des Sonnenuntergangs zur Zeit der Wintersonnwende ausging. Dabei dürfte die glühende Sonnenscheibe von den Höfen des Kultkomplexes aus gerade über dem schneebedeckten Gipfel des Huánstan, eines heiligen Berges, zu sehen gewesen sein. Der Besucher näherte sich der Anlage von Westen her. Dort sah er sich einer wuchtigen, unüberwindbaren Wand gegenüber, von der überlebensgroße steinerne Köpfe starrten ▸ 3.74–76. Er war gezwungen, zunächst zum Fluss hinab- und anschließend über Terrassen zu dem östlichen Hof hinaufzusteigen, der eine versenkte runde Piazza aufwies, die etwa 500 Menschen Platz bot. Vermutlich wurden oben auf der großen Plattform Rituale irgendeiner Art durchgeführt. ›Priester‹ dürften dabei aus dem Inneren des fensterlosen Unterbaus der Plattform, in dem sie möglicherweise sogar lebten, vor die versammelten Gläubigen getreten sein. Die Tatsache, dass sich im Reliefschmuck in Chavín wiederholt der San-Pedro-Kaktus dargestellt findet, aus dem Meskalin gewonnen wird, und sich zudem Mörser ähnlicher Art vorfanden wie die, die zum Zerstoßen von Vilca-Kernen verwendet werden, deutet darauf hin, dass Halluzinogene Verwendung fanden, um schamanistische Trancezustände herbeizuführen. In der Aneinanderreihung suggerieren die Riesenköpfe, die sich ursprünglich an der Westwand der Plattform befanden, aufs anschaulichste die Art von Verwandlung eines menschlichen Kopfes in eine halb tierische Fratze mit Fangzähnen und schließlich in richtige Tiergestalt, die ein Schamane beim Hinübertritt ins Geisterreich durchlaufen haben dürfte ▸ 3.74–76. Im Trancezustand konnte ein Eingeweihter zudem zu einem Orakel werden, durch das die Götter ihre Wünsche mitteilten. Und Orakel waren auch noch zwei Jahrtausende später bei den Inkaherrschern hoch geschätzt, als die Spanier in Peru einfielen.

In Chavín gefundene Keramikgefäße aus weit entfernten Orten lassen auf ein reges Pilgerwesen vor 500 v. Chr. schließen. Pilger finanzierten möglicherweise den um diese Zeit erfolgten Ausbau der Tempelplattform mit, im Zuge dessen eine neue, rechteckige versenkte Piazza geschaffen wurde, die mehr als 1500 Menschen Platz bot. Die Lebensmuster hatten sich jedoch in der Zwischenzeit stark verändert. Alte Glaubensvorstellungen überdauerten zwar, vermochten aber nicht mehr zwischen der Bevölkerung des Küstenlandes und der des Hochlandes eine Brücke herzustellen. Chavín verlor als Kultzentrum an Bedeutung und war, als dort im Jahr 1616 ein Spanier eintraf, nur noch eine Ruine.

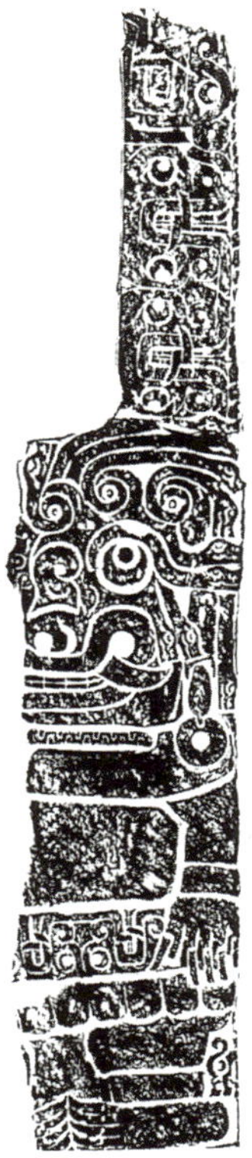

3.77 *Lanzón* im Tempel von Chavín de Huántar (Umzeichnung des oberen Teils), nach 900 v. Chr., weißer Granit, Gesamthöhe 457 cm.

Darüber befinden sich gewundene Linien, die noch mehr Augen, Zähne und fletschende Lippen suggerieren. Dieses Werk unterscheidet sich von den großen, runden Steinköpfen und den Kinderfiguren mit Jaguargesichtern der Olmeken so stark wie der dicht bebaute Gebäudekomplex in Chavín von den weiträumigen Baumassen der heiligen Stätten in Mittelamerika. Die doppelte Bedeutung einzelner Elemente (Schlangen und Haar), das Verfahren, einen Kopf derart aufzuspalten, dass zwei Profile einen einzigen, gemeinsamen Mund haben, und die aggressiven Rechteckformen, all das erinnert an die Bronzen der Shang-Dynastie ▸ 2.88 ff. Solche Ähnlichkeiten sind ebenso verblüffend wie schwer zu erklären. Noch näher an die frühe chinesische Kunst heranreichende Formen und Motive treten etwa 2000 Jahre später wieder auf Steinvasen auf, die im Ulúa-Tal von Honduras gemeißelt wurden. Es wäre zu überlegen, ob die Einwohner der Länder auf beiden Seiten des Pazifik von ihren entfernten gemeinsamen Ahnen über physische Merkmale hinaus auch ein ähnliches ästhetisches Empfinden ererbten, das weitertradiert und nur mit solch unbeständigen Medien wie Körper- und Sandmalerei zum Ausdruck gebracht wurde.

Es besteht nur eine geringe Wahrscheinlichkeit, dass es einen direkten Kontakt gab, der künstlerische Motive von Asien nach Amerika vermittelte. Wenn es ihn gegeben hätte, dann wären auch derart grundlegende Erfindungen wie die des Rads nach Amerika gekommen. Tatsächlich wurden aber viele Handwerkstechniken unabhängig in Amerika entwickelt, und die dortige Webkunst war dem Rest der Welt sogar weit voraus. Die Baumwolle wurde kultiviert, und bereits vor 3000 v. Chr. (demnach früher als im Indus-Tal, S. 53) beherrschte man in Peru Techniken, die Baumwollfaser vorzubereiten, zu färben und zu einem Gewebe zu flechten. Die Wolle vom Lama, vom Alpaka und Vicuña wurde später auf die gleiche Weise verarbeitet. Um 1500 v. Chr. kam es zur Erfindung einer Art Einziehwebstuhl, und bereits vor dem 1. Jahrhundert n. Chr. kannte man hier alle vorindustriellen Textiltechniken der Welt und färbte in nahezu 200 verschiedenen Tönen.

Große Mäntel aus Gräbern auf der Paracas-Halbinsel, die in dem außergewöhnlich trockenen Boden der Küstenzone erhalten blieben, sind webtechnisch und vom Dekor her beeindruckend. Die auf gewebte Fonds gestickten Motive sind kräftig und lebendig gezeichnet – Menschen, Vögel, Raubtiere, Fische und verschiedene Ungeheuer. Auf einem Mantel wird die Figur eines Mannes mit wie bei einem ekstatischen Tanz zurückgeworfenen Kopf wiederholt, um ein sehr einfaches, aber durch leichte Variationen in Farbe und Form höchst lebendiges Muster zu bilden ▸ 3.79. Man hat solche um die Toten (die auf natürliche Weise austrockneten und nicht wie im Alten Ägypten mumifiziert wurden) gewickelten Gewänder in zwei verschiedenen Gräbertypen gefunden, einer flaschenförmigen unterirdischen Kammer und einer späteren (um 200 v. Chr.) rechteckigen mit Steinwänden. Kleidungsstücke dieser Pracht wurden von Mitgliedern einer Oberschicht getragen, die nicht an der Küste, sondern auf fruchtbarem, mindestens 32 km landeinwärts gelegenem Land lebten, von wo aus sie offensichtlich mit dem Hochland Handel trieben. Von dort stammte die Wolle, aus der die meisten Paracas-Textilien gewebt wurden. Die Halbinsel Paracas wurde wahrscheinlich

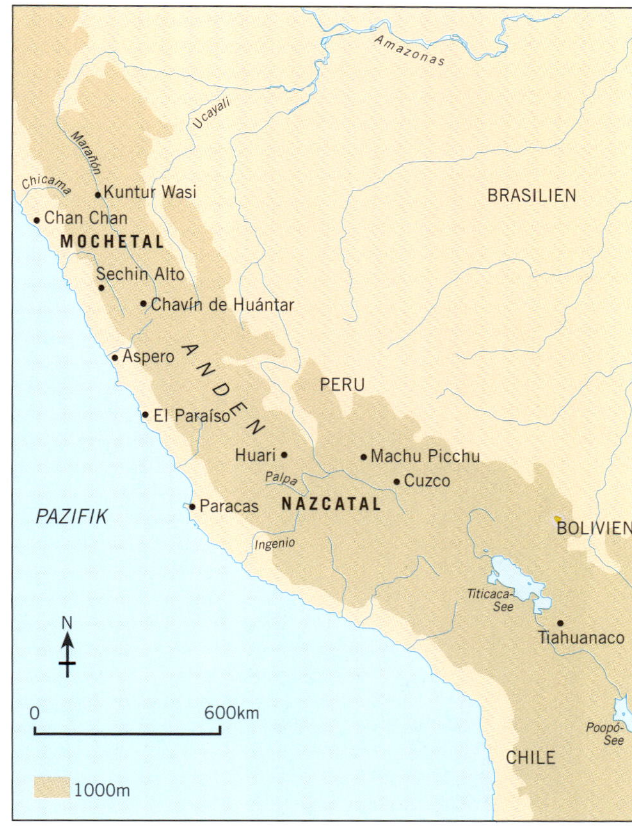


Altes Peru.

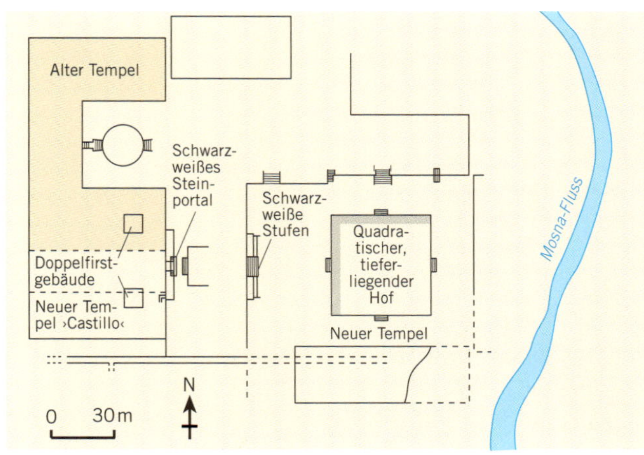


Lageplan von Chavín de Huántar, Ancash, Peru, 900–500 v. Chr.

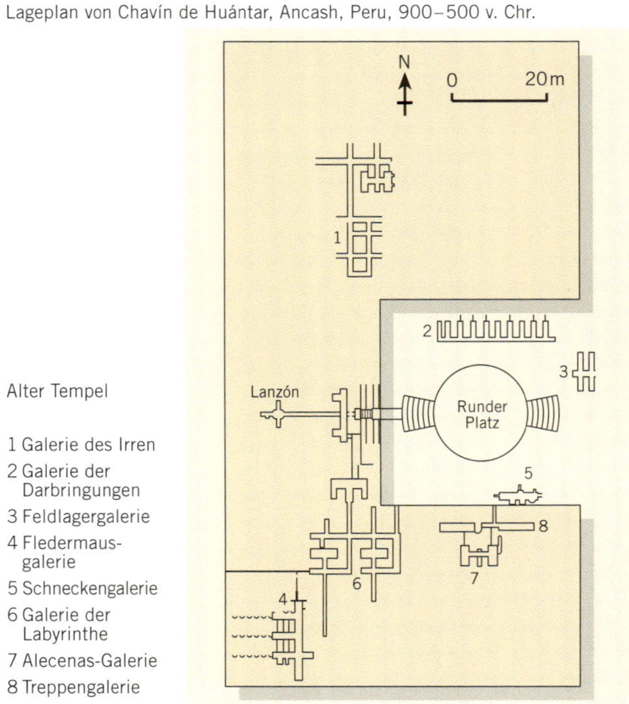


3.78 Plan von Chavín de Huántar, Peru, 900–500 v. Chr.

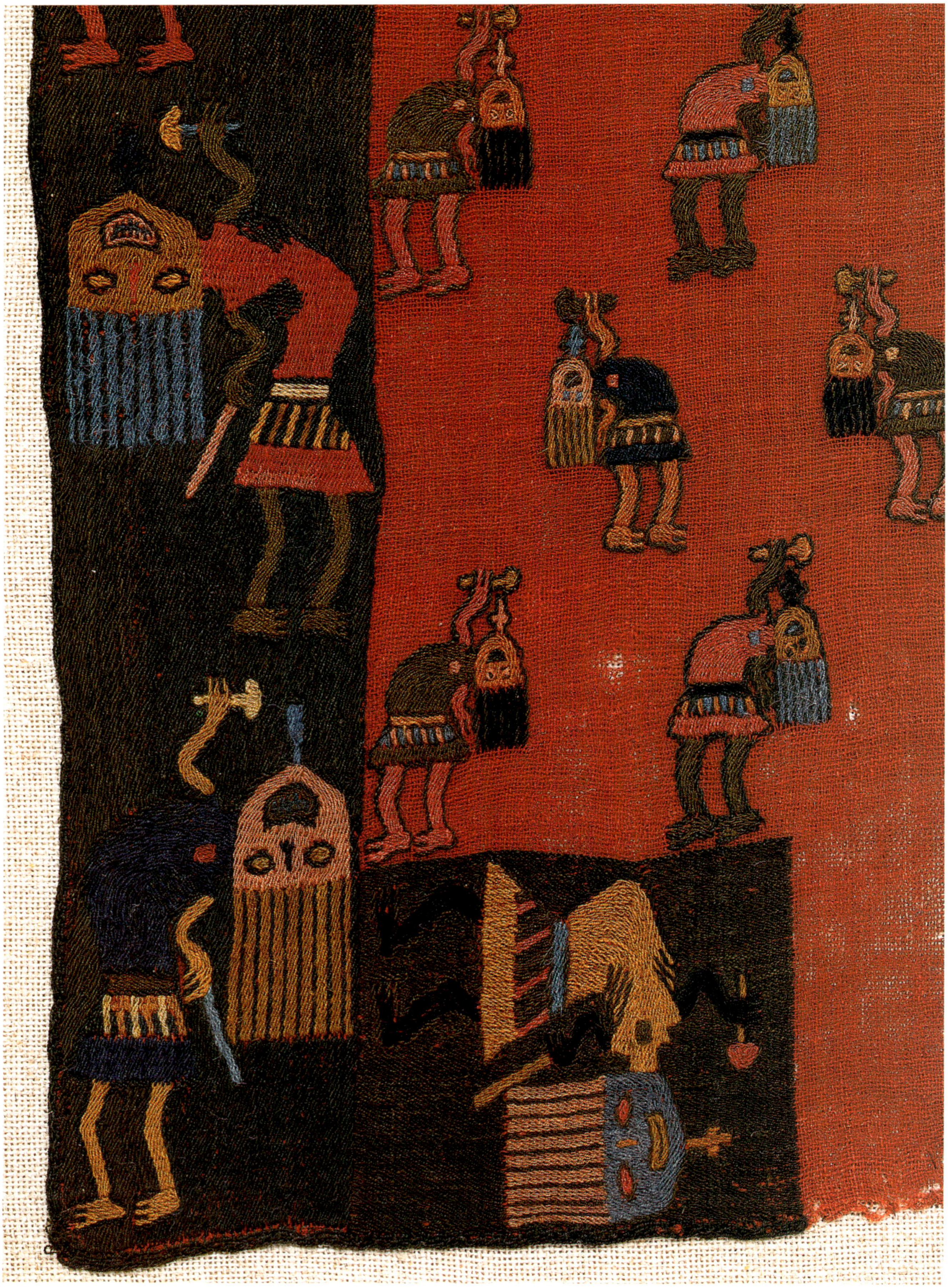

3.79 Mantel aus Paracas (Ausschnitt), Peru, um 200 v. Chr., Wolle. Museum für Völkerkunde, München.

aufgrund ihrer ungewöhnlichen Trockenheit als Nekropole gewählt, da dort die Körper der Toten erhalten blieben. Die Textilien, die zusammen mit schön bemalter Keramik gefunden wurden, vermitteln einen lebendigen Eindruck von dem Lebensstil, den eine Zivilisation erreicht hatte, die sich ohne Hilfe der Schrift entwickelt hatte, um damit ihre Geschichte und ihre religiösen Überzeugungen aufzuzeichnen (oder sollte man sagen: ohne die Notwendigkeit der Schrift?).

## Afrika: Die Nok-Kultur

Auch in Afrika schuf im Verlauf des 1. Jahrtausends v. Chr. ein Volk ohne Schrift einen vollendeten Kunststil. Es waren Bauern, die das große Gebiet des Jos-Plateaus in Nordnigeria bewohnten und die sich spätestens um 400 v. Chr. die Technik des Eisengusses aneigneten, die möglicherweise vom oberen Nil aus über den Kontinent verbreitet wurde. Doch ihre Kunst scheint einer von zeitgenössischen Entwicklungen in Nordafrika und dem Nahen Osten ganz unabhängigen, einheimischen Entwicklung gefolgt zu sein. In der vergangenen Zeit sind über 150 Skulpturen entdeckt worden, die erste davon nahe dem Dorf Nok, nach dem die Nok-Kultur benannt wurde. Alle bestehen aus kühn geformtem und fachmännisch gebranntem Ton. Neben naturalistischen Tierdarstellungen – Elefant, Affen, Schlangen und sogar einer riesigen Zecke – kommen auch menschliche Figuren vor und große, manchmal fast lebensgroße Köpfe, die wohl zu Statuen gehörten ▸ 3.80. Obwohl diese meistens sphärischen, konischen oder zylindrischen Köpfe mit ihren abgeflachten Nasen, gebohrten Nasenlöchern, den Augen mit den halbkreisförmigen Unterlidern und gelochten Pupillen stark stilisiert sind, zeigt jeder eine unterschiedliche, starke Persönlichkeit, gekennzeichnet durch Gesichtsausdruck und Frisur. Diese ungewöhnliche Synthese aus menschlicher Individualität und rauer Stilisierung gibt den Skulpturen ihre besondere Kraft. Es sind gebieterische Erscheinungen, vermutlich Porträts von Ahnen der herrschenden Sippe. Die Beobachtung, dass mit deutlichen Einschnitten Formen eingekerbt wurden, legt nahe, dass es eine alte unbekannte Tradition der Holzschnitzerei gab. Es erscheint daher möglich, dass man sich der Terrakotta wegen ihrer besseren Haltbarkeit zuwandte, um die Fortdauer des magischen Gehalts der Bildwerke zu sichern. Nach dem 3. Jahrhundert n. Chr. ist die Nok-Kultur archäologisch nicht mehr nachweisbar. Sie scheint aber in den folgenden Jahrhunderten einen formenden Einfluss auf die Kunst der gesamten Region (Westafrikas) ausgeübt zu haben – wie die der zeitgenössischen Olmeken in Mexiko und der Chavín-Kultur in Peru auf die spätere präkolumbische Kunst in Amerika, ganz zu schweigen von der Kunst der Griechen und ihrem Einfluss auf die spätere europäische Kunst.

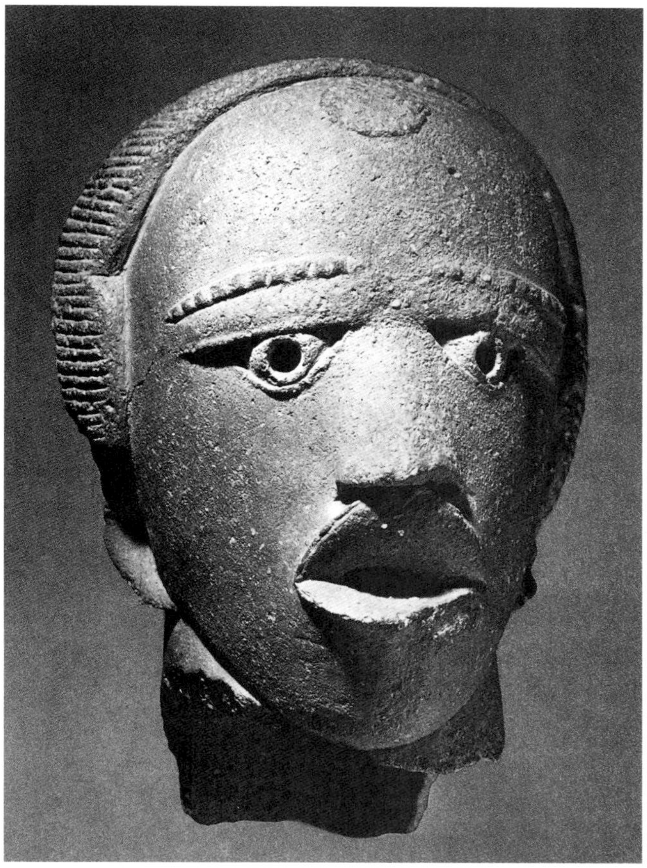

3.80 Kopf aus Jemaa, um 400 v. Chr., Terrakotta, Höhe 25 cm. Nationalmuseum, Lagos.

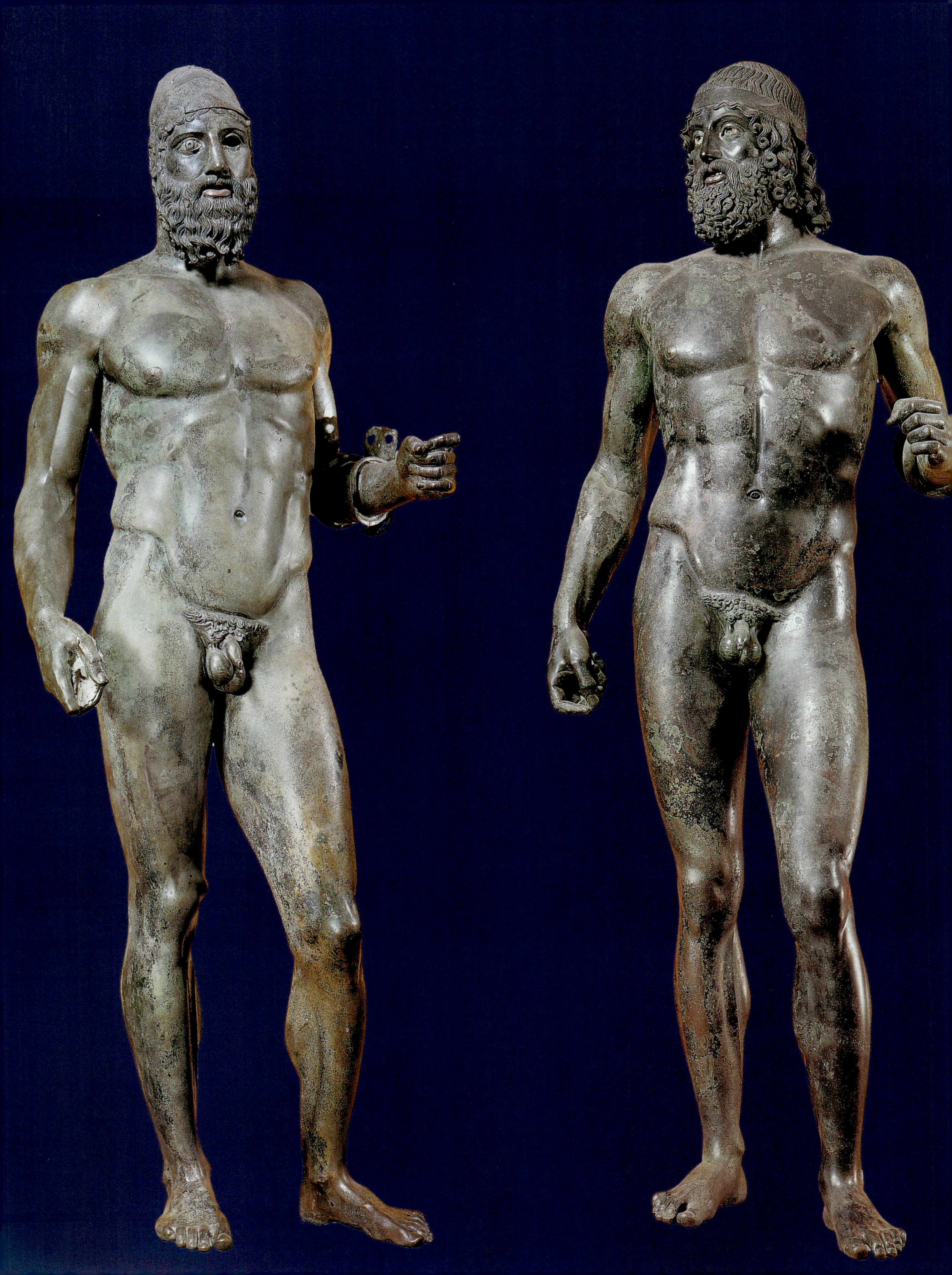

# 4
# Die Griechen und ihre Nachbarn

Die griechische Kultur unterschied sich in nahezu jeder Hinsicht von der ägyptischen und der alt-nahöstlichen, wieviel sie diesen auch verdanken mochte. Das von ihr beeinflusste geographische Gebiet war nicht deutlich abgegrenzt, sondern erstreckte sich über die griechische Halbinsel, die ägäischen Inseln und den Küstenstreifen Kleinasiens. Man verfügte zudem über wichtige Vorposten an den Küsten des Schwarzen Meeres, in Sizilien und Süditalien sowie an der Südküste Frankreichs und erreichte in westlicher Richtung sogar Spanien. Nicht zentralisiert, sondern verstreut, nicht über Landwege, sondern nur durch die See verbunden, das waren die Gründe dafür, dass jegliche politische Einheit, ja sogar ein gemeinsames Regierungssystem fehlten. Die hellenische Welt bestand aus zahlreichen kleinen, autonomen Staaten, die oft gegeneinander Krieg führten und die zu verschiedener Zeit durch einzelne Potentaten, kleine Gruppen oder mehrheitlich regiert und beherrscht wurden – Tyrannis, Oligarchie oder Demokratie (diese Begriffe verdanken wir natürlich den Griechen wie auch das Wort ›Politik‹, das sich von ›polis‹ oder ›der sich selbst beherrschende Staat‹ ableitet). Dennoch waren sich die Griechen oder Hellenen, wie sie sich selbst nannten, durchaus bewusst, zu einer einzigen gemeinsamen Kultur zu gehören. Auf diese kulturelle Identität spielte Herodot im 5. Jahrhundert v. Chr. an: »Wir sind von gleicher Herkunft und haben dieselbe Sprache, gemeinsame Heiligtümer und Rituale sowie ähnliche Gebräuche.« Er hätte auch die bildende Kunst hinzufügen können, denn jedem, der sich zu dieser Zeit im östlichen Mittelmeer aufhielt, wären in jeder

| | BILDENDE KUNST |
|---|---|
| Um 800–500 v. Chr. | Bronzestatuetten aus Sardinien ▶ 4.100 |
| Um 700 v. Chr. | *Helmschmied* ▶ 4.6 |
| Um 700–600 v. Chr. | *Kultwagen aus Strettweg* ▶ 4.95 |
| Um 650 v. Chr. | *Göttin aus Delos* ▶ 4.9 |
| Um 600 v. Chr. | Skythische Schmuckplatten ▶ 4.82; 85; 86 |
| | *Kopf aus Olympia* ▶ 4.3 |
| Um 570 v. Chr. | *Apoll von Tenea* ▶ 4.10 |
| Um 550–500 v. Chr. | Krater aus Vix ▶ 4.96 |
| Um 500 v. Chr. | Westgiebel des Aphaia-Tempels, Ägina ▶ 4.40, *Etruskische Wölfin* ▶ 4.107 |
| | Malerei in Tarquinia ▶ 4.117 |
| Um 480 v. Chr. | *Kritios-Knabe* ▶ 4.11 |
| Um 478–474 v. Chr. | *Wagenlenker von Delphi* ▶ 4.37; 38 |
| 468–460 v. Chr. | *Apoll von Olympia* ▶ 4.42 |
| Um 450 v. Chr. | *Krieger von Riace* ▶ 4.54 |
| 447–438 v. Chr. | Parthenon ▶ 4.19 |
| Um 400 v. Chr. | *Frau von Elche* ▶ 4.99 |
| | *Kopf eines Mannes* ▶ 4.101 |
| Um 400–350 v. Chr. | *Mars von Todi* ▶ 4.116 |
| | Krug aus Basse-Yutz ▶ 4.97 |
| 360–320 v. Chr. | Tholos von Epidauros ▶ 4.67–69 |
| Um 350 v. Chr. | Theater von Epidauros ▶ 4.66 |
| Um 340 v. Chr. | *Hermes-Statue* ▶ 4.55 |
| 340–300 v. Chr. | *Knabe aus Marathon* ▶ 4.52; 53 |
| Um 300 v. Chr. | *Brutus* ▶ 4.123 |

| | HISTORISCHE & KULTURELLE DATEN |
|---|---|
| Um 850–800 v. Chr. | Homer |
| Um 800 v. Chr. | Hesiod |
| Um 800–700 v. Chr. | Beginn der etruskischen Kultur |
| Um 733 v. Chr. | Gründung einer griechischen Kolonie in Syrakus (Sizilien) |
| Um 654 v. Chr. | Gründung einer griechischen Kolonie in Südrussland |
| Um 612 v. Chr. | Geburt Sapphos |
| Um 594 v. Chr. | Reformen des Solon in Athen |
| Um 550 v. Chr. | La Tène-Kultur in Mitteleuropa |
| Um 546 v. Chr. | Eroberung Kleinasiens durch die Perser |
| 518–438 v. Chr. | Pindar |
| 509 v. Chr. | Erste römische Republik |
| 490 v. Chr. | Sieg der Griechen über die Perser bei Marathon |
| 480 v. Chr. | Sieg der Griechen über die Perser am Thermopylenpass und bei Salamis |
| Um 462 v. Chr. | Aufstieg des Perikles |
| 458 v. Chr. | Aischylos, *Orestie* |
| 431–404 v. Chr. | Peleponnesischer Krieg |
| 429 v. Chr. | Tod des Perikles |
| 423 v. Chr. | Aristophanes, *Die Wolken* |
| 399 v. Chr. | Tod des Sokrates |
| 396 v. Chr. | Die etruskische Stadt Veji wird von den Römern zerstört |
| 347 v. Chr. | Tod Platons |
| 338 v. Chr. | Griechischer Städtebund unter Philipp von Makedonien |
| 336 v. Chr. | Tod des Philipp von Makedonien |

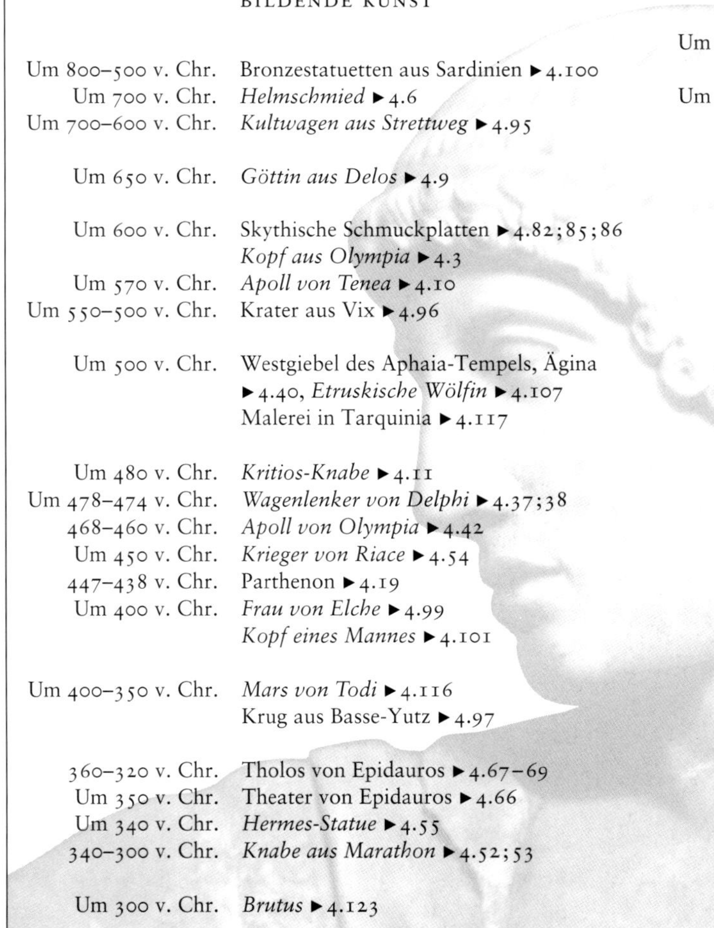

*Krieger von Riace*, um 450 v. Chr., Bronze, eingelegt mit Elfenbein, Glasmasse, Silber und Kupfer, Höhe 200 cm. Museo Nazionale, Reggio di Calabria.

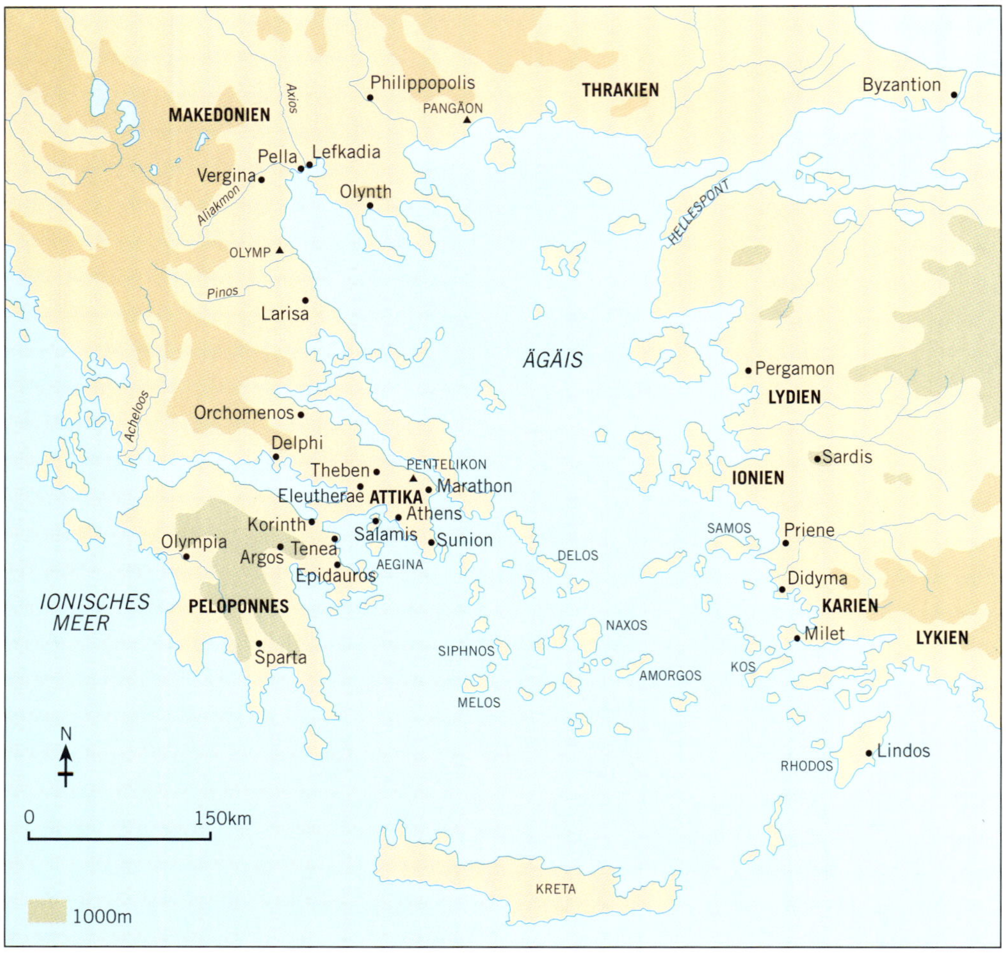


Das Alte Griechenland.

griechischen Stadt Tempel, Statuen, Malereien, Tongefäße, Schmuck, Waffen und Rüstungen in ziemlich gleichem Stil begegnet.

Die Hellenen nannten diejenigen, die Griechisch nicht zur Muttersprache hatten, Barbaren – weil ihnen deren Sprache unverständlich war und kaum mehr zu sein schien als eine Abfolge undifferenzierter Laute. Viele Griechen hielten sich nicht nur für anders als den Rest der Menschheit, sondern für überlegen – und das sowohl gegenüber den weniger kultivierten, aber keineswegs ungebildeten Nomadenstämmen der Thraker und Skythen, denen sie an den Grenzen ihrer Staaten begegneten, sondern auch gegenüber den hoch zivilisierten Ägyptern, Mesopotamiern und Persern.

Die von den Griechen erreichte Idealität der Skulptur, ihre Betonung von Einfachheit und struktureller Klarheit in der Architektur oder die Hinwendung zur Natur in der Malerei, all diese künstlerischen Leistungen bilden die Grundlage für die Entwicklung der abendländischen Kunst.

## Griechenland in geometrischer und archaischer Zeit

Die Periode nach der Zerstörung der helladischen Paläste durch Invasoren aus dem Norden um 1300 v. Chr. (s. S. 76f.) wird allgemein als eine dunkle Zeit angesehen. Das Land fiel in einen schriftlosen Zustand zurück, bis etwa um 800 v. Chr. eine neue Schrift aus dem phönikischen Alphabet entwickelt wurde. Bis etwa zu dieser Zeit gab es auch keine Architektur, keine Malerei und keine monumentale Skulptur. Aus der helladischen Vergangenheit blieben nur zwei Handwerkskünste: die Bronzebearbeitung und die Töpferei, wobei man die erstere zum größten Teil für die Waffenherstellung und die letztere hauptsächlich für die Produktion einfacher Gebrauchskeramik anwandte. Verzierungen waren, wenn vorhanden, rein geometrisch. (Von den etwa siebzig helladischen Vasenformen wurden nur zehn weiterhin hergestellt.)

Nach Aussage archäologischer Funde sind zu Beginn des 1. Jahrtausends v. Chr. mit der Aufnahme der Eisenherstellung Anzeichen einer Wiederbelebung sichtbar. Die interessantesten Artefakte aus dieser Zeit sind Tonvasen aus Athen – damals eine Kleinstadt, die in helladischer Zeit über eine Zitadelle auf der Akropolis verfügte, aber erst jetzt eine führende Position zu erlangen begann. Der Begriff ›Vase‹ ist vielleicht missverständlich, denn die Gefäße waren ausschließlich für den Gebrauch bestimmt. Die Schalen, Amphoren und Mischgefäße für Wein und Wasser dienten nie einer reinen Schmuckfunktion. Grabgefäße wurden zu Opferzwecken benutzt. Die lebendigen, freihändig gemalten Verzierungen aus naturnahen Formen und Schnörkeln auf den früheren Gefäßen sind durch sehr strenge geometrische Muster aus schwarz glänzenden Bändern und Linien sowie aus konzentrischen Kreisen auf einem lederfarbenen Grund ersetzt worden. Horizontale Linien entstanden, indem man einen Pinsel an die Oberfläche des auf der Scheibe rotierenden Gefäßes hielt, und die Kreise wurden mit einem Pinsel, der an einem Zirkel befestigt war, gezogen. Die Verzierungen spiegeln so beides wider, die Form des Gefäßes und den Herstellungsprozess. Sie verweisen auf die frühe Entwicklung der rationalen Geisteshaltung, die sich später über dem Eingang der Platonischen Akademie in folgenden Worten ausdrückte: »Lasse niemanden eintreten, der ein Unwissender in der Geometrie ist.«

Das 10. Jahrhundert v. Chr. ist die Zeit der ›proto-geometrischen‹ Vasen. Sie sind Vorläufer der sehr viel sorgfältiger gemalten ›geometrischen‹ Gefäße, die in Athen und an anderen Orten des griechischen Festlandes und der Ägäischen Inseln gefunden wurden. Bei der geometrischen Keramik sind die Abstände zwischen den Horizontalstreifen mit Rauten, Karomustern, Zickzacklinien und dem Mäander ausgefüllt (der später als Architekturornament so häufig verwendet wurde). Seit dem 8. Jahrhundert treten figürliche Motive hinzu. Das schönste Beispiel ist die fast 1,5 m hohe ›Dipylon-Vase‹ ▸4.1, ein virtuoses Meisterwerk der frühen griechischen Keramik. Wegen ihrer Größe musste sie in horizontalen Teilstücken hergestellt und dann zusammengesetzt werden. Direkt unterhalb der Spitze befinden sich ein → Fries mit grasendem Rehwild und an der Basis des Vasenhalses eine Reihe sitzender Rehe. Die Tiere sind stereotyp wiederholt und in ihrer Form stark auf den Kern reduziert. Die Menschenfiguren sind ebenfalls stark abstrahiert. Die ›ägyptische Körperhaltung‹ ist auf den kleinsten Maßstab übertragen. Bei der Kopfbildung bezeichnen runde Kleckse mit leichten Vorsprüngen das Kinn, für die frontal gegebenen Oberkörper werden einfache Dreiecke eingesetzt, die man nach oben hin verlängert hat, um über den Kopf gelegte Arme anzudeuten. Das Hauptbild der Dipylon-Vase zeigt die Trauer um einen Toten, der auf einer Bahre liegt; auch die Rückseite trägt eine Klageszene. Die Thematik der Szenen spiegelt den Zweck der Vase, die ein Grab auf dem Dipylon-Friedhof in Athen schmückte, wider.

Den Brauch, dem Toten Güter und Gegenstände mit ins Grab zu geben – wie etwa noch zu mykenischer Zeit (s. S. 75ff.) –, hatte man zu dieser Zeit abgelegt. Große Bedeutung wurde aber sowohl dem Beerdigungsritual beigemessen wie der Errichtung eines Mals. In der ›Odyssee‹ fleht der Schatten eines unbeerdigten Gefährten von Odysseus: »Verbrenne mich mitsamt meinen Waffen und baue mir einen Grabhügel am Gestade der grauen See, damit die Zukunft von mir Glücklosem erfährt; auf ihm soll das aufragende Ruder errichtet werden, das ich zum Fahren verwendete, während ich das Licht sah.« Ebenso verlagerte sich bei der Grabkunst der Schwerpunkt vom Leben im Jenseits (über das die griechischen Vorstellungen sehr unbestimmt waren) zur Welt der Lebenden. Die griechische Religion und Philosophie konzentrierten sich fortan auf das Hier und Jetzt – also eher, wie dem Tod zu begegnen sei, als darauf, was danach geschehen könnte.

Weder waren die geometrischen Tongefäße ausschließlich für Gräber bestimmt, noch beschränkte sich die Kunst auf die Töpferei. Aus dem 8. Jahrhundert v. Chr. sind Bronzestatuetten von Männern mit steifer Körperhaltung erhalten, die nichts außer engen Gürteln tragen ▸4.4, sowie Zentauren und Pferde mit ähnlichen ›Wespentaillen‹. Man könnte sie als die plastisch gewordenen Figuren geometrischer Vasen verstehen. Von anderer Art ist die Bronzefigur eines Helmschmiedes – ein kleines Meisterwerk –, das als Darstellung eines ganz in seine Arbeit vertieften Handwerkers ebenso bemerkenswert ist wie als Abbild der menschlichen Figur in einer völlig natürlichen, unschematischen Haltung ▸4.6.

Dass die Metallbearbeitung die am höchsten angesehene Kunst- oder Handwerksform war (die Griechen machten zwischen den beiden keinen Unterschied), verdeutlichen Beschreibungen aus den Homerischen Epen, denen zu dieser Zeit die endgültige Fassung gegeben wurde, insbesondere die berühmte Beschreibung des Schildes von Achill. Zwar ist diese sicherlich ein Werk der Phantasie, die Lobpreisung des Schildes von

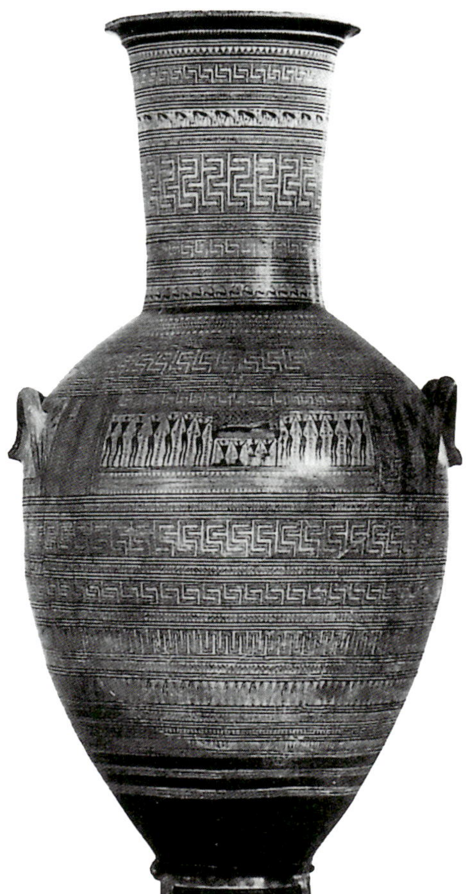

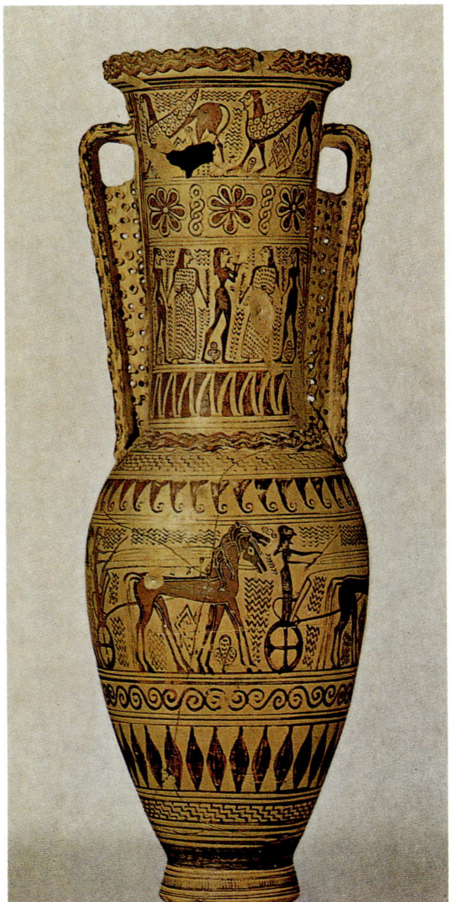

4.1 Dipylon-Vase, attisch-geometrische Amphore, 8. Jh. v. Chr., Höhe 150 cm. Nationalmuseum, Athen.

4.2 Lutrophoros des ANALATOS-MALERS, Anfang 7. Jh. v. Chr., Höhe 80 cm. Louvre, Paris.

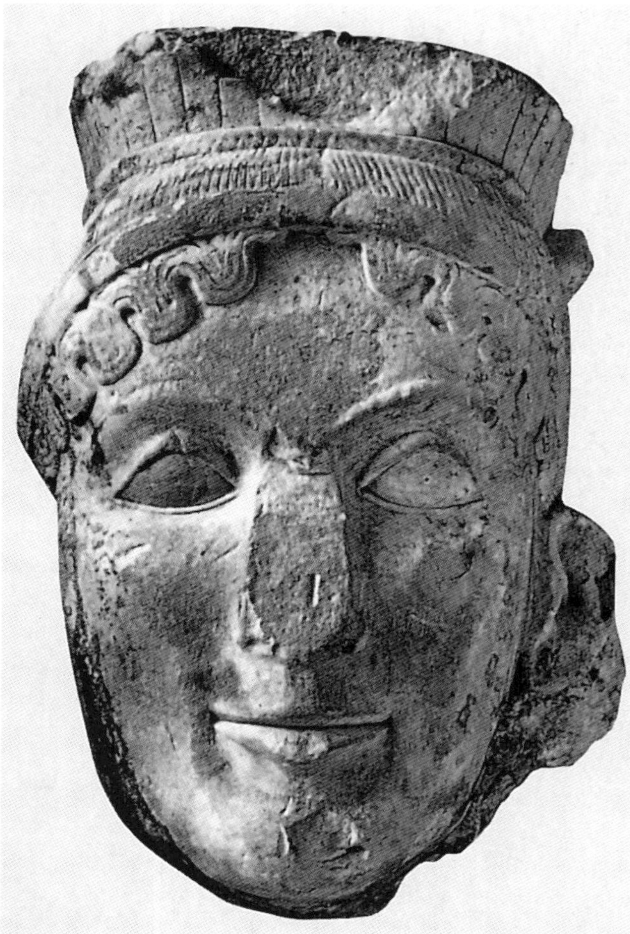

4.3 Kopf aus Olympia, um 600 v. Chr., Kalkstein, Höhe 52 cm. Archäologisches Museum Olympia, Griechenland.

4.5 *Kniender Jüngling*, aus Samos, um 600 v. Chr., Elfenbein, Höhe 14,6 cm. Museum Vathy, Samos, Griechenland.

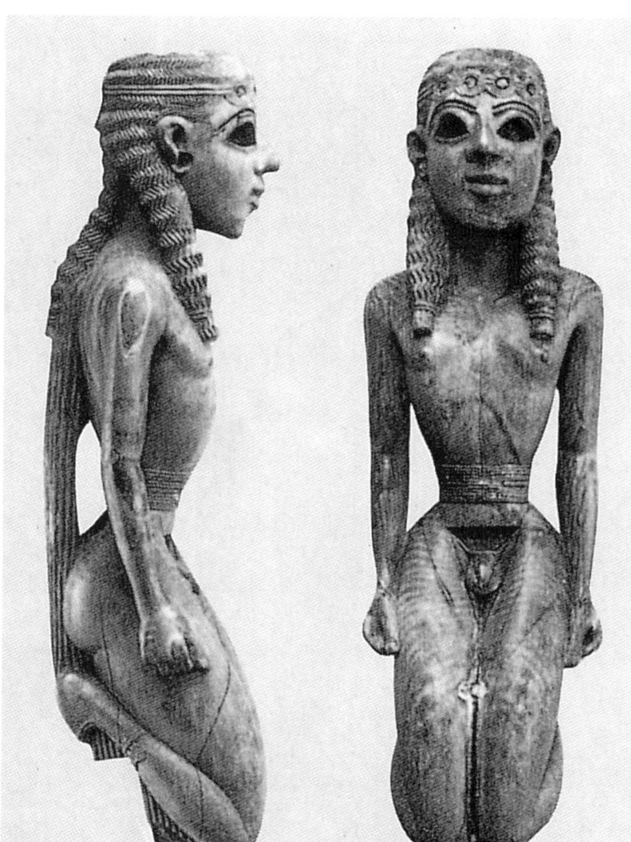

Agamemnon hingegen könnte einem wirklichen Schild homerischer Zeit entsprechen: »Groß genug, um einen Mann zu bedecken, kompliziert gearbeitet, gewaltig, ein herrlicher Schild. Ringsherum befanden sich zehn Bronzekränze, und auf ihm waren zwanzig erhabene Verzierungen aus weißem Zinn und in deren Mitte eine aus schwarzer Emaille. Genau im Zentrum befand sich das grimmige Gesicht der Gorgo, das schrecklich glotzte, und um es waren Furcht und Schrecken.« Die wenigen erhaltenen Rüstungen des 8. Jahrhunderts v. Chr. sind um einiges weniger verziert.

Die silberne Vase, die in der ›Ilias‹ als »alle anderen auf der Erde bei weitem übertreffend« beschrieben wird, stammte aus Sidon an der libanesischen Küste: »Erfahrene Sidonier hatten sie gut zurechtgeschmiedet, und Phöniker hatten sie über das neblige Meer gebracht.« Eine kulturhistorische Nachricht von hohem Wert ist hier überliefert. Kurz vor dem Ausgang des 8. Jahrhunderts v. Chr. begannen Luxusgegenstände aus dem assyrischen Reich, das sich damals auf der Höhe seiner Macht befand, einen belebenden Einfluss auf die griechische Kunst auszuüben, so dass Griechenland für kurze Zeit in eine orientalisierende Strömung geriet.

Aus dem Nahen Osten stammende Motive wurden bereits in den Dekor geometrischer Töpferwaren gelegentlich aufgenommen – so etwa die zwei Rotwild-Friese auf der Dipylon-Vase ▸4.1. Doch im 7. Jahrhundert v. Chr. war ihr System der Verzierung vorherrschend – in einem Stil, den man daher den orientalisierenden nennt. Das ist vor allem bei den in Korinth hergestellten Tongefäßen offensichtlich, einer Stadt, die sich bei der Herstellung von Keramik zu einer Rivalin Athens entwickelte. Typisch ist ein Krug, der mit monströsen wilden Tieren orientalischer Herkunft bemalt ist ▸4.7. Von Vasen der geometrischen Zeit unterscheidet sich die Olpe auch in der Farbigkeit – einem Dreiklang aus Schwarz, Rot und Weiß –, dem veränderten Größenverhältnis von Figur und Gefäß und in der Verwendung eingeritzter Linien zur Bezeichnung von Form und Textur der Körper. Soweit bekannt, gab es im Nahen Osten keine Töpferkunst, die mit dieser genau übereingestimmt hätte. Die korinthischen Maler müssen ihre Motive den aus anderen Materialien geschaffenen Werken des Nahen Ostens entnommen haben, wahrscheinlich aus Metallarbeiten, vielleicht auch Textilien.

Einflüsse aus dem Osten sind auch bei der bildhauerischen Darstellung der menschlichen Figur zu erkennen, doch hier sind sie komplexer und scheinen schneller einer neuen und unverwechselbar griechischen Ausdrucksweise angepasst worden zu sein. Die auf der ägäischen Insel Samos gefundene Elfenbeinstatuette eines knienden Jünglings – ursprünglich vielleicht Teil der Verzierung einer Lyra – scheint in ihrer feinen Detailarbeit syrisch oder phönikisch zu sein ▸4.5. Die Nacktheit, die mit dem Gürtel, dem sorgsam gerichteten Haar und dem Stirnband optisch kontrastiert, weist auf andere Ursprünge. Männliche Nacktheit ist in der nahöstlichen Kunst selten. Ihre Bedeutung und Anziehungskraft für die alten Griechen, die Wirkung auf die bildende Kunst werden später erörtert werden. Jedenfalls war sie auf nicht weniger rätselhafte Weise mit der Vermeidung weiblicher Nacktheit bis in das 4. Jahrhundert v. Chr. hinein verbunden. Die phönikische Muttergottheit und Göttin der Fruchtbarkeit, Astarte, die in ihrem Ursprungsland gewöhnlich entblößt war, wurde von den Griechen als Aphrodite bekleidet dargestellt. Eine von den Bildwerken der Astarte beeinflusste marmorne Göttin von der Insel Delos ist eine der frühesten monumentalen Statuen der

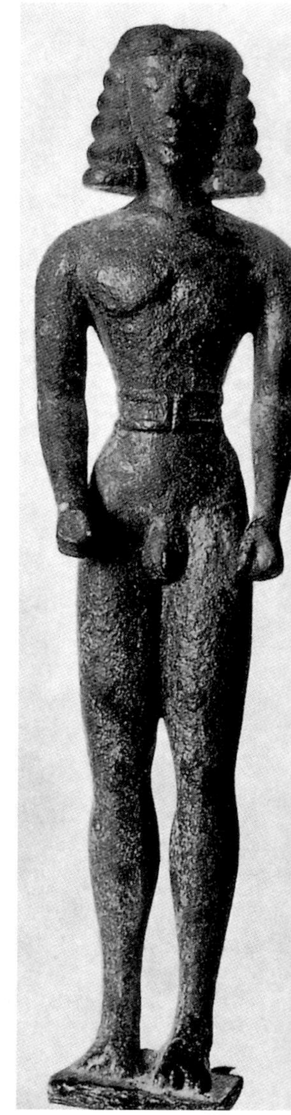

4.4 *Jünglingsstatuette*, aus Delphi, Mitte 7. Jh. v. Chr., Bronze, Höhe 20 cm. Archäologisches Museum Delphi, Griechenland.

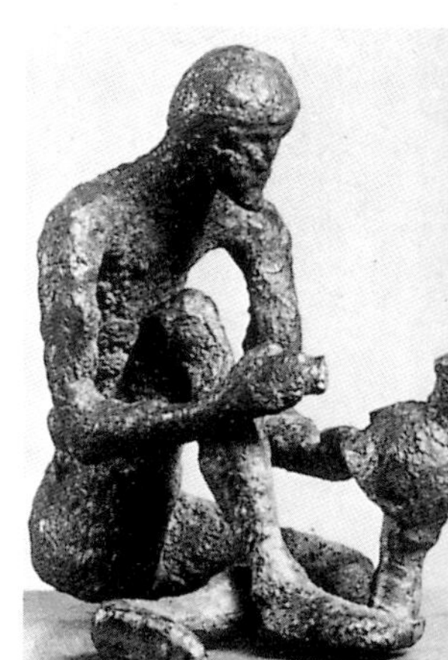

4.6 *Helmschmied*, um 700 v. Chr., Bronze, Höhe 5,1 cm. The Metropolitan Museum of Art, New York (Fletcher Fund, 1942).

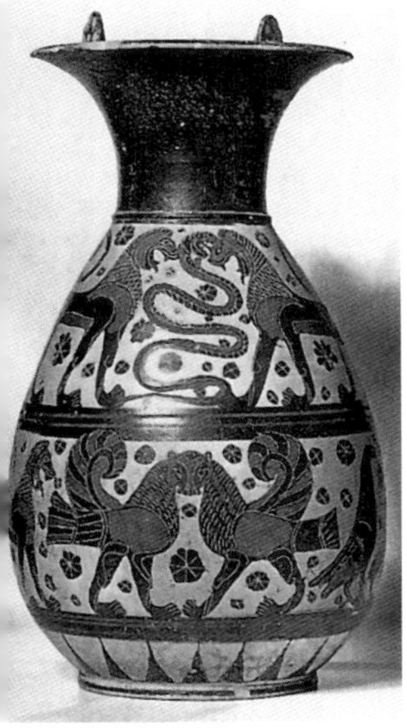

.7 Frühkorinthische Olpe, m 600 v. Chr., Höhe 29 cm. ritish Museum, London.

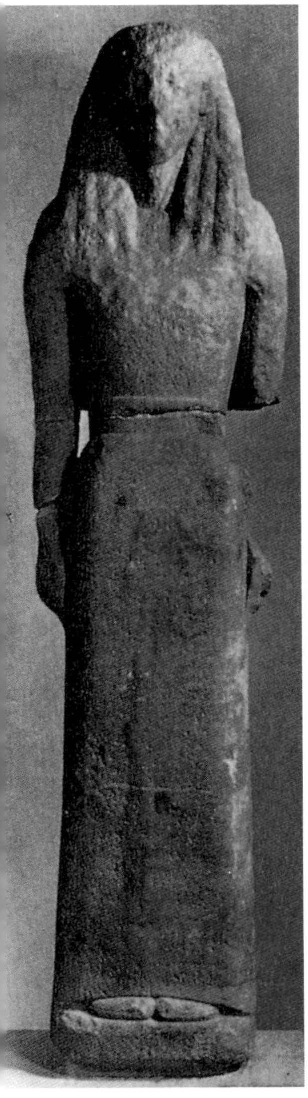

.9 *Göttin,* aus dem Artemision von Delos, um 650 v. Chr., Stein, Höhe 175 cm. Nationalmuseum, Athen.

Griechen, die erhalten geblieben ist ▸4.9. Stilistisch gehört sie noch jenem frühen, dädalisch genannten Stil an (nach Dädalus, dem legendären Begründer der Bildhauerkunst, von dem es hieß, er habe auf Kreta gearbeitet).

Trotz ihres schlechten Erhaltungszustandes und des Verlustes der Farbe, die zweifellos zur Gliederung des flachen Faltenwurfs beitrug, besitzt diese Statue noch viel von ihrer ursprünglichen Ausstrahlung. Ein überlebensgroßer (und wahrscheinlich etwas später, im frühen 6. Jahrhundert, entstandener) weiblicher Kalksteinkopf aus Olympia zeugt von der ungebrochenen Kraft der Archaik ▸4.3. Sei es, dass er von einer Sphinx oder, wie manche Archäologen glauben, von einer Hera-Statue, der Frau des mächtigsten Gottes Zeus, stammt – noch im fragmentarischen Zustand entströmt dem Antlitz eine überirdische Heiterkeit. Flache, eng an der Stirn anliegende Haarlocken sind noch hundert Jahre später bei den marmornen ›Korai‹-Statuen (gewöhnlich mit ›Mädchen‹ übersetzt) anzutreffen ▸4.8. Doch vollzieht sich innerhalb der Archaik (etwa 700–500 v. Chr.) ein stilistischer Wandel, der das starre Schema allmählich auflöst und der organischen Auffassung der griechischen Klassik den Weg bahnt. Die archaischen ›Korai‹ werden allmählich feingliedriger und menschlicher. Juwelen und adrett plissierte Kleider verschaffen ihnen eine fast modische Eleganz – vielleicht nicht ganz unbeeinflusst von Luxusgegenständen wie etwa nahöstlichen Elfenbeinschnitzereien. Die Fröhlichkeit der Mienen, die bisweilen scheue Sensibilität waren für die bildende Kunst ebenso neu wie die epigrammatischen Gedichte der Sappho an die jungen Bräute (um 600 v. Chr. geschrieben) für die Literatur:

*»Wie die wilde Hyazinthe, die auf den Hügeln wächst,*
*die die vorüberziehende Schafherde ausreißt und verletzt,*
*bis ihre purpurne Blüte in den Boden getreten ist.«*

Die Griechen verfügten seit früher Zeit über einen Handelsplatz in Al Mina an der syrischen Küste (heute auf türkischem Gebiet). In der Mitte des 7. Jahrhunderts v. Chr. gründeten sie im Nildelta einen weiteren Stützpunkt. Syrien lieferte der griechischen Kunst zwar Anregungen zu orientalisierender Motivik, doch Ägypten hat ihrer unabhängigen Entwicklung möglicherweise einen stärkeren Anstoß gegeben. In Ägypten trafen die Griechen auf monumentale Steinskulptur und -architektur, und obwohl sie diese nicht genau kopierten, scheinen sie von beiden gelernt zu haben. Nahezu sicher ist es, dass sie die ägyptischen Techniken übernahmen, mit hartem Stein zu arbeiten – ein schwierigerer Arbeitsprozess als mit Holz oder Kalkstein –, und sie ihren heimatlichen Marmorarten anpassten. Mit alleredelsten Marmorsorten war Griechenland gesegnet – die Marmore aus Paros, von den anderen ägäischen Inseln sowie vom Hymettos-Gebirge und Pentelikon nahe Athen sind von besonderer kristalliner Feinheit und Transparenz.

Auch das ägyptische Verfahren, auf die Außenseiten des Steinblocks die Umrisse der Statue zu zeichnen, scheint übernommen worden zu sein (s. S. 65). Die archaisch-griechische Skulptur erwartet ebenfalls, nur von wenigen Richtungen aus angesehen zu werden, ist manchmal nur auf Vorder- und Rückansicht konzipiert. Die archaischen Statuen verteilen das Gewicht gleichmäßig auf beide Beine, von denen das eine leicht vortritt. Von Anfang an scheinen die griechischen Bildhauer einen mehr empirischen Zugang zur menschlichen Figur gesucht zu haben. Das Bedürfnis immer erneuter Naturbeobachtung mag bei nackten Figuren als besonders dringend empfunden worden sein.

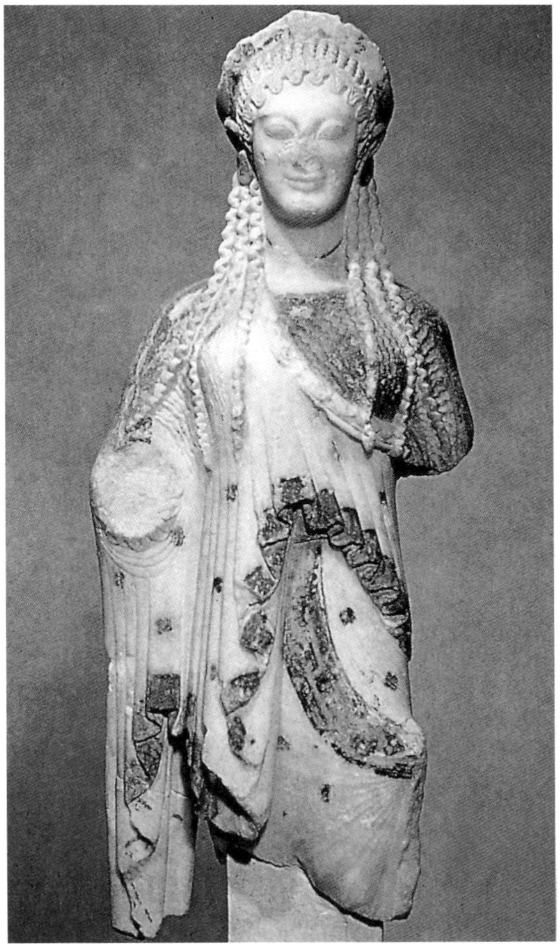

4.8 *Kore,* um 510 v. Chr., Marmor, Höhe 54,6 cm. Akropolis-Museum, Athen.

## *Die männliche Aktfigur*

Die Mehrheit der freistehenden archaischen Statuen sind nackte Jünglinge, die so genannten ›Kouroi‹. Über hundert sind ganz oder fragmentarisch erhalten, ihre Höhe reicht von durchschnittlich etwa 150 cm bis zur außergewöhnlichen Größe von 305 cm (der Kouros von Sounion, Nationalmuseum, Athen). An den meisten Orten der hellenischen Welt hat man Kouroi gefunden, hauptsächlich aber in Griechenland selbst. Alle stehen in der gleichen strengen Haltung mit hoch erhobenem Kopf, geradeaus gerichteten Augen, fallenden Armen und geschlossenen Händen da. Dabei werden die Breite der Schultern, die athletische Bildung der Brust- und Wadenmuskeln, das Schmale der Taille, das Sehnige der Gelenke und die Rundung von Oberschenkeln und Gesäß besonders betont. Die Mienen reichen von einem teilnahmslosen bis zu einem wissenden, leuchtenden Blick ▸4.10.

Zu den frühesten Kouroi gehört die Gruppe der Brüder Kleobis und Biton, die nach der Legende im Schlaf starben, nachdem ihre Mutter – eine Priesterin, deren Wagen sie zum Tempel gezogen hatten – die Göttin Hera gebeten hatte, die Söhne mit dem für Sterbliche Schönsten zu belohnen. Aber die ursprüngliche Bedeutung der Kouroi ist nicht genau zu klären und kann von Fall zu Fall verschieden sein. In den heiligen Bezirken wurden viele als Votivopfer neben ihren völlig bekleideten weiblichen Gegenstücken, den ›Korai‹, platziert ▸4.8; andere dienten als Grabdenkmäler, wohl nicht nur für jung Verstorbene. Man hielt sie auch für Abbilder des jugendlichen Gottes Apoll oder für Athletenstatuen (obwohl sie

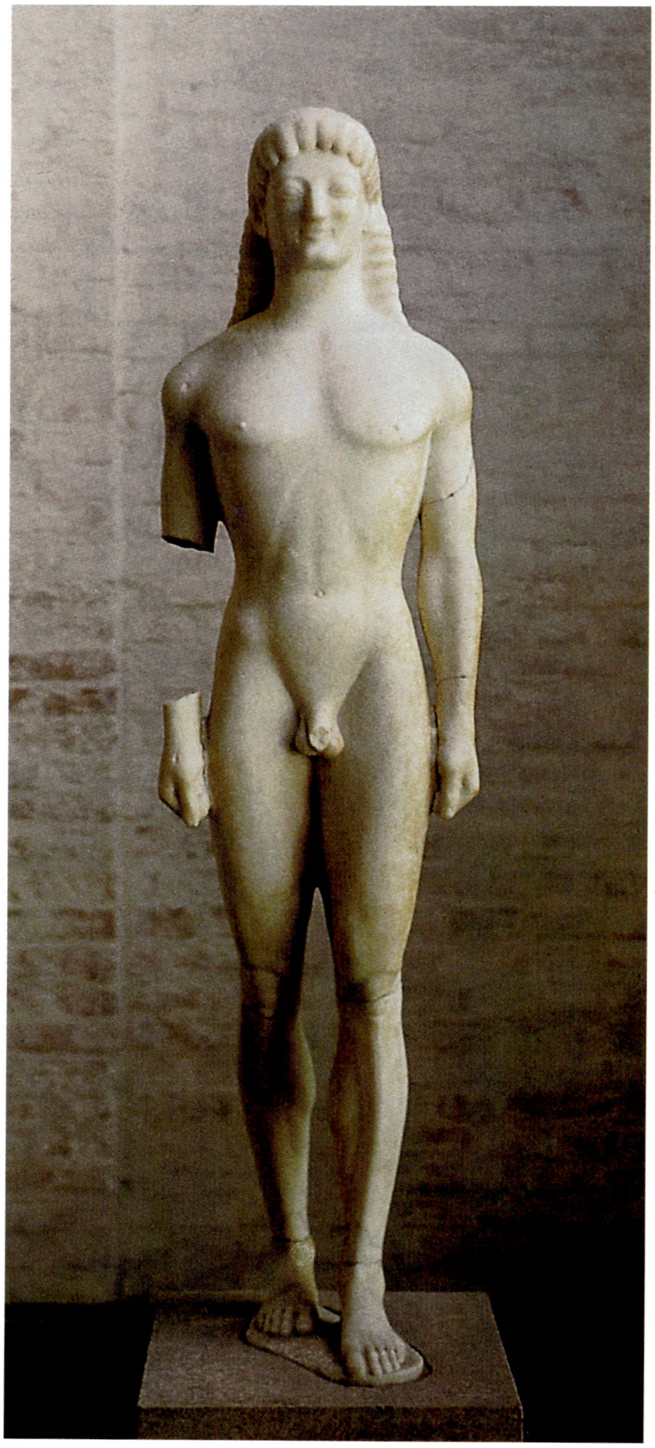

4.10 *Apoll von Tenea*, um 570 v. Chr., Marmor, Höhe 152 cm. Glyptothek, München.

offensichtlich keine Porträtzüge aufweisen). Ihnen eine derart genaue Bedeutung zu geben, birgt die Gefahr des Missverständnisses. Die Griechen unterschieden niemals zwischen dem körperlichen Aussehen von Menschen und Göttern. Ebensowenig verliehen sie ihren Statuen die geistigen Kräfte der verkörperten Gestalt wie die Mesopotamier und Ägypter: Die griechische Skulptur kennt nichts Animistisches. Die Kouroi und Korai sind zu dem Lebenszeitpunkt erfasst, wo der Leib gerade seine Reife erlangt, also in der Blüte der Jugend, die den Sterblichen nur kurz zukommt und der sich nur die Götter ewig erfreuen, sie sind zugleich menschlich und göttlich. Diese Dualität könnte der Schlüssel dafür sein, dass die Anatomie mit immer größerer Sorgfalt wiedergegeben wurde, und ebenso der Tendenz zu Grunde liegen, Charakterisierungen zu vermeiden, um aus den individuellen Erscheinungen die physische Form mit höchster Allgemeinheit zu extrahieren. Diese einzigartige Kombination aus Naturalismus und Idealismus, in der Klassik zur Vollkommenheit gebracht, begründete den großen Einfluss der griechischen auf die westliche Kunst. Kouroi könnten gedacht gewesen sein als Abbilder von beidem, von Göttern und ihren menschlichen Anbetern – den nackten Athleten, die in Olympia und anderswo an den Spielen teilnahmen. Diese waren mit Sicherheit vor allem religiöse Feste in einer Form, die nur in Griechenland üblich war.

Um ihren Brauch zu erklären, sich bei den athletischen Spielen nackt zu tummeln – was den anderen Kulturen immer als kurios erschienen ist –, erzählten die Griechen die Geschichte eines olympischen Läufers, der sein Lendentuch fallen ließ und das Rennen gewann. Der wirkliche Ursprung hat wahrscheinlich tiefere Gründe, die irgendwo zwischen der früheren Verbindung von Entblößung und Kult (wie in Sumer, s. S. 46f.) und der späteren Symbolik der nackten Seele anzusiedeln sind, die als eine von irdischem Putz freie Gestalt angesehen wurde. Man sollte sich vergegenwärtigen, dass die Athleten auch Krieger waren und zu einer oberen Gesellschaftsschicht gehörten, auf der die Sicherheit der ›Polis‹ ihres Staates beruhte. Sie stammten aus reicheren oder patrizischen Kreisen, die verpflichtet waren, bei den Fußtruppen zu dienen (als Hopliten) oder, wenn sie sehr gut gestellt waren, in der Reiterei. Die gesellschaftliche Basis setzte sich aus einfachen Bürgern und Sklaven zusammen, die diese privilegierten jungen Männer freistellte, sich athletischen Übungen zu widmen, wenn sie nicht kämpften. Die Kouroi spiegeln daher ein sehr elitäres Jugendbild wider. Ihr fröhliches Selbstvertrauen und der Stolz über ihre so freimütig zur Schau gestellten Körper sind ein Bestandteil davon. Sie symbolisieren die höhere Stufe einer männlich beherrschten Gesellschaft, die die Frauen ins Haus verwies, der Päderastie nicht abhold war und die niemals an der Überlegenheit des Mannes gezweifelt zu haben scheint, sowohl was Stärke als auch was Schönheit betraf.

Bei den Kouroi und Korai gibt es hinsichtlich der anatomischen Genauigkeit große Unterschiede. Aufgrund der Annahme, dass die Bildhauer ständig nach größerem Naturalismus strebten, wird ihre Entstehung auf das Jahrzehnt genau datiert. Unabhängig davon, ob dieser Versuch einer chronologischen Einordnung korrekt ist, scheint sich im frühen 5. Jahrhundert v. Chr. der Beginn eines naturalistischeren Stils anzukündigen. Dies zeigen die Skulpturen, die bei der Plünderung der Athener Akropolis durch die Perser unter Xerxes im Jahre 480 v. Chr. umgestürzt wurden. Unter ihnen (die später als so genannter ›Perserschutt‹ unter den neuen Grundmauern begraben wurden und daher erhalten blieben) befindet sich eine Anzahl archaischer Figuren sowie eine Statue in einem ganz anderen Stil, die anscheinend kurz vor der Katastrophe entstanden war: der *Kritios-Knabe* (so wegen der Ähnlichkeit mit den Statuen des Athener Bildhauers KRITIOS benannt, von dem Werke, wenn auch nur in Kopien, erhalten sind) ▸4.11. Die Strenge des archaischen Kouros hat sich bei dieser herausragend schönen Skulptur gelockert. Das rechte Bein ist im Knie leicht gebeugt, und das Gewicht des Knaben ist deutlich auf seine linke Seite verlagert, während der Kopf – der ursprünglich Augen aus Glas oder farbigem Stein hatte – ganz leicht nach rechts gewandt ist. Vielleicht noch bemerkenswerter ist es, dass der Torso nicht mehr additiv, als aus getrennten anatomischen Teilstücken zusammengefügt, begriffen wird (wie bei den meisten archaischen Kouroi), sondern als eine ein-

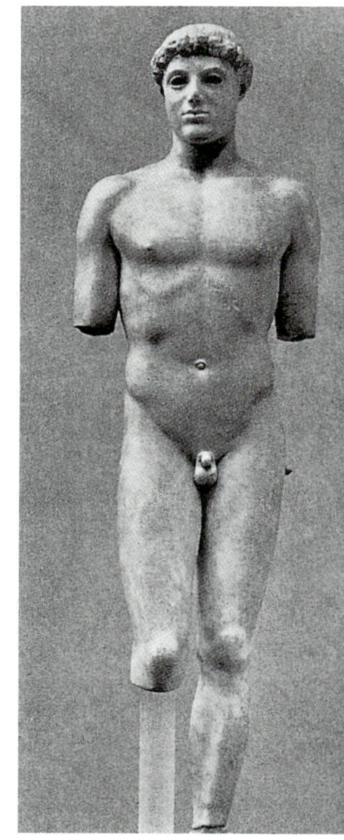

4.11 *Kritios-Knabe*, um 480 v. Chr., Marmor, Höhe ca. 86 cm. Akropolis-Museum, Athen.

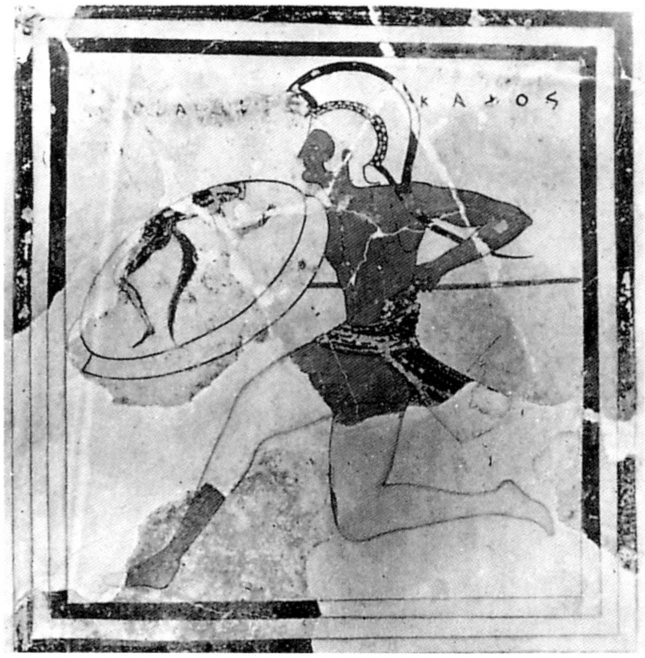

4.12 *Krieger*, spätes 6. Jh. v. Chr., Malerei auf Terrakotta, 40,6 x 38 cm. Akropolis-Museum, Athen.

zige organische Form, innerhalb derer die Rhythmen der Muskeln ihr natürliches Gleichgewicht finden. Dem Marmor ist etwas von der Eigenschaft jungen Fleisches verliehen worden. Die Statue erscheint sogar in ihrem beschädigten Zustand so erstaunlich naturwahr, dass man kaum die Details bemerkt, in denen der Bildhauer vom Naturvorbild abwich. So ist etwa die kleine Muskelwölbung oberhalb des Beckens etwas übertrieben worden, um die Oberschenkel mit dem Oberkörper zu verbinden und einen weichen Übergang von der Vorder- zur Rückseite der Figur zu bewerkstelligen – ein in der Folgezeit von fast allen griechischen Bildhauern verwendeter Kunstgriff. Die einsetzende Entwicklung des Kontraposts (die Differenzierung von Stand- und Spielbein) führt zu einer leichten Torsion des Körpers, so dass die vier Hauptansichten miteinander zu verschmelzen beginnen und die Figur selbst ein Bewegungspotential erhält.

Skulpturen wurden normalerweise farbig gefasst und standen der Malerei daher näher, als heute ersichtlich ist; tatsächlich scheint es eine symbiotische Beziehung zwischen den beiden Künsten gegeben zu haben. Eine → Terrakottatafel, die bei der Plünderung der Akropolis durch die Perser wahrscheinlich heruntergerissen wurde, trägt noch sichtbare Spuren der einstigen Bemalung ▸4.12.

Eine sehr viel größere Aufmerksamkeit gegenüber optischen Phänomenen zeigte der Reliefkünstler, der auf einem Sockel ringende und in verschiedene Spiele vertiefte Knaben wiedergab ▸4.13. Dieses Meisterwerk früher griechischer Kunst ist von einer leidenschaftlichen Freude am menschlichen Körper, an der Beobachtung des Muskelspiels unter der Haut und körperlicher Bewegung beseelt. Der Bildhauer suchte den menschlichen Körper von jedem Blickwinkel aus darzustellen – in Rücken-, Vorder- und Seitenansicht –, und um seinen sichtbaren Eindruck zu vervollkommnen, setzte sich der Künstler mit dem Problem der optischen Verkürzung auseinander. Der linke Fuß des rechten Knaben wird frontal gesehen und steht nicht im Profil auf der Grundlinie, wie in Ägypten oder im alten Nahen Osten üblich. Schon um die Wende zum 5. Jahrhundert kündigt sich hier klassisches Formgefühl an.

Ein ähnlicher Vorgang lässt sich in der Vasenmalerei beobachten. Bei vielen Vasen des 6. Jahrhunderts wird die gleiche Freude an körperlicher Bewegtheit spürbar. Auf ihnen laufen und springen die Figuren, sie tanzen und kämpfen, reiten auf Pferden und lenken Wagen. Auf einer vermutlich um 540 v. Chr. bemalten Vase werden Ajax und Achilles während einer Ruhepause gezeigt ▸4.15. Ihre Konzentration beim Brettspiel hat EXEKIAS mit großer Eindringlichkeit veranschaulicht. Das großflächige Einzelbild hat inzwischen den Bildfries abgelöst. Das zeitliche Nacheinander einer Erzählung wurde zu einem Moment unerhörter Dichte vereinfacht. Die Komposition ist genau um die Mittelachse herum ausbalanciert worden, wobei geringe Abweichungen von einer rigiden Symmetrie zur inneren Belebung des Bildgefüges beitragen – so kontrapunktiert etwa der von Achilles getragene Helm die hinter Ajax abgelegten Waffen. Keine Aufmerksamkeit wurde jedoch dem Verhältnis zwischen dem Bild und der Krümmung der Wandung geschenkt, als sei es auf einer flachen Oberfläche entstanden. Ob die Komposition von einem größeren Tafel- oder Wandbild stammt, ist nicht bekannt.

Hinter Ajax steht die berühmte Inschrift: ›Onetorides kalos‹ – ›Onetorides ist schön‹ –, die sich auf den Jüngling bezieht, dem die Vase vermutlich von einem Bewunderer geschenkt wurde. Solche ›Kalos-Inschriften‹, die sich fast immer auf männliche Namen bezogen, erscheinen auf zahlreichen Schalen und Vasen aus dieser Zeit. Manche von ihnen sind mit gut aussehenden jungen Athleten bemalt ▸4.14, und andere bringen das Homoerotische sogar noch deutlicher zum

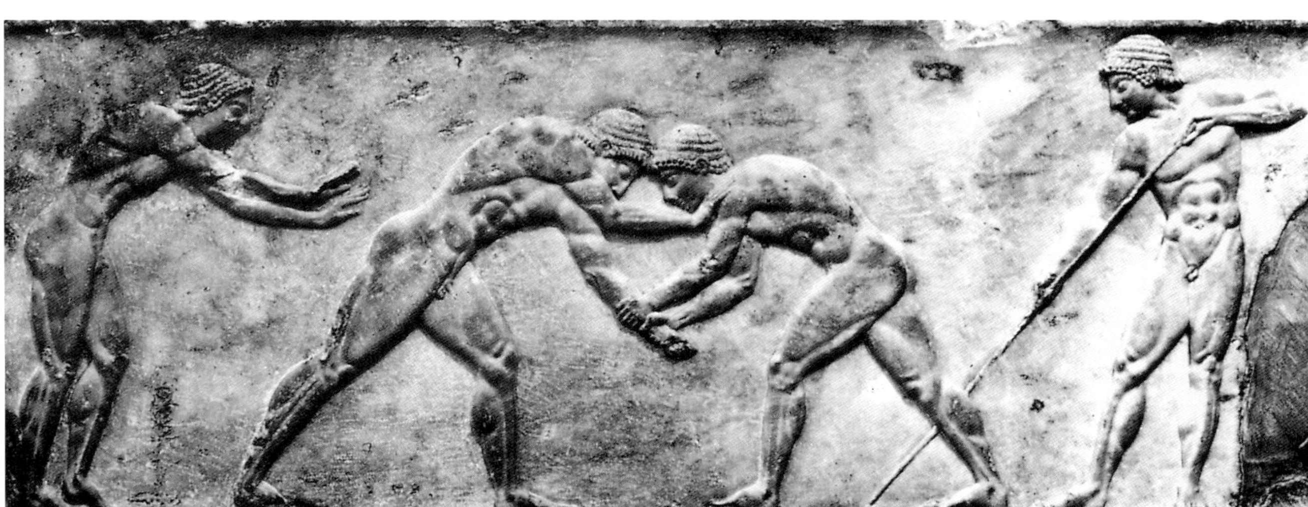

..13 *Ringkampf*, Sockeldetail iner Statue, um 500 v. Chr., Marmor, Höhe 31,8 cm. Nationalmuseum, Athen.

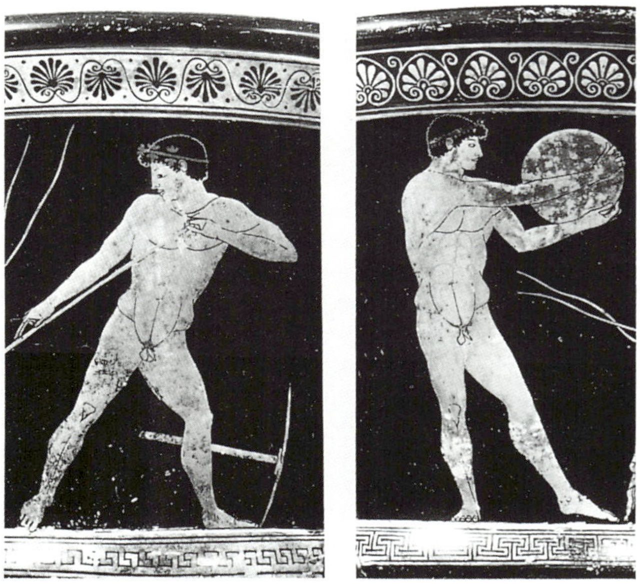

4.14 KLEOPHRADES-MALER, Ausschnitte von einem Kelchkrater, 500–490 v. Chr., Höhe 45 cm. Museo Nazionale Archeologico, Tarquinia.

4.15 EXEKIAS, Amphore aus Vulci, 540–530 v. Chr., Höhe 60,7 cm. Vatikanische Museen, Rom.

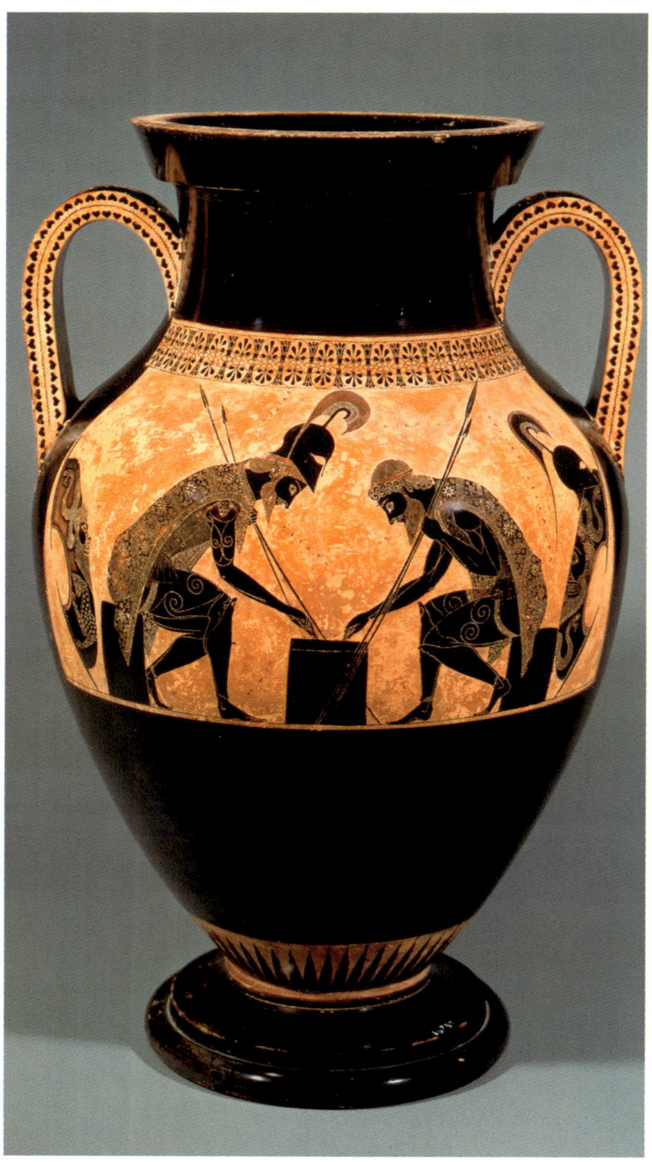

Ausdruck. Sie sind deshalb interessant, weil sie einen wichtigen Lebensaspekt im alten Griechenland beleuchten. Auf der Vase mit Achill und Ajax gibt es aber noch andere Inschriften. Eine um die Gefäßmündung dokumentiert: ›Exekias malte und schuf mich.‹ Auch in den Hintergrund des figürlichen Feldes schrieb EXEKIAS seinen Namen. Derartige Töpfer- und Malersignaturen erscheinen recht häufig auf attischen Gefäßen von der Mitte des 6. bis zur Mitte des 5. Jahrhunderts. Warum nur diese signiert wurden, ist ein Rätsel.

Künstlersignaturen hat man auf wenigen früheren Reliefs aus Ägypten gefunden, aber sonst – bis zu viel späteren Epochen (in China etwa seit dem 8. Jahrhundert v. Chr.) – auf keinen Kunstwerken außerhalb der hellenischen Welt. Schon im 7. Jahrhundert v. Chr. schrieb ein griechischer Bildhauer, von dem sonst nichts bekannt ist, seinen Namen auf den Sockel einer Statue im Heiligtum des Apoll auf Delos: ›EUTHYKARTIDES, der Naxier, schuf mich und gab mich als Weihgeschenk.‹ Spätere Bildhauer signierten oft die Statuen, die ihre Auftraggeber den Göttern weihten. Von den griechischen Malern weiß man, dass sie ihre Namen auf die Werke schrieben, obwohl keines davon erhalten ist; das Gleiche gilt für die Graveure von Gemmen und Münzprägestempeln. Trotzdem ist die Bedeutung dieser Signaturen nie zufrieden stellend erklärt worden. Brachten sie den Stolz auf die künstlerische Wirkung zum Ausdruck, oder waren sie einfach ein Mittel der Werbung? Wurden sie mit dem Einverständnis oder auf Bitten des Auftraggebers angebracht? Ist es zufällig, dass ihr plötzliches Erscheinen mit dem Zeitpunkt zusammenfällt, als die Künstler begannen, ihre Individualität geltend zu machen? Und hat das irgendetwas mit der griechischen Demokratie zu tun?

## *Die Polis*

Die besonderen Merkmale der griechischen Kunst bildeten sich etwa zur gleichen Zeit heraus wie die der für Griechenland ebenso charakteristischen politischen Grundeinheit: die ›Polis‹ – der sich selbst regierende Staat. Vor dem Ausgang des ›Dunklen Zeitalters‹ war das Königtum bzw. die vererbbare Position der Stammesfürsten des griechischen Festlandes (abgesehen von Sparta, das die Ausnahme blieb) beseitigt worden, und die Macht ging in die Hände der führenden Familien über. Das gleiche System aristokratischer Herrschaft wurde anfänglich von den hellenischen Städten übernommen, die seit der Mitte des 8. Jahrhunderts v. Chr. in Italien, Sizilien und an den Küsten des Mittelmeeres gegründet wurden. Die griechische Kolonisation diente dem Handel, war aber auch Resultat des heimischen Bevölkerungswachstums (es ist irreführend, wenn man diese Städte Kolonien nennt, denn sie waren von den Heimatstaaten völlig unabhängig). Die nachfolgenden politischen Entwicklungen waren von Ort zu Ort unterschiedlich. In Athen, einer Stadt, die für die Kunstgeschichte von größter Bedeutung ist, schuf die berühmte, von Solon zu Beginn des 6. Jahrhunderts entworfene Verfassung eine Statushierarchie, die auf dem Besitz – berechnet nach den landwirtschaftlichen Erträgen – beruhte und die einer mittleren Schicht aus recht wohlhabenden Bauern, Händlern, Schiffern und Handwerkern zum ersten Male zubilligte, bei der Machtausübung eine eigene, wenn auch kleine Rolle zu spielen. Trotz einer Periode der Tyrannenherrschaft von 545–510 v. Chr. – die in Wirklichkeit eher einer konstitutionellen Monarchie ähnelte als dem, was man mit dem Wort Tyrannei heutzutage assoziiert – blieb dieses System erhalten und wurde zur Grund-

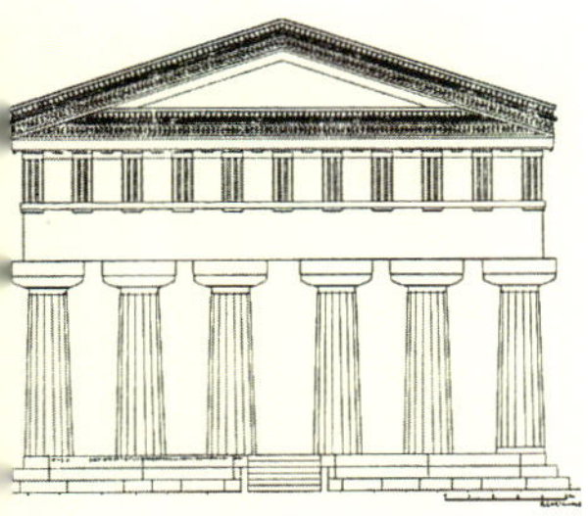

.17 Apollon-Tempel, Syrakus, /litte 6. Jh. Rekonstruktions-eichnung der Ostfront (nach :ultrera und Carta).

lage eines demokratischen Staates, in dem alle freien Bürger direkt an der Regierungsgewalt beteiligt sein konnten.

Nach modernen Maßstäben war die Athener ›Polis‹ ein sehr kleiner Staat. Er bedeckte ein Gebiet von etwa 1600 qkm – was der Größe Luxemburgs entspricht. Die Bevölkerungszahl erreichte zur Mitte des 5. Jahrhunderts v.Chr. ihren Höhepunkt mit knapp einer Viertelmillion Menschen, von denen etwa ein Drittel in der Stadt selbst lebten. Andere ›Poleis‹ waren noch kleiner: Korinth hatte eine Bevölkerung von ungefähr 90000, Argos etwa die Hälfte davon und viele nur von 5000 Köpfen oder weniger. Dennoch konnten sie ihre Unabhängigkeit bewahren. Die rasche Vermehrung und die geringe Größe solcher untereinander konkurrierender ›Stadtstaaten‹ waren einer künstlerischen Entwicklung besonders förderlich. Politische Systeme, die in ihnen herrschten – wobei Aristokratie und Tyrannis häufiger vorkamen als die Demokratie –, sind dafür wohl weniger verantwortlich. In jedem der Staaten wurden die Tempel mit Skulpturen und Malereien geschmückt, und in allen bestand eine vergleichsweise reiche und für kulturelle Werte aufgeschlossene Oberklasse. Die bildenden Künstler hatten (wie die Dichter) die Freiheit, von einem zum anderen zu reisen, um nach Auftraggebern zu suchen. Ihre Erzeugnisse, insbesondere die Arbeiten aus Metall und Ton, wurden auch in die griechischen Städte des Mittelmeers exportiert, vgl. ▸4.16, von wo sie in den Handel mit den Etruskern in Italien und den Skythen in Südrussland gelangt sein könnten (s. S. 148ff.).

Daher ist es verständlich, wenn die Absatzmöglichkeiten für Kunstwerke in der hellenischen Welt größer waren als in den Flächenimperien Altägyptens, Assyriens und Persiens, denn dort war das Mäzenatentum auf die Spitze einer einzigen gesellschaftlichen Pyramide konzentriert. Die Auftraggeber der griechischen Künstler waren also zahlreicher, deren Reichtum dafür wesentlich geringer. Sie konnten sich nur wenige Auftragsvergaben in großem Stil leisten. Bezeichnenderweise wurden die größten und prächtigsten griechischen Tempel – auf der Insel Samos und bei Syrakus auf Sizilien ▸4.17 – von Tyrannen erbaut. Der Hauptbedarf richtete sich anscheinend auf Statuen, die selten überlebensgroß waren, sowie eher auf Tafelmalerei als auf monumentale Kompositionen, ferner auf

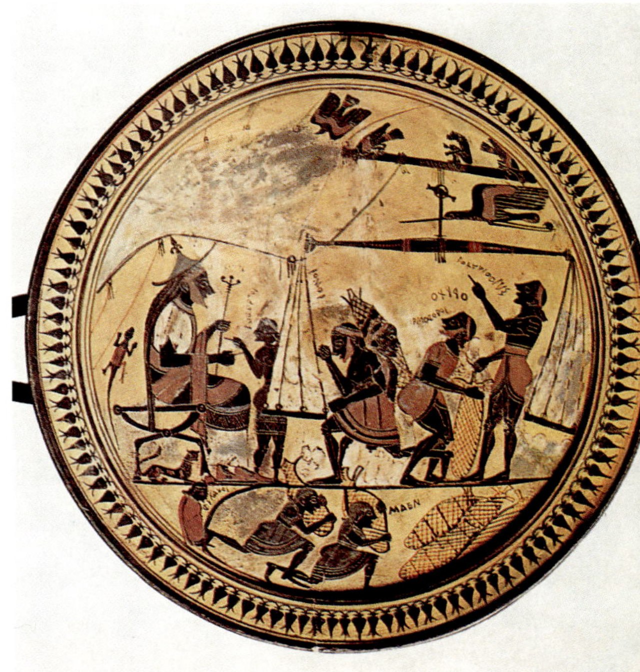

4.16 *Arkesilas überwacht die Wägung und den Versand von Waren*, Schale des ARKESILAS-MALERS, um 560 v. Chr., Durchmesser 29 cm. Cabinet des Médailles, Paris.

kleine, zierlich geschmiedete Schmuckstücke aus Gold und Keramik. Die Künstler selber scheinen vielleicht zum ersten Mal in der Geschichte darum gewetteifert zu haben, die Bemühungen ihrer Vorgänger noch zu übertreffen. Nicht nur bei den Athleten war der Wettstreit ein wichtiger Grundzug griechischen Lebens: Die griechischen Tragödien des 5. Jahrhunderts v. Chr. wurden zu Anfang in Form dichterischer Wettkämpfe aufgeführt. Vielleicht waren auch die Künstler von der Liebe zur Unabhängigkeit beseelt, die es den Griechen ermöglichte, die mächtige persische Invasion im Jahre 480 v. Chr. abzuwehren.

## Die griechische Klassik

Zwei historische Ereignisse, der Perserkrieg des frühen 5. Jahrhunderts v.Chr. und die zeitweilige Vereinigung Griechenlands durch Philipp II. von Makedonien im Jahre 338 v.Chr., begrenzen eine Epoche, die seit langem als die klassische der griechischen Kultur gilt. Im Jahre 490 v. Chr. wurde ein Invasionsversuch der Perser – gedacht als Vergeltungsmaßnahme für die athenische Unterstützung einer Erhebung griechischer Städte Kleinasiens, die dem Reich von Dareios I. angegliedert worden waren (s. S. 106) – auf den Feldern von Marathon zurückgeschlagen. Eine zweite Invasion, bei der Athen eingenommen und geplündert wurde, schien zunächst das Ende zu bedeuten, doch in der Schlacht von Salamis im Jahre 480 v. Chr. konnten die persische Flotte zerstört und ihre Armee im folgenden Jahr in der Schlacht von Platäa zurückgetrieben werden. Nichts hätte die Griechen von ihrer Überlegenheit gegenüber ›Barbaren‹ – in welcher Zahl und Stärke auch immer – besser überzeugen können. Den endgültigen Sieg erlangten sie durch eine außergewöhnliche Allianz griechischer Staaten, den Attischen Seebund. Athen, das zusammen mit Sparta eine führende Rolle in diesem Krieg gespielt hatte, nahm den größten Ruhm und den gesamten

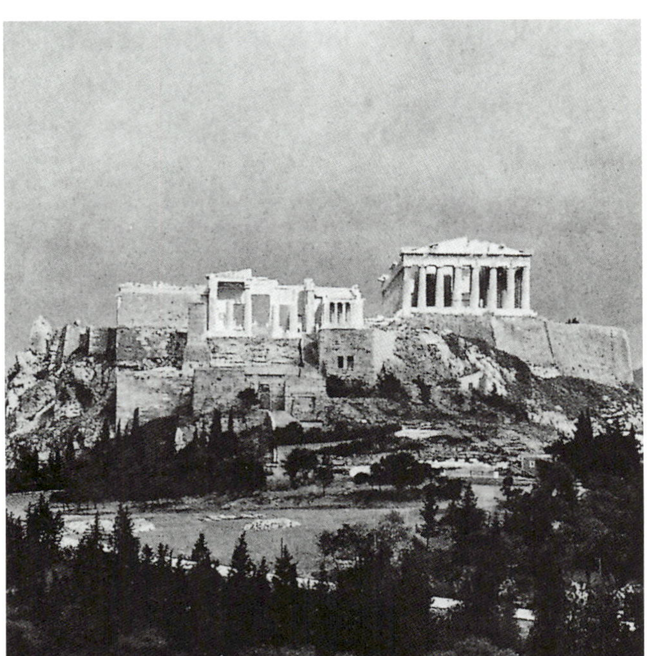

4.18 Akropolis, Athen, Ansicht von der Pnyx aus.

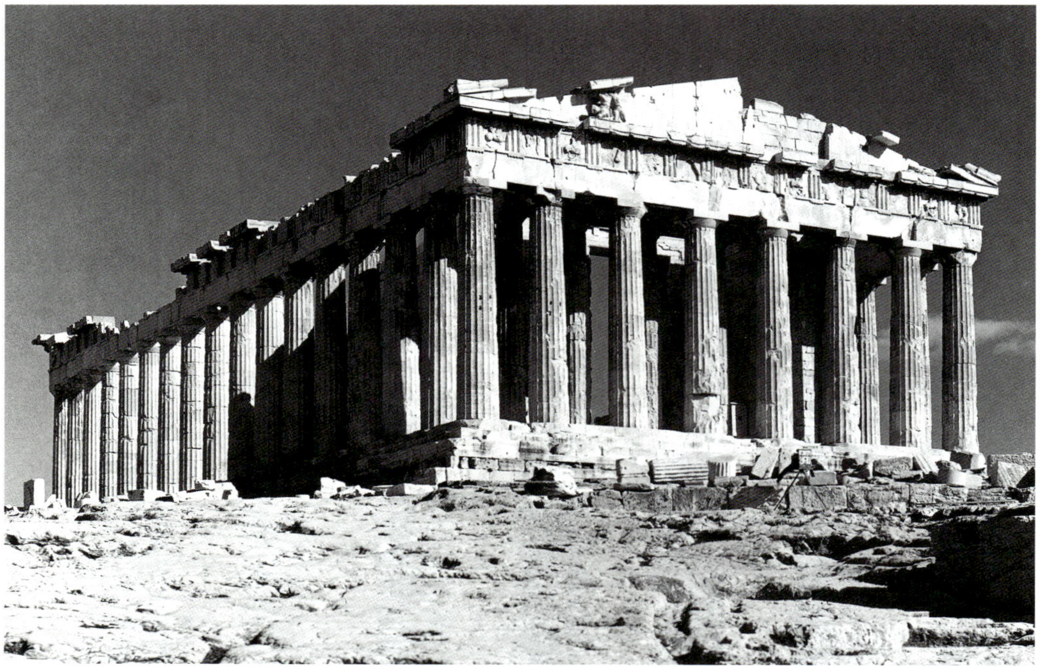

4.19 Parthenon, Athen, Ansicht von Nordwesten, 447–438 v. Chr.

Nutzen für sich in Anspruch. Es trat sofort als die beherrschende Kraft in der Ägäis auf, wobei die Inseln praktisch zu Kolonien degradiert wurden.

Der Hegemonialanspruch Athens war nicht unumstritten. Der persischen Niederlage folgte nur eine kurze Zeit des Friedens; bald kämpfte Athen fast ständig gegen den einen oder anderen seiner Nachbarn, und im Jahre 404 v. Chr., am Ende des schrecklichen, 27 Jahre währenden Peloponnesischen Krieges, wurde es von Sparta besiegt. Zwistigkeiten zwischen den griechischen Staaten sorgten auch in den folgenden Jahrzehnten für anhaltende Unruhe. Dennoch kennzeichnet diese Epoche eine einzigartige Blüte künstlerischer und geistiger Aktivitäten. Die Tragödien von Aischylos, Sophokles und Euripides, die die Tiefen menschlicher Leidenschaft erkundeten und in feinsinniger Dichtung zum Ausdruck brachten, die Komödien des Aristophanes, die die Absurditäten menschlichen Verhaltens mit nicht weniger sublimem Spott bloßstellten, und die Lehren des Sokrates, der die Komplexität menschlicher Ordnung und die Fähigkeit des Menschen zur Erfassung abstrakter Gedankengänge erkundete, alle diese kulturellen Taten entstammten dem Athen des 5. Jahrhunderts. Sie haben ihre lebendige Kraft bis zum heutigen Tage, nach fast 2500 Jahren, unvermindert bewahrt.

Auch die bildenden Künste blühten und leisteten in ähnlicher Weise eine Deutung des Menschen, doch ist die Zeit nicht spurlos an ihnen vorübergegangen. Die großen Tempelstatuen aus Elfenbein und Gold, die die alten Griechen für ihre bedeutendsten Werke in der Bildhauerei hielten, sind sämtlich verloren. Auch die monumentale Malerei ist völlig untergegangen. Von den Bauwerken sind nur noch Ruinen geblieben, und sie haben die meisten, manchmal sogar alle Schmuckelemente eingebüßt, für die sie berühmt waren. Die Bronzen wurden eingeschmolzen, marmorne Werke wanderten in den Kalkofen. Von der riesigen Anzahl bronzener und marmorner Statuen, die alte Texte erwähnen, existiert nur noch ein Bruchteil. Nicht zufällig blieben uns mehr Skulpturen aus der archaischen Zeit als aus den späteren Epochen erhalten. Unsere Kenntnis der berühmtesten griechischen Kunstwerke des 5. Jahrhunderts fußt auf schriftlichen Schilderungen und römischen Kopien – die manchmal erst viele Jahrhunderte später angefertigt wurden –, wobei deren Treue gegenüber dem Original unterschiedlich ist. Es ist so, als wenn man auf literarischem Gebiet die Stücke Shakespeares nur aus den Kommentaren der Kritiker und französischen Übersetzungen des 19. Jahrhunderts kennen würde. Immerhin ist von der Skulptur, Vasenkunst und Architektur genug auf uns gekommen, um zu erkennen, dass die bildenden Künste des 5. Jahrhunderts v. Chr. der zeitgenössischen Literatur gleichrangig waren. Dies war eine klassische Periode in dem Sinne, dass ihre Werke einer höheren Klasse (die ursprüngliche Bedeutung des lateinischen Wortes *classis*) zuzuordnen sind. Es entstanden Vorbilder von besonderer Güte, die sowohl frei waren von der unbeschwerten Einfachheit früherer Werke als auch der übermäßigen Verfeinerung späterer.

## *Der Parthenon*

Unter den erhaltenen Monumenten ist keines, das den Geist des klassischen Jahrhunderts der griechischen Kunst besser verkörpert als der Parthenon, der noch heute die Stadt Athen und das umliegende Land kilometerweit beherrscht ▸4.18; 19. Majestätisch in den Umrissen und feingliedrig im Detail, ist er Sinnbild harmonischer Proportion und Manifestation des sich eines idealen menschlichen Maßstabs bewussten Gestaltungswillens. Er ist Ergebnis der spezifisch griechischen Synthese von abstrakten Gedanken und sinnlichem Gefühl. Obwohl er stark beschädigt ist (hauptsächlich durch die Explosion einer in ihm von den Türken eingerichteten Pulverkammer im Jahre

4.20 Akropolis von Athen, Lageplan der Tempel und Bauten.

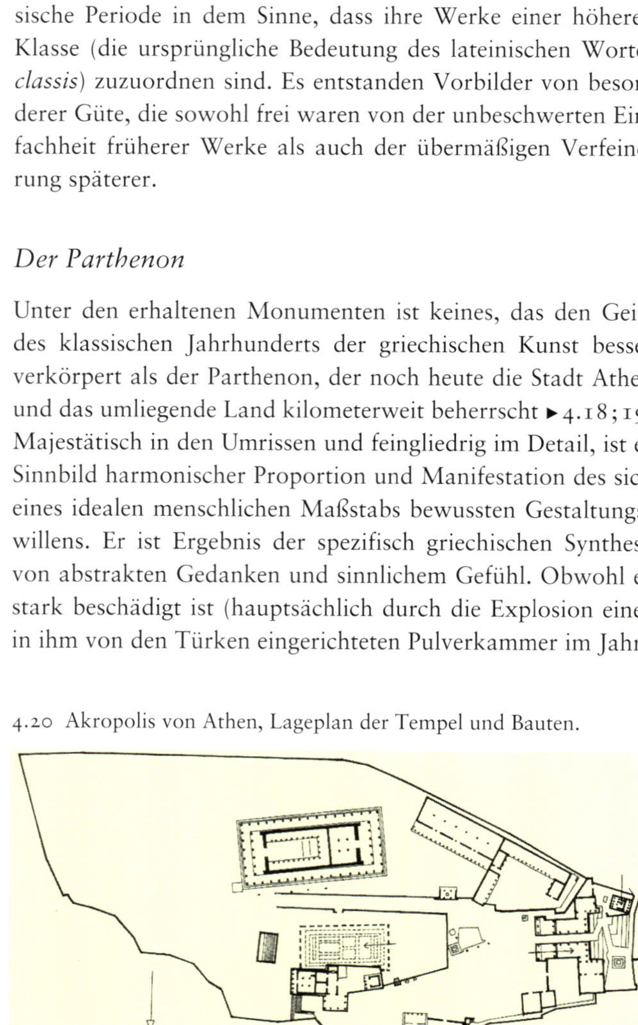

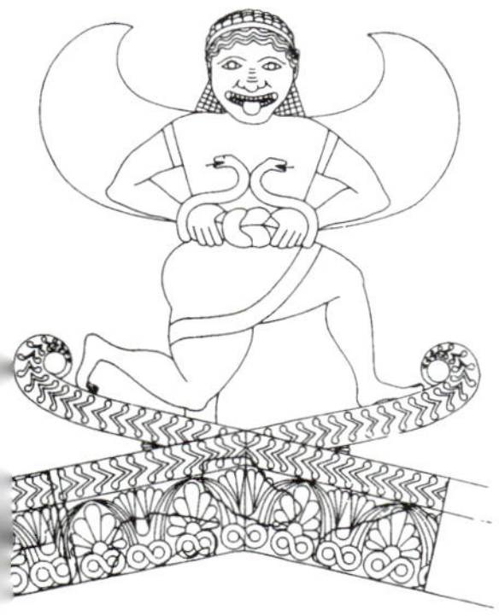

.21 *Laufende Gorgo*, ırstakroter eines archaischen empels auf der Akropolis von then (Rekonstruktion nach V. H. Schuchhardt).

1687) und die meisten Skulpturen geraubt wurden (jetzt im British Museum, London), hat er seine zeitlose Erhabenheit immer noch bewahrt, die Plutarch in den Bauten auf der Akropolis ▶4.23 ungefähr 500 Jahre nach deren Errichtung wahrnahm. »Sie wurden in kurzer Zeit für alle Zeit geschaffen«, schrieb er. »Jeder war in seiner Schönheit schon damals sofort uralt; doch in der Frische seiner Kraft wirkt er sogar bis zum heutigen Tage wie ein erst kürzlich und auf neue Weise erschaffener.« Die Bedeutung dieser außergewöhnlichen Gebäudegruppe lässt sich allerdings ohne einen Blick auf die Umstände ihrer Entstehung und die Vorgeschichte der griechischen Architektur nicht vollständig erfassen.

Der erste Tempel der Göttin Athene auf der Akropolis scheint zwischen 570 und 560 v. Chr. erbaut worden zu sein, vgl. ▶4.21;22. Noch bevor die Perser ihn zerstörten, hatte man mit einem anderen, noch großartigeren Tempel auf einer künstlich angelegten Terrasse oben auf der Hügelkuppe begonnen. Nach der Niederlage der Perser bestand die vorrangige Bauaufgabe der Athener natürlich in der Instandsetzung und dem Neubau der Wohnhäuser und städtischen Befestigungsanlagen. Über Renovierungen auf der Akropolis ist nichts bekannt. Obwohl man die Arbeiten am Parthenon möglicherweise in den sechziger Jahren wieder aufnahm, wurde der uns heute bekannte Bau nicht vor 447 v.Chr. begonnen. Im Jahre 438 v. Chr. war der Aufbau vollendet, bis 432 v.Chr. wurden die Giebelskulpturen versetzt. Es sind zwei Architekten überliefert: KALLIKRATES und IKTINOS (der Autor eines verschollenen Buches über das Bauwerk). PHIDIAS, der die im Tempel aufgestellte kolossale, chryselephantine – das heißt in Goldelfenbeintechnik gefertigte – Statue der Athene schuf, soll die gesamten Bildhauerarbeiten überwacht haben.

Der Begründer und Förderer des gesamten Unternehmens war Perikles, von Geburt her ein Aristokrat, der die Unterstützung der ärmeren Klassen gewann. Er verlieh der attischen Demokratie ihre endgültige Form und führte den Staat von 460 bis zu seinem Tode im Jahre 429 v.Chr. Er wollte die Stadt Athen herrlich schmücken und ihre göttliche Beschützerin Athene ehren. Die Geburt Athenes und ihr Kampf mit Poseidon um das Land Attika bildeten den thematischen Gegenstand der Giebelskulpturen. Der bildhauerische Schmuck der Metopen mit Darstellungen des Kampfes zwischen Göttern und Giganten, von Männern gegen Kentauren und Amazonen – also der Zivilisierten gegen die Wilden, die Barbaren – dürfte sehr wohl als eine Allegorie des Krieges der Griechen gegen die Perser gedacht gewesen sein. Zur Finanzierung des Baus zweigte er Geldmittel ab, die Athen von den Bundesgenossen und den unterworfenen Staaten für die gegenseitige Verteidigung gegen zukünftige persische Angriffe erhalten hatte. Perikles wurde damals Unredlichkeit vorgeworfen, insbesondere weil der Parthenon zu einer Anzahl öffentlicher Projekte gehörte, die Perikles als ein Mittel betrachtete, um

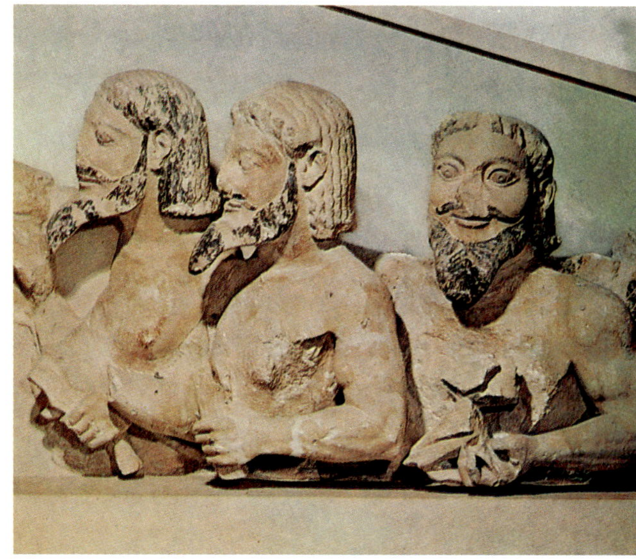

4.22 Giebelfiguren des ältesten Ringhallen-Tempels auf der Akropolis, um 570 v. Chr., Kalkstein. Akropolis-Museum, Athen.

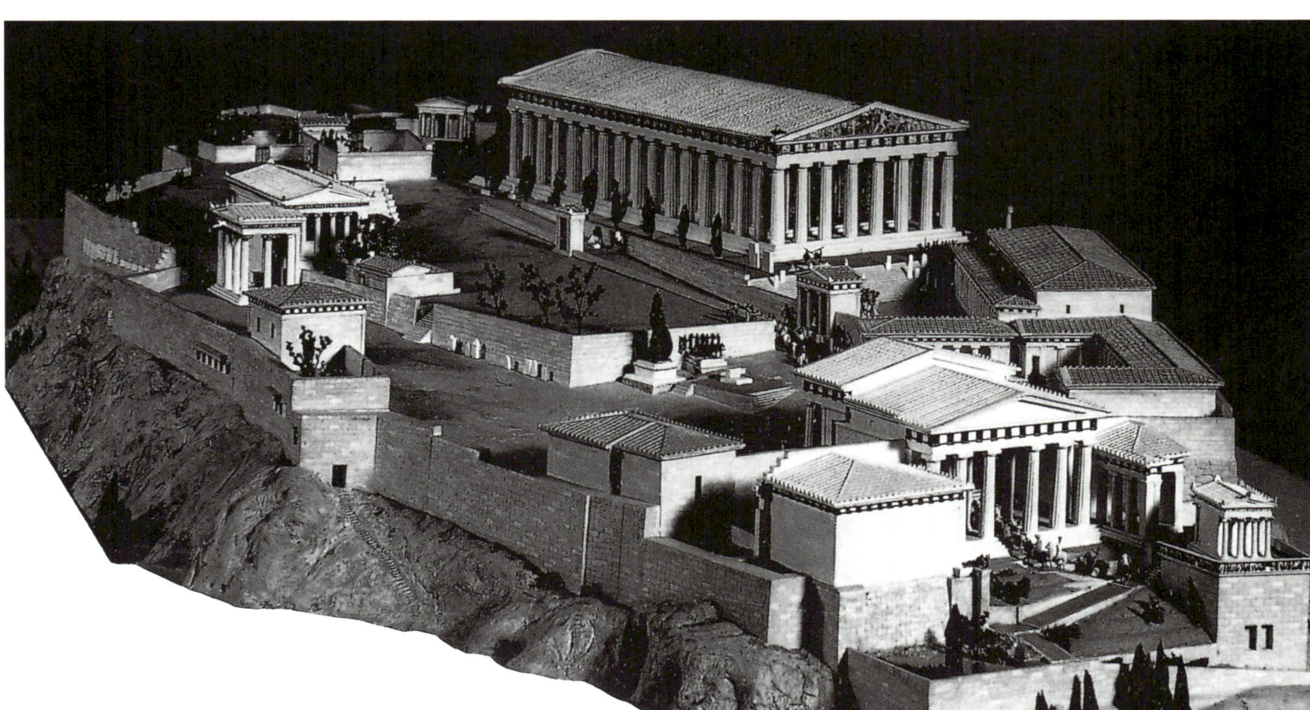

.23 Modell der Akropolis on Athen, Parthenon (oben), rechtheion (Mitte links) owie die Propyläen (rechts) nd der Tempel der Athena Jike (Vordergrund rechts). Royal Ontario Museum, Toronto.

derjenigen Klasse eine gut bezahlte Beschäftigung zu sichern, auf deren politische Unterstützung er angewiesen war. Wahrscheinlich waren auch einige der an den Bauarbeiten beteiligten Männer Sklaven, die von ihren Besitzern ausgeliehen wurden.

Der Parthenon ist das überragendste Beispiel eines dorischen Tempels, ein Gebäudetypus, der im Verlauf der vorausgegangenen zwei Jahrhunderte entwickelt worden war. Er ist uns durch spätere Imitationen in der westlichen Welt so vertraut geworden, dass seine eigentliche Aussage leicht übersehen wird. Gottesdienstliche Handlungen fanden nicht im Inneren griechischer Tempel statt. Die religiösen Feierlichkeiten konzentrierten sich auf den Altar vor dem Tempel, wo man den Göttern Opfer darbrachte. Andere Altäre waren an öffentlichen und privaten Orten in Stadt und Land verstreut. Den Tempel erbaute man als Haus für die Statue der Gottheit, der er geweiht war – eine Statue, die bei geöffnetem Tempelportal gesehen werden konnte und manchmal herausgetragen wurde. Ein Tempel und reiche Votivgaben bekundeten Frömmigkeit, Reichtum und Macht einer Stadt, die verschwenderisch Mittel für ihn zur Verfügung stellte. In panhellenischen Heiligtümern wie Delphi und Olympia kamen Spenden und großzügige Weihgeschenke anderer Staaten hinzu ▸4.24.

Die Betonung lag auf dem Äußeren des Tempels. Die Griechen erlernten das Bauen mit stützenden und tragenden Teilen beziehungsweise mit Säulen und Sturzelementen von den Ägyptern. Um aber ihre eigenen Erfordernisse zu erfüllen, kehrten sie den ägyptischen Tempel ›von innen nach außen‹ und verwendeten die Säulen hauptsächlich zur äußeren Stützung des Daches, das auch von den Wänden der so genannten Cella getragen wurde, die über weitere Säulen im Inneren nur dann verfügte, wenn die Weite des Raumes dies erforderlich machte. (Die Form stammt möglicherweise vom Megaron, s. S. 76f.) Die Reihenfolge, in der ein griechischer Tempel erbaut wurde, ist aufschlussreich. Zunächst legte man eine gestufte Steinterrasse an (Crepis), dann wurden die Säulen (aus Trommeln bestehend, die durch Pflöcke in der Achse zusammenhielten) errichtet und die Horizontalblöcke des Gebälks daraufgesetzt. Erst danach begann man mit der Arbeit an den Mauern der Cella.

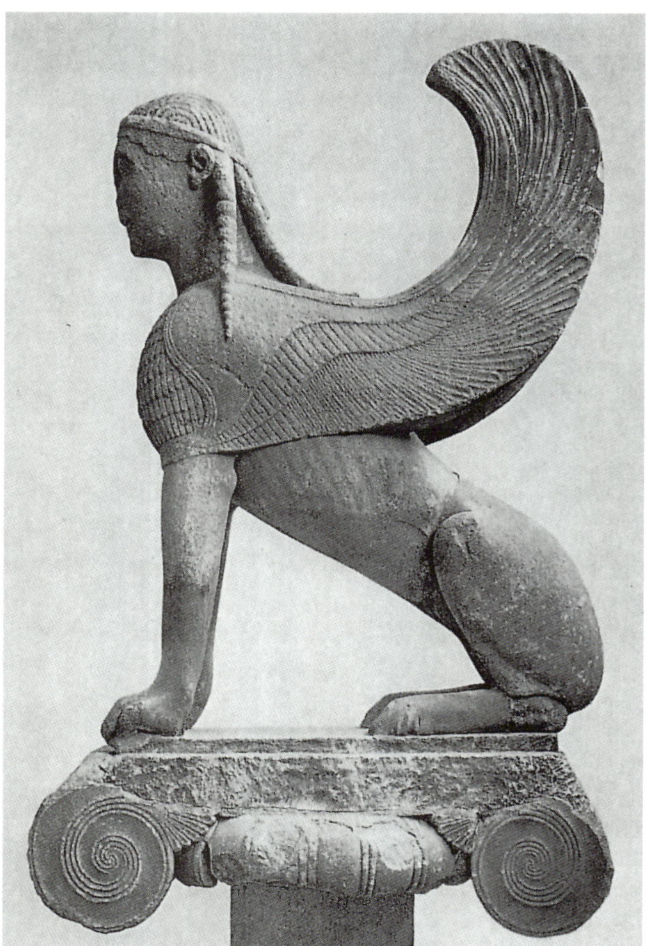

4.24 *Sphinx*, Weihegeschenk der Naxier an das Apollo-Heiligtum in Delphi, um 560 v. Chr., Höhe (Figur) 232 cm. Archäologisches Museum Delphi.

Der Ursprung der Zierelemente der dorischen Ordnung liegt ziemlich im Dunkel. Die römische Zeit glaubte, dass sie aus der Tradition der Holzbauweise abgeleitet seien, dass die sich verjüngende Säule der natürlichen Form eines Baumstammes entspreche und die konkav gerillten Furchen die grobe Formung durch eine Krummaxt wiederholen. Die → Triglyphen des Frieses würden so zusammengebundene Bretterenden darstellen, während die darunter liegenden → Guttae als Pflöcke dienten, um diese Sparren zu fixieren ▸4.25. In der Tat sind die Elemente des dorischen Tempels offensichtlich irgendwie aus dem Zimmerhandwerk abgeleitet worden, und es ist durchaus glaubhaft, dass man sie auch im Steinbau weiterverwendete, um die Architektur in ihrer Konstruktion verständlich und festgefügt erscheinen zu lassen. Das Dorische ist in seiner Quintessenz eine Steinarchitektur, die durch die Möglichkeiten und Grenzen der mörtellos gefügten Blöcke bedingt war (man verwendete verdeckte Metallklammern, um seitlichen Erschütterungen zu begegnen). Die Zierelemente haben eine nur scheinbar funktionale Bedeutung, obgleich sie unverzüglich zu charakteristischen Stilmerkmalen wurden.

Von den frühesten bekannten dorischen Tempeln, die man um 650 v. Chr. in Korinth erbaute, ist wenig erhalten, aber der ein Jahrhundert später entstandene Tempel von Paestum in Süditalien zeigt, wie robust und massiv sie waren ▸4.27. Zu Beginn des 5. Jahrhunderts v. Chr. wurden die Säulen in Attika schlanker proportioniert. Der feinkörnige örtliche Marmor bedurfte zur Glättung der Oberflächen keines Stucküberzugs. Die Schönheit des Parthenon, der Glanz seines hellen Marmors dürfen nicht darüber hinwegtäuschen, dass der ursprüngliche Tempel bemalt war und völlig anders ausgesehen haben muss.

Der dorische Tempel erscheint dem Auge insbesondere bei Schrägsicht – der Architekt hatte den aus der Achse gerückten Blickwinkel vorgesehen, wie die Anlage der Heiligtümer zeigt – perfekt geradlinig und regelmäßig ▸4.20. Dies ist eine sorgfältig vorbereitete Illusion. Weder sind die Linien gerade noch die Säulen in den Abständen gleich. Von der Erkenntnis ausgehend, dass sich exakt geradlinige Vertikalen schräg zu neigen scheinen und genaue Horizontalen optisch in der Mitte durchhängen, erhielten die Basisfläche des Tempels eine Kurvatur und die Säulen eine → Entasis (Schwellung) ▸4.26.

Die optischen Korrekturen des Parthenon sind so wirkungsvoll, dass sie erst bei genauerem Hinsehen bemerkt werden. Die gesamte Plattform weist eine leichte, nach außen abfallende Krümmung auf, die vom Mittelpunkt ausgeht – so dass dieser der Spitze einer riesigen Kuppel vergleichbar ist. Die Seiten der Plattform und der Stufen darunter sind konvex gekrümmt (die Mitte jeder der Langseiten liegt ungefähr 10 cm höher als die Endpunkte). Diese Linienführung wird im Gebälk wiederholt, wobei die Krümmung etwas geringer aus-

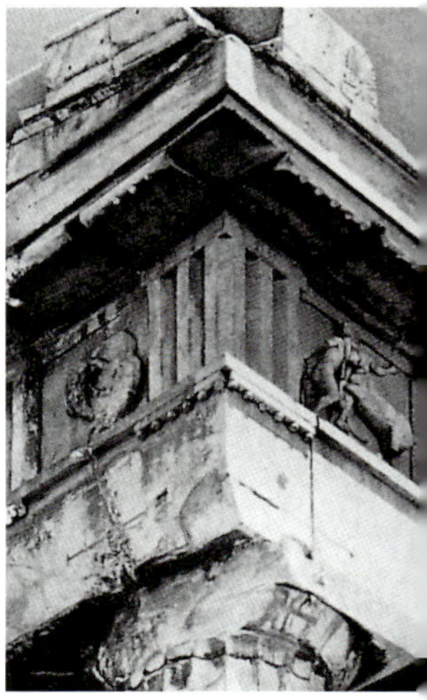

4.25 Parthenon, Athen, Südwestecke des Gebälks mit den Metopen, Detail aus ▸4.19

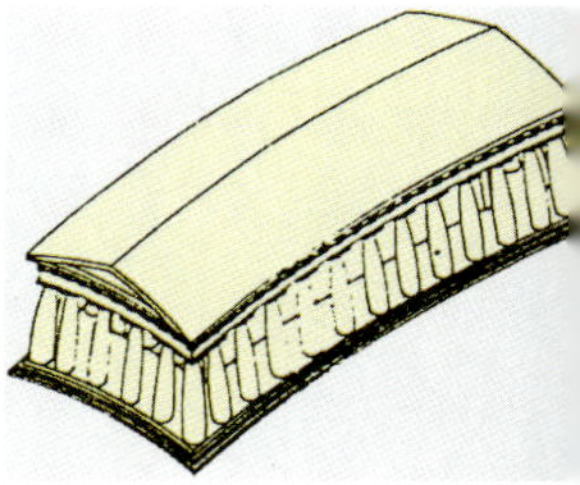

4.26 Diagramm zur Veranschaulichung der Kurvatur, Entasis und anderer optischer Verfeinerungen am dorischen Tempel.

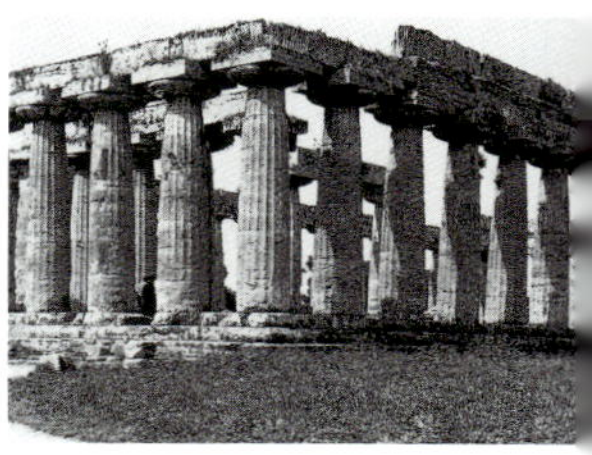

4.27 Hera-Tempel I, um 540 v. Chr., Paestum.

QUELLEN UND DOKUMENTE

## Pausanias über den Parthenon

Für Plutarch (um 46–um 127 n. Chr.), den bereits zitierten griechischen Biographen und Essayisten (s. S. 129), war der Parthenon vor allem eine technische Meisterleistung. Die Bauhandwerker und die Künstler wetteiferten nicht nur in technischer Hinsicht miteinander, sondern auch im Hinblick auf das Tempo. Die Fertigstellung jedes einzelnen von Perikles' Projekten hätte normalerweise mehrere Generationen gedauert, doch sie alle wurden noch während seiner Lebenszeit vollendet. Daher eignet ihnen, in den Worten Plutarchs, »*... eine gewisse Frische des Neuen ... und der Eindruck, nicht von der Abnutzung durch die Zeit berührt worden zu sein. Es ist, als sei in die Erschaffung des Werkes ein ewig-leuchtendes Leben und nicht alternder Geist eingeflossen.*«

Der griechische Reisende und Altertumskenner Pausanias (um 150–170 n. Chr.) verfasste seine Texte etwas später als Plutarch und war in stilistischer Hinsicht weniger brillant, doch seine auf eigener Anschauung beruhenden Beschreibungen zeichnen sich durch große Präzision aus. Fast alle bedeutenden Gebäude und Monumente in Athen existierten damals noch. Er sah die Tempel, Gemälde und Skulpturen auf der Akropolis noch in ihrer ganzen Pracht von Gold und Elfenbein und mit den bemalten und mit Juwelen geschmückten Verzierungen. Er begab sich rechts um das Parthenon zum Eingang auf der Ostseite und folgte damit dem Verlauf der panathenäischen Prozession, die auf dem Fries über ihm dargestellt ist ▸4.43, auch wenn er ihn nicht erwähnt, da er von unten kaum zu erkennen war. Aber er beschreibt die heute nicht mehr existierende große Statue der Athena im Tempelinneren, die »*... aus Gold und Elfenbein gemacht [ist]. Mitten auf dem Helm sitzt die Figur einer Sphinx ... Das Kultbild der Athena ist aufrecht stehend mit einem Chiton bis zu den Füßen, und an ihrer Brust ist das Medusenhaupt aus Elfenbein angebracht. Und eine Siegesgöttin gegen vier Ellen hoch hat sie in der Hand und eine Lanze, und zu ihren Füßen steht der Schild, und neben der Lanze befindet sich eine Schlange, und diese Schlange mag wohl Erichthonios darstellen. An der Basis des Kultbildes ist die Geburt der Pandora dargestellt. Hesiod und andere haben erzählt, wie diese Pandora die erste Frau wurde; vor der Pandora gab es das Geschlecht der Frauen noch nicht... Außerdem gibt es in Athen noch... eine Bronzestatue der Athena..., ein Werk des Phidias. Von dieser Athena ist die Lanzenspitze und der Helmbusch schon sichtbar, wenn man von Sunion kommt ...*«

Pausanias, *Beschreibung Griechenlands*, Übers. v. Ernst Meyer, Zürich 1954

fällt. Die Säulen neigen sich alle nach innen, jedoch nur bis zu 6 cm; zudem sind die Ecksäulen um einige Zentimeter dicker als die anderen, um den optischen Schwund des Umfangs bei ihrer Betrachtung vor dem Hintergrund des Himmels auszugleichen. Um einer anderen optischen Illusion zu begegnen, sind die Säulen gemäß dem Prinzip der Entasis geformt, so dass sie sich nicht gleichmäßig zur Spitze verjüngen, sondern in den unteren Trommeln zunächst sehr leicht (etwa 1,7 cm) anschwellen. Das darüber liegende Gebälk neigt sich leicht nach innen. Die Säulen halten nicht immer den gleichen Abstand. Die drei Ecksäulen stehen jeweils enger zueinander als die anderen, und die sechs mittleren Säulen von Vorder- und Rückseite sind weiter voneinander entfernt als die der Längsseiten.

Diese optischen Verfeinerungen sind keineswegs nur beim Parthenon zu finden: Sie wurden bei allen griechischen Tem-

.28 *Dionysos*, aus dem )stgiebel des Parthenon, m 437–432 v. Chr., Marmor, Höhe 121 cm. British Museum, London.

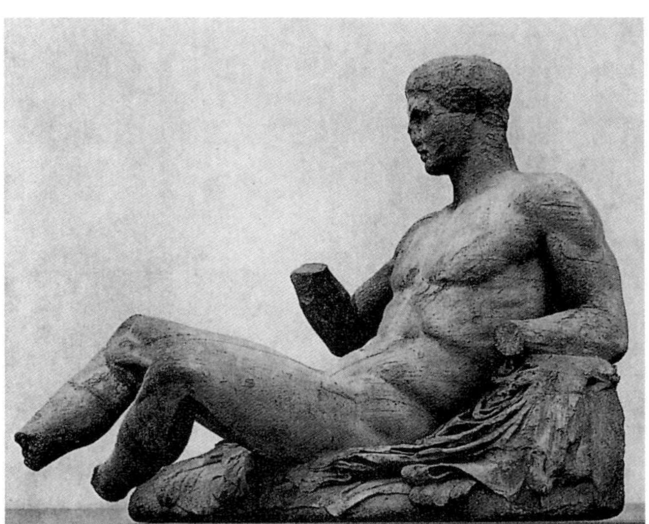

.29 *Lapith und Zentaur*, Metope vom Parthenon, m 438–432 v. Chr., Marmor, Höhe 142,2 cm. British Museum, London.

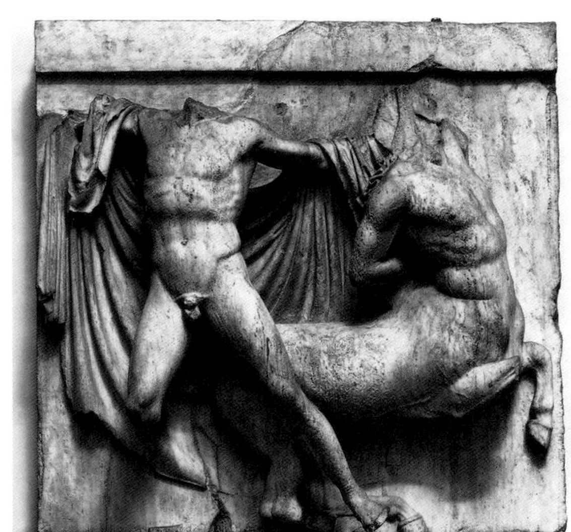

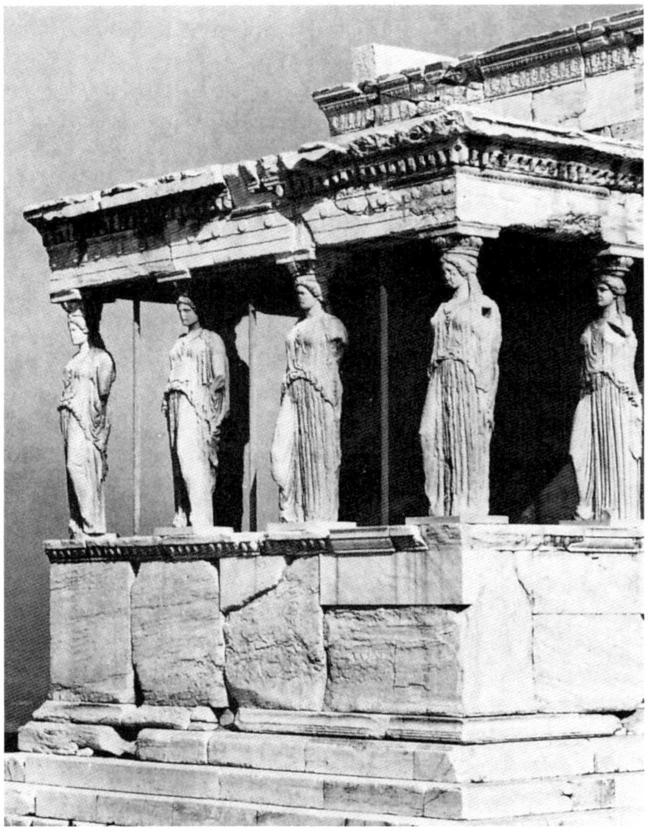

4.30 Die Korenhalle des Erechtheions auf der Akropolis, Athen, um 421–405 v. Chr.

peln des 5. Jahrhunderts v. Chr. mit jeweils genügend Abweichungen angewandt. Sie verleihen dem Bauwerk Elastizität und Lebendigkeit, einen zarten Hauch von Bewegung, der bei den Nachahmungen griechischer Tempel in auffallender Weise fehlt. Es ist natürlich nicht bekannt, wie die Tempel und die anderen Gebäude der Griechen entworfen wurden, doch Baupläne, Schnittbilder und Aufrisse müssen irgendwie gezeichnet worden sein, entweder auf Papyrus, auf anderem Material oder auf einer Sandtafel. Die Bauabschnitte eines Tempels ermöglichten einen ziemlich breiten Improvisationsrahmen noch während des Bauens.

Der Architektur und dem Skulpturenschmuck des Parthenon ▸4.28;29 eignet ein Element der freihändigen Gestaltung. Die Hauptproportionen sind sehr einfach, und die harmonischen Größenverhältnisse zwischen den verschiedenen Bauteilen scheint man nicht nach mathematischen Grundsätzen, sondern nach dem Augenschein bestimmt zu haben. Ein Theoretiker des 1. Jahrhunderts v. Chr., Heliodoros von Larisa, könnte die Einstellung von IKTINOS und dessen Zeitgenossen wiedergegeben haben, als er bemerkte:

*»Es ist das Ziel des Architekten, seinem Werk das Erscheinungsbild guter Proportioniertheit zu verleihen und soweit wie möglich Schutzmöglichkeiten gegen die optische Illusion mit einer nicht auf die tatsächliche, sondern auf die augenscheinliche Gleichheit der Maße und Proportionen gerichteten Zielsetzung zu ersinnen.«* (Heliodor, ›Optica‹)

Sobald der Parthenon-Bau beendet war, begann man mit den Arbeiten an einem zeremoniellen Torbau, den Propyläen, die wegen der durch den Peloponnesischen Krieg bedingten Wirren nie vollendet wurden ▸4.33;35. Für das schwierige, steil abfallende Gelände entwarf der Architekt MNESIKLES ein komplexes Bauwerk mit zwei wie Tempelfronten aussehenden

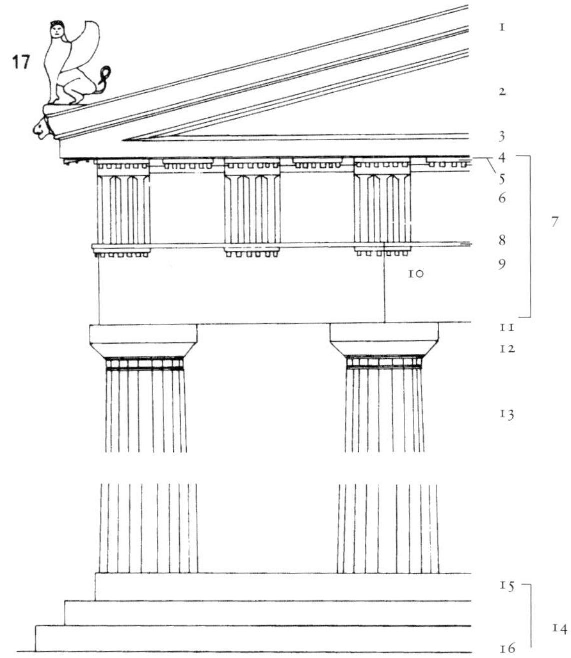


Dorische Säulenordnung

1 Sima 2 Tympanon 3 Geison 4 Mutulus 5 Guttae 6 Metopen-Triglyphenfries 7 Architrav 8 Taenia 9 Regula 10 Guttae 11/12 Kapitell mit Abakus und Echinus 13 Schaft 14 Krepis 15 Stylobat 16 Euthynterie 17 Akroterion

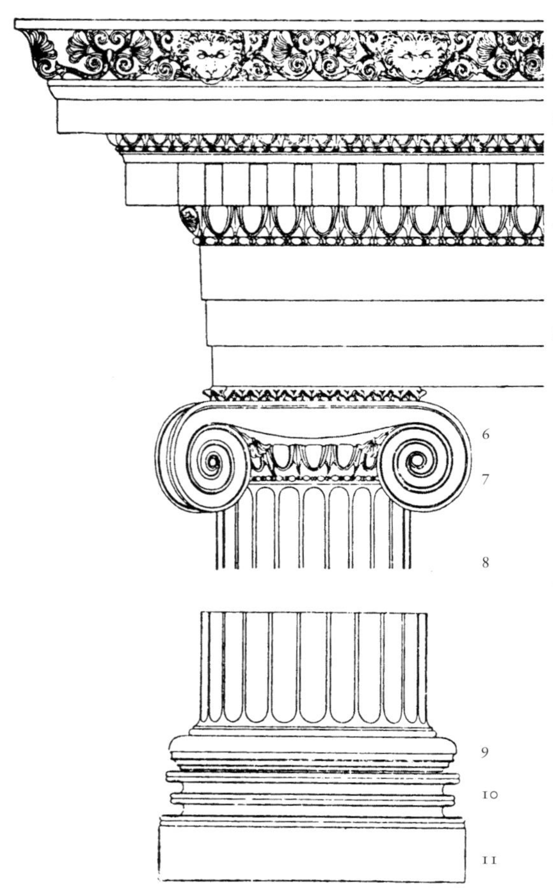


Ionische Säulenordnung

1 Sima 2 Geison 3 Zahnschnitt 4 Ionisches Kyma 5 Epistyl mit Faszien-Abakus 6/7 Kapitell mit Voluten und Eierstab 8 Schaft 9 Torus 10 Trochilos 11 Plinthe

4.31/32 Dorische und ionische Säulenordnung.

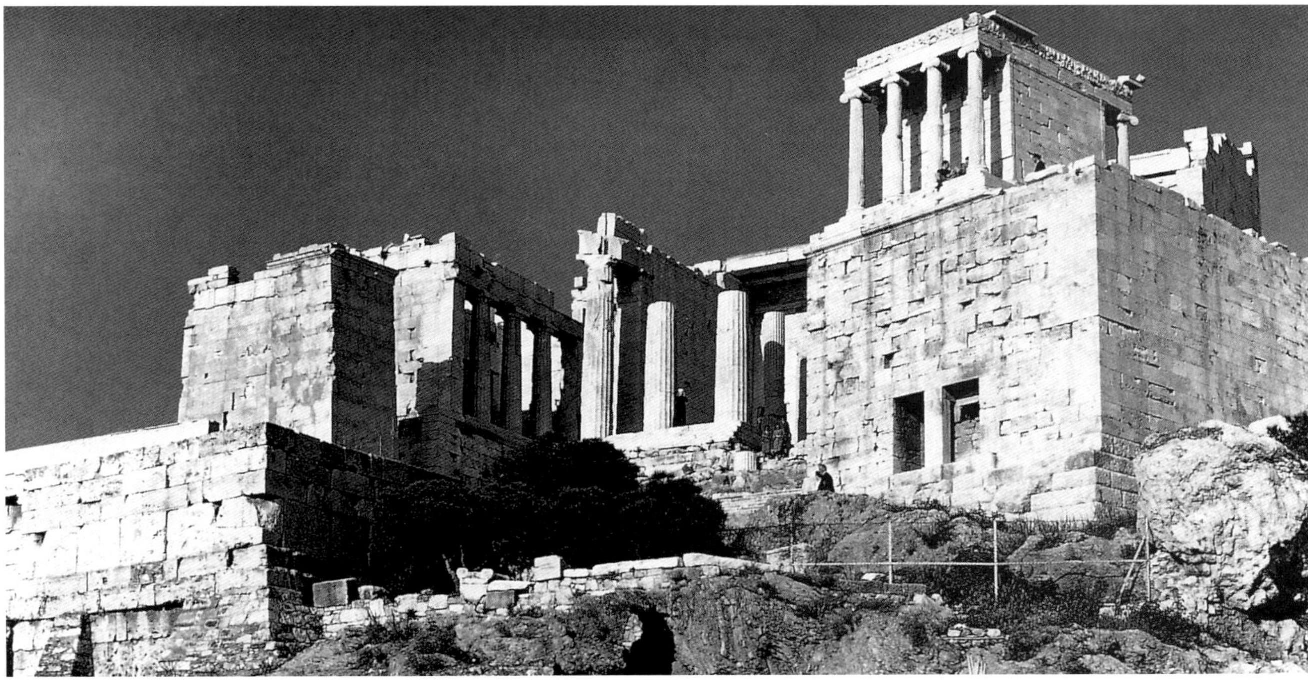

.33 Propyläen der Akropolis
on Athen, Ansicht von
Westen, 437–432 v. Chr.

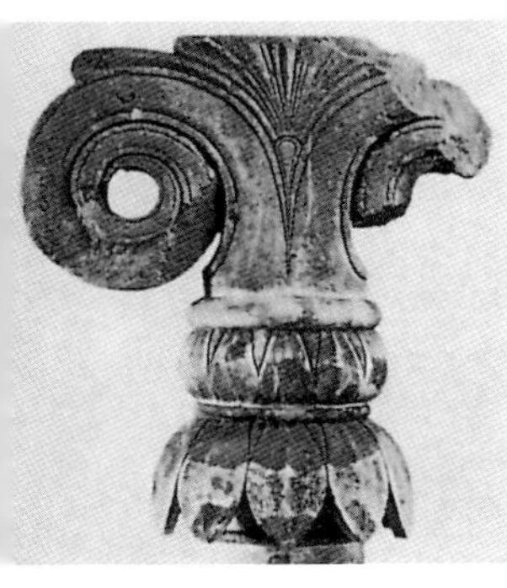

.34 Äolisches Volutenkapitell
über Blattkapitell),
. Hälfte 6. Jh. v. Chr.
Archäologisches Museum,
stanbul.

dorischen Fassaden, die durch eine ionische Kolonnade verbunden wurden. Zwei später entstandene Gebäude auf der Akropolis waren gänzlich ionisch – der ausgezeichnete kleine Tempel der Athena Nike ▸4.36 und das Erechtheion ▸4.30. Wie die Bezeichnung es bereits nahe legt, hat der ionische Stil in den griechischen Städten an der kleinasiatischen Küste und den von ihnen beeinflussten ostägäischen Inseln seinen Ursprung. Die griechische Zivilisation verdankt diesem Gebiet sehr viel. An Bodenschätzen war es beträchtlich reicher als das griechische Festland. Die ionische Architektur ist nicht so streng wie die dorische und bevorzugt zierlich gemeißelte Formen, schlanke Säulen und Volutenkapitelle ▸4.32. Das Dorische galt den Bewohnern des griechischen Festlandes – den dorischen Griechen – als ihr ›Nationalstil‹ und wurde offenbar mit ethischen und insbesondere männlichen Tugenden in Verbindung gebracht ▸4.31. Die ersten Gebäude auf der Peloponnes, die ionische Elemente aufwiesen, waren kleine Schatzhäuser, die von den ostgriechischen Küstenstädten an den heiligen Stätten von Olympia und Delphi errichtet worden waren. Dass es unterhalb des dorischen Parthenon auf der Athener Akropolis Tempel mit ionischen Säulen gab, dürfte daher insofern von politischer Bedeutung gewesen sein, als durch diese Konstellation die Einheit der von den Athenern angeführten griechischen Welt im Kampf gegen die Perser angesprochen war.

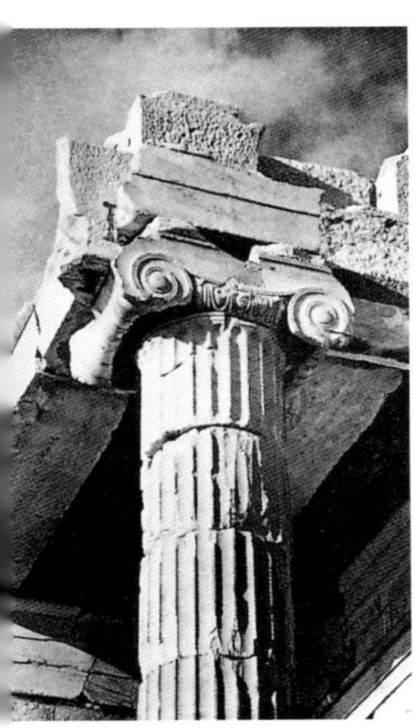

.35 Ionische Säule vom
Mittelgang der Propyläen, Detail
von ▸4.33.

Von den frühesten griechischen Tempeln in Ionien weiß man wenig. Aber einige der in Larisa und an verschiedenen Orten Anatoliens gefundenen →Kapitelle aus dem 8. oder 7. Jahrhundert v. Chr. gehören zu dem so genannten ›äolischen‹ Typus, der sich aus gekräuselten Elementen oder Voluten zusammensetzte ▸4.34. Ähnliche Kapitelle hatten Handwerker aus Ionien, das damals zum persischen Reich gehörte, für Persepolis um 500 v. Chr. angefertigt (s. S. 106). Zu dieser Zeit erhielt das ionische Kapitell, das vom ›äolischen‹ abgeleitet sein könnte, seine endgültige Form. Trotz ihrer schmückenden Wirkung sind diese beiden Kapitelltypen funktionaler als die quadratische Platte der →dorischen Ordnung, da sie die tragende Fläche der Säule in Übereinstimmung mit dem horizontalen, zu stützenden Bauelement verbreitern. Die Betonung liegt bei der ionischen Architektur stärker auf dem Ornamentalen. Der nicht von Triglyphen unterbrochene Fries lieferte die Fläche für ein kontinuierliches figuratives Reliefband, wie es beim Tempel der Athene Nike zu sehen ist. Manchmal ersetzte man die Säulen durch Statuen, etwa beim Schatzhaus der Siphnier in Delphi und beim Erechtheion auf der Athener Akropolis. Dagegen scheint die Skulptur bei den dorischen Tempeln eher eine Applikation als ein Bestandteil des Bauwerks gewesen zu sein – das gilt etwa für die reckteckigen Reliefs der Metopen oder die vollplastischen Giebelgruppen. Obwohl für eine große Höhe bestimmt und daher vom Auge entfernt, zeichnet sich die griechische Bauplastik auch bei nahsichtiger Betrachtung durch unverminderte Qualität aus.

Die frühesten Giebelskulpturen von Bedeutung stammen vom Aphaia-Tempel auf der Insel Ägina nahe Athen und stellen homerische Kampfszenen im kurz vor 500 v. Chr. entstandenen Westgiebel ▸4.40 und dem 10 bis 20 Jahre später

4.36 Tempel der Athena Nike, Athen, 427–424 v. Chr.

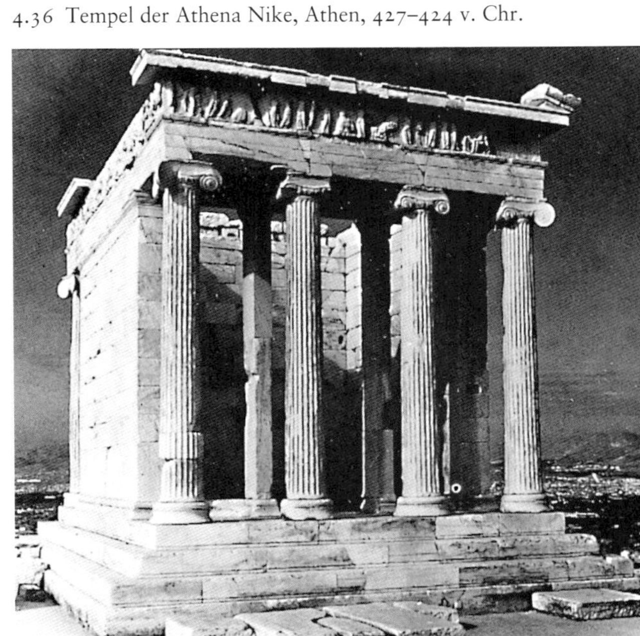

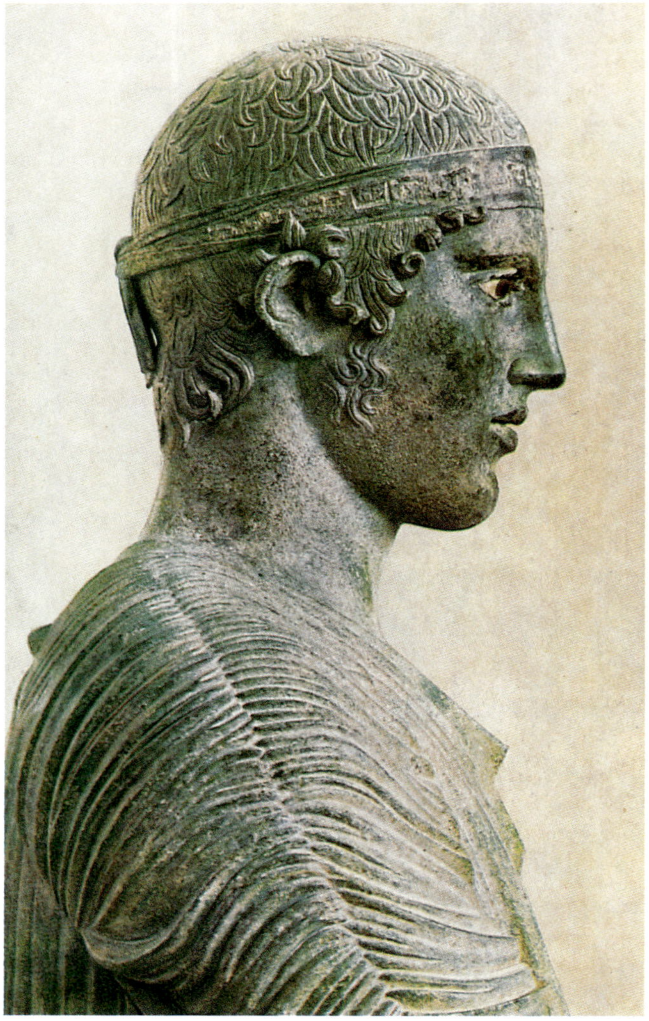

4.37 *Wagenlenker*, Ausschnitt von ▸4.38

skulptierten Ostgiebel dar. Ein gefallener Krieger des älteren Giebels hat noch die Steifheit eines Kouros, während sein Gegenstück im Ostgiebel ▸4.39 schon viel Lebenswahrheit und menschliche Tragik zeigt. Die Gesichtszüge des so genannten ›Laomedon‹ künden von psychischem Leben, lassen eine Andeutung von Denken und Fühlen verspüren, womit eine Verbindung zur Welt der großen Tragödien des 5. Jahrhunderts v. Chr. sichtbar wird.

Der bronzene *Wagenlenker* von Delphi, der gegossen wurde, um einen Sieg bei den Spielen von 478 oder 474 v. Chr. zu feiern, ist eine der schönsten datierbaren und zugleich originalen griechischen Skulpturen ▸4.38. Die mäßige Bewegtheit, strenge Linearität des Faltenwurfs und die Großflächigkeit des scheinbar ausdrucksneutralen Gesichts machen den Bronzejüngling zu einem Hauptwerk des ›Strengen Stils‹, der Frühphase der griechischen Klassik. Die Statue erhält Impulse durch geringe Abweichungen von der strengen Symmetrie. So werden die Falten des Chitons, die auf den ersten Blick genauso streng wie die → Kanneluren einer dorischen Säule erscheinen, durch leichte Unregelmäßigkeiten belebt. Der Kopf ist leicht aus der Körperachse nach rechts gewandt. Die Wirkung der Figur ist nicht auf eine Ansichtsseite beschränkt, sondern ihr Kontur behält aus verschiedenen Blickwinkeln seine Festigkeit und Aussagekraft. Wenn man das Gesicht in einer Abfolge verschiedener Blickpunkte betrachtet, gewinnt es an Intensität und Tiefe. Es nimmt den Ausdruck konzentrierter Aufmerksamkeit an, wobei die Augen fest auf die Pferde gerichtet sind.

Die subtile Formgebung beim *Wagenlenker*, die Feinnervigkeit seiner stark ausgeprägten Hände und Füße wären bei einer hoch oben in einem Giebelfeld befindlichen Statue gänzlich verloren gegangen. So war der heroisch große *Apoll*, der als Giebelfigur ursprünglich etwa 15 m über der Erde auf dem Zeus-Tempel in Olympia stand, unter frontaler Ansicht aus großer Entfernung konzipiert worden ▸4.42. Die Geste ist kühn, die Kopfdrehung emphatisch, und der Körper wird von breiten, ebenen Flächen eingeschlossen. Durch seine epiphaniehafte Erscheinung im Zentrum des Giebelfeldes, wo er einen Kampf zwischen betrunkenen Kentauren und Lapithen (Angehörigen eines mythologischen Stammes in Thessalien) entscheidet, symbolisiert dieser Apoll sinnfällig die göttliche Ordnung, den Triumph des Lichts über die Finsternis und den der Kultur über die Barbarei. Dieser Sieg wird durch seine strahlende Gegenwart versinnbildlicht, die perfekte Verkörperung des griechischen Ideals körperlicher Schönheit in ihrer einfachsten und strengsten Form. Die Figur besitzt die sublime Unerschütterlichkeit, die ferne Abgeschiedenheit und Selbstsicherheit, die wir mit der Vorstellung des Olympischen verbinden. Ihre Idealität lässt Pausanias' Deutung der Figur aus dem 2. Jahrhundert n. Chr., derzufolge es sich um die Gestalt des Peirithoos handle, in Vergessenheit geraten.

Dennoch trägt der ›Apoll‹ von Olympia Spuren einer archaischen Härte der Form in sich, die bei den in einem Abstand von nur wenig mehr als zwei Jahrzehnten später für den Parthenon in Athen gemeißelten Skulpturen getilgt wurde. Von diesen stehen noch einige an ihrem Ort, doch die meisten hat der Earl of Elgin im Jahre 1799 entfernt und 1816 dem

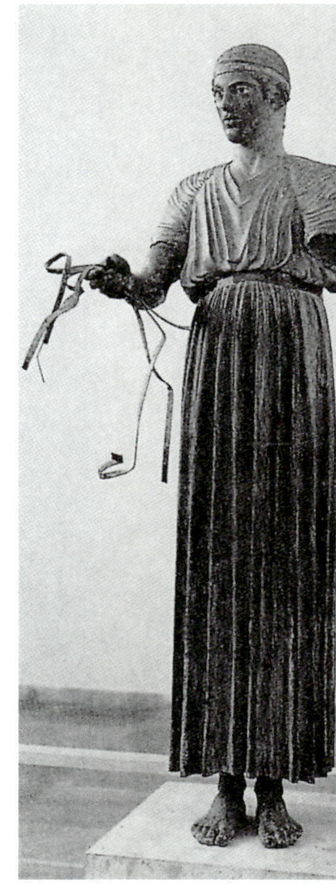

4.38 *Wagenlenker,* aus dem Apollon-Heiligtum, Delphi, um 478 oder 474 v. Chr., Bronze, lebensgroß. Archäologisches Museum, Delphi.

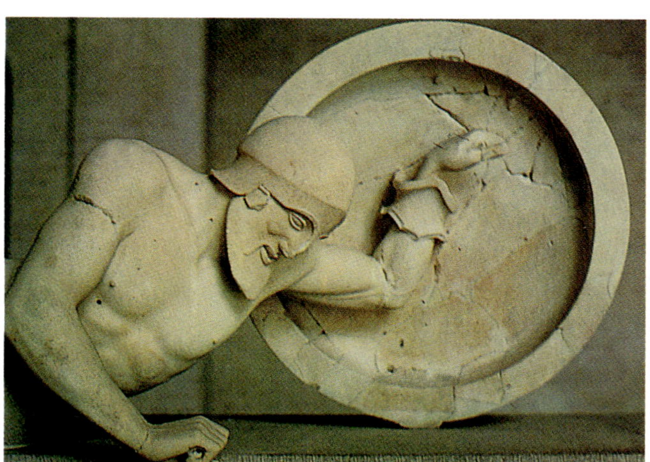

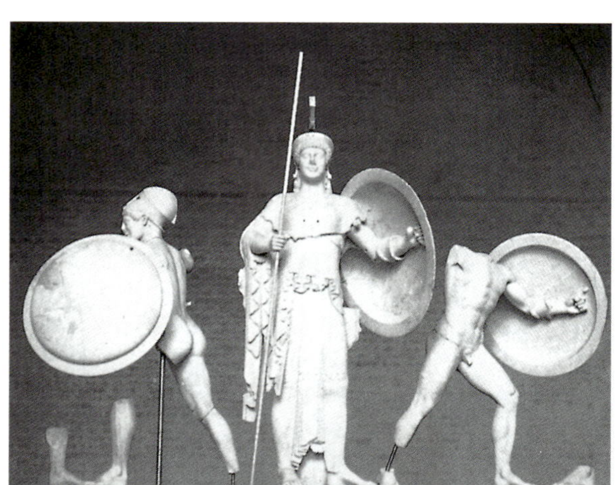

4.39 *Gefallener Krieger,* aus dem Ostgiebel des Aphaia-Tempels, Ägina, frühes 5. Jh. v. Chr., Marmor, Länge 159 cm. Glyptothek, München.

4.40 Westgiebel des Aphaia-Tempels von Ägina, kurz vor 500 v. Chr., Marmor. Glyptothek, München.

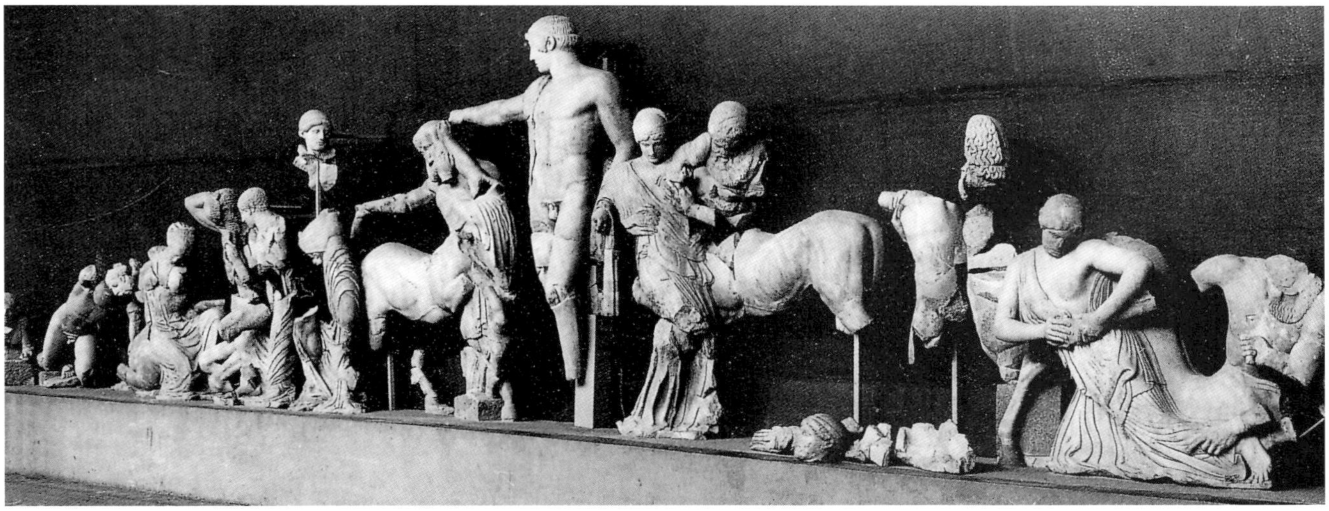

.41 Westgiebel des Zeus-Tempels von Olympia, 68–460 v. Chr., Marmor, Breite ca. 27,7 m. Archäologisches Museum, Olympia.

British Museum verkauft. Diese Werkgruppe umfasst die freistehenden Statuen aus den Giebelfeldern ▸ 4.28; 47; 48, Metopen im Hochrelief ▸ 4.29 sowie einen langen, im Flachrelief gehaltenen Fries von der Außenwand der Cella. Sie führt die Meisterschaft vor Augen, die die attischen Bildhauer in allen drei Gattungen der Skulptur erreicht haben. Es ist in der Forschung umstritten, ob sie in Entwurf und Ausführung auf eine einzelne Künstlerpersönlichkeit zurückgehen können. Das erkennbare stilistische Spektrum und der Umfang des Projektes lassen es zweifelhaft erscheinen, dass PHIDIAS' künstlerische Auffassung sich allein durchgesetzt haben soll. Gerade in den Metopen, wo Lapithen gegen Kentauren, Götter gegen Giganten, Griechen gegen Amazonen kämpfen, sind Stilelemente des ›Strengen Stils‹ neben denen der Klassik anzutreffen.

Der Fries stellt den großen Zug der panathenäischen Festspiele dar, das wichtigste religiöse Fest der Athener, das im Juli jedes vierten Jahres mit einer großen Prozession von der Stadt zum Parthenon begangen wurde. Bei einer ursprünglichen Länge von 160 m (von der etwa ein Fünftel zerstört ist) umfasst der Fries Hunderte von Figuren, die gleichsam alle in einem großen lebendigen Strom zusammenfließen. (Ein Vergleich mit der nur etwas früheren, im Flachrelief gehaltenen Prozessionsdarstellung in Persepolis ist aufschlussreich, s. S. 106). Auf der gesamten Länge des Frieses gleicht keine Figur der anderen. Nach einem ruhigen Beginn an der westlichen Gebäudeecke, der Männer zeigt, die sich für den Aufbruch vorbereiten, entsteht entlang der Seitenwände eine größere, sich zu Crescendos steigernde Bewegung, gefolgt von einem langsamen, feierlichen Finale oberhalb des östlichen Eingangs ▸ 4.43. Unter ihnen fallen junge Athener ins Auge, die die von ihnen gerittenen feurigen Pferde vollendet beherrschen und an die Verse aus dem ›Ödipus auf Kolonos‹ von Sophokles erinnern:

*»Aufblitzet jedes Zaumzeug*
*Und jeder lässt die Pferdezügel locker, als vorwärts*
*Drängt die ganze Truppe, Diener der Athene,*
*Herrin der Pferde.«*

Die technischen Probleme, welche mit der naturalistischen Wiedergabe von Menschen und Tieren verbunden waren, die sich auf einer flachen Bühne bewegen, sind glänzend gemeistert. Überschneidungen wurden virtuos dazu benutzt, Tiefenräumlichkeit anzudeuten. Den Blickwinkel des Betrachters, der von der Kolonnade hochschaut, hat man berücksichtigt,

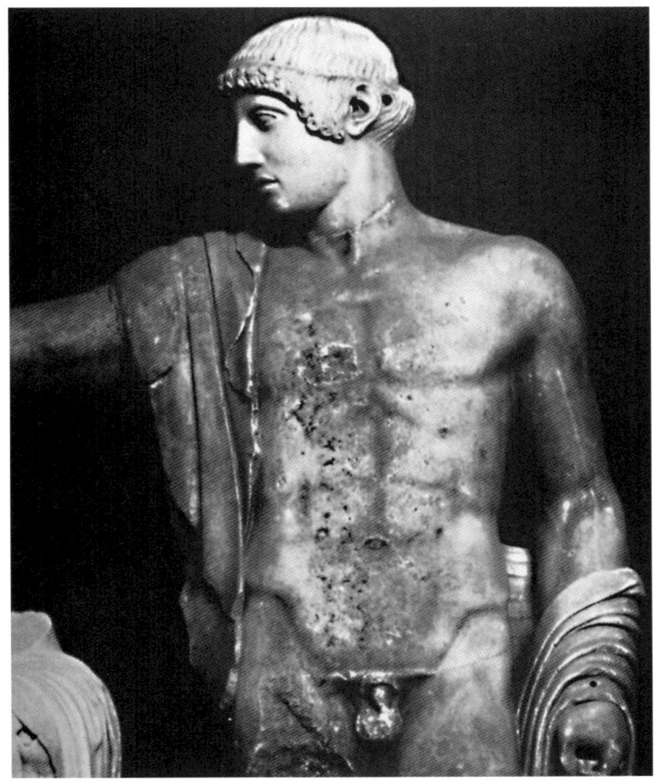

4.42 *Apoll*, vom Zeus-Tempel von Olympia, Detail aus ▸ 4.41.

4.43 Parthenon-Fries (Detail), 447–432 v. Chr., Marmor, Höhe 109,2 cm. British Museum, London.

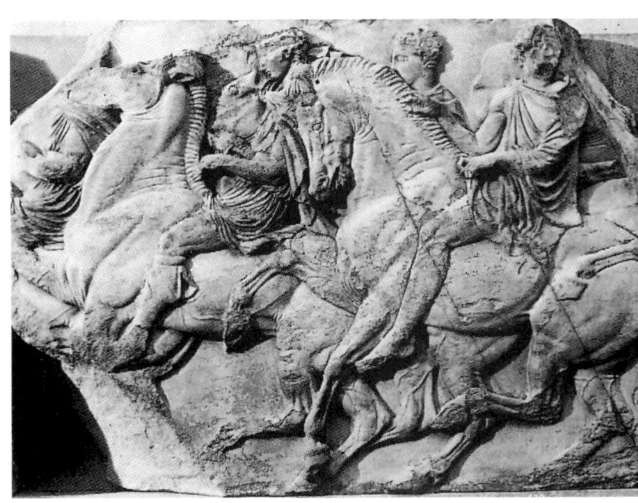

# *Der Wagenlenker von Delphi*
# Religion und Sport im alten Griechenland

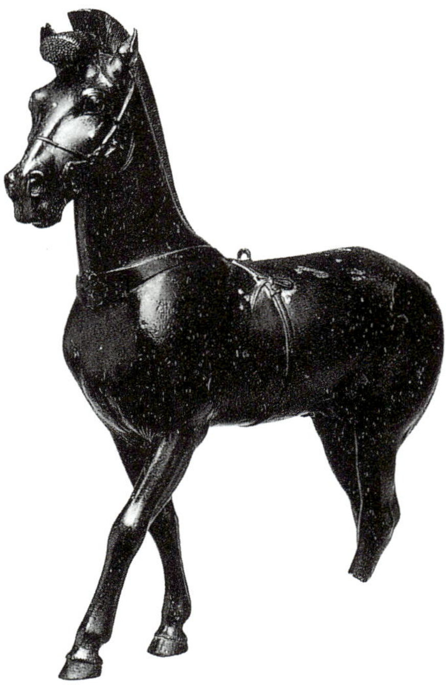

4.44 *Statuette eines Pferdes*, aus Olympia, 470–460 v. Chr. Bronze, Höhe 23 cm. Nationalmuseum, Athen.

Die lebensgroße Bronzefigur ▸4.38 entstand für das Apollonheiligtum in Delphi, eine der bedeutendsten Kultstätten des Alten Griechenland, die als Mittelpunkt der Welt galt. Ihre Lage auf dem steilen Südwesthang des Parnass mit nackten Felsen im Rücken und einer Schwindel erregenden Aussicht hinunter zum 600 m tiefer gelegenen Golf von Korinth gebietet auch heute noch Ehrfurcht. Auf dem Haupttempel (von dem nur wenige Überreste erhalten sind) waren die berühmten Sinnsprüche angebracht, die Vernunftglauben und Mäßigungsdenken der alten Griechen auf den Punkt brachten: ›Erkenne dich selbst‹ und ›Nichts im Übermaß‹ – ›sei dir deiner Sterblichkeit bewusst und übernimm dich nicht‹. Doch Delphi war auch berühmt für sein Orakel, das eine ganz andere Seite des griechischen Geistes widerspiegelt: das Bewusstsein des Irrationalen und die Anerkennung seiner Macht. Gegen eine Gebühr, eine angemessene Opfergabe und eine rituelle Waschung nahm ein Medium namens Pythia – die einzige Frau, die zum Heiligtum zugelassen wurde – auf einem Dreifuß über einer dampfenden Erdspalte Platz und schrie in einem Zustand schamanistischer Ekstase seine unzusammenhängenden, göttlich inspirierten Äußerungen in Erwiderung der Gebete derer hinaus, die das Orakel befragten.

Die Pythischen Spiele waren nach ihr benannt: den Olympischen Spielen ähnliche sportliche Wettkämpfe, die ab der ersten Hälfte des 6. Jahrhunderts v. Chr. neben musikalischen Wettbewerben bei regelmäßigen Festspielen zu Ehren Apollons in Delphi abgehalten wurden. Die Festspiele waren ein Magnet für Begeisterte aus der gesamten griechischen Welt, von der Küste Kleinasiens bis nach Sizilien und Süditalien, zum Teil weil sie an den Wetteifer appellierten, der – insbesondere im Drama, der Rhetorik, der Poesie und der Musik sowie in Sport und Spiel – geradezu ein Wesenszug der antiken griechischen Welt war, aber auch wegen ihrer religiösen Bedeutung, deren genauer Charakter sich späteren Zivilisationen nie ganz erschlossen hat. Die einzigen Preise, die vergeben wurden, waren Apollon geweihte Kränze aus Lorbeerblättern. Doch die Sieger gewannen auch öffentliches Ansehen (kudos), für das sie sich wiederum durch Schenkungen an das Heiligtum revanchierten. Der *Wagenlenker* war eine solche Schenkung, Neuzugang einer bereits umfangreichen und in der Folge sich ständig erweiternden Sammlung von Objekten aus Gold, Silber, Elfenbein, Bronze und Terrakotta, die jedoch später fast ausnahmslos zerstört oder ihrer wertvollen Materialien wegen auseinander genommen wurden. Der *Wagenlenker* blieb nur durch Zufall erhalten. Er wurde unter herabgestürztem Felsgestein begraben und erst 1896 entdeckt.

Ursprünglich stand er in einem kleinen vierspännigen Rennwagen mit zwei Rädern, wobei die Pferde (wie erhaltene Fragmente verraten) im Stehen dargestellt waren. Solche Wagen finden wir oft auf Vasen dargestellt ▸4.45, und die Pferde ähnelten vermutlich jenem, das uns eine Bronzestatuette aus Olympia zeigt ▸4.44. Dem *Wagenlenker* sind die Peitsche, der linke Unterarm, die Kupferintarsien auf den Lippen und der Großteil der silbernen Augenwimpern (wie die des *Kriegers von Riace*, ▸4.54) abhanden gekommen, und von einem eingelegten silbernen Mäander auf seinem Stirnband sind lediglich Spuren zu erkennen. Im Übrigen aber ist die Figur bemerkenswert gut erhalten.

Der *Wagenlenker* ist, wie wir gesehen haben (S. 134), ein Kunstwerk allerhöchsten Ranges, nicht weniger beachtlich aber ist er als ein Meisterstück des → Wachsausschmelzverfahrens, einer alten Technik des Bronzegusses. Für den Guss der Figur wurden sieben getrennte Hohlformen verwendet: für den Kopf, die beiden Arme, den Teil des Gewandes über dem Gürtel und den Teil darunter sowie für die beiden Fußgelenke und Füße. Das ursprüngliche Modell war möglicherweise aus Ton mit einem Metallmantel oder aus Holz: Die Ausführung des Faltenwurfs und andere Merkmale deuten auf Holz hin. Nachdem sämtliche Teile mit Erfolg gegossen waren, wurden sie verlötet. Es ist nicht bekannt, wo der *Wagenlenker* entstanden ist. Athen war eines der wichtigsten Zentren der Bronzeverarbeitung, und eine Malerei auf einer attischen Trinkschale aus der ersten Hälfte des 5. Jahrhunderts v. Chr. zeigt eine Bildhauerwerkstatt, in der Statuen nach dem beim *Wagenlenker* angewandten Verfahren gegossen werden ▸4.46. Bronze wurde jedoch auch in anderen Teilen Griechenlands, Klein-

4.45 Amphore, zweite Hälfte 6. Jh. v. Chr., Höhe 41,9 cm. Staatliche Antikensammlungen, München.

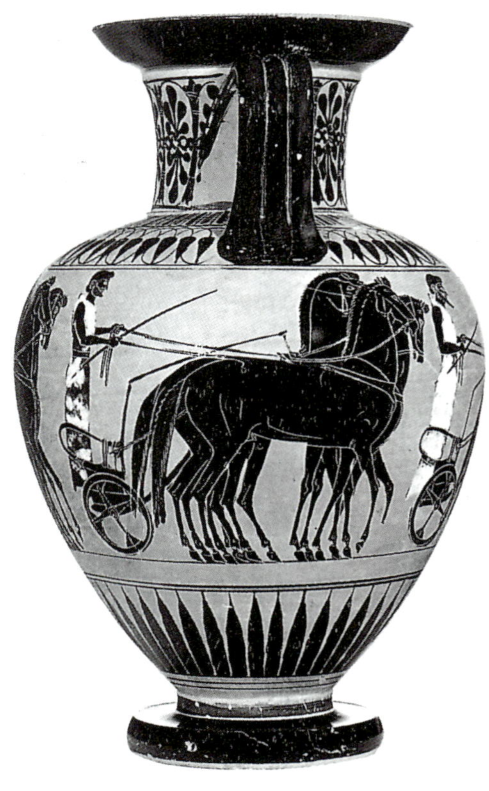

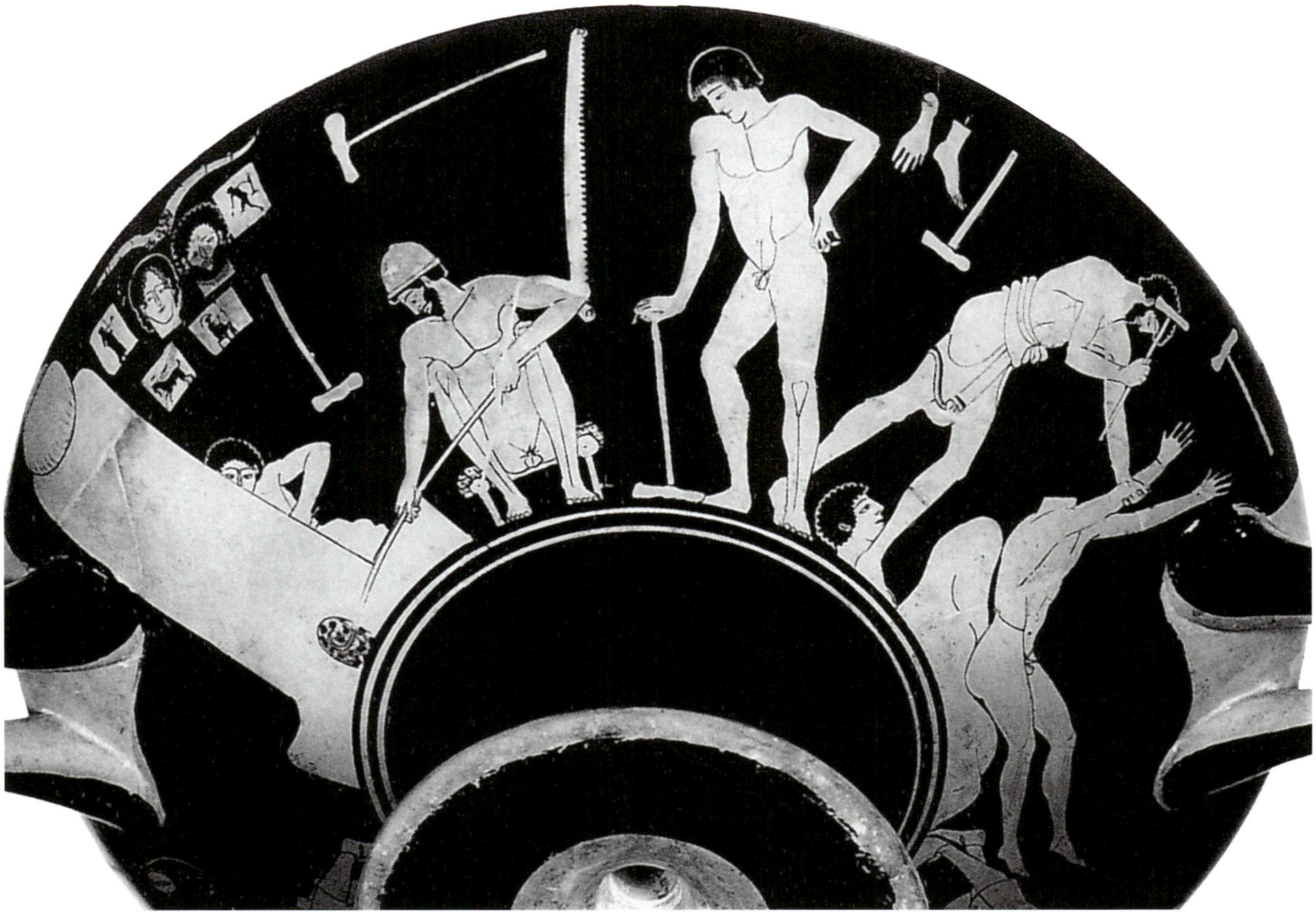

4.46 Schale aus Vulci, frühes 5. Jh. v. Chr., Durchmesser 40,2 cm. Antikensammlung, Berlin.

asiens, Italiens (von Etruskern wie von Griechen) und Siziliens gegossen.

Ein Rennwagen mit Fahrer und Pferdegespann dürfte heutzutage eher wie ein weltliches, nichtreligiöses Sujet anmuten. Im alten Delphi jedoch wäre eine solche Unterscheidung keinem in den Sinn gekommen. Sicherlich war die Zueignung der Skulptur an ein Heiligtum keine geringere religiöse Handlung als ein Stieropfer. Die Tatsache, dass es sich um ein sehr kostspieliges Objekt handelte, machte die Schenkung für die Priester Apollons zweifellos besonders willkommen. Für Privatpersonen wäre das Werk unerschwinglich gewesen, ja diese konnten sich nicht einmal die Teilnahme an Wagenrennen leisten. Aus einer Inschrift geht hervor, dass der Schenker »Polyzalos, Tyrann von Gela« (478 bis ca. 470 v. Chr.) war, dessen Gespann daher entweder 478 oder 474 v. Chr. das Wagenrennen bei den alle vier Jahre stattfindenden Festspielen gewonnen haben muss. Gela war eine kleine, aber landwirtschaftlich prosperierende griechische Kolonie an der Südküste Siziliens unweit von Syrakus, und Polyzalos war erst kurz zuvor ihr Tyrann geworden – ein Wort, das damals einfach einen Herrscher bezeichnete, der aus eigener Kraft die Macht erlangt hatte und nicht, wie ein König kraft Geburt. Tyrannen stürzten häufig Aristokratien und traten für das einfache Volk ein, wodurch sie mancherorts ungewollt der Demokratie den Weg bereiteten, so etwa in Athen und für kurze Zeit in Syrakus. Auf Sizilien waren manche von ihnen großzügige Förderer der Dichtung und der Künste. Der große Tragiker Aischylos verbrachte mehrere Jahre am Hofe des Hieros, des Tyrannen von Syrakus und Bruders des Polyzalos. Pindar verfasste eine Ode, mit der er Hiero zum Sieg seines Gespanns bei einem anderen Wagenrennen in Delphi beglückwünschte.

Polyzalos war der Besitzer des Gespanns, nicht der Fahrer. Der Wagenlenker war sein Untertan oder Diener, vielleicht sein Sklave. Er ist für das Rennen in eine Tunika gekleidet, die in der Taille durch einen eng geschnallten Gürtel und an den Schultern durch unter die Achselhöhlen hindurch geführte Schnüre zusammengehalten wird, um zu verhindern, dass sie sich im Wind aufbauscht. Torso und Gliedmaßen sind auf diese Weise völlig bedeckt, was den Wagenlenker klar trennt von den Kouroi ▸4.10; 11, deren nackte Körper ein Ideal jugendlicher Schönheit vor Augen führen. Männliche Figuren waren in der griechischen Kunst dieser Periode selten bekleidet, selbst in der Ausübung einer Tätigkeit, bei der bestimmte Kleidung durchaus sinnvoll war und im Normalfall wohl auch getragen wurde – wie etwa bei der zentralen Figur in der Bildhauerwerkstatt ▸4.46. Die Bekleidung dürfte den Wagenlenker den Reihen der übrigen Haussklaven des Tyrannen zuordnen, die in der Regel weiblich waren und daher nahezu immer voll bekleidet dargestellt wurden. Doch zeugen der Kopf mit den fast zu regelmäßigen Zügen und dem perfekten griechischen Profil ▸4.37 sowie die erstaunlich grazilen Füße und die erhaltene Hand von einer gewissen Idealisierung. Polyzalos wäre es sicherlich nicht würdig gewesen, Apollo etwas Geringeres als Vollblutpferde und einen gleichermaßen schönen Wagenlenker darzubringen.

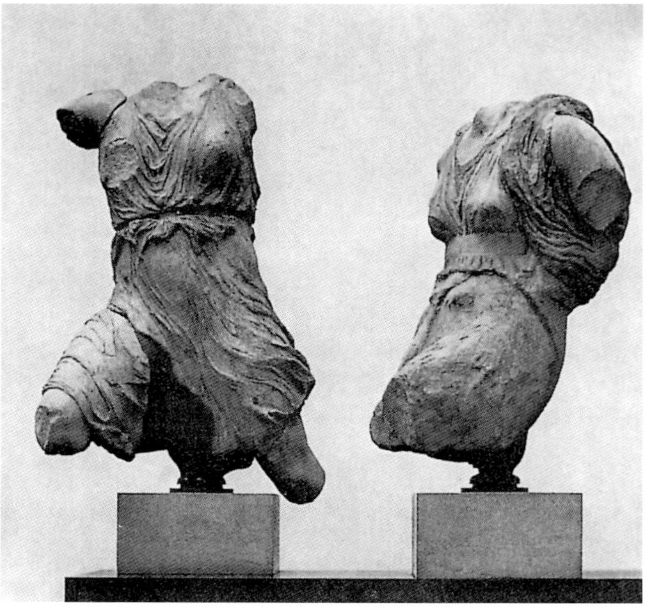

4.47 *Iris und Amphitrite*, aus dem Westgiebel des Parthenon, um 437–432 v. Chr., Marmor, Höhe 125 cm. British Museum, London.

indem etwa die Köpfe in einem höheren Relief als die Füße erscheinen und sich die Hintergründe nach innen neigen.

Auch die beeindruckenden Figuren der Giebel wurden in ähnlicher Weise für einen von unten kommenden Blick gestaltet. Der Faltenwurf wurde zum integralen Bestandteil des plastischen Ausdrucks ▸4.48. Während der über die Schulter und um den linken Unterarm des *Apoll* von Olympia drapierte Umhang so aussieht, als sei er ›flach gebügelt‹, sind die Draperien der Parthenon-Skulpturen in hohen Stegen und tiefen Furchen gemeißelt. Das ›zerklüftelte‹ Relief ergibt starke Kontraste von Licht und Schatten. Diese wie feine Gaze aussehende Faltenwürfe müssen den Giebeln eine flimmernde Lebendigkeit verliehen haben. Die darunter liegenden Körperformen blieben trotz der stofflichen Fülle sichtbar. In der Gruppe der *Parzen* wird die weiche Fülle der Brüste durch sanft wirbelnde Linien betont, die feste Rundung der Arme durch quer darüber liegendes enges Gekräusel und das Robuste der Schenkel durch die breiten Diagonalen aus tieferen Falten. Manchmal beschreiben die konzentrischen Linien die Körperformen fast mit der Präzision eines volumetrischen Diagramms. Die griechischen Bildhauer erkannten nun auch, dass der zur Körperrichtung gegenläufige Faltenwurf sowohl auf Bewegung als auch auf Form hinweisen konnte. Der Torso der *Iris* vom Parthenon ist dafür ein frühes Beispiel, doch eine etwas spätere Statue der *Nike* in Olympia veranschaulicht die rasch erworbene Meisterschaft in dieser Technik besser ▸4.49. Man sieht die fliegende Siegesgöttin mit einem hinter ihr herwirbelnden Kleid und der Faltenwurf wird ihrer Vorderseite derart eng aufgedrückt, dass die bekleideten Körperteile voller und runder erscheinen als die unbedeckten.

## Naturalismus und Idealisierung

Die Verwendung modellierender Linien war nicht nur ein vorübergehend angewandter Kunstgriff, sondern kennzeichnet einen Wendepunkt in der Geschichte der europäischen Skulptur, vergleichbar mit der perspektivischen Verkürzung bei der zweidimensionalen Kunst. Aus dem Versuch, Marmor und Bronze den Anschein des Lebendigen zu verleihen, war eine neue Einstellung gegenüber der Statue entstanden, nämlich statt eines Duplikats des Darzustellenden dessen visuelles Äquivalent zu schaffen. Von Sokrates (399 v. Chr. gestorben) wird berichtet, dass er über Statuen sagte, »die Eigenschaft, lebendig zu scheinen, hat die stärkste Anziehungskraft«. Aber kurz vor Mitte des 4. Jahrhunderts v. Chr. verurteilte sein Schüler Plato (427?–347 v. Chr.) die weitere, auf mehr Naturalismus gerichtete Entwicklung, indem er zwischen der Kunst, eine Ähnlichkeit zu schaffen, und »der Kunst, einen Anschein zu erwecken«, einen Unterschied machte und der ersteren konservativ den Vorzug gab. »Die heutigen Künstler scheren sich nicht um die Wahrheit«, beklagte er; »sie nehmen keine Proportionen in ihre Bilder auf, die wirklich schön sind, sondern solche, die schön zu sein scheinen.« An einer anderen Stelle lobte er die Ägypter, die den Malern und Bildhauern nicht gestatteten, »Neuerungen durchzuführen oder andere als die traditionellen Formen zu schaffen«.

Die *Nike* in Olympia hat PAEONIUS VON MENDE geschaffen, aber er scheint von seinen Zeitgenossen nicht gerade hoch geschätzt worden zu sein. Sie gehört jedoch zu den raren Statuen aus dem 5. Jahrhundert v. Chr., deren Bildhauer bekannt sind. Die Arbeiten der berühmteren Künstler kennen wir nur aus Beschreibungen. So ist es schwierig, sich das Erscheinungsbild von PHIDIAS' *Athene*, vgl. ▸4.19, und seines noch berühmteren *Zeus* in Olympia überhaupt vorzustellen mit einer Höhe von etwa 12 m, aus Elfenbein, Gold und farbigem Glas sowie mit viel kunstvoll gearbeitetem figürlichen Relief an

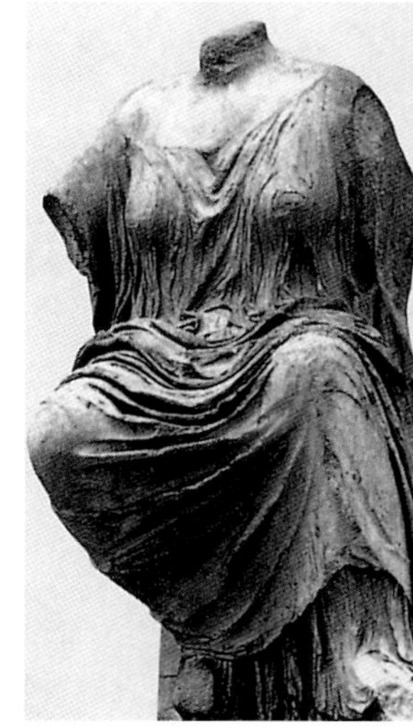

4.48 *Parze*, vom Ostgiebel des Parthenon, um 438–431 v. Chr., Marmor, überlebensgroß. British Museum, London.

4.49 PAEONIUS VON MENDE, *Nike*, aus Olympia, um 420 v. Chr., Höhe mit Sockel 216 cm. Archäologisches Museum, Olympia.

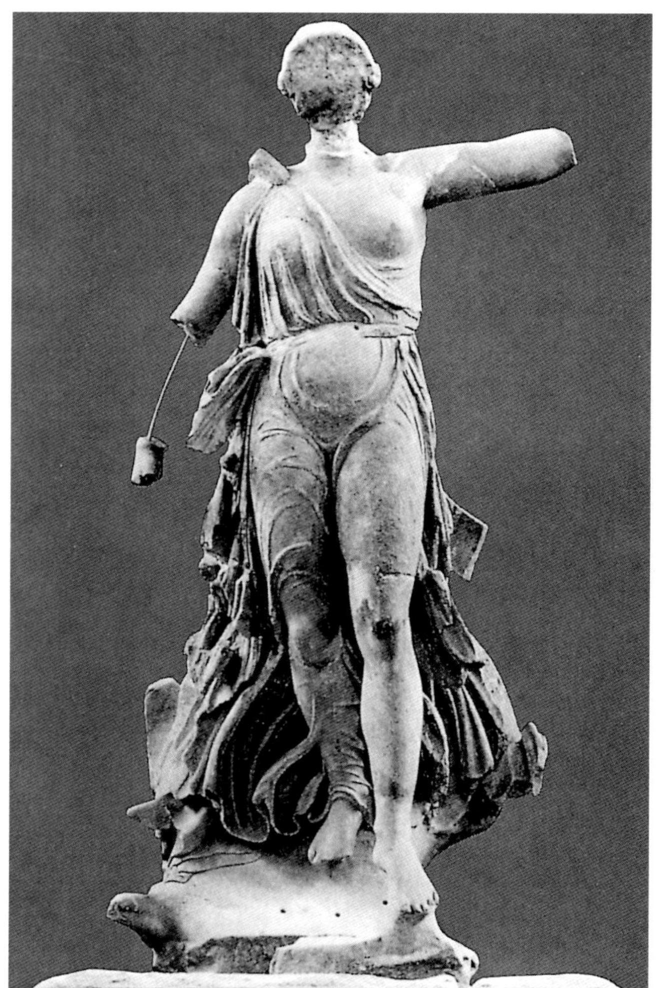

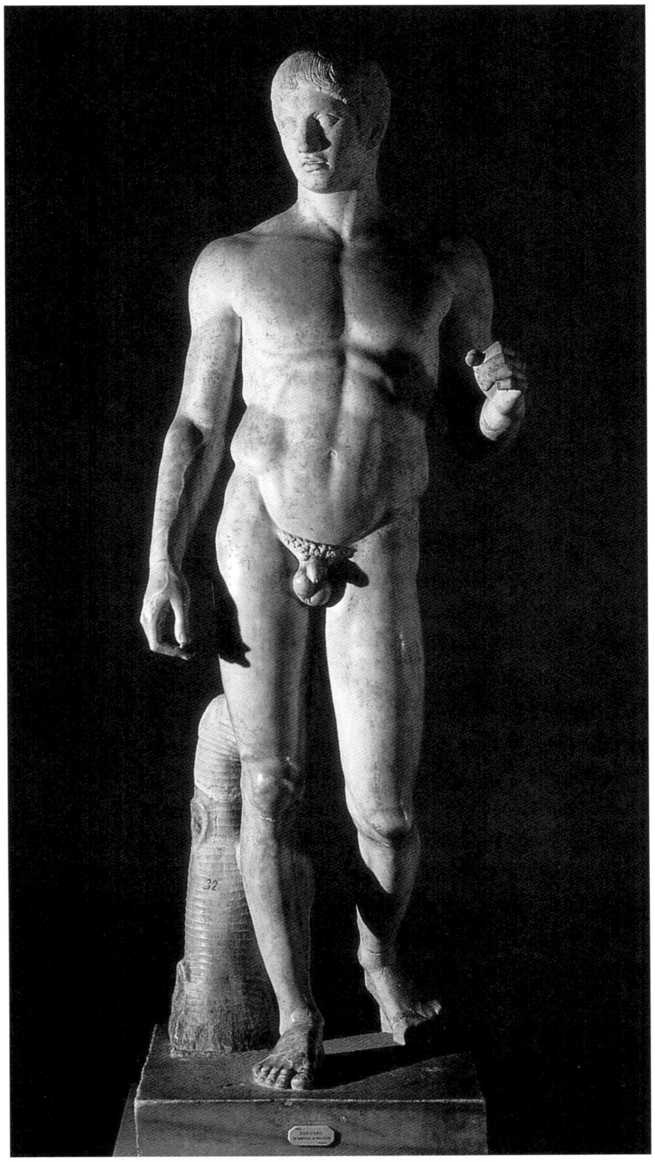

4.50 *Doryphoros*, Kopie aus der römischen Kaiserzeit, Marmor, Höhe 198 cm. Museo Archeologico Nazionale, Neapel.

Thron, Schild und Gewand. Allerdings konnten Kopien von Statuen anderer Bildhauer des 5. und 4. Jahrhunderts v. Chr. aufgrund antiker Beschreibungen identifiziert werden, insbesondere aufgrund des frühesten Verzeichnisses griechischer Kunst, das Plinius der Ältere (der 79 n. Chr. starb) einem Werk zur Naturgeschichte als Anhang beifügte, und eines faszinierenden Führers durch Griechenland, den Pausanias im 2. Jahrhundert n. Chr. schrieb. Diese Kopien entstanden zwischen dem 1. Jahrhundert v. Chr. und dem 3. Jahrhundert n. Chr. hauptsächlich für römische Auftraggeber, wobei der jeweilige Zeitstil die Nachbildung beeinflusste. Viele Kopien sind Marmorfassungen bronzener Statuen. Zwar haben einige beträchtlichen künstlerischen Wert, doch geben sie oft kaum mehr als einen oberflächlichen Eindruck der Originale wieder. Aufgabe der Kopienkritik ist es daher, den Zeitstil des Kopisten vom Vorbild zu trennen und so das Aussehen des Originals zu rekonstruieren.

Von einem verloren gegangenen *Discobol* (Diskuswerfer) des MYRON, der Mitte des 5. Jahrhunderts v. Chr. gearbeitet haben soll, sind mehrere römische Repliken erhalten ▸4.51. Die Unterschiede zwischen ihnen, etwa bei der Wiedergabe der Muskeln oder Rippen, zeigen, wie weit sie möglicherweise alle vom Original abweichen. Dennoch offenbaren sie, dass die Statue MYRONS – als Bronze und ohne den Baumstumpf, der die Figur stützt und die Wirkung der Marmorkopien beeinträchtigt – ein herausragendes Beispiel für die rhythmische Kompositionsweise der Griechen ist, in der die Summe der Bewegungsrichtungen ausbalanciert war. Ruhe und Bewegung befinden sich in einem Zustand der Ausgeglichenheit. Geht man von der Praxis des Diskuswerfens aus, so entspricht die Körperhaltung nicht derjenigen, die ein Diskuswerfer einnehmen würde. Dennoch werden dem Auge die sich hineinwie herauswindende Drehung des Körpers als auch die Flugbahn des Diskus suggeriert. Selten hat man Bewegung – oder besser: die Vorstellung von Bewegung – mit statischen Mitteln treffender zum Ausdruck gebracht als hier. Mit farbigen Augen und in glänzend polierter Bronze muss die Originalstatue fast erschreckend lebendig ausgesehen haben, insbesondere wenn man sie neben den üblicheren Statuentypen aufrecht stehender Athleten erblickte. MYRON war im Altertum für seinen Naturalismus berühmt und nicht weniger als 36 erhaltene griechische Epigramme sind dem Thema seiner täuschend lebensechten Bronzestatue einer Kuh gewidmet (von der es keine Kopie gibt).

Auch die Statuen des POLYKLET aus Argos, der zwischen 452 und 417 v. Chr. arbeitete, kennt man nur von römischen Marmorkopien unterschiedlicher Güte nach den bronzenen Originalen. Die berühmteste ist der *Doryphoros*, der Speerträger ▸4.50. Hier ist der griechische Kontrapost, die ideale Ver-

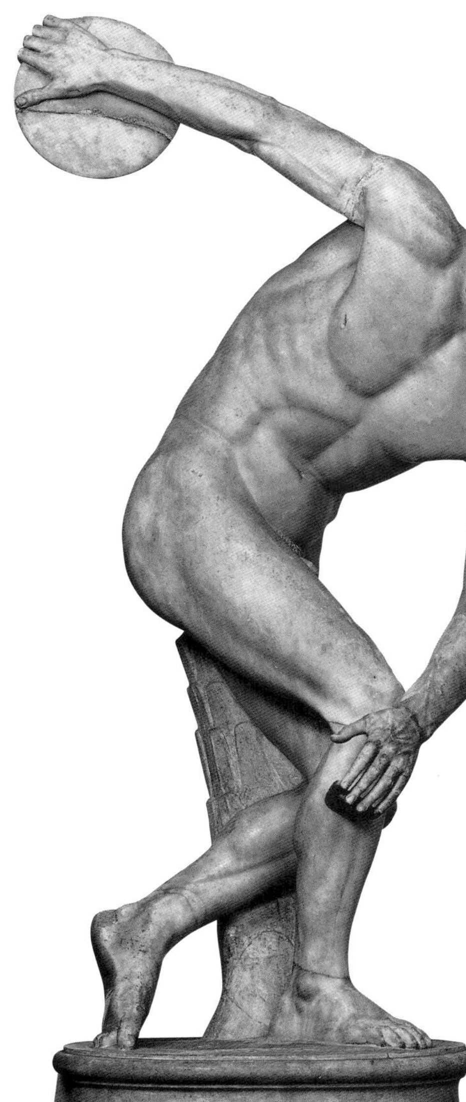

4.51 *Discobol*, Kopie aus der römischen Kaiserzeit, Marmor, Höhe 152,4 cm. Museo Nazionale Romano, Rom.

KONZEPTE

# Das Ideal: Idealismus, Proportion und der ›Kanon‹

Als künstlerischer Begriff basiert das ›Ideal‹ auf dem Glauben, dass Bildhauer und Maler alltägliche Erscheinungen durch Idealisierung überhöhen können, indem sie nur die besten Modelle auswählen und alle Makel korrigieren. Das Bedürfnis, Bilder körperlicher Vollkommenheit zu schaffen, entstand in Griechenland im 5. Jahrhundert v. Chr. Künstler suchten nach menschlichen Formen, die ihrer Vorstellung von Schönheit entsprachen: sexuell und gesellschaftlich zwar gebunden, doch zugleich mit ethischen Qualitäten ausgestattet. In diesem geistigen Klima entwickelte Platon seine metaphysische Theorie der ›Ideen‹ als Universalien oder Abstraktionen, die in einem Reich zeitloser Wesenheiten existieren und sich grundsätzlich von allem unterscheiden, was als Beispiel für sie dienen könnte. Er vertrat die Auffassung, dass alle wahrnehmbaren Gegenstände unvollkommene, den nicht wahrnehmbaren und nur mittels der Vernunft zu begreifenden Ideen angenäherte Kopien sind. Alle sichtbaren Bilder waren für ihn entsprechend nur Kopien von Kopien. Folglich seien Bildwerke umso trügerischer und schädlicher, je genauer sie visuelle Erscheinungen imitierten. Daher verbannte Platon alle mimetischen Künste, einschließlich der Lyrik, aus seiner *Republik*. Da jedoch sein Denken die Möglichkeit, dass Künstler intuitiv hinter die sinnlichen Erscheinungen zu blicken vermögen, nicht grundsätzlich in Frage stellt, beeinflusste sein Begriff des ›Ideals‹ die Kunsttheorie in Europa nachhaltig. In der Praxis hingegen hatte der bodenständigere Idealisierungsprozess, der in der griechischen und lateinischen Literatur beschrieben wird, größere Auswirkungen.

Von Xenophon wissen wir, was Sokrates dem Maler PARRHASIUS gesagt haben soll: »*Wenn man einen Menschen malen will, ist es nicht leicht, ein Modell zu finden, das in allen Punkten vollkommen ist. Daher muss man jeweils die besten Merkmale verschiedener Modelle miteinander kombinieren und so den Anschein vollkommen schöner Körper vermitteln.*« Wesentlich später berichtete Cicero (106–44 v. Chr.), der diese Episoden vermutlich einer griechischen Quelle entnommen hat, dass der Maler ZEUXIS im 5. Jahrhundert fünf junge Frauen als Modelle für ein Bild der Helena verwendet habe, »*denn er glaubte nicht, dass es möglich sei, in einem Körper all jene Aspekte zu finden, nach denen er bei der Schönheit suchte, denn die Natur hat keinen Gegenstand in all seinen Teilen vollkommen gemacht*«. Freilich wurde der Idealisierungsdrang durch die Erfordernis nach Naturwahrheit eingeschränkt, und es ist bezeichnend, dass dieselben beiden Künstler auch für ihre illusionistischen Fertigkeiten gerühmt wurden. Laut Plinius dem Älteren, der Zugang zu griechischen Quellen hatte, die uns heute nicht mehr zur Verfügung stehen, »malte Zeuxis einige Weintrauben so täuschend echt, dass Vögel von ihnen angezogen wurden«, und PARRHASIUS »malte einen Schleier so naturgetreu«, dass ZEUXIS ihn bat, ihn beiseite zu ziehen.

Doch das Ideal ließ sich nicht einfach durch eine Art phantombildhafter Kombination von Merkmalen darstellen, wie sorgfältig auch immer diese ausgewählt sein mochten. Die proportionalen Verhältnisse, von den Griechen ›symmetria‹ genannt, waren vor allem in der Skulptur von grundlegender Bedeutung. Der Bildhauer POLYKLET verfasste im 5. Jahrhundert eine Abhandlung zu diesem Thema und schuf zu Illustrationszwecken eine Statue, die heute nur noch durch spätere Kopien bekannt ist ▸4.50. Der Aufsatz oder ›Kanon‹, das griechische Wort bedeutet Regel oder Gesetz, ist verloren gegangen, aber der römische Arzt Galen (Claudius Galenus 129–199 n. Chr.) schrieb, dass diesem Kanon zufolge die Schönheit oder Vollkommenheit der menschlichen Figur »*nicht auf dem ausgewogenen Verhältnis oder der* symmetria *ihrer Grundelemente beruht, sondern auf dem ausgewogenen Verhältnis der Teile zueinander, etwa dem zwischen den einzelnen Fingern, dem der Finger insgesamt zur Handfläche und zum Handgelenk, deren Verhältnis zum Unterarm, dessen Verhältnis zum Oberarm, kurzum, dem Verhältnis von allem zu allem anderen*«. Zur Darstellung dieser Verhältnisse musste eine Statue zwangsläufig nackt sein und im Griechenland des 5. Jahrhunderts überdies männlich. Sie konnte auch kosmische Bedeutung haben – »der Mensch als Maßstab aller Dinge«, in den häufig zitierten Worten des stoischen Philosophen Protagoras (etwa 480–410 v. Chr.). POLYKLETS Satz »Vollkommenheit basiert auf der genauen Berechnung vieler Zahlen« deutet auf den Einfluss der pythagoreischen Philosophen hin, die eine Theorie der kosmischen Proportionen entwickelten, welche sich aus der Entdeckung des Zusammenhangs zwischen der messbaren Länge der Akkorde einer Lyra und der hörbaren Harmonie ableiteten.

Die idealisierten Statuen, die im antiken Griechenland modelliert und gemeißelt, im Römischen Reich viel kopiert und im Italien des 15. Jahrhunderts wieder entdeckt wurden, sind fester Bestandteil des westlichen Kunstkanons geworden – um das Wort in einem anderen Sinne zu verwenden. Dieser leitet sich von den kanonischen Büchern der Bibel ab und bezeichnet heute die mutmaßlich wichtigsten Werke der Kunst und Literatur. Doch die Statuen führten auch ein Kriterium der menschlichen Schönheit ein, das auf hinterlistige Weise die Einstellung der Europäer gegenüber sich selbst und anderen prägen sollte und den Glauben an »das ewige Gesetz« förderte, dass »der Erste an Schönheit auch der Erste an Macht« sei, wie es John Keats in *Hyperion* (1818) formulierte.

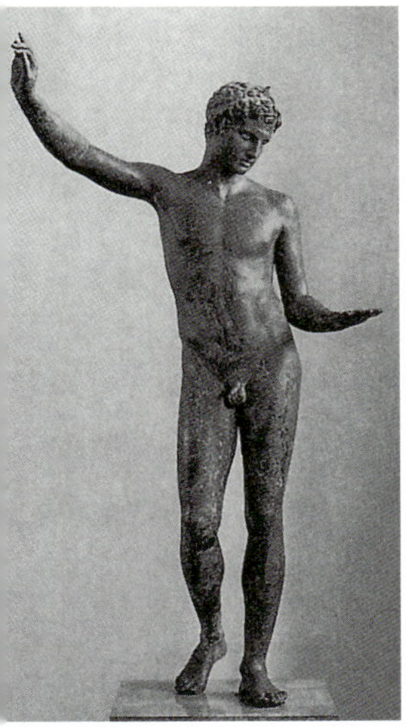

..52 *Knabe,* aus der Bucht von Marathon, um 340–300 v. Chr., Bronze, Höhe 130,2 cm. Nationalmuseum, Athen.

teilung des Lastens über einem Stand- und Spielbein, paradigmatisch verwirklicht. Von dieser Statue wird angenommen, dass sie die Theorien des Bildhauers über die Proportionen des Körpers programmatisch veranschaulichte. Sie wurde in römischer Zeit sehr bedeutsam, als man sie ›den Kanon‹ nannte und ihr eine normative Bedeutung zumaß.

Diese Kopien sind hauptsächlich deshalb interessant, weil sie die Körperkompositionen der Bildhauer des 5. Jahrhunderts überliefern. Kaum etwas zeigen sie von der subtilen Art der Modellierung und von dem erstaunlichen Naturalismus bei der Gesamt- und Detailbearbeitung, die für die sehr wenigen erhaltenen Bronzestatuen aus dieser Zeit charakteristisch sind (von ihnen lässt sich keine mit Sicherheit einem namentlich bekannten Künstler zuordnen). Zwei wurden im Jahre 1972 vor der Küste Süditaliens bei Riace mit dem Schleppnetz aus dem Meer gefischt s. S. 118, ▸4.54. Sie haben Augen aus Knochen und Glasmasse, Wimpern, Lippen und Brustwarzen aus Kupfer sowie bloßliegende Silberzähne. Das Haar ist mit höchster Feinheit wiedergegeben. Dennoch könnte sich der Gesamteindruck kaum stärker von den in gewisser Hinsicht vergleichbaren ägyptischen Figuren unterscheiden ▸2.46. Die griechischen Bildhauer akzeptierten nämlich, dass sich die menschliche Figur nicht einfach – wie ein Abguss eines lebenden Modells – ›reproduzieren‹ lässt: Sie sahen ein, dass man sie nicht nur in Marmor oder Bronze gleichsam zu ›übersetzen‹ brauchte, sondern auch in das Medium der Kunst und in das Spannungsverhältnis, das zwischen Idealisierung und Naturalismus in einem genau austarierten Gleichgewicht zu halten war – dieses sind die kreativen, Leben verleihenden Eigenschaften, die bei den Marmorkopien verloren gegangen sind. Der muskulöse Bronzekrieger von Riace ist eine ideale männliche Figur und zugleich das völlig überzeugende Bild eines Mannes in der Blüte seines Lebens. Eine andere Bronze, die nahe Marathon im Meer gefunden wurde, ist sehr viel später entstanden, und das Gleichgewicht zwischen Idealisierung und Naturalismus ist hier nach dem einen Pol verschoben worden, um die Stimmung träumerisch-jugendlicher Melancholie zu erfassen, die in der griechischen Kunst im 4. Jahrhundert v. Chr. das erste Mal auftritt ▸4.52; 53. Sie entspringt einer Welt, die von der der heroisch extrovertierten Kouroi, der Athleten und der starken Krieger völlig verschieden ist.

Zur Mitte des 4. Jahrhunderts begannen Robustheit und ruhig distanziertes Wesen, die in der klassischen griechischen Skulptur so ausgeprägt gewesen waren, einer stilisierten Formeneleganz zu weichen. Der bedeutendste Bildhauer dieser Zeit war PRAXITELES (Schaffenszeit 375–330 v. Chr.), von dem nur sehr wenig bekannt ist. Die Archäologen der Klassik sind sich uneins, ob die berühmte Statue des *Hermes* in Olympia ein Original seiner Hand ist oder eine sehr gute Kopie ▸4.55. Gewiss besitzt sie das Subtile der weichen Formgebung, das bei den 49 erhaltenen Kopien seiner berühmtesten, für die Stadt Knidos an der kleinasiatischen Küste angefertigten Statue, der *Aphrodite* (die die Römer Venus nannten), auffallenderweise fehlt ▸4.57. Von dem sinnlichen Wert, den Dichter und Schriftsteller der ersten zwei Jahrhunderte n. Chr. vor dem Original spürten, ist über Andeutungen hinaus kaum mehr etwas wahrzunehmen. Sie alle priesen sie als die perfekte, überaus täuschend lebensechte Verkörperung weiblicher Schönheit. Ein Besucher war so überwältigt, dass er auf den Sockel sprang, um sie zu umarmen.

Obwohl es angesichts der unzähligen nackten Männerstatuen erstaunlich sein mag, ist die *Aphrodite von Knidos* die

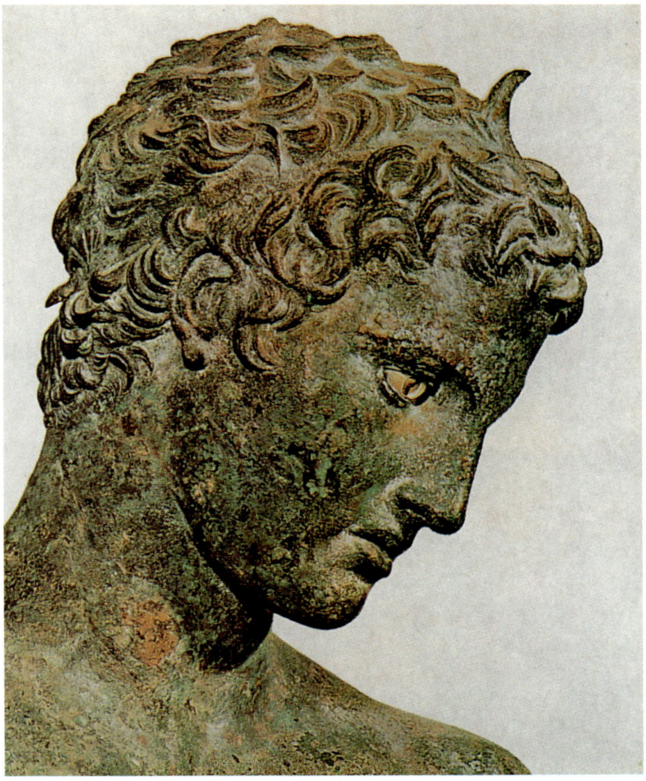

4.53 Knabe, Ausschnitt von ▸4.52.

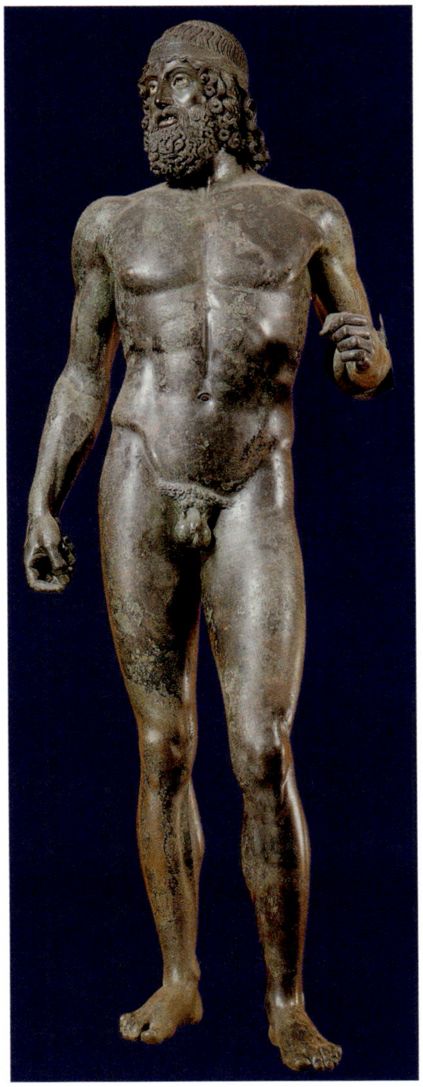

4.54 *Krieger von Riace*, um 450 v. Chr., Bronze, eingelegt mit Elfenbein, Glasmasse, Silber und Kupfer, Höhe 200 cm. Museo Nazionale, Reggio di Calabria, Italien.

erste völlig nackte Frau der griechischen Skulptur des Altertums. (Die literarischen Quellen nennen keine frühere, und der vor dem 4. Jahrhundert v. Chr. vermutete Ursprung zweier Statuen, die von römischen Kopien im Louvre und im Museo dei Conservatori in Rom her bekannt sind, ist keineswegs abgesichert.) Wie wir bereits sahen, bekleideten die Griechen die syrische Fruchtbarkeitsgöttin Astarte unverzüglich, als sie sie übernahmen und in Aphrodite umtauften ▸4.9. Die Nähe von Knidos zu Syrien könnte einer der Gründe für die Nacktheit der von PRAXITELES gemeißelten Statue gewesen sein. Mit dieser Figur schuf er das klassische westliche Leitbild des schönen weiblichen Aktes, ein Bild, das in der Kunst Europas immer wieder auftreten sollte und zudem einige der grundlegenden Unterscheidungsmerkmale zwischen der europäischen und den anderen Kulturen in sich trägt. Wie bei den nackten männlichen Statuen, die über das gesamte damalige Griechenland verbreitet waren, sind hier Naturalismus und Idealismus miteinander vereint. Überdies ist die Körperhaltung eigentlich eine Übernahme der für Statuen junger Athleten verwendeten in Umkehrung – Aphrodites Gewicht lastet auf dem rechten Bein, wobei das linke Knie leicht nach vorne stößt und der linke Fuß zurücktritt. Die Weichheit des weiblichen Fleisches, die mehr fülligen Formen werden betont. Im Gegensatz zu den selbstbewussten männlichen Akten scheint sie allerdings ihre Nacktheit dezenter vorzutragen. Ihre Augen sind abgewandt und die Geste, mit der Astarte auf ihr Geschlecht hingewiesen hatte, ist durch eine leichte Verschiebung der Handstellung in eine schützend verdeckende verwandelt worden. Ein unbekannter Bildhauer nahm mit einer Statue aus der Zeit um 300 v. Chr. die bedeutendste Veränderung der Bildidee vor, als er den anderen Arm vor die Brüste hob. Damit war einer der großen Prototypen der europäischen Kunst mit reicher Nachfolge geschaffen, der als die ›schamhafte Venus‹ (Venus pudica) bekannt wurde – eine Figur, deren erotische Anziehungskraft durch ihre schamhafte Geste natürlich gesteigert wurde ▸4.56.

4.55 *Hermes und Dionysos*, um 340 v. Chr., Marmor, Höhe 213 cm. Archäologisches Museum, Olympia.

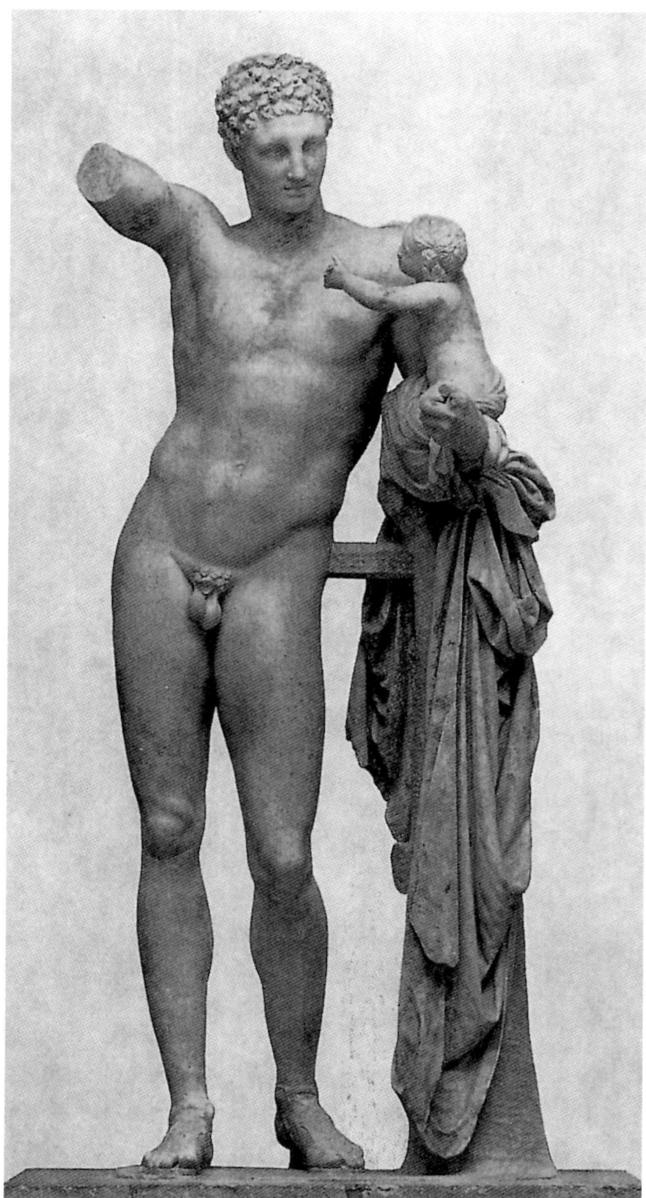

Die Seltenheit weiblicher Akte als auch die spezifische Form ihres schließlichen Auftretens im 4. Jahrhundert könnten ihre Ursache in einem Zusammentreffen gesellschaftlicher und ästhetischer Umstände in früheren Perioden der griechischen Kunst gehabt haben. Wenige Kulturgemeinschaften sind so vollständig von Männern beherrscht worden wie die im Alten Griechenland. Die Gesetze verdeutlichen das zur Genüge: Ehebruch galt einseitig als Geschlechtsverkehr zwischen einer verheirateten Frau und einem Mann, der nicht ihr Gatte war; Vergewaltigung war ein Delikt, das dem Ehemann, Vater oder Vormund der Frau zugefügt wurde, nicht ihr selber. Als Besitztum angesehen und behütet, hielt man die Frauen der oberen Klasse im Hause und beschränkte ihre Tätigkeit auf die Kindererziehung und die Haushaltsführung, während ihre Gatten anderswo nach emotionalen, körperlichen und geistigen Anregungen suchten, entweder bei anderen Männern oder bei den Hetären oder ›Porne‹ (gewöhnliche Prostituierte). Letztere wurden auf Vasen des 6. und 5. Jahrhunderts oft verführerisch nackt dargestellt, in Bordellszenen, die in strengstem Wortsinn pornographisch sind. Eine nackte Frau neben die Standbilder männlicher Athleten zu stellen, mit denen die Heiligtümer überfüllt waren, wäre als außerordentlich ungehörig empfunden worden.

Es gibt nur wenige Zweifel daran, dass die griechischen Maler der klassischen Zeit die Vorstellungen und Techniken hervorbrachten, welche zu der getrennten Entwicklung zwischen den europäischen Künsten und denen aller anderen Kulturen führen sollten – vor allem ihren vorherrschenden Naturalismus. Man darf nicht vergessen, dass die Maler zu ihrer Zeit ebenso berühmt waren wie die Bildhauer. Doch während wir über das Schaffen der Bildhauer einiges wissen, wenn auch nur aus zweiter oder dritter Hand, ist von den Werken der großen Maler des Alten Griechenland absolut nichts erhalten. Ihre naturalistischen Fähigkeiten, Raumverkürzungen und Bewegung abzubilden, sind durch Bildbeschreibungen bezeugt. Xenophon zufolge forderte Sokrates die Künstler dazu auf, über die reine Wiedergabe hinauszugehen und dem Charakter sowie dem Gefühl in ihrer besten und edelsten Form Ausdruck zu verleihen. Der im 4. Jahrhundert v. Chr. schreibende Aristoteles gibt zu verstehen, dass die Maler schon zu dieser Zeit Idealisierung, Karikatur und Realismus entwickelt hatten, wie wir es nennen würden. (»POLYGNOTOS stellte die Menschen als Bessere, PAUSON als Schlechtere, und DIONYSIOS stellte sie so dar, wie sie sind.«) Wieweit sie alle ihre Ziele erreichten, muss offen bleiben. Nicht ein Bruchstück ist von den Bildern übrig geblieben, die in einem den Propyläen auf der Athener Akropolis angeschlossenen Gebäude hingen, auch

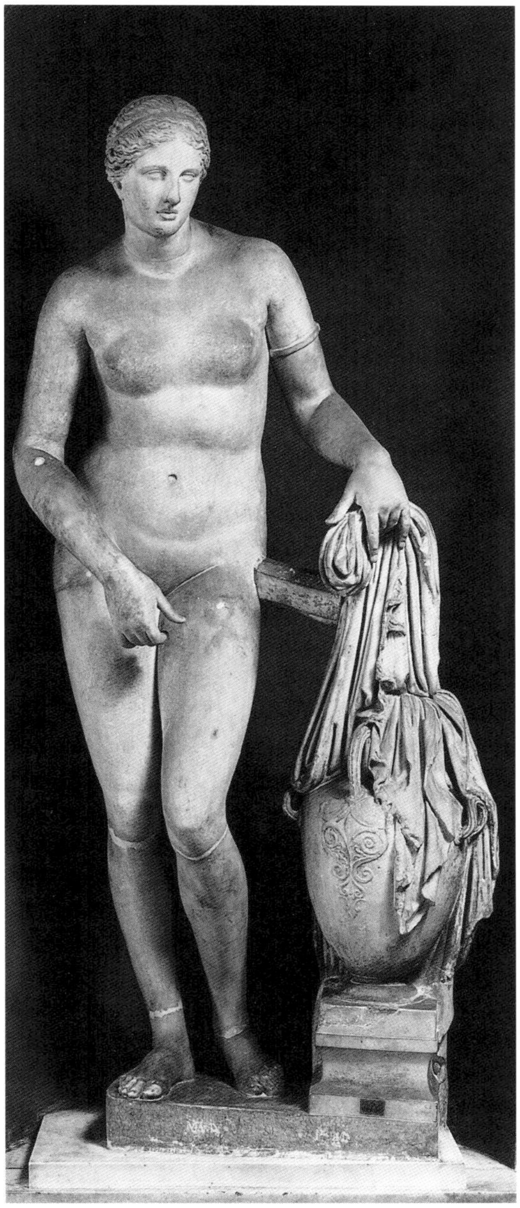

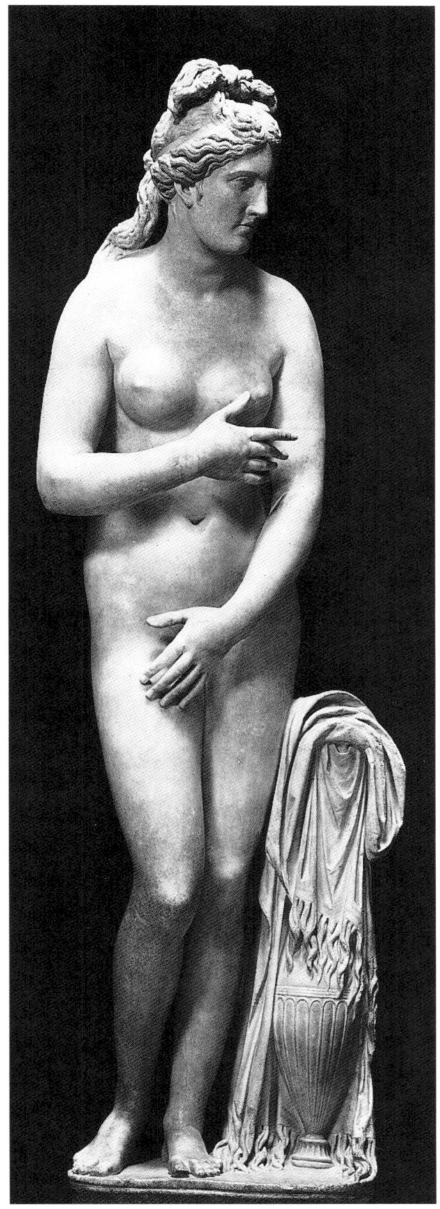

4.56 *Aphrodite von Knidos*, Kopie aus der römischen Kaiserzeit, Marmor, Höhe 203,2 cm. Vatikanische Museen, Rom.

4.57 *Kapitolinische Aphrodite*, Kopie aus der römischen Kaiserzeit, Marmor, Höhe 187 cm. Museo Capitolino, Rom.

nichts von den Hunderten in den anderen griechischen Heiligtümern und den vielen, die nach Rom mitgenommen wurden.

Das bemalte Grab von 470 v. Chr., das 1968 im italienischen Paestum entdeckt wurde, ist wahrscheinlich eine griechische Arbeit, die jedoch aus der Provinz stammt, ebenso wie die früher entdeckten makedonischen bemalten Gräber aus dem 4. und 3. Jahrhundert v. Chr. in Lefkadia und Vergnia. Sie alle geben nur einen vagen Eindruck der Malerei im Alten Griechenland wieder. Trotz ihres beschädigten Zustandes sind die Malereien in Vergnia bemerkenswert ▸5.9.

## *Die Vasenmalerei*

Von den Malereien aus der klassischen Zeit weiß man, dass sie in Italien kopiert wurden und dass sie für die an den Wänden Pompejis dargestellten Szenen wahrscheinlich die Vorlagen geliefert haben (s. S. 179ff.). Um festzustellen, wie gewissenhaft die Nachahmer waren und ob ihr Werk mehr als einen sehr allgemeinen Eindruck der Originalkompositionen wiedergibt, bedarf es jeweils einer eingehenden Analyse. Ein weiteres visuelles Zeugnis, über das wir verfügen, sind die griechischen Vasenbilder. Sie unterscheiden sich von Natur aus in mehrerer Hinsicht von der Wand- und Tafelmalerei, insbesondere im Größenmaßstab, aber sie veranschaulichen die Entwicklung der Darstellungstechniken, von denen die literarischen Quellen handeln.

Griechische Vasen waren ausschließlich für praktische Zwecke bestimmt. Als Vorrats-, Misch- und Schöpfgefäße oder Trinkschalen ▸4.59 standen sie mit der Weinkultur beziehungsweise der Lagerung von Olivenöl in Verbindung. Bestimmte Vasenformen waren dem Totenkult vorbehalten ▸4.58. Allein Gefäße aus Metall – Bronze oder Silber – waren noch begehrter. Gleichwohl galt der Vasenkunst größter künstlerischer Ehrgeiz. Jedem Vasentyp wurde eine bestimmte Funktion zugeordnet. In der großen, doppelt gehenkelten ›Amphora‹ lagerte man den Wein, die dreihenklige ›Hydria‹ war ein Wassergefäß, im ›Krater‹ mit seiner weiten Öffnung wurden Wein und Wasser gemischt. Die kleine Kleeblattkanne namens ›Oinochoe‹ diente dem Ausgießen des gemischten Weins, und aus den weiten, flachen Schalen der ›Kylix‹ und dem ›Kantharos‹ tranken die Griechen – auf der ›Kline‹ lagernd – das zubereitete Rauschgetränk. Die Themen der auf dem Gefäßrund dargestellten figürlichen Szenen waren oft mythologisch – und der Thematik der zeitgenössischen dramatischen Dichtung sowie der großformatigen Malerei, von der berichtet wurde, tatsächlich sehr ähnlich. Dabei ist offensichtlich, dass die anekdotischen Szenen mit Menschen und Fabelwesen heroischen Sujets, wie die Unsterblichen auf dem Olymp, vorgezogen wurden, obschon Dionysos, der Gott des Weines ▸4.59, mit seiner weiblichen Gefolgschaft, den von wollüstigen Satyrn begehrten Mänaden, ziemlich häufig in Erscheinung tritt. Auch Szenen aus dem täglichen Leben kommen vor: Künstler und Handwerker bei der Arbeit, Frauen bei ihren häuslichen Pflichten, Athleten bei ihren Übungen im Gymnasium, Trinkfeste und Theateraufführungen. Sowohl das heterosexuelle als auch das gleichgeschlechtliche Liebesspiel ist mit außerordentlicher Offenheit dargestellt. Deutlicher als alle anderen erhaltenen Kunstwerke spiegeln diese Vasen das Verhältnis der Griechen zu ihrer eigenen Umwelt, ihre Diesseitigkeit, wider.

Im 6. Jahrhundert v. Chr. zeigte man die Figuren gewöhnlich in Schwarz auf einem hellen, orangeroten Grund ▸4.60. Dieser so genannte schwarzfigurige Stil war eine griechische Erfindung, die umfangreiche technische Fähigkeiten erforderte. Nachdem das Gefäß mit der Hand auf der Töpferscheibe geformt, getrocknet und gebrannt war, wurde es mit einem sehr dünnen Überzug aus verfeinertem und verdünntem Ton überstrichen, einer Engobe also (manchmal irreführend als Glasur bezeichnet). Nach der Trocknung lieferte sie den Grund, auf der die Verzierungen, auch mit einer feinen Schlemme, gemalt wurden. Aufgrund der chemischen Eigenschaften des für die Schlemme verwendeten Tons nahmen der Grund eine orangerote und die Verzierungen eine glänzend schwarze Farbe an, wenn das Gefäß gebrannt wurde und sich die Hitze des Brennofens sorgfältig kontrolliert in drei Stufen entwickelte. Vor Beginn des 5. Jahrhunderts v. Chr. hatte man den umgekehrten, den rotfigurigen Stil eingeführt ▸4.62. Der Hintergrund der Komposition wurde mit einem schwarzen Schlicker eingefärbt, den man auch für die Ergänzung von Details auf den Figuren verwendete, die auf der roten Unterschicht ›ausgespart‹ waren. Da man bei beiden Verfahren den gleichen heimischen Ton und die gleiche Methode des Brennens gebrauchte, machten sich in der Übergangszeit einige Töpfer den Spaß, die eine Seite einer Vase schwarzfigurig, die andere rotfigurig zu bemalen. Das Rotfigurige trat schrittweise an die Stelle des Schwarzfigurigen, das seit dem frühen 5. Jahrhundert nur noch für bestimmte traditionelle Gefäßtypen Verwendung fand, insbesondere bei den Preisamphoren, die man mit Öl füllte und den Siegern der Panathenäischen Spiele zuerkannte.

4.59 EXEKIAS, *Meerfahrt des Dionysos*, Trinkschale, um 535 v. Chr., Durchmesser 30,5 cm. Staatliche Antikensammlungen, München.

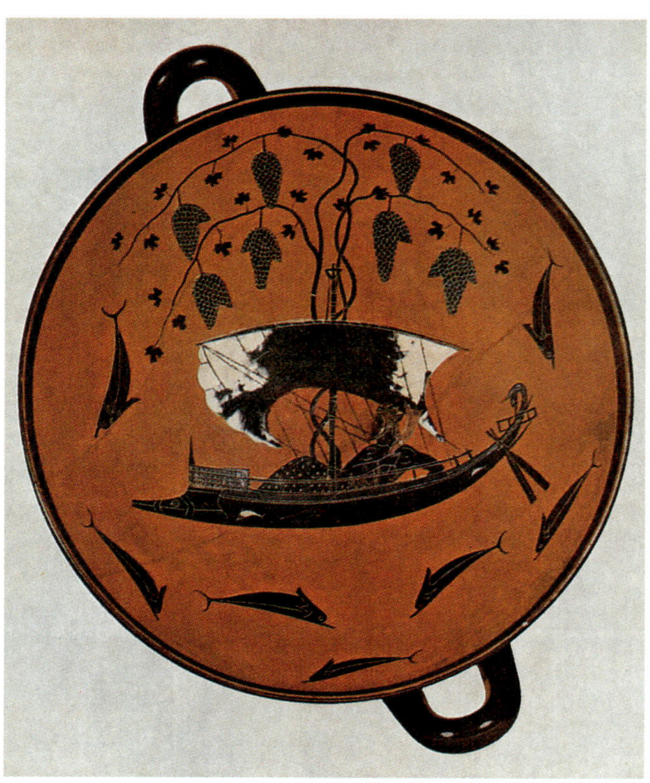

Der schwarzfigurige Stil ist seinem Wesen nach eine Kunst der Silhouette. Kontur und Binnenzeichnung werden mit roten Linien ausgeführt (oder besser: durch den schwarzen Schlicker hindurch bis zur Grundfarbe eingeritzt) und haben eine geringe plastische Wirkung. Der rotfigurige Stil lässt die Figuren fast reliefartig aus dem dunklen Hintergrund treten, er arbeitet weniger dekorativ, sondern vermag Körperlichkeit mit sparsamen Linien zu modellieren. Die Augen wurden auf den schwarzfigurigen Vasen frontal wiedergegeben, sogar dann, wenn der Kopf – wie fast immer – im Profil dargestellt war (da die Silhouette eines frontal gesehenen Gesichts unbedeutend ist). Perspektivische Verkürzungen sind erstmals auf den rotfigurigen Vasen nachzuweisen.

Es ist mehr als wahrscheinlich, dass die Entwicklung des rotfigurigen Stils durch das Bedürfnis beflügelt wurde, den Wirkungen nachzueifern, die von den großformatig und dort mit einer viel breiteren Palette arbeitenden Malern erreicht wurden. Die Maler der rotfigurigen Vasen konnten Figuren mit einer größeren Vielfalt an Bewegungen und Körperhaltungen zeichnen als vordem; eine sensible Führung der Konturen vermochte Gefühl und Charakter anzudeuten. Bei einer von MEIDIAS angefertigten (und vielleicht auch bemalten) Vase ist der Einfluss eines Gemäldes von POLYGNOT vermutet worden ▸4.61. Der Faltenwurf ist bewegt; die Pferde wenden im Galopp ihre Köpfe; Hilaeira, die im Wagen des Polydeukes entführt wird, hat einen fast karikierten Ausdruck der Verzweiflung im Gesicht, und einige dünne Olivenzweige deuten einen landschaftlichen Hintergrund an. Die Möglichkeiten, mit feingliedrig gezeichneten Linien sowohl Form als auch Bewegung darzustellen, sind in brillanter Weise genutzt worden. Diese Vase ist wirklich eine virtuose Leistung, obgleich sie das Streben nach Wirkungen offenbart, die nur von Wand- oder Tafelmalern in größerem Format gänzlich verwirklicht werden konnten.

Die Errungenschaften solcher Künstler wie PARRHASIOS und ZEUXIS spiegeln sich möglicherweise auf den Gefäßen getreuer wider, die in einem der Tafelmalerei verwandteren Verfahren bemalt wurden: den weißgrundigen Lekythen. Man schuf diese verhältnismäßig kleinen Krüge mit ihrer höchst eleganten, schlanken Form, um Öl für die Körperreinigung aufzubewahren. Viele wurden speziell bei Beerdigungsriten und für den Grabschmuck verwendet. Sie wurden ganz mit weißem Schlicker bedeckt und nach dem Brennen mit → Temperafarben bemalt, die durch den Gebrauch bald abgerieben waren. Bei den meisten der erhaltenen Lekythen sind sie auch tatsächlich fast verschwunden. Die stehen gebliebenen Figurenzeichnungen sind ebenso erstaunlich frei wie ausdrucksvoll ▸4.63. Wenige kühne Linien reichen aus, um ein Körperglied oder ein Kleidungsstück anzudeuten, ein breiter Farbfleck genügt für einen Haarschopf, zwei oder drei leichte Pinselstriche geben einem Mund oder einem Auge den Gefühlsausdruck. Der Duktus des Pinselstrichs erlangte eine bisher ungekannte Freiheit und Spontaneität.

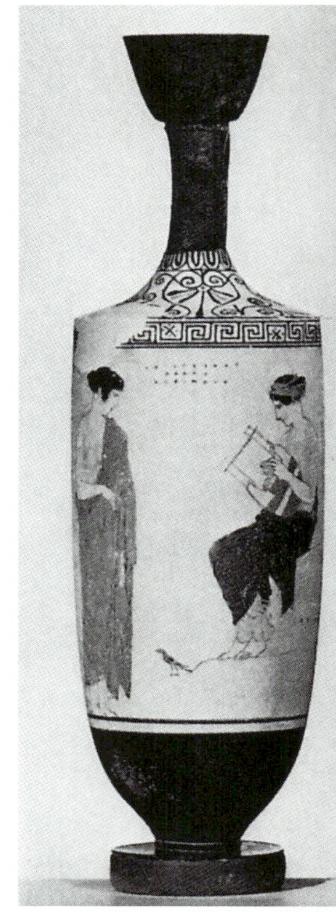

4.58 ACHILLEUS-MALER, Lekythos mit Darstellung einer Verstorbenen als Muse, 440–430 v. Chr., Höhe 36 cm. Staatliche Antikensammlungen, München.

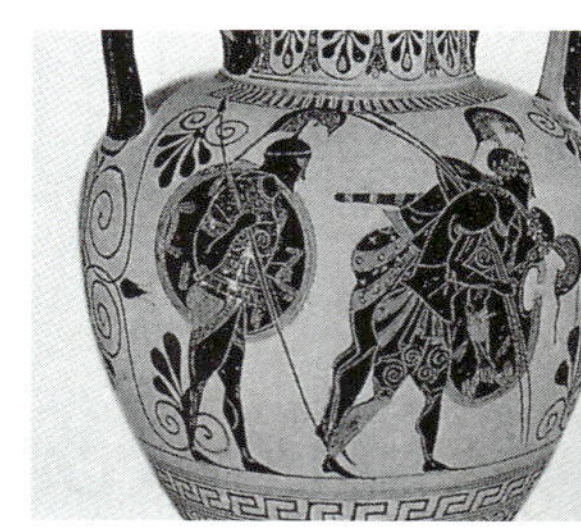

4.60 LYSIPPIDES-MALER, *Ajax mit der Leiche Achills*, Amphora, um 520 v. Chr., Staatliche Antikensammlungen, München.

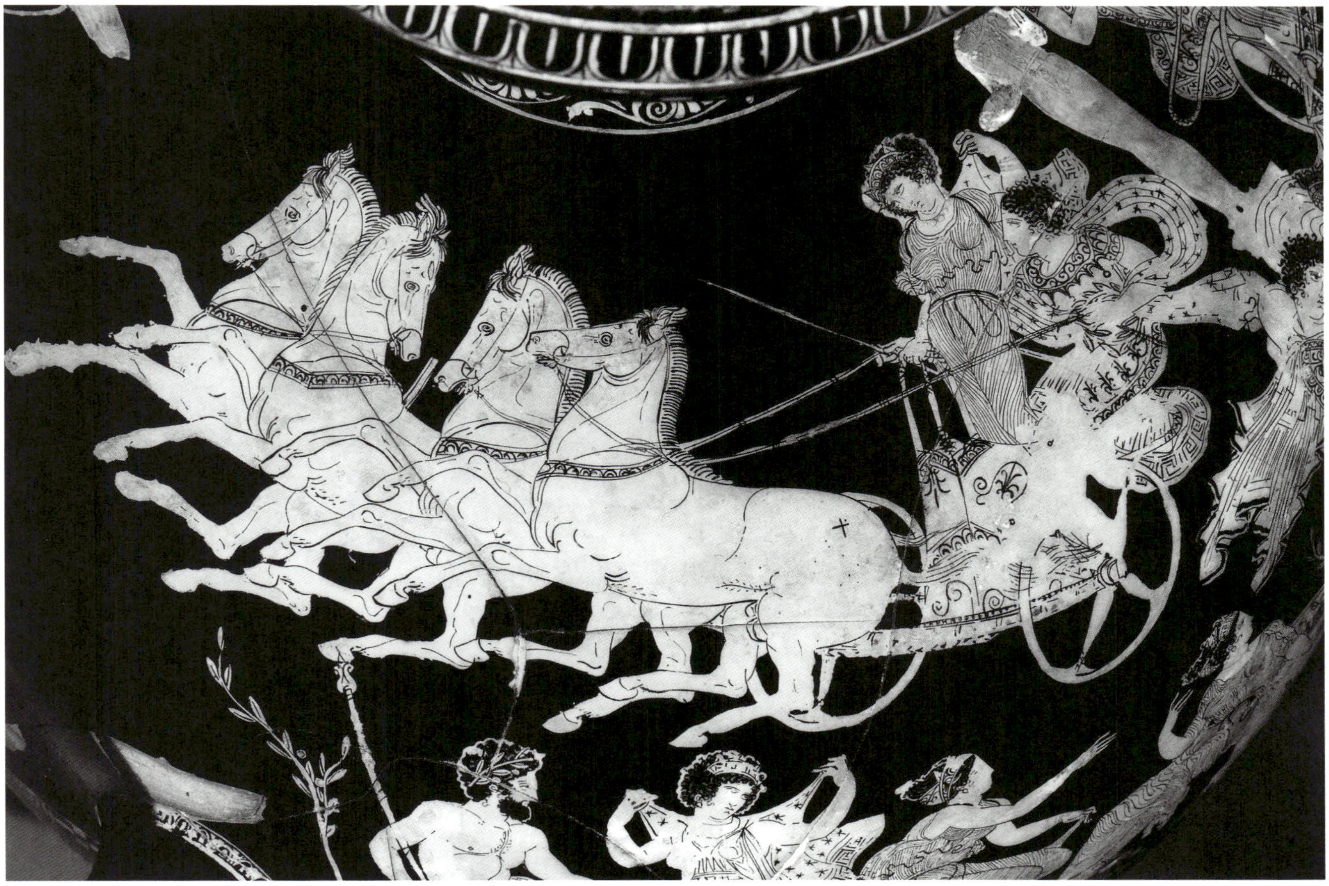

.61 MEIDIAS,
usschnitt einer Vase,
m 410 v. Chr.,
ritish Museum, London.

Eine Reihe der schönsten ›lekythoi‹ – einschließlich der hier abgebildeten – wurden den Athenern mit ins Grab gegeben, die im Peloponnesischen Krieg fielen. Nur wenige Totengedenkzeichen sind schlichter und ergreifender. Zwei Figuren, wahrscheinlich Freunde oder Verwandte, stehen rechts und links von einem Soldaten, der vor seine Grabstätte gesetzt worden ist oder auf einigen Gefäßen die Augen geöffnet hält, als ob er einen letzten sehnsüchtigen Blick von »der warmen Umgebung des heiteren Tages« erhaschen wolle. Es gibt hier keine heroischen Gesten, die Trauernden nehmen keine kummervolle Haltung ein, und der Soldat scheint dem Unvermeidlichen des Todes mit einer Mischung aus Entschlossenheit und Bedauern entgegenzusehen.

### *Stelen*

Die Gräber kennzeichnete man oft durch steinerne Male ohne religiöse oder magische Eigenschaften, wie sie in den meisten anderen Kulturen angenommen werden. Griechische Grabmale betonen eher das Leben als den Tod – nämlich das Andenken an die Toten im Bewusstsein der Lebenden. Es handelte sich gewöhnlich um aufrechte Platten, Stelen genannt, die mit Reliefs verziert waren. Auf den früheren befindet sich selten mehr als eine Figur ▸ 4.64, doch bei dem zur Mitte oder gegen Ende des 5. Jahrhunderts v. Chr. erfundenen Typus werden zwei oder mehr gezeigt, die von einer Art gegiebeltem Portal gerahmt sind. Über den Figuren von verhaltenem Ausdruck liegt eine melancholische Stimmung. Ein Ehemann nimmt von seiner Frau zärtlich, aber ohne Gefühlsausbruch Abschied; in ähnlicher Weise sagt ein Sohn seinem bejahrten Vater Lebewohl und ein Vater einem Sohn, der jung starb. Bei mehr als einer Stele wird eine nachdenklich sitzende Frau, deren Gedenken der Grabstein gewidmet ist, zusammen mit einer

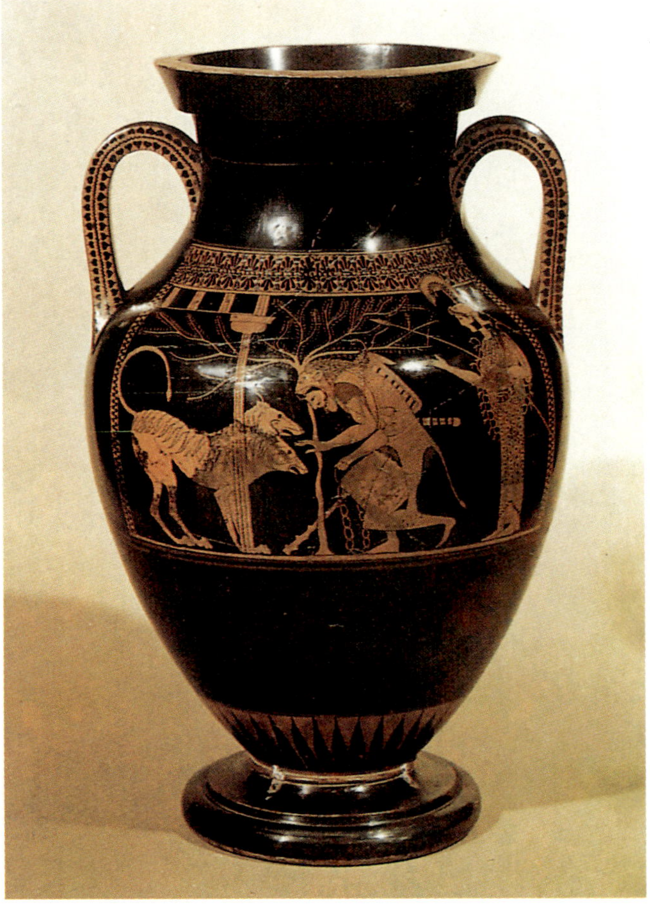

4.62 ANDOKIDES, *Herakles und Zerberus*, Amphora, 520–510 v. Chr., Louvre, Paris.

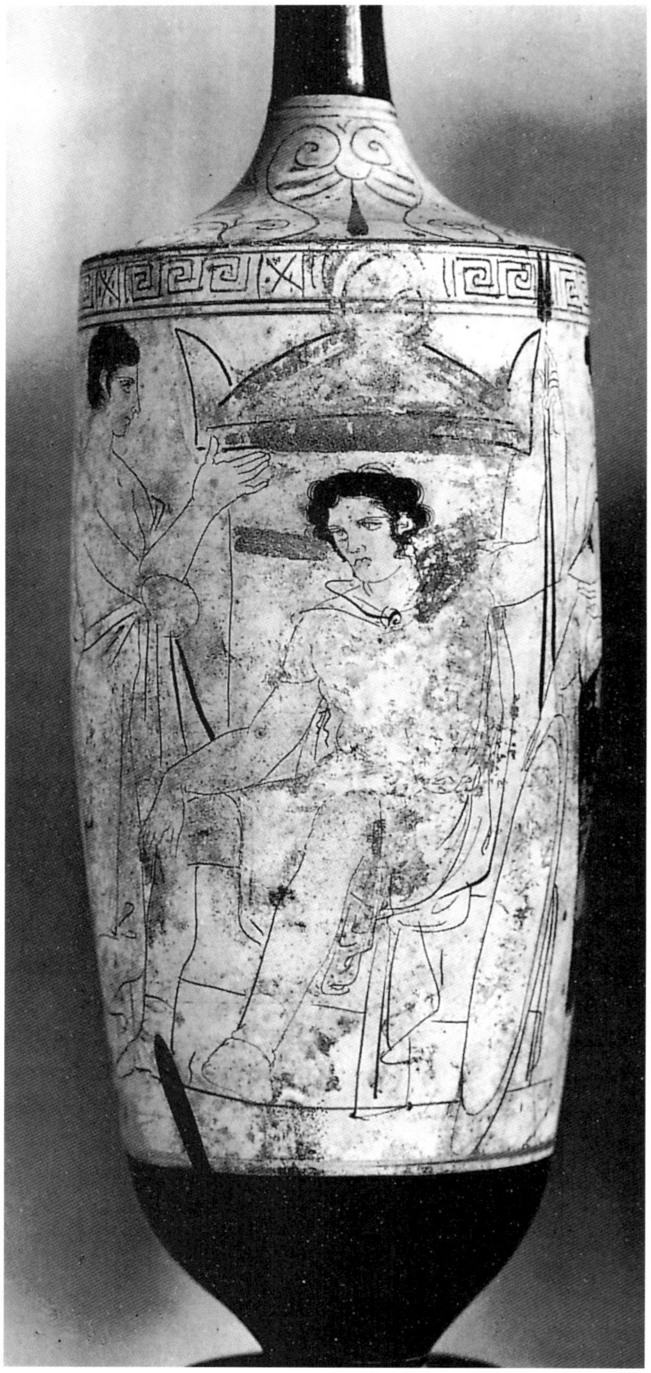

4.63 SCHILF-MALER, Szene auf einer weißgrundigen Lekythos, Ende 5. Jh. v. Chr., Nationalmuseum, Athen.

auch politische Maßnahmen, die dem Grabluxus Einhalt gebieten sollten. So waren etwa im 5. Jahrhundert monumentale Grabanlagen selten, erst nach dem Peloponnesischen Krieg traten sie erneut auf, um bald wieder durch Gesetze eingeschränkt zu werden.

In der Antike betrachtete man die Stelen nicht als Kunstwerke ersten Ranges. Nur selten wurden sie von den Römern mitgeführt oder kopiert. Plinius und Pausanias beachteten sie gar nicht. Obwohl es zweifelhaft ist, ob irgendwelche von führenden Bildhauern stammen, besitzen sie doch zuweilen in ihrer gefühlvollen Bearbeitung genau die Qualitätswerte, die man in den Kopien vermisst, durch die wir das Werk der berühmten Bildhauer kennen. Allerdings hat man den größten Teil anscheinend fast in Massenproduktion hergestellt. Die Ähnlichkeiten zwischen einigen Stücken sind sehr groß. Die Stelen spiegeln auch die stilistische Entwicklung der griechischen Skulptur vor allem des 4. Jahrhunderts wider. Da sehr wenige datiert sind, bleibt die Konstruktion einer geradlinigen stilistischen Entwicklungslinie hypothetisch. Einige Bildhauer und Vasenmaler des 4. Jahrhunderts v. Chr. könnten im Einklang mit Plato, der einer Veränderung sowohl in der Kunst als auch in der Politik misstraute, auf frühere Stile zurückgegriffen haben. Die Tradition spielte in der griechischen Kunst eine ebenso wichtige Rolle wie die Neuerung, insbesondere in der Architektur.

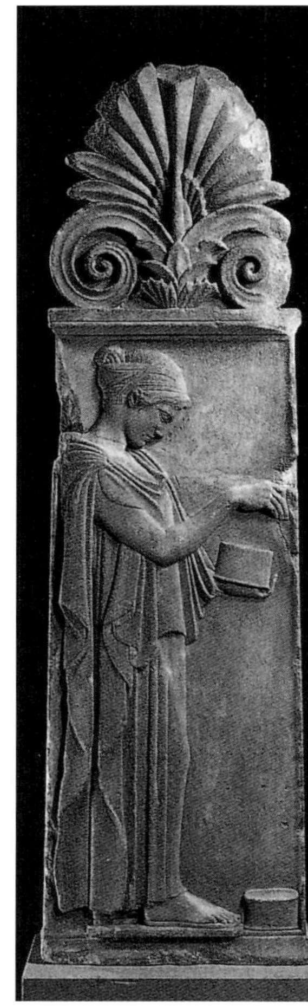

4.64 Stele eines Mädchens, um 460 v. Chr., Marmor, Höhe 143 cm. Antikensammlung, Berlin.

stehenden Frau – einer Sklavin oder Tochter – gezeigt, die ein Kästchen hält ▸4.65. Die Wiederholungen verdeutlichen, dass es sich hierbei nicht um Porträts handeln kann (obgleich Porträts berühmter Männer seit dem frühen 4. Jahrhundert v. Chr. in der griechischen Kunst auftreten).

Nicht nur der Reichen gedachte man durch solche ›stelae‹. Verschiedene Reliefs zeigen Handwerker mit ihren Werkzeugen. Zumindest eine ist einer Sklavin gewidmet und wurde vermutlich von ihrem Herrn oder ihrer Herrin aufgestellt. Keine von ihnen besitzt die hochtrabenden Ansprüche der Herrschermonumente, wie man sie damals an den Rändern der hellenischen Welt in Kleinasien schuf (zum Beispiel das des Mausolos von Karien, von dem das Wort ›Mausoleum‹ stammt). Zum Teil könnte diese Bescheidenheit aus der Furcht vor den grässlichen Folgen der Hybris, des frevelhaften Übermuts, erklärt werden. Aber die griechische Geschichte kennt

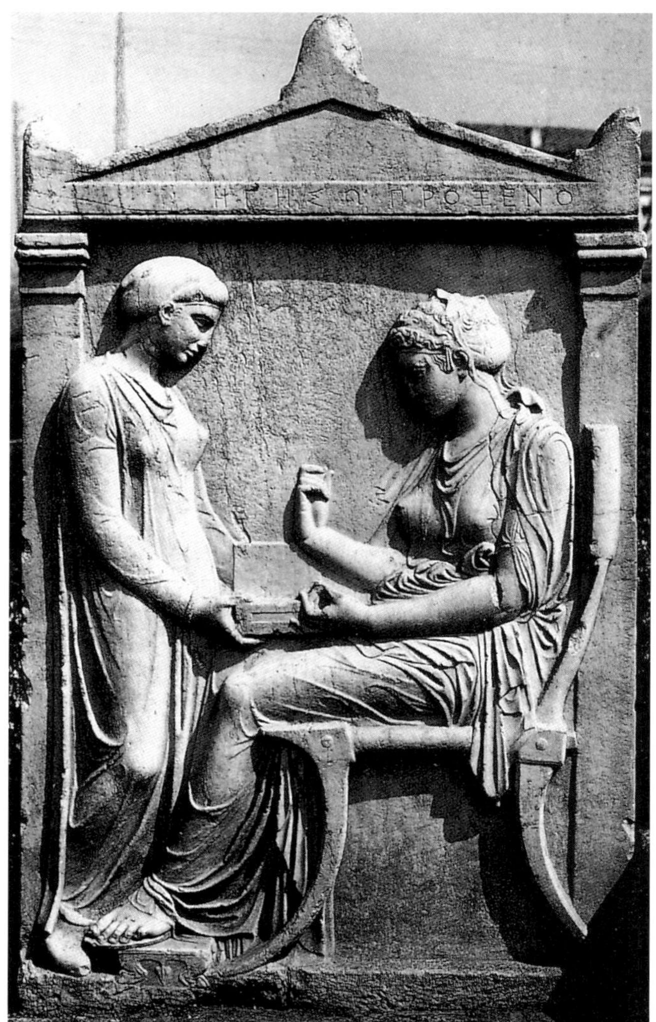

4.65 *Grabstele der Hegeso*, 410–400 v. Chr., Marmor, Höhe 150 cm. Nationalmuseum, Athen.

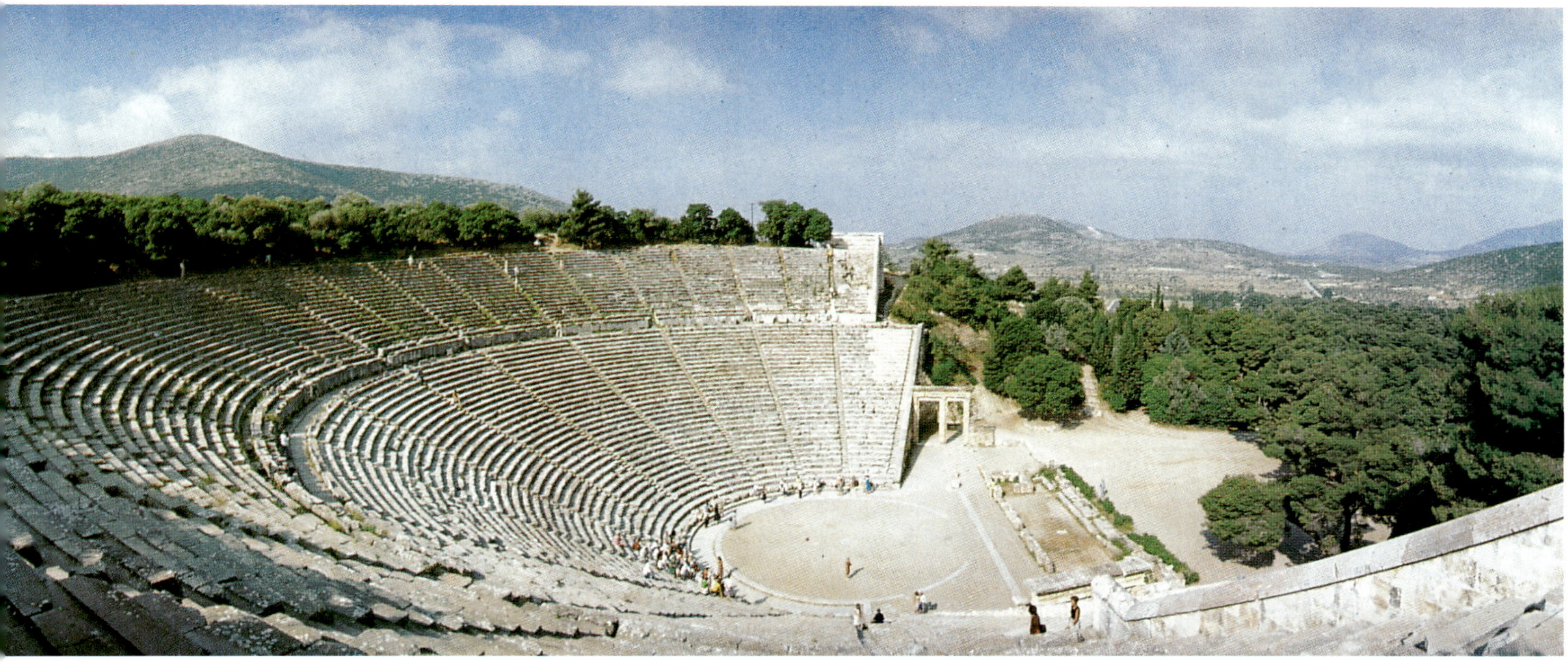

.66 Theater, Epidauros, m 350 v. Chr. begonnen.

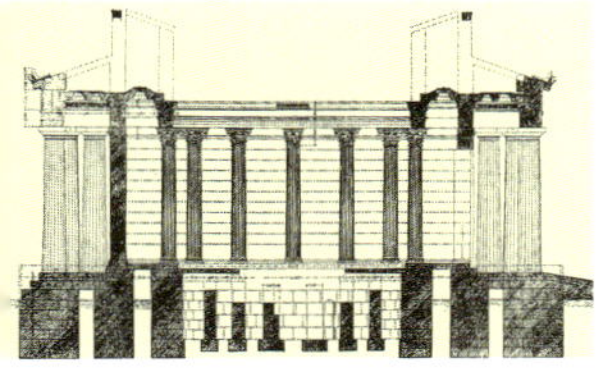

.67 Tholos von Epidauros, 60–320 v. Chr., Rekonstruktionszeichnung on Defrasse und Lechat).

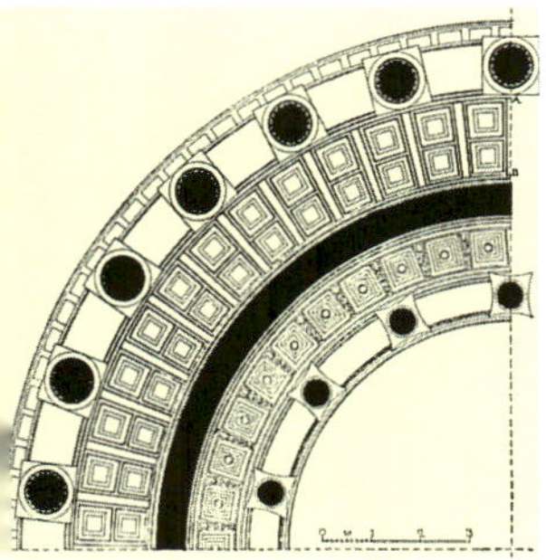

.68 Tholos von Epidauros, 60–320 v. Chr., Ausschnitt des Grundrisses mit projizierter Untersicht der Kassettendecke.

## *Die Spätklassik*

Das 4. Jahrhundert v.Chr. wird oft als Zeit künstlerischen Verfalls beschrieben; sicherlich war sie eine Periode raschen Wandels. Die neuen Tendenzen in der Architektur werden bei zwei Bauwerken in Epidauros am deutlichsten sichtbar: dem Theater und dem ›Tholos‹, einem Rundbau von unbekanntem Zweck. Beide befinden sich im heiligen Bezirk des Asklepios. Der Kult des Gottes der Heilkunde, dem auch die Macht zugeschrieben wurde, die Toten wieder zu erwecken, gewann im 4. Jahrhundert große Popularität. Die Bauwerke wurden durch die Opfergaben vieler Anhänger finanziert, die den Gott um Schutz ersuchten. Das Theater zählt zu den spektakulärsten altgriechischen Bauten und scheint der Idealvorstellung von Architektur als einer rein geometrischen Form am nächsten zu kommen ▸4.66. Es könnte kaum schlichter sein – ein riesiges Auditorium, 118 m im Durchmesser, das aus 55 Reihen marmorner Bänke besteht, die mehr als die Hälfte der kreisförmigen Orchestra, der Fläche für den Chor (nicht für Musiker), umschließen. Dahinter befand sich ein langer, schmaler Bühnenaufbau. Die Form geht auf den frühesten Theatertypus zurück, der einfach aus einer natürlichen Höhlung in einem Berg bestand, die für kultische Aufführungen des Dionysos-Mythos geeignet war. Das Drama, wie wir es kennen, entwickelte sich aus solchen Mysterienspielen. In Athen befand sich das Theater, in dem Tragödien und Komödien im 5. Jahrhundert v. Chr. zuerst aufgeführt wurden, noch sehr schlicht in einer Felsspalte unterhalb der Akropolis. Hölzerne Bänke bildeten das Auditorium, das auf jeder Seite durch Gebäude eingeengt war. (Die noch vorhandenen Überreste stammen von einem späteren Wiederaufbau.) In Epidauros war der Raum auf dem freien Gelände unbegrenzt, und das Theater konnte deshalb seine ›natürliche‹ geometrische Form erhalten, die es zugleich Tausenden von Zuschauern ermöglichte, die Schauspieler zu sehen und zu hören – ein akustisches Meisterstück, das noch heute die Zuhörer erstaunt. Allerdings wurde das Theater erbaut, als die große schöpferische Zeit des griechischen Dramas bereits ihrem Ende nahe war. Während man im Athen des 5. Jahrhunderts nur neue Stücke aufführte – jedes Jahr drei Tragödien und fünf Komödien –, wurden jetzt nur noch Wiederaufnahmen der populärsten ›Klassiker‹ gegeben, aus denen Aristoteles bald die Gesetzmäßigkeiten dramatischer Dichtung ableiten sollte. Nicht nur die architektonische Form des Theaters, auch das griechische Drama selbst war in Regeln gefasst worden.

Vom Tholos in Epidauros ▸4.67;68 sagt man, er sei vom selben Architekten entworfen worden wie das Theater, nämlich von POLYKLET (nicht mit dem etwas früher tätigen Bildhauer des *Doryphoros* zu verwechseln), aber der Stil ist durch die vielen gemeißelten Schmuckelemente auffallend anders ▸4.69. Markant sind die korinthischen →Kapitelle, die im Athen des 5. Jahrhunderts zuerst erdacht, vor der Mitte des 4. aber nur wenig verwendet worden waren ▸4.73. Sie kennzeichnen eine neue Richtung in der griechischen Architektur. Mit ihren sich windenden Ranken, den Voluten und Akanthusblättern waren sie nicht nur dekorativer als ionische Kapitelle, sondern im Gegensatz zu diesen auch noch bei schräger Ansicht wirkungsvoll, da sie auf allen Seiten in gleicher Weise gestaltet waren; allerdings wurden sie fast ausschließlich im Innern von Tempeln verwendet. Sie entsprachen in vorzüglicher Weise den neuen Forderungen nach schönerer Wirkung und Regelhaftigkeit.

Ähnliche Tendenzen machten sich auch bei der Hausarchitektur bemerkbar. Demosthenes, der große Redner und führende Gegner von Philipp II. von Makedonien ▸5.12, erklärte, dass im Laufe seines Lebens zum ersten Mal luxuriöse Häuser in Athen entstanden seien (er wurde um 384 v.Chr. geboren). In einem einzigen Athener Haus gibt es ein interessantes signiertes Fußbodenmosaik, aber sonst ist wenig erhalten. Ausgrabungen in Olynthos nahe der thrakischen Küste im Nordosten Griechenlands – eine um 430 v.Chr. erbaute und 348 v.Chr. zerstörte Stadt – haben gezeigt, dass die größeren Häuser im Hauptraum (dem ›andron‹ des Hausherrn und seiner männlichen Gäste) bereits über figurative Mosaikböden verfügten. Olynthos war auf einem regelmäßigen Gitternetz errichtet worden, eine Art der Stadtplanung, die in Mittel- und Südgriechenland nicht vorkam, sieht man von der Wiedererrichtung des Athener Hafens Piräus (um 460–445 v.Chr.)

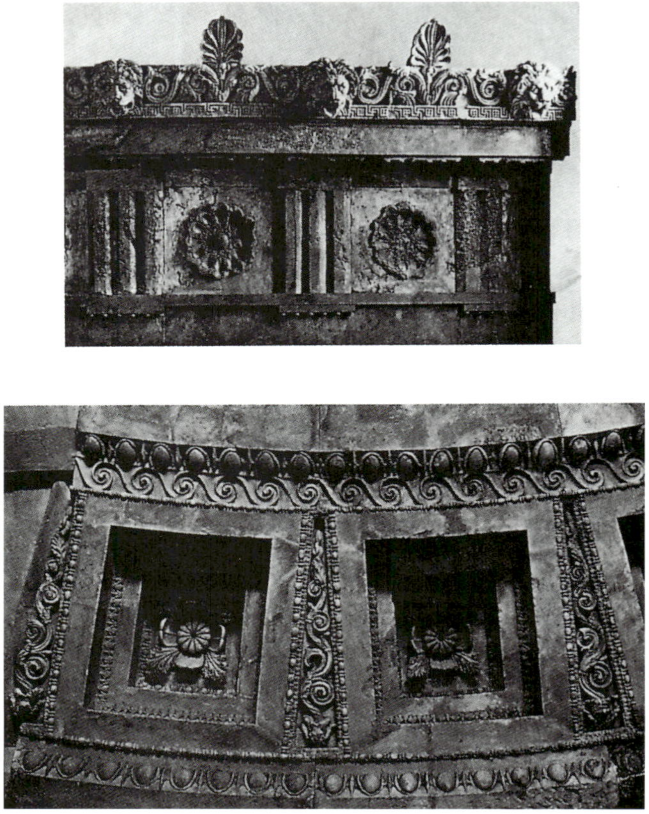

4.69 Tholos von Epidauros, 360–320 v. Chr., Sima und Triglyphenfries (oben), Ausschnitt der Kassettendecke des Umgangs (unten). Archäologisches Museum, Epidauros.

4.70 Amphore aus Panagyuriste, Bulgarien, um 350–300 v. Chr., Höhe 25,4 cm. Archäologisches Museum, Plovdiv, Bulgarien.

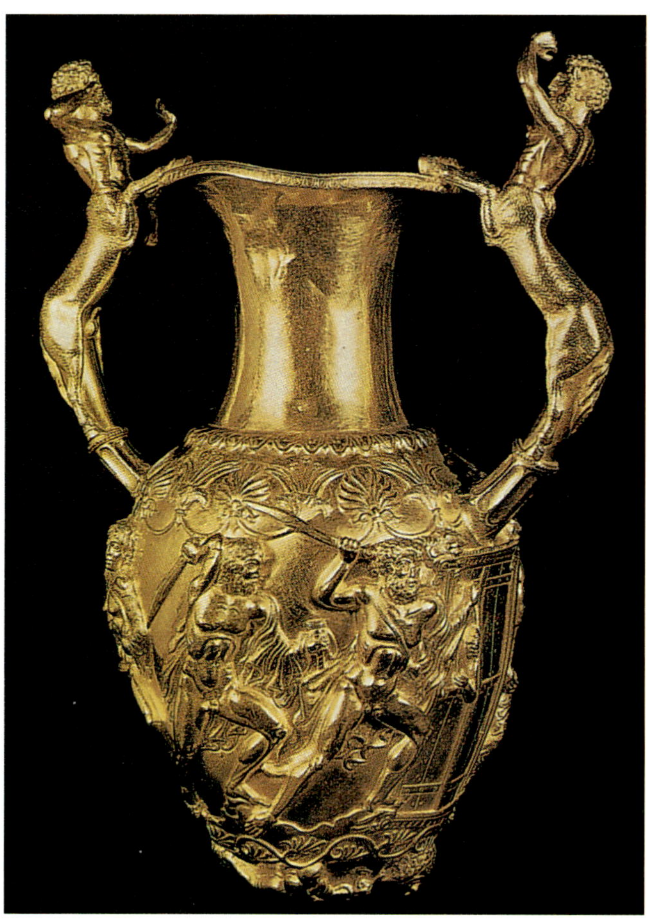

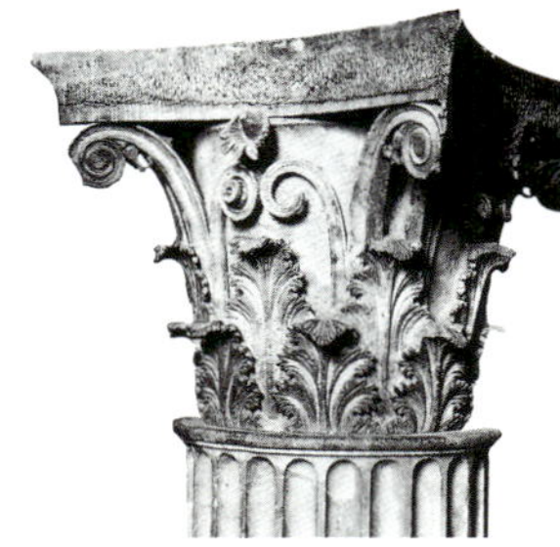

4.71 Korinthisches Kapitell vom Tholos in Epidauros ▸4.6 Nationalmuseum, Athen.

nach dem Entwurf des HIPPODAMOS aus Milet ab, der von Perikles zu Rate gezogen wurde. Athen selbst war ein Labyrinth aus engen, sich schlängelnden Straßen und Alleen. Das Zentrum gesellschaftlichen Lebens, der Marktplatz, die ›agora‹ (eigentlich ›Feld‹), blieb bis ins 2. Jahrhundert v. Chr. – als er architektonisch streng konzipiert wurde – ein unregelmäßiger Freiraum mit einer einfachen ›stoa‹, dem langen Säulengang, der vor der Witterung Schutz bot.

Ein weiteres Zeugnis des luxuriösen Lebensstils reicher Schichten in Nordgriechenland liefern goldene Vasen mit verschwenderischem Dekor, die in einem Grab nahe Philippopolis gefunden wurden, der von Philipp II. von Makedonien gegründeten Hauptstadt (das heutige Plovdiv in Bulgarien) ▸4.70. Figuren auf den bemalten Tonvasen des Südens, die entweder an Spannkraft verloren hatten oder übertrieben sorgfältig ausgearbeitet waren, strahlen hier eine neue Kraft aus. Der Kontakt mit ›Barbaren‹ könnte dafür verantwortlich gewesen sein. Der Henkel wird von jungen griechischen Kentauren gebildet und zeigt die gleiche Vitalität wie die Steinböcke in gleicher Funktion an achämenidischen Gefäßen.

Einige der schönsten Beispiele altgriechischer Goldschmiedearbeit wurden für die Skythen in Südrussland angefertigt. Aus keiner Zeit und keinem Land gibt es einen vorzüglicher geschmiedeten Goldzierrat. Der Brustschmuck im Museum von Kiew war für einen Nomadenfürsten bestimmt, der nahe dem Dnjepr bestattet wurde ▸4.77. Die Tiere sind mit einer Vitalität und einem Naturalismus wiedergegeben, die die Greife auf der unteren Ebene genauso glaubhaft erscheinen lassen wie die außergewöhnlich scharf beobachteten Pferde, Rinder, Schafe, Hunde, Hasen und sogar einige Grashüpfer. Dazu gehören auch vier Männer, der eine melkt ein Schaf, ein anderer hält eine Amphore, und die zwei in der Mitte nähen ein Hemd aus Tierhaut zusammen. Allerdings wird der Kontrast zwischen der schlichten, idyllischen Lebensart, die diese Figuren verkörpern, und dem hoch entwickelten technischen Können des Goldschmiedes, der sie schuf, nicht betont. Die Skythen werden weder karikiert noch idealisiert. Erst viel später, in römischer Zeit, betrachtete man die Skythen als ›edle Wilde‹, die sich die dem ›zivilisierten‹ Menschen verloren gegangene Unschuld und die moralischen Werte erhalten hätten.

Noch vor dem Ende der klassischen Zeit hatten zahlreiche Werkstücke griechischer Künstler ihren Weg über die Grenzen der hellenischen Welt hinaus gefunden: Goldverzierungen, Bronzegefäße, bemalte Tonvasen und die viel weiter verbreiteten Münzen. Der Gedanke, wertvolle Metalle in kleine Stücke von einheitlicher Größe, Gewicht und Wert zu formen, hatte seinen Ursprung, wie so vieles andere, in Kleinasien. So wurden in Lydia kurz nach Mitte des 7. Jahrhunderts v. Chr. auf bohnenförmige Klumpen aus Elektrum Sinnbilder geprägt. Innerhalb von hundert Jahren hatten die Griechen die Gestalt zu einer Scheibe vereinheitlicht, die man in Reliefform mit dem Emblem der Stadt versah, von der sie in Umlauf gesetzt wurden – zum Beispiel in Athen mit dem Kopf der Athene auf der Vorderseite und der ihr geweihten Eule auf der Rückseite ▸4.72;73. Da die Prägestempel oft erneuert wurden, liefern uns die Münzen eine Geschichte der griechischen Kunst im Kleinen von der archaischen bis zur hellenistischen Zeit. Auf den frühesten haben die im Profil dargestellten Köpfe Augen in Frontalansicht, und die Tiere sind schematisiert. Später spiegeln sie die naturalistischen Ideale der klassischen Epoche wider, wobei es keine schöneren als die aus Syrakus auf Sizili-

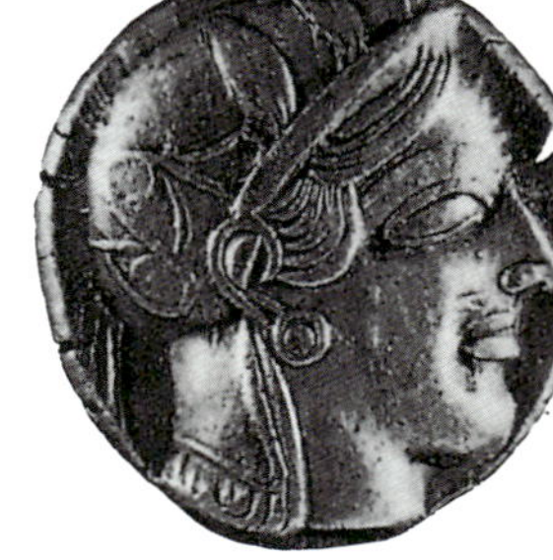

4.72 *Kopf der Athena*, silberne Tetradrachme aus Athen, um 479 v. Chr., Durchmesser 2,5 cm. British Museum, London.

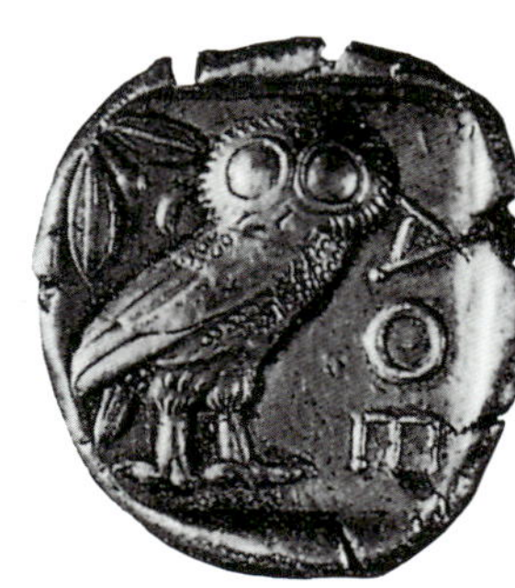

4.73 *Eule mit Ölzweig*, Rückseite von ▸4.72.

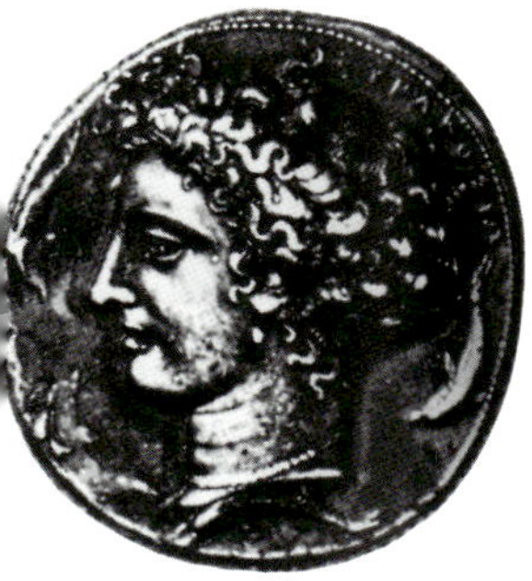

.74 Dekadrachme aus Syrakus, .13–357 v. Chr., Silber, Durchmesser 3,5 cm. British Museum, London.

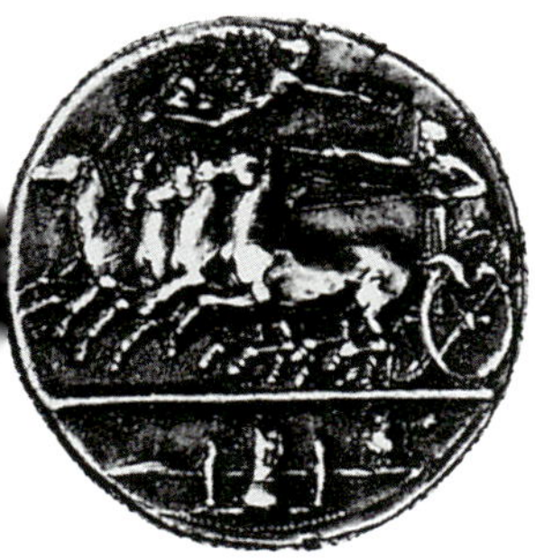

4.75 Rückseite von 4.74

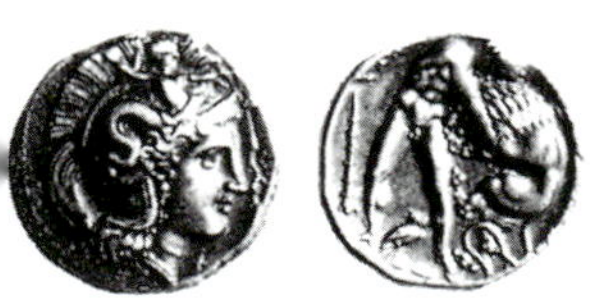

4.76 Didrachme aus Heraclea n Lucanien, 370–281 v. Chr., Silber, Durchmesser 2,2 cm. British Museum, London.

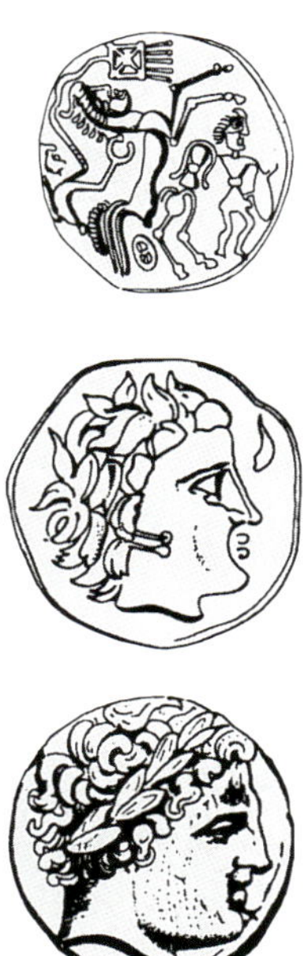

4.77 Zunehmende Stilisierung im 2. Jh. v. Chr., Umzeichnungen keltischer Münzen, die den goldenen Stater von Philipp II. von Makedonien imitieren.

en gibt, die den von Delphinen umgebenen, deutlich herausgearbeiteten Kopf der Arethusa als Zeichen tragen ▸4.74. Ende des 4. Jahrhunderts v. Chr. werden die Reliefs feingliedriger und detailreicher ▸4.76.

Am weitesten verbreitet waren die Münzen, die von Philipp II. von Makedonien nach 356 v. Chr., nach der Gewinnung der Goldminen des pangaionischen Gebirges in Thrakien, ausgegeben wurden. Der goldene ›Stater‹ (eine 8,6 g wiegende Münze) fand Eingang in die internationale Währung und war in Makedonien noch lange Zeit im Umlauf. Mittel- und Nordeuropäer imitierten ihn schließlich, ohne dabei etwas von seiner emblematischen Bedeutung zu verstehen. Der Prozess, durch den solche Formen langsam ihr eigenes Wesen verloren und in ungegenständliche Muster verwandelt wurden, ist sehr aufschlussreich. So wurde etwa der Kopf Apolls schrittweise auf organisch unzusammenhängende Gesichtsmerkmale reduziert, und der Zweispänner auf der Rückseite dieser Münze – der sich wahrscheinlich auf die Siege Philipps beim olympischen Wagenrennen bezog – wurde fast völlig in ein abstraktes Muster aufgelöst ▸4.77. Doch die nachhaltige Wirkung der griechischen Kunst wird noch von den heutigen Münzen mit ihren idealisierten Köpfen und den naturalistisch wiedergegebenen Symbolen eindrucksvoll veranschaulicht. Die Münzen bilden ein Band, das die Künste der modernen Welt mit denen des alten Griechenland verbindet.

## Die ›Barbaren‹: die Skythen und der Tierstil

Herodot, der gegen Mitte des 5. Jahrhunderts v. Chr. nach Olbia an der Nordküste des Schwarzen Meeres reiste, um Kenntnisse über die Skythen zusammenzutragen, vermerkte, sie seien »ein Volk ohne befestigte Städte, das seine Wagen mit sich führt und sämtlich aus Bogenschützen zu Pferde besteht, die nicht vom Ackerbau, sondern von der Viehzucht leben«, vgl. ▸4.79. Herodot, der ein Land des Ostens als Ursprung der Skythen sah, beschrieb ihre Bräuche. Obwohl er sie nicht bewunderte, musste Herodot zugeben, dass sie »innerhalb des menschlichen Bereichs … aufs schlaueste einen ganz bedeutenden Vorteil entdeckten. Der große Vorteil besteht darin, dass ihnen niemand entrinnen kann, der gegen sie zieht, und dass keiner sie fassen kann, wenn sie sich nicht auffinden lassen wollen.« Für den heutigen Beobachter sind sie – in anderer Weise – fast ebenso schwer fassbar. In den verschiedenen Gegenden Russlands sind viele skythische Zeugnisse ausgegraben worden – faszinierend und schön, aber verwirrend. Die Versuche der Archäologen, ihre Geschichte zu rekonstruieren, sind bisher erfolglos geblieben.

Die Skythen sind die bekanntesten Vertreter der berittenen Nomadenstämme mit verwandter Kultur, die das riesige Gebiet aus Steppe und baumlosen Wiesen dünn bevölkerten, das sich von der Donau bis zur Wüste Gobi in der Mongolei erstreckte – eine Entfernung, die etwa doppelt so groß ist wie die zwischen den Küsten Nordamerikas. Alles, was von diesen Völkern bekannt ist, hat man aus Grabbeigaben und den Berichten entnommen, die in den des Schreibens kundigen Nachbargesellschaften abgefasst wurden, nämlich im Mittelmeerraum, im Nahen Osten und in China, wo sie seit dem 2. Jahrtausend v. Chr. bis hinein in die Zeit des europäischen Mittelalters eine ständige Bedrohung darstellten. Um sie fern-

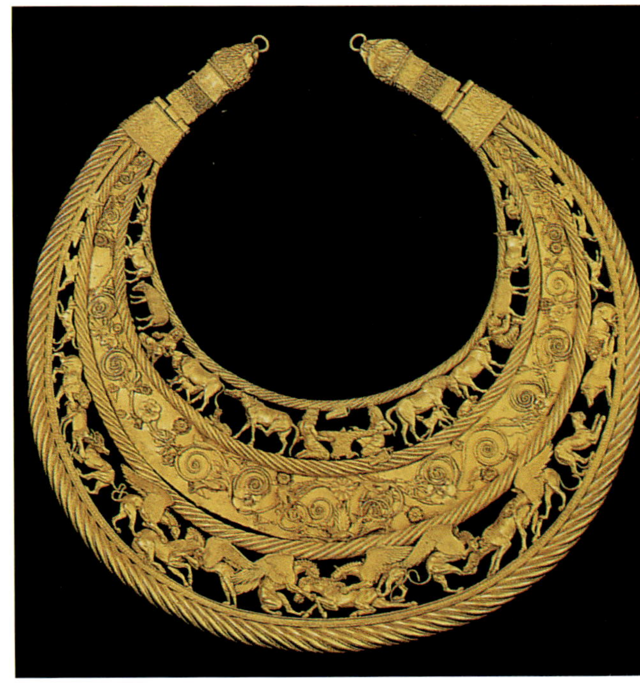

4.78 Brustschmuck aus Ordschonikidse, Russland, 4. Jh. v. Chr., Gold, Durchmesser 30,6 cm. Historisches Museum, Kiew.

zuhalten, wurde gegen Ende des 3. Jahrhunderts v. Chr. mit dem Bau der Chinesischen Mauer begonnen.

Das von diesen Nomaden eingenommene Gebiet befand sich zwischen den großen nördlichen Wäldern, in denen Jäger und Fischer lebten, und den fruchtbaren gemäßigten Regionen, wo der Ackerbau hoch entwickelt und eine städtische Kultur aufgeblüht war. Im Vergleich dazu wurde die Kultur der Nomaden oft fälschlich als rückständig betrachtet. Deren Lebensweise leitete sich nicht aus dem Jagen und Sammeln der Steinzeit ab, sondern bestand aus einer gemischten Landwirtschaft mit Pferdehaltung, um den höchstmöglichen Nahrungs-

4.79 Ritualgefäß mit skythischen Kriegern, 4. Jh. v. Chr., Silber, vergoldet, Höhe 9 cm. Eremitage, St. Petersburg.

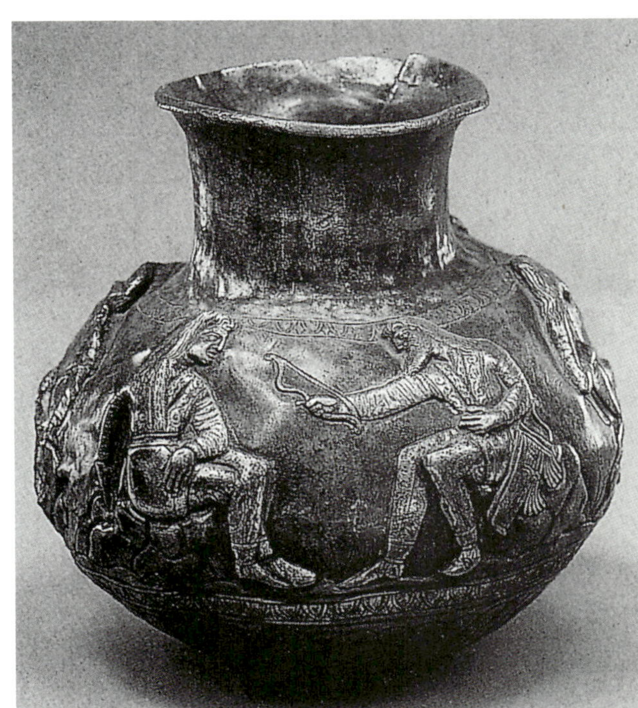

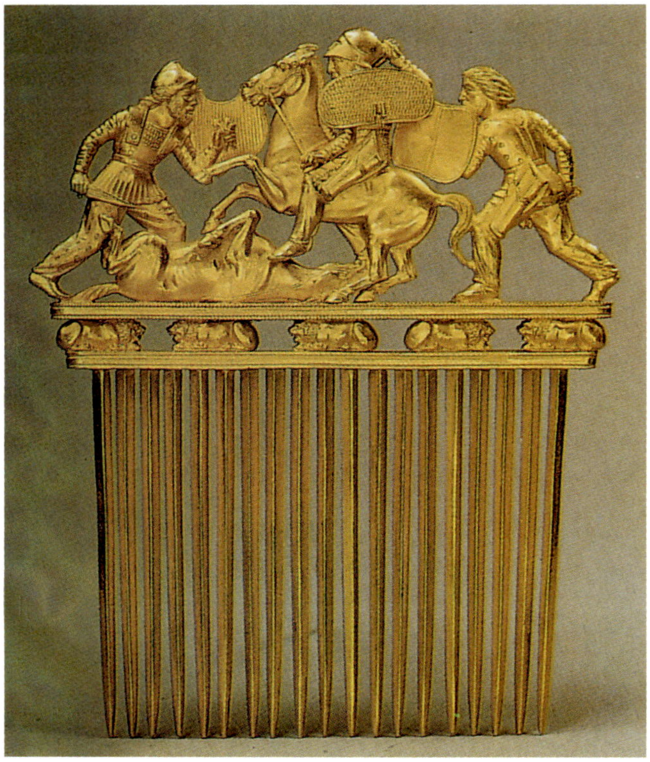

4.80 Kamm mit Kampfszene skythischer Krieger, 1. Hälfte 4. Jh., v. Chr., Gold, 12,3 x 10,2 cm. Eremitage, St. Petersburg.

mittelertrag aus einem Boden zu gewinnen, der für ständige, sesshaft betriebene Viehzucht oder Ackerbau ungeeignet war. Diese Landwirtschaft basierte auf der sorgsamen Aufzucht verschiedener Tierarten, um die Möglichkeiten des Abgrasens am besten auszunutzen: Rinderherden, die gut auf hoch stehender Weide grasen, Schafe und Ziegen, die dicht am Boden fressen. Die klimatischen Bedingungen machten es erforderlich, regelmäßig von den großen Gebieten, die im Frühling und Sommer das Futter lieferten, zu den ärmeren Weiden zu ziehen, wo die Herden überwinterten. Die Nomaden nutzten die in den Städten entwickelten Techniken für ihre eigenen Zwecke, so bei der Herstellung von Bronze, dann von Eisen und beim Gebrauch beräderter Fahrzeuge. Sie schufen eine Gesellschaftsform, die die der alten Kulturen des Nahen Ostens und der klassischen Welt, zu deren Zerstörung sie beitrugen, überleben sollte. Ihre Lebensform mit einem eigenen Wertsystem war parallel zur städtischen Zivilisation entstanden. Ihre Kunst ist von der im Mittelmeerraum entwickelten verschieden, der Zwiespalt zwischen beiden hatte große Auswirkungen auf die Folgegeschichte der europäischen Malerei und Skulptur.

Wie wir sahen, wurde die griechische Handwerkskunst von den Skythen sehr geschätzt. Viele der schönsten Stücke griechischer Goldschmiedearbeit blieben in den Gräbern skythischer Könige erhalten ▸4.80. Das Gleiche gilt für Gefäße aus Bronze und Ton, einschließlich einer Amphore aus dem 5. Jahrhundert v. Chr., die ursprünglich als Preis für den Sieger bei den Panathenäischen Spielen geschaffen worden war. Auch ägyptische Erzeugnisse hat man in diesen Gräbern gefunden. Bei den Nomaden der östlichen Steppen und des Altai-Gebirges wurden den Gräbern schöne Werke aus dem achämenidischen Persien und der chinesischen Zhou-Dynastie beigegeben. Dennoch unterscheidet sich der von den Steppenkulturen entwickelte so genannte ›Tierstil‹ von der persischen und chinesischen Kunst fast ebenso stark wie von den Formen der Alten Ägypter und Griechen. Ein goldenes Relief, das einen Hirsch darstellt und als Schmuck für einen eisernen Schild oder einen Brustpanzer geschmiedet worden war, vermag diese Beobachtung zu bestätigen ▸4.82. Vereinfacht, schematisiert und zu einem strengen Muster stilisiert, bleibt die volle Körperform des Tieres doch ausdrucksvoll und lebendig.

Die Wurzeln des Tierstils liegen im Dunkel. Das gilt auch für den Ursprung der Skythen, die sich etwa im 8. Jahrhundert v. Chr. westlich der Wolga und an den Nordküsten des Schwarzen Meeres niederließen, wobei sie ein anderes Volk von Nomaden vertrieben, die bei den Griechen als Kimmerier bekannt waren. Diese zogen sich nach Kleinasien zurück und plünderten die griechischen Küstenstädte. Durch Ausgrabungen einer berühmten Grabstätte in Maikop, die aus dem späten 2. Jahrtausend v. Chr. datiert, sind Spuren einer Aufeinanderfolge präskythischer Kulturen im Südkaukasus entdeckt worden. Mehrere Gräber des frühen 1. Jahrtausends v. Chr. enthielten bemerkenswerte Tierbronzen, doch sind diese enger mit der assyrischen und anatolischen Kunst als mit der skythischen verwandt. Wahrscheinlicher wäre eine Verbindung zu den Bronzen von Luristan ▸3.46;47. Zu den letzteren gehören aber menschliche Figuren, die in der skythischen Kunst sehr selten sind. Ferner verschmelzen die luristanischen Tierfiguren oft zu so genannten ›zoomorphen‹ Verbindungen: Der Schwanz des einen Wesens ist wie der Kopf eines anderen gestaltet, das wiederum zu einer weiteren Gattung gehört. Dieses künstlerische Verfahren wurde von skythischen Handwerkern anscheinend erst zu einer relativ späten Zeit übernommen. Die Kunst Chinas zur Shang- und Zhou-Zeit (s. S. 77ff., 108ff.) am anderen Rand der Steppe trug vermutlich zur Herausbildung des Tierstils bei, aber die Einflussnahmen scheinen auf Gegenseitigkeit beruht zu haben und sind daher sehr schwer zu entwirren. Auch die mit vergänglichen Materialien ausgeführten Werke, von denen wir sehr wenig oder überhaupt nichts wissen, könnten hierbei eine Rolle gespielt haben – nicht zuletzt die Tätowierungen, mit denen sich die Nomaden die Körper schmückten.

Welche Ursprünge der Tierstil auch gehabt hat, er scheint – so wie wir ihn kennen – zuerst auf den westlichen Steppen im 7. Jahrhundert v. Chr. aufgetreten zu sein. Er wird fast ausschließlich von kleinen Objekten, hauptsächlich aus Bronze oder Gold, die mit gefärbter Glasmasse bereichert wurden, vertre-

4.82 *Hirsch*, Schmuckplatte von einem Schild aus Kostromskaya, Südrussland, um 600 v. Chr., Gold, Länge 31,7 cm. Eremitage, St. Petersburg.

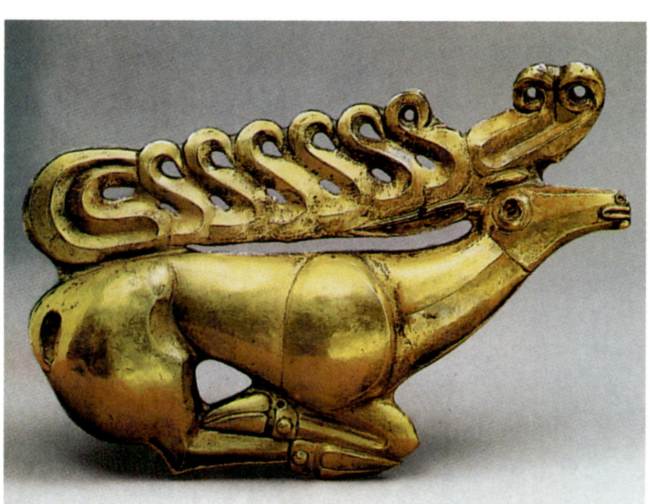

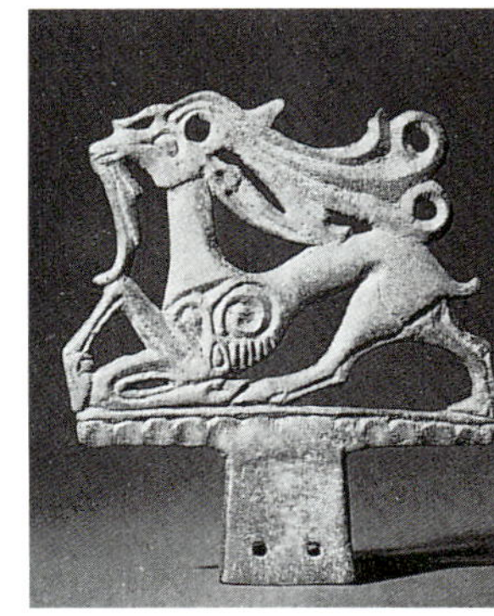

4.81 Stangenbekrönung in Form eines Hirsches, 4. Jh. v. Chr., Bronze, Höhe 15 cm. Eremitage, St. Petersburg.

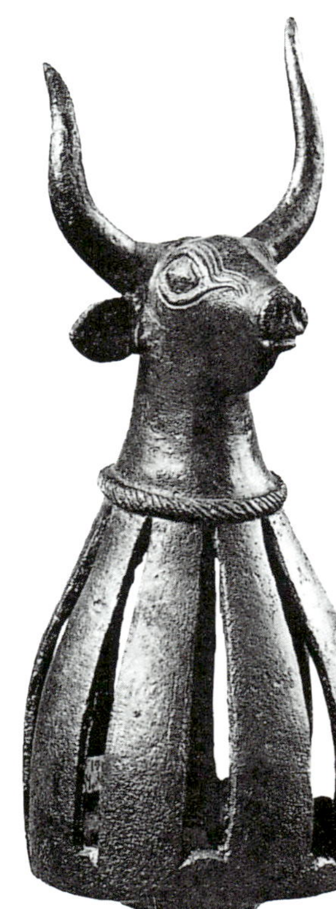

4.83 Stangenbekrönung mit Stierkopf, um 500 v. Chr., Bronze, Höhe 24 cm. Eremitage, St. Petersburg.

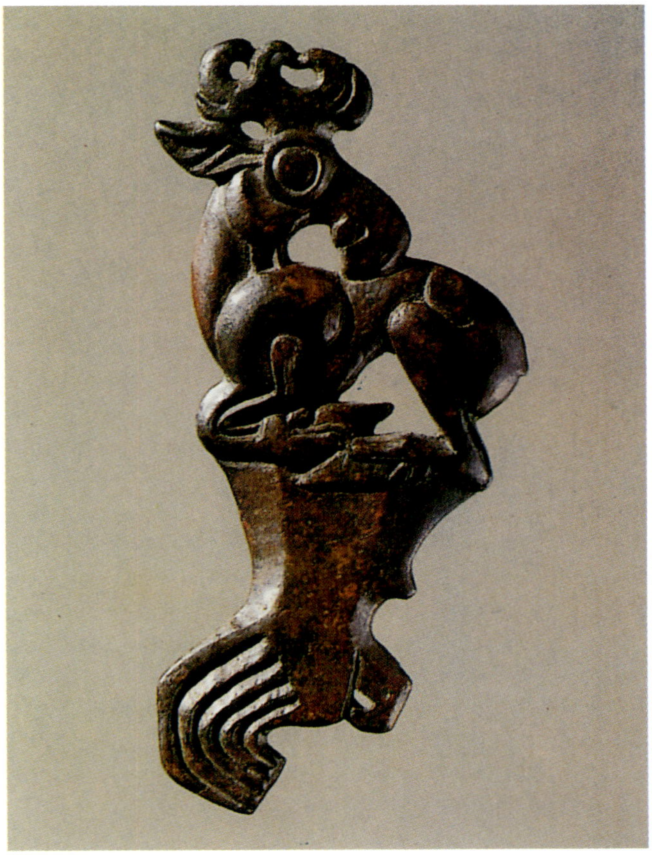

4.84 *Elch über Vogelkralle*, Pferdeschmuck, 1. Hälfte 5. Jh. v. Chr., Bronze, Höhe 10 cm. Eremitage, St. Petersburg.

ten. Diese konnten der Kleidung, Waffen und Rüstung, den Wagen und dem Pferdegeschirr angesteckt werden ▸ 4.84. Die Tiere, von denen der Stil seinen Namen hat, lebten in der Wildnis und waren nicht die von den Nomaden gezüchteten Haustiere. Verschiedene Arten Rotwild ▸ 4.81, Wölfe und Großkatzen, auch phantastische Ungeheuer treten auf. Einzelne Tiere sind in einer scharf abgegrenzten Kompaktheit dargestellt, die ihnen trotz ihrer geringen Größe einen fast monumentalen Charakter verleiht ▸ 4.83. Das Geweih eines Hirsches ist als eine Abfolge von Schnörkeln wiedergegeben, die den Rücken der Länge nach entlanglaufen; die Beine sind unter ihm zusammengefaltet ▸ 4.82. Der schlanke Leib einer Katze, wahrscheinlich eines Schneeleoparden, ist kreisförmig zusammengerollt und hat trotz der Schematisierung den angespannten Ausdruck kraftvoll modellierter Muskeln nicht verloren ▸ 4.85. Aber was bedeuten diese stilisierten Tierfiguren? Man kann sie in verschiedener Weise lesen. Ist der Hirsch gefesselt, um geopfert zu werden, und daher ein Symbol der Herrschaft des Menschen über die Tierwelt? Oder war das Umgekehrte beabsichtigt: Befindet sich der Hirsch auf der Flucht, wobei er der Gefangenschaft durch Schnelligkeit und überlegene Muskelkraft entrinnt, die wie eine Metallfeder angezogen ist?

Ein anderes Tier, gewöhnlich als Panther identifiziert, wird auf der Pirsch gezeigt ▸ 4.86. Seine Pfoten sind wie kauernde Katzen geformt, die dem Schwanz entlang einen Fries bilden. Ähnliche Überlagerungen finden sich bei vielen anderen Stücken einschließlich bronzener Finiale für Deichseln. Die Bedeutung der Tiere selbst bleibt leider rätselhaft. Sie sind mit den Riten des Jagdzaubers in Verbindung gebracht worden, denn von den Nomaden ist bekannt, dass sie sowohl wilde Tiere gejagt wie auch Haustiere gezüchtet haben. Die Werke könnten auch übernatürliche Wesen verkörpern. Über spätere Steppenvölker weiß man nämlich, dass sie von den Hirschen glaubten, sie würden die Toten ins Jenseits tragen. Man erklärte die Tierdarstellungen auch als Totems, die von den verschiedenen Nomadensippen als Verkörperung der Vorfahren verehrt wurden. Dem wäre ihre Umwandlung in Symbole der Sippe auf ganz natürliche und einfache Weise gefolgt. Die heraldischen Tiere des mittelalterlichen Rittertums, die wie bei dem britischen Königswappen viele Katzenarten und Rotwild umfassen, können mit Sicherheit bis zu den emblematischen Sinnbildern früherer Barbarenstämme aus Zentralasien zurückverfolgt werden.

Die Kunst des Tierstils war ihrem Wesen nach aristokratisch und dazu bestimmt, die Besitztümer der Herrscher, seiner Familien und vielleicht einige der wichtigeren berittenen Krieger zu schmücken. (Die Thronfolge scheint bei den königlichen Skythen des Westens erblich gewesen zu sein.) Der größte Teil der Funde stammt aus Gräbern, die den Reichtum und die Macht der Verstorbenen dokumentieren. Von Herodot stammt der schauerliche Bericht über die skythische Königsbeisetzung. Er erzählt, wie ein verstorbener König einbalsamiert und im Wagen durch seine Ländereien geführt wurde, wobei ihn eine wachsende Menge Trauernder bis zum Ort der Beisetzung begleitete. Dort wurde die Leiche zusammen mit einer Auswahl königlicher Schätze in eine Grube versenkt. Eine seiner Frauen, sein Mundschenk, der Koch, Pferdeknecht

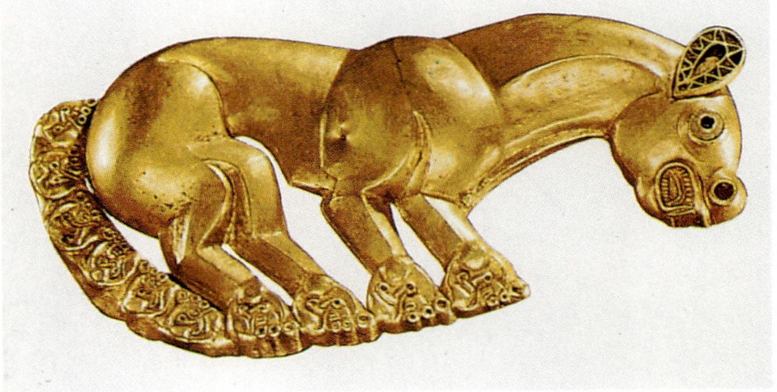

4.85 *Panther oder Schneeleopard im Rolltiertypus*, um 600 v. Chr., Gold, Breite 11 cm. Eremitage, St. Petersburg.

4.86 *Panther*, Platte für Schild oder Brustpanzer aus Kelermes, Südrussland, um 600 v. Chr., Gold mit Intarsien, Länge 32,6 cm. Eremitage, St. Petersburg.

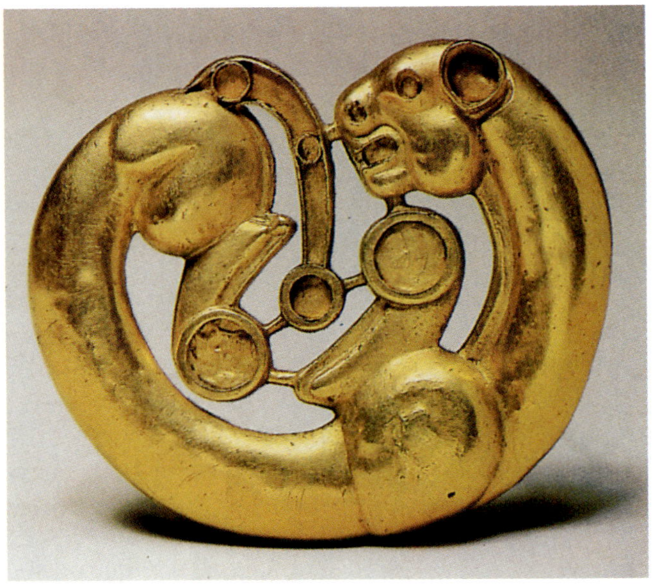

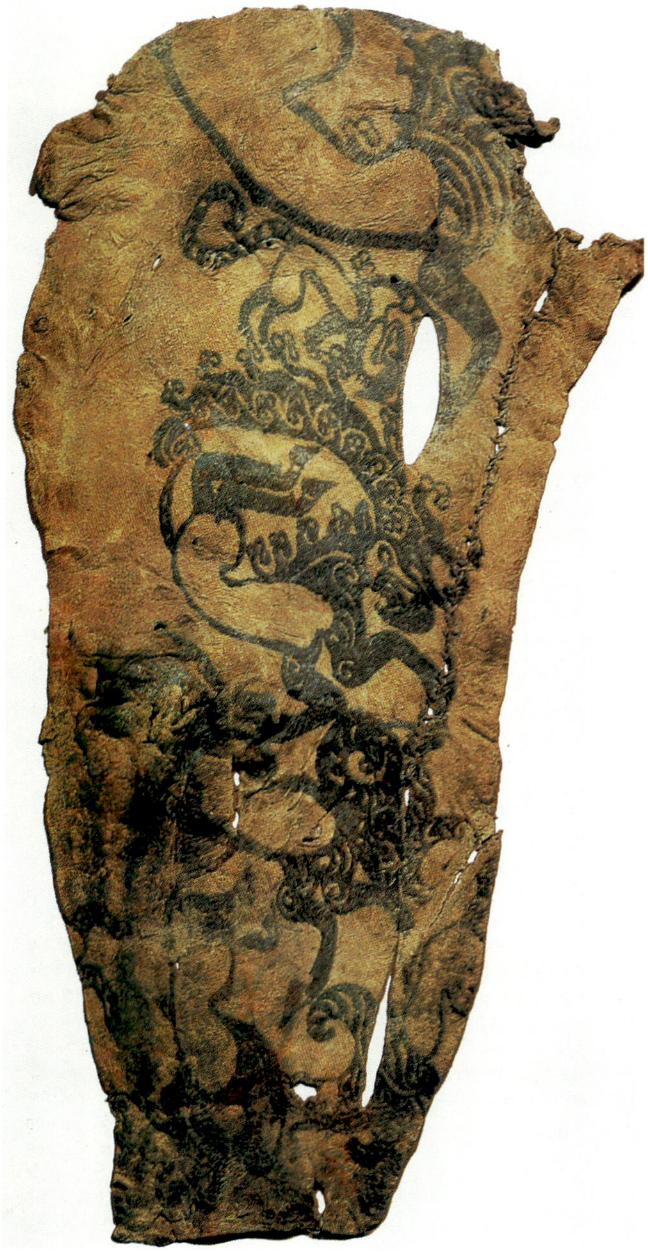

4.87 Armtätowierung eines Stammesfürsten, aus Pazyryk, Altai-Region, Russland, 5. Jh. v. Chr., menschliche Haut, Höhe 60 cm. Eremitage, St. Petersburg.

und Kämmerer wurden erdrosselt und zusammen mit einer Anzahl erschlagener Pferde beerdigt. Über der Grabstätte wurde ein Erdhügel aufgeschüttet, und nach einem Jahr tötete man 50 Jugendliche und 50 der besten Pferde, stopfte sie mit Stroh aus und stellte sie um diesen Hügel. Durch mehrere im Gebiet des Kubans östlich des Schwarzen Meeres ausgehobene Grabstätten ist die Richtigkeit dieser Schilderung im Wesentlichen bestätigt worden, insbesondere durch die Grabstätte von Kostromskaya Stanica, die die Rüstung des Toten sowie eine goldene Platte, die einen Hirsch darstellt ▸4.82, lederne Köcher, bronzene Pfeilspitzen, kupfernes und eisernes Zaumzeug enthält ▸4.88. Dreizehn menschliche Skelette liegen ohne jeden Schmuck in der darübergehäuften Erde. Jenseits der Hauptstätte wurden die Überreste von 22 Pferden gefunden, die man offensichtlich paarweise verbrannt hatte.

Weit im Osten, bei Pazyryk im Altai-Gebirge der Mongolei liegt ein noch bemerkenswerteres Gräberfeld, das stärker als bei den Skythen vervollkommnet und zum Teil aus Stein errichtet ist. Die besonderen klimatischen Bedingungen erhielten den Inhalt des Grabs tiefgefroren in festem Eis, so dass uns ein einzigartiger Einblick in die Lebensweise und Kunst der Steppennomaden vor etwa 2400 Jahren ermöglicht wird. Der Körper eines Königs oder Stammesfürsten ist hier gefunden worden, der sehr ausgeprägt mit Tätowierungen im Tierstil bedeckt ist ▸4.87. Die Rolle, die die verloren gegangenen Körpermalereien für die Entwicklung von Zeichnung und Malerei seit sehr früher Zeit gespielt haben könnten, wird hier beunruhigend deutlich. Stoffe hatten bei dieser Kälte ihre Farben hell und frisch bewahrt, auch ein herrlicher persischer Webteppich (der früheste, den wir kennen) blieb konserviert, ebenso zarte chinesische Seidenwaren und Filzbahnen mit →›Appliqué‹-Stickerei, die vermutlich aus heimischer Produktion stammten. Eine besonders gut gearbeitete Satteldecke aus Filz hat man mit Drachenmasken sowie kämpfenden Greifen und Ziegen verziert, mit Motiven also, die sich von den bronzenen Ritualgefäßen Chinas beziehungsweise der Kunst des alten Nahen Ostens herleiten. Die Formen waren umgewandelt und einer kostbaren und üppigen Variante des Tierstils der Steppen angeglichen ▸4.90. Gegenstände wie etwa die aus Holz und Leder hergestellten Pfahlspitzen offenbaren große Meisterschaft der plastischen Form: Eine ist wie das Haupt eines gefiederten Greifs geformt, der den Kopf eines Rehs in seinen Klauen hält, eine andere wie ein Hirsch mit einem übertrieben großartigen Geweih ▸4.89. Dass am westlichen Steppenrand nichts Vergleichbares gefunden wurde, könnte einfach an den klimatischen Bedingungen liegen, die für die Konservierung weniger günstig waren.

Es gab noch andere, verwandte Steppenkulturen, insbesondere die der Sarmaten, eines Nomadenvolkes aus Südrussland,

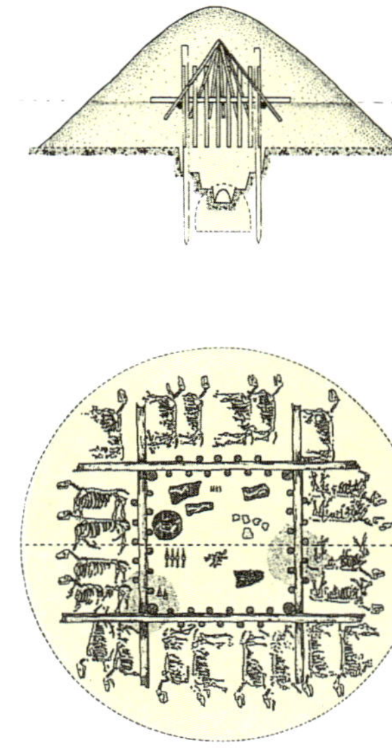

4.88 Kurgan von Kostromskay Stanica, Aufriss und Grundriss.

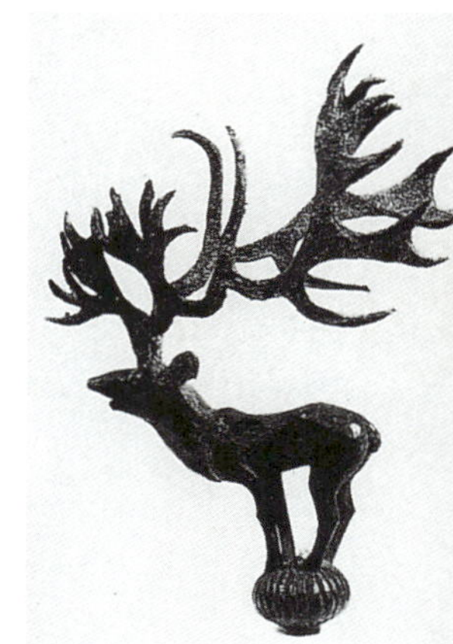

4.89 *Hirschfigur*, Ende 5. Jh. v. Chr., Holz und Leder, Höhe 11 cm. Eremitage, St. Petersburg.

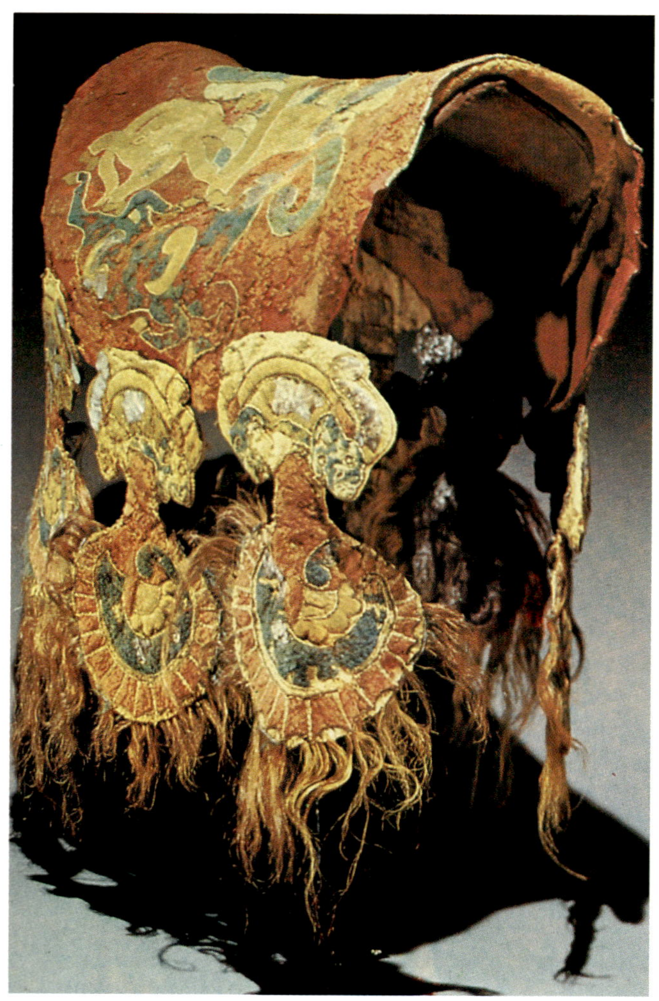

4.90 Satteldecke aus Pazyryk, Altai-Region, Russland, 5. Jh. v. Chr., Filz, Leder, Pelz, Haar und Gold, Länge 119 cm. Eremitage, St. Petersburg.

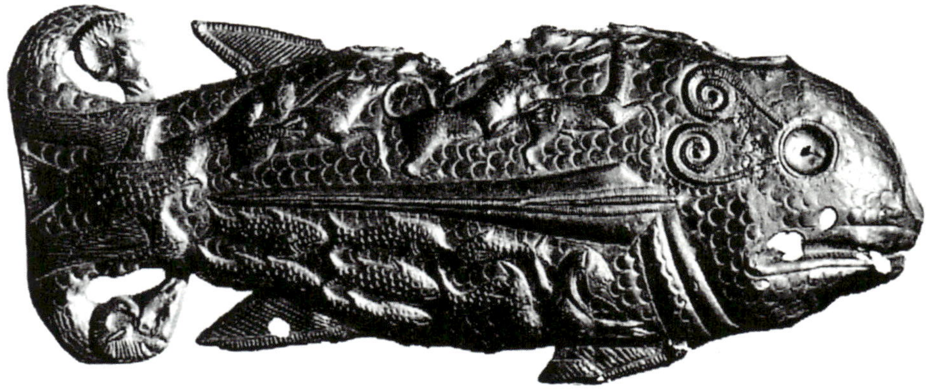

.91 *Fisch aus Vettersfelde,* 
eutschland, frühes 5. Jh.
. Chr., Elektrum, Länge 41 cm.
ntikensammlung, Berlin.

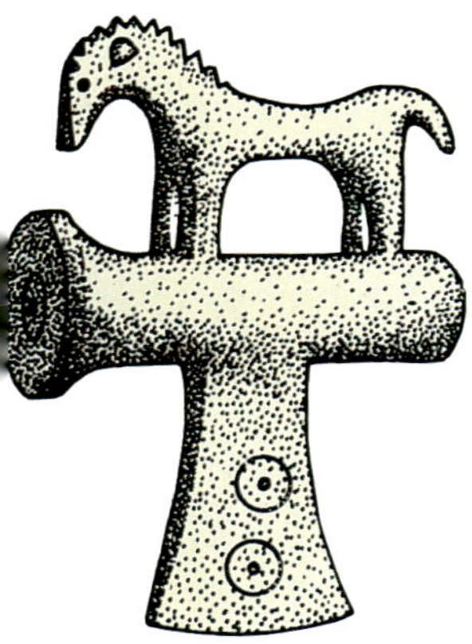

.92 Zeremonialaxt mit Pferde-
gur, aus dem Friedhof von
Hallstatt, ältere Hallstattzeit,
ronze. Germanisches National-
useum, Nürnberg.

das ungefähr im 3. Jahrhundert v.Chr. in das Gebiet der Skythen kam und dann nach Europa weiterdrängte. Die sarmatische Kunst lässt Kontakte sowohl zu China als auch zu Persien sichtbar werden und verdient vor allem wegen ihrer Metallbearbeitung insbesondere bei Gold und wegen der frühen Entwicklung der Technik des → Zellenschmelzes Beachtung. Die Sarmaten wurden schließlich vom ›Reich‹ der Hunnen aus Zentralasien verschlungen, deren Kunst noch eine andere Variante des Tierstils hervorbrachte.

Lange vor den berittenen Nomaden aus Asien könnten Einzelstücke im Tierstil Mittel- und Nordeuropa erreicht haben. Eines der schönsten, das vermutlich aus dem 5. Jahrhundert v. Chr. stammt, fand man bei Vettersfelde in Deutschland (etwa 80 km von Berlin entfernt) in einem Schatzhort ▸4.90. Wie es dorthin geraten ist, bleibt ein Rätsel. Es handelt sich um eine verhältnismäßig große Treibarbeit aus Elektrum in der Form eines Fisches, dessen Bauch einen Fischschwarm und dessen Rücken andere Tiere zeigt, wobei der Schwanz in Widderköpfen endet – ein gutes Beispiel für die zoomorphe Verbindungsweise. In Ungarn wurde an der Grenze zwischen der Welt der Steppennomaden und dem agrarischen Europa eine Elektrumscheibe gefunden, die etwa aus der gleichen Zeit stammt und einen Hirsch in genau der gleichen Stellung darstellt wie das Stück aus Kostromskaya ▸4.82. Wie weit die Werke des Tierstils die europäische Kunst zu dieser Zeit beeinflussten, lässt sich allerdings noch nicht bestimmen.

## Hallstatt und La Tène

Die Kunstgeschichte im Europa der Eisenzeit im 1. Jahrtausend v. Chr. wird von den Archäologen in zwei sich überschneidende Phasen gegliedert. Die frühere nennt man Hallstatt-Zeit nach dem an einem See gelegenen Dorf nahe Salzburg, vgl. ▸4.92, die spätere (die in der zweiten Hälfte des 6. Jahrhunderts v.Chr. begann) heißt La Tène-Zeit, nach einem Ort am Ostende des Neuenburger Sees in der Schweiz, wo man eine Reihe von Votivobjekten fand. Im Laufe der ersten Periode ließen sich die später als Illyrer, Kelten und Germanen bekannten Völker im Südosten beziehungsweise in der Mitte und im Norden Europas nieder, wo sie die überlieferte Geschichte erstmals zu lokalisieren weiß. Sie waren Bauern und hatten eine obere Kriegerkaste. Um das 7. Jahrhundert v.Chr. deuten die Beerdigungsriten einen sozialen Wandel an. Die so genannten Urnenfelder-Kulturen, bei denen die Asche der Toten in Tongefäße gefüllt und auf gemeinsamen Friedhöfen vergraben wurde, verschwanden. Eine andere Kultur trat an ihre Stelle, die wie die Skythen Einzelne in Gräbern bestattete, die reichhaltig mit bronzenen Waffen und Rüstung, mit persönlichen Schmuckgegenständen ▸4.93;94 und Reiterausstattungen versehen waren. Einen König oder Stammesfürsten des 6. Jahrhunderts v.Chr. beerdigte man in Mähren mit seinem Wagen, mit Schmuck, Tischgeschirr und etwa 46 Begleitern – ein seltener Fall, dass in Europa die östliche Praktik angewandt wurde, die Lebenden zur Begleitung des Toten zu opfern.

Die Hallstatt-Kultur der Eisenzeit nahm den Gegensatz zwischen nördlicher und südlicher (mediterraner) Kunst um viele Jahrhunderte vorweg, einen Gegensatz, der schon die viel vollständiger ausgeführten – vor allem goldenen – Arbeiten der Skythen kennzeichnete. Ihr bedeutendstes Werk ist die bronzene Gruppe aus einem Grab in Strettweg nahe Graz (7.Jahrhundert v.Chr.), die gewöhnlich als *Kultwagen* bezeichnet wird ▸4.95. In der Mitte steht eine weibliche Figur, vermutlich eine Göttin, die eine Schale auf dem Kopf hält. Umgeben wird sie von vier Kriegern zu Pferde, von einer Frau und einem Mann mit aufgerichtetem Penis, der eine Axt schwingt, und von zwei Hirschen, die von nackten, aber seltsam geschlechtslosen Figuren flankiert sind. Alle sind gleichermaßen formal reduziert, bei den Tierfiguren in einem auffallenden Gegensatz zu den lebendigeren, kompakteren und geschmeidigeren Geschöpfen der Skythen.

Diese Hirsche, die Krieger und die Göttin in der Mitte stehen der ›geometrischen‹ Kunst des alten Griechenland viel näher. Das Werkstück könnte fast von einem Bronzeschmied stammen, der sein Handwerk in Griechenland erlernt hatte, wenn nicht sogar von einem Griechen selbst. Denn obwohl der Gesamteindruck entschieden vom Norden geprägt ist – mit möglichen Vorläufern in Skandinavien –, lässt sich der *Strettweg-Wagen* vielleicht am ehesten als das Produkt einer europäischen Eisenzeit-Kultur begreifen, von der sich Griechenland gerade zu diesem Zeitpunkt abzuwenden begann.

Offensichtlich schätzten die keltischen Fürsten der La Tène-Zeit die griechische Kunst ebenso sehr wie die Skythen. In dem Grab einer Prinzessin oder Priesterin in Vix nahe Châtillon-sur-Seine in Frankreich fand man das weitaus größte erhaltene griechische Bronzegefäß, einen Krater des 6. Jahrhunderts, der über 150 cm hoch ist ▸4.96. Es gibt Gründe für die Vermutung, dass er auf der Peloponnes für den Export angefertigt wurde. Der Fries am oberen Rand zeigt griechische Soldaten, Wagen und Pferde, die den Stil der archaischen Skulptur gegen Mitte des 6. Jahrhunderts v.Chr. aufs beste

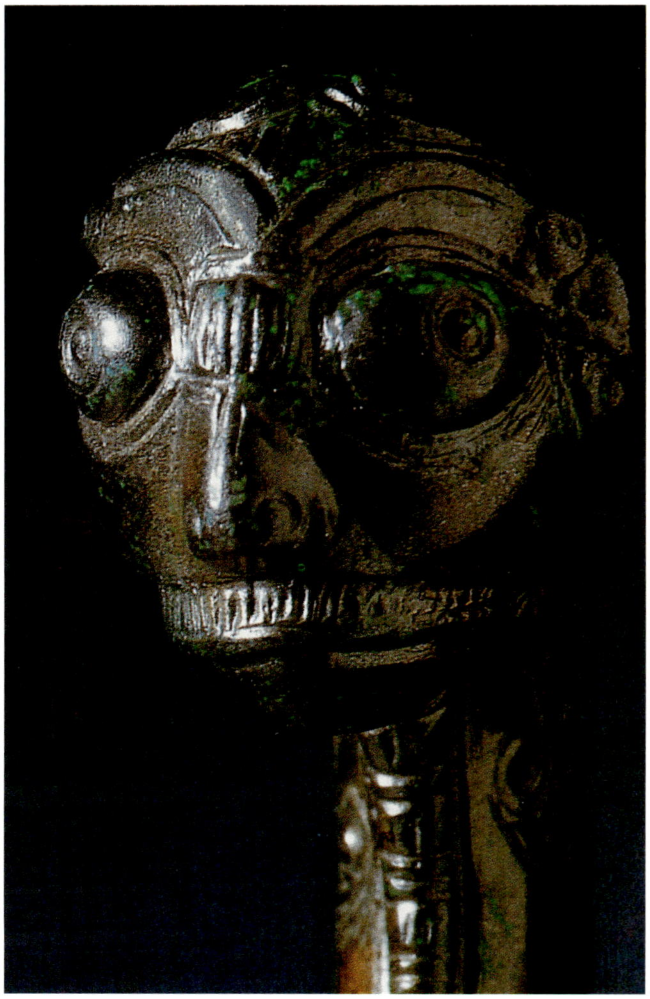

4.93 *Maskenfibel*, Detail von ▸4.94.

verkörpern. In den Gräbern des Nordens hat man noch viele andere griechische Werke gefunden, sogar Schalen, die noch Spuren des geharzten Südweins enthielten, so als ob sie gerade geleert und nach den Bestattungsfeierlichkeiten abgesetzt worden wären. Ein Fürst beschäftigte in Heuneburg an der oberen Donau Ingenieure aus dem Süden, um seine Zitadelle in griechischem Stil zu befestigen (aber nur auf der Seite, die einer verbündeten Siedlung gegenüberlag, deren Einwohner er offensichtlich beeindrucken wollte).

Dennoch scheint die La Tène-Zeit die Einflüsse von Griechen und Skythen völlig assimiliert zu haben. Die Schmuckelemente auf einem großartigen bronzenen Wasserkrug, der aus einem Grab in Basse-Yutz in Lothringen zutage gefördert wurde, lassen sich sowohl auf östliche als auch auf westliche Ursprünge zurückführen ▸4.97. Das geschmeidige wolfsähnliche Tier, das als Henkel dient, und die zwei auf den oberen Rand gesetzten Tiere haben eine erkennbar asiatische Ahnenreihe. Ihre Ohren sind mit fortlaufend geschnörkelten Linien eher gezeichnet als modelliert, und ihre Gelenke sind wie bei einigen Holzschnitzereien aus dem Altai-Gebirge durch Spiralen wiedergegeben. Andererseits stammt die Idee, einen Henkel in Form eines Tieres zu gestalten, wahrscheinlich über Griechenland und Etrurien vermittelt, aus dem Iran. Die Form des Gefäßes ist trotz der größeren Kantigkeit und Eleganz im Wesentlichen griechisch-etruskisch. Knapp oberhalb der Basis ist ein griechisches Wellenband (später → vitruvianischer Mäander genannt) sorgsam in die Bronze geritzt. Auch das Flechtmuster um den Gefäßfuß stammt von den Griechen (der Fachausdruck hierfür lautet → Guilloche). Ebenso scheint die Verzierung unterhalb des Ausgusses von griechischen Motiven herzurühren, jedoch ist das Geometrische der Urformen durch die Einlegearbeit aus Email und Korallenstücken gemildert. Der Krug ist in seiner gebogenen Linienführung und der fein ausbalancierten Asymmetrie ebenso typisch keltisch wie in der charakteristischen Farbwahl und der Schematisierung des Henkels, der mit einem bärtigen menschlichen Gesicht mit glotzenden Korallenaugen verschmilzt.

Die Kelten verwarfen von den Künsten anderer Kulturen ebenso viel, wie sie übernahmen, und die von ihnen übernommenen Motive tendierten dazu, in wachsendem Maße in lineare Schnecken- und Schnörkelmuster aufgelöst zu werden. Ihre Formen sind zugleich ungegenständlich und organisch. Viele ihrer Stilmerkmale kommen in einem durchbrochenen bronzenen Ornament zur Anschauung, das in der Tschechischen Republik gefunden wurde ▸4.98. Es gibt keine völlig überzeugende Erklärung, welchem Zweck dieses außergewöhnliche Stück ursprünglich diente. Die seltsame Wirkung könnte sich zum Teil aus der Abtrennung von dem wahrscheinlich hölzernen oder ledernen Gegenstand erklären, dessen Bestandteil es ursprünglich war. Ein Kopf mit merkwürdig traurigen menschlichen Augen und einer Tierschnauze späht aus einem

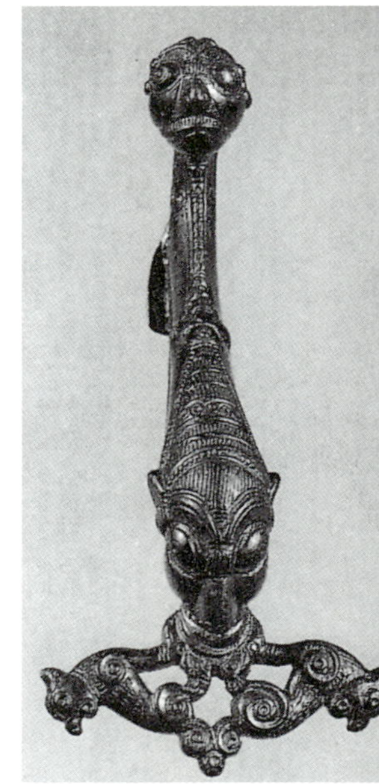

4.94 Maskenfibel mit Fabelwesen, aus Parsberg, frühe La Tène-Zeit, 5. Jh. v. Chr., Bronze, Höhe 9 cm. Germanisches Nationalmuseum Nürnberg.

4.95 *Kultwagen aus Strettweg*, Österreich, 7. Jh. v. Chr., Bronze, Höhe der Göttin 22,2 cm. Steiermärkisches Landesmuseum, Johanneum, Graz.

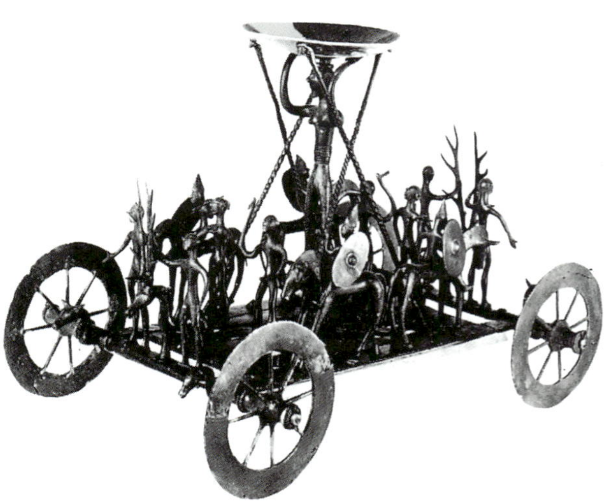

4.96 Krater aus Vix, (Detail) Frankreich, 550–500 v. Chr., Bronze, Höhe 163,8 cm. Musée Archéologique, Châtillon-sur-Seine.

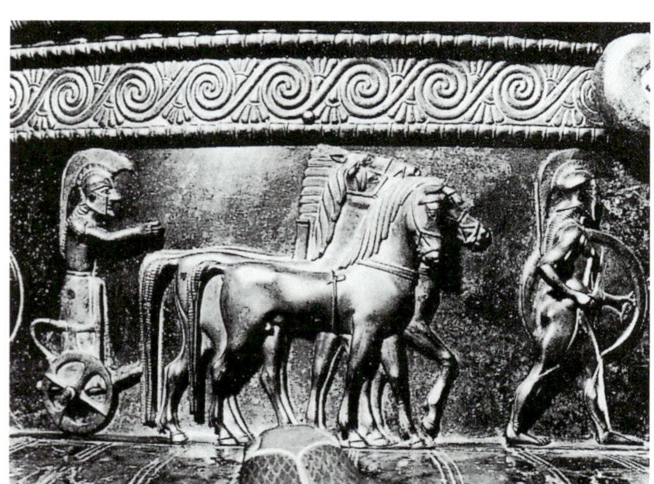

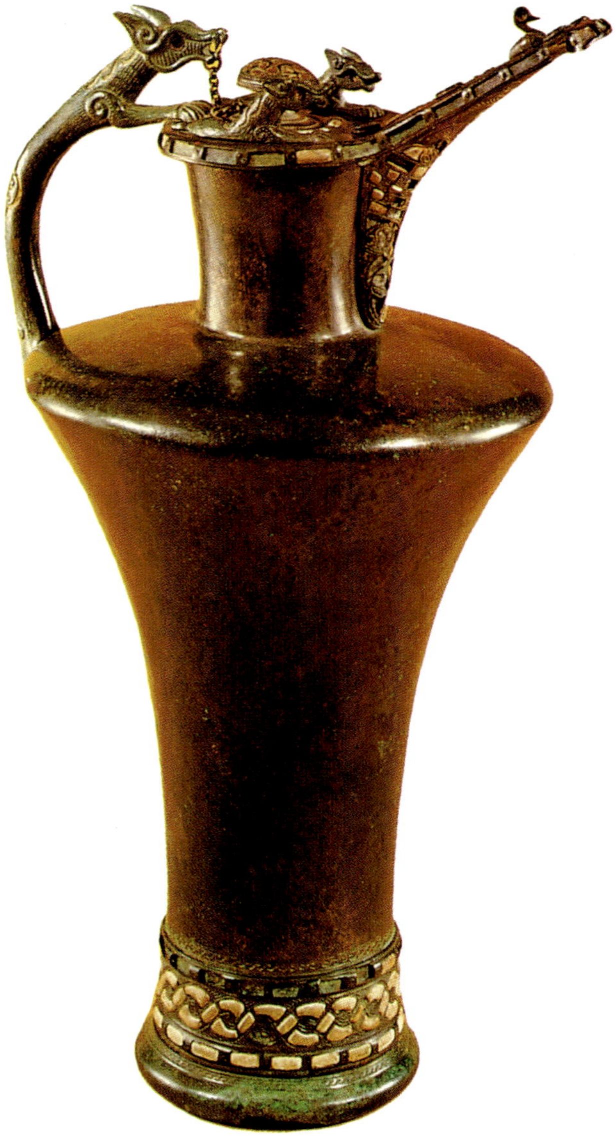

.97 Krug aus Basse-Yutz, 'rankreich, frühes 4. Jh. v. Chr., ›ronze, Korallen und Email, Höhe 38,7 cm. British Museum, ,ondon.

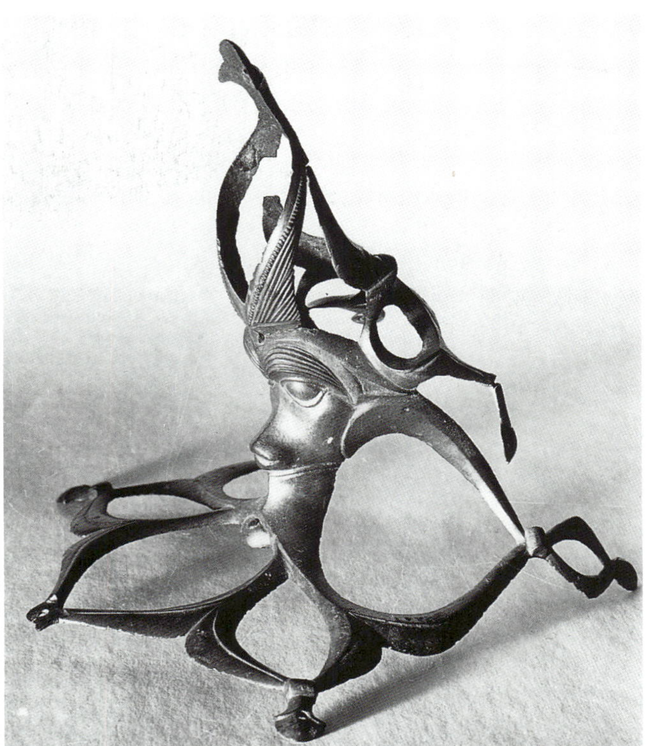

.98 Durchbrochen gearbeitetes )rnament aus Brünn-Malo- nerica, Tschechische Republik, . Jh. v. Chr., Höhe des 'ierkopfs 6 cm. Mährische Galerie, Brünn.

verwickelten Kurvengeflecht heraus. Obwohl nicht geometrisch bestimmbar, sind die Linien streng beherrscht und zu einer wohlklingenden Komposition ornamentalisiert. Wie der Krug aus Basse-Yutz und andere Werke der La Tène-Kunst zeugt auch diese Bronze von einer subtilen Kunstfertigkeit, die sich kaum mit unserem Wissen über die Stammesgesellschaft ergänzt, für die sie geschaffen wurde.

Um 390 v. Chr. stürmten keltische Stämme die italienische Halbinsel und brannten Rom nieder, das damals nur einer von mehreren kleinen Stadtstaaten Italiens war, die parallel zu den etruskischen entstanden waren (s. S. 156ff.). Andere keltische Stämme fielen regelmäßig in Griechenland ein und plünderten Delphi im Jahre 279 v. Chr. Im Verlauf der folgenden Jahrhunderte wurden sie allmählich zurückgetrieben, und den größten Teil ihres Territoriums besetzten schließlich die Römer. Doch die zuerst in der La Tène-Zeit aufgetretene Kunst erhielt noch lange ihre Kraft, wie wir noch sehen werden (s. S. 307).

## Die iberische Kultur und Sardinien

Im 1. Jahrtausend gab es noch eine Reihe anderer europäischer Kulturen, die bei den Griechen als barbarisch galten und von den Römern gewaltsam unterdrückt werden sollten. Ganz im Westen des Mittelmeerraums, an der Südküste Spaniens, bildete sich die iberische Kultur unter dem Einfluss der Phönikier und der Griechen heraus. Zu ihr gehörte eine des Schreibens kundige Schicht, die eine hauptsächlich aus dem Griechischen abgeleitete Schrift verwendete, doch ihre Sprache konnte bis jetzt nicht übersetzt werden. Mehrere ihrer Städte scheinen recht ausgedehnt gewesen zu sein, obwohl wenig von ihnen erhalten ist. Erhalten sind jedoch plastische Werke, vor allem kleine Stein-, Terrakotta- und Bronzefiguren von Frauen mit aufwendigen Frisuren – offensichtlich Votivgaben für im übrigen geheimnisvolle Gottheiten ▸ 4.99. Größere Skulpturen aus Stein sind trotz ihrer Schadhaftigkeit und ihres fragmentarischen Charakters eindrucksvoller, auch wenn die Authentizität einer mußmaßlich antiken iberischen Arbeit in einem bemerkenswert guten Erhaltungszustand inzwischen in Frage gestellt wird. Kleiner, aber sehr beeindruckend sind mehrere Köpfe, insbesondere derjenige eines Mannes mit kurz geschorenem Haar, dessen hervortretende Augen und entschlossenes Kinn ihm eine markante Individualität verleihen ▸ 4.101. Natürlich bleibt ungewiss, ob es sich dabei um ein Porträt handelt. Dieser Kopf weicht aber deutlich von den idealisierten Köpfen griechischer Statuen ab – besser: In ihm wird ein anderes Ideal verwirklicht, denn die Fertigkeit eine lebensechte dreidimensionale Form zu hauen, scheint zumindest indirekt auf Griechenland zurückzuverweisen.

Das Verhältnis einer anderen mediterranen Kultur, der sardinischen, zu der von Griechenland und Vorderasien lässt sich schwer bestimmen. Ihre auffallendsten Relikte sind die runden Verteidigungstürme, Nuraghen genannt, von denen sich etwa 6000 erhalten haben. Der früheste stammt aus der Mitte des 13. Jahrhunderts v. Chr. Sie wurden bis zu der ein Jahrtausend späteren Eroberung der Insel durch die Römer weitergebaut und bilden Kegelstümpfe aus Zyklopenmauerwerk, die gelegentlich unter Verwendung von Mörtel zwei oder mehr Stockwerke hoch sein können. Die Räume im Inneren hatten falsche Gewölbe aus → Kragsteinen. Manchmal wurden mehrere Türme durch dicke Mauern verbunden,

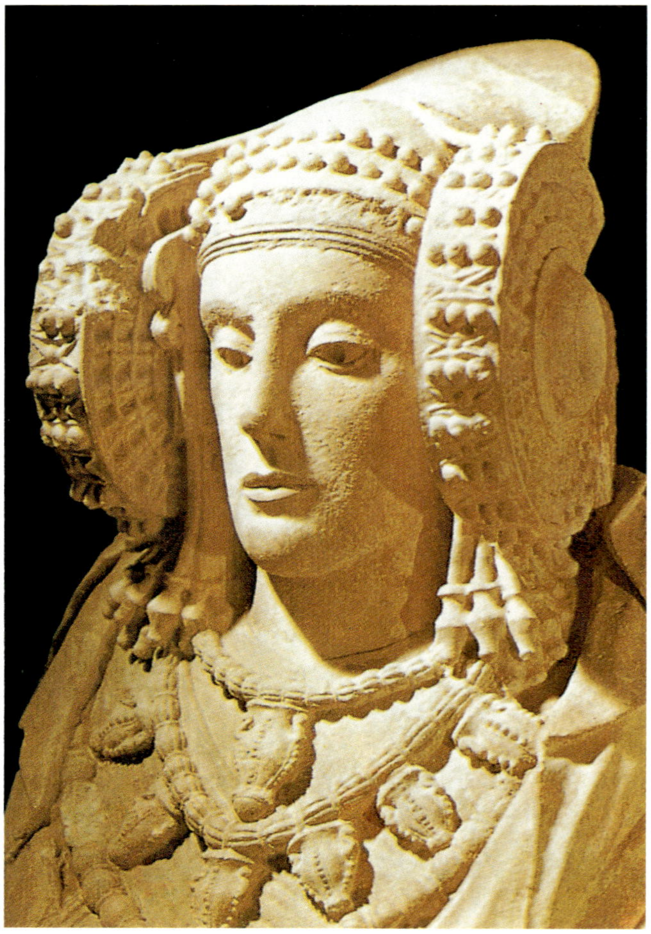

4.99 *Frau von Elche*, 5.–4. Jh. v. Chr., Stein, Höhe 55,9 cm. Prado, Madrid.

die von Kragsteinen gebildete Durchgänge hatten. In der gleichen Technik erbaute man unterirdische Kammern um Quellen und Brunnen herum, die wohl irgendeine religiöse Bedeutung hatten. Die Häuser wurden auf ähnliche Weise errichtet. Um die Nuraghen in Barumini sind die Grundmauern eines ganzen Dorfes ausgegraben worden. Es wird allgemein angenommen, dass man die Bautechnik vom minoischen Kreta oder vom helladischen Griechenland erlernt hatte. Aber im Gegensatz zu den ›tholoi‹, von Mykene ragten die Nuraghen als freistehende Gebäude über dem Erdboden hoch.

Ebenso charakteristisch war die kleinformatige Skulptur. Mehrere hundert Bronzestatuetten, darunter vor allem menschliche Figuren, sind erhalten, von denen vermutet wird, dass sie zwischen dem 8. und 6. Jahrhundert v. Chr. entstanden ▸4.102. Das → Wachsausschmelzverfahren, mit dessen Hilfe sie gegossen wurden, ist sicherlich etwa zur gleichen Zeit vom östlichen Mittelmeerraum her übermittelt worden wie bei seiner Übernahme durch die Griechen. Gegenstand der Darstellungen sind Krieger, Frauen mit fließenden Gewändern, die Göttinnen verkörpern könnten, Musikanten mit Doppelflöte, Schaftträger, Ringer und andere. Wahrscheinlich wurden viele von ihnen als Votivobjekte in Schreine gelegt. Stellvertretend für die Gruppe sardinischer Statuetten sei eine kleine männliche Figur gezeigt, die elementar schematisiert wurde und Arme hat, die auf einfache, gebogene Stäbe reduziert worden sind ▸4.100. Der Dargestellte spricht oder ruft, während er gleichzeitig gestikuliert. Diese kleine Bronze hat den Charakter und das Aussehen eines wohlbekannten und glücklicherweise noch heute gedeihenden mediterranen Menschenschlags eingefangen.

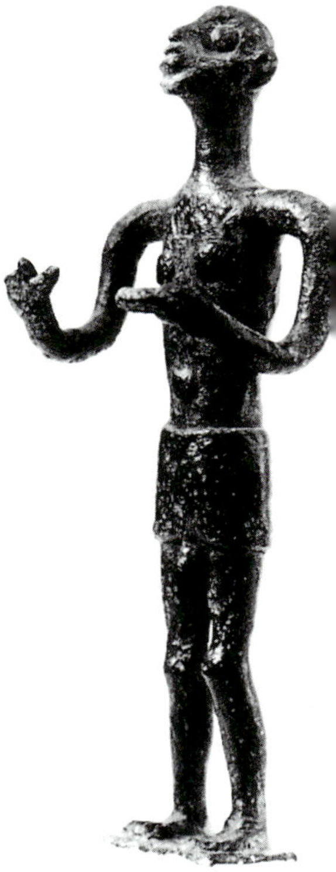

4.100 *Männliche Figur*, Sardinien, 800–500 v. Chr., Bronze, Höhe 18,4 cm. Museo Nazionale, Cagliari.

## Die Etrusker

Als die Griechen gegen Mitte des 8. Jahrhunderts v. Chr. ihre ersten Kolonien in Süditalien gründeten, trafen sie auf eine Kultur der Eisenzeit, die sich nicht allzu sehr von ihrer eigenen unterschied: die eines Volkes, das sich selbst Rasenna nannte, aber später als Etrusker bekannt wurde (Herodot nannte sie Tyrsener). Die Etrusker begannen damals damit, ihre kleinen landwirtschaftlichen Niederlassungen in Städte umzuwandeln. Sie wurden zu den am besten organisierten Bewohnern der Halbinsel, den einzigen, die es mit den griechischen Invasoren aufnehmen konnten. Während der folgenden hundert Jahre rivalisierte ihre reich begüterte Zivilisation mit der des archaischen Griechenland. Ihre Sprache, die durch viele tausend Inschriften erhalten ist, gehörte nicht zur indoeuropäischen Sprachgruppe und lässt sich immer noch kaum verstehen. Die Etrusker standen abseits von den anderen Völkern Italiens, die eng miteinander verwandte Dialekte sprachen – einschließlich einer primitiven Form des Lateinischen. Es existiert die Theorie, dass sie erst kurze Zeit zuvor, wahrscheinlich aus Westasien, wie Herodot bemerkte, nach Italien gekommen seien.

Obwohl sie Sprache und Religion miteinander teilten, lebten die Etrusker nicht als eine politische Einheit. Ihre unabhängigen Stadtstaaten (von denen es traditionell heißt, es seien zwölf gewesen), die zuerst monarchisch und später republikanisch verfasst waren, ähnelten den griechischen ›poleis‹, obwohl es unter ihnen viel seltener zum Krieg kam. Von den Städten auf dem Küstenstreifen zwischen Tiber und Arno ausgehend, expandierten sie ins Innere bis zum Apennin und besetzten das Gebiet der heutigen Toskana und Umbriens, das

4.101 *Kopf eines Mannes*, 5.–3. Jh. v. Chr., Stein, Höhe 46 cm. Musée des Antiquités Nationales, Saint-Germain-en-Laye.

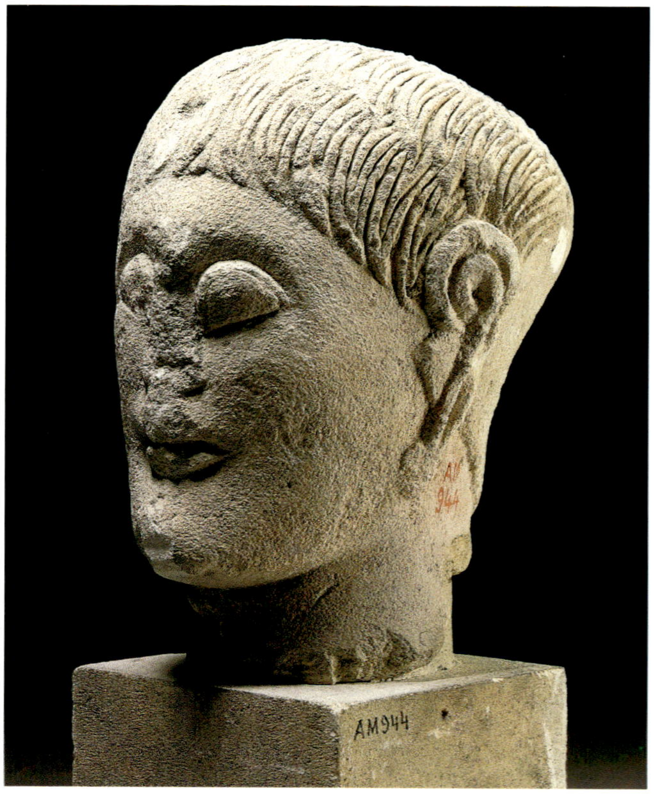

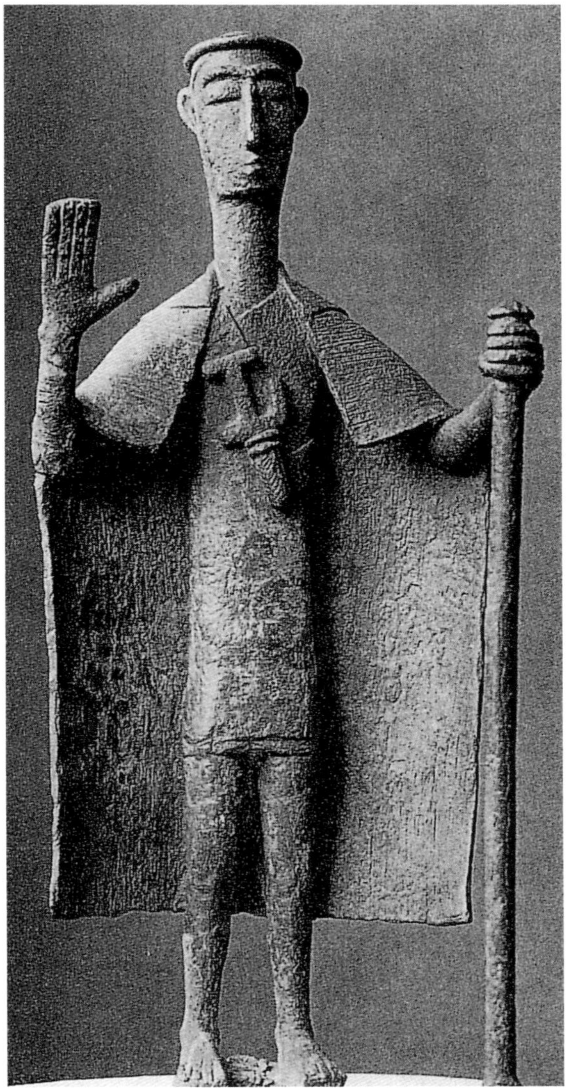

4.102 *Figur eines Häuptlings*, 800–500 v. Chr.

reich an Bodenschätzen war. Später dehnten sie sich nach Norden bis in die fruchtbare Poebene und nach Süden fast bis nach Neapel aus. Rom selbst wurde bis 510 v. Chr. von etruskischen Königen regiert. Gegen Ende des 6. Jahrhunderts v. Chr. scheinen sie die gesamte Halbinsel mit Ausnahme der von den Griechen kolonisierten Gebiete beherrscht zu haben. Ihre Flotte, die vielleicht die mächtigste im Mittelmeer war, schützte die weitgespannten Handelsinteressen.

Die kulturellen Beziehungen zwischen Etruskern und Griechen waren kompliziert. Vor dem Ausgang des 8. Jahrhunderts v. Chr. übernahmen die Etrusker ein Alphabet ähnlich dem der Griechen (allerdings hat man eine unabhängige Ableitung aus dem phönikischen vermutet), doch sie schrieben von rechts nach links. In großem Stil kauften sie griechische Erzeugnisse, insbesondere Tongefäße, die mit Szenen aus den griechischen Mythen und Legenden bemalt waren, sowie Statuen griechischer Gottheiten, von denen sie einige in ihr eigenes Pantheon aufnahmen, so etwa Apoll und Artemis. Man weiß, dass griechische Künstler seit dem 7. Jahrhundert v. Chr. in etruskischen Städten arbeiteten. Dennoch war die etruskische Kultur nicht einfach ein Ableger der griechischen. Ganz unabhängig entsprang sie den gemeinsamen Wurzeln der Eisenzeit vgl. ▶4.103; 104. Bezeichnenderweise betrachteten die Griechen und später auch die hellenisierten Römer die Etrusker als ein eigenständiges Volk.

Die Etrusker haben keine Literatur hinterlassen, aus der wir einen gewissen Einblick in ihr Denken, ihre Gefühle, Lebensweise oder Geschichte gewinnen könnten. Wir kennen sie nur aus den vermutlich nicht vorurteilsfreien Kommentaren griechischer und lateinischer Schriftsteller und von den materiellen Überresten ihrer Kultur, die hauptsächlich in Gräbern gefunden wurden und einen verwirrenden Spielraum an Interpretationen zulassen. Klassische und moderne Autoren haben die Etrusker als ein Volk beschrieben, das vom Tod besessen und den Freuden des Lebens völlig ergeben war – ebenso tief religiös wie amoralisch ausschweifend. Die Kunst ist wegen ihres Mangels an Originalität verurteilt und wegen

4.103 *Krieger*, um 500 v. Chr., Kalkstein, Höhe 223 cm. Museo Nazionale, Chieti.

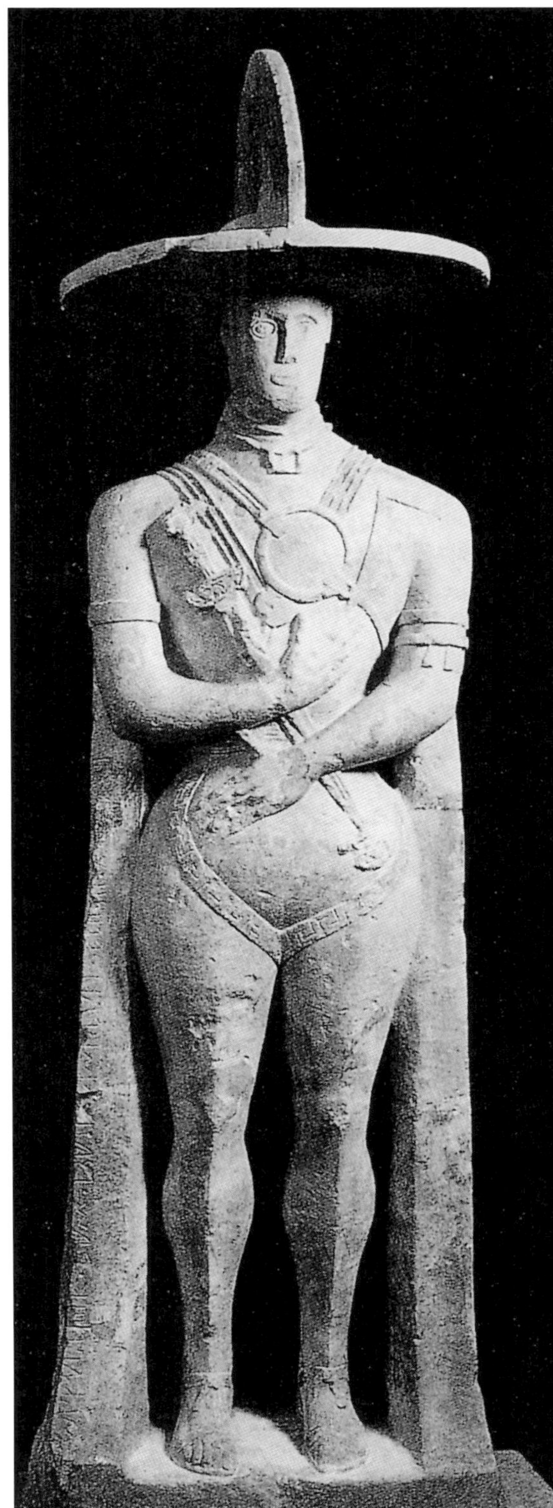

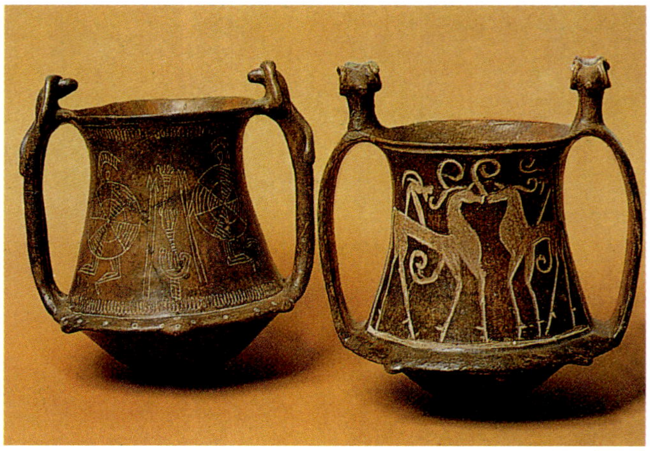

4.104 Faliskische Kantharoi, 2. Hälfte 7. Jh. v. Chr., Höhe 25 cm. Museum für Kunst und Gewerbe, Hamburg.

ihrer vitalen Spontaneität gepriesen worden. Man weiß, dass die etruskischen Bronzen im Athen des 5. Jahrhunderts v. Chr. – also auf der Höhe der klassischen Zeit Griechenlands – hoch geschätzt worden sind. Schon ein erhaltenes Werk rechtfertigt diese Einschätzung bei weitem – die berühmte *Wölfin* des Kapitols, jahrhundertelang das Wahrzeichen der Stadt Rom und ein Meisterwerk des Bronzegusses und der Bronzeziselierung ▸4.107. Der Unterschied zu griechischen Tierskulpturen ist markant. Der besondere Realismus der gespannten, wachsamen Körperhaltung – die aufgerichteten Ohren, die gefurchten Brauen, das knurrende Maul, die sich aufrichtenden Nackenhaare – drückt den nicht idealisierten, erdverbundenen Charakter der etruskischen Kunst aus.

Die Abgrenzung zwischen der griechischen und etruskischen Kunst lässt sich nicht so einfach ziehen wie die zwischen der griechischen und skythischen, keltischen und iberischen Kunst. Die zahlreichen Objekte, die man in den Städten und Nekropolen Etruriens fand, haben Kontroversen zwischen den Gelehrten entfacht. Es gibt Tausende etruskischer Grabstätten mit gemalten und plastischen Verzierungen, mit Totenurnen, Sarkophagen und Beigaben, die vom einfachsten Haushaltsgegenstand bis zu Luxusgütern reichen. Die Objekte sind verschiedentlich griechischen oder etruskischen Künstlern zugeschrieben worden, wobei die Kriterien der Unterscheidung oft unklar blieben.

In Veji (einige Kilometer nordwestlich von Rom) hat man in Gräbern ›geometrische‹ Töpferwaren der Griechen (s. S. 120) aus dem frühen 8. Jahrhundert v. Chr. gefunden. Aber die meisten der in den etruskischen Gräbern des 8. und 7. Jahrhunderts entdeckten importierten Kunstgegenstände sind in nahöstlichen Stilen gehalten: ›Fayencen‹ aus Ägypten, phönikische Bronzen und Elfenbeinschnitzereien sowie ›orientalisierende‹ Bronzen und bemalte Vasen aus Griechenland. Sie beweisen die Existenz einer bedeutenden, von Luxus verwöhnten Oberschicht in jeder großen etruskischen Stadt. Es ist festzuhalten, dass reiche Etrusker solche Bronzekessel für den privaten Gebrauch kauften, die bei den Griechen ausschließlich als Gabe für die Götter bestimmt waren.

Unter den vielen Gegenständen in ›orientalisierenden‹ Stilen gibt es einige, die nach allgemeiner Auffassung in Italien – vermutlich von etruskischen Handwerkern – hergestellt worden sind. Zu ihnen gehören elfenbeinerne Arme mit langfingrigen Händen, die wahrscheinlich als Griffe für Spiegel oder Fächer dienten. Ihre Ärmel sind mit Löwen geschmückt, die kein Etrusker jemals hätte sehen können und die daher aus der assyrischen Kunst abgeleitet sein dürften. Auch auf einem der schönsten Stücke etruskischen Goldzierrats treten Löwen markant in Erscheinung, einer großen Fibula oder Spange aus einem sehr prächtigen, vielleicht königlichen Grab in Caere (das heutige Cerveteri) ▸4.105. Der Schöpfer dieses Werks entlehnte dem Nahen Osten nicht nur Schmuckmotive, sondern auch Techniken der Goldbearbeitung, die er zu einer virtuosen Meisterleistung verfeinerte. Die fünf Löwen des oberen Teils sind ausgestanzt und der Grundfläche appliziert worden. Die Linien, die ihre Mähnen bezeichnen, bestehen aus winzigen Goldkörnchen, ebenso die Girlanden und Zickzacklinien auf den Stäben, die die zwei Teile der Spange verbinden und in einem außergewöhnlich komplizierten Verfahren mit der Oberfläche verlötet wurden. Auf dem unteren Teil sind die Umrisse von sechs Reihen geflügelter Löwen

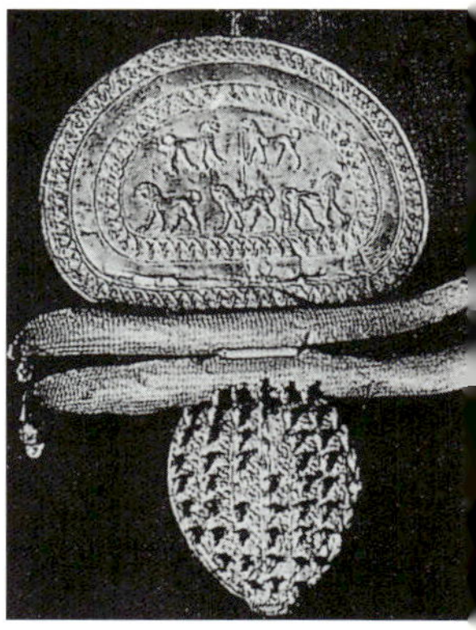

4.105 Fibel, 7. Jh. v. Chr., Gold, Länge 32 cm. Vatikanische Museen, Rom.

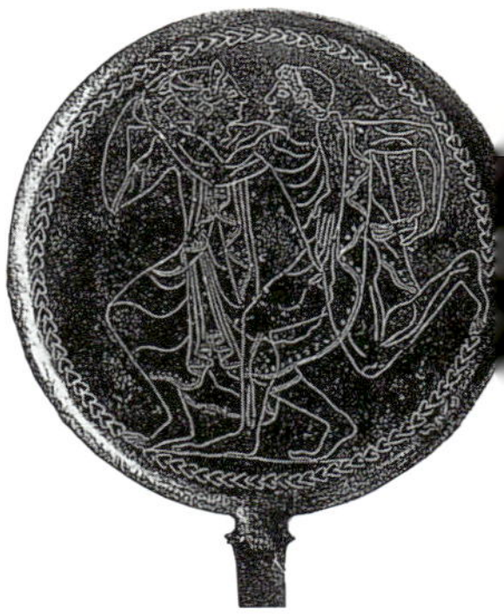

4.106 Gravierter Spiegel, um 500 v. Chr., Bronze, Durchmesser 14,6 cm. Staatliche Antikensammlungen, München.

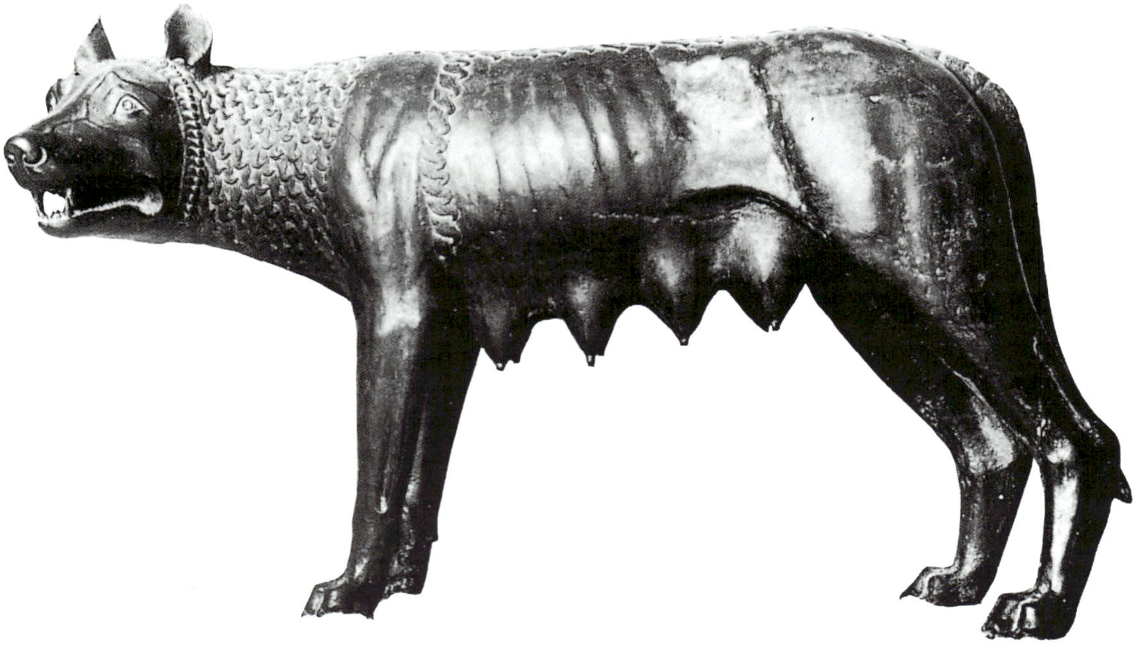

4.107 *Wölfin*, um 500 v. Chr., Bronze, Höhe 85 cm. Museo Capitolino, Rom (Romulus und Remus, in der Renaissance hinzugefügt, sind von dieser Fotografie entfernt).

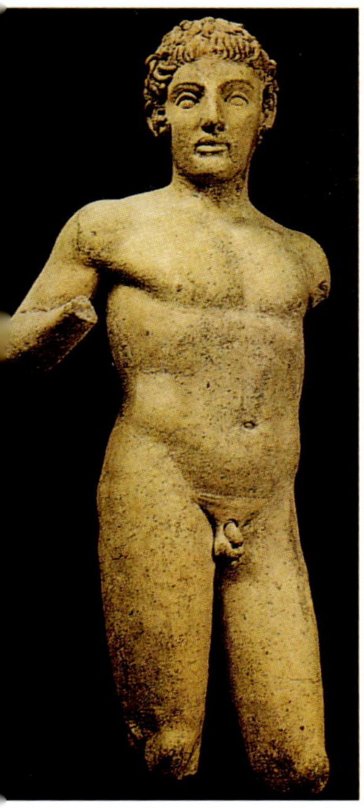

.108 *Jüngling vom Heiligtum ɔn Portonaccio*, Veji, ·erakotta. Museo Etrusco di illa Giulisa, Rom.

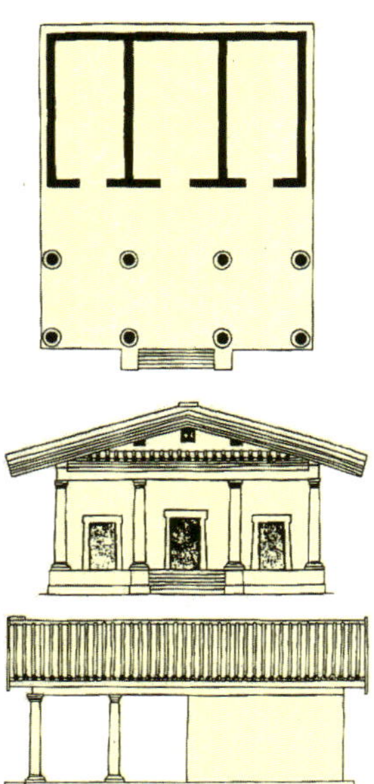

.110 Frontschema, Seiten-nsicht und Grundriss eines :ruskischen Tempels.

im Granulierverfahren sichtbar sowie kleine, vollfigurige Enten.

Mit dem ›orientalisierenden‹ Stil des 7. Jahrhunderts v. Chr. lagen die etruskischen Städte an der Peripherie einer Kulturwelt, die ihr Zentrum in Assyrien hatte, der damals im Mittleren Osten herrschenden Macht (s. S. 98ff.). Er wurde nicht nur von den Griechen, sondern auch von den Phönikern im Mittelmeerraum verbreitet. Dieses bedeutende Seehandelsvolk hatte sich zuerst im Libanon niedergelassen und gründete um 800 v. Chr. eine Kolonie in Karthago, das später seine neue Hauptstadt wurde; von hier aus dehnten die Phöniker ihre Herrschaft schrittweise entlang der nordafrikanischen und südspanischen Küsten aus. Die Etrusker standen mit den Phönikern beziehungsweise Karthagern, wie sie später genannt wurden, in regem Austausch, bis beide Völker von Rom unterworfen wurden. Im 6. Jahrhundert v. Chr. verbündeten sie sich gegen die griechischen Städte im westlichen Mittelmeerraum.

Der archaische Stil der Griechen, der, wie wir sahen (s. S. 122f.), auch eine ›orientalisierende‹ Stilströmung umfasst, wurde in Etrurien durch Importe und griechische Künstler bekannt, die zum Teil als Flüchtlinge aus Kleinasien nach der Eroberung Ioniens durch die Perser kamen (548/547 v. Chr.). Die meisten der bedeutenderen Kunstwerke, die für die Etrusker – sei es von griechischen oder von heimischen Künstlern – geschaffen wurden, zeigen diesen Stil. Ein herrlicher und außergewöhnlich gut erhaltener bronzebeschlagener Prozessionswagen, den man in einem Grab nahe Spoleto fand, ist ein treffendes Beispiel ▸4.109. Sowohl die Thematik als auch der Stil der Verzierungen sind hellenisch. Auf der Vorderseite erhält Achilles von seiner Mutter Thetis seine Rüstung, einen Helm und einen Schild mit dem Schreckensgesicht der Gorgo. Eine der Seitentafeln zeigt Achilles beim Kampf gegen Memnon, die andere die Apotheose des Helden. Szenen aus der Homerischen Geschichte des Trojanischen Krieges wurden zur damaligen Zeit natürlich oft – manchmal mit großem erzählerischen Geschick – auf griechische Töpferwaren gemalt. Aber hier sind die Kompositionen so dicht gedrängt, dass die Dekoration das Hauptziel des Künstlers gewesen zu sein scheint. Die bronzenen Spiegel und Kästchen, in die äußerst lebendige und elegante figürliche Formen eingraviert wurden, sind ein besonderer Ausdruck etruskischer Liebe zum Zierrat. Ein frühes Beispiel zeigt ein tanzendes Paar in Umarmung ▸4.106. Der Vergleich mit dem zeitgenössischen Vasenschmuck der Griechen ist aufschlussreich. Auf einer griechischen Vase der Archaik werden die Figuren mit äußerster Klarheit und Rationalität wiedergegeben ▸4.15. Sieht man einmal von dem andersartigen Thema ab, so spricht sich in dem etruskischen Bild ein weniger nach tektonischen Prinzipien arbeitender, emotionalerer Künstlersinn aus.

Die heroische Idealisierung vieler griechischer Skulpturen findet sich bei vergleichbaren etruskischen Figuren nur mehr abgemildert ▸4.108. So kennzeichnen etwa die Liegefigur einer etruskischen Urne eine eigentümliche Sachlichkeit und Anschaulichkeit: ein Teilnehmer des Banketts, der seinen Ellenbogen auf ein Kissen stützt und dessen Lenden ein Tuch leicht bedeckt ▸4.111.

Auf andere Weise wird die Abweichung vom griechischen Ideal beim *Apoll von Veji* deutlich ▸4.114. Diese berühmte etruskische Statue hat das Gesicht, das geflochtene Haar und sogar das rätselhafte Lächeln eines Kouros. Das Motiv der Stütze zwischen den Beinen ist griechischer Architekturornamentik direkt entlehnt. Auch der plissierte Faltenwurf ist griechisch. Doch hat dieser Apoll mit seinen schweren Gliedern wenig von der ausbalancierten Eleganz griechischer Statuen. Er besteht aus geformtem und gebranntem Ton, nicht aus Marmor, den man in Etrurien sehr selten zur Bildhauerei verwendete (erst sehr viel später nutzten die Römer die Steinbrüche von Carrara, s. S. 190). Die Figur gehörte zu einer Skulpturengruppe, die scharf vom Himmel abgehoben entlang des Dachfirstes eines Tempels stand: eine von griechischen Giebelkompositionen stark abweichende plastische Wirkung.

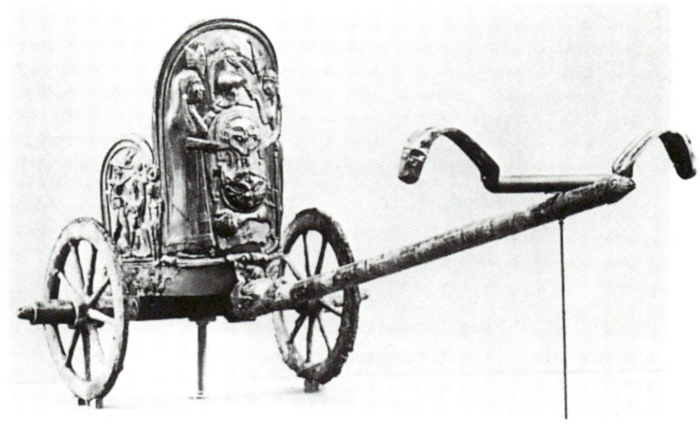

4.109 *Wagen aus Monteleone di Spoleto*, 550–540 v. Chr., Bronze und Holz, Höhe 131 cm. The Metropolitan Museum of Art, New York (Rogers Fund, 1903).

Die frühesten etruskischen Tempel waren anscheinend einfache, rechteckige Hütten, die man aus Holz und Lehmziegeln mit Verzierungen aus bemalter Terrakotta erbaut hatte. Obwohl sich die Baumaterialien nicht veränderten, wurde diese Grundform unter griechischem Einfluss vor dem Ausgang des 6. Jahrhunderts erweitert, als man die Tempel auf hohe Podien setzte und sie mit Säulen, geneigten Dächern und figürlichen Giebelfeldern versah. Außer Grundmauern und Terrakottafragmenten ist sehr wenig erhalten, doch die Beschreibungen durch römische Schriftsteller erlauben uns, ihre Form ungefähr zu rekonstruieren (die später die römische Architektur beeinflussen sollte, s. S. 188f.). Im Gegensatz zu den griechischen Tempeln war die Cella oft in drei Teile für verschiedene Kultbilder aufgeteilt und scheint niemals völlig von Säulen umgeben gewesen zu sein ▸4.110. Vorne befanden sich eine tiefe Vorhalle und manchmal Kolonnaden auf jeder der Seiten, aber nicht auf der rückwärtigen Seite. Das Podium hatte nur vorne Stufen. Während man also den griechischen Tempel aus der Schrägsicht betrachten sollte, war der etruski-

4.111 *Liegender Jüngling*, 500–480 v. Chr., Terrakotta, Länge des Sockels 90 cm. Museo Nazionale Cerite, Cerveteri.

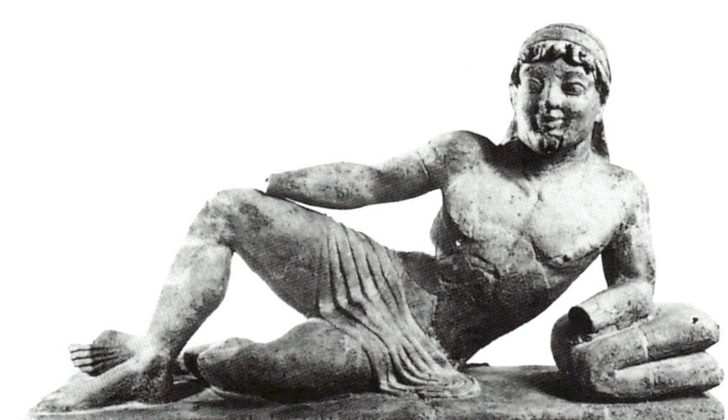

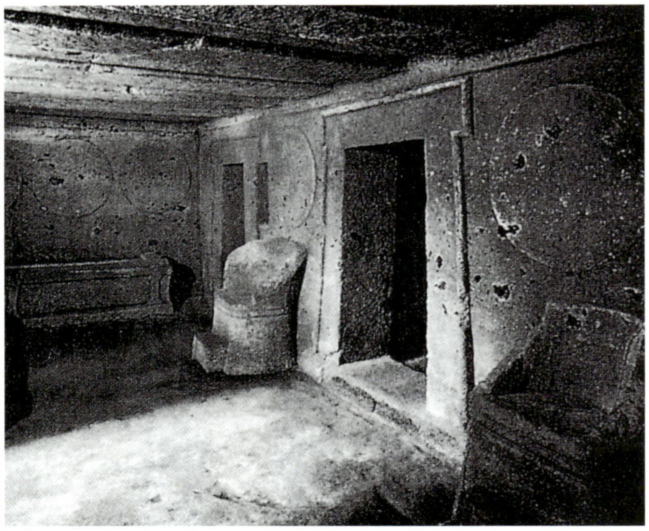

4.112 Das Innere der ›Tomba delle sedie‹, Cerveteri, um 600 v. Chr.

4.114 *Apoll von Veji*, um 500 v. Chr., Terrakotta, Höhe 175,3 cm. Museo Etrusco di Villa Giulia, Rom.

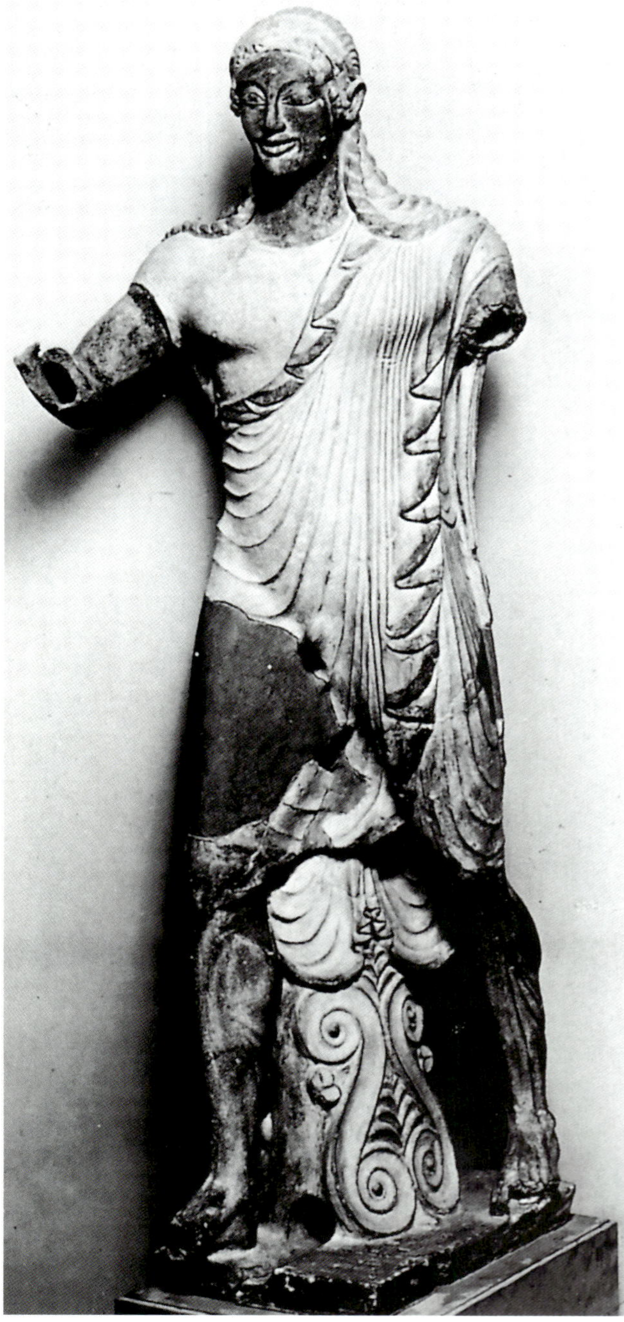

sche so gestaltet, dass man sich ihm auf der Mittelachse zu nähern hatte, und das bestimmte auch die symmetrische Anlage seines Vorhofs. Die etruskischen Tempel waren viel kleiner als die großen dorischen Bauten der Griechen, dafür aber viel reichhaltiger verziert – mit figürlichen → Akroterien auf dem Giebel, mit ornamentalen Stirnziegeln entlang den Dachkanten sowie mit Statuen auf dem Dachfirst. Bemalte Terrakotta verwendete man ausgiebig sowohl zum Schutz der unbeständigen Baumaterialien als auch wegen der schmückenden Wirkung.

Die symmetrische Anlage und der prächtige plastische Schmuck sind in ähnlicher Weise für die Architektur der Wohnhäuser charakteristisch. Unsere Kenntnis stammt hauptsächlich von Grabbauten, die man wie in Ägypten als Wohnort für die Toten anlegte ▸4.113;115. Sie können uns ein Bild der realen etruskischen Innenarchitektur und der Möbel vermitteln. Die hölzernen Säulen, Türpfosten, Sturzplatten und Schmuckelemente der etruskischen Häuser wurden in grob gemeißeltem Tuffstein nachgebildet ▸4.112;121. Die Grundmauern offenbaren, dass die größeren Häuser geräumige Zimmer und häufig einen offenen Innenhof (Atrium) hatten, obwohl sie nur aus Lehmziegeln und Holz erbaut waren. Im Vergleich zu Athener Verhältnissen waren sie luxuriös. Der Schmuck in ihrem Inneren spiegelt sich in ähnlicher Weise in den figürlichen Malereien auf den Grabwänden wider, die größer sind als alles, was aus Griechenland erhalten ist. Die früheste bekannte Malerei aus einem Grab in Veji stammt aus dem zweiten Viertel des 7. Jahrhunderts v. Chr. und zeigt Enten, die direkt auf den Tuffstein, ohne vorbereiteten Grund gemalt worden sind. Etwas später folgten ihnen die Malereien mit Tiergestaltungen im ›orientalisierenden‹ Stil. Kurz nach der Mitte des 6. Jahrhunderts v. Chr. traten in den Gräbern von Tarquinia menschliche Figuren auf, die auf einen vorbereiteten Malgrund aus Tonverputz gemalt wurden. (Die meisten der erhaltenen Grabmalereien befinden sich in Tarquinia ▸4.118.)

Der griechisch-archaische Stil dieser tarquinischen Grabmalereien ist dem der neuerlich entdeckten, fast gleichzeitigen Malereien in Kleinasien (insbesondere in Gordion und in lycianischen Gräbern) derart ähnlich, dass sich kaum daran zweifeln lässt, dass er von ionischen Künstlern eingeführt wurde. Zu den Themen gehören Jagd- und Fischerszenen, athletische Wettkämpfe, Übungen zu Pferde, wild-ekstatisches Tanzen und gelegentlich Darstellungen aus der griechischen Mythologie. Ein dekoratives Bildprogramm, das seit etwa 500 v. Chr. wiederholt auftritt, zeigt Bankett-Teilnehmer auf einer Wand der Grabkammer, während auf den anderen drei Wänden Musiker und Tänzer im Freien zwischen Bäumen und Vögeln dargestellt sind ▸4.117. Ob damit, wie in Ägypten, Beerdigungsbankette wiedergegeben werden, lässt sich schwer sagen. Vieles in den etruskischen Grabbildern ist für Italien fremd. In lebendiger Weise spiegeln sie die irdischen Freuden der Angehörigen einer begüterten Oberschicht wider, die sich auf ihrer Kline rekeln, der Lyra und den Flöten lauschen und dabei das Wirbeln der Tänzer und die Kunststücke der Akrobaten bewundern. Die Etrusker muten eher wie Zuschauer, nicht wie Mitwirkende der dionysischen Tänze und athletischen Wettkämpfe an, mit welchen die Griechen ihre Götter ehrten.

Wahrscheinlich hatten griechische Kunstwerke in Etrurien den Rang von Statussymbolen, wie wir heute sagen würden. Das könnte zum Teil der Grund für das nachhaltige Auftreten des archaisch-griechischen Stils gewesen sein, den man ein-

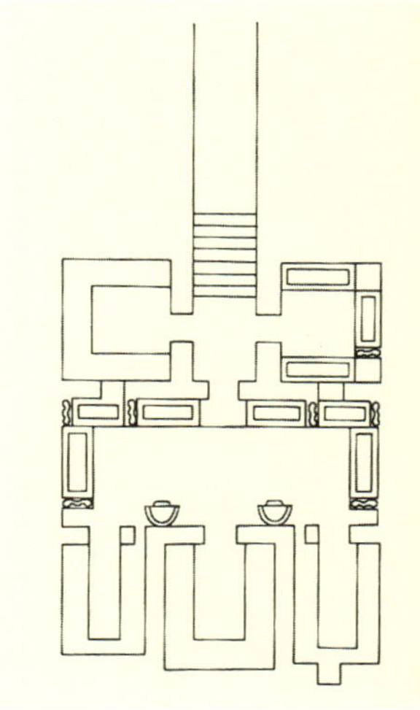

4.113 Grundriss des Grabes de[r] Schilde und Sessel, Nekropole der Banditaccia, Cerveteri.

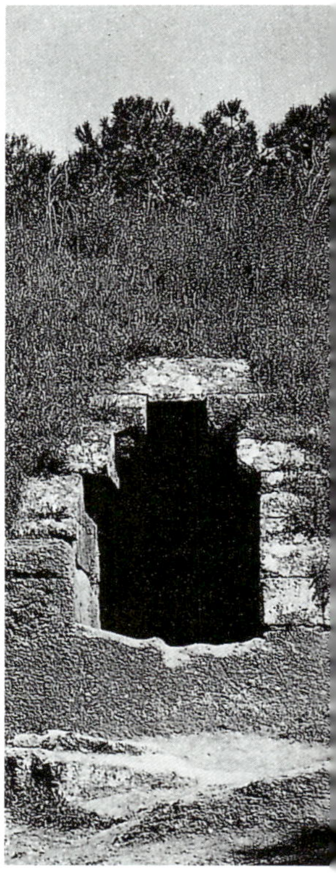

4.115 Eingang zu einem Tumulus in der Nekropole der Banditaccia, Cerveteri.

QUELLEN UND DOKUMENTE

## Plinius über etruskische Skulptur

Plinius der Ältere (um 23–79 n. Chr.) war ein römischer Universalgelehrter, der beim Ausbruch des Vesuvs, den er erkunden wollte, ums Leben kam. Neben vielen anderen verfasste er die bedeutendste literarische Einzeldarstellung der griechischen und römischen Kunst in der Antike: Seine Bemerkungen über die etruskische Skulptur sind von großem Interesse, auch wenn er Vulcas Werk in Rom früher datiert, als dies der archäologische Befund heute nahe legt:

Außerdem bemerkt Varro [Marcus Terentius Varro, 116–27 v. Chr.]: *»dass diese Kunst [in den Städten Italiens] und vor allem Etruriens ausgearbeitet worden [sei]; Vulca sei aus Veji herbeigerufen worden, damit Tarquinius Priscus bei ihm das Bild Jupiters in Auftrag gebe, das für das Kapitol geweiht werden sollte; dieser Jupiter sei aus Ton gewesen, und man habe ihn deswegen regelmäßig mit Zinnober bestrichen; aus Ton seien auch die schon erwähnten Viergespanne auf dem Giebel von Jupiters Tempel gewesen; vom gleichen Künstler stamme auch ein Herkules, der noch heute in der Stadt seinen Namen von dem Werkstoff hat, aus dem er geschaffen wurde. Denn dies waren damals die edelsten Götterstatuen, und wir wollen uns nicht jener schämen, die solche Götter verehrt haben; Gold und Silber freilich verarbeitete man sogar für Götterbilder nicht. Noch jetzt findet man vielerorts solche Bildwerke; in Rom und in den Landstädten sind auch Giebel an den Tempeln zahlreich, die bewundernswert sind durch die erhabene Arbeit und Kunst und durch ihre Dauerhaftigkeit, heiliger als Gold, sicherlich unschuldiger.«*

Plinius, *Secundus Gaius, Naturkunde*, XXXV, 157, übers. v. Roderich König in Zusammenarbeit mit Gerhard Winkler, München 1978

führte, als sich die etruskischen Städte auf der Höhe von Wohlstand und Macht befanden. Doch als die griechische Keramik schon längst naturalistischere Darstellungen trug, malte man auf die Wände etruskischer Grabstätten weiterhin schematisch gezeichnete Figuren in einer begrenzten Anzahl von Körperhaltungen, wobei die Köpfe und Beine im Profil, der Rumpf frontal wiedergegeben wurden. Sie haben oft große, lineare Anmut und vermitteln ein Empfinden für überschwengliche, rhythmische Bewegung. Der hier abgebildete jugendliche Lyraspieler ist ein gutes Beispiel ▸4.117. Die Körperlichkeit bleibt der Fläche verhaftet; der halbtransparente Schleier setzt die Konturen farblich ab, statt sie zu verhüllen. Es scheint keine Versuche gegeben zu haben, den Griechen auf dem Weg zu größerem Naturalismus zu folgen. Vielmehr haben die etruskischen Auftraggeber anscheinend jedes Abweichen von den festen Konventionen abgelehnt. Das Gleiche gilt für die Architektur, wo die einmal feststehende Tempelform nach griechischen Vorbildern bis zur Unterwerfung Etruriens durch Rom unverändert bestehen blieb.

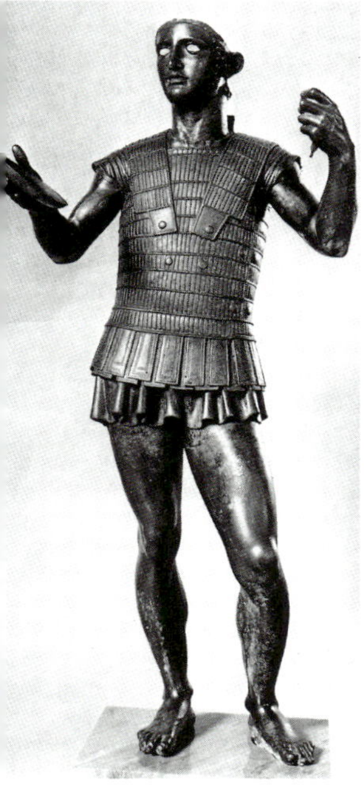

116 *Mars von Todi*, ühes 4. Jh. v. Chr., onze, Höhe 140 cm. atikanische Museen, Rom.

Auch in der Skulptur lebte der griechisch-archaische Stil weiter und wurde dabei kaum von den griechischen Entwicklungen des 5. Jahrhunderts beeinflusst. Die größte Annäherung an den klassischen Stil zeigt die berühmte, als *Mars von Todi* bekannte lebensgroße Statue ▸4.116. Sie ist die einzige erhaltene großformatige Bronze aus einer etruskischen Werkstatt, die aus der Zeit vor dem 2. Jahrhundert v. Chr. datiert. Sorgfältig in einem Sarkophag bestattet, fand man sie in den Ruinen eines Tempels in Todi, das knapp außerhalb des Herrschaftsbereichs der etruskischen Städte lag. Eine Inschrift aus etruskischen und lateinischen Buchstaben teilt mit, dass die Figur von einem Mann namens Ahal Trutitis gestiftet wurde. Wie bei vielen griechischen Bronzestatuen waren die Lippen ursprünglich mit Kupfer eingelegt und die Augen mit farbigem Material gefüllt (ein verloren gegangener Helm war getrennt gegossen und am Kopf befestigt worden). Das Werk ist gleichzeitigen hellenischen Arbeiten aus dem späten 5. oder frühen 4. Jahrhundert technisch ebenbürtig. Dennoch lässt es sich

4.117 Malerei im Grab des Tricliniums, Tarquinia, um 500 v. Chr.

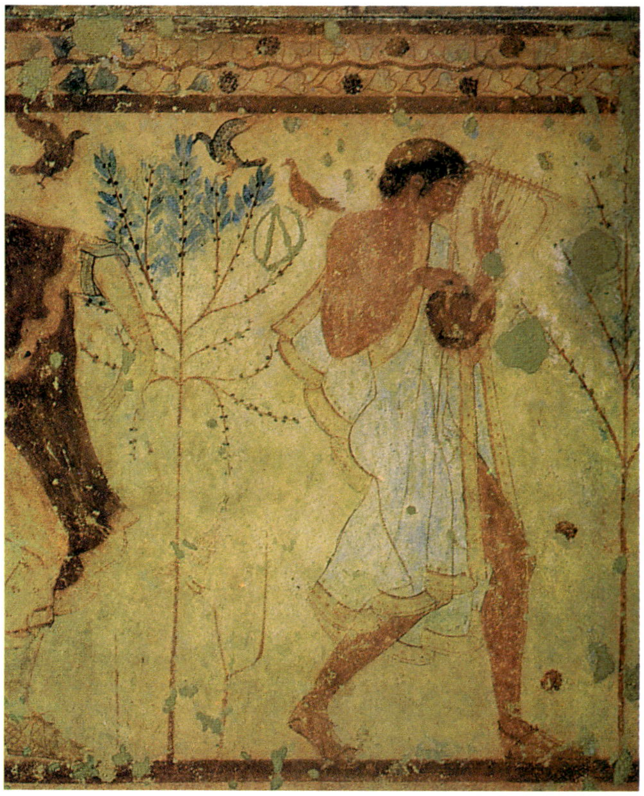

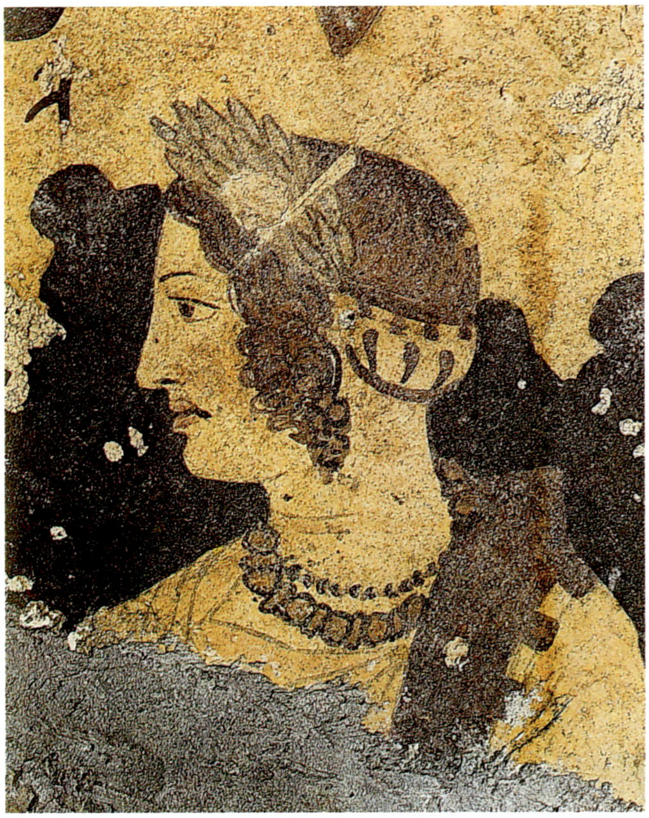

4.118 *Velia*, Fresko im Grab des Orcus I., Tarquinia.

schwerlich mit einer griechischen Statue verwechseln. Sowohl die etwas unbeholfen wirkende Körperhaltung als auch die das Relief des Rumpfes negierende Rüstung sondern den *Mars von Todi* von anderem ab. Seine Züge sind, wenn auch nicht im griechischen Sinne, idealisiert: Eher stämmig als athletisch, zeigt sein Gesichtsausdruck eher derben Behauptungswillen als innere Erhabenheit. Ferner gibt es hier einen beunruhigenden Zwiespalt zwischen der feinfühligen Darstellung der Hände, der Füße und des gekräuselten Gewandsaumes einerseits und der mangelnden Durchbildung des Nackens und der Oberschenkel andererseits. Wie bei so vielen anderen etruskischen Werken widmete man sich der Behandlung der Oberfläche summarisch ohne besondere Aufmerksamkeit für den darunter liegenden Knochen- und Muskelbau, die für die griechische Kunst so bezeichnend ist. In der etruskischen Kunst ist Nacktheit sowohl bei der Skulptur als auch bei der Malerei selten und bezeichnet in der Regel die niedrigere Stellung bezahlter Schausteller, Diener und Sklaven.

Die etruskische Kunst konzentrierte sich weniger auf Götter- oder Menschenbilder, die in der Blüte der Jugend göttlicher Körperschönheit nahe kamen, als auf die Sterblichen in ihren diesseitigen Lebensaspekten. Die Sepulkralkunst ist verwirrend paradox. Die Toten wurden normalerweise verbrannt, und das legt nahe, dass man an eine Trennung zwischen Körper und Geist glaubte. Jedoch steckt der Glaube an eine materielle Verbindung zwischen den beiden hinter dem etruskischen Brauch, die Toten, ob verbrannt oder beerdigt, mit den Gebrauchs- und Luxusgütern der Lebenden zu versorgen. Diese offensichtlich widersprüchlichen Vorstellungen sind der Hintergrund für die eigenartige Form der Behältnisse, in die man die Überreste der Toten legte.

Die Graburnen des 7. Jahrhunderts v. Chr., die hauptsächlich in der Nekropole von Clusium (das heutige Chiusi) gefunden wurden, haben Außenhüllen in Form von Köpfen, manchmal auch mit Rumpf und Armen. Sie scheinen sich aus Urnen mit Verschlüssen in Helmform entwickelt zu haben, wie sie ein Volk der frühen Eisenzeit, das vor den Etruskern im nördlichen Mittelitalien lebte, zur Aufbewahrung von Totenasche verwendete (nach einer archäologischen Fundstätte nahe Bologna Villanova-Kultur genannt). Die teilnahmslosen Mienen mit den fest geschlossenen Lippen und meist gesenkten Augenlidern sind einander zu ähnlich, um als Porträts bezeichnet zu werden, obwohl man mit ihnen vermutlich eine Verkörperung der Toten beabsichtigte. In den Grabstätten setzte man sie auf Stühle, und später nahm manchmal die Urne die Form einer inthronisierten Figur an. Für Körper, die beerdigt statt verbrannt wurden, entwickelte man im 6. Jahrhundert v. Chr. einen Sarkophagtyp in Form einer Kline mit vollplastischen Figuren ▸4.124. Die Anregung ging wohl von karthagischen Sarkophagen aus, die das Mumienbehältnis des alten Ägypten mit dem rechteckigen Sarg des Nahen Ostens kombinierten. Die gleiche Grundform verwendete man auch für Graburnen. Stilistisch sind die Figuren mit archaischen Skulpturen Griechenlands verwandt.

Das Neue und Markante etruskischer Sarkophage und Urnen besteht darin, dass die Figuren Lebende darstellen, die offensichtlich die Freuden eines Gelages genießen ▸4.120. Seit dem 4. Jahrhundert wurden sie zudem mit individuellen Kennzeichen gestaltet, als ob ihr leibliches Sein erhalten werden sollte. Seltsamerweise ging die Einführung dieser realistischeren Darstellungsweise mit einer zunehmend düsteren Vorstellung vom Jenseits einher, wie aus Motiven von Grabmalereien, Sarkophagen und Urnen ersichtlich ist. Zwei auf einer Urne aus Velathri (das heutige Volterra) befindliche Figuren mit kraftvoll gezeichneten Gesichtern und schlanken Körpern könnten entweder ein nicht allzu glücklich verheiratetes Ehepaar oder einen Mann wiedergeben, der von einem Todesdämon begleitet wird.

Ein ähnlicher, wenn auch zurückhaltenderer Naturalismus kennzeichnet die Bronzebüsten. Der schönste Kopf, der wahrscheinlich von einer lebensgroßen Statue stammt, wird traditionell als Porträt von Lucius Iunius Brutus angesehen (um 509 v. Chr. tätig), des angeblichen Gründers der Republik, der seine römischen Mitbürger dazu aufwiegelte, den letzten etruskischen König, Tarquinius Superbus, aus ihrer Stadt zu ver-

4.121 Hauptgrablege im Grab der Reliefs, Nekropole der Banditaccia, Cerveteri.

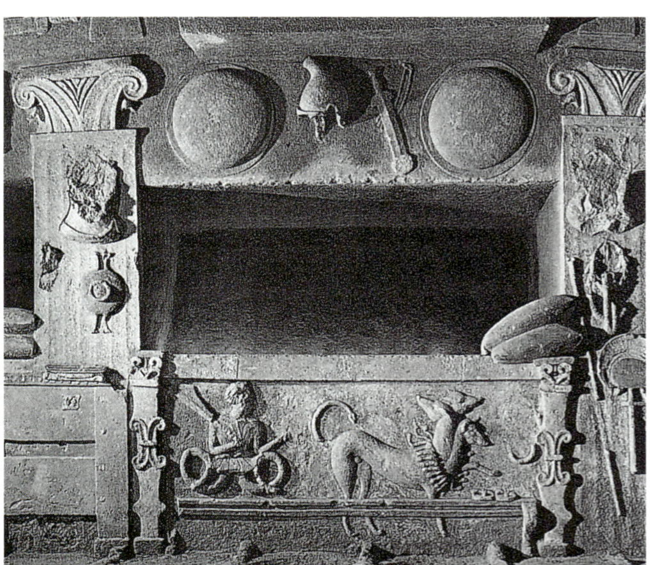

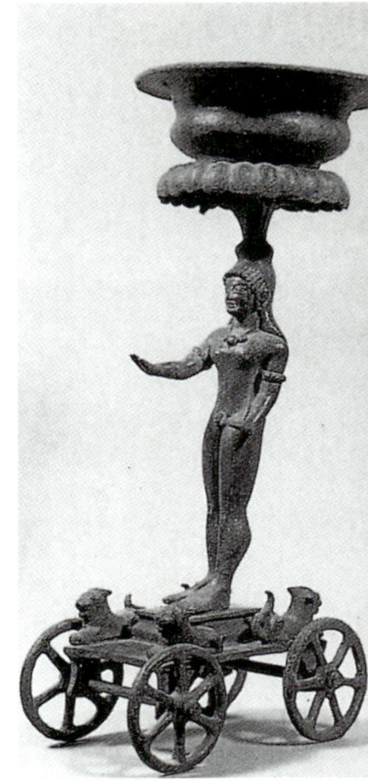

4.119 Räuchergefäß, um 500 v. Chr., Bronze, Höhe 30 cm. Louvre, Paris.

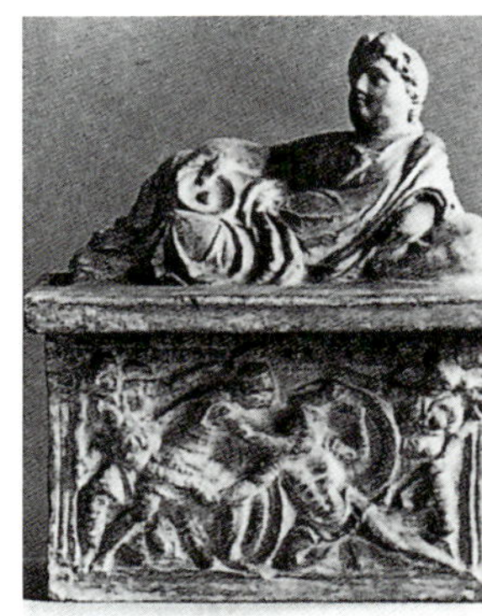

4.120 Aschenurne, 150–120 v. Chr., Terrakotta, Höhe 53 cm. Museum für Kun und Gewerbe, Hamburg.

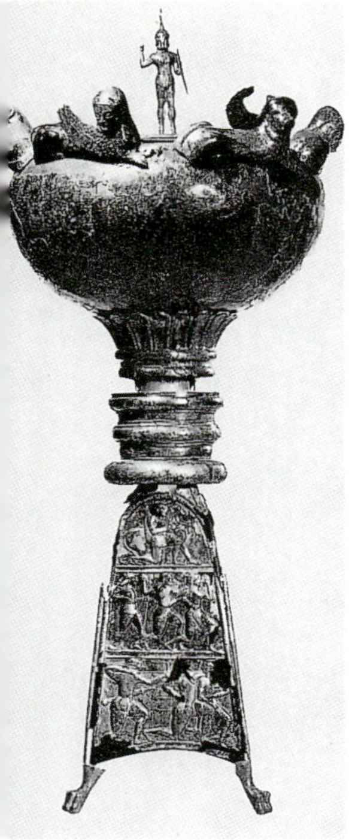

122 Prachtkessel,
n 530 v. Chr., Bronze,
öhe 149 cm. Staatliche
ntikensammlungen, München.

treiben ▸4.123. Unabhängig davon, ob diese Deutung korrekt ist, stellt dieses durchfurchte Gesicht mit seinen durchdringenden Augen, der Adlernase und der streng geformten Mundpartie mit Sicherheit eine Einzelpersönlichkeit dar. Das Haar und der kurze Bart sind mit all der Vollkommenheit wiedergegeben, für die die etruskischen Bronzeschmiede berühmt waren. Als Schaustück für die Beherrschung von Guss und Ziselierung übertrifft dieses Werk die *Wölfin* vom Kapitol ▸4.107 und bestätigt die Kontinuität dieser Fertigkeiten bis in eine spätere Zeit. Auch Kleinbronzen sowie prachtvolle Bronzekessel, die oftmals als ›Dreifüße‹ ausgebildet sind, weisen die Etrusker als Meister in der Metallbearbeitung aus ▸4.119; 122. Obwohl sich die Etrusker so merkwürdig unzugänglich für die späteren Entwicklungen des klassisch-griechischen Stils zeigten, wurden sie gegen Ende des 4. Jahrhunderts v. Chr. in den Kulturkreis der hellenistischen Welt miteinbezogen. Das Gleiche gilt für die Römer, die bald zur vorherrschenden Macht auf der italienischen Halbinsel aufsteigen sollten. Die etrurischen Städte fielen eine nach der anderen an Rom, und zu Beginn des 1. Jahrhunderts v. Chr. waren die Etrusker in der italienischen Mischbevölkerung aufgegangen. Schon bald sollte der römische Dichter Properz sein berühmtes Klagelied schreiben:

*»Ach du uraltes Veji, auch du bist ein Reich einst gewesen,*
*Und es stand auf dem Markt damals der goldene Thron.*
*Jetzt erschallt in den Mauern das Horn des gelassenen Hirten,*
*Und über deinem Gebein mähen die Sensen das Feld.«*

Lange Zeit blieb viel Etruskisches erhalten, so dass sich andere römische Schriftsteller, insbesondere der Architekturtheoretiker Vitruv, mit ihrer Kultur auseinandersetzen konnten. Ein um 500 v. Chr. erbauter etruskischer Tempel mit einer von VULCA aus Veji, dem einzigen namentlich bekannten Bildhauer, geschaffenen Jupiterstatue blieb im Herzen Roms bis zu seiner Zerstörung im Jahre 83 v. Chr. bestehen. Beim Wiederaufbau blieb nur der Grundriss erhalten. Sonst war der neue Tempel vollständig im hellenistischen Stil gehalten. Treffend veranschaulicht er, wie sich bei der Herausbildung der Kunst des Römischen Reiches das Erbe der etruskischen und hellenistischen Kultur gegenseitig ergänzte.

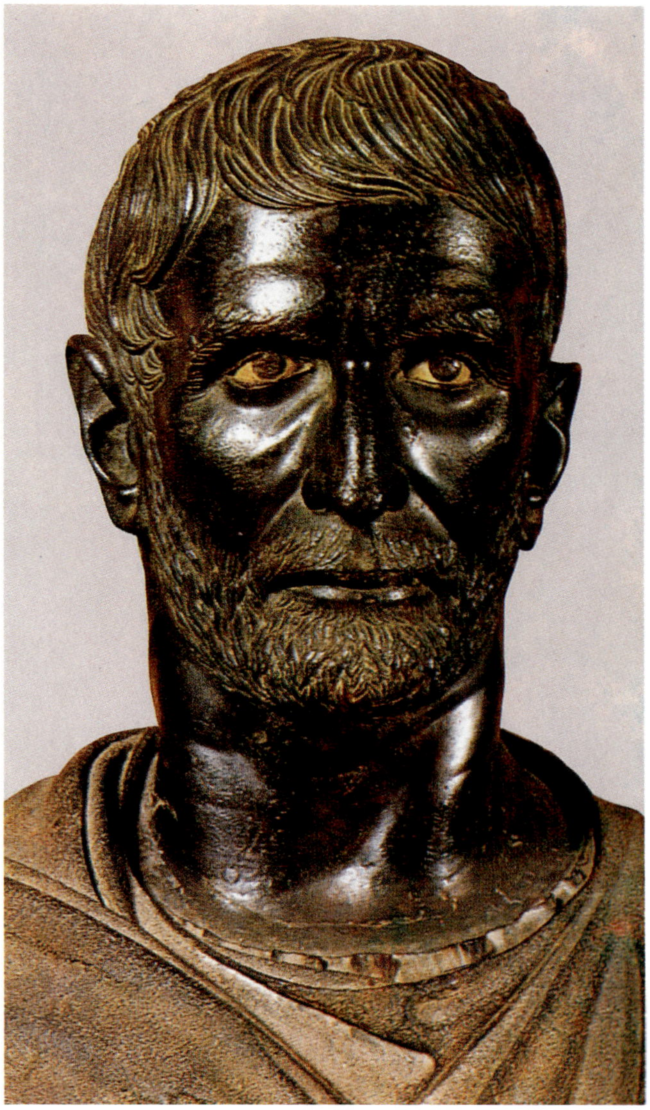

4.123 *Brutus*, um 300 v. Chr., Bronze, Höhe 32 cm. Palazzo dei Conservatori, Rom.

4.124 *Sarkophag aus Caere* (Cerveteri), um 520 v. Chr., Terrakotta, Länge 200 cm. Museo Etrusco di Villa Giulia, Rom.

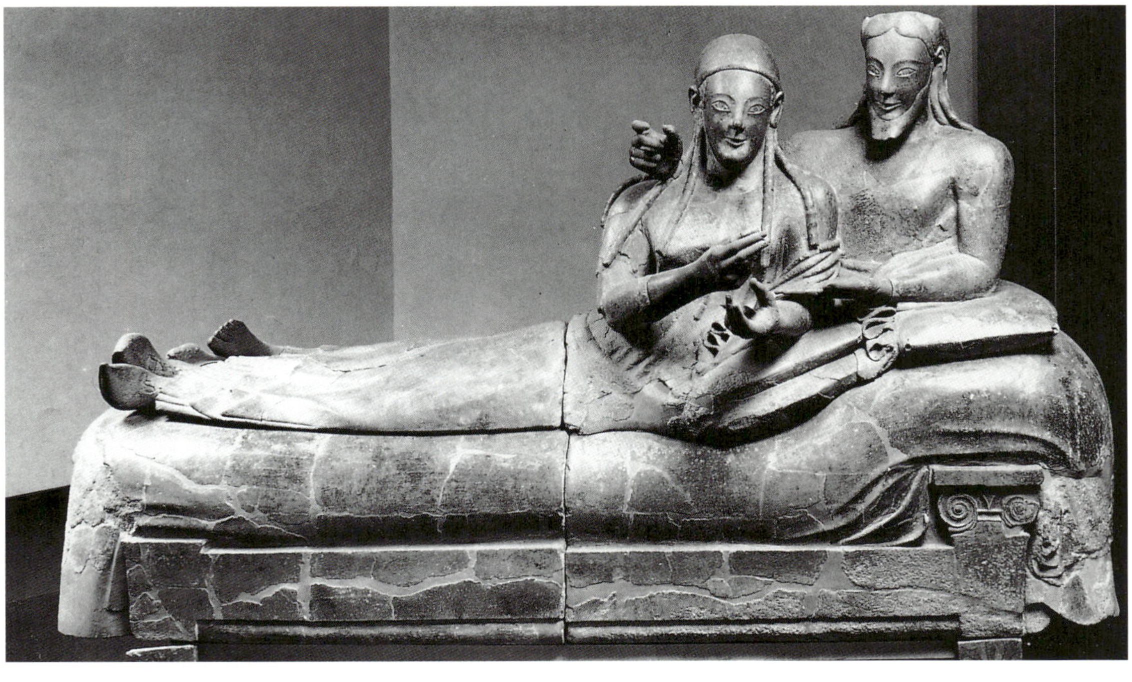

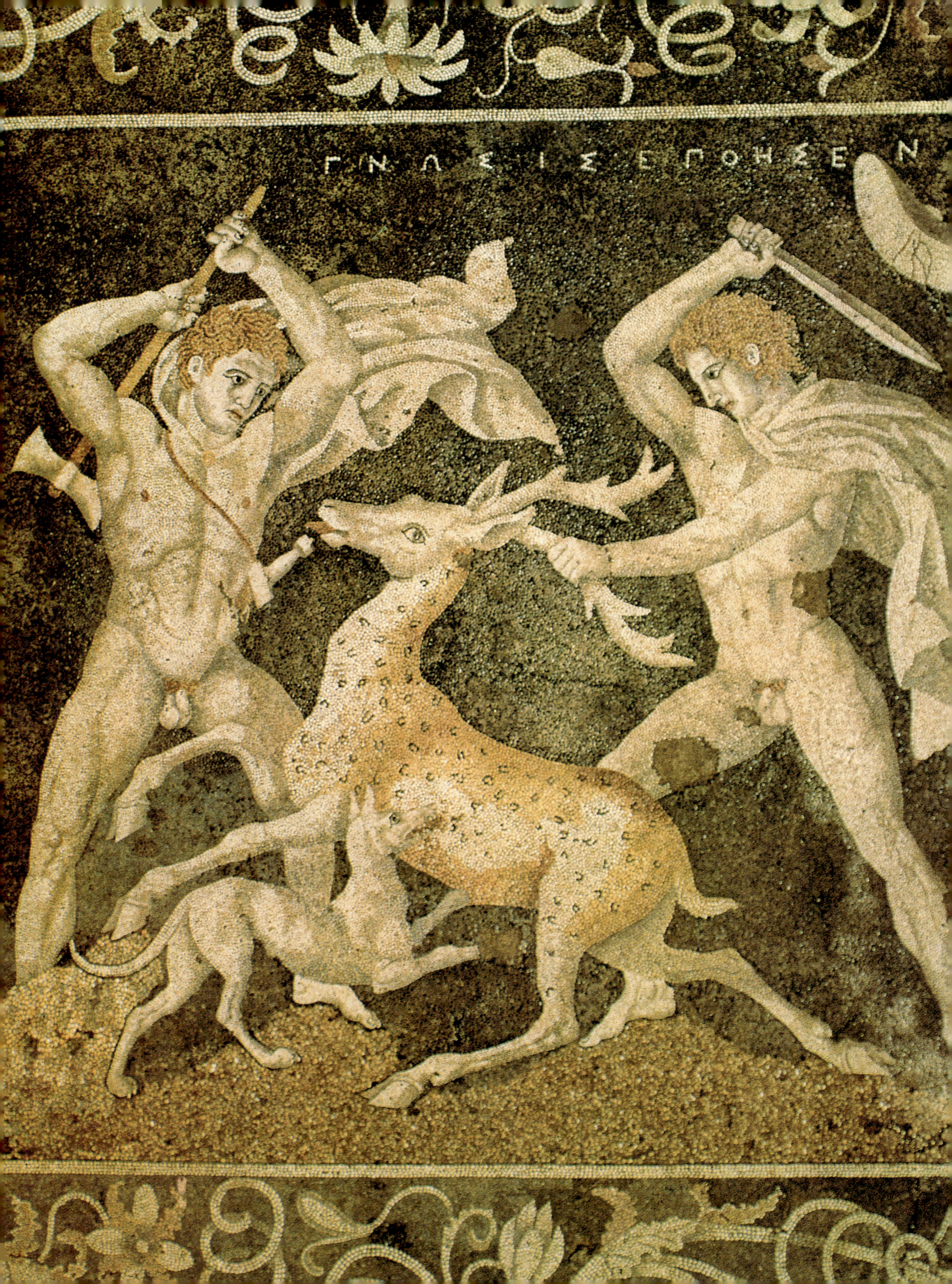
ΓΝΩΣΙΣ ΕΠΟΗΣΕΝ

# 5
# Hellenistische und römische Kunst

Ein in Sidon, der ehemals phönikischen Stadt an der Küste des heutigen Libanon, gefundener skulptierter und prächtig bemalter Sarkophag ist ein Meisterwerk der Bildhauerkunst ▸ 5.1–3. Die erstaunliche Meisterschaft, mit der der Marmor behauen, unterhöhlt und gebohrt wurde und jetzt in differenzierten Oberflächen mit verschiedenen Texturwerten erscheint, rührt von einer langen Tradition der Bildhauerei, die seit dem Beginn der klassischen Zeit (s. S. 127 ff.) gepflegt und immer weiter verfeinert worden war. Die wie auf einer flachen Bühne angeordneten Figuren, insbesondere die nackten Athleten sowie die Reiter mit ihren Pferden, rufen den Parthenonfries – nicht nur als ›Idealtypen‹ – in Erinnerung. Sie alle verfügen über die für die griechische Kunst und ihre naturalistische Ausrichtung so grundlegende organische Einheit des Körperaufbaus. Dennoch unterscheidet sich das Werk insgesamt radikal von allem, was zuvor in der Welt der Griechen geschaffen wurde.

Sarkophage wurden in Griechenland selten hergestellt, am seltensten in Athen, wo man die Toten entweder verbrannte oder einfach anspruchslos bestattete und ihrer durch lakonische, obgleich oft sehr schöne ›stelae‹ gedachte ▸ 4.64; 65. Die Einstellung der Griechen gegenüber dem Leben nach dem Tode und ihre Ablehnung jeder Vorstellung von persönlicher Apotheose standen der Entwicklung einer bildhauerischen Verherrlichung der Toten entgegen. Als Kunstform hatte der Sarkophag orientalische, altägyptische und etruskische Vorgänger. Oft war er wie ein Haus mit geneigtem Dach gestaltet und diente dem Verstorbenen gleichsam als Wohnstätte. Obwohl in ihm von griechischen Auffassungen unterschiedene Vorstellungen über das Jenseits zum Ausdruck kamen, sollte

| | BILDENDE KUNST |
|---|---|
| Um 350–325 v. Chr. | Krater von Derveni ▸ 5.11 |
| Um 330 v. Chr. | Gemälde von Vergina ▸ 5.9 |
| Um 310 v. Chr. | *Alexandersarkophag* ▸ 5.1 |
| Um 280 v. Chr. | *Statue des Demosthenes* ▸ 5.12 |
| Um 250–150 v. Chr. | *Schlafender Knabe* ▸ 5.15 |
| Um 230–220 v. Chr. | *Sterbender Gallier* ▸ 5.18 |
| Um 210 v. Chr. | Ältester Tempel Roms ▸ 5.44 |
| Um 2.–1. Jh. v. Chr. | Alexandermosaik ▸ 5.29; 30 |
| Um 190 v. Chr. | *Nike von Samothrake* ▸ 5.16 |
| Um 175 v. Chr. | Zeus-Altar aus Pergamon ▸ 5.19 |
| Um 150–140 v. Chr. | *Hellenistischer Herrscher* ▸ 5.17 |
| Um 80 v. Chr. | Heiligtum der Fortuna Primigenia, Praeneste ▸ 5.54 |
| Um 50 v. Chr. | Villa der Mysterien, Pompeji ▸ 5.34; 35 |
| Um 25 v. Chr. | *Odysseus*-Wandgemälde ▸ 5.38 |
| Frühes 1. Jh. n. Chr. | *Augustus von Primaporta* ▸ 5.80 |
| 70–82 n. Chr. | Kolosseum, Rom ▸ 5.62–65 |
| 1. Jh. n. Chr. | *Laokoon-Gruppe* ▸ 5.78; 79 |
| Um 118–128 n. Chr. | Pantheon, Rom ▸ 5.69–73 |
| Um 150 n. Chr. | Bacchus-Tempel, Baalbek ▸ 5.101 |
| Um 298–305 n. Chr. | Thermen des Diokletian, Rom ▸ 5.104 |
| Um 300–330 n. Chr. | Porta Nigra, Trier ▸ 5.106 |

| | HISTORISCHE & KULTURELLE DATEN |
|---|---|
| 336 v. Chr. | Alexander wird nach dem Tod seines Vaters Philipp II. König von Makedonien |
| 327 v. Chr. | Das Heer Alexanders erreicht Indien |
| 323 v. Chr. | Tod Alexanders |
| 322 v. Chr. | Tod des Aristoteles und des Demosthenes |
| 306 v. Chr. | Epikur eröffnet seine Schule in Athen |
| 300 v. Chr. (?) | Euklid |
| 271 v. Chr. | Tod Epikurs |
| 218 v. Chr. | Hannibal überquert den Apennin |
| 54–51 v. Chr. | Cicero, *De re publica* |
| 44 v. Chr. | Ermordung des Julius Caesar |
| 40 v. Chr. | Vergil, 4. *Ekloge* |
| 31 v. Chr. | Niederlage Antonius' in der Schlacht von Actium |
| 27 v. Chr. | Augustus wird Kaiser |
| 14 n. Chr. | Tod des Augustus |
| Um 30 n. Chr. | Kreuzigung Christi |
| 79 n. Chr. | Zerstörung Pompejis und Herculaneums |
| 98–117 n. Chr. | Herrschaft Kaiser Trajans, größte Ausdehnung des römischen Reiches |
| 174 n. Chr. | Marc Aurel nimmt die Arbeit an seinem philosophischen Hauptwerk *Selbstbetrachtungen* auf |
| 244–270 n. Chr. | Plotin in Rom |
| 306 n. Chr. | Konstantin wird Kaiser |

*Hirschjagd*, Kieselmosaik aus Pella, um 300 v. Chr., zentrales Bildfeld 3,1 qm. Archäologisches Museum, Pella.

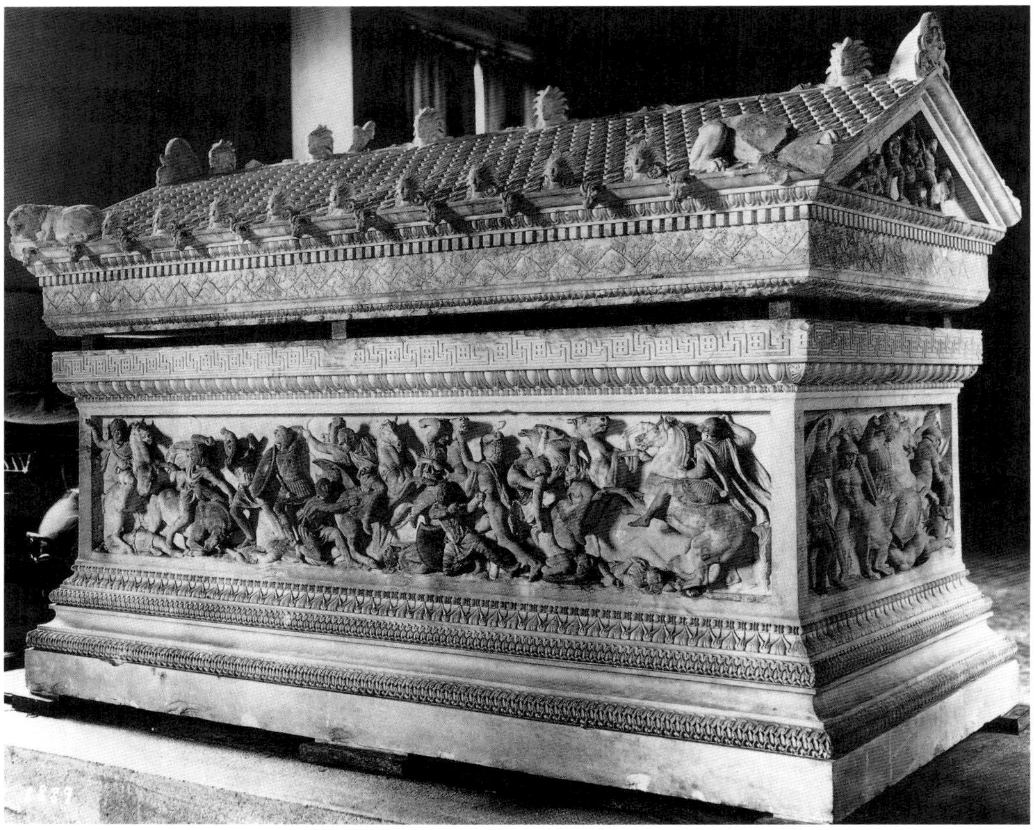

5.1 *Alexandersarkophag*, um 310 v. Chr., Marmor, Höhe 194,3 cm. Archäologisches Museum, Istanbul.

der Sarkophag im späten 4. Jahrhundert v. Chr. zum vorherrschenden Gegenstand der Sepulkralskulptur werden und diese Bedeutung die hellenistische und römische Epoche hindurch bis in frühchristliche Zeit behalten.

Die Reliefs des so genannten *Alexandersarkophages von Sidon* zeigen Griechen und Perser. Auf der Vorderseite ▸ 5.3 bekämpfen sie sich, auf der Rückseite ▸ 5.2 nehmen sie gemeinsam an der Jagd in einem der Großwildreservate, einer persischen Besonderheit, teil, wobei der Löwe an assyrische Reliefs erinnert, vgl. auch ▸ 5.5 und S. 164. Nicht nur die Sarkophagform selbst, sondern auch ikonographische Elemente spiegeln Einflüsse fremder Kulturen auf die griechische Kunst wider, die seit der viel früheren orientalisierenden Periode sehr selten geworden waren. Als der Sarkophag entstand, war die griechische Zivilisation nicht mehr auf die Küsten des Mittelmeeres begrenzt. Philipp II. von Makedonien (um 382–336 v. Chr.), der die Stadtstaaten Griechenlands vereinigte und sie ihrer Unabhängigkeit beraubte, war von seinem 20jährigen Sohn Alexander dem Großen (356–323 v. Chr.) auf dem Thron abgelöst worden. Sehr bald führte Alexander seine Armee über den Hellespont nach Asien, besiegte die Perser, die Erbfeinde der Griechen, und mit erstaunlicher Geschwindigkeit erlangte er die Herrschaft über ihr gesamtes Reich. Er eroberte ganz Kleinasien, Syrien, Ägypten, den Iran, Baktrien und drang über den Indus hinweg in den indischen Subkontinent ein.

Die Schlacht auf der Vorderseite des *Alexandersarkophags* dokumentiert einen seiner ersten Siege, möglicherweise den im Jahre 333 v. Chr. über den persischen König Dareios bei Issos errungenen. Alexander lässt sich auf der Vorderseite links

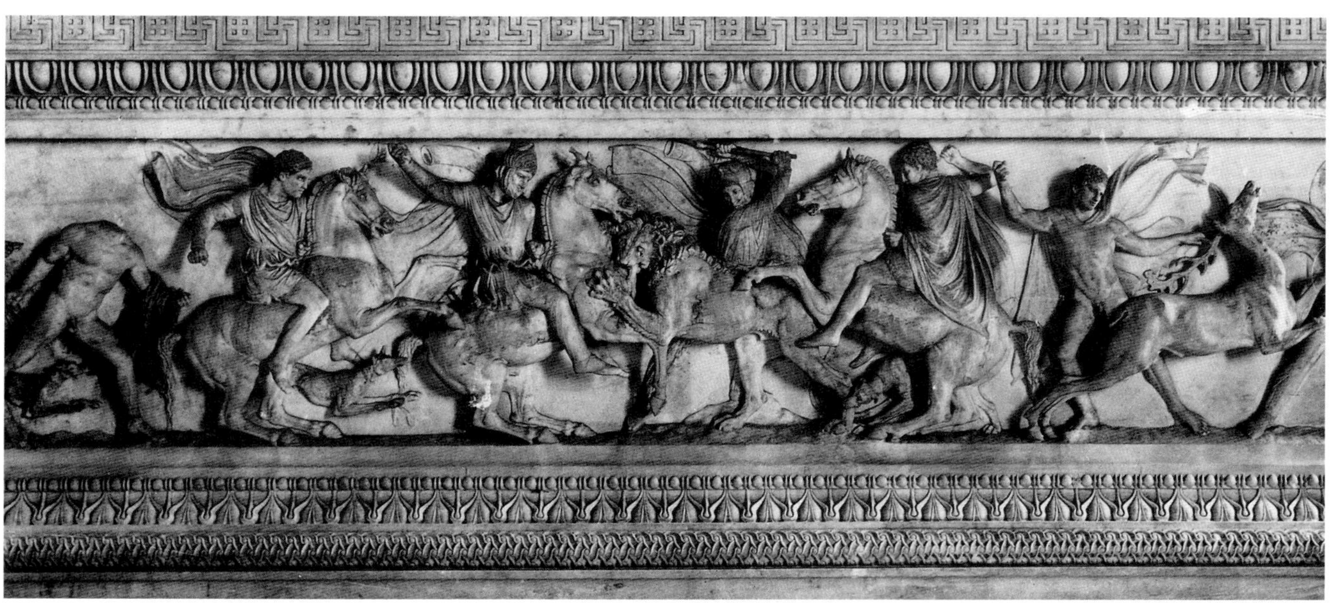

5.2 Detail vom *Alexandersarkophag* ▸ 5.1.

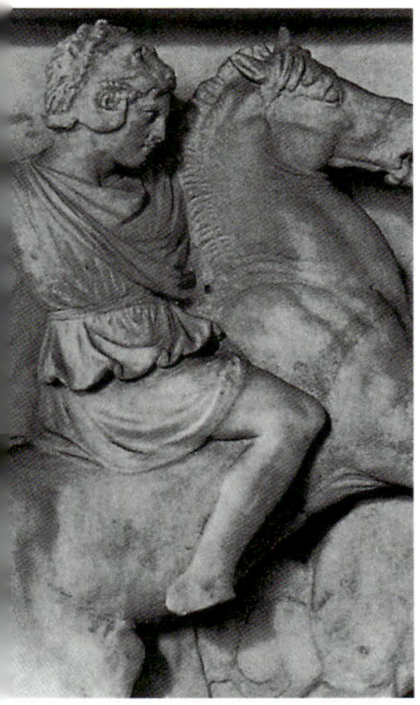

.3 *Alexander der Große*, Detail
om *Alexandersarkophag* ▸ 5.1.

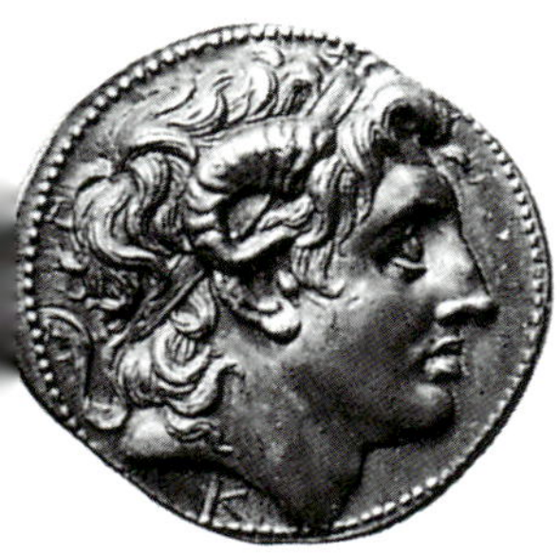

.4 Silberne Tetradrachme von
ysimachos aus Thrakien,
06–281 v. Chr., Durchmesser
cm. British Museum, London.

außen aufgrund der Gesichtszüge erkennen, wie sie auf Münzen überliefert wurden ▸ 5.4. In jeder Szene steht dieselbe, viel ältere Figur mit persischer Kleidung in seiner Nähe. Nahezu mit Sicherheit ist dies der Mann, für den der Sarkophag angefertigt wurde – der Satrap von Sidon, der sich Alexander klugerweise ergeben hatte und dessen Vasall wurde. Porträts sind noch in klassischer Zeit selten und erlangen erst seit dem 4. Jahrhundert v. Chr. zunehmende Bedeutung. Die Darstellungen Alexanders gehen über das realistische Porträt hinaus. Durch das Löwenfell des halbgöttlichen Helden Herkules, mit dem er oft verglichen wurde, oder das Horn des ägyptischen Widdergottes Amun, als dessen ›Sohn‹ er nach der Eroberung Ägyptens galt, nahm er für seine Mitmenschen gottähnliche Züge an. Er tritt als der erste einer langen Reihe europäischer Kaiser und Könige auf, denen man – wie orientalischen Monarchen – eine Verehrung zollte, wie sie die Griechen den Göttern vorbehalten hatten.

Der kulturelle Synkretismus, den der *Alexandersarkophag* zeigt, gehört zu den Wesenszügen hellenistischer und römischer Kunst. Die gegenseitige Durchdringung von Orient und Okzident, von persischer und altgriechischer Tradition brachte neues Leben und größere Beweglichkeit in das griechische Erbe und bereitete damit der ungeheuer ausgedehnten, kosmopolitischen Welt der kommenden Ära die künstlerische Grundlage.

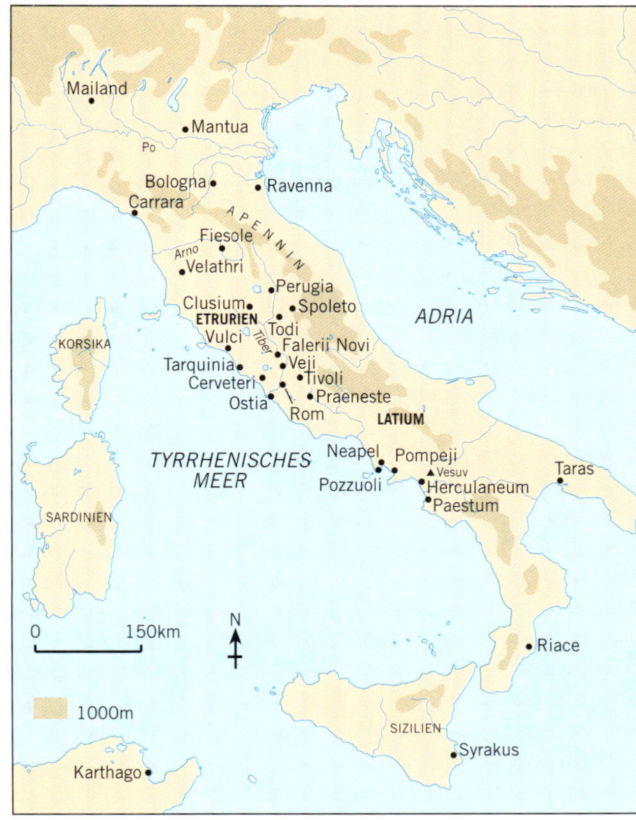


Etruskisches und römisches Italien.

## Die hellenistische Zeit

Der Begriff ›Hellenismus‹ bezieht sich auf einen Zeitabschnitt, der ab dem Tod Alexanders des Großen im Jahre 323 v. Chr. etwa drei Jahrhunderte währte. Babylon sollte im Vorderen Orient die Hauptstadt des riesigen hellenisierten Alexander-Reiches sein, doch als er im Alter von nur 32 Jahren starb, fielen die eroberten Gebiete seinen Generälen zu, die als Diadochen bekannt sind und sich als absolute Monarchen etablierten. Ptolemaios übernahm die Herrschaft in Ägypten und im südlichen Syrien einschließlich Judäas. Das übrige asiatische Reich fiel an Seleukos. Makedonien wurde von den Nachfolgern des Antigonos beherrscht; die anderen hellenistischen Königreiche waren kleiner. Die Stadtstaaten in Griechenland und auf den ägäischen Inseln gewannen während des 3. und 2. Jahrhunderts v. Chr. einen Teil ihrer Unabhängigkeit wieder zurück, aber die einstige Macht und Bedeutung hatten sie verloren. Athen war nun kaum mehr als ein Zentrum für Kultur und Wissenschaft. Das Ende der hellenistischen Zeit lässt sich nicht genauso präzise datieren wie ihr Beginn. Zur Mitte des 3. Jahrhunderts v. Chr. wurden die Seleukiden von parthischen Steppennomaden aus dem Iran vertrieben, die dann weiter drängten, um 141 v. Chr. Mesopotamien zu besetzen. Während der gleichen Jahre wurde die römische Republik (s. S. 176 ff.) zur vorherrschenden Macht auf der italienischen Halbinsel und schließlich im gesamten Mittelmeerraum (s. S. 185 ff.).

5.5 *Löwenjagd Alexanders des Großen und seines Generals Krateros*, Kieselmosaik aus Pella, Ende 4. Jh., Breite 490 cm. Archäologisches Museum, Pella.

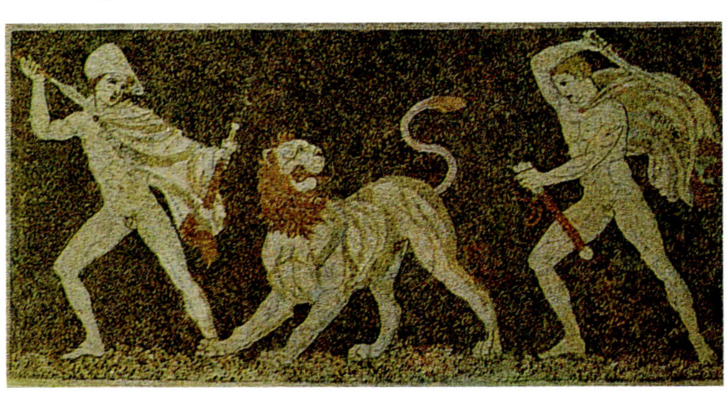

Die Herrscher der hellenistischen Königreiche waren wie die meisten der von ihnen eingesetzten Verwaltungsbeamten griechischer (genauer: makedonischer) Abstammung. Die Amtssprache war eine ›Koiné‹ genannte Form des Griechischen – das Griechische des Neuen Testaments –, die man von Sizilien bis zum Hindukusch, von den Küsten des Schwarzen und Kaspischen Meeres bis zu den Katarakten des Nils sprach und schrieb. Über dasselbe Gebiet dehnte sich die griechische Kultur aus. Nach dem Modell der griechischen ›Polis‹ wurden Städte erbaut oder wiedererrichtet, wobei jede über Tempel, Versammlungssaal, Theater, Gymnasion, Stoa und Agora verfügte, die alle den griechischen Architekturordnungen entsprachen und mit Skulpturen geschmückt waren, die das griechische Schönheitsideal verkörperten. Die Hauptstädte wuchsen zu großen und wohlhabenden Zentren des Handels und Gewerbes, der Wissenschaften und Künste heran: Alexandria in Ägypten, Seleukeia am Tigris, Antiochia nahe der syrischen Küste und später Pergamon in Kleinasien. Ihr Einfluss reichte bis zu den griechischen Städten des westlichen Mittelmeerraumes, bis nach Etrurien und Rom.

Kleine, eng zusammengefügte und in heroischem Wettkampf stehende Gesellschaften hatten riesigen, amorphen und weltoffenen Großstädten Platz gemacht, die vorwiegend von Gewerbe und Handel lebten. Ihre Geschichte hat man manchmal als einen verworrenen und unglückseligen Epilog, als entartetes Nachspiel der klassischen Zeit beschrieben und oft abgetan. Sie leisteten jedoch wichtige Beiträge zur Kulturgeschichte des Abendlandes. Die zwei einflussreichsten Lebens-

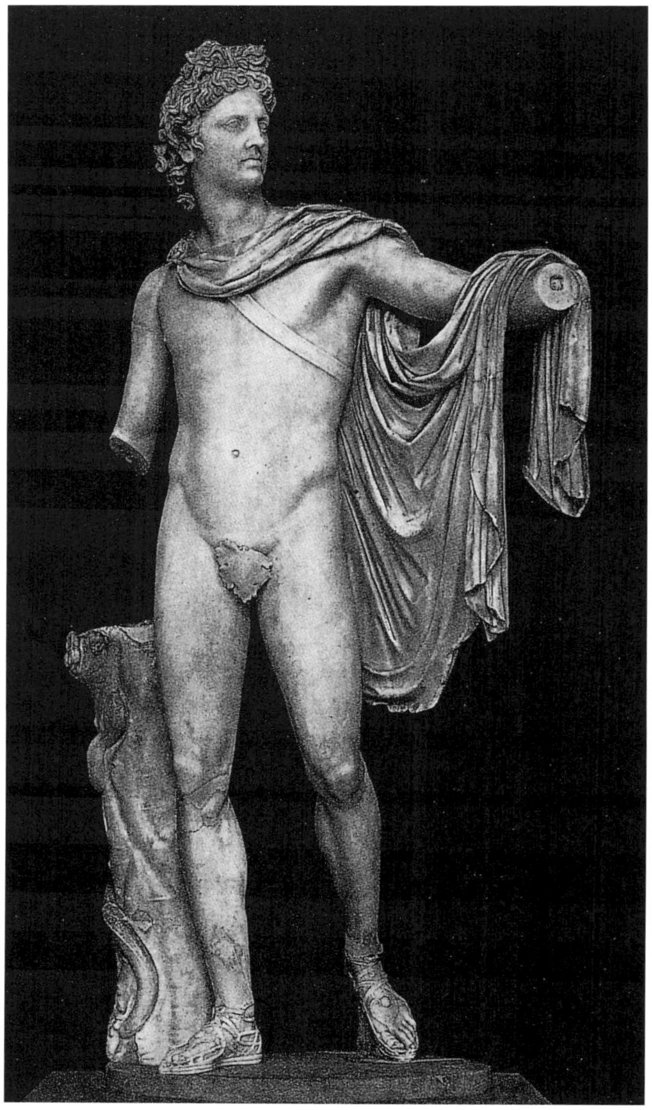

5.6 *Apoll vom Belvedere*, 2. Jh. n. Chr., Marmor, Höhe 224 cm. Vatikanische Museen, Rom.

philosophien des Altertums waren hellenistisch: der Stoizismus, der die Auffassung vertrat, ein rechtschaffenes Leben trage seinen Lohn in sich, und der Epikureismus mit der Vorstellung, Tugendhaftigkeit sei die Vorbedingung des Glücks. Beide waren Philosophien der Zurückhaltung und inneren Einkehr. Sie spiegelten die Verschiebung des Schwerpunktes von den Problemen menschlicher Beziehungen – der Mensch als ein von Natur aus ›politisches Wesen‹, als Bürger einer freien ›Polis‹ nach der berühmten Definition von Aristoteles – zu denen des individuellen Innenlebens wider.

Damals begann die Philosophie des Aristoteles (384 bis 322 v. Chr.), der Hauslehrer Alexanders gewesen war, ihre langwährende Herrschaft über wissenschaftliche und mathematische Erkenntnisse des Altertums. Aus der hellenistischen Zeit stammen die *Elemente* des Euklid, die Entdeckung des spezifischen Gewichts und die Erfindung der Wasserpumpe durch Archimedes sowie die Berechnung des Erddurchmessers mit einer Abweichung von nur wenigen hundert Kilometern vom korrekten Maß durch Eratosthenes.

In der bildenden Kunst war der Einfluss des Hellenismus ebenso beherrschend. Zu den von den Römern bewunderten und gesammelten griechischen Skulpturen gehörten hellenistische Werke wie die *Venus Medici* und der *Apoll vom Belvedere* ▸ 5.6; 7. Die *Venus Medici* ist die Beste aus einer Reihe von 33 erhaltenen Repliken eines verloren gegangenen Originals, von dem man vermutet, dass es aus dem 3. oder 2. Jahrhundert v. Chr. stammt. Sie verdankt einiges der *Aphrodite von Knidos* des PRAXITELES ▸ 4.56, doch die Darstellung ist weniger idealisiert, fleischlicher und geschmeidiger, und in der Kopfdrehung sowie der fast verführerisch abwehrenden Gestik liegt eine Spur selbstbewusster Koketterie. Der *Apoll vom Belvedere* ist eine römische Kopie aus dem 2. Jahrhundert n. Chr., von der ursprünglich vermutet wurde, sie ginge auf eine verlorene Originalbronze aus dem späten 4. Jahrhundert v. Chr. zurück, obwohl es zumindest ebenso wahrscheinlich ist, dass die Statue auf mehr als einem Original beruht und ein Pasticcio darstellt. Mit der fast tänzerischen Haltung, dem weichen Körperbau, der feingliedrig ausgearbeiteten Frisur und dem Gesicht voll gefühlloser Schönheit steht der *Apoll vom Belvedere* in sehr auffallendem Kontrast zu den männlichen Statuen, die aus dem Athen des 5. Jahrhunderts v. Chr. erhalten sind. Obwohl weder die *Venus Medici* noch der *Apoll vom Belvedere* zu ihrer Zeit so berühmt waren wie nach ihrer Wiederentdeckung im späten 15. beziehungsweise zur Mitte des 16. Jahrhunderts, veranschaulichen sie sehr gut gewisse Formtendenzen ihrer Zeit. Für die hellenistische Bildhauerei ist die sinnliche Freude im Umgang mit Marmor kennzeichnend, wie sie sich bei der *Venus von Milo* erkennen lässt ▸ 5.8. Es könnte fast scheinen, als sei – metaphorisch gesprochen – das Material hier eher liebkost als gemeißelt worden.

## *Plato, Aristoteles und die Künste*

Im Alexandria des späten 4. oder frühen 3. Jahrhunderts v. Chr. scheinen die ersten kunsttheoretischen Schriften (als eine von Kritiken und ästhetischer Theorie verschiedene Gattung) geschrieben worden zu sein. Zwar sind sie alle wie das meiste der hellenistischen Prosa verloren gegangen, doch fanden Textpassagen in die Werke späterer Schriftsteller, bei Plinius dem Älteren oder Pausanias – manchmal in Form direkter Zitate –, Eingang. Aus diesen Fragmenten lässt sich ableiten, dass man die Kunstgeschichte als einen geradlinigen Fortschritt seit den primitiven Anfängen der fern liegenden Vergangenheit bis zu dem Gipfelpunkt aller Leistungen im späten 4. Jahrhundert v. Chr. auffasste – in genauer Übereinstimmung mit dem Aufstieg der makedonischen Dynastie zur Macht. Von PRAXITELES und LYSIPP, dem Hofbildhauer Alexanders, hieß es, sie hätten alle ihre Vorgänger übertroffen, und vom Hofmaler Alexanders, APELLES, behauptete Plinius, er habe »alle vor ihm Geborenen überragt sowie alle, die nach ihm kamen«.

Die Vorstellung von einer ›Norm‹, zu der die Kunst strebt, wurde in dieser Weise zuerst von hellenistischen Schriftstellern entwickelt. Von ihnen stammt auch die Idee eines ›klassischen Moments‹ in der Kunst, in welchem der Gipfel der Vollendung erreicht ist. Bemerkenswert ist, dass sie diesen Gipfel nicht im 5. Jahrhundert – der Zeit der griechischen Klassik –, sondern im späten 4. Jahrhundert v. Chr. ansetzten. Die Vorstellung, dass die griechische Kunst und Kultur ihren Höhepunkt unter Perikles erreichten, entstand später.

Zum ersten Mal fanden Künstler einen Platz in der Geschichte. Sie sahen sich selbst als Menschen, die in der Nachblüte einer bedeutenden Zeit lebten. Von daher erklärt sich die stark konservative, ›klassizistische‹ Ausrichtung der hellenistischen Kunst, für die als philosophisches Grundprinzip Platos Forderung gelten könnte, dass Kunstwerke – wie alles andere auch – idealerweise einem absoluten Maßstab ent-

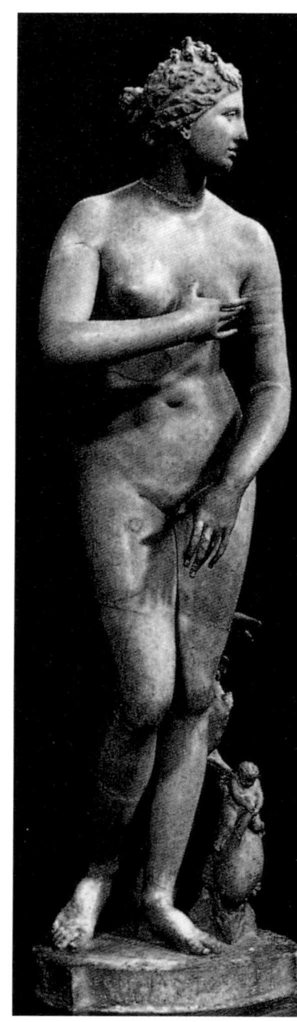

5.7 *Venus Medici*, 1. Jh. n. Chr., Marmor, Höhe 153 cm. Uffizien, Florenz.

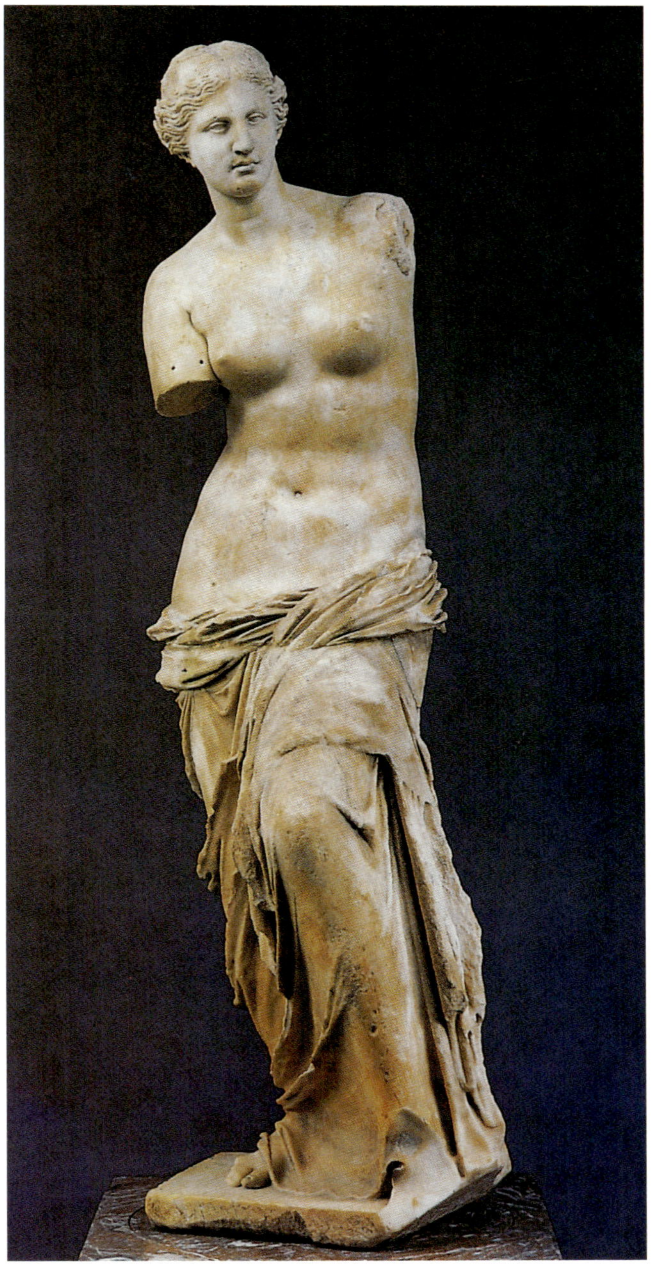

5.8 *Venus von Milo*, um 150 v. Chr., Marmor, Höhe 208 cm. Louvre, Paris.

sprechen sollten. Wie wir bereits sahen, hielt er die ägyptische Kunst für mustergültig, weil sie keine künstlerischen Neuerungen zuließ. Allerdings kritisierte Aristoteles diese Theorie und vertrat eine weniger orthodoxe Auffassung. Während Plato erkannte, dass die Werke der Menschen allenfalls Nachahmungen göttlicher Urbilder oder ›Ideen‹ sein können, näherte sich Aristoteles dem Problem auf empirische Weise und versuchte, die verschiedenen ›Gründe‹ für die Entstehung menschlicher Werke aufzuzeigen. Ihm zufolge hing die Form eines Objekts nicht von einer statischen transzendenten ›Idee‹ ab, der sie sich annäherte, sondern von ihrem Schöpfer, ihrem Ausgangsmaterial und vor allem ihrem Zweck, dem ›endgültigen Grund‹. Auf diese Weise begann eine der bedeutendsten Kontroversen in der Geschichte der westlichen Ästhetik.

Die Lehren des Aristoteles erlaubten ein freischöpferisches Gestalten und die Veredelung der künstlerischen Individualität (jedenfalls in der Theorie), sogar den Eklektizismus sowie die Auffassung, dass ein Kunststil gewissen Umständen angemessen sei, anderen dagegen nicht. Dieser Relativismus wird in seiner Erörterung der Rhetorik am deutlichsten. Eine Rede vor der Öffentlichkeit sollte, so sagte er, wie eine ›Skiagraphia‹ oder Schattenmalerei sein (vermutlich eine Malweise, die kräftige Licht- und Schattenkontraste zur Steigerung des Raumeindrucks verwendete). Daher seien eine klare Konturierung der Rede und ihre strenge Konzeption wünschenswert. Bei Gerichtsverhandlungen wäre andererseits eine differenziertere und subtiler aufgebaute Rede angemessener. In Analogie dazu könnte man die Stile der bildenden Künste wie literarische Genres auffassen – episch, tragisch, komödiantisch, lyrisch, elegisch –, jedes mit eigenen Gesetzen, die in Aristoteles' *Poetik* niedergelegt sind.

Die Entstehung solcher Vorstellungen signalisiert eine grundlegende Veränderung der Haltung, die man gegenüber der Kunst einnahm. Nach und nach setzte sich in der Kunstrezeption die Tendenz durch, Statuen, Malereien und sogar Tempel mehr als ›Kunstwerke‹ denn als von einem Inhalt erfüllte und belebte Abbilder zu verstehen. In wachsendem Maß sah man sie als Schöpfungen individueller Künstler an, die für individuelle Auftraggeber arbeiteten. Dieser Säkularisierungsprozess erreichte eine noch höhere Stufe, als sich in der hellenistischen Zeit das Kunstsammeln verbreitete, das zu einer Art werbewirksamer ›Förderung‹ berühmter Künstler führte. Die Tatsache, dass die ersten Kunstgeschichten zur gleichen Zeit erschienen, war kein Zufall, insbesondere weil sie anscheinend von praktizierenden Künstlern geschrieben wurden. Andere nicht-künstlerische Faktoren könnten jedoch auch eine Rolle gespielt haben. So sind bei der Lobpreisung der Künstler aus der Zeit Alexanders vereinzelt propagandistische Untertöne unüberhörbar. Wieweit die Impulse, die dieses gesamte geistige Gefüge begründeten, politisch und wieweit sie ästhetisch waren, ist keineswegs deutlich. Allerdings lässt sich kaum daran zweifeln, dass der künstlerische Stil des späten 4. Jahrhunderts eine politische Bedeutung erlangte, indem er die hellenistischen Herrscher visuell mit Alexander und dessen Vermächtnis an Macht und Ansehen verband.

Offensichtlich lag dies auch in der Absicht des Satrapen von Sidon, als er seinen Sarkophag in Auftrag gab ▸ 5.1. Alexander erscheint hier als der übermenschliche Sieger und Held, der die Stelle des über das Schicksal der Menschen wachenden Gottes auf früheren griechischen Schlachtenreliefs und -bildern übernommen hat. Deutlich ist, dass der Bildhauer Alexander als Symbolfigur – aber auch als Porträt – darstellen wollte. Dieser Naturalismus gilt auch für die anderen Figuren, deren Köpfe stark individualisiert wurden. Die Kostüme und die Physiognomie der Perser sind wie bei dem *Alexander-Mosaik* ▸ 5.30 mit einer ethnographischen Detailtreue erfasst worden, die in der griechischen Kunst selten ist. Einige Griechen erscheinen in heroischer Nacktheit und deuten damit den zeitlosen Anspruch der historischen Kriegsereignisse an. Rein formal zeichnet sich die figürliche Komposition durch ein Gleichgewicht zwischen statischen und dynamischen Kräften aus, so dass der Gesamteindruck übersichtlich geordnet wirkt.

Die Arbeit des Meißels ist noch genauso frisch und scharf wie zu der Zeit, als der Sarkophag in die Grabkammer gestellt wurde, die ihn mehr als 2000 Jahre lang vor der Witterung schützte. Sogar noch einige der Pigmente sind erhalten, mit denen man den Marmor bemalt hatte. Sie reichen aus, um zu erkennen, dass die Farbgebung äußerst naturalistisch war. Die Haut wurde in einem gelben Ton gefasst, der bei den Persern etwas dunkler als bei den Griechen war, das Haar, die Augen, die Lippen sowie die Bekleidung erschienen mit braunen, roten, violetten beziehungsweise blauen Farbtönen abgesetzt.

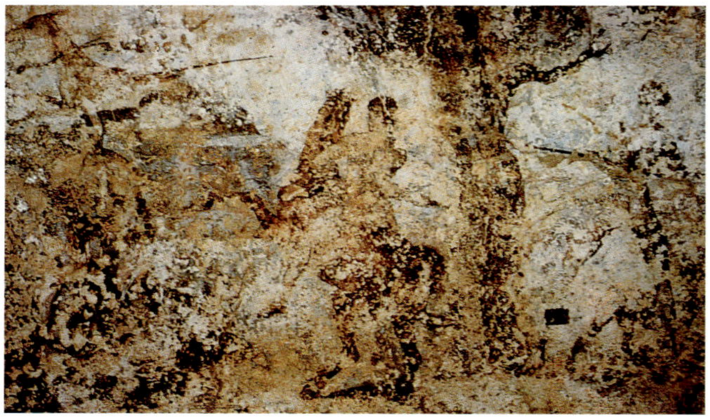

5.9 Detail eines Gemäldes, großes Grabmal von Vergina, Griechenland, um 330 v.Chr.

Den gleichen verfeinerten Geschmack für virtuoses Formenspiel zeigen die in der Nekropole von Vergina (Nordgriechenland) entdeckten Malereien – möglicherweise die Grabstätte von Philipp II., Alexanders Vater ▸ 5.9 – sowie die etwas später entstandenen Kieselmosaike aus Pella, dem Geburtsort von Alexander (s.S. 164 und 167). Noch in ihrem schlechten Erhaltungszustand lassen die Gemälde einen meisterhaften Naturalismus erkennen.

Den hohen technisch-handwerklichen Anspruch des späten 4. Jahrhunderts v.Chr. verdeutlicht auch die Metallkunst. Auf einem bei Derveni in Makedonien gefundenen herrlichen Krater – ein Meisterwerk des Bronzegusses, der Treibarbeit und Ziselierung – wird Dionysos in einer wunderbar entspannten, schönkörperlichen Haltung gezeigt ▸ 5.11. Die gewaltigen Leidenschaften der alten Götter erscheinen hier zu intimer Zärtlichkeit gebändigt und verfeinert.

5.11 Derveni-Krater, 350–325 v.Chr., Bronze und Silber, Höhe 91 cm. Archäologisches Museum, Thessaloniki.

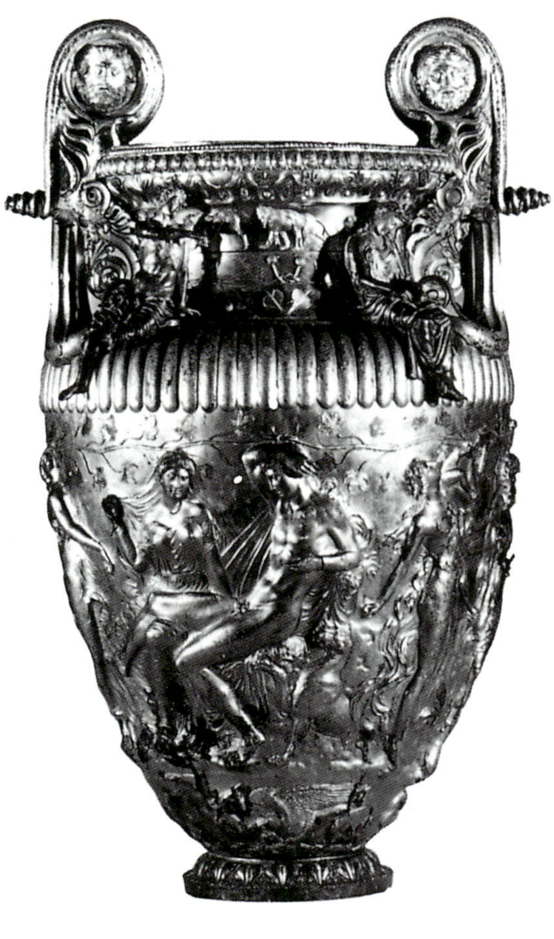

Statuetten aus Bronze und anderen Materialien kannte die griechische Kunst schon jahrhundertelang. Diese hatten wohl in der Regel als Votivgaben gedient, aber erst jetzt traten sie als unabhängige, dekorative Kunstwerke auf. Eine der schönsten ist die Statuette einer Tänzerin, offensichtlich einer Berufsschauspielerin ▸ 5.10, keiner Muse des Tanzes oder einer Verehrerin des Dionysos, die auf so vielen frühen Vasenmalereien in ekstatischen Bewegungen aufgetreten waren. Während sie den eng über den Körper gezogenen Faltenwurf fest ergreift, wiegt sie sich in einem langsamen Rhythmus. Die Figur ist zudem eine Glanzleistung plastischer Raumeroberung, die fordert, von jedem Blickpunkt aus betrachtet zu werden. Aber man stellte auch Statuetten mit weniger gefälligen Themen her: grimassierende Zwerge, abgemagerte Jünglinge und verkrüppelte Bucklige, die um Almosen betteln. Mit packendem Verismus hatte man sich solch antiklassischer Sujets bemächtigt.

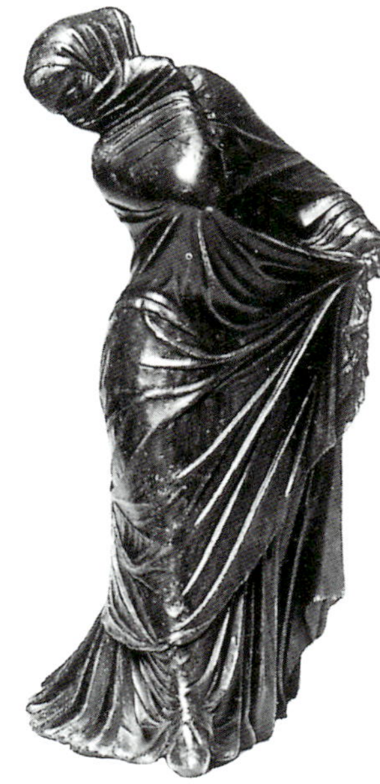

5.10 *Tänzerin*, 225–175 v.Chr. Bronze, Höhe 20,6 cm. The Metropolitan Museum of Art, New York.

Aristoteles zufolge ist eine Nachahmung als solche ergötzlich, und es erfreut das Auge, sie zu betrachten. Dinge, die im Alltagsleben abstoßend wirken, können gefallen, wenn sie in der Kunst dargestellt werden, schrieb er. Das steht der Behauptung Platos, alle Nachahmung sei unwahr, ebenso diametral entgegen wie der Forderung von Sokrates, dass sich die Künstler auf die Wiedergabe des ›Guten‹ und ›Schönen‹ konzentrieren sollten. Für die Griechen fielen die Schönheit des Leibes und der Seele in eins. Alle Homerischen Helden sind ansehnlich, die Schurken hässlich oder deformiert; die gelegentlich auf Vasen abgebildeten fetten Männer sind ausnahmslos Witzfiguren. Doch Sokrates, der selber stupsnasig und von kleiner Statur war, hatte damit begonnen, eine feinsinnigere und tiefgründigere Vorstellung vom Äußeren und Inneren des Menschen sowie von dem Verhältnis zwischen ihnen zu entwickeln. Diese und ähnliche mit der Entfaltung des Naturalismus in der bildenden Kunst zeitlich übereinstimmenden Strömungen im griechischen Denken veränderten die traditionelle griechische Auffassung von Schönheit in sehr bemerkenswerter Weise. Nunmehr konnte sich das Edle, wenn nicht sogar Schöne der Seele innerhalb eines unattraktiven Äußeren manifestieren. Der schöngliedrige junge Athlet war nicht mehr das einzige, exklusive Ideal. (Zu dieser Zeit waren die preisgekrönten Athleten keine aristokratischen Amateure mehr, sondern Berufssportler, und das ist möglicherweise nicht unerheblich.) Diese Veränderung sollte tiefgehende Folgen für die bildende Kunst haben. Sie machte sich in der plötzlichen Herausbildung des naturgetreuen Porträts während der letzten Jahrzehnte des 4. Jahrhunderts unmittelbar bemerkbar.

Der Kontrast zwischen der Schwäche des Körpers und der Kraft der Seele ist Thema einer *Statue des Demosthenes*, des lärmenden Gegners sowohl von Philipp II. von Makedonien als auch von Alexander ▸ 5.12. Auch die Inschrift auf dem Sockel bringt dies zum Ausdruck: »Wenn deine Stärke deiner Entschiedenheit gleichgekommen wäre, Demosthenes, hätte der makedonische Kriegsgott die Griechen niemals beherrscht.« Die erhaltenen Repliken lassen erkennen, wie man den gebrechlichen, mageren Körper durch den unbeugsamen Geist, der aus den Gesichtszügen spricht, veredelt und beseelt dachte. Es handelt sich um ein posthumes Porträt mit idealisierenden Zügen, das die Athener im Jahre 280 v.Chr. aufstellten. Keine Überhöhung lässt sich bei den verschiedenen Standbildern des Sokrates und späterer Philosophen (die auch nur von Kopien her bekannt sind) erkennen, bei denen die körperlichen Gebrechen besonders betont worden zu sein scheinen. Eines der wenigen, die man ins 3. Jahrhundert v.Chr. datieren

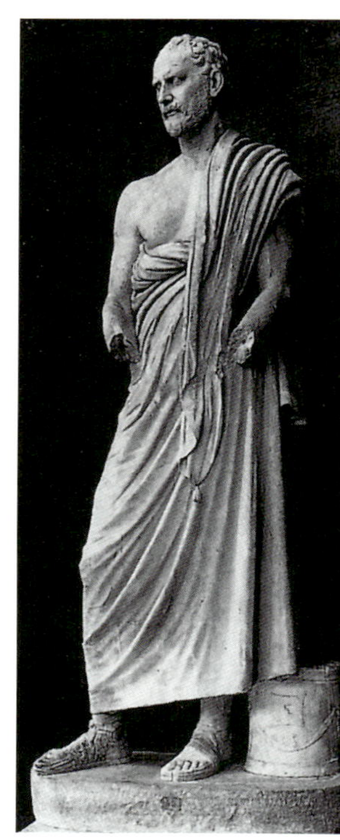

5.12 *Demosthenes*, römische Kopie eines wahrscheinlich von POLYEUKTES stammenden Originals, um 280 v.Chr., Marmor, lebensgroß. Vatikanische Museen, Rom.

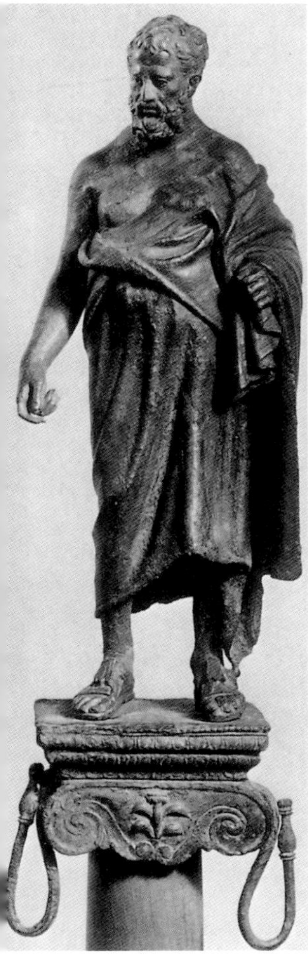

.13 *Hermarchos* (?), Mitte 3. Jh. v. Chr., Bronze, Höhe 35 cm. The Metropolitan Museum of Art, New York Rogers Fund, 1910).

kann, stellt vielleicht Hermarchos dar, den bedeutendsten Schüler Epikurs ▸ 5.13. Es ist die nicht schmeichelhafte, aber dennoch gefällige Figur eines alten Mannes mit leicht geneigtem, bärtigem Kopf, hängendem Fleisch auf der Brust, einer um den dicken Bauch gewickelten Toga und ziemlich weit auseinander stehenden, abgezehrten Unterschenkeln. Sogar die Herrscher der hellenistischen Welt wurden zuweilen mit erstaunlicher Offenheit porträtiert. Philetairos von Pergamon, der in seiner Kindheit zu seinem Unglück kastriert worden war, wird auf Münzen mit den stark aufgedunsenen Gesichtszügen eines Eunuchen gezeigt, und bei Euthydemos, der 230 v. Chr. den baktrischen Thron an sich riss, könnte es fast scheinen, dass er auf seine schnapsnasige Rohheit stolz war ▸ 5.14.

### *Allegorie*

Schlafende Figuren treten erstmalig in der hellenistischen Bildhauerei auf, etwa die berühmte *Ariadne* oder der *Schlafende Faun*, der sich in sinnlicher Trägheit hängen lässt. Beide drücken mit ihren unbeherrschten Bewegungen und Gesten ein neues Gewahrwerden des instinktiven Wesens im Menschen aus. Das Interesse für das Innenleben, die Introspektion hellenistischen Denkens mag der Darstellung von Schlafenden philosophischen Boden bereitet haben. Bei einer außergewöhnlich schönen Bronze ist die völlige Entspannung eines müden Kindes im Tiefschlaf mit gespreizten Beinen und einem über den Körper geworfenen Arm ausgezeichnet erfasst ▸ 5.15. Allerdings zeigen die Flügel mit den aufgeplusterten Federn, dass es sich nicht um ein gewöhnliches Kind handelt. Es wird in der Regel als Gott der Liebe, Eros, der Sohn von Aphrodite, gedeutet. Weist sein Schlaf auf den inneren Frieden hin, den man, wie die Stoiker glaubten, erlangt, wenn man von den Begierden ablässt? Oder ist einer der beiden Brüder Hypnos und Thanatos – Schlaf und Tod – dargestellt, die als geflügelte Kinder verbildlicht wurden? In diesem Zusammenhang tritt die Allegorie, was wörtlich ›etwas anderes sagen‹ bedeutet, erstmalig in der europäischen Kunst auf.

Im 2. Jahrhundert v. Chr. hatten die griechischen Götter als Bewohner einer höher stehenden Welt, die das Leben der darunter befindlichen Menschheit beeinflussen, viel von ihrer Glaubwürdigkeit verloren. In der hellenistischen Kunst tendierten sie zunehmend dazu, Personifikationen zu werden – der Liebe, des Todes, der Weisheit, des Mutes und sogar solch abstrakter Begriffe wie günstige Gelegenheit, Glück, Streit und Vergesslichkeit. LYSIPP schuf eine Statue der *Gelegenheit*, die mit geflügelten Füßen auf Zehenspitzen lief, mit einem Rasiermesser in der Rechten, der Stirnlocke im Gesicht (dem sprichwörtlichen Schopf) und das Haupt auf der Rückseite kahl, um anzudeuten, dass sie nicht von hinten ergriffen werden kann. Solche Statuen entstanden, um ›gelesen‹ zu werden.

Die griechische Statue einer Gottheit, eines Helden oder Athleten genügte sich selbst. In der hellenistischen Zeit konnten solche Figuren allegorische Bedeutung von ihrem Kontext her erlangen. Eines der bedeutendsten Meisterwerke der hellenistischen Kunst ist ein treffendes Beispiel: die *Nike (Viktoria)*, die um 190 v. Chr. von den Einwohnern der kleinen Insel Samothrake in der nördlichen Ägäis aufgestellt wurde, um eines Seesiegs zu gedenken ▸ 5.16. Hier wird die Bedeutung einer alten Bildidee durch den Zusammenhang neu belebt, wie der Vergleich mit der *Nike* von Olympia aus dem späten 5. Jahrhundert nahe legt ▸ 4.49. Während die früher entstandene Figur, sichtbar dem Sturm ausgesetzt, auf einer hohen Säule

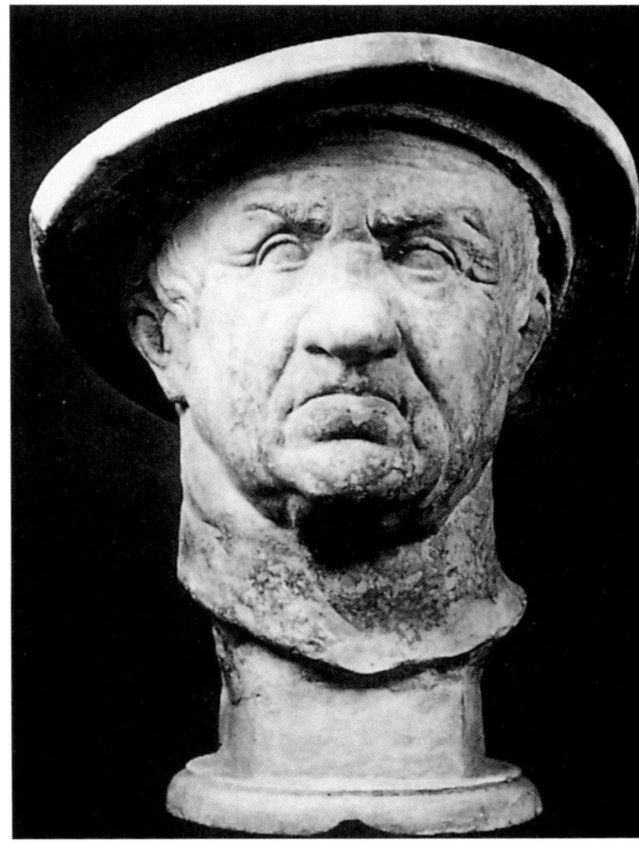

5.14 *Euthydemos von Baktrien*, um 200 v. Chr., Marmor, Höhe 35 cm. Villa Torlonia, Rom.

steht, ›landet‹ die *Nike von Samothrake*, wie von einem plötzlichen Windstoß hergetragen, auf dem Bug eines Schiffes, das sich ursprünglich in einem Springbrunnen befand, wobei Felsblöcke aus dem Wasser im Vordergrund zum Vorschein kamen. Obwohl beide Figuren in Beziehung zu geschichtlichen Ereignissen entstanden, ist die erstere verallgemeinert worden, wobei die Göttin des Sieges gezeigt wird, als ob sie bereit sei, herabzuschweben, wo sie wolle, während die letztere eben nur den Sieg vor der Küste Samothrakes verkörpert.

Eine Vorliebe für das Kleine und Exquisite traf mit einer Leidenschaft für das Riesige und Grandiose zusammen. Beide Extreme wurden für die hellenistische Kunst typisch und standen zu den Zielen der griechischen Künstler des 5. Jahrhunderts und deren Ideal der ›goldenen Mitte‹ (s. S. 134) in einem

5.15 *Schlafender Knabe*, 250–150 v. Chr., Bronze auf Marmor, 85,7 x 78 cm. The Metropolitan Museum of Art, New York.

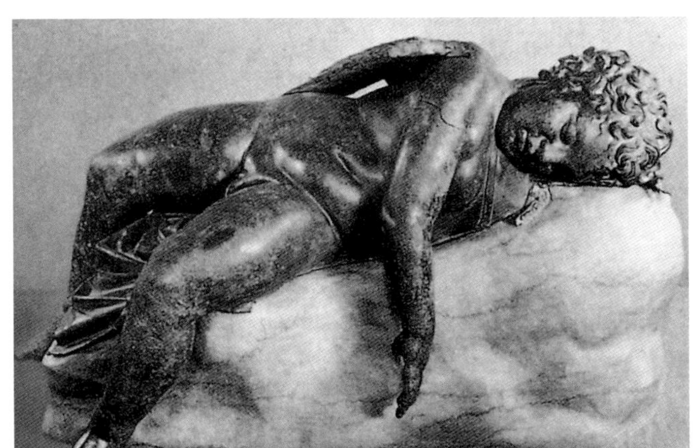

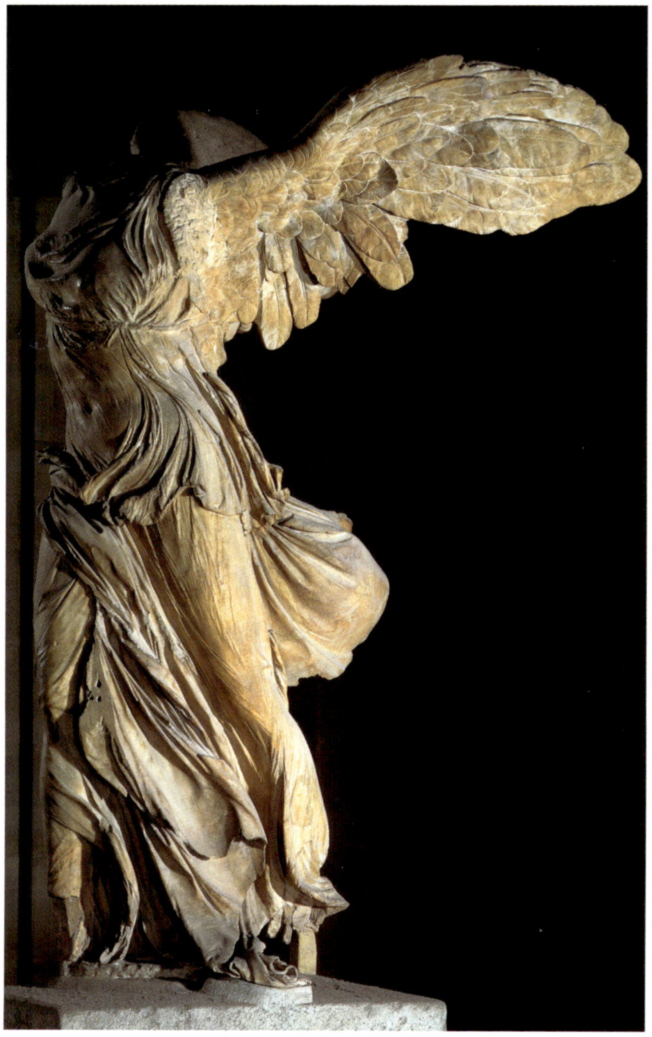

5.16 *Nike von Samothrake*, um 190 v. Chr., Marmor, Höhe 244 cm. Louvre, Paris.

scharfen Gegensatz. LYSIPP war wegen seiner Fähigkeit berühmt, in beiden Maßstäben zu arbeiten. Eines seiner Meisterwerke soll eine kleine bronzene Herkules-Statuette gewesen sein, die er für den Tisch Alexanders anfertigte, ein anderes war eine kolossale Herkules-Bronze, etwa 18 m hoch, die man in der griechischen Stadt Taras (dem heutigen Tarent) in Süditalien aufstellte. Sein Schüler CHARES VON LINDOS verdoppelte diese Höhe beinahe mit seinem berühmten Koloss von Rhodos.

Bei der überlebensgroßen Figur stellen sich Probleme der Gliederung und der Proportionen. Eine maßgenaue Vergrößerung lässt durch den Betrachterstandpunkt optische Verzerrungen auftreten. Es ist gut möglich, dass es in diesem Zusammenhang von LYSIPP heißt, er habe damit geprahlt, dass die Menschen von seinen Vorgängern so dargestellt worden wären, »wie sie wirklich waren«, während er sie dargestellt hätte, »wie sie erscheinen«. Ihm wird eine vollständige Revision des Polykletschen Proportionskanons zugeschrieben (s. S. 139 ff.), der auf tatsächlichen Abmessungen der Form des Menschen gegründet worden war. Obwohl keines seiner angeblich 1500 Werke erhalten ist und man sogar von Kopien her nur sehr wenige kennt, beruhen doch zahlreiche hellenistische Statuen auf der mit ihm in Verbindung gebrachten Proportionsskala, die hauptsächlich eine leichte Verringerung der Größe des Kopfes und eine entsprechende Vergrößerung der Glieder betraf, wodurch der Eindruck größerer Höhe entstand.

Eine der besten der Lysippschen Statuen ist ein leicht überlebensgroßer männlicher Akt, eine Originalbronze des Hellenismus, die man verschiedentlich zwischen dem frühen 3. und dem späten 2. Jahrhundert v. Chr. datierte ▸ 5.17. In diesem Werk findet sich die typisch hellenistische Kombination zwischen Naturalismus und rhetorischer Allegorie. Die traditionelle Haltung ruhigen Stehens hat hier durch den größeren Abstand zwischen den Füßen und der Armstellung in kühner Spiralkurve ein stärkeres Bewegungsmoment erhalten. Der etwas überentwickelte, breitschultrige Muskelaufbau entsprach dem neuen Ideal der Leibeskraft, das mit Stärke und Gewicht die flinke, leichtfüßige Behändigkeit früherer griechischer Athleten ablöste. Das Gesicht ist kaum idealisiert worden und scheint als Herrscherporträt das eines Individuums zu sein. Die Verbindung eines pathetisch gesteigerten Körpers mit einem Porträtkopf, der ebenfalls von Pathosformeln geprägt wird – etwa das wild bewegte Haar –, ist eine spezifisch hellenistische Form der Herrscherdarstellung.

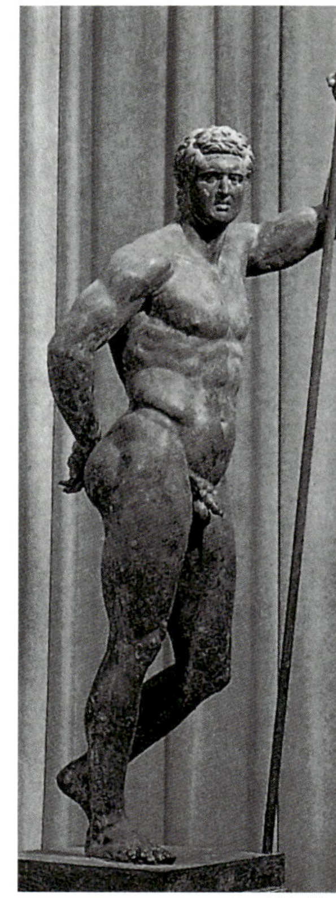

5.17 LYSIPP, *Hellenistischer Herrscher*, etwa 150–140 v. Chr., Bronze, Höhe 222 cm. Museo Nazionale Romano, Rom.

## *Hellenistische Architektur*

Bei dem bedeutenden Zeus-Altar von Pergamon im nordwestlichen Kleinasien treten uns viele der Eigenschaften, die die hellenistische von der klassischen griechischen Kunst unterscheiden, in reinster Form entgegen ▸ 5.19. Es ist die bei weitem größte bildhauerische Anlage, die im Altertum geschaffen wurde, ein so grandioses und beeindruckendes Werk, dass es vom Autor des biblischen Buches der Offenbarung später ›Satans Thron‹ genannt wurde. Als Gedenkstätte des Krieges errichtet, der Rom ironischerweise als herrschende Macht im östlichen Mittelmeerraum etablierte, dokumentiert es in mehrerer Hinsicht den Anfang vom Ende der hellenistischen Welt. Pergamon war ein nicht sehr bedeutendes Königreich gewesen, bis dessen König Attalos I. im Jahre 230 v. Chr. eine aus dem Norden einfallende Streitmacht der Gallier besiegte und sich für kurze Zeit zum Herrscher Kleinasiens aufschwang. Zur Feier des Ereignisses wurde eine Reihe von Statuen toter beziehungsweise sterbender Gallier geschaffen, die heute nur von späteren Kopien her bekannt sind ▸ 5.18. Sie zeigen die Entstehung eines eigenen pergamenischen Stils, der den höchst ›zivilisierten‹ Wünschen seiner Auftraggeber entgegenkam. Denn die Skulptur des Kapitolinischen Museums zeigt den Besiegten in Würde und Vornehmheit. Jene introspektive, zur Vergeistigung anregende Tendenz des hellenistischen Denkens, die den Körper als Gefängnis der Seele betrachtete, fand hier ihren klassischen Ausdruck. Der Geist lebt fort, während das Leben

5.18 *Sterbender Gallier*, römische Kopie einer Bronze von etwa 230–220 v. Chr., Marmor, lebensgroß. Museo Capitolino, Rom.

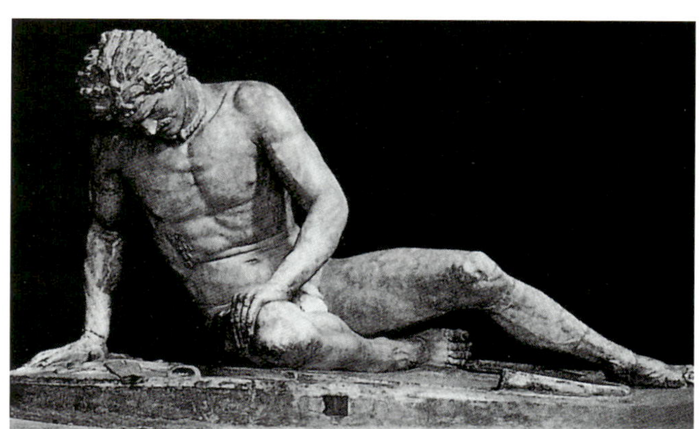

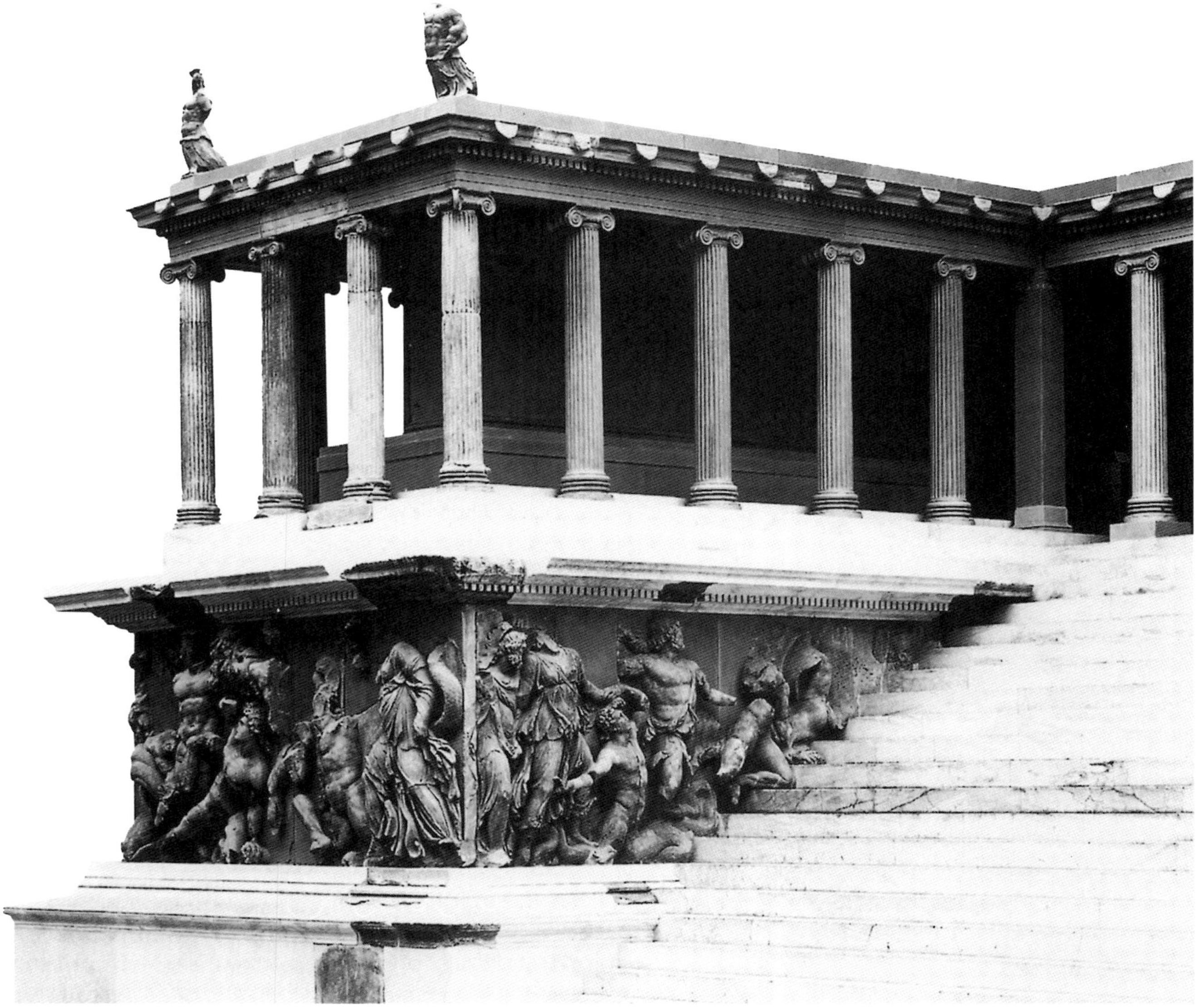

.19 Zeus-Altar von
Pergamon, um 175 v. Chr.,
Marmor, rekonstruiert und
restauriert. Pergamon-Museum,
Berlin.

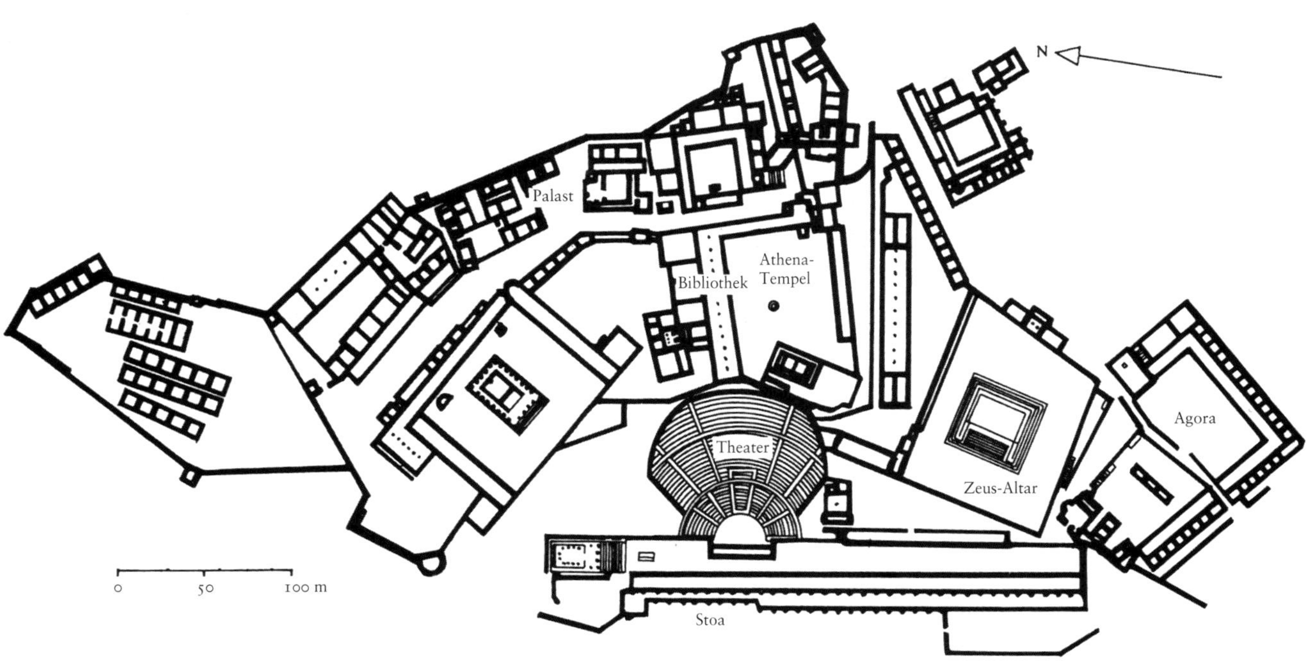


5.20 Stadtplan
von Pergamon.

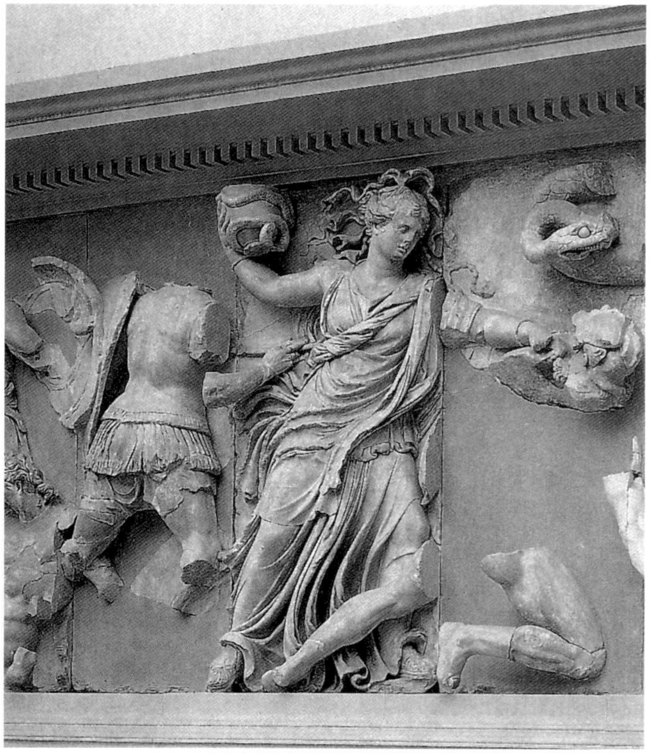

5.21 *Göttin im Kampf*, Detail vom Nordfries des *Pergamonaltares* ▸ 5.19.

5.22 *Der Gigant Alkyoneus im Kampf gegen Athena*, Detail vom Ostfries des *Pergamonaltares* ▸ 5.19.

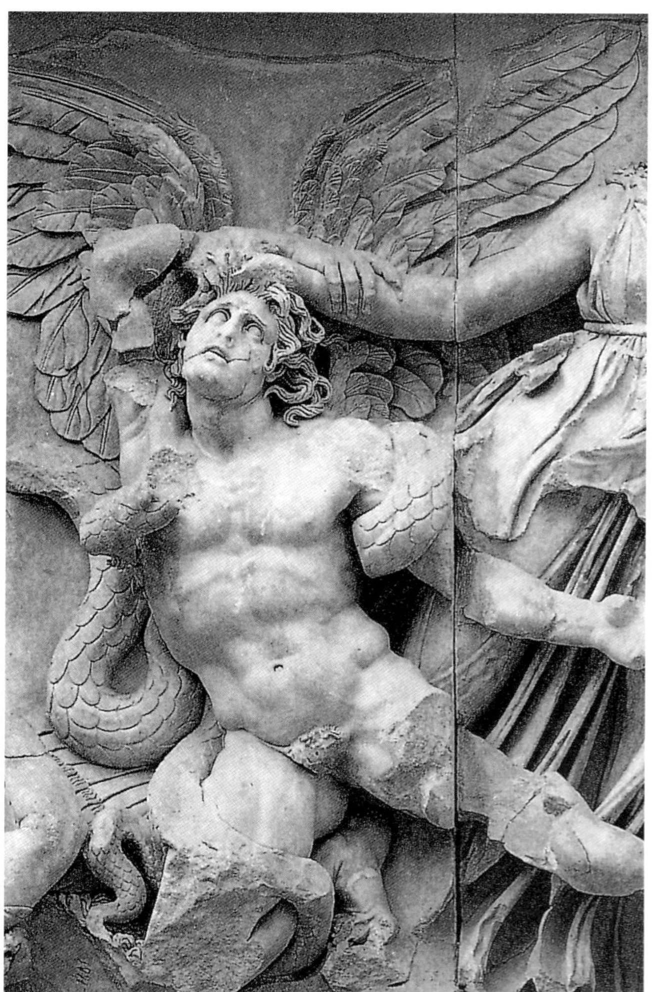

langsam aus dem Körper des *Sterbenden Galliers* weicht. Ein Vergleich zwischen ihm und dem *Gefallenen Krieger* aus Ägina ▸ 4.39 zeigt, wie viel man an Ausdrucksstärke hinzugewonnen hatte – und wie viel an reiner, skulpturaler Kraft verloren gegangen war.

Der Zeus-Altar wurde etwa fünfzig Jahre später errichtet. Er stand auf einer 6 m hohen Terrasse, die von einer ionischen Kolonnade umgeben war. Der Zugang lag an der Rückseite, so dass die große, zum Altar hochführende Treppenflucht erst zu sehen war, wenn man um das Gebäude herumging. Um den Sockel lief ein Skulpturenfries (der nur zum Teil erhalten ist) in einer Höhe von ungefähr 2,30 m und einer Gesamtlänge von über 90 m. An der inneren Mauer der Kolonnade befand sich ein zweiter Fries auf der Altarebene mit einer Länge von etwa 73 m und einer Höhe von etwa 1,50 m, von dem nur wenig bewahrt worden ist ▸ 5.21; 22. Die Überreste des Bauwerks wurden im späten 19. Jahrhundert nach der Ausgrabung zerlegt und um 1900 im Pergamon-Museum in Berlin wieder aufgebaut. Der erste und größere Fries ▸ 5.19 ist der Schlacht zwischen Göttern und Giganten gewidmet, wobei die Götter die volle Höhe der Reliefplatten einnehmen und die Giganten sogar noch größer sind, da nur ihre riesigen und bedrohlichen Torsi sichtbar sind. Die Muskeln schwellen sich zu großen, harten Erhebungen; die Augen quellen unter zusammengezogenen Brauen hervor; die Zähne sind voller Schmerz aufeinandergepresst. Die gewaltigen gekrümmten Figuren scheinen in eine schier endlose, ungeregelte (aber in Wirklichkeit sorgsam ausgedachte) Vielfalt von angestrengten, gewundenen Haltungen – denen sich der dynamische Zusammenhalt der Gesamtkomposition verdankt – gespannt worden zu sein. Der plastische Rhythmus ist so vehement, dass individuelle Figuren und komplexe Gruppen zu einem einzigen Beziehungssystem verschmelzen. Tiefe Einschnitte und Unterhöhlungen lassen kräftige Licht- und Schattenkontraste entstehen, die die Dramatik erhöhen und auf abstrakter Ebene den kosmischen Konflikt zwischen Olympiern und erdverhafteten Giganten widerzuspiegeln scheinen. Die Wirkung ist durch die dramatische Verwendung von ›chiaroscuro‹ eher malerisch als skulptural. Der Stein ist so gemeißelt, dass die Licht- und Schattenwirkungen eigengesetzliche Formen schaffen. Der Naturalismus geht so weit, dass einige Figuren aus ihrem architektonischen Rahmen in den Raum des Betrachters hineintreten. Einer der Giganten lehnt sich heraus, um sich auf die zum Altar hochführenden Stufen zu knien.

Der zweite Fries ist anders gestaltet ▸ 5.21; 22. Die Figuren sind unterlebensgroß, in flacherem Relief gearbeitet und dafür bestimmt, von nahem betrachtet zu werden. Der Gegensatz im Reliefstil erinnert an die Beschreibung der verschiedenen Redestile in der *Poetik* des Aristoteles (s. S. 170 f.).

Das Bauwerk als Ganzes führt die Vorstellung einer skulpturalen Architektur als Masse im Raum statt eines durch Masse geordneten Raumes zu ihrem weitesten Extrem. Dennoch lässt sich sagen, dass hier das klassische Ideal eines klaren Verhältnisses der Teile zum Ganzen verwirklicht wurde. Das fortlaufende Skulpturband steht nämlich in einem wunderbar reichhaltigen, fast farbigen Kontrast zum darunter liegenden Sockel und zur Kolonnade darüber, wobei es der kühlen Klarheit und Eleganz der ionischen Säulen durch seine Bewegtheit eine besondere Geltung verleiht. Die Wirkung der Altaranlage basiert auf ihrer Fassadengestaltung.

Auch bei der Stadtplanung vollzog man in Pergamon einige sehr bedeutsame Veränderungen gegenüber der früheren griechischen Praxis. Auf der felsigen Akropolis war der *Zeus-Altar von Pergamon* nur eines von mehreren Bauwerken ▸ 5.20, zu denen ein Athena-Tempel ▸ 5.23, eine Bibliothek, ein großes Theater, ein königlicher Palast und eine Stoa zählten, die alle optisch zueinander in Beziehung gesetzt und unter optimaler Ausnutzung der Topographie angelegt wurden. Ein solches Interesse an monumentalen Wirkungen, die durch sorgfältige Platzierung, Gruppierung der Gebäude und die Schaffung schöner Ausblicke zu erreichen waren, tritt zuerst in hellenistischer Zeit auf. In Athen selbst war die Agora gegen Ende des 4. Jahrhunderts v. Chr. noch einfach ein ungegliederter, freier Platz, an den eine Anzahl freistehender und unzusammenhängender Gebäude grenzten. Dieses Ensemble wurde im 2. Jahrhundert v. Chr. bezeichnenderweise durch Attalos II. von Pergamon verändert. Zwei lange Stoen errichtete man an der Süd- und Ostseite und schuf aus der ungegliederten Fläche eine vereinigte Raumkomposition.

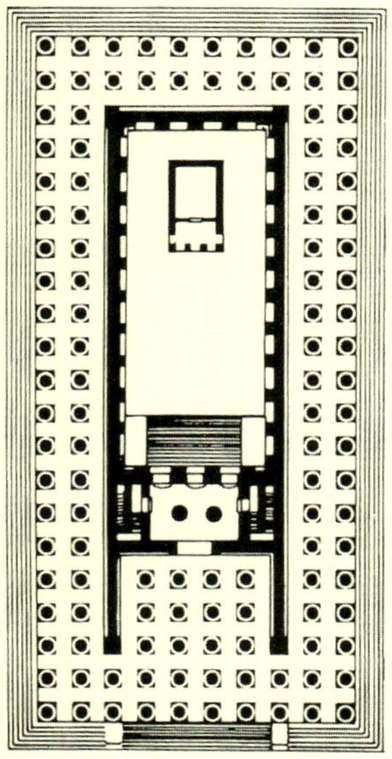

.24 Grundriss des
pollon-Tempels,
idyma ▸ 5.26.

Die Geschichte der hellenistischen Architektur lässt sich allerdings nur mühsam zurückverfolgen. Von ihr wissen wir noch weniger als von der klassischen Architektur Griechenlands, da leider viel verloren gegangen ist. Von den drei großen Hauptstädten ist nichts stehen geblieben: Alexandria und Antiochia wurden von späteren Generationen völlig neu errichtet.

Seleukeia am Tigris hatte man nach der Besetzung durch die Parther verlassen und dem Verfall preisgegeben. Der *Zeus-Altar von Pergamon* ▸ 5.19 und der riesige korinthische *Tempel des olympischen Zeus* zu Athen ▸ 5.25 (174 v. Chr. begonnen, aber erst etwa 130 n. Chr. fertig gestellt) sind fast die einzigen größeren Bauwerke, von denen man mehr als die Grundmauern sehen kann. Allerdings ist in Didyma an der Westküste der heutigen Türkei genug erhalten, um die dramatischen Wirkungen zu erahnen, die bei der Anlage der Bauten manchmal erreicht wurden ▸ 5.24; 26. Der Hauptdurchgang dieses zweiflügeligen Großtempels, dem man sich zwischen gigantischen korinthischen Säulen mit einer Höhe von über 19,50 m näherte, führte von einem Vorraum zu einer breiten Treppenflucht, die in einen offenen, sonnendurchfluteten Innenhof herunterleitete, wo ein kleiner und eleganter ionischer Tempel die Kultfigur beherbergte. Ähnlich raumgreifende Planungen sind zudem durch Ausgrabungen in Tempelbezirken (das Heiligtum des Asklepios auf der Insel Kos, 3. Jahrhundert v. Chr.) und in Stadtanlagen (zum Beispiel Priene) ▸ 5.27 entdeckt worden; dennoch ist unser Wissen vom Urbanismus des Altertums sehr begrenzt. (Mit Priene hat man HIPPODAMOS, den miletischen Architekten aus dem 5. Jahrhundert v. Chr., in Verbindung gebracht, dem von Aristoteles die Systematisierung der regelmäßigen Straßenanlagen des Gitternetztyps zugeschrieben wurde. In der Ägäis geht die regelhafte, gewöhnlich rechteckige Straßenplanung auf das 7. Jahrhundert v. Chr. zurück; im Alten Ägypten, in Mesopotamien und im Industal auf viel frühere Zeiten; (s. S. 53 ff.)

Jedenfalls zeigen die Ausgrabungen, dass man in den hellenistischen Städten nicht nur den bedeutenden städtischen Bauten, sondern auch den monumentalen Raumwirkungen in ihrer Zuordnung neue Bedeutung zumaß. Auch Größe und Pracht der Privathäuser wurden neu bewertet, unter anderem sichtbar in den kunstvoll ausgearbeiteten Kieselmosaikböden zu Pella in Makedonien, dem Geburtsort Alexanders, oder auf der Insel Delos. Obschon aus der damaligen Zeit wenig erhalten ist, kann es als nahezu sicher gelten, dass der in Kleinasien

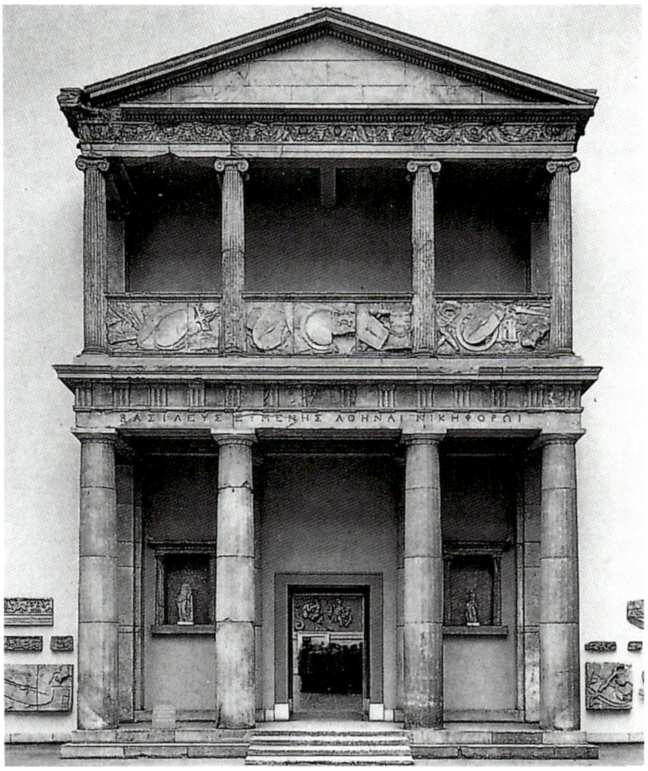

5.23 Portal des Athena-Tempels in Pergamon, 1. Hälfte 3. Jh. v. Chr. Pergamon-Museum, Berlin.

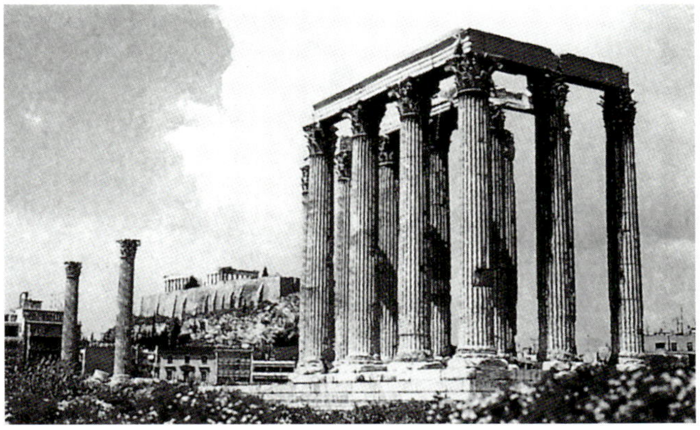

5.25 Tempel des olympischen Zeus, Athen, 174 v. Chr. bis 130 n. Chr.

5.26 Inneres des Apollon-Tempels, Didyma (nahe Milet), Türkei, 313 v. Chr. begonnen.

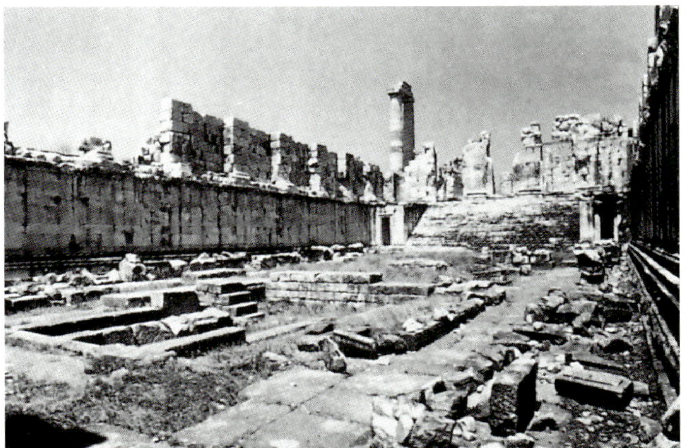

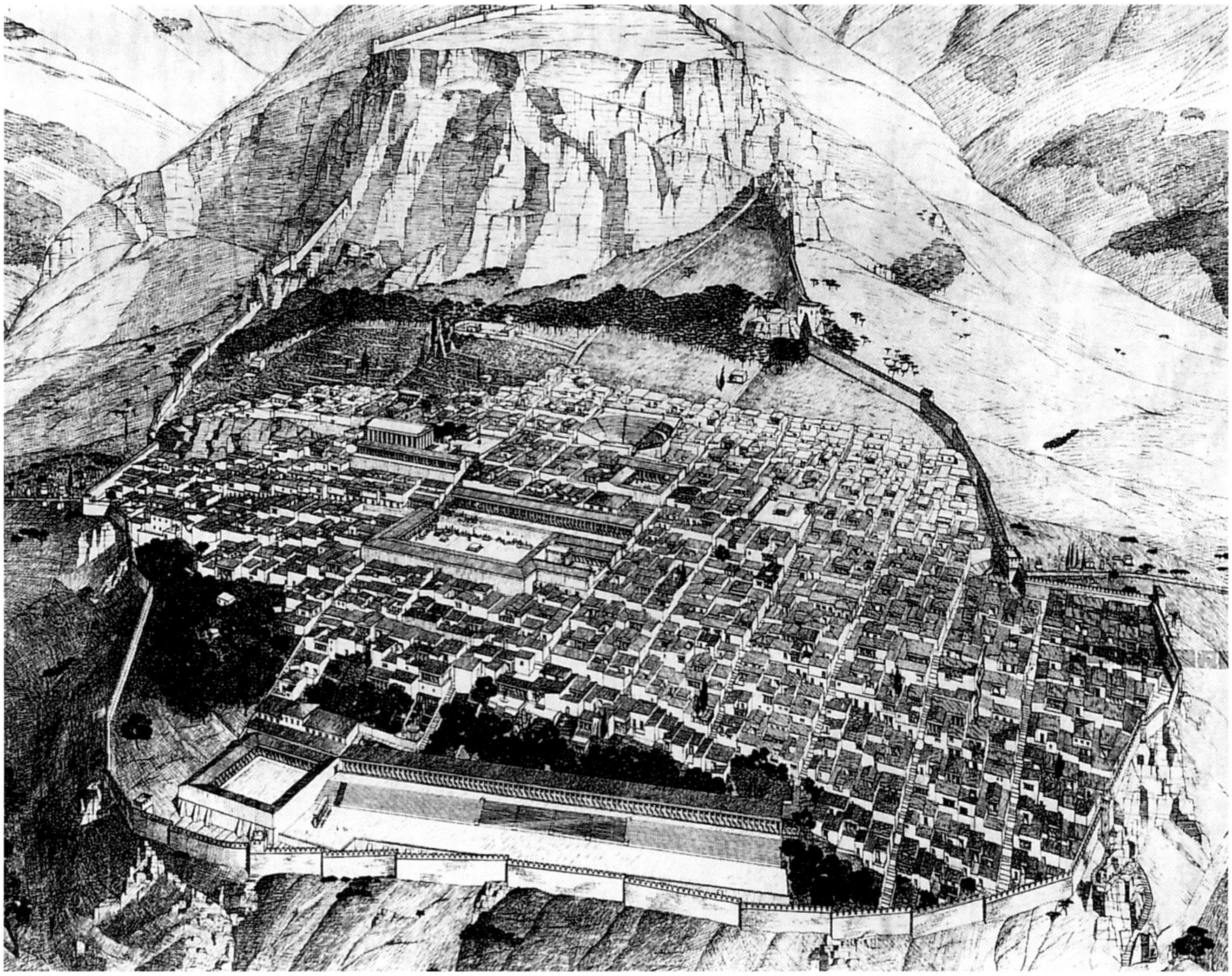

5.27 Rekonstruierte Ansicht von Priene, heutige Türkei.

und Syrien, insbesondere in Baalbek ▸ 5.101 und Palmyra, unter römischer Herrschaft entwickelte üppige Architekturstil Bestrebungen und Leistungen hellenistischer Vorbilder widerspiegelt.

## Hellenistische und römische Malerei und Mosaikkunst

Die Wandmalereien und Fußbodenmosaike, die Stadt- und Landhäuser Italiens während der letzten zwei Jahrhunderte vor und dem ersten nach Christus schmückten, sind zum großen Teil in einem Bildstil gehalten, der in den hellenistischen Königreichen entwickelt worden war. Einige waren sogar das Werk von Künstlern aus dem östlichen Mittelmeerraum. Sie sind eher in geographischer als in kultureller Hinsicht römisch – ebenso wie viele der früheren Tongefäße, der Werke aus Metall und der etruskischen Grabmalereien (s. S. 162). Aber sie entstammen der Zeit, als Rom bereits die Herrschaft über einen großen Teil der hellenistischen Welt sowie über einige nördliche und westliche Gebiete gewonnen hatte. Zu Beginn des 2. Jahrhunderts v. Chr. regierten die Römer nicht nur die gesamte italienische Halbinsel, Sizilien, Sardinien und Korsika, sondern auch die früher karthagischen Kolonien in Südfrankreich und Spanien. Im Jahre 151 v. Chr. unterwarfen sie Karthago und dessen nordafrikanische Territorien, vgl. ▸ 5.28. Drei Jahre später wurden Griechenland und 131 v. Chr. das Königreich Pergamon von ihnen annektiert. Das ptolemäische Königreich von Ägypten gelangte in der Frühzeit des 1. Jahrhunderts v. Chr. unter römischen ›Schutz‹ und wurde 30 v. Chr. zur römischen Provinz. Allerdings beschränkten sich Macht und Einfluss der Römer auf das Militärische, Politische und Wirtschaftliche. Die römische Oberschicht hatte die hellenistische Kultur übernommen. Horaz (65–8 v. Chr.) äußerte dazu: »Als Griechenland versklavt worden war, machte es seinen rauen Eroberer zum Sklaven und brachte die Künste in ein unkultiviertes Latium (die Landschaft, in der Rom lag).« Die von der römischen Republik vereinigten Territorien wurden unter dem Imperator Augustus (27 v. Chr.–14 n. Chr.) enger verflochten, mit dessen Herrschaft eineinhalb Jahrhunderte des Friedens – die ›Pax romana‹ – im gesamten Mittelmeerraum begannen. Unter Augustus' Nachfolgern, den julisch-claudischen Kaisern und der flavischen Dynastie (69–96), wuchs das Römische Reich noch weiter und erreichte seine größte Ausdehnung – vom Euphrat bis zum Atlantik und von Nordafrika bis Schottland – unter Trajan (117–138) und den Antoninen (138–192). Diese Ausdehnung des Reichs bereitet bei der Definition römischer Kunst einige Probleme (s. S. 196 ff.).

Die Skulpturen, Malereien, Mosaiken und anderen Gattungen aus Pompeji und Herculaneum, die im August 79 n. Chr. unter der Lava und der Asche des Vesuvs begraben und erst im 18. Jahrhundert freigelegt wurden, verdeutlichen die

Problematik. Das eindrucksvollste der Mosaiken stellt den Sieg Alexanders über die Perser in der Schlacht von Issos dar und ist in seinem Stil ebenso hellenistisch wie in seiner Themenstellung ▸ 5.30. Als sicher kann gelten, dass sich die Komposition von einem Gemälde des späten 4. Jahrhunderts v. Chr. ableitet, die vielleicht von PHILOXENOS AUS ERETRIA stammt, dem Plinius eine solche Szene zuschreibt und dessen Name mit dem Gemälde von Vergina in Zusammenhang steht ▸ 5.9. Zudem besteht ein die Phantasie aufs höchste anregender Bezug zu einem Bild zum gleichen Thema von HELENA, der Tochter eines Ägypters namens Timon und eine von mehreren Künstlerinnen, die als in hellenistischer Zeit tätig überliefert sind. (Soweit bekannt, handelt es sich um die ersten Künstlerinnen, zumindest um die ersten Berufskünstlerinnen überhaupt. Aus dem klassischen Griechenland wird von keiner berichtet.) Man hat das Mosaik in vier Farben ausgeführt, in Schwarz, Weiß, Rot und Gelb, sowie deren Zwischentönen. Einige griechische Maler des 5. und 4. Jahrhunderts haben ihre Palette auf diese Farbskala, in der Blau fehlt, beschränkt.

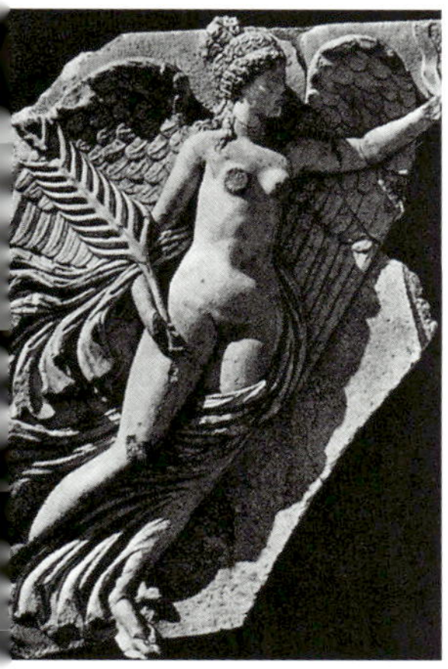

28 *Geflügelte Victoria*, mbolgestalt des siegreichen mischen Imperiums, elief aus Leptis Magna, ordafrika.

Wie wir bereits sahen, stellt der *Alexandersarkophag* ▸ 5.1; 2 möglicherweise die Schlacht bei Issos dar. Das Relief hat das Thema des Krieges allgemeingültig verbildlicht, alle Krieger wurden in gleichem Maße betont, obgleich drei Griechen, jeder mit einem sterbenden Perser zu Füßen, aus dem Handgemenge herausragen.

Die neue Technik erlaubt dem Mosaik eine detailliertere Erzählweise. Ein tatsächlicher Vorfall scheint dargestellt zu sein: der entscheidende Moment, als die Schlacht in eine wilde Flucht der Perser umschlug, wobei es sich natürlich um eine nur in der Vorstellung vorhandene Rekonstruktion handelt. Ein griechischer Jüngling mit unbehelmtem Kopf, Alexander ▸ 5.29, nähert sich von links und durchbohrt einen Reiter mit dem Speer, wobei er dem persischen König der Könige, Dareios, ins Auge blickt, der sich mit hilfloser Geste und Mimik zu ihm wendet, während sein Wagenlenker die Peitsche hebt, um die Pferde zu einem Rückzug im Galopp anzutreiben. Heroische Nacktheit ist vermieden, symbolische Elemente kommen nicht vor, vielleicht mit Ausnahme des versengten Baumes, der zum Kopf des besiegten Dareios ein Gegengewicht bildet. Die Betonung liegt auf der Dramatik des Augenblicks, die durch

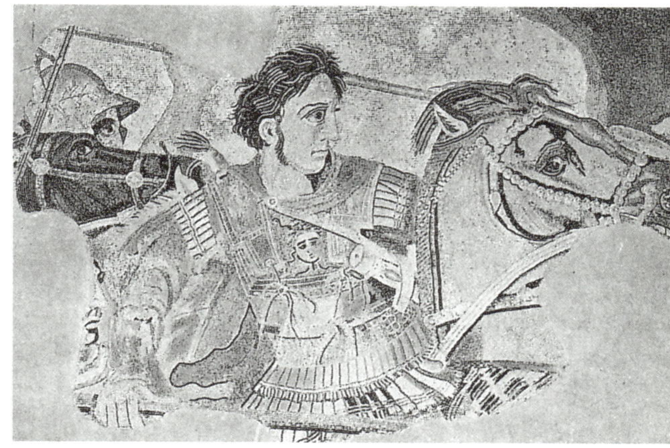

5.29 *Alexander der Große*, Detail aus dem Alexandermosaik ▸ 5.30.

die Bewegung der formierten Lanzen angezeigt wird – ein besonders wirksames optisches Ausdrucksmittel.

Die Figuren sind in der Binnenzeichnung reich differenziert und als Individuen gekennzeichnet. Sie bewegen sich in einem natürlich beleuchteten Bildraum und werfen dabei Schatten auf den Boden. Das Licht ist wie in keinem der früheren erhaltenen Werke mit Reflexen und Schlaglichtern wiedergegeben, die von den gezogenen Schwertern und Rüstungen aufblitzen. Alle in der klassischen Zeit entwickelten bildnerischen Mittel (von denen uns die literarischen Quellen des Altertums berichten) sind hier genutzt worden, um den Eindruck dreidimensionaler Bewegung zu vermitteln. Die Figuren werden in einer großen Vielfalt natürlicher Haltungen und von vielen Blickpunkten her gezeigt – der Kopf einer Figur ist abgewandt, und ihr erschrockenes Gesicht spiegelt sich in einem polierten Schild. Die sich aufbäumenden, scheuenden oder durchgehenden Pferde sind mit völliger Beherrschung der perspektivischen Verkürzung gezeichnet, insbesondere das Pferd in Rückenansicht vor Dareios. Es wird von einem persischen Pferdeknecht gehalten, der ängstlich auf Alexander blickt.

Die Ausführung dieses Mosaiks ist derart kunstvoll, dass man sich sogar einen gewissen Eindruck von dem fließenden

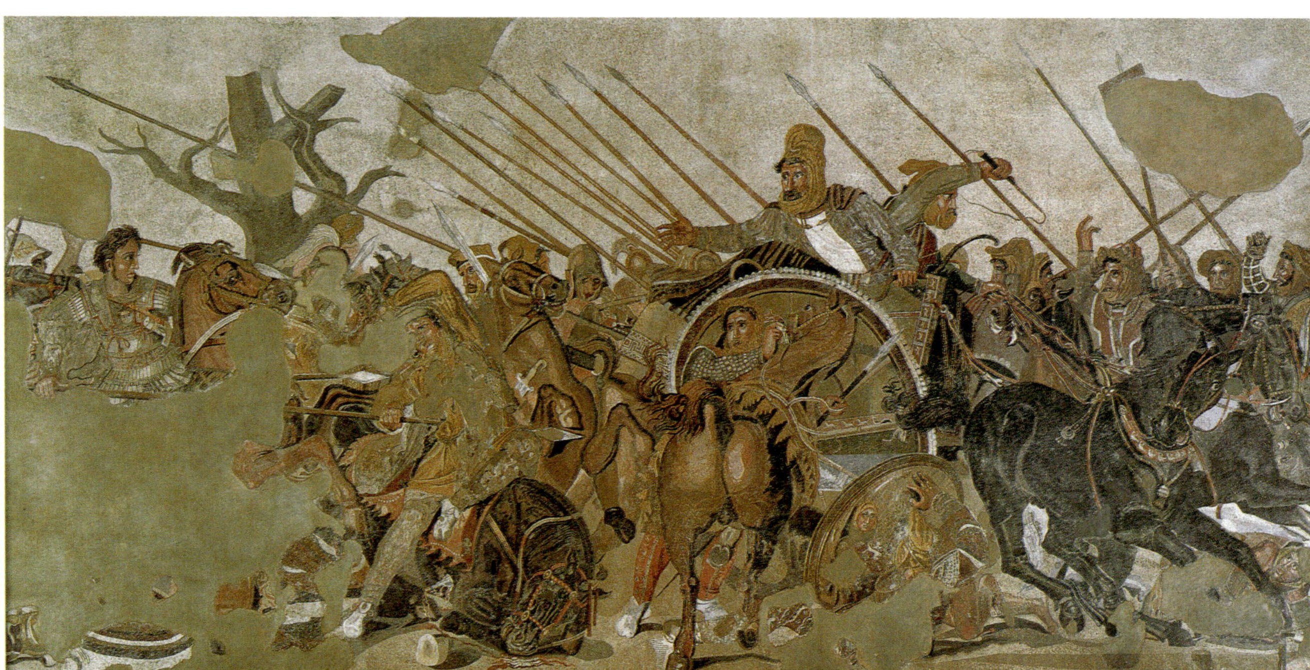

30 *Schlacht von Issos*, –1. Jh. v. Chr., Mosaik, 72 x 513 cm. Museo Archeogico Nazionale, Neapel.

# *Römischer Luxus*
# Silber und Kameenglas

Römische Moralisten rühmten die asketische Lebensweise der Gründerväter der Republik und verurteilten Luxus und Prunk. So führte der Geschichtsschreiber Livius (59 v. Chr.–17 n. Chr. ) die Ursprünge »fremdländischen Luxus« zurück auf Soldaten, die 186 v. Chr. von einem siegreichen Feldzug gegen das hellenistische Königreich Antiochos' III. in Syrien zurückgekehrt waren. Diese Männer hätten »erstmals Liegen aus Bronze, kostbare Decken, Vorhänge und andere Textilien sowie nach damaligen Vorstellungen prunkvolle Möbel nach Rom gebracht«. Er zitierte Cato (234–149 v. Chr.), den republikanischen General und Zensor (ein Beamter, der das staatsbürgerliche und sittliche Verhalten der Bürger überwachte), der sich bereits darüber beklagt hatte, wie »der Staat Schaden nimmt durch zweierlei Laster, Habgier und Genusssucht, diese Plagen, die noch allen großen Reichen den Untergang gebracht haben«. Plinius d. Ä. (siehe S. 139) meinte, die Siege über die hellenistischen Königreiche hätten den Besiegten weniger geschadet als den Römern selbst, die »fremdländischen Aufwand nicht nur zu schätzen, sondern geradezu dafür zu schwärmen lernten«. Sie überkam, so Plinius, »eine Gier nach Silber nicht nur in großen Mengen, sondern vielleicht mehr noch in Form von Kunsterzeugnissen«. Zum Vergleich erinnerte er an einen Patrizier in der Zeit der Republik, der für eine erkleckliche Summe zwei Kelche von einem berühmten griechischen Künstler erworben hatte, doch »aus Schamgefühl wagte er es niemals, aus ihnen zu trinken«. Mit der Ausdehnung des Kaiserreichs und der Erweiterung seiner großen und zunehmend wohlhabenden Oberschicht wurde der Prunksucht und der Vorliebe für die dazu benötigten Luxuswaren in der Folge immer ungehemmter gefrönt. Die Mahnungen seitens missbilligender Moralisten verstummten zwar nicht und sollten von den Christen aufgegriffen werden, doch ohne spürbare Wirkung.

Silbergefäße zierten die Tische eher bescheidener Häuser in der Provinzstadt Pompeji, und großartige, ja geradezu prächtige römische Silberarbeiten sind an den Grenzen des Kaiserreichs gefunden worden. Einige der erlesensten Stücke wurden 1868 in Hildesheim ausgegraben, wobei allerdings ein Rätsel ist, wie sie dorthin gelangten. Sie datieren allem Anschein nach in die augusteische Zeit und

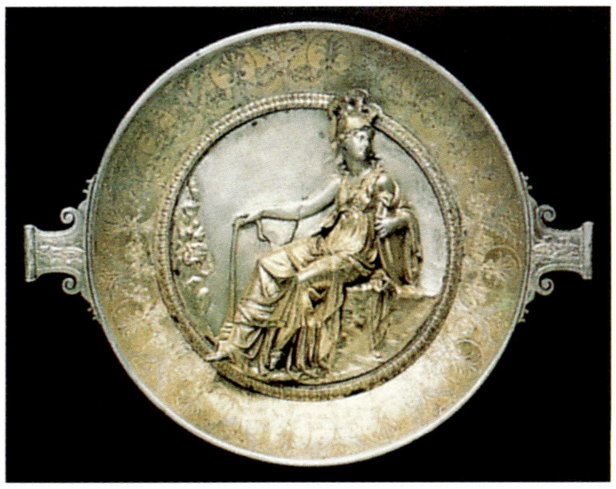

5.31 Schale mit einer Reliefdarstellung der Athena, um 50 v. Chr.–50 n. Chr., Silber, teilweise vergoldet, Breite mit Henkeln 32,3 cm. Antikensammlung, Berlin.

wurden in Italien hergestellt (wie lateinische Inschriften mit Gewichtsangaben verraten), vielleicht von einem Künstler, der aus dem Nahen Osten eingewandert war. Die nahezu vollplastische Darstellung der Göttin Athene auf einer zum Teil vergoldeten Silberschale ist eine Skulptur im Miniaturformat in der hellenistischen Tradition ▸ 5.31. Klassische Ausgeglichenheit und Monumentalität der Figur sowie die hochwertige Ausführung spiegeln den kultivierten Geschmack des Besitzers wider, so, wie ihr Gewicht in Silber und Gold auf dessen Reichtum schließen lässt. Die Assoziation von Luxus mit dem ›parfümierten Osten‹ mag erklären, weshalb Motive, die der hellenistischen Kunst entlehnt waren, bis ins 4. Jahrhundert für römisches Silber gängig blieben.

Eine weitere Art von Luxusgegenständen, die reiche Römer schätzten, waren in harte Steine, z. B. Onyx, geschnittene Reliefs ▸ 5.85. Die uralte Kunst des Schneidens harter Steine zur Verwendung als Siegel (s. S. 47 und ▸ 2.3 bzw. S. 55 und ▸ 2.25) war zu hoher Blüte gelangt im antiken Griechenland, wo solche Gemmen eingeritzt wurden, so dass die Zeichnung im Abdruck erhaben war. Kameen wiederum, die ein erhaben geschnittenes Bild aufweisen (und die nicht als Siegel, sondern als eigenständige Kunstwerke gedacht waren), waren eine Erfindung des hellenistischen Zeitalters. Sie wurden in der Regel aus Onyx geschnitten, das aus verschiedenfarbigen Schichten besteht: Eine Farbschicht diente als Hintergrund und aus den anderen wurden im Relief Figuren herausgearbeitet. Zahlreiche Arbeiten aus den letzten Jahren der Republik und aus der Kaiserzeit sind von den Steinschneidern signiert worden, deren Namen nahezu ausnahmslos griechisch waren. Eine ähnliche Technik wurde zur Dekoration von Glas verwendet, indem in die äußere Schicht eines Gefäßes geschnitten wurde, das in einem komplizierten Verfahren aus zwei verschiedenfarbigen geschmolzenen Glasmassen geblasen wurde: das Kameenglas. Das Glasblasen war Mitte des 1. Jahrhunderts v. Chr. in Syrien aufgekommen, und bald siedelten sich syrische Glashandwerker in Italien an, wo die prächtigsten erhaltenen Kameengläser vermutlich in augusteischer Zeit entstanden sind. Die *Portland-Vase* (▸ 5.32) ist eines der gelungensten Beispiele, ein Bravourstück der Glasschneidekunst. Sie ist geschmückt mit einer mythologischen Szene, die möglicherweise auf Augustus anspielt, aber in einem denkbar gekünstelten hellenistischen Stil wiedergegeben ist. In seiner erlesenen Perfektion, verbunden mit der Kostbarkeit des Materials wird das Prunkstück seine Wirkung auf die Gäste des Besitzers nicht verfehlt haben.

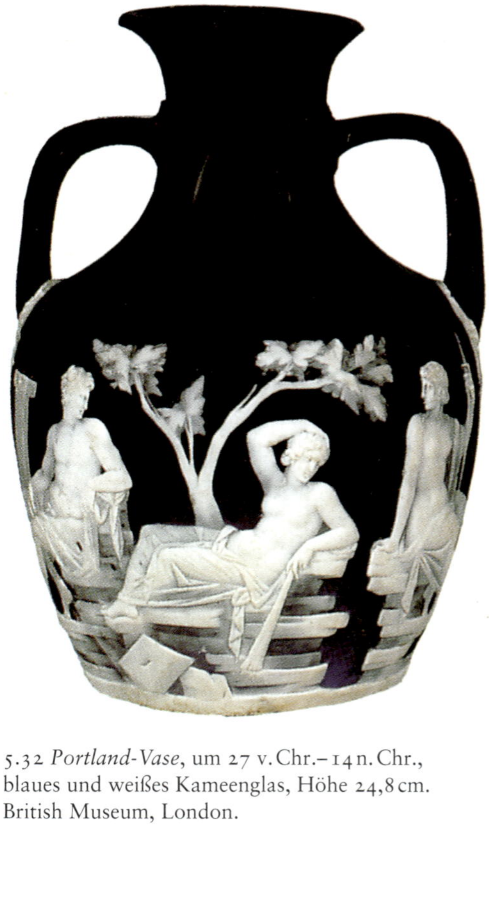

5.32 *Portland-Vase*, um 27 v. Chr.–14 n. Chr., blaues und weißes Kameenglas, Höhe 24,8 cm. British Museum, London.

Pinselstrich des ursprünglichen Gemäldes machen kann. Das Bild ist aus winzigen ›tesserae‹ beziehungsweise Würfeln aus naturfarbenem Gestein mit Hilfe einer Technik zusammengesetzt worden, die anscheinend im 3. Jahrhundert v. Chr. erfunden wurde (frühere Figurenmosaike bestanden aus kleinen Kieseln s. S. 167 und ▸ 5.5). Unabhängig von den normalerweise farblich nicht so fein abgestuften und gröber behandelten ornamentalen Mosaiken auf Fußböden und Wandflächen wurden kleine Mosaikbilder, ›emblemata‹ genannt, als Kunstwerke hergestellt. Ihre Herkunft kennt man nicht. Vielleicht wurden sie aus dem östlichen Mittelmeerraum importiert. Sicher ist nur, dass sich in ihnen künstlerische Geschmacksvorstellungen spiegeln, die die römische Oberschicht mit der der hellenistischen Königreiche teilte.

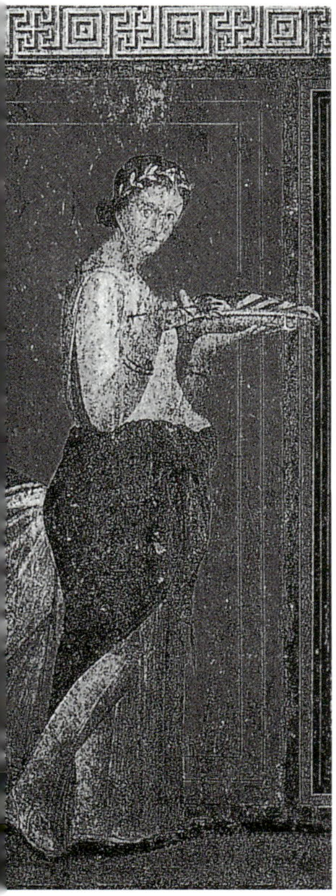

34 Detail vom Fries in der ›Villa der Mysterien‹ ▸ 5.35.

Pompeji und Herculaneum waren Provinzstädte, keine Hauptzentren von Wohlstand und künstlerischer Kultur, die sich in irgendeiner Weise mit Alexandria oder Rom vergleichen ließen ▸ 5.33; 48. Sie könnten daher den Eindruck von der hellenistischen und römischen Malerei verfälschen, obgleich wir in vielem unbedingt auf sie angewiesen sind. Die Malereien aus Pompeji und Herculaneum kommen der perfekten Ausführung des Mosaiks der *Schlacht von Issos* sehr selten gleich. Verhältnismäßig wenige gehen in ihrem Niveau über die schnell gekleckste Arbeit hinaus. In jeder Beziehung außergewöhnlich ist die nahe der Stadtgrenze Pompejis gelegene *Mysterienvilla* ▸ 5.34; 35. Über die Urheberschaft der Wanddekoration (griechisch oder süditalienisch) und ob es sich um die Kopie eines früheren Prototyps handelt, hat man viel diskutiert. Denn obgleich die Komposition der Größe und Form des Raumes so sorgfältig angepasst ist, dass sie von ihm bestimmt zu sein scheint, rufen einzelne Figuren in der Körperhaltung Werke der hellenistischen Bildhauerei in Erinnerung.

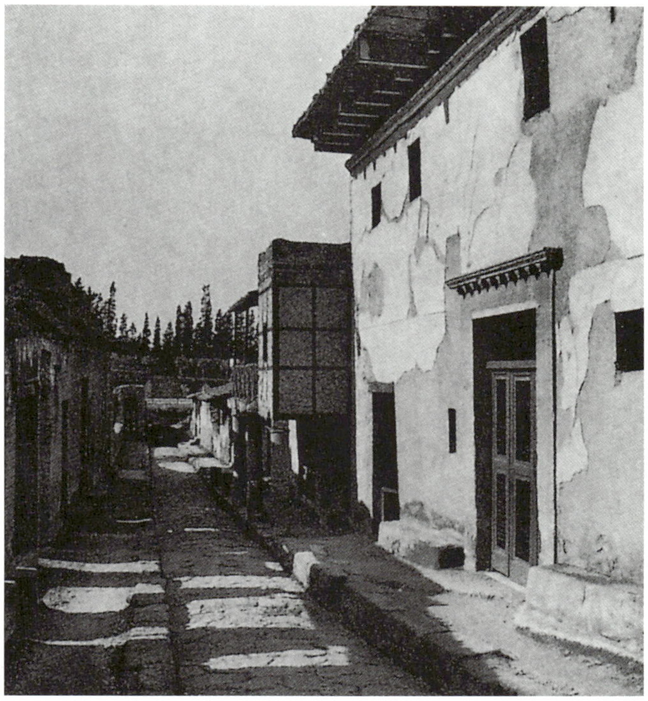

5.33 Herculaneum, Häuser am Cardo IV, vor 79 v. Chr.

Die Deutung des Gemäldes gibt Archäologen und Altphilologen Rätsel auf. Wahrscheinlich ist eine Form feierlicher Initiation dargestellt. Die rituelle Flagellation einer Frau und das Ankleiden einer Braut unter dem Blick einer sitzenden Priesterin, vielleicht der Herrin des Hauses, treten besonders hervor. Eine Wand ist den Unsterblichen gewidmet: Ariadne ruht an der Seite von Dionysos – Symbol für die ewige Glückseligkeit des Initiierten, der sich mit dem Gott vermählt.

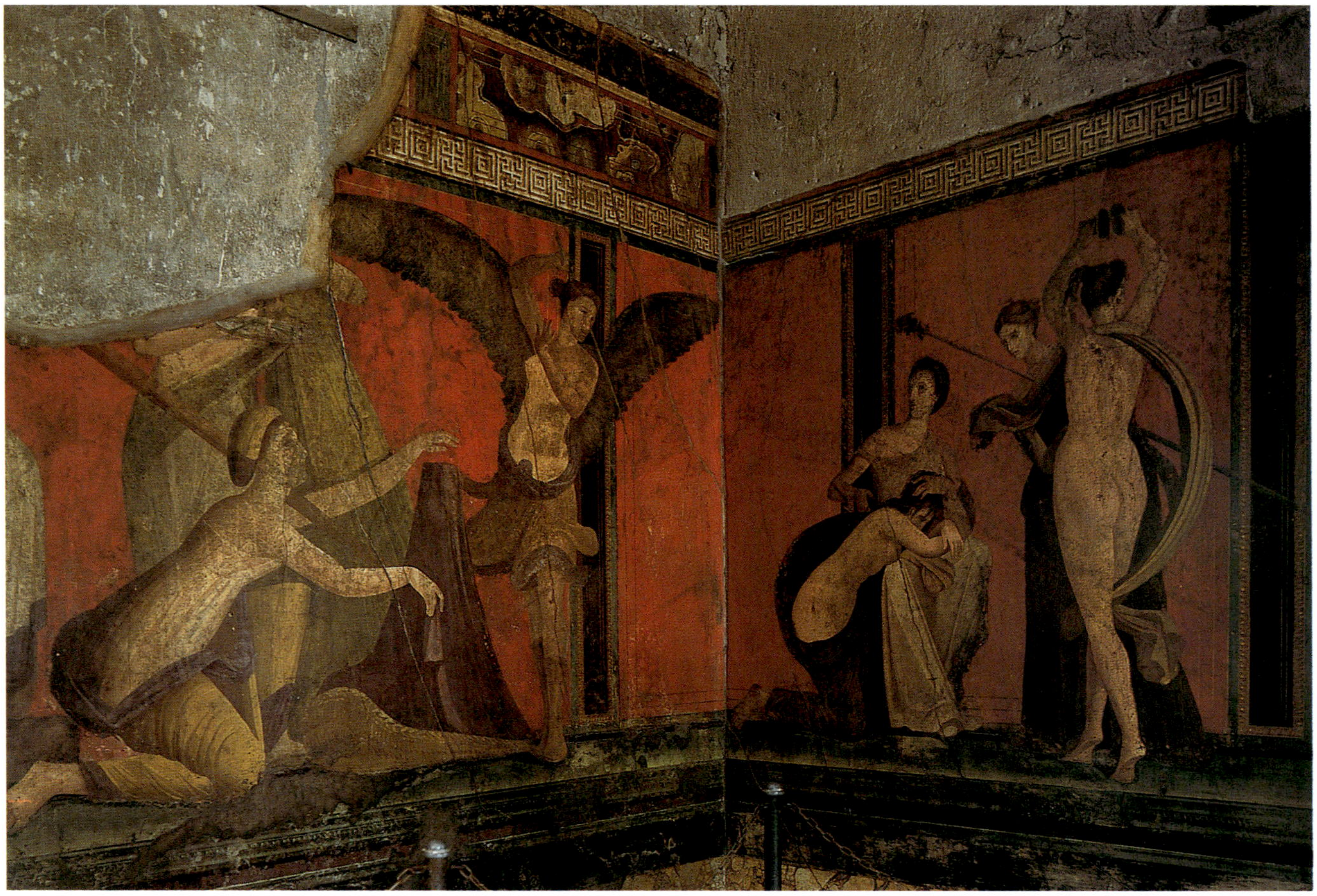

35 *Einweihung in die ionysischen Mysterien,* ries in der ›Villa der Iysterien‹, Pompeji, m 60 v. Chr., Höhe 162 cm.

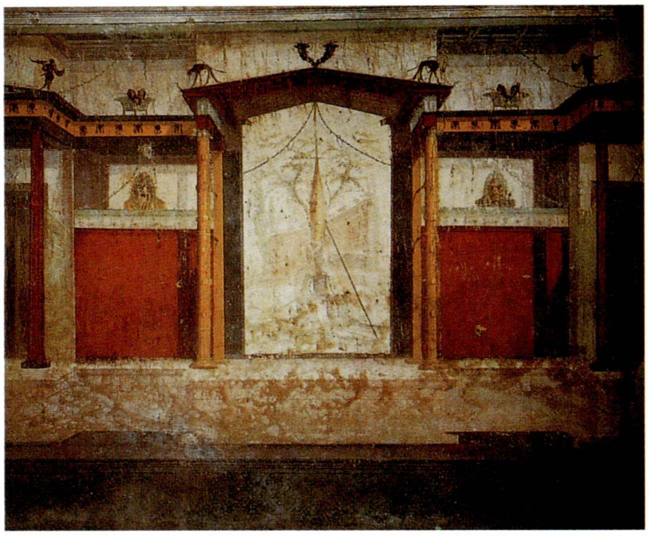

5.36 Wandmalerei im ›Maskenzimmer‹ des Hauses des Augustus auf dem Palatin, 40–30 v. Chr., Höhe 280 cm.

Dionysos, ein Sohn des Zeus, war ein Gott der Fruchtbarkeit, ein leidender Gott, der starb und wieder lebendig wurde. Er war auch der Gott des Weines, der Musik, Tanz und Schauspiel inspirierte. Sein Kult war aus dem Nahen Osten nach Griechenland und von dort nach Italien gelangt (wo man ihn Bacchus nannte), ein Weg, den im Rahmen der Westwanderung des orientalischen Spiritualismus während der letzten zwei Jahrhunderte vor Christus auch andere esoterische Religionen nahmen.

Diese Malerei kennt nicht die rauschhafte, rasende Ekstase der Anhänger des Dionysos, wie sie auf griechischen Vasen wiedergegeben wird. Sterbliche und Unsterbliche bleiben kühl und beherrscht – wenn man von einer offensichtlich in Schrecken versetzten Figur absieht, obgleich auch sie ihre statuenhafte Körperhaltung beibehält. Sie sind fast lebensgroß dargestellt, auf einer Bühne bzw. einem Podium stehend, das um den ganzen Raum läuft. Dadurch scheinen sie sich in einem flachen Anbau des realen Raumes zu bewegen, und es entsteht der Eindruck eines ›tableau vivant‹. Überdies schauen die Personen durch den realen Raum, woraus sich ausgeklügelte Wirkungen ergeben, z.B. wenn die Flagellierende ihre Peitsche hebt, um die kniende Frau zu schlagen, die auf der angrenzenden Wand dargestellt ist. Jeder, der das Zimmer betritt, hat die merkwürdige Empfindung, bei einer religiösen Zeremonie eingedrungen zu sein und ein feierliches, geheimnisvolles Ritual zu stören.

Zwar nimmt die Mysterienvilla einen besonderen Rang in der römischen Malerei ein, doch erfreute sich der Illusionismus der architektonischen Raumgliederung in dieser Zeit einer allgemeineren Verbreitung. Seit dem frühen 1. Jahrhundert v. Chr. traten anspruchsvolle – räumliche, nicht flächige – Dekorationssysteme in Erscheinung, die die Innenräume durch Säulen, Gebälk und andere Architekturelemente optisch erweitern. Oft bezog man figürliche Szenen wie Tafelbilder ein, die an den Wänden zu hängen schienen. In einem weiteren Schritt wurden die Wände raumillusionistisch geöffnet, etwa durch Vortäuschung von Fenstern mit einem Ausblick auf Kolonnaden, die sich bis in weite Fernen erstreckten. Im 1. Jahrhundert

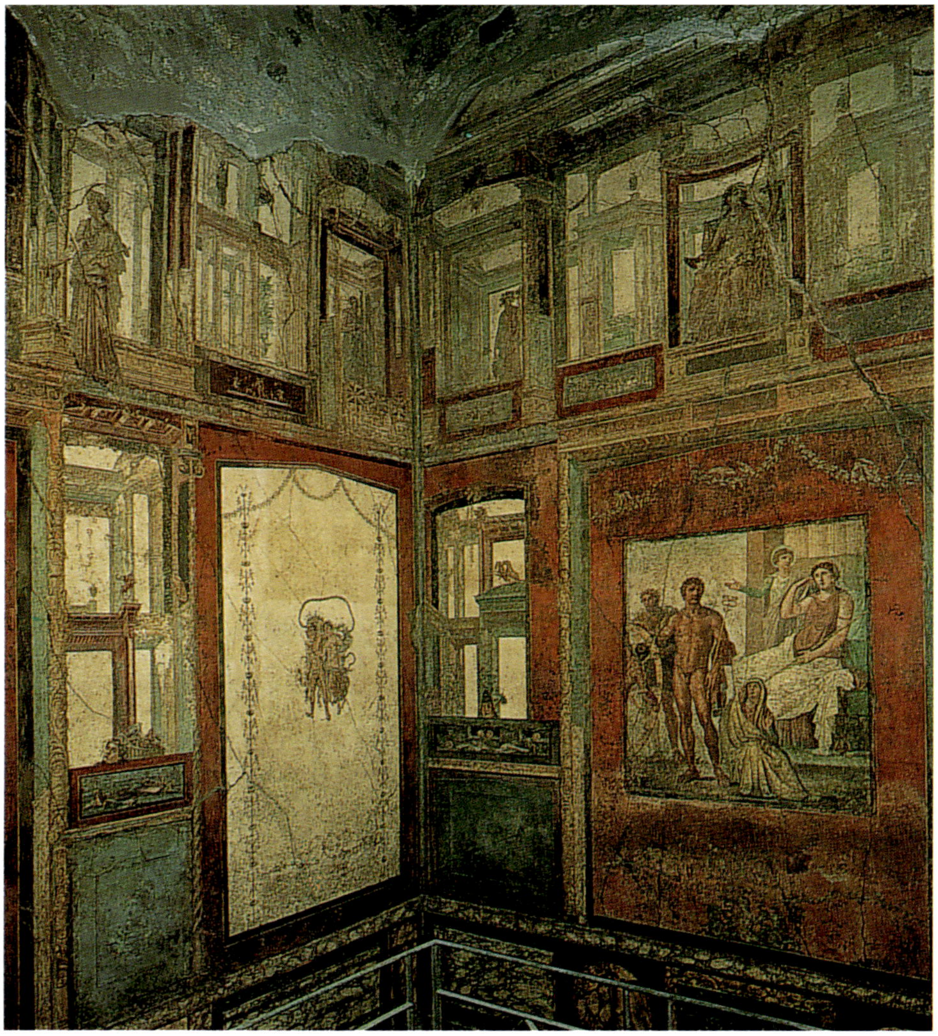

5.37 ›Ixionzimmer‹, Haus der Vettier, Pompeji, 1. Jh. n. Chr.

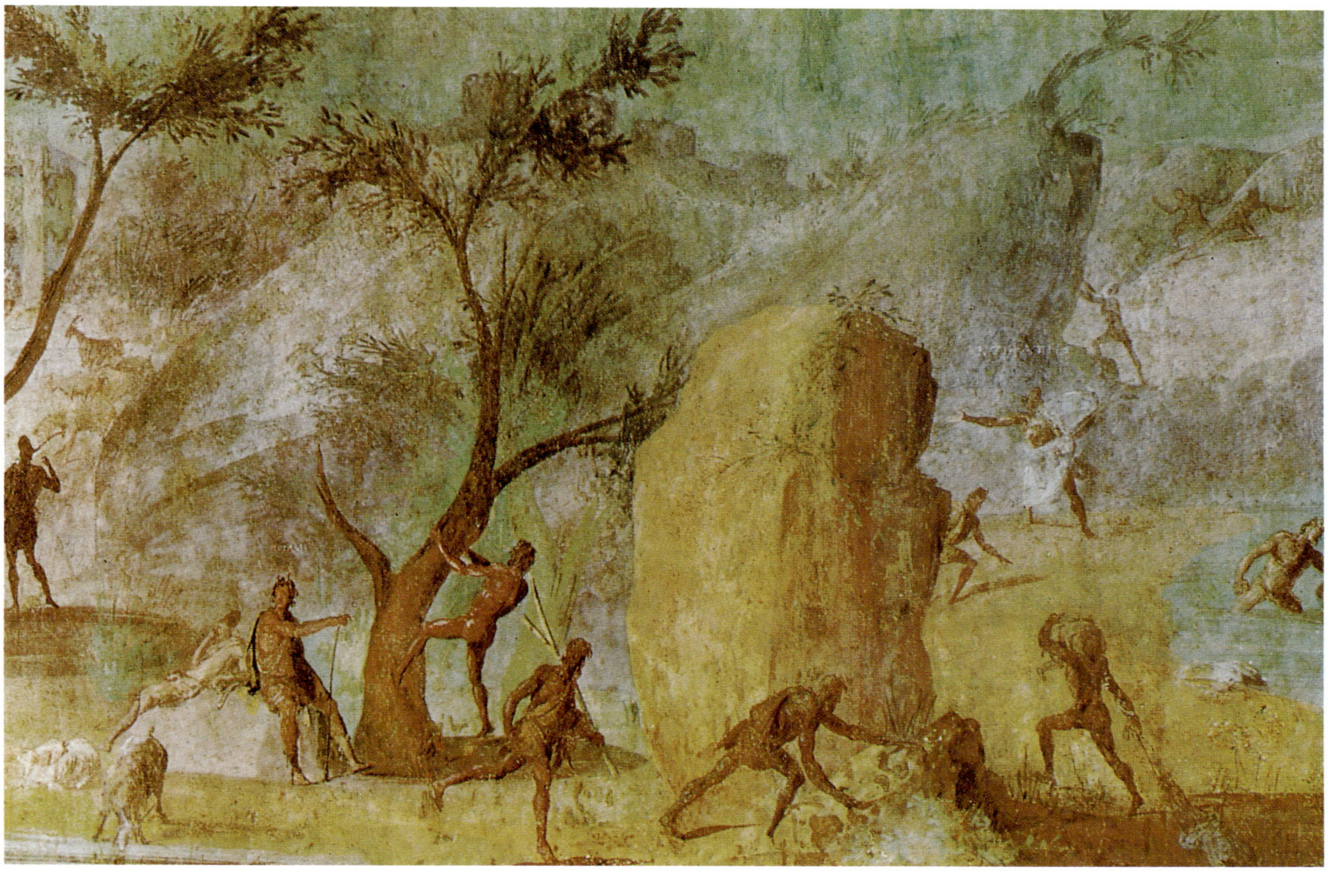

.38 *Odysseus im Land der* *ästrygonen*, spätes 1. Jh. v. ·hr., Wandmalerei aus einem laus auf dem Esquilin-Hügel, .om, Höhe ca. 152 cm. 'atikanische Museen, Rom.

n. Chr. ging man zunehmend phantasievoller mit dieser imaginären Architektur um und zauberte Gebäude von großer Eleganz hervor, die unkörperlicher waren als alles, was man auf Erden errichten konnte. Ein mit Verkürzungen arbeitendes perspektivisches System fand Verwendung, das wahrscheinlich im hellenistischen Osten für Bühnenbilder erdacht worden war, vgl. ▸ 5.36. Die Orthogonalen bzw. die perspektivischen Projektionslinien neigen sich hierbei zu einer zentralen Achse hin (nicht zu einem einzigen Fluchtpunkt, s. S. 390).

Diese Entwicklungsstufen römischer Malerei werden normalerweise in die pompejanischen Stile I, II, III und IV gegliedert, die ihren Ursprung nicht in Pompeji hatten, obgleich dort die meisten Beispiele erhalten sind. Ob sie einander in strikter Folge abgelöst haben, ist dabei strittig. Ein Raum im Hause wohlhabender Händler bringt alle vier Illusionssysteme zusammen: eine untere Wandverkleidung aus vorgetäuschten Platten seltener Marmore; an der Wand hängende oder in sie hineingesetzte Bilder, die von scheinbar vortretenden Rahmen eingefasst sind; Fenster, die Ausblicke auf luftig wirkende Bauten eröffnen, sowie Statuen, die sich im oberen Wandteil vor phantasiereichen Gebäuden befinden ▸ 5.37. Manche Dekorationen enthalten Stillleben, die frühesten, die wir kennen: Früchte, tote Fische und Wildbret oder zur Hälfte mit Wasser gefüllte Glasgefäße. Sie offenbaren die Freude am augentäuschenden Illusionismus, dem ›Trompe-l'œil‹, wobei ein kompliziertes, anspruchsvolles Spiel mit mehreren Realitätsebenen entstand. Täuschung in der Kunst sei angenehm, schrieb Philostratus der Jüngere, ein Gelehrter aus spätrömischer Zeit, um 300 n. Chr. Zur Begründung fragte er rhetorisch: »*Gegenständen, die nicht existieren, so gegenüberzutreten, als ob sie wirklich seien, und von ihnen dazu beeinflusst zu werden, an ihre Existenz zu glauben, ist das denn nicht ein geeignetes und einwandfreies Mittel angenehmer Unterhaltung, weil auch kein Schaden daraus erwachsen kann?*«

Die mythologischen Szenen wie die im Haus der Vettier ▸ 5.37 könnten allerdings für die Auftraggeber eine größere Bedeutung gehabt haben, als es uns heute erscheint. Das römische Haus diente nicht nur als Wohnung, sondern enthielt auch Altar und Opferstätte. Die größeren Wohnzimmer standen unter dem Schutz verschiedener Gottheiten, die an den Wänden dargestellt sein konnten, Bacchus im ›triclinium‹, dem Esszimmer, Venus im ›cubiculum‹, dem Schlafzimmer. Die Malereien könnten auch den kulturellen und sozialen Status andeuten: griechische Themen für den Geschmack der gebildeten Oberschicht, dekorative Fülle und Üppigkeit für den neureichen Emporkömmling. Die beschleunigte soziale Mobilität in den italienischen Städten des 1. Jahrhunderts v. Chr. brachte eine immer komplexer werdende Sozialstruktur mit sich, wodurch sichtbare Zeichen für die gesellschaftliche Stellung wünschenswert wurden. Doch ästhetische Beweggründe müssen auch eine Rolle gespielt haben. Der Schmuck an Wänden und Decken beschränkte sich keineswegs auf Malerei und Mosaik. Einige der elegantesten Verzierungen sind aus Stuck.

Oft bezog man Landschaften in die dekorativen Systeme ein, wobei es sich eher um figürliche Kompositionen in landschaftlicher Umgebung handelte – luftig wirkende, kleine ländliche Szenerien mit Bäumen, rustikalen Gebäuden, wenigen Figuren und manchmal einer Herme. Das schönste der erhaltenen Beispiele stammt aus einem Haus in Rom, acht Darstellungen aus der *Odyssee*, die durch vorgetäuschte Pfeiler gerahmt wurden ▸ 5.38. Der Künstler gab hier Landschaft und Vegetation in einem Naturbild voll atmosphärischer Dichte wieder. Einige der aktiven kleinen Figuren sind in (nicht immer korrekter) griechischer Beschriftung mit ihren Namen gekennzeichnet. Man vermutet, dass der Künstler aus Griechenland stammte, obgleich sich nur schwer feststellen lässt, ob sein Werk ein Original oder die Kopie einer früheren

Komposition war, vielleicht eines Bildes von der Innenwand einer Stoa oder von einem illustrierten Manuskript. Hier befinden wir uns im Übergangsbereich zwischen hellenistischer und römischer Kunst.

Einem Künstler des Augusteischen Zeitalters namens STUDIUS LADIUS oder SPURIUS TADIUS – die Manuskripte liefern unterschiedliche Lesarten, doch muss es sich um einen Römer gehandelt haben – schrieb Plinius zu:

*»jene höchst entzückende Weise, Wände mit Darstellungen von Villen, Säulengängen und Landschaftsgärten, Wäldern, Hainen, Hügeln, Teichen, Kanälen, Flüssen sowie Küstenstreifen zu bemalen – kurz gesagt mit jeder Szene, an der man Gefallen fand«.*

Derselbe Künstler habe die Wände offener Säulenhallen mit Ansichten von Küstenstädten bemalt, schrieb er, »wobei mit den geringsten Mitteln eine bezaubernde Wirkung erreicht wurde«. Ein Zimmer in einer außerhalb Roms gelegenen Villa, die, so glaubt man, Livia, der Gattin des Kaisers Augustus, gehörte, könnte diesen Werkstil verkörpern ▸ 5.39 (jetzt Museo Nazionale Romano, Rom). Es ist völlig mit blühenden Pflanzen und verschiedenartigen Bäumen mit leuchtend gefiederten Vögeln auf den Zweigen ausgemalt, wodurch die üppigen Gärten für immer ins Haus gebracht wurden, die oft Bestandteil der Anlage größerer römischer Paläste und Villen waren. Hinter einem schmalen Grasstreifen, der das Zimmer optisch vergrößert, beginnt die Natur, als ob die ›Inseln der Seligen‹ suggeriert werden sollten, wo ewiger Sommer herrscht, wie es Horaz in einem etwa zu jener Zeit verfassten Gedicht beschrieb.

Frische und Freiheit des Pinselduktus sind für die schönsten dieser pompejanischen und römischen Wandgemälde charakteristisch, wie schon einzelne Details zeigen können ▸ 5.40. Neben mythologischen und Landschaftsszenen fanden sich in Pompeji auch gemalte Porträts, die mit den Bildnisbüsten einen wichtigen Zweig der römischen Kunst darstellen (s. S. 196 ff.). Plinius weist auf realistische Gladiatorenporträts hin, die »viele Generationen lang das wichtigste Ziel der Malerei« gewesen seien. Seine Bemerkung könnte sarkastisch gemeint sein, doch gehören Porträts ärmlicher Modelle tatsächlich zu den fesselndsten der vielen in Pompeji gefundenen Malereien. Eines stammt von der Wand eines Geschäftes und stellt einen Mann und eine Frau dar. Es wird üblicherweise *Der Bäcker und seine Frau* genannt und ist wahrscheinlich ein Hochzeitsbild ▸ 5.41. Die Gesichtszüge des dunkelhäutigen Mannes sind weit vom Patrizischen entfernt: Er scheint ein gewöhnlicher Händler zu sein, obschon er auch mit Terentius Neo, einem Jurastudenten, identifiziert wurde. Die Frau mit dem sorgsam frisierten Haar und dem blassen Teint könnte eher höhere gesellschaftliche Ambitionen haben. Die Schreibtafel und der Griffel, den sie gegen ihre Wange drückt, deuten wohl auf ihre schriftstellerischen Interessen. Aus diesem und anderen ebenso direkten und lebendigen Porträts, aus Szenen des zeitgenössischen Lebens – etwa einem Aufruhr im Amphitheater – oder den grotesk-erotischen Karikaturen auf den Wänden eines Bordells ist zu schließen, dass eine kraftvolle Volkskunst neben den anspruchsvollen Malereien der Oberschicht in den reicheren Häusern und öffentlichen Gebäuden bestanden hatte.

In Pompeji und Herculaneum zeigt sich, dass um 79 n. Chr. jedes Genre verwendet und in Auftrag gegeben wurde – Historienbilder, figürliche Malerei, Porträts, Landschaften und Stillleben. Die malerischen Möglichkeiten reichten von einem harten Linearismus mit flächiger Farbigkeit bis zu einer ›impressionistischen‹ Tonigkeit mit flüchtigen Pinselstrichen. Als sich Pompeji und Herculaneum in ihrer Blütezeit befanden, beklagten römische Schriftsteller bereits den Niedergang der Malkunst. Der Architekturtheoretiker Vitruv (46–30 v. Chr. tätig) und später Plinius hielten die Malerei für eine »sterbende Kunst«. Für »völlig tot« wurde sie von Petronius erklärt, der in Geschmacksfragen zuständigen Autorität am Hofe des Kaisers Nero und Autor des geistreichen, unzüchtigen Romans *Satyricon*, worin eine »Bildergalerie mit allerlei wundervollen Gemälden« ausschließlich aus griechischen und hellenistischen Werken beschrieben wird:

*»Denn ich sah ebenso Originale von Zeuxis, die noch nicht unter Zeitunbilden gelitten hatten, wie ich Skizzen von Protogenes, so getreu, dass sie es mit der Natur selbst aufnahmen, nicht ohne eine Art ehrfürchtigen Schauders berührte. Vollends aber der so genannte ›Mann auf einem Bein‹ von Apelles ließ mich geradezu in Anbetung sinken. Denn mit solcher*

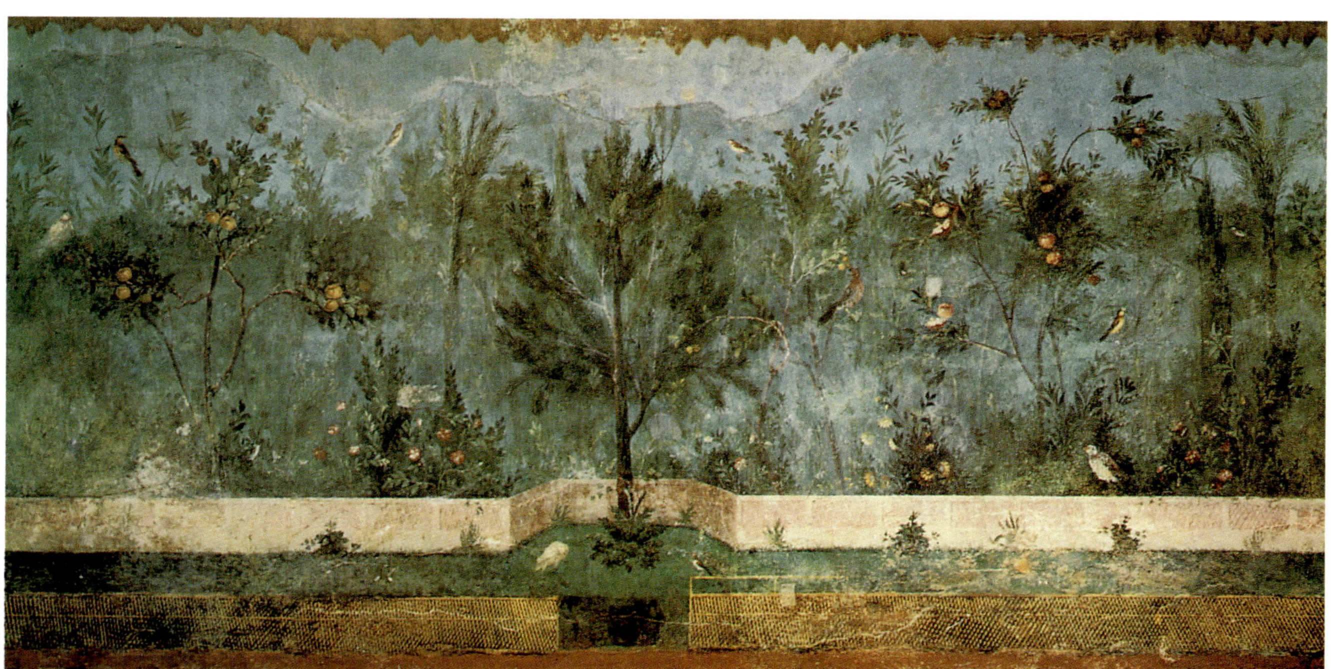

5.39 Wandmalerei aus der Villa der Livia, Detail, Rom, spätes 1. Jh. v. Chr., Breite 274 cm. Museo Nazionale Romano, Rom.

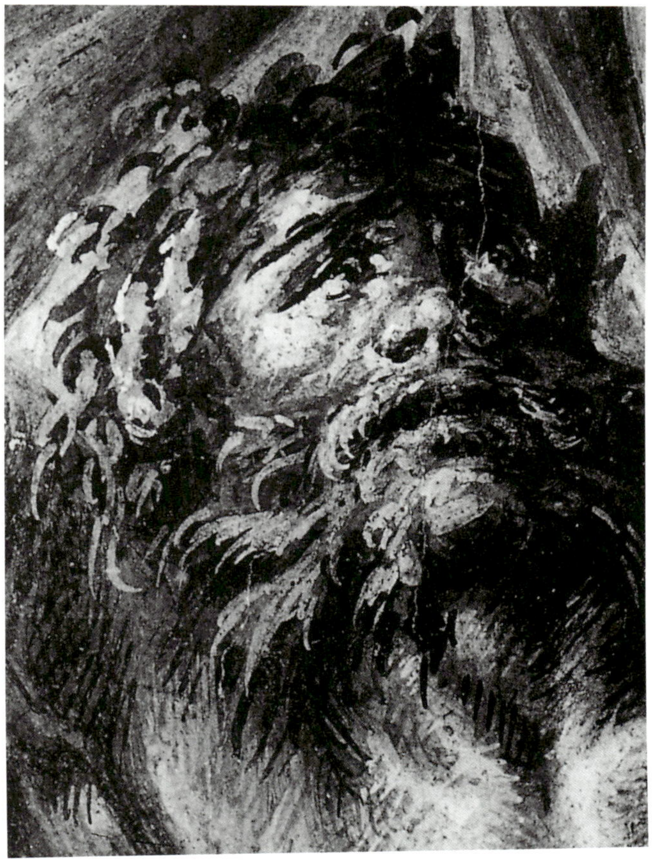

5.40 Detail eines Wandbildes aus dem Tempel der Isis, Pompeji, 1. Jh. n. Chr. Museo Archeologico Nazionale, Neapel.

*Feinheit waren die Konturen auf den Bildern dem Leben nachgezeichnet, dass man hätte meinen können, die Malerei habe auch die seelischen Vorgänge erfasst.«*

Vielleicht um die Wirkung einer solchen Sammlung zu vermitteln, bemalte man Zimmer wie das im Haus der Vettier zu Pompeji.

Livius, der bedeutende Historiker der römischen Republik, erklärte, dass die aus den Tempeln Siziliens 211 v. Chr. geraubten Gemälde »die Manie nach griechischen Kunstwerken« ins Leben riefen. Anfangs hängte man solche Gemälde in öffentlichen Gebäuden als Trophäen auf. Aber im 1. Jahrhundert v. Chr. traten Privatsammler in Erscheinung. Einer bezahlte für ein einziges Bild aus dem 4. Jahrhundert v. Chr. sogar 36000 Denare, eine enorme Summe in einer Zeit, da ein tüchtiger Sklave 500 kostete und ein freier Arbeiter etwa 250 Denare im Jahr verdiente. Dass die besonders reichen Römer griechische und hellenistische ›alte Meister‹ sammelten, beflügelte die Nachfrage nach Kopien als Wandschmuck bei denjenigen, die sich keine Originale leisten konnten. Es ist bezeichnend, dass erst jetzt die Begriffe ›Original‹ und ›Kopie‹ zum ersten Mal auftauchten. Fortan wurde die Kopie gering geschätzt. Quintilian tat Kopien als ›Bastarde‹ ab. Der einflussreiche stoizistische Philosoph Seneca (Hauslehrer des jungen Nero) legte Wert auf die Unterscheidung zwischen den göttlich inspirierten Künstlern der Vergangenheit und den handwerklerischen Nachahmern seiner eigenen Zeit.

Die Entstehung von Kunstsammlungen zog, wie später noch einmal in der Neuzeit, eine weitreichende Umdeutung des Kunstbegriffs nach sich. Die Bilder, die in den heiligen Stätten Griechenlands den Göttern gewidmet waren, verloren ihren religiösen Zusammenhang, sobald man sie in Privathäuser nach Italien brachte. Sie wurden in Sammlerstücke, Luxusgegenstände und Statussymbole verwandelt. Als Folge verblasste die Aura, die die Künstler in früheren Zeiten umgeben zu haben scheint. Sowohl Cicero als auch Seneca schlossen die Malerei von den ›freien Künsten‹ aus, letzterer bezeichnete die Maler einfach als »Vertreter der Zügellosigkeit«. Dass Nero das Malen als Liebhaberei betrieb, wurde oft erwähnt, aber nicht als eine seiner Tugenden.

Trotz des Umfangs lateinischer Literatur gibt es wenige Äußerungen und nur spärliches Lob über die zeitgenössischen Künstler. Nicht einmal ihre Namen wären bekannt, gäbe es nicht Plinius, und dessen Bemerkungen sind außerordentlich knapp. (Sie enden vor 79 n. Chr., denn er starb bei der Beobachtung des verhängnisvollen Ausbruchs des Vesuv.) Obgleich von ihrer politischen Historie fasziniert, schrieben die Römer keine Geschichte ihrer bildenden Künste. Sehr wenig ist der Nachwelt von den Künstlern überliefert, die in Rom selbst arbeiteten, nichts von denen aus der Provinz. Man weiß nicht, ob sie aus Italien oder aus der östlichen Mittelmeerregion stammten, ob sie Freie oder Sklaven waren. Sie wurden einfach als Handwerker eingestuft – weniger beachtet als Schriftsteller. Im Alten Griechenland hatte man manchmal Verachtung für ›banausoi‹ zum Ausdruck gebracht, ein Wort, das ursprünglich ›Hufschmiede‹ bedeutete, das aber später alle einschloss, die mit den Händen arbeiteten. In Rom verfestigte sich diese Auffassung. Bildhauer galten ebenso wenig wie Maler oder Zimmerleute. Der vielseitig gebildete Schriftsteller Lukian (um 120–200 n. Chr.) beschrieb einen Bildhauer als jemanden, der *»nichts als ein Arbeiter«* ist, *»der sich körperlich plagen ... muss, selber unscheinbar, mit geringem ... Verdienst, mit niedriger Gesinnung, eine minderwertige Person in der Öffentlichkeit, weder den Freunden vor Gericht nützlich noch den Feinden schädlich, noch seinen Mitbürgern beneidenswert, sondern eben nichts weiter als bloß ein Arbeiter und einer aus der großen Menge ... der von seiner Handarbeit lebt«*. Selbst die angesehensten Künstler der Vergangenheit

5.41 *Ein Bäcker und seine Frau*, aus Pompeji, 1. Jh. n. Chr., Wandmalerei, 48,9 x 41 cm. Museo Archeologico Nazionale, Neapel.

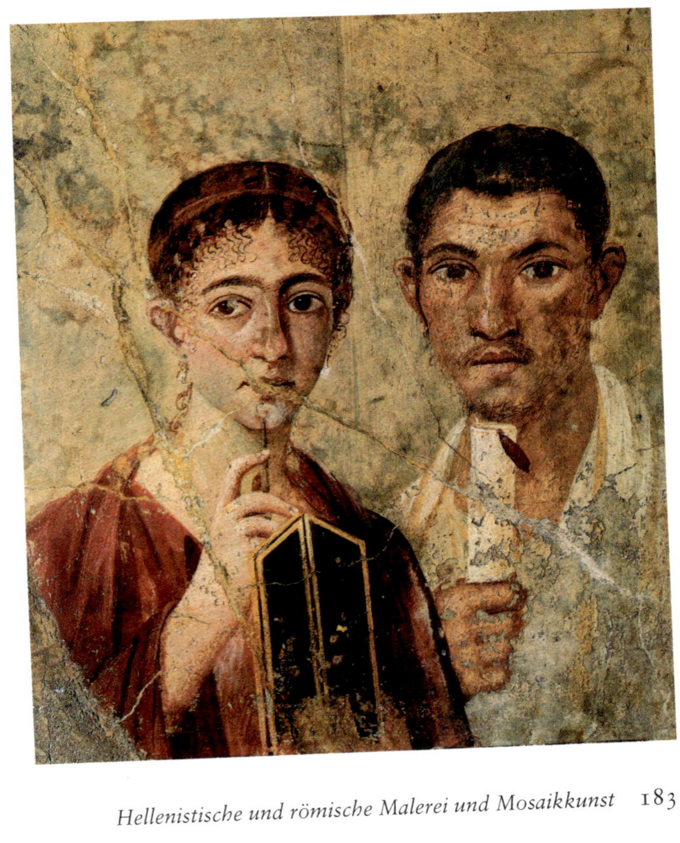

## Vitruv über die römische Malerei

Vitruvius Pollio war ein Militärarchitekt, der zunächst Julius Caesar, später Augustus diente. Im hohen Alter schrieb er für Augustus ein Buch über Architektur, welches die einzige erhaltene Abhandlung eines Künstlers oder Architekten der Antike ist. Seine Schilderung der römischen Malerei ist ein aufschlussreiches Dokument über den Geschmack im Zeitalter des Augustus.

*»... Für die übrigen Zimmer, d. h. die, die im Frühling, Sommer und Herbst benutzt werden, auch für die Atrien und Peristyle sind von den Alten ganz bestimmte Verfahrensweisen für die (Anfertigung der) Gemälde festgesetzt: Man malte ganz bestimmte Dinge naturgetreu ab. Denn durch Malerei wird eine Nachbildung dessen geschaffen, was ist oder sein kann, z. B. Menschen, Gebäude, Schiffe und andere Dinge. Von diesen ganz fest umrissenen und bestimmten Dingen werden ähnlich gebildete Nachbildungen entlehnt. Daher ahmten die Alten, die mit der Wandmalerei begannen, zunächst die Buntheit und das Anbringen von Marmorplatten nach, sodann Gesimse, Silicula und keilförmige Streifen, die untereinander mannigfaltig verteilt waren.*

*Später gingen sie dann dazu über, auch Gebäude und Ausladungen von Säulen und Giebeln nachzuahmen, in offenen Räumen aber wie z. B. Exedren wegen der Größe der Wände, Theaterszenen, wie sie in Tragödien, Komödien oder Satyrspielen vorkommen, abzumalen, in Wandelgängen aber wegen ihrer Wandlängen die Wände mit verschiedenartigen Landschaftsbildern auszuschmücken, wobei sie die Gemälde nach den ganz bestimmten Eigenarten der Örtlichkeiten schufen. Es werden nämlich Häfen, Vorgebirge, Gestade, Flüsse, Quellen, Meerengen, Heiligtümer, Wälder, Gebirge, Viehherden, Hirten abgemalt und anderes, was in ähnlicher Weise wie dies von der Natur geschaffen ist. Ebenso gibt es einige Wände, die an Stellen, wo sonst große Statuen stehen, große Gemälde haben: Götterbilder oder die wohlgeordnete Darstellung von Mythen, aber auch die Kämpfe um Troja oder die Irrfahrten des Odysseus von Land zu Land.*

*All dies, das als Nachbildung von wirklichen Dingen entlehnt wurde, wird jetzt infolge eines entarteten Geschmacks abgelehnt; denn auf den Verputz malt man lieber Ungeheuerlichkeiten als naturgetreue Nachbildungen von ganz bestimmten Dingen. An Stelle von Säulen setzt man kannelierte Rohrstängel, an Stelle von Dachgiebeln Appagineculi mit gekräuselten Blättern und Voluten, ferner Lampenständer, die die Gebilde kleiner Tempel tragen, über deren Giebel sich zarte Blumen aus Wurzeln mit Voluten erheben, auf denen sinnlos kleine Figuren sitzen, ferner Pflanzenstängeln mit Halbfiguren, von denen die einen Menschen-, andere Tierköpfe haben.*

*So etwas aber gibt es nicht, kann es nicht geben, hat es nicht gegeben ... Also hat so eine neue Geschmacksrichtung dazu geführt, dass Kritiker mit geringer Urteilskraft vorzügliche Kunstwerke als Verirrungen der Kunst hinstellen.«*

Vitruv, Zehn Bücher über Architektur, VIII, 5, übers. v. Curt Fensterbusch, Darmstadt 1976

wurden von den Römern trotz der Bedeutung ihrer Werke auf dem Kunstmarkt geringschätzig beurteilt. *»Kein begabter junger Mann hätte nach der Betrachtung des Zeus von Phidias zu Olympia jemals gewünscht, Phidias zu sein«*, schrieb der große Moralist und Biograph Plutarch (um 46–120 n. Chr.). *»Denn daraus, dass ein Werk aufgrund seiner Anmut wunderbar ist, folgt nicht notwendigerweise, dass dessen Schöpfer unsere ernsthafte Beachtung verdiente.«*

Im Gegensatz zu Malerei und Skulptur wurde die Architektur von Cicero als eine der freien Künste betrachtet, die der freie Mann (›liberalis‹) ohne Statusverlust ausüben konnte. VITRUV, der selbst praktizierender Architekt und auch Theoretiker war, erklärte, dass »Menschen nur dann zu Recht von sich behaupten können, Architekten zu sein, wenn sie seit ihrer Kindheit auf der Stufenleiter ihrer Studien aufgestiegen sind und, nachdem sie in den Kenntnissen der Künste und Wissenschaften allgemein ausgebildet wurden, den Tempel der Architektur auf dem Gipfel erreicht haben«. Ein Architekt, so forderte er, »sollte ein Gelehrter, ein geschickter Zeichner und Mathematiker sein, wissenschaftliches Denken pflegen, ein fleißiger Student der Philosophie und mit der Musik vertraut sein. Er sollte der Medizin nicht unwissend gegenüberstehen, die Auffassungen der Juristen kennen sowie mit der Astronomie und der Theorie der himmlischen Mächte vertraut sein.« Wie häufig diese Anforderungen erfüllt wurden, lässt sich schwer sagen. Aber es kann kein Zweifel darüber bestehen, dass die Bauten, die Roms bedeutendsten und bleibendsten Beitrag zur abendländischen Kunst darstellen, von Männern entworfen wurden, die nicht allein künstlerische Sensibilität mit großen Fachkenntnissen des Ingenieurwesens in sich vereinigten, sondern auch über die geistige Freiheit verfügten, mit den traditionellen Konstruktionsmethoden und etablierten Maßstäben zu brechen. Sie schufen eine völlig neue Konzeption von Masse und Raum in der Architektur.

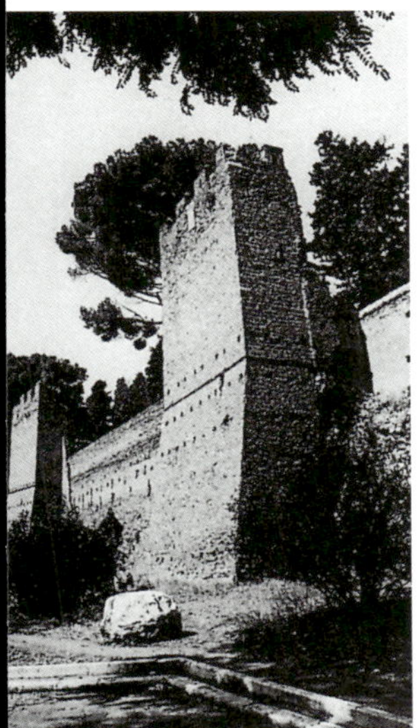

.42 Die aurelianische
tadtmauer nahe der Cestius-
yramide, Rom.

# Römische Architektur

Die künstlerische Begabung der Römer fand ihren vollkommensten Ausdruck in der Architektur, einer Kunst, bei der ihr außergewöhnliches Organisations- und Planungstalent ein natürliches Betätigungsfeld finden konnte. Sie traten besonders in der Stadtgestaltung und mit neuen, systematisierten Konstruktionsmethoden hervor, durch die groß angelegte infrastrukturelle und städtische Bauprogramme erleichtert wurden – Straßen, Abwassersysteme, Brücken, Aquädukte, riesige Wohnblöcke und öffentliche Bauten verschiedener Art ▸ 5.42. Die in der Geschichte der Architektur bis dahin so bedeutenden Tempel und anderen religiösen Bauwerke verloren an Bedeutung, vgl. ▸ 5.43. Es waren die gleichen praktischen, organisatorischen Talente, die es den Römern ermöglichten, auch auf anderen Gebieten die westliche Kultur zu bereichern – so etwa durch das Römische Recht, höchster Ausdruck der Rechtschaffenheit, von dem die westlichen Gesetzesbücher abstammen, oder die ›Pax Romana‹, die einem Reich Stabilität und Frieden verschaffte, das sich über ganz Europa bis nach Schottland, den gesamten Mittelmeerraum und Teile des Nahen Ostens erstreckte.

## *Stadtplanung und Hausbau*

Keine andere Ausgrabungsstätte dokumentiert das vielfältige Leben einer antiken Stadt in so anschaulicher Weise. In Pompeji sind fast alle verschiedenen Gebäudetypen der römischen Antike und alle Konstruktionsweisen – von der Lehmziegelmauer und dem Pfosten- und Sturzsystem bis zur Gewölbetechnik – vertreten (Herculaneum ist erst zum Teil ausgegraben). Eine Markthalle, ein Lagerhaus oder ein Kornspeicher, ein Triumphbogen, ein ›comitium‹, wo Kommunalwahlen stattfanden, und eine ›basilica‹ stehen alle um das Forum, das streng rechtwinklige, axial angelegte Herz einer römischen Stadt. Die ›basilica‹ ist der charakteristischste der von den Römern entwickelten Bautypen, eine überdachte Halle mit Seitenschiffen sowie in der Regel, wenn auch nicht in Pompeji, mit einer Apsis. In ihr wurden Geschäfte abgewickelt und Recht gesprochen. Auch drei öffentliche Bäder gab es in Pompeji, zwei ›palaestrae‹ für Sport und Gymnastik, zwei Theater, ein Amphitheater für Gladiatorenkämpfe und andere Schaustücke (das, soweit bekannt, früheste Beispiel), Kasernen für die Gladiatoren und so weiter. Die Überreste ähnlicher Bauten

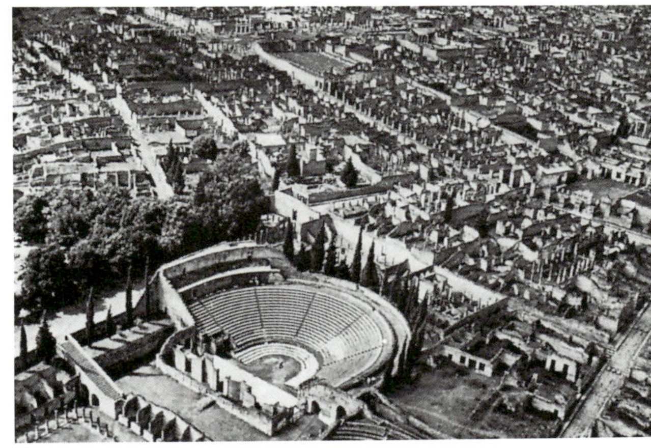

5.43 Pompeji, im Vordergrund das Forum Triangulare
mit dem großen Theater.

sind selbstverständlich auch anderswo, verstreut über das riesige von Rom beherrschte Gebiet, erhalten, und von ihnen haben viele größeren architektonischen Wert. Aber selten ist es möglich, so deutlich wie in Pompeji den städtischen Zusammenhang, das Verhältnis der öffentlichen Bauten zueinander und zu den privaten Wohnhäusern, zu erkennen, die für die einzelnen Familien mit unterschiedlichem Wohlstand und gesellschaftlichem Status errichtet wurden und den größeren Teil der innerhalb der Stadtmauern gelegenen Fläche bedeckten.

Die Baugeschichte von Pompeji und Herculaneum endete gerade in jenem Augenblick, als Rom und die Provinzhauptstädte Italiens ihre Baustruktur veränderten. Überall wurde das Einfamilienhaus, ›domus‹, abgerissen und durch vielstöckige Wohnblöcke, die ›insulae‹, ersetzt, die man zur Versorgung einer ständig anwachsenden Bevölkerung aus mittleren und unteren Schichten benötigte. Als die Grundbesitzer dazu übergingen, die Landwirtschaft mit Sklaven zu betreiben, die in großer Zahl als Beute der Kolonialkriege importiert

5.45 Atrium und Peristyl im ›Haus der Silberhochzeit‹, Pompeji,
überwiegend 1. Jh. n. Chr. (mit modernen Rekonstruktionen).

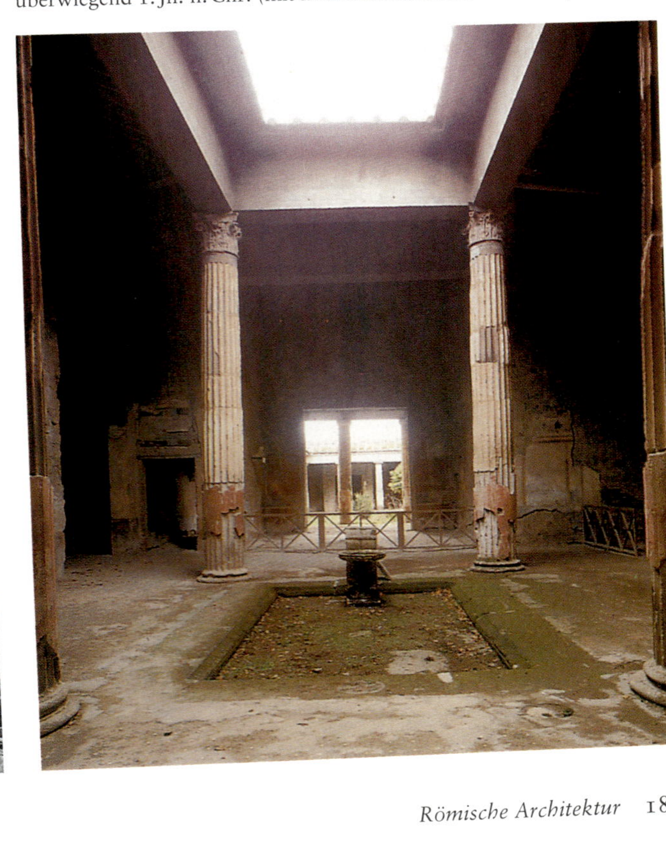

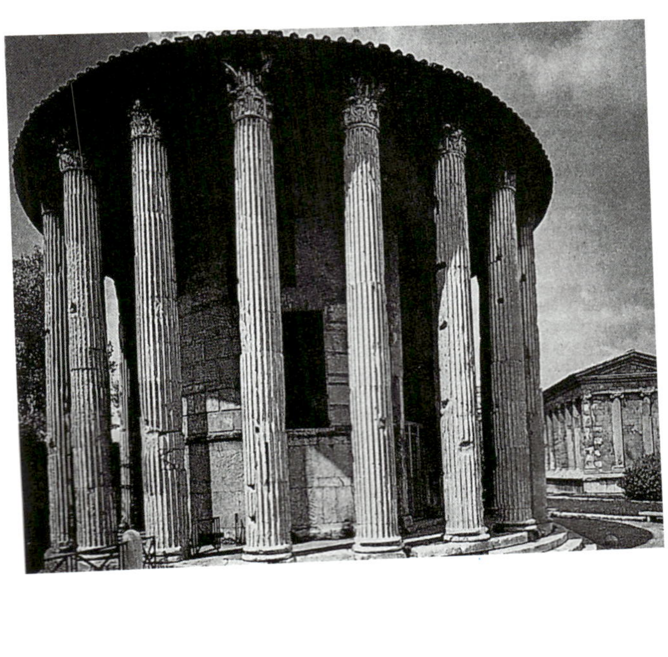

es Hercules
npel beim Forum
m 210 v. Chr.

# *Von Jericho zum kaiserlichen Rom*
# Rastersystem und organisches Wachstum

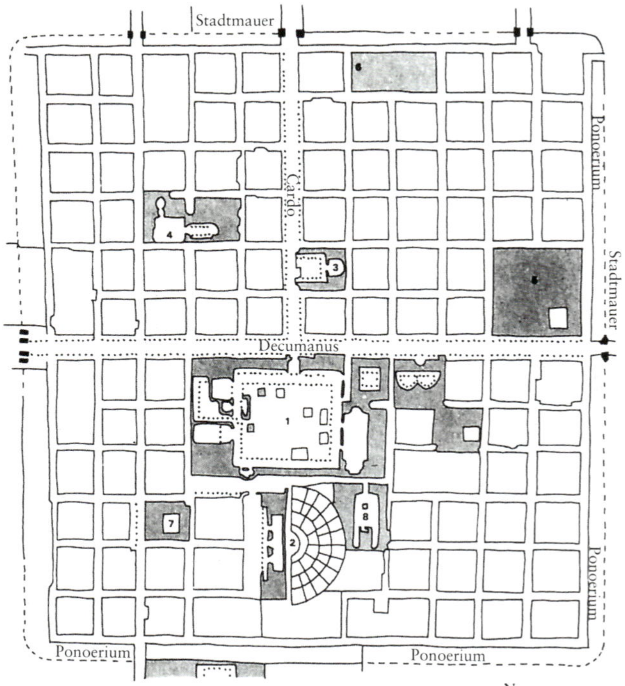


5.46 Stadtplan von Timgad, Algerien, gegründet um 100 n. Chr.
1 Forum
2 Theater
3 Bibliothek
4 Haus des Januarius, Baptisterium
5 Ostbad
6 Nordbad
7 Kleine Bäder
8 Tempel der Ceres

Hauptfaktoren der Stadtplanung sind Begrenzungen, Wege oder Straßen, Freiflächen und Abschnitte für unterschiedliche Wohnstätten, Arbeitsstätten und Orte für Feierlichkeiten. Zunächst gab es Grenzen: natürliche – Böschungen, Flüsse – oder künstliche, meist eine Kombination von beiden. Um etwa 7500 v. Chr. war Jericho (Jordanien) von massiven, etwa 3,5 m hohen Steinmauern umgeben, doch die Häuser im Innern der Stadt stellten eine planlose Ansammlung dar wie etwa in Çatal Hüyük ▸ 1.25. Straßen zwischen annähernd rechteckigen und gleich großen Wohnparzellen finden sich erstmals im 4. Jahrtausend in Ur (Irak). Die Stadtplanung mit Hilfe eines regelmäßigen Rasternetzes von Straßen, die einfachste Art der Baulandaufteilung, entwickelte sich im Industal (Indien und Pakistan) um 2300–1750 v. Chr. ▸ 2.19 und wurde im 2. Jahrtausend in Ägypten ▸ 2.52 und China praktiziert, später, soviel man weiß, auch in Amerika. Ein Gitternetz konnte von breiteren Straßen durchzogen sein, welche einzelne Bezirke gegeneinander abgrenzten, und mit einem Gebiet für Paläste oder Tempel verbunden werden wie etwa um 700 v. Chr. ▸ 3.33 in Khorsabad (Irak). In der ganzen Welt blieb das Rasternetz bis ins späte 19. Jahrhundert das Grundmuster der Stadtplanung, auch wenn die meisten Städte organisch und planlos wuchsen.

Den frühesten Versuch, eine Theorie des Städtebaus zu formulieren, unternahm Hippodamus von Milet (um 500–440 v. Chr.), nach dem das Rastersystem manchmal auch – irreführenderweise – als hippodamisches System bezeichnet wird. Laut Aristoteles entwarf Hippodamus für eine in drei Klassen unterteilte Bevölkerung (Soldaten, Handwerker und Bauern) eine Idealstadt, deren drei Areale ihrerseits wieder in drei Bereiche unterteilt waren (einen sakralen, einen öffentlichen und einen privaten), wobei vermutlich jeder Bereich über einem eigenen Raster angelegt werden sollte. Offenbar wurde Hippodamus als Erstem bewusst, dass die Gestalt einer Stadt eine rationale Gesellschaftsordnung verkörpern, veranschaulichen und aufrechterhalten kann. Die Stadt Milet (Türkei), die um 494 von den Persern zerstört und ab 479 v. Chr. wieder neu angelegt wurde, soll nach seinen Plänen mittels dreier Rasternetze auf einem Vorgebirge wieder errichtet worden sein. Auch Piräus, der Hafen von Athen, offenbar das früheste Beispiel des Rastersystems auf dem griechischen Festland, wird Hippodamus zugeschrieben. Aber sein Ruhm basiert weniger auf seinen Taten als auf seinen Ideen, die durch Aristoteles der Nachwelt überliefert wurden und spätere Projekte, die angewandte Sozialwissenschaft und Städtebau miteinander kombinierten, inspiriert haben.

Starre Rasternetze eigneten sich aber nur für neue oder vollständig rekonstruierte Städte wie etwa Priene (Türkei) ▸ 5.27 aus der Mitte des 4. Jahrhunderts v. Chr. Wo privater Grundbesitz existierte, wie in Athen, waren dem Städtebau Grenzen gesetzt. Im Athen des 5. Jahrhunderts v. Chr. waren herausragende und in architektonischer Hinsicht bemerkenswerte öffentliche Gebäude auf zwanglose Weise miteinander verbunden. Die Agora, das administrative und kommerzielle Zentrum der Stadt, entsprach ungefähr einem Trapez, bevor es durch die Errichtung der beiden von König Attalus II. von Pergamon finanzierten Säulengänge begradigt wurde. Inzwischen waren für die königlichen und sakralen Bereiche der hellenistischen Hauptstädte neue städtebauliche Konzepte entwickelt worden, vor allem in Pergamon, wo ab 240 v. Chr. unter einer Dynastie reicher, kultivierter und ehrgeiziger Könige auf dem Gipfel eines Hügels ein imposanter Gebäudekomplex errichtet worden war: Tempel, Palast, Bibliothek, Theater, Agora und Säulengänge erzielten durch ihre ingeniöse Anordnung einen monumentalen Effekt ▸ 5.20.

Das Königreich Pergamon wurde 133 v. Chr. eine Provinz der Römischen Republik. Doch Rom selbst bestand noch aus einer unregelmäßigen Ansammlung von Häusern aus Holz und Lehmziegeln, umgeben von Mauern aus dem rauhen örtlichen Tuff. Und wäre es nach dem Willen republikanischer Moralisten gegangen, hätte sich daran auch nichts geändert: Sie lobten die Schlichtheit, verachteten die Opulenz hellenistischer Königreiche und beklagten die autokratische Regierung. Ein Wandel wurde 53 v. Chr. eingeleitet, als Julius Caesar in der Nähe des unregelmäßigen Forum Romanum, das seit Jahrhunderten der städtische Mittelpunkt der Republik gewesen war, deren Senat sich dort in einem einfachen Backsteinbau versammelte, ein neues, streng rechteckiges und von Säulengängen flankiertes Forum errichten ließ ▸ 5.49. Unter seinem Großneffen Augustus (s. S. 176) verwandelte sich Rom in politischer wie in städtebaulicher Hinsicht von einer republikanischen in eine kaiserliche Hauptstadt, mit imposanten

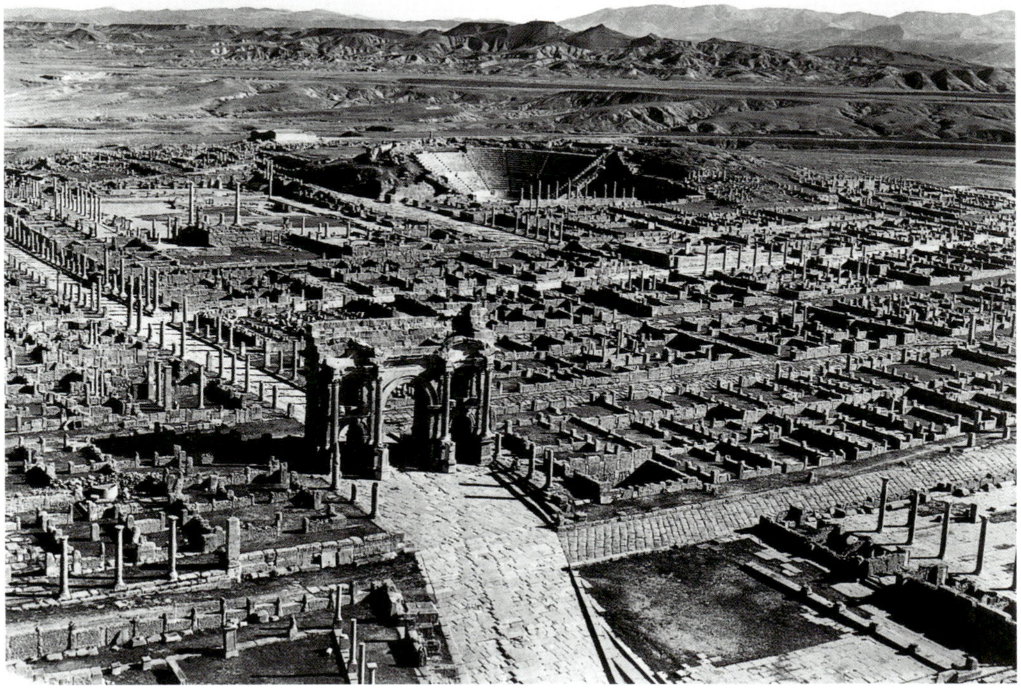

5.47 Luftansicht von Timgad.

öffentlichen Bauten, die mit Marmor verkleidet und von bis dahin unbekannter Größe und Pracht waren: das Kolosseum ▸ 5.63–65, das Trajansforum mit dem großen Marktplatz ▸ 5.68 und später die Thermen des Diokletian und des Caracalla ▸ 5.104. Allerdings wurden diese Bauten einfach in das über Jahrhunderte gewachsene Stadtgewebe eingepflanzt, so dass es in den engen Gassen zu einem wilden Durcheinander imposanter öffentlicher Gebäude und schlichter oder undefinierbarer, in Privatbesitz befindlicher Wohnblöcke kam, in denen die große Masse der Bevölkerung lebte ▸ 5.48.

Nur in den Provinzen, wo man neue Städte gründen konnte, hatten römische Städtebauer Gelegenheit, ihre Ideen in die Tat umzusetzen und dabei zu bemerkenswerten Resultaten zu gelangen. Die zentralisierte Macht und Einheit des Römischen Reiches waren nirgendwo stärker spürbar als hier. Ob in Italien, Nordafrika, Palästina, Frankreich, dem Rheinland oder Britannien – die römischen Siedlungen wurden stets im selben regelmäßigen Stil eines Militärlagers *(castrum)* angelegt: ein Quadrat, das durch zwei Hauptstraßen, die sich in der Mitte im rechten Winkel kreuzten, in gleiche Viertel geteilt wurde. Die eine, *cardo* genannte Achse verlief von Nord nach Süd, die andere, *decumanus* genannte von Ost nach West, und das mit Säulengängen bestückte und für den Verkehr gesperrte Forum befand sich genau neben der Kreuzung. Die vier Viertel wurden in quadratische Blöcke unterteilt, und alle baulichen Strukturen und Freiflächen wurden in diese Areale oder ihre Ableger eingepasst, wie man noch heute in Timgad (Algerien) sehen kann, einer Stadt, die um 100 n. Chr. gegründet wurde ▸ 5.46;47. Die strenge Einförmigkeit dieser Planung war Ergebnis und Ausdruck der Effizienz der römischen Verwaltung und versinnbildlichte zugleich die Gleichheit aller römischen Bürger vor dem Kaiser. Doch insgesamt wirken Timgad und andere Städte, vor allem Pompeji, eher homogen als monoton, da die öffentlichen Gebäude über die ganze Stadt verteilt waren und zwischen privaten Wohnhäusern standen, statt auf einen bestimmten Bezirk konzentriert zu sein, wie dies früher der Fall gewesen war. Das Forum war lediglich ein Zentrum im Gefüge der Stadt – wenn auch das bedeutendste. Von den Stadttoren aus liefen die Besucher durch Straßen mit Säulengängen, durch Triumphbögen und an den Eingängen öffentlicher Bäder, Tempel, eines Amphitheaters oder Theaters vorbei, und die unterschiedlich hohen Gebäude bildeten dabei eine abwechslungsreiche Kulisse. Doch die Fülle von korinthischen und Kompositsäulen, die dem Stadtbild seine Einheitlichkeit verliehen, erinnerte zugleich ständig an die römische Herrschaft, vor allen in den Grenzregionen, wo derartige Städte in deutlichem Kontrast zu den Siedlungen der einheimischen Bevölkerung standen.

5.48 Modell des antiken Rom, Museo della Civiltà Romana, Rom.

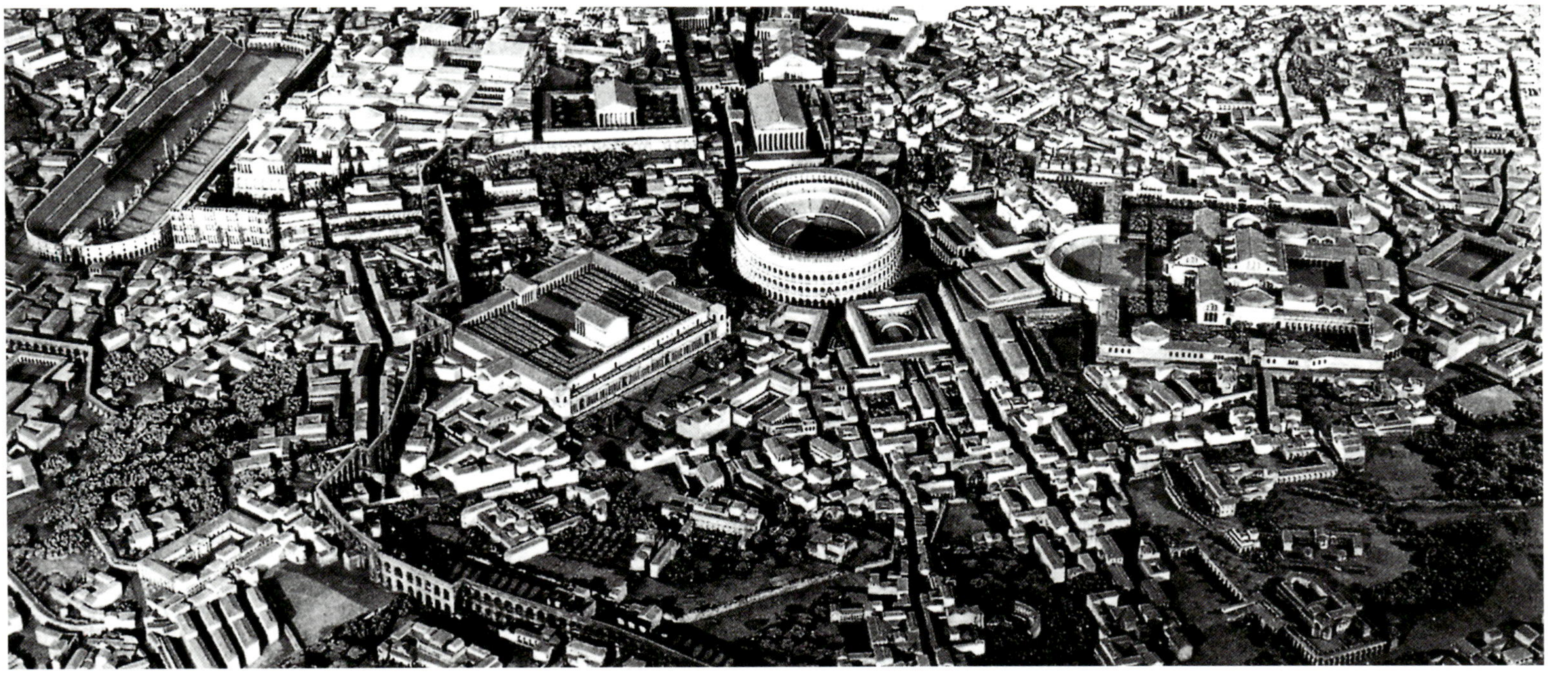

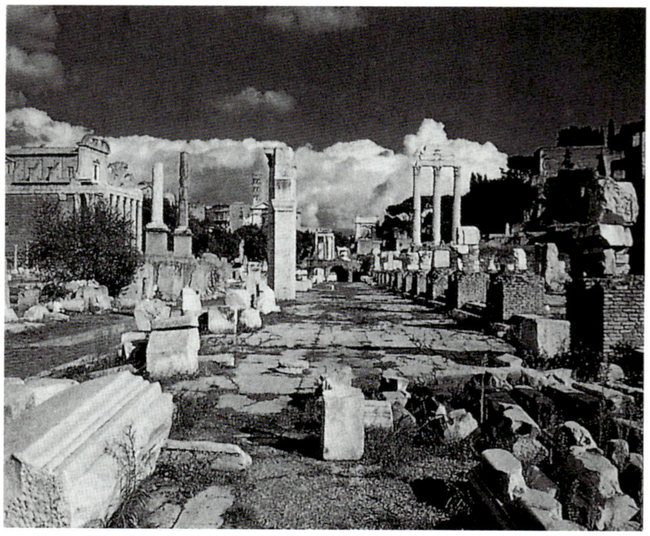

5.49 Forum Romanum, Rom.

wurden, verzeichneten die Städte eine wachsende Bevölkerung. Gleichzeitig zogen die reicheren Familien von den übervölkerten Gebieten fort, um in vorstädtischen oder ländlichen Villen zu leben. Wenn der verhängnisvolle Ausbruch des Vesuv wenige Jahrzehnte später erfolgt wäre, dann hätten wahrscheinlich auch Pompeji und Herculaneum zum großen Teil aus riesigen, regelmäßigen, wuchernden ›insulae‹ bestanden, ähnlich denen, deren Fundamente man anderenorts, insbesondere in Ostia, freilegte. Sie waren aus Zement erbaut, den man mit Ziegeln und Stuck verkleidete. Im 4. Jahrhundert wohnten schließlich fast 90 Prozent der Bevölkerung Roms in ›insulae‹, die man bis zur gesetzlich festgelegten Maximalhöhe von fünf Stockwerken (ungefähr 20 m), mit städtischen Latrinen und anderen Einrichtungen, errichtete. In Pompeji waren um 79 n. Chr. einige der größeren Häuser bereits in solche Wohnungsblöcke umgewandelt worden. Doch beherbergte die Stadt noch eine große architektonische Mannigfaltigkeit an Bauten, wobei sich die Wohnhäuser der Bankiers, der Kaufleute, Händler und Handwerker in nächster Nähe der Wirtshäuser, Bordelle, Bäckereien oder übelriechenden Färbereien befanden und damit vielleicht eine lockerere Sozialstruktur widerspiegelten, als es im späteren Kaiserreich der Fall sein sollte.

Das pompejanische Haus ▸ 5.45; 50; 51 war nach innen ausgerichtet. Seine unscheinbare Außenseite überließ man oft Läden, die aus einem einzigen Raum bestanden (›tabernae‹) und keine Verbindung mit dem übrigen Gebäude hatten. Von der Straße führte ein enger Durchgang zum inneren Hauptraum, ›atrium‹ genannt, einem offenen Innenhof, der von kleinen Räumen umgeben war. Der Begriff Atrium ist etruskischer Herkunft, und der damit verbundene Haustypus scheint eine italienische Besonderheit gewesen zu sein. Bei den frühesten und einfachsten Formen befand sich das ›tablinum‹, der Raum des Hausherrn, in der Mitte der gegenüber dem Eingang gelegenen Seite, und dahinter lag ein kleiner Garten mit hohen Mauern. Bei den größeren Häusern wurde der Garten später manchmal erweitert und mit einer gedeckten Kolonnade umgeben, die man Peristyl nannte – ein griechisches Wort, das an seinen hellenistischen Ursprung erinnert.

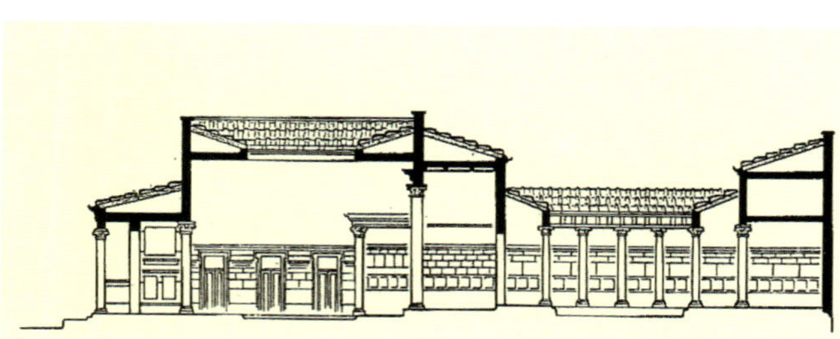

5.51 Römisches Atriumhaus, Längsschnitt.

Aus dieser Kombination etruskischer und hellenistischer Elemente entwickelte sich in Italien eine neue Art der Wohnhausarchitektur. Unter Berücksichtigung der Achsensymmetrie, die im hellenistischen Osten unüblich war, fließt ein Raum in planmäßiger Abfolge harmonisch in den nächsten. In dem Interesse für die Gestaltung des Inneren, das auch durch die illusionistischen Wandbilder zum Ausdruck kommt, unterscheidet sich die römische von der griechischen Architektur. Die Konzeption des römischen Hauses diente nicht zuletzt dem Schutz vor der sommerlichen Hitze: mit einem halbdunklen, kühlen Atrium, das auf einen Peristylgarten führte, wo sich blühende Pflanzen, Statuen und Springbrunnen befanden, vgl. ▸ 5.45.

Die Villen in den Vororten und auf dem Lande platzierte man so, dass die vorherrschenden Windrichtungen sowie die Aussicht über Land und Wasser voll genutzt wurden. Der Säulengang war oft ein wichtiges Baumotiv. So ähnelte ein Villentyp, der einfach aus einer einzigen Reihe von Räumen hinter einer langen Kolonnade bestand, einer hellenistischen Stoa. Andere verfügten über entwickeltere Grundrisse. Dazu gehörte die toskanische Villa von Plinius dem Jüngeren (61/62–um 113), dessen Beschreibung in einem Brief den höchst kultivierten Geschmack lebhaft zum Ausdruck bringt, den die Architekten solch luxuriöser Häuser befriedigen mussten. Außer seinem liebevollen Eingehen auf die vielen Zimmer, Innenhöfe, die Terrasse und den angelegten Garten beschreibt Plinius die nach Süden gelegene Kolonnade, die die volle Kraft der Sonne auffing, und derartige Besonderheiten wie das Schwimmbecken unter seinem Schlafzimmerfenster, »eine Freude für Auge und Ohr gleichermaßen mit seinem von einem Gipfel herabfallenden Wasser, das beim Auftreffen auf den Marmor weiß erschäumt«. Außerhalb der eigentlichen Gärten gab es Wiesen, die es ebenso wert waren, »wegen ihrer natürlichen Schönheit betrachtet zu werden«, schrieb er, »sodann Felder und noch viel mehr Wiesen und Wälder«. Sein Esszimmer führte zu einer Terrasse, »die angrenzenden Wiesen und das freie Land lagen jenseits davon« – eine große, ausgedehnte Ebene, »von Bergen ringförmig umgeben, deren Kuppen alte Wälder mit hohen Bäumen krönten«. In Ägypten hatte man schon sehr viel früher Ziergärten angelegt, doch dass der Park mit der Naturlandschaft verschmolz, scheint eine römische Erfindung zu sein.

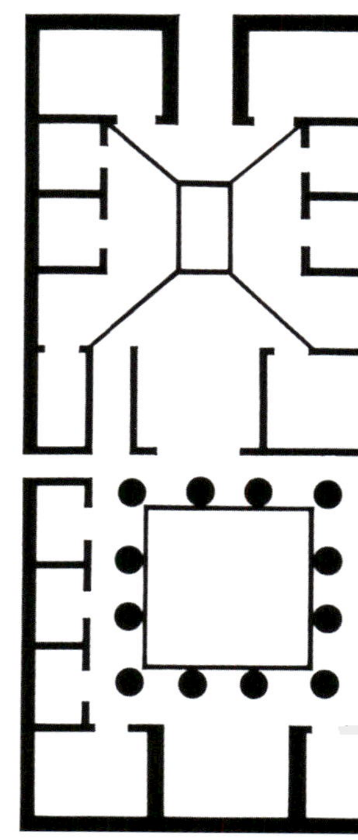

5.50 Grundriss eines pompejanischen Hauses.

## *Tempel und öffentliche Bauten*

Obwohl die Platzierung der römischen Tempel und Heiligtümer, wie in Griechenland, eher von religiösen als von ästhetischen Erwägungen bestimmt wurde, äußert sich ein entwickelteres Gespür für die Beziehung zwischen Architektur und Landschaft. Die der Fortuna, der Schicksalsgöttin, gewidmete Stätte in Praeneste (das heutige Palestrina südöstlich von Rom) muss äußerst eindrucksvoll gewesen sein. Sieben breite Terrassen steigen dort steil, eine über der anderen, zu einem Theater hoch, das von einer halbkreisförmigen Kolonnade gerahmt und von einem runden Tempel bekrönt war ▸ 5.53; 54. Die

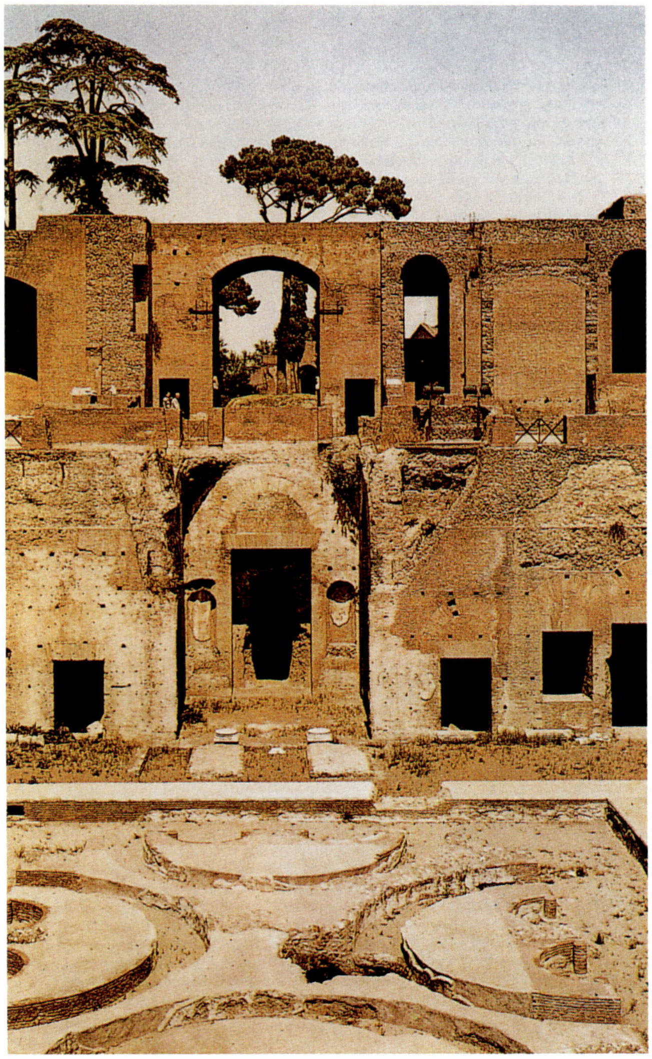

5.52 Peristyl der Domus Augustana auf dem Palatin, Rom, vollendet 92 n.Chr.

Akropolis von Pergamon (römisches Besitztum seit 133 v.Chr.) lieferte hinsichtlich der Verwendung von Terrassen mit Kolonnaden auf einem felsigen Platz ein Vorbild (s.S. 172f.). Doch während die Tempel und anderen Bauten in Pergamon einfach nur den Gipfel der Bergkuppe krönen und formlos aufeinander bezogen sind, wurde in Praeneste der gesamte Abhang in Architektur verwandelt. Diese Durchformung des Raumes zu einer streng axialsymmetrischen Komposition – die sich mit wuchtigem Maßstab und kühnen Baugedanken verband – hebt Praeneste als eines der ersten Meisterwerke einer spezifisch römischen Architektur hervor ▸ 5.55.

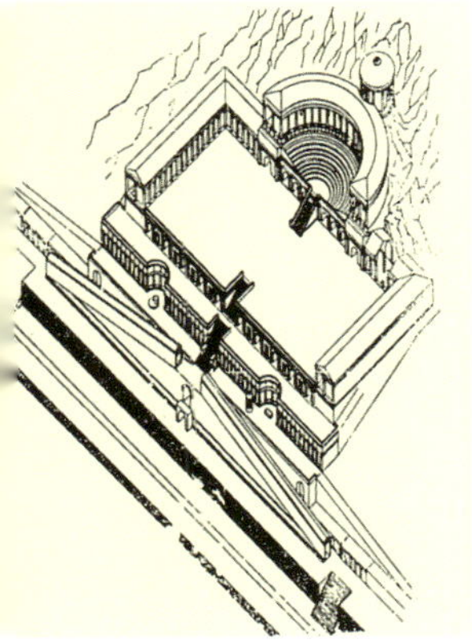

53 Rekonstruktionszeichnung
:s Heiligtums der Fortuna
rimigenia ▸ 5.54; 55.

Wie wir bereits sahen (s.S. 159f.), hatten die Etrusker den dorischen Tempel durch die größere Höhe der Basis und den Wegfall der Stufen auf drei Seiten abgeändert, wobei die Cella gleichzeitig zurückversetzt wurde, um einer tiefen frontalen Vorhalle Platz zu machen. Wie das römische Wohnhaus entwickelte sich auch der römische Tempel durch ein erfinderisches Verschmelzen etruskischer und später griechischer Elemente. Die *Maison carrée* im südfranzösischen Nîmes (das römische Nemausus) ist das besterhaltene Beispiel eines römischen Tempels. Es könnte auf den ersten Blick für einen Peripterostempel gehalten werden, der auf ein hohes etruskisches Podium gesetzt wurde ▸ 5.56–58. Tatsächlich handelt es sich aber um eine neue, typisch römische Erfindung, den ›pseudoperipteralen‹ Tempel, der in seiner Wirkung zum Teil von illusionistischen Mitteln abhängt: Die Säulen an den Seiten stehen nicht frei, wie es scheint, sondern sind eingebunden. Rein dekorativen Zwecken dienend, haben sie keine stützende Funktion. Auf diese Art wurde die griechische Pfosten- und Sturzkonstruktion harmonisch mit der von den Römern entwickelten Wandarchitektur kombiniert. Die Verbindung war so perfekt, dass man seit dem späten 2.Jahrhundert v.Chr. (Tempel der Fortuna Virilis, Rom) bis zu der Zeit des Verbots der römischen Religion außer Veränderungen in der Ornamentik den Grundtypus im Wesentlichen beibehielt.

In den römischen Städten waren die Tempel nicht unbedingt die größten Bauwerke. Trotz der Neigung der Römer zum Monumentalen übertraf vor dem 2.Jahrhundert n.Chr. kein römischer Tempel die größten der Griechen aus dem 5. und 4.Jahrhundert v.Chr. an Umfang. Dennoch zog Cicero den Sinn einer Verwendung öffentlicher Mittel für sie eher in Zweifel als für Nutzbauten – für Häfen, Aquädukte oder für andere »solcher Bauvorhaben, die der Gemeinschaft dienlich sind«. Diese Ansicht stellt die in allen früheren Kulturen gewahrte Überzeugung, dass der Gemeinschaft kein Bauwerk mehr nütze als ein Tempel für ihre Götter, völlig in Abrede.

Bei der Entwicklung der römischen Architektur spielte die Politik eine größere Rolle als die Religion. Das Rom der frühen Republik war kaum mehr als eine Ansammlung von Dörfern zwischen den sieben Hügeln, die nach der Plünderung durch die Gallier im frühen 4.Jahrhundert v.Chr. planlos wieder errichtet wurden. Zu Beginn des 2.Jahrhunderts v.Chr. war die Stadt noch mit Lehmziegelbauten übersät. Enge, gewundene Straßen durchzogen das ungegliederte Stadtbild, und das Forum Roms war ein von privaten und öffentlichen Gebäuden umgebener unregelmäßiger Platz. Der Historiker Livius berichtet, dass etwa um 200 v.Chr. Besucher aus Makedonien über das verwahrloste Aussehen schockiert waren, denn »weder die den öffentlichen noch die den privaten Zwecken dienenden Viertel waren verschönt worden«. Damit wurde erst im 1.Jahrhundert v.Chr. mit bedeutenden öffentlichen Arbeits- und Bauprogrammen begonnen, die eine Reihe ehrgeiziger Männer auch zu Propagandazwecken nutzten. Anfangs waren es vor allem Sulla und Julius Caesar, die unumschränkte Macht anstrebten und die Republik in den Bürgerkrieg stürzten, später Augustus und die frühen Kaiser.

5.54 Heiligtum der Fortuna Primigenia, Praeneste (Palestrina), Italien, um 80 v.Chr.

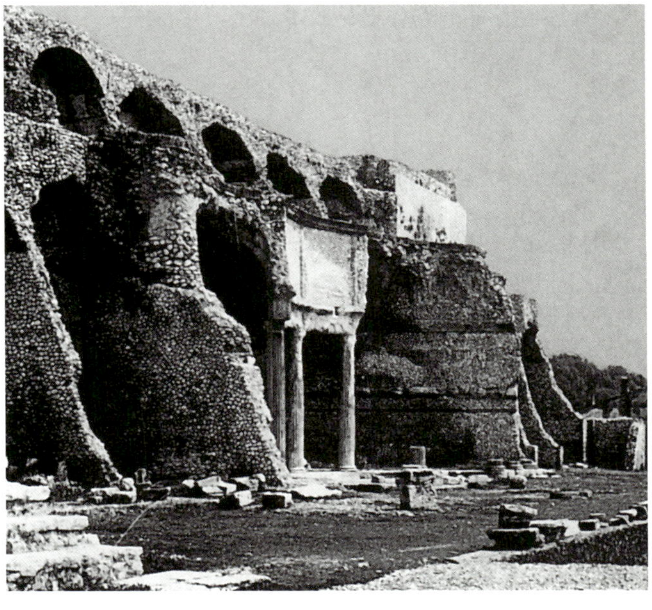

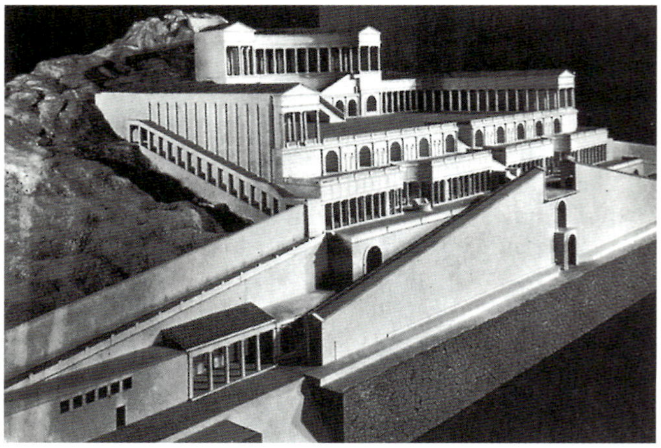

5.55 Modell des rekonstruierten Heiligtums der Fortuna Primigenia. Museo Archeologico Nazionale, Palestrina.

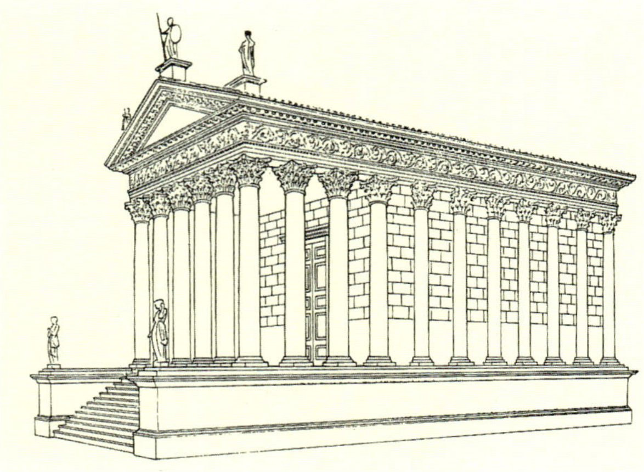

5.56 Maison carrée, Nîmes, 15 v. Chr.

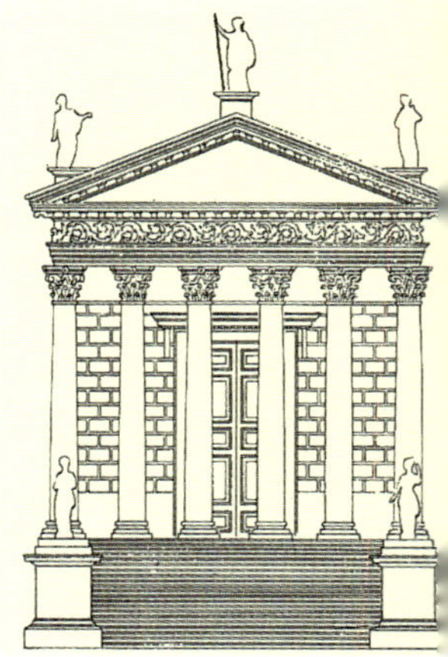

5.57 Frontansicht der Maison carrée ▸ 5.56.

Julius Caesar plante eine völlige Neuordnung des Stadtzentrums, und in seiner Zeit (49–44 v. Chr.) wurden einige neue Gebäude begonnen ▸ 5.59. Doch die Verwandlung Roms in eine monumentale Hauptstadt des Kaiserreiches blieb seinem Großneffen und Adoptivsohn Oktavian überlassen, der im Jahre 30 v. Chr. nach vierzehnjährigem Bürgerkrieg den Frieden wiederherstellte. Zwei Jahre später bejubelte ihn der Senat als Augustus (der ›Erhabene‹). Er wurde der erste römische Kaiser, der bis zu seinem Tode im Alter von 76 Jahren, 14 n. Chr., mit unbestrittener Autorität herrschte ▸ 5.61. Augustus führte das von Julius Caesar eingeleitete Bauprogramm durch und schenkte darüber hinaus Rom ein weiteres Forum, mehrere Tempel und andere eindrucksvolle Bauwerke. Öffentliche Profanbauten – etwa ein riesiges neues Lagerhaus, Aquädukte und Abwasserkanäle – wurden von Marcus Agrippa gefördert, der Schwiegersohn, rechte Hand und sozusagen politischer Manager von Augustus war. Er erbaute das Pantheon (s. S. 194 f.), eine Basilika und die erste der herrlichen ›thermae‹, öffentliche Bäder, die unter allen der von den Römern erfundenen bedeutenden öffentlichen Gebäudetypen vielleicht am prächtigsten ausgestattet werden sollten. Sogar die ärmsten Bürger konnten sie aufsuchen und sich der luxuriösen Einrichtungen erfreuen – kalte, warme und heiße Bäder, Dampfbäder, Umkleideräume, Entspannungsräume, Vortragssäle, Restaurants, Bibliotheken, Sporthallen und Gärten. Mehr noch als andere augusteische Bauten waren sie Sinnbilder der kaiserlichen Macht und von großer Anziehungskraft auf die mittleren und unteren Schichten, von deren Loyalität das Regierungssystem abhing.

5.59 Caesar-Forum, Rom.

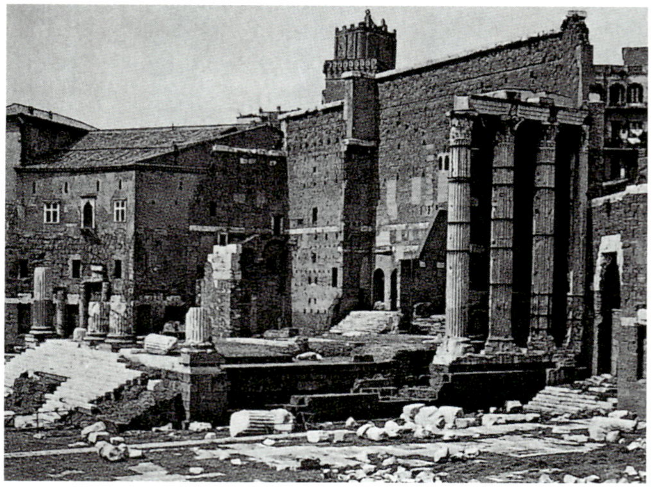

An seinem Lebensende behauptete Augustus, dass er »Rom als Stadt aus Ziegeln vorgefunden habe und es als Stadt aus Marmor verlassen werde«, vgl. ▸ 5.48. Für die Römer war Marmor ein Symbol der Großartigkeit. So schrieb Vitruv, der im Dienste Julius Caesars gestanden hatte und sein Architekturtraktat Augustus widmete, über einen Tempel des frühen 1. Jahrhunderts in Rom:

*»Wäre er aus Marmor gewesen, dann hätte er neben der künstlerischen Feinheit noch die Erhabenheit besessen, die sich aus der Pracht und den großen Auslagen ergibt, und würde zu den erstrangigen und bedeutendsten Werken der Architektur gezählt werden.«*

Die ausgiebige Verwendung des Marmors wurde durch die Erschließung der Steinbrüche in den Apuanischen Alpen ermöglicht, wenige Kilometer von der nordwestlichen Küste Italiens entfernt (nahe dem heutigen Carrara), von wo er nach Rom oder irgendeinem anderen Teil des Reiches leicht auf dem Seeweg transportiert werden konnte. Auch aus den Kolonien in Kleinasien, Ägypten und Nordafrika importierte farbige Marmorarten wurden zum ersten Mal in Rom verwendet. Man setzte sie hauptsächlich zur Verkleidung und Ausschmückung von Gebäuden ein, um den Bauten aus Zement oder Ziegel eine glatte, saubere Oberfläche zu verleihen. Die farbliche Monotonie im Stadtbild Roms erfuhr auf diese Weise eine grundlegende Veränderung. Während des Mittelalters und später gingen nahezu alle Inkrustationen verloren. So war etwa die Innenwand des Kolosseums mit Marmor verkleidet, aber nur im Pantheon hat er sich erhalten (s. S. 194 f.).

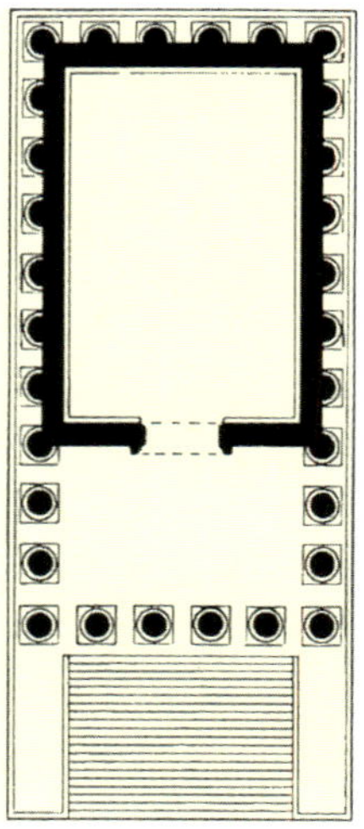

5.58 Grundriss der Maison carrée ▸ 5.56.

Wesentlich wichtiger als der Marmor war jedoch der Zement. Die Erschließung dieses Baumaterials durch die Römer und insbesondere dessen Verwendung zusammen mit Bogen und Gewölbe revolutionierten die Architektur. Weder Zement noch Bogen und Gewölbe waren römische Erfindungen. Zahlreiche altägyptische Prototypen von Bögen und Gewölben aus Ziegeln waren vorhanden. Daher nimmt es wunder, dass der echte Bogen (aus keilförmigen Gewölbesteinen zusammengesetzt) nicht früher Verwendung fand. Im 5. oder 4. Jahrhundert v. Chr. trat er zuerst in Erscheinung. In Perugia und Volterra sind gewölbte Stadttore der Etrusker erhalten, die aus der Zeit kurz nach 300 v. Chr. stammen. Wenige Jahrzehnte später erbauten die Römer geschickt konstruierte Halbkreisbögen wie etwa die Tore bei den Stadtmauern von Falerii Novi (das heutige S. Maria di Falleri). Rasch erkannte man die

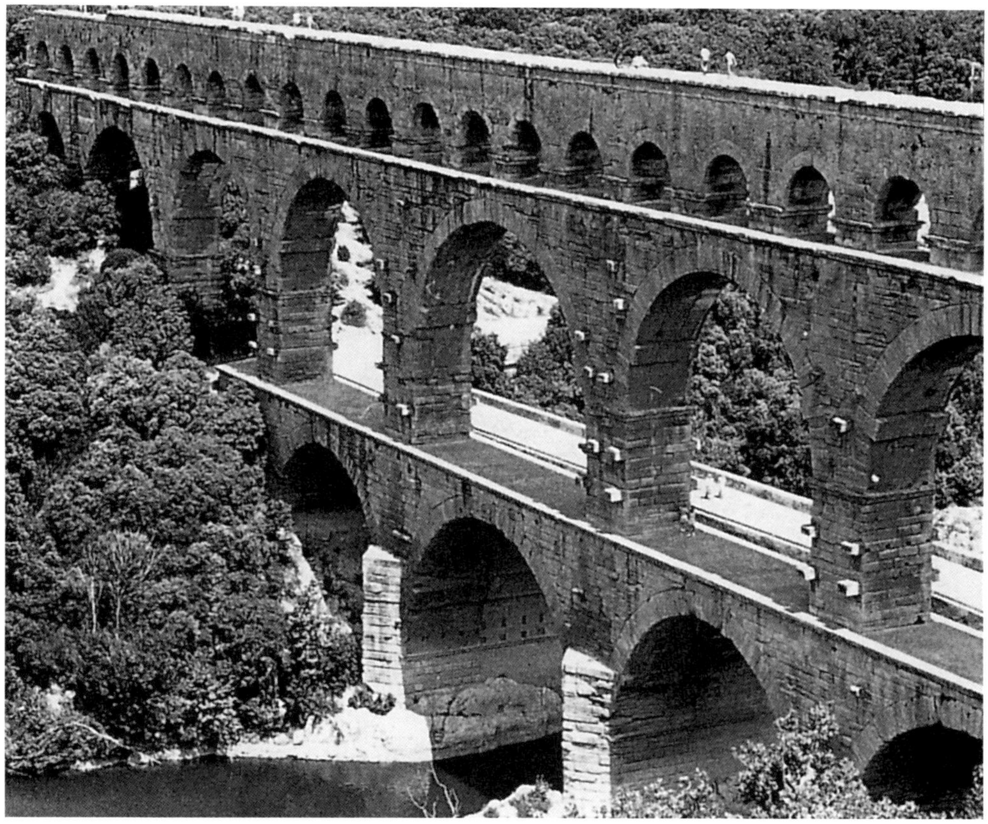

5.60 Pont du Gard, nahe Nîmes, Frankreich, 1. Jh. v. Chr.

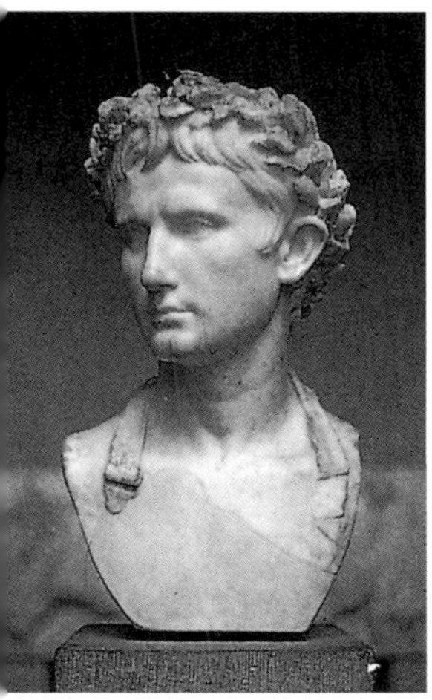

.61 *Augustus mit Eichenkranz,* . 1. Jahrzehnt n. Chr., armor. Glyptothek, München.

Möglichkeiten der Gewölbebauweise und verwendete sie bei erhöhten Fußwegen, Brücken und Aquädukten, von denen der *Pont du Gard* in Südfrankreich das eindrucksvollste ist ▸ 5.60. Er wurde von Marcus Agrippa in Auftrag gegeben, um Wasser etwa 48 km weit über die Ebene und das Tal des Flusses Gard oder Gardon hinweg nach Nîmes zu leiten. Dieser ganz aus behauenem Stein bestehende Bau ist nach antiken und modernen Maßstäben ein Meisterwerk der Ingenieurkunst, das sich als erstaunlich dauerhaft erwiesen hat. Die anmutigen Proportionen seiner scheinbar leichten Konstruktion sind außergewöhnlich einfach. Das Sechsfache der Weite der oberen Bögen entspricht der Gesamthöhe, das Vierfache der Spannweite der großen, mittleren Bögen und ihr Dreifaches ergibt die Bögen an den zwei Außenseiten. Die majestätische Einfachheit ist teilweise auch den von den Römern eingeführten systematisierten Baumethoden zu verdanken. Der Pont du Gard wurde im Wesentlichen vorfabriziert, wobei die riesigen Gewölbesteine der Bögen vor ihrer Montage fertig behauen waren. Um dies zu erleichtern, standardisierte man sämtliche Maße und gestaltete alle Konturen streng halbkreisförmig. (Die Gewölbesteine wurden zur Vorkontrolle auf dem Boden ausgelegt und nummeriert. Einige dieser Markierungen sind noch heute sichtbar.)

## *Das Kolosseum und die Erfindung des Zements*

Der Bogen, der die Kraft und Schwere des Mauerwerks betonte, wurde zum Grundelement der römischen Architektur. In den zu Ehren der Kaiser errichteten Triumphbögen fand er seinen imperialen Ausdruck (s. S. 202 ff.). Von eingebundenen Säulen und Gebälk gerahmte Bögen – seit dem frühen 1. Jahrhundert v. Chr. verwendet – waren in kaiserlicher Zeit ein beherrschendes Motiv. Das Äußere des bedeutenden flavischen Amphitheaters, das seit dem 8. Jahrhundert als das Kolosseum bekannt ist, besteht aus solchen Arkaden, die die Elemente der Konstruktion durch rhythmische horizontale und vertikale Wiederholungen integrieren ▸ 5.62–65. Die Säulenordnungen entsprechen der von den Römern für mehrstöckige Gebäude eingeführten steigenden Abfolge von Dorisch, Ionisch, Korinthisch. (Die Folge ist rein ästhetisch, denn das Dorische ist optisch das Schwerste und Kräftigste und das Korinthische das Leichteste.) Obwohl bereits anderswo mehrere solcher Arenen für Gladiatorenkämpfe und andere Schaustücke erbaut worden waren, war das Kolosseum die erste Anlage in Rom, wo die ›Spiele‹ zuvor auf dem Forum oder in Behelfsbauten stattfanden. Mit einer geschätzten Kapazität zwischen 45 000 und 55 000 Sitzplätzen musste das ungeheure Problem eines schnellen Zugangs und Verlassens des riesigen Zuschauerraumes bewältigt werden. Es wurde durch eine erfinderische Anordnung von Treppen und Korridoren, die alle zu den umlaufenden, gewölbten Öffnungen des Erdgeschosses hinunterführten, brillant gelöst. Vespasian, der

5.62 Kolosseum, Rom, um 70–82 n. Chr.

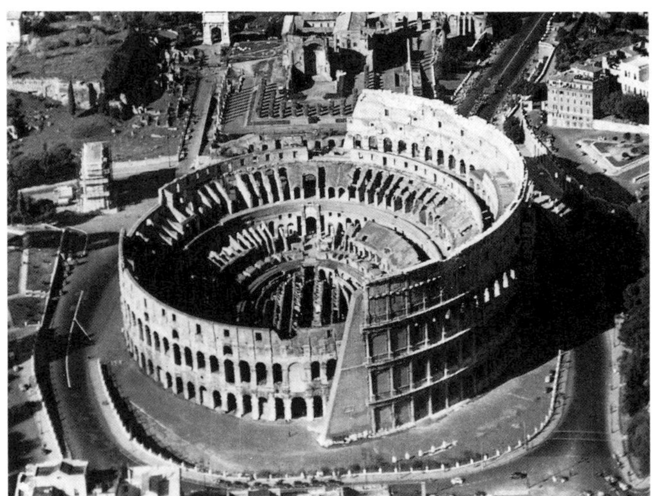

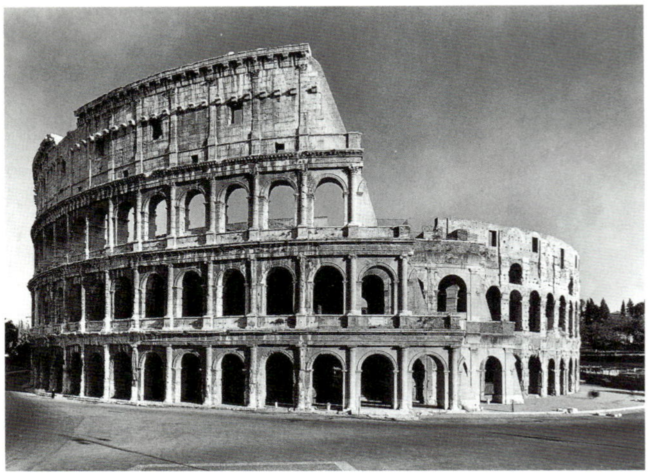

5.63 Kolosseum, Außenansicht, ▸ 5.62.

erste Kaiser der flavischen Dynastie, der im Jahre 69 n. Chr. als Folge eines Massenaufstandes gegen Nero, den letzten der von Augustus begründeten Dynastie, an die Macht kam, leitete den Bau des Kolosseums mit der Hoffnung auf Popularitätsgewinn in die Wege. Um diesen Zweck zu erfüllen, musste der Bau schnell hochgezogen werden: Die gewaltige Konstruktion über einem elliptischen Grundriss mit den Außenmaßen 188 m x 155 m und einer Höhe von 48 m wurde in nur einem Jahrzehnt vollendet. Man verwendete verschiedene Baumaterialien: für die 7,5 m tiefen Grundmauern Zement, für das Gerüst der Hauptpfeiler Travertin (ein vorzüglicher heimischer Kalkstein, leichter und weniger hart als Marmor, der im Steinbruch zunächst leicht zu schneiden ist, doch an der Luft härter wird). Für die radialen Mauern zwischen den Pfeilern wurden Tuffstein und mit Ziegeln verkleideter Zement verwendet, für das freiliegende, mörtellos gefügte Mauerwerk Travertin, der mit Metallklammern zusammengehalten wurde (von ihnen sind viele nicht mehr vorhanden), und für das Innere Marmor (von dem keine Spuren geblieben sind). Eine gigantische Markise zum Schutz der Zuschauer vor der Sonne wurde von hölzernen Stangen gestützt, die am oberen Rand nach innen vorsprangen, und durch Seile gehandhabt, die man an Pfählen um das Gebäude herum festgebunden hatte.

5.65 Grundriss des Kolosseums.

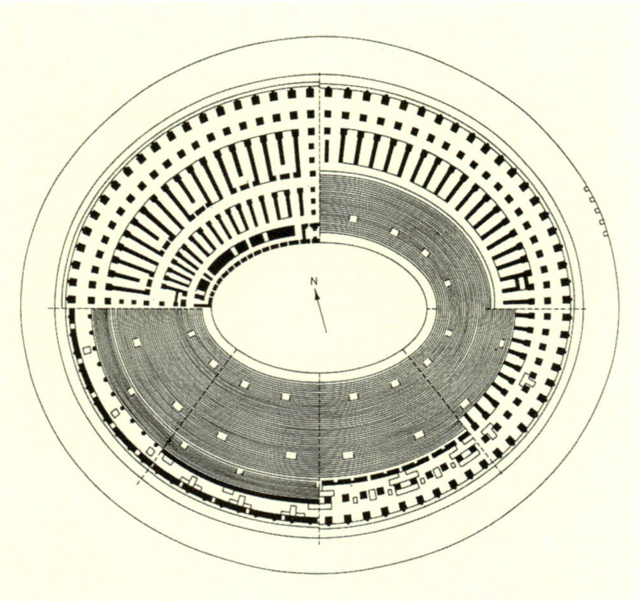


Das Kolosseum ist ein Meisterwerk römischer Ingenieurkunst und Architektur. Allerdings war es in Formgebung und Bauweise eher konservativ. Zement verwendete man – wie auch bei vielen früheren Gebäuden, etwa auch dem Heiligtum von Praeneste – nur für das Fundament und die Mauern. Der römische Zement (›opus caementicum‹) war eine Verbindung von Mörtelschichten und lagenfesten Teilen – im Gegensatz zu heutigem Zement, der gemischt und gegossen werden kann. Die einzigartige Kraft und Haltbarkeit ergaben sich aus dem Bindemittel, einem Mörtel aus Kalk und vulkanischem Sand, den man zuerst in Pozzuoli nahe Neapel fand und daher ›pozzolano‹ nannte; verwendet wurde er bereits im 3. Jahrhundert v. Chr. Die freiliegenden Mauern aus diesem Zement verkleidete man in der Regel mit anderen Baustoffen, mit unregelmäßigen oder quadratischen Steinmustern und später, im Kaiserreich, mit Ziegeln. Die Möglichkeiten des Materials wurden jedoch erst nach und nach vollständig entdeckt. Bei frühen Beispielen trocknete der Zement offensichtlich rasch aus, so dass jede Schicht ein einzelnes Horizontalband wie eine enorme Steinplatte formte. Doch die Entwicklung eines langsam trocknenden Mörtels etwa in augusteischer Zeit, der wahrscheinlich mit dem in der Nähe von Rom gefundenen Vulkansand hergestellt wurde, ermöglichte einen Zementkern, der zu einer trägen, homogenen Masse aushärtete. Dieses Verfahren revolutionierte die Architektur, denn in Kombination mit Bogen und Gewölbe erlaubte es den Römern, ohne jede innere Abstützung größere Flächen mit einer weitaus größeren Formenflexibilität zu überspannen, als es jemals zuvor möglich gewesen war.

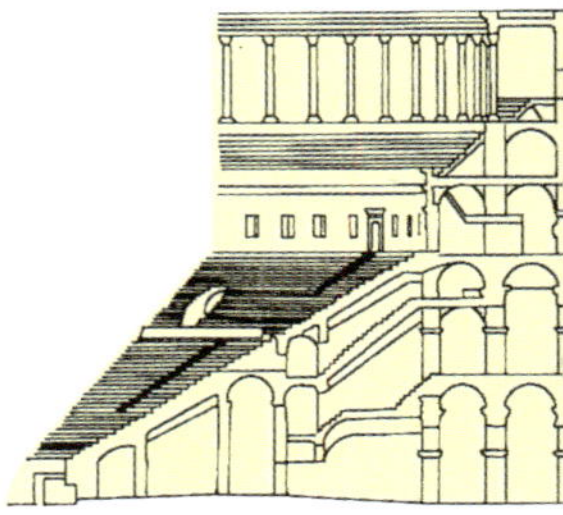

5.64 Schnitt des Kolosseums.

Die altägyptische, mesopotamische und griechische Architektur war im Wesentlichen eine Kunst der Komposition mit der Masse gewesen. Raum war einfach das, was übrig blieb oder zwischen den Festkörpern lag. Dieses negative Verfahren ersetzte man nun durch die Auffassung einer Architektur des Raumes. Man fasste einen Bau wie eine Muschel auf, die den Raum in jedwede Form brachte, die der Architekt oder sein Auftraggeber wünschte.

Das früheste Gebäude, bei dem die Möglichkeiten der Zementverwendung für diese neue ›räumliche‹ Architekturkonzeption ausgeschöpft wurden, ist das für den Kaiser Nero (54–68 n. Chr.) von einem Architekten namens SEVERUS entworfene *Goldene Haus*. Von den verbliebenen Gebäudeteilen ist vor allem eine Zimmergruppe von höchster Originalität, obwohl man sie ihres gesamten Wandschmucks mit Ausnahme einiger Spuren feingliedrigen Stucks beraubt hat ▸ 5.66. Ein von einer Flachkuppel bedeckter achteckiger Raum wird auf fünf Seiten von rechteckigen, gewölbten Zimmern umgeben, von denen eines mit einem dekorativen Wasserspiel belebt war. Die für ein römisches Interieur ungewöhnlich helle und gleichmäßige Beleuchtung geschah durch eine kreisförmige Öffnung, einen ›oculus‹, in der Mitte der Kuppel sowie – sehr erfinderisch – durch hoch oben an den Wänden der radialen Zimmer befindliche Lichtgadenfenster. Vermutlich hatte man die Innenfläche der Kuppel mit Mosaiken verziert, die ihr eine fast unkörperliche Wirkung verliehen haben müssen. Die Ausblicke durch die breiten, quadratischen Öffnungen des Achtecks von einem Raum zum anderen und zum Garten nach Süden könnten als Verwirklichung illusionistischer Aussichten erschienen sein, wie sie die pompejanischen Maler vorgetäuscht hatten. Denn hier waren die Wände wirklich durchbrochen und gekrümmt worden, um den freien Fluss des Raumes zu ermöglichen und um das Erscheinungsbild einer

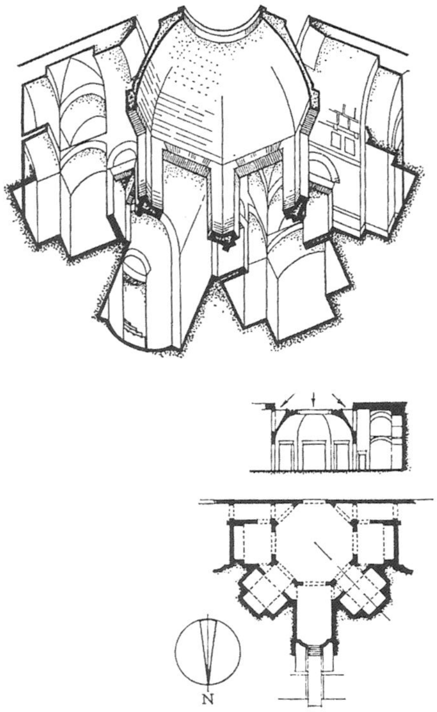


5.66 Neros Goldenes Haus, oktogonale Halle, Rom, Baubeginn 65 n. Chr.

nicht endenden Folge üppig ausgestatteter Gemächer zu vermitteln. Von keinem Blickpunkt aus wäre die optische Komplexität dieser raffinierten Innenarchitektur sofort erfassbar gewesen.

Die verbliebenen Ruinen sind nur ein kleiner Teil des *Goldenen Hauses*, in dem Nero nach eigener Aussage »endlich damit beginnen konnte, wie ein Mensch zu leben«. Sein Biograph Sueton (69–140) beschrieb den großen Bankettsaal, der sich »ständig, Tag und Nacht, wie das Firmament drehte«. Die Bemerkung ist peinigend knapp gehalten, doch wird gewöhnlich vermutet, dass die Decke – nicht der Raum selbst – rotierte und in der Form einer riesigen Holzkuppel konstruiert war, die man mit Sternen oder Astralsymbolen geschmückt hatte, eine Art Planetarium, unter dem der Kaiser seine Gäste gleichsam im Zentrum des Kosmos bewirtete. Die Idee, einen Herrscher von universellem Anspruch in dieser Weise zu überhöhen, stammte vielleicht von den Königszelten und Baldachinen des achämenidischen Persien. Die Entwicklung der Kuppel, dieses so hervorstechenden Elements römischer Architektur der Kaiserzeit, könnte sogar von dem Symbolismus der kosmischen Baldachine des Ostens aus Stoff oder Holz angeregt worden sein.

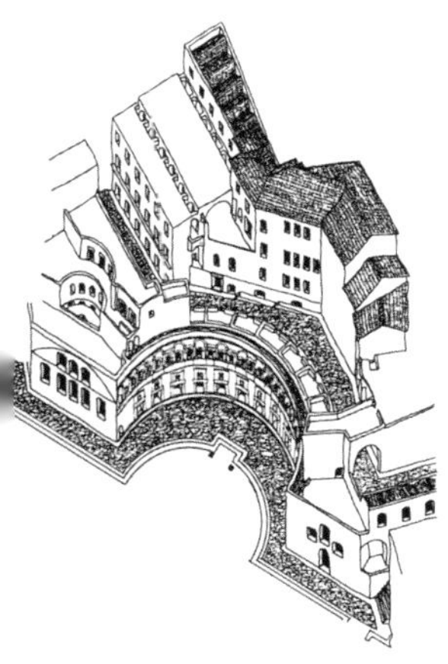

57 Trajansmarkt, axono-
trische Rekonstruktion.

Kaiser Domitians (81–96) Palast auf dem Palatin in Rom weist eine ähnliche Freizügigkeit der Anlage auf. Dagegen beschäftigte sich Trajan (98–117), in dessen 20 Regierungsjahren das Römische Reich den Gipfel der Machtfülle und die größte Ausdehnung erreichte, stärker mit öffentlichen Bauvorhaben: öffentliche Bäder, von denen leider wenig geblieben ist, und ein neues Händlerviertel, das als Trajansmarkt bekannt ist und durch das Entfernen der Böschung des Quirinals geschaffen wurde. Der *Trajansmarkt* gehört zu den faszinierendsten der erhaltenen römischen Bauten. Er ist logisch und zugleich komplex aufgebaut, er ist ein Zweckbau und besitzt dennoch eine herbe, monumentale Schönheit. Man hatte 150 oder mehr Geschäfte und Büros auf drei durch Straßen und Treppen verbundenen Ebenen mit einer großen, überdachten Markthalle kombiniert ▸ 5.67; 68. Für eine Stadt errichtet, deren Bewohner vielfach damit beschäftigt waren, miteinander zu handeln, zu kaufen und zu verkaufen, besaß der Bau eine kaum zu überschätzende gesellschaftliche Bedeutung. Die konkave Hauptfassade wurde durch Pilaster betont, doch die übrigen Außenflächen und das Innere waren in strenger Einfachheit gehalten und bestanden aus ziegelverkleidetem Zement und Einfassungen aus Travertin bei den rechteckigen Türen und Fenstern. Eher als bei den zahlreichen, aber viel schlechter erhaltenen Überresten in Ostia und anderswo lässt sich hier eine Vorstellung von der Architekturform und dem Erscheinungsbild des römischen Etagenbaus gewinnen. Auf der Ebene der Straße befinden sich Läden mit kleinen, hochliegenden Fenstern, die den mit hölzernen Fußböden gedeckten Zwischenstöcken oder Bodenkammern Licht und Luft gaben. Man erreichte sie mit Holzleitern vom Ladeninneren aus. Die wichtigsten Horizontalabschnitte werden allerdings durch Tonnengewölbe aus Zement gebildet, und der Zugang zu den oberen Stockwerken geschieht über feste Treppen. (Nach dem großen Brand von 64 n. Chr. war die Verwendung von Zement für Treppen und Fußböden obligatorisch.) Die Planung des Trajansmarktes hatte eine Reihe äußerer Faktoren zu berücksichtigen: einen größtmöglichen, gut beleuchteten und belüfteten Raum für die verschiedensten Geschäftsabläufe zur Verfügung zu stellen im Rahmen einer begrenzten Fläche an einem außergewöhnlich schwierigen, abfallenden Gelände. Das Ergebnis ist ein Meisterwerk volumetrischer Organisation, ein autonomes System aus ineinandergreifenden, gekrümmten Korridoren, geraden Straßen und Durchgängen sowie gewölbten Räumen in verschiedener Größe. Mit Ausnahme des Pantheons lässt sich die typisch römische Begabung für die Formung des Raumes nirgendwo sonst besser erfahren als hier.

5.68 Trajansmarkt, Rom, um 98–117.

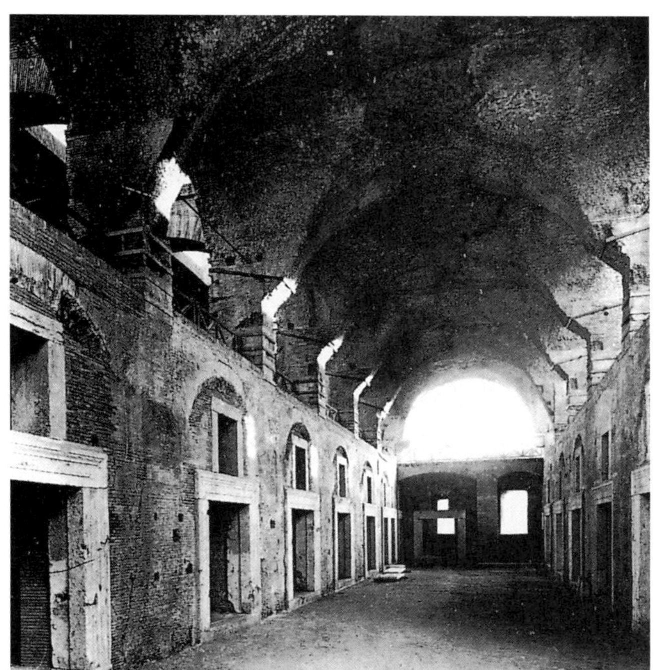

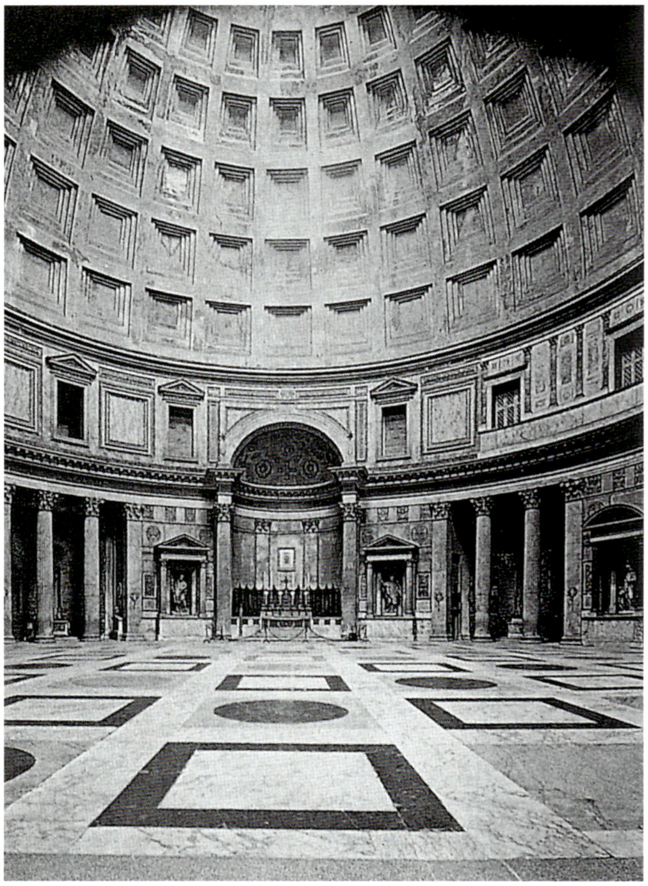

5.69 Pantheon, Innenansicht von ▶ 5.70.

## *Das Pantheon*

Das *Pantheon* wurde unter Trajans Nachfolger, dem Kaiser Hadrian (117–138), am Ort eines älteren, von Marcus Agrippa erbauten Tempels errichtet (s. S. 190), dessen Name deutlich auf der Fassade vermerkt ist. Das Pantheon ist allen Göttern geweiht ▶ 5.69–73. Es besteht aus zwei Teilen: einer traditionellen Säulenhalle über rechteckigem Grundriss an der Tempelfront mit wuchtigen Granitsäulen sowie einem riesigen, von einer Kuppel überwölbten Rundbau, dessen Größe durch die Anwendung des langsam trocknenden Zements ermöglicht wurde. Das Unbeholfene der Verbindung zwischen diesen zwei Teilen ist vermutlich ursprünglich viel weniger offensichtlich gewesen, als der Bau noch nicht, wie heute, frei stand, sondern auf einer Achse erreicht wurde, die durch einen von Kolonnaden umsäumten Vorhof führte, der nur die Säulenhalle sichtbar werden ließ. Zudem lag das Niveau des Vorplatzes damals viel tiefer, so dass fünf breite Marmorstufen zur Vorhalle hinaufführten. Der Kontrast – oder der ungelöste Konflikt – zwischen der Rechtwinkligkeit der Säulenhalle und der Kreisform des Rundbaus, zwischen einer Außenarchitektur der Massen und einer Innenarchitektur des Raumes, muss jedoch, weil er verborgener war, beim Eintreten durch das Tor ein noch überwältigenderes Gefühl räumlicher Expansion bereitet haben. Man kommt aus einer Welt strenger, begrenzter Rechteckformen in eine der sphärischen Unendlichkeit. Den Geist reiner Geometrie evoziert auch die Lichtsäule, die durch das kreisförmige Auge, den ›oculus‹ der Kuppel einströmt und sich langsam, aber wahrnehmbar mit der täglichen Erdbewegung im Gebäude herumbewegt ▶ 5.72.

Der majestätische Innenraum besteht gemäß der Empfehlung VITRUVS für Rundbauten aus einer Trommel mit der Höhe ihres eigenen Radius und einer halbkreisförmigen Kuppel – graphisch gesehen eine halb in einem Zylinder eingeschlossene Kugel, wobei die Gesamthöhe von 44 m dem Durchmesser der Kuppel entspricht. Dennoch ist die Wirkung nicht die geometrischer Körper. Der untere Teil der Trommelwand ist mit Nischen durchbrochen, die den Eindruck eines sich fortsetzenden Raumes suggerieren; die sie verdeckenden Säulen sind ohne eigentliche Stützfunktion. Die Kuppelfläche wird von fünf Kassettenringen gegliedert, die durch ihre zum ›oculus‹ zunehmende Verjüngung die Weite der Kuppel optisch steigern. Die Kassetten enthielten Rosetten aus vergoldeter Bronze, die erst in der Barockzeit eingeschmolzen wurden.

Um 609 wurde das Interieur geringfügigen Veränderungen unterzogen, als man »den heidnischen Unrat entfernte«, wie es der amtierende Papst Bonifatius IV. formulierte, und den Tempel in eine christliche Kirche umwandelte. Dabei handelte es sich um einen Vorgang, dem sich natürlich der einzigartige Erhaltungszustand verdankt. In den vierziger Jahren des 18. Jahrhunderts wurde der baufällig gewordene Dachgeschossbereich (das heißt der direkt unterhalb der Kuppel gelegene Mauerstreifen) ausgiebig mit Stuck und mit übergroßen Fensterattrappen versehen. Sonst ist das Innere im Wesentlichen unversehrt. Dabei verwendete man verschiedene Marmorarten, die auch aus dem östlichen Mittelmeerraum importiert wurden, für die quadratischen und kreisförmigen Muster des Paviments, für die Säulen und die Inkrustation der Wände – weiß geäderter Marmor mit Blau und Purpur (›pavonazzo‹), gelborange Sorten (›giallo antico‹), Porphyrite und andere, die noch immer das Licht reflektieren und färben, das den gesamten Raum erfüllt.

Dass das Pantheon schließlich für den Gottesdienst monotheistischer Christen umgewandelt wurde, war nicht völlig unpassend. Es wurde in einer Zeit der religiösen Spekulation und Suche erbaut, als das Vertrauen auf überkommene Glaubensinhalte in wachsendem Maße durch östliche Mysterienkulte verdrängt wurde, und seine Formgebung stellt einen Bruch mit der traditionellen Form des römischen Tempels dar, der, wie wir sahen, auf etruskische und griechische Vorbilder zurückgriff (s. S. 189). Weniger als ein Jahrhundert nach der Fertigstellung dachte der Historiker Dio Cassius (um 155–um 235) über die Bedeutung und Symbolik des Baus nach

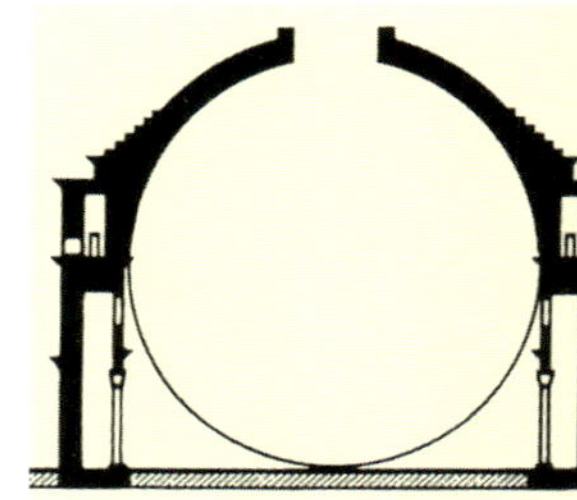

5.70 Pantheon, Schnitt.

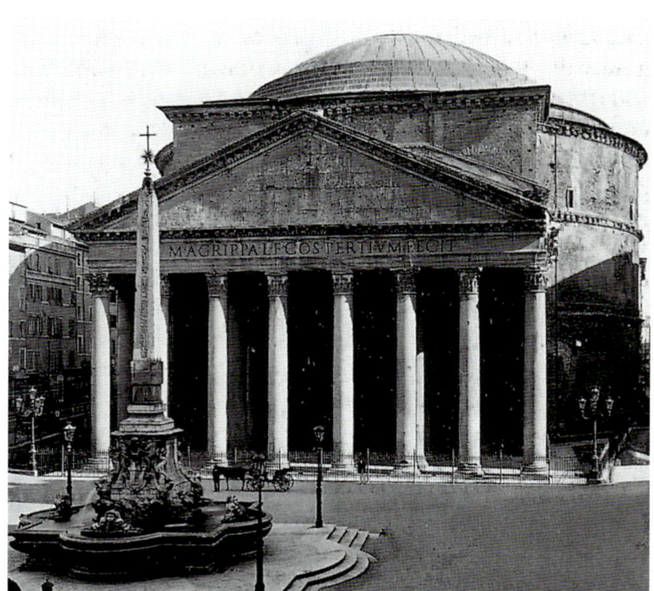

5.71 Pantheon, Rom, um 118–128 n. Chr.

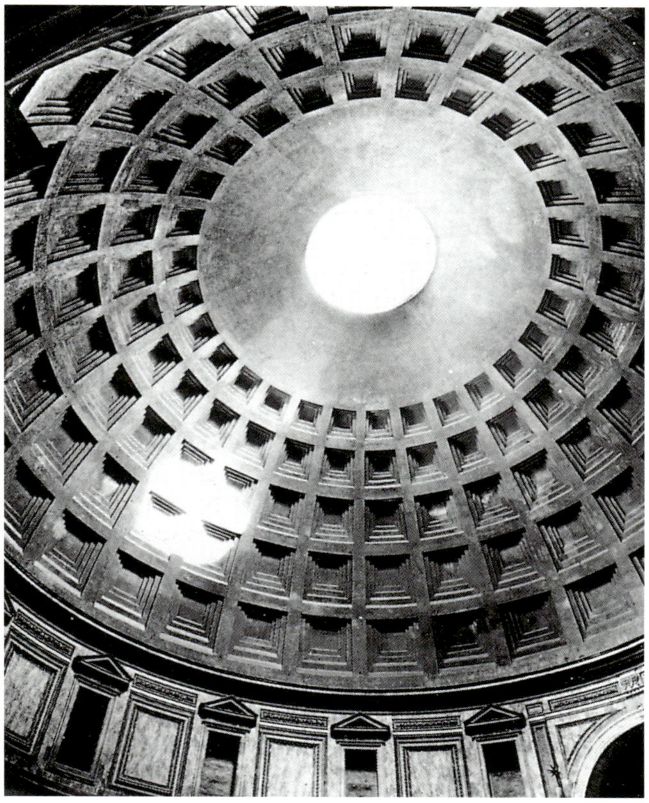

5.72 Pantheon, Innenansicht der Kuppel ► 5.70ff.

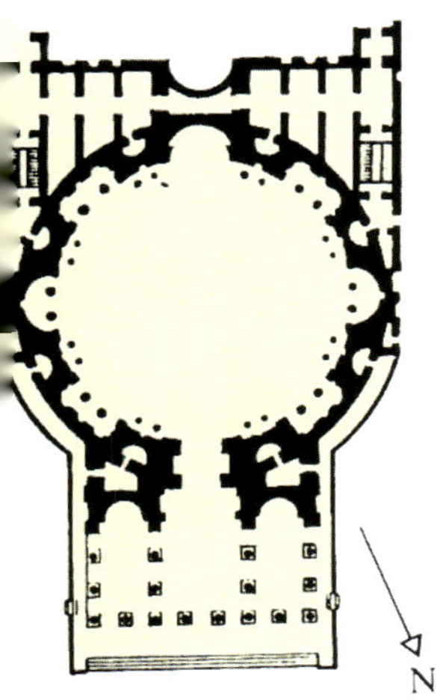


73 Pantheon, Grundriss.

und bemerkte dabei, dass er vielleicht deshalb Pantheon genannt worden sei, *»weil sich unter den Bildwerken, die ihn schmücken, die Statuen vieler Gottheiten einschließlich Mars und Venus befinden; doch nach meiner Auffassung erklärt sich der Name durch das gewölbte Dach, das dem Himmel ähnelt«*. Er erkannte, dass die aufgestellten Bildwerke einzelner Götter weniger wichtig waren als das Gebäude selbst, dem der so oft mit der Sonne gleichgesetzte höchste Gott innewohnte. Er wurde für ihn in dem Licht sichtbar, doch nicht berührbar, das durch den ›oculus‹ im Zenit der Kuppel strömt und auf der Kuppelfläche entlangstreicht. Es handelte sich tatsächlich weniger um den Tempel eines besonderen religiösen Kults als um einen Versuch, die reine Idee der Religion, die Beziehung zwischen dem Sichtbaren und dem Unsichtbaren, zwischen den Sterblichen und den unerforschlichen Mächten jenseits ihres Horizonts, zum Ausdruck zu bringen.

Es gab kein Bauwerk, das auf die folgenden Entwicklungen der abendländischen Sakralarchitektur einen größeren Einfluss ausgeübt hätte. Kuppeln und Halbkuppeln als Symbole des Himmels waren zu Wesenszügen christlicher Kirchen geworden, lange bevor das Pantheon selbst in eine solche verwandelt wurde.

## Römische Skulptur

Das Pantheon ist seinem Wesen nach römisch. Doch offenbarte Kaiser Hadrian ► 5.74, dem man dessen Entwurf manchmal zugeschrieben hat, bei seiner riesigen Kaiserresidenz außerhalb Roms, der *Hadriansvilla* nahe Tivoli ► 5.75, einen eklektischeren Geschmack. Als Philhellene, der Griechisch besser als Lateinisch sprach und Athen Rom vorzog, stattete Hadrian die Villa durchgängig mit griechischen Statuen aus. Mehrere hundert, vielleicht bis zu tausend, haben als Fragmente überlebt, die jetzt in den Museen der Welt verstreut sind. Hauptsächlich handelt es sich um Kopien oder Varianten klassisch griechischer oder hellenistischer Figuren beziehungsweise Gruppen. Die einzigen neuartigen Werke scheinen die Porträts von Hadrian selbst und von seinem Günstling Antinous gewesen zu sein, einem Jüngling aus Kleinasien, der 130 n. Chr. auf rätselhafte Weise im Nil ertrank und sofort zu den Göttern erhoben wurde. Seine Darstellung konnte sogar früheren Götterbildern wie Hermes, Dionysos oder anderen angeglichen werden ► 5.76.

In seiner Leidenschaft für die griechische Skulptur folgte Hadrian einer langen, fest begründeten Tradition. Die Römer hatten vor dem Ausgang des 3. Jahrhunderts v. Chr. damit begonnen, griechische Statuen zu sammeln. Nach der Eingliederung Griechenlands in das Römische Reich als Provinz Achaia im Jahre 146 v. Chr. hörte der Strom griechischer Skulpturen nach Westen nicht auf. Vom Heiligtum zu Delphi sollen allein ungefähr 500 Statuen geraubt worden sein. Trotzdem übertraf die Nachfrage in Rom die Lieferungen bei weitem. So beschwor etwa Cicero einen in Athen lebenden Freund in einer Flut von Briefen, ihm Skulpturen zu verschaffen. Er wollte ein Landhaus nahe dem heutigen Frascati, wenige Kilometer außerhalb Roms, mit Skulpturen schmücken. Eine große Zahl der Skulpturen wurde auf diese Weise zu Einrichtungszwecken verwendet und zweifellos speziell für diesen Markt hergestellt – dies führte zu einer regelrechten Industrieproduktion von Kopien und Imitationen, deren Qualität ziemlich gering war. Meistens wurden die Kopien in Griechenland hergestellt – entweder in Athen selbst, auf den Inseln oder in den griechischen Städten an der kleinasiatischen Küste –, oder sie stammen von griechischen Künstlern, die nach Rom emigriert waren. Bronzen wurden in Marmor reproduziert, wobei man unansehnliche Stützelemente hinzufügen musste, und die

5.74 *Hadrian*, 117–138 n. Chr., Marmor, Höhe 64 cm. Louvre, Paris.

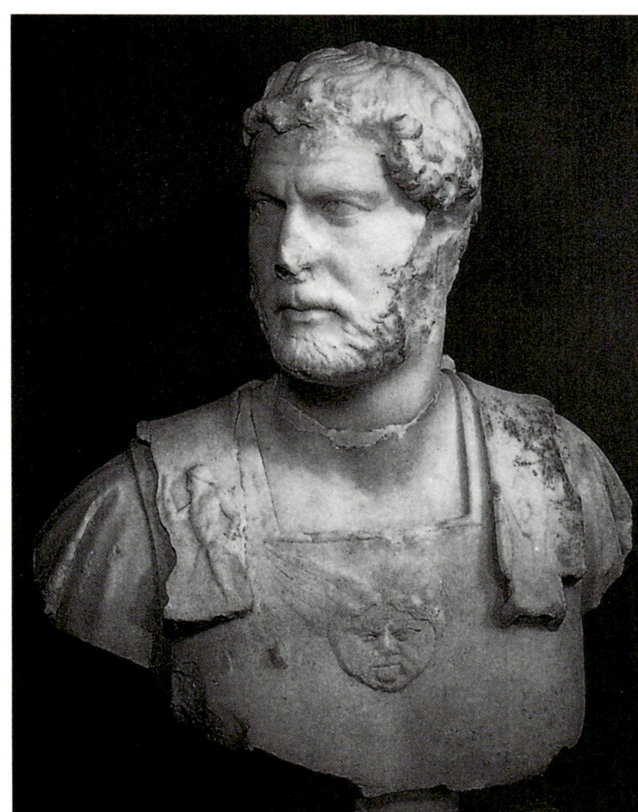

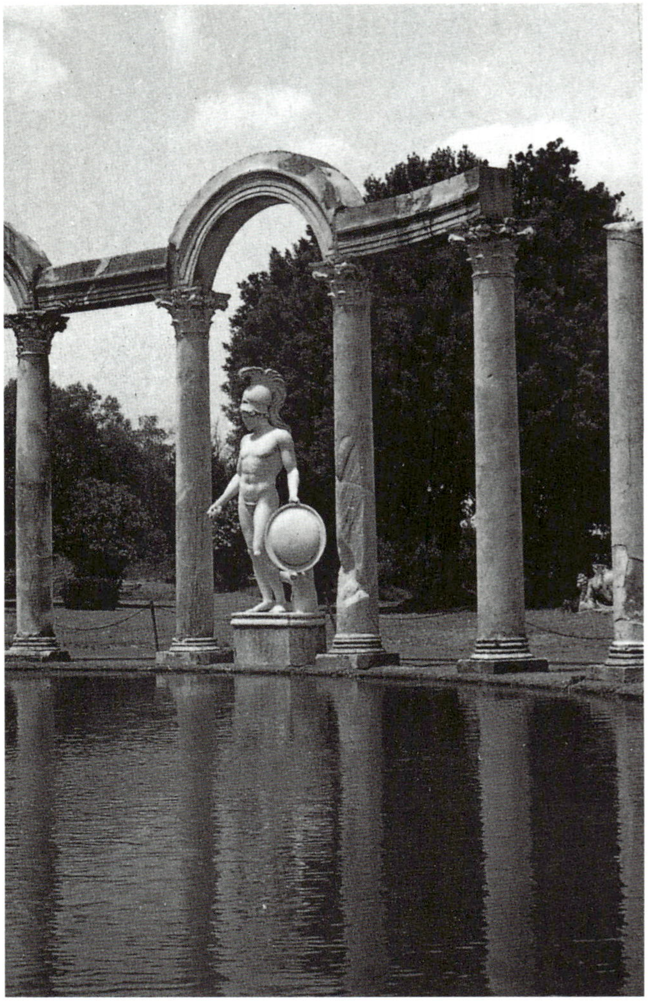

5.75 Canopus der Villa Hadriana, Tivoli, nach 130 n. Chr.

5.76 *Antinous*, um 135 n. Chr., Marmor, Höhe überlebensgroß. Glyptothek, München.

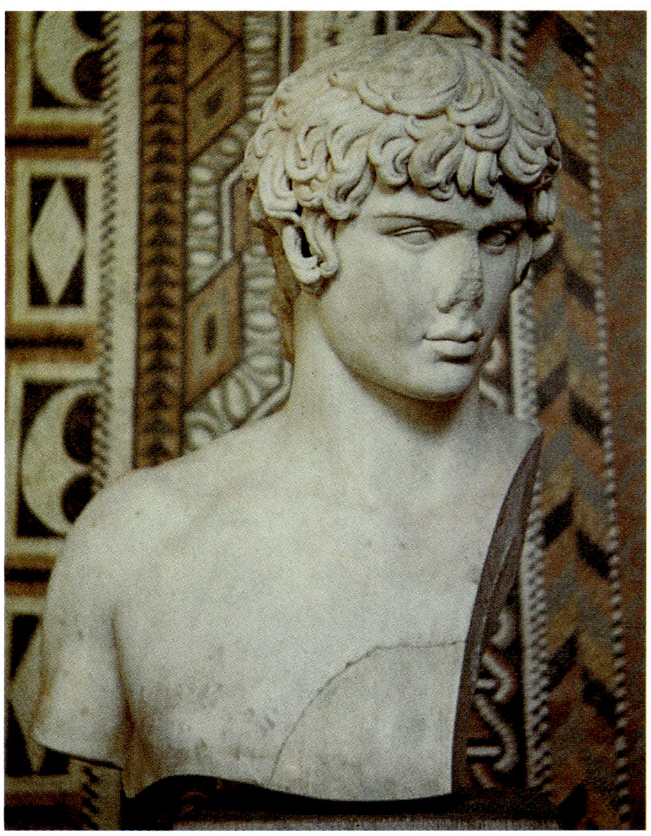

Größe bestimmte man willkürlich nach den Vorstellungen der Käufer. Manche Statuen wurden sogar seitenverkehrt kopiert, um Paare zu bilden. Eine Statue von SKOPAS aus der Mitte des 4. Jahrhunderts v. Chr., die man, so erzählt uns Plinius, »auf Samothrake mit höchst geheiligten Zeremonien anbetete«, wurde auf diese Weise verdoppelt, um die gegenüberliegenden Nischen in einem römischen Haus der Kaiserzeit zu füllen. Für die Umwandlung des griechischen Kultbildes in einen luxuriösen Bildungsgegenstand ist wohl kaum ein beredteres Beispiel denkbar.

Wie getreu eine Marmorstatue der Kaiserzeit ein früheres Original wiedergibt, lässt sich nur nach eingehender Kopienkritik feststellen (die Karyatiden der Hadriansvilla und des Forum Augusti sind die einzigen römischen Kopien, die mit den noch erhaltenen Originalen verglichen werden können). Es gibt Grund zu der Vermutung, dass einige von ihnen eher zeitlich frühere Stilstufen repräsentieren, als dass sie Kopien waren – einschließlich zwei der berühmtesten, dem *Apoll vom Belvedere* ▸ 5.6 und dem *Laokoon* ▸ 5.78. Der letztere ist stilistisch mit einem Relief aus ähnlich angespannten, muskulösen Figuren und gequälten Gesichtern auf dem Fries des Zeus-Altars von Pergamon verwandt ▸ 5.22; 79 und wurde lange Zeit für eine Kopie nach einem verlorenen Werk aus jener Periode gehalten. Dass es sich um ein Original aus dem 1. Jahrhundert n. Chr. handelt, wird durch die Entdeckung sehr ähnlicher Figurengruppen in neuerer Zeit nahegelegt (in Sperlonga, südlich von Rom), die von den drei Bildhauern signiert sind, denen Plinius den *Laokoon* zuschrieb, und die mit Gewissheit speziell für eine von Kaiser Tiberius (14–37 n. Chr.) als Bankettsaal benutzte Grotte geschaffen wurden. Die von der *Laokoon*-Gruppe erfasste Situation ist in der griechischen Literatur in dieser Form nicht bekannt. Die früheste bekannte Quelle ist die bedeutendste aller lateinischen Dichtungen, die patriotisch-römische *Äneis* des Vergil (um 27–20 v. Chr. geschrieben), wo Laokoon als trojanischer Priester auftritt, der seine Landsleute davor warnt, das hölzerne Pferd der Griechen in die Stadt zu bringen. Während er Poseidon einen Stier opferte, erzählt Vergil, schwammen zwei Schlangen aus dem Meer, wanden sich um ihn und seine Söhne und töteten sie. Da die Römer glaubten, von den Trojanern abzustammen, hatte das heldenhafte Leiden des Laokoon eine besondere Bedeutung für sie. Der Priester und seine Söhne sind Figuren aus der mythischen Vorgeschichte Roms und zugleich Symbole für die menschliche Standhaftigkeit im Kampf gegen unheilvolle, unfassbare Kräfte des Übernatürlichen. Das Werk der drei aus Rhodos stammenden Bildhauer unterschied sich allerdings bei ihrer Hinwendung zur hellenistischen Kunst von der Zurückhaltung und Feierlichkeit der *Äneis* durch ein Mehr an Pathos.

Während die kulturelle Abhängigkeit Roms von Griechenland sogar bei einem größeren Originalwerk wie dem *Laokoon* offensichtlich ist, der im Kaiserpalast stand, als Plinius ihn sah, wurde sie bei dem Verfahren völlig eklatant, ganzfigurige Porträtstatuen aus der Kombination eines Porträtkopfes mit einem direkt von einem griechischen Original kopierten Körper zu schaffen. Die Körper wurden unabhängig produziert und konnten sozusagen vom Lager gekauft werden. Es stand eine Vielzahl von Haltungen, Typen und Größen zur Auswahl, jede mit einem Halsansatz, der die Ergänzung durch einen Porträtkopf erlaubte. Selbst bei bedeutenden Kaiserporträts bediente man sich dieser Methode. Die *Augustusstatue*, die ursprünglich vor der Kaiservilla in Primaporta nahe Rom

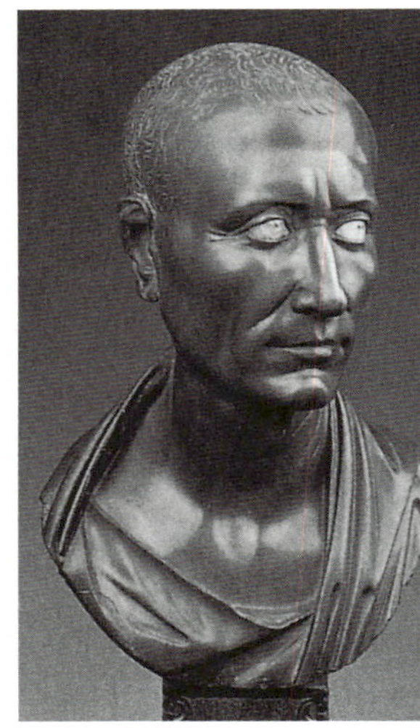

5.77 *Julius Caesar*, 1. Jh. v. Chr., grüner Schiefer, Höhe 41 cm. Antikensammlung, Berlin.

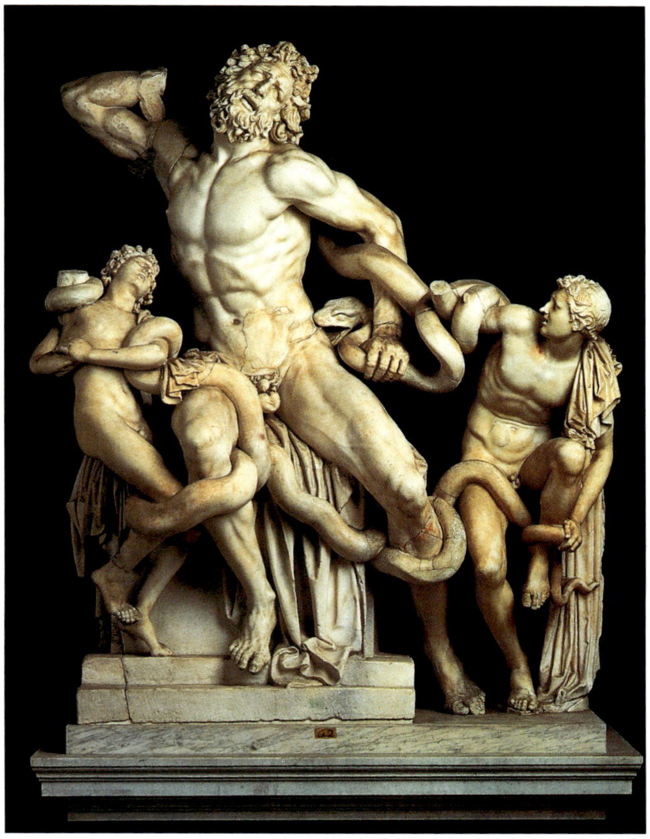

5.78 HAGESANDROS, POLYDOROS und ATHENODOROS, *Laokoon und seine Söhne*, 1. Jh. n. Chr., Marmor, Höhe 244 cm. Vatikanische Museen, Rom.

5.79 *Kopf des Laokoon*, Detail von ▸ 5.78.

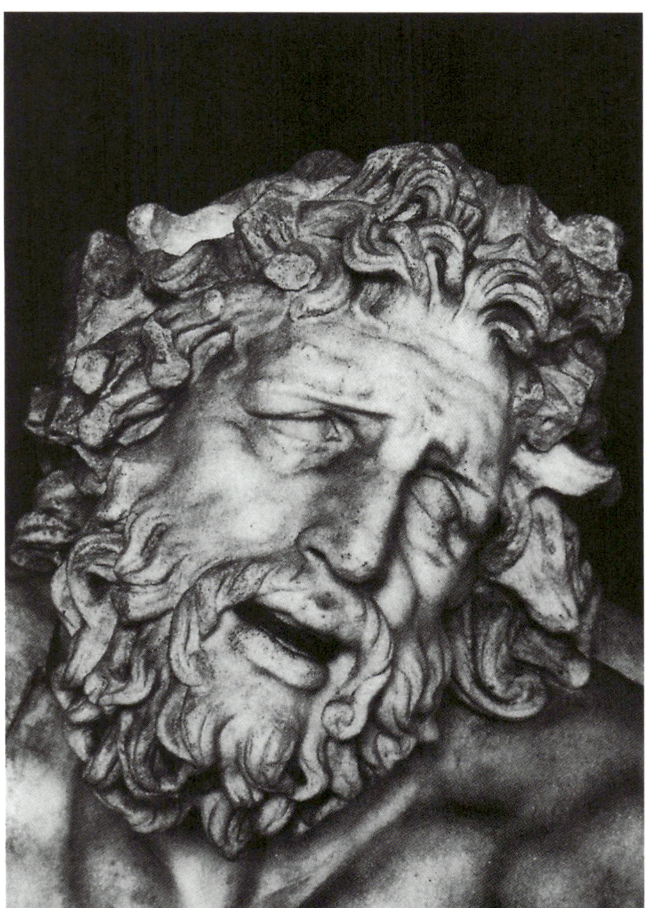

stand ▸ 5.80, greift, wenn auch nicht in direkter Kopie, auf ein griechisches Vorbild, den *Doryphoros* ▸ 4.50, zurück. Man fügte nicht nur den Porträtkopf, sondern auch eine römische Generalsuniform mit Brustharnisch hinzu, der in allegorischen Figuren auf den diplomatischen Sieg über die Parther im Jahre 20 v. Chr. anspielt. Die Körperhaltung ist der ›adlocutio‹, der Rede vor dem Heer, angepasst. Mit diesen Mitteln wurde die idealisierte Statue eines namenlosen nackten Athleten in ein durch Augustus personifiziertes Abbild kaiserlicher Macht verwandelt, eine griechische Vorlage in ein anscheinend typisch römisches Werk propagandistischer Kunst – obwohl es auch von einem Bildhauer griechischer Abstammung gemeißelt sein könnte.

## *Versuch einer Definition römischer Kunst*

Diese Statue wirft die komplexe Frage auf, wie die römische Kunst zu definieren ist. Welche Kriterien sind anwendbar – geographische? chronologische? ethnische? stilistische? Keine der Möglichkeiten ist völlig zufriedenstellend. Manchmal wird argumentiert, die Römer hätten sich so stark auf die Kunst früherer Zeiten gestützt, dass ihrer eigenen eine bestimmte Identität fehle – dass sie in den bildenden Künsten (mit Ausnahme der Architektur) keine Werkgruppe vom Rang ihrer Literatur geschaffen hätten. Die römische Literatur lässt sich linguistisch definieren, obschon sie zum großen Teil von Männern geschrieben wurde, die eigentlich keine Römer waren. Zudem war die lateinische Sprache selbst in so hohem Maße die Schöpfung und das Verbindungsmittel einer Kultur, dass bereits ihre Verwendung auf spezifisch ›lateinische‹ oder ›römische‹ Eigenschaften hinwies, sogar bei Nachahmungen und Übersetzungen des Griechischen (zum Beispiel die Stücke des Terenz, eines Sklaven libyscher Abstammung). Eine damit vergleichbare, vereinigende Bildsprache fehlt in der römischen Kunst, insbesondere zur Kaiserzeit, als Rom die Hauptstadt eines aus vielen Völkern bestehenden Reiches einschließlich Griechenlands und des östlichen Mittelmeerraumes war, wo die Traditionen des Hellenismus fast ungebrochen weiterlebten. Der Begriff ›römisch‹ ließe sich natürlich für alle Kunstwerke verwenden, die man in den unter römischer Herrschaft stehenden Gebieten geschaffen hatte, doch würde eine solche geographische Definition auch stilistisch sehr heterogene Werke umfassen. Versuche einer ethnischen Definition scheitern an unserer Unkenntnis der Künstler und ihrer Herkunft. Bei den veränderlichen Bedingungen, die in einem so riesigen Vielvölkerstaat vorherrschten, muss die Identifizierung von vermuteten nationalen Tendenzen (zum Beispiel italienisch oder griechisch) sehr spekulativ sein. Die ›Pax Romana‹ erlaubte den Künstlern und ihren Werken eine große Mobilität: In Griechenland und im östlichen Mittelmeerraum gemeißelte Statuen wurden nach Rom verschifft, und Kaiserporträts in den unterschiedlichsten Größen und Typen hatte man von Rom aus in die entlegensten Winkel des Reiches verbreitet. Auch eine geradlinige Stilentwicklung ist schwer zu erkennen, obwohl viele bedeutsame Richtungswechsel während dieser Jahrhunderte faßbar sind. Die politische Geschichte liefert nur praktische Datierungsstützen für die nach den Kaisern benannten Zeiträume, doch ohne große stilistische Signifikanz. Ausgeprägte Stilunterschiede, die von einem groben Realismus bis zu einem verfeinerten griechischen Klassizismus reichten, wurden periodisch wiederbelebt beziehungsweise gleichzeitig angewandt, um sich der jeweiligen

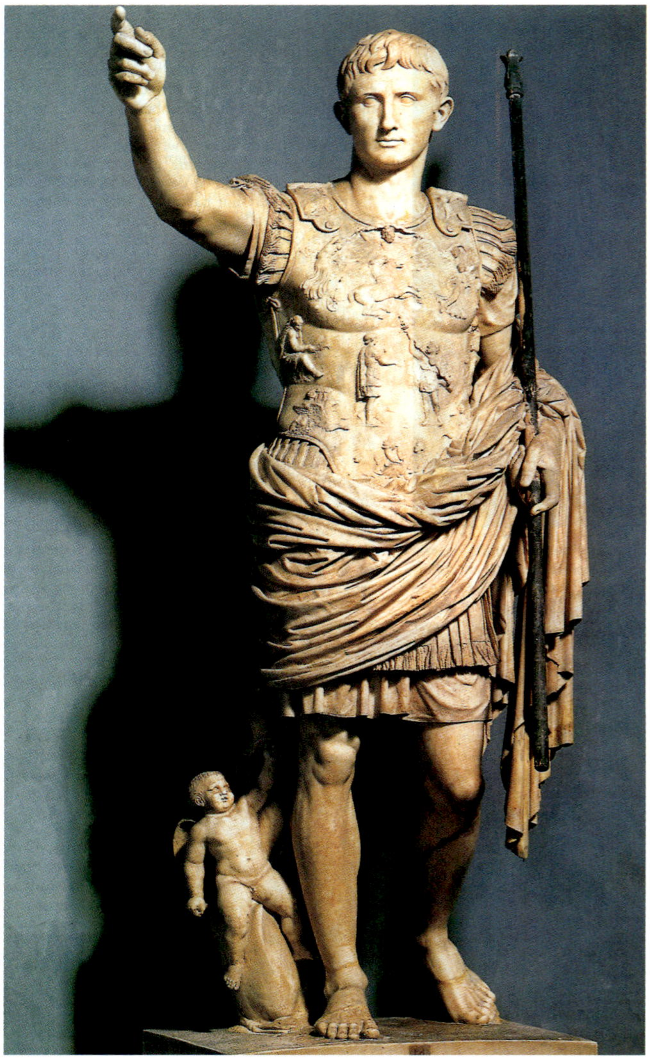

5.80 *Augustus von Primaporta*, frühes 1. Jh. n. Chr., Marmor, Höhe 203 cm. Vatikanische Museen, Rom.

Kunstaufgabe anzupassen, um der Forderung nach Angemessenheit oder ›decorum‹ Genüge zu tun.

Dennoch ist es möglich, allgemeine Charaktereigenschaften römischer Kunst zu erkennen, wie die Erwähnung einer so grundlegend römischen Auffassung wie die des ›decorum‹ bereits andeutet. So finden etwa in einem *Grabporträt eines Ehepaares* der Oberschicht aus spätrepublikanischer Zeit die von Cicero so beredt gepriesenen republikanischen Tugenden ihren sinnfälligen Ausdruck ▸ 5.81. Mit ihrem erhabenen Gesichtsausdruck lässt die Frau zweifellos absichtlich an Statuen der ›Pudicitia‹, der Personifikation weiblicher Bescheidenheit, denken. Ihr fast grimmig und ernst blickender Gatte ist durch und durch ein Römer, die Verkörperung von Würde, moralischer Rechtschaffenheit und Ernsthaftigkeit. Viele andere Porträts der gleichen Zeit, vgl. ▸ 5.77, die bar jeder Idealisierung sind, stellen ältere Männer mit genauso strengen, nüchternen Gesichtszügen dar. Zeichen des Alters dokumentierten Erfolg im Leben, vermittelten den Eindruck, etwas geleistet zu haben. Der Patrizier wurde mit den Jahren nicht einfach ein alter Mann, sondern eine geachtete Respektsperson, ein ›pater familias‹, der unumschränkte Herrscher über seine unverheirateten Töchter, seine Söhne, Enkel und deren Frauen und der einzige gesetzmäßige Eigentümer des gesamten Familienbesitzes.

Die Figuren auf der *Ara Pacis Augustae* – dem Altar des augusteischen Friedens – sind ebenso streng und ernst und nicht weniger realistisch, wenn man sie auch mit einer größeren Raffinesse gemeißelt und in ein komplexes allegorisches Gesamtgefüge eingebunden hat ▸ 5.83. Die *Ara Pacis* wurde errichtet, um die Rückkehr von Augustus nach Rom nach einer sehr langen Abwesenheit in den westlichen Provinzen im Jahre 13 v. Chr. zu begehen und auch den Frieden zu feiern, der den Bürgerkriegen am Ende der Republik folgte. Ihre Form – ein Altar auf einem Podium, das von einer rechteckigen ummauerten Einfriedung umgeben war – ist griechisch und stammte wahrscheinlich von dem Altar der zwölf Götter auf der Athener Agora aus dem 5. Jahrhundert v. Chr.

Auf den Außenmauern gibt es über fein gearbeiteten Arabeskenfriesen figürliche Reliefs mit mythologischen Themen (Tellus, die römische Erdgöttin, und Äneas, der legendäre Gründer Roms und Vorfahr von Augustus) und zwei lange Prozessionen, die eine von Senatoren, die andere von Augustus' Familie ▸ 5.82; 89. Die Prozessionsreliefs unterscheiden sich vom Fries des Parthenon ▸ 4.43 ebenso sehr wie von denen in Persepolis ▸ 3.54. Mit wechselnden Blickrichtungen dicht neben- und hintereinander stehend, scheinen die Figuren wie in einem leisen Gespräch. Der (unglücklicherweise beschädigte) Augustus hat als Hohepriester und ›pater familias‹ die Führung seiner eigenen Familie und, implizit, des gesamten Römischen Reiches inne. Der in der Mitte unserer Abbildung hervortretende Mann ist wahrscheinlich Agrippa, Augustus' General und Schwiegersohn. Im Gegensatz zu früheren Prozessionsreliefs dokumentieren und ehren die Darstellungen der ›Ara Pacis‹ einen besonderen Zeitpunkt, nämlich die feierliche Einweihung des Altars selbst.

Die Botschaft der *Ara Pacis* ist zwar eine emphatisch römische, doch die Bildsprache, in der sie ausgedrückt wird, bleibt hellenistisch. Das Gleiche lässt sich von einer Kamee sagen, die als *Gemma Augustea* bekannt ist und deren Schöpfer nahezu mit Sicherheit aus dem hellenistischen Osten stammte, wo die anspruchsvolle Technik, Halbedelsteine nach ihrer natürlichen Farbschichtung zu bearbeiten, im Laufe des 2. Jahrhunderts v. Chr. zu einer der schönen Künste entwickelt worden war ▸ 5.85. Die Römer priesen solche Meisterstücke handwerklicher Virtuosität, technische Perfektion war die einzige künstlerische Eigenschaft, die sie schriftlich festhielten. Doch ist die *Gemma Augustea* nicht nur dekorativ. Auf dem oberen Teil wird Augustus gezeigt, wie er zum Gott erhoben wird. Die Personifikation der ›Ökumene‹ (der gesamte bewohnte Teil der Erde) setzt eine Krone auf seinen Kopf, neben ihm thront die Göttin Roma. Die jugendliche Gestalt, die ganz links vom Wagen steigt, ist vermutlich der Nachfolger des Augustus, Tiberius. Unten stellen römische Soldaten ein Siegeszeichen aus erbeuteten Waffen nach einem Sieg über Barbaren auf, von denen vier gezeigt werden, die als Gefangene ihrem Schicksal ausgeliefert sind. Eine solche Mischung aus allegorischen und historischen Figuren, aus abstrakten Vorstellungen und historischen Tatsachen ist ein wiederkehrender Grundzug der offiziellen Kunst des Kaiserreiches.

Die realistische Komponente römischer Kunst kam vor allem beim Porträt voll zur Geltung. Schon bei der etruskischen ▸ 4.123 und der hellenistischen Porträtkunst ▸ 5.14 wurde der Charakter ebenso lebendig wie eindringlich erfasst. Im Grad des Realismus wurde sie von den besten römischen Porträts noch übertroffen. Dargestellt ist ein Querschnitt der Bevölkerung, von Handwerkern und Händlern bis zu Regierungsbeamten und Höflingen, wobei die Gesichtszüge sogar in ihrer Normalität einzigartig erfasst sein können.

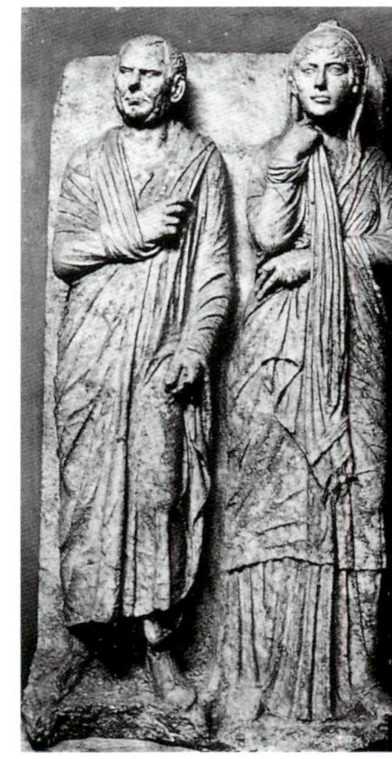

5.81 *Römisches Ehepaar*, 1. Jh. n. Chr., Marmor, Höhe 185 cm. Museo Capitolino, Rom.

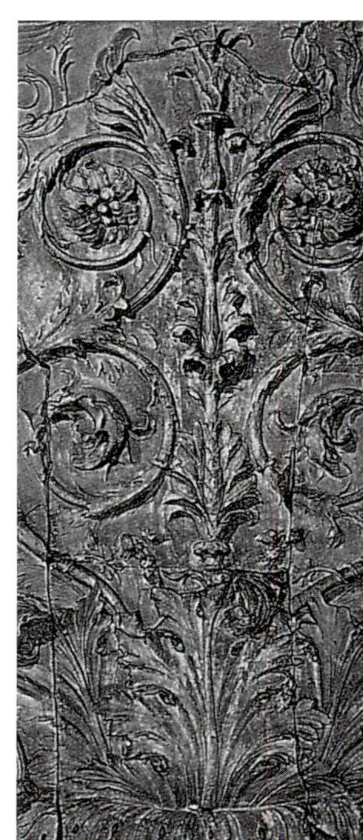

5.82 Arabeskenrelief von der *Ara Pacis Augustae* ▸ 5.83.

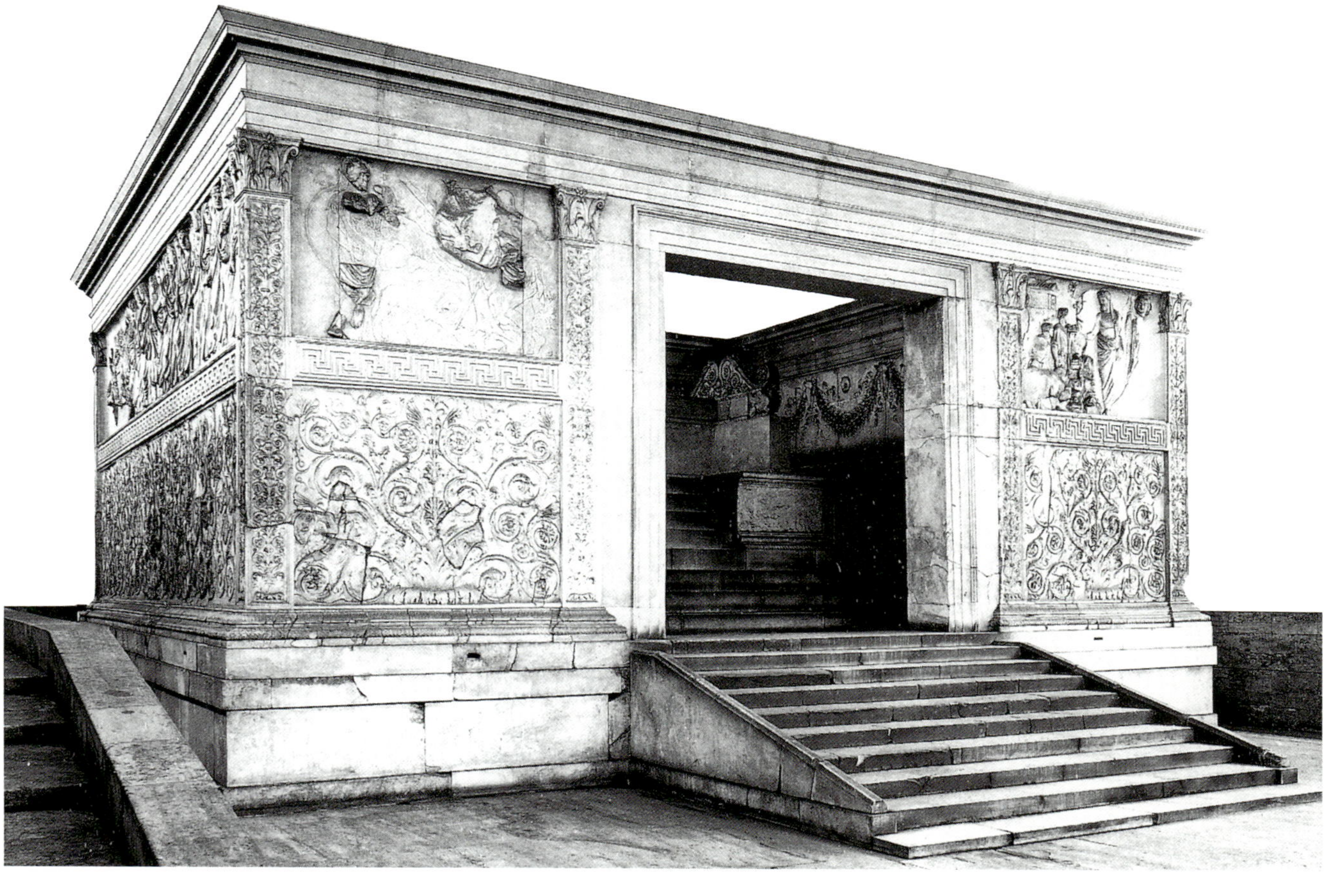

.83 *Ara Pacis Augustae*, om, 13–9 v.Chr., Marmor, 0,5x11,6x7m, Rom.

Die Porträtbüste war der bedeutendste römische Beitrag zur Bildhauerei. Bis dahin hatte man Porträts entweder als vollfigurige Statuen oder als Hermen (quadratische Pfeiler, die in Köpfen enden, ursprünglich dem von Hermes, später aber denen von berühmten Männern) geschaffen. Die den Kopf, Hals und einen Teil der Schultern umfassende Porträtbüste leitet sich aus der altrömischen Tradition her, Wachsmasken von den Vorfahren anzufertigen. Das war ein eifersüchtig gehütetes Privileg des Adels – es war ihnen gesetzlich vorbehalten. Die Wachsporträts wurden ehrfürchtig im Atrium der aristokratischen Häuser aufbewahrt, um nur bei Familienbegräbnissen hervorgeholt zu werden. Allerdings bestehen die meisten der erhaltenen Büsten aus Marmor oder Bronze. Eine der schönsten stellt eine unbekannte Dame der Gesellschaft dar ▸ 5.84. Seit der frühen Kaiserzeit schuf man Herrscherbüsten in großer Zahl, um sie im gesamten Reich zu verteilen und auf öffentlichen Plätzen aufzustellen. Jeder römische Bürger musste vor dem Abbild des Kaisers als Zeichen seiner Loyalität und Ergebenheit Weihrauch verbrennen. Unter anderem wegen ihrer Ablehnung dieses Kults begann die Verfolgung der frühen Christen.

Das als Büste, Statue oder Münzprägung über die gesamte römische Welt verbreitete Kaiserbild wurde offiziell in mehreren Bildnistypen festgelegt, die sofern sie nacheinander entstanden, nicht unbedingt das Altern des Herrschers nachvollzogen. In ihnen manifestiert sich vielmehr ein bestimmtes politisches Programm. Mehr noch als die Frage nach der Porträtähnlichkeit interessiert daher die spezifische Aussage eines Herrscherporträts. Augustus wurde in verschiedenen Rollen dargestellt, als militärischer Oberbefehlshaber (›Imperator‹), als erster Bürger Roms (›Princeps‹) und oberster Priester (›Pontifex Maximus‹) – aber niemals, wie bei den hellenistischen Königen, als absoluter Herrscher. Die von ihm geschaffene Regierungsform des Prinzipats gründete sich lediglich auf Ämterhäufung. Er verstand sich selbst als ›aequus inter pares‹, als gleicher unter den gleichrangigen Senatoren. Mit seinem Bildnis, von dem es drei offizielle Typen gab (Oktavians-Typus, Primaporta-Typus und Bildnistyp Forbes), begründete er die Tradition der römischen Herrscherdarstellung. Seine Nachfolger hielten sich an das in Idealisierung und Porträtähnlichkeit ausgewogene Vorbild. Aber schon Nero und nach ihm Vespasian und Caracalla wichen hiervon ab. Nero trat gern als Wagenlenker oder Gladiator auf – »er gab sich nicht die geringste Mühe, so auszusehen, wie es ein Kaiser sollte«, bemerkte der Historiker Sueton sarkastisch. Hadrian, der sich mit seinen weitgespannten geistigen Interessen als ein

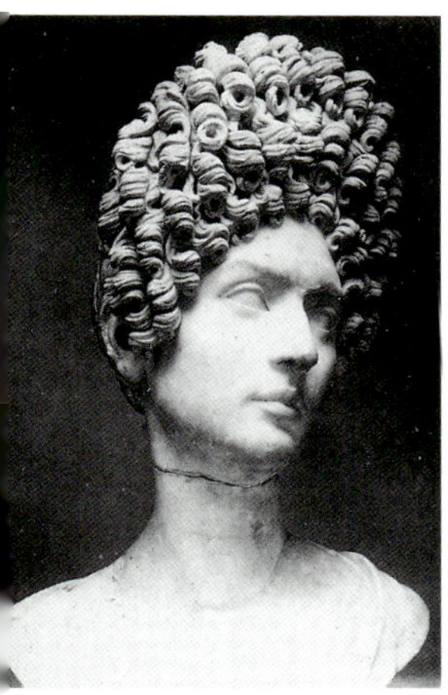

84 *Porträtbüste einer* *mischen Dame*, um 90 n.Chr., armor, lebensgroß. Museo apitolino, Rom.

5.85 *Gemma Augustea*, frühes 1.Jh. n.Chr., Onyx, 19x23cm. Kunsthistorisches Museum, Wien.

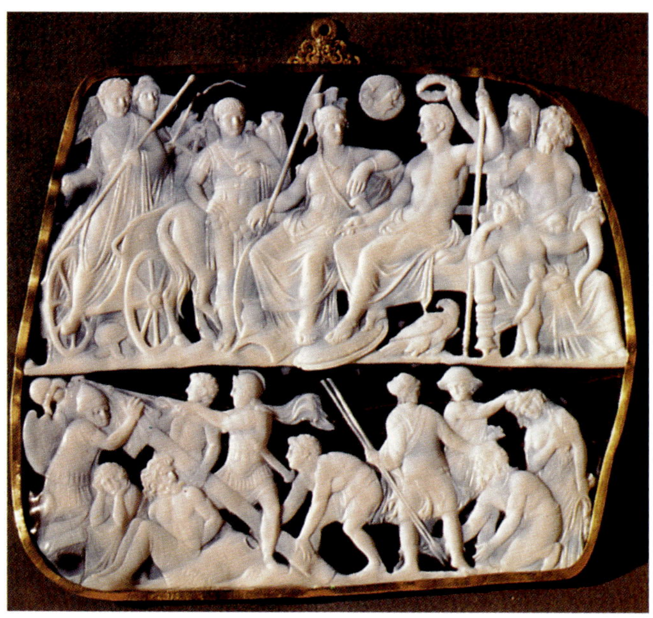

# *Andacht für die Familie*
# Die römische Porträtbüste

Die lebensgroße Statue eines altrömischen Patriziers, der zwei Porträtköpfe seiner Ahnen in Händen hält ▸ 5.86, führt einen Aspekt der sittlichen Ordnung der römischen Republik vor Augen, der in der Bildhauerei einen spürbaren Widerhall finden sollte. Der Familiensinn war bei den alten Römern in einer Weise ausgeprägt, dass er schon fast auf eine Art Ahnenkult hinauslief. Das Recht, Bildnisse von Ahnen anzufertigen, war jedoch nach dem Gesetz Patriziern vorbehalten. Sie ließen von Totenmasken realistische Wachsköpfe anfertigen und stellten diese bei Familienbegräbnissen und anderen öffentlichen Feierlichkeiten zur Schau. Bei den beiden Köpfen, die der Patrizier auf nebenstehender Abbildung in Händen hält, deutet die Familienähnlichkeit auf eine verwandtschaftliche Beziehung hin, wobei der Kopf in seiner Rechten aus der Zeit um 50–40 v. Chr. und der in seiner Linken aus der Zeit um 20–15 v. Chr. datiert. (Der Kopf des Patriziers selbst fehlt und wurde kürzlich ersetzt durch einen aus der Zeit um 40 v. Chr. stammenden Kopf ohne Beziehung zur Statue.) In der Regel wurden Ahnenköpfe wie diese in einer eigenen Nische oder einem Schrein aufbewahrt, die sich in Patrizierhäusern an zentraler Stelle befanden. Dort waren sie zudem den Laren (Geister verstorbener Ahnen) und den Penaten (Götter des Haushalts) zugeordnet, die Dreh- und Angelpunkt des häuslichen Lebens im Alten Rom waren. Als solchen war ihnen ebenso ein Platz am häuslichen Herd zugedacht, auf dem ihnen zu Ehren ständig ein Feuer brannte, sowie am Familientisch, der für sie immer mit einem Salzfässchen sowie frischem Obst gedeckt war.

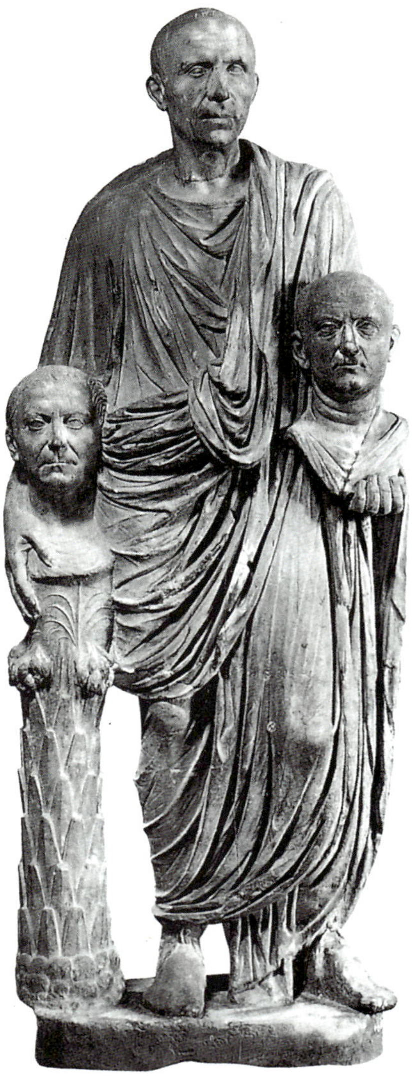

5.86 *Patrizier mit zwei Ahnenbildnissen*, um 15 n. Chr., Marmor, lebensgroß. Museo Capitolino, Rom.

Von den ursprünglichen Wachsköpfen sind aufgrund der Unbeständigkeit des Materials keine Exemplare auf uns gekommen. Erstmals bezeugt sind sie in einer Beschreibung aus der Mitte des 2. Jahrhunderts v. Chr., die uns der griechische Geschichtsschreiber Polybios (202–120 v. Chr.) hinterlassen hat, der um 168 v. Chr. als Geisel nach Rom gebracht worden war. Wie lange der Brauch in der Zeit davor bereits bestanden hat, ist nicht bekannt; möglicherweise ging er zurück auf die Etrusker, die Terrakottaköpfe von Verstorbenen auf den Urnen anbrachten. Wenn ein angesehener Römer starb, wurde dessen Leichenzug, so Polybios, zum Forum gelenkt, wo ein Sohn oder ein anderer Verwandter des Verstorbenen in einer feierlichen Rede dessen Tugenden pries. Nachdem anschließend der Verstorbene begraben und die Trauerriten durchgeführt waren, kehrte der Verwandte mit dessen Bildnis zum Elternhaus zurück, das er an einem Platz im Atrium oder im Hauptflur aufstellte, und zwar in einem Holzschrein oder einer Art Miniaturtempel. *»Beim Bildnis handelt es sich«*, so Polybios, *»um eine Maske, hergestellt im Bemühen, eine möglichst große Ähnlichkeit in Form und Gestalt zu wahren.«* Diese Masken wurden später bei öffentlichen Opferdarbringungen zur Schau gestellt, und wenn ein führendes

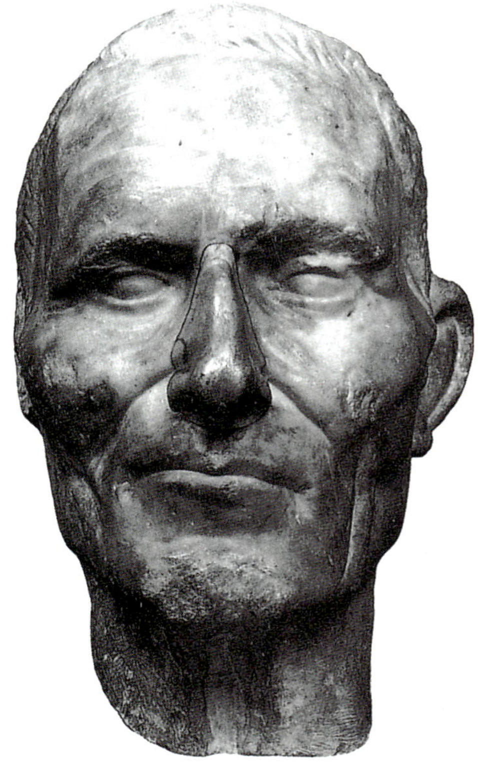

5.87 Porträtkopf, 2. Hälfte 1. Jh. v. Chr., Stein, Höhe 27,4 cm. Museo di Antichità, Turin.

Mitglied der Familie starb, wurden sie im Leichenzug von denjenigen mitgeführt, die den jeweiligen Ahnen qua Körpergröße und Körperbau am ähnlichsten waren und sie durch das Tragen der Masken darstellen konnten. Um die Illusion noch zu steigern, trugen diese Darsteller darüber hinaus vorväterliche Togen und andere Gewänder und offizielle Insignien. *»Ein großartigeres Schauspiel gab es selten zu sehen für einen ruhm- und tugendverliebten jungen Mann«*, so schrieb Polybios. *»Wen würde der Anblick dieser Bildnisse von Männern, die für ihre Vortrefflichkeit berühmt waren, nicht erbauen, zumal wenn ihnen Leben eingehaucht zu sein scheint? Gibt es einen erhebenderen Anblick als diesen?«*

Zweihundert Jahre später war diese Form der Ahnenverehrung, wenn nicht abgeschafft, so doch ein Relikt der Vergangenheit, jener erhabenen und frugalen republikanischen Vergangenheit, die von Autoren wie Plinius d. Ä. (s. S. 139, 178) nostalgisch verklärt wurde. Plinius verband seine Klage über die mangelnde Wertschätzung der Porträtkunst bei seinen Zeitgenossen mit dem Hinweis, dass »früher« alles anders gewesen sei, als es in Patrizierhäu-

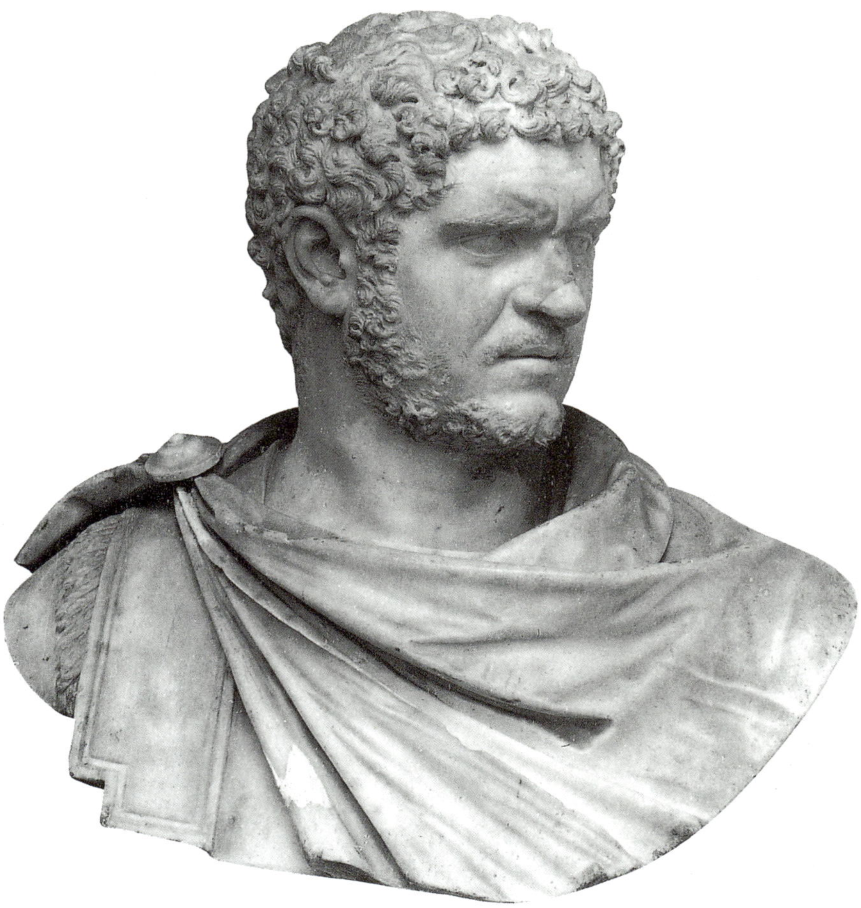

5.88 *Porträtbüste des Caracalla,* um 215 n. Chr., Marmor, Höhe 50,8 cm. Museo Nazionale, Neapel.

sern von Familienporträts nur so gewimmelt habe. »*Wachsabdrücke des Gesichts wurden auf eigens dafür vorgesehenen Truhen aufgestellt, so dass sie bei der Beerdigung von Familienangehörigen als Bildnisse im Leichenzug mitgeführt werden konnten; auf diese Weise war bei der Bestattung die gesamte Ahnenreihe des Verstorbenen, d.h. die vollzählige Schar der Vorfahren, die jemals gelebt hatten, zugegen.*« Für die Aufstellung von Ahnentafeln oder Stammbäumen wurden Porträts und nicht, wie in späterer Zeit üblich, Wappenbilder verwendet. Die heimischen Archivräume waren angefüllt mit Schriftrollen und anderen Urkunden zur Familiengeschichte, und wenn das Haus verkauft wurde, war es dem Käufer per Gesetz untersagt, bestimmte Familienreliquien des ursprünglichen Besitzers zu entfernen.

Auf den Zusammenhang zwischen dieser aristokratischen Familientradition und der Porträtplastik braucht nicht eigens hingewiesen zu werden. Auffallend realistische Porträtköpfe waren bereits in etruskischer und hellenistischer Zeit angefertigt worden ▸ 4.123; 5.14, doch es waren die Römer aus republikanischer Zeit ebenso wie der Kaiserzeit, die diese Gattung zu einem ihrer bedeutendsten und innovativsten Beiträge zur bildenden Kunst weiterentwickelten. Der fesselnde Marmorkopf eines unbekannten Bürgers der römischen Republik ▸ 5.87 scheint unmittelbar nach der Vorlage einer Ahnenmaske aus Wachs entstanden zu sein, denn ursprünglich fehlte der Hinterkopf. Der schonungslose Realismus dieses strengen Porträts eines recht bodenständigen Mannes im fortgeschrittenen mittleren Alter entspricht den Idealen von Ehrlichkeit und unprätentiöser Einfachheit, die in der Zeit der Republik, wie wir gesehen haben, über alle sozialen Schichten hinweg hochgehalten wurden ▸ 5.81. Seine Wangen werden durchschnitten von tiefen Falten lederner Haut, seine dünnen Lippen sind erstarrt in einem leicht verächtlichen Ausdruck der Skepsis, seine hohen, hervortretenden Backenknochen und tief eingesunkenen Schläfen umrahmen halbgeschlossene Augen unter einer leicht gerunzelten Stirn und einem Schädel mit kurzgeschnittenem, bereits weit zurückweichendem Haarwuchs.

Kompromisslose Aufrichtigkeit dieser Art machte in der frühen Kaiserzeit subtileren, nach wie vor aber ehrlichen Charakterstudien Platz, vielfach in Form von Büsten statt bloßer Köpfe. Die Büste, möglicherweise eine Neuerfindung dieser Zeit, etablierte sich nunmehr als eine neue künstlerische Gattung und Ausdrucksform. Eines der hervorragendsten Beispiele ist die Porträtbüste einer römischen Dame von hoher Geburt ▸ 5.84. Ihr ausnehmend höfliches, wenn auch leicht hochmütiges Wesen ist auf das lebendigste erfasst in der Haltung ihres Kopfes mit der schweren, aufwendigen Frisur sowie in der Balance von Kopf und Schulterpartie. Durch einen Kopf allein hätte sich dies nicht vermitteln lassen, sondern nur durch Ausnutzung der Möglichkeiten, die die Büste bietet. Die Entwicklung der Büste als Gattung war zum Teil dem Kaiserkult zu verdanken, in dessen Rahmen Abertausende von Büsten des Kaisers über das gesamte Reich verteilt wurden (s. S. 199). Auf diese Weise sind bemerkenswerte Serien von Kaiserbüsten erhalten, die ihren künstlerischen Höhepunkt in der Büste des Caracalla finden ▸ 5.88. Caracalla war ein Scheusal von Herrscher, der von 211 bis 217 n. Chr. das Zepter schwang. Um diesen groben und grausamen Menschen darzustellen, machte sich der Bildhauer die Form der Büste zunutze durch die Andeutung jäher, forscher Bewegung. Der starke Zug des Faltenwurfs nach links unterstreicht die arrogante Kopfdrehung des Kaisers und die kaltherzige Gleichgültigkeit, mit der er sich vom Betrachter abwendet.

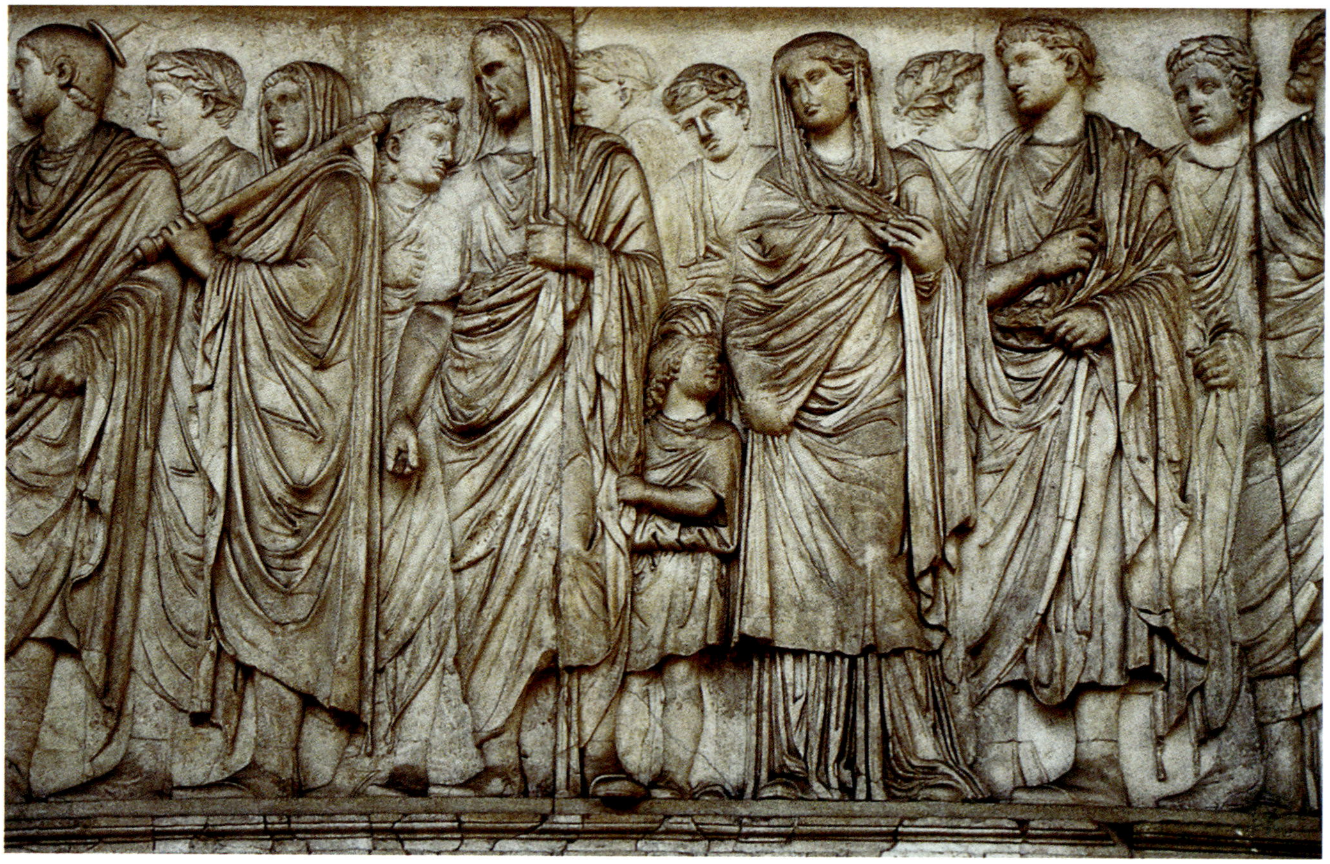

5.89 Detail des Frieses der *Ara Pacis Augustae* ▶ 5.83, Höhe ca. 160 cm.

Philosoph unter den Kaisern gab, brach insofern mit der Tradition, als er sich mit sorgsam gelocktem Haar und als erster Kaiser mit einem Bart in griechischer Fasson darstellen ließ ▶ 5.74. Große Haarfülle an Kopf und Gesicht kennzeichnet die antoninischen Kaiser, die auf Hadrian folgten, insbesondere den stoizistischen Philosophen Kaiser Marc Aurel (161–180), dessen berühmtestes Porträt vormals auf dem Kapitolinischen Hügel in Rom stand ▶ 5.90 und sich heute im benachbarten Museo Capitolino befindet. Es ist die einzige erhaltene Statue von mehr als zwanzig bronzenen Reiterfiguren verschiedener Kaiser und Generäle, die gegen Ende der Kaiserzeit in der Stadt zu sehen waren. Die Verwechslung mit dem Kaiser Konstantin rettete die Bronze davor, von christlichen Eiferern eingeschmolzen zu werden. Der Eindruck von gelassener Autorität und Edelmut war wohl ursprünglich noch zwingender, als sich die verlorgengegangene Figur eines gefangenen Barbaren unter dem erhobenen Pferdehuf duckte.

(Die jüngste Restaurierung des Reitermonuments ergab, dass Pferd und Figur gesondert gegossen sind; es wäre durchaus denkbar, dass sie ursprünglich für verschiedene Denkmäler bestimmt waren, denn Reiter und Pferd stimmen im Maßstab nicht miteinander überein.)

Ganz im Dienst imperialer Propaganda stand eine andere Erfindung der Römer, der Triumphbogen. Der Ursprung dieser Bauten – halb Skulptur, halb Architektur –, die in allen Teilen des Reiches aufgerichtet wurden, ist in überraschendem Maße unklar. Natürlich waren die monumentalen Zugänge zu Städten, Tempelbezirken und Palästen von den Hethitern, Assyrern, Babyloniern und Mykenern mit Skulpturen geschmückt worden. Wie wir sahen (s. S. 97 ff.), trugen die Tempelportale in Ägypten manchmal Hieroglypheninschriften und eingemeißelte Reliefs, die sich auf die Pharaonen beziehen, in deren Auftrag die Tempel errichtet wurden. Auch die Etrusker erbauten gewaltige Eingangstore für ihre Städte, von denen eines aus dem 2. Jahrhundert v. Chr. in Perugia erhalten blieb. Doch ist der römische Triumphbogen, der frei steht, grundlegend anders. Seine wichtigste Funktion bestand darin, Träger visueller Propaganda zu sein und für Triumphzüge als Ehrenbogen zu dienen. Er konnte auch den Zugang zu einem Forum oder einer Stadt monumentalisieren. In der Regel stand er über einer Durchgangsstraße. Eine Sonderform, der ›Quadrifrons‹-Bogen, überspannte eine Kreuzung und kanalisierte den Verkehrsfluss, da man nur durch ihn hindurch-, nicht aber um ihn herumgehen konnte.

Die frühesten der erhaltenen Triumphbögen stammen aus der Zeit des Augustus. Der erste schriftlich bezeugte war in Rom zu Beginn des 2. Jahrhunderts v. Chr. mit Beutestücken aus dem Krieg gegen die Karthager erbaut worden. Wie diese Bögen und die Triumphzüge, mit denen man siegreiche Generäle ehrte, genau zusammenhingen, ist unbekannt, doch wurden die zur Bekrönung des Bogens bestimmten figürlichen Bronzegruppen wie bei einer Prozession in zwei- oder vierspännigen Pferdewagen aufgefahren. Auf Münzen sieht man eine solche Gruppe für den im Jahre 19 v. Chr. errichteten Bogen des Forum Romanum, der den Sieg des Augustus über die Parther verherrlicht. Er scheint das Vorbild für spätere kaiserliche Bögen gewesen zu sein: ein rechteckiger Block mit einer Bogenöffnung, die von Pfeilern und Gebälk mit einer großen oberen Inschrifttafel gerahmt wird.

Der *Titusbogen* in Rom ist eines der schönsten Beispiele. Er ist aus Zement erbaut, den man mit honigfarbenem Marmor vom Berg Pentelikon in Griechenland verkleidete ▶ 5.91. Seine Säulen sind in der von augusteischen Architekten erfundenen → Kompositordnung gehalten, die korinthische und ionische Elemente verbindet. In den Spandrillen schweben geflügelte Figuren der Viktoria. Die Reliefs der Wangenmauern im

5.90 *Reiterstatue des Marc Aurel* (nach der Restaurierung), 161–180 n. Chr., Bronze, überlebensgroß. Museo Capitolino, Rom.

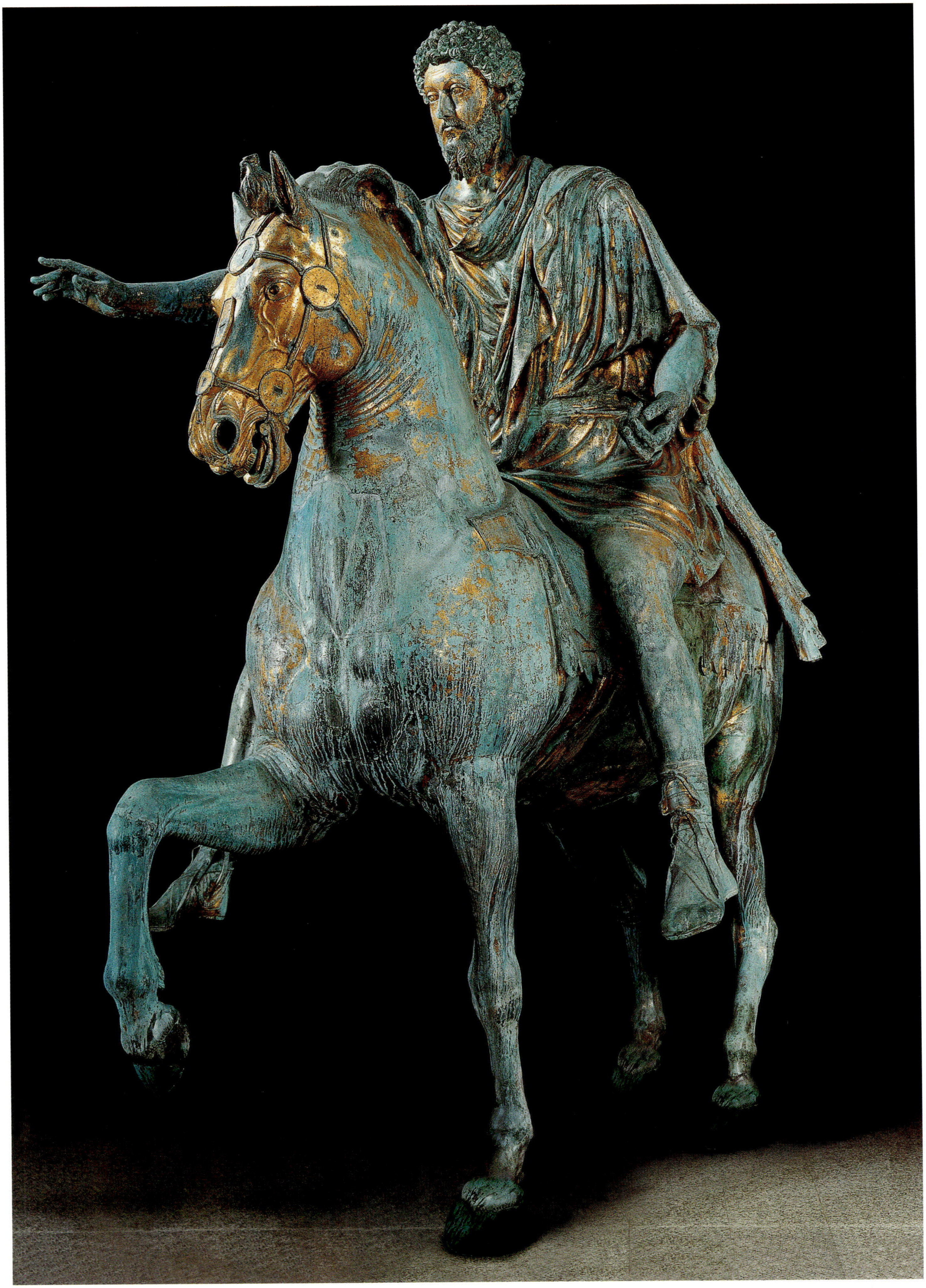

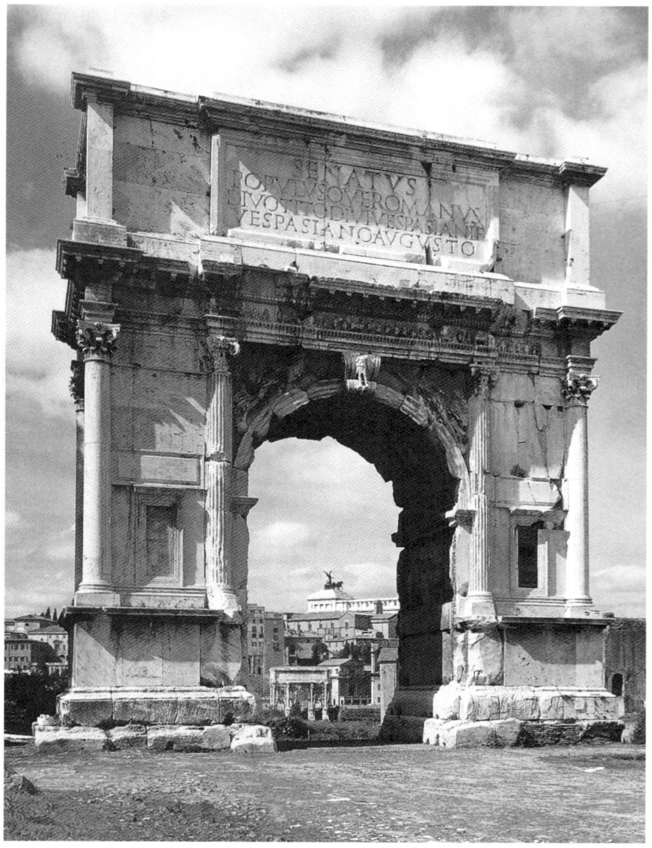

5.91 Titusbogen, Rom, 81 n.Chr., restauriert und teilweise wieder aufgebaut.

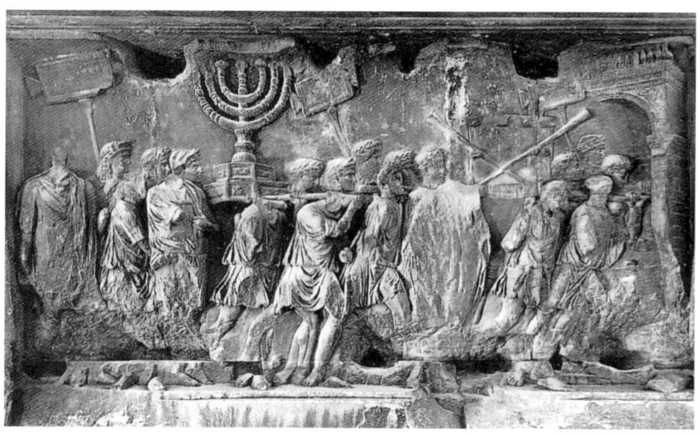

5.92 *Abtransport der Beute aus dem Salomonischen Tempel*, Relief auf dem Titusbogen ▸ 5.91, Marmor, Höhe 240 cm.

5.93 *Triumph des Kaisers*, Relief auf dem Titusbogen ▸ 5.91.

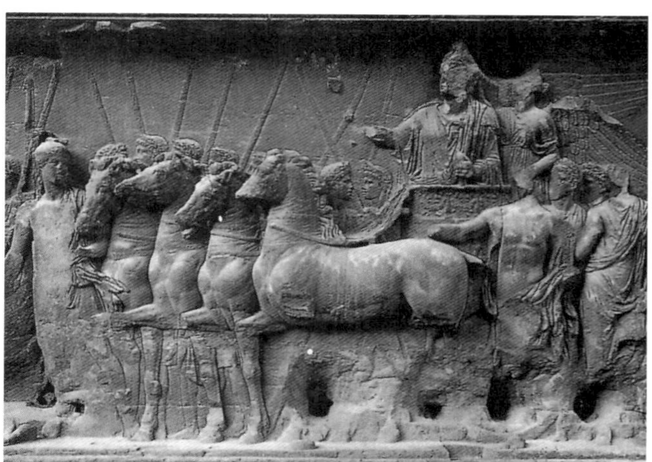

Durchgang stellen den Triumph des Kaisers Titus im Jahre 71 n.Chr. dar, bei dem man zur Feier der Zerschlagung des jüdischen Aufstandes mit den aus dem Tempel von Jerusalem erbeuteten Schätzen durch die Straßen Roms zog ▸ 5.92; 93. Selbst in beschädigtem Zustand vermitteln diese Reliefs eine lebendige Raum- und Bewegungsvorstellung. Titus selbst war vor der Vollendung des Monuments gestorben (81 n.Chr.). Seine Apotheose ist in der Mitte der Wölbung zu sehen, wie er auf dem Rücken eines Adlers zum Himmel getragen wird. Im Oberteil lässt sich eine Inschrift in sehr sorgsam geschnittenen, ursprünglich vergoldeten Buchstaben lesen: ›Der römische Senat und das Volk dem gottgewordenen Titus, Vespasian Augustus, dem Sohn des gottgewordenen Vespasian‹. Die Römer waren die ersten, die den künstlerischen Wert imposanter Inschriften erkannten. Eine klare und strenge Letternschrift, bei der die Form jedes Buchstabens und der ebenso wichtige Abstand zwischen ihnen so gestaltet waren, dass sie den Gesetzen des architektonischen Gefüges entsprachen und damit die Autorität und Würde der Worte steigerten, war eine der bedeutendsten Erfindungen der Römer. Sie ist ihr einflussreichster, nie übertroffener Beitrag zu den Künsten, der die Grundlage aller unserer Schriftzeichen blieb – einschließlich derer, mit denen dieses Buch gedruckt ist (s.S. 309). In ihrer Deutlichkeit, Klarheit und Prägnanz, ihrer völligen Abkehr von jeder Art dekorativer Schnörkel, spiegelt sie den römischen Sinn für würdige Zurückhaltung und disziplinierte Ordnung wider. Im Vergleich hierzu sind die meisten der altgriechischen Inschriften recht formlos.

Dienten die Triumphbögen zeitgeschichtlichen Aussagen, so gilt das auch für die in Rom aufgestellten hohen Gedenksäulen – eine andere römische Erfindung, noch eigenartiger als der Triumphbogen. Die erste war die *Trajanssäule* ▸ 5.94. Sie besteht aus einem marmornen Band mit figürlichem Relief, das sich den Schaft hochwindet. An der Spitze befand sich ursprünglich eine vergoldete Statue des Kaisers (sie wurde 1588 durch eine Statue von St. Peter ersetzt). Sie erinnert an Trajans Feldzüge in Dakien (dem heutigen Rumänien) in den Jahren 101 und 105/106 n.Chr., deren Hauptereignisse in chronologischer Reihenfolge von unten nach oben wiedergegeben sind. Da die Säule ursprünglich zwischen zwei Bibliotheken stand, die Trajan gegründet hatte, ist behauptet worden, dass die zylindrische Spirale des Reliefs von den Schriftrollen inspiriert sei, auf die damals noch die Texte geschrieben wurden. Allerdings war das Lesen dieser Bildgeschichte von Anfang bis Ende nicht so einfach wie das Aufrollen einer Pergamentrolle. Der Betrachter muss nicht weniger als 23 Mal um die Säule gehen, wobei er den Blick immer höher zu richten hat! Zwar vergrößert sich der Maßstab leicht zur Spitze hin, doch sind die oberen Abschnitte kaum zu sehen und überhaupt nicht mehr zu würdigen, auch nicht zu einer Zeit, als die Figuren noch durch strahlende Farben und Vergoldung hervorgehoben waren.

Das gesamte Reliefband wäre über 183 m lang, wenn man es entrollen könnte, und umfasst etwa 2500 Figuren. Es wurde als eine fortlaufende Schilderung komponiert, eine Darstellungsweise, die zuerst in Assyrien, später in Ägypten und auf dem oberen Fries des *Zeus-Altars* von Pergamon auftrat. Es sind 150 Episoden dargestellt, von denen jede in die folgende übergeht, ohne dass ein vertikaler Zwischenraum den Fluss der Komposition und die Abfolge der Ereignisse unterbricht – bis auf eine Allegorie der Geschichte, die den Abstand zwischen den zwei Feldzügen markiert. Der Sieg Trajans über die

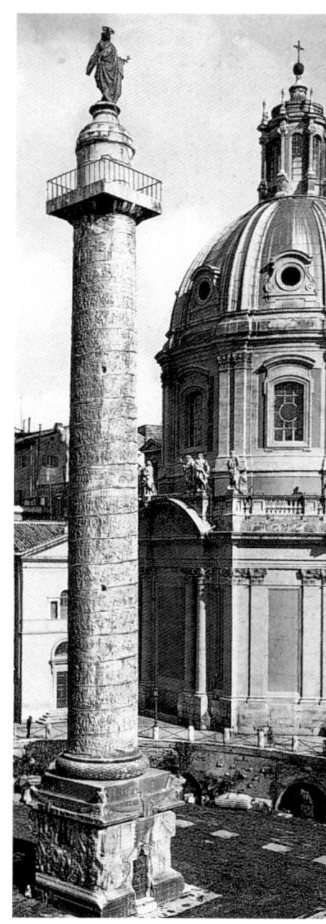

5.94 *Trajanssäule*, Rom, 113 n.Chr.

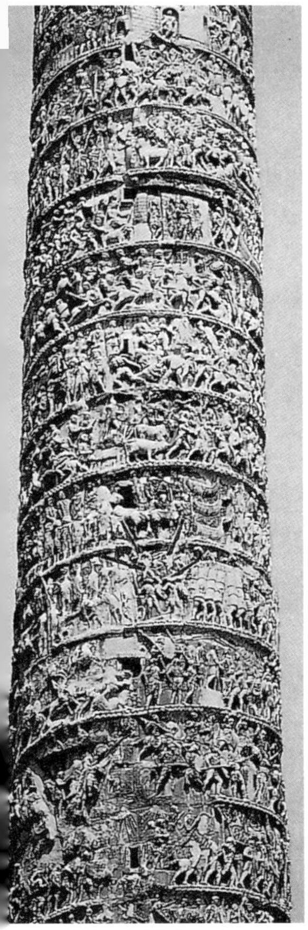

95 *Marc-Aurels-Säule*, Rom, 181 n. Chr., Marmor, rchmesser 380 cm.

Daker wird so als ein unaufhaltsamer historischer Prozess geschildert, der aber weniger im Stil einer nüchternen Chronik als in dem eines epischen Gedichts mit vielen farbenfreudigen Einzelheiten ausgeschmückt ist. Die vielen Kriegsszenen konnten allerdings nur dadurch miteinander in Einklang gebracht und lesbar dargestellt werden, dass man auf die räumliche Logik früherer Reliefs wie der auf der *Ara Pacis* ▸ 5.89 und auf dem *Titusbogen* ▸ 5.92; 93 verzichtete. Auf der Trajanssäule ist die Grundlinie schräg und der Raum schematisch fast wie auf der Landkarte wiedergegeben. Realistische Größenverhältnisse werden nicht berücksichtigt, so dass entferntere Figuren ohne Verkleinerung über denen des Vordergrundes stehen. Die Männer sind größer als die Pferde, auf denen sie reiten, größer auch als die Boote, mit denen sie die Donau überqueren, und sogar den Zitadellen, die sie erbauen und erstürmen, überlegen ▸ 5.96.

Das narrative Relief wurde bei der *Marc-Aurels-Säule* weiterentwickelt, die man etwa 65 Jahre später errichtete, um der Siege des Kaisers über die Germanen und andere Barbarenstämme an den nordöstlichen Reichsgrenzen zu gedenken ▸ 5.95. Der Entwurf, der wie bei der *Trajanssäule* sicher auf einen einzelnen Künstler zurückgeht, auch wenn mehrere Bildhauer an der Ausführung beteiligt waren, erreichte eine bessere Lesbarkeit, indem er die Anzahl der Szenen und Figuren verringerte und den Hintergrund tiefer einschnitt, um ein höheres Relief zu erzielen. Der Kaiser wurde durch Frontalstellung im Zentrum der Bilder stärker akzentuiert. Dies spiegelt die wachsende Verehrung des Kaisers wider, dessen gottähnliche Stellung sich allmählich auch zu Lebzeiten durchsetzte (bis dahin wurden die Kaiser erst nach ihrem Tode zum Gott erhoben). Andere Figuren sind sehr lebendig dargestellt: rücksichtslose Entschlossenheit auf den Gesichtern der römischen Soldaten, Schrecken auf denen der Barbaren, die abgeschlachtet oder in die Sklaverei getrieben werden. Die Formen scheinen hart herausgeschlagen worden zu sein. Auch hatte man den Bohrer häufiger eingesetzt als zuvor, wodurch dunkle Schächte und Rinnen hinterlassen wurden, die für die Komposition eine genauso wichtige Rolle spielen wie die hellen Flächen ▸ 5.97. Solche leeren Stellen dienten der Steigerung des raumhaften und körperlichen Eindrucks – eine als ›negative Modellierung‹ bekannte Technik, die in der späteren römischen Bildhauerei oft genutzt wurde.

Die Reliefs auf der *Marc-Aurels-Säule* prägt ein rauer Realismus, der manchmal an die wenig schmeichelhaften Porträts der republikanischen Zeit ▸ 5.81 und sogar an etruskische Grabbildnisse erinnert. Vielleicht hatte eine heimische italienische Tradition der Bildhauerei damit begonnen, sich wieder geltend zu machen. Die Säule ist ein Anzeichen für den künftigen Verzicht auf die griechischen und hellenistischen Ideale mit ihrer Betonung logischer Klarheit, physischer Schönheit und eleganter Urbanität. Sie enthält Andeutungen der hieratischen und schematisierten Kunst, die in der Folgezeit entstand. Am Ausgang des goldenen Zeitalters der Antoninen und der ›Pax Romana‹ errichtet, ist sie der letzte imposante Ausdruck kaiserlich römischer Macht.

## Spätantike Kunst

Ein riesiges Relief auf einer Felswand in Naksch-i Rustam im Iran ist eine Art ›barbarischer‹ Erwiderung auf römische Propagandawerke wie die *Trajans-* und die *Marc-Aurels-Säule*

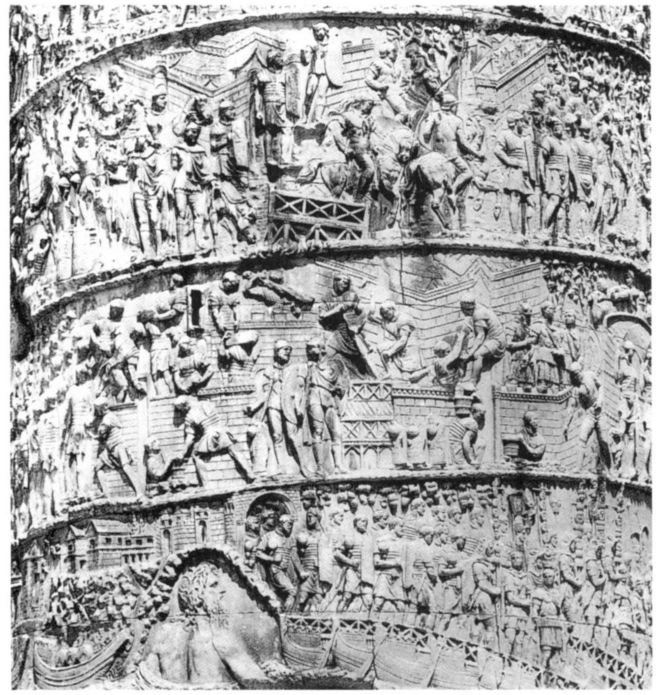

5.96 *Untere Reliefspiralen der Trajanssäule* ▸ 5.94, Höhe des Reliefbandes ca. 91 cm.

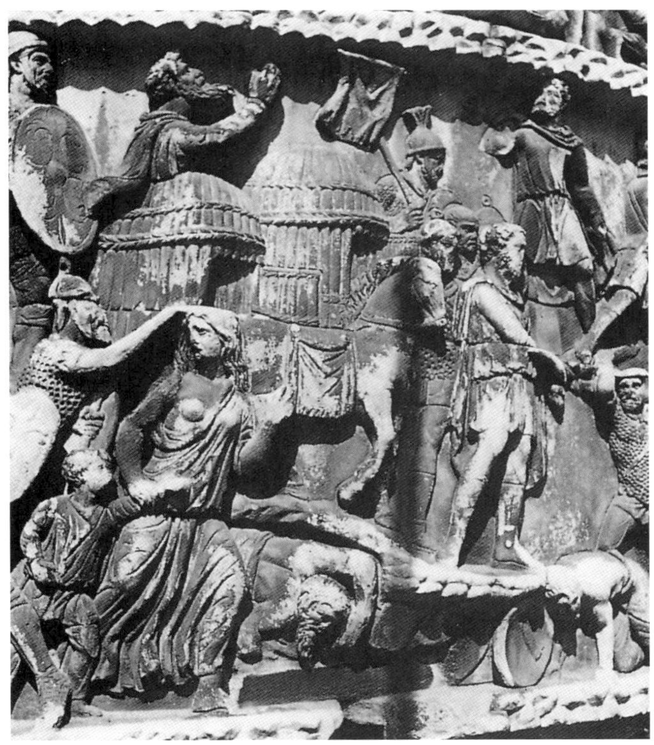

5.97 *Kriegsgefangene*, Relief auf der *Marc-Aurels-Säule* ▸ 5.95.

▸ 5.98. Es zeigt den sassanidischen König Schapur I. im Triumph über zwei römische Kaiser, die vergebens gegen ihn gekämpft hatten. Philipp, der Araber (244–249), der sich verpflichtete, Schapur mit Geld zufrieden zu stellen, kniet in Ehrerbietung, und Valerian (253–260), der in der Gefangenschaft starb, wird gewaltsam an der Hand festgehalten. Um keine Missverständnisse über die Bedeutung dieses und anderer Reliefs der gleichen Thematik aufkommen zu lassen (eines in Nischapur im Iran bezieht den Kaiser Gordian III. ein, der tot unter den Hufen von Schapurs Pferd liegt), ließ Schapur in der Nähe dreisprachige Inschriften mit einem Kriegsbericht einmeißeln, der entscheidend von dem der römischen Historiker abweicht (und vielleicht korrekter ist). Die Erzähltechnik, durch die drei verschiedene Ereignisse – mit einem Abstand von 16 Jahren zwischen dem ersten und dem letzten – in einem einzigen Bild verdichtet werden, ist von einer alten Tradition abgeleitet, die bis zur Narmerpalette (s. S. 58) zurückgeht. Dennoch steht das Relief stilistisch in der Schuld römischer Bildhauerei, deren Einfluss zu jener Zeit weit über die Grenzen des Reiches reichte – bis nach Indien, wie wir sehen werden.

Schon vor dem Tode Marc Aurels im Jahre 180 n. Chr. zeigten sich Risse im Gefüge des Römischen Reiches. In historischer Distanz können wir sehen, dass der drei Jahrhunderte währende Prozess des Niedergangs römischer Macht bereits begonnen hatte. Wieweit sich dieser in der Kunst spiegelt, ist zu überprüfen. Bei der Architektur des späten 2. und des 3. Jahrhunderts lässt sich mit Sicherheit keine Andeutung irgendeines Vertrauensschwundes oder eines Gefühls zurückgehender Autorität finden, weder in Rom noch in den Provinzen. Viele der größten und ursprünglich am üppigsten verzierten Gebäude der Römer stammen aus dieser Zeit. So vermittelt etwa das Theater in Sabratha an der Küste von Tripolitania (dem heutigen Libyen) noch heute einen überwältigenden Eindruck von der Pracht einer blühenden, aber nicht sehr großen Provinzstadt, die noch nicht einmal Provinzhauptstadt war ▸ 5.99. Es zeigt zudem, wie die logische und geradlinige Architektursprache der Griechen von den Römern zu einem reichhaltig artikulierten Vokabular dekorativer Präsentation weiterentwickelt worden war.

Auf der ›scenae frons‹, dem ständigen Bühnenaufbau, wurden korinthische Säulen aus den verschiedensten Marmorsorten, manche mit glattem Schaft, andere gerillt und einige mit einer eingekerbten Spirale, ohne streng tektonische Funktion verwendet. Sie stützen ein Gebälk, auf dem weitere Säulen stehen. Vor- und zurückspringend strukturieren sie ein durchbrochenes Gitter vor der großen Stützmauer, die ursprünglich mit Marmor verkleidet war und in Form dreier halbrunder Apsiden erweitert wurde.

Ähnlich prächtige Gebäude mit überladenen Dekorationen erhoben sich überall im riesigen Reich, insbesondere im östlichen Mittelmeerraum – in Ägypten, Syrien und Kleinasien –, wo die hellenistischen Architekturformen nach dem römischen Ideal der Achsensymmetrie und stringenter Abfolge umgestaltet wurden. Einzelne Gebäude, Tempel, Basiliken, öffentliche Bäder und lange Straßenkolonnaden in Baalbek und Palmyra haben zu Pergamon eine weit größere Verwandtschaft als zu Rom, obwohl die spezifische Ausformung römisch ist. In Baalbek wurde der riesige Peripteraltempel des Jupiter, der auf einem wuchtigen, 13 m hohen Podium stand, gegen Mitte des 1. Jahrhunderts n. Chr. begonnen und etwa 200 Jahre später mit einem einschüchternden Zugangssystem versehen, das ihn noch größer erscheinen ließ. Eine Treppenflucht mit einer Weite von ungefähr 90 m führte zu dem mit Türmen flankierten Säulengang der Propyläen hoch, die den Zutritt zu dem wirkungsvoll eingeengten Raum eines sechseckigen Hofs gewährten, von dem aus die Pilger einen breiten, von Kolonnaden umstandenen Innenhof vor dem Tempel erreichten. Die Größe des Tempels wurde durch die dramatische Raumführung und durch prachtvolle Oberflächen gesteigert. Im Inneren des nahe gelegenen Bacchus-Tempels, der besser erhalten ist, wechseln sich korinthische Säulen mit gegiebelten und gewölbten Nischen ab, wobei die griechische Säulenarchitektur mit der römischen Mauerarchitektur etwas gewaltsam verbunden wurde ▸ 5.100; 101. Zement, die befreiende Erfindung römischer Ingenieure und Architekten, verwendete man in den östlichen Provinzen des Reiches selten. Dort blieb das Primat der Säule erhalten – Tausende stehen immer noch in Palmyra wie Wächter in der Wüste.

Obwohl die Verschiebung des politischen und wirtschaftlichen Schwerpunktes nach Osten schon deutlich wurde, förderten die Kaiser nach wie vor in Rom die verschwenderischsten Bauprojekte. So ließen etwa die Thermen des Caracalla (212–216) alle früheren Bäder wie Zwerge erscheinen ▸ 5.103. Allein das Hauptgebäude bedeckte über zwei Hektar. Es gab eine Vielzahl freistehender Statuen, einige davon in kolossalem Maßstab – zum Beispiel der 3 m hohe *Herkules Farnese* (jetzt im Museo Nazionale, Neapel). Die Fußböden waren mit schwarzem und weißem Marmor in figürlichen und geometri-

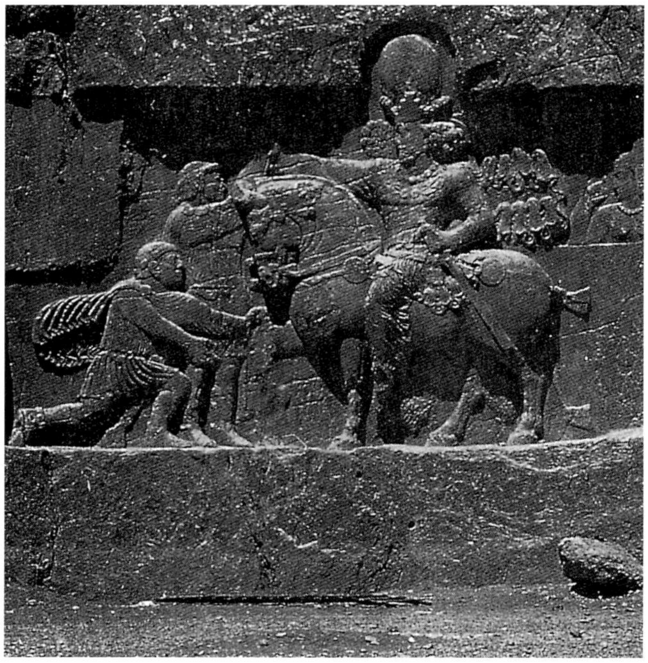

5.98 *Triumph von Schapur I.*, Naksh-i Rustam, Iran, spätes 3. Jh. n. Chr.

5.99 Theater, Sabratha, Libyen, spätes 2. Jh. n. Chr.

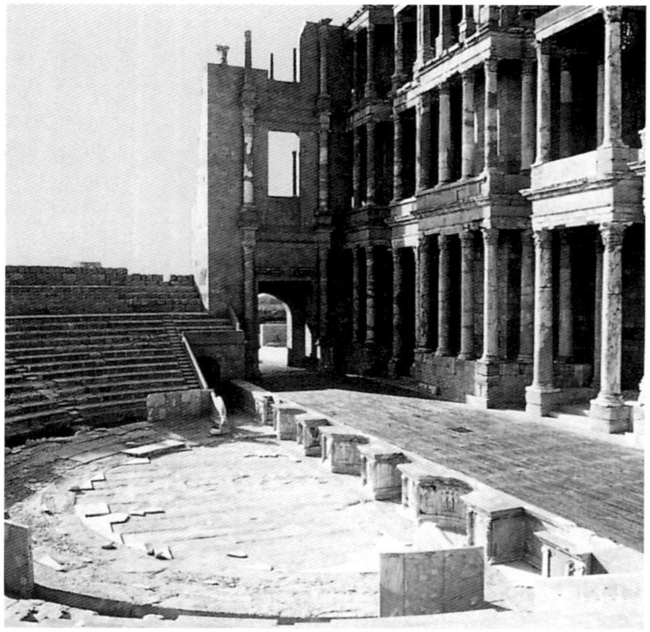

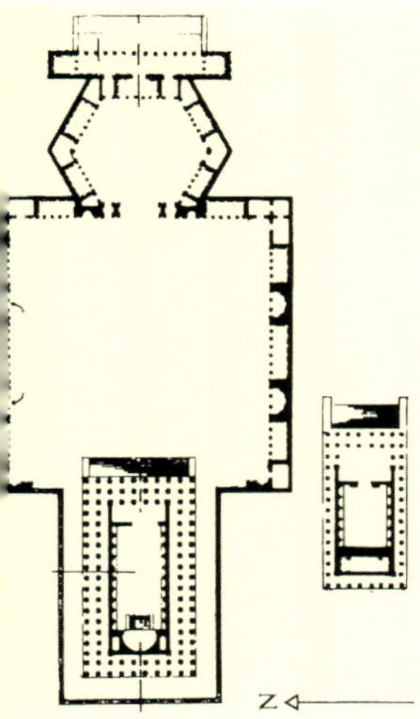

100 Bacchus- und Jupiter-
:mpel in Baalbek, Grundriss.

schen Formen inkrustiert, die Wände mit farbigem Marmor ummantelt, die Gewölbe mit bemaltem Stuck oder Mosaiken eingefasst. Die Zementbauweise erlaubte dem Architekten das freie Spiel mit verschiedensten Formen: Räume mit Tonnengewölben, Rippengewölben, Kuppeln und Halbkuppeln. Selbst in den Ruinen des seiner Marmorverkleidung und skulpturalen Dekoration beraubten Zementgehäuses ist es immer noch möglich, etwas von den gigantischen Raumwirkungen zu verspüren, von einem riesigen, geschlossenen Raum in einen anderen zu blicken: kaum weniger belebend und entspannend als einstmals die unterschiedlichen Temperaturen. Im hohen, rechteckigen Saal befand sich das ›frigidarium‹ (kalter Raum), im niedrigeren, schmalen das ›tepidarium‹ (warmer Raum) und im kreisförmigen, überwölbten das ›caldarium‹ (heißer Raum).

Einen besseren Eindruck von der grandiosen Monumentalität der Thermenarchitektur verschafft das ›frigidarium‹ der späteren, nahezu doppelt so großen Thermen des Diokletian ▸ 5.104. Durch die Erhöhung des Fußbodens um etwa 2 m bei der Umwandlung in eine Kirche wurden die Proportionen dieser riesigen Halle zerstört. Die Wand- und Deckendekoration aus Marmor und Mosaik, die ursprünglich das durch die hohen Fenster strömende Licht reflektierten und färbten, ersetzte man großenteils durch Farbe und Putz. Die großen Öffnungen, die prächtige Ausblicke in die angrenzenden Räume gestatteten, wurden zugemauert. Doch ist das große, eine Fläche von etwa 60 m auf 24 m überspannende Gewölbe geblieben: drei gleich große Joche, die optisch von 15 m hohen monolithischen Säulen aus ägyptischem Granit getragen werden. In Wirklichkeit ruht es auf acht riesigen Zementpfeilern. Wie im Pantheon und der genauso massiven Basilika des Maxentius, die von Konstantin (306–313) vollendet wurde und das letzte bedeutende römische Bauwerk war ▸ 5.102, hat sich hier der ungebrochene, ins Monumentale gesteigerte Bauwille der Römer einen materiellen Ausdruck verschafft. Die Bäder dokumentieren, dass ein willensstarker Mann nach einer Zeit drohender Anarchie die kaiserliche Autorität wiederhergestellt hatte.

In dem halben Jahrhundert zwischen der Ermordung des letzten der Severer im Jahre 235 und der Einsetzung Diokletians im Jahre 284 hatten nicht weniger als 21 Männer den Kaisertitel getragen: Ihre durchschnittliche Regierungsdauer betrug noch nicht einmal drei Jahre. Sie wurden nicht mehr vom Senat gewählt, sondern von der Armee ausgerufen, in der Regel von irgendeiner Provinzarmee mit Truppen barbarischer Herkunft. Auch sie selbst waren oft Barbaren. Niemand fand mehr die Zeit, geschweige denn das Interesse oder die Mittel, die Künste kontinuierlich zu fördern. Der Instabilität im Reichsinneren gesellten sich mehrmalige Angriffe von außen hinzu. Bezeichnenderweise war das wichtigste Architekturunternehmen dieser Jahre eine 16 km lange Befestigungsmauer um die Stadt Rom, die unter Aurelian (270–275) errichtet wurde, nachdem Barbaren vom Norden her bis zur Poebene vorgedrungen waren. Das Römische Reich war in die Defensive gedrängt worden. Für römische Befestigungsanlagen, insbesondere Stadttore, ist die *Porta Nigra* in Trier (das alte Augusta Treverorum), das eine Zeitlang die Verwaltungshauptstadt des Reiches war, das am besten erhaltene Beispiel ▸ 5.106; 107.

Im 3. Jahrhundert begann sich in der römischen Kunst der Schwerpunkt von der äußeren Erscheinung zu den inneren Gedanken und Gefühlen, vom Körper zur Seele und vom Handeln zum Reagieren zu verschieben. Auf den Sarkophagen werden die heidnischen Götter und ihre Anhänger – so die Bacchanten des Weingottes, die in fleischlichen Freuden schwelgen ▸ 5.105 – durch vergeistigtere, manchmal nervös

5.103 Längsschnitt der Thermen des Caracalla, Rom, 212–216 n. Chr.

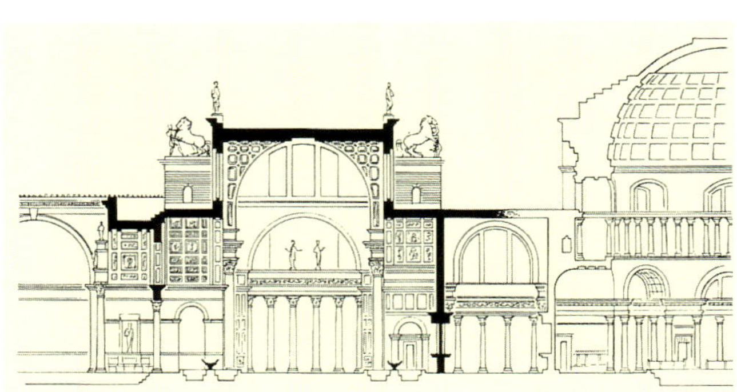

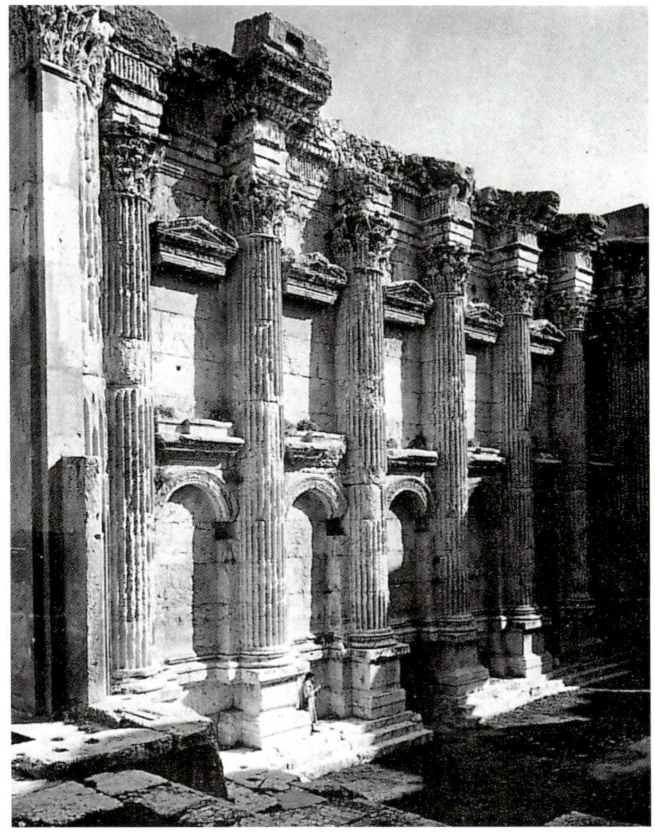

5.101 Bacchus-Tempel, Mitte 2. Jh. n. Chr. Baalbek, Libanon.

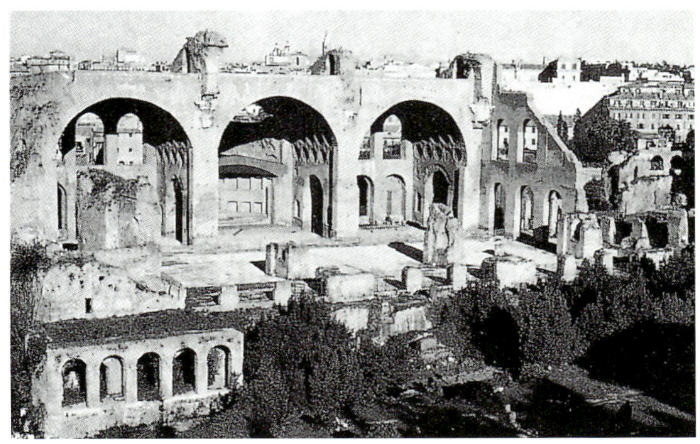

5.102 Maxentius-Basilika, Rom, 307–312 n. Chr.

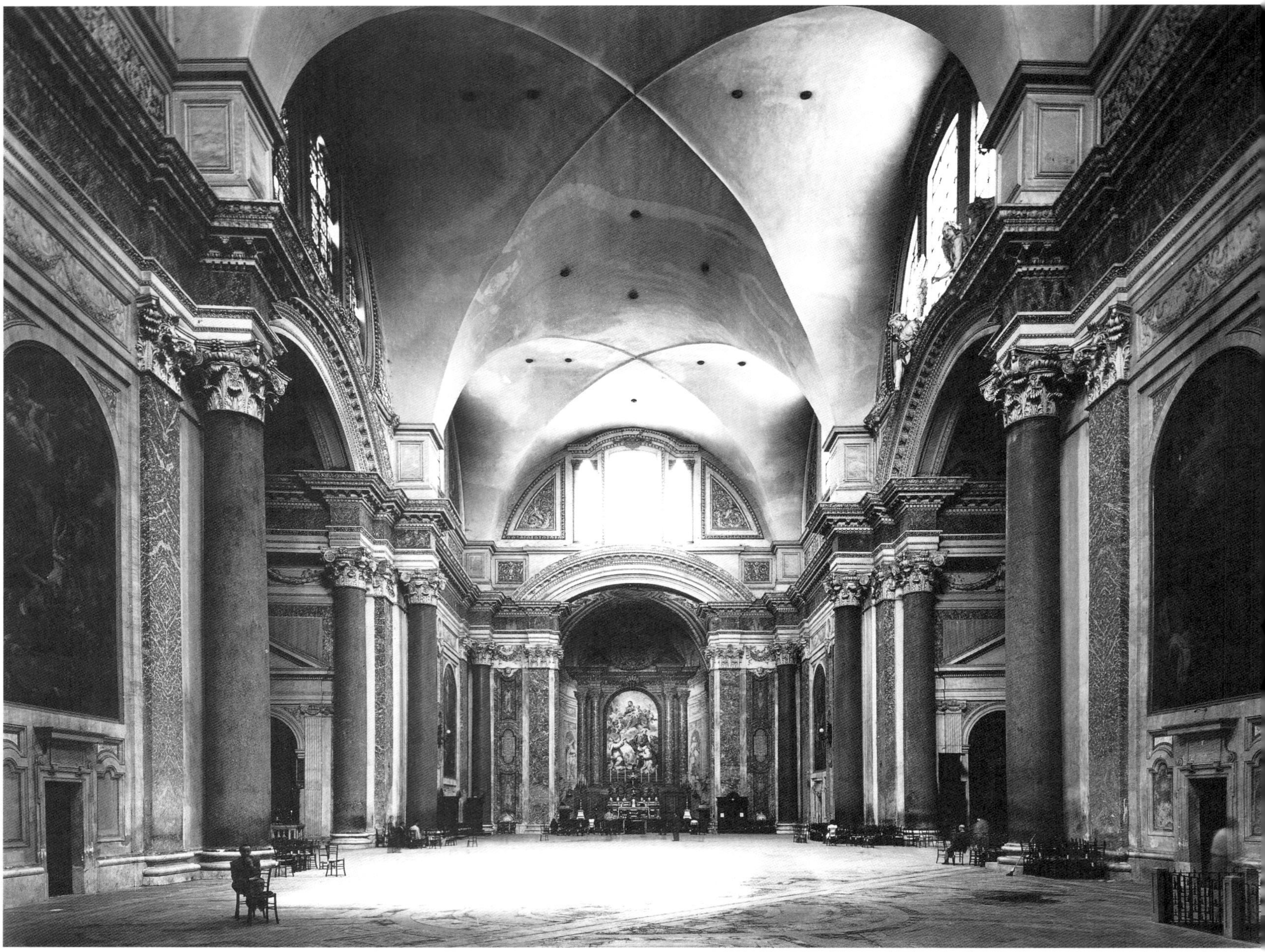

5.104 Frigidarium der Thermen des Diokletian, Rom, um 298–305 n. Chr. (durch Michelangelo und andere in die Kirche Santa Maria degli Angeli umgewandelt).

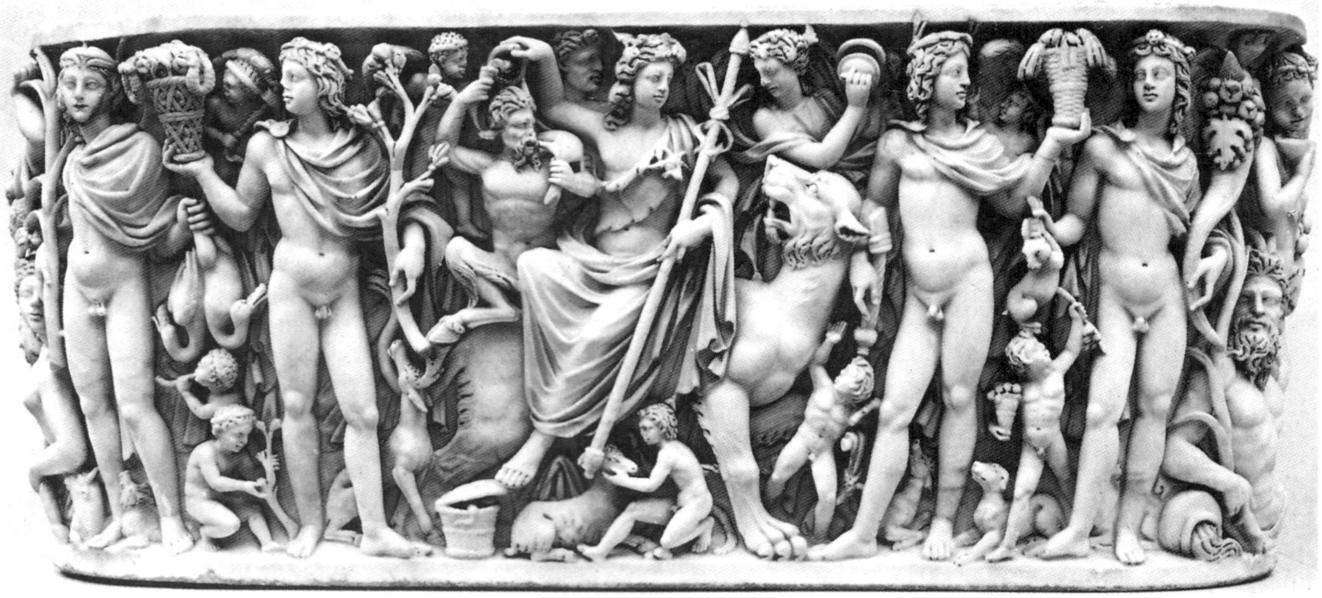

5.105 *Sarkophag der Jahreszeiten*, um 220–230 n. Chr., Marmor, Höhe 90 cm. The Metropolitan Museum of Art, New York (Joseph Pulitzer Bequest, 1955).

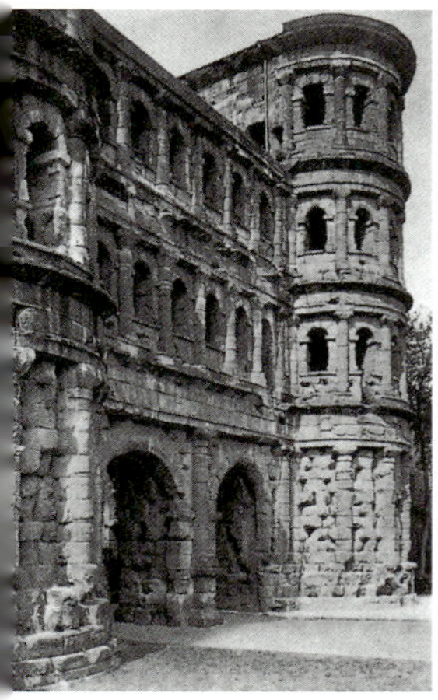

›06 Porta Nigra, Trier,
›es 4. Jh. n. Chr.

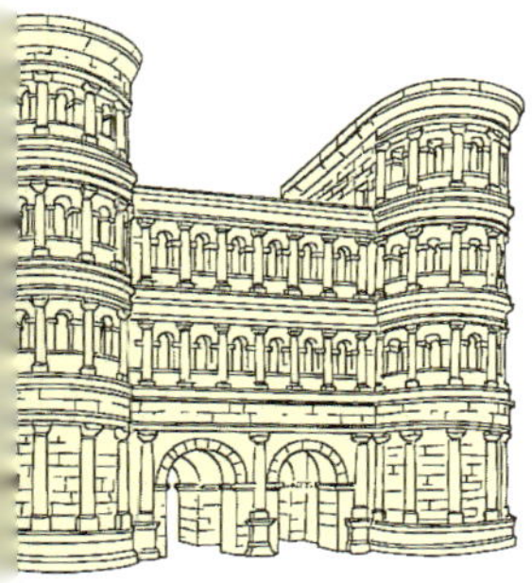

›07 Rekonstruktions-
›hnung der Porta Nigra.

nach innen gekehrte Figuren abgelöst. Man beschwor heidnische Mythen (etwa von Orpheus und Eurydike oder von Alkestis) und Bildvorstellungen wie die von Äon herauf (die Personifikation des Zyklus kosmischer Zeit), um den Übergang vom Leben zum Tode und die Entrückung der Seele zu symbolisieren. Figuren von Philosophen oder Musen symbolisieren ein tugendhaftes, selbstloses Leben, das sich jenseits des Irdischen zu einer höheren Sphäre der Werte erhebt. Die gebildeten Römer strebten immer stärker nach einer Orientierung an geistigen Vorbildern. Einer der schönsten Sarkophage wurde vermutlich für Gordian II. geschaffen, der im Jahre 238 n. Chr. nur 22 Tage Kaiser war ▸ 5.108. Ein zarter Jüngling mit einem ergreifenden Ausdruck der Sorge auf seinem großäugigen, bartlosen Gesicht – vielleicht Gordian III., der im Alter von 13 Jahren Thronfolger und sechs Jahre später ermordet wurde – ist von älteren Männern umgeben, die wie Philosophen oder Senatoren aussehen. In Gedanken versunken, deuten sie die äußerste Einsamkeit des mit dem Tod konfrontierten Individuums an. Die Körper sind in bauschige Togen gehüllt, die ein Faltengefüge mit gleichmäßigem Rhythmus erzeugen. Nur die gedankenvollen Köpfe sind unterschiedlich ausgebildet, nur auf die geistigen Vorgänge scheint es anzukommen, vgl. ▸ 5.109. Wir sind in eine Welt versetzt, die von der der *Ara Pacis*, wo jede Figur selbstbewusst und physisch präsent war ▸ 5.89, ebenso weit entfernt ist wie von den republikanischen Grabbildnissen, die uns mit einem so nüchternen Selbstvertrauen anblicken ▸ 5.81.

Inmitten der das Reich im 3. Jahrhundert quälenden Katastrophen wandten die geistig aufgeschlossenen Römer ihre Aufmerksamkeit von der rauen Wirklichkeit ab, um über rein geistige Sphären nachzusinnen. Neuplatonismus und Christentum zogen eine wachsende Zahl von Konvertiten an. Plotin (204–270), der Begründer des Neuplatonismus, war der letzte bedeutende Philosoph der Alten Welt. Aus Oberägypten stammend und griechisch sprechend, studierte er in Alexandria bei demselben Lehrer wie der christliche Theologe Origenes (um 185–um 254), beteiligte sich an einem Feldzug Gordians III. gegen die Perser in der Hoffnung, etwas vom orientalischen Denken zu erfahren, und ließ sich etwa 245 in Rom nieder, wo er vor einem Kreis, dem auch der Kaiser Gallienus (260–268) angehörte, eine mystische Philosophie entwickelte. Die dialektische Methode und viele seiner Gedanken waren von Plato und Aristoteles abgeleitet, doch an deren politischen Theorien oder an den wissenschaftlichen Schriften von Aristoteles zeigte er überhaupt kein Interesse. Er befasste sich ausschließlich mit metaphysischen Gedanken, mit der Quelle allen Seins und aller Werte, die er als ›das Eine‹ und ›das Gute‹ identifizierte. Nach Plotin waren alle Seinsformen, materielle und geistige, zeitliche und ewige, eine Ausweitung oder ein ›Überfließen‹ dieser immateriellen und unpersönlichen Kraft. Auch die Schönheit war deren Emanation. Auf diesen Voraussetzungen fußte seine neue Ästhetik.

Plotin lehnte die damals übliche Definition der Schönheit als eines »proportionalen Verhältnisses der Teile zueinander und zum Ganzen in Verbindung mit einer angenehmen Farbgebung« ab, da dieses beinhaltete, dass nur messbare Größen, aber keine unvergleichbaren Medien (zum Beispiel Sonnenlicht) schön sein könnten. Seiner Ansicht nach brachte die Verlagerung von der Einheit zur Vielheit einen Niedergang vom Vollendeten zum Unvollendeten mit sich. Zudem bestritt er, dass die Kunst notwendigerweise auf die Nachahmung der sichtbaren, materiellen Welt beschränkt sei.

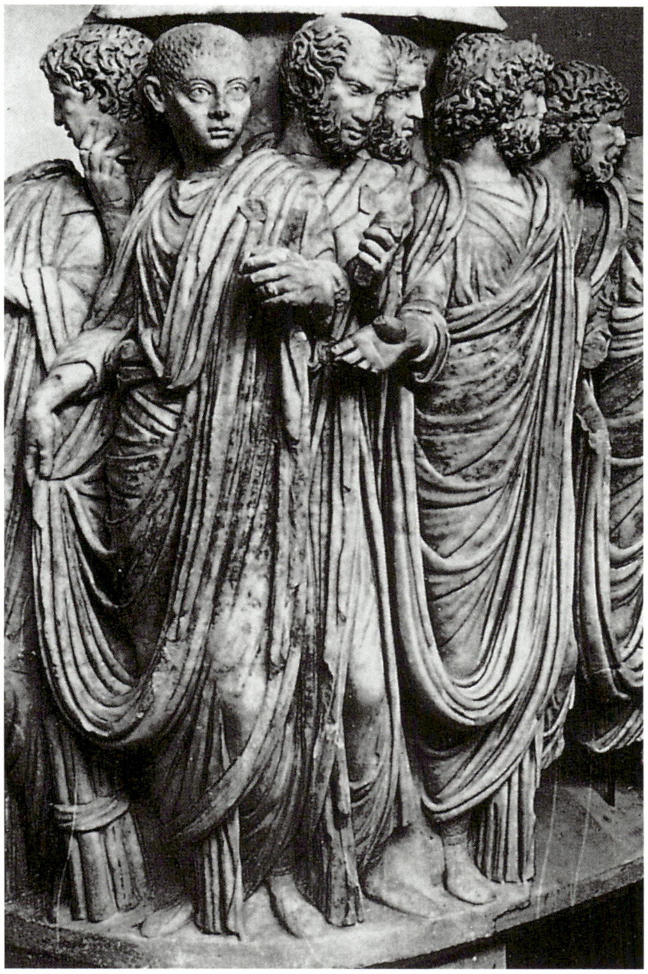

5.108 *Sarkophag aus Acilia*, um 250 n. Chr., Marmor, Höhe 152 cm. Museo Nazionale Romano, Rom.

5.109 Bildnis eines Mannes, um 400 n. Chr., Marmor. Glyptothek, München.

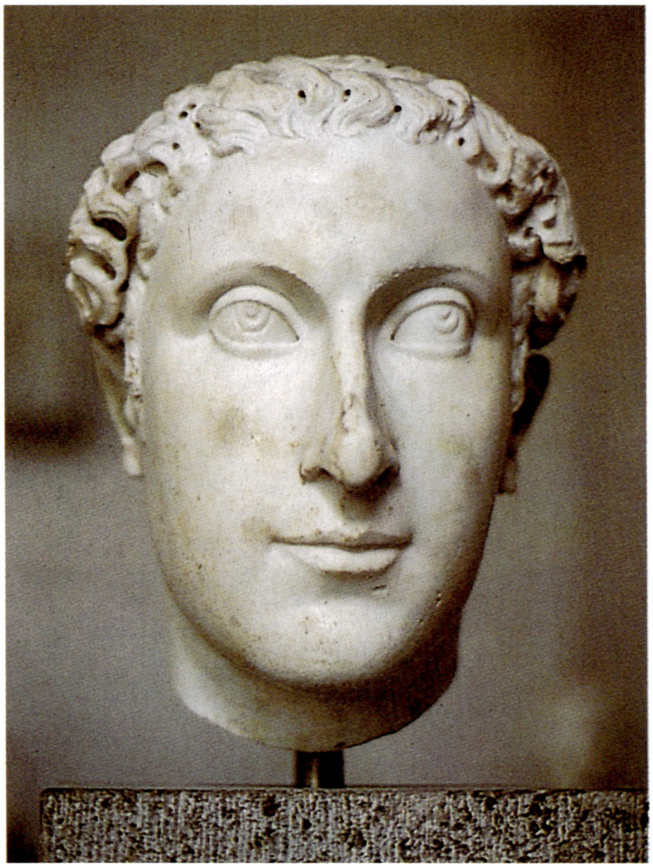

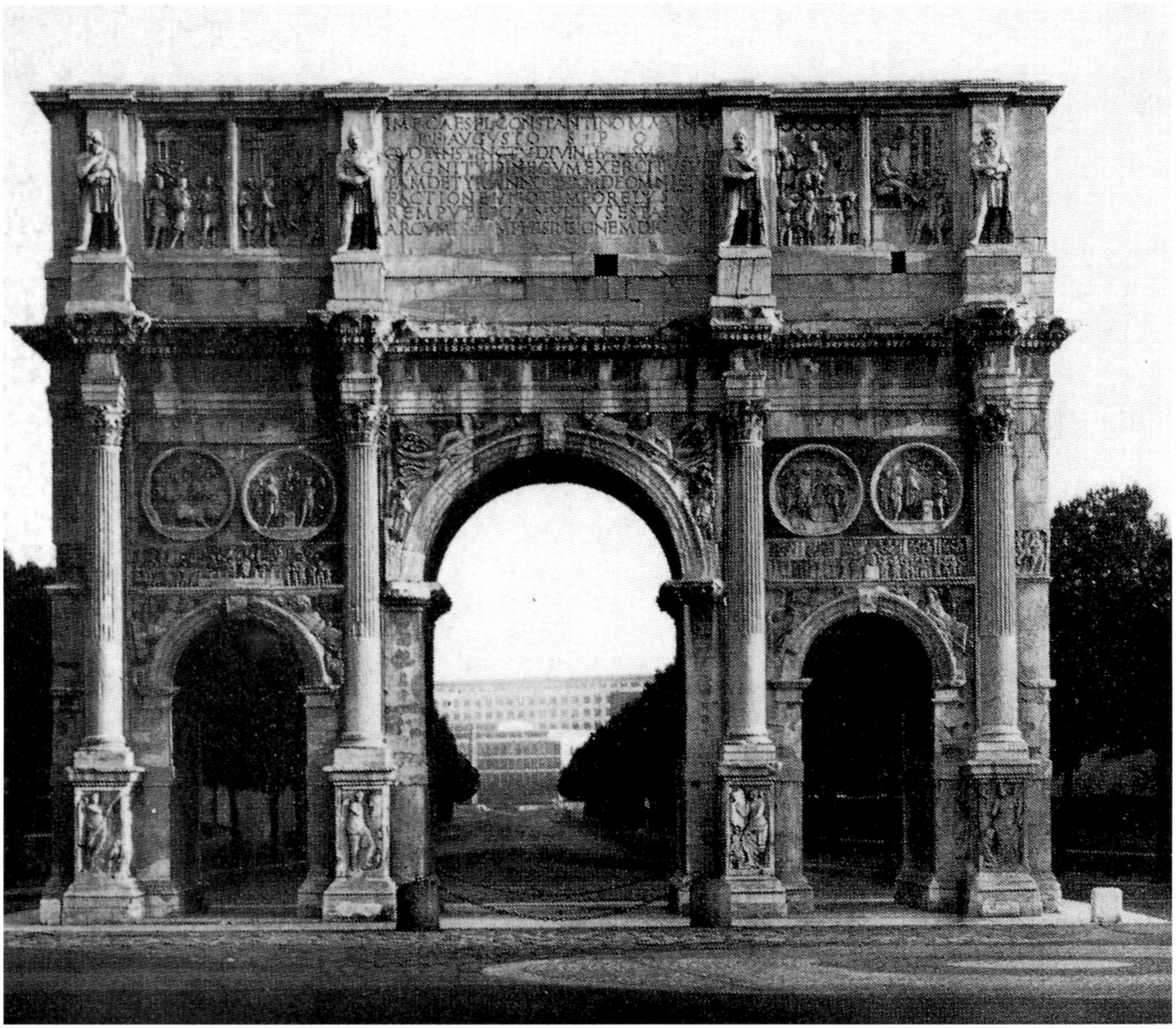

5.110 Konstantinsbogen, Rom
313–315 n. Chr.

*»Achtet aber einer die Künste gering, weil sie in ihrem Schaffen die Natur nachahmen, so ist darauf erstens zu sagen, dass auch die Natur anderes nachahmt. Sodann muss man wissen, dass die Künste das Geschehene nicht schlechtweg nachahmen, sondern sie steigen hinauf zu den rationalen Formen, aus denen die Natur kommt. Ferner schaffen die Künste auch vieles aus sich selber, ja wem etwas mangelt, dem fügen sie es hinzu, da sie im Besitz der Schönheit sind. So hat auch Phidias den Zeus gebildet nicht nach einem sinnlichen Vorbild, sondern indem er ihn so nahm, wie Zeus sich darstellen würde, ließe er sich herbei, vor unseren Augen zu erscheinen.«* *(Enneaden, V, 8.1)*

Auf diese Weise erlangte die künstlerische ›Idea‹ eine völlig neue Bedeutung und verlor die Starrheit, die der Auffassung Platos innewohnte. Die in geistiger Schau erfahrene Idea wurde die lebendige ›Vision‹ des Künstlers. Das führte Plotin allerdings nicht dazu, die bildenden Künste aufzuwerten – eher im Gegenteil. Denn die von ›dem Einen‹ der Künstlerseele gewährte Vision oder Idee der Schönheit könne, so argumentierte er, immer nur unvollkommen in Stofflichem zum Ausdruck kommen, dem das Hässliche und Böse innewohne. Obwohl Kunstwerke, wie die Natur, flüchtige Einblicke in eine nicht darstellbare ›geistige Schönheit‹ gewähren könnten, stünden sie der wahren Erleuchtung insofern im Wege, als sie den Betrachter dazu verführten, die irdische Täuschung fälschlich für die himmlische Wirklichkeit zu halten – wie Narziss, der von seinem eigenen Spiegelbild im Wasser getäuscht wurde. Von Plotin heißt es, er habe sich seines Körpers geschämt und es abgelehnt, Porträt zu sitzen. Er dachte, dass hierbei nur das Abbild eines Abbildes entstehen könne.

Der Ruf, den Plotin bei seinen Zeitgenossen als Lehrer genoß, zeigt bereits, wie sehr seine Philosophie den geistigen Bedürfnissen sowohl der intellektuellen Römer als auch der Schüler entgegenkam, die aus Ägypten, Syrien und Arabien heranströmten, um zu seinen Füßen zu sitzen. Welche Wirkung seine Ästhetik, wenn überhaupt, auf die zeitgenössische künstlerische Praxis hatte, lässt sich schwer fassen. (Sein späterer Einfluss nach der Eingliederung des Neuplatonismus in die christliche Theologie ist leichter aufzuspüren, wie wir sehen werden, (s. S. 352 f.) Die Bildhauerei des späten 3. und frühen 4. Jahrhunderts neigte dazu, die klassischen Vorstellungen von leiblicher Schönheit, den anerkannten ›Kanon‹ der Körperproportionen, aufzugeben. Der Naturalismus war nicht mehr erstrebenswert; Porträts wurden seltener. Es ist zu fragen, ob hier lediglich ein Niedergang künstlerischer Form vorliegt oder ob sich ein neues Kunstwollen manifestiert. In deutlicher Weise stellt sich das Problem bei den Reliefs auf dem Konstantinsbogen, der 313–315 in Rom zum Gedenken an Konstan-

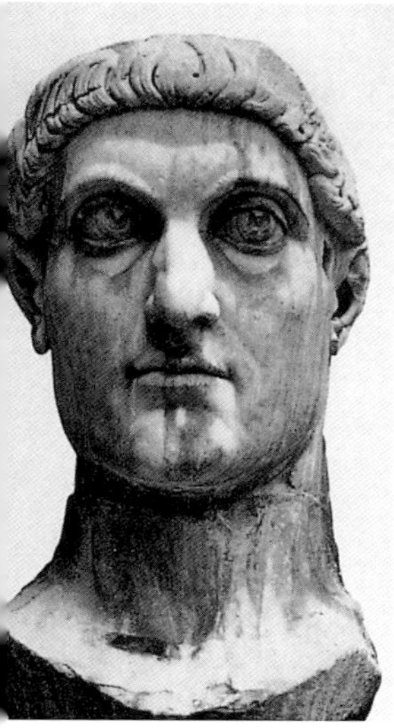

.111 *Kolossalkopf Konstantins* *s Großen*, um 313 n.Chr., armor, Höhe 260cm. nservatorenpalast, Rom.

tins Übernahme der ungeteilten Kaisermacht im Jahre 312 errichtet wurde – darauf folgte das Edikt von Mailand, das die Tolerierung des Christentums proklamierte.

Der *Konstantinsbogen* könnte geradezu als Epilog auf die sechshundertjährige Geschichte der hellenistischen und römischen Kunst angesehen werden ▶ 5.110. Der Baukörper weist die traditionelle, typisch römische Form des Triumphbogens auf, aber der verschwenderische Reliefschmuck ist ein Flickwerk aus Altem und Neuem ▶ 5.113. Dies ist ohne Vorbild. So sind in einem Feld zwei hadrianische Medaillons mit der Darstellung einer Wildschweinjagd und eines Opfers zu Ehren Apolls über dem Fries eingesetzt, auf dem Konstantin eine öffentliche Rede hält ▶ 5.112. Die Medaillons sind beredte Beispiele der hellenistischen Kunst, die Kaiser Hadrian bevorzugte, sorgsam zurechtgemeißelt, naturalistisch, lebhaft und anmutig. Im Vergleich dazu ist das Konstantinsrelief grob in seiner Einfachheit, als ob es eine Rückkehr zu einem weniger zivilisierten Kulturniveau mit geringer entwickeltem Kunstsinn wäre. Auf das gesamte, mühsam erworbene technische Wissen zur Schaffung räumlicher Tiefe und anderer naturalistischer Illusionen ist verzichtet worden. Hier gibt es keine räumlichen Verkürzungen, keine Andeutung von Bewegung: Der Raum ist abgeflacht, und die Größenverhältnisse werden missachtet. Haltung und Gestik wiederholen sich nahezu mechanisch ohne Abwandlungen. In Reihen stehen gleichförmig untersetzte und robuste Figuren mit schweren, übergroßen Köpfen und regelmäßigen, unveränderten Gesichtszügen – alle sind im Profil dargestellt, ausgenommen von dieser Sicht sind nur die frontalen Hadrian- und Marc-Aurel-Statuen an den beiden Enden der Tribüne und die Konstantin-Statue selbst verlorgen gegangen.

Seit republikanischen Zeiten gab es einen italischen Volksstil, der manchmal plebejisch genannt wird, obwohl er eher von den mittleren als von den unteren Schichten gefördert wurde (s.S. 182). Er war durchaus existent neben jenem, den die höher gebildeten und daher stärker hellenisierten Patrizier bevorzugten. Das Konstantinsrelief gehört wohl dieser volkstümlichen italischen Tradition an. Doch werden die den Stil bestimmende derbe Einfachheit und Unmittelbarkeit hier von einer neuen Dichte der Konzeption begleitet.

Der *Konstantinsbogen* ist ein stilistischer Synkretismus. Jahrhunderte früher entstandene Werke entnahm man den von den ›Gott‹-Kaisern errichteten Monumenten: Trajan, Hadrian und Marc Aurel, in deren Tradition sich Konstantin sah. Auf diese Weise erhielt die Idee hinter dem Kunstwerk eine größere Bedeutung als die ästhetische Erscheinung des Werks selbst. Alle im klassischen Griechenland, in den hellenistischen Königreichen und im Römischen Reich entwickelten Fähigkeiten naturalistischer Darstellung wurden für das Hauptziel der Kunst scheinbar unwichtig. Es kann als gesichert gelten, dass die Bildhauer der konstantinischen Reliefs Sarkophage für Christen angefertigt haben – für Auftraggeber, die der ›Bedeutung‹ immer Vorrang vor der ›Form‹ gaben und die eine inhaltsreiche Symbolkunst wünschten, um ihre auf das Jenseits gerichteten Ideale auszudrücken.

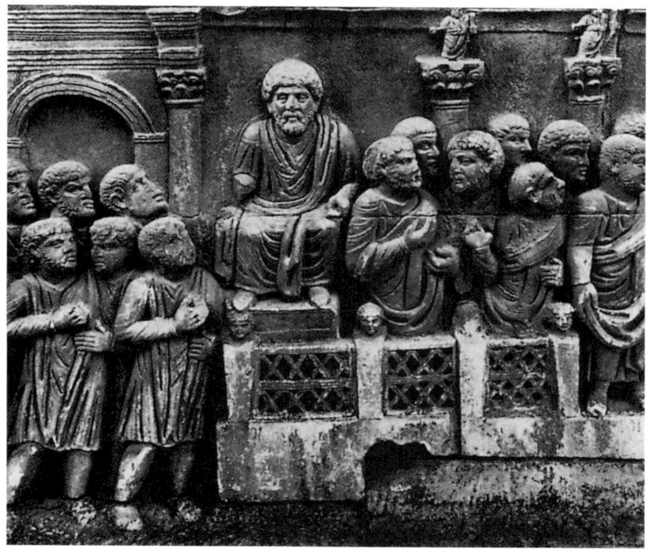

5.112 Detail aus einem Relieffries des Konstantinsbogens, 312–315 n.Chr. ▶ 5.113.

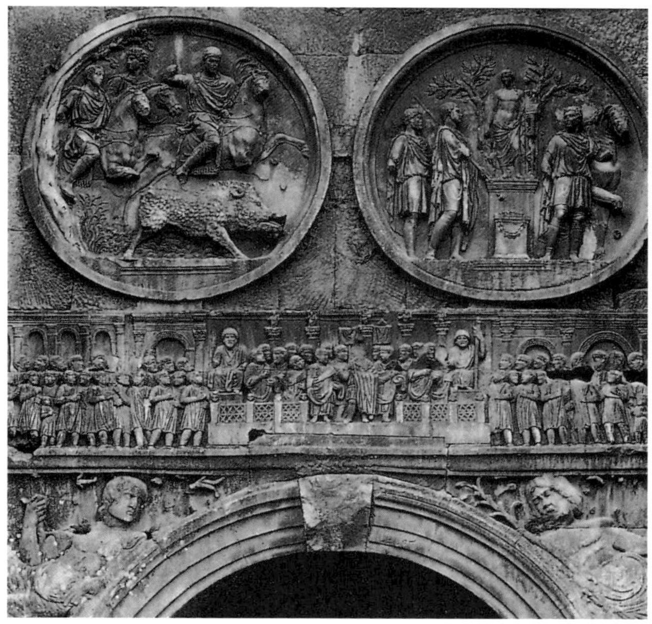

5.113 Reliefs des Konstantinsbogens, Medaillons 117–138 n.Chr. Fries 312–315 n.Chr., Höhe des Frieses 102cm ▶ 5.110.

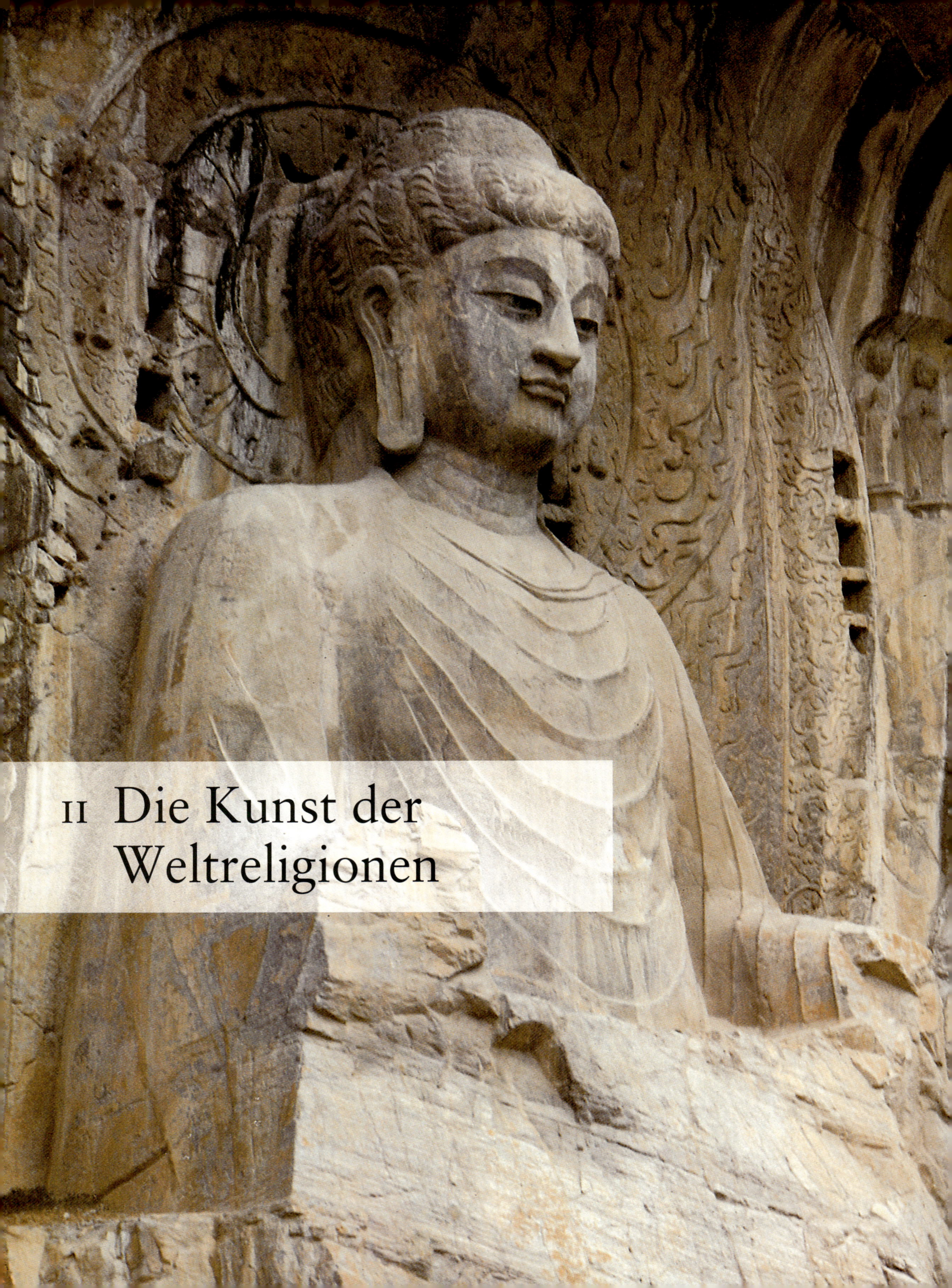

# II Die Kunst der Weltreligionen

# 6
# Buddhismus, Hinduismus und fernöstliche Kunst

In der Nähe des Dorfes Lauriya Nandangarh in der nordöstlichen Ganges-Ebene steht eine zehn Meter hohe schlanke, glatt gearbeitete monolithische Säule, die von einem hockenden Löwen aus Sandstein gekrönt wird. Sie ist ein Monument von mannigfaltiger künstlerischer, politischer und religiöser Bedeutung ▸ 6.3. Auf den ersten Blick mag sie wie ein versprengtes Stück aus dem mehr als 3200 km westlicher gelegenen Persepolis erscheinen ▸ 3.51. Das Kapitell in Form einer Lotosblume wie auch der Löwe darüber erinnern an achämenidische Bildhauerarbeiten. Und tatsächlich liegen beide zeitlich dicht nebeneinander, die Säule ist nur etwa ein Jahrhundert jünger. Laut Inschrift auf dem Schaft der Säule wurde sie von Aśoka (272–232 v. Chr.) errichtet, dem Enkel des Gründers der Maurya-Dynastie, unter dem das erste indische Reich entstand. Aśoka ließ mehrere Säulen dieser Art in verschiedenen Teilen seines Reiches aufstellen ▸ 6.4, das sich über den größten Teil des indischen Subkontinents erstreckte, vom Himalaya im Norden bis zu den Gebirgszügen des Dekhan im Süden (das heißt über das gesamte heutige Pakistan, Bangladesh und fast ganz Indien). Die Aśoka-Säulen gehen wohl auf jene Säulen zurück, die in Indien als Symbole der Achse des Universums eine alte religiöse Bedeutung trugen, und teils auf jene mit Inschriften versehenen Steine, auf denen die Herrscher des westlichen Asien seit sehr früher Zeit ihre Eroberungen und Gebietsansprüche einmeißeln ließen, wie etwa die Stele von Naramsin ▸ 2.12. Inhaltlich aber gab es für die Inschriften auf Aśokas Säulen keine Vorläufer: Sie verkünden Gewaltlosigkeit und die Befolgung der Lehren Buddhas. Auf

| BILDENDE KUNST | |
|---|---|
| 243 v. Chr. | *Aśoka-Löwensäule* ▸ 6.3 |
| Um 210 v. Chr. | Grabstätte des Kaisers Qin Shihuangdi ▸ 6.86; 87; 88 |
| Um 150–50 v. Chr. | Großer Stupa, Sanchi ▸ 6.6; 7 |
| Um 100 n. Chr. | *Buddha-Kopf* aus Ganndhara ▸ 6.21 |
| Um 120 n. Chr. | ›Caitya‹-Halle, Karli ▸ 6.10 |
| Um 150 n. Chr. | *Buddha-Figur* aus Mathura ▸ 6.23 |
| Um 400–500 n. Chr. | *Buddha* von Yungang ▸ 6.103<br>*Buddha* aus Sarnath ▸ 6.25 |
| 670 n. Chr. | Horyuji-Kloster, Nara ▸ 6.132; 133 |
| 672–675 n. Chr. | *Buddha* von Longmen ▸ 6.107 |
| Um 600–700 n. Chr. | *Bodhisattva*-Gemälde, Ajanta ▸ 6.29 |
| um 840 n. Chr. | Borobudur ▸ 6.63; 65 |
| Um 900–1000 n. Chr. | *Guanyin*-Seidenbild aus Dunhuang ▸ 6.110 |
| Um 950 n. Chr. | Bildrolle des LI CHENG ▸ 6.123 |
| Um 1000–1200 n. Chr. | Byodoin-Tempel, Uji ▸ 6.142 |

| HISTORISCHE & KULTURELLE DATEN | |
|---|---|
| Um 800–500 v. Chr. | *Upanishaden*-Dichtung |
| Um 570 v. Chr. | Geburt des Laozi |
| Um 563 v. Chr. | Geburt des Buddha, Siddharta Gautama |
| Um 550 v. Chr. | Geburt des Konfuzius |
| Um 500 v. Chr. | *Bhagavadgita* |
| 273–232 v. Chr. | Der Maurya-Herrscher Aśoka fördert in Indien den Buddhismus |
| Um 242 v. Chr. | Einführung des Buddhismus auf Sri Lanka (traditionelle Datierung) |
| 221 v. Chr. | Qin Shihuangdi, erster chinesischer Kaiser |
| 207 v. Chr. | Beginn der Han-Dynastie in China |
| Um 100 v. Chr. | Zusammenstellung der kanonischen Texte des *Mahajana*-Buddhismus |
| Um 65 n. Chr. | Erste bekannte buddhistische Gemeinschaft in China |
| 78–101 n. Chr. | Der Kushana-Kaiser Kanishka I. fördert den *Mahajana*-Buddhismus in ganz Indien |
| Um 300 n. Chr. | Entwicklung des tantrischen Buddhismus |
| 320 n. Chr. | Chandragupta begründet in Nordindien die Gupta-Dynastie |
| 420 n. Chr. | Der Buddhismus wird in Nordchina (Wei-Dynastie) zur Staatsreligion |
| Um 550 n. Chr. | Einführung des buddhistischen Glaubens in Japan; 588 n. Chr. von der Herrscherfamilie angenommen |
| Um 700 n. Chr. | Einführung des *Mahajana*-Buddhismus auf Java |
| 845 n. Chr. | Vorübergehende Unterdrückung des Buddhismus in China |
| 1022 n. Chr. | Murasaki Shikibu vollendet ihre Geschichte vom *Prinzen Genji* |

*uddha Vairocana*, 672–675, els, Höhe 15 m., Longmen, Ionan, China.

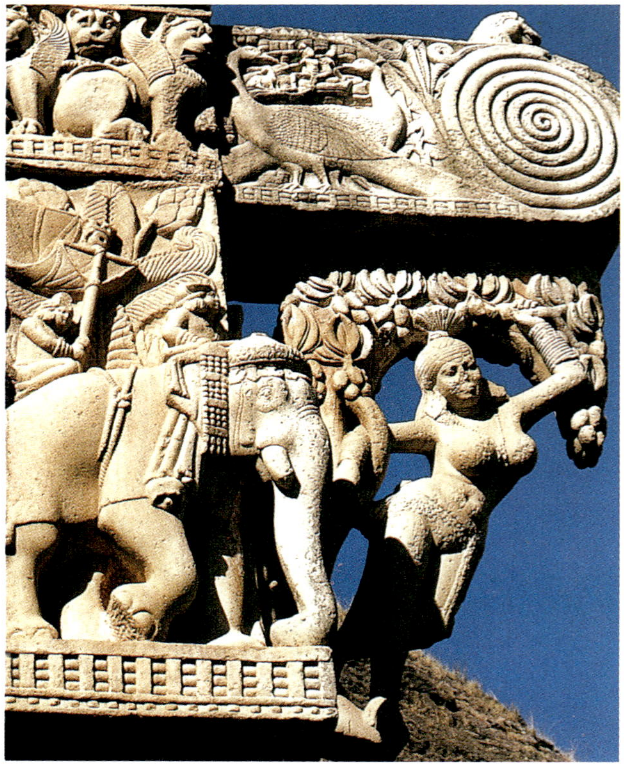

6.1 *Yakshi*, Detail vom Osttor des Großen Stupa, Sanchi, Indien, 1. Jh. v. Chr.

einer Säule spricht Aśoka von Gefühlen der Reue, wie tief er Trauer und Bedauern empfunden habe, weil die Unterwerfung eines bisher unbesiegten Volkes Morden, Sterben und Verschleppung mit sich bringe, und dass er von Buddha gelernt habe, dass moralischer Sieg der einzige wahre Sieg sei. Auf einer anderen Säule wird berichtet, dass Aśoka zur Verbreitung der pazifistischen Lehren Buddhas Missionare zu allen hellenistischen Herrschern gesandt habe, dorthin, »wo der König der Griechen, Antiochus, wohnt und noch jenseits jenes Antiochus zu den vier Königen, die da heißen Ptolemaios, Antigonos, Magas und Alexander.«

6.2 Detail einer Kushana-Platte aus Begram, Afghanistan, vor 241 n. Chr., Elfenbein. Museum Kabul, Afghanistan.

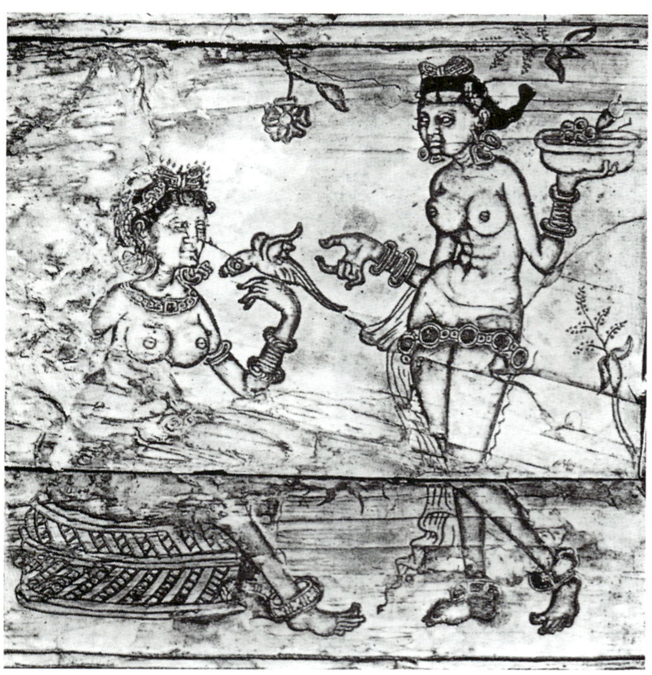

In den Schriften des klassischen Altertums werden diese Gesandtschaften nirgends erwähnt, aber es steht fest, dass buddhistische Missionare in den Westen gelangten, so etwa nachweislich im 1. Jahrhundert n. Chr. nach Alexandria, obwohl man ihnen wenig Beachtung schenkte. Die Beziehungen zwischen Indien und den hellenistischen Königreichen und später dem Römischen Reich waren vor allem wirtschaftlich orientiert. Auch Kunstschätze wurden auf den Handelswegen transportiert, vielleicht häufiger von West nach Ost als umgekehrt, wenngleich auch in klassischer Zeit Textilien aus China in den Mittelmeerraum gelangten. Indische Kunst aber und die ihr zugrunde liegenden Vorstellungen waren den Europäern wesensfremd.

Eine Elfenbeinschnitzerei, die Pompeji vor seiner Zerstörung im Jahr 79 n. Chr. erreichte, ist ein einsames Beispiel indischer Kunst im Europa der Römerzeit ▸6.5. Die minutiös ausgeführte Arbeit zeugt von beträchtlichem Geschick im Umgang mit dem Werkstoff und war sicher jedem vergleichbaren römischen Werk ebenbürtig. Ihr fehlen aber die ganz außergewöhnliche Ausdruckskraft und wunderbare Sensualität der indischen Elfenbeinschnitzereien aus dem 2. Jahrhundert n. Chr. ▸6.2. An den Proportionen der Figur aus Pompeji mit ihrem übergroßen Kopf und den Dienern auf beiden Seiten, die ihr nur bis zur Hüfte reichen, erkennt man das Desinteresse des Ostens an allen von den Griechen entwickelten Idealen menschlicher Schönheit. Nur mit einigen Schmuckstücken bekleidet, welche die Geschlechtsorgane umrahmen und dadurch betonen, lenkt die Statuette die Aufmerksamkeit gerade auf jene Körperstellen, die durch die Körperhaltung der ›Venus pudicitia‹ verdeckt sind ▸4.57. Andererseits fehlt dieser Elfenbeinarbeit jene Vulgarität, die man bei vielen der erotischen Skulpturen und Malereien in Pompeji findet.

Diese Figur diente ursprünglich als eine Art Stütze, vermutlich für einen kleinen Tisch, und wird meist als Darstellung einer Kurtisane gedeutet. Sie ist jedoch enger verwandt mit einer ›Yakshi‹, einem weiblichen Naturgeist, wie er zum Beispiel an einem Tor des Großen Stupa von Sanchi eingeschnitten ist, eine ebenso anziehende Darstellung geschmückter Nacktheit, mit einer langen Halskette zwischen den aufreizenden Brüsten, einem Gürtel um die Hüften und Reifen an Armen und Beinen ▸6.1. Sich an den Zweigen eines Banyan-Baumes haltend, wiegt sich die Yakshi in rhythmischem ›dehanchement‹ – im Deutschen gibt es keinen Ausdruck für dieses Schwingen des Körpers aus der Hüfte heraus – in der indischen ›tribhanga‹-Pose (wörtlich ›drei Windungen‹), die jahrhundertelang große Faszination auf die indischen Künstler ausübte und jene sinnlichen plastischen Kurven motivierte, die man so häufig in der dortigen Bildhauerei findet, selbst wo sie rein ornamental und nicht figürlich ist. Der Körper scheint ausschließlich aus weichem, geschmeidigem Fleisch zu bestehen und zeigt keine Spur eines harten Knochengerüsts. Aber paradoxerweise erhält die Figur dadurch eine merkwürdige ätherische Qualität, in der sich der Zusammenklang von Sinnlichkeit und Vergeistigung ausdrückt, durch den sich die indische Kunst von der aller anderen Zivilisationen unterscheidet. Die Figur ist Teil der Außenanlage eines der heiligsten, Buddha geweihten Schreine, nach dessen Lehre Schmerz und Leid im Leben ihre Ursache in Begierde, Ich-Verhaftung und den flüchtigen Freuden der Sinne haben.

Yakshis gehörten in Indien zu dem komplexen Glaubensgefüge, das dem Buddhismus voranging, mit ihm koexistierte und ihn schließlich überdauern sollte. Als Geister der Bäume

6.3 *Löwensäule*, von Lauriya Nandangarh, Indien, 243 v. Chr., Höhe 10,36 m.

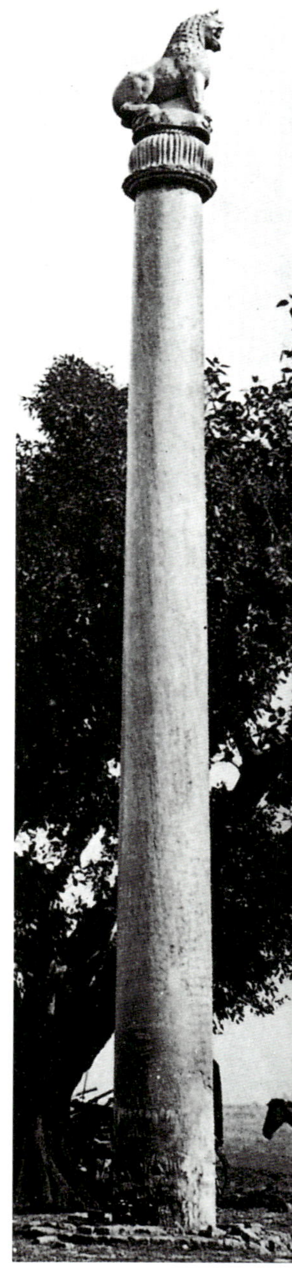

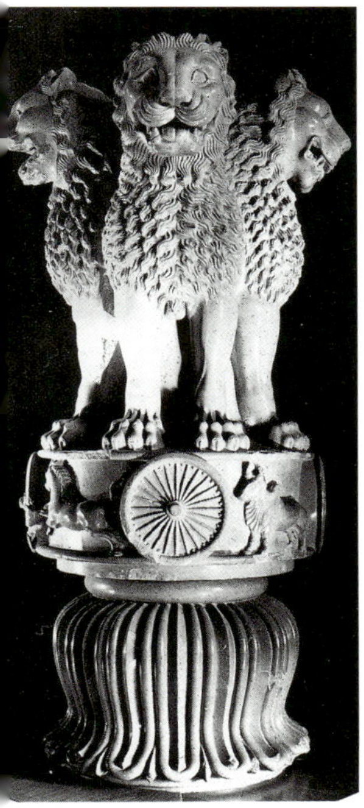

.4 Löwenkapitell einer Aśoka-
iule, 3. Jh. v. Chr., Sandstein,
öhe 214 cm.
luseum Sarnath, Indien.

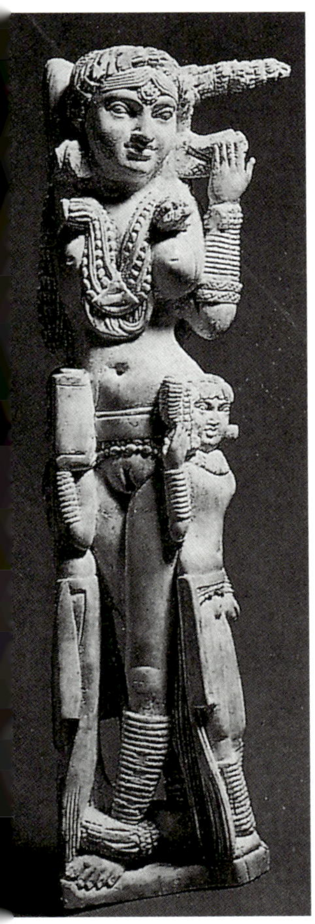

.5 Griff eines Andhran-
piegels, vor 79 n. Chr.,
lfenbein, Höhe 25 cm.
luseo Nazionale, Neapel.

und Flüsse wurden sie von den Drawiden verehrt, die den indischen Raum bevölkerten, bevor im 2. Jahrtausend v. Chr. die Aryas als Eroberer aus dem Norden einfielen. Die Aryas brachten ein eigenes Pantheon von ›höheren‹ Gottheiten mit, die jenen Griechenlands nicht unähnlich waren und als Personifizierungen der wichtigsten Elementarkräfte ohne Bildnisse und Tempelbauten verehrt wurden. Unter ihnen sind besonders Indra, der Gott der Luft und des Donners, und Surya, der Sonnengott, zu erwähnen – die man als Vettern von Zeus und Apollo bezeichnen könnte. Diese Götter wurden in den berühmten vedischen Hymnen besungen, die etwa zwischen 1500 und 800 v. Chr. in Sanskrit schriftlich niedergelegt wurden, einer Sprache, die mit den Dialekten jener griechischen, keltischen und germanischen Völker verwandt ist, welche, ebenfalls im 2. Jahrtausend v. Chr., in den europäischen Raum zogen. Die Glaubensvorstellungen der Drawiden und Aryas flossen in jene Religion mit ein, oder besser in jene Sammlung von magischen Praktiken, religiösen Kulten und Lebensphilosophien, die im Westen als ›Hinduismus‹ bezeichnet wird, ein Begriff, für den es in den indischen Sprachen keine genaue Entsprechung gibt. Die in den frühen, etwa zwischen 800 und 600 v. Chr. abgefassten ›Upanishaden‹ als Kommentar zu den vedischen Gesängen formulierte Metaphysik bezog sich allerdings weniger auf eine bildlich vorstellbare anthropomorphe Götterwelt als auf abstrakte, vergeistigte Ideen: ›Brahma‹ als Geist des Universums oder Welt-Seele, ›Âtma‹ als eine ewige menschliche Seele, ›Maya‹ als jene kosmische Energie, die alles Lebendige belebt. Das Ziel religiöser Übungen war nicht wie in anderen zeitgenössischen Zivilisationen, die übernatürlichen Kräfte zu beschwichtigen oder über sie zu bestimmen, sondern die Aufnahme des ›Âtma‹ in den ›Brahma‹ zu erreichen und damit die Seele von jenem Vergeltungsprinzip zu erlösen, das ›Karma‹ genannt wird, eine endlose Folge von Wiedergeburten in menschlicher oder tierischer Form entsprechend den erworbenen Verdiensten.

Der Glaube an das ›Karma‹ hatte soziale ebenso wie ethische Konsequenzen. Hieraus zog das Kastensystem seine Rechtfertigung, das einer Klassengesellschaft die Struktur gab: Brahmanen (Priester), Kshatriyas (Krieger), Vaisayas (Landbesteller) und Sudras (Leibeigene). Nur den Brahmanen schrieb man die Fähigkeit zu, aus dem Kreis der Wiedergeburten auszubrechen, durch Meditation, Opfer und Rituale, die einzig ihnen bekannt waren. (Die anderen durften in der Hoffnung leben, dieses Ziel durch eine vorbildliche Lebensführung und Selbstlosigkeit zu erreichen, wofür sie zum Lohn als Brahmanen wiedergeboren werden mochten.) Die absolute geistige und weltliche Autorität wurde von den Gründern des Jainismus und Buddhismus in Frage gestellt, jener beiden großen religiösen Bewegungen, die im 6. Jahrhundert v. Chr. entstanden. Der Jainismus sollte eine verhältnismäßig kleine und auf Indien beschränkte Sekte bleiben. Der Buddhismus aber hatte auf das Denken und die Künste in ganz Ostasien einen revolutionären Einfluss.

## Buddhistische Kunst in Indien

Das Wort ›Buddha‹ bedeutet ›der Erleuchtete‹. Das Ziel des Buddhismus ist die Erlösung von den Sorgen der menschlichen Existenz, jedoch nicht durch Opferrituale und extreme Askese, sondern durch eine auf Lossagung von allen Wünschen folgende Erleuchtung, wozu schließlich auch die Befreiung vom Ich durch Meditation oder Yoga gehört. Der Buddhismus versprach all jenen Erlösung, die dem Achtfachen Weg des richtigen Wissens oder Verstehens, der richtigen Motive, der richtigen Sprache, der richtigen Handlungen, der richtigen Lebensführung, des richtigen Bemühens, der richtigen Selbstbeherrschung und des richtigen Meditierens folgten. Der Gründer Siddhartha Gautama (ca. 563–483 v. Chr.) entstammte der Kriegerkaste und war ein Abkömmling aus dem Geschlecht der Śakyas – man nannte ihn oft Śakyamuni, ›den Weisen der Śakyas‹ – aus dem nördlichen Indien an der nepalesischen Grenze. Er zog sich von der Welt zurück, studierte unter Brahmanen, die Selbstkasteiung praktizierten, kehrte sich aber von ihrem Asketismus ab und erlangte jenen als Buddha-Status bezeichneten Zustand erleuchteten kosmischen Bewusstseins, als er unter dem Bodhi-Baum, dem Baum der Weisheit, in Bodhgaya (Bihar) meditierte. Für den Rest seines Lebens verkündete er seine Botschaft Angehörigen aller Kasten im indischen Norden. Als er starb, oder, in buddhistischer Terminologie, in das ›Nirvana‹ einging (was ursprünglich ›Auslöschung‹ bedeutete), wurde seine Lehre von einem ständig wachsenden Kreis von Anhängern verbreitet. Wie bereits erwähnt, wurde der Buddhismus in der Mitte des 3. Jahrhunderts v. Chr. von Aśoka zur offiziellen Religion für den größten Teil Indiens erklärt.

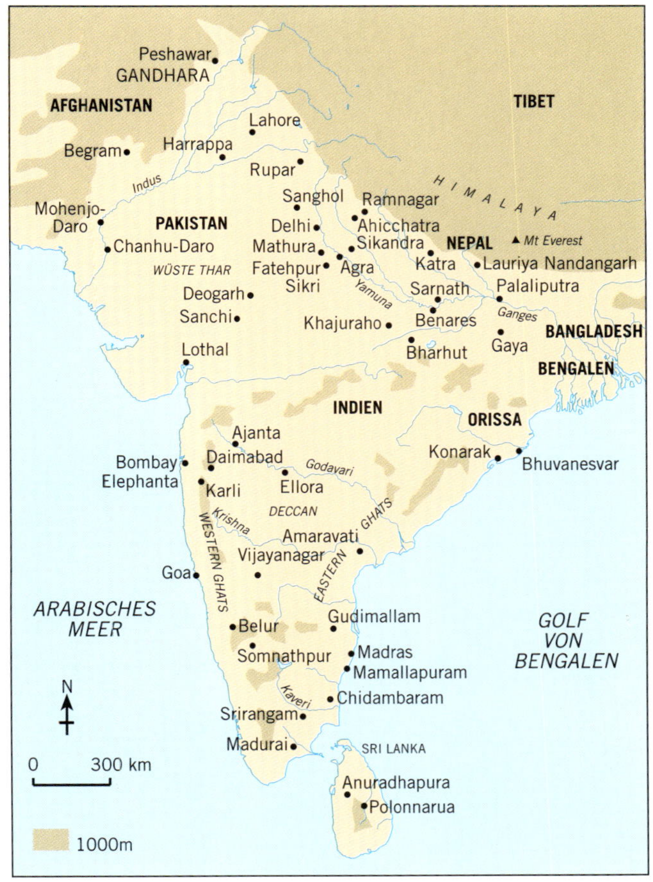


Indien.

Die frühe Entwicklung der religiösen Kunst Indiens steht in direktem Zusammenhang mit der Ausbreitung des Buddhismus. Die Brahmanen hatten keine Tempel gebraucht und kein Interesse daran gehabt, die Geheimnisse der Religion durch bildliche Darstellungen auch Laien zugänglich zu machen. Obwohl für die Kulthandlungen der nicht-aryanischen Bevöl-

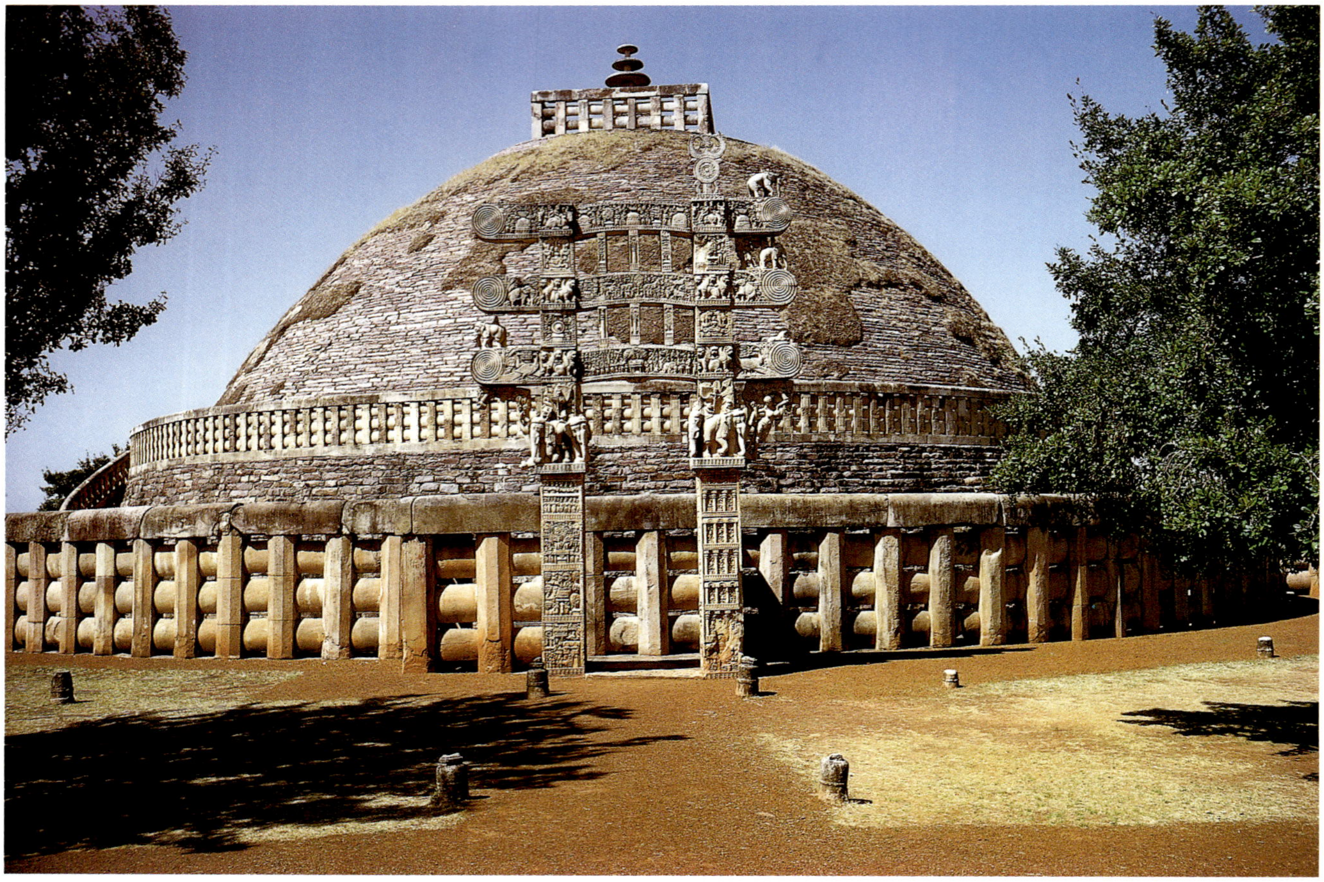

6.6 Großer Stupa, Sanchi, 2.–1. Jh. v. Chr.

kerung höchstwahrscheinlich auch Bildnisse aus vergänglichem Material geschaffen wurden, hat sich keine Skulptur oder Malerei erhalten, die man jenen Werken der religiösen Literatur an die Seite stellen könnte, welche in dem Jahrtausend nach dem Verschwinden der Indus-Zivilisation geschaffen wurden (s. S. 53ff.). Der erste große buddhistische Herrscher, Aśoka, war auch der erste wichtige Kunstmäzen Indiens. Außer der Errichtung von Säulen mit Inschriften ▸ 6.3 hat er auch Tumuli, künstliche Hügel, anlegen lassen, die ›Stupas‹ genannt wurden und zur Aufbewahrung von Buddha-Reliquien dienten. Sie waren als ein Mittel zur ›moralischen Eroberung‹ über die wichtigsten Städte seines Reiches verteilt. Aus jener Zeit ist kein Stupa erhalten, aber die Grundform – eine Weiterentwicklung der Grabhügel für die Toten, vor allem der Brahmanen und der Angehörigen der herrschenden Familien – ist noch an dem Großen Stupa von Sanchi in Zentralindien zu erkennen ▸ 6.6; 7. Obwohl er zum größten Teil aus dem 2. und 1. Jahrhundert v. Chr. stammt, handelt es sich wahrscheinlich um die Erweiterung eines Stupa aus Aśokas Zeit.

Die Form ist sinnbildlich zu deuten: Es ist eine sichtbare Manifestation des Buddha – durch die Kontemplation seiner sterblichen Überreste vermag der Gläubige, sich Buddha als Teil der unmittelbaren Wirklichkeit zu vergegenwärtigen. Zugleich spiegelt sich der Kosmos in der architektonischen Gestalt, die exakt ausgerichtet und nach einem komplizierten System proportionaler Wechselbeziehungen mit mystischem Gehalt entworfen wurde. Sie besteht aus einer soliden Halbkugel, die den Himmelsdom versinnbildlicht. Die Wölbung ist im Scheitel abgeflacht, um einen quadratischen Aufbau mit einem Mast in der Mitte zu tragen, der die Weltachse von den Wassern unterhalb des Kosmos bis zu den Himmeln symbolisiert. Drei schirmartige Elemente am Mast, die ›Chattras‹, sind Sinnbild der Götterhimmel, wobei der oberste zu Brahma gehört, oder auch Sinnbild der Drei Juwelen des Buddhismus ist – der Gemeinschaft der Mönche, des Gesetzes und des Buddha. Die Chattras wurden auch anders interpretiert: Weil sie den Sonnenschirmen ähneln, die über die Köpfe der weltlichen Herrscher gehalten werden, erklären sie Buddha zum allumfassenden Herrscher.

Eine Palisade umzieht den Hügel; sie ist aus Stein nach Art eines Holzzaunes errichtet. Man fügte sorgfältig behauene Steine zusammen, als wären es kräftige Pfähle und dicke Latten. Die vier ›toranas‹, die Eingangstore, sind in gleicher Weise steinerne Imitationen einer Holzkonstruktion, wobei die horizontalen Balken so gemeißelt sind, als seien sie durch die aufrechten Pfosten gesteckt – die Spiralen an ihren Enden lassen an die Jahresringe bei Baumstämmen denken und sollten vielleicht den fruchtbaren Stamm des Lebens symbolisieren. Weshalb man die Vorbilder aus Holz trotz der technischen Schwierigkeiten einer derartigen Bearbeitung des harten Steins so getreu nachahmte, bleibt ein Rätsel – das gleiche Phänomen findet man auch in anderen Kulturen, etwa im Alten Ägypten,

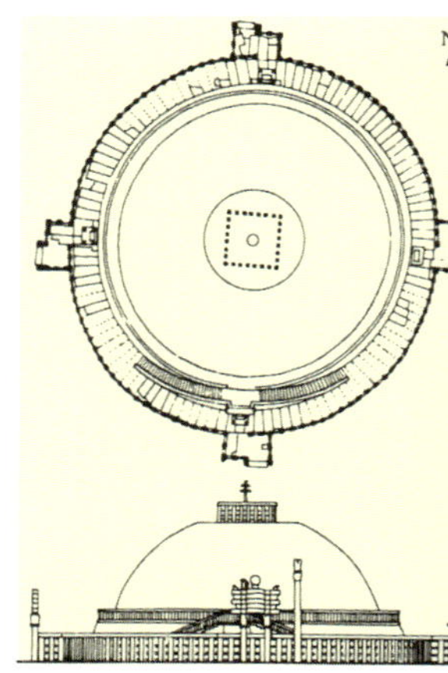

6.7 Grund- und Aufriss des Großen Stupa I von Sanchi.

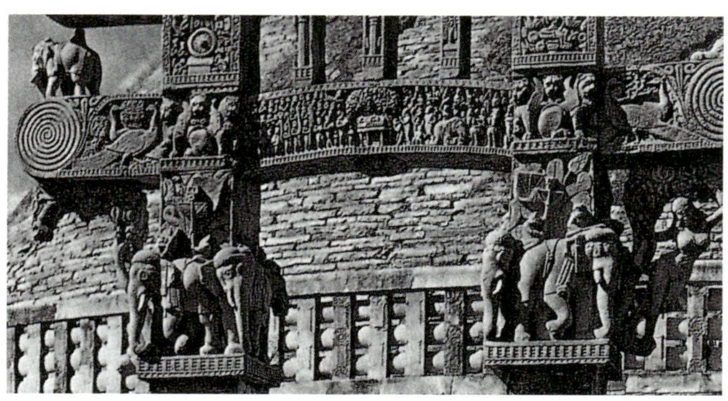

6.8 Detail des Osttors, Großer Stupa, Sanchi, 2.–1. Jh. v. Chr.

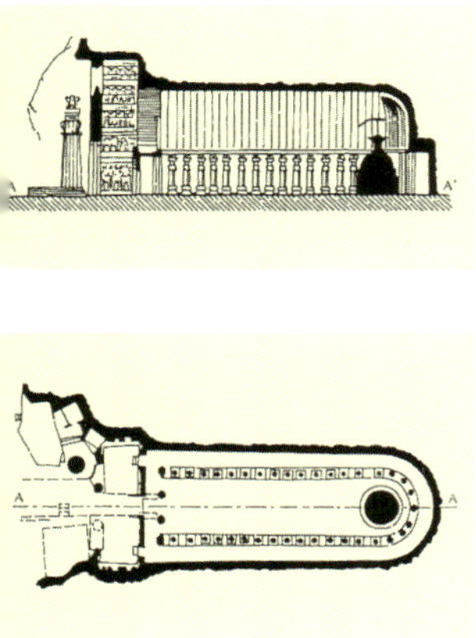

.9 Grundriss und Längsschnitt
er ›Caitya‹-Halle, Karli,
m 120 n. Chr.

in Griechenland und, weniger deutlich, auch im Rom der Kaiserzeit (s. S. 130f.). Es besteht kein Zweifel, dass die Form des Steinzaunes von Sanchi, insbesondere die der Eingangstore, einst eine symbolische Bedeutung hatte, die vielleicht mit den zeitweiligen Feueraltären unter freiem Himmel zusammenhing, die den Mittelpunkt der Opferrituale der Brahmanen bildeten. Zäune wurden offenbar auch um Bäume angelegt, die in den Naturkulten der einheimischen Bevölkerung Verehrung genossen. Die sehr exakte Ausrichtung der Tore nach den vier Himmelsrichtungen und der Umstand, dass die Mauern dahinter so angelegt sind, dass der Besucher gezwungen ist, sich beim Eintritt nach links zu wenden und den Stupa in der Richtung des Sonnenlaufs zu umschreiten, hängen sicherlich mit den kosmologischen Vorstellungen der Brahmanen zusammen. Aber auf allen Opfergeräten der Brahmanen wurde – und wird noch heute – jede Verzierung vermieden. Andererseits sind die ›toranas‹ von Sanchi und anderen Stupas über und über verziert. Man findet darunter Tiere und drawidische Yakshis ▸6.1; 8; 11, symbolische Darstellungen hinduistischer Gottheiten und Szenen aus Buddhas irdischem Leben, er selbst tritt dabei nicht in Erscheinung. (Anthropomorphe Buddha-Bildnisse tauchen erst später auf, s. S. 219 ff.)

Welche Aussage mit den ›toranas‹ einst auch verbunden war, für die buddhistischen Gläubigen hatten sie eine ganz eigene Bedeutung. Wenn sie das Tor durchschritten und um den Stupa gingen und dabei an die in seinem Inneren aufbewahrte Reliquie dachten, bewegten sie sich aus der Welt des Sinnlichen in die Welt des Geistes, von der Gegenwart in die Ewigkeit, und näherten sich so dem kosmischen Bewusstsein. Der Große Stupa von Sanchi bezeugt die buddhistische Synthese aus den metaphysischen Elementen in den *Vedas* und *Upanishaden* mit den animistischen voraryanischen Glaubensformen, die im einfachen Volk immer noch weiterlebten.

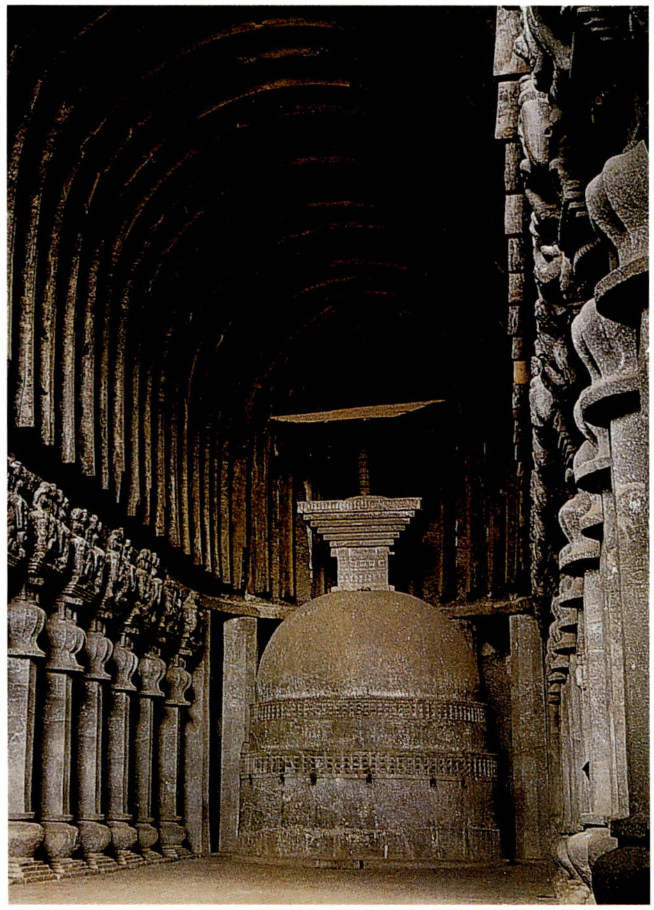

6.10 Innenraum der ›Caitya‹-Halle, Karli, um 120 n. Chr.

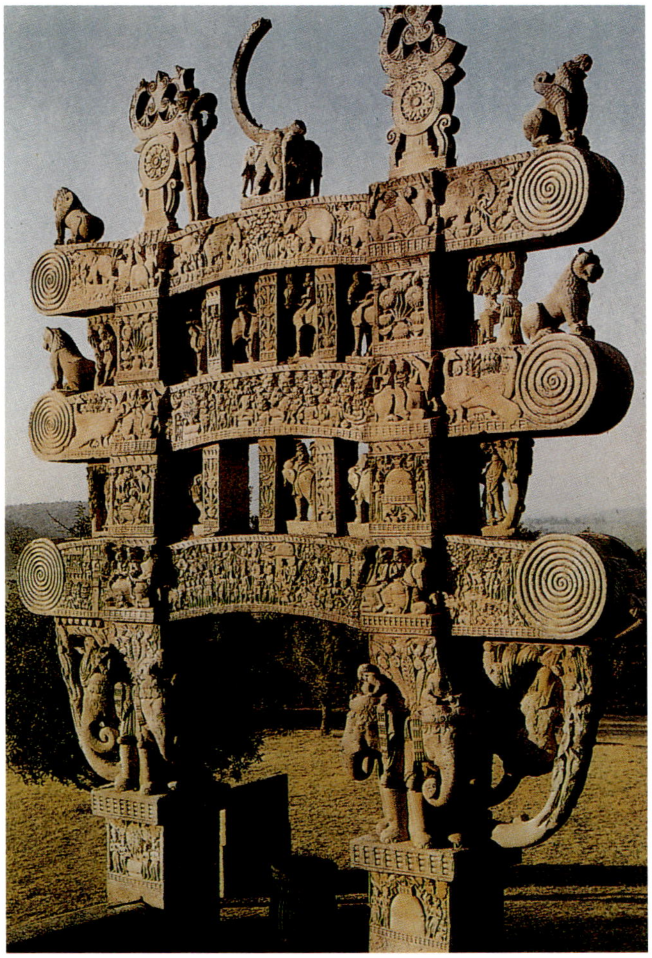

.11 Nordtor des Großen
:upa, Sanchi, 2. Jh. v. Chr.

Weil Buddha dem kontemplativen Leben die größte Bedeutung beimaß, zogen sich seine Anhänger in immer größerer Zahl in Klöster zurück, die ›viharas‹. Sie scheinen zuerst in sehr einfachen Gebäuden aus Holz oder Stroh gelebt zu haben oder in natürlichen Höhlen, wie vorher schon die heiligen Eremiten in Indien. Vom 3. Jahrhundert v. Chr. an wurden in das Felsgestein von Hügeln oder Schluchten regelrechte Gebäudekomplexe mit Zellen und größeren Hallen gehauen. Eine der größten und eindrucksvollsten ist der ›Caitya‹ (Andachtshalle) von Karli ▸6.9; 10. Die Fassade mit einem riesigen → Ogee-Torbogen ist wie der Giebel eines Strohdachs als Imitation hölzerner Bauelemente gemeißelt. das gleiche gilt für den Innenraum, der durch dicht gesetzte Säulen in ein Haupt- und zwei Seitenschiffe unterteilt ist. Damit gehört die Struktur eher zur plastischen Kunst als zur Architektur: Sie ist nicht aufgebaut, sondern aus dem Stein geholt und behauen worden. Zuerst schlug man einen Tunnel in den Felsen, dann wurde die Decke mit den imitierten Balken herausgemeißelt, und so arbeitete man sich, ohne Gerüste zu benötigen, nach unten durch, bis die Flächen um die Säulen und um den kleinen Stupa in der Apsis am Ende der Halle freigelegt waren und der Boden glatt poliert werden konnte.

Die Halle war so angelegt, dass die Gläubigen entweder direkt auf den Stupa zugehen konnten oder dass sie, wie es üblicher war, einen Umweg durch den Gang zwischen den Säulen und der Wand machten und damit den Ritus der ›pra-

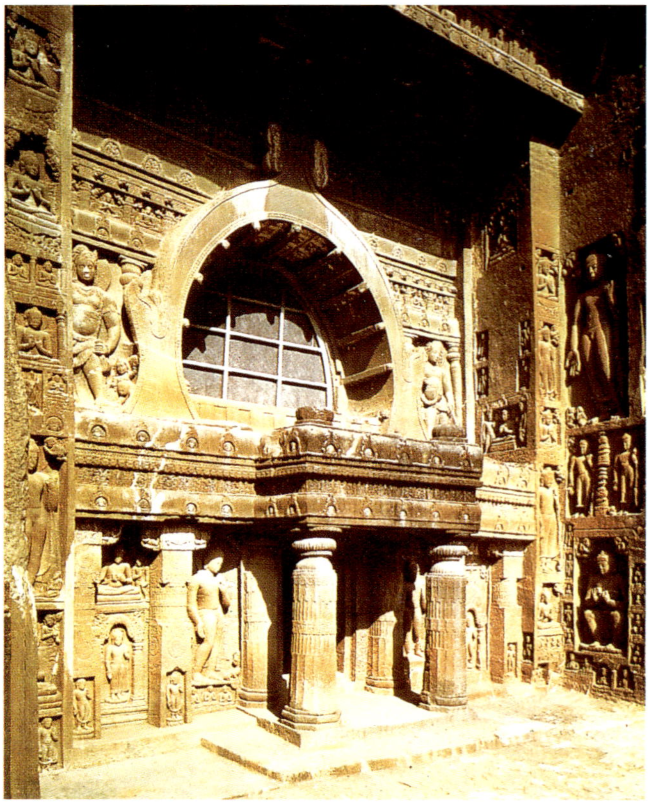

6.12 Außenansicht des Höhlentempels von Ajanta, Indien, 4. Jh. n. Chr.

dakshina‹ oder Umwanderung vollführten. Das Licht, das durch ein großes Fenster oberhalb des Haupteingangs dringt, fällt direkt auf den Stupa. Blickt man von den dunklen Seitenschiffen durch die schmalen Öffnungen zwischen den Säulen, dann scheint der Innenraum von einem überirdischen Licht erfüllt, das von dem Stupa ausstrahlt. Steht man im Hauptschiff, dann scheint der Stupa das einzig Wirkliche in einem unendlichen Nichts schwarzer Finsternis, von der man nur durch die schwach beleuchteten Säulen auf beiden Seiten getrennt ist. Das einzige dekorative Element sind diese Säulen, deren Fuß wie ein Wasserkessel geformt ist (vielleicht eine Anspielung auf die Wasser unterhalb des Kosmos). Darüber befindet sich ein sechseckiger Schaft, ein glockenförmiges Kapitell und ein Elefantenpaar mit einer männlichen und weiblichen Figur, die in das Hauptschiff blicken. Auf der Rückseite der Säulenbekrönung schauen Pferdepaare in die Seitenschiffe. Eine viel größere Zahl von figürlichen Darstellungen sind an der Fassade zu finden, darunter Reliefs mit Yakshis und ihren männlichen Entsprechungen, den Yakshas. Einen besseren Eindruck vom Eingang eines Felsentempels gibt die jüngere und reicher dekorierte Anlage von Ajanta ▸6.12;13. Dort trifft man bei den Reliefs auch auf Buddha-Darstellungen, die zuerst im 1. oder frühen 2. Jahrhundert n. Chr. auftauchen.

## *Das Bild des Buddha*

Die frühen Buddhisten verehrten Śakyamuni als einen sterblichen Lehrer, der zuerst die Erleuchtung und dann ›Nirvana‹ erreicht hatte – die Befreiung der Seele vom Kreislauf der Wiedergeburten. Sie konnten eine derartige Vollendung bildlich nur abstrakt darstellen, etwa in Form des Stupa. Für die Darstellung der Person selber gab es keine Ausdrucksmittel. »Für ihn, der (wie die Sonne) untergegangen ist, gibt es nichts mehr, womit er verglichen werden könnte«, heißt es in einem der frühesten buddhistischen Texte. Aber eine Religion, die wie der Buddhismus eine ständig wachsende Volksmenge ansprach, kam nicht ohne Ikonen aus. Zur eindringlicheren Wirkung der Lehre wurden bereits im späten 2. oder 1. Jahrhundert v. Chr. die Portale zu den Stupas mit Reliefszenen aus Buddhas Leben geschmückt. Ein prächtiges Beispiel findet sich an dem Stupa von Bharhut im nördlichen Mittelindien, wo der Besuch eines Königs bei Buddha dargestellt ist ▸6.15. Auf merkwürdige Weise werden dort gedankliche und naturalistische Konzepte vermischt, denn während einige der Gestalten größer sind als die Säulen der Bauwerke daneben, ist das Relief an anderen Stellen beachtlich illusionistisch gearbeitet – zum Beispiel die beiden Ochsen auf der rechten Seite, die das königliche Gespann schwerfällig vorwärts bewegen und frontal dargestellt sind; auf der linken Seite die Hinterhand eines Pferdes, das durch den Eingang eines ›Caitya‹-Bogens verschwindet, und darüber der Mahout, der zu verhindern sucht, dass sein Elefant den Ast eines Mangobaums abreißt. Wir sehen hier insgesamt eine überraschende Zahl von illustrativen Details. Buddha selbst ist jedoch nur symbolisch, durch ein Rad über dem blumenbestreuten Thron, dargestellt. Das Mandala wurde im westlichen Asien mit der Sonnenscheibe assoziiert, mit der höchsten Gottheit und der Weisheit, in Indien war es zudem gemeinsames Symbol für Geburt, Leben und Tod oder wurde als Sinnbild für die großen kosmischen Umwälzungen im Wandel der Wiedergeburten verstanden. Es hatte außerdem eine engere buddhistische Bedeutung als ›Dharmacakra‹, Rad

6.13 Eingang der Höhle 2, Höhlentempel von Ajanta, 5.–6. Jh.

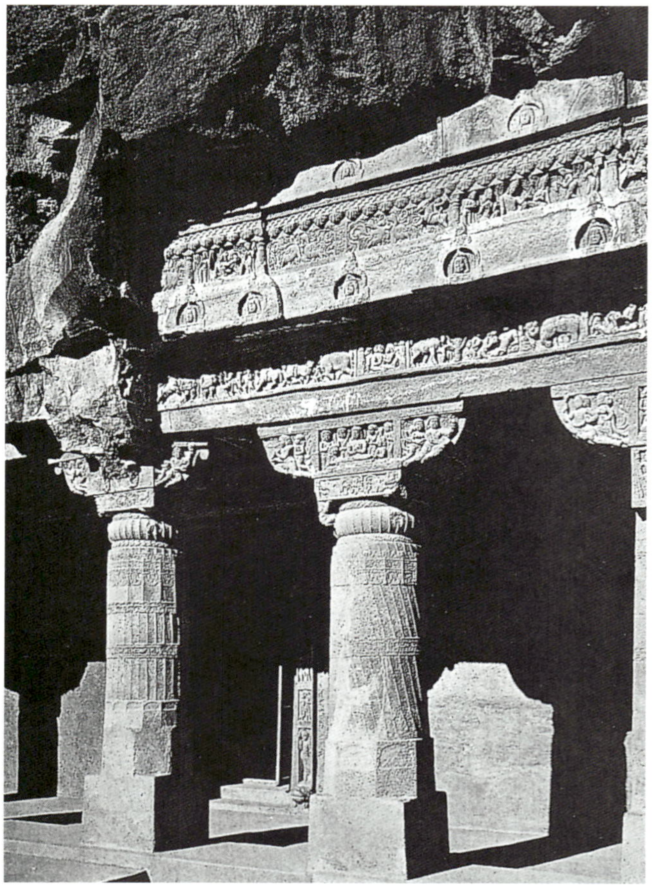

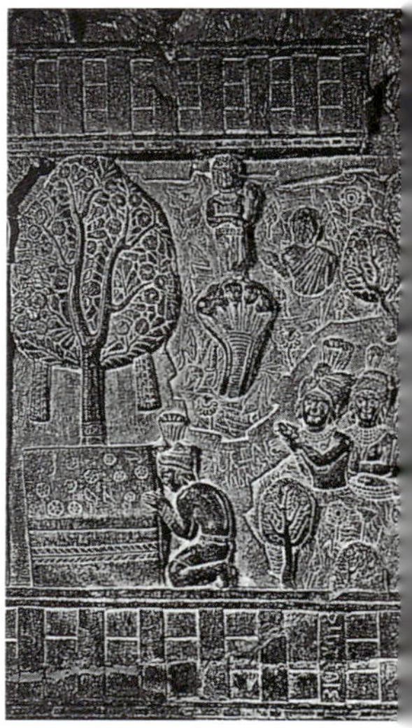

6.14 *Naga Elapatra verehrt de[n] Buddha, der durch den Bodhi-Baum symbolisiert wird*
Bharhut, 2. Jh. v. Chr.
Indian Museum, Kalkutta.

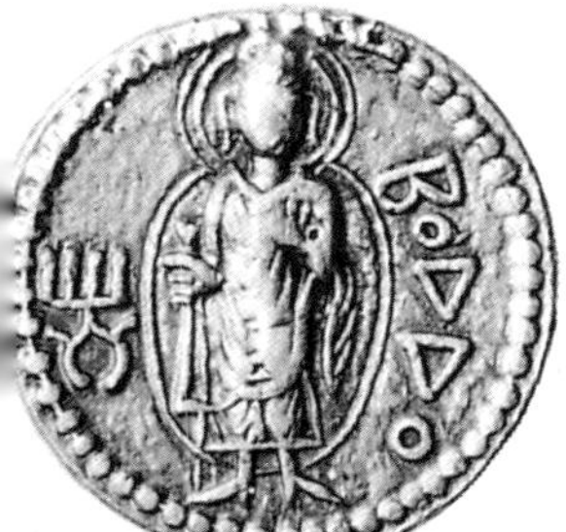

16 Goldmünze von Kanishka
it Buddha-Bildnis, spätes 1. bis
ühes 2. Jh. n. Chr. Ehemals
luseum of Fine Arts, Boston
eth K. Sweetser Fund).

17 *Buddha aus Hoti-Mardan*,
akistan, 1.–2. Jh. n. Chr.
nemals Guides' Mess,
oti-Mardan, Pakistan
etziger Standort unbekannt).

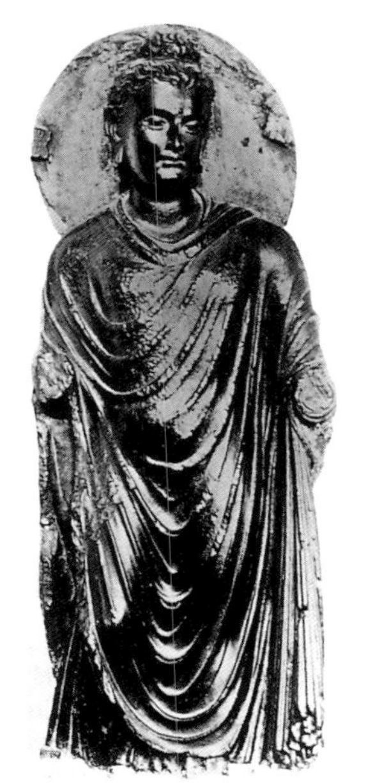

des Gesetzes oder der Lehre, das sich während der ersten Predigt des gerade erleuchteten Buddha zu drehen begann, wie das Sonnenrad alle Winkel der Erde erhellte und allen Wesen geistige Erleuchtung brachte. Auf anderen frühen Reliefarbeiten wird die unfassbare Anwesenheit Buddhas durch das Pferd angezeigt. Auf seinem Rücken gelobte er die Abkehr von der Welt, als er vom elterlichen Haus davon ritt. Oder er wird durch den Bodhi-Baum vertreten ▸ 6.14, neben dem er meditierte, oder durch seine Fußabdrücke oder einfach nur durch einen leeren Sitz, wie das hier abgebildete Beispiel zeigt ▸ 6.15. Das gleiche Symbol findet sich später in der byzantinischen und frühchristlichen Kunst ▸ 7.5. Im Mittelpunkt stand nicht die Person des Buddha Śakyamuni, sondern seine Lehre. Diese umfasste auch seine Erzählungen über seine früheren Existenzen, durch die er die Möglichkeit zur Buddhawerdung erlangt hatte und die jede für sich eine Art Parabel darstellten.

Ein entscheidender Wandel vollzog sich, als eine neue Richtung der buddhistischen Lehre aufkam, die von ihren Anhängern ›Mahayana‹ oder ›Großes Fahrzeug‹ (bzw. ›Große Überfahrt‹) genannt wurde, um sie von der älteren Lehre zu unterscheiden, die sie abschätzig als ›Hinayana‹ oder ›Kleines Fahrzeug‹ bezeichneten. Letztere wurde später von ihren Anhängern wiederum ›Theravada‹, die Lehre der Alten, genannt. Die frühe Form des Buddhismus hatte eine regelrecht ›atheistische‹ Philosophie vertreten, die sich auf Buddhas Lehren berief und vor allem auf seine letzte Verfügung, dass seine Jünger ihre Erlösung aus sich selber heraus erreichen sollten. Als Konsequenz propagierte man die Abkehr von der Welt und ein kontemplatives Leben im Kloster. Der ›Mahayana‹ hingegen betrachtete Buddha nicht als einen sterblichen Lehrer, dessen Worte und Taten zum Vorbild zu nehmen waren, sondern als einen Gott, der wie Brahma oder Jahwe schon immer ohne Anfang und ohne Ende gewesen war. Durch eine solche Interpretation ließ sich der Buddhismus leichter mit anderen religiösen Vorstellungen vereinbaren, wie sie in Indien und ebenso in China und Japan herrschten, worauf wir noch eingehen werden. Von einem transzendentalen Gesichtspunkt aus sah man in dem geschichtlichen Buddha nur eine weitere Illusion in einer Welt der Illusionen; paradoxerweise wurden dadurch figürliche Darstellungen des Buddha möglich. Auf einfacherem Niveau öffnete der ›Mahayana‹ die Tür zur Herausbildung eines buddhistischen Pantheons von Gottheiten, die man sich in anthropomorpher Form wie die Götter anderer Religionen vorstellte und manchmal mit ihnen zusammen abbildete. Die wichtigsten waren die Bodhisattvas oder angehenden Buddhas, die es zur Erlösung der Menschheit abgelehnt hatten, ins Nirvana einzugehen, obgleich sie es gekonnt hätten.

Eine Darstellung des Buddha in menschlicher Gestalt findet sich auf Münzen, die zur Regierungszeit des ›Mahayana‹-Anhängers Kanishka I. geprägt wurden, der vermutlich um das Jahr 78 n. Chr. zum Herrscher des Reiches von Kushana aufstieg, das sich vom Aral-See über Afghanistan südöstlich bis nach Benares am Ganges erstreckte ▸ 6.16. Diese kleine Figur weist viele der Merkmale späterer Buddha-Darstellungen auf: so etwa die ›Ushnisha‹, eine Auswölbung des Schädels als Zeichen großer geistiger Weisheit, stark verlängerte Ohrläppchen als Folge der schweren Schmuckstücke, die er in seiner glanzvollen Jugend als Prinz trug, die in der Geste der Schutzgewährung oder Segnung erhobene Rechte, das Mönchsgewand, und einen Nimbus als Symbol der Heiligkeit hinter Kopf und Körper. Für diese Merkmale hat es sicherlich

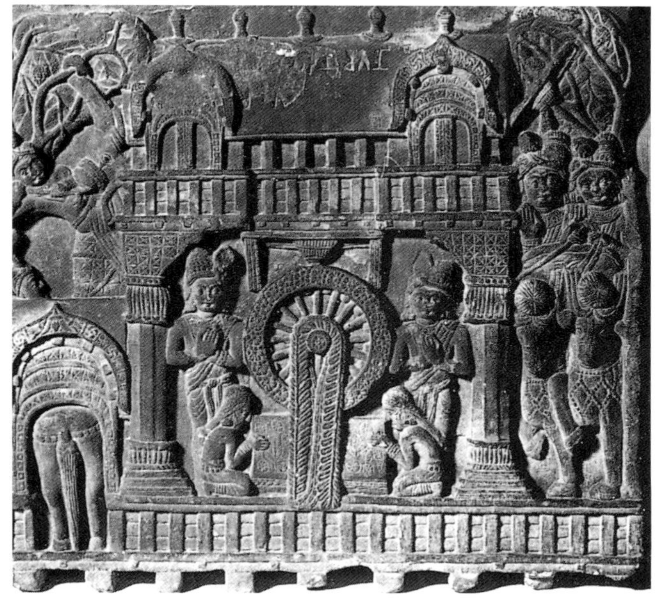

6.15 *König Prasenajit besucht Buddha*, Detail eines Reliefs des Stupa von Bharhut, frühes 2. Jh. v. Chr., roter Sandstein, Höhe 48 cm. Freer Gallery of Art, Smithsonian Institution, Washington.

Vorbilder gegeben, sei es in der Plastik oder in der Malerei. Aber alle frühen Buddha-Bildnisse lassen sich nur recht grob datieren. Stilistisch kann man deutlich zwei Richtungen unterscheiden, von denen sich die eine in Gandhara im Norden (in der Gegend um Peshawar im heutigen Pakistan) entwickelte, die andere an der südlichen Grenze des Kushana-Reiches in Mathura (etwa 140 km südlich von Delhi).

Künstlerisch, wenn auch nicht geographisch, lag Gandhara westlicher als Indien. Diese zentralasiatische Grenzregion war in hellenistischer Zeit unter griechischen Einfluss geraten, als sie zum Königreich von Baktrien gehörte, das von griechischen Herrschern, darunter dem flaschennasigen Euthydemos ▸ 5.14, regiert wurde. Als es an Kushana fiel, war es bereits durch die Parther von der Welt des Mittelmeeres abgeschnitten (s. S. 167f.), aber weiterhin gelangten Kunstwerke und wahrscheinlich auch Künstler aus den römischen Ostprovinzen dorthin. Daraus entwickelte sich eine Kunst, die sich mindestens genauso stark, wenn nicht stärker, an Rom als an Indien anlehnte, eine Mischform zweier zutiefst gegensätzlicher Kunstideale. Und doch sollten aus dieser merkwürdigen wechselseitigen künstlerischen Befruchtung die ersten meisterhaften Buddha-Bildnisse entstehen, die zu den friedvollsten und vergeistigsten Kunstwerken überhaupt zählen. Um eine Vorstellung von Göttlichkeit in Menschengestalt zu geben, orientierten sich die Bildhauer von Gandhara an den Statuen griechischer und römischer Götter, wie es auch abendländische Künstler 200 Jahre später taten, als die Christen nach bildlichen Darstellungen von Christus verlangten (s. S. 278ff.). Der Nimbus an Buddha- und Christus-Darstellungen geht wahrscheinlich auf einen gemeinsamen Ursprung zurück (s. S. 287f.). Aber die Bildhauer von Gandhara übernahmen nicht nur ikonographische Elemente aus dem Westen.

Einer der frühesten Buddhas von Gandhara ist gleichzeitig eine der noch am stärksten im westlichen Sinn klassisch geprägten Figuren ▸ 6.17. Das Gewand fällt in lockeren Falten, deutet aber Form und Biegung des darunter liegenden Körpers an und gleicht zeitgenössischen Statuen vergöttlichter römischer Kaiser oder Darstellungen der Musen, die der

IM KONTEXT

# *Das Leben des Buddha*
# Heilige Schriften und Bildnisse

Obwohl das buddhistische Schrifttum umfangreicher ist als das irgendeiner anderen Religion, umfasst es keinen Einzeltext von vergleichbarer Verbindlichkeit, wie sie das Neue Testament für die Christen und der Koran für die Moslems besitzt. Die heiligen Schriften des Buddhismus stehen eher den hinduistischen *Veden* und *Upanishaden* nahe, von denen sie sich allerdings in einer wichtigen Hinsicht unterscheiden: Sie berichten über das Leben und die Lehren einer historischen Gestalt, die keinerlei Anspruch auf Göttlichkeit oder auch nur auf eine Nähe zu Gottheiten erhob. Zudem lassen sie einen großen Deutungsspielraum, ja sie fördern geradezu eine Deutungsvielfalt gemäß der letzten Botschaft, die der Buddha seinen Anhängern hinterließ: Jeder muss sich seine Erlösung in einsamer Meditation selbst erarbeiten – wobei er allerdings auch sagte, dass man Erleuchtung (jenen Zustand vollkommener Selbstlosigkeit und der Erlösung von allen Begierden und daraus resultierenden Leiden) nicht durch innere Einkehr allein erreichen könne. Nach seinem Tod (›Parinirvana‹, d.h. endgültiger Eingang ins Nirvana) wurden seine Worte mündlich überliefert. Rund 400 bis 500 Jahre lang, das heißt bis kurz vor Beginn der christlichen Zeitrechnung, wurde offenbar nichts niedergeschrieben, und um den historischen Buddha (Sakyamuni) rankte sich bereits ein undurchsichtiges Gewebe von Mythen und Legenden. Er muss Maghadi gesprochen haben, das zu seinen Lebzeiten die Sprache des östlichen Indien war, die ältesten überlieferten Schriften jedoch sind in den Schriftsprachen Pali und Sanskrit abgefasst. Der Pali-Kanon gilt als der älteste und ist bis heute das maßgebliche Schrifttum für die Theravada-Buddhisten in Sri Lanka und Südostasien. Er besteht aus drei Teilen, den Predigten (Sutras) des Buddha, seiner Ordensregel für Mönche und Nonnen sowie frühen Kommentaren, die in einer neueren Ausgabe insgesamt 45 dicke Bände füllten. Bevor jedoch diese Pali-Texte niedergeschrieben wurden, hatten Anhänger der Mahayana genannten Richtung buddhistischer Lehre (siehe S. 239) die mündliche Überlieferung um zahlreiche Zusätze erweitert, welche Aufnahme in den Sanskrit-Kanon fanden.

Den Buddha selbst interessierten bildliche Darstellungen ebenso wenig wie Rituale. Allerdings schrieb er nach Aussage eines späteren Textes die meditative Versenkung in sein eigenes gemaltes Abbild vor, und buddhistische Bildwerke gab es ohne Zweifel bereits früher als schriftliche Zeugnisse. Die ältesten bekannten bildlichen Darstellungen datieren aus dem 2. Jahrhundert v. Chr. ▸ 6.15 und offenbaren ein Geschick in Bilderzählung und -symbolik, das nicht ohne eine ältere Bildtradition denkbar ist. Zweifellos entstanden auch Malereien auf Stoff zur religiösen Unterweisung. Sie ähnelten jenen, die bereits im 2. Jahrhundert v. Chr. (und bis ins 20. Jahrhundert) von ›Bildschaustellern‹, die die Hindu-Epen vortrugen, als Anschauungshilfen verwendet wurden. Die Botschaft des Buddha hatte sich an alle Menschen ohne Rücksicht auf Kaste oder Bildungsniveau gerichtet, und Künstler machten sich zunächst daran, jene Aspekte von Leben und Lehren des Meisters bildlich darzustellen, die – mündlichen Quellen entlehnt – am leichtesten zu verstehen waren. Sich auf das Leben des Buddha beziehende Überlieferungen wurden erstmals in der

6.18 *Mayas Traum und die Geburt des Buddha*, Relief des Stupa in Amaravati, Indien, um 200 n. Chr., weißer Marmor, 160 x 97,8 cm. British Museum, London.

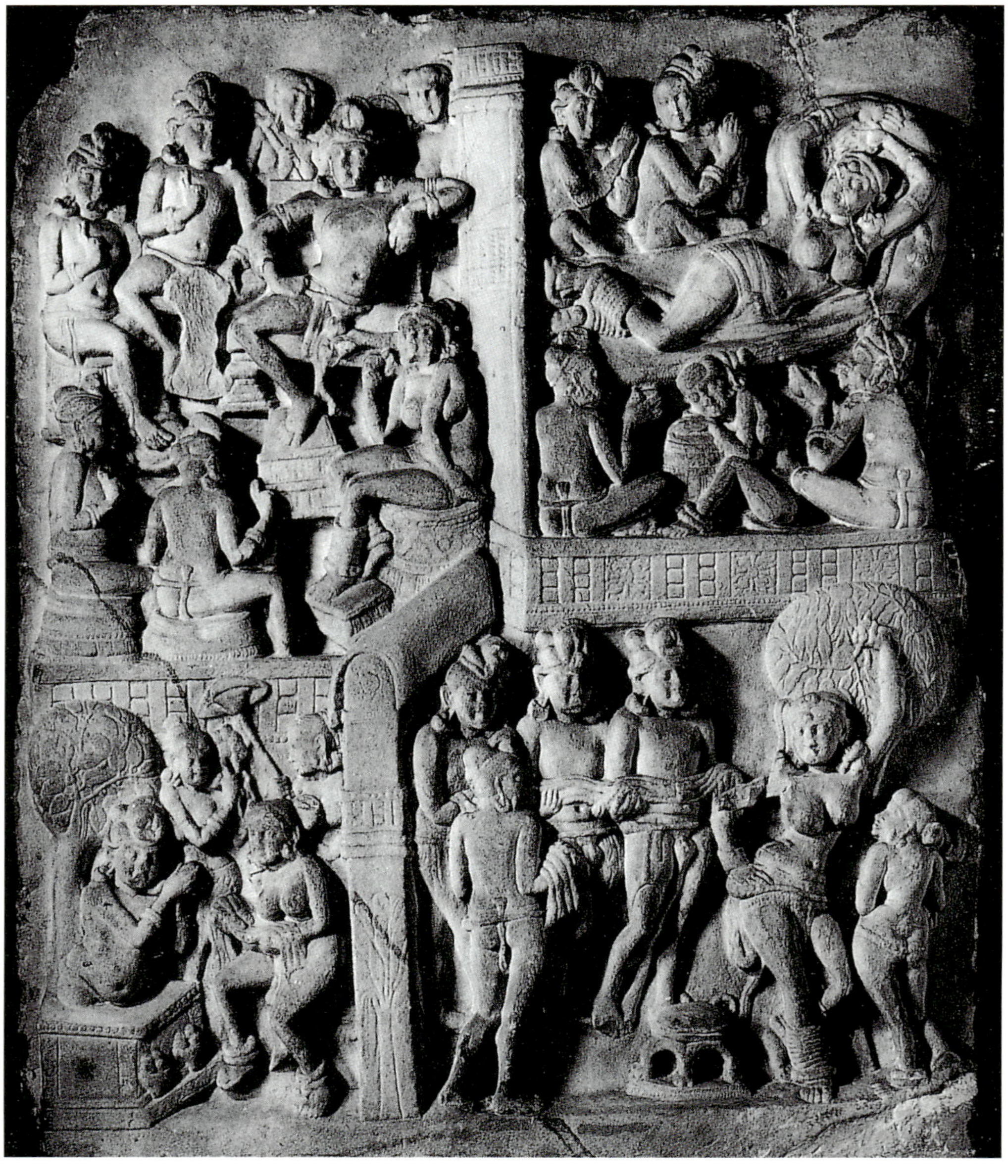

*Buddhacarita* zusammengetragen, einer Sanskritdichtung des Ashvaghota aus dem 1. Jahrhundert n. Chr.; eine ausführlichere ›Heiligenlegende‹ findet sich weder im Pali- noch im Sanskrit-Kanon.

Die Geschichte seiner Geburt war ein häufiger Bildgegenstand. Ein vermutlich aus dem 2. Jahrhundert n. Chr. stammendes Relief des Stupa von Amaravati ▸ 6.18 zeigt seine Mutter Maya, die träumt, von einem weißen Elefanten beschlafen worden zu sein (rechts oben). In der Szene daneben ziehen sie und ihr Ehegatte, der genau über ihr sitzt, Seher zu Rate, die den Traum deuten. Nachdem ihr klar wird, dass sie im Begriff ist, ein Kind zur Welt zu bringen, begibt sich Maya zu einem Hain, der der Muttergottheit Lumbini geweiht ist. Während sie den Zweig eines blühenden Baumes (ein uraltes Fruchtbarkeitssymbol) hochhält, wird das Kind aus ihrer rechten Hüfte geboren (rechts unten), und sie bringt es dem Schutzgeist des Geschlechts der Sakya (*yaksha*) dar. Das Kind selbst ist in keiner dieser Szenen dargestellt: Das dem yaksha entgegen gehaltene Tuch ist leer. Im Blickpunkt steht Maya, deren Name im Sanskrit gleichzeitig der Begriff für die trügerische Erscheinungswelt ist. Ihre vollbusige und breithüftige Gestalt ist mit der gleichen zärtlichen Sinnlichkeit wiedergegeben wie der weibliche Naturgeist in Sanchi ▸ 6.1.

Ashvaghota berichtet in seiner Darstellung der Jugend des Siddhartha, so der Name des Buddha in diesem Lebensstadium, dass Dienerinnen *»ihn mit zärtlichen Worten, schmachtenden Rufen, lüsternem Hüftwiegen, süßem Lachen, ihm zugeworfenen Küssen und verführerischen Blicken umschmeichelten. Auf diese Weise wurde er zu einem Gefangenen dieser Frauen, die auf dem Gebiet der sinnlichen Lust gut bewandert und im sexuellen Genuss unermüdlich waren.«* Sein geistiges Erwachen setzte ein, als er den elterlichen Palast verließ und zum ersten Mal einen Alten, einen Kranken und einen Toten zu sehen bekam, die ihn als Fingerzeige auf die Vergänglichkeit alles Diesseitigen beunruhigten. Ausschlaggebend war jedoch seine vierte Begegnung mit einem bettelnden Asketen oder weisen Eremiten, die ihn dazu brachte, dem sinnlichen Genuss zu entsagen. Er floh aus dem elterlichen Palast, verschenkte seine kostbaren Kleider und Schmucksachen, schnitt sich die Haare ab ▸ 6.69 und schloss sich den als Einsiedler im Wald lebenden Asketen an, deren enthaltsame Lebensweise er sich zu eigen machte. Er gab sich der Meditation hin und hungerte, bis sein Körper ausgemergelt war. Doch *»abgezehrt wie er war, tat dies seiner Herrlichkeit und Majestät keinen Abbruch, und sein Anblick erfreute die Augen derer, die ihn erschauten. Er war ihnen so willkommen wie der Vollmond im Herbst den in dieser Zeit erblühenden weißen Lotosblumen.«* Verschiedene Skulpturen zeigen seinen ausgemergelten Körper mit hervortretenden Rippen, spindeldürren Armen, eingefallenem Bauch und tief liegenden Augen, die dennoch einen Ausdruck heiterer Intensität behalten ▸ 6.19. Sie entstanden in Gandhara, wo der Einfluss der hellenistischen Kunst stark ausgeprägt war, wiewohl man sich nur schwer einen durch die griechische Schule gegangenen Künstler vorstellen kann, der bei allem Hang zum Naturalismus den menschlichen Körper auf diese Art und Weise dargestellt hätte. Doch die indische Ästhetik forderte seit jeher die Unterordnung des Schönen unter die Beschwörung des Sakralen, des Numinosen. Ein Buddhist schätzte das Schöne nur insofern, als es einer religiösen Idee Gestalt gab. Nach sechs Jahren asketischer Übungen sah Siddhartha jedoch ein, dass er durch Selbstkasteiung, so wirkungsvoll sie als Methode der Lossagung von Ichbezogenheit auch sein mochte, die Erleuchtung nicht erreichen konnte. Und später, in seiner ersten Predigt, verkündete er die Lehre eines mittleren Weges zwischen dem Extrem der Selbstverleugnung auf der einen und dem der Maßlosigkeit auf der anderen Seite.

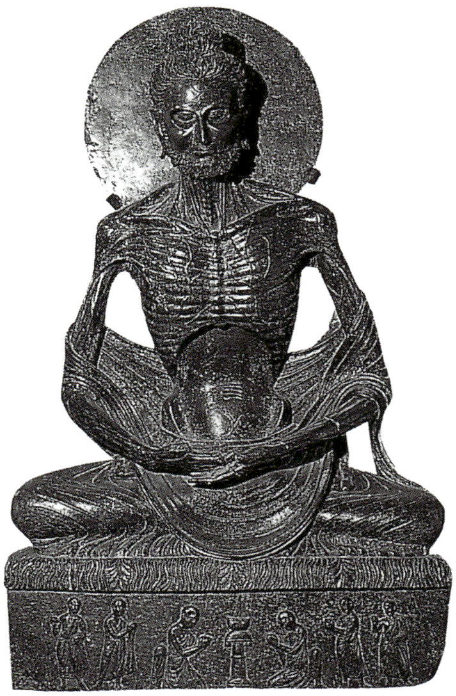

6.19 *Fastender Siddhartha*, spätes 1. Jh. v. Chr.–2. Jh. n. Chr., Schiefer, Höhe 83,8 cm. Lahore Museum.

Darstellungen der Lebensgeschichte des Buddha veranschaulichen seine Lehren. Sie verschließen sich westlichen Vorstellungen von historischer Objektivität genauso wie die *Jakata*-Erzählungen, Darstellungen seiner früheren Inkarnationen oder Erscheinungen auf Erden in menschlicher wie in tierischer Gestalt, die vielfach in den Pali-Kanon aufgenommen sind und häufig den Stoff für bildliche Darstellungen abgaben. Ein solcher Bildstoff, der von seiner Inkarnation als Anführer einer Affenschar handelt, taucht bereits im 2. Jahrhundert v. Chr. in Bharhut im nördlichen Mittelindien auf ▸ 6.20. Die Darstellung zeigt ihn, wie er mit schmerzvoll in die Länge gestrecktem Körper zwischen zwei Bäumen eine Brücke bildet und es den kleineren Affen auf diese Weise ermöglicht, sich vor den Soldaten in Sicherheit zu bringen, die auf Geheiß eines Königs im Wald das beste Obst pflückten. Den König beeindruckte dies so sehr, dass er den Affenanführer dazu ausfragte. Dieser hatte sich das Kreuz gebrochen, gab dem König aber folgendes zur Antwort: *»Die, die sich immer beeilen, meinen Befehlen Folge zu leisten, haben mir die Bürde aufgeladen, ihr Anführer zu sein. Und ich für meinen Teil habe es aus Liebe eines Vaters zu seinen Kindern übernommen, diese Bürde zu tragen.«* Eine spätere Sanskrit-Version aus der Zeit um 200 n. Chr. rät darüber hinaus abschließend, diese Geschichte in Zusammenhang mit Ausführungen über Erbarmen und Dankbarkeit sowie im Rahmen der Belehrung von Fürsten zu erzählen. Einfache erbauliche Geschichten dieser Art und die sich auf sie beziehenden bildlichen Darstellungen vergegenwärtigten in eingängiger Form die praktischen Aspekte des Buddhismus als Lebensregel. Die erhabeneren und esoterischeren metaphysischen Lehren, die die Mahayana genannte Richtung des Buddhismus entwickelte, fanden später in China und Japan in zum Teil großartigen Denkmälern ihren Niederschlag.

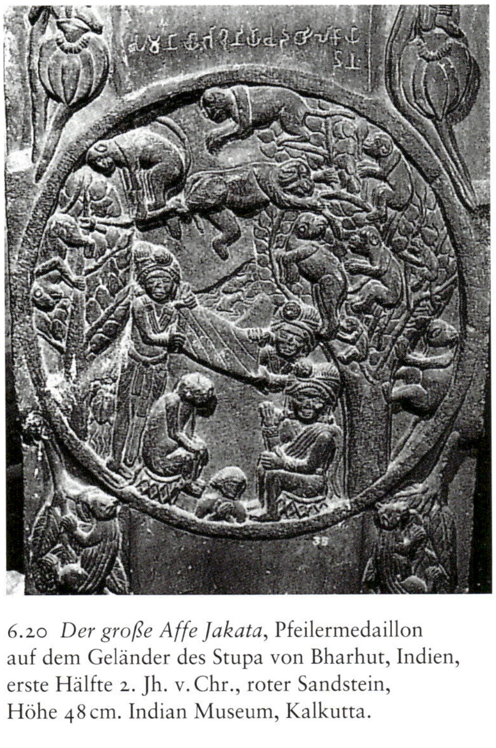

6.20 *Der große Affe Jakata*, Pfeilermedaillon auf dem Geländer des Stupa von Bharhut, Indien, erste Hälfte 2. Jh. v. Chr., roter Sandstein, Höhe 48 cm. Indian Museum, Kalkutta.

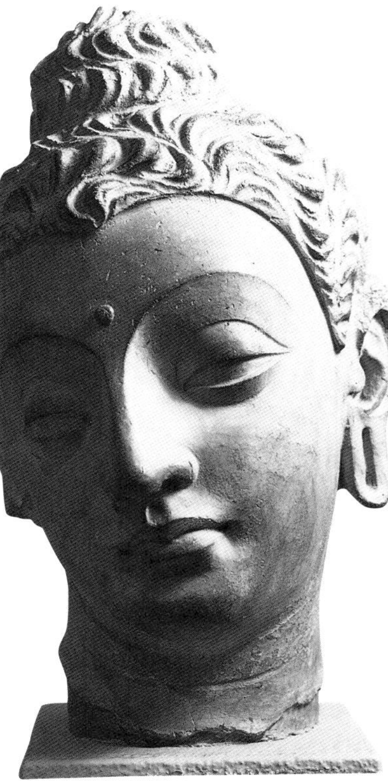

6.21 *Kopf eines Buddha*, aus Gandhara, 3. Jh. n. Chr., Kalkstein, Höhe 41 cm. Victoria & Albert Museum, London.

Menschheit die erhellenden Gaben der Dichtkunst und der göttlichen Weisheit brachten. Die Haltung hat jenen leichten, lebendigen Schwung, der für die Plastik der späten Antike charakteristisch ist, der Kopf lässt an einen griechischen Apoll denken. Die ›Ushnisha‹ ist unter gewelltem Haar verborgen, und die ikonographischen Erkennungszeichen Buddhas sind auf den ›Urna‹, das Haarbüschel zwischen den Brauen, und die langen Ohrläppchen beschränkt. Für den entrückten, aber sanften Gesichtsausdruck eines in sich ruhenden Menschen, der an dieser edlen Figur so faszinierend herausgearbeitet ist, gab es in der westlichen Kunst kaum Vorbilder. Bei einem anderen, wohl späteren Buddha-Kopf sind griechische Symmetrie, Balance und Ruhe wiederum mit jener so bezeichnenden sinnlichen Geistigkeit Indiens vereint und zu einem überragenden Ausdruck östlichen Seelenfriedens geworden, einem orientalisierten Apoll ▸6.21. Die Begegnung von Ost und West in der Kunst von Gandhara ließ einen neuen Typus menschlicher Schönheit entstehen, der Spuren auf den Buddha-Bildnissen Indiens sowie auf denen Chinas – dort vielleicht noch stärker – hinterließ.

Dagegen sind die Buddha-Darstellungen im Mathura-Stil rein indisch, wie man an einem imposanten Hochrelief aus dem roten Sandstein jener Gegend feststellen kann ▸6.23. Hier sehen wir Buddha oder vielmehr Śakyamuni vor dem Eintritt der Erleuchtung, wie die Inschrift erklärt, in Yoga-Haltung mit untergeschlagenen Beinen unter dem Bodhi-Baum meditierend. Die königliche Herkunft wird durch den Löwenthron und die beiden Diener mit Fliegenwedeln angezeigt, geistige Herrschaft durch das Paar schwebender himmlischer Wesen und durch die charakteristischen Körpermale, wozu in diesem Fall auch auf die Handflächen und Fußsohlen gravierte Räder gehören. Der Rumpf mit der straff gespannten Haut gibt einen ähnlich fülligen Eindruck wie die Yakshi-Figuren von Sanchi ▸6.1;8 oder gar die viel früheren Statuetten der Indus-Kultur ▸2.28;29. Gleiches lässt sich über die ganz anders geartete, äußerst männlich-kraftvolle und, ungeachtet ihres kleinen Formates, monumentale Standfigur sagen, die einer Inschrift zufolge Maitreya, den Buddha der Zukunft darstellt, behangen mit dem für Bodhisattvas üblichen Schmuck. Charakteristisch ist auch die sich unter dem Gewand deutlich abzeichnende Männlichkeit ▸6.22.

Die Bildhauer von Gandhara ließen sich von Bildnissen dieser Art inspirieren. Man findet sie zum Beispiel auf einem Fries aus Gandhara ▸6.24, wo Buddha von Gestalten umgeben ist, die gut auf einen römischen Sarkophag der gleichen Zeit passen würden – einer von ihnen scheint in eine Toga gekleidet, ein anderer, der in klassischer Haltung daneben steht, ist völlig unbekleidet, was in Indien selbst bei den freizügigsten erotischen Darstellungen selten ist. Die indische Yoga-Haltung aber hat dem Bildhauer offensichtlich Schwierigkeiten bereitet, denn dafür gab es in der Kunst des Westens keine Modelle. (Die untergeschlagenen Beine unter dem Rumpf wirken wie ein Polster, und der nach oben gedrehte rechte Fuß ist in einen Stoffüberfall verwandelt.) Auf dem Fries ist Buddhas Geburt dargestellt, sein Meditieren unter dem Bodhi-Baum und, auf dem hier abgebildeten Ausschnitt, seine erste Predigt im Gazellenhain (versinnbildlicht durch das Rad auf dem Thron zwischen den beiden Gazellen) sowie sein Tod, wo der letzte Schüler meditierend vor dem Bett sitzt. Größenunterschiede drücken Rangunterschiede aus. Auf dem Mathura-Relief ist der Buddha ebenfalls wesentlich größer als seine beiden Diener ▸6.23. Auf dem Gandhara-Fries drängen sich die kleinen Nebenfiguren mit lebendigem Schwung und geschäftiger Bewegung, während Buddha in unbewegter verinnerlichter Monumentalität verharrt wie eine überlebensgroße Statue, die von Gläubigen umringt wird. Bei dieser Darstellung wird er als Gott verstanden, der den Freuden und Leiden der Menschheit

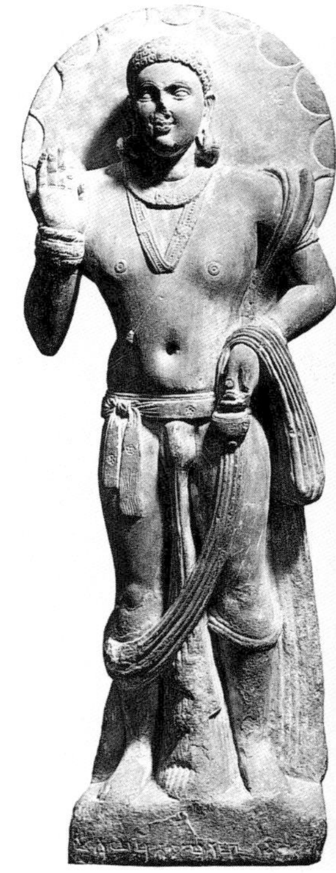

6.22 *Maitreya aus Ramnagar* (Ahicchatra), Indien, 2. Jh., roter Sandstein, Höhe 66 cm. National Museum of India, Neu Delhi.

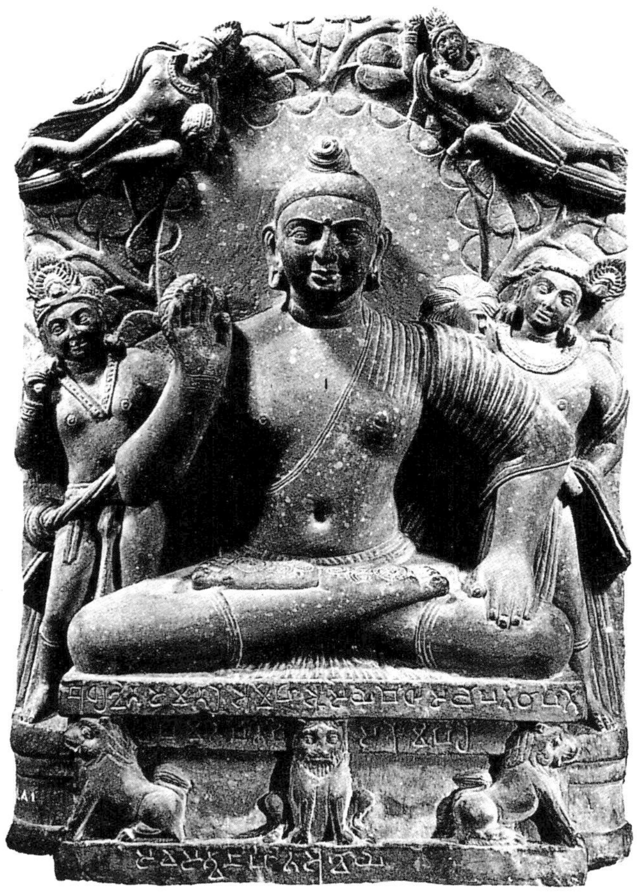

6.23 *Sitzender Buddha*, aus Katra, Mathura, Indien, 2. Jh. n. Chr., roter Sandstein, Höhe 69,2 cm. Staatliches Museum, Mathura.

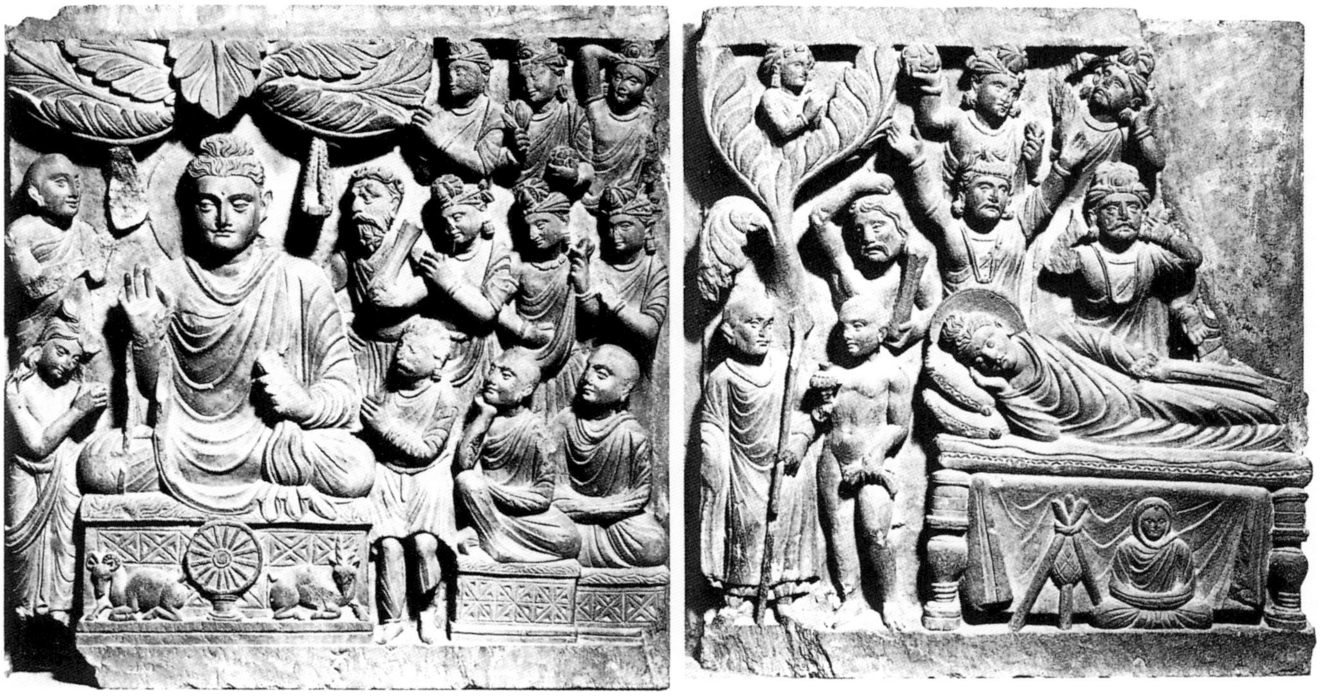

.24 Detail eines Reliefs aus ındhara mit der *Ersten Predigt* *Gazellenhain und dem Tod s Buddha,* Kuschana, Indien, ätes 2.–frühes 3. Jh. n. Chr., nkler graublauer Schiefer, öhe 67 cm. Freer Gallery of t, Smithsonian Insitution, ashington.

weit enthoben ist; so tritt er auch in der späteren buddhistischen Kunst auf. Die Kunstströmungen von Gandhara und Mathura trugen zur Herausbildung eines Stils bei, der allgemein als die Klassik der indischen Kunst bezeichnet wird. Seine höchste Ausprägung erreichte er während der 300-jährigen Gupta-Periode, die ihren Namen nach Chandra Gupta I. erhielt, der im Jahr 320 n. Chr. in der alten Maurya-Hauptstadt Pataliputra zum König der Könige gekrönt wurde. Zu den Meisterwerken dieses Stils, ja der religiösen Kunst der Weltgeschichte überhaupt, zählt ein Hochrelief, auf dem Buddha bei seiner ersten Predigt dargestellt ist ▸ 6.25. Die ausgezeichnete Steinmetzarbeit mag von den Erfahrungen der Gandhara-Künstler profitiert haben, aber sie ist durch kultivierte Feinarbeit und subtilste Oberflächenwirkung gesteigert.

In Gandhara hatten die Bildhauer Buddha als einen Gott in Menschengestalt wiedergegeben, fast wie im Westen. Bei diesem Werk aus der Gupta-Zeit erscheint er uns als der Inbegriff des Göttlichen, ein von allem Irdischen befreiter reiner Geist, Licht ohne Hitze. Eine solche Gestalt wirkt auf den Betrachter wie eine Meditation und rückt ihr Ziel, die Schau der Einheit, in greifbare Gegenwart. Die Grundsymbole früherer Buddha-Darstellungen sind hier integriert und dem Gesamteindruck eingepasst – die himmlischen Wesen, das Rad, die Gazellen (leider beschädigt) und die Schüler. Die überaus ausdrucksvollen Hände des Buddha sind zu einem ›Mudra‹, einer der Gesten der esoterischen Zeichensprache, geformt und drehen das Rad der Lehre, das ›Dharmacakra‹. Doch die Skulptur erhält ihre Schweigen gebietende spirituelle Aura, ihre geistige Ausstrahlung, mindestens ebenso stark durch ihre Form wie durch ihre Symbolsprache. Der übernatürliche Frieden, der über dem Werk ruht, drückt sich in der Gestaltung durch perfekte Symmetrie und die Bildung einfacher und in sich geschlossener geometrischer Formen aus. Die großen Ringe des Heiligenscheins sind wie ein Echo in den Linien wiederaufgenommen, mit denen die Falten am Hals, an der Hüfte und im Stoff unter den Beinen stilisiert wiedergegeben sind. Zwei Dreiecke schneiden sich, das eine umfasst den Körper von der Kopfspitze bis zu den Knien, das andere läuft

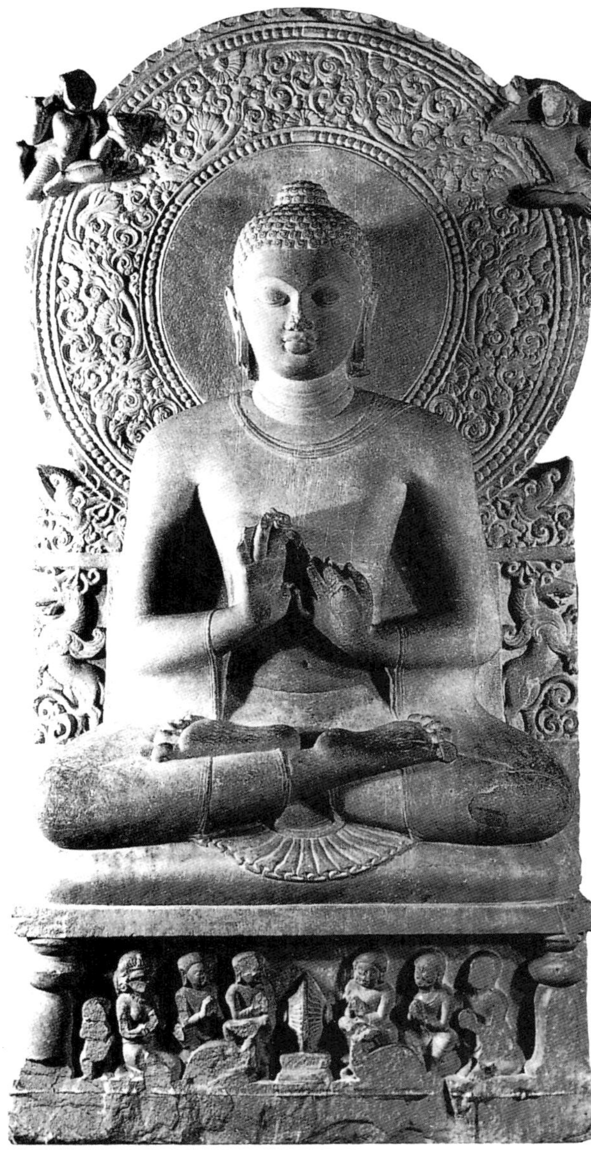

6.25 *Lehrender Buddha aus Sarnath,* Gupta-Zeit, 5. Jh. n. Chr., Sandstein, Höhe 157,5 cm. Museum Sarnath, Indien.

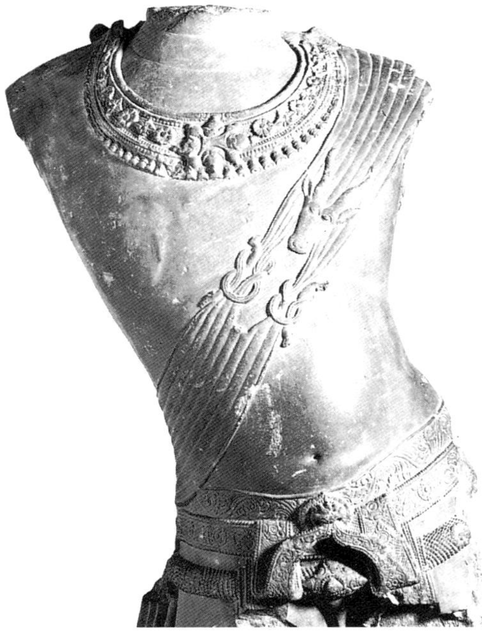

6.26 *Torso eines Bodhisattva aus Sanchi*, Nach-Gupta (?), 5. Jh. n. Chr., Sandstein, Höhe 87 cm. Victoria & Albert Museum, London.

von der schmalen Hüfte und den breiten Schultern zu den himmlischen Wesen, die am Rand des Nimbus schweben. Der Genialität des Künstlers ist es zu verdanken, dass eine so streng abstrakt angelegte Komposition in scheinbar natürlicher und müheloser Weise ein Bild erhabener Menschlichkeit ergibt.

Wie viele indische Statuen ist auch diese nicht lebensgroß. Bei ihrem Streben nach einer inneren, seelischen Wirklichkeit, einer Suche, die sich vom Ringen der westlichen Künstler um Realismus und Lebensnähe löste, arbeiteten die indischen Bildhauer häufig und vielleicht besonders erfolgreich mit kleinen Formen, obwohl sie auch Kolossalwerke zu schaffen imstande waren. Sie entwickelten dabei einen Kanon der Körperproportionen, um auch kleinformatigen Werken eine heroische Größe zu verleihen, doch dieser Kanon beruhte auf mathematischen Verhältnissen und glich damit eher jenem des Alten Ägypten als dem des klassischen Griechenland, der auf natürlicher Anschauung basierte. (Der Abstand zwischen dem Kinn und dem Scheitelpunkt der Stirn gab die Grundeinheit, die neunfach verlängert die gesamte Körperlänge ergab.) Auch wenn man sich gewissenhaft an diesen rationalen Kanon hielt, war keineswegs eine sinnliche Bearbeitung des Materials ausgeschlossen, wenn es das Thema erforderte – um etwa dem Wesen eines Bodhisattva Gestalt zu verleihen. Körperliche Schönheit wirkte reizvoll auf das Auge, veranlasste aber auch gleichzeitig den Geist, über den Bereich jenseits der Sinne und des Intellekts zu meditieren. Ein Torso aus rotem Sandstein, der vermutlich erst nach der Gupta-Zeit entstand, aber den gleichen hohen Grad technischen Könnens bezeugt, zeigt, mit welcher Feinfühligkeit man das samtweiche, aber feste Fleisch eines athletischen Jünglings wiederzugeben vermochte, das oberhalb des Gürtels ein kleines Polster bildet und sich von dem scharf gemeißelten Schmuck und der Schärpe aus Antilopenfell abhebt ▸ 6.26. Hier sind wie in Sanchi ▸ 6.1 vollblütiges Leben und ein aufreizend sinnlicher Schwung des Körpers durch die ›Tribhanga‹-Haltung wiedergegeben. Auf einem Relief in Ajanta ist der Naga-König, der Schlangengott, der von den Buddhisten inzwischen als Beschützer angesehen wurde, sitzend in der Haltung eines ruhenden Königs mit seinen zwei Gemahlinnen sogar noch naturalistischer dargestellt ▸ 6.28.

Dass die Malerei in der Gupta-Periode ebenso hochentwickelt war wie die plastische Kunst, kann man an den Wandmalereien in den als ›Höhlen‹ bezeichneten Felsentempeln von Ajanta feststellen, wenngleich ihr Erhaltungszustand sehr schlecht ist ▸ 6.27; 30. Eine der eindrucksvollsten und am wenigsten zerstörten zeigt einen Bodhisattva, der etwas überlebensgroß und beträchtlich größer als die zahllosen Figuren um ihn herum dargestellt ist ▸ 6.29. Technisch ähnelt die Arbeit einem Fresko: Das Felsgestein wurde mit einer Mischung aus Ton und anderen Substanzen bestrichen und dann mit einer Kalkschicht überzogen, die man zur Absorption der Pigmente feucht hielt; anschließend wurden in Rot die Umrisslinien gezogen und dann die Flächen ausgemalt. Den Abschluss bildete eine Politur der gesamten Oberfläche, die dadurch stark glänzte. Die Formen sind mit Konturlinien definiert, und gelegentlich werden Schatten und Lichtpunkte verwendet, um den Eindruck plastischer Gestaltung hervorzurufen, nicht jedoch, um den Einfall des Lichts wiederzugeben (bei diesem Bodhisattva ist der Nasenrücken heller als die übrigen Hautstellen, und rechts und links davon sind Schatten gesetzt).

Eine visionäre Lebensharmonie, ein Ausdruck umfassenden Wohlergehens charakterisiert diese großartige Malerei. Obgleich sie mit Figuren dicht bestückt ist, gebärden sich alle derart natürlich, dass nie der Eindruck eines Gedränges entsteht. Man mag dahinter weniger einen Horror vacui vermuten als vielmehr schiere Freude an der Fülle. Zur Linken des Bodhisattva ruht ein königliches oder göttliches Liebespaar; rechts steht eine dunkelhäutige Frau mit edelsteinbesetztem Kopfschmuck. Affen, Pfauen und Fabelwesen halten sich in

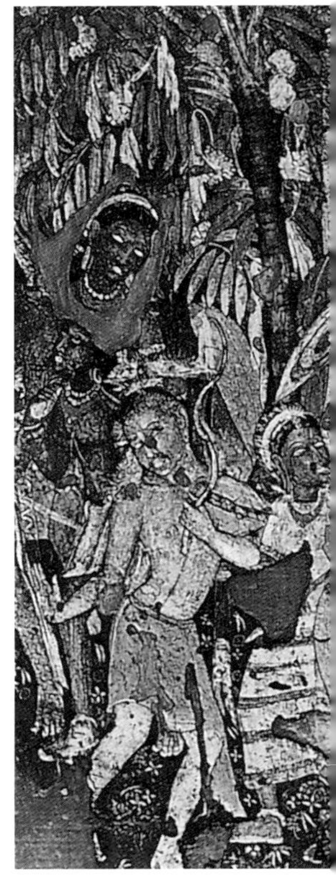

6.27 *Prinzessin aus einem Garten*, Wandmalerei aus Höhle 17, Ajanta, 5.–6. Jh.

6.28 *Nagaraja und seine Gemahlinnen*, aus Höhle 19, Ajanta, Indien, Stein, Ende 5. Jh.

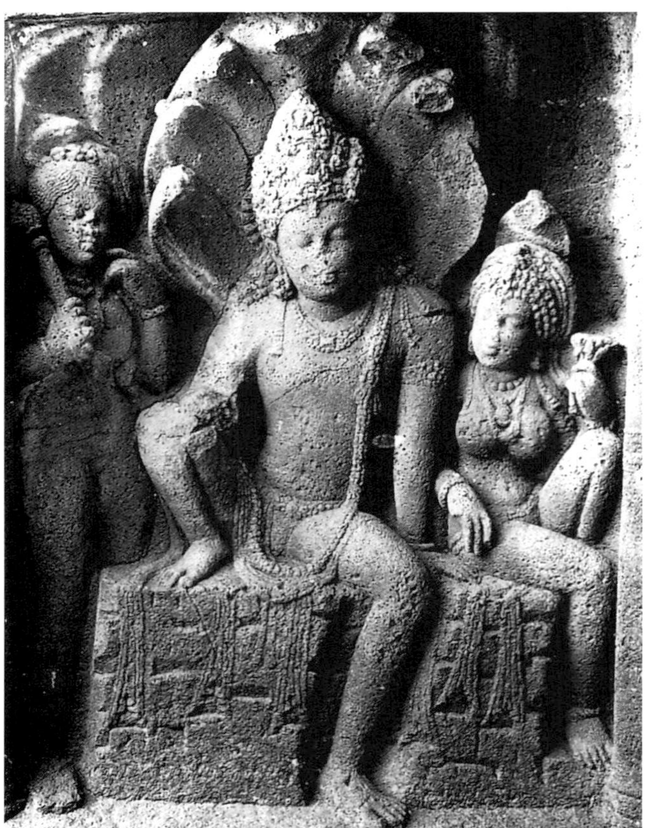

6.29 *Großer Bodhisattva*, Wandmalerei aus Höhle 1, Ajanta, 7. Jh. n. Chr.

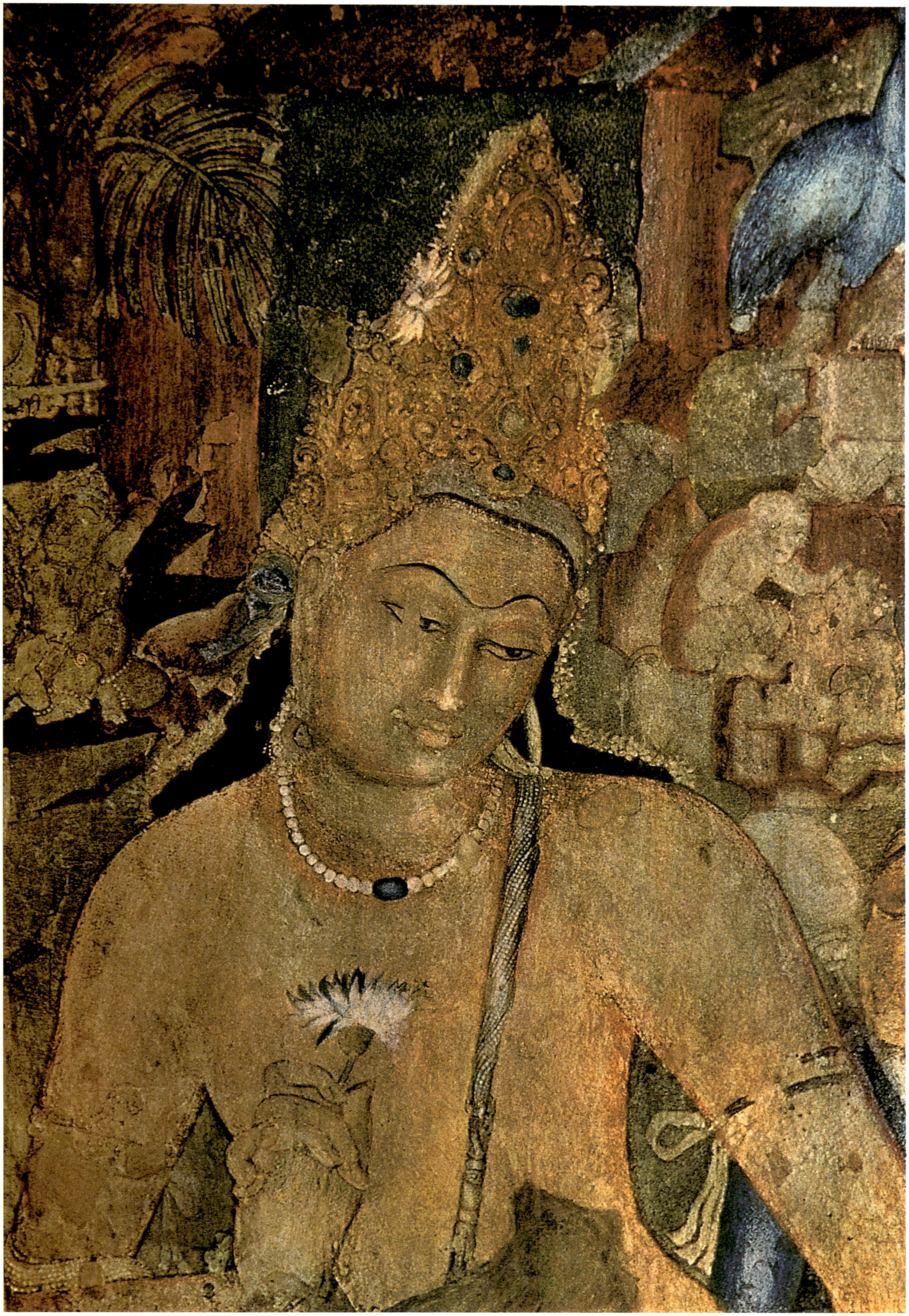

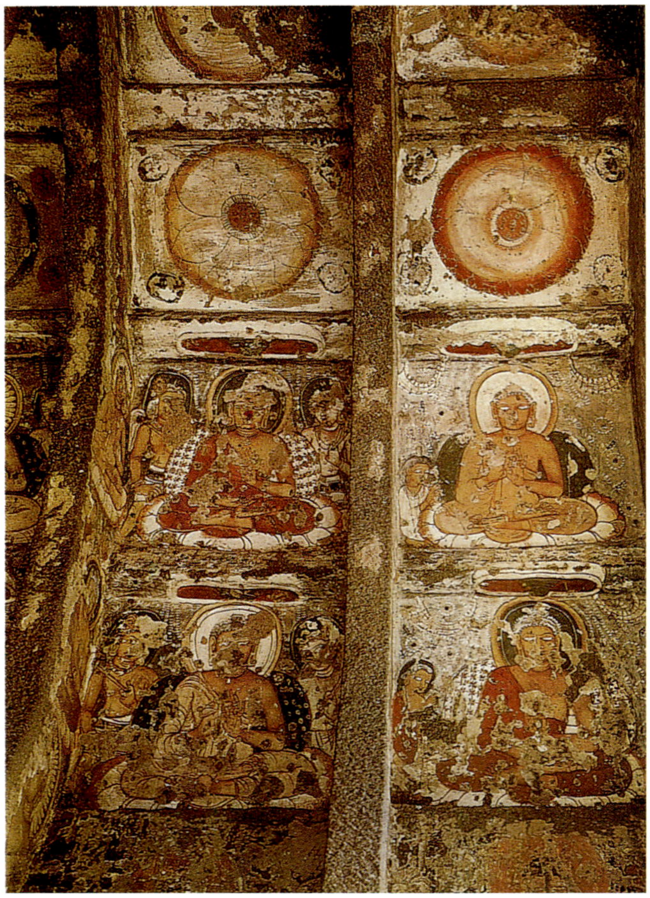

6.30 Deckenmalerei aus Höhle 2, Ajanta, 5.–6. Jh.

den Bäumen des Hintergrundes oder vielmehr im oberen Teil der Wandmalerei auf, denn das Gemälde ist nicht in westlicher Manier tiefenräumlich zu lesen. Der Blick der in sich versunkenen Gestalten ist nach vorne gerichtet, denn die Künstler in Indien vermieden Profildarstellungen fast genauso wie ihre Kollegen in Ägypten und Griechenland lange Zeit das ›en face‹. Von einer Komposition im europäischen Sinn, einem die verschiedenen Elemente zu einem geschlossenen Ganzen fügenden Bildbau, ist nichts zu merken. Die einzelnen Formen scheinen wie Wolken herangetrieben, und das gibt der Malerei ihre traumartige oder visionäre Wirkung. Der Unterschied zur europäischen Malerei ist ebenso grundsätzlicher Art wie jener zwischen indischer und westlicher Musik.

Der Bodhisattva, in dessen Blick eine gedankenvolle Sanftheit liegt, ist in der ›Tribhanga‹-Haltung dargestellt. Seine Züge erinnern an jene bildhaften Vergleiche, mit denen in der buddhistischen Literatur die übernatürliche Schönheit bedacht wird: die Augenbrauen, die sich wie ein indischer Bogen schwingen, die Augen wie Lotosblütenblätter und so weiter. Eine mit Edelsteinen geschmückte Tiara, die Perlenkette mit einem Schloss aus Saphir und jene Schnur aus aufgereihten Samen, die die Brahmanen über der Brust tragen, all das sind Symbole fürstlicher Abstammung. Die sinnbildlich verstandene blaue Lotosblüte in seiner Hand gibt ihn als Avalokiteśvara (›der erleuchtender Einsicht Fähige‹) Padmapani zu erkennen, eine der wichtigsten Gestalten des ›Mahayana‹-Buddhismus, der in China als Guanyin und in Japan als Kannon verehrt wurde (s. S. 256, 267f.). Er ist der machtvolle Buddha, der in ewiger Fortdauer allen Wesen dieser Welt die Lehre der Erleuchtung predigt. Seine Insignien kennzeichnen ihn einerseits als Himmelsfürsten, spielen aber auch auf den historischen Buddha an, der in seiner Jugend ein weltlicher Prinz war. Als Personifizierung göttlichen Erbarmens und Mitgefühls für die Menschheit wurde er den Bedürfnissen nach Verehrung und emotionaler Identifikation besser gerecht als jene entrückte Gestalt, die das Nirvana erreicht hatte und in der man weniger den Lehrer sah als das Symbol für die in jeder Seele angelegte erlösende Kraft. Er hatte viel mehr gemein mit den allgegenwärtigen Gottheiten der traditionellen indischen religiösen Kulte. Durch die Lotosblüte war er mit der voraryanischen Lakshmi und auch mit Vishnu und Brahma verwandt.

Im 7. Jahrhundert, als diese Malerei in Ajanta entstand, wurde der Buddhismus in Indien von ›Mahayana‹-Auffassungen allmählich wieder auf seine Ursprünge zurückgeführt. Nach der islamischen Invasion, die im frühen 11. Jahrhundert begann, verschwand er in Nordindien völlig (daher die nur wenigen erhaltenen Monumente), und im Süden wurde er vom Hinduismus absorbiert; dort betrachtete man Buddha schließlich als eine Inkarnation des Vishnu. Die Weiterentwicklung der buddhistischen Kunst fand vor allem außerhalb Indiens statt (s. S. 238ff.).

## Kunst des Hinduismus in Indien

Im 1. Jahrtausend der christlichen Zeitrechnung entwickelten sich Buddhismus, Jainismus und Hinduismus nebeneinander, ohne dass es zu Konflikten kam; alle drei waren den gleichen Außeneinflüssen unterworfen, und sie tauschten Ideen und Einsichten untereinander aus. Dies zeigt sich besonders deutlich in der Plastik.

Die Buddhisten und Jainas mögen nicht immer jene Gewaltlosigkeit praktiziert haben, die sie predigten – was genauso für die Christen gilt. Aber weder wurden sie von den Anhängern jener vielfältigen und undogmatischen religiösen und philosophischen Richtungen verfolgt, die unter dem Begriff ›Hinduismus‹ zusammengefasst werden, noch verfolgten sie jene. Die von diesen Religionen getragenen Künste unterscheiden sich denn auch weniger stilistisch als in der Ikonographie. Darstellungen der jainistischen ›Tirthankaras‹ – der auch ›Jinas‹, ›Sieger‹, genannten 24 Männer, die im Lauf der Jahrhunderte das vollkommene Wissen erlangt hatten – in Yoga-Haltung zeigen diese völlig nackt. Sie lassen sich im Übrigen aber kaum von Buddhafiguren unterscheiden, die stets bekleidet dargestellt sind. (Ihre eng anliegenden Gewänder waren ursprünglich bemalt und fielen daher früher weit mehr ins Auge als heute.) ›Yakshis‹ (s. S. 214) kommen in den heiligen Schriften aller drei religiösen Gruppen vor, die bemerkenswertesten Darstellungen dieser Figuren aber stammen von den äußeren Einfriedungen buddhistischer Stupas, darunter eine vollständige Reihe betont sinnlicher Gestalten, die kürzlich in Sanghol gefunden wurde: eine von ihnen mit wiegenden Hüften und einem aufreizenden Lächeln trägt ein Tablett, neugierig beäugt von einem sich über einen Zaun lehnenden Jungen ▸ 6.31. Der Hinduismus ist bis auf den heutigen Tag die Religion der Mehrheit der indischen Bevölkerung, und seine künstlerische Hinterlassenschaft ist unvergleichlich reichhaltiger als jene des Buddhismus oder des Jainismus. Ebenso ist seine Ikonographie wesentlich komplexer und umschließt eine Vielzahl von Bedeutungen.

Skulpturen hinduistischer Gottheiten, die bekanntermaßen bereits im ersten vorchristlichen Jahrhundert oder noch früher

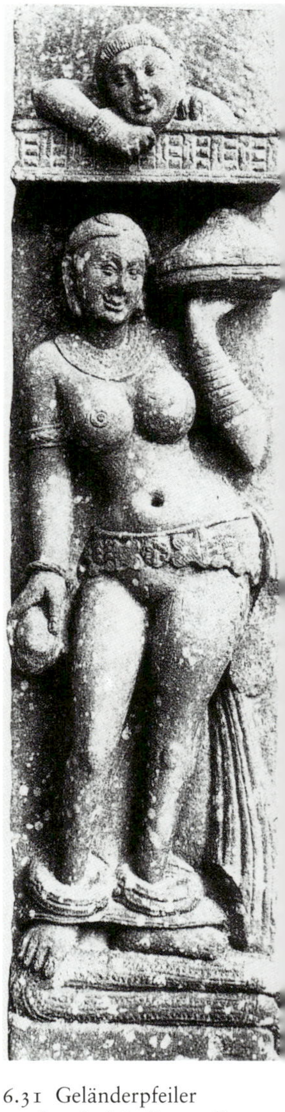

6.31 Geländerpfeiler aus Sanghol, Indien, 2. Jh., roter Sandstein, Höhe 101 cm.

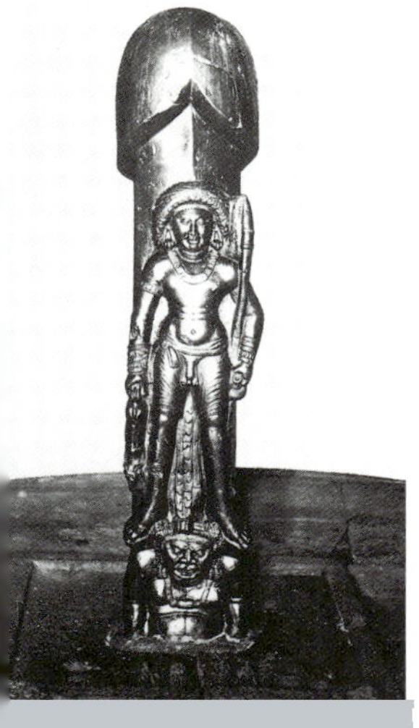

2 *Linga mit Shiva*, dimallam, Andhra Pradesh, ien, 1. Jh. v. Chr., Stein, he 150 cm.

gemeißelt worden sind, wurden von moslemischen Bilderstürmern offenbar sogar noch rücksichtsloser zerstört als Buddha-Darstellungen. Eine solche Skulptur ist jedoch in Südostindien in dem nahe Madras gelegenen Ort Gudimallam erhalten, wo man sie noch heute verehrt und tagtäglich mit gereinigter Butter einreibt – daher ihre glänzende Oberfläche ▸ 6.32. Die gegenüber buddhistischen Darstellungen weitaus naturalistischer gestaltete Skulptur zeigt Shiva oder, um genauer zu sein, seine Urgestalt Rudra-Agni, den in der ältesten und heiligsten aller Sanskritschriften, dem ›Rig Veda‹, erwähnten wilden Jäger und Feuergott. Er hält in der einen Hand eine tote Antilope, in der anderen eine Vase und eine Waffe und steht dabei auf den Schultern eines Zwerges. Der gigantische Phallus hinter ihm hat einen eigenen Ursprung in älteren einheimischen Fruchtbarkeitskulten. Aus der Zeit der Industal-Kultur sind zahlreiche kleine Terrakotta-Phalli erhalten – im ›Rig Veda‹ finden sich abschätzige Anspielungen auf Völker, die den Penis zu ihrem Gott erhoben hatten. Im Hinduismus indes wurden einheimische und arische Glaubensvorstellungen sehr wohl miteinander verbunden.

Nahezu alle Hauptfiguren der hinduistischen Götterwelt sind auf der feinen Reliefarbeit eines Tempels der Gupta-Periode in Deogarh in Mittelindien vertreten ▸ 6.33. Vishnu, dem der Tempel geweiht ist, spielt hier die Hauptrolle. Die Welt mit all ihren Geschöpfen wird häufig als eine Traum- oder Alptraumgeburt Vishnus aufgefasst. Hier ist er schlafend auf den Windungen jener ›Ananta‹ (›endlos‹) genannten Riesenschlange dargestellt, die in den Wassern zu Hause ist, welche allen Lebewesen, den menschlichen wie den göttlichen, Leben geben. Der Gott und die Schlange, die ihre sieben Köpfe in Form eines Schirms über ihm ausbreitet, sind beide Manifestationen der einen göttlichen kosmischen Substanz: der allen Lebewesen innewohnenden Energie. (Die Schlange mag auch mit den drawidischen Wassergeistern, den ›Nagas‹, in Beziehung stehen.) Vishnus rechtes Bein wird von seiner Frau Lakshmi gehalten und gestreichelt, der Glücksgöttin und Mittlerin zwischen dem frommen Gläubigen und dem Gott, die ursprünglich zu den Naturgottheiten der vor-aryanischen Bevölkerung Indiens gehörte. Die Figur in Yoga-Haltung in der Mitte des oberen Reliefbandes könnte man leicht für Buddha halten, wäre sie durch ihre drei Köpfe nicht als Darstellung Brahmas zu deuten. Er thront auf einer Lotosblüte, die aus Vishnus Nabel erwachsen sein soll (dieser Zusammenhang ist allerdings bei der Skulptur von Deogarh nicht verbildlicht). Ihm zur Linken reitet Indra auf seinem Elefanten; rechts sieht man Shiva und seine Begleiterin auf einem Stier. Die fünf Männer und eine Frau am Fuß des Reliefs, deren bewegte Posen mit dem Eindruck von ewiger Träumerei darüber kontrastieren, sind irdische Inkarnationen anderer Gottheiten. Sie stehen in Beziehung zu Vishnus Inkarnation als Krishna und werden in der *Bhagavadgita* erwähnt, jenem überaus einflussreichen Werk religiöser Dichtung von etwa 200 v. Chr., in der sich das Aufkommen eines populären theistischen Hinduismus aus der esoterischen vedischen Religion der Brahmanen heraus erkennen lässt. Religionsgeschichtlich ist die Beobachtung interessant, dass Brahma, der für die Brahmanen der Inbegriff der Weltseele war, auf dem Relief von Deogarh die zweitwichtigste Position einnimmt, auf Krishna jedoch nur angespielt wird, der später zur wichtigsten Kultfigur wurde und es in Indien bis heute geblieben ist.

Die orthodoxe Trinität des Hinduismus besteht aus Brahma, dem Schöpfer des Universums, Vishnu, dem Erhalter und Stützer, und Shiva, dem Zerstörer. Aber weil sie von der Substanz her gleich sind, kann jeder die Rolle des anderen übernehmen. In dem Felsentempel auf der Insel Elephanta, etwa 10 km vor Bombay, der Shiva geweiht ist, wird er als Verkörperung dieser Trinität dargestellt ▸ 6.34. Eine über 5 m hohe Büste mit drei Köpfen scheint gegenüber dem Eingang aus der dunklen Tiefe hervorzutauchen. Ein strenges männliches Profil mit Schnurrbart, gekrönt von einer Kobra und einem Totenkopf, hat ein weibliches Gegenstück auf der lin-

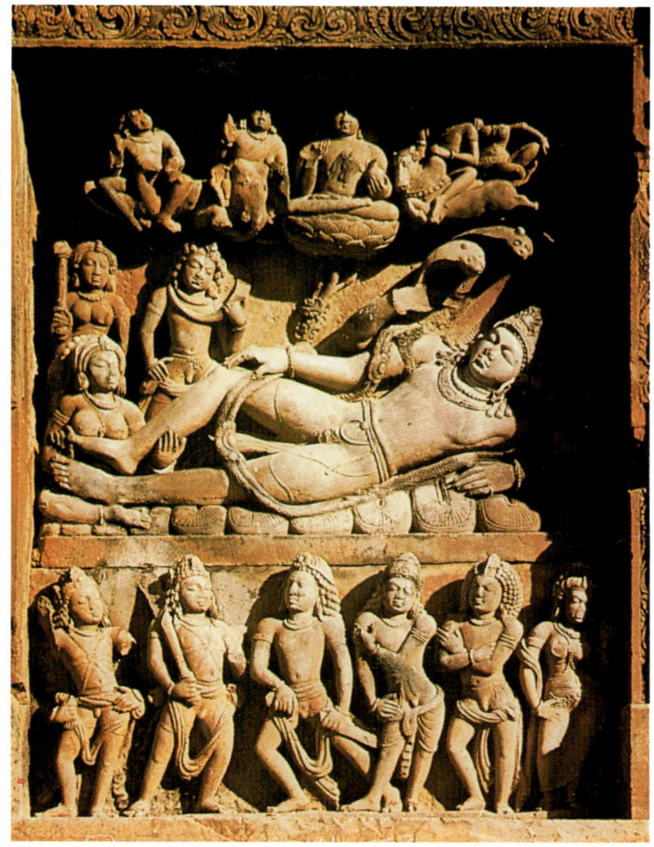

6.33 *Vishnu auf Ananta*, Vishnu-Tempel, Deogarh, Indien, 5. Jh. n. Chr.

6.34 *Shiva Mahadeva*, Shiva-Tempel, Elephanta, Indien, Mitte 6. Jh. n. Chr., Stein, Höhe 544 cm.

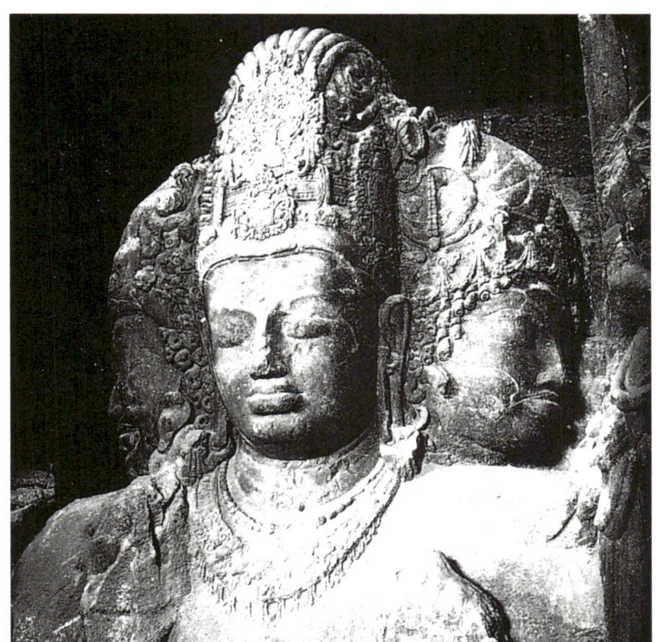

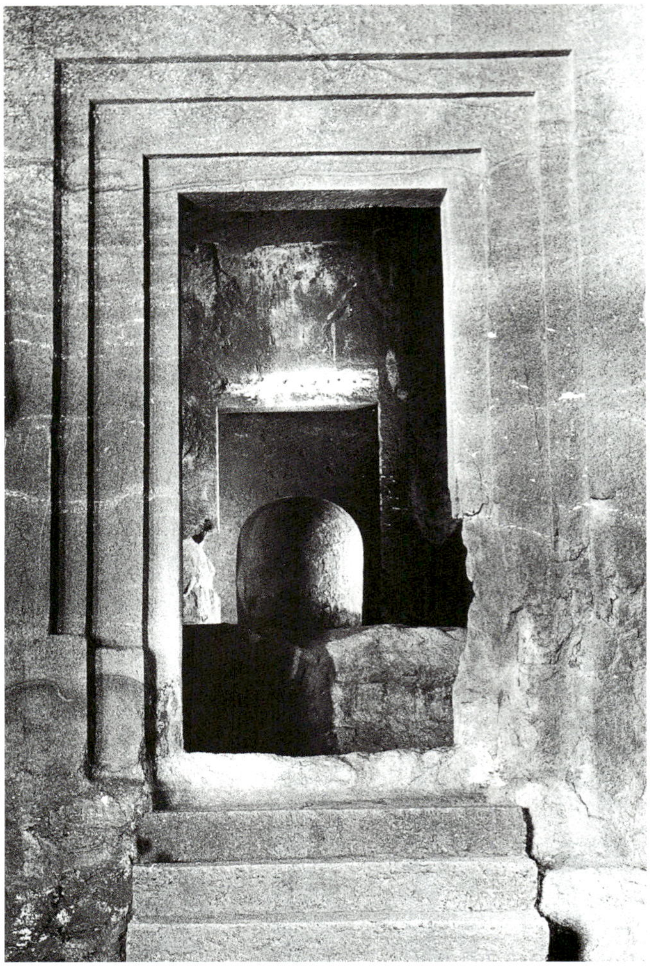

6.35 *Linga*, Shiva-Tempel, Elephanta, Indien, Mitte 6. Jh. n. Chr.

ken Seite, mit weichen Zügen, sinnlichen Lippen und kunstvoll gelegtem Haar. Sie versinnbildlichen das männliche und das weibliche, das zerstörerische und das schöpferische Prinzip, die der göttlichen Essenz, dem Absoluten entspringen, das seinerseits durch das wundervoll entrückte androgyne Antlitz in der Mitte verkörpert ist. Als Ganzes ist diese übermächtige Skulptur, die so völlig von den naiv anthropomorphen Göttern der westlichen Antike verschieden ist, eine bildhafte Konkretisierung der geheimnisvollen Entfaltung des Absoluten in die dualistischen Prinzipien der fassbaren Welt. Sie war jedoch nicht das zentrale Heiligtum dieses Tempels.

Ein im Innern gelegener Schrein mit vier Zugängen umschließt einen einfachen monolithischen Zylinder mit einer kuppelartigen Spitze: das ›linga‹, wörtlich ›Zeichen‹ oder ›Sinnbild‹, speziell aber das Sinnbild des männlichen Geschlechts als Manifestation Shivas ▸ 6.35. In Mamallapuram gibt es ein besser erhaltenes Exemplar ▸ 6.36. Ein derartiger Schrein findet sich in jedem Shiva geweihten Tempel. Bis zum fünften Jahrhundert hatte sich die Formgebung des Linga gewandelt: Es war jetzt weniger eindeutig phallisch geformt, wie dies noch bei dem Symbol in Gudimallam der Fall war, und hatte auch eine sehr viel umfassendere Bedeutung. Während es nach wie vor die schöpferische Kraft Shivas ausdrückte, versinnbildlichte es zugleich die Umwandlung von geschlechtlicher in geistige Energie, den Aufstieg von der Sinnenwelt zu einer transzendentalen Ebene, der durch die Ausübung der Yoga-Meditation erreicht wird. Das Linga wird vielfach auf einem kreisförmigen ›Yoni‹, dem Symbol des weiblichen Geschlechts, platziert: Beide zusammen bringen die Einheit innerhalb der Dualität des Kosmos zum Ausdruck. Dem mächtigen, vereinfachten Phallussymbol alter Fruchtbarkeitskulte war nunmehr eine strenge, fast geometrische Form verliehen, eine metaphysische Bedeutung, die von allen Spuren erotischer Sinnlichkeit gereinigt war. Die Abstraktion ließ sich nur noch einen Schritt weiter treiben: In Cidambaram südlich von Madras verehren die Gläubigen in einem Tempel das ›Akasa-Linga‹, ein unsichtbares Linga aus Äther.

Nach westlichem Verständnis ist die Vorstellung eines nicht sichtbaren Symbols ein Widerspruch in sich. Aber weder die indische Kunst noch die ihr so eng verbundene religiöse Philosophie sind einer rein rationalen Analyse zugänglich. Was der indische Bildhauer hier schafft, ist nicht ein illusionäres Abbild – im Sinne Platons und Aristoteles' (s. S. 168 f.) –, sondern ein Bestandteil der wirklichen Welt, die selbst durch und durch als Illusion verstanden wird. Zwischen Realität und Ideal, naturalistisch und symbolisch wird nicht unterschieden.

Auch jene Unterscheidung des Westens zwischen Raum und materieller Substanz wird in Indien nicht gemacht. Der indischen Kosmologie zufolge besteht die sichtbare Welt aus einer alldurchdringenden leuchtenden Substanz, ›Akasa‹ oder Äther, von dem ein kleiner Teil zu Luft ›kondensiert‹ ist. Durch den gleichen Prozess entstand aus der Luft das Feuer, aus Feuer Wasser und die feste Erde aus dem Wasser. Luft gilt als genauso substantiell wie die anderen Elemente, und es gibt im Kosmos keine Leere, so dass auch das Problem der räumlichen Wiedergabe auf Reliefs (oder Malereien), das die Künstler in Europa jahrhundertelang beschäftigte und gefangen hielt, in Indien einfach nicht auftauchte. Der indische Bildhauer schlug Figuren oftmals aus dem baren Felsgestein heraus in ähnlicher Weise, wie bei der Verfestigung des Äthers unter dem schöpferischen Einfluss des höchsten göttlichen Wesens greifbare Formen entstanden.

Wie lebendig diese Vorstellungen waren und wie sie sich auf die Formen der indischen Kunst ausgewirkt haben, kann man recht deutlich an der außergewöhnlichen Steinmetzarbeit auf den riesigen Granitblöcken von Mamallapuram an der Ostküste von Madras sehen ▸ 6.38. Die Darstellungen behandeln unterschiedlichen Deutungen zufolge entweder den Mythos vom Lauf des Flusses Ganges durch die Locken von

6.36 Heiligtum des Lingam, Trimurti-Höhle, Mamallapuram, Indien, 6. Jh. n. Chr.

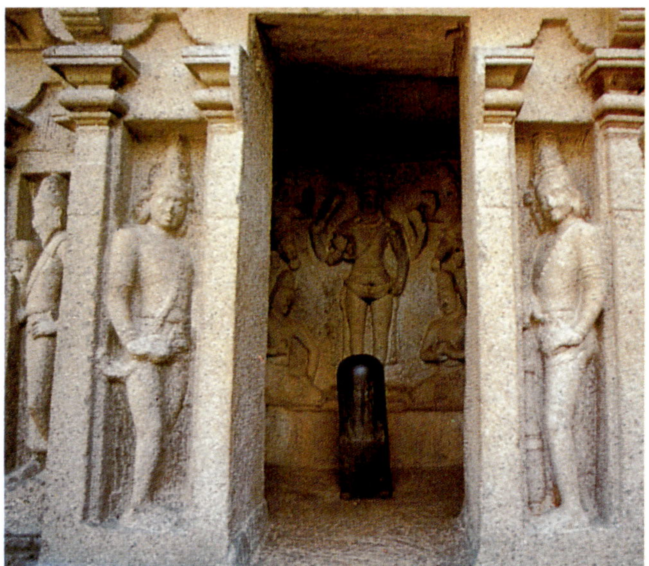

Shivas Haar herab auf die Erde oder eine Episode aus dem großen südindischen Epos *Mahabharata*, in der Arjuna durch asketische Enthaltsamkeit die Unterstützung Shivas in einem Kriegszug gewinnt; es besteht sogar die Möglichkeit, dass beide Themen miteinander verknüpft wurden.

Mehr als einhundert große Figuren von Göttern, Menschen, Halbmenschen und Tieren, darunter lebensgroße Elefanten, sind auf beiden Seiten einer natürlichen Spalte im Fels dargestellt, durch die der König und die Königin der ›Nagas‹ gleiten. Die gesamte Oberfläche des Blocks mit einer Höhe von etwa 6 m und einer Länge von 24 m brodelt von Leben, das aus dem Stein förmlich herauszuquellen scheint, und dieser Eindruck muss noch unterstrichen worden sein, wenn zu besonderen Anlässen glitzerndes Wasser aus einer Zisterne über die Felsspalte herabfloss. Einzelne Figuren, besonders die Tiere, scheinen darauf hinzudeuten, dass es sich hier um die Darstellung eines bestimmten Moments des Mythos handelt, da der Ganges vom Himmel herabkommt, um die Erde zu befruchten. Aber auch frühere Episoden sind festgehalten, nicht in erzählender Reihenfolge, sondern in die Gesamtkomposition eingestreut. Zwei an einem Tempel meditierende Yogis auf der linken Seite des Spaltes gehören ganz an den Anfang der Erzählung ▸ 6.37. Zwei Brahmanen direkt unter ihnen scheinen aus der Zeit und Umwelt des Bildhauers selber zu stammen: Einer trocknet sich gerade ab, nachdem er im heiligen Fluss, der alle Sünden wegwäscht, ein Bad genommen hat. Das Hinabströmen des Ganges zur Befruchtung der nordindischen Ebenen ist ein ewig wunderbares Ereignis und vermag hier deshalb verschiedene Episoden der Geschichte synoptisch zu verbinden. Eine Kunst, die ohne das westliche Konzept des Raumes auskam, konnte auch das Phänomen der Zeit ignorieren. Es fehlt jeder Begriff von Kontinuität. Alle Zeiten sind auf diesem Relief gleichzeitig präsent, denn – um T. S. Eliot zu zitieren – »Ende und Anfang waren schon immer da, vor jedem Anfang und nach jedem Ende.«

Diese indische Vorstellung von Ewigkeit oder eines ewigen Augenblickes durchzieht unterschwellig auch die Reliefskulptur im Innern eines nahe gelegenen Höhlentempels, die eine Frau auf dem Rücken eines Löwen zeigt, begleitet von einem Heer von Zwergen, die in den Kampf gegen einen büffelköpfigen Mann reiten ▸ 6.39. Sie ist eine der Personifikationen der höchsten Göttin, der Mutter aller Geschöpfe, die in ihrem

6.38 *Der Abstieg des Ganges*, Mamallapuram, Indien, 6.–7. Jh. n. Chr.

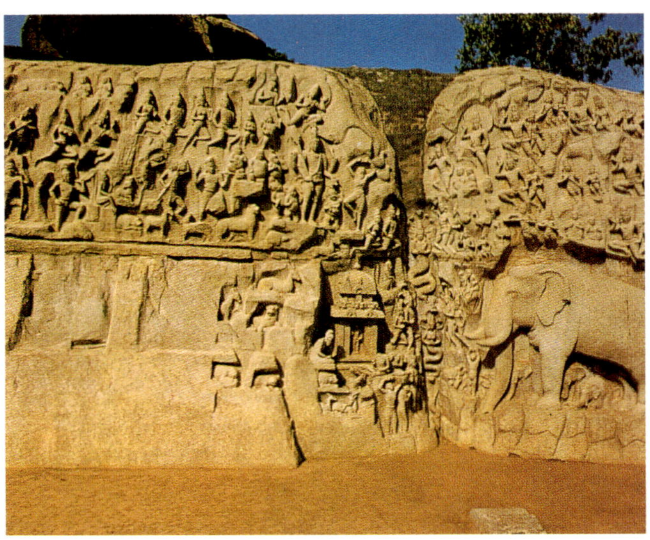

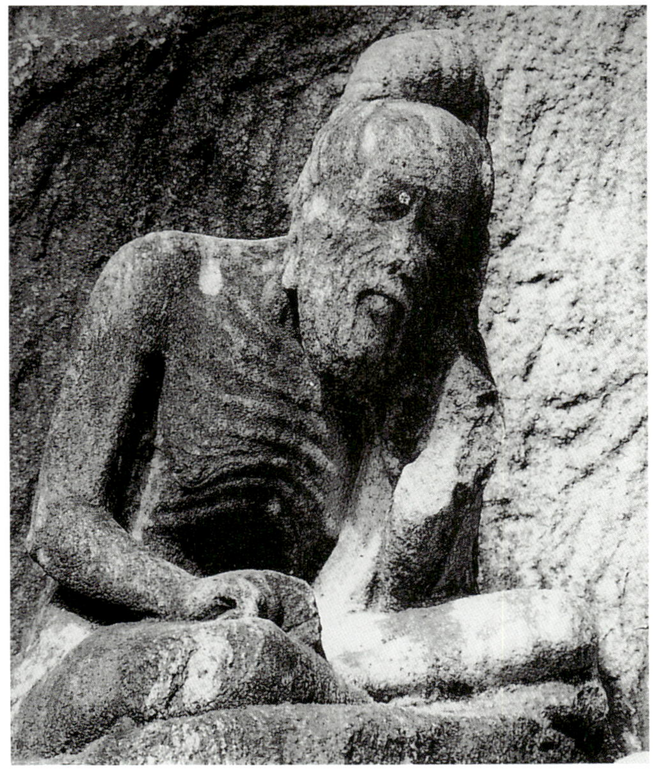

6.37 *Meditierender Yogi*, Detail aus dem *Abstieg des Ganges* ▸ 6.38.

Wesen so vielschichtig ist, dass sie entsprechend ihren verschiedenen miteinander verknüpften Rollen mit verschiedenen Namen bedacht wurde; ihr Spektrum reicht von der Rolle Parvatis, Gefährtin und kraftspendendes weibliches Gegenstück zu Shiva (dessen passive, gütige und philosophische Seiten sie ebenfalls verkörpern kann), bis hin zu der furchterregenden Kali, die die Macht des Todes symbolisiert. Hier ist sie dargestellt als Durga, die Personifikation der Kraft, von den Göttern erschaffen und mit Waffen ausgerüstet, um den Büffeldämon zu töten, der sie, die Götter, an Kraft übertraf. Der ewige Kampf zwischen Gut und Böse ist das Leitthema dieser Geschichte, und der Triumph Durgas ist Metapher der religiösen Vervollkommnung, obgleich diese, wie hier gezeigt wird, noch des Abschlusses harrt. Durgas Bogen in der Mitte der Komposition trennt sinnfällig die beiden elementaren Kräfte, wobei der Dämon und seine Gefolgsleute gerade den Rückzug angetreten haben. Die übergreifende menschliche Dimension der Erzählung wird durch den Naturalismus der dargestellten Figuren unterstrichen, nicht nur in Bezug auf ihre Haltung – wie etwa bei der kopfüber stürzenden Figur unmittelbar vor dem Kopf des Löwen –, sondern auch hinsichtlich ihrer Größe. Die schmächtige Durga ist, obgleich die wichtigste Figur, weitaus kleiner dargestellt als der Dämon und sein Gefolge: Es handelt sich hier um die narrative Darstellung einer Sage, die zur Besinnung anregen soll, und nicht, wie bei vielen Abbildungen der Göttin mit dem Dämon zu ihren Füßen, um eine der Anbetung dienende ›Ikone‹.

Aus drei Naturfelsen in Mamallapuram wurden freistehende Tierfiguren – Elefant, Löwe und Ochse – gemeißelt, und aus fünf zutage liegenden Granitblöcken ließ man monolithische Heiligtümer entstehen, die ein wenig irreführend als ›Rathas‹, Triumphwagen, bezeichnet werden ▸ 6.41. Wie bereits erwähnt (s. S. 216) sind die ältesten erhaltenen Tempel- und Klosterbauten Indiens in Felswände gehauen. Man schlug aber auch freistehende Tempel aus dem natürlichen Fels. Das ein-

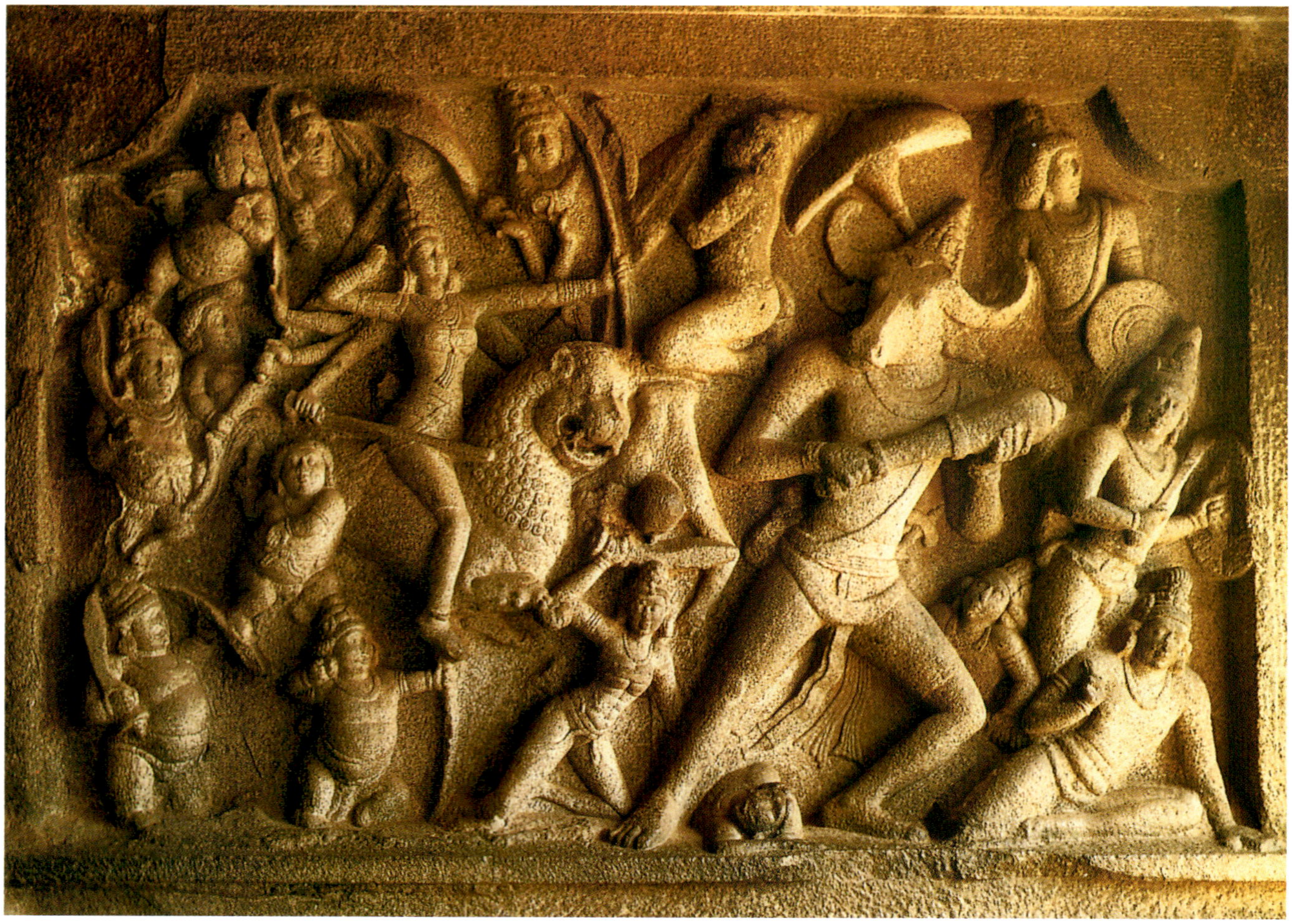

6.39 *Durga und der Dämon*, Felsrelief aus der Mahisasaramardini-Höhle, Mamallapuram, Indien, 7. Jh.

drucksvollste Beispiel findet sich in Ellora, einem seit undenklichen Zeiten heiligen Ort, an dem buddhistische Mönche und brahmanische Asketen gleichermaßen ihren Glauben lebten. Ein ganzer Felshang wurde so mit dem Meißel bearbeitet, dass ein von der Basis bis zur kuppelförmigen Bekrönung nahezu dreißig Meter hoher Schrein übrig blieb, der Shiva als dem Herrn des Kailash geweiht war ▸6.42 (Kailash ist der Name eines Berges in Tibet, der als irdisches Gegenstück zum Berg Meru, der vertikalen Achse des Universums, gilt): Ursprünglich war der Schrein weiß bemalt wie die schneebedeckten Gipfel des Himalaya, in gleißendem Kontrast zum Grau der umliegenden Felsen. Alle Außenflächen werden durch figürliche Reliefs belebt, die sich nicht nur scheinbar aus dem Stein heraus materialisieren ▸6.40, sondern tatsächlich Teil des Baus sind (und nicht wie im Abendland appliziert wurden); ebenso durch architektonische Elemente wie Pilaster und Gebälke, die hier selbstverständlich keine tragende Funktion haben. Außerdem sind wie in den Höhlen zahlreiche Elemente aus Bauten abgeleitet, die aus Holz und Stroh bestehen. Noch deutlicher zeigt sich dies in Mamallapuram, wo der obere Teil des Dhamaraja Ratha mit unzähligen kleinen Tempelnachbildungen ähnlich dem nahe gelegenen Bhima Ratha mit einem imitierten Strohdach geschmückt ist. Die unmittelbaren Vorläufer dieser aus dem Fels gehauenen Schreine jedoch waren steinerne Tempelbauten, die in ähnlicher Manier mit Motiven geschmückt waren, die man von Bauten aus vergänglichen Materialien übernommen hatte und deren skulptierte Masse ebenfalls keineswegs tot, sondern äußerst lebendig wirkt.

Die ältesten erhaltenen freistehenden Hindutempel wurden in der Gupta-Periode (ca. 300–500 n. Chr.) erbaut. Sie sind verhältnismäßig klein, aber groß genug, um ihren Zweck zu erfüllen: die Statue einer Gottheit oder eines Linga zu beherbergen, einem Priester ausreichend Platz zu bieten, der für die Gemeinschaft Rituale zelebrierte. Da es keine Versammlungsgottesdienste gab, blieb der dem Priester vorbehaltene Raum immer begrenzt; wenn Tempel ausgebaut wurden, so stets um diesen Raum herum, ihm vorgelagert oder auch über ihm. Auf diese Weise war der innerste Bezirk im Innern des Gebäudes als Sanktuarium eingeschlossen – ›garbhagria‹ oder ›Schoßkammer‹ genannt –, umgeben von einem Umgang für das Umschreitungsritual, dem im Hinduismus ebenso große Bedeutung zukam wie im Buddhismus. Ein verandaähnlicher Vorbau vor einem Tempel einfachster Art wurde so ausgebaut, dass längs der Achse des Heiligtums eine oder mehrere Hallen (›mandapas‹ genannt) entstanden. Das Heiligtum ist vom Eingang her im Halbdunkel auszumachen, so dass Gläubige das ›darshana‹ (›Glückliches Erblicken‹) erleben können, wenn sie sich – in manchen Fällen durch eine Aufeinanderfolge mehrerer Wandöffnungen, die verschiedene Grade von Heiligkeit markieren – auf das Kultbild zubewegen. Von außen ist das Heiligtum gekennzeichnet durch das hohe ›sikhara‹, eine sich direkt über ihm erhebende Spitze, die seine Heiligkeit gen Himmel projiziert. Während im Innern der Tempel fast immer Dunkelheit herrscht und sich kaum bildhauerischer Schmuck findet, um nicht die Aufmerksamkeit von dem Kultbild abzulenken, ist das Äußere häufig mit gemeißelten Reliefdarstellungen überladen, im gleißenden indischen Licht für die Gläubigen deutlich sichtbar, die, wenn sie vor Betreten des Tempels diesen umschreiten, die Botschaft des Dargestellten in sich aufnehmen.

Tempel wurden an Stätten errichtet, die bereits irgendeine religiöse Bedeutung hatten, und in der Regel nach einer genau

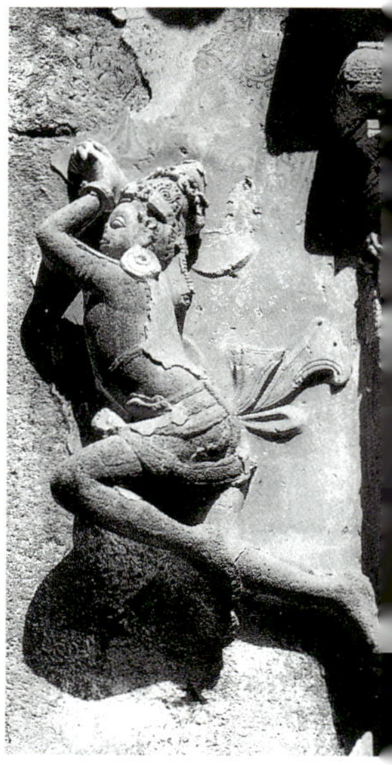

6.40 Detail des Kailash-Tempels, Ellora, Indien, um 750–850, vulkanisches Gestei[n]

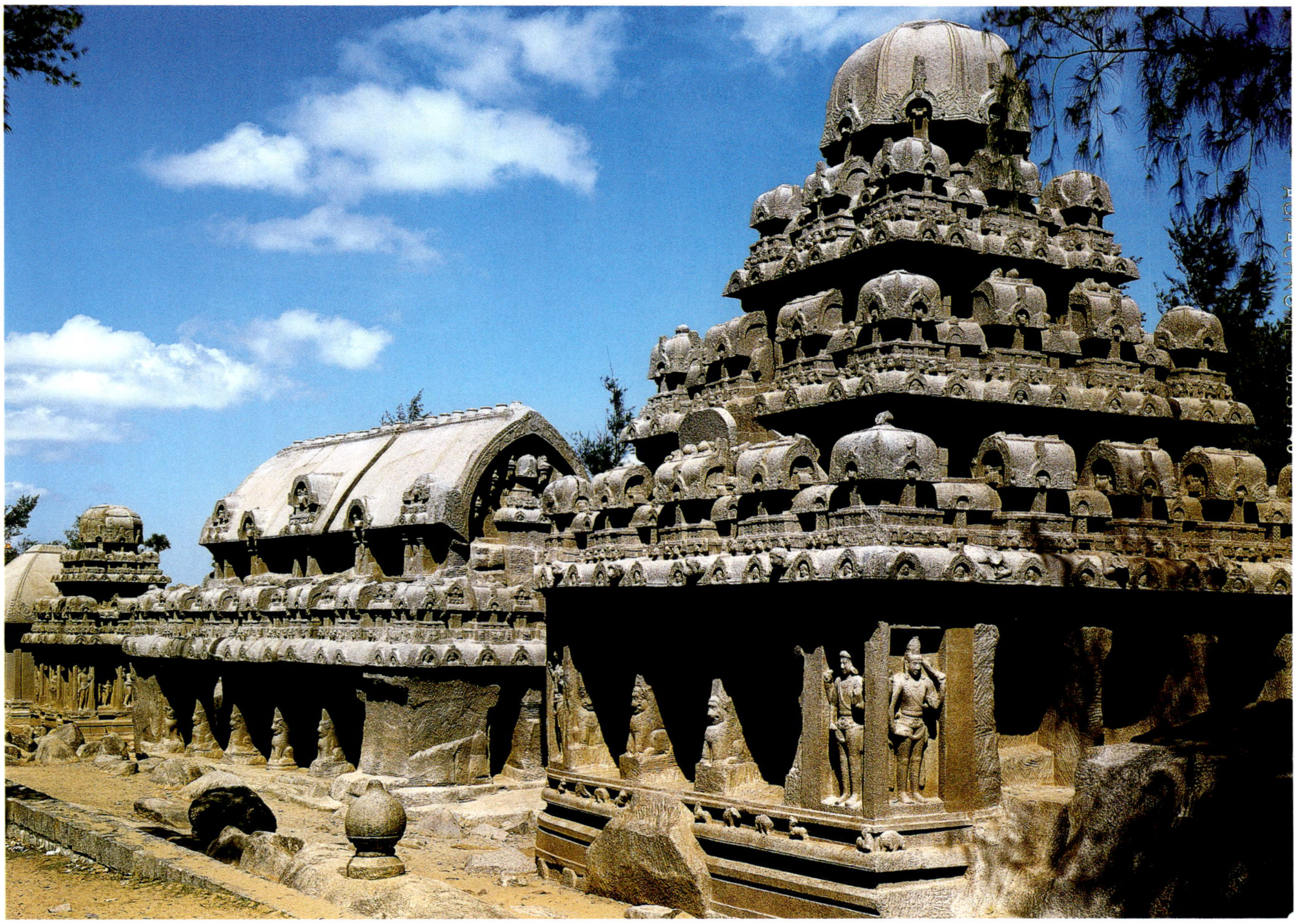

41 Der Dharmaraja-Ratha
nd andere aus dem Fels
hauene Tempel,
amallapuram, 630–670.

berechneten Ost-West-Achse zwischen auf- und untergehender Sonne. Die verschiedenen Stadien ihrer Planung und ihres Baus wurden astronomisch oder astrologisch (eine Unterscheidung, die das indische Denken nicht kannte) bestimmt. Der erste Bericht über ihre äußere Gestalt taucht in einer Abhandlung über Astronomie aus der Gupta-Periode auf. So wurde der Tempel des Sonnengottes Surya in Konarak ▸6.49 im Jahre 1258 an einem besonders günstigen Tag vollendet und geweiht: dem Geburtstag des Gottes, der nur alle sieben Jahre einmal mit dem Arischen Sonntag zusammenfällt. Ein Hindutempel steht außerdem mit dem Aufbau des Universums im Zusammenhang: Als Mikrokosmos, bei dem jede Abmessung durch ein kompliziertes Proportionssystem bestimmt wird, leitet es sich von den mystischen Zahlenverhältnissen des Kosmos ab, wie es sich in einem Mandala graphisch dargestellt findet. Solcherart konnte der Tempel zur Wohnstatt einer Gottheit – sei es Shivas oder einer der nicht minder wichtigen Göttinnen – werden, die durch Rituale beschworen werden konnten. Unendlich viel reicher als der Palast irgendeines weltlichen Herrschers und aus den haltbaren Materialien errichtet, die Sakralbauten vorbehalten waren, wurde der Tempel mit Elementen ausgestaltet, die Profanbauten entlehnt, jedoch ad infinitum vervielfacht wurden. In schier endloser Aufeinanderfolge wird ein Türsturz über den anderen, ein Dach über das andere gesetzt, mithin wird sogar die Grundform des Gebäudes ein ums andere Mal wiederholt, werden ganze Fassaden übereinander geschichtet. Zahlen haben auf die Inder seit jeher eine besondere Faszination ausgeübt. Eine einzige Lebensspanne Indras, des Königs der Götter, soll dem Volksglauben zufolge 306 720 000 Menschenjahre dauern, jene Brahmas 1 103 760 Mal länger. Die

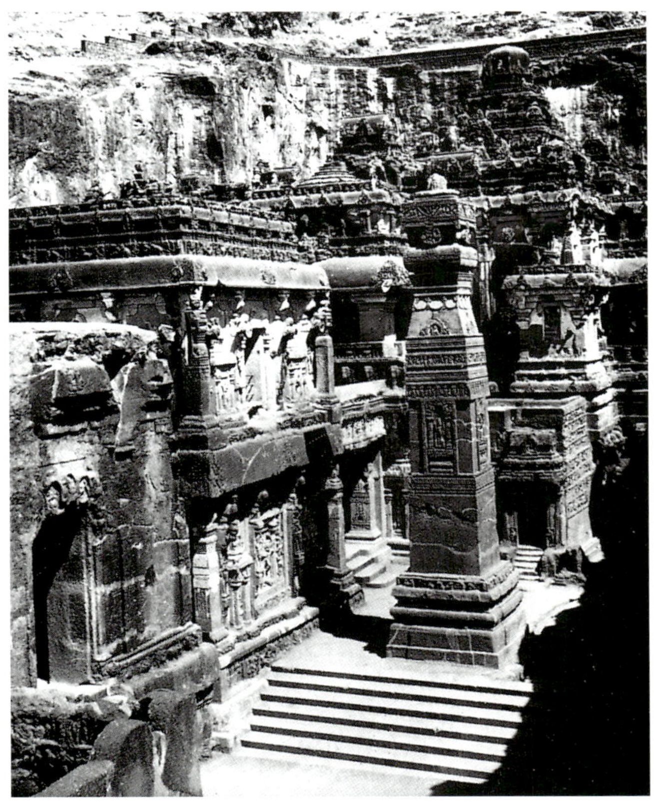

6.42 Kailash-Tempel, Ellora, Indien, um 750–850.

# *Ellora*
# Das krönende Werk eines Baumeisters und Bildhauers

Die Wände der äußeren und inneren Mauern der Kailash-Tempelanlage in Ellora ▸6.42 werden belebt durch Figuren, die in meditativer Kontemplation des Unendlichen dasitzen, entspannt oder in einer Haltung göttlicher Majestät dastehen, miteinander kämpfen, sich lieben, ekstatisch tanzen und durch die Lüfte schweben ▸6.40. Sie bringen das harte vulkanische Felsgestein zum Vibrieren. Von besonderer Dramatik ist eine Szene, in der die Hauptfiguren so weit aus dem Stein herausgearbeitet sind, dass sie fast vollplastisch werden ▸6.43. Die Darstellung zeigt Ravana, den vielköpfigen, vielarmigen Dämon, der den Berg schüttelt, auf dem Shiva mit seiner Gemahlin Parvati ruht. Parvati klammert sich verängstigt an Shivas Arm, während ihre Dienerin davonläuft. Im Himmel haben sich Gottheiten versammelt, um Zeuge dieses welterschütternden Ereignisses zu sein. Doch zwei ruhig dasitzende Wächterfiguren flankieren das Paar, und Shiva überwältigt Ravana mit dem Druck eines Fußes (oder, wie einige Darstellungen besagen, eines einzigen Zehs) und verurteilt ihn zu ewiger Einkerkerung unterhalb der Erde. Trotz der rhythmischen Bewegtheit einzelner Figuren unterstreicht die fast geometrisch durchorganisierte Komposition mit ihrer wunderbaren Balance zwischen hervortretender Masse und zurückweichender Leere die Moral der Geschichte: dass die Kräfte des Bösen sich gegen die Macht Gottes nicht durchsetzen können.

6.43 *Shiva und Parvati auf dem Berg Kailash*, Kailash-Tempel, Ellora, um 750–850, Vulkanisches Gestein, Höhe 366 cm.

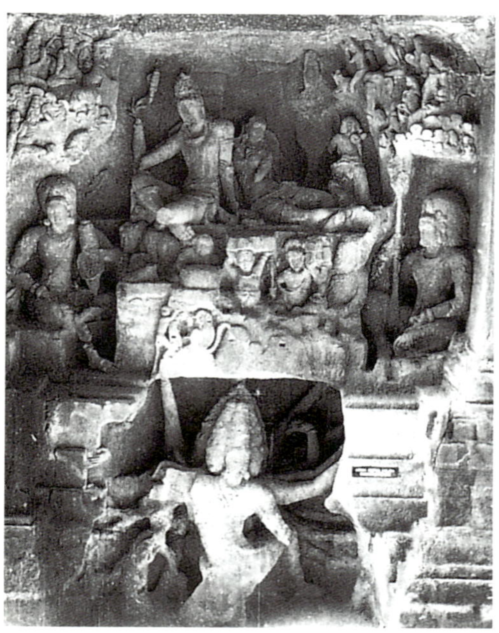

Dieses Relief entstand im ›subtraktiven‹ bildhauerischen Verfahren (s. S. 11), bei dem nicht benötigtes Material mit einem Meißel entfernt wird, im Unterschied zum ›additiven‹ Aufbau formbaren Materials. Gleiches gilt für den Tempel als Ganzes. Er wurde von der obersten Spitze bis hin zum Bodenpflaster aus dem vulkanischen Gestein eines Felshangs gehauen. Obwohl dieses Verfahren der üblichen Bauweise vom Grundriss aufwärts genau entgegengesetzt ist, beeinträchtigte dies in keiner Weise die Visionen des Architekten und Bildhauers. Der gesamte Tempelkomplex in Ellora ist zunächst vor dem Hintergrund dieser eigentümlich indischen gemeißelten Architektur zu sehen, in der die nicht minder unendlichen Verästelungen der hinduistischen Mythologie, die diese Architektur feiert, eine ihre gemäße Entsprechung fanden.

Der Tempelbezirk ist von der Außenwelt durch eine Felswand abgeschlossen, die trotz reichen Reliefschmucks nicht erkennen lässt, was sich dahinter verbirgt. Besucher, die von der kahlen, ausgedörrten Ebene kommen, auf der nur vereinzeltes Gebüsch Schutz vor der sengenden Sonnenhitze bietet, durchschreiten einen Torbau, woraufhin sie sich unvermutet einem 91,4 m langen und 45,7 m breiten, ummauerten Platz gegenübersehen, auf dem sich, mit reichlich Umraum zur Umschreitung, zweigeschossige ›Gebäude‹, hohe freistehende Säulen und lebens-, wenn nicht gar überlebensgroße Elefantenskulpturen erheben (vgl. ▸6.44). Streng nach einer Ost-West-Achse ausgerichtet, werfen diese massiven Gebilde ebenso wie die südliche Felswand selbst willkommene, sich nur langsam verschiebende Schatten. Das Spiel von Licht und Schatten belebt die beiden Längsseiten, wo sich Säulengänge auf zwei Ebenen vor dem Dunkel zweier in Querrichtung in den Fels gehauener Tempel abheben.

Bei der rituellen Umschreitung des Haupttempels, wie dies gläubige Hindus tun, entrollt sich eine ständig wechselnde Folge von Aus- und Durchblicken, unterbrochen von Reliefs wie dem des Ravana auf dem Unterbau des Tempels, der seinerseits das Bild des heiligen Berges Kailash beschwört (s. S. 230). Im Erdgeschoss sind die zentralen Baublöcke massiv. Auf der Ebene darüber sind Innenräume aus dem Stein gehauen, erreichbar über Treppen im Torbau, die zu einem steinernen Steg führen, der den Torbau mit dem Pavillon des von Shiva gerittenen Stiers Nandi verbindet. Ein weiterer Steg führt zum Haupttempel, der in seinem Innersten ein Sanktuarium für das heilige ›linga‹ (s. S. 228) birgt. Die in den Felshang gehauenen Tempel befinden sich ebenfalls auf der oberen Ebene, wobei der im Norden Lakeshvara (ein örtlicher Name für Shiva) und der im Süden den sieben Müttern der Götter geweiht war.

Als architektonisches Ensemble ist die Tempelanlage ein höchst vertrackter Komplex. Die verschiedenen Elemente sind jedoch auf beiden Ebenen derart raffiniert miteinander verbunden, dass sich das Ganze in eine belebte Harmonie auflöst. Einem anonymen Autor des 8. Jahrhunderts zufolge *»sagen die staunenden Götter in ihren Himmelswagen, dass dieser Tempel des Shiva durch sich selbst bestehe: Eine derartige Schönheit sei in keinem Werk der Kunst je gesehen«*. Und der Baumeister selbst *»wunderte sich plötzlich staunend: ›Wie nur habe ich dies erbauen können!‹«*

6.44 Grundriss des Kailash-Tempels, Ellora.

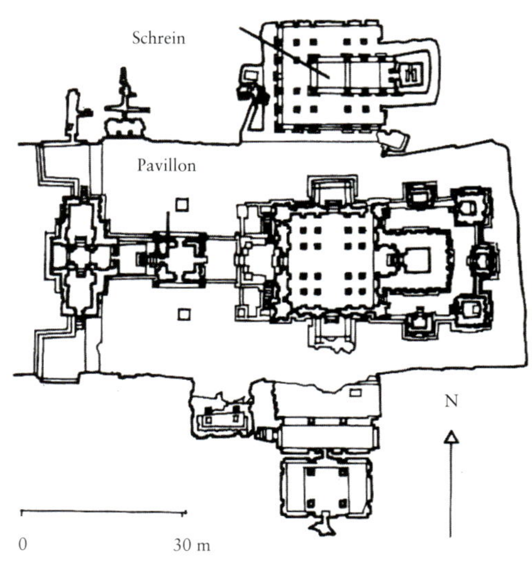

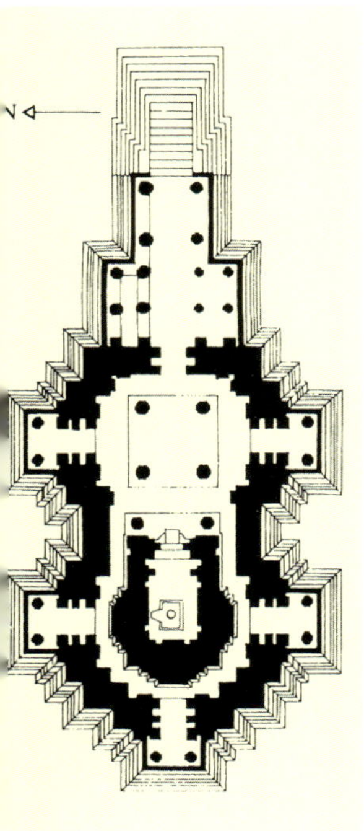

45 Grundriss des Khandariya ahadeva-Tempels, Khajuraho.

.47 Figuren am Khandariya ahadeva-Tempel, Khajuraho.

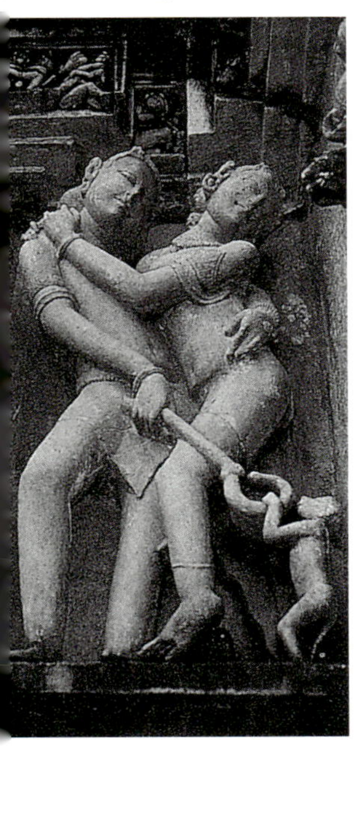

menschliche Seele vermag jedoch diese Zeitlichkeit zu überwinden und dem Kreislauf von Geburt und Wiedergeburt, dem selbst die Götter unterworfen sind, zu entkommen, wenn sie zur Vereinigung mit dem Absoluten gelangt. Diese Möglichkeit wird symbolisiert durch das den Tempel krönende Sikhara, das manchmal die Form einer Luftblase hat, die zerplatzt und in das Nichtsein übergeht, oder einer Lotosknospe, die sich öffnet, um ihre reine Essenz freizusetzen.

Die Konstruktionsmethoden fußten andererseits auf alten Handwerkstraditionen. Die Mauern steinerner Tempel wurden ohne Mörtel aufgebaut; nur selten bediente man sich dabei eiserner Haken. Pfeiler, Querbalken und Stürze werden durch ihr schieres Gewicht zusammengehalten: daher der Eindruck überwältigender Massigkeit. Obgleich das Prinzip der Bogen- und Gewölbekonstruktion bereits zu einem relativ frühen Zeitpunkt bekannt war, wurde es bei hinduistischen oder jainistischen Tempeln nicht angewandt. (Echte Bögen und Kuppeln sollten Charakteristika der islamischen Architektur werden, die vom 13. Jahrhundert an in Indien entstand.) Öffnungen wurden von monolithischen Stürzen überfangen, die manchmal in bogenähnlicher Form gemeißelt waren. Innenräume wurden in der Regel von waagerechten Steinplatten überdeckt, in Einzelfällen von sich teilweise überlagernden Steinreihen, so dass sich kuppelartige Räume ergaben. Monumentale Sikharas wurden mit kragförmig abgestuften Hohlräumen errichtet.

Trotzdem kennt ein so riesiges Gebiet wie der indische Subkontinent im Verlauf eines Jahrtausends (im Süden sogar länger) von Region zu Region und von Periode zu Periode stilistische Unterschiede. Jeder bedeutendere Tempelbau stellt eine einzigartige Schöpfung dar, das Werk eines Baumeisters und ganzer Mannschaften von Steinmetzen und Bildhauern unter der Leitung von Priestern. Dennoch ist selten ein anderer Name überliefert als der des Herrschers, der den Tempelbau finanzierte, um sich auf diese Weise verdient zu machen und seinen Untertanen Wohlstand zu verschaffen. »Möge, wer in das Reich einzutreten wünscht, in das man durch verdienstvolle Taten der Frömmigkeit und Mildtätigkeit gelangt, den Göttern einen Tempel bauen«, riet ein Schriftgelehrter der Gupta-Zeit. Und da die Auftraggeber Werke ihrer Vorgänger übertreffen wollten, wurden für die Erfindungsgabe und architektonische Kühnheit der Baumeister sowie für den Umfang und Reichtum des bildhauerischen Schmucks besondere Prämien ausgesetzt. Die ehrgeizigsten Projekte datierten vielfach aus Zeiten, in denen eine Dynastie den Gipfel ihrer Macht erreicht hatte, unmittelbar bevor ein wirtschaftlicher Niedergang einsetzte, den der hohe Kostenaufwand des Tempelbaus nicht selten mitverschuldet hatte.

In Khajuraho, der Hauptstadt eines kleinen zentralindischen Königreichs, in dem das Geschlecht der Chandella herrschte, ist der Tempel Khandariya Mahadeva der letzte und aufwendigste von drei im gleichen Stil errichteten Bauwerken und verkörpert in seiner Art am vollkommensten die hinduistische Vorstellung von Architektur ▸6.45;46;47. Er erhebt sich über einer Plattform, von der eine Treppenflucht zu einem der großen Halle vorgelagerten Vorbau hinaufführt, an deren Ende ein Wandelgang das Heiligtum umgibt. So kommen Gläubige beim Betreten zunächst vom Tageslicht in den Schatten des Vorbaus, anschließend vom Halbdunkel des Innenraums in die Dunkelheit des Schreines. Die Hierarchie der verschiedenen Räume wird äußerlich markiert durch Aufbauten von zunehmender Größe und das prächtige Sikhara, das die

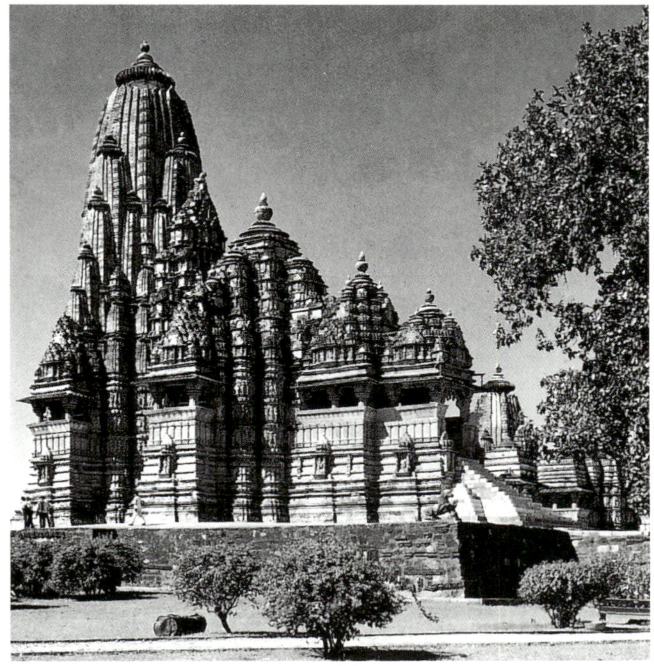

6.46 Khandariya Mahadeva-Tempel, Khajuraho, Indien, um 1000.

Plattform wie ein Berggipfel dreißig Meter überragt. Dem gesamten Bau ist eine ungewöhnliche organische Einheit zueigen; er vermittelt den Eindruck eines schwulstig emporstrebenden Gewächses.

Die Anlage des Lingaraja-Tempels in Bhuvaneśvar, Mitte des 11. Jahrhunderts erbaut und später teilweise erweitert, wirkt geradezu wie eine Berglandschaft. Das Sikhara des Tempels ist das herausragendste Beispiel eines Typs, der sich speziell in dieser Region, Orissa, im Verlauf von etwa vierhundert Jahren herausgebildet hat ▸6.48;50. Die Vertikalität, betont durch starke Profilierung, wird unterhalb der Spitze durch eine Einschnürung mit Löwenfiguren unterbrochen, die den krönenden Teil tragen; sie ist ausgeglichen durch die horizontalen Linien der gemeißelten Dekoration. An den Seiten befinden sich übereinander angeordnete Reliefdarstellungen des Sikhara selbst, getrennt durch Streifen, die jeweils mit plastischen Motiven geschmückt sind, die ihrerseits auf die Fenster von Caitya-Hallen zurückgehen ▸6.50. Kein anderes Beispiel illustriert besser das so typisch indische, geradezu obsessive Schwelgen in der Vervielfachung, wobei die Wiederholung

6.48 Die große Tempelanlage, Bhuvaneśvar, um 1100.

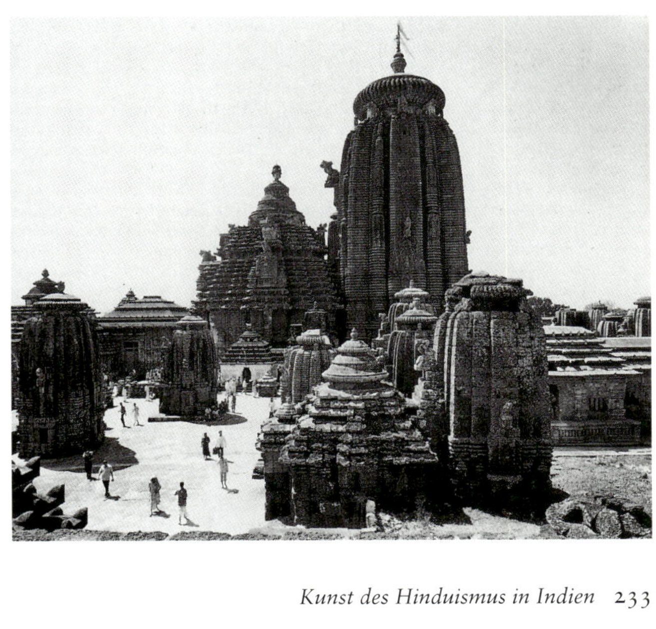

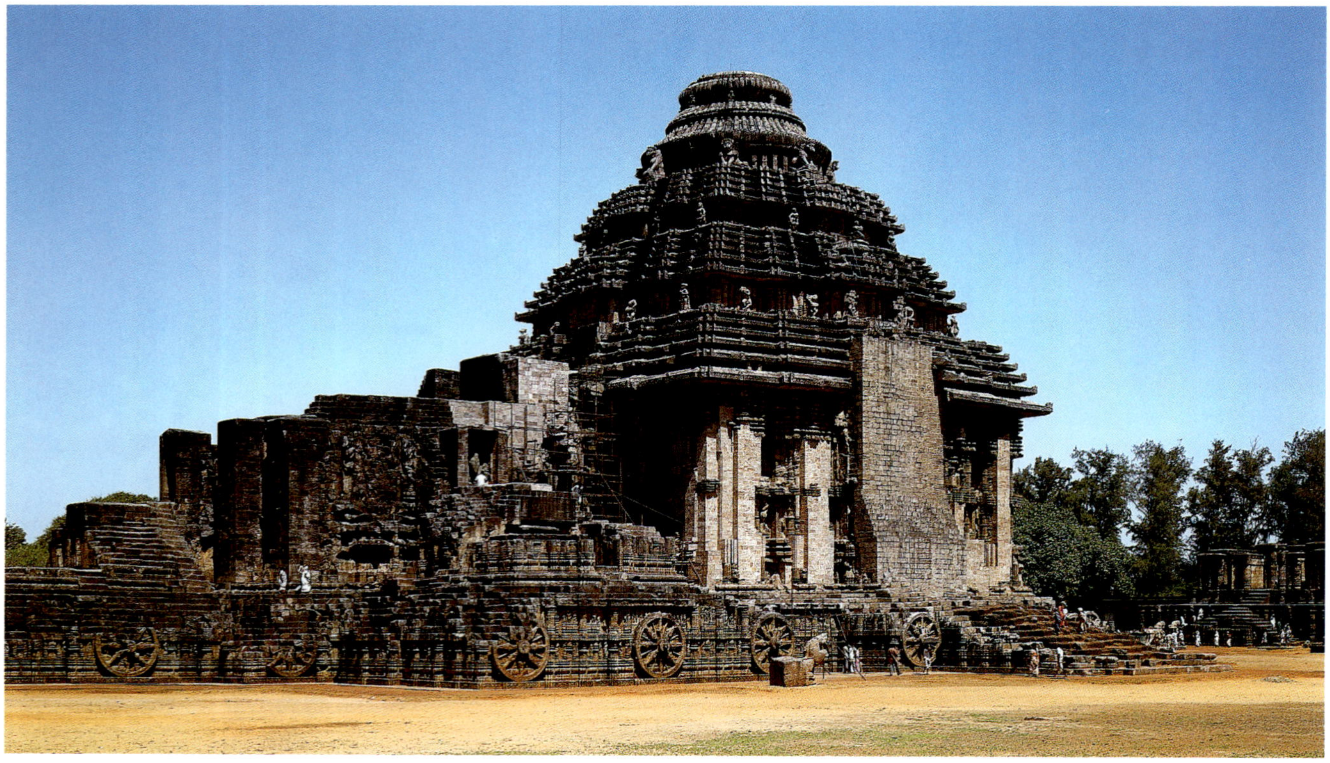

6.49 Sonnentempel, Konarak, Indien, beendet 1258.

von Motiven hier die gleiche hypnotische Wirkung hat wie die ständig wiederholten Verszeilen einer geistlichen Rezitation.

Die formalen Elemente des Lingaraja-Tempels wurden für den Tempel des Sonnengottes Surya im unweit entfernten Konarak noch größer dimensioniert. Die Aufbauten des Schreins sind hier verloren gegangen, die des Mandapa jedoch erhalten ▸6.49. Die Tempelanlage wurde als Nachbildung jenes Triumphwagens konzipiert, mit dem der Gott durch den Himmel zieht; der Sockel ist mit riesigen gemeißelten Rädern geschmückt, davor die Skulpturen paradierender Pferde. Der Unterschied zu dem aus fast der gleichen Zeit stammenden Keshava-Tempel in Somnathpur in Südindien, mit dessen Bau 1268 begonnen wurde, könnte kaum größer sein ▸6.51; 52.

6.50 Detail des Lingaraja-Tempels, Bhuvaneśvar, um 1100.

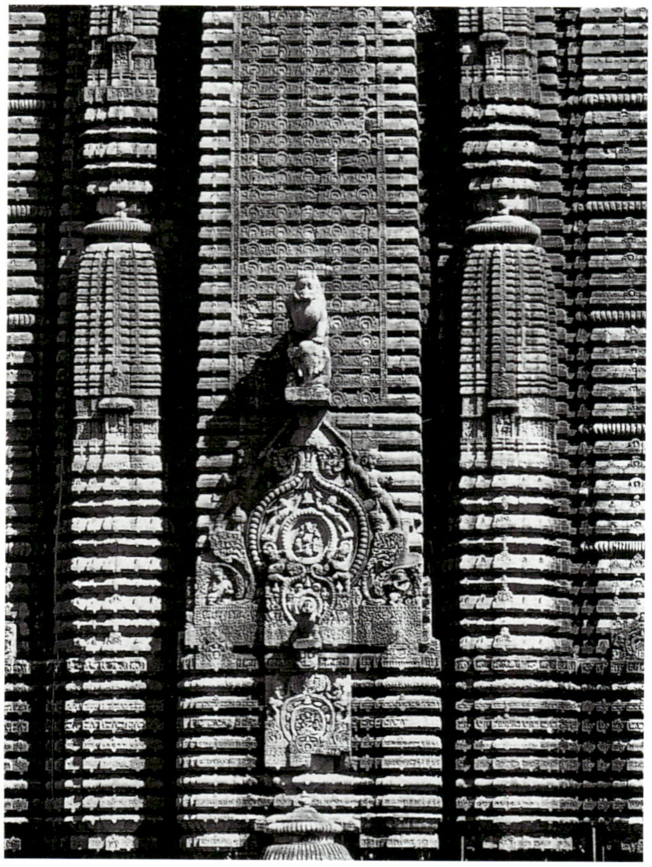

Dieser zeichnet sich aus durch einen gedrungenen, ausgesprochen horizontal konzipierten Aufriss und einen komplexen Grundriss mit einer kleeblattförmigen Schreinanlage, in die ein rechteckiger Mandapa führt. Dieser Tempel ist der gelungenste einer Reihe von Tempeln aus der Zeit der Hoysala-Dynastie und zugleich der am reichsten geschmückte auf dem gesamten Subkontinent. Es hat den Anschein, als sei der Tempel gleichermaßen als bildhauerische wie als architektonische Schöpfung konzipiert worden – nur selten wurden die beiden Künste enger miteinander verbunden, auch wenn das Ganze eher wie eine skulptural gestaltete Masse denn als tektonische Form wirkt. Der bildhauerische Schmuck, der jede Fläche der vielfach facettierten Mauern überzieht, macht auch vor dem baulichen Gerippe der Pilaster und Stürze keinen Halt. Wie in anderen Hoysala-Tempeln, etwa in Belur, weisen auch hier die aus einem harten, örtlich vorkommenden Stein gemeißelten Figuren des Außen- wie Innenschmucks eine ähnlich hohe Präzision auf wie feinste Metallarbeit ▸6.53. In einer vielleicht signifikanten Ausnahme von den üblichen indischen Gepflogenheiten wurden zahlreiche dieser Bravourstücke von ihren Bildhauern signiert.

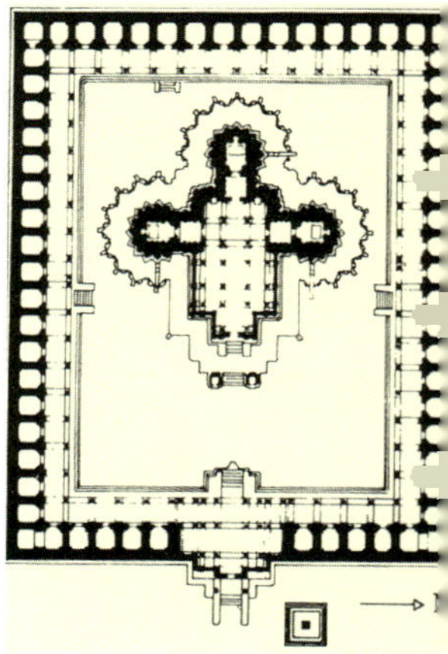

6.51 Grundriss des Keshava-Tempels, Somnathpur, Südindien.

Der plastische Schmuck hinduistischer Tempel ist nie rein dekorativ. Aber er umfasst neben den Darstellungen von Gottheiten auch zahllose Figuren, die einem rein körperlichen Sinnenbereich zu entspringen scheinen. Wir kennen unzählige reich mit Juwelen behangene, nackte oder leicht bekleidete weibliche Figuren, die ihre vollen Brüste zeigen und aufreizend ihre Hüften wiegen, während sie tanzen oder ein Musikinstrument spielen. Hauptsächlich im Norden, vor allem in Khajuraho und Konarak, sind ganze Flächen der Außenmauern überzogen mit Paaren in allen möglichen Stellungen des Liebesaktes, die einander mit geschmeidigen Gliedmaßen in

# Aufzeichnungen über den Bau des Tempels von Konarak

Über den Bau des riesigen Sonnentempels von Konarak im 13. Jahrhundert weiß man mehr als über jedes andere Gebäude dieser Zeit in Indien oder andernorts. Die ursprünglichen Bauaufzeichnungen, die sich als Abschrift in einem Palmblatt-Manuskript aus dem 17. Jahrhundert erhalten haben, enthalten eine detaillierte Chronik der Planung und Errichtung des Gebäudes. Häufige Erwähnung finden die männlichen und weiblichen Bau- und Kunsthandwerker, die Löhne, die sie erhielten, sowie ihr gelegentliches Fehlverhalten, so dass sich ein anschauliches Bild der Anstrengungen ergibt, die mit diesem übermenschlich anmutenden Projekt einhergingen.

Der Tempel wurde von König Narasimha I. aus der Ganges-Dynastie in Auftrag gegeben, der über einen Großteil Orissas in Ostindien herrschte (um 1238–1264), und zunächst aus der Kriegsbeute seiner Feldzüge gegen moslemische Anrainerstaaten finanziert. Sechs Jahre und drei Monate wurden auf die Planung des Tempels verwendet, zwölf Jahre und zehn Monate auf seine Errichtung und die Herstellung unzähliger Statuen und Reliefs, bevor der Tempel 1278 an einem Glück verheißenden Tag, dem Geburtstag des Sonnengottes Surya, vollendet wurde. Das Palmblatt-Manuskript beginnt mit der Ernennung des leitenden Architekten, eines Brahmanenpriesters namens Sadaskva Samantaraya Mahaputra, der den ausführenden Architekten, den Bauaufseher, den Oberbildhauer, den Obersteinmetz, den Gerüstbauer, die Stuckateure usw. ernannte. Daraufhin wurde der Boden der Umfriedung, innerhalb derer der Tempel entstehen sollte, rituell gereinigt, der Grundriss aufgezeichnet und den verschiedenen Gruppen von Arbeitern ihre jeweiligen Materialien zugeteilt. Drei verschiedene Steinsorten, von denen sich keine in der näheren Umgebung findet, wurden in Steinbrüchen abgebaut, auf Holzrollen verladen und von Elefanten an den Bauort geschleppt. Mit wachsender Höhe des Tempels wurden die grob zugehauenen Steinblöcke mit Flaschenzügen und einem Hebelsystem an die gewünschten Stellen gehievt. Für einen Türsturz etwa »*... wurden vier Holzpfosten mit sechs Flaschenzügen aus Eisen aufgestellt und sechs Seile um den Stein gebunden... Die Elefantentreiber brachten zwei Elefanten und ließen diese die Enden der Bretter nach unten drücken, indem sie ›Haribo‹ riefen.*«

Aber es passierten auch Unfälle, etwa als das Bild Suryas von dem Gerüst an die vorgesehene Stelle an der Westseite des Tempels gehoben wurde. Siebzehn Arbeiter waren damit beschäftigt, doch während des Vorgangs »*... stürzte der Arbeiter Damajana auf den Kopf und starb. Sein Sohn Raghua erhielt für seinen Lebensunterhalt die Summe von 30 Madha [Goldmünzen] und 10 Guntha [etwa 100qm] Land.*«

Es gab Ärger mit unzufriedenen und unentschuldigt fehlenden Arbeitern. Eine der Frauen wurde von einem Arbeiter schwanger, daraufhin liefen beide weg, und man sandte ihnen einen Aufseher hinterher, um sie zurückzuholen.

Viele Einträge in den Bauaufzeichnungen beziehen sich auf die Bildhauerei, etwa folgender: »*Für die Herstellung von sechs Banda-Murtis [Liebesbildern] haben Rama Mahaputra, Nila Mahaputra, Gopi Mahaputra und Ganga Mahaputra gemeinsam einen Vertrag über 5 Madha und sind dafür in bar bezahlt worden.*«

Zeitgenössische Einstellungen gegenüber religiösen Bildwerken spiegeln sich in den Auseinandersetzungen mit den Bildhauern.

»*Als Visi Mahaputra drei weibliche Figuren ablieferte, erhob Narayana Mahaputra Einspruch gegen eine von ihnen und erklärte, es handle sich um ein Porträt von Visis Frau und könne daher nicht auf den Tempel gestellt werden. Daher wurde das Bild abgelehnt, und nur zwei Bilder wurden akzeptiert, für die er 4 Mahda erhielt. Aber Ganga Mahaputra schaltete sich ein und erklärte, das Bildnis stehe auf einem Lotussockel wie das einer Göttin, und daher sollte es nicht kritisiert werden. Visi erhielt erneut 2 Madha. Diese Bilder wurden auf dem Mandapa [Tanzpavillon] postiert.*«

Viele Informationen, die in den Aufzeichnungen für Konarak enthalten sind, dürfen als typisch gelten. Gleichwohl haben sich bislang keine Bauaufzeichnungen für andere Hindutempel gefunden.

A. Boner und S.R. Sarma, New Light on the Sun Temple of Konarak, Varanasi 1962

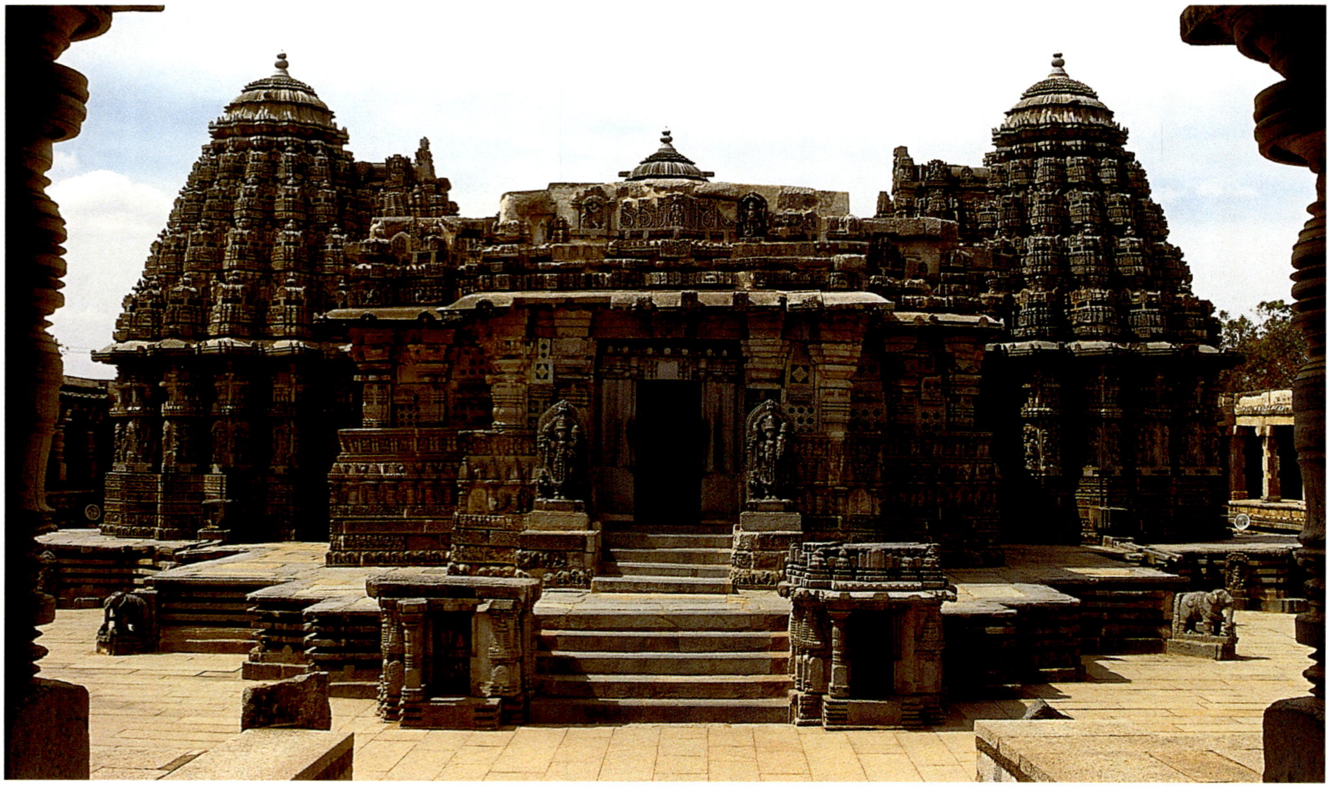

6.52 Keshava-Tempel, Somnathpur, Indien, begonnen 1268.

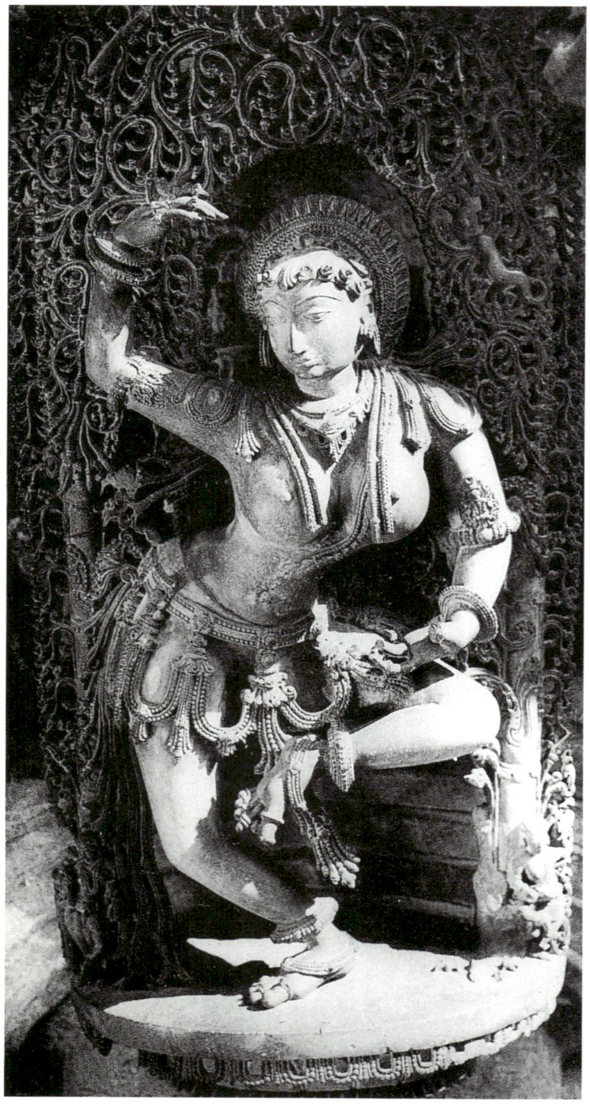

6.53 Figur vom Chennakeshava-Tempel, Belur, Indien, um 1117, Stein.

selbstvergessenem Liebestaumel umschlingen ▸6.55;56. Es gibt, wenn überhaupt, nur wenig bildhauerischen Tempelschmuck nach dem 13. Jahrhundert, der so explizit erotisch ist wie der in Khajuraho und Konarak, und da sich keine religiösen oder anderen frühen Schriften direkt auf diese Darstellungen beziehen, liegt ihre ursprüngliche Bedeutung, soviel darüber auch geforscht wurde, im Dunkeln ▸6.54. Sie sind als Metaphern für die Ekstase der mit dem Göttlichen vereinigten menschlichen Seele gedeutet worden. Man hat sie mit der Lehre des Tantrismus in Zusammenhang gebracht, nach der das weibliche Prinzip die dominierende Kraft im Universum sei, ohne das die männliche Kraft niemals zur Wirkung gelangen könne. Diese im 7. Jahrhundert aufgekommene Lehre hat den Buddhismus ebenso beeinflusst wie den Hinduismus; sie propagierte die Auflösung der innerhalb der mikrokosmischen Seele herrschenden geschlechtlichen Dualität über den Weg der Meditation. Es ist auch die These vertreten worden, dass die plastischen Darstellungen in Konarak orgiastische Rituale verbildlichten, die tatsächlich im Tempel vollzogen und später von orthodoxen Brahmanen verboten worden seien. Was auch immer ihre ursprüngliche Bedeutung und ihr Zweck gewesen sein mögen, sie sind ganz spezifisch indisch. Keine andere Zivilisation der Welt hat unverhüllter Erotik einen derart prominenten Platz eingeräumt (paradoxerweise hat auch keine andere mehr Wert auf asketische Vergeistigung gelegt). Wie allein schon das *Kamasutra*, jene zwischen dem 4. und 7. Jahrhundert v. Chr. verfasste, ungewöhnlich freimütige und zugleich eigentümlich sachliche Schrift über die Kunst der Liebe zeigt, stand der Hinduismus den fleischlichen Freuden durchaus nicht ablehnend gegenüber. In der religiösen Kunst Indiens jedoch wurde Sinnlichkeit zu einem Medium geistiger Inhalte.

Darstellungen von Gottheiten erfüllten, obgleich für sie aufgrund ikonographischer Traditionen strengere Richtlinien galten als für andere Sujets, gleichfalls die Ideale jugendlicher Körpervollkommenheit (es gibt in der indischen Kunst keine alten Götter und Göttinnen). »Das Göttliche nähert sich,

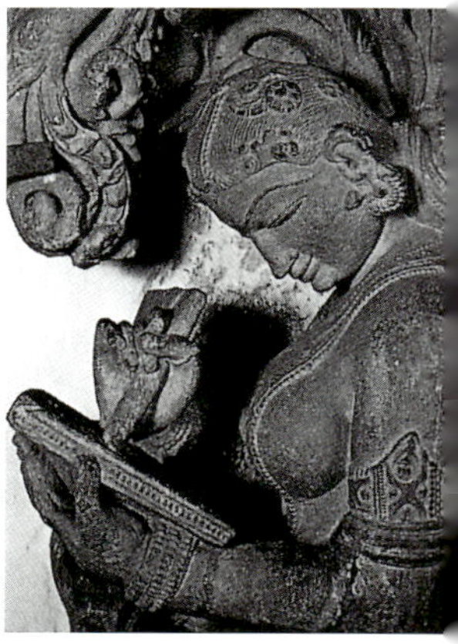

6.54 *Der Liebesbrief*, Candella Khajuraho, 11. Jh., Stein. Indian Museum, Kalkutta.

wenn die Bilder schön sind«, heißt es in einer hinduistischen Schrift. Ein Kultbild, das der Anbetung einer Gottheit dient, verleiht dem Formlosen eine Form: Es überbrückt die Kluft zwischen dem körperlichen und dem geistigen Bereich, zwischen dem Yogi und dem Gegenstand seiner Meditation. In diesem Kultbild mussten daher die mannigfaltigen Aspekte des Göttlichen verkörpert sein, die sich in der individuellen Manifestation eines einzelnen ›Avatars‹ Ausdruck verschaffen konnten, wobei das Verhältnis des Abbildes zu dem betreffenden Gott das gleiche ist wie das des Gottes zum Absoluten.

Vier Arme sind nötig, um die verschiedenen Kräfte und Attribute von Shiva Nataraja wiederzugeben – Shiva als Herr des Tanzes –, der eines der populärsten Motive für Bronzestatuen in Südindien besonders während der Chola-Periode war (9.–13. Jahrhundert) ▸ 6.57. Der Symbolgehalt geht über die Legende vom Tanz des Shiva (›Nadanta‹) hinaus und bezieht die gesamte indische Vorstellung vom Leben als einem ewigen Werden mit ein. In der hinduistischen Kosmologie kann im Kreislauf der Schöpfung nie etwas zu Ende oder verloren gehen, und alle Dinge sind austauschbar. Shiva verkörpert die Kräfte und Ströme des kosmischen Systems, den universellen Strom von Energie, den dynamischen Ablauf ewigen Zerfalls und ewiger Erneuerung. Die kleine Trommel in seiner rechten oberen Hand ist eine Anspielung auf den Klang, ein Hinweis auf den Äther, aus dem alle anderen Elemente entstanden sind. Die Flamme in seiner oberen linken Hand steht für das Feuer, das den Kosmos zerstören wird. Die untere rechte Hand ist in der Geste der Schutzverheißung gehalten. Damit richtet er sich an den Gläubigen. Dessen Blick wird von der linken unteren Hand auf den hochgehobenen Fuß gelenkt, ein Symbol für die Flucht aus der Welt der Illusionen, die der zerschmetterte Dämon unter Shivas anderem Fuß versinnbildlicht. Sein langes Haar, ein Zeichen der Askese, weht nach beiden Seiten und umwindet auf der Linken eine kleine Ganges-Figur (s. S. 229). Der umlaufende Flammenkranz soll die lebensspendenden Kräfte des Universums im Tanz der Natur ausdrücken, die jeder Substanz innewohnende Energie und gleichzeitig das Licht transzendentaler Weisheit. In diesem wundervollen Bildwerk gibt es weder Ruhe noch Bewegung, oder vielleicht muss man besser sagen, es enthält beides – wobei das unbewegte Gesicht des Gottes den Ruhepunkt bildet, den die Gläubigen zu erreichen trachten und in dem Vergangenheit und Zukunft zusammentreffen.

Kultbilder in Indien wurden aus der gleichen ekstatischen Meditation heraus geschaffen, die sie hervorrufen sollten. »Möge der Bildner Tempelbildnisse durch Meditation über die Götter schaffen, welchen seine Verehrung gilt«, formuliert eines der vielen indischen Handwerksbücher.

*»Damit dieser Yoga gelingt, sind die Umrisse der Figuren in den Büchern abgebildet, die man sich sehr genau ansehen sollte. Auf keine andere Weise, nicht einmal durch unmittelbares, direktes Betrachten eines konkreten Gegenstandes, kann man derartige Kontemplation erlangen wie durch ein Meditieren bei der Herstellung von Bildnissen.«*

Die individuellen Vorstellungen des Künstlers von der natürlichen und übernatürlichen Welt wurden also von der Tradition gelenkt und begrenzt. Individualismus war und ist dem hinduistischen Gedankengut fremd, außer dort, wo er sich auf die Manifestation der Avatara bezieht – wenn etwa Shiva als Herr des Tanzes auftritt oder Vishnu als Krishna. Die Menschen wurden nur als Angehörige ihrer Kaste, ihres Berufs, Geschlechts und Alters betrachtet. Künstler bildeten

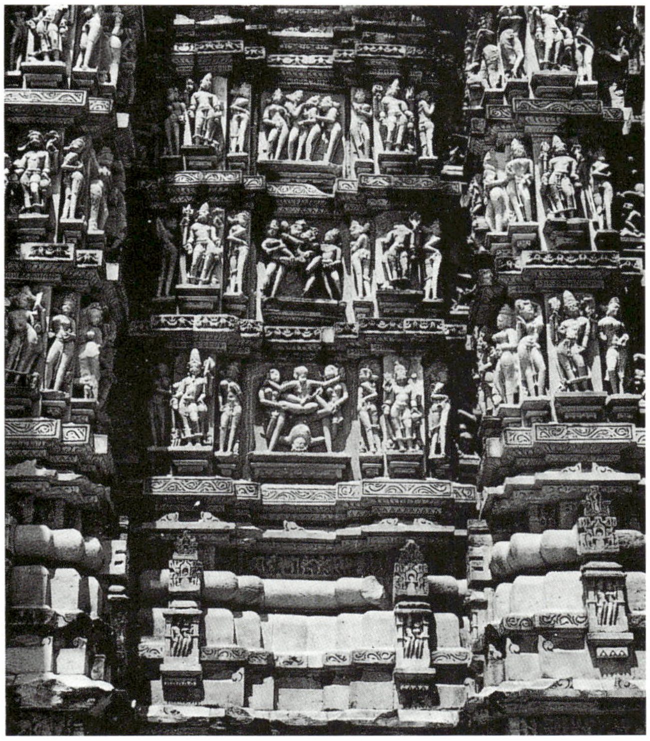

6.55 Detail der Fassade, Khandariya Mahadeva-Tempel, Khajuraho, um 1000, ▸ 6.46.

6.56 Detail vom Fries des Sonnentempels, Konarak ▸ 6.49.

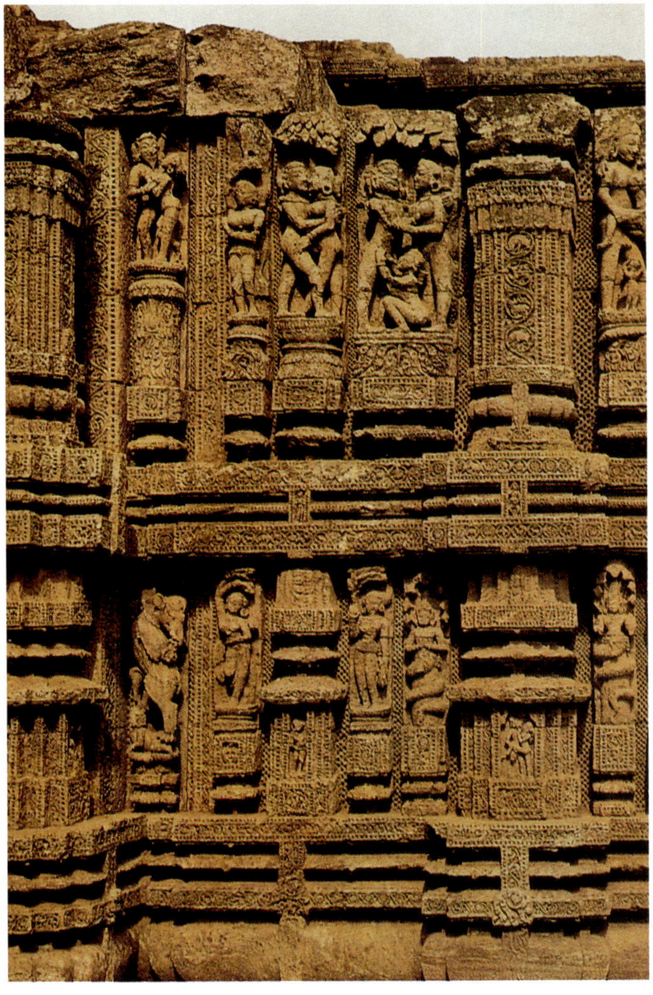

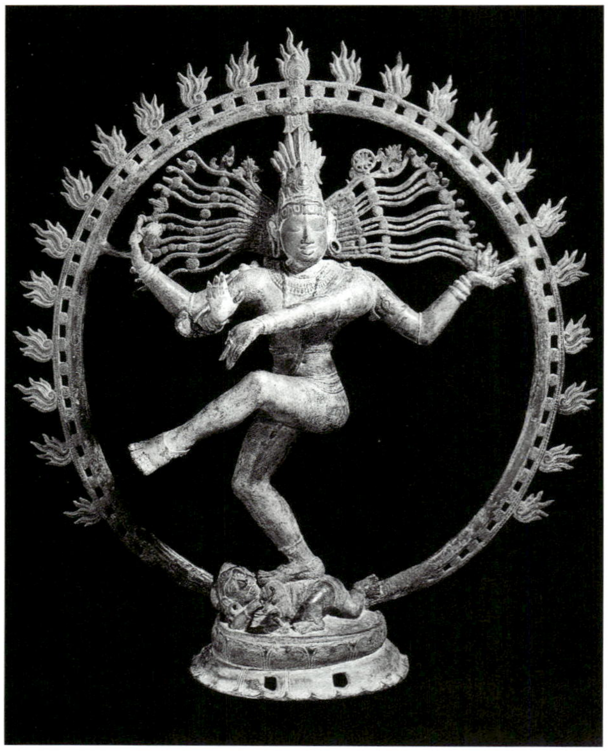

6.57 *Shiva Nataraja*, Chola, 11.–12. Jh., Bronze, Höhe 82 cm. Museum Rietberg, Zürich.

dabei keine Ausnahme. Ihren Beruf und ihre Ausbildung bestimmte die Familientradition, und sie bildeten eine Art Unterkaste mit ihren eigenen uralten und sorgfältig bewahrten Traditionen ebenso im Technischen wie im Bildnerischen. Daher rührt jene stark ausgeprägte Kontinuität in der indischen Kunst, die mindestens bis zu Aśokas Zeiten zurückreicht und möglicherweise noch weiter bis zur Indus-Kultur, die ein Jahrtausend früher bestand. Die Künstler scheinen etwas von der Aura übernommen zu haben, die einst die Magier und Schamanen umgab. Die Handwerksbücher raten ihnen, allein zu arbeiten oder in Gesellschaft eines anderen Künstlers, nie aber im Beisein von Laien. Sie waren die ausführenden Organe einer Gottheit, aus der die mystische Kraft des Abbildes sprang.

Die Kunst Indiens ist fast ausschließlich sakral – sehr wenige Profanarbeiten aus der Zeit vor dem 16. Jahrhundert sind erhalten. Deshalb ist die Kunstgeschichte stark mit der Religionsgeschichte verknüpft: die Ausbreitung des Buddhismus, das Wechselspiel von Buddhismus und Hinduismus, das Aufkommen tantrischer Lehren oder das periodische Wiedererscheinen einheimischer voraryanischer Kulte. In einer großen Zahl von Skulpturen und Bauwerken und den wenigen erhaltenen Malereien scheint sich etwas von der Intensität und der Tiefe des religiösen Gedankenguts Indiens widerzuspiegeln, das nie aufgehört hat, das Leben in Indien zu prägen. Allerdings ist seit dem 13. Jahrhundert ein spürbarer Rückgang der künstlerischen Qualität zu verzeichnen. Grund hierfür ist in erster Linie die Invasion der Moslems, die sogar bis nach Delhi vordrangen, wo sie im Jahre 1206 ein Sultanat gründeten. Obgleich sie selten die hinduistische Bevölkerung verfolgten, zerstörten sie zahlreiche ihrer Denkmäler, und die Verarmung der hinduistischen Herrscher brachte in Nord- und Zentralindien den Bau von Tempeln zum Erliegen. Sogar in noch größerem Stil als je zuvor entstanden hingegen Tempelbauten in den Königreichen des Südens, die nie unter die Herrschaft des Islam kamen (s. S. 502).

## Buddhistische und hinduistische Kunst auf Sri Lanka und Java

Indische Kunstformen breiteten sich im Gefolge indischer Glaubensvorstellungen nach Südostasien und in die indonesische Inselwelt aus. Der Buddhismus war die erste missionierende Religion, die erste Religion, die der gesamten Menschheit Erlösung versprach und über die Verehrung lokaler und Stammesgötter hinausreichte. Wie wir bereits erwähnten (s. S. 213 f.), sandte König Aśoka Missionare bis in die hellenistischen Königreiche im Westen, um die Botschaft des Friedens zu verkünden. Viel größerer Erfolg war der Entsendung seines Sohnes nach Ceylon (dem heutigen Sri Lanka) zur Verbreitung des Buddhismus beschieden, der sich dort bald als die dominierende Glaubensrichtung etablieren konnte, und zwar in seiner älteren Theravada-Ausprägung (s. S. 219), die sich dort, nur peripher von Glaubensvorstellungen des Mahayana beeinflusst, bis heute gehalten hat. Stupas, in der Sprache der Einheimischen ›dagabas‹ genannt, wurden vom 3. vorchristlichen Jahrhundert an erbaut und, wie jener in Sanchi (s. S. 215 f.), in späteren Zeiten vielfach erweitert; so erreichte etwa das besonders verehrte ›dagaba‹ Mahathupa Ruvvanveliseva in der ersten Hauptstadt des Königreichs, Anuradhapura, zuletzt eine Höhe von über neunzig Metern ▸ 6.58. Die Könige suchten durch den Bau immer großartiger angelegter ›dagabas‹ ihre Vorgänger zu übertreffen, bis schließlich im 4. Jahrhundert einer dieser Bauten in Anuradhapura eine Höhe von über hundertzwanzig Metern erreichte; heute ein von tropischer Vegetation überwucherter Berg aus Ziegelsteinen. Man hat nie aufgehört, Stupas zu bauen. Sie sind von einer schlichten Schönheit, die die Reinheit der Lehre des Theravada-Buddhismus symbolisiert, insbesondere die Idee der Erlösung von der körperlichen Begierde, von der Verhaftung im diesseitigen Leben und dem daraus erwachsenden Leid. Die ›dagabas‹ variieren nur leicht in den Silhouetten der Kuppeln – von einem Halbrund bis hin zu der Form einer Luftblase oder einer Glocke. Sie erheben sich stets über einem dreifach gestuften runden Sockel und werden von einer aus einem quadratischen Steinblock emporragenden Spitze bekrönt. Manche Stupas

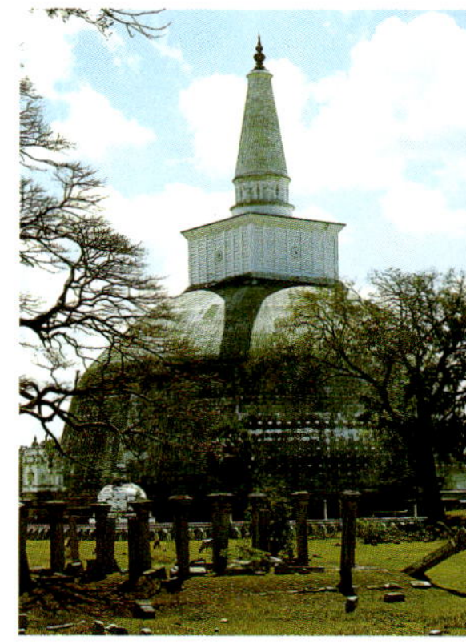

6.58 Mahathupa Ruvvanveliseya dagaba, Anuradhapura, Sri Lanka, begonnen im 2. Jh. v. Chr.

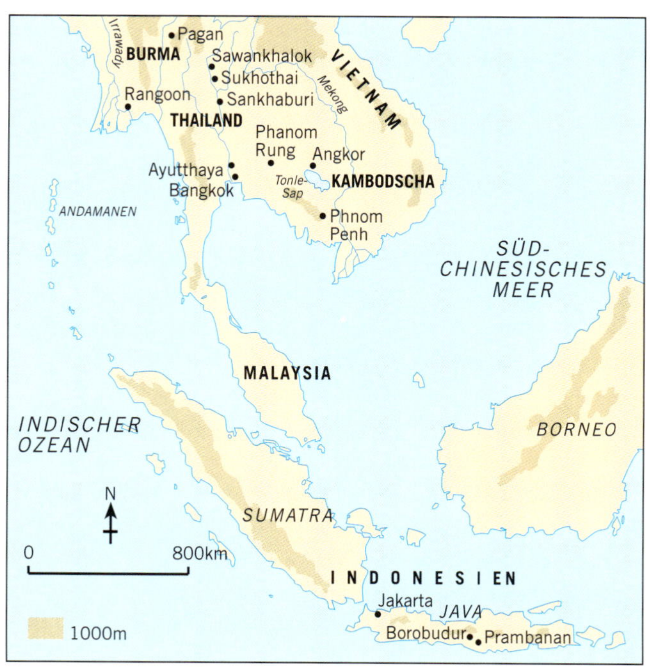


Südostasien.

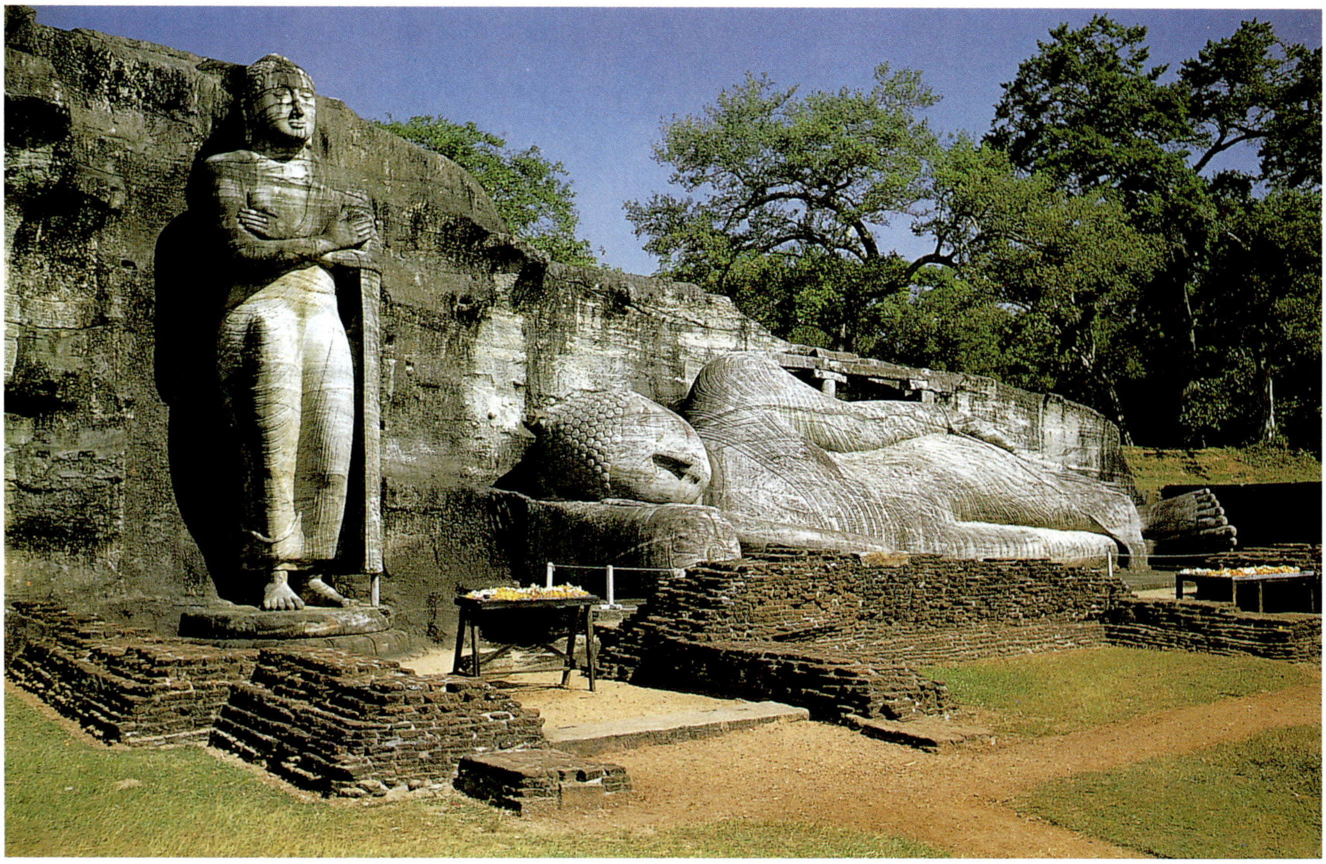

59 *Ananda und Paranirvana* [...]*ddha*, Gal Vihara, [...]lonnarua, Sri Lanka, [...]nde 12. Jh., behauener Fels, [...]inge 15,2 m.

waren ursprünglich von monolithischen Säulen umgeben, die Holzdächer trugen, unter denen die Gläubigen das ›dagaba‹ umschreiten konnten. Im 8. Jahrhundert war auf Sri Lanka bereits ein ganz eigener Bautyp, das ›vatadage‹, entwickelt, mit einer kreisrunden Plattform mit zwei oder mehr Säulenreihen, die ein kleines ›dagaba‹ umgaben, vor dem vier Statuen des meditierenden Buddha platziert waren – Vorbild der Loslösung von der Welt und dem Ich. Das eindrucksvollste Monument dieser Art, jenes in Medirigiriya nahe Polonnarua, stammt aus dem späten 11. Jahrhundert und zählt Statuen sowie ein ›dagaba‹ aus älterer Zeit zu seinen Heiligtümern ▸ 6.60.

Die ältesten auf Sri Lanka erhaltenen buddhistischen Statuen wurden um das 3. nachchristliche Jahrhundert nach indischen Vorbildern geschaffen, doch geht ihnen die Opulenz der Mathura-Plastik völlig ab. Spätere Buddhafiguren sind in der Regel ähnlich asketisch und statisch, wenngleich bei anderem Schmuck buddhistischer Bauten – Reliefdarstellungen von Wächterfiguren, kapriolenden Zwergen und Prozessionen symbolreicher Geschöpfe wie Gänse und Elefanten – ein hohes Maß an naturalistischer Lebendigkeit erzielt wurde. Der Buddha wurde statt in gestenreicher Bewegtheit immer häufiger meditierend mit gefalteten Händen dargestellt und von jedem verzierenden Putz befreit, um nicht die Aufmerksamkeit von seiner Lehre abzulenken. Diese Figuren mit dem nach innen gerichteten Blick zeigen das Antlitz des Nirvana. Drei Statuen von gigantischen Ausmaßen, die aus einem natürlichen Felsen in Polonnarua gehauen wurden – der meditierende Buddha, Buddhas Tod (Paranirvana) und sein Lieblingsjünger Ananda ▸ 6.59; 61 –, datieren aus dem späten 12. Jahrhundert und weisen einen ausgeprägten stilistischen Archaismus auf.

Sie stehen im Gegensatz zu den Skulpturen des Shiva Nataraja ▸ 6.57 und anderen hinduistischen Gottheiten, die zum Teil auf Sri Lanka entstanden sind, als sich die Insel unter der Herrschaft der südindischen Chola-Dynastie befand (933–1070). In ähnlicher Weise heben sich auch die klar konturierten ›dagabas‹ von den mit üppigem bildhauerischen Schmuck versehenen Hindutempeln des Festlandes ab.

Der Theravada-Buddhismus, die ›Lehre der Alten‹, förderte einen Konservatismus in den Künsten und schränkte die Ikonographie auf Sujets ein, die in unmittelbarem Zusammenhang mit dem historischen Buddha Śakyamuni stehen. Die stark spekulativen, unentwegt neu entstehenden Schulen des Mahayana mit ihrem Glauben an Bodhisattvas und ihren verschiedenen Himmeln, ihren esoterischen Ritualen und tantrischen Übungen haben hingegen eine – im religiösen ebenso wie im ästhetischen Sinne – reichere Vielfalt an Kunstwerken hervorgebracht, die sich mit derjenigen hinduistischer Kulte

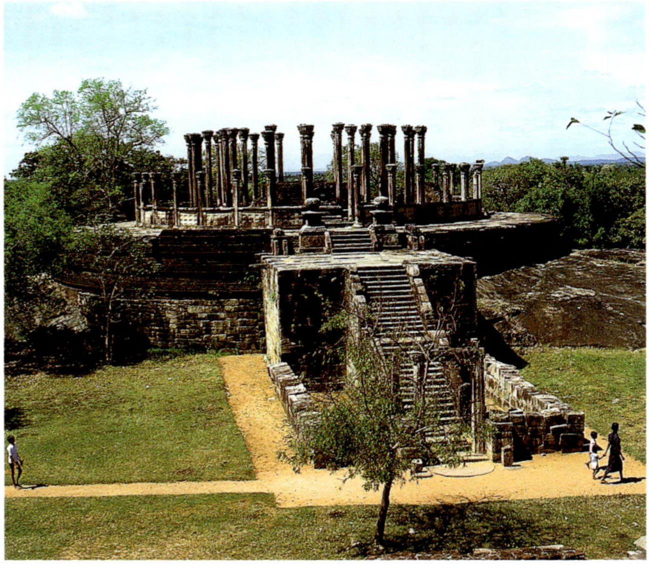

[...]60 Vatadage, Medirigiriya, [...]i Lanka, Ende 11. Jh.

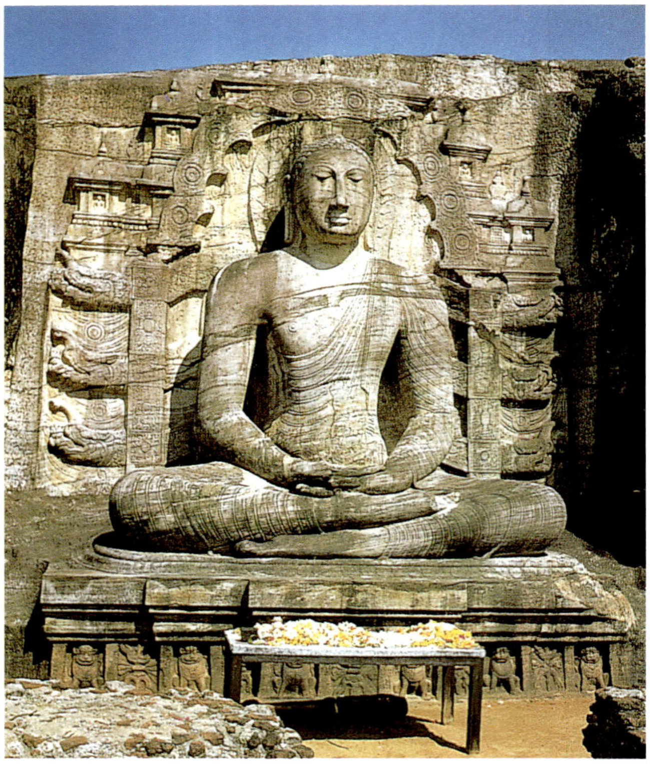

6.61 *Meditierender Buddha*, Gal Vihara, Polonnarua, Sri Lanka, Ende 12. Jh., behauener Fels, Höhe 7,6 m.

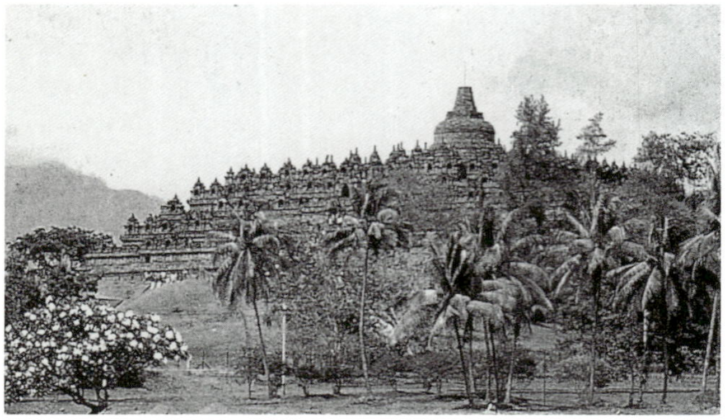

6.63 Borobudur, Java, vollendet um 840.

6.64 *Buddha Vairocana*, obere Terrasse, Borobudur, frühes 9. Jh.

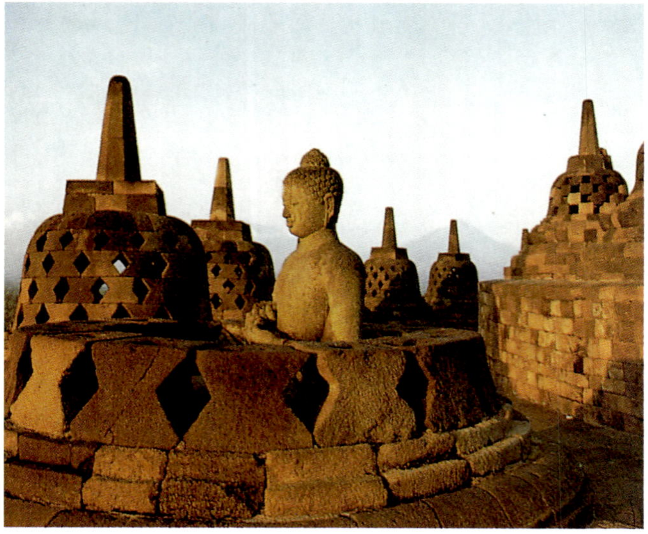

vergleichen lässt. Besonders offenkundig ist dies auf Java, wo der Buddhismus und der Hinduismus etwa zur gleichen Zeit aus Indien eintrafen und von den Herrschern der Insel gefördert wurden.

## *Java*

Die ältesten erhaltenen Bauten auf Java sind kleine, Shiva geweihte Tempel aus dem 7. Jahrhundert n. Chr. Hingegen wurde die Anlage von Borobudur, die um 775–780 vermutlich als hinduistisches Denkmal begonnen worden war, schrittweise erweitert und zu einem um 840 vollendeten Komplex ausgearbeitet, der zu den größten Meisterwerken buddhistischer Kunst zählt. Das Bauwerk stellt einen heiligen Berg aus neun um den massiven Kern eines natürlichen Hügels herum angelegten Terrassen dar und weist keinerlei Innenräume auf, abgesehen von einer verschlossenen Kammer zuoberst, die ursprünglich eine Buddhastatue umschloss ▸ 6.63: Das einzige Ritual, das hier vollzogen wurde, war das der Umschreitung. Borobudur hat an der Basis eine Seitenlänge von etwa hundert Metern und ist 35 Meter hoch, war aber weniger auf Monumentalität hin angelegt als auf die Wirkung fein gearbeiteter Details ▸ 6.62. Statt die Form eines buddhistischen Stupa zu steigern, wurde sie vervielfacht: 72 kleine glockenförmige Stupas umstehen auf den oberen Terrassen den Hauptstupa, und weiter unten sind noch viele weitere anzutreffen, von denen manche ›halbiert‹ sind, um Nischen zu schaffen. Sie alle enthielten eine Buddhafigur im Lotossitz, wobei der einzige Unterschied zwischen den einzelnen Figuren im ›mudra‹ bestand, der symbolhaften Handhaltung: der Geste des Predigens, des Andrehens des Rades, der Abwehr des Bösen oder einfach der Meditation ▸ 6.64. Tatsächlich bedeutet der Name Borobudur (oder Barabudur) vermutlich ›Berg der Buddhas‹.

Der Grundriss der Anlage, der sich aus vier konzentrischen Kreisen innerhalb einer Serie von Quadraten zusammensetzt, ähnelt einem Mandala, einem Diagramm, das als Hilfsmittel zur Meditation über abstrakte geistige Inhalte dient ▸ 6.65. Ihr Aufriss, im Wesentlichen die Form einer gestutzten Pyramide, die von einem Kegel bekrönt wird, verbindet die Symbolik des Berges Meru (des Mittelpunktes der buddhistischen und hinduistischen Kosmologie) mit der des Stupa: Erde und Himmel, Existenz und Nirvana. Die monumentalen Reliefs, die die Wände der Terrassen umziehen, sind auf schlichtere oder explizite Weise didaktisch: sie handeln von dem buddhistischen Läuterungsweg von der illusorischen Welt der Sinne zur höchsten transzendentalen Wirklichkeit. Die Reliefs auf der untersten Ebene illustrieren Szenen aus dem Leben der Menschen, das dem Karma, dem Kreislauf von Geburt und Wiedergeburt, unterworfen ist. Sie wurden jedoch später durch die Anlage einer weiteren Terrasse überdeckt und sind heute nur an einer Ecke noch sichtbar. Jene unterste Ebene ist vermutlich in letzter Minute als bauliche Verstärkung für die oberen Terrassen errichtet worden und nicht, wie mitunter behauptet wird, zur Versinnbildlichung der ›Unterwelt‹. Hier wiedergegebene Szenen einer ungehemmten Sinnlichkeit ▸ 6.67 wurden vielleicht sogar bereitwillig geopfert, da sie einzig als Kontrast zu den geistigen Themen dienten, die oben dargestellt sind. Die Reliefs der ersten Galerie sind den verschiedenen Existenzen des Buddha Śakyamuni gewidmet, dessen Denken und Wirken in zwei verschiedenen, übereinander angebrachten Paneelfolgen verbildlicht wird. So sehen wir ihn etwa beim Baden in einem Fluss, einer Reinigungshandlung, die seinem Kampf

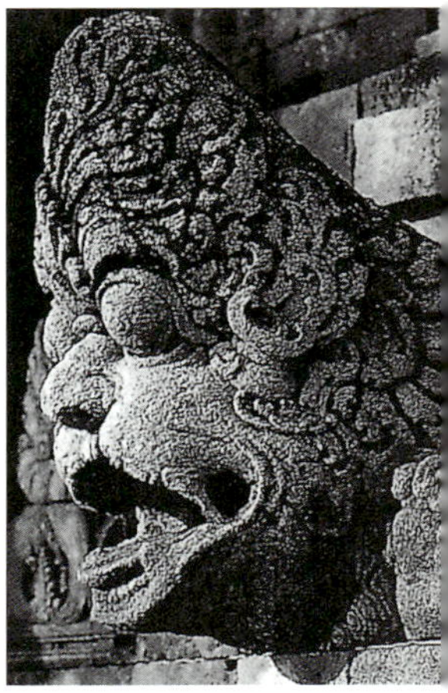

6.62 *Kala-Kopf,* an einer Galerieecke, Borobudur, frühes 9. Jh.

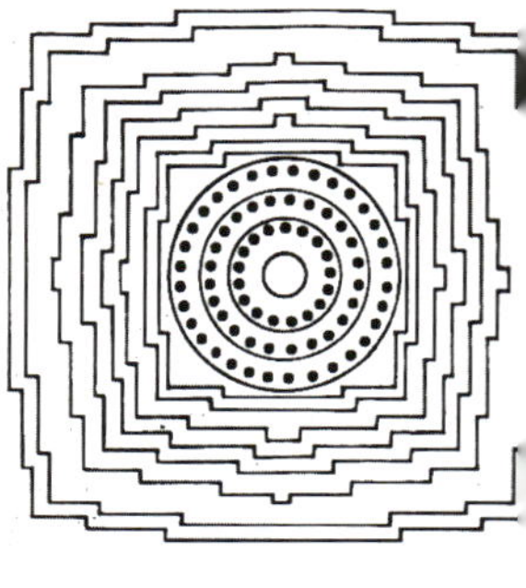

6.65 Grundriss des Borobudu

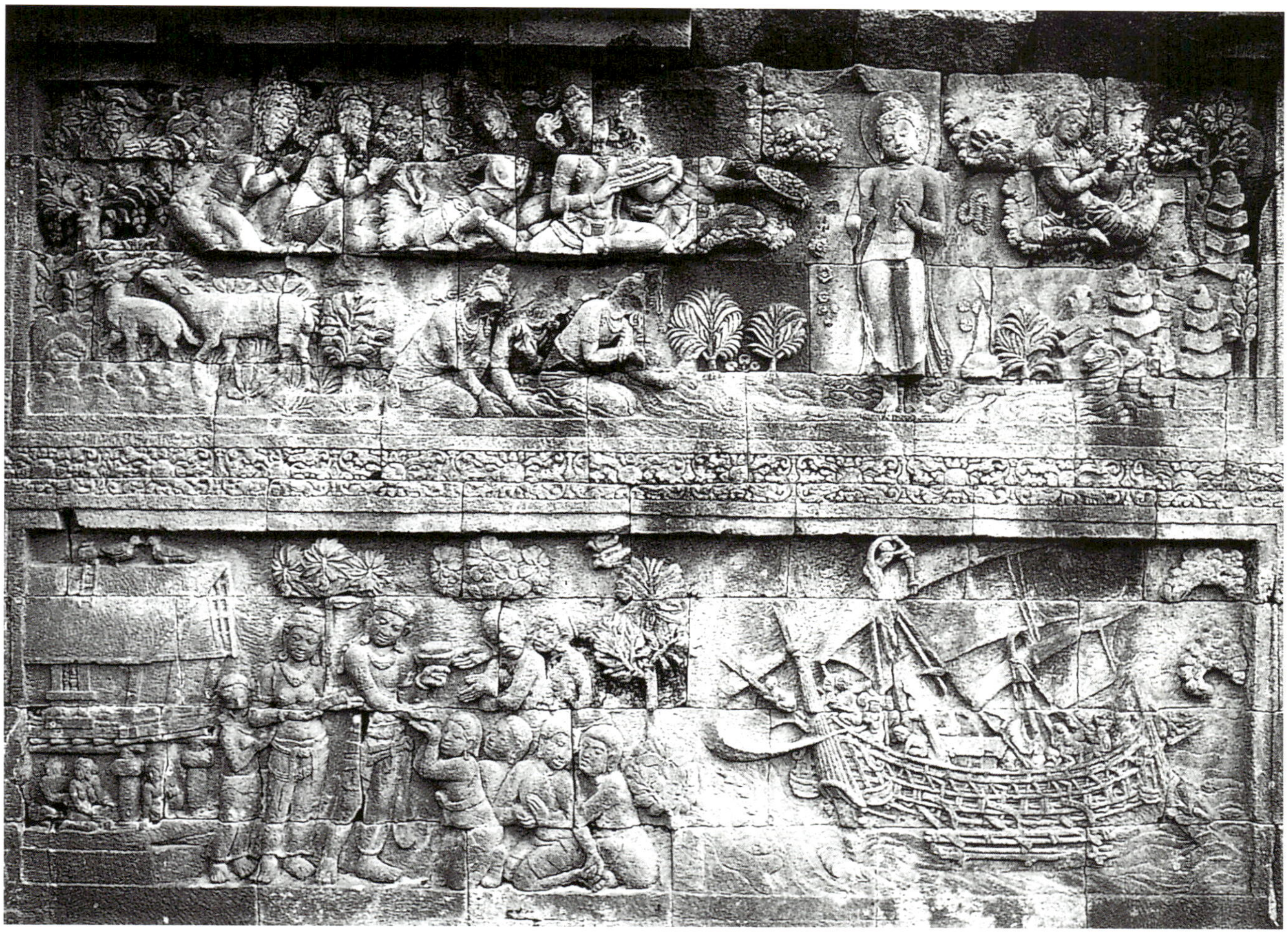

6 Relief mit Szenen der
ddha-Legende: *Siddharta*
*det* (oben), *Hiru landet auf*
*uka* (unten), Borobudur,
780–790, Andesit,
ite 274 cm.

gegen die Kräfte des Bösen vorausging; eine andere Szene darunter zeigt seine frühere Verkörperung als Hiru bei der Landung auf der Insel Hiruka ▸6.66. Wenn die Pilger die steilen Treppen emporstiegen, traten sie in die Sphäre des Mahayana ein, das die Inspirationsquelle für die Reliefs auf den oberen drei Galerien war. Diese Lehre wird verbildlicht durch die Geschichte von Sudhana, einem reichen Kaufmannssohn, der sich irgendwann nach dem Paranirvana des historischen Buddha auf die Suche nach Weisheit und geistiger Vervollkommnung begab und auf seinen Reisen den verschiedenen Bodhisattvas begegnete, darunter Maitreya, dem Buddha der Zukunft, der eines Tages auf die Erde herabsteigen wird ▸6.68. Diese exemplarische Erzählung bereitet den Gläubigen vor auf den Aufstieg hinauf in die ewige Sphäre der symbolhaft runden oberen Terrassen, wo himmlische Dhyani-Buddhas, transzendentale Heilsbringer, in majestätisch-gesetzter

6.67 Szene aus einem Sockelrelief mit weltlichen Themen, Borobudur, um 780, Andesit.

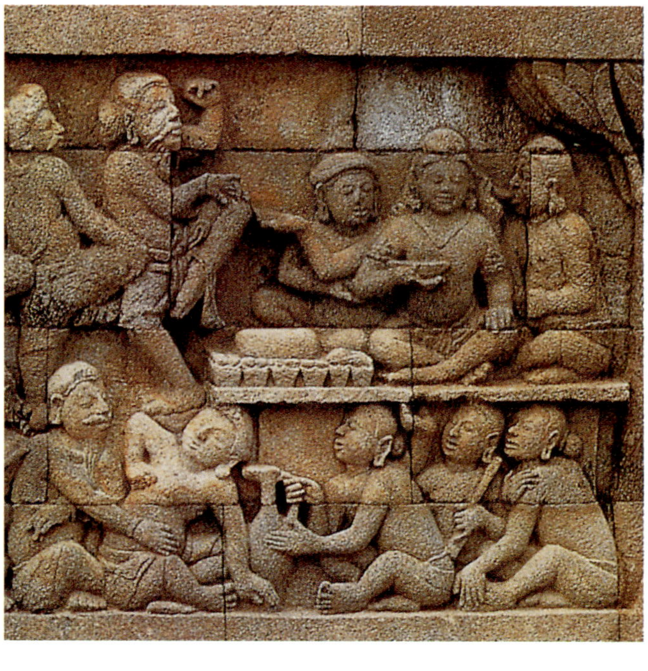

6.68 Szene aus einer der früheren Existenzen des Maitreya, 3. Galerie, Borobudur, um 780–790, Andesit, Höhe ca. 126 cm.

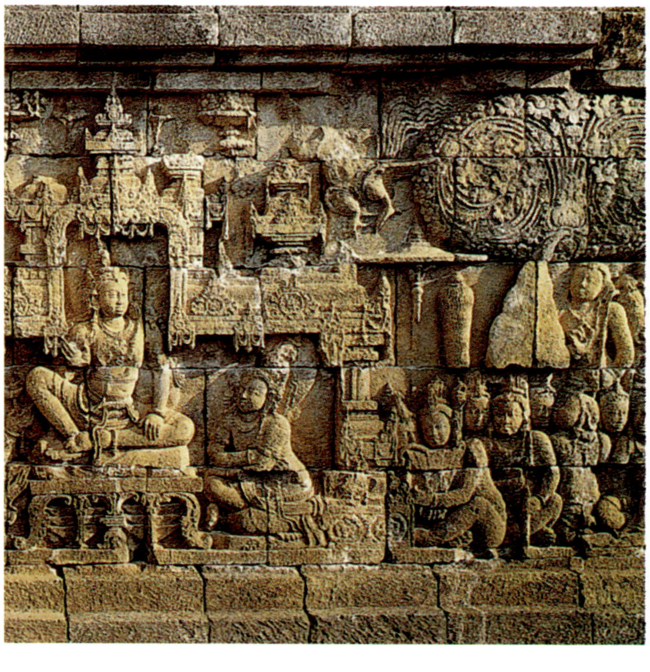

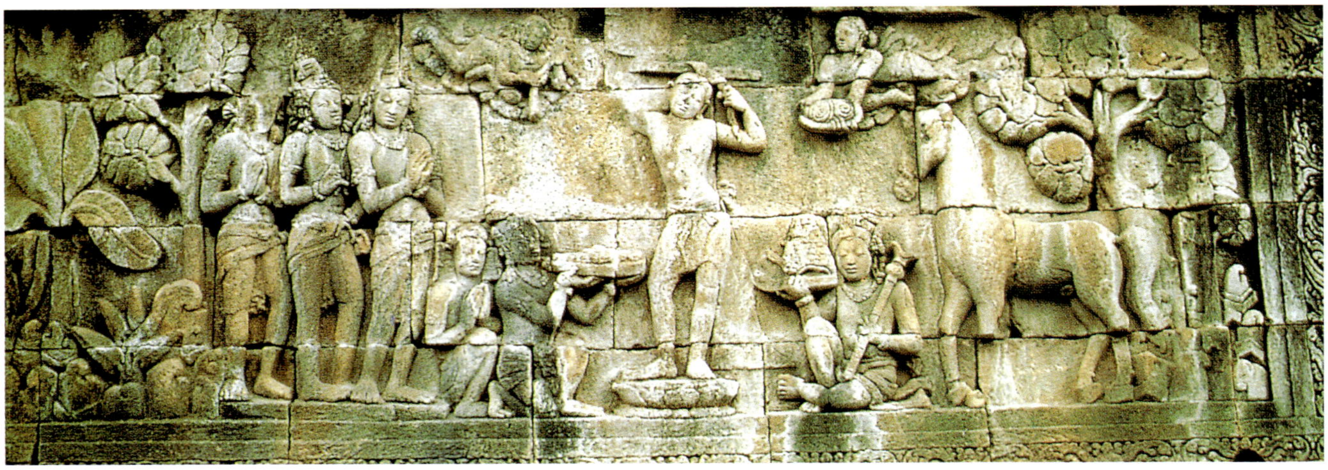

6.69 Szene aus der Buddha-Legende: *Siddhartha schneide sein Haar*, Borobudur, um 780–790, Andesit, Breite 274 cm.

Meditationshaltung in durchbrochenen Stupas sitzen. (Einer dieser Stupas ist abgetragen worden ▸ 6.64.)

Obwohl ihre Themen, ihr Symbolismus und teilweise auch ihre Formen auf indische Anregungen zurückgehen, könnte man die Bildhauerkunst des Borobudur kaum für eine indische Leistung halten. Allein schon an den javanischen Gesichtszügen lässt sich der Unterschied feststellen. Aber die Unterschiede liegen nicht nur an der Oberfläche, sondern gehen tiefer, wie man an jenem Paneel sieht, auf dem Buddha sich zur Vorbereitung auf ein Leben der Askese das Haar abschneidet ▸ 6.69 – wie es in einer *Jataka*-Legende heißt:

*»Er dachte bei sich, ›Mein langes Haar ist einem Mönch nicht gemäß; aber weil niemand würdig ist, einem zukünftigen Buddha das Haar zu schneiden, werde ich es selber mit dem Schwert tun‹. So nahm er eine Klinge in die Rechte, packte mit der Linken den Haarknoten und schnitt ihn zusammen mit der Tiara ab.«*

Die richtige Benennung für ihn in diesem Lebensabschnitt wäre natürlich ›Siddharta‹. Auf dem Relief ist er denn auch als schmaler Jüngling und nicht als ein altersloser Weiser dargestellt. Die Episode ist hier zum Ritual erstarrt, Diener sind ins Bild gebracht, die die Tiara und die abgeschnittenen Locken tragen, und auch vier Zuschauer mit zum Gebet gefalteten Händen erscheinen (in dem *Jataka*-Text sind nur das Pferd erwähnt, auf dem Siddharta das Elternhaus verließ, und die himmlischen Wesen, die die Tiara und die Locken davontrugen). Die Darstellung ist logisch aufgebaut. Die Figuren sind größenmäßig aufeinander abgestimmt und außerdem als dreidimensionale Körper in den Raum gesetzt, nicht mehr als Manifestationen der ›Maya‹ scheinbar aus dem Stein wachsend (s. S. 476 ff.). Die Reliefdarstellung, die Siddhartha beim Baden im Fluss zeigt, lässt eine ähnliche Auffassung erkennen, obgleich seine Figur stärker idealisiert ist, möglicherweise um zu zeigen, dass er auf dem Weg der Erleuchtung oder Buddhawerdung bereits weiter fortgeschritten war ▸ 6.66. Auf dem Relief darunter wiederum sind zwei Szenen – von rechts nach links: ein Schiff auf See sowie Hiru an Land, umringt von Männern und Frauen – naturalistisch dargestellt, wie etwa die perspektivische Verkleinerung des Hauses im Hintergrund zeigt (ein Häusertyp übrigens, der noch heute in einigen Teilen Indonesiens anzutreffen ist). Anschauliche Phänomene, wie sie sich in diesen ›flüchtigen Eindrücken vom illusorischen Erdenleben‹ spiegeln, wurden freilich in jenem Relief, das Sudhana in mystischer Vereinigung mit einem Bodhisattva zeigt, ausgespart ▸ 6.68.

Ungefähr zur Zeit der Vollendung Borobudurs um 835 begann man nicht weit entfernt (nahe dem heutigen Ort Prambanan) mit dem Bau eines großartigen Komplexes dreier Tempel, die Shiva, Vishnu und Brahma geweiht werden sollten ▸ 6.70;71. Ihre Architektur ist eine völlig andere und sehr stark vertikal angelegt. Jeder dieser Tempel wurde als heiliger Berg konzipiert, doch nicht, wie bei Borobudur, um langsam bestiegen, sondern um von ebener Erde aus betrachtet zu werden. Außerdem verfügen alle drei über im Innern gelegene Schreine für Statuen von Gottheiten. Ihr umfangreicher Reliefschmuck ist dem Borobudurs sehr ähnlich und könnte teilweise sogar von den gleichen Bildhauern geschaffen worden sein. In einer der Darstellungen könnte man die zentrale Figur durchaus für einen Bodhisattva halten, wäre ihr nicht der Dreizack und der von einem Totenschädel gekrönte Lotos beigegeben, die sie als Shiva kenntlich machen ▸ 6.71. Auch die

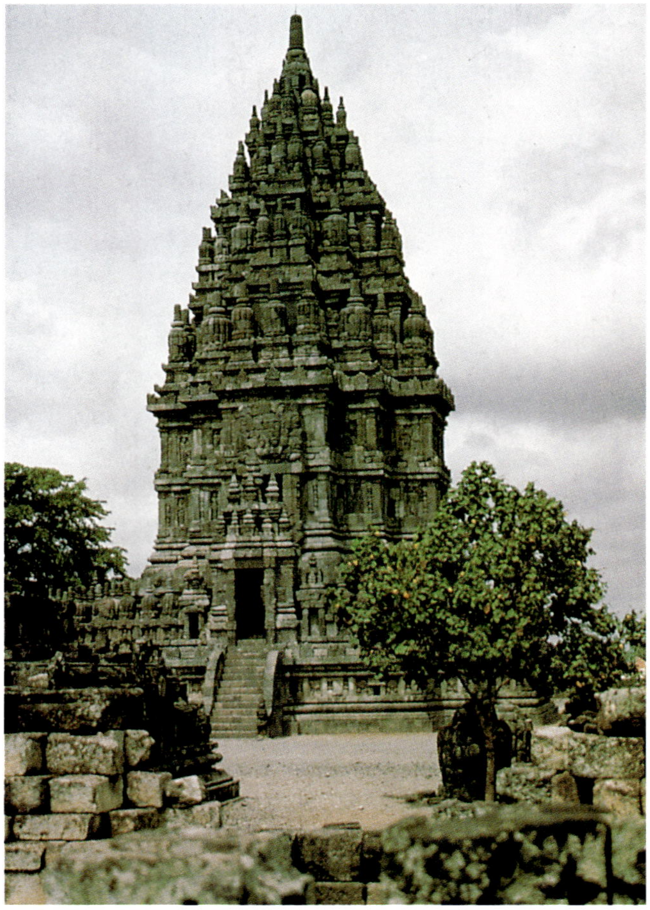

6.70 Tempel des Shiva, Pram-banan, Java, begonnen um 8

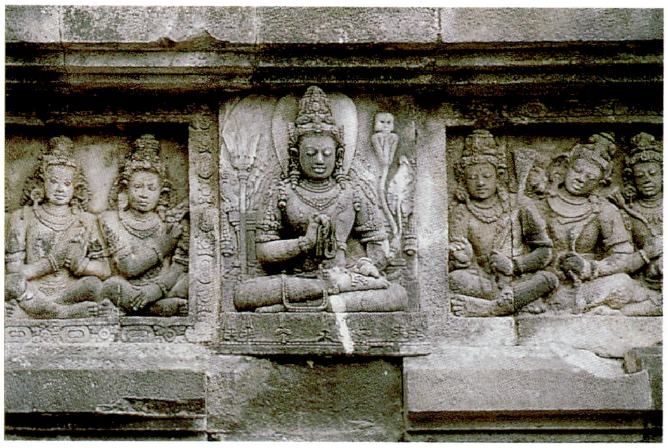

71 *Shiva und Begleiter*, ...iva-Tempel, nahe Prambanan, ...va, um 850, Andesit.

ihn flankierenden Figuren wurden offenbar ähnlich problemlos vom Buddhismus zum Hinduismus konvertiert – wie ohne Zweifel viele Javaner selbst, die ihre religiösen Bräuche umstellten, um sich denen ihrer Herrscher anzupassen. Borobudur war unter den buddhistischen Königen der Sailendra-Dynastie erbaut worden; die Tempel von Prambanan wurden vom ersten König der Sanja-Dynastie errichtet, die von 832 an über Java herrschte und hinduistische Kulte förderte, ohne jedoch zu versuchen, den Buddhismus zu unterdrücken. Um groß angelegte Bauten aus Stein zu finanzieren, war auf Java ebenso wie in Indien das königliche Patronat unabdingbar. Und obgleich Hinduismus und Buddhismus nebeneinander gediehen, konnte die königliche Gunst von einer Dynastie zur nächsten wieder wechseln. Im frühen 13. Jahrhundert wurde Königin Dedes – von besonderer historischer Bedeutung als Mutter des ersten Königs der Singosari-Dynastie, die von 1222–1293 über das östliche Java herrschte – in einer der schönsten Schöpfungen südostasiatischer Plastik als Prajnaparamita (die buddhistische Personifikation der göttlichen Weisheit) mit der Geste des Andrehens des Rades der Lehre porträtiert ▸ 6.72. In Kambodscha war die Praxis, Herrscher mit den von ihnen verehrten Gottheiten gleichzusetzen, in jener Zeit bereits sehr viel weiter getrieben worden.

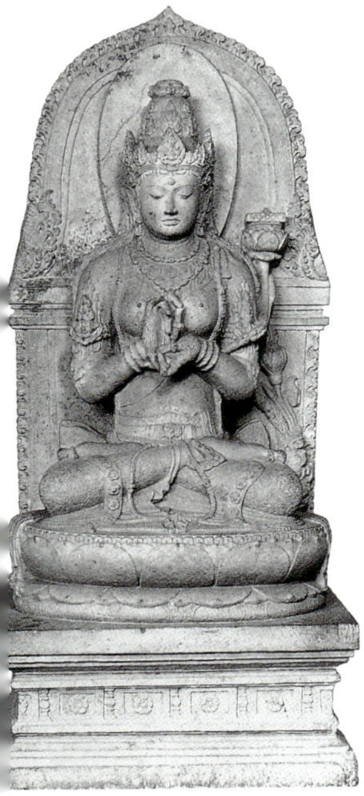

72 *Königin Dedes als ...ajnaparamita*, buddhistische ...rsonifikation transzendentaler ...eisheit, um 1280–1290, ...ndesit, Höhe 126 cm. National ...useum, Jakarta, Indonesien.

## Buddhistische und hinduistische Kunst auf dem südostasiatischen Festland

Pilger und Kaufleute, die die Handelswege zwischen Indien und China bereisten, haben aller Wahrscheinlichkeit nach den Buddhismus in das Gebiet des heutigen Kambodscha eingeführt. Ungefähr im 5. Jahrhundert n. Chr. wurde auch der Shiva-Kult von einer Gruppe indischer Asketen verbreitet, welche die Herrscher der sich bekämpfenden Königreiche in dieser Gegend für sich zu gewinnen wussten. Man glaubte die Kraft Shivas durch die rituellen Handlungen des Herrschers auf die Menschen und die Erde übertragen zu können, weswegen Tempel erbaut und Statuen gemeißelt wurden. Stilbildend waren zunächst indische Vorbilder aus der Gupta-Periode. Spätestens im 7. Jahrhundert jedoch hatte sich in der Bildhauerei ein eigenständiger Stil herausgebildet, erkennbar etwa in der Statue von Harihara ▸ 6.73, einem Gott, der die Attribute und die Wirkungsmöglichkeiten Shivas mit denen Vishnus verbindet. Die sanft modellierte Körperoberfläche, die durch die feine plastische Herausarbeitung des Faltenwurfs noch kontrapunktiert wird, lässt eine konzentrierte Kraft und unerschöpfliche innere Vitalität erahnen. Die Physiognomie ist zudem typisch kambodschanisch und verbindet den Gott mit seinen Verehrern.

Anfang des 9. Jahrhunderts gewann die khmersprechende Volksgruppe, die nahe dem Tonle Sap, dem Großen See, lebte (ca. 240 km nordwestlich von Phnom Penh), allmählich die Kontrolle über das gesamte Gebiet Kambodschas; ihr Herrscher Jayavarman II. proklamierte sich im Jahre 802 selbst zum ›universellen Monarchen‹ in einem Ritual, das – eine dem indischen Denken völlig fremde Vorstellung – Religion und Politik in sich vereinigte: dem Kult des ›Devaraja‹; dieses Sanskritwort, das ›König der Götter‹ bedeutet, sollte für die Khmer aber die Bedeutung ›zum Gott erhobener König‹ annehmen. Das von ihm gegründete Reich wurde bald zur größten Macht in Südostasien; es dehnte sich nach Osten wie nach Westen hin aus bis in das Gebiet des heutigen Vietnam und Thailand und sollte im Bereich der Architektur und Plastik ein reiches Erbe hinterlassen.

Die bedeutendste künstlerische Leistung der Khmer waren die großen steinernen Tempel, die vom 9. bis zum 12. Jahrhundert unter der Ägide mehrerer aufeinander folgender Herr-

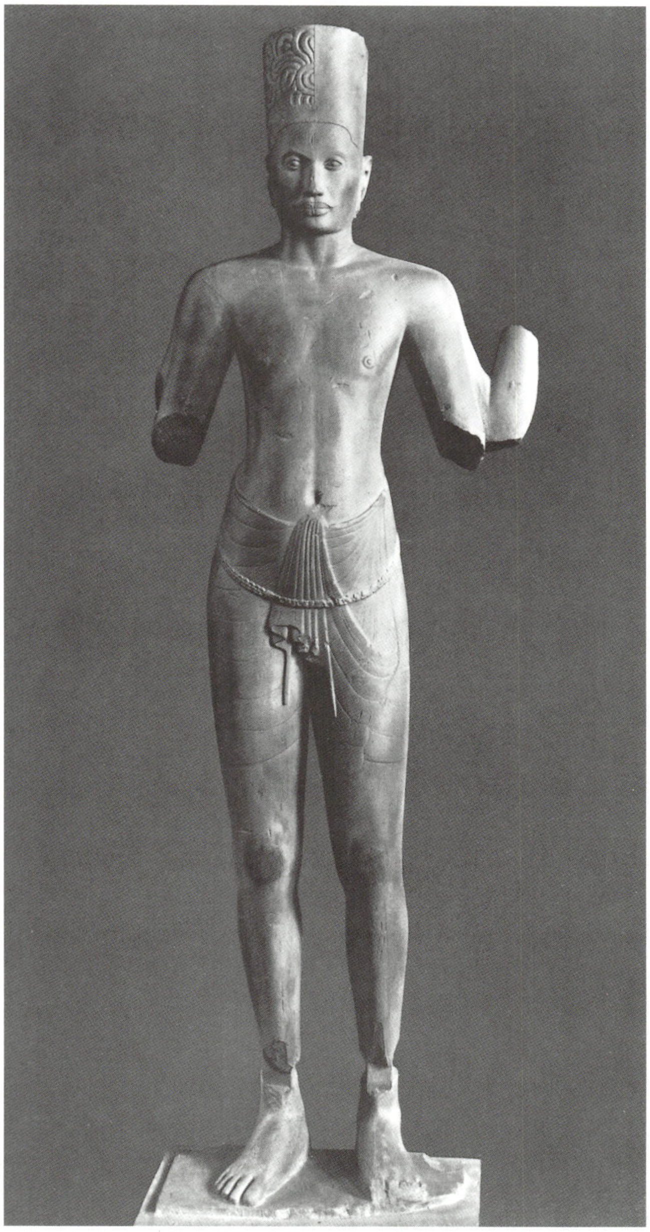

6.73 *Harihara*, aus Prasat Andet, Kambodscha, 7. Jh., Höhe 194,3 cm. Museum Phnom Penh, Kambodscha.

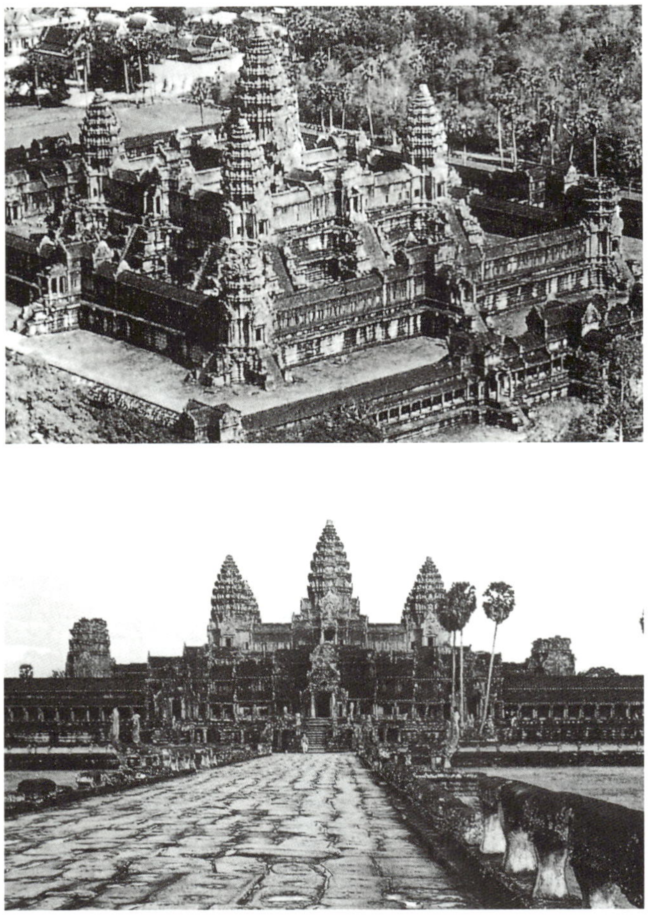

6.74 Angkor Vat, Kambodscha, um 1120–1150, Ansicht und Luftaufnahme aus Nordost.

scher errichtet wurden. Die Städte, die sie ursprünglich überragten, waren aus weniger dauerhaftem Material erbaut und sind heute dem Dschungel anheim gefallen, ohne eine Spur zu hinterlassen. Angkor Vat (der Name bedeutet ›Tempel der Hauptstadt‹) ist unter diesen Anlagen die großartigste und vermutlich sogar der größte Tempelbau der Welt, ein regelrechter Berg aus behauenem Stein, der sich bis zu einer Höhe von etwa sechzig Metern erhebt und von überdachten Umgängen und einem Graben von insgesamt fast vier Kilometern Länge umringt wird ▸ 6.74. Begonnen wurde der Bau unter Suryavarman II. (1112–ca. 1150) als persönliche Grabstätte des Herrschers und als ein dem Gott Vishnu geweihter Tempel. Kein Bauwerk ist von seiner Anlage, seinen Abmessungen und hinsichtlich des ikonographischen Programms seines plastischen Schmucks jemals systematischer als kosmisches Sinnbild konzipiert worden. Der axialsymmetrische Grundriss besteht aus Kreuzen innerhalb von Rechtecken, die (wie bei Grabtempeln in vielen Teilen der Welt häufig der Fall) nach Westen hin orientiert sind ▸ 6.75. Eine hohe Plattform, über steile Treppenläufe zu erreichen, trägt den zentralen Schrein, der ursprünglich eine Metallstatue Vishnus beherbergte, sowie vier kleinere Schreine, die allesamt von Turmspitzen nach dem Vorbild des indischen Sikhara gekrönt werden. Sie sollen die fünf Gipfel des Berges Meru symbolisieren und wurden ursprünglich an den Ecken der beiden gedeckten Umgänge in stufenweise verkleinertem Maßstab wiederholt. Umringt von einem Graben, verbildlicht der Tempel auf diese Weise die Kosmologie des Hinduismus mit dem Berg Meru im Mittelpunkt einer Reihe konzentrischer Kontinente, die der Ozean begrenzt. Die indische Vorliebe für die Vervielfachung einzelner Elemente fand hier ihre letzte Steigerung; die mächtige Anlage wurde indes mit einer Konsequenz und Logik konzipiert, die in Indien selten ist und einem bedeutenden Tempelbau wie etwa dem Lingaraja in Bhuvaneśvar völlig abgeht ▸ 6.48. Angkor Vat war so angelegt, dass man am 21. Juni (nach der indischen Astronomie der Anfang des Sonnenjahres) von außerhalb des westlichen Eingangs aus die Sonne über der zentralen Spitze aufgehen sehen konnte, ganz so, wie es einem Denkmal für Suryavarman geziemte, dessen Name ›beschützt von der Sonne‹ bedeutet. Und der Abstand von diesem Eingang zum zentralen Schrein beträgt genau 1728 ›hat‹ (das Längenmaß der Khmer), entsprechend den 1728 Jahren des ersten goldenen Zeitalters des Universums nach hinduistischer Rechnung.

Angkor Vat wurde aus riesigen Kalksteinplatten errichtet, die ohne Mörtel nur mit eisernen Krampen zusammengehalten werden. Dächer wurden, wie in Indien, auf Kragsteine gesetzt und nicht gewölbt. Die langen gedeckten Gänge sind aus diesem Grund eher schmal gehalten, ihre Wände aber sind mit Reliefs von gleichbleibend hoher Qualität und mitunter großem Feingefühl geschmückt. Eines der besonderen Merkmale der Kunst der Khmer sind streng durchorganisierte Gruppen- oder Massenszenen. Auf manchen Reliefs sieht man in Reihen marschierende Soldaten. ›Apsaras‹ – Himmelsgeister und Angehörige des Serails Indras – wurden stets in einträchtigem Tanz dargestellt. Auf einem Relief ist eine dieser Gruppen in ausladender, rhythmischer Bewegung eingefangen ▸ 6.76. Mit ihren zu erotischen Haltungen verdrehten geschmeidigen Körpern strahlen sie einen ebenso sinnlichen Reiz aus wie die indischen Yakshis, auch wenn ihnen deren Spiritualität fehlt.

Dass die gesamte Anlage von Angkor Vat binnen weniger als drei Jahrzehnten nicht nur erbaut, sondern auch mit derart reicher Bildhauerarbeit ausgeschmückt worden sein soll, ist erstaunlich. Mehrere kleinere, doch keineswegs mit weniger reichem Skulpturenschmuck versehene Tempel wurden etwa zur gleichen Zeit andernorts im Khmer-Reich errichtet. Einer der eindrucksvollsten dieser Tempelbauten, die Anlage von

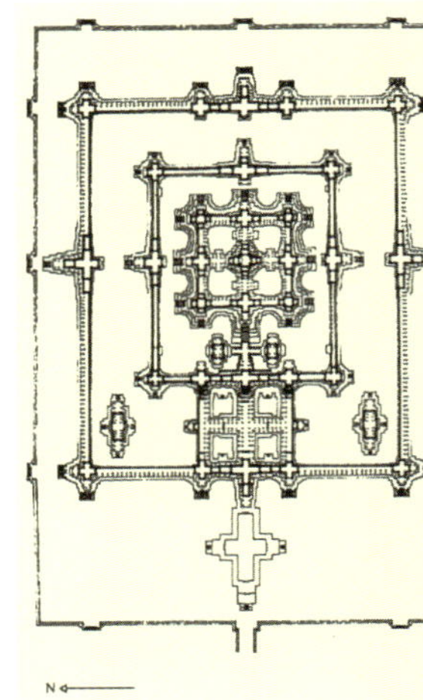

6.75 Grundriss von Angkor Vat, Kambodscha.

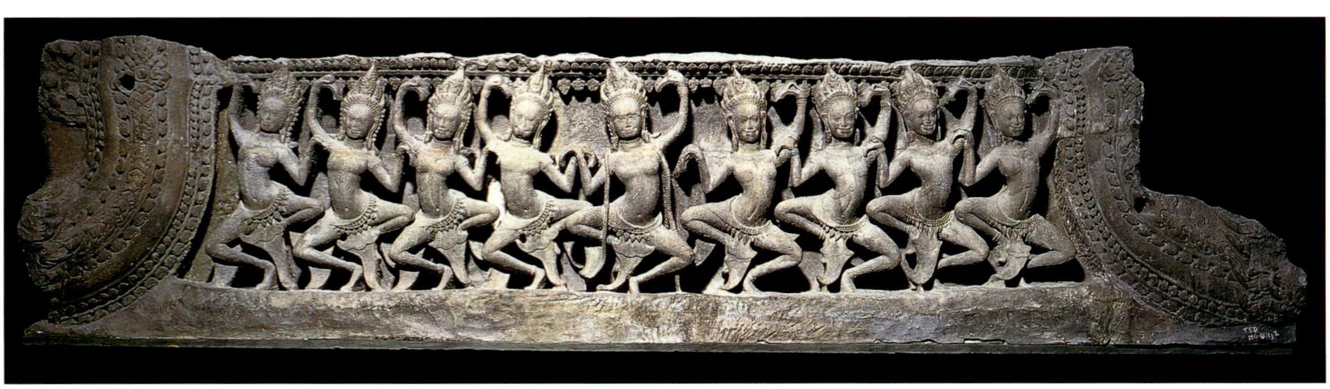

6.76 Relief aus Angkor Vat, um 1120–1150, Höhe 60 cm. Musée Guimet, Paris.

Phanom Rung (im heutigen Thailand), erhebt sich auf einer Hügelkuppe über einer weiten Ebene, die sich nach Osten zu Angkor hin erstreckt: ein imponierendes Symbol der Macht der unter den Göttern, ja geradezu im Namen der Götter entfalteten Khmer-Herrschaft ▸ 6.77. Man erreicht den Tempel über einen monumentalen Treppenlauf, den Balustraden flankieren, von denen ›nagas‹ ihre vielen Kobraköpfe erheben. Das Heiligtum, in der Mitte eines rechteckig angelegten, überdachten Umgangs gelegen, ist außen üppig geschmückt mit Reliefs, mehrfach wiederholten architektonischen Motiven und Laubwerk mit figürlichen Szenen über den Türen, die allesamt sehr lebendig und mit größtem Feingefühl im Khmer-Stil gemeißelt sind.

Nicht alle Khmer-Herrscher waren Hindus. Verschiedene waren Anhänger des Mahayana-Buddhismus, darunter insbesondere der letzte historisch bedeutsame Herrscher, Jayavarman VII., der 1178 das nach dem Tod Suryavarmans II. zersplitterte Reich wieder einigte und sowohl architektonisch wie auch politisch diesem Reich seinen Stempel aufdrückte. Er wurde nicht als ›Devaraja‹ betitelt, sondern als ›Buddharaja‹ – die Inkarnation eines Bodhisattva als Herrscher –, und er suchte den Buddhismus als Staatsreligion durchzusetzen. Da die Hauptstadt von Eindringlingen aus Vietnam geplündert worden war, gründete er in der Nähe eine neue Stadt, Angkor Thom, angelegt nach einem gitterförmigen Grundriss. Zu den zahlreichen Bauten und Einrichtungen für die Allgemeinheit gehörten Straßen, Rasthäuser, Wasserspeicher, Hospitäler sowie Tempel. Es hat den Anschein, als habe er so etwas wie einen theokratischen Wohlfahrtsstaat geschaffen: In einem der Hospitäler verkündet eine Inschrift:

*»Aus tiefer Verbundenheit mit den Rechtschaffenen dieser Welt hat der König folgenden Eid geschworen: ›All die Geschöpfe, die in den Ozean des Lebens gestürzt werden – möge es mir vergönnt sein, sie durch dieses gute Werk wieder herauszuziehen. Und mögen die Könige von Kambodscha, die nach mir kommen, mit ihren Gemahlinnen, ihren Würdenträgern und Freunden an jenen Ort der Erlösung gelangen, wo es keine Krankheit mehr gibt.‹«*

In der Mitte von Angkor Thom errichtete er den Tempelberg, den ›Bayon‹ (wörtlich: ›Ahnenyantra‹; ein ›yantra‹ ist ein magisches Tantra-Diagramm), der mit einem ähnlichen Grundriss aus konzentrisch angelegten gedeckten Umgängen von beinahe ebenso gewaltigen Ausmaßen ist wie Angkor Vat. Von seinen zahlreichen Türmen blickt ein Gesicht, wahrscheinlich das des Königs selbst, ausgestattet mit den Merkmalen eines Bodhisattva – die Augen halb geschlossen und die Lippen zu einem Lächeln geschürzt – in die vier Himmelsrichtungen ▸ 6.78. Die Idealvorstellung von göttlicher Schönheit, von der Heiligkeit der Schönheit, die für die Gandhara-Plastik des 1. Jahrhunderts so prägend war (s. S. 222f.), hat in diesen gigantischen, doch gleichwohl sanften Gesichtern überdauert. Die Anlage des ›Bayon‹ aber geht nicht so sehr auf buddhistische, sondern mehr auf hinduistische Vorbilder zurück, ebenso auch der Großteil seiner Reliefs und Statuen. Die synkretistische Fähigkeit des Mahayana-Buddhismus zur Einbeziehung hinduistischer Verehrungsformen hat sich nirgendwo deutlicher manifestiert als hier. Doch ist der Tempel vor allem das Monument für ein Ideal gottgeweihter Monarchie, in der zwischen Weltlichem und Geistigem keine Abgrenzung bestand: Die gesamte Bevölkerung diente dem Buddharaja – die Soldaten, die für ihn Schlachten schlugen, die nicht minder großen Heere der Maurer und Bildhauer, die bei seinen Bau-

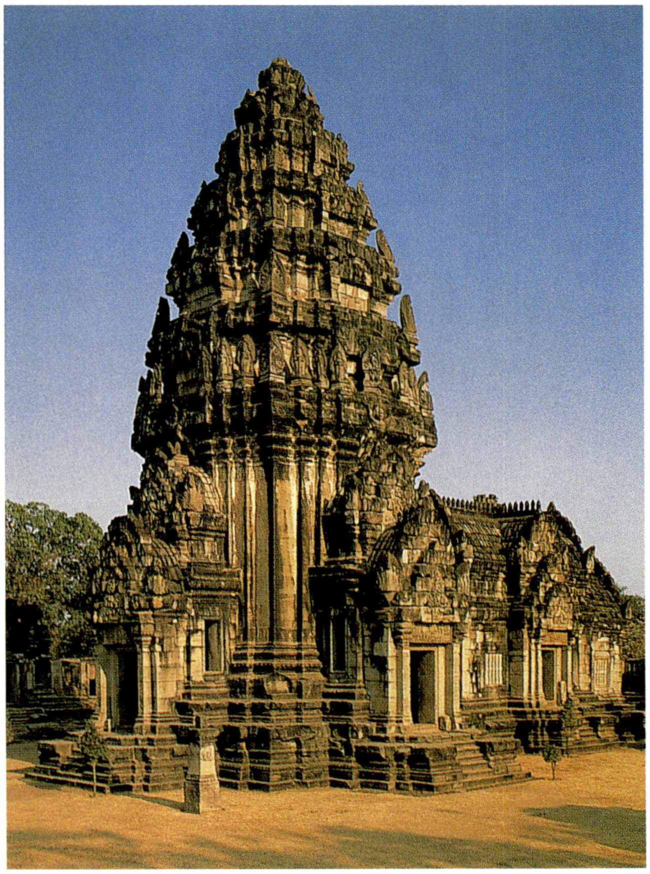

6.77 Prasat Phanom Rung, Thailand, frühes 12. Jh.

6.78 Bayon, Angkor Thom, um 1190–1220.

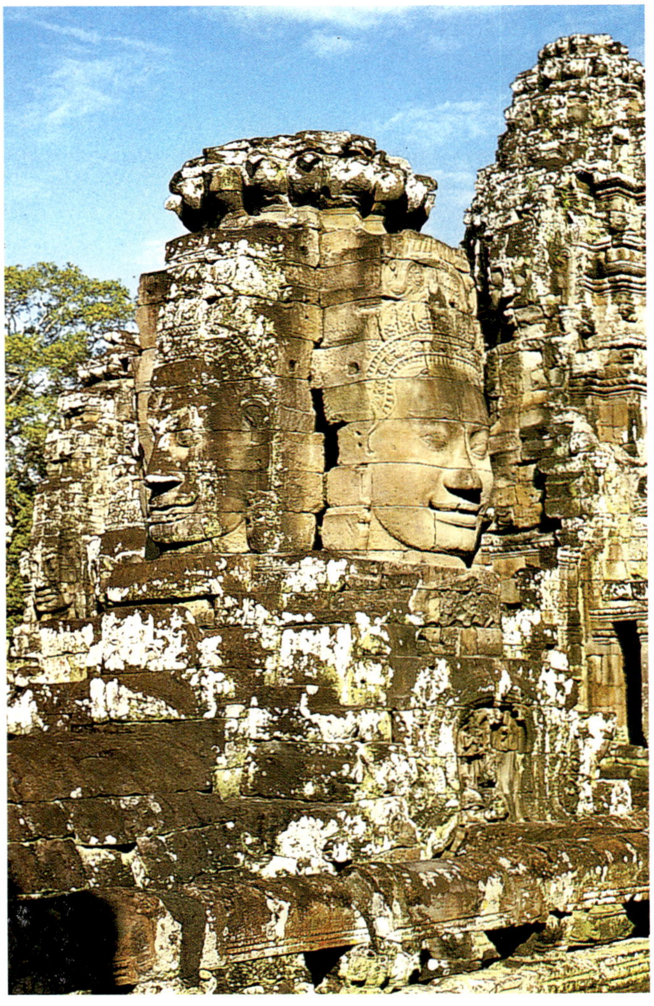

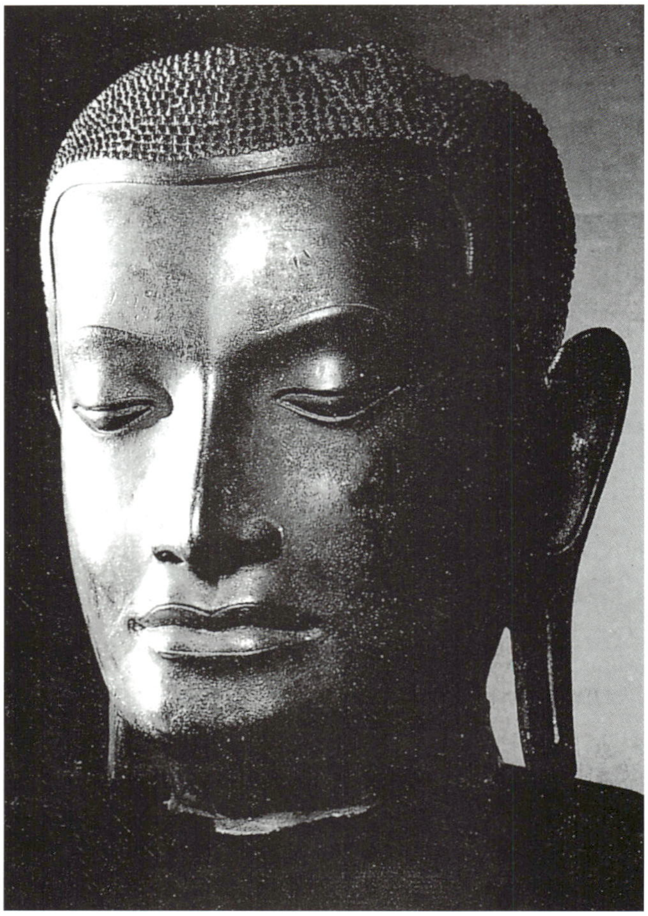

6.79 Kopf einer Buddha-Statue aus Sankhaburi, Thailand, um 1300, Bronze, Höhe 30cm. National Museum, Bangkok.

6.80 *Buddha, die Erde als Zeugen anrufend*, aus Sawan Khalok, nahe Sukhothai, Thailand, 14. Jh., Bronze mit rotem Lack und Blattgold, Höhe 38,5 cm. National Museum, Bangkok.

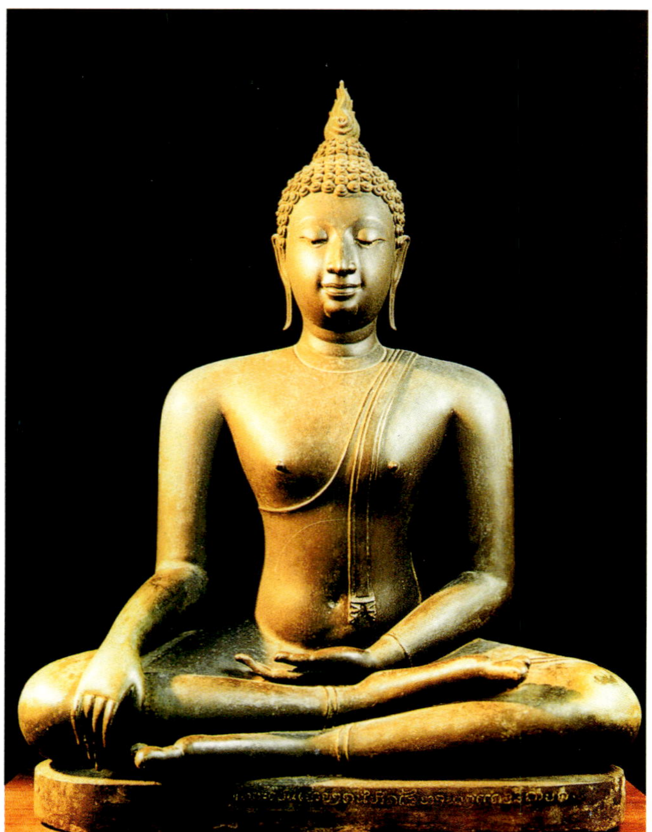

werken zum Einsatz kamen, und die Bauern, die die große zu einem Tempel gehörige Bevölkerung mit Nahrung versorgten (eine Inschrift verrät über einen Tempel, dass diesem 3140 Dörfer gehörten, die für 18 Hohepriester, 2740 Priester, 2202 geistliche Helfer sowie 615 Tempeltänzerinnen aufkamen).

Das bildhauerische Programm des ›Bayon‹ wurde nie wirklich abgeschlossen. Nach dem Tod Jayavarmans VII. um 1220 begann das Khmer-Reich zu schrumpfen. Im gesamten Gebiet machte der Mahayana-Buddhismus dem Theravada-Buddhismus Platz mit spürbaren Auswirkungen auf die Künste: eine Einschränkung der Ikonographie und in der Baukunst eine Verlagerung von Tempeln zu Stupas. Nach Westen hin, im heutigen Thailand, blieben in Darstellungen des Buddha ausgeprägte Reminiszenzen an die Khmer-Plastik erhalten, so etwa in einem großartigen Bronzekopf aus Sankhaburi, einer alten Stadt in einem der kleinen, im 13. Jahrhundert entstandenen Staaten ▸ 6.79.

In Sukhothai, der Hauptstadt des ersten Königsreichs der Thai (ursprünglich Einwanderer aus dem südlichen China), entwickelte sich hingegen ein eigenständiger, man könnte fast sagen: ein Anti-Khmer-Stil. Buddhafiguren mit sanften Gesichtern, feinen Zügen und einem Ausdruck meditativer Güte wirken eher anmutig als ehrfurchtgebietend – wie etwa ein Bronzebuddha, der die Erde zum Zeugen anruft ▸ 6.80. Solche Bildwerke repräsentieren transzendentale Heiligkeit im Einklang mit einem Ideal menschlicher Schönheit, wie es in antiken indischen Abhandlungen zur Ästhetik beschrieben wird – ein ovaler Kopf, Haare, die an die Stacheln von Skorpionen erinnern, eine Nase wie der Schnabel eines Papageis, Augenbrauen von der Gestalt gespannter Bögen sowie ein Kinn in Form eines Mangosteins. Die Beherrschung eines flüssigen Werkstoffs, von der diese Bronzen zeugen, war auch im 14. Jahrhundert und später nützlich, als man einen fein modellierten und bemalten Stuck zur Verkleidung von Gebäuden und monumentalen Statuen aus Laterit verwendete – eine harte, grobkörnige eisenhaltige Substanz und das wichtigste Baumaterial für Sakralbauten (alle anderen bestanden aus Holz). Weniger haltbar als Stein, fielen im tropischen Klima die Oberflächen aus diesem Material unausweichlich der Verwitterung zum Opfer, wenn sie nicht bereits in den Kriegen zerstört worden waren, die regelmäßig die Städte Südostasiens verwüsteten. Die charakteristischen Formen der Thai-Architektur – der elegante, von einem Turm bekrönte Stupa, der große, in Thailand als *prang* bezeichnete Reliquienturm und die weiträumigen Klosterhallen, in denen Bilder ausgestellt und die gemeinsamen Gebete und Ordinationen vollzogen wurden – mögen sich in Sukhotai entwickelt haben, der bedeutendsten Stadt, die im Herzen des Landes seit dem 13. Jahrhundert in Blüte stand, doch läßt sich keines der vielen Gebäude, die sich dort als Ruinen erhalten haben, mit Sicherheit in diese Periode datieren ▸ 16.30.

Von der Baukunst der Khmer noch weiter entfernt sind die großen Tempelbauten Burmas. Der Buddhismus war bereits früh aus Indien hierher eingeführt worden, und der als Shwedagon-Pagode bekannte große Stupa von Rangun wurde schon im 5. Jahrhundert v. Chr. errichtet, obgleich das Gebäude in seiner heutigen Form das Ergebnis der letzten Erweiterung im 18. Jahrhundert und späterer Ausschmückung ist. Verschiedene Glaubensgemeinschaften existierten in Burma gleichzeitig nebeneinander, doch die Mehrheit der Bevölkerung sollte sich zum Theravada-Buddhismus bekennen. In Pagan, einer Hauptstadt, die an einer Biegung des Flusses Irra-

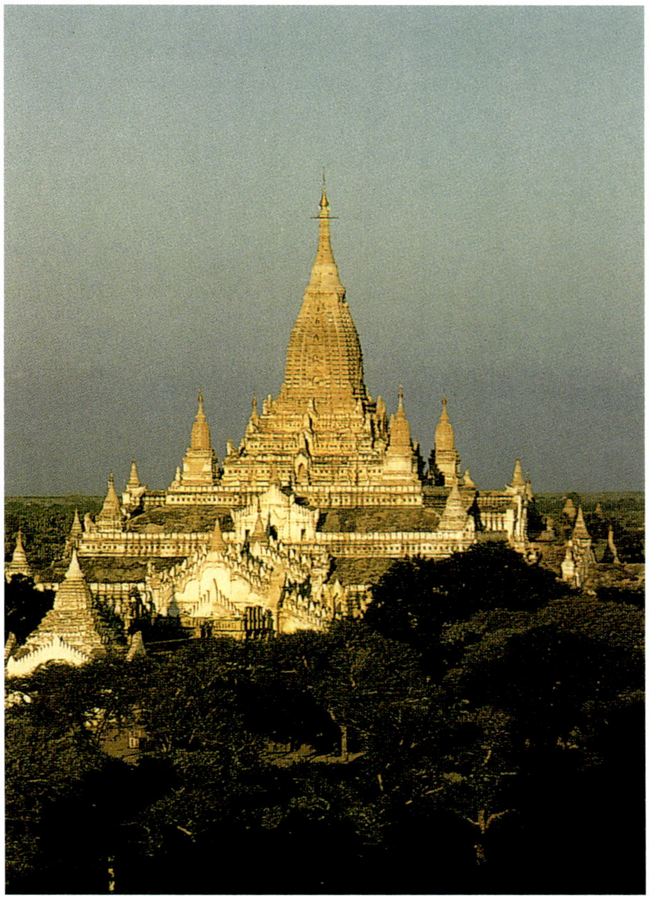

6.81 Ananda-Tempel, Pagan, Burma, begonnen 1091.

wady ursprünglich eine Fläche von 41 Quadratkilometern einnahm, finden sich Überreste von mindestens zweitausend buddhistischen Bauwerken, die in der Zeit vom frühen 11. bis späten 13. Jahrhundert errichtet worden waren. Eines der am besten erhaltenen ist der die Vollkommenheit der Weisheit Buddhas (Ananta Panna) symbolisierende Ananda-Tempel, der später nach dem Namen von Buddhas Lieblingsschüler umbenannt wurde ▸6.81. Sein Äußeres starrt von zahllosen kleinen Turmspitzen; diese steigen hoch zu einer sikharaähnlichen zentralen Spitze, die sich jedoch nicht, wie in einem Hindutempel der Fall, über einem Schrein, sondern über einem massiven gemauerten Steinblock erhebt. Die Basis der Mauern und die Einfassungen der Eingänge zieren glasierte Terrakottatafeln mit Darstellungen aus den *Jataka*-Erzählungen. Der Grundriss hat die Form eines griechischen Kreuzes: Jeder der vier Arme dient als Saal zum Predigen und zugleich als Zugang zu zwei konzentrisch angelegten, reliefgeschmückten Umgängen, die zur Umschreitung des zentralen Blocks bestimmt sind, vor dem vier kolossale stehende Buddhafiguren zehn Meter in die Höhe ragen ▸6.82. Das Bauwerk ist im Wesentlichen didaktisch angelegt – darin ähnelt es in mancher Hinsicht Borobudur –, dient allerdings ausschließlich der Verkündigung der Lehre des Theravada.

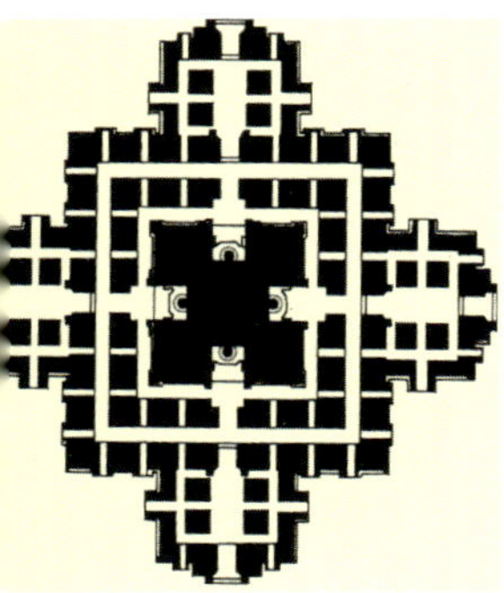

82 Grundriss des Ananda-
mpels, Pagan.

Im Jahre 1287 wurde Pagan von den Mongolen unter Kubilai Khan geplündert (der sich kurz zuvor zum Kaiser von China ernannt hatte; s. S. 506). Das gesamte Land wurde verwüstet, und es sollten Jahrhunderte vergehen, ehe die Künste überhaupt wieder neu auflebten. Der Theravada-Buddhismus aber blieb erhalten und ist noch heute die wichtigste Religion Burmas.

# Konfuzianismus, Taoismus und Buddhismus in der chinesischen Kunst

## *Die Han-Dynastie*

Die buddhistische Lehre gelangte im 1. Jahrhundert n. Chr. nach China, als das Land eine wirtschaftliche Blütezeit erlebte und von nationalem Selbstbewusstsein durchdrungen war – zu einer Zeit also, die kaum einer Religion gewogen sein konnte, welche von Weltentsagung sprach und aus dem Ausland kam. Nach einer langen Periode innerer Kämpfe, die auf den Zerfall des Zhou-Reiches folgte (s. S. 108ff.), war das Land unter der kurzen Herrschaft des ersten Kaisers (221 bis 209 v. Chr.) der Qin-Dynastie schonungslos wieder vereinigt worden. Unter der folgenden Han-Dynastie, die von 206 v. Chr. bis 220 n. Chr. regierte, erlebte China eine der glanzvollsten Epochen seiner Geschichte. Im ganzen Land herrschte Frieden, und die Barbarenstämme in den Grenzregionen wurden immer weiter zurückgedrängt, bis das Reich auf dem Höhepunkt seiner Macht vom Pazifik bis zum Pamir-Gebirge und von Korea bis nach Südostasien reichte. Im Rückblick auf diese Zeit bezeichneten sich die Chinesen in späteren Jahrhunderten oft als die ›Söhne der Han‹. In den anschließenden vier Jahrhunderten der Wirren, zwischen dem Untergang der Han und dem Auftreten der Tang im Jahr 618, als ein großer Teil Nordchinas ein weiteres Mal unter die Herrschaft von Fremdvölkern geriet, begann der Buddhismus sich immer weiter auszubreiten, wobei er sich aber gegen den Konfuzianismus und den Taoismus behaupten musste.

Konfuzius (551–479 v. Chr.), der Gründer der chinesischen Philosophie, war fast genau ein Zeitgenosse des historischen Buddha (563–480 v. Chr.). Aber es vergingen mehrere Jahrhunderte, bis die Worte des Konfuzius zu einem geschlossenen philosophischen System, dem Konfuzianismus, ausformuliert waren. Dies geschah während der Han-Zeit, und in dieser Form hat er sich, abgesehen von einigen Akzentverschiebungen, als die strukturgebende Grundlage des chinesischen Denkens bis auf den heutigen Tag erhalten. Seit der Han-Zeit war die chinesische Erziehung fast ausschließlich konfuzianisch konzipiert und verfolgte ausdrücklich das Ziel, junge Männer auf die als Auswahlverfahren angelegten schriftlichen Examina vorzubereiten (die bereits Mitte des 2. Jahrhunderts v. Chr. abgehalten wurden), welche den Zugang zur Beamtenlaufbahn sicherten. Man könnte fast sagen, dass die philosophischen Aussagen des Konfuzianismus darauf abzielten, die Tugenden eines pflichtgetreuen Beamten auf die Ebene eines Moralkodex zu heben. Größte Bedeutung wurde dem Verhalten und den wechselseitigen Pflichten von Herrscher und Untertanen, Eltern und Kindern, Alten und Jungen, Herren und Dienern beigemessen und dadurch Konformität und Traditionsbewusstsein propagiert. Die soziale Ordnung galt als Widerspiegelung der moralischen Ordnung des Universums. Unter Tugend verstanden die Konfuzianer ganz einfach ein korrektes und rechtschaffenes Verhalten, womit die Grundregel der Lebensführung wie auch der Kunst festgelegt war. Dazu erklärt ein Schriftsteller des 9. Jahrhunderts: »Die Malerei fördert die Kultur und unterstützt die Prinzipien des richtigen Verhaltens. Sie durchdringt alle Erscheinungen des allgegenwärtigen Geistes.« Die Malerei (nicht aber Plastik und Architektur, die wie die Handwerkskünste als vorwiegend

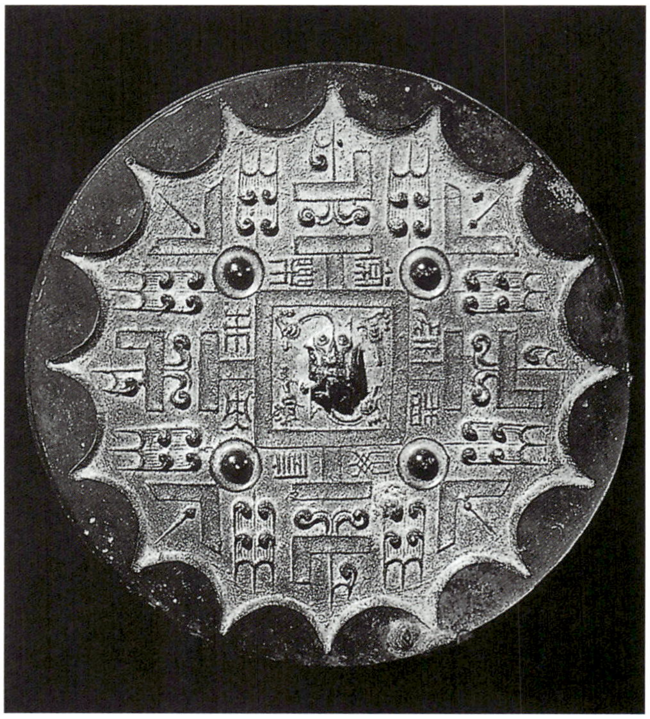

6.83 Spiegel vom Typ Caoyi, mit Kräutern und Blättern verziert, 1. Jh. n. Chr., Bronze, Durchmesser 11,9 cm. Musée Cernuschi, Paris.

manuelle Tätigkeiten betrachtet wurden) und die eng verwandte kalligraphische Kunst waren Bestandteil des offiziellen Bildungsprogramms, und dadurch wuchs in China die wohl größte Zahl von Amateurmalern heran, die es je in einer Zivilisation gegeben hat. Jeder Gebildete war ein Kenner der Malerei und der Kalligraphie, und viele unter ihnen waren äußerst begabt, einschließlich einer Reihe von Kaisern.

Der Konfuzianismus, obwohl er von Anfang an auf jene Ehrerbietung gegenüber den Eltern und Ahnen achtete, die zur chinesischen Tradition gehört, war keine Religion. Der Taoismus dagegen orientierte sich wesentlich stärker an Geistigem und Übernatürlichem. Diese Lehre, die ebenfalls zur Han-Zeit ihre entscheidende Ausprägung erhielt, gründete sich hauptsächlich auf die Lehren des Laozi, eines schwer greifbaren mystischen Philosophen, der im 6. Jahrhundert v. Chr. gelebt haben soll. Doch wie der Hinduismus und der Buddhismus bot der Taoismus mehr als nur einen intellektuellen Zugang, volkstümlicher Aberglaube an Drachen, himmlische und höllische Geister und die Macht der Magie wurden aufgegriffen. Im Verständnis der Taoisten ist das ›Tao‹ eine irrationale Lebensenergie, die außerhalb des bewussten menschlichen Begriffsvermögens liegt, und um sich ihm zu ergeben, muss man allen natürlichen Instinkten freien Raum lassen, ungeachtet gesellschaftlicher Konventionen oder gar moralischer Zwänge. Das höchste Ziel ist der Gewinn einer inneren Sicht (›ming‹), in der jedwede Unterscheidung zwischen dem ›Ich‹ und den ›Dingen‹, zwischen ›Innen‹ und ›Außen‹ in einem freudvollen, fast ekstatischen Akzeptieren der ewig gültigen Naturgesetze untergeht. Die Taoisten sprachen von einem einstigen Goldenen Zeitalter, als der Mensch mit seiner Umgebung in vollständiger Harmonie lebte, das Leben so mühelos wie der Wechsel der Jahreszeiten verlief und die beiden Grundprinzipien der Natur, das Weibliche und das Männliche, Yin und Yang, noch zusammen, nicht gegeneinander wirkten. Das Ideal der Taoisten war das Leben des Einsiedlers, der allem weltlichen Streben den Rücken gekehrt hat, um sich ganz der Entfaltung innerer Kräfte und inneren Glücks zu widmen.

Der Konfuzianismus förderte Konformität, Mäßigung und klares Denken, der Taoismus Individualität, Begeisterung und Phantasie. Trotzdem schließen sich die beiden Grundhaltungen nicht aus, sondern ergänzen einander. Der moderne chinesische Schriftsteller Lin Dongji hat dazu einmal gesagt, dass die Chinesen in der Gesellschaft Konfuzianer, im Persönlichen Taoisten seien.

Der Buddhismus nun steuert ein völlig anderes System intellektueller und seelischer Werte mit seinem Erlösungsglauben im Mittelpunkt bei, der über jene gesellschaftlichen Beziehungen der Menschen hinausreichte, mit denen sich der Konfuzianismus in der Hauptsache auseinander setzte, ebenso wie über die taoistische Beschäftigung mit dem Seelenleben des einzelnen. Vorbildlich für die Buddhisten war das Leben des Mönchs in einer religiösen Gemeinschaft. Als der Buddhismus China erreichte, war er bereits voll ausgeformt mit heiligen Schriften, Priestern, Mönchen, Bildnissen und Ritualen. Im Lauf der Zeit wurde er von Konfuzianismus und Taoismus beeinflusst und wirkte auch wieder auf sie zurück, blieb aber stets so etwas wie ein Fremdkörper in China, selbst als er zwischen dem 5. und 12. Jahrhundert viele Anhänger gewann und viele Kunstwerke inspirierte.

Unsere Kenntnisse von der Kunst der Han-Zeit beruhen fast ausschließlich auf Grabausstattungen ▸ 6.83; 84, und dort finden sich taoistische und konfuzianistische Elemente nebeneinander. Auf einer Reliefarbeit ist sogar eine Begegnung zwischen Konfuzius und Laozi dargestellt. Viele Eingangstore werden von Fabelwesen bewacht, die böse Geister abwehren sollen. Gestalten aus der traditionellen und der taoistischen Glaubenswelt treten in den Dekorationen der Grabkammern und der angrenzenden Räume auf, wo für den Geist des Toten von den frommen Hinterbliebenen Opfergaben aufgestellt wurden. Kleine Gebäudemodelle und Statuetten von Dienern und Tieren weisen zurück auf eine Zeit, zu der man tatsächlich Menschen und Tiere tötete, damit sie den Toten ins Nachleben begleiten konnten. Der größenwahnsinnige erste Qin-Kaiser, ein unerbittlicher Feind der Konfuzianer, wurde im Jahr 209 v. Chr. zusammen mit einer riesigen Leibwache aus Tonsoldaten begraben, von denen man 1974 über 500 Figuren sowie 24 Pferde zutage förderte, als man einen der Zugänge zu seiner Grabstätte in Lintong in der Provinz Shaanxi freilegte

6.85 *Fliegendes Pferd*, aus Wu-wei, Kansu, östliche Han-Dynastie, 2. Jh. n. Chr., Bronze, 34,3 x 45 cm.

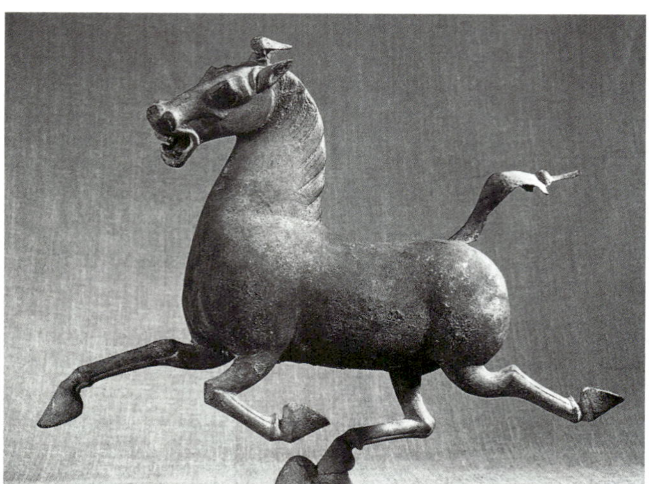

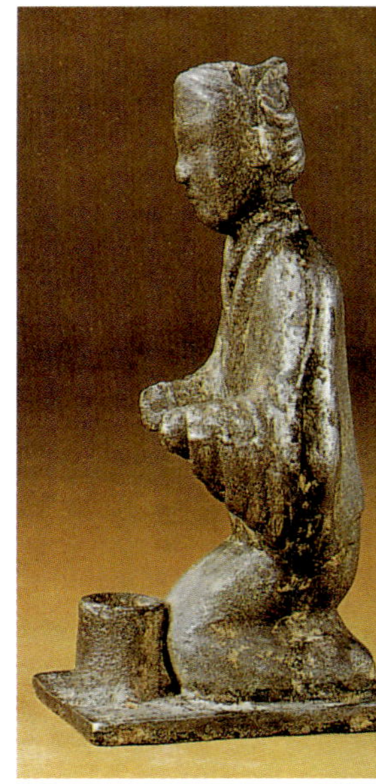

6.84 *Kniende Frau*, evtl. Lampenständer, aus einem Grab im Luoyang-Distrikt (?), Provinz Henan, Silber, Höhe 22 cm. Palastmuseum, Peking.

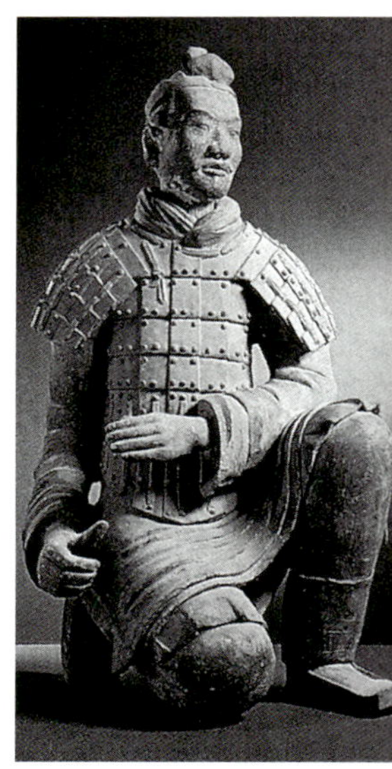

6.86 *Bogenschütze Qin* aus de Grabstätte des Kaisers Qin Shihuangdi, Lintong, Shaanxi um 221–209 v. Chr., Terrakott Lebensgröße. Provinzialmuseum, Shaanxi.

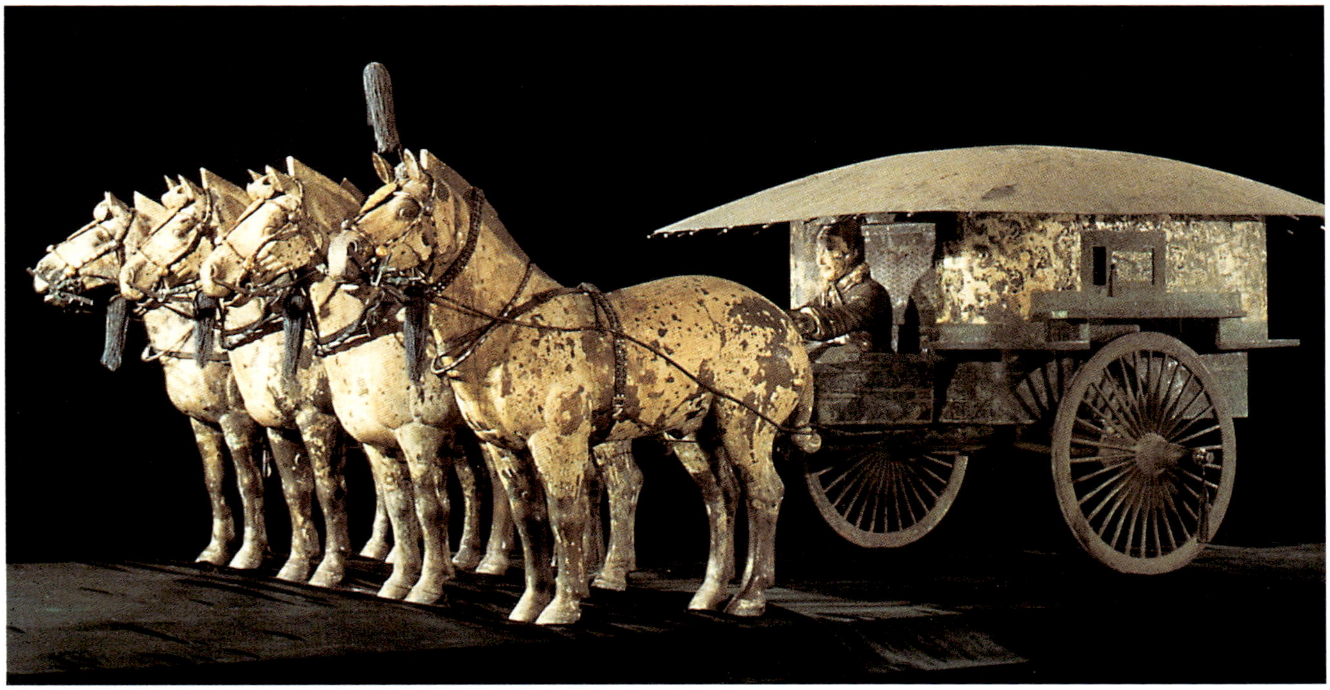

.87 *Quadriga und Lenker,* aus der Grabstätte des Kaisers Qin Shihuangdi, um 210 v. Chr., Bronze, teilweise vergoldet und Gold, 328 x 104 cm, Lintong.

▸ 6.86; 88. Diese lebensgroßen Figuren aus unglasierter Terrakotta, die teilweise in Modeln gefertigt, teilweise frei modelliert sind – die abnehmbaren Köpfe und Hände wurden separat geformt –, bilden den Beginn einer langwährenden Tradition von Grabkunst in Form von Menschen und Tierfiguren. Dem individuellen Ausdruck ist dabei mehr Beachtung geschenkt als der Form des menschlichen Körpers, eine schon von alters her für die chinesische Einstellung typische Eigenart. Von größerer künstlerischer Fertigkeit zeugen eine vergoldete Bronze-Quadriga mit Lenker und Pferden, die 1980 in der Nähe des Grabes des ersten Qin-Kaisers gefunden wurden ▸ 6.87, und kleinere Figuren aus Gräbern der Han-Zeit, wie etwa das in Wu-Wei in Gansu gefundene *Fliegende Pferd* aus Bronze ▸ 6.85. Es befindet sich in perfekter Balance, der eine Huf ruht ohne den geringsten Druck auf einer fliegenden Schwalbe, der Kopf gibt lebhaft den Eindruck feuriger Kraft wieder, und alles fügt sich zu einem Meisterwerk der plastischen Kunst und der Tierdarstellung. Es handelt sich um ein Pferd der ›himmlischen‹ oder ›blutschwitzenden‹ Rasse, die um 100 v. Chr. aus Ferghana in Zentralasien nach China eingeführt und zu einer Art Statussymbol geworden war. Im selben Grab fand man noch viele Figuren von Pferden dieser geschätzten Züchtung, ein Hinweis auf den hohen Rang des Provinzgouverneurs, dessen Grab sie beigegeben waren.

In den meisten Gräbern der Han-Zeit ist wiedergegeben, was in der Welt zählt. Eines der Lieblingsthemen der Malereien waren Regierungsbeamte und ihr Gefolge. Die Figuren schreiten mit jenem geziemenden Ernst dahin, zu dem Konfuzius ermahnt hatte. Andere Themenbereiche waren direkt im konfuzianischen Sinn moralisierend, darunter Illustrationen zu Sammlungen erbaulicher Geschichten wie den *Biographien vorbildlicher Söhne* (Xiaozi zhuan, verfasst 79/78 v. Chr.). Manche davon wurden als Steingravierungen ausgeführt, in einer speziell im Han-zeitlichen China verwendeten Technik, wobei die Silhouette der Figuren glatt poliert und der Hintergrund mit Schraffur abgehoben wurde. Auch bemalte oder modelgepresste Ziegel schmückten die Wände der Grab- und Opferkammern. Zwei auf einem Ziegel dargestellte Beamte scheinen das konfuzianische Ideal der Sozialbeziehungen mustergültig zu verkörpern, wenn man sieht, wie der eine auf höflichste Weise den Ton angibt und sein Untergebener voller Ehrerbietung ist ▸ 6.89. Sie sind in Umrisslinien mit leichtem Farbauftrag, aber ohne Schattierung wiedergegeben, und dennoch bekommt man einen sehr lebendigen Eindruck von Räumlichkeit und Atmosphäre. Im Unterschied zu den scharfen Umrissen der griechischen Vasenmalerei oder der indischen Malereien (zum Beispiel in Ajanta) verlaufen die sicheren, elastischen chinesischen Pinselstriche im Einklang mit dem Gewicht, der Beschaffenheit und der Bewegung der Formen, die sie beschreiben – mal sind sie dick und breit, mal scharf und beherrscht, dann wiederum vibrieren sie bei einem fast unmerklichen Zittern des Pinsels. Sie haben die gleiche große Ausdruckskraft wie die chinesische Kalligraphie. Auf Ziegeln mit Reliefarbeit sind die Figuren als Silhouetten dargestellt. So weisen die vielfältigen Körperhaltungen eines Beispiels ▸ 6.90 – Bogenschützen im oberen und Erntende im unteren Teil – auf besonders sorgfältige Beobachtung der menschlichen bewegten Figur hin. Die Fische sind verhältnis-

6.88 Grabstätte des Kaisers Qin Shihuangdi, um 221–209 v. Chr., Terrakotta, lebensgroße Figuren, Lintong, nahe Shanxi.

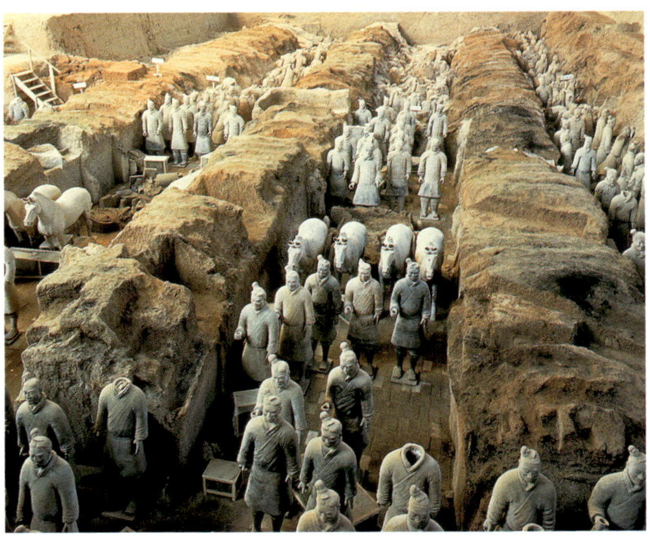

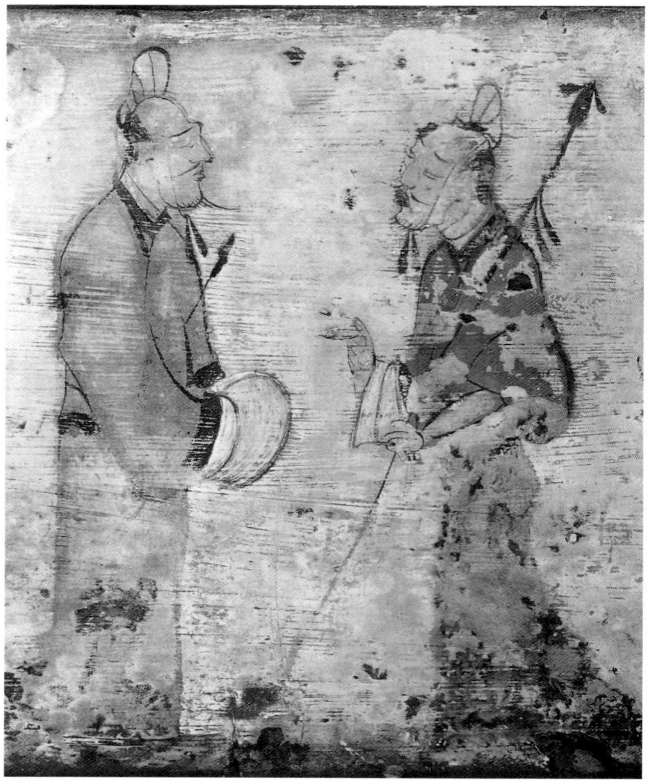

6.89 *Zwei Beamte*, Detail eines aus hohlen Ziegeln gemauerten Grabeingangs, spätes 1. Jh. v. Chr.–1. Jh. n. Chr., 73,8 x 240,7 cm. Museum of Fine Arts, Boston, (Denman Waldo Ross Collection).

mäßig schematisch wiedergegeben, als würden sie auf der Wasseroberfläche schwimmen, aber bei den Lotosblättern und -samenkapseln wird feinfühlig auf das natürliche Erscheinungsbild eingegangen, was sich von der symbolhaften Wiedergabe der gleichen Pflanze in der indischen Kunst unterscheidet. Obwohl diese Ziegel von der Hand provinzieller Handwerker stammen, lassen sie die Kunst der Hauptstadt des Kaiserreiches ahnen, von der sich nichts erhalten hat, denn die Vorliebe der Han-Kaiser für Malereien hatte unglücklicherweise zur Folge, dass alle Kunstschätze, die sie zusammengetragen hatten, im Jahr 190 n. Chr. zerstört wurden, als die Hauptstadt geplündert wurde.

6.90 *Entenjagd und Reisernte*, 2. Jh. n. Chr., Abreibung eines Grabziegels, Höhe 42 cm, Museum Chongquing, China.

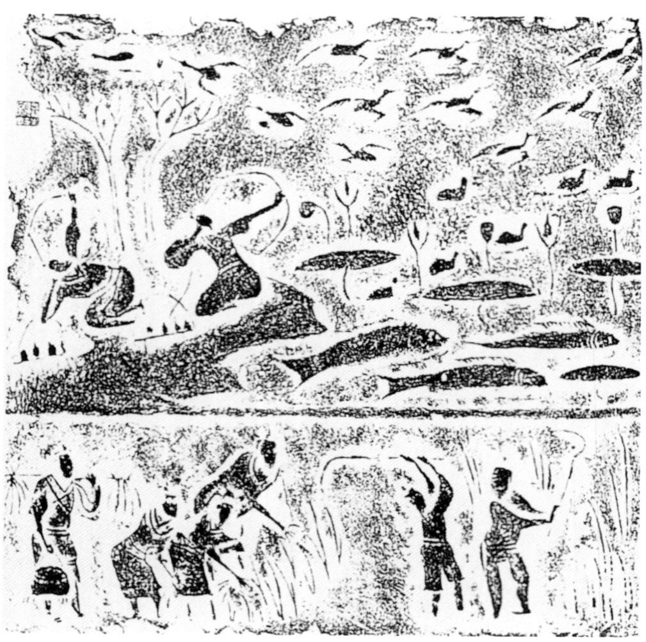

Manche Kunstwerke aus der Han-Periode, die in jüngerer Zeit bei Ausgrabungen zutage gefördert worden sind, wirken isoliert, wie Berggipfel, die aus einer Wolkendecke emporragen, während die sie verbindenden Bergketten noch unter den Wolkenschleiern verborgen liegen. 1957 wurden in Xingping bei Xian in einem Grab, das vermutlich dem 117 v. Chr. gestorbenen General Huo Qubing als letzte Ruhestätte diente, große Tierfiguren ausgegraben, die sich von allen anderen bekannten Skulpturen aus der Zeit in auffälliger Weise unterscheiden: insbesondere ein liegender Wasserbüffel, der aus einem großen Steinblock gemeißelt wurde und mit einer ungewöhnlichen, beinahe erschreckenden Präsenz ausgestattet ist ▸6.91. Die ältesten Malereien auf Seide wurden 1973 in Gräbern aus dem 2. Jahrhundert v. Chr. in Mawangdui nahe Changsha (Hunan) gefunden. Doch bei ihnen handelt es sich um Schöpfungen der Kultur einer südlichen Provinz, in denen Glaubensvorstellungen zum Ausdruck gebracht wurden, die vermutlich auf die Shang-Zeit zurückgehen. Sie sind die einzigen erhaltenen Beispiele dieses spezifischen künstlerischen Stils. Deren mögliche Verbindung zu den Malereien, die von den Han-Kaisern gesammelt wurden (und allesamt verloren gegangen sind), ist nicht näher geklärt.

Die Frühgeschichte der Bildrollen-Malerei, die für die Chinesen als höchste Form figurativer Kunst galt, lässt sich nur an Hand schriftlicher Quellen und späterer Kopien verfolgen, die schon für sich Zeugnis jenes Respektes vor der Vergangenheit sind, der alle späteren Entwicklungen bedingen sollte. (In dieser Hinsicht ist die Erforschung alter chinesischer Malerei mit jener der antiken griechischen Malerei vergleichbar, die ebenfalls größtenteils verloren gegangen ist.) Eine Handrolle aus dem 10. Jahrhundert mit dem Titel *Ermahnungen der Erzieherin an die Hofdamen* gilt als eine Kopie nach GU KAIZHI (um 344–406), der am Hof in Nanjing tätig war, der Stätte, die zum kulturellen Zentrum Chinas wurde, wo der Konfuzianismus den Zerfall des Han-Reichs überdauerte. Sie besteht aus einer Folge figürlicher Szenen, die jeweils durch erbauliche Texte voneinander getrennt sind ▸6.92. Eine Schlafgemachsszene illustriert folgenden Text: *»Wenn es ehrliche Worte sind, die ihr sprecht, wird ein jeder im Umkreis euch Gehör schenken. Sollte ihr diesem Grundsatz jedoch nicht treu sein, so wird selbst euer Bettgefährte euch mit Misstrauen begegnen.«*

Vermutlich stellt die männliche Figur einen Kaiser und die Frau eine Konkubine dar, wobei die Gegenüberstellung von Dreiviertelprofil und Profil auf eine komplexere psychologische Beziehung hindeutet. GUI KAIZHI war als Porträtmaler dafür berühmt, nicht nur die äußere Erscheinung, sondern auch den Charakter und das innere Wesen der dargestellten Personen einzufangen. Man weiss, dass er ein Taoist war, der eine exzentrische Lebensart pflegte und möglicherweise Vorbehalte gegen die weltliche konfuzianische Moral des illustrierten Gedichts hegte. Doch mindestens ebenso wichtig wie die wiedergegebenen Szenen sind die zwischen ihnen platzierten Textspalten, deren Schriftzeichen aus den Inschriften auf Orakelknochen und Bronzegefäßen entwickelt worden waren. Die Chinesen hatten als Schreibinstrument zunächst einen Stylus verwendet, bei dem sich eine gleichmäßig starke Linie ergibt. Im 4. Jahrhundert aber hatten sie bereits eine kalligraphische Kunst des Schreibens mit einem geschmeidigen Pinsel entwickelt, nicht nur als Mittel der sprachlichen Kommunikation, sondern auch als eine Form des bildlichen Ausdrucks:

Durch unterschiedlichen Pinseldruck beim Zeichnen der einzelnen Schriftzeichen sowie durch die Art ihrer Verbindung untereinander liess sich ein Text beim Aufschreiben zugleich auch interpretieren (ein wenig in der Art, wie ein Musiker eine Partitur interpretiert ▸6.93;94). Natürlich war dies eine Kunst der Elite, die einer Minderheit der des Lesens und Schreibens Kundigen vorbehalten war, dabei aber von allen, die in diesem Sinne privilegiert waren, ausgeübt wurde. Verschiedene Kaiser taten sich als Kalligraphen hervor, und ihre Verlautbarungen wurden des öfteren so, wie sie sie von eigener Hand niedergeschrieben hatten, auf steinerne Stelen kopiert; so liess sich nicht nur der Inhalt des Geschriebenen konservieren, sondern auch ihr spezifischer Schreibstil. In ähnlicher Weise wurden die chinesischen Klassiker unter Beibehaltung der typischen Pinselführung eines Meisters in Stelen eingraviert und dienten als exemplarische Beispiele erbaulichen Denkens wie auch der sprachlichen, literarischen Verfeinerung sowie des bildlichen, kalligraphischen Ausdrucks. (Eine vollständige Serie von 114 solcher Stelen, im Jahr 837 graviert, befindet sich heute im Historischen Museum in Xian.)

Bei einer weiteren Bildrolle aus dem 10. Jahrhundert, auf der erlauchte Kaiser porträtiert sind, handelt es sich wahrscheinlich um eine getreue Kopie nach Yan Liben (um 600–673), dem berühmtesten, am Hofe der Tang tätigen Künstler seiner Zeit ▸6.98. Die Kunst, Volumen durch reine Linienzeichnung ohne Schattierung zu umreissen, wurde von ihm meisterlich beherrscht, mit dem Ergebnis, dass die Figuren eine gesteigerte Körperlichkeit aufweisen und ein unerschütterliches Selbstbewusstsein ausstrahlen. Trotz ihres kleinen Formats wirken die Kompositionen monumental, und wenn der Betrachter die Rolle Bild für Bild entrollt, zieht eine regelrechte Parade kaiserlicher Prunkliebe an seinem Auge vorbei. Die aus dem frühen 8. Jahrhundert stammenden Malereien auf den Wänden des nahe Xian freigelegten Grabes eines Prinzen namens Zhanghuai dokumentieren die eher heiteren Seiten des Lebens am Hofe der Tang: Männer bei der Jagd und beim Polospiel, sich im Garten ergehende Frauen. Die Szenen wurden mit sparsamster Linienführung und ungeheuer sicherer Hand wiedergegeben, so dass noch der flüchtigste Augenblick eingefangen ist ▸6.100. Allerdings waren sie höchstwahrscheinlich das Werk von Künstlern, die lediglich als Handwerker betrachtet wurden, im Unterschied zu einer Person wie YAN LIBEN, der nacheinander verschiedene bedeutende Posten in der Verwaltung bekleidete, Pfründe hatte und der der erste in einer langen Reihe chinesischer Künstler war, die sich zugleich auch als Gelehrte und Beamte betätigten.

Mit dem Buddhismus gelangten auch fremdländische Malereien, Skulpturen und Baustile über die großen transasiatischen Karawanenstrecken – die so genannte Seidenstraße – nach China, und in der Gegenrichtung wurden wachsende Mengen chinesischer Seide nach Indien, in den Iran und nach Europa exportiert. Von Dunhuang aus verlief die Route durch das heutige Xinjiang, jene ungeheuer große Westprovinz der Volksrepublik China, die im Norden ans heutige Kasachstan und im Süden an Tibet grenzt. Im 1. Jahrhundert n. Chr. lebten in diesem Gebiet vor allem Nomadenstämme, aber daneben hatten sich verschiedene Stadtstaaten etabliert, die kulturell von Indien und dem Westen beeinflusst wurden. Dort lag auch der letzte Aussenposten der Gandhara-Kunst (s. S. 222f.), in Miran, das nur 480 km westlich von Dunhuang liegt. Malereien aus dem 2. und 3. Jahrhundert mit buddhistischen Themen

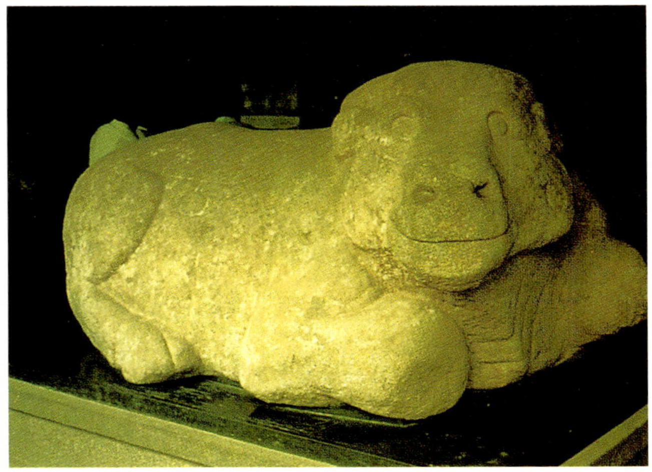

6.91 *Wasserbüffel*, aus einem Grab, vermutlich des Huo Qubing, Xing ping, Shaanxi, um 117 v. Chr., Stein.

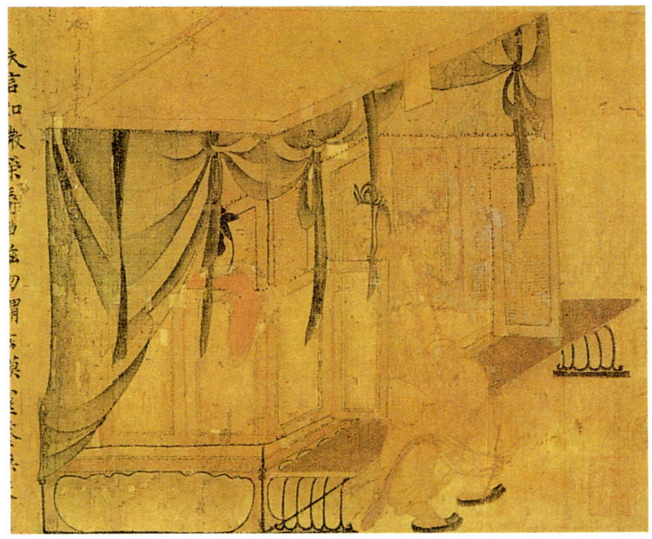

6.92 Ausschnitt aus den *Ermahnungen der Erzieherin an die Hofdamen*, Kopie aus dem 10. Jh., wahrscheinlich nach Gu Kaizhi, Querrolle, Tusche und Farbe auf Seide, Höhe 24,8 cm. British Museum, London.

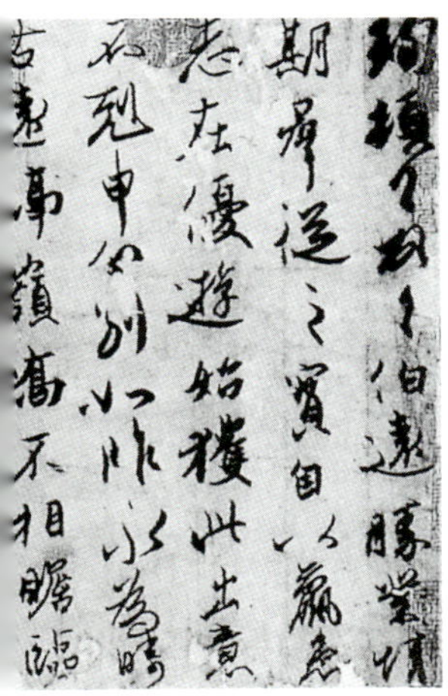

93 WANG XUN (350–401), *ief an Boynan*, Xing Shu ursivschrift), Querrolle, liche Hin, Tusche auf Papier, ,1 x 17,2 cm. Palastmuseum, king.

6.94 LU JI (261–303), *Ein Trostbrief*, Zhang Cao (Konzeptschrift), Querrolle, westliche Hin, Tusche auf Papier, 23,8 x 20,5 cm. Palastmuseum, Peking.

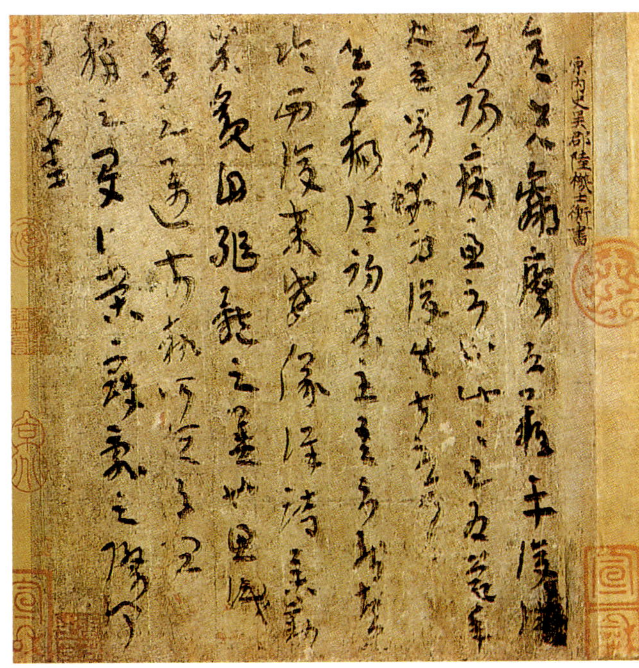

IM KONTEXT

## *Konfuzius*
## Reliefs der Han-Zeit

Ideen und Ideale des Konfuzianismus finden ihren unmittelbarsten Niederschlag in der frühchinesischen Kunst in Schreinen oder Opferkammern neben Grabstätten, die aus der Zeit der östlichen Han-Dynastie (25–220 n. Chr.) datieren, d. h. rund 300 Jahre später als die des antikonfuzianischen Qin-Kaisers. Die Botschaft des Konfuzianismus wird durch die Reinheit und Schlichtheit des streng linearen Stils dieser Reliefs vermittelt (der Kontrast zum freieren und technisch ausgefeilteren Naturalismus der früheren Qin-Grabskulpturen ist auffallend, vgl. ▸6.87; 88) ebenso wie durch die Inschriften, in denen die konfuzianischen Tugenden der Verstorbenen verzeichnet sind. Als Auftragsarbeiten auf Kosten der Nachkommen entstanden, sind sie ein bleibendes Zeugnis jener Achtung der Kinder vor ihren Eltern, der Konfuzius größte Bedeutung beimaß. Sie war für ihn die Persönlichste der Tugenden, die für Harmonie nicht nur im zwischenmenschlichen Bereich, sondern auch in einem selbst sorgte. Zur Besichtigung durch die Lebenden vorgesehen, die zu Bestattungen zusammenströmten, waren Reliefs und Beischriften zugleich als Bestätigung für zukünftige Familienmitglieder gedacht, die sich dem Ritual der Ahnenverehrung widmeten. Nirgendwo sonst wird der streng skeptische, unbeugsam gewissenhafte, vollkommen selbstlose Verhaltenskodex, den Konfuzius lehrte, uns so unmittelbar nahe gebracht wie hier. Keinerlei Belohnung oder Trost wird in Aussicht gestellt, keinerlei Hoffnung für die Zukunft geboten. Im Unterschied zur übergroßen Mehrzahl der Grabstätten anderer Zivilisationen wird sogar so gut wie gar nicht auf die Möglichkeit eines Lebens nach dem Tode hingewiesen.

Eine Gruppe von drei Schreinen für Angehörige der Familie Wu im Bezirk Jiaxiang der Provinz Shandong im Nordosten Chinas zeichnet sich durch eine besondere Themenfülle der auf Steinplatten angebrachten Silhouettenreliefs aus. Es war dies eine erst kurz zuvor ausgereifte Technik, bei der die Silhouetten glatt poliert und der Hintergrund schraffiert wurde. (Reliefs dieser Art sind auf Fotografien kaum erkennbar, weshalb als Vorlage für nebenstehende Abbildungen auf Reibedrucke zurückgegriffen wurde, für die feuchtes Papier auf die Steinoberfläche gelegt und die erhabenen Partien mit einem tuschegetränkten Seidenbausch bestrichen wurden, ein in China bereits spätestens im ersten Jahrhundert n. Chr. und bis heute gängiges Verfahren.) Eine Gedenkinschrift besagt, dass einer dieser Schreine für den 151 n. Chr. gestorbenen Wu Liang entstanden sei, der sich durch Tugenden, Treue und Achtung vor den Eltern, Rechtschaffenheit und Klugheit ausgezeichnet habe. Er habe sämtliche klassischen literarischen Werke auswendig gekannt und anderen nahe gebracht. Obwohl ihm ein offizieller Posten angeboten worden sei, habe er dankend abgelehnt und es vorgezogen, ein bescheidenes, einfaches Leben zu führen und sich seinen Studien und der Wahrheitssuche zu widmen. Wie die Inschrift weiter berichtet, sind seine beiden Söhne und sein Enkel nach seinem Vorbild ihrer Pflicht gegenüber den Eltern nachgekommen und haben ihr ganzes Geld für seinen Schrein aufgewendet. *»Von jenseits der Berge im Süden suchten sie sich die besten Steine ohne Risse oder Gelbfärbung aus ... Der versierte Handwerker Wei Gai meißelte die Texte ein und schnitt die Zeichnungen, wobei er darauf achtete, dass alles an seinen richtigen Platz kam, ohne seiner Kunstfertigkeit irgendwelche Zügel anzulegen. Das Werk wird der Nachwelt überliefert werden und zehntausend Generationen überdauern«*, auf die Wu Liangs Weisheit herniedersinken werde *»wie der Duft einer Orchidee. Sein Körper mag zwar vergangen sein, sein Ruhm aber lebt fort.«*

Die Reliefdarstellungen mit Männern in gebauschten Roben und Pferden mit stolz gekrümmten Hälsen, muskulösen Hinterteilen und zierlichen Hufen, die zweirädrige Wagen ziehen, muten auf den ersten Blick wie bloße Genreszenen an. Tatsächlich liefern sie uns heute wertvolle Informationen über die Architektur, die Kleidermode und andere Aspekte des Alltags im China der Han-Zeit. Ihre ursprüngliche Aufgabe jedoch war eine didaktische, und für damalige Betrachter war ihre Botschaft in Bildform ohne weiteres verständlich. Eine der Darstellungen ist eine Art Allegorie der guten Regierung ▸6.95. In einem Pavillon machen zwei Männer ihren Kotau vor einer Figur auf einem Thron, vermutlich dem Begründer der Han-Dynastie, Kaiser Gaozu, der im Bürgerkrieg, der auf den Tod des ersten Qin-Kaisers folgte, die Macht an sich riss (s. S. 247). Darüber, offenbar im Obergeschoss des Pavillons, gebietet die Königin der Unsterblichen – eine Gestalt aus der altüberlieferten chinesischen Mythologie – über ihren Hofstaat und, im erweiterten Sinn, über das Leben im weltlichen Hof unter ihr. Auf dem Dach befinden sich als gute Vorzeichen Phönixe mit langen Schweifen, die nur dann aus den Lüften herabgeschwebt sein sollen, wenn China gut regiert wurde. Links schießt der aus der Mythologie bekannte Kultheros Yi Pfeile ab auf Krähen, die für die sieben zusätzlichen Sonnen stehen, die sonst die Erde versengen würden. Im untersten Bild-

6.95 WEI GAI, Allegorische Szene, um 151, Reibedruck eines Steinreliefs aus den Schreinen der Familie Wu, 70 x 155 cm. Jiaxiang, Shandong, China.

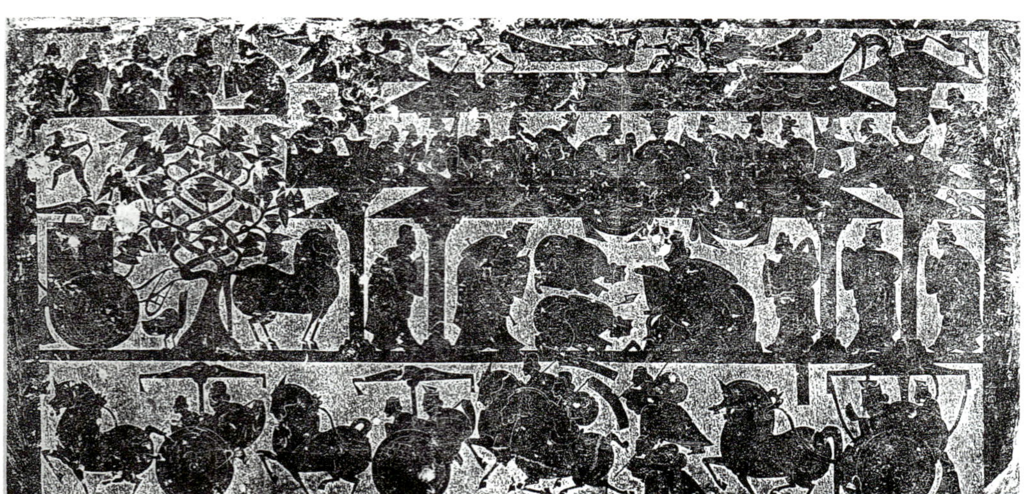

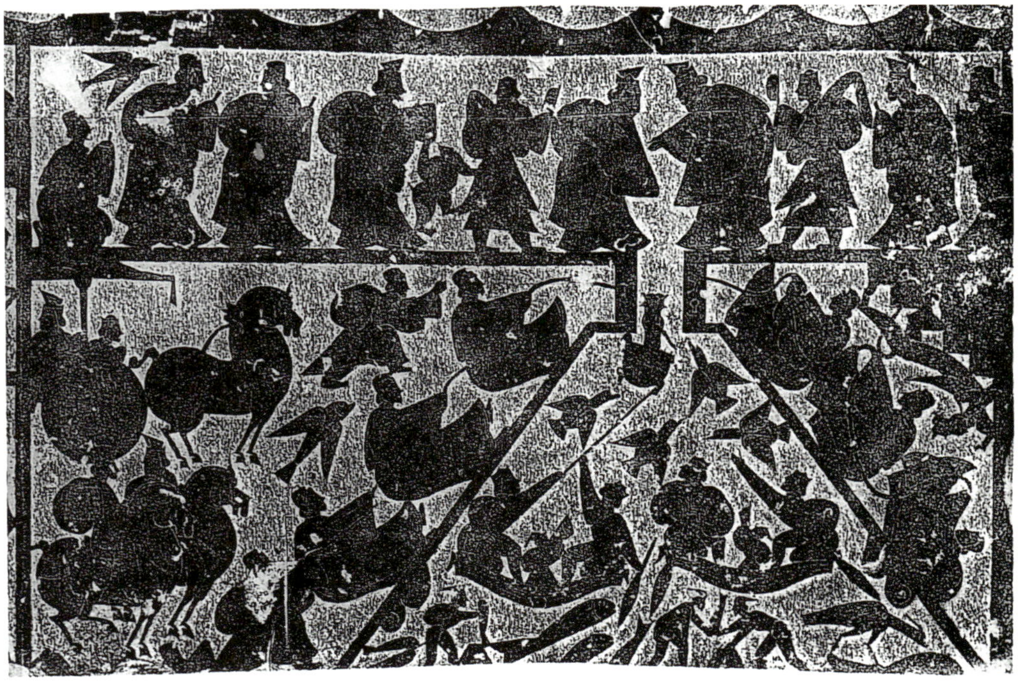

6.96 *Der erste Kaiser beim Heraufziehen des Kessels*, um 147–167, Reibedruck eines Steinreliefs aus den Schreinen der Familie Wu (Ausschnitt).

streifen stürmen bewaffnete Männer zu Pferd und in Wagen davon, vermutlich um die Verfolgung von Räubern aufzunehmen.

Eine weitere Reliefdarstellung ▸ 6.96 illustriert eine Geschichte von Kaiser Qin Shi Huangdi, dessen Andenken von Anhängern des Konfuzius verunglimpft wurde. Im Bemühen, seine Gewaltherrschaft zu legitimieren, versuchte der Kaiser die Bronzegefäße wiederzubeschaffen, mit denen die Herrscher der alten Zhou-Dynastie ihren Ahnen Opfer dargebracht hatten. In einem Fluss wurde zwar ein Kessel gefunden, doch während dieser ans Ufer gezogen wurde, entstieg ihm ein Drache und durchbiss das Seil. Es war dies eine Geschichte, die jeder Anhänger des Konfuzius schätzte und die sich in verschiedenen Schreinen dargestellt findet. Ein schlechter Herrscher figuriert in einer weiteren, häufig dargestellten Szene ▸ 6.97: Herzog Liang, der seinem Beamten Zhao Dun übel nahm, dass er das ausschweifende Leben des Herzogs kritisiert hatte, ließ während einer Audienz einen Hund von der Leine, um ihn zu töten. Zhao wurde vom Koch des Palastes, dem er einst geholfen hatte, gerettet und brachte die Geschichte als Beispiel dafür unter die Leute, zu welcher Niederträchtigkeit ein Tyrann absinken konnte.

In der Zeit, in der diese Silhouettenreliefs entstanden, war der Konfuzianismus offizielle Staatsdoktrin. Voraussetzung für die Zulassung zum Staatsdienst war eine Prüfung in den überwiegend konfuzianischen Klassikern, und für eine Beförderung kam nur jener in Frage, der im Ruf stand, besonders tugendhaft zu sein. Wu Liangs Söhne und Enkel mögen sich einen gewissen Prestigegewinn von diesem Beweis der Achtung vor den Eltern erhofft haben, jener konfuzianischen Tugend par excellence, die sich in der Kette der Beziehungen, die das gesellschaftliche Gefüge der Han-Nation zusammenhielten, mit der Treue gegenüber dem Kaiser vergleichen lässt. Wahre Anhänger des Konfuzius fühlten sich jedoch ebenso angehalten, unbeugsam jede Korruption oder jegliche Verunglimpfung korrekten Verhaltens, und sei es seitens des Kaisers, anzuprangern. Und Mitte des 2. Jahrhunderts gab es durchaus Grund zur Klage, als Eunuchen, denen ursprünglich lediglich die Überwachung der Frauen des Palastes oblag, nicht nur eine immer wichtigere Rolle in den Angelegenheiten des Reiches spielten, was im Staatsdienst zu Konflikten mit den Konfuzianisten führte, sondern auch ihre Verwandten aus der Schicht der Kaufleute bereicherten. Der ordinäre künstlerische Geschmack der Eunuchen und ihrer Angehörigen, ihre prunkvollen Bauten mit Türmen und Pavillons erregten Anstoß. In der stilistischen Zurückhaltung und Ernsthaftigkeit der Reliefs in den Schreinen der Familie Wu mag daher ein Element des Protestes liegen. Das Erzählte wird sparsam und schnörkellos bebildert, die Figuren sind stilisiert und als flache Silhouetten wiedergegeben – ohne eine Spur von Modellierung oder perspektivischer Verkürzung, obwohl diese beiden Bildmittel im China der Han-Zeit bekannt waren und andernorts Anwendung fanden ▸ 6.89; 96. Diese Betonung des Umrisses in Verbindung mit der Bildanlage und den Bildstoffen könnte darauf hindeuten, dass die Reliefs auf eine ältere Form der Bildrollenzeichnung zurückgehen, für die jedoch keine Beispiele erhalten sind. Andere Reliefdarstellungen ähnlicher konfuzianischer Sujets aus Grabstätten der gleichen Periode sind sogar noch einfacher gehalten, ja manchmal fast grob in ihrer Schlichtheit, wie zur Andeutung der tugendhaften Armut derer, die die Reliefs in Auftrag gaben: Der Konfuzianismus lehrte die Menschen, das Geld zu verachten, das anzuhäufen er ihnen verwehrte.

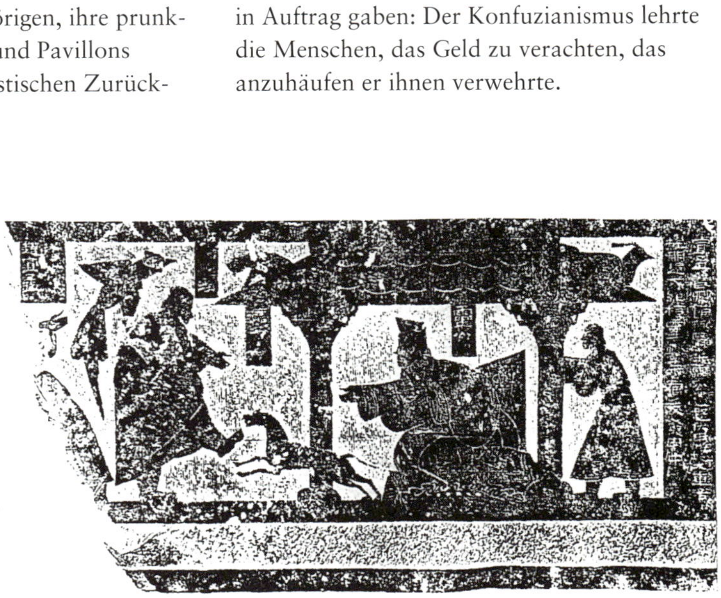

6.97 *Herzog Liang und Zhao Dun*, um 147–167, Reibedruck eines Steinreliefs aus den Schreinen der Familie Wu (Ausschnitt).

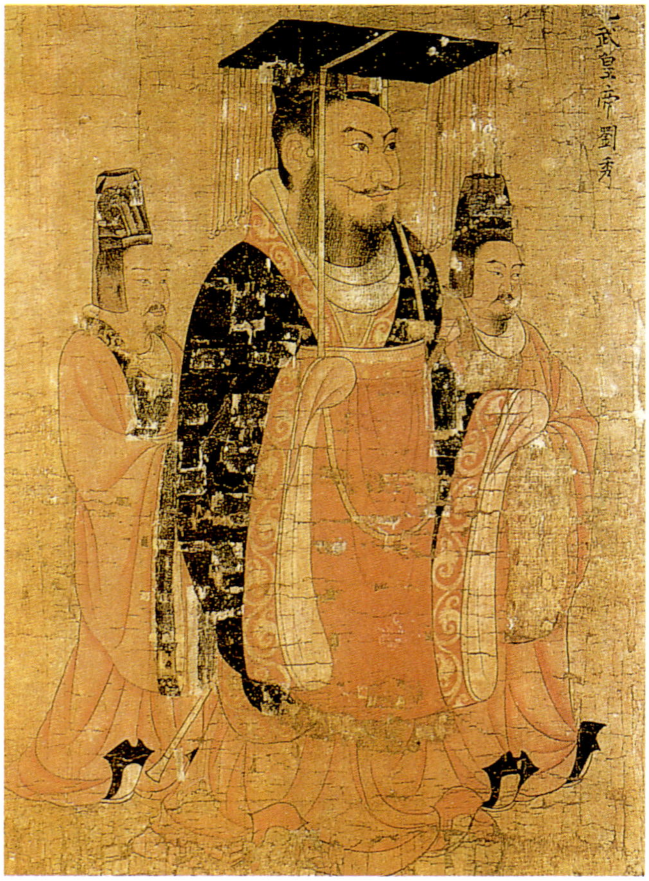

6.98 Ausschnitt aus *Porträts der Kaiser*, Kopie aus dem 10. Jh., wahrscheinlich nach Yan Liben, Querrolle, Tusche und Farbe auf Seide, Höhe 51,3 cm. Museum of Fine Arts, Boston (Denman Waldo Ross Collection).

wurden hier entdeckt, die von einem Künstler namens TITA oder TITUS signiert sind, ein Name, der seine Herkunft aus einer der römischen Ostprovinzen vermuten lässt. Um das 4. Jahrhundert herum erlangte der kleine Staat Kutscha am Tarim-Fluss im Nordosten erhebliche Bedeutung als Zentrum des Buddhismus, mit weitläufig angelegten freistehenden und in den Fels gehauenen Tempeln und Klöstern. Die Pracht dieser und anderer zentralasiatischer Städte wurde von chinesischen Reisenden des 5.–7. Jahrhunderts gepriesen. Sie wurden alle in den islamischen Eroberungszügen des 11. Jahrhunderts zerstört, in deren Folge auch der Buddhismus seinen Niedergang erlebte. Erhalten blieben jedoch die Höhlentempel, die in Dunhuang, einer Oase in der Wüste Gobi, in eine Felswand

6.100 Wandgemälde aus dem Grab des Prinzen Zhanghuai, bei Xian, China, frühes 8. Jh. Provinzmuseum Shaanxi, Xian.

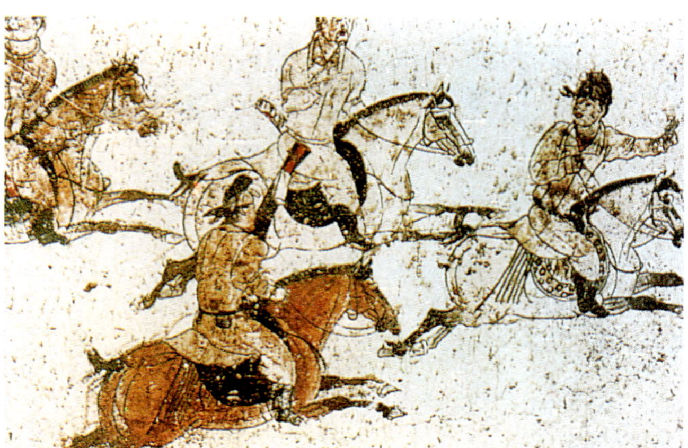

gehauen waren. Von den fast 500 Beispielen war mehr als die Hälfte mit Wand- und Deckenmalereien ausgeschmückt, deren Entstehungsdatum vom 5. bis zum 11. Jahrhundert reicht und die zu einem großen Teil in erstaunlicher Frische bewahrt blieben ▸6.99. Die ältesten sind in einem aus Indien vermittelten Stil gemalt; die wichtigsten der auf ihnen dargestellten Buddha- und Bodhisattvafiguren sind vermutlich das Werk innerasiatischer Maler, die ihren in starre Posen gesetzten Figuren durch eine etwas grobe Modellierung Körperlichkeit zu verleihen gesucht hatten. Doch die ›apsaras‹ – die die Himmel des Mahayana-Buddhismus bevölkernden Wesenheiten –, die quer über die Decken eilen, und die in kleinem Format auf den Wänden dargestellten *Jataka*-Erzählungen offenbaren den Einfluss der chinesischen Kunst, die nach und nach tonangebend wurde. In einer Malerei, die die Herabkunft des Buddha als goldene Gazelle zeigt ▸6.102, wirken die Tiere iranisch, die Berge aber und insbesondere die kniende Figur mit lockerem Faltenwurf haben ihren Ursprung in China und erinnern an die feine Linienzeichnung von Wolken und Drachen auf Lackarbeiten der Zhou-Dynastie ▸3.62 sowie an die Relieffiguren aus der Han-Zeit ▸6.96. Andererseits gab es für das von Buddhisten eingeführte anthropomorphe Andachtsbild in China keinerlei Vorbilder. Da sich die Botschaft des Buddha an alle gesellschaftliche Schichten wandte, bestand ein Bedarf an bildlichen Darstellungen zur Veranschaulichung der Schriften, die nur eine Minderheit zu lesen imstande war. So erklärt sich die Umstellung der Stelen von der Kalligraphie auf Bildlichkeit: Statt Texte in sie einzugravieren, versah man sie nunmehr in Reliefarbeit mit Szenen didaktischen oder narrativen Inhalts, so etwa auf einer der zahlreichen Stelen aus dem frühen 6. Jahrhundert, auf der man mehrere Figuren des Buddha übereinander sieht, beiderseits eingerahmt von Szenen aus seinem Leben ▸6.101.

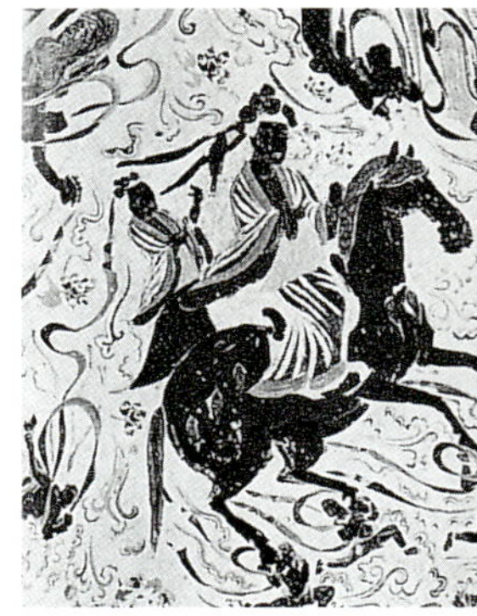

6.99 Ausschnitt einer Wandmalerei aus Höhle 329 von Dunhuang, 7. Jh.

Die bedeutendsten frühen, uns überlieferten Bildwerke des chinesischen Buddhismus sind (wenn man einmal von Wandmalereien absieht, deren Mehrzahl sich in Dunhuang befindet) Werke der Bildhauerei, eine Kunstform, die im Programm des Konfuzianismus keinen Platz hatte.

Eine kleine Bronze mit einer dem Jahr 338 n. Chr. entsprechenden Datierung ist das früheste Stück, das erhalten ist (Asian Art Museum, San Francisco). Kaum ein anderes hat die heftige Verfolgung der Buddhisten und radikale Zerstörung ihrer Tempel im Jahr 444 überstanden. 452 begann jedoch eine Periode starker künstlerischer Aktivität, als im Königreich der Nördlichen Wei (einem der drei Staaten, in die das Land damals gespalten war) ein Buddhist den Thron bestieg. Zwischen 460 und 494 wurde aus einem Sandsteinfelsen bei Yungang in Shanxi, nicht weit von der Großen Mauer, die wohl imposanteste aller Höhlentempelanlagen geschaffen, bestückt mit großen und kleinen, ebenfalls aus dem Gestein herausgemeißelten Figuren ▸6.104. Diese ganz außergewöhnlichen, von Menschenhand geschaffenen Höhlen waren sicher von den ›Viharas‹ und ›Caitya‹-Hallen Indiens inspiriert und ihre Kolossalfiguren von zwei berühmten Skulpturen von 37 m beziehungsweise 53 m Höhe, die bei Bamiyan in Afghanistan zwischen dem 2. und 5. Jahrhundert n. Chr. aus der Felswand geschlagen wurden. Die riesigen Proportionen sollten die das Menschliche überragende Natur des universellen Buddha versinnbildlichen, der mit dem Universum selbst gleichzusetzen ist. Die reich geschmückten Innenräume und der bildhauerische Stil scheinen sich jedoch unmittelbarer von Kutscha herzuleiten. Eine abgestürzte Tempelfront gibt den Blick frei auf

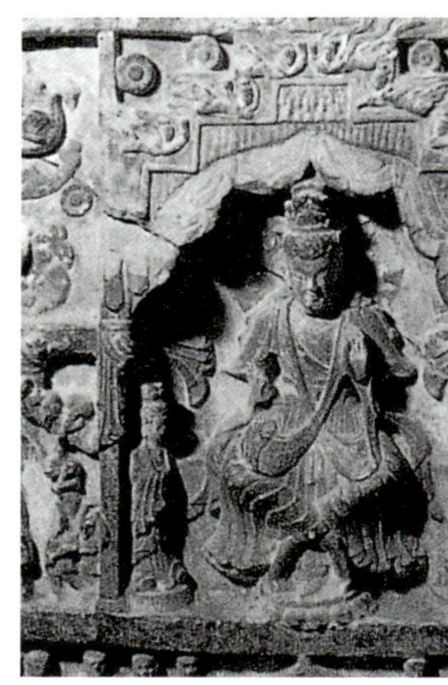

6.101 Buddha-Stele aus den Maijishan-Höhlen, Gansu frühes 6. Jh.

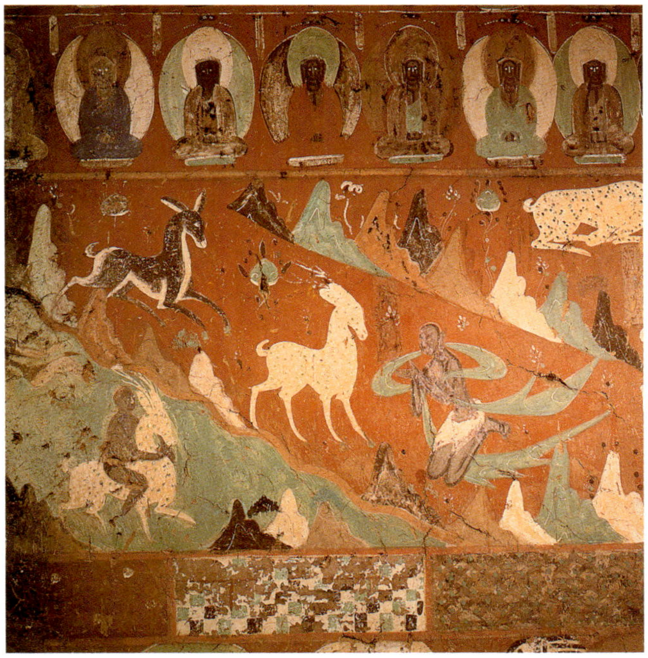

.102 *Buddhas Herabkunft als* *azelle*, Wandgemälde, unhuang, China, 5. Jh.

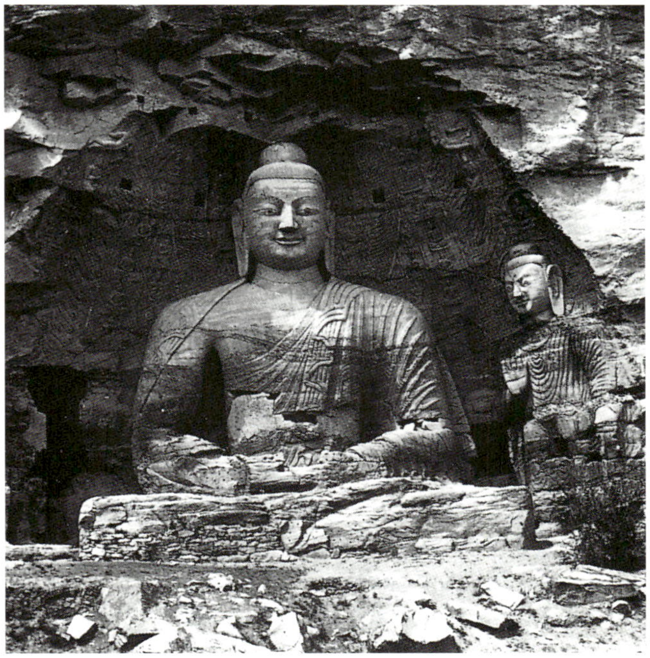

6.103 Kolossalstatue des Buddha, in Yungang, Shaanxi, 5. Jh., Fels, Höhe 13,7 m.

eine 14 m hohe Buddha-Figur, die ursprünglich von zwei Bodhisattvas flankiert war. Diese Trinität muss noch geheimnisvoller und noch einschüchternder gewirkt haben, als man sie nur aus der Nähe in der schwach erleuchteten Höhle betrachten konnte ▸6.103. Haltung und Kleidung lassen an den predigenden Buddha von Mathura denken ▸6.23, aber den Kolossalfiguren von Yungang fehlt jeder Naturalismus. Das Antlitz ist zu einer undurchdringlich lächelnden Maske verhärtet. Die Schädelauswölbung, ›Ushnisha‹, und die lang gezogenen Ohrläppchen sind so stark stilisiert, dass sie wie aufgesetzte Schmuckstücke oder Insignien wirken. Kleinformatige gemeißelte Darstellungen – auf den Wänden der Höhle ▸6.104 und auf der hier abgebildeten Stele ▸6.101 – zeigen vielfach den sitzenden Buddha, die Beine ineinander verschränkt und auf dem Kopf eine hohe Krone: die Pose eines Königs, die die Religion mit der Herrschaft der nördlichen Wei-Kaiser in Zusammenhang gebracht hat.

Kleine Bildnisse wurden aus Bronze gefertigt. Wir haben bereits erwähnt, dass man die Kunst des Bronzegusses in China schon sehr früh beherrschte; aber ein im Jahr 524 hergestellter Schrein ▸6.105 ist grundlegend anders empfunden als die Ritualgefäße der Shang-Zeit mit ihren geheimnisvollen Drachenformen ▸2.90–93 oder die wesentlich jüngeren, aufs lebendigste naturalistischen Tierdarstellungen aus Grabstätten der Han-Dynastie ▸6.91. Die Hauptfigur des Buddha, die winzigen Bodhisattvas zu seinen Füßen und die → Apsaras – die Engel des hinduistischen und buddhistischen Himmels – mit ihren flatternden Gewändern am Rand des Nimbus sind alle von indischen Vorbildern abgeleitet. Man hat die einzelnen Elemente aber auf geschickte Weise in eine durchgängige lineare Komposition eingegliedert. Der ganzen Arbeit wohnt ein flackerndes Leben inne, das auf die Legende hinweist, derzufolge sich Śakyamuni unversehrt nach der Verbrennung seiner Leiche erhob: symbolhafter Ausdruck für die Auferstehung des Geistes. Es sind hier Symbole in ein Devotionalienbild hineingearbeitet, dessen tiefere Bedeutung mehr ist als die Summe seiner Teile.

Die Bildhauer und Maler religiöser Bildwerke unterliegen in allen Religionen gewöhnlich ikonographischen Vorschriften, welche die spirituelle Wirksamkeit gewährleisten sollen.

6.104 Inneres von Höhle 6, Yungang, Shaanxi, spätes 5. Jh.

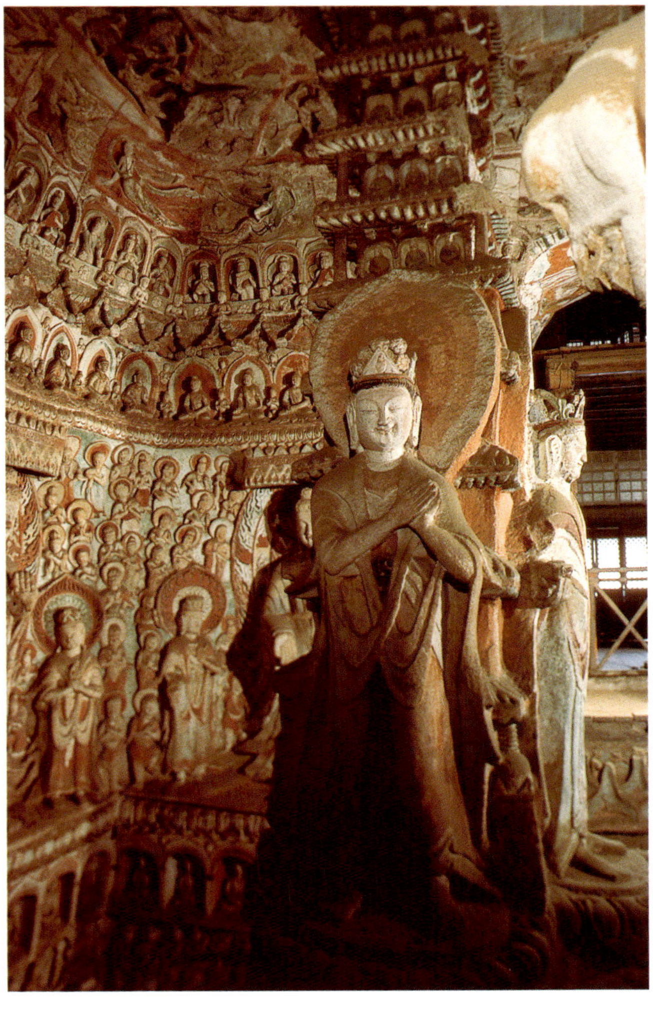

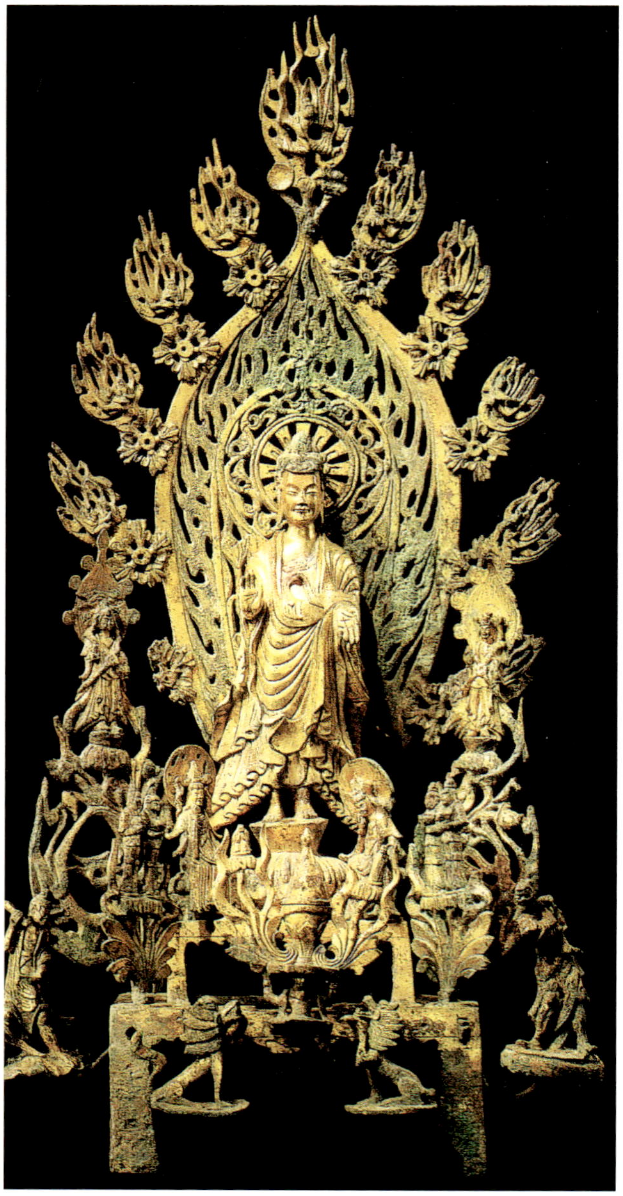

6.105 *Schrein mit Maitreya-Buddha*, 524 n. Chr., Goldbronze, Höhe 76,8 cm. The Metropolitan Museum of Art, New York.

6.106 *Die Kaiserin als Stifterin mit Hofdamen*, aus der Höhlenkapelle Binyang von Longmen (Henan), um 522, Kalkstein mit Farbspuren, 193 x 276 cm. Nelson-Atkins Museum of Art, Kansas City (Purchase: Nelson Trust).

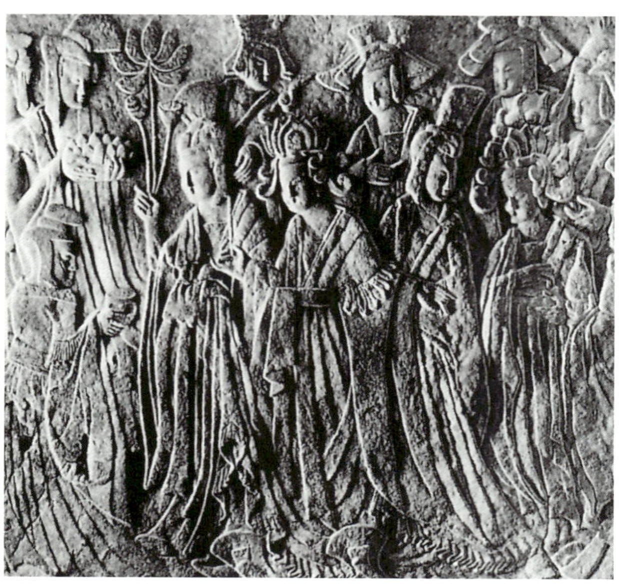

Bei der Darstellung von Gläubigen wurde den buddhistischen Künstlern jedoch freiere Hand gelassen, wie ein Relief mit einer frommen Kaiserin und ihren Dienerinnen zeigt ▸6.106. Im Gegensatz zu den statischen, fast geometrisch gebauten Buddhas und Bodhisattvas, unter denen manche auch in der Höhle von Longmen von gigantischem Format sind, sind die Figuren naturalistisch und zugleich flüchtig dargestellt. In Gewänder gekleidet, die mit natürlichem Schwung von ihren Schultern herabfallen, sind die geisterhafte Kaiserin und ihre Begleiterinnen zu einer lockeren Gruppe arrangiert, die wie in einem leichten Windhauch schwebend erscheint. Die Malerei der Han-Zeit verstand es, mit wenigen gezielten Pinselstrichen Formen zu beleben und rhythmisch schwingende Liniengefüge zu erzeugen. Diese Meisterschaft ist hier von den Bildhauern übernommen worden, ohne dabei Feinheit und Eleganz einzubüßen – durchsetzt mit jener gefühlvollen Vergeistigung, welche der Buddhismus nach China brachte.

## *Die Tang-Zeit und die ›Fünf Dynastien‹*

Unter den ersten Kaisern der Tang-Zeit (618–906) erlebte das wieder vereinigte China erneut eine Periode des inneren Friedens und des Ansehens im Ausland. Die Künste erreichten eine nie da gewesene Blüte unter der Herrschaft von Minghuang (713–756), der unter anderem eine noch heute bestehende kaiserliche Akademie für Literatur gründete. Im Jahr 715 jedoch fiel der chinesische Teil Turkestans an die aus dem Westen vorrückenden Muslime. Durch die anschließende Rebellion wurde die kaiserliche Regierungsgewalt geschwächt, eine Periode des Niedergangs setzte ein. Zu dieser Zeit hatte eine chinesische Variante des ›Mahayana‹-Buddhismus fast, wenn auch nicht ganz, den Status einer Staatsreligion erlangt, und die Konfuzianer und Taoisten erhoben den Vorwurf, dass die Tempelbauten den Reichtum aufzehrten und die Arbeitskräfte durch das unproduktive Leben der zölibatären Mönche absorbiert würden. 845 verbot der Kaiser alle ›fremden‹ Religionen, damit wurde insbesondere der Buddhismus getroffen. An die 4600 Tempel und 40000 Schreine wurden zerstört, 200000 Mönche mussten zur Feldarbeit zurückkehren. Das Verdikt wurde später gemildert, und tatsächlich lebte nicht lange danach der Buddhismus wieder auf. Wirtschaft und Politik aber erholten sich nicht wieder, und 907 fiel China in eine Zeit der Wirren, die als die Periode der ›Fünf Dynastien‹ bezeichnet wird.

Eines der herausragendsten Beispiele der Tang-Plastik und eines der eindrucksvollsten religiösen Bildwerke der Welt überhaupt beherrscht die Front einer Felswand in Longmen ▸6.107, die ursprünglich von einem hölzernen Tempelbau umschlossen war. Diese gigantische, gleichwohl aber heitergelassene Figur mit ihrer feinen Meißelarbeit steht in auffallendem Kontrast zu der älteren, ebenso großen Buddhafigur in der Höhle bei Yungang ▸6.103. Sie versinnbildlicht eine höhere, komplexere Idee, denn sie stellt Vairocana dar, der, anders als der historische Buddha, kein Erlöser ist, sondern die Verkörperung eines philosophischen Begriffs vom ursprünglichen schöpferischen, die Lehre und den Kosmos des Buddhismus durchdringenden Geist. Er sitzt auf einem Lotosthron (heute zerstört), der Beschreibungen zufolge tausend Blumenblätter trug, jedes von ihnen ein Universum für sich mit einem eigenen Buddha, ein jedes hundert Millionen weiterer buddhistischer Welten in sich schließend. Longmen liegt in unmittelbarer Nähe der Stadt Luoyang, einer der beiden Hauptstädte des

Tang-Reiches, doch die dort entwickelten Stile verbreiteten sich bis hin nach Dunhuang, wo sich ganze Höhlentempel mit ihren ursprünglichen Malereien und Statuen aus dieser Zeit erhalten haben. Da es in dieser abgelegenen Wüstenoase keinerlei Stein gab, den man mit dem Meissel hätte bearbeiten können, wurden Figuren aus einer Art Gipsmörtel modelliert und bemalt. Diese Technik förderte einen stärkeren Naturalismus, sichtbar etwa in der Darstellung der Bodhisattvas oder bewaffneter Wächter, die einen idealisierten Buddha flankieren ▸6.108. Die Wände sind vom Boden bis zur Decke mit Darstellungen der Himmelreiche des Mahayana ausgemalt, wie sie in den ›sutras‹ beschrieben werden, allerdings in Gestalt eines kaiserlichen Palastes mit seinen verschiedenen symmetrisch angeordneten Gebäuden und Gärten ▸6.109. Der im 8. Jahrhundert wirkende Maler und Dichter Wang Wei hatte tatsächlich den Garten des Kaisers vor den Toren Luoyangs mit den Gärten der Unsterblichen in den neun Himmeln verglichen: Wasser floss allenthalben in den kaiserlichen Gärten von Luoyang, dazu »das Gelächter junger Mädchen in den bemalten Sommerhäusern und den roten Pavillons, Flöten aus Gold und Jade, die den Spaziergänger traurig stimmen, ganze Wälle aus Bannern, die sich bis hin zu dem Fluss Jian erstrecken, in Blüte stehende Mandarinenbäume …«.

Während dieser späteren Phase des chinesischen Buddhismus begann eine Figur in den Mittelpunkt der Verehrung zu rücken, die mehr emotionale Sehnsüchte ansprach: Guanyin, der Bodhisattva der Wohltätigkeit. In Indien hatte er Avalokitesvara geheißen (s. S. 224f.), von dem indischen Ursprung jedoch ist in jener Malerei nichts mehr zu spüren, wo er in feinsten, leichtesten und wunderbar zart gemusterten chinesischen Seidengewändern dargestellt ist ▸6.110. Von einer eleganten kleinen Dame herangerufen, wahrscheinlich der Stifterin dieses Andachtsbildes, ist er von seiner himmlischen Heimstatt in der linken oberen Ecke herabgeschwebt, aus einem der verschiedenen von den Menschen ersehnten Himmel, die das ferne Ideal des Nirvana so gut wie verdrängt hatten. Die Unterschiede zwischen Göttern und Menschen sind verwischt, und Guanyin ist zwar in Überlebensgröße abgebildet, aber genauso naturalistisch wie seine Verehrerin, als wäre er ein Fürst dieser Welt. Mögen auch die Theologen darin eine naive Vorstellung vom Göttlichen sehen, so ist sie doch mit größter Kunstfertigkeit ausgeführt, und die gesamte Komposition mit den weich geschwungenen Linien und zart schimmernden Farben ist von liebevoller Zartheit erfüllt.

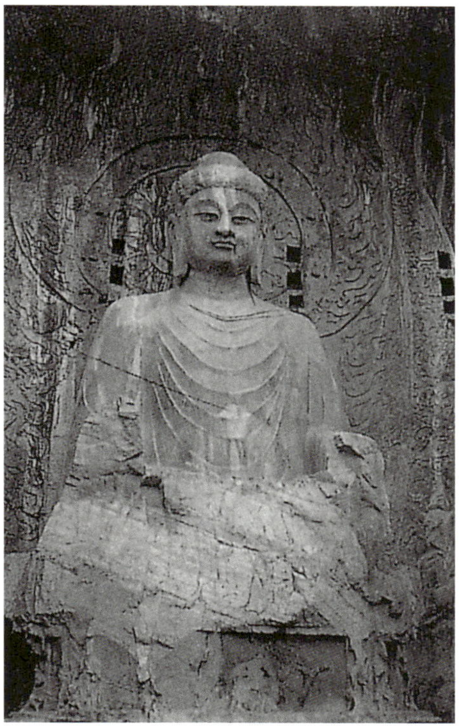

6.107 *Vairocana-Buddha*, Longmen, Henan, 672–675, Fels, Höhe 15 m.

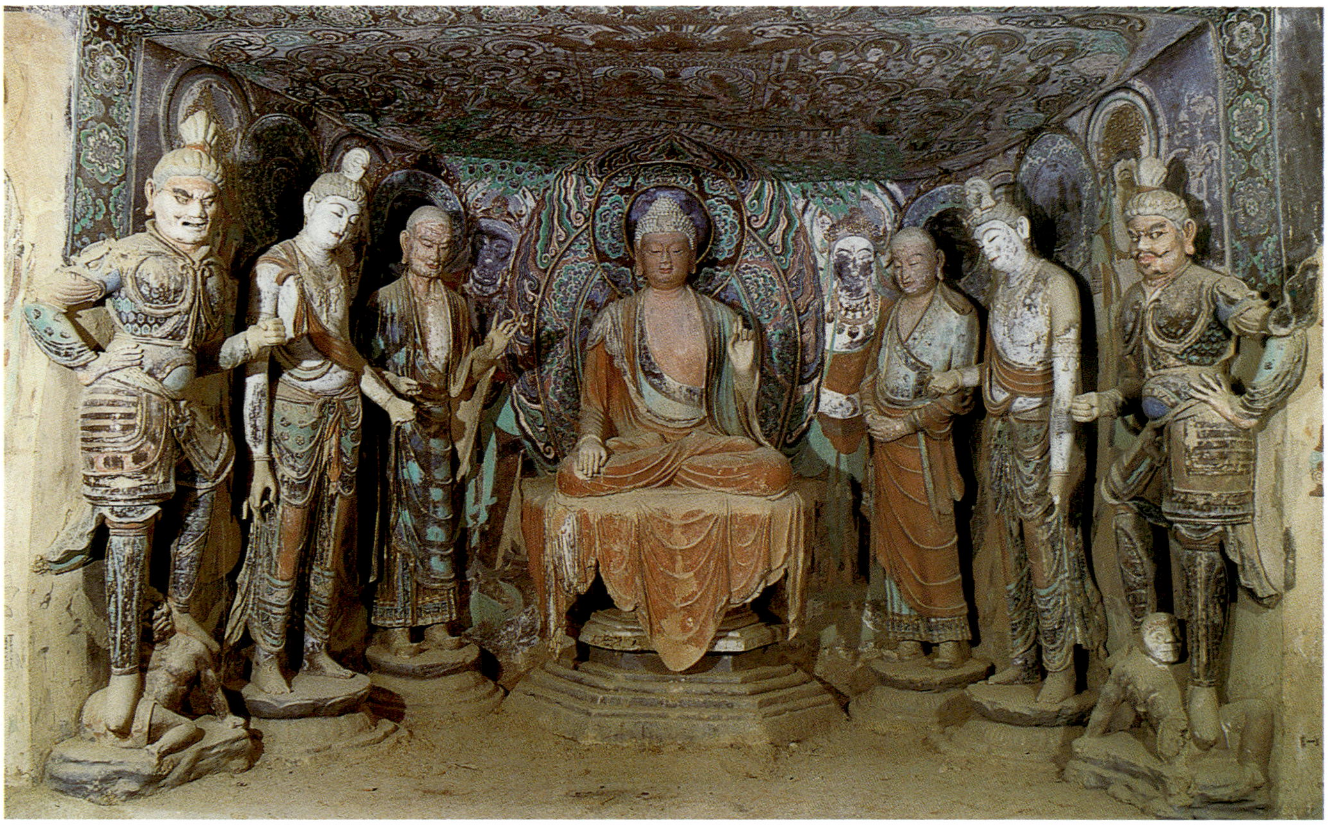

08 *Buddha und dhisattvas*, aus Höhle 45, nhuang, 7.–8. Jh., nalter Stuck.

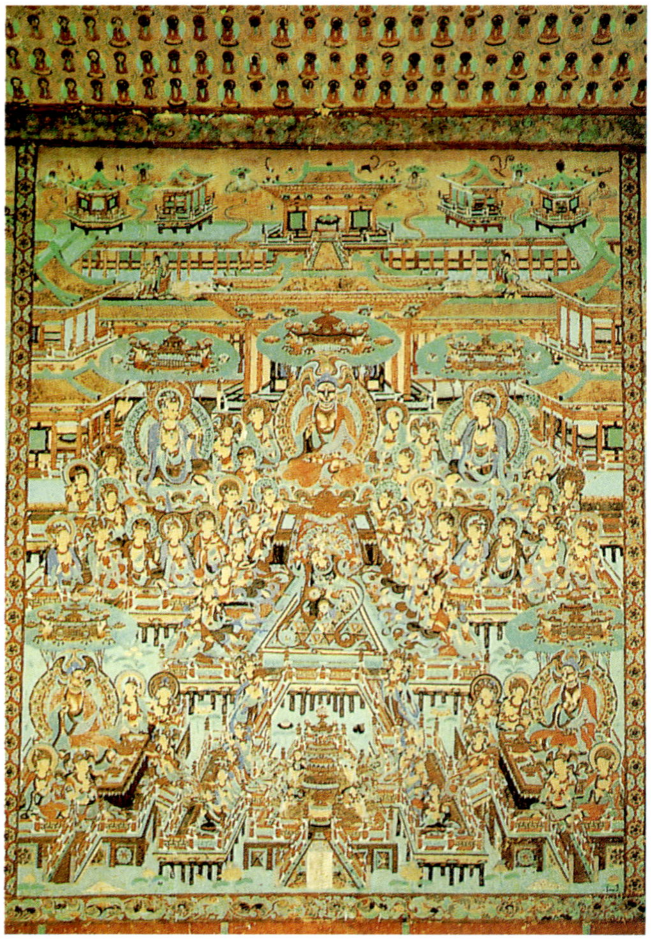

6.109 *Buddhistisches Paradies*, Wandgemälde aus Höhle 12, Dunhuang, spätes 9. Jh.

Guanyin, der hier mit Schnurr- und kaiserlichem Kinnbart dargestellt ist, sollte später in eine weibliche Figur verwandelt werden, die mit der traditionellen chinesischen Gestalt der Muttergöttin in Zusammenhang steht. Bodhisattvas sind (wie die Engel) geschlechtslos: Sie vereinen in sich die geistigen Tugenden des Männlichen und des Weiblichen und können sich in beiderlei Gestalt manifestieren. Diese Verschmelzung kommt in einer aus Holz geschnitzten Figur aus der Song-Zeit vollkommen zum Ausdruck ▸ 6.111.

Auf die Geschlechtsorgane und anderen körperlichen Merkmale, die bei den griechischen Hermaphroditen vereinigt wurden, ist hier verzichtet worden, um ein Bild zweigeschlechtigen Liebreizes zu schaffen, das jeden sexuellen Aspekt transzendiert. Die Idee einer rein seelischen Menschlichkeit ist in dieser sinnlich gearbeiteten Figur verkörpert. Der Schmuck, die Kleidung und die wehenden Tücher spielen eine wichtige Rolle in der Komposition der fein geformten Figur, bei der der Eindruck von Leben und Bewegung durch die Asymmetrie noch erhöht wird.

### *Die Song-Dynastie*

Die Song kamen im Jahr 960 an die Macht und stellten binnen zweier Jahrzehnte die Einheit Chinas wieder her. Unter ihrer Herrschaft pflegte die obere Gesellschaftsschicht, die in den Städten von den Einnahmen aus ihren Besitzungen lebte, nicht länger die raueren Sportarten der Jagd oder des Polospiels (denen die Tang-Aristokratie gefrönt hatte), und ihr Interesse galt auch nicht mehr der Kunst der Kriegsführung (die Verteidigung wurde Söldnern anvertraut). Stattdessen förderte sie die Literatur, die Musik und die Malerei und schuf so das Ideal eines kultivierten Lebensstils, dem gebildete Chinesen in späteren Zeiten wie auch heute noch nachstreben. Leider waren die Song jedoch außerstande, den ›Barbaren‹ Widerstand entgegenzusetzen. Im Norden gründeten die Stämme der Kitan das Liao-Reich, das sich von der Mandschurei und der Mongolei bis in Gebiete südlich der Großen Mauer ausdehnte und dabei Peking einnahm (das im Pinyin ›Beijing‹ geschrieben wird und ›nördliche Hauptstadt‹ bedeutet; die Kitan hingegen nannten die Stadt Nanjing, ›südliche Hauptstadt‹). Von 1004 an waren die Song zur Zahlung jährlicher Tributleistungen verpflichtet. Es sollte noch schlimmer kommen: Die Jurchen-Türken, die ihre Dynastie Jin nannten, drangen immer weiter aus Zentralasien vor, stürmten 1127 die Song-Hauptstadt Kaifeng und nahmen den Kaiser sowie einen Großteil seines Hofstaates gefangen. Ein junger Prinz floh in das Gebiet südlich des Jangtsekiang und ließ sich mit den übrig gebliebenen Beamten in Hangzhou nieder, das Hauptstadt des südlichen Song-Reiches wurde, bis diese eineinhalb Jahrhunderte später an die Mongolen fiel.

Am Hof der Song war der Neo-Konfuzianismus die tonangebende Lehre, eine stark verstandesbetonte Synthese, die in einem typisch buddhistischen Geist kontemplativer Selbstkultivierung konfuzianische Ethik mit taoistischer Metaphysik in Einklang brachte. Der Mahayana-Buddhismus hatte sich zu einer volkstümlichen, ja, plebejischen Religion entwickelt – daher rührt die einfache Kraft, die eher einfältige Schlichtheit sowie der Mangel an Finesse in ihren denkwürdigeren künstlerischen Manifestationen. So wurde zwischen 1179 und 1249

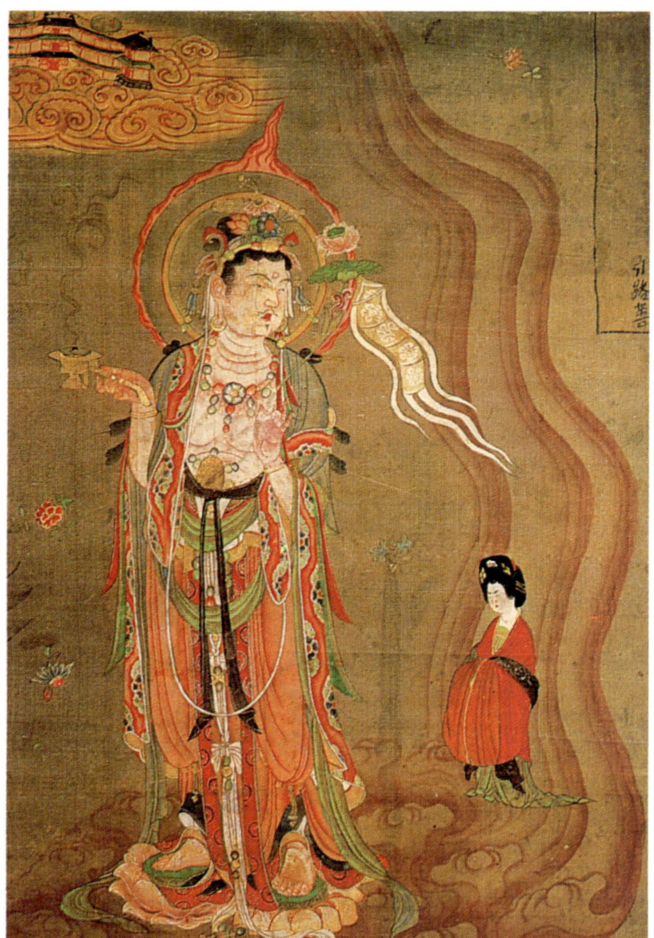

6.110 *Guanyin als Führer der Seelen*, aus Dunhuang, 10. Jh., Malerei auf Seide, 80 x 53,3 cm, British Museum, London.

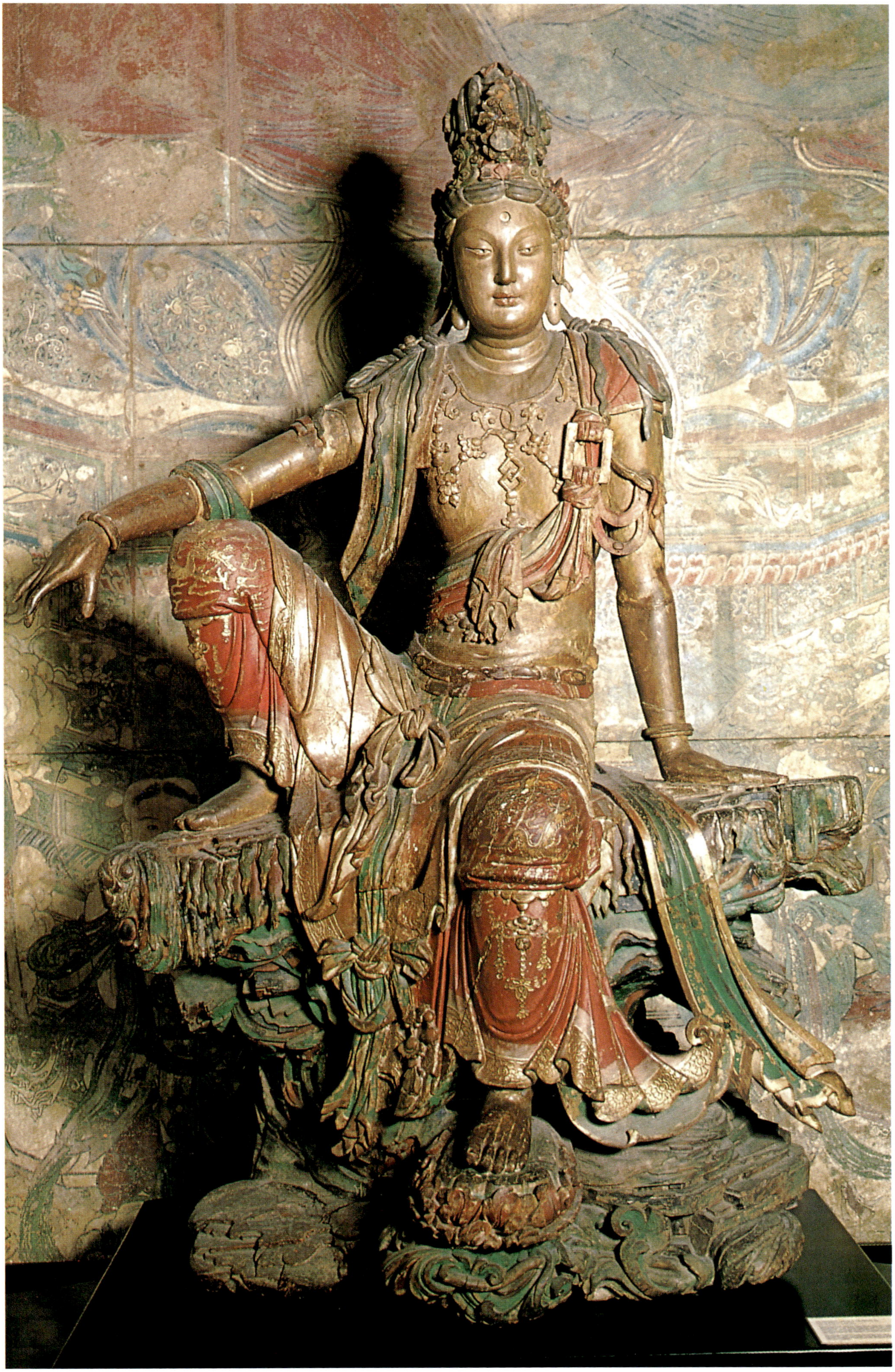

11 *Guanyin*, 11.–frühes
Jh., mehrfarbig gefasstes
lz, Höhe 241,3 cm.
lson-Atkins Museum of Art,
nsas City.

in Dazu, ca. 1500 km landeinwärts am oberen Lauf des Jangtsekiang noch hinter Chongqing gelegen, in eine Felswand eine ungewöhnliche Serie volkstümlicher Szenen gemeißelt, darunter Darstellungen aus dem Alltagsleben der unteren Schichten. Einige Szenen schildern die Geißel des Alkohols, andere wieder zeigen die Qualen der Sünder in der Hölle ▸6.113. Auch Allegorien auf die Unterwerfung unter die Lehre des Buddha sind anzutreffen, symbolisiert durch die Zähmung und das Hüten von Vieh, doch in der Realisierung dargestellt wie eine groß angelegte pastorale Genreszene – ein anschauliches Zeugnis des Landlebens, das sich unberührt vom Kommen und Gehen der Dynastien bis heute unverändert erhalten hat ▸6.112. Die Figur eines Mannes, der ausgebeulte Hosen und einen Hut trägt, wie man sie in dieser Region und auch andernorts in Südostasien noch heute antrifft, ist in naturalistischer Weise dargestellt, mit einer beherzten und zugleich ernst gemessenen Selbstsicherheit, ganz wie sie dem Bauernstand ansteht.

Nordwestlich des Song-Territoriums wurde im Liao-Reich, in dem die Fürsten den Buddhismus förderten, ein weniger plebejischer, doch ebenso naturalistischer Stil entwickelt. Bodhisattvafiguren aus bemaltem Ton, im frühen 11. Jahrhundert im Huayan-Kloster in Datong entstanden ▸6.115, sind zugleich gefälliger und naturalistischer als die Tang-Skulpturen aus Dunhuang, auf die sie teilweise zurückgehen ▸6.108. Ihre meditative Abgeklärtheit ist zugleich belebt durch den Fluss der in Falten wallenden Tücher. Noch naturalistischer ist eine glasierte Keramikfigur aus der Liao-Zeit ▸6.117. Ausgestattet mit der ganzen Lebendigkeit eines Modellporträts, stellt sie einen ›Lohan‹ dar: ›Lohan‹ waren Mönche des Theravada-Buddhismus, die ohne übernatürliche Hilfe durch Meditation und eigene Geistesstärke zur Erleuchtung gefunden hatten, vgl. ▸6.114. Und doch ist die Figur keineswegs ein bloßes Abbild, sondern sorgfältig als skulpturale Form komponiert: Selbst die

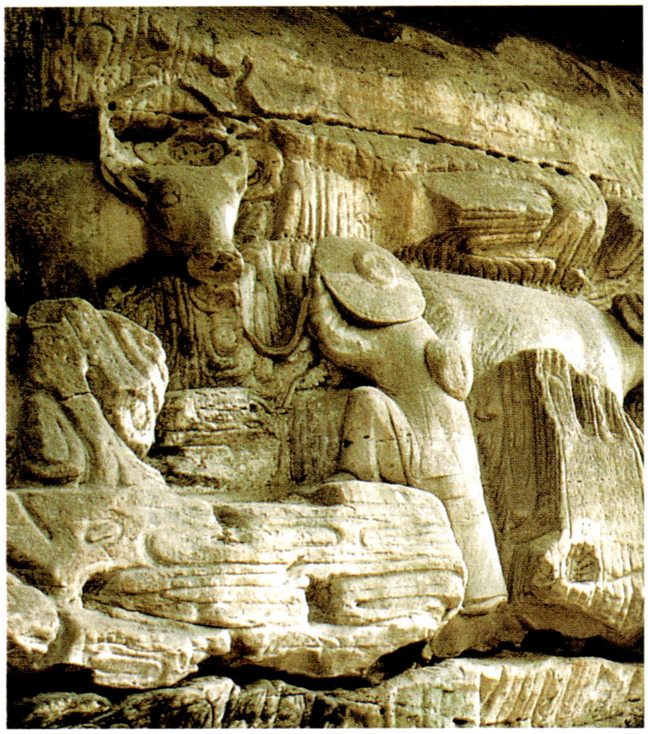

6.112 *Ländliche Szene*, Felsrelief aus Dazu, Sichuan, 12.–13. Jh.

Falten der Gewänder wurden so angeordnet, dass sich in ihnen physische und geistige Konzentration ausdrückt. Die Figur gehörte ursprünglich zu einer mehrfigurigen Gruppe eines Klosters (heute verstreut), die sich in Faltenwurf, Gestik und Physiognomie unterschieden, aber alle eine gedankliche Tiefe ausstrahlten, der die Mönche, die sich selbst aus den Zwängen des Verlangens zu befreien trachteten, nacheiferten. Dass man sich einer derart realistischen Charakterisierung bediente, um der

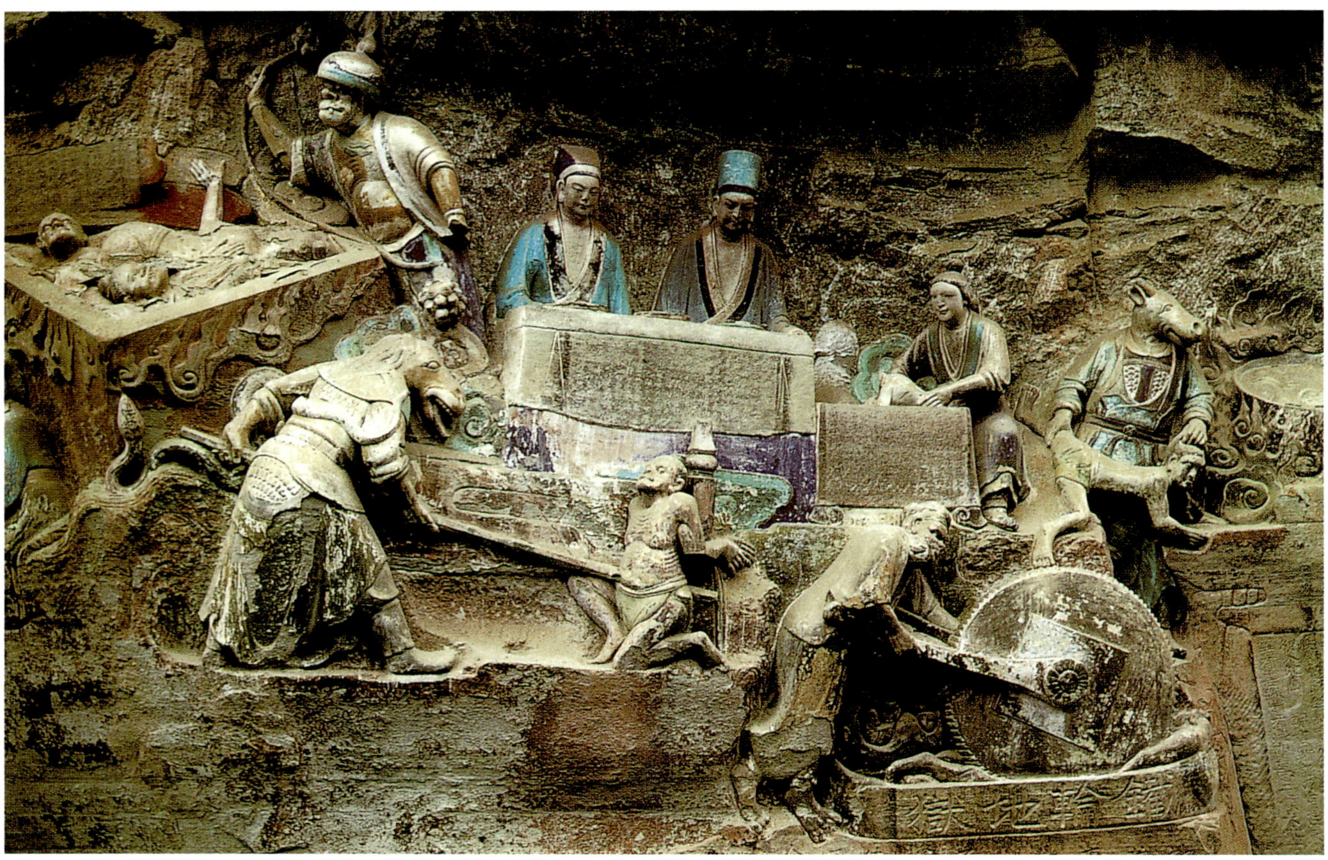

6.113 *Qualen der Hölle*, bemaltes Felsrelief aus Dazu, Sichuan, 12.–13. Jh.

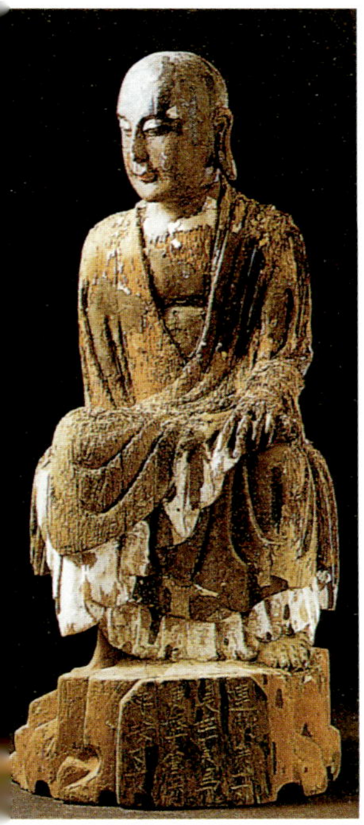

114 *Lohan-Figur*, aus einer
hlen Buddha-Statue im
anhua-Tempel, Qujiang,
ovinz Guang-dong,
schrift 1047, bemaltes Holz,
öhe 56 cm. Palastmuseum,
king.

Idee der Loslösung vom Ich Ausdruck zu verleihen, mutet paradox an. Damit war sicherlich die Absicht verbunden, zu demonstrieren, dass jeder Gläubige, aller Individualität zum Trotz, den wahren Weg finden könne.

Diese Figur ist zugleich auch technisch, von der Glasur und Brennweise her, ein keramisches Meisterwerk. Doch sie steht am Ende einer Tradition. Naturalistische Tonskulpturen waren zuerst als Grabfiguren in der Qin-Zeit aufgetaucht ▸6.86 und in der Han- und Tang-Zeit weiterentwickelt worden, wo sie gelegentlich teilweise oder vollständig mit farbiger Glasur überzogen wurden (Glasuren, wie sie auch für die Gebrauchskeramik verwendet wurden). Aus der Tang-Zeit hat sich eine große Zahl von Figurinen erhalten, die aber nicht sehr repräsentativ sind, da diese kleinformatige Plastik bei den Chinesen nie sehr hoch geschätzt war. Man bevorzugte die reinen Formen und glatten, kühlen, jadeartigen Texturen von Schalen, Vasen und anderen Gefäßen aus Keramik, deren Herstellung unter den Tang begann und dann unter den Song perfektioniert wurde ▸6.116. Auch die Monumentalplastik sollte in der späteren Kunst Chinas keine bedeutende Rolle spielen: Sie beschränkte sich auf immer gleichförmige Figuren aus oft leicht vergänglichen Materialien, die mit Textilien umhüllt wurden. Sie büßte zugleich an künstlerischer Qualität ein, in dem Maße, wie auch der buddhistische Glaube, mit dem sie aufgekommen war, an intellektuellem Prestige verlor.

Die allgemeine Verbreitung des Buddhismus hatte allerdings bereits ein Resultat von – zumindest potentiell – revolutionärer Tragweite gezeitigt: die Erfindung des Holzplattendrucks, dessen Möglichkeiten erstmals in der Zeit der Fünf Dynastien und des Song-Reichs voll ausgeschöpft wurden. Tantrische Lehren, die sich im 7. Jahrhundert, aus Tibet sowie direkt aus Indien kommend, ausgebreitet hatten und esoterischen Ritualen und Zauberformeln besondere Bedeutung beimaßen, hatten einen ungeheuren Bedarf an Amuletten und Bildwerken erzeugt. Dieser wurde dadurch befriedigt, dass man mit Tusche angefärbte Holzplatten auf Seidentuch oder Papier presste (ebenfalls eine chinesische Erfindung aus der Shang- bzw. Han-Zeit). Der nächste Schritt, der Druck illustrierter Texte, erfolgte schon deutlich vor 868, dem Entstehungsjahr der ältesten uns bekannten gedruckten Schriftrolle (das *Diamant-Sutra,* eine buddhistische Schrift, die in Dunhuang gefunden wurde und sich heute in der British Library in London befindet). Im Jahrhundert darauf wurde der Holzplattendruck zur Bekanntgabe kaiserlicher Erlasse sowie für das erste Papiergeld verwendet. Zugleich wurde erstmals die mühsame Aufgabe in Angriff genommen, Bücher zu vervielfältigen, indem man jede Seite von einer eigens geschnitzten Holzplatte druckte: die konfuzianischen Klassiker und die taoistischen Texte sowie, gesammelt im *tripitaka* (260000 Seiten), die heiligen Schriften des Buddhismus. Sie sollten den Neu-Konfuzianisten bei ihrer Suche nach einer philosophisch-religiösen Synthese behilflich sein.

Im 12. Jahrhundert waren Enzyklopädien, Dynastiegeschichten und illustrierte Werke wie eine *Materia medica* und Kataloge von Kunstsammlungen gedruckt erhältlich. Und doch hatte die Druckkunst auf China weit weniger starke Auswirkungen als auf Europa, wohin sie einige Jahrhunderte später gelangte oder wo sie noch einmal erfunden wurde. Die chinesische Schrift mit ihren rund 20000 Schriftzeichen erschwerte die Verwendung beweglicher Lettern, mit denen die Drucker in Europa Bücher produzieren konnten, die wesentlich billiger waren als Handschriften. Außerdem legten

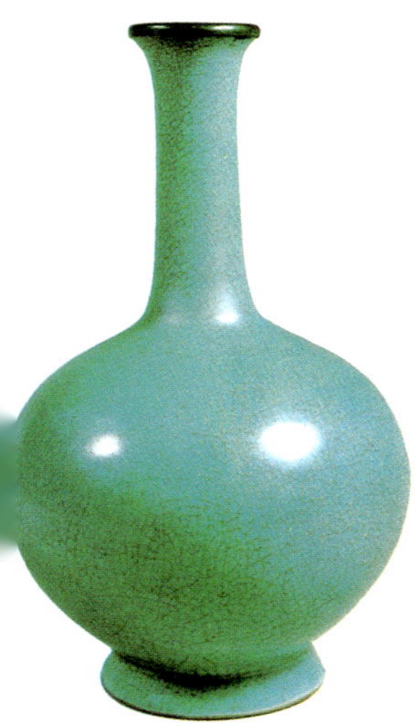

116 Vase aus Ju-Ware,
and in Kupfer gefasst, 12. Jh.,
rzellan, Höhe 25 cm.
rcival David Foundation
Chinese Art, London.

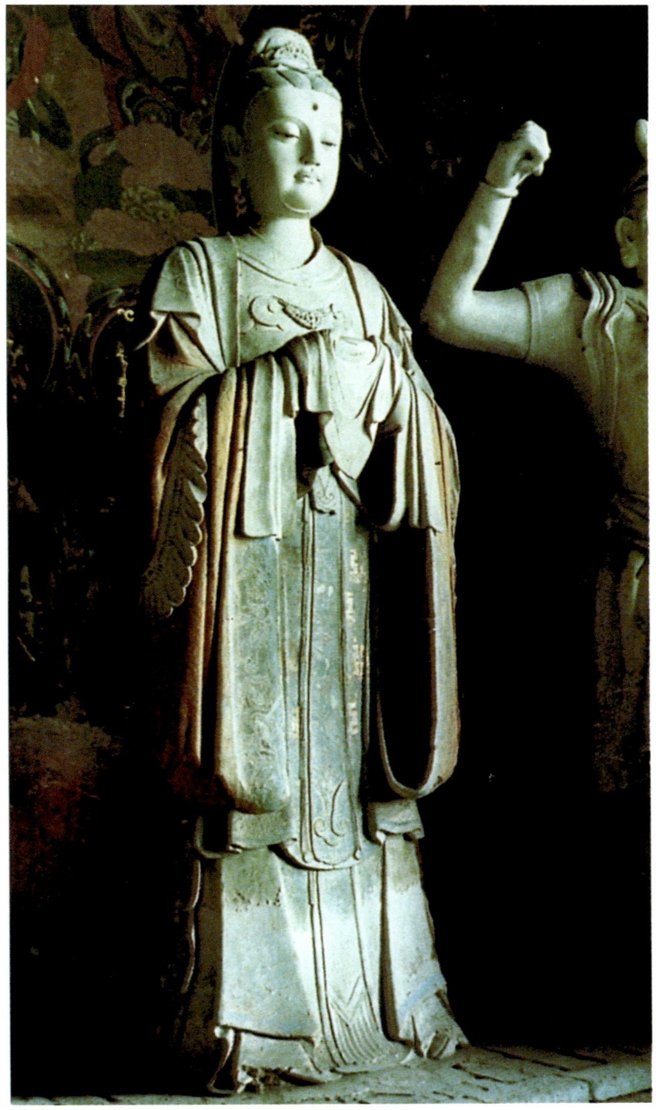

6.115 *Bodhisattva*, Huayan-Kloster, Datong, frühes 11. Jh., bemalter Ton.

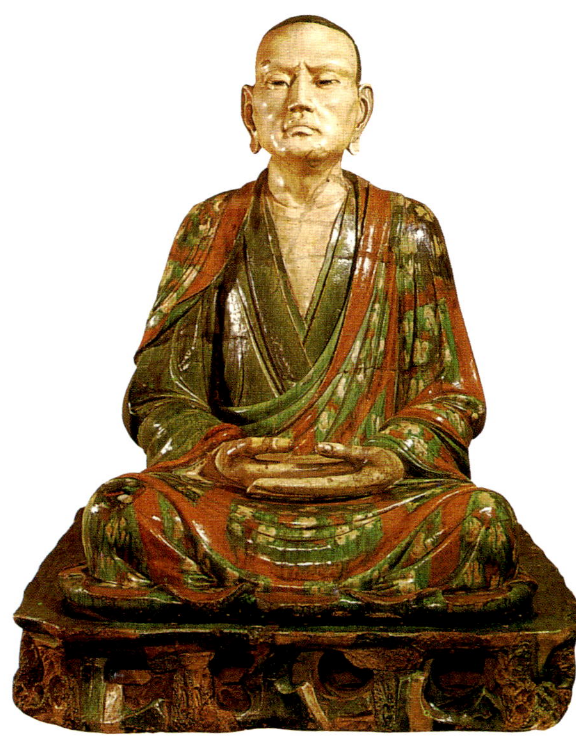

6.117 *Lohan*, 10.–13. Jh., dreifarbig glasierte Keramik, Höhe 101,6 cm. Nelson-Atkins Museum of Art, Kansas City.

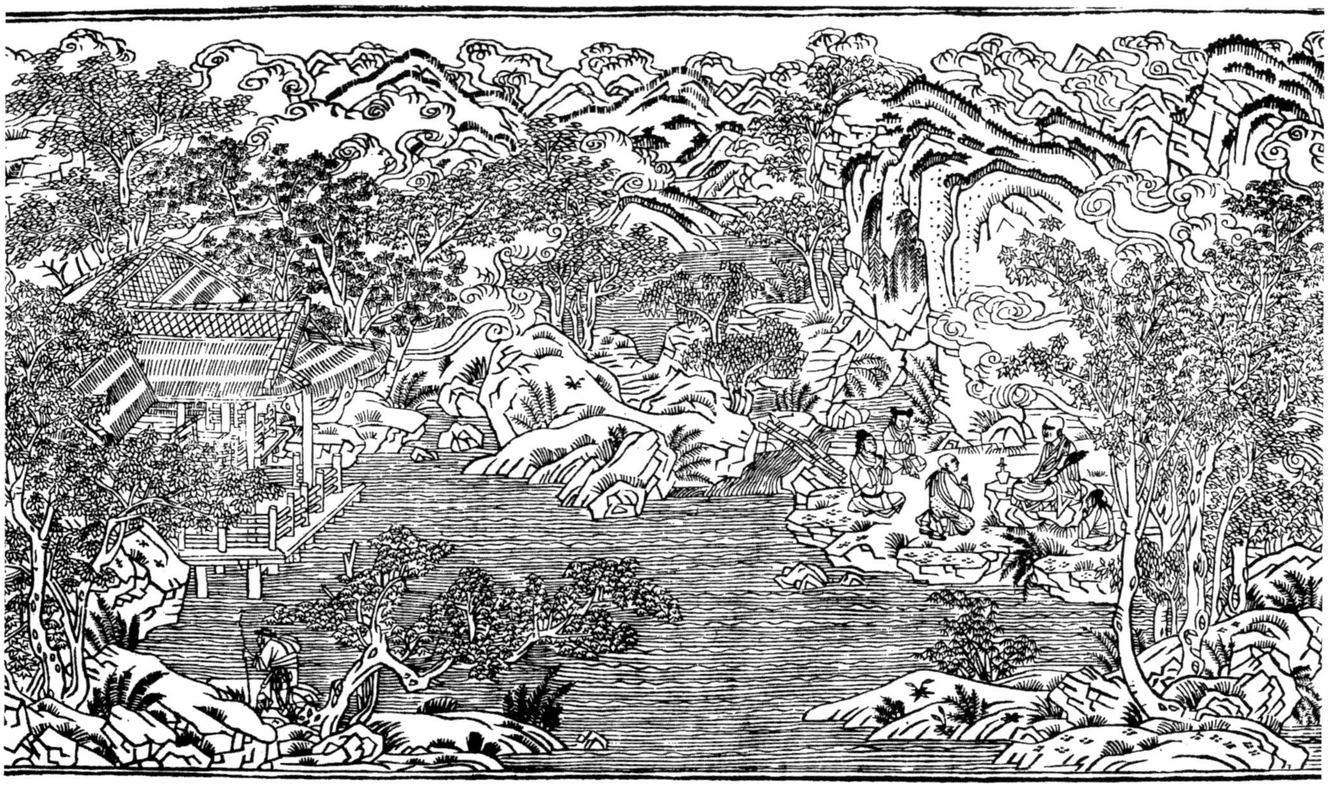

6.118 *Landschaft mit buddhistischen Weisen*, gedruckt 1108, Holzschnitt, 31,3 x 53,2 cm. Arthur M. Sackler Museum, Harvard University Art Museum, Cambridge, Mass. (Louise H. Daly, anonymous and Alphen Hyatt Funds).

die Chinesen großen Wert auf die individuelle künstlerische Handschrift, weshalb der Holzdruck nie den Rang einer selbständigen Kunstform erlangen konnte. Ein Blatt aus einer Serie früher Drucke von Landschaften mit buddhistischen Weisen in Begleitung von Jüngern zeigt die Möglichkeiten, die in diesem Medium lagen ▸ 6.118. Aber sie wurden von niemandem ausgeschöpft. Der größte Teil der Drucke vor dem 16. Jahrhundert waren entweder technische Zeichnungen oder volkstümliche religiöse Abbildungen, die nur im einfacheren Volk Verbreitung fanden. Eine andere Entwicklung im Buddhismus hatte unmittelbare Auswirkungen auf die Kunst: die Herausbildung der Chan-Sekte (in Japan als ›Zen‹ bekannt, s. S. 517ff.), die 520–527 gegründet wurde, aber bis zum 9. Jahrhundert recht unbedeutend blieb. Ihre Anhänger erkannten keinen Buddha an außer jenem, der im Menschen selber ist, und sie hielten Rituale, religiöse Handlungen und Schriftenstudien für überflüssig. Sie suchten die Vereinigung mit dem Absoluten, dem höchsten Prinzip, durch die Meditation – eine Vereinigung, die sich in Momenten blendender Erleuchtung offenbarte. Ein derartiges transzendentales Erlebnis ließ sich nicht in Worte fassen, konnte aber künstlerisch evoziert werden durch ein Gemälde – die Darstellung einer Pflanze, einer unberührten Landschaft oder einfach von sechs Persimonen ▸ 6.119 –, das die innere Existenz der Dinge zum Ausdruck brachte, um dann wiederum die Bemühungen des Betrachters um Erleuchtung zu fördern. Zu den Themen gehörten auch Phantasieporträts von Personen, wobei es sich nicht immer um Heilige handeln musste. Mit wenigen raschen Pinselstrichen erfasste LIANG KAI (ca. 1140–1210), der sich ›Liang der Narr‹ nannte, in spontaner Inspiration das Wesen des trinkfreudigen, unkonventionell lebenden Dichters Li Bo aus dem 8. Jahrhundert ▸ 6.121. So entstand eine fast einmalige nichtikonische religiöse Kunst (s. S. 515ff.). Die Vorstellungen der Chan-Buddhisten waren denen der Taoisten bemerkenswert ähnlich, für die die Landschaftsmalerei eine Möglichkeit war, ihren Ahnungen vom Wirken des kosmischen Geistes Gestalt zu geben. Und weil sich die in der Song-Zeit formulierte Philosophie des Neo-Konfuzianismus in die gleiche Richtung bewegte, hin zu einer intuitiven Kommunion mit der Welt der Natur, erlangte die Landschaftsmalerei in China eine Bedeutung, die ihr in keiner anderen Zivilisation zuteil wurde.

6.119 MUQI, *Sechs Persimonen*, Japan, 13. Jh., Tusche auf Papier, 36,2 x 38,1 cm. Daitokuji, Tokio.

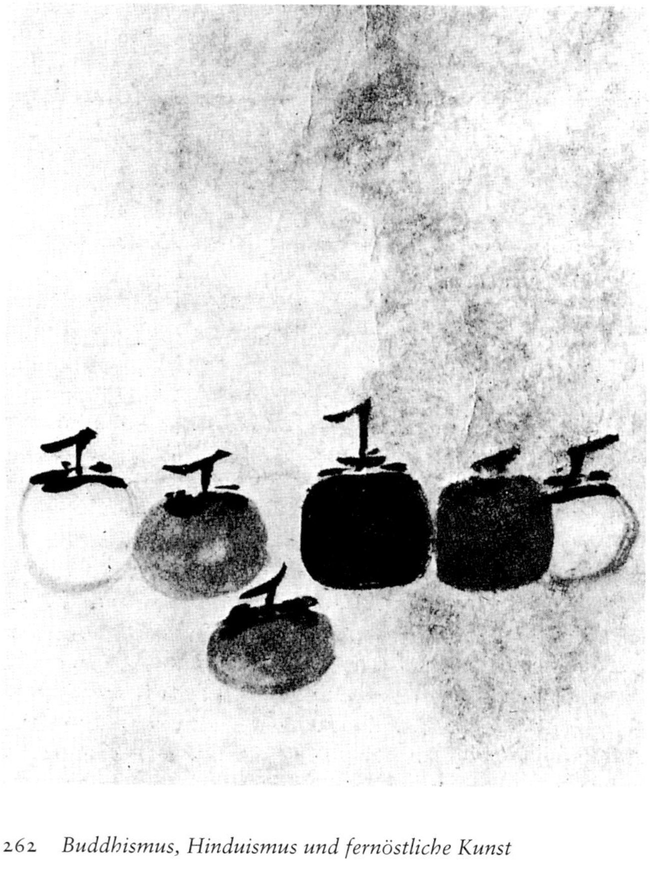

6.120 GU KAIZHI, Ausschnitt aus *Die Nymphe vom Luo-Fluss*, Kopie aus dem 11. Jh., Tusche und Farbe auf Seide, 24 x 371 cm. British Museum, London.

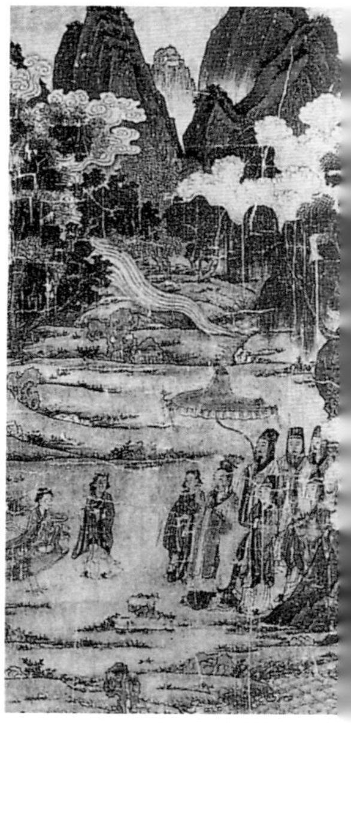

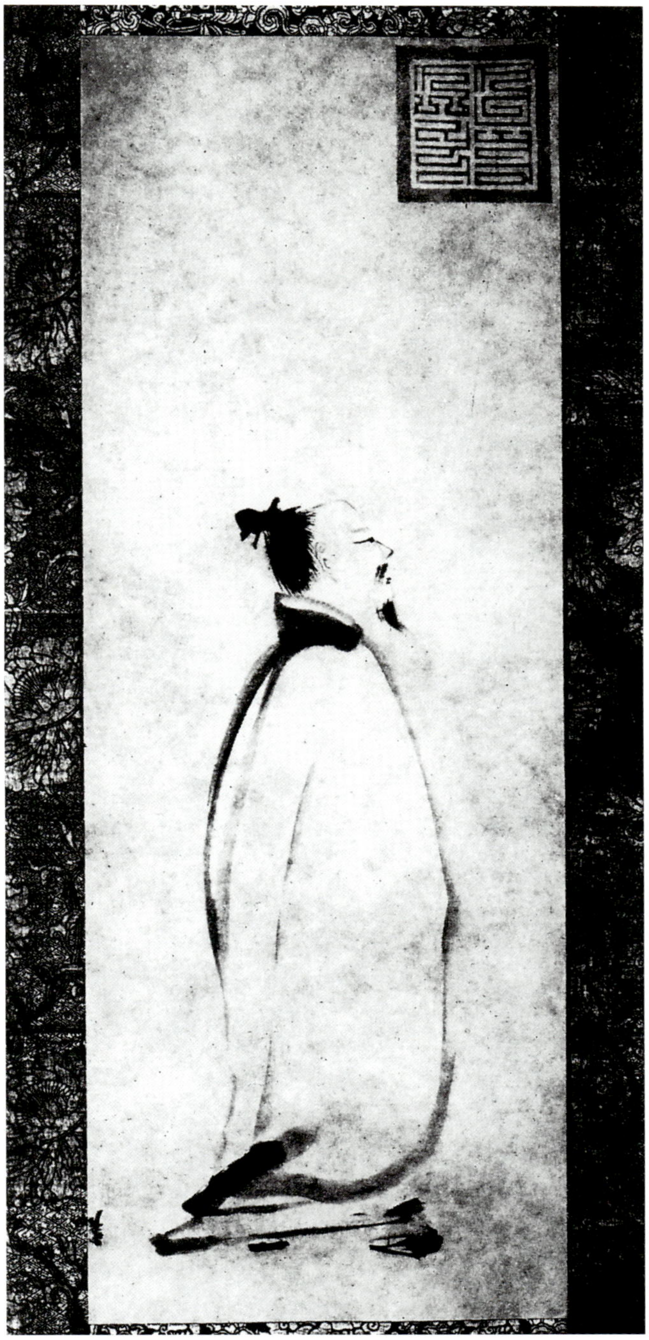

6.121 LIANG KAI, *Der Dichter Li Bo*, um 1200–1210, Tusche auf Papier, 78 x 33 cm. Nationalmuseum, Tokio.

## *Landschaftsmalerei*

Die buddhistische Kunst entstand im Wesentlichen für die breite Öffentlichkeit: Die Bildnisse, die in den häuslichen Schreinen standen, waren verkleinerte Ausgaben der in den Tempeln stehenden Figuren. Die chinesische Landschaftsmalerei hingegen hatte einen sehr privaten Charakter. Als eine eher elitäre Kunstgattung wurde sie von einer kleinen Zahl hochkultivierter Künstler, vor allem von gebildeten Amateuren (professionelle Maler wurden nicht so hoch geachtet) für einen engen Kreis von Gleichgesinnten geschaffen. Nur Eingeweihte konnten die rätselhaften sechs Prinzipien ganz verstehen, die ein ›gutes Bild‹ auszeichneten – sie lassen sich nur annäherungsweise übersetzen: 1. Lebendigkeit durch seelische Harmonie, 2. Strukturierung durch den Gebrauch des Pinsels, 3. Übereinstimmung der dargestellten Formen mit den natürlichen Objekten, 4. Gebrauch der Farbe gemäß der Natur, 5. planvolle Komposition und 6. Weitergabe der Tradition durch Kopieren. In der Formulierung von XIE HE im frühen 6. Jahrhundert sind diese Prinzipien zur Grundlage der chinesischen Kunsttheorie geworden. Nicht zufällig bezieht sich die erste Regel auf eine Fähigkeit, die mehr verlangt als technisches Können oder rationale Erschließung. Im letzten Grundsatz sind jene Achtung gegenüber den alten Meistern und jene Praxis des Kopierens angesprochen, die der chinesischen Malerei ihre erstaunliche, fast über eineinhalb Jahrtausende währende Kontinuität gegeben haben – was den westlichen Fachleuten Kopfzerbrechen bereitet ▸6.120; 122.

In der Literatur des chinesischen Mittelalters finden sich viele Hinweise auf Landschaftsmaler der Tang-Zeit, darunter manche extreme Individualisten, die auf ganz unkonventionelle Manier arbeiteten. So soll einer davon die Tusche mit abgenutztem Pinsel und den bloßen Fingern aufgetragen haben; als man fragte, wo er diese Technik gelernt habe, soll er geantwortet haben: »Für die äußere Form war die Natur mein Lehrmeister, für den inneren Ausdruck aber folge ich den Weisungen der Inspiration in meinem Herzen.« Solche Geschichten haben spätere Generationen von Malern beeinflusst (s. Kapitel 12), doch keine dieser Malereien ist uns erhalten. Selbst von Kopien her sind nur sehr wenige Landschaftsbilder der Tang-Zeit bekannt. Die frühesten erhaltenen Gemälde, die in gewisser Weise Ideen aus der Tang-Zeit reflektieren, stammen aus dem 10. Jahrhundert. Eines der schönsten jener Zeit ist die Hängerolle *Buddhistischer Tempel in den Bergen nach einem Regen,* die aus der Sammlung der Song-Kaiser stammt ▸6.123. Sie wird LI CHENG (tätig 940–967) zugeschrieben, verkörpert jedenfalls höchstwahrscheinlich seinen Stil. LI ist ein Musterbeispiel für das Malerideal der Chinesen: ein Mann aus guter Familie, der sich völlig der Malerei verschrieben hatte und mit Verachtung jenen Adligen und Karrierebeamten begegnete, die sich um seine Werke rissen. Ein Biograph aus dem 11. Jahrhundert bemerkt, dass sein größter Wunsch ein beschauliches Leben war und dass er als Künstler *»in seiner inspirierten Vielseitigkeit die Essenz des Geistigen ausdrückte und damit weit über die gewöhnlichen Fähigkeiten der Menschen hinausreichte«*. Das Bild zeigt, wie die meisten chinesischen Naturansichten, eine Phantasielandschaft, die aber von einer solchen

6.122 ZHAN ZIQIAN (tätig im späten 6. Jh.), linke Hälfte von *Ausflug im Frühling*, Querrolle, Tusche und Farbe auf Seide, 43 x 80,5 cm. Palastmuseum, Peking.

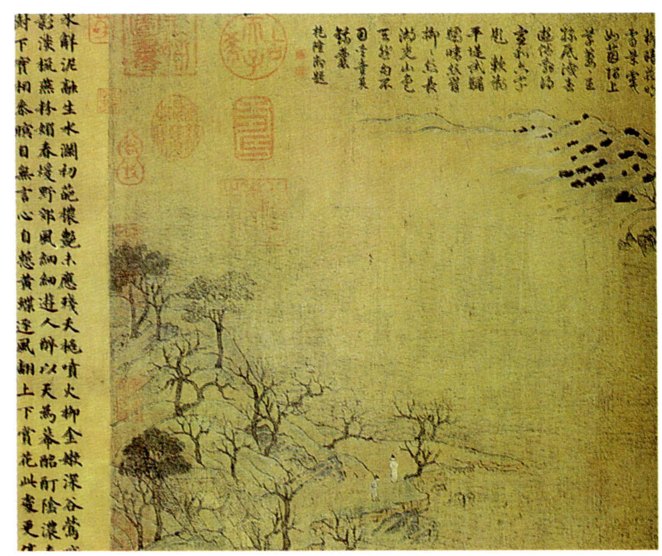

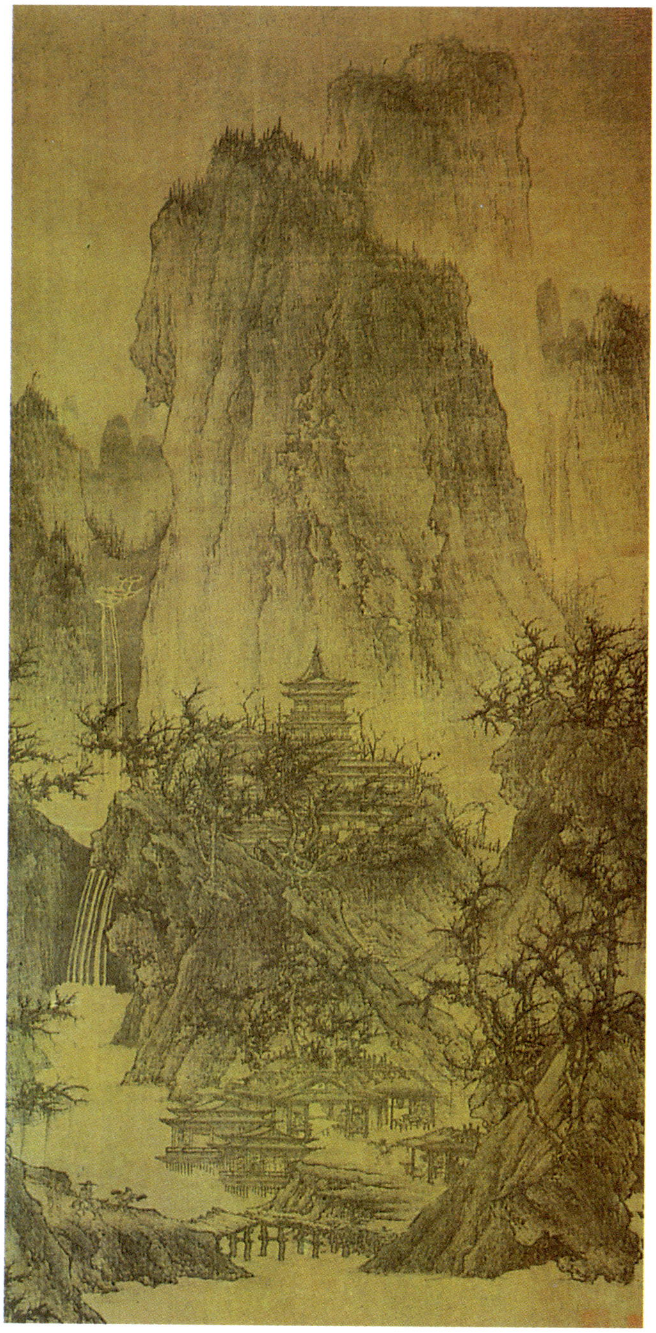

6.123 LI CHENG, *Buddhistischer Tempel in den Bergen nach einem Regen*, um 950, Tusche und leichte Farbe auf Seide, 111,8x55,9cm. Nelson-Atkins Museum of Art, Kansas City.

Durchfühlung der Natur zeugt, wie es nur eine ebenso scharfäugige wie liebevolle Beobachtung ermöglicht. Die Maler durchstreiften die Natur, und man weiß von vielen, dass sie ihre Eindrücke in Skizzen festhielten, weshalb an ihren Bildern viele Ähnlichkeiten mit tatsächlichen Landschaften festzustellen sind, doch mehr in einem allgemeinen Sinne, da die Werke im Atelier gemalt wurden und sie das Wesen der Natur festhalten sollten. Das chinesische Wort für Landschaft lautet ›shanshui‹, ›Berg und Wasser‹, und auf LIS Bild wird die Beziehung der beiden Elemente optisch und metaphorisch interpretiert. »Die Weisen erfreuen sich am Wasser. Die Tugendhaften genießen die Berge«, bemerkte Konfuzius. Für die Taoisten hatte das Wasser als Inbegriff des Tao noch eine besondere Bedeutung, und in ihrer Hauptschrift wird der Ort gepriesen, an dem die Wasser aus den Bergen zusammenströmen.

*Buddhistischer Tempel in den Bergen nach einem Regen* ist mit schwarzer Tusche und nur einem Hauch von Farbe auf Seide gemalt. Künstler wie LI CHENG vermieden leuchtende Farben, die man den ungebildeten und ungelehrten Berufsmalern zur rein dekorativen Effekthascherei überließ. Sie bevorzugten die Tusche, die bei der Kalligraphie benutzt wurde (einer Kunstgattung, die in China über alle anderen gesetzt wird, dem Kunstbetrachter aus dem Westen aber am schwersten zugänglich ist). Die Landschaftsmalerei war somit thematisch und technisch in die gelehrte literarische Tradition einbezogen. Geschicklichkeit und Feinfühligkeit der Maler beruhten in großem Maße auf ihren kalligraphischen Übungen, die eine schwungvolle Linienführung erforderten, strukturelle Festigkeit jedes einzelnen Zeichens und klare Kontrolle der Komposition des ganzen Blattes. Die Wirkung ist dennoch nicht im westlichen Sinne linear: Lavierung und Tuschetupfer werden freizügig dazwischengesetzt, und lang durchgezogenen Tuschestrichen fehlt der Charakter harter Begrenztheit. Auch von Komposition im westlichen Sinne kann man nicht sprechen: Das Bild bleibt nach allen Seiten hin offen und enthält stark vertikal angelegte Richtungen. Die Tiefenwirkung wird dadurch hervorgerufen, dass klar bestimmte Ebenen durch Nebelfelder voneinander getrennt werden, vor denen sich die Formen der vorderen Ebene als Silhouetten abheben. Anders als die Querrollen, bei denen sich Stück um Stück neue faszinierende Ausblicke auf die Landschaft bieten, soll die Hängerolle vom Betrachter im Ganzen gesehen, deshalb aber nicht weniger minuziös studiert werden. Das Auge ist aufgefordert, den Pilger im Vordergrund links zu begleiten, über die Brücke zu den ländlichen Hütten und Pavillons, wo man isst, trinkt und sich unterhält, und dann aufwärts durch die herbstlichen Bäume zum Tempel, von wo aus der Blick weit in die Ferne gleitet. Aber gleichzeitig bleibt das Auge an der Oberfläche der Malerei hängen, wo mit erstaunlich zarten Pinselstrichen Struktur ebenso wie Form wiedergegeben und mit ausdrucksstarken Tuschetupfern Felsen und Gestein modelliert sind.

Warum entstehen Landschaftsbilder? Diese Frage stellt zu Beginn seines *Ratgebers zur Landschaftsmalerei* GUO XI (um 1020–1090), mehr als sechzig Jahre lang Mitglied der kaiserlichen Song-Akademie. Kein Mensch mit edlen Grundsätzen könne sich, so schrieb er, seiner Verantwortung gegenüber Familie und Gesellschaft entziehen und sich zurückziehen, um als Einsiedler in den Bergen zu leben. Doch sei es nicht nötig, »die Sehnsucht nach Wäldern und Bächen, dem Umgebensein von Nebel- und Dunstschleiern« nur in Träumen zu befriedigen und den wachen Sinnen zu versagen. Malereien, die derlei Szenerien darstellten, verschafften dem Stadtbewohner die Möglichkeit, sich nach Herzenslust inmitten von Bäumen und Tälern aufzuhalten. Dies, erklärte GUO XI, »ist der eigentliche Sinn hinter der besonderen Achtung, die die Welt der Landschaftsmalerei entgegenbringt«.

Die gleiche Idee lag der Schaffung künstlicher ›Natürlichkeit‹ in privaten Gärten zugrunde. Diese Einstellung zur wilden Landschaft war allerdings keine rein ästhetische oder ›sentimentale‹ wie jene, die sich viele Jahrhunderte später in Europa herausbilden sollte. Für GUO XI war die Landschaftsmalerei ein Mittel, ein Gefühl für die natürliche Ordnung in ihrer Gesamtheit – eher für den Kosmos an sich – zu vermitteln. Ein perfektes Beispiel hierfür ist sein Gemälde *Frühlingserwachen* ►6.124, ein Phantasiebild, dem freilich ein genaues Studium von Bäumen, Felsen und Flüssen zugrunde liegt, und das so komponiert ist, dass das Auge von den Figürchen im

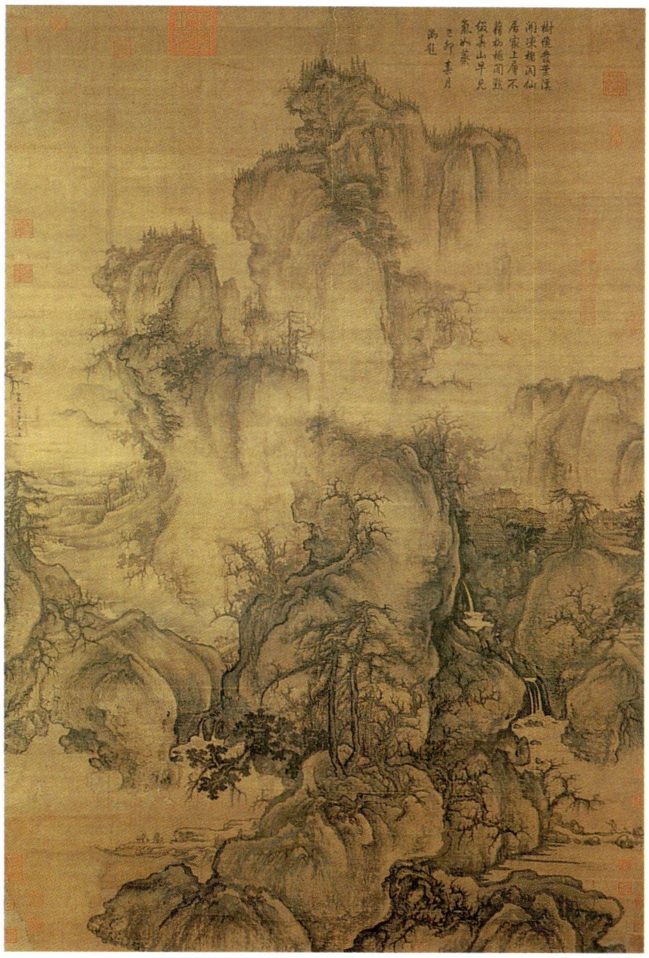

6.124 GUO XI, *Frühlingserwachen*, 1072, Tusche und Farbe auf Seide, 158,3 x 108 cm. National Palace Museum, Taipei.

Vordergrund auf einen Tempel in einer Felsspalte links gelenkt wird und aufwärts durch den Nebel auf die felsigen Höhen oder, auf der linken Seite, weit weg durch ein Tal hin zu fernen Berggipfeln. »Der Frühlingsberg ist rundum eingehüllt in verschwommenem Dunst und Nebel, und die Menschen empfinden ein Gefühl der Freude«, schrieb der Maler.

Eine spätere Landschaft aus der Südlichen Song ist in einem anderen Stil gehalten, der weicher und stärker atmosphärisch wirkt ▸6.125. Der hier abgebildete Ausschnitt gehört zu einer langen Bildrolle mit dem Titel *Zwölf Aussichten aus einer Strohhütte* von XIA GUI (ca. 1180–1230), einem Maler in kaiserlichen Diensten. Wenn sie entrollt wird, sieht man – von rechts nach links – zunächst eine Bergkette und dann einen großen See mit Booten darauf und Fischernetzen am Ufer. Die einzelnen Abschnitte sind mit Aufschriften versehen wie *Ferne Gipfel und Wildgänse, Die Fähre kehrt im Nebel zum Dorf zurück, Ein Fischer spielt die Flöte in der lautlosen Dämmerung, Abendliches Anlegen an diesigem Ufer.* Das zeitliche Element ist bei dieser Rolle genauso berücksichtigt wie das räumliche, sie bewegt sich von der Ferne in die Nähe, vom nebelverhangenen Tageslicht in die Abenddämmerung. Beim langsamen Darübergleiten des Auges entsteht ein ähnliches Erlebnis, als lausche man einer Musik oder lese ein Gedicht – eine Stelle verweilt noch in der Erinnerung, während der Blick bereits zur nächsten geht. Die Übergänge sind so subtil, dass man sie kaum bemerkt, bevor sie hinter einem liegen. Obwohl über dem ganzen Bild eine Stimmung von ungestörter Träumerei liegt, wird Monotonie durch feine Übergänge von zarter Lavierung zu festen Strichen, von vage angedeuteten Formen zu präzise artikulierten Details vermieden.

In China wurde Landschaftsmalerei als Wiedergabe der Wirklichkeit verstanden. Völlig erdachte Szenerien wurden nicht akzeptiert, rein konventionelle Ansichten galten als langweilig. Aber diese Wirklichkeit – und das war besonders wichtig – war auch eine Welt in sich, eine Manifestation des kosmischen Geistes, der sich durch die Hand des Künstlers und in perfekter Harmonie mit ihr äußerte. So wurde LI CHENG von einem Zeitgenossen vorgeworfen, er schenke dem optischen Erscheinungsbild zu viel Aufmerksamkeit, und vor allem male er Bauwerke aus einem einzigen Blickwinkel und nicht »aus dem Blickwinkel der Totalität«. Man sollte die Objekte zwar richtig wiedergeben, aber durch zu große Genauigkeit könnten sie ihr ›Wesen‹ verlieren.

Das Bauwerk in der Mitte des Seidenbildes *Buddhistischer Tempel in den Bergen nach einem Regen* ▸6.123 ist auch deshalb von besonderem Interesse, da es einen Gebäudetyp dokumentiert, wie er nur noch in wenigen Beispielen aus jener Zeit erhalten ist. Der Buddhismus hatte nicht nur die aus dem Fels gehauenen Höhlentempel geschaffen, sondern auch freistehende Steinbauten. Einige wenige frühe Tempeltürme aus Haustein oder Backstein, die man im Westen (nach einem portugiesischen Wort unbekannter Herkunft) als ›Pagoden‹ bezeichnet, sind erhalten. Eine von ihnen in Xian (vormals Chang'an) wurde für einen Klosterabt errichtet, der eine Pilgerfahrt nach Indien unternommen hatte; das Bauwerk ist aber den Wachttürmen der Han-Zeit genauso verpflichtet (die

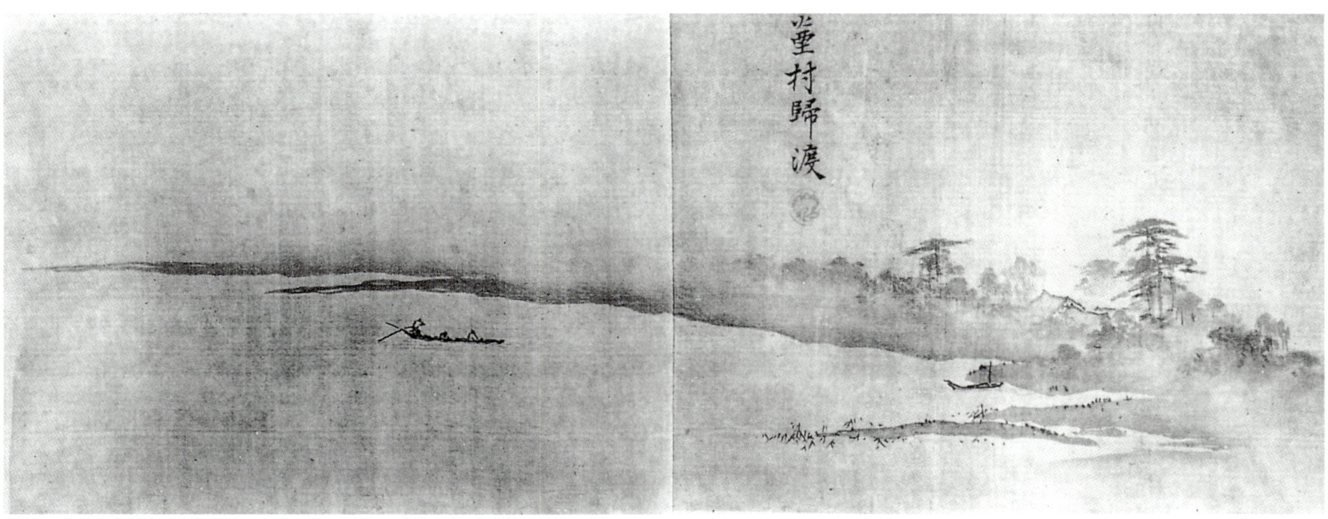

125 XIA GUI, *Zwölf ussichten aus einer Strohhütte,* etail), um 1200–1230, Handlle, Tusche auf Seide, öhe 28 cm. Nelson-Atkins useum of Art, Kansas City.

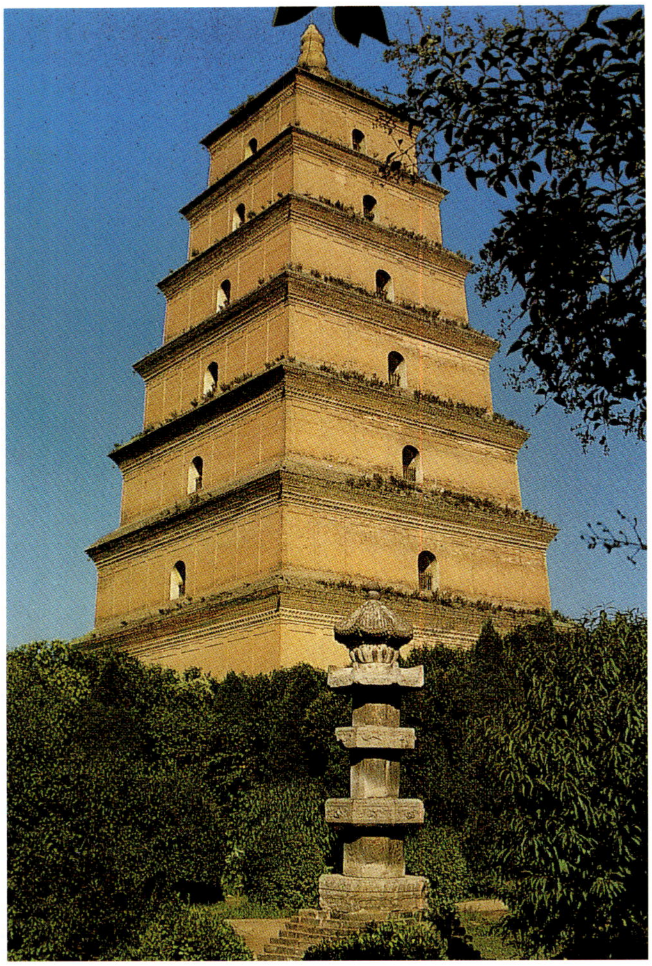

6.126 Dayanta-Pagode, 647, Xian.

6.127 Fogongsi-Pagode, 1058, Yingxian (Shaanxi).

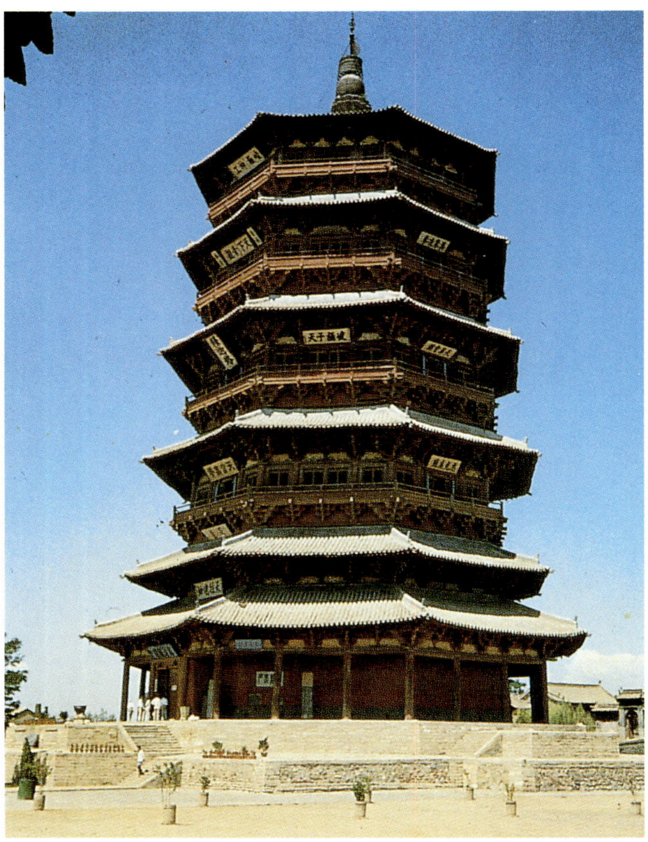

man von Tonmodellen aus Gräbern her kennt) wie irgendeinem indischen Gebäudetyp ▸ 6.126. Die Dachtraufen ruhen auf Ziegelkragsteinen in Imitation der in China gebräuchlichen hölzernen Simskonsolen. Holz war in China das wichtigste Baumaterial sowohl für Profan- wie auch für Sakralbauten; Stein und Backstein dagegen wurden hauptsächlich für Befestigungsanlagen verwendet. Pagoden sind in der Regel aus Holz errichtet, so dass nur sehr wenige erhalten blieben. Das älteste Beispiel ist eine Pagode, die 1058 während der Liao-Herrschaft in Yingxian (Shanxi) errichtet wurde: ein 66 m hoher Turm aus neun Geschossen, von denen vier mit Fenstern ausgestattet sind und Buddha- und Bodhisattva-Figuren beherbergen ▸ 6.127.

Die Pagode ist der einzige ausschließlich einem sakralen Zweck dienende Gebäudetyp, der von den Chinesen entwickelt worden ist. Als ein rein symbolisches Bauwerk, gewissermaßen ein Fanal des Glaubens an die Größe des Buddha, das sich über den in seinem Fundament vergrabenen heiligen Reliquien erhebt, war die Pagode das ›Wahrzeichen‹, durch das sich ein buddhistisches Kloster von den Tempeln anderer Kultgemeinschaften sowie von Palästen unterschied. Darüber hinaus gab es keinen äußerlichen Unterschied zwischen einer Palastanlage und einem sakralen Komplex. (Bei den Gebäuden, die auf dem Paradiesgemälde in Dunhuang dargestellt sind ▸ 6.109, könnte es sich sowohl um das eine wie um das andere handeln.) Beide bestanden aus freistehenden und axialsymmetrisch angeordneten Gebäuden, wobei das größte und aufwendigste der nach Süden orientierte Thronsaal eines Palastes war bzw. jener Tempel einer Klosteranlage, in dem die eindrucksvollste Buddhafigur thronte (ein altes Beispiel hierfür findet sich in Japan ▸ 6.137). Die Pagode in Yingxian war sozusagen durch den vertikalen Ausbau eines Pavillons zustande gekommen, wobei ein Grundelement auf das andere gesetzt wurde. Die buddhistische Baukunst bürgerte sich wesentlich rascher ein als die Plastik und wurde im Prozess der Anpassung an die chinesische Holzbauweise einem grundlegenden Wandel unterzogen. Es entstand ein neuer Stil, der sich in weitaus stärkerem Maße von der indischen Baukunst absetzte, als sich diese selbst von ihren eigenen aus Holz gebauten Urformen entfernt hatte.

Die chinesische Architektur unterscheidet sich von der abendländischen vor allem darin, dass sie der Dachkonstruktion jene zentrale optische Bedeutung beimisst, die die Ägypter und Assyrer dem Mauerbau und die Griechen den Säulen gaben. Entwürfe und Reliefs zeigen, dass diese Akzentuierung spätestens in der Han-Zeit einsetzte und im 6. Jahrhundert vervollkommnet worden war. Das Grundprinzip des chinesischen Dachbaus ist die Pfosten- und Balken-Konstruktion, wobei aber die horizontalen Bauteile, die Querbalken, mit den Pfosten oben verzapft sind oder durch sie hindurch gesteckt werden ▸ 6.128. Die Verbindungsstellen werden sowohl strukturell verstärkt wie optisch durch oft äußerst komplexe Konsolen hervorgehoben, deren Bedeutung jener der Kapitelle in den klassischen europäischen Säulenordnungen entspricht, die sich aber als funktionales und nicht als rein symbolisches oder ornamentales Element erweisen. Den Abstand zwischen den einzelnen Pfosten bestimmt die Länge der verfügbaren Balken; die Breite eines Gebäudes aber ließ sich durch eine einfache Technik der Wiederholung vergrößern (der Eingang befindet sich an der Längsseite und nicht wie beim griechischen Tempel an der Giebelseite). Um Höhe und Tiefe zu gewinnen, werden im Innern paarweise zusätzliche höhere Pfeiler benötigt. Das

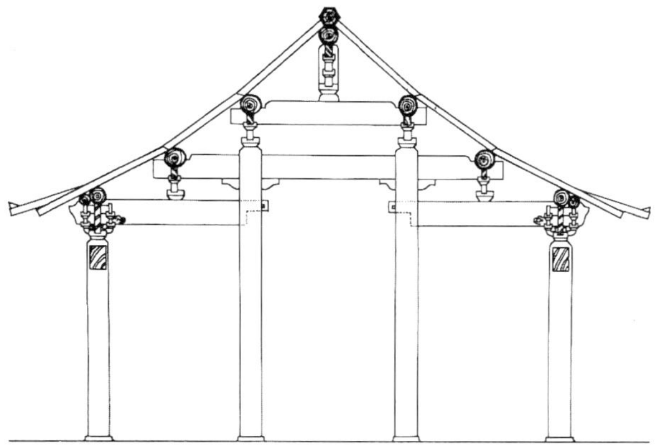

6.128 Das chinesische Rahmenbalkensystem.

Dach, das mit Schindeln oder bei stattlicheren Gebäuden mit Ziegeln gedeckt ist, ruht auf Pfetten über den Balken, was die charakteristische Silhouette eines konkav geschwungenen Profils ermöglicht. Die Dachtraufen stehen weit über, ursprünglich zweifellos mit der Absicht, die Mauern vor Regengüssen zu schützen und Schatten zu spenden, wenngleich den aufgebogenen Ecken bei Walmdächern neben dem praktischen gleichermaßen ein ästhetischer Zweck zugrunde liegt. Um die breiten Traufen zu halten, werden an den Pfosten kunstvoll gezimmerte vorkragende Konsolenarme angebracht. Unter diesen gewaltigen Dächern gibt es keine tragenden Wände, sondern nur Trennwände. Die Gebäude werden zusammengehalten durch ihre vertikalen und horizontalen Balken. Diese Konstruktionsweise wurde im gesamten Gebiet Ost- und Südostasiens für Palast- und Sakralbauten übernommen. Ihre ältesten erhaltenen Beispiele finden sich in Japan, wo im späten 6. Jahrhundert zunächst chinesische oder koreanische Handwerker zum Bau buddhistischer Klöster tätig waren.

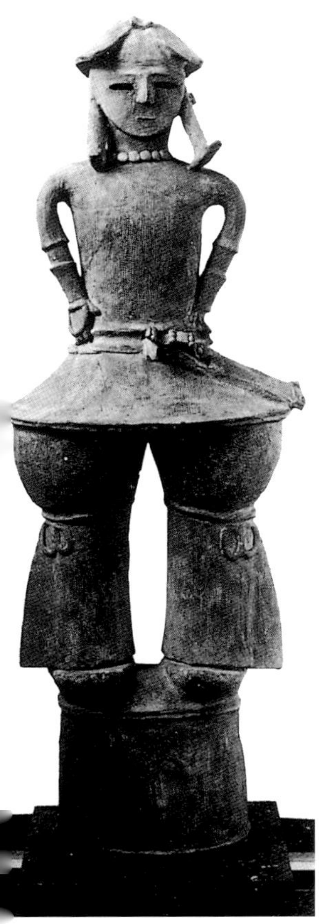

129 Haniwa-Figur,
n 300–600, Terrakotta,
öhe ca. 61 cm.
usée Guimet, Paris.

## Shinto und Buddhismus in der japanische Kunst

Obgleich nur etwas mehr als 150 km vom asiatischen Festland getrennt, blieb Japan lange Zeit jedem kulturellen Einfluss Chinas gegenüber verschlossen, ungeachtet indirekter Kontakte, die über Korea zustande kamen. Techniken der Bronze- und Eisenbearbeitung lernte man vermutlich im 3. Jahrhundert v. Chr. von den Koreanern. Gegenstände aus der Han-Zeit, namentlich Bronzespiegel, wurden importiert. Aber erst im 6. Jahrhundert n. Chr. wurde die Isolierung durchbrochen. Um diese Zeit fanden aus China der Buddhismus und mit ihm die Schreibkunst, die Malerei und die Plastik sowie ein neuartiger Baustil ihren Weg nach Japan. Dass dieser kulturelle Einfall ohne territoriale Kolonisierung vor sich ging, deutet darauf hin, dass die japanische Zivilisation, obgleich sie keine Schrift kannte, bereits weit genug entwickelt war, um einen fremden Einfluss von höchst anspruchsvoller Art aufzunehmen. Chinesisches Gedankengut wurde weder zu dieser Zeit noch jemals später den Künsten Japans aufgepfropft, außer von den Japanern selbst, meist von Mitgliedern der herrschenden Familien. In diesem Fall wurden chinesischen Anschauungen einer ursprünglichen Kultur aufgezwungen, die weiterhin blühte und gedieh.

Die einheimische Religion Japans, der Shintoismus (›Shinto‹: ›Weg der Götter‹), war ein polytheistischer Naturkult ohne Dogmen, heilige Schriften oder sakrale Bildwerke. Infolgedessen ist über die Frühzeit dieser Religion fast nur das bekannt, was sich aus Bestattungssitten ableiten lässt. In der ›Kofun‹-Zeit (um 300–600) wurden riesige Erdbauten über den Gräbern von Herrschern errichtet und mit Gräben umgeben: Ein solcher Erdbau nahe Osaka nimmt eine 111 Hektar große Fläche ein und ist 35 m hoch. Um Grabstätten herum wurden ›haniwas‹ platziert, Terrakottarohre von ca. 60 cm Höhe, die von menschlichen Köpfen, Figuren ▸6.129 oder von Tieren bekrönt werden. Sie sind eine eigentümlich japanische Schöpfung, versiert modelliert mit Schlitzen für Augen und Mund, ohne bestimmbaren Ausdruck und doch seltsam ausdrucksstark. Der Überlieferung zufolge dienten sie – wie die Grabfiguren der Tang-Zeit in China – als Ersatz für die Menschen und Tiere, die in noch früherer Zeit beim Begräbnis eines Stammesfürsten getötet worden waren.

Die ersten shintoistischen Kultstätten waren vermutlich einfache eingefriedete Bezirke unter freiem Himmel. Doch spätestens im 3. Jahrhundert wurden Schreine errichtet, deren Bauweise auf die der primitiven japanischen Hütte zurückging: ein in den Boden eingegrabenes Rechteck, überdeckt von einem spitz zulaufenden Schilfdach, das von einem Bambusgeflecht auf einem Rahmengestell aus diagonal gekreuzten Sparren und einem Firstbalken gehalten wurde. Bei einem Schrein lag der Innenraum freilich ebenerdig oder auf Pfählen erhöht. Die ursprüngliche Bauweise des berühmtesten Schreins, jenes in Ise, ist bis heute durch jene jahrhundertealte japanische Sitte überliefert, alle zwanzig Jahre einen neuen, identischen Schrein neben dem alten zu errichten und den Vorgängerbau daraufhin zu zerstören: eine religiöse Kulthandlung, die zugleich die Möglichkeit bot, den Schrein in einem Zustand ursprünglicher Reinheit zu bewahren ▸6.130. Die Wirkung dieser Schreine beruht auf der konsequenten Einfachheit ihres Aufbaus und ihrer Materialien: Schilf sowie Holz, das sorgfältig nach seiner Maserung ausgesucht wird, die sichtbar bleibt, da es nur mit blutorangenfarbenem Persimonensaft eingefärbt und nicht bemalt wird. Hierin kommt bereits etwas von jener Liebe zum Rustikal-Einfachen zum Ausdruck, die die Japaner

6.130 Shoden, Hauptgebäude des Ise-Schreins, Japan, wiedererrichtet 1973.

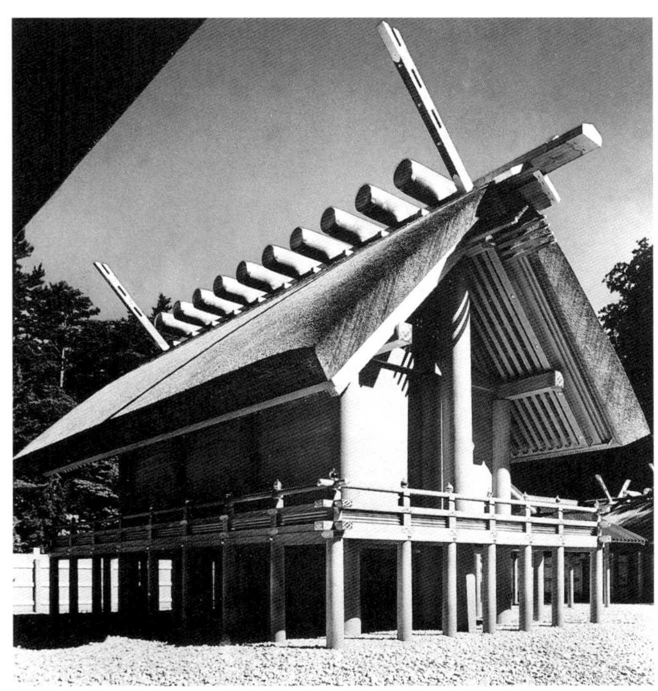

QUELLEN UND DOKUMENTE

## Die Nihongi über die ersten buddhistischen Bildnisse in Japan

Die Nihongi-Geschichte (Annalen) Japans wurde zwischen 714 und 720 von Mitgliedern des Kaiserhofs zusammengestellt. Sie umfasst eine jährliche Chronik bemerkenswerter Ereignisse, darunter die Einführung des Buddhismus in Japan, und bringt dabei auch die Bedeutung der Künste bei der Verbreitung des Glaubens zum Ausdruck. So heißt es, dass der Kaiser 552 vom König von Paekche (Korea) ein Gold- und Kupferbildnis des Buddha sowie mehrere buddhistische Fahnen und Sutrasammlungen (Sammlungen heiliger Texte) empfangen habe. *»... Das Antlitz dieses Buddha ist von strenger Würde, wie wir sie noch nie zuvor gesehen haben,«* sagte er zu seinen Ministern und fragte sie dann: *»Soll er verehrt werden oder nicht?«*

Die meisten Minister sprachen sich dagegen aus, weil dies den Zorn der nationalen (d.h. der Shinto-)Gottheiten herausfordern würde. Nur einer war dafür, das Bild anzunehmen. Man gab es ihm, und er verwandelte einen Teil seines Hauses in den ersten buddhistischen Schrein in Japan. Doch kurze Zeit später brach eine Pest aus, und man machte den Buddha dafür verantwortlich. Das Bildwerk wurde in einen Fluss geworfen und das Haus niedergebrannt. Obwohl das Datum in Frage gestellt wurde (538 ist wahrscheinlicher), gilt die Geschichte insgesamt als historisch verbürgt. In der Nihongi-Chronik ist des Weiteren davon die Rede, dass vom König von Paekche 578 eine neue Sendung eintraf: *»... eine Anzahl religiöser Bücher, mit einem Asketen, einem meditierenden Mönch, einer Nonne, einem Matra-Rezitator, einem Hersteller buddhistischer Bildnisse und einem Tempelarchitekten.«*

Erneut regte sich der Widerstand der Shinto-Anhänger, doch da immer mehr koreanische Missionare eintrafen und buddhistische Bildwerke mit sich brachten, stieg die Zahl der japanischen Konvertiten.

Kaiser Yomei, der den Thron 586 bestieg, »glaubte an das Gesetz des Buddha und brachte dem Weg der Götter seine Ehrerbietung entgegen«. Auf diese Weise führte er jene Verbindung von Buddhismus und Shinto in die Wege, die zur kaiserlichen Politik werden sollte. Zwei Jahre später sandte ihm der König von Paekche weitere buddhistische Gaben mit einem Priester, drei Asketen, zwei ›Tempel-Zimmerleuten‹, einem Metallarbeiter, ›Männer mit Töpfererfahrung‹ und einem Maler. Diese Männer wurden vermutlich angestellt, um die beiden ersten großen buddhistischen Klöster in Japan zu errichten, das Shitennoji in Osaka und das Hokoji in Asuka, der damaligen Hauptstadt. Die Fortschritte beim Bau des Hokoji sind bis 596 regelmäßig verzeichnet, als der Tempel vollendet und von den Mönchen bezogen wurde. (Die Gebäude des Shitennoji sollten häufig zerstört und wieder errichtet werden, aber immer auf den ursprünglichen Fundamenten, die sich erhalten haben. Ausgrabungen haben den Grundriss des um eine Pagode herum errichteten Hokoji zutage gefördert.)

593 trat die Kaiserin Suiko ihre 34-jährige Herrschaft an und stellte gemeinsam mit ihrem Neffen, dem Prinzen Shotoku Taishi sicher, dass der Buddhismus angenommen wurde. Dreißig Jahre später, weniger als ein Jahrhundert nach der Ankunft des ersten Buddhabildnisses *»... gab es eine Inspektion der Tempel, Priester und Nonnen... Zu diesem Zeitpunkt gab es 46 Tempel, 816 Priester und 596 Nonnen.«*

W.G. Aston, Nihongi Transactions and Proceedings of the Japan Society, London 1896; Astons Wortlaut wurde beibehalten, auch wenn statt von ›Tempeln‹ und ›Priestern‹ besser von ›Klöstern‹ und ›Mönchen‹ die Rede sein sollte.

später zu einem an Finesse unübertroffenen Ästhetikkult entwickelten. Shintoismus und Buddhismus sollten sich gegenseitig teilweise verändern, denn die beiden Religionen standen nicht immer im Widerspruch zueinander, und beide sollten (stärker als der Buddhismus und der Taoismus in China) in Japan eine Kraft bleiben.

Das älteste erhaltene Beispiel buddhistischer Architektur in Japan ist die Klosteranlage Horyuji ▸6.132;133 (die Nachsilbe ›ji‹ bedeutet ›Tempel‹) bei Nara im Süden von Hondo, der Hauptinsel des japanischen Archipels. Das Kloster wurde im Jahre 607 gegründet und war offenbar in ähnlicher Weise axialsymmetrisch angelegt wie andere Klosterkomplexe, von denen nur die Grundmauern erhalten sind, namentlich das wesentlich größere Kloster Hokosi, das 596 vollendet wurde ▸6.131. Doch als die Anlage in Horyuji nach der Zerstörung durch eine Feuersbrunst 670 wiederaufgebaut wurde, nahm man eine ungewöhnliche Veränderung vor: Die Pagode und das ›kondo‹, die ›goldene Halle‹, die die Statuen beherbergt, wurden nicht mehr hintereinander, sondern Seite an Seite nebeneinander angeordnet. Das Eingangstor platzierte man, wie um ein Gegengewicht zum Leerraum zwischen den beiden Gebäuden von ungleichem Grundriss zu schaffen, nicht ganz mittig. Das Ergebnis war eine weitaus interessantere Anordnung der Baukörper im Raum, die bereits typisch japanisch wirkt ▸6.133. Die drei Gebäude, die unversehrt erhalten sind (wenn sie auch zweifellos immer wieder erneuert und in manchen Fällen grundlegend restauriert wurden, wie das ›kondo‹ nach einer Feuersbrunst im Jahre 1949), sind chinesischer Bauart, ihre Dächer gedeckt mit Ziegeln statt mit dem in Japan gebräuchlichen Schilf. Gleiches gilt für das aus dem 8. Jahr-

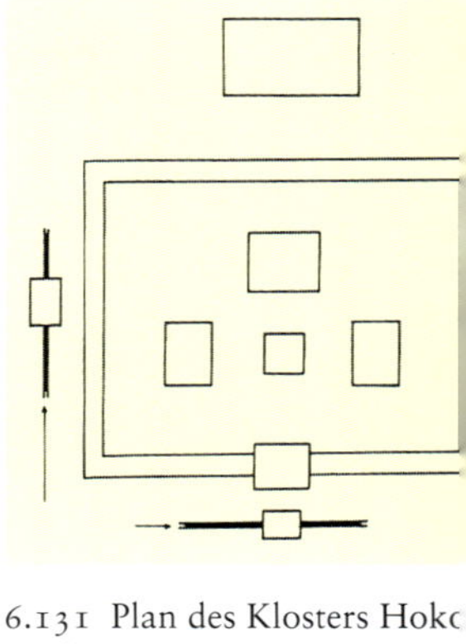

6.131 Plan des Klosters Hokc
Asuka, Japan.

hundert stammende achteckige Yumedono, die ›Halle der Träume‹, in einem anderen Teil der Klosteranlage ▸6.136. Das ›kodo‹ aber, eine Vortragshalle an der Nordseite des zentralen Hofes, wurde im 10. Jahrhundert hinzugefügt und weist ein Dach japanischen Stils auf, mit einem First, der – anders als bei chinesischen Walmdächern – fast so lang ist wie das gesamte Gebäude und diesem einen stark horizontalen Akzent verleiht, der mit der Vertikalität des ›kondo‹ und der Pagode vollendet kontrastiert, ohne die Komposition zu sprengen.

Das ›kondo‹ des Horyuji-Klosters wirkt von außen wie ein zweigeschossiges Gebäude, weist in Wirklichkeit aber nur ein einziges Stockwerk auf: Der kunstvoll konstruierte obere Teil soll die Bedeutung des Gebäudes anzeigen. Im Innern sind auf einem erhöhten Podest Statuen aufgestellt, die in die vier Haupthimmelsrichtungen blicken als Hinweis auf die zentrale Stellung, die der Buddha im Kosmos einnimmt. Um das Podest herum führt ein schmaler Wandelgang, der es den Gläubigen ermöglichte, wie um den Stupa in einer indischen ›Caitya‹-Halle ihr Ritual der Umschreitung durchzuführen (s. S. 217f.). Der Grundriss geht vermutlich auf den Vorgängerbau des 7. Jahrhunderts zurück. Im ›kondo‹ des Toshodaiji aber, einer anderen Klosteranlage bei Nara, die 759 von einem chinesischen Missionar gegründet wurde und deren Erbauer ein chinesischer Mönch gewesen sein soll, sind die Statuen des Buddha und der Bodhisattvas mit dem Blick nach Süden vor Schirmen platziert, gleich einem Kaiser auf seinem Thron, flankiert von seinen Höflingen ▸6.137. Die geschnitzte Holzdecke über ihnen ist vom Walmdach abgehängt, dem äußeren Hauptmerkmal, dessen Wirkung später durch ein kompliziertes Trägersystem gesteigert wurde ▸6.134.

Anfang des 8. Jahrhunderts war der Buddhismus zur vorherrschenden Religion des japanischen Kaiserreichs geworden, während der gleichzeitig eingeführte Konfuzianismus das Modell für eine Neuordnung der politischen Verwaltung dieses Reiches nach chinesischem Muster lieferte. Die kaiserliche Familie förderte beide. Als 710 die Stadt Nara gegründet wurde, um auf Dauer die Funktion einer Hauptstadt zu übernehmen (was übrigens einen Bruch mit der Shinto-Tradition darstellte, nach der die Hauptstadt nach dem Tod eines jeden Kaisers verlegt wurde, um Verunreinigung zu vermeiden), wurde sie nach dem Vorbild des Tang-zeitlichen Chang'an in China über einem gitterförmigen Raster angelegt. Außerdem wurde dem Palast und der wichtigsten Klosteranlage, Todaiji, als eine Art Verwaltungssitz sämtlicher japanischer Mönchsklöster installiert, die gleiche Platzmenge zugewiesen. (Nonnenklöster wurden von dem von einer Kaiserin gegründeten Hokkeji-Kloster aus verwaltet.)

Die chinesischen Vorbilder wurden, architektonisch wie theologisch gleichermaßen orthodox, in der Bauform, wenn nicht sogar im Maßstab, mit großer Detailtreue nachgeahmt. Todaiji wurde nach einem symmetrischen Plan angelegt und war im Umfang größer als irgendeine Klosteranlage in China. Sie verfügte über Zwillingspagoden und, in der Mitte, das Daibutsuden, die Große Buddha-Halle, die einer 15 Meter

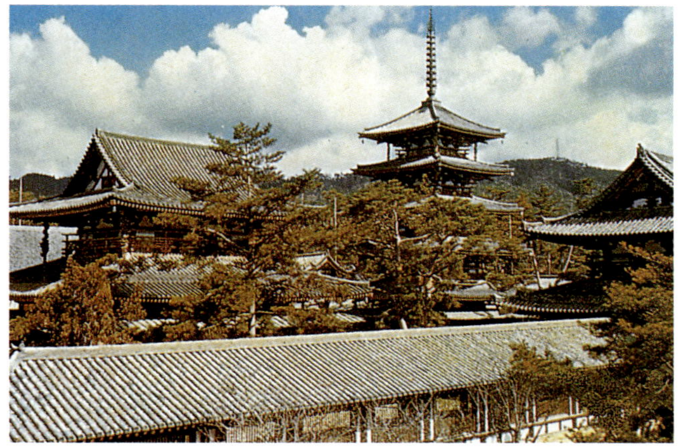

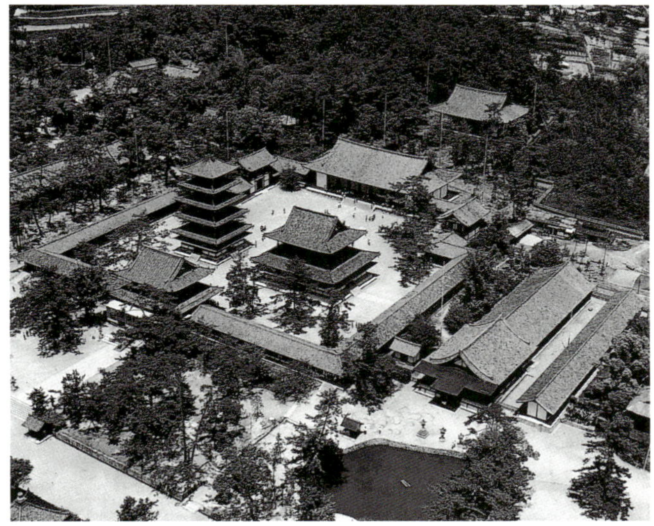

6.132; 133 Horyuji-Kloster, Nara, Japan, 670.

6.136 Yumedono-Kapelle, Horyuji-Tempel, Nara, 739 und später, Hof 13.–14. Jh.

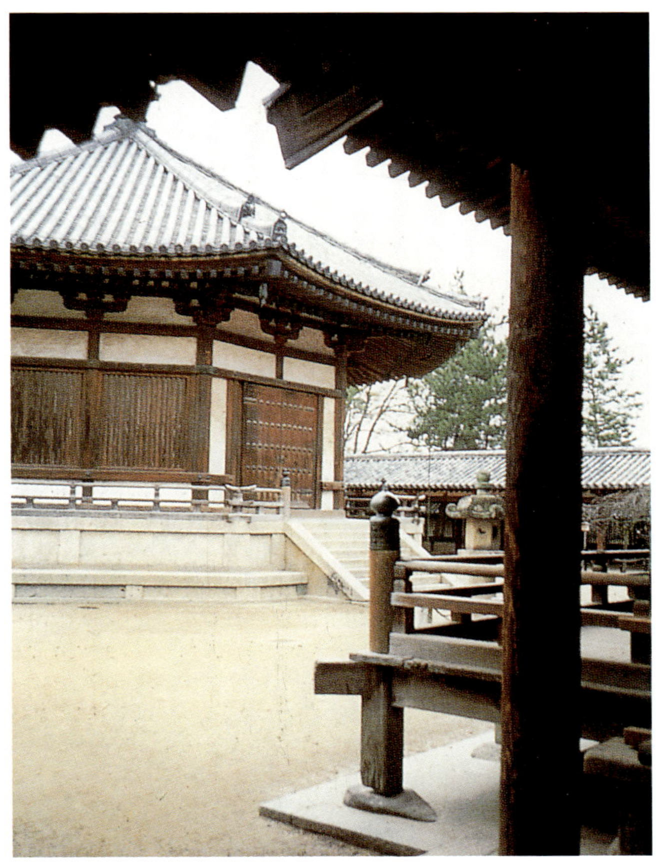

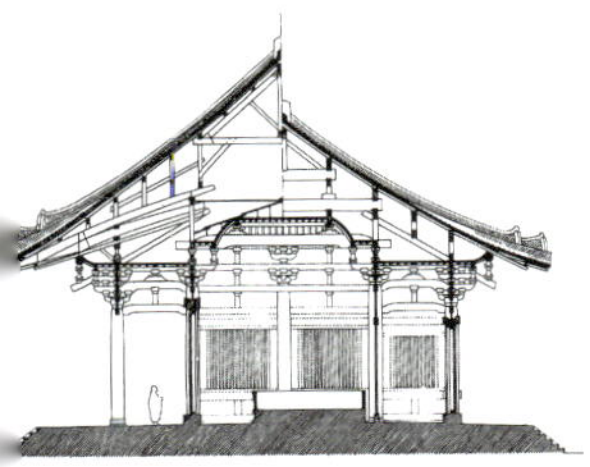

134 Schnitt des ursprünglichen
:chts) und des gegenwärtigen
aches (links), Toshodaiji-
ondo.

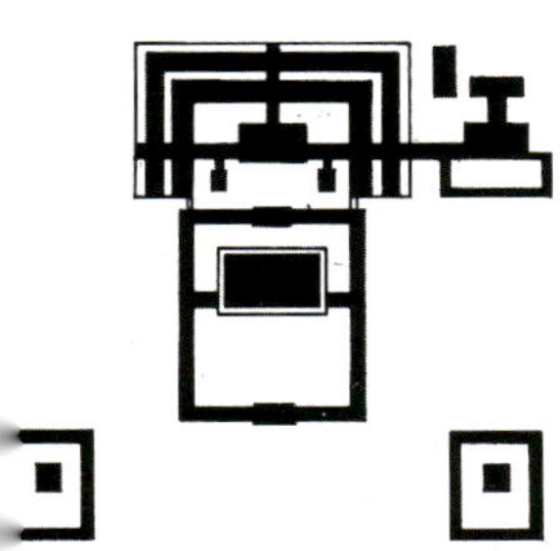

135 Grundriss und Ansicht des
osters Daibutsuden,
odaiji, Nara.

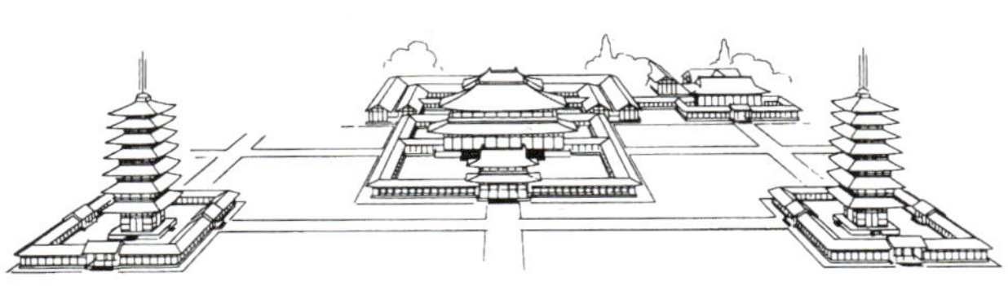

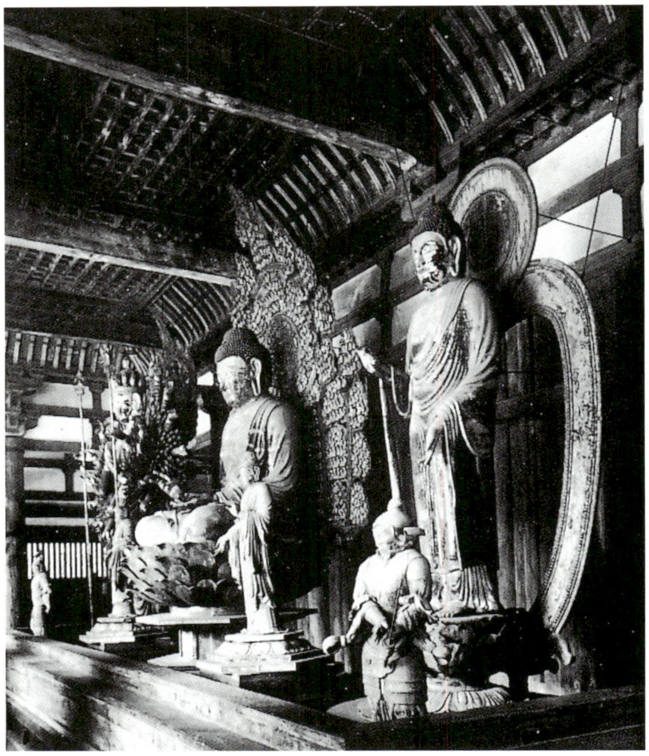

6.137 Kondo des Toshodaiji, Nara, 759 (Innenansicht von Osten).

hohen Bronzestatue als Gehäuse dient, die Kaiser Shomu 743 in Auftrag gegeben hatte ▸6.135. Die Gebäude aus dem 8. Jahrhundert wurden später zerstört, die Statue aber ist erhalten (zwar ein wenig grob restauriert, aber immer noch eindrucksvoll, wenn man sie in situ, den Blick vom Boden des schwach erleuchteten Tempels nach oben richtend, sieht). Das Daibutsuden selbst wurde mit leicht verkleinertem Grundriss wiederaufgebaut, aber in der ursprünglichen Form, mit einer in der japanischen Architektur ungewöhnlich wuchtigen Massivität: Es ist bis heute das größte aus Holz errichtete Bauwerk der Welt ▸6.140. Bestimmend für die Höhe war die Größe der Statue.

6.139 Ostpagode des Yakushiji, Nara, 8. Jh.

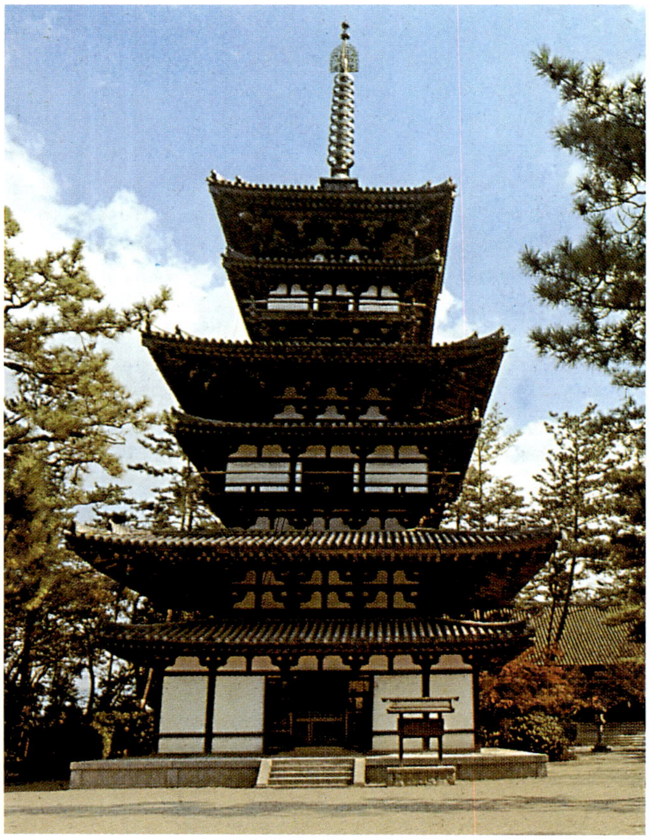

Im 8. Jahrhundert begannen japanische Baumeister mit den chinesischen Vorbildern zu experimentieren und sich gewisse Freiheiten zu erlauben. Auf diese Weise entwickelten sie einen ganz eigenen Stil, wie etwa bei der Ost-Pagode des Yakushiji in Nara ▸6.139, die sich deutlich von der des Horyuji-Tempels unterscheidet. Bei diesem Gebäude, das ursprünglich noch ein Pendant hatte, steht der Turm auf einer breiteren Basis, und seine verschiedenen Dächer variieren in der Größe, was der Silhouette einen fast kalligraphischen Charakter verleiht. Besonderes Augenmerk wurde auf die Konsolsysteme gelegt, die die Traufen und Balkone tragen: Ihre Blöcke und Sparren aus sauber zugeschnittenem Holz wurden offenbar unter gleich starker Beachtung der abstrakten plastischen Form wie auch ihrer Funktion ineinander gefügt. (Die West-Pagode und das ›kondo‹ des Yakushiji wurden beide rekonstruiert, erstere 1976, letzteres 1980.)

Die Frühgeschichte der buddhistischen Plastik in Japan ähnelt jener der Architektur. Auch in der Plastik kamen ikonographische Vorbilder und Techniken auf dem Umweg über Südkorea aus China. Man weiß, dass um die Mitte des 6. Jahrhunderts nicht nur koreanische Skulpturen und Malereien nach Japan gelangten, sondern auch koreanische Künstler, und der erste wichtige in Japan geborene Bildhauer, Tori Busshi (tätig 600–630), war der Enkel eines eingewanderten Metallhandwerkers. Doch da kaum chinesische und noch weniger koreanische Monumentalplastik aus dieser Zeit erhalten ist, lässt sich nicht nachvollziehen, inwieweit frühe japanische Skulpturen auf sie zurückgingen. Die berühmte, aus Kampferholz gehauene Skulptur des Bodhisattva Kwannon (wie Kuanyin in Japan heißt) im Horyuji-Tempel in Nara ▸6.138 wird zwar nach dem koreanischen Königreich von Paikche oder Kudara ›Kudara Kwannon‹ genannt, doch gilt sie als japanische Arbeit. Es dürfte keine koreanische Skulptur aus dem 7. Jahrhundert von gleichwertiger technischer und künstlerischer Vollendung geben.

Auch die Gruppe der drei Statuen im Toshodaiji zu Nara hat diesen Doppelcharakter der frühen japanischen Plastik, die unter chinesischem oder koreanischem Einfluss entstand ▸6.137. Die Namenszuschriften auf den Sockeln sind die von japanischen Handwerkern, obgleich die Tempelchronik sie chinesischen Künstlern zuschrieb, die vermutlich von Jianzhen, dem berühmten buddhistischen Lehrer und Gründer des Klosters, nach Japan geholt worden waren. Die überlebensgroßen Skulpturen – die mittlere Figur des Rukana Buddha

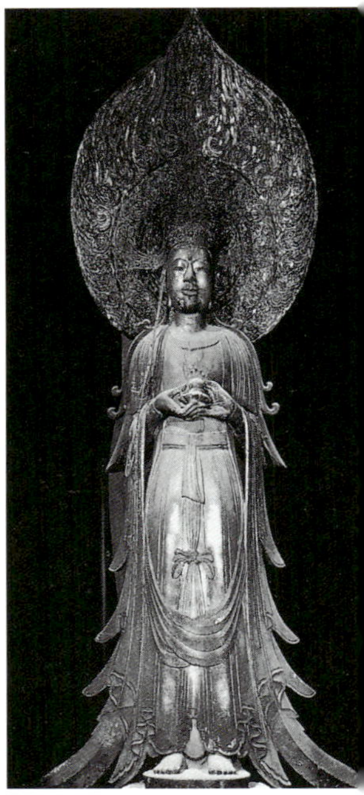

6.138 *Kwannon*, 623, vergoldetes Holz, Höhe 196,9 cm. Horyuji, Nara.

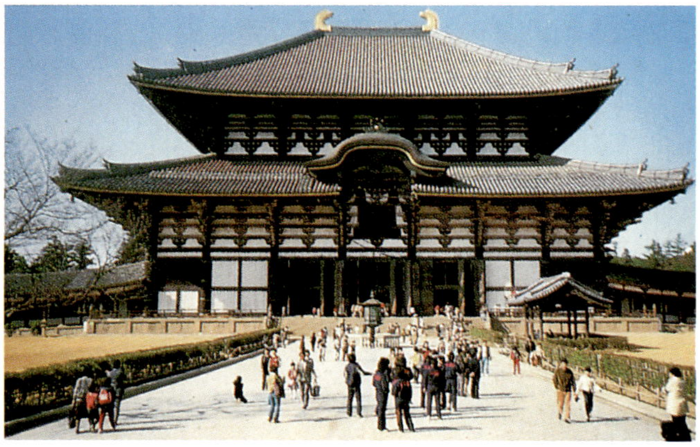

6.140 Daibutsuden, Todaiji, Nara, 8. Jh., wiedererrichtet um 1700.

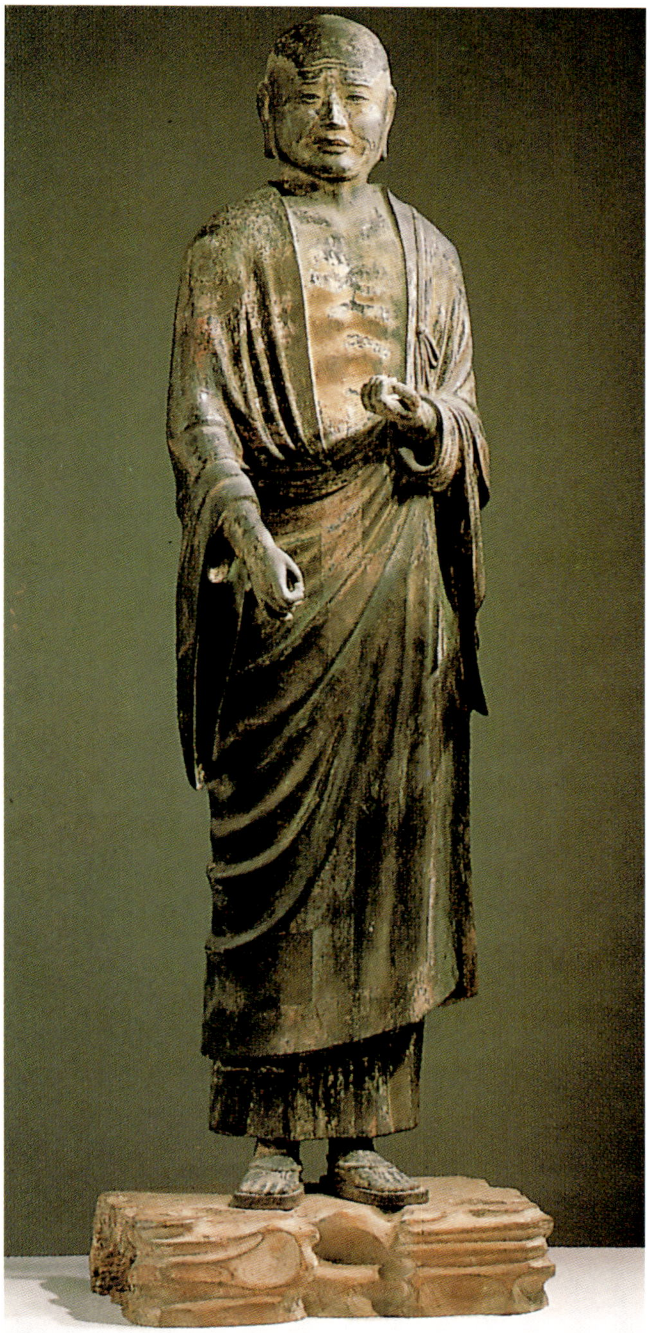

6.141 *Furuna*, Kofukuji-Tempel, Nara, um 734, Trockenlack, bemalt, Höhe 149 cm.

(der japanische Name für den Vairocana Buddha, s. S. 256f.) ist 3,4 m hoch – sind aus Trockenlack um ein hohles Inneres gefertigt, eine Technik, die die Chinesen entwickelt haben, die in Japan aber in dieser Zeit technisch vervollkommnet wurde – wohl als Ersatz für Bronze (nachdem der Guss der großen Buddhafigur für den Todaiji-Tempel den gesamten Kupfervorrat des Landes aufgebraucht hatte). Trockenlack muss von einem Gerüst aus Holz oder Korbgeflecht gestützt werden, das eine vertikale Ausgewogenheit und eine gewisse Starrheit der Haltung verlangt, zugleich aber feinste Detailarbeit zulässt. Diese Merkmale weist etwa auch die Figur von Furuna (in Indien Purna genannt) auf, dem ältesten der zehn Großen Jünger des Buddha, dargestellt als Mönch mit rasiertem Kopf, gerunzelter Stirn und dem Ausdruck einer gewissen sorgenvollen Güte ▸ 6.141. Das Material, das man in Japan um diese Zeit und später meist für Skulpturen heranzog, war freilich Holz – weniger haltbar als Lack und nur selten erhalten –, auch wenn die kleinen Wächterfiguren, die die Ecken der Einfriedung der Dreiergruppe im Toshodaiji-Tempel markieren, aus Holz sind.

### *Die Kunst der Heian-, Fujiwara- und Kamakura-Zeit (794–1333)*

Die Allianz zwischen Religion und Staat, zwischen Buddhismus auf der einen und einem auf konfuzianischen Prinzipien gründenden Herrschaftssystem auf der anderen Seite, war von kurzer Dauer. In der zweiten Hälfte des 8. Jahrhunderts wurde der Einfluss der Mönche am kaiserlichen Hof für den Laienstand in zunehmendem Maße schikanös. Um sich ihrer Einmischung zu entziehen, verließ Kaiser Kammu die Stadt Nara (das ein Glaubenszentrum blieb und noch heute ist) und gründete im Jahr 794 ungefähr 40 km weiter nördlich eine neue Hauptstadt, der er den Namen Heian-Kyo, ›Hauptstadt des Friedens und der Stille‹, gab. Diese Stadt, das heutige Kioto, sollte mehr als ein Jahrtausend lang Sitz des kaiserlichen Hofes bleiben, das wirkliche Zentrum der Macht jedoch war sie nur mit Unterbrechungen. Vom späten 9. Jahrhundert an war die Rolle des Kaisers im Grunde nur noch eine zeremonielle; rivalisierende Geschlechter kämpften um die Macht im Staat, die schließlich von Angehörigen der Fujiwara-Familie an sich gerissen wurde (nach der die Periode von 895 bis 1185 benannt ist). Die Macht ging anschließend in die Hände des ersten in einer Reihe von Shogunen, militärischen Oberbefehlshabern, die ihren Regierungssitz in Kamakura, einer 320 km weiter nördlich, an der Ostküste gelegenen Stadt (unweit des heutigen Tokio) errichteten.

In der Fujiwara-Zeit gewannen die Künste eine spezifisch japanische Ausprägung. Zu Beginn dieser Periode wurden die japanischen Künstler durch den Zusammenbruch der engen religiösen, politischen und wirtschaftlichen Beziehungen zu China von den Entwicklungen abgeschnitten, die sich während der späten Tang-Zeit und der ersten unruhigen Dekaden der Zeit der Fünf Dynastien auf dem Festland vollzogen. Die Kontakte wurden im 11. Jahrhundert wieder aufgenommen, sollten aber nie mehr so eng sein wie in der Nara-Zeit. In diesem Interim erlebten spezifisch japanische Sekten, die vom tantrischen Buddhismus Tibets beeinflusst waren und zugleich Elemente des Shinto miteinbezogen, eine erste Blüte und brachten eine geheimnisvoll meditative Kunst hervor, während gleichzeitig ein Aufblühen säkularer Kunst den nationalistisch-hedonistischen Geist des japanischen Hofes widerspiegelte. Das erste große, für manche überhaupt das größte Werk japanischer Dichtung, *Die Geschichte vom Prinzen Genji* (s. S. 515), verfasst von der Hofdame Murasaki Shikibu (um 980–1030), entstand in dieser Zeit, ebenso jenes andere literarische Meisterwerk, das *Kopfkissen-Buch* von Sei Shonagon (geb. 965).

Die Paläste und Residenzgebäude, die den Schauplatz ihrer Erzählungen bilden, sind heute verschwunden, doch erhalten wir aus anderen Quellen Kenntnis von ihnen. China hatte das Modell für die kaiserliche Staatsverwaltung und ihre Bauten geliefert, die privaten Wohnräume im kaiserlichen Palast zu Kioto aber weichen von jedem chinesischen Vorbild insofern ab, als die symmetrische Planung zugunsten des Komforts vernachlässigt ist. Im Innern wurden die Räume durch verschiebbare Wandschirme getrennt, die mit Landschaften bemalt waren. Es gab keine erhöhten steinernen Podeste wie in China: Fußböden waren aus Holz und mit Matten bedeckt, und

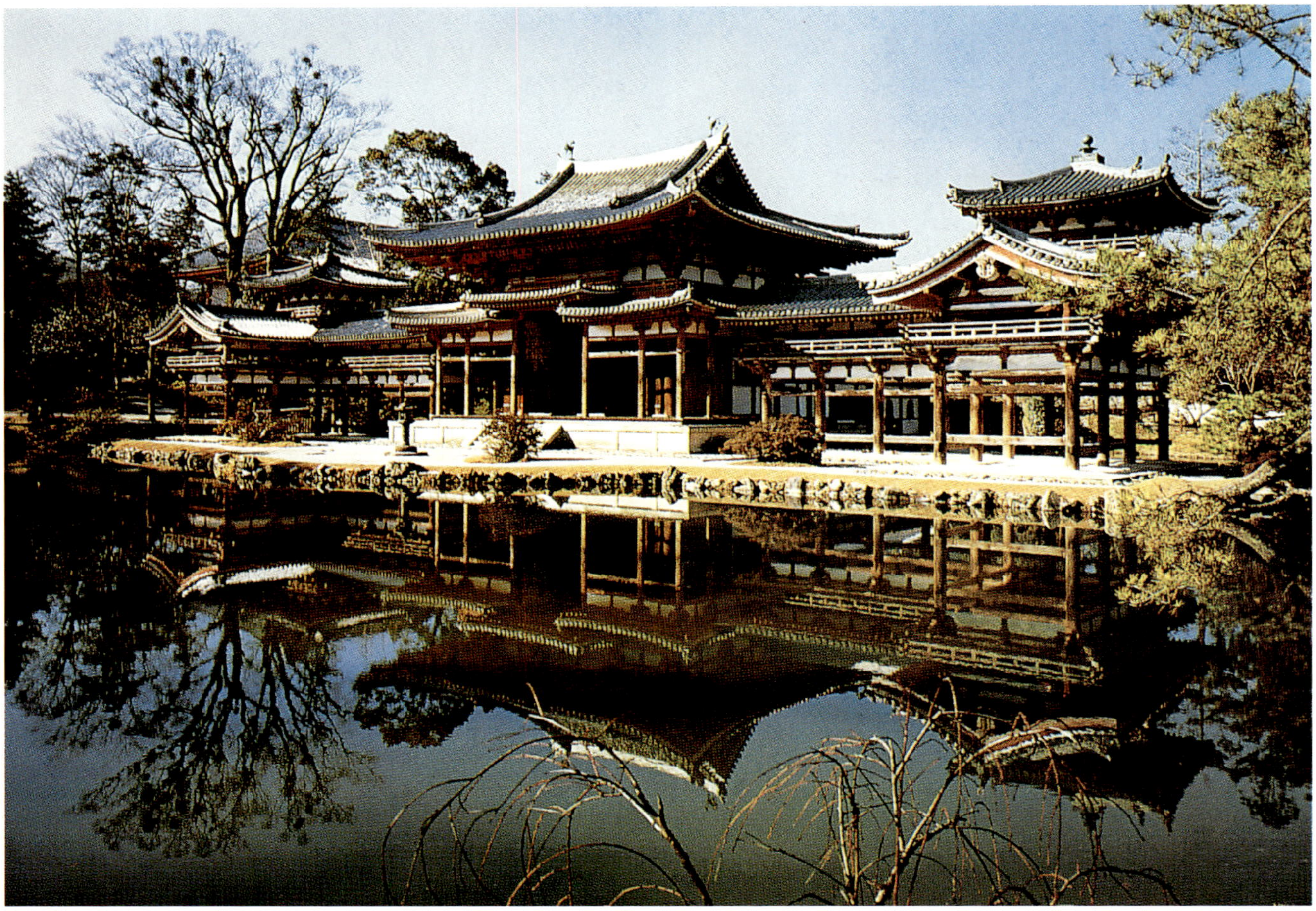

6.142 Hoodo (Phönixhalle), Byodoin-Tempel, Uji bei Kioto, 1052.

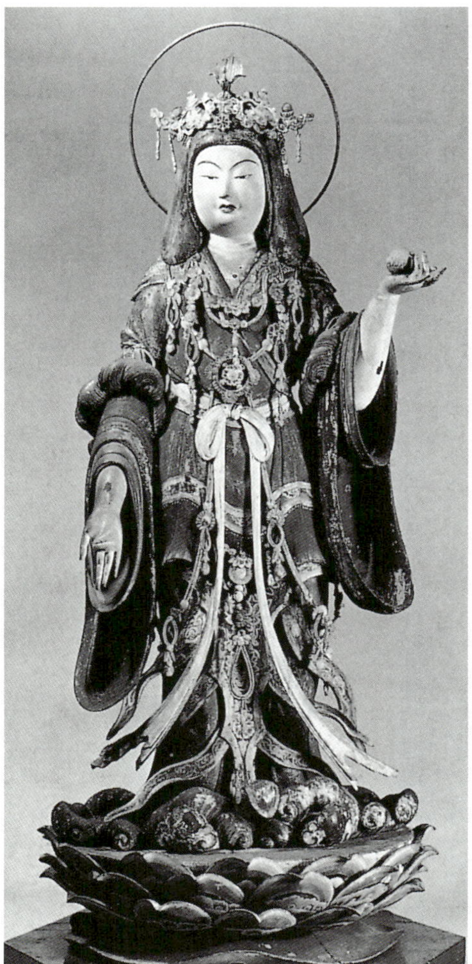

6.143 *Kichijoten*, 12. Jh., mehrfarbig bemaltes Holz, Höhe 88,6 cm. Horyuji, Nara.

jedermann setzte sich auf sie. Von außen ähnelten die Paläste zeitgenössischen Tempelanlagen, deren schönstes Exemplar das Hoodo (die ›Phönixhalle‹) des Byodoin-Tempels in Uji bei Kioto ist, ein im Jahr 1052 für einen Fujiwara-Prinzen errichtetes Gebäude ▸ 6.142. Obgleich in seiner Eleganz fast überfeinert, strahlt das Gebäude eine Atmosphäre träumerischer Ruhe aus. Die Dächer mit ihren kühn nach oben geschwungenen Ecken scheinen über den horizontalen Linien zu schweben und geben dem ganzen Gebilde etwas von einer Fata Morgana, so, als wäre es genauso wenig real wie sein beim Bau einkalkuliertes Spiegelbild in den stillen Wassern des Teiches. Der Tempel war errichtet worden, um eine Statue des Buddha Amida, des ›Herrn des unermesslichen Lichtes‹, zu beherbergen. Durch den Glauben an Amida und die ständige Wiederholung seines Namens hofften die Anhänger der ›Reines-Land‹-Sekte, Zutritt zum ›westlichen‹ Paradies mit seinen juwelenbesetzten Bäumen und Lotosteichen sowie mit seinen Palästen von himmlischer Schönheit zu erlangen, auf die das Hoodo einen Vorgeschmack bietet. Mit ihrem ›Leichten Weg‹ zur Erlösung übte diese Sekte eine besondere Anziehungskraft auf die vergnügungssüchtigen Höflinge in Japan aus, und ihrer Inspiration sind einige der erlesensten, wenngleich am wenigsten vergeistigten Kunstwerke des Buddhismus zu verdanken. Sie verhieß auch Frauen die Erlösung, die strengeren buddhistischen Lehren zufolge nur auf eine Wiedergeburt als Mann hoffen konnten, um das Nirvana zu erlangen.

In gleichem Maße wie die Baukunst spiegelt auch die Plastik den verfeinerten Charakter der Gesellschaft der Kamakura-Zeit wider. Eine kleine, in leuchtenden Farben bemalte Figur der Glücksgöttin Kichijoten – die indische Lakshmi, aufgegangen im Mahayana-Buddhismus – stellt ein herausragendes Beispiel dar ▸ 6.143. Der Vergleich mit einem fast zur gleichen

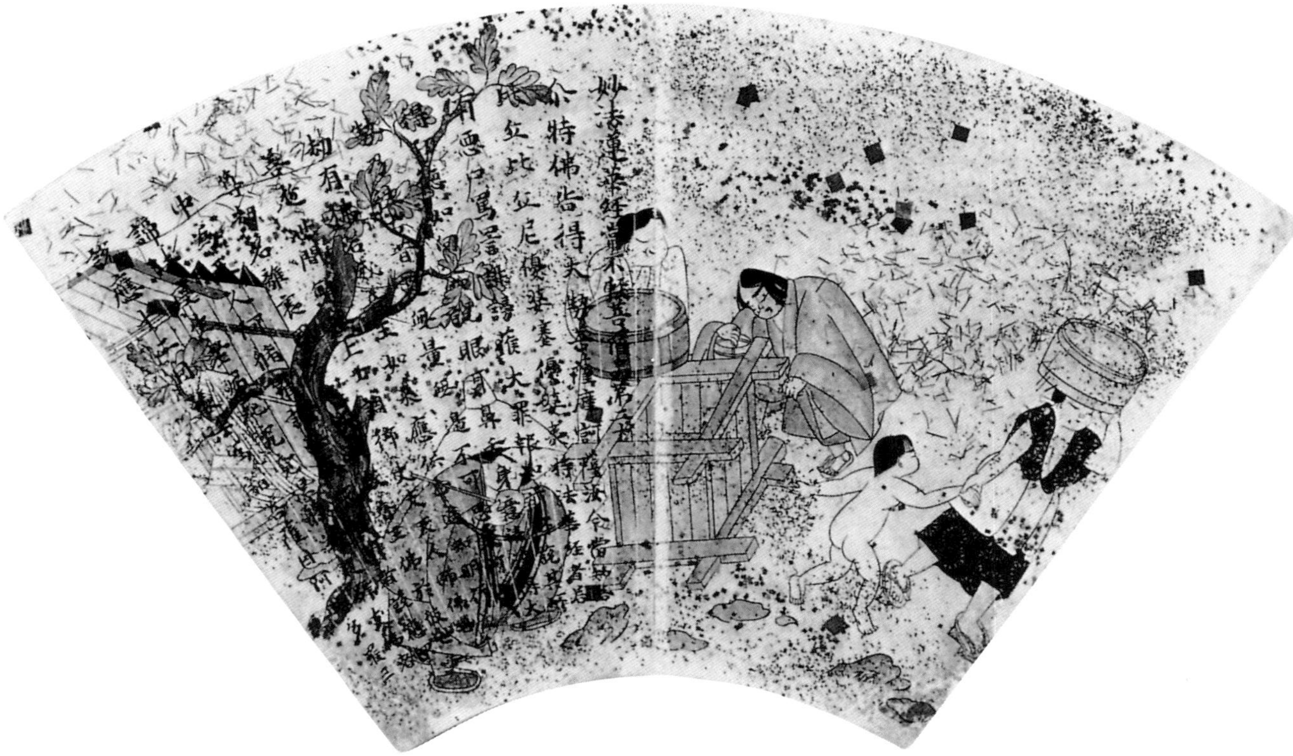

·44 Fächer, verziert mit
›druckten Sutren und Genre-
ne, 12. Jh., Papier bedruckt
d bemalt, Höhe 23,5 cm.
tennogi-Tempel, Osaka.

Zeit entstandenen Bildnis Guanyins ▸6.111 zeigt, wie sehr sich die japanische Ästhetik verselbständigt hatte. In der fülligen Figur der Kichijoten drückt sich nichts Ideales, Unerreichbares oder Hintergründiges aus. Sie ist die ganz solide, nüchterne Verkörperung einer Göttin, und sie ist nicht in fein gewebte flatternde Gewänder gekleidet, sondern in eine Robe, die ebenso üppig wie schwer wirkt. Ohne den Lotossockel könnte man sie leicht für eine Hofdame halten.

Andere Aspekte der Kunst und Religion der Fujiwara-Zeit lässt eine Reihe von Fächern erkennen, auf die mit hölzernen Druckstöcken Passagen aus den buddhistischen Sutren und die Konturlinien von Genreszenen gedruckt wurden, die man von Hand kolorierte und darüber hinaus mit kleinen Quadraten und Sprenkeln aus Gold verzierte ▸6.144. Diese Verbindung von heiligen Schriften mit amüsant beobachteten Szenen aus dem Alltagsleben in einer höchst exquisiten Komposition ist ganz einzigartig japanisch. Die Fächer zählen zu den frühesten Beispielen jenes genialen japanischen Sinns für reine Ornamentik und weltliche narrative Malerei (s. S. 515). Zahlreiche Fächer dieser Art sind Schenkungen an einen Tempel in Osaka, den Shitennogi (eine der ersten Gründungen des Buddhismus in Japan), weit abgelegen vom Hof in Kioto – was erklären könnte, weshalb auf den Fächern bevorzugt Sujets aus dem Leben des arbeitenden Volkes dargestellt sind, anstatt aus dem der Aristokratie.

Die Fähigkeit, Chinesisch zu lesen und zu schreiben, war bereits zum Statusmerkmal des gebildeten Japaners geworden. (In Europa bildet eine auffallende Analogie hierzu die Beibehaltung des Lateinischen als Sprache der Religion und der staatlichen Bürokratie sowie als Fundament in der Erziehung der oberen Gesellschaftsschicht; und das ist nicht die einzige Analogie zwischen der japanischen Haltung gegenüber der chinesischen Kultur und der der Europäer gegenüber der griechischen und römischen Antike.) Allerdings hatte es den Japanern große Mühen bereitet, ihre eigene vielsilbige und agglutinierende Sprache mit ihren vielen Suffixen für Verben und Beiwörter in Schriftzeichen zu übertragen, die für ein monosyllabisches und nicht-flektierendes Chinesisch entwickelt worden waren. Im 9. Jahrhundert wandten sie vereinfachte chinesische Schriftzeichen für die Lautwerte von Silben an, wobei sie sich einer eher steifen Schrift für offizielle Schriftstücke bedienten und einer kursiven, dem Japanischen weit mehr entsprechenden Variante, ›hiragana‹ genannt, für private Mittei-

6.145 *Fujiwara no Sadanobu*, Kalligraphie, frühes 12. Jh., Tusche, Silber und Gold auf montiertem farbigen Papier, 30,3 x 16,1 cm. Freer Gallery of Art, Smithsonian Institution, Washington.

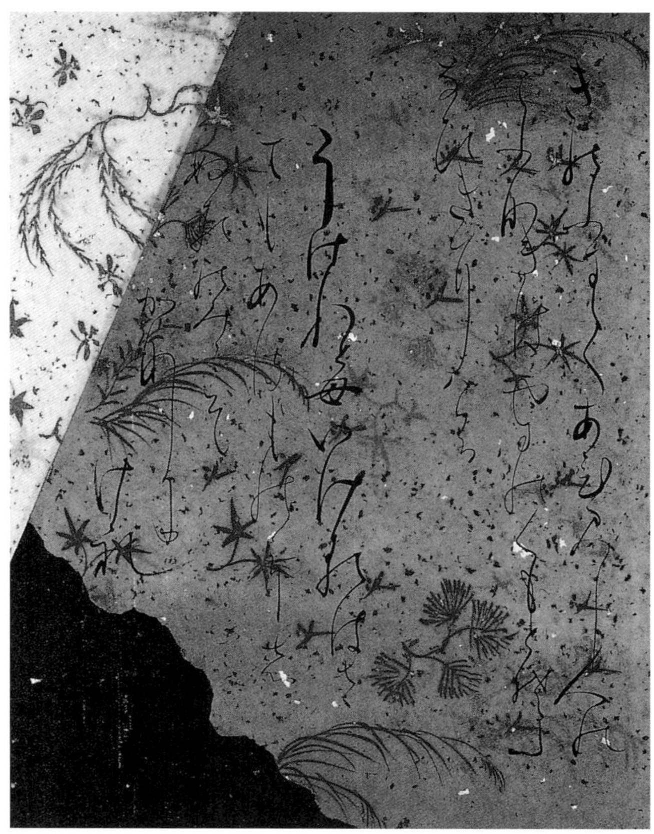

# Die Hofdame Murasaki über Kalligrafie

Murasaki Shikibu (um 980–um 1030), die große japanische Romanautorin, gehörte zu dem mächtigen Fujiwara-Klan, der Japan über weite Strecken der Heian-Periode im Namen mehrerer aufeinander folgender Kaiser regierte. Sie lebte in Kioto, heiratete, hatte eine Tochter und wurde nach dem Tod ihres Mannes Dame am Hof der Kaiserin Akiko, wo der größte Teil ihrer *Geschichte vom Prinzen Genji*, wenn nicht sogar der ganze Roman, verfasst wurde. Ihre Schilderung der Kalligraphie und der Wertschätzung, derer sich diese in Japan erfreute, gehört zu den lebendigsten, die sich erhalten haben. Im folgenden Abschnitt ordnet Genji die Bibliothek seiner Tochter, die zahlreiche herausragende Werke von Kalligraphen älterer Zeit enthält – wesentlich schönere, nach Meinung Genjis, als die Werke seiner Zeitgenossen.

*»Heutzutage«, sagte Genji zu Murasaki, »wird alles immer schlechter, und das Einzige was in dieser Endzeit noch gekonnt wird, ist die Karia-Schrift. Einst hatte man eine festgelegte Art zu schreiben. Der Einzelne besaß nicht die Freiheit, die Striche nach Belieben auszuziehen, und so sahen alle Schriften ähnlich aus. Die hübsche, den Augen wohlgefällige Schrift ist erst in letzter Zeit entstanden, und es gibt Viele, die sich geschickt darauf verstehen. Als ich in meiner Jugend die Kana-Schrift fleißig lernte, hatte ich viele gute Schreibvorlagen. Von diesen nahm ich oft eine zur Hand, welche die Mutter der Kaiserin flüchtig und ohne besondere Sorgfalt geschrieben hatte, und bewunderte die Handschrift als besonders schön. Daraus ergab sich aber schließlich, dass sie in sehr schlechten Ruf gelangte. Sie bereute es dann von Herzen, sich mit mir eingelassen zu haben; aber so hartherzig, wie sie sagte, bin ich auf keinen Fall gewesen. Da sie von Natur einsichtig ist, wird sie es im Jenseits schon noch würdigen, dass ich mich der Kaiserin annehme! Die Handschrift der Kaiserin ist übrigens hübsch und recht geschmackvoll, aber ich glaube, es fehlt ihr etwas an Geist…*

*Die Handschrift der verstorbenen, Nonne gewordenen Kaiserin war besonders schön und voller Anmut, aber die Pinselführung war ein wenig schwächlich, und es fehlte an dem Nachklang. Die Oberste Naishi des Exkaisers ist sicherlich eine große Meisterin im Schreiben, aber sie ist allzu kokett und daher oft manieriert. Trotzdem dürften diese Oberste Naishi, sodann die frühere Saiin und schließlich Ihr selbst wohl die hervorragendsten Schreibkünstlerinnen unserer Zeit sein!«*

*»Wie sollte ich zu ihnen zählen können!«, erwiderte Murasaki, als er sie solchermaßen lobte.*

*»Seid nicht so bescheiden«, entgegnete Genji. Die Weichheit Eurer gefälligen Schrift ist wirklich einzigartig! Doch da Eure chinesischen Schriftzeichen so ausgezeichnet sind, passen die darunter gemischten Kana-Zeichen nicht recht dazu.«*

*Hierauf fertigte Genji verschiedene neue Hefte an und ließ auch sehr hübsche Umschläge und Bänder dazu anfertigen.*

*»Wir wollen dem Prinzen Hotaru Hyóbu no Kyó und dem Saemon no Kami dieses Heft geben und sie hineinschreiben lassen. Ich selber will zwei davon voll pinseln. Ach was, mögen die beiden Herren auch noch so großes Vertrauen auf ihre Künste haben, mit mir können sie sich wohl kaum messen. So prahlte Genji ein wenig. Er wählte dann sorgfältig Tusche und Pinsel aus und bat hierauf die Dame zu schreiben. Einige von ihnen dachten, es handle sich um etwas ganz besonders Schweres und lehnten ab, doch Genji bat sie angelegentlich darum. Er wählte ganz besonders schönes koreanisches Papier aus, das wie Usuyó war.*

*»Wir wollen die feinsinnigen jungen Leute nun auch einmal schreiben lassen«, bemerkte er dann und wandte sich an Yugiri, an Hyoei no Kami, den Sohn des Prinzen Shikibu no Kyó, und an Kashiwagi, den Sohn des Ministers zur Linken.*

*»Schreibt in Schilfhand-Stil oder in Gedichtbild-Form – jeder in der Art, die er bevorzugt!«*

*Und so traten alle eifrig in Wettbewerb miteinander.*

*Genji zog sich auch diesmal wieder in sein Haupthaus zurück und schrieb dort in aller Ruhe. Die Zeit der Blütenpracht draußen war schon vorüber, und alles prangte in frischem Grün. Genji genoss, während der Himmel heiter strahlte, die verschiedensten alten Gedichte, versenkte sich ganz in ihre Stimmung und pinselte Grasschrift und Kana-Zeichen durcheinander; es sah umgemein reizvoll aus. Nicht viele waren um ihn. Nur zwei, drei Dienerinnen ließ er die Tusche reiben. Als er sorgsam Gedichte aus guten alten Sammlungen auswählte, hatte er nur die ihm Vertrautesten um sich. Der Vorhang war ganz aufgezogen, auf der Ellbogenstütze lagen Hefte, und die Art, wie Genji an der Schwelle zum Außenraum bequem dasaß, das hintere Ende des Pinsels in den Mund gesteckt und dabei überlegend, wie er wohl schreiben wollte, war so bezaubernd anzusehen, dass man nicht müde wurde, ihn zu betrachten. Und wie er bei den Heften besonders gern auf weißes und rotes, also auf sehr auffallendes Papier mit Sorgfalt pinselte, das war für jedermann, der Sinn dafür hatte, ein Anblick sondergleichen.*

Genji-Monogatari – Die Geschichte vom Prinzen Genji, Altjapanischer Liebesroman aus dem 11. Jahrhundert, verfasst von der Hofdame Murasaki, übers. v. Oscar Benl, Zürich 1966

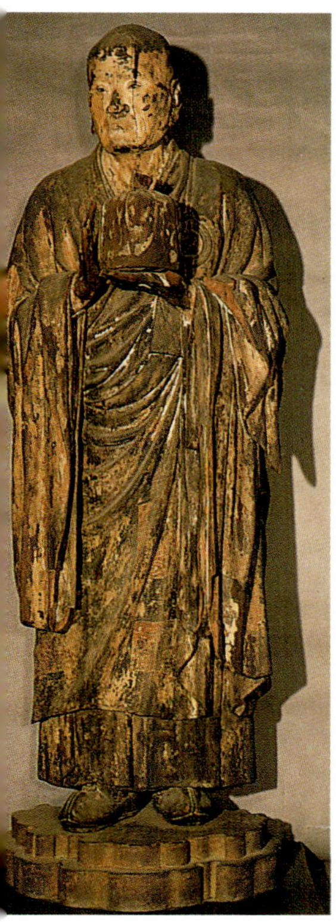

47 UNKEI, *Mujaku*, 1208,
lz, Höhe 191,8 cm.
ukuji-Tempel, Nara.

lungen sowie für Prosaerzählungen und Lyrik. Da Frauen im Allgemeinen vom Unterricht in chinesischer Sprache ausgeschlossen waren, schrieben sie japanisch unter Verwendung des ›hiragana‹, das später ›onnade‹, weibliche Handschrift, genannt werden sollte, auch wenn sich Männer ihrer in gleichem Maße bedienten. Diese Schrift wurde in der Fujiwara-Zeit weiter vervollkommnet, und sie unterscheidet die japanische Kultur deutlicher als alles andere von der chinesischen. Die chinesische Kalligraphie blieb stets dem vorgegebenen Rahmen, praktisch einer Reglementierung unterworfen, bedingt durch die fast zwanghafte Ehrerbietung der Chinesen vor den Meistern der Vergangenheit, ungeachtet subtiler Variationen in der Art und Weise, wie sich jedes Element eines Schriftzeichens mit dem Pinsel zeichnen lässt: Ihre Vorzüge sind dafür aber Ausdruckskraft, Klarheit und Ausgewogenheit ▸12.75;76;77. Das ›hiragana‹ fließt mit sichtbarer Ungezwungenheit und Spontaneität über die Seite, mit einer scheinbar mühelosen natürlichen Anmut gleich der einer Balletttänzerin, nur erlangt nach härtester Übung. Kolorierte Papiere, mitunter zusätzlich mit schmückenden Motiven aus Gold oder Silber versehen, wurden sorgfältig ausgesucht, so dass der Untergrund mit der Kalligraphie und der Bedeutung der Worte eine Einheit bildete und ein Kunstwerk entstand, an dem das Auge und der Geist gleichermaßen Gefallen finden. Ein Albumblatt, das im frühen 12. Jahrhundert mit zwei Gedichten von Ki no Tsurayuki (872 bis um 946) beschrieben wurde, ist ein gutes Beispiel für diese Fertigkeit ▸6.145. Die drei Spalten rechts lauten übersetzt: »Jemand, den ich kannte / Bis gestern, / Ist heute nicht mehr da, / Weggefegt / Wie Wolken in den Bergen.« Die Zeilen bilden einen Gedichttyp, bestehend aus 32 Silben, der innerhalb eines vorgegebenen formalen Rahmens, der eher locker und zwanglos erscheint, ein breites Spektrum an Ausdrucksmöglichkeiten zulässt – wie die Kalligraphie des ›hiragana‹ selbst.

Die ästhetischen Vorstellungen, die in der verfeinerten Atmosphäre des aristokratischen Lebens am Hof in Kioto entwickelt wurden, überdauerten die Bürgerkriege am Ende der Fujiwara-Zeit, als zahlreiche Kunstwerke und Bauten zerstört wurden. Nach der Verlegung des Regierungszentrums von Kioto nach Kamakura machte die Herrschaft einiger weniger unermesslich reicher, hochkultivierter und dem Luxus ergebener Familien einem auf breiterer Basis angelegten Feudalregime von erblichen Fürsten, den so genannten Daimyo, Platz, unter denen jetzt kraftvolle, männliche Schlichtheit gefragt war. Kein anderer Künstler brachte dieses Ideal eindrucksvoller zum Ausdruck als der führende Bildhauer UNKEI (gest. 1223). Seine berühmtesten Schöpfungen sind die beiden aus Holz geschnitzten Kolossalstatuen zweier buddhistischer Wächterfiguren im Torbau des Todaiji-Tempels in Nara, der 1199 im Zuge des nach dem Bürgerkrieg stattfindenden Wiederaufbaus der Klosteranlage und einer vom Shogun geförderten Wiederbelebung des Buddhismus in Nara errichtet wurde ▸6.146.

Die Genialität UNKEIS war jedoch nicht nur auf Darstellungen von Gewalt beschränkt. Er war wie kaum ein anderer ein zutiefst menschlich empfindender Künstler, und seine einfühlsamsten und scharfsinnigsten Züge kamen in Real- und Phantasieporträts zum Ausdruck. Das Bildnis von Mujaku, einem der ältesten Lehrmeister des Mahayana-Buddhismus, der in Indien Asanga heißt, ist ein tiefgründiges Werk der religiösen Plastik: die Figur eines Mannes von ganz gewöhnlichem Äußeren, die sich nicht durch irgendeine esoterische Symbolik hervortut und der doch eine ungewöhnliche Spiritualität eigen ist. Das Heilige hat hier im Ausdruck von innerer Ruhe und Abgeklärtheit sichtbar Gestalt angenommen ▸6.147. Dieses Bildnis eines großen Religionslehrers ist in seiner Darstellungsweise von wesentlich größerem Naturalismus als die ältere aus Trockenlack gefertigte Figur von Furuna ▸6.141: Ein Fuß ist leicht vorgeschoben, als bewege er sich auf den Betrachter zu, der Kopf ein wenig nach rechts gewendet, und das Gewicht und die Kostbarkeit des Gefäßes, das er in der linken Hand hält, sind geradezu erfühlbar angedeutet: ein Bekenntnis zu dem Glauben, dass in einem jeden Menschen die seelische Kraft zur Überwindung der Conditio humana liegt, zu jener Lehre, die zuerst durch Buddha verkündet wurde und die das Leben ganz Asiens in all seinen Aspekten veränderte. Unkeis Schöpfungen sind indes eher die letzten Meisterwerke der religiösen Kunst Japans. Denn obgleich der Buddhismus dort auch weiterhin eine lebendige Kraft geblieben ist, nahm seine inspirierende Wirkung auf Künstler nach dem 13. Jahrhundert ab – mit der einen wichtigen Ausnahme der Zen-Schule, die allerdings auf eine konventionelle religiöse Bildsprache verzichtete (s. S. 517ff.). Die japanische Kunst sollte im weiteren Verlauf ihrer Geschichte vorwiegend weltlich geprägt sein.

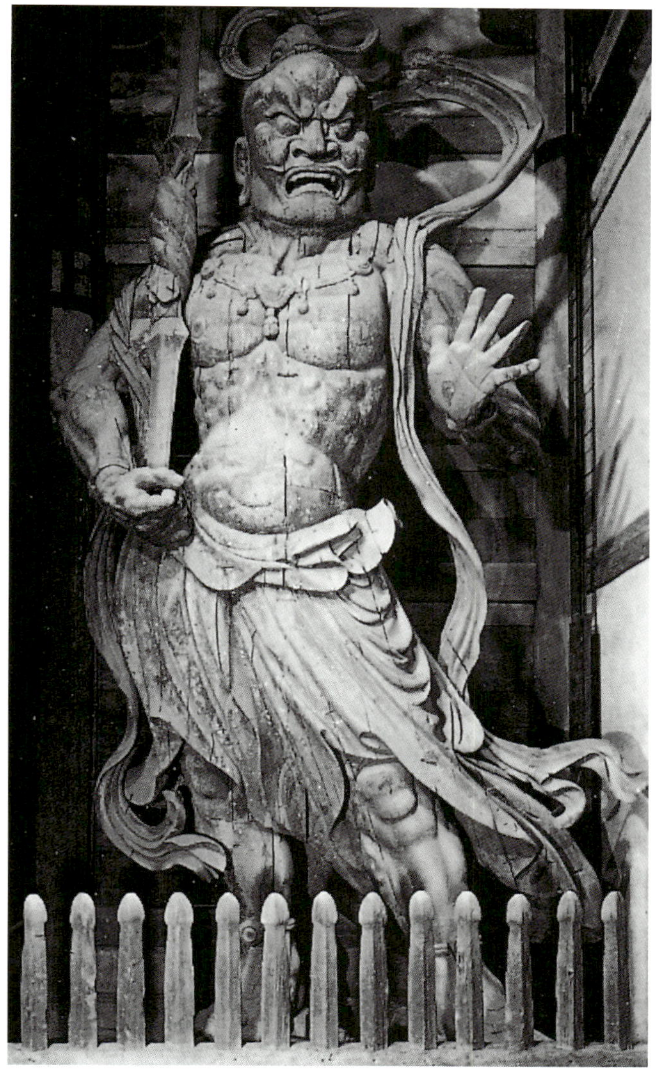

6.146 UNKEI, *Nio*, 1203, Holz, Höhe 8 m. Todaiji-Tempel, Nara.

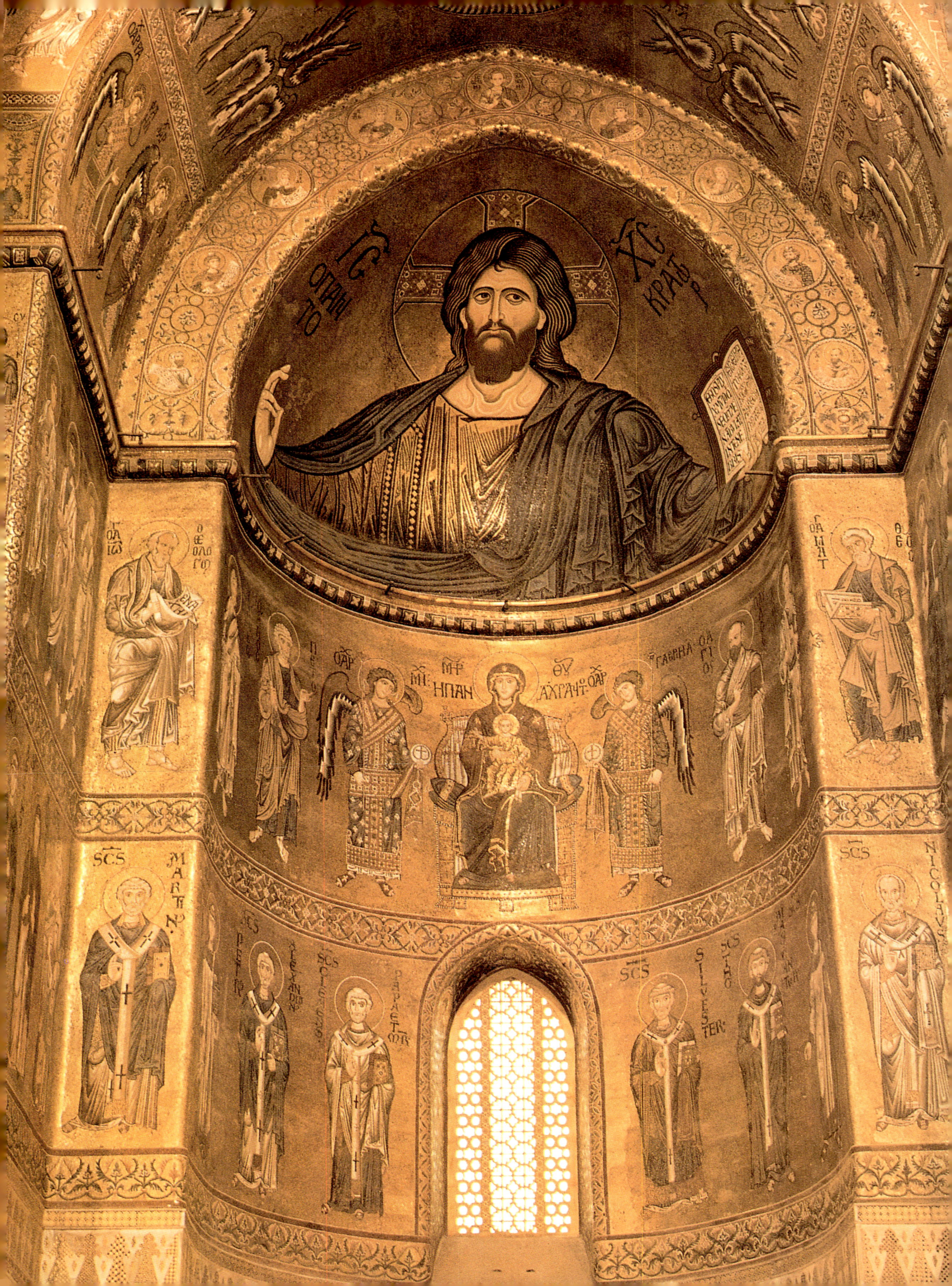
SCS MARTIN
SCS NICOLAVS
SCS SILVESTER

# 7
# Frühchristliche und byzantinische Kunst

Zu Beginn des 2. Jahrhunderts n. Chr. erwähnte der römische Historiker Tacitus *»eine wegen ihrer Schandtaten verhasste Gruppe, vom Volk Christen geheißen. Christus, nach dem sie benannt werden, ist während der Regierungszeit des Tiberius vom Prokurator Pontius Pilatus zum Tode verurteilt worden; und der schändliche Aberglaube wurde für einen Moment eingedämmt, um dann wieder auszubrechen, nicht nur in Judäa, dem Ursprung des Übels, sondern auch in Rom selbst, wo alles Schreckliche und Schimpfliche der Welt zusammenkommt und gefeiert wird.«* (*Annalen* XV, 44).

So die Ansicht eines angesehenen Senators, Konsuls und Prokonsuls. Zu seiner Zeit war das Christentum nur eine recht kleine, verstreute Sekte, die sich zum größten Teil aus Unterprivilegierten, kleinen Geschäftsleuten und Handwerkern zusammensetzte. Für Außenstehende mag es sich wenig von anderen orientalischen Mysterienkulten unterschieden haben, die Hoffnungen auf ein Leben nach dem Tode erweckten.

Doch das Christentum wies einige Züge auf, durch die es sich stark von allen anderen Glaubensformen der Zeit unterschied und die man für eine potentielle Gefahr für die sittliche Ordnung des Römischen Reichs hielt, jenes komplexen Gebildes aus uralter Götterverehrung, überlieferten Bräuchen und gesellschaftlichen Hierarchien.

Das Christentum entwickelte sich aus dem Judaismus (so wie der Buddhismus aus dem Glauben der Brahmanen hervorging), wobei es den gleichen Schöpfergott verehrte, die glei-

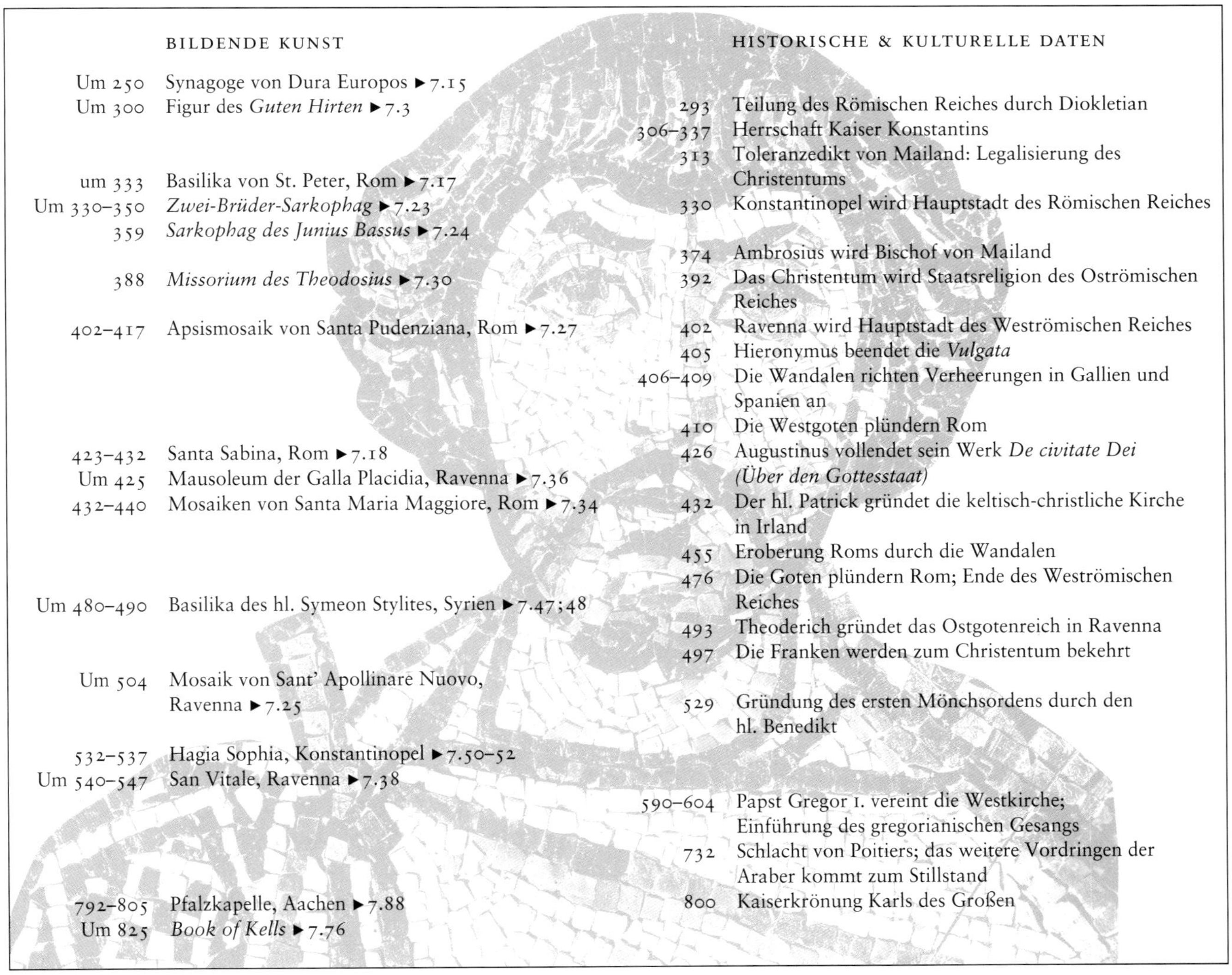

| | BILDENDE KUNST | | HISTORISCHE & KULTURELLE DATEN |
|---|---|---|---|
| Um 250 | Synagoge von Dura Europos ▸ 7.15 | | |
| Um 300 | Figur des *Guten Hirten* ▸ 7.3 | 293 | Teilung des Römischen Reiches durch Diokletian |
| | | 306–337 | Herrschaft Kaiser Konstantins |
| | | 313 | Toleranzedikt von Mailand: Legalisierung des Christentums |
| um 333 | Basilika von St. Peter, Rom ▸ 7.17 | | |
| Um 330–350 | *Zwei-Brüder-Sarkophag* ▸ 7.23 | 330 | Konstantinopel wird Hauptstadt des Römischen Reiches |
| 359 | *Sarkophag des Junius Bassus* ▸ 7.24 | | |
| | | 374 | Ambrosius wird Bischof von Mailand |
| 388 | *Missorium des Theodosius* ▸ 7.30 | 392 | Das Christentum wird Staatsreligion des Oströmischen Reiches |
| 402–417 | Apsismosaik von Santa Pudenziana, Rom ▸ 7.27 | 402 | Ravenna wird Hauptstadt des Weströmischen Reiches |
| | | 405 | Hieronymus beendet die *Vulgata* |
| | | 406–409 | Die Wandalen richten Verheerungen in Gallien und Spanien an |
| | | 410 | Die Westgoten plündern Rom |
| 423–432 | Santa Sabina, Rom ▸ 7.18 | 426 | Augustinus vollendet sein Werk *De civitate Dei (Über den Gottesstaat)* |
| Um 425 | Mausoleum der Galla Placidia, Ravenna ▸ 7.36 | | |
| 432–440 | Mosaiken von Santa Maria Maggiore, Rom ▸ 7.34 | 432 | Der hl. Patrick gründet die keltisch-christliche Kirche in Irland |
| | | 455 | Eroberung Roms durch die Wandalen |
| | | 476 | Die Goten plündern Rom; Ende des Weströmischen Reiches |
| Um 480–490 | Basilika des hl. Symeon Stylites, Syrien ▸ 7.47; 48 | 493 | Theoderich gründet das Ostgotenreich in Ravenna |
| | | 497 | Die Franken werden zum Christentum bekehrt |
| Um 504 | Mosaik von Sant' Apollinare Nuovo, Ravenna ▸ 7.25 | 529 | Gründung des ersten Mönchsordens durch den hl. Benedikt |
| 532–537 | Hagia Sophia, Konstantinopel ▸ 7.50–52 | | |
| Um 540–547 | San Vitale, Ravenna ▸ 7.38 | | |
| | | 590–604 | Papst Gregor I. vereint die Westkirche; Einführung des gregorianischen Gesangs |
| | | 732 | Schlacht von Poitiers; das weitere Vordringen der Araber kommt zum Stillstand |
| 792–805 | Pfalzkapelle, Aachen ▸ 7.88 | 800 | Kaiserkrönung Karls des Großen |
| Um 825 | *Book of Kells* ▸ 7.76 | | |

*[C]hristus Pantokrator [u]nd die Muttergottes mit [E]ngeln und Heiligen,* [M]osaiken in der Mittelapsis [d]es Domes von Monreale, [1]174–1182.

chen heiligen Schriften anerkannte und die gleichen zehn Gebote befolgte. Doch es setzte sich in so entscheidenden Punkten davon ab, dass die Christen im Römischen Reich verfolgt wurden, während man die Juden trotz ihrer sich regelmäßig wiederholenden Aufstände in Palästina tolerierte. Der Bruch mit dem Judaismus bestand in der Anschauung, dass Jesus Christus – von einer Jungfrau geboren – der Sohn des (jüdischen) Schöpfergottes sei, dass er Wunder gewirkt habe, als Sühneopfer für die Sünden der ganzen Menschheit den Märtyrertod am Kreuz gestorben, von den Toten auferstanden und schließlich in den Himmel aufgestiegen sei. Seine Lehre wies zahlreiche Gemeinsamkeiten mit dem jüdischen Denken auf sowie, insbesondere in der Art und Weise, wie sie in den Briefen des Apostel Paulus entfaltet wird, mit der griechischen philosophischen Ethik. Sie verkündete aber auch Ideen von verstörender Neuartigkeit: dass etwa Gedanken ebenso sündig sein könnten wie Taten (»Wer eine Frau ansieht, ihrer zu begehren, der hat schon mit ihr die Ehe gebrochen in seinem Herzen.«), oder das Gebot »Liebet eure Feinde«. Die Demut, von den Römern als Charakterschwäche betrachtet, wurde zur Tugend erhoben, wobei die Menschwerdung und das Leiden Christi als höchstes Beispiel galten. Sein Leben war das Vorbild für christliches Verhalten. Und während die Römer im Allgemeinen die Ethik vom Glauben getrennt betrachteten (auch wenn die meisten Philosophen herkömmliche Formen der Religiosität förderten) und ebenso das Verhalten getrennt von der religiösen Praxis, machten die Christen keinerlei Unterschied: Ihre Religion umfasste sämtliche Aspekte, des Lebens, Denkens und Glaubens. Die Vorstellungen von übernatürlichen Dingen, die die Christen hegten, gründeten im Glauben – den griechischen und römischen Philosophen zufolge die niedrigste Stufe des Erkenntnisvermögens. Ihr Jenseitsglaube war jedoch von anderer Art als der der Mysterienkulte, die ihren Ursprung meist in mündlichen, auf unvordenkliche Zeit zurückgehenden Überlieferungen hatten. Denn das Leben Jesu Christi, mit dem ihr Glaube untrennbar verbunden war, war eine historische Begebenheit, ein Geschehen aus jüngster Vergangenheit, das durch die Bezugnahme auf die Kaiser Augustus und Tiberius im Lukas-Evangelium und auf Pontius Pilatus im Apostolischen Glaubensbekenntnis genauestens datiert war.

Bis zum 2. Jahrhundert waren zahlreiche schriftliche Darstellungen von Leben und Lehre Christi im Umlauf, wobei sich widersprüchliche Meinungen bezüglich deren jeweiliger Authentizität herausbildeten. Die Schriften, die in das Neue Testament aufgenommen werden sollten, wurden von jener Gruppe von Christen anerkannt, die einen dominierenden Einfluss auszuüben begann und den, wie sie verkündeten, einzig wahren Glauben, in einem Glaubensbekenntnis zusammengefasst, einführten, wobei sie all jene, die nicht ihrer Anschauung waren, als ›Häretiker‹ verstießen (nach dem griechischen Wort ›hairesis‹, das ursprünglich schlicht eine Denkrichtung bezeichnete). Den ›Heiden‹, eine Bezeichnung, die von den Christen stammt, hatten Fragen dieser Art nie Probleme bereitet. Sie waren auch nicht der Auffassung – übrigens genauso wenig wie die Anhänger verschiedener Hindu-Gottheiten –, dass eine bestimmte Form der religiösen Verehrung einer anderen überlegen oder mit dieser unvereinbar sei. Tatsächlich schloss die römische Religion zahlreiche verschiedene regionale Kulte ein und hätte auch dem Christentum leicht Platz bieten können. Aber die Kerngruppe der Christen schälte sich alsbald als eine einheitliche Gemeinschaft heraus, die rein äußerlich durch Briefe und andere Schriften zusammengehalten wurde, die ihren Weg von einem Ende des Imperiums zum anderen fanden. Die Vorstellung von der Kirche als dem Ort, an dem sich das Volk Gottes überall auf Erden und im Himmel versammelt, war ihnen eine Quelle der Kraft und ein wesentlicher Grund für die Angst, die die römischen Mitbürger ihr gegenüber empfanden.

In den stabilen Zeiten der ›Pax Romana‹ und der Ära der antoninischen Kaiser breitete sich das Christentum aus, während zugleich auch die heidnischen Kulte von großer Bedeutung waren, wie die eindrucksvollen Ruinen ihrer Tempel bezeugen. Die Gemeinschaft der Christen war, obgleich weit verstreut, immer noch eine kleine Sekte, die sich nur regional Feindseligkeiten gegenüber sah, dort, wo Katastrophen wie Feuersbrünste, Seuchen, Dürreperioden und Hungersnöte auf ihre Weigerung zurückgeführt wurden, die alten Götter zu ehren und zu besänftigen. Im frühen 3. Jahrhundert jedoch brachen allenthalben die Grenzen des Reiches ein, seine gesellschaftliche Struktur veränderte sich, da Barbaren die Macht im Heer an sich rissen, Verwaltung und Wirtschaft befanden sich in jähem Niedergang. Im Dezember des Jahres 249 n. Chr. erließ ein neuer Kaiser, Decius, dessen Ehrgeiz darauf gerichtet war, die alte Ordnung wieder herzustellen, ein Edikt, das jeden Bürger dazu verpflichtete, den Göttern Opfer darzubringen. Nur die Juden wurden – aus römischer Achtung vor alten Traditionen – ausgenommen. Der Zweck des Edikts bestand darin, religiösen Bräuchen, auf denen vermeintlich das politische Wohlergehen des Reiches beruhte, zu neuer Anerkennung zu verhelfen. Ergebnis war die erste offizielle und allgemeine Christenverfolgung. Denn sie, die Christen, waren nicht zur Unterwerfung bereit. Sie lehnten es sogar ab, dem Kaiser Verehrung zu erweisen. Die Huldigung vor dem Kaiserbildnis zu verweigern, war aber gleichbedeutend mit Hochverrat. Sie zogen das Martyrium (ebenfalls eine neue Vorstellung) mit seiner Verheißung ewigen Lebens vor.

Das Christentum stellte, weil es auf historische Tatsachen – oder schriftlich überlieferte Begebenheiten – gründete, theologische Gewissheiten in Aussicht, die in den gängigen philosophischen Systemen und Religionsformen fehlten. So breitete sich der Glaube trotz regelmäßig sich wiederholender Verfolgung nicht nur über das gesamte Reichsgebiet aus, sondern auch bis in die Spitzen seiner Hierarchie. Die Entdeckung, dass das Heer infiltriert war, löste die letzte und zugleich grausamste Verfolgungswelle aus: ein weiterer um Reform bemühter Kaiser, Diokletian, der 303 ein Edikt erließ, nach dem den Christen sämtliche Bürgerrechte aberkannt, ihre Kirchen zerstört und ihre religiösen Schriften verbrannt werden sollten. Doch dies geschah kaum zehn Jahre, bevor das Christentum durch Konstantins Mailänder Edikt (313) legalisiert wurde und eine stetig wachsende Zahl von Konvertiten aus sämtlichen Schichten der Gesellschaft anzuziehen begann.

## Die Anfänge christlicher Kunst

Ironischerweise ist das wohl älteste Bild von Christi Tod am Kreuz (2. Jahrhundert) eine Karikatur ▸ 7.1. Sie ist grob in eine Wand im Hause der kaiserlichen Sklaven in Rom geritzt: Ein Mann starrt auf eine gekreuzigte Gestalt mit Eselskopf, darunter steht in Griechisch »Alessamo betet zu Gott«. Die Christen verwendeten wohl das Kreuzsymbol, vermieden aber lange Zeit die Darstellung der Kreuzigung, die eine entwürdigende

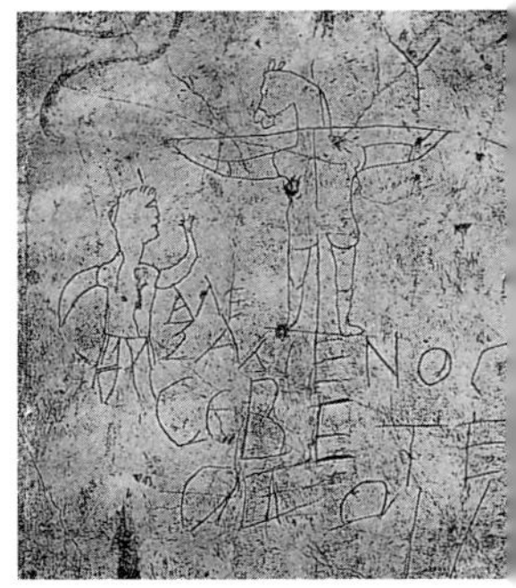

7.1 *Spottkruzifix*, 2. Jh., Wandmalerei. Antiquarium d[e]l Palatin, ehem. Paedagogium, Rom.

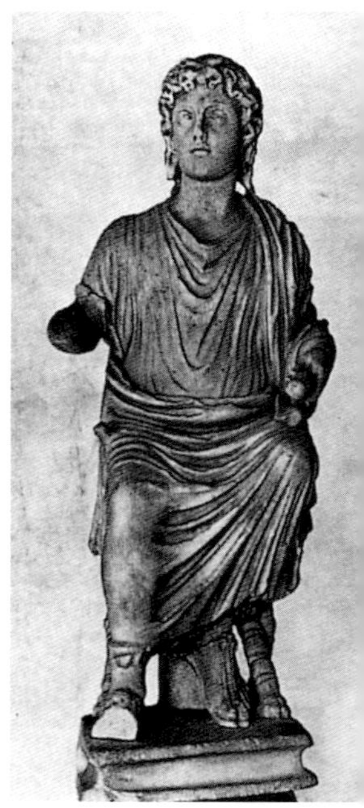

7.2 *Thronender Christus*, um 350–360, Marmor, Höhe 72 c[m] Museo Nazionale, Rom.

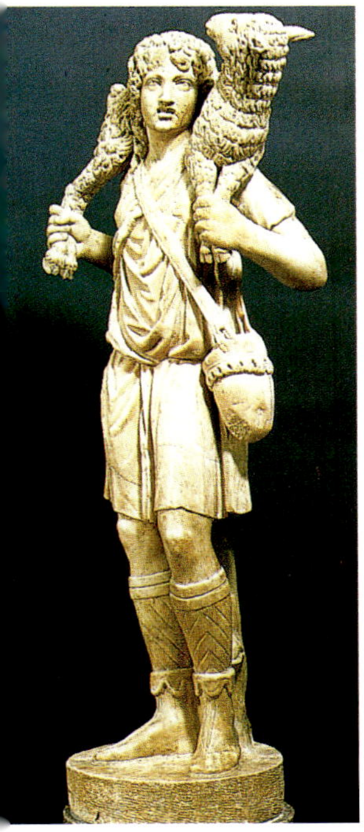

3 *Der Gute Hirte*, um 300, [M]armor, Höhe 92 cm. [V]atikanische Museen, Rom [(B]eine ergänzt).

Bestrafung für gemeine Kriminelle war. Bis ins späte 3. und frühe 4. Jahrhundert zögerten sie auch, Christus als Person darzustellen (es gibt einige Ausnahmen ▸ 7.2). Das Hauptdogma der Inkarnation (Menschwerdung Christi), dass Gott Christus wurde, ließ das Problem entstehen, ob Christus als Mensch dargestellt werden könne, eine Frage, die während der nächsten 500 Jahre mit wachsendem Eifer diskutiert werden sollte.

Die natürliche Vorsicht einer verfolgten Sekte mag ursprünglich die Schaffung einer geheimen Bildwelt unterstützt haben, die nur den Eingeweihten verständlich war. Die ersten Symbole der frühen Christen waren mehr semantisch als gegenständlich, einige rein wörtlich – denn das Wort überdauert das Fleisch und gehört so zur Ewigkeit. Das Chi-Rho-Monogramm zum Beispiel war nur eine Kombination der ersten beiden Buchstaben von ›Christos‹ – ›XP‹ auf Griechisch, der Sprache des frühen Christentums ▸ 7.4. Ein Fisch wurde als Rebus für Christi Namen genommen, da die Initialen der Gebetsformel »Jesus Christus, Sohn Gottes, Heiland« das griechische Wort für Fisch bildeten. Andere Symbole stammten von biblischen Metaphern: das Lamm von der Beschreibung Christi durch Johannes den Täufer als »Lamm Gottes, das die Sünden der Welt auf sich nimmt«. Die Worte Christi »Ich bin der gute Hirte, der gute Hirte gibt sein Leben für seine Schafe« verliehen einer alten Symbolfigur für Mildtätigkeit und Menschenliebe aus der heidnischen klassischen Kunst eine besondere Bedeutung ▸ 7.3. Diese Symbole erhielten ihren neuen Sinn nur aus dem Gesamtzusammenhang (christliche Grabmale) und sollten nicht die Person Christi darstellen. Die buddhistische Bildwelt hat, wie wir sahen (s. S. 218ff.), eine ähnliche Entwicklung durchlaufen, wobei die frühen buddhistischen Bilder nicht weniger geheimnisvoll symbolisch sind als die frühchristlichen. Darstellungen Buddhas in menschlicher Gestalt sind erst einige Jahrhunderte später entstanden als Abbilder Christi. Es gibt tatsächlich verschiedene verblüffende Parallelen zwischen frühen buddhistischen und frühchristlichen Symbolen, so zum Beispiel der leere Thron, der in der Kunst des frühen Christentums in Dreieinigkeitsbildern oft für Gottvater stand ▸ 6.15; 7.5. In dem vorliegenden Beispiel, das zu den frühesten gehört, die wir kennen, weisen Diadem und Chlamys auf den Sohn hin und die Taube auf den Heiligen Geist. Die Rehe stehen für die Gläubigen (das heißt die Kirche).

Die ersten christlichen Symbole erscheinen in der Malerei römischer Katakomben, Begräbnisstätten, die sich bis zu fünf Stockwerke tief unter der Erde entlangzogen. Die Katakomben lagen außerhalb Roms, wo der Grund billig war. Sie wurden erst Anfang des 2. Jahrhunderts von Christen (auch von Juden und anderen) benutzt, da sie Grabstätten mieden, die heidnischen Gottheiten geweiht waren. Wegen ihres Glaubens an die Auferstehung des Leibes bestanden die frühen Christen auf der Beerdigung und lehnten die Verbrennung ab, die in der römischen Unterschicht üblich war. Auf den niedrigen Decken und den schmalen Wandstücken zwischen den Sargnischen dieser unterirdischen Räume und Gänge sprachen christliche Symbole hauptsächlich von der Erlösung vom Tode: Kreuz, Chi-Rho-Monogramm, Fisch, Anker der Hoffnung und die Gestalt des Guten Hirten.

Einige dieser Malereien lassen bewusst mehrere Interpretationen zu: Männer und Frauen sitzen bei Brot und Wein an einem Tisch ▸ 7.10; 12. Man kann diese Szene als eine ›agape‹ (frühchristliches Liebesmahl) verstehen; sie kann sich aber

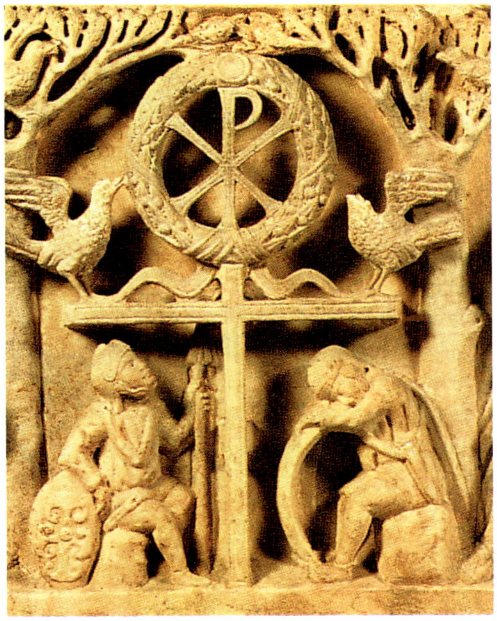

7.4 *Chi-Rho-Monogramm*, Detail von einem Sarkophag, um 340. Museo Pio Cristiano, Vatikan.

7.5 *Der leere Thron* (Sinnbild der Herrschaft Christi), um 400, Marmor, 167 x 84 cm, wahrscheinlich aus Konstantinopel. Stiftung Preußischer Kulturbesitz, Berlin.

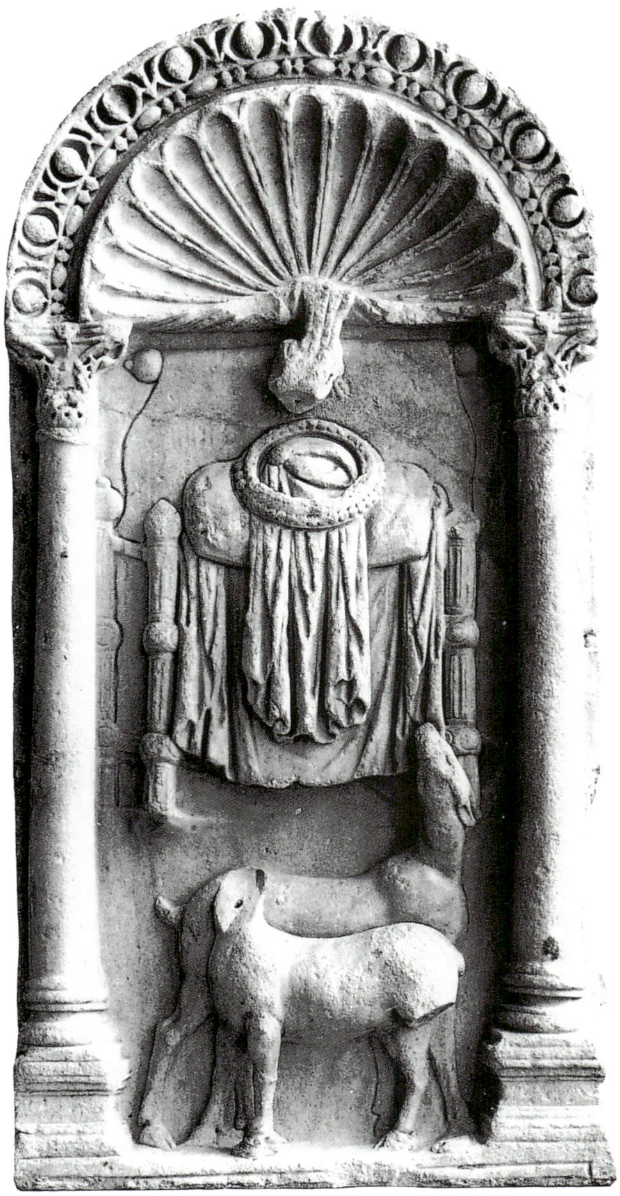

# *Die Katakomben*
# Frühchristliche Kunst

Die Bestattungssitten der Alten Römer kamen für die frühen Christen aus verschiedenen Gründen für eine Übernahme nicht in Frage, wobei ihnen insbesondere die Einäscherung zuwider war. Ihr Glaube an die Wiederauferstehung des Körpers machte es unerlässlich, Verstorbene zu begraben. Bereits ab dem 2. Jahrhundert mieden sie daher die römischen Friedhöfe oder ›columbariae‹ (Taubenschläge), in denen mit Asche gefüllte Urnen in Nischen oder Wandfächern übereinander gestellt waren, obwohl diese Friedhöfe unabhängig von der Religionszugehörigkeit allen offen standen. Stattdessen suchten die Christen nach Begräbnisstätten ausschließlich für den eigenen Gebrauch, die nicht vom Heidentum verunreinigt waren. Die Lösung boten unterirdische Begräbnisstätten oder Katakomben vor den Toren Roms, wo sich relativ leicht Stollen in den weichen, porösen Tuffstein unterhalb des unbebauten Umlandes treiben ließen. Ähnliche Bedingungen führten zur Ausschachtung von Katakomben im Umland von Neapel und andernorts. Ende des 2., Anfang des 3. Jahrhunderts angefangen und ständig erweitert, stammen sie überwiegend aus der Zeit der großen Christenverfolgungen, insbesondere der Jahre von 250 und 257–260. Die Katakomben dienten jedoch nicht als Zufluchtsstätte während der Verfolgungen. Sie wurden ausschließlich für Bestattungen genutzt, die Gedenkgottesdienste und Leichenschmäuse der Art einschlossen, wie sie möglicherweise eine Malerei in der Priscilla-Katakombe illustriert ▸ 7.12.

In manchen Fällen an einen stillgelegten Steinbruch oder eine heidnische Grabkammer angeschlossen, verästeln sich die römischen Katakomben rund 7 bis 8 m unterhalb der Erdoberfläche zu einem dunklen, unwirtlichen Labyrinth von engen Tunneln oder Stollen (höchstens 91 cm breit und 2,4 m hoch), die nach einem endlos erweiterbaren Gitternetzschema in den körnigen Tuffstein getrieben sind. Mit ihrem allmählichen Ausbau wurden sie um zusätzliche Querstollen sowohl in die Breite wie auch in die Tiefe um bis zu drei zusätzliche unterirdische Ebenen erweitert, die durch schmale Rampen oder Treppen miteinander verbunden waren – nicht unähnlich heutigen Tiefgaragen, wiewohl natürlich weit weniger geräumig. Schließlich erstreckte sich dieses unterirdische Netz über eine Gesamtlänge zwischen 96 und 145 km, und bis zu vier Millionen Christen dürften in den Stollen beigesetzt worden sein. In die Stollenwände sind schmale Schlitze oder Fachgräber (›loculi‹) getrieben, in welche die Leichname, die in mit Kalk beschichtete Leichentücher gehüllt waren, hineingelegt wurden ▸ 7.7. Die loculi wurden anschließend mit Marmor- oder Steinplatten verschlossen, in die der Name des Verstorbenen und ein Segensspruch eingemeißelt waren. Gelegentlich wurde als Andenken eine Münze, Medaille oder ein Porträtmedaillon in den Mörtel eingesetzt. Manche dieser Glasmedaillons mit eingravierter Blattgoldrückseite zählen zu den lebendigsten Bildnissen, die aus der Zeit des frühen Christentums auf uns gekommen sind. Die Personen, die auf ihnen dargestellt sind, blicken uns nach wie vor mit Strenge und melancholischer Intensität an ▸ 7.6.

In Abständen zweigen von den Stollen quadratische oder polygonale Kammern (›cubiculae‹) ab, die wohlhabenden Personen oder Familien gehörten. Ihre Wände und Decken sind mit Fresken geschmückt. Die ältesten Kammern dieser Art finden sich in der Callisto-Katakombe, benannt nach einem der großen Vereiniger der frühen Kirche, dem hl. Kalixt (gest. 222), der leitender Diakon war, bis er 217 Papst wurde. Bemerkenswerterweise sind sie bar jeglicher christlicher Inhalte. Stattdessen richten sie sich nach der im heidnischen Rom der Zeit modischen Architekturausschmückung, bei der Wände und Decken durch ein offenes, elegantes Gitterwerkmuster unterteilt wurden. Tatsächlich ist eine spezifisch christliche Kunst – d. h. eine Kunst christlichen Inhalts – nicht vor der zweiten Hälfte des 2. Jahrhunderts bezeugt. Der Grund dafür war vermutlich weniger, wie oft angenommen wurde, das alttestamentarische Bilderverbot (s. S. 282) als vielmehr eine im frühchristlichen Denken bestehende Assoziation zwischen Bildnerei und heidnischer Religion, ja der heidnischen Lebensweise schlechthin. Bereits gegen Mitte des 3. Jahrhunderts jedoch gibt es im christlichen Schrifttum Hinweise auf einen Meinungsumschwung, und spätestens im Jahrhundert danach tauchen an Orten mit christlichem Charakter Malereien mit religiöser Bedeutung auf – ein eindeutiger Bruch mit einem bis dahin geltenden Tabu.

Ein Deckengemälde aus dem 4. Jahrhundert in der Katakombe der Heiligen Petrus und Marcellinus vereint den linearen Architekturstil des heidnischen Rom mit christlichen Symbolen, die im lockeren, skizzenhaften Stil spätantiker Malerei, in allerdings drastischer Vereinfachung, wiedergegeben sind ▸ 7.8. Einer niedrigen Flachkuppel wie der des Pantheons ist das Kreuz einbeschrieben, das

7.7 Korridor in der Pamphilus-Katakombe, Rom, 3.–4. Jh.

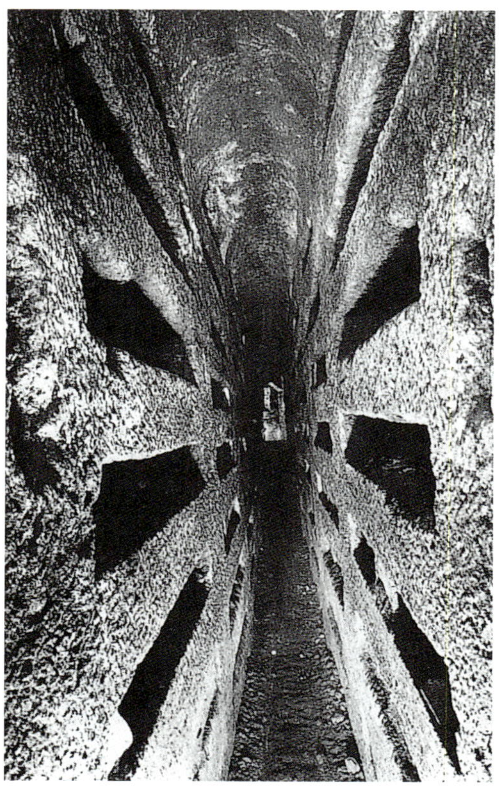

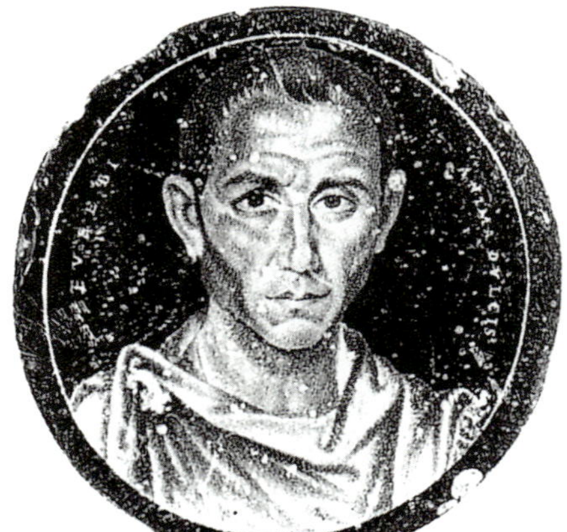

7.6 *Porträtmedaillon*, 3.–4. Jh., Gold auf Glas, Durchmesser 3,8 cm. Vatikanische Bibliothek, Rom.

gleichsam die Himmelskuppel umfasst, die derartige Gebilde symbolisieren sollten. Das Opaion, die runde Öffnung im Scheitel, umschließt hier den von Schafen umgebenen Guten Hirten, während die vier Arme des Kreuzes in Halbkreise oder Lünetten münden, von denen eine verloren gegangen ist. Zusammen erzählen diese in einfachen Bildern die Geschichte des Jonas, dessen scheinbarer Tod und wunderbare Errettung, die Kreuzigung und Wiederauferstehung Christi vorwegnehmen: Links wird er vom Schiff ins Meer geworfen, rechts wird er vom Wal verschluckt, und in der Mitte sehen wir ihn unter der Staude liegen. Zwischen den Armen des Kreuzes sind Figuren in Orantenhaltung abgebildet, deren Gebetsgestus mit ausgebreiteten Armen heidnischen Ursprungs war und noch heute in der Messe vom Geistlichen praktiziert wird. In den vier Ecken der Decke symbolisieren antike Köpfe die vier Jahreszeiten. Das gesamte Dekorationsprogramm ist typisch für die Katakombenmalerei und die Anfänge der christlichen Kunst, und zwar weniger in der Verbindung von Heidnischem und Christlichem als in der Art der Wirkung, die den Bildern zugedacht war.

In ihrer Vereinfachung, um nicht zu sagen Schematisierung, verweisen sie über sich selbst hinaus und deuten nur das Notwendigste an, um den Betrachtern die illustrierten biblischen Stoffe in Erinnerung zu rufen. Häufig sind die Bildmotive nicht mehr als Monogramme oder Piktogramme. Und auch die Bibeltexte wurden abgekürzt, so dass nur das Wichtigste dargestellt zu werden brauchte. Kein anderer Erzähl- oder sonstiger Faden verbindet sie, ganz gleich ob es sich um heidnische Motive wie Orpheus oder die üppige Weinrebe des Dionysos handelt, denen eine christliche Bedeutung zugewiesen werden konnte, oder um christliche Stoffe wie die alttestamentlichen Geschichten von Adam und Eva, Daniel in der Löwengrube und der Arche Noah. Vereint sind sie nur durch ihre gemeinsame Botschaft: die messianische Idee verbunden mit der christlichen Hoffnung auf Erlösung. Aufgrund der Dunkelheit, die in den Katakomben herrschte, waren sie wohl nur schwer zu erkennen. Gleichwohl ist die extreme Vereinfachung der bildlichen Motive zwecks Schaffung einer Zeichensprache bemerkenswert.

Dem Neuen Testament sind selten Motive entlehnt, außer in symbolischer Form, etwa die Gestalt des Guten Hirten, der jedoch, wie wir gesehen haben, nicht die Person Jesu darstellen soll (s. S. 279). Es ist daher eher unwahrscheinlich, dass in den Katakomben gelegentlich anzutreffende Malereien, die eine Mutter mit Kind zeigen, die Jungfrau Maria und das Christuskind darstellen sollen ▸ 7.9.

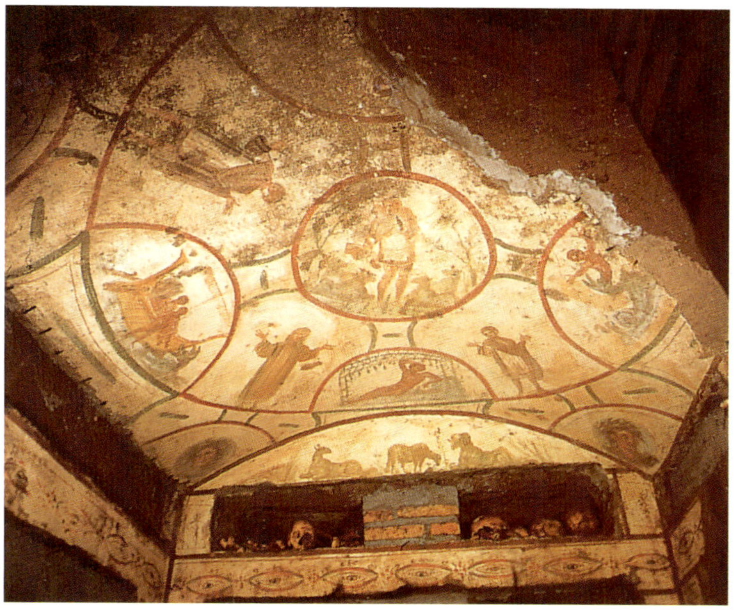

7.8 Deckenbild in der Katakombe der Heiligen Petrus und Marcellinus, Rom, um 340.

Maria wurde in den Lehren der Kirche erst im 4. Jahrhundert eine zentrale Position zugewiesen (s. S. 304f.). Eine alttestamentliche Deutung solcher Katakombenmalereien erscheint demnach plausibler, etwa als Verbildlichung der Weissagung des Jesaja 7,14: *»Siehe, eine Jungfrau ist schwanger und wird einen Sohn gebären, den wird sie nennen Immanuel.«*

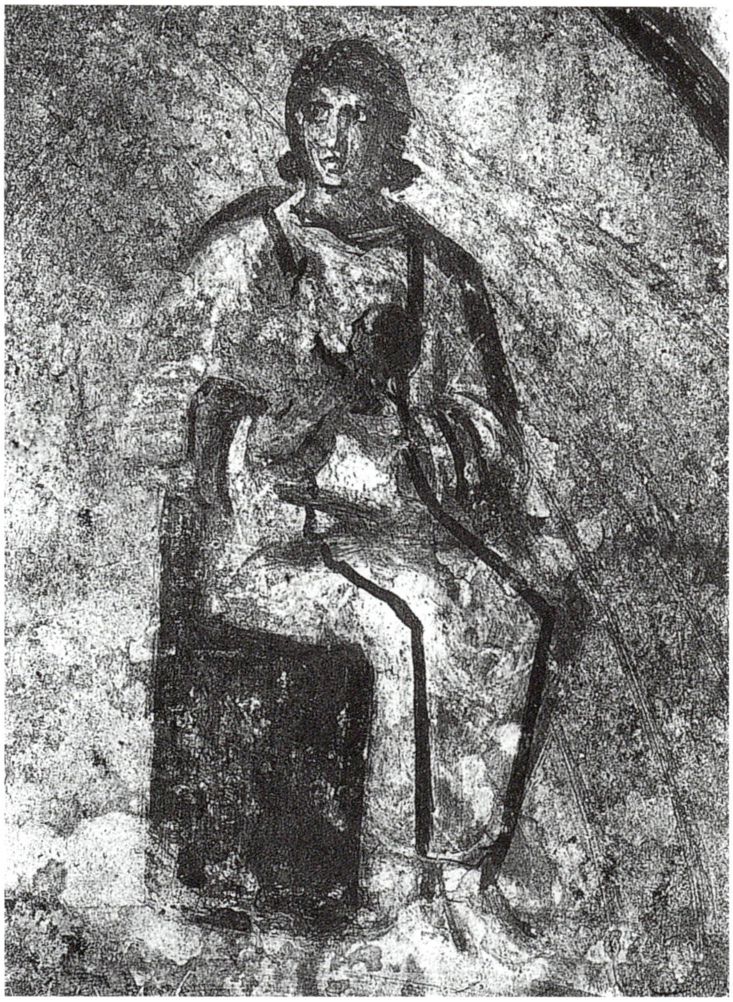

7.9 *Mutter mit Kind*, Wandmalerei in der Priscilla-Katakombe, Rom, Mitte 3. Jh.

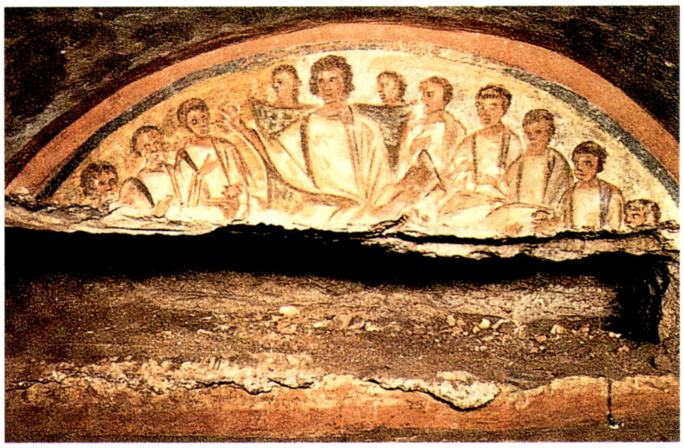

7.10 *Christus und die zwölf Apostel*, Mitte 4. Jh., Wandmalerei in der Domitilla-Katakombe, Rom.

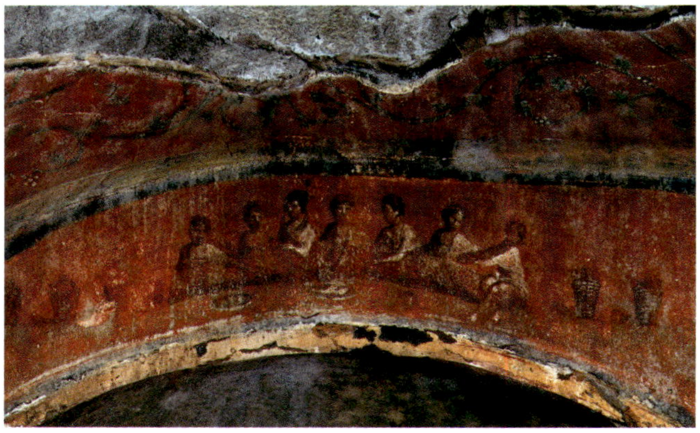

7.12 *Das Brechen des Brotes*, spätes 2. Jh., Wandgemälde in der Priscilla-Katakombe, Rom.

7.13 *Moses vor dem brennenden Dornbusch*, Wandgemälde aus der Synagoge von Dura Europos, um 250. Nationalmuseum, Damaskus.

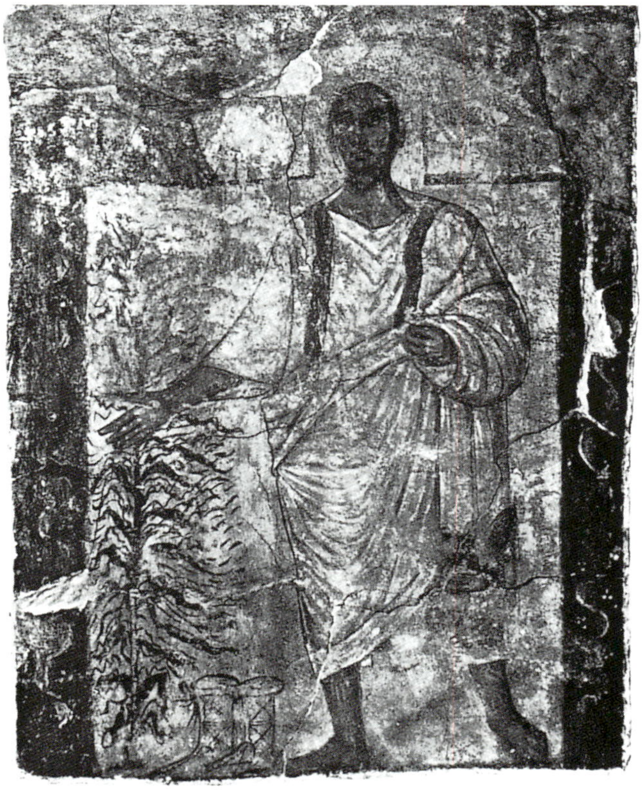

auch auf zwei Wunder Christi beziehen: die Verwandlung von Wasser zu Wein bei der Hochzeit zu Kana oder die Speisung der 5000 mit fünf Laiben Brot und zwei Fischen. Vielleicht ist die Darstellung auch als Abendmahl zu deuten und dessen Gedächtnisfeier in Form der Eucharistie oder als das Festmahl der Heiligen im Himmel. Alttestamentarische Themen, die als Präfigurationen christlicher Erlösungsgedanken verstanden werden konnten, überwiegen: Noah, Abraham opfert Isaak, Jonas und der Wal, die drei Jünglinge im Feuerofen ▸7.11, Daniel in der Löwengrube. Für Eingeweihte waren diese Themen Beispiele dafür, wie das Neue Testament die Erfüllung des Alten Testaments ist. Auch Themen aus der griechischen und römischen Mythologie tauchten auf, wenn man ihnen eine christliche Interpretation geben konnte, zum Beispiel Amor und Psyche als Allegorie von Körper und Seele. Die qualitativ besten dieser Malereien stammen von Berufsmalern. Sie müssen nicht unbedingt Christen gewesen sein, vielleicht bemalten sie sonst Wände von Privathäusern mit lebhaften Göttergestalten, Faunen und Nymphen, wie wir sie aus Pompeji kennen. Die Katakomben-Malereien waren weniger lebendig, bedeuteten auch keinen stilistischen Neubeginn. In Rom übernahmen die Christen die künstlerischen und literarischen Ausdrucksformen der Heiden und füllten sie mit neuen Inhalten.

In Dura Europos (Syrien), einer Handelsstation und Grenzstadt, wo die römischen Truppen seit 165 n. Chr. einen Stützpunkt hielten, der 256 preisgegeben wurde, fand man christliche Malereien in einem anderen Stil und von höherer Qualität, als es die beengten Verhältnisse der Katakomben in Rom zugelassen hatten. Dargestellt waren der Gute Hirte, Adam und Eva im Garten Eden, David erschlägt Goliath und zwei Wunder Christi (Gang über das Wasser und Heilung des Gichtbrüchigen). Die Malereien sind zu sehr zerstört, um auf Reproduktionen erkennbar zu sein, ähneln aber stilistisch den gut erhaltenen Wandmalereien in der nahe gelegenen Synagoge der jüdischen Gemeinde ▸7.13; 14. Damals wurde das mosaische Verbot »jedes Abbildes eines jeden am Himmel und auf Erden« recht frei ausgelegt (nur das Abbild Gottes war gänzlich verboten), auch hebräische religiöse Handschriften wurden illustriert und dienten den christlichen Künstlern bald als Vorbilder. Die Maler von der Synagoge in Dura Europos setzten sich über alle naturalistischen Techniken hinweg, die hellenistische und römische Künstler entwickelt hatten: kein Versuch, die Oberfläche der Wand aufzulösen und einen illusionären Raum zu schaffen. Die Szenen werden ohne sichtbare Beziehung zueinander oder zu der Gesamtgestaltung des Raumes angeordnet; die Gestalten sind flach gemalt, ohne Modellierung oder Schattengebung, in Vorderansicht und bewegungslos nebeneinander gereiht. Sie vermitteln keinerlei Realität, nur Bedeutung. Wandmalereien in anderen Gebäuden in Dura Europos sind ähnlich schematisch: in den Tempeln des Zeus, des persischen Gottes Mithras (sein Kult war im römischen Heer weit verbreitet) und des mesopotamischen Gottes Baal (seit sumerischen Zeiten verehrt). Man weiß nicht, ob die Maler in diesem provinziellen Vorposten des Imperiums den Illusionismus wegen ihres weltverneinenden Religionsideals vernachlässigten oder nur deshalb, weil sie in einer schematisierenden Tradition gelernt hatten, die mehr Persien oder dem ferneren Osten verbunden war als Rom und dem Westen. In dieser kleinen Stadt gab es 16 verschiedene Kultstätten, die hauptsächlich für die römischen Truppen errichtet worden waren – ein beredtes Zeugnis für den geistigen Aufruhr des späten 2. und des 3. Jahrhunderts.

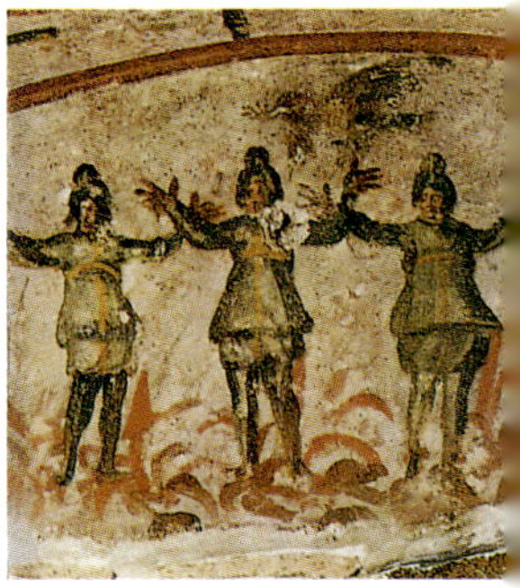

7.11 *Die drei Jünglinge im Feuerofen*, Anfang 4. Jh., Wandmalerei in der Priscilla-Katakombe, Cappella Greca, Rom.

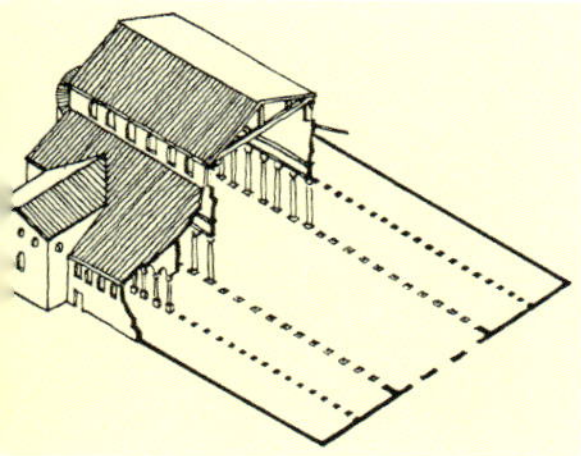

14 Isometrische Rekon-
ruktion der Lateran-Basilika,
om, Zustand von 320.

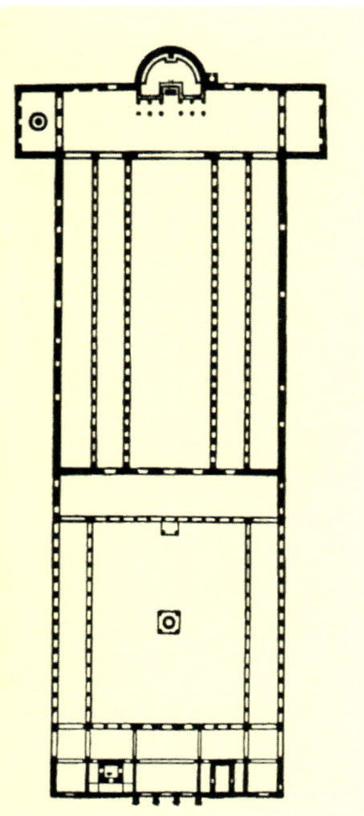

16 Grundriss von Alt-St.
ter, Rom.

*Von der Domus Ecclesia zur christlichen Basilika*

Das christliche Heiligtum in Dura Europos, das älteste erhaltene überhaupt, war ursprünglich ein gewöhnliches Wohnhaus in einem Armenviertel, um dessen Hof sich mehrere Räume gruppierten. Zwei von ihnen wurden später zu einer Versammlungshalle für etwa 50 Personen zusammengefasst. Ein dritter Raum – mit Wandmalereien – erhielt ein großes Becken, das, von einem Baldachin überfangen, dem wichtigsten Einführungsritus diente: der Taufe. Vielleicht gab es im Obergeschoss einen Raum für die Feier der Eucharistie. Während der Jahrhunderte der Verfolgungen versammelten sich die Christen gewöhnlich in solchen Häusern, ›domus ecclesiae‹ genannt nach dem lateinischen Ausdruck für Privathaus und dem griechischen für Versammlungsraum. Nach der Legalisierung des Christentums (313) gebaute Kirchen bewahrten die Schlichtheit der Vorgängerbauten und als architektonisches Charakteristikum vor allem das Atrium (s. S. 185 und 188), das später vergrößert als Vorhof der Kirche diente, vgl. ▸ 7.16. Für die ständig wachsenden Gemeinden benötigte man größere Innenräume. Die traditionellen römischen Tempel boten in der Cella, die der Götterstatue vorbehalten war, nur wenig Raum für eine Kultgemeinde. Aus diesem Grunde, auch als Zeichen für den endgültigen Bruch mit dem Heidentum, wurde diese Bauform von den Christen nicht übernommen. Prototypen für die ersten großen Kirchenbauten zur Zeit Konstantins fand man in der öffentlichen Profanarchitektur (zum Beispiel der Basilika). Sicher waren dabei praktische Gründe ausschlaggebend, doch auch die Absicht, das Bündnis zwischen Christentum und Imperium zu symbolisieren, das Konstantin begründet hatte.

Die Förderung des Christentums durch Konstantin (um 274–337) lässt an die des Buddhismus durch Aśoka in Indien mehr als fünf Jahrhunderte früher denken (s. S. 213 f.). Beide sahen in der Religion ein äußerst wirkungsvolles Mittel, die politische Einigung ihrer Reiche durchzusetzen. 306 folgte Konstantin seinem Vater als Herrscher über die römischen Nordwestprovinzen, erlangte 312 die Gewalt über Italien und unterwarf 324 den reichen Osten, wo er seine neue Hauptstadt Konstantinopel gründete. Der Gedanke des Imperium Romanum war lange vor seiner Machtübernahme in Auflösung begriffen: Die alte römische Religion, deren höchster Priester der Kaiser war, hatte ihre Anziehungskraft an die bunte Vielfalt ›fremder‹ Kulte, einschließlich des Christentums, verloren. Während der politischen Umwälzungen des 2. Jahrhunderts war die Idee des ›Gott-Kaisertums‹ für immer unglaubwürdig geworden. Die Christen wollten nicht einmal ein Lippenbekenntnis ablegen. Ihr Widerwille wurde durch Konstantins Idee gebrochen, sich selbst an die Spitze ihrer Kirche zu setzen, als Stellvertreter Christi, dessen Chi-Rho-Monogramm er auf seine Standarten setzte. Obwohl er bis kurz vor seinem Tod nicht getauft war, fühlte er sich doch als ›Diener Gottes‹: Er kämpfte während des ›Arianischen Streites‹ für Einigkeit, leitete Kirchenkonzile, auch das von Nicäa, wo das ›nicänische Glaubensbekenntnis‹ verkündet wurde – noch immer das grundlegende Glaubensbekenntnis der meisten heutigen Christen. Für Konstantin bedurfte ein geeintes Imperium einer geeinten Kirche, die es stützte. Die Autorität, die er erworben hatte und seinen Nachfolgern weitergab, spricht aus einer militärischen Dienstvorschrift des 4. Jahrhunderts, als das Christentum zur offiziellen Religion des Imperiums geworden war:

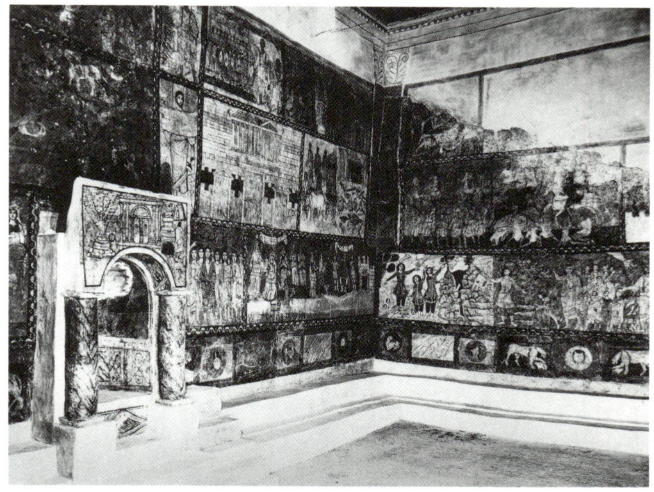

7.15 Wandmalereien aus der Synagoge von Dura Europos, Syrien, Nordwest-Ecke, um 250. Nationalmuseum, Damaskus.

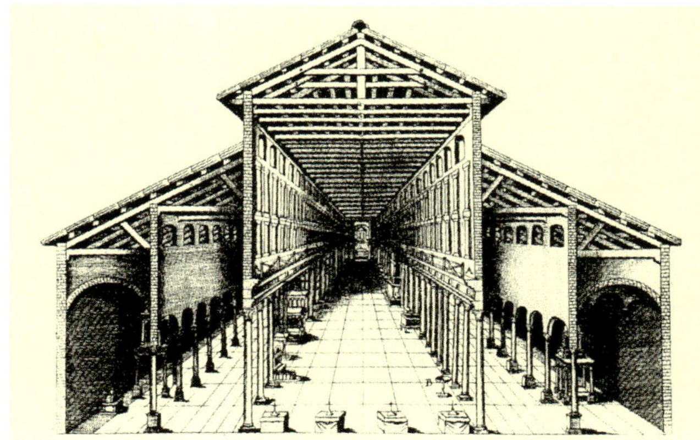

7.17 Alt-St. Peter, Rom, Beginn 333 (Zeichnung von J. Ciampine, 1693).

*»Wenn der Kaiser den Namen Augustus erhalten hat, wird man ihm gegenüber der Treue und des Gehorsams schuldig wie zur allgegenwärtigen und leibhaftiggewordenen Gottheit. Denn in Frieden und Krieg ist es ein Dienst an Gott, Treue zu bewahren zu ihm, der regiert in Gottes Namen.«*

In einem parallelen Vorgang wurden die einfachen Riten der frühen Kirche in Zeremonien umgewandelt, die denen des kaiserlichen Hofes glichen – mit gewaltigen Folgen für die christliche Kunst.

Im Jahr 313 schenkte Konstantin der christlichen Gemeinde in Rom einen kaiserlichen Palast für ihren Bischof und ein Stück Land für den Bau einer Kirche. Grundmauern dieser Kirche unter San Giovanni in Laterano, die noch heute die Kathedrale von Rom ist (das heißt die Kirche mit dem Thron des Bischofs, der ›cathedra‹), lassen erkennen, dass sie eine ›basilica‹ (s. S. 185) war ▸ 7.14. Die römische Basilika unterschied sich von der christlichen ganz erheblich in Form und Funktion. Sie konnte ein kaiserlicher Thronraum sein, ein Gerichtssaal oder einfach ein überdachter Markt, eine Wechselstube oder ein Versammlungssaal. Gewöhnlich hatte sie die Form einer langen Halle mit Seitenschiffen, manchmal mit Emporen darüber, die den Hauptraum rahmten. Gedeckt war sie mit massiven Gewölben oder Holzdächern. Eine Wand war immer durch eine halbkreisförmige oder rechteckige Apsis erweitert, deren öffentlicher Charakter durch eine Statue oder Büste des Kaisers angezeigt war, vor der Eide abgenommen wurden. Aus den vielen Möglichkeiten dieses römi-

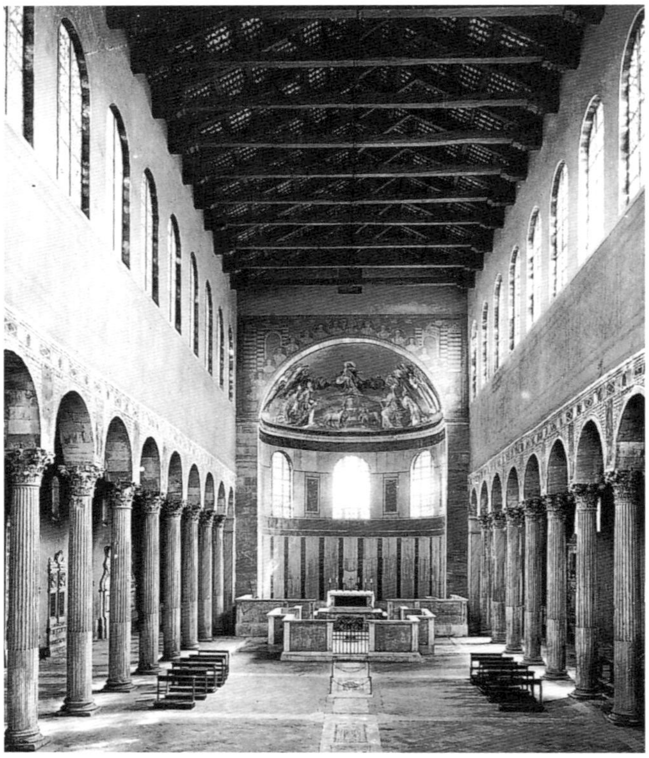

7.18 Santa Sabina, Rom, 423–432.

schen Gebäudetyps wählte der Architekt der Lateransbasilika die Bauteile, aus denen sich das christliche Gotteshaus zusammensetzen sollte: ein lang gestrecktes, hohes, Holz überdachtes Mittelschiff, erhellt durch einen → Lichtgaden, flankiert von niedrigeren Seitenschiffen, welche die Längsachse vom Portal zur Apsis betonen und durch Säulenreihen von dem Mittelschiff getrennt sind. In einem römischen Kaiser- oder Gerichtssaal standen in der Apsis der Thron des Kaisers oder des Richters, umgeben von den Sitzen der Würdenträger oder Beisitzer: Daraus wurde die Apsis mit dem Bischofsthron und den Bänken für die Geistlichkeit (das ›synthronon‹), wie in der Kirche Santa Sabina in Rom, einem der am vollständigsten erhaltenen Beispiele frühchristlicher Basiliken ▸7.18;19. (Die Säulen und Kapitelle sind Spolien, das heißt wieder verwendete Bauteile, wohl aus einem antiken römischen Tempel.)

Der Basilikagrundriss wurde für die wesentlich größere Petersbasilika abgewandelt, die gegen 320 auf dem Vatikanhügel von Rom mit Konstantins finanzieller Unterstützung gebaut wurde ▸7.16;17. Ausgrabungen unter der heutigen Kirche haben ergeben, dass die Rückwand des Mittelschiffes mit der Apsis zurückgesetzt war, um einen quer gelagerten Raum zu schaffen, in dem große Pilgerscharen versammelt werden konnten. Auch im Innenraum vollzog der riesige Bogen am Ende des Mittelschiffes eine Trennung in zwei Teile. Über dem Bogen befand sich ein Mosaik, auf dem Konstantin, von Petrus begleitet, Christus das Modell der Kirche darbringt, mit der Inschrift: *»Weil unter Deiner Herrschaft die Welt glorreich bis zum Himmel wuchs, stiftete Konstantin, selbst siegreich, diese Kirche zu deinen Ehren.«* Die Teilung betont die zweifache Bestimmung der Kirche: ›martyrium‹ und Begräbnisstätte. St. Peter war ursprünglich ein ›martyrium‹, das heißt eine Kirche, errichtet über einem Ort, der entweder durch ein Ereignis in Christi Leben geheiligt war oder durch das Grab eines Christen, der Zeugnis für den Glauben abgelegt hatte: in diesem Fall durch den Schrein, der lange Zeit als Petrus-Grab verehrt wurde. Gleichzeitig war die Peterskirche auch eine überdachte Begräbnisstätte, wo Christen nahe dem Schrein nach den gebräuchlichen Riten und Begräbnisfeierlichkeiten der Zeit beerdigt werden konnten. Das Querschiff war dem Schrein vorbehalten, Mittelschiff und Seitenschiffe konnten als Begräbnisstätte genutzt werden.

Der Schrein war der Mittelpunkt von St. Peter, vom Eingang aus durch den triumphalen Bogen der Apsis als Würdemotiv umrahmt. Ein Ziborium, ähnlich den Baldachinen, die über den Kaiserthron gehalten wurden, erhob sich über dem Schrein, getragen von Schlangensäulen. Konstantin hatte sie aus Griechenland geschickt, später glaubte man, sie stammten aus Salomons Tempel.

»Du bist Petrus, und auf diesen Fels will ich meine Kirche bauen«, soll Christus zu seinem Apostel gesagt haben. Petrus war der erste Bischof der christlichen Gemeinde in Rom. Von ihm leiteten alle nachfolgenden Bischöfe ihr Primat als Päpste nicht nur über die Stadt, sondern über die ganze Christenheit ab. Dem Grundriss der Kirche, die Konstantin zu seinen Ehren gebaut hatte, kommt deshalb eine symbolische Bedeutung zu.

Konstantin stiftete auch Kirchen in seiner neuen Hauptstadt Konstantinopel und im Heiligen Land. Wenige von ihnen überdauerten. Es ist bekannt, dass das Heilige Grab – außerhalb Jerusalems gelegen, wo, wie man glaubte, Christi Körper nach der Kreuzabnahme zur Ruhe gebettet worden war – von einem Rundbau mit einer Kuppel umfangen war, die zwölf Paar Säulen (entsprechend der Zahl der Apostel) trugen. Der Kreis ist in vielen Kulturen ein altes religiöses Symbol. Wie wir gesehen haben, symbolisiert die Halbkugel des buddhistischen Stupa den Kosmos (s. S. 216f.); auch die Griechen und Römer bauten Rundtempel (›tholoi‹) für ihre Götter. Diese Form floss nun in die christliche Architektur ein als ›martyrium‹. Sie wurde angewandt beim Heiligen Grab in Jerusalem, beim

7.20 Inneres von Santa Costanza, Rom, um 350.

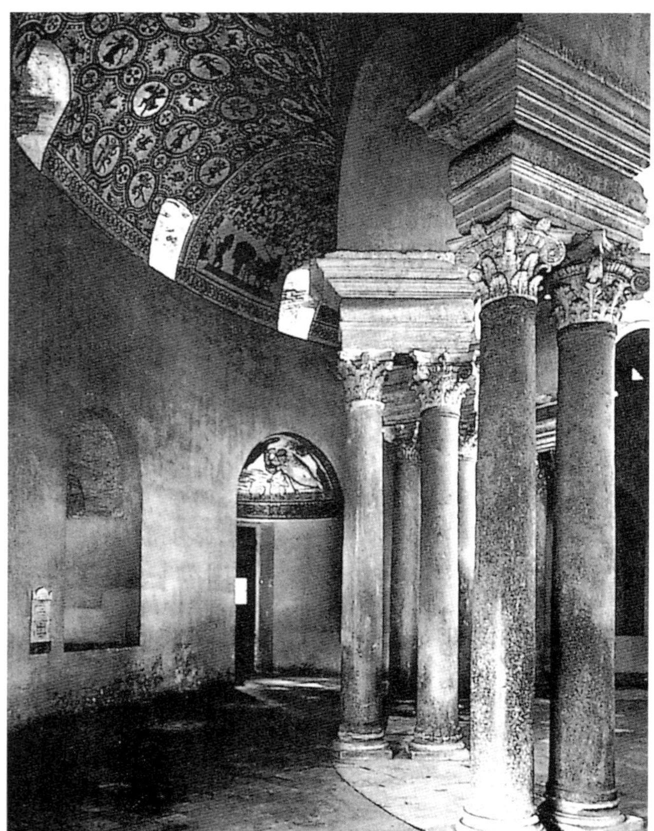

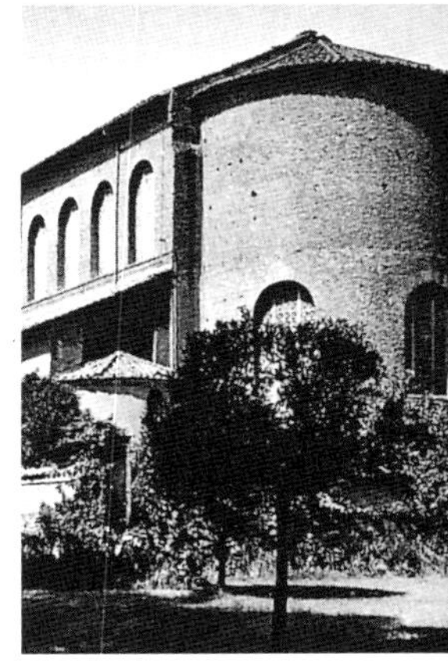

7.19 Santa Sabina, Rom.

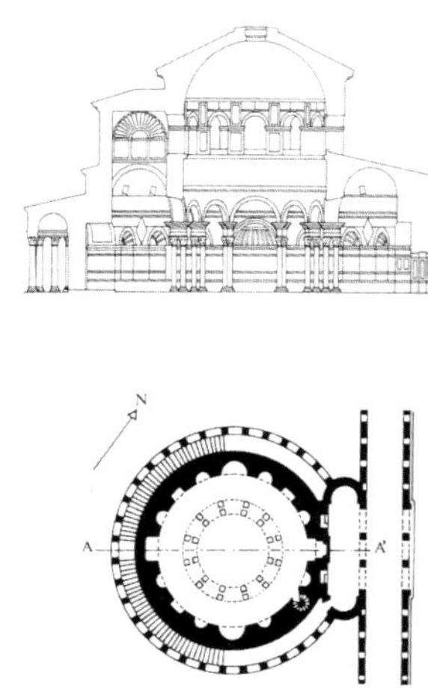

7.21 Schnitt und Grundriss v[on] Santa Costanza, Rom.

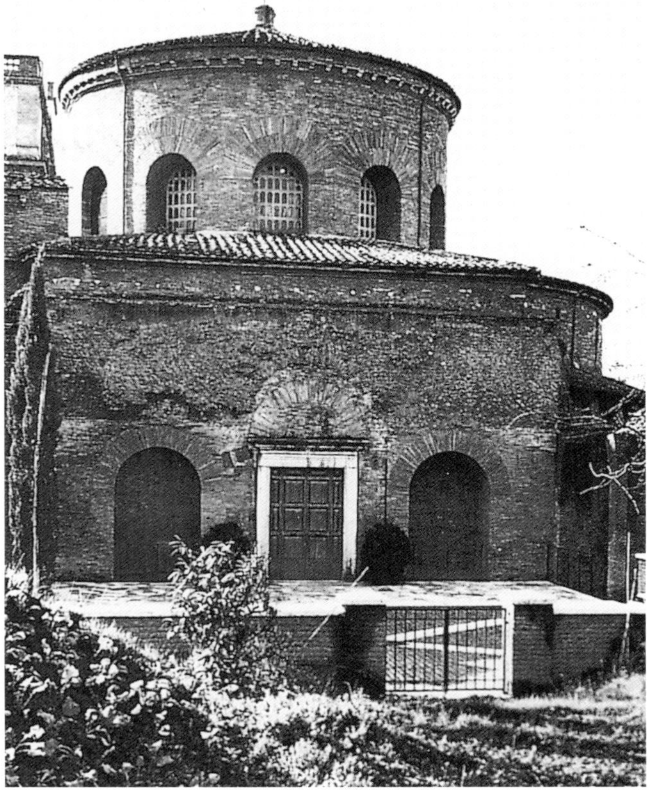

7.22 Santa Costanza, Rom, um 350.

Grab von Konstantins Tochter Constantia in Rom (heute die Kirche Santa Costanza 7.20–22) und später bei St. Symeon Stylites in Qal'at Si'man in Syrien ▸7.47; 48.

Die Bezeichnungen ›spätantik‹ und ›frühchristlich‹, bezogen auf die Kunst des 4. und 5. Jahrhunderts, sind für die Kirche Santa Costanza beide gleich zutreffend. Sie zeigt sehr schön, wie heidnische Formen mit christlichen Gedanken verschmolzen. Ihre Kuppel wächst über zwölf Paar Granitsäulen mit krausen korinthischen Kapitellen, die ziemlich sicher früheren, heidnischen Bauten entnommen worden waren. Im Gewölbe des den Zentralraum umgebenden Ambulatoriums befinden sich Mosaiken, die ebenfalls aus alten römischen Palästen oder Tempeln kommen könnten: geometrische Muster über dem Eingang und auf beiden Seiten Bildfelder mit Weinranken und Kindern bei der Weinlese. Die heidnischen Vorbilder nahmen eine christliche Bedeutung an im Sinne des Christus-Wortes: »Ich bin der Weinstock«.

Ursprünglich sah man von der Eingangspforte aus auf eine Nische, in der Constantias reich verzierter kaiserlicher Porphyrsarkophag stand (Vatikanische Museen). Das Apsismosaik stellte das Paradies dar, Lämmer symbolisierten die Apostel. Die Kuppel war mit alttestamentlichen Szenen geschmückt, die voneinander durch vergoldete Karyatiden mit Panthern zu ihren Füßen getrennt waren. Dies alles ist nun zerstört. Die überwältigende Wirkung der monumentalen Bilder muss in scharfem Kontrast gestanden haben zu den roh bemalten Grabkammern der Katakomben nur ein halbes Jahrhundert zuvor.

## *Das Bild Christi*

Als das Christentum keine Untergrundreligion mehr war, wuchs das Bedürfnis nach einer Architektur, die den imperialen Status mit reicher Dekoration widerspiegelte, und nach einer Bildsprache, die weniger verschlüsselt war als die der Katakomben. Die ersten Versuche, dem zu entsprechen, waren wahrscheinlich die großen Bibelszenen, die auf die Wände der Lateran- und St.-Peter-Basiliken gemalt wurden. Leider ist wenig über ihr Erscheinungsbild bekannt, und es wäre gewagt, Parallelen zwischen ihnen und den Malereien in Kirche und Synagoge von Dura Europos anzunehmen ▸7.13; 15. Reliefs auf Sarkophagen sind die besterhaltenen Zeugnisse eines frühen, typisch christlichen Stils. Die frühesten Reliefs sind den Friesen am Konstantinsbogen so ähnlich, dass man annehmen könnte, sie seien Erzeugnisse derselben Werkstatt. Bald darauf kehrte man zu älteren und klassischeren Sarkophagtypen zurück (schon 200 Jahre zuvor hatten diese Sarkophagtypen den Bildhauern von Gandhara bei ihrer Suche nach einer Bildsprache für den Buddhismus weitergeholfen, s. S. 222f.). Einige Figuren auf dem frühchristlichen *Zwei-Brüder-Sarkophag* – besonders der nackte Athlet – sind genau nach klassischen Prototypen kopiert ▸7.23. Anders als bei den traditionellen Sarkophagen, die auf einem Fries nur ein Ereignis schildern, sind hier die Figuren auf zwei Bildbändern nebeneinander gereiht und illustrieren ohne Abtrennung verschiedene Ereignisse.

Im oberen Bildband erweckt Christus Lazarus vom Tode und weissagt dem Apostel Petrus, dass er ihn drei Mal leugnen werde, Abraham will gerade Isaak opfern, und Pontius Pilatus wäscht sich die Hände in Unschuld. Unten wird Petrus von römischen Soldaten ergriffen, die gleich neben Daniel in der Löwengrube stehen.

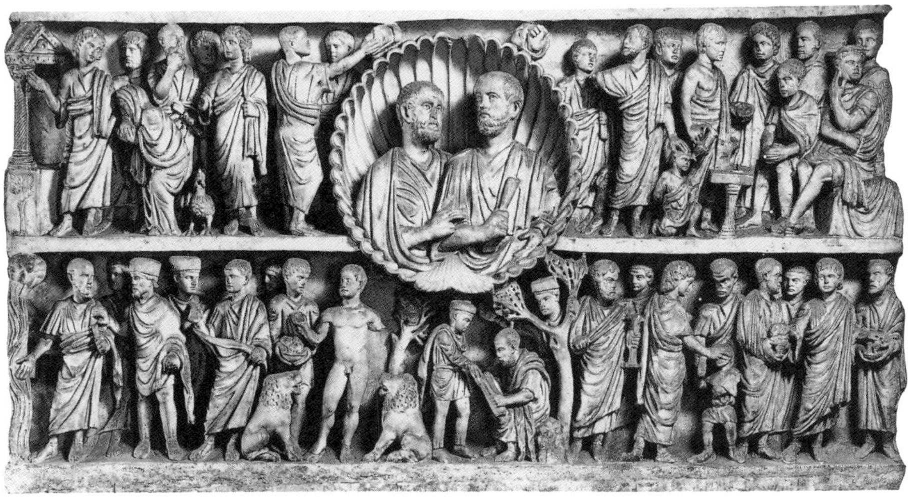

7.23 *Zwei-Brüder-Sarkophag*, 330–350. Museo Pio Cristiano, Vatikan, Rom.

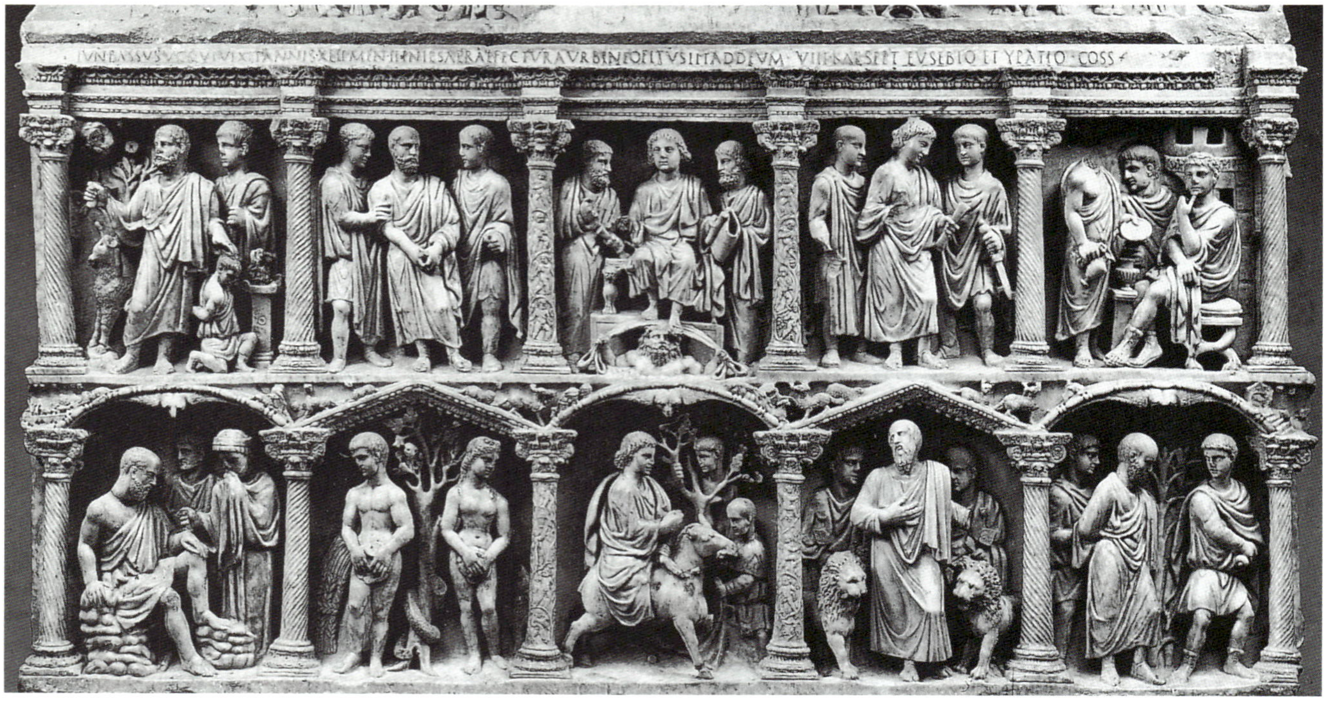

7.24 *Sarkophag des Junius Bassus*, 359. Neue Sakristei, St. Peter, Rom.

Der *Sarkophag des Junius Bassus*, Präfekt der Stadt Rom, gestorben 359, ist ein sorgfältiges und vollkommen ausgearbeitetes Werk mit gut proportionierten Figuren, die klassischen Geist atmen ▸ 7.24. Auch die Zwickel der unteren Arkaden sind ausgefüllt: die Taufe Christi, Lazarus' Erweckung; Lämmer symbolisieren die drei Jünglinge im Feuerofen. Auch hier folgen die Szenen keinem erzählerischen Ablauf, sind aber in geschlossenen Bildfeldern komponiert, die von Säulen umrahmt und thematisch aufeinander bezogen sind. An den Enden des unteren Bildbandes werden der gequälte Hiob gezeigt und Paulus, der zum Martyrium geführt wird – Szenen, die auf Christus anspielen, dessen Geißelung und Kreuzigung zu dieser Zeit noch nicht dargestellt wurden. Christus ist nicht mehr eine Figur unter anderen (wie auf dem *Zwei-Brüder-Sarkophag*), sondern wird in der Komposition zum Mittelpunkt, wie in der Lehre von der Erlösung, die dargestellt wird. Man sieht ihn im unteren Bildband am Palmsonntag, dem Augenblick seines Triumphes auf Erden, in Jerusalem einreiten, und genau darüber thronend zwischen Petrus und Paulus. Die Figur auf dem Thron, umrahmt von zwei stehenden Begleitern, ist aus der Ikonographie der kaiserlich-römischen Kunst übernommen und kommt auch in der buddhistischen Kunst vor (der Buddha zwischen den Bodhisattvas). Christi Füße ruhen auf einem Baldachin, der vom römischen Himmelsgott Coelus getragen wird, ein Hinweis darauf, dass er über dem Firmament thront, ›aufgefahren‹ gen Himmel.

Auf dem *Sarkophag des Junius Bassus* ist Christus nicht in eine römische Toga, sondern in ein griechisches Pallium gekleidet, das in Italien mit Philosophen und Lehrern verbunden wurde. Er ist jedoch nicht bärtig wie ein Philosoph, sondern hat ein frisches, jugendliches Gesicht (vielleicht war ein Apoll das Modell). Das Bild ewiger Jugend erscheint oft in der frühchristlichen Kunst, bekommt aber nach und nach rein rituelle Bedeutung. Auf einem Mosaik in Ravenna steht der bartlose Christus, ein Pallium aus kaiserlichem Purpurstoff tragend, mit ausgebreiteten Armen und segnet Brot und Fische ▸ 7.25. Die im Bedeutungsmaßstab verkleinerten Jünger halten die Hände bedeckt, wie es zu dieser Zeit jenen gebührte, die ihrem Herrscher Tribut zollten. Wenn heute der Priester die katholische Messe zelebriert, macht er noch immer die Geste Christi auf diesem Mosaik, und bis vor kurzem trug der Diakon den Hostienteller für das geweihte Brot in verhüllten Händen. Dieser jugendliche Emmanuel (›Gott mit uns‹) war als Christusbild bis ins Mittelalter gebräuchlich.

Ein völlig anderes Christusbild – hageres Gesicht, lange Haare, bärtig – erscheint zum ersten Mal auf Wandbildern in einer Katakombe des 4. Jahrhunderts. So wird er auch auf einem Sarkophag gezeigt, der um 390 in Mailand gemeißelt wurde ▸ 7.29. Hier steht Christus mit den Aposteln (wiederum durch Schafe symbolisiert) vor dem Tor zum himmlischen Jerusalem und übergibt Petrus das ›Neue Gesetz‹, wie Gott einst Moses die Tafeln mit den Zehn Geboten übergab. Natürlich war eine reifere Erscheinung angemessener für Christus, den Gesetzgeber, eine Erscheinung, die ihn mit Gottvater in Verbindung brachte. Der Künstler hatte sich deshalb vom Vater der heidnischen Götter inspirieren lassen, von Zeus oder Jupiter. Ein ehrfurchtgebietendes Bild Christi entwickelte sich

7.25 *Das Brot- und Fischwunder*, um 504, Mosaik, Sant'Apollinare Nuovo, Ravenna.

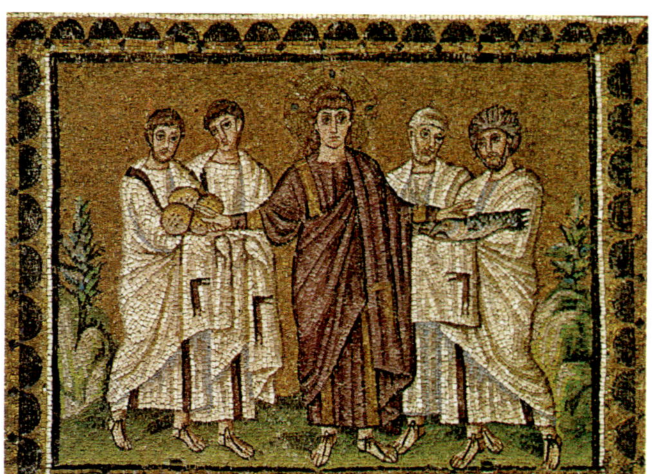

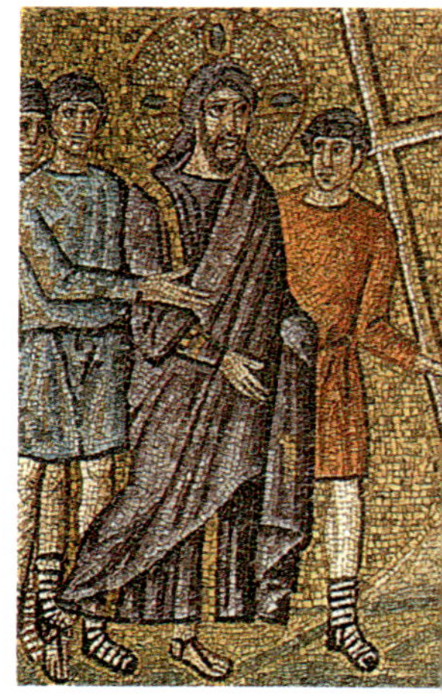

7.26 *Der Weg zum Kalvarienberg*, um 490, Ausschnitt aus einem Mosaik in Sant'Apollina Nuovo, Ravenna.

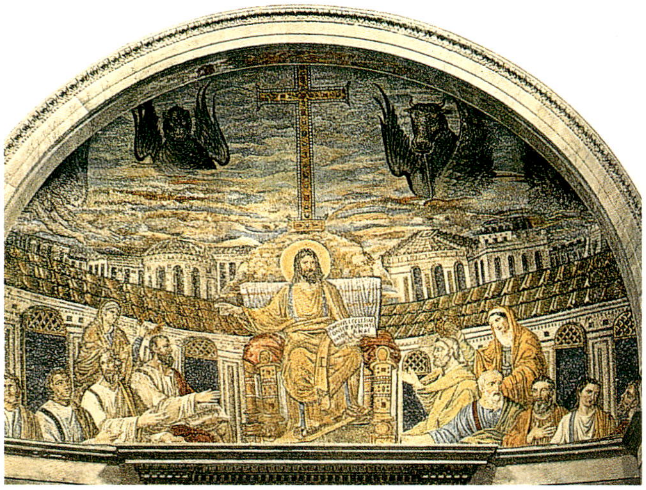

7.27 *Christus als Lehrer unter den Aposteln*, 402–417, Apsismosaik in Santa Pudenziana, Rom.

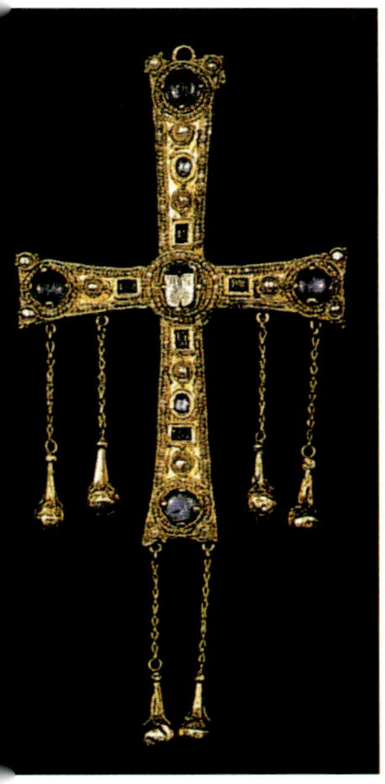

ɛ8 *Votivkreuz des Agilulf*, r 625, Gold, Edelsteine, rlen. Domschatz von n Giovanni, Monza.

und wurde beispielgebend, wie in den Mosaiken von Santa Pudenziana ▸7.27 und denen des frühen 6. Jahrhunderts in Santi Cosma e Damiano in Rom. Das bärtige Bildnis setzte sich in der ganzen Christenheit durch, wenn auch einige Jahrhunderte vergehen mussten, bevor es in das Pathos des Schmerzensmannes überging. Zu der frühen Zeit wurde Christus eigentlich nur als wundertätig Heilender, als großer Lehrmeister oder als Gesetzgeber dargestellt. Szenen seines Leidensweges endeten immer kurz vor seiner Peinigung, und die Kreuzigung wurde allgemein vermieden, wie in den frühesten erhalten gebliebenen Zyklen mit Themen aus den Evangelien, in Sant'Apollinare Nuovo, Ravenna ▸7.26. Das Kreuz wurde gebraucht nicht als Symbol für Leiden und Tod, sondern als Zeichen des Triumphes und der Auferstehung – oft war es in Gold gefasst und mit kostbaren Steinen geschmückt ▸7.28.

Die zwei völlig verschiedenartigen Christusbilder, die in der Vorstellungswelt der frühen Christen nebeneinander existierten, entwickelten sich vor dem Hintergrund theologischer Auseinandersetzungen. Die Abscheu vor dem heidnischen Götzendienst, die Juden und Christen gemein war, verleitete manche zur totalen Ablehnung bildhafter Darstellungen. Der polemische Theologe Tertullian (um 160–225) behauptete, der Teufel habe »Bildhauer, Maler und die Hersteller jeder Art von Porträts« erfunden. Das strikte mosaische Verbot der Abbildung Gottes wurde befolgt – bis ins 12. Jahrhundert wurde er nur als Hand dargestellt, die vom Himmel herabreicht ▸7.66. Als die Schwester des Kaisers Konstantin einen Bischof um ein Bild Christi bat, wurde sie streng gerügt, weil sie damit eine Neigung zum Götzendienst gezeigt habe. Ende des 4. Jahrhunderts fragte Epiphanius (gest. 403), Bischof von Salamis, in einem Brief an den Kaiser Theodosius: *»Malte je einer der Väter ein Christusbild und hängte es auf in der Kirche oder im Haus? Welcher Bischof der Alten entehrte Christus, indem er ihn auf Vorhänge malen ließ?«* Heiligenbilder seien ebenfalls anstößig, fuhr er fort, seit die Maler gewohnheitsmäßig »lügen«, wenn sie die Heiligen »aus einer Laune heraus« einmal als alte Männer, einmal als Jünglinge darstellten. Darum, bedrängte Epiphanius den Kaiser, sollten all diese Bilder entfernt oder übertüncht werden, und niemand solle hinfort in dieser Weise malen; denn die Väter hätten nur die Heilszeichen Christi auf ihre Tür gesetzt.

Der weit verbreitete Wunsch nach Abbildern konnte jedoch theologischen Beistand finden: Das Nicänische Glaubensbekenntnis, 325 formuliert, hatte festgelegt, dass Christus »wesensgleich dem Vater« sei und für die Menschen und ihre Errettung auf die Welt gekommen und Mensch geworden sei. Daraus folgte, dass er als Mensch dargestellt werden konnte. Außerdem widerlegte man die unter den Gnostikern des 3. Jahrhunderts weit verbreitete Lehre, dass Christi irdische Erscheinung nicht leiblich gewesen sei. Demnach konnte das Christusbild als Bestätigung der Orthodoxie gelten, besonders in Gegnerschaft zu der Irrlehre der Monophysiten im 5. Jahrhundert, für die göttliche und menschliche Natur zu einer gottmenschlichen vereint waren. Bilder verdeutlichten die auf dem Konzil von Chalcedon (451) formulierte Lehre,
*»dass Christus wesensgleich mit dem Vater ist, was seine Göttlichkeit betrifft, und gleichzeitig wesensgleich mit uns (den Menschen), was seine Menschlichkeit betrifft; in jeder Weise mit uns, doch fern der Sünde«.*

Die kaiserlich-römische Kunst, von der die Christen in ihren sakralen Bildern zehrten, war auch weiterhin Vorbild für profane Werke. Auf einer prächtigen Silberschale, 388 hergestellt zur Feier der zehnjährigen Wiederkehr der Thronbesteigung des Kaisers Theodosius, sieht man Gestalten der heidnischen Mythologie – Cupidos, die noch nicht in Engel verwandelt sind ▸7.30. Die Wirkung ist jedoch sehr unklassisch. Der Akzent hat sich verlagert. Das Körperliche ist dem Unkörperlichen gewichen, Naturtreue wird zu Symbolismus. Theodosius thront vor einer Ziergiebel-Fassade mit Mittelbogen als Würdeformel. Sein Haupt, ein idealisiertes Porträt, umgibt ein Glorienschein, der wahrscheinlich aus sassanidischen und hellenistischen Bildern geweihten Königtums stammt und später göttliche Aura anzeigte: bei Buddha ▸6.16, bei Christus und den Heiligen. Ohne den Beamten zu beachten, dem er ein Dokument reicht, ist Theodosius' Blick hieratisch streng geradeaus gerichtet. Die Rangfolge wird durch

7.29 Detail von einem Sarkophag, um 390. Sant' Ambrogio, Mailand.

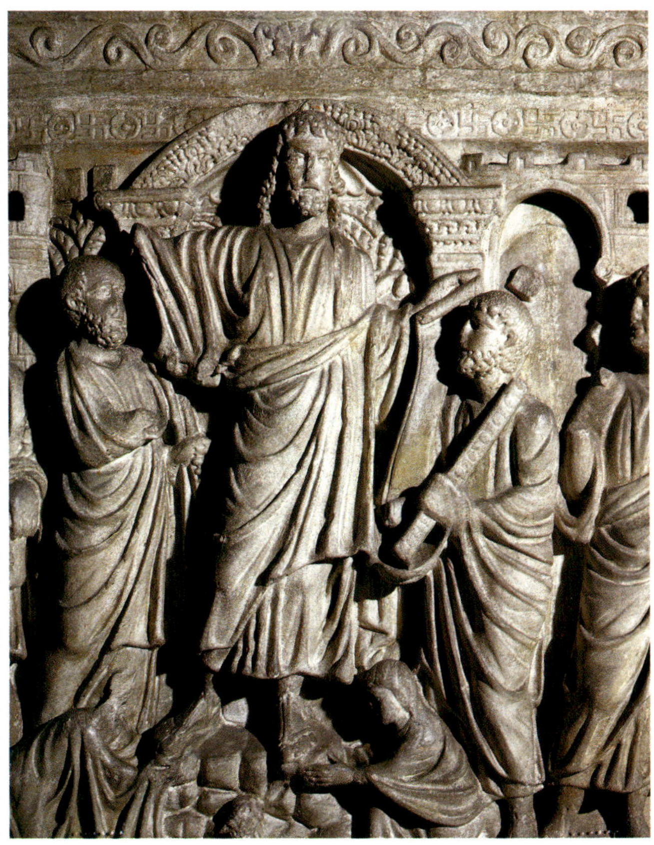

# Agnellus über Sant' Apollinare Nuovo

Agnellus oder Andrea Agnello (spätes 8. Jahrhundert – nach 841) wurde in Ravenna geboren und war dort Priester und zeitweise Abt eines kleinen Klosters. Er war ein glühender Fürsprecher nicht nur der Kirche und ihrer Autonomie, sondern, was Disziplin und Führung anbelangt, auch von Rom. Dies inspirierte ihn zu seinem *Liber Pontificalis ecclesiae Ravennatis* (erstmals gedruckt 1708). In dem folgenden Ausschnitt aus dem Leben von Bischof Agnellus (*487) berichtete er, wie der Bischof Sant' Apollinare Nuovo übernahm und »... *die Galerie und beide Wände mit Mosaikbildern von Märtyrern und Jungfrauen ausschmückte, die in einer Prozession schreiten. Außerdem brachte er an den Wänden verschiedene Stuckplatten (›metala gipsea‹) an, die er mit Gold überzog, sowie verschiedene Marmorarten und schuf einen wunderbaren inkrustierten Boden (›lithostratis‹). Auf der Innenseite der vorderen Wand finden sich Porträts von Kaiser Justinian und Bischof Agnellus, die mit goldenen Mosaiksteinen geschmückt sind. Keine andere Kirche und kein anderes Gebäude gleicht diesem, hinsichtlich der Kassettendecke (›laquearia‹) und Balken. Nachdem er die Kirche geweiht hatte, richtete er ein Bankett am Bischofspalast des Bekenners aus. Wenn man sich nun die Galerie sorgfältig ansieht, wird man über den Fenstern die folgende in Steinbuchstaben verfasste Inschrift sehen: ›König Theoderich erbaute diese Kirche von Grund auf im Namen Unseres Herrn Jesus Christus‹... Auch dies kann man auf der Wand erkennen. Wie bereits gesagt, sind dort zwei Städte dargestellt. Während auf der Männerseite die Märtyrer aus Ravenna herauskommen und auf Christus zugehen, kommen die Jungfrauen aus Classis heraus und schreiten auf die heilige Jungfrau Maria zu; vor ihnen befinden sich die drei Könige aus dem Morgenland, die ihre Gaben überreichen. Warum aber werden sie in unterschiedlichen Gewändern dargestellt und nicht alle im selben? Weil der Maler sich an die Heilige Schrift gehalten hat. Nun, Caspar überreicht Gold und trägt ein blaues (›iacintino‹) Gewand, und dieses Gewand steht für die Ehe. Balthasar bringt Weihrauch als Gabe dar und trägt ein gelbes Gewand, und dieses Gewand bedeutet Jungfräulichkeit. Melchior überreicht Myrrhe und trägt ein buntes Gewand, und dieses Gewand bedeutet Buße. ER, der vor allen Zeiten war, trägt ein lilafarbenes Gewand und zeigt damit, dass ER als König geboren wurde und dass ER gelitten hat. Derjenige, der ein buntes Gewand trägt und dem Neugeborenen ein Geschenk macht, steht zugleich dafür, dass Christus alle Kranken heilt und dass ER von den Juden mit Beleidigungen und Riemen gegeißelt werden wird. Denn es heißt von IHM: ›Wahrlich unsere Leiden trug ER, und unsere Schmerzen nahm ER auf sich. Wir hielten IHN für einen Aussätzigen.‹ usw. Und weiter unten: ›ER ist verwundet worden um unsere Missetaten willen; ER ist zerschlagen wegen unserer Sünden.‹ Derjenige, der seine Gaben in einem weißen Gewand darbringt, zeigt damit an, dass er nach seiner Auferstehung im göttlichen Licht weilen wird. Da diese wertvollen Gaben ein göttliches Geheimnis enthalten, d. h., dass mit dem Gold königlicher Wohlstand gemeint ist, mit dem Weihrauch die priesterliche Form, mit der Myrrhe der Tod, so wird durch all dies auch gezeigt, dass ER derjenige ist, der die Sünden der Menschen AUF SICH genommen hat, nämlich Christus; so sind denn auch, wie ich gesagt habe, diese drei Gaben in ihren Gewändern enthalten. Warum sind nur drei aus dem Osten gekommen und nicht vier oder sechs oder zwei? Dies bedeutet die vollkommene Fülle der gesamten Trinität.*«

Agnellus, Liber Ponitificalis ecclesiae Ravennatis, in: The Art of the Byzantine Empire 312–1453, Englewood Cliffs 1972.

die Größe der Figuren ausgedrückt, von Theodosius sich verringernd zu seinen Mitkaisern und den winzigen Soldaten seiner Leibwache. Christus wurde häufig in genau der gleichen Weise dargestellt: als Mittelpunkt einer symmetrischen Komposition. Die Sakralikonographie leitete sich aus der römischen Imperialikonographie ab und wirkte auf die Kunst eines Kaiserreiches zurück, das von einem von Gott ernannten christlichen Herrscher regiert wurde.

Viele Mitglieder der Oberschicht suchten hartnäckig, den alten Götterkult zu bewahren, selbst nachdem Theodosius 392 alle nichtchristlichen Kulte geächtet hatte. Es gab Künstler, die für heidnische und christliche Auftraggeber arbeiteten – oft in einem Stil, der damals ›klassizistisch‹ war. Zwei Elfenbeintafeln aus dem späten 4. Jahrhundert, eine mit heidnischem, die andere mit christlichem Thema, kamen ganz sicher aus derselben, wahrscheinlich römischen Werkstatt ▸ 7.32; 33. Die rahmenden Palmettenverzierungen und die Maße der Tafeln sind sich ähnlich. Auf einer der Tafeln, angefertigt für einen Angehörigen einer alten Senatorenfamilie – der Symmachi, die Förderer einer Erneuerung des Heidentums waren, opfert eine Priesterin dem Bacchus oder Jupiter (um 348–420). Die andere Tafel zeigt die Frauen am Grab Christi am Morgen der Auferstehung. Sie war ursprünglich Teil eines Diptychons (zwei zusammenklappbare Flügel, in deren leere innere Seiten die Namen der Personen eingeschrieben wurden, für die bei der Eucharistie gebetet werden sollte) und schildert im Gegensatz zur heidnischen Tafel zwei aufeinander folgende Ereignisse. Oben erscheinen die Wachen, gebannt von dem Engel, der den Stein vom Heiligen Grab gewälzt hat. Unten berichtet der Engel den Frauen von der Auferstehung Christi. Ein Stierkopf

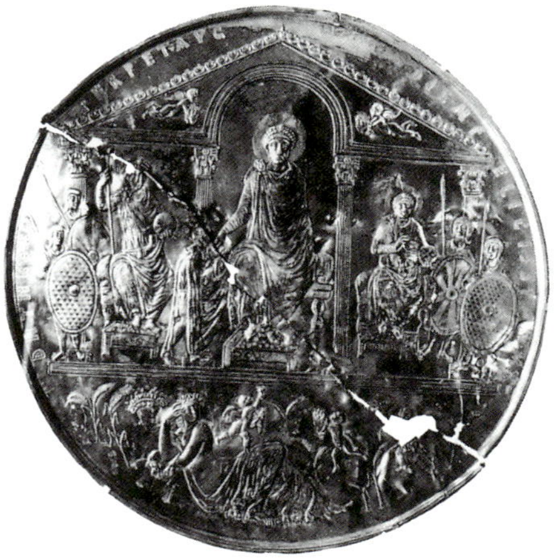

7.30 *Missorium des Kaisers Theodosius*, 388, Silber, Durchmesser 73,4 cm. Real Academia de la Historia, Madrid.

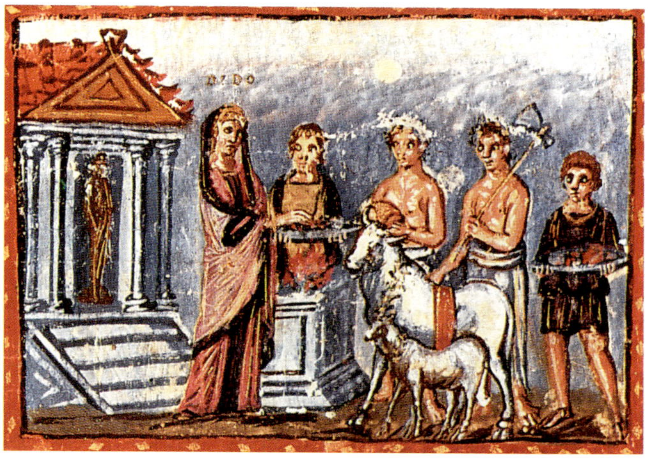


7.31 *Das Opfer der Dido*, Illustration aus der *Äneis* des Vergil, frühes 5. Jh., Pergament, Breite 33,2 cm. Biblioteca Apostolica, Vatican (MS lat. 3225 fol. 33).

erscheint als Symbol des Evangelisten Lukas in der oberen Ecke. Die Tafel zeigt den gleichen kunstvollen Ausdruck wie die der heidnischen Priesterin, die gleiche Aufmerksamkeit für den natürlichen Faltenwurf und für Körpermodellierung. Die klare und doch sinnliche Bildsprache der klassischen Tradition wurde sehr einfühlend benutzt, um eine christliche Botschaft auszudrücken. Eben dieses Formgefühl findet man im klaren Latein der zeitgenössischen Bibelübersetzung wieder. Augustinus (354–430) formte aus Ciceros präzisem und elegantem Latein eine Sprache, in der er die Fragen der christlichen Theologie beantwortete, die bisher hauptsächlich in Griechisch abgehandelt worden waren und die Schriften des hl. Hieronymus auslegte. Dieses Latein sollte die einigende Sprache der westlichen Christenheit für mehr als ein Jahrtausend werden. In der römisch-katholischen Liturgie wurde es bis in die Mitte des 20. Jahrhunderts verwendet.

Nach dem Tode Theodosius' (395) wurde durch den politischen Zwist der beiden Söhne die beginnende Spaltung zwischen dem westlichen und dem östlichen Teil des Reiches vertieft. Das östliche Reich blieb wohlhabend und unversehrt. Das westliche, schon verarmt, zerfiel langsam unter dem Ansturm der Völker aus Mittel- und Nordeuropa. 410 wurde Rom von den Westgoten geplündert – in Konstantinopel wurden drei Tage Trauer verordnet, doch mehr konnte nicht unternommen werden. 455 wurde Rom noch schrecklicher von den Vandalen geplündert. 476 geriet es mit dem übrigen Italien unter die Herrschaft des Barbarenkönigs Odoaker, der später von Theoderich, König der Ostgoten, ermordet wurde.

In diesen wirren Zeiten blühten überraschenderweise die bildenden Künste auf. Der Kirchenbau wurde im 5. Jahrhundert in Rom gefördert wie bis zum 17. Jahrhundert nicht wieder. Die Form der christlichen Basilika hatte sich durchgesetzt (etwa Santa Sabina ▸7.18), und bei Santa Maria Maggiore (vollendet 440) ▸7.34 strebte die Römische Kirche nach dem Glanz der kaiserlichen Vergangenheit Roms. Die Bischöfe von Rom, die sich nun Päpste nannten, erhoben Anspruch auf universale Autorität. Der Stifter von Santa Maria Maggiore, Sixtus III., wird in der Widmungsinschrift über der Apsis ›episcopus plebi dei‹ (Bischof des Volkes Gottes) genannt. Auf einem Mosaik dieser Kirche erhielt Salomons Tempel die Gestalt des einst der Göttin Roma geweihten antiken ›templum urbis‹ auf dem Forum, wie um darauf hinzuweisen, dass Rom das neue Jerusalem sei.

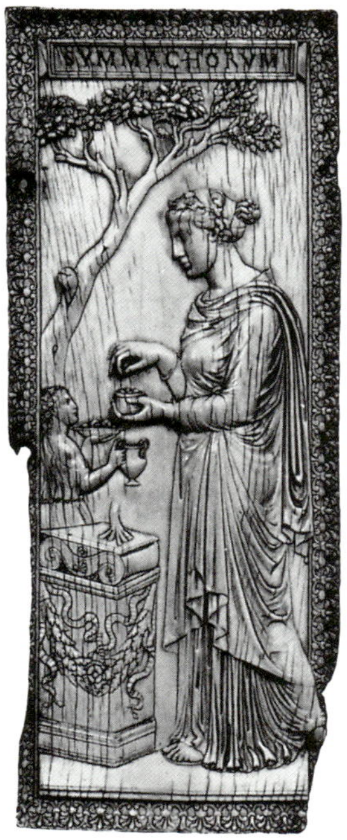


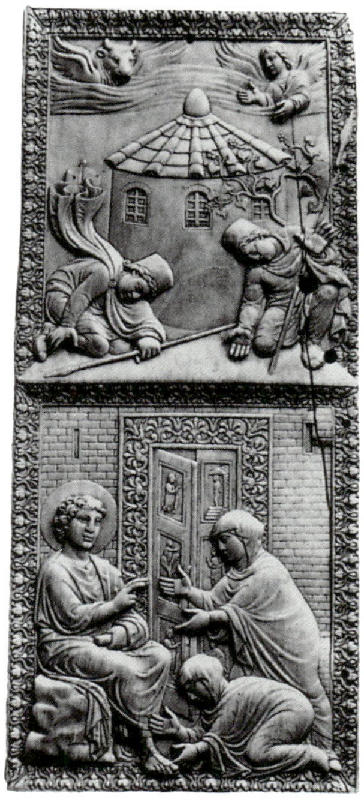

7.32 *Priesterin beim heidnischen Ritus*, um 400, Elfenbein, 29,5 x 12 cm. Victoria and Albert Museum, London.

7.33 *Die Frauen am Grab Christi*, um 400, Elfenbein, 37 x 13,5 cm. Castello Sforzesco, Mailand.

In den Mosaiken von Santa Maria Maggiore gibt es viele Anklänge an die antike römische Kunst. Die Mosaizisten waren mit den erzählenden römischen Reliefs des 2. Jahrhunderts ebenso vertraut wie mit der Plastik und Malerei der jüngsten Vergangenheit, besonders auch der Buchmalerei (Bibeln und klassische Texte ▸7.31). Eines der Bildfelder unter dem Lichtgaden beschreibt im oberen Teil den Aufruhr der Kinder Israel gegen Moses auf dem Weg ins Gelobte Land, unten die Steinigung Moses', Aarons und Josuas, die der Herr in eine schützende Wolke hüllt ▸7.35. Das Ereignis ist sehr dramatisch erzählt, dramatischer als auf der Säule des Marc Aurel ▸5.95, mit ähnlicher Missachtung der Raumverhältnisse, ganz konzentriert auf Ausdruck und Geste.

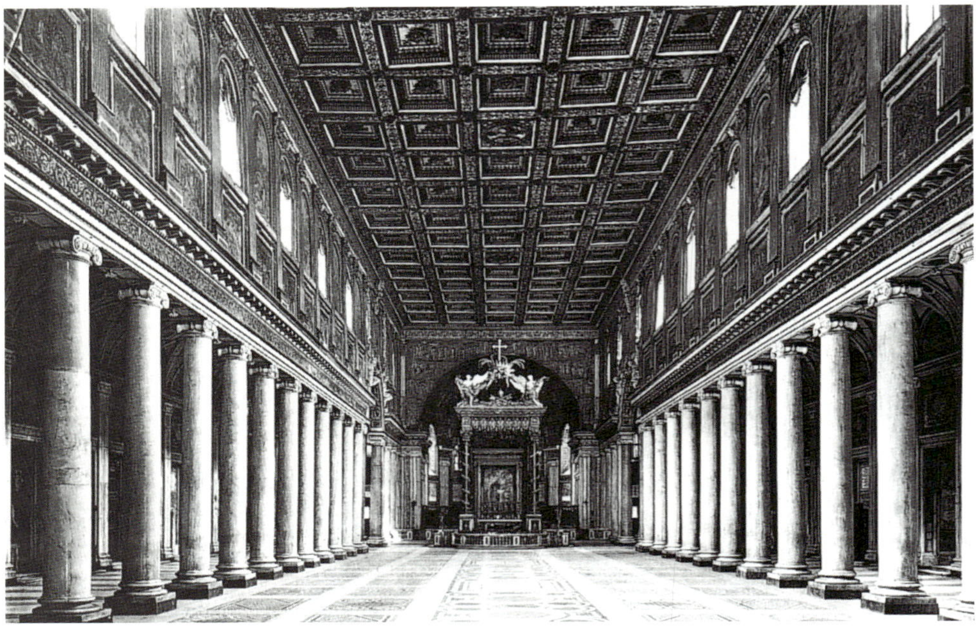

7.34 Hauptschiff von Santa Maria Maggiore, Rom, um 432–440.

*Ravenna*

Die Wände der frühesten Kirchen in Rom wurden bemalt. Die dauerhafteren Mosaiken waren teuer und deshalb weniger häufig. Die Technik, dekorative Muster und figürliche Szenen oder ›emblemata‹, wie Mosaikbilder genannt wurden, aus viereckigen Steinplättchen herzustellen, hatte in der Zeit des Hellenismus eine Hochblüte erlebt, besonders als Fußbodenschmuck (s. S. 176f.). Im Laufe des 1. Jahrhunderts n. Chr. gelang eine technische Verbesserung. Die Einführung leichter, kleiner Quadrate aus Glas und eines neuen Bindemittels, in dem sie befestigt werden konnten, vereinfachte das Anbringen von Mosaiken an Wänden und Decken. Das Glas steigerte die

7.35 *Aufruhr der Kinder Israel* sowie *Steinigung des Moses, Aaron und Josua*, um 432–440, Mosaik im Hauptschiff von Santa Maria Maggiore, Rom.

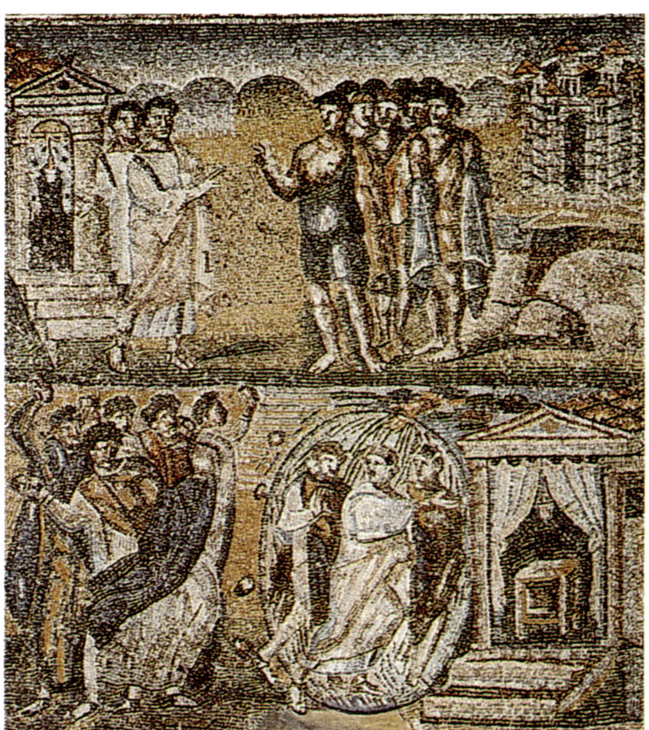

Farbigkeit und konnte durch Blattgoldunterlage zum Glänzen gebracht werden.

Die künstlerische Gestaltung hielt mit diesen technischen Errungenschaften nicht Schritt. Mosaiken wurden weiter wie Fußbodenschmuck entworfen: Im Ambulatorium von Santa Costanza wirken sie wie Teppiche, die über das Gewölbe ausgebreitet sind ▸ 7.20. Erst im 5. Jahrhundert war die künstlerische Ausdrucksmöglichkeit des Mosaiks als Wand- und Gewölbedekoration voll ausgeschöpft in den Kirchen von Rom, Mailand und besonders von Ravenna. Ravenna war die bedeutendste Stadt Italiens von 402 bis in die Mitte des 8. Jahrhunderts – Hauptstadt der Westkaiser bis 455, dann der ostgotischen Eroberer und des romanisierten Hofes Theoderichs, endlich Sitz des byzantinischen Vizekönigs nach der Wiedereroberung Italiens durch Justinians Armeen im 6. Jahrhundert.

Das so genannte Mausoleum der Galla Placidia ist das früheste Bauwerk in Ravenna, dessen Mosaiken vollständig erhalten geblieben sind. Es war ursprünglich mit einer von Galla Placidia gestifteten Kirche verbunden. Sie war die Tochter des Theodosius und als Mutter des Kaisers Valentinian III. Kaiserin des Westreiches von 425 bis zu ihrem Tode 450. Das Mausoleum steht über einem kreuzförmigen Grundriss, wie ihn der große Theologe und Bischof von Mailand, der hl. Ambrosius, als wünschenswert für eine Kirche empfohlen hatte. Ein Mosaik im Bogenfeld über dem Hauptportal zeigt den Guten Hirten in einer Landschaft, die stark an pompejanische Malerei erinnert ▸ 7.36. Schematisierte Steine im Vordergrund rücken die Szene hinter den Rahmen. Entworfen in der Tradition der ›emblemata‹, soll das Mosaik einen Blick vom Inneren eines Zelts nach draußen vortäuschen. Das Gewölbe über der Vierung ist in einen Sternenhimmel verwandelt, in dessen Mittelpunkt ein goldenes Kreuz strahlt: Symbol des Gottesreiches, in dem die Seelen der siegreichen Gläubigen wie Sterne leuchten. Aber der Illusionismus hellenistischer und römischer Malerei, der in diesem Bauwerk einem christlichen Thema so brillant zugute kommt, wird bald aufgegeben. In den kostbaren Mosaikdekorationen von Sant'Apollinare Nuovo, als Theoderichs Palastkirche um 490 nach einem Basilikagrundriss erbaut, beginnen die Figuren schon ihre Körper-

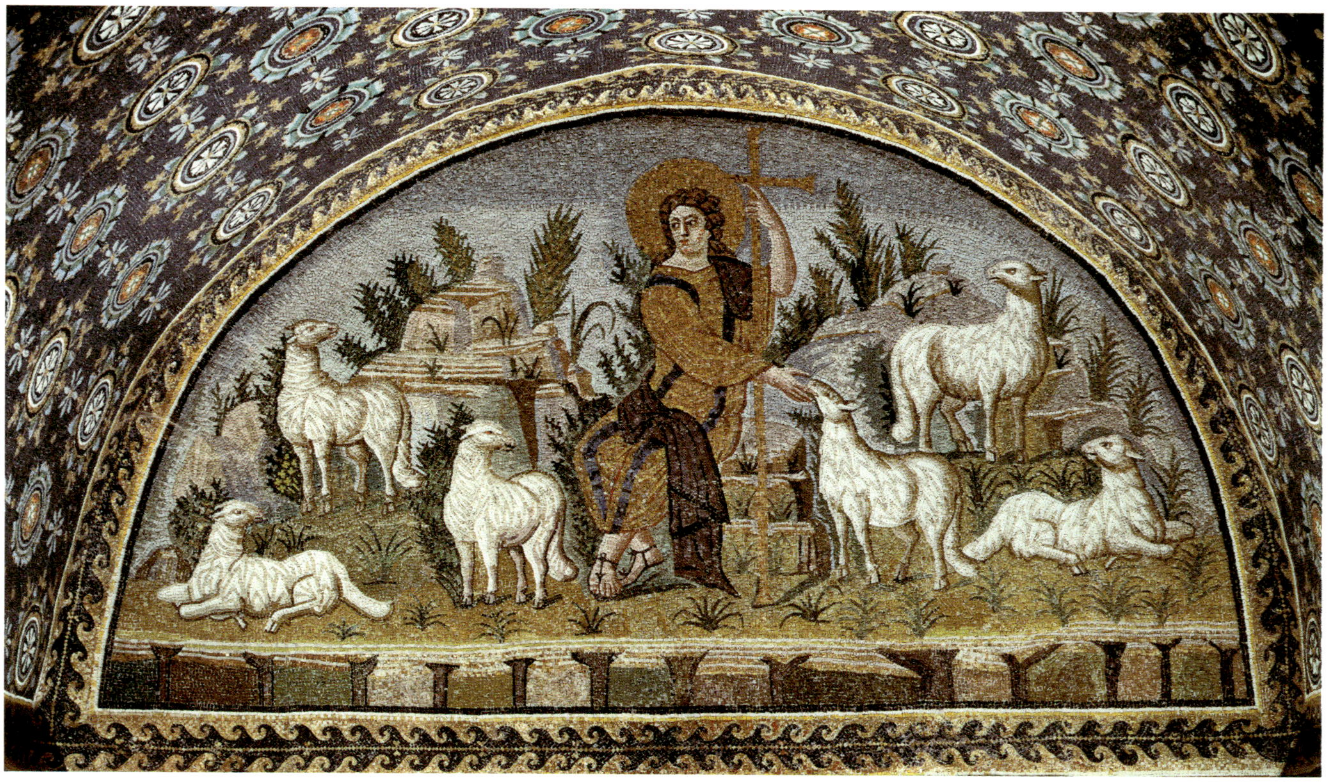

36 *Der Gute Hirte*, um 425, Mosaik, Mausoleum der Galla Placidia, Ravenna.

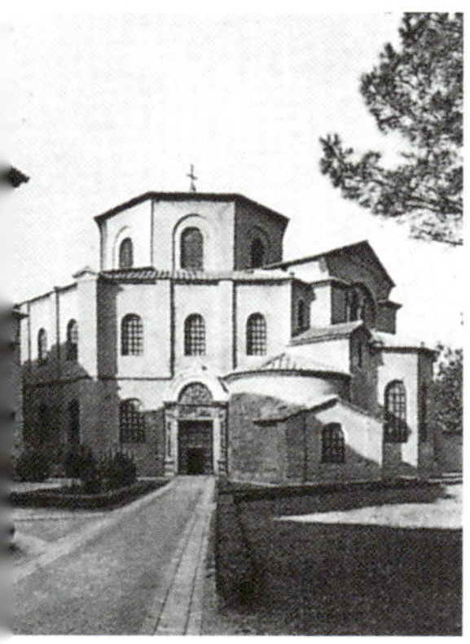

7.37 San Vitale, Ravenna, 525–547.

lichkeit zu verlieren: Sie stehen flach vor einem rein goldenen Hintergrund und in unklarer räumlicher Beziehung zueinander. Die Evangelienszenen, der älteste erhaltene Zyklus, sind hier als feierlich-statische Momentaufnahmen symmetrisch komponiert ▸7.25.

Ein Jahrhundert später wurde der Chor der Kirche San Vitale ▸7.37 mit einigen der schönsten Mosaiken, die überhaupt existieren, verkleidet ▸7.38. Jeder Quadratzentimeter funkelt in Farben: Vorherrschend sind Grün und Gold, dann ein kaltes Blau, gelegentlich scharlachrote und purpurne Tupfer, strahlendes Weiß. Die Gesamtwirkung des Chors ist von großer, beherrschter und dezenter Pracht. Doch San Vitale wurde nicht nur entworfen, um das Auge zu erfreuen. Jedes Motiv ist symbolträchtig – Weinstöcke für Christus, Pfauen und Tauben für die unsterbliche Seele und so weiter. Das Lamm Gottes steht im Zenit des Gewölbes. Diese herrlichen Mosaiken wurden kurz nach 540 geschaffen, als die Stadt Ravenna und das übrige Italien durch Kaiser Justinian zurückgewonnen wurden.

Im Mittelpunkt der Apsis-Halbkugel (Konche) ist ein jugendlicher, bartloser Christus von Engeln umgeben. Ganz rechts steht der Bischof Ecclesius, Stifter der Kirche, deren Modell er in Händen hält. Links daneben der hl. Vitalis. Ort der Szene sind die Blumenwiesen des Paradieses mit seinen vier Flüssen und einem goldenen Himmel. Christus thront über dem Weltkreis, der im Raum schwebt. Er ist mit der Purpurrobe der Kaiser bekleidet und reicht dem hl. Vitale eine Krone ▸7.41. Seine Haltung ähnelt der des Theodosius, von dem ein Beamter eine Urkunde erhält ▸7.30. Die Gestalten stehen dem Betrachter frontal gegenüber und blicken ihn an, untereinander sind sie nur durch Gesten verbunden.

Unter dem himmlischen Hof sehen wir in der Fensterzone der Apsis auf zwei Mosaiken den irdischen. Auf der linken Seitenwand steht der byzantinische Kaiser Justinian (527 bis 567) mit seinem Gefolge ▸7.40, rechts gegenüber Kaiserin Theodora mit ihren Frauen ▸7.42. Das Kaiserpaar bringt

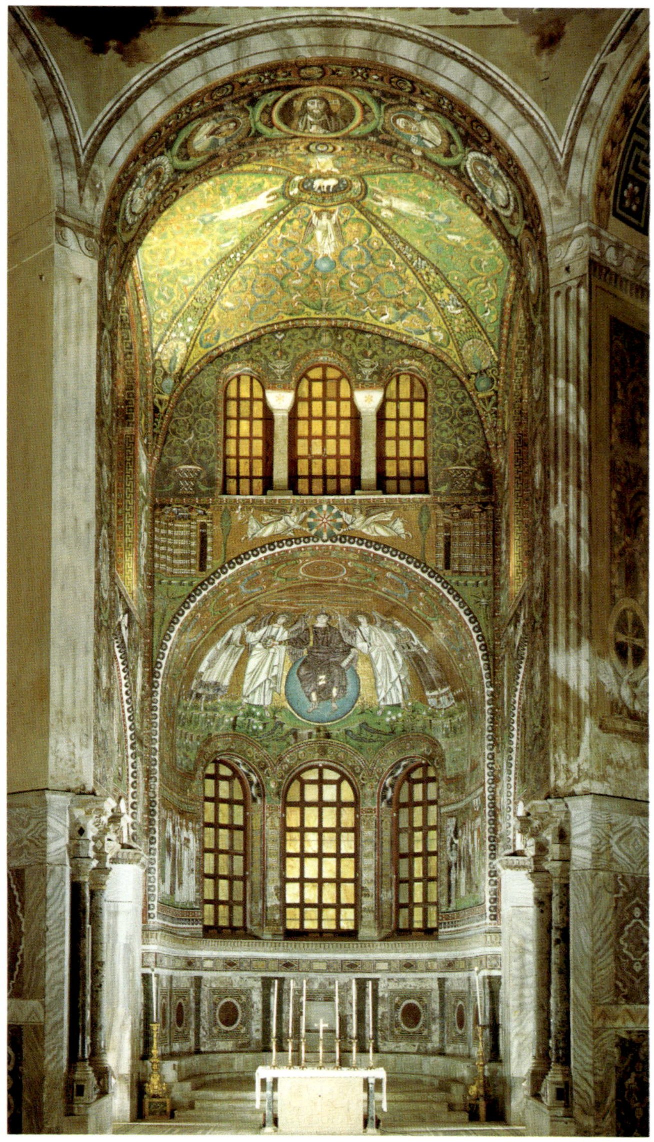

7.38 Chor von San Vitale, Ravenna, um 540–547.

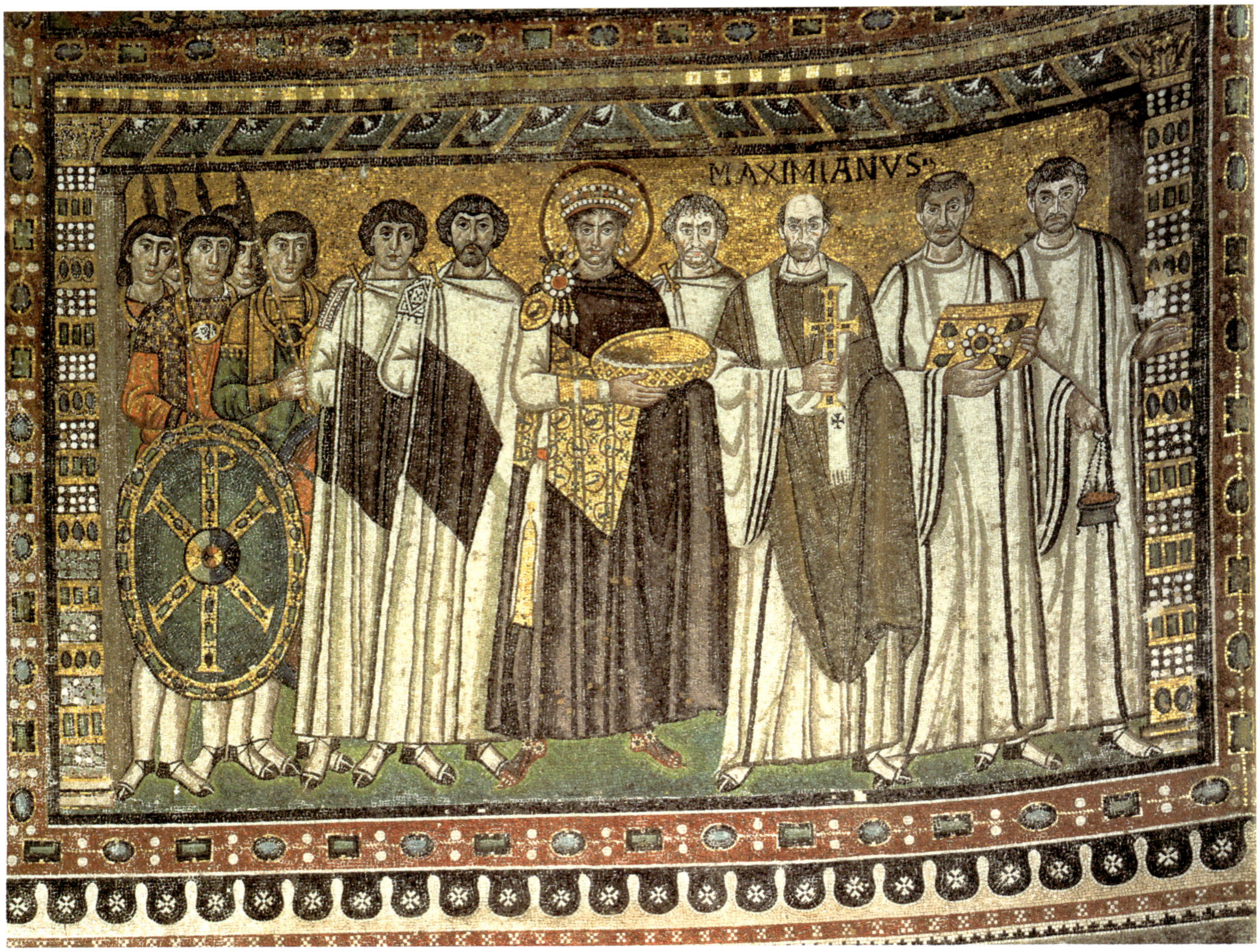


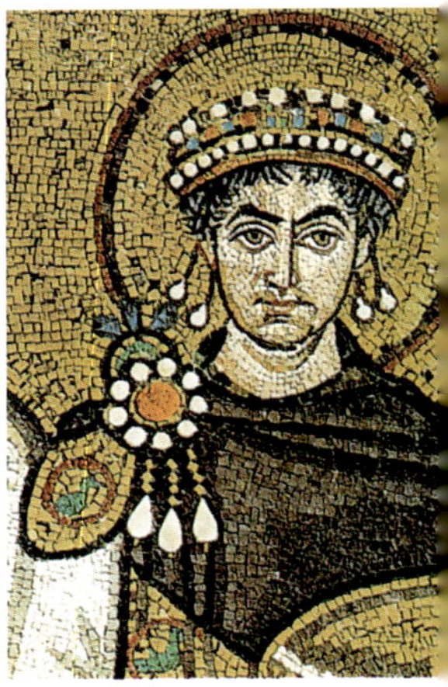

7.39 *Kaiser Justinian*, Detail ▸7.40.

7.40 *Justinian und sein Gefolge*, um 547, Mosaik in d[er] Apsis von San Vitale, Ravenn[a].

Gaben für den Altar. Justinian hat einen Nimbus ▸7.39. Er wird begleitet von seiner Leibwache, die einen Schild mit dem Chi-Rho-Monogramm trägt, von Beamten und drei Kirchenfürsten (einer davon ist Maximinianus, der zur Zeit der Fertigstellung von San Vitale Bischof von Ravenna war). Durch Überschneidungen wird der Eindruck erweckt, die Figuren stünden in Gruppen schräg im Raum, wobei sich seltsame, völlig unräumliche Wirkungen ergeben: Justinians Füße zum Beispiel stehen hinter dem Bischof, während sein Mantel vor dem Gewand des Bischofs herabhängt; einige Männer scheinen sich auf die Füße zu treten. Obwohl alle geradeaus blicken, lässt die Geste des Messdieners mit dem Weihrauchgefäß erkennen, dass sie sich in einer Prozession nach rechts, zum Zentrum der Apsis, bewegen.

Kurze Zeit nach der Vollendung von San Vitale wurde die Apsis der Kirche von Sant'Apollinare in Classe (am Hafen von Ravenna) mit fast ebenso schönen Mosaiken dekoriert ▸7.45; 46. Hier werden illusionistische Kunstgriffe nur bei den Darstellungen der Bischöfe von Ravenna angewendet. Sie stehen in von Vorhängen gerahmten Nischen zwischen den Fenstern und bilden den irdischen Bereich dieser großen kosmischen Konzeption ▸7.46. Im unteren Teil der Kuppel ist der Para-

7.41 *Erlöser zwischen Engeln, hl. Vitale und dem Bischof Ecclesius*, um 540–547, Detail des Apsismosaiks von San Vitale, Ravenna.

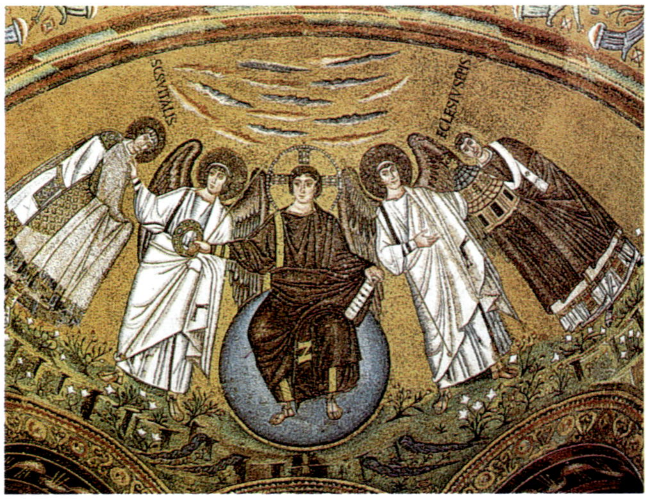

7.42 *Kaiserin Theodora mit ihrem Hofstaat*, um 547, Mosaik in der Apsis von San Vitale, Ravenna.

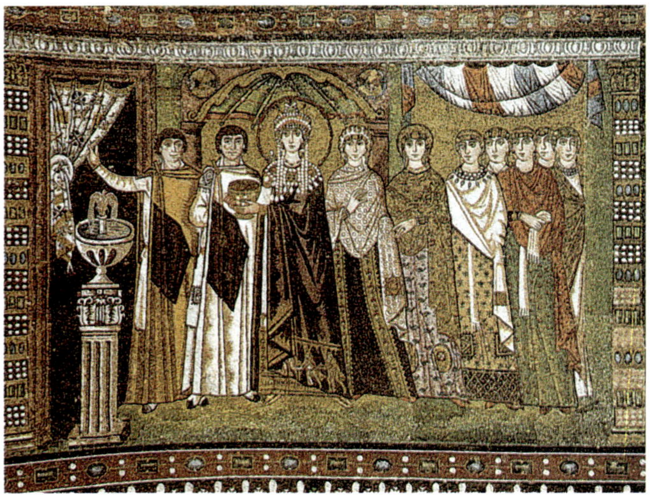

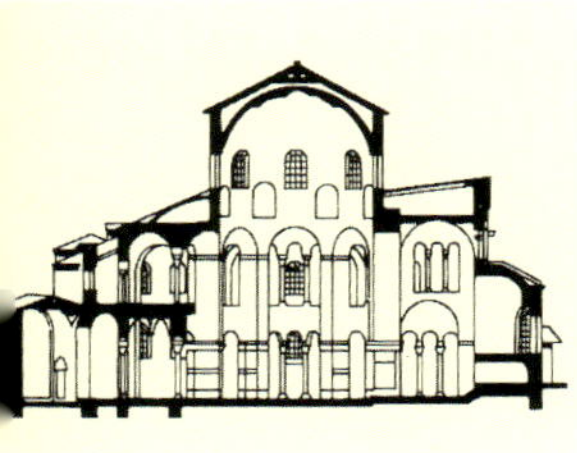

43 Schnitt von San Vitale, avenna.

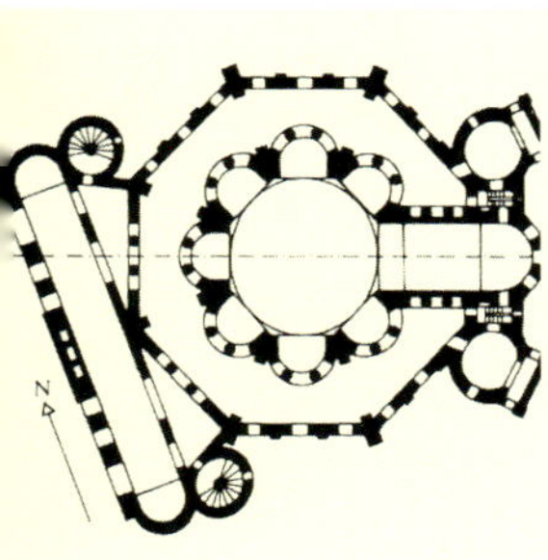

44 Grundriss von San Vitale, avenna.

46 *Bischof* (Ursicinus), um 9, Mosaik in der Apsis von nt'Apollinare in Classe, avenna.

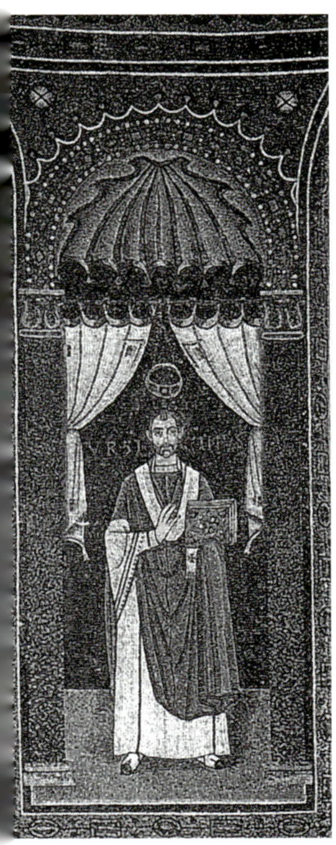

diesgarten ohne jede illusionistische Raumerweiterung ganz flächig dargestellt – seine kleinen Bäume sind so sorgfältig gepflanzt, dass keiner den anderen überlappt. Der hl. Apollinaris, der erste Bischof von Ravenna, steht in der Mitte und hält seine Hände in der traditionellen Geste des Betenden erhoben (orans). Er trägt das eucharistische Messgewand eines zelebrierenden Priesters. Sechs Schafe auf jeder Seite symbolisieren die zwölf Apostel. Drei weitere Schafe sind in einer höheren Zone der Landschaft zu sehen, sie stehen für Petrus und die Brüder Johannes und Jakobus, die Zeugen der Verklärung Christi: Das Matthäusevangelium berichtet, dass Christus sie auf einen hohen Berg führte, *»und er war verklärt vor ihnen, und sein Angesicht leuchtete wie die Sonne, und seine Kleider wurden weiß wie Licht. Und siehe, da erschienen ihnen Mose und Elia, die redeten mit ihm.«* Im Mosaik tauchen die beiden Propheten aus den Wolken auf, und der Glorienschein Christi wird durch ein juwelengeschmücktes Kreuz in einer dunkelblauen, sternenübersäten Scheibe symbolisiert. Im Zenit der Apsis reicht Gottvater die Hand durch die Wolken herab. Ikonographisch ist das Gesamtkonzept beispiellos und fand auch keine Nachfolge.

Sant'Apollinare in Classe und San Vitale wurden zur Regierungszeit Theoderichs begonnen, finanziert von einem ansässigen Bankier, aber keine von beiden konnte vor 540 vollendet werden. Säulen und Kapitelle wurden aus dem östlichen Mittelmeerraum herbeigebracht. Aber während Sant' Apollinare in Classe eine Basilika des frühchristlichen Typs ist, wurde San Vitale nach einem im Osten entwickelten Stil erbaut. Vielleicht brachte Bischof Ecclesius, der kurz vor 525 nach Konstantinopel gereist war, Pläne oder gar einen Architekten für San Vitale mit zurück. Das zentrale Oktogon mit den hoch liegenden Galerien (Frauenempore) könnte der Kapelle im kaiserlichen Palast in Konstantinopel nachempfunden worden sein ▸7.43; 44. Die einfache Klarheit der frühchristlichen Basiliken und der Kirchen über rundem oder kreuzförmigem Grundriss wurde in San Vitale aufgegeben zugunsten eines Entwurfes, der sich durch das feinsinnige Wechselspiel von Masse und leerem Raum, von blendender Helligkeit und düsterem Schatten auszeichnet. Die Verwandtschaft mit zeitgenössischen Bauwerken in Konstantinopel ist so eindeutig, dass die Kirche als byzantinisch gelten kann. Darin spiegelt sich auch die veränderte politische Lage. Denn nach der Wiedereroberung durch Justinians Armeen wurde Italien eine Provinz in einem Imperium, dessen Regent in Konstantinopel saß und kein Latein mehr sprach.

## Byzantinische Kunst

Die Gründung Konstantinopels im Jahre 330 an der Stätte des alten griechischen Byzantion hatte weitreichende Folgen. Konstantin wollte das Imperium nicht teilen. Konstantinopel, den Schifffahrtsweg beherrschend, der Europa von Asien trennt, lag im Schnittpunkt aller wirtschaftlichen Kraftlinien. Die Gründung war keine so entscheidende Tat, wie es im Nachhinein schien. Schon viel früher sagte man: »Wo der Kaiser ist, ist Rom« – und seit Anfang des 3. Jahrhunderts war es nur noch selten die Stadt Rom. Kaiserliche Residenzen und Verwaltungszentren wurden unter Diokletian in verschiedenen strategisch günstig gelegenen Garnisonsstädten gegründet: Mailand, Trier und Nikomedia in Kleinasien. Keine dieser Städte war so volkreich und wohlhabend wie Rom oder wie

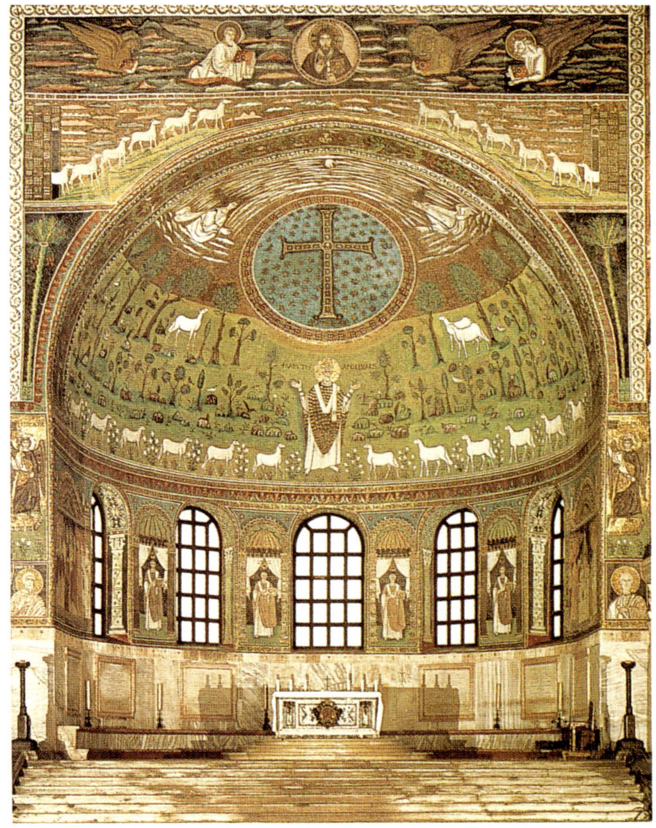

7.45 Apsis von Sant'Apollinare in Classe, Ravenna, um 547.

Antiochia und Alexandria, die östlichen Zentren von großer wirtschaftlicher und kultureller Bedeutung. Im Laufe des 4. Jahrhunderts, als Konstantinopel die ständige Residenz des Kaisers wurde, wuchs es schnell zur reichsten Stadt des Imperiums und zum Mittelpunkt allen Kunstschaffens.

### *Kirchenarchitektur*

Wenige Spuren der für Konstantin in Konstantinopel errichteten Bauwerke blieben erhalten, und die Beschreibungen von Augenzeugen, die ihre Pracht preisen, sind ungenau. Eine Kirche scheint eine Basilika gewesen zu sein, eine andere, die den heiligen Aposteln geweiht und als des Kaisers Mausoleum geplant wurde, war von älterer Bauart. Sie hatte einen großen Zentralraum für den kaiserlichen Sarkophag und vier Seitenschiffe – Synthese eines zentral geplanten Martyriums und einer kreuzförmigen Kirche. Die Fundamente zweier Paläste aus dem späten 4. oder frühen 5. Jahrhundert sind ausgegraben worden, beide mit konkaven, halbrunden Fassaden, mit Räumen verschiedener Form, entweder rund oder durch Nischen gegliedert. Die Anwendung tiefer Nischen sollte die Struktur kaschieren – ein Grundzug, der später charakteristisch für byzantinische Architektur werden sollte.

Kirchenruinen aus dem 5. Jahrhundert haben an anderen Orten des östlichen Imperiums überdauert. Die eindrucksvollsten sind in Qal'at Si'man im nördlichen Syrien, wo der berühmte Asket Symeon Stylites (um 390–459) die letzten Jahrzehnte seines Lebens auf einer Plattform auf der Spitze einer 18 m hohen Säule verbrachte. Von dort erteilte er geistliche Ratschläge an Leute, die von fern und nah herbeigereist waren. Auch nach seinem Tode kamen Pilger in großer Zahl zu diesem Ort, und die Säule wurde als Heiligtum in das achteckige Zentrum (Oktogon) einer riesigen kreuzförmigen Kirche eingeschlossen ▸7.47; 48. Die Klosterbauten erstreckten

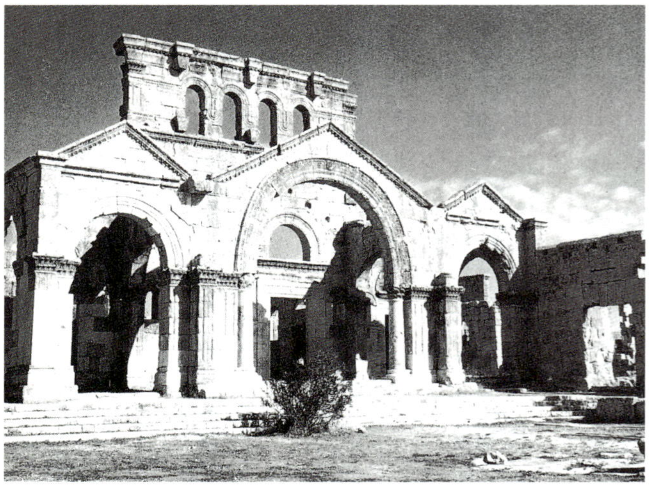

7.47 Basilika des hl. Symeon Stylites, Qal'at Si'man, Syrien, um 480–490.

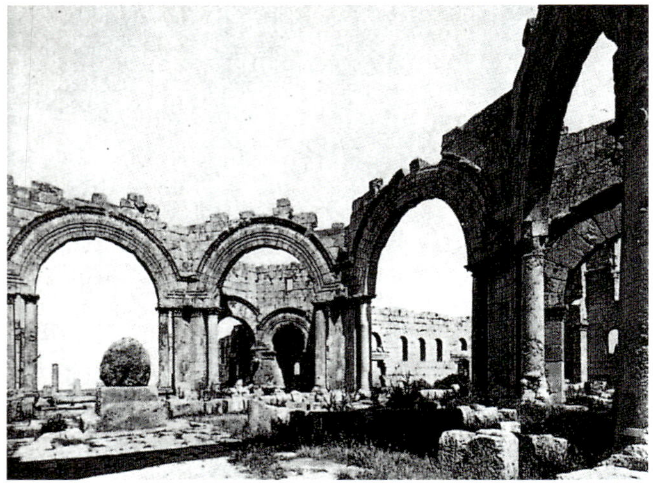

7.48 Hof mit dem Sockel der Säule des hl. Symeon Stylites, Qal'at Si'man, Syrien, um 480–490.

sich über Tausende von Quadratmetern. (Einsiedlergruppen hatten in Ägypten und Palästina im 4. Jahrhundert begonnen, klösterliche Gemeinschaften zu bilden; die von Qal'at Si'man ist einer der frühesten erhalten gebliebenen Komplexe klösterlicher Architektur.) Die Kirche wurde aus sorgfältig behauenen Quadersteinen errichtet – die die Römer im Osten nie verwendet hatten – und mit Holz überdeckt. Die Schmuckformen stammten aus dem ornamentalen Repertoire der Klassik mit Abwandlungen, wie sie sich im östlichen Mittelmeerraum seit dem Hellenismus entwickelt hatten. Starke Gesimse unterteilten die Mauern horizontal, rahmten Fenster und Türen. Den Innenraum der Kirche bildeten vier Kreuzarme in Form dreischiffiger Basiliken, die östliche endete in Apsiden ▸7.49. Über dem zentralen Oktogon mag sich ursprünglich eine Kuppel aus Holz, mit Metall verkleidet, erhoben haben, ein Kuppeltyp, der aus dem Nahen Osten stammte und später in der byzantinischen Architektur vielfach Verwendung fand. Die architektonische Gesamtkonzeption der Kirche St. Symeon Stylites, wie auch diejenige der Apostelkirche in Konstantinopel, nimmt in vereinfachter Vorstufe den ›quincunx‹ (Kreuzkuppelkirchen-Grundriss) voraus (s. S. 298).

Ein erstes Anzeichen für den neuen Weg, den die byzantinische Architektur einschlug, war die Gestaltung der Säulenkapitelle. Die Erbauer der frühen Kirchen in Rom hatten sie als Spolien aus aufgegebenen heidnischen Tempeln fertig übernehmen können (s. S. 284). Mussten neue Kapitelle gemeißelt werden, nahm man, besonders im Osten, die korinthischen zum Vorbild, die traditionell an wichtigen öffentlichen Gebäuden auftauchten. Mit wachsendem Einfallsreichtum wandelte man die Kapitelle ab: Straff gebogene Akanthusblätter wölbten sich nun kraus, Voluten wurden durch Menschen- und Tierköpfe ersetzt und manchmal christliche Symbole eingeflochten. Eine Chronologie dieser Kapitelle würde die Auflösung klassisch-griechischen, naturalistischen Formendenkens zeigen, zugleich die fortschreitende Schematisierung und den Verlust der visuellen Logik erkennen lassen (s. S. 147). Unter

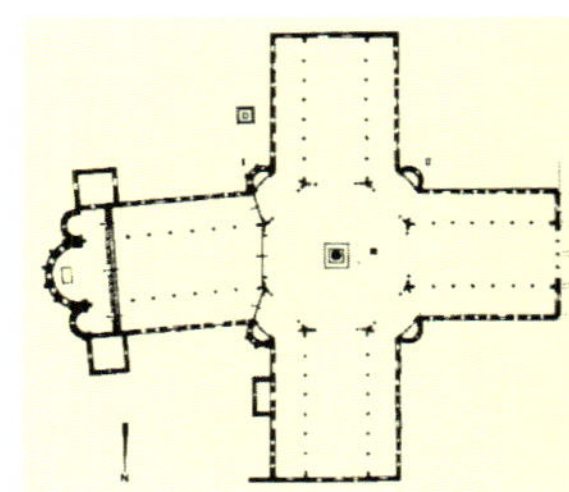

7.49 Grundriss der Basilika des hl. Symeon Stylites, Qal'at Si'man, Syrien, um 480–490.

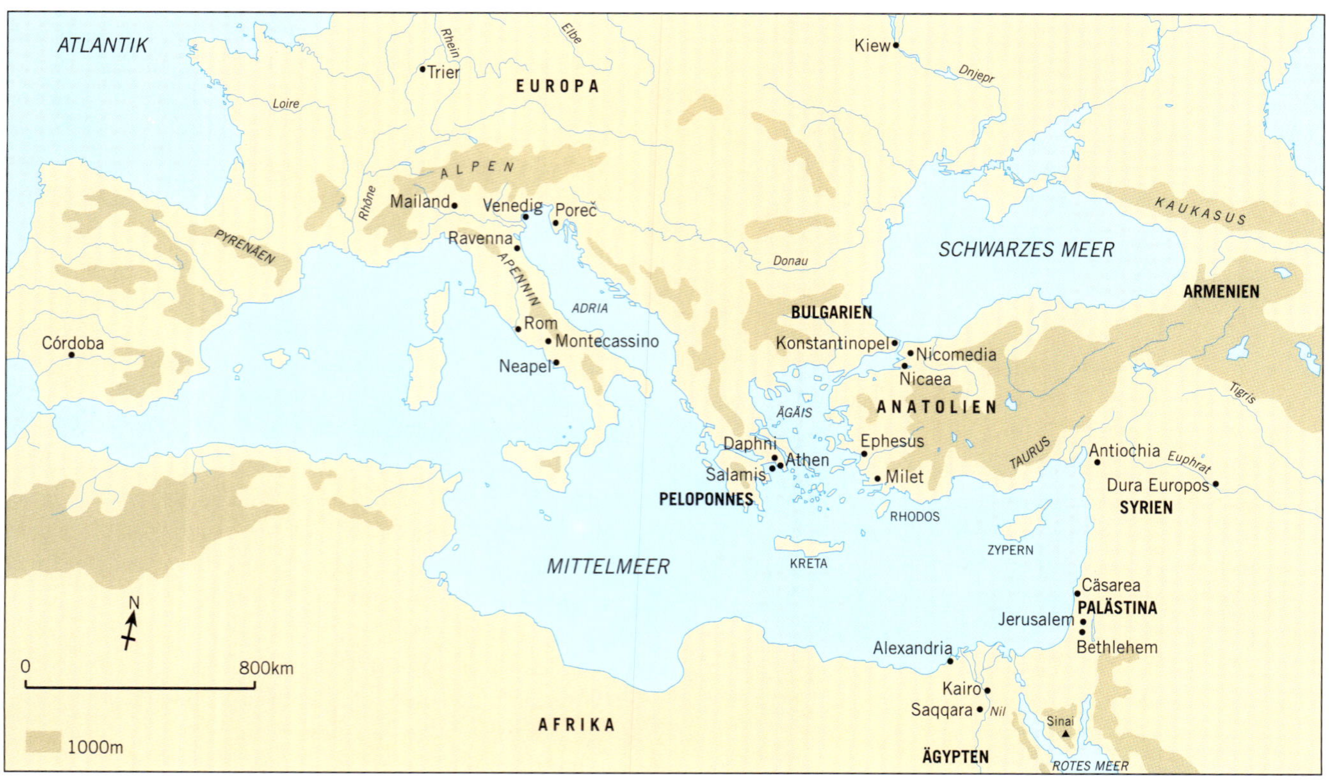


Die byzantinische Welt.

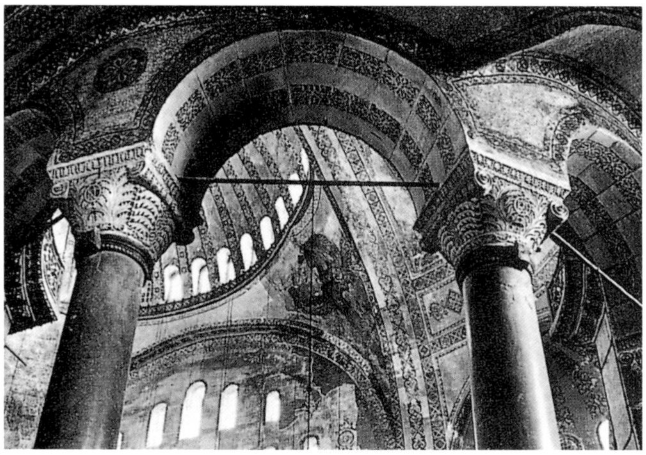

7.50 Hagia Sophia, Säulenkapitelle der Empore, 532–537.

Aufgabe klassischer Formideale entwickelte sich ein neuer Kapitelltyp mit einer großen Variationsbreite im Detail, der seine volle Entfaltung schließlich im 6. Jahrhundert erlebte.

Die Freude an der Vielfalt ist an Kapitellen der *Hagia Sophia* ▸7.50;51 erkennbar, den wie eingekerbten Mustern der stilisierten, flächig gewordenen Blätter. Die Funktion des Kapitells war verhüllt – ein Zug, der für die gesamte byzantinische Architektur typisch werden sollte. Das reich geformte dreidimensionale Akanthusblattwerk eines korinthischen Kapitells wurde ersetzt durch flaches, durchbrochenes Spitzenmuster, tief mit dem Drillbohrer eingeschnitten, so dass der stehen gebliebene Kern unbestimmbar im Dunkeln bleibt. Dieses so genannte ›Korbkapitell‹ wirkt nahezu gewichtslos, wie ein Stück gestärkte Spitze, das das wichtigste Verbindungsglied zwischen Vertikale und Horizontale verbirgt. So korrespondieren die Kapitelle und ihre Dekoration mit der Gesamtwirkung der Raumstruktur, die byzantinische Architekten erreichten: das Mysteriöse, Unkörperliche trat an die Stelle der klaren Tektonik.

## *Die Hagia Sophia*

Ein ›dialektisches Prinzip von Aussage und Verneinung‹ ist die Grundlage eines großen Teils byzantinischer Architektur, die in ihrem größten Monument, der Hagia Sophia in Konstantinopel, deutlich zum Ausdruck kommt ▸7.52. Der Historiker Justinians, Prokop, war Zeuge der Errichtung der Hagia Sophia und schrieb, sie sei durch die Harmonie ihrer Abmessungen einzigartig schön; ein kugelförmiger Rundbau, über einem Kreis schwebend, mache sie so außergewöhnlich. Die Mathematik galt zu dieser Zeit als die erste der Wissenschaften, und auch die beiden Architekten der Hagia Sophia, ANTHEMIOS VON TRALLES und ISIDOROS VON MILET, waren

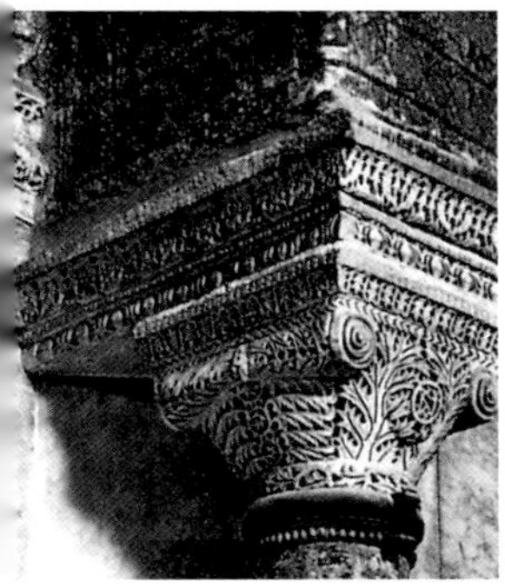

51 *Säulenkapitell mit dem* onogramm von Justinian I., gia Sophia, 532–537.

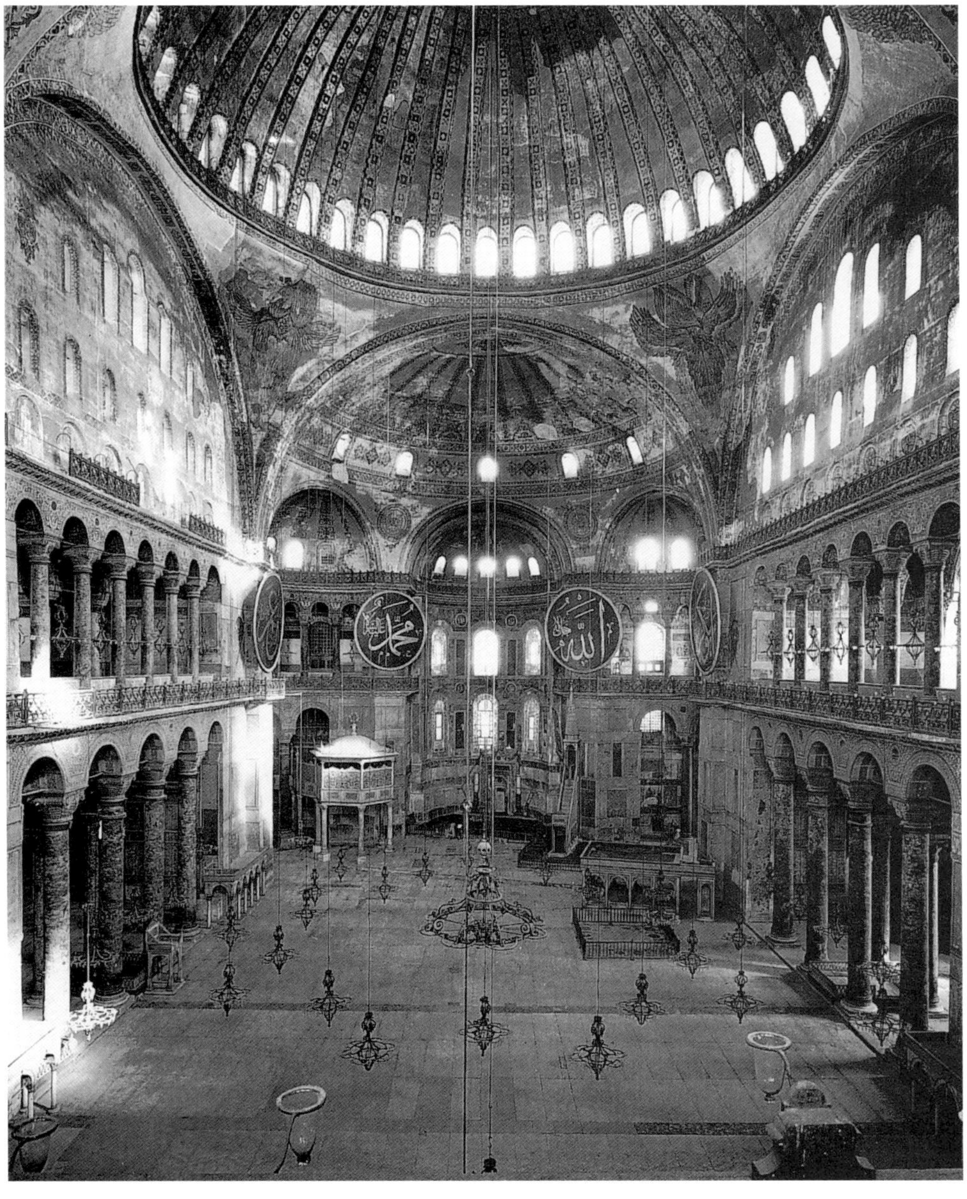

7.52 ANTHEMIOS VON TRALLES und ISIDOROS VON MILET, Hagia Sophia, Instanbul, 532–537.

# *Konstantinopel.* Die Gründung einer christlichen Reichshauptstadt

Das Stadtbild Konstantinopels war Ausdruck der christlichen und imperialen Politik ihres Gründers. Damit war diese Metropole ohne Vorbild und blieb für lange Zeit einzigartig. Das Zweite Rom, das Kaiser Konstantin zu bauen gedachte, sollte nicht weniger monumental und imponierend sein als das erste, doch zugleich klar und logisch, ein einziger Organismus, szenographisch konzipiert und mit einem großen Prozessionsweg und Freiflächen für religiöse und staatliche Feierlichkeiten. Der Ort, der auf einem Vorgebirge an der Mündung des Bosporus lag, an der Stelle, wo Europa und Asien aufeinander treffen, war ein griechischer Handelsposten namens Byzantion, bevor er 193–196 von dem römischen Kaiser Septimius Severus belagert, zerstört und wieder aufgebaut wurde: mit drei Tempeln auf der Akropolis, einem Hippodrom, einem Theater und öffentlichen Thermen. 324, unmittelbar nachdem er seinen Mitkaiser Licinius, einen Heiden auf der asiatischen Seite des Bosporus, geschlagen hatte, machte Septimius Severus den Ort zu seiner neuen Hauptstadt. Er herrschte nun über das gesamte Römische Reich, dessen privilegierte Religion das Christentum war. Doch das wirtschaftliche Zentrum hatte sich von Westen nach Osten verschoben, so dass eine neue Hauptstadt erforderlich war. Die Grenze gegen das Landesinnere war durch eine vom Goldenen Horn zum Marmarameer reichende Mauer markiert. 330 wurde die Stadt feierlich dem Gott der Christen sowie den Märtyrern geweiht. Innerhalb von nur eineinhalb Jahrhunderten wuchs die Bevölkerung von etwa 20 000 auf fast eine halbe Million an, und das bewohnte Gebiet dehnte sich auf die zehnfache Fläche des ursprünglichen Byzantion aus. Innerhalb einer neuen Mauer, die 412–413 unter Kaiser Theodosius II. errichtet wurde und sich in weiten Teilen erhalten hat, besaß die Stadt sieben Hügel – wie Rom. Auch die Grundstruktur der Metropole, die für Konstantin entworfen worden war, hat sich mit ihren Straßen und Plätzen unter der Oberfläche des modernen Istanbul erhalten, obwohl überirdisch nur noch wenig darauf hindeutet ▸ 7.55.

Konstantin tastete die heidnischen Tempel zwar nicht an, doch öffentliche Opferhandlungen darin wurden missbilligt und schließlich ganz untersagt. Das neue Bündnis zwischen Kaiser und Christentum manifestierte sich in der Hauptgruppe neuer und umgestalteter Gebäude an der Spitze der annähernd dreieckigen Stadt ▸ 7.53. Man errichtete einen Daphne genannten Palast, der an das Hippodrom angrenzte, welches vergrößert wurde, um als Schauplatz für kaiserliche Zeremonien und Volksveranstaltungen zu dienen. Daneben legte man einen Platz an, der den Namen Augustaeum erhielt – zu Ehren von Konstantins Mutter, der Kaiserin Helena Augusta (um 225 – um 330), die ebenfalls zum Christentum übergetreten war und später heilig gesprochen wurde. Eine Statue Helenas wurde auf der Spitze einer Porphyrsäule aufgestellt, die in der Mitte des Platzes stand. Auf dessen einer Seite befand sich eine Basilika für den Senat, der wie in Rom eine weitgehend zeremonielle Institution darstellte. In nördlicher Richtung weihte man eine Kirche Christus und der Hagia Eirene (Heiliger Friede) und stellte eine Bischofsresidenz bereit. Auf einem Grundstück, das möglicherweise absichtlich freigehalten worden war, sollte durch Konstantins Sohn und Nachfolger Konstantius II. (337–361) die erste der Hagia Sophia (Heiligen Weisheit) geweihte Kirche errichtet werden. Die Kirchen spielten also eine wichtige administrative Rolle, während die von Konstantin in Rom gegründeten sich an der Peripherie und damit in weiter Entfernung vom Palatin befunden hatten.

Doch den Unterschied zwischen Rom und der neuen Kapitale machten vor allem der große Prozessionsweg augenfällig, die Mese, eine eindrucksvolle, kerzengerade und etwa 23 m breite Prachtstraße, die von Marmorportiken flankiert war und durch einen Triumphbogen auf ein kreisförmiges Forum mit einer noch heute erhaltenen zentralen Säule zuführte. Auf dieser befand sich eine (verloren gegangene) Statue Konstantins, von deren Kopf wie bei Helios dem Sonnengott als Zentrum des Universums Strahlen ausgingen. Die

7.53 Stadtplan des frühen Byzanz und des mittelalterlichen Konstantinopel.

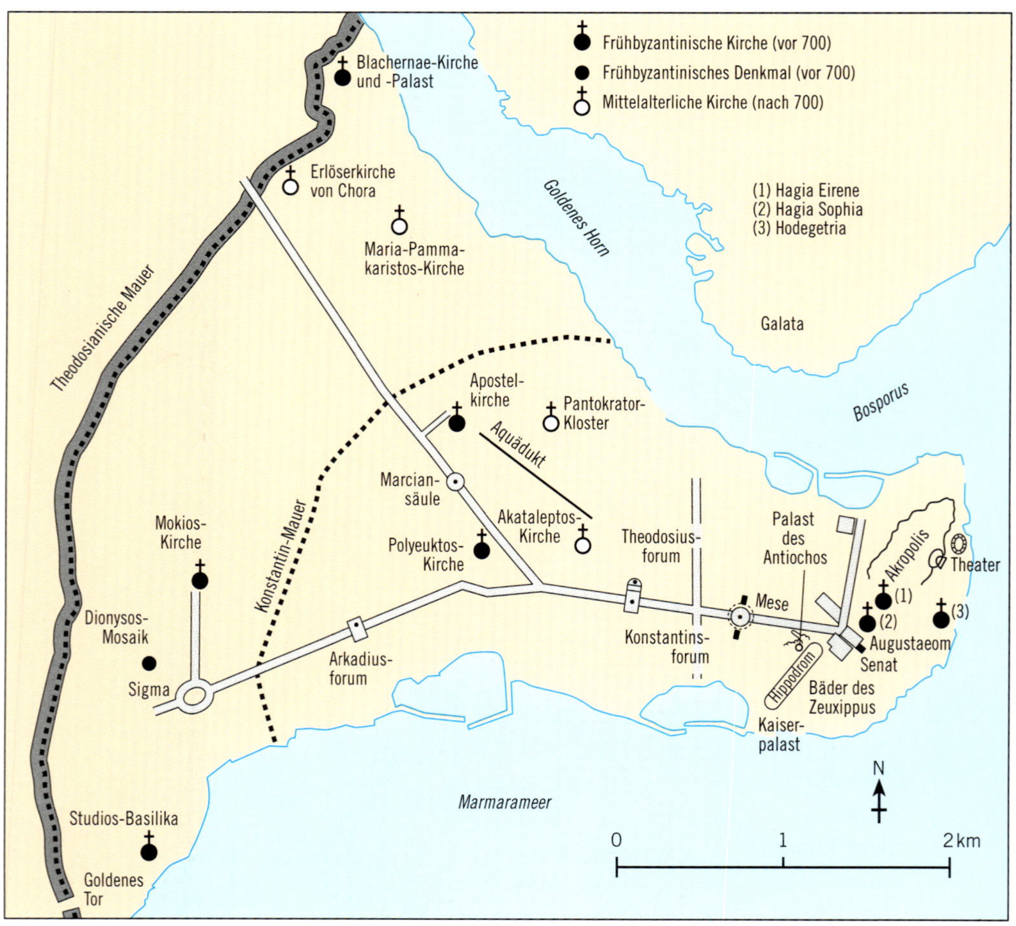

aufwärts und abwärts verlaufende Mese führte durch einen vierteiligen Bogen (*Quadrifons*). Über eine Kreuzung zu einer Weggabelung, an der weitere Gedenksäulen standen: eine bekrönt mit einer Statue des Konstantin, eine mit einem Kreuz jenes Typs, das dem Kaiser in seiner Vision erschienen war und zu seiner Bekehrung geführt hatte, und die dritte mit einer Statue seiner Mutter. Hier stand auch das Porphyrrelief seiner vier mutmaßlichen Erben, die als verheißungsvolles Omen für eine glückliche Zukunft der Dynastie einander umarmen. (Es wurde 1204 geraubt und an der Fassade von San Marco in Venedig angebracht, wo es sich bis heute erhalten hat.)

Die Mese zweigte im Nordwesten zum Tor auf die Straße nach Adrianopel (zum modernen Edirne) ab, gen Südwesten verband sie sich mit der Via Egnatia, die über den Balkan zur Adria führte. Im Inneren des nördlichen Tores auf dem höchsten Hügel der Stadt wurde eine Kirche, die als Mausoleum für Konstantin bestimmt war, den Aposteln geweiht (später zerstört). Auf einem Friedhof jenseits des anderen Tors verwahrte eine Kirche die Reliquien des heiligen Mokios, der in Byzanz das Martyrium erlitten hatte. Die Mese, die im Palastkomplex ihren Ausgang nahm und die drei von Konstantin gegründeten Kirchen miteinander verband, war nicht nur die Hauptverkehrsader der Stadt, sondern auch die Route für religiöse und kaiserliche Prozessionen und bildete in jeder Hinsicht das Rückgrat der Metropole. Sie erfuhr eine achsengerechte Verlängerung, als unter Theodosius II. die äußere Mauer errichtet wurde. In der Zwischenzeit hatte man ungefähr dreißig Kirchen erbaut und den Foren auf der Mese zwei weitere hinzugefügt, jeweils mit einer Säule wie der des Trajan in Rom mit spiralförmigen Reliefdarstellungen ▸ 5.94;96.

Auf ein Feuer, das 465 einen Großteil der Stadt zerstörte, folgten mehr als ein halbes Jahrhundert während Unruhen, die weitere Zerstörungen mit sich brachten. Der Friede wurde durch Justinian I. (527–565) wiederhergestellt, für den die große Kirche Hagia Sophia sowie, daneben, eine Säule errichtet wurden, auf der eine Reiterstatue stand, die ihn mit einem Kreuz in der Hand zeigte. (Diese Statue ist auf BUONDELMONTIS schematischem Plan von 1420 zu erkennen ▸ 7.54. Auf Justinians Herrschaft folgten weitere Unruhen, doch nach Beginn des 9. Jahrhunderts, in einer Phase wachsenden, auf den Handel zurückzuführenden Wohlstands wurde das Erscheinungsbild Konstantinopels zunehmend mittelalterlicher und entfernte sich von den Ideen Konstantins und seiner Nachfolger. Weitere Kirchen, außen schlicht, innen reich verziert, wurden erbaut, außerdem Klöster und Paläste für die wohlhabenderen Kaufleute. Auch Pera oder Galata auf der anderen Seite des Goldenen Horns entwickelten sich weiter. Das Hippodrom blieb Schauplatz von Pferderennen und kaiserlichen Aufführungen, doch zugleich das Epizentrum von Unruhen: Zwar dienten die Gedenksäulen als Wahrzeichen, doch die Foren ringsum wurden zu Marktplätzen degradiert, die Portiken entlang der Mese in Läden und Wohnhäuser umgewandelt, die Thermen stellten den Betrieb ein, und der Verfall der Tempel auf der Akropolis wurde stillschweigend geduldet.

Konstantinopel blieb die größte und wohlhabendste Stadt Europas – das islamische Córdoba (Spanien) war sein einziger Rivale –, bis es 1204 von den Kreuzfahrern geplündert wurde. Im 14. Jahrhundert ▸ 9.84 kam es zu einer Renaissance der Künste, aber zu keiner Weiterentwicklung der Stadt. Die Hauptstadt des östlichen Reiches und der orthodoxen Christenheit bestand nur mehr aus einer Ansammlung von Dörfern, als sie 1451 von den ottomanischen Türken erobert wurde, die das konstantinische Stadtgewebe mit der islamischen Metropole Istanbul überzogen.

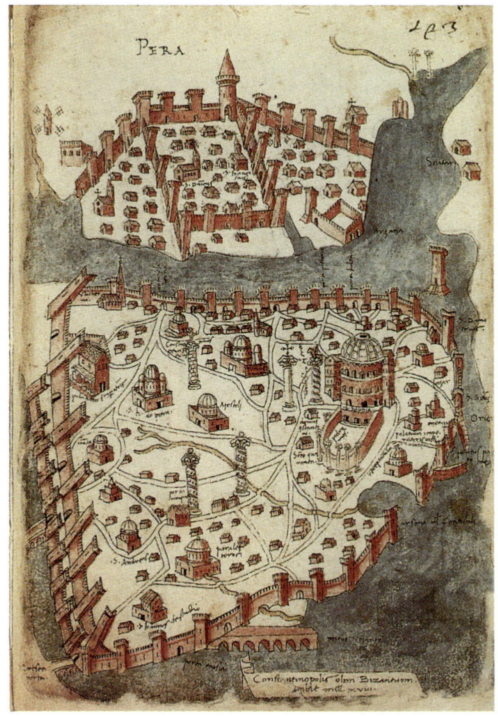


7.54 CHRISTOPHER BUONDELMONTI, *Ansicht von Konstantinopel*, 1420, Tinte auf Pergament, Biblioteca Marciana, Venedig (Cod. Marc. lat. XIV, 45/= 4595).

7.55 Luftansicht von Istanbul.

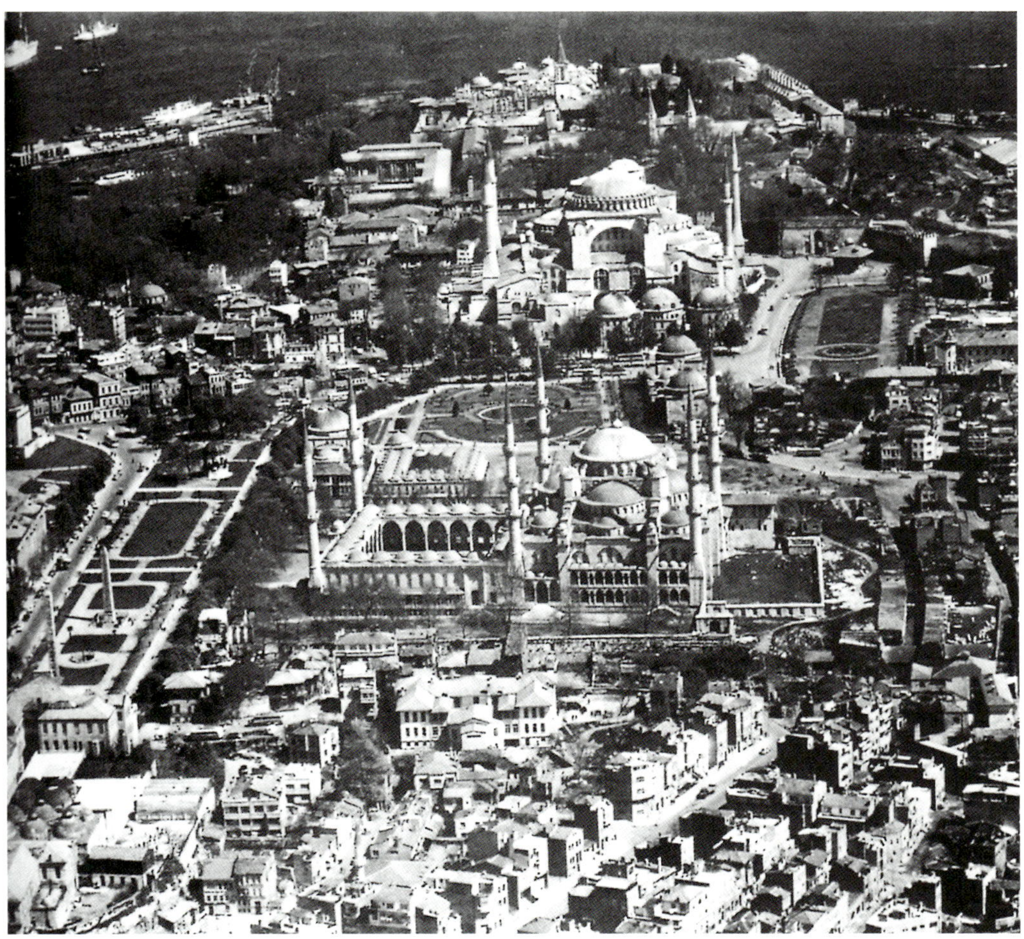

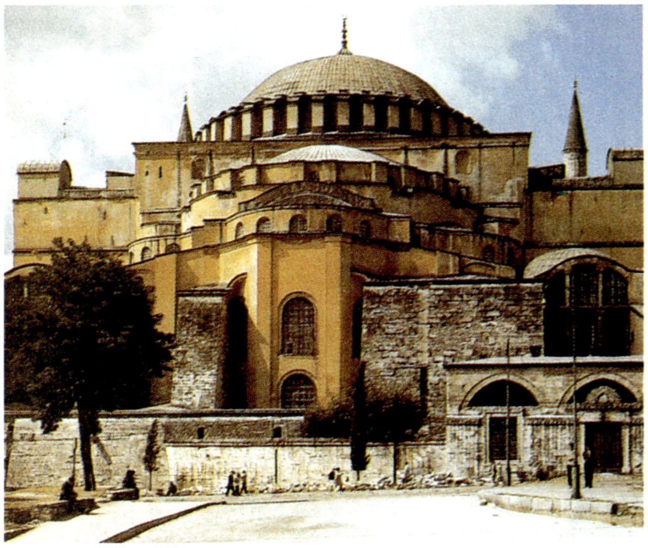

7.56 Apsidenzone der Hagia Sophia.

hauptsächlich als Mathematiker bekannt. ANTHEMIOS beschrieb Architektur als Anwendung der Geometrie in fester Materie. Aber der Eindruck, den die Hagia Sophia vermittelt, ist die Verschleierung der Festigkeit der Materie: In diesem riesigen begeisternden Raum kann das Auge nicht die Schönheiten der geometrisch ausgeklügelten Raumproportionen abschätzen oder den Grundriss erkennen. Die Raumkörper sind nicht klar voneinander abgesetzt, wie zum Beispiel im Pantheon, sondern durchdringen sich gegenseitig. Das Fluidum von Mysterium und Glanz muss vollendet gewesen sein, als die Kuppel noch mit einem ganz und gar goldenen Mosaik ausgekleidet war, hell beleuchtet durch die Fenster im Kuppelfuß. Dazu Prokop:

*»Im glänzenden Sonnenlicht strahlt sie unbeschreiblich. Man kann sagen, der Raum wurde nicht von der Sonne von außen beleuchtet, sondern das Strahlen kam von innen her.«*

Die Hagia Sophia war auf Befehl des Kaisers Justinian mit dem Anspruch gebaut worden, alle anderen Kirchen zu übertreffen. Als sie 537, fünf Jahre nach Grundsteinlegung, geweiht wurde, soll Justinian gesagt haben: »Salomon, ich habe dich übertroffen.« Die Hagia Sophia war größer als jede Kirche in Rom und blieb auch für viele Jahrhunderte die größte Kirche der Christenheit. Politisch und künstlerisch war die Zeit für ein so gewagtes Unternehmen günstig. Justinian wollte die Größe des Imperiums wieder aufleben lassen. Er baute seine autokratische Macht aus – rücksichtslos hatte er den Volksaufstand niedergeschlagen, bei dem ein Vorläuferbau der Hagia Sophia (der zweite an dieser Stelle) zerstört worden war; auf sein Betreiben wurden ein neues Gesetzeswerk geschaffen und eine unbestechliche Staatsverwaltung. Das verstärkte Heer, das so brillante Generäle wie etwa Belisar kommandierten, sollte das im 5. Jahrhundert an die Barbaren verlorene Westreich zurückgewinnen. Kaum zu glauben, dass eine neue Architektur in diesem Augenblick zu solcher Reife gelangte. Die Architekten der Hagia Sophia standen außerhalb der Tradition römischer Baumeister und hatten den Wagemut und das Erfindungsgenie, ein Bauwerk ohne Vorläufer zu entwerfen.

Der Grundriss ist überraschend einfach: Ein großes Rechteck umschließt einen quadratischen Raum, an dessen Ecken riesige Pfeiler die Kuppel tragen. Es sieht aus, als seien die Hälften einer Kirche mit zentralem Oktogon (siehe San Vitale, Ravenna) auseinandergezogen und eine überkuppelte Zone dazwischengeschoben worden ▸ 7.57.

Die Kuppel ist der beherrschende Charakterzug des Bauwerks. Der Kuppeltyp stammt aus dem Nahen Osten, die Kuppel ruht nicht auf einem Tambour (s. Pantheon), sondern auf vier → Pendentifs (sphärischen Dreiecken), die sich über den vier Pfeilern erheben. Die Pendentifs sind strukturell Reste einer niedrigeren, größeren Kuppel, die durch vier Halbkreisbogen zu einem Quadrat gestutzt wurde und durch die aufgesetzte, kleinere Kuppel ihren Scheitel verlor. (Die Ursprünge der Kuppel über Pendentifs sind verschiedentlich bis nach Armenien und in den Iran zurückverfolgt worden, aber diese Methode, große Räume zu überwölben, wurde erst durch byzantinische Architekten perfektioniert und ist deren wesentlicher Beitrag zur Sakralarchitektur.) Östlich und westlich der Hauptkuppel, aus den großen Halbbogen wachsend, erheben sich zwei Halbkuppeln mit dem gleichen Durchmesser, neben ihnen kleinere Halbkuppeln.

In Form und Material unterscheidet sich die Hagia Sophia von den Kuppelbauten im alten Rom: Die Pfeiler bestehen aus Haustein, Wände und Wölbungen aus mörtelgefügten, ziemlich dünnen Ziegeln. Einen so riesigen Raum unter Anwendung von Mörtel zu überwölben, war ein Wagnis, ein zu großes, wie sich herausstellte: Die Kuppel brach 558 zusammen und wurde durch eine etwas höhere ersetzt (563 fertig gestellt). Damals und auch später noch nahm man Änderungen vor, um die Baustruktur weiter zu verstärken. Das Äußere der Hagia Sophia ist das Resultat einer Reihe von Versuchen, die Kuppel abzustützen, und nicht das Ergebnis architektonischer Planung ▸ 7.56.

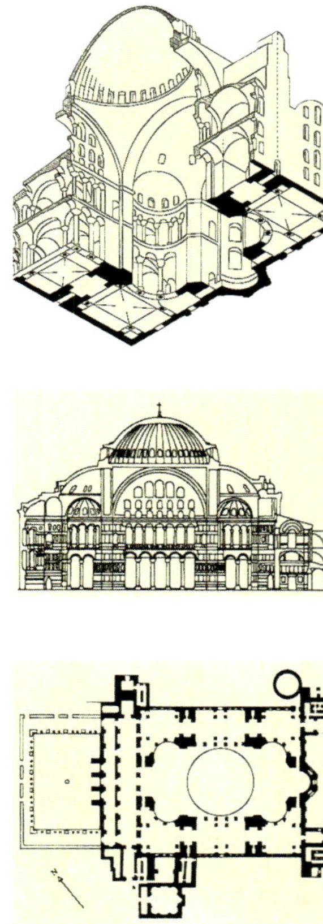

7.57 Isometrie, Schnitt und Grundriss der Hagia Sophia.

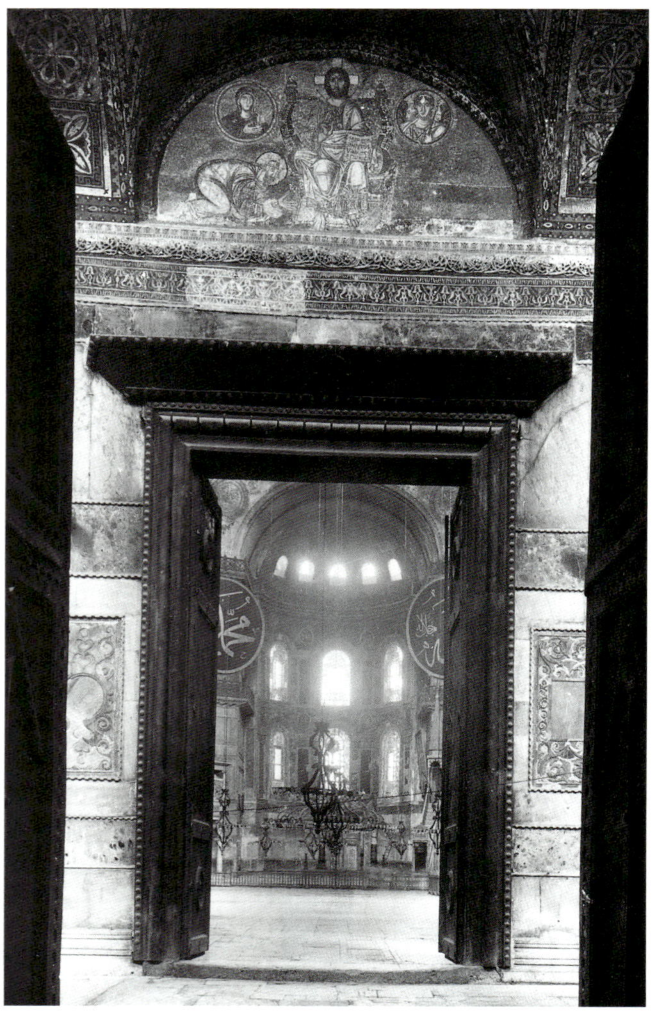

7.58 Hagia Sophia, Blick durc[h] das Hauptportal.

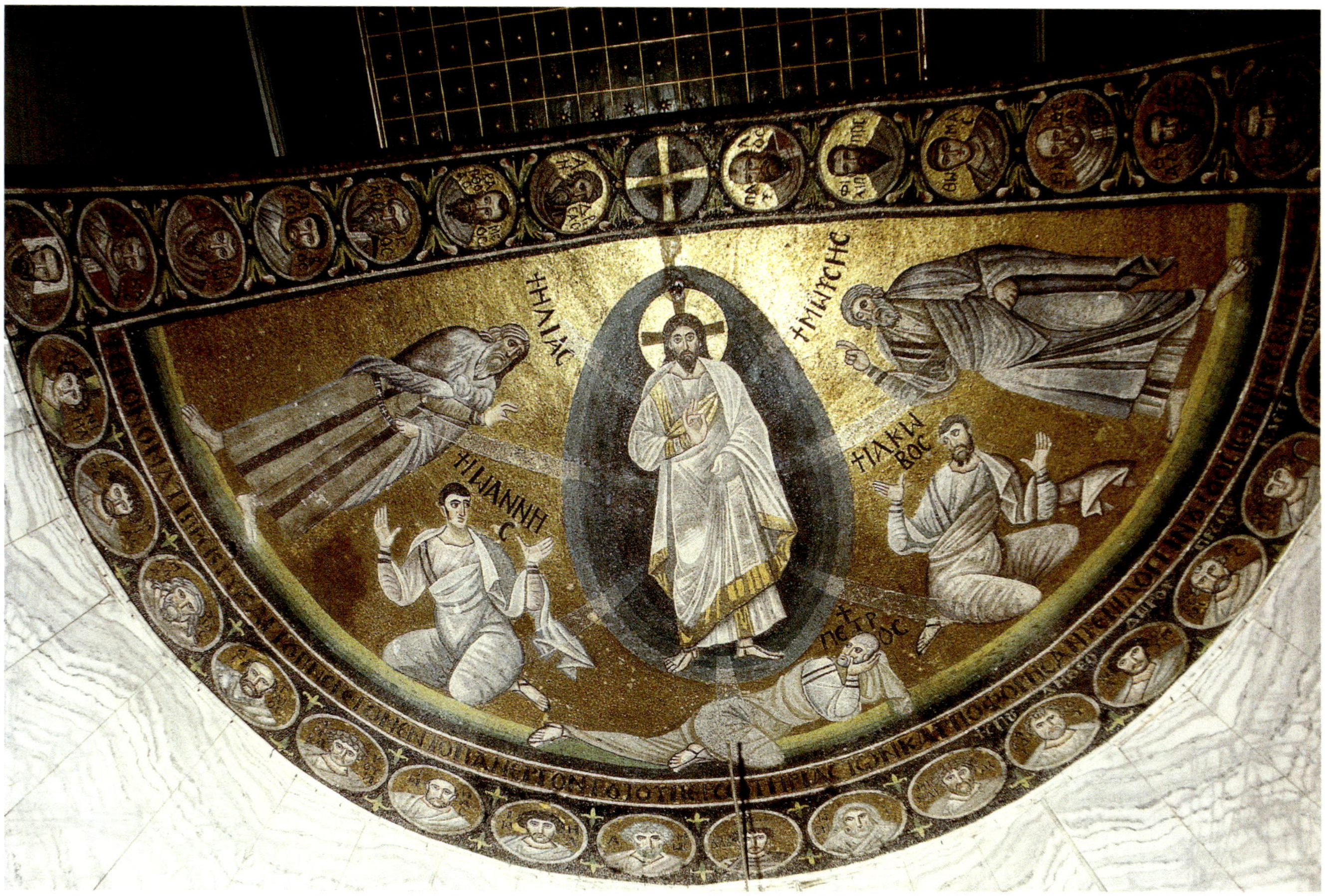

59 *Verklärung Christi*, 1 550–565, Apsismosaik der Kirche des Katharinen-osters, Sinai, Ägypten.

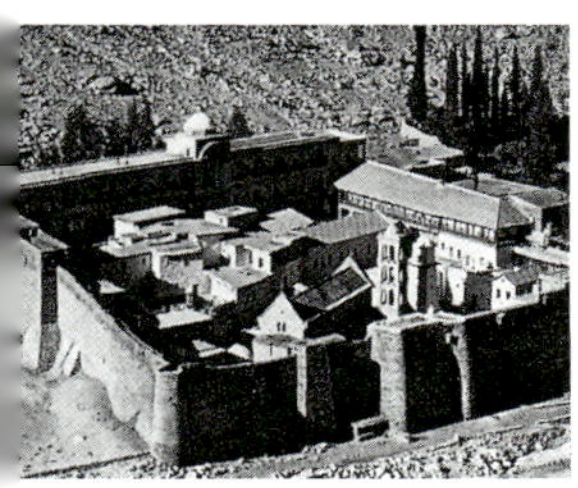

o Katharinen-Kloster, 548–565, Sinai, Ägypten.

Die Hagia Sophia ist ein Bauwerk ohne Fassade im üblichen Sinn: Die Silhouette, nicht die Front, wirkt auf den Betrachter. Auch hier wieder der Unterschied zu italienischer Praxis: Kuppeln wurden in der Architektur des heidnischen Rom selten von außen sichtbar – die des Pantheon sah nur wenig über den Giebel der Fassade hinaus. An frühchristlichen Kirchen wurden sie durch Ziegelmauern umschlossen und verborgen, da nur ihre innere Wirkung erwünscht war. Doch in Asien – von Syrien bis zum buddhistischen Indien (s. S. 215f.) – war die äußere Halbkugelform ebenso wichtig als Symbol des Kosmos.

Die auf einem hohen Hügel erbaute Hagia Sophia krönte die Stadt Konstantinopel, ihre Kuppel war weithin sichtbar. Doch nur wenige Menschen durften mehr von der Kirche sehen. Der atemberaubende Anblick, der sich dem modernen Besucher bietet, wenn er durch das Hauptportal eintritt, war wenigen Privilegierten vorbehalten ▸ 7.57. Die Hagia Sophia war die kaiserliche Hofkirche. Sie diente nicht wie frühchristliche Basiliken in Rom oder anderswo dem normalen Gemeindegottesdienst, sondern als Rahmen für eine Gottesdienstordnung von typisch byzantinischem Zeremoniell. Das große Mittelschiff unter der Kuppel und den Halbkuppeln war Durchgangsraum, den der Priester zum Chor vor der Apsis und der Kaiser mit seinem Hof auf dem Weg zu seinem Platz im Südschiff durchschritten. Die Hofgemeinde saß in den Seitenschiffen und Galerien (Emporen), Männer und Frauen getrennt, und konnte nur Teile der Kirche und des Gottesdienstes sehen, der hauptsächlich im Chor abgehalten wurde. Doch der wichtigste Ort lag unter dem östlichen Rand der Kuppel: Hier wechselten der Patriarch und der Kaiser den Friedenskuss unmittelbar nach der Wandlung der Eucharistie. In diesem feierlichen Moment waren die beiden irdischen Repräsentanten Gottes auf Erden vereint. Die theokratische Basis des Byzantinischen Reiches konnte nicht deutlicher zur Schau gestellt werden.

## *Die klassische Tradition*

Justinians Förderung der Architektur war Ausdruck seines Strebens, einen monolithischen Staat zu schaffen, mit einheitlicher Gesetzgebung, einem Glaubensbekenntnis und einem Herrscher, dem irdischen Vertreter des einen allmächtigen Gottes. Prokop hat – wohl auf Befehl des Kaisers – ein ganzes Buch den Sakral- und Profanbauten gewidmet, die Justinian gestiftet, wieder aufgebaut, restauriert oder verschönert hatte. Sie lagen im ganzen Reich verstreut, um Justinians weitreichende Macht zu demonstrieren: im Balkan, in Palästina, Nordafrika, Italien, selbst auf dem kargen Berg Sinai.

Die dort gebaute Kirche ▸ 7.60 ist vor allem wegen ihrer ausgezeichnet erhaltenen Mosaiken interessant. Sie gehören zu den qualitätvollsten ihrer Zeit und sind wahrscheinlich das Werk von Künstlern und Kunsthandwerkern aus Konstantinopel. in der Halbkuppel der Apsis umrahmen Medaillons ▸ 7.61 mit Köpfen der Apostel, der 16 Propheten und König Davids eine Darstellung der Verklärung: Christus, in einen Glorienschein gehüllt, spricht mit Moses und Elias ▸ 7.59. Das Thema war dem Ort angemessen, denn am Sinai war der Gott des Alten Testaments Moses im brennenden Dornbusch erschienen. Dieses Ereignis ist auf dem Schildbogen über der Apsis dargestellt und findet auch Erwähnung am Martyrium im Freien jenseits der Apsis. So wurden zwei Epiphanien des einzigen Gottes aufeinander bezogen.

Ungefähr zur gleichen Zeit findet man die Verklärung auch in der Apsis von Sant'Apollinare in Classe ▸ 7.45. Doch auf dem Sinai sind Christus und die drei Jünger als Menschen, nicht durch Symbole, dargestellt. Die Jünger und die beiden

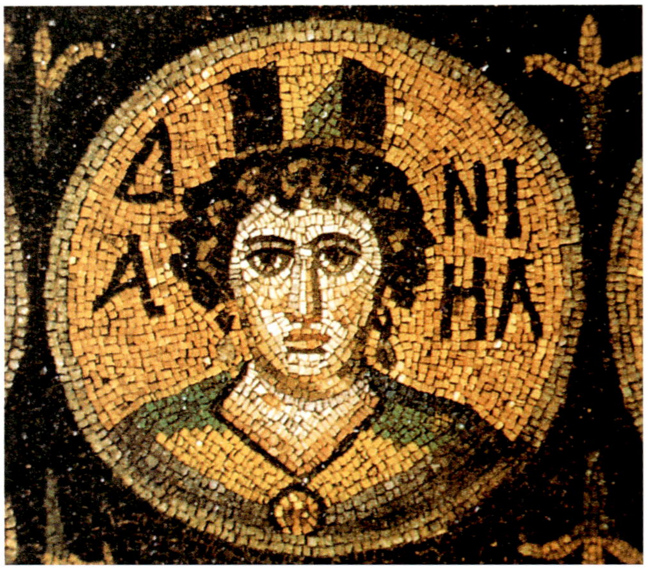

7.61 *Daniel*, um 565/566, Detail aus dem Apsismosaik in der Kirche des Katharinen-Klosters, Sinai, Ägypten.

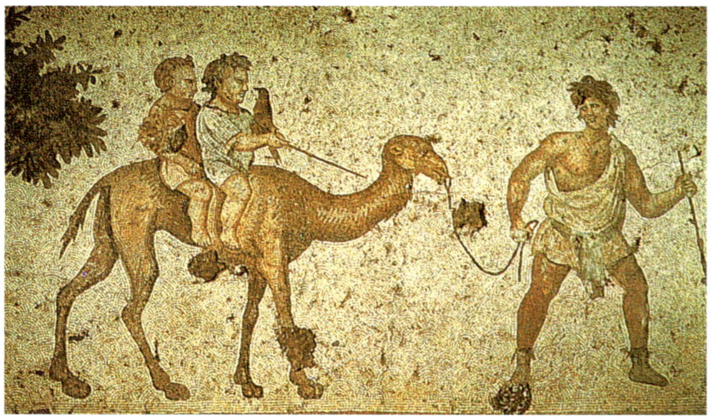

7.62 *Ländliche Szene*, aus dem Mosaikfußboden des Kaiserpalastes, 6. Jh., Istanbul.

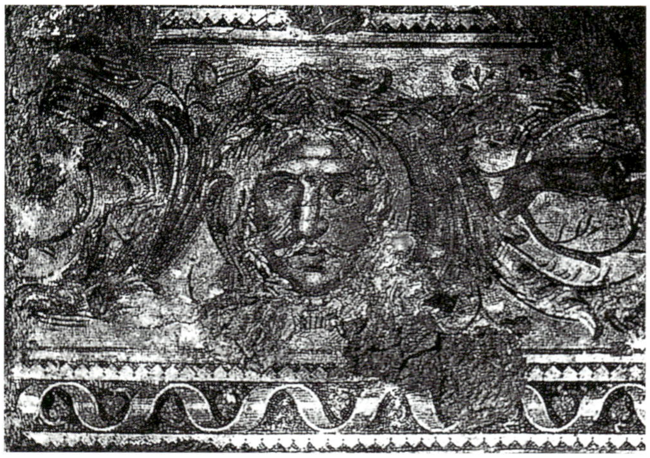

7.63 Teil der Bordüre vom Mosaikfußboden des Kaiserpalastes, 6. Jh., Istanbul.

Propheten sind kräftig modellierte Gestalten. Doch scheinen sie über dem Bodenstreifen mehr zu schweben, als darauf zu stehen. Der Boden besteht aus drei Bändern in Dunkelgrün, Hellgrün und Gelb, das mit dem goldenen Hintergrund verschmilzt. Es gibt keine Landschaft, die Gestalten sind wirklich, doch zugleich Erscheinungen, eigentlich nicht von dieser Welt. Christus im Zentrum ist in ein ›lichtweißes‹ Gewand gekleidet, wie es die Evangelien beschreiben, hervorgehoben durch die mandelförmige Aureole (Mandorla) in vier Blauschattierungen. Von dem Kreuz, das die Apsis bekrönt, leuchtet wie aus der Hand Gottes ein Lichtstrahl herab. Von Christus gehen sieben Strahlen aus und strahlen über die Mandorla und die goldene Wölbung.

Stilistisch völlig anders ist ein etwa gleichzeitiges riesiges Fußbodenmosaik aus dem Großen Palast in Konstantinopel ▸ 7.62; 63. Dargestellt sind Szenen ländlicher Idylle mit naturalistisch erfassten Menschen und Tieren, Bäumen und kleinen Gebäuden von einer in dieser Kunstform besonders einfühlsamen Farbgebung. Ohne irgendeine symbolische Bedeutung zu haben, führen die Mosaiken klassische Traditionen fort, die in Konstantinopel in der Profankunst genauso prächtig und sinnenfroh lebendig erhalten blieben wie in der Profankunst der hellenistischen Königreiche zur Zeit ihrer Blüte ▸ 5.30. Satyrn und Nymphen tanzen wie ehedem, und die alten griechischen Gottheiten lassen ihre athletischen Körper bis weit ins 7. Jahrhundert spielen (zum Beispiel auf Silbergefäßen). Bukolische Kunst und Poesie des Alten Griechenland und Rom wurden wieder erweckt, oft in schlicht retrospektivem Stil, wie auf einem herrlichen Silberteller mit der kunstvoll eingehämmerten Figur eines Ziegenhirten ▸ 7.67.

Doch die meisten erhaltenen Kunstwerke aus der Zeit Justinians waren religiös, viele nur in kleinem Maßstab, zum Beispiel wunderbar geschnitzte Elfenbeinminiaturen und illuminierte Handschriften. Damals entwickelte sich die Miniaturmalerei zu einer bedeutenden Gattung. (Buchillustrationen werden so nach ›minium‹, einem roten Farbstoff, benannt, der für die Umrisslinien benutzt wurde.) Das Buch (codex), aus einzelnen Pergamentblättern (vellum) zusammengebunden und von einer Hülle geschützt, hatte sich bis zum 5. Jahrhundert durchgesetzt und die Schriftrolle langsam verdrängt. Ein Codex war bequemer zu lesen und nicht so schnell zu beschädigen wie eine Rolle (gewöhnlich 9 m lang). Die ebenen Seiten boten für Bilder einen besseren Grund ▸ 7.31 als Schriftrollen. Die außerordentliche Bedeutung des Buches für die Christen, die solchen Wert auf die Heilige Schrift legten, dass sie die Verlesung der Evangelien und Episteln in die Liturgie aufnahmen, muss nicht eigens betont werden.

Fragmente von drei herrlichen Codices aus dem 6. Jahrhundert sind erhalten: zwei Evangeliare ▸ 7.64 und ein Buch Genesis. Die Texte sind mit goldenen und silbernen Buchstaben auf Pergament geschrieben und mit Purpurfarbe koloriert, die dem kaiserlichen Gebrauch vorbehalten war und beweist, dass die Bücher dem Kaiser dienten. Besonders ins Auge fallen die in leuchtenden Farben zierlich gemalten Illustrationen. Auf einer Seite des Buches Genesis wird in Wort und Bild die Geschichte von Rebekka und Eliezer erzählt ▸ 7.65. Eliezer war ein Diener Abrahams, der ausgesandt wurde, für Isaak eine Frau zu finden. Rebekka, »die sehr schön anzusehen war«, wird zweimal in einem Bild gezeigt: auf dem Weg zum Brunnen und wie sie Eliezer Wasser gibt. Dem Bibelwort getreu sind die Köpfe der zehn Kamele dargestellt, doch verzichtete man auf die volle Zahl der Körper und Beine. Die

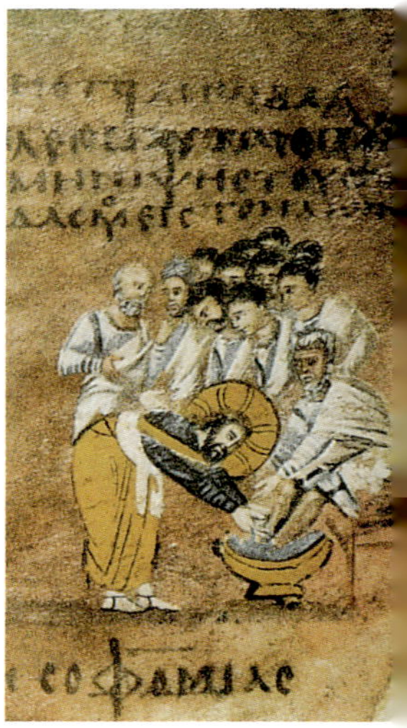

7.64 *Fußwaschung*, Detail aus dem *Codex Purpureus Rossanensis* (Evangeliar von Rossana), 6. Jh. Museo del Arcivescovado, Rossano, Kalabrien.

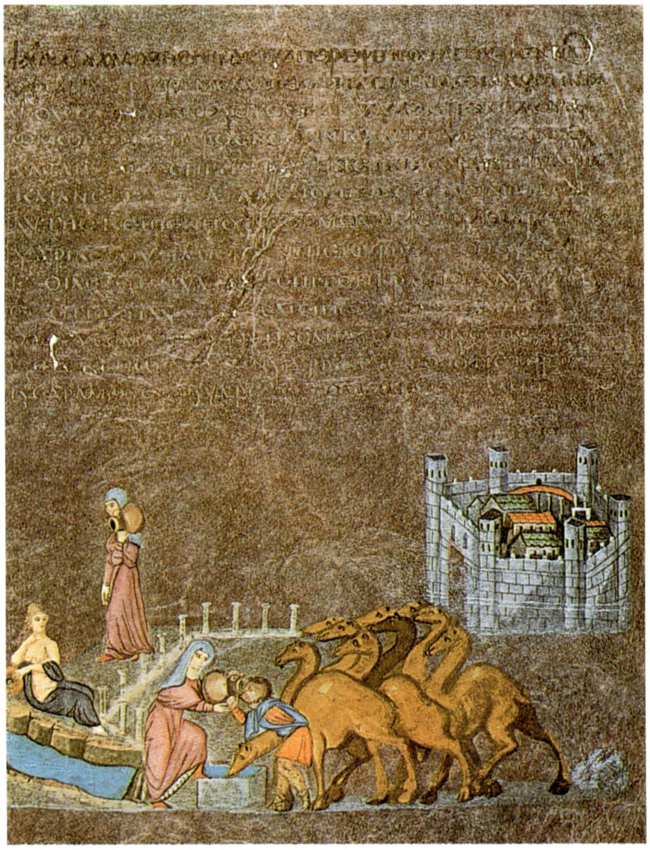

7.65 *Rebekka und Eliezer*, aus der *Wiener Genesis*, 6. Jh., Pergament, 33,5 x 25 cm, Österreichische Nationalbibliothek, Wien.

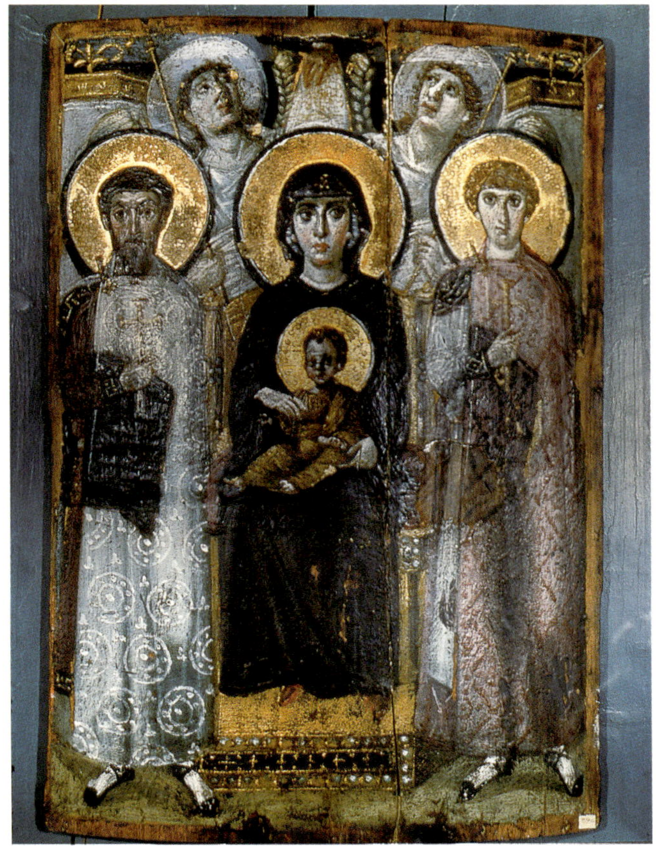

7.66 *Jungfrau mit Kind zwischen den Heiligen Theodoros und Georgios*, 6. Jh., Tafelbild, 68,6 x 47,9 cm. Katharinen-Kloster, Sinai, Ägypten.

ummauerte Stadt und die Quellnymphe, Symbol des Brunnens, scheinen nach klassischen Vorbildern kopiert – beide wären auf der *Trajanssäule* nicht deplatziert. Rebekka, die Frau Isaaks und Mutter von Jakob und Esau, wurde als Vorgängerin der Jungfrau Maria angesehen. Daher verstand man ihr Treffen mit Eliezer als alttestamentliche Präfiguration der Verkündigung des Engels an Maria.

## *Ikonen und Ikonoklasten*

Im 6. und 7. Jahrhundert war der Unterschied zwischen einem Bild, das als Meditationshilfe eines Betenden diente, und dem Bild, das selbst angebetetes Objekt war, verwischt. Kleine, tragbare Bilder Christi, der Jungfrau mit Kind oder der Heiligen, heute ›Ikonen‹ genannt (von einem griechischen Wort, das im weitesten Sinn ›Ähnlichkeit‹ oder ›Bild‹ bedeutet), wurden in der gesamten byzantinischen Welt immer beliebter. Sie übten eine stärkere Anziehungskraft aus als die erdachten Symbole und die dogmatischen Allegorien der frühchristlichen Kunst. Diese Abwendung vom Symbolismus wurde offiziell 692 von der Trullanischen Synode gebilligt, die ausdrücklich anordnete, fortan solle das Lamm, das die Sünden der Welt hinwegnimmt, ›Christus unser Gott‹, in seiner menschlichen Gestalt durch den Dienst der Farben dargestellt werden: *»Durch diese Gestalt erkennen wir die erhabene Demut des Gott-Logos und werden angeleitet zum Gedenken seines Wandels im Fleische, seines Leidens und seines heilbringenden Todes und der Erlösung, die daraus der Welt geworden!«*
Um diesem Ziel zu genügen, wandten sich die Maler einem mehr naturalistischen Stil zu, wie etwa in einem Holztafelbild, das die Jungfrau mit Kind zeigt, zu ihrer Seite zwei Heilige, hinter ihr zwei Engel und die Hand Gottes ▸ 7.66. Die Köpfe der Engel sind in der Manier hellenistischer Maler verkürzt, die Jungfrau und das Kind haben Substanz und Gewicht. Das Bild ist hierarchisch komponiert und dient der unmittelbaren Vergegenwärtigung der Heiligen. Die hier abgebildete Ikone ist eine der wenigen, die dem Zorn der Ikonoklasten (Bilderstürmer) entkam. Im 8. und 9. Jahrhundert kämpften die Ikonoklasten gegen einen Götzendienst, der ihrer Meinung nach durch solche Ikonen geweckt wurde.

Ein Edikt des Kaisers Leo III. von 730 ordnete die Zerstörung aller Bilder an, die Christus, die Jungfrau Maria, Heilige oder Engel in menschlicher Gestalt zeigten. Es machte einen schwelenden Konflikt offenbar, der für die kommenden

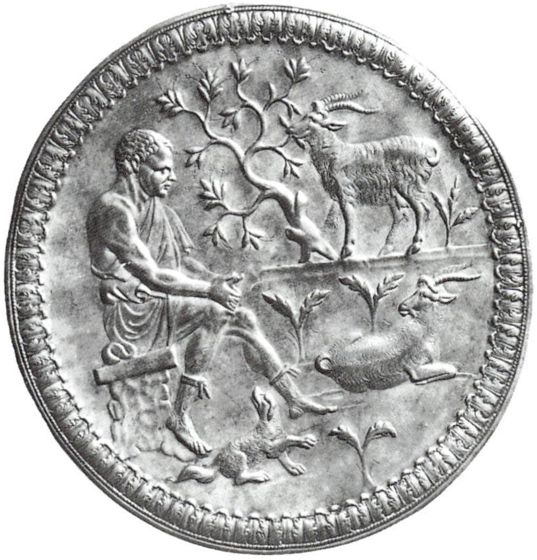

…7 *Ziegenhirte*, 527–565, …berteller. Eremitage, … Petersburg.

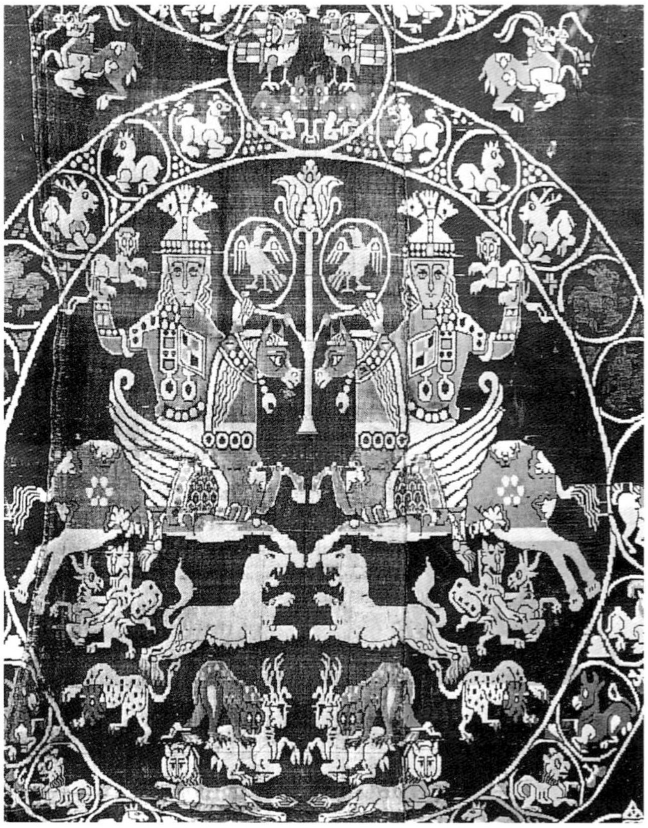

7.68 *Kaiserliche Jagd*, spätes 8. oder 9. Jh., Seide. Staatliche Museen zu Berlin.

7.69 *Muttergottes*, 867, Detail des Apsismosaiks, Hagia Sophia, Istanbul.

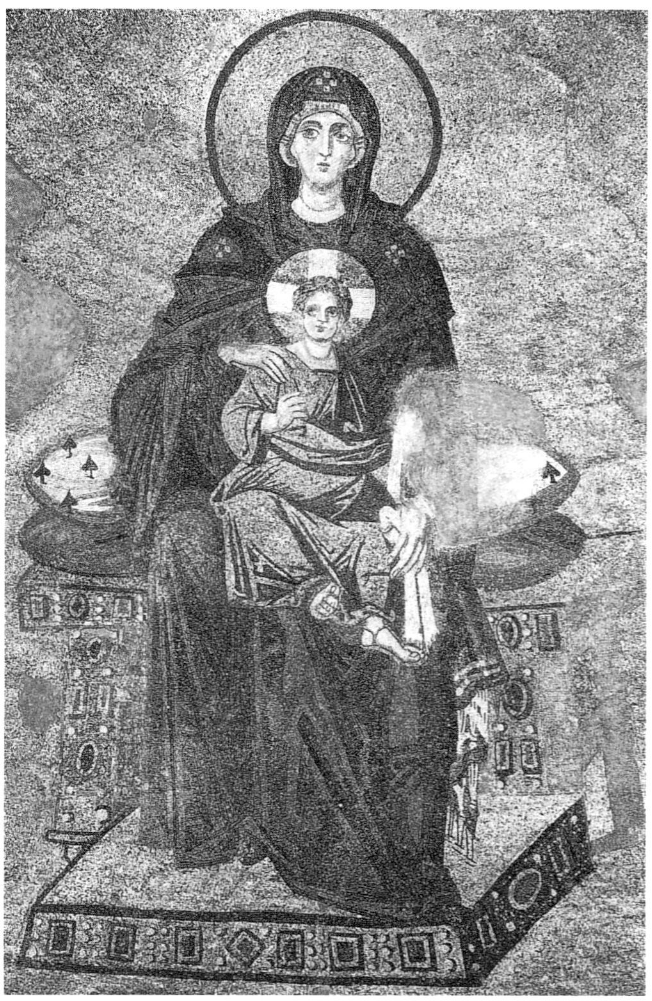

113 Jahre zwischen Ikonoklasten und den, wie ihre Gegner sie nannten, Ikonodulen (Bilderfreunde) im ganzen Byzantinischen Reich ausgetragen werden sollte. (Das Edikt wurde vom Papst in Rom und von der westlichen Christenheit zurückgewiesen.) Keine Auseinandersetzung über Kunstwerke hat je so heftige Leidenschaften, so gegensätzliche Gefühlsausbrüche und andere religiöse, politische, soziale und wirtschaftliche Streitigkeiten ausgelöst. Jeder Ikonodule, der des Verbergens einer Ikone überführt wurde, konnte mit Pfählen, Verbrennen, Verstümmelung oder Blendung bestraft werden. Religiöse Bilder überlebten offen nur in den Teilen des Byzantinischen Reiches, die von ›Barbaren‹ überrannt worden waren – eine in diesem Zusammenhang bittere Namensgebung.

Ikonoklasten lehnten die Kunst nicht ab. Während ihrer Vorherrschaft wurden die Kirchen reich mit Mosaiken ausgeschmückt, die juwelenbesetzte Kreuze und belaubte Paradiesgärten zeigten (vergleiche die Beschreibungen der Kirche des Blachernen-Palastes in Konstantinopel). Paläste wurden noch üppiger verziert. Chinesische Gesandte vom Hof der Tang verzeichneten mit Bewunderung den Überfluss an kunstvoll bearbeitetem Glas, Kristall, Gold, Elfenbein und an seltenen Hölzern in Konstantinopel und »eine menschliche Figur aus Gold, die, Glocken schlagend, die Stunden anzeigt«. Außerdem priesen sie sinnreiche Erfindungen, wie etwa im Sommer die Kühlung der Räume. Keines dieser Wunder ist erhalten, außer einigen Stücken byzantinischer Seide mit heraldisch stilisierten Tiermustern ▸7.68. Ihre Entwürfe sind stark von persischen Textilien beeinflusst, ein Zeichen, dass sich Byzanz mehr asiatischer Tradition als europäischer zuwandte, obwohl alle östlichen Territorien des Reiches, außer Kleinasien, an den Islam verloren waren (s. S. 317ff.). Es muss jedoch betont werden, dass offenbar keine direkte Verbindung zwischen Ikonoklasmus und islamischer Bilderfeindlichkeit bestand.

## *Der Sieg der Orthodoxie*

Die Niederlage des Ikonoklasmus wurde 843 offiziell bekannt gegeben, am ersten Fastensonntag, der noch heute von der Ostkirche als ›Fest der Orthodoxie‹ begangen wird. Von da an wurde die Orthodoxie (Rechtgläubigkeit) Grundgedanke der byzantinischen Kunst – dogmatisch unterschiedliche Meinungen zwischen der orthodoxen Kirche von Konstantinopel und der katholischen von Rom sollten erst im 11. Jahrhundert zum Schisma führen. Das wichtigste Ergebnis des Bilderstreites für die Kunst war die Formulierung der Lehrmeinung über den Wert von Darstellungen Christi, der Heiligen und der Engel, die besagte: *»Je mehr die Betrachter die gemalten Darstellungen ansehen, desto mehr werden sie sich an das Urbild erinnern, dem sie Gruß und Ehrfurcht erweisen sollen, aber nicht die Anbetung im Glauben, die nur dem einen Gott zukommt.«* (Mansi, Concilia, XIII 377 B–E, 397 C).

Mosaiken und Gemälde werden in diesem Akt näher erläutert. Auf Statuen wird nicht eingegangen – sie wurden von der Ostkirche nie gebilligt, und so ist byzantinische Plastik so gut wie nicht vorhanden.

Im Laufe des Jahrhunderts nach dem Sieg der Orthodoxie, einer Periode ungestörter politischer und wirtschaftlicher Stabilität, wurden Mosaizisten für die langwierige Ausschmückung der Gewölbe größerer Kirchen mit figürlichen Kompositionen herangezogen. 867 hielt der Patriarch von Konstantinopel, Photius, in der Hagia Sophia eine Predigt, in der er das kürzlich fertig gestellte Apsismosaik mit der Jung-

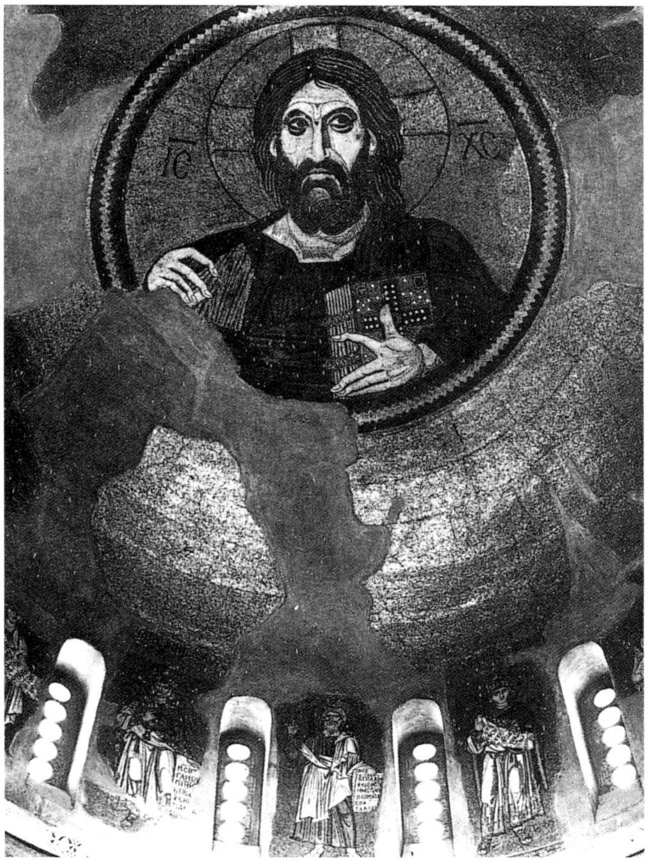

7.70 *Christus Pantokrator*, um 1020, Kuppelmosaik, Kloster Daphni bei Athen.

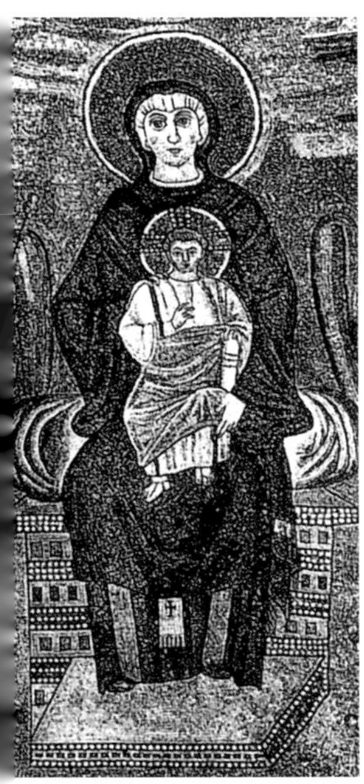

71 *Muttergottes*, um 550, tail aus dem Apsismosaik r Kathedrale von Poreč, oatien.

frau und dem Kind rühmte ▸ 7.69. Dass gerade dieses Mosaik zu den ersten neuen gehörte, ist nicht erstaunlich, da das Mysterium der Inkarnation (Menschwerdung) als theologische Hauptrechtfertigung für Christusdarstellungen galt.

Die Jungfrau Maria erlangte für das christliche Denken eine immer größere Bedeutung, seit sie 431 auf dem Konzil von Ephesus zur Mutter Gottes erklärt worden war. Sie wurde als Fürbitterin der Menschheit angesehen. Vom 6. Jahrhundert an wurde ihr eine Verehrung zuteil, die bisher nur Christus zugekommen war: Sie wurde mit dem Kind in der Apsiskonche über dem Hauptaltar dargestellt (ältestes Beispiel ist Poreč, Kroatien, ▸ 7.71), was nach der ikonoklastischen Periode in byzantinischen Kirchen allgemein üblich wurde. Gleichzeitig bildete sich die Tradition, Christus als ›Pantokrator‹ (Allherrscher) in der Hauptkuppel abzubilden, als sähe er vom Himmel herab. Die größte Darstellung des Pantokrator, im späten 9. Jahrhundert in die bis dahin völlig golden mosaizierte Kuppel der Hagia Sophia eingefügt, ist bei der Umwandlung der Kirche in eine Moschee zerstört worden. Doch ein beeindruckendes Beispiel existiert noch in der kleinen Klosterkirche von Daphni bei Athen: So einschüchternd ist kaum wieder ein Bild göttlicher Allmacht gegeben worden – Christus ist Herrscher und Richter ▸ 7.70. Die Jungfrau in der Apsis der Hagia Sophia ist die Fürbitterin, die als Himmelskönigin auf dem mit Kissen gepolsterten Thron byzantinischer Kaiser sitzt ▸ 7.69.

Der Kaiser galt als lebendes Symbol göttlicher Macht, als Christi Stellvertreter auf Erden. Ein Mosaik über dem Haupteingang der Hagia Sophia zeigt Leo VI. (886–912) auf den Knien vor Christus (Proskynese ▸ 7.58). Ein zeitgenössischer Dichter deutet die Proskynese des Kaisers mit den Worten: »*Du hast mich zum Gebieter über Deine Geschöpfe gemacht und zum Herrn meiner Sklaven, aber da auch ich ein Sklave der Sünden bin, zittere ich vor Deiner Strafe, o Gott und Richter*« (Johannes Mavropous Poeme).

Wer sich dem Kaiser näherte, musste sich in der gleichen Haltung niederwerfen, und durfte er aufsehen, hatte sich der Kaiserthron inzwischen erhöht (durch eine mechanische Vorrichtung; der Bischof von Cremona, Liutprant, berichtete 949 von dem wunderbaren Schauspiel). Der geheiligte Status des Herrschers wurde dem Volk auf Münzen vor Augen geführt. Justinian II. (685–695) hatte auf eine Münzseite den Kopf Christi prägen lassen und auf die andere sein eigenes Bildnis mit dem Kreuz in der Hand ▸ 7.72. Zur Zeit des Ikonoklasmus verschwand diese Darstellungsweise, tauchte aber danach sofort wieder auf: Eine Münze des Basileios I. zeigt den Kaiser und seinen Sohn mit dem Patriarchenkreuz auf der Vorderseite und Christus auf dem Thron auf der Rückseite ▸ 7.73.

Übereinstimmend mit dem Grundsatz der Orthodoxie blickten byzantinische Künstler nach der Zeit des Ikonoklasmus zurück auf Vorbilder aus dem 6. Jahrhundert. Die Orthodoxie beherrschte völlig die folgende Entwicklung der byzantinischen Kunst, die beharrlich symbolhaft blieb und von strengen Regeln bestimmt war. Das Abbild eines Heiligen musste den Betrachter ansehen, damit die Vermittlung zum Urbild im Himmel hergestellt werden konnte. Biblische Szenen hatten mit festen ikonographischen Normen übereinzustimmen. Gesten und vielleicht sogar Farben waren unveränderbare Bedeutungsträger.

In den Jahrhunderten eines verringerten wirtschaftlichen Wohlstands wurden die Größenausmaße der neuen Kirchen stark eingeschränkt, was zu den ›quincunx‹-Grundrissen (Kreuzkuppelkirchen) mit einer kleinen Mittelkuppel und manchmal vier Nebenkuppeln über den Seitenarmen führte. Ein einheitliches System der Ausschmückung verlieh byzantinischen Kirchen dreifache Bedeutung: Sie waren ein Mikrokosmos der himmlischen und irdischen Welt, die Stätte für Christi Leben auf Erden und der Ort für die Feiern des Kirchenjahres. Die Halbkuppel der Apsis symbolisierte allgemein die Höhle der Geburt Christi in Bethlehem und trug deshalb das Bild der Maria ›Theotokos‹ (Mutter Gottes). Der Pantokrator blickte von der Hauptkuppel herab.

7.72 *Solidus Justinians II.* (erste Regentschaft 685–695). British Museum, London.

7.73 *Solidus Basileios' I.* (869–879). British Museum, London.

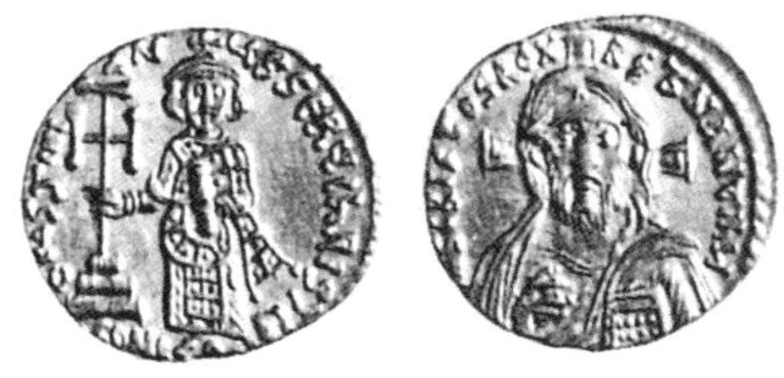

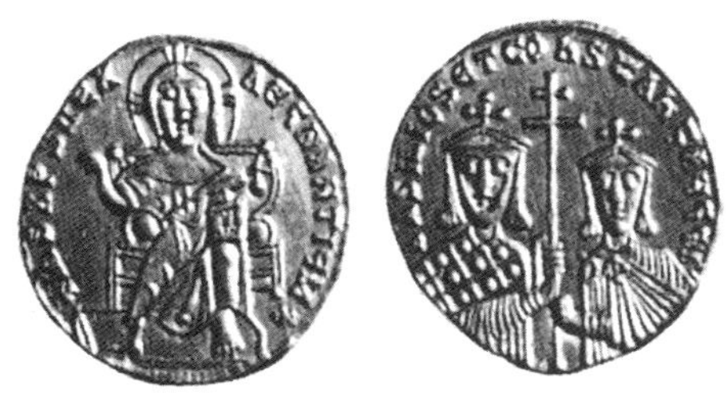

# *Die heilige Jungfrau*
# Die ersten Darstellungen

In den frühchristlichen Kirchen waren Frauen höchstwahrscheinlich zahlreicher zugegen als Männer. Manche von ihnen entstammten anders als die Männer vornehmen Familien, und Keuschheit galt ihnen als das christliche Ideal schlechthin, das sie von der heidnischen Welt unterschied. Möglicherweise gab es sogar Nonnen, bevor es Mönche gab: bereits im 3. Jahrhundert. Dieser Umstand sowie die Konzile von Nicäa (315) und Ephesus (431), auf denen die Gottesmutterschaft der Jungfrau Maria definiert und sie zur Mutter Gottes erklärt wurde, bilden den Hintergrund, vor dem die frühen Darstellungen der Heiligen Jungfrau zu sehen sind.

Selbst im heidnischen Rom war Keuschheit als eine Tugend anerkannt: So genossen etwa die Vestalischen Jungfrauen besondere Ehrenrechte. Wenn antike Philosophen jedoch die Keuschheit erörterten, rückten sie sie in einen breiteren Zusammenhang, der sich auf Selbstbeherrschung und die Leidenschaften, auf die Zähmung des Körpers durch die Seele bezog.

7.74 *Verkündigung*, 432–440 n. Chr., Detail des Mosaiks auf dem Triumphbogen von Santa Maria Maggiore, Rom.

Die frühen christlichen Lehrer fassten das Thema anders auf. Sie betrachteten es in Zusammenhang mit dem ersten Sündenfall und der Erbsünde, mit der Schuld Evas. Durch die Jungfrau Maria, so erklärten die Theologen, lasse sich der Sündenfall rückgängig machen. Waren Frauen vorher das ›Tor zum Teufel‹ gewesen, so erhielten sie nun die Möglichkeit, durch Wahrung ihrer Jungfräulichkeit die Sünde abzubüßen. Die Belohnung, die eine Jungfrau im Himmelreich erwartete, war sechzigmal größer als die eines gewöhnlichen Christen – nur Märtyrer standen höher in der Gunst. Schließlich entwickelte sich die Vorstellung von der Kirche selbst als einer Jungfrau, der Braut Christi, rein, unbefleckt und unverdorben, und zugleich als einer Mutter – der Mutter all derer, die sie zu Christus führte.

Obgleich Jungfräulichkeit eine universale Tugend war und Theologen und Lehrer sich in ihren Ausführungen an die allgemeine Christenheit im allgemeinen wandten, hatten sie doch in der Regel die Frauen im Sinn. Frühchristliche Autoren wie Tertullian und Cyprianus bezogen sich in ihren Schriften ausnahmslos auf weibliche Jungfrauen. Waren dabei unbewusste Motive im Spiel? Durchzog frühchristliche Traktate über die Tugend der Jungfräulichkeit eine unterschwellige Misogynie? Frauen waren von Führungsämtern in der Kirche ausgeschlossen, und obwohl sie als Diakoninnen fungieren konnten, war es ihnen nicht erlaubt zu lehren. In der Kirche wurde ihnen ein Platz hinter der Gemeinde zugewiesen, wo sie von den Männern abgesondert waren. Doch zu Keuschheit waren Männer wie Frauen, Ehepaare wie Ledige angehalten, und es wäre überspitzt, sie einzig und allein als ein Mittel zur Unterdrückung der Frau zu verstehen.

Die Jungfräulichkeit Mariens war ab dem 4. Jahrhundert von grundlegender Bedeutung für die christliche Lehre, da es ohne sie keinen ›Gottessohn‹ geben konnte und Jesus ein Mensch wie jeder andere gewesen wäre. Die Konzile, die das besondere Wesen der Jungfrau Maria definierten, fanden in Nicäa und Ephesus statt, wo bestätigt wurde, dass sie nicht nur ›Gebärerin Christi‹, sondern auch ›Gottesgebärerin‹ oder ›Theotokos‹, die Gottesmutter, sei. Auf diese Weise wurde die Frage des Gottmenschseins Christi gelöst. Ephesus war der Ort, an dem Maria angeblich begraben war, und gleichzeitig – nicht minder wichtig – der Ort, an dem sich seit Jahrhunderten der große Tempel der Artemis oder,

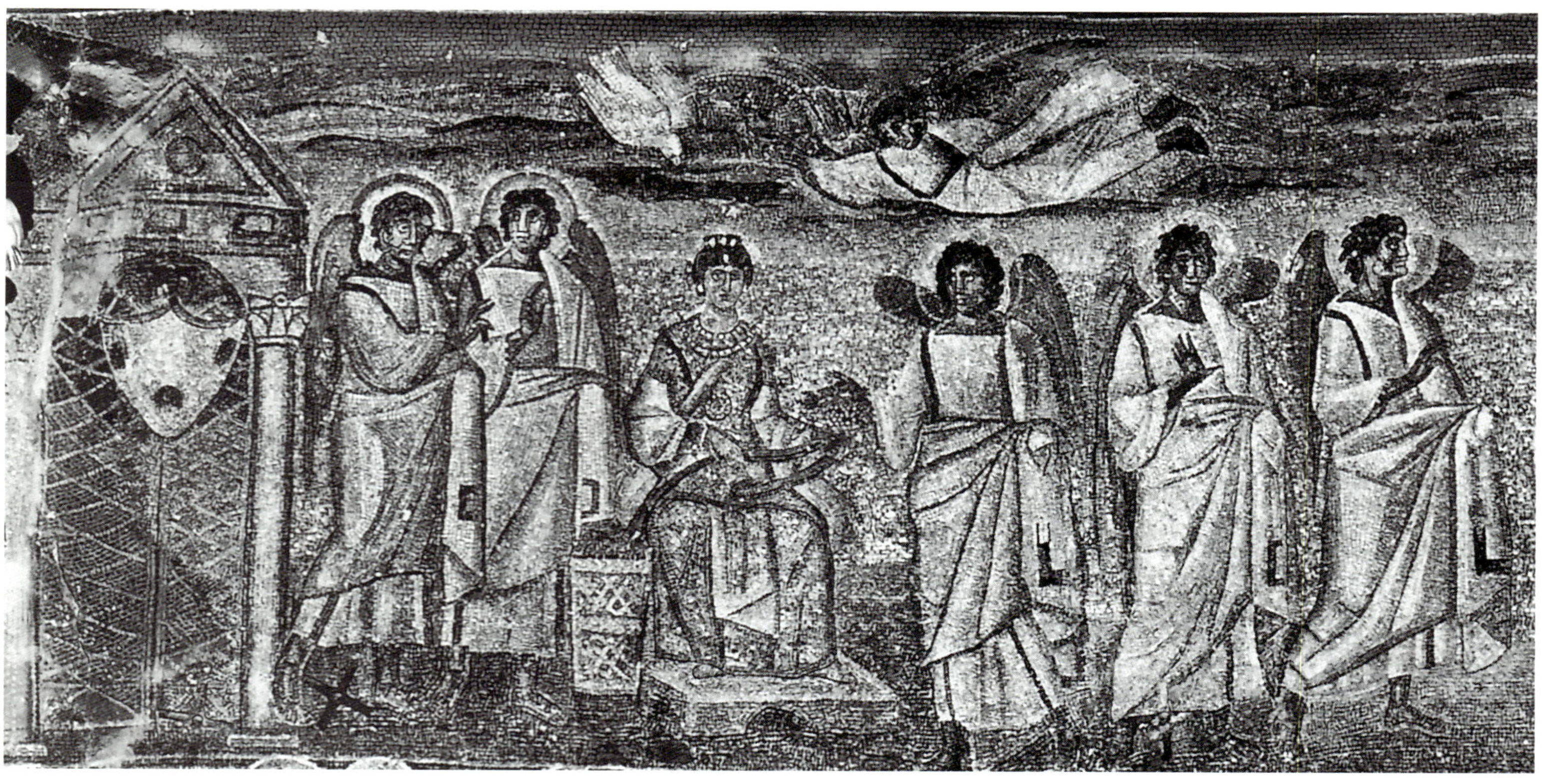

wie sie in Rom genannt wurde, Diana befand. Der Artemiskult war erst kurz zuvor offiziell abgeschafft worden, lebte aber in der Praxis fort, was die Frage nahe legt, inwieweit die aufkeimende Verehrung der Jungfrau Maria ein Beispiel für die Wiederkehr eines uralten Archetyps war, dem Artemis-Diana, Cybele und andere Inkarnationen der Muttergottheit jeweils zuzuordnen sind. Das frühe Christentum mit seinen ›weiblichen‹ Idealen des Erbarmens und der Gewaltlosigkeit bereitete inmitten der Wirren und des Blutvergießens, das Rom im 5. Jahrhundert erlebte, als es mehr als einmal von den Wandalen geplündert wurde, vermutlich einen fruchtbaren Boden für eine derartige Reinkarnation.

Erst nach dem Konzil von Ephesus wurden bildliche Darstellungen der Heiligen Jungfrau häufiger. Ältere Bilder können nur unter großem Vorbehalt als Darstellungen der Heiligen Jungfrau mit Kind gelten, selbst wenn sie, wie etwa in den römischen Katakomben (S. 280f.), in einem christlichen Kontext stehen. Als Sixtus III. im Jahr nach dem Konzil von Ephesus seine große neue Kirche in Rom gründete, weihte er sie der Heiligen Jungfrau, Santa Maria Maggiore, und in der Ausschmückung des Kircheninneren nahm diese einen zentralen Platz ein. Dass Sixtus III. sie als Jungfrau Maria und Muttergottes zu verherrlichen gedachte, zeigen ganz unmissverständlich die Mosaiken auf dem Triumphbogen über dem Hochaltar. In der Verkündigungsszene sehen wir sie sitzend auf einem Thron und in der Tracht einer byzantinischen Prinzessin mit Diadem und Schmuck, fast als gewähre sie eine kaiserliche Audienz ▸ 7.74. Sie wird begleitet von vier Engeln in weißem Gewand (in der Bibel nicht erwähnt). Gabriel schwebt wie eine römische Personifikation des Sieges über ihr, und die Taube, das Symbol des Heiligen Geistes, senkt sich zu ihr herab. Es ist dies der Augenblick der Menschwerdung. Links ist ein kleiner Tempelbau mit geschlossenem Tor dargestellt, der vermutlich ihre Jungfräulichkeit symbolisiert. Zu diesem Zeitpunkt war die gesellschaftliche Aufwertung der Zimmermannsgattin Maria in schriftlichen Darstellungen bereits erfolgt. Diese gaben ihr in der Regel reiche Eltern von vornehmer Herkunft und sagten ihr in manchen Fällen sogar nach, sie sei gebildet und sehr belesen gewesen. Das große Apsismosaik der Marienkrönung in Santa Maria Maggiore wurde leider 1288–1292 ersetzt, es zeigte aber vermutlich – wie auf dem ältesten erhaltenen 100 Jahre später entstandenen Apsismosaik ▸ 7.71 – die Heilige Jungfrau mit dem Kind auf ihrem Schoß, während vom Himmel eine Hand herabkam, die eine Krone über ihr Haupt hielt.

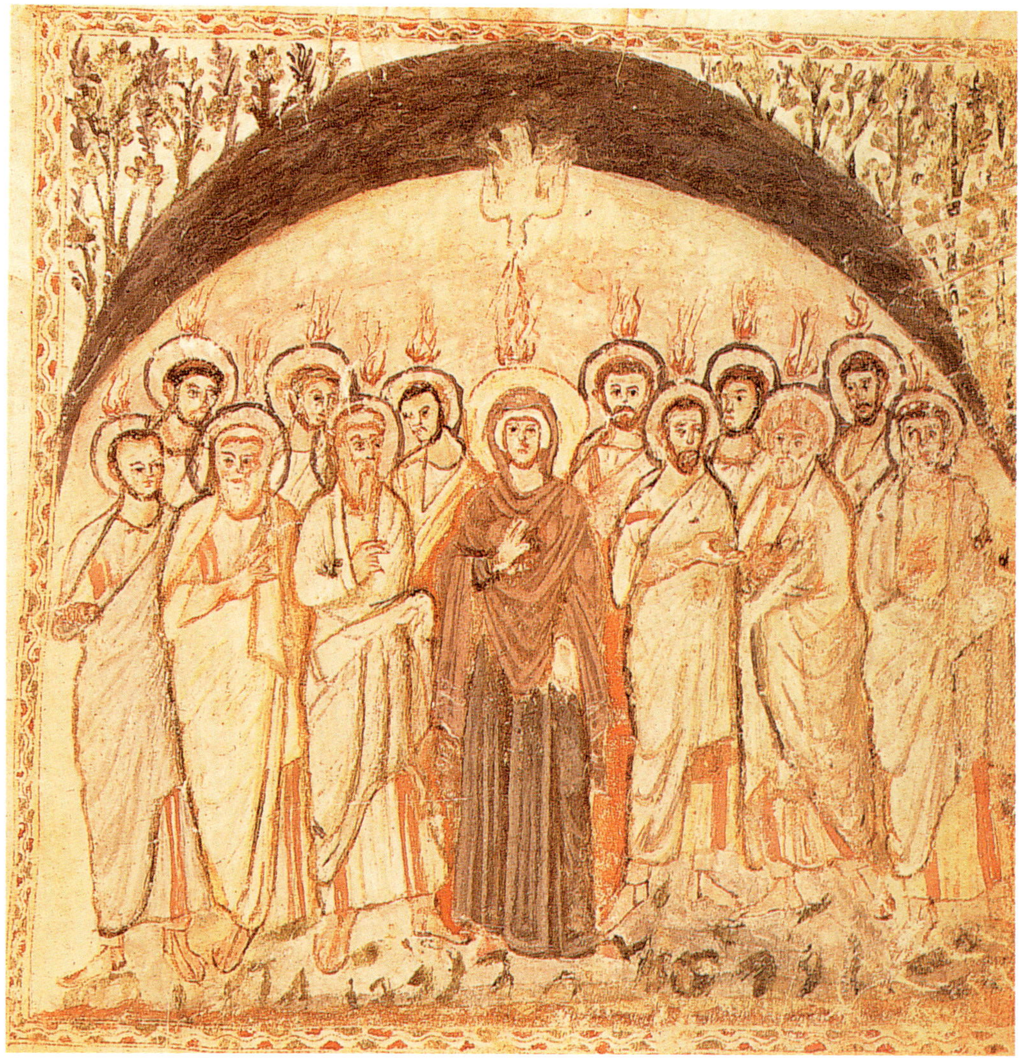

7.75 *Pfingsten*, aus dem *Rabula-Evangeliar* (fol. 14v), 586 n. Chr., Pergament, 33,6 x 26,6 cm. Biblioteca Medicea Laurenziana, Florenz.

Im Jahr 586 wurde Maria in einer Sammlung syrischer Evangeliare dargestellt, die im Johanneskloster in Zagba in Mesopotamien niedergeschrieben wurden. Ohne dass dies die Bibeltexte nahe legten, ist sie sowohl in der Szene der Himmelfahrt Christi wie in der Pfingstszene besonders hervorgehoben und neuerlich wie eine vornehme römische Dame in dunkelblauem Gewand dargestellt, das sie von den anderen Figuren unterscheidet ▸ 7.75. In der Pfingstszene steht sie, die rechte Hand gleichsam zum Segen erhoben, inmitten der Apostel, die ihrerseits stehen und nicht wie üblich in einem Halbkreis sitzen. Ungefähr zur gleichen Zeit begegnet auf einem Andachtsbild vom Berg Sinai eine ähnlich majestätische Darstellung der Maria, die sie mit dem Christuskind und von den beiden Heiligen Theodoros und Georgios sowie zwei Engeln umringt zeigt ▸ 7.66. Auf ihre Rolle als Fürbitterin wird hier recht unmissverständlich hingewiesen.

Die Jungfrau Maria wurde jedoch nicht immer derart hoheitsvoll dargestellt, auch wenn für andere Bildtypen nicht so viele Beispiele bekannt sind. Zu den frühesten Darstellungen zählt eine Wandmalerei aus dem koptischen Jeremiakloster in Sakkara bei Kairo aus dem 6.–7. Jahrhundert, auf der sie beim Stillen des Jesuskindes zu sehen ist. Sie stützt ihre Brust mit der linken Hand und hält das Kind auf ihrem Knie. Die menschliche, ja geradezu anheimelnde Intimität solcher Gemälde war weitaus eingängiger und fand vermutlich wesentlich breiteren Anklang als die oben erwähnten gelehrten und hoch verfeinerten Mosaiken und Buchmalereien. Vielleicht sind gerade aus diesem Grund derart wenige Beispiele erhalten. In der Plastik allerdings wurde die das Kind stillende Maria (›Maria lactans‹) bereits in der zweiten Hälfte des 4. Jahrhunderts in Konstantinopel dargestellt.

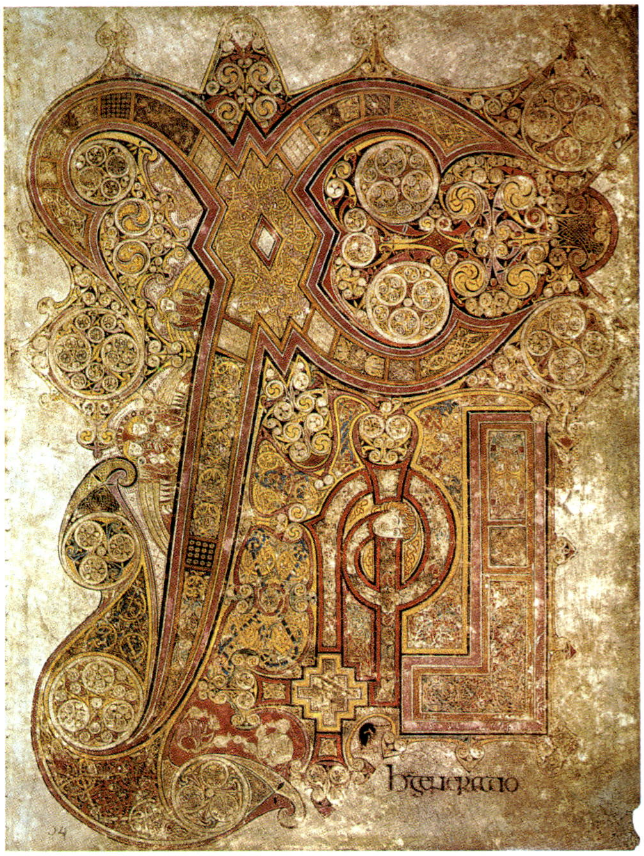


7.76 Initialseite aus dem *Book of Kells* (fol. 34), frühes 9. Jh., Pergament, 33 x 25 cm. Trinity College Library, Dublin.

Die byzantinische Kunst übte einen beständigen Einfluss auf die Kunst des Abendlandes aus, doch das umfangreiche ikonographische Programm blieb auf die Länder begrenzt, die Konstantinopel, nicht Rom, als dogmatische Autorität anerkannten. Das orthodoxe Christentum wurde 864 in Bulgarien und 988 in Russland Staatsreligion. Wladimir, der Fürst von Kiew (980–1015), hatte sein russisches Reich nach dem Vorbild des byzantinischen aufgebaut. Nun erbat er von Konstantinopel Priester, um seine Untertanen zu lehren und zu taufen, und Architekten, Mosaizisten und Maler, die Kirchen erbauen und ausschmücken sollten. In Kiew erblühte eine lokale Variante des byzantinischen Stils, andere bildeten sich auf dem Balkan und in den Randgebieten des Reiches aus. Die byzantinische Kunst entwickelte sich weiter trotz der Strenge der ikonographischen Regeln. Aus einer ungebrochenen Tradition, die bis in die klassische Welt zurückreicht, kam sie im späten 13. und frühen 14. Jahrhundert zu einer letzten großen Blüte (s. S. 370f.). Konstantinopel behielt während des ganzen europäischen Mittelalters seine Position als Metropole christlicher Gelehrsamkeit und Kunst und blieb die größte und herrlichste Stadt des Kontinents, bis es 1453 den Türken zufiel.

## Christliche Kunst im nördlichen Europa

Aus den Tiefen der ›dunklen Zeiten‹ in Westeuropa – gemeint sind die rund 500 Jahre der Wirren, ausgelöst durch die Völkerwanderung, die im frühen 5. Jahrhundert nach dem Zusammenbruch der Herrschaft Roms über den Kontinent fegte – erwuchs eine schnell zur Blüte kommende christliche Kunst in Irland und zahlreichen Inseln vor der Küste Nordbritanniens. Die Ursprünge dieser Kunst können zurückverfolgt werden, doch nichts erklärt uns dieses unvermittelt auftretende Phänomen und diese künstlerische Brillanz an der äußersten Grenze der den Griechen und Römern bekannten Welt. Der neue Stil ist ›keltisch‹, ›irisch‹ und ›irisch-sächsisch‹ genannt worden, doch die allgemeinere Bezeichnung ›insularer Stil‹ sollte den Vorzug finden, zumal sie seine geographische Ausdehnung beinhaltet. Die erhaltenen Kunstwerke sind illuminierte Handschriften, die zu den kunstvollsten und schönsten gehören, die je gemalt wurden. Giraldus de Barri, Schriftsteller im 12. Jahrhundert, sah eine der Handschriften in Irland, vielleicht das *Book of Kells* ▸ 7.76, und schwärmte: *»Vertiefe dich ganz und du wirst zum Heiligtum der Kunst vordringen ... du wirst ein so köstliches und feines Verschlungensein finden, so präzise und gedrängt, so voller Knoten und Verbindungen, mit so frischen und lebendigen Farben, dass du denken könntest, dies alles sei das Werk eines Engels, nicht das eines Menschen.«*

Das Christentum, das in England während der römischen Besetzung Fuß gefasst hatte, überdauerte den Abzug der letzten Legionen im Jahre 407 und die nachfolgenden Invasionen von Angeln, Sachsen, Jüten und Friesen nicht lange. Doch ungefähr um die gleiche Zeit begann die Bekehrung Irlands, die schon vor dem Tod des großen Missionars St. Patrick (um 461) so gut wie abgeschlossen war. Das Christentum wurde unter der Landbevölkerung von klösterlichen Gemeinschaften in ganz Irland verbreitet, wohl nach dem Vorbild syrischer und ägyptischer Mönchsgemeinschaften. Im 6. Jahrhundert gründeten irische Mönche ähnliche Klöster als Missionsstationen, die von der Insel Iona vor der Westküste Schottlands quer durch Europa bis Bobbio in Italien zu finden waren. 634 kamen Mönche von Iona auf die Insel Lindisfarne, die eines der bedeutendsten Zentren religiöser Gedanken und Kunst werden sollte.

Zur gleichen Zeit hatte eine 597 direkt von Rom ausgesandte Missionsgruppe begonnen, den angelsächsischen Süden Englands zu bekehren, und drang langsam nach Norden vor. Die irische Kirche hatte Gebräuche entwickelt, die sich von den römischen unterschieden. So musste es zu einem Zusammenstoß kommen, als die beiden Missionsgruppen aufeinander trafen. Die Synode von Whitby besiegelte das Schisma (644), ganz England kam unter die geistliche Oberhoheit Roms. Das Ergebnis war bald in allen Zweigen klösterlichen Lebens, einschließlich der Kunst und Architektur, zu spüren. Der hl. Benedict Biscop, der 674 und 682 in Jarrow und Wearmouth (County Durham) zwei Klöster gründete, rief französische Steinmetzen ins Land, um sich eine Kirche nach römischer Art bauen zu lassen, die er immer geliebt hatte, wie uns sein Schüler Beda Venerabilis berichtet. Es gibt noch Reste beider Klosterkirchen mit massigen Mauern und kleinen, rundbogigen Fenstern, die recht hoch sitzen. Beda bezeugt auch, dass Biscop viele Malereien aus Rom mitgebracht habe, damit jeder, der die Kirche betrete, auch wenn er nicht lesen könne, das huldvolle Antlitz Christi und der Heiligen erblicke, wenn sie auch nur auf Bildern erschienen; außerdem möge jedem eine lebendigere Vorstellung von der Gnade der Menschwerdung des Herrn entstehen. Doch dieser klassische Einfluss aus dem Mittelmeerraum ging nicht sehr tief: Der *Codex Amiatinus*, in Jarrow illuminiert ▸ 7.77, ist das einzige erhaltene Beispiel. Die heimischen künstlerischen Traditionen waren zu stark, sie brachten ein neues überschäumendes Leben in den insularen Stil, als im späten 7. Jahrhundert die ersten Handschriften illuminiert wurden.

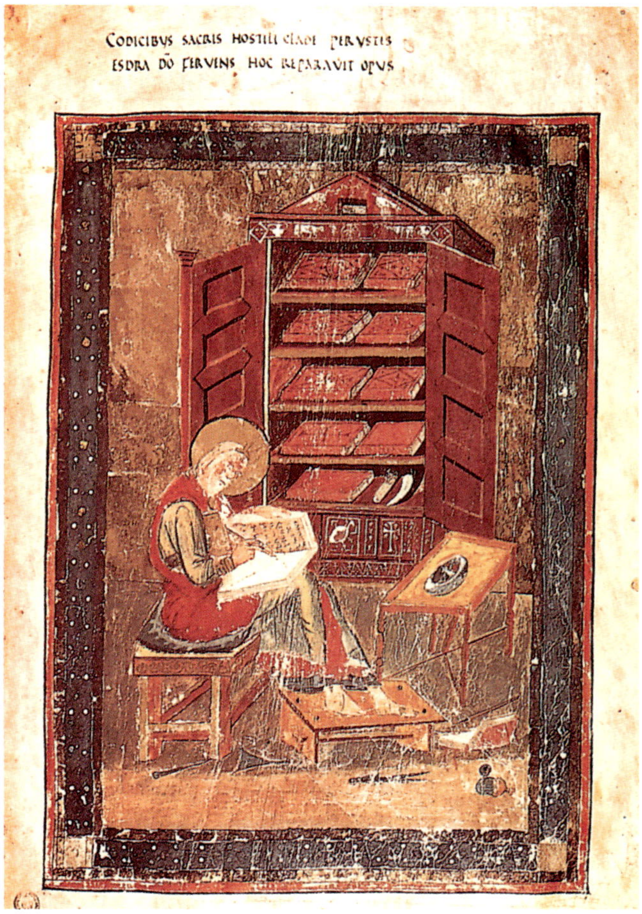

7.77 *Der Prophet Ezra schreibt die Heilige Schrift*, aus dem *Codex Amiatinus* (fol. VR) aus Jarrow, frühes 8. Jh., Pergament, 35,6 x 25,4 cm. Biblioteca Medicea Laurenziana, Florenz.

### *Flechtwerk und Illuminierung*

Der hl. Kolumban war der Meinung, dass irische Dichter Balladen in ihrer Muttersprache verfassen dürften. Eine ähnliche Erlaubnis muss er Gold- und Silberschmieden, den angesehensten Künstlern der Zeit, gegeben haben, die ornamentale Motive verwandten, denen einst und vielleicht auch damals noch übernatürliche Kräfte zugeschrieben wurden. Eine lokale Variante des keltischen ›La Tène-Stils‹ (s. S. 153ff.) lebte in Irland fort. Eine Gewandschließe aus Bronze, ursprünglich mit Emaille eingelegt, zeugt von der Kunstfertigkeit irischer Handwerker ▸ 7.78. Das Hauptmotiv der Platte – ein Dreischenkel – ist in der keltischen Kunst bevorzugt: Drei ›Beine‹, ausgehend von einem Punkt, jedes sich kräuselnd, gabeln sich in Spiralen, von denen die größeren in Vogelköpfen enden, die kleineren in kommaähnlichen Blasen.

Ähnliche spiralförmige Linien mit Tierköpfen schmücken die Kapitelinitialen der frühesten irischen Handschriften aus der Zeit um 600 (zum Beispiel *Cathach of Saint Columba*, Royal Academy, Dublin). Ebenso erscheinen sie in reich geschmückten Handschriften in reiferem Insularstil, zum Beispiel im *Lindisfarne-Evangeliar* ▸ 7.79. Auf der hier abgebildeten Seite ist die Rahmung aus seltsam anmutenden Vögeln zusammengesetzt, die miteinander durch Bänder verknüpft sind, die sich, aus ihren Flügelfedern herauswachsend, um den Hals des nächsten Vogels schlingen. Viele verschlungene Bänder gibt es innerhalb des Rahmens zu sehen, jedes in eine quadratische Grundfläche gesetzt, dazu Fächer mit Quadrat- und Stufenmuster. Im Erscheinungsbild dieser Buchseite mag die Erinnerung an Mosaikfußböden in römisch-britischen Landhäusern anklingen, von denen manche Kreuze und andere christliche Symbole aufwiesen. Aber der allgemeine Eindruck erinnert mehr an Werke der Goldschmiedekunst aus der Völkerwanderungszeit. Ein goldenes Armband ▸ 7.81, eingelegt mit Granat aus Indien und farbigem Glas, vielleicht aus Syrien, zeigt, ähnlich den Seiten des *Lindisfarne-Evangeliars*, Fächer mit abgestuftem Umriss und Quadratmuster, umrundet von verflochtenen Tieren, die entfernt an den prähistorischen Tierstil von Zentralasien erinnern (s. S. 150f.). Das interessante Stück wurde in Sutton Hoo an der Ostküste Englands gefunden. Es lag als Beigabe in einem Schiff unter dem Grabhügel eines ostanglischen Königs aus der Mitte des 7. Jahrhunderts. In Sutton Hoo fand man auch Goldmünzen der merowingischen Könige in Gallien und einen Silberschatz, darunter eine große byzantinische Schale – Hinweise, dass das nördliche Europa zu dieser Zeit keinesfalls vom Rest der Welt abgeschnitten war. In einem Grab der gleichen Zeit in Helgö, Schweden, wurde sogar eine bronzene Buddhastatuette entdeckt (Nationalmuseum, Stockholm)!

Es existieren mehrere Erklärungen für den Ursprung des Band- oder Flechtmusters, das so viele Seiten des *Lindisfarne-Evangeliars* und anderer Handschriften ziert. Ähnliche Erscheinungsformen gibt es in der koptischen (das heißt christlichen) Kunst Ägyptens vom 5. bis zum 9. Jahrhundert, zu der es direkte Verbindungen gegeben haben mag. (Schalen aus Alexandria wurden in England nichtchristlichen Gräbern beigegeben, und irische Mönche scheinen enge Kontakte zu ägyptischen Klöstern gehabt zu haben.) Aber Flechtwerk taucht in der Kunst vieler Kulturen auf, besonders im Norden, wo es so beherrschend ist wie Blattornamente im Mittelmeerraum. In Skandinavien waren verflochtene, spiralig gewundene Bänder auf Grabsteinen, Schmuck, Waffen und den geschnitzten Stevenköpfen der Schiffe angebracht, in denen die Wikinger die Küsten des nördlichen Europa vom 8. bis zum 11. Jahrhundert plünderten ▸ 7.80. Der Kontrast zwischen dem Flechtwerk und der Form, die es verziert, ist oft überraschend, etwa an dem Stevenkopf oder den Steinkreuzen, die in Irland, Schottland und Nordengland aufgestellt wurden (zum Beispiel Bewcastle, Cumberland ▸ 7.84). Unbekannt ist, ob das Flechtwerk eine tiefere Bedeutung hatte. Man hat angenommen, dass es als Zaubermittel gegen böse Geister gegolten habe, zugleich dem menschlichen Spieltrieb, Knoten zu entwirren, entgegenkommend. Doch nie gelangte es zu einer größeren künstlerischen Wirkung als in den insularen Handschriften. Verfolgen wir einen einzigen Strang, wie er sich vorwärts und zurück um

7.78 Gewandschließe, 2. Jh., Bronze, Länge 13 cm. National Museum of Ireland, Dublin.

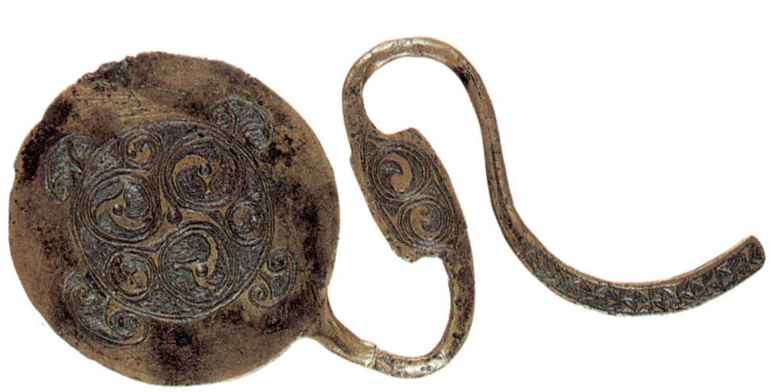

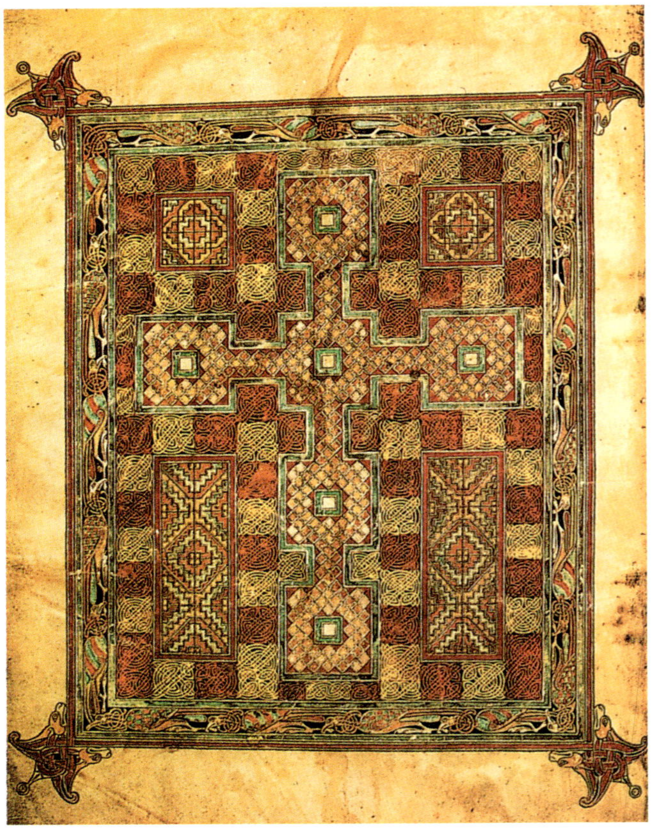

7.79 ›Bildteppich‹-Seite mit Kreuz, *Lindisfarne-Evangeliar* (fol. 2v), vor 698, Pergament, 34,3 x 24,8 cm. British Library, London.

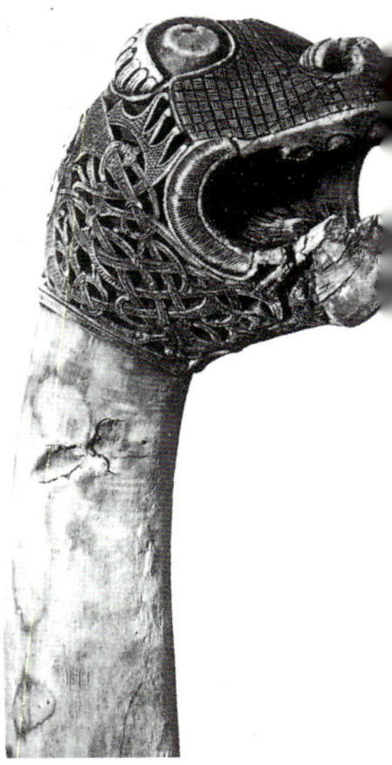

7.80 Tierkopf aus dem Oseberg-Schiffsgrab, um 825, Holz, Höhe 12,7 cm. Universitetets Oldsaksamling, Oslo.

eine Seite des *Lindisfarne-Evangeliars* windet und ein nahtloses Gespinst ohne Ende webt.

Der Schreiber und Illuminator des *Lindisfarne-Evangeliars,* EADFRITH, Bischof von Lindisfarne (698–721), muss seinen Text von einer italienischen Handschrift übernommen haben, die Bilder der Evangelisten zeigte, ähnlich denen, die in Jarrow so sorgfältig kopiert wurden ▸7.77. Doch EADFRITH vernachlässigte die illusionistischen Vorbilder in seinen Evangelisten-Porträts, indem er seine Gestalten schematisch zu fast flachen Farbmustern reduzierte. Geradezu verschwenderisch widmete er sich dagegen der abstrakten Dekoration der so genannten ›Teppich‹-Seiten, die vor jedem Evangelium erscheinen ▸7.79. Diese Seiten, auf denen das Zeichen des Kreuzes eingearbeitet und vor einen reich verzierten Hintergrund gesetzt ist, der mit all seinen Windungen und Wiederholungen gregorianischen Gesängen gleicht, sind insularen Handschriften eigentümlich. Die frühesten bekannten Seiten sind im *Book of Durrow* zu finden (um 680; Trinity College Library, Dublin) ▸7.82;83. Sie zeigen nicht Bilder, sondern sind wie Bucheinbände mit Nachahmungen wertvoller Materialien verziert, weltliche Hinweise auf die überirdisch geistige Schönheit und Bedeutung des Textes.

Eine andere Neuerung der Handschriften im insularen Stil war die kunstvolle Ausschmückung der Initialen, Gebilde von labyrinthischen Formen, die im *Book of Kells* zur Vollendung gelangten. Das *Book of Kells* wurde von den Mönchen auf Iona geschrieben und illuminiert, kurz bevor die Insel 807 von den Wikingern geplündert wurde oder unmittelbar nachdem die Mönche Zuflucht in Zentralirland gefunden hatten. Eine verzierte Initiale bezeichnet den Beginn eines jeden Abschnitts der vier Evangelien. Es gibt mehr als 2000 Initialen in der Handschrift, die sich in ihrer Gestaltung stark unterscheiden, seien sie farbig, vergoldet oder mit Flechtwerk gefüllt. Zu Beginn des Berichtes von Christi Geburt im Matthäus-Evangelium ist eine ganze Seite dem Chi-Rho-Monogramm gewidmet ▸7.76, ein ferner Widerhall des kargen Symbols frühchristlicher Kunst ▸7.4. Es regt Auge, Sinn und Phantasie an, während das andere nur Zeichencharakter besaß. Das Auge wird gefesselt von den undurchdringlichen Feinheiten der engen Schnörkel, der verwickelten Schlingen und wirbelnden ›triskele‹, eingefügt in die schwungvollen Kurven der Gesamtkomposition. An figürlichen Motiven fallen der Engel am linken, äußeren Fuß des großen X auf und ein Männerkopf im P. Weiter überrascht die lebendige Schilderung von Tieren an der Basis des X: eine Gruppe von Katzen und Mäusen sowie eine Reuse mit einem Lachs. Die Buchseite feiert die Menschwerdung Christi mit einer Malerei, die so filigran ist wie die feinste Goldschmiedearbeit. Ein orientalischer Glanz liegt über allem, und doch hat das Meisterwerk wesentlich nordischen Charakter, der ein starkes Gegengewicht zu dem klassischen Stil bedeutete, den die römische Kirche weiterhin förderte.

## Christliche Kunst in Westeuropa

Die christliche Kunst auf dem Kontinent war ihren klassischen Ursprüngen verbunden geblieben. Die Kunst der germanischen Völker, die das ehemalige Westreich zur Zeit der Völkerwanderung durchzogen (5. und 6. Jahrhundert), übernahm italienische und byzantinische Prototypen, nachdem sich die Menschen niedergelassen und zum Christentum bekehrt hatten. Unter den Franken, die Gallien besetzten, wurde der römische Kirchenbaustil nahtlos weitergeführt, sicherlich von den Geistlichen, die aus der alten kaiserlichen Aristokratie stammten. Dies trifft auch für Spanien unter der Herrschaft der Westgoten zu (frühes 6. Jahrhundert bis 711, als sie den Arabern unterlagen, s. S. 320). In Italien überdauerten lokale Traditionen, die häufig durch byzantinische Einflüsse gefärbt wurden. Wie wir oben sahen (s. S. 290ff.) stammen einige der schönsten Bauwerke in Ravenna aus den Jahren, in denen sie Hauptstadt des ostgotischen Königs Theoderich war. Das Ostreich gewann Italien zwischen 535 und 563 wieder zurück, 568 aber fiel es an die Langobarden, einen anderen germanischen Stamm, der ein Königreich mit der Hauptstadt Pavia in der Poebene, nicht weit von Mailand entfernt, gründete. Kirchen wurden unter langobardischer Herrschaft weiterhin gebaut, aber kleiner in den Ausmaßen, da hier, wie auch sonst in Europa, die Mittel knapp waren. Schmuck musste notgedrungen in Stuck und

7.81 Scharnier-Schließe aus dem Schiffsgrab von Sutton Hoo, 7. Jh., Gold, eingelegt mit Granat, Mosaik, Glas und Filigran. British Museum, London.

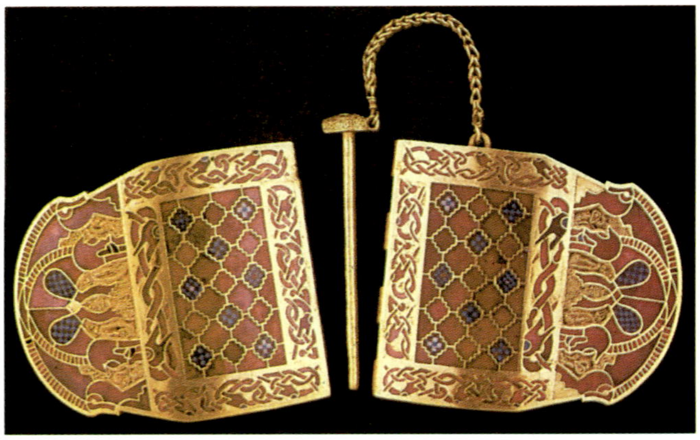

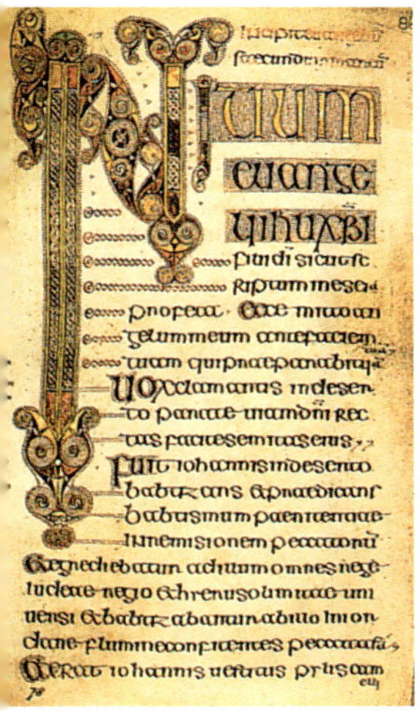

2 Initialseite des Markus-
angeliums, *Book of Durrow,*
680.

Farbe ausgeführt werden statt in kostspieligem, dauerhaftem Marmor und Mosaik. Ein Stuckfries ist erhalten geblieben, weil er über Jahrhunderte in der kleinen Kirche Santa Maria in Valle, Cividale, eingemauert war (erbaut zwischen etwa 762 und 776 oder später).

Sechs überlebensgroße weibliche Heilige von klassischer Ruhe und strenger Würde flankieren einen Bogen, der sich über korinthischen Säulen spannt und mit Flechtwerk geschmückt ist ▸ 7.86. Der Fries ist das einzige überkommene Zeugnis der ›dunklen Zeiten‹ in Italien; wieweit er für die Ornamentik der Zeit typisch ist, kann man nur schwer sagen. In neuerer Zeit entdeckte Fresken aus Castelseprio bei Mailand stammen wohl aus dem 8. Jahrhundert und sind stilistisch byzantinisierend ▸ 7.85.

Das Weiterleben einer grundsätzlich klassischen Ausdrucksweise der christlichen Kunst war vielleicht mit der Beibehaltung des Latein als Sprache der Liturgie und der theologischen Literatur verbunden, obwohl das Lateinische der weit versprengten Christenheit nördlich der Alpen immer fremder wurde. Im Laufe von mehr als drei Jahrhunderten nahm der Verfall des Latein zu, und erst 771, nachdem Karl der Große König der Franken geworden war (768–814), wurde ein ernsthafter Versuch unternommen, die Sprache wieder herzustellen.

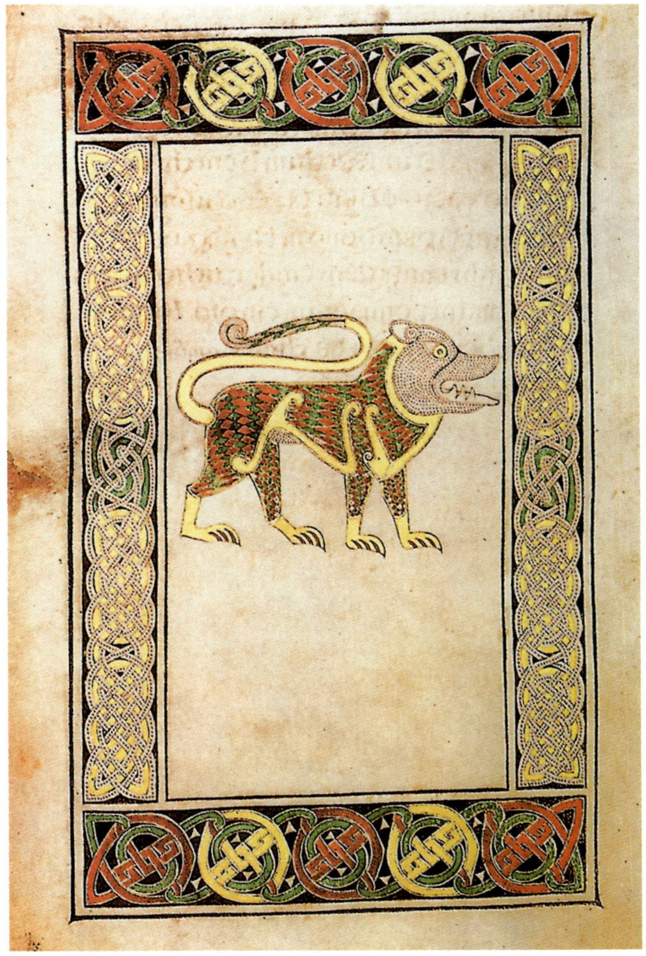

7.83 *Löwe als Symboltier des Johannes, Book of Durrow,* um 680, 24,5 x 14,5 cm. Trinity Library, Dublin.

## *Die karolingische ›renovatio‹*

Karl der Große ▸ 7.87 erbte ein Königreich, das sich, in der heutigen Topographie, über einen großen Teil Deutschlands fast die ganzen Niederlande, Belgien, fast ganz Frankreich und die Schweiz erstreckte. Dazu kamen später das langobardische Königreich in Italien bis südlich von Rom, Gebiete in Deutschland und Österreich und Spanien bis zur Grenze des islamischen Reiches. Karl der Große, ein Mann der Tat, förderte die Gelehrsamkeit und die Künste so großzügig wie niemand zuvor im nördlichen Europa. Obwohl seine Muttersprache Fränkisch war, erkannte er den Wert der lateinischen Sprache für Verwaltung und Religion in seinem weitreichenden Herrschaftsgebiet und lernte Latein fließend zu sprechen. Er schätzte auch die Kunst des Schreibens und machte sie sich zu eigen. Sein Freund und Lehrer Einhard berichtet: »Er arbeitete hart, aber er hatte zu spät damit begonnen und machte nur wenig Fortschritte.« Aus Italien und von überall her rief Karl der Große die gelehrtesten Männer seiner Zeit an den Kaiserhof. Sein Hauptziel war es, die Kleriker besser ausbilden zu lassen – Priester und Mönche, die damals nicht gerade sehr gelehrt waren. Auf seine Anregung hin belebten die Gelehrten das Latein als literarische Sprache, reinigten es von barbarischen Wendungen, überprüften die Rechtschreibung und entwickelten eine klare Schrift, in der die offiziellen Dokumente geschrieben werden konnten. Dies alles löste das Studium und das Kopieren klassischer Texte aus, und wir verdanken karolingischen Schreibern die Bewahrung großer Teile lateinischer Poesie und Prosa, einschließlich VITRUVS Abhandlung über die Architektur (s. S. 184). Als die Handschriften in der Frührenaissance wiederentdeckt wurden, übernahm die Typographie die karolingische ›Minuskel‹. Bis heute benutzen wir diese Kleinbuchstaben, während das altrömische Alphabet nur aus Großbuchstaben bestanden hatte.

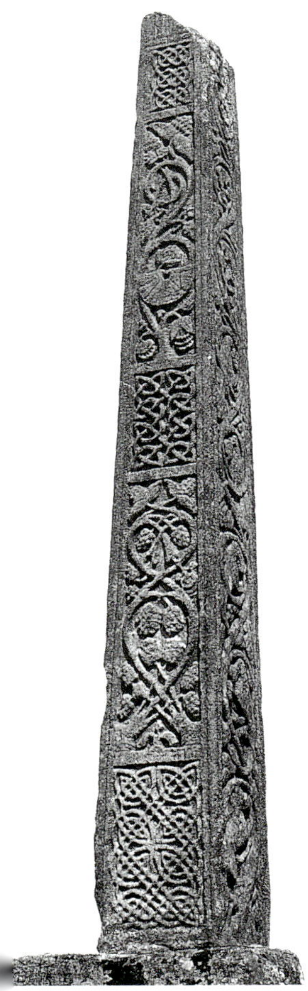

4 *Bewcastle-Kreuz,*
de 7. Jh., Stein, Höhe 442 cm.
wcastle, Cumberland,
gland.

Die Rückführung des Latein zu seiner klassischen Klarheit und Eleganz war begleitet von dem Wunsch, die Künste zu reformieren. Dies wird oft als Renaissance (Wiedergeburt) der klassischen Antike bezeichnet. Doch der Ausdruck ›renovatio‹, den der Kreis um Karl den Großen verwandte, bedeutete eher die Erneuerung einer noch lebendigen Tradition als die Wiedergeburt einer bereits ausgestorbenen. San Vitale in Ravenna mit dem von einer Kuppel überwölbten achteckigen Zentralraum war das Vorbild für die Pfalzkapelle in Aachen, das zu Karls des Großen bevorzugter Residenz wurde ▸ 7.88; 89. Aus Italien holte man polierte Granit- und Marmorsäulen

7.85 *Maria und Joseph auf dem Weg nach Bethlehem,* 8.–10. Jh., Detail aus einem Fresko in Santa Maria Foris Portas, Castelseprio.

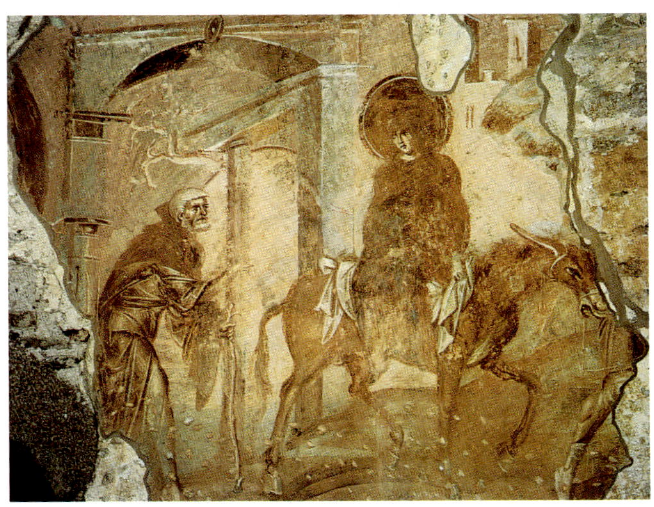

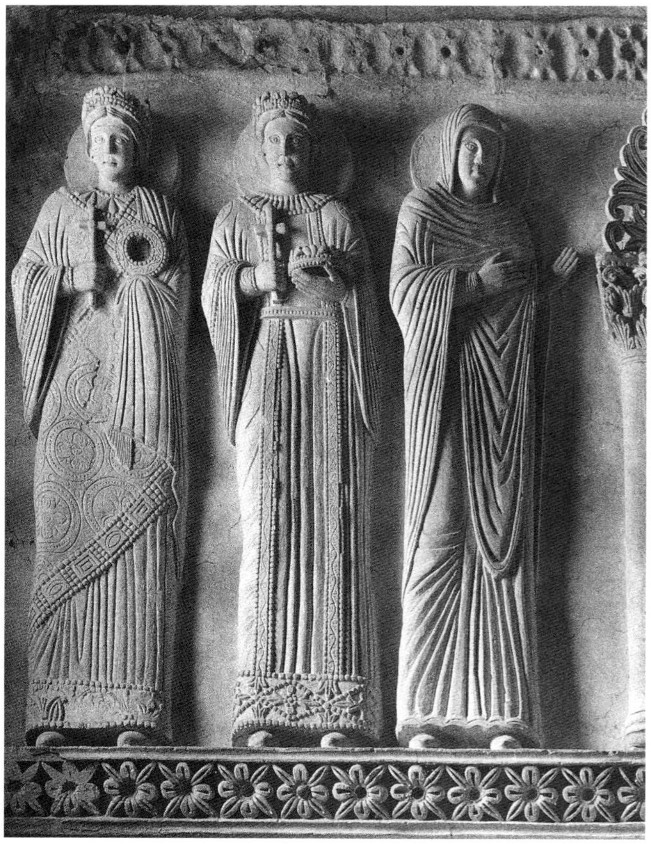

7.86 *Drei Heilige*, um 770, Stuckrelief, überlebensgroß. Santa Maria in Valle, Cividale.

mit schönen korinthischen Kapitellen nach Aachen, einige von ihnen kamen aus Ravenna. Doch gibt es entscheidende Unterschiede zwischen San Vitale und der Pfalzkapelle.

Der Aachener Pfalzkapelle, deren Architekt der Franke ODO VON METZ war, fehlten die räumliche Finesse und das Mysterium von San Vitale: Sie ist massiger, der Raum ist zusammengezogen, und die Vertikale wirkt bestimmender als die Horizontale. Die Stärke der Pfeiler, die die Kuppel tragen, wird betont, die Säulen sind mehr Schmuck- als Stützelemente – dies fällt besonders an der oberen Empore auf (wie auch am Äußeren der Torhalle von Lorsch ▸7.90). Mancher Unterschied zwischen den beiden Bauwerken mag an der Bautechnik liegen: In Aachen wurden Marmor für die Pfeiler und mächtige Steine für die Bogen verwendet anstelle der leichten Ziegel und der Terrakotta in Ravenna. Andere ergeben sich durch die Bestimmung der Bauwerke: Der Thron Karls des Großen stand in der ersten Empore über dem Eingang, von hier aus konnte er durch den Zentralraum auf den Hauptaltar in einer kleinen quadratischen Apsis sehen (die später durch einen gotischen Chor ersetzt wurde). Der Thronbereich des Gebäudes wurde am Außenbau durch ein Westwerk hervorgehoben, einen Vorbau mit einem großen Fenster, den zwei Türme mit den Treppen zu den Emporen flankierten. Das Westwerk, eine der folgenreichsten Neuerungen der karolingischen Kirchenarchitektur, hat sich vielleicht aus römischen Stadttoren entwickelt, die kaiserliche Autorität symbolisierten, zum Beispiel in Trier ▸5.106. An der Klosterkirche von Corvey an der Weser aus den Jahren 873–885 und an St. Pantaleon in Köln, um 980 ▸9.4, sind Westwerke recht gut erhalten.

Die Pfalzkapelle ist das einzige überkommene große karolingische Bauwerk, doch die wichtige Entwicklung, die der Basilikatypus in Karls des Großen Klostergründungen nahm, ist durch Beschreibungen und andere Quellen bekannt, am genauesten von der Klosterkirche von Centula (790–799; St. Riquier, Frankreich). Die Kirche war revolutionär in Grundriss und Aufbau, mit einem Westwerk, Hauptschiff und Seitenschiffen, einem Querhaus, Chor und Apsis, runden Türmen über der Vierung und dem Westwerk, das von zwei runden Treppentürmen flankiert war. Spätere Bauten, z.B. die im späten 11. Jahrhundert errichtete Klosterkirche von Maria Laach, vermögen einen Eindruck solcher Architektur zu vermitteln ▸9.41. Der *St. Gallener Klosterplan* (um 820) verfolgte die basilikalen Neuerungen von Centula weiter, hatte aber größere Bedeutung durch seine Systematisierung der Klosteranlagen nach den Regeln des hl. Benedikt, in ihrer Ordnung ein gewaltiger Unterschied zu den ungeordneten Bauten früherer Klöster in Ägypten und Irland. Der *St. Gallener Klosterplan* sollte die abendländische Klosterbaukunst nachhaltig bestimmen ▸7.92.

In die Erbauungszeit der Pfalzkapelle fiel Karls des Großen Krönung zum Kaiser am Weihnachtstag 800 durch Papst Leo III. in St. Peter zu Rom. In den Kaiserlisten wurde Karl als der 68. Nachfolger des Augustus geführt (bald darauf wurde er als der erste Herrscher des neuen ›Heiligen Römischen Reiches‹ angesehen). Er übernahm die Obhut der römischen Kirche, griff auch einmal in die Streitigkeiten der Ostkirche ein, als er 787 – während einer Ruhepause des Ikonoklasmus (s. S. 301f.) hatten der byzantinische Kaiser und der Patriarch auf der Synode von Nicäa eine vorsichtige Erlaubnis formuliert, Bilder zu verehren – energisch gegen das »anmaßend in Griechenland Vollbrachte« protestierte. Seine Theologen wies er an, eine Gegendarstellung zu verfassen (die *Libri Carolini*), die bestritten, dass Bilder mehr sein könnten als Erinnerungen an geschehene Ereignisse.

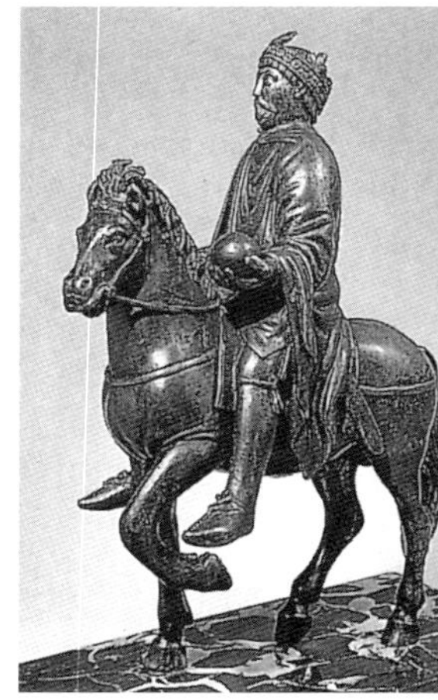

7.87 *Reiterstatuette Karls des Großen*, 9. Jh., Bronze, ehemals vergoldet, Höhe 23,5 cm. Louvre, Paris.

7.88 Pfalzkapelle Karls des Großen, Aachen, 792–805.

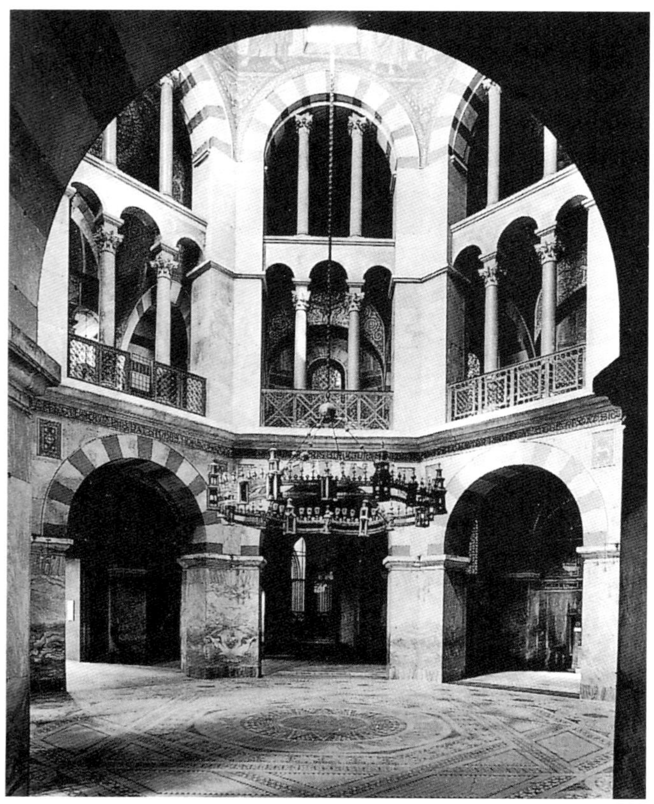

## QUELLEN UND DOKUMENTE

# Einhard über die Pfalzkapelle

Im Alter von etwa zwanzig Jahren wurde Einhard (um 771–840) vom Bischof von Fulda nach Aachen gesandt, wo er ein einflussreiches Mitglied am Hofe Karls des Großen wurde. Man vertraute ihm die Gebäude des Kaisers an, die Pfalzkapelle und andere Werke. Das Porträt Karls des Großen, das er in seiner *Vita Karoli Magni* gezeichnet hat, sucht seinesgleichen unter den Biographien des Mittelalters.

*»... Die christliche Religion, mit der er seit seiner Kindheit vertraut war, hielt er gewissenhaft und fromm in höchsten Ehren. Deshalb erbaute er die wunderschöne Kirche in Aachen, die er mit Gold und Silber, mit Leuchtern und mit Gittern und Türen aus massivem Metall ausschmückte. Für diesen Bau ließ er Säulen und Marmor aus Rom und Ravenna bringen, da er sie sonst nirgends bekommen konnte.*

*Er besuchte die Kirche regelmäßig morgens und abends, nahm an den nächtlichen Horen und an den Messen teil, solange es seine Gesundheit erlaubte. Er bestand darauf, dass alle dort abgehaltenen Gottesdienste mit möglichst großer Feierlichkeit zelebriert wurden. Oft ermahnte er die Kirchendiener, dass nichts Ungebührliches oder Unreines in die Kirche gebracht werden oder dort verbleiben dürfe. Er schenkte der Kirche viele heilige Gefäße aus Gold und Silber sowie eine große Anzahl von Priestergewändern: Nicht einmal die Türsteher, die die niedrigsten Kirchenämter versahen, mussten während des Gottesdienstes ihre alltägliche Kleidung tragen. Größte Aufmerksamkeit widmete er der Verbesserung des liturgischen Lesens und des Psalmengesanges: Er war in beidem selbst wohl bewandert, wenngleich er in der Öffentlichkeit nie vorlas und nur leise im Chor mitsang.«*

Einhard, Vita Karoli Magni. Das Leben Karls des Großen, übers. v. Evely Scherabon Coleman, Stuttgart 1968

*Entwicklungen des christlichen Bildes*

Das *Krönungsevangeliar* (so genannt, da es seit dem 11. Jahrhundert bei der Krönung der deutschen Kaiser benutzt wurde) ist die interessanteste Handschrift aus der Zeit Karls des Großen. Der Text ist in Gold und Silber auf Pergament geschrieben und mit der Purpurfarbe verziert, die im Osten dem Kaiser vorbehalten war. Im Text taucht einmal ein griechischer Name auf, vielleicht der des Illuminators oder des Schreibers, aber die vier Porträts der Evangelisten, die einzigen figürlichen Darstellungen, haben mit byzantinischer Kunst wenig gemein. Der Maler des Evangelisten Johannes ▸7.94 hat offenbar Buchmalerei des frühen 5. Jahrhunderts gekannt, den *Vergil* ▸7.31 oder den *Codex Amiatinus* aus dem 8. Jahrhundert ▸7.77. Er verfiel auch auf einen illusionistischen Trick, indem er die Fußbank vor die Front des Bildrahmens zog.

Wäre nicht der Nimbus, könnte man den Evangelisten Johannes mit einem römischen Schriftsteller verwechseln, der über einen seiner ausgeklügelten Sätze nachsinnt. Ganz anders wirkt dagegen das Bild des Evangelisten Markus in einem Evangeliar, das für Ebo, kaiserlicher Bibliothekar und 816 bis 835 Erzbischof von Reims, hergestellt wurde ▸7.96. Das Mobiliar ist eindeutig römisch, mit einem löwenköpfigen Bein am Thron, aber keine Spur von Perspektive ist erhalten. Der Kopf des Evangelisten ist mit wirkungsvoller Licht- und Schattengebung durchmodelliert, sein Ausdruck äußerst bewegt. Während der Evangelist die Feder in ein Tintenfass taucht, blickt er geradezu angstvoll auf sein Symbol, voller Gefühlserregung, die sich durch die bebenden Falten seiner Kleidung mitteilt. Die klassischen Ideale von Ruhe und Stärke, wie sie

89 Axonometrie und
rundriss der Pfalzkapelle,
achen.

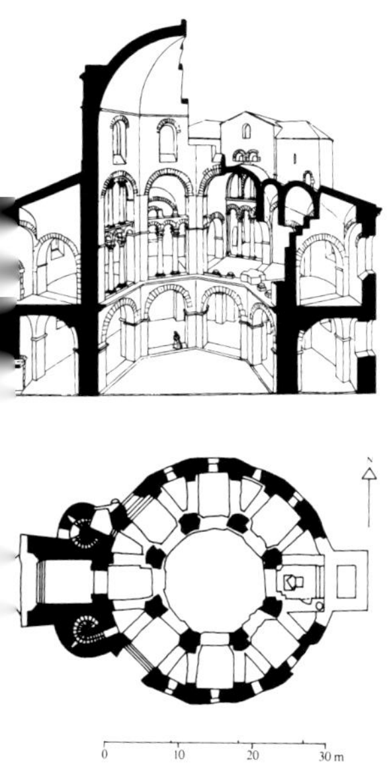


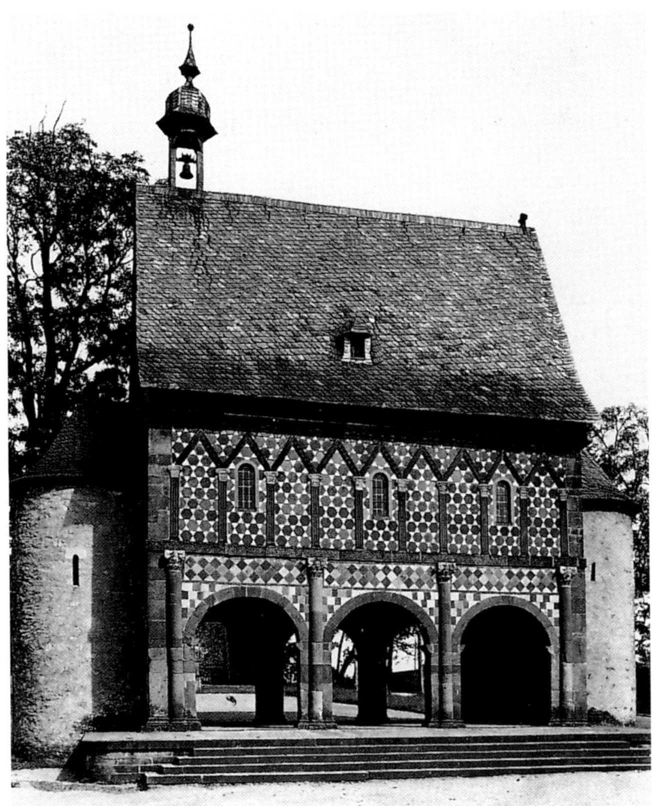

7.90 Lorscher Torhalle, 768–774.

# Das Mönchtum im Osten und Westen

Das christliche Mönchtum, das auf architektonischem Gebiet in imposanten Bauten wie den Klöstern von St. Gallen und Cluny seinen Höhepunkt finden sollte, war im 4. Jahrhundert aufgekommen. Um viele Jahrhunderte älter jedoch war das Mönchtum in Indien, wo unter brahmanischen Asketen der vedischen Periode (1500–800 v. Chr.) ein tief religiöser innerer Drang zur Selbstentäußerung herrschte. Die Suche des Buddha nach Erleuchtung begann damit, dass er sich solchen Asketen anschloss, und er hinterließ Anweisungen für seine Anhänger, die Mönche oder Nonnen werden wollten. Die ältesten erhaltenen buddhistischen Klöster sind in Felsen gehauen wie in Bhaja (um 250 v. Chr.) und Karli ▸6.10. Von Indien breitete sich das Mönchtum nach Zentralasien und China aus, wo Klöster häufig irreführend als Grotten oder Höhlen bezeichnet werden: Viele von ihnen sind wegen ihrer Malereien und Skulpturen von hoher Bedeutung.

Die Wiege des christlichen Mönchtums war Ägypten. Seinen Ausgang nahm es von den Evangelien und von der Lehre des hl. Paulus vom Zölibat, das zusammen mit dem Fasten, dem Gebet und der Armut für ein asketisches Leben unabdingbar war. Ägyptische Mönche waren Einsiedler, die in Hütten oder Höhlen in der Wüste lebten, doch zogen in der ersten Hälfte des 4. Jahrhunderts manche zusammen und teilten eine Kirche und ein Refektorium, ohne ihre Einsiedlerhütten aufzugeben. Solche Mönche werden Koinobiten genannt, und Mitte des 4. Jahrhunderts waren im gesamten östlichen Teil des Römischen Reiches zönobitische Klöster für Mönche ebenso wie für Nonnen entstanden. Bald breiteten sie sich nach Italien und später weiter nach Westen und Norden aus. Doch bis in die Zeit des hl. Benedikt blieb das Mönchtum etwas aus dem Osten Importiertes, geprägt von der asketischen Strenge seiner Wüstenherkunft.

Um 520 gründete der hl. Benedikt von Nursia (um 480–um 547) ein Kloster in Montecassino nördlich von Neapel – ein höchst erfolgreiches Ordenshaus, das trotz regelmäßiger Zerstörung, zuletzt 1944 durch die Alliierten (1950–1957 wieder aufgebaut), bis heute überdauert hat. Das westliche Mönchtum und seine Baukunst entwickelten sich im Geiste der Regeln des hl. Benedikt, die dieser für das Klosterleben in Montecassino aufgestellt hatte. Das klassische Beispiel ist der Klosterplan von St. Gallen, der um 820 von einem Geistlichen aus Köln ausgearbeitet wurde ▸7.92;93. Hier sind alle Hauptelemente vereint: eine klar definierte axiale Anlage mit einer planmäßigen An- und Zuordnung von Gebäuden innerhalb einer Ummauerung. Das Dormitorium (Schlafsaal) und das Refektorium (Speisesaal) befinden sich in um den Kreuzgang angeordneten Gebäuden und bilden zusammen mit der Abteikirche und dem Kapitelsaal, der vielfach im Erdgeschoss unterhalb des Dormitoriums untergebracht war, einen Kernbereich, die so genannte Klausur. Die Wohnung des Abtes oder Priors befand sich in der Regel westlich, das Krankenhaus östlich davon; daneben gab es meist weitere Gebäude wie ein Gästehaus, eine Küche, eine Brauerei, eine Bäckerei, eine Schmiede, eine Bibliothek und ein Skriptorium für das Abschreiben von Büchern, war doch der Buchdruck im Westen noch nicht bekannt. Diesem Plan wurde auch in Montecassino weitgehend gefolgt, als Abt Desiderius 1066–1075 sein großes Bauprogramm ins Werk setzte, und obgleich nichts erhalten ist, lässt er sich einigermaßen zuverlässig rekonstruieren ▸7.91. Der wichtigste Unterschied zu St. Gallen war offenbar der Kirchenbau in Montecassino, für den Alt-St. Peter in Rom mit seinen monumentalen Treppen, seinem Atrium und der T-förmigen Basilika mit einfachen Seitenschiffen Pate gestanden hatte. Die Benediktiner entfalteten im 11. und 12. Jahrhundert eine besonders rege Bautätigkeit, und die kostbaren Dekorationen, die sie gegen Ende dieser Zeit in ihren Abteien einführten, gaben der Bildhauerei erstmals seit der Spätantike bedeutenden Auftrieb, wie etwa das Wirken von Gislebertus in Autun zeigt ▸9.31.

Die streng hierarchische Ordnung des hl. Benedikt, die in der Architektur ein treffliches Abbild fand, regelte jede Stunde im Leben eines Mönchs oder einer Nonne, angefangen um 2 Uhr morgens mit dem Singen der Psalmen. Mönche und Nonnen legten ein Gelübde des Gehorsams, der Keuschheit und der Armut ab und konnten unter der Benediktinerregel nicht von einem Kloster zu einem anderen wechseln, da jedes Kloster eine selbstverwaltete und in sich geschlossene Einheit bildete. Sie waren eingebunden in einen Familienzusammenhang auf Dauer, vereint durch Bande fürs Leben. Die religiöse Andacht bildete mit sieben Gottesdiensten täglich den Schwerpunkt des Benediktineralltags, doch sie nahm nur ein Drittel des Tages in Anspruch: Ein weiteres Drittel der Zeit wurde durch Mahlzeiten, Schlaf und Erholung und das verbleibende Drittel schließlich durch Arbeit ausgefüllt. Am Anfang war dies Handarbeit auf den Feldern, konnte aber auch Schreibarbeit im Skriptorium einschließen, wo die großartigen illuminierten benediktinischen Handschriften entstanden, so auch das im 11. Jahrhundert von dem Mönch Leo verfasste *Montecassino-Homiliar*, das bis heute in der Bibliothek des Klosters aufbewahrt wird.

Mit ihrer Ausbreitung über Mitteleuropa und der Anhäufung von Besitz (Ländereien) hielt in den Benediktinerklöstern eine gewisse Lockerung der Sitten und Korruption Einzug. Um 1200 gab es rund 1500 Benediktinerhäuser. Im Jahr 1098 wurde der Zisterzienserorden gegründet mit dem Ziel, Cluny zu reformieren (s. S. 344ff.), und es sollte weitere Versuche geben, zur Einfachheit der Benediktinerregel zurückzukehren.

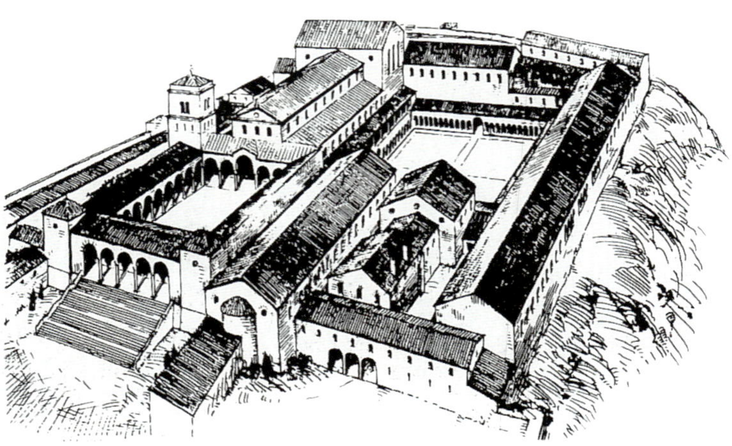

7.91 Abtei Montecassino, Rekonstruktionszeichnung des Klosterbaus von 1075 (K.J. Conant).

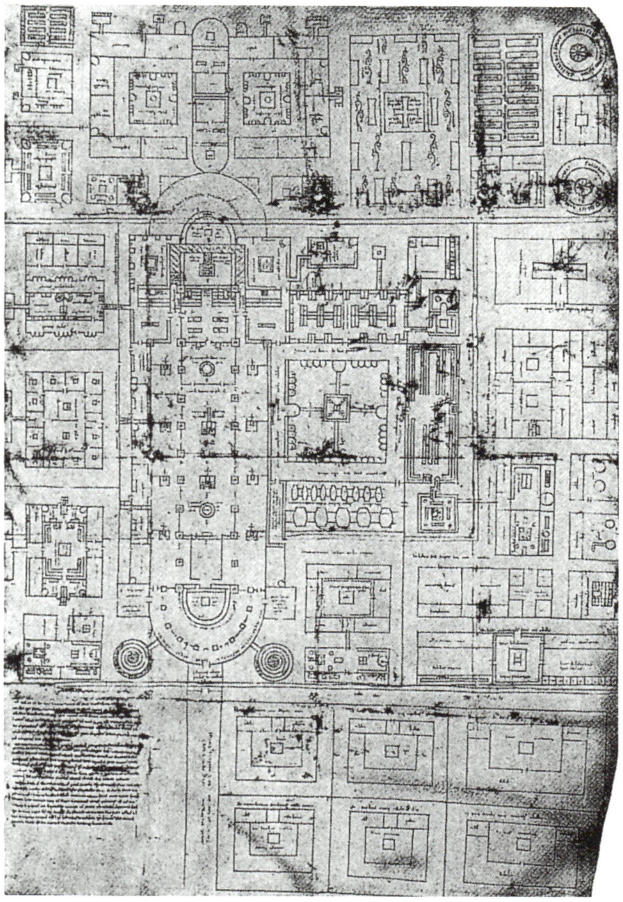

7.92 Sankt Gallener Klosterplan, um 820, rote Tinte auf Pergament, 77 x 112 cm. Stiftsbibliothek, Sankt Gallen.

überzeugend im *Krönungsevangeliar* dargestellt waren, sind auf der Suche nach einer lebendig-expressiven Bildsprache aufgegeben worden. Der sog. *Utrechter Psalter*, um 830 von Reims zuzurechnenden Künstlern geschaffen, basiert wahrscheinlich auf einem Vorbild des 5. Jahrhunderts: Die Buchstaben sind noch schwerfällig römisch, aber die bewegten kleinen Figuren, mit flatternden Federstrichen gezeichnet, besitzen eine höchst gespannte, nervöse Kraft, die beispiellos ist ▸ 7.95. Ähnliche Züge sind in der Literatur zu bemerken. Gegen 830 beklagte sich der bedeutende klassische Gelehrte Lupus de Ferrieres bei Einhard, dass sich manche Schriftsteller von der Würde Ciceros und anderer Klassiker entfernten, denen doch die besten der christlichen Schriftsteller nacheiferten.

Das *Krönungsevangeliar* zeigt karolingische Kunst zu ihrer klassischsten Zeit. Besonders deutlich wird der Wunsch, die Klarheit frühchristlicher Kunst wieder erstehen zu lassen, in karolingischen Elfenbeinschnitzereien, die nach Vorbildern des späten 4. Jahrhunderts gestaltet wurden. Diese Vorbilder hatten, wie oben geschildert (s. S. 288f.), auf den Stil der früheren, noch heidnischen Kunst zurückgegriffen, zu einer Zeit, als der hl. Augustinus der Klarheit der Prosa Ciceros nacheiferte. Die Frage, ob manche Elfenbeinschnitzereien aus dem späten 4. oder aus dem späten 8. Jahrhundert stammten, ist daher mitunter kontrovers beantwortet worden. Eine große Elfenbeintafel auf einem Buchdeckel ist gerahmt von einem Akanthusblatt-Fries, der so kunstvoll und körperhaft wie in der römischen Blütezeit geschnitten ist, doch weisen der Themenkreis und die Ausdruckskraft der Figuren auf eine spätere Datierung hin ▸ 7.98. Zwischen Apollo und Diana in ihren Wagen, Sonne und Mond symbolisierend, reicht die

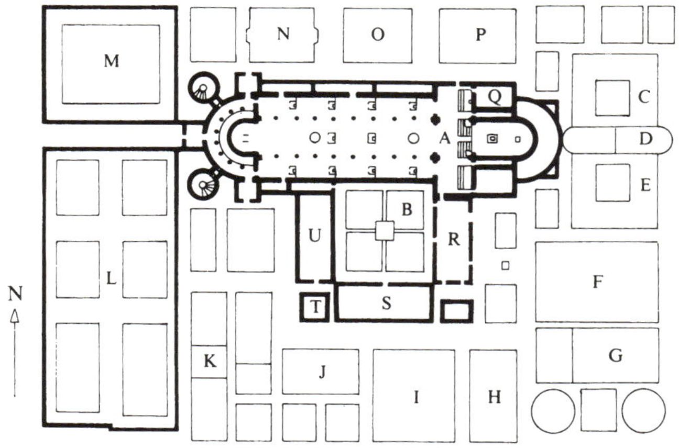


7.93 Plan des Klosters St. Gallen ▸ 7.92.

A Kirche
B Kreuzgang
C Krankenhaus
D Kapelle
E Novizenhaus
F Obstgarten/Friedhof
G Garten
H Scheune
J Werkstätten
K Stallungen
L Tiergehege
M Wohnheim
N Gästehaus
O Schule
P Haus des Abtes
Q Skriptorium und Bibliothek
R Dormitorium
S Refektorium
T Küchen
U Vorratsräume

Hand Gottes herab. Darunter ist die Kreuzigung dargestellt, die drei Frauen am Grab Christi, im unteren Teil die Auferstehung der Heiligen, die nach dem Markus-Evangelium der Kreuzigung folgte – »und die Gräber taten sich auf und standen auf viele Leiber der Heiligen, die da schliefen«.

Die Kreuzigung, die in der frühchristlichen Kunst selten dargestellt wurde, beherrscht diese und andere karolingische Tafeln. Warum die Kreuzigung nun zu der Bedeutung gelangte, die sie später in der ganzen europäischen Kunst erhalten sollte, ist eine Frage, die keine schnelle Antwort erlaubt. In den frühesten Beispielen (die Holztür von Santa Sabina, Rom,

7.94 *Johannes der Evangelist, Krönungsevangeliar* (fol. 178v), spätes 8. Jh., Pergament, 32,4 x 24,9 cm. Weltliche Schatzkammer, Wien.

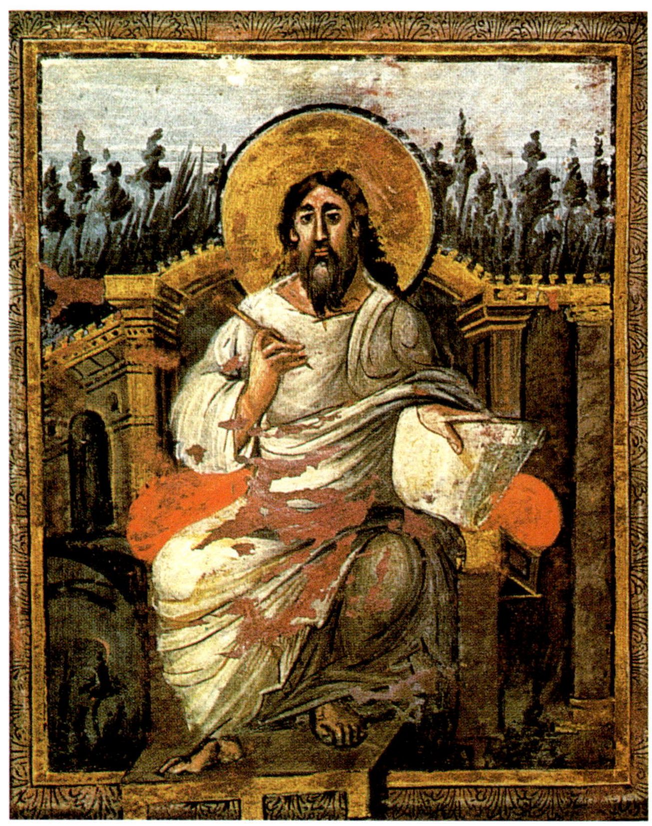

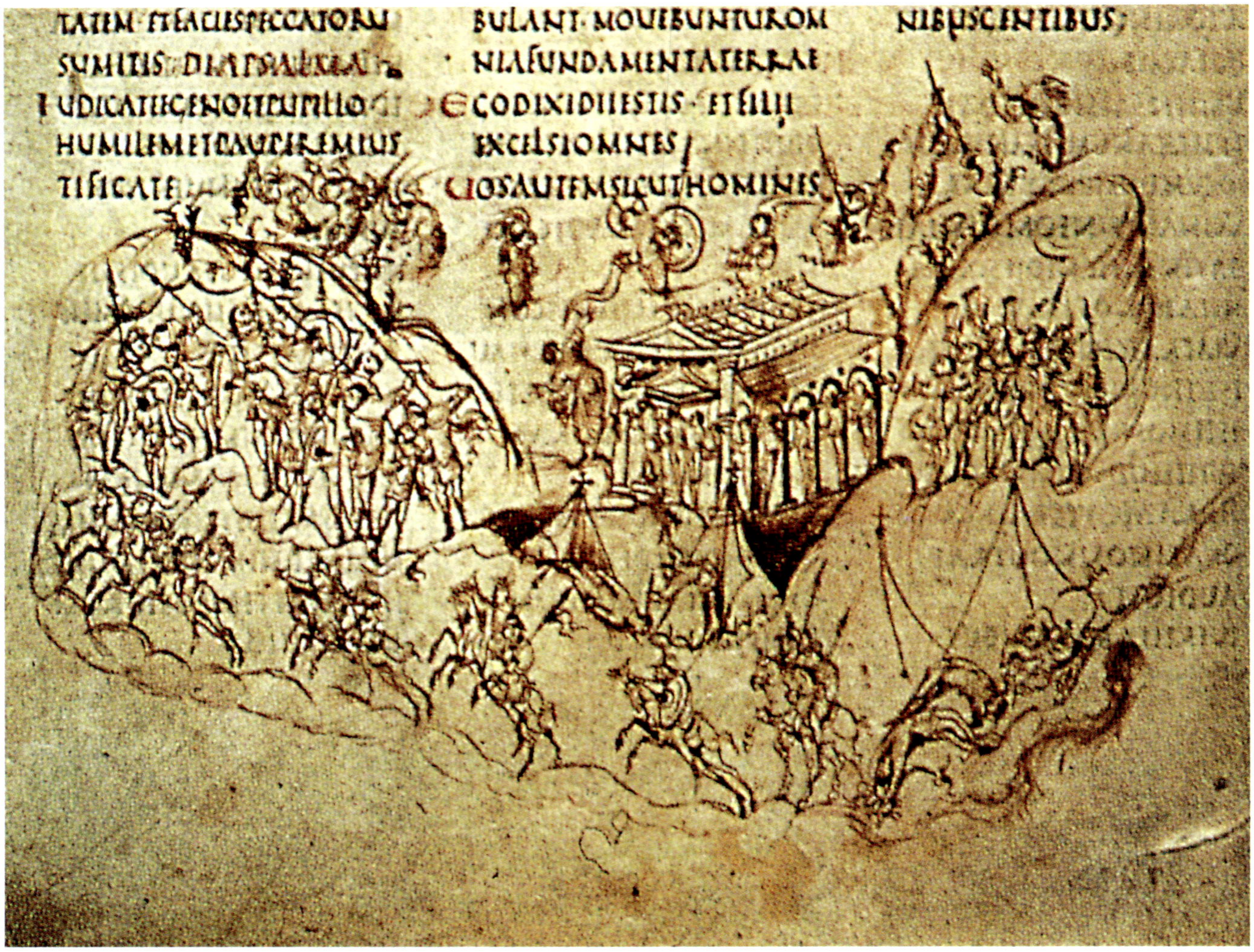

7.95 *Die Engel schlagen die Feinde der Israeliten in die Flucht, Utrechter Psalter,* (MS 32 fol. 48v) um 830–832, Pergament, Breite 12 cm. Bibliotheek der Rijksuniversite Utrecht.

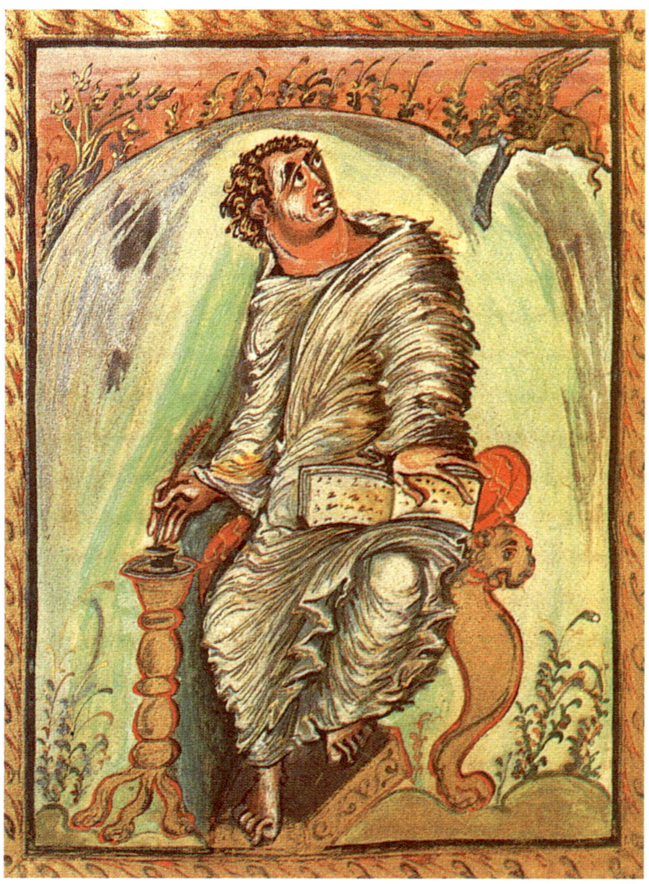

7.96 *Der Evangelist Markus, Ebo-Evangeliar,* 816–835, Pergament, 25,4 x 20,3 cm. Bibliothèque Municipale, Epernay.

432–440) ist Christi Haupt erhoben, und seine Augen sind geöffnet, es fehlen also Hinweise auf den Todeskampf oder den Tod. Auf dem karolingischen Elfenbein aber ist der Körper erschlafft und der Kopf auf die Schulter gesunken. Beide Bildtypen existieren nebeneinander, der eine betont Christi Sieg über den Tod – dieser Gedanke hatte das frühe Christentum bestimmt –, der andere Christi Leiden für die Sünden der Menschheit, was genauso wichtig war, besonders in der Westkirche, wo die Angst vor den Sünden die vor dem Tod überwog. Im Osten waren Bilder des leidenden Christus immer ritueller als im Westen, bedingt durch die unterschiedliche Haltung gegenüber religiöser Kunst. Papst Gregor I. (590–604) schrieb an einen Bischof, der Bilder zerstört hatte, um zu verhindern, dass sie abergläubisch angebetet würden: *»Bilder anzubeten ist eine Sache; mit ihrer Hilfe zu belehren, was anzubeten ist, eine andere… Was Schrift für die gelehrten (Menschen) ist, sind Bilder für die Unwissenden, die durch sie sehen, was sie lernen sollen; sie lesen in ihnen, was sie in Büchern nicht lesen können.«*

Dieser Brief, später oft zitiert und Grundlage der *Libri Carolini,* trug zu einer didaktischen Theorie der christlichen Kunst im Westen wesentlich bei, die sich von den Bekenntnissen der Ikonoklasten und Ikonodulen im Osten unterschied. Die westliche Kunst wurde immer erzählender. Das Ziel einer Darstellung wie der Kreuzigung war, dem Gläubigen beizustehen, sich das Ereignis vorzustellen: Die Nebenfiguren unterstreichen lebhaft das tragische Pathos des Geschehens; darunter erleben wir das Staunen der drei Frauen über Christi Auferstehung mit; dann die Freude der Geretteten, die sich aus

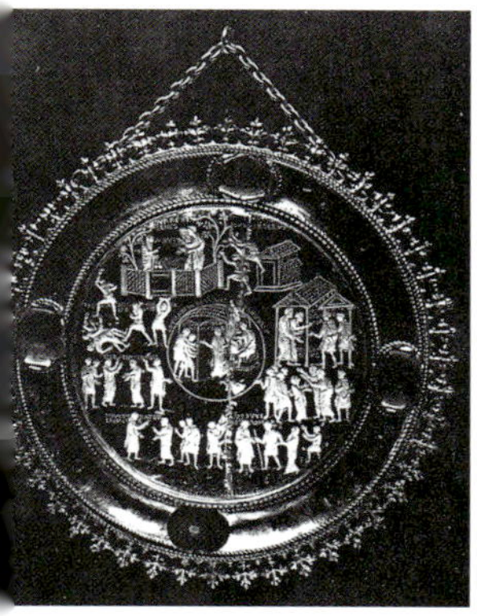

97 *Kristallscheibe König othars II.*, 865 (?), Bronze-hmen, 15. Jh., Durchmesser ,5 cm. British Museum, ndon.

den Gräbern erheben. Das Relief wurde im 11. Jahrhundert auf einen Buchdeckel gesetzt und mit byzantinischen Emailletäfelchen umrahmt, die Christus und die Apostel in einem strengen Schematismus darstellen. Die verschiedenen Zielsetzungen christlicher Bildsprache, erzählerisch oder andachtsvoll, karolingisch oder byzantinisch, könnten nicht kontrastreicher veranschaulicht werden.

Der Bedarf an Erinnerungshilfen – mehr noch als an Gegenständen der Anbetung – verschaffte dem Erzählerischen den Vorrang. Für ein Laienpublikum, das im Gegensatz zu Byzanz und der frühen Kirche in Rom des Lesens überwiegend nicht kundig war, hatte das bildliche Erzählen eine zusätzliche Bedeutung. Karl der Große förderte aus didaktischen Gründen die Ausmalung von Kirchen mit biblischen Szenen, von denen allerdings nur Fragmente erhalten sind.

Auch erzählende Darstellungen erhielten in Bibeln den Vorrang, erschienen selbst in Psaltern, obwohl Psalme keinen erzählenden Inhalt haben (etwa im Psalter der Universitätsbibliothek in Utrecht, um 830 ▸ 7.95). Die biblische Geschichte der Susanna, ihre fälschliche Anklage und endliche Rechtfertigung, ist mit feinen, lebhaft gestikulierenden Figuren in eine Scheibe aus Bergkristall graviert, die König Lothar II. von Lothringen gehörte ▸ 7.97. Die Hauptmotive waren nicht mehr auf Themen aus dem Alten und Neuen Testament beschränkt, es wurden auch Geschichten neuerer Heiliger dargestellt; ältestes Beispiel ist ein dem hl. Ambrosius gewidmeter Zyklus auf der Rückseite des prächtigen Gold- und Silberaltars in Sant'Ambrogio, Mailand ▸ 7.99.

Im Verlauf des 9. Jahrhunderts entfernten sich die Künstler jedoch langsam von dem logischen Aufbau ihrer klassischen Vorbilder zugunsten einer neuen Bildsprache der Gesten und Posen, einer Sprache, die größeren Wert legte auf innere Gefühle und deren expressive Übersteigerung: ein wesentlicher Beitrag zur späteren Kunst in Westeuropa. Im leidenschaftlich erregten Evangelisten des *Ebo-Evangeliars* ▸ 7.96, im *Utrechter Psalter* ▸ 7.95 und in den Szenen der *Kristallscheibe König Lothars II.* ▸ 7.97 scheinen sich die soliden Formen klassischer Kunst dem verwickelten, abstrakten Schmuck insularer Handschriften anzunähern. Doch diese Tendenz fand in größeren Kunstwerken keinen Niederschlag, bis sich Europa nach einem weiteren Jahrhundert der Konflikte aus dem ›dunklen Zeitalter‹ löste.

Im großen Saal der Pfalz in Ingelheim, für Karls Sohn Ludwig den Frommen erbaut, war eine Wand mit Bildnissen des Kyros, Königs von Persien, von Romulus, und Remus, den Gründern von Rom, Alexander dem Großen und Hannibal bemalt. Gegenüber waren, nach einer Beschreibung von 825/826, die Kaiser Konstantin, Theodosius und Karl der Große mit Vater und Großvater dargestellt. In dieser Zusammenstellung ist Karl der Große am besten verstanden worden, nämlich als der letzte große Herrscher der antiken Welt. Das Reich, das er aufbaute, ähnelte weniger dem Heiligen Römischen Reich, das sich im späteren Mittelalter mit seinem Feudalsystem bildete, als dem Alexanders des Großen – und es zerfiel auch ebenso schnell wieder. In der Kunstgeschichte nennt man die karolingische Zeit das Ende der antiken Welt, den Schwanengesang der klassischen Tradition. Doch Karl dem Großen war es gelungen, das Zentrum der westlichen Kultur und Zivilisation aus dem Mittelmeerraum in das Dreieck zu verschieben, das Rhein, Loire und Nordsee bilden, das für die folgenden 600 Jahre – bis zur italienischen Renaissance – auch Zentrum bleiben sollte.

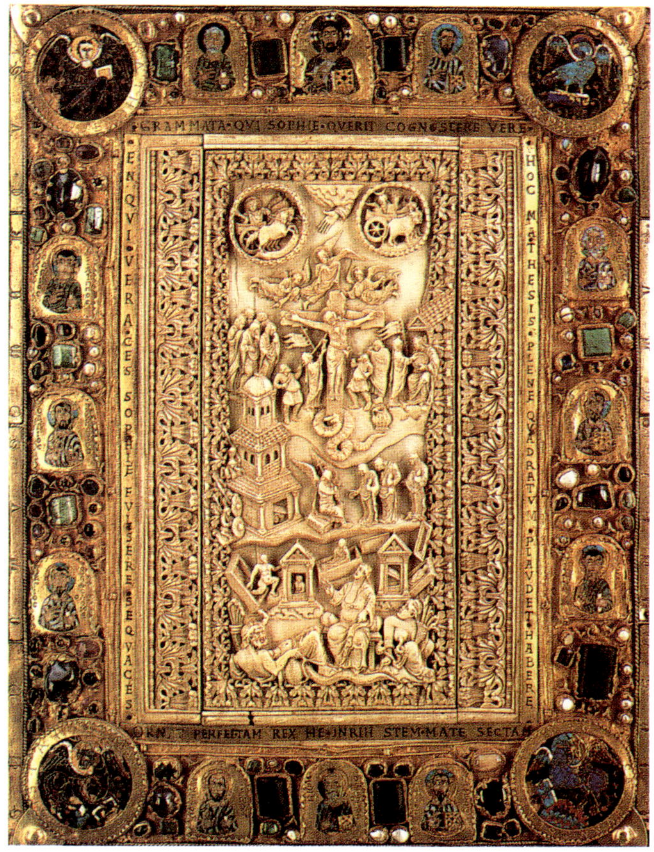

7.98 *Kreuzigung und Auferstehung der Heiligen*, um 820–830, Elfenbeinrelief auf dem Buchdeckel des *Perikopenbuchs* Heinrichs II., frühes 11. Jh., Gold, Email, Steine und Perlen, 42,3 x 31,5 cm. Bayerische Staatsbibliothek, München (MS Clm. 4452).

7.99 *Szenen aus dem Leben des hl. Ambrosius*, Detail des *Volvinius-Altares*, um 850, Silber, teilweise vergoldet, gesamte Tafel 85 x 220 cm. Sant'Ambrogio, Mailand.

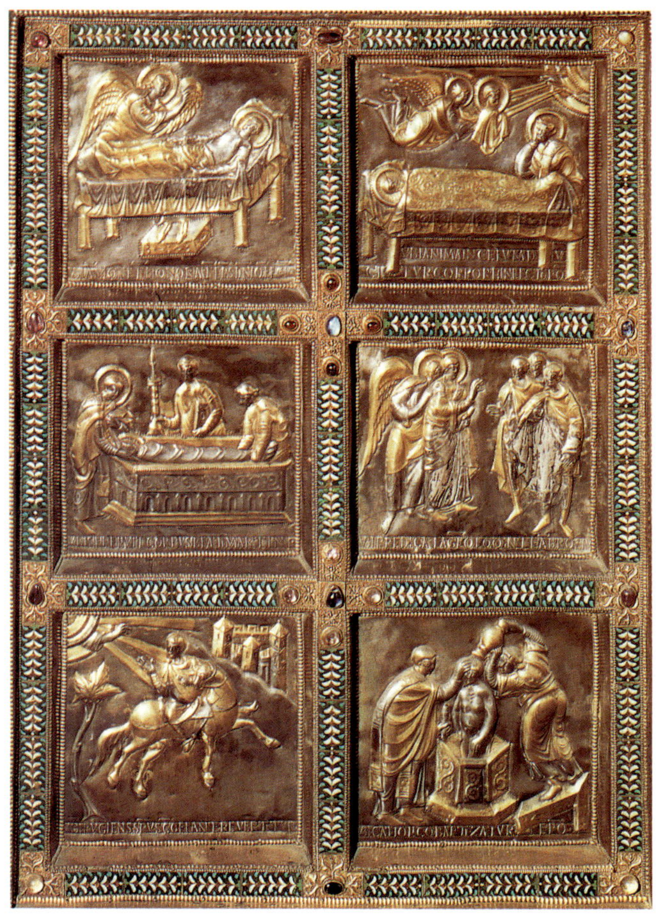

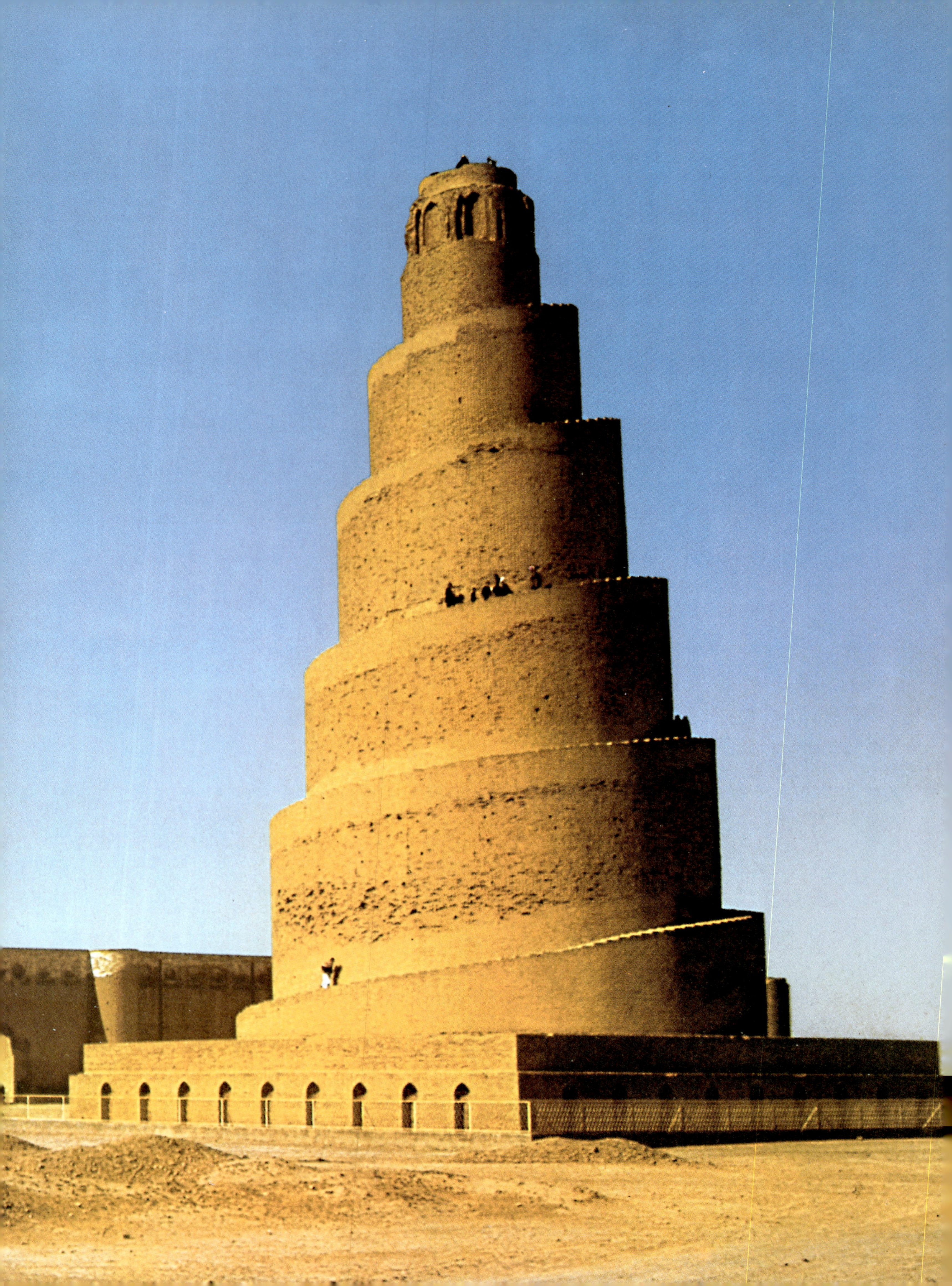

# 8
# Kunst des frühen Islam

Die arabischen Wörter ›Islam‹ und ›Moslem‹ bedeuten ›Unterwerfung‹ und ›Einer, der sich unterworfen hat‹, nämlich unter den Willen Allahs, des Einen und Einzigen Gottes, verkündet durch den Propheten Mohammed (gest. 632) im Koran. Für die Bewohner des Nahen Ostens bedeutete im 7. Jahrhundert Islam freilich auch die Unterwerfung unter die Heerscharen, die wie eine Sturzflut aus der arabischen Halbinsel hervorbrachen und mit erstaunlicher Schnelligkeit weite Landstriche des hellenisierten Orients eroberten. Die Baumeister, die Kunsthandwerker, die Maler in diesen Gebieten, Teilen des byzantinischen und des sassanidischen Reiches, mussten sich nun den Wünschen ihrer neuen arabischen Herren unterwerfen. Aus den gegensätzlichen Traditionen erwuchs ein neuer künstlerischer Stil.

Die Einstellung des frühen Islam zu den bildenden Künsten war unentschieden, gleichermaßen bestimmt von der Ablehnung der Künste anderer Religionen wie durch das Verlangen, künstlerische Formen zu finden, in denen sich die eigene Überzeugung ausdrücken konnte. Die religiöse Kunst des Islam sollte auf heilige Bilder völlig verzichten. Selbst bildhafte Symbole wurden vermieden. Der Halbmond gewann erst viel später so etwas wie religiöse Symbolbedeutung – und das hauptsächlich in den Augen der Nichtmoslems. Das einzige spezifisch religiöse Element der islamischen Kunst sind Inschriften. Und nicht zuletzt darum ist die islamische Kunst eine der lesbaren Zeichen und nicht der Symbole oder Bilder. Die Kalligraphie wurde in der islamischen Welt so gepflegt wie sonst nur noch in China und Japan, und sie wurde vor allem bestimmend für die flüssige Linearität des islamischen Dekors. Die Worte der Inschriften an Bauwerken, auf Geräten aus Metall, Elfenbein, Glas, Keramik und auf Textilien erinnerten, wie schließlich auch die Manuskriptseiten des heiligen Buches selbst ▸8.1;2, stets daran, dass in einer Welt der Vergänglichkeit allein das Wort Gottes als einzige Realität

| | BILDENDE KUNST | | HISTORISCHE & KULTURELLE DATEN |
|---|---|---|---|
| | | Um 622 | Mohammed muss nach seiner Verkündigung Mekka verlassen und flieht nach Medina (›Hedschra‹) |
| | | 632 | Tod Mohammeds |
| | | 634–646 | Ausdehnung des Islam über den Nahen Osten bis nach Indien (Punjab) |
| | | 658 | Dynastie der Omayyaden in Damaskus |
| | | 670 | Ausdehnung des Islam bis nach Nordafrika |
| Um 690 | Felsendom, Jerusalem ▸8.6;7;9 | | |
| Um 715 | Große Moschee, Damaskus ▸8.8 | | |
| Um 730 | Kasr al-Heir al-Gharbi ▸8.14 | 732 | In der Schlacht bei Poitiers verhindert Karl Martell ein weiteres Vordringen der Moslems im westlichen Europa |
| Um 743 | Omayyadenpalast in Mschatta ▸8.13 | | |
| Um 772–863 | Große Moschee, Kairouan ▸8.23 | 750–754 | Dynastie der Abbasiden |
| | | 762 | Bagdad wird Hauptstadt des Abbasidenreiches |
| | | 786–809 | Herrschaft des Kalifen Harun al-Raschid |
| Um 848–852 | Große Moschee, Samarra ▸8.21 | | |
| Um 877–879 | Moschee des Ibn Tulun, Kairo ▸8.25;26 | 912–961 | Blütezeit Spaniens unter der Dynastie der Omayyaden |
| 900–943 | Mausoleum, Buchara ▸8.33 | 935 | Entgültige Fassung des Koran |
| 10. Jh. | Vollendung der Großen Moschee, Córdoba ▸8.27;28 | | |
| Um 965–970 | Elfenbeinkästchen des KHALAF ▸8.40 | | |
| Um 1012 | Grabturm des Qabus ▸8.32 | 1006 | Die Moslems erlangen die Herrschaft in Nordwestindien |
| | | Um 1020 | Tod Firdawsis |
| | | 1037 | Tod Avicennas |
| 1134 | *Krönungsmantel Rogers II.* ▸8.46 | Um 1122 | Tod des Omar Khayyam |
| | | 1188 | Sultan Saladin erobert und zerstört Lehnstaaten, die von den Kreuzfahrern errichtet wurden |
| 1196 | Minarett der Kutubiya-Moschee ▸8.30 | 1198 | Tod des Averroes |
| | | 1250 | Herrschaft der Mameluken in Ägypten |
| 1258 | Ince Minar Medrese, Konya ▸8.34–36 | 1258 | Eroberung und Zerstörung Bagdads durch die Mongolen |

inarett der Großen Moschee
s al-Mutawakkil, Samarra,
47–861.

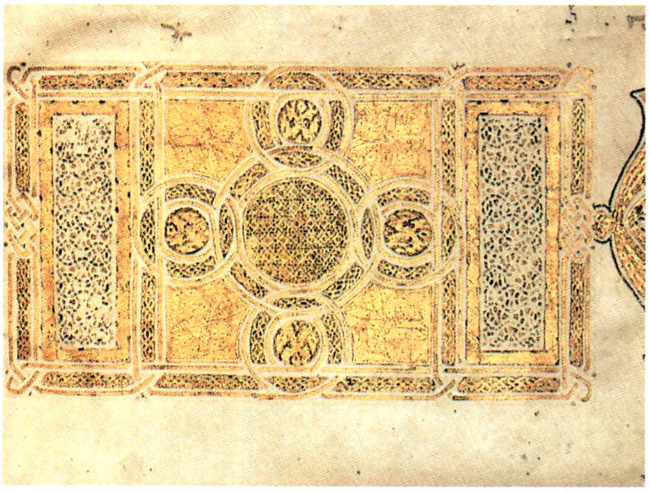

8.1 Ornamentale Koran-Seite, Irak oder Syrien, 8.–9. Jh., Pergament, 21,5 x 32,5 cm. Museum für Islamische Kunst, Berlin.

Bestand hat. Woraus folgt, dass alle Menschenwerke, auch die der Kunst, eitel und hinfällig sind.

Der französische Anthropologe Claude Lévi-Strauss hat den Islam als den dritten bedeutenden religiösen Versuch der Menschheit bezeichnet, sich von der Verfolgung durch die Toten, der Feindseligkeit des Jenseits, dem Alptraum der Magie zu befreien. Wie Buddhismus und Christentum in ihren Frühphasen, war er eine befreiende Macht. Jede dieser Religionen formte ein Bündel örtlicher Glaubensinhalte und Bräuche in ein geschlossenes System mit dem Versprechen der Erlösung. Der Buddhismus hat es am lockersten, der Islam am eindeutigsten kodifiziert. Bis heute unterscheiden sich die verschiedenen moslemischen Sekten in grundsätzlichen Fragen viel weniger voneinander als die des Buddhismus (Hinayana, Mahayana) und die kontroversen christlichen Kirchen.

Der Koran bildet das vollständige und umfassende Handbuch für das innere und äußere Leben des einzelnen Moslems, zugleich ist er auch die ›Verfassung‹ des islamischen Staates. Nach islamischem Glauben stellt er Gottes Offenbarung an den Propheten dar. Seine kanonische Form erhielt er unmittelbar nach Mohammeds Tod, der Text blieb seither unverändert. Übersetzungen und Paraphrasen waren bis in die jüngste Zeit offiziell verboten.

Mohammed erhob keinen Anspruch auf Göttlichkeit. In dieser Hinsicht zumindest glich er Buddha. Seine Sendung war einzig die, seine Mitmenschen – die eigenen Landsleute zunächst, dann die gesamte Menschheit – vor der ewigen Verdammnis zu retten. Er rief sie zur Verehrung des Einen Gottes zurück, des Gottes Abrahams, den er wie andere Araber als Stammvater betrachtete. Mohammed kam um 570 in Mekka als Spross eines verarmten Zweiges der dort bedeutendsten Kaufmannssippe zur Welt. Dort trafen sich die Karawanenwege, auf denen die Erzeugnisse der arabischen Halbinsel, Weihrauch vor allem, zum Mittelmeer wanderten. Damals waren die Hochlandregionen der Halbinsel bewohnt von auf ihrer Freiheit bestehenden Nomaden, in den kargen Talebenen siedelten Bauern, und Händler wohnten in den wenigen Städten.

Die heimischen Glaubensformen reichten von Animismus und Ahnenkult bis zu einer Art Monotheismus, der sich um heilige Verkünder scharte, die ›Hanife‹ genannt wurden. Doch auch fremde Religionen fanden hier ihre Bekenner. Im Norden lebten Anhänger der persischen Zarathustra-Religion, anderswo fanden sich jüdische Gemeinden, deren Vorfahren sich nach der Flucht aus Palästina in Städten angesiedelt hatten. Auch Christen gab es in Arabien: Orthodoxe, Monophysiten und Nestorianer. Mohammed hat zwar nie die Autorität der Bibel angezweifelt, hat Johannes den Täufer und ›Jesus, den Sohn Mariens‹ als göttlich inspirierte Propheten anerkannt, aber die Glaubenspraxis der Juden stellte er in Frage und verwarf schärfstens die Spitzfindigkeiten der christlichen Dogmen, vor allem die Lehre von der Trinität. Seine Botschaft war beherrscht von der Vorstellung eines Endgerichtes, das über ewiges Heil oder ewige Verdammnis jedes Einzelnen entscheiden würde. Der Islam gründet sich auf die unmittelbare Beziehung zwischen dem Einzelnen und dem Allmächtigen, ohne Fürbitten von Heiligen im Himmel oder die Vermittlung eines Priesters auf Erden. Jeder Mensch steht allein vor dem Einen Gott. Da eine Priesterschaft fehlt, gibt es kein gottesdienstliches Ritual, das von den Gebeten ablenken könnte, die der Gläubige fünfmal am Tag zu verrichten hat, in der Regel allein, nur am Freitag in Gemeinschaft. Die Pflichten des Moslems sind klar umrissen: Gebet, Fasten während des Monats Ramadan, allzeit Enthaltung von alkoholischen Getränken und bestimmten Speisen, vor allem von Schweinefleisch, Almosenspende, einmal im Leben die Pilgerfahrt (Haddsch) nach Mekka und natürlich die treue Beachtung des im Koran festgelegten moralischen Kodex.

Mohammed war nicht nur ein religiöser, er war auch ein sozialer Erneuerer. Er erklärte alle Gläubigen für gleich, ein Gedanke, der bis heute nichts von seiner Stärke verloren hat. Der Prophet erweckte durch seinen schroffen Tadel der Ungerechtigkeit und materialistischen Gier der mekkanischen Kaufleute – besonders ihrer Wucherpraxis – deren Feindschaft, musste mit seiner Familie und der kleinen Gemeinschaft seiner Anhänger auswandern und sich in der knapp 500 km nördlich gelegenen Stadt Yathrib niederlassen, die später Medina – die ›Stadt des Propheten‹ – genannt wurde. Das Jahr dieses Auszuges, der Hedschra (622), sollte zum Beginn der moslemischen Zeitrechnung werden. Mohammed übernahm nun auch die politische und militärische Führung, wodurch er sich deutlich von den Gründern des Buddhismus und des Christentums unterscheidet, und einte innerhalb eines Jahrzehnts den größten Teil Arabiens unter seiner geistlichen und weltlichen Führung. In Medina erließ er die Vorschrift, beim Gebet stets das Angesicht nach Mekka zu wenden, jener Stadt zu, die sich nach heftiger Gegenwehr schließlich seiner Armee ergeben musste. Im letzten Jahr seines Lebens, 632, führte er

8.2 Seite eines Korans mit kufischer Schrift, Irak oder Syrien, 8.–9. Jh., Pergament, 21,5 x 32,5 cm. Museum für Islamische Kunst, Berlin.

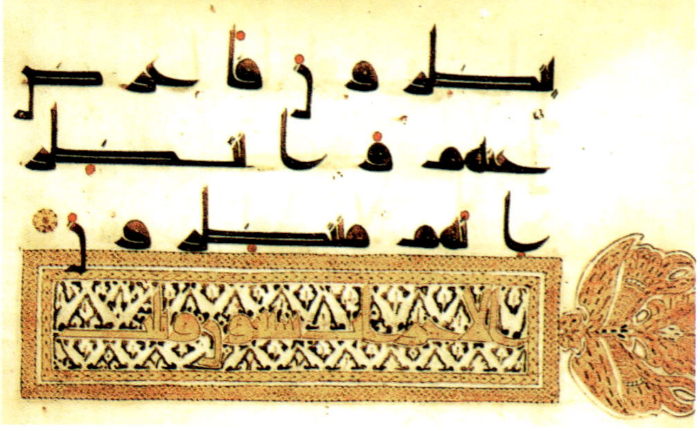

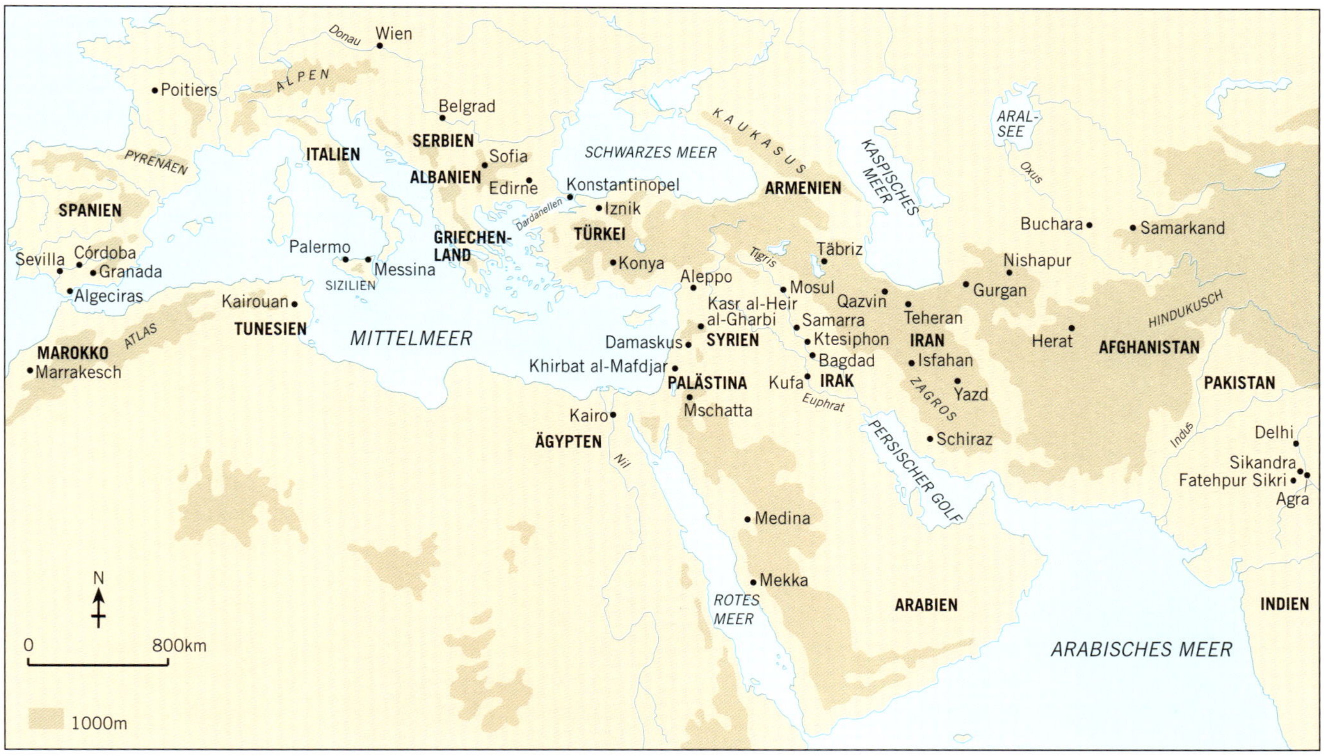


Die islamische Welt.

selbst die erste islamische Haddsch zur Ka'aba, dem alten, auf Abraham zurückgeführten mekkanischen Heiligtum.

Mohammeds schlichtes Haus in Medina war aus Lehmziegeln errichtet, Palmstämme dienten als Säulen, mit Lehm verstrichene Palmwedel als Dach und Trennwände. Es bestand aus einer Anzahl kleiner Räume, die sich auf einen mit Schattendächern versehenen Hof öffneten, der an einer Seite den ärmsten seiner Anhänger ein Obdach bot. Er scheint über die Armseligkeit dieses Milieus erhaben gewesen zu sein und soll gesagt haben, dass nichts so sehr an der spirituellen Substanz eines Gläubigen zehre wie das Bauen. Ein anderer ihm zugeschriebener Ausspruch lautet: »Die Engel werden kein Haus betreten, in dem sich ein Bild oder ein Hund befindet«, und das ist von manchen moslemischen Gruppen immer als eindeutiges Verbot figürlicher Malerei ausgelegt worden. Indessen stammen diese Worte nicht aus dem Koran, sondern aus den Hadith, einer Sammlung überlieferter Aussprüche des Propheten, also einer Quelle, die eine viel geringere Autorität beanspruchen kann. Außer dass er Götzenbilder ein Gräuel nennt, erwähnt der Koran weder Skulptur noch Malerei. So hat weniger der Buchstabe als vielmehr der Geist des Islam die Entwicklung der Kunst bestimmt.

Der Moslem kann seine Gebete überall verrichten: im Haus, auf dem Feld, in der Werkstatt, und selbst für das wöchentliche Gemeinschaftsgebet, wenn der Imam oder Führer der Gemeinde sich an die Gläubigen wendet, ist streng genommen nicht mehr nötig als ein Platz, auf dem sich alle gemeinsam niederwerfen können. Da es weder Riten noch Priester gibt, kennt der Islam keine Ritualgefäße oder -gewänder. Die Lehre basiert ausschließlich auf dem Wort Gottes, nicht auf dem Leben des Propheten. Erzählend-belehrende Bilder waren daher überflüssig. Auch kostbare Handschriften des Korans waren nicht erforderlich, denn die heiligen Worte wurden auswendig gelernt. Die Kunst scheint bestenfalls als Schmuck, schlimmstenfalls als Ablenkung betrachtet worden zu sein, und es ist kaum verwunderlich, dass der frühe Islam keine ästhetische Theorie entwickelte.

Lange vor der Geburt des Propheten war Arabien noch offen gewesen für den religiösen und künstlerischen Einfluss der Nachbarkulturen. In verschiedenen Gebieten der Halbinsel blieben aus der ›Zeit der Unwissenheit‹, wie die Moslems diese Periode nannten, Überreste von provinziellen Erzeugnissen hellenistischer, byzantinischer, iranischer und äthiopischer Architektur und Skulptur erhalten. Nachdem der Islam sich unter den Kalifen, den Nachfolgern Mohammeds, auszubreiten begann, standen die Araber einer Vielzahl vollendeter Werke gegenüber. In Palästina und Syrien fanden sie prachtvolle frühchristliche und byzantinische Kirchen aus Stein vor, in Mesopotamien und im Iran die überwältigenden Bauten, die unter der Sassanidendynastie errichtet worden waren, welche dieses Gebiet seit dem 3. Jahrhundert beherrscht hatte. Der Palast von Ktesiphon in der Nähe von Bagdad, wahrscheinlich aus der Mitte des 6. Jahrhunderts, ist der eindrucksvollste von allen, deren Reste bis in unsere Tage überdauert haben ▸8.3. Mit seinem riesigen Iwan, einer Halle, die sich unter einem sanft gespitzten Bogen öffnet, mit seinen Stuckpaneelen voller Blüten- und Blättermotive ▸8.4 sollte dieses Bauwerk einen bedeutenden Einfluss auf die Entwicklung der islamischen

8.3 Palast des Chosrau, Ktesiphon bei Bagdad, Irak, 4.–Mitte 6. Jh. (nach einer Aufnahme aus dem 19. Jh.).

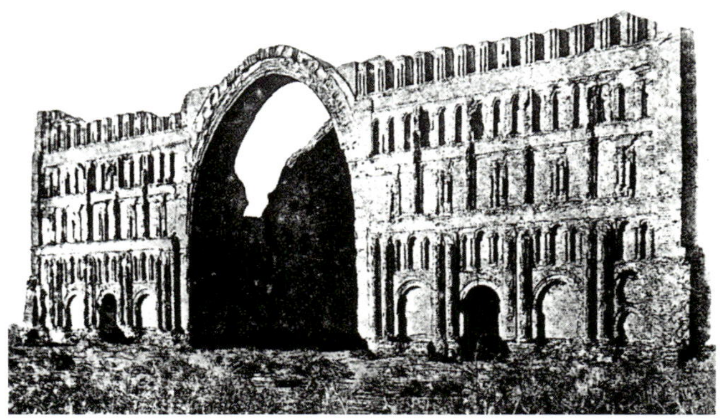

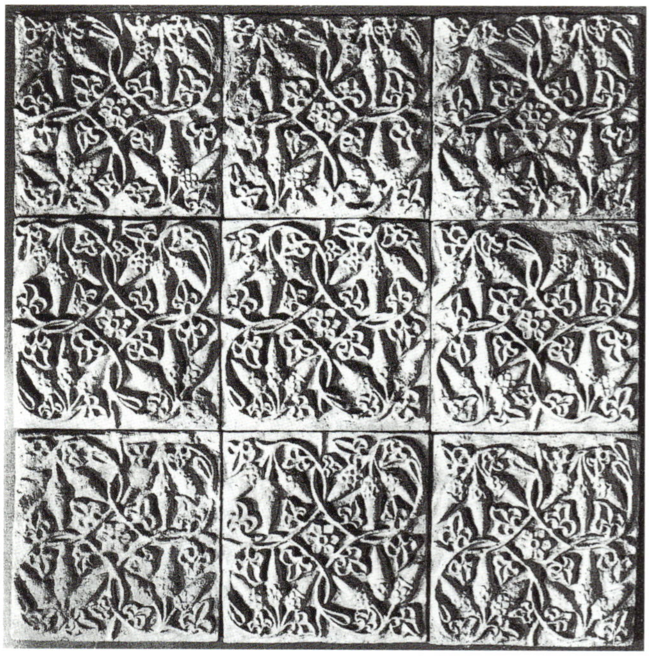

8.4 Sassanidisches Ornamentrelief, aus Ktesiphon, 6. Jh., Stuck, 103 x 103 cm. Museum für Islamische Kunst, Berlin.

Bau- und Dekorationskunst ausüben – allerdings erst ein Jahrhundert nach der Eroberung Mesopotamiens im Jahre 640.

Der islamische Staat dehnte sich mit ganz erstaunlicher Geschwindigkeit aus. Bis 647 hatten seine Heere den Irak, Palästina, Syrien, Ägypten, den Iran, die Cyrenaika und Tripolitanien erobert. Zwei Jahre später erreichten sie den Indus im heutigen Pakistan. Nordafrika fiel ihnen 670 zu, im Jahre 710 setzten sie nach Europa über, eroberten die westgotischen Königreiche Spaniens, überschritten die Pyrenäen und gelangten bis Poitiers in Frankreich, wo ihnen endlich 732 Karl Martell, der Großvater Karls des Großen, Einhalt gebot. In all diesen Ländern übernahmen die Moslems als Gebetsstätten Bauten jeder Art, wie sie gerade zur Verfügung standen, christliche Kirchen oder zoroastrische Tempel. Solange es kein Götzenbild enthielt, konnte jedes Bauwerk zur Moschee werden, was – abgeleitet vom arabischen ›Masjid‹ – ›Ort der Niederwerfung‹ bedeutet.

## Omayyadische Kunst und Architektur

In den frühen Jahren der islamischen Expansion wurden Moscheen nur dort eigens angelegt, wo sich – wie in den neuen Garnisonsstädten – keine geeigneten Bauwerke fanden. Die frühesten dieser Moscheen waren nicht einmal überdeckt: Ein umzäunter freier Raum genügte. In Kufa im Iran wurde 638 ein großes Quadrat durch einen Graben abgesondert und an der südlichen, das heißt der Mekka zugewandten Seite eine zweireihige, gedeckte Kolonnade errichtet, mit Säulen, die nahe gelegenen Bauten entnommen waren. In Jerusalem, das 637 an die Araber fiel, wurde eine ganz primitive Moschee gebaut, die noch 30 Jahre später benutzt wurde. Damals beschrieb sie ein christlicher Pilger als einen »viereckigen Gebetsplatz, den sie ganz roh errichtet haben, indem sie dicke Balken auf einige Ruinenreste legten. Dieses Haus kann«, so heißt es, »3000 Mann auf einmal fassen.« Erst gegen 685 begann die Arbeit am ersten bedeutenden Denkmal der islamischen Architektur, dem Felsendom in Jerusalem, nahe dem Ort des früheren salomonischen Tempels. Der Bau entstand auf Befehl des Kalifen Abd al-Malik aus der ersten islamischen Dynastie, jener der Omayyaden, die von einem Gefährten des Propheten abstammte ▸8.6;7;9. Die Grundgestalt dieser Moschee – ein Oktogon mit zwei konzentrischen Umgängen um einen überkuppelten Zentralraum – leitet sich von der frühchristlichen Grabeskirche auf der anderen Seite der Stadt ab.

Die natürliche Felserhebung, die den Felsendom umgibt, wurde von den Juden als Grab Adams und auch als Ort der Opferung Isaaks durch Abraham verehrt. Der moslemischen Tradition gilt sie als die Stelle, von der aus Mohammed bei der im Koran beschriebenen Nachtreise zum Himmel auffuhr. Die Verknüpfung des Ortes mit Mohammed sollte wohl den Aufsehen erregenden Beginn einer islamischen Architektur motivieren. Ein Schriftsteller des 10. Jahrhunderts berichtet, dass der Kalif Abd al-Malik, als er die Größe und Pracht des ›Martyrions‹ zum Heiligen Grabe bemerkte, besorgt war, diese Kirche könne den Geist der Moslems beirren. »Darum errichtete er die Kuppel über dem Felsen, die man noch heute sehen kann.« Ein glanzvolles Bauwerk sollte die christlichen Kirchen der Stadt überstrahlen – vielleicht sogar die Ka'aba in Mekka, die sich in der Hand eines Gegenkalifen befand.

Obwohl das eindrucksvolle Bild, das sich dem heutigen Besucher Jerusalems darbietet, teilweise das Ergebnis späterer Neugestaltung ist, so vor allem die Fliesen der Außenwand, welche Mosaiken ersetzten, muss die ursprüngliche Wirkung des Bauwerks mit in Gold und vielen Farben schimmernden Mosaiken an den Mauern unter der vergoldeten Kuppel nicht weniger fesselnd gewesen sein. Vieles von der Dekoration des 7. Jahrhunderts hat im Inneren überlebt: verschiedenfarbiger Marmor, der Pfeiler und Wände verkleidet, vergoldete Metallreliefs, Mosaiken aus Glas und Perlmutt mit Blüten und Blattranken, die Vasen und Kronen umziehen ▸8.5. Es finden sich auch lange Inschriften mit Stellen aus dem Koran, die sich ausdrücklich an die Christen wenden.
*»O ihr Schriftbesitzer«*, beginnt eine von ihnen, *»wahrlich, der Messias Jesus, der Sohn Mariens, ist ein Gesandter Allahs, und das Wort, das er Maria niedersandte, eine Erfüllung Allahs und Geist von ihm. Glaubt daher an Allah und seinen Gesandten, aber redet nicht von Dreiheit. Vermeidet das, und es wird besser stehen um euch. Gott ist nur ein einziger Gott. Fern von ihm, dass er einen Sohn habe!«*

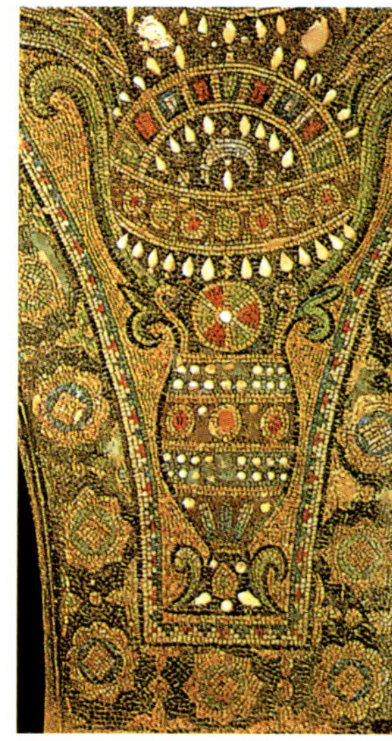

8.5 Detail der Mosaikdekoration, Felsendom, Jerusalem, 691/692.

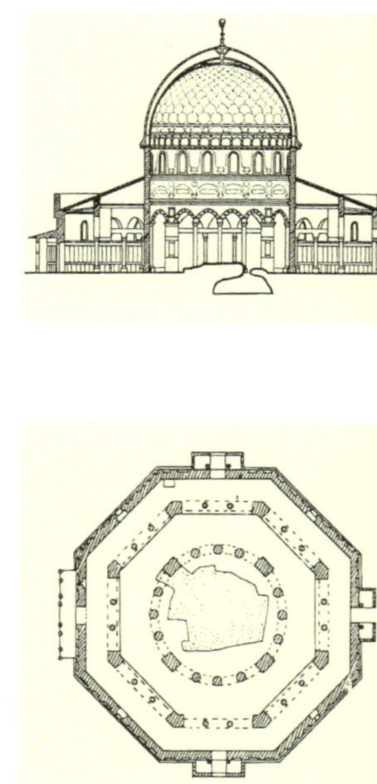

8.6 Schnitt und Grundriss des Felsendoms, Jerusalem.

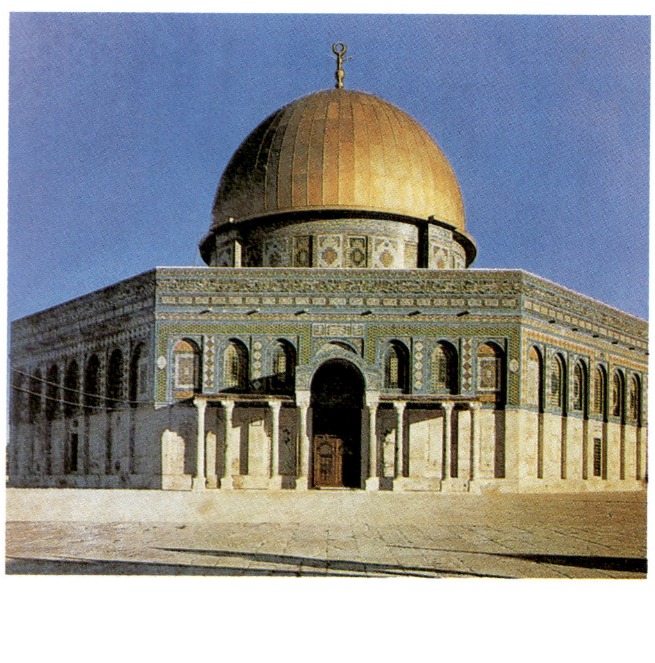

8.7 Felsendom, Jerusalem, spätes 7. Jh.

Der Felsendom sollte die »Augen der Christen beirren« und die der Moslems vom Glanz der christlichen Kirchen ablenken. Das Gleiche gilt für die Große Moschee, die Abd al-Maliks Sohn und Nachfolger, der Kalif al-Walid, zwischen 706 und 715 in Damaskus, der damaligen Hauptstadt des Islam, bauen ließ. Sie ist die älteste Moschee, von deren ursprünglichem Bestand viel erhalten blieb, obwohl sie mehrfach von Plünderungen und Bränden heimgesucht wurde. Sie ist die erste, von der man weiß, dass sie ein würdiger und prächtiger Bau werden sollte ▸ 8.8. Die Moschee übte einen gewaltigen Einfluss auf die entstehende islamische Baukunst aus. Die am Bau beschäftigten Künstler waren freilich überwiegend keine Araber, wahrscheinlich nicht einmal Moslems, und Improvisation spielte bei ihrem Entstehen eine nicht unwesentliche Rolle.

Bauplatz war der rechteckige ummauerte heilige Bezirk eines heidnischen Tempels, der im späten 4. Jahrhundert in eine christliche Kirche umgewandelt worden war. Als die Moslems 635 Damaskus eroberten, übernahmen sie einen Teil des Bezirks 70 Jahre lang als ungedeckten Gebetsplatz. Im Jahre 705 erwarb al-Walid die Kirche, ließ sie niederreißen und ging daran, die größte Moschee des damaligen Islam zu errichten. Von der früheren Anlage blieb nur die römische Umfassungsmauer mit ihren vier Ecktürmen erhalten, von denen aus die Gläubigen zum Gebet gerufen werden konnten: Es sind die ersten Minaretts des Islam. Säulen und Kapitelle verschiedenen Typs wurden von älteren Bauten geholt, um einen Bogengang zu tragen, der an drei Seiten des Hofes entlanglief. An die vierte Seite des Areals schloss der Betsaal, der sich mit drei gleich breiten Schiffen von einer christlichen Basilika herleiten lässt, an. Die Wirkung auf den Eintretenden ist indessen völlig anders als bei einer Basilika mit einem Altar als Punkt der Sammlung und zwingender Tiefenachse. Die Moschee ruft als Querraum den Eindruck unbestimmter Breite hervor. Dieser Grundriss gestattete der größtmöglichen Anzahl von Männern – die Frauen waren auf einen eigenen Platz verwiesen beziehungsweise vom Freitagsgebet ausgeschlossen –, Schulter an Schulter unmittelbar vor der ›Qibla‹wand zu beten, das heißt der nach Mekka gerichteten Wand, deren Bedeutung durch drei flache Nischen, ›Mihrabs‹, betont war. Während die christliche Basilika mit ihrer Raumeinteilung auf Laien, Priester und Bischof den hierarchischen Aufbau der Kirche widerspiegelt, ist die Moschee ein nicht weniger klarer Ausdruck des islamischen Verständnisses von

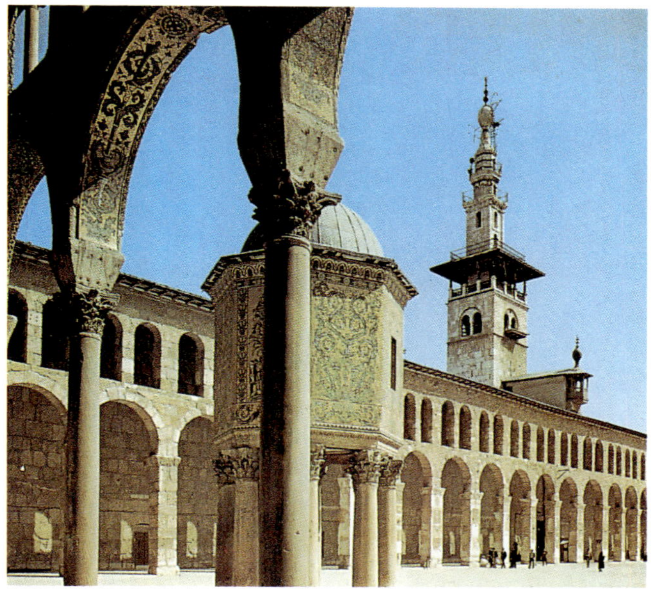

8.8 Große Moschee, Damaskus, Hof nach Westen, um 715.

8.9 Innenansicht der Kuppel des Felsendoms, Jerusalem.

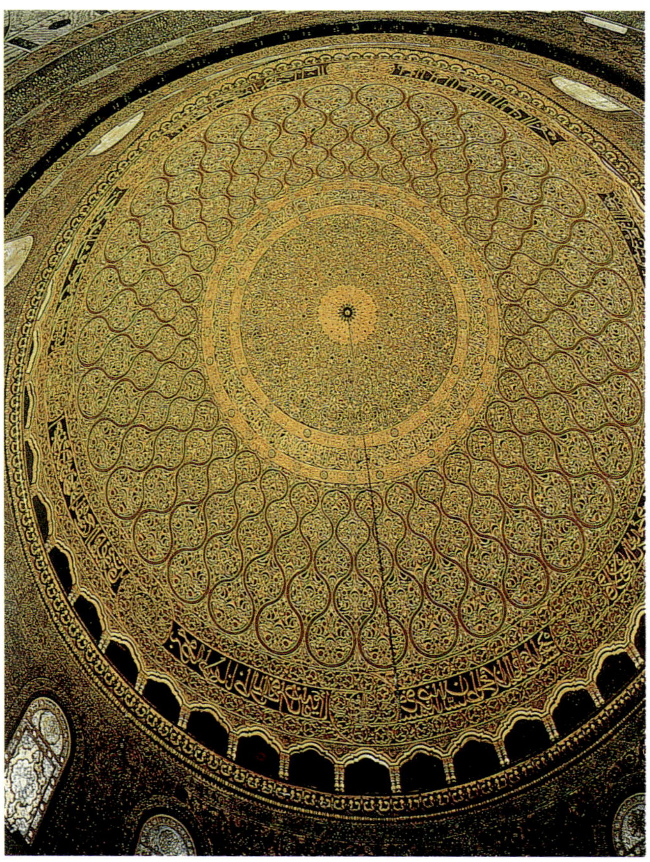

8.10 Detail aus der Mosaikdekoration der Großen Moschee, Damaskus, um 715.

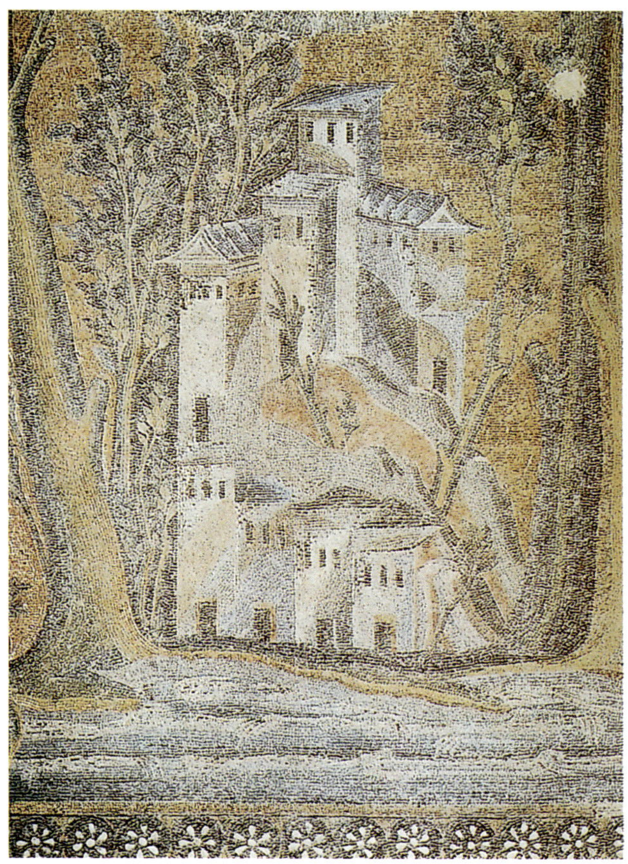

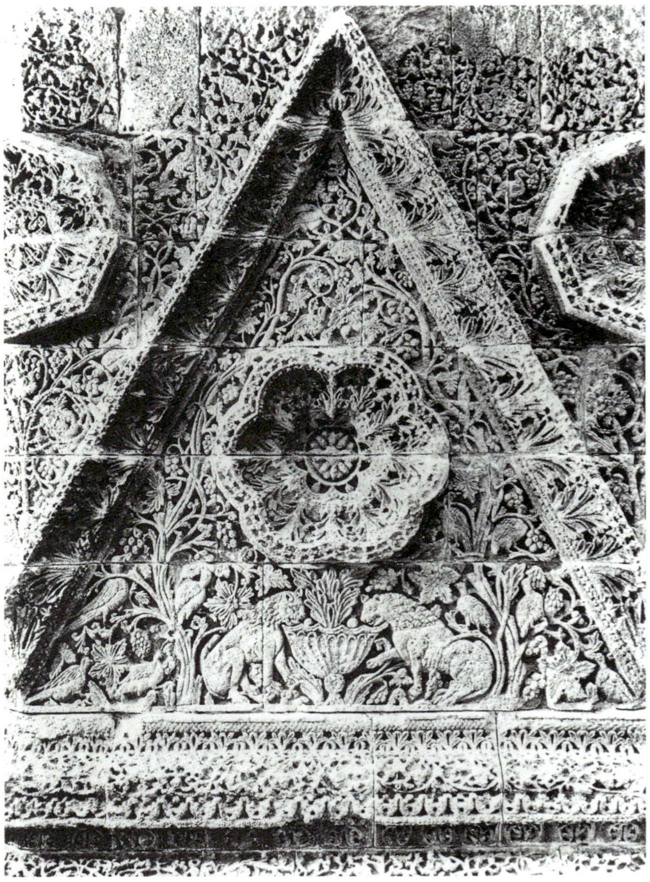

8.11 Omayyadenpalast in Mschatta, Detail der Fassade, Jordanien, um 743, Kalkstein, Höhe ca. 290 cm. Vorderasiatisches Museum, Berlin.

8.14 *Musikanten und Jagdszene*, Wandmalerei aus Kasr al-Heir al-Gharbi, Syrien, um 730, Fresko. Nationalmuseum, Damaskus.

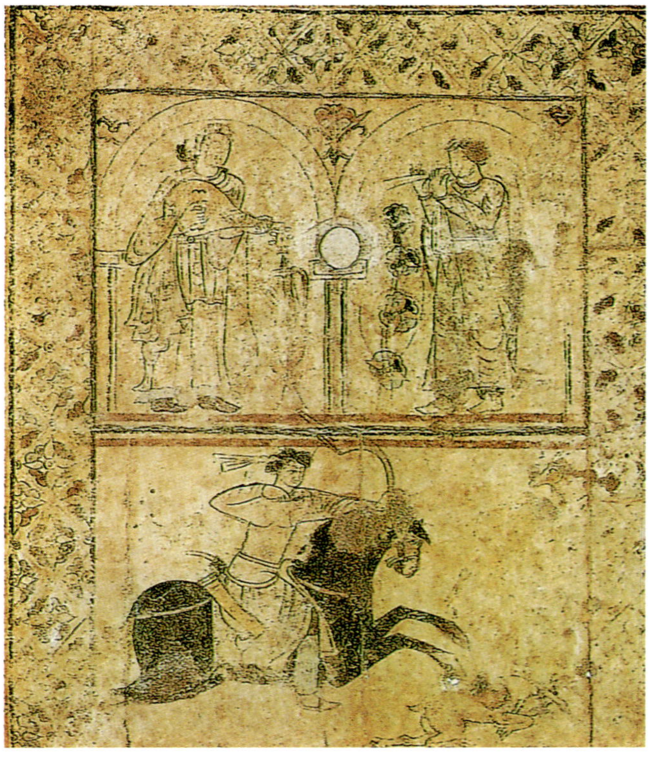

der Brüderschaft der Gläubigen, die alle gleich sind vor Gott, zu dem sie durchs Gebet unmittelbaren und gleichen Zugang haben.

Frühe Berichte über die Große Moschee von Damaskus bezeugen die Pracht ihres Dekors, von dem das meiste freilich durch Plünderungen oder Brände – der letzte und verheerendste 1893 – untergegangen ist. Wenige Spuren nur sind von der Verkleidung der Pfeiler und unteren Wandzonen mit farbigen Marmorplatten erhalten, aber sechs der Fenster besitzen noch ihre marmornen Gitter, die wahrscheinlich ägyptische Handwerker schufen ▸ 8.12. Ihre Flechtmuster ähneln verblüffend den Teppichseiten in Handschriften, die zu genau der gleichen Zeit im fernen Nordwesteuropa entstanden. Sie gehen wahrscheinlich beide auf dieselben koptischen Quellen zurück. Auch Fragmente der Mosaiken, die einst im Hof schimmerten, blieben – in den → Zwickeln der Arkaden, in den → Archivolten und an den oberen Wandpartien – erhalten ▸ 8.8; 10; 14. Sie zählen zu den vollendetsten Mosaikarbeiten überhaupt und sind sicher Werke byzantinischer Künstler. Vor allem die Landschaften mit zahlreichen Bauwerken erinnern an Wanddekorationen, wie sie sieben Jahrhunderte früher in Rom und Pompeji entstanden waren. Nur in einem unterscheiden sie sich: Die Paläste, Häuser und Gärten in Damaskus sind in fast unheimlicher Weise menschenleer. Man hat viel über eine mögliche symbolische Bedeutung dieser Mosaiken diskutiert: ob sie die Umgebung von Damaskus darstellen sollen oder ein Traumbild einer friedlichen islamischen Welt oder des Paradieses. Aber angesichts der wählerischen und summarischen Art, in welcher westliches Formengut aufgenommen wurde, ist wahrscheinlicher, dass sie einfach als dekorativer Hintergrund, als fürstlich-feierlicher Rahmen für das Leben im Hof der Großen Moschee gedacht waren.

Mosaiken ähnlichen Stils wurden auf den Böden luxuriöser ländlicher Paläste der Omayyaden und ihrer begüterten Anhänger gefunden. Hier gab es auch figürliche Wandmalereien, die bestätigen, dass außerhalb des religiösen Bereiches kein striktes Bilderverbot bestand. Die meisten dieser Darstellungen leiten sich, ähnlich wie die Mosaiken, von hellenistischen Vorbildern ab, aber eines der lebendigsten Malwerke – mit Musikanten unter Bögen und einem berittenen Gazellenjäger – erinnert an die Kunst der Sassaniden und dürfte durch ein iranisches Vorbild angeregt sein ▸ 8.14. Auf Steinreliefs eines der berühmtesten omayyadischen Paläste, des von Mschatta in Jordanien, sind Löwen, Vögel und Fabelwesen der sassanidischen und nahöstlichen Kunst in ein üppiges Wachstum von Weinreben verwoben, was sich bis ins koptische Ägypten zurückverfolgen lässt ▸ 8.11. Trotzdem ist die Wirkung ganz neuartig, und den breiten Reliefstreifen, der etwas über Augenhöhe quer über die Fassade des Palastes zog – ein Zickzackband, das Dreiecke bildet, deren jedes in der Mitte eine große Rosette trägt –, darf man als das älteste Beispiel einer ausgesprochen islamischen Kunst ansehen, obwohl keines seiner Motive neu ist. Es ist rein ornamental und ohne Zusammenhang mit der Struktur des Bauwerks, von dem es im 19. Jahrhundert abgenommen wurde, und scheint weder eine symbolische noch irgendeine andere Bedeutung besessen zu haben. Es war nur ein Zeichen für Rang und Würde des Palastes. Die Motive jedes Dreiecks sind so dicht miteinander verschmolzen, dass weder das Blattwerk noch die Tiere vorherrschen. Geometrische und organische Formen sind ins Gleichgewicht gebracht. Die gleichen, leicht variierten Motive erzeugen die Wirkung einer rhythmischen Wiederholung wie in der späte-

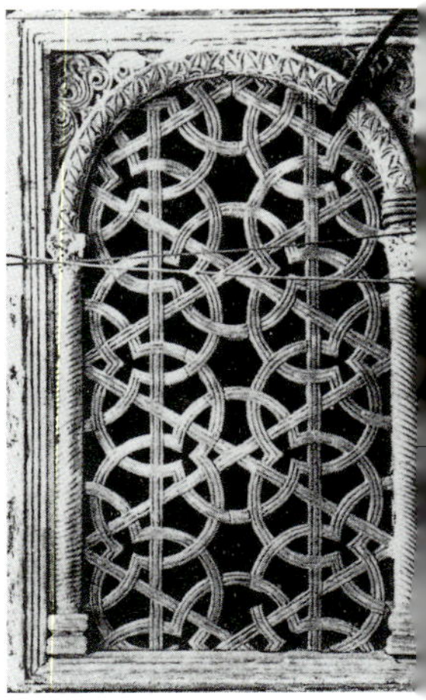

8.12 Marmornes Fenstergitte[r], Große Moschee, Damaskus, [um] 715.

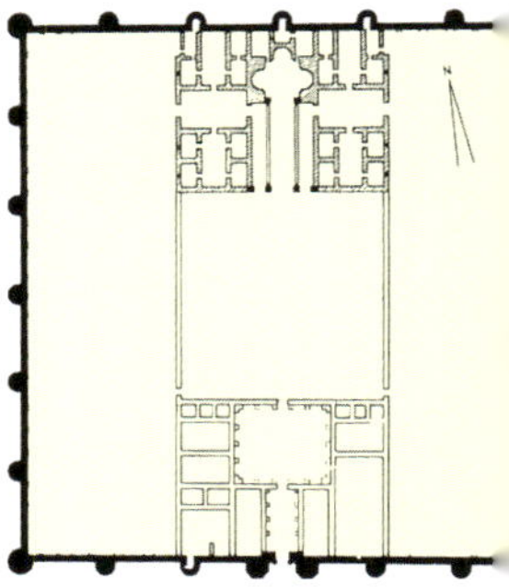

8.13 Grundriss des Omayya[den]palastes von Mschatta, Jordanien, um 743.

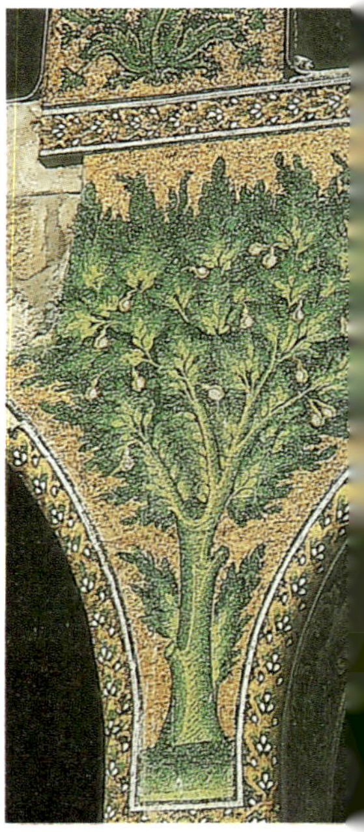

8.15 Detail der Mosaikdekoration, Große Moschee, Damaskus, um 715.

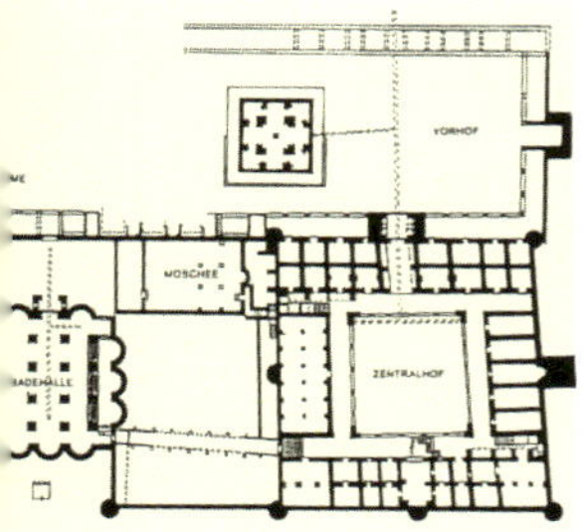

rundriss des Palastes
hirbat al-Mafdjar,
fte 8. Jh., Jordan-Tal.

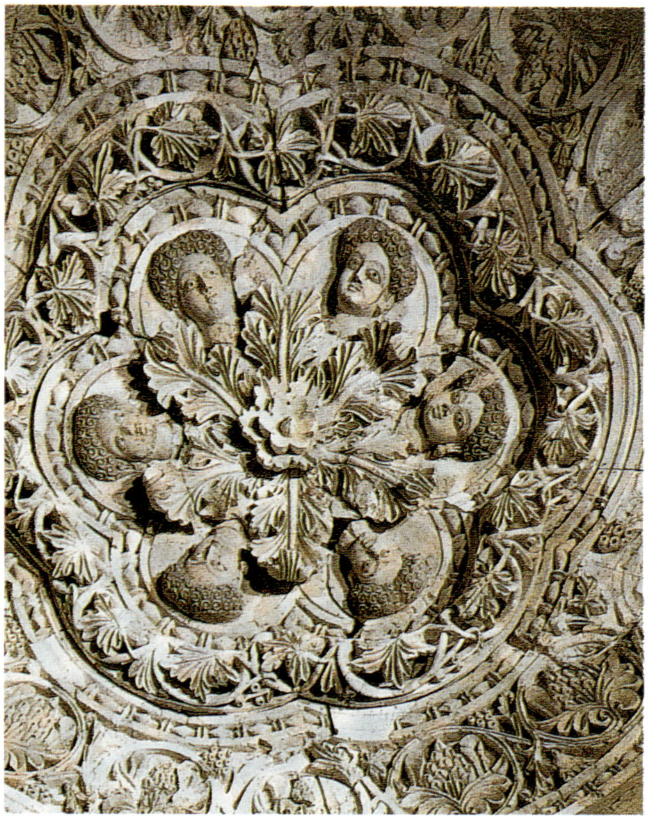

8.17 Stuckrosette mit Frauenköpfen, 1. Hälfte 8. Jh., Khirbat al-Mafdjar. Rockefeller Museum, Jerusalem.

ren islamischen Dekorkunst und auch in der arabischen Musik und Dichtung.

Mschatta, das 744 unvollendet verlassen wurde, war der letzte der großen omayyadischen Paläste ▸8.13. Reste von etwa 50 derartigen Bauten sind geblieben, besonders bedeutsam die von Khirbat al-Mafdjar in Jordanien ▸8.16–18. Einst lagen sie mitten in Bauernland und in Jagdrevieren, die heute zur Wüste geworden sind. Die größeren dieser Paläste waren symmetrisch angelegt, jedes enthielt einen Betraum, einen Audienzsaal, zahlreiche Privatgemächer und Warmbäder römischer Art, die man später ›türkische Bäder‹ nannte. Diese Schlösser bezeichnen das Ende der ersten Phase der Geschichte islamischer Architektur und zugleich das Ende eines einzigen und einheitlichen islamischen Staates.

Das Reich, welches die Omayyaden von Damaskus aus beherrscht hatten, erstreckte sich von Zentralindien bis zum Atlantik und umfasste beinahe alle Länder, die heute noch islamisch sind. Es hatte sich nicht nur durch Waffengewalt ausgebreitet. Die Moslems erwiesen sich als duldsame Herren, und innerhalb der zweiten oder dritten Generation nahmen breite Schichten der unterworfenen Bevölkerung die fremde Religion an: aus Überzeugung die einen, andere, um der Kopfsteuer für Nichtmoslems zu entgehen. Doch es währte nicht lang, und unter den Konvertiten und ihren Nachkommen regte sich Unzufriedenheit, wurden sie doch, allen Geboten des Korans entgegen, von der arabischen Elite als Moslems zweiter Klasse behandelt. Zudem waren seit 661 die Araber untereinander uneins. Ein Streit um das Nachfolgerecht in der Würde des Kalifen führte zu dem bis heute währenden Schisma zwischen den orthodoxen Sunniten und den eher mystisch-philosophischen Schiiten. In den vierziger Jahren des 8. Jahrhunderts führte ein von den Schiiten im Iran ausgehender Aufstand zum Sturz des Kalifen. Seine ganze Sippe wurde ausgerottet, nur einem Prinzen gelang die Flucht nach Spanien, wo er als Emir von Córdoba ein unabhängiges Reich begründete.

## Abbasidische Kunst und Architektur

Die Dynastie der abbasidischen Kalifen, welche die Omayyaden ablöste, stammt von Abbas ab, einem Oheim des Propheten. Das Arabische blieb in der ganzen islamischen Welt zwar die Sprache des Rechts wie der Religion, doch die Macht begann aus den Händen der Araber allmählich in die von Beamten anderen ethnischen Ursprungs überzugehen. Zugleich zerfiel das Weltreich in unabhängige Staaten, die in den Kalifen selten mehr als nur das geistliche Oberhaupt sahen. Die östlichen Gebiete fielen Stück für Stück den Mongolen anheim, die schließlich 1258 die Abbasiden gänzlich aus Asien vertrieben und sie zwangen, sich nach Ägypten zurückzuziehen. Trotzdem gilt das halbe Jahrtausend der abbasidischen Herrschaft als das ›klassische‹ Zeitalter der islamischen Kultur. Der Kalif machte seinen Hof zu einem luxuriösen Brennpunkt von Dichtung und Gelehrsamkeit. Höchsten Ruhm erlangte Harun al-Raschid (gest. 809), der mit Karl dem Großen in Verbindung trat und in den Märchen von *Tausend und eine Nacht* fortlebt. Bildende Kunst, Musik und Literatur blühten. Zur Entwicklung der Wissenschaften leisteten islamische Gelehrte einen unschätzbaren Beitrag; waren sie es doch, die altgriechisches Gedankengut zu neuem Leben erweckten und griechische Texte bewahrten. Nicht die Christen, sondern die Moslems waren die Erben jener griechischen Tradition, welche das Ostreich am Leben erhalten hatte. Moslems haben die indische Algebra und die chinesische Chemie und Alchemie weiterentwickelt, sich der wissenschaftlichen Optik und Astronomie gewidmet. Vor allem bildete diese Kultur eine geschlossene Einheit. Omar Khayyam (um 1100) war zugleich Dichter und Mathematiker. Es ist recht lehrreich, wenn wir

8.18 Baum der Grausamkeit, 2. Viertel 8. Jh., Bodenmosaik aus Khirbat al-Mafdjar, Jordan-Tal.

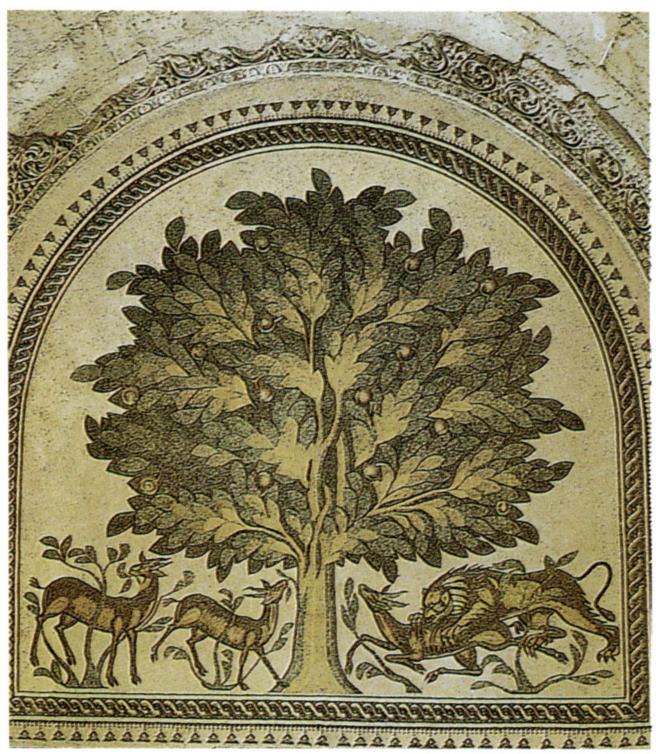

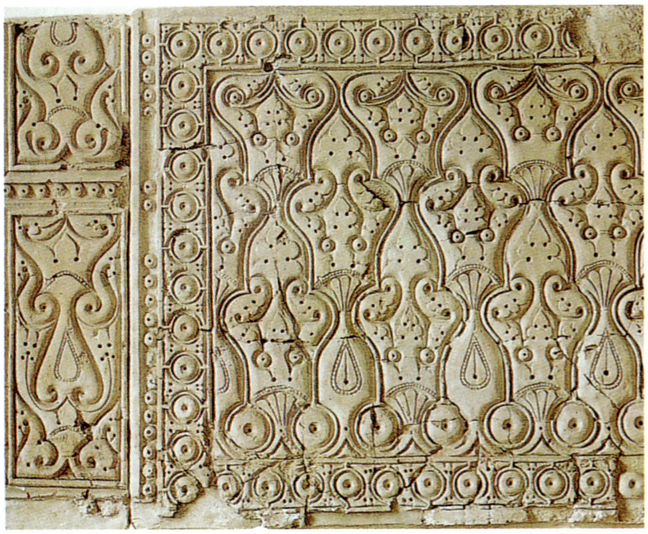

8.19 Stuckdekoration aus einem Haus in Samarra, Irak, 836–838. Islamisches Museum, Berlin.

uns angesichts einiger Wörter, die wir aus dem Arabischen übernommen haben – Algebra, Alkohol, Alkali, Azimut, Zenith –, daran erinnern, dass wir den Arabern auch die Vermittlung der indischen Ziffern, die wir ›arabische‹ nennen, zu verdanken haben.

Der zweite abbasidische Kalif, al-Mansur, verlegte 762 seine Hauptstadt von Damaskus an die Gestade des Tigris. Dort gründete er Madinat as-Salam – die Stadt des Friedens –, besser bekannt unter dem Namen Bagdad. Es war eine entscheidende Wendung weg von der mittelmeerischen Welt. (Nur wenige Jahrzehnte später erfolgte Karls des Großen ›Translatio imperii‹ ins Europa nördlich der Alpen.) Bezeichnenderweise wurde Bagdad nicht auf dem im Römischen Reich unvermeidlichen rechteckigen Raster geplant, sondern nach altorientalischer Gepflogenheit als Rundstadt. Astrologen bestimmten die Stunde der Grundsteinlegung. Die ganze Konzeption spiegelt wohl den Einfluss persischer Kosmologie und deutet darauf hin, dass die neue Stadt als Mittelpunkt der Welt aufgefasst wurde. Einfache Proportionsverhältnisse beherrschen die Anlage. Grundmaß bildete der quadratische Ziegel von einer Elle Seitenlänge (38 cm). Der äußere Mauerring hatte einen Gesamtumfang von 20000 Ellen (knapp 8 km), der Palast bildete ein Quadrat von 400 Ellen, die Moschee eines von 200 Ellen Seitenlänge und so weiter. Der Thronsaal bezeichnete die exakte Mitte, ein Raumwürfel von 20 Ellen mit einer gewölbten Decke, darüber ein zweiter Saal von gleichen Abmessungen, überfangen von der berühmten Grünen Kuppel, welche die Stadt beherrschte. Man näherte sich dem Thronsaal durch einen Iwan wie in Ktesiphon ▸ 8.3 – ein weiteres Beispiel für den wachsenden iranischen Einfluss, der auch das Hofzeremoniell unter den abbasidischen Kalifen bestimmte. Der Palast, die ihm angeschlossene Moschee und die Regierungsbauten standen in einem weiten Zingel von fast 2 km Durchmesser, einer Stadt innerhalb der Stadt, umzogen von einer massiven Mauer mit vier Toren, von denen gewölbte Galerien von 275 m Länge zu den monumentalen äußeren Toren führten, deren jedes einen Audienzsaal mit vergoldeter Kuppel über dem Eingang besaß. Das gewöhnliche Stadtvolk war also in einem schmalen Ring zusammengepfercht. Die Unbequemlichkeit, welche diese Anordnung für die Bewohner bedeutete, zeigt eindrucksvoll, wie das abbasidische Bagdad das islamische Ideal der Unterwerfung unter einen geistlichen und weltlichen Herrscher als Nachfolger des Propheten des Einen Gottes verkörpert. Alte Berichte überliefern, dass Ingenieure, Handwerker und Künstler aus allen Teilen der islamischen Welt zusammengeholt worden waren, um die neue Stadt zu erbauen und zu zieren.

Bald jedoch sprengte Bagdad den engen Rahmen dieses idealen Rundplans und wuchs zur damals reichsten, bevölkertsten und berühmtesten Stadt der Welt heran, gefeiert von Reisenden aus Ost und West, auch in den Erzählungen aus *Tausend und eine Nacht*. Der Palastbezirk war ein ›Paradies‹ im altpersischen Sinne des Wortes, ein Wildgehege mit Gärten und Pavillons. Würdenträger ließen sich in den Vorstadtvierteln jenseits der Mauer kaum weniger prächtige Schlösser errichten. Im Gegensatz zur strengen Gebundenheit des ursprünglichen Stadtplans scheinen diese Bauwerke ganz zwanglos komponiert gewesen zu sein, darin Vorläufer späterer islamischer Paläste. Wahrscheinlich erhielten sich hier sassanidische Architektur- und Schmuckformen am Leben, die später im Iran eine glanzvolle Auferstehung feiern sollten (s. S. 496 ff.), ebenso wie eine, vielleicht altrömische, Tradition der Gartenkunst, die, bereichert durch die Vorstellungswelt des Islam, an den Iran und das Indien der Moguln weitervermittelt wurde (s. S. 501 ff.). Das Ausmaß dieses Einflusses lässt sich jedoch nicht abschätzen, denn von der Stadt der Abbasiden hat praktisch kein sichtbarer Rest die Zerstörung von 1258 überlebt, als der letzte der abbasidischen Kalifen von den Mongolen getötet wurde und mit ihm 800000 Einwohner Bagdads.

In Samarra, knapp 100 km Tigris aufwärts, haben Ausgrabungen die Überreste einer zweiten abbasidischen Hauptstadt an den Tag gebracht mit einem ausgedehnten Palast, der 836–838 unter einem Sohn Harun al-Raschids erbaut wurde. Auch hier arbeiteten Künstler aus allen Teilen der islamischen Welt, und einige ihrer Signaturen in griechischen, syrischen und arabischen Zeichen hat man gefunden. Bruchstücke abstrakter Stuckdekoration ▸ 8.19; 20 und figürlicher Wandmalerei zeigen den Einfluss der chinesischen, europäischen wie auch der persischen Kunst.

Die Gesamtwirkung der weitläufigen Stadt muss – vielleicht in voller Absicht – ›kosmopolitisch‹ gewesen sein. Die reichsten und schönsten Werke scheinen dem Harem vorbehalten gewesen zu sein, ausschließlich dem Ergötzen des Kalifen und seiner Frauen dienend.

Die Moschee von Samarra war mit 240 x 156 m die größte der islamischen Welt und konnte 100000 Menschen fassen. Von dem ausgedehnten Betsaal, der an die Vielsäulensäle von

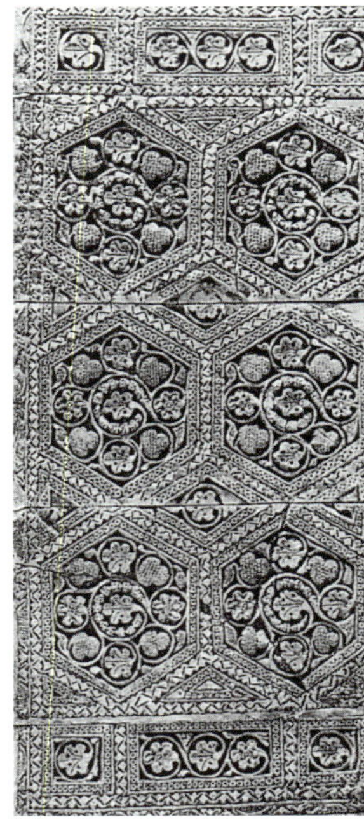

8.20 Stuckdekoration aus Samarra, Irak, 9. Jh. Museum Teheran.

8.21 Minarett und Große Moschee des al-Mutawakkil, Samarra, Irak, um 848–852.

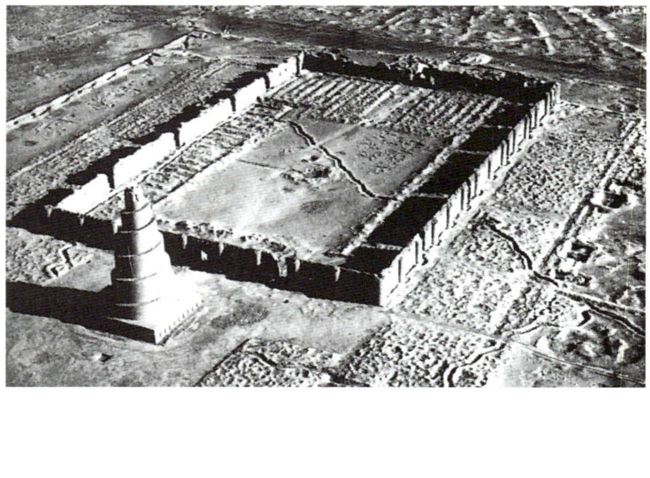

QUELLEN UND DOKUMENTE

## Der Besuch der byzantinischen Botschafter in Bagdad

Ein zeitgenössischer Bericht über den Empfang der byzantinischen Botschafter in Bagdad im Jahr 917 schildert die Pracht des Kalifenpalastes und verdeutlicht, wie variabel die architektonischen Bestandteile waren – ein Kennzeichen der islamischen Innenarchitektur. Der Palast bestand aus lose angeordneten Pavillons, gleich einem Beduinenlager in einer Oase. Die verschiedenen Säle und Zimmer waren eigens für den Besuch der Botschafter eingerichtet worden. Dies war problemlos möglich, da sie sich wie Theaterkulissen kurzfristig dem jeweiligen Anlass anpassen ließen und den idealen Hintergrund für prächtige Teppiche und Textilien bildeten. Dennoch waren die Botschafter bei ihrer Ankunft überrascht, keine bewaffneten Wächter anzutreffen, stattdessen 7000 Eunuchen und 4000 schwarze Pagen (sicherlich eine der ›dichterischen Freiheit‹ geschuldete Übertreibung). Als sie sich zum Klang der Springbrunnen und Wasserbecken und begleitet von angeketteten Tieren in einer stattlichen Prozession durch architektonische und sonstige Gärten von einem Pavillon zum nächsten bewegten, stellten sie fest, dass man eigens für sie alle Schätze des Kalifen aus dem Depot geholt hatte. Es gab 38 000 Gegenstände, darunter »... *Vorhänge aus Gold – aus goldbesticktem Brokat –, alle prächtig gestaltet mit Darstellungen von Trinkgefäßen und mit Elefanten und Pferden, Kamelen, Löwen und Vögeln... Die Zahl der Teppiche und Matten von jener Art, wie sie in Jahram und Darabgird und Ad-Dawrak hergestellt wurden, umfasste 22 000 Stücke, die in Gängen und Höfen ausgelegt waren, unter den Füßen der Nobilitäten ausgebreitet wurden, und die byzantinischen Gesandten liefen den ganzen Weg über solche Teppiche, vom Haupttor bis vor den Kalifen – doch diese Ziffer beinhaltete noch nicht die schönen Brücken in den Kammern und Versammlungssälen, die über die anderen Teppiche gelegt wurden und nicht mit den Füßen betreten werden durften... Dann kamen sie zu einem Palast, in dem es hundert Löwen gab, fünfzig auf der rechten und fünfzig auf der linken Seite, wobei jeder der Löwen von einem Wärter gehalten wurde und über dem Kopf und um den Hals Eisenketten trug.*«

Nachdem man durch einen Garten mit Wiesen und Palmen gegangen war, die kupferbeschlagene Zäune aus Teakholz schützten, fanden sie sich vor einem großen Becken wieder, in dessen Mitte ein Gold- und Silberbaum standen, von dessen Ästen zahllose Zweige sprossen, auf denen allerlei Gold- und Silbervögel saßen. »*Die Blätter des Baumes bewegen sich, wenn der Wind bläst, während die Vögel zwitschern und singen.*«

Nachdem sie zweiundzwanzig Pavillons gesehen hatten, wurden die Botschafter schließlich dem Kalifen Muktadir und seinen fünf Söhnen vorgestellt. Der Kalif war in goldbestickte Seide gewandet und saß auf einem Ebenholzthron. Die Botschafter blieben vor ihm stehen und verschränkten dabei die Arme als Geste der Demut.

Al-Khatirs Bericht über den Besuch der byzantinischen Botschafter in Bagdad im Jahr 917, in: ›Journal of the Royal Asiatic Society‹, 1897

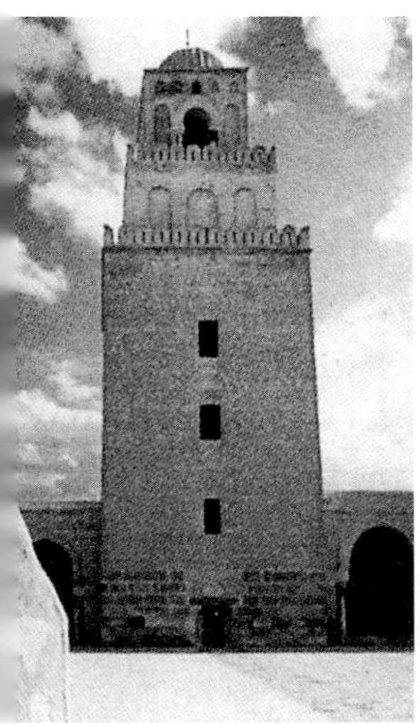

22 Minarett der Großen oschee, Kairouan, Tunesien, 4–772.

Persepolis (s. S. 106 f.) gemahnen mochte, blieben nur Spuren der 216 Ziegelpfeiler, welche das Dach trugen. Aber das Minarett steht noch ▸ 8.21 und erinnert viel eindeutiger an die Spiraltürme des Iran.

Die Entwicklung der Moschee folgte in erster Linie der Notwendigkeit, der immer zahlreicheren männlichen Bevölkerung eines Gebietes und der steigenden Zahl von Konvertiten Platz zum gemeinsamen Freitagsgebet zu bieten. Mehr Fläche wurde entweder durch Erweiterungen oder durch Neubauten gewonnen – in beiden Fällen mit konservativer Rücksicht auf vorislamische Lokaltraditionen.

Die Große Moschee von Kairouan ▸ 8.23 in Tunesien wurde um 724 begonnen, als der Kalif dem Statthalter erlaubte, eine frühere Moschee um die Fläche eines benachbarten Gartens zu erweitern und ein gedrungenes viereckiges Minarett zu errichten ▸ 8.22. Alles außer diesem wurde niedergelegt und 772–774 und nochmals 836 durch einen Neubau ersetzt, der 862/863 eine hölzerne Kuppel über dem Joch vor dem Mihrab, dem dem Befehlshaber vorbehaltenen Platz, erhielt. Zugleich wurde damals der Mihrab selbst mit aus dem Irak

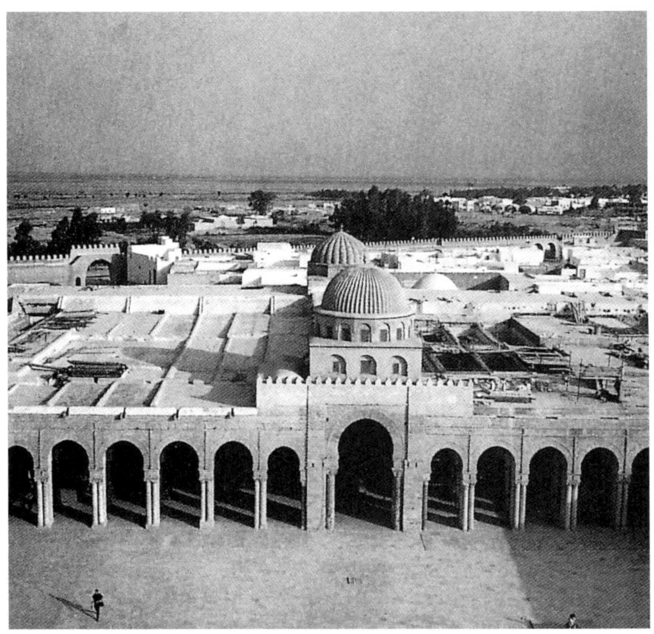

8.23 Große Moschee, Kairouan, Tunesien, um 772–863.

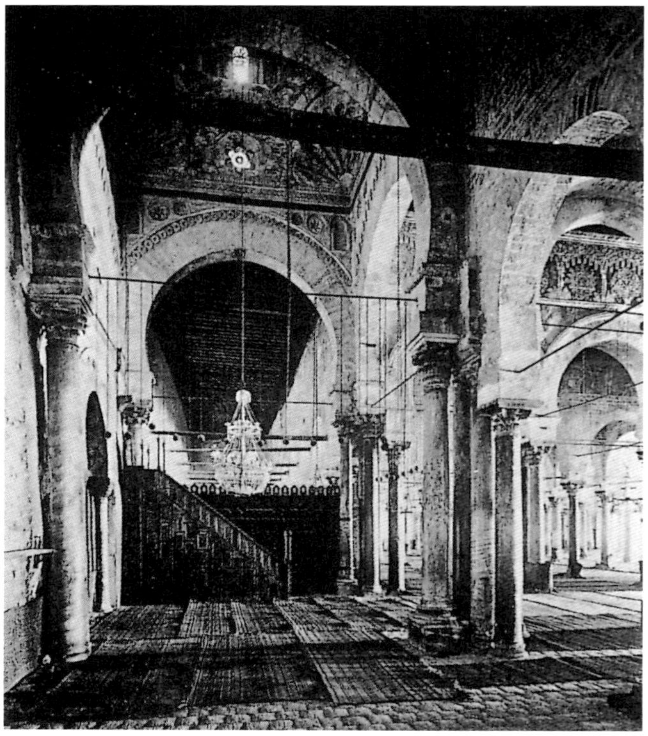

8.24 Inneres der Großen Moschee, Kairouan, Tunesien, um 862/863.

importierten Lüsterfliesen geschmückt und neben ihm ein hölzerner ›Mimbar‹ errichtet, eine Kanzel, von der aus sich der Imam an die Gläubigen wendet und das Freitagsgebet leitet ▸ 8.24. Etwa ein Jahrzehnt später wurde der Betsaal gegen den Hof hin erweitert und eine zweite Kuppel über dem Eingang hinzugefügt. Obwohl Kairouan verlassen lag, nachdem die Berber 1054/55 die Bevölkerung niedergemetzelt und die Stadt geplündert hatten, blieb genug von der Moschee stehen, so dass sie sich mit nur geringen Veränderungen im späten 13. Jahrhundert wieder herstellen ließ. Eine Geschichte, die von zäher Anpassungsfähigkeit wie von künstlerischem Beharrungsvermögen zeugt. Undenkbar, dass eine christliche Kirche in diesen Jahrhunderten immer wieder im gleichen Stil erweitert oder neugebaut worden wäre.

Das heutige Erscheinungsbild der Großen Moschee von Kairouan ist also das Werk vieler Perioden, und die typologische Geschichte ihrer verschiedenen Teile geht auf vorislamische Zeiten zurück. Die bauliche Grundeinheit ist ein leicht zu Hufeisenform gedrückter Bogen (diese Form findet sich zum ersten Mal im 5. Jahrhundert an syrischen Kirchen), getragen von Säulen mit korinthischen Kapitellen. Jede der 16 Arkaden, die senkrecht der Qiblawand entgegenlaufen, besteht aus sieben solcher Bogen. Eintönigkeit wurde, vielleicht zufällig, dadurch vermieden, dass Säulenschäfte unterschiedlicher Größe und aus verschiedenem Marmor verwendet wurden, manche mit Basen, damit sie die Höhe der anderen erreichten, alle vermutlich früheren, römischen oder frühchristlichen Bauten entnommen. Aber es wurde nicht versucht, sie anzupassen, sie blieben, wie sie waren. Der Stil blieb unverändert, um die für das Gebet nötige Harmonie nicht zu stören. Trotz ihrer langen Baugeschichte ist die Moschee von bemerkenswerter Einheitlichkeit, und trotz des verschiedenartigen Ursprungs ihrer Bauelemente ist sie vom Wesen her ganz islamisch.

8.25 Moschee des Ibn Tulun, Kairo, um 877–879.

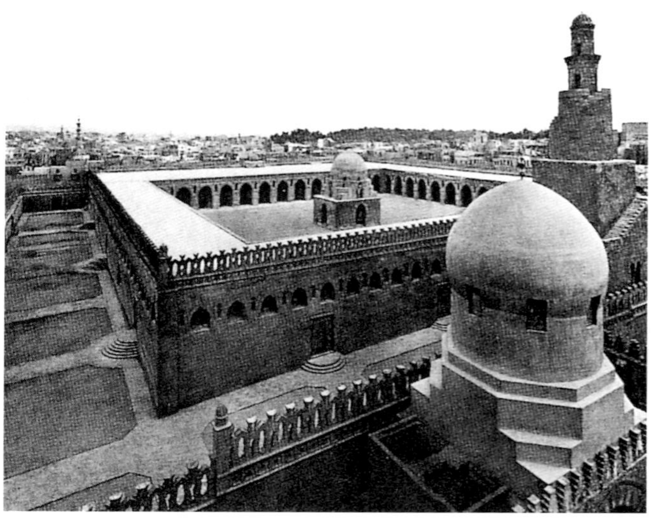

Die Erweiterung einer bereits bestehenden Moschee löste allerdings nicht überall das Problem, mehr Raum für das Freitagsgebet zu gewinnen. Auch neue Moscheen mussten errichtet werden. Zu ihnen gehört die vielleicht schönste Moschee überhaupt, die des Ibn Tulun in Kairo. Sie entstand etwa um 877–879, wurde später weder verändert noch erweitert und bildet somit ein so gut wie einmaliges Beispiel einer rein verwirklichten Baukonzeption des frühen Islam. Ihr Stifter war Ahmed Ibn Tulun, geboren 835 in Samarra als Sohn eines türkischen Sklaven aus Buchara. Der Kalif, dem der Knabe aufgefallen war, ließ ihn ausbilden, und der junge Mann machte in dem für jedes Talent offenen Hofdienst schnell Karriere. 869 wurde er zum Statthalter Ägyptens ernannt, wo er und seine Nachkommen fast selbständig bis 917 regierten. Seine Moschee ließ er auf Ziegelpfeilern errichten, nicht auf Säulen, vielleicht, weil er – so die Legende – es ablehnte, christliche Gotteshäuser um die 300 Schäfte zu berauben, die für den Bau nötig gewesen wären. Seit langem wurde in Ägypten kein Stein mehr gebrochen. Es mag auch sein, er wollte die Große Moschee von Samarra nachahmen, die er als junger Mann kennen gelernt hatte ▸ 8.21. Das Minarett (seine heutige Form ist ein Nachbau späterer Zeit) scheint von dem in Samarra inspiriert zu sein. In beiden Moscheen sind unechte Säulen in die Ecken der Pfeiler eingestellt. In der Moschee Ibn Tuluns betonen sie optisch deren massive Kraft und verleihen den weiten Arkaden eine Würde und Gewichtigkeit, wie man sie sonst nur an den eindrucksvollsten Bauten der Römer findet. Wenn eine Moschee monumentalen Geist atmet, dann die des Ibn Tulun zu Kairo ▸ 8.25; 26.

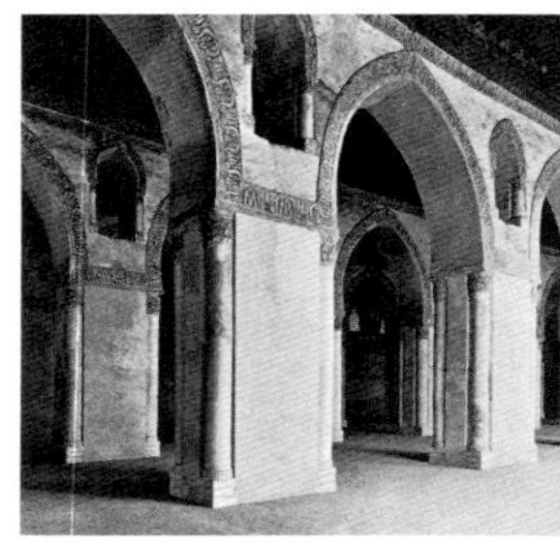

8.26 Arkaden der Moschee des Ibn Tulun, Kairo, um 877–879.

In Samarra hatten die Pfeiler einfach ein Flachdach getragen, hier tragen sie Bogen, die spitz zulaufen. Diese Bogenform war schon viel früher in christlichen und islamischen Bauten Syriens aufgetreten. Die in der Ibn Tulun-Moschee zeigt ihre Gestalt mutiger, betont sie durch dekorative Reliefbänder. Gleiches wiederholt sich in den ungewöhnlichen ›Fenstern‹ über jedem der Pfeiler. Es ist vermutet worden, sie seien eingeschnitten worden, um Material zu sparen, um das auf den Pfeilern lastende Gewicht zu verringern oder einfach, um mehr Licht ins Innere zu leiten.

## Das islamische Spanien

Vielleicht brachte der Wunsch nach einer intensiveren Durchlichtung des großen Betsaals den Baumeister der Moschee von Córdoba zur Erfindung des einzigartigen Systems doppelter Bogen ▸ 8.27. Die Säulenschäfte, die ihm zur Verfügung stan-

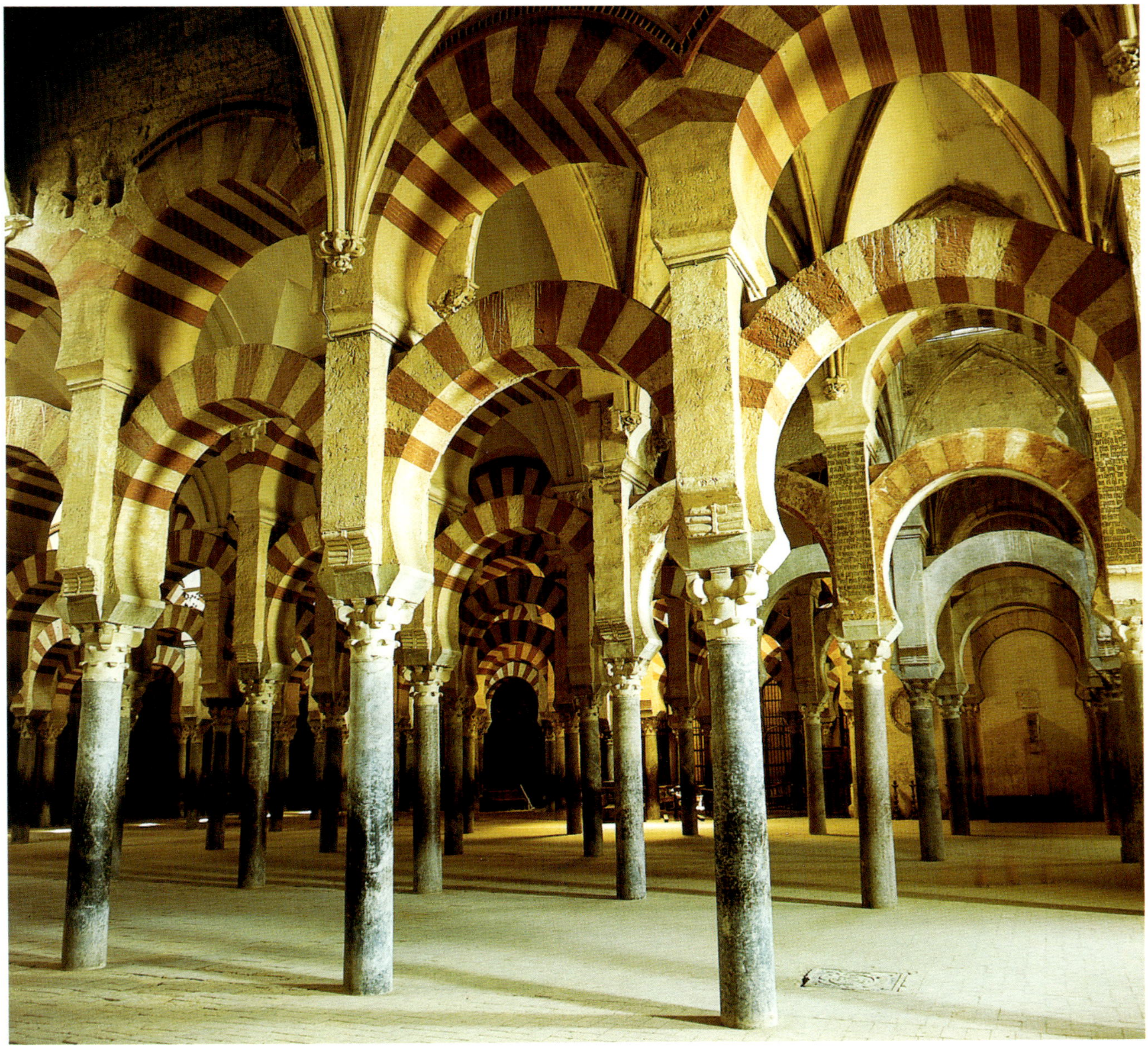

.7 Inneres der
oßen Moschee,
rdoba, begonnen 786.

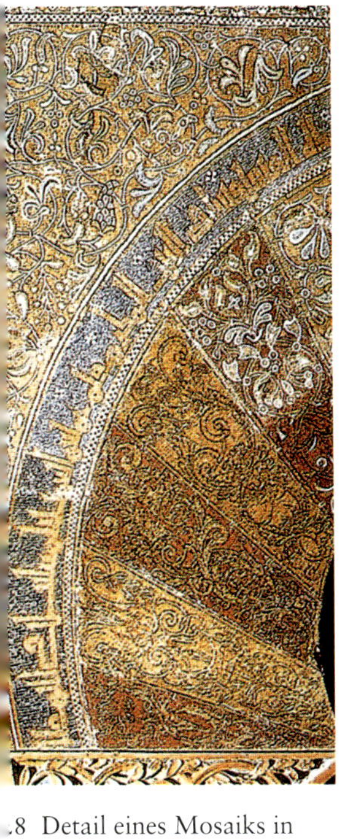

.8 Detail eines Mosaiks in
: Großen Moschee, Córdoba,
5.

den, waren von verschiedenster Gestalt: glatt und kanneliert, sie variierten im Durchmesser zwischen 36 und 43 cm, und manche waren kaum höher als 3 m. Auf diese Länge wurden auch alle anderen Säulen gekürzt. Hätten Säulen dieser Statur nur die flachen Arkaden herkömmlicher Art getragen, wäre eine Art düsterer Kellerhöhle entstanden. So setzte man Kämpferblöcke auf die Kapitelle. Sie trugen die Bögen (aus steinernen Keilen und solche aus Backstein im Wechsel) und zugleich die 1,80 m hohen Steinpfeiler, von denen die oberen Segmentbogen abspringen. Diese Lösung, bereits 786 im ältesten Teil der Moschee angewandt, war so überzeugend, dass man sie – leicht variiert – beibehielt, als der Betsaal schrittweise erweitert wurde, bis er 987/988 – aufs Vierfache seiner einstigen Fläche vergrößert – seine heutigen enormen Maße erreichte.

Córdoba, eine ursprünglich römische Stadt, war nach der arabischen Eroberung der Iberischen Halbinsel (710/711) zur Hauptstadt des arabischen Spanien ausersehen worden. Hier fand 755 der letzte Omayyade Zuflucht, der dem Mord an seiner Sippe entgangen war (s. S. 323). Die moslemische Bevölkerung erkannte ihn als Emir, als Militärbefehlshaber, an. Seine Nachkommen behielten den Titel bei, bis sie sich seit dem frühen 10. Jahrhundert Kalifen nennen ließen, in offener Rivalität zu den Abbasiden im Osten und den Fatimiden, den Nachkommen der Tochter des Propheten, die in Nordafrika ein Gegenkalifat errichtet hatten. Unter der despotischen, im Allgemeinen aber wohlwollenden Herrschaft der Omayyaden wuchs Córdoba zur blühendsten Stadt des westlichen Europa empor und stand in der islamischen Welt einzig Bagdad nach. Innerhalb ihrer Mauern soll es nicht weniger als 3000 Moscheen und 300 öffentliche Bäder gegeben haben. Einzig die Große Moschee hat überlebt. Sie war mit dem Palast durch eine Straßenbrücke verbunden, so dass der Kalif sie betreten konnte, ohne den Weg durch die versammelte Menge nehmen zu müssen. Sie war so etwas wie ein islamisches Gegenstück zu den großen Hofkirchen der Christenheit, der Hagia Sophia in Konstantinopel ▸7.56 und der Pfalzkapelle in Aachen ▸7.88, die sie beide an Größe übertraf. Auf ihre Ausschmückung wurde größte Sorgfalt gelegt, vor allem auf die Qiblawand und die ihr nächstgelegenen Teile, die auf die sechziger Jahre des 10. Jahrhunderts zurückgehen ▸8.28. Der Mihrab ist einzigartig – als kleiner Kuppelraum gestaltet. Man betritt ihn durch einen Bogen von betonter Hufeisenform, die das islamische Spanien besonders liebte. Die Bogenöffnung umziehen Bänder von der Feinheit elfenbeinerner Schnitzereien, Blattrankenmosaiken und darüber Inschriften des Korans aus gol-

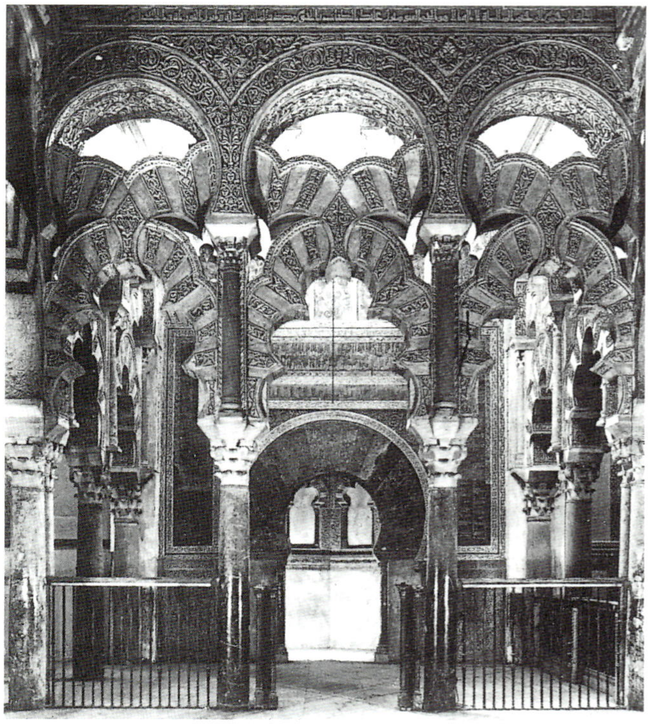

8.29 Mihrab der Großen Moschee, Córdoba, um 961–976.

denen und bunt glasierten Mosaiksteinchen. Christliche Handwerker aus Konstantinopel haben sie wohl geschaffen. Der Bereich vor dem Mihrab ist vom übrigen Betraum durch Säulen gesondert, aus denen Fächerbogen aufsteigen, die sich in komplexen Mustern überschneiden ▸8.29. Darüber erhebt sich die reichste der drei Kuppeln der Moschee, wie die anderen Zeugnis für die moslemische Begabung für präzise Geometrie ▸8.31. Jede der Kuppeln ist auf acht einander überschneidenden Bogen konstruiert. Als sie entstanden, gab es zwei Methoden, gemauerte Kuppeln über einem Viereckgrundriss zu errichten: eine mit übereck gespannten Bogen, so genannten Trompen; die andere mit Hilfe sphärischer Dreiecke, → Pendentifs, wie in der Hagia Sophia. Die erste Methode wurde von islamischen Baumeistern übernommen, die das System mit einem Rippengerüst verbanden, wie es zur Verstärkung römischer Kuppeln aus Gussmauerwerk gedient hatte. Doch während die Römer dieses strukturelle Stützenwerk sorgsam innerhalb des Mauerwerks verborgen hielten, machten es die islamischen Architekten sichtbar. Sie zeigten die komplizierten symmetrischen Bogen, regelmäßige geometrische Muster und lineare Gitternetze, die das moslemische Interesse für Mathematik und Geometrie aufs Höchste ansprachen. Gerade das war wohl mit einer der Gründe, warum man Trompen mit Rippen anwandte, deren Kompliziertheit baulich oft ganz entbehrlich erscheint. Islamische Kuppeln sind selten von großem Durchmesser und hätten sich leicht mit einfacheren, längst gebräuchlichen Mitteln errichten lassen.

8.31 Gewölbe über dem Mihrab, Große Moschee, Córdoba, um 961–976.

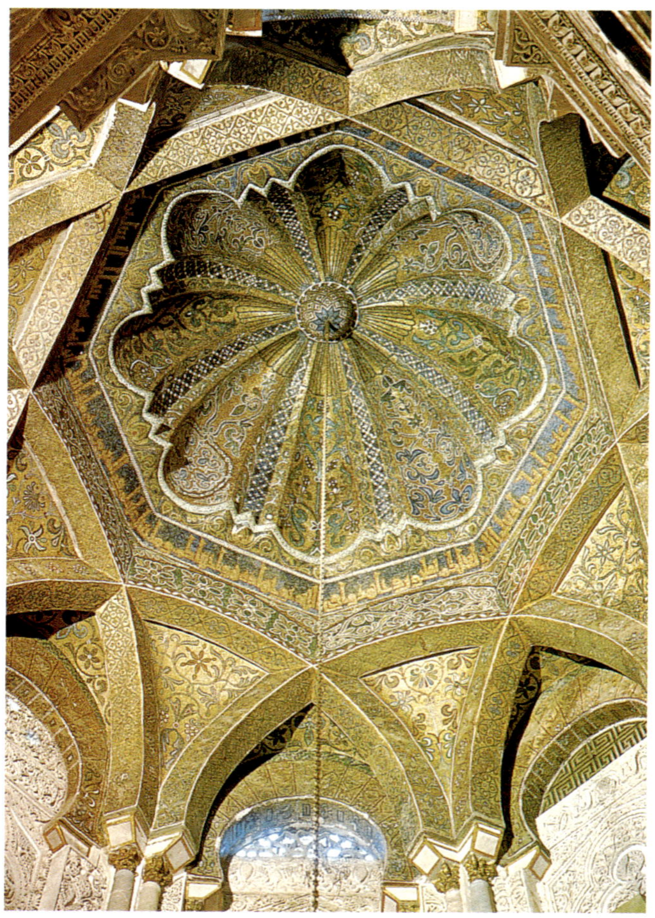

Grundlegende ästhetische Unterschiede zeigen sich beim Vergleich des Wölbesystems der Hagia Sophia ▸7.56 und der Großen Moschee von Córdoba ▸8.29;31. Technische Virtuosität und die dekorative Schönheit komplizierter geometrischer Verflechtungen treten dort zutage, wo ein anderer Stilwille mit großem Aufwand die tektonische Struktur verkleidet. Die frühislamischen Baumeister gingen nicht daran, größere Flächen mit einem System struktureller Wölbungen zu überdecken. Diese Aufgabe sollten christliche Architekten einige Jahrhunderte später auf eigene Weise lösen (s. S. 349 f.). Hatten sie ihre Genialität im Erfinden ausgeklügelter Gewölbesysteme von hoher tektonischer und dekorativer Eleganz erst einmal unter Beweis gestellt, überließen die islamischen Baumeister die weitere Ausbeute und Nutzanwendung – u.a. des Spitzbogens – anderen. Sie wandten sich fortan dem Dekorativen und Ornamentalen zu.

Raumhöhe war für einen Ort, wo man sich niederwirft, kaum nötig, und frühe Moscheen betonen die Horizontale. Einen vertikalen Akzent setzte nach außen hin das Minarett. Wie wir bereits sahen, waren die ersten Minaretts, die der Großen Moschee von Damaskus, ursprünglich Ecktürme des heidnischen Tempels, → Temenos, der zur Moschee umgestaltet wurde. Von den Minaretts, die bereits als solche geplant waren, ist das älteste erhaltene das von Kairouan mit einer Höhe von 31 m ▸8.22. Es ist der Ort des Muezzin, von dem aus er die Gläubigen zum Gebet ruft. Mit der Höhe vermindert sich jedoch die Reichweite der menschlichen Stimme, und das hohe Minarett mag mehr eine optische als eine akustische Funktion gehabt haben, um nämlich die Lage der Moschee innerhalb der dicht besiedelten Stadt zu bezeichnen. In ähnlicher Weise waren neben christlichen Kirchen hohe Türme errichtet worden – manchmal, aber nicht immer, als Glockentürme. Das Minarett von Kairouan ist aus solchen Quellen abzuleiten und lieferte seinerseits das Vorbild, dem man in ganz Nordafrika und Spanien folgte. In Marrakesch in Marokko steht ein sehr schönes Beispiel aus dem 12. Jahrhundert, geschmückt mit Bogen, die sich wie Spitzenwerk zu Netzen verschlingen ▸8.30. Ein ähnliches Minarett wurde etwa gleichzeitig in Sevilla errichtet. Es brauchte kaum verändert zu werden, als es nach der Eroberung der Stadt durch die Christen zum Glockenturm der Kathedrale wurde. Wir haben

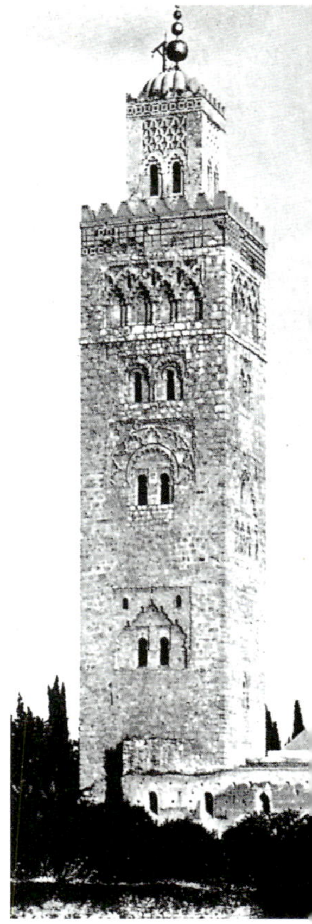

8.30 Minarett der Kutubiya-Moschee, Marrakesch, Marokko, 1196.

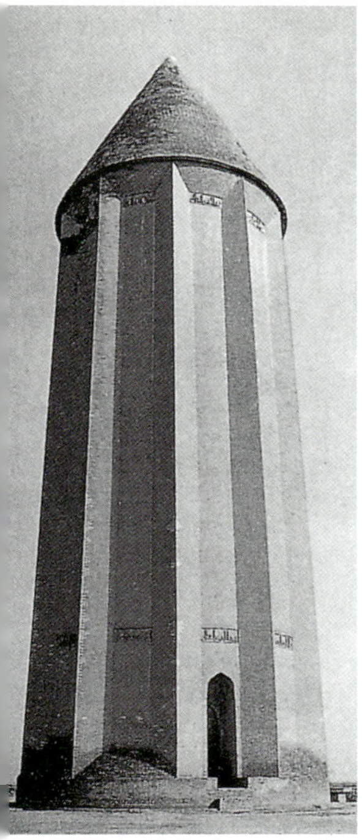

32 Grabturm des Qabus
i Gurgan, Iran, um 1012.

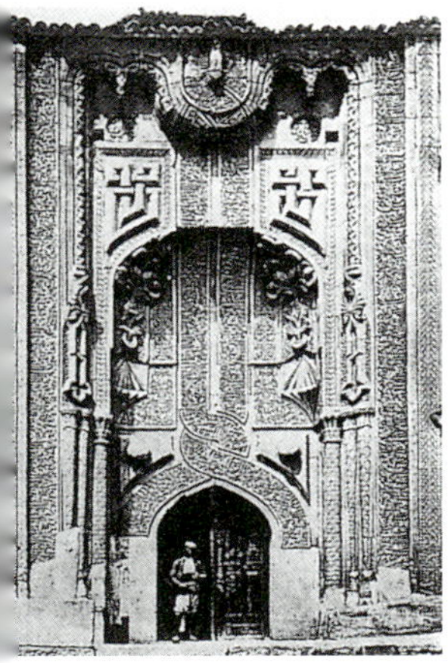

34 Ince Minar Medrese,
onya, Türkei, 1258.

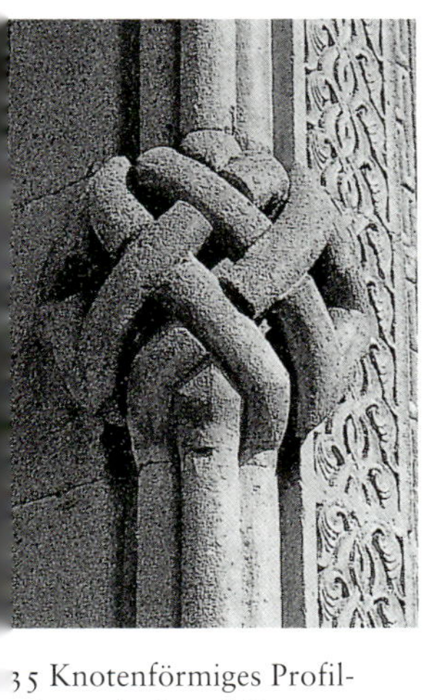

35 Knotenförmiges Profil-
otiv an der Ince Minar
edrese, Konya.

hier ein seltenes Beispiel für die Rückkehr eines Bauwerks zu seinem typologischen Ursprung.

## Samanidische und seldschukische Architektur

Gleichzeitig entwickelte sich am anderen Ende der islamischen Welt, in den weiten Ebenen beiderseits des Oxus in Zentralasien (den heutigen Turkmenien und Usbekistan), unter samanidischer Herrschaft eine bauliche Variante. Die Samaniden sind Abkömmlinge einer altiranischen Adelsfamilie, die sich im 8. Jahrhundert vom Zoroastrismus ab- und dem Islam zugewandt hatte und die zwischen 874 und 999 praktisch unabhängig von den Kalifen herrschte. Ein Mausoleum in Buchara, errichtet für einen dieser Emire (vielleicht Ismail, der 907 starb), ist ihr hervorragendstes erhaltenes Denkmal und ist trotz seiner geringen Ausdehnung (11 m Seitenlänge) eines der bemerkenswertesten Bauwerke seiner ganzen Epoche ▸ 8.33. Die Grundform ist wahrscheinlich von einem zoroastrischen Feuertempel abgeleitet, mit vier Säulen, die ein Kuppeldach trugen, aber seine dekorative Ausgestaltung scheint ohne Vorbild zu sein. Ziegel waren das Material für den Bau wie auch für seinen Schmuck (dazu ein paar Terrakottaplatten). Indem man sie vertikal, diagonal, in Kreisform oder horizontal verlegte, entstand eine außerordentliche Vielfalt von Flächenmustern. Der Eindruck ist nicht so sehr der einer festen Masse aus Ziegeln und Mörtel, sondern der eines mit Webwerk behangenen Pavillons aus Korbgeflecht. In der Tat sind manche der eingeflochtenen Muster denen auf Körben nachgebildet. Anders als andere Grabmonumente seit den Pyramiden hat dieses Mausoleum etwas Transitorisches und vermittelt nicht den Eindruck von Dauer. Vielleicht tritt damit ein besonderer Zug des muslimischen Verhältnisses zum Tod zu Tage.

Der Koran schreibt vor, die Toten ohne jedes Gepränge zu bestatten, und ein Hadith verbietet Grabbauten. Jedoch war der Drang, das Andenken der Toten zu verewigen, besonders in den herrschenden Kreisen zu tief verwurzelt. Früher noch als die Samaniden gaben ihm die abbasidischen Kalifen nach. Noch bedeutender waren die Grabmäler, welche die Seldschuken errichteten, die Herren eines Turkvolkes aus den östlichen Steppen, die, zum Islam bekehrt, über den unterworfenen Iran nach Mesopotamien vordrangen, wo der abbasidische Kalif 1055 ihrem Führer seine weltliche Gewalt übertrug und sich auf seine geistliche Autorität beschränkte. So wurden die Seldschuken Sultane von mehr als nur regionaler Bedeutung. Seldschukische Grabbauten erhielten die Gestalt hochstrebender Türme, welche die Landschaft ringsum als Machtsymbole beherrschten. Einer der frühesten und eindrucksvollsten Grabtürme, das Gumbad-i Qabus bei Gurgan im nordöstlichen Iran (Grabmal des Qabus ibn-Waschmangir, eines Fürsten, der 1012 starb), steigt mit leichter Verjüngung zur Höhe von 58 m empor ▸ 8.32. Meisterlich werden scharfkantige Formen sanft gerundeten entgegengesetzt. Bis auf zwei schmale Inschriftbänder fehlt jeglicher Schmuck oder Dekor.

Die spätere seldschukische Baukunst verlor ihre einstige Strenge. Sie liebte Ziegelmuster, die an das Samanidenmausoleum von Buchara gemahnen. Bauten wurden überschwänglich dekoriert, vor allem die in Anatolien, das die Seldschuken im 11. Jahrhundert den Byzantinern abgewonnen und wo sie das Sultanat von Rum errichtet hatten. Opulentestes Beispiel

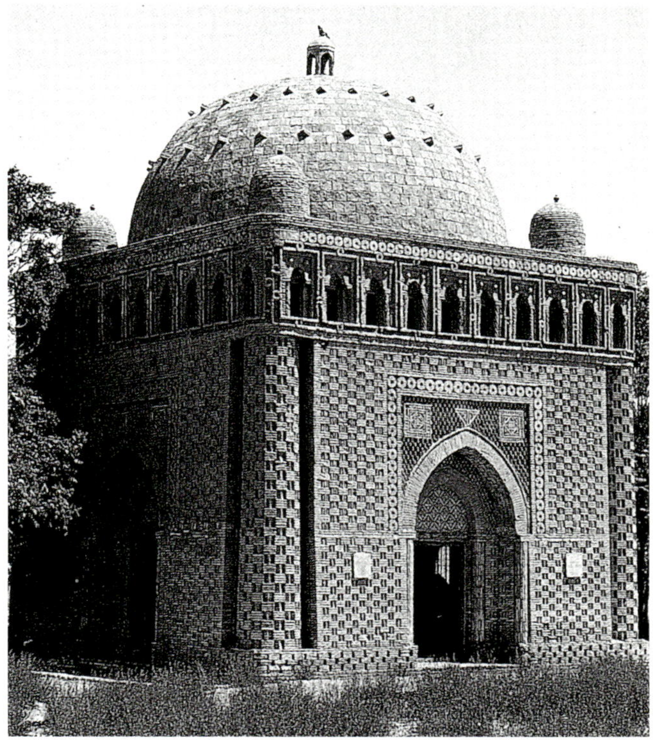

8.33 Samaniden-Mausoleum, Buchara, Usbekistan, 900–943.

8.36 Detail des Portals der Ince Minar Medrese, Konya.

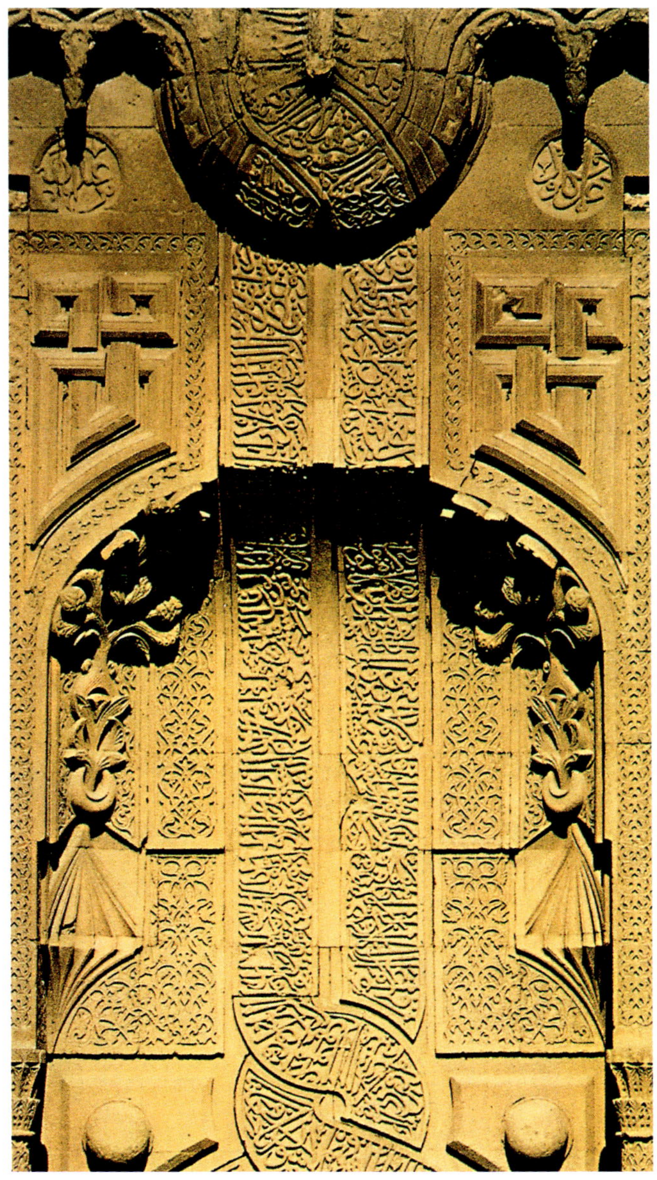

# *Die Medrese*
# Bauten für die Bildung

Die Ince Minar Medrese von Konya in der Türkei wurde 1258 vom Wesir eines Seldschukensultans gegründet ▸ 8.34–36. Ihr Erbauer, Keluk ben Abdulla, dessen Name in den Inschriften an der Fassade auftaucht, soll ein zum Islam bekehrter Christ gewesen sein. Sie war eine von 24 Lehrstätten dieser Art, die im 12. und 13. Jahrhundert in Konya errichtet wurden. Konya war die Hauptstadt des Seldschukensultanats von Rum, das sich über den Großteil des im 11. Jahrhundert dem byzantinischen Reich abgerungenen Gebiets von Anatolien erstreckte. Es gibt heute rund 50 zum Teil gut erhaltene anatolische Medresen, die sich in Größe, Anlage und Dekoration unterscheiden. In Baukunst und intellektuellem Leben des Islam kam der Medrese in dieser Zeit eine Bedeutung zu, die nur von der Moschee übertroffen wurde.

Von Anfang an wurde im Islam großes Gewicht auf Bildung gelegt, und die Fähigkeit zu lesen und zu schreiben war bald weiter verbreitet als im christlichen Europa. Da man mit dem Koran und dem Hadith (s. S. 317 ff.) den Schlüssel zu allem Wissen, nicht nur der Theologie in den Händen zu halten glaubte, wurde in Moscheen gelehrt, denen in manchen Fällen hauptberufliche Lehrer zugeordnet waren. Doch gründete (s. S. 324) im 8. Jahrhundert der Kalif al-Mansur in Bagdad eine Akademie, deren Mitglieder Texte aus dem Persischen, Sanskrit und Griechischen ins Arabische übertrugen und damit den Weg für philosophische Spekulationen, die dem Koran zuwiderliefen, bereiteten. In Kairo wurde 970 eine Moschee mit Einrichtungen für bezahlte oder geförderte Studenten zwecks Unterweisung in Lehren gegründet, die auf die Sekte der Schiiten zurückgingen (s. S. 323). Die Seldschuken wiederum waren standhafte Sunniten, und die Medresen, die sie gründeten, waren Rechtsakademien zur Unterweisung in die orthodoxen religiösen Bräuche und Vorstellungen, die ihrer Herrschaft Autorität verliehen.

Die Medrese war eine Internatslehranstalt, nicht unähnlich einem Oxforder College oder einer klassischen Campus-Universität wie der University of Virginia, nur kleiner, d.h. mit einem Lehrer und selten mehr als 20 Studierenden, die ein Gemeinschafts-, ja fast ein klösterliches Leben führten. In einem vierjährigen Ausbildungsgang lernten die Studenten den Koran und Teile des Hadith auswendig, erhielten Unterricht in der Auslegung des bürgerlichen Rechts und führten nach genauen Vorgaben ablaufende Debatten oder ›Disputationen‹. Danach wurden die Begabtesten zu weiterführenden Studien zugelassen, in deren Verlauf sie die Erlaubnis erwarben, Unterricht zu erteilen und in Rechtsfragen Stellung zu nehmen.

Die architektonischen Wurzeln der Medrese liegen in Zentralasien. Schriftlichen Quellen ist zu entnehmen, dass in der ersten Hälfte des 11. Jahrhunderts im äußersten Osten des Iran einige Medresen erbaut wurden, und es ist denkbar, dass sich deren Anlagen von den buddhistischen Klöstern herleiteten, die in der betreffenden Region vor der moslemischen Eroberung eine Blütezeit erlebt hatten. Die ältesten erhalten gebliebenen Medresen, die aus dem 12. Jahrhundert stammen, finden sich zwar in Syrien, stilistisch aber sind ihre Vorbilder weiter östlich zu suchen. Die Anlage bestand immer aus einem zentralen Hof, entweder überkuppelt oder unüberdacht mit einem Iwan (einem überwölbten Portikus) auf mindestens einer Seite. Um diesen Hof herum lagen ein Andachtsraum, ein Hörsaal und kleine Zellen für die Studenten. Die al-Firdows (Paradies-) Medrese in Aleppo zählt zu den geräumigsten und schönsten Beispielen ▸ 8.37, 38. Sie wurde 1235/36 gegründet von der Nichte und Schwiegertochter des Sultans von Ägypten, Salah ad-Din, in Europa Saladin genannt, der ein unermüdlicher Stifter von Medresen, ein militanter Wahrer der sunnitischen Orthodoxie und ein nicht weniger ernst zu nehmender Gegner der Schiiten wie der Kreuzfahrer war, die er aus Palästina vertrieb. (In Kairo funktionierte er die schiitische Moschee in die sunnitische Hochschule al-Ashar um, die bis heute das wichtigste Zentrum orthodoxer islamischer Gelehrsamkeit ist.)

Medresen wurden von Einzelpersonen gegründet und gestiftet, die es manchmal einrichten konnten, dass sie in ihnen begraben wurden. Obgleich keineswegs säkular, fielen sie nicht in den Zuständigkeitsbereich der Kalifen, der geistigen Führer des Islam, welche die Imame der Gemeindemoscheen beriefen. Den Medresen konnte daher innerhalb eines Sultanats eine politische Rolle zukommen, sicherten sich doch ihre Stifter durch sie die Unterstützung der von ihnen ernannten Hochschullehrer und von Generationen von Studenten. Die Ince Minar Medrese wurde von einem Wesir gegründet, und die Stellung eines Wesirs am Hof, wo Intrigen an der Tagesordnung waren, war prekär. Da sie ebenso von Reichtum wie von Frömmigkeit kündeten, hoben die Medresen gleichzeitig das Ansehen ihrer Stifter. Daher vielleicht ihre bemerkenswerte bauliche Vielfalt: Die Fassade der Ince Minar Medrese ist ohnegleichen.

8.37 Hof der Medrese al-Firdows, Aleppo, 1235/36 gegründet.

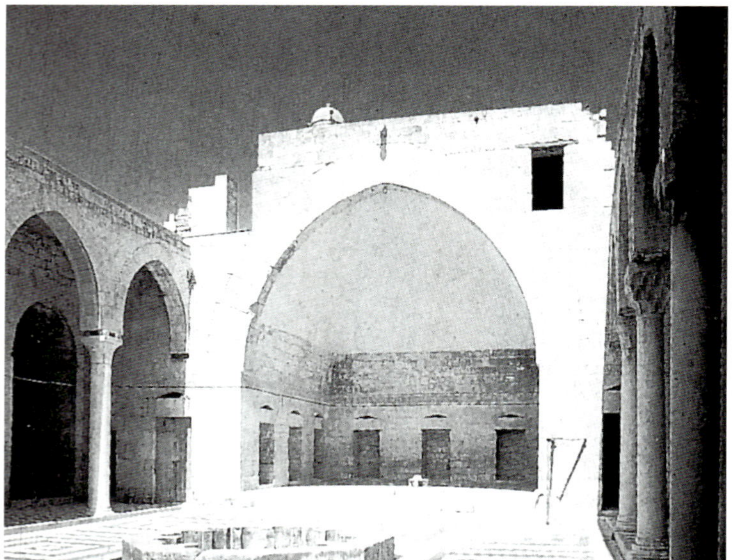

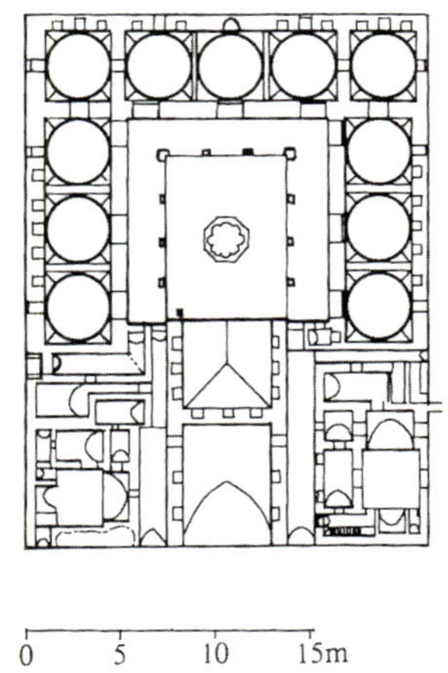


8.38 Grundriss der Medrese al-Firdows, Aleppo.

ist die Fassade der Ince Minar Medrese (eines Kollegs für juristisch-theologische Studien) in ihrer Hauptstadt Konya ▸ 8.34–36. In den Grundzügen folgt das Nischenportal dem Torschema einer christlichen Kirche, doch ist das Urbild bis zur Unkenntlichkeit verwandelt. Man glaubt vielmehr, ein Gerüst sei mit dicken und schweren Geweben ausgeschlagen. Ganz oben erscheint der Stein wie eine Gardine gerafft, hinter deren Mitte zwei Schriftbänder ansetzen, die herabfallen und sich über der Türöffnung verknoten.

Die Völker Zentralasiens waren seit vorgeschichtlicher Zeit (s. S. 54 f.) in der Web- und Knüpfkunst erfahren (und die Seldschuken brachten die Teppichknüpferei nach Anatolien und schufen so die Voraussetzungen für die späteren weltberühmten türkischen Teppiche). Die plastisch vorspringenden rechtwinkeligen Knotengebilde über der Tornische der Ince Minar Medrese ähneln auffallend Motiven, die sich auf Teppichen wiederfinden. Dieses Bauwerk führt auch jene schon 500 Jahre früher in Mschatta beobachtete Neigung, Mauern mit Ornamentflächen zu verkleiden, sie wie mit Textilien zu behängen, zu einer extremen Entwicklungsstufe.

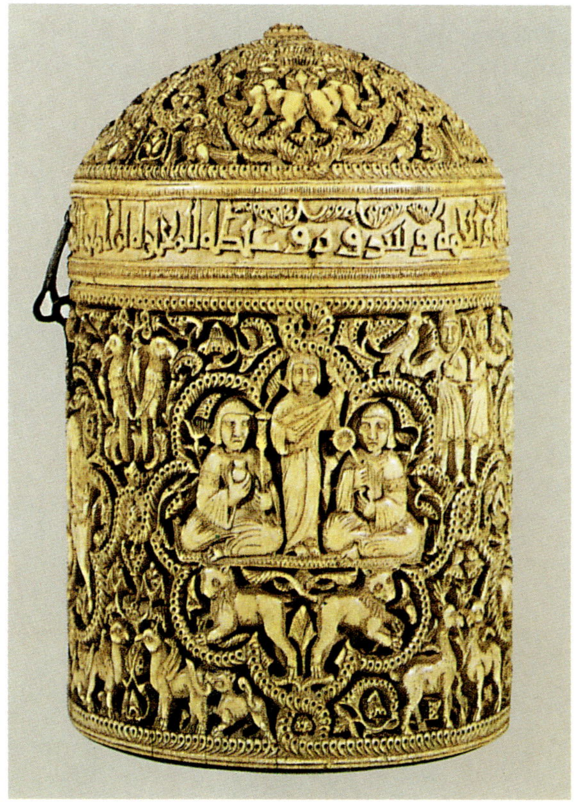

8.40 Elfenbeinkästchen aus der Werkstatt des KHALAF, Madinat az-Zahra, bei Córdoba, um 965–970, Höhe 16 cm. Hispanic Society of America, New York.

## Islamischer Dekor

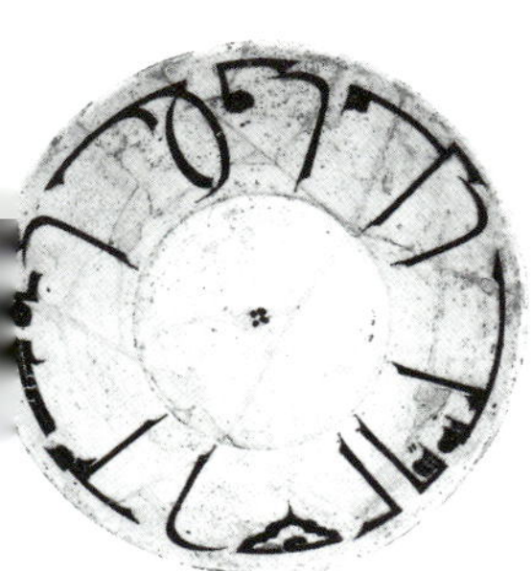

9 Schale mit kufischer
chrift aus Nischapur, Iran,
Jh., Höhe 7,2 cm,
rchmesser 25,1 cm.
alili Collection.

Obwohl der bedeutsamste islamische Beitrag zur Weltkunst auf dem Gebiet der Architektur lag, sind islamische Bauten trotz ihres ingeniösen Erfindungsreichtums selten sehr originell in ihrer Struktur. Ein ausgesprochen islamischer Stil zeigt sich deutlicher in der Ornamentik und in der Flächendekoration, die sich durch Wanderkünstler, durch den Handel mit Luxusgütern, wie Metallgefäßen und Seidenstoffen, schnell weithin verbreitete. Das Formengut wurde anfangs entlehnt. Dekorative Gestaltungen waren bar jeder religiösen Symbolik, und in der religiösen Kunst wurden Tier- und Menschengestalten vermieden. Erst mit den kufischen Schriftzeichen entstand eine unverwechselbar islamische Kunstform.

Die Kalligraphie war die von den Moslems am höchsten geschätzte Kunst, und die Schönschreiber – berufsmäßige wie auch Amateure (darunter manche Wesire und höchste Würdenträger) – sind praktisch die einzigen Künstler, die in frühen Quellen namentlich aufgeführt werden. Die kufische Schrift (so genannt, weil man sie irrtümlich in Kufa entstanden wähnte) war eine Zeremonialschrift. Sie wurde nicht im Alltagsleben, sondern in erster Linie für Abschriften des Korans gebraucht, die bei fehlendem Bildschmuck nur durch erlesene Schreibkunst und wenige abstrakte Ornamente die ihnen zukommende Würde der Erscheinung gewannen ▸ 8.2. Die hier abgebildete Seite beginnt mit den Worten: »Am Tag des Gerichts wird den Ungläubigen ihr Glaube nichts nützen.« Diese frühen Korane waren nicht, wie christliche Evangeliare, nur für das Auge des Priesters bestimmt, sondern zum gemeinsamen Studium mehrerer Gläubigen. Daher weisen ihre großformatigen Seiten stets nur wenige, groß und klar geschriebene Zeilen auf. Die Zeichen der Monumentalinschriften sind meist in langen, friesähnlichen Bändern angeordnet. Ihr kraftvoller Rhythmus – so gänzlich verschieden von den römischen Buchstaben – passt sich dem begleitenden Blattornament an wie etwa auf dem Mihrabbogen der Großen Moschee von Córdoba ▸ 8.29.

Kufische Inschriften bildeten auch ein wichtiges Element im Dekor von Luxusgegenständen aus Elfenbein. Die Inschrift eines Elfenbeinkästchens aus der Nähe von Córdoba lautet ▸ 8.40: *»Den schönsten Anblick biete ich, die feste Brust eines zarten Mädchens. Schönheit hat mich mit glänzendem Gewand bekleidet, das mich schmückt wie Edelgestein. Ich berge Moschus, Kampfer und Ambra.«* In eindrucksvollem Gegensatz zu diesem Minnekästchen stehen Keramikteller von strenger Schönheit, die keinen anderen Schmuck tragen als fromme Inschriften und weise Worte wie »Geduld im Lernen schmeckt bitter, aber ihr Ziel ist süßer denn Honig« oder »Großzügigkeit ist die Lust der Bewohner des Paradieses« ▸ 8.39. Hier kommt die dekorative Kraft des Kufi zur vollen Entfaltung – und selbst Künstler, welche die Schriftzeichen nicht verstanden, haben sie ihrer abstrakt-ornamentalen Schönheit wegen nachgeahmt.

Diese Teller und Schüsseln aus dem 9. und 10. Jahrhundert sind auch von Interesse, weil sie die frühesten erhaltenen Beispiele einer ›freien‹ islamischen Kunst darstellen, also weder für Moscheen noch Paläste bestimmt waren ▸ 8.41; 43. Erzeugnisse der Töpferei galten im Nahen Osten wie in Europa lange nur als Gut für den täglichen Gebrauch. China freilich dachte anders, und Künstler der Tang-Zeit (s. S. 261) haben die Keramik zu erlesener Schönheit verfeinert, zu einer Vorstufe des Porzellans. Etwas später wurde dort das echte Porzellan erfunden. Die Importe chinesischen Steinguts und Porzellans in den Iran und den Irak während der abbasidischen Zeit gaben den Impuls zur Entwicklung der islamischen Keramik. Da die besondere Tonerde (Kaolin) für die Herstellung echten Porzellans im Nahen Osten nicht vorhanden war, wurde eine neue Art der Keramik erfunden – wahrscheinlich in Bagdad: zinnglasierte Tonware (auch Fayencen oder Majolika genannt) mit einer ebenso glänzend reinweißen Oberfläche, die einen ausgezeichneten Malgrund für farbigen Dekor abgab. Man entdeckte auch, dass diese keramischen Erzeugnisse herrlich metallisch irisierten, wenn man sie vor

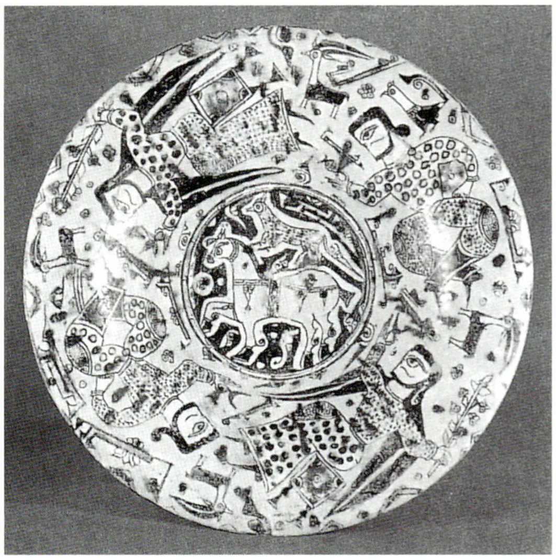

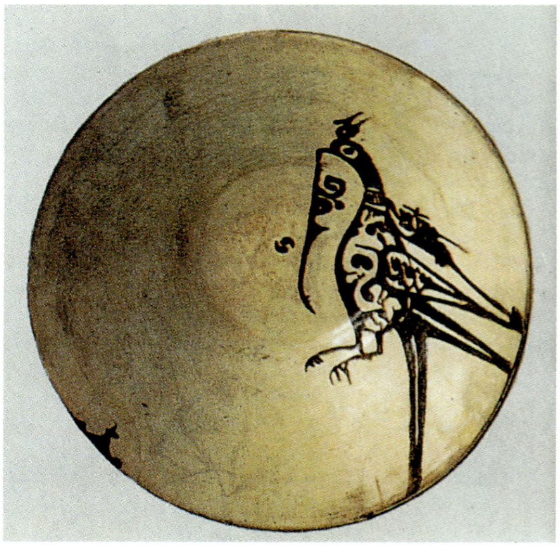

8.41 Keramikschale, 9. Jh., Bleiglasur mit kobaltblauem Dekor, Durchmesser 20,3 cm. Privatsammlung, New York.

8.43 Teller mit Vogelmotiv aus Samarkand, 9.–10. Jh., Schlickerüberzug. Gemeente Museum, Den Haag.

8.45 Kanne, Iran, um 970, Treibarbeit auf Granulatgrund, Höhe 16 cm. Freer Gallery of Art, Washington.

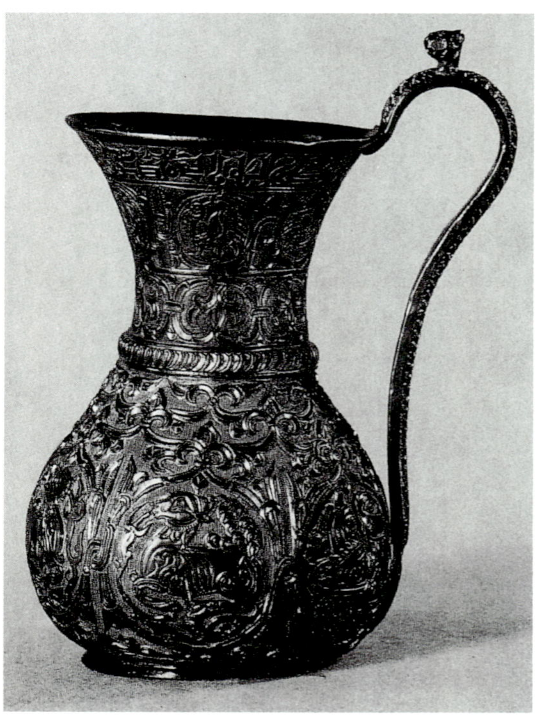

dem zweiten Brand mit Lüsterpigmenten überstrich, ein kurz zuvor in Ägypten zur Glasveredelung erfundenes Verfahren. Diese Entwicklungen kamen nicht nur tönernen Haushaltswaren und Tischgeschirr zugute, sondern auch der Architektur. Es war schon die Rede von den Lüsterfayencen, welche seit 862/863 den Mihrab der Großen Moschee von Kairouan zieren, den ersten Zeugnissen islamischer Lüsterglasur. In der Folge wurden Fliesen mit Inschriften, geometrischen Mustern oder Blattornamenten in kühler Farbskala (Schwarz, Weiß, verschiedene Blau- und Grüntöne) für die islamische Baukunst so charakteristisch wie die Säulenordnungen für die klassisch-griechische Architektur oder das Holzwerk der Dächer für diejenige Chinas und Japans. Im 16. Jahrhundert ersetzten solche Fayencen die alten Mosaiken am Felsendom in Jerusalem ▸ 8.6.

Offiziell waren Anfertigung und Gebrauch von goldenen und silbernen Gefäßen nicht erlaubt. Und obwohl dieses Verbot (wie das figürlicher Darstellung) oft übertreten wurde, gab es zugleich den Handwerkern den Anreiz, unedle Metalle durch ihre Kunst zu veredeln ▸ 8.45. Hier, wie auch bei der Erfindung der zinnglasierten Tonwaren, waren wahrscheinlich die Kaufleute und die Moslems des Mittelstandes Anreger und Auftraggeber, weniger die Oberschicht der Wesire und Hofchargen, die sich vermutlich mit Porzellan aus China versorgten wie auch mit Gold und Silber. Die berühmtesten Herstellungszentren waren Herat (Afghanistan) ▸ 8.42 und Mosul (nördlicher Irak), wo seit der seldschukischen Zeit bis ins 15. Jahrhundert prachtvolle Krüge und Becken für die Waschungen im Haus und in der Moschee entstanden: schöne bronzene Leuchter und andere dekorative Gegenstände aus Bronze oder Messing, oft mit Gold oder Silber eingelegt oder überzogen. Die Oberflächen wurden mit zart eingeschnittenem Ornament belebt, in dem zum allgegenwärtigen Kufi geometrische, Pflanzen- und Tiermotive traten. Ebenso schöne Dinge entstanden in Ägypten, besonders unter den Fatimidenkalifen (990–1171) ▸ 8.44, und in Spanien. Das schönste erhaltene Beispiel ist ein bronzener Greif, den angeblich der Kreuzfahrerkönig Amalrich I. (1162–1173) von Jerusalem nach Italien gesandt haben soll ▸ 8.47. Kein anderer moslemischer Künstler ist je der Rundplastik so nahe gekommen wie der Schöpfer dieses Werks.

Das christliche Europa hat von Anfang an die islamische Kunst bewundert und Keramik, Seidenstoffe und Metallarbeiten aus den Hauptzentren der islamischen Welt importiert. Die Handelsverbindungen waren nie ernstlich unterbrochen, weder durch die Kriege in Spanien noch durch die Kreuzzüge, in denen die Christen 1099 das Heilige Land zurückgewannen, um es für beinahe zwei Jahrhunderte zu beherrschen. Da Erzeugnisse des islamischen Kunsthandwerks keine religiösen Symbole aufwiesen, waren sie für Christen so annehmbar wie für Moslems. In Sizilien setzten islamische Handwerker ihre Tätigkeit in ihrem eigenen Stil fort, noch lange nachdem die Normannen 1061 Messina erobert hatten. Das schönste erhaltene Beispiel islamischer Textilkunst entstand sogar in Palermo für König Roger II.: ein Mantel aus scharlachroter Seide, bestickt mit Goldfäden und Perlen ▸ 8.46. Beiderseits eines persischen Lebensbaums spiegelgleich Löwen, die ein Kamel schlagen: ein Motiv, das bis in die Anfänge nahöstlicher Kunst zurückreicht. Die arabische Inschrift, die sich am Rand entlangzieht, gibt blumenreich allen guten Wünschen für den Träger Ausdruck und ist ins Jahr 528 moslemischer Zeitrechnung (1133/34 n. Chr.) datiert. Dieses prachtvolle Gewandstück

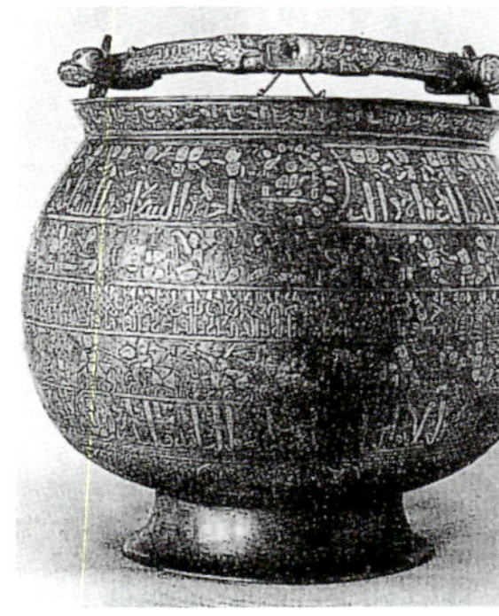

8.42 Bronzekübel, Herat, 1163, Bronze, Gold, Silber, mit Kupfereinlagen, Höhe 19 cm. Eremitage, St. Petersburg.

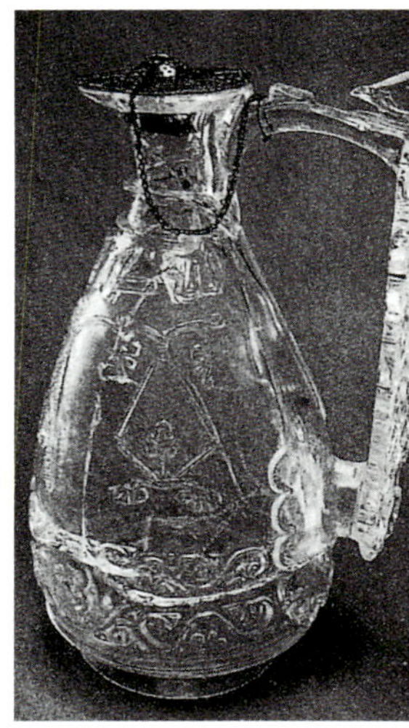

8.44 Wasserkanne, 10./11. Jh Bergkristall: Kairo; Goldfiligr fassung: Süditalien (?), Höhe 24 cm. Louvre, Paris.

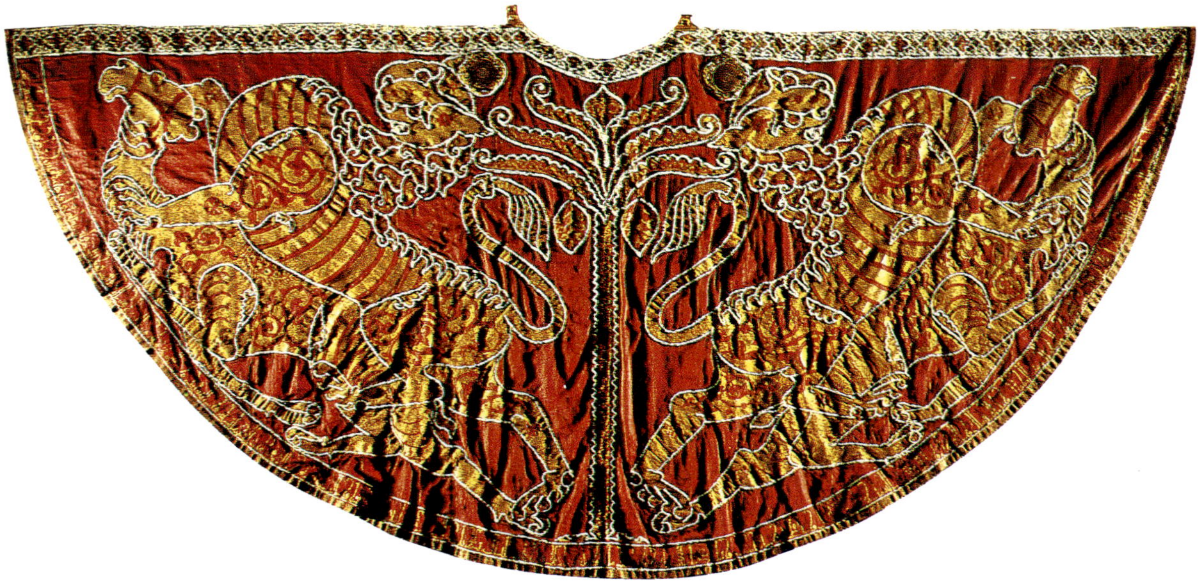

6 *Krönungsmantel Rogers II.*, 34, Seide mit Perlen und ldstickerei. Schatzkammer, en.

diente seit dem 13. Jahrhundert als Krönungsmantel der Kaiser des Heiligen Römischen Reiches.

Angesichts der islamischen Kunst stellt sich eine Reihe von Fragen allgemeiner Art über das Wesen der Kunst und im Besonderen des künstlerischen Stils und seiner Ursachen. Wie wir sahen, setzte sich ein in sich geschlossener, klar umrissener und leicht erkennbarer ›islamischer Stil‹ beinahe seit den frühesten Anfängen durch – selbst in Werken, die sich – wie im frühen Islam nicht selten – deutlich aus heterogenen Elementen fremder Kulturen zusammensetzen. Jedermann erkennt zum Beispiel den Felsendom ohne Zögern als ein moslemisches Bauwerk, obwohl er in Struktur und Gestalt ganz unmittelbar von einem christlichen Prototyp abgeleitet ist. Dieses Phänomen wird überall in der islamischen Welt deutlich, die – auch zeitlich – riesige Räume umfasst (mehr als ein Jahrtausend zwischen Spanien und Indien) und viele Völker von unterschiedlicher kultureller und ethnischer Herkunft in sich aufnahm. Geographische oder rassische Traditionen sind als Erklärungen in diesem Zusammenhang unbrauchbar und erhellen das Phänomen nicht. Die islamische Kunst ist nicht vergleichbar mit der mexikanischen, der spanischen oder der Kunst der Eskimo. Auch die Religion erklärt ihre spezifische Erscheinungsweise nicht, denn islamische Kunstwerke haben ganz offensichtlich wenig oder nichts mit dem Glauben zu tun. Außerdem weiß man, dass viele typisch islamische Kunstwerke durch oder für Nichtmoslems entstanden, wie der Mantel Rogers II. Es ist daher wenig sinnvoll, die islamische Kunst mit der buddhistischen oder der des Christentums zu vergleichen – genauso, wie sie sich nicht mit einem der nationalen Stile vergleichen lässt. Gleichwohl leiten sich die wenigen ins Auge springenden Charakteristika, wie vor allem das Fehlen des Figürlichen und Symbolischen, aus Koran und Hadith ab. Im positiven Sinne lässt sich der aller islamischen Kunst zugrunde liegende Impuls wenn nicht auf des Propheten Lehre, so doch auf seine Botschaft in einem weiteren und tieferen Sinne zurückführen. Ein moslemischer Mystiker des 9. Jahrhunderts nannte die Töne einer Flöte

*»die Stimme Satans, der über die Welt weint, weil er sie die Zerstörung überleben lassen möchte; er weint über Vergängliches und möchte es neu beleben, während doch Gott allein ewig besteht. Satan ist dazu verdammt, sich an Vergängliches zu hängen, und darum weint er.«*

Dem Moslem ist Gott die einzige Realität. Die Welt der Sinne, des Sichtbaren und Greifbaren ist vergänglich und eitel. Ihre Schönheit ist flüchtig, aber gerade darum auch so schmerzhaft köstlich und ersehnt. Die islamische Kunst bewegt sich auf dem schmalen Grat zwischen sakraler und profaner Kunst: Obwohl nicht irreligiös oder rein säkular, inspirierte der Islam doch keine religiöse Kunst.

8.47 *Greif*, 11./12. Jh., Bronze, Höhe 102 cm. Museo dell'Opera della Primaziale, Pisa.

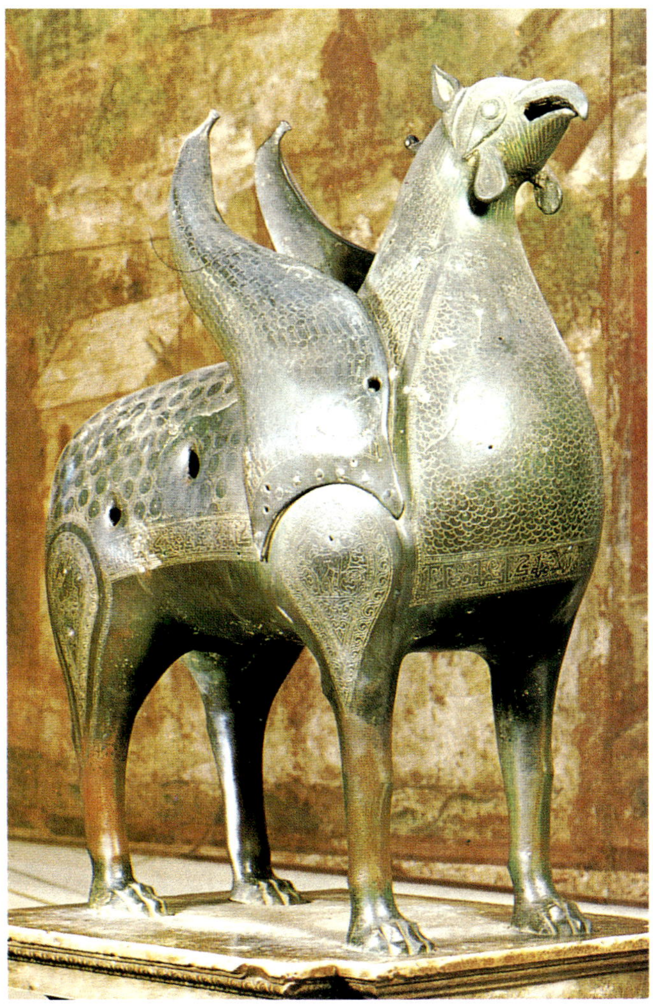

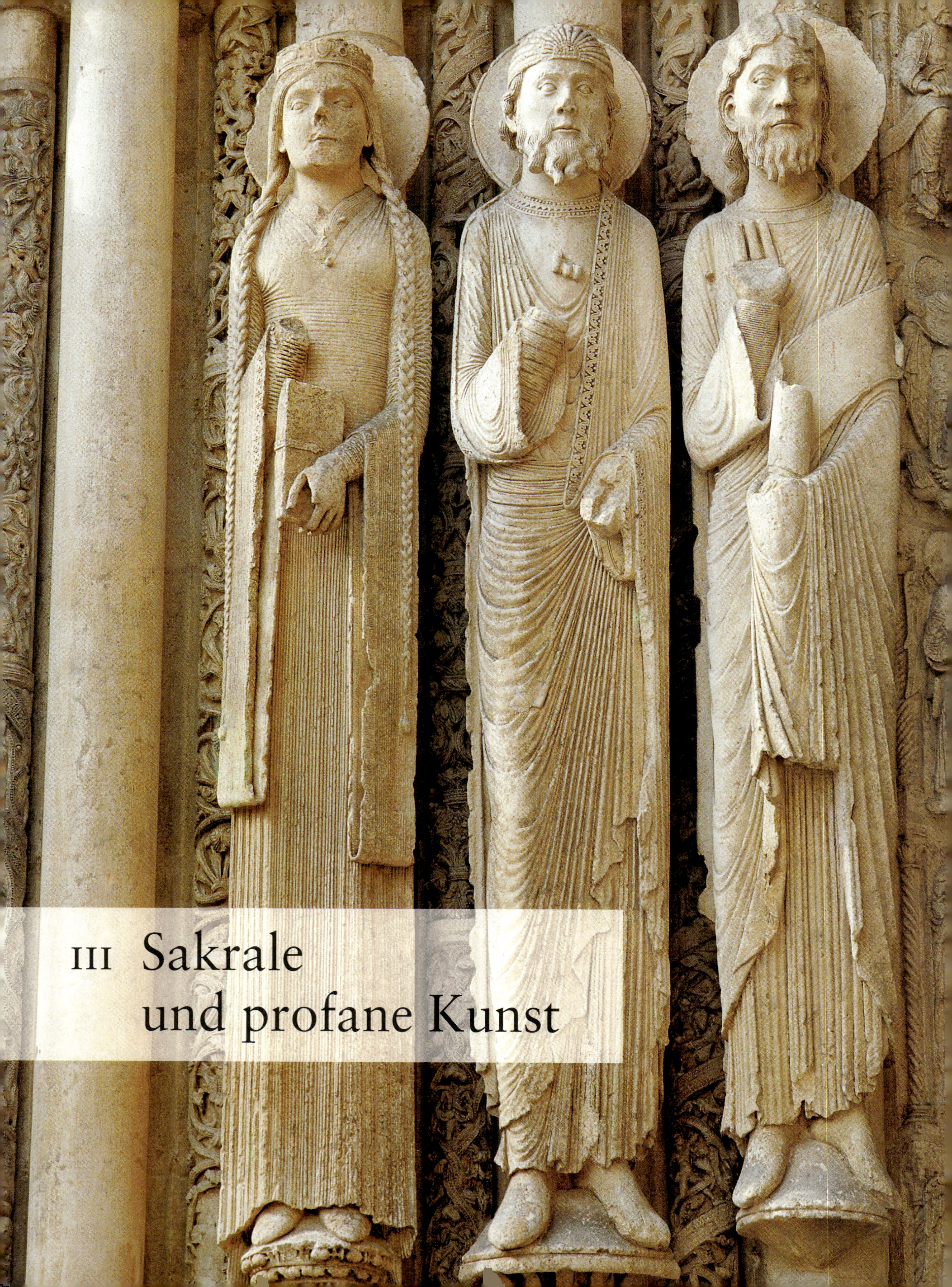

# III Sakrale und profane Kunst

# 9
# Das europäische Mittelalter

Ein Kruzifix im Kölner Dom ▸ 9.2 entstammt etwa derselben Dekade des 10. Jahrhunderts wie der Mihrab der Moschee von Córdoba ▸ 8.27. Nichts könnte den Idealen des Islam, ja, denen aller anderen Weltreligionen, ferner liegen als dieses qualvolle Abbild. Der erniedrigte, leidende Gott in Menschengestalt ist eine ausschließlich den Christen eigene Vorstellung. Sie spiegelt Aspekte des christlichen Denkens wider, die erst im Mittelalter ins Zentrum rückten. Die Frühchristen hatten Christus als Heiler, Lehrer, Gesetzgeber oder Richter dargestellt (▸ 7.25; 27; 29). Für sie war das Kreuz ein Symbol des Triumphes über den Tod, und selbst in Zyklen zum Neuen Testament wurde selten die Kreuzigung wiedergegeben. Byzantinische Künstler stellten sie nach dem Bilderstreit gelegentlich dar, aber stets in einer zurückhaltenden, oft feierlichen Distanz, die weit mehr die heilsgeschichtliche Bedeutung hervorhob als die qualvolle Wirklichkeit. Auch wichen sie in ihrer Schilderung des fleischgewordenen Gottes nicht allzu weit von den griechischen Idealen körperlicher Schönheit ab.

Niemals vorher hatte es eine solch schroffe und alles andere als idealisierte Darstellung gegeben wie die im Kölner Dom; sie zeigt einen Christus, der völlig erschöpft ist von Schmerzen und Martern; die Brust angespannt bis zu den Grenzen des Erträglichen, der Leib vorgewölbt, der Kopf nach vorne gesunken, die Augen geschlossen und der Mund leicht geöffnet. Das Kruzifix wurde für Erzbischof Gero von Köln (969–976) geschnitzt und ist das früheste Zeugnis für die intensive Beschäftigung mit dem Leiden Christi, die ihren Ursprung im nördlichen Europa hatte und zum stärksten Unterscheidungsmerkmal zwischen der katholischen und der

| | BILDENDE KUNST |
|---|---|
| 969–976 | *Gerokreuz* ▸ 9.2 |
| Um 980 | St. Pantaleon, Köln ▸ 9.4 |
| Um 1000 | *Lotharkreuz* ▸ 9.3 |
| 1063 | Bau von San Marco in Venedig begonnen ▸ 9.16; 17; 18 |
| 1073 | *Wandteppich von Bayeux* ▸ 9.28 |
| 1152 | Baptisterium von Florenz begonnen ▸ 9.13 |
| | Dritte Kirche von Cluny ▸ 9.23 |
| 1120 | Kathedrale von Santiago de Compostela ▸ 9.26 |
| 1128 | Bau der Kathedrale von Durham begonnen ▸ 9.42 |
| 1140–44 | Abteikirche Saint-Denis ▸ 9.43 |
| 1194–1220 | Kathedrale von Chartres ▸ 9.63 |
| Um 1220–36 | Kathedrale von Amiens ▸ 9.55 |
| 1228–53 | San Francesco, Assisi ▸ 9.78 |
| 1260 | PISANO, *Kanzel*, Pisa ▸ 9.88 |
| Um 1280–90 | CIMABUE, *Jungfrau mit Kind* ▸ 9.86 |
| Um 1304–13 | GIOTTO, Ausmalung der Arenakapelle, Padua ▸ 9.96 |
| 1308–11 | DUCCIO, *Maestà* ▸ 9.91 |
| 1339 | LORENZETTI, *Allegorie des Friedens* ▸ 9.103 |
| Um 1345 | Dogenpalast in Venedig begonnen ▸ 9.107; 108 |
| 1395–1403 | SLUTER, *Mosesbrunnen* ▸ 9.111 ff. |
| 1413–16 | BRÜDER LIMBURG, *Très riches Heures de Duc de Berry* ▸ 9.105; 106 |

| | HISTORISCHE & KULTURELLE DATEN |
|---|---|
| Um 910 | Gründung der Kluniazenser |
| 962 | Otto I. zum Kaiser des Heiligen Römischen Reiches gekrönt |
| 1066 | Normannische Invasion in England |
| 1095–99 | Erster Kreuzzug |
| 1098 | Gründung des Zisterzienserordens |
| 1204 | Eroberung Konstantinopels durch die Kreuzfahrer |
| 1216 | Gründung des Dominikanerordens |
| 1225 | Altfranzösische Versdichtung *Roman de la Rose* |
| 1226 | Tod des Franz von Assisi |
| 1274 | Tod des Thomas von Aquin |
| 1290 | Erfindung der Brille (Italien) |
| 1291 | Fall Akkons; Ende der christlichen Herrschaft im Nahen Osten |
| 1309 | Verlegung des Papstsitzes nach Avignon |
| Um 1309–20 | Dante, *Göttliche Komödie* |
| 1337 | Beginn des Hundertjährigen Krieges zwischen England und Frankreich |
| 1348 | Pestepidemie in Europa |
| 1353 | Die Osmanen setzen nach Europa über |
| | Boccaccio, *Decamerone* |
| 1374 | Tod Petrarcas |
| 1387 | Chaucer beginnt die Arbeit an den *Canterbury Tales* |

*önigin, Patriarch und rophet*, Kathedrale von hartres, Figuren vom 'estportal, um 1145–1170

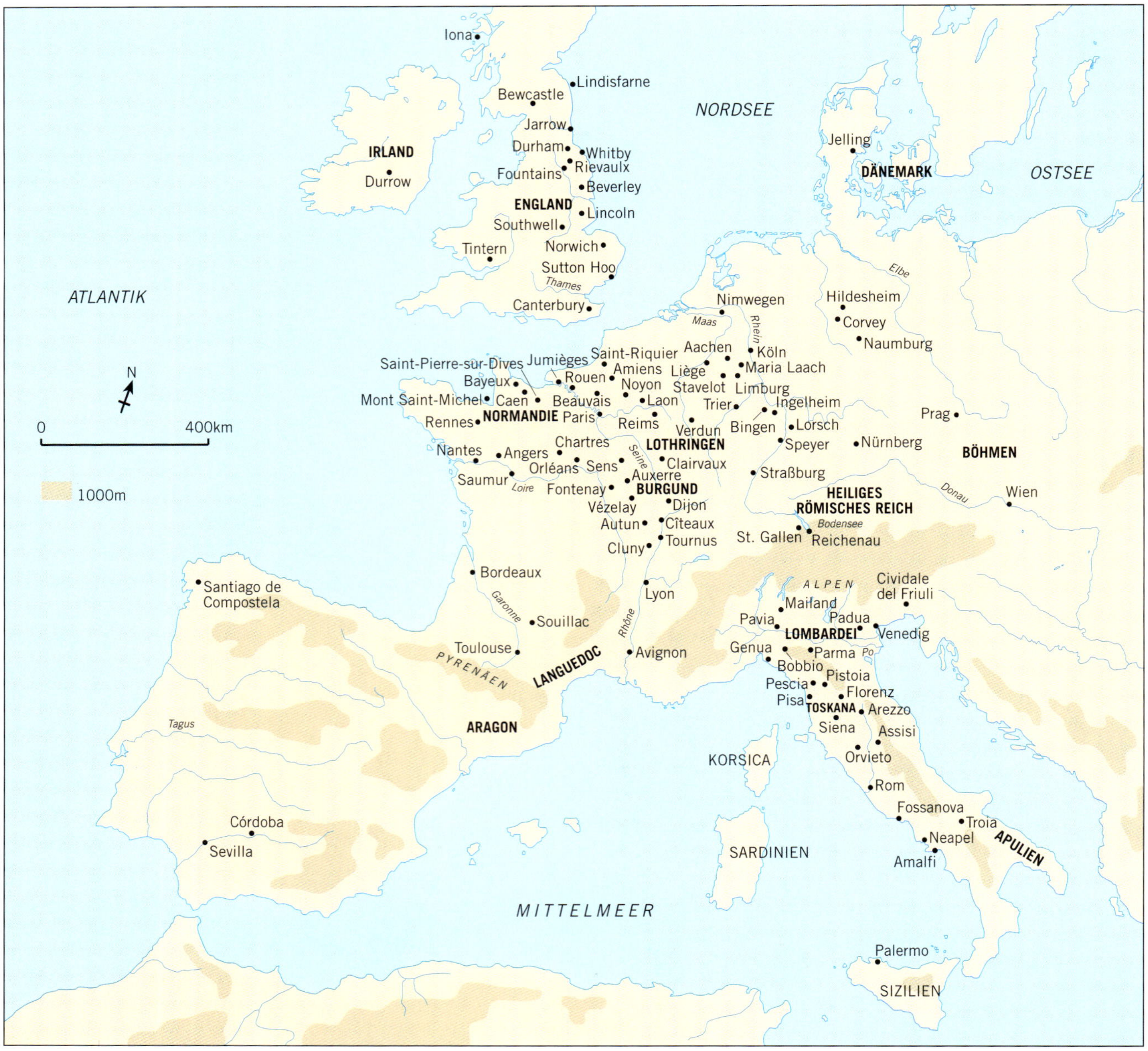


Europa im Mittelalter.

orthodoxen Christenheit werden sollte. Keine andere Darstellung als die des gekreuzigten Christus passe besser in eine Kirche, erklärte Bernhard von Angers um 1020. Allein im Westen glaubte man, dass die wundersame Wiederholung der Stigmata – der fünf Wundmale Christi – am Körper eines lebenden Menschen ein Geschenk göttlicher Gnade sei. Der hl. Franz von Assisi empfing diese Wundmale 1224 (s. S. 366f.), und später, ohne sichtbare Zeichen, aber mit den damit verbundenen Schmerzen, auch die hl. Katharina von Siena. Nur im Westen gab es die Laienbruderschaften der Geißler, die sich in der Öffentlichkeit züchtigten, so dass die Zuschauer, wie ein Autor des frühen 13. Jahrhunderts dies beschreibt, »Tränenfluten vergossen, als sähen sie mit eigenen Augen die Leiden des Erlösers«. Während des gesamten Mittelalters schilderten die westeuropäischen Künstler Ereignisse aus den Evangelien, insbesondere die Leidensgeschichte, so lebendig, dass sich der Betrachter unmittelbar beteiligt fühlen konnte. Auf diese Weise entfernten sich ihre Werke immer weiter von der in Byzanz gültigen Bildersprache.

Eine andersartige Darstellung Christi wurde zwischen 965 und 985 in einen großen Felsblock in Jelling in Dänemark gemeißelt ▸ 9.1. Sie zeigt ihn gefangen in verflochtenen Schlingen. Derartige Muster aus verknoteten Seilen fanden sich schon zwei Jahrhunderte früher in der insularen Buchmalerei (s. S. 306); hier in Jelling aber scheinen sie einen Christus zu beschwören, der bereits in eine nordische Welt elementarer Götter und magischen Zaubers entschwunden ist. Der Stein wurde im Auftrag von König Harald Blauzahn gestaltet, der, wie die Runeninschrift behauptet, »ganz Dänemark und Norwegen eroberte und aus den Dänen Christen machte«. Mehr als hundert Jahre lang hatte das christliche Europa dieses Volk, das man in England Dänen und Nordmänner, in Frankreich Normannen nannte, als grausame Heiden gefürchtet. »Von der Plage der Nordmänner, oh gütiger Gott, erlöse uns«, war eine Bitte, die in zahlreiche Litaneien des 9. Jahrhunderts einging. Harald Blauzahns Versuch, seinen Untertanen das Christentum aufzuzwingen, schlug fehl und führte zu seiner Absetzung. Die Bekehrung der Dänen und Norweger ließ ein weiteres Jahrhundert auf sich warten, die Schweden blieben noch länger standhaft. Die künstlerische Tradition des Nordens mit ihrer verschlungenen Flächenmusterung sollte jedoch noch einen wesentlichen Beitrag zur mittelalterlichen Kunst der westlichen Christenheit liefern.

Völlig anders in Geist und Bedeutung, obgleich nur wenig später entstanden, ist ein prachtvolles Goldkreuz in der Pfalzkapelle von Aachen. Es ist besetzt mit Smaragden, Amethys-

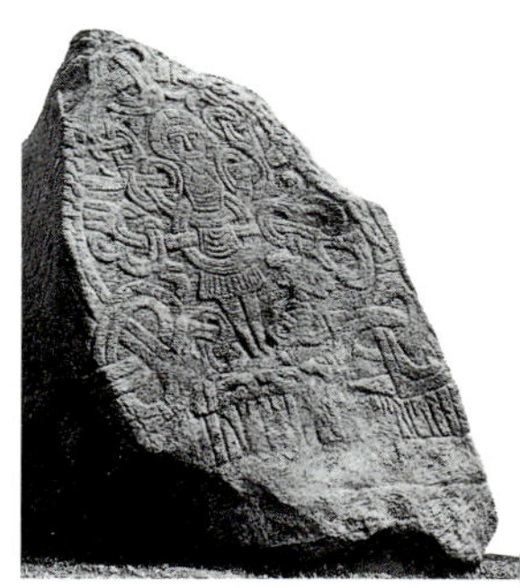

9.1 *Runenstein*, 965–985, Jelling, Dänemark, Granit, Höhe 244 cm.

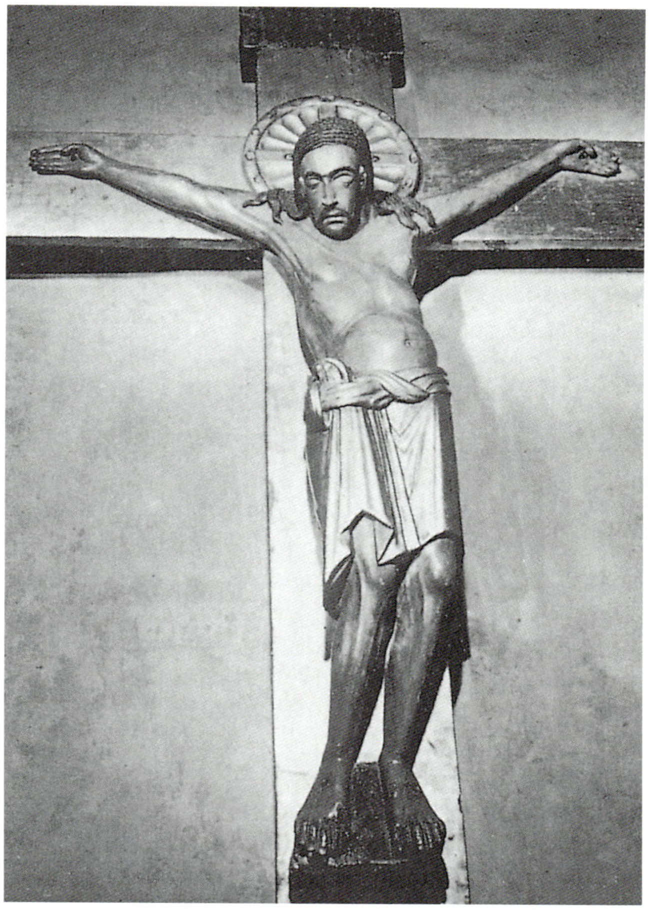

9.2 *Gerokreuz*, 969–976, Eiche, Höhe 187 cm. Dom, Köln.

ten, Rubinen und Perlen in erlesenen Filigranfassungen ▸ 9.3. Wann immer die Mittel es zuließen, verzierte man in dieser Periode Kreuze, Kelche und Reliquiare mit Edelsteinen, gleich jenen, aus denen der Apokalypse zufolge das Himmlische Jerusalem erbaut sein wird. Gelegentlich verwendete man dazu antike Gemmen, ungeachtet ihrer heidnischen Motive, wie jene mit den drei Grazien auf dem Aachener Kreuz. Aber die zentral platzierten Gemmen wählte man sorgfältig und mit Bedacht aus: In der Mitte sitzt eine Kamee aus dem antiken Rom, die Augustus mit den kaiserlichen Insignien zeigt, weiter unten ein Bergkristall mit Kopf und Namen von Lothar II., dem König von Lothringen (855–869), einem Urenkel Karls des Großen (s. S. 315). Die Grundidee für eine derartige ›crux gemmata‹, ein Juwelen besetztes Kreuz, geht zurück auf das Emblem, das Konstantin, der erste christliche Kaiser, angenommen hatte. Das hervorragende Aachener Exemplar wurde für Kaiser Otto III. (983–1002) geschaffen, der das ehrgeizige Ziel verfolgte, das Heilige Römische Reich im Westen zu erneuern. Der Sieg Christi – ›Christus triumphans‹ – wird symbolisiert durch das imperiale klassische Bildwerk. Auf der Rückseite jedoch ist der tote Christus eingraviert, der mehr an byzantinische Formstrenge erinnert als an das *Gerokreuz*. Von oben reicht Gottvaters Hand einen Kranz, der die Taube des Heiligen Geistes umschließt, wodurch die Trinität als Ganzheit repräsentiert wird. Beim Ritual der Kaiserkrönung hatte der Klerus diese Seite des Kreuzes vor Augen, der Kaiser hingegen die Vorderseite. So symbolisierte es die Union von Kirche und Staat unter einem vom Papst gesalbten und gekrönten Kaiser. Leidenschaftlich strebte man das gesamte Mittelalter hindurch diese Union an, erreichte sie aber nur selten.

Die verwickelte Geschichte der frühen mittelalterlichen Kultur, für die das *Lotharkreuz* ein beredtes Wahrzeichen ist, spiegelt deren Ursprung in den unruhigen Jahrhunderten wider, die dem Tod Karls des Großen 814 folgten. Schon zehn Jahre vorher hatte sein Reich im Inneren zu zerbröckeln begonnen und zersetzte sich bald in Anarchie innerhalb jener drei Teilreiche, die nominell von seinen Nachfolgern regiert wurden. In groben Zügen stimmen zwei dieser Gebiete mit dem heutigen Deutschland und Frankreich überein; den Mittelteil bildete ein Landstrich, der sich von den Niederlanden bis hin zur Schweiz erstreckte. Auch die Angriffe von außen nahmen zu. Auf der Suche nach Beute und Sklaven plünderten Moslems aus Spanien das südliche und mittlere Frankreich. Die Wikinger verwüsteten die nördlichen und westlichen Küsten und segelten flussaufwärts ins Landesinnere. Dann tauchte eine weitere Gefahr auf: Magyaren aus Zentralasien überfluteten Europa, drangen 899 bis Pavia in Italien und 917 nach Südfrankreich vor. Erst 955 wurden sie zum Rückzug nach Ungarn und zu einem sesshafteren Leben gezwungen.

Im Jahr 911 überließ der König der westlichen Franken einer Wikingertruppe, die sich in dem später nach ihnen ›Nor-

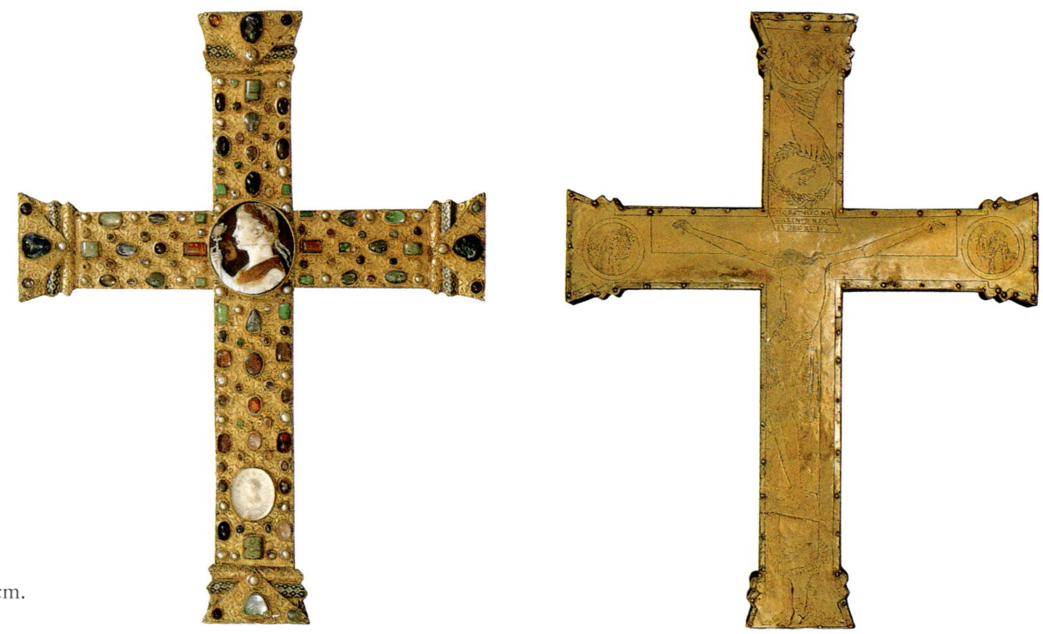

9.3 *Lotharkreuz*, Vorder- und Rückseite, um 1000, Goldfiligran, Edelsteine, Email cloisonné, Höhe 49,8 cm. Domschatzkammer, Aachen.

mandie‹ benannten Gebiet angesiedelt hatte, territoriale Rechte; ihr Anführer erhielt den Herzogstitel und wurde ein Jahr später getauft. Bis 1053 war eine Gruppe normannischer Abenteurer ins südliche Italien vorgedrungen, bemächtigte sich der letzten byzantinischen Kolonie im Westen und vertrieb die Moslems aus Sizilien, während Herzog Wilhelm 1066 England eroberte.

War das Jahrhundert nach dem Tod Karls des Großen vielleicht das turbulenteste in der Geschichte Europas, so war es gleichzeitig jener Zeitraum, in dem die Grundlagen für seine mittelalterliche Kultur geschaffen wurden. Deutschland und Frankreich begannen unter eigenen Herrscherhäusern Gestalt anzunehmen und eigenständige Kulturen zu entwickeln. Innerhalb ihrer Grenzen wurde aus der komplizierten Beziehung, die den Vasallen an seinen Herrn band, eine neue Sozialstruktur aufgebaut, die vom Bauern bis zum König reichte: der ›Feudalismus‹. In ähnlicher Weise organisch entwickelte sich das Mönchstum, das nach und nach die Bedeutung einer überstaatlichen Ordnung erlangte. Doch dauerte es noch bis zum 10. Jahrhundert, ehe die Künste zu neuem Leben erwachten.

## Ottonische Kunst

Erst unter König Heinrich I. (919–936) erholte sich Deutschland von dem Jahrhundert des Schreckens. Die Regierung wurde konsolidiert unter seinem Sohn Otto I. (936–973), den der Papst 962 in Rom als ersten einer neuen Reihe von Kaisern des Heiligen Römischen Reiches krönte. Ottonische Kunst, benannt nach Otto I. und seinen gleichnamigen Nachfolgern, war in mancherlei Hinsicht eine Wiederbelebung des karolingischen Stils mit streng imperialen Akzenten. Die Abteikirche St. Pantaleon in Köln, die Erzbischof Bruno, ein Bruder Ottos I., finanzierte, lehnte sich direkt an karolingische Kirchen an (zum Beispiel St. Riquier, s. S. 310), wovon heute noch das fast unverändert erhaltene Westwerk zeugt ▸ 9.4.

Imposante Westwerke wie das von St. Pantaleon sind, gerade durch die Aufnahme eines karolingischen Typus, charakteristisch für die ottonische Architektur. Im Obergeschoss besitzen sie eine Kapelle, die den Blick auf den Hochaltar der Kirche freigibt, gleich dem Thron Karls des Großen in der Pfalzkapelle in Aachen. Obwohl die Kunst wie auch das ›Imperium‹ der Ottonen von den karolingischen Vorläufern inspiriert wurden, waren sie doch in keiner Weise nach rückwärts orientiert. Die Kompaktheit des Westwerks von St. Pantaleon verrät eine neue Kühnheit der Baukunst, und ein völlig neues Gespür für die Raumkunst lässt etwa das Innere von St. Michael in Hildesheim ▸ 9.5 erkennen. Diese Kirche hat zwei Querschiffe und zwei Apsiden, die westliche über einer halbversenkten Krypta ▸ 9.6. Auf diese Weise werden die verschiedenen Räume deutlich voneinander abgesetzt und doch anschaulich zusammengehalten durch ein geometrisches Schema auf der Basis gleicher Quadrate.

9.5 Längsschnitt von St. Michael, Hildesheim.

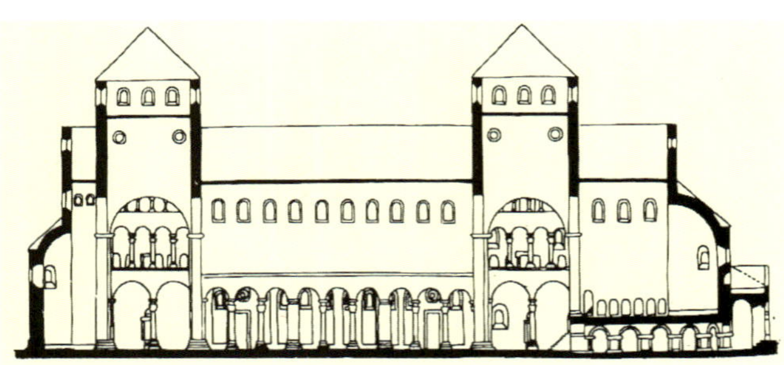

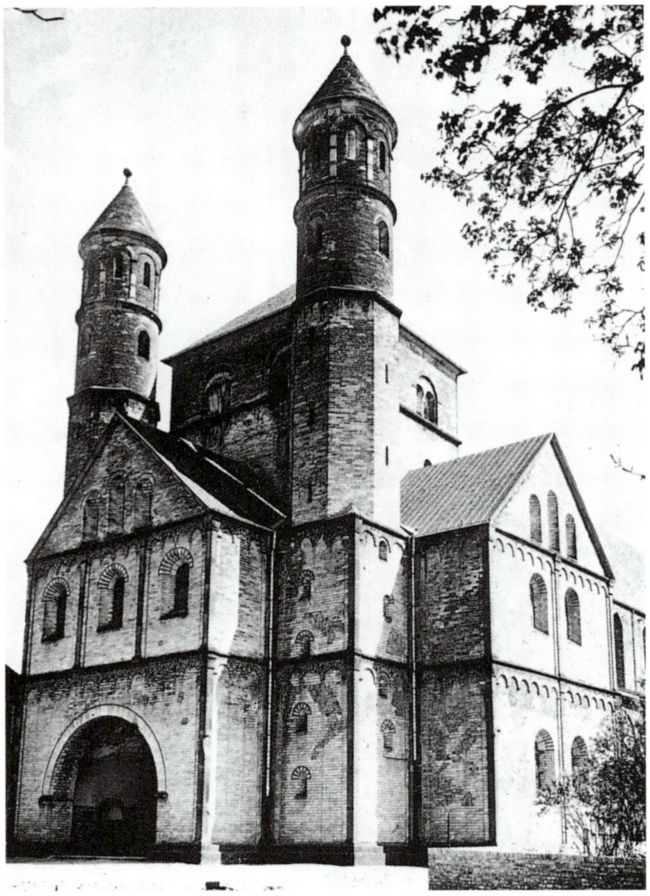

9.4 St. Pantaleon, Köln, um 980.

Das Mittelschiff besteht aus drei solchen Quadraten, mit Pfeilern an den Ecken und dazwischen Säulen, ein Stützenwechsel, an den man sich in Deutschland für ein Jahrhundert und länger halten sollte. Es ist ein komplizierter Grundriss, der sich lossagt von den gleichförmigen Säulenreihen, die in der frühchristlichen Basilika den Weg zur Apsis säumten. Das Kircheninnere von St. Michael ist einheitlich und komplex konzipiert, die Portale platzierte man an den Seiten, so dass die Seitenschiffe als Vorhallen dienten, rechtwinklig zur Hauptachse mit ihren gleichgewichtigen Brennpunkten. (Die Kirche wurde im Zweiten Weltkrieg fast völlig zerstört und später wieder aufgebaut.)

Bauherr der Kirche und wahrscheinlich auch ihr Architekt war der 1193 heilig gesprochene Bischof BERNWARD VON HILDESHEIM (ca. 960–1022), der vormalige Erzieher Ottos III., den er im Jahr 1001 nach Rom begleitete. Dies lässt vermuten, dass er sich bewusst von der frühchristlichen Basilika distanzierte. Sein zeitgenössischer Biograph rühmt ihn als »erstklassigen Schreiber, erfahren im Malen und hervorragend in Technik und Kunst des Bronzegießens und allen architektonischen Arbeiten«. Demnach dürfte er an den großen Bronzewerken im Hildesheimer Dom weit aktiver beteiligt gewesen sein als ein gewöhnlicher Auftraggeber. Eine 3,65 m hohe Säule mit einem spiralförmigen Reliefband ist von den Säulen des Trajan und des Mark Aurel in Rom inspiriert (s. S. 204f.) ▸ 9.7. Ihre Reliefs schildern Szenen aus dem Leben Christi und wurden ursprünglich von einem großen – 1544 zerstörten – Kruzifix überragt. Zwei Bronzetüren haben sich unversehrt erhalten. Bei einer Höhe von 4,72 m, mit Gestalten in Hochrelief, deren

9.6 Grundriss von St. Michae
Hildesheim.

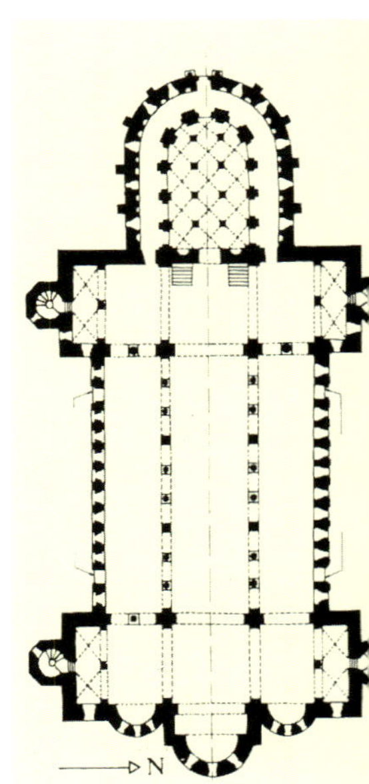

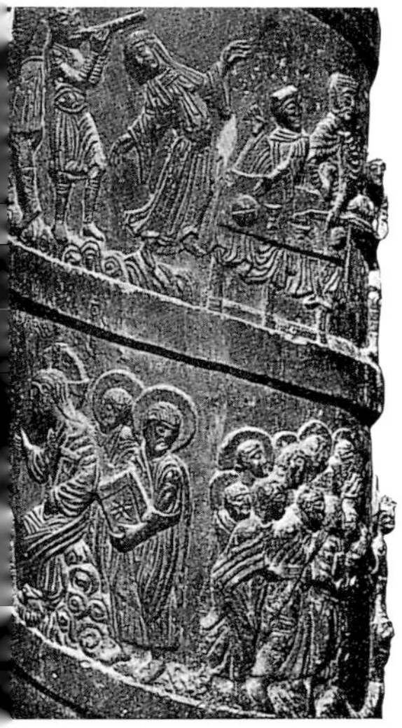

7 *Bernwardssäule*, Detail, 1015, Bronze, Durchmesser ,3 cm. Dom, Hildesheim.

Köpfe vollplastisch vorragen, wurde jede in einem Stück gegossen ▶ 9.9. Jeder Flügel zeigt acht biblische Szenen, der linke von oben nach unten Szenen aus der Genesis ▶ 9.8, der rechte von unten nach oben Szenen aus den Evangelien. Diese Einteilung erlaubte es, Themen des Alten und des Neuen Testaments einander gegenüberzustellen: Beispielsweise korrespondiert die ›Versuchung von Adam und Eva‹ mit der ›Kreuzigung‹, um Sündenfall und Erlösung der Menschheit in Kontrast zu setzen. Diese schon früher in Handschriften verbildlichten Themen wurden noch nie zuvor mit solch schlichter Menschlichkeit und dramatischer Ausdruckskraft dargestellt. Die Schilderung einer jeden Szene wirkt so, als habe sie sich in einer plötzlichen Vision dem Geist des Künstlers eingeprägt. Nackte Gestalten sind der klassischen Tradition hier nur wenig oder gar nicht verpflichtet. Sie sind in natürlicher Weise linkisch, mit schweren Leibern und schwachen Gliedern, wodurch die Schwäche des Geistes innerhalb des Fleisches angedeutet wird. Adam und Eva, die sich soeben zum ersten Mal begegnen, wirken, als ob sie scheu erbeben. Innerhalb der Versuchungsszene gewinnen sie an Selbstbewusstsein, aber nachdem sie von der verbotenen Frucht gegessen haben und Gott mit dem Finger anklagend auf sie zeigt, ducken sie sich vor Scham. Adam gibt Eva die Schuld, und sie deutet auf die drachenähnliche Schlange zu ihren Füßen.

Auch in der Malerei brach mehr und mehr das Verlangen nach stärkerer emotionaler Ausdruckskraft durch und nahm in einer neuen Art von liturgischem Buch Gestalt an, der Perikope, die während der ottonischen Periode eingeführt wurde. Die Texte wurden entsprechend der liturgischen Verwendung geordnet. Anstelle der Evangelisten, die in den karolingischen Handschriften jedes Evangelium eingeleitet hatten, bildete man nunmehr Szenen aus dem Leben Christi ab, gemäß den Feiertagen im liturgischen Jahr. Anfänglich waren diese Darstellungen von Byzanz inspiriert (die engen Beziehungen zwischen dem ottonischen Hof und Konstantinopel wurden durch die Heirat Ottos I. mit einer byzantinischen Prinzessin besiegelt). Bald aber entwickelte man einen eigenständigen Stil.

Eine Reihe hervorragend schöner Handschriften steht in Zusammenhang mit dem Kloster Reichenau, obgleich es nicht erwiesen ist, dass sie dort auch angefertigt wurden. Eine Illustration aus dem Evangeliar von Otto III. gibt den Stil prägnant wider ▶ 9.10: Dargestellt ist Christus, wie er sich anschickt, die Füße seiner Jünger zu waschen. Diesen Akt der Demut vollzogen im Gedenken auch alljährlich in Konstantinopel der byzantinische Kaiser und in Rom der Papst, der auch heute noch am Gründonnerstag die Zeremonie der Fußwaschung an zwölf Männern vornimmt. Hier finden sich Elemente, die nicht Byzanz, sondern dem klassischen Altertum entliehen sind, jedoch ohne jeden Bezug dazu verwendet werden, beinahe so wie die Gemmen, die man in ein Reliquiar oder Kreuz einlegte. Eine hellenistische Athletenstatue diente als Modell für den Jünger, der auf der rechten Seite soeben seine Sandalen aufbindet. Die Gestalt Christi, bartlos wie in der frühchristlichen Kunst, greift auf ein römisches Relief zurück, das einen Arzt bei der Heilung eines Patienten zeigt, dessen Platz hier der hl. Petrus einnimmt. Christus und Petrus sind aus hierarchischen Gründen größer als die anderen Figuren: Christi rechter Arm ist stark verlängert, um die Geste des Segnens hervorzuheben. Petrus spricht ebenfalls mit den Händen; er hat sie in einer Gebärde erhoben, die sich als visuelle Sprache im ganzen mittelalterlichen Europa einbürgern sollte. Auch die Gebäude haben ihren Ursprung in römischen Bühnendekora-

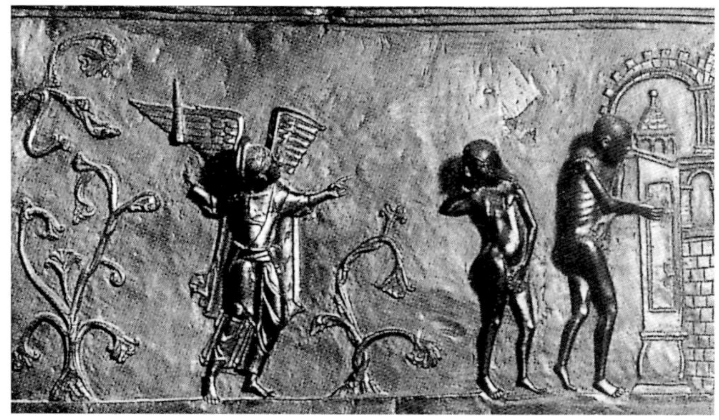

9.8 *Vertreibung aus dem Paradies*, Bronzetür des Hildesheimer Domes ▶ 9.9.

9.9 Bronzetüren mit Szenen aus dem Alten und Neuen Testament, um 1015. Dom, Hildesheim.

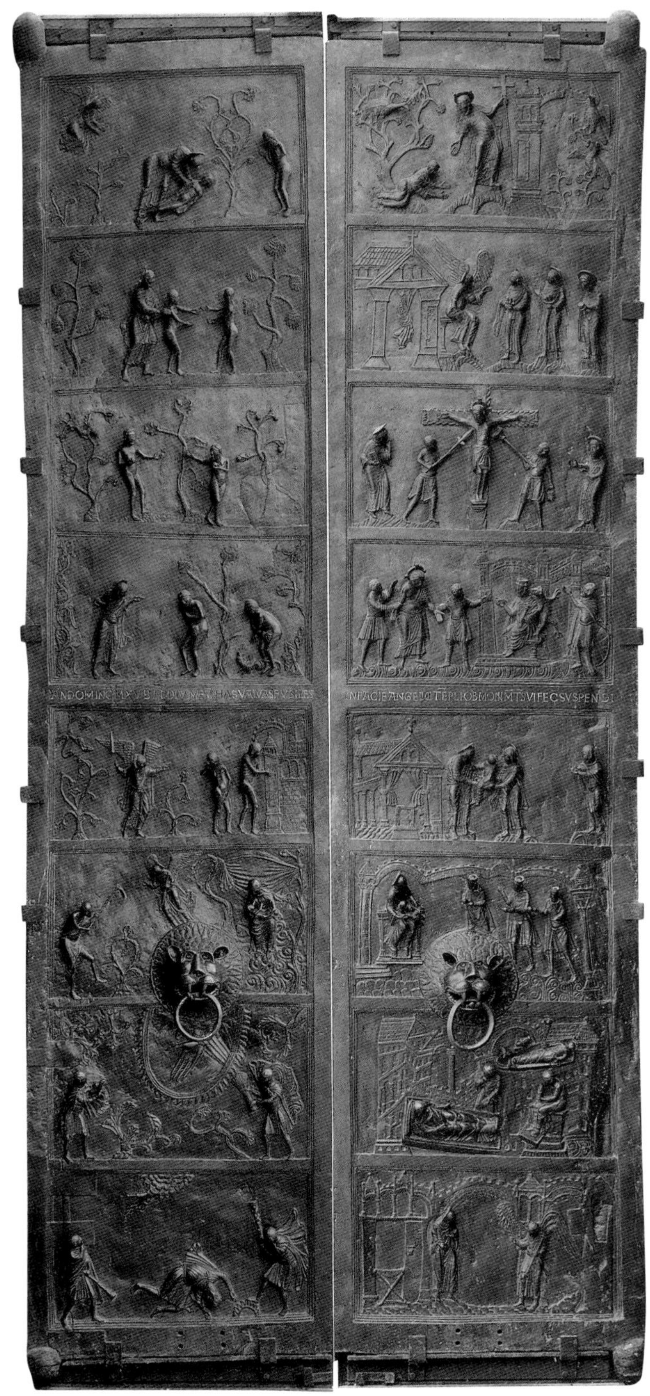

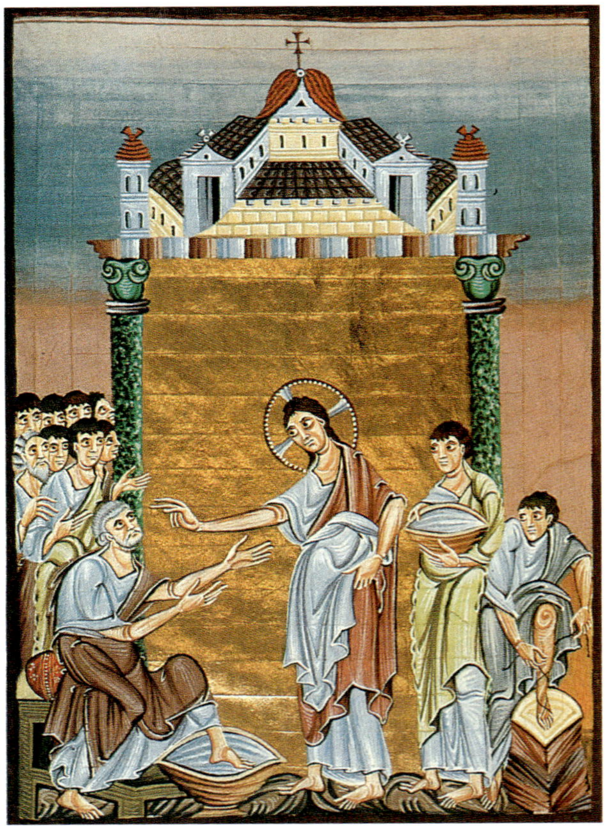

9.10 *Fußwaschung der Apostel*, Buchmalerei aus dem Evangeliar von Otto III., um 1000. Bayerische Staatsbibliothek, München.

tionen und Wandmalereien ▸ 5.37, aber das Gespür für die Perspektive ist verloren, sie wurden zu einem symmetrischen Motiv abgeflacht, das einen mit Gold ausgefüllten Rahmen krönt. Zu interpretieren sind sie als das irdische Jerusalem, das vor, nicht über dem rein goldenen, vom weltlichen Aktionsraum der Jünger abgehobenen Himmelsraum liegt.

In dieser so charakteristisch ottonischen Miniatur ist vom klassischen Rationalismus nichts mehr zu spüren. An seine Stelle treten feierliche Monumentalität kombiniert mit vibrierender Innerlichkeit, unirdisches, visionäres Wesen neben starker Konzentration auf die Wirklichkeit, Oberflächenmuster in fließenden Linien und üppige, leuchtende Farben mit leidenschaftlicher Gefühlsseligkeit. Solche Verbindungen und Synthesen kennzeichnen die Kunst des ottonischen Zeitalters und die der unmittelbar anschließenden Jahrhunderte. Zusammen mit dem Kruzifix in Köln und den Bronzetüren in Hildesheim kündigt diese Miniatur den Beginn einer neuen Epoche in der Geschichte der europäischen Kunst an.

## Romanische Architektur in Italien

Im Jahre 962 ließ sich Otto I. in Rom zum Kaiser krönen und stellte nach mehr als hundert Jahren innerer Anarchie, die durch die Angriffe von Ungarn und Sarazenen noch verschlimmert worden war, eine relative politische Stabilität her. Dadurch entstanden günstige Bedingungen für eine wirtschaftliche Genesung wie für den Aufstieg der Kommunen und Stadtstaaten. Seit dem Untergang des Römischen Reiches war dies das wichtigste Ereignis in der italienischen Geschichte, das jahrhundertelang jeden Aspekt politischen und kulturellen Lebens auf der Halbinsel beeinflussen sollte.

*»Um das Jahr 1000«*, so schrieb der Mönch Raoul Glaber einige Jahrzehnte später, *»geschah es beinahe auf der ganzen Welt, insbesondere aber in Italien und Gallien, dass man die Kirchenbauten erneuerte, obgleich viele noch in gutem Zustand waren und dessen gar nicht bedurften. Aber jede Nation der Christenheit konkurrierte mit der anderen darum, im schönsten Gebäude zu beten. Es war geradeso, als hätte die Welt sich selbst gerüttelt, ihr hohes Alter abgeschüttelt und hülle sich nun allüberall in ein weißes Gewand aus Kirchen.«*

In Italien führte dieser Ausbruch von Kirchenneu- und -umbauten nicht unmittelbar zu einem Stilwandel. Konservativismus lautete die Parole. Frühchristliche Pläne und Dekorationssysteme wurden neu belebt, insbesondere in Rom. Hier wurde die Kirche San Clemente, die nach 1084 total umgebaut worden war, irrtümlich für eine Basilika aus dem 4. Jahrhundert gehalten. Baumeister in der Lombardei kehrten zu einer Ziegelarchitektur zurück, mit Gewölben aus Back- und Bruchstein, die um 800 eingeführt worden war, so dass noch immer Zweifel an der Datierung einiger Kirchen in und um Mailand bestehen. Auch in der Toskana hielt man sich an die traditionellen Grundrisse, entwickelte aber für die Oberfläche einen klassizierenden Stil, am bemerkenswertesten in Pisa und Florenz, der als Protorenaissance bezeichnet wird.

Die Kirche San Miniato al Monte über Florenz ist wahrscheinlich das älteste noch erhaltene Beispiel dafür. Mit dem Bau wurde 1018 begonnen ▸ 9.12. Die Fassade betont den basilikalen Querschnitt mit hohem Mittelschiff und zwei Seitenschiffen. Aber ihr Erdgeschoss (wahrscheinlich um 1062 vollendet) besitzt eine Blendarkade mit korinthischen Säulen, die drei echte und, aus Gründen der Symmetrie, noch zwei blinde Türeingänge einfassen. Der spätere obere Teil (12. Jahrhundert) wurde als klassische Tempelfront gestaltet, mit der ganz und gar unklassischen Einfügung einer Blendbogenreihe zwischen Gebälk und Giebel ▸ 9.11. Die gesamte Oberfläche ist inkrustiert mit weißem und grünem Marmor in geometrischen Mustern von straffer Eleganz, die dem Bauwerk jene würdevolle Zurückhaltung und intellektuelle Klarheit verleihen, wie sie für die spätere toskanische Kunst so charakteristisch ist. Den gleichen Stil zeigt auch das bedeutendste Bauwerk von Florenz, das Baptisterium, das dem Schutzheiligen der Stadt, Johannes dem Täufer, geweiht ist ▸ 9.13. Beide Bauwerke sind in jenen Jahren entstanden, in denen Florenz sich als unabhängige Republik durchsetzte.

In Pisa baute man die Kirchen nach ähnlich traditionellen Plänen, verzierte ihr Äußeres jedoch in einem immer stärker abweichenden Stil. Nirgendwo erinnert man sich lebhafter der Bemerkung des Mönchs Raoul Glaber vom »weißen Gewand aus Kirchen« als auf der Piazza del Duomo von Pisa ▸ 9.15. Die Außenhaut aus weißem Marmor mit dünnen schwarzen Streifen verleiht dem Dom, dem Baptisterium, dem Campanile sowie den Friedhofsmauern einen Glanz, der an sonnigen Tagen beinahe blendet. Mit dem Bau des Doms wurde 1063 begonnen; der Entwurf stammt von einem Architekten, dessen Sarkophag in die Mauer eingelassen wurde und folgende lateinische Inschrift trägt: ›Ohnegleichen ist der Tempel aus weißem Marmor, den wirklich und wahrhaftig das Talent von Buscheto geschaffen hat‹. BUSCHETO dürfte auch das Konzept des Architekturdekors zuzuschreiben sein, die flache, elegant sich verjüngende Bogenführung, in der sich Fenster und Rauten aus farbigem Marmor abwechseln. Sie wurde beibehalten, als man das Hauptschiff nach Westen verlängerte und die heu-

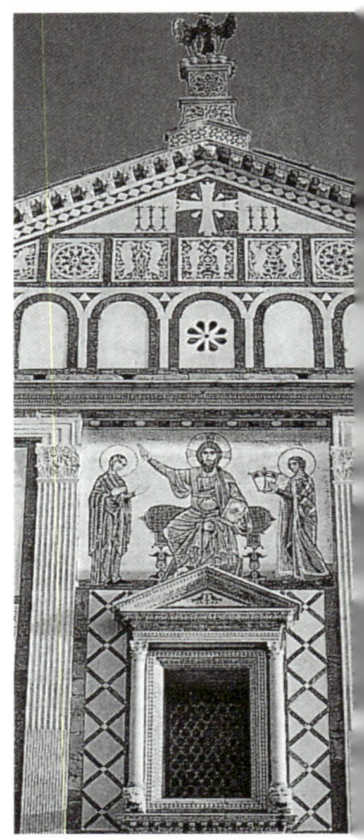

9.11 Fassade von San Miniat al Monte, Florenz, Detail ▸ 9.

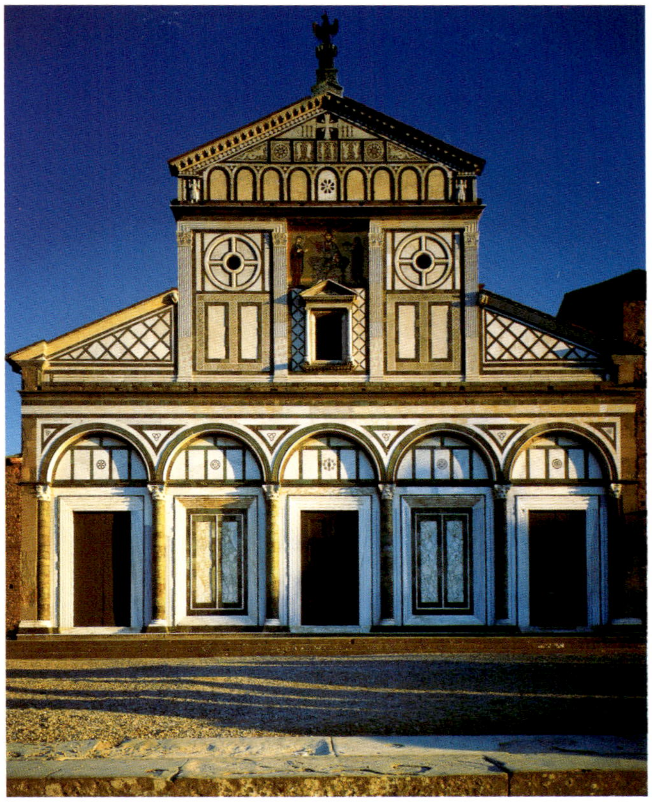

9.12 San Miniato al Monte, Florenz, begonnen 1018.

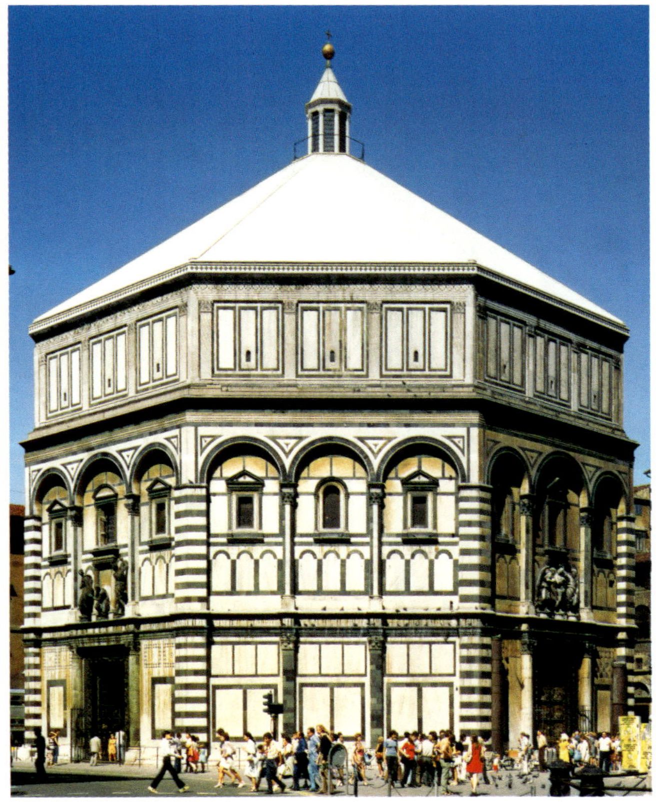

9.13 Baptisterium, Florenz, begonnen 1152.

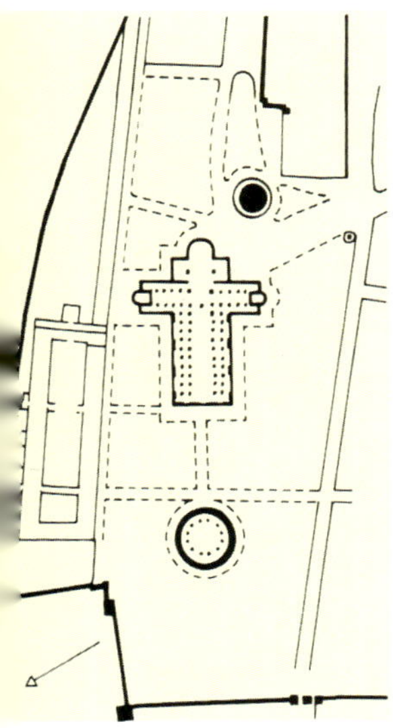

4 Lageplan von Baptisteri-
, Dom und Campanile, Pisa.

tige Fassade baute (vollendet 1162). Auch beim Erdgeschoss des Baptisteriums (begonnen 1152) übernahm man dieses System, desgleichen beim Campanile (begonnen 1173) – dem weltberühmten Schiefen Turm, dessen Fundamente sich während des Bauens verschoben ▸ 9.14.

Die Idee, Gebäude mit Marmor zu verkleiden, stammte natürlich aus Rom (s. S. 199), und die Pisaner konnten das Material aus den nahe gelegenen Brüchen beschaffen, die man bereits zu Zeiten des Augustus ausgebeutet hatte. Marmor gereicht einem Bauwerk ebenso zur Zierde wie Säulen, und mit ihnen ging man in Pisa genauso verschwenderisch um. Nicht länger wurden sie den Mauern aufgelegt, sondern in offenen Galerien oder Loggien freigestellt, wie an der Domfassade, der Apsis und dem Campanile. Der Säulenreichtum Pisas, eine Reihe über der anderen an Kirchenfassaden, wurde zum Kennzeichen eines Stils, der sich mit dem pisanischen Einfluss ausbreitete, so auf Sardinien, Korsika und im tiefen Süden Italiens (zum Beispiel Troia in Apulien).

Pisa, einst ein wichtiger Flottenstützpunkt des kaiserlichen Rom, wurde durch seinen Handel im östlichen Mittelmeer so reich, dass es zu Beginn des 11. Jahrhunderts den Status einer freien Republik erlangte. In Allianz mit den Genuesen und später den Normannen in Süditalien führten die Pisaner Krieg mit den Moslems. Die Beute von moslemischen Schiffen, die 1062 in der Bucht von Palermo gemacht wurde, lieferte das Kapital zum Beginn des Dombaus. Einem zeitgenössischen Chronisten zufolge »erklärten die Pisaner einstimmig, dass ein Tempel errichtet werden sollte, der der göttlichen Majestät würdig sein und demzufolge die Bewunderung der ganzen Welt erregen müsste«. 90 Jahre später feierten sie den Sieg über Amalfi, eine rivalisierende christliche Seerepublik in Süditalien, mit dem Bau des Baptisteriums. Demnach spiegeln die grandiosen Bauwerke auf der Piazza del Duomo unmittelbar die Ausweitung der Macht und den steigenden Reichtum der Pisaner wider, der sich zu Beginn des 12. Jahrhunderts noch wesentlich vergrößerte, als sie mit beachtlichem Gewinn die Kreuzfahrer ins Heilige Land übersetzten. Alle diese Bauwerke sind zugleich bürgerliche und religiöse Denkmäler einer stolzen Republik. Es ist aufschlussreich, dass zu einer Zeit, als üblicherweise nur die Auftraggeber, Kaiser, Könige, Päpste oder Bischöfe, verzeichnet wurden, die Pisaner in Inschriften die Namen der Architekten auswiesen: BUSCHETO, RAINALDO, der die Fassade des Doms begann, und DIOTISALVI, von dem der Entwurf des Baptisteriums stammt.

Diese Bauten in Pisa und Florenz werden gewöhnlich als ›romanisch‹ bezeichnet. Meinte der Begriff ursprünglich ›vom Römischen abgeleitet‹, so wurde er im frühen 19. Jahrhundert zu einem Terminus für die Kennzeichnung jener mittelalterlichen Architektur, die Säulen und Rundbogen beibehielt und die es von der durch den Spitzbogen charakterisierten Gotik abzugrenzen galt. Somit sind in diesem Begriff Architektursti-

9.15 Baptisterium, Dom und Campanile, Pisa, 1053–1272.

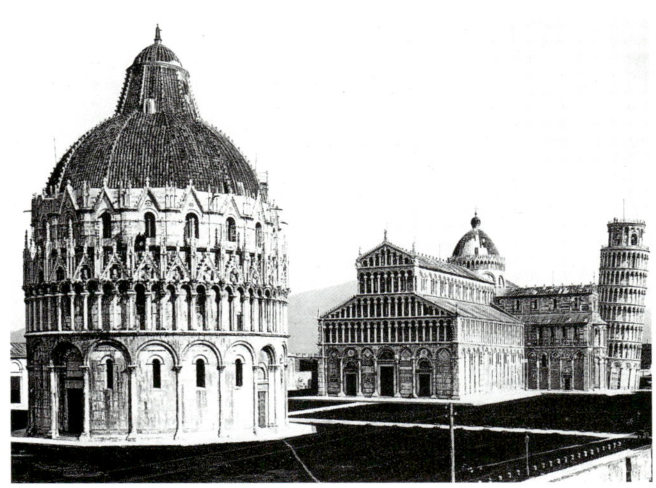

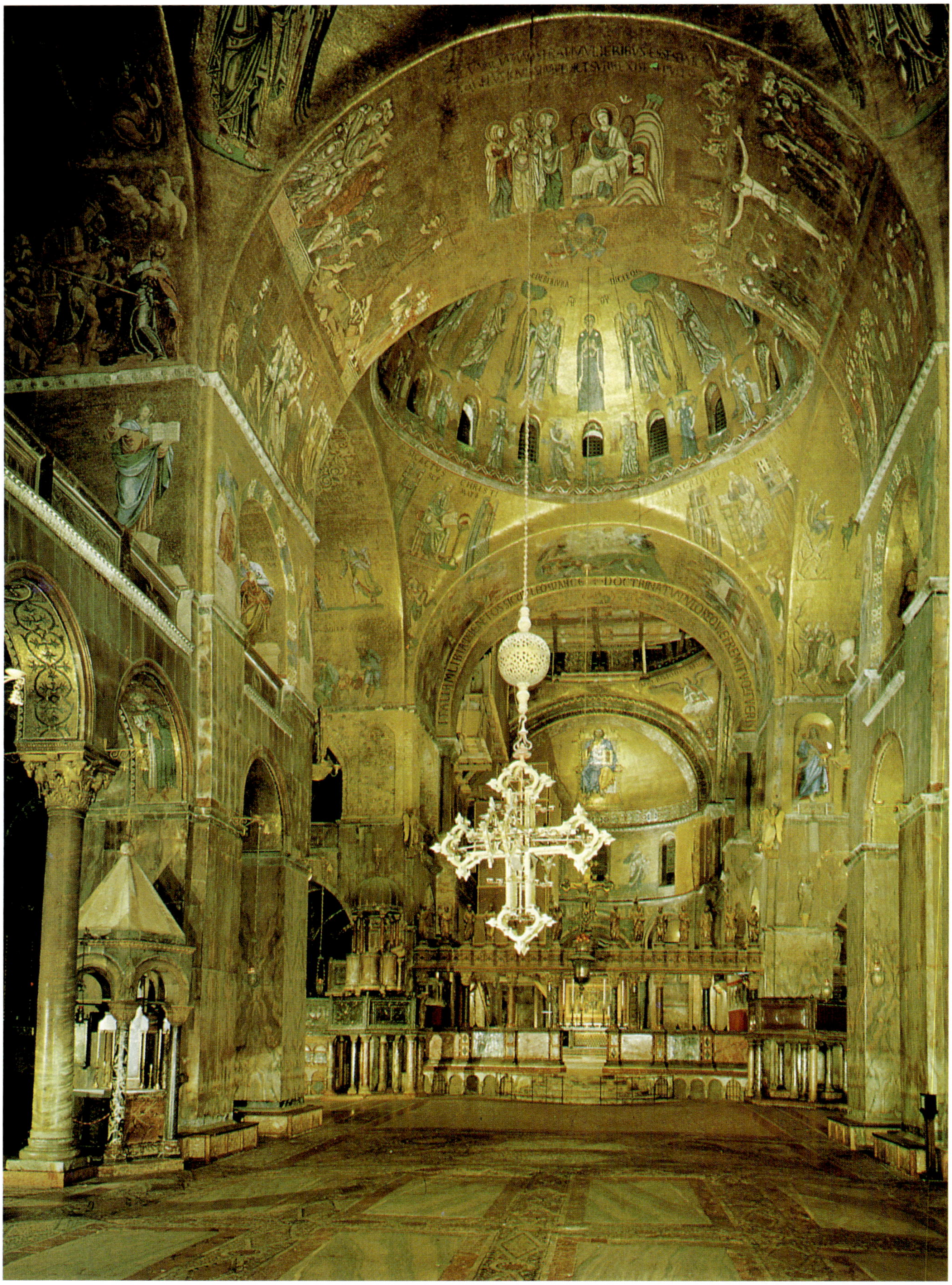

9.16 San Marco, Venedig, begonnen 1063.

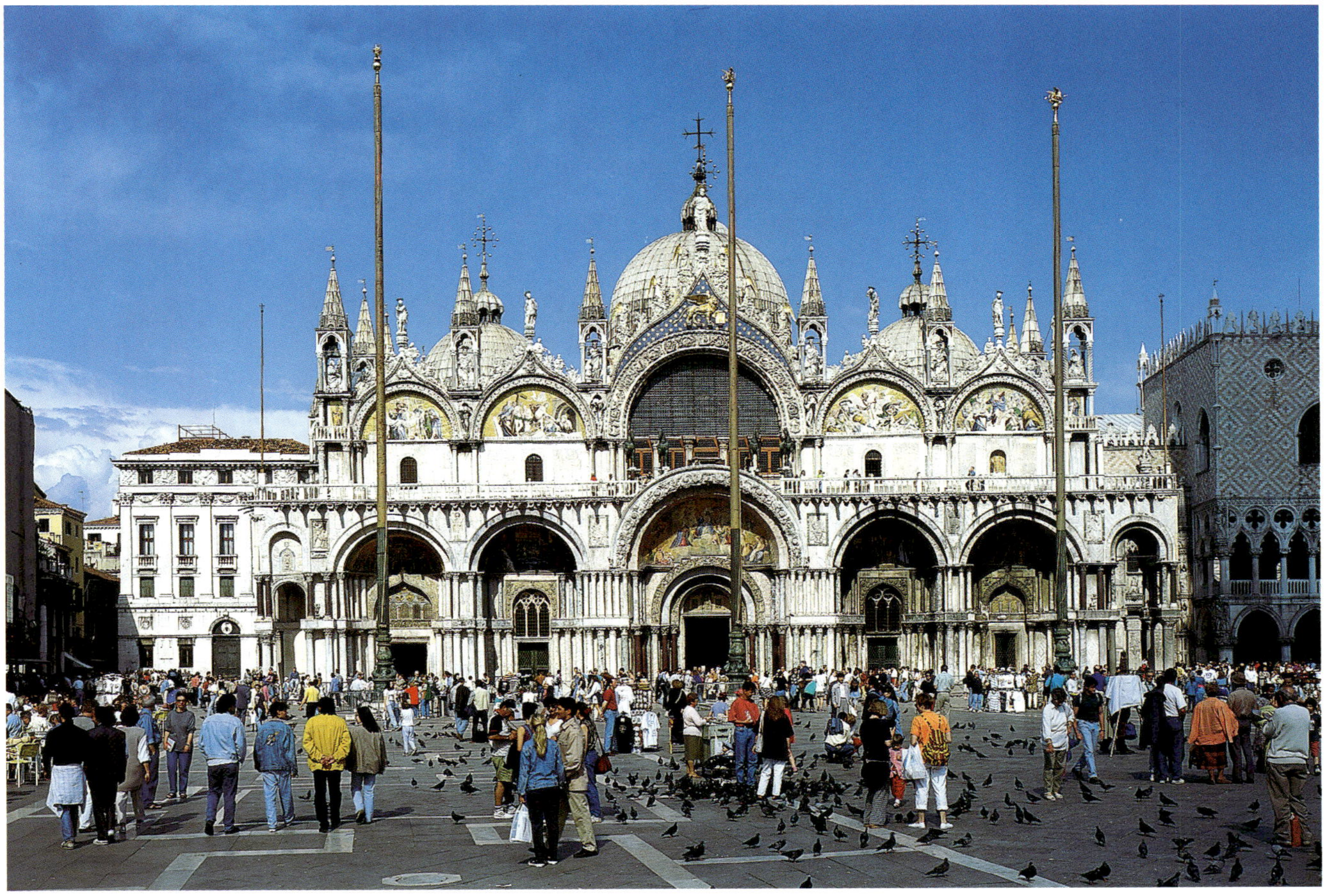

17 San Marco, Venedig.

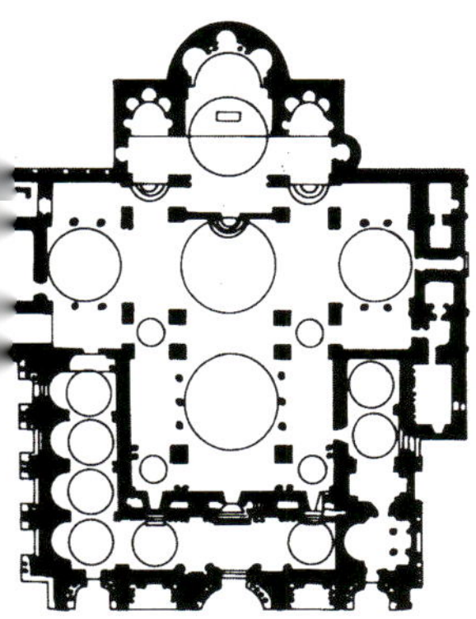

8 Grundriss von San Marco.

le – und dann auch Malerei- und Skulpturstile – zusammengefasst, die sich weit stärker unterscheiden als der Pisaner und der Florentiner Stil. Man denke nur an die großen Abteikirchen in Deutschland und Frankreich und an die Bauwerke der Normannen in Sizilien, die dem Islam mindestens ebenso viel verdanken wie Rom. Die frühmittelalterliche venezianische Architektur muss hier ausgenommen werden.

San Marco in Venedig ist im Wesentlichen byzantinisch; um 1063 von einem griechischen Architekten entworfen und der Kirche der Heiligen Apostel in Konstantinopel (6. Jahrhundert, 1461 zerstört) nachempfunden, mit einer byzantinischen ›quincunx‹, einem Plan nach dem griechischen Kreuz, mit einer Kuppel in der Kreuzesmitte und über jedem Arm ▸ 9.16–19. Es gehörte als Hauskirche zum Palast des Dogen, des gewählten Herrschers der Republik Venedig, und hatte eine der Hagia Sophia und der Pfalzkapelle von Aachen verwandte Funktion. So war San Marco, offenkundiger noch als der Dom von Pisa, ein Denkmal staatlicher Macht. Obgleich das Innere mit seinem gedämpften Licht, den geheimnisvollen Räumen und den hageren Gesichtern der asketischen Heiligen, die aus schimmernden Goldmosaiken von Wänden und Kuppeln starren, spirituell wirkt wie kaum in einer anderen Kirche, wurde doch kein anderes Gotteshaus stärker von zeitgeschichtlichen, nichtreligiösen Idealen beeinflusst.

Venedig wurde im 5. Jahrhundert gegründet und geriet schon bald unter die Oberhoheit des byzantinischen Kaiserreichs, dem es, wenn auch nur nominell, verhaftet blieb. Nach dem Ende des 9. Jahrhunderts wurde es ein unabhängiger Staat, Adelsrepublik, und wurde schnell reich durch Handel mit dem nördlichen Europa und dem Nahen Osten. San Marco wurde von 1063–1094 unter drei byzanzfreundlichen Dogen erbaut, von denen einer sogar mit einer Schwester des Kaisers von Byzanz verheiratet war. Kurz nach ihrer Vollendung wurde die *Pala d'Oro* – die goldene Tafel auf dem Hauptaltar – durch Anfügen mehrerer Tafeln in Email cloisonné, die entweder aus Konstantinopel eingeführt worden waren oder von byzantinischen Künstlern in Venedig angefertigt wurden ▸ 9.20, erweitert. Diese Schmuckplatten zählen zu den erlesensten byzantinischen Kunstwerken ihrer Zeit und sind in Linienführung und Farbgebung von wunderbar raffinierter Eleganz.

Vieles im heutigen Erscheinungsbild von San Marco ist das Produkt späterer Künstler und jüngerer Ereignisse der venezianischen Geschichte. Im Jahr 1204 lenkten die Venezianer

9.19 *Schöpfungsgeschichte*, Mosaik aus der 1. Kapelle der Vorhalle von San Marco.

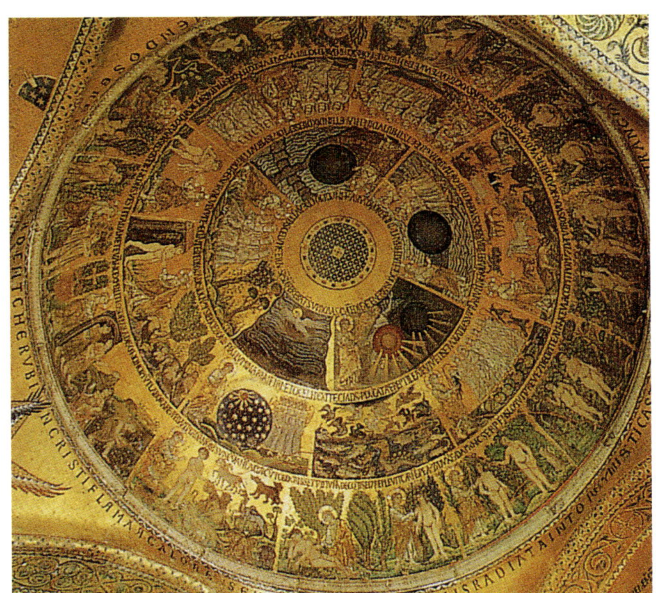

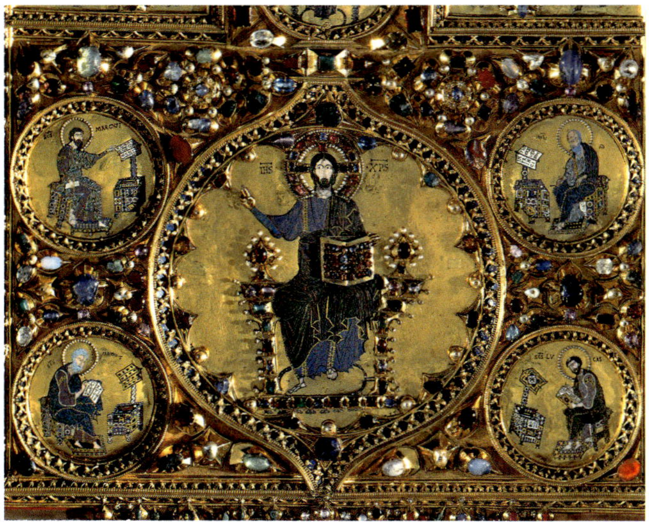

9.20 *Christus als Richter mit den vier Evangelisten*, Detail aus der Pala d'Oro, 1105, Email, Gold und Edelsteine, 19,5 x 12 cm. San Marco, Venedig.

einen Kreuzzug vom Kampf gegen die Moslems ab und ließen Konstantinopel plündern; damit wurden sie für einige Jahrzehnte die Beherrscher des östlichen Kaiserreichs. In den darauf folgenden Jahrhunderten, als Venedig durch die Versorgung des nördlichen Europa mit Waren aus dem Osten immer reicher wurde, stattete man den Innenraum von San Marco nach und nach mit Mosaiken in nichtbyzantinischem Stil aus. Um zusätzliche Wandflächen zu schaffen, wurden Fenster vermauert; dadurch dämpfte man das Licht im Raum, dem die byzantinischen Architekten eine so hohe Bedeutung zugeschrieben hatten (s. S. 295ff.). San Marco symbolisiert den Aufstieg der venezianischen Republik zu internationaler Bedeutung und, mittelbar, ihre Unabhängigkeit selbst vom Papsttum. Tatsächlich ist die Bischofskirche von Venedig im Vergleich zu San Marco ein recht bescheidenes Gebäude, abgelegen vom Zentrum der Macht.

## Romanische Kunst und Architektur in Nordeuropa

Die Blüte romanischer Kunst im Frankreich des späten 11. Jahrhunderts setzte nach einem langen unfruchtbaren Zeitabschnitt ein. Frankreich hatte unter dem Zerfall des Reiches von Karl dem Großen härter zu leiden als Deutschland: Zahlreiche Städte waren durch Wikinger, Moslems und Ungarn zerstört worden, und ein Genesungsprozess kam nur zögernd in Gang. 987 wählten die westfränkischen Adeligen, die ein Flickwerk unabhängiger Herzogtümer und Grafschaften regierten, den unbedeutenden Hugo Capet zum König. Sein Herrschaftsgebiet in der Ile de France um Paris war ärmer und kleiner als die seiner nominellen Vasallen. Zu ihnen zählten die Herzöge der Normandie, die 1066 Könige von England wurden und auf beiden Seiten des Ärmelkanals ein außerordentlich gut organisiertes Staatswesen leiteten. Die Kirche, die mehr Land besaß als jeder weltliche Herrscher, war die einzige verbindende Institution. Einige Bischöfe waren de facto mächtige Feudalherren und viele von ihnen, wie auch zahlreiche Äbte, entstammten den Herrschergeschlechtern. Und dennoch waren es französische Klöster – zuerst Cluny, sodann Cîteaux –, von denen aus zwei wesentliche Bewegungen der religiösen Erneuerung auf den Rest der westlichen Christenheit übergriffen. Sie zeitigten bedeutsame Folgen im Bereich der bildenden Künste, insbesondere der Architektur, indem sie weltliche und spirituelle Autorität zum Ausdruck brachten.

910 bestimmte der Herzog von Aquitanien testamentarisch ein ausgedehntes Areal, um in Cluny ein Kloster zu gründen. Dabei machte er die ungewöhnliche Auflage, es solle von kirchlichem wie weltlichem Einfluss frei sein. Von den Klöstern in Deutschland unterschied die Neugründung sich insofern, als Otto I. diese zu kaiserlichen Stiftungen gemacht hatte, die somit kaiserlichen Weisungen zu gehorchen hatten. Der zweite Abt von Cluny, der hl. Odo (879–942), wusste diese einmalige Situation zu nutzen und schuf eine Art Mönchsimperium, indem er unter seiner Amtsgewalt mehrere Klöster vereinigte. Aus diesem Gefüge ging ein reformierter Katholizismus hervor, der die Militanz der Kirche im 11. Jahrhundert bewirkte (Papst Gregor VII., der 1077 in Canossa den deutschen Kaiser Heinrich IV. demütigte, und Papst Urban II., der 1095 Europa zum ersten Kreuzzug zusammenrief, waren beide vorher Mönche in Cluny gewesen). Schon gegen 955 war das erste Kloster von Cluny zu klein geworden, und man begann, eine neue Kirche zu bauen, mit zahlreichen Gewölben, umgeben von Kreuzgängen, Dormitorien, dem Refektorium, landwirtschaftlichen Gebäuden und so weiter, alle nach einem klaren Plan angeordnet. Noch vor dem Ende des Jahrhunderts wurden weitere Gebäude benötigt und der Bau einer dritten und größeren Kirche um 1085 begonnen, die lange Zeit das größte Gotteshaus des Abendlandes war ▸ 9.21–23. (Nur das südliche Ende des Querschiffes überlebte die Zerstörung von 1810.)

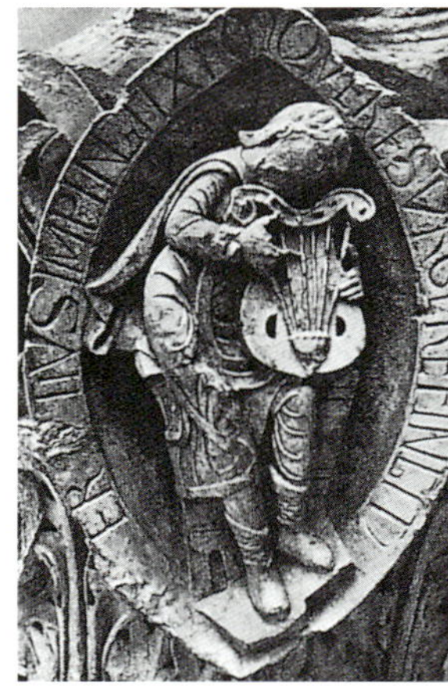

9.21 *Harfenspieler*, dritter To der gregorianischen Kirchenmusik, Kapitell aus dem Chorumgang der Abteikirche von Cluny, um 1095.

Die Cluniazenser schufen neue Normen für das religiöse Leben und die Organisation der Klöster sowie für die Kirchen des eigenen und anderer Orden – große Bauwerke von beeindruckender Pracht, kühn in der Planung und solide in der Konstruktion, mit mächtigen Steingewölben. Dennoch, ein neuer Stil wurde nicht geschaffen, vielmehr beschleunigte man Entwicklungen, die sich zur Zeit der Ordensgründung anderenorts abgezeichnet hatten. Saint-Sernin in Toulouse, zeitgleich mit der dritten Kirche von Cluny, ist gleichen Ursprungs, und ihre Form wurde von ähnlichen technischen Möglichkeiten, funktionalen Bedürfnissen und geistigen Idealen bestimmt ▸ 9.24;25. Die Proportionen waren durch die steinernen Gewölbe bedingt – eine große Tonnenwölbung über das ganze Schiff, verstärkt durch Gurtbogen. Hier wandte man sich ab von den flachen Holzdecken des frühen Mittel-

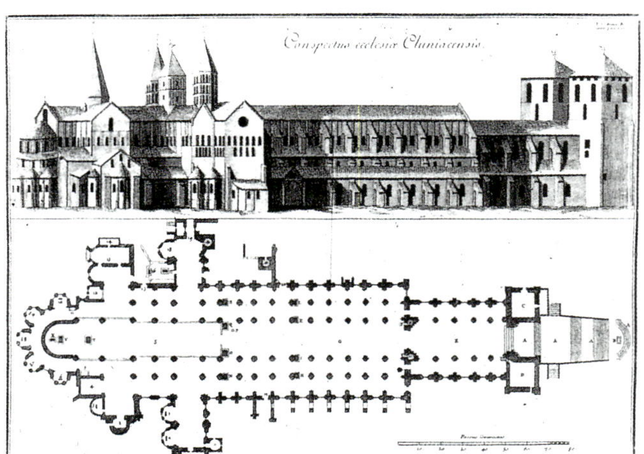

9.22 Dritte Kirche von Cluny, Ausschnitt und Grundriss (nach einem Stich des 18. Jahrhunderts).

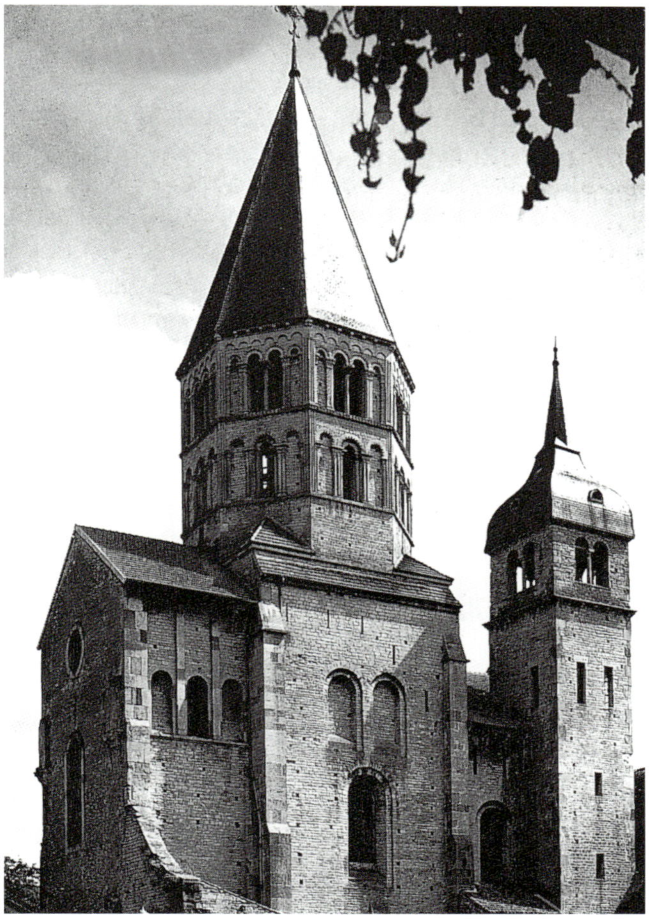

9.23 Dritte Kirche von Cluny, um 1085–1100, südlicher Querhausarm.

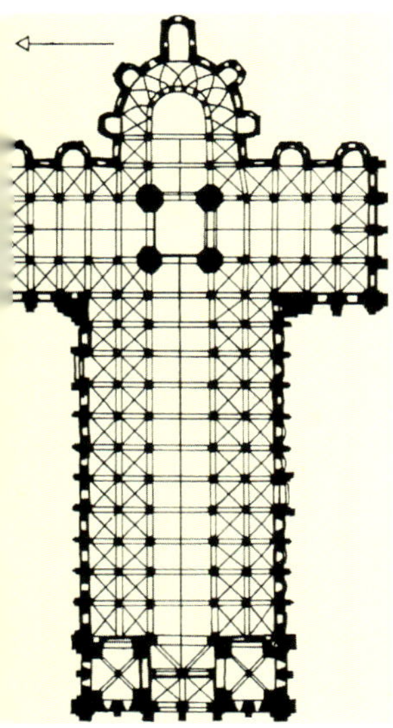

4 Grundriss von Saint-
nin, Toulouse.

alters, die man aber noch weiterhin antreffen konnte, wie etwa in Pisa. Zahlreiche französische Kirchen mit Holzdecken fielen in den Unruhen des 9. und frühen 10. Jahrhunderts Bränden zum Opfer. Aber nicht nur die Gefährdung durch Feuer wollte man verringern, als man sich nunmehr bemühte, die römisch-antike Kunst der Konstruktion großer Gewölbe neu zu beleben. Stein zeitigte eine edlere und feierlichere Wirkung und bot gleichzeitig eine bessere Akustik für den klangvollen Gregorianischen Choral, der speziell in den Klosterkirchen ein wichtiger Bestandteil des Gottesdienstes war.

Beim Äußeren von Saint-Sernin ist die Ostpartie betont, die den Chor und den Hochaltar beherbergt; der Westabschluss mit den Doppeltürmen blieb unvollendet. Von der großen Apsis und den Ostwänden springen kleine Apsiden vor, eine kühne Gruppierung von Rundungen, die über der Vierung das große Oktogon des Turmes krönt (er wurde im 13. Jahrhundert um zwei Stockwerke erhöht). Saint-Sernin war die Kirche eines Augustiner-Chorherrenstifts, dessen Gemeinschaftsleben nicht den strengen Regeln unterworfen war, die der hl. Benedikt den Mönchen vorgeschrieben hatte. In jeder der kleinen Apsiden steht ein Altar, damit stets mehrere Priester die Messe gleichzeitig lesen konnten. Kirchengrundrisse dieser Art, die zahlreiche kleine Kapellen in einem einheitlichen Bauorganismus zusammenfassten, waren etwa hundert Jahre früher entwickelt worden. Sie sollten dem neuen Brauch Rechnung tragen, wonach jeder Priester täglich die Messe zu zelebrieren hatte. Die tägliche Messfeier und die wachsende Zahl von Priestern innerhalb der Klöster zählten zu den augenfälligen Ergebnissen der großen religiösen Erneuerungsbewegung in der Mitte des 10. Jahrhunderts. Aber die Chorkapellen von Saint-Sernin dienten gleichzeitig der Ausstellung von Reliquien, die vom Chorumgang aus zu sehen waren. Das lange Mittelschiff und das breite Querschiff mit ihren Emporen sollten Pilger aufnehmen. Saint-Sernin war nämlich eine der zahlreichen ›Pilgerkirchen‹ an den Routen, die durch Frankreich zum Grab des Apostels Jakobus in Santiago de Compostela führten.

Die Kathedrale von Santiago de Compostela ist grandioser als Saint-Sernin, mit dem vielleicht eindrucksvollsten romanischen Innenraum ▸ 9.26. Ein riesiges Tonnengewölbe ruht auf Quaderpfeilern mit je vier Halbsäulen, die den Raum harmonisch gliedern. Jeweils eine Halbsäule erreicht die Wandhöhe des Mittelschiffes von 21 m und trägt einen Gurtbogen, die rückseitige unterfängt einen Bogen der Empore. Die beiden anderen Halbsäulen stützen die gestelzten Scheidbogen; ihnen entsprechen die Säulen der oberen Doppelarkaden. Das Mittelschiff wird durch die Fenster der Seitenschiffe und Emporen nur indirekt beleuchtet. Die Vierung als Kernstück der Kathedrale ist in helles Licht getaucht, wodurch die Substanz von Mauern und Pfeilern besonders zur Geltung kommt. Die gewaltige Masse des Quaderwerks, quadratisch und rund zugehauene Blöcke aus braunem Granit, umgrenzt die geometrisch klaren Maße dieses riesigen Innenraums. Massiv, erhaben, unerschütterlich, selbstbewusst, ist die Kathedrale ein Meisterwerk der Romanik. Stärker als irgendwo sonst spürt man hier die Ursprünge dieses Stils, die weniger in den antiken römischen Basiliken und Tempeln zu suchen sind als vielmehr in römischen Ingenieur-Zweckbauten. In feierlicher Gelassenheit erhebt sich das Bauwerk über die Wirren des Mittelalters und ruft die Worte ins Gedächtnis, die der Herr zu Zacharias sprach: »So kehret euch nur zur Festung, ihr, die ihr auf Hoffnung gefangen liegt.«

*»Das Wort ›Pilger‹, lässt sich in zwiefacher Weise verstehen, in einer weiteren und in einer engen«*, schrieb Dante Alighieri in *La Vita Nuova (Das Neue Leben*, um 1292).

*»Im weiten Sinne, insofern jeder ein Pilger ist, der sich außerhalb seines Vaterlandes befindet; im engen meint man unter einem Pilger nur den, der zum Hause von St. Jakob zieht oder davon wiederkehrt.«*

Vom Beginn des 11. Jahrhunderts an strömten immer größere Scharen von Männern und Frauen in beschwerlichen Fußmärschen, zuweilen mehr als 1600 km, die Straßen Frank-

9.25 Chorpartie von Saint-Sernin, Toulouse, um 1080–1120.

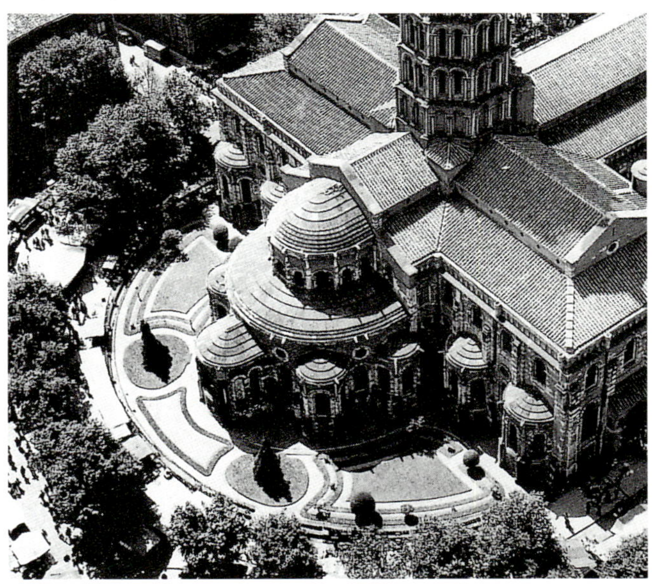

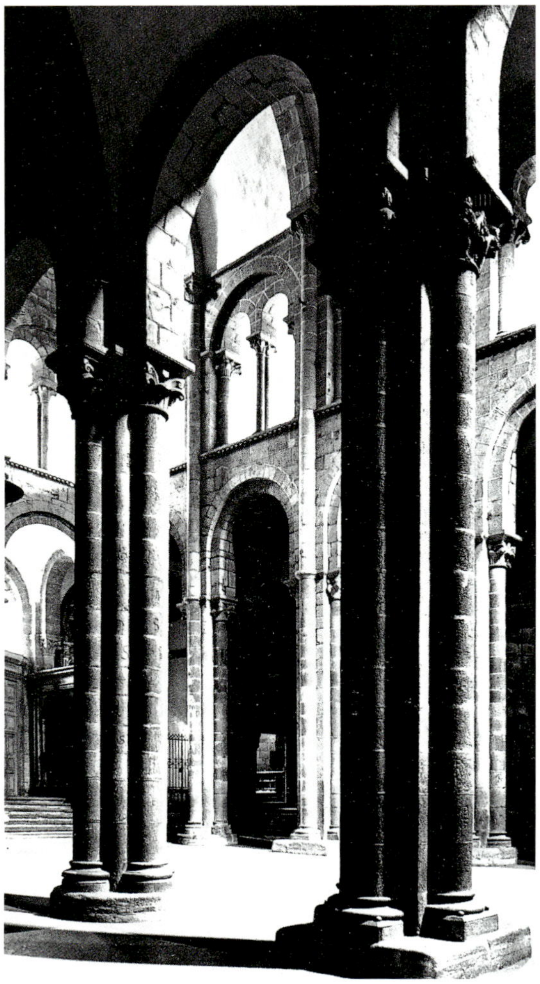

9.26 Kathedrale von Santiago de Compostela, um 1120.

reichs entlang und durch die unwirtlichen Gegenden im nördlichen Spanien nach Santiago de Compostela. Warum der Ort mehr Pilger anlockte als jedes andere Heiligtum, ist schwer zu sagen: Mag sein, dass ihn, paradoxerweise, seine relative Unzugänglichkeit so beliebt gemacht hat, da Jerusalem in jener Zeit zu weit entfernt war und der Weg nach Rom beinahe zu mühelos erschien. Pilgerreisen nach Santiago wurden von den Augustinern und anderen religiösen Orden stark gefördert. Ihre Häuser dienten auf dem Weg dorthin als Herbergen und erzielten durch die Opfergaben oftmals recht ansehnliche Gewinne. Die Gründe für diese Pilgerfahrten waren vielschichtig – zuweilen zum Dank für empfangene göttliche Gnaden, dann wieder, weil das Gebet am Ziel der Reise Nutzen versprach; oftmals waren es auch Bußübungen, um sich von jenem Gefühl der Sündhaftigkeit zu befreien, von dem das religiöse Denken im westlichen Europa durchdrungen war (s. S. 314). Im mittelalterlichen Leben waren die Pilgerreisen eine verbindende Kraft, die Klerus und Laien, Reich und Arm aus den verschiedensten Regionen und Sprachräumen zusammenführte und die Verbreitung weltlicher und religiöser Kultur beschleunigte.

Kunst und Kultur waren im weltlichen Bereich fast ebenso stark auf die Protektion der Kirche angewiesen wie im religiösen. Bedeutende Geistliche bedienten sich der Kenntnisse des klassischen Latein, die sie in den Klöstern erworben hatten, nicht nur, um fromme Hymnen zu schreiben und das Leben der Heiligen aufzuzeichnen. Sie verfassten in dieser Sprache auch Gedichte, Ovid nachempfunden, in denen sie sich mit schlecht geheuchelter Reue der Wonnen ihrer lüsternen Jugend entsannen. Gleichzeitig begann aber auch die Poesie in französischer Volkssprache aufzublühen, und zwar in den bezaubernden *chansons de toile*, den Liebesliedern, die die Damen beim Nähen sangen, und den epischen *Chansons de geste*, die ritterliche Taten verherrlichten. Diese letzteren Gedichte haben ein anschauliches Gegenstück mit einer vergleichbaren Erzählstruktur im *Wandteppich von Bayeux* (es handelt sich hier um ein 73 m langes Stück Leinwand, bestickt mit bunter Wolle). In Wort und Bild wird die Eroberung Englands durch die Normannen geschildert in einer Folge einzelner Szenen, deren jede von wenigen Gestalten beherrscht wird ▸ 9.27; 28. Alle Details zeitgenössischer Kleidung, Rüstung, der Waffen, des Pferdegeschirrs, der Fuhrwerke und der Schiffe sind getreu wiedergegeben. Obgleich manche Aspekte der Gestaltung durchaus konventionell bleiben, sind doch elementare naturalistische Wirkungen beabsichtigt: Die Gestalten jeder Gruppe sind annähernd gleich groß und nicht nach dem Rang abgestuft; weiter entfernte Schiffe sind merklich kleiner als die im Vordergrund. Es ist bekannt, dass gleichzeitig weitere Wandbehänge mit figürlichen Darstellungen angefertigt wurden, doch blieb davon keiner erhalten. Auch andere weltliche Kunstwerke, die, wie Aufzeichnungen berichten, die Gemächer von Äbten und Prioren wie auch sonstige Herrensitze im 11. Jahrhundert geschmückt haben, sind kaum mehr vorhanden.

Der wachsende Reichtum der Klöster, insbesondere von Cluny, und die zunehmend luxuriösere Lebensführung, die Äbte und Prioren sich angewöhnt hatten, führten erneut zu dem Ruf nach klösterlicher Reform. Im Jahr 1098 wurde in Cîteaux, ungefähr 24 km südlich von Dijon, der strengere Orden der Zisterzienser gegründet. Hier wurde nach den Regeln, die der hl. Benedikt gegeben hatte, die Zeit der Mönche in Arbeit und Gebet aufgeteilt. Zu den Arbeiten zählte auch das Illustrieren von Handschriften, zuweilen mit Szenen aus dem Alltagsleben, öfter mit religiösen Darstellungen. Zwei der Brüder, im zerlumpten Habit, das ihr Bekenntnis zur Armut dokumentiert, werden etwa dargestellt, wie sie gerade

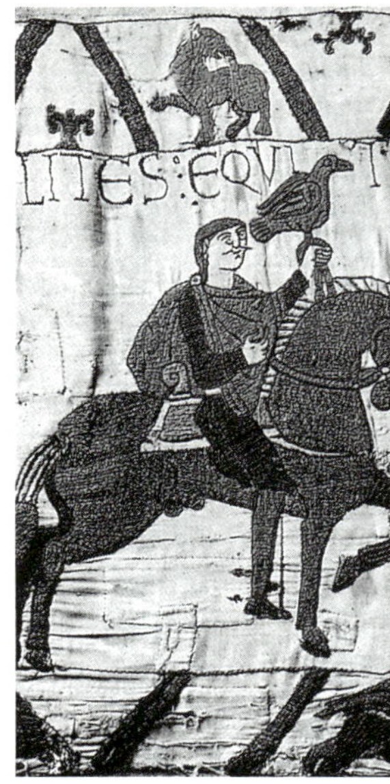

9.27 *Harold auf dem Weg na[ch] Bosham*, Detail aus dem *Wand[teppich von Bayeux]*.

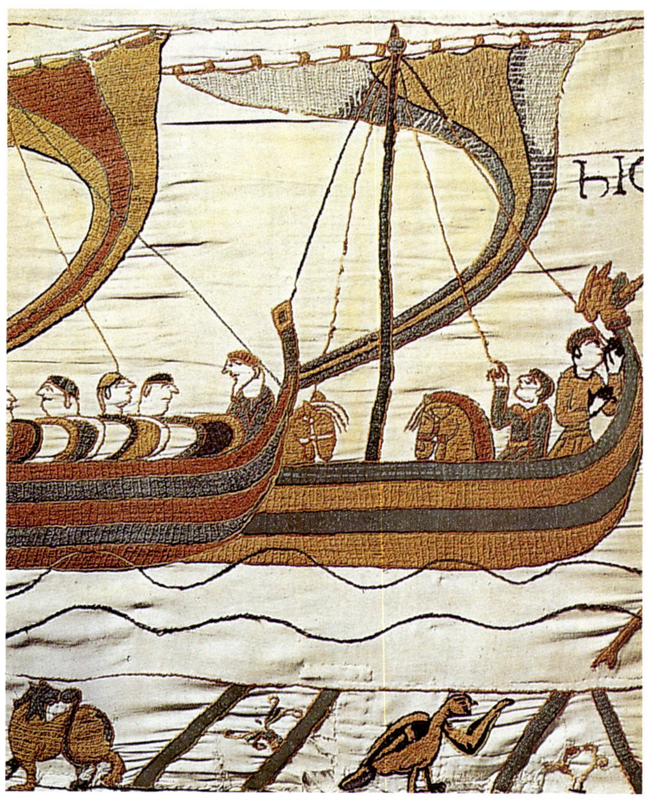

9.28 *Normannische Schiffe a[uf] der Fahrt nach England*, Detail aus dem *Wandteppich von Bayeux*, um 1073–1083, Wollstickerei auf Leinwand, Höhe 50 cm. Musée de la Tapisserie de Bayeux.

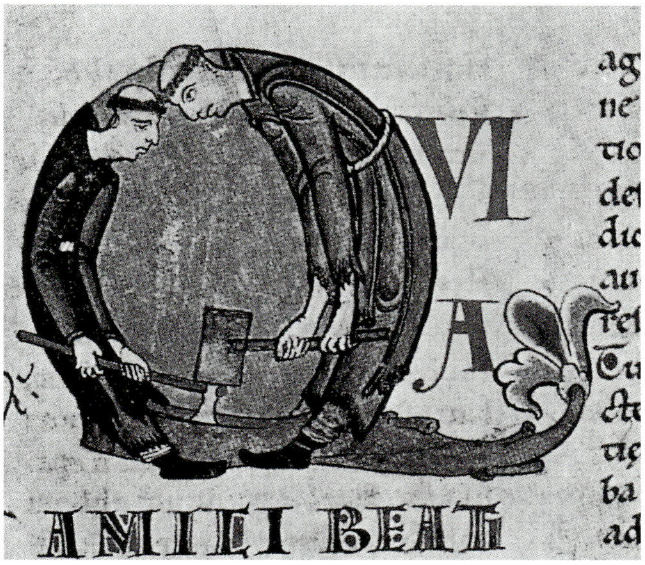

9.29 Initiale Q aus *Moralia in Job*, illuminierte Handschrift Gregors des Großen, 1111. Bibliothèque Municipale, Dijon (MS 170, fol. 41).

einen Baumstamm spalten. Sie sind die Initiale ›Q‹ eines Kommentars zum Buch Hiob ▸ 9.29. Aber selbst solch unschuldige Nichtigkeiten erregten den Zorn des hl. Bernhard von Clairvaux (1090–1153), des herbsten Kritikers klösterlicher Missstände, der 1134 die Leitung des Zisterzienserordens übernahm. In einem Brief aus dem Jahr 1127, in dem er den weltlichen Geist anklagt, der sich in die Klöster eingeschlichen habe, insbesondere in die Reformkongregation der Cluniazenser, hat er die höchst lebendige Schilderung des damaligen Skulpturenreichtums überliefert:

*»In den Kreuzgängen, unter den Augen der Brüder, die mit Lesen befasst sind, was hat da diese lächerliche Monstrosität zu schaffen? Diese missgestalteten Wohlgestalten und wohlgestalteten Missgestalten? Diese unkeuschen Affen? Diese grausamen Löwen? Diese Jäger, die ins Horn stoßen? Hier erblickt man mehrere Körper unter einem Kopf; da wieder mehrere Köpfe auf einem Körper. Hier sieht man einen Vierfüßler mit dem Ende einer Schlange, dort einen Fisch mit dem Kopf eines Vierfüßlers. Dann wieder ein Tier, das vorne ein Pferd vermuten lässt, in der hinteren Hälfte aber eine Ziege ist; sodann ein gehörntes Vieh, welches das Hinterteil eines Pferdes aufweist. Kurzum, von allen Seiten bietet sich ein solch üppiger und höchst erstaunlicher Formenreichtum dar, dass es gewiss ergötzlicher ist, die Marmorskulpturen zu studieren als die Schriften und den ganzen Tag lieber damit zu verbringen, jedes Detail zu bewundern, statt über das Gesetz Gottes nachzusinnen.«* (Bernhard von Clairvaux, Apologia ad Willelmum Abbatem Sancti Theodorici.)

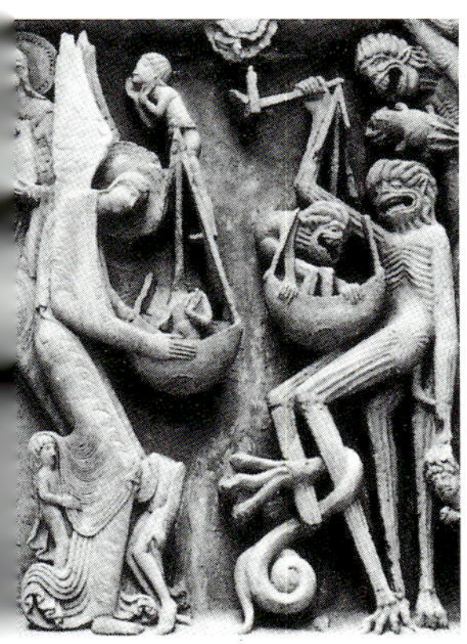

o GISLEBERTUS, *Das Jüngste* *richt*, um 1130, Detail aus n Tympanon der Kathedrale n Autun ▸ 9.31.

Als der hl. Bernhard diese Anklage schrieb, hatte die romanische Bildhauerkunst ihren Höhepunkt erreicht. Monumentale Steinbildwerke waren seit dem Fall des Römischen Reiches in Europa kaum mehr entstanden; nunmehr entfalteten sich im zentralen und südlichen Frankreich etwa gleichzeitig mehrere lokale Stilrichtungen, wie ein spontanes Erblühen nach einem langen Winter. Diese Kunst beschränkte sich fast ausschließlich auf Säulenkapitelle und Hauptportale der Kirchen. Das romanische Portal mit seinem Tympanon, einem rundbogigen Giebelfeld über dem Eingang, dessen Seiten gewöhnlich weiteren Skulpturenschmuck zeigen, erhielt etwa um 1100 seine charakteristische Form. Fast immer ist im Mittelpunkt Christus dargestellt, neben dem alle anderen Figuren zwergenhaft erscheinen; und das beliebteste Thema ist das Jüngste Gericht. Unter dem festen Blick des allwissenden Richters betritt der Andächtige die Kirche. Das Portal der Kathedrale von Autun ▸ 9.31 trägt die Signatur von GISLEBERTUS, einem der wenigen namentlich bekannten romanischen Bildhauer, deren Werk erhalten geblieben ist. Er beherrschte einen Stil, der raffinierte Zartheit der Linienführung mit hoher dramatischer Intensität verband. Zu Christi linker Hand wird gezeigt, wie die Seelen der Verstorbenen gewogen werden ▸ 9.30 – eine Szene, die auch in der altägyptischen Kunst schon dargestellt wurde ▸ 3.29. Dahinter verstecken sich kleine Gestalten und greifen nach den makellos gefalteten Gewändern ätherisch schlanker Engel, deren Gesichter und Gesten äußerste Sanftmut ausdrücken, während Dämonen mit aufgerissenen Rachen die Seelen der Verdammten fordern. In einem anderen Teil der riesigen Komposition erkennt man unter den Geretteten Pilger; einer von ihnen trägt die Pilgermuschel, das Symbol des hl. Jakob, und verrät damit, dass er durch einen Besuch in Santiago de Compostela erlöst wurde; ein zweiter gibt durch ein Kreuz zu erkennen, dass er sein Heil einer Reise nach Jerusalem verdankt. Ebenso ausdrucksstark ist der Geizhals in den Reihen der Verdammten – ein Opfer der Todsünde der Habsucht, die der Kirche Spenden vorenthielt.

Robuster sind die Skulpturen des Portals vom Narthex zum Mittelschiff der Abtei- und Pilgerkirche der Cluniazenser in Vézelay ▸ 9.32. Majestätisch thront Christus in der Mitte und schickt die Apostel, die Heiden zu bekehren, die Kranken zu heilen und den Besessenen die Teufel auszutreiben – die auf Sturz und innerer Archivolte zu sehen sind. Im Halbkreis der äußeren Archivolte sieht man menschliche Gestalten, beschäftigt mit den ›Arbeiten des Monats‹, desgleichen die Tierkreiszeichen, unter denen die heidnischen Götter das ganze Mittelalter hindurch fortlebten, hier als Symbol der Herrschaft Christi über den Jahreszyklus ▸ 9.34. An höchster Stelle hat ein Mann seinen Körper zu einem Kreis gebogen – ein Bild, dessen Bedeutung ungewiss ist und das zurückgeht auf minoische Gemmen. Unter den zahlreichen kleinen Sündergestalten sind Menschen mit Hundeköpfen und andere mit riesigen, flügelähnlichen Ohren, Bewohner ferner Länder, wie Plinius sie beschrieben hatte. In die mittelalterliche Vorstellungswelt waren sie durch die enzyklopädischen Schriften des Erz-

9.31 GISLEBERTUS, *Jüngstes Gericht*, Tympanon, um 1130. Kathedrale, Autun.

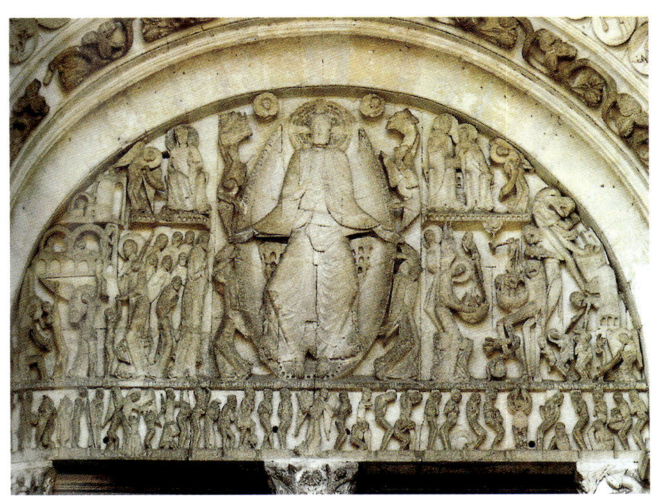

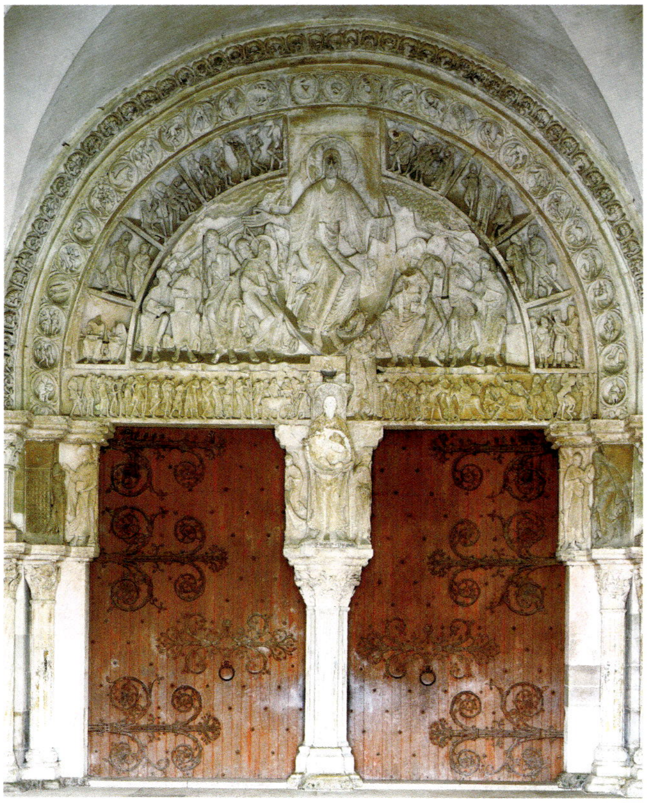

9.32 Hauptportal von La Madeleine, Vézelay, 1120–1132.

bischofs Isidor von Sevilla (ca. 560–636) eingedrungen. Hier jedoch scheinen sie eine Passage aus Jesaja zu veranschaulichen, die man als eine Prophezeiung des apostolischen Auftrags einerseits und, im frühen 12. Jahrhundert, als die der Befreiung des Heiligen Landes durch die Kreuzritter (im Jahr 1099) andererseits zu verstehen pflegte. Die Verknüpfung von Altem und Neuem Testament und aktuellen Belangen ist sehr charakteristisch für die mittelalterliche Kunst und Denkweise.

Der Bildhauer dieses großen Tympanons lernte offensichtlich viel aus den Illustrationen der Handschriften – wie den kalligraphischen Schwung des Faltenwurfs –, dennoch sind seine Gestalten von beachtlicher Plastizität. Die dem Illustrator geläufige Sitzhaltung wurde derart abgeändert, dass Christus sich aus dem Stein heraus zu materialisieren scheint. Sein Haupt durchbricht die innere Archivolte ebenso wie der Kopf Johannes' des Täufers den Türsturz. Der Halbkreis des Bogens bestimmt die Komposition des Tympanons, so dass es optisch Teil der Architektur bleibt. Das Tympanon liefert im Wesentlichen eine Fläche für Reliefbildwerke; seine Vorläufer waren die gemalten oder mosaizierten Lünetten und Apsisgewölbe byzantinischer Kirchen ▸ 7.40; 59. Die Ähnlichkeit muss auffallend gewesen sein, als die Tympana noch farbig waren; denn wie alle anderen mittelalterlichen Skulpturen waren auch sie mit leuchtenden Farben bemalt. Wie das Apsismosaik vermittelt auch das Tympanon ein Abbild des Himmels, ist Bindeglied zwischen dem Bauwerk und seinem Urbild, dem Himmlischen Jerusalem. Der Gedanke, es aus Stein zu meißeln und an der Außenwand zu platzieren, damit es die Aufmerksamkeit von Pilgern und anderen Besuchern auf sich lenke, scheint französischen Ursprungs zu sein.

9.34 RAINER VON HUY, *Christi Taufe durch Johannes*, Taufbecken, 1107–1118, Bronze, Höhe 63,5 cm. Saint-Barthélémy, Lüttich.

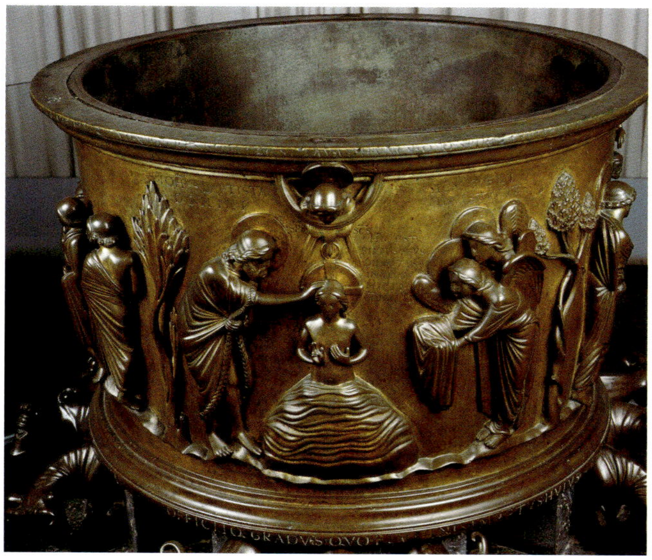

Der Trumeau, der den Sturz des Tympanons abstützte, war ebenfalls reich mit Skulpturen verziert. Nirgendwo wirken diese Bildwerke befremdlicher als in Souillac, im Südwesten Frankreichs ▸ 9.33. Monströse Vögel mit nach hinten verrenkten Köpfen, deren riesige Schnäbel nach schwebenden Tieren greifen, klettern übereinander hinweg zur Säulenspitze, wo einer von ihnen einen nackten Mann angreift. Sie sind viel wilder als die Kreaturen auf den Randmalereien der insularen Handschriften ▸ 7.83 und personifizieren jene bösen Geister, die an der menschlichen Seele nagen, wie sie Marbod, der Bischof von Rennes (um 1035–1123), beschrieben hat. Solcher Säulenschmuck in südfranzösischen Kirchen war es, der den Unmut des hl. Bernhard von Clairvaux erregte (s. S. 347).

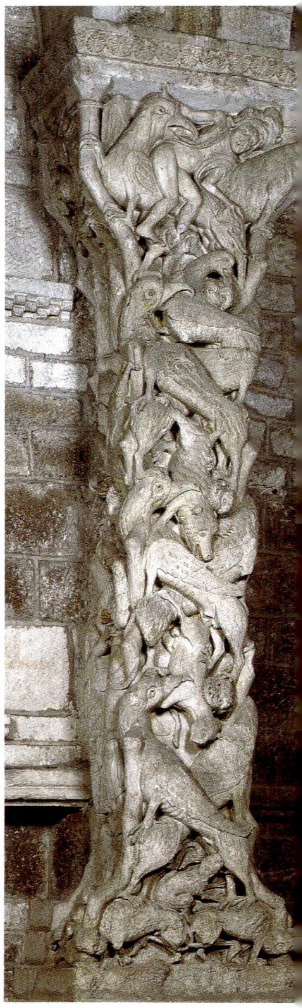

9.33 Trumeau des Portals, Abteikirche von Souillac, Périgord, um 1125.

Etwa zur gleichen Zeit erschien plötzlich ein völlig anderer Skulpturentyp, zuerst an einem Bronzetaufbecken, das in Lüttich gegossen worden war ▸ 9.34. Später tauchte die gleiche Art an der Nordostgrenze des Heiligen Römischen Reiches auf. Das Taufbecken war angeregt vom biblischen Bericht über Salomos Tempel in Jerusalem. In dessen Vorhof wurde ein riesiges Becken, das ›Eherne Meer‹, von zwölf Ochsen getragen. Christi Taufe im Jordan und fünf andere Taufszenen wurden auf der Rundung des Beckens so plastisch herausgearbeitet, dass man glaubt, die Statuetten von der Oberfläche ablösen zu können. In Proportionen, Posen, Gesten und Gewändern erinnern sie an klassische Vorbilder, die lange vor der byzantinischen, karolingischen, ja, selbst der frühchristlichen Kunst geschaffen worden waren. Die teilweise nackten Figuren haben den athletischen Körperbau und sogar die Haartracht antiker griechischer Jünglinge. Der Kontrast zwischen ihnen und dem Adam auf den Bronzetüren von Hildesheim ▸ 9.9 oder den Figuren der Tympana der französischen Romanik ist groß. Höchstwahrscheinlich hatte der Schöpfer des Taufbeckens von Lüttich, wohl RAINER VON HUY, antike griechische Statuen gesehen. Vielleicht war er einer der zahlreichen Kreuzfahrer aus dem Maastal gewesen, die im Heer Gottfrieds von Bouillon auf ihrem Weg ins Heilige Land 1026 durch Konstantinopel zogen, den einzigen Ort, an dem man noch griechische Skulpturen sehen konnte, nachdem in Rom damals die meisten unter Schutt verborgen waren. Der beinahe pedantische Klassizismus seiner Figuren ist in der frühen mittelalterlichen Kunst einmalig.

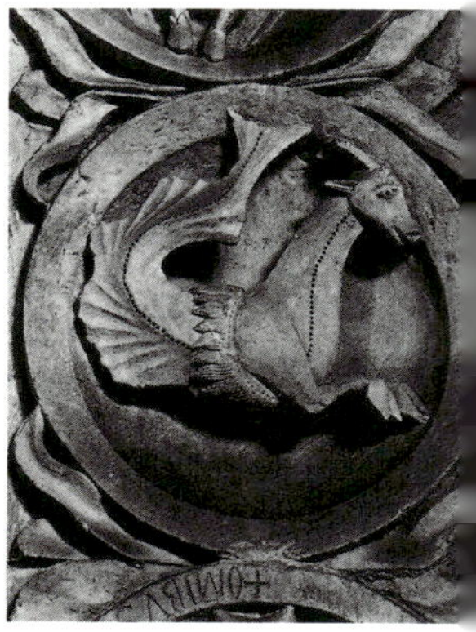

9.35 *Der Steinbock*, Tierkreiszeichen am Tympanon von La Madeleine, Vézelay, 1120–1132.

Obgleich aus dieser Zeit keine vergleichbaren maasländischen Handschriftenillustrationen vorhanden sind, offenbart sich doch gelegentlich eine ähnliche Tendenz zur Monumentalität, wie etwa in der Miniatur *Christus als Herrscher* in einer Bibel aus dem bedeutenden Kloster Stavelot in Belgien ▸ 9.36.

Die Formgebung ist kühner, die Linienführung kräftiger als vorher, mit nervösen Pinselstrichen nur am Saum des Gewandes. Mehr noch, Christus scheint aus dem Nimbus hervorzutreten, der die Medaillons mit den Symbolen der Evangelisten überschneidet, die ihrerseits den Mäanderrahmen überlappen. Die Arbeit setzt sich aus Einzelelementen zusammen; sie wirken wie Plaketten aus getriebenem oder emailliertem Metall, die auf den Untergrund aufgesetzt wurden. Es kann durchaus sein, dass das Werk Anleihen bei Metallarbeiten genommen hat, insbesondere der Grubenschmelz-Emaillierung, für die zu diesem Zeitpunkt das Maastal berühmt war ▸ 9.46.

*Neuerungen in der romanischen Architektur*

Die überaus bedeutsamen architektonischen Entwicklungen, die sich gegen Ende des 11. Jahrhunderts sowohl in Deutschland als auch in Frankreich vollzogen, waren zumindest teilweise auf das verwandte Bedürfnis nach einheitlicher Raumwirkung zurückzuführen. Die Technik monumentaler Steinwölbung war in der Mitte des Jahrhunderts wieder aufgeblüht. Wir haben gesehen (s. S. 344ff.), wie Kirchenschiffe nunmehr mit einfachen Längstonnengewölben oder durch gereihte Quertonnen abgedeckt wurden. Das Quertonnengewölbe, eine geistreiche Alternative, ist uns in Saint-Philibert in Tournus erhalten geblieben, das kurz nach 1066 so verschiedenartig eingewölbt wurde, dass beinahe der Eindruck einer Experimentierwerkstatt entsteht ▸ 9.37. Wahrscheinlich geschah es im Lauf der Entwicklung beider Systeme, des Längstonnen- und des Quertonnengewölbes, dass die Vorteile des → Kreuzgratgewölbes – zu gleichen Teilen beiden Systemen zugehörig – zutage traten. Beim Kreuzgratgewölbe ruht das Gewicht auf den vier Eckpunkten und nicht auf der ganzen Wand – daher die größeren Schwierigkeiten bei der Konstruktion. Zur Überwölbung eines breiten Kirchenschiffes wurde das Kreuzgratgewölbe zum ersten Mal in Speyer angewendet. Der große, hohe Kaiserdom, um 1030 als flachgedeckter Bau begonnen, wurde zwischen 1082 und 1106 ▸ 9.38–40 umgebaut. Das Hauptschiff ist 14 m breit und 33 m hoch, also breiter und höher als Cluny (Breite 12 m und Höhe 30 m), und bleibt damit nur knapp unter dem höchsten gotischen Kirchenschiff in Beauvais. Mächtig und streng, wie sich das für das dynastische Pantheon der salischen Kaiser geziemt, drückt Speyer die ganze Herausforderung und Selbstsicherheit der deutschen Romanik aus. Gesäumt wird das Mittelschiff von riesigen Pfeilern mit eingebundenen Säulen, die, Blendarkaden bildend, in ihrer strengen Feierlichkeit stark an einen römischen Aquädukt erinnern. Wahrscheinlich wurden sie durch den äußeren Aufriss der römischen Basilika in Trier angeregt. Unglücklicherweise wurde das Äußere des Doms von Speyer sehr verändert, aber sein einstmals prachtvoller Anblick mit den zahlreichen Türmen lässt sich im kleinen Rahmen bei der aus der gleichen Zeit stammenden Abteikirche von Maria Laach bei Koblenz ▸ 9.41 nachvollziehen.

Obgleich die großen Gewölbe in Speyer nicht durch eine echte Durchdringung von Tonnen entstanden sind – denn zu ihrer Verstärkung hätte es stabiler Querbogen bedurft –, war man hier doch einen ganz wesentlichen Schritt weitergekommen. Noch bedeutsamer sind wohl die vorspringenden, diagonalen Rippen – das heißt Rippen, die gebaut wurden, ehe man die dazwischenliegenden dreieckigen Kappen ausfüllte. Sie wurden also nicht erst nachträglich angefügt, wie man es im antiken Rom gemacht hatte. Nur wenige Jahre später erscheinen sie an weit voneinander entfernten Orten in England, Italien und Frankreich. In der Kathedrale von Durham dürfte dieses System schon bei Baubeginn (1093) geplant gewesen sein; vollendet wurde es etwa 1095 in den Chorgängen, gegen 1104 im Altarraum und 1130 im Hauptschiff ▸ 9.42. In Sant'Ambrogio in Mailand entstanden derartige Rippen wahrscheinlich kurz nach 1117 und in Saint-Etienne in Caen zwischen 1115 und 1120; hier wurden sie allerdings im 17. Jahrhundert erneuert.

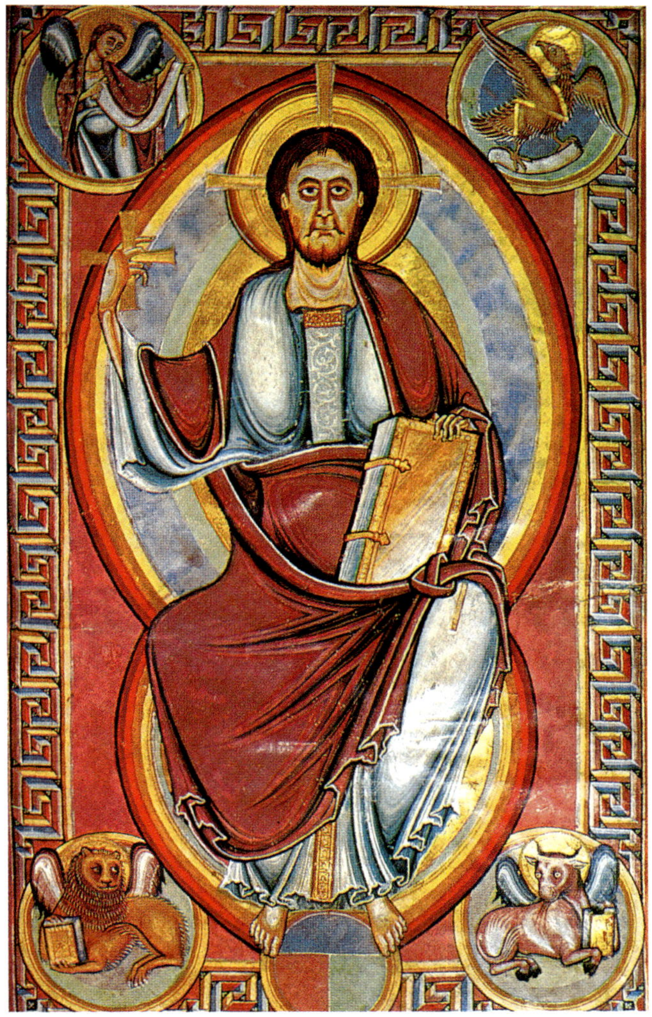

9.36 *Christus als Herrscher*, Seite aus der illuminierten Bibel von Stavelot, Belgien, 1093–1097, Pergament, 57,5 x 37 cm. British Library, London.

Die Einführung von Kreuzrippengewölben brachte die Suche des mittelalterlichen Architekten nach hohen, feuersicheren und ästhetisch einheitlichen Innenräumen einer Lösung schon sehr nahe. Sie wirft auch die Frage auf, inwieweit die Entwicklung im Gewölbebau von ästhetischen Neigungen bestimmt wurde (s. S. 344f.). Die Ansicht, sie sei schlicht dem Bedürfnis nach verbesserten technischen Möglichkeiten bei der Überspannung breiter Mittelschiffe entsprungen, ist wohl eine Missdeutung des 19. Jahrhunderts, obgleich konstruktive Überlegungen dabei natürlich eine wichtige Rolle spielten.

Tonnengewölbe blieben nicht nur deshalb unbefriedigend, weil die massiven Steinpfeiler und die dicken Mauern, derer sie bedurften, um ihr Gewicht und den Seitenschub zu tragen, teuer und schwerfällig waren, sondern weil sie auch in starkem Maß für die charakteristische Dichte der romanischen Architektur verantwortlich waren, die zudem den Lichteinfall behinderte. Nur durch die Emporen und Galerien der Seiten-

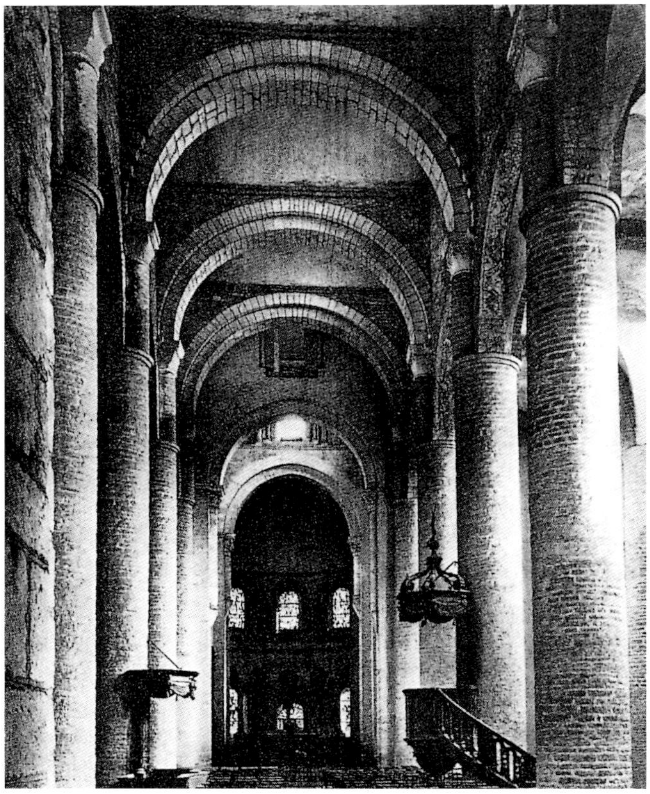

9.37 Mittelschiff von Saint-Philibert, Tournus.

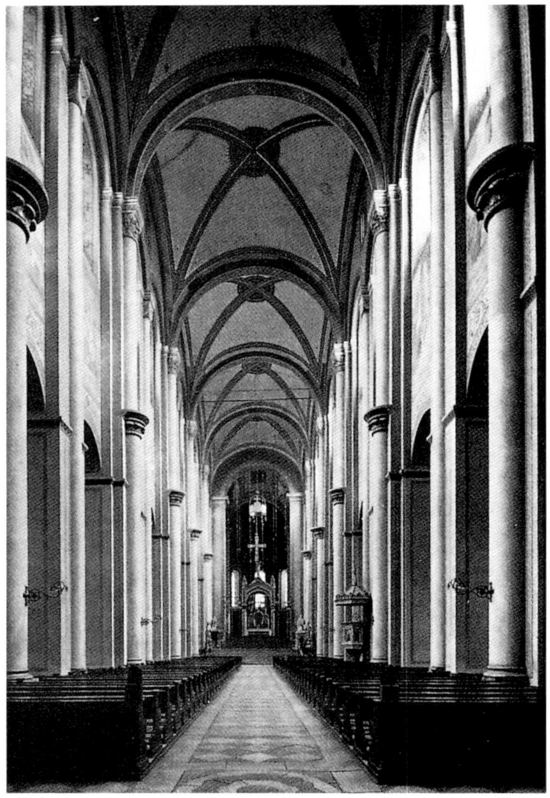

9.38 Innenansicht des Doms zu Speyer, um 1082–1106.

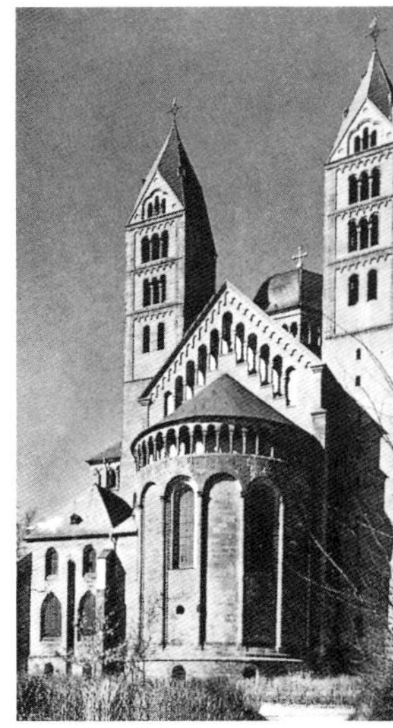

9.39 Ostbau des Doms zu Speyer.

schiffe drang Licht in Altarraum und Mittelschiff, wie etwa in Santiago de Compostela ▸ 9.26. Kreuzgratgewölbe dagegen mit ihrem verteilten Gewicht ließen Raum für einen Obergaden, doch waren sie schwierig zu bauen und brauchten während ihrer Entstehung aufwendige Holzgerüste. Kreuzrippengewölbe aber boten den praktischen Vorteil, dass die Rippen, die zuerst gebaut wurden, die Trägerfunktion übernahmen und die dazwischenliegenden Kappen erst später mit leichtem Stein gefüllt wurden. Dadurch wurden die riesigen Holzgerüste überflüssig. Nicht weniger bedeutsam war aber auch die optische Wirkung. Die Rippen untergliederten jedes Joch und grenzten es als klare Einheit ab, wobei sie gleichzeitig einen festen, alle Bauelemente miteinander verbindenden Rhythmus schufen, der dem gesamten Innenraum ein leichteres, weniger strenges und bedrohliches Aussehen gab. Es mag tatsächlich so gewesen sein, dass man die Rippen anfänglich eher aus ästhetischen als aus konstruktiven Gründen einführte,

9.41 Maria Laach, spätes 11. Jh.

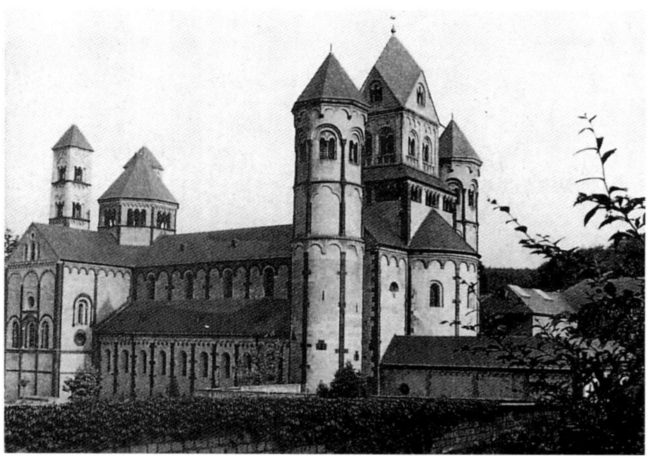

wie das bei ihren Vorläufern in der islamischen Welt der Fall gewesen war. Mindestens seit dem 10. Jahrhundert verwendete die islamische Architektur in Kuppeln dekorative Rippen, wie in der Moschee von Córdoba ▸ 8.31.

Das Kreuzrippengewölbe war das bedeutendste Gestaltungselement, um die träge Baumasse der romanischen Architektur nach und nach zu reduzieren, leichter zu machen, und zwar faktisch und anschaulich. Seine optische Wirkung wurde noch betont durch die Kombination mit schlanken, hohen, in die Pfeiler eingebundenen Säulenschäften. Diese Schäfte, wie man sie in Jumièges (1037–1066) findet, erheben sich vom Boden bis zum Dach. In Durham, Caen und andernorts scheinen sie fächerförmig als Rippen über das Gewölbe auszustrahlen. Dadurch lenken sie den Blick nach oben und lassen ihn womöglich die Stabilität von Wand und Dach übersehen. In Caen taucht erstmalig eine weitere, sehr gewagte Verfeinerung auf, das sechsteilige Kreuzrippengewölbe. Es entstand durch Hinzufügen einer weiteren Querrippe, die das Gewölbe quer durchschneidet und es in sechs Kappen untergliedert. Das sechsteilige Rippengewölbe steigert die einheitliche Wirkung des Innenraums, besonders dann, wenn es, wie in Caen, bei einem Wölbungssystem von Doppeljochen verwendet wird. In Durham wurde eine dritte, vielleicht noch bedeutendere Neuerung geschaffen, die Kombination von Kreuzrippengewölben mit Spitzbogen ▸ 9.42. Hier entsteht fast der Anschein, als kündigten sich bereits die gotischen Wirkungen von Sehnsucht und Emporsteigen an. Und doch bleibt Durham durch und durch romanisch. Die Rundbogen, die Würfelkapitelle und Gesimse in einheitlich plumper Einfachheit, die schiere Größe der massigen Pfeiler mit ihren tief skulptierten Zickzack- und anderen geometrischen Verzierungen vermitteln einen überwältigenden Eindruck von absoluter Macht und Autorität. Von all den noblen Manifestationen jenes stolzen Augenblicks, den die mittelalterliche Christenheit am Ende des 11. Jahrhun-

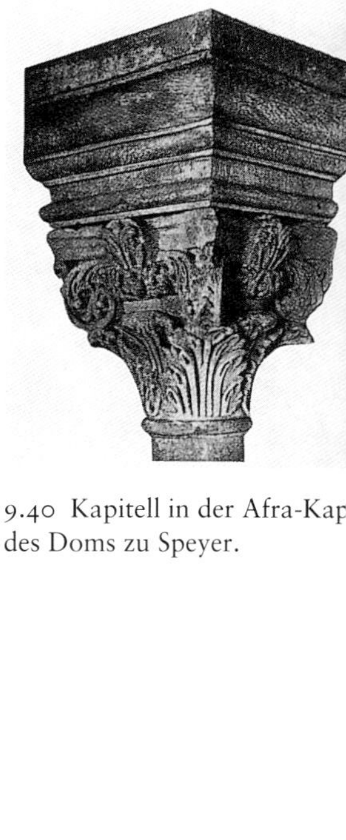

9.40 Kapitell in der Afra-Kap des Doms zu Speyer.

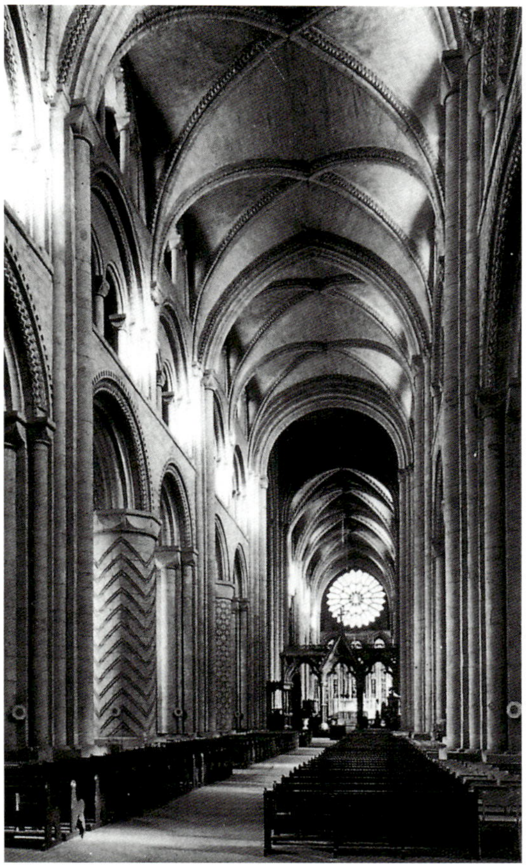

9.42 Mittelschiff der Kathedrale von Durham, England, 1093– um 1130.

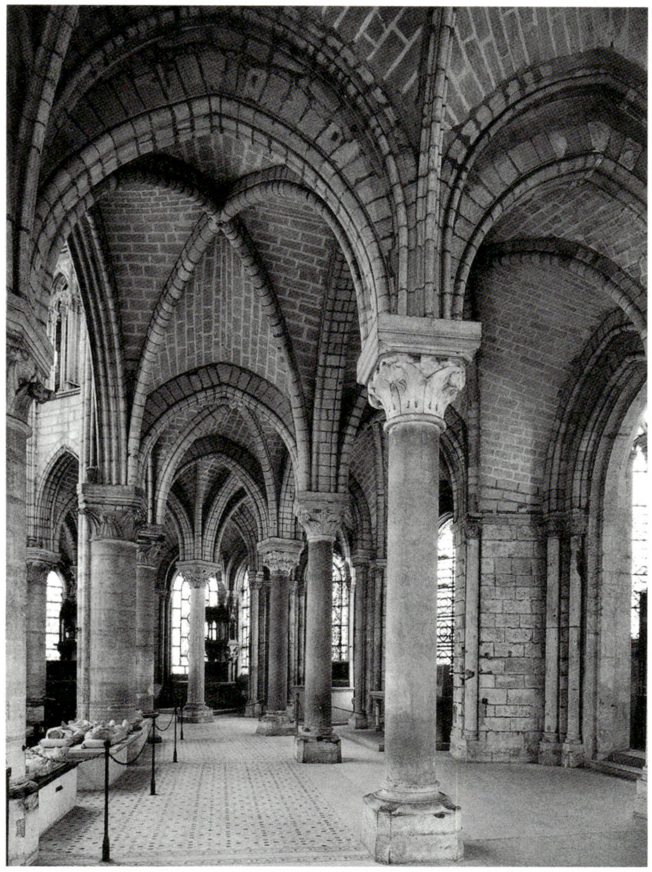

9.43 Chorumgang von Saint-Denis, bei Paris, 1140–1144.

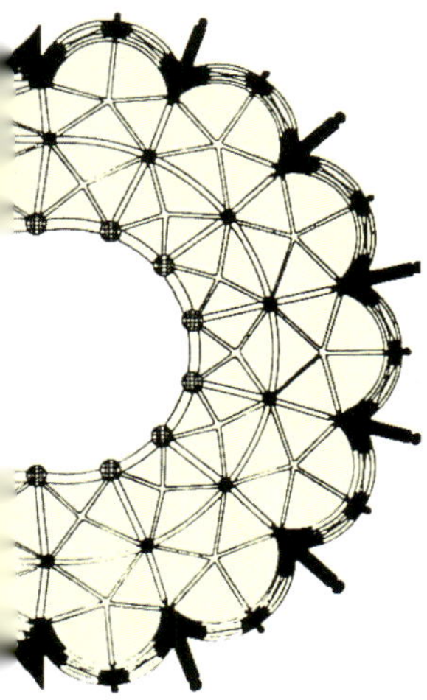

.4 Grundriss des Chors
1 Saint-Denis.

derts erlebte, als die Reform in Rom gesiegt hatte und zur letzten großen Blüte des Mönchtums in Cîteaux führte, als die Überlegenheit der päpstlichen Tiara über die Kaiserkrone in Canossa sichergestellt worden war und die Ritter Europas aufbrachen, um im Ersten Kreuzzug das Heilige Land zurückzuerobern, ist Durham wohl das gewaltigste Beispiel.

## Gotische Kunst und Architektur

Der Chorumgang der Abteikirche von Saint-Denis, heute ein Vorort im Norden von Paris, nimmt in der Geschichte der europäischen Architektur eine Vorrangstellung ein ▸ 9.43;44. Alles, was von dem Ostbau erhalten geblieben ist, wurde nach nur vierjähriger Arbeitszeit als erster Hauptteil eines gotischen Bauwerks 1144 vollendet (der Chor, den er ursprünglich umgab, ist ein Jahrhundert später ersetzt worden). Auf diesen Chorumgang lässt sich der Ursprung aller späteren gotischen Kirchen zurückführen. Ob sich die Erbauer der Tragweite dessen, was sie geschaffen hatten, bewusst waren, bleibt jedoch zu bezweifeln. Es findet sich nämlich kein Hinweis darauf in den beiden detaillierten Schilderungen von Bau und Ausschmückung, die Suger, der Abt von Saint-Denis (1081–1151), der das Projekt ins Leben rief und leitete, verfasste. Auch kennt man den Namen des Architekten nicht, der für die Gestaltung dieses epochemachenden Werkes verantwortlich war.

Dabei war kein Einzelelement in Saint-Denis ein absolutes Novum. Apsiden mit radial angeordneten Kapellen waren schon viel früher gebaut worden, wie etwa in Saint-Sernin ▸ 9.24, obgleich sie niemals so konzipiert worden waren, dass der Raum sie ohne eine Unterbrechung durch Wände hätte umfließen können. Spitzbogen und Rippengewölbe – die deutlichsten Merkmale eines gotischen Innenraums – hatte man auch vorher schon angewandt, allerdings niemals so konsequent, um mit ihrer Hilfe eine massive romanische Architektur umzuwandeln in eine Architektur aus schlanken Stützen ohne Füllmaterial, in schiere Energie – also in gotische Architektur. Die architektonische Revolution, die sich in Saint-Denis vollzog, betraf mehr die Strukturbezüge als die Einzelformen. In vielfacher Weise entsprach sie der sich entwickelnden intellektuellen Bewegung, bekannt als Scholastik. Auch hier wurde, ohne wirklich originäre Ideen einzuführen, auf der Basis einer systematisch-dialektischen Aussöhnung der Wahrheiten von Vernunft und Glauben, Philosophie und Theologie, von Aristoteles und der Bibel eine neue, dauerhafte Denkstruktur geschaffen. Das wirklich Neue, das in Saint-Denis so auffallend ist, liegt in der Art, wie man hier etablierte Bautechniken kombinierte, um einen Innenraum von noch nie da gewesener Klarheit zu schaffen. Wie Suger selbst bemerkte, schimmerte dank der Kapellen im Chorumgang die ganze Kirche »im herrlichen, ungebrochenen Licht der strahlendsten Fenster, das den ganzen Innenraum durchdrang« ▸ 9.45.

Obgleich Suger wenig über Architekturtechnik schrieb, vielleicht auch wenig davon verstand, sind doch in seinen Schriften im Überfluss Bemerkungen vorhanden, die seine Absichten erkennen lassen und darauf hinweisen, welche entscheidende Rolle er als Bauherr gespielt hat. In seinem Bericht über die Weihe des Chores, am 11. Juni 1144, schildert er, wie fünf Erzbischöfe und vierzehn Bischöfe an den Altären in Chor, Chorumgang und der darunter liegenden Krypta die Messe zelebrierten:

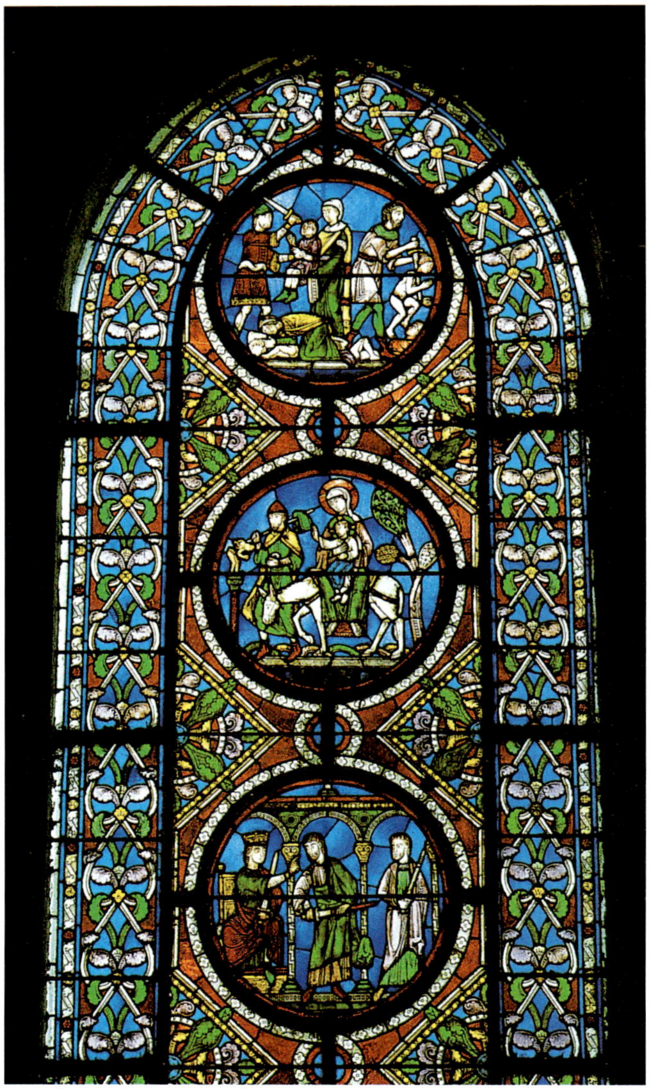

9.45 Glasfenster aus dem Chor von Saint-Denis.

9.46 Messkelch, um 1140, Achat und vergoldetes Silber, 19 cm. National Gallery of Art, Widener Collection, Washington.

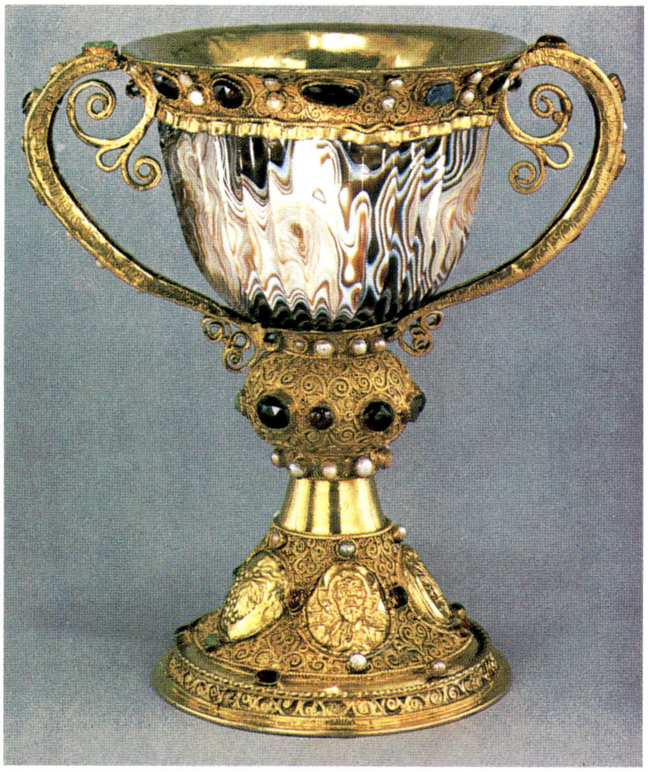

*»So festlich, so feierlich, so verschiedenartig und doch so harmonisch und so freudig, dass man ihren Gesang, köstlich in seinem Einklang und seinem einheitlichen Wohllaut, eher für eine Symphonie der Engel denn menschlicher Wesen halten konnte. Und wie sie dann alle mit Herzen und Lippen verkündeten: ›Gelobt sei die Glorie des Herrn in der Höhe, gepriesen, allen Ruhmes wert und über alles erhaben in Deinem Namen, Herr Jesus Christus … Du allein kannst das Materielle mit dem Immateriellen vereinen, das Körperliche mit dem Geistigen, das Menschliche mit dem Göttlichen …«* (Abt Suger über die Abteikirche Saint-Denis und ihre Kunstschätze)

Insbesondere die letzten Worte könnten sich auch auf die gotische Architektur beziehen, ja, sie bezeichnen deren innerstes Wesen sogar in knappester Form.

Eine Quelle, die Suger beim Bau von Saint-Denis inspirierte, ist bekannt. Die Klosterbibliothek besaß eine Sammlung von Schriften, die man ›Dionysios‹ (später genannt Pseudo-Dionysios Aeropagita) zuschrieb, einem bedeutenden Theologen, der um 500 in Syrien lebte. Fälschlicherweise wurde er für den hl. Dionysios, französisch Denis, gehalten, der Frankreich christianisiert haben soll. Diese Verwechslung hätte jedoch gar nicht glücklicher sein können. Von Dionysios nämlich, der die Philosophie des Plotin (s. S. 209f.) mit christlicher Theologie verschmolzen hatte, leitete Suger die Idee ab, Gott als das »immaterielle Licht« zu betrachten, das sich auf Erden in »Harmonie und Glanz« widerspiegele. Der neue Chor, der, wie Suger schrieb, »durchdrungen war von dem neuen Licht«, war folglich so gestaltet worden, dass er die neuplatonische Theologie des Heiligen veranschaulichte, dem die Kirche geweiht war. Die Edelsteine in leuchtenden Farben, mit denen Suger den Hochaltar, das große Kreuz und liturgische Geräte schmücken ließ ▸ 9.46, reflektierten ebenfalls göttliches Licht, das »das, was materiell ist, ins Immaterielle überträgt« und ihn selbst, wie er erklärte, »auf mystische Weise von dieser niedrigen in eine höhere Welt« versetzte.

Aber die Kirche spielte auch eine politische Rolle. Saint-Denis war eine königliche Abtei, die die Reliquien des Schutzheiligen von Frankreich beherbergte. Auch war sie seit Hugo Capet Grablege der französischen Könige. Suger selbst verknüpften enge Bindungen mit dem Königshaus, er war in der politischen Sphäre noch aktiver als in der religiösen. Als er 1122 zum Abt von Saint-Denis gewählt wurde, war der Bau im Verfall, die weiten Ländereien des Klosters wurden schlecht verwaltet, und die Moral seiner Mönche galt als lau. Ein Zeitgenosse bezeichnete das Kloster als eine »Synagoge des Satans«. All das sollte von Suger reformiert werden. Er begann 1124, Kapital für den Umbau zu beschaffen, und fuhr damit fort, als er als erster Minister Ludwigs VI. (1108–1137) die Wiederaufrichtung der königlichen Macht in Frankreich begründete.

Der hl. Bernhard von Clairvaux (s. S. 348), zum Zeitpunkt der Wahl Sugers ein scharfer Kritiker des Klosters, gratulierte ihm fünf Jahre später zu seinen Verbesserungen. Es lässt sich nicht feststellen, ob und inwieweit er den Entwurf der neuen Kirche beeinflusste. Um 1130 jedoch begann der Erzbischof von Sens, der Bernhard bewunderte, den Chor in der Kathedrale von Sens mit ähnlichen Pfeilern und Gewölben wie im Chor von Saint-Denis neu zu bauen. Der hl. Bernhard, asketisch, von edler Herkunft und hochherzig, war dem recht weltlichen, aus kleinen Verhältnissen stammenden, dem Königtum ergebenen und prachtliebenden Suger recht unähnlich. Und doch trugen beide zur Gestaltung des sich bildenden gotischen

## Abt Suger findet Säulen und Balken für Saint-Denis

Abt Sugers Entschlossenheit, sein praktischer Sinn sowie seine persönliche Anteilnahme am Bau von Saint-Denis werden durch zwei Episoden veranschaulicht. Nachdem es ihm nicht gelungen war, antike Bauelemente aus Rom herbeizuschaffen, wo er in den Thermen des Diokletian »wunderbare« Säulen gesehen hatte, »offenbarte ihm der Allmächtige zum Erstaunen aller«, dass es in der Nähe einen Steinbruch gebe, der für die Herstellung von Mühlsteinen verwendet wurde. Suger ließ die Säulen dort meißeln und sie dann mit Tauen versetzen.
*»Unsere eigenen Leute, aber ebenso die frommen Nachbarn, Edelleute und gewöhnliches Volk banden sich die Seile um Arme, Brust und Schultern und zogen die Säulen Zugtieren gleich nach oben.«*

Und als man ihm mitteilte, dass es kein Holz für Balken gebe und man das Holz aus dem 320km entfernten Auxerre herbeischaffen müsse, beschloss er eines Morgens im Bett, nach der Frühmesse selbst loszuziehen und das benötigte Holz in einem Wald in der Nähe der Abtei zu besorgen. Die Förster erklärten ihm, dass alles geeignete Holz gerade gefällt worden sei. Suger schrieb:
*»Doch wir kümmerten uns nicht um das, was sie sagten, sondern begannen gewissermaßen mit dem Mut unseres Glaubens, den Wald zu durchforsten: Und bereits um die erste Stunde fanden wir Holz, das die richtigen Maße hatte. Was soll man dazu noch sagen? Bis zur neunten Stunde hatten wir ungeachtet des Dickichts, der Tiefe des Waldes und des dichten, dornigen Gestrüpps zwölf Stämme markiert (denn so viele waren erforderlich), zum Erstaunen aller, vor allem derjenigen vor Ort.«*
Er ließ sie fällen und zu der Abtei befördern, wo sie *»mit Begeisterung auf dem Dach des neuen Gebäudes platziert wurden, zum Lobpreis und Ruhme unseres Herrn Jesus Christus«*.

Abbot Suger on the Abbey Church of St-Denis and its Art Treasures, hrsg., übers. und mit Anmerkungen versehen von Erwin Panofsky, Princeton 1979

Stils bei. Wie Suger, so war auch der hl. Bernhard vom Neuplatonismus tief beeinflusst, wenn auch in völlig anderer Weise. In einer typisch neuplatonischen Vorstellung beschrieb er die Vereinigung der Seele mit Gott als ein »Eintauchen in den unendlichen Ozean einer strahlenden Unendlichkeit«. Diese mystische Betrachtungsweise ließ ihn in die lauter werdende Kritik an der weltlichen Pracht der Cluniazenser-Kirchen, ihrer ungeheuren Größe, ihrem »kostspieligen Aufpolieren, ihren sonderbaren Skulpturen und Gemälden, die den Blick des Betenden auf sich ziehen und seine Aufmerksamkeit behindern«, einstimmen. Die Mönche sollten, so meinte er, Entsagung üben »um Christi willen, von allen Dingen, die kostbar sind und schön ... von allen Dingen, die angenehm zu sehen und wohltuend zu hören sind, die süß duften, köstlich schmecken oder angenehm zu berühren sind«. Die Abtei von Fontenay (1139–1147) ▸ 9.51, die während seiner Amtszeit als Abt gebaut wurde, ist in gewisser Hinsicht gereinigte Romanik. Auf diese Weise schufen die Zisterzienser eine Version des gotischen Stils, die ihre asketischen Ideale zum Ausdruck brachte. Diesen Stil machten sie all ihren anderen Häusern – bis zum Jahr 1200 waren dies einschließlich der Nonnenklöster 525 – zur Auflage. Ihre Kirchen mit den gerade – ohne Apsiden – schließenden Chören, mit den schlanken gotischen Fenstern und hohen Gewölben beziehen ihre Wirkungen ausschließlich aus der Präzision ihrer Steinmetzarbeit und dem vollkommenen Gleichgewicht schlichter Proportionen. Die vielen, teils nur als Ruinen erhaltenen Bauten zeigen die positiven Auswirkungen der Angriffe des hl. Bernhard auf die cluniazensische Architektur: Die Aufmerksamkeit wurde von Ornament und Dekoration auf Form und Struktur gelenkt.

Das Ziel der Zisterzienser und anderer zeitgenössischer Bewegungen der mönchischen Reform war eine Rückkehr zu ursprünglicher Schlichtheit und Reinheit ▸ 9.49. Daraus dürften sich zum Teil einige auffallende Analogien zwischen den wesentlichen Prinzipien der gotischen Architektur und den alten Traditionen der Holzbauweise erklären. Im nördlichen Europa gab es Holz in Hülle und Fülle, und immer war es das übliche Baumaterial – wie im Süden der Stein und im Nahen Osten der Lehmziegel. Der Grundbauplan war der einer großen Scheune: Vier aufrecht stehende, oben durch Balken verbundene Pfosten stützten die schrägen Sparren eines geneigten Daches (im Schnitt ein Dreieck mit eingeschriebenem Rechteck). Es besteht kaum ein Zweifel, dass dieses Skelett der Ursprung des ›Rastersystems‹ war, das ein Mittelschiff in eine Folge gleich großer Zellen aufteilt und nördliche Kirchen, wie St. Michael in Hildesheim (s. S. 338) oder Santiago de Compostela (s. S. 345f.), von italienischen Basiliken unterscheidet. Deutlichere Erinnerungen an die frühen Holzskelette zeigt die gotische Architektur, die bezeichnenderweise in der Ile de France entstand, wo die Holzbauweise üblich war.

In den zwei Jahrzehnten nach der Weihe von Saint-Denis wurde in der Ile de France mit dem Bau dreier großer gotischer Kathedralen begonnen: in Noyon (um 1150), in Laon ▸ 9.50; 52 (um 1160) und mit Notre-Dame in Paris (1163). Bald danach war der gotische Stil auch anderswo anzutreffen. Als 1174 der Chor der Kloster- und Kathedralkirche von Canterbury ausbrannte, nahmen die Mönche einen Architek-

IM KONTEXT

# *Die gotische Kathedrale*
# Das neue Jerusalem

Die großen gotischen Kathedralen, die mit ihren spitzen Türmen sogar die höchsten modernen Gebäude in mancher europäischen Stadt überragen, sind gleichsam das Inbild der mittelalterlichen Zivilisation, in dem sich umfassend und scharf wie in einem Spiegel der Glaube und das Leben der Menschen kristallisiert, von denen und für die sie erbaut wurden. Engel, Heilige und Teufel, Könige und Königinnen, Edelleute und ihre Damen, Kaufleute, Handwerker und Bauern, sie alle figurieren in der Fülle ihres bildhauerischen Schmucks und ihrer Glasfenster. Zudem verdanken sie ihre Entstehung tatsächlich oft den Bemühungen einer örtlichen Gemeinschaft, deren Leben in ihnen ihren Niederschlag fand. Eine Kathedrale – eine Kirche, die den Bischofsthron (›cathedra‹) beherbergte – war ein Zentrum der weltlichen Macht ebenso wie der geistlichen Autorität.

9.47 *Mariä Himmelfahrt*, aus dem Glasgower Psalter, um 1170, Pergament, 16,5 x 15 cm. Hunterian Library, Glasgow (MS U.3.2, fol. 5, 3v).

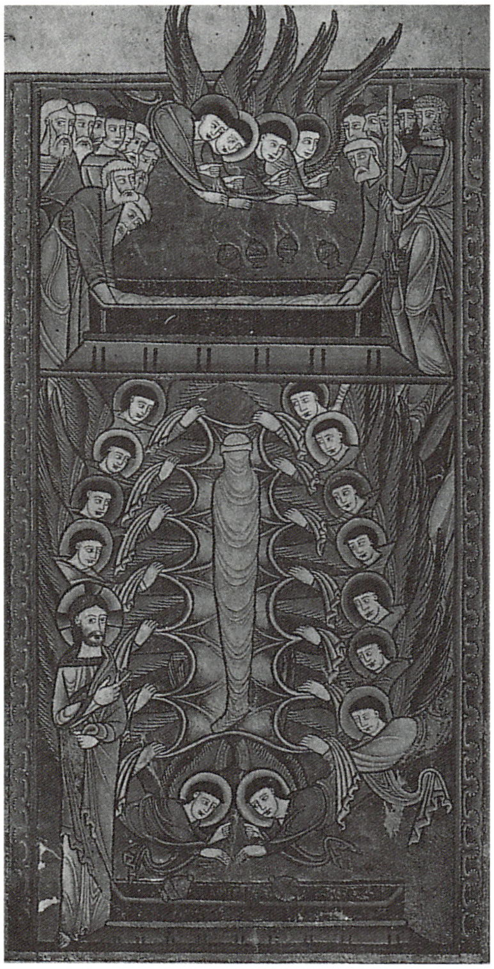

Für die, die sie erbauten und erschufen, waren die gotischen Kathedralen allem voran großartige Symbole, allgegenwärtige, gen Himmel deutende Sinnbilder. Ihr säkularer Stellenwert war lediglich eine Folge ihrer transzendentalen religiösen Bedeutung in einer Welt, in der die Hierarchien von Kirche und Staat als genauso gottgewollt galten wie die des Himmels. Sie wurden häufig als ein neuer Tempel Jerusalems, oder genauer: als ein Neues Jerusalem oder einen Gottesstaat konzipiert. Ihre Symbolik beruhte weniger auf einer simplen Entsprechung von Bild und Idee – wie bei der Allegorie – als vielmehr auf Anagogie, das heißt einer mystischen Deutung, die den Geist vom Materiellen emporführt zum Göttlichen. Abt Suger (s. S. 352f.) berichtet, wie ihn die Anschauung der Schönheit der Edelsteine, die den Hochaltar von Saint-Denis schmücken, anregte, über die heiligen Tugenden zu reflektieren: *»Dann kommt es mir vor, als weilte ich gleichsam in irgendeiner seltsamen Region des Universums, die weder ganz im Schlamm der Erde noch ganz in der Reinheit des Himmels angesiedelt ist, und könnte dank der Gnade Gottes in anagogischer Art und Weise von diesem niederen zu jenem höheren Reich emporgetragen werden.«*

Biblische Beschreibungen des Tempels von Jerusalem, der von Salomo erbaut und von den Römern zerstört worden war, dienten bei dieser geistigen Suche als Inspirationsquelle. Gelegentlich wurden Details direkt nachempfunden, wie etwa von RAINER VON HUY ▸9.35. Entsprechend beherbergte die Abtei von Cluny einen großen Kandelaber aus Bronze mit sieben Armen ähnlich demjenigen, den Titus aus dem Tempel von Jerusalem gestohlen und im Triumph nach Rom gebracht hatte ▸5.92.

Der hl. Bernhard von Clairvaux (S. 347f.) jedoch verurteilte die Cluniazenser-Kirchen mit ihrem reichen Schmuck und ihrer verschwenderischen Verwendung von Gold, die ihn, so schrieb er, an die »alten Riten der Juden« erinnerten. Der Salomonische Tempel war kein Vorbild, dem es in jeder Hinsicht nachzueifern galt. Sein Allerheiligstes war auf allen Seiten geschlossen, denn »der Herr sagte, er werde im finstersten Dunkel weilen«, und die Bundeslade war versteckt hinter dem Vorhang, der im Augenblick des Kreuzestodes Christi von oben bis unten zerrissen sein soll. Die Sanktuarien gotischer Kirchen jedoch waren im Unterschied zu ihren romanischen Vorläufern in ein geheimnisvolles Licht getaucht, das durch die überwiegend in Blau- und Rottönen gehaltenen Glasfenster einfiel. »Klar ist«, so schreibt Abt Suger, »das erhabene Gebäude, das durchstrahlt ist von neuem Licht«, dem lux nova, das dem Dunkel der alten Glaubensordnung gegenübergestellt wurde.

*»Die Kirche, in der die Menschen zusammenkommen, um Gott zu lobpreisen, steht für die Heilige Katholische Kirche, die aus lebenden Bausteinen im Himmel errichtet ist«*, schrieb der Theologe Hugo von St. Victor (1097–1141), der seinen Namen von einer Abtei in Nordfrankreich zwischen Amiens und Rouen hatte, wo die großen gotischen Kathedralen gebaut werden sollten. Die gotische Kirche wies in die Zukunft, auf »die Heilige Stadt, das Neue Jerusalem«, die nach der Beschreibung in der Offenbarung des Johannes »von Gott aus dem Himmel herabfuhr, bereitet wie eine geschmückte Braut ihrem Mann«. Sie hatte »eine große und hohe Mauer« mit drei Toren auf jeder ihrer vier Seiten, *»und ihre Mauer war aus Jaspis und die Stadt aus reinem Golde, gleich dem reinen Glase. Und die Grundsteine der Mauer um die Stadt waren geschmückt mit allerlei Edelgestein. Der erste Grundstein war ein Jaspis, der zweite ein Saphir, der dritte ein Chalzedon …«*

Die Portale mit drei Türen in der Nord-, der Süd- und der Westfassade der Kathedrale von Chartres sollten möglicherweise an diese Bibelstelle erinnern. Bunte Glasfenster lassen an die Farben durchscheinender Halbedelsteine jener Art denken, mit denen liturgische Gefäße verziert wurden ▸9.46. In einem mystischen Sinn wurde das Neue Jerusalem allerdings mit der Jungfrau Maria als der von Johannes erwähnten ›Braut‹ assoziiert. In einer englischen Miniatur aus der zweiten Hälfte des 12. Jahrhunderts sehen wir, wie der in ein Leichentuch gehüllte Körper Mariens von Engeln in einem Baldachin zum Himmel emporgetragen wird, der einem gotischen Rippengewölbe gleicht ▸9.47. Einen unverhohleneren Ausdruck konnte die anagogische oder mystische Interpretation des Gotischen kaum finden.

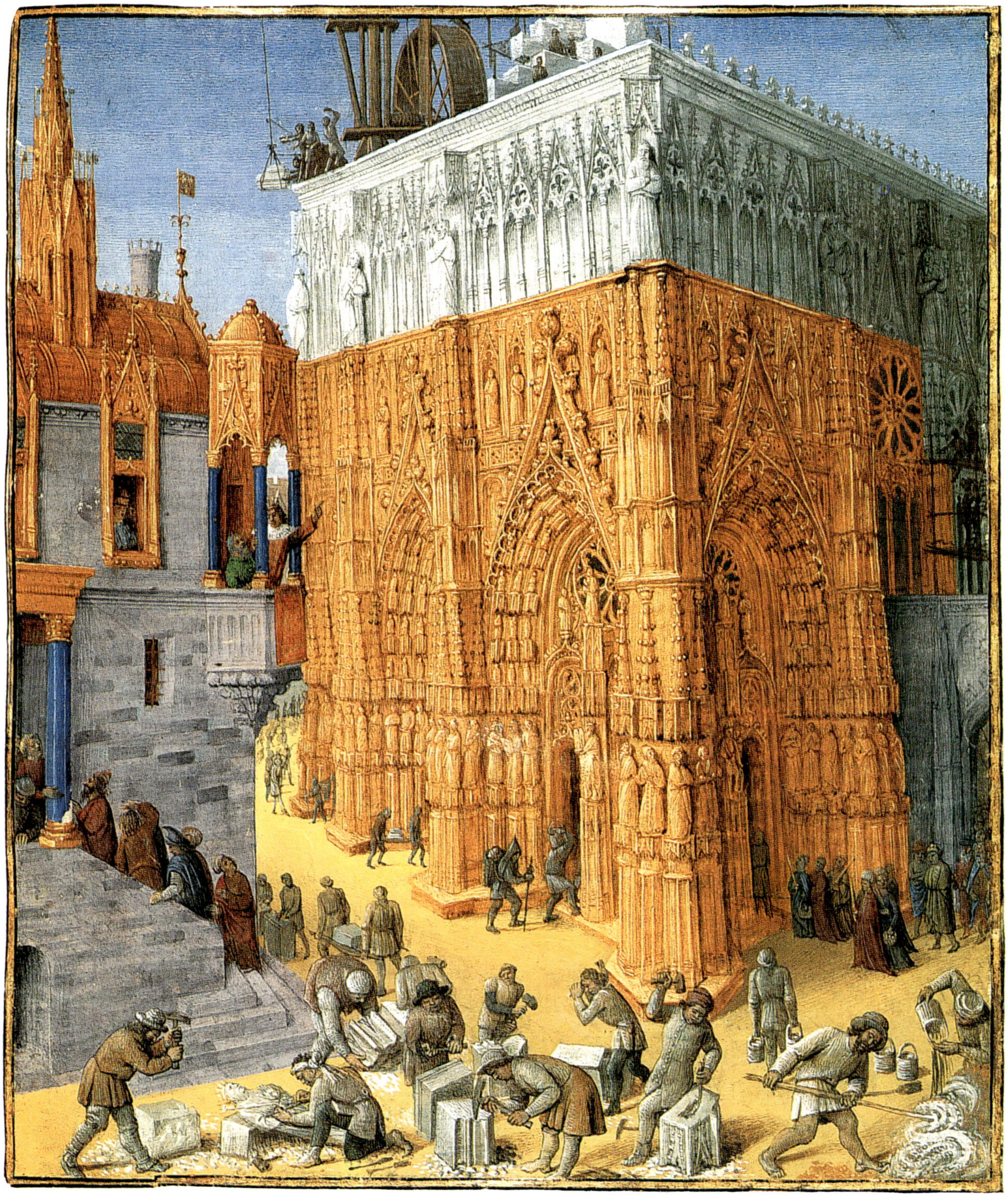

9.48 JEAN FOUQUET, *Bau des Tempels von Jerusalem*, aus Flavius Josephus, *Altertümer und Kriege der Juden*, um 1475, Pergament, 39 x 29,2 cm. Bibliothèque Nationale, Paris (fr. 247, fol. 163).

Der Salomonische Tempel wurde von den Erbauern der gotischen Kathedralen keineswegs vergessen, ja seine im Buch der Könige und der Chronik festgehaltenen Abmessungen galten selbst den Baumeistern späterer Jahrhunderte noch als Maßstab idealer Proportionen. Bildende Künstler jedoch stellten ihn im jeweiligen Baustil ihrer Zeit dar. So zeigte der französische Maler JEAN FOUQUET (um 1420–1482) ihn in einer Abbildung zu Flavius Josephus *Altertümer und Kriege der Juden* als ein von kunstvoller Bauplastik überwuchertes Gebäude in dem gotischen Stil, der im Frankreich des 15. Jahrhunderts vorherrschte ▸9.48. Daneben vermittelt er einen lebendigen Eindruck von der Arbeit der Steinmetze und Bildhauer, die vor den Augen von Salomo Steine behauen und an ihren Platz versetzen. Wie so viele gotische Kathedralen weist allerdings auch dieses Bauwerk ein Portal mit jenen drei Toren auf, die die Verbindung zum Himmlischen Jerusalem anschaulich machen.

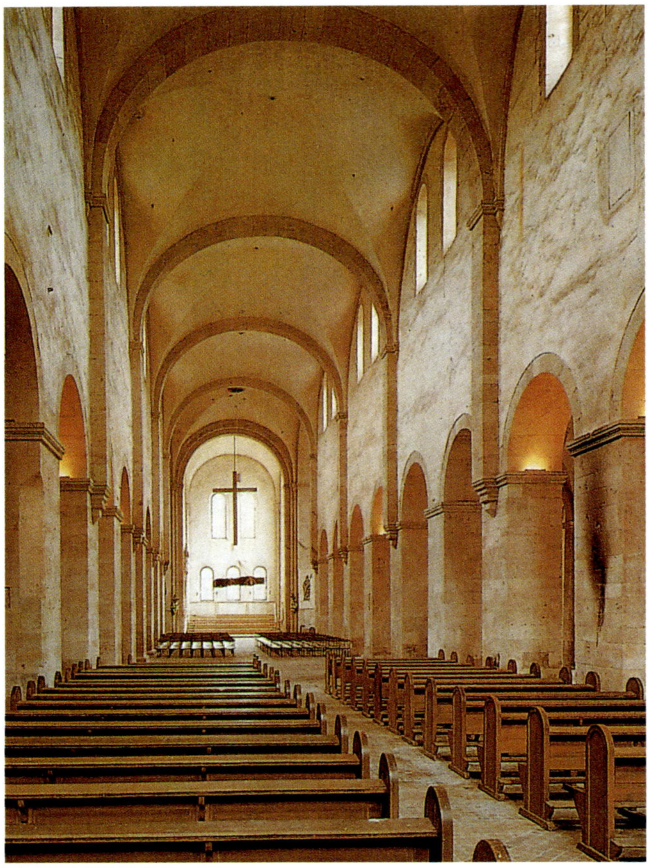

9.49 Zisterzienserklosterkirche Eberbach, Mittelschiff nach Osten, Ostteile um 1145 begonnen, Langhaus um 1170–1186.

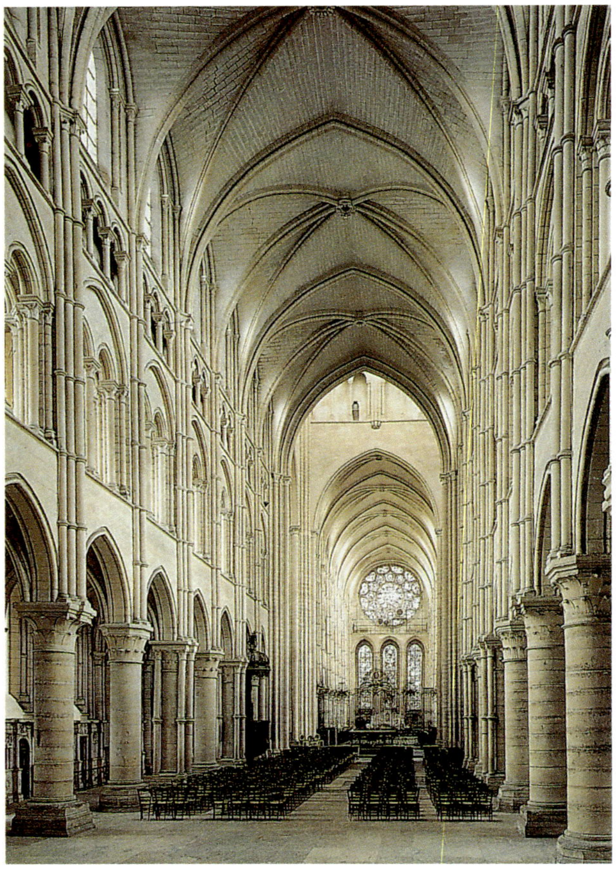

9.50 Blick in den Chor der Kathedrale von Laon, begonnen um 1160.

ten in ihre Dienste, den sie WILLIAM VON SENS nannten ▸ 9.53. Einer der Brüder von Canterbury, Gervasius, der die Chronik des Wiederaufbaus niederschrieb, gab eine Übersicht über die Vorzüge des neuen Stils und lieferte damit den einzig bekannten zeitgenössischen Vergleich zwischen ›Romanik‹ und ›Gotik‹:

*»In Form und Dicke sind die Pfeiler des alten und des neuen Werkes gleich, in der Länge jedoch unterschiedlich; denn die neuen Pfeiler wurden um zwölf Fuß verlängert. Bei den alten Kapitellen war die Bearbeitung schlicht, die neuen haben exquisite Skulpturen. Dort hatte die Rundung des Chores zweiundzwanzig Säulen, hier sind es achtundzwanzig. Dort waren die Bogen und alles andere simpel oder mit dem Maurerhammer skulptiert, aber nicht mit dem Meißel. Hier aber findet sich beinahe überall passender Skulpturenschmuck. Marmorsäulen gab es dort nicht, hier aber sind es unzählige. Die Gewölbe des Chorumganges waren dort einfach, hier aber haben sie Bogenrippen und Schlusssteine. Dort trennte eine auf Pfeilern ruhende Wand die Kreuze (Querarme) vom Chor, hier sind die Kreuze durch keine solche Teilung vom Chor geschieden, sondern laufen in einem Schlussstein zusammen, der sich in der Mitte des großen Gewölbes befindet, welches auf vier Hauptpfeilern ruht. Dort, da gab es eine Holzdecke, geschmückt mit vorzüglicher Malerei, hier aber ist das Gewölbe aus Stein und leichtem Kalktuff gebaut.«* (R. Willis, The Architectural History of Canterbury Cathedral, London 1845)

9.51 Kapitelsaal der Zisterzienserabtei Fontenay, 1150–1160.

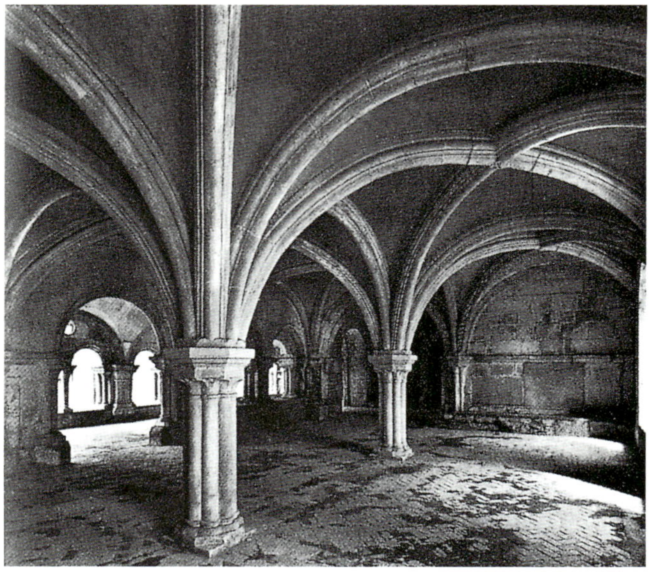

## Die Hochgotik

Die erstaunliche Leistung französischer Architekten im frühen 12. Jahrhundert schuf ein System, das in der gotischen Kathedrale Struktur, Konstruktion und die Form des visuellen Ausdrucks in- und miteinander verschmolz – das Bauwerk als Symbol eines allumfassenden religiösen Glaubens. Darüber hinaus war das System so flexibel, dass es nicht nur Planungsänderungen zuließ, als Details und Skulpturenschmuck rasch wieder Bedeutung gewannen, sondern auch zu dynamischer Entwicklung gereizt zu haben scheint. Erstaunlich schnell reifte die frühe Gotik von Saint-Denis und Sens zur ›Hochgotik‹ der drei klassischen Kathedralen: Chartres (1194–1220), Reims, 1212 begonnen, und Amiens, begonnen im Jahr 1220. JEAN D'ORBAIS (tätig 1212–1229), der Architekt von Reims,

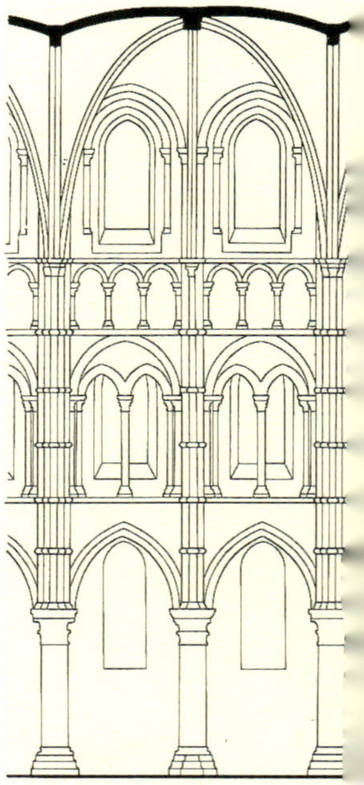

9.52 Aufriss der Mittelschiff-wand der Kathedrale von Lac

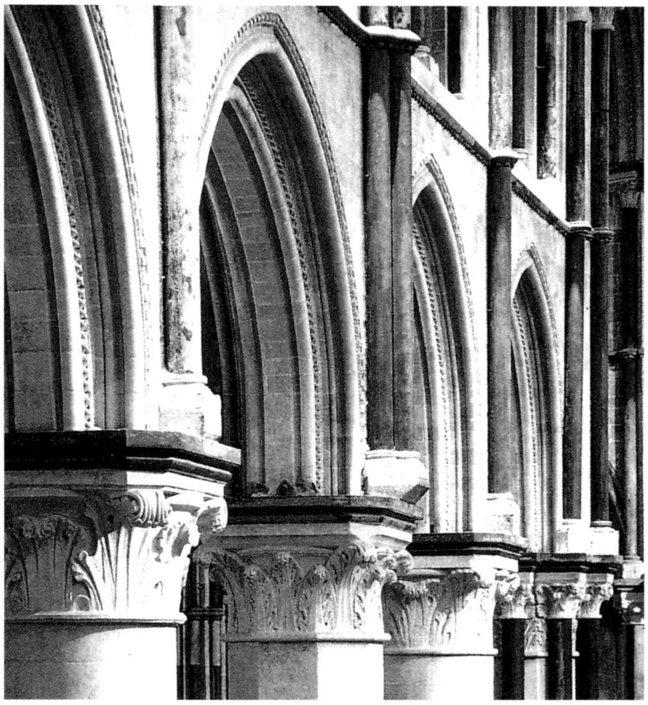

9.53 Arkaden im Chor der Kathedrale von Canterbury, begonnen 1175.

hatte eindeutig viel von dem unbekannten Meister der Kathedrale von Chartres gelernt, und ROBERT DE LUZARCHES, der das Schiff der Kathedrale von Amiens entwarf, war beiden zu Dank verpflichtet. Maurer und Baumeister reisten viel umher, und es ist wahrscheinlich, dass sie sich Skizzen machten, wenn bestimmte Merkmale und Stilelemente an fremden Bauwerken ihre Aufmerksamkeit fanden. VILLARD DE HONNECOURT (tätig 1225–1235), Autor des einzigen erhaltenen Skizzenbuchs eines Architekten aus diesem Zeitabschnitt ▸ 9.54, zeichnete Details von Grund- und Aufriss und der Dekoration in Laon, Chartres, Reims und in anderen Orten, sogar im fernen Ungarn sah er sich um.

In Amiens ▸ 9.55 erreichte der hochgotische Innenraum seinen Höhepunkt. Jegliche Erinnerung an Masse und Gewicht der Romanik wurde ausgelöscht in diesem riesigen, sich emporschwingenden Innenraum, dessen Höhe die dreifache Breite misst. Das Mittelschiff und der Altarraum, mit einem beinahe zentralen Querschiff wie in Notre-Dame in Paris und in Chartres, schaffen einen wunderbar geschmeidigen und durchsichtigen räumlichen Rhythmus. Nicht länger unterteilt man hier, wie in den romanischen Kirchen, in zahlreiche gesonderte Einheiten, die man erst optisch wieder zusammenfügen muss, sondern konzentriert sich auf wenige, tatsächlich nur drei Einheiten, wobei das Querschiff als Mitte des ausgewogenen Raumes fungiert ▸ 9.56. Aber die entscheidende, mitreißende Kraft verläuft vertikal – sie ergibt sich aus den langen, aufstrebenden, zart geführten Linien, die hoch oben die Anmut gotischer Bogen hervorbringen und die ganze Raumhülle gleichsam zu einem nahtlosen steinernen Gewand verweben. Pfeiler werden nun nicht mehr verstanden als isolierte Stützen, wie die klassischen Säulen, die die vertikale Wandentwicklung unterbrechen, sondern als Bündel runder Säulenschäfte, die bis zum Fenstergaden reichen und dort sich in Gewölberippen verzweigen. Die Joche sind nicht mehr quadratisch, sondern länglich. Die Bogen der Arkaden sind schmaler als zuvor und nur durch ein niedriges Triforium – die Bogenfront eines schmalen Ganges – von den hohen Fenstern im Obergaden getrennt, damit nichts den aufstrebenden Blick hindert. Auf diese Weise wird die Schwungkraft der Pfeiler des Mittelschiffs vertikal beschleunigt. Aber auch horizontal gewinnt sie in der Apsis an Dynamik, weil dort die Arkaden enger, die Bogen überspitzter werden und an die Stelle der Wand hinter dem Triforium Fenster treten, wodurch die traditionelle West-Ost-Achse, von der Eingangstür zum Altar, gewaltig verstärkt wird. Der schwierige Ausgleich zwischen Höhen- und Vorwärtsdrang ist es, der dem Innenraum sein vibrierendes Leben und seine elastische Spannung gibt, die allein von Linien zusammengehalten werden, straff gespannt wie bei einem wohlgestimmten Musikinstrument.

## *Glasmalerei und Strebebögen*

Der Innenraum der Kathedrale von Amiens verkörpert in schönster Weise die Klarheit der gotischen Architektur, in der alle Einzelteile formal und proportional zueinander und zum Ganzen in Beziehung stehen. Die visuelle Überzeugungskraft wurde ursprünglich durch das überirdische Licht, das durch die Glasfenster sickerte und den ganzen Raum in immaterielle Farbigkeit tauchte, auf eine höhere, transzendentale Stufe angehoben. Schon seit dem 4. Jahrhundert hatte man in Kirchenfenster buntes Glas eingesetzt, und frühe Theologen hatten ihm neuplatonische Bedeutsamkeit zugelegt. Mindestens seit dem 11. Jahrhundert zeigten die Fenster zuweilen Figuren, die man aus verschiedenfarbigen Glasstücken wie durchsichtige Mosaiken zusammensetzte und mit schwarzer Farbe bemalte, um Einzelheiten hervorzuheben. In Saint-Denis erlangten bunte Glasfenster mit figürlichen Darstellungen (von denen nur noch Fragmente erhalten sind) zum ersten Mal jene

9.54 VILLARD DE HONNECOURT, Seite aus dem Bauhüttenbuch, um 1235, Tinte auf Pergament, 24 x 16 cm. Bibliothèque Nationale, Paris.

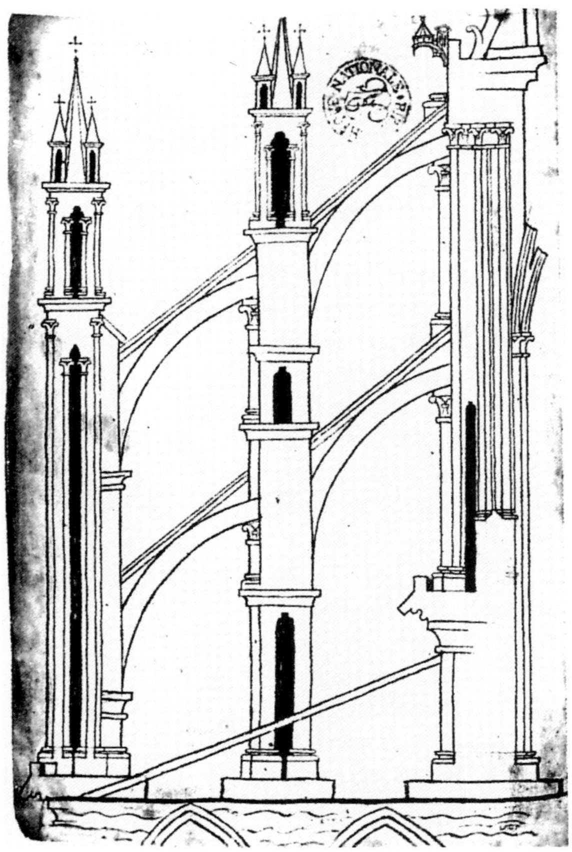

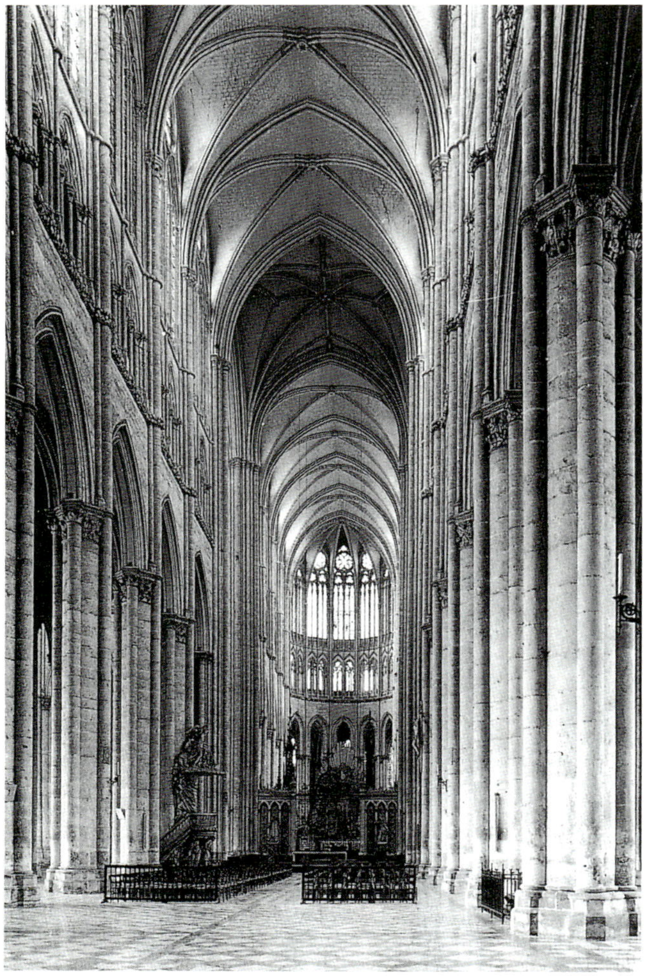

9.55 Mittelschiff der Kathedrale von Amiens, um 1220–1236.

Bedeutung, die ihnen länger als vier Jahrhunderte in Mitteleuropa erhalten bleiben sollte. Abt Suger sah in ihnen eine doppelte Symbolik, die ihrer Thematik und die der Verklärung durch die ›lux nova‹, das ›Neue Licht‹ des Evangeliums. »Übernatürlich« nannte er das Licht dieser »geheiligten Fenster«.

Die Kathedrale von Chartres bewahrt heute noch die meisten ihrer farbigen Glasfenster, die man als Quelle spiritueller und physischer Erleuchtung begriff. Die Figuren in jedem einzelnen Fenster oder in jeder Fenstergruppe stehen zu den Lehren, die in der ganzen Serie verkündet werden, und auch untereinander in theologischem Zusammenhang. Viele sind dem Kult der Jungfrau Maria geweiht, der in der Kathedrale von Chartres seinen Mittelpunkt hatte, da man hier als heiligste Reliquie eine Tunika verwahrte, die sie bei der Geburt Christi getragen haben soll. Die Jungfrau mit dem Christuskind auf dem Schoß bildet das Zentrum der großen Fensterrose des nördlichen Querschiffs ▸ 9.57. Um sie herum sind in symbolischer Zwölfzahl Bilder angeordnet: Engel, Erzengel und vier weiße Tauben, die sowohl den Heiligen Geist als auch die Evangelien verkörpern. Dann folgen die Könige von Israel, die der hl. Matthäus als die Vorfahren des hl. Josef aufzählt, sodann am äußeren Rand die Propheten. In einem komplizierten Geflecht weisen sie alle auf die Jungfrau und das Kind hin, wodurch das Alte und das Neue Testament miteinander verbunden werden. Andere Fenster in Chartres schildern Szenen aus dem Leben der Heiligen ▸ 9.58. Die Tendenz religiösen Denkens, die sie verraten, ist nicht intellektuell, sondern leicht zugänglich. Sie sollte in Kürze Jacobus da Voragine (um 1230–1298) anregen, in seiner *Legenda aurea* (*Goldene Legende*) all die farbenfrohen Geschichten von den Heiligen aufzuzeichnen.

Es heißt oft, dass Kirchenfenster wie die von Chartres den Armen und Analphabeten als ›Bibel‹ dienten, doch erscheint es zweifelhaft, ob sie ohne Hilfe der Inschriften, die die einzelnen Gestalten bezeichneten, zu verstehen waren. Die mystische Bedeutung des Lichts, die sie vermitteln, mag für den ungebildeten Laien ebenso schwer fassbar gewesen sein, doch konnte kaum jemandem das Wesentliche der Bedeutung dieser juwelengleichen Fenster entgehen. Sie schaffen eine Atmosphäre, die jener der Alltagswelt weit entrückt ist. Von den vorherrschenden Farben Blau und Rot erhält das Licht einen violetten Ton, der die Kirche durchflutet und einen sanften, überirdischen Glanz verbreitet. Gleichwohl bleibt die Lichtstärke gering, und man brauchte große Flächen von Buntglas. Im Zug der Entwicklung der gotischen Architektur ersetzte man darum nach und nach immer mehr gemauerte Wände durch Fenster, die den Raum zwischen immer schlankeren Stützen ausfüllten. In Bauwerken wie der Sainte-Chapelle in Paris, der Hofkapelle der französischen Könige, ist das Innere, abgesehen von einer niedrigen Sockelzone, vollständig von Glaswänden umgeben ▸ 9.61. Die bearbeiteten Werksteine, die eine Glastafel von der anderen trennen (in Chartres immer noch ziemlich augenfällig), sind reduziert zum Spitzengeflecht des Maßwerks, außen deutlicher hervortretend als innen. (Maßwerk ist eine gotische Erfindung, und seine Entwicklung in Richtung einer immer stärkeren Auflösung der Wand lässt sich von Chartres über Amiens hinaus verfolgen.) Die Sehnsucht nach Licht und Unstofflichkeit ergänzte das gotische Streben nach immer mehr Höhe. Die Hochschifffenster wurden ständig höher und trieben die Gewölbe hoch, in Chartres auf 37 m, in Reims auf 38 m, in Amiens auf 43 m, bis zur Schwindel erregenden Höhe von 48 m in Beauvais (1230– 1240). Dort jedoch hatte der Architekt sich übernommen. Den Einsturz des Chores im Jahr 1248 überstand nur die Apsis.

Diese hohen Gewölbe ▸ 9.59 brauchten Unterstützung von außen, dies führte zu einer anderen gotischen Erfindung, den ›Strebebogen‹ ▸ 9.60, die, wie in Chartres, die gesamte Apsis umschließen ▸ 9.63. Ihren konstruktiven Zweck veranschaulicht sehr gut eine Zeichnung von VILLARD DE HONNECOURT;

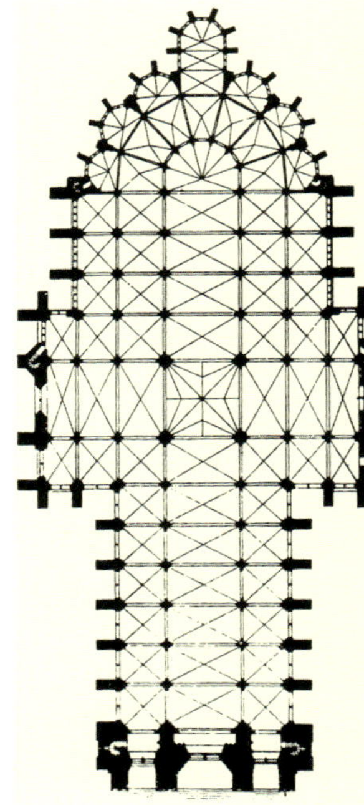

9.56 Grundriss der Kathedrale von Amiens.

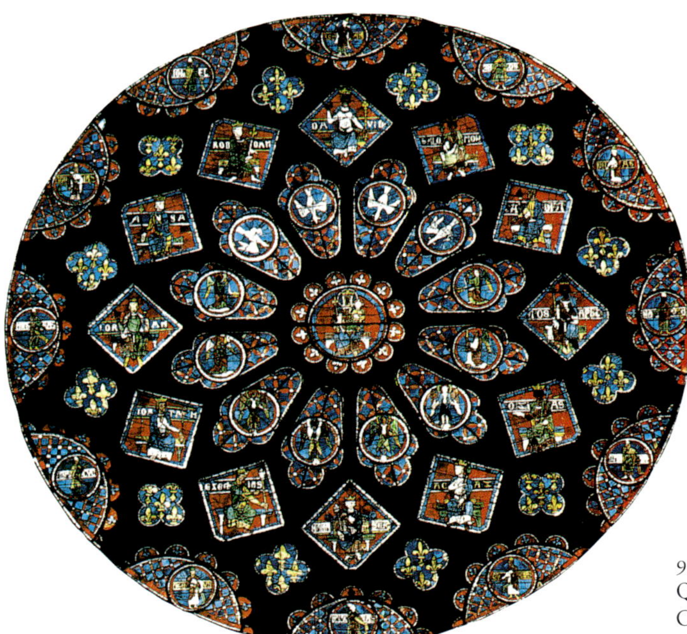

9.57 Fensterrose, nördliches Querschiff der Kathedrale von Chartres, um 1230, farbiges Glas, Durchmesser 13 m.

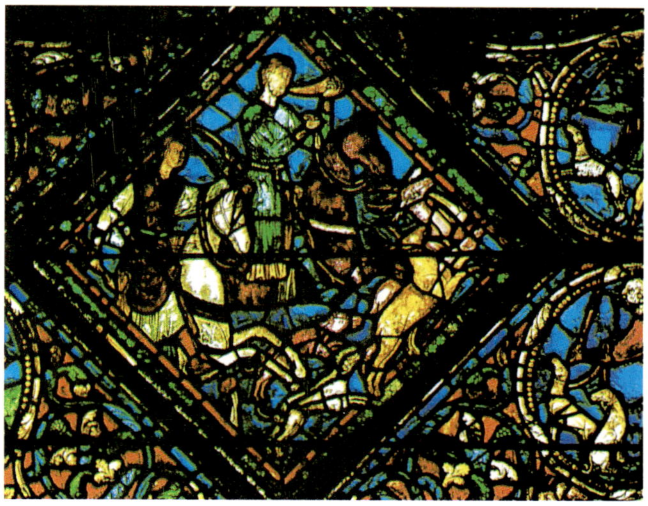

9.58 Szene aus dem Leben des hl. Eustachius, Nordchor der Kathedrale von Chartres, um 1210, farbiges Glas.

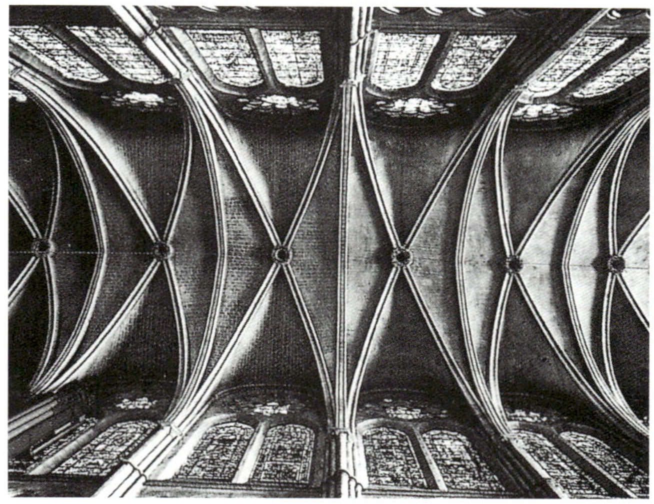

9.59 Langhausgewölbe der Kathedrale von Chartres, 1194–1220.

sie zeigt, wie ihre Arme sich ausstrecken, um den Seitenschub der Gewölbe aufzufangen ▸ 9.54. Ein ähnliches Strebewerk hatte auch schon die romanische Architektur verwendet, es allerdings unter den Dächern der Seitenemporen versteckt. Um größere Fensterflächen zu gewinnen, ließen die gotischen Architekten die Emporen weg, legten die Strebebogen offen und ließen sie unten in schlanke Skelettstützen auslaufen, eine sowohl ästhetische als auch funktional befriedigende Lösung. Sie wurden skulptiert, mit kleinen Türmchen oder Fialen gekrönt, damit auch sie zu der allumfassenden aufwärts strebenden Kraft des Bauwerks beitrugen. Dabei verbergen sie geschickt ihre statische Funktion, ja ihr Erscheinungsbild widerspricht ihr sogar. Auf diese Weise leisten Strebewerke einen wichtigen Beitrag zur Integration von innerem und äußerem Erscheinungsbild der gotischen Kathedrale in eine organische Ganzheit. Das Gleiche gilt für die Hauptfassaden, die die horizontalen Teilungen (Arkade, Triforium, Fenstergaden) des inneren Aufrisses wiederholen. Die Hauptfassade von Notre-Dame in Paris dokumentiert daneben ganz deutlich das geometrische System, auf das der Entwurf des ganzen Bauwerks gründet ▸ 9.62. Hier handelt es sich um eine Rationalisierung der immer noch romanischen Fassaden von Saint-Etienne in Caen und von Saint-Denis, welche in ihrer Mitte bereits die anscheinend erste Fensterrose hat. Später dann, in Amiens und Reims, wurde der romanische Rest von Horizontalität, den Notre-Dame noch zeigt, umgeformt zu einer wesentlich stärkeren Betonung der Vertikalen.

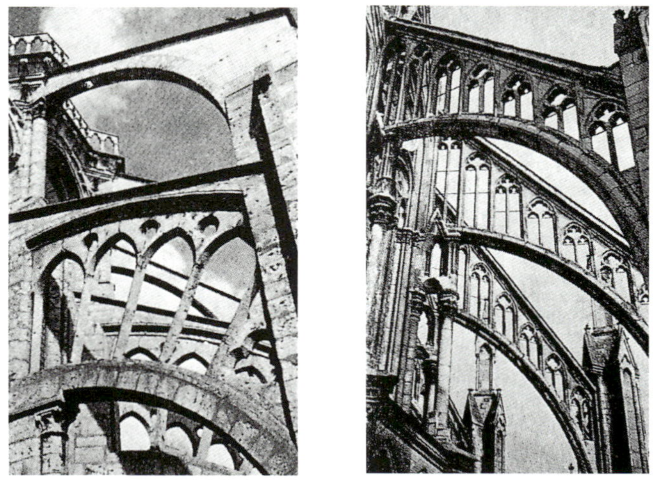

9.60 Strebebögen der Kathedralen von Amiens (links) und von Chartres (rechts).

9.61 Sainte-Chapelle, Paris, 1243–1248.

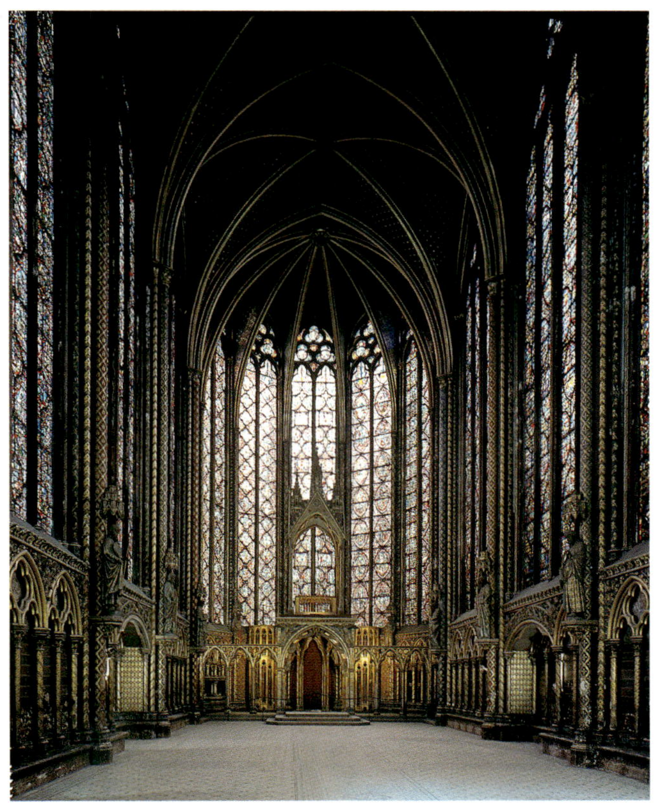

## *Finanzen und Theologie*

Keine der hochgotischen Kathedralen besitzt die volle Anzahl von Türmen, die sich die Architekten vorgestellt hatten. Für Chartres waren acht geplant (von den vorhandenen zwei Türmen stammt einer aus der Zeit vor dem Brand, 1194, der andere wurde im 16. Jahrhundert ausgebaut). Die Bauarbeiten an einer Kathedrale begannen normalerweise mit dem Chor und schritten über das Mittelschiff fort zur Fassade, die nur selten vollendet wurde, ehe das Geld ausging. Der Kathedralenbau war nämlich finanziell ein Mammutunternehmen und soll nach Angaben von einigen Historikern die wirtschaftliche Stabilität Frankreichs ernstlich beeinträchtigt haben. Das nötige Kapital dazu wurde aus verschiedensten Quellen beschafft. Erträge aus den großen landwirtschaftlichen Besitzungen der

QUELLEN UND DOKUMENTE

# Abt Haymo und der ›Kult der Karren‹

Um 1145 entstand in Chartres ein neuer religiöser Kult, den mehrere kirchliche Würdenträger kommentierten. Erzbischof Hugo von Rouen schrieb in einem Brief an den Bischof von Amiens (um 1145), dass in Chartres *»...Menschen in ihrer Demut Karren und Rollwagen für den Bau der Kathedrale zu ziehen beginnen, und ihre Demut wird sogar durch Wunder erhellt«.*

Ähnlich schrieb Robert von Torigni, der Abt von Mont Saint-Michel, in seiner Chronik:
*»In diesem Jahr [1145] begannen Männer in Chartres damit, Karren zu ziehen, die an ihren Schultern angeschirrt und mit Steinen und Holz, Getreide und anderen Vorräten gefüllt waren, die für die neue Kirche benötigt wurden, deren Türme man damals gerade zu bauen begann.«*

Eine ausführlichere Schilderung stammt von Haymo, dem Abt von Saint-Pierre-sur-Dives in der Normandie, der das Phänomen als eine Erweckungsbewegung beschrieb, die sämtliche Gesellschaftsschichten ergriffen hatte. Es führte zu *»...neuen und bis dahin unbekannten Formen der Rückkehr zu Christus. Wer hat in all den vergangenen Generationen je gesehen, wer je gehört, dass mächtige Prinzen dieser Welt, dass Männer, die in Ehren und Reichtum erzogen wurden, ihre stolzen und hochmütigen Nacken dem Harnisch der Karren gebeugt und wie Lasttiere diese Rollwagen, die mit Wein, Getreide, Öl, Stein und Holz und allem Sonstigen für die Bedürfnisse des Lebens oder für den Bau der Kirche Erforderliche beladen waren, zum Wohnsitz Christi gezogen haben? Doch während sie diese Lasten ziehen, kann man eine bemerkenswerte Beobachtung machen: Häufig sind tausend oder sogar noch mehr Menschen an den Wagen gebunden – so schwer ist dieser –, doch sie marschieren in einer solchen Stille, dass kein Murmeln zu hören ist, und wirklich, wenn man die Sache nicht mit eigenen Augen sähe, könnte man meinen, dass in einer solchen Menge kaum jemand anwesend sei. Wenn sie auf der Straße Halt machen, ist nichts zu hören als das Bekenntnis der Sünden und die reinen und flehentlichen Gebete zu Gott, mit der Bitte um Vergebung. Auf das Geheiß der Priester hin, die ihre Herzen zum Frieden mahnen, vergessen sie allen Hass und entledigen sich aller Zwietracht, erlassen Schulden, wird die Einheit der Herzen gestiftet.*
*Aber wenn jemand im Bösen so weit gelangt ist, dass er nicht willens ist, seinem Schuldner zu verzeihen, oder wenn er den Ratschlag des Priesters, der ihm eine fromme Empfehlung gegeben hat, nicht beherzigt, wird seine Gabe sofort als unrein von dem Wagen geworfen und er selbst auf schimpfliche und schamvolle Weise aus der Gesellschaft des Heiligen ausgestoßen. Man sieht dort, wie die Priester, die den einzelnen Wagen vorstehen, jeden Einzelnen zur Buße aufrufen, zum Bekenntnis seiner Sünden, zum Entschluss, ein besseres Leben zu führen! Man sieht dort alte Leute, junge Leute, kleine Kinder, die mit flehender Stimme zu Gott rufen und aus der Tiefe ihres Herzens Schluchzer und Seufzer mit rühmenden und lobpreisenden Worten an ihn richten! Wenn die Leute, vom Klang der Trompeten und vom Anblick der Fahnen gewarnt, ihren Weg fortsetzen, wird der Marsch mit einer solchen Leichtigkeit fortgesetzt, dass kein Hindernis ihn mehr zu verzögern mag... Ist die Kirche erreicht, ordnen sie die Wagen um sie an wie ein geistliches Lager und zelebrieren während der ganzen Nacht die Wache mit Hymnen und Lobgesängen. Auf jedem Wagen zünden sie Kerzen und Lampen an; dort setzen sie die Schwachen und Kranken hin und bringen ihnen die wertvollen Reliquien der Heiligen zur Linderung. Danach beenden die Priester und Kleriker die Zeremonie mit Prozessionen, denen die Leute mit frommen Herzen folgen, erflehen die Gnade ihres Herrn und seiner Mutter Maria für die Heilung der Kranken...«*

Mont Saint-Michel and Chartres, Boston 1904

Kirche und die Steuern, die die Bischöfe als weltliche Herren eintrieben, erbrachten beachtliche Summen. In Chartres soll das Domkapitel 1194 drei Jahre lang auf seine Bezüge verzichtet haben, um mit dem Wiederaufbau beginnen zu können. Auch Opfergaben von Pilgern und der ortsansässigen Bevölkerung, insbesondere für die Ausschmückung des Baues, halfen – wahrscheinlich mehr als die Schenkungen von Königen und Edelleuten. Die Reichen scheinen ihren Obulus lieber für Sondervorhaben gegeben zu haben, an denen man ihre Namen anbringen konnte, etwa farbige Glasfenster. So wurden die Fenster im nördlichen Querschiff von Chartres ▶ 9.57 von Königin Blanche gespendet, der Mutter des heilig gesprochenen Kreuzfahrers Ludwig IX. Andere dort waren Geschenke der Zünfte, jener Zusammenschlüsse, die das religiöse und soziale Leben wie auch die Arbeit der mittelalterlichen Handwerker und Händler ordneten. Metzger-, Bäcker- und andere lokale Zünfte spendeten die großen Fenster im Chorhaupt, die bedeutendsten von allen. Entweder durch direkte Spenden oder indirekt durch Steuern brachten die Bürger von Chartres, obgleich sie zu diesem Zeitpunkt die 10000 nicht überschritten, einen großen Teil der Bausumme für ihre Kathedrale auf, die damals die Stadt wie heute noch beherrschte. Um sie drehte sich ihr ganzes Leben; vor ihren Portalen wurde Recht gesprochen. Die großen Messen oder Märkte, auf die der mer-

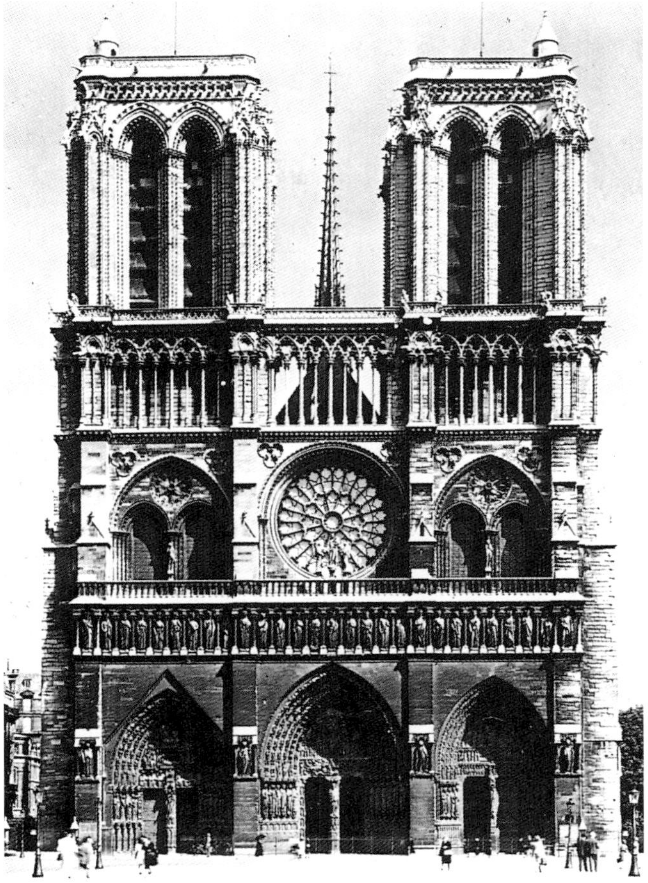

9.62 Fassade von Notre-Dame, Paris, 1210–1215.

kantile Wohlstand der Stadt gründete, fanden auf den angrenzenden Straßen und Plätzen statt, die Eigentum des Domkapitels waren und seiner Gerichtsbarkeit unterstanden. Die Weinhändler hatten sogar die Erlaubnis, in der Krypta Geschäfte abzuschließen. Dadurch wurde die Kathedrale beinahe eine ebenso wichtige städtische wie religiöse Institution. Auch in finanzieller Hinsicht war das Bauwerk von großem Wert für die Stadt, da es ständig starke Pilgerströme anlockte. Vielleicht waren das die Gründe, weshalb sich die Straßburger Bürger des 13. Jahrhunderts die finanziellen Verpflichtungen für den Bau von Mittelschiff und Fassade ihres Münsters aufluden und so den Bau dem Bischof und dem Domkapitel aus der Hand nahmen, mit denen sie sich in den Haaren lagen. Die Architekten, die diese großen Vorhaben entwarfen und leiteten, sind oftmals namentlich bekannt, darüber hinaus weiß man kaum etwas über sie. Als Persönlichkeiten bleiben ROBERT DE LUZARCHES in Amiens und JEAN D'ORBAIS in Reims genauso schemenhaft wie die drei anonymen Meister, deren individueller Stil an den aufeinander folgenden Stadien des Bauwerks in Chartres abzulesen ist. Wie andere mittelalterliche Architekten waren zweifellos auch sie vom Stand des Maurers beziehungsweise Steinmetzen aufgestiegen, wenn sie, nach einer Lehre im Steinbruch, durch die Ausführung einer technisch schwierigen Arbeit, ihrem ›Meisterstück‹, den Meistertitel erhalten hatten. Umfangreiche Fachkenntnisse in Konstruktion, Architekturzeichnen, Geometrie und den Regeln der Proportion erwarben sie anhand der streng gehüteten Überlieferungen ▸ 9.64, die innerhalb der ›Bauhütten‹ oder Werkstätten von einem Meister zum anderen über Generationen weitergegeben wurden. Oftmals blieben diese Bauhütten eine Dauereinrichtung an den großen Kathedralen, um für deren laufende Instandhaltung zu sorgen. Alle Arbeiten wurden nur nach gründlichen Beratungen mit dem Bischof, der das Projekt ins Leben gerufen hatte, und mit einem oder mehreren Mitgliedern des Domkapitels, das die Finanzen verwaltete, durchgeführt.

Angesichts der Ausbildung des Architekten als Maurer beziehungsweise Steinmetz überrascht es kaum, dass skulptierter Werkstein in gotischen Bauwerken solch starke Bedeutung gewinnen sollte. Gesimse wurden abschnittweise immer komplizierter, gemeißelte Figuren immer zahlreicher (in Chartres gibt es etwa 1800); dennoch ist der plastische Dekor in den frühen hochgotischen Kathedralen eintöniger als in den romanischen. Bereits im Chorumgang von Saint-Denis ▸ 9.44 wurden die Kapitelle von jenem Typus, den der heilige Bernhard verdammt hatte, ersetzt durch scharf gemeißelte Girlanden aus naturalistischen Blättern, die hier ein Muster festlegten, an das man sich später im ganzen nördlichen Europa hielt. Sie sind einander alle ähnlich, aber, und das ist bedeutsam, sie sind nicht identisch. Der Entwurf einer gotischen Kirche ließ Veränderungen am Detail genügend Spielraum, und gerade dadurch war die intellektuelle Geometrie ihrer Konzeption mit jenem pulsierenden und dennoch gebändigten Leben erfüllt.

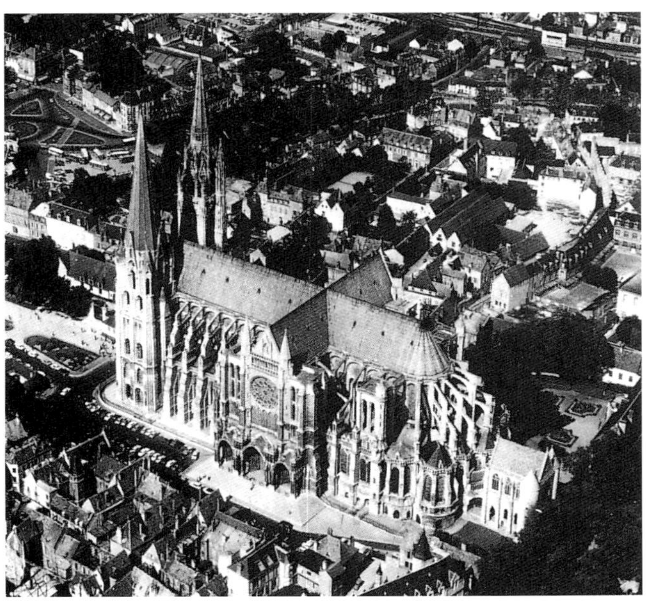

3 Kathedrale von Chartres,
erwiegend 1194–1220
ıftansicht).

9.64 ›Maschinen‹ (links) und ›Profile für Pfeiler, Fenstermaßwerk, Gewölbe der Kathedrale von Reims‹ (rechts), Skizzenbuch von VILLARD DE HONNECOURT, um 1230, Höhe 24 cm. Bibliothèque Nationale, Paris.

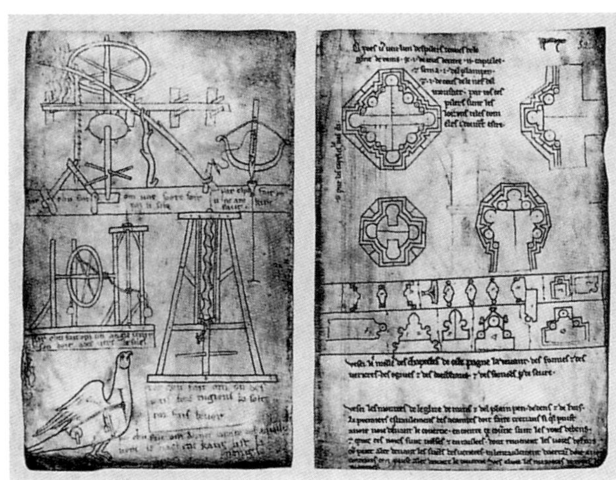

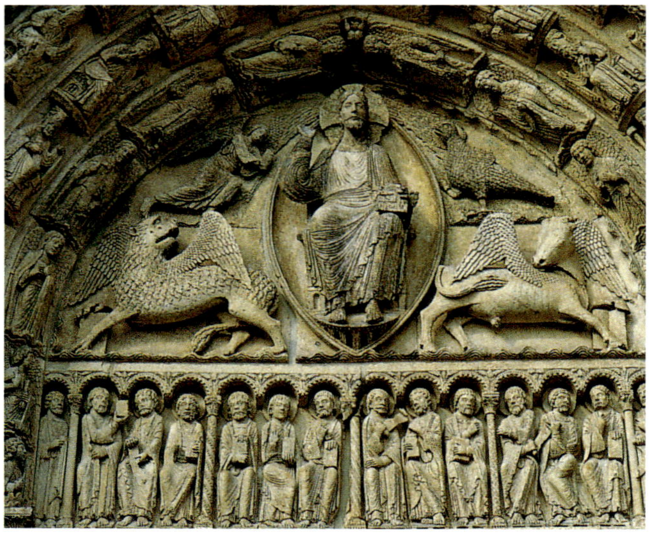

9.65 *Majestas Domini*, Tympanon, Westportal der Kathedrale von Chartres, Detail von 9.67.

Reims und zahlreichen anderen Orten geweiht waren. Mit ihren Turmspitzen und Fialen, die nach oben strebten, um das zu durchstoßen, was ein englischer Mystiker ›die Wolke der Unwissenheit‹ nannte, ihren bunten Glasfenstern, erstrahlend im göttlichen Licht, das sie durchdrang wie der Heilige Geist den Leib der Jungfrau und somit die Kirche erleuchtete, war die gotische Kathedrale ein Symbol und eine Auslegung des christlichen Glaubens. Eine transparente Bedeutungsschicht überlagerte die andere. Weinlaub und Eichenlaub mögen spezielle Symbole sein, aber sie illustrieren zugleich die Worte des 24. Psalms: »Die Erde ist des Herrn und was darinnen ist, der Erdboden und was darauf wohnt.« Jedes dieser großen Bauwerke verkündete den Ruhm Gottes und die Wunder seiner Schöpfung ▸ 9.66. Die schlimmste Häresie in dieser Zeit – die der Albigenser oder Katharer, die man im frühen 13. Jahrhundert grausam verfolgte – vertrat die dualistische Auffassung, dass alles Stoffliche schlecht und nur das Geistige gut sei. Eine Kathedrale aber war nicht nur eine *Summa theologica*, sondern auch eine Enzyklopädie der göttlich geordneten Schöpfung.

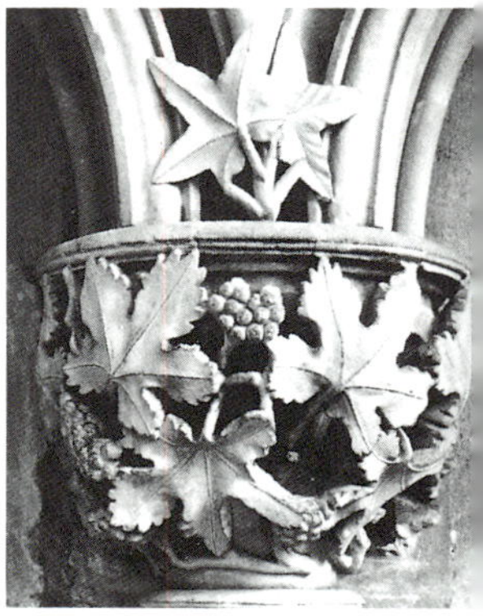

9.66 Weinlaubkapitell im Kapitelhaus des Münsters von Southwell, England, um 1290.

Der hl. Thomas von Aquin (um 1225–1274) oder ein ihm nahe stehender Schüler definierte Schönheit als »eine gewisse Übereinstimmung divergierender Elemente«. Er war der größte Theologe des Mittelalters, Verfasser der *Summa theologica*. In diesem Werk hatte er die systematische Auslegung der gesamten christlichen Lehre in Angriff genommen, doch blieb es unvollendet – in dieser wie in anderer Hinsicht den großen gotischen Kathedralen gleich. Denn im engmaschigen Gefüge mittelalterlichen Denkens galt eine Kirche als Mikrokosmos der allumfassenden katholischen Kirche, personifiziert durch die Jungfrau Maria, der die Kathedralen von Chartres, Paris,

9.67 Westportal der Kathedrale von Chartres, um 1145–1170.

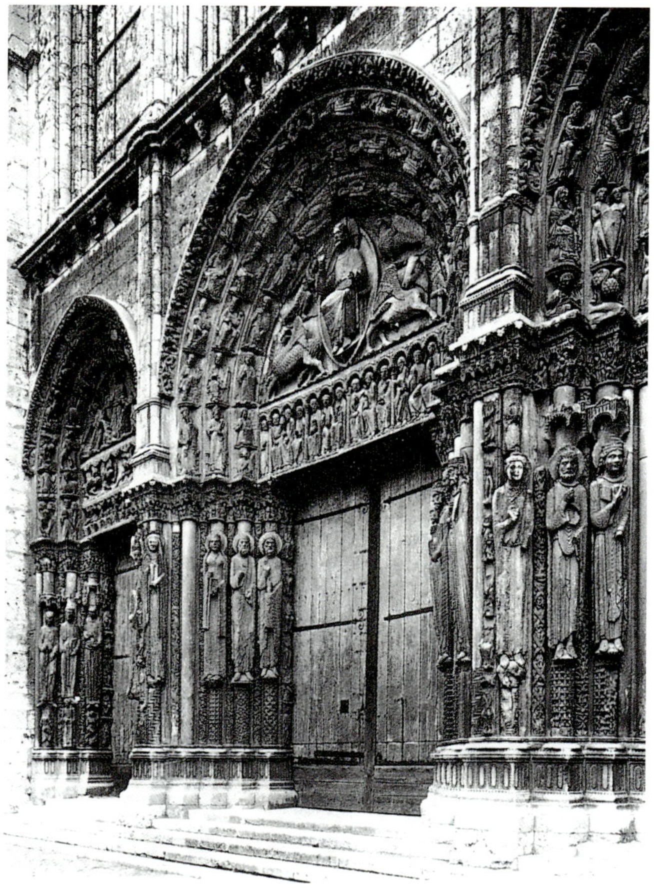

## *Skulptur und Malerei*

So war es nur folgerichtig, dass der Naturalismus in den bildenden Künsten, insbesondere in der Skulptur, mächtigen Auftrieb erhielt. Am West- oder Königsportal von Chartres, das in den vierziger Jahren des 12. Jahrhunderts geschaffen wurde und den Brand von 1194 überlebte, sind die Säulen noch mit geometrischen Mustern verziert, während die Könige und Königinnen des Alten Testaments, schlanker geworden und säulenförmig, bereits begonnen haben, sich von der Hintergrundarchitektur abzulösen ▸ 9.65; 67. Am Südportal des Querschiffs, etwa aus der Zeit von 1215–1220, springen die Figuren noch weiter vor und zeigen bereits deutliche Individualität. Vollendet wurde dieser Entwicklungsprozess am Westportal von Reims, um 1225–1245, an dem Heilige und Engel in monumentalen Dimensionen vom Mauerwerk gelöst sind, nicht mehr als Reliefs, sondern als vollplastische Gestalten konzipiert ▸ 9.68; 69. Trotz ihres grandiosen Maßstabs und ihrer Zurückgezogenheit in Ausdruck und Pose, entweder in Meditation versunken oder in stummer Kommunikation miteinander, sind sie doch im Wesentlichen menschliche Gestalten, die denselben Raum bevölkern und scheinbar auch dieselbe Luft atmen wie der Betrachter.

Die *Heimsuchung* in Reims lässt sich als stummes Zwiegespräch zwischen Maria und Elisabeth, den schlicht würdevollen Müttern von Jesus und Johannes dem Täufer auslegen. Die reich gerafften Falten ihrer Gewänder bringen ihr physisches und moralisches Gewicht zum Ausdruck. Wie NIKOLAUS VON VERDUN, lediglich zwei Jahrzehnte früher und auch geographisch nicht weit entfernt (s. S. 364), so muss wohl auch der Künstler von Reims römische Statuen gekannt und studiert haben. Er hat nämlich den Faltenwurf in einer Technik gemeißelt, die mehr als neunhundert Jahre nicht mehr angewendet worden war. Auch die Pose jeder Figur, ein Knie gebeugt, greift weit zurück auf das klassische Altertum. All das aber übernahm der Bildhauer im gleichen Geist aus der Antike, wie sich die scholastischen Theologen die Argumente oder ›die Modi der Beweisführung‹ des Aristoteles angeeignet hatten. Der Künstler setzte die Mittel der Antike aufs Neue ein, und seine Statuen gewinnen so eine neue Wärme und Menschlichkeit.

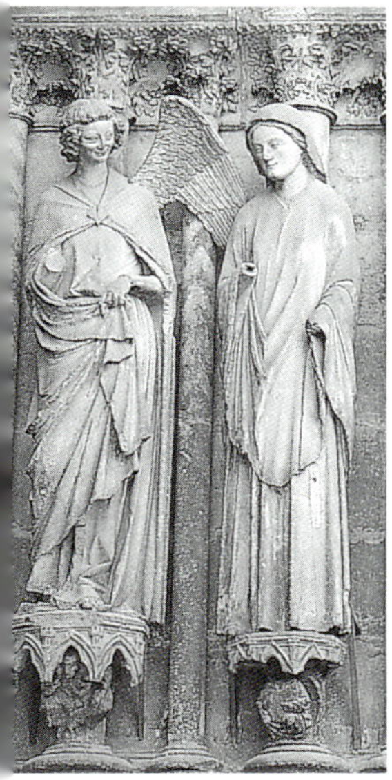

8 *Verkündigungsgruppe,* thedrale von Reims.

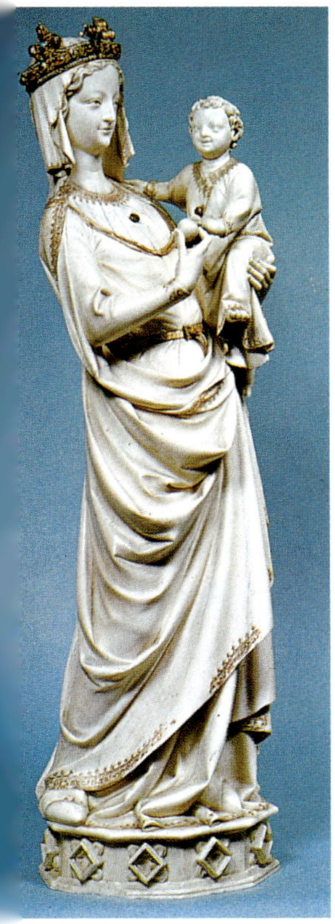

› *Jungfrau mit Kind*, um o, Elfenbein, teilvergoldet, ıe 40,6 cm. Louvre, Paris.

Die Jungfrau in der *Verkündigungsgruppe*, links von der *Heimsuchung*, ist das Werk eines anderen Bildhauers ▶ 9.68. Sie offenbart einen etwas anderen, wenn auch nicht weniger einzigartigen Charakter. Der Faltenwurf ist geschmeidig, ganz offensichtlich am lebenden Modell studiert, und die Form der festen, jungen Brüste zeichnet sich deutlich darunter ab. Der lächelnde Engel, ganz links außen, wurde von einem dritten Meister, wohl etwas später, geschaffen, und es ist als sicher anzunehmen, dass er sich ursprünglich an einem anderen Teil der Fassade befand. Der Faltenwurf wurde hier als deutlich unabhängig von dem Körper darunter ausgeführt, verrät jedoch in seiner Anordnung eine starke Beachtung der dekorativen Wirkung. Auch die Pose der beiden Gestalten in der Verkündigungsgruppe wurde anatomisch verbessert und zu jener sanften Drehung entspannt, die in der späteren gotischen Kunst immer wiederkehrt – zum Beispiel in einer hervorragenden Elfenbeinstatuette der *Jungfrau mit dem Kind,* die lange Zeit in der Sainte-Chapelle in Paris stand ▶ 9.70. Die drei Bildhauer von Reims haben sich von romanischen Konventionen ebenso weit entfernt wie der Architekt, der die Fassade der Kathedrale schuf, an der sie stehen. Ihr Naturalismus ergänzt seine strukturelle Klarheit.

Sämtliche bildenden Künste waren an Bau und Ausschmückung der großen Kathedralen des späten 12. und 13. Jahrhunderts beteiligt, und bald gewann die Gotik Allgemeingültigkeit, und das nicht nur in der Architektur. Auf einer Seite im Psalter des hl. Ludwig wird ein Gefüge aus zinnengekrönten Strebepfeilern, Spitzbogen und Fensterrosen zum Hintergrund, vor dem Abraham die drei Engel empfängt und sie bewirtet, während seine verschleierte Frau hinter einem Vorhang hervorlugt und die Szene beobachtet ▶ 9.71. Das ganze Blatt ist mit den gleichen kräftigen Konturen und großen, leuchtenden Farbflächen ausgestattet wie ein farbiges Glasfenster. Ja, der Engel auf der linken Seite hat sogar Familienähnlichkeit mit der Statue an der Westfassade der Kathedrale von Reims ▶ 9.69. Es liegt das Bestreben zugrunde, die Szene menschlich zu vergegenwärtigen, was die gotische Kunst gegenüber der romanischen so deutlich abgrenzt. Die allegorische Bedeutung, die vormals betont wurde, bleibt wichtig, rangiert jedoch erst an zweiter Stelle hinter der dramatischen Präsentation.

## *Englische und deutsche Gotik*

Wie schon erwähnt, wanderte der Stil bereits während seiner Entstehung nach England hinüber. Noch vor dem Ende des 12. Jahrhunderts erfuhr er hier lokale Abwandlungen und wurde zu eben dem Zeitpunkt weitergeführt, als ein Gefühl nationaler Identität zu wachsen begann (um 1250 verwendete man in einem Dokument erstmals Englisch als Amtssprache). Beim Einwölben des Mittelschiffs der Kathedrale von Lincoln beispielsweise vervielfachte man die Rippen und verband die von den Seiten aufsteigenden Rippenstrahlen im Gewölbescheitel durch eine Längsrippe. Auf diese Weise entstand ein Sternenmuster, bei dem die Logik vorsätzlich der dekorativen Wirkung geopfert wird ▶ 9.72. Der so genannte ›Decorated Style‹ mit reicher Verwendung von zweifach gekrümmten Kielbogen und zu Steingeweben verflochtenem Fenstermaßwerk wurde in England im 13. Jahrhundert entwickelt, also lange bevor der entsprechende ›Flamboyant-Stil‹ in Frankreich erschien ▶ 9.75. Das gleiche Vergnügen an Phantasie und kunstvoller, gekrümmter Ornamentik vermitteln die

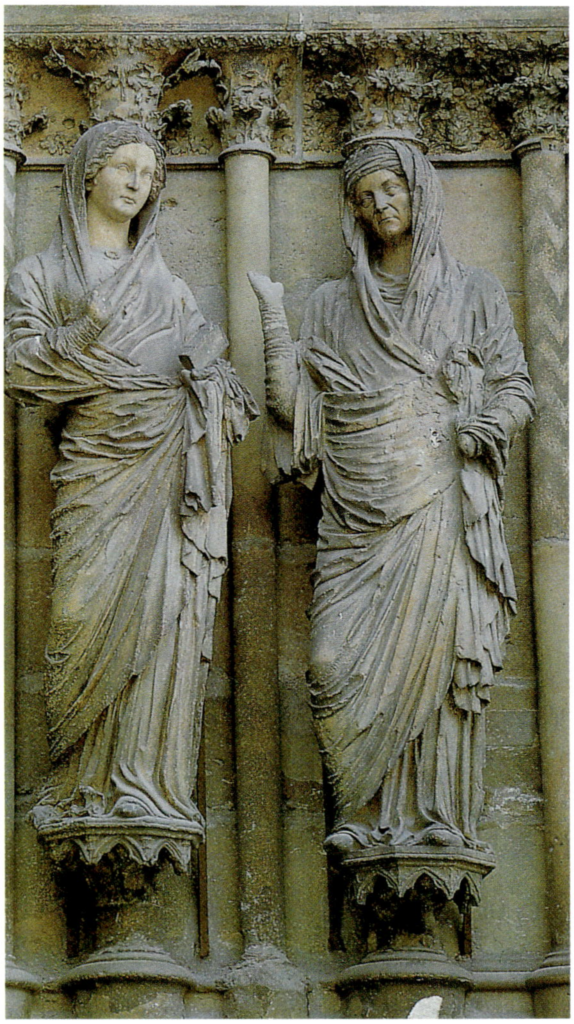

9.69 *Heimsuchungsgruppe, Maria und Elisabeth*, Kathedrale von Reims, rechtes Gewände des mittleren Westportals, 1225–1245.

9.71 *Abraham und die drei Engel*, Seite aus dem Psalter des hl. Ludwig, 1253–1270, Pergament, 21 x 14,5 cm. Bibliothèque Nationale, Paris.

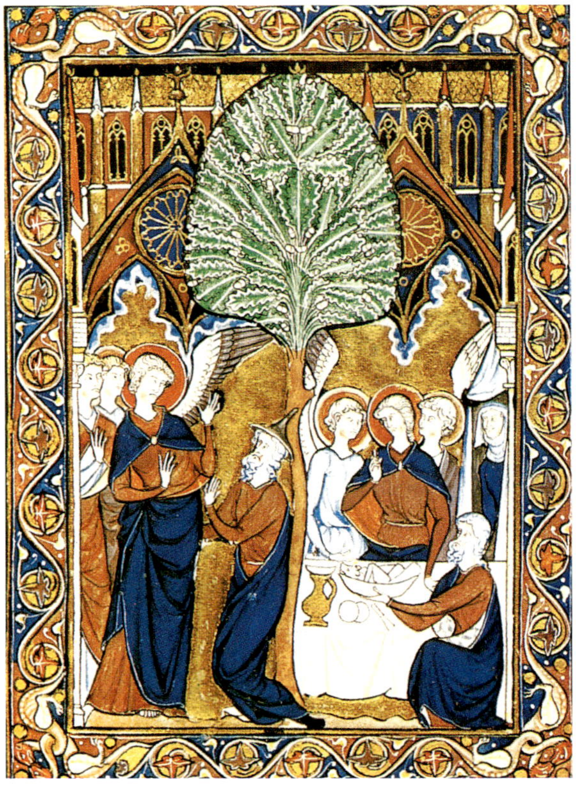

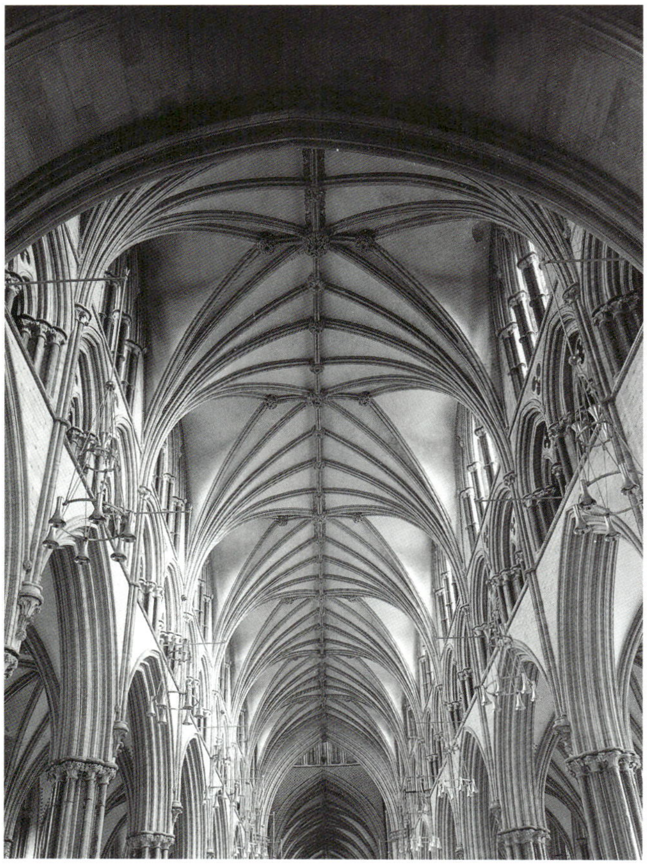

9.72 Mittelschiffgewölbe der Kathedrale von Lincoln, England, um 1240–1250.

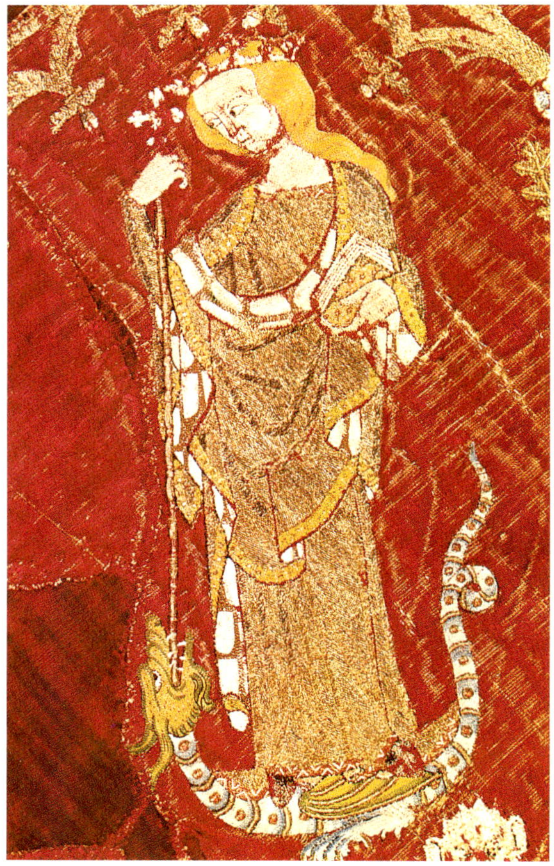

9.73 *Butler-Bowdon-Pluviale* (Ausschnitt), 1335–1336, Stickerei in Silber und vergoldetem Silberfaden auf rotem Samt mit Perlen, grünen Glasperlen und Goldringen, Gesamtbreite 345 cm. Victoria & Albert Museum, London.

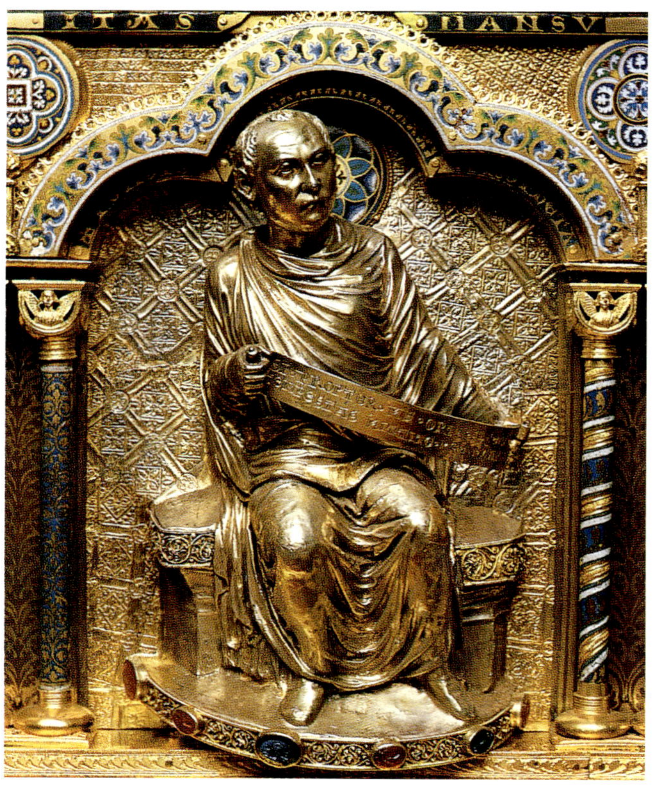

9.74 NIKOLAUS VON VERDUN, *Der Prophet Jonas*, Detail aus dem *Dreikönigsschrein*, um 1182–1190, Gold, Email und Edelsteine. Dom, Köln.

üppig und vollendet gestalteten Gewänder, die zu diesem Zeitpunkt zu den erlesensten Kunstwerken zählten, die England hervorbrachte ▸ 9.73. Stickereien waren eine englische Spezialität, in ganz Europa hochgeschätzt und bekannt unter der Bezeichnung ›opus anglicanum‹ (englische Arbeit).

Bis zum Ende des 12. Jahrhunderts hielt Deutschland am romanischen Stil fest, der so eng mit dem Heiligen Römischen Reich verknüpft war, und nur in Werken kleineren Maßstabs kündigt sich eine bevorstehende Wandlung an. Der von NIKOLAUS VON VERDUN (um 1140–1216) für Köln angefertigte *Dreikönigsschrein* gehört mit seinen runden Bogen und kurzen Säulen architektonisch zur Romanik ▸ 9.74, doch nehmen die Figuren im Hochrelief etwa um zwei Jahrzehnte die Statuen an der Kathedrale von Reims vorweg ▸ 9.69. Der geschmeidige, lockere Faltenwurf der silbernen Gestalten, der sich in Form und Bewegung den Körpern darunter anpasst, setzt einen Stil fort, der von Griechenland auf Rom übergegangen war, während die stark charakterisierten nachdenklichen Köpfe die Spiritualität der gotischen Skulptur aufweisen. Der Naturalismus wurde in Deutschland zum Extrem getrieben. Am eindrucksvollsten gelang dies wohl in zwei außerordentlich naturgetreuen Gründerfiguren des Naumburger Doms – dem stämmigen Markgrafen Ekkehart, die Hand am Schwertgriff, und seiner eleganten, mondänen Gattin Uta, die den Kragen ihres Umhangs zur Wange hochzieht ▸ 9.76. Als die gotische Architektur in Deutschland Fuß gefasst hatte, schuf sie dort mächtige und reiche Beispiele. Der Kölner Dom, von der Kathedrale von Reims inspiriert, wurde als die größte aller gotischen Kirchenbauten ▸ 9.77 begonnen. Er sollte jedoch erst im 19. Jahrhundert vollendet werden.

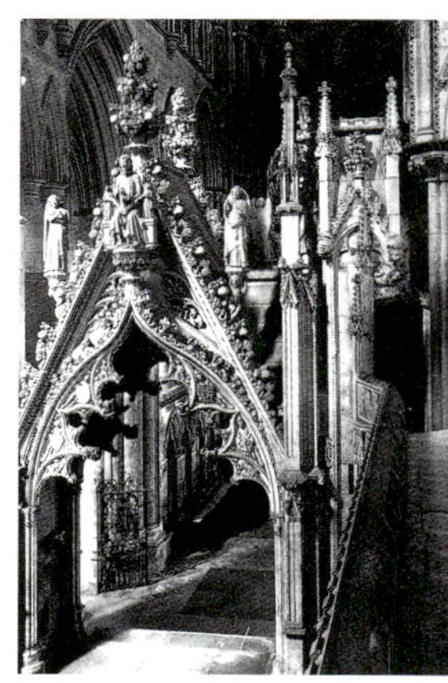

9.75 *Percy-Grabmal*, Münste von Beverley, nach 1339.

QUELLEN UND DOKUMENTE

# Peter der Pflüger über Buntglas und das Opus Angelicanum

Sehr wenig ist über William Langland oder Langley (um 1331–1399?) bekannt, den Verfasser von *Peter der Pflüger* (begonnen um 1362). Das religiöse Werk besteht aus elf Traumvisionen, zeichnet sich aber zugleich durch seine anschaulichen Bilder zeitgenössischen Lebens aus. Auf die Frage »Womit sollen wir Frauen uns beschäftigen?«, antwortet Peter, einige sollten Getreidesäcke nähen, von anderen hingegen heißt es:

*»... Ihr reizenden Damen*
*mit den langen Fingern,*
*die ihr Seide und feine Stoffe besitzt,*
*sollt, wenn ihr Zeit dafür habt,*
*Messgewänder für Geistliche nähen,*
*um den Kirchen Ehre zu erweisen.«*

Zugleich übt das Gedicht heftige Kritik an der Weltlichkeit und der verschwenderischen Ausschmückung der Kirchen, vor allem seitens der Bettelorden – der Franziskaner und Dominikaner. Sie werden mit Personifikationen der Weltlichkeit wie der ›Lady Mede‹ assoziiert, zu der ein Franziskaner sagt:

*»Wir haben ein Fenster zu gestalten,*
*es wäre uns sehr recht,*
*wenn du den Giebel mit Glas versehen würdest*
*und deinen Namen eingraviertest,*
*sicherlich wird deine Seele in den Himmel*
*aufgenommen.«*

Darauf antwortet sie, dass sie gerne die ganze Kirche ausschmücken wolle. Peter bemerkt dazu, dass Fenster, in denen die Namen der Stifter eingraviert sind, Zeichen des Stolzes und des »eitlen Prunks der Welt« und von Gott verboten seien.

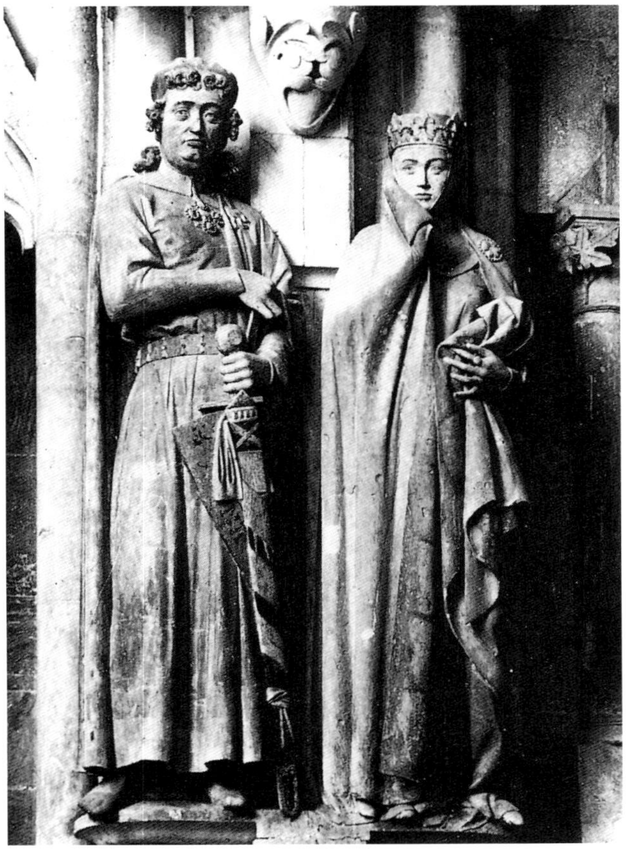

9.76 *Ekkehart und Uta*, um 1250–1260, Dom, Naumburg.

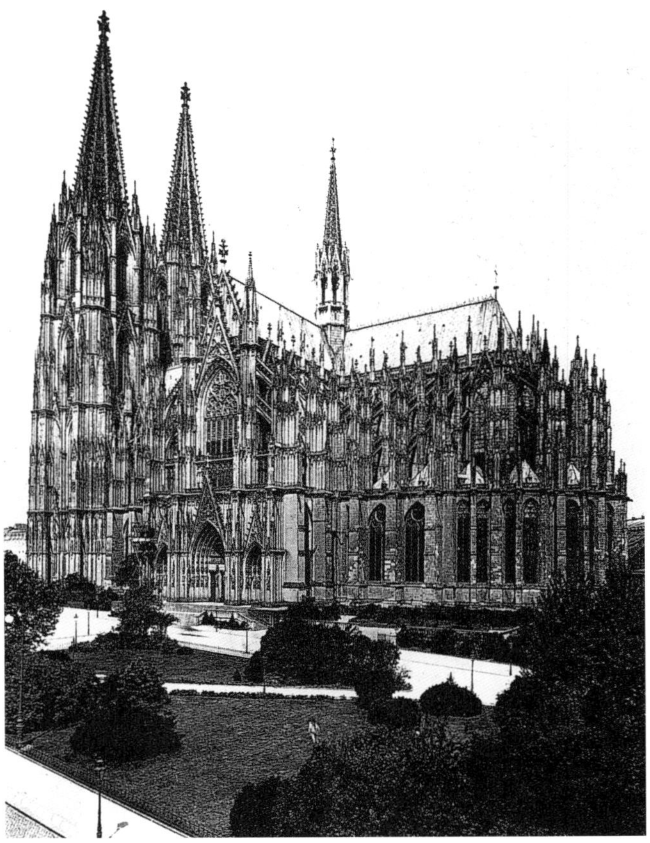

9.77 Südfassade des Kölner Doms, begonnen 1248, vollendet 1880.

Die Zisterzienser brachten die gotische Architektur nach Italien, und ihre Abteikirchen (zum Beispiel Fossanova, südlich von Rom, aus den Jahren 1187–1208 ▸9.79) sehen aus, als hätte man sie als Ganzes von Frankreich hierher verpflanzt. San Francesco in Assisi, 1228, im Jahr der Heiligsprechung des Franziskus, begonnen, im Wesentlichen 1239 vollendet und 1253 geweiht, ist völlig anders – auch abgesehen von der Besonderheit einer Ober- und Unterkirche ▸9.78;82. Obgleich hier eine seltsame Verwandtschaft mit frühgotischen Kirchen besteht, die beinahe ein Jahrhundert zuvor im westlichen Frankreich gebaut worden waren, gibt es als Gemeinsamkeit mit den hochgotischen Kathedralen nur Rippengewölbe und spitzbogige Maßwerkfenster. Die Ziele des Architekten von San Francesco waren nicht nur anders als die seiner französischen Zeitgenossen, sondern nahezu gegensätzlich. An die Stelle der sich emporschwingenden Ekstasen von Sehnsucht nach dem Unendlichen tritt gleichwertig Erhabenes, wenn auch weniger verfeinert. Der Grundriss ist von betont geradliniger Schlichtheit, ein lateinisches Kreuz mit einer fünfseitigen Apsis ▸9.80. Horizontale und Vertikale sind genau ausgewogen und erzeugen eine wunderbar sich selbst vertrauende und in sich selbst abgeschlossene Wirkung in der Oberkirche. Das breite Schiff ohne Seitenschiffe, gleichmäßig ausgeleuchtet und luftig, ist ein eindeutig definierter Raum, den Säulenbündel vor den Wänden ruhig in Jochfelder gliedern. Außer den unauffälligen Kapitellen gibt es keine Skulpturen. Die Oberflächen sind alle einheitlich glatt, wodurch sie die Wucht der Wände betonen. Die ganze Kirche hat eine Dichte und Raumklarheit, die sehr typisch für das mittelalterliche Italien sind und, wie noch zu schildern sein wird, für Architektur gleichermaßen gelten wie für Malerei und Skulptur.

San Francesco war ein neuer Kirchentyp, gestaltet nach den Bedürfnissen eines religiösen Ordens, den der hl. Franz von Assisi (um 1181–1226) gegründet hatte und der Menschen jeglichen Standes zu Glauben und Buße bekehren sollte.

9.79 Mittelschiff der Abteikirche von Fossanova, 1187–1208.

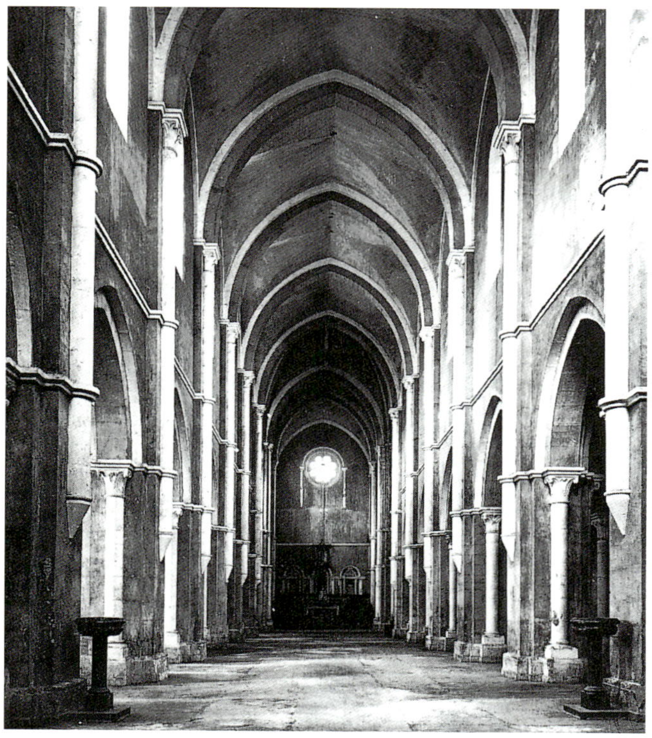

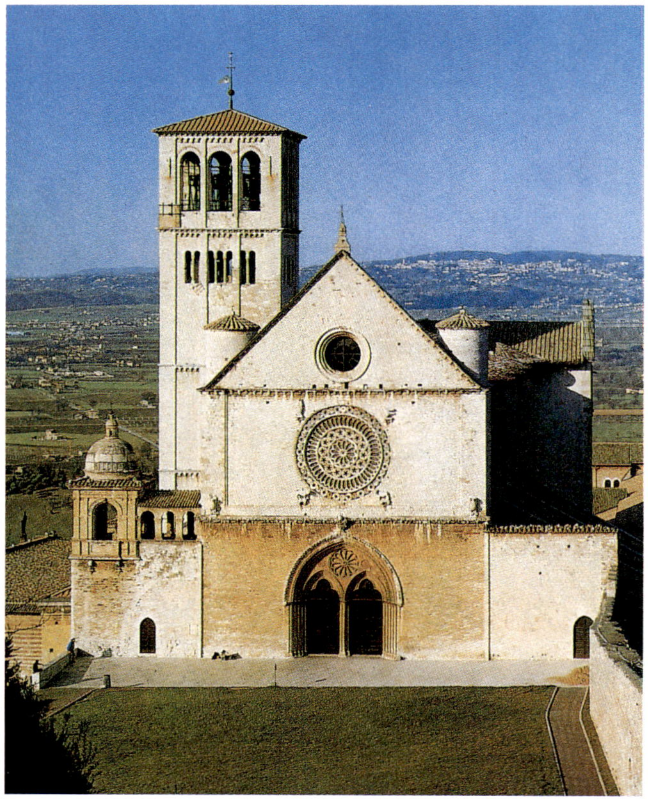

9.78 Oberkirche von San Francesco, Assisi, begonnen 1228.

Ausmaß und Form des Bauwerks wurden bestimmt von der Größe der Gemeinde der Gläubigen, die hier zusammenströmte, um franziskanische Predigten zu hören. Der Bildschmuck entsprach der Forderung nach einer direkten, nicht allegorischen Auslegung der christlichen Lehre, mit Schwergewicht auf dem Leben Christi und dem des christusähnlichen Ordensgründers. Franziskus entsagte allen irdischen Gütern, um sich, wie er es ausdrückte, »mit der Herrin Armut zu vermählen«. Obgleich er kein Priester war, erhielten er und seine elf Gefährten im Jahr 1211 die päpstliche Genehmigung, als Wanderprediger zu wirken. Diese ersten Bettelmönche, die sich selbst als ›Fratri minori‹, als ›Mindere Brüder‹, bezeichneten, und die Demut, die sie predigten, auch praktizierten, scharten bald eine große Gefolgschaft von Männern und Frauen um sich. Unter ihnen war die hl. Klara (um 1194–1253), Gründerin des Schwesternordens, der ebenfalls vollkommene Armut gelobte und von dem lebte, was er durch niedrige Arbeiten verdienen oder an Almosen erbetteln konnte. Franziskus hatte ursprünglich nicht einmal Gemeinschaftsbesitz erlaubt, doch wurde diese Einschränkung gelockert, um, wie in Assisi, Kirchen und Gemeindehäuser bauen zu können. Die Weltlichkeit der Kirche prangerte er nur allgemein an – gezielten Tadel ausgesprochen hat er nicht. (Arnold von Brescia hingegen hatte sich knapp ein Jahrhundert früher sehr deutlich ausgelassen über »Priester, die Vermögen haben, Bischöfe, die Lehen halten, und Mönche, die Ländereien besitzen«. Ihn hat man auf dem Scheiterhaufen verbrannt.) Dennoch waren die Ansichten des hl. Franziskus über die dem Jenseits verpflichteten Mönche, die in reich ausgestatteten Zellen lebten, deutlich genug, um bei den Zisterziensern Reaktionen auszulösen. Mit allen Mitteln betrieben sie ein Verbot der Franziskaner.

Ein anderer Orden predigender Bettelmönche wurde zur gleichen Zeit von einem Spanier, dem hl. Dominikus (1170–1221), gegründet; er sollte vor allem im Kampf gegen die

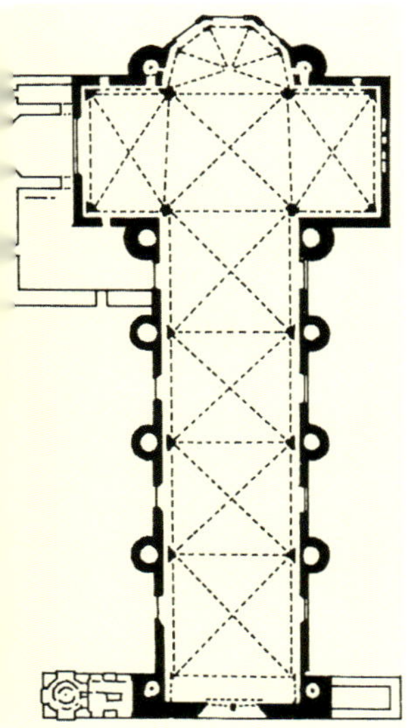

80 Grundriss der Oberkirche von San Francesco, Assisi.

Häresie der Albigenser eingesetzt werden (s. S. 362). Später stellten die Dominikaner das Personal für das gefürchtete Heilige Offizium, die Inquisition. Wie Franziskus – aber anders als Bernhard von Clairvaux – befasste sich Dominikus mit dem spirituellen Leben der Laien. Beinahe alle hochgebildeten Männer des 13. Jahrhunderts fühlten sich zu einem der beiden Orden, den Dominikanern oder den Franziskanern, hingezogen. Albertus Magnus (1206–1280) beispielsweise und auch sein Schüler, der hl. Thomas von Aquin (s. S. 362), waren Dominikaner. Duns Scotus (um 1265–1308), der die ›Modi der Beweisführung‹ ablehnte, war Franziskaner.

Beide Orden unterhielten Collegien in den wichtigen Universitätsstädten. Aber wie stark ihr Einfluss auf gelehrte Laien auch immer gewesen sein mag, unter den ungebildeten Armen wirkten sie noch weitaus aktiver. Ihre Predigten hielten sie in einem einfachen, eindringlichen Stil, damit jedermann sie verstehen konnte. Sie waren voller lebendiger Schilderungen, insbesondere aus dem beispielhaften Leben der Heiligen. In Italien war das Lateinische die Schriftsprache geblieben, und hier begünstigten die Predigten das Heranwachsen der Literatur in der Umgangssprache. Im Werk eines der bedeutendsten europäischen Dichter, Dante Alighieri (1251–1321), gelangte sie erstaunlich schnell zur Blüte. Der Einfluss dieser Predigten auf die bildenden Künste war nicht minder stark, denn sie weckten das Bedürfnis nach einer anschaulichen, leicht lesbaren Bildersprache.

Im Grunde genommen beginnt die italienische Literatur mit dem *Cantico delle creature* (*Gesang der Geschöpfe* oder *Sonnengesang*) des hl. Franziskus. Er ist ein Hymnus, der seine Eindringlichkeit der ungekünstelten Schlichtheit seiner Bilder verdankt. Gott wird gepriesen für die Erschaffung von Sonne, Mond, Wasser und Feuer, die Franziskus »Brüder und Schwestern« nennt, für die der Mutter Erde, die »hervorbringt verschiedene Früchte mit bunten Blumen und Gras«, und schließlich für den »Leibestod, dem kein Lebender entrinnt«. Für den Bereich der bildenden Künste könnte man sagen, die eigentliche italienische Malerei nehme ihren Anfang in San Francesco zu Assisi, nämlich mit jenen Fresken, die man CIMABUE (an den oberen Wänden) und, weniger zweifelsfrei, GIOTTO zuschreibt (s. S. 374ff.).

Ein Gemälde des hl. Franziskus von BONAVENTURA BERLINGHIERI (tätig 1228–1235) ist nur neun Jahre nach dem Tod des Heiligen entstanden und kann durchaus Erinnerungen an sein wirkliches Aussehen wiedergeben ▸ 9.81. Aber trotz seiner spirituellen Kraft ist das Bild weniger ein Porträt als vielmehr eine Zusammenfügung von Erkennungsmerkmalen: raues, graubraunes Habit, Gürtelstrick mit drei Knoten, die Armut, Keuschheit und Gehorsam symbolisieren, Hände und Füße mit den Wundmalen gezeichnet, asketisches Gesicht mit schütterem Bart und Tonsur im Haar. Sechs kleine Szenen auf jeder Seite sind ebenfalls mehr informativ als ausdrucksvoll und erzählen dem Betrachter, wie der hl. Franziskus die Wundmale empfing (oben links), wie er den Vögeln predigte, wie er den Armen und Siechen diente und (unten rechts) wie er die Stadt Arezzo von bösen Geistern befreite. Die Tafel wurde als Altarbild gemalt, das an der hinteren Seite des Altartisches seinen Platz fand. Dieser Bildtypus ist eine Besonderheit des katholischen Europa (Altarbilder verdanken ihre Existenz einer damaligen Änderung der Liturgie; sie schrieb dem Priester vor, nunmehr die Messen mit dem Rücken zur Gemeinde zu zelebrieren). Figuren und Architektur im Bildhintergrund sind weiterhin in der altehrwürdigen byzantinischen Überliefe-

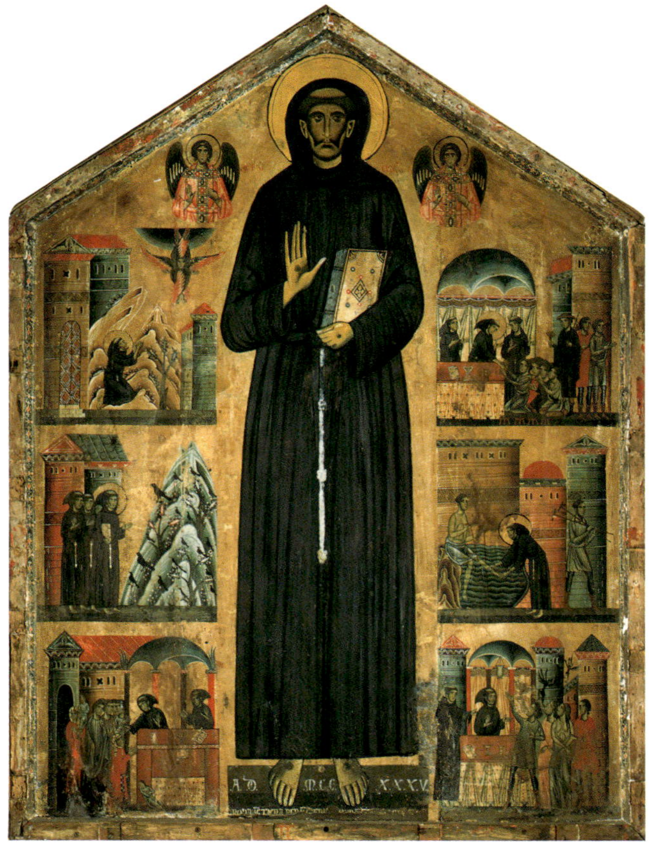

9.81 BONAVENTURA BERLINGHIERI, *Der hl. Franziskus*, 1235, Altartafel, 152 x 107 cm. San Francesco, Pescia.

rung gestaltet. Hier entsteht sogar tatsächlich der Anschein, eine Absicht des Künstlers sei es gewesen, den erst jüngst kanonisierten Heiligen in die östliche Ikonentradition zu integrieren.

Bei diesem Werk handelt es sich um den ›griechischen Stil‹ (maniera greca), von dem die italienische Kunst, wie Autoren der Renaissance später behaupten sollten, durch GIOTTO befreit wurde. In Wirklichkeit hatte dieser bereits unter den byzantinischen Künstlern Vorläufer, die ebenfalls auf die hieratisch steife Art verzichtet hatten. Während der zweiten Hälfte des 12. Jahrhunderts wurden in den großen Dekorationsentwürfen, die griechische Mosaikkünstler ausführten, die Kompositionen komplizierter, die Gestalten dynamischer und der Faltenwurf bewegter. Dem war nicht nur im östlichen Mittelmeerraum so, sondern auch in Italien – hauptsächlich in

9.82 Mittelschiff von San Francesco, Assisi, 1228–1253 (vor dem Erdbeben von 1997).

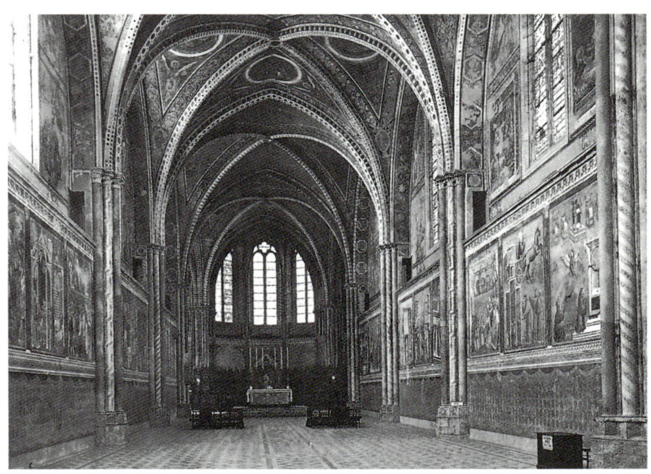

IM KONTEXT

## *Heiliger Franziskus und heilige Klara*

Rund fünfzig Jahre nachdem der hl. Franziskus von dem Maler BONAVENTURA BERLINGHIERI auf einem Tafelbild dargestellt worden war ▸ 9.81, entstand ein ähnliches Gemälde seiner ersten Jüngerin, der hl. Klara ▸ 9.83. In der Zwischenzeit waren zahlreiche Darstellungen seiner Person und verschiedener Schlüsselszenen seines Lebens entstanden: sein Verzicht auf das ganze irdische Hab und Gut einschließlich seiner Kleider, seine Vermählung mit der ›Herrin Armut‹, seine Predigt zu den Vögeln, seine versuchte Bekehrung des Mohammedaners Salah ad-Din (des Saladins der Kreuzfahrer), sein wundersamer Besuch bei seinen Anhängern in Frankreich und seine Stigmatisation, bei der er die Wundmale des gekreuzigten Christus an Händen, Füßen und an der Seite empfing. Diese Episoden sollten jahrhundertelang immer wieder auf Gemälden dargestellt werden, die im Auftrag von Wohlhabenden entstanden, in deren Bewunderung für den hl. Franziskus sich allerdings eine gewisse Verlegenheit mischte wegen seiner wörtlichen Auslegung des Gebotes Christi: »Gehet hin und verkaufet so ihr habt, und gebet den Armen«.

Die hl. Klara wurde weit weniger oft dargestellt, zweifellos nicht zuletzt deshalb, weil ihr Kult kaum Männer ansprach, die als Förderer der Künste den Ton angaben. Gepflegt wurde ihre Verehrung von Nonnen, die ein streng zurückgezogenes Leben in den schlichten Häusern des von ihr gegründeten Ordens führten. Sie hielten die Armutsregel strikter ein als die Franziskaner, die bald große Mönchsklöster und Kirchen besaßen. Die früheste bildliche Darstellung von ihr ist zugleich eine der bemerkenswertesten, ja sie zählt zu den herausragenden Tafelmalereien der zweiten Hälfte des 13. Jahrhunderts überhaupt. Sie war kein Altarbild, sondern sollte am Lettner angebracht werden, der das Mittelschiff der Kirche vom Altarraum trennte, und zwar neben einem Gemälde von Christus am Kreuz, das auf der anderen Seite von einer (verloren gegangenen) Darstellung der Heiligen Jungfrau flankiert war. Die Figur der hl. Klara ist weniger ätherisch und weiter entfernt von der östlichen Tradition der Ikonenmalerei als BERLINGHIERIS *Hl. Franziskus*, und die Szenen zu ihrer Linken und Rechten dokumentieren Ereignisse aus ihrem Leben, bei denen das Übernatürliche eine weniger wichtige Rolle spielt.

Die 1193 geborene hl. Klara (im Italienischen Chiara), Tochter einer Adelsfamilie aus Assisi, war 12 Jahre jünger als der hl. Franziskus. 1211, im Jahr nachdem er und seine Jünger vom Papst die Erlaubnis erhalten hatten, als mittellose Wanderprediger durch das Land zu ziehen, fasste sie den Entschluss zum Rückzug aus der Welt, und am Palmsonntag überreichte ihr der Bischof von Assisi in der Kirche einen Palmzweig als Zeichen seiner Anerkennung (links unten auf dem Gemälde). In der Nacht darauf entfloh sie heimlich dem Elternhaus und traf den hl. Franziskus, der ihr die Haare abschnitt, um sie zur Nonne zu weihen, und dafür sorgte, dass sie vorübergehend in einem Benediktinerkloster unterkommen konnte, von wo ihre Eltern sie zurückzuholen versuchten (links oben). Ihre Schwester Agnes schloss sich ihr an (rechts oben), und gemeinsam mit weiteren Frauen aus der Oberschicht Assisis, darunter ihre Mutter, gründete sie eine klösterliche Gemeinschaft, die nach einer vom hl. Franziskus für sie aufgestellten Regel in Zurückgezogenheit lebte. Da sie allem Besitz entsagt hatten, aber nicht wie die Franziskaner Land bewirtschaften oder auf den Straßen Almosen erbetteln konnten, hatten sie Mühe, für ihren Lebensunterhalt zu sorgen. Einmal soll die hl. Klara ihre wenigen Brotlaibe wundersam vermehrt haben – das einzige ihr zugeschriebene Wunder, das gleichzeitig die Vermehrung der nach der gleichen Regel lebenden Ordensgemeinschaften symbolisieren mag (deren erste 1219 von ihrer Schwester Agnes in Florenz gegründet wurde). Dies findet sich auf der rechten Seite in der zweiten Szene von oben dargestellt, während die Szenen darunter ihre Vision der Heiligen Jungfrau auf ihrem Sterbebett und ihre Beerdigung zeigen. Sie starb 1253 und wurde zwei Jahre später heilig gesprochen. Agnes starb wenige Monate später, wurde aber erst 1751 kanonisiert.

Die hl. Klara blieb ihr Leben lang eine Jüngerin des hl. Franziskus, der ihr geistigen Rat gab und sich einmal eine Zeit lang in ihrem Kloster aufhielt, wo er den *Cantico delle creature* (s. S. 366) verfasste. Nach seinem Tod 1226 kämpfte sie um Beibehaltung seiner Lehren, obgleich die päpstlichen Behörden seiner Verherrlichung der Armut skeptisch und seinem Beharren darauf, dass seinen Jüngern, den ›Fratri minori‹, nicht einmal Gemeinschaftsbesitz erlaubt sein solle, ablehnend gegenüberstanden. Aus ebendiesem Grund blieb ihrer an das franziskanische Vorbild angelehnten Klosterregel, die strengste für einen Frauenorden überhaupt, die päpstliche Bestätigung bis kurz vor ihrem Tod vorenthalten. Zu diesem Zeitpunkt wurde diese Regel allerdings in Nonnenklöstern in Spanien, Frankreich und Deutschland ebenso befolgt wie in Italien, wo es nahezu siebzig derartige klösterliche Gemeinschaften mit jeweils mindestens dreißig Ordensangehörigen gab. Die Nonnen wurden erst nach Anerkennung des Ordens ›arme Damen‹ (Klarissen oder ›arme Klaras‹) genannt und entstammten offenbar nahezu ausnahmslos der Oberschicht. Die Äbtissin eines dieser Klöster war eine Tochter des Königs von Böhmen, Agnes (später verehrt als die selige Agnes von Prag), mit der die hl. Klara korrespondierte und der sie einmal schrieb, man solle die Askese nicht übertreiben, »denn unsere Körper sind nicht aus Messing gemacht«.

Zeitgenössische Autoren sprachen davon, dass Nonnen vor den ›Stürmen der Welt‹ Zuflucht suchten. Es war dies nicht nur eine dichterische Wendung. Während die hl. Klara Äbtissin war, wurde Assisi zweimal von Soldaten im Dienste Kaiser Friedrichs II. angegriffen und das Kloster bedroht. Das klösterliche Leben bot Frauen eine Alternative – oftmals die einzige – zu arrangierten Ehen ohne Liebe und häufigem Gebären. Doch war das Nonnenkloster nicht nur ein Refugium vor einer von Männern dominierten Welt. Frauen wurden Nonnen, um ihr Leben dem Gebet und der Andacht zu weihen. Einige der tiefgründigsten mystischen Schriften des Mittelalters waren das Werk von Nonnen, namentlich der hl. Hildegard von Bingen und der Juliana von Norwich.

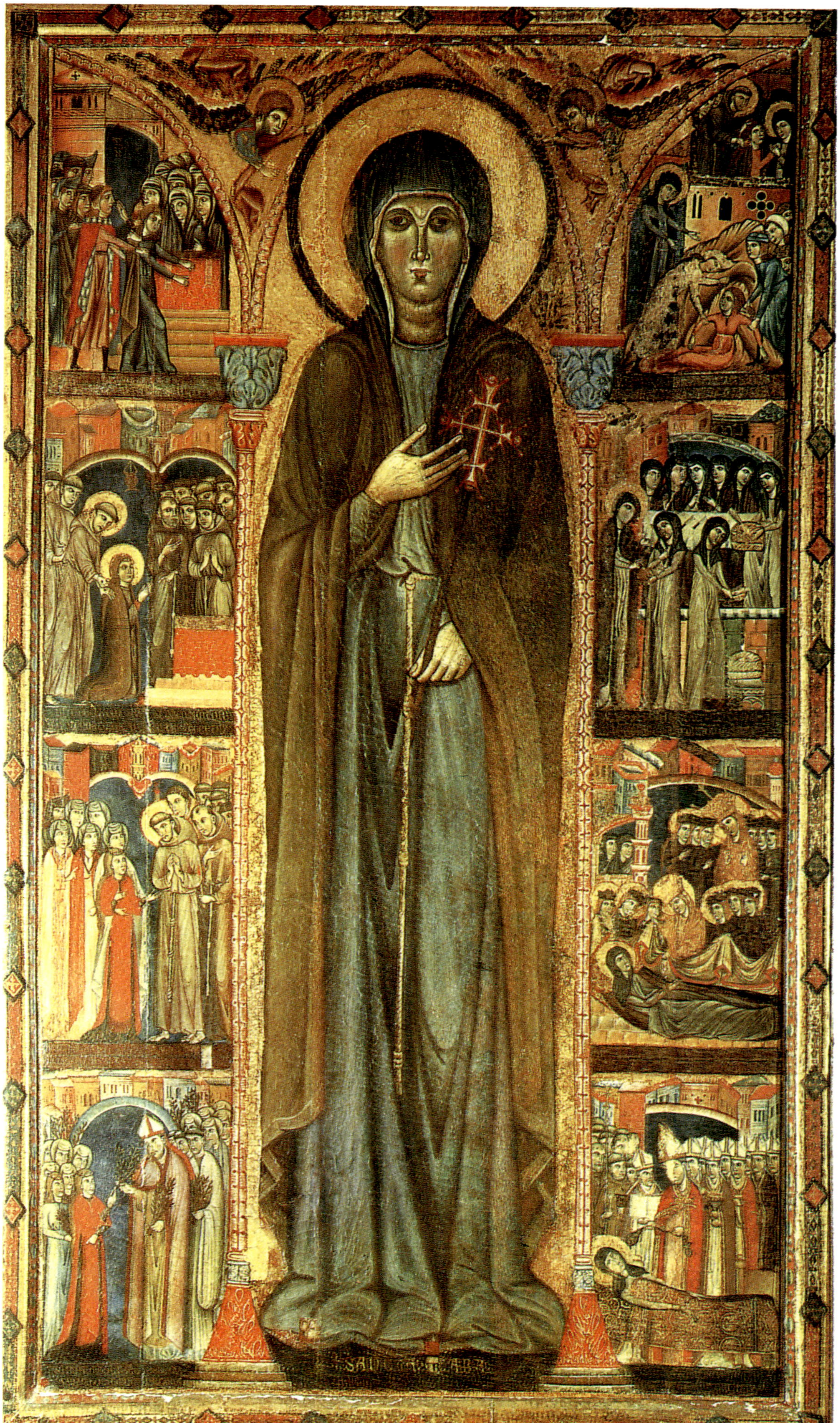

9.83 Anonymus,
*Die hl. Klara*, 1283,
Holztafel, 277 x 153 cm.
Santa Chiara, Assisi.

Venedig – und im normannischen Sizilien. Eine weitere Wandlung vollzog sich während des 13. Jahrhunderts in der Wandmalerei. Kühn modellierte Gestalten, klar und schwungvoll umrissen und in üppigen Farben gehalten, bewegen sich vor einem landschaftlichen oder architektonischen Hintergrund, der ein neues Gefühl für die Dichte der Form und die Leere des Raumes vermittelt. Die Apostel, die von einem unbekannten Meister in der Klosterkirche von Sopoćani in Serbien gemalt wurden, wirken wie Giganten und drücken auch einen gigantischen Kummer aus, wie sie sich um das Lager der sterbenden Jungfrau Maria zusammendrängen. Ihre kräftigen Köpfe und Körper sind zwar lebhaft, dabei aber doch wie von einer ungeheuren Reserve innerer Energie zurückgenommen ▸ 9.85.

Der Ersatz der kostspieligen Mosaiken durch Wandmalerei dürfte eine Folge des starken wirtschaftlichen Niedergangs in dem halben Jahrhundert nach 1204 gewesen sein. In diesem Jahr hatten die Kreuzfahrer Konstantinopel geplündert, einen lateinischen Marionettenkaiser auf den Thron gesetzt und das östliche Kaiserreich unter sich aufgeteilt. In der daran anschließenden Periode teilweiser wirtschaftlicher Genesung und kultureller Wiederbelebung, die von den griechischen Kaisern der Palaiologen-Dynastie gefördert wurden, übertrug man die freizügigere Gestaltung der Themen und die Ausdruckskraft, die die Maler mittlerweile entwickelt hatten, zurück auf die Mosaiken. Die erlesensten von ihnen sind in der Erlöserkirche des Choraklosters (auch ›Kirche des Heilands in den Feldern‹, türkisch Kariye Camii) in Istanbul. Noch eindrucksvoller aber dürften die Gemälde in der angebauten Grabkapelle sein ▸ 9.84. Hier überlebt der alte byzantinische Stil nur noch in den Heiligen, die, gehemmt durch schwere Gewänder, wie Schildwachen auf der Wand postiert sind. Die Gestalten im Deckengemälde zeigen kraftvolles Leben, besonders in der ›Anastasis‹, der Auferstehung, in der Halbkugel der Apsis. In dieser Szene zieht Christus Adam und Eva aus den Gräbern heraus in die Vorhölle. Dass zum gleichen Zeitpunkt in Italien Gemälde mit vergleichbarer dramatischer Intensität entstanden, ist kein Zufall.

9.85 *Heimgang der Jungfrau* (Detail), 1258–1264, Dreifaltigkeitskirche, Sopoćani, Jugoslawien.

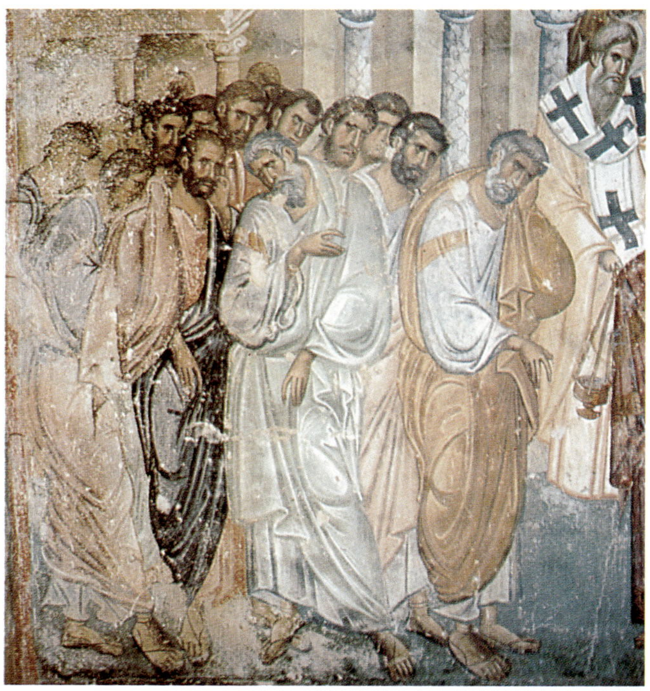

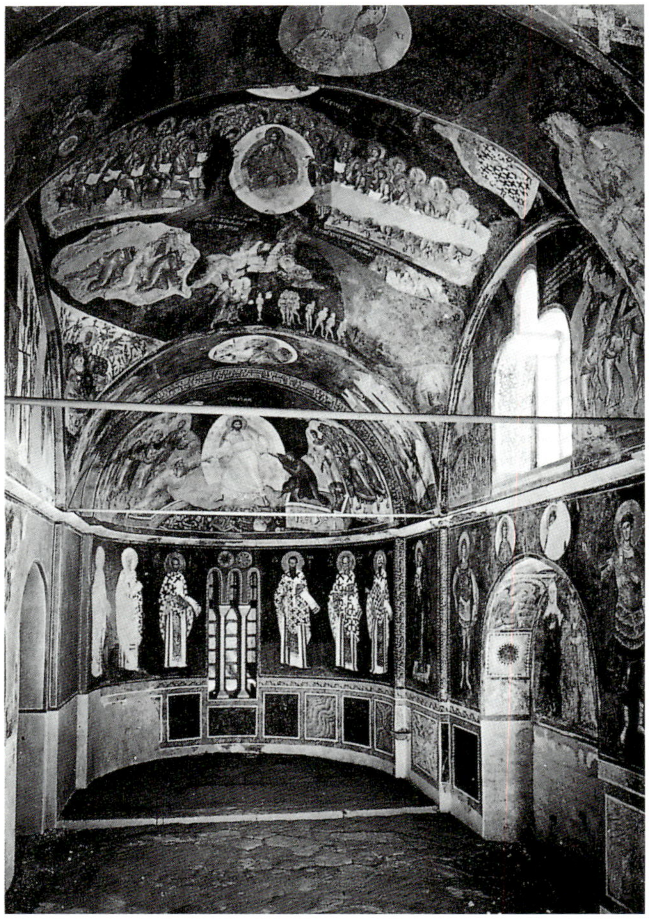

9.84 Grabkapelle, Choraklosters, Istanbul, um 1303–1320.

Vielleicht ist es bedeutsam, dass das einzige belegte Werk CIMABUES (tätig 1272–1302), der ja als Begründer der italienischen Malkunst verehrt wird, 1301/02 in der Apsis des Doms von Pisa als Mosaik ausgeführt wurde – in jener künstlerischen Technik also, die man am stärksten mit Byzanz verbindet. Sein Ruf aber gründet, ironischerweise, auf eine Stanze in Dantes ›Purgatorio‹ – etwa 1305 als zweiter Teil der *Göttlichen Komödie* geschrieben –, in der er als ein Beispiel für die Nutzlosigkeit allen menschlichen Strebens angeführt wird:

*»Einst wähnte Cimabue wohl im Malen*
*Das Feld zu halten, heut hört man nur sagen*
*Von Giotto, der ihn wusst zu überstrahlen.«*

Gleichwohl, man hat CIMABUE erst 200 Jahre nach seinem Tod bestimmte Werke zugeschrieben, und sein Name dürfte de facto wenig mehr sein als ein bequemes Etikett für eine ganze Gruppe nahe verwandter Tafel- und Wandbilder.

Von den Gemälden, die heutige Wissenschaftler CIMABUE zuschreiben, ist das eindrucksvollste ein ungewöhnlich hohes Altarbild mit einer überlebensgroßen Darstellung der *Jungfrau mit dem Kind* ▸ 9.86. Es entstand nur 50 Jahre später als BERLINGHIERIS *Heiliger Franziskus* ▸ 9.81, aber es setzt ein Zeichen für eine radikale Stilwende. In Form und Farbe ist die Komposition äußerst beherrscht, die Gesamtsymmetrie wird nur durch das Christuskind unterbrochen, das dadurch spontan die Aufmerksamkeit auf sich lenkt. Die Gestalten, in gespannter Unbeweglichkeit gehalten, haben scharfe Konturen und sind durch sanfte Abstufungen der Farbtöne modelliert, was ihnen einen Eindruck von Körperlichkeit verleiht. Die beiden vordersten Engel und die Jungfrau bleiben mit ihren Füßen auf den Podesten, sind also nicht in den Raum erhoben wie Franziskus. Auf Schweben weist die Architektur des

Throns hin, der in Zonen ansteigt und von Engeln umgeben wird. Alles ist in das goldene Licht des Himmels getaucht, das auf den Falten des Gewands funkelt und auf den Heiligenscheinen erglänzt. Die vier Propheten, im Brustbild darunter, sind in Farbe und Ausdruck in die Komposition eingebunden, aber die Unfähigkeit des Künstlers, Räumliches wiederzugeben, wird in den Bogen nur allzu deutlich – gibt es hier drei Bogen oder nur zwei Bogen und eine Nische?

Die Jungfrau Maria, in Italien nur Madonna (meine Herrin) genannt, wurde seit dem 4. Jahrhundert in der ganzen Christenheit verehrt und begann im 13. Jahrhundert in der Vorstellungswelt der Gläubigen einen Rang einzunehmen, der dem Christi beinahe gleichkam. Duns Scotus hatte die Lehrmeinung aufgestellt, sie sei frei von der Erbsünde gewesen. Im 15. Jahrhundert erfuhr diese Lehre offizielle Anerkennung durch einen franziskanischen Papst, Sixtus IV., wurde aber erst 1854 als das Dogma von der Unbefleckten Empfängnis verkündet.

Ein Franziskaner des 13. Jahrhunderts war es auch, der jene Hymne an die Jungfrau schrieb, die die berühmteste von allen werden sollte, das *Stabat mater dolorosa/Juxta crucem lacrimosa – Unterm Kreuz die schmerzensreiche/Mutter stand, die tränenreiche*. Ganz bewusst liegt hier die Betonung auf der Frage, »wer würde nicht weinen, wenn er Christi Mutter in solch tiefem Leid sieht?«. Derartige Gedichte waren für Bildhauer und Maler sowohl Herausforderung als auch Inspiration, wie ein Vergleich zweier Reliefs der Passion Christi zeigen soll. Beide sind große Kunstwerke, zeitlich fast genau 100 Jahre voneinander getrennt ▸ 9.87; 88.

Die *Kreuzabnahme* von BENEDETTO ANTELAMI (tätig 1178–1196) ist ein Meisterwerk der Zurückhaltung und zeitigt jene feierliche Wirkung, die dem getragenen Rhythmus Gregorianischer Choräle verwandt ist. Durch die strenge Geometrie der Komposition, mit ihrer Aufeinanderfolge erhabener Gestalten, unter denen die Jungfrau einen ihr gemäßen Platz einnimmt, wird die Gemütsbewegung gezügelt. Der Eindruck ist sakramental. Eine menschliche Tragödie der Ohnmacht und des Verlustes ist zu einem feierlichen Ritus und zum Symbol der Erlösung geworden. Grundverschieden davon ist das Kreuzigungsrelief auf der Kanzel in Pisa von GIOVANNI PISA-

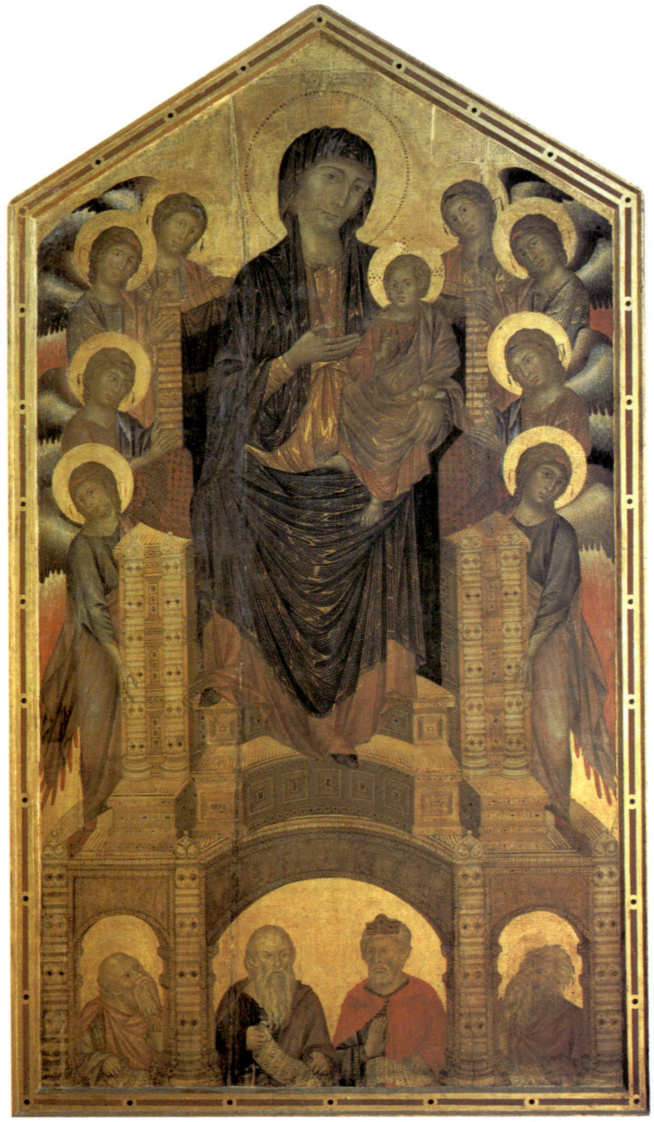

9.86 CIMABUE, *Jungfrau mit Kind*, um 1280–1290, Tempera auf Holz, 384 x 224 cm. Uffizien, Florenz.

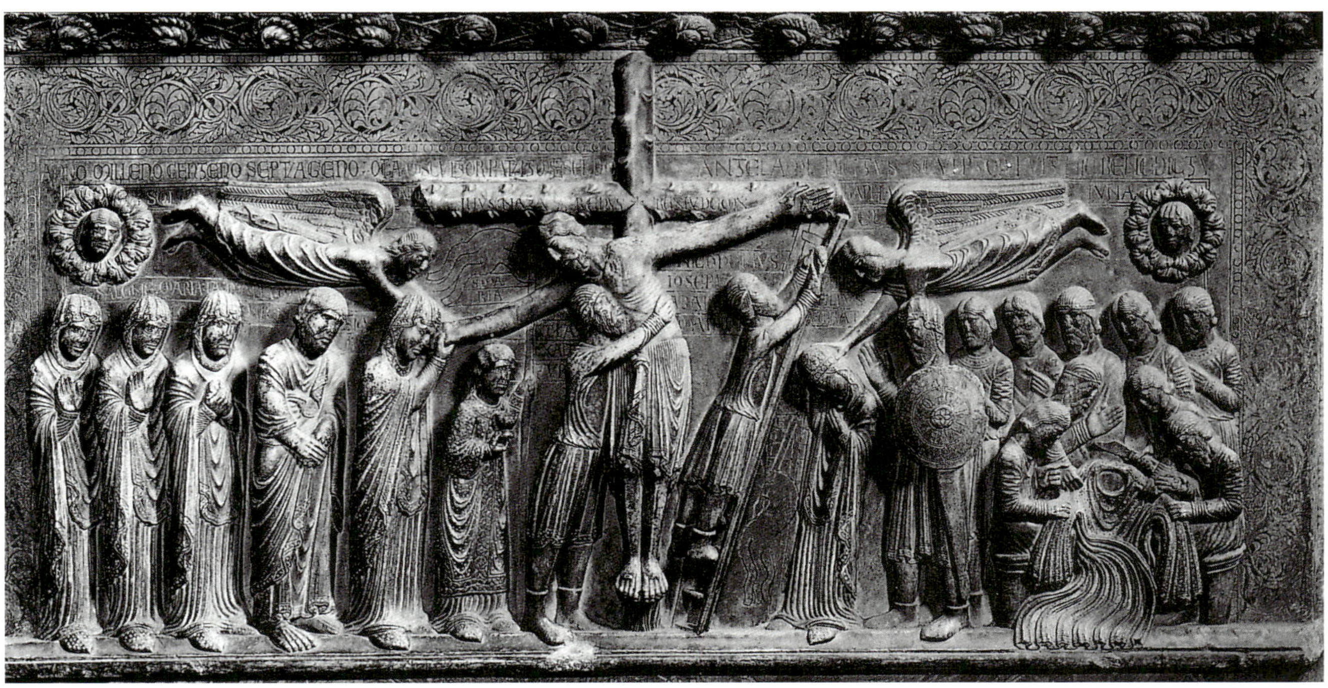

·7 BENEDETTO ANTELAMI, *euzabnahme*, 1178, Relief, samtbreite 230 cm. Dom, rma.

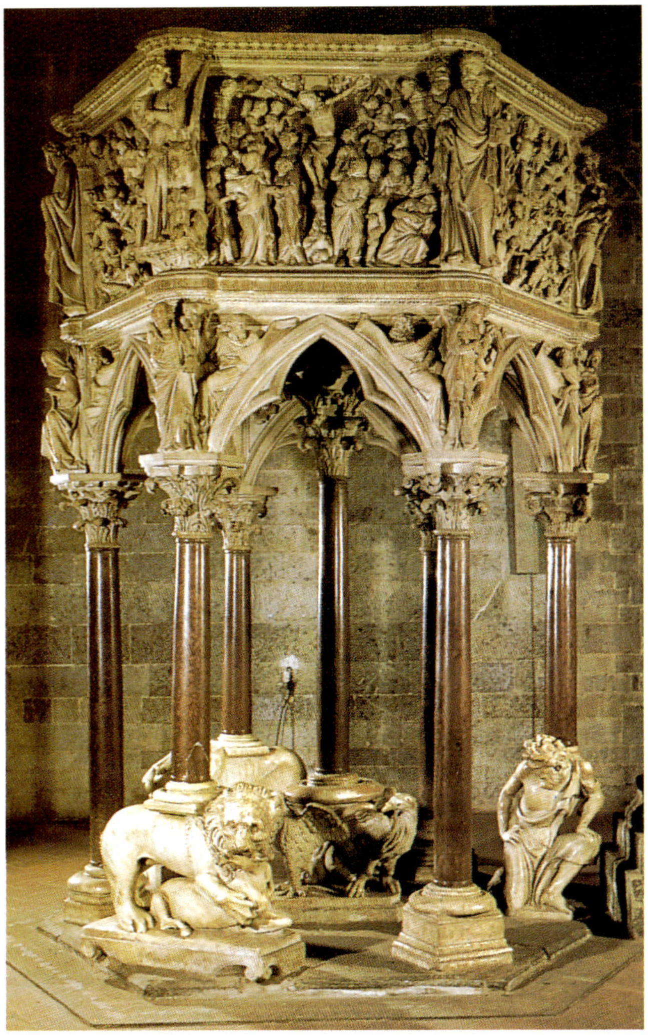

9.88 GIOVANNI PISANO, Kanzel, begonnen 1297, Marmor, Sant'Andrea, Pistoia.

NO (tätig 1265–1314). Mit allem Nachdruck sollen hier die tatsächlichen Ereignisse möglichst lebendig vor Augen geführt werden – wie im *Stabat mater* und in den Predigten, die damals von dieser und anderen Kanzeln gehalten wurden. Christi abgezehrter Körper, der Leib zusammengezogen, der Brustkorb beinahe berstend, hängt am Kreuz, wobei die Arme ein V bilden, das wie der laute Aufschrei gen Himmel wirkt – »Mein Gott, mein Gott, warum hast du mich verlassen?«. Aber die Gestalten auf der Erde sind es, die den Blick anziehen und festhalten: der hl. Johannes, links, der in Tränen ausbricht, die Männer auf der rechten Seite, die sich unter der Wucht des Entsetzlichen ducken, und die Jungfrau, die vor Erschütterung ohnmächtig zusammenbricht.

GIOVANNI PISANOS Vater, NICCOLÒ PISANO (tätig 1258–1278), war am Hof des Kaisers des Heiligen Römischen Reiches gewesen, bei Friedrich II. von Hohenstaufen (1212–1250), der meist in Süditalien und Sizilien lebte. Dort hatte er die klassische Kultur in sich aufgenommen, und aus dem gründlichen Studium antiker Skulptur entwickelte er einen bildhauerischen Stil, der als ›Protorenaissance‹ bezeichnet wird. In ihm finden sich zahlreiche direkte Zitate von römischen Sarkophagen, einschließlich des männlichen Aktes – wie auf der Kanzel im Baptisterium von Pisa ▸ 9.89. GIOVANNI, erstmals 1265 als Mitarbeiter des Vaters an der großartigen Kanzel im Dom von Siena erwähnt, erwarb von diesem die technische Meisterschaft, geriet aber auch in den Bann der nördlichen Kunst. Die gotischen Bogen, die GIOVANNIS Kanzel in Pistoia stützen, sind eindeutig französisch. Die schlanken Figuren zwischen den Reliefs haben den graziösen Kontrapost der Statuen an der Kathedrale von Reims, doch gibt es für die dramatische Eindringlichkeit der Reliefs selbst weder in Frankreich noch sonst wo Vorläufer. Stolz versah der Künstler sein Werk mit einer Inschrift, in der er sich selbst als den ›Sohn von Niccolò, mit höherer Fertigkeit gesegnet‹, bezeichnet. Er hatte eine neue visuelle Sprache für die religiösen Ideale seiner Zeit geschaffen.

Vom Einfluss GIOVANNI PISANOS war Mittelitalien das ganze frühe 14. Jahrhundert durchdrungen, wie beispielsweise die Reliefs an der Fassade des Doms von Orvieto zeigen, die LORENZO MAITANI (um 1275–1330) schuf. Die Verdammten sind so lebendig wiedergegeben, dass sie unser Mitleid erwecken – ähnlich den Sündern in Dantes ›Inferno‹ – einerlei, welche Absichten der Dichter oder der Bildhauer auch verfolgt haben mag ▸ 9.90. Die neue visuelle Sprache, die von den PISANI geschaffen worden war, erwies sich als für Maler und Bildhauer gleichermaßen hilfreich. Der Klassizismus von NICCOLÒ kann durchaus zu der Monumentalität von CIMABUES Altarbild ▸ 9.86 ebenso viel beigetragen haben wie die byzantinische Kunst. Das Gleiche gilt für die Haupttafel der *Maestà* (Jungfrau mit Kind in Erhabenheit thronend), die DUCCIO DI BUONINSEGNA (tätig 1278–1318) für den Hochaltar des Doms in seiner Heimatstadt Siena malte ▸ 9.91. Statuenhaft erhebt sich die Gestalt der Jungfrau im (und als) Mittelpunkt über die Engel und die Heiligen, die an ihren Seiten hierarchisch angeordnet sind. Die kleinen Szenen, die sich ursprünglich über und unter dieser Tafel sowie auf der Rückseite des Altars befanden, sind weniger starr (einstmals bestand das Werk aus über 70 Einzeltafeln, von denen einige bei der Zerlegung im 18. Jahrhundert verloren gingen). Hier finden sich die Reflexe jüngster Entwicklungen in der byzantinischen Kunst, und einzelne Gestalten sind denen der Mosaiken der Chorakirche in Istanbul (s. S. 370) so nahe verwandt, dass sie sicher eine gemeinsame Wurzel haben. Dennoch verdankt DUCCIO bei seiner Gabe des Erzählens und seinem feinen Gespür für das Räumliche mehr noch GIOVANNI PISANO, der ja von 1285–1297 in Siena arbeitete.

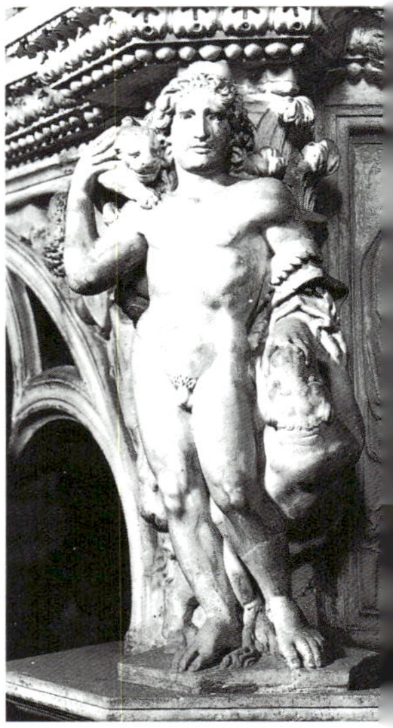

9.89 NICCOLÒ PISANO, *Allegorie der Stärke*, 1260, Marmor, Höhe 56 cm, Kanzel des Baptisteriums, Pisa

In einer der Passionsszenen auf der Rückseite des Altares folgt der Künstler dem alten Brauch, durch Entfernung einer Wand den Innenraum zu zeigen ▸ 9.92. Aber bei ihm ist dieses Interieur kubisch genau umgrenzt und liefert, trotz unvollkommener Perspektive, eine optisch wirksame Bühne für das religiöse Drama. Es ist die dritte der Tafeln, auf denen DUCCIO mit wachsender Spannung die letzten Passagen des 26. Kapitels aus dem Matthäus-Evangelium schildert. Mit verbundenen Augen, verspottet von den ihn umzingelnden Männern, steht Christus würdevoll im Mittelpunkt. Auf der rechten Seite schmieden der Hohepriester und der Ältestenrat ihr finsteres Komplott über sein Schicksal. Aber es ist der hl. Petrus, der den Blick auf sich lenkt; gleich dem Betrachter steht auch er außerhalb der Szene und dient als Beispiel für die heikle Lage eines jeden Christen, hin- und hergerissen zwischen Verleugnung und Bekenntnis seines Glaubens.

Als das große Altarbild im Juni 1311 vollendet war, trug man es zum Klang von Trompeten, Pfeifen und Kastagnetten und unter dem Geläute sämtlicher Kirchenglocken in feierlicher Prozession durch Siena. Den Sockel des Thrones der Jungfrau hatte DUCCIO mit seinem Namen signiert. Aber trotz des ganzen Aufwandes hatte die Dombehörde ihn nur als

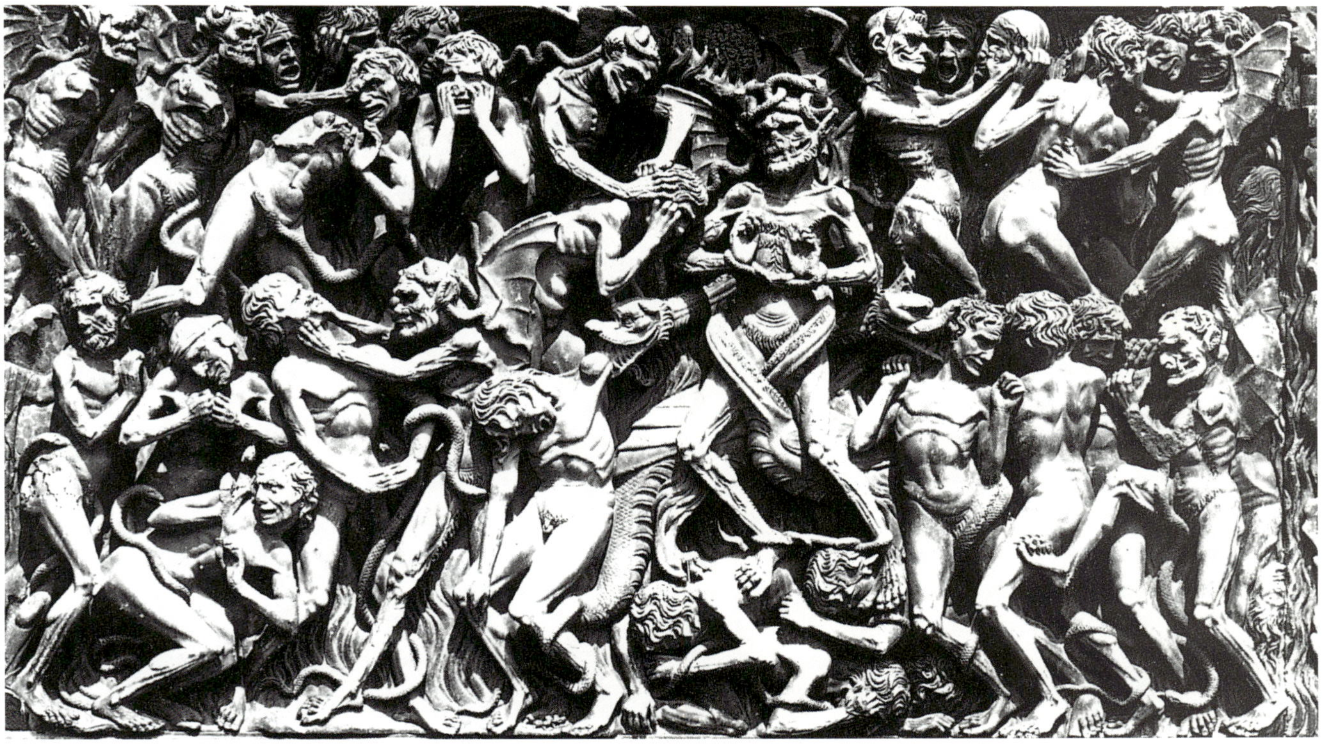

90 LORENZO MAITANI, *ie Verdammten*, Detail aus :m Relief *Das Jüngste Gericht*, ;10–1330, Marmor. om, Orvieto.

Lohnarbeiter beschäftigt. Sie stellte ihm die Farben und das andere Arbeitsmaterial und bezahlte ihn pro Arbeitstag, und bald schon war er beinahe vergessen.

Den Malern, die im späten 13. Jahrhundert in Rom tätig waren, erging es nicht besser. Sie waren mit Ausnahme von PIETRO CAVALLINI (zwischen 1273–1330) bald vergessen, auch wenn nur wenige seiner Werke überlebt haben. So ist gar nichts über die Urheber des bedeutenden Freskenzyklus bekannt, der vor kurzem restauriert und das erste Mal seit seiner Fertigstellung 1280 in der Sancta Sanctorum (dem Allerheiligsten) zugänglich gemacht wurde. Die Sancta Sanctorum war ein privater Andachtsraum, in dem der Papst die Messe allein an einem Altar feiern konnte, in dem sich einige der heiligsten Reliquien der Christenheit befinden. Die Kapelle selbst, ein Kubus, der von einer Seite zur anderen etwa 7,50 m misst und ein gotisches Gewölbe und eine flache rechteckige Apsis aufweist, war ursprünglich dem Lateranpalast angegliedert und wurde während des kurzen Pontifikats von Nikolaus III. (1277–80) errichtet. Im Zuge seiner Bemühungen, die Macht und das Ansehen des Papsttums zu erneuern, suchte er die Künste zu fördern. Eine Inschrift verkündet, es gäbe keinen heiligeren Ort auf der Welt, und die Kapelle selbst wurde mit aller dem Ort angemessenen Pracht ausgeschmückt, als handle es sich bei ihr um ein von außen nach innen gewendetes Reliquiar – mit Mosaiken, die über der Apsis funkelten, viel Gold und Porphyr sowie weiteren seltenen und wertvollen Steinarten auf dem Boden und an den Wänden. Die Leitung des Ganzen oblag dem ›Magister Cosmatus‹, dessen Name am

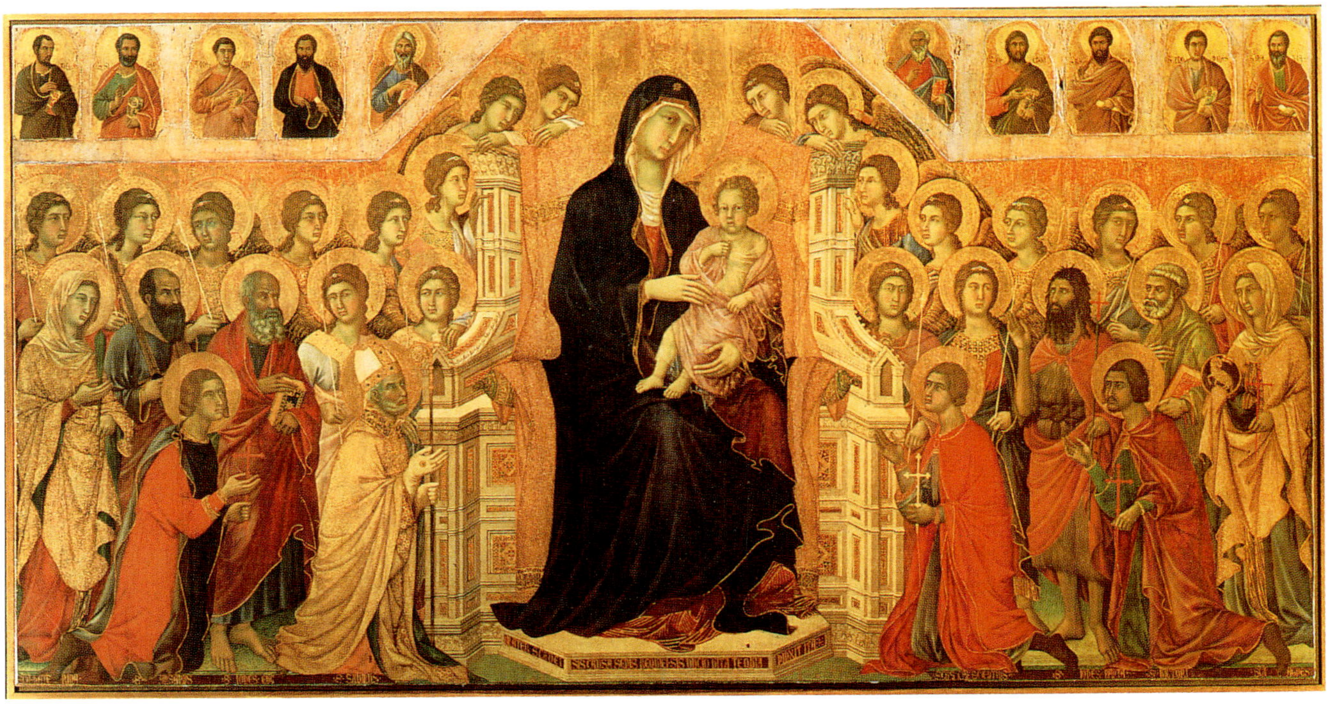

91 DUCCIO, *Die thronende uttergottes mit Kind*, aupttafel der *Maestà*, 308–1311, Holztafel, 3 x 396 cm. Museo dell'Opera :l Duomo, Siena.

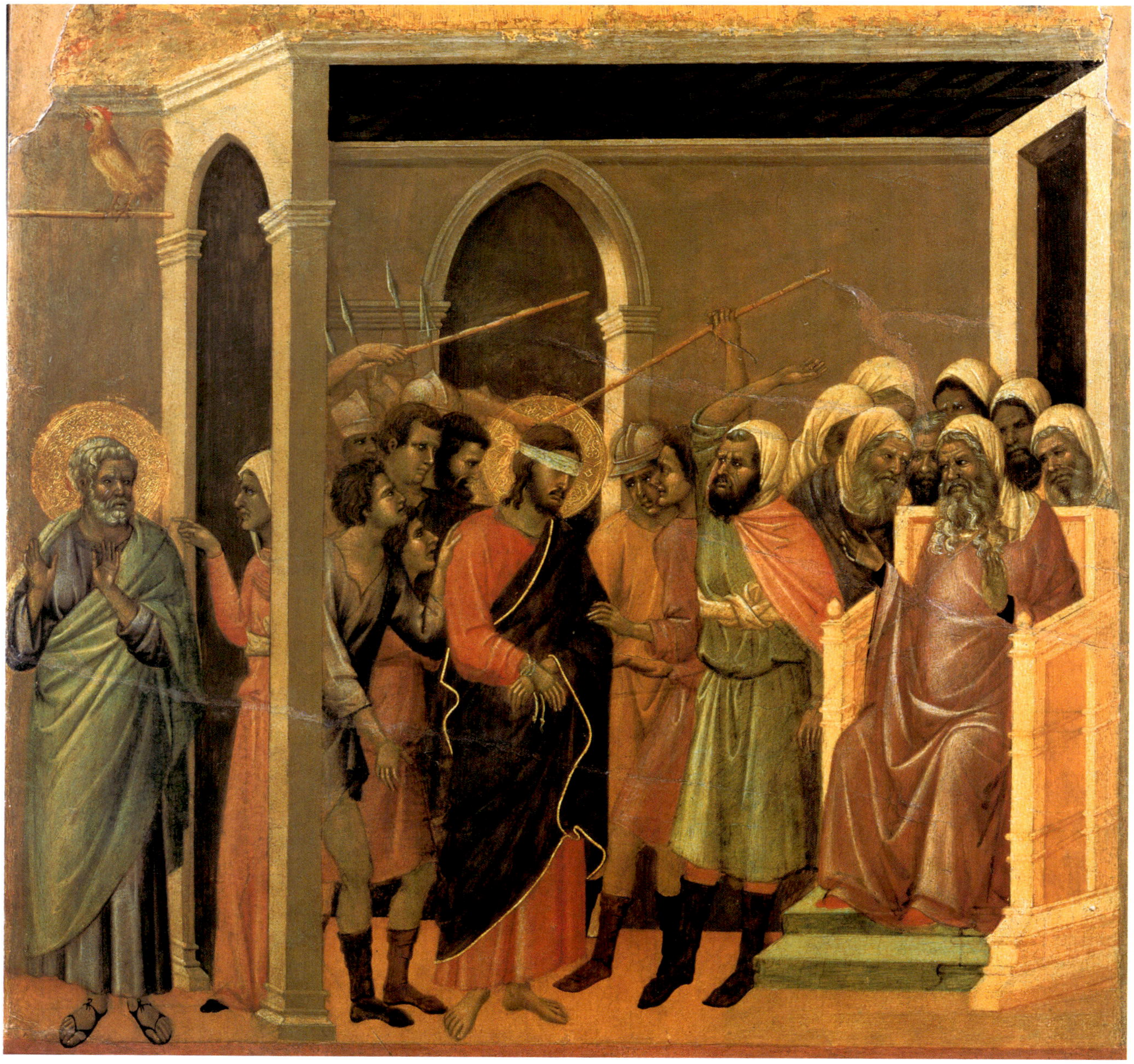

9.92 DUCCIO, *Die dritte Verleugnung*, aus der Maestà, 1308–1311, Holztafel, 49,5 x 54 cm. Museo dell'Opera del Duomo, Siena.

Eingang eingraviert ist. In Rom werden aufwendige Steinintarsien seit dieser Zeit als Kosmatenarbeit bezeichnet. Im oberen Bereich der Wände zwischen den Zwickeln der Gewölbe wird die opulente Wirkung durch Freskomalerei aufrechterhalten, die damals im Vergleich zu den Mosaiken zwar noch als minderwertig gilt, aber dennoch bereits als ein Medium mit feineren Gestaltungsmöglichkeiten und größerer Ausdruckskraft genutzt wird.

Jedes der Spitzbogenfenster mit der simulierten Porphyreinfassung wird von zwei rechteckigen Szenen flankiert. Diese erinnern an Stickereien – ihre schmalen Ränder weisen ein Textilmuster auf –, welche vor einem intensiv leuchtenden roten Grund mit von spätantikem und frühchristlichem Wandschmuck inspirierten Motiven angebracht sind. An der wichtigsten Stelle über der Apsis überreicht Nikolaus III., begleitet von Paulus, dem Mittler Petrus ein Modell der Privatkapelle, während Christus auf der anderen Seite des Fensters thront – ein klares Sinnbild für die Quelle der päpstlichen Autorität ▸9.93. Die Köpfe Christi und der beiden Heiligen folgen in Rom seit alters bekannten ikonographischen Mustern, doch ihre Körper, die sich unter natürlich fallenden Draperien deutlich abzeichnen, wirken – und dies ist neu – fest und bewegt. Der Papst wurde sicherlich nach dem Leben porträtiert, was damals höchst ungewöhnlich war, und das Modell in seinen Händen ist eine perspektivisch korrekte Außenansicht der Sancta Sanctorum. Diese Fresken kündigen in der Tat neue Entwicklungen der italienischen Malerei an, welche traditionsgemäß dem Florentiner GIOTTO DI BONDONE (um 1267–1337) zugeschrieben werden.

## *Giotto*

Dass GIOTTOS Ruhm den seiner Zeitgenossen in Siena und Rom schon bald in den Schatten stellte, lag vor allem am Lokalpatriotismus der Florentiner, welche die ersten Darstellungen zur italienischen Kunst verfassten.

Außer Zweifel steht, dass er in jeder Hinsicht erfolgreich war. Dokumente verzeichnen seinen Wohlstand, seine Häuser in Florenz und Rom, seinen Landbesitz und seine Tätigkeit als Vermieter von Webstühlen – dies war eine Methode, um Geld mit einer Rendite von bis zu 120 Prozent jährlich anzulegen, ohne damit gegen das Wucherverbot der Kirche zu verstoßen. Askese und Selbstverleugnung des hl. Franz galten für ihn nicht. Als zeitgenössisches Zeugnis für seinen Ruhm als Maler

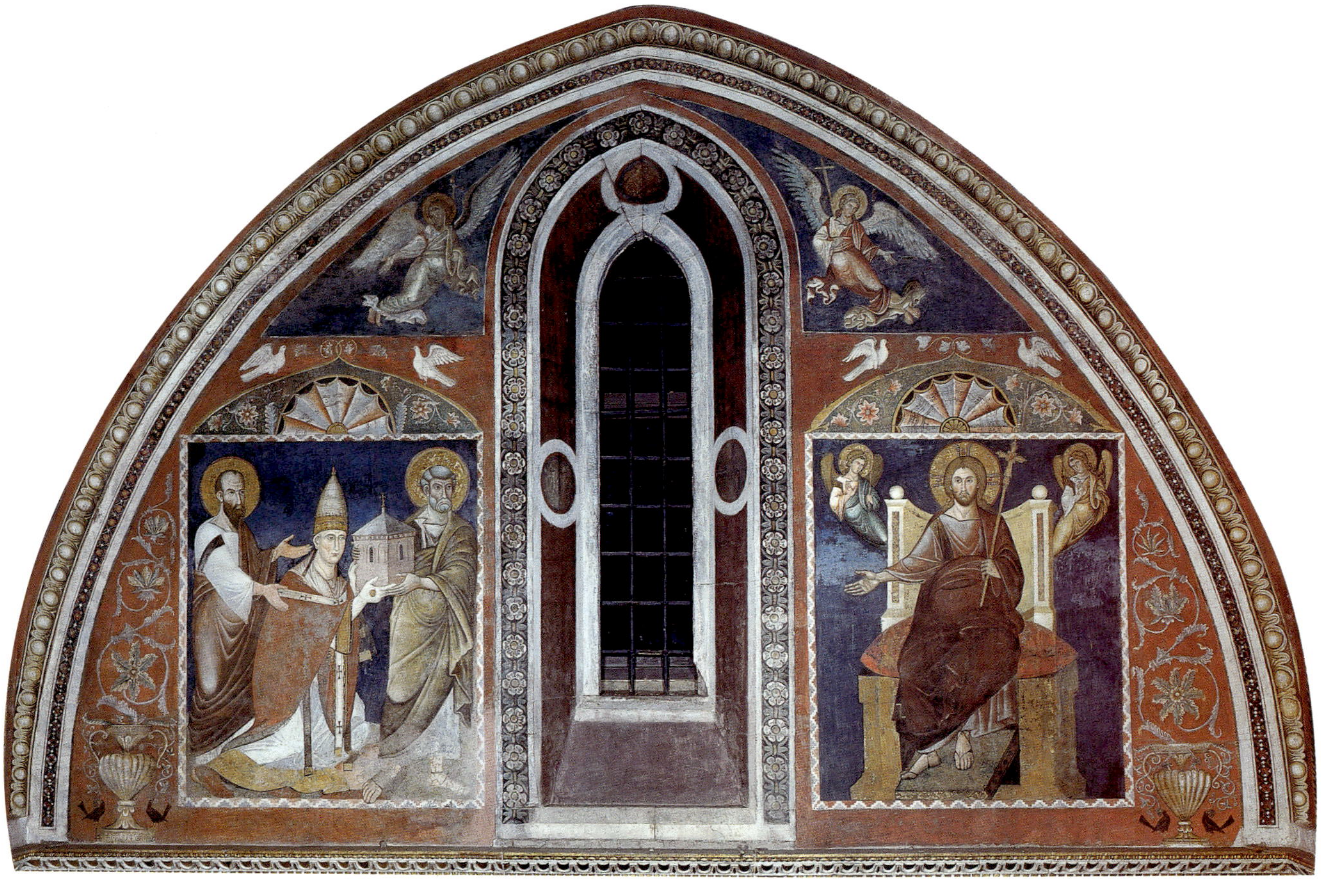

·3 Lünette in der Sancta
ıctorum, Rom, 1277–1280,
·sko mit Blattgold,
·ite ca. 7 m.

haben wir bereits Dante zitiert, und noch vor Mitte des 14. Jahrhunderts ist er der einzige Künstler, den ein Florentiner Historiker unter den Großen der Stadt aufzählt. Aber es wird nur ein Werk von ihm erwähnt, ein Mosaik in Sankt Peter in Rom, von dem wenig erhalten geblieben ist. Paradoxerweise hat sein eigener Ruhm ihn ins Dunkel gerückt, er wurde zum Gegenstand von Legenden. Autoren verkündeten sein Lob in Phrasen, die dem Plinius entliehen waren, und selbstverständlich etikettierte man mit seinem Namen eine Vielzahl unterschiedlicher Bilder. Zu seinen Lebzeiten wurde Assisi als Stätte seines Wirkens erwähnt, und ein Jahrhundert später hieß es, er sei der Schöpfer der Szenen aus dem Leben des hl. Franz in San Francesco – ob er sie nun malte oder nicht, ist immer noch umstritten. Keines der erhaltenen Werke, die man ihm heute zuschreibt, ist voll belegt.

Bei den Fresken der Arenakapelle in Padua ▸9.94; 96; 98 ff. (Capella degli Scrovegni) hingegen braucht man an seiner Urheberschaft nicht zu zweifeln; sie kennzeichnen einen Wendepunkt in der Geschichte der westlichen Kunst und des Mäzenatentums. Bis dato waren große Werke der religiösen Kunst von Herrschern, Kirchenleuten und Stadtbehörden in Auftrag gegeben worden. Enrico Scrovegni, der die Kapelle nahe seinem Palast bauen ließ, war ein reicher Privatmann aus Padua. Scrovegni erklärte, er habe die Kapelle gebaut »zu Ehren des Kults der jungfräulichen Gottesmutter und um den guten Stadtstaat und die Kommune von Padua zu ehren und zu zieren«. Die Ehre der eigenen Familie war aber auch im Spiel, denn die Kapelle wurde so verschwenderisch ausgeschmückt wie nie zuvor bei einer privaten Stiftung. Auch wollte er damit wohl die Sünden seines Vaters wieder gutmachen. In GIOTTOS großem Fresko über der Eingangstür *Das Jüngste Gericht* bildet das Gegengewicht zu den verdammten Wucherern die auffallende Gestalt von Enrico Scrovegni, die der Jungfrau ein Modell der Kapelle darbietet. Auf den anderen Wänden sind drei Gemäldefolgen mit Szenen aus dem Leben der Jungfrau und Christi. Die Wandverkleidung darunter ist mit Einzelgestalten in Grisaille bemalt, die Tugenden und Laster verkörpern. In seiner Ganzheit entspricht der Gemäldezyklus den Forderungen von Bischof Sicard von Cremona (um 1155–1215), der in *Mitrale*, einer Abhandlung über die Liturgie, geschrieben hatte, Bilder sollten einer Kirche nicht nur zur Zier gereichen, sondern den Laien auch erinnern an »Vergan-

9.94 GIOTTO, Detail aus der *Auferstehung Christi*, Fresko aus der Arenakapelle, Padua.

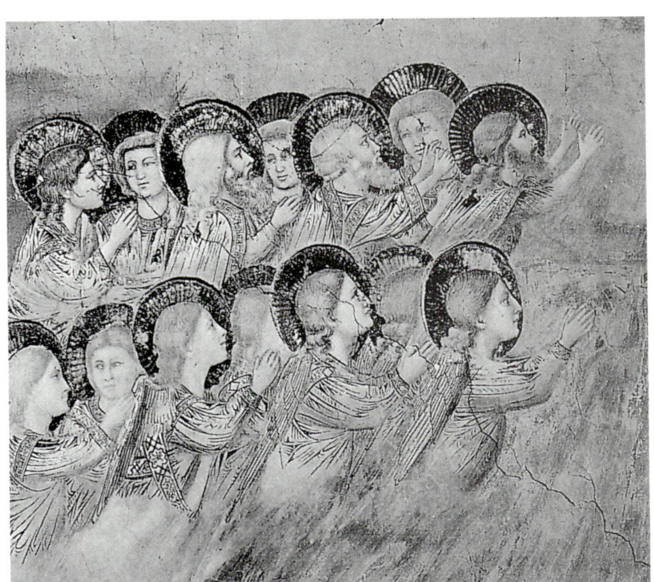

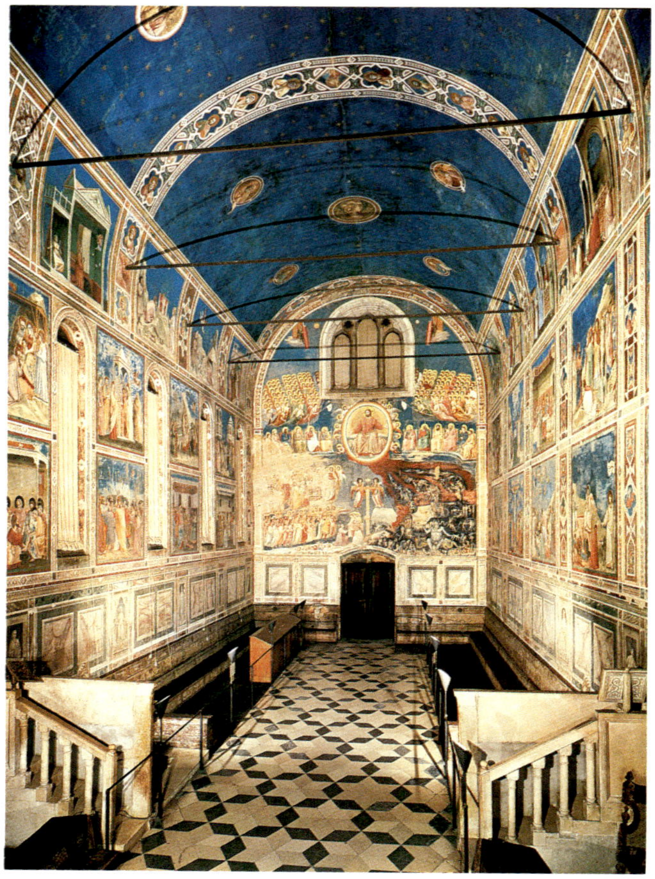

9.95 Arenakapelle mit GIOTTOS *Jüngstem Gericht* von 1304–1313, Padua.

genes (Geschichten und Visionen), sein Denken auf das Gegenwärtige lenken (Tugenden und Laster) sowie auf das Künftige (Strafe und Belohnung)«.

Die Gemälde der Arenakapelle sind die frühesten, die GIOTTO mit Sicherheit zuzuschreiben sind. Gleichwohl sind sie das Werk eines ausgereiften Künstlers, der die Einflüsse von CIMABUE, von frühchristlicher Kunst in Rom, von dem schattenhaften römischen Maler PIETRO CAVALLINI (tätig 1273–1309) und den PISANI (GIOVANNI skulptierte in der Kapelle eine Statue der Jungfrau mit dem Kind) gänzlich assimiliert hatte. Obgleich auch GIOTTO Anleihen bei themengleichen Vorbildern machte, änderte er sie doch fast bis zur Unkenntlichkeit ab, wobei er alles Unwichtige aussparte, um dadurch jeder Szene eine bezwingende, völlig logische Einfachheit zu geben. Die Geschichten aus dem Evangelium werden so eindeutig erzählt, dass sie keiner demonstrativen Akzente bedürfen, um ihrem Sinn Nachdruck zu verleihen. Allein mit einer ganz sparsamen, sanften Handbewegung sagt der auferstandene Christus zu Maria Magdalena: »Rühre mich nicht an!« (»Noli me tangere!«). Jede der Gestalten ist gleichermaßen ausdrucksstark, selbst jene, die in der Beweinung mit dem Rücken zum Betrachter auf dem Boden kauern. Jede verharrt in feierlicher Pose, wirkt aber trotzdem so, als sei sie zu einer Bewegung im Umraum fähig. Der Fluss der Gewänder ist ganz natürlich, je nach Gewebeart, und trägt zu der beherrschten Komposition bei, die dem ganzen Kapellenraum jene außerordentliche Stimmung von Feierlichkeit, Bedeutung und ewiger Stille verleiht. Nicht nur thematisch, wie bisher, sondern auch kompositorisch stehen die einzelnen Szenen zueinander in Beziehung: *Die Erweckung des Lazarus* ist direkt mit der *Auferstehung* verknüpft und in der Diagonalen, durch die Kontur des Hügels ebenfalls mit der *Beweinung*. Über allen drei Szenen wölbt sich der gleiche wolkenlose blaue Himmel, der sich auch über das Gewölbe ausbreitet und so das Schema verbindet – ebenso wie die Lehre von der Erlösung die verschiedenen Themen.

Jede Gruppe steht auf einer flachen, jedoch logisch konstruierten Bühne. Die Interieurs sind in der alten römischen Tradition der ›Weitwinkel‹-Perspektive gemalt, die GIOTTO systematischer anwendete als DUCCIO. Doch waren die Absichten beider Künstler die gleichen. Beide verwandelten sie die flache Bildebene, auf der sich, wie im Relief, stark konturierte Gestalten abheben, in eine Art Fenster, hinter dem die Szenen aus dem Evangelium zu bewegtem Leben erwachen. Einige Gestalten werden durch den Rahmen zum Teil abgeschnitten: Der auferstandene Christus wird gezeigt, als schicke er sich soeben an, dem Blickfeld des Betrachters ganz zu entschwinden. Gleichwohl behandelte GIOTTO die innere Verfassung ebenso wie das äußere Erscheinungsbild. In der *Beweinung,* bei der jede Gestalt individuellen Ausdruck zeigt, hält die Jungfrau ihren toten Sohn umklammert und starrt auf seine geschlossenen Augen. Dadurch entsteht ein unvergesslicher Eindruck von Verzweiflung über den schmerzlichen Verlust, umso wirkungsvoller, als sie nur in einer strengen, nahezu stoischen Beherrschung zum Ausdruck kommt ▸9.99.

Aber es gibt in der Arenakapelle zwei Ebenen von Wirklichkeit oder Unwirklichkeit: religiös und weltlich oder poetisch und prosaisch. Während die erzählenden Szenen den Geist erheben, wird das Auge von der Umrahmung mit vorgeblichen Einlagen aus Porphyr, Lapislazuli und anderen Halbedelsteinen hinters Licht geführt. Der Sockel täuscht Marmorverkleidung vor. Tatsächlich gibt hier die Malerei einen Trompe-l'œil-Ersatz für kostspieligeres Material. Bis jetzt galt figurative Wandmalerei als eine minderwertige Alternative zum Mosaik, das in der Herstellung teurer und zeitraubender war (im Dom von Pisa arbeiteten 18 Mann zehn Monate lang am Apsismosaik, ohne es zu vollenden). Venedig war anscheinend als einzige italienische Stadt reich genug, um sich große Ausstattungen in Mosaik leisten zu können ▸9.16;19. Zweifellos aus diesem Grund brachte im Mittelalter nur diese Stadt keine eigenständige Freskantenschule hervor. Die Franziskaner bevorzugten die Malerei, weil sie das bescheidenere Medium war – in ihren Kirchen waren Mosaiken gar nicht und bunte Glasfenster nur sehr begrenzt erlaubt. San Francesco in Assisi ist ausschließlich mit Malereien ausgeschmückt ▸9.82.

Echte Fresken sind fast ebenso haltbar wie Mosaiken. Man malte sie auf den frischen (›fresco‹), noch feuchten Putz, mit dem sich Erdpigmente während des Trocknens chemisch verbanden; dabei wurden die Farben fixiert und erhielten ihre einmalige Transparenz. Farbstoffe, die vom Mörtel nicht absorbiert wurden, sondern erst mit einem Bindemittel gemischt werden mussten, trug man nach dem Trocknen der Oberfläche ›al secco‹ auf, in der Arenakapelle jedoch nur als letzten Schliff. Diese Farbstoffe waren die gleichen, die auch für Tafelbilder wie DUCCIOS *Verleugnung* ▸9.92 verwandt wurden. Auf einen trockenen Gesso – eine Art Gipsgrund, mit dem die Holztafel überzogen war – wurden sie Schicht um Schicht aufgetragen. Gleichgültig, ob es um die Bemalung ganzer Wände oder von Tafeln ging, die Künstler arbeiteten in dieser Periode normalerweise mit mehreren Gehilfen. Bei der schwierigen Freskotechnik jedoch gab die Virtuosität des Meisters den Ausschlag, da diese Technik die Schnelligkeit und die Sicher-

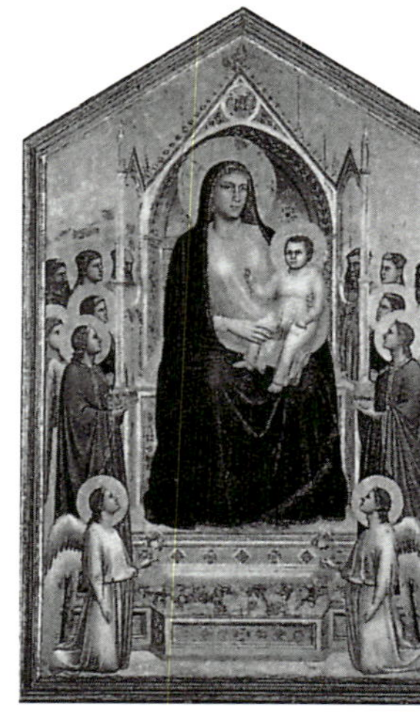

9.96 GIOTTO, *Ognissanti-Madonna*, um 1310, Tempera auf Holz, 325 x 204 cm. Uffizie Florenz.

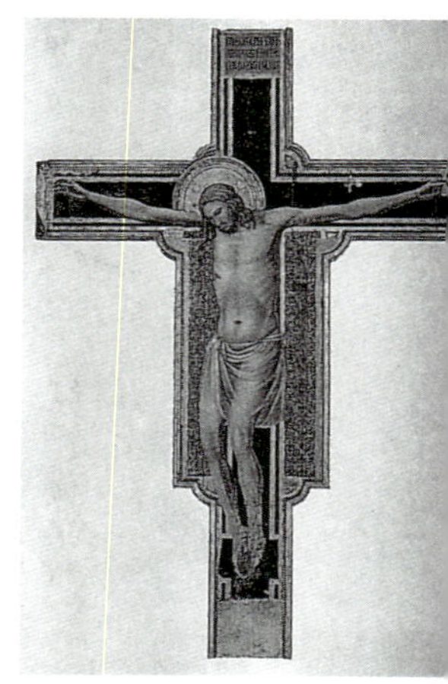

9.97 GIOTTO, *Kruzifix*, 430 x 303 cm. San Francesco, Rimini.

# Die Mönche in Padua beschweren sich über die Scrovegni-Kapelle

Am 9. Januar 1305 beschwerten sich der Prior und die Mönche des Eremitani-Klosters in Padua bei ihrem Bischof über den »schweren Skandal« des neuen Glockenturmes der Scrovegni-Kapelle, der sich unmittelbar neben der Kirche befand, und seine riesigen neuen Glocken. Vermutlich störten sie sich aber weniger an der Nähe des Glockenturmes und dem Klang der Glocken als an dem nach ihrer Ansicht übertriebenen Pomp und der Pracht der neuen Ausschmückung der Kapelle ▸9.96 zu der sie in ihrer Eingabe an den Bischof bemerken:

*»Es sollte in der Arena keine riesige Kirche geben, sondern eine kleine in der Art eines Oratoriums, keine mit vielen Altären, und außerdem sollte sie keine Glocken haben und keinen Glockenturm, so wie es in dem Genehmigungsschreiben des besagten Herrn Enrico [Scrovegni] durch den Herrn Bischof von Padua bestätigt und geschrieben steht. Die Genehmigung lautet folgendermaßen: Dass es Herrn Enrico erlaubt werden wird, in der Arena oder an dem Arena genannten Ort, unbeschadet der Rechte Dritter, eine kleine Kirche zu errichten, fast in der Art eines Oratoriums, für sich selbst, seine Frau, seine Mutter und seine Familie, und dass es den Leuten nicht gestattet sein solle, diese Kirche zu besuchen. Er hätte dort keine große Kirche und viele andere Dinge bauen sollen, die mehr aus Prunksucht, eitlem Stolz und Reichtum errichtet wurden als zum Lobpreis, zum Ruhm und zur Ehre Gottes. Und, um es nochmals zu sagen, diese Dinge wurden im Widerspruch zur Form und zum Inhalt der Genehmigung des Herrn Bischof getan, so dass der oben erwähnte Prior Sie im Namen des oben erwähnten Bischofs infolge der Ihnen gebührenden Macht Ihres Amtes bat, uns für wert zu befinden, dem oben Erwähnten Einhalt zu gebieten und uns das Dokument sehen zu lassen, durch welches dem oben erwähnten Herrn Enrico die Genehmigung des Herrn Bischof erteilt wurde, das heisst, das Dokument, das durch Herrn Bartolommeo den Notar ausgefertigt oder verfasst wurde, und den Inhalt ebendieses Dokuments oder ebendieser Genehmigung zu überprüfen und den oben erwähnten Enrico durch kirchlichen Erlass dazu zu zwingen, den Inhalt dieses Dokuments oder dieser Konzession sowie die Vereinbarungen, Bedingungen und Modi, wie sie darin beschrieben sind oder eingefügt wurden, zu beachten und dafür zu sorgen, dass dem oben erwähnten Prior das oben erwähnte Dokument oder eine Kopie desselben zur Verfügung gestellt wird.«*

Convento degli Eremitani, Bd. 62, in Archivo Communale di Padova, Giotto: The Arena Chapel Frescoes, New York 1969

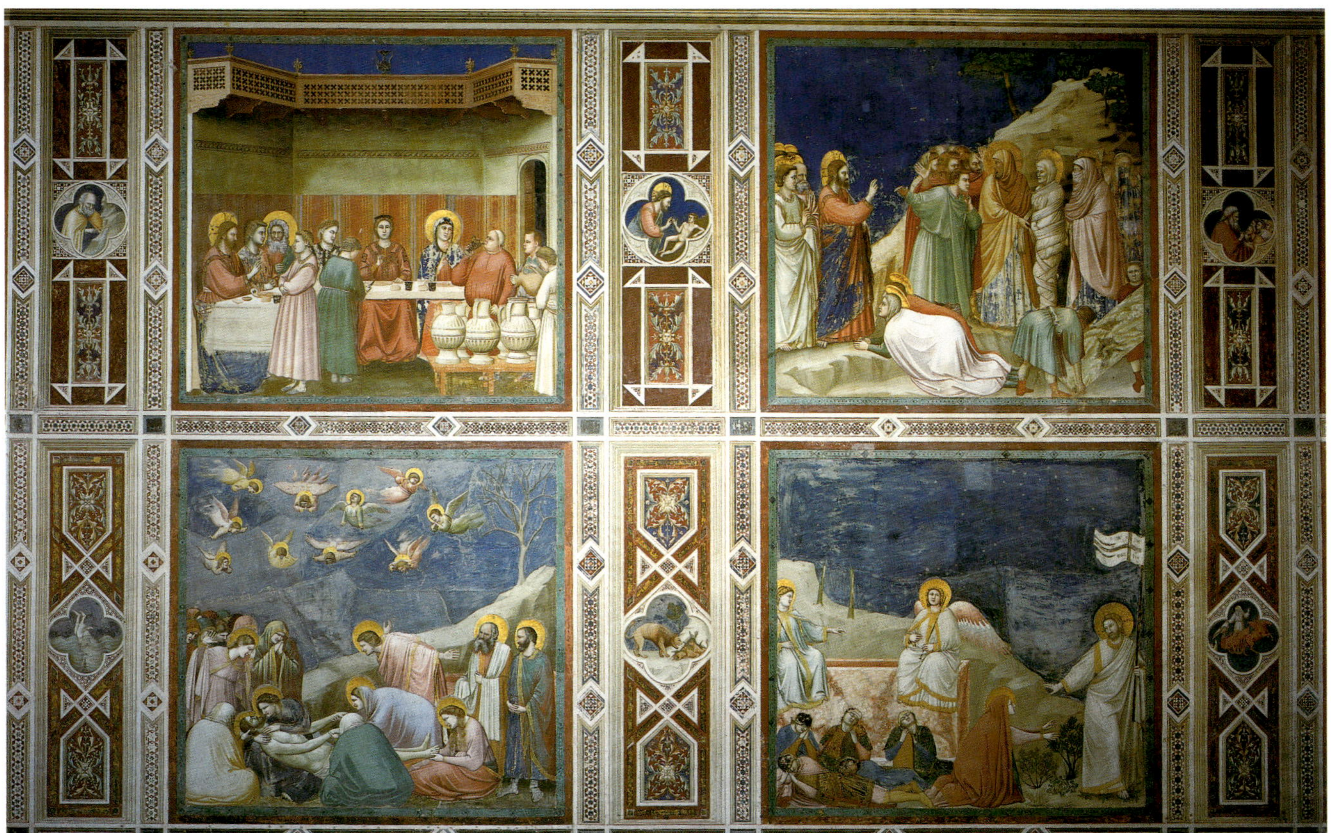

…98 GIOTTO, *Hochzeit zu …na, Auferstehung des …zarus, Beweinung* und *Noli … tangere*, um 1304–1313, …tail der Freskenaus…mückung, Arenakapelle, …dua (gezeigte Wandfläche … 5 x 7 m).

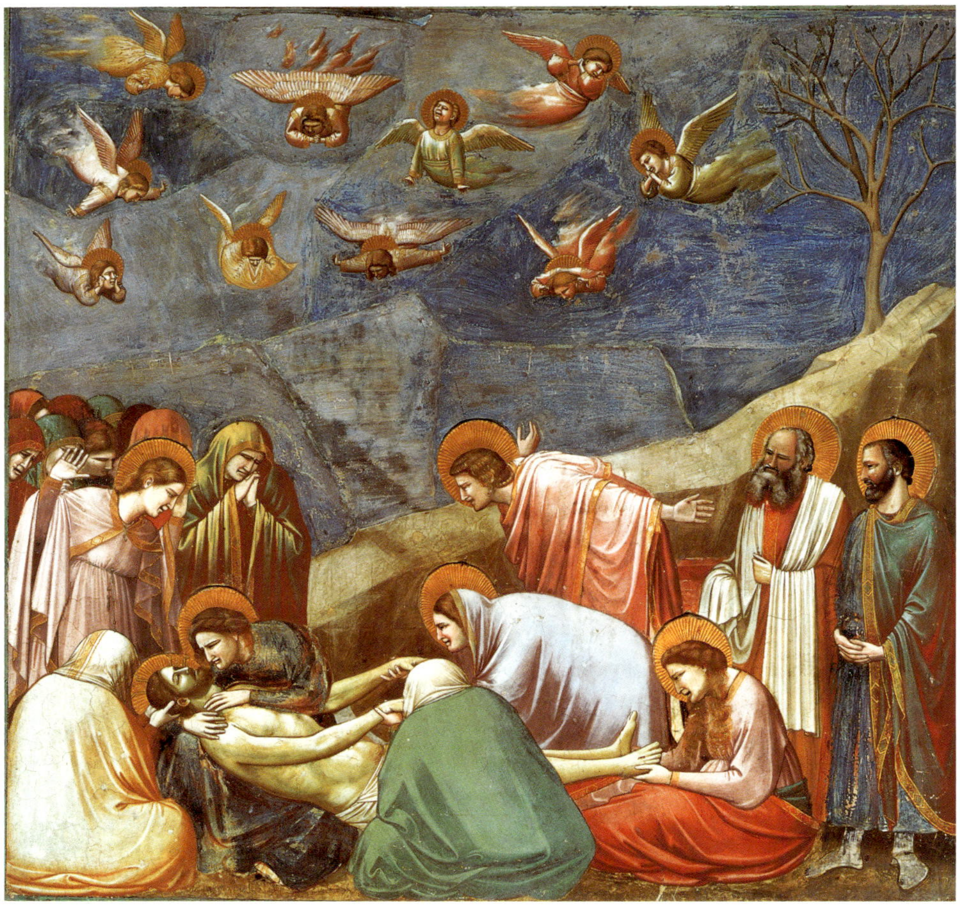

9.99 GIOTTO, *Beweinung*, Arenakapelle

heit der Hand ebenso erforderte wie die Beherrschung der Gesamtkomposition, die nur Stück für Stück ausgeführt werden konnte. Man trug jeweils nur so viel Putz auf, wie der Künstler während eines Tages bemalen konnte. In der Arenakapelle malte GIOTTO manchmal an einem Tag eine ganze Figurengruppe, manchmal aber auch nur einen Kopf. Dass er sich bei späteren Wandmalereien (in Santa Croce, Florenz) mehr und mehr auf seine Gehilfen verließ, ging Hand in Hand mit einer ausgiebigeren Verwendung von Farbstoffen, die ›al secco‹ aufgetragen wurden.

9.100 GIOTTO, *Joachim unter den Hirten*, Arenakapelle.

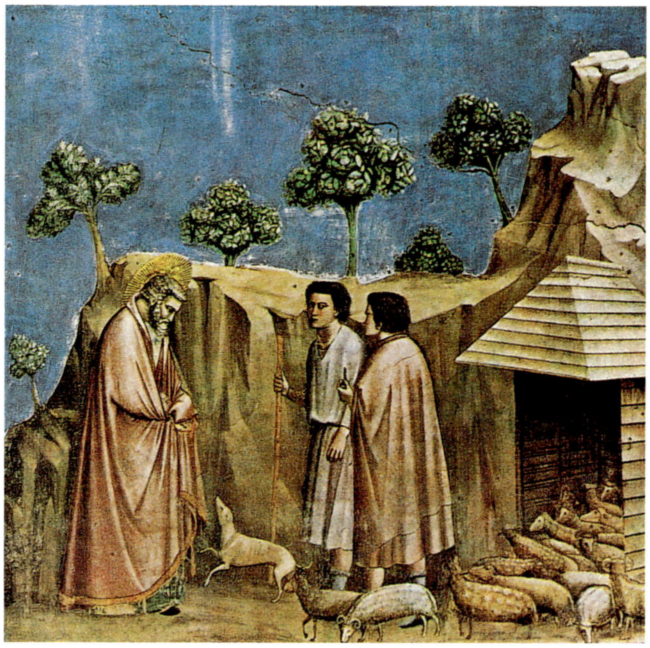

Der Dichter Petrarca (1304–1374) schrieb über ein Bild GIOTTOS, das er besaß, seine Schönheit könnten Ignoranten wohl nicht begreifen, aber jeden Kunstkenner würde es in Staunen versetzen. Noch manches Jahr musste vergehen, ehe sich ein Maler mit dem Genius von GIOTTO messen konnte (s. S. 391 f.). Seine unmittelbaren Nachfolger in Florenz, einschließlich jener, die, wie etwa TADDEO GADDI (tätig 1330–1363), wahrscheinlich als Gehilfen bei ihm angefangen hatten, brachten es zu kaum mehr als Nachahmungen von Aspekten seiner Werke. Die interessantesten italienischen Maler der nächsten Generation kamen aus Siena. Am hervorragendsten unter ihnen war SIMONE MARTINI (tätig 1315 bis 1344), ein persönlicher Bekannter von Petrarca, der sein Andenken in zweien seiner vorzüglich formulierten und elegant skandierten Sonette feierte. Mit SIMONE verlassen wir die ernste Welt DANTES und GIOTTOS und befinden uns in einem mehr höfischen Milieu.

## Profane und internationale Gotik

In den 100 Jahren nach dem Tod des hl. Franz von Assisi war die schlichte, inbrünstige Frömmigkeit der frühen Bettelmönche zuweilen gefährdet, von weltlichen Bedürfnissen verdrängt zu werden. Ein großes Altarbild, das SIMONE MARTINI 1317 für den französischen König von Neapel, Robert d'Anjou, malte, ist hierfür kennzeichnend. Das raue braune Franziskanerhabit des hl. Ludwig von Toulouse ist fast versteckt unter reich bestickten kirchlichen Gewändern ▸9.101. Der ältere Bruder des Königs von Neapel war dem franziskanischen Ordenszweig der ›Spiritualen‹ beigetreten, der die Regeln des Gründers – Armut, Keuschheit und Gehorsam – streng beachtete. Im Jahr vor seinem Tod, 1296, war er nur zögernd Erzbischof von Toulouse geworden. Zwei Engel, eine himmlische Krone haltend, schweben über dem Heiligen, der seinerseits eine zwar kleinere, aber sonst identische irdische Krone über den deutlich charakterisierten Kopf seines Bruders Robert hält, zu dessen Gunsten er auf das neapolitanische Königreich verzichtet hatte. Auf der Predella sind Szenen aus dem Leben des Heiligen und ein Wunder, das er nach seinem Tod wirkte, dargestellt. König Robert gab das Bild im Jahr der Kanonisierung Ludwigs in Auftrag. Er hatte die Heiligsprechung mit großem Eifer betrieben, um den eigenen Anspruch auf den Thron als gottgewollt zu bekräftigen. Darüber hinaus war sie ein Schachzug in einem verwickelten politischen Spiel, das um die Vorherrschaft der Anjou in Mittelitalien ging. Heraldische Lilien, das französische Königsemblem, fallen sowohl auf dem Rahmen als auch auf dem ›himmlisch‹ goldenen Hintergrund der Haupttafel ins Auge. SIMONE MARTINIS Altarbild stellt einen Versuch dar, religiöse und politische, ewige und zeitliche Belange, die durchaus widersprüchlich, wenn nicht sogar unvereinbar erscheinen, in Einklang zu bringen.

In der hierarchischen Abstufung und der feierlichen Pose der Gestalten finden sich Reminiszenzen der byzantinischen Kunst (vgl. ▸9.102). Genauso war auch Kaiser Theodosius abgebildet worden, wie er 900 Jahre früher einem Beamten eine Pergamentrolle hinunterreichte ▸7.30. Das Gemälde zeigt eine östliche Opulenz, die durch den Schimmer der ursprünglich eingelassenen Edelsteine wohl noch verstärkt wurde. Die Textilien jedoch, die so viel zu der üppigen Wirkung beitragen, sind in ganz unbyzantinischer Art gemalt. Samt, Brokat, Goldstickereien und ein geknüpfter Orientteppich werden nahezu illusionistisch wiedergegeben. Und auch die Gestalten sind, trotz der starren Förmlichkeit ihrer en face- und Profilposen, von dreidimensionaler Substanz und werden in einem Raum platziert, der durch das verkürzte Muster des Teppichs eindeutig abgegrenzt ist. Noch beachtlicher aber sind die fünf Szenen auf der Predella, deren Architekturen alle aus der Perspektive eines einzigen zentralen Standpunkts gezeichnet sind. Mit dieser logischen Raumgliederung von einem exakt festgelegten Standpunkt aus verwarf SIMONE MARTINI die ›maniera greca‹ von BONAVENTURA BERLINGHIERI ▸9.81 völlig und ging gewissermaßen über CIMABUE ▸9.86 und auch über seinen eigenen Lehrer DUCCIO ▸9.92 hinaus.

Ein weiterer Sieneser Künstler, AMBROGIO LORENZETTI (tätig 1319–1347), ging mit seinen großen Wandgemälden im Palazzo Pubblico seiner Vaterstadt noch weiter in Richtung einer vollkommen naturalistischen Auffassung ▸9.103. In diesem kolossalen Panorama von Stadt und Land, deren Vorlage Siena und die Hügel der Umgebung sind, liegt die Betonung ausschließlich auf dem Hier und Heute. Vielleicht ist dies die erste Stadtansicht, die je gemalt wurde. Sie zeigt verschiedene Gebäude, Läden mit offenen Frontseiten und die Paläste der Reichen, manche haben Verteidigungstürme, die zu Zeiten des früheren Bürgerkriegs errichtet worden waren. Sie stehen alle frei, und zwischen ihnen bewegen sich Menschen und Tiere. Der Handel floriert, und eine Mädchengruppe im Vordergrund, die in Seidenkleidern zum Takt eines Tamburin tanzt, erweckt den Eindruck glücklicher Harmonie. Auf der rechten Seite des Gemäldes sieht man offenes Land mit gut bestellten Äckern. Dieser friedvollen Vision gegenüber befindet sich eine zweite Darstellung derselben Stadt und Landschaft, vom Krieg verwüstet. Verkörperungen von Gerechtigkeit, Weisheit und Frieden, der christlichen Tugenden, und der Gemeinde Siena selbst, die einen Schild mit dem Abbild der Jungfrau und des Kindes hält, finden sich auf der dritten Wand, genau derjenigen gegenüber, deren Fenster den Blick auf die reale Landschaft freigeben. In diesem Raum trat der Magistrat zusammen, der Siena von 1292–1355 regierte, umgeben von Gemälden, die ursprünglich die Titel *Friede* und *Krieg* trugen – nicht *Allegorien der guten und der schlechten Regierung*. Sie waren bildliche Mahnungen einer politischen Philosophie, die die Erhaltung friedlicher Stabilität zum höchsten Ziel einer guten Herrschaft erklärte.

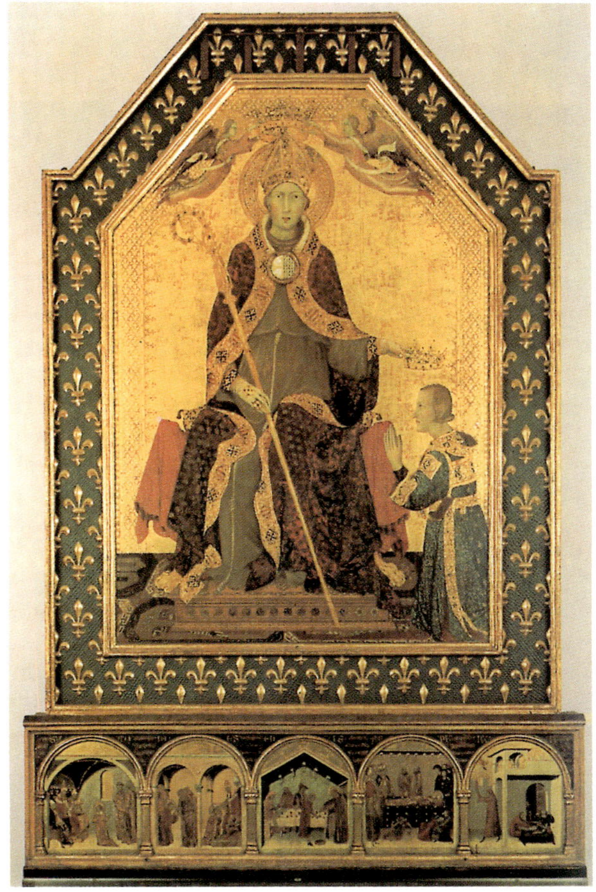

9.101 SIMONE MARTINI, *Der hl. Ludwig von Toulouse krönt Robert von Anjou zum König von Neapel*, 1317, Holztafel, 200 x 138 cm. Museo di Capodimonte, Neapel.

9.102 SIMONE MARTINI, *Verkündigung*, 1333, Tempera auf Holz, 184 x 210 cm. Uffizien, Florenz.

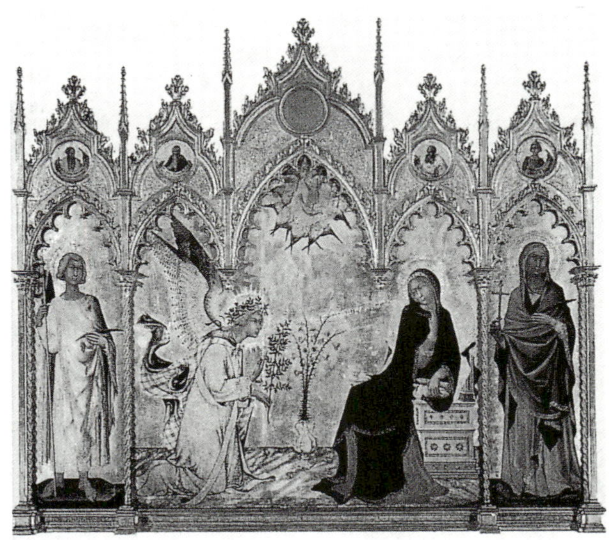

LORENZETTI stellte eine realistische, um nicht zu sagen materialistische Ansicht der toskanischen Landschaft dar, die seine Heimatstadt mit Lebensmitteln und Rohstoffen für die Manufakturen versorgte; Siena war ein Zentrum des Tuchhandels. Im Papstpalast von Avignon hingegen wird eine Waldszene zu einem zwar idyllischen, aber völlig sterilen Rahmen für elegant agierende Sportler ▸9.104. Ein ganzer Raum wurde dort zum Bild einer Waldschneise umgestaltet, mit Bächen, vielen verschiedenen Bäumen und Singvögeln. Es ist eine Szene jener Art, wie Vergil und Ovid sie beschrieben. Ihre Formulierungen hatten das ganze Mittelalter hindurch die Dichter inspiriert, weshalb die Ausschmückung über die Jahrhunderte hinweg mit ähnlich bemalten Räumen im Alten Rom verbunden blieb ▸5.38. Der päpstliche Hof war aus politischen Gründen aus Rom weggezogen, hatte sich 1309 in Avignon, auf dem südfranzösischen Territorium der Anjou-Könige von Neapel, niedergelassen und blieb hier bis 1376. Mehrere italienische Künstler begaben sich dorthin, unter ihnen SIMONE MARTINI und wohl auch der unbekannte Maler der besprochenen Fresken. Der Raum ist Teil eines Palastes, der für Clemens VI. (1342–1352) erbaut und ausgeschmückt wurde. Dieser Papst war ein französischer Adliger, der in Paris gelebt hatte und von allen in Avignon regierenden Päpsten den Luxus am meisten liebte.

Im Jahr 1348 widerfuhr Europa das schlimmste physische Unheil seiner Geschichte, die Beulenpest, bekannt als der Schwarze Tod. Viele Zeitgenossen glaubten, die Seuche sei eine göttliche Strafe für die Verworfenheit der Kirche und insbesondere des päpstlichen Hofes. In einem einzigen Sommer starb mindestens ein Drittel der Gesamtbevölkerung. Zahlreiche Veränderungen, die zunächst nach und nach eingeführt worden waren, am deutlichsten im Gefüge der feudalen Verpflichtungen – Dienstleistungen als Entschädigung für Schutz –, wurden nun abrupt durchgesetzt. Es gab weder Land- und Nahrungsmittelknappheit noch einen Überfluss an Arbeitskraft, aber jeder Versuch, diese Ausgeglichenheit zu nutzen, wurde unterdrückt, so dass sich der Reichtum schließlich mehr denn je in den Händen immer exklusiverer Klassen von Landbesitzern und Kaufleuten sammelte. Es gab eine Welle allgemeinen religiösen Eifers, gekennzeichnet von gesteigerter Emotionalität und öffentlichen Bußakten, zum Beispiel durch die Geißler, die sich, in Prozessionen umherziehend, die Rücken peitschten. Doch steigerte die Nähe des Todes häufig auch die Freude an irdischen Vergnügungen.

Obgleich zahlreiche Künstler Opfer der Pest geworden sein müssen – AMBROGIO LORENZETTI gehörte wahrscheinlich dazu –, gab es doch in der künstlerischen Aktivität Italiens keine allzu breite Lücke. Große Bauvorhaben wurden ohne Plan-

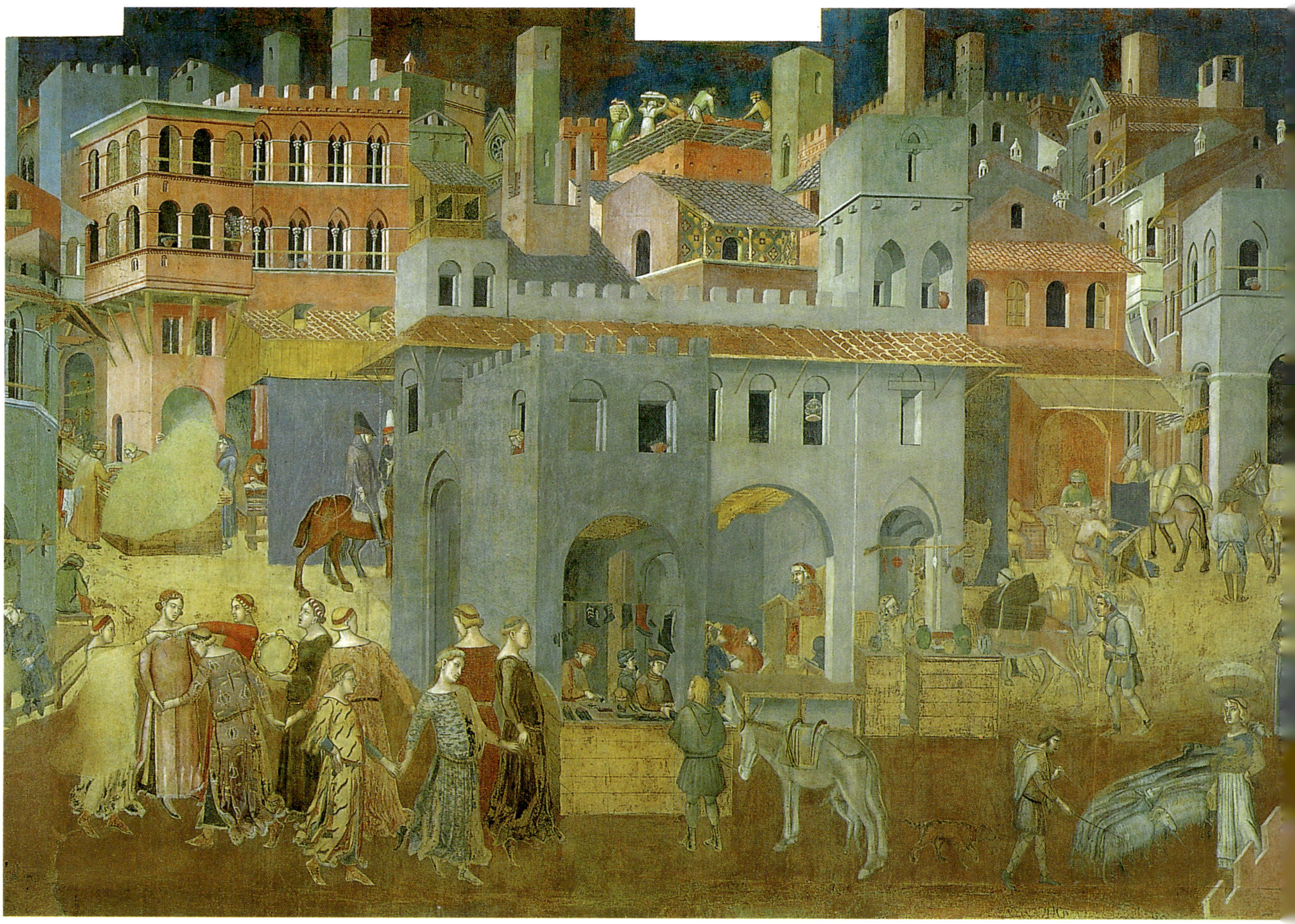

9.103 AMBROGIO LORENZETTI *Allegorie des Friedens*, Detail, 1339, Fresko. Palazzo Pubblico, Siena.

und Stiländerungen weitergeführt. In Venedig beispielsweise gingen die Arbeiten am Dogenpalast, die nach 1340 begonnen hatten fast ununterbrochen weiter ▸ 9.107; 108. Primär sollte er als riesige Halle für den ›Maggior Consiglio‹, den Großen Rat der Republik, dienen, der 1297 auf ein oligarchisches System reduziert worden war, das über fünf Jahrhunderte Bestand haben sollte. Während die städtischen Bauten in Florenz und Siena als Festungen zum Schutz der Regierenden angelegt waren, zeigt der Dogenpalast eine Offenheit, die die Gelassenheit Venedigs widerspiegelt. Die beiden Loggienreihen und das damastartige Mauerwerk darüber verleihen ihm ein nahezu unstoffliches Erscheinungsbild. Der Stil ist die unvergleichliche venezianische Version der Gotik, in bestimmter Weise von der islamischen Architektur beeinflusst und hauptsächlich für die machtvolle Klasse der reichen Händler entwickelt. Aber die Venezianer zeigten sich in Malerei und Skulptur auch gegenüber dem Zauber des internationalen gotischen Stils sehr aufgeschlossen.

Dennoch waren die Venezianer durchaus empfänglich für den Reiz der Gemälde und Skulpturen im spätgotischen Stil, den Künstler um 1400 entwickelten, die für die untereinander verwandten, aber auch eifersüchtig miteinander konkurrierenden Herrscherfamilien Europas arbeiteten. Man bezeichnet diesen Stil irreführenderweise als Internationale Gotik, als ob

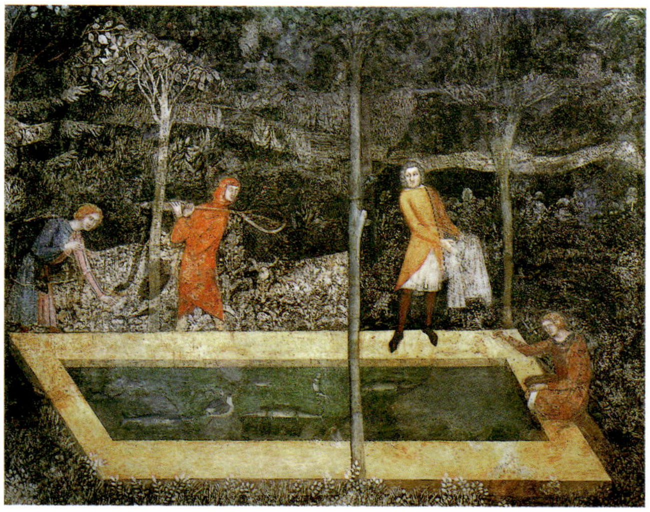

9.104 *Vogelfänger*, Chambre des Cerfs, 1343, Fresko. Papstpalast, Avignon.

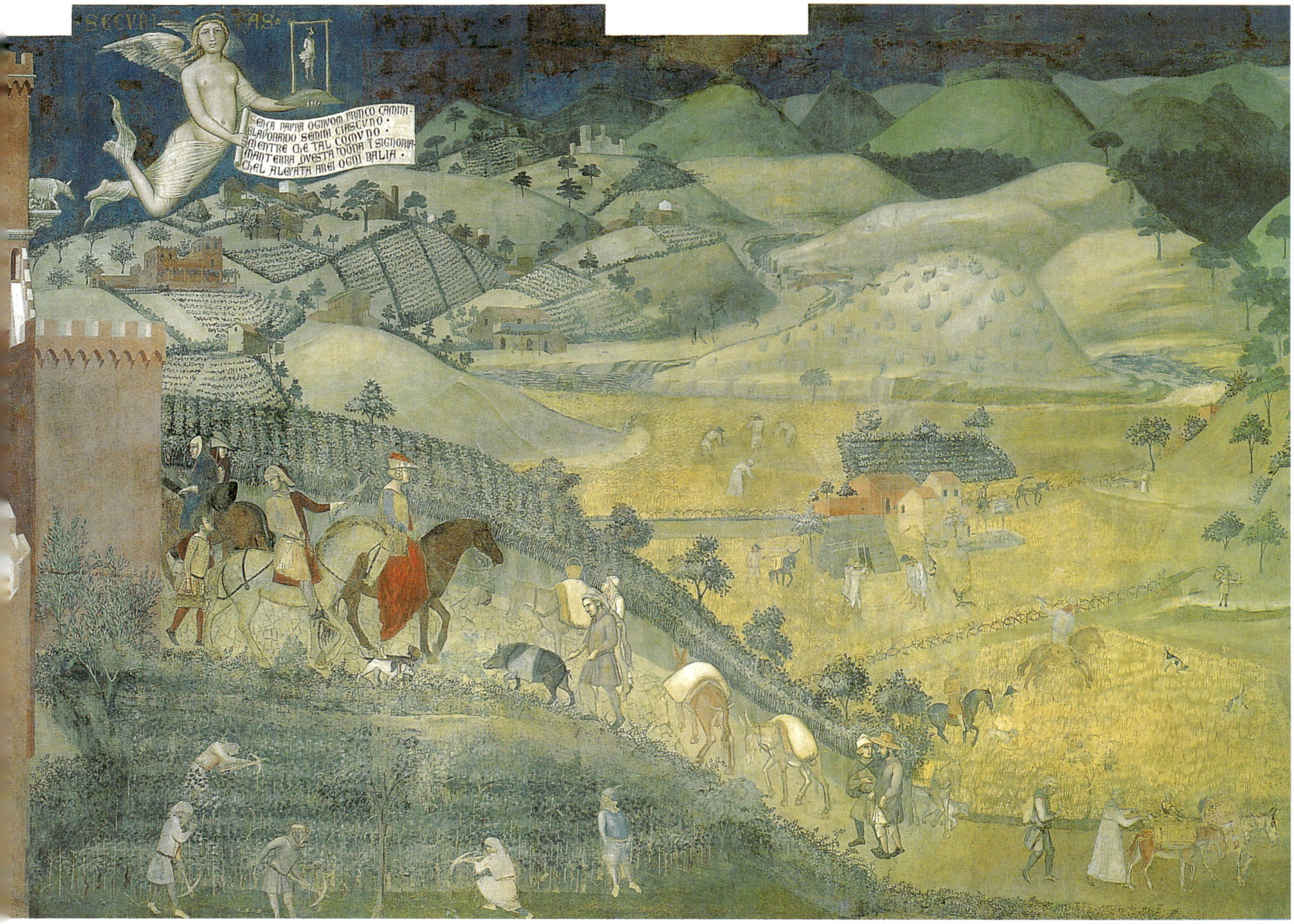

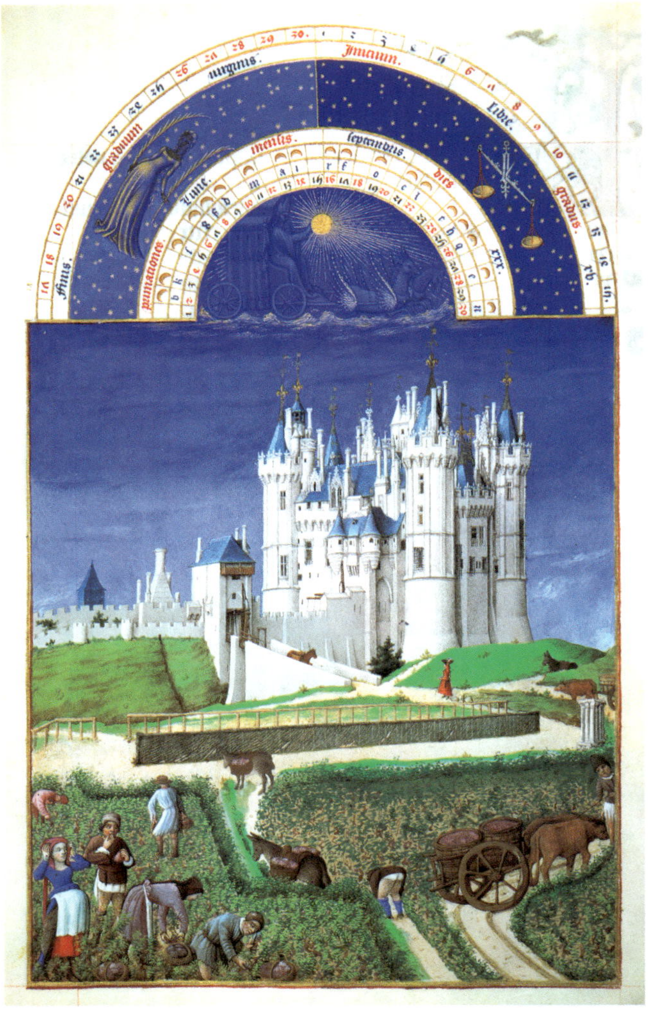

9.105 BRÜDER LIMBURG, *September*, Seite aus den *Très riches Heures de Duc de Berry*, 1413–1416, Buchmalerei, 21,6 x 14 cm. Musée Condé, Chantilly.

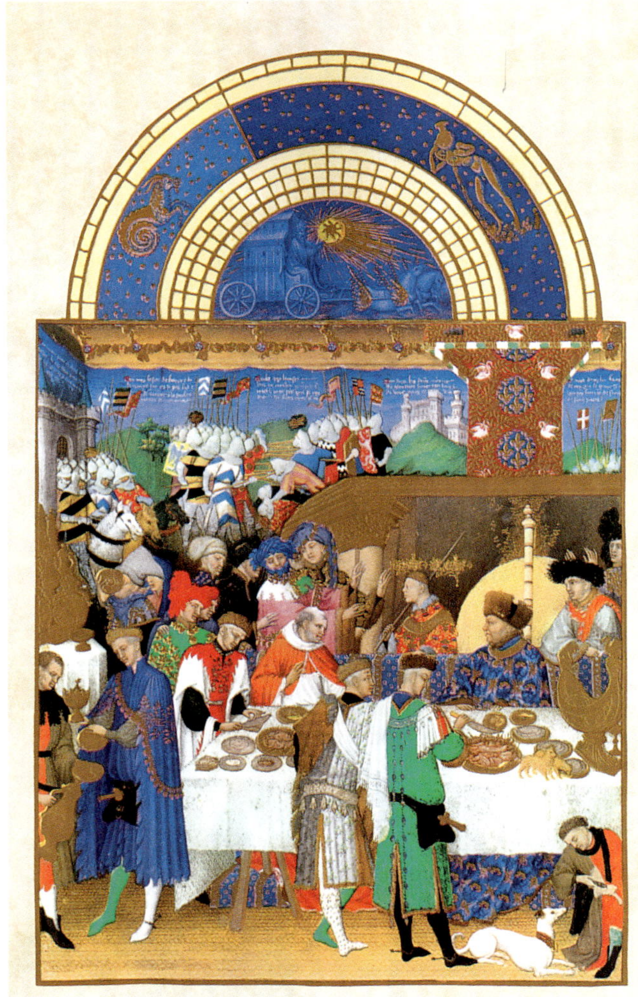

9.106 BRÜDER LIMBURG, *Januar*, Detail einer Seite aus den *Très riches Heures de Duc de Berry*.

er auf einem einheitlichen Geschmack und ähnlicher Ästhetik beruhte. Die Schnelligkeit, mit der damals Werke der Buchmalerei und Textilien zirkulierten, begünstigte eine wechselseitige künstlerische Anregung. Doch aus ihren verschiedenen lokalen Traditionen heraus fanden die Künstler zu höchst individuellen Stilen, auch wenn diese an allgemeinen Tendenzen teilhatten. Komplexität und Formenfülle der Ornamente, detailfreudige Naturtreue, mit der Tiere, Blumen und vor allem die Gewänder der Zeit dargestellt wurden, gingen mit der Betonung einer typisch gotischen Eleganz einher. Kennzeichnend ist vielfach eine asketische Spiritualität, nie völlig frei von höfischem Flair.

Das *Wilton Diptychon*, das nach dem englischen Landhaus benannt ist, in dem es sich ursprünglich befand, bevor es in den Besitz der Londoner National Gallery überging, ist ein Musterbeispiel dieser Kunst ▸9.109. Es zeigt König Richard II., der von seinen drei Schutzheiligen Edmund, Edward dem Bekenner – beides ehemalige Könige von England – und Johannes dem Täufer der Jungfrau Maria anempfohlen wird. Richard trägt ein prächtiges Goldbrokatgewand; das Emailmedaillon auf seiner Brust zeigt als sein Wappentier einen Hirsch. Um den Hals trägt er eine Kette, die ihm sein Schwiegervater Karl VI. von Frankreich 1396 geschenkt hatte. Die Engel, die Maria umringen, sind mit Rosen bekrönt. Auch sie tragen Halsbänder der Art, wie sie der König trägt, und Medaillen mit einem weißen Hirsch. Eine von ihnen hält eine Fahne mit rotem Kreuz auf weißem Grund (die Flagge Englands und des hl. Georg, aber auch das Symbol der Wiederauferstehung). Die Gebärde des Jesusknaben lässt darauf schließen, dass er sie entweder soeben von Richard empfangen hat oder im Begriff ist, sie diesem zu übergeben. Trotz zahlreicher herrschaftlicher Symbole besitzt das Bild eine übernatürliche Aura und spiegelt in der Verbindung von Stolz, Hedonismus und Mystik die Persönlichkeit Richards selbst wider.

Richard II. wird heute vor allem als der Märtyrer- bzw. Opfer-König aus Shakespeares gleichnamigem Drama erinnert. 1377 folgte er seinem Großvater im Alter von zehn Jahren als König von England auf dem Thron und übernahm zwölf Jahre später auch faktisch die Herrschaft. 1382 heiratete er eine Tochter des Kaisers des Heiligen Römischen Reiches und nach ihrem Tod eine Tochter des Königs von Frankreich. Sein Hof war ungewöhnlich kulturliebend, und eine Musikkapelle und zahlreiche Künstler gehörten ihm an. Geoffrey Chaucer, einer seiner Beamten, der mit der französischen und der italienischen Sprache wohlvertraut war, trug maßgeblich dazu bei, dass sich das Englische unter seiner Herrschaft zu einer literarischen Sprache entwickelte. Doch führten die Extravaganz und Verschwendungssucht des Königs 1399 zu seiner Absetzung und zu seinem Tod im darauf folgenden Jahr. Es ist durchaus möglich, dass das *Wilton Diptychon* in seinem Auftrag gemalt wurde, um der Vorstellung eines von Gott eingesetzten Königs zu einem Zeitpunkt Nachdruck zu

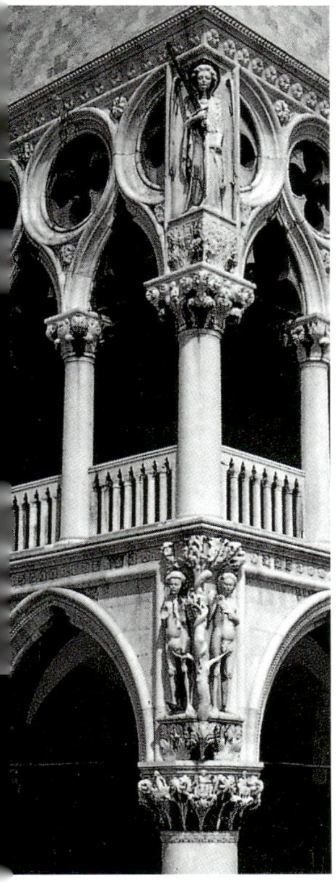

107 Dogenpalast, Venedig
etail der Fassade.

verleihen, als seine Autorität ins Wanken geriet. Obwohl das genaue Entstehungsdatum ungewiss ist, deuten die heraldischen Symbole darauf hin, dass das Bild aus der Zeit nach 1395 stammt. Der unbekannte Künstler könnte Franzose oder Engländer gewesen sein, denn während der Herrschaft Richards II. in England sowie Karls V. und seines Sohnes Karl VI. in Frankreich ruhten die Kampfhandlungen für einige Zeit, und zwischen beiden Staaten herrschte ein intensiver kultureller Austausch. Aber keines der erhaltenen englischen oder französischen Kunstwerke aus jener Zeit ist in technischer Hinsicht ähnlich vollendet.

Das *Wilton-Diptychon* hat die elegante Linie, Delikatesse der Farben und juwelengleiche Schärfe, die französische Auftraggeber so schätzten. PAUL VON LIMBURG (tätig 1400–1416) sowie seine Brüder HERMANN und JOHANNES zählten zu den vollendetsten Vertretern dieses Stils. Geboren in Nimwegen im damaligen Herzogtum Burgund und beschäftigt in Frankreich, empfingen sie zahlreiche Anregungen aus der italienischen Kunst – eines ihrer Werke ist von einem Fresko abgeleitet, das der GIOTTO-Schüler TADDEO GADDI in Florenz gemalt hat. Ihr Meisterstück ist das Stundenbuch *Très riches heures*, das sie für Jean, den Herzog von Berry, einen Sohn von Johann II., König von Frankreich, illustrierten.

Die *Très riches heures* beginnen mit zwölf Kalenderseiten, eine für jeden Monat, mit je einer dazu passenden Szene und, im Halbkreis darüber, den Sternbildern. So zeigt der *September* die Weinlese vor Saumur, dem Schloss, das der Herzog an der Loire besaß ▸ 9.105. Obgleich die Perspektive alles andere als exakt ist, verleiht doch die Präzision, mit der jedes Detail wiedergegeben wird, der ganzen Szene eine poetische Wahrheit, die Zweifel ausschließt vgl. ▸ 9.106. Natürlich ist es ein im höchsten Maße idealisiertes Phantasiebild von Frieden und Fülle. Tatsächlich entstand das Werk nämlich mitten im Hundertjährigen Krieg, der das nördliche Frankreich verwüstete. Darüber hinaus ist es nicht nur der Blick auf ein Schloss, sondern auch gleichsam von dort aus, von wo man, im übertragenen wie im Wortsinn, auf die Bauern hinunterschaute. So plump und so natürlich, wie diese hier gezeigt werden, zählen sie zu den ersten jener halbkomischen ›rustikalen Figuren‹, die in der europäischen Malerei und Literatur als Hintergrund dienten, von dem sich die höfische Eleganz besonders vorteilhaft abhob. *Die Très riches heures* nämlich sind vor allen Dingen ein Meisterwerk des Exquisiten und des Raffinierten. Bezeichnenderweise findet sich hier keinerlei Hinweis auf die Religion: Die Reben beispielsweise sind hier nur Früchte, ohne den Symbolgehalt, den sie in früherer mittelalterlicher Kunst immer hatten.

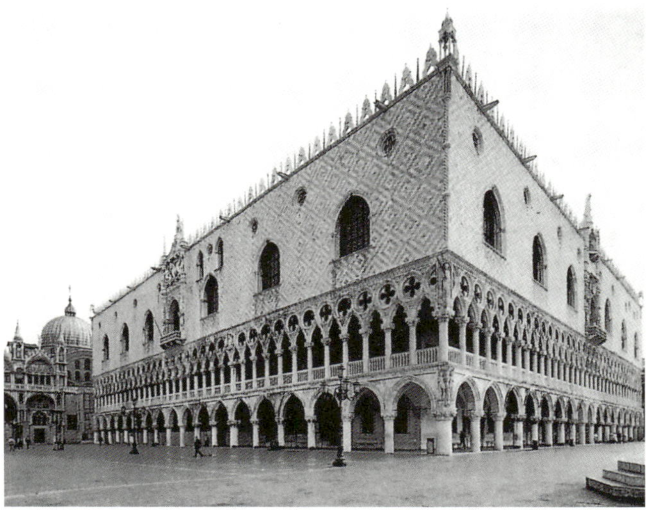

9.108 Dogenpalast, Venedig, um 1345–1438.

Ein Stundenbuch war eine Zusammenstellung von Texten aus der Heiligen Schrift und der *Legenda aurea*, als ganzjährige Lektüre für den Laien gegliedert – deshalb als Einleitung der Kalender. Man darf ruhig die Frage stellen, ob sich der Herzog von Berry für die Texte ebenso stark interessierte wie für den Kalender der LIMBURGS. Er war nämlich der vielleicht bemerkenswerteste Kunstsammler seiner Zeit, besaß italienische Gemälde, antike Münzen und Gemmen (einschließlich der Gemma Augustea ▸ 5.85 und war auch ein leidenschaftlicher Bücherfreund. Die *Très riches heures* ist eines der ganz wenigen großen mittelalterlichen Kunstwerke profanen Cha-

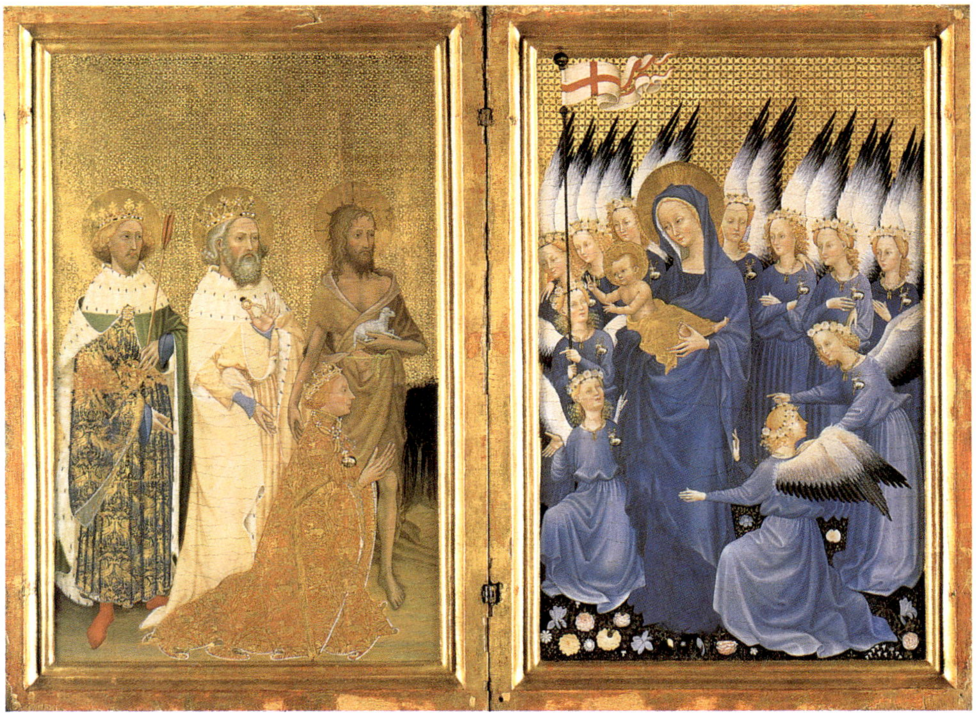

9.109 *Wilton-Diptychon*, nach 1395, Eitempera und Blattgold auf Eichenholz, 45,7 x 29,2 cm. National Gallery, London.

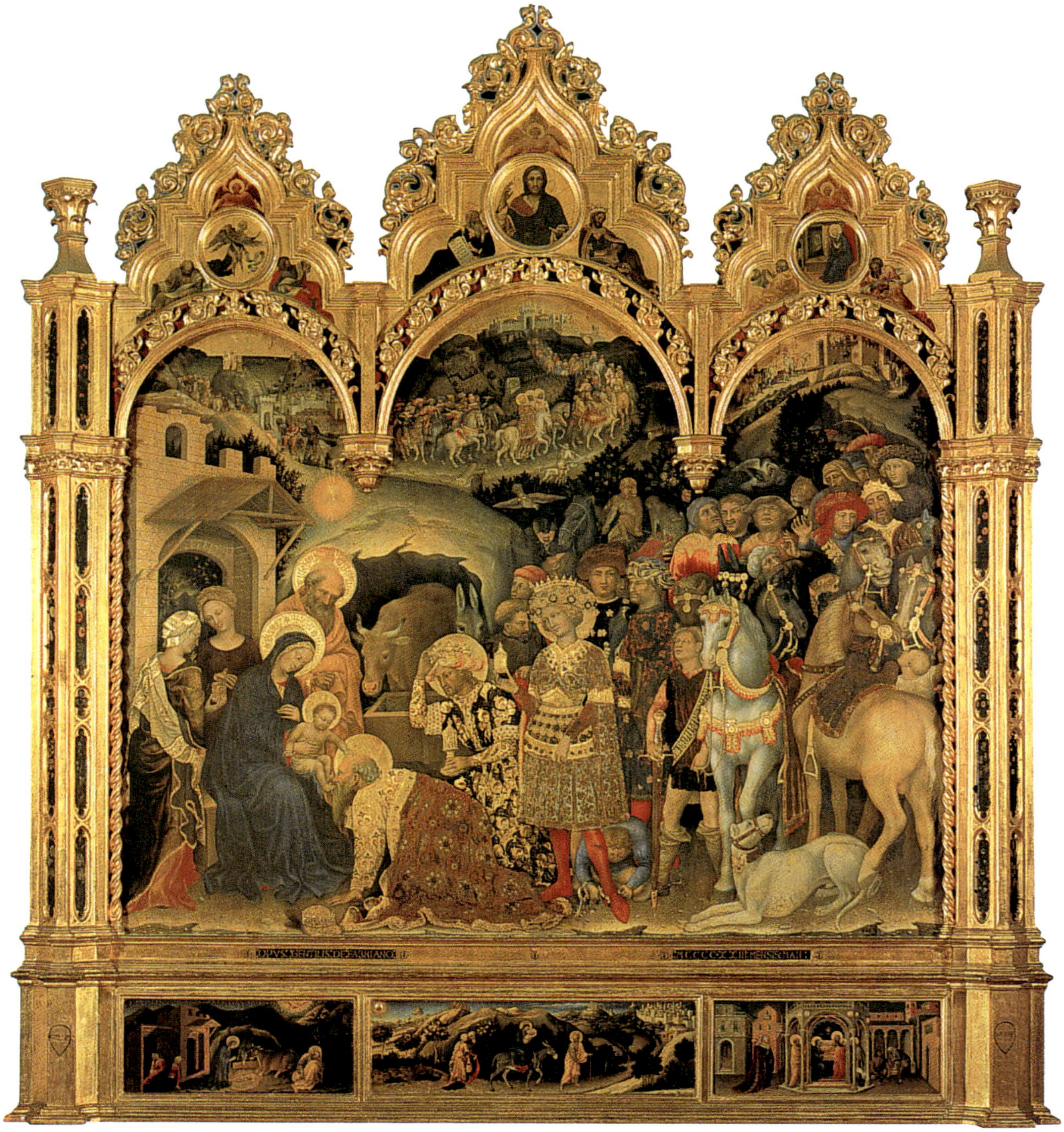

9.110 GENTILE DA FABRIANO *Anbetung der hl. drei Könige*, 1423, Holztafel, 300 x 282 cm. Uffizien, Florenz.

rakters, die geschaffen wurden, damit ein privater Mäzen sich daran delektierte.

Natürlich entstanden im Mittelalter zahlreiche Andachtsbilder und andere religiöse Werke für private Auftraggeber, etwa Giottos Scrovegni-Kapelle ▸9.96, doch gingen damit andere künstlerische Ziele einher. Das große Altarbild der Anbetung der Könige von GENTILE DA FABRIANO (um 1370–1427), 1423 in Florenz entstanden, ist ein weiteres bemerkenswertes Beispiel ▸9.110. Es wurde von Palla Strozzi, einem der führenden florentinischen Humanisten, in Auftrag gegeben, der Altgriechisch gelernt und studiert hatte und Manuskripte klassischer Autoren sammelte, um eine öffentliche Bibliothek zu gründen. Als Direktor einer Bank mit internationalen Verbindungen war er der reichste Mann in Florenz und erregte die Eifersucht der Medici, die ihn 1427 verbannten. Damals war GENTILE DA FABRIANO der gefragteste Maler Italiens, für Palla Strozzi sicherlich ein wichtiges Kriterium. GENTILE war seit 1419 offizieller Maler Papst Martins V. und hatte den bedeutendsten Auftrag seiner Zeit, die (im 17. Jahrhundert zerstörten) Fresken für die römische Kirche San Giovanni in Laterano. Die für die spätgotische Malerei im höfischen Stil typische Freude an farbenprächtigen Juwelen und Gewändern, genau beobachteten und sorgfältig wiedergegebenen naturalistischen Details sowie an einem komplexen Bildaufbau treten nirgendwo stärker zu Tage als in diesem Altarbild. Die religiöse Bedeutung des Sujets stillschweigend voraussetzend, übertrifft die dargestellte Szene mit ihrem festlichen Gepränge noch die an europäischen Höfen üblichen Selbstinszenierungen. Die drei Weisen aus dem Morgenland sind als gekrönte, prächtig gewandete Könige dargestellt, die drei unterschiedliche Lebensalter repräsentieren. Neben Hunderten von Männern und Knaben zeigt das Bild nur drei Frauen – die Jungfrau Maria und ihre beiden Begleiterinnen. Obwohl die in großer Zahl dargestellten Tiere möglicherweise auch eine symbolische Bedeutung haben, sollten sie wohl vor allem die Vielfalt der Natur sowie die Fertigkeiten des Künstlers zum Ausdruck

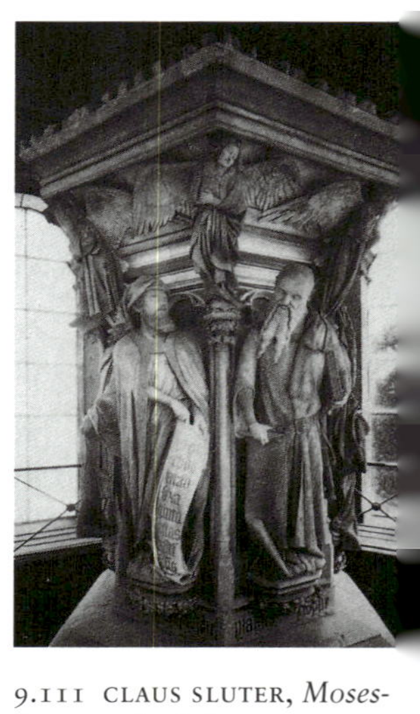

9.111 CLAUS SLUTER, *Mosesbrunnen*, Sockel, 1395–1403, Figurenhöhe 183 cm. Kartause von Champmol, Dijon.

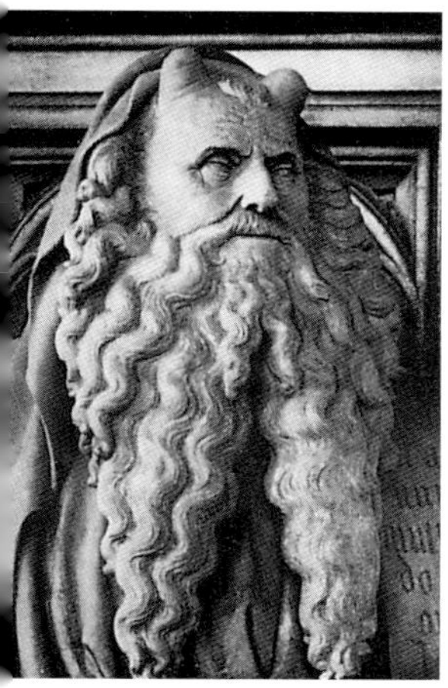

112 *Moses*, Detail vom
osesbrunnen ▶ 9.111

bringen. Sie sind ebenso präzise wiedergegeben wie die menschlichen Figuren mit reich differenzierten Gesten und Körperhaltungen. Perspektivische Verkürzung und das Spiel von Licht und Schatten (vor allem in der *Geburt Christi* auf der linken Tafel der Predella) sind höchst wirkungsvoll eingesetzt. Die Geschichte der drei Könige, wie sie das Evangelium nach Matthäus überliefert, wird in Form einer mehrteiligen Erzählung wiedergegeben, wie dies in der mittelalterlichen Buchmalerei üblich war: Im oberen Teil des Gemäldes unter dem linken Bogen erblicken die Könige den Stern, in der Mitte reiten sie durch eine toskanische Landschaft zum Palast des Herodes in Jerusalem hinauf, und der rechte Ausschnitt zeigt sie auf dem Weg nach Bethlehem. Diese kleinen Szenen unter den Bögen weisen eine verblüffende Ähnlichkeit mit den Miniaturen der BRÜDER LIMBURG auf und sind ebenso fein gemalt. Die Raumperspektive ist durch die abnehmende Größe der Figuren angedeutet, doch wird im unteren Teil des Bildes fast völlig auf sie verzichtet: Die Figuren hinter den Königen sind genauso groß wie diese. Aber schon bald darauf verbreitete sich die Idee, dass ein Bild von einem bestimmten Blickpunkt aus und in Übereinstimmung mit den Gesetzen der Linearperspektive einen bestimmten bedeutungsträchtigen Moment darstellen müsse.

Ebenso war der jüngere Bruder des Herzogs von Berry, Philipp der Kühne von Burgund, einer der letzten großen Auftraggeber. Die Herzöge von Burgund waren um 1400 wahrscheinlich die mächtigsten Herrscher im nördlichen Europa. Für das Kloster Champmol ▶ 9.114, das Philipp am Rande seiner Hauptstadt Dijon gegründet hatte, schuf der niederländische Bildhauer CLAUS SLUTER (tätig 1379–1404) sein Meisterwerk, den *Mosesbrunnen*. Lediglich der Sockel ist unversehrt erhalten ▶ 9.111; 112. Die Kreuzigungsgruppe, die er trug, kennt man nur noch aus Fragmenten ▶ 9.113. Dass das zentrale Mysterium des christlichen Glaubens Teil eines Brunnens bilden sollte beziehungsweise überhaupt für diesen Zweck geschaffen wurde, ist ein für diese Epoche typischer Einfall – die Opferung Christi als Brunnen des Lebens. Aber das Gefühl von menschlicher Würde und tragischer Größe, das SLUTER in Konzeption und Ausführung dieses großen Werkes einbrachte, erhebt es weit über alle anderen Beispiele der internationalen Gotik, so vorzüglich und hochentwickelt manche von ihnen auch sein mögen. Darüber hinaus wird hier deutlich die Persönlichkeit des Künstlers spürbar als die eines souveränen Meisters. Man sollte bedenken, dass nur wenig mehr als eine Dekade SLUTERS Meisterwerk von den frühen Arbeiten DONATELLOS trennt (s. S. 402f.).

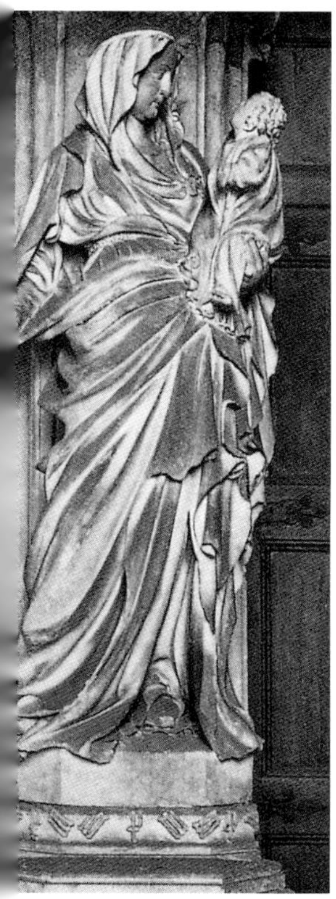

14 CLAUS SLUTER, *Madonna Kind*, um 1395, Trumeau-
ar am Portal der Kartause
Champmol, Dijon.

Sechs Propheten des Alten Testaments, ihre Prophezeiungen der Passion auf Pergamentrollen vorweisend, meditieren über die Bedeutung des furchtbaren Ereignisses. Ihre lebensgroßen Gestalten rufen die Skulpturen an den gotischen Portalen ins Gedächtnis ▶ 9.67 ff., gehen aber in der kühnen, realistischen Detailwiedergabe und der absoluten Körperlichkeit über jene hinaus. Die Köpfe sind so einfühlsam gebildet, dass man sie fälschlich für Porträts halten könnte. Und unter den sich bauschenden Gewändern verspürt man in solch überwältigender Weise Bedeutung und Größe der Gestalten, dass sie sich in den Raum hinaus auszudehnen scheinen. Sie müssen fast erschütternd naturgetreu gewesen sein, als sie noch die ganze originale Bemalung hatten, die zum Teil von JEAN MALOUEL, einem Onkel der BRÜDER LIMBURG, ausgeführt worden ist. Jeremias trug eine Messingbrille, die ein Goldschmied in Dijon angefertigt hatte. Aber an die Stelle der Faszination, die SLUTER von dem Spezifischen und Greifbaren empfing, scheint – nach den erhaltenen Fragmenten – in der Hauptgruppe etwas wesentlich Eindrucksvolleres getreten zu sein. Das Haupt Christi, vom Schmerz aufgewühlt und immer noch unter der Dornenkrone, mit der man ihn verspottet und gedemütigt hatte, ist ein völlig neues Abbild, in seiner Menschlichkeit ebenso edel und tragisch, wie es in seiner zurückgenommenen Göttlichkeit erhaben ist. Weit entfernt vom idealisierten Christus von Byzanz ▶ 7.70 wie von den elenden Leidensbildern des frühen Mittelalters ▶ 9.2, vereinigt dieses Meisterwerk in sich die Spiritualität und den Realismus, die Mystik und die Logik, wie sie, graduell verschieden, alle die größten Werke gotischer Kunst inspiriert hatten.

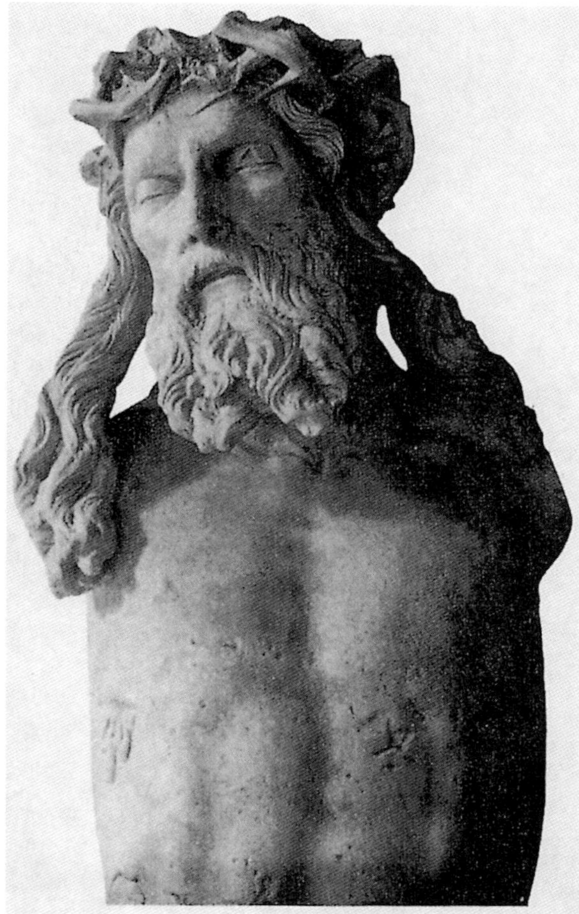

9.113 CLAUS SLUTER, *Christustorso* vom *Mosesbrunnen*, 1395–1403, Holz mit Spuren von Bemalung, Höhe 61,2 cm. Musée Archéologique, Dijon.

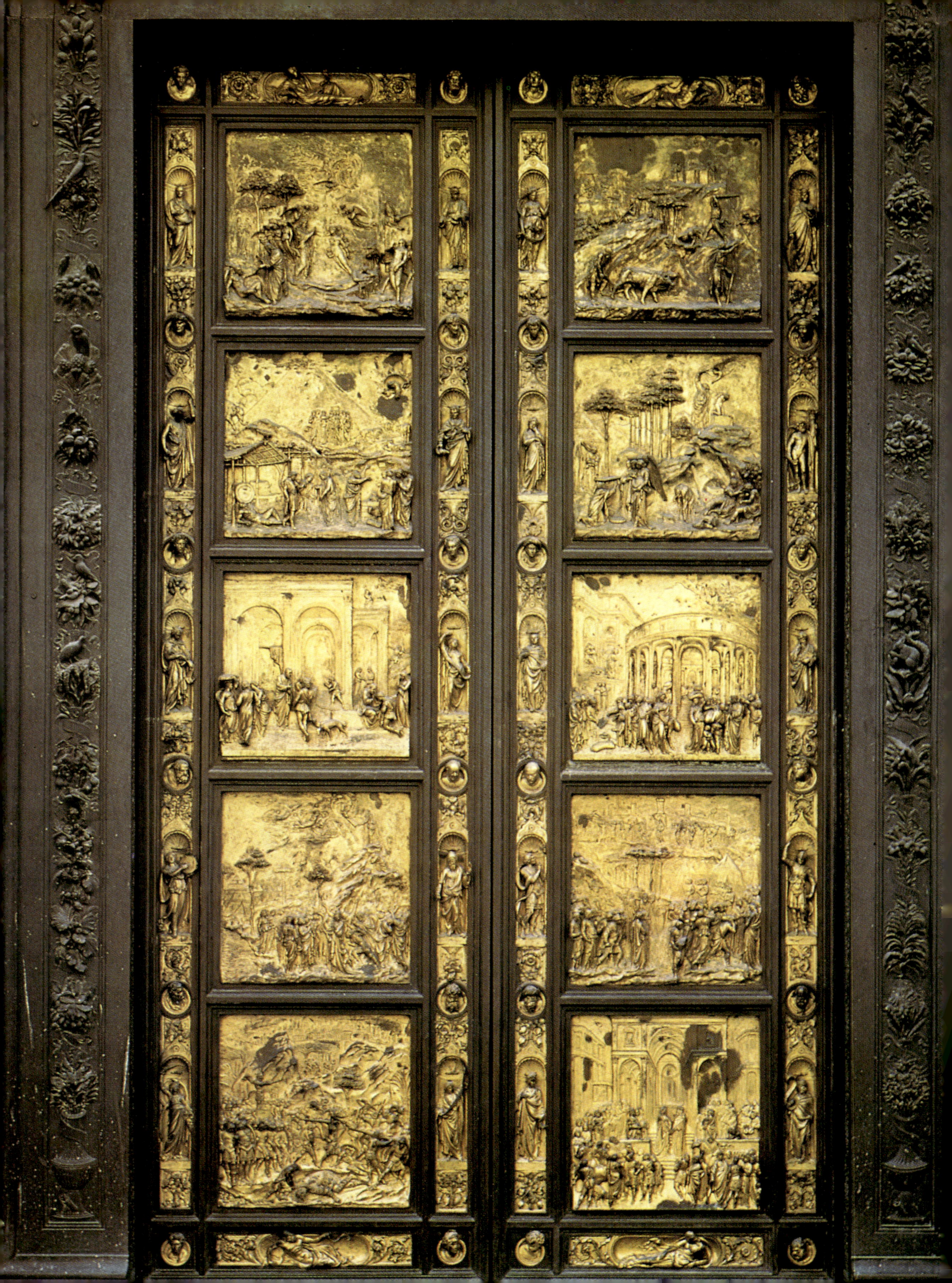

# 10
# Das 15. Jahrhundert in Europa

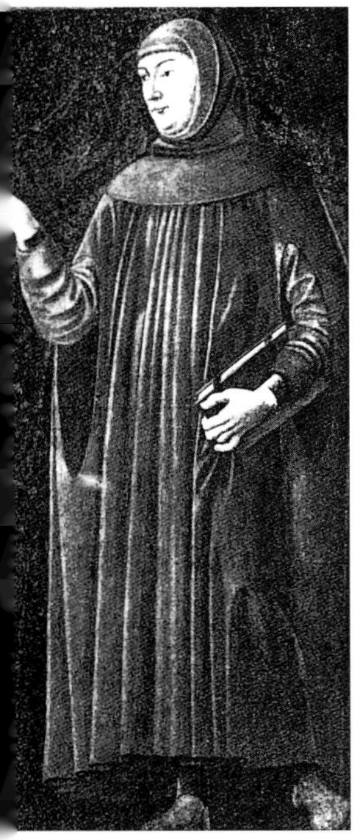

.1 ANDREA DEL CASTAGNO,
ıncesco Petrarca, um 1450.
ı Apollonia, Florenz.

Die Künstler der Gotik waren sich nicht bewusst, dass sie ›gotisch‹ oder ›mittelalterlich‹ waren. Der Renaissancekünstler hingegen war sich über sich und seine Stellung in der Zeit klar. Keine Strömung in der westlichen Kunst hatte bis dahin über ein solches Maß an Selbstbewusstsein verfügt. Die Idee der Renaissance im Sinne einer ›Wiedergeburt‹ der klassischen Kultur, die die Verbindung über die finsteren Zeiten des Mittelalters hinweg zur Antike wieder herstellt, war weitgehend ein Mythos, den italienische Humanisten im späten 14. und beginnenden 15. Jahrhundert verbreiteten. »Wenn das Dunkel sich erhellt, mag es künftigen Generationen gelingen, zurück zu der reinen Pracht der antiken Vergangenheit zu finden«, schrieb Petrarca ▸10.1 (1304–1374) noch in der ersten Hälfte des 14. Jahrhunderts. Weniger als hundert Jahre später lobte der Architekt LEON BATTISTA ALBERTI (1404–1472) einige Meister unter seinen Florentiner Zeitgenossen als »gleichrangig mit antiken Künstlern« und zählte die Namen BRUNELLESCHI, DONATELLO, GHIBERTI, LUCA DELLA ROBBIA und MASACCIO auf. Auf einen römischen Humanisten (Lorenzo Valla, 1405–1457) geht die etwas selbstgefällige Bemerkung zurück, er wisse nicht, warum Geisteswissenschaften und Künste *»so sehr im Niedergang gewesen, ja beinahe ausgestorben seien; noch weshalb sie gerade in dieser Epoche ihre starke Wiederbelebung erfahren und nunmehr so zahlreiche gute Künstler und Autoren wirkungsvoll in Erscheinung treten«*. Dies ist, in Kürze, das hohe Selbstverständnis der Renaissance.

Das Erbe der Antike hatte das Mittelalter teilweise überlebt. Sowohl die griechische als auch die römische Literatur wurden weiterhin gelesen. Es gab viele mittelalterliche Künstler und Schriftgelehrte, die weder blind gegenüber der Schönheit der klassischen Kunst waren noch den klassischen Texten

| | BILDENDE KUNST | | HISTORISCHE & KULTURELLE DATEN |
|---|---|---|---|
| Um 1415–17 | DONATELLO, *Heiliger Georg*, Florenz ▸ 10.35 | 1415 | Schlacht bei Agincourt; England tritt erneut in den Krieg gegen Frankreich ein |
| 1424–52 | GHIBERTI, *Porta del Paradiso*, Florenz ▸ s. S. 386; 10.18 | | |
| 1425 | MASACCIO, *Heilige Dreifaltigkeit*, Florenz ▸ 10.12 | | |
| 1432 | VAN EYCK, *Genter Altar* ▸ 10.22; 23 | 1431 | Hinrichtung Jeanne d'Arcs |
| 1440 | BRUNELLESCHI, Pazzi-Kapelle in Florenz begonnen ▸ 10.3 | 1434–46 | Cosimo de' Medici regiert Florenz |
| 1443–51 | Haus von Jacques Cœur, Bourges ▸ 10.29 | | |
| 1444 | MICHELOZZO, Palazzo Medici-Riccardi, Florenz, begonnen ▸ 10.28 | | |
| Um 1445 | PIERO DELLA FRANCESCA, *Taufe Christi* ▸ 10.54 | 1445 | Gutenberg erfindet den Buchdruck für das Abendland |
| Um 1440–45 | FRA ANGELICO, *Die Verkündigung*, Florenz ▸ 10.48 | | |
| Um 1445–47 | UCCELLO, *Die Sintflut*, Florenz ▸ 10.50 | | |
| 1450 | ALBERTI, San Francesco, Rimini, begonnen ▸ 10.31 | 1452 | Beginn der habsburgischen Herrschaft über das Heilige Römische Reich |
| | | 1453 | Ende des hundertjährigen Krieges; Die Osmanen erobern Konstantinopel: Ende des Byzantinischen Reiches |
| Um 1460 | MANTEGNA, *Heiliger Sebastian* ▸ 10.63 | | |
| 1460–66 | DONATELLO, *Beweinung*, Florenz ▸ 10.38 | | |
| 1469–70 | COSSA, *Der Monat März*, Ferrara ▸ 10.62 | 1469–92 | Lorenzo de' Medici regiert Florenz |
| Um 1470–80 | VERROCCHIO, *Madonna und Kind* ▸ 10.44 | | |
| Um 1478 | BOTTICELLI, *Der Frühling* ▸ 10.59 | 1482 | Veröffentlichung der Platon-Übersetzungen des Ficino |
| Um 1485 | BELLINI, *Pala di San Giobbe* ▸ 10.66 | 1485 | Albertis Abhandlungen *Über die Malerei* und *Über die Architektur* erscheinen |
| | | 1492 | Eroberung Granadas: Araber und Juden werden aus Spanien vertrieben |
| 1494 | CARPACCIO, Die Heilung des Besessenen ▸ 10.70 | 1492 | Kolumbus landet auf den Westindischen Inseln |
| 1496 | GENTILE BELLINI, *Prozession auf der Piazza San Marco* ▸ 10.69 | 1497 | Josquin des Prez, *Nymphes des Bois* |
| 1500 | DÜRER, *Selbstbildnis* ▸ 10.75 | 1498 | Vasco da Gama segelt nach Indien; Kolumbus entdeckt das südamerikanische Festland; Hinrichtung Savonarolas in Florenz |

RENZO GHIBERTI,
*·ta del Paradiso*, 1424–1452,
ɔnze, vergoldet, Höhe 5,2 m.
ɔtisterium, Florenz.

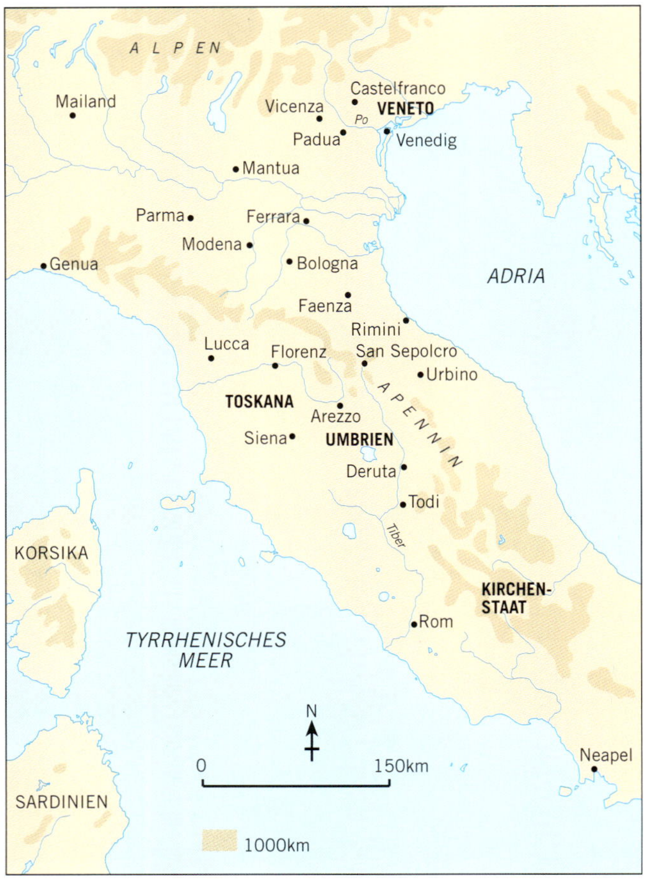


Italien der Renaissance.

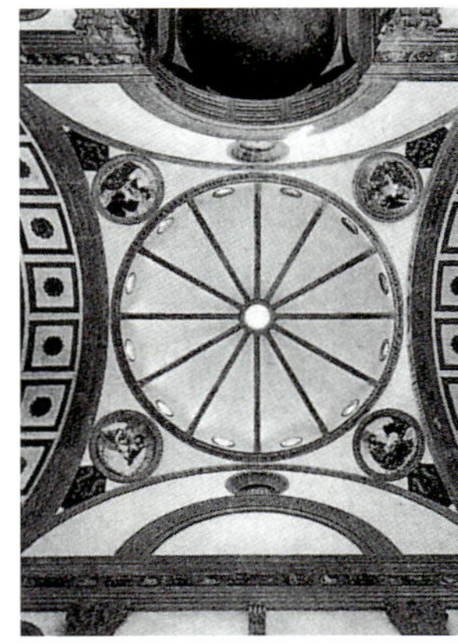

10.2 Innenansicht der Kuppel der Pazzi-Kapelle ▸ 10.3

und alter Geschichte gleichgültig begegneten. Aber die Humanisten unterschieden sich beträchtlich von den mittelalterlichen Theologen und anderen Gelehrten, die Aristoteles, Cicero und die Neuplatoniker studiert hatten. Die Humanisten entdeckten im klassischen Altertum absolute Maßstäbe für kulturelle Leistungen und menschliches Handeln. Sie schufen ein Wertgefüge, das weit von jenem abwich, auf das sich die mittelalterlichen Ideale von Rittertum und Adel gestützt hatten. Die Herkunft sollte gegenüber individueller Tapferkeit und geistiger Vielseitigkeit an Bedeutung verlieren. Seinen Nährboden fand der Humanismus in den italienischen Stadtstaaten, deren Geschichte sich bis in das antike Rom zurückverfolgen ließ. Der republikanische Charakter ihrer Verfassung förderte die neuen Ideale von Selbstverwirklichung und Bürgertugend, so dass sich eine vom Klerikalen entfremdete, weltoffene Geisteshaltung durchsetzte.

Die Geistesgeschichte des 15. Jahrhunderts bezeugt die zunehmende Verbreitung des Humanismus; seine Beziehungen zu den bildenden Künsten sind vielschichtig. Obgleich die Humanisten anfänglich nicht antiklerikal, geschweige denn antichristlich waren, befassten sie sich doch weit intensiver mit ihrer eigenen Zeit und dem Sichtbaren als mit dem Gedanken an ein Jenseits. Die bildenden Künste hingegen konzentrierten sich weiterhin auf das Religiöse, sowohl in Italien als auch im nördlichen Europa. Das 15. Jahrhundert war bekanntlich das goldene Zeitalter der flämischen wie auch der Florentiner Malerei, und erst gegen sein Ende erreichte die italienische Kunst internationales Ansehen – nicht zuletzt wegen ihrer Verbindung mit humanistischem Gedankengut.

## Die Anfänge der italienischen Renaissance

10.3 FILIPPO BRUNELLESCHI, Pazzi-Kapelle, Santa Croce, Florenz, begonnen 1440.

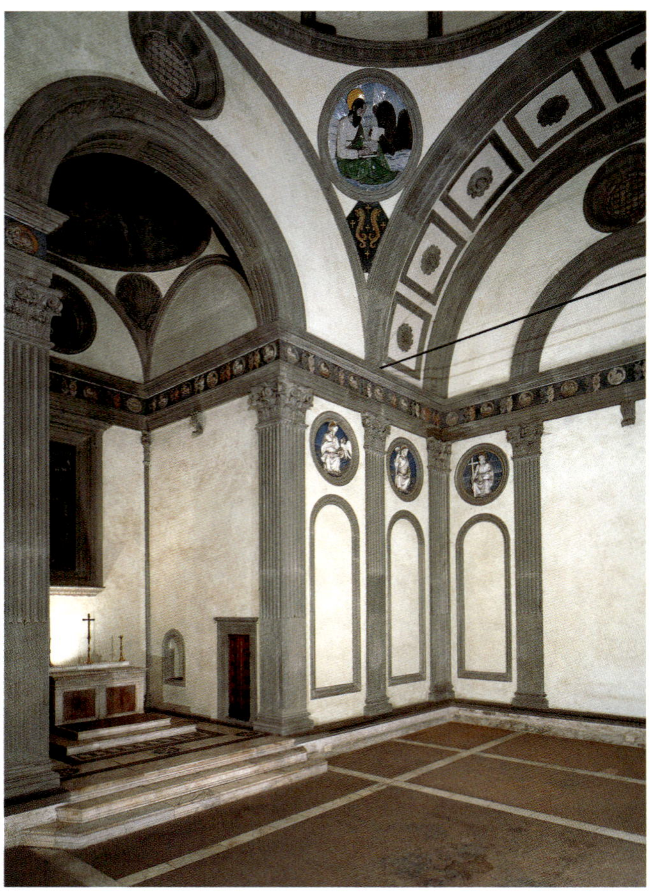

Die Pazzi-Kapelle in Florenz ▸ 10.3 und der Chor der Lorenzkirche in Nürnberg ▸ 10.5 sind beinahe gleichzeitig entstanden, obwohl sie verschiedenen Welten und Jahrhunderten zugehörig scheinen. Der Unterschied betrifft sowohl die räumliche Gesamtauffassung wie auch Einzelformen, zum Beispiel die kannelierten Säulen mit den korinthischen Kapitellen statt der sechseckigen Pfeiler mit Spitzbogen. Die Architekten des Chores in der Lorenzkirche bedienten sich des hochgotischen Stils, etwa der Kathedrale von Amiens ▸ 9.55, um einen Raum von höchster Dichte und vertikaler Ausdehnung zu schaffen. Obgleich der Plan insgesamt den Gesetzen von Symmetrie und geometrischer Logik gehorcht, zeigt sich doch von jedem Betrachtungspunkt aus ein unterschiedliches Liniengefüge. In der Pazzi-Kapelle hingegen ist der Raum exakt konstruiert aus Würfel, Halbwürfel und Halbkugeln. Horizontale und vertikale Achsen halten sich im Gleichgewicht, und ihre Wirkung ist überwältigend einfach, licht und statisch. Die Kapelle ist beinahe schmucklos tektonisch, ein Bauwerk, das keine Analogie zu organischem Wachstum bietet. Die Figuren der glasierten Terrakottareliefs von LUCA DELLA ROBBIA sind in Kreise gefasst, erscheinen eingebettet in reine Geometrie ▸ 10.4. (Eine völlig andere visionäre Wirkung hat die später entstandene Verkündigungsgruppe von VEIT STOSS, die in Sankt Lorenz hängt ▸ 11.9.)

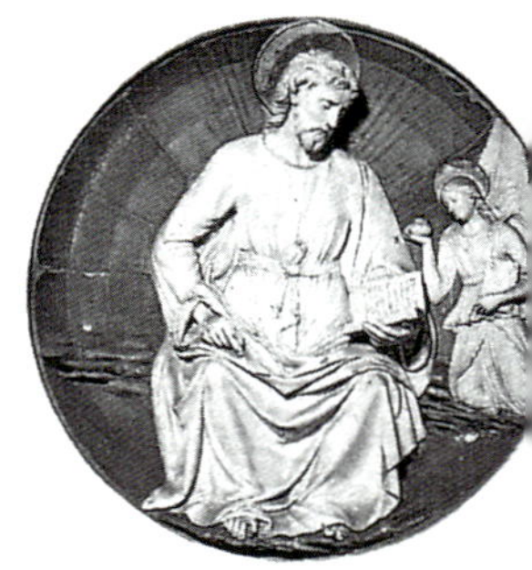

10.4 LUCA DELLA ROBBIA, *Der hl. Matthäus*, um 1461–1466. San Miniato, Florenz.

Zuweilen werden Renaissancekirchen als unspirituell angesehen. Aber die Einstellung zum Christlichen, die sie ausdrücken, ist, obgleich überwiegend rational, nicht minder von tiefer Frömmigkeit getragen. Göttlichkeit wird in ihnen vergegenwärtigt durch Gleichgewicht, durch die harmonischen

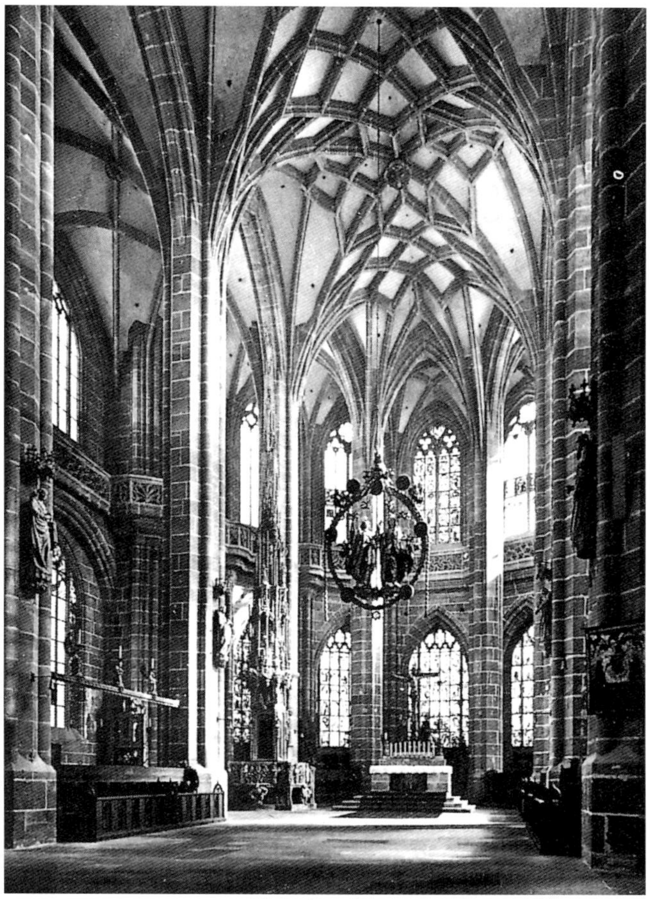

10.5 KONRAD HEINZELMANN und KONRAD RORITZER, Chor von St. Lorenz, Nürnberg, begonnen 1439.

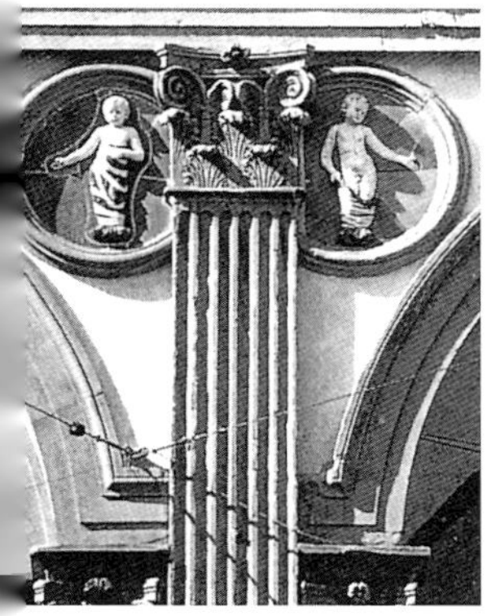

.6 ANDREA DELLA ROBBIA, *edaillons mit Darstellungen r Findelkinder*, um 1463. ndelhaus, Florenz ▶ 10.7.

Beziehungen zwischen den Teilen und dem Ganzen – wie auch im menschlichen Körper, in dem sich für die Renaissance ein göttlicher Geist durch ideale Proportionen spiegelte. In ihrem Verzicht auf ornamentale Fülle und in der Reinheit ihrer geometrischen Formen ist die Pazzi-Kapelle durchaus asketisch und spirituell. Die klaren Beziehungen der Proportionen zueinander, mathematisch bestimmt und noch betont durch die Gliederung der Wände, ja selbst durch das Muster des eingelegten Marmorbodens, haben eine metaphysische Bedeutung und geben die Vollkommenheit Gottes und der göttlichen Ordnung wieder ▶ 10.2. Einer der Florentiner Zeitgenossen von BRUNELLESCHI, Gianozzo Manetti (1396–1459), behauptete, die Wahrheiten der christlichen Religion seien ebenso selbstverständlich wie die Axiome der Mathematik.

## *Brunelleschi*

Als endlicher Ausdruck des Unendlichen entspricht die Pazzikapelle gleichfalls dem Schönheitsbegriff, den ALBERTI von VITRUV ableitete (s. S. 184) – »eine Harmonie aller Teile, in einer Art und Weise erzielt, dass man nichts hinzufügen, wegnehmen oder verändern könnte, ohne das Ganze zu verschlechtern«. Natürlich konnte eine derartige Perfektion nur einem außergewöhnlichen Architekten gelingen, und seit dem späten 15. Jahrhundert schreibt man die Pazzi-Kapelle FILIPPO BRUNELLESCHI (1377–1446) zu. Im Jahre 1429 beauftragte Andrea Pazzi, Oberhaupt einer Florentiner Adelsfamilie, die durch Handel und Bankgewerbe reich geworden war, Brunelleschi damit, für das Kloster Santa Croce ein Kapitelhaus, das zugleich als Familienkapelle dienen sollte, zu entwerfen. Vor dem Tod BRUNELLESCHIS war jedoch relativ wenig gebaut worden, und man vermutete insbesondere beim äußeren Erscheinungsbild die Hand eines anderen Architekten. Somit wirft die Kapelle ein Zuordnungsproblem auf, wie man es in der mittelalterlichen Architektur selten antraf, ein Problem, geschaffen durch die neue Einstellung der Renaissance zur künstlerischen Individualität. Obgleich die beiden Architekten bekannt sind, die den Chor von Sankt Lorenz gestalteten – KONRAD HEINZELMANN (gest. 1454) und KONRAD RORITZER (gest. um 1475) –, ist es nicht möglich, ihnen Teile des Bauwerks stilistisch zuzuordnen. Sie sind kaum mehr als Namen. Von Brunelleschi hingegen sind uns Charakter und Leistungen bekannt.

BRUNELLESCHI gehört zu einem neuen Typus von Architekten, die keine Lehre in einer Bauhütte absolvierten (s. S. 361). Als Sohn eines wohlhabenden Florentiner Notars erhielt er eine gute Allgemeinbildung. Im Jahr 1418 erstellten er und der Bildhauer LORENZO GHIBERTI (s. S. 392 f.) gemeinsam ein Modell für den Kuppelbau des Doms von Florenz ▶ 10.8, das aufgrund eines genialen Konstruktionssystems ein

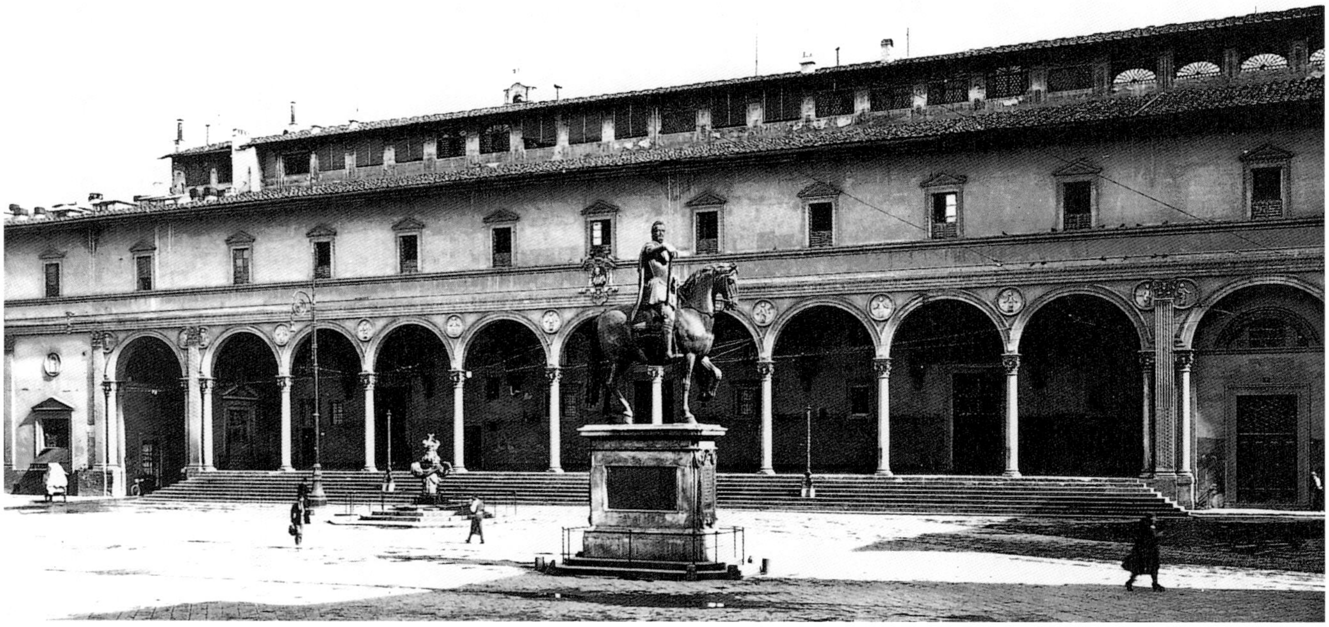

.7 FILIPPO BRUNELLESCHI, ndelhaus, Florenz, entworfen 19, erbaut 1421–1444

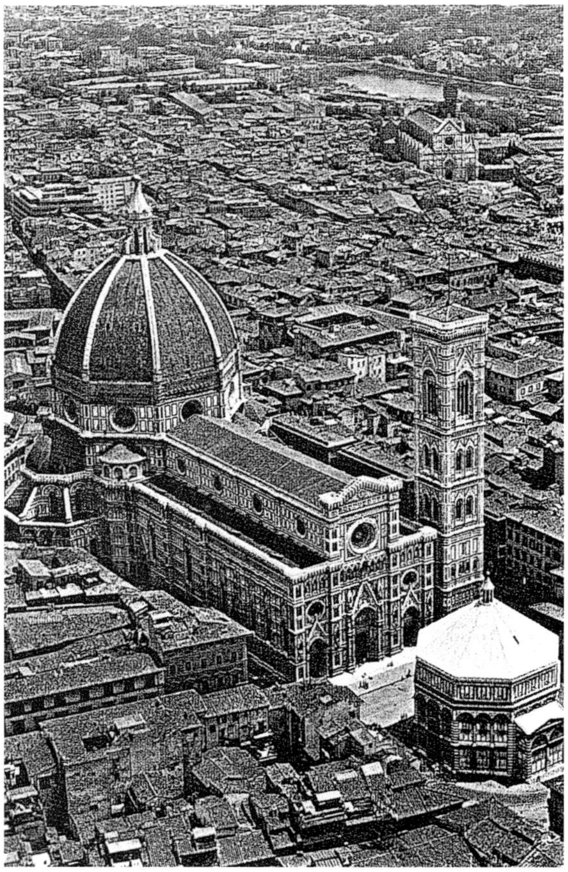

10.8 Santa Maria del Fiore, Dom von Florenz, begonnen 1269; Kuppel von FILIPPO BRUNELLESCHI, ab 1420.

→ Lehrgerüst unnötig machte, ein erstaunliches technisches Kunststück ▸ 10.9. Aber ehe die Bauarbeiten am Dom in Gang kamen, wurde BRUNELLESCHI 1419 mit dem Entwurf des Findelhauses in Florenz beauftragt, das oft als erster Renaissancebau angesehen wird ▸ 10.6;7. Im Jahre 1421 begann er mit der Sakristei von San Lorenzo in Florenz. Mit ihren korinthischen Säulen und der rein geometrischen Raumgestaltung (ein Würfel, überragt vom Halbkreis der Kuppel mit → Pendentifs, eine im Ursprung byzantinische Architekturform) nahm sie die Gestaltung der Pazzi-Kapelle bei Santa Croce sowie die späteren Renaissancegebäude mit Zentralgrundriss vorweg.

10.10 FILIPPO BRUNELLESCHI, Mittelschiff von San Lorenzo, Florenz, 1422–1469.

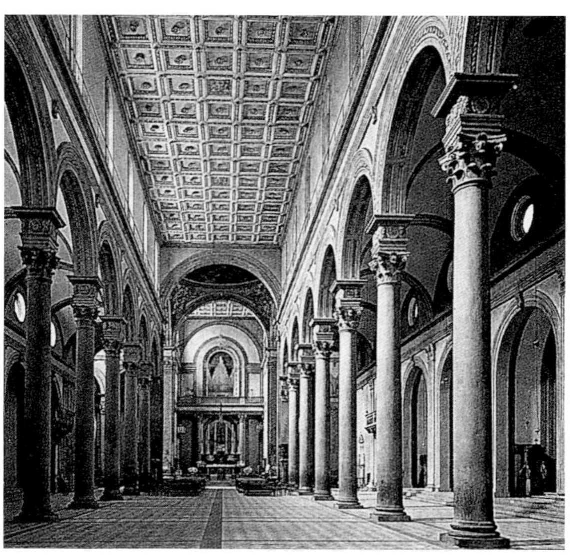

Im 15. Jahrhundert stand BRUNELLESCHI wegen seines technischen Könnens wie auch für seine Wiederbelebung antiker architektonischer Formen in hohem Ansehen. Der Architekt und Theoretiker FILARETE (Antonio Averlino, um 1400–1469) rühmte ihn dafür, »in unserer Stadt Florenz den antiken Baustil in einer Art erneuert zu haben, dass heute beim Bau von Kirchen und Privathäusern kein anderer Stil mehr zählt«. FILARETE erklärte diesen Geschmackswandel mit der Behauptung, dass der antike Stil der »richtige« sei und ein Architekt, der sich seiner bediene, »genau das Gleiche tue wie ein Schriftsteller, der bemüht sei, den klassischen Stil von Cicero und Vergil wiederzugeben«.

BRUNELLESCHI soll Rom besucht haben, und er war vielleicht der erste Künstler oder Architekt seit der Antike, der antike Baudenkmäler systematisch studierte. Die Gründe für die Wiederbelebung antiker Formen und Motive im 15. Jahrhundert waren vielschichtiger, als FILARETE vermutete – ebenso die Vorbilder. So entdeckte BRUNELLESCHI etwa in der romanischen Architektur der Toskana ein System, mit dessen Hilfe sich das Traggerippe auf der Oberfläche des Bauwerks sichtbar machen ließ.

Zu Beginn des neuen Jahrhunderts war die Unabhängigkeit von Florenz durch den Mailänder Giangaleazzo Visconti, einen Verbündeten des Kaisers in Deutschland, bedroht. Sein Tod im Jahr 1402 bannte nicht nur die drohende Gefahr der Eroberung, sondern versetzte Florenz auch in die Lage, sein Hoheitsgebiet bis an die Küsten des Mittelmeeres auszudehnen und sich vom Stadt- in einen Regionalstaat zu wandeln. In diesem erhebenden Augenblick erinnerten sich die Florentiner voller Stolz ihres mutmaßlichen Ursprungs als Kolonie des republikanischen Rom.

»Ich glaube, dass deshalb heute wie früher für die Florentiner gilt, dass sie von allen Völkern die Freiheit am meisten zu schätzen wissen und die größten Feinde der Tyrannen sind«, schrieb der Humanist und Historiker Leonardo Bruni (um 1370–1444).

*»Andere Völker wurden von Flüchtlingen, Exilanten, Bauern oder obskuren Fremdlingen begründet ..., euer Begründer jedoch ist das römische Volk, Eroberer und Beherrscher der ganzen Welt« (Laudatio florentinae urbis,* um 1403/04*).*

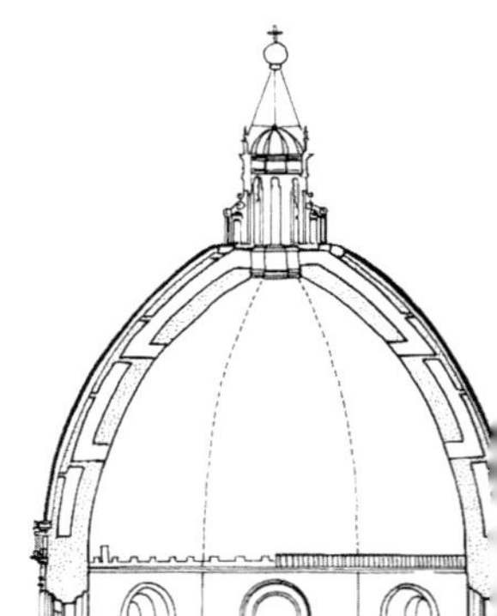

10.9 Doppelschalenkonstrukt der Florentiner Domkuppel, Schnitt.

Die nordeuropäischen Königs- und Adelshäuser mochten ihre Abstammung auf die Gotenführer zurückverfolgen, die Rom besiegt hatten. Die Patrizier der Handelsrepublik Florenz sahen sich als Abkömmlinge altrömischer Geschlechter. In diesem Zusammenhang gewinnen BRUNELLESCHIS Ablehnung der Gotik und seine Rückkehr zur romanischen Säule, zum Rundbogen und rechteckigen Fenster mehr als nur eine ästhetische Bedeutung ▸ 10.10.

BRUNELLESCHIS Zeitgenossen schrieben ihm eine weitere Errungenschaft von ebenso weitreichender Bedeutung zu: die Erfindung der Linearperspektive. Vorher hatte man sich verschiedener Kunstgriffe bedient, um in Gemälden und Zeichnungen Entfernungen zu suggerieren, BRUNELLESCHI aber erarbeitete ein System, mit dessen Hilfe Raum auf exakt messbare Weise darzustellen war. Er beobachtete, dass auf einen Beobachter parallel zulaufende Linien in der Ferne zu konvergieren scheinen. Ins Bild übertragen erzeugen solche Fluchtlinien (Orthogonale), die in der Tiefe des Bildes in einem Fluchtpunkt zusammenlaufen, eine stark räumliche Wirkung. BRUNELLESCHI demonstrierte sein System in zwei Gemälden, die verloren gingen. Erst sein Freund ALBERTI systematisierte die neuen Erfahrungen in einem *Traktat über die Malerei*

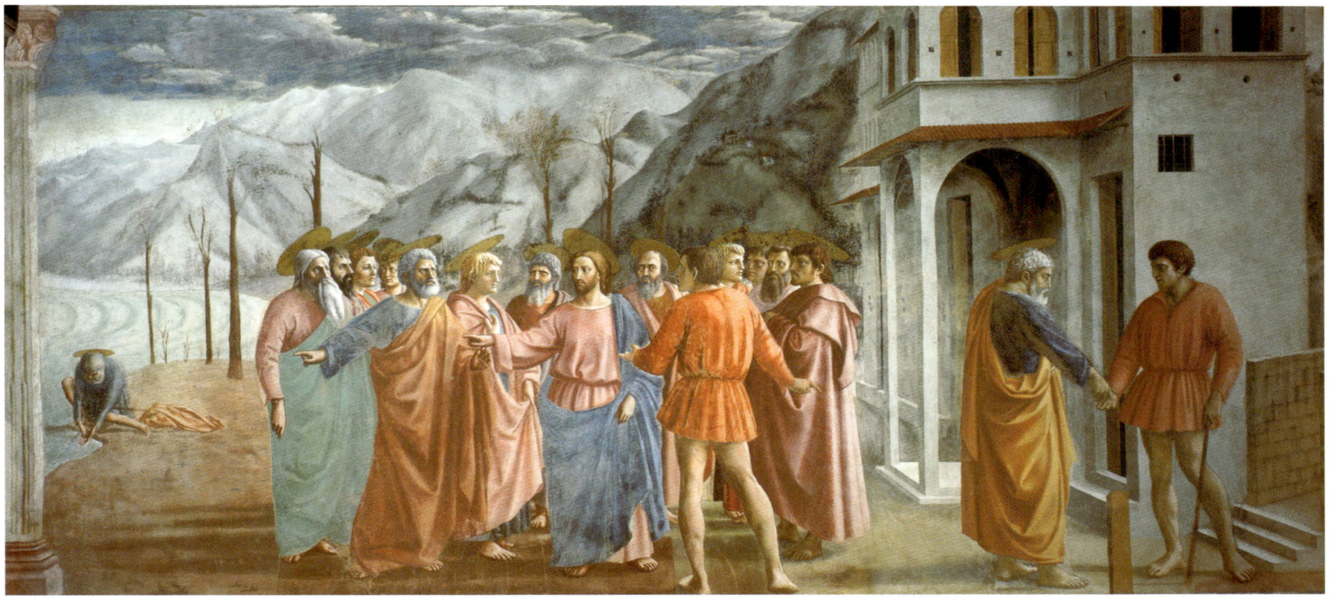

.11 MASACCIO, *er Zinsgroschen*, um 1427, esko (Zustand nach der estaurierung von 1989), 54 x 590 cm. Brancacci-apelle, Santa Maria el Carmine, Florenz.

(1435). Die Begeisterung, mit der BRUNELLESCHIS Entdeckung aufgenommen wurde, kann kaum übertrieben werden. Mit einem Schlag hatte sie die Kunst der Malerei auf das Niveau einer exakten Wissenschaft erhoben. Ein Bild stellte die illusionistische Wiedergabe von Objekten im Raum dar, die von einem fixen Standpunkt aus betrachtet werden, und schien damit der sichtbaren Welt eine rationale Ordnung aufzuerlegen.

## *Masaccio*

Der Architekturstil BRUNELLESCHIS und das von ihm entwickelte System der Perspektive wurden sehr schnell von anderen Künstlern übernommen, allen voran von MASACCIO (1401–1428) in seinem Fresko der *Heiligen Dreifaltigkeit*, das er im Auftrag einer bekannten Florentiner Familie malte ▸ 10.12. Unter der Inschrift: ›Ich war, was du bist, und was ich bin, wirst du sein‹ sieht man auf einem Sarkophag ein Skelett liegen. Darüber, im scharlachroten Gewand eines ›gonfaloniere‹ (des höchsten Beamten der Republik), kniet der Stifter mit seiner Frau am Eingang einer Kapelle, in der die Jungfrau und der hl. Johannes zu beiden Seiten des Kreuzes stehen, das Gottvater emporhält. In der mittelalterlichen Malerei wären die Stifter um vieles kleiner gewesen als die heiligen Gestalten, hier sind sie sogar etwas größer. Mit Hilfe des neuen perspektivischen Systems malte MASACCIO alle Gestalten im richtigen Größenverhältnis und platzierte sie innerhalb eines einzigen, einheitlichen Raumes. Auf diese Weise wird der Sarkophag als ein Vorsprung in die Kirche hinein gedeutet und die Kapelle als Ausblick durch die Wand. Die Kapelle ist mit ihrem Tonnengewölbe so sorgfältig ausgearbeitet, dass man einen maßstabgerechten Grundriss davon zeichnen könnte. Andererseits jedoch ist das perspektivische System weit weniger einfach, als es zunächst scheinen mag.

Die Jungfrau und der hl. Johannes sind verkürzt, um zu zeigen, dass sie hinter den beiden Säulen stehen; die Jungfrau sieht zum Betrachter hinunter, dessen Aufmerksamkeit sie mit einer Geste auf die Gestalt Christi lenkt. Die Dreifaltigkeit aber ist von einem wesentlich höheren, im Wortsinn übernatürlichen Standpunkt aus ohne jede Verkürzung dargestellt. Auf diese Weise wird auf zwei Ebenen der Realität hingewiesen, die zeitliche und die ewige. In der zeitlichen Sphäre sind

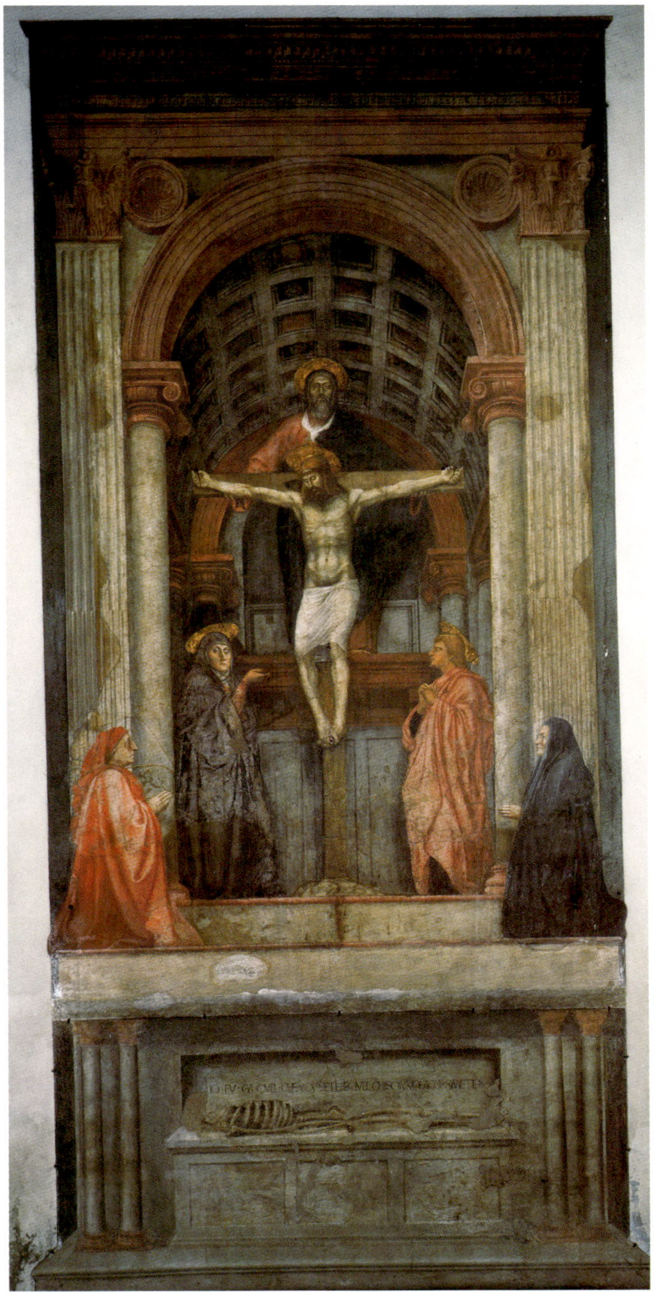

.12 MASACCIO, *Heilige eifaltigkeit*, 1425, Fresko, 7 x 317 cm. Santa Maria ovella, Florenz.

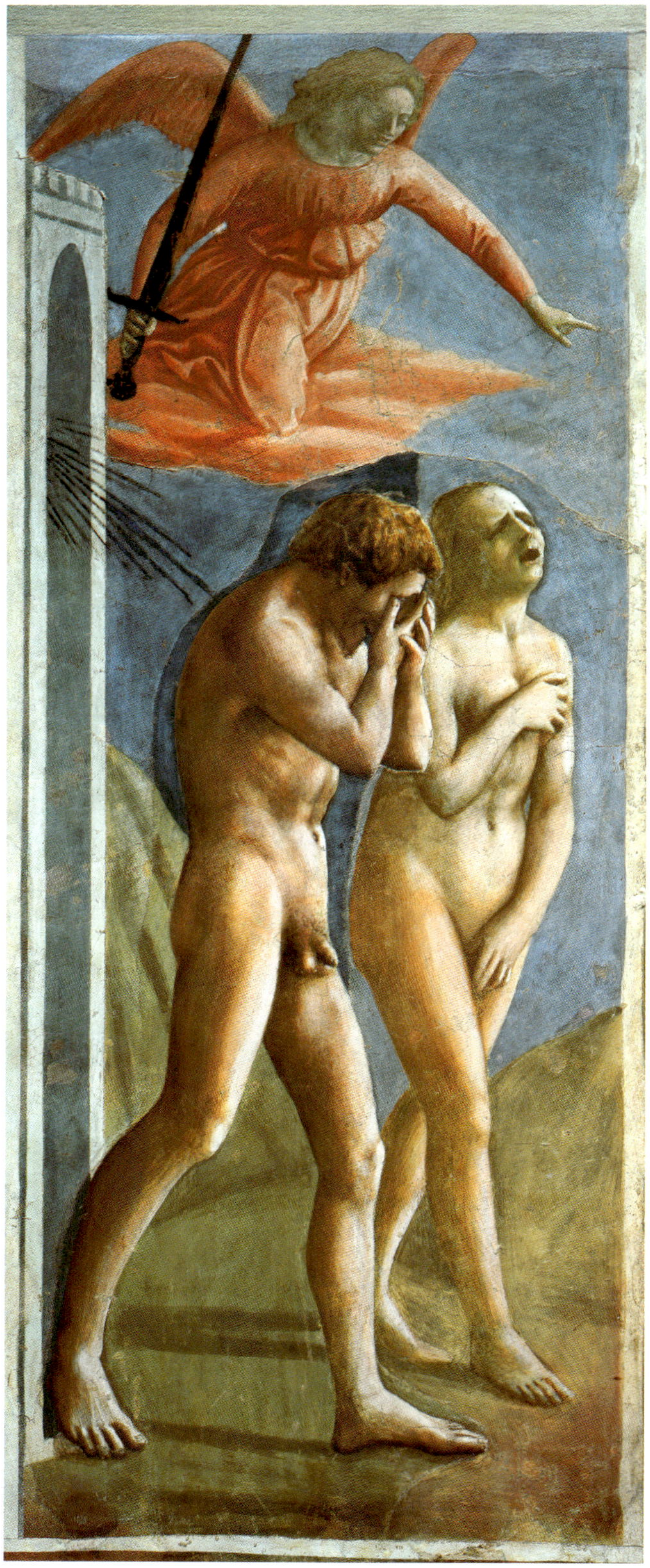

10.13 MASACCIO, *Die Vertreibung aus dem Paradies*, um 1427, Fresko (Zustand nach der Restaurierung von 1989). Brancacci-Kapelle, Santa Maria del Carmine, Florenz.

Vergangenheit und Gegenwart zwar optisch getrennt, spirituell aber miteinander und mit der unendlichen Welt verbunden.

MASACCIOS größte Leistung aber war, dass er die menschliche Gestalt wieder mit jener Kraft erfüllte, die sie in den Fresken GIOTTOS hatte, und dass er mit Hilfe von ›chiaroscuro‹, der Helldunkelmalerei, die Figuren greifbar erscheinen ließ. Obgleich er schon mit 27 Jahren starb, vollendete er einen großen Freskenzyklus, in dem er den Gestalten nicht nur Festigkeit und Gewicht verlieh, sondern auch einen neuen Sinn für Vitalität, für Würde und Unabhängigkeit ▸10.13. Diese großartigen, jüngst gereinigten Malereien bedecken den oberen Teil der Brancacci-Kapelle in der Florentiner Kirche San Maria del Carmine und offenbaren heute mit erstaunlicher Kraft MASACCIOS Fähigkeit, eine überzeugende Illusion von Volumen im Raum zu schaffen. Im *Zinsgroschen* ▸10.11 stehen die Figuren um Christus in einer weiten Landschaft und sind in der Tiefe gestaffelt und bilden nicht, wie in den Fresken GIOTTOS, eine Wand quer über einem eingeengten Bühnenraum. Während bei GIOTTO Gewicht und Masse der Figuren durch eine schematisierte Modellierung und ein unmoduliertes, neutrales Licht aus unbestimmter Quelle zum Ausdruck kommen, werden jene MASACCIOS von einer Quelle außerhalb des Bildes in kräftiges Licht getaucht, so, als käme dieses tatsächlich vom Kapellenfenster zur Rechten. Das Licht wirft Schatten auf den Boden und streift über die Formen, wobei es manche scharf akzentuiert, andere eher verbirgt. Feierlichkeit wird auf diese Weise einer eher beiläufigen Episode im Evangelium verliehen: In der Mitte teilt Christus Petrus mit, dass er im Maul eines Fisches (der links zu sehen ist) eine Münze finden werde, um mit ihr den Steuereintreiber (rechts) zu bezahlen. Der erzählerische Inhalt wird durch einige wenige emphatische Gesten und eindringliche, bedeutungsvolle Blicke vermittelt, welche die immer noch eher statischen Figuren untereinander austauschen. MASACCIOS Fähigkeit, die Figuren mit Leben zu erfüllen, zeigt sich aber in der *Vertreibung aus dem Paradies* ▸10.13, in der Adam und Eva wie blind taumelnd mit einem spürbaren Gefühl der Verzweiflung in eine ungewisse Zukunft getrieben werden.

### *›Fortschritt‹ in der Skulptur*

Die Beherrschung der Perspektive unterschied die neuen Männer des frühen 15. Jahrhunderts von ihren unmittelbaren Vorgängern. Die Idee eines künstlerischen ›Fortschritts‹, wie ihn Plinius in seiner Darstellung der Kunstgeschichte sah (s. S. 183), prägte das Verständnis der Renaissance von ihrer eigenen Kunst. Sie beeinflusste Künstler ebenso wie Historiker und ermutigte Maler und Bildhauer zu neuem Schaffensdrang. Die Türen des Baptisteriums in Florenz veranschaulichen die Wirkung, die dieser Fortschrittsbegriff in der Praxis zeitigte.

ANDREA PISANO (um 1290–1348) hatte in den Jahren um 1300–1330 für das Baptisterium ein Bronzeportal mit vergoldeten Relieffiguren angefertigt, das noch unverkennbar gotischen Stils war. Im Jahr 1401 lud man Bildhauer ein, mit Entwürfen für zwei weitere Türen zu wetteifern. (Hierbei scheint es sich um den ersten derartigen öffentlichen Wettbewerb in der Geschichte der neueren Kunst zu handeln.) Der Gewinner war LORENZO GHIBERTI (1378–1455), der ANDREA PISANOS Schema von 28 gotischen Vierpässen mit szenischen Schilderungen und Einzelfiguren beibehielt. Doch gab er den einzelnen Szenen mehr Tiefe, vernachlässigte die gotische Grazie und bemühte sich stattdessen um einen kräftigeren, dramatischeren Naturalismus ▸10.15; 17. Als GHIBERTI im Jahr 1424 beide Türflügel vollendet hatte, erhielt er sofort den Auftrag für ein weiteres Portal, das dritte des Baptisteriums von Florenz. Er hatte ANDREA PISANO übertroffen und schickte sich nun an, sein Frühwerk zu überbieten – ein Vorhaben, dessen Erfolg ihm die Florentiner Zeitgenossen bestätigten, als sie der Porta del Paradiso 1452 einen Ehrenplatz gegenüber dem Dom anwiesen (s. S. 386).

GHIBERTIS zweites Portal hat weniger Reliefs, die dafür größer und ganz vergoldet sind. Hier wurde insgesamt nur ein

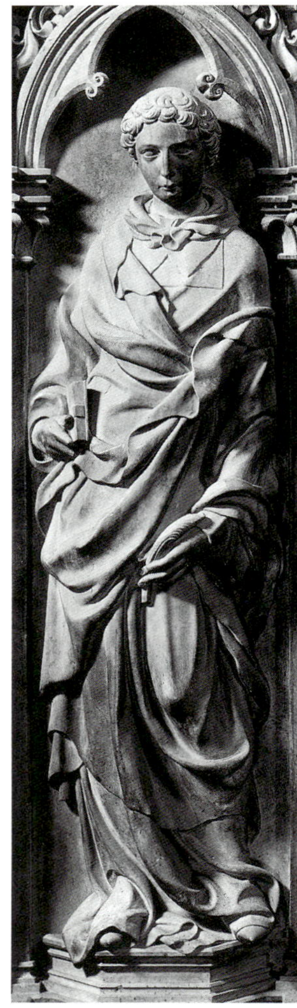

10.14 JACOPO DELLA QUERCI[A] *Heiliger Laurentius*, Detail vo[m] Trentaaltar, 1416–1422, Höhe der Figur 116 cm. San Frediano, Lucca.

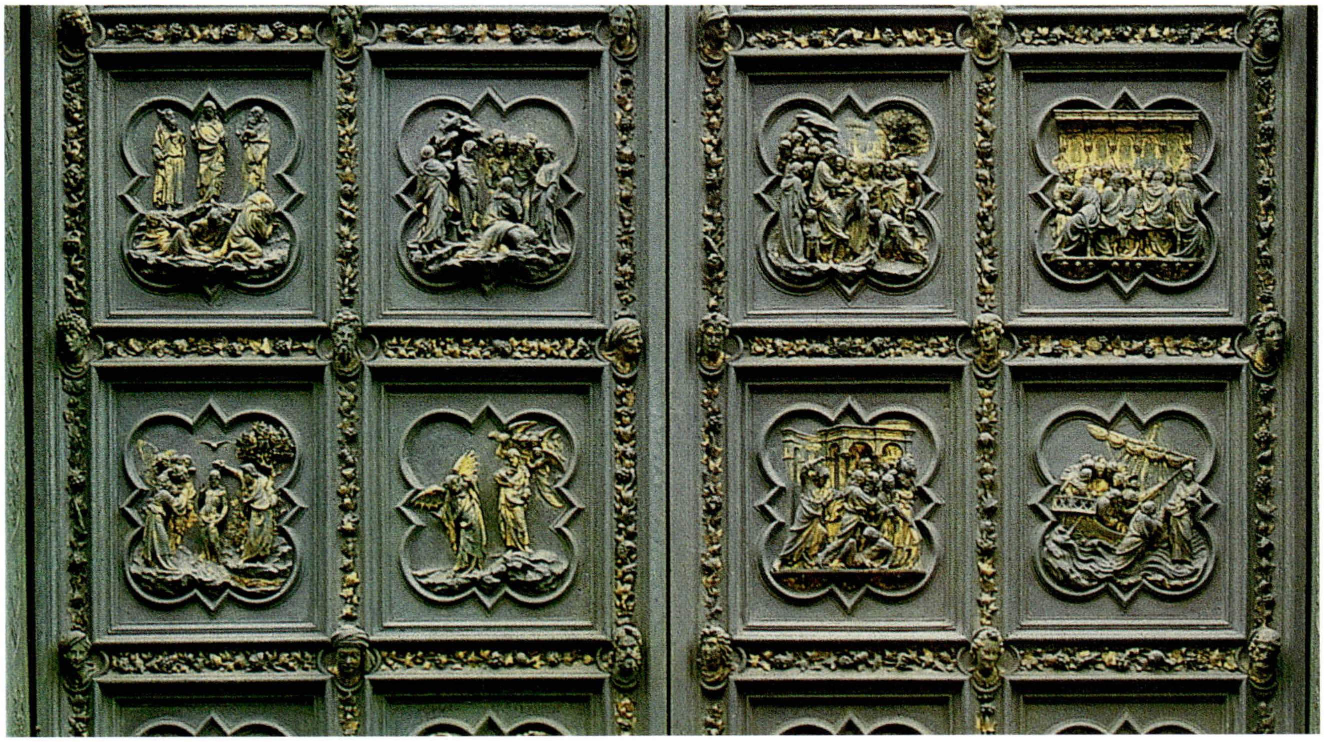

.15 LORENZO GHIBERTI,
›rdtür des Baptisteriums,
›renz, 1403–1424, Bronze,
lweise vergoldet.

Proportionsmaßstab angelegt, so dass die Vordergrundfiguren in sämtlichen Szenen gleich groß sind. Leonardo Bruni (s. S. 390) lieferte den Entwurf des Programms, den GHIBERTI wohl im Verlauf seiner Arbeit änderte. Die Szenen des Alten Testaments enthüllen die handwerkliche Virtuosität des Bildhauers in der phantastisch feinen Modellierung jedes Details. Souverän beherrscht er die naturnahe Wiedergabe der menschlichen Figur – egal, ob elegant gekleidet oder als Akt, ob in Bewegung oder statuarischer Stille ▸10.18. Paradigmatisch ist die Übertragung der Linearperspektive auf die Gattung des Reliefs. In die zwei Mittelszenen hat GHIBERTI Gebäude – eines mit rechtwinkligem, das andere mit rundem Grundriss – einbezogen, die sein Talent im architektonischen Entwurf dokumentieren. »Ich bemühte mich, die Natur so genau wie möglich nachzuahmen und mit aller Perspektive, derer ich fähig bin, um hervorragende Kompositionen mit vielen Gestalten zu schaffen«, schrieb GHIBERTI.

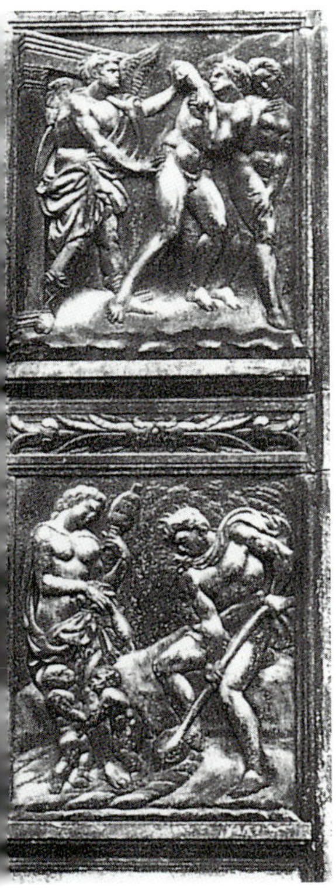

.16 JACOPO DELLA QUERCIA,
*e Vertreibung aus dem*
*radies*, um 1430, istrischer
ırmor, 86,7 x 68,6 cm.
tail des Hauptportals,
ı Petronio, Bologna.

Ghibertis *Commentarii* (um 1450–1455) umfassen sowohl die Geschichte der antiken Kunst nach VITRUV und Plinius als auch die toskanische Kunst von der Zeit GIOTTOS bis zur Mitte des 15. Jahrhunderts. Nirgendwo wird der Gedanke der ›Renaissance‹ deutlicher ausgedrückt als in seiner Parallelschilderung von Geburt und Wiedergeburt der Malerei und Skulptur. Als begeisterter Forscher und Sammler antiker römischer Kunst pflegte GHIBERTI freundschaftlichen Umgang mit den Florentiner Humanisten, die sich mit der klassischen Literatur befassten. Aber sein Anteil an der Wiederbelebung der Künste ist von späteren Autoren (besonders GIORGIO VASARI, s. S. 435) zur Geschichte einer Bewegung hochstilisiert worden, die sich, von Florenz ausgehend, über das restliche Italien und darüber hinaus ausbreitete. Die italienische Renaissancekunst ist mannigfaltig, und sei es nur deshalb, weil sie das Produkt von einzelnen war (Mäzenen sowohl als auch Künstlern), die sich ihrer Individualität mehr als jemals vorher bewusst waren.

Die Arbeit des Sieneser Bildhauers JACOPO DELLA QUERCIA (um 1374–1438) hat gegenüber der Florentiner Renaissance ein eigenes Gepräge. Er war wenig, wenn überhaupt, von den Humanisten oder BRUNELLESCHIS Rationalisierung des Bildraumes beeinflusst und an antiker Kunst höchstens beiläufig interessiert. Und doch teilt er das Körpergefühl und den beherrschten Naturalismus des neuen Zeitalters. Das Neue seiner Heiligenfiguren tritt umso auffallender hervor, wenn sie in gotischen Nischen platziert sind ▸10.14. DELLA QUERCIA, der bei jenem Wettbewerb um die Florentiner Baptisteriumstür (1401) wie auch BRUNELLESCHI dem jungen

10.17 LORENZO GHIBERTI, *Verkündigung*,
Vierpassrelief der Nordtür des Baptisteriums, Florenz.

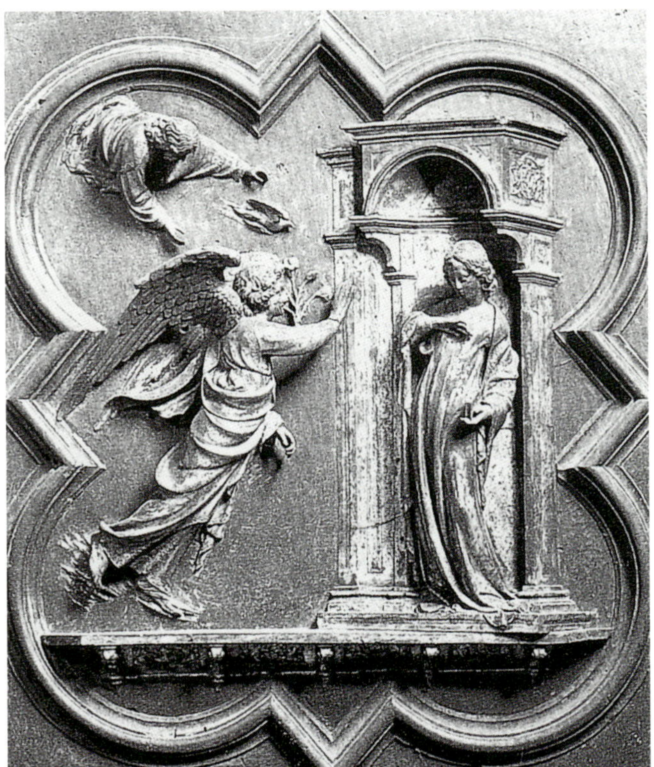

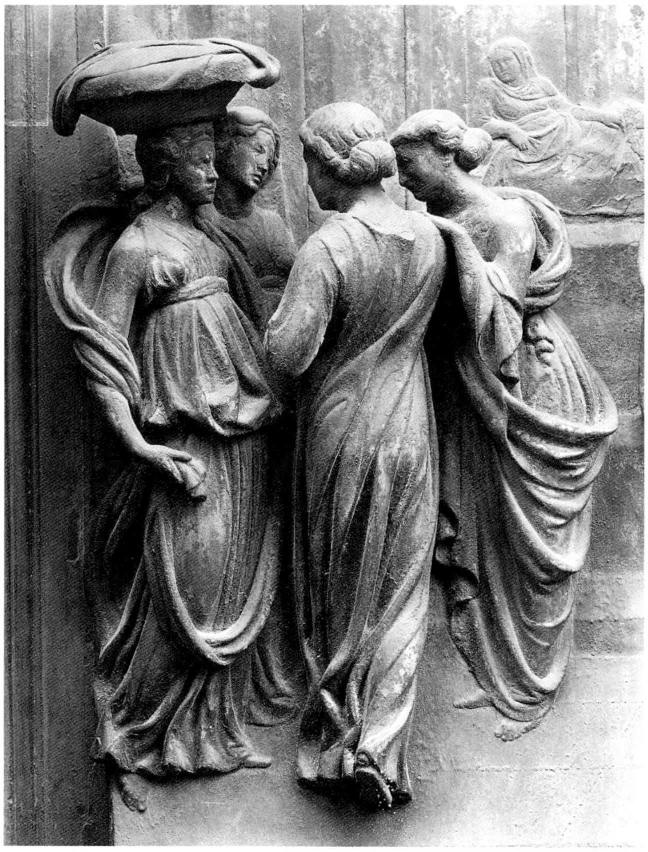

10.18 LORENZO GHIBERTI, Ausschnitt aus der *Geschichte von Jakob und Esau*, linke mittlere Tafel der *Porta del Paradiso*, 1424–1452, Bronze, vergoldet, 19x26cm, Baptisterium, Florenz.

GHIBERTI unterlegen war, schuf für die beiden Seitenpfeiler des Hauptportals von San Petronio in Bologna Reliefs mit Szenen des Alten Testaments ▸10.16. In der *Vertreibung aus dem Paradies* nehmen drei Gestalten den ganzen Raum ohne Beiwerk ein und geben damit der Szene eine tragische Intensität, die GHIBERTIS Konzeption des gleichen Themas fehlt. Wie in MASACCIOS *Vertreibung* ▸10.13 geht die schamhafte Gebärde der Eva letztlich auf eine antike Venusstatue zurück, doch besitzen die erregten Gestalten, die DELLA QUERCIA und MASACCIO geschaffen haben, eine Expressivität, die antiker Kunst fremd ist. DELLA QUERCIAS *Adam* äußert ein kraftvolles Pathos. Im Bewusstsein seiner Unterlegenheit als Mensch fordert er den Erzengel mit einer Drehung des muskulösen Körpers heraus.

## Ein neuer Stil in Flandern

In der Mitte des 15. Jahrhunderts waren aus Italien und Flandern – den am stärksten urbanisierten Gebieten Europas – die zwei bedeutenden Zentren der europäischen Kunst geworden. Zwischen beiden bestanden wirtschaftliche und kulturelle Verbindungen, und obgleich Florenz nominell eine Republik war, während Gent, Brügge und Ypern, die damals führenden flämischen Städte, zum Herzogtum Burgund gehörten (das im Jahr 1477 durch Heirat an das Haus Habsburg gehen sollte), war der Unterschied keineswegs so groß, wie die politische Etikettierung vermuten lässt. Beide Gebiete waren wohlhabend, wenngleich auch sie unter der allgemeinen wirtschaftlichen Depression im Europa des 15. Jahrhunderts litten.

Während die Florentiner für die Wiedergabe des dreidimensionalen Raumes Theorien und systematische Regeln erarbeiteten, entdeckten die Flamen die Linearperspektive bei praktischen Versuchen und experimentierten im gleichen empirischen Geist weiter mit der Luftperspektive (eine subtile Abstufung von Farbtönen, die in einer Landschaft den Eindruck von Entfernung erzeugt). Dieser Unterschied ist fundamental. Die flämischen Künstler waren keine Theoretiker, ihr Interesse an der Antike war gering. Trotzdem war der Bruch, der sie von ihren unmittelbaren Vorgängern trennte, nicht weniger markant.

In Flandern hatte es außer herrlich leuchtenden Glasfenstern kaum monumentale Malerei gegeben. Der wichtige Beitrag, den die flämischen Maler zur westlichen Kunst leisten sollten – die Entwicklung der Staffelei- oder Tafelmalerei –, entstammt der Tradition der Buchmalerei. Und wollte man auf den Tafeln ebenso lebhafte und strahlende Wirkungen erzielen wie die BRÜDER VON LIMBURG auf Pergament ▸9.105; 106, dann bedurfte man eines lichtvolleren Mediums als Tempera. In eben diesem Kontext entstand die Ölmalerei.

Mindestens seit dem 10. Jahrhundert waren gelegentlich verschiedene Öle als Bindemittel für die Farbpulver verwendet worden. (Bei der Temperamalerei werden die Farbpigmente mit Eigelb gebunden.) Aber erst im frühen 15. Jahrhundert begannen die Künstler in Flandern, die Möglichkeiten von mit Öl (zumeist Leinöl) gemischten Pigmenten auszuschöpfen, indem sie durchscheinende Farbschichten auf Deckfarben auftrugen, um auf diese Weise den Anschein von Tiefe unter einer harten, emailartigen Oberfläche zu erwecken. Während Künstler, die Temperafarben verwendeten, die minutenschnell trocknen, gezwungen waren, eine Tafel Stück für Stück im schnellen Tempo zu bemalen, konnten die anderen, die sich des Öls bedienten, ein Bild langsam aufbauen. Dieses neue Verfahren erlaubte zugleich die große Präzision im Detail, die vielleicht das anziehendste Merkmal der flämischen Malerei des 15. Jahrhunderts ist. (Natürlich traten die Techniken auch vermischt auf, indem etwa Ölfarben über Tempera aufgetragen wurden.)

### *Van Eyck und van der Weyden*

Die flämischen Künstler, die diese Technik entwickelten, die die Malkunst in Europa revolutionierte und die sie, zusammen mit der Linearperspektive, immer mehr von den übrigen Künstlern unterschied, bleiben schattenhafte Gestalten. Ihre Biographien wurden nicht geschrieben, kein Inventar nennt ihre Werke. Nur in Italien hielt man Künstler für würdig genug, um in Lebensgeschichten berühmter Männer zu erscheinen. Bezeichnenderweise findet sich die erste Würdigung von JAN VAN EYCK (um 1390–1441) – dem man lange Zeit die ›Erfindung‹ der Ölmalerei zuschrieb – in einer Abhandlung, die im Jahr 1455/56 am Hofe des Königs von Neapel, der ein Triptychon des Meisters besaß, geschrieben wurde. Ihr Autor, Bartolommeo Fazio, nannte ihn »den führenden Maler unserer Zeit« wegen seiner technischen Vollkommenheit, seiner Naturtreue und – hier kommt der Humanist der Renaissance zu Wort – seiner Wiederentdeckung von Farbpigmenten, die Plinius und anderen antiken Autoren bekannt gewesen waren. VAN EYCKS Kunstfertigkeit im Umgang mit Ölfarben ist wirklich außergewöhnlich. Die Transparenz der Farben verleiht seinen Gemälden eine einmalige, juwelenartige Qualität, der keine Reproduktion gerecht werden kann. Sie scheinen von innen heraus Licht auszustrahlen. Seine Formen besitzen durch Schattenmodellierung greif-

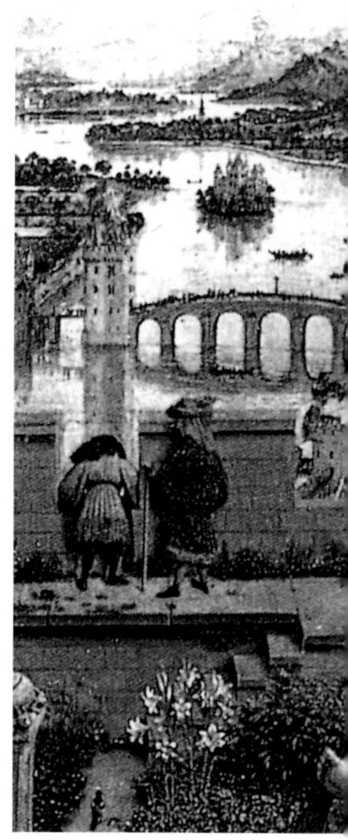

10.19 Detail aus der *Madonna des Kanzlers Rolin* ▸10.21.

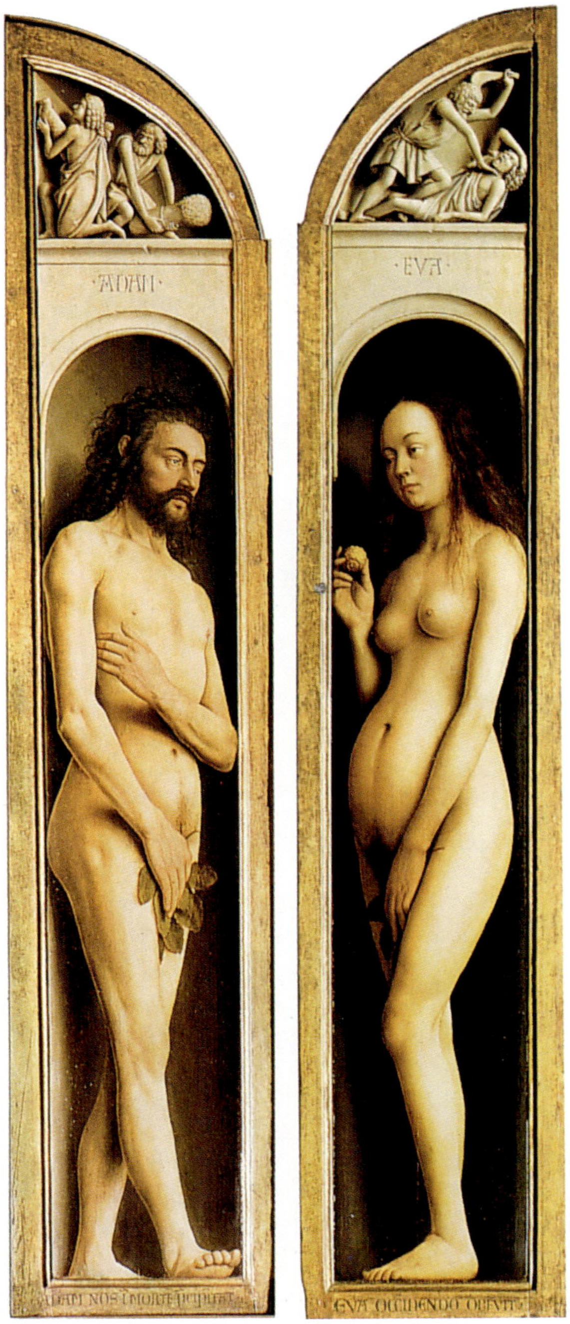


10.20 JAN VAN EYCK, *Adam und Eva* vom *Genter Altar*, vollendet 1432, Tempera und Öl auf Holz, jede Tafel 204 x 32 cm. St. Bavo, Gent.

bare Festigkeit, wie zum Beispiel *Adam und Eva* auf dem großen Altarbild in der Kathedrale von Gent (das sein Bruder HUBERT begonnen hatte). Diese erstaunlich naturgetreuen Gestalten verdanken ihre eindrucksvolle Wirkung wieder einer meisterlichen perspektivischen Verkürzung. Man sieht sie von einem niedrigen Augenpunkt aus, die Unterseite von Adams Zehen ist sichtbar, und sein rechter Fuß scheint über den Rahmen hinauszureichen ▸10.20. Zwar zeichnen sich die Körper durch einen vehementen Naturalismus aus, doch sind sie völlig unbeeinflusst von der klassischen Skulptur, die für die italienische Kunst eine geradezu kanonische Bedeutung besaß. Ihre warme, atmende Fleischlichkeit setzt VAN EYCK in Kontrast zu den täuschend gemalten Reliefskulpturen mit dem Opfer und der Ermordung Abels über ihnen.

Auch in der Wiedergabe des Raumes konkurrierte JAN VAN EYCK mit seinen italienischen Zeitgenossen. Bei der *Madonna des Kanzlers Rolin* ▸10.21 sind beide Extreme, stilllebenhafte Erfassung des Nahraumes und schier unendliche Fernsicht, virtuos zu einer Bildeinheit verschmolzen. Die Landschaft mutet sogar so natürlich an, dass man Identifizierungsversuche unternommen hat ▸10.19. Auch der Innenraum kann den Eindruck erwecken, er sei nach einem vorhandenen Vorbild gemalt worden, obgleich die Architektur ein Typus ist (im Kern romanisch mit gotischen Details), den VAN EYCK entwickelte, um die Idee eines ›Neuen Jerusalem‹ zu verbildlichen.

Viele der vorzüglich gemalten Details sind Bedeutungsträger, obgleich der Symbolismus unaufdringlich bleibt. Denn je naturalistischer VAN EYCK und andere flämische Maler die sichtbare Welt schilderten, umso dichter ist das ikonographische Geflecht. Alle sichtbaren Gegenstände sind von Gott durchdrungen und sind, um Thomas von Aquin zu zitieren, »nur körperliche Metaphern des Spirituellen«. Aufgabe der modernen Ikonographie ist es, solche Bilder nicht nur als Szenen des zeitgenössischen Lebens in einer flämischen Stadt zu verstehen, sondern ihre Aussage zu entschlüsseln. Selbst einfache Alltagsgegenstände konnten etwas ausdrücken in einem Universum, das »im Glanze köstlicher Allegorien erstrahlte« – so konnte ein Leuchter oder ein Messingkrug auf die Reinheit Mariens hinweisen. In der *Madonna des Kanzlers Rolin* kann der Fluss sowohl die Maas sein, als auch den »Strom des lebendigen Wassers, klar wie Kristall« aus den Offenbarungen des Johannes symbolisieren. Der Palastgarten ist bepflanzt mit Rosen, Lilien und Iris, den traditionellen Mariensymbolen, und wird somit zum Paradiesgarten.

JAN VAN EYCK war einer der ersten großen europäischen Porträtmaler, der deskriptiv und präzise die physische Individualität einer Person erfasste. Der etwas jüngere ROGIER VAN DER WEYDEN (1399/1400–1464) ging an seine Modelle mit geringerer Detailgenauigkeit heran, im Vordergrund stand mehr die Gesamtwirkung. Die Feinheit seiner sanften Modellierung und des zart erfühlten Konturs verleiht fast all seinen Modellen ein aristokratisches Äußeres ▸10.24.

Um unseren Blick zu meiden, hat die Niederländerin die Augen scheu niedergeschlagen, gleichwie verraten ihre Züge

10.21 JAN VAN EYCK, *Die Madonna des Kanzlers Rolin*, um 1433–1434, Öl auf Holz, 66 x 61, 9 cm. Louvre, Paris.

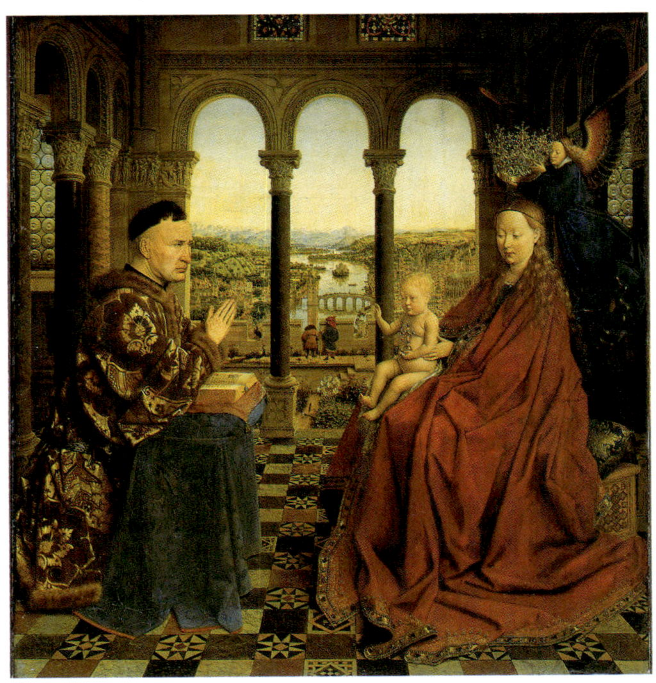

IM KONTEXT

## *Der Genter Altar*
## Jan van Eyck und seine Auftraggeber

Das Altargemälde der *Anbetung des mystischen Lammes* der Brüder HUBERT und JAN VAN EYCK ist eines der wenigen Polyptychen (mehrteilige Gemälde) des 15. Jahrhunderts, das heute an seinem ursprünglichen Standort (St. Bavo, Gent) zu sehen ist, obwohl es vor einiger Zeit aus der Kapelle, für die es gemalt wurde, in einen Sonderraum verlagert wurde. Es entstand im Auftrag von Joos Vijd (gest. 1439) und seiner Ehefrau Isabel Borluut (gest. 1443), den Stiftern der Kapelle, in der täglich eine Messe für sie und ihre Vorfahren gelesen werden sollte. Die heutige Kirche St. Bavo war damals die Pfarrkirche des Stifterehepaares und Johannes dem Täufer geweiht, dessen Symbol das Lamm ist. Die Kapelle selbst, die hohe Fenster und ein Gewölbe in gotischem Stil aufweist, unterscheidet sich von anderen in der Apsis lediglich durch unauffällig in die Wand gemeißelte Wappen der Familien Vijd und Borluut. Der Flügelaltar jedoch, der vor 1426 begonnen und 1432 vollendet wurde, ist in jeder Hinsicht außergewöhnlich: Er zählt zu den frühesten und in jeder Hinsicht großartigsten Werken der flämischen Malerei des 15. Jahrhunderts. Seine religiöse Bedeutung als Darlegung der Lehre der Erlösung wird durch jedes Detail gestützt. Alles hat, obwohl mit einem lebendigen Naturalismus dargestellt, den die Entwicklung der Ölfarbe seit kurzem erst möglich gemacht hatte (s. S. 394), eine symbolische Bedeutung. Die Schatten, die die Figuren und die gemalten Rahmenmotive werfen, wirkten wie durch das natürliche Licht verursacht, das durch die Kapellenfenster einfiel. Die geistige Wahrheit der christlichen Lehre wurde auf diese Weise untermauert durch die plastische Naturtreue, mit der die Erscheinungswelt wiedergegeben war.

Das Altarbild setzt sich zusammen aus 20 Tafeln, davon 16 auf den Flügeln, die im geschlossenen Zustand die mittleren vier Tafeln bedecken. Ursprünglich gab es darunter eine Predella mit einer Darstellung der Hölle oder Vorhölle, in die Christus hinabstieg, um die Rechtschaffenen zu erlösen. Die Außenseite der Flügel zieren lebensgroße Porträts der Stifter, die jeweils vor den als Steinskulpturen dargestellten Figuren von Johannes dem Evangelisten und dem Täufer niederknien ▸10.22. Über ihnen ist der Erzengel Gabriel dargestellt, der der Jungfrau Maria verkündigt, dass sie den Erlöser gebären wird, vorhergesagt von zwei Propheten und zwei Sibyllen, die in der obersten Zone zu sehen sind. Die Fenster im Zimmer der Jungfrau bieten Aussicht auf eine Stadt mit typisch flämischen Gebäuden.

Wenn sich die Flügel öffnen, offenbart sich eine in leuchtenderen Farben erstrahlende himmlische Vision ▸10.23. In der Mitte der oberen Bilderreihe thront Christus (manchmal mit Gottvater verwechselt) als »König der Könige und Herr der Herren« (wie die auf den Saum seines Gewandes gestickten Worte lauten), auf dem Haupt die päpstliche Tiara. Er hebt segnend die rechte Hand und hält ein Zepter in der Linken, während eine mit Edelsteinen verzierte Königskrone zu seinen Füßen liegt. Er wird flankiert von Maria und Johannes dem Täufer, und Engel singen und musizieren zu beiden Seiten dieses Trios. Die Darstellungen auf den beiden abschließenden Tafeln, die Adam und Eva in Nischen unter als Steinreliefs gemalten Szenen mit Kain und Abel zeigen, sollten offenbar festhalten, worauf die Erbsünde zurückging, die die Erlösung erforderte. Inschriften besagen: »Adam treibt uns in den Tod« und »Eva hat uns die

10.22 HUBERT UND JAN VAN EYCK, *Genter Altar* (geschlossen), 1432 vollendet, Tempera und Öl auf Holz, ca. 335 x 229 cm. St. Bavo, Gent.

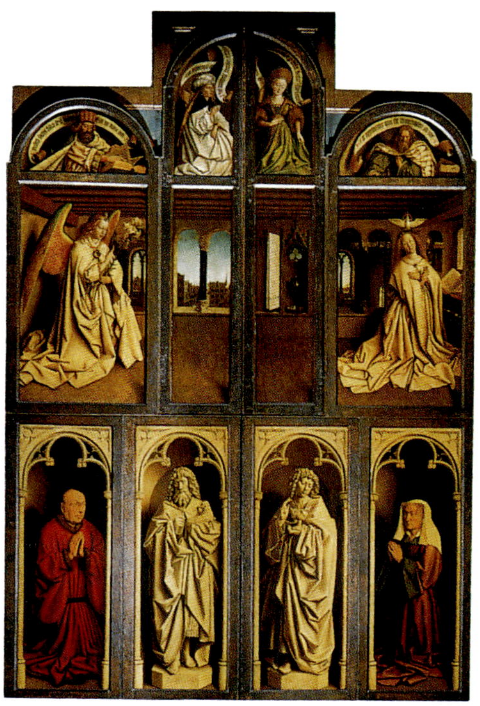

Qual des Todes gebracht«. Die herrlich gemalte Haut ihrer beider Körper, zart, aber lebendig, die bei Adam an Handrücken und Handgelenken sowie oberhalb des Halses sonnenverbrannt ist, erinnert an der Sterblichen Hinfälligkeit und Vergänglichkeit ▸10.20. (Für ihn stand offensichtlich eine üblicherweise bekleidete Person Modell.)

Die Tafeln der unteren Bilderreihe verbindet ein einheitlicher Hintergrund, das Panorama einer Landschaft mit bewaldeten Hügeln, die eine Wiese im bunten Kleid von Blumen aller Jahreszeiten umgeben. Es gibt Bäume, die in verschiedenen Teilen Europas wachsen, darunter die Palmen, Zypressen, Pinien, Granatapfel-, Oliven- und Orangenbäume der Mittelmeerländer. Schwalben und andere kleine Vögel tummeln sich in der Luft unter einem heiteren Sommerhimmel. Es ist dies eine Vision des Paradieses, in dem die schönsten Gewächse allesamt gedeihen, mit einer derartigen Präzision dargestellt, dass sie sich botanisch bestimmen lassen. Zu den Türmen, die über dem Horizont emporragen, zählen die der Kathedrale von Utrecht und der Kirche St. Niklaas in Gent. Sie symbolisieren das Himmlische Jerusalem (s. S. 284), wo die gesamte Gemeinschaft der Erlösten, die »Losgekauften des Herrn« in Anbetung vereint sein werden. Auf den übrigen Tafeln nähern sich die Gerechten Richter, die Streiter Christi sowie Eremiten und, von einem riesigen hl. Christophorus angeführt, Pilger der Wiese. Patriarchen und Propheten (darunter Vergil), Päpste, Bischöfe und andere Kleriker sind im Vordergrund der Haupttafel dargestellt, desgleichen Gläubige, die sich trotz Verfolgung zum christlichen Glauben bekannten, und, weiter hinten, ein endloser Zug weiblicher Heiliger. In der Mitte unter der Taube des Heiligen Geistes steht auf einem Altar das Lamm Gottes, aus dessen Brust Blut in einen Kelch fließt. Ein Brunnen im Vordergrund trägt die Aufschrift: »Dies ist der Brunnen des Lebens, dessen Wasser dem Thron Gottes entströmt«.

Die Bedeutung des geöffneten Flügelaltars dürfte sich jedem mitgeteilt haben, wenn er über dem Kopf eines Priesters zu sehen war, der die Messe zelebrierte und, nach der Weihe von Brot und Wein, das Agnus Dei vorsang: »Du Lamm Gottes, das du die Sünden dieser Welt wegnehmest, erbarme Dich unser.« Das

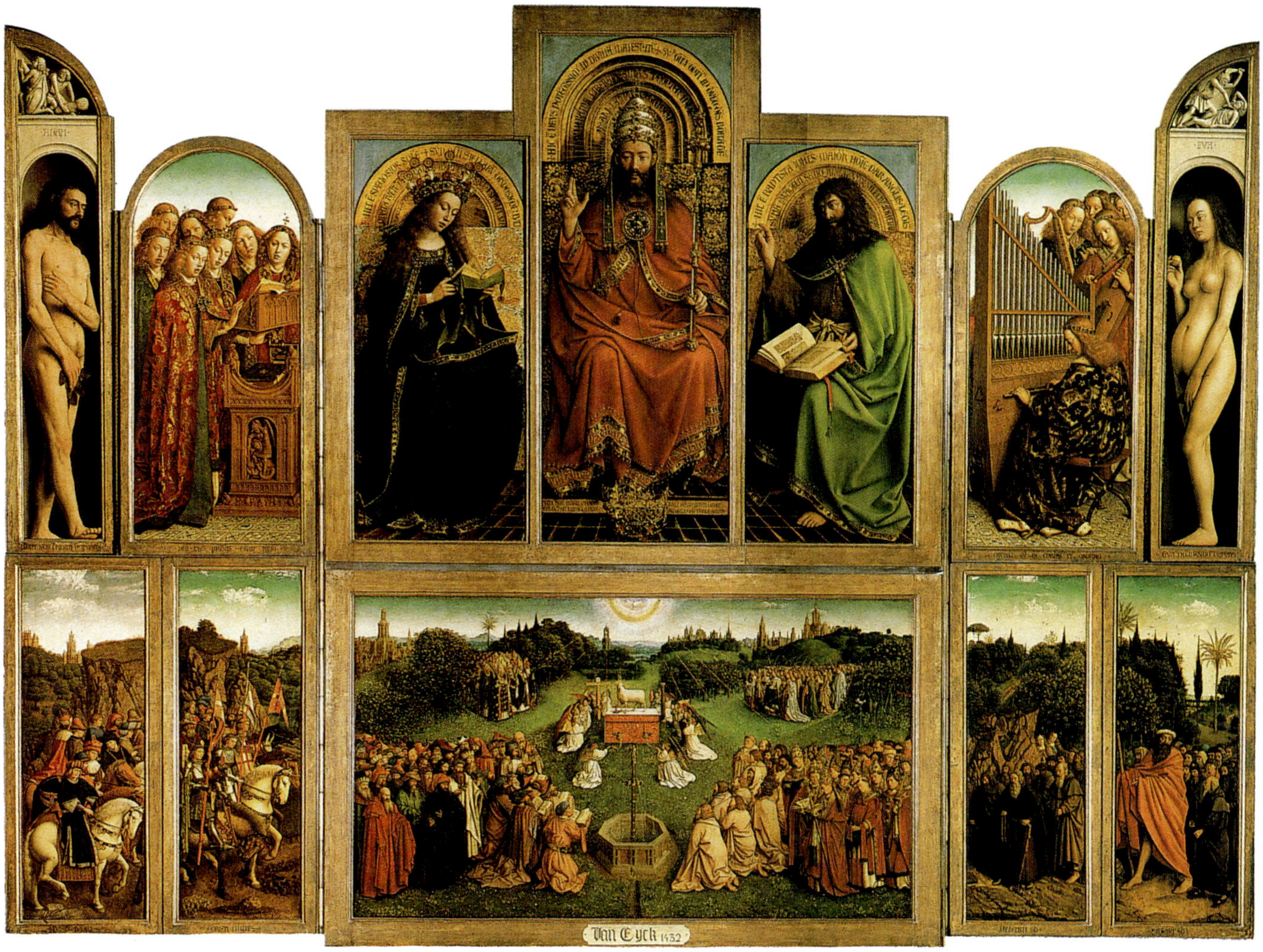

10.23 HUBERT UND JAN VAN EYCK, *Genter Altar* (geöffnet), 1432 vollendet, Tempera und Öl auf Holz, 335×457 cm. St. Bavo, Gent.

ikonographische Programm des gesamten Polyptychons ist jedoch komplex, inspiriert von verschiedenen mittelalterlichen Schriften und vermutlich ausgearbeitet von den Stiftern in Rücksprache mit einem belesenen Priester, der die Bibeltexte für die zahlreichen Auf- und Inschriften auswählte. Ganze 18 Handschriften sind abgebildet, und die Worte in einigen von ihnen sind lesbar. Dennoch geht vom Gemälde eine visionäre Gesamtwirkung aus. Den Brüdern VAN EYCK gelang es, einen zweifellos abstrusen theologischen Diskurs, der von den Stiftern und ihren priesterlichen Beratern vorgeschlagen worden war, in eine klare Bildsprache zu übersetzen.

Eine Widmung auf dem äußeren Rahmen der Flügel besagt, dass »der von keinem übertroffene Hubert van Eyck« das Altarbild begonnen und sein Bruder JAN, »der Kunst Zweitgrößter«, es auf Veranlassung Joos Vijds am 6. Mai 1432 vollendet habe. Es ist dies das einzige zeitgenössische Zeugnis zur Urheberschaft des Werkes, und über die Frage, wie es zu bewerten ist, ist viel gestritten worden. Über HUBERT ist nicht viel bekannt: Er wird einige Male in den Akten des Stadtarchivs von Gent erwähnt, wo er 1426 starb und in der Kirche St. Johannes (der heutigen Kathedrale St. Bavo) begraben wurde. Eine Schwester namens MARGARET, die ebenfalls Malerin war und vermutlich mit ihm zusammenarbeitete, soll neben ihm begraben sein. Im Jahr 1432 hatte JAN jedoch bereits den Grundstein für eine Malerlaufbahn gelegt, die ihm weit über die Landesgrenzen hinaus Ruhm einbringen sollte, auch wenn keine Werke von seiner Hand aus der Zeit vor dem *Genter Altar* erhalten sind. Zehn Jahre vorher hatte ihn Johann III., Herzog von Niederbayern und Straubing und Graf von Holland, in Dienst genommen, um seine Residenz in Den Haag ausmalen zu lassen. Drei Jahre später wurde er Hofmaler Philipps des Guten, des Herzogs von Burgund und Herrschers über den Großteil Flanderns, der ihn außerdem als Gesandten mit Geheimaufträgen betraute, die ihn bis nach Portugal führten.

Philipp der Gute war der Enkel Philipps des Kühnen, für den CLAUS SLUTER in Dijon ▸9.111–114 tätig gewesen war, und Großneffe des Herzogs von Berry, für den wiederum die BRÜDER LIMBURG die *Très riches heures* illuminiert hatten (s. S. 383). Seine Beschäftigung durch ein Mitglied dieser Familie herausragender Mäzene macht es leichter, das Schaffen JAN VAN EYCKS, das aus der Internationalen Gotik hervorging, in seinen gesellschaftlichen und kunsthistorischen Kontext zu stellen. Denn obgleich Joos Vijd ein Stadtbürger war, der ab 1395 mit Unterbrechungen als Genter Stadtrat amtierte, war er ein Angehöriger des niederen Adels und Grundbesitzer. Als solcher hatte er gelegentlich am Hof Philipps des Guten verkehrt. Seine Ehefrau Isabel Borluut wiederum entstammte einem Genter Patriziergeschlecht, das Ritter und Äbte zu seinen Reihen zählte. Ihr Vermögen hatten sie jedoch vermutlich mit Wolle, der Grundlage des Genter Wohlstandes, gemacht, und für sie besaß daher das Lamm Gottes, das seit dem 13. Jahrhundert auf dem Stadtsiegel figurierte, wahrscheinlich eine ebenso weltliche wie religiöse Bedeutung.

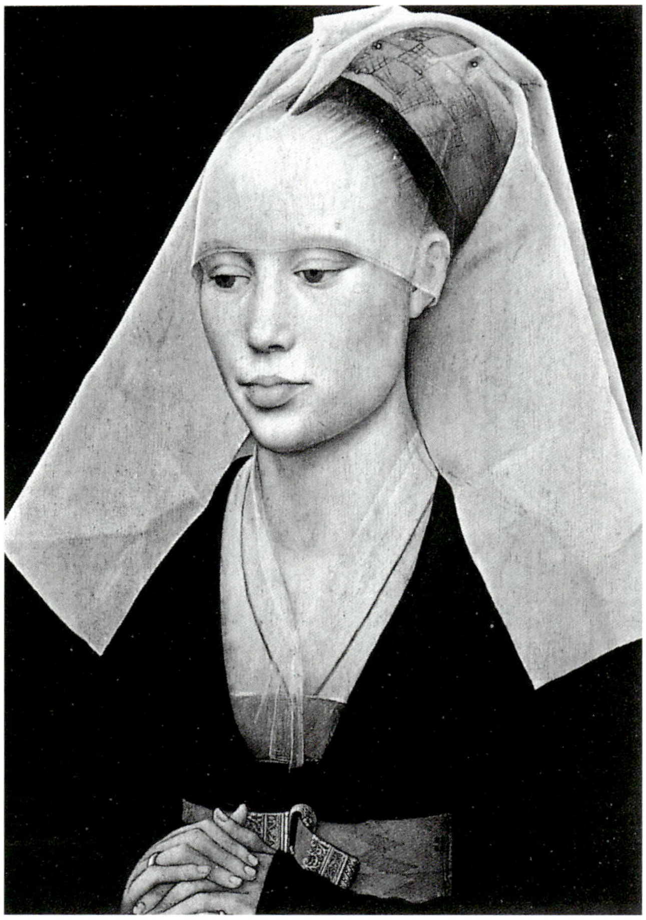

10.24 ROGIER VAN DER WEYDEN, *Porträt einer Dame*, um 1455, Öl auf Holz, 36,8 x 27,3 cm. National Gallery of Art, Washington (Andrew W. Mellon Collection).

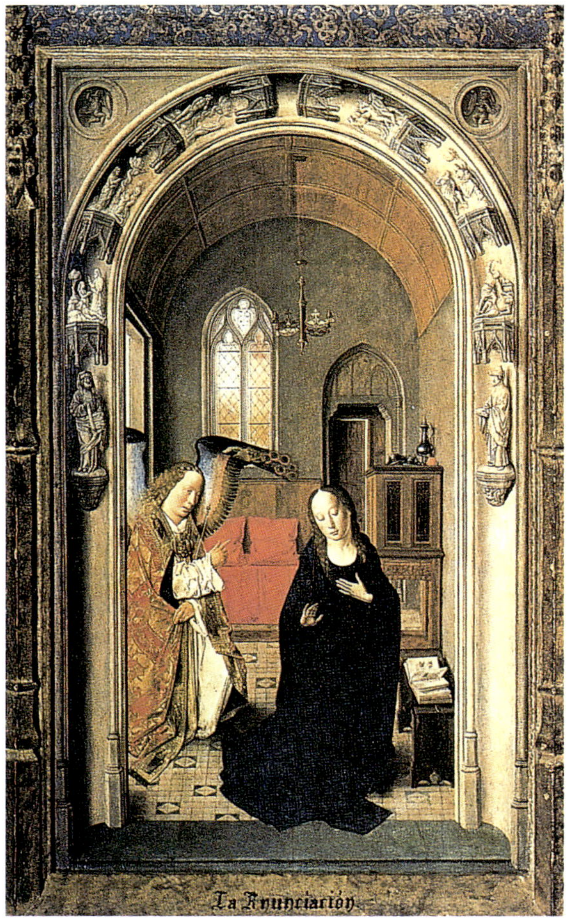


10.25 DIRK BOUTS, *Verkündigung*, um 1445–1450, Holz, 80 x 56 cm. Prado, Madrid.

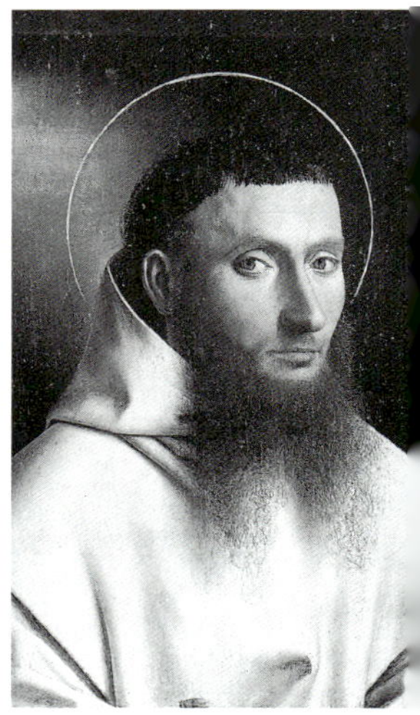

10.26 PETRUS CHRISTUS, *Porträt eines Karthäusers*, Tempe und Öl auf Holz, 29,2 x 20,3 c The Metropolitan Museum of Art, New York.

und die Zartheit ihrer elegant gefalteten Hände viel psychisches Leben. Die Dreiviertelansicht ist die bevorzugte Porträtform bei ROGIER VAN DER WEYDEN und anderen flämischen Künstlern des 15. Jahrhunderts. Sie bringt das Gesicht besser als die Profil- oder Frontalansicht zur Geltung, vermittelt Bewegung und erlaubt bedeutungsvolle Variationen der Blickrichtung.

JAN VAN EYCK und mehr noch ROGIER VAN DER WEYDEN legten den Grundstein für die nordeuropäische Malerei bis in die ersten Jahrzehnte des 16. Jahrhunderts. Sie fanden mustergültige Lösungen, die von ihren unmittelbaren Nachfolgern in den Niederlanden selten erreicht und niemals übertroffen wurden, obgleich sich unter ihnen hoch begabte Maler fanden: unter anderen PETRUS CHRISTUS (gest. 1472/73), Schöpfer stiller religiöser Szenen und zurückhaltender Porträts ▸10.26, DIRK BOUTS (um 1415–1475), dessen trauernde Gestalten sich in Räumen und Landschaften von exquisiter Schönheit bewegen ▸10.25, und der dramatischere und mystische HUGO VAN DER GOES ▸10.27 (gest. 1482). Während dieser Zeitspanne wurde flämische Kunst in alle Teile Europas exportiert: nach Deutschland, England, Schottland, Frankreich, Spanien, Portugal und selbst nach Italien, wo sie von italienischen Mäzenen und Malern bis zum späten 15. Jahrhundert hoch geschätzt wurde. Dann begann sich die Richtung der Einfluss-

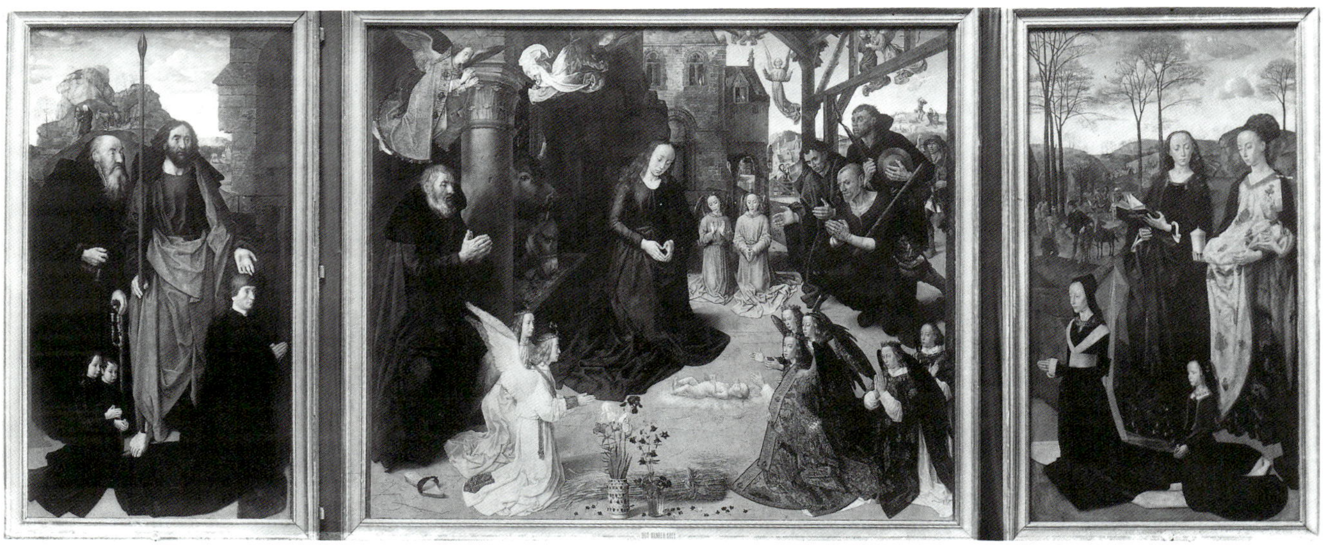

10.27 HUGO VAN DER GOES, *Portinari-Altar* (offen): *Anbetung des Kindes zwische den Stiftern und ihren Schutzheiligen*, um 1476, Holz, 252,7 x 304 cm, Flügel 253 x 141 cm. Uffizien, Florenz.

# Bartolommeo Fazio über Jan van Eyck

Bartolommeo Fazio (Bartholomaeus Facius), ein humanistischer Gelehrter aus Genua, war ab 1444 am Hofe Alfonsos V. von Aragon und Neapel tätig. Er war einer der ersten Bewunderer nordischer Maler, und in seinem 1456 verfassten Buch *De Viris Illustribus* (*Über berühmte Männer*) behandelte er sowohl JAN VAN EYCK als auch ROGIER VAN DER WEYDEN, der damals noch lebte. GENTILE DA FABRIANO und PISANELLO sind die einzigen Maler, die daneben gleichfalls dargestellt werden. JAN VAN EYCK, von Fazio als Jan von Gallien bezeichnet, wird für seine Leistungen als Gelehrter und Wissenschaftler gepriesen, insbesondere für seine technischen Neuerungen, obgleich Fazio sie auf Plinius zurückführt. Sämtliche Werke Jan van Eycks, die er in Neapel sah, sind heute verschollen.

»*Jan von Gallien ist als der führende Maler unserer Zeit beurteilt worden. Er war nicht ungelehrt, vor allem nicht in der Geometrie und in solchen Künsten, die eine Bereicherung der Malerei darstellen, und daher heißt es, er habe zahlreiche Eigenschaften der Farben entdeckt, die bereits von den Alten vermerkt worden waren und über die er durch die Lektüre des Plinius und anderer Autoren unterrichtet war. Von ihm stammt ein vorzügliches Gemälde in den Privatgemächern von König Alfons, auf dem eine vor allem ob ihrer Anmut und Bescheidenheit bemerkenswerte Jungfrau Maria zu sehen ist sowie ein Erzengel Gabriel von außergewöhnlicher Schönheit und prächtigem, übernatürlichem Haar, der ihr verkündet, dass ihr der Sohn Gottes geboren werden wird, und Johannes der Täufer, der die wunderbare Heiligkeit und nüchterne Strenge seines Lebens verkündet, und Hieronymus wie eine lebendige Gestalt in einer mit seltener Kunst geschmückten Bibliothek: Denn wenn man ein wenig davor zurücktritt, gewinnt man den Eindruck, als weiche sie nach innen zurück und als lägen geöffnete Bücher darin, doch wenn man näher herantritt, wird deutlich, dass es sich lediglich um eine gedrängte Darstellung derselben handelt. Auf der Außenseite desselben Bildes findet sich ein Porträt Battista Lomellinis, dem das Bild gehörte – man sollte meinen, es fehle ihm nur die Stimme –, und der außergewöhnlich schönen Frau, die er liebte. Auch sie ist genau so dargestellt, wie sie war. Zwischen ihnen fällt wie durch einen Spalt in der Wand ein Sonnenstrahl, den man für echtes Sonnenlicht halten könnte. Von ihm stammt eine kreisförmige Darstellung der Welt, die er für Philipp, Prinz der Belgier, malte, und es heißt, dass kein Gemälde in unserer Zeit vollkommener sei. Man kann auf ihm nicht nur einzelne Orte und die Lage der Kontinente erkennen, sondern dank des Maßsystems auch die Entfernungen zwischen den Orten. Von ihm gibt es auch schöne Gemälde, die sich im Besitz jenes herausragenden Mannes Ottaviano della Carda befinden: Frauen von ungewöhnlicher Schönheit, die aus dem Bad kommen, die intimeren Körperpartien in hervorragender Bescheidenheit durch schönes Leinen verhüllt, und bei einer von ihnen hat er nur das Gesicht und die Brust gezeigt, aber dann die hinteren Partien ihres Körpers in einem Spiegel an der gegenüberliegenden Wand dargestellt, so dass man sowohl ihren Rücken als auch ihre Brust sehen kann. Auf demselben Bild gibt es in der Badekammer eine Laterne, die den Anschein erweckt, als brenne sie, eine offenbar schwitzende alte Frau, ein Hündchen, das Wasser aufleckt, sowie Pferde, winzige Figuren von Männern, Berge, Haine, Weiler und Burgen, die mit einer derartigen Kunstfertigkeit ausgeführt worden sind, dass man meinen könnte, sie seien fünfzig Meilen voneinander entfernt. Aber fast nichts in diesem Werk ist bemerkenswerter als der Spiegel, in dem man alles Dargestellte wie in einem echten Spiegel sieht. Er soll noch viele andere Werke gemacht haben, aber über diese konnte ich nichts Vollständiges in Erfahrung bringen.*«

Bartholomaeus Facius, De Viris Illustribus, übers. v. M. Baxandall nach einem Manuskript aus dem 15. Jahrhundert in der Vatikanischen Bibliothek, Journal of the Warburg and Courtauld Institutes XXVII, 1964

nahme von Norden nach dem Süden umzukehren. Doch wurden flämische Maler stets bewundert wegen ihrer technischen Errungenschaften in der Entwicklung der Ölmalerei.

Im Porträt kamen sich die Kunst der Niederlande und Italiens am nächsten, auch wenn es einige markante Unterschiede gibt. Die Italiener favorisierten reine Profilbilder, die die dargestellte Person vom Betrachter trennen und an die Köpfe von antiken Münzen erinnern. Selbst auf dem Höhepunkt des Naturalismus war die Kunst des 15. Jahrhunderts in Italien begrifflicher, rationaler als in Flandern. Die Künstler beider Länder behaupteten, die Natur zu imitieren, aber die Flamen waren, um eine Unterscheidung dieser Periode zu gebrauchen, hauptsächlich befasst mit der ›natura naturata‹ (der geschaffenen Natur) und die Italiener mit der ›natura naturans‹ (der schaffenden Natur). Im Norden fand der neue künstlerische Impuls seinen Ausdruck allein in der Malerei; die Bildhauerkunst wurde wenig berührt, die Architektur überhaupt nicht.

## Architektur in Italien

Der Palazzo Medici, der für alle anderen Florentiner Stadtpaläste zum Vorbild wurde, ist nüchtern, ernst, sogar etwas abweisend. An der Außenseite sind die Fenster schlicht und

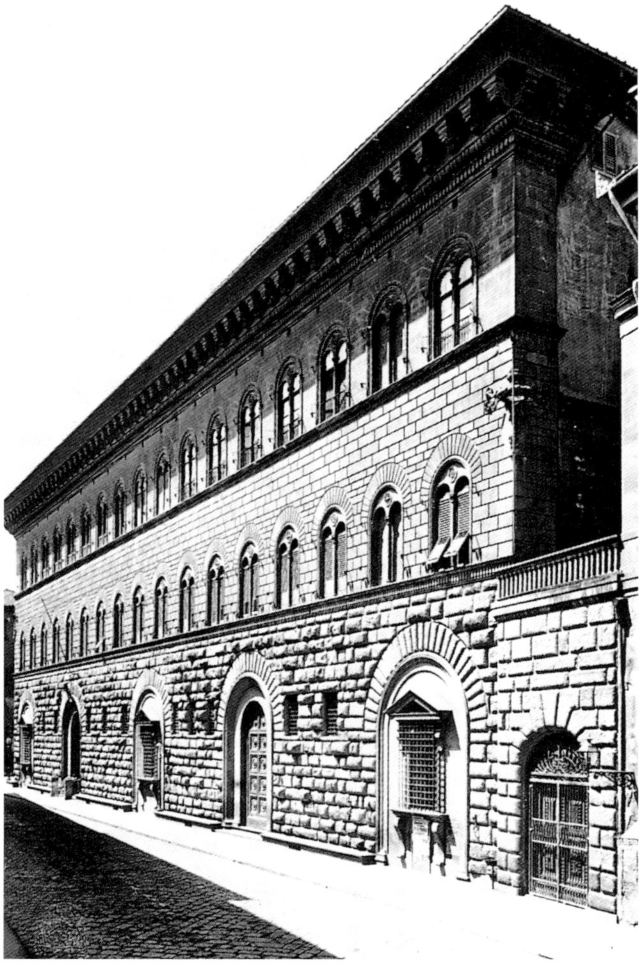

10.28 MICHELOZZO, Palazzo Medici-Riccardi, Florenz, begonnen 1444.

regelmäßig, die Wirkung des Entwurfs beruht weitgehend auf der sorgsam strukturierten Oberfläche, massive →Rustikaquader für das Erdgeschoss, glatt behauene Steine darüber, ganz oben flache Wand, überschattet von einem weit vorspringenden Kranzgesims ▸10.28. Mehr Eleganz, aber wenig mehr Zierat finden sich im Innenhof ▸10.30. Glatte Säulen stützen Rundbogen unter einer Zone mit kreisförmigen Reliefs, auf der unmittelbar die Fensterreihe auflastet. Alles ist rational konzipiert – in auffallendem Kontrast zum Haus eines anderen reichen Finanziers, das im selben Jahr in Bourges in Frankreich

10.30 MICHELOZZO, Arkadenhof im Palazzo Medici-Riccardi, Florenz.

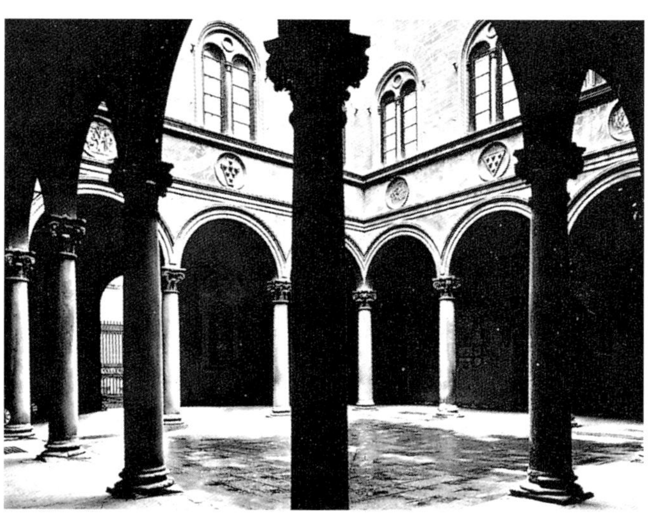

gebaut wurde ▸10.29. Wenn auch in gleicher Weise um einen zentralen Innenhof angeordnet, wachsen im Haus des Jacques Cœur Räume verschiedener Form je nach Funktion oder Phantasie aus der Gesamtanlage heraus. Auch in der Ausschmückung ist das eine fast klassisch, würdevoll zurückhaltend, während das andere verschwenderisch gotisch mit launigen Akzenten ist (Steinfiguren, die sich aus Scheinfenstern lehnen, auf den Namen des Eigentümers anspielende üppige Verzierungen).

Beide Bauherren müssen Einfluss auf den Entwurf genommen haben, wobei Jacques Cœurs Haus den Eindruck extravaganten Reichtums vermittelt, das von Cosimo de'Medici großen, soliden Wohlstand. Chef der Medici-Bank und reichster Mann von Florenz, war Cosimo politisch der erste Bürger der Republik. Sein Palast sollte sowohl Wohnstätte als auch Zierde der Stadt sein, ein Modell für ›dekorum‹ darstellen, was mehr als guten Geschmack beinhaltete. Es heißt, er habe einen Entwurf BRUNELLESCHIS abgelehnt, weil er zu prunkvoll war, und sich an MICHELOZZO DI BARTOLOMMEO (1396–1472) gewandt, dessen Kunst und, wenn wir VASARI glauben dürfen, auch Leben von kluger Wirtschaftlichkeit geleitet waren. Das mag ihn Cosimo durchaus empfohlen haben. Bezeichnenderweise wurde der Name von Jacques Cœurs Architekt nicht aufgezeichnet. Nicht, dass der Architekt eines gotischen Bauwerks weniger bedeutend gewesen wäre als der eines im Renaissancestil erbauten, aber im Florenz des 15. Jahrhunderts erfuhr die Rolle des Architekten eine fundamentale Aufwertung (auf S. 387f. bereits erwähnt), was fast ausschließlich einem Mann zu verdanken ist: LEON BATTISTA ALBERTI (1404–1472).

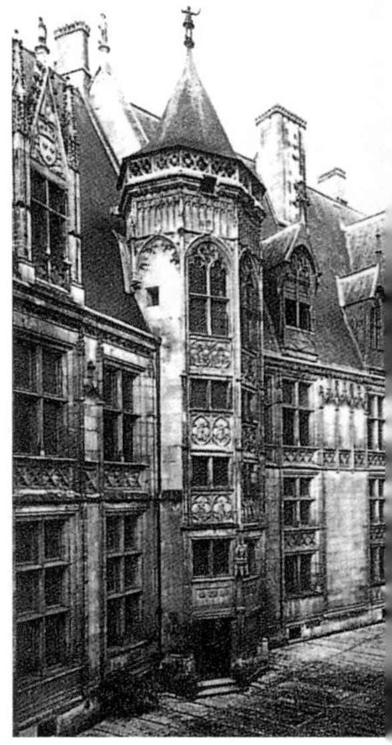

10.29 Haus von Jacques Cœu Bourges, 1443–1451, Innenho

## *Alberti*

ALBERTI hat das Ideal des vollkommenen Menschen der Renaissance verkörpert. Moralist, Rechtsanwalt, Dichter, Dramatiker, Musiker, Mathematiker, Gelehrter, Maler, Bildhauer, Architekt und ästhetischer Theoretiker – sein geistiger Horizont war ungewöhnlich, sein Wissen profund. Ihm verdanken wir die Grundidee eines allumfassenden Renaissancestils. In seinen Abhandlungen über die Malerei (1435, veröffentlicht 1540), über Architektur (1452, veröffentlicht 1485) und über Bildhauerkunst (um 1464–1470, veröffentlicht 1568) entwickelte er eine Theorie der Schönheit auf der Grundlage griechischer und römischer Kunst und dem, was er die ›Gesetze der Natur‹ nannte.

Als illegitimer Sohn einer von Florenz exilierten Adelsfamilie erhielt ALBERTI eine humanistische Bildung und zeigte kurz nach seinem Eintritt in den päpstlichen Staatsdienst in Rom, im Jahr 1431, Interesse für Architektur. Inspiriert vom klassischen Altertum, entwickelte er einen Stil, der massiver, plastischer und auch archäologisch korrekter war als der BRUNELLESCHIS. Seine Säulen und Pilaster tragen nach klassischem Vorbild stets Architrave und keine Bogen. Die Wand war lediglich als Füllung zwischen den aufragenden Stützen konzipiert, eine Auffassung, die von größtem Einfluss war. Sein Selbstverständnis war das eines reinen Künstlers und Denkers, der lediglich Entwürfe lieferte; an der Ausführung eines Bauwerks beteiligte er sich nicht.

Einer der ersten, die ALBERTI um Entwürfe baten, war Sigismondo Malatesta, der Prototyp eines Renaissancefürsten, der mit 14 Jahren seinem Onkel und seinen Brüdern die Herrschaft von Rimini entriss und bald als kühner Truppenführer, grausamer Herrscher und Mäzen, humanistischer Gelehrter und Künstler in Erscheinung trat. 1450 beschloss er, die mittelalterliche Kirche San Francesco zu seinem Ruhm in eine Begräbnisstätte umzugestalten für ihn, seine Mätresse Isotta degli Atti und andere Günstlinge seines Hofes. Daraufhin nannte man die Kirche ›Tempio Malatestiano‹ ▸10.31. ALBERTI entwarf eine Marmorschale für die alte Kirche, in der die Fassade frei nach einem römischen Triumphbogen gestaltet ist. Die Seitenwände werden von tiefen, gewölbten Nischen durchbrochen, in die schmucklose Sarkophage eingestellt sind, bestimmt für Dichter und Philosophen (einer enthielt die Gebeine eines byzantinischen Neuplatonikers, Gemistos Plethon, die man, wie die Reliquien eines Heiligen, von Mistra aus der Peloponnes herbeigeschafft hatte). Hier wurde der frühe Renaissancestil der Architektur mündig. Es gibt keine Reminiszenzen an die Romanik mehr (wie in so vielen Florentiner Gebäuden). Alles ist prachtvoll römisch, jedoch von keinem bestimmten antiken Bauwerk abgeleitet: die fein modellierten Halbsäulen, die wunderbar deutlichen Inschriften und die Lorbeergewinde, die die Fenster umrahmen. ALBERTI beherrschte die klassische Architektursprache so perfekt, dass er imstande war, mit ihr in der ursprünglichen Vorstellungskraft zu komponieren. Aber wie andere Renaissanceprojekte, bei deren Initiatoren die Ambitionen größer waren als die vorhandenen Mittel, wurde sie nie vollendet. Die geplante Kuppel fehlt. In seinem unvollendeten Zustand ähnelt der ›Tempio‹ einer Ruine. Auch wenn die fein profilierten Halbsäulen, die erhabene Typographie der Inschrift usw. römischen Geist atmen, ist dieser Bau alles andere als eine Ruine; eher ist es das Symbol neuer Ideale, eines Glaubens an die Zukunft und zugleich der Ehrerbietung gegenüber der Vergangenheit.

Eine Stadtansicht, die etwa eine Dekade später gemalt wurde, bringt das Ideal, nach dem die italienischen Architekten und ihre Mäzene strebten, trefflich zum Ausdruck ▸10.34. Ein Rundbau steht im Zentrum einer marmorgepflasterten Piazza, umgeben von Gebäuden verschiedener Art und Größe, alle in der logischen Geometrie und klassischen Formgebung der Frührenaissance. Die klare Disposition und monumentale Weiträumigkeit unterscheiden sich im Idealplan deutlich von der Ansicht einer mittelalterlichen Stadt ▸9.108.

Offensichtlich war der unbekannte Maler von PIERO DELLA FRANCESCA beeinflusst (s. S. 408), der für Sigismondo Malatesta in Rimini, aber auch für seinen starken Gegner, Federico da Montefeltro in Urbino, arbeitete, für den die *Idealstadt* wahrscheinlich gemalt wurde. Federico, Herrscher des winzigen Herzogtums Urbino, war ebenfalls Kondottiere und ein verständnisvoller Mäzen von Künstlern und hervorragen-

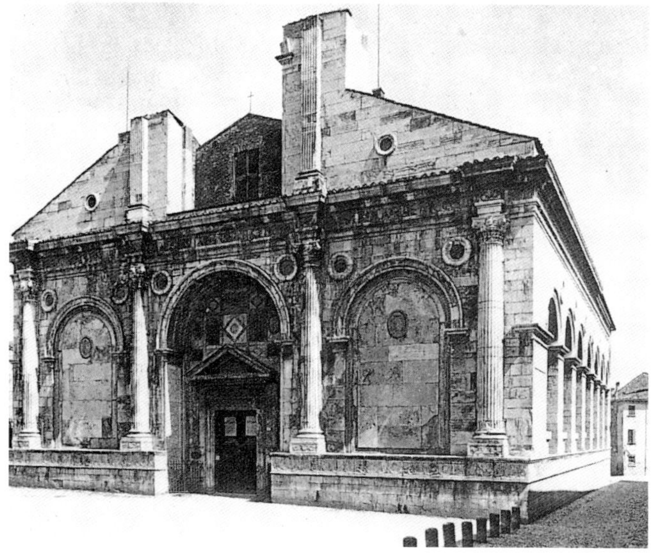

10.31 LEON BATTISTA ALBERTI, San Francesco (Tempio Malatestiano), Rimini, begonnen 1450.

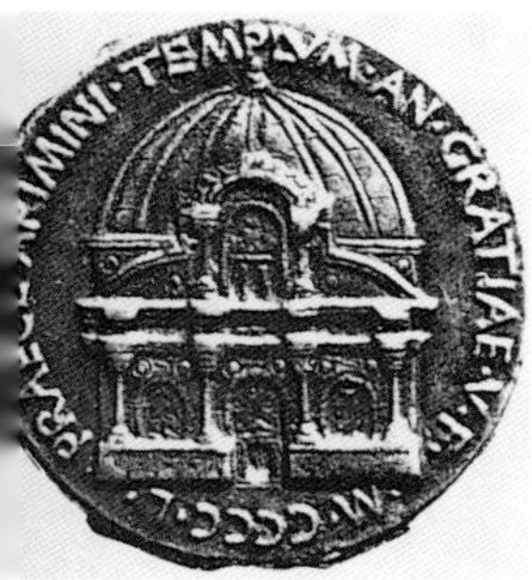

32 MATTEO DE' PASTI,
daille (Vorderseite) mit der
lanten Fassade von San
ncesco, 1450 ▸10.31.

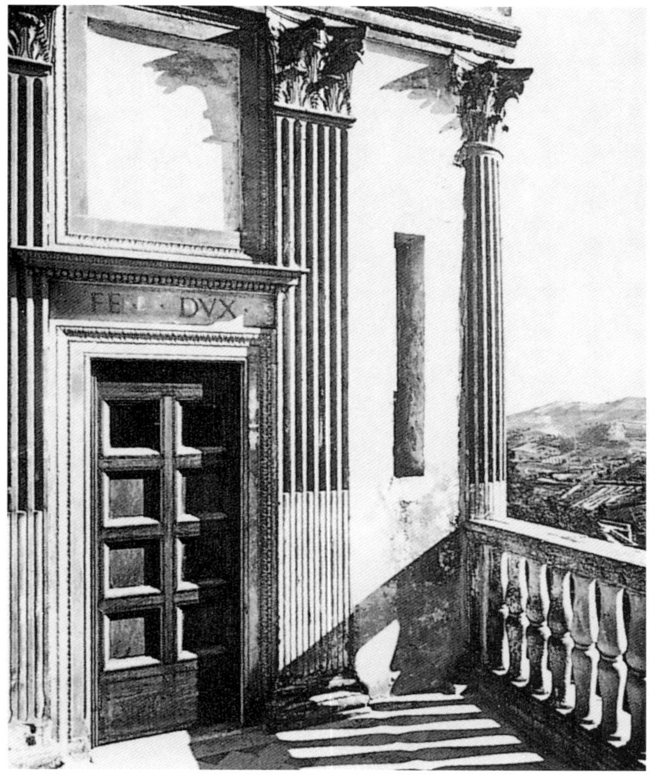


10.33 Loggia, Palazzo Ducale, Urbino, spätes 15. Jh.

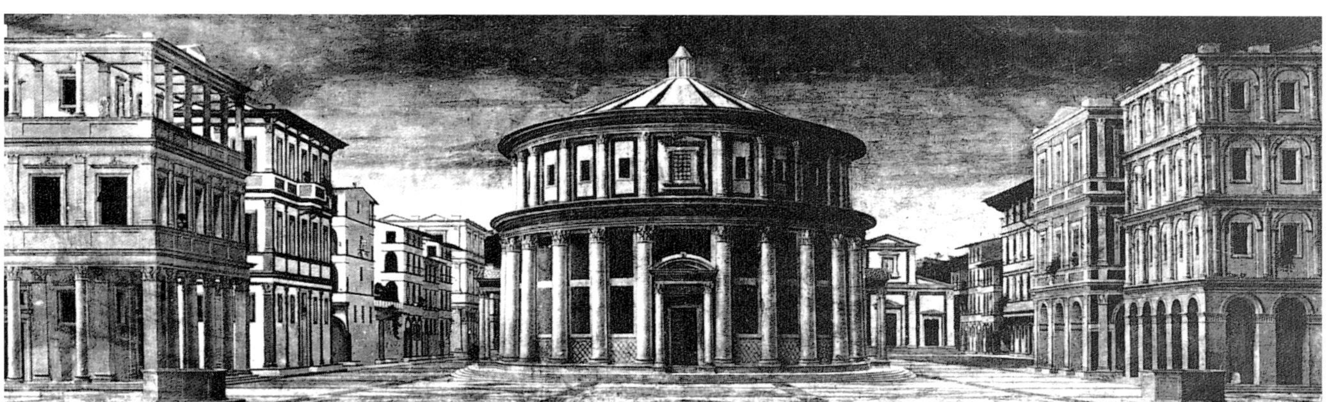

34 Umkreis des Piero della
ncesca, *Ansicht einer*
*ılen Stadt*, Mitte 15. Jh.,
lz, 59,7 x 200,6 cm.
leria Nazionale
e Marche, Urbino.

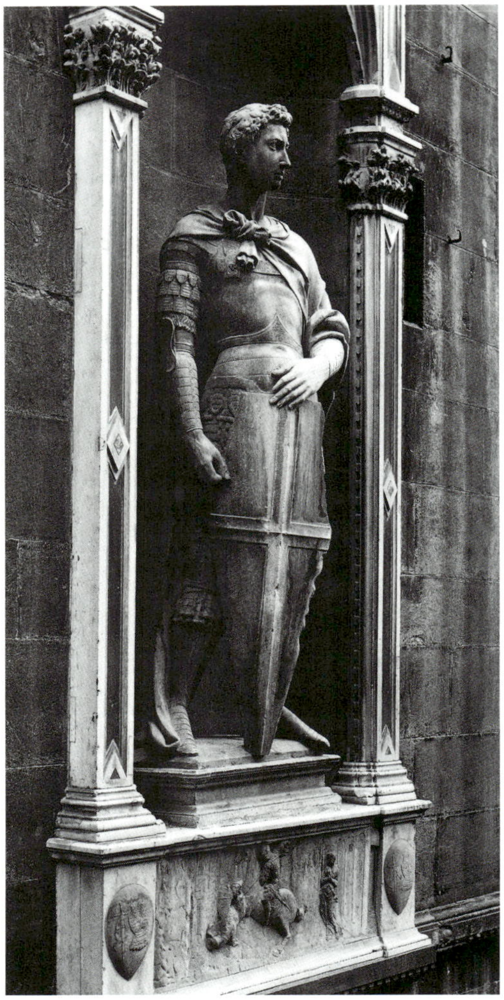

10.35 DONATELLO, *Heiliger Georg*, um 1415–1417, Marmor, Höhe 208 cm. Orsanmichele, Florenz.

den Gelehrten. Seine architektonischen Unternehmungen konzentrierten sich auf den Bau des Palastes für seinen Hofstaat, einen Musenhof, der zu einer seltsamen Mischung von Militärakademie und Institut für klassische Studien wurde. Das ausgedehnte Gebäude wuchs nach den Entwürfen mehrerer Architekten langsam, wahrscheinlich immer nur dann, wenn Geld vorhanden war. Die Architektur wirkt ganz aus der Reinheit ihrer höchst verfeinerten Proportionen. Die skulptierte Dekoration ist an Umfang bescheidener, aber doch erlesener als am nur wenig älteren Palazzo Medici in Florenz; sie beschränkt sich hauptsächlich auf Konsolen, Türrahmen und Kamine mit klassischen Ornamenten.

Der reichste Raum dürfte Federicos ›studiolo‹ gewesen sein. Dieses Arbeitszimmer und die angrenzende Loggia, beide intim im Ausmaß, waren nicht zur öffentlichen Repräsentation bestimmt, sondern dienten dem persönlichen Ergötzen des Herzogs ▸10.33. Von der Loggia aus konnte er die hügelige Landschaft überschauen, im ›studiolo‹ bewahrte er seine wertvollste Sammlung, eine Handschriftenbibliothek mit zahlreichen theologischen Schriften und allen medizinischen Abhandlungen, die es damals gab – zum Großteil von den 20 oder 40 Schreibern in seinen Diensten angefertigt; ferner griechische Texte mit den Stücken des Sophokles und den Gedichten Pindars, weiterhin eine Abteilung, die Dante, Boccaccio und anderen italienischen Autoren gewidmet war, von den Originalschriften und Übersetzungen zeitgenössischer Humanisten zu schweigen. Heute befinden sich die Manuskripte im Vatikan, aber noch immer ist der Raum mit den Schränken in Intarsienarbeit verkleidet. Über diesen Einlegearbeiten befanden sich gemalte Porträts berühmter Männer und Allegorien der schönen Künste. Wenn die ideale Stadtansicht die Sehnsüchte der Urbanistik und Architektur in der Frührenaissance zum Ausdruck bringt, dann symbolisieren dieser Raum und die Loggia ihre geistigen Ideale.

## Skulptur in Italien

Die Leidenschaft für das klassische Altertum inspirierte Bildhauer gleichermaßen wie Architekten und keinen so stark wie DONATELLO (Donato Bardi, um 1386–1466). Er begann als Gehilfe bei GHIBERTIS erster Bronzetür für das Baptisterium in Florenz, wurde bald unabhängiger Künstler und belebte fast jede Gattung der Skulptur, vom freistehenden Denkmal bis zum Hochrelief. Seine ersten Statuen waren noch – mittelalterlich – für eine architektonische Umgebung, meist eine Nische, bestimmt. Aber die gotische Nische, in die er seinen hl. Georg

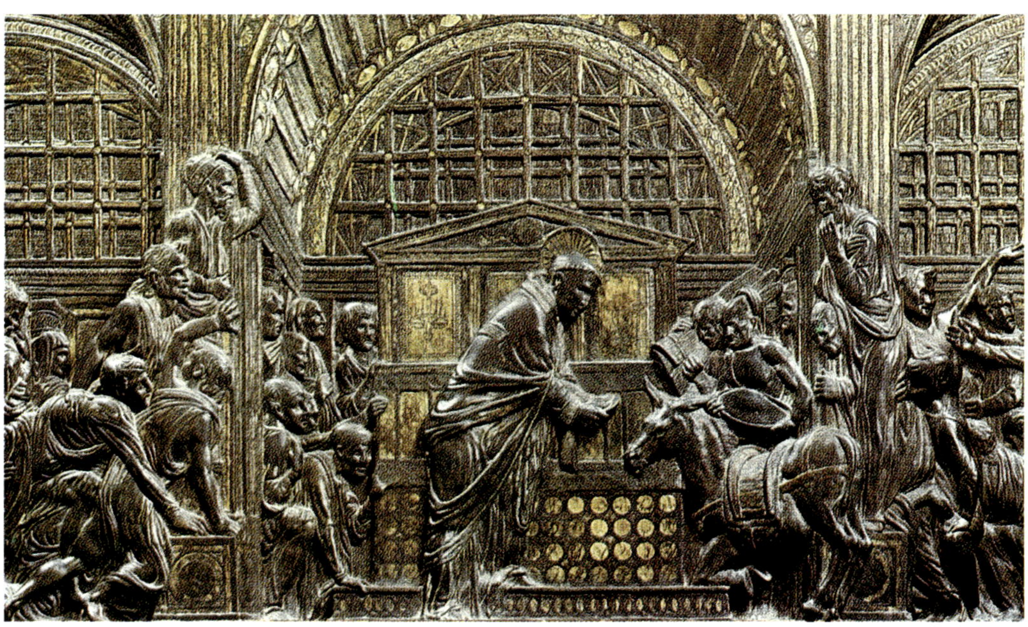

10.36 DONATELLO, *Das Eselswunder*, 1447, Bronze, 57 x 123 cm. San Antonio, Padua.

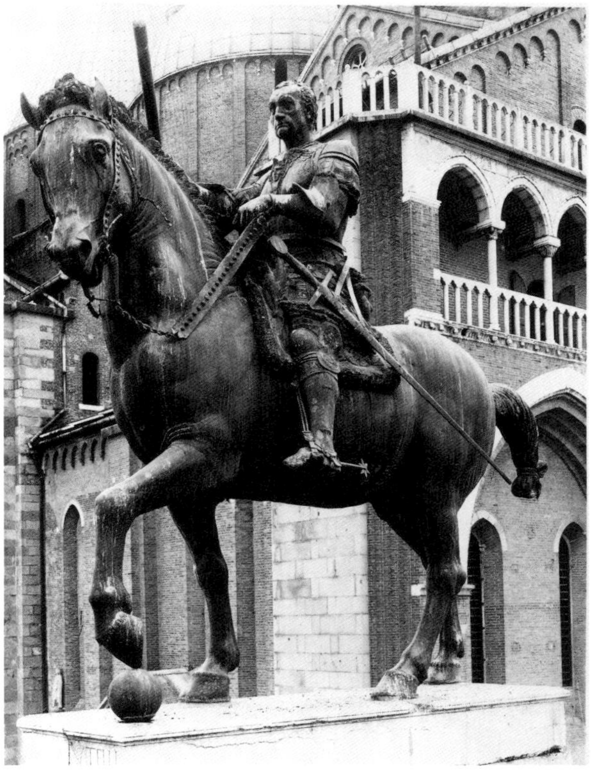

10.37 DONATELLO, *Reiterstandbild des Gattamelata*, 1445–1450, Bronze, ca. 3,4x4m. Piazza del Santo, Padua.

stellte, ist so flach, dass sie die Figur aus dem Gebäude heraus in die Welt des Betrachters treten lässt ▸10.35. Ihre Wirkung ist beinahe die einer freistehenden Figur, und entsprechend ist die Originalfigur auch seit dem späten 19. Jahrhundert in einem Museum ausgestellt, während in der Nische eine Kopie aufgestellt wurde.

Wegen der hohen Materialkosten war ein Bildhauer auf Aufträge angewiesen, die für große, freistehende Figuren selbst im Italien des 15. Jahrhunderts selten waren. Man kann kaum bezweifeln, dass DONATELLO den Auftrag für ein bronzenes Reiterstandbild in Padua begrüßte, das ihm die Chance bot, mit dem berühmten Standbild des Marc Aurel in Rom ▸5.90 zu konkurrieren. Darzustellen war der Kondottiere Erasmo da Narni, mit Spitznamen Gattamelata, der nach langjährigem Dienst als Generalkapitän der Armeen der venezianischen Republik 1443 starb. Bei der Modellierung des Pferdes scheint DONATELLO an das des Marc Aurel sowie an die vier älteren Bronzepferde der Fassade von San Marco gedacht zu haben, gab aber seinem Schlachtross einen neuen Ausdruck beherrschter Kraft ▸10.37. Gattamelata trägt einen römischen Brustpanzer, sonst aber zeitgenössische Kleidung mit langem Schwert und Beinschienen, er hat die Füße im Steigbügel (im antiken Rom noch unbekannt). In der Wirklichkeitsnähe ging DONATELLO über antike Vorbilder hinaus. Sein künstlerischer Standpunkt ist nicht der eines Klassizisten, der das Altertum akademisch nachahmt. Er ging stattdessen mit antiken Vorlagen sehr spielerisch um und ordnete sie dem eigenen Formgefühl unter.

Auch bei den Reliefs der Kirche San Antonio in Padua, neben der das Gattamelata-Denkmal steht, wetteiferte DONATELLO mit dem klassischen Altertum, indem er seine Meisterschaft in der Linearperspektive, deren Fehlen in antiken Reliefs auffällig ist, demonstriert ▸10.36. Im Erzählerischen scheinen Gedanken aus ALBERTIS Abhandlung über die Malerei realisiert zu sein. In seinen letzten Reliefs jedoch, die er für die beiden Kanzeln der Kirche San Lorenzo in Florenz schuf, wird technische Vollendung dem Ausdruck inbrünstiger religiöser Überzeugung untergeordnet. In diesen so tief ergreifenden Passionsszenen liegt emotionale Gewalt. Sie übermitteln eine spirituelle Botschaft mit einem vehementen physischen Realismus. In der *Beweinung* ▸10.38 spürt man den Schmerz der Muttergottes und der Jünger nicht nur in den ausdrucksstarken Mienen und Gesten, sondern auch in der Gesamtkomposition, im Fehlen der Logik, in der gequälten Verwirrung der Gruppe Trauernder, in der seltsamen Art, in der die Leiter und die beiden Körper der Schächer vom Rahmen abgeschnitten werden. Anleihen bei der Antike – die mänadenartige Gestalt unter dem rechten Kreuz, der nackte Reiter links im Hintergrund – sind vollkommen assimiliert und bleiben unauffällig. Lediglich der Amorettenfries ist dem klassischen Altertum verpflichtet.

### *Innovationen*

Dieser Fries stammt weitgehend von DONATELLOS Schüler und Gehilfen BERTOLDO DI GIOVANNI (um 1420–1491), der Lehrer von MICHELANGELO (s. S. 443 ff.) werden sollte und damit das Bindeglied zwischen den beiden größten Renaissancebildhauern darstellt. Seine eigenständigen Werke sind kleinformatig, vor allem Medaillen und Bronzestatuetten, doch werden gerade an solchen Arbeiten die Ideale der Renaissance besonders deutlich. Medaillen griffen direkt auf das Münzsystem des antiken Rom zurück (›Medaille‹ bedeutete ursprünglich eine Münze, die nicht im Umlauf war). Wie die Porträtbüste ▸10.43, die ebenfalls der antiken römischen Kunst entstammte, erlebte auch die Münzkunst im 15. Jahrhundert eine Wiedergeburt. PISANELLO (Antonio di Puccio Pisano, vor 1395–1455), ein ausgezeichneter Maler und vorzüglicher Zeichner, war der erste Künstler, der sich auf Medaillen spezialisierte und diese Gattung zu einer eigenständigen Kunstform erhob. Jede seiner Medaillen trägt auf der Vorderseite ein Profilporträt, stärker charakterisiert und feiner modelliert als die Kaiserköpfe antiker Münzen. Auf der Rückseite erscheint meist eine Allegorie. Die Medaille von Domenico Malatesta Novello (jüngerer Bruder des Sigismondo Malatesta, s. S. 400) trägt eine Szene mit einem gepanzerten

10.38 DONATELLO, *Beweinung des toten Christus*, 1460–1466, Bronze, Breite ca. 140 cm. San Lorenzo, Florenz.

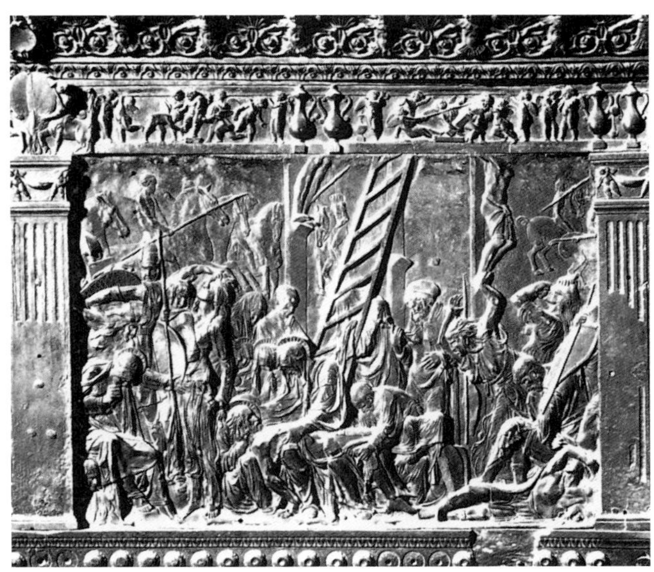

Ritter, der vor einem Kruzifix kniet ▸10.39. Ein Pferd in Rückansicht ist mit einer erstaunlichen Sparsamkeit der Mittel wiedergegeben. Die Gedenkmedaille zur Hochzeit von Leonello d'Este mit Maria von Aragon bedient sich des charmanten Sinnbilds eines Amor, der einen Löwen (Leonello) das Singen lehrt ▸10.40. In humanistischen Kreisen gewannen Medaillen zur Veranschaulichung komplexer Allegorie und herrscherlicher Selbstdarstellung zunehmend an Beliebtheit. Als Kunstwerke im kleinen Format, deren ganzer Sinn nur einer gelehrten Elite zugänglich war, beabsichtigten sie philosophisches Denken anzuregen, wie religiöse Darstellungen die Andacht fördern sollten.

Bronzestatuetten waren der Inbegriff humanistischer Antikenverehrung, die im ›studiolo‹ der Gelehrten ihren Platz hatten. Dienten die mittelalterlichen Statuetten der Andacht ▸9.70, so sind diese zumeist heidnisch und stellen oft Verkleinerungen antiker Großplastiken dar. Ihr Erscheinen im Italien des 15. Jahrhunderts wurde durch Beschreibungen der lateinischen Literatur gefördert. »Welche Präzision im Tastsinn, welch gewagte Einbildungskraft der geschickte Meister doch hatte, um beim Modellieren eines Tischschmucks so gewaltige Formen zu konzipieren«, bemerkte im 1. Jahrhundert n. Chr. der Dichter Statius (ein beliebter Autor der Humanisten) über eine Herkulesstatuette. Die gleichen Worte könnten für eine Herkules-Antäus-Gruppe von ANTONIO DEL POLLAIUOLO (1433–1498) gelten ▸10.41. Formale künstlerische Probleme, die ALBERTI in seiner Abhandlung über Skulptur, insbesondere im Zusammenhang mit Herkules und Antäus, angesprochen hatte, wurden von POLLAIUOLO in brillanter Weise gelöst. Vollendet in der räumlichen Konzeption, ist die Bronze auf mehrseitige Ansicht angelegt. Die Kraft des bewegten männlichen Aktes, die POLLAIUOLO in Gemälden und in dem Stich einer Schlacht verherrlicht hatte, wurde hier zu einem Bild von dramatischer Intensität verdichtet.

10.41 ANTONIO DEL POLLAIUOLO, *Herkules und Antäus*, um 1475, Bronze, Höhe 46 cm. Museo Nazionale del Bargello, Florenz.

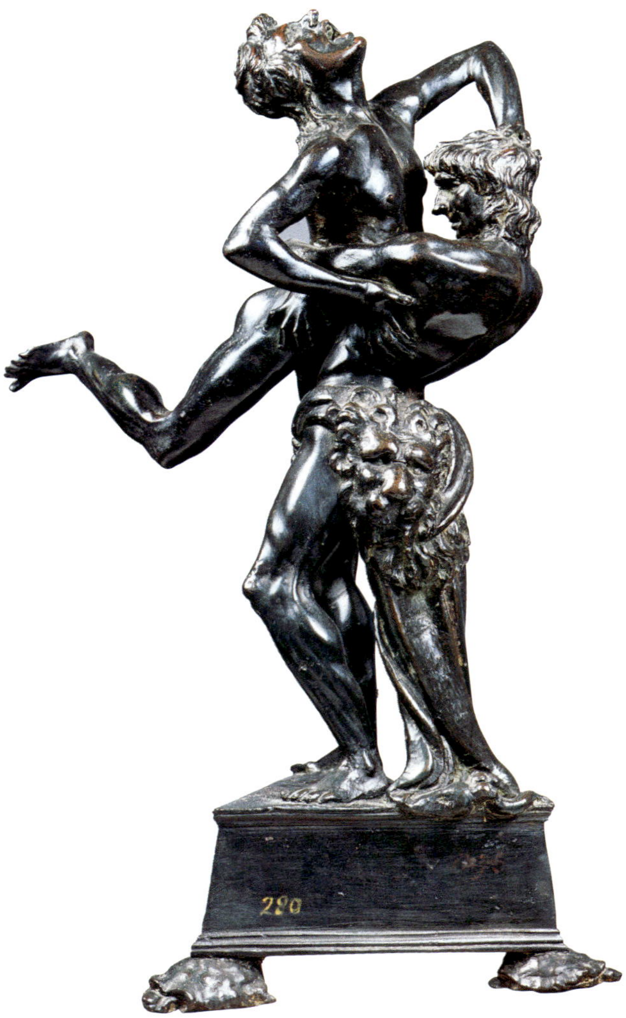


Der ursprüngliche Eigentümer der Bronze war wahrscheinlich Lorenzo de'Medici (der Prächtige). Ihm war die mittelalterliche Auffassung von Herkules als Präfiguration des christlichen Ritters ebenso bekannt wie sein Verständnis als Symbol des ›Renaissancemenschen‹, des Sterblichen, der kraft eigener Leistung Unsterblichkeit erlangt. Natürlich schätzte man Bronzestatuetten auch als hochkultivierte und exquisit raffinierte Kunstwerke. Einige der edelsten, wie etwa die von JACOPO BONACOLSI, bezeichnenderweise ANTICO genannt (gest. 1528), sind die ersten klassischen Werke der Neuzeit ▸10.42. Rein retrospektiv in ihrer Formgebung, fehlt ihnen der originelle, den antiken Kanon verlebendigende Sinn. Oft suchten solche Kleinbronzen antike Statuetten regelrecht zu fälschen.

Zwischen Christentum und Humanismus, der zu einer – in solcher Kunst gegenwärtigen – höheren Meinung von der Würde des Menschen und der Schönheit der physischen Welt gelangt, bestand im Renaissancedenken mehr eine Dichotomie als ein Konflikt. Dies wird deutlich an Humanistengräbern, wie dem Denkmal, das DESIDERIO DA SETTIGNANO (um 1430–1464) für Carlo Marsuppini schuf, einen Altphilologen, der Homer ins Italienische übersetzte und von 1444 bis zu seinem Tod Staatskanzler von Florenz war ▸10.45. Marsuppini wird auf dem Paradebett liegend gezeigt, ein Buch unter seinen leblosen Händen, wahrscheinlich wie bei seinem Begräbnis, das von noch nie da gewesener Pracht war. Unter ihm steht auf einem Sockel ein Sarkophag, beide mit klassischen Ornamenten skulptiert, die sprühende Vitalität mit schärfster Präzision vereinen. Auf jeder Seite stehen schlanke nackte Knaben mit Schilden, geflügelt zwar, aber doch offenkundig mehr sterbliche Kinder denn Engel. Die lateinische Inschrift auf dem Sarkophag lautet: ›Bleibt und betrachtet den Marmor, der einen großen Weisen umhüllt, für dessen Geist die Welt nicht ausreichte. Carlo, der große Stolz seines Zeitalters, wusste alles, was Natur, Himmel und menschliches Verhalten mitteilen. Oh, ihr römischen und griechischen Musen, löst euer Haar. Ach, Ruhm und Glanz eures Sängers sind gestorben.‹ Hier fehlt jeglicher Hinweis auf den christlichen Glauben, sogar auf christliche Tugenden. Doch wird das Monument von einem Relief der Jungfrau mit dem Kind, von Engeln flankiert, gekrönt. Auf diese Weise haben Christentum und Humanismus – optisch getrennt – ihren angemessenen Platz innerhalb eines architektonischen und gedanklichen Gefüges.

Der Kopf des Marsuppini ist individuell erfasst, mit intellektuellen Zügen und physiognomischen Besonderheiten, keine jener verallgemeinernden Abbildungen wie auf mittelalterlichen Gräbern. Bezeichnenderweise ist DESIDERIO DA SETTIGNANO als einer der Florentiner Bildhauer bekannt, die seit antiken römischen Zeiten die ersten Porträtbüsten schufen. Eher die Idee als die spezifische Form dieser Büsten stammte aus dem klassischen Altertum; sie zeigten mehr von Brust und Armen als ihre antiken Vorläufer. Einige herrscherliche Porträtbüsten, die Namensinschriften tragen, sind Zeugen jenes Ruhmkultes, der auch in Medaillen zum Ausdruck kam (s. S. 403). Manche von ihnen, darunter eine der edelsten, die wech-

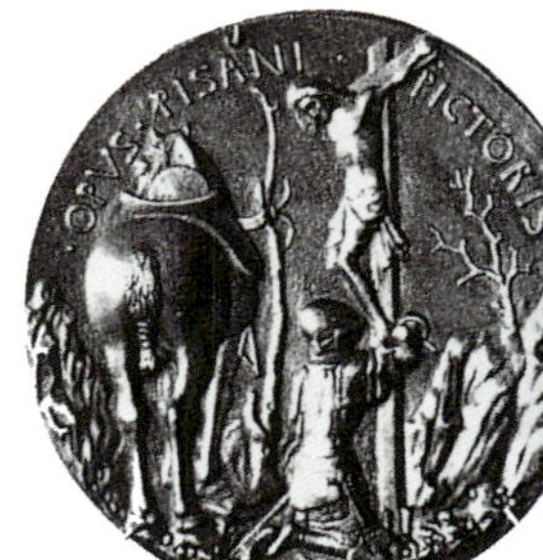

10.39 PISANELLO, Medaille d
Domenico Malatesta Novello
um 1445, Bronze, Durchmess
8,5 cm. Victoria & Albert Mu
um, London.

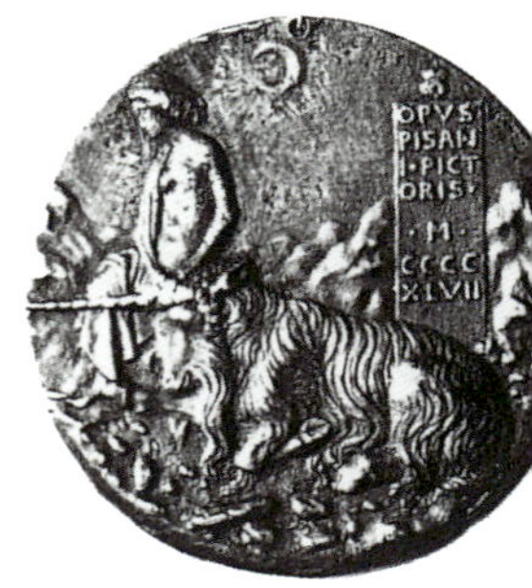


10.40 PISANELLO, Hochzeits
medaille des Leonello d'Este,
1444, Bronze, Durchmesser 1
cm. Victoria & Albert Museu
London.

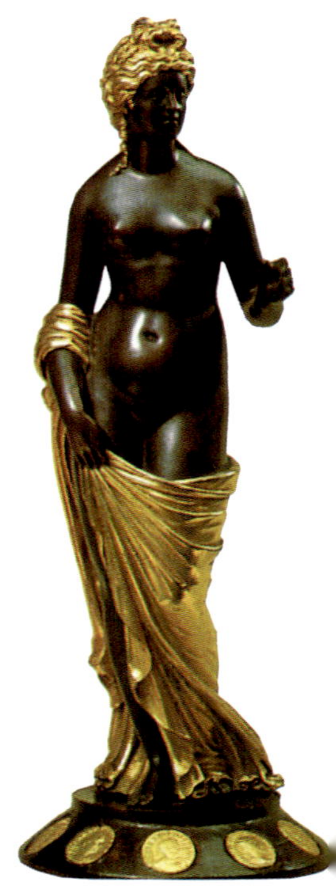

10.42 ANTICO, *Venus Felix*,
um 1500, Bronze, teilvergold
Silbereinlagen, Höhe 32 cm.
Kunsthistorisches Museum,
Wien.

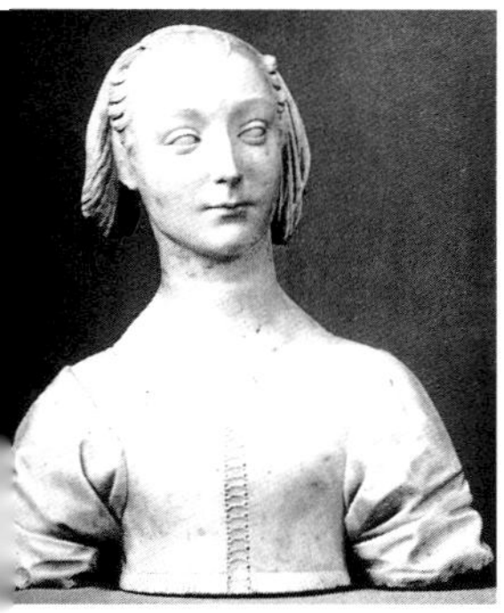

43 DESIDERIO DA
TIGNANO, *Büste der Marietta*
*ozzi*, um 1460–1464,
rmor, Höhe 52,5 cm.
atliche Museen zu Berlin.

selweise ANTONIO ROSSELLINO (1427–1479) und DESIDERIO zugeschrieben wird ▸10.43, zeigen die Töchter von Florentiner Patriziern. Sie enthalten eine persönlichere Aussage und bestehen als bleibende Aufzeichnung individueller Schönheit. Doch waren Porträtbüsten im Vergleich zu anderen Gattungen der Skulptur selten.

Reliefs der Jungfrau mit Kind gehörten im mittleren und späten 15. Jahrhundert zu den meistgefragten Produkten der Florentiner Bildhauer. (In der Malerei war die Nachfrage so groß, dass sich eine eigene Gruppe von Malern, die so genannten ›madonnieri‹, formierte.) Viele davon kann man noch in Florenz sehen, in Kirchen, städtischen Gebäuden, Privathäusern und, von Tabernakeln umgeben, auf den Straßen; andere sind verteilt auf die Kunstsammlungen der ganzen Welt. Gewöhnlich ist ihr Format rechteckig, manchmal auch als ›Tondo‹ rund. Sie zeigen die Jungfrau meist im Brustbild, seltener in Lebensgröße und waren fast immer auch farbig gefasst. Ikonographisch stammen sie eher von Gemälden als von Skulpturen ab. Die meisten der erhaltenen Exemplare bestehen aus Stuck, offenbar nach Terrakotta- oder Marmororiginalen gegossen, und fanden ihre Käufer wahrscheinlich unter jenen, die sich Marmor- oder Bronzearbeiten nicht leisten

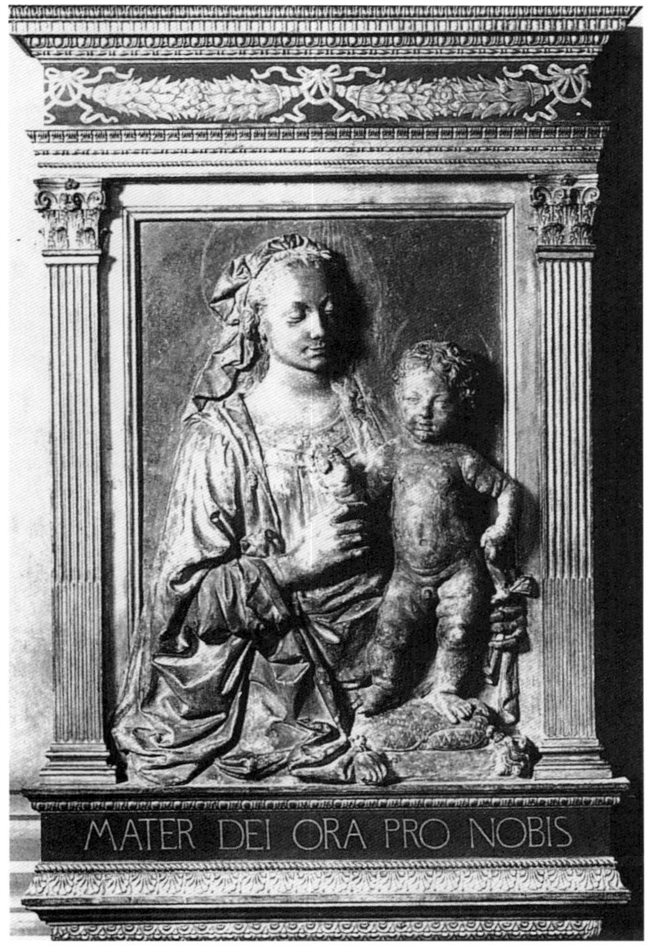


10.44 ANDREA DEL VERROCCHIO, *Madonna und Kind*, um 1470–1480, Terrakotta, teilbemalt, 86 x 66 cm. Museo Nazionale del Bargello, Florenz.

konnten. Ein seltenes, belegtes Exemplar in bemalter Terrakotta stammt von ANDREA DEL VERROCCHIO (1435–1488), dem Meister LEONARDO DA VINCIS, ein Werk, das sich durch die Zartheit der Empfindung ebenso auszeichnet wie durch Kühnheit und Plastizität der Modellierung ▸10.44.

Reliefs der Jungfrau mit Kind entstanden auch in einem für die Skulptur neuen Werkstoff, glasierter Terrakotta (vorher nur für Teller, Krüge und anderes Gerät verwendet). LUCA DELLA ROBBIA (1399/1400–1482) ist der Hauptmeister dieser Richtung, die sein Neffe ANDREA (1435–1525) und später dessen Söhne bis zur Mitte des 16. Jahrhunderts weiterführten. Er gehörte zu der erlesenen Künstlerschar, die ALBERTI im Jahr 1435 als Begründer der Renaissance ehrte (s. S. 387). LUCA DELLA ROBBIA war ein vollendeter, vielseitiger Bildhauer, der mit Marmor und Bronze gearbeitet hatte, ehe er sich gegen 1440 der glasierten Terrakotta zuwandte ▸10.46. Zum einen scheint man sich des neuen Materials als einer billigeren Alternative zu Marmor und Bronze bedient zu haben, zum anderen seiner besonderen Beschaffenheit und farblichen Möglichkeiten wegen. Die meditative Gelassenheit, die von seinen Reliefs ausgeht, erreicht er durch eine einzigartige Idealisierung. Oftmals sind die Farben auf einen Hintergrund von herrlichem Himmelblau beschränkt, auf blühende Pflanzen oder Früchte. Die Figuren mit ihren klassisch modellierten Gewändern werden oft weiß gelassen, so dass ihre plastische Form umso stärker hervortritt.

In der italienischen Skulptur außerhalb Florenz gab es in der Mitte des 15. Jahrhunderts auch eine andere Strömung, die zu einem grellen Realismus und Illusionismus neigte.

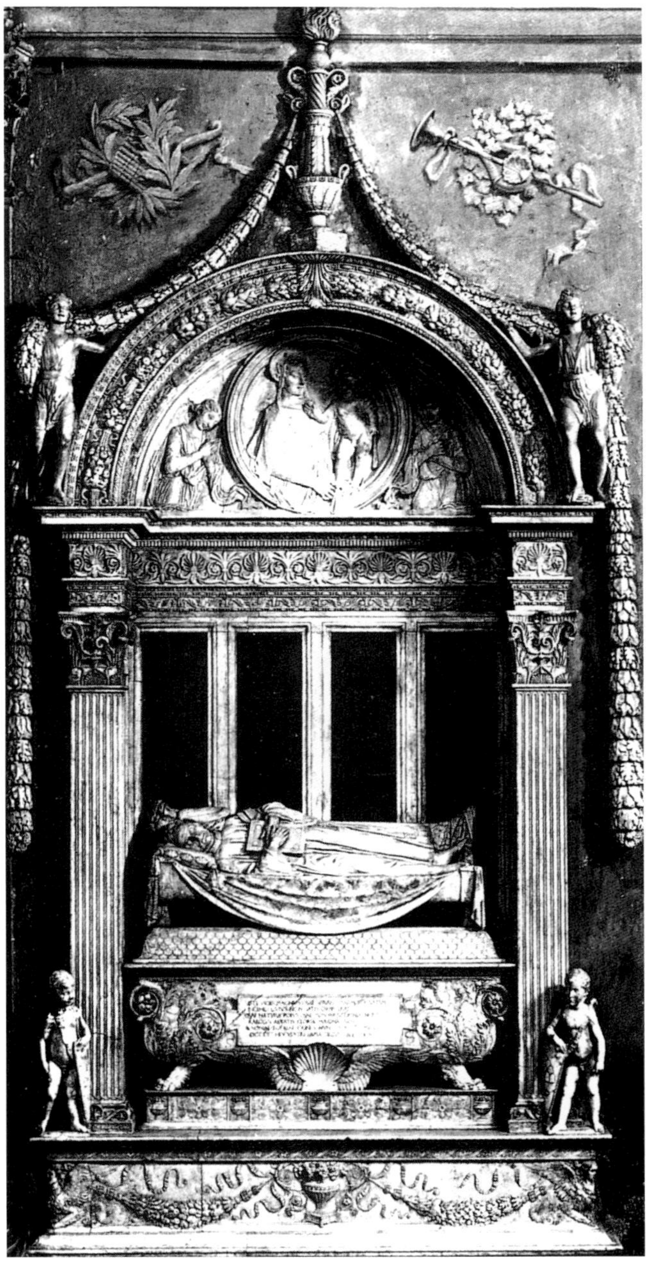

45 DESIDERIO DA
TIGNANO, *Grabmal des*
*lo Marsuppini*, begonnen
1453, Marmor, 6 x 3,58 m.
ta Croce, Florenz.

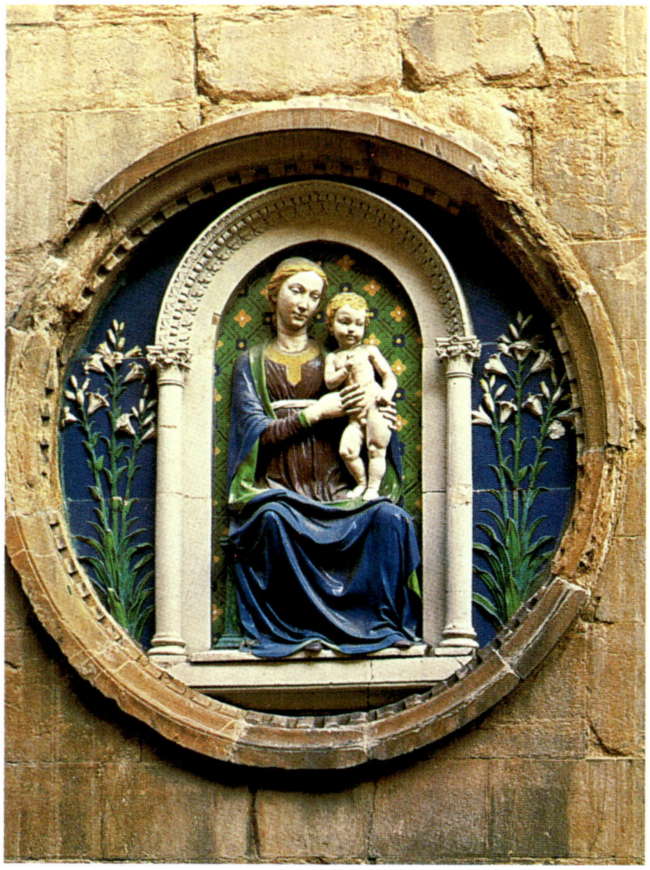

10.46 LUCA DELLA ROBBIA, *Madonna mit Kind*, um 1455–1460, glasierte Terrakotta, Durchmesser 183 cm. Orsanmichele, Florenz.

GUIDO MAZZONI (gest. 1518) aus Modena war einer der ersten und begabtesten einer Reihe von Bildhauern, die lebensgroße und frappierend naturgetreue Szenen aus dem Evangelium schufen – zumeist Gruppen der *Geburt Christi* und der *Beweinung* ▸10.47. Die Figuren tragen zeitgenössische Gewänder und dürften stark den Schauspielern ähneln, die in den biblischen Dramen auftraten. Diese Mysterienspiele wurden bei religiösen Festen im Freien aufgeführt und wollten den Sinn der biblischen Geschichte einem breiten, zumeist ungebildeten Publikum nahe bringen. Der extreme Naturalismus der Skulpturen gibt ihnen den gleichen Hauch von Aktualität, den auch die Theateraufführungen gehabt haben müssen. Das starke emotionale Pathos von MAZZONIS Figuren zwang den Betrachter zur inneren Teilnahme am Passionsgeschehen.

## Malerei und Kirche in Italien

Für die Einführung religiöser Darstellungen in den Kirchen gab es drei Gründe, wie ein beliebter franziskanischer Prediger Mitte des 15. Jahrhunderts bemerkte:
*»Erstens, zugunsten der Unwissenheit einfacher Leute, damit jene, die die Heilige Schrift nicht lesen können, doch aus den Bildern die heiligen Handlungen unserer Erlösung und unseres Glaubens erfahren. Zweitens, wegen unserer Gefühlsträgheit, damit Menschen, die, wenn sie Heiligengeschichten hören, nicht zur Andacht bewegt werden, wenigstens dann ergriffen werden, wenn sie sie wie leibhaftig vorhanden im Bild sehen. Denn das Gesehene rüttelt unsere Gefühle mehr auf als das Gehörte … Drittens wurden religiöse Bilder deshalb eingeführt, weil viele Menschen nicht im Gedächtnis behalten, was sie hören, aber sie können sich dann erinnern, wenn sie Bilder sehen.«* (Fra Michele da Carcano, ›Sermones Quadragesimales‹, 1492)

Hier handelt es sich um die Ausarbeitung eines Abschnitts in einem theologischen Lexikon des 13. Jahrhunderts, das sowohl eine Rechtfertigung als auch ein Programm für religiöse Gemälde liefert, die gelegentlich wegen mangelnder Ehrfurcht bei der Darstellung geheiligter Themen angegriffen wurden. Im Jahr 1450 verdammte der fromme Erzbischof von Florenz alles Zweifelhafte in Bildern, wie »Hebammen bei Christi Geburt« und »sämtliche Dinge, die nicht Andacht erwecken, sondern Gelächter und eitle Gedanken – Affen und Hunde, die Hasen jagen, und so fort oder ungerechtfertigt noble Gewänder«. Sicherlich spielte er damit auf zeitgenössische wie gotische Malerei an.

### *Fra Angelico, Uccello und Piero della Francesca*

Das 15. Jahrhundert war eine Periode von Reformbewegungen innerhalb der Kirche, die hauptsächlich von asketischen Mönchen getragen wurden, die die Regeln der eigenen Orden strafften und die Laien unaufhörlich zu tieferer Frömmigkeit ermahnten. In den Jahren seit 1490 sollten diese Bestrebungen in Savonarola, dem Dominikaner-Prediger, einen Höhepunkt erreichen, der die Medici und ihre Künstler, Dichter und Philosophen im Geist eines extremen Puritanismus anprangerte. Aber schon vor Savonarola hatte die italienische religiöse Kunst einen neuen Ton der Einfachheit angeschlagen, der ein Gegengewicht zur Antikenfreude und Weltlichkeit der Zeit bildete.

Das Verlangen nach religiösen Bildern, die im Erinnerungswert klar, dazu emotional und spirituell anregend waren,

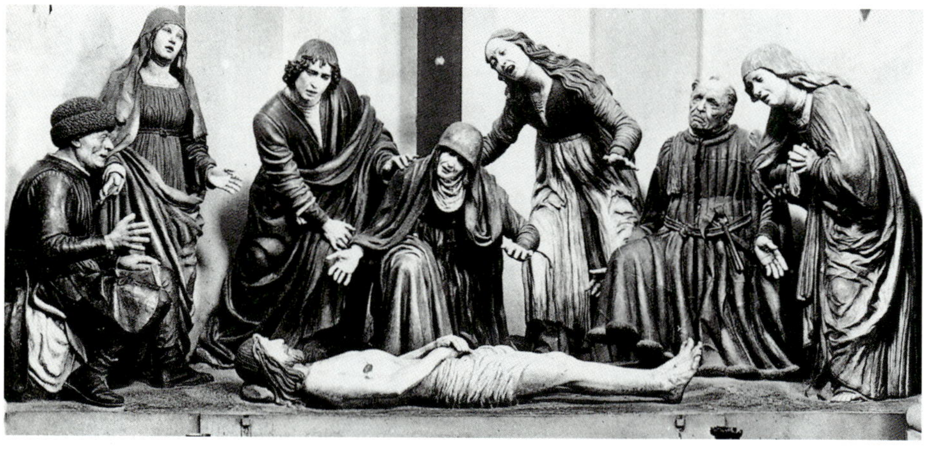

10.47 GUIDO MAZZONI, *Beweinung*, 1477–1480, Terrakotta, bemalt, Lebensgröße. San Giovanni Battista, Modena.

erfüllte FRA ANGELICO (Guido di Pietro, gest. 1455). Sein Gesamtwerk ist religiös, viel davon hat er für das Dominikanerkloster in Fiesole geschaffen, dem er drei Jahre als Prior vorstand, sowie für das Tochterhaus, das Kloster San Marco in Florenz. Dort schuf er mit einer Reihe von Gehilfen die Wandfresken im Kreuzgang, im Kapitelhaus, im Korridor des oberen Stockwerks und in 41 Mönchszellen.

In jedem dieser kleinen quadratischen Räume wurde neben das Fenster ein Fresko gemalt (meist etwa 1,8 m hoch), wodurch die Wand zwei Öffnungen zu haben scheint, eine zur spirituellen und eine zur äußeren Welt. Das Fresko der *Verkündigung* ist in seiner extremen Schlichtheit eines der schönsten ▸10.48. Szenerie ist ein Kreuzgang mit jener Art von Säulen, die BRUNELLESCHI und MICHELOZZO so liebten. Die Palette ist stark aufgehellt und auf die Töne zwischen Hellrot und Weiß ausdifferenziert. Die Figur des Engels bildet den einzigen kräftigen Farbakzent des Freskos. In anderen Gemälden gleichen Sujets zeigte ANGELICO die Jungfrau, wie sie auf den Gruß des Engels reagiert: Hier kniet sie in Ergebenheit, ein sublimes Vorbild an Demut und Gehorsam für den Mönch, der die Zelle bewohnte. All die technischen Entwicklungen, die es den Malern erlaubten, den Darstellungen der physischen Welt Überzeugungskraft zu verleihen, sind hier auf einen einfachen spirituellen Zweck orientiert.

PAOLO UCCELLO (1397–1475) befasste sich mehr mit der visuellen als der transzendenten Realität. *Die Sintflut* als Lünette im Kreuzgang von Santa Maria Novella in Florenz gemalt, zeigt heftig bewegte Gestalten, die um ihr Überleben kämpfen ▸10.50. Zwei junge Reiter links im Vordergrund schwingen Waffen gegeneinander, obgleich ihre Pferde schon fast untergetaucht sind. Ein Mann klammert sich an die Arche, ein anderer versucht gewaltsam einzudringen. Zwei Gestalten schwimmen verzweifelt, andere finden vorübergehende Zuflucht bei Wölfen und Hunden auf einer winzigen Insel. Es gibt auch so grausige Details wie ein ertrunkenes Baby mit aufgeblähtem Bauch und eine Krähe, die einer Leiche die Augen aushackt. Im Sinne einer → kontinuierenden Erzählweise fasst die Lünette zwei Ereignisse zusammen: Links schwimmt die Arche, rechts hat sie Halt gefunden, und Noah sieht aus dem Fenster. Beide zeitlichen Momente vereint der Bildraum durch das strenge Kompositionsschema und durch ein stark flüchtendes Perspektivsystem, das dem Gemälde viel von seiner mysteriösen Kraft verleiht.

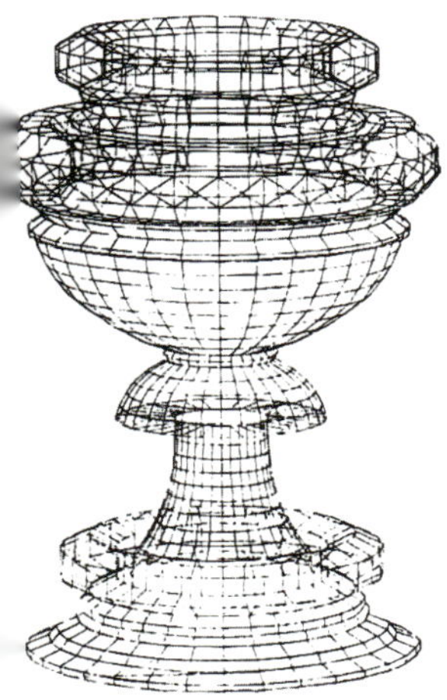

.49 PAOLO UCCELLO,
rspektivische Zeichnung eines
kals, um 1450.

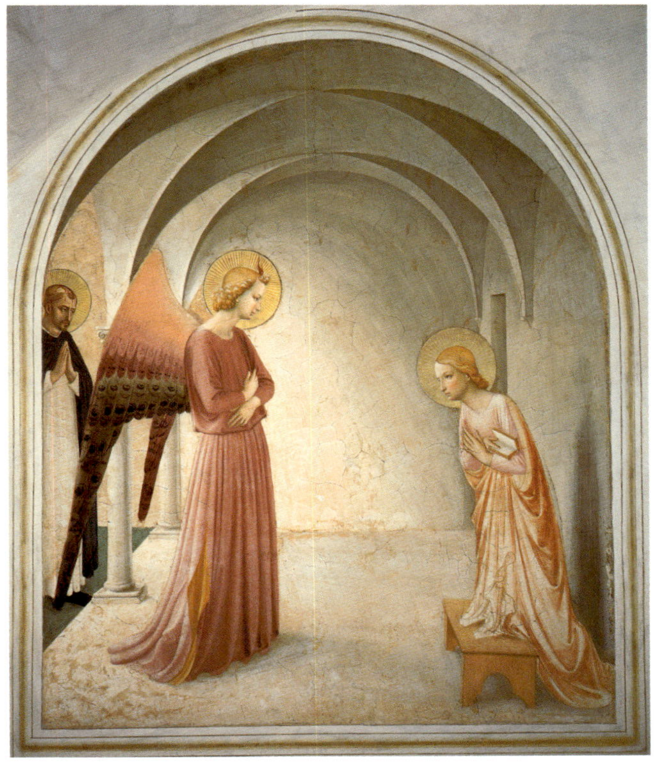

10.48 FRA ANGELICO, *Verkündigung*, um 1440–1445, Fresko, 187x157cm. San Marco, Florenz.

UCCELLO war wie besessen von dem Problem, Körper im Perspektivraum darzustellen ▸10.49;51. Die seltsamen Gegenstände auf dem Kopf des im Vordergrund sitzenden jungen Mädchens und um den Hals des Jünglings sind ›mazzocchi‹ (vielfach facettierte Ringe aus Holz oder Flechtwerk, die man als Unterlage für einen bestimmten Kopfputz verwendete). Sie exakt zu zeichnen, war so schwierig, dass sie als Proben für perspektivisches Können dienten. In der *Sintflut* demonstrieren sie augenfällig die konstruktive Präzision, die UCCELLO jedem Element der Komposition widmete. Unbefriedigt von BRUNELLESCHIS und ALBERTIS einfachem Schema der Bildperspektive mit einem einzigen Fluchtpunkt, experimentierte UCCELLO mit einem komplizierteren System. In der *Sintflut* wendete er es mehr für imaginative und expressive als für illusionistische Wirkungen an.

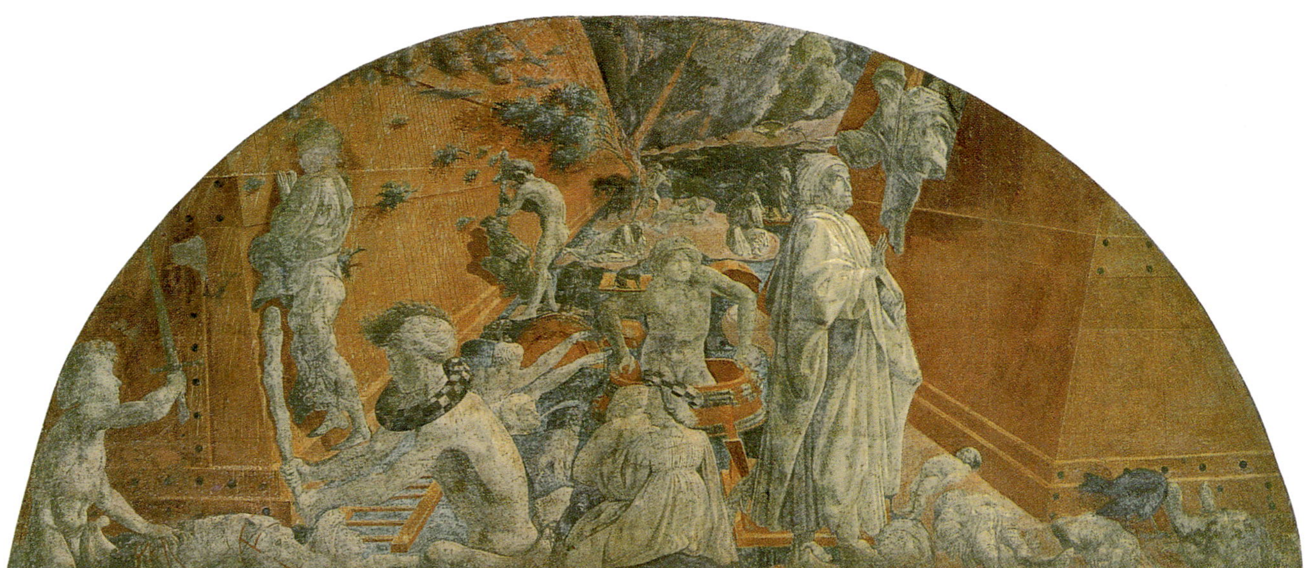

.50 PAOLO UCCELLO,
*ntflut*, um 1445–1447, Fresko,
15x15,10m. Chiostro Verde,
nta Maria Novella, Florenz.

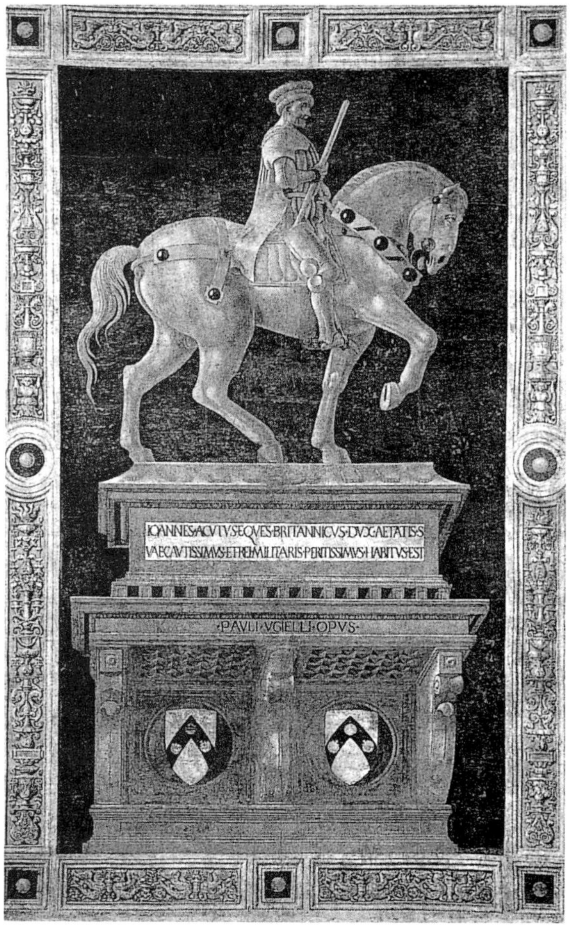


10.51 PAOLO UCCELLO, *Reiterstandbild des John Hawkwood*, 1436, Fresko. Dom, Florenz.

10.52 FILIPPINO LIPPI, Fresken der Strozzi-Kapelle, begonnen 1487, Santa Maria Novella, Florenz.

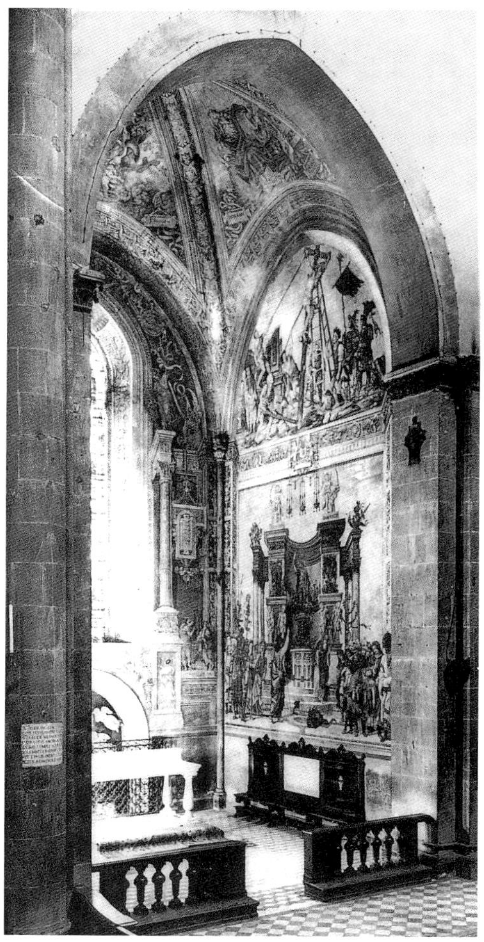

UCCELLOS Faszination durch derartige geometrische Probleme war ganz typisch für Künstler des 15. Jahrhunderts und nicht nur für jene, die, wie UCCELLO, experimenteller Denkart waren. Einer der poetischsten, PIERO DELLA FRANCESCA (um 1420–1492), nahm sich der Theorie der Bildkonstruktion in Abhandlungen über geometrische Körper (Würfel, Kugel, Kegel, Zylinder und Polyeder) und über die Perspektive an. Er schrieb sogar ein mathematisches Handbuch über das Rechenbrett für Händler mit Anweisungen zur Bestimmung des Rauminhalts von Fässern und so weiter. Auf diese Weise führte er die abstrakte, die malerische und die praktische Anwendung von Geometrie und Mathematik zusammen. Aber auch Zahlen hatten eine religiöse, fast mystische Bedeutung. Daher die Beschäftigung der Renaissance mit dem ›Goldenen Schnitt‹, der den Schlüssel zur Harmonie der Himmel liefern sollte – eine Linie, die so aufgeteilt ist, dass der kleinere zum größeren Teil im gleichen Verhältnis steht wie dieser zum Ganzen.

PIERO DELLA FRANCESCAS mathematische Interessen mochten von seiner Praxis als Maler angeregt sein, seinem Bemühen, die göttliche Ordnung unter der Oberfläche optischer Erscheinungen auszuloten. Selbst einem so frühen Werk wie der *Taufe Christi* ▸10.54 scheint geometrisch ein gleichmäßiges Gitter von drei Horizontalen und vier Vertikalen zugrunde zu liegen, gegen das die leiseste Bewegung wie sanft angeschlagene Saiten eines Musikinstruments schwingt. Sein Interesse an der Optik verraten die Spiegelungen der Landschaft und der Priestergewänder in der Wasseroberfläche, die gleichzeitig eine Stimmung von Ruhe und Stille erzeugt. In späteren Gemälden sollte PIERO Architekturraum und -masse mit wissenschaftlicher Präzision aufzeichnen. In der *Taufe Christi* wird das Gefühl eines Luftraums, der die Gestalten umgibt, mit unauffälligem konstruktiven Aufwand vermittelt. Licht wird so gleichmäßig verteilt, dass Schatten kaum wahrnehmbar sind, und es gibt keine grellen Kontraste zwischen den herrlichen Farben, die in der Farbskala der meisten anderen Maler so laut wirken.

Im Hintergrund der *Taufe Christi* liegt eine sonnendurchtränkte, windgetrocknete Landschaft, inspiriert von dem rauen hügeligen Land um PIEROS Heimatstadt Borgo San Sepolcro (deren Türme hinter Christi rechter Hüfte zu sehen sind). Wie bereits geschildert, hatte auch JAN VAN EYCK seine *Madonna des Kanzlers Rolin* vor eine Landschaft komponiert, und PIERO kann durchaus flämische Gemälde gekannt haben,

10.53 FILIPPINO LIPPI, *Adam*, begonnen 1487, Fresko. Strozzi-Kapelle, Santa Maria Novella, Florenz.

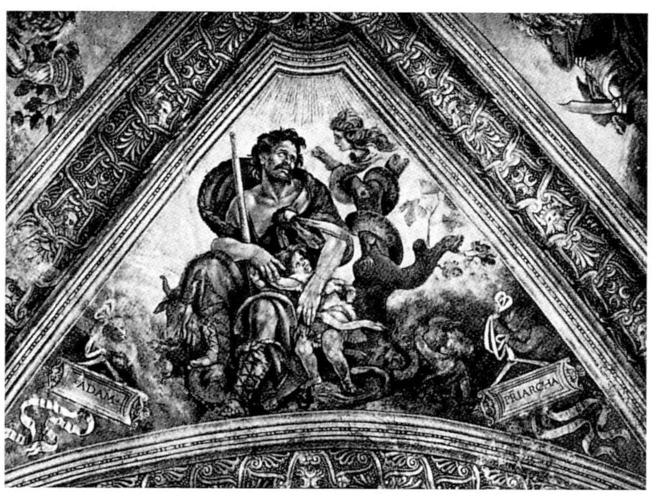

# Filippino Lippi und Filippo Strozzi: Vertrag und Probleme mit der Strozzi-Kapelle

Auftragsvergabe und Ausführung von FILIPPINO LIPPIS Fresken in Santa Maria Novella, Florenz ▸10.52, sind ausführlich dokumentiert. Die Probleme, die damit einhergingen – alles andere als untypisch für derartige Unternehmungen –, wurden detailliert aufgeführt. Der Auftraggeber war Filippo Strozzi (1428–1491), der Leiter einer Florentiner Bank, der große Summen für die Ausschmückung von Kirchen ausgab. »Da Gott mich mit zeitlichen Gütern gesegnet hat, möchte ich ihm meinen Dank erweisen«, schrieb er. Mit anderen Florentinern seiner Zeit teilte er das brennende Verlangen nach bleibendem Ruhm auf Erden, den er zu erlangen hoffte, indem er herausragende Kunstwerke in Auftrag gab. 1486 erwarb er das Recht, eine Kapelle in Santa Maria Novella auszuschmücken, wo er beerdigt werden wollte. Er gab prächtige Gewänder und eine Altar-Decke mit dem Wappen der Strozzi in Auftrag. Im folgenden Jahr engagierte er ›Filippo di Filippo‹, gemeinhin als Filippino Lippi bekannt, das Gewölbe und die Decken zu freskieren. Am 21. April 1487 wurde ein Vertrag unterzeichnet.

*»Es soll hiermit bekannt gegeben werden, dass der Maler Filippo di Filippo von Filippo di Matteo degli Strozzi damit beauftragt wird, in Santa Maria Novella seine Kapelle in der Nähe des Hochaltars auszumalen. Im Gewölbe soll es vier Figuren geben, entweder die Kirchenlehrer, die Evangelisten oder andere Figuren nach dem Wunsch des besagten Strozzi, und sie sollen so reich wie möglich mit Blau und Gold ausgemalt werden. Der Rest des Gewölbes soll in einem schönen Ultramarinblau gehalten werden, das mindestens vier große Goldflorine pro Unze wert sein soll, und die Gewölberippen, Kapitelle der Pilaster und Gesimse sollen mit so viel Gold wie möglich ausgeschmückt werden. Auf jeder Seitenwand sollen zwei erzählende Szenen mit Themen zu sehen sein, die von besagtem Filippo Strozzi ausgewählt werden, und die Fensterwand, die Pilaster und Innen- wie Außenseite des Bogens sollen so verziert werden, wie es besagter Filippo Strozzi wünscht, ebenso die Sockelzone, so wie es besagter Filippo Strozzi befiehlt, und überall, wo es erforderlich ist, sollen Gold, reines Gold und jede andere reine und edle Farbe benutzt werden. Und besagter Filippo di Filippo verspricht besagtem Strozzi, die Freskoarbeiten nach der Art guter Meister auszuführen und mit aller gebotenen Sorgfalt und alles von eigener Hand, insbesondere die Figuren. Und es wird vereinbart, dass dem besagten Filippo di Filippo für seine Arbeit, das heißt für die Malerei, Farbe, einschließlich blaues Pigment, Gerüste, Kalk [für den Gips] und alles andere, wobei dem besagten Strozzi keine weiteren Ausgaben abverlangt werden, 300 geprägte Goldflorine gezahlt werden, von denen er zu Beginn 35 für Holzgerüste, Kalk und alles sonst Benötigte erhält, bis zu 100 Florine, falls er sich nach Venedig begeben will, und der Rest in Raten entsprechend dem Fortschritt der Arbeit, die er bis zum 1. März 1490 zu beenden verspricht.«*

Die Themen der Gemälde wurden vermutlich mündlich vereinbart: Vier Patriarchen, Adam, Noah, Abraham und Jakob im Gewölbe der Kapelle, mit Szenen aus dem Leben des hl. Philipp und Johannes des Evangelisten an den Wänden. Die Venedigreise, für die FILIPPINO ein Drittel der Gesamtsumme erhalten sollte, diente zweifellos dem Erwerb des schönen blauen Pigments (aus Lapislazuli gewonnenes Ultramarin), das man dort am besten kaufen konnte. Neuere wissenschaftliche Untersuchungen haben gezeigt, dass er tatsächlich Ultramarin verwendete und nicht eines der billigeren Ersatzmittel.

Doch die Ausmalung der Kapelle ging nicht so rasch vonstatten, wie es im Vertrag vorgesehen war. Im Sommer 1488, als FILIPPINO nach Rom reiste, wo er von einem Kardinal einen wesentlich wichtigeren und einträglicheren Auftrag erhalten hatte (für das Fresko in der Caraffa-Kapelle in Santa Maria sopra Minerva) war noch nichts geschehen. 1489 begann er während eines kurzen Besuchs in Florenz die Arbeit an der Strozzi-Kapelle. Doch bis 1491, als Filippo Strozzi starb, machte das Werk kaum Fortschritte. Der Verstorbene hatte in seinem Testament verfügt, dass bis zu 1000 Florine für die Fertigstellung der Kapelle mit seinem Grabmal, einem Buntglasfenster und anderen Ausschmückungen sowie den Fresken ausgegeben werden sollten. FILIPPINO nahm die Arbeit 1494 wieder auf, aber unterbrach sie schon kurze Zeit später mit der Begründung, sein Honorar reiche nicht aus, um die Kosten der Materialien zu decken. Durch Anrufung eines Schiedsgerichts gelang es ihm, von Strozzis Erben zusätzlich 100 Florine zu erhalten, und 1501 wurden die Fresken vollendet. Ein halbes Jahrhundert später sollte GIORGIO VASARI (s. S. 435) schreiben, die Gemälde seien in punkto Erfindungsgabe, Ausführung, Fleiß und Kunstfertigkeit unübertroffen.

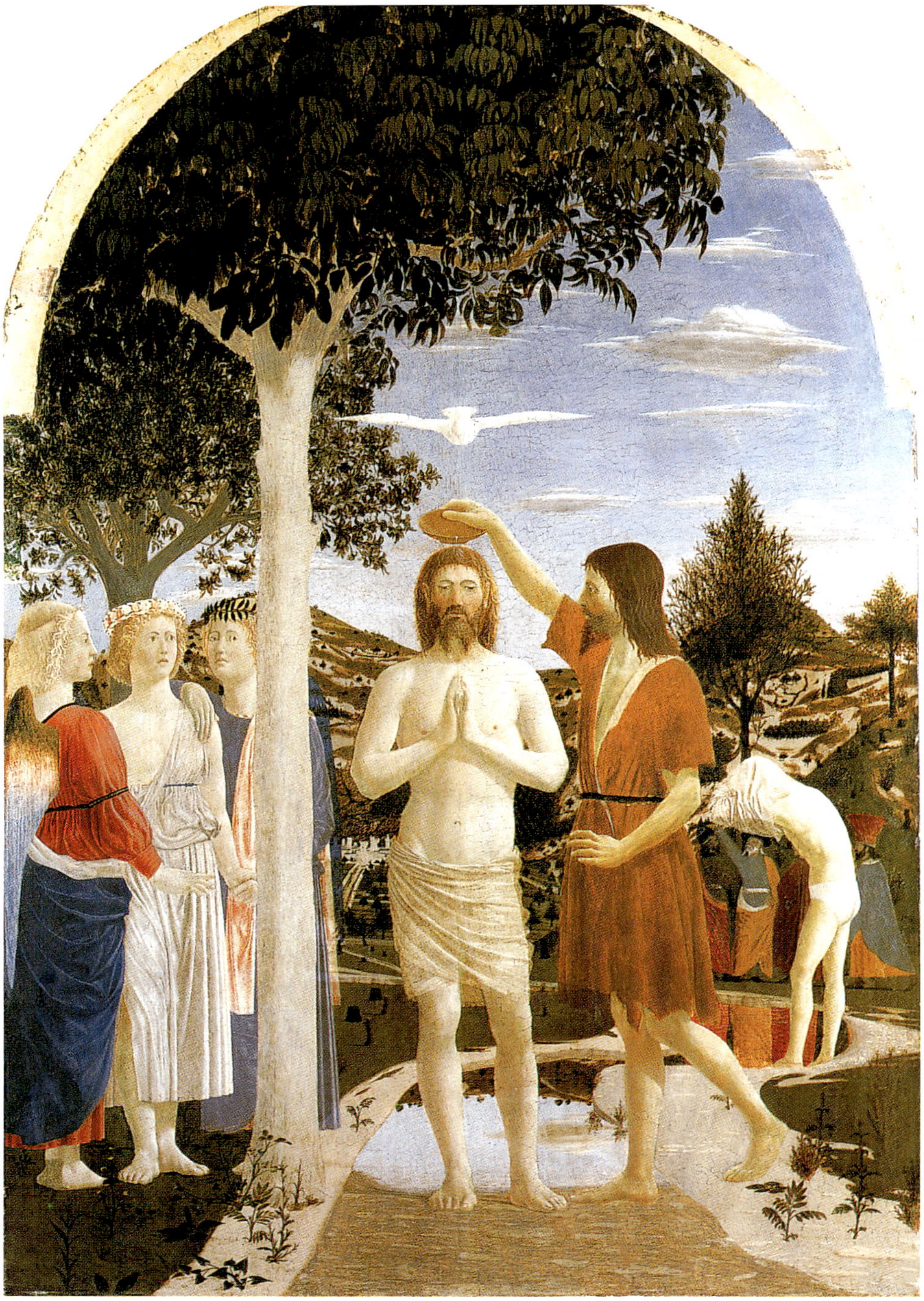

10.54 PIERO DELLA FRANCESCA, *Taufe Christi*, um 1445, Holz, 167,6 x 116,2 cm. National Gallery, London.

die nach Florenz gekommen waren. Dennoch ist die Landschaft der *Taufe Christi* kein flüchtig durchs Fenster erblicktes Symbol: Sie umgibt die Figuren und mittelbar auch den Betrachter. In der italienischen Kunst tauchten solche Landschaften erstmals im 15. Jahrhundert auf. Der Goldgrund, der vormals bei Andachtsbildern so beliebt gewesen war, wurde plötzlich aufgegeben. Die Landschaften, die aus Freude an der Naturnähe an ihre Stelle traten, ließen die Gestalten weniger entrückt erscheinen als vielmehr in die Wirklichkeit eingebunden. Außerdem scheinen Maler und Mäzene die Landschaftsdarstellung um ihrer selbst willen geschätzt zu haben. Als im Jahr 1485 DOMENICO GHIRLANDAIO den Vertrag über die in Santa Maria Novella, Florenz, zu malenden Fresken unterschrieb, übernahm er es, »Gestalten, Gebäude, Burgen, Städte, Berge, Hügel, Ebenen, Felsen, Gewänder, Vögel sowie zahme und wilde Tiere« zu malen. Ebenso verpflichtete sich PINTURICCHIO (Bernardino di Betto, 1454–1513), »Landschaften und Himmel auf die leeren Teile – also hinter den Figuren – der Bilder zu malen«, die er für eine Kirche in Perugia anfertigte.

Landschaften und Architekturansichten erlangten die gleiche Bedeutung wie die figürlichen Szenen. Ein Beispiel für die Integration dieser Bildschichten sind GHIRLANDAIOS Szenen in der Sassettikapelle ▸10.55; 56. Die Altartafel selbst ist der flämischen Kunst sowohl in der Technik (Ölmalerei) als auch in der Auffassung verpflichtet – so gehen die bäurischen Hirtengesichter auf HUGO VAN DER GOES' *Portinari-Altar* (s. S. 398, ▸10.27) zurück. Aber die Landschaft, in der die Geburt stattfindet, ist italienisiert. Der Triumphbogen, durch den die drei Weisen ziehen, die korinthischen Pilaster, die das Stalldach stützen, und ein Sarkophag hinter dem Christkind sind betont klassisch. Das Milieu der Freskoszenen aus dem Leben des hl. Franziskus ist unverkennbar florentinisch. Das Bild der Bestätigung der franziskanischen Ordensregel durch Papst Honorius, die im Jahr 1223 in Rom stattfand, wird von GHIRLANDAIO vor die Loggia dei Lanzi in Florenz übertragen.

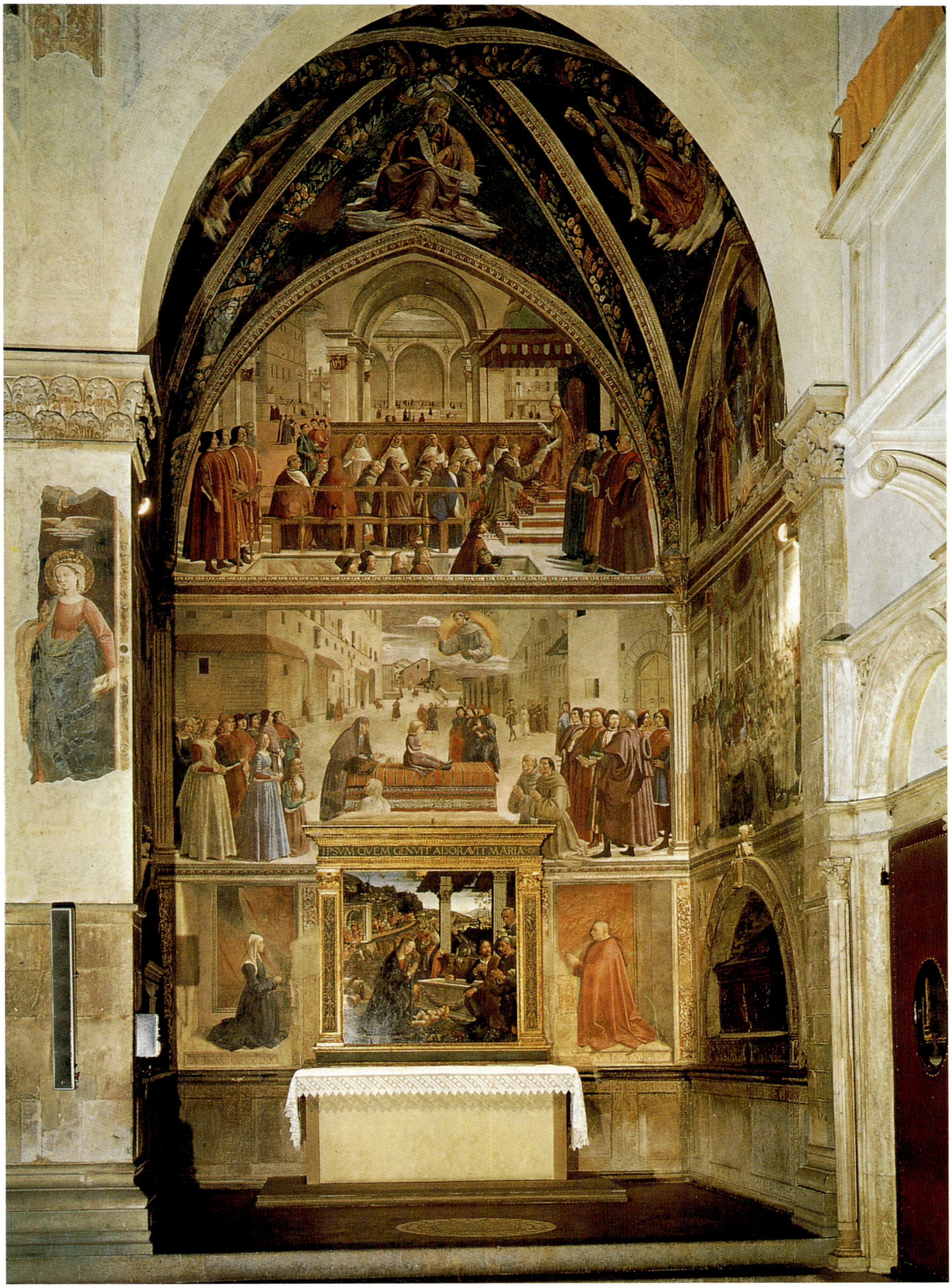

-0.55 DOMENICO
-HIRLANDAIO, Fresken der
-assetti-Kapelle, 1479–1486.
-anta Trinità, Florenz.

Lorenzo de'Medici, seine Söhne und ihr Erzieher, der humanistische Dichter Poliziano, steigen die Treppen hinauf, um fiktive Zeugen des Ereignisses zu sein.

GHIRLANDAIOS Wanddekoration ist noch traditionell in Bildstreifen zur Darstellung jeweils einer Begebenheit komponiert, ein System, das nicht viel später zugunsten von Großszenen auf jeder Wand aufgegeben wurde, wie in dem Zyklus, den FILIPPINO LIPPI (1457–1504) im Jahr 1487 in der Strozzi-Kapelle von Santa Maria Novella in Florenz begann ▸10.52. Die Aktualisierung biblischer und historischer Stoffe, ihre Einkleidung in das zeitgenössische Kostüm, hat diesen eine Unmittelbarkeit verliehen, die in der Entstehungszeit der Fresken noch weit stärker empfunden worden sein muss. Vier Sibyllen schauen von der Decke GHIRLANDAIOS herab, und in den Seitenwänden sind die Grabnischen der Stifter von Reliefs mit Kentauren, Amoretten und Bacchanten geschmückt, die schwarzen Marmorsarkophage mit skulptierten Stierschädeln. Christliches und Heidnisch-Antikes, Gegenwart und Vergangenheit wurden in der Renaissance nicht mehr als unvereinbare Gegensätze empfunden.

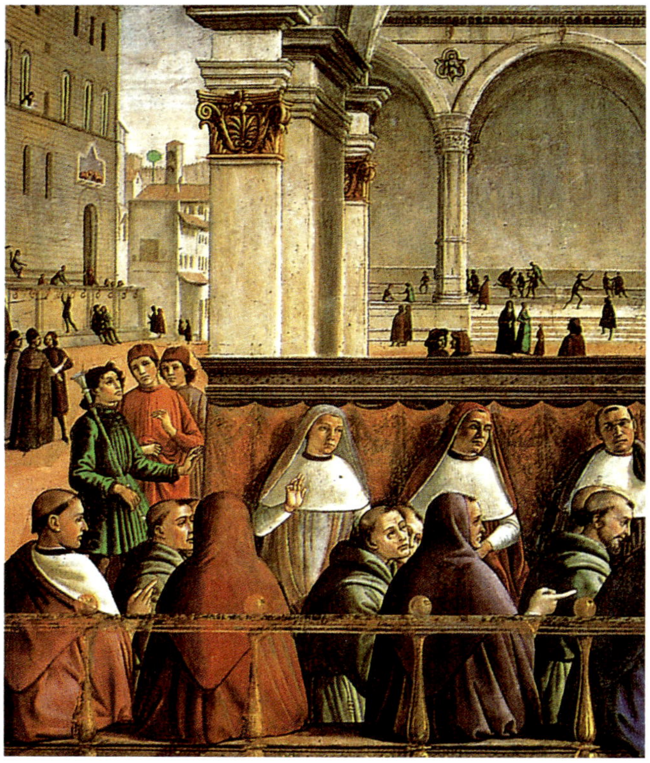

10.56 DOMENICO GHIRLANDAIO, *Bestätigung der franziskanischen Ordensregel durch Papst Honorius*, Detail ▸10.55.

## Profane Malerei

Während des ganzen 15. Jahrhunderts blieb die Bildkunst in Italien wie im nördlichen Europa überwiegend religiös. Gemalte, modellierte oder geschnitzte Porträts blieben zwar nicht länger den Mitgliedern von Herrscherhäusern vorbehalten, waren aber zahlenmäßig gegenüber → Historienbildern von untergeordneter Bedeutung. Mythologische Szenen waren kaum häufiger und erhielten, wie zu zeigen sein wird, generell eine moralische, wenn nicht sogar eindeutig religiöse Bedeutung. Vor 1500 in der Toskana verfasste Berichte erwähnen 500 oder mehr sakrale und weniger als 40 profane Gemälde und Skulpturen. Obgleich die Autoren nur die bekannteren Künstler und Kunstwerke verzeichnen (kleinere religiöse Bilder und Darstellungen auf Möbeln ausklammernd), dürfte das Verhältnis den Tatsachen entsprechen. Die Profanmalerei nahm erst im späten 15. Jahrhundert zu, ebenso wie der Bau großer Privathäuser in Florenz und Landvillen in den Hügeln der Umgebung.

Doch war das 15. Jahrhundert weniger eine Periode wirtschaftlicher Expansion als die langsame und unvollständige Erholung nach einer schweren Depression in der Mitte des 14. Jahrhunderts. Darauf gründet die Annahme, dass Kaufleute und Bankiers, die den Handel stagnierend und die Landwirtschaft nicht einträglich fanden, ihre liquiden Mittel zuweilen in Kunstwerken investierten, die, dank der Humanisten, Prestigewert gewonnen hatten. Die Tendenz zu Einfachheit und Zurückhaltung in der Florentiner Kunst, insbesondere der Architektur, mag vielleicht zum Teil wirtschaftlichen Ursprungs gewesen sein. Ausgedrückt in Materialkosten und Arbeitsstunden war ein Gebäude im Renaissancestil sicherlich weniger kostspielig als ein gotisches mit seinen unzähligen Verzierungen. Desgleichen kam eine Altartafel, schlicht in Tempera oder Öl gemalt, billiger als eine mit viel Gold, Lapislazuli (dem teuersten blauen Pigment) und einem reich geschnitzten und vergoldeten Rahmen.

Die Akzentverschiebung vom Materialwert auf die Würdigung malerischer Virtuosität fiel zusammen mit einer Verknappung von Gold und Silber, die sich im Verlauf des Jahrhunderts mehr und mehr zuspitzte. VASARI behauptet, ANTONIO DEL POLLAIUOLO habe eine erfolgreiche Karriere als Goldschmied aufgegeben, weil er »voraussah, dass diese Kunst keinen bleibenden Ruhm versprach«. Natürlich wurde dies erst dann niedergeschrieben, als viele der erlesensten Florentiner Arbeiten in Gold und anderen kostbaren Metallen während einer Krise im Jahr 1529 in die Schmelztiegel gewandert waren. Doch war POLLAIUOLO kein Einzelfall. Mehrere andere führende Künstler von Florenz begannen ihre Laufbahn als Goldschmiede und gingen dann zur Malerei über, wie nachweislich VERROCCHIO, BOTTICELLI und DOMENICO GHIRLANDAIO. Welche Ironie, dass ihre Werke zum Teil nur deshalb erhalten geblieben sind, weil der Materialwert gering war.

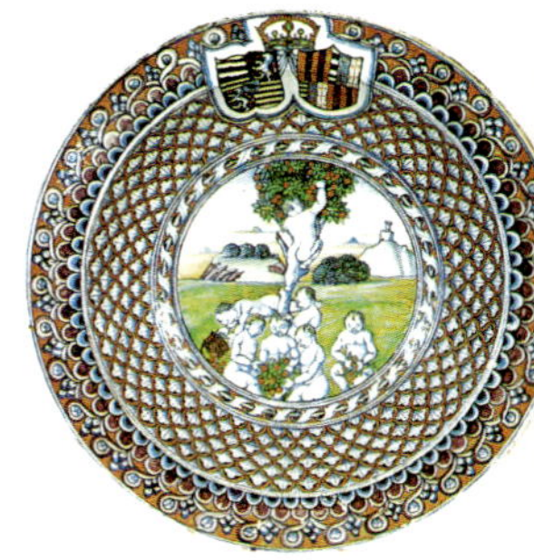

10.57 Majolika-Teller aus Deruta oder Faenza, um 1476. Victoria & Albert Museum, London.

Die Knappheit an kostbaren Metallen könnte für die Hinwendung großer Talente zur Malkunst eine Rolle von kaum beachteter Bedeutung gespielt haben. Mit Sicherheit wurde die Kleinkunst gefördert, die wie die Fayence oder Majolika aus einfacherem Material war, jedoch eine gleich große Meisterschaft verlangte ▸10.57. Emaillierte Metallgefäße oder auch die kleinen hölzernen Hochzeitstruhen sind zu erwähnen, die mit der ›pastiglia‹ genannten Schmelzmasse überzogen waren, nicht weniger sorgfältig gearbeitet als die Schmuckkästchen aus Gold und Silber. Gebrauchsmöbel waren generell einfach – glattes Holz, das zu besonderen Gelegenheiten mit Seidengeweben oder Teppichen aus dem östlichen Mittelmeerraum abgedeckt wurde. Eine Ausnahme bildete der ›cassone‹, die große Truhe zur Aufbewahrung von Kleidern und Wäsche, oftmals auch der Aussteuer der Braut, bei den wohlhabenderen Bürgern überdies gerne bemalt mit figürlichen Szenen oder den Familienwappen. ›Cassoni‹ waren zuweilen sehr kunstvoll und spiegeln die Bedeutung einer Eheschließung als eines politischen oder geschäftlichen Bündnisses zwischen führenden Familien. Leider sind nur wenige unversehrt erhalten, doch zeigen diese die Vorliebe für nüchterne klassische Verzierungen, kombiniert mit lebendigen Figurenszenen in leuchtenden Farben auf den bemalten Feldern.

Viele dieser bemalten Seiten wurden als Bilder aufbewahrt, wenn die ›cassoni‹, die sie einst zierten, ausgedient hatten. Gewöhnlich zeigen sie historische oder mythologische Szenen

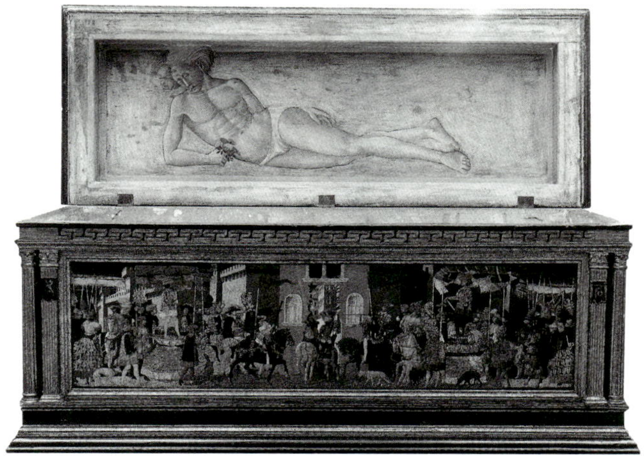

10.58 Florentiner Schule, Cassone, um 1460, Breite 205 cm. Königliches Museum der Schönen Künste, Kopenhagen.

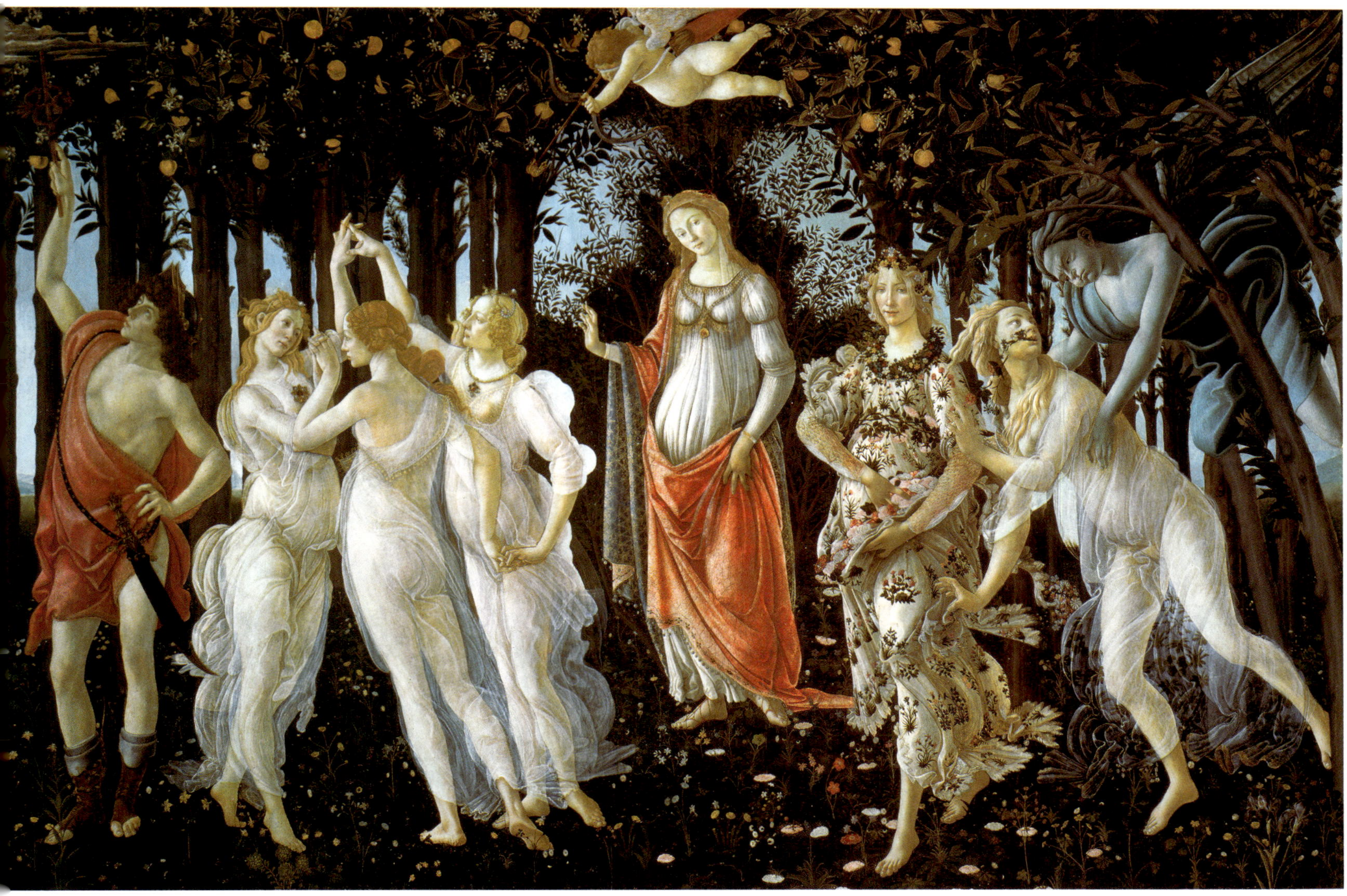

0.59 SANDRO BOTTICELLI, *er Frühling*, um 1478, Holz, 03 x 315 cm. Galleria degli ffizi, Florenz.

– jene mit christlichen Themen schmückten wahrscheinlich die Truhen, die Nonnen beim Eintritt in ein Kloster mitbrachten. Stilistisch jedoch behalten sie alle bis über die Mitte des 15. Jahrhunderts hinaus die Traditionen des internationalen gotischen Stils bei, mit einer Fülle von Ereignissen und Figurenmassen, die untereinander durch verschlungene Oberflächenmuster verbunden sind. Manche Darstellungen sind den Epen Homers oder Vergils entnommen, doch entsprechen Figuren und Ambiente stets der Mode und dem Stil der Zeit. Sie unterscheiden sich in keiner Weise von den Akteuren in den Geschichten Boccaccios. Griechen und Trojaner sind, Turnierrittern gleich, in schimmernde Rüstungen gehüllt. Diese Gemälde wirken ausgesprochen höfisch und erinnern uns daran, dass bei den Florentinern, obgleich sie Stadtbewohner, Händler und nominell Republikaner waren, die feudalen Ideale des Rittertums noch lebendig waren. Manche Darstellungen auf den ›cassoni‹ spielen direkt auf die Heirat an, wobei die Legende von den Römern und den Sabinern ein Lieblingsthema ist. Der hier abgebildete ›cassone‹ zeigt die Versöhnung beider Völker, nachdem Romulus und seine Gefährten die Sabinerinnen entführt und zu ihren Gattinnen gemacht haben ▸10.58. Auf der Innenseite des Truhendeckels findet sich die Darstellung eines spärlich bekleideten Mannes, den allein die Braut sehen konnte und der wahrscheinlich als Glücksbringer für einen reichen Kindersegen gedacht war.

## *Botticelli*

Von viel größeren und edleren mythologischen Gemälden erwartete man höchsten ästhetischen Genuß und geistige Anregung. *La Primavera* (Der Frühling) von SANDRO BOTTICELLI (Alessandro Filipepi, um 1445–1510) ist eines der frühesten dieser anspruchsvollen Gattung ▸10.59. Über 1,8 m hoch, wurde es in einem Format gemalt, das vormals religiösen Bildern vorbehalten war. Frühere profane Kunstwerke dieser Größe, die für Privathäuser beziehungsweise die Privatgemächer in Palästen bestimmt waren, waren Wandteppiche mit Ritterthemen, die im frühen 15. Jahrhundert in Frankreich und Flandern gewebt wurden ▸10.60. Wandteppiche waren die bei weitem kostspieligsten großformatigen Kunstwerke, wesentlich teurer als Gemälde. Gewiss ähnelt die flächige Komposition von BOTTICELLIS *Primavera* einem Wandteppich, insbesondere der blumenbestreute Boden, der an die ›Tausend-Blumen‹-Behänge (à mille fleurs) erinnert, deren schönste etwas jüngeren Datums sind. Diese Verwandtschaft weist auf das ›gotische‹ Wesen, das oftmals in BOTTICELLIS nahezu schwerelosen Gestalten spürbar ist, die in fast preziöser Weise anmutig sind und sich so sehr von denen MASACCIOS, PIERO DELLA FRANCESCAS und UCCELLOS unterscheiden. Aber während die Figuren der französischen und flämischen Wandteppiche des 15. Jahrhunderts in die mittelalterliche Welt von Rittertum und höfischer Liebe gehören, ent-

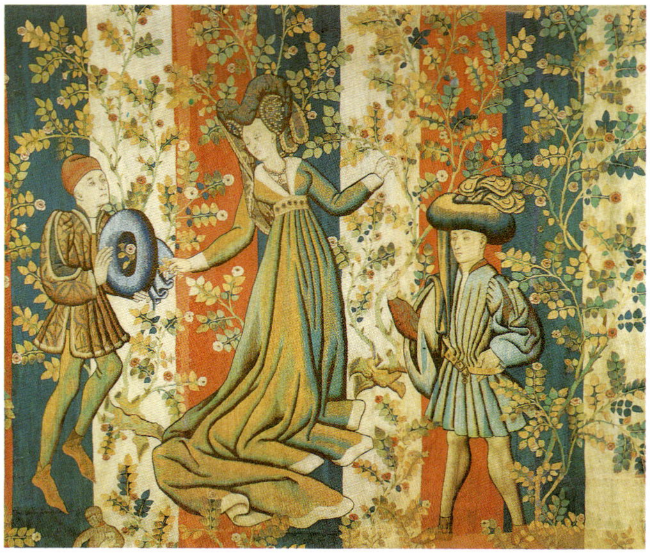

10.60 *Höfische Szene*, Detail aus einem französischen oder flämischen Wandteppich (Rosentapisserie), um 1435–1440, Wolle, Gesamthöhe 2,9 m. The Metropolitan Museum of Art, New York.

stammen die Gestalten in BOTTICELLIS *Primavera* ganz der klassischen Mythologie.

Im Mittelpunkt steht Venus, über deren Haupt Amor mit verbundenen Augen schwebt. Die anderen Gestalten, von links nach rechts, sind Merkur, die drei Grazien, Flora, die Göttin der Blumen und des Frühlings, und Zephyr, der Westwind. Bisher konnte keine direkte szenische Vorlage nachgewiesen werden, so dass viele Versuche einer ikonographischen Deutung vorliegen. Merkur, der Götterbote, wurde schließlich als der Schutzpatron jener betrachtet, die die Mysterien der antiken Welt zu ergründen suchten – die hermetischen Philosophen, benannt nach dem griechischen Namen des Gottes, Hermes. »Durch die Kraft der Vernunft ruft er den Geist zurück zum Himmlischen«, schrieb Marsilio Ficino, einer der Florentiner Neuplatoniker. Auch besteht kaum ein Zweifel, dass *La Primavera* vom Ideengut dieser Gruppe beeinflusst war. Das Bild scheint für Lorenzo di Pierfrancesco de'Medici (Vetter zweiten Grades von Lorenzo dem Prächtigen) gemalt worden zu sein, als dieser 14 oder 15 Jahre alt war und Ficino sich seiner Bildung widmete.

Im Jahr 1478, dem mutmaßlichen Datum des Gemäldes, schrieb Ficino dem Jungen einen Brief in Form eines Horoskops, worin er ihm nahe legte, seine Augen auf Venus zu heften, das Sinnbild der Humanitas, *»eine Nymphe von höchster Anmut, himmelgeboren und von Gott, dem Allerhöchsten, vor allen anderen geliebt. Ihre Seele und ihr Geist sind Liebe und Güte, ihre Augen Würde und Großmut, ihre Hände Freisinnigkeit und Pracht, die Füße Anmut und Sittsamkeit …«*

Diese Mischung aus Astrologie, klassischer Mythologie und christlicher Moral ist typisch für das Denken der Florentiner Neuplatoniker. Desgleichen der Einfall, eine didaktische Lektion in einer Form zu erteilen, die äußerlich anziehend wirkte, ihre innere Botschaft jedoch nur dem Eingeweihten verriet. Man meinte vielleicht, Mysterien würden ihre beinahe magische Kraft verlieren, enthüllte man sie Unwürdigen. Zwar wurde dem Maler das Thema vorgegeben, doch war es BOTTICELLIS Bildphantasie überlassen, dieses in eine süßschmerzliche Poesie zu übersetzen, nicht weniger typisch florentinisch. Es gibt Parallelen zu ALBERTIS *Traktat über die Malerei*, in dem der Autor empfiehlt, eine Bilderzählung solle »mit dem Gegenstand verschwenderisch und sparsam umgehen«, mehrere Gestalten, einige voll bekleidet, andere ganz oder teilweise nackt, in verschiedenen Posen, frontal und im Profil, »mit erhobenen Händen und gespreizten Fingern«, oder »Arme entspannt, Füße zusammen«, deren jede »ihre Eigenaktion und Gliederbewegung hat«. BOTTICELLI schuf ein optisches Äquivalent, weniger zu den mystifizierenden Traktaten des Ficino als vielmehr zu den hedonistischen Gedichten seines Mäzens Lorenzo des Prächtigen, die in Kurzform die ganze Frische der frühen Renaissance wiedergeben.

Das Interesse am klassischen Altertum wurde ergänzt durch eine noch intensivere Beschäftigung mit der Astrologie. Kein Hof war damals vollkommen ohne seinen Astrologen, der Horoskope stellte und die günstigsten Augenblicke für wichtige Entscheidungen bestimmte. Obgleich von den Frühchristen verurteilt, war die Astrologie im 12. Jahrhundert in Europa wieder aufgeblüht und wurde bald so einflussreich, dass die Kirche sie duldete. Dass Planeten und Sternbilder die Namen heidnischer Götter trugen, war bedauerlich (Versuche mit christlichen Alternativen blieben wirkungslos), doch glaubte man allgemein, dass sie den Willen Gottes enthüllten, und somit söhnten sich Astrologie, Astronomie und christliche Theologie miteinander aus. Über dem Altar von BRUNELLESCHIS Sakristei in San Lorenzo (s. S. 390) ist die Kuppel mit der genauen Konstellation des Himmels über Florenz am 9. Juli 1422 ausgemalt – dem Datum der Altarweihe –, und eine ebensolche Himmelskarte ist in der Pazzi-Kapelle ▸10.3. Die Sternbilder, in denen die heidnischen Götter des Mittelalters überlebten, erscheinen immer wieder in der Renaissancekunst und nirgendwo auffälliger als im Palazzo Schifanoia, der Sommerresidenz von Borso d'Este, Herzog von Ferrara. Hier wurden die Wände der großen Halle in zwölf vertikale Felder geteilt (nur sieben sind noch unversehrt) und vom Oberhofmaler COSIMO TURA (1430–1495) und einer Künstlergruppe, die nach Quadratmetern entlohnt wurde, mit Fresken ausgestattet. Die gelehrte Thematik, hauptsächlich aus einem astrologischen Gedicht des 1. Jahrhunderts n. Chr. stammend, wurde wahrscheinlich von einem oder mehreren der Humanisten und

ſangue che per dolore,& nimia formidine in ſe era conſtricto p troppo & inuſitata lætitia,laxare le uene il ſentiua exhauſto,& tuta abſorta,& attoni ta ignoraua che me dire,Si non che io agli ancora pallidati labri,cum ſo luta audacia,gli offerſi blandicula uno laſciuo & muſtulento baſio, Am bi dui ſerati,& conſtrecti in amoroſi amplexi,Quali nel Hermetico Ca duceo gli intrichatamente conuoluti ſerpi,& quale il baculo inuoluto del diuino Medico.

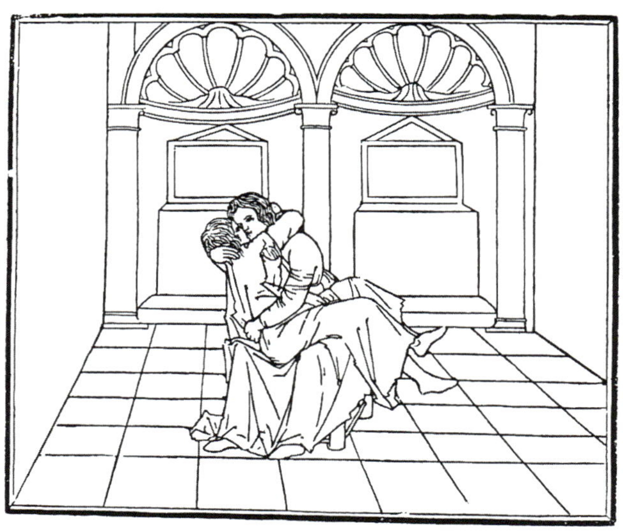

10.61 Holzschnitt-Illustration aus der *Hypnerotomachia Poliphili* des Francesco Colonr Venedig, 1499.

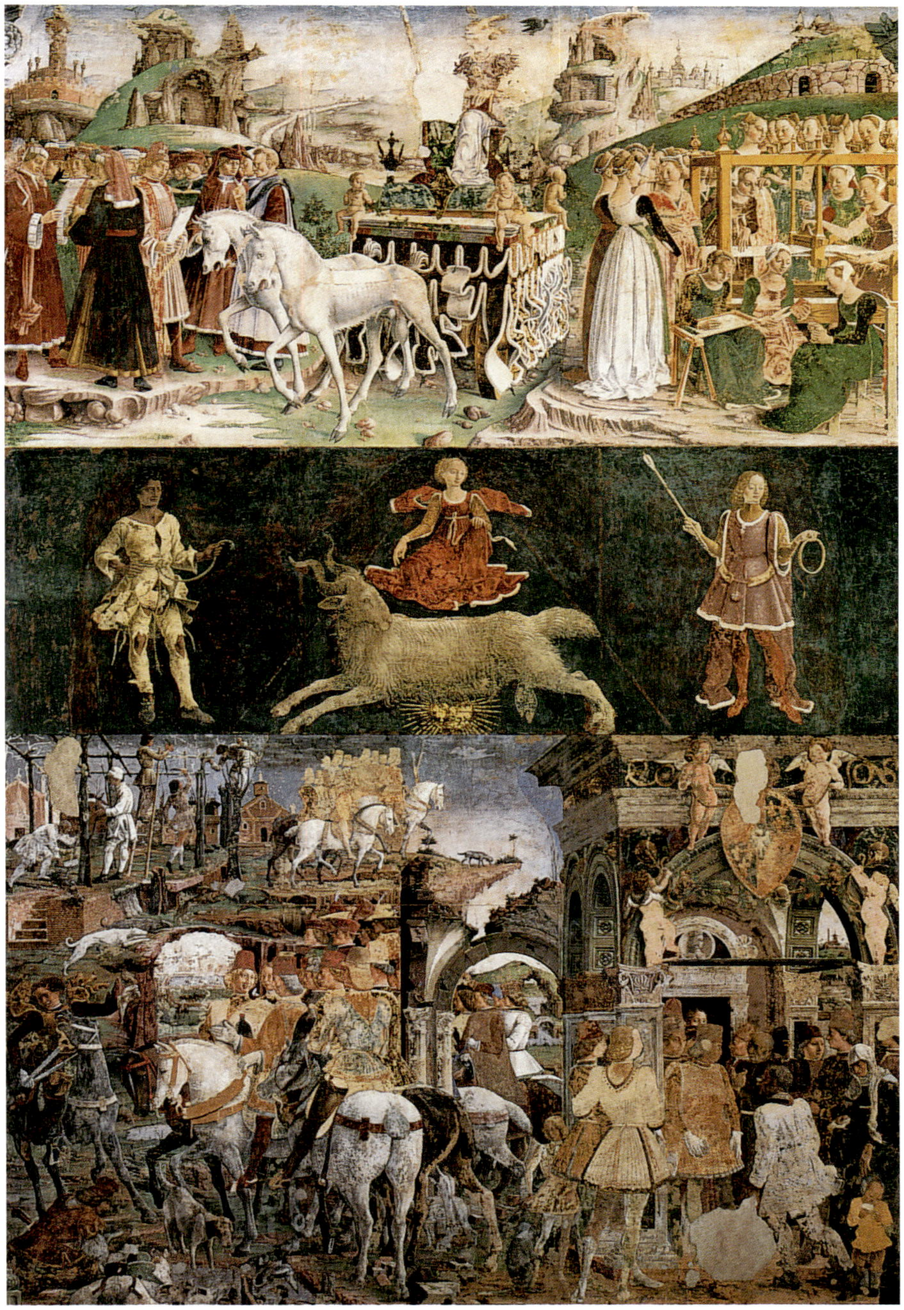

10.62 FRANCESCO DEL COSSA, *Der Monat März*, 1469/70, Ausschnitt, Fresko. Palazzo Schifanoia, Ferrara.

Astronomen gestellt, die Borso d'Este um sich versammelt hatte. Jedes Feld ist einem der Tierkreiszeichen gewidmet und horizontal in drei Teile untergliedert.

Der *März* ▸10.62, gemalt von FRANCESCO DEL COSSA (um 1436–1478), zeigt Minerva zuoberst auf einem Triumphwagen. Da sie die Göttin des Lernens und der Kunstfertigkeit war, wird sie an der einen Seite von Schülern, an der anderen von stickenden und webenden Frauen flankiert. Der Mittelstreifen ist dem Sternzeichen gewidmet. Zwei bizarr gekleidete Figuren erscheinen, die die ›Decane‹ verkörpern, jene Geister, die jeweils zehn Tage lang regierten. Im unteren Feld kehren wir zurück zur Erde mit den für den Monat typischen Tätigkeiten: Höflinge beim Jagen und Bauern, die Reben schneiden. In einer hübschen kleinen Renaissanceloggia auf der rechten Seite ermutigt Borso d'Este das Walten der Gerechtigkeit. Jeder Monat schildert eine seiner Tugenden, und der Raum als Ganzes feiert das winzige Herzogtum Ferrara als mikrokosmisches Spiegelbild himmlischer Harmonie, in dem Bauern, Schüler, Frauen, Höflinge, vor allem aber Borso d'Este ihren festen Platz haben. Astronomie galt nicht nur als Weg zur Vorhersage der Zukunft, sondern auch als ein Mittel, um die Regeln der kosmischen Ordnung zu ergründen.

Es gab einige Humanisten, die den Fatalismus der Astrologie ablehnten und dem entgegenhielten, dass der Mensch genug Kraft habe, sein Schicksal frei zu bestimmen. In einem solchen von Antikensehnsucht erfüllten geistigen Klima entstand jener weitschweifige allegorische Roman *Hypnerotomachia Poliphili* (*Traumliebeskampf des Poliphilus*), gegen 1460 von dem Dominikanermönch Francesco Colonna geschrieben und 1499 in Venedig mit eleganten Holzschnitten gedruckt ▸10.61. Die Verbindung aus einem dunkel dräunenden Text mit einer Typographie ungekannter Klarheit sowie Illustrationen, die mit wenigen, sicheren Linien eine Episode auf den Punkt bringen, könnte den Zeitgeist kaum besser charakterisieren.

Die Kunst, mit beweglichen Lettern zu drucken, wurde in Europa in der Mitte des 15. Jahrhunderts entwickelt (obgleich schon 400 Jahre früher in China erfunden). Anfangs wurden

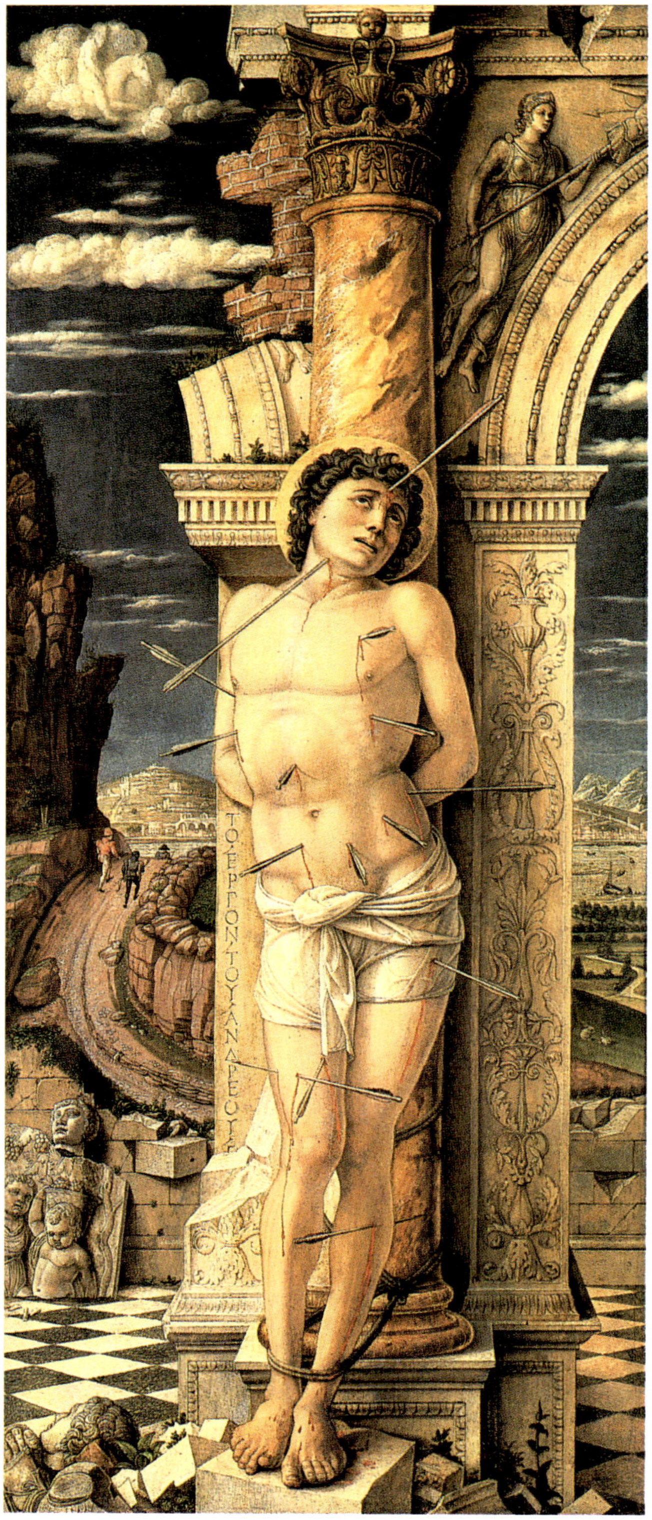

10.63 ANDREA MANTEGNA, *Heiliger Sebastian*, um 1460, Holz, 68 x 30 cm. Kunsthistorisches Museum, Wien.

sie nur für die Verbreitung religiöser Texte verwendet, und diese blieben noch für Jahrhunderte die Hauptprodukte der Druckerpressen. Eine Bibelausgabe, die JOHANN GUTENBERG im Jahr 1455 in Mainz setzte, war die erste Großtat der Druckerkunst. Die frühen Druckerzeugnisse galten als Ersatz für Handschriften, und viele Drucker sparten Raum für Illustratoren aus, die die Großbuchstaben am Kapitelanfang ausmalten. Humanisten (von denen einige die neue Erfindung ablehnten) und Drucker scheinen bis zum Ende der letzten Dekade des Jahrhunderts wenig Einfluss aufeinander genommen zu haben. Dann richtete ALDUS MANUTIUS in Venedig seine Druckerei ein und brachte die ersten exakt gedruckten griechischen Texte und verlässliche Ausgaben römischer Autoren ebenso wie Kuriositäten wie die *Hypnerotomachia* heraus. Erst in diesem Augenblick begann die Buchdruckerkunst auf das intellektuelle Leben Europas nachhaltig einzuwirken.

## Die venezianische Synthese

### *Mantegna und Bellini*

Ein kleines Gemälde des hl. Sebastian von ANDREA MANTEGNA (um 1431–1506), um 1460 datiert, vereint viele der charakteristischen Merkmale, die in der italienischen Kunst während der Jahrzehnte zuvor allmählich hervorgetreten waren: räumliche Klarheit mittels Perspektive, naturalistischer Landschaftshintergrund, antike architektonische und dekorative Motive sowie eine idealisierte Auffassung vom nackten menschlichen Körper ▸10.63;64. Unter dem rechten Ellbogen des Heiligen signierte der Maler in griechischen Buchstaben, als ob er den strengen Klassizismus nochmals unterstreichen wolle. Die Legende vom hl. Sebastian, einem Offizier in Diokletians kaiserlicher Garde, der zum Christentum übertrat und dazu verurteilt wurde, durch Pfeilschüsse getötet zu werden, rechtfertigte ein antikes Milieu, was sich MANTEGNA voll zunutze machte.

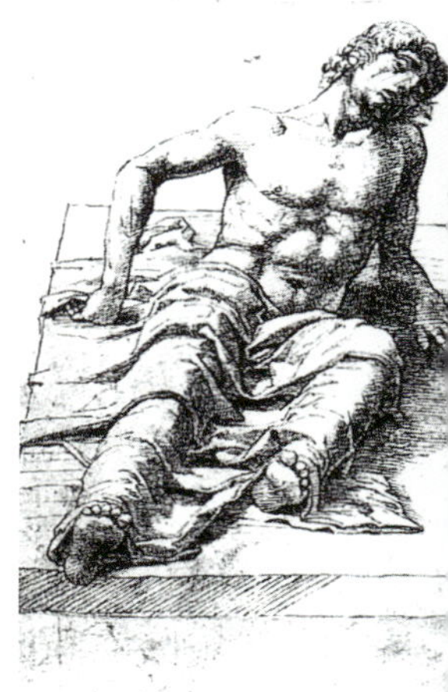

10.64 ANDREA MANTEGNA, *Mann auf einer Steinplatte liegend*, Zeichnung. British Museum, London.

Er wurde in Padua ausgebildet, dessen Universität ein Hauptzentrum der klassisch-humanistischen Studien in Italien und Europa war, obgleich im lokalen Kunststil immer noch die Gotik dominierte. Kurz nach Beendigung der Ausbildung MANTEGNAS kam DONATELLO nach Padua, um das Gattamelata-Denkmal und später die Reliefs für den Altar von San Antonio ▸10.36;37) zu gestalten. In Venedig heiratete MANTEGNA später die Tochter des Malers JACOPO BELLINI (um 1400–1470/71), dessen Zeichnungen klassischer Altertümer und Architekturphantasien wegen ihrer archäologischen Präzision bahnbrechend waren ▸10.65. Zu diesem Zeitpunkt trat die Beziehung zur Antike nirgendwo stärker in Erscheinung als in Venedig, jener italienischen Stadt mit den engsten Beziehungen zu Griechenland, das in weiten Teilen vom frühen 13. Jahrhundert bis 1460 venezianischer Besitz war. Vier Bronzepferde aus dem 4. vorchristlichen Jahrhundert standen an der Fassade von San Marco, und wahrscheinlich hat man noch weitere Bronzestatuen in die Stadt gebracht, wenn auch nur, um sie für Kanonen einzuschmelzen. Auch Marmorarbeiten konnte man hier sehen. Auf MANTEGNA müssen diese Altertümer einen tiefen Eindruck gemacht haben, und sehr früh begann er einen Malstil zu entwickeln, der der griechischen und römischen Skulptur so stark verhaftet war wie bei keinem anderen Maler seiner Zeit. VASARI sollte schreiben, MANTEG-

NA »*behauptete immer, die guten antiken Statuen seien vollkommener und schöner als irgendetwas in der Natur. Er glaubte, dass die Meister des Altertums in einer Figur alle Vollkommenheiten vereinigt hatten, die man in einem Einzelwesen kaum findet, und auf diese Weise Figuren von unerreichter Schönheit hervorbrachten*«.

Ob nun MANTEGNA jemals seinen Glauben an die Antike so kompromisslos bekannt hat, sei dahingestellt. Die Worte sind hilfreich für das Verständnis des *Heiligen Sebastian* ▸10.63. Der Körper des jungen Heiligen wirkt wie aus einem ungewöhnlich harten und makellosen Marmor gemeißelt. Er ist gegen eine korinthische Säule gelehnt (mit einer flüchtigen Anspielung auf VITRUVS Gleichung von architektonischen und körperlichen Proportionen). Aber auch in diesem wie in vielen anderen religiösen Bildern des 15. Jahrhunderts wird die heidnische Welt symbolisch in Ruinen gezeigt. Fragmente von Statuen und Reliefs liegen auf dem Boden verstreut, das Gebäude (nach dem Septimius-Severus-Bogen in Rom) ist zur Ruine zerfallen. Der offenkundige Widerspruch jedoch ist wesentlich für die Aussage des Bildes: Das in dem Heiligen verkörperte Christentum trägt über alle menschlichen Leiden und Nöte den Sieg davon. Sebastian war der Schutzpatron der Kranken, und seiner Fürbitte bedurfte man besonders bei Seuchen, die in Venedig (wahrscheinlich die Beulenpest) das ganze Jahrhundert hindurch alle 15 Jahre ausbrachen. Grund also, dass er so oft in der venezianischen Kunst vorkommt.

Der hl. Sebastian ist zusammen mit Hiob, dem alttestamentarischen Symbol des Seuchenbefallenen, auf dem großen Altarbild dargestellt, das MANTEGNAS Schwager GIOVANNI BELLINI (um 1427–1516) für die Kirche malte, die zum Hospital San Giobbe (Hiob) gehörte ▸10.66. Auch in diesem Gemälde gibt es scharf konturierte Ornamente auf Säulen und Kapitellen. Als größter venezianischer Maler seiner Zeit verschmolz BELLINI die formalen Neuerungen der Frührenaissance mit einem vertieften koloristischen Sinn. Erstmals wurden die verschiedenen Lokalfarben untereinander tonal abgestimmt. Das Statuarische wurde nicht mehr bemüht, um Körperlichkeit vorzuführen, Perspektivsysteme nicht mehr, um die Räume geometrisch zu durchmessen.

Im Altarbild von San Giobbe erinnert das Tonnengewölbe an die Architektur BRUNELLESCHIS, doch ist die Apsiskalotte mit den byzantinischen Seraphim im Goldmosaik unverkennbar venezianisch. Das Gemälde gehört ikonographisch zur Bildgruppe der im frühen 15. Jahrhundert von FRA ANGELICO und anderen entwickelten ›sacra conversazione‹ (heilige Unterhaltung). Die Heiligen sind nicht mehr voneinander getrennt wie im gotischen Polyptychon: Sie stehen, von einem Einheitsraum umgriffen, in lockeren Gruppen zuseiten der Madonna mit Kind. Indem die Heiligen näher zum Betrachter stehen, agieren sie als Vermittler zwischen dem Gläubigen und der thronenden Muttergottes, eine Rolle, die durch Gesten der Fürbitte betont wird. Links auf der Altartafel von San Giobbe blickt der hl. Franziskus direkt aus dem Bild heraus und lädt den Andächtigen mit einer sanften Geste der rechten Hand ein, an der himmlischen Vision teilzuhaben. Engel musizieren unterhalb des Thrones der Madonna. Jeder der Heiligen ist eigenständig, durch Pose und Ausdruck ebenso erkennbar wie durch traditionelle Attribute. Sie zeigen eine Humanitas, die, wenn überhaupt, wenig mit Humanismus zu tun hat. Das überragende Merkmal der Altartafel ist ihre sonore Farbharmonie, die das Werk als Ganzes erzeugt. Die Formen werden gleichsam aus den miteinander verschmelzenden Farben

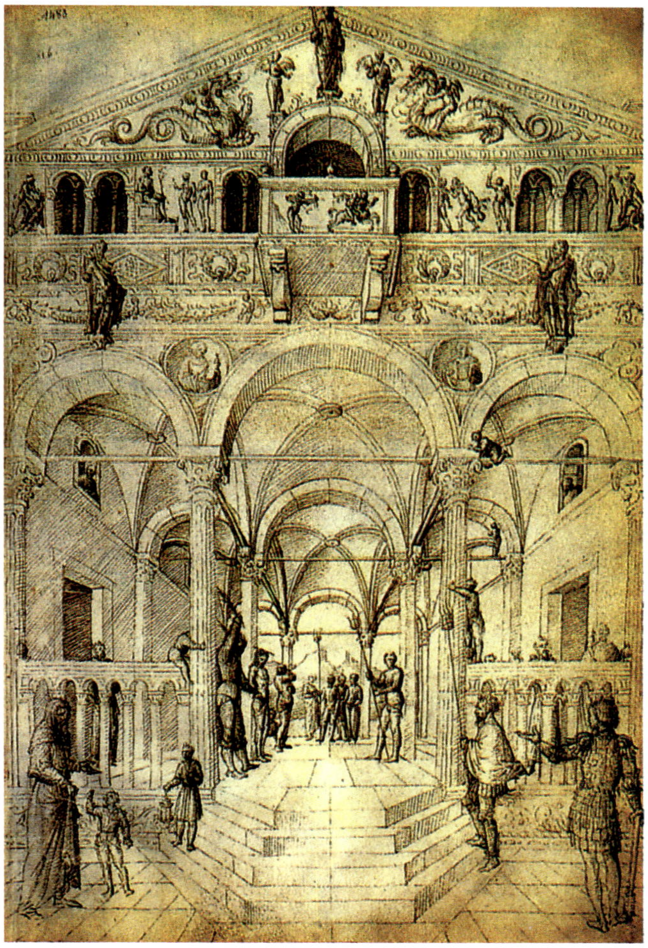

10.65 JACOPO BELLINI, *Geißelung Christi*, Metallstift, Feder in Braun auf Pergament, 42,2 x 28,3 cm. Louvre, Paris.

10.66 GIOVANNI BELLINI, *Pala di San Giobbe*, um 1485, Holz, 4,67 x 2,54 m. Galleria dell'Accademia, Venedig.

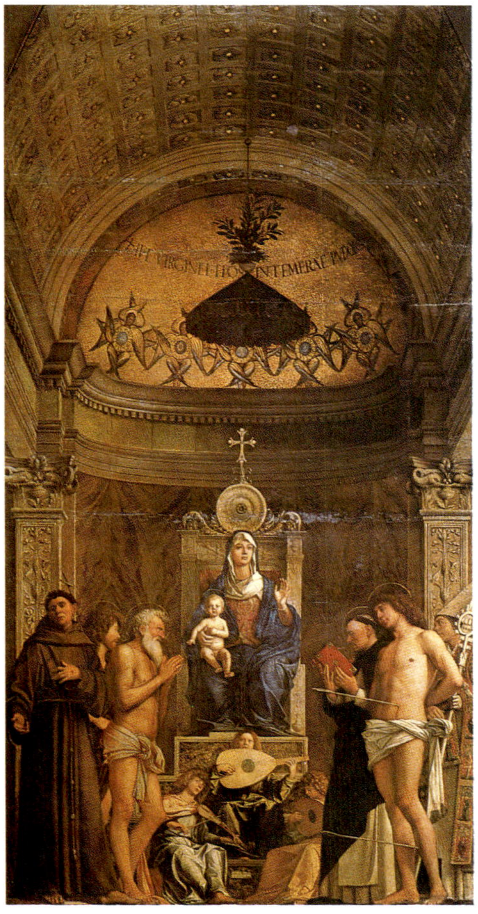

IM KONTEXT

## *Bellini und Carpaccio*
## Die Scuole in Venedig und ihre Aufträge

Die SCUOLA DI SAN GIOVANNI EVANGELISTA, für die GENTILE BELLINI und VITTORE CARPACCIO um 1494 bedeutende Werke malten war eine der fünf wichtigsten religiösen Laienbruderschaften in Venedig. Diese sogenannten Scuole grandi waren im 13. Jahrhundert von Gruppen von Laien gegründet worden, die sich bei feierlichen Anlässen öffentlich geißelten, um durch das Nacherleben der Leiden Christi die Sünden der Welt zu sühnen. Gegen Ende des 15. Jahrhunderts gab es in der Stadt außerdem mehr als 200 kleinere Bruderschaften, die Scuole piccoli. Die meisten dieser für Frömmigkeit und tätige Nächstenliebe außerhalb der offiziellen Kirche errichteten Scuole ließen Frauen als vollberechtigte Mitglieder zu, manche entwickelten sich zu Hilfsorganisationen, die sich der Kranken, Armen und Betagten annahmen. Verschiedene betätigten sich in breiterem Rahmen als Wohlfahrtseinrichtung, und einige gründeten Krankenhäuser und Altenheime. Es gab (und gibt) in katholischen Ländern natürlich seit jeher Laienbruderschaften, namentlich die Misericordia, die im heutigen Italien landesweit Ambulanzen betreibt und Erste Hilfe leistet. Die Scuole jedoch hatten ein besonderes Gepräge und erfüllten innerhalb des gesellschaftlichen Gefüges der Stadt Venedig eigene Funktionen.

Die Mitglieder der Scuole grandi rekrutierten sich aus allen Teilen der Bevölkerung. Venedig war eine Oligarchie starrster Ausprägung. Die Scuole boten den einzigen Rahmen, in dem Angehörige der verschiedenen Gesellschaftsschichten zumindest theoretisch als Gleichberechtigte zusammentreffen konnten. Zu den Mitgliedern zählten Patrizier aus den alten Geschlechtern, die Sitze im Großen Rat erbten und die aus ihren Reihen den Dogen, die Senatoren und Staatsbeamten wählten, Bürger, die aus alteingessenen venezianischen Familien stammten und häufig vermögend waren, aber kein Stimmrecht hatten, und schließlich Angehörige der unteren Schicht der Handwerker, Ladenbesitzer und dergleichen mehr, die 85 Prozent der Gesamtbevölkerung ausmachten. Im Jahr 1482 etwa zählte die Scuola di San Giovanni Evangelista, neben Patriziern, verschiedene Bürger wie einen Schiffseigner und Seiden- und Goldhändler, aber auch einen Buchhändler, einen Fischer, einen Obstverkäufer, einen Barbier und andere Vertreter der unteren Schicht zu ihren Mitgliedern. Sämtliche Mitglieder verpflichteten sich gleichermaßen zur Einhaltung eines strengen Verhaltenskodex. Wer wiederholt gegen diesen verstieß, wurde ausgeschlossen. Der Staat schätzte die Scuole als Hüter der Moral, traf aber gleichzeitig Vorkehrungen, um zu verhindern, dass sie zu einer Machtbasis für Patrizier mit politischen Ambitionen oder zu Brennpunkten im Volk verbreiteter Unzufriedenheit werden konnten, indem er gesetzlich festlegte, dass den gewählten Vorständen, lediglich Bürger, also weder Patrizier noch Vertreter der unteren Klassen, angehören durften.

Vermächtnisse ihrer Mitglieder gaben den Scuole schließlich die Mittel an die Hand, eindrucksvolle Bauten zu errichten und diese verschwenderisch auszuschmücken. Die Vorstände bevorzugten narrative Malereien, und die Bildwerke, die GENTILE BELLINI und CARPACCIO für sie schufen, waren nicht nur für sich genommen bemerkenswert, sondern auch, weil sie das Ergebnis dieses ungewöhnlichen Auftraggebertums der Scuole waren. Denn die Vorstände bestimmten nicht nur die Künstler, sondern auch das darzustellende Sujet und beriefen eine Kommission, um die Arbeit zu beaufsichtigen. CARPACCIO malte Bildfolgen für drei Scuole, obwohl nur eine, nämlich die für die Scuola di San Giorgio degli Schiavoni (eine Bruderschaft von Dalmatinern, welche die Mannschaften für venezianische Schiffe stellten), bis heute in dem Gebäude erhalten ist, für das sie gemalt wurde ▸10.67.

Welche Motive lagen diesem Auftraggebertum der Scuole zugrunde? Die von ihnen erteilten Aufträge waren vor allem Akte der Frömmigkeit wie das Spenden von Almosen für die Armen oder das Anzünden einer Kerze vor einem Altar. Waren aber die Darstellungen, die sie in Auftrag gaben, zugleich gedacht als ›Augenzeugenberichte‹ des Lebens in Venedig, als Bilddokumente, die die Wahrheit der Wunder und anderer religiöser Ereignisse, die sie darstellten, belegten? Oder hielten sie irgendwie die Mitte zwischen der Alltagswirklichkeit und dem Leben, das den Bürgern der Vorstände vorschwebte, nach dem sie sich sehnten? Die Antwort ist nicht nur unter kunsthistorischen Gesichtspunkten interessant, sondern auch im Hinblick auf die Rolle des Erzählens heute. Selbst wenn sie – etwa in Form von Fabeln, Dramen, romantischen Fernsehfilmen oder Comics – offensichtlich reine Unterhaltung darstellt, fungiert die Erzählung häufig als ein Filter, um die Unklarheiten des Alltagslebens begreifbar und akzeptabel zu machen, um die Ungereimtheiten der Wirklichkeit zu zerstreuen. Sie verleihen den ungeordneten und weitgehend inkohärenten Ereignissen jedes Tages Struktur und Zusammenhang und manchmal sogar eine moralische Dimension. Spielten die erzählenden Zyklen von BELLINI und CARPACCIO eine ähnliche Rolle?

Wir wissen über Venedig in der zweiten Hälfte des 15. und der ersten Hälfte des 16. Jahrhunderts genug, um ausschließen zu können, dass diese narrativen Zyklen als direkte Abbilder der bestehenden Lebenswirklichkeit gedacht waren. Sie sollten nicht einfach als bunte Tableaus im sich entrollenden Festumzug des öffentlichen Lebens in Venedig aufgefasst werden. Zwar mögen sie bis zu einem gewissen Grad Gesellschaftsleben und Stadtbild wiedergeben, sie sind aber keine neutralen, interesselosen Dokumente des Alltagslebens oder feierlicher Bräuche. Sämtliche unterhalb der Oberfläche des venezianischen Lebens schwelenden Konflikte und Spannungen sind kaschiert worden, um ein glückliches, harmonisches Gesellschaftsbild zu zeichnen. Sie verherrlichen ein merkantiles Ideal des Staates nach den Vorstellungen des wohlhabenden, kaufmännischen Bürgerstandes, der sie in Auftrag gab.

10.67 Oratorium der Scuola di San Giorgio degli Schiavoni, Venedig, mit Gemälden von CARPACCIO, um 1502–1507. Die Gemälde befanden sich ursprünglich in einem Sitzungssaal im ersten Stock.

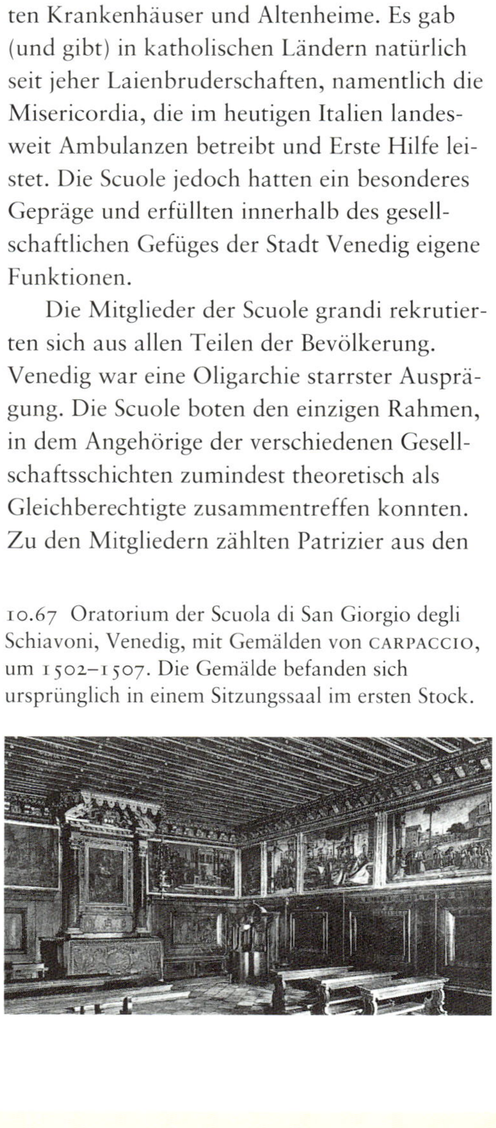

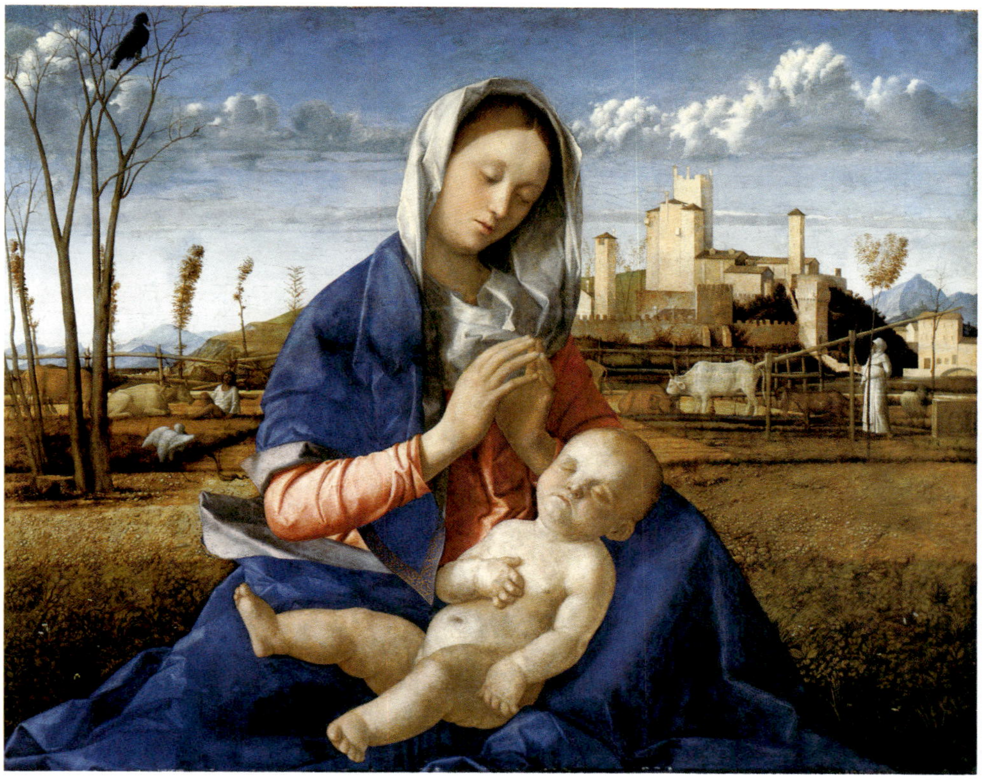

10.68 GIOVANNI BELLINI, *Die Madonna vor einer Landschaft*, um 1505, 67x86cm. National Gallery, London.

geschaffen; das auf sie fallende Licht ist kein Strahl unirdischer Blässe mehr, sondern ebenfalls mit leuchtender Farbe erfüllt. Man könnte sagen, BELLINI habe ›Atmosphäre‹ in die Malerei eingeführt, indem er das hermetisch verschlossene Perspektivgehäuse florentinischer Provenienz öffnete, um den Glanz des wirklichen Sonnenlichts einzulassen, eine Errungenschaft, die erst die Ölmalerei ermöglichte. BELLINI ging koloristisch über die Neuerungen der flämischen und Florentiner Kunst hinaus.

Aber dies war mehr als nur eine technische Weiterentwicklung. Er entwarf eine neue künstlerische Sprache mit weichem venezianischen Akzent, die kurzerhand von anderen Malern in der Stadt übernommen wurde. Gewandtheit und Feinsinnigkeit nahmen in den späten Arbeiten, als er schon über siebzig Jahre alt war, noch zu. Seine Gemälde der Madonna, die er in Landschaften Platz nehmen ließ, wo sie sich im wiederbelebenden Licht der Wintersonne ergötzt und eine Vorahnung vom Frühling zu spüren ist, gehören zu seinen poetischsten und andächtigsten Bildern. In ihnen drückt sich die Demut und der Stolz der Muttergottes aus sowie die Gefühle der Gläubigen angesichts der Schönheit der Schöpfung und des Wunders der Fleischwerdung. In seinem Bild *Madonna vor einer Landschaft* ▸10.68 ist die Landschaft nicht mehr nur Hintergrund, sondern ein Bestandteil der gesamten Komposition. Sie lädt zu friedvoller Meditation ein und gibt die Gemütsverfassung der Personen wieder, die sich zwar deutlich hervorheben, sich aber nicht aus dem Bildzusammenhang herauslösen lassen, sondern in das Ganze eingebunden bleiben.

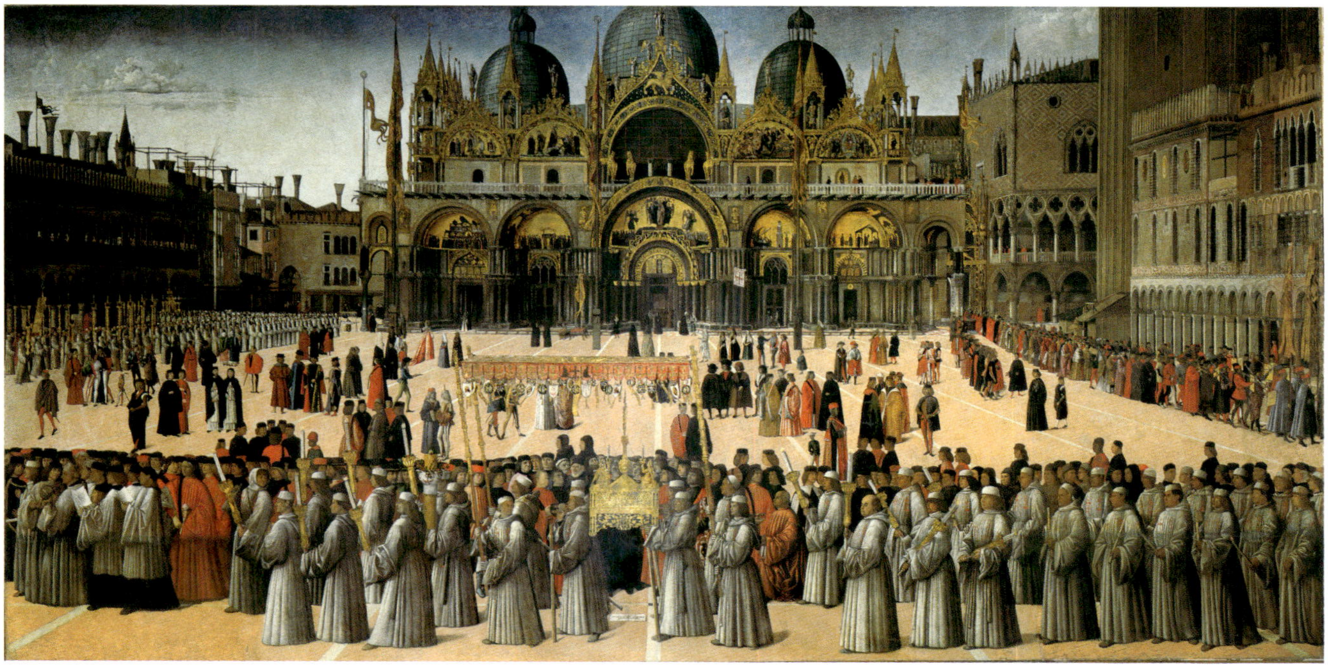

69 GENTILE BELLINI, *zession auf der Piazza Marco*, 1496, Leinwand, x745cm. Accademia, edig.

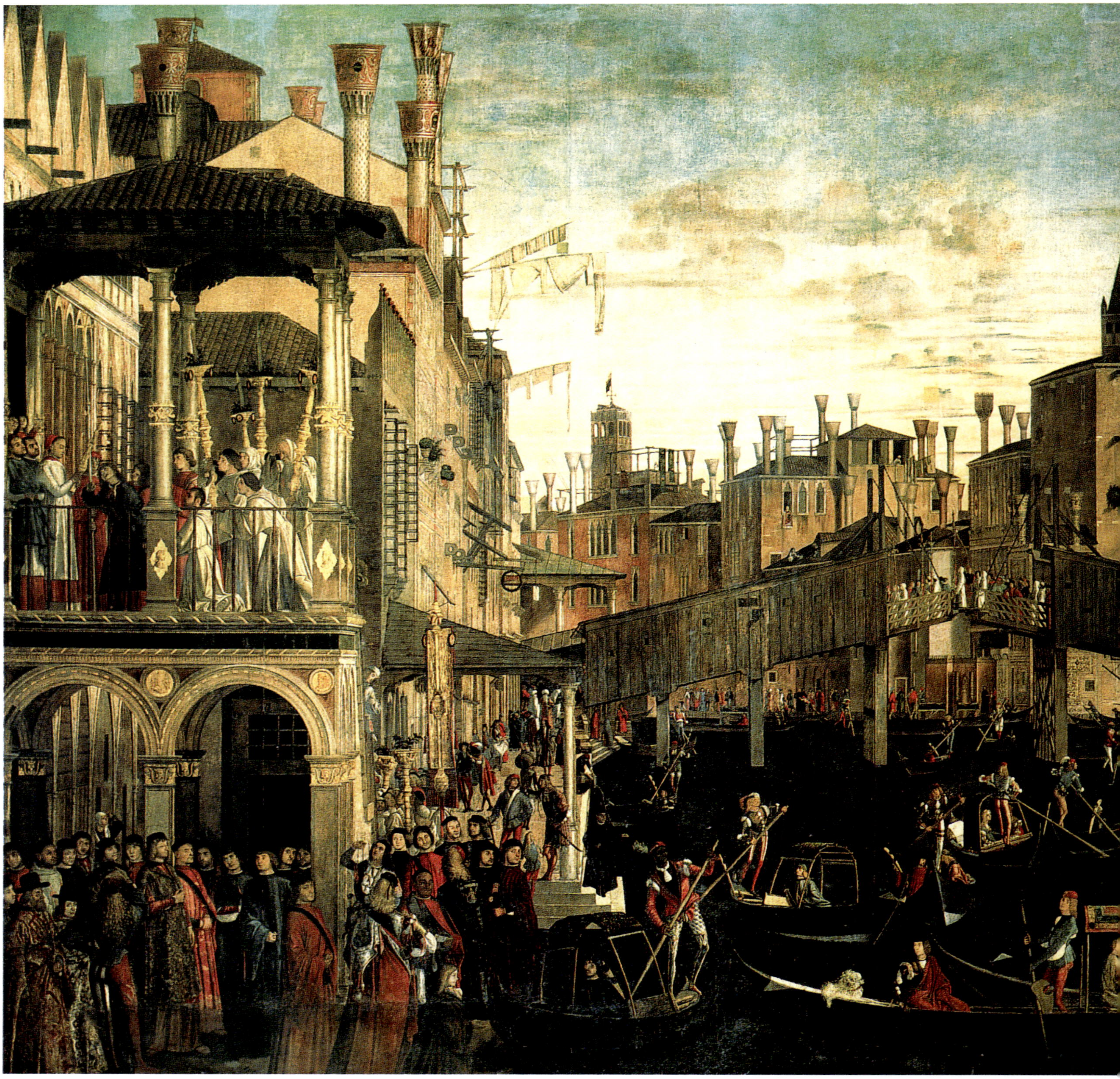

BELLINI ging koloristisch über die Neuerungen der flämischen und Florentiner Kunst hinaus, und vielleicht sollte ihn aus diesem Grund ALBRECHT DÜRER 1506 als den immer noch größten Meister bezeichnen.

GENTILE BELLINI (1429–1507), der ältere Bruder, war in seiner Zeit so bedeutend wie GIOVANNI, aber mehr für seine Historienmalerei bekannt als für Andachtsbilder. 1474 erhielt er den größten Auftrag, den bis dahin ein Maler in Venedig erhalten hatte: die verblassten Fresken von GENTILE DA FABRIANO und anderen Künstlern im Ratssaal des Dogenpalastes, Werke der Internationalen Gotik, zu ersetzen. GENTILE malte Szenen aus der venezianischen Geschichte auf Leinwand (bei einem Brand 1577 zerstört) in einem neuen und ungewöhnlichen Erzählstil. Gebäude, Figuren und sogar die kleinsten Gegenstände wurden mit empirischem Realismus und größter Detailfreude nach der Manier flämischer Meister, aber ohne deren ausgeklügelten Symbolismus gemalt. Dies alles setzte er in einen streng gegliederten Raum in der Art florentinischer Maler, aber ohne deren zuweilen aufdringliche Perspektive, die das Augenmerk zu sehr auf die Hauptgegenstände lenkt.

In den folgenden drei Jahrzehnten entstanden viele solcher Bilder in Venedig, die man mit dem Begriff ›Augenzeugen-Stil‹ treffend charakterisierte. Die Künstler erhielten Aufträge zur Ausgestaltung der Gebäude der Laienbruderschaften (Scuole),

10.70 VITTORE CARPACCIO, *Die Heilung des Besessenen durch den Bischof von Grado* 1491, Leinwand, 365 x 389 cm, Accademia, Venedig

denen zu jener Zeit die engagiertesten Kunstmäzene der Stadt angehörten. Für die Scuola di San Giovanni Evangelista malte GENTILE BELLINI drei Bilder, darunter auch die *Prozession auf der Piazza San Marco* ▸10.69. (Die Fassade von San Marco erstrahlt hier noch in den leuchtenden byzantinischen Mosaiken, welche später ersetzt wurden.) Ein Künstler der nächsten Generation und einer der gewandtesten Vertreter dieses Historienstil VITTORE CARPACCIO (1460–1526), gestaltete für dieselbe Scuola 1494 *Die Heilung des Besessenen durch den Bischof von Grado* ▸10.70: eine figurenreiche Szene mit der damals noch aus Holz bestehenden Rialto-Brücke über den Canal Grande. Auf den ersten Blick scheinen diese Bilder nicht mehr zu sein als Stadtansichten. Doch gedenken sie alle der wundersamen Wirkung einer Reliquie während der vergangenen hundert Jahre: ein Stück vom Kreuz Christi, der kostbarste Besitz der Scuola. Die Bilder dienten der Bestätigung schriftlicher Zeugnisse unzähliger Wunder, welche mit Hilfe der Reliquie vollbracht worden waren. GENTILE BELLINI stellt die Prozession am Tag des hl. Markus dar, bei der die Reliquie getragen wurde. An einem ohne Kopfbedeckung niederknienden Mann vorbeikommend, wird dieser plötzlich zum Gebet angeregt: Sein weit entfernt in Brescia weilender Sohn wird im selben Moment von einer Schädelfraktur geheilt. CARPACCIO zeigte in der offenen Loggia auf der linken Seite seines Bildes einen Besessenen, welcher in Gegenwart der Reliquie augenblicklich geheilt wird. Dies waren unter anderem die Wunder, die beweisen sollten, dass an der Echtheit der Reliquie als Fragment des Originalkreuzes Christi nicht zu zweifeln sei. Die Detailschilderung CARPACCIOS suggerierte eine Glaubwürdigkeit, die diese Ereignisse als Tatsachenberichte bestätigen sollten.

Dies sind keine übernatürlichen Erscheinungen mehr, wie etwa diejenige des hl. Franziskus in einem Fresko GHIRLANDAIOS in Florenz, welcher aus den Wolken auftaucht, um ein totes Kind wieder zu beleben. Die Bilder handeln von einem Alltag, wie er den frommen, aber hart arbeitenden Kaufleuten von Venedig vertraut war, zu einer Zeit, als niemand mehr, nicht einmal die Humanisten, an der Möglichkeit wundersamer Erscheinungen zweifelte.

## Der europäische Humanismus

In den letzten Jahrzehnten des 15. Jahrhunderts begann sich der italienische Einfluss nach und nach im Europa nördlich der Alpen auszubreiten. Matthias Corvinus, König von Ungarn (1458–1490), erwarb nicht nur Renaissancekunstwerke, einschließlich Marmorreliefs von VERROCCHIO, er ließ auch von einem italienischen Architekten seine Paläste in toskanischer Art umbauen und sie von italienischen Bildhauern und Malern mit Marmorbrunnen und Fresken ausschmücken (nur noch Fragmente davon sind überkommen). Ein solch ausgeprägt italianisierter Geschmack war vor dem 16. Jahrhundert ungewöhnlich und zum Teil von seiner Frau angeregt, einer Tochter des Königs von Neapel, deren Wappen zusammen mit dem seinen auf einem prachtvollen Tafelservice aus Majolika zu sehen ist, das in Faenza oder Deruta mit Allegorien bemalt wurde ▸10.57. Doch war dieser kleine Renaissancehof in Budapest zu diesem Zeitpunkt für das nördliche Europa noch singulär.

Der neue Stil wurde zunächst durch illustrierte Handschriften klassischer Texte, durch Stiche mit mythologischen Themen und gedruckte Bücher über den Kontinent verbreitet, hauptsächlich wohl durch ein Netz persönlicher Verbindungen zwischen den Humanisten. Dem Leser eines in Italienisch gedruckten Buches mag der Blick abgelenkt worden sein durch nackte ›putti‹, die unter dem krausen Akanthusblattwerk tollten, das aus zahlreichen Großbuchstaben in Holzschnittinitialen hineinrankte ▸10.73. Diese kleinen Gestalten stellten ein Bindeglied zwischen gelehrtem Studium und der optischen Sprache der Renaissance her, lange bevor italienische Gemälde und Skulpturen in größerer Zahl das nördliche Europa erreichten.

### *Albrecht Dürer*

Im Kontext dieses internationalen Humanismus schuf ALBRECHT DÜRER (1471–1528) ein nördliches Äquivalent zum italienischen Renaissancestil des 15. Jahrhunderts. Wie viele Florentiner Künstler begann auch er als Goldschmied (in der Werkstatt seines Vaters). Aber er beendete seine Lehrzeit bei einem Nürnberger Maler, der auch Holzschnitte fertigte; nach seiner Gesellenreise im Rheinland arbeitete er einige Zeit an Buchillustrationen in Basel. 1494 ging er nach Venedig, das sich damals allmählich zum wichtigsten Verlagszentrum humanistischer Bücher entwickelte, um die neue Kunst zu studieren und seine künstlerische Ausbildung zu vollenden, so, wie sein lebenslanger Freund Willibald Pirckheimer damals seine humanistische Bildung an der Universität von Padua vervollkommnete. Durch Pirckheimer, den Sohn einer Patrizierfamilie in Nürnberg, gelangte DÜRER in Kontakt mit den Huma-

10.71 ALBRECHT DÜRER, *Heiliger Eustachius*, 1501, Kupferstich, 35,5 x 25,9 cm. British Museum, London.

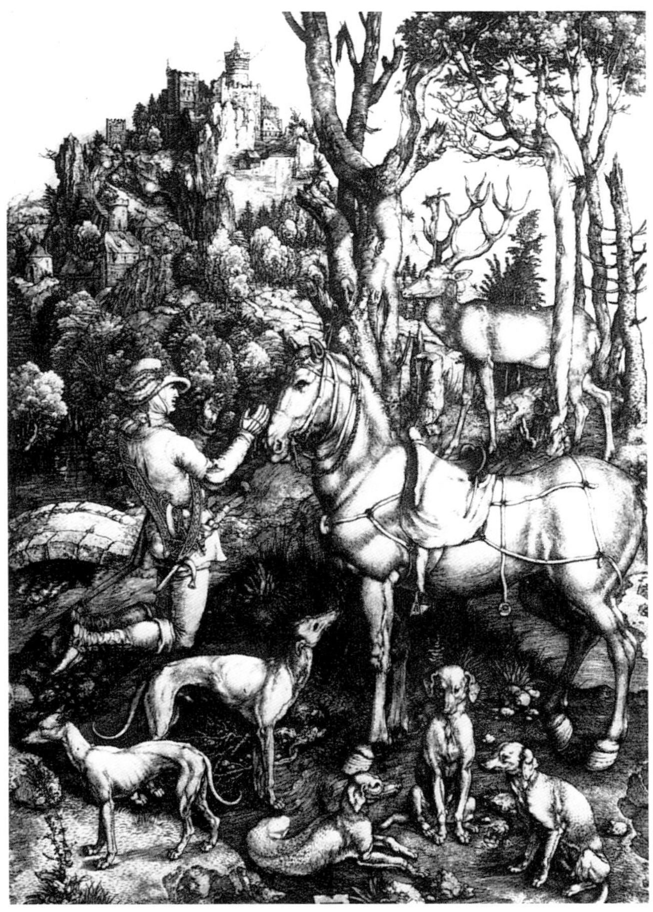

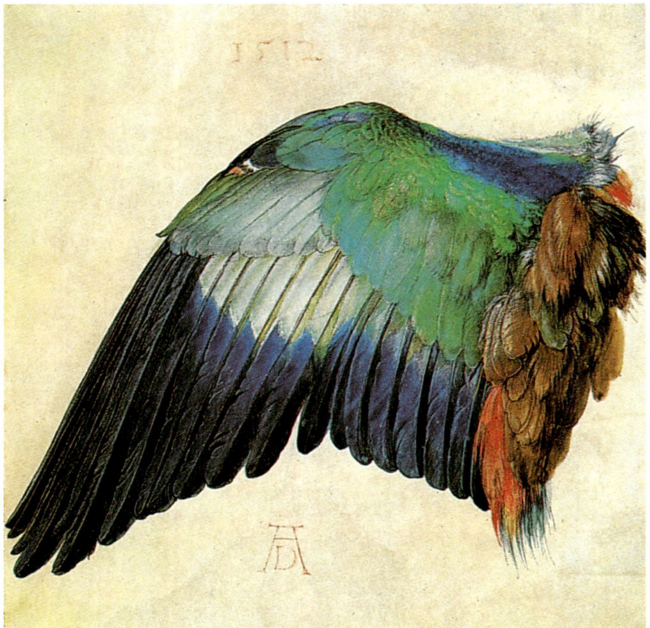

10.72 ALBRECHT DÜRER, *Blaurachenflügel*, 1512, Aquarell und Deckfarben auf Pergament, 19,7 x 20,1 cm. Albertina, Wien.

nisten, die in Deutschland dazu neigten, sich gegenüber Künstlern abzugrenzen. In diesen Kreisen begegneten ihm wahrscheinlich die Stiche mythologischer Szenen von POLLAIUOLO und MANTEGNA, die ganz anders als nordische Kunstwerke waren, da sie nackte oder antik gewandete (nicht zeitgenössisch gekleidete) Gestalten zeigten und auf diese Weise klassische Themen wieder in eine klassische Form brachten. Er kopierte sie in Federzeichnungen und beherrschte ihren Stil bald so meisterhaft, dass er unabhängig damit weiterarbeiten konnte. Doch waren es keine klassischen Themen, die nach seiner Rückkehr nach Nürnberg, im Jahr 1495, seinen Ruhm begründeten. Abgesehen von Porträts sind alle seine Gemälde mit nur einer Ausnahme religiös. Desgleichen die meisten seiner zahlreichen Stiche, deren edelste in ihrer Konzentration religiösen Denkens und Fühlens wie in ihrer technischen Vollendung einzigartig sind.

Das Verfahren, Drucke von Metallplatten (Kupferstich) herzustellen, zuerst in Deutschland entwickelt und dann, Mitte des 15. Jahrhunderts, in Italien, war das Ergebnis einer Kombination zweier viel älterer Techniken (Drucken von geschnittenen Holzplatten und ornamentales Gravieren in Metall), erleichtert durch eine enorme Qualitätsverbesserung der →Hadernpapiere. Kein Künstler war kraft seiner Schulung besser gerüstet, dieses Verfahren zur Vollendung zu führen, als DÜRER. Sein großer Stich des *Heiligen Eustachius* ▸10.71 ist allein vom Technischen her ein Meisterwerk. Niemals vorher hatte die Gravierkunst solch subtile Abstufungen von Licht und Schatten hervorgebracht, solche Differenziertheit in der Textur. Die Legende des hl. Eustachius, der auf der Jagd durch die Erscheinung eines Hirsches mit einem Kreuz im Geweih bekehrt wurde, war volkstümlich und forderte ein landschaftliches Milieu. DÜRERS Landschaft enthüllt die beispiellose Schärfe seines Blicks und Geschicklichkeit seiner Hand, mit denen er Pflanzen und Tiere registrierte und zeichnete – Hunde mit wachem, wissendem Blick, das Pferd, das nervös die Hinterhand bewegt, Grasbüschel, die aus der Erde sprießen, wetterharte Baumstümpfe in bizarren Formen, selbst ein Vogelschwarm (der Formation nach Stare), der den Turm auf der Bergspitze umkreist. »Kunst ist in die Natur eingebettet; wer sie da herausholen kann, der hat sie«, schrieb DÜRER.

*»Kein Mensch kann aus seiner eigenen Vorstellungskraft ein schönes Bildnis schaffen, wenn er seinen Geist nicht angefüllt hat durch vieles Malen nach der Natur. Dies darf man nicht länger als persönlich bezeichnen, sondern es ist ›Kunst‹ geworden, gewonnen und erlernt durch Übung, die in sich keimt, wächst und Früchte trägt.«*

Zeichnungen beweisen DÜRERS stete Bemühung um eine umfassende Vergegenwärtigung der Natur: Mehr als 1700 sind erhalten, eine weit größere Zahl, als man einem früheren oder zeitgenössischen Künstler zuschreiben kann, mit Ausnahme von LEONARDO DA VINCI (s. S. 435 ff.). Nur wenige frühere Künstler hatten sich selbst porträtiert, DÜRER aber malte drei Brustbilder (zwei davon in Lebensgröße) und hielt sich in mehreren Zeichnungen fest. Zuerst in einer übergenauen, ziemlich großen Silberstiftzeichnung im Alter von erst 13 Jahren (Albertina, Wien). Ein Skizzenblatt, das aus seinen Wanderjahren stammt, zeigt sein nachdenklich aus einem Spiegel blickendes Gesicht ▸10.74. Daneben seine langgliedrige linke Hand, hochgehalten, um von der rechten gezeichnet zu werden, als wolle er das Spiegelbild mit der direkt beobachteten Realität vergleichen. Darunter ist ein zerknülltes Kissen und auf der Rückseite des Blattes weitere Kissenskizzen, Übungen in der Wiedergabe unregelmäßiger Objekte durch verschieden dichte Schraffierung. Das Selbstporträt ist mit seinen Initialen versehen – zu einer Zeit, als nur wenige Künstler ihre vollendetsten Gemälde signierten, geschweige denn Skizzen –, ein Hinweis auf das Selbstbewusstsein des Nürnbergers.

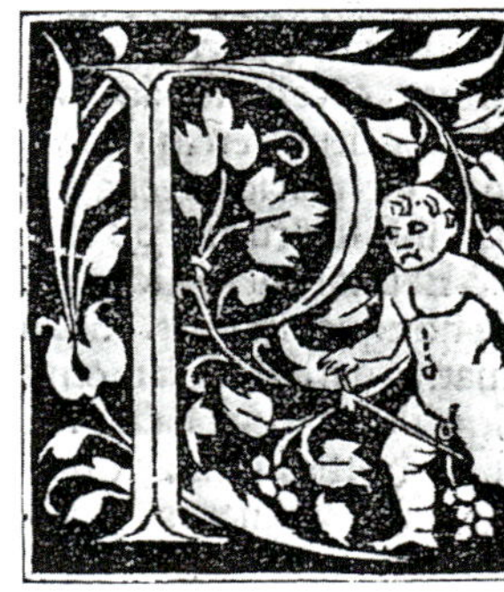

10.73 Initiale einer venezianischen Vergil-Ausgabe aus dem Jahr 1495.

10.74 ALBRECHT DÜRER, *Selbstbildnis*, 1493, Zeichnung, 27,6 x 20,2 cm. The Metropolitan Museum of Art, New York.

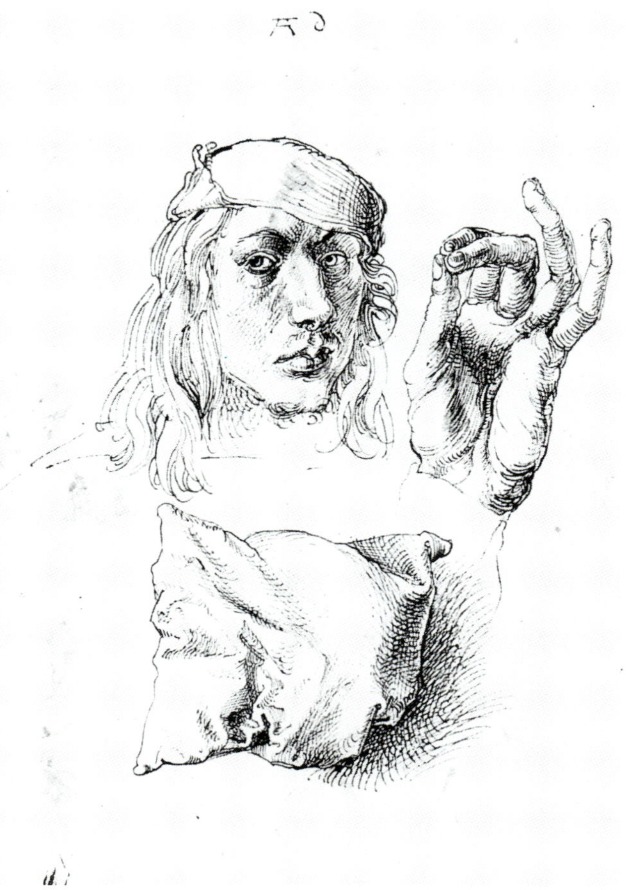

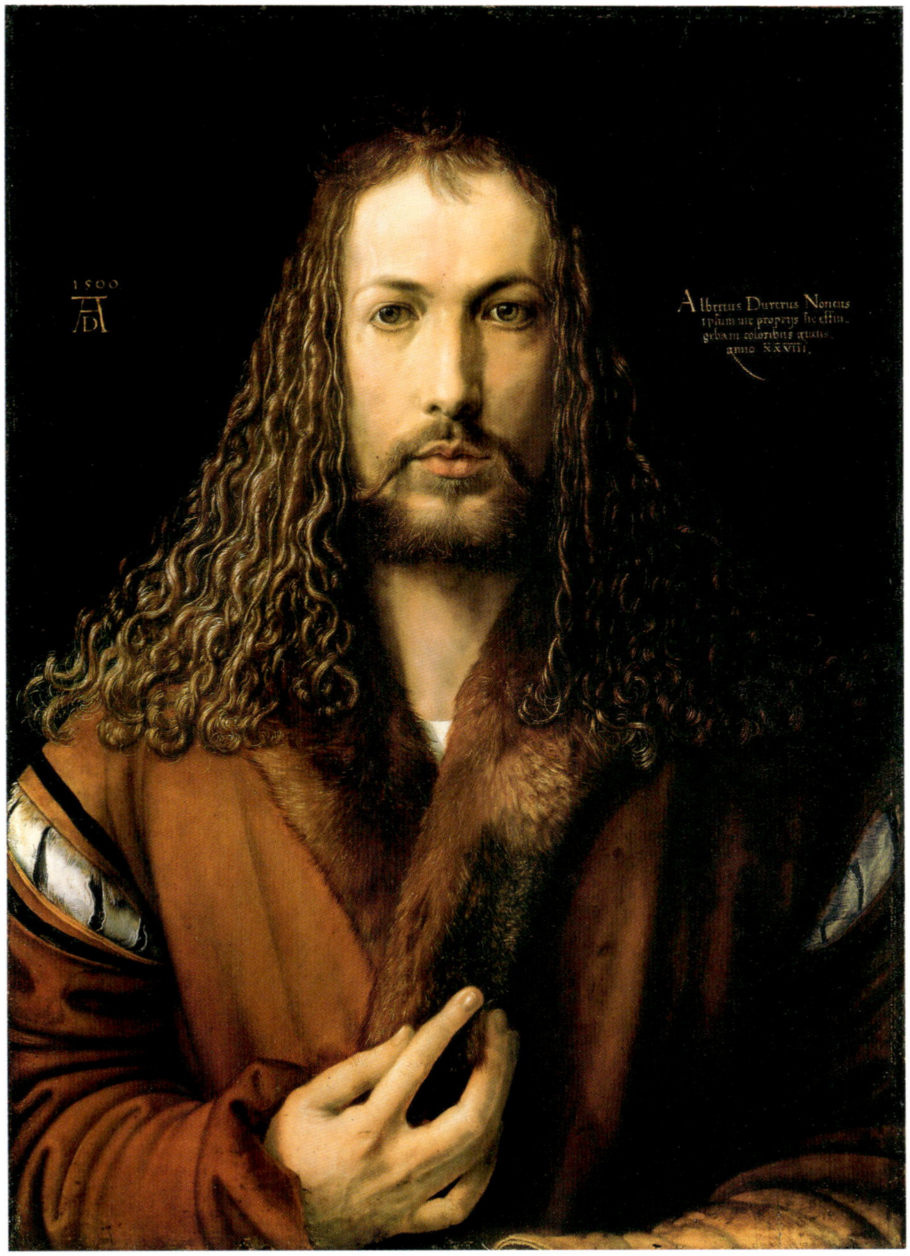


10.75 ALBRECHT DÜRER,
*Selbstbildnis*, 1500,
Holz, 67x49 cm.
Alte Pinakothek, München.

Obgleich DÜRER Freunde in den oberen Schichten der Nürnberger Gesellschaft hatte, besonders Willibald Pirckheimer, zählte er doch mit den anderen Malern zu den Handwerkern, wie Tischlern, Schneidern und anderen. Allein in Italien standen die Maler in höherem Ansehen. Dort waren, wie er Pirckheimer 1505–1507 schrieb, die Dinge ganz anders: »Hier bin ich ein Herr.« Wenige Jahre früher hatte er sich als dandyhaften Herrn in einem Selbstporträt dargestellt; es dürfte das erste eigenständige Gemälde dieser Art sein (Prado, Madrid). Doch ist ein anderes Selbstporträt noch ungewöhnlicher, denn hier nahm er eine Haltung hieratischer Frontalität ein, die normalerweise Königen und Christus vorbehalten blieb ▸10.75. Zum Teil lässt sich dies als wörtliche Auslegung der Lehre von der ›Nachfolge Christi‹ erklären, zum anderen durch DÜRERS Überzeugung, dass die schöpferischen Fähigkeiten des Künstlers Teil der schöpferischen Kraft Gottes seien. Im Jahr 1512 sollte er schreiben: *»Die hohe Kunst des Malens wurde vor vielen hundert Jahren von den mächtigen Königen hoch geschätzt. Sie machten die hervorragenden Künstler reich und behandelten sie mit Auszeichnung, da sie fühlten, dass die großen Meister auf einer Stufe mit Gott stehen, wie dies geschrieben steht. Denn ein guter Maler ist voll von Gestalten, und wäre es ihm möglich, für immer weiterzuleben, so müsste er immer wieder Neues hervorbringen kraft seiner inneren Ideen, von denen Plato schreibt.«*

Der Verweis auf Plato erinnert an die Florentiner Humanisten, doch war DÜRERS Einstellung grundverschieden. Er war weniger mit Platos Theorie der Ideen befasst als vielmehr mit der gottgegebenen Schöpferkraft des Künstlers. Gegen Ende seines Lebens schrieb er: *»Nur die fähigsten Künstler werden imstande sein, zu verstehen, dass ich in dieser seltsamen Rede die Wahrheit spreche: Ein Mensch mag an einem Tag auf einem halben Bogen Papier etwas skizzieren … und dies kann besser und künstlerischer sein als das große Werk eines anderen, an dem der Autor mit äußerstem Fleiß ein ganzes Jahr lang gearbeitet hat. Denn oftmals gibt Gott die Lernbegierde und den Scharfblick, um etwas Gutes zu schaffen, einem Menschen, dem in seinen eigenen Tagen, lange vor ihm und danach kein anderer gleichkommt.«*

Dieses Zeugnis des tiefen Glaubens an das Individuum war kaum möglich ohne die Revolution in der Bewertung der Künste, wie sie die italienische Renaissance eingeleitet hatte und die gegen Ende des 15. Jahrhunderts über eine Wiederbelebung antiker Formen längst hinausgewachsen war.

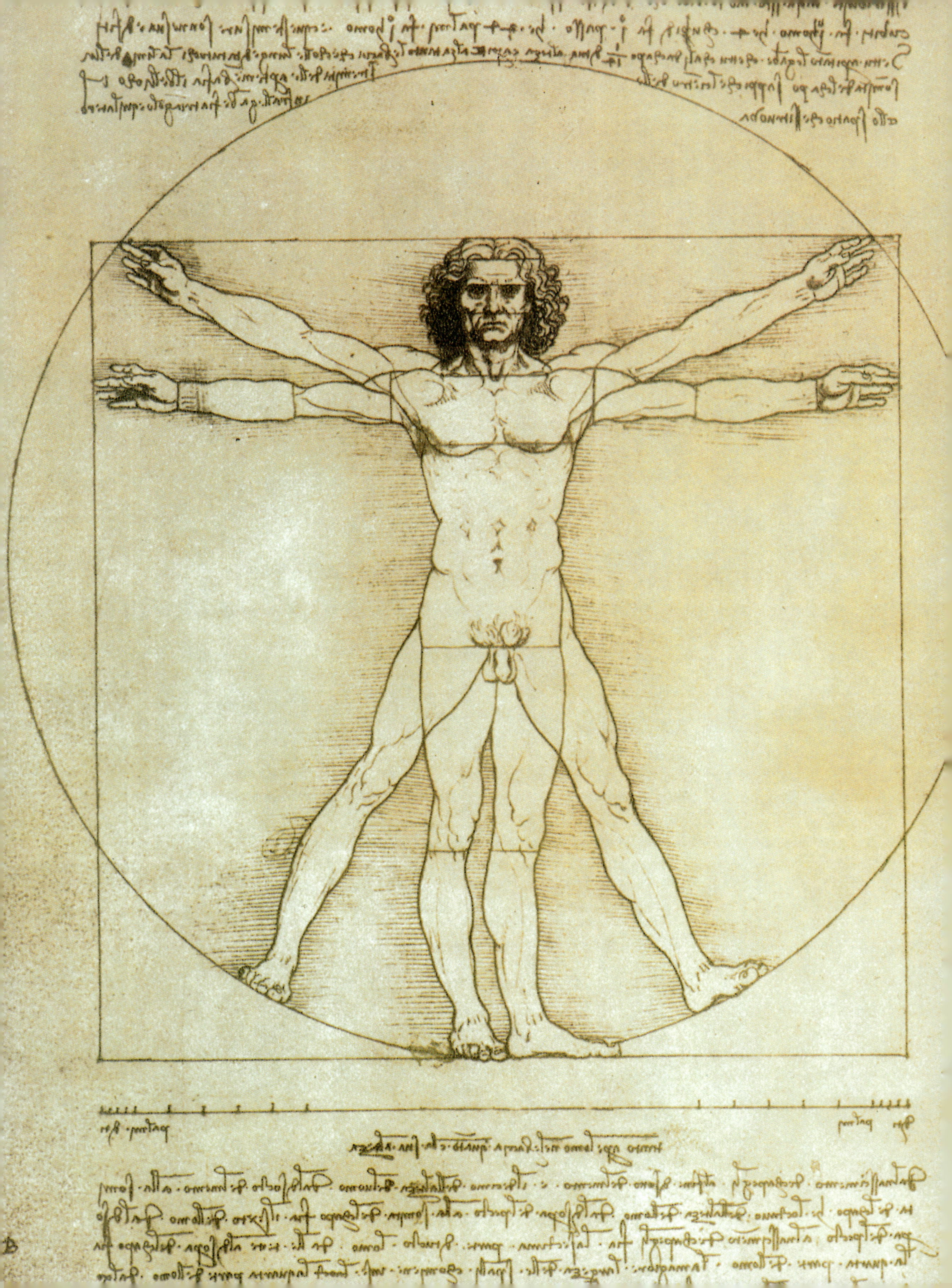

# 11
# Das 16. Jahrhundert in Europa

Zum ersten Mal nahmen Künstler ihren Platz unter den großen Geistern des Zeitalters ein – dies ist sozialgeschichtlich das besondere Merkmal der Kunst des 16. Jahrhunderts. Das Jahrhundert erlebte einige große Künstler von imponierender Persönlichkeit und Schaffenskraft, die internationales Ansehen genossen. Sie wurden hofiert von Päpsten, Kaisern und Prinzen, die miteinander wetteiferten, um Werke von ihnen zu besitzen. Niemals vorher hatten einzelne Künstler solch allgemeine und begeisterte Anerkennung gefunden.

Der Gedanke, Architektur, Malerei und Skulptur seien eher Geisteswissenschaften als Handwerksberufe, ist hauptsächlich ALBERTI (s. S. 400 f.) zuzuschreiben. ALBERTI aber war primär Schriftsteller. Für ihn zählten Kenntnisse und praktische Erfahrungen in der bildenden Kunst zu den Fertigkeiten eines ›universellen Menschen‹. Nun war mit LEONARDO ein Mann zum ›universellen Menschen‹ geworden, der sich zunächst als Künstler verstand. Diese Akzentverschiebung verdient besondere Beachtung. LEONARDO DA VINCI (1452–1519) war daneben Naturwissenschaftler und ein kühner experimenteller Denker, MICHELANGELO (1475–1564) außerdem Dichter. Dennoch rühmte man sie als überragende Künstler, zusammen mit RAFFAEL (1483–1520) und TIZIAN (um

| | BILDENDE KUNST |
|---|---|
| 1501–03 | MICHELANGELO, *David*, Florenz ▸ 11.37 |
| Um 1502 | BRAMANTE, Tempietto, Rom, begonnen ▸ 11.30 |
| Um 1505 | BOSCH, *Garten der Lüste* ▸ 11.4;5 |
| 1508–12 | MICHELANGELO, Deckengemälde der Sixtinischen Kapelle, Rom ▸ 11.40 |
| 1509–11 | RAFFAEL, Ausmalung der Stanzen des Vatikan ▸ 11.35;36 |
| Um 1510–15 | GRÜNEWALD, *Isenheimer Altar* ▸ 11.7;8 |
| 1516–18 | TIZIAN, *Himmelfahrt Mariä*, Venedig ▸ 11.62 |
| 1519–34 | MICHELANGELO, Medici-Kapelle, Florenz ▸ 11.44;45 |
| Um 1523 | HOLBEIN D. J., *Erasmus von Rotterdam* ▸ 11.11 |
| 1526 | DÜRER, *Die vier Apostel* ▸ 11.15 |
| Um 1532 | CORREGGIO, *Danae* ▸ 11.74 |
| Um 1535 | PARMIGIANINO, *Madonna mit dem langen Hals* ▸ 11.75 |
| 1543 | TIZIAN, *Papst Paul III.* ▸ 11.61 |
| 1546–64 | MICHELANGELO, Sankt Peter, Rom ▸ 11.51 ff. |
| 1565 | TINTORETTO, *Kreuzigung* ▸ 11.66 |
| | BRUEGHEL, *Kornernte* ▸ 11.85 |
| 1567–69 | PALLADIO, Villa Rotonda, Vicenza ▸ 11.70 |
| 1568 | Il Gesù in Rom begonnen ▸ 11.77 |
| 1573–75 | GIOVANNI BOLOGNA, *Apollo* ▸ 11.83 |
| 1597–1604 | EL GRECO, *Auferstehung* ▸ 11.91 |

| | HISTORISCHE & KULTURELLE DATEN |
|---|---|
| 1503 | Wahl Julius' II. zum Papst |
| 1507 | Ablassverkauf zum Neubau von St. Peter |
| 1509 | Erfindung der Uhr (Deutschland) |
| 1515 | Franz I. wird König von Frankreich |
| 1516 | Ariost, *Orlando Furioso* |
| 1517 | Luther prangert den Ablasshandel an |
| 1519 | Wahl Karls V. zum deutschen Kaiser |
| 1520 | Exkommunikation Luthers |
| 1522 | Erste Weltumsegelung |
| 1524–26 | Bauernkriege |
| 1527 | Plünderung Roms durch deutsche und spanische Söldner (Sacco di Roma). |
| 1528 | Castiglione, *Il Cortegiano* |
| 1532 | Beginn des reformatorischen Wirkens Johann Calvins in Paris |
| 1534 | Gründung des Jesuitenordens; Lossagung der anglikanischen Kirche von Rom |
| 1541 | Calvin führt die Genfer Kirchenordnung ein |
| 1545 | Beginn des Konzils von Trient (bis 1563) |
| 1550 | Pierre de Ronsard, *Oden*; Vasari, *Viten* |
| 1558 | Elisabeth I. wird Königin von England |
| 1566 | Unruhen in den spanischen Niederlanden |
| 1572 | Am Bartholomäustag Massaker an den Hugenotten in Paris |
| 1576 | Zusammenschluss der niederländischen Provinzen gegen Spanien |
| 1596 | Shakespeare, *Midsummer Night's Dream* |
| 1598 | Edikt von Nantes: Duldung der Hugenotten in Frankreich |

ONARDO DA VINCI, *oportionsschema der menschhen Gestalt*, 1485–1490, der, 34,3 x 24,5 cm. Galleria ll'Accademia, Venedig.

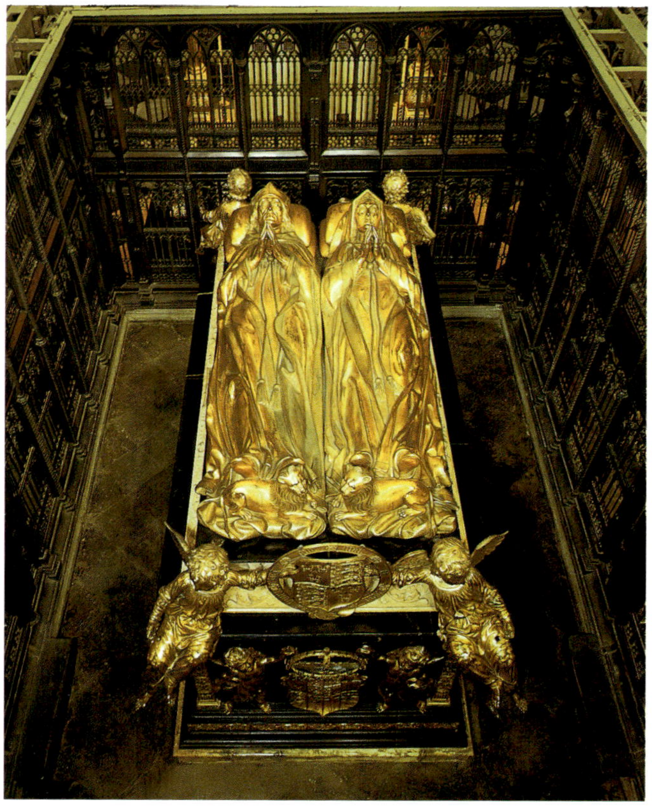

11.1 PIETRO TORRIGIANO, *Grab Heinrichs VII.*, 1512–1518, vergoldete Bronzefiguren, etwa lebensgroß. Westminster Abbey, London.

1490–1576), die nur als Maler Ruhm für sich in Anspruch nahmen. Ihrer aller gewaltige Leistungen setzten Maßstäbe für die Kunst bis in das 19. Jahrhundert.

Aus der Perspektive der Geistesgeschichte war das Hauptereignis des 16. Jahrhunderts die große Bewegung der religiösen Erneuerung. Durch die Erhebung des individuellen Gewissens zur moralischen Instanz stellte die protestantische Reformation nicht nur Lehre und Praxis der katholischen Kirche in Frage, sondern auch die Traditionen, die der europäischen Kultur zugrunde lagen, einschließlich der bildenden Künste. Bei der Verbreitung der neuen Ideen war die junge Erfindung des Druckens von höchster Bedeutung. Was sonst vielleicht eine theologische Auseinandersetzung von lokaler Bedeutung geblieben wäre (gleich jener, die John Wyclif in England oder Jan Hus in Böhmen im späten 14. beziehungsweise im frühen 15. Jahrhundert entfachte), wurde sofort zu einem internationalen Anliegen, das jeden denkenden Christen aufforderte, Partei zu ergreifen. Schon innerhalb des Jahrzehnts nach Martin Luthers Thesenanschlag in Wittenberg (1517) wurde die westliche Christenheit unwiederbringlich geteilt.

Die protestantische Reformation polarisierte Glaubensanschauungen, deren Ursprünge viel früher zu suchen sind. Die Humanisten des 15. Jahrhunderts hatten die Bedeutung des Individuums gepriesen. Den Aristotelismus der mittelalterlichen Theologie betrachteten sie skeptisch. Sie sondierten die Heilige Schrift mit den Instrumenten der Altphilologie. Der vorbildliche Humanist Desiderius Erasmus von Rotterdam (1466–1536) war es, der bereits im 16. Jahrhundert sagte, er habe »das Ei gelegt, das Luther ausbrütete«. Aber es gab auch andere Tendenzen im religiösen Denken wie jene, die zutiefst persönliche, emotionale und undogmatische Schriften inspiriert hatten und, auf einem weniger empfindsamen Niveau, Ausdruck in dem fanden, was man als ›Devotio moderna‹, die neue Frömmigkeit, bezeichnete. Begünstigt wurde dieser Wandel der Glaubenspraxis durch die ›Brüder vom gemeinsamen Leben‹, fromme Laiengruppen in den Niederlanden und in Norddeutschland, die dem Privateigentum entsagten, um ein Gemeinschaftsleben ohne Ordensgelübde zu führen. Ihr Leitfaden war die *Nachfolge Christi* (wahrscheinlich von Thomas von Kempen, datiert vor 1420), ein Werk antiweltlicher und antiintellektueller Frömmigkeit, unbelastet von den mittelalterlichen Heiligen-, Reliquien- und Pilgerkulten. Erstmals wurde es 1472 gedruckt; vor 1500 gab es mehr als 20 Auflagen, und im frühen 16. Jahrhundert erschien es wiederholt in lateinischen, französischen, deutschen und englischen Fassungen. Es mag ebenso viel Einfluss ausgeübt haben wie die zahlreichen volkssprachlichen Bibelübersetzungen. Bewundert vom hl. Ignatius von Loyola (um 1491–1556), dem Gründer des Jesuitenordens, war die ›Nachfolge Christi‹ eine Bewegung zur Erneuerung innerhalb der römischen Kirche, die im frühen 16. Jahrhundert an Stärke gewann, um schließlich in die so genannte Gegenreformation einzumünden.

Luther, der die ›Nachfolge Christi‹ ebenfalls bewunderte, folgte dennoch einer anderen Tendenz. Voll Ablehnung gegenüber der kirchlichen Hierarchie, der priesterlichen Fürbitte sowie äußerlichen Formen entsprach er dem weit verbreiteten Verlangen nach einer direkteren und persönlicheren Religion durch eine neue und spezifische Theologie der Rechtfertigung allein durch den Glauben – der wichtigste Lehrpunkt, der die Protestanten von den Katholiken trennte. Es war eine Theologie, die die Last der Entscheidung zwischen Gut und Böse dem Gewissen des Einzelnen überließ.

Was die bildenden Künste betrifft, hatten Humanismus, ›Devotio moderna‹ und später die Gegenreformation einen positiveren Einfluss als der Protestantismus. Luthers erster Protest richtete sich gegen den Ablasshandel, mit dessen Hilfe man Geld für die Wiederherstellung von St. Peter beschaffte (s. S. 450f.). Ob denn der Papst eine Basilika für den hl. Petrus nicht aus seinem Säckel bezahlen könne, anstatt das Geld den gläubigen Armen abzunehmen, fragte er. Gegen Malerei und Skulptur war er eher indifferent als feindselig und lehnte sowohl die Verehrung als auch die Zerstörung religiöser Bildnisse ab. Es gab jedoch strengere Protestanten, die sie als Götzenbilder und sündig erachteten, namentlich Johann Calvin (1509–1564), der die protestantische Welt nach der Jahrhundertmitte beherrschte. Luther begünstigte die Bilderstürmerei nicht. Er sei an die Aufgabe der Zerstörung von Abbildern herangegangen, indem er sie zuerst aus dem eigenen Herzen riss, schrieb er 1525; denn wenn sie nicht mehr im Herzen seien, könnten religiöse Bilder keinen Schaden anrichten, auch wenn die Augen sie sähen. Kruzifixe und Darstellungen von Heiligen wurden von Luther toleriert. Einige Kunstwerke sind sogar in ihrer spezifischen Aussage seiner Theologie zu verdanken ▸11.14; 15.

## Reform und Kunst des frühen 16. Jahrhunderts im Norden

Obgleich sich Formen, Motive und Techniken der italienischen Renaissancekunst erstaunlich schnell verbreiteten (s. S. 416ff.), wurden sie im nördlichen Europa nur zögernd aufgenommen. Während des ersten Viertels des 16. Jahrhunderts

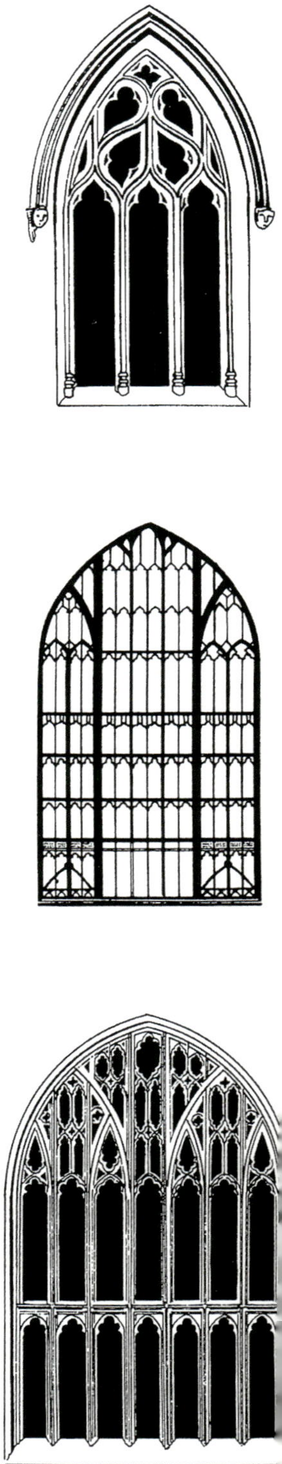

11.2 Maßwerkfenster im Fla boyant (oben) und Perpendic lar Style (beide untere)

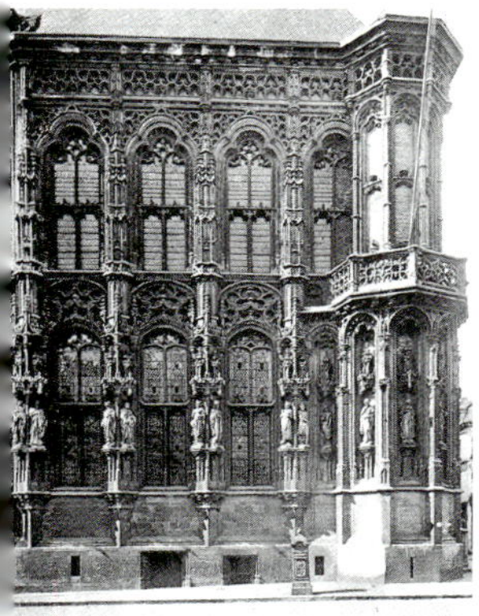

.3 Rathaus von Gent, lgien, begonnen 1518.

gedieh der neue Stil parallel zu einer immer noch lebendigen Gotik. Das Grab Heinrichs VII. und seiner königlichen Gemahlin in der Westminster Abbey, London, ist dafür ein anschauliches Beispiel ▸11.1. Es bedurfte eines aufwendigen Denkmals, um das Andenken des Gründers der Tudor-Dynastie zu feiern, der nach 30 Jahren Bürgerkrieg die königliche Macht in England wieder hergestellt hatte, und sein Sohn Heinrich VIII. suchte dafür einen Bildhauer in Italien. Der Auftrag ging an den Florentiner PIETRO TORRIGIANO (1472–1528), ein Studiengenosse von MICHELANGELO (dem er bei einer Schlägerei die Nase einschlug) in der Werkstatt des DONATELLO-Schülers BERTOLDO DI GIOVANNI (s. S. 402 f.). Das Grabmal, das er schuf, ist von offenkundig italienischem Formsinn mit nackten ›putti‹ und zierlichen Pilastern an den Ecken des Sarkophags. In den Liegefiguren, die mit überreichem Fluss der Gewänder auf dem Sarkophag ruhen, sind noch gotische Reminiszenzen zu verspüren.

Dass der italienische Renaissancestil für dynastische Monumente in Frankreich und England übernommen wurde, bezeugt sein Ansehen im Norden. Schon scheint man ihn nicht nur mit den neuen Lehren des Humanismus assoziiert zu haben, sondern auch mit einem neuen Ideal eines Herrschers, der Förderer von Gelehrsamkeit und Künsten ebenso war wie militärischer und politischer Führer. Das Grab Heinrichs VII. wurde trotzdem noch mit einem Bronzegitter im Perpendicular Style, der Sonderform der Spätgotik in England, umgeben, das mit den abgeflachten gotischen Bogen in der Kapelle (1503 begonnen), in der es steht, korrespondiert. Noch nach Fertigstellung des Grabmals füllte man die Nischen der Kapellenwände mit Heiligenfiguren, die gotischen Traditionen so eng verhaftet sind, dass man sie irrtümlich für Arbeiten aus mindestens einem Jahrhundert früher halten könnte.

Der Perpendicular Style, in der Mitte des 14. Jahrhunderts entwickelt, hielt sich bis spät in das 16. Jahrhundert hinein (wenn auch nach der englischen Reformation von 1532 hauptsächlich für Profanbauten). Im Frankreich des 15. Jahrhunderts war die Gotik zum ›Flamboyant‹ kultiviert worden, mit delikatem Maßwerk, das bis Mitte des 16. Jahrhunderts in Mode blieb ▸11.2. Eine robustere, aber nicht minder reiche Version der Gotik wurde in den Niederlanden entwickelt. Das Rathaus von Gent ist ein bemerkenswertes Beispiel, in dem auch der Wohlstand eines großen Handelszentrums in üppiger Bildhauerarbeit zum Ausdruck kommt ▸11.3. Begonnen wurde es 1518, ein Jahr nachdem die Regentin Flanderns, Margarethe von Österreich, ihren Palast in Mecheln im reinsten Renaissancestil hatte erweitern lassen. Es lässt sich kaum bezweifeln, dass in beiden Fällen der Stil absichtlich gewählt wurde: Die reichen Bürger von Gent hielten konservativ an der Gotik fest, die mit ihren bürgerlichen Freiheiten assoziiert wurde, und die Regentin griff den neuen klassischen Stil auf, den die herrschenden Familien im Süden förderten.

### *Hieronymus Bosch*

In der niederländischen Malerei lebte die von JAN VAN EYCK (s. S. 394 ff.) etablierte Tradition noch im ersten Viertel des 16. Jahrhunderts fort. HIERONYMUS BOSCH (Jeroen van Aken, um 1450–1516) hatte weiter zurückliegende künstlerische Ursprünge. Er lebte in der Provinzstadt s'-Hertogenbosch (in den Niederlanden Den Bosch genannt, daher sein Name) und war vertraut mit einer Vielfalt astrologischer, astronomischer und Reiseliteratur. Seine Bildwelt ist von bestürzender Individualität. Obwohl er Triptychen malte, erlaubte die Phantastik seiner Bildideen keine Verwendung als Altarbilder. Der Prado in

.4 HIERONYMUS BOSCH, riptychon *Der Garten der üste*, linke Tafel *Der Garten den*, Mitteltafel *Die Welt vor r Sintflut*, rechte Tafel *Die ölle*, um 1505, Seitenflügel 8,5 x 91,5 cm, Mitteltafel 8,5 x 195 cm. Prado, Madrid.

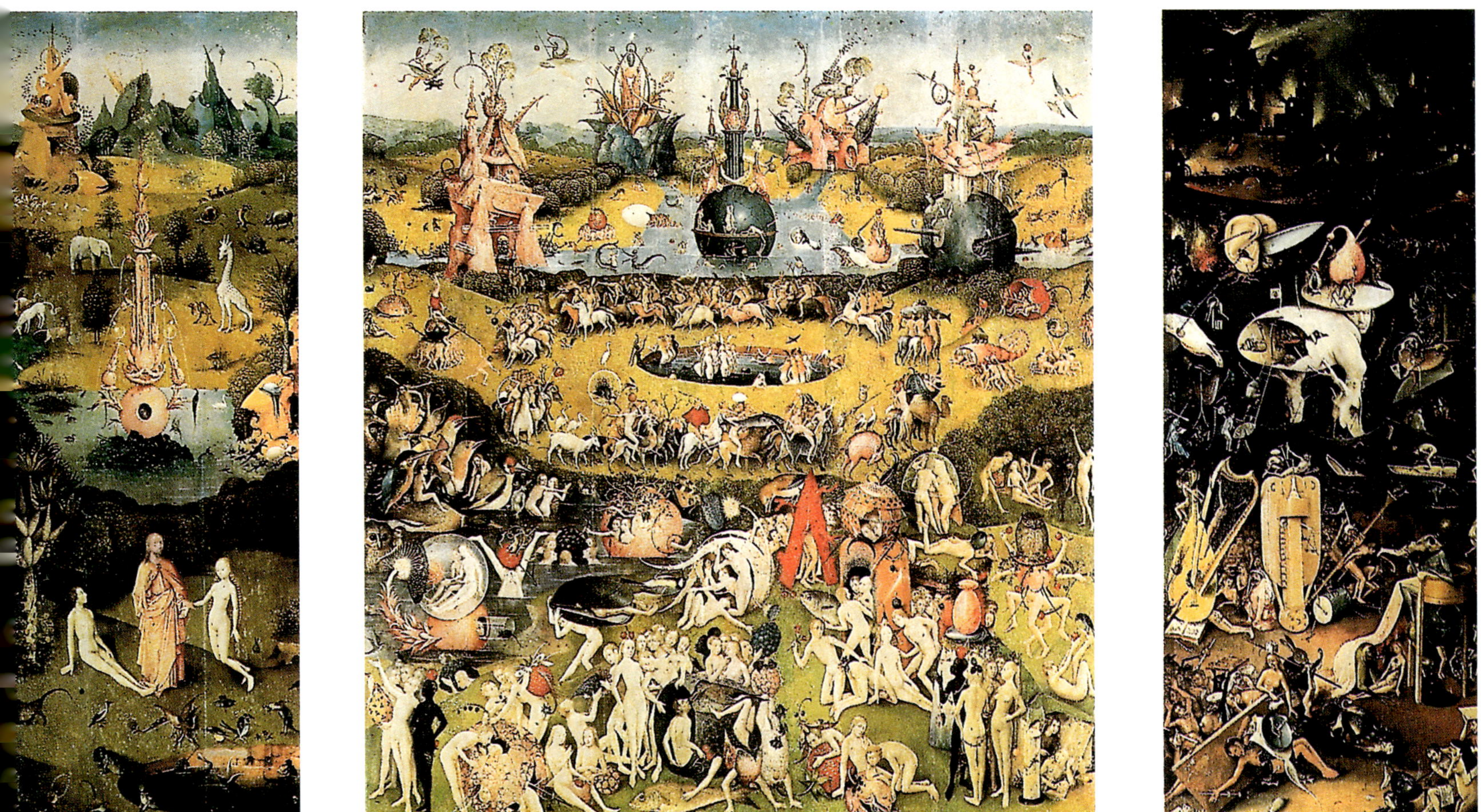

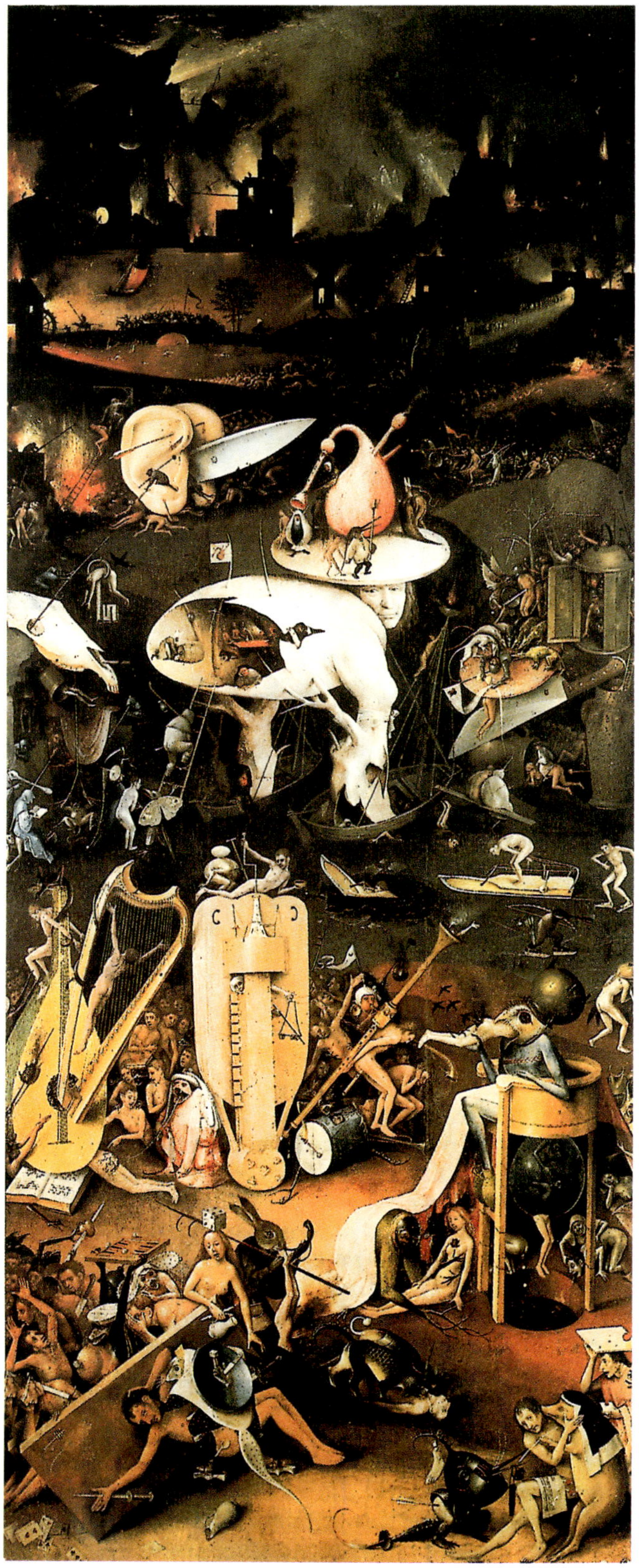

11.5 HIERONYMUS BOSCH, *Die Hölle*, rechte Tafel des *Gartens der Lüste* ▸11.4

Madrid bewahrt ein über 2 m hohes Werk, *Garten der Lüste* genannt, obgleich die genaue Thematik und die ursprüngliche Funktion unklar sind. Im späten 16. Jahrhundert nannte man es *Wollust* oder *Das Erdbeergemälde*. Die überzeugendste Interpretation ist, dass die geschlossenen Seitenflügel die Welt während der Sintflut darstellen, die Mitteltafel im geöffneten Zustand die Welt vor der Sintflut, flankiert vom Garten Eden auf dem linken Flügel und der Hölle auf der rechten Seite ▸11.4;5.

Keine Malerei dieser Periode steht dem Geist der italienischen Renaissance ferner als diejenige BOSCHS, die fast genau zeitgleich mit LEONARDO DA VINCIS Werken entstanden ist. BOSCH stellt die moralische Schwäche und die Schlechtigkeit der Menschheit heraus und nicht ihre Schönheit und ihren Adel. Die Wonnen des Fleisches, von den italienischen Künstlern gefeiert, verdammte er ebenso heftig wie der Autor der *Nachfolge Christi* – »Oh, wie kurz, wie falsch, wie zügellos und unflätig sind all diese Genüsse!« Musikinstrumente, die für GIORGIONE und andere italienische Künstler Balsam und himmlische Harmonie symbolisierten, waren für den Niederländer BOSCH Werkzeuge des Teufels. In seiner Höllenschau umgeben sie die Verdammten, von denen einer auf einer Harfe gekreuzigt wird. Vielleicht erinnerte er sich der Worte des Propheten Jesaja (5, 11–14):

*»Wehe denen, die des Morgens früh auf sind,*
*des Saufens sich zu fleißigen, und sitzen*
*bis in die Nacht,*
*dass sie der Wein erhitzt,*
*und haben Harfen, Psalter, Pauken, Pfeifen*
*und Wein in ihrem Wohlleben,*
*und sehen nicht auf das Werk des Herrn.*
*... Daher hat die Hölle den Schlund weit*
*aufgesperrt und den Rachen aufgetan ohne*
*Maß, dass hinunterfahren beide,*
*ihre Herrlichen und der Pöbel,*
*ihre Reichen und Fröhlichen.«*

BOSCHS Darstellung der Hölle lässt alle lehrhafte Symbolik des Mittelalters weit hinter sich und wird zur Vision. Ein sinnestäuschender, grenzenlos fließender Tiefenraum ist von einem Veitstanz dämonisch-skurriler Wesen, von gequälten und gefolterten Menschen erfüllt. Die äußerste Präzision in der Darstellung des Bizarren steigert den Eindruck des Unheimlichen. Das Abseitige von BOSCHS Phantasie unterscheidet die grausigen Vorgänge von den Dämonen und Ungeheuern der mittelalterlichen Kunst ▸9.31. »Er bemühte sich, für seine phantastischen Bilder die abwegigsten Dinge zu finden, doch waren sie immer naturgetreu«, schrieb Mitte des 16. Jahrhunderts ein Spanier über ihn. Trotz des in dieser Zeit dominierenden Klassizismus wurden seine Werke sehr bewundert und gesammelt, unter anderen von Philipp II. von Spanien (TIZIANS Mäzen), und in kostbaren Wandteppichen kopiert.

## *Grünewald*

Das Werk des deutschen Malers MATHIS GOTHARDT oder NEITHARDT (gest. 1528) genoss so geringen Nachruhm, dass sein wirklicher Name lange Zeit vergessen wurde. Seit dem späten 17. Jahrhundert kannte man ihn als MATTHIAS GRÜNEWALD. Sein Meisterwerk ist das große Polyptychon, das er für den Hochaltar der Spitalkapelle des Antoniterklosters in Isenheim (Elsass) malte. Die Kreuzigung ▸11.7 (siehe auch ▸11.6) wurde auf die Außenseite der Altarflügel gemalt, die man sonntags öffnete, um die Gemälde von Verkündigung, Geburt und Auferstehung sehen zu lassen. Das skulptierte Herzstück des Altars war nur an hohen Festtagen sichtbar. Von allen Bildern des gemarterten Christus in der Geschichte der westlichen Kunst übt dieses die gewaltigste Wirkung aus. Sein Körper, zerfleischt und wund durch die Geißelung, mit einem zerlumpten, besudelten Tuch um die Lenden, hängt schwer am Kreuz. Der Kopf ist nach vorne gesunken, die Augen sind geschlossen, und der Mund steht entseelt offen. Die Finger der durchsto-

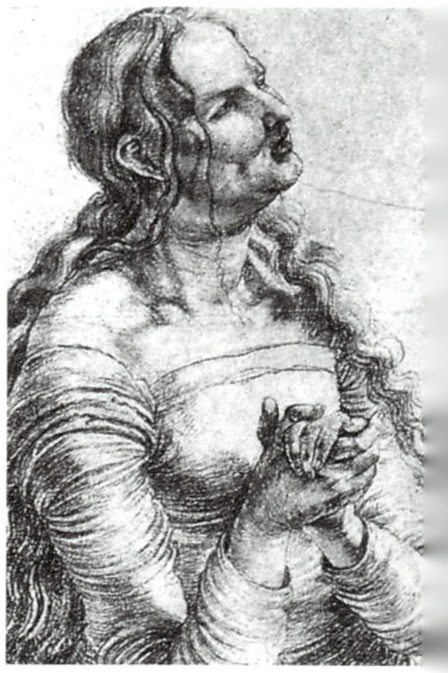

11.6 MATTHIAS GRÜNEWALD, *Klagende Frau*, Studie zum *Isenheimer Altar*, 1512/14, Schwarze Kreide, 40,3 x 29,7 c[m], Sammlung Reinhard, Winterthur.

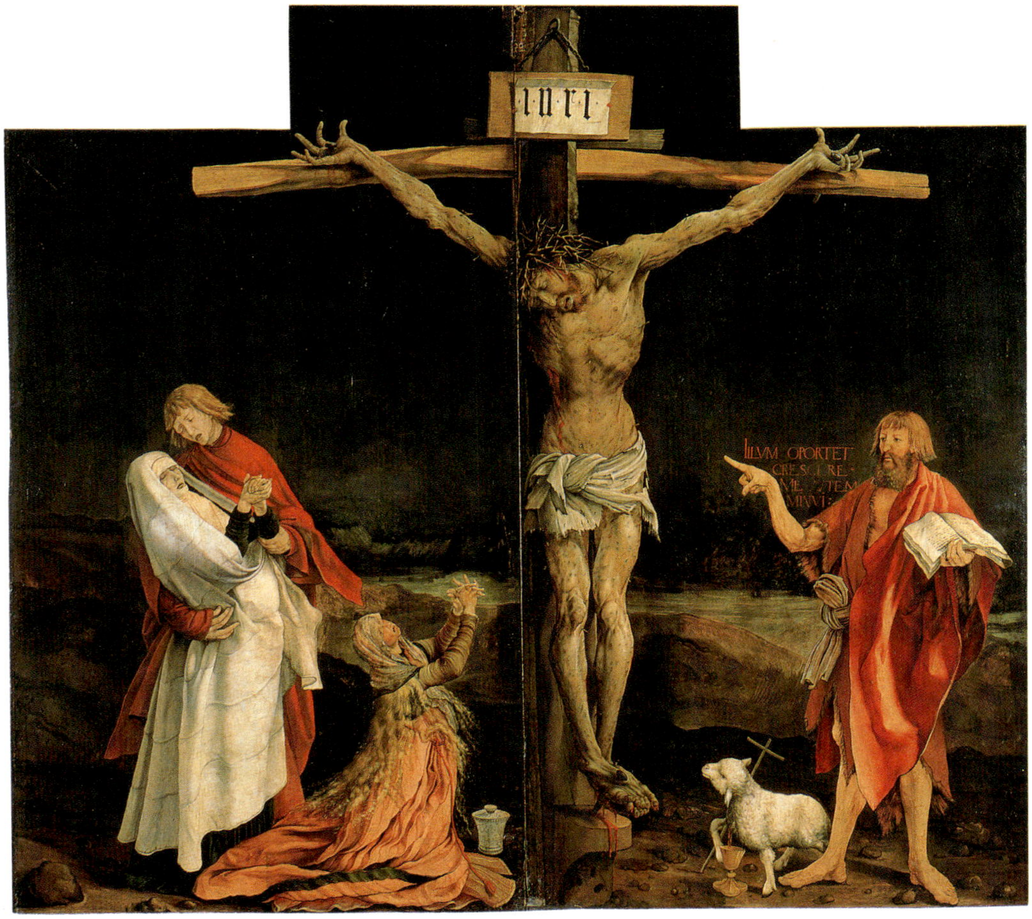

11.7 MATTHIAS GRÜNEWALD, *Isenheimer Altar*, Mitteltafel, um 1510–1515, Holz, 240 x 300 cm. Musée d'Unterlinden, Colmar.

chenen Hände sind nach oben gekrampft, und aus den Wunden der Füße fließt Blut. Aber die physische Pein hat aufgehört. Von fassungslosem Schmerz sind die Figuren zur Linken: der Jünger Johannes, der die ohnmächtig hinsinkende Jungfrau stützt, und, kniend, die hl. Maria Magdalena, die Hände verkrampft, vgl. ▸11.7, in einem Anfall von Qual im Gebet. Rechts Johannes der Täufer. Eine trostlose, steinige Landschaft und ein düsterer Himmel umgeben Golgatha.

GRÜNEWALDS Deutung des Martyriums scheint von den mystischen Schriften der hl. Birgitta von Schweden (1303–1373) inspiriert zu sein, die Ende des 15. Jahrhunderts zum ersten Mal gedruckt wurden. Doch hatte die Kreuzigung auf der Außenseite der Altarflügel auch eine allgemeine Funktion. Sie war in der klösterlichen Hospitalkapelle immer sichtbar, wo sich die Patienten auf ihre medizinische Behandlung vorbereiteten (hauptsächlich bei Blut- und Hautkrankheiten einschließlich der Syphilis, die in den späten neunziger Jahren des 14. Jahrhunderts Europa plötzlich heimsuchte). Hilfe für die Kranken erflehte man allgemein von den vier Heiligen unter dem Kreuz und von denen auf den Seitenflügeln, dem hl. Sebastian (s. S. 416 f.) und dem hl. Antonius, Patron des Ordens, der dieses und viele andere Hospitäler unterhielt. GRÜNEWALDS Kreuzigungsszene jedoch geht über die volkstümliche Verehrung wundertätiger Heiliger hinaus und spiegelt tiefere Überzeugungen vom Sinn körperlicher Leiden. Obgleich Krankheit zuweilen als Strafe für Sünden galt, deutete man sie auch als Gnadenakt, der die Gesundheit der Seele erneuern konnte. Nichts sei der Erlösung des Menschen bekömmlicher als zu leiden, schrieb der Autor der *Nachfolge Christi*: »… je mehr sich das Fleisch durch Plage quält, desto mehr wird der Geist durch innerliche Gnade gestärkt.« Leiden mussten um Christi willen ertragen werden, als menschliches

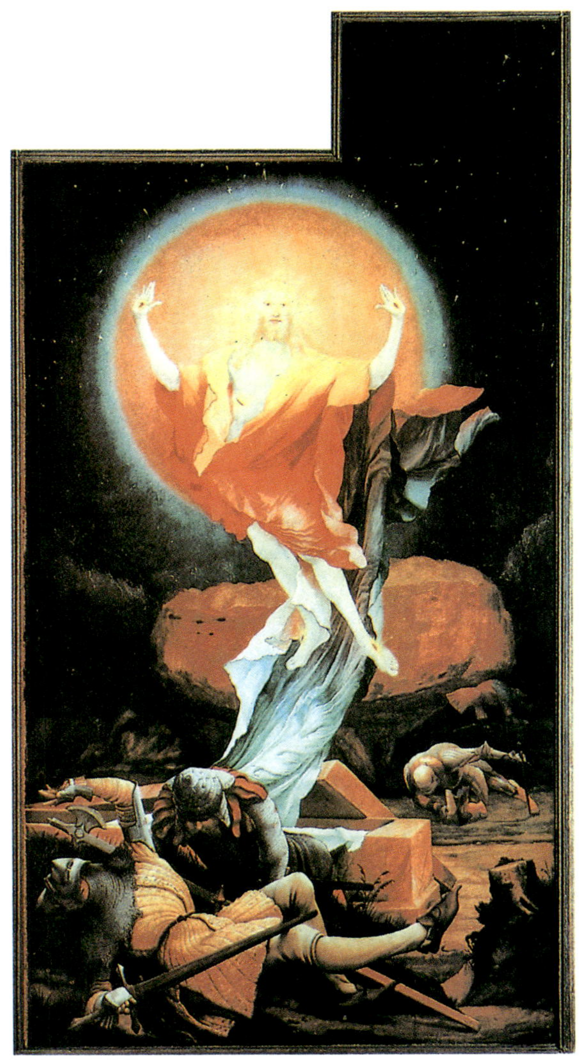

.8 MATTHIAS GRÜNEWALD, *ferstehung*, rechter Flügel r Schauseite des *Isenheimer ars*.

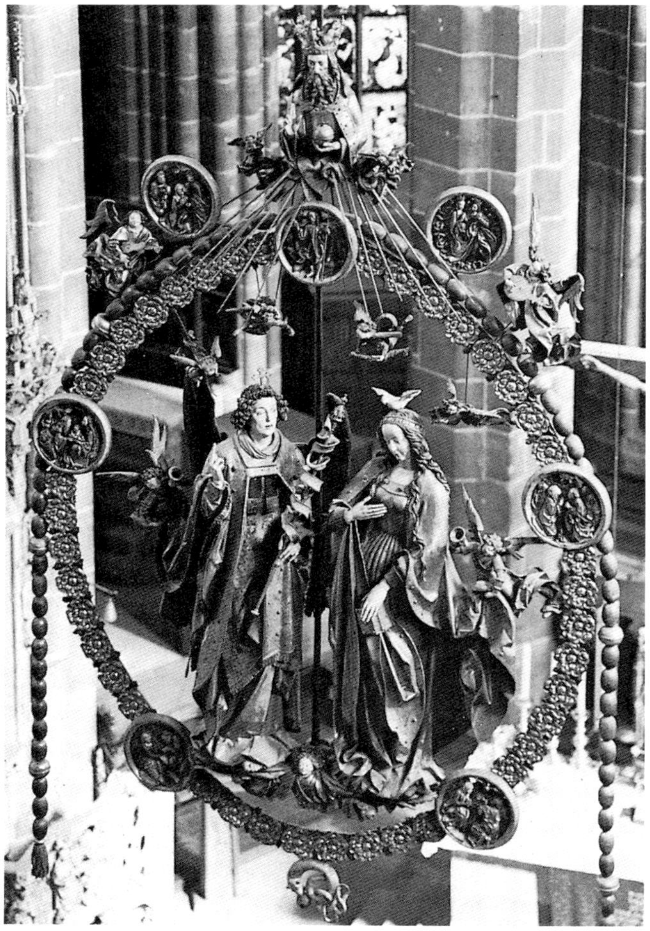

11.9 VEIT STOSS, *Der Englische Gruß im Rosenkranz*, um 1518, bemaltes Holz, Höhe 372 cm. St. Lorenz, Nürnberg.

11.10 TILMAN RIEMENSCHNEIDER, *Abendmahl* vom *Heiligblutaltar*, 1499–1505, Lindenholz, Figurenhöhe bis 100 cm. St. Jacobskirche, Rothenburg ob der Tauber.

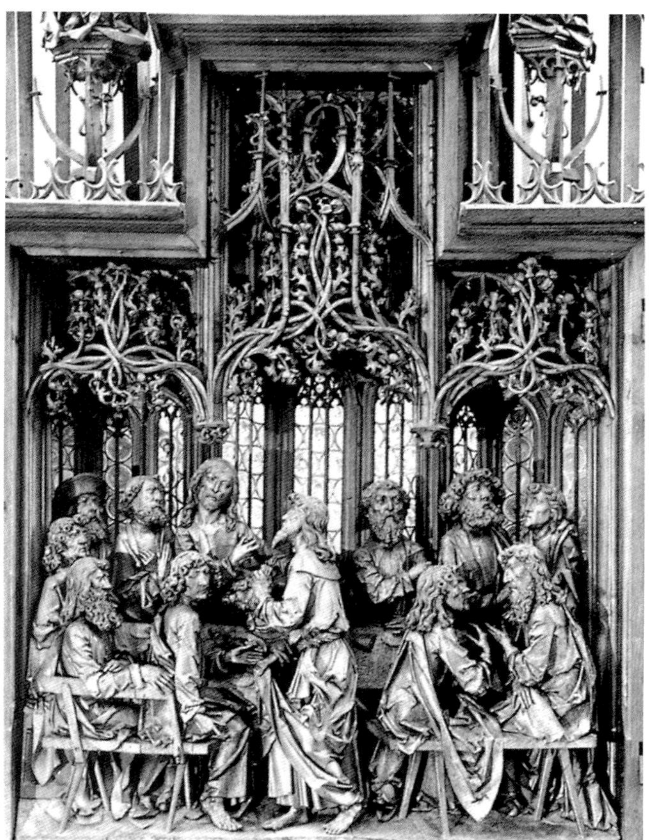

Äquivalent seiner Passion. GRÜNEWALDS qualvolles Bild wollte diese Einstellung als spirituelle Hilfe den Kranken und Schwachen nahe bringen.

Formal gehört das Isenheimer Altarbild zu einem Typus, der in der zweiten Hälfte des 15. und dem ersten Viertel des 16. Jahrhunderts außerordentlich beliebt war. Er besteht aus einem Mittelteil, dem Schrein, genannt ›corpus‹, mit skulptierten Figuren, einem Aufbau mit verflochtenem gotischen Maßwerk und dem predellaähnlichen Sockel. Mit Ausnahme von Festtagen blieb der ›corpus‹ hinter Türen oder Flügeln verborgen, die oftmals außen bemalt und innen mit geschnitzten Flachreliefs versehen waren. Der Vorzugsplatz wurde demnach der Skulptur und nicht der Malerei eingeräumt. Das beliebteste Material war in Süddeutschland helles, dichtfaseriges und leicht zu bearbeitendes Lindenholz, das Effekte äußerster Feinheit erlaubte, aber auch Grenzen setzte, da sich nur die äußeren Schichten des Baumstammes zufriedenstellend schnitzen lassen. Konkave Formen und ausgeprägte Vertikale, bedingt durch die organische Struktur des Baumes, überwiegen. Das Holz wurde entweder über einem → Bolus naturalistisch bemalt oder, vom späten 15. Jahrhundert an, in seiner Farbe belassen und gefirnisst.

Das Erscheinen der Holzschnitzer im zweiten Jahrzehnt des 15. Jahrhunderts kennzeichnet den Beginn großformatiger, von der Architektur unabhängiger Holzskulptur in Nordeuropa. Diese Schnitzereien zählen zu den hervorragendsten Erzeugnissen jener städtischen Kultur Deutschlands, die aufkam, als Industrie und Handel sich von den Verheerungen des Schwarzen Todes (s. S. 380) zu erholen begannen. Denn obgleich ihre Hauptwerke für Kirchen bestimmt waren, kamen die Aufträge häufiger von reichen Kaufleuten, Stadträten, Zünften und Laienbruderschaften und seltener vom Klerus ▸ 11.9. Kleinere Arbeiten, zum Beispiel Kruzifixe und Heiligenfiguren, wurden fertig feilgeboten und oftmals von Privatleuten gekauft. Die Schnitzer waren freie Künstler, nach sozialem Status und Organisation eher den Tafelmalern ähnlich als den mittelalterlichen Bildhauern und Steinmetzen, die man in den Bauhütten, die den großen Kathedralen und Kirchen angeschlossen waren, als Tagelöhner beschäftigte. Neben anderen gelernten Handwerkern und Gewerbetreibenden gehörten sie zum Mittelstand der Gesellschaft, waren Zunftmitglieder, die im Stadtrat mitbestimmten. Einer der erfolgreichsten unter ihnen, TILMAN RIEMENSCHNEIDER (um 1460–1531), war 1520/21 Bürgermeister von Würzburg. Das veränderte soziale Klima, das eine solche Unabhängigkeit zuließ, förderte gleichzeitig den freien Wettbewerb; dies mag die bravouröse Zurschaustellung technischer Fähigkeiten und die Entwicklung markanter Werkstattstile beschleunigt haben. Die langen, mageren Gesichter und die Korkenzieherlocken zum Beispiel sind typische Kennzeichen der Figuren RIEMENSCHNEIDERS.

Eines seiner Hauptwerke ist der *Heiligblutaltar,* den die Stadtbehörde von Rothenburg ob der Tauber, einer freien Reichsstadt, in Auftrag gab. Der Rahmen wurde lokalen Handwerkern übertragen; RIEMENSCHNEIDER aber, der 48 km entfernt in Würzburg arbeitete, wurde die Ausführung der Figuren anvertraut ▸ 11.10. Der Verwendungszweck des Werks als Reliquienschrein für Christi Blut, das die Pilger nach Rothenburg zog, verbindet es mit dem mittelalterlichen Katholizismus. In anderer Hinsicht jedoch spiegelt es zeitgenössische Einstellungen wider, insbesondere die steigende Feindseligkeit gegenüber religiösen Bildwerken als Versuchungen zum Götzendienst und eitler Zurschaustellung von Reichtum und Stolz ohne wahre Frömmigkeit. Das Retabel in Rothenburg verzichtet auf prächtige Bemalung oder kostbare Vergoldung. Die Figuren des Letzten Abendmahls sind von nüchterner, bäurischer Einfachheit. Auf gefällige Anmut, elegantes gotisches Kurvenspiel wurde verzichtet und damit gleichzeitig auf den komplizierten theologischen Symbolismus der mittelalterlichen Kunst. RIEMENSCHNEIDER ging zurück auf den Wortlaut des Johannesevangeliums und erzählt schlicht den Augenblick, als Christus die Frage der Jünger beantwortet, wer ihn verraten werde:

*»Der ist's, dem ich den Bissen eintauche und gebe ... und er tauchte den Bissen ein, nahm ihn und gab ihn Judas Ischariot.«*

Die Figuren kommunizieren miteinander, nicht mit dem Betrachter, und den zentralen Platz, normalerweise Christus vorbehalten, nimmt Judas ein, als solle mehr die erklärende, didaktische als die andächtige Funktion des Bildwerks betont werden. Protestantische Einwände gegen religiöse Abbilder konnten kaum wirksamer vorweggenommen werden, und dies erklärt vielleicht, warum das Retabel erhalten blieb, nachdem Rothenburg 1524 den reformierten Glauben angenommen hatte.

## *Protestantische Kunst*

Im Bauernkrieg von 1524–1526 unterstützte RIEMENSCHNEIDER die Bauern gegen den Landadel und den hohen Klerus, obgleich er nicht zum Protestantismus konvertierte wie GRÜNEWALD, der ebenfalls auf Seiten der Bauern stand. Beide litten in den folgenden Jahren wie auch andere deutsche Künstler an einem jähen Rückgang der Aufträge. Ein Stich aus den dreißiger Jahren des 15. Jahrhunderts schildert die Notlage eines Bildhauers, der mangels Arbeit Soldat werden musste. Andere waren zum Auswandern gezwungen, unter ihnen ein so bekannter Künstler wie HANS HOLBEIN D. J. (1497–1543), der 1526 Basel mit einem Empfehlungsschreiben von Erasmus verließ, in dem es hieß, »dass die Künste hierzulande erstarren: er geht nach England, um etwas Geld zusammenzukriegen«. HOLBEIN wurde in London freundlich aufgenommen, und nach 1532, als Heinrich VIII. den Papst als Oberhaupt der Kirche von England verdrängt hatte, ließ er sich ganz dort nieder, um später Hofmaler zu werden.

In Augsburg geboren, verbrachte HOLBEIN seine Jugend in Basel, einem der großen Zentren der Druckerkunst und Buchherstellung, eine Hochburg des Humanismus und später des Protestantismus. Zunächst schuf er vor allem Altarbilder. Aber er zeichnete auch die Illustrationen für einen Druck von Erasmus' scharfer Attacke gegen die Missbräuche der Kirche im *Lob der Torheit* (1509). Nachdem sich Erasmus 1521 in Basel niedergelassen hatte, malte HOLBEIN mehrere Porträts des Humanisten. Eines gab Erasmus für einen Freund in England in Auftrag ▸11.11. Es zeigt ihn stehend neben einem klassisch ornamentierten Pilaster, seine sensitiven Hände auf einem Buch mit der griechischen Inschrift ›Die Arbeiten des Herkules‹, und der lateinischen ›von Erasmus von Rotterdam‹. Auf diese Weise werden die Hauptinteressen seiner Gelehrsamkeit sinnfällig. Eine Karaffe mit klarem Wasser symbolisiert die Reinheit und Lauterkeit seines christlichen Humanismus. Wir haben das Abbild eines neuen Typus des Renaissancemenschen vor uns, eines Aristokraten des Intellekts.

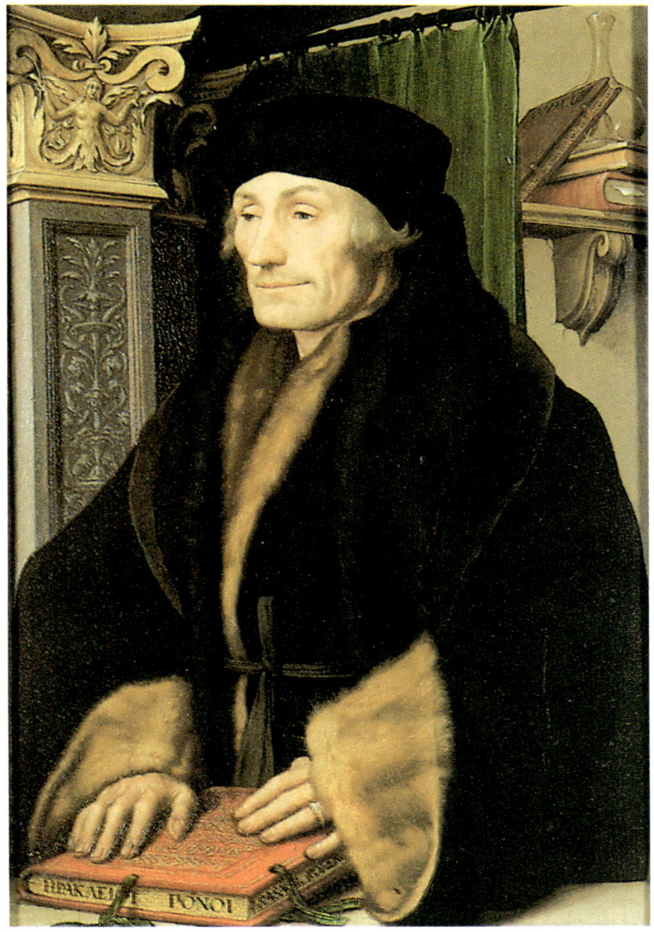


11.11 HANS HOLBEIN D. J., *Erasmus von Rotterdam*, um 1523, Holz, 76,2 x 51,4 cm. Privatsammlung.

In protestantischen Ländern waren Porträts der Reformatoren sehr gefragt, einschließlich Erasmus-Bildnissen (obgleich sein Streben nach christlicher Einheit ihn abhielt, die katholische Kirche zu verlassen). Besonders begehrt waren Bildnisse Luthers, deren hervorragendste LUCAS CRANACH D. Ä. (1472–1553) schuf ▸11.12. Sie bilden den Löwenanteil ›protestantischer‹ Kunstwerke, die neben satirischen Stichen im 16. Jahrhundert entstanden. Aber von LUCAS CRANACH D. J. (1515–1543), HOLBEIN und DÜRER wurden auch Versuche unternommen, lutherische Ideen in einer ›reformierten‹ Kunst zum Ausdruck zu bringen. HOLBEINS *Allegorie des Alten und des Neuen Testaments* ist ein doktrinär-didaktisches Werk, das in subtiler Weise die Bedeutung der traditionellen christlichen Vorstellungswelt umgestaltet ▸11.14. Anstatt das Alte Testament als Vorbild des Neuen darzustellen, zeigt er beide als Gegensätze, um die Unterschiede zwischen der alten (römisch-katholischen) und der neuen (lutherischen) Lehre hervorzuheben. Moses, der die Gebote auf dem Berg Sinai empfängt, wird etwa der Jungfrau gegenübergestellt, zu der das Christuskind mit einem Kreuz heruntersteigt. Adam und Eva, in Reue über ihre Sünden, deren Folge der Tod ist (ein Skelett in einem Sarg), kontrastieren mit dem lehrenden Christus und dem Auferstandenen, der Sünde und Tod niedertritt. Unter dem zur Hälfte verdorrten Baum in der Mitte sitzt eine nackte Gestalt als Allegorie der Menschheit. Sie wird von Jesaja und Johannes dem Täufer flankiert, die auf Menschwerdung, Kreuzigung und Auferstehung Christi hinweisen, jene Stationen, die für Luther das Wesentliche des Christentums darstellten. So stellt HOLBEIN den römisch-katholischen Kultus der prote-

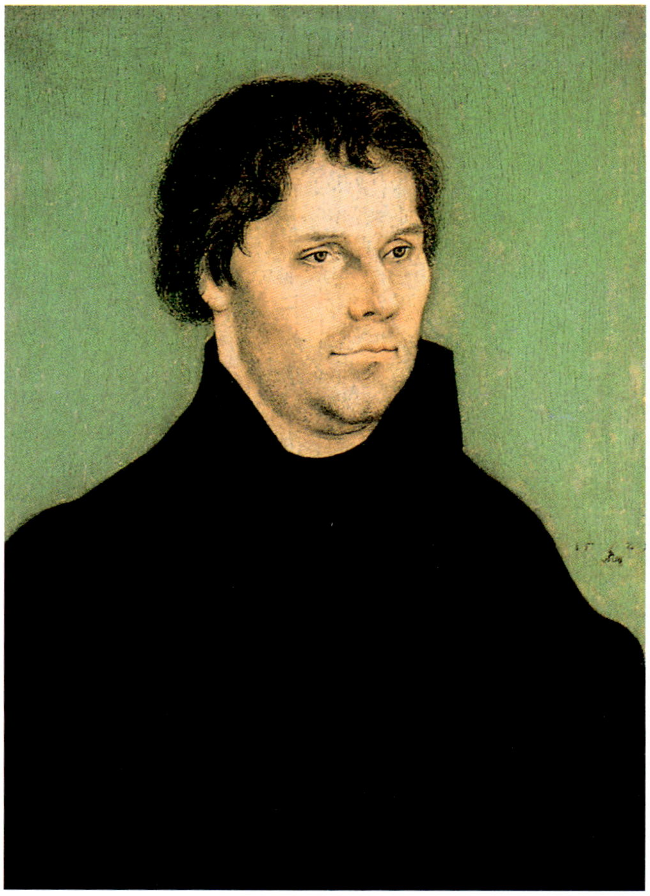

11.12 LUCAS CRANACH D. Ä., *Martin Luther*, 1553, Holz, 20,5 x 14,5 cm. Herzog-Anton-Ulrich-Museum, Braunschweig.

stantischen Überzeugung einer Erlösung durch Glauben und Gnade gegenüber.

DÜRERS Stellungnahme war weniger militant. Im Jahr 1519 machte er eine geistige Krise durch, aus der er als glühender Bewunderer Luthers hervorging, »jenes christlichen Mannes, der ihm aus großen Nöten geholfen habe«, wie er schrieb. Der Aufruhr der Bilderstürmer und die Infragestellung der Kunst, die mit Luthers Predigten und Schriften einhergingen, bewegten DÜRER zutiefst, und einige Jahre grübelte er nach über Nutzen und Missbrauch der Kunst. 1526 überreichte er dem Rat der Stadt Nürnberg die *Vier Apostel* ▸11.15. Darin drückte sich auch der Dank für den friedlichen Ausgang der religiösen Auseinandersetzung aus, die die Stadt durchgemacht hatte, als sie lutherisch wurde. Die Gemälde sollten einen Platz im Rathaus finden, nicht in einer Kirche (niemals waren sie als Teil eines Triptychons gedacht). Auf der linken Tafel steht der hl. Johannes in einem weiten roten Mantel, Luthers ›Lieblingsevangelist‹, vor dem hl. Petrus, dem Begründer des römischen Bistums. Auf der zweiten Tafel überdeckt der hl. Paulus, oftmals als geistiger Vater des Protestantismus betrachtet, den Evangelisten Markus. Das Gemälde ist unmissverständlich protestantisch.

Es ist bekannt, dass DÜRER die Gestalten auch als Prototypen der vier Gemütsarten oder Temperamente gestaltete – sanguinisch, phlegmatisch, cholerisch und melancholisch –, die mit den vier Grundelementen der Schöpfung assoziiert wurden, vgl. ▸11.13. Man glaubte, diese Gemütsarten seien in Adam und Eva vollkommen ausgewogen gewesen, seit dem Sündenfall jedoch dominiere in Geist und Körper eines jeden Menschen jeweils eine über die andere. Insofern die Theorie der Gemütsarten physische und psychische Unterschiede erklärt, vertritt sie protestantische Ansichten über die menschliche Natur; auch hierin sind die *Vier Apostel* protestanti-

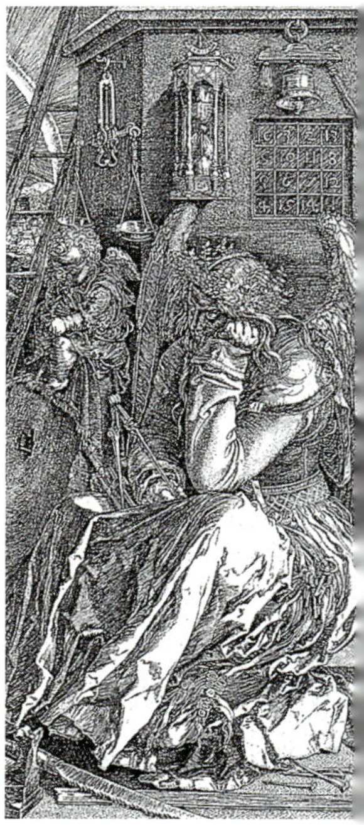

11.13 ALBRECHT DÜRER, *Die Melancholie* (Detail), 1514, Kupferstich. Sammlung Otto Schäfer, Schweinfurt.

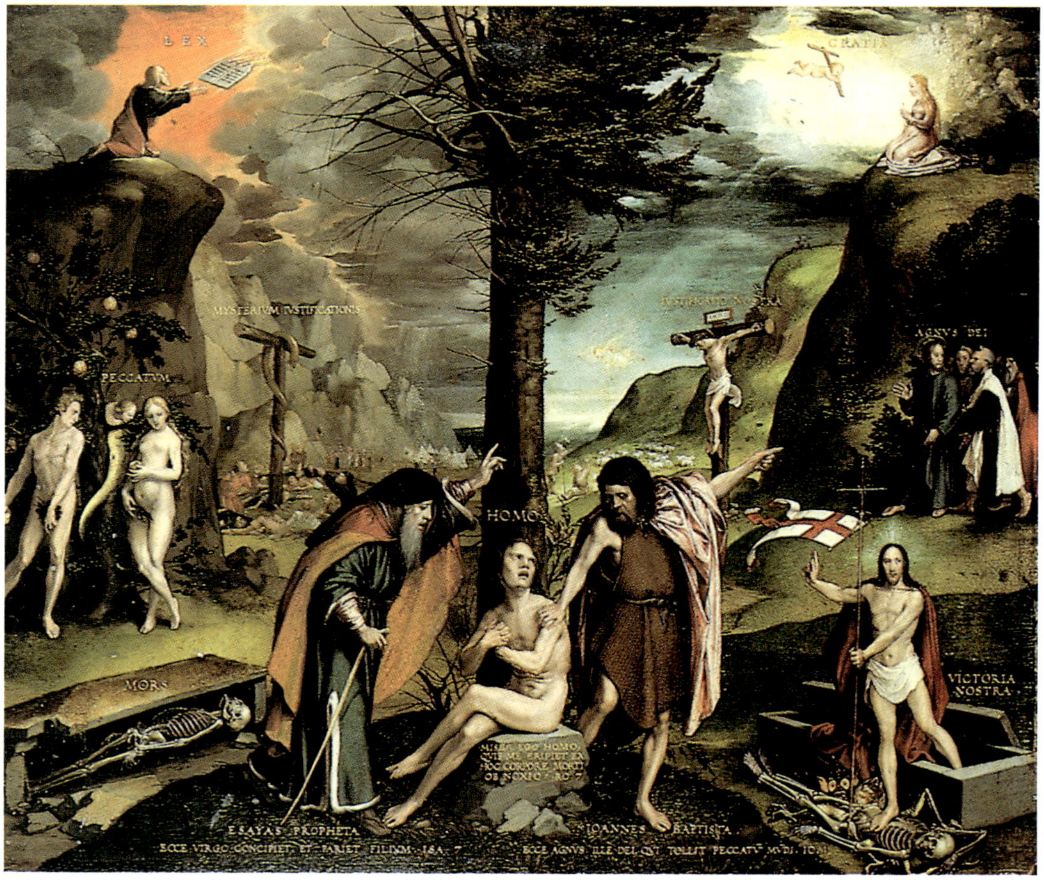


11.14 HANS HOLBEIN D. J., *Allegorie des Alten und des Neuen Testaments*, um 1530, Öl auf Holz, 50,2 x 61 cm. National Gallery of Scotland, Edinburgh.

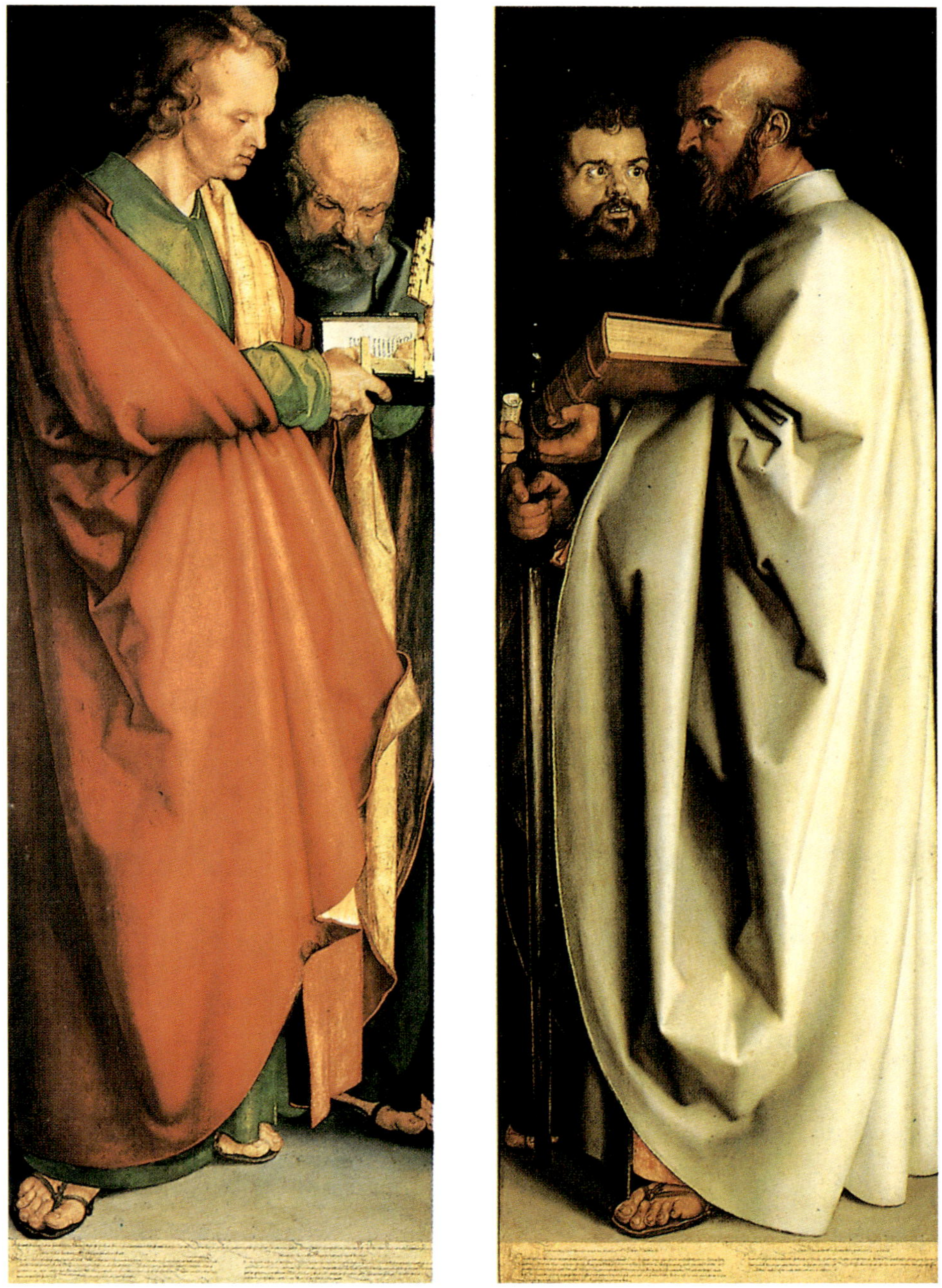

11.15 ALBRECHT DÜRER, *Die vier Apostel*, 1526, Lindenholz, jede Tafel 216x76,2 cm. Alte Pinakothek, München.

schem Ideengut verpflichtet. DÜRERS heilige Männer bilden eine geistige Gemeinschaft gleich der lutherischen Auffassung von der reformierten Kirche, bestehend aus gleichberechtigten Einzelwesen ohne Hierarchie.

Unter den Gestalten ließ DÜRER eine Inschrift anbringen mit längeren Zitaten aus den Evangelien in Luthers Übersetzung des Neuen Testaments (1522), beginnend mit einer Warnung an die weltlichen Mächte, in diesen gefährlichen Zeiten nicht ›menschliche Verblendung für das Wort Gottes‹ zu halten. Er spielt nicht nur auf die römische Kirche an, sondern auch auf extreme Formen des Protestantismus, die während des Bauernkrieges aufgetaucht waren. Er klagte sie ebenso entschieden an, wie Luther selbst es tat. DÜRERS Inschrift ist ein Aufruf zu Ausgleich und Vernunft in einer Welt, die von Zwietracht zerrissen war. Die würdige Einfachheit und Zurückhaltung der Gestalten verkünden dieselbe Botschaft. In seiner Jugend, so erzählte DÜRER seinem Freund Melanchthon, einem protestantischen Humanisten, habe es ihn nach Abwechslung und Neuheit verlangt, aber nun, auf seine alten Tage, sehe er ein, dass Einfachheit das Ziel jeglicher Kunst sei. Er unterließ jede überflüssige Einzelheit und malte die Gewänder in weiten Falten kontrastierender Farben ohne jede Verzierung. Heiligenscheine fehlen. Die vier Männer strahlen monumentale Stabilität und Ruhe aus, die sie mehr adelt als jedes äußere Zeichen der Heiligkeit.

In seinen letzten Jahren verzichtete DÜRER fast völlig auf weltliche Werke und befasste sich hauptsächlich mit Stichen von ›apostolischer‹ Einfachheit, indem er Themen illustrierte, die für den christlichen Glauben so fundamental waren, dass sie über konfessionelle Unterschiede hinausgingen. (Protestanten, die religiösen Gemälden skeptisch gegenüberstanden, hatten kaum Einwände gegen Stiche mit biblischen Themen.) Andere Künstler mit Sympathien zu Luther waren weniger streng. ALBRECHT ALTDORFER (um 1480–1538), der mithalf, einen protestantischen Prediger nach Regensburg zu bringen (er war dort Ratsherr), malte sowohl mythologische als auch traditionelle religiöse Bilder. Aber das Werk keines anderen Künstlers dieser Zeit lässt so zwingend auf den Einfluss neuer Ideen schließen. Die *Alexanderschlacht* ▸11.16, ein großes, kosmisches Panorama, in dem die Kämpfe der Menschen auf

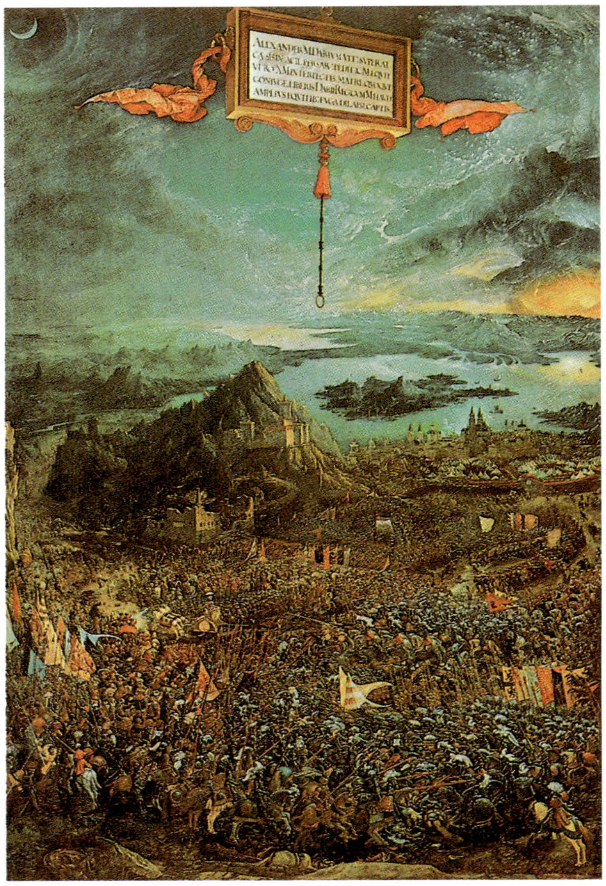

11.16 ALBRECHT ALTDORFER, *Sieg Alexanders des Großen über den Perserkönig Dareios in der Schlacht bei Issos*, 1529, Holz, 158,4 x 120,3 cm. Alte Pinakothek, München.

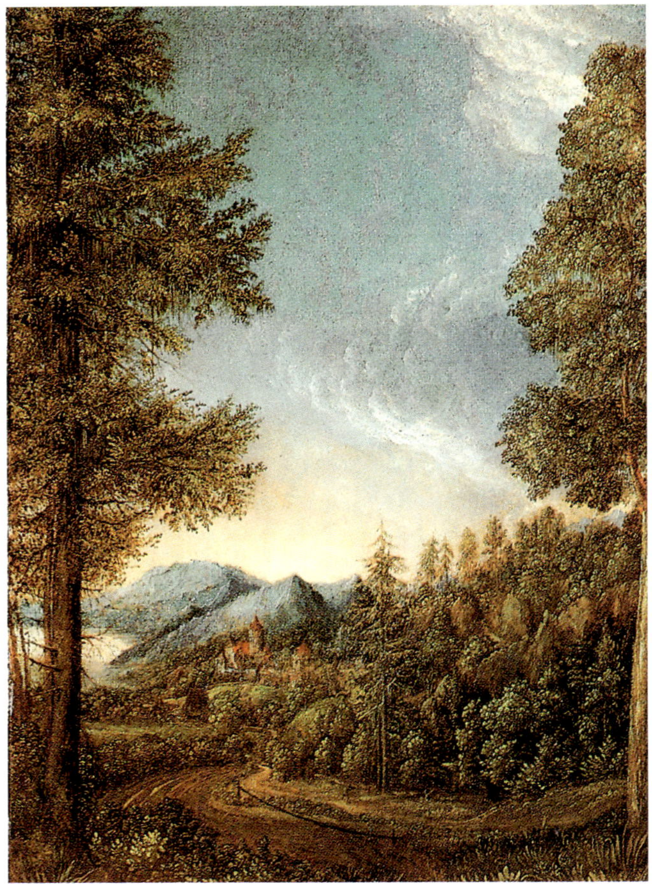

11.17 ALBRECHT ALTDORFER, *Donaulandschaft*, um 1530, Öl auf Pergament über Buchenholz, 30 x 22 cm. Alte Pinakothek, München.

Leben und Tod zu einer blassen Widerspiegelung des ewigen, elementaren Aufruhrs am Firmament über ihnen werden, stimmt mit den Theorien seines Zeitgenossen, des Alchimisten und Physikers Paracelsus (Theophrastus Bombastus von Hohenheim, 1493–1541), überein, wenn sie nicht sogar direkt davon beeinflusst worden ist. Nach Paracelsus war es das Ziel der Wissenschaften, die geheimen Kräfte der Natur aufzudecken, die er als ein unteilbares Ganzes ansah, das von Gott gleich einem Künstler, der eine Art bildnerischer Alchimie betrieb, geformt worden war. Ebenso bemerkenswert sind jedoch ALTDORFERS Zeichnungen, Radierungen und Ölbilder der dahinfließenden Hügel, Felsen, Flüsse und Bäume im Donautal. Ohne jede figürliche Darstellung oder narrativen Inhalt gehören sie zu den frühesten reinen Landschaften in der europäischen Kunst und könnten auch eine neue religiöse Bedeutung gehabt haben ▸11.17; 18. Sie scheinen von Gefühlen inspiriert zu sein, die denen zeitgenössischer protestantischer Mystiker verwandt sind. »Wie die Luft alles erfüllet und nicht an einen Platz gebunden ist«, schrieb Sebastian Franck in *Paradoxa* (1533), »*wie das Licht der Sonne die ganze Erde überflutet, nicht auf der Erde ist und doch jedes Ding grünen lässt, so wohnt Gott in allem, und alles wohnt in ihm.*«

11.18 ALBRECHT ALTDORFER, *Alpenlandschaft mit Weidenbäumen*, um 1511, Feder, Tinte und Tusche, 14,1 x 19,6 cm. Akademie der bildenden Künste, Wien.

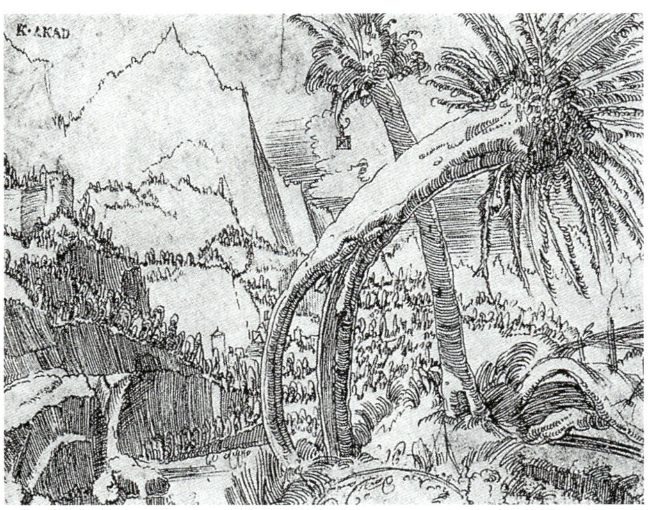

## Die Hochrenaissance in Italien

Das erste Viertel des 16. Jahrhunderts stand unter einem ungünstigen politischen Stern, in Italien wurde der Krieg beinahe zum Dauerzustand. In Florenz, immer noch ein wichtiges künstlerisches Zentrum, ging die republikanische Regierungsform in die autokratische Herrschaft der Medici über. In Norditalien fielen zweimal die Franzosen ein, die Mailand von 1499–1512 und von 1515–1525 besetzten. Das Papsttum kämpfte energisch um die Ausbreitung seiner weltlichen Macht – Papst Julius II. stand bei Feldzügen fast ununterbrochen an der Spitze seiner Truppen – und wurde nur durch Interventionen des Deutschen Kaisers zurückgedrängt. Im Jahr 1527 wurde Rom selbst von deutschen und spanischen Söldnern aus der Armee Karls V. geplündert. Aber genau in dieser außerordentlich turbulenten Periode entstand die Kunst der

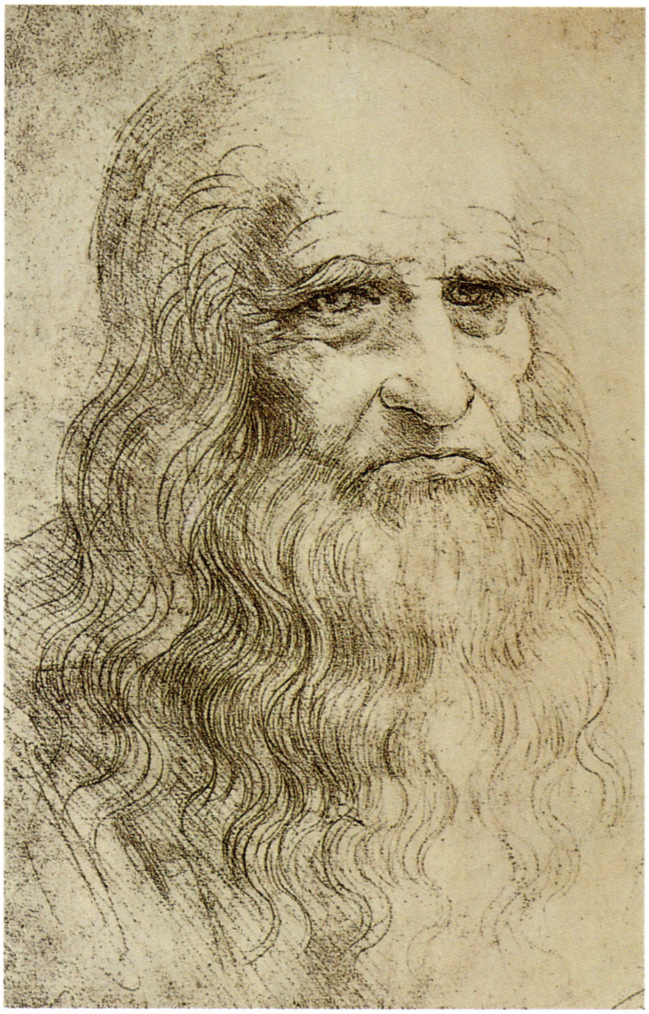

11.19 LEONARDO DA VINCI, *Selbstbildnis*, Rötelzeichnung. Biblioteca Reale, Turin.

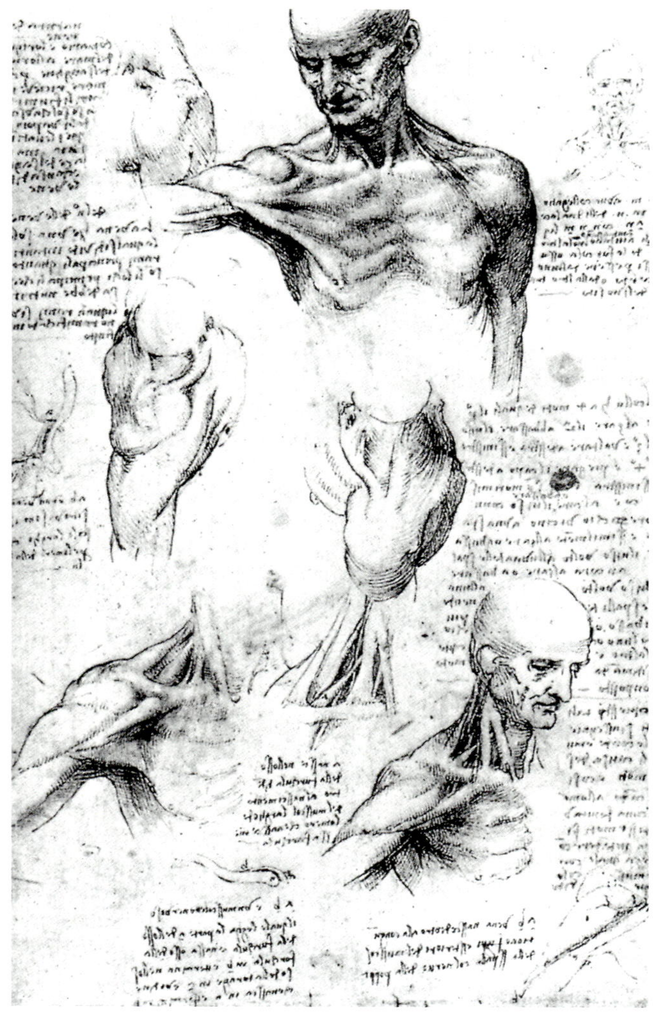

11.20 LEONARDO DA VINCI, *Anatomische Studien*, 1510, Federzeichnung, 28,4 x 19,7 cm. Royal Collection, Windsor Castle.

Hochrenaissance, eine Kunst von erhabenem Anspruch, von großer, doch beherrschter Kraft und klassischer Ausgewogenheit. Sie war die Schöpfung einiger weniger hervorragender Künstler, damals wie in neuerer Zeit kaum übertroffen, insbesondere von LEONARDO DA VINCI, MICHELANGELO BUONARROTI und RAFFAEL, (Raffaello Sanzio). Jeder von ihnen ging seine eigenen Wege, und obgleich sich Funken der Inspiration zwischen ihnen übertrugen, bildeten sie nie eine Gruppe. Durch überragende technische Fertigkeiten und perfekte Koordination von Geist, Auge und Hand zeichneten sie sich gleichermaßen aus. Probleme, die frühere Künstler überfordert hatten, lösten sie mühelos. In ihren Werken entspricht die künstlerische Form dem geistigen Inhalt in idealer Weise.

## *Leonardo da Vinci*

In der Rückschau aus der Mitte des 16. Jahrhunderts schildert der Florentiner Maler, Architekt und Künstlerbiograph GIORGIO VASARI (1511–1574), wie die ›Wiedergeburt‹ der Künste unter LEONARDO ▸ 11.19 zu dem führte, was VASARI den ›modernen‹ Stil nennt: bemerkenswert wegen seiner »Kühnheit im Entwurf der subtilsten Nachahmung aller Einzelheiten der Natur«, wegen des »guten Maßstabs, besserer Anordnung, korrekter Proportionen und göttlicher Grazie, tiefgründig, reich« und weil alle Gestalten mit Bewegung und Atem erfüllt seien. Der hohe Rang, der LEONARDO eingeräumt wird, ist angesichts der geringen Zahl der von ihm vollendeten Werke umso bemerkenswerter. Sein erstes großes Gemälde, Die *Anbetung der Könige* (Uffizien, Florenz), 1481 begonnen, blieb unvollendet, ebenso die große Schlachtenszene im Palazzo Vecchio, Florenz (1502–1505, Mitte 16. Jahrhundert zerstört). Sein Reiterstandbild für Francesco Sforza von Mailand wurde nie gegossen, das lebensgroße Tonmodell ging zugrunde. Keines der von ihm entworfenen Gebäude wurde je errichtet. Er fand sich auch nicht bereit, seine vielen tausend Seiten illustrierter Aufsätze über künstlerische Theorien, menschliche Anatomie, Naturgeschichte, den Vogelflug, die Eigenschaften des Wassers und zahlreiche mechanische Erfindungen zu veröffentlichen. Er schrieb einmal:

*»Große Geister schaffen oftmals mehr durch geringere Arbeit, da sie mit ihrem Intellekt nach neuen Begriffen suchen und jene vollkommenen Ideen formen, die sie danach nur mit ihren Händen zum Ausdruck bringen.«*

Solche Ideen setzen voraus, dass ›Kunst‹ viel mehr ist als ›Kunstfertigkeit‹, und leiten direkt dazu über, einen großen Künstler als ›Genie‹ zu betrachten. LEONARDO wuchs im Florenz der Humanisten auf, zeigte aber nur geringes Interesse für ihre klassische Gelehrsamkeit und ihre neuplatonischen Theorien. Latein lernte er erst mit vierzig. Somit war er unabhängig vom klassischen wie vom mittelalterlichen Denken – vielleicht der erste Denker dieser Art. Mit hoher Wahrscheinlichkeit im Atelier ANDREA DEL VERROCCHIOS als Maler und Bildhauer ausgebildet (s. S. 405 ), richteten sich seine Interessen nicht nur auf die Künste, sondern auch auf die Naturwissenschaften.

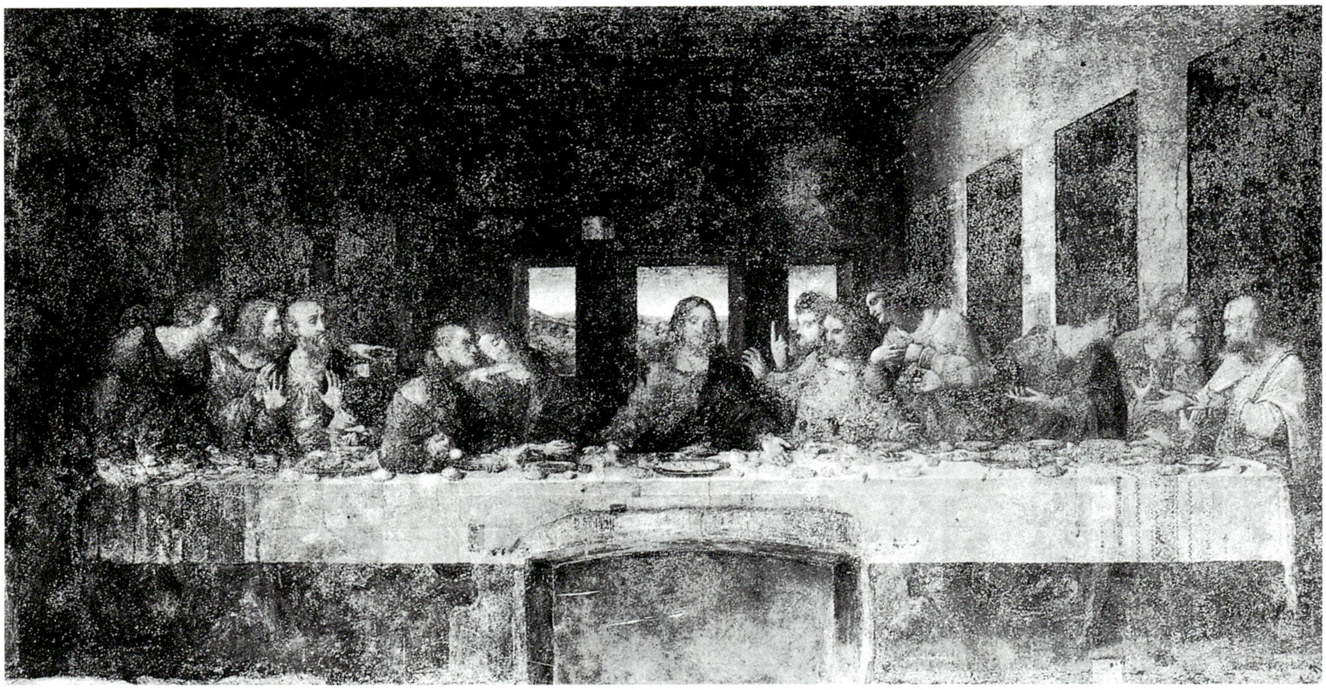

11.21 LEONARDO DA VINCI, *Abendmahl*, um 1495–1498, Wandgemälde, 460 x 856 cm. Santa Maria delle Grazie, Mailand.

Seine grenzenlose Neugierde und sein Wissensdurst konzentrierten sich nach und nach auf das, was Aristoteles als ›Entelechie‹ bezeichnet, jene Voraussetzung, unter der eine Möglichkeit zur Wirklichkeit wird. Daher seine Beschäftigung mit dem Keimzustand in Natur und Kunst, dem Augenblick, wenn ein Körper organisch vollendet, aber noch nicht ausgereift ist, oder dem Moment, in dem ein Gemälde völlig realisiert, jedoch noch nicht fertig ist. Die Leidenschaft, mit der er die Struktur des menschlichen Körpers zu begreifen suchte, führte ihn bis zur Sektion von Leichen und ließ ihn auch die ersten anatomischen Zeichnungen anfertigen ▸11.20. LEONARDO entwickelte seine kühne empirische Methode zu einer Zeit, als Naturwissenschaftler immer noch solch altehrwürdige griechische und römische Autoren wie Dioskurides und Galen aus dem 1. Jahrhundert n. Chr. als Autoritäten anerkannten. LEONARDO schrieb:

*»Es scheint mir, dass eine nicht aus der Erfahrung geborene Wissenschaft leer und voller Irrtümer ist, Erfahrung ist die Mutter aller Gewissheit, eine unmittelbare Erfahrung, die in ihren Ursprüngen, Mitteln und Zielen einen der fünf Sinne durchlaufen hat … Und wenn wir schon die Gewissheit von allem bezweifeln, das die Sinne aufgenommen haben, um wie viel mehr müssten wir Dinge bezweifeln, die diesen Sinnen widersprechen, wie die Existenz Gottes oder der Seele, oder ähnlicher Dinge, über die es immer Kontroversen und Behauptungen gibt.«* (s. auch ▸11.23)

LEONARDOS erfinderischer Genius fand erstmals in seinem *Letzten Abendmahl* vollendeten Ausdruck ▸11.21;22. Vermutlich um die Nachteile der Freskotechnik zu umgehen, die den Maler zwingen, jeweils einen Flächenabschnitt ganz fertig zu malen, experimentierte er mit einem Träger, der ihm wie beim Ölgemälde erlaubte, an der Gesamtkomposition gleichzeitig zu arbeiten. Unglücklicherweise erwiesen sich die neuen Malmittel als nicht haltbar, und schon zu seinen Lebzeiten zeigten sich Verfallserscheinungen. Im Gesamtentwurf hält sich seine Komposition an moderne Florentiner Vorläufer, bei denen die Gestalten in einen Bildraum platziert sind, der den realen Raum des Refektoriums erweitert. Die Szene jedoch ist klarer definiert und mit völlig neuem Leben erfüllt. Anstatt die Jünger in monotoner Reihung darzustellen, fasst sie LEONARDO in Dreiergruppen zusammen und schafft damit ein Geflecht formaler und emotionaler Zusammenhänge, das jede Gestalt an seine Nachbarn und an Christus im Mittelpunkt bindet. Indem er den bedeutungsvollen Augenblick aus dem Evangelium wählt, als die Jünger fragen, welcher von ihnen Christus verraten werde – »Herr, bin ich es?« –, konnte er jeden als Einzelperson abbilden, die unterschiedlich und in

11.22 LEONARDO DA VINCI, Ausschnitt aus dem *Abendmahl* ▸11.21.

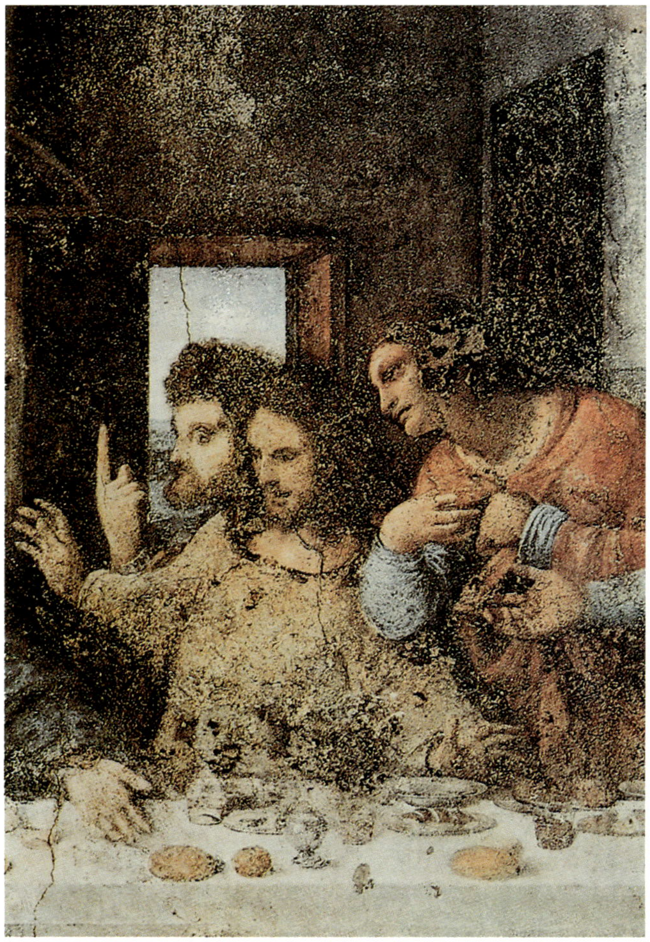

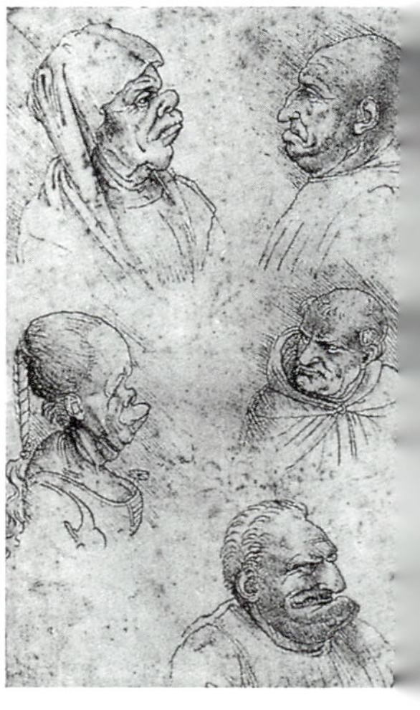

11.23 LEONARDO DA VINCI (zugeschrieben), *Fünf groteske Köpfe*, braune Tusche, 18 x 12 cm. Galleria dell'Accademia, Venedig.

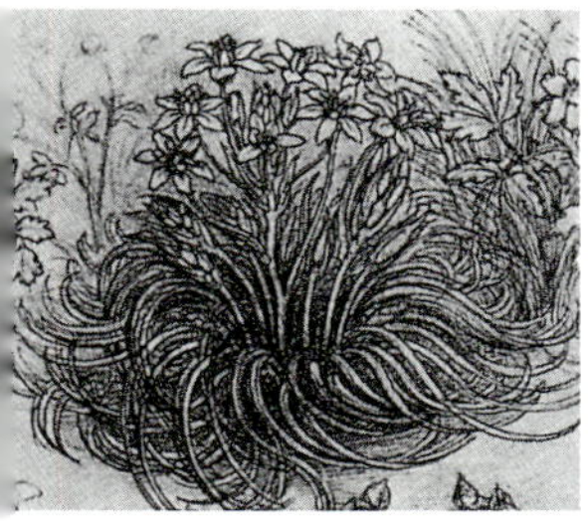

.24 LEONARDO DA VINCI, *chsterne*, Rötelzeichnung.

psychologisch aufschlussreicher Weise reagiert. Er verzichtete nicht nur auf dekorativ ausschmückende Einzelheiten, in denen frühere Maler des 15. Jahrhunderts geschwelgt hatten, sondern auch auf Attribute und Inschriften, um die Apostel namentlich zu unterscheiden. Durch Gesichtsausdruck und Gebärden geben sich die Jünger zu erkennen. Mit Ausnahme von Judas, dessen Kopf im Schatten bleibt, ist ihre Gesichtsbildung betont edel, sie brauchen keinen Nimbus, um ihre Heiligkeit auszuweisen. Nur Christi göttliche Aura wird durch das natürliche Licht, das durch das Mittelfenster hereinströmt, angedeutet. LEONARDO war kein frommer Christ, man könnte ihn beinahe als Agnostiker bezeichnen, aber indem er das, was man früher als hieratisches Ritual wiedergab, in eine Szene menschlicher Tragödie übersetzte, vertiefte er paradoxerweise dessen religiöse Bedeutung. Nur wenige Jahre später schilderte auch RIEMENSCHNEIDER die Geschichte vom Letzten Abendmahl als menschliches Drama, das aber von Bauern getragen wird. Sowohl die psychologische Feinheit als auch jener Hauch spiritueller Erhebung, die LEONARDOS dichte Komposition vermittelt, fehlen ihm.

Sorgfältiges Studium von Pflanzen, Anatomie und den Prinzipien organischen Wachstums brachten LEONARDO dahin, seine Bilder nach einem ähnlichen System aufzubauen, mit jedem Teil derart integriert, dass es keinen augenfälligen Anfang und kein Ende gibt, keine harten Übergänge ▸11.24. In seiner *Heiligen Anna Selbdritt* gruppiert er die Gestalten zu einer Pyramide, in deren Gefüge sich die Formen natürlich und harmonisch entfalten ▸11.25, 26. Viel besser als das *Letzte Abendmahl* illustriert dieses Bild die Mittel, die, entweder von LEONARDO vervollkommnet oder de facto erfunden, bald schon die europäische Malerei um eine bildnerische Möglichkeit bereicherten: das ›chiaroscuro‹ (Licht und Schatten so abgestuft, dass sie wie ein Relief oder eine Modellierung wirken), ›sfumato‹ (verschwommenes, zartes Farbgemisch) und die Luftperspektive, die durch die Abstufung von Tönen und die Dämpfung von Farbkontrasten räumliche Tiefe suggeriert. Der Vergleich mit einem Meisterwerk aus der Mitte des 15. Jahrhunderts wie PIERO DELLA FRANCESCAS *Taufe* ▸10.54 verdeutlicht die Unterschiede zweier Sehweisen. Während PIEROS Landschaftshintergrund in teleskopischer Schau dargestellt und wie der Vordergrund in Lokalfarben gemalt ist, verschmelzen LEONARDOS Farben in einem gräulich-blauen Dunst. Die Gestalten in der *Taufe* zeigen unerschütterliche Festigkeit, die der *Heiligen Anna Selbdritt* sind nicht minder gewichtig, aber sie sind weicher und ›duftiger‹ modelliert. LEONARDO verbildlicht Figuren in einer Landschaft, die, obgleich wie von einer mystischen, überweltlichen Atmosphäre verschleiert, den normalen Seherfahrungen näher ist. Die absichtliche Ungenauigkeit bei der Wiedergabe der ausdrucksstärksten Gesichtszüge, Augen und Mundwinkel, gibt den Gesichtern ein sonderbar doppelsinniges ›Halblächeln‹, ebenso vage und nachhaltig wie das von LEONARDOS *Mona Lisa* ▸11.27.

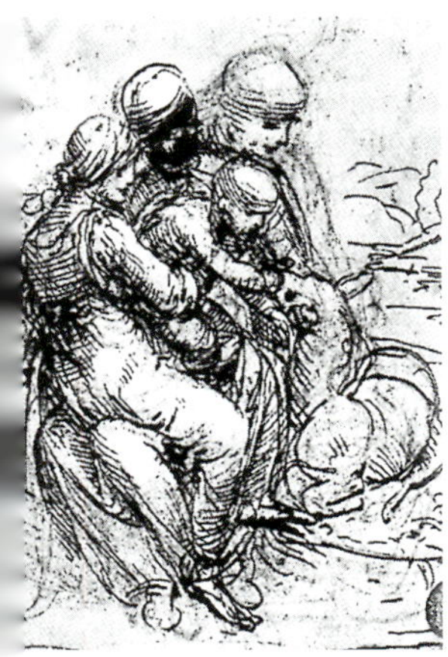

.26 LEONARDO DA VINCI, ichnung zu dem Gemälde *ilige Anna Selbdritt*. Galleria l'Accademia, Venedig.

## *Harmonie, Einheit und Raffael*

LEONARDO öffnet den Künstlern die Augen für neue, großartige Möglichkeiten in der Malerei. Selbst Künstler, die in ihrem Temperament dem seinen so konträr waren wie FRA BARTOLOMMEO (1472–1517), 20 Jahre jünger als er, ein Mann tief frommen Wesens, der, von Savonarola angeregt, Dominikaner wurde, nahmen Anregungen von ihm auf. FRA BARTOLOM-

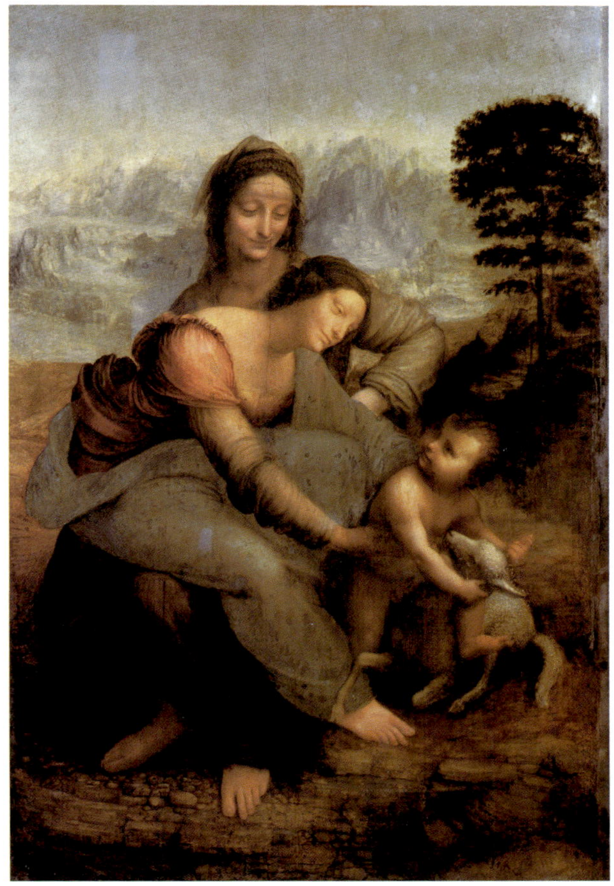

11.25 LEONARDO DA VINCI, *Heilige Anna Selbdritt*, 1508–1510, Holz, 168 x 130 cm. Louvre, Paris.

11.27 LEONARDO DA VINCI, *Mona Lisa*, 1503–1506, Holz, 76,8 x 53,3 cm. Louvre, Paris.

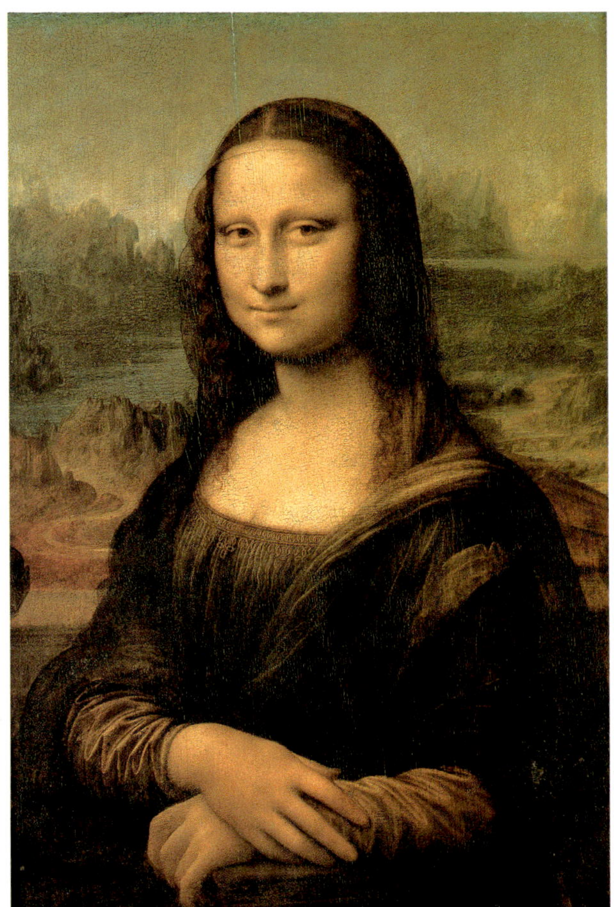

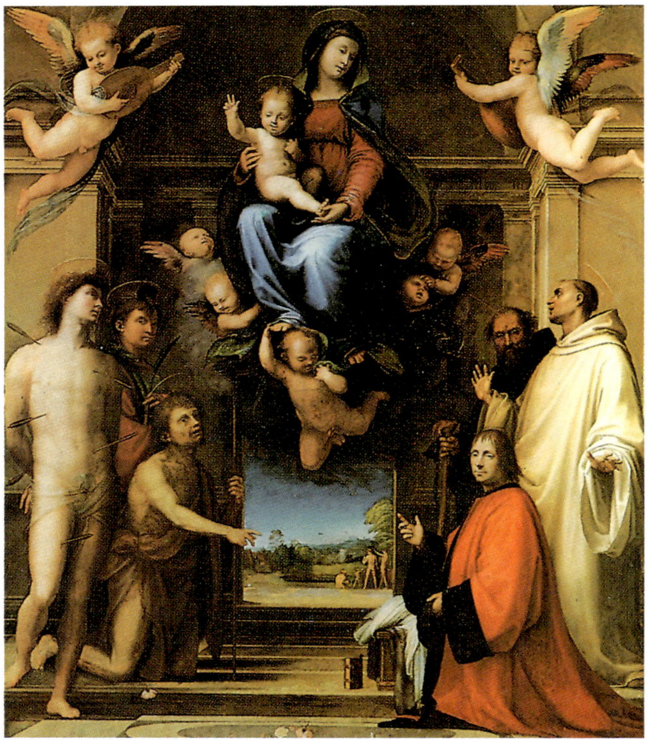

11.28 FRA BARTOLOMMEO, *Thronende Madonna mit Heiligen*, um 1511, Holz, 255 x 229 cm. Kathedrale, Besançon.

MEOS schönstes Werk ist ein Altarbild, das Ferreg Carandolet, der kaiserliche Gesandte in Rom, in Auftrag gab ▸ 11.28. Er ist auf der rechten Seite kniend porträtiert, sieht den Betrachter an und zeigt auf die Jungfrau mit Kind, die von Engeln emporgehoben wird. Die Gestalten sind so gemalt, dass sie wie bei LEONARDO durch die Lichtwirkung dreidimensional erscheinen, aber ohne dessen verschwommene atmosphärische Effekte zu übernehmen.

Den Anschein von wie zufällig wirkender Natürlichkeit galt es für die Maler der Hochrenaissance mit dem Anspruch auf eine klassische formale Durchführung in Einklang zu bringen. Die vielen Madonnenbilder RAFFAELS bezeugen die Vielfalt der Möglichkeiten, dieses Problem zu lösen. Mehr als einmal war das Ergebnis so überzeugend, dass es wie die klare Einfachheit und Unvermeidbarkeit eines axiomatischen Gedankens wirkt ▸ 11.29. Die Gestalten wirken in Haltung und Gestik vollkommen natürlich, obgleich sie im runden Bildformat einer höchst kunstvoll angelegten Komposition folgen. Die erlesensten Werke RAFFAELS in dieser Art bewahren die Spiritualität einer Ikone. Zur inneren Sammlung im christlichen Gebet und in der Meditation ist die Kreisform (→ Tondo) besonders geeignet – wie die kosmischen Diagramme in einem buddhistischen Mandala (s. S. 218 f.). Der mit RAFFAEL befreundete Schriftsteller Baldassare Castiglione schrieb, die Schönheit entstamme Gott und sei wie ein Kreis, dessen Mittelpunkt die Tugend bilde. Und da kein Kreis ohne Mittelpunkt existieren könne, sei auch Schönheit ohne Tugend nicht denkbar.

Die Idee, aus der Maria mit Kind und dem jugendlichen Johannes eine Gruppe zu bilden (in keinem Evangelium wird

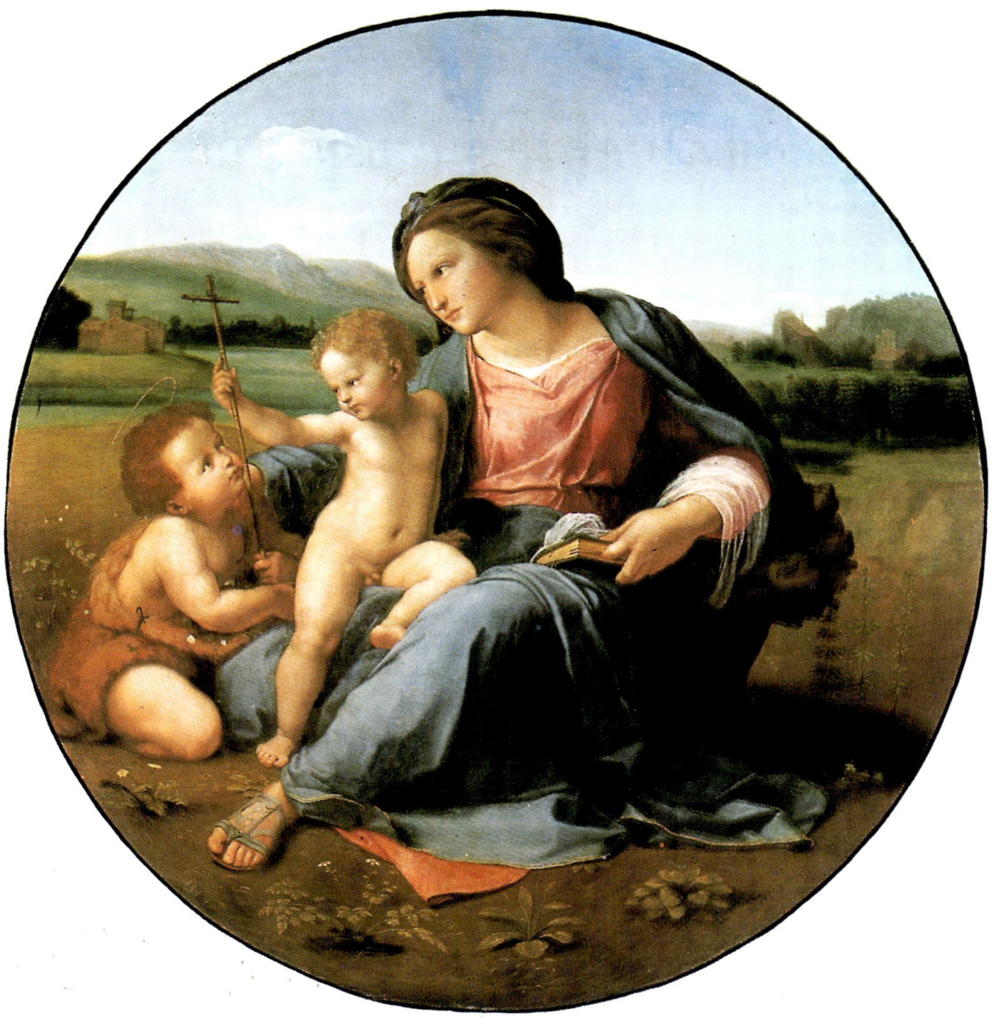

11.29 RAFFAEL, *Madonna di Casa d'Alba*, um 1510, Leinwand (ursprünglich Holz), Durchmesser 94,5 cm. National Gallery of Art, Washington.

dies erwähnt), geht auf LEONARDO zurück. LEONARDO war es auch, dem RAFFAEL sein organisches Kompositionssystem und seine subtile Anwendung des ›chiaroscuro‹ verdankte. LEONARDOS mysteriöses Zwielicht hingegen war nichts für ihn. RAFFAELS Gestalten sind in den gleichmäßigen, klaren Sonnenschein eines heiteren Sommertages getaucht, platziert in ruhiger Landschaft mit idyllischer Fernsicht auf Gehöfte und wellige Hügel. Auch fehlt dem liebenden Ausdruck, mit dem RAFFAELS Figuren einander anblicken, jeglicher leonardeske Doppelsinn.

Vom Ideal harmonischer Einheit wurden Architekten und Maler gleichermaßen inspiriert. Etwa 50 Jahre später schrieb ANDREA PALLADIO, BRAMANTE (1444–1514) sei der Erste gewesen, der gute und schöne Architektur verwirklicht hätte, die seit Griechen und Römern bis zu seinen Tagen vergessen gewesen wäre. Angesichts der Leistungen von ALBERTI, BRUNELLESCHI und anderer Vorgänger mag dieses Urteil befremdlich wirken. BRAMANTE zeichnet sich durch eine neue Radikalität aus. Mit dem Tempietto, auf den sich PALLADIO ausdrücklich bezieht, leitete er eine neue Phase der Renaissancearchitektur ein ▸ 11.30. Er verzichtete auf jeden überflüssigen Dekor und erneuerte in dem kleinen Bauwerk die korrekte Anwendung der klassischen Ordnungen eines Tholos, umgeben von einer Kolonnade mit dorisch-tuskischen Säulen in gleichem Abstand, die ein Gebälk mit Metopen und Triglyphen tragen. Der Tempietto sollte in der Mitte eines Kreisperistyls stehen (das nie gebaut wurde), als Nukleus einer geordneten Umwelt, in der Raum und Zwischenraum, Baumasse und -inhalt in Gleichgewicht gehalten werden.

Der Tempietto ist eher ein Monument als ein Ort für den Gemeinschaftsgottesdienst, denn er bietet nur wenigen Menschen Platz. Er verkörpert die Idee eines freistehenden Zentralbaus mit einer Kuppel, die italienische Architekten mehr als ein Jahrhundert lang beschäftigt hatte: Symbol des konzentrischen Kosmos, himmlische Harmonie widerspiegelnd und die Geometrie der reinen Form. LEONARDO, ein Freund BRAMANTES, versuchte sich an zahlreichen Kirchenskizzen, die Kuben und Kugeln in sich vereinigten. Als man BRAMANTE mit dem Neubau der Peterskirche in Rom beauftragte (teils, um aus dem Presbyterium ein Denkmal für Julius II. zu machen), entwarf er den grandiosesten kirchlichen Zentralbau inmitten eines ungeheuren Quadrats. 1506 wurde der Grundstein gelegt. St. Peter sollte insgesamt nicht nach BRAMANTES Entwurf gebaut werden, aber dennoch waren Normen für feierliche Monumentalarchitektur gesetzt.

Für Papst Julius II. (1503–1513), unter dem Rom zum ersten Mal seit dem klassischen Altertum wieder das Zentrum der europäischen Kunst wurde, war BRAMANTE künstlerischer Berater und Architekt zugleich. Möglicherweise war er es, durch den RAFFAEL, kurz nachdem er 1508 aus Florenz angekommen war, den Auftrag zur Ausmalung der Privatgemächer des Papstes im Vatikan – allgemein als ›le stanze‹ (die Zimmer) bekannt – erhielt. RAFFAEL war noch keine 26 Jahre alt. Es war eine Sternstunde, eine kurze Phase der Prosperität vor der Plünderung Roms, und RAFFAEL schuf Bilder von unvergleichlicher Größe und Erhabenheit.

Die Stanza della Segnatura (benannt nach dem obersten kirchlichen Gericht, das später hier tagte) war ursprünglich als Bibliothek gedacht. So spielen die Gemälde auf die vier Zweige humanistischer Gelehrsamkeit an: Theologie, Philosophie, Poesie und Jurisprudenz – personifiziert in den Deckenmedaillons. Eine Wandseite ist der Literatur gewidmet, mit klassischen und modernen Schriftstellern, die sich auf dem Parnass um Apoll und die Musen scharen. Auf einer anderen Wand illustriert ein Fresko die Philosophie mit altgriechischen Denkern und Naturwissenschaftlern, allgemein, wenn auch etwas ungenau, als *Schule von Athen* bezeichnet ▸ 11.35. Platon und Aristoteles erscheinen im Zentrum – und das mitten im Herzen des Papsttums. Dieser Verherrlichung der menschlichen Vernunft liegt die Wand der Theologie gegenüber. Die so genannte *Disputa* stellt eine Gemeinschaft von Heiligen und Kirchenlehrern dar ▸ 11.36. Die vierte Wand unter der Lünette ist zweiteilig; das bürgerliche Recht ist an die *Schule von Athen* angrenzend gemalt, das Kirchenrecht neben die *Disputa*. Auf diese Weise wird zwischen den verschiedenen Fundamenten der christlich-humanistischen Kultur ein vollkommenes Gleichgewicht hergestellt.

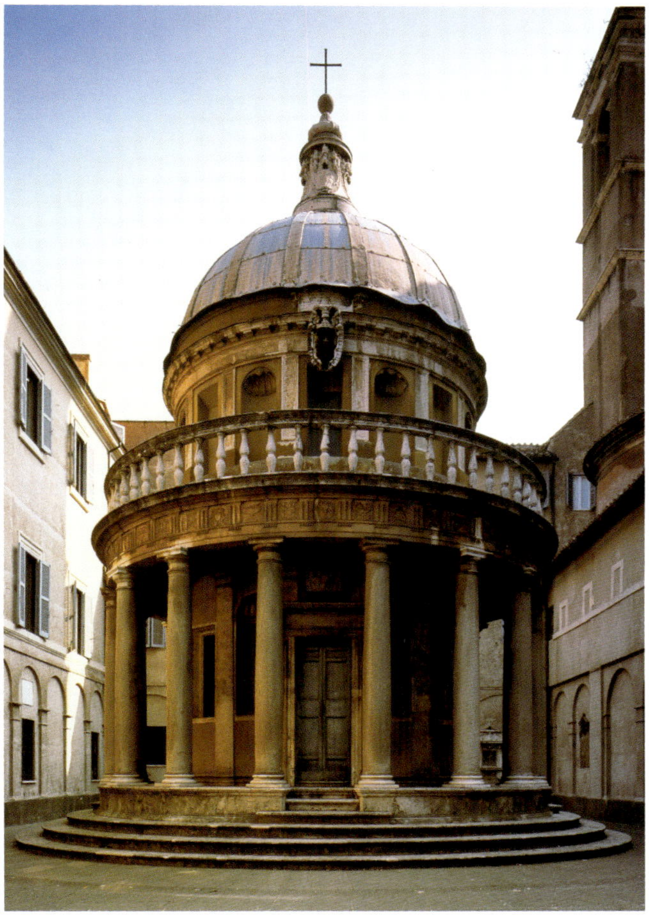

11.30 DONATO BRAMANTE, Tempietto, San Pietro in Montorio, Rom, um 1502–nach 1510.

Das ikonographische Programm scheint schon vor 1509, ehe RAFFAEL den Auftrag übernahm, erstellt worden zu sein, denn an der Decke war bereits angefangen worden. Man ließ RAFFAEL jedoch freie Hand bei der Ausarbeitung der großen Kompositionen, wie seine zahlreichen Arbeitsskizzen bezeugen. Szenen mit historischen Figuren ersetzten das alte System der Personifizierung abstrakter Ideen (mit Ausnahme der Deckenmedaillons). Für die *Schule von Athen* beschwört RAFFAEL eine ideale Versammlung von Denkern, eifrig im philosophischen Gespräch, lehrend, lernend, sprechend, nachdenkend mit dem gespannten Ausdruck geistiger Konzentration. In der Mitte steht Platon, nach oben weisend, um vielleicht die Quelle platonischen Denkens anzuzeigen, neben ihm Aristoteles, dessen Geste zum Boden hin auf seine Beschäftigung mit

# *Bramantes Tempietto* Alberti, Leonardo und die Idealkirche der Renaissance

Die Suche nach der vollkommenen christlichen Kirche beschäftigte Renaissancearchitekten bis zur Obsession. Wie ließen sich christliche und humanistische Ideale architektonisch miteinander in Einklang bringen? BRAMANTES Tempietto ▸11.30 liefert hierzu einen wichtigen Beitrag. Der Versuch, zu einer vollständigen Verschmelzung von Christlichem und Humanistischem zu finden, ist nicht nur an Details wie der Verbindung von altrömischen dorischen Säulen mit den Schlüsseln des hl. Petrus und dem liturgischen Gerät der Messe auf dem Gebälk ablesbar, sondern auch am Gesamtentwurf des Bauwerks. Die traditionelle kreisrunde Form frühchristlicher Martyrien wurde von Bramante weiterentwickelt und durch den Rückgriff auf klassisches Vokabular und Symbolik der Architekturtheorie der Renaissance aktualisiert. (Der Tempietto ist ein Martyrium, d.h. eine Gedenkkapelle, an der Stelle, wo der hl. Petrus gekreuzigt worden sein soll.)

In seinen Überlegungen zu möglichen Grundformen für eine ideale Kirche war der Architekt und Theoretiker ALBERTI (s. S. 400 f.) vom Kreis als der von der Natur bevorzugten Form ausgegangen. Als Beleg führte er die Erdkugel, die Sterne, die Bäume, Tiere und deren Nester sowie eine Vielzahl anderer Beispiele aus der Natur an, und er empfahl neun geometrische Grundformen, denen jeweils der Kreis gleichsam als Grundform hinterlegt war (Quadrat, Sechseck, Achteck usw.). Der traditionelle Typus der christlichen Kirche, die Basilika, wurde bemerkenswerterweise verworfen. Die Basilika ist axial angelegt, d.h. auf eine Längsachse und nicht radial, d.h. auf einen Mittelpunkt bezogen. Alberti räumte ein, dass die Basilika dem Tempel oder der Kirche funktional nahe stand, da beide Stätten der Gerechtigkeit waren, nur, so betonte er, in ersterem Fall der menschlichen und in letzterem der göttlichen Gerechtigkeit. Eine Kirche sollte als Sitz der göttlichen Gerechtigkeit offensichtlich großartiger gestaltet sein. Nur ein kreisförmig oder radial angelegtes Bauwerk mit einer halbkugelförmigen, den Kosmos symbolisierenden Kuppel wie der des Pantheons war seiner Auffassung nach angemessen.

Wie sollten die Teile derartiger erhabener Bauwerke proportioniert sein? Die Antwort lieferte VITRUV. Sein berühmtes System der menschlichen Proportionen sollte sich in den Proportionen von Tempel- und Kirchenbauten widerspiegeln. VITRUV (s. S. 184) beschrieb, wie ein gut gebauter Mann mit ausgestreckten Armen und Beinen in die beiden vollkommensten aller geometrischen Figuren, den Kreis und das Quadrat, passt. Diese einfache Idee schien irgendeine tiefgründige und grundlegende Wahrheit in sich zu bergen und schlug Architekten wie bildende Künstler in ihren Bann. Sie geisterte tatsächlich schon seit dem Mittelalter immer wieder durch die Köpfe. So bezog sich die christliche Mystikerin Hildegard von Bingen (1098–1179) auf sie, und einschlägige Illustrationen tauchten in illuminierten Handschriften ihrer Werke auf. Verbindlichkeit aber erlangte das Prinzip für Architekten der Renaissance, und um 1485–1490 zeichnete LEONARDO ein entsprechendes Proportionsschema, dem er eine eigenhändige italienische Übersetzung des vitruvschen lateinischen Textes anhängte ▸11.31. In diesen Jahren arbeiteten er und BRAMANTE für den Herzog von Mailand, und BRAMANTE kannte vermutlich diese Zeichnung ebenso wie die zahlreichen Pläne für radial angelegte und überkuppelte Kirchen, die LEONARDO in dieser Zeit ausarbeitete. Auch wenn keiner dieser Pläne den Tempietto genau vorwegnimmt, ist LEONARDOS Einfluss auf BRAMANTE unverkennbar. Beide blieben einander auch nach ihrem Weggang aus Mailand 1500 eng verbunden, und es ist durchaus denkbar, dass LEONARDO, als er 1504 Rom besuchte, an der Planung des Tempietto mitwirkte.

Die streng symmetrische, konzentrische Wirkung von BRAMANTES Entwurf kam einer Realisierung der idealen christlichen Kirche ALBERTIS und LEONARDOS nahe: ein freistehender Zentralbau, gekrönt von einer halbkugelförmigen Kuppel, die das Universum symbolisierte und in ihren Proportionen und der Geometrie reiner Formen himmlische Har-

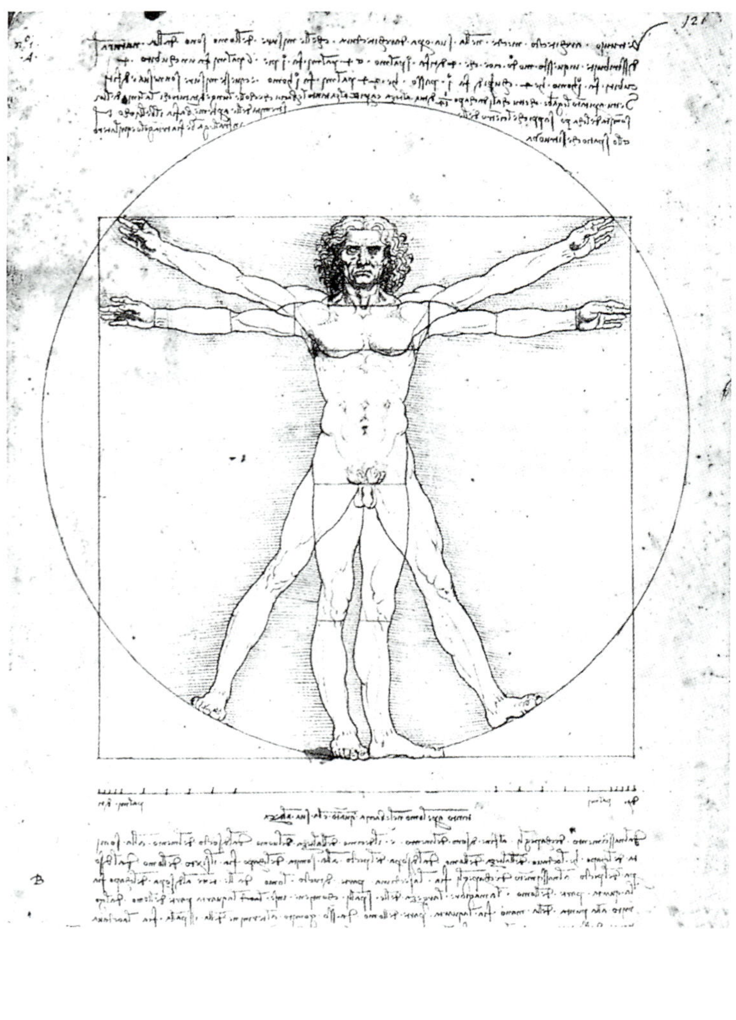

11.31 LEONARDO DA VINCI, *Proportionsschema der menschlichen Gestalt*, 1485–1490, Feder, 34,3 x 24,5 cm. Galleria dell'Accademia, Venedig.

monie widerspiegelte. Beeinträchtigt wurde diese Wirkung allerdings dadurch, dass der Entwurf nicht vollständig ausgeführt wurde. Der Tempietto sollte nicht in einem rechteckigen Innenhof stehen, sondern war ursprünglich als Mittelpunkt eines kreisförmigen Säulengangs gedacht, mit sechzehn Säulen entsprechend denen des Tempietto. Dem durch den Säulengang auf den Tempietto Zuschreitenden hätte sich die Klarheit der gesamten radialen Anlage aufs Anschaulichste mitgeteilt. Darüber hinaus hätte der Tempietto durch einen subtilen optischen Effekt höher, breiter und monumentaler und der Umraum weiter gewirkt.

Im Jahr 1506 begann Papst Julius II. die »Erneuerung der stark baufälligen Kirche des hl. Petrus des Apostels in Rom von ihren Grundmauern aufwärts«, wie er König Heinrich VIII. von England schrieb. Entwürfe für einen neuen überkuppelten Kirchenbau mit radialem Grundriss wurden von BRAMANTE eingereicht und angenommen. Dieses Mal war das Ganze allerdings in einem gigantischen Maßstab geplant. Der Plan ist überliefert auf einer Medaille, die zur Zeit der Grundsteinlegung geprägt wurde ▸11.33. Nur eine eigenhändige Entwurfszeichnung BRAMANTES ist erhalten, die lediglich eine Hälfte des die Form des griechischen Kreuzes aufgreifenden Grundrisses zeigt ▸11.34. Sein Entwurf für die große halbkugelförmige Kuppel wurde jedoch später sowohl im Grund- wie im Aufriss reproduziert, weil er für Architekten, so ein Vertreter der Zunft, »eine große Offenbarung« gewesen war. BRAMANTES Entwurf war tatsächlich derart überwältigend, dass keiner seiner Nachfolger in der Bauleitung von St. Peter, nicht einmal MICHELANGELO, sich dessen Einfluss entziehen konnte. Nur ganz wenig wurde von BRAMANTES Plan jemals ausgeführt, lediglich die vier großen Vierungspfeiler sind in Michelangelos Bau erhalten.

Zwei Jahre nach der Grundsteinlegung von Bramantes St. Peter wurde der Bau einer Wallfahrtskirche vor den Toren des Hügelstädtchens Todi nördlich von Rom in Angriff genommen. Der im Vertrag erwähnte Baumeister, COLA DA CAPRAROLA (tätig 1499–1519), ist ansonsten nahezu unbekannt. Nirgendwo jedoch wurde das christlich-humanistische Ideal ALBERTIS, LEONARDOS und BRAMANTES in reinerer Form verwirklicht ▸11.32. Gekrönt von einer Kuppel, in offenem Gelände stehend und auf allen Seiten den gleichen Anblick bietend, ohne Fenster auf Augenhöhe, um eine Ablenkung der Pilger und Kirchgänger durch die Außenwelt zu verhindern, und kristallin in ihrer geometrischen Reinheit von Grund- wie Aufriss, verkörpert Santa Maria della Consolazione die Einfachheit und Klarheit der nüchternen, harmonischen Bestrebungen der Hochrenaissance.

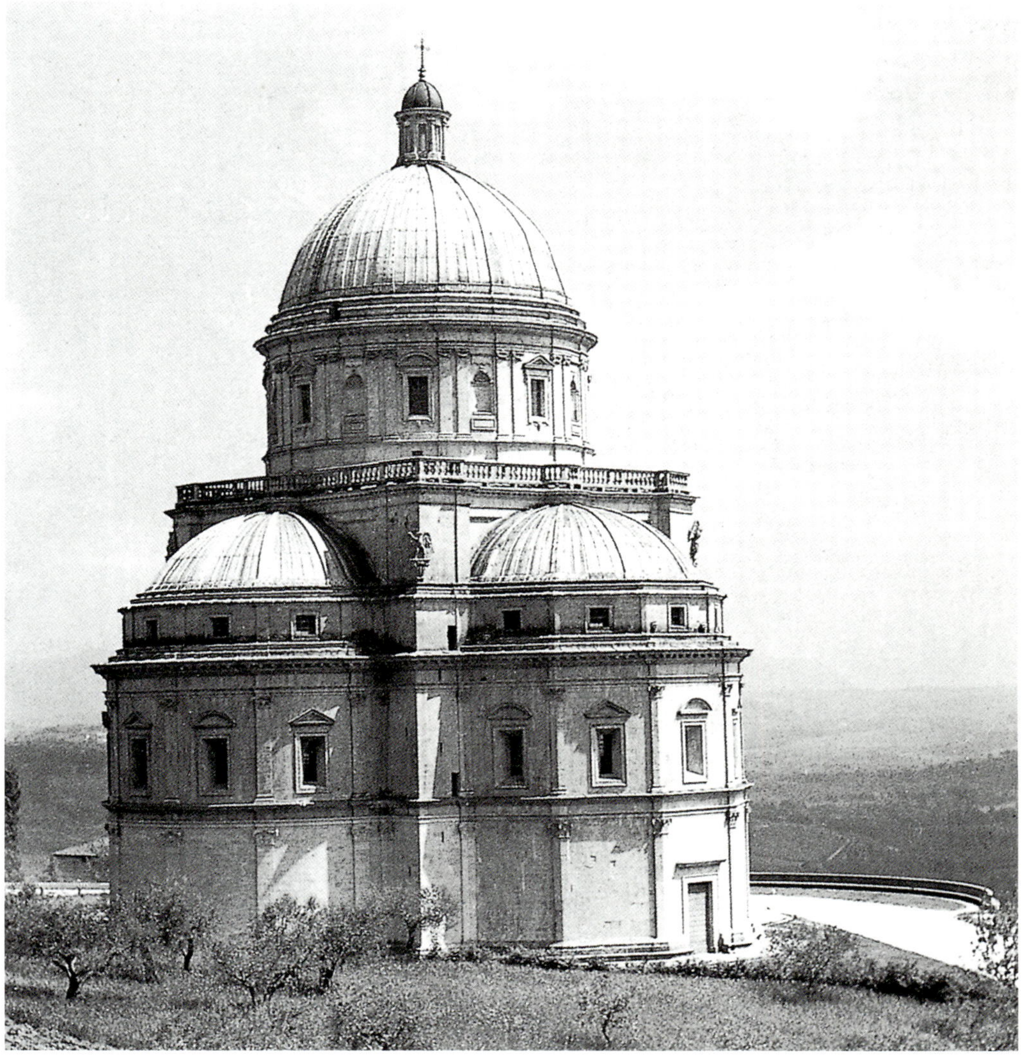

11.32 COLA DA CAPRAROLA, Santa Maria della Consolazione, Todi, 1508 begonnen.

11.33 CRISTOFORO FOPPA CARADOSSO, Medaille mit Bramantes Entwurf für St. Peter, Rom, 1506. British Museum, London.

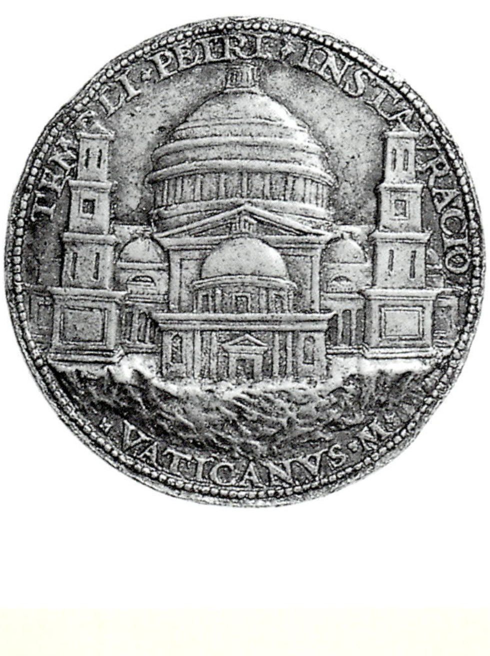

11.34 DONATO BRAMANTE, *Grundrissentwurf für Sankt Peter*, Rom, 1505–1506.

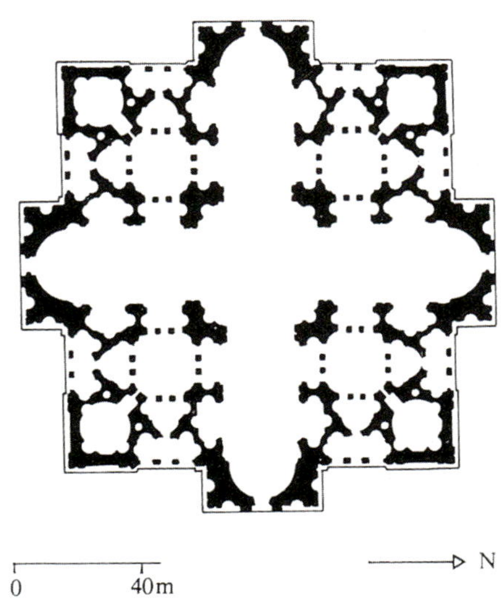

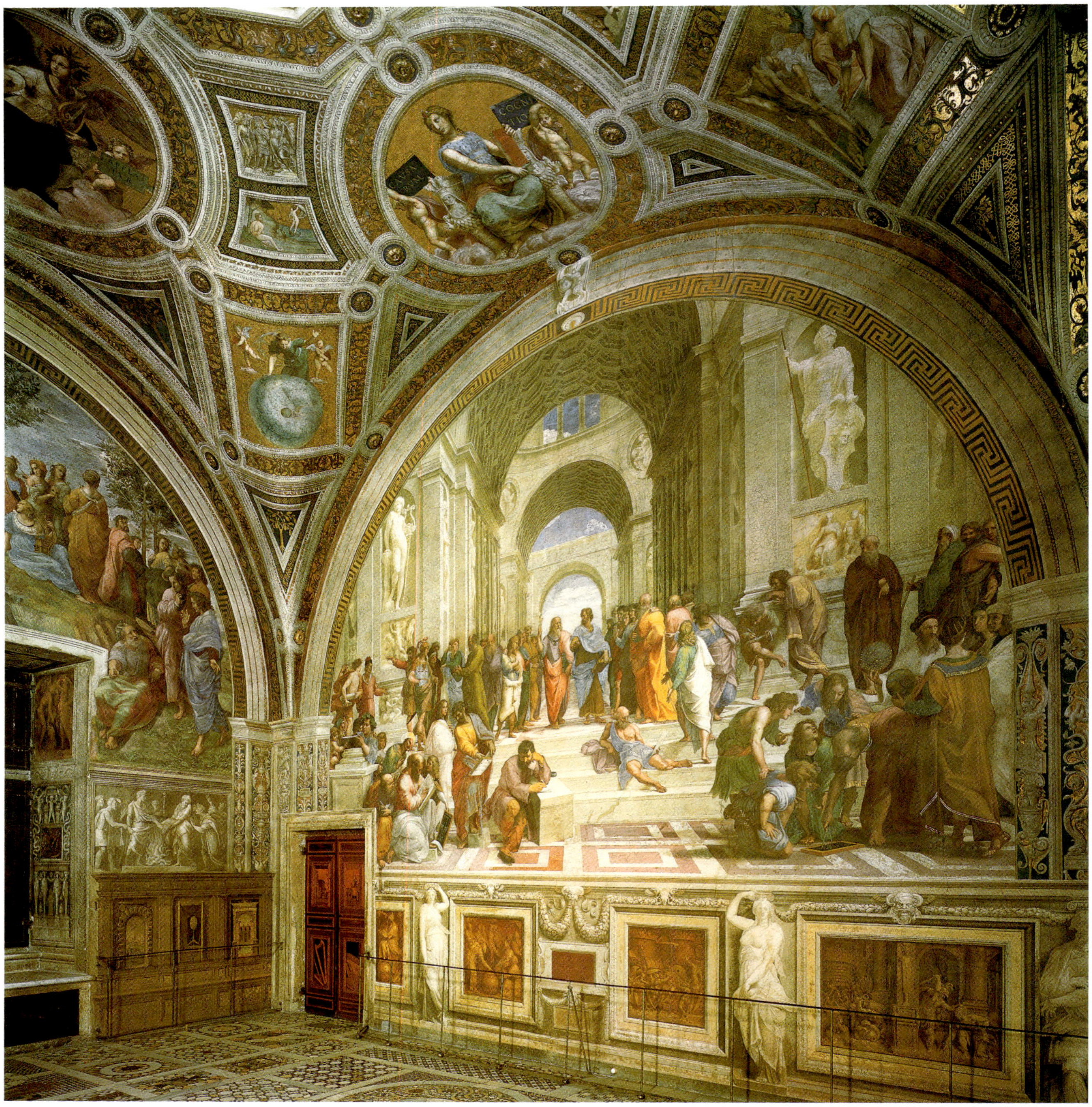

11.35 Stanza della Segnatura mit RAFFAELS *Schule von Athen*, 1509–1511, Vatikan, Rom.

Naturerscheinungen hinweisen soll. Die theoretischen Denker sind auf Platons Seite gruppiert, auf der anderen finden sich die Naturwissenschaftler, mit dem Geographen Ptolemäus und Euklid (er soll ein Porträt BRAMANTES sein), die einen geometrischen Lehrsatz diskutieren.

Der Einfall, die beiden Hauptgestalten unter einem riesigen Tonnengewölbe hervorzuheben und sie ins Gegenlicht zu stellen, erinnert an LEONARDOS *Abendmahl*. Zwar ist RAFFAELS Komposition mit 52 Gestalten in den verschiedensten Posen komplizierter als bei LEONARDO, aber auch in ihrer Mannigfaltigkeit erreicht sie ohne jegliches dämpfende Gefühl von Symmetrie die gleiche Einheitlichkeit. Den Nachdenkenden, als Heraklit identifiziert, im Vordergrund links von der Mitte einzufügen, war ein meisterhafter nachträglicher Einfall – eine Überprüfung des Putzes hat dies ergeben, denn dieser Wandabschnitt musste abgetragen und neu verputzt werden, damit RAFFAEL die Änderung durchführen konnte. (Heraklit ist möglicherweise ein Porträt MICHELANGELOS, Platon eines von LEONARDO.) Farbkontraste, grelles Grün, klare Blautöne und einige Schattierungen von Rot und Gelb bilden eine lebendige Struktur, die die Förmlichkeit und erhabene Feierlichkeit des Grundschemas weiter auflockert. Doch ist die größte Neuerung in dem Gemälde die Beziehung zwischen den Gestalten und der Architekturszenerie, einem grandiosen Gewölbebau, der an BRAMANTES unausgeführten Entwurf für die Peterskirche erinnert. Während die Figuren in LEONARDOS *Abendmahl* in einem vorgegebenen perspektivischen Kasten platziert sind, bestimmen sie hier den Bildraum selbst, der weder einengt noch überwältigt. RAFFAELS maßstabsgerechter Entwurf für das Fresko (Ambrosiana, Mailand) enthält keine Angaben über den Architekturhintergrund, der vermutlich erst später konzipiert und gleichsam um und für die Gestalten aufgebaut wurde.

### *Michelangelo*

Als RAFFAEL die Stanza della Segnatura malte, arbeitete MICHELANGELO an der Decke der Sixtinischen Kapelle

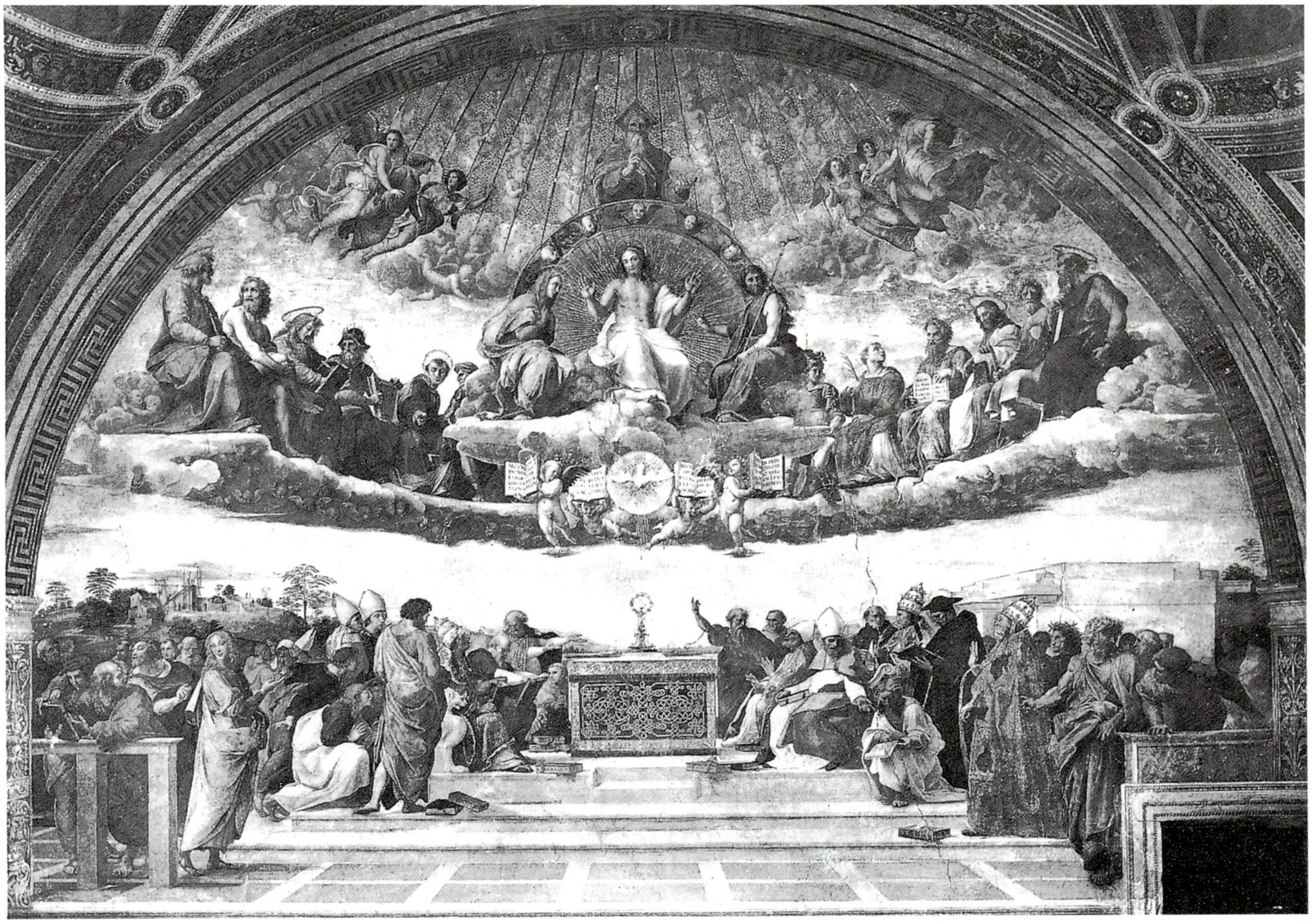

.36 RAFFAEL, *Disputa*, 09–1511, Fresko, Stanza della gnatura, Vatikan, Rom.

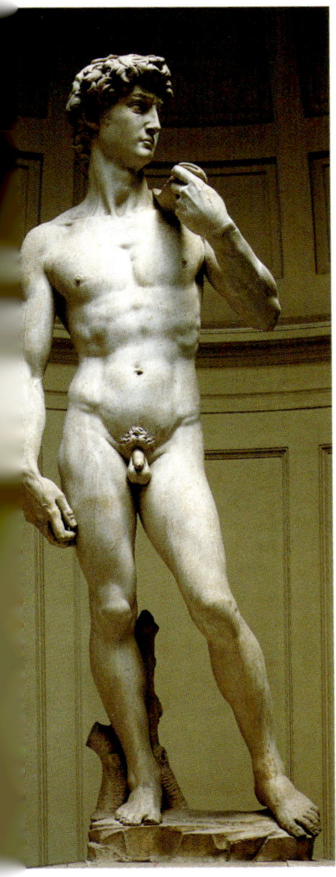

.37 MICHELANGELO, *David*, 01–1503, Marmor, Höhe ca. 0cm. Galleria dell'Accademia, renz.

▸ 11.40. Niemals vorher oder nachher wurden zwei Meisterwerke dieser Größenordnung in so engem Zusammenhang geschaffen. Und doch manifestieren sich in den Werken RAFFAELS und MICHELANGELOS zwei konträre Tendenzen der Hochrenaissance, die sich bald noch weiter auseinander entwickeln und einen Konflikt erzeugen sollten, der der späteren europäischen Kunst ihre stilistische Unbeständigkeit gab. Die beiden Künstler waren nach Herkunft und Charakter sehr verschieden. RAFFAEL, Sohn eines Malers, hatte in der mittelalterlichen Tradition des Kunsthandwerkers begonnen, obgleich er sozial rasch aufstieg und am Ende seines kurzen Lebens Herr eines stattlichen Palastes in Rom mit einem Gefolge von Hauspersonal und einem noch größeren Gehilfenstab war. In seinem Lebensstil wie in seiner Malerei eignete er sich ›sprezzatura‹ an, jene vollendeten Umgangsformen, hochgelobt von seinem Freund Baldassare Castiglione in dem *Buch vom Hofmann* (1528) – wonach bei allem, was geschieht, stets der Eindruck völliger Mühelosigkeit, Eleganz, ja selbst Gedankenlosigkeit zu wahren sei. MICHELANGELO war der Gegensatz zum Ideal des ›cortegiano‹. Ungesellig, misstrauisch, launisch, unordentlich, besessen von seiner Arbeit und beinahe krankhaft stolz, war er der Archetypus des ›Genies‹, als Dichter ebenso wie als Bildhauer, Maler und Architekt. Uneinig mit sich und der Welt, revolutionierte seine nach innen gerichtete Vorstellungskraft alles, was er berührte.

Er stammte aus einer verarmten Florentiner Familie mit Adelsrechten und blieb anderen Künstlern stets fern. Niemals sei er einer jener Maler oder Bildhauer gewesen, die einen Laden aufmachten, erklärte er 1548 seinem Neffen. Obgleich er eine kurze Lehre bei DOMENICO GHIRLANDAIO absolvierte (s. S. 411), waren es die Jahre im Palast Lorenzo de'Medicis (des Prächtigen), die ihn prägten. Er studierte bei BERTOLDO DI GIOVANNI (s. S. 403) Bildhauerei und stand in vertrauten Beziehungen zu den jungen Medici, von denen zwei später Päpste werden sollten, Leo X. und Clemens VII. Hier begegnete er auch dem Humanisten und Dichter Angelo Poliziano (s. S. 411) und dem Philosophen Marsilio Ficino, der die neuplatonische Ideenlehre neu belebte, was für die Ästhetik des 16. Jahrhunderts eine wichtige Rolle spielen sollte (s. S. 414).

Im Herbst 1504 wurde in Florenz die überlebensgroße Statue des *David*, an der MICHELANGELO die vergangenen drei Jahre gearbeitet hatte, vor dem Haupteingang des Palazzo Vecchio (heute durch eine Kopie ersetzt) aufgestellt ▸ 11.37. Ursprünglich war das Bildwerk für die Außenseite des Doms bestimmt. Ungleich früheren Gestaltungen wird *David* nicht als triumphierender Sieger mit dem Fuß auf Goliaths abgetrenntem Kopf wiedergegeben, sondern im Moment vor dem Kampf. Vor dem Regierungssitz platziert, galt manchen Florentinern dieser herausfordernde Jüngling mit seinem muskulösen Körper, dem gespannten Nacken und dem trotzigen Ausdruck unter den gerunzelten Brauen als Symbol ihrer neuen Republik, die 1494 die Medici verjagt hatte. MICHELANGELOS *David* ist die erste nachantike Kolossalfigur aus Marmor. Die Wirkung ist in verwegener Weise unklassisch. Hände und Füße sind übergroß, Muskeln und Adern treten hervor, und die Gliedmaßen sind keineswegs ruhig. Denn schon hat MICHELANGELOS Vorstellung vom Körper als dem Gefängnis der Seele diese heroische Gestalt mit einer Ausstrahlung verhaltener Energie ausgestattet – nach außen ruhig, innerlich aber erregt und gespannt.

Der Erfolg des *David* war so groß, dass MICHELANGELO nach Rom gerufen wurde, um für Julius II. ein freistehendes Grabmal zu schaffen, das als Teil der neuen, von BRAMANTE entworfenen Peterskirche alle anderen an Monumentalität überbieten sollte. Es hätte MICHELANGELOS Meisterwerk werden sollen, in dem Architektur und Skulptur zur Synthese geführt würden. Mit Unterbrechungen arbeitete er 40 Jahre daran, doch wurde der Umfang des Projektes immer mehr reduziert, bis am Ende nur ein Torso des ursprünglichen Planes übrig blieb (San Pietro in Vincoli, Rom ▸ 11.38). Von diesen ist nur die überlebensgroße, zentrale Figur des Moses als sein Werk gesichert. Die unvollendeten Sklaven sind auf verschiedene Museen zerstreut ▸ 11.39. MICHELANGELO hielt dies für die Tragödie seines Lebens. 1508 jedoch überredete ihn Julius II., die Decke der Sixtinischen Kapelle auszumalen, in der einige Wände mit den Fresken führender Künstler des späten 15. Jahrhunderts geschmückt waren – unter anderen von BOTTICELLI, DOMENICO GHIRLANDAIO und PIETRO PERUGINO, RAFFAELS Lehrer. Das Gewölbe misst rund 40 x 13 m, mit zahlreichen gekrümmten Flächen, und war als Feld für figürliche Gemälde ein außerordentlich schwieriges Problem. MICHELANGELOS Lösung ist von kühner Originalität. Wahrscheinlich wurde er beim ikonographischen Programm von Theologen beraten, obgleich er behauptete, der Papst habe ihn machen lassen, was er wolle. In zwei Etappen, vom Winter 1508/09 bis zum Sommer 1510 und von Februar 1511 bis Oktober 1512 malte er die oberen Teile der Wand und die Decke fast ganz allein aus.

MICHELANGELO versah die Decke mit einer imaginären architektonischen Struktur, die drei getrennte Zonen schuf, in die Figuren nach der Hierarchie ihrer Bedeutung hineinkomponiert wurden ▸ 11.40;42. In der untersten Zone – den Lünetten um die Fenster und den kleinen Wölbungen darüber – malte MICHELANGELO die Vorfahren Christi. Die Throne der zweiten Zone zeigen prachtvolle Prophetenfiguren im Wechsel mit klassischen Sibyllen, die die Ankunft Christi vorhergesagt hatten. Sie alle sind vom Standpunkt des Betrachters aus verkürzt – als befänden sie sich in einem Raum mit ihm. Aber die Figurenszenen in der obersten Zone, die von den illusionistischen Gesimsen und Laibungen umschlossen werden, übermitteln eine höhere Realität und sind, als unabhängige Bilder, nach ihren eigenen perspektivischen Gesetzen gemalt. Sie schildern die erste der drei theologischen Perioden, die Zeit, ehe Moses die Gesetzestafeln empfing, ›ante legem‹ genannt (die beiden anderen Perioden ›sub lege‹ und ›sub gratia‹ waren früher schon auf die Seitenwände gemalt worden). Die Beziehung zwischen den Figuren und der Phantasiearchitektur im logischen Aufbau des Deckengemäldes ist heute zum ersten Mal seit Jahrhunderten wieder klarer erkennbar dank der jüngsten Reinigung (1989 abgeschlossen), die zugleich die Leuchtkraft der Farbpalette MICHELANGELOS mit ihren schillernden Gelb-, grellen Rosa- und giftigen Grüntönen an den Tag gebracht hat. Die Fresken waren so angelegt, dass sie sich aus dem Blickwinkel des thronenden Papstes vom Altar aus erschlossen. Für den modernen Besucher, der die Kapelle betritt, stehen die Verhältnisse Kopf.

11.38 MICHELANGELO, Grab Julius' II., 1513–1545. San Pietro in Vincoli, Rom.

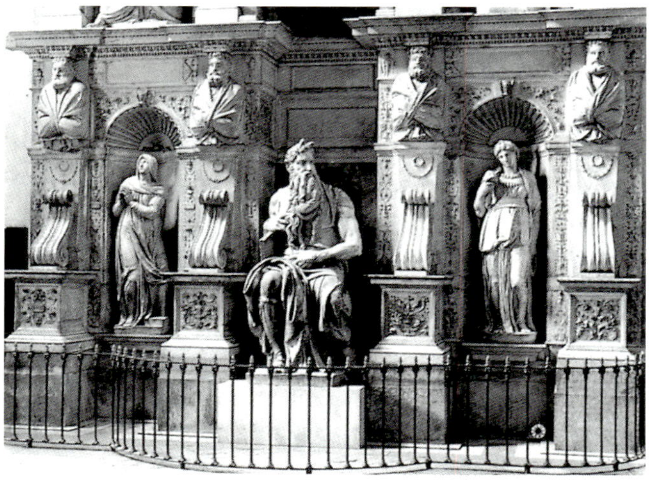

Über dem Altar setzte MICHELANGELO den Schöpfungsmythos in Bilder um, die androgyne Gestalt Gottes, die mit wolkenumhülltem Antlitz dynamisch aus dem Ursprungschaos auftaucht, gefolgt von der Erschaffung der Sonne und des Mondes sowie der Scheidung von Land und Wasser ▸ 11.41. In der nächsten Szene, die als MICHELANGELOS vollendetstes und verdientermaßen berühmtestes ›Bild‹ gilt, beseelt Gott den leblosen Körper Adams durch die Übertragung von Lebensenergie, ihm den Geist verleihend, der den Menschen in die Lage versetzt, sich zu bewegen, zu denken und zu fühlen. Die Erschaffung von Eva und eine Szene, die die Versuchung von Adam und Eva sowie ihre Vertreibung aus dem Paradies zusammenfasst, schließen sich an. Die drei Schluss-Szenen sind Noah gewidmet, dem Mann, den Gott zur Fortpflanzung der Menschheit erwählte. MICHELANGELO begann an diesem Deckenende zum Altar hin zu arbeiten, wobei sich die Kühnheit seiner Entwürfe steigerte.

Auf den Pilastern, zwischen den Thronen der Propheten und Sibyllen, sitzen völlig ungezwungen nackte Jünglinge – so genannte ›ignudi‹, welche die Verbindung zwischen den einzelnen Bildfeldern herstellen. Sie wurden verschiedentlich als flügellose Engel oder Symbole der Seele gedeutet und erklären sich wohl auch aus MICHELANGELOS homosexuellen Neigungen. Deutlich verwandt mit den Sklaven, die für das Grab Julius' II. ▸ 11.39 bestimmt waren, sind sie hier nicht durch Sünde und Tod gefesselt. Sie frohlocken in ihrer Sinnlichkeit. Mit einem gesteigerten Sinn für die menschliche Figur, den er im Verlauf seiner Arbeit an der Decke entwickelte, stellte er sie in energievollen, fast ungestümen Haltungen dar, wobei er sich (ebenfalls eine der jüngsten Reinigung zu verdankende Erkenntnis) eines verstärkten ›chiaroscuro‹ zur Modellierung ihrer Gliedmaßen bediente. Für MICHELANGELO verkörperte der männliche Körper, als Gottes Ebenbild erschaffen, den Gipfel physischer und geistiger Schönheit. Es kann kaum ein Zweifel bestehen, dass diese mit so viel Sinnlichkeit dargestellten Akte tiefere Sehnsüchte des Künstlers erahnen lassen.

Es wurden zahlreiche Versuche unternommen, das Programm der Decke zu deuten. Man sah darin unter anderem auch neuplatonische Ideen verwirklicht. Ihr eindrucksvollstes formales Merkmal ist die absolute Freiheit von jeglicher Konvention, mit der jeder Aspekt der großen Komposition gehandhabt wird. MICHELANGELOS unbändige Energie ließ alles übermenschlich und olympisch erscheinen, er verwandelte eine Kapelle im Zentrum der westlichen Christenheit in ein Denkmal für seinen eigenen Genius. Dies war die extremste Stufe der Unabhängigkeit, die ein großer Künstler erreichen konnte.

RAFFAEL war der erste Künstler, der auf die ungeheure Bedeutung der Decke der Sixtinischen Kapelle reagierte, und er war vielleicht der einzige, der sie in sich aufnehmen konnte, ohne die eigene künstlerische Integrität aufs Spiel zu setzen. Er muss Teile davon gesehen haben, ehe er die *Schule von Athen* vollendete, in der die MICHELANGELO ähnliche Gestalt des

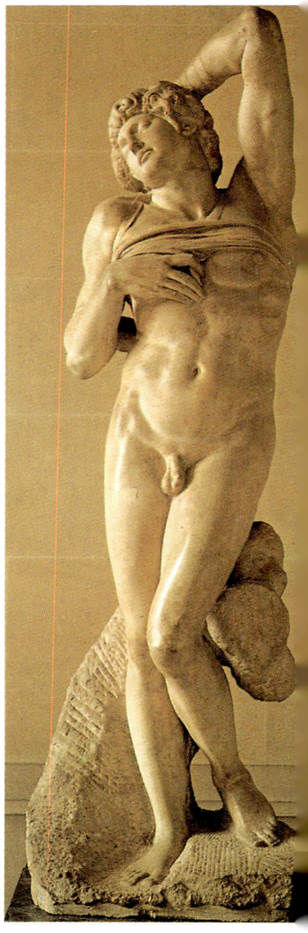

11.39 MICHELANGELO, *Der sterbende Sklave*, um 151
Marmor, Höhe 228,6 cm.
Louvre, Paris.

# Michelangelos *David*: Vertrag und Aufstellung

Michelangelos *David* ▸11.37 wurde am 16. August 1501 vom Direktorium der Dombauhütte – der sogenannten ›Opera del Duomo‹ – in Florenz in Auftrag gegeben. Die Figur war von einem anderen Bildhauer mehr schlecht als recht in groben Zügen umrissen und dann stehen gelassen worden. MICHELANGELO sollte sie »ausführen, zu Ende bringen und vollenden«.

*»Er soll dies innerhalb der nächsten beiden Jahre tun, ab dem nächsten 1. September, und zu einem monatlichen Gehalt und Lohn von 6 Goldflorinen, und was immer er dafür benötigt, werden die Opera ihm leihen oder zur Verfügung stellen, ob es sich um Arbeiter der Opera handelt oder Holz oder sonst irgendetwas, das er benötigt. Wenn diese Arbeit und die Marmorfigur vollendet ist, werden die dann amtierenden Konsulen und Operaii ihrem Gewissen folgend darüber entscheiden, ob es einen höheren Preis verdient.«*

Nachdem er zuvor »eine Art Beule auf der Brust der Figur mit einem oder zwei Schlägen des Meißels entfernt hatte«, begann MICHELANGELO am Morgen des 13. September »beharrlich und energisch« an dem *David* zu arbeiten und vollendete die Arbeit in weniger als zwei Jahren. Am 25. Januar rief der Vorstand der Dombauhütte eine Versammlung ein, um über den besten Standort für die Skulptur zu entscheiden. Dreißig Florentiner Künstler äußerten hierzu ihre Meinung: Juweliere, Sticker, Goldschmiede, Holzschnitzer, Bildhauer, Architekten und Maler, unter ihnen Andrea della Robbia, Piero di Cosimo, Giuliano da Sangallo, Perugino, Botticelli und Leonardo. Botticelli und einige andere gaben der Kathedrale den Vorzug wie ursprünglich beabsichtigt, doch empfahl die Mehrheit einschließlich Leonardo in Anbetracht des unvollkommenen Zustands des Marmors, dass die Skulptur am besten geschützt in der Loggia dei Lanzi aufgestellt werden sollte. Falls diese Empfehlung akzeptiert werde, sollte die Skulptur, so lautete Giuliano da Sangallos Vorschlag, in einer schwarzen Nische präsentiert werden. Doch die Direktoren beschlossen, ihr einen ehrenvolleren Platz vor dem Palazzo Vecchio zu geben.

Luca Landucci (1450–1519), ein Gewürz- und Arzneimittelhändler, dessen Tagebuch eine der aufschlussreichsten Quellen über die Florentiner Kunst jener Zeit ist, berichtet, dass der Marmor am 14. Mai aus der Werkstatt in der Nähe des Domes geholt wurde.

*»Um 24 Uhr kam er heraus, und man brach die Mauer über dem Tor soweit ein, dass er hindurchpasste. In jener Nacht wurden einige Steine nach dem Koloss geworfen, um ihn zu beschädigen. Daher musste er nachts bewacht werden. Er bewegte sich nur sehr schleppend voran, da er aufrecht befestigt war und vermittels eines komplizierten Seilmechanismus an gewaltigen Balken in der Luft schwebte. Er benötigte vier Tage, um die Piazza zu erreichen, und traf am 18. um 12 Uhr dort ein. Mehr als vierzig Männer waren damit beschäftigt, ihn voranzubewegen, und vierzehn Rollwagen waren unter ihm miteinander verbunden, die sukzessive nach vorne gebracht wurden. Danach arbeiteten sie bis zum Juni 1504, um ihn auf den Sockel zu stellen, auf dem sonst die* Judith *zu stehen pflegte. Die* Judith *wurde entfernt und im Inneren des Palastes auf dem Boden aufgestellt.«*

Der von Landucci erwähnte vandalische Akt war möglicherweise lokalpolitisch motiviert, da radikale Republikaner Donatellos *Judith*, die dem *David* weichen musste, sehr schätzten. Der *David* behielt seinen Standort außerhalb des Palazzo Vecchio ohne weitere Zwischenfälle bis 1873, als er in einen Saal der Accademia gebracht wurde, wo er noch heute steht.

Übers. J. Pope-Hennessy, 1958: Vertrag; J. A. Symonds, *Life of Michelangelo*, 1899: Landucci

Heraklit erscheint. Im Jahr 1515 fand MICHELANGELOS Körperpathos Eingang in seine Wandteppiche für die Sixtinische Kapelle. In RAFFAELS letztem großen Werk, der *Verklärung Christi* ▸11.46, wurde MICHELANGELOS übermenschliche plastische Vision in die Dimension des Altarbilds übertragen und führte zu einer Dramatisierung der Körpersprache. Die lichtumflossene Gestalt Christi kontrastiert mit den bekümmerten Gebärden in der unteren Zone, die das Versagen der Jünger bei der Heilung eines geistesgestörten Jungen schildert. Die Worte, die der Vater des Jungen im Evangelium spricht, sind ein Bindeglied zwischen dem Gemälde und der geistigen Krise der Zeit: »Herr, ich glaube, hilf Du meinem Zweifel.«

Nach Vollendung der Decke in der Sixtinischen Kapelle kehrte MICHELANGELO nach Florenz zurück, wo die Medici 1512 die Macht wiedergewonnen hatten und durch die Wahl eines Medici-Papstes (Leo X., 1513–1521) auch den Kirchenstaat beherrschten. Nunmehr waren sie die Herren von Mittelitalien. Der neue Papst und sein Vetter (später Clemens VII., 1523–1534) schickten sich an, die Kirche San Lorenzo in ein dynastisches Monument zu verwandeln. Sie beauftragten MICHELANGELO, eine neue Fassade und anschließend ein Familienmausoleum, die Medici-Kapelle, zu entwerfen ▸11.44; 45. (Die Fassade kam über die Planung nie hinaus.) Im Grundriss wie in der gigantischen korinthischen Säulenanordnung und im Farbschema von Dunkelgrau und Weiß hielt sich MICHELANGELO an BRUNELLESCHIS Sakristei auf der gegenüberliegenden Seite der Kirche. Aber in jeder anderen Hinsicht, vor allem in der Ablehnung der Säulenordnungen

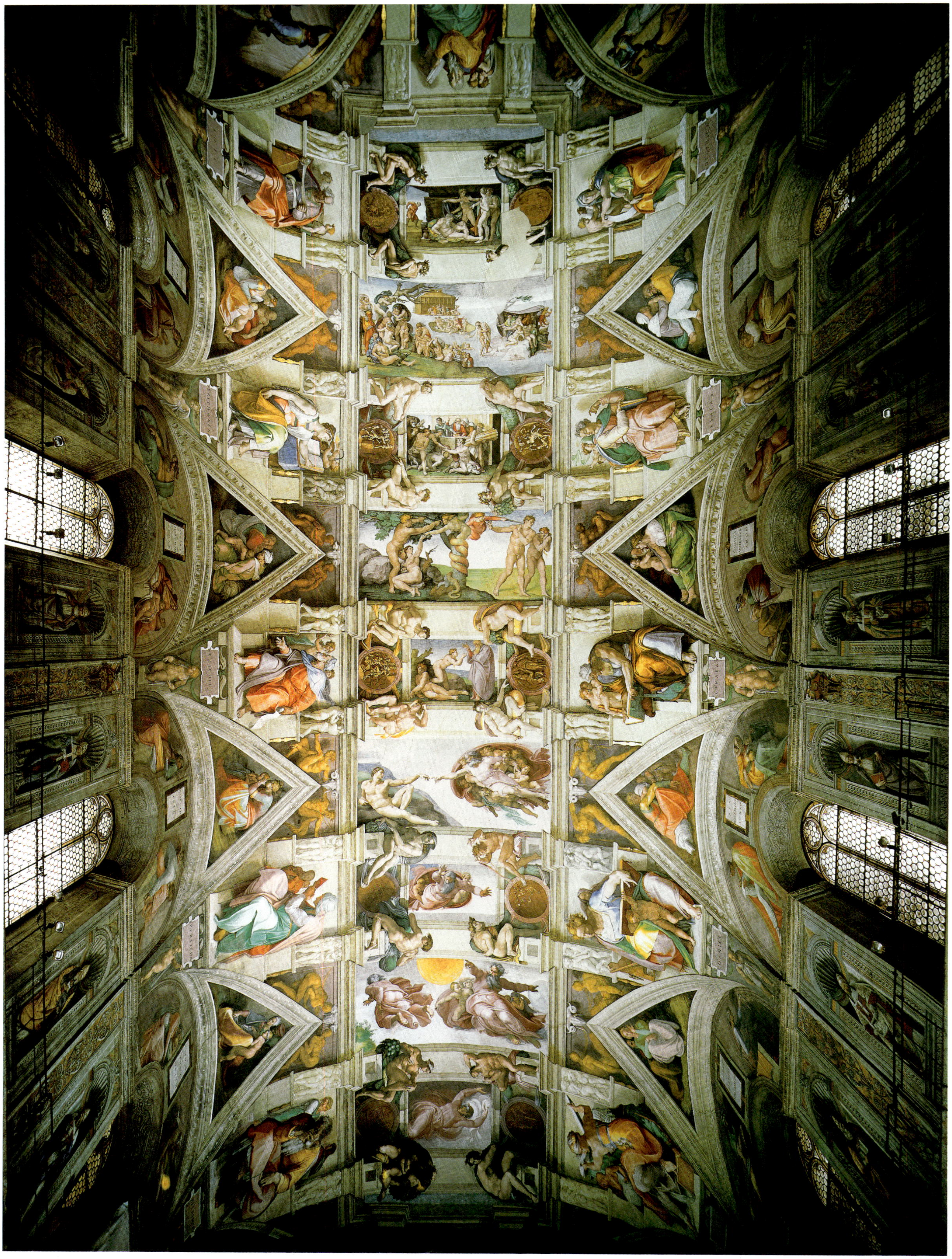

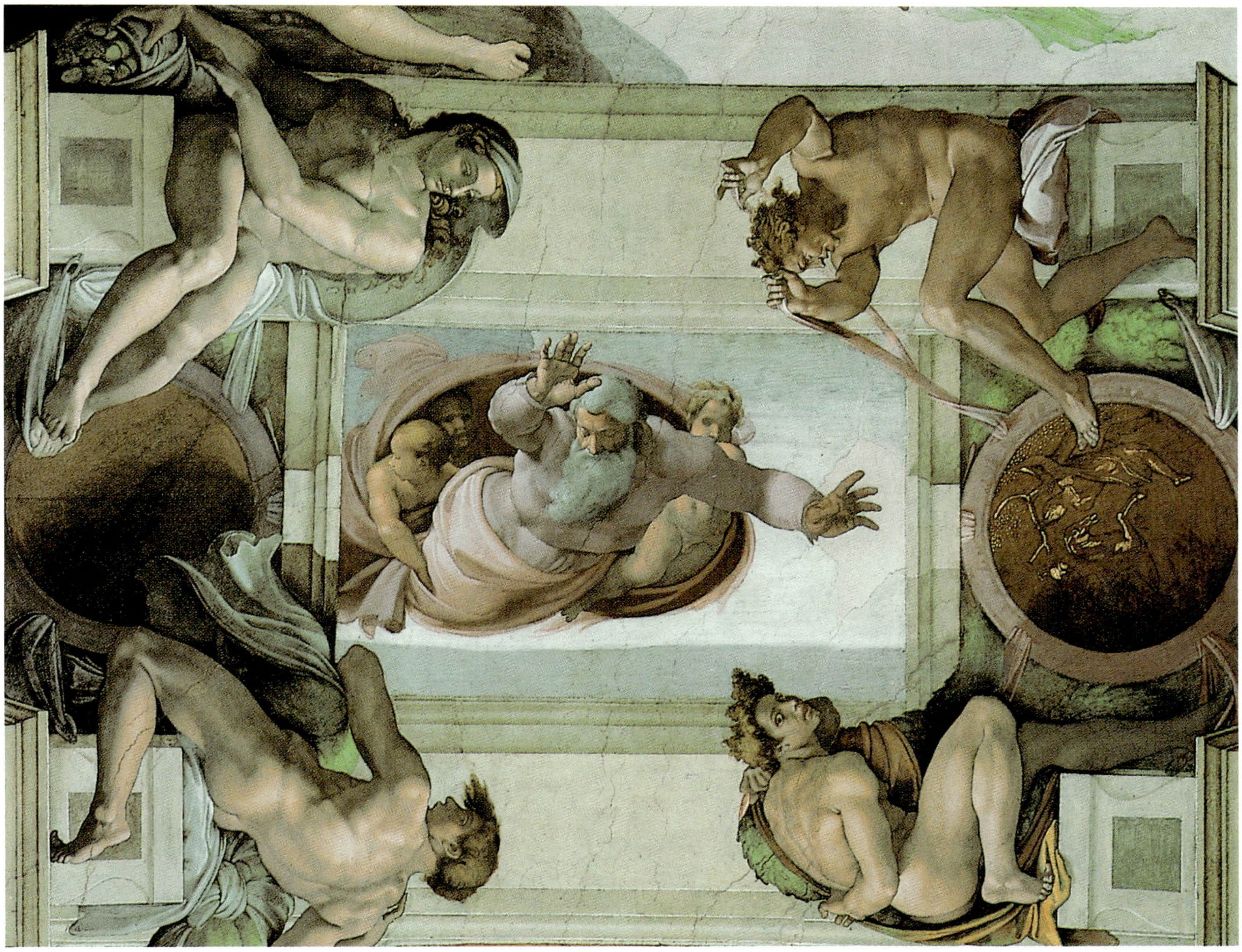

.41 MICHELANGELO,
*ott teilt Wasser und Erde*
*d segnet sein Werk*,
etail von der Decke der
xtinischen Kapelle ▸ 11.40.

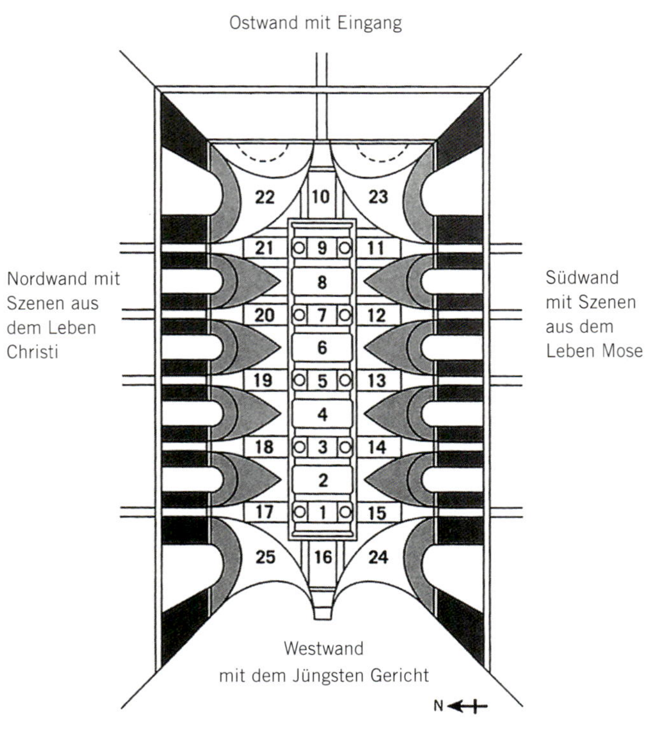


.40 MICHELANGELO,
cke der Sixtinischen Kapelle,
tikan, Rom, 1508–1512,
esko, 13,7 x 39 m (nach der
ıberung 1989).

11.42 Plan der Decke der Sixtinischen Kapelle.

**Fresken der Decke**
1 Gott scheidet Licht und Finsternis
2 Gott erschafft Sonne und Mond und die Pflanzen auf der Erde
3 Gott scheidet Wasser und Land und segnet sein Werk
4 Schöpfung Adams
5 Schöpfung Evas
6 Sündenfall und Vertreibung des Menschen aus dem Paradies
7 Opfer Noahs
8 Die Sintflut
9 Trunkenheit Noahs

**Fensternischen**
Porträts der ersten Päpste

**Lünetten und Zwickel**
über den Fenstern mit Porträts der Vorfahren Christi

**Propheten und Sibyllen**
10 Zacharias
11 Delphische Sibylle
12 Jesaias
13 Cumaeische Sibylle
14 Daniel
15 Libysche Sibylle
16 Jonas
17 Jeremias
18 Persische Sibylle
19 Ezechiel
20 Erythräische Sibylle
21 Joel
22 David besiegt Goliath
23 Judith mit dem Haupt des Holofernes
24 Eherne Schlange
25 Die Bestrafung des Aman

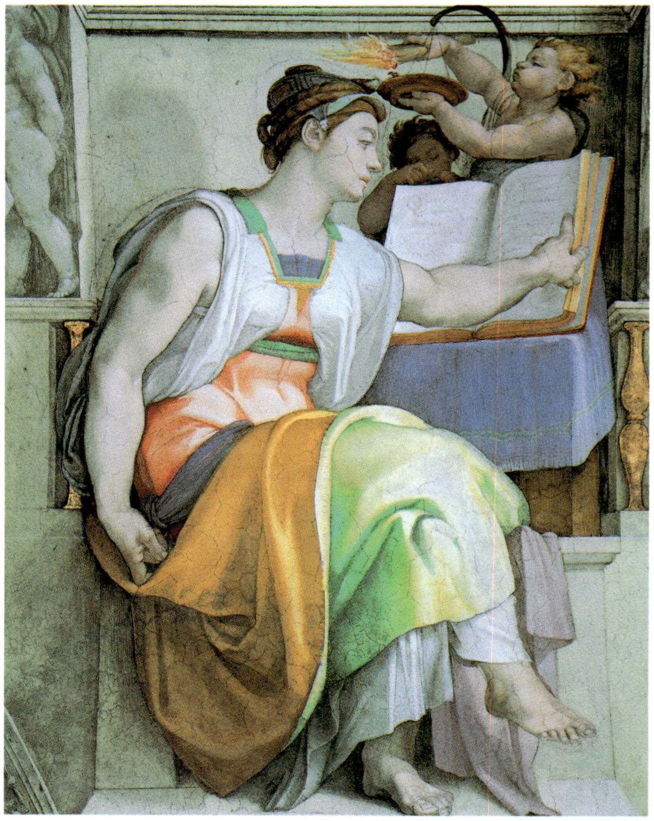

11.43 MICHELANGELO, *Die Erythräische Sibylle*, Detail von der Decke der Sixtinischen Kapelle ▸11.40.

nach klassischem Schema, war sein Entwurf revolutionär. Fenster verjüngen sich, Kapitelle treten an den Pilastern zurück, Nischen lasten schwer auf den leeren Räumen darunter. Viele architektonische Elemente haben keinerlei strukturelle Funktion, die Marmorverkleidung ist einfach mit simulierten Architekturformen skulptiert. Seine Methode war die des Bildhauers, nicht die des Baumeisters, der ein Strukturelement auf dem anderen aufbaut.

*»In hartem, sprödem Stein lässt allein das Abschlagen von Oberfläche eine Figur entstehen, die umso mehr wächst, je mehr Stein entfernt wird«,*

schrieb MICHELANGELO in einem seiner Gedichte. Er pflegte in der Regel zunächst ein kleines Ton- oder Wachsmodell zu machen, um dann, allein oder mit wenigen Gehilfen, den Marmorblock direkt in Angriff zu nehmen. Für die Statuen in der Medicikapelle jedoch wandte er jenes Verfahren an, das für die europäischen Bildhauer während der folgenden 400 Jahre zur Norm wurde – er machte maßstabsgerechte Modelle, nach denen die Gehilfen die Rohfiguren meißelten, die er selbst dann fertig stellte. Dennoch vollendete er für die Medicikapelle nur eine Statue, nämlich die des Giuliano, der als junger Patriziergeneral in römischer Uniform dargestellt ist. Über die unvollendeten Figuren von *Tag* und *Nacht* schrieb MICHELANGELO ein ›concetto‹, eine jener literarischen Wort- und Gedankenspielereien, die bei Renaissanceschriftstellern (einschließlich Shakespeares gegen Ende des Jahrhunderts) so beliebt waren. Seine antithetische Ausdrucksweise klingt im →›contraposto‹ aller drei Figuren nach. Aber sie transzendieren die geistreiche Künstlichkeit des ›concetto‹ deshalb, weil sie den begrenzenden architektonischen Rahmen zu durchbrechen scheinen, dessen eckige Linienführung ihre Rundungen und ihre Gewichtigkeit ausgleicht und erhebt. Der eisenhart muskulöse *Tag*, der über eine wuchtige Schulter blickt, und die schwergliedrige *Nacht* mit den müden Brüsten und dem faltigen Leib lagern antithetisch auf einem Sarkophag. Ihre plastische Intensität wird noch übertroffen von den unvollendeten Sklaven vom Grab Julius' II. ▸11.38. Als Meisterwerke komplexer dreidimensionaler Form sind sie mit dem Pathos der menschlichen Tragödie ausgestattet, dem Dualismus zwischen Körper und Geist. Äußerlich ruhig, scheinen sie von ewiger innerer Pein aufgewühlt zu sein.

11.44 MICHELANGELO, Grabmal des Giuliano de'Medici, Medici-Kapelle, San Lorenzo, Florenz, 1519–1534.

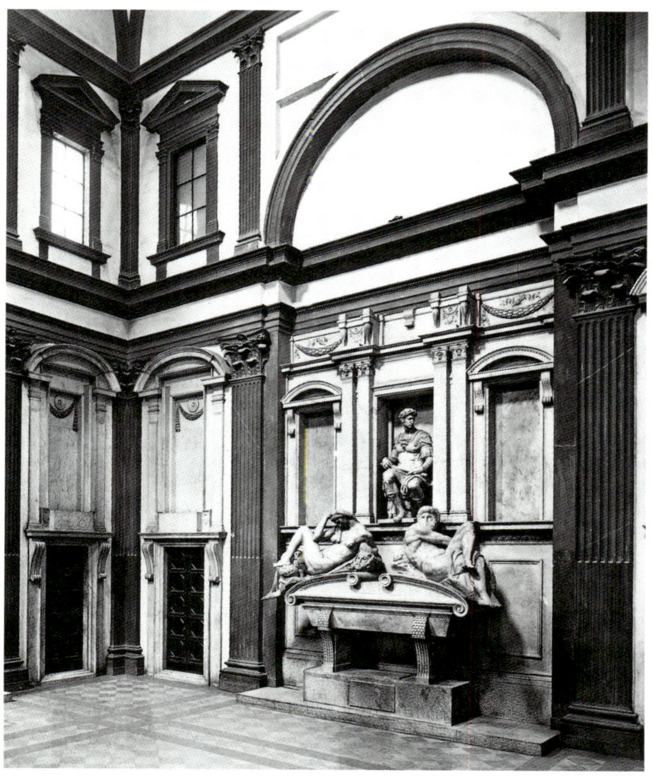

11.45 MICHELANGELO, Grabmal des Lorenzo de'Medici, Detail ▸11.44, Medici-Kapelle, Florenz.

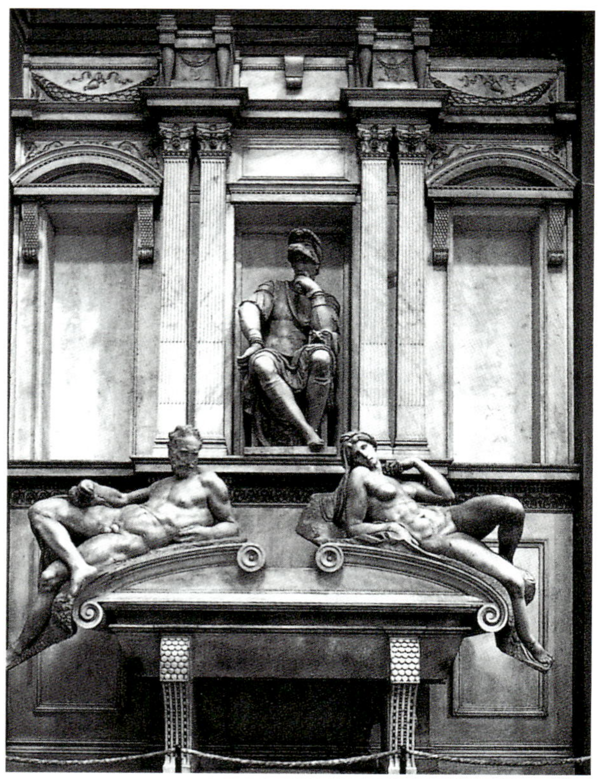

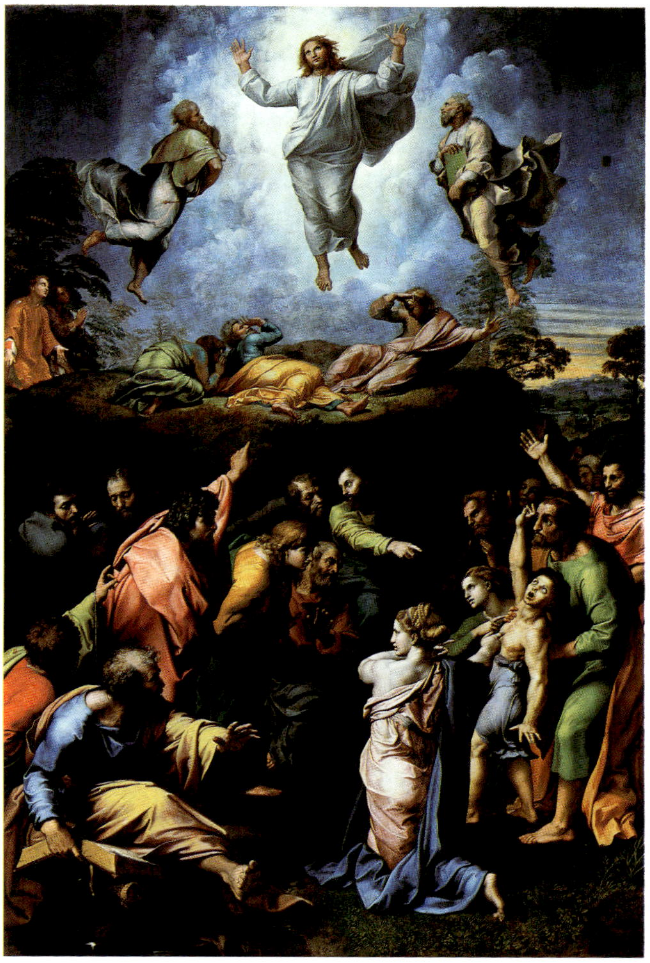

.46 RAFFAEL, *Verklärung* ·risti, 1517, Holz, 460x280 . Vatikanische Museen, Rom.

Figur Christi, bartlos, nackt, mit dem muskulösen Körperbau einer hellenistischen Statue, umgeben von einem Strahlenkranz gleich der Sonne. Vielleicht war er auch beeinflusst von der hellenistischen Vorstellung eines heliozentrischen Universums, die zu diesem Zeitpunkt durch Kopernikus (1473–1543) propagiert wurde. Während MICHELANGELO das Fresko malte, begann seine leidenschaftliche Freundschaft mit der frommen Dichterin Vittoria Colonna, in deren Kreis er religiösen Denkern begegnete, die behaupteten, die Erlösung hänge ausschließlich von der Gnade Gottes ab – eine Idee, die der protestantischen Lehre der Rechtfertigung allein durch den Glauben sehr nahe steht. Es waren die frühen Jahre der Gegenreformation, die von Papst Paul III. (1534–1549) gefördert wurde. Als junger Kardinal hatte er vier illegitime Kinder gezeugt; als Papst wurde er zum eifrigen Reformer und versuchte, nach dem Schock durch Luther, die Kirche zu festigen, indem er geistliche Missstände untersuchen ließ, den Jesuitenorden bestätigte (1540), die Liturgie revidierte, den Index verbotener Bücher ins Leben rief und feste Regeln für religiöse Musik und Kunst festlegte. Er berief das Konzil von Trient ein, das zwischen 1545 und 1563 die Richtlinien der orthodoxen Lehrmeinung straffte. MICHELANGELOS *Jüngstes Gericht* spiegelt einiges dieser neuen Stimmung wider, ebenso seine eigene, zunehmend schmerzlichere Frömmigkeit – jedoch nicht genug, um auch die pedantischeren Neuerer zufrieden zu stellen.

Die nackten Gestalten erregten Anstoß. Nacktheit in der Kunst wurde als Missachtung des Dekorums empfunden, da ihre antiken Vorläufer als heidnisch, ihre neuplatonische

Die Arbeiten an der Medici-Kapelle wurden unterbrochen von den durch den vom Ehrgeiz der Medici herbeigeführten Kriegswirren, die 1527 im ›Sacco di Roma‹ kulminierten, als die unbezahlten Söldner der kaiserlichen Armee – Spanier und Deutsche, von denen einige Lutheraner waren – Rom plünderten, den Papst aus dem Vatikan verjagten, Kirchen entweihten, Häuser anzündeten und ein Blutbad anrichteten. Es war die größte Katastrophe, die die Stadt seit beinahe 1000 Jahren heimgesucht hatte. Die Bürger von Florenz nutzten die Situation, um die Medici zu vertreiben und wieder die Republik auszurufen. MICHELANGELO unterstützte diese Bestrebungen begeistert. Später vergab der Papst ihm unter der Bedingung, dass er die Arbeit an der Medici-Kapelle weiterführte. 1534 kehrte er nach Rom zurück, um das *Jüngste Gericht* über dem Altar der Sixtinischen Kapelle zu malen ▸11.47;48. MICHELANGELOS Deutung des ›Jüngsten Gerichts‹ ist eine erschütternde kosmische Vision. Die gewaltige Geste der Gestalt Christi im Zentrum befiehlt unaufhaltsame zyklische Bewegung, die die Seligen zu seiner Rechten erhebt und die Verdammten, denen er das Gesicht mit erbarmungslosem Ausdruck zuwendet, hinabstürzt. Das Schicksal der Verdammnis scheint in den mächtigen Körpern MICHELANGELOS leibhafte Gestalt angenommen zu haben. Auf neutralem blaugrauen Grund entfaltet sich die verzweifelte Seelenqual herkulischer Menschen, die mächtig jene erhabene und erschreckende Eigenschaft in MICHELANGELOS Kunst und Persönlichkeit zum Ausdruck bringen, die seine Zeitgenossen ›terribilità‹ nannten.

Neuplatonische Ideen dürften auch in das *Jüngste Gericht* Eingang gefunden haben, so unter anderem in der Identifikation von Göttlichkeit mit Licht. MICHELANGELO verwendete eine Zeichnung des griechischen Sonnengottes Helios für die

11.47 MICHELANGELO, Detail aus dem *Jüngsten Gericht*, begonnen 1534, Sixtinische Kapelle, Vatikan, Rom.

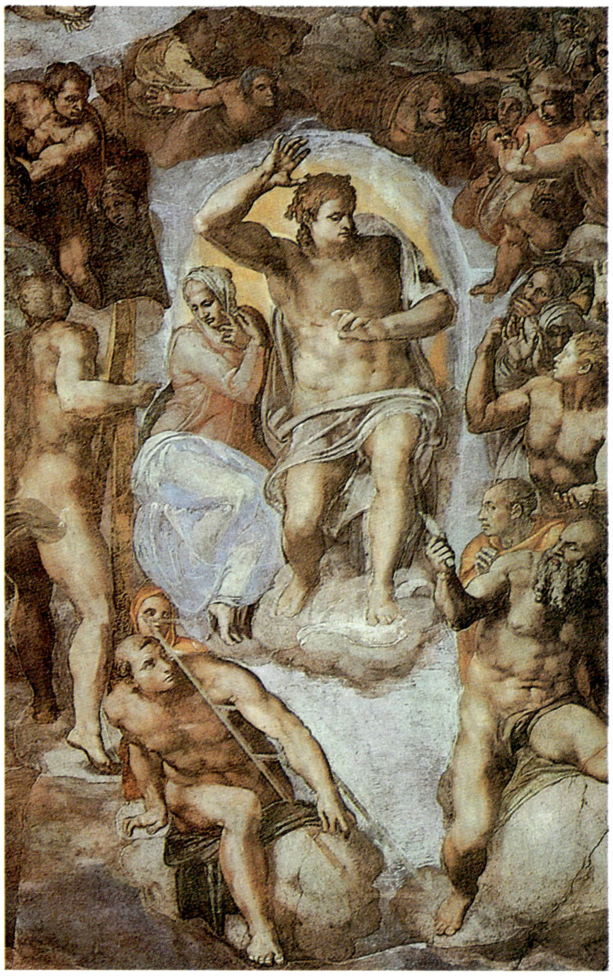

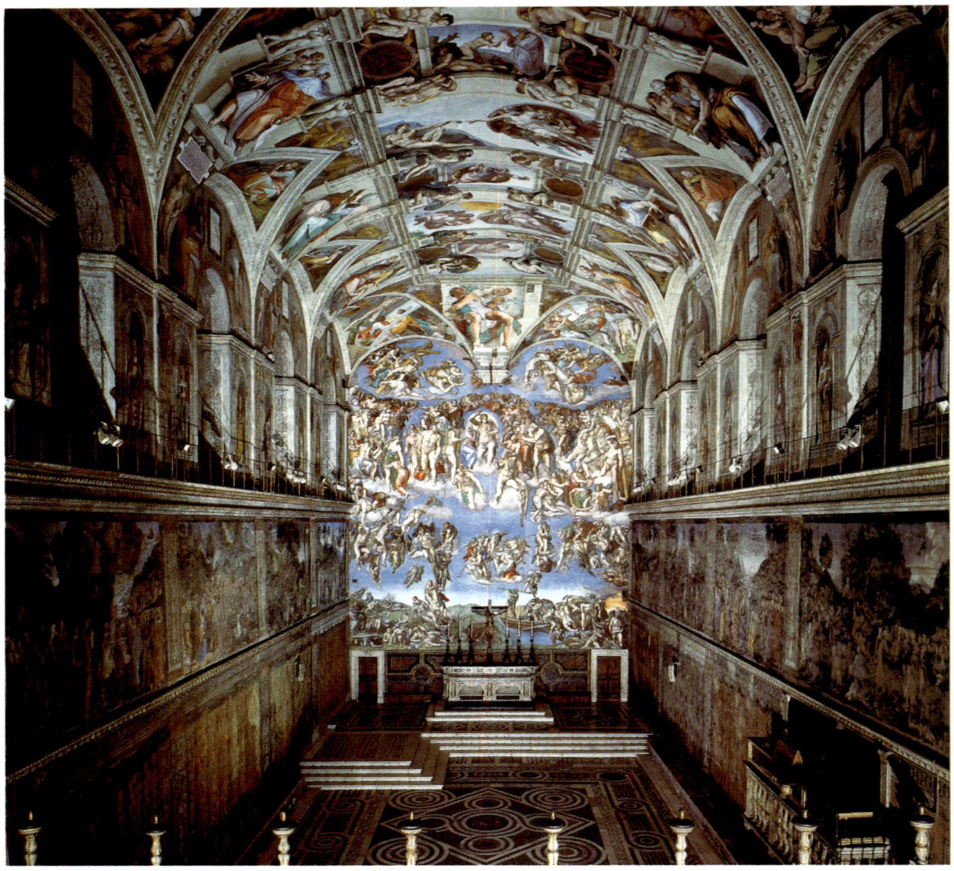

11.48 MICHELANGELO, Sixtinische Kapelle, Decke, 1508–1512 (nach der Restaurierung 1989) und *Jüngstes Gericht*, Fresko der Altarwand, 1534–1541 (nach der Restaurierung 1994). Vatikan, Rom.

Rechtfertigung als ketzerisch galten. Der christliche Humanismus, wie er die Decke der Sixtinischen Kapelle inspiriert hatte, wurde jetzt als Brutstätte des Protestantismus betrachtet. Im Jahr 1549 wurde Michelangelo als »Erfinder des Unflätigen, dem es mehr um die Kunst als um die Frömmigkeit ging«, gebrandmarkt. Nach seinem Tod bemalte man die Gestalten mit Lendentüchern, und wiederholt wurde vorgeschlagen, das ganze Fresko auszulöschen. Dennoch war sich niemand schmerzlicher des Konfliktes zwischen Kunst und Frömmigkeit bewusst als MICHELANGELO selbst. In einem Gedicht aus dem Jahr 1554 schreibt er, nun wisse er genau, wie eitel diese übertriebene Phantasie doch sei, die seine Seele die irdische Kunst habe anbeten lassen. Im letzten Jahrzehnt seines Lebens entstanden Zeichnungen der Kreuzigung und zwei unvollendete Gruppen der Pietà, die MICHELANGELO als religiöse Übungen meißelte.

Seine letzten Jahre widmete er vor allem der Architektur. Nach Verleihung des römischen Bürgerrechts im Jahr 1537 entwarf MICHELANGELO den Sockel für die Reiterstatue des Marc Aurel ▸5.90, die auf den Campidoglio, den kapitolinischen Hügel, versetzt worden war. An dieses Projekt schloss sich bald die Umgestaltung des ganzen Platzes in eine der schönsten Anlagen dieser Art in Europa an. Der Platz hat einen trapezoiden Grundriss, in dessen Mitte die Reiterstatue über einem sternförmig gemusterten und leicht gewölbten Oval platziert ist. Dahinter befindet sich der mittelalterliche Senatorenpalast, der eine neue klassische Fassade erhielt, flankiert links und rechts als architektonische Geschwister von Bauten mit einer Kolossalordnung der Pilaster, wie sie MICHELANGELO schätzte ▸11.50. Die Arbeiten gingen nur schleppend voran, so dass dieses Ensemble nicht ohne Abweichungen vom ursprünglichen Plan erst ein Jahrhundert nach MICHELANGELOS Tod vollendet werden konnte.

Im Jahr 1546 wurde er zum Architekten von St. Peter ernannt. Wie bereits erwähnt, hatte BRAMANTE 40 Jahre vorher die Kirche als Zentralbau entworfen, bald aber wurden die Mittel knapper, und der Ablasshandel, der Luthers ersten Protest hervorgerufen hatte (s. S. 426), war nicht einträglich genug. Obgleich danach weniger kostspielige Entwürfe erstellt wurden, unter anderem von RAFFAEL, kam der Neubau nicht voran. Erst mit Papst Paul III. begannen 1543 die Arbeiten unter Leitung von ANTONIO DA SANGALLO (1483/88–1546), einem Schüler BRAMANTES. Wenige Monate nach SANGALLOS Tod fertigte MICHELANGELO ein Tonmodell für eine kühnere, stärkere und straffer organisierte Struktur an. Im Laufe der folgenden 18 Jahre wurden die zwei Querschiffe und der Tambour der Kuppel im Wesentlichen nach seinen Entwürfen, die er während des Baus modifizierte, vollendet ▸11.51; 52. Als MICHELANGELO starb, war noch vieles unfertig. 1588 bis 1590 wurde die Kuppel von GIACOMO DELLA PORTA (um 1522/33–1603) mit erheblichen Änderungen errichtet, und der Zentralgrundriss des Gesamtbauwerks wurde von CARLO MADERNO (1556–1629), der auch die Fassade entwarf, die 1608–1615 gebaut wurde, in ein lateinisches Kreuz umgeändert. Dennoch verdankt St. Peter MICHELANGELO mehr als jedem anderen Architekten. Er schuf im Inneren die zusammenhängende Substanz des Raumes um die massiven Pfeiler herum, die die Kuppel tragen. Seine Außengestaltung der Querschiffe, die sich um die Apsis und jede Schmalseite des Hauptschiffs wiederholt, verleiht der gewaltigen Baumasse einen erhabenen Rhythmus ▸11.53.

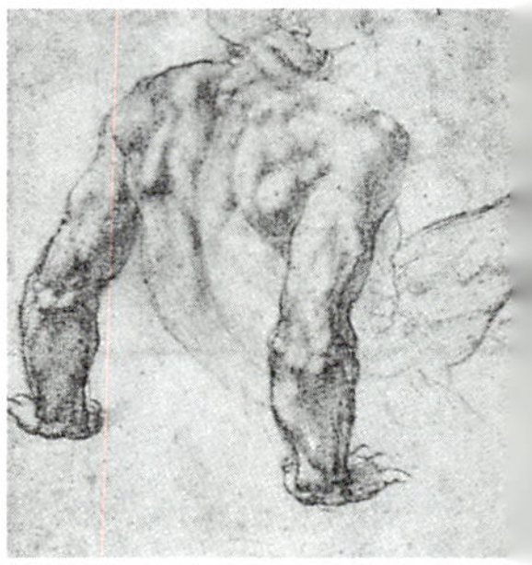

11.49 MICHELANGELO, Stud[ie] für einen Auferstandenen aus dem *Jüngsten Gericht*, Kohle, 29,3 x 23,3 cm. British Museu[m], London.

Im Außenbau verwendete MICHELANGELO riesige Pilaster der gleichen korinthischen Ordnung wie im Inneren, bemühte sich aber kaum, auf das Volumen des Baus hinzuweisen oder die Strukturform erkennen zu lassen. Hier wie überall vollzog er eine Trennung zwischen Baukörper und Dekoration, was

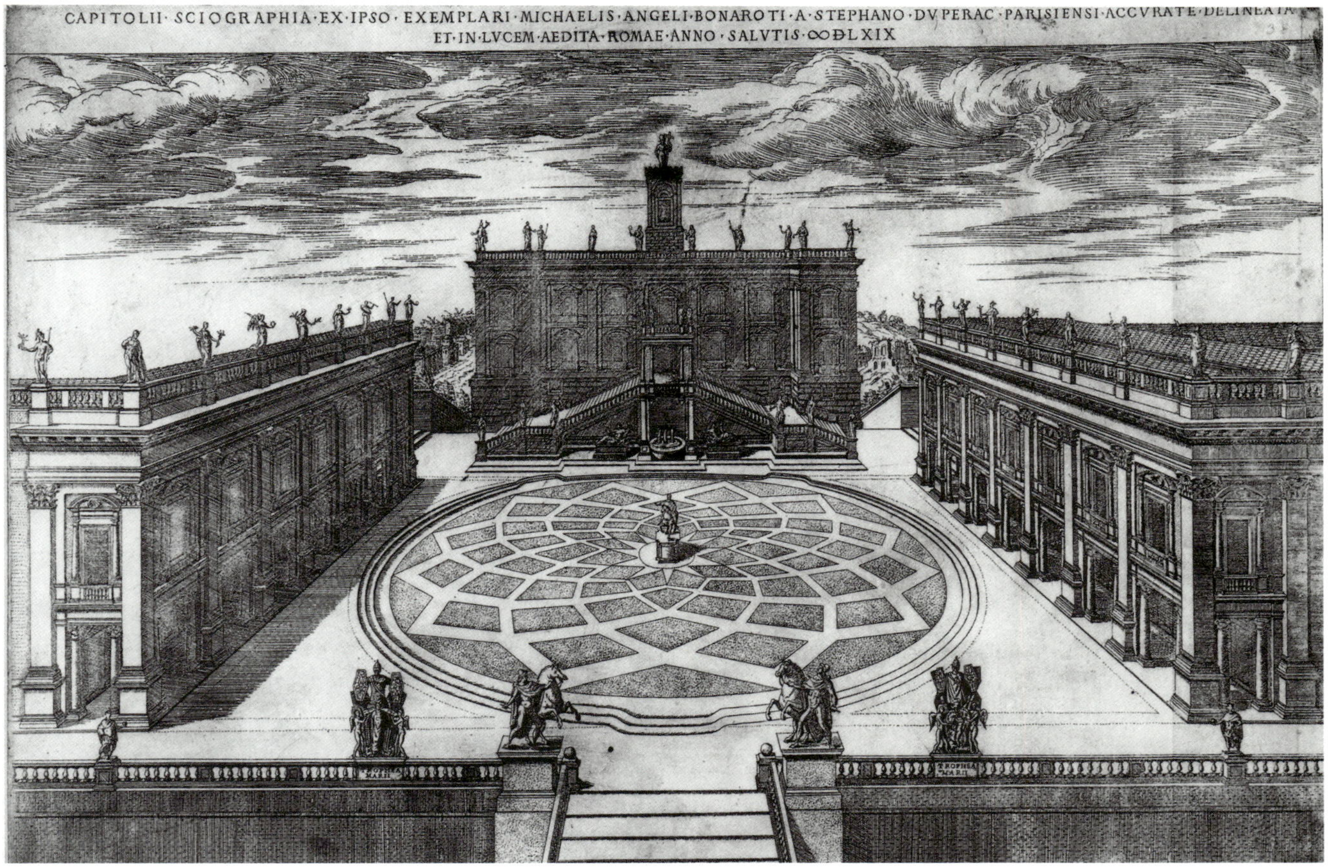


:.50 MICHELANGELO, ıtwurf für die *Piazza del ımpidoglio*, Stich von IENNE DUPÉRAC, 1569. ·itish Museum, London.

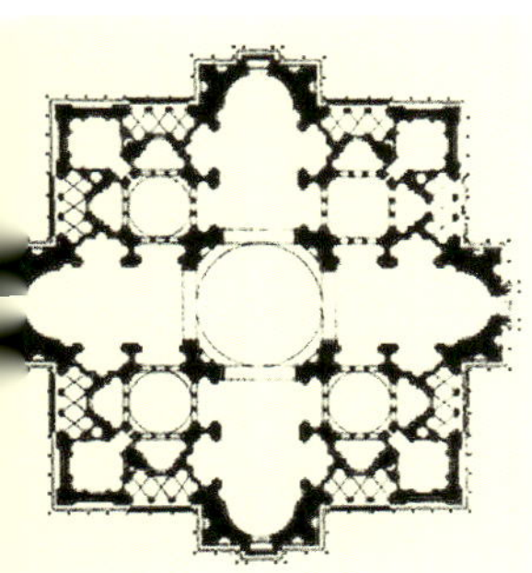

.51 MICHELANGELO, undrissentwurf für ıkt Peter, Rom, um 1546.

ihn in die Lage versetzte, die Wandgliederung mit phantasiereicher Freiheit zu handhaben. Der Wechsel von weiten und engen Nischen zwischen den Pilastern erzeugt tiefe Schatten, die den Blick nach oben lenken zu den Säulenpaaren am Tambour der Kuppel und ihren vorspringenden Rippen (einem Element seines Entwurfes, das DELLA PORTA übernahm). MICHELANGELO unterbrach diese Vertikalität durch das ausgeprägt Horizontale der Gesimse und das ungewöhnlich hohe

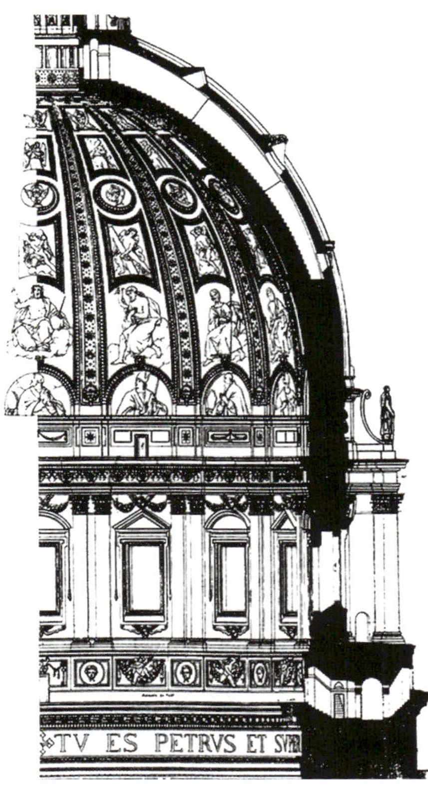


52 Schnitt durch die Kuppel ı Sankt Peter.

11.53 MICHELANGELO, Sankt Peter, Rom, 1546–1564 (Kuppel 1590 von GIACOMO DELLA PORTA vollendet).

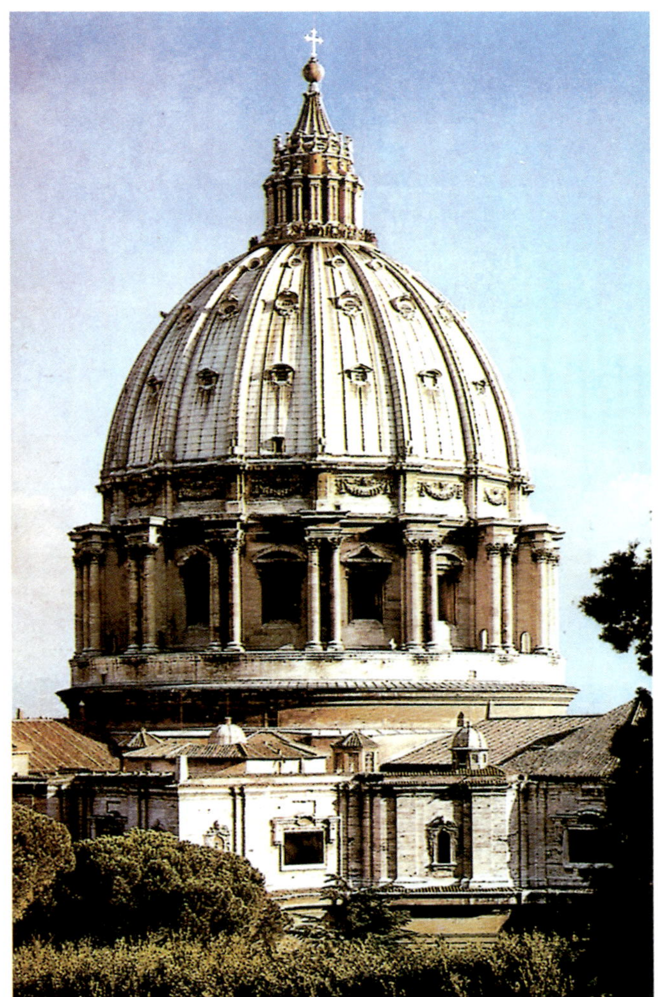

# *Urbanismus in der Renaissance*
# Das Rom Sixtus' v.

Die Piazza del Campidoglio ▸11.50 ist der vornehmste von mehreren künstlich geschaffenen Räumen, die Rom am Ende des 16. Jahrhunderts zum eindrucksvollsten Beispiel des Städtebaus in Europa werden ließ – und die augenfälligste Demonstration der Macht des Papsttums der Gegenreformation. Die ganze Stadt war völlig umgestaltet worden, »wiedergeboren aus der eigenen Asche«, wie es ein Zeitgenosse formulierte. Diese durchgreifende Neuorganisation war inspiriert von der Vision Roms als der Kapitale der Christenheit, als gewaltiger Magnet, von dem sich Pilger aus der ganzen Welt angezogen fühlen und die Stätten des Frühchristentums besuchen sollten. Die ersten römischen Kirchen wurden im 4. und 5. Jahrhundert in den Außenbezirken der Stadt errichtet, da dort Land zur Verfügung stand. Daher lagen die großen Basiliken, San Lorenzo, Santa Croce, San Giovanni in Laterano, Santa Maria Maggiore und selbst der Petersdom, weit verstreut an der Peripherie. Wenn man die Stadt von Norden betrat, wie dies die meisten Pilger taten, musste man einen großen Abschnitt brachliegenden Landes mit antiken Ruinen durchqueren, um zu den Kirchen zu gelangen. Das Bestreben, dieses Problem zu lösen und Ordnung in das Chaos zu bringen, führte zur Erneuerung der Stadt.

Im Mittelalter, als andere Städte in Italien und Nordeuropa prosperierten und immer weiter wuchsen, bis sie die eigenen Grenzen sprengten, schrumpfte und stagnierte Rom. Die abnehmende Bevölkerung lebte in einer Biegung des Tibers, der einzigen Wasserquelle, seit die antiken römischen Aquädukte verfallen waren. Im 14. Jahrhundert verschlechterte sich die Lage zusätzlich, als Rom infolge des Exils des Papstes und seines Hofes in Avignon, auf welches das große Schisma folgte, praktisch keine Regierung hatte. Papst Martin v. (1417–1431), dessen Wahl das Schisma beendete, fand bei seiner Rückkehr eine weitgehend verlassene Stadt vor. Hatten im kaiserlichen Rom über eine Million Einwohner gelebt, war deren Zahl inzwischen auf 17 000 geschrumpft, und diese lebten in einem Slum. Der Papst unterstellte diese wirre Ansammlung unhygienischer Straßen einer zentralen Administration, die, zuletzt mit der Befugnis zur Enteignung ausgestattet, die finanziellen Mittel für eine Stadtplanung von einzigartigem Ausmaß aufbrachte.

Die ersten städtebaulichen Projekte entstanden unter Papst Nikolaus v. (1447–1455). Wahrscheinlich war an ihnen ALBERTI (vgl. S. 400f.) beteiligt, der erste Theoretiker des Städtebaus der Renaissance, dessen Konzept der Stadt als geplante menschliche Umwelt, als Kunstwerk, welches das vorwegnimmt, was wir heute als ›Stadtlandschaft‹ bezeichnen. Doch abgesehen davon, dass man die päpstliche Residenz und den Regierungssitz vom Lateran zum Vatikan verlegte, wurde keiner dieser Pläne in die Tat umgesetzt. Mehrere Jahrzehnte später stellte Papst Julius II. (1503–1513) BRAMANTE als Stadtplaner ein (vgl. S. 439ff.). Dieser erbaute die Via Giulia, die erste große Straße, die seit der römischen Antike errichtet wurde, auch wenn diese weniger als Durchgangsstraße gedacht war denn als Standort für neue Verwaltungsgebäude und Privatpaläste, die im Übrigen alle eine bestimmte Standardhöhe hatten. In den dreißiger Jahren des 16. Jahrhunderts wurde sie um eine kurze Straße erweitert, die in einem spitzen Winkel auf die Via Papale, den Prozessionsweg vom Petersdom zum Lateran, traf. Allein um der ästhetischen Wirkung willen wurde eine dritte Straße (tatsächlich handelte es sich um eine Sackgasse) in einem ähnlichen Winkel hinzugefügt, so dass ein *trivium* entstand, also drei Straßen, die an einem geometrisch präzisen Konvergenzpunkt aufeinander treffen. Dies war ein neues Element im Städtebau und sollte im größeren Maßstab und mit dramatischerer Wirkung an der Piazza del Popolo ▸11.54 und später auch andernorts, insbesondere in Versailles ▸13.66, dem Petersburg Katharinas der Großen und L'Enfants Washington, wieder aufgegriffen werden. Eine weitere Neuerung im Städtebau folgte 1561, als Papst Pius IV. (1559–1565) in Absprache mit MICHELANGELO veranlasste, dass die breite Via Pia (jetzt Via XX Settembre) vom Quirinalshügel, wo ein Sommerpalast für den Papst errichtet wurde, durch unerschlossenes Land zur mehr als eineinhalb Kilometer entfernten Stadtmauer geführt wurde ▸11.56. Obwohl die Straße in Richtung einer Pilgerkirche lag, handelte es sich weniger um eine Pilgerroute als um eine besonders lange Piazza, die von den hohen Gartenmauern der Villen gesäumt und von deren imposanten Eingängen durchbrochen wurde und in Michelangelos Porta Pia (mit der Hauptfassade auf der Innen- und nicht wie üblich auf der Außenseite) endete. Dennoch war die Via Pia nur das Präludium für die gewaltigen Pläne von Sixtus v. und seinem Bauingenieur und Architekten DOMENICO FONTANA (1543–1607) ▸11.55.

Sixtus v. (1585–1590), unter dessen Pontifikat die Kuppel des Petersdoms fertiggestellt wurde, war entschlossen, aus Rom die unangefochtene Hauptstadt der Christenheit zu machen, ein Neues Jerusalem, das wenig Rücksicht auf heidnische Relikte nahm. Das Netz von Straßen, die breit und flach genug für Kutschen waren, obwohl sie vor allem die Pilgerkirchen miteinander verbinden sollten,

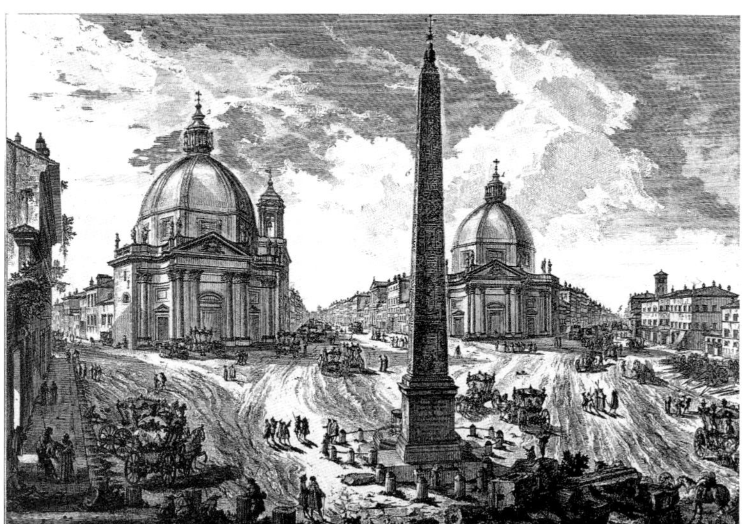

11.54 Ansicht der Piazza del Popolo, Rom, um 1750, Radierung nach PIRANESI, 45 x 55 cm. British Museum, London.

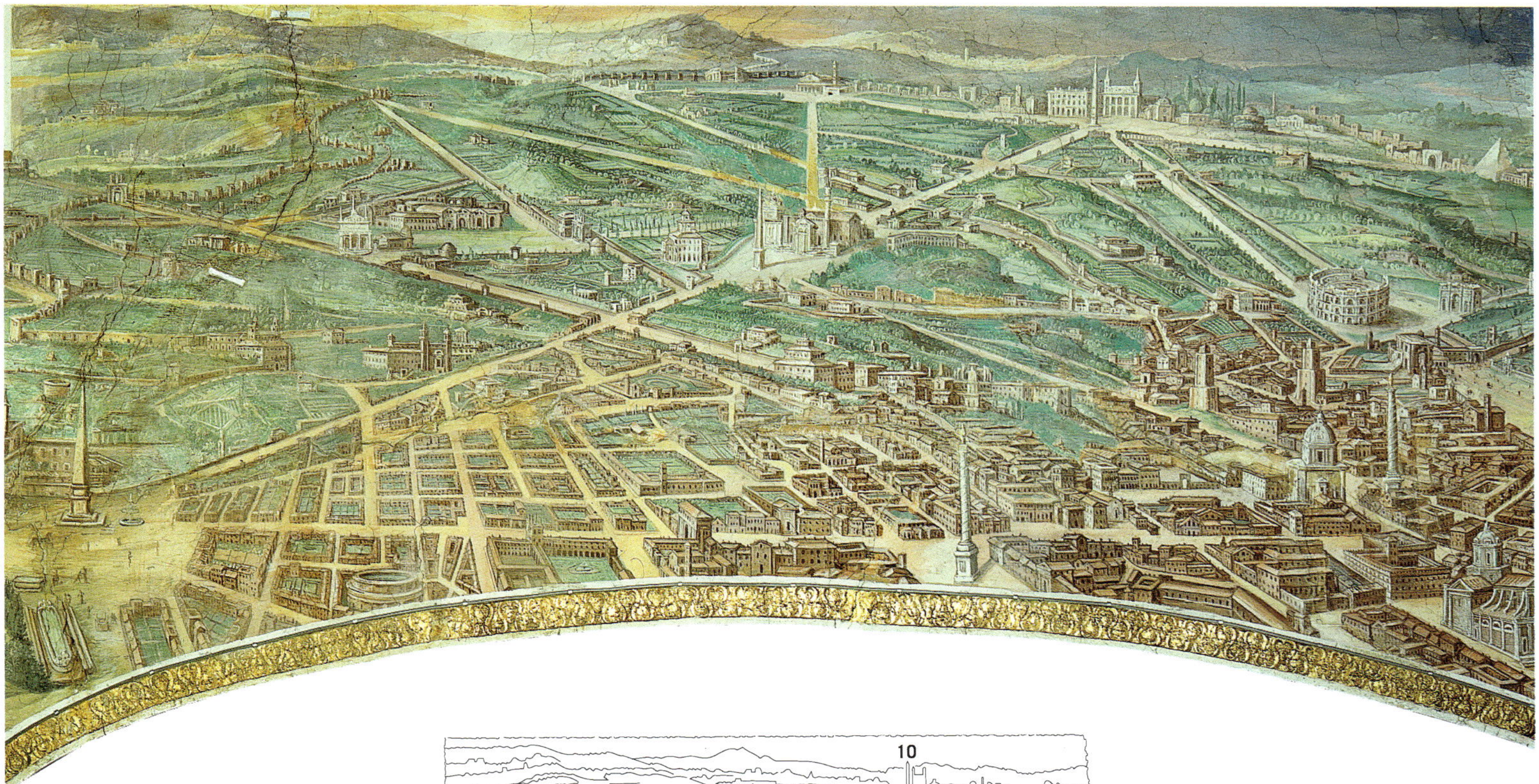

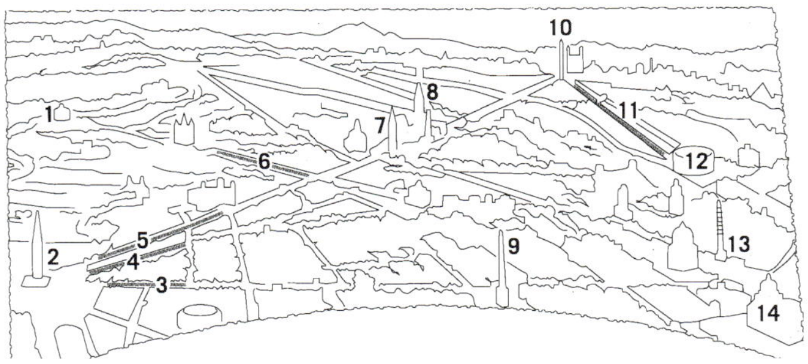


11.55 Ansicht Roms mit der Stadtplanung von Sixtus V., um 1588, Fresko, Sixtinischer Salon, Vatikanische Bibliothek, Rom.

1 Porta Pia
2 Obelisk auf der Piazza del Popolo
3 Via del Corso
4 Via Clementia/Paolina Trifaria
5 Via Felice
6 Via Pia
7 Obelisk von Santa Maria Maggiore
8 Santa Croce in Gerusalemme
9 Marc Aurelssäule
10 Lateran-Obelisk
11 Via San Giovanni in Laterano
12 Kolosseum
13 Trajanssäule
14 Il Gesù

überzieht das ganze Stadtgebiet. Um den Plan auch von der Straße aus sinnfällig zu machen, wurden die Knotenpunkte, also die neuen Plätze, die vor den Pilgerkirchen entstanden, mit großen Obelisken aus Ägypten markiert, die Sixtus V. aus den Ruinen des kaiserlichen Rom ausgraben und mit Eisenkreuzen bekrönen ließ (Statuen der Apostel Petrus und Paulus kamen auf die Säulen von Marc Aurel ▸5.95 und Trajan ▸5.94. Zugleich ließ er ein neues Aquädukt errichten, das erste seit der Antike, um den trockenen nördlichen Teil der Stadt mit Wasser zu versorgen. Damit sollte die Stadtentwicklung entlang jenen Straßen gefördert werden, die von dem zentralen Knotenpunkt von Santa Maria Maggiore in der Nähe seines eigenen Anwesens abstrahlten, das ebenfalls ausgebaut wurde. Bemerkenswert an seinen und FONTANAS Umgestaltungsplänen war aber vor allem deren Umfang, bezogen sie doch sämtliche Aspekte des Städtebaus der Renaissance in ein gewaltiges, räumlich einheitliches und visuell geschlossenes Gefüge ein. Die Regularisierung von Bezirken, die aktive Gestaltung des städtischen Raums mit Hilfe von Straßen, die in Plätze mit unterschiedlichen Panoramaansichten münden, die Nutzbarmachung unterschiedlicher Geländeniveaus war nicht nur praktischen Erfordernissen geschuldet, sondern weckte durch die bühnenartigen Effekte auch religiöse Empfindungen. DOMENICO FONTANA, der mit der Ausführung der Arbeiten betraut war, schrieb 1590, Sixtus habe *»die Straßen von einem Ende der Stadt ans andere ausgedehnt und sich dabei nicht um die Hügel und Täler gekümmert, die sie überqueren mussten, sondern sie hier abgeflacht und dort ausgefüllt und so liebliche Ebenen und bezaubernde Orte geschaffen; entlang ihrem Verlauf und an vielen Stellen gibt es offene Ausblicke auf den tiefer liegenden Teil der Stadt in vielfältigen und verschiedenen Perspektiven. Daher stellen diese Schönheiten nicht nur die religiösen Absichten, sondern auch ein Paradies für die körperlichen Sinne dar.«*

11.56 Blick auf die Via Pia, um 1588, Fresko, Salone dei Papi, Lateranpalast, Rom.

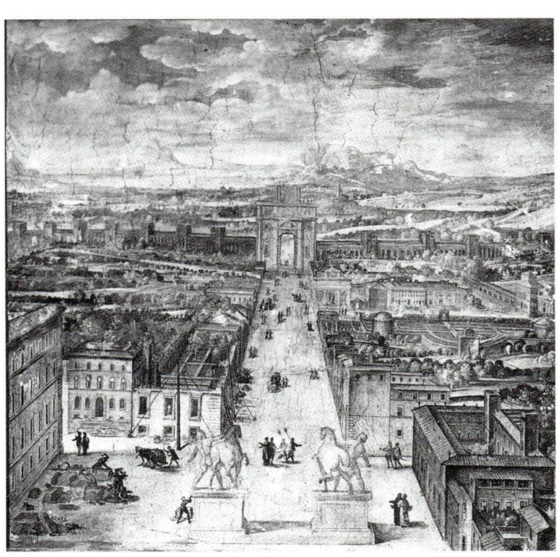

Dachgeschoss, über dem die Kuppel zu schweben scheint. Wie all seine anderen Werke wirkte auch der Petersdom unmittelbar auf jüngere Künstler ein. Aber die Architekten des späteren 16. Jahrhunderts scheinen imitierbare Details mehr beeindruckt zu haben (etwa die Einfassungen der Dachfenster) als seine neuen und dynamischen Prinzipien architektonischer Komposition.

## Die venezianische Hochrenaissance

Das ganze Jahrhundert hindurch blieb Venedig eine der reichsten Städte Europas, weitaus reicher als jede andere italienische Stadt. Es war ein wichtiger Stützpunkt für den Asienhandel (noch kaum angefochten durch den Seeweg nach Indien), ein florierendes Industriezentrum für Textilien und Glas und die Hauptstadt eines überseeischen Imperiums mit Ländereien im Stammland Italien. Venedig war die einzige bedeutende italienische Stadt, die sich gegen die politische und wirtschaftliche Vorherrschaft Frankreichs, Spaniens und des Papsttums behauptete, und einer der ganz wenigen Stadtstaaten, die ein nominell republikanisches, de facto jedoch oligarchisches Regierungssystem aufrechterhielten. Die venezianische Kunst nahm einen gleichermaßen unabhängigen Verlauf, teilweise ihres besonderen Mäzenatentums wegen. In Venedig erfreute sich die Kirche nicht jener absoluten Vorherrschaft wie andernorts in Italien. Die staatliche und öffentliche Förderung war andererseits beachtlich, da die Leitung der Serenissima (die ›erhabenste‹ Republik, wie man sie nannte) bemüht war, durch Kunst ebenso Macht und Reichtum zu dokumentieren wie die privaten Mäzene.

### *Giorgione*

Zu Beginn des Jahrhunderts war GIOVANNI BELLINI (s. S. 416 ff.), wie DÜRER 1506 geschrieben hatte, »noch immer der beste Maler in Venedig«. Aber zwei junge Männer, GIORGIONE und TIZIAN, gewannen allmählich an Ansehen. GIORGIONE (um 1476/78–1510) oder Giorgio aus Castelfranco, einer Kleinstadt auf dem venezianischen Festland, bleibt eine schwer fassbare Persönlichkeit. Sein einziges belegbares Werk ist ein fast völlig vernichtetes Fresko (Ca'd'Oro, Venedig). Nicht mehr als sechs Staffeleigemälde können ihm einigermaßen verlässlich zugeschrieben werden. Und doch gibt es reichliche Beweise seines Ruhmes. Er führte eine neue Technik, einen neuen Stil und einen neuen Bildtyp ein. Er war der erste Künstler, der die Leuchtwirkungen der neuen venezianischen Technik, auf Leinwand statt auf Tafeln zu malen, ausnutzte, wobei die Pigmente mit Öl und weichem Harz (nicht dem zähen Harz, das man in den Niederlanden verwendete) gemischt wurden. Äußerste Freiheit der Pinselführung mit reichlich deckfähigen, dicken und kräftigen Farben war nunmehr möglich. Anders als die Florentiner, wie VASARI bemerkte, fertigte GIORGIONE weder auf Papier noch auf der Leinwand selbst vorbereitende Skizzen an. Er begann mit dem Rohentwurf in Deckfarbe auf der Leinwand und modifizierte ihn im Arbeitsverlauf, indem er Formen und Tonabstufungen festlegte. Sanftheit und atmosphärische Auflösung der Konturen charakterisieren seinen Stil. Der früheste Autor, der seine Gemälde erwähnt, der venezianische Kenner und Sammler Marcantonio Michiel (gest. 1552), scheint sich manchmal über die Thematik von GIORGIONES Bildern unklar gewesen zu sein,

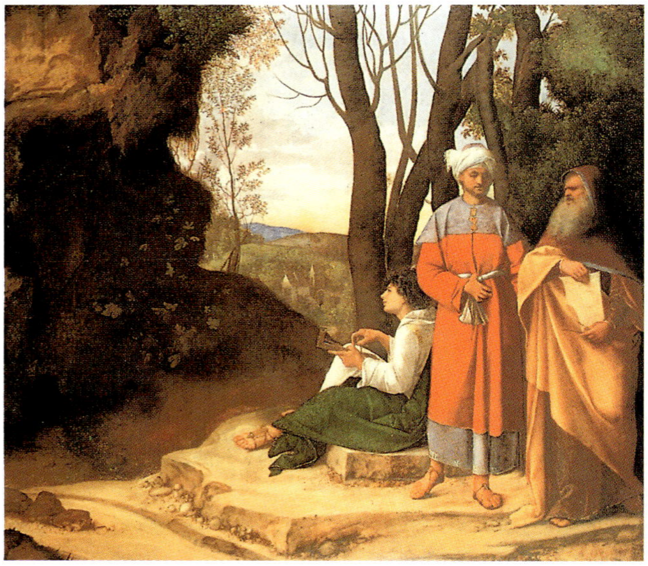

11.57 GIORGIONE, *Die drei Philosophen* (von SEBASTIANO DEL PIOMBO vollendet), um 1509, Leinwand, 121 x 141 cm. Kunsthistorisches Museum, Wien.

wenn er etwa von »einem Akt in einer Landschaft« spricht. Ein anderes wird beschrieben als »Abbildung dreier Philosophen in einer Landschaft, zwei stehend und einer sitzend, die gerade mit einem Sextanten die Sonnenstrahlen betrachten«. Dieses Gemälde blieb erhalten und zeigt nicht nur, dass Michiels Beschreibungen relativ zuverlässig waren, sondern auch, dass die Schwierigkeiten in der ikonographischen Deutung dieses atmosphärisch dichten Stimmungsgemäldes schon damals bestanden ▸11.57.

Für das *Drei Philosophen* genannte Bild haben Röntgenstrahlen ergeben, dass er die Gestalten im traditionellen Erscheinungsbild der ›Drei Weisen‹ – einer dunkelhäutig, ein zweiter mit der Krone – zu malen begann, nicht aber, wie gewöhnlich, das Christkind anbetend, sondern in Erwartung des Sterns, der seine Geburt verkündete. Nach der Legende waren die Weisen Astronomen oder Astrologen – ›Philosophen‹ in der damaligen Terminologie. GIORGIONE hat die gewohnten Merkmale der drei Weisen jedoch so wirksam entfernt, dass sie sich mehrfach deuten lassen, zum Beispiel als Vertreter der Haupttendenzen venezianischen Denkens, wobei der bärtige Mann mit dem Aristotelismus, der Mann im orien-

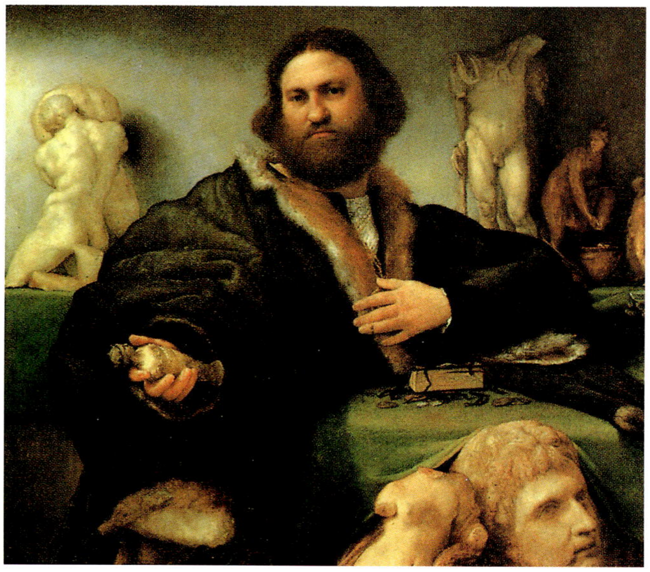

11.58 LORENZO LOTTO, *Andrea Odoni*, 1527, Leinwar 101 x 114 cm. Hampton Court London (mit freundlicher Genehmigung Ihrer Majestät d Königin von England).

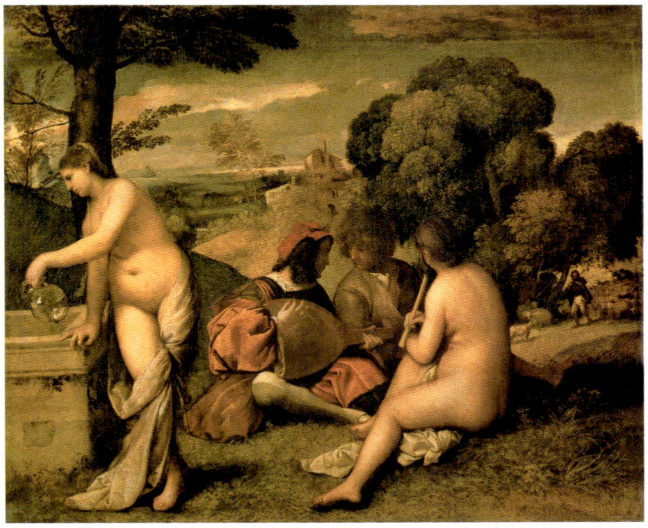

11.59 GIORGIONE/TIZIAN?, *Ländliches Konzert*, um 1508, Leinwand, 109,2 x 137,2 cm. Louvre, Paris.

talischen Gewand mit dem islamischen Averroismus und der Jüngling mit dem Sextanten mit der neuen Naturphilosophie zu assoziieren wären. Sowenig erhellend derartige Deutungen auch sein mögen, fordern sie doch zu Vergleichen mit RAFFAELS beinahe zeitgleicher *Schule von Athen* heraus ▸11.35 und unterstreichen die Unterschiedlichkeit beider Gemälde. Das Geheimnisvolle, Magische im Renaissancedenken ist es, was GIORGIONE beschwört, und nicht das Rationale.

Die Komposition der *Drei Philosophen* ist verwegen asymmetrisch, die Gestalten haben ihr Gegengewicht in einem dunklen Höhleneingang im überhängenden Felsen, während sich die Mitte in eine warm leuchtende Landschaft öffnet, über der sich der erste überzeugende Sonnenuntergangshimmel der europäischen Kunst wölbt. Die Gestalten zeigen die klassische Dreiheit in der Körperansicht – Profil, en face, Dreiviertelprofil. Das ganze Gemälde mit seinen üppigen Farben fallenden Laubs, dunklen Immergrüns und dem Rot reifer Beeren ist durchdrungen von einer lautlosen, spätsommerlichen Atmosphäre.

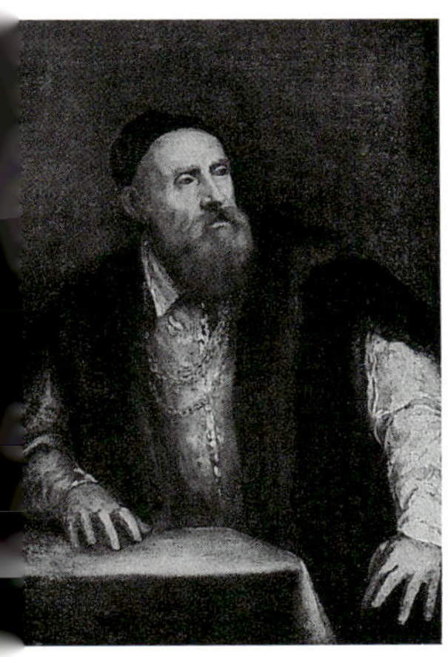

:.60 TIZIAN, *Selbstporträt*, n 1555–1560, Leinwand, ›x75 cm. Gemäldegalerie, ›rlin.

Ein anderes venezianisches Gemälde mit dem Titel *Ländliches Konzert* enthält mythologische und zeitgenössische Elemente ▸11.59. Eine pastorale Landschaft mit einem Hirten und seiner Herde in einiger Entfernung erinnert an die idyllische Szenerie in der bukolischen Poesie des Altertums und der Renaissance. Die Interpretation des Gemäldes ist spekulativ, es bleibt unklar, wer wohl die Vordergrundgestalten sind, wie und warum sie zusammenkamen: zwei nackte Frauen – eine hält eine Flöte –, ein sehr modisch gekleideter Lautenspieler und ein barfüßiger junger Bauer mit zerzaustem Haar. Unverkennbar ist der poetische Gehalt des Werkes, eine harmonische Verschmelzung von Figur und Landschaft, die für GIORGIONES Bilder so charakteristisch ist. Tatsächlich sollten die Venezianer derartige Bilder bald als ›poesie‹ bezeichnen. Es bleibt offen, ob dieses Bild nicht auch TIZIAN Wesentliches verdankt, der nach VASARI GIORGIONE »so trefflich imitierte, dass man seine Werke schon bald für die von Giorgione hielt«. Mit diesem und anderen giorgionesken Bildern war ein neuer und ungeheuer einflussreicher Bildtypus geschaffen, der des kleinen Staffeleibildes, das für das Vergnügen privater Sammler bestimmt war und später ›Kabinettbild‹ genannt wurde. In Florenz oder Rom konnte derart Sinnliches und Unintellektuelles nicht entstehen. Allein in Venedig fanden sich private Mäzene, die reich und überkultiviert genug waren, um eine Nachfrage nach solchen Bildern zu schaffen – Mäzene wie der genießerische Andrea Odoni, den GIORGIONES Schüler LORENZO LOTTO (um 1480–1556) in seiner Kabinettsammlung porträtiert ▸11.58. In Pelze gehüllt, steht er an einem Tisch voller antiker Münzen und anderer Kostbarkeiten und zeigt eine Statuette der Diana von Ephesus vor.

### *Tizian*

Trotz reichlicher privater Protektion konnten sich die Künstler erst durch öffentliche Aufträge Ruhm und Reichtum sichern. TIZIAN ▸11.60 (Tiziano Vecellio; um 1490–1576) erhielt die erste Chance, die ganze Kraft seiner künstlerischen Wirksamkeit zu zeigen, als man ihn aufforderte, ein Riesengemälde von *Mariä Himmelfahrt* für den Hochaltar von Santa Maria dei Frari zu malen ▸11.62. Bis zu diesem Zeitpunkt waren venezianische Altarbilder so gemalt, dass man sie am besten von den Altarstufen aus sah: Die unterlebensgroßen Gestalten waren gewöhnlich in einer Architektur platziert, die als illusionistische Erweiterung der Kirche gedacht war ▸10.66. TIZIANS Altarbild, das größte, das in Venedig je gemalt wurde, zieht mit überdimensionierten Gestalten jedermanns Blick in seinen Bann, der durch das Westportal das Kirchenschiff betritt. Alle Gestalten sind durch dramatisch ausdrucksvolle Bewegungen pathetisch gesteigert. Die Apostel gestikulieren emphatisch am Boden, während die Jungfrau, von einer Aureole goldenen Lichts umstrahlt, in den Himmel schwebt. Von michelangelesker Körpergewalt ist die Gestalt Gottvaters. TIZIANS kompromisslose Abkehr von venezianischen Traditionen – es heißt, das Bild habe die Ordensbrüder erschreckt, als sie es zum ersten Mal sahen – scheint begünstigt worden zu sein durch sein Wissen um neue Entwicklungen in der toskani-

11.61 TIZIAN, *Papst Paul III.*, 1543, Leinwand, 106 x 85 cm. Museo e Gallerie Nazionale di Capodimonte, Neapel.

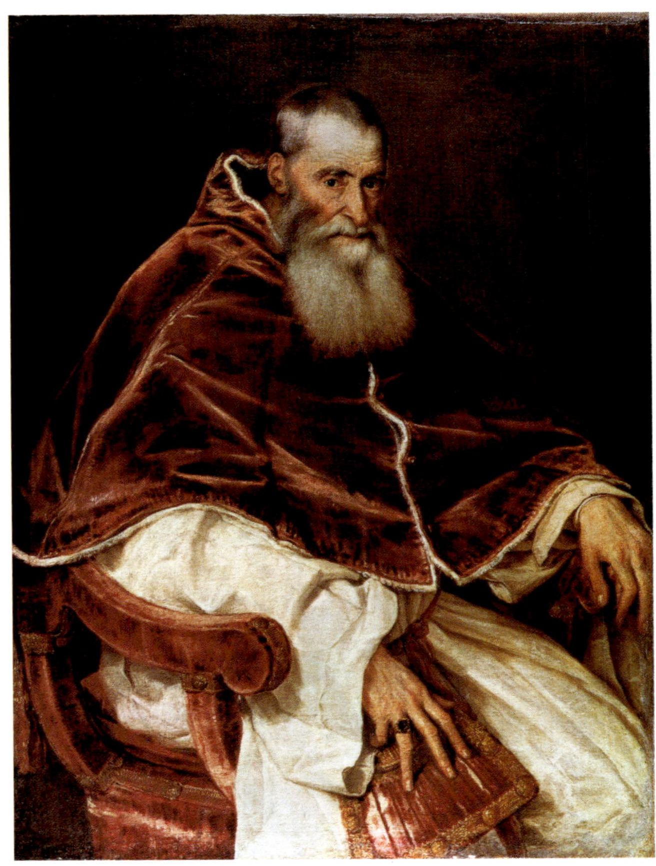

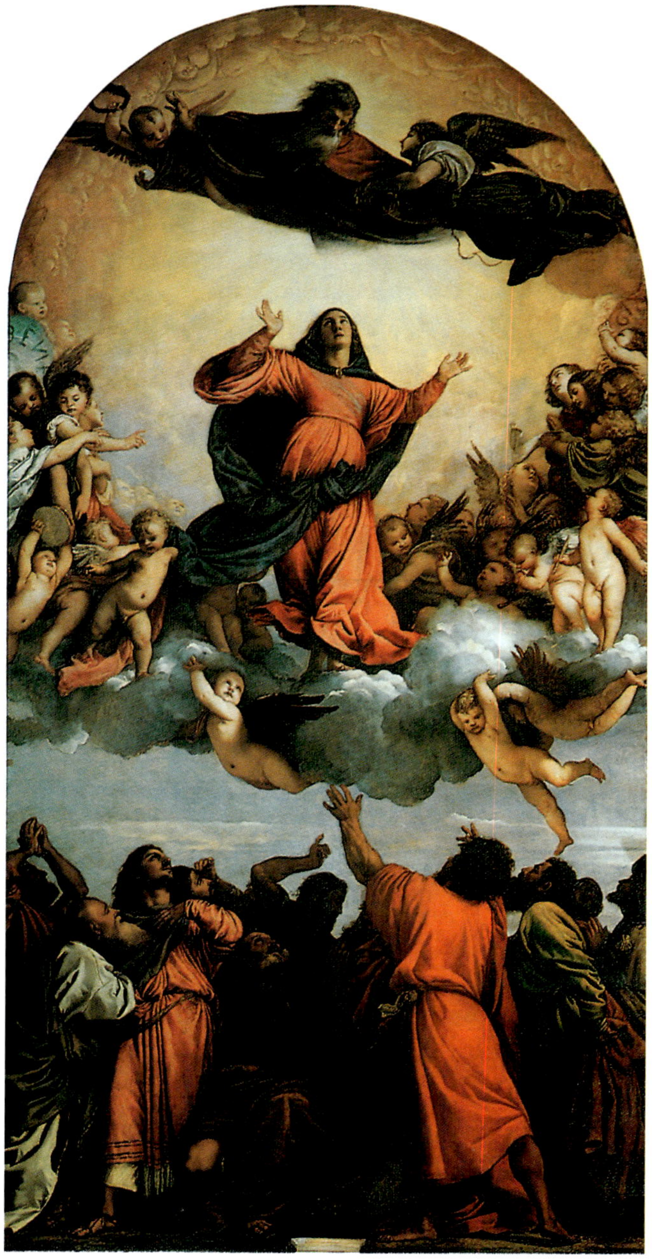

11.62 TIZIAN, *Himmelfahrt Mariä*, 1516–1518, Holz, 690x360cm. Santa Maria dei Frari, Venedig.

schen Kunst, insbesondere in den Zeichnungen von FRA BARTOLOMMEO zum gleichen Thema. Maltechnisch und koloristisch baut TIZIAN auf GIORGIONE auf. Die Konturen sind mit schwungvollen Strichen aufgetragen, und die Kompositionsstruktur wird gleichermaßen von Farbe und Form erzeugt, mit einem großen Dreieck in sattem Rot, das von den beiden augenfälligsten Aposteln hinaufweist auf das Gewand der Jungfrau und Gottvater.

Das Bild *Mariä Himmelfahrt* begründete TIZIANS Ruhm als führender Maler Venedigs. Er verfolgte keine der naturwissenschaftlichen Interessen LEONARDOS oder die religiösen und poetischen MICHELANGELOS, noch war er, wie RAFFAEL, ebenfalls Architekt. TIZIAN zählt zu den Begründern der modernen Malerei, denn die Ölfarbe auf Leinwand wurde zum wichtigsten Medium der späteren westlichen Kunst. Als Erster schöpfte er die Möglichkeiten malerischer Faktur aus, von der Belebung der Bildoberfläche mittels kräftiger Pinselstriche auf der groben Leinwandstruktur bis zur Lasur zart abgestufter Töne.

Die *Himmelfahrt* war das erste mehrerer revolutionärer Altarbilder. TIZIAN erhielt zusehends auch weltliche Aufträge, insbesondere nach 1532/33, als er Kaiser Karl V. (Prado, Madrid) gemalt hatte. Zehn Jahre später wurde er eingeladen, Papst Paul III. zu porträtieren ▸11.61. Der Typus des Sitzporträts für Päpste geht auf RAFFAEL zurück. TIZIAN übertrifft ihn im malerischen Illusionismus von Oberflächenstrukturen, in der Suggestion des Stoffes und des Inkarnats. Er hat in der sitzenden Gestalt mit den langen, knochigen Fingern und dem schlauen, hageren Gesicht auch das Seelenleben des Dargestellten einzufangen gesucht.

Paul III. versuchte, TIZIAN nach Rom zu locken, Karl V. bot ihm durch die Übersendung eines Adelsbriefs an, Mitglied des kaiserlichen Hofes zu werden, aber der Künstler schlug dieses Angebot aus. Unterstützt von seinem engen Freund, dem brillanten und gefürchteten Schriftsteller Pietro Aretino (1492–1556), machte er sich zum gefragtesten Maler in Europa. Diese einmalige Position erlaubte ihm, Aufträge weitgehend nach eigenem Wunsch anzunehmen, sein Arbeitstempo selbst zu bestimmen und Themen eigener Wahl zu gestalten. Keiner vor ihm hatte solch ein Maß an Freiheit erreicht, der Kontrast zwischen seiner Karriere und der Situation des enttäuschten MICHELANGELO ist schmerzlich.

Das Gemälde einer ruhenden Frau, nackt und lebensgroß, war lange bekannt als die *Venus von Urbino* (obgleich ihr alle Attribute einer Göttin fehlen) ▸11.64. TIZIAN übernahm die Pose von GIORGIONES keuscherem Bild *Schlafende Venus in einer Landschaft* (Gemäldegalerie, Dresden) mit leichten Abwandlungen, um die Gestalt nicht nur wach zu zeigen, sondern auch, wie sie mit in Erwartung weit geöffneten Augen ihren Liebhaber (den Betrachter) freimütig einlädt. Auch hat er sie aus dem Freien in das Schlafzimmer versetzt, wo sie auf zerknitterten Laken ruht, mit einem Schoßhündchen, das sich zu ihren Füßen zusammengerollt hat. Im Hintergrund sind zwei Dienerinnen, von denen eine in eine Truhe jener Art schaut, in denen Bräute ihre Aussteuer verwahrten, und man vermutete deshalb, das Bild sei als Allegorie der ehelichen Liebe zu verstehen. Die Auftraggeber des Gemäldes sahen in der Dargestellten lediglich eine ›ignuda‹ (Nackte), und es gibt keinen zwingenden Grund für eine mythologische Deutung.

TIZIANS Einstellung gegenüber seinen Themen wird deutlicher in jener Serie der ›poesie‹, erotisch-mythologischen Szenen, die er für Philipp II. von Spanien malte. In einem Brief schrieb er 1554: »*Weil die Gestalt der Danae, die ich Eurer Majestät bereits schickte, ganz frontal zu sehen ist, habe ich in der anderen ›poesia‹ die Rückseite gewählt, damit der Raum, in dem die Bilder hängen sollen, gefälliger wirkt. Bald schon hoffe ich Euch die ›poesia‹ von Perseus und Andromeda zu schicken, die einen ganz anderen Blickwinkel zeigt.*«

Offensichtlich bedeuteten ihm die Themen nicht sonderlich viel, obgleich er sie selbst aus den *Metamorphosen* des Ovid auswählte, den er anscheinend in einer volkstümlichen italienischen Ausgabe (nicht im Original) gelesen hatte. Sein Ziel war weder, einen literarischen Text zu illustrieren, noch ihn durch Variationen anzureichern, sondern selbständige Kunstwerke zu schaffen. Seine Annäherung an die klassische Mythologie war der der Dichter des 16. Jahrhunderts verwandt, die sie auch nur als Vorwand für neue und originelle Kompositionen verwendeten – so etwa Christopher Marlowe in *Hero und Leander* oder Shakespeare in *Venus und Adonis*. Im letzten Bild der Serie für Philipp II. stellte TIZIAN den *Raub der Europa* durch den in einen Stier verwandelten Zeus dar ▸11.63.

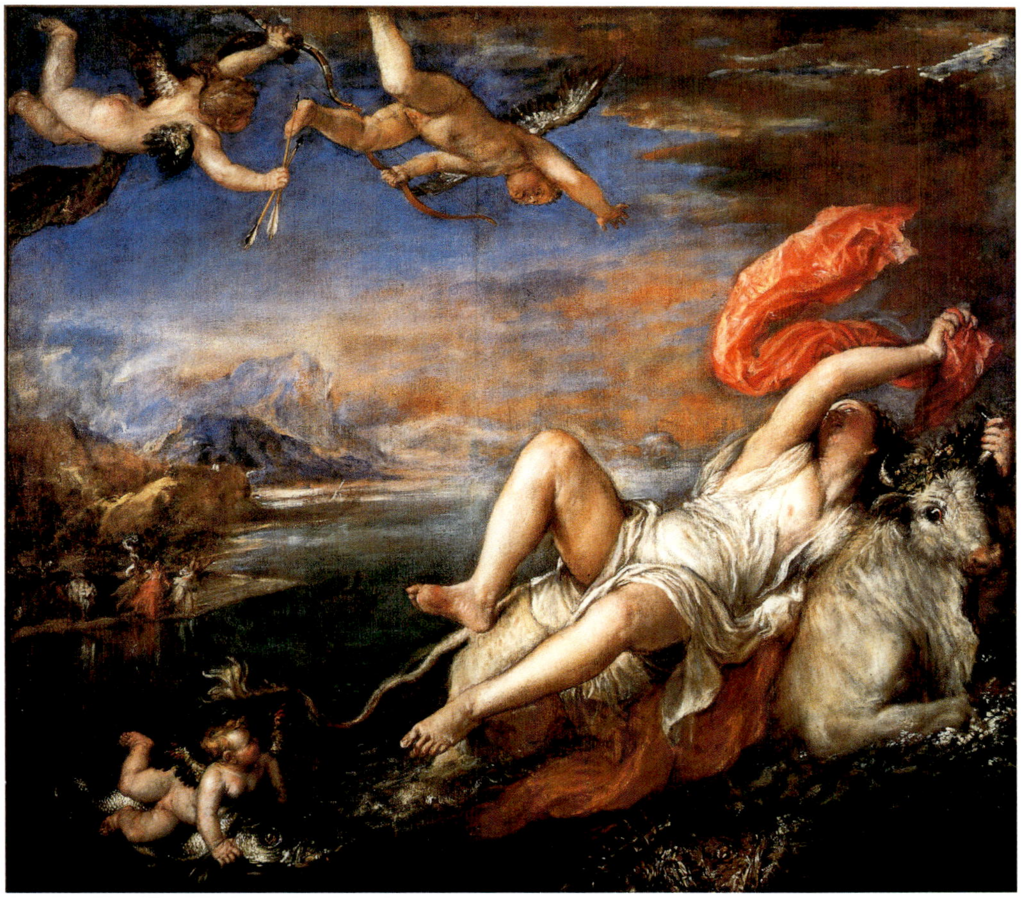

11.63 TIZIAN, *Raub der Europa*, 1559–1562, Leinwand, 185,4 x 205,7 cm. Isabella Stuart Gardner Museum, Boston.

Europas Haltung drückt sowohl ihren instinktiven Widerstand als auch ihren unwiderstehlichen Drang nach physischer Hingabe aus, den Schrecken und das Entzücken der Unterwerfung unter natürliche, ursprüngliche Mächte.

In der Zeit, als TIZIAN den *Raub der Europa* malte, hatte er die vollkommene Meisterschaft seiner höchst individuellen Behandlung der Farben erreicht. Der kühne Rhythmus seiner schweren Pinselstriche konnte Wirkungen prächtigster und schillerndster Farben beschwören. Seine frühen Werke waren mit »einer gewissen Finesse und unglaublicher Sorgfalt ausgeführt worden, damit man sie von nah und fern betrachten könne«, bemerkte VASARI. Über die letzten Bilder äußerte er, sie seien mit kühnen Strichen und Klecksen gemalt, so dass man aus der Nähe nichts sehen könne, aus der Entfernung jedoch wirkten sie vollkommen. »Er hat die Bilder immer wieder mit seinen Farben überarbeitet«, schrieb VASARI, bis er mit der koloristischen Wirkung zufrieden war. Ein anderer Zeitgenosse beschrieb die unorthodoxe Art TIZIANS, seine Bilder zu

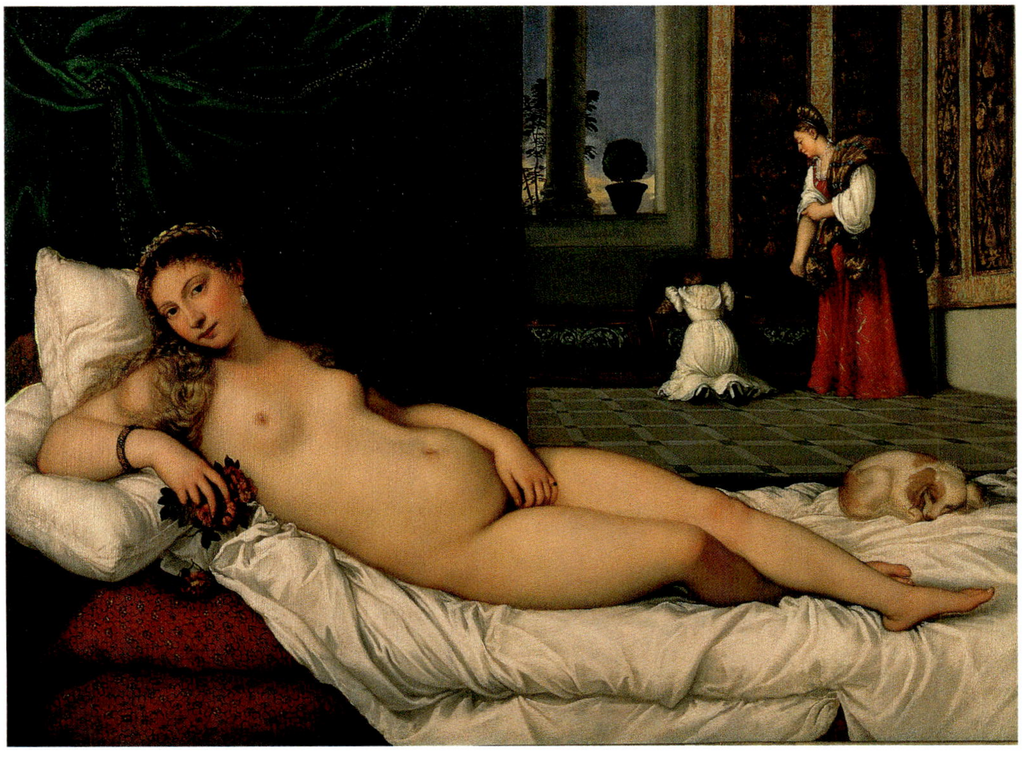

11.64 TIZIAN, *Venus von Urbino*, 1538, Leinwand, 119,5 x 165,1 cm. Uffizien, Florenz.

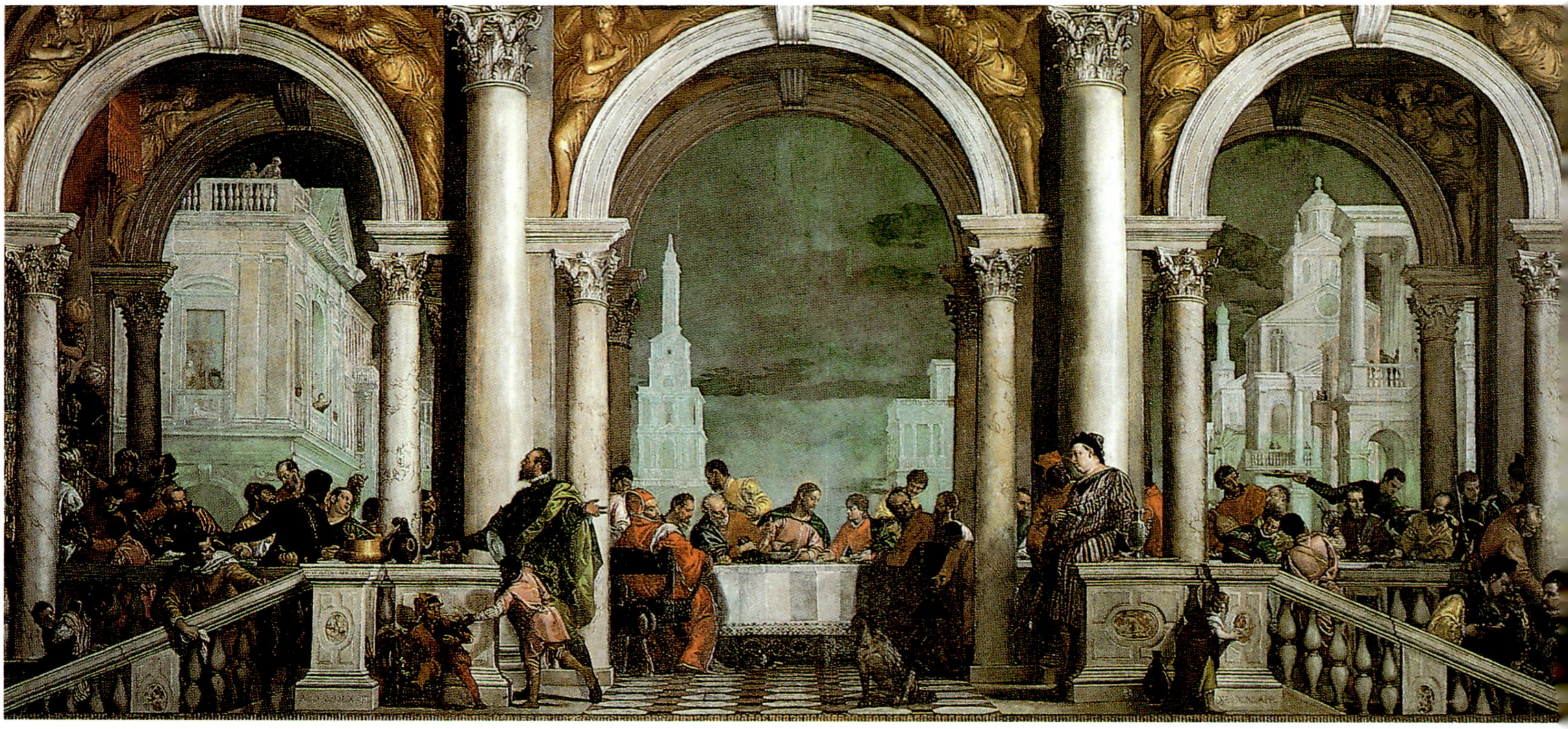

vollenden: »... *hier und dort mildert er die hellsten Glanzlichter, indem er sie mit dem Finger verreibt, die Kontraste durch Mitteltöne verringert und einen Ton mit dem anderen harmonieren lässt; ein anderes Mal wieder verwendete er den Finger, um mit einem dunklen Strich eine Ecke zu betonen, oder er setzte einen Fleck, fast wie einen Blutstropfen, den eine raffinierte Zartheit beseelte, und so fährt er in seiner Arbeit fort.*«

Diese Arbeitsmethode war nicht nur eine neue Technik, sie entsprang auch einer neuen Einstellung zur Malerei. TIZIAN nämlich begründete das Verständnis von Kunst als autonomes Äquivalent, nicht nur als Nachahmung der realen Welt.

## *Tintoretto und Veronese*

Ab etwa 1550 arbeitete TIZIAN hauptsächlich für Philipp II. von Spanien und überließ es seinen Gehilfen, für weniger verständige Mäzene Bilder anzufertigen, oftmals Kopien früherer Werke. Obgleich er der bei weitem berühmteste venezianische Künstler war, malte er im Alter nur noch wenig für die Serenissima. Öffentliche Aufträge gingen an jüngere Maler, insbesondere an TINTORETTO und VERONESE. TINTORETTO (Jacopo Robusti, 1518–1594) hat wohl in TIZIANS Atelier die Grundlagen der Malerei erlernt. Aber seine Vorliebe für harte, oftmals irrationale perspektivische Wirkungen, gewaltige Verkürzungen und übersteigerte Gebärdensprache verraten einen andersartigen Formwillen, daher vielleicht auch die Legende, er habe das Ziel verfolgt, die Farbgebung TIZIANS mit der Zeichnung (disegno) von MICHELANGELO zu kombinieren. Inbrünstig fromm, sprunghaft und weltabgewandt, war er charakterlich das Gegenteil TIZIANS.

TINTORETTO wuchs im Klima gegenreformatorischer Frömmigkeit auf, und seine Bilder haben die emotionale Kraft einer Offenbarung. Eine kolossale *Kreuzigung*, die er für eine wohltätige Bruderschaft malte, bestürzt und überwältigt den Betrachter ▸11.66. Eine riesige Panoramaleinwand erstreckt sich mit umfassender Weitwinkelwirkung von den Wänden bis

11.65 VERONESE, *Gastmahl im Haus des Levi*, 1573, Leinwand, 5,65 x 12,8 m. Galleria dell'Accademia, Venedig.

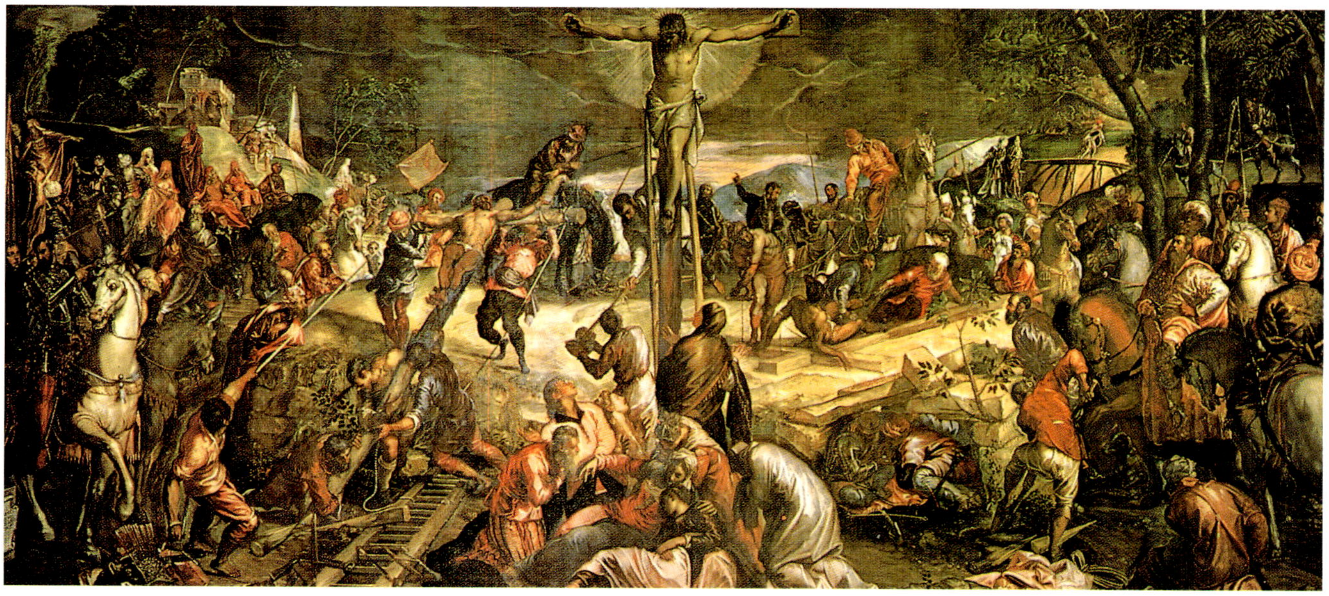

11.66 TINTORETTO, *Kreuzigung*, 1565, Leinwand, 5,36 x 12,3 m. Scuola di San Rocco, Venedig.

# Veroneses Verhör durch die Inquisition

VERONESE wurde 1573 vom Heiligen Offizium einem Verhör unterzogen. Man hatte ihm vorgeworfen, in seinem Letzten Abendmahl für das Konvent von SS Giovanni e Paolo in Venedig das Decorum nicht ausreichend gewahrt zu haben. Der Begriff des Decorum (Schicklichkeit) – ein ernstes Thema sollte durchweg in einem gehobenen Stil dargestellt werden – war vom antiken Rom übernommen worden und erfreute sich in der Renaissance hoher Wertschätzung. Das Heilige Offizium setzte sich mit Veroneses mutmaßlich ketzerischen Motiven für die Missachtung des Decorum auseinander.

F: *In dem Abendmahl, das Sie für SS Giovanni e Paolo gemalt haben, welche Bedeutung hat da der Mann mit der blutenden Nase?*

A: *Ich wollte einen Diener darstellen, dessen Nase aufgrund eines Unfalls blutete.*

F: *Welche Bedeutung haben diese bewaffneten Männer, die wie Deutsche gekleidet sind und jeweils eine Hellebarde in der Hand halten?*

A: *Dazu muss ich zwanzig Worte sagen!*

F: *Sagen Sie sie.*

A: *Wir Maler nehmen uns dieselbe Freiheit heraus wie die Dichter und die Hofnarren, und ich habe diese beiden Hellebardenträger dargestellt, von denen der eine trinkt und der andere in der Nähe auf den Stufen etwas isst. Ich habe sie dort platziert, damit sie zu Diensten sein können, denn es schien mir nach dem, was ich gehört hatte, angemessen, dass der Herr des Hauses, der groß und reich war, solche Diener haben sollte.*

F: *Und jener Mann, der wie ein Narr gekleidet ist, mit dem Papagei auf dem Handgelenk. Aus welchem Grund haben Sie den auf das Bild gemalt?*

A: *Als Verzierung, wie es der Brauch ist.*

F: *Wer sitzt am Tisch unseres Herrn?*

A: *Die zwölf Apostel.*

F: *Womit ist Petrus, der erste, gerade beschäftigt?*

A: *Er zerteilt das Lamm, um es ans andere Ende des Tisches hinüberzureichen.*

F: *Was macht der Apostel neben ihm?*

A: *Er hält einen Teller, um das, was der heilige Petrus ihm gibt, in Empfang zu nehmen.*

F: *Sagen Sie uns, was der daneben gerade macht.*

A: *Er hat einen Zahnstocher und reinigt sich die Zähne.*

F: *Wer, glauben Sie, war wirklich bei diesem Abendmahl zugegen?*

A: *Ich glaube, dass man dort Christus und die Apostel antreffen würde. Aber wenn in einem Bild zusätzlich Raum übrig ist, erweitere ich es um Figuren aus den Erzählungen.*

F: *Hat Ihnen irgend jemand den Auftrag gegeben, in diesem Bild Deutsche, Narren und ähnliche Dinge zu malen?*

A: *Nein, werte Herren, aber ich habe den Auftrag erhalten, das Bild so auszuschmücken, wie es mir passend erschien. Es ist groß, und es schien mir, dass es viele Figuren enthalten könnte.*

F: *Sollten die Ausschmückungen, die Sie, die Maler, gemeinhin den Gemälden oder Bildern hinzufügen, nicht dem Thema und den Hauptfiguren angemessen und schicklich sein, oder dienen sie nur dem Vergnügen – die Frage lautet einfach, was entspricht da ohne jedes Taktgefühl und ohne jede Urteilskraft Ihrer Phantasie?*

A: *Ich male Bilder, wie es mir passend erscheint, und so gut, wie es mir mein Talent erlaubt.*

F: *Erscheint es passend, beim Letzten Abendmahl des Herrn Narren, Trunkenbolde, Deutsche, Zwerge und ähnliche Vulgaritäten zu malen?*

A: *Nein, werte Herren.*

F: *Wissen Sie nicht, dass es in Deutschland und in anderen vom Ketzertum infizierten Orten gang und gäbe ist, die Angelegenheiten der Heiligen Katholischen Kirche mit verschiedenen Bildern voller Skurrilitäten und ähnlicher Erfindungen zu verspotten, zu schmähen und verächtlich zu machen, um einfältigen und ignoranten Menschen schlechte Lehren beizubringen?*

A: *Ja, das ist falsch: Aber ich komme nochmals auf das zurück, was ich gesagt habe, dass ich verpflichtet bin, dem zu folgen, was Größere als ich getan haben.*

F: *Was haben Größere als Sie getan? Haben sie vielleicht ähnliche Dinge getan?*

A: *Michelangelo hat in Rom in der päpstlichen Kapelle unseren Herrn, Jesus Christus, seine Mutter, den heiligen Johannes, den heiligen Petrus und die himmlischen Heerscharen gemalt. Und sie sind alle nackt dargestellt – selbst die Jungfrau Maria – und in verschiedenen Posen mit wenig Ehrerbietung.*

F: *Wissen Sie nicht, dass es in dem Gemälde* Das Jüngste Gericht, *in dem keine Kleidungsstücke oder ähnliche Dinge vorausgesetzt werden, nicht erforderlich war, Kleidungsstücke zu malen, und dass es bei diesen Figuren nichts gibt, das nicht geistlich wäre? Es gibt dort weder Narren, Hunde, Waffen oder ähnliche Albernheiten. Und hat es aufgrund dieses und einiger weiterer Beispiele den Anschein, dass Sie recht daran taten, das Bild auf diese Weise gemalt zu haben, und wollen Sie daran festhalten, dass es gut und schicklich ist?*

A: *Ehrwürdige Herren, ich möchte es nicht verteidigen, aber ich dachte, ich täte das Richtige: Ich habe mir nicht soviel dabei gedacht, und ich hatte nicht die Absicht, irgendjemanden zu verwirren, und dies umso mehr, als die Figuren der Narren sich außerhalb des Platzes in einem Bild befinden, in dem unser Herr dargestellt ist.*

Man befahl Veronese, das Gemälde innerhalb von drei Monaten zu verbessern und zu ändern. Er leistete dieser Anordnung aber nicht Folge und stellte die Inquisitoren stattdessen dadurch zufrieden, dass er den Titel in *Gastmahl im Hause des Levi* änderte ▸11.65. Dieses ungewöhnlich liberale Verhalten der Inquisitoren lässt sich damit erklären, dass das Heilige Offizium in Venedig auf der Grundlage einer Vereinbarung tätig war, die der Republik Venedig ein Mitspracherecht in dem Prozess einräumte und ihr die Möglichkeit gab, das Urteil auszusetzen.

E. G. Holt, ›Literary Sources of Art History‹, Princeton 1947

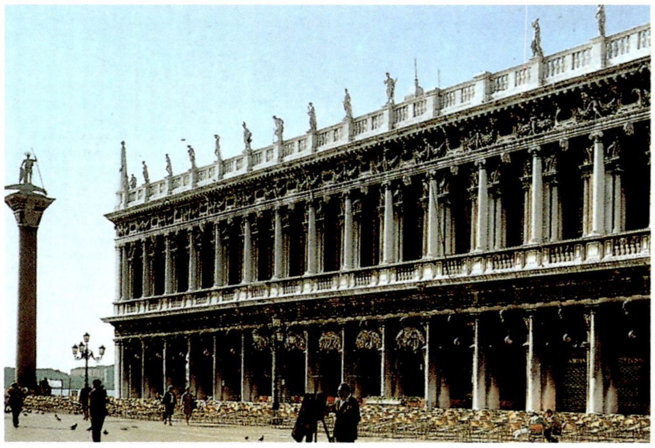

11.67 JACOPO SANSOVINO, Bibliothek von San Marco, Venedig, begonnen 1536.



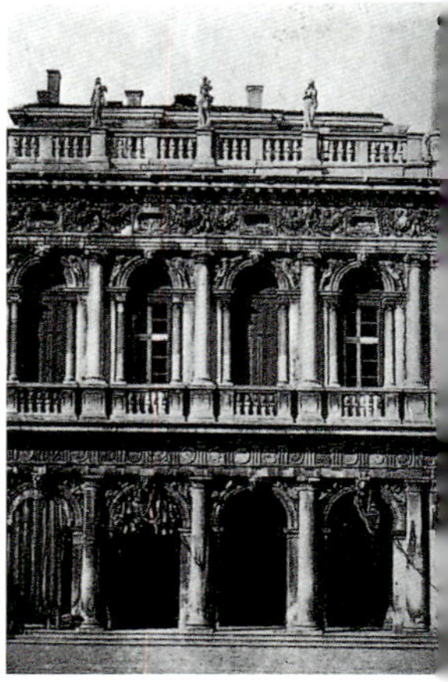

11.68 Bibliothek von San Marco, Detail der Fassade ▸11.67.

zur Decke. Die Vielzahl heftig bewegter Gestalten, die im Vordergrund überlebensgroß sind, verschmilzt unter der überwirklichen Beleuchtung zu einer dramatischen Einheit.

Details, oftmals unwichtige Details, fesseln die Aufmerksamkeit bei einem zeitgenössischen Gemälde des Abendmahls ▸11.65 von VERONESE (Paolo Caliari, 1528–1588). Als man ihn vor die Inquisition zitierte und eine Erklärung von ihm forderte, warum er Hunde, Zwerge, deutsche Soldaten und einen Narren mit einem Papagei miteinbezogen habe, antwortete er: »Mein Auftrag war es, dieses Bild nach meinem eigenen Begriff von Schönheit zu gestalten«, und fügte hinzu: »Wir Maler bedienen uns der gleichen schöpferischen Freiheit wie die Dichter und Narren.« Man kam zu einem Kompromiss, indem man es *Gastmahl im Haus des Levi* nannte. Nichts konnte der streng klassischen Konzeption von LEONARDOS *Abendmahl* ferner stehen als dieses venezianische Bankett. VERONESES Gemälde ist erfüllt von Eleganz und Grandeur, von Marmor, goldenem Gerät und kostbaren Stoffen. Der schöne Schein verdeckt den biblischen Gehalt.

Die Loggia, in der sich VERONESES Nobilität versammelt hat, erinnert an das Obergeschoss der Bibliothek von San Marco ▸11.67; 68, entworfen von SANSOVINO (Jacopo Tatti, 1486–1570), der Rom beim ›Sacco di Roma‹ verlassen und sich in Venedig angesiedelt hatte. Er fand Aufnahme im Kreise TIZIANS und Aretinos, der ebenfalls aus Rom geflüchtet war, und gemeinsam bildeten sie ein künstlerisches Triumvirat. Die Bibliothek war konzipiert als Teil eines grandiosen städtischen Platzes für ein administratives und zeremonielles Zentrum der Republik ▸9.107; 108. SANSOVINOS Problem bestand darin, den Neubau auf die ältere Fassade des Dogenpalastes abzustimmen. Er übersetzte die übereinander liegenden gotischen Loggien mit ihren gedrungenen Säulen, Spitzbogen und erlesenem Maßwerk in ein rein römisches Idiom. Die geringere Höhe wurde dadurch ausgeglichen, dass er ein ungewöhnlich reiches Säulengebälk anfügte, gekrönt von einer Balustrade, von der aus sich Statuen und Obelisken gegen den Himmel abheben. Figurative Bildhauerarbeiten in den Zwickeln und Gewölben treten an die Stelle der vormals von den Venezianern favorisierten farbigen Marmorinkrustationen. Die beiden Säulenordnungen, dorisch-tuskisch und ionisch, treten in Venedig erstmals in reiner Gestalt auf. Die ›edlere‹ →Kompositordnung reservierte SANSOVINO für die nahe gelegene Loggetta am Fuß des Glockenturms, die als Versammlungsplatz für die Patrizier Venedigs diente.

Die Bibliothek führte die Hochrenaissance in Venedig ein. Zu ihren Bewunderern zählte ANDREA PALLADIO (1508–1580), dessen hervorragendstes venezianisches Bauwerk, die Kirche San Giorgio Maggiore, auf einer Laguneninsel der Piazzetta gegenüberliegt ▸11.69. In San Giorgio Maggiore wurde die Lösung für ein Problem gefunden, mit dem sich die italienischen Architekten schon seit Beginn der Renaissance beschäftigten, die Frage, wie eine klassische Tempelfront an einer Kirche mit Hauptschiff und zwei niedrigeren Seitenschiffen anzubringen sei. Gewöhnlich hatte man die Fassaden in

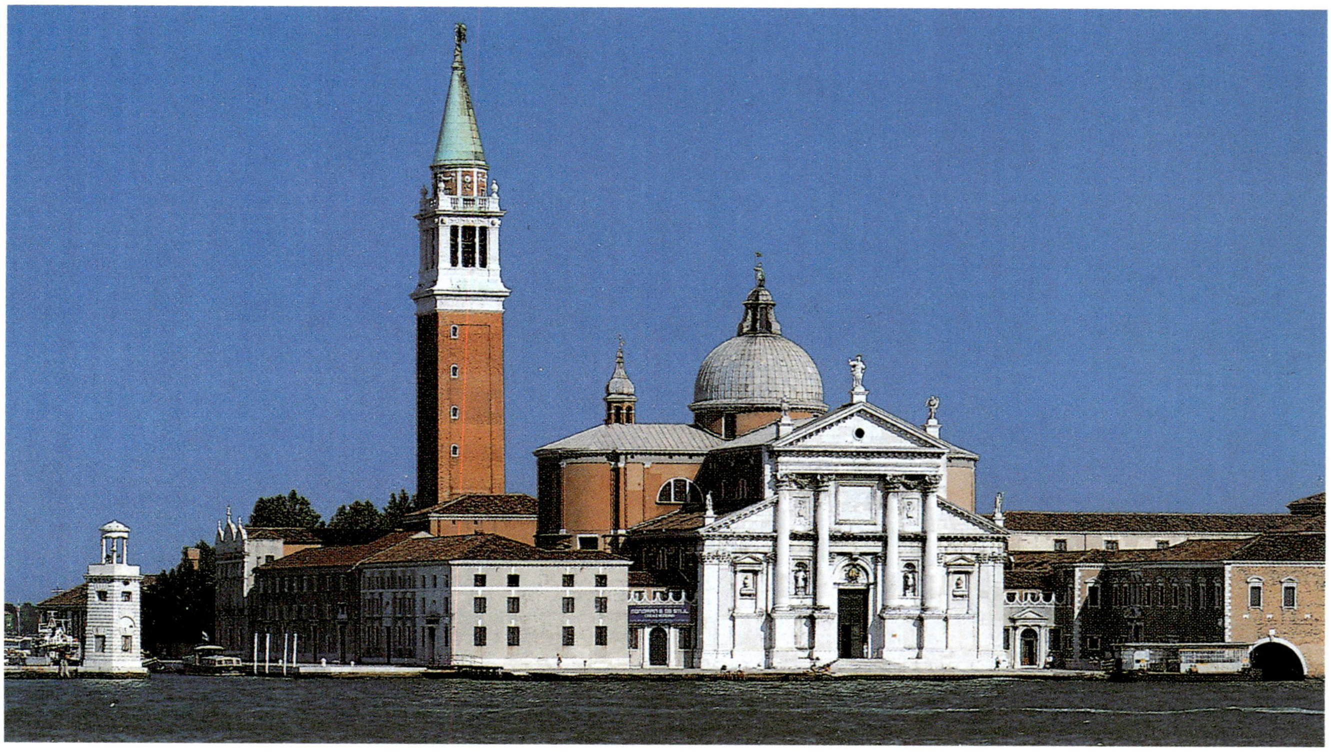

11.69 ANDREA PALLADIO, San Giorgio Maggiore, Venedig, begonnen 1565.

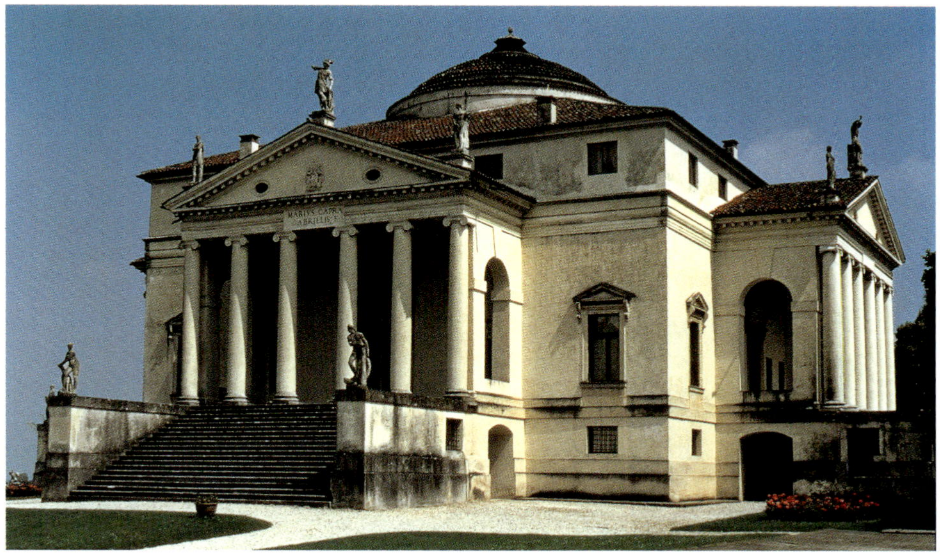

11.70 ANDREA PALLADIO, Villa Rotonda, Vicenza, 1567–1569.

zwei Stockwerke aufgeteilt, ein unteres über die Gesamtbreite und ein schmaleres oben, das dem Hauptschiff entsprach. PALLADIO nun konzipierte die Fassade als zwei ineinander greifende Tempelfronten, die eine auf der Höhe des Hauptschiffs basierend, die andere auf der der Seitenschiffe. Bei San Giorgio Maggiore sind die Dreiecke beiderseits des Hauptblocks die Enden eines Giebels, dessen Basis durch das Gesims zwischen den hohen Halbsäulen hervorgehoben wird. Pilaster, die dieses Gefüge optisch (nicht strukturell) stützen, erheben sich von niedrigen Basen, während die mittleren Halbsäulen auf hohen Sockeln stehen. Dies verleiht der Fassade einen starken unklassisch-vertikalen Schub, der sie gleichzeitig mit dem Innenraum verbindet, in dem die gleichen beiden Ordnungen in gleicher Weise verwendet werden.

Die meisten der großen italienischen Architekten des 16. Jahrhunderts waren gleichzeitig Maler oder Bildhauer. Von zu eng spezialisierten Künstlern dachte man, dass sie »kein Auge dafür haben, was die wahre Schönheit von Architektur ausmacht«. PALLADIO war als professioneller Architekt, der keine andere Kunst ausübte, eine Ausnahme. Im Bauhandwerk ausgebildet, wurde er 1524 in die Zunft der Steinmetze und Maurer von Vicenza, 64 km westlich von Venedig, aufgenommen. Ein Edelmann, Giangiorgio Trissino – Humanist, Dichter und Amateurarchitekt –, der bemerkte, dass er »ein sehr begabter junger Mann mit einer Neigung für Mathematik« war, unternahm es, wie ein Zeitgenosse uns berichtet, »seine genialen schöpferischen Fähigkeiten zu kultivieren, indem er ihm Vitruv erklärte und ihn nach Rom mitnahm«. Die mathematischen Theorien der Renaissance, die Schriften des Vitruv und die Ruinen des antiken Rom sollten die miteinander verflochtenen Quellen seines Stils werden. Durch seine frühen Erfahrungen als aktiver Baumeister blieben seine Entwürfe verschont von theoretischem Dogmatismus und archäologischer Pedanterie.

Er baute, was nicht der Norm entsprach, hauptsächlich in seiner näheren Umgebung, Paläste in Vicenza und weit über das venezianische Festland verteilte Villen. Um die Unabhängigkeit der Republik von den großen Getreide erzeugenden Ländern im Norden zu bewahren, hatten die venezianischen Patrizier sich dem Ackerbau zugewandt. Durch Trockenlegen verbesserten sie das Marschland, führten moderne Anbaumethoden ein und experimentierten mit neuen Feldfrüchten, insbesondere mit Mais, der erst jüngst nach der Entdeckung Amerikas nach Europa gebracht worden war. Der Nachfrage, die somit nach Häusern oder ›Villen‹ entstand, von denen aus sich die Güter verwalten ließen, begegnete PALLADIO am erfolgreichsten. Er entwarf Gebäude von höchstem künstlerischen Rang, die dennoch von lokalen Arbeitskräften aus einfachsten und billigsten Materialien zu bauen waren: raue Backsteinbauten, umkleidet von Stuck, die wenig, wenn überhaupt, skulptierten Dekors bedurften. Der Eindruck von Feudalität entstand aus den von römischer Palast- und Tempelarchitektur abgeleiteten monumentalen Motiven ▸11.72. Die außerhalb Vicenzas gelegene ›Villa Rotonda‹ – mehr ein Vorstadtrefugium als im eigentlichen Sinn eine Villa – hat an vier Seiten jeweils einen sechssäuligen Tempelportikus und ist vielleicht die vollendetste Realisierung des Renaissanceideals vom freistehenden Zentralbau ▸11.70;71. PALLADIO beschrieb in Worten, die an Plinius d.J. (s.S. 188) erinnern, die Lage des Bauwerks als die *»köstlichste und passendste, die man nur fin-*

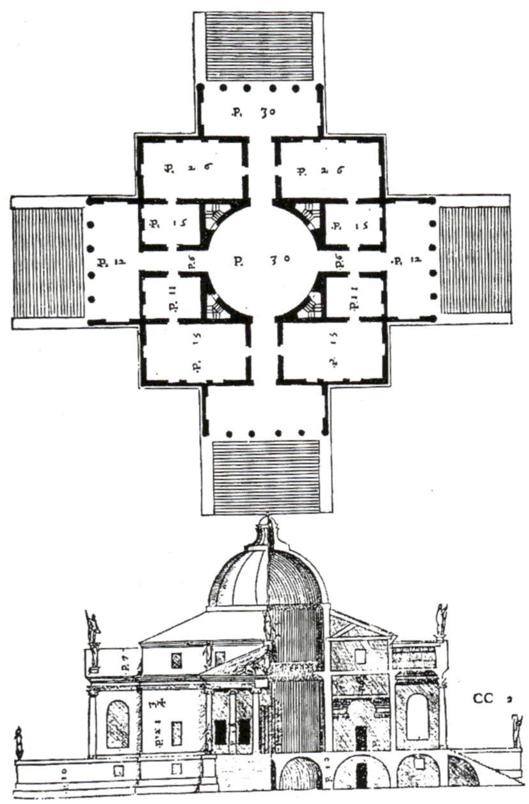

11.71 Grundriss und Schnitt der Villa Rotonda (aus den *Quattro libri dell'architettura*, 1570).

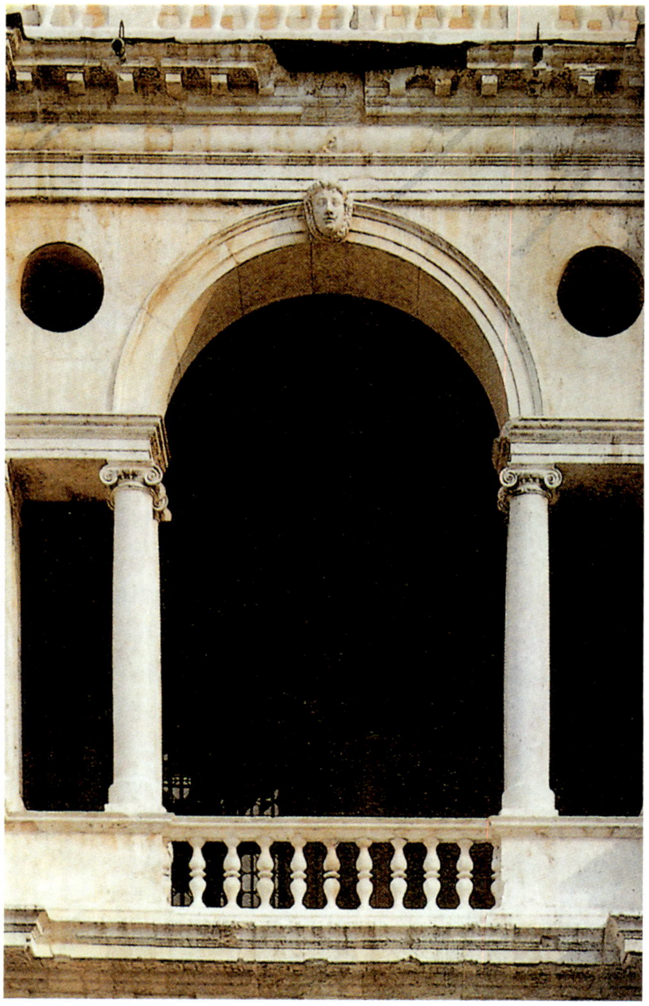

11.72 ANDREA PALLADIO, Serliana-Motiv, Palazzo della Ragione, Vicenza, begonnen 1549.

*den kann, auf einem sanft ansteigenden Hügelchen, umgeben von anderen bezaubernden Hügeln, die alle kultiviert sind und die Wirkung eines riesigen Theaters erzeugen«.*

Diese Sensibilität für landschaftliche Schönheit, die PALLADIO mit GIORGIONE und anderen venezianischen Malern verbindet, wird auch in der Platzierung seiner anderen Villen spürbar, von denen 18 erhalten blieben. Sie sind schlichter als die ›Rotonda‹ und meist durch landwirtschaftliche Gebäude erweitert. Harmonische Proportionen bedeuteten für PALLADIO und seine Zeitgenossen den Inbegriff künstlerischer Vollendung. Die alten Griechen (überliefertermaßen Pythagoras) hatten entdeckt, dass bei zwei schwingenden Saiten, von denen eine halb so lang ist wie die andere, der Tonunterschied eine Oktave beträgt, eine Quinte, wenn eine zwei Drittel der anderen misst, und eine Quarte, wenn das Verhältnis 3:4 ist. Deshalb nahm man an, ein Raum oder eine Baumasse, deren Maße dem Verhältnis 1:2, 2:3 oder 3:4 folgten, wären optisch harmonisch. Diese Ansicht hielt sich das Mittelalter hindurch und scheint einigen gotischen Architekten bekannt gewesen zu sein. Tatsächlich wurden diese Verhältniszahlen so oft angewendet, dass sie den westlichen Sinn für Proportionen bestimmten. Wie PALLADIO schrieb, »erfreuen solche Harmonien sehr, ohne dass jemand, mit Ausnahme jener, die ihre Ursachen studieren, weiß warum«. Maßstäbe, die er in den Grundrissen der Villen in seinen *Quattro libri dell'architettura* (1570, die erste ausführliche Veröffentlichung eines Architekten über seine Arbeiten) klar aufzeichnete, lassen vermuten, dass er noch kunstreichere Proportionen verwirklichen wollte, wie die der großen und der kleinen Terz, 5:6 und 4:5. Sie ließen sich jedoch leichter auf dem Reißbrett angeben und wurden beim eigentlichen Bau selten genau eingehalten.

Die Gesetze der musikalischen Harmonie studierten Theoretiker und Architekten des 16. Jahrhunderts nicht allein, um damit nur optisch angenehme Wirkungen zu erzielen. Die Harmonie hatte kosmische Bedeutung, auf die sich in Shakespeares *Kaufmann von Venedig* auch Lorenzo bezieht, wenn er im Garten von Belmont, einer Villa nahe Venedig, den Sternenhimmel betrachtet:

*»Sieh, wie die Himmelsflur*
*Ist eingelegt mit Scheiben lichten Goldes!*
*Auch nicht der kleinste Kreis, den du da siehst,*
*Der nicht im Schwunge wie ein Engel singt*
*Zum Chor der hellgeaugten Cherubim:*
*So voller Harmonie sind ew'ge Geister.«*

Beachtung der Harmoniegesetze galt als In-einklang-bringen des Lebens auf der Erde mit einem himmlischen Ideal. Und insbesondere in Venedig erachtete man den vielstimmigen Einklang der sozialen Klassen als unabdingbar für das Wohl der ›Serenissima‹. Aus dem Musikalischen übernommene Ausdrücke tauchen häufig in der politischen Theorie und in der Kunst dieser Zeit auf.

## Der Manierismus

Der Ausdruck ›Manierist‹ – zuweilen in Verbindung mit MICHELANGELO, GIULIO ROMANO, BENVENUTO CELLINI und anderen verwendet – hat einen verwirrenden Bedeutungsreichtum erlangt. Er ist aus dem italienischen Wort ›maniera‹ abgeleitet, das im 16. Jahrhundert in Schriften über Sozialverhalten ebenso verwendet wurde wie in den Geisteswissenschaften, um damit nicht nur einen Stil oder eine Manier im Wortsinn zu bezeichnen, sondern auch die hochgeschätzte Eigenschaft von Eleganz, zu der perfekte Umgangsformen, sprachliche Gewandtheit, Virtuosität und Raffinement gehörten. Diese Qualität fand sich in den damals am meisten bewunderten antiken Statuen sowie in den Werken LEONARDOS, RAFFAELS und MICHELANGELOS. Dennoch unterschied man zwischen dem

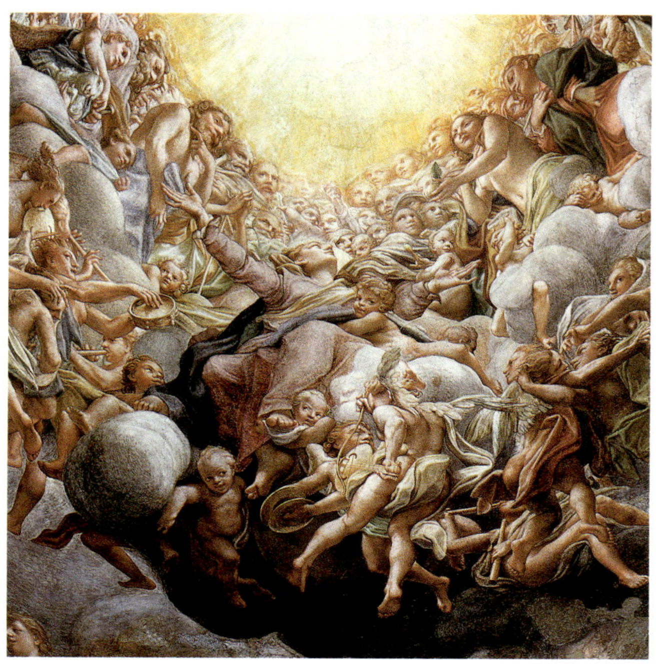

11.73 CORREGGIO, Detail aus der *Himmelfahrt Mariä*, 1526–1530, Fresko, Kuppel der Kathedrale von Parma.

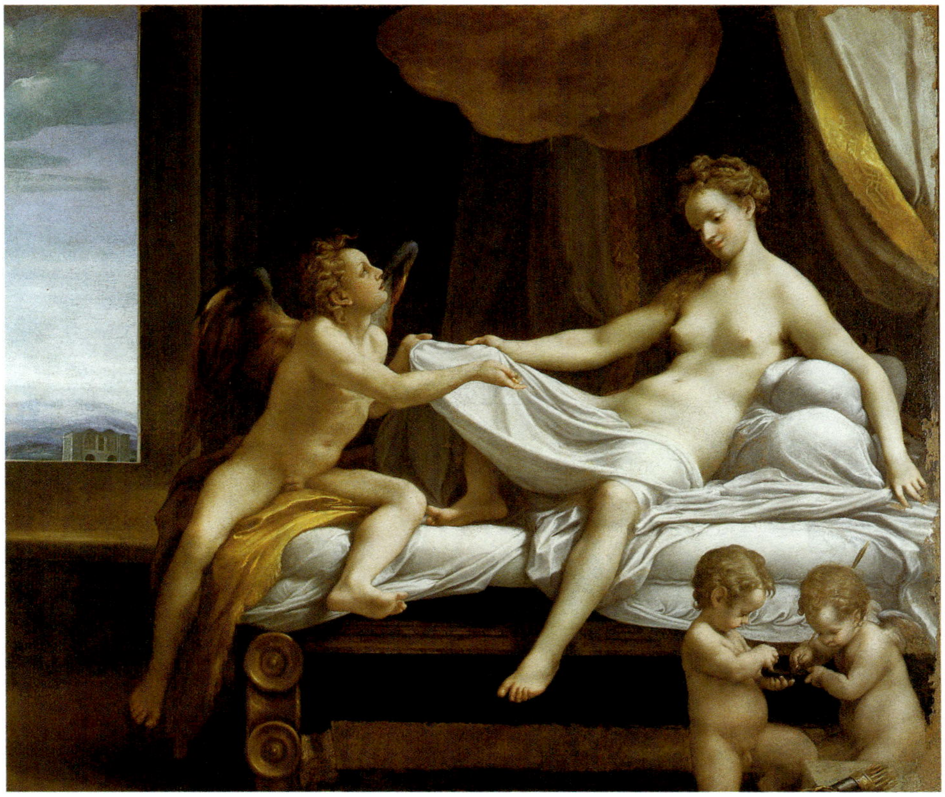

11.74 CORREGGIO, *Danae*, um 1532, Leinwand, 161 x 193 cm. Galleria Borghese, Rom.

eleganten und dem stilisierten oder gezierten, das heißt von jemand anderem übernommenen, Manierismus und der selbstbewussten Zur-schau-stellung persönlicher Eigenheiten. In eben diesem abfälligen Sinn wurde das Wort ›Manierist‹ später für die Arbeiten der Maler des mittleren und späten 16. Jahrhunderts verwendet, deren Gemälde in grellen Farben Figuren zeigten, die sich in seltsam verzerrten Perspektiven krümmten und sich den Augen des 17. Jahrhunderts als konstruiert und übertrieben ausgeklügelt darstellten. Der Manierismus als Begriff für eine Epoche, die der Hochrenaissance folgte, ist wesentlich jünger und wird nicht einheitlich definiert. Er wurde teils als eine Reaktion auf die Ideale der Hochrenaissance gedeutet, als ein Ausdruck der geistigen Krise dieser Zeit, teils auch als ein überzüchtetes ›l'art pour l'art‹, eine ›elegante Eleganz‹, die die ästhetischen Theorien des 16. Jahrhunderts illustrierte.

## *Correggio*

Den Rahmen des Renaissancestils sprengende Tendenzen sind sehr klar aus den Werken zweier Künstler ersichtlich, CORREGGIO und PARMIGIANINO. Beide arbeiteten gleichzeitig in Parma, das etwas abseits der künstlerischen Hauptzentren lag. Aus der Kunst von MANTEGNA und LEONARDO oder dessen norditalienischen Nachfolgern entwickelte CORREGGIO (Antonio Allegri, um 1489–1534) einen sehr persönlichen Stil von äußerster Grazie und Anmut. MICHELANGELOS Decke in der Sixtinischen Kapelle, RAFFAELS ›Stanze‹ und TIZIANS *Mariä Himmelfahrt* erweiterten seine Vorstellungen, obgleich er sie nur aus zweiter Hand, von Zeichnungen, gekannt haben mag. Mit seinem Fresko in der Kuppel des Doms von Parma schuf er ein nicht minder einfallsreiches Kunstwerk, einen neuen Typus von Deckengemälde, das die Architektur mit einer Vision von Gestalten, die gen Himmel wirbeln, illusionistisch durchbricht ▸11.73. Anstatt die Szene wie bei TIZIANS *Mariä Himmelfahrt* ▸11.62 von einem Proszenium mitzuerleben, wird der Zuschauer hier in sie einbezogen. CORREGGIOS Figurendarstellung aus der Froschperspektive – ›sotto in sù‹: von unten nach oben – beeinflusste die barocke Deckenmalerei nachhaltig. Meisterhaft ist auch die Wiedergabe des Inkarnats in CORREGGIOS Ölgemälden – kein Künstler hat jemals den rosigen Glanz jugendlichen Teints mit größerer Feinfühligkeit gemalt. Dies gilt für seine Darstellungen von Heiligen wie auch für die sehr koketten mythologischen Szenen. In einem Gemälde der Galleria Borghese senkt sich Jupiter als Goldregen auf Danae nieder, deren Jungfräulichkeit ihr Vater dadurch zu bewahren suchte, dass er sie in einen Turm sperrte ▸11.74. Das Thema war oft als Beispiel für die erotischen Entgleisungen in der heidnischen Götterwelt zitiert worden (wie vom hl. Augustinus). CORREGGIO gestaltete eine Szene von verhaltener Frivolität. Voll Zärtlichkeit und Süße sind Danaes passive Empfangshaltung und die Geste, mit der Cupido das Gewand von ihren Schenkeln streift.

CORREGGIOS Gemälde bringen den Begriff des frühen 16. Jahrhunderts von Eleganz vollkommen zum Ausdruck. PARMIGIANINO (Francesco Mazzola, 1503–1540) führte die Stilisierung zu einem fast unnatürlich wirkenden Extrem wie in einem Gemälde, das als *Madonna mit dem langen Hals* bekannt ist ▸11.75. Er verdankte viel CORREGGIO, dessen Schüler er gewesen sein könnte, und auch späten Werken RAFFAELS, wie der *Verklärung Christi* ▸11.44 – PARMIGIANINO verbrachte drei Jahre in Rom, von 1524 bis zur Plünderung der Stadt. Aber sein Ideal weiblicher Schönheit scheint weniger von der Kunst und noch viel weniger von der Natur herzurühren als vielmehr von literarischen Wort- und Gedankenspielereien wie jener, die Schultern, Hals und Kopf einer Frau mit einer perfekt geformten Vase vergleicht (vielleicht trägt deshalb der langbeinige Engel links eine Amphora). Nicht nur der Hals der Jungfrau, sondern auch ihre Hände, ihr rechter Fuß und die Gliedmaßen des Kindes sind überlängt und zu artifizieller Grazie stilisiert.

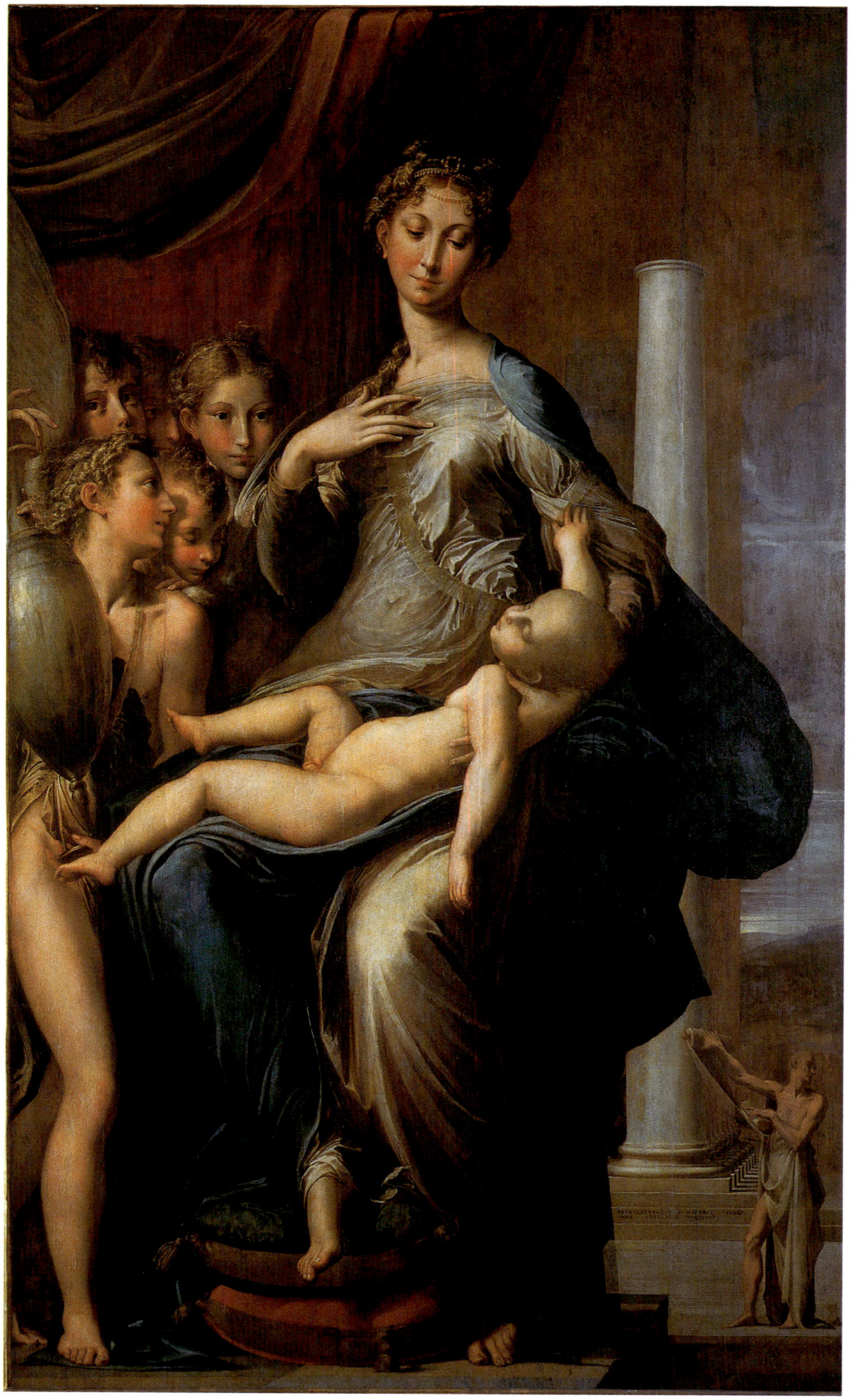

11.75 PARMIGIANINO, *Madonna mit dem langen Hals*, um 1535, Holz, 216 x 132 cm. Uffizien, Florenz.

## *Architektur des Manierismus*

Der absichtlichen Verzerrung des menschlichen Körpers in der Malerei entspricht in der Architektur die Manipulation der klassischen Ordnungen und ihrer Dekoration. Den Anstoß dazu hatte MICHELANGELO mit der Medicikapelle gegeben und, kühner noch, mit der Biblioteca Laurenziana ▸11.76. Von ihr sagte VASARI, die Architekten seien MICHELANGELO zu Dank verpflichtet, denn er habe die Ketten gesprengt, die sie alle in der gleichen Weise arbeiten hießen. In derselben Zeit erging sich GIULIO ROMANO (1492/99–1546), vormals Schüler und Gehilfe RAFFAELS, bei der Gestaltung von Architektur in ähnlicher ›Zügellosigkeit‹ – im Manierismus ein positiv bewertetes Stilelement. Im Jahr 1526 begann er mit dem Bau des Palazzo del Tè bei Mantua ▸11.78. Wie es für ein Gebäude auf dem Lande passend war, verwendete er die dorische Ordnung und überzog die Wände vom Boden bis zum Säulengebälk mit einer → Rustika (erst durch die Restaurierung ist sie so massig geworden). Die Abstände der Halbsäulen sind unterschiedlich groß, und jeweils in der Mitte trägt das Gebälk ganz unmotiviert eine Triglyphe. An der hier abgebildeten Hofseite erscheinen die quadratischen Fenster ohne Ädikula, eingezwängt zwi-

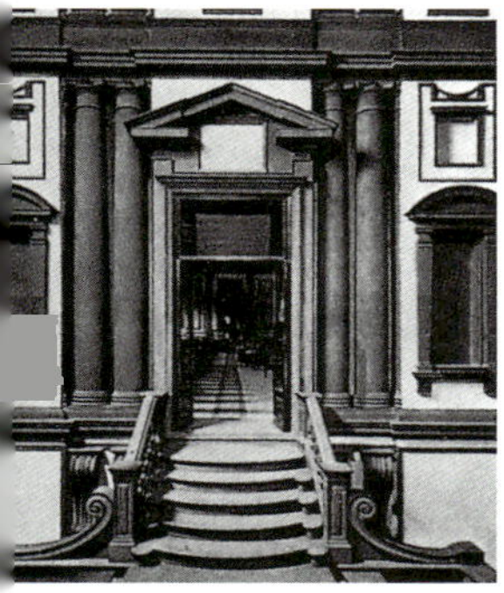

.76 MICHELANGELO, ·lioteca Laurenziana (Detail), ·gonnen 1524, Florenz.

schen die enger stehenden Säulenpaare. In den breiteren →Interkolumnien werden die blinden Fenster mit Ziergiebeln ausgestattet. Diese Widersprüche sind verwirrend, aber ROMANO hatte sicher nicht beabsichtigt, die der Architekturtheorie Kundigen zu verschrecken, vielmehr sie zu erfreuen. Die Wirkung seiner Architektur ist der eines rhetorischen Oxymoron verwandt, wie Aretino es in einem Brief an ROMANO verwendete: »Stets modern in antiker Weise und modern auf antike Art.«

Ob sich Architekten ›Zügellosigkeit‹ leisten konnten, hing davon ab, wie gut sie die Regeln beherrschten, die sie verletzten. Zwei der profiliertesten Architekten, SEBASTIANO SERLIO (1475–1554) und GIACOMO BAROZZI DA VIGNOLA (1507–1573), ein Gehilfe MICHELANGELOS und sein Nachfolger bei St. Peter, schrieben Abhandlungen, in denen sie die klassischen Ordnungen kodifizierten. Für sein eigenes bedeutendstes Bauwerk milderte VIGNOLA die Regellosigkeit zugunsten von Strenge und Dekorum. Es ist die erste Kirche der Jesuiten ▸11.77. VIGNOLA war angewiesen, einen rechteckigen Bau für eine größtmögliche Kirchengemeinde zu schaffen. »Die ganze Kirche ist zu überwölben«, teilte man ihm mit, »sie hat einschiffig zu sein, aber es muss auf beiden Seiten Kapellen geben!« Indem er die Kapellenreihen, die ein ungewöhnlich geräumiges, fast 18 m breites Hauptschiff flankieren, stark vom Schiff trennte, gelang ihm eine glückliche Kombination von Zentralbau der Renaissance und mittelalterlichen Längsgrundriss. Den Forderungen gegenreformatorischer Frömmigkeit begegnete dieser klare, schlichte Innenraum in perfekter Weise. Er war ursprünglich ohne Ausschmückung in Grau und Weiß gehalten, denn nichts in ihm sollte vom religiösen Kultus ablenken. Die starke Ostbewegung von Tonnengewölbe und großem Kranzgesims, das ohne Unterbrechung gerade durchläuft, wurde in dramatischer Weise durch fein ausgeklügelte Lichtwirkungen betont. Das letzte Joch vor der Vierung ist verkürzt und abgedunkelt. Hier setzte VIGNOLA eine Zäsur, ehe er aus dem Tambour der Kuppel die Flut des Lichtes einströmen ließ. Nach VIGNOLAS Tod entwarf GIACOMO DELLA PORTA (s. S. 450) die Fassade des *Gesù* in exakt proportionierten klassischen Elementen, um diese dann in völlig unklassischer Weise zusammenzufügen.

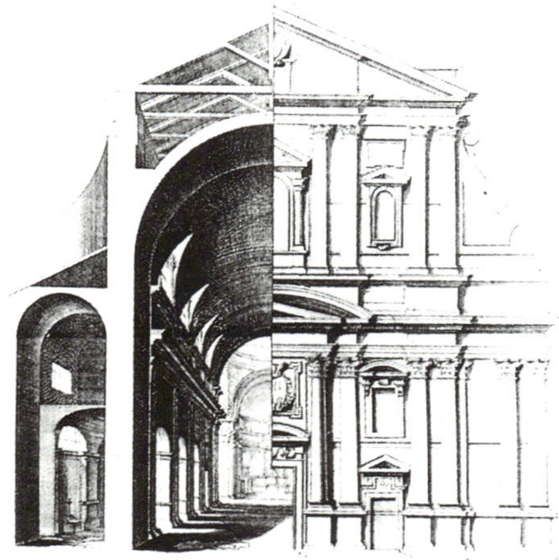

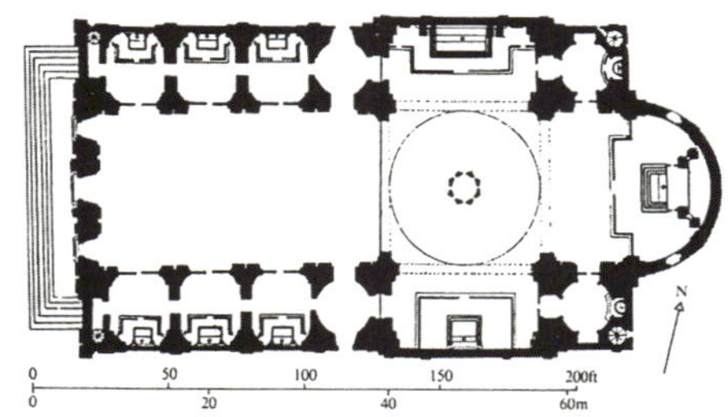


11.77 GIACOMO DA VIGNOLA, Il Gesù (Jesuitenkirche), 1568, Rom. Fassade von GIACOMO DELLA PORTA, um 1575–1584 (Stich von Joachim von Sandrart).

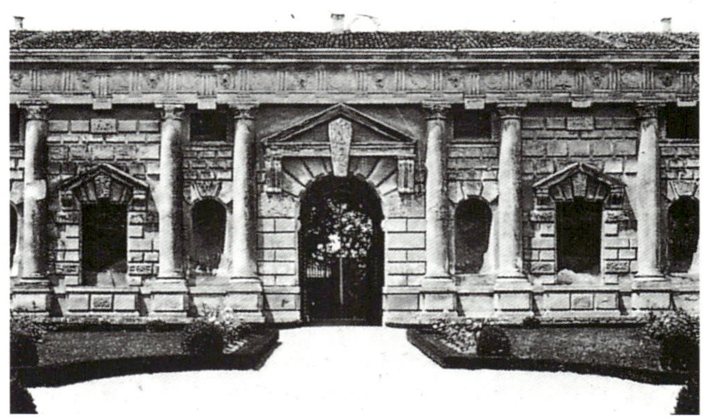

11.78 GIULIO ROMANO, Palazzo del Tè, Mantua, 1525–1535.

## *Manieristische Skulptur*

Eine schärfere Unterscheidung zwischen dem, was als sakraler Kunst angemessen gelten kann, und dem Profanen war eine direkte Folge der Gegenreformation. Aus religiöser Sicht wurde MICHELANGELOS *Jüngstes Gericht* insbesondere wegen jener Qualitäten kritisiert, die Künstler besonders faszinierten. Sein Schüler und Biograph, ASCONIO CONDIVI, äußerte, er habe in diesem Gemälde alles zum Ausdruck gebracht, »dessen die menschliche Gestalt in der Malkunst fähig ist, ohne eine erdenkliche Pose oder Bewegung auszusparen«.

Die Virtuosität erreichte auch in der profanen Kunst ihre höchste Stufe, gerade im kleinen Format, wenn auch noch das kostbare Material hinzutrat. Ein Meisterwerk manieristischer Goldschmiedekunst ist BENVENUTO CELLINIS (1500–1571) Salzfass für Franz I. ▸11.79. In seiner Autobiographie gibt CELLINI Rechenschaft über Entstehung und Bedeutung dieses prunkvollen Luxusobjekts. Die Hauptfiguren verkörpern Wasser und Erde, »gestaltet wie eine Frau, in aller Schönheit der Formen, der Grazie und dem Charme, deren meine Kunst fähig war«, erklärte er voller Stolz. Die Beine beider Figuren

11.79 BENVENUTO CELLINI, Salzfass von Franz I., 1539–1543, Gold mit Email, 26 x 33,3 cm. Kunsthistorisches Museum, Wien.

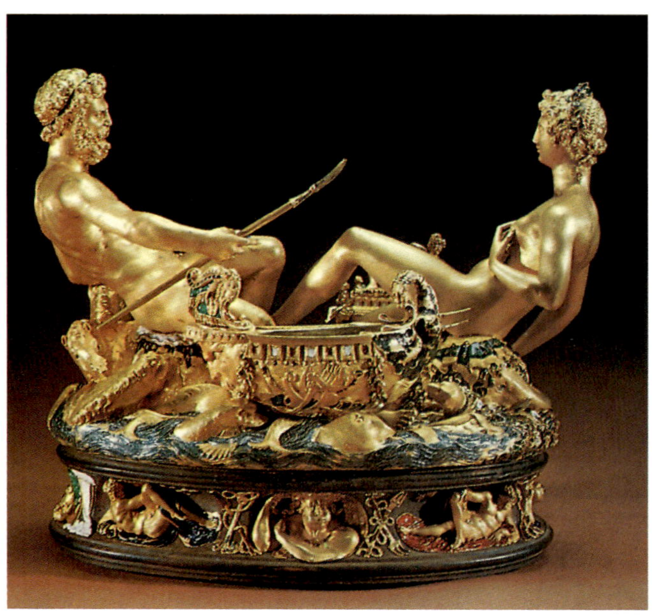

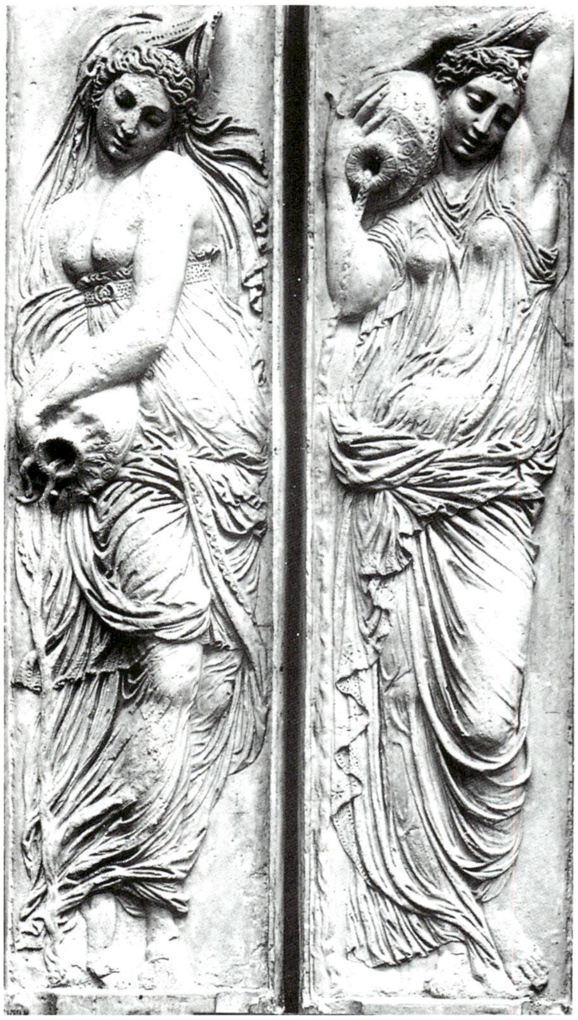

11.80 JEAN GOUJON, *Nymphen* von der *Fontaine des Innocents*, 1547–1549, Höhe 235 cm. Louvre, Paris.

11.82 BARTHOLOMÄUS SPRANGER, *Vulcanus und Maia*, um 1590, Öl auf Kupfer, 23 x 18 cm. Kunsthistorisches Museum, Wien.

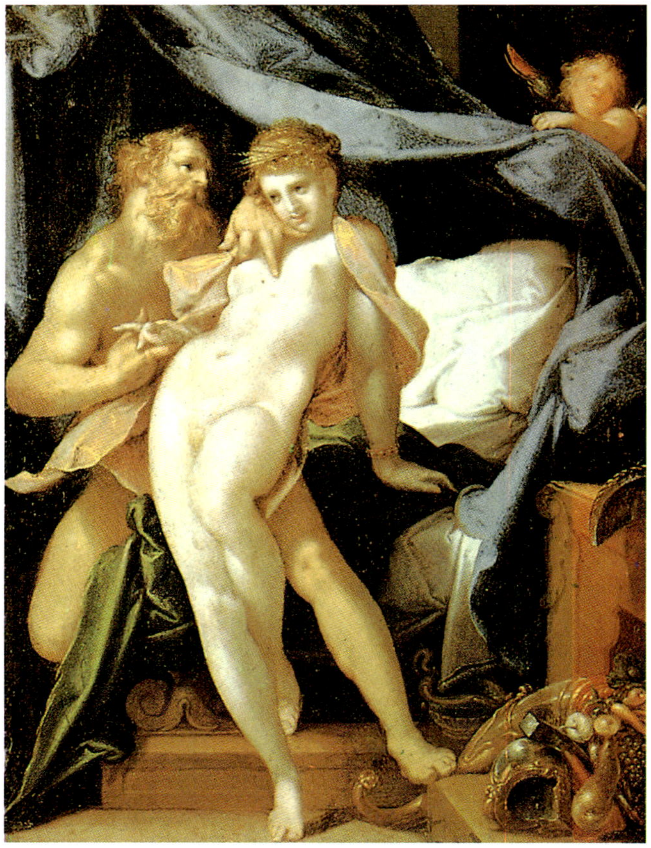

sind verschränkt, dadurch erhält seine Verherrlichung der befruchtenden Kraft der Natur eine erotische Komponente.

CELLINI begann die ›Saliera‹ in Rom, vollendete sie jedoch für Franz I. (1515–1547) in Frankreich. Dieser hatte seinen Hof in Fontainebleau zum bedeutendsten Kunstzentrum nördlich der Alpen gemacht. Die Italiener, beginnend mit LEONARDO, der seine letzten Jahre in Frankreich verbrachte, erfreuten sich seiner besonderen Gunst. Französische Künstler folgten ihrem Beispiel und realisierten ein nur leicht abweichendes Formideal. Wassernymphen von einem abgetragenen Brunnen von JEAN GOUJON (tätig 1540–1562) tragen die eng den Körper umspielenden Gewänder hellenistischer Figuren ▸11.80. Von Frankreich aus wurde das Prinzip des elegant ausgewogenen →Kontraposts nach England übermittelt. NICHOLAS HILLIARD (um 1547–1619) griff ihn für seine juwelenartigen Miniaturporträts elisabethanischer Zeitgenossen auf. Er kannte sowohl die italienische Kunsttheorie als auch Castigliones Buch vom ›cortegiano‹. Castigliones Einfluss ist die Akzeptanz sowohl gesellschaftlich wie auch technisch gebildeter Künstlerinnen wie SOFONISBA ANGUISSOLA (1532/35–1625), der Tochter eines Aristokraten aus Cremona, in vieler Hinsicht zu verdanken. ANGUISSOLA erlangte durch ihre Miniaturbildnisse internationalen Ruhm ▸11.81, und sie war damit die erste Italienerin, die als Künstlerin bekannt wurde.

Der Kontrapost, der im frühen 16. Jahrhundert noch in seinem klassischen Typus Verwendung fand, wurde nach und nach weiterentwickelt, um die Wirkung einer kontinuierlichen, allansichtigen Spiralbewegung zu erzielen. Die Lobrede des römischen Schriftstellers Quintilian auf die »verrenkten und vollendeten Haltungen … die Neuartigkeit und Schwierigkeit von Myrons Discobol« ▸4.51 war wohlbekannt. Und obgleich man damals weder Original noch Kopien entdeckt hatte, nahmen sich die Bildhauer des 16. Jahrhunderts Quintilians Empfehlungen zu Herzen, wonach Wirkungen von Grazie und Liebreiz undenkbar waren, ohne »von der Geraden abzuweichen und den Vorzug des Unterschieds vom alltäglich Gewohnten zu haben«. Statuetten von GIOVANNI BOLOGNA (1529–1608) wandeln die in zahlreichen Gegenbewegungen gewundene ›Figura serpentinata‹ in vielfachen Variationen ab. Sie galten als befriedigend, wenn sie von allen Seiten zu betrachten waren. Bei seinem *Apollo* ▸11.83, der für eine Nische bestimmt war, kompensierte GIOVANNI BOLOGNA den eingeschränkten Blickwinkel durch den Schwung der Hüften, die Biegung des Rumpfes und die eurhythmischen Bewegungen der elastischen Arme und Beine. Dadurch wirkt die Figur so, als wende sie sich soeben um (tatsächlich gab es früher einen Mechanismus, der sie in der Nische ständig drehte). Der *Apollo* war eine Auftragsarbeit für Francesco de'Medicis ›studiolo‹, damals geschildert als »Kabinett für Objekte, die hinsichtlich ihres Geld- und Kunstwertes selten und kostbar sind«. Für ein anderes Heiligtum des optischen Hedonismus, das Kaiser Rudolfs II., eines seltsam introvertierten Connaisseurs künstlerischer Kostbarkeiten, malte BARTOLOMÄUS SPRANGER (1546–1611) eine Serie kleiner Bilder, bei denen das erotische Moment manieristischer Figurenkomposition besonders offensichtlich ist ▸11.82. In diesen Arbeiten sind Anklänge an Statuen von MICHELANGELO, Gemälde von CORREGGIO und an GIULIO ROMANOS Illustrationen zu pornographischen Gedichten von TIZIANS Freund Pietro Aretino vorhanden.

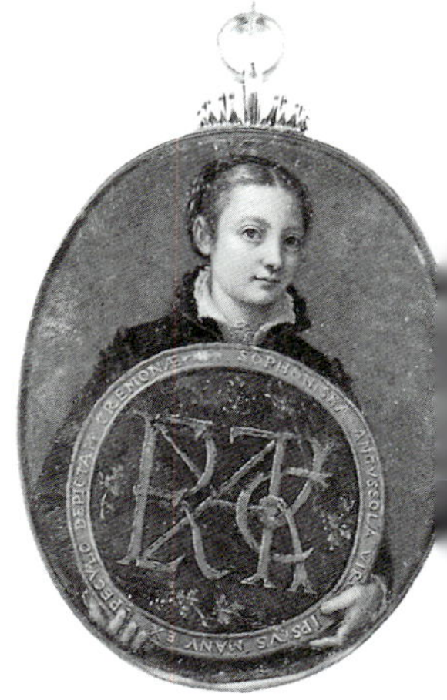

11.81 SOFONISBA ANGUISSOL[A], *Selbstbildnis*, um 1552, lackie[rte] Wasserfarbe auf Pergament, über Pappkarton, 8,2 x 6,3 cm. Museum of Fine Arts, Boston (Emma F. Monroe Fund 60.1…

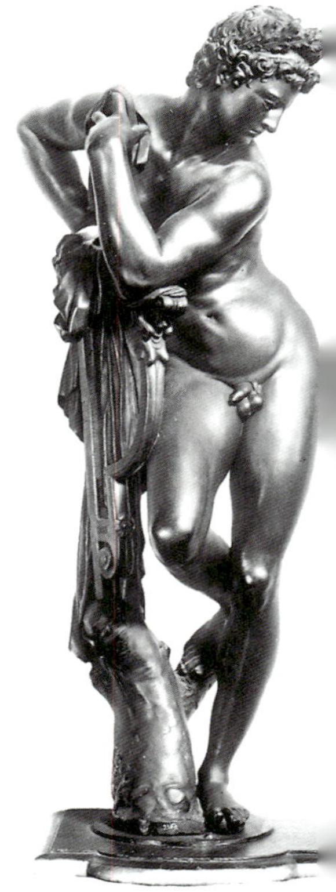

11.83 GIOVANNI BOLOGNA, *Apollo*, 1573–1575, Bronze, Höhe 88 cm. Palazzo Vecchio, Florenz.

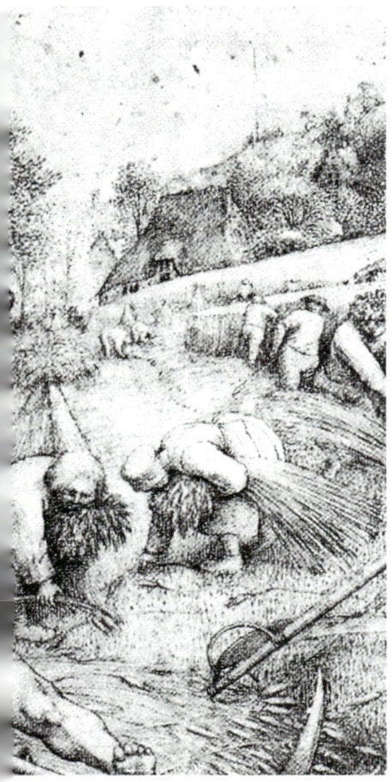

.84 PIETER BRUEGHEL D.Ä., *mmer*, 1568, Zeichnung, x28,6 cm. Hamburger Kunst- lle.

## *Pieter Brueghel der Ältere*

GIOVANNI BOLOGNA wurde in Douai, damals zu Flandern gehörig, geboren, arbeitete aber bis zu seinem Tod in Florenz. SPRANGER stammte aus Antwerpen und ließ sich nach einigen Jahren in Italien als Hofmaler Rudolfs II. in Prag nieder. Viele andere flämische Künstler besuchten Rom und kehrten dann nach Norden zurück, um einen romanisierten Stil zu kultivieren, den Kirche und Staat förderten. Die große Ausnahme war PIETER BRUEGHEL D.Ä. (um 1525/30–1569), der für Bilderstecher moralisierende Themen von verwirrender Eigenart schuf und sich insgesamt an BOSCH (s.S.427f.) orientierte. Später schuf er Bilder des holländischen Lebens, die trotz ihrer sinnfälligen Wirklichkeitsnähe einen anspruchsvollen intellektuellen Gehalt aufweisen. Sein Biograph Karel van Mander (1548– 1606) sagte, es gebe nur wenige Arbeiten von ihm, bei denen man ein »ernstes Gesicht« bewahren könne, und später bekam er die Spitznamen ›Bauernbrueghel‹ und ›Brueghel der Spaßmacher‹. Doch war er in keiner Weise ein naiver Maler. BRUEGHEL kannte Italien ebenso gut wie die flämischen ›Romanisten‹, und die Ablehnung ihres modischen Stils war wohl überlegt. In Antwerpen, wo er fast sein ganzes Leben verbrachte, war er hochgeschätztes Mitglied eines gelehrten Zirkels, zu dem auch Christoph Plantin, der große wissenschaftliche Verleger, sowie Abraham Ortelius gehörten, der gerade den ersten modernen Weltatlas vorbereitete und später der erste offizielle Geograph Philipps II. von Spanien werden sollte. Brueghel arbeitete für feinsinnige Privatsammler; ein Großteil seiner Gemälde wurde kurze Zeit nach seinem Tod von Rudolf II. erworben.

In einer postumen Ehrung lobte Ortelius BRUEGHELS Naturtreue und bemerkte sodann, in all seinen Werken sei mehr enthalten, als er gemalt habe. Dies wird bestätigt durch eine Gemäldeserie, die den Zyklus der Jahreszeiten festhält. Das in der spätmittelalterlichen Kunst beliebte Thema ▸9.105;106 wurde von BRUEGHEL auf ganz neue Art in einem Format behandelt, das bis dahin religiösen und mythologischen Szenen vorbehalten war. Im Wesentlichen sind es Landschafts- und Stimmungsbilder, weit weniger Illustrationen von jahreszeitlich typischen Arbeiten. Eines davon beschwört innerhalb einer Landschaft, die im Detail so stark der Wirklichkeit entspricht, dass man sie kaum für ein Phantasiegebilde halten kann, in satten Braun- und Gelbtönen die sengende Augusthitze ▸11.84;85. Von den Italienern, namentlich den Venezianern, hatte BRUEGHEL viel gelernt, insbesondere die Luftperspektive und die Vorzüge eines hochgelegenen Augenpunktes. Aber seine Gestalten stehen den poetischen Bewohnern Arkadiens sehr fern: Es sind lebensechte holländische Landarbeiter im zeitgenössischen Gewand. Die halb hinter dem Baum verborgene Kirche taucht in einem anderen, seinem beunruhigendsten Werk wieder auf, im *Gleichnis vom Blinden* ▸11.89. Hier tritt die moralisierende Lehre des Bildes deutlich zutage. Die unidealisierten Gesichter und plumpen Körper der bäuerlichen Figuren könnten vermuten lassen, BRUEGHEL habe nur ihre tölpelhaften Seiten gesehen. Aber bei BRUEGHEL vertritt diese niedrigste aller sozialen Klassen die ganze Menschheit. In seinen Gemälden sind die Menschen nicht die Herren der Schöpfung wie in der italienischen Renaissance. In seiner erhabenen Vorstellung von Wachstum und Verfall, von Tod und Wiedergeburt sind sie

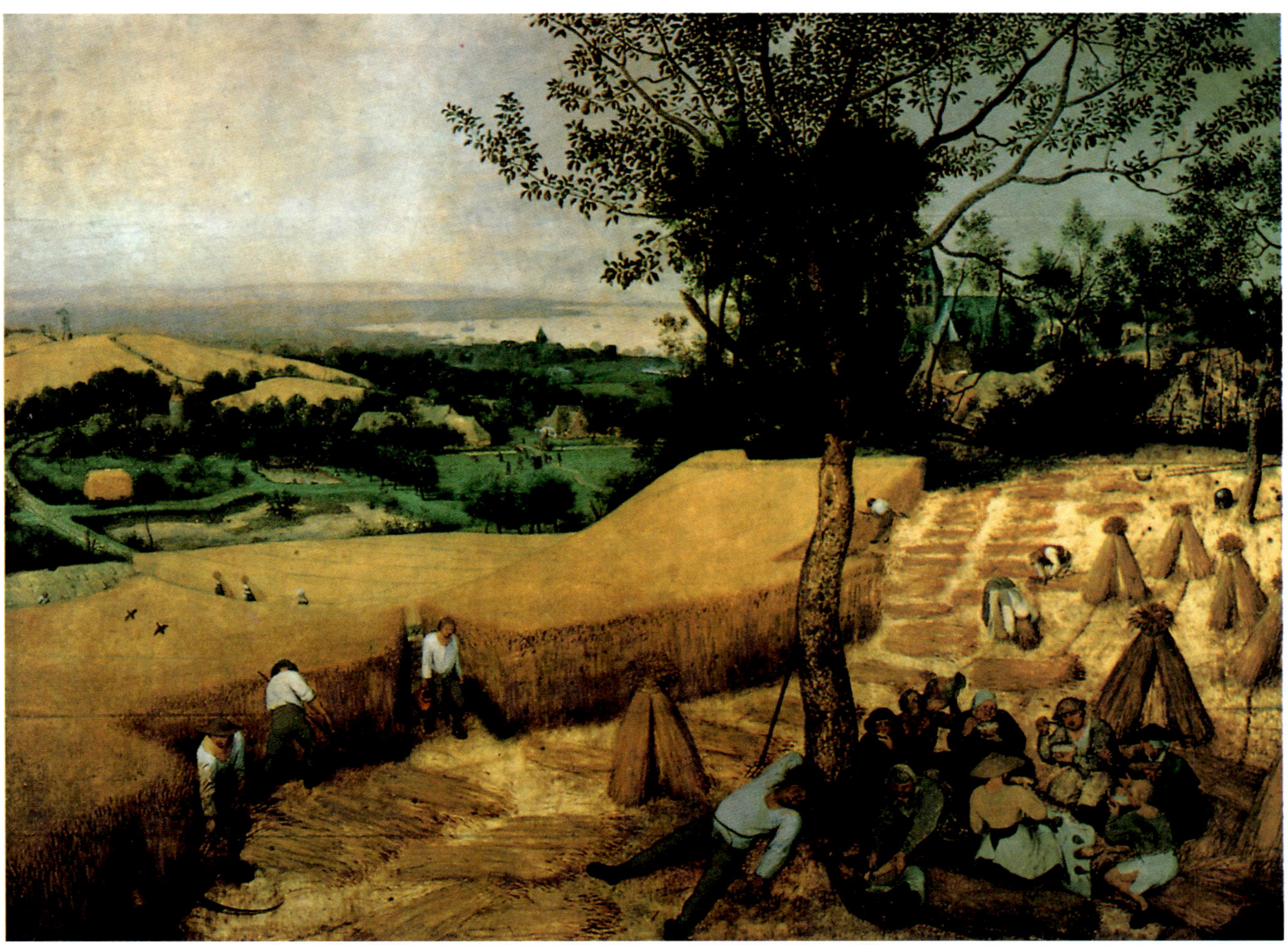

85 PIETER BRUEGHEL D.Ä., *rnernte* (*Der Monat August*), 55, Holz, 118 x 160,7 cm. Metropolitan Museum Art, New York (Rogers Fund 9).

# *Pieter Brueghels Monate*
# Kunstförderer in Flandern

PIETER BRUEGHELS *Kornernte* ▸ 11.85 entstand als Teil eines Zyklus von sechs Gemälden, die, jeweils auf zwei Monate im Jahresablauf bezogen, das Leben auf dem Lande darstellen. Ein weiteres Gemälde dieser Serie ist die *Heimkehr der Jäger* und hat die Monate Dezember und Januar zum Gegenstand ▸ 11.86. Sie entstanden im Auftrag eines Antwerpener Finanziers namens Niclaes Jongelinck (geb. 1517), einem Kunstförderer neuen Typs, der in Europa bald häufiger begegnen sollte. Er erwarb Kunstwerke als Einrichtungsgegenstände und Vermögensanlagen und verband auf diese Weise das Angenehme mit dem Profitablen. Im 15. Jahrhundert hatten reiche flämische Bürger hin und wieder Gemälde für Kirchen – prominentestes Beispiel ist der Genter Altar (s. S. 396 f.) – und kleinformatige Andachtsbilder für die eigenen vier Wände in Auftrag gegeben. Der wichtigste Wandschmuck für Privathäuser waren jedoch Wandteppiche mit flächendeckenden Blattmustern, die ›Verdures‹ genannt und von Manufakturen im flämischen Arras gefertigt wurden. Mit Figurenszenen gestaltete Bildteppiche konnten sich außer der herrschenden Klasse und dem höheren Adel nur die wenigsten leisten. Staffeleigemälde mit figürlichen, weltlichen Sujets hingegen waren weit weniger kostspielig und konnten, wenn von berühmten Künstlern stammend, ein wertvolles Handelsobjekt sein: daher ihre Beliebtheit bei einem neuen Publikum von Kunstkäufern und ihre steigende Produktion.

Niclaes Jongelinck wurde in den wohlhabenden Bürgerstand Antwerpens, der blühendsten Stadt in den spanischen Niederlanden, hineingeboren. Sein Großvater väterlicherseits war Fischhändler, sein Vater jedoch trat in spanische Dienste ein und war ab 1538 Münzmeister Antwerpens. Er hatte drei Brüder, von denen zwei im Münzamt arbeiteten. Der jüngste, Jacques, verlegte sich auf die Herstellung von Medaillen statt Münzen und schuf nach Studien in Italien außerdem als Bildhauer großformatige Bronzeskulpturen. Niclaes wiederum betätigte sich als Financier in verschiedenen Bereichen: Handel, Lotteriewesen, Seetransportversicherung, Steuereintreibung im behördlichen Auftrag, ein in der Regel äußerst einträgliches Geschäft. Im Jahr 1554 erwarb er ein großes, gerade neu gebautes Haus in einem Neubaugebiet vor den Toren Antwerpens und machte sich gleich daran, Kunstwerke zur Ausschmückung in Auftrag zu geben. Ein ortsansässiger Dichter schrieb einige Jahre später: *»Soll Italien seine Schüler schicken, das Haus zu besuchen, welches Ihr, edler Spross aus dem niederen Bürgerstand, mit Glücksgütern gesegnet und dennoch ein leidenschaftlicher Liebhaber aller Künste und zugleich ein Hasser schnöder Habgier und deren erklärter Feind, nahe dem stolzen Antwerpen mit unerhörtem Aufwand in Sternenhöhe erhoben habt.«*

Der erste Künstler, den er beschäftigte, war FRANS FLORIS (um 1518–1570), der für ihn zehn großformatige Gemälde mit Darstellungen der *Arbeiten des Herkules* und sieben *Allegorien der Freien Künste* malte, die durch Stiche überliefert sind ▸ 11.87. FLORIS war in Antwerpen ausgebildet worden und besuchte Anfang der 1540er Jahre Italien, wo die Malerei MICHELANGELOS, insbesondere dessen *Jüngstes Gericht* in der Sixtinischen Kapelle, einen ungemein starken Eindruck auf ihn machte ▸ 11.48. Nach seiner Rückkehr war er mit einem für die Niederlande neuen manieristischen Malstil italienischer Prägung derart erfolgreich, dass er zahlreiche Assistenten beschäftigen musste, um die Vielzahl der eingegangenen Aufträge erfüllen zu können. Die Szenen, die er für Jongelinck malte, mit würdevollen Gestalten in altrömischem Kostüm oder muskelbepackten nackten Körpern in allerlei athletischen Posen, waren in höchstem Grad italianisiert. Die Gemälde hingegen, die Jongelinck 1565 von BRUEGHEL erwarb, um ein angrenzendes Zimmer, vermutlich ein Speisezimmer, auszuschmücken, waren fast trotzig flämisch in Stil und Sujet. Ihre unverblümten, ja plumpen Szenen aus dem Alltag des einfachen Volkes waren denkbar weit entfernt von den Affektiertheiten der klassischen Welt Italiens.

Im Jahr 1566 war Jongelinck gezwungen, einen Teil seiner Kunstsammlung als Bürgschaft für unbezahlte Schulden von Geschäftspartnern der Stadt Antwerpen zu verpfänden: 22 Gemälde von FLORIS, 16 von BRUEGHEL und eines, das DÜRER zugeschrieben wurde. Offenbar gelang es ihm jedoch, sie wieder in seinen Besitz zu bringen, und wenig später bestellte er bei seinem Bruder acht lebensgroße Bronzeakte, die er allerdings noch vor ihrer

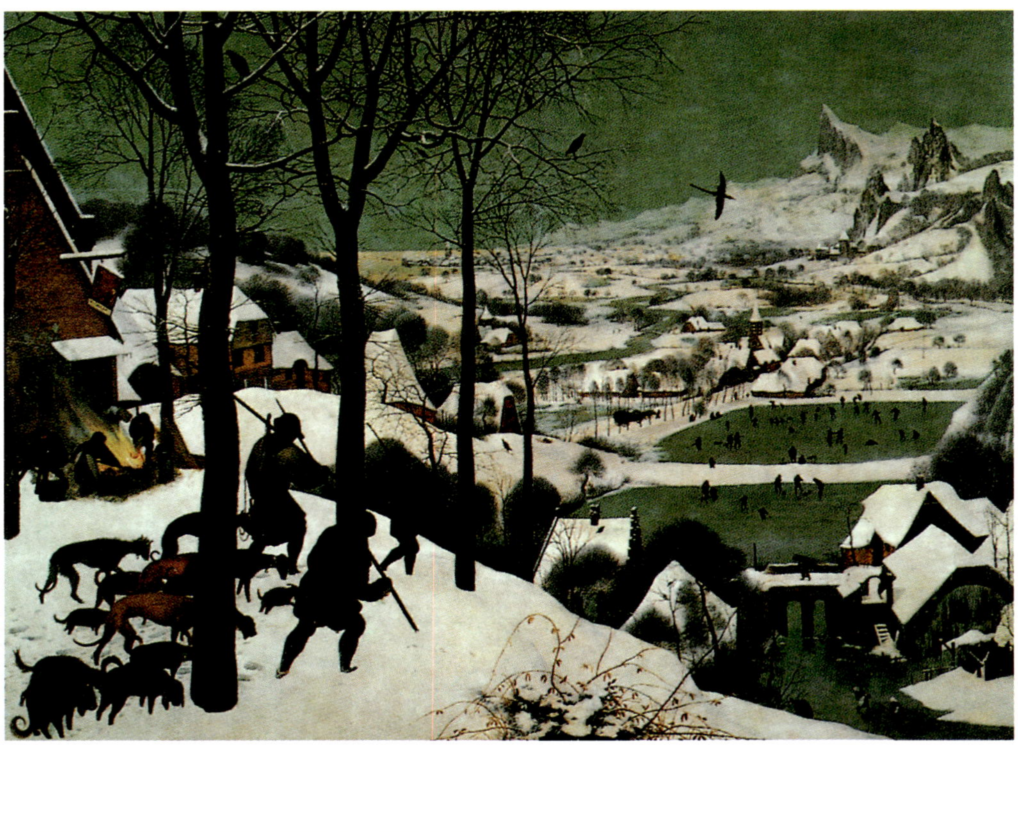

11.86 PIETER BRUEGHEL D. Ä., *Heimkehr der Jäger*, 1565, Öl und Tempera auf Holz, 118 x 164 cm. Kunsthistorisches Museum, Wien.

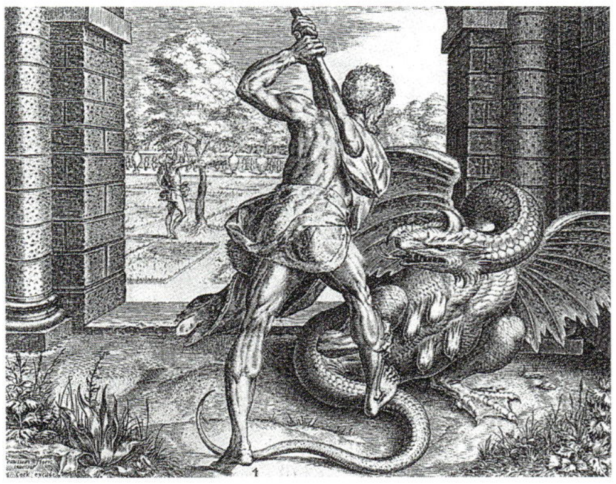

11.87 FRANS FLORIS, *Herkules vor dem Garten der Hesperiden*, 1555, Stich von CORNELIS CORT, 21,4 x 28,5 cm. British Museum, London.

Vollendung einem anderen Antwerpener Kaufmann als Sicherheit für ein Darlehen geben musste. Er starb 1570 hochverschuldet – seine Kunstwerke wurden veräußert.

FLORIS und BRUEGHEL, die heute nicht nur stilistisch und thematisch, sondern auch von der künstlerischen Begabung her Welten zu trennen scheinen, genossen bei ihren Landsleuten beide gleich hohes Ansehen. FLORIS beschäftigte sich wie seine italienischen Zeitgenossen vor allem mit großen Altarbildern, mythologischen Szenen und offiziellen Bildnissen. BRUEGHEL dagegen widmete sich entweder Zeichnungen für Stichfolgen mit moralisierenden Sujets, die weite Verbreitung fanden, oder Tafelbildern für Privathäuser, die meist Szenen vom Lande oder aus dem Leben der einfachen Leute zeigten. Die Zahl der Gemälde, die er in einem Zeitraum von höchstens 15 Jahren schuf – rund 60 sind erhalten –, verrät, wie groß der neue Markt war, den er bediente. Dieser Markt bevorzugte Staffeleibilder und legte hohen Wert auf technische Virtuosität und Individualität, d.h. auf das einzigartige Kunstwerk unabhängig vom Sujet. Zu seinen Kunden und Sammlern zählten neben Angehörigen der Kaufmannsschicht ein spanischer Kardinal und Vizekönig, ein Habsburger Erzherzog und Rudolf II., Kaiser des Heiligen Römischen Reiches, der auch BARTHOLOMÄUS SPRANGER ▸11.82 und andere elegant überfeinerte manieristische Maler förderte, deren matte, zierlich-schlangenartige Figuren einen auffallenden Kontrast zu den Bauern BRUEGHELS bilden.

BRUEGHELS Bilder wurden wegen ihrer Naturtreue bewundert. Seinem Freund Ortelius (s.S. 468) muteten sie weniger wie Kunstwerke als vielmehr wie »Werke der Natur« an. Der flämische Kunstschriftsteller Karel van Mander (1548–1606) rühmte seine »vielen komischen Figuren, die das wahre Wesen der Bauern zeigen«, und wies darauf hin, wie auf dem »besonders schönen Gemälde« einer *Bauernhochzeit* die »Gesichter und Glieder da, wo unbedeckt, gelb und sonnenverbrannt sind: Ihre Haut ist hässlich, anders als die von Städtern«. Auf diesem Gemälde oder einem anderen ähnlicher Art ▸11.88 erzielte er mit großem Können eine besonders lebensechte Wirkung, die nicht nur von den charaktervollen Gesichtern und Posen der Figuren herrührt, sondern auch von der scheinbar beiläufigen, am linken und rechten Rand abrupt abgeschnittenen Bildkomposition, die an eine Momentaufnahme denken lässt. Die auffallendsten Figuren sind zwei stämmige Köche, die, mit dem Rücken zum Betrachter, auf einer aus den Angeln gehobenen Tür, die als Servierbrett dient, Speisen herantragen. Hinter dem Tisch sitzt die Braut, rotbackig, die Augenlider halb geschlossen und die Hände zusammengefaltet, unbeachtet von der übrigen Gesellschaft, die sich zum Teil vielleicht sogar heimlich über sie lustig macht. Ist sie bereits schwanger? Ein Stich nach einem anderen brueghelschen Gemälde des gleichen Sujets trägt die Unterschrift: »Doch unsere Braut hat das Tanzen bereits aufgegeben. Und das ist auch am besten so, ist sie doch rund und lieblich.« Am rechten Bildrand sehen wir einen gut gekleideten Herrn mit Schwert im Gespräch mit einem Mönch in einer Kutte, die zu der rüpelhaften, feuchtfröhlichen Menge Distanz wahren, auch wenn sie möglicherweise kraft ihrer Anwesenheit dem feierlichen Anlass Rechtsverbindlichkeit verleihen. Vielleicht hat das Gemälde auch eine satirische Komponente. Von der Komposition her erinnert es an Darstellungen der Hochzeit zu Kanaan, die Betonung der Todsünde der Unmäßigkeit jedoch ist subversiv und untergräbt den sakramentalen Charakter des Anlasses.

Mit Bildern wie diesem schuf BRUEGHEL ein neues Genre, auch wenn es für seine Landszenen Vorläufer in Miniaturformat gab: die Kalenderseiten von Stundenbüchern (s.S. 383), die etwa das Sengen der Haut eines toten Schweines zeigen, wie in der *Heimkehr der Jäger* vor dem Wirtshaus links zu sehen. Da er sich selbst als Miniaturist betätigt hatte, kannte er zweifellos diese Kalenderseiten mit ihren idyllischen Szenen ländlicher Harmonie, die auch während und nach den verschiedenen brutal niedergeschlagenen Bauernaufständen in der ersten Hälfte des 16. Jahrhunderts weiterhin entstanden. BRUEGHELS Bauern, wiewohl wesentlich lebendiger, ja manchmal geradezu von praller Lebensfülle, strahlen Zufriedenheit aus: ob bei der Arbeit oder beim Vergnügen im Umland der Städte, die auf die Früchte ihrer Arbeit angewiesen waren. Daher zweifellos der Reiz seiner Bilder für die Städter, die in der Behaglichkeit ihrer gut ausgestatteten Stadthäuser gerne nachsannen über die Mühsal des Lebens auf dem Lande in einer Natur, deren Härte BRUEGHEL nicht zu verharmlosen suchte.

11.88 PIETER BRUEGHEL D. Ä., *Bauernhochzeit*, um 1565, Öl auf Holz, 114 x 163 cm. Kunsthistorisches Museum, Wien.

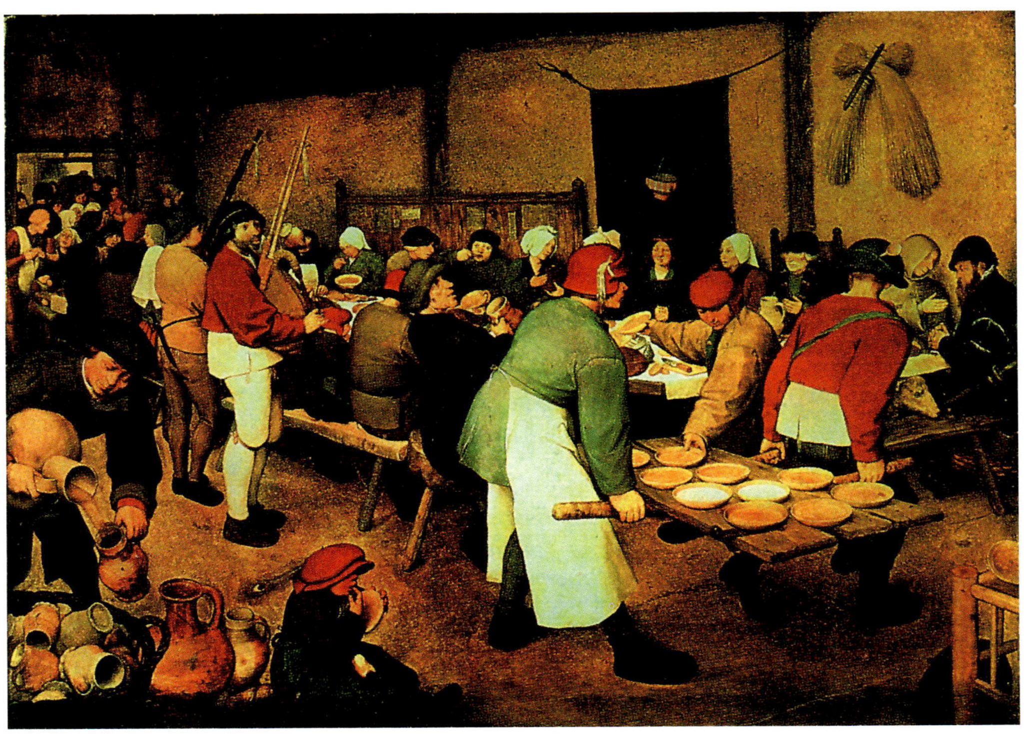

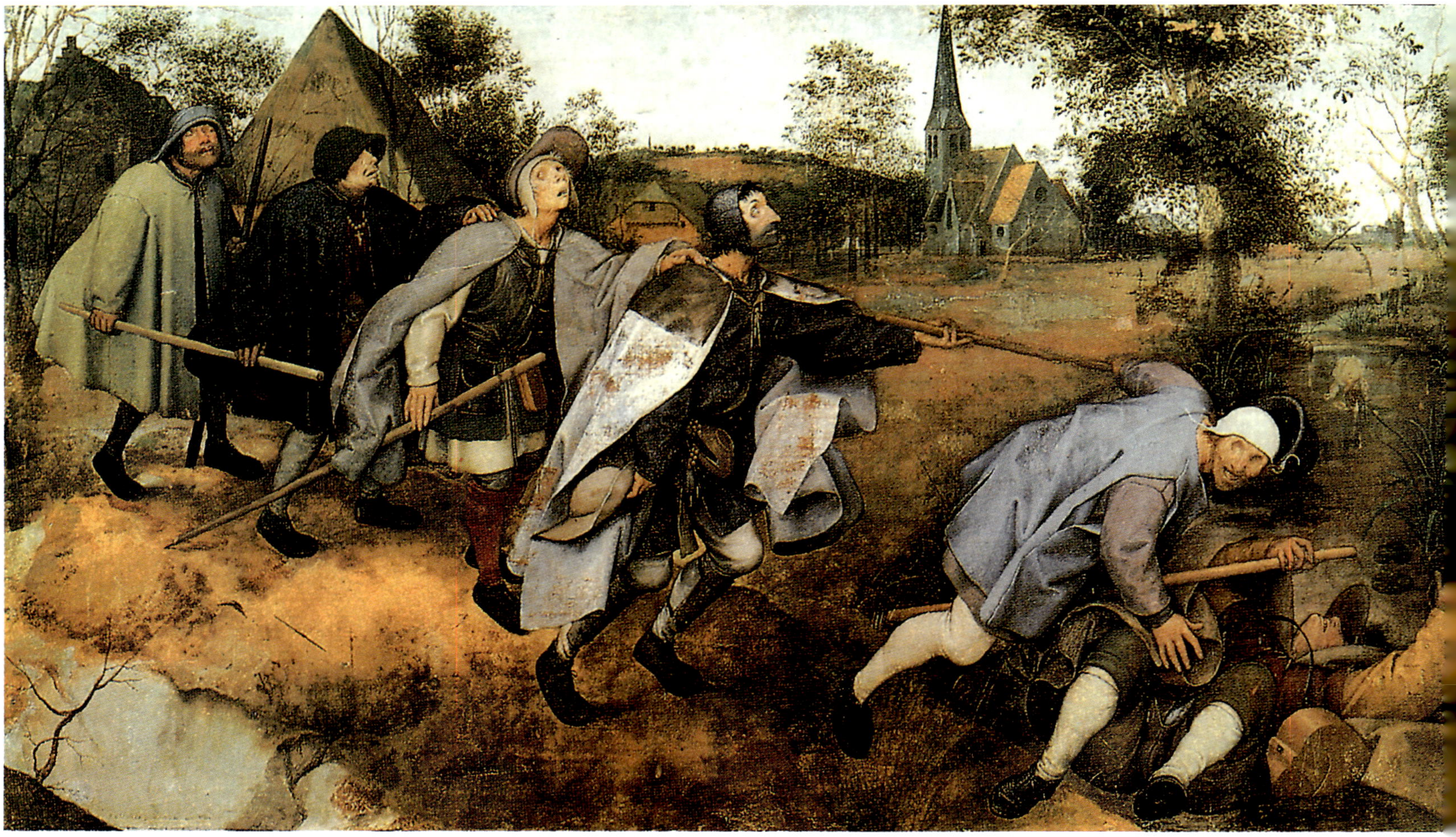

11.89 PIETER BRUEGHEL D. Ä *Gleichnis vom Blinden*, 1568, Tempera auf Leinwand, 86,3 x 172,2 cm. Museo Nazionale di Capodimonte, Neapel.

beinahe nebensächlich. Er preist die Größe des Universums, indem er die zentrale Stellung des Menschen darin leugnet. BRUEGHEL hatte direkte Kontakte zu dem holländischen Moralisten Dirck Volckertsen Coornhert. Dieser beschäftigte sich mit den persönlichen Beziehungen des Menschen zu Gott und der Überwindung der Sünde, für die ihm die Torheit verantwortlich schien. Wahrscheinlich blieb BRUEGHEL, wie auch Coornhert, Katholik, aber er war einem protestantischen Weltbild näher als alle anderen großen Künstler des Jahrhunderts außer DÜRER und HOLBEIN. Auch wenn er die wüstesten Auswirkungen der spanischen Unterdrückung des Protestantismus in den Niederlanden nicht mehr selbst erlebte, ließ er seine Frau während seiner letzten Krankheit viele druckgraphische Blätter verbrennen. Ihre Beischriften hätten als zu provokativ empfunden werden können, und er fürchtete ihretwegen höchst unerfreuliche Folgen.

## *El Greco*

Der letzte große europäische Maler des 16. Jahrhunderts, EL GRECO (Domenikos Theotokopoulos, 1541–1614), erlernte den italienischen Manierismus, den BRUEGHEL verachtete, nur, um ihn in eine tief emotionale religiöse Kunst umzugestalten. Geboren auf Kreta, ging er als Jüngling nach Venedig. Für die dortige griechische Gemeinde malte er Ikonen im byzantinischen Stil, geriet aber schon bald unter den Einfluss von TIZIAN, TINTORETTO und später MICHELANGELO. Als er zwischen 1570 und 1572 Rom besuchte, war die Gegenreformation auf ihrem Höhepunkt. Jede Form religiöser Kunst wurde in strenger Übereinstimmung mit den Verfügungen des Trienter Konzils daraufhin geprüft, ob nicht profane, heidnische oder ketzerische Tendenzen vorlagen. Als man MICHELANGELOS *Jüngstes Gericht* anklagte und verurteilte ▸11.48, soll EL GRECO angeboten haben, als Ersatz etwas »Züchtigeres und Tugendhafteres« zu malen – zweifelsohne eine Legende, die aber die Richtung seines Ehrgeizes aufzeigt, nämlich eine Kunst zu schaffen, die so großartig wie die MICHELANGELOS, aber von jeglicher Sinnlichkeit gereinigt ist. 1576/77 ging EL GRECO nach Spanien und ließ sich in Toledo nieder, wo er für den Rest seines Lebens blieb. Nirgendwo wurde die Gegenreformation eifriger von Kirche und Staat vorangetrieben als in Spanien. Die zutiefst spirituellen katholischen Mystiker des 16. Jahrhunderts waren Spanier, wie die hl. Teresa von Ávila (1515–1582), der hl. Johannes vom Kreuz sowie der hl. Ignatius von Loyola, der Begründer des Jesuitenordens.

Das Ziel von EL GRECOS Kunst war, religiöse Inbrunst zu erwecken und den Geist über die Alltagswelt sinnlicher Wahrnehmungen zu erheben. Er übertrug das Physische in eine glühende Spiritualität. Wie in seinem späten Gemälde *Die Entkleidung Christi* sind EL GRECOS Figuren gleichsam entkörperlicht und von seelischer Dramatik erfüllt ▸11.90. Die Pinselarbeit ist ungehemmt, die Farbgebung ausdrucksvoll. Die Gestalten sind bis zur äußersten Spannung überlängt, ihre Gliedmaßen expressiv gedehnt. Unter Aufgabe eines strengen Systems der Perspektive dienen starke Verkürzungen der Dramatisierung des dargestellten Vorgangs. Wie die Behandlung des Räumlichen trägt auch die Lichtbehandlung zu dem Eindruck des Unwirklichen bei. Die traditionelle Ikonographie des Themas hat EL GRECO übergangen: Kein Grab ist zu sehen. Die strahlende Figur Christi passt zur Auferstehung ebenso

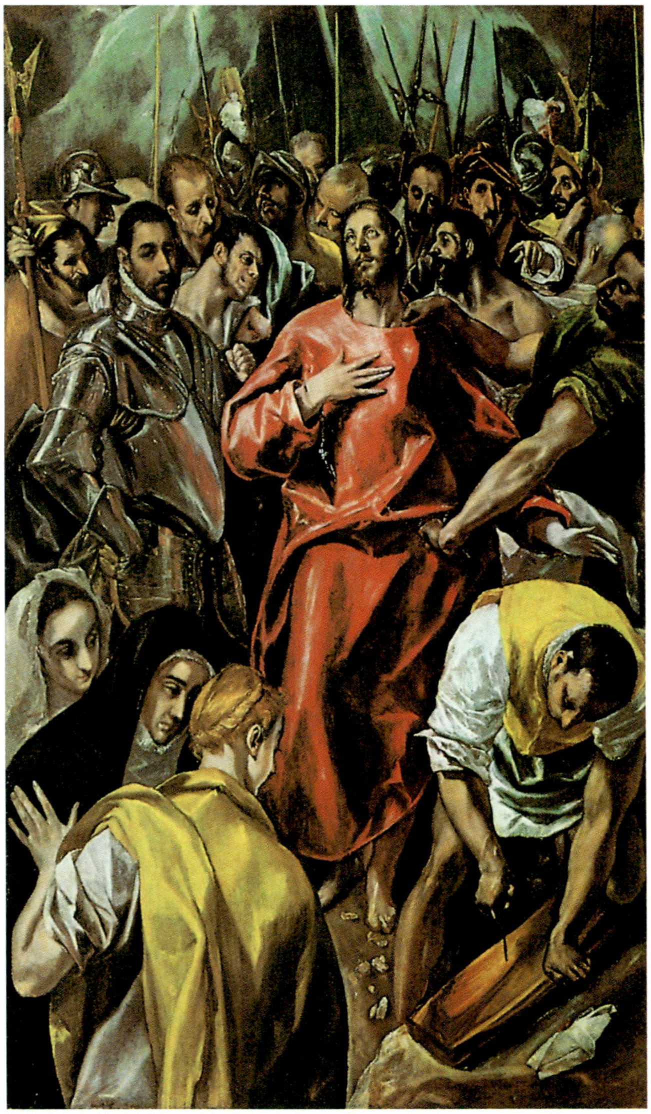

11.90 EL GRECO, *Die Entkleidung Christi*, um 1606/08, Leinwand, 165x99cm. Alte Pinakothek, München.

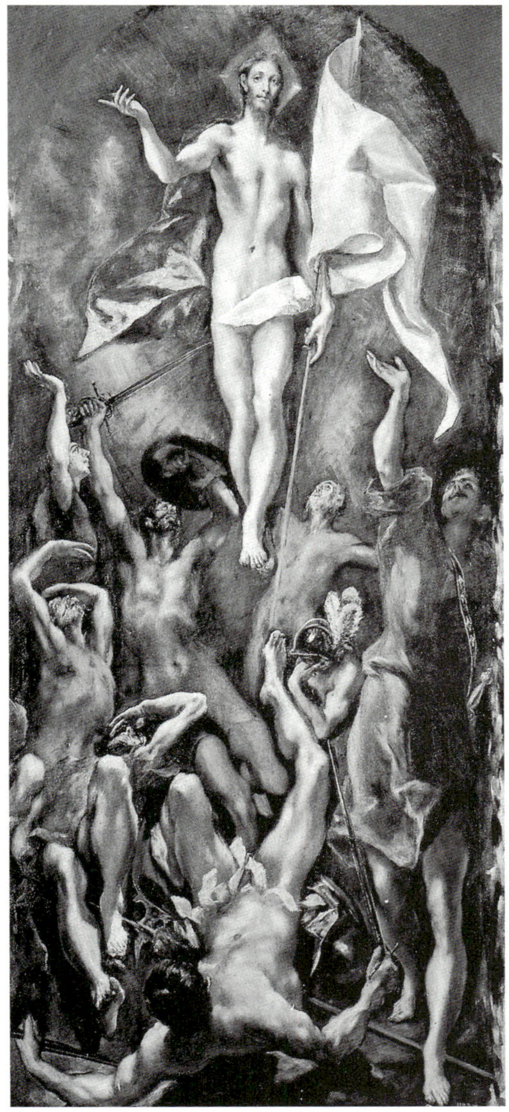

11.91 EL GRECO, *Auferstehung*, 1597–1604, Leinwand, 275x127cm. Prado, Madrid.

wie zur Himmelfahrt, wobei seine Füße noch immer wie bei der Kreuzigung übereinander gelegt sind.

Obgleich ihn ein Zeitgenosse als ›großen Philosophen‹ schilderte, könnte EL GRECO mit dem hl. Johannes vom Kreuz gesagt haben, er brauche »kein anderes Licht und keinen anderen Leitfaden als das, was ihm im Herzen brennt«. Zu den Büchern seiner Bibliothek in Toledo zählten zwei Ausgaben von Dionysius Areopagita, dessen Vorstellungen vom göttlichen Licht schon einmal Abt Suger, mehr als vier Jahrhunderte früher, entflammt hatten (s. S. 351). Auch sein Gemälde *Die Auferstehung* ▸11.91 erinnert an Dionysius' Metapher von Christus als dem »Erststrahl« aus Gott dem Vater. Seine Kunst scheint von dem Glauben inspiriert gewesen zu sein, dass der menschliche Geist, wenn er sich der »Harmonie und dem Glanz« der wahren irdischen Schönheit hingeben könne, zwangsläufig zum göttlichen transzendentalen Ursprung aufwärts gelenkt werde.

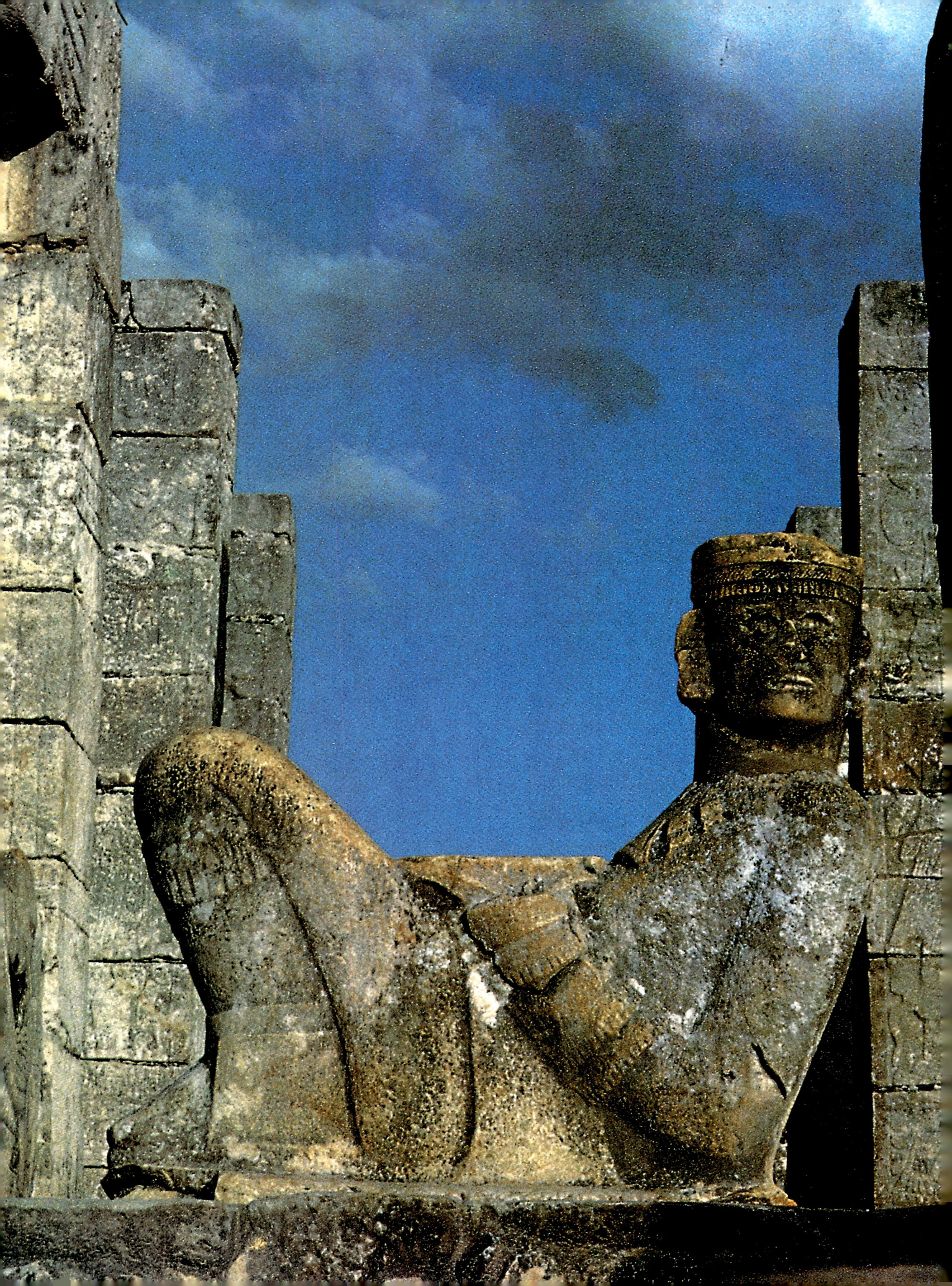

# 12
# Der Horizont erweitert sich

Europas Kenntnis der übrigen Welt wurde um das Jahr 1500 dramatisch und gewaltig erweitert. Vasco da Gama erschloss 1497–1499 den Seeweg um Afrika nach Indien, und 1492–1504 führten die Versuche von Christoph Kolumbus, die Gewürzinseln des Fernen Ostens über den Atlantischen Ozean zu erreichen, ganz unerwartet zur Entdeckung und späteren Erforschung Amerikas. Schließlich gelang in den Jahren 1519–1522 die erste Weltumseglung. Die Grenzen der klassischen Geographie wurden durch all diese Unternehmungen gesprengt, das Bewusstsein der Zeit verspürte etwas Beunruhigendes, das nicht ignoriert werden konnte. Der Florentiner Historiker Francesco Guicciardini deutete dies in einem zeitgenössischen Werk an:

*»Die Navigation hat nicht nur die Behauptungen früherer Schriftsteller über terrestrische Dinge widerlegt, sondern sie hat auch den Interpreten der Heiligen Schrift einiges Kopfzerbrechen bereitet.«*

Ein Widerstreben, die neuen Kenntnisse zu akzeptieren, oder die Unfähigkeit, sie zu assimilieren, bestand bis ins späte 16. Jahrhundert hinein nirgendwo deutlicher als in den europäischen Reaktionen auf die nichteuropäische Kunst.

Sowohl die Kunst des Vorderen Orients als auch die des Fernen Ostens war, wie wir gesehen haben, mindestens seit der römischen Antike bekannt gewesen, und wenn sie auch nicht voll verstanden wurde, so wurde sie doch oft sehr gerühmt. Motive der chinesischen und islamischen Kunst

| | BILDENDE KUNST |
|---|---|
| 100–700 | Teotihuacán, Mexiko ▸12,3 |
| 766 | Megalith von Quiriguá, Guatemala ▸12.8 |
| 900–1000 | Bronzegefäß aus Igbo-Ukwu ▸12.29 |
| 1200–1300 | *Kopf einer Königin*, Ife ▸12.31 |
| 1250–1300 | Gemälde aus der Kamakura-Zeit, *Geschichten vom Heiji-Aufstand* ▸12.95 |
| Um 1300 | Rollbild von LI KAN, *Bambus* ▸12.79 |
| 1354–91 | Alhambra, Granada ▸12.39 |
| 1403–05 | Gur-i-Mir-Mausoleum, Samarkand ▸12.44 |
| Um 1500 | Machu Picchu, Peru ▸12.22 |
| Um 1500–50 | Bronzekopf einer Königinmutter aus Benin ▸12.33 |
| 1500–1600 | Katsura-Palast, Kioto ▸12.110 |
| Um 1525–35 | SULTAN-MUHAMMAD (?), *Der Hof des Gayumarth* ▸12.50 |
| 1532 | WEN ZHENGMING, Rollbild, *Sieben Wacholderbäume* ▸12.92 |
| 1567–74 | SINAN, Selimiye-Moschee, Edirne ▸12.47–49 |
| Um 1618 | *Imayat Khan auf dem Sterbebett* ▸12.63 |
| 1632–48 | Tadsch Mahal ▸12.64 |

| | HISTORISCHE & KULTURELLE DATEN |
|---|---|
| Um 200 v. Chr. | Entstehung der Maya-Kultur auf der Halbinsel Yucatán |
| Um 100 | Gründung von Teotihuacán |
| Um 800 | Gründung Ifes (Nigeria) |
| 1022 | Murasaki Shikibu vollendet ihre *Geschichte vom Prinzen Genji* |
| Um 1100 | Gründung des Königreichs Benin; Verbreitung des Islam bis in den südlich der Sahara gelegenen Teil Westafrikas |
| 1191 | Einführung des Zen-Buddhismus in Japan |
| Um 1200 | Die Inka gründen ihre Hauptstadt Cuzco (Peru) |
| 1210 | Die Mongolen fallen in China ein |
| 1354 | Die Osmanen setzen nach Europa über |
| 1364 | Der erste Kaiser der Ming-Dynastie beendet die Mongolenherrschaft in China |
| 1370 | Die Azteken besiedeln Tenochtitlán (Mexiko) |
| 1435 | Die Osmanen erobern Konstantinopel |
| 1499 | Vasco da Gama erreicht Indien, eröffnet einen Seeweg von Europa zum Fernen Osten |
| 1502 | Beginn der Herrschaft der Safaviden in Iran, Irak und Afganistan |
| 1519–22 | Cortés erobert Mexiko |
| 1522 | Erste Weltumsegelung |
| 1526 | Gründung des Mogulreiches in Indien |
| 1532–34 | Pizarro erobert Peru |
| 1571 | Die Türken erobern Zypern und Tunis, ihre Flotte wird aber in der Seeschlacht bei Lepanto zerstört |
| 1615 | Edo (Tokio) wird Hauptstadt Japans |
| 1620 | Einfuhr von Sklaven aus Afrika nach Nordamerika |
| 1638 | Unterdrückung der Christen in Japan; Ausländer werden ausgewiesen |
| 1644 | In China löst die Qing-Dynastie die Ming ab |
| 1658 | Aurangseb reißt den Mogul-Thron in Indien an sich |

…er *Gott Chacmool* vor dem …ngang zur Säulenhalle des …riegertempels in Chichén Itzá, …n 1500.

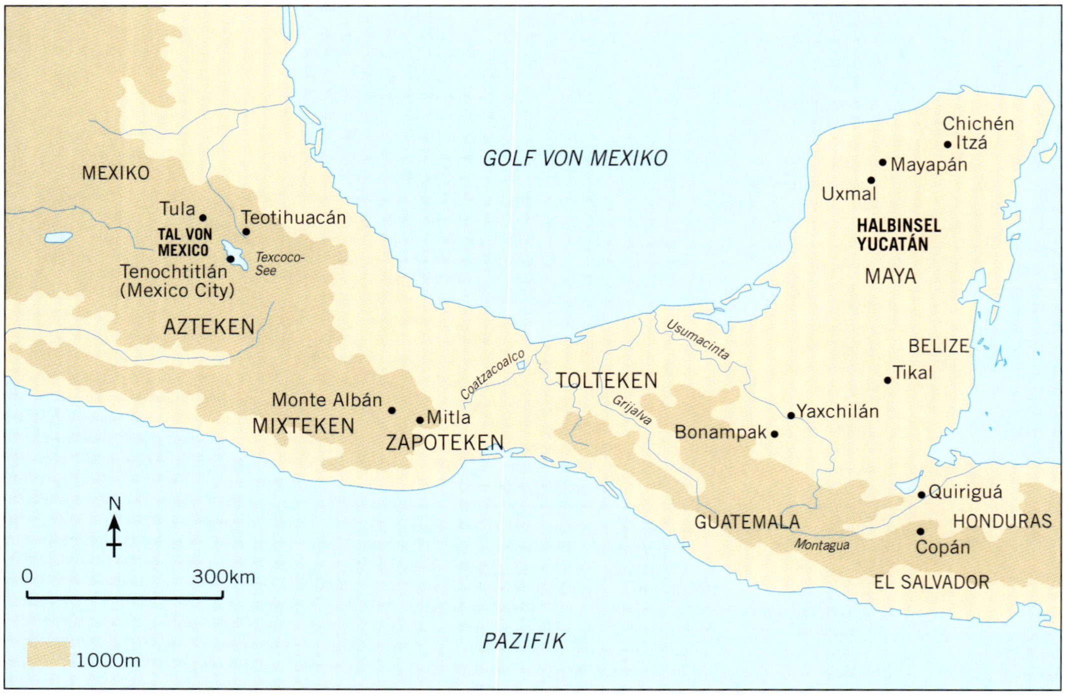


Mesoamerika vor Kolumbus.

waren in Europa schon lange heimisch geworden. Amerikanische Artefakte jedoch wurden, als sie zum ersten Mal nach Europa kamen, mit gänzlich anderen Augen betrachtet. Mexikanisches Gold, Silber und Federarbeiten, die Hernando Cortés Kaiser Karl V. schickte, wurden 1520 in Brüssel ausgestellt und dort von DÜRER gesehen, der in seinem Tagebuch von diesen »wundervollen Kunstwerken« schrieb, doch weder er noch irgendjemand anders scheint sie skizziert oder gemalt zu haben. Weitere Beispiele mexikanischer Kunst wurden nach der Eroberung im Jahr 1521 importiert – illustrierte Handschriften ▸12.17, Masken mit Türkisinkrustation ▸12.18 und kunstvolle Federarbeiten ▸12.16. Manches davon wurde als Kuriosität aufbewahrt. Das meiste ging zugrunde – ebenso wie die Kultur, die diese Werke hervorgebracht hatte. Rücksichtslos war die Zerstörung von Gold- und Silberarbeiten, die 1534 von Peru nach Europa geschickt wurden. Von diesen Stücken blieb kein einziges erhalten.

Die Mühelosigkeit, mit der die Spanier Mexiko und Peru eroberten, stützte die Überzeugung, die ein Italiener kurz vor dem Ende des 16. Jahrhunderts so formulierte: Europa sei »dazu geboren, über Afrika, Asien und Amerika zu herrschen«. Diese anmaßende Selbstüberschätzung spiegeln auch zahlreiche europäische Darstellungen der vier Weltteile ▸14.26. Sie änderte sich nicht bis weit ins 19. Jahrhundert hinein, und es war nur wenigen Europäern möglich, in Kunstwerken fremder Traditionen mehr als nur kuriose Exotik zu sehen. Die große Erweiterung des Wissens von der Welt, die sich im 16. Jahrhundert vollzog, fiel zusammen mit einer Wiedererweckung der klassischen Tradition in der europäischen Kunst. Fremden Kunstformen blieb daher eine günstige Aufnahme versagt.

## Mesoamerika und Peru

Zur Zeit der spanischen Invasion des Jahres 1519 wurde Mesoamerika von der Wüste im Norden des modernen Mexico City bis zu den tropischen Regenwäldern Guatemalas (ein Gebiet, das größer ist als das Gebiet zwischen Portugal und Deutschland) von den Azteken regiert, die sich selbst ›Mexica‹ nannten. Sie waren noch nicht lange aus ihrer nördlicheren Heimat dort angekommen, und ihr Reich bestand in diesem Augenblick kaum ein ganzes Jahrhundert. Ihr vorherrschender künstlerischer Stil aber bezieht Elemente der früheren Kunst dieser Region mit ein, deren Völker sich, so scheint es, fast ständig miteinander in Fehde befunden hatten, auch wenn ihnen zahlreiche kulturelle Grundmerkmale gemeinsam waren: Die Mesoamerikaner sprachen verwandte Sprachen, hielten sich an den gleichen 260-Tage-Kalender und kannten ähnliche Formen monarchischer Herrschaft, die untrennbar mit ihren religiösen Vorstellungen und Ritualen verbunden waren, darunter der selbst zugefügte Aderlass, das ›Ballspiel‹ und die Opferung von Gefangenen. Sie kannten auch ähnliche Techniken der Steinkonstruktion, des Meißelns mit Hilfe von Steinwerkzeug, der Keramikherstellung und der Malerei. Doch entwickelten sie individuelle künstlerische Stile, die sich chronologisch überschneiden sowie geographisch aufeinander übergreifen und die untereinander ebenso viele Ähnlichkeiten und Unterschiede aufweisen wie die verschiedenen Stile in Europa.

Bevor die Zivilisation der Olmeken an der Golfküste zerfiel (s. S. 111f.), erschien um 600 v. Chr. eine andere, ihr verwandte Kultur im Westen der Hauptgebirgskette. Ihr Zeremonialzentrum war Monte Albán (in der Nähe der heutigen Stadt Oaxaca), doch die meisten erhaltenen Bauten stammen aus dem 1. Jahrtausend n. Chr., als die Stätte unter den Zapoteken ihre größte Bedeutung erreichte, ein Volk, dessen Sprache noch heute gesprochen wird. Etwa 320 km nordwestlich, an einer Stelle des mexikanischen Plateaus, das die Azteken später ›Teotihuacán‹ (›wo man ein Gott wird‹) nannten, entwickelte sich seit dem 1. Jahrhundert ein weiteres Zeremonialzentrum zu einer regelrechten Stadt, die sich über 2072 Hektar erstreckte und zu ihrer größten Blütezeit nahezu eine Viertel Million Einwohner aufwies. Es bestand ein regelmäßiges Straßennetz, und der Plan der gesamten Stadt war astronomisch festgelegt, denn man wollte eine irdische Spiegelung der Bewegung der Himmelskörper schaffen. Im Zentrum verband eine große Straße von 40 m Breite und 2,4 km Länge massive,

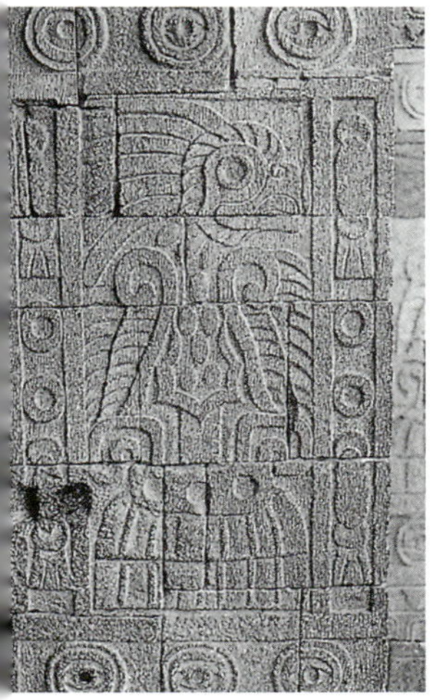

2.1 Relief mit stilisiertem 'ogel an einem Pfeiler im Innen-of des Palastes des Quetzalpa-alotl in Teotihuacán (vermut-:h Quetzalvogel) 1.–2. Jh.

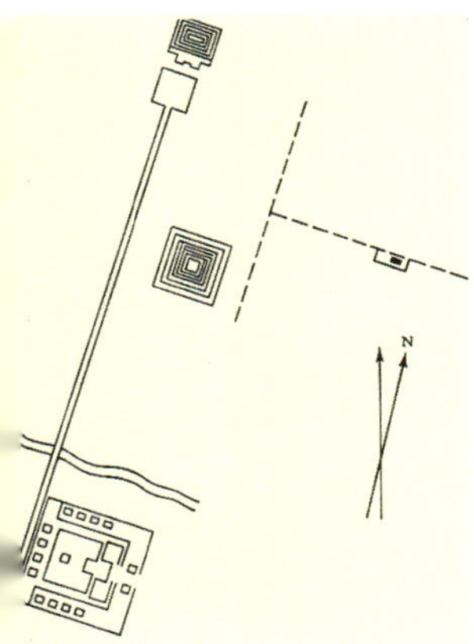


.2 Plan von Teotihuacán 12.3

stufenförmig aufeinander gesetzte Plattformen ▸12.1–3. Solche ›Pyramiden‹ waren jedoch nach Form und Funktion eher der altmesopotamischen Zikkurat ähnlich, die ursprünglich von einem Tempel bekrönt wurde. Die früheste und auch größte Pyramide Teotihuacáns und zugleich ganz Mexikos (213 m breit, 61 m hoch) war ausgerichtet nach dem Punkt, an dem die Sonne am Tag ihres Zenitdurchgangs steht. Sie besteht aus Schichten luftgetrockneter Ziegel, die mit grobem Stein ummantelt sind. Ein kunstvolleres Konstruktionssystem wurde bei den späteren Pyramiden verwendet – ein Skelettrahmenwerk aus Pfeilern und Platten aus Tuff. Das Äußere zeigte wunderbare Steinreliefs. Die Reliefarbeiten des Bauwerks am südlichen Ende der Straße waren besonders reich: gefiederte Schlangen mit rundplastischen Steinköpfen, die aus Kreisen und kleinen Quadraten zusammengesetzt sind ▸12.4. Möglicherweise handelt es sich um den mosaizierten Kopfputz von Kriegern oder um die Feuerschlange, die mit dem Krieg assoziiert ist. Diese Skulpturen blieben zufällig erhalten, da die Plattform später vergrößert und mit gemaltem Putz überzogen wurde.

In Freskotechnik ausgeführte Gemälde wurden für die äußeren und inneren Patios sowohl sakraler als auch profaner Bauwerke bevorzugt. Einige offenbaren bei großen, dichten Kompositionen mit kleinteiligen, symbolischen Elementen eine Meisterschaft, die in der späteren mesoamerikanischen Kunst nicht übertroffen wurde. In einem Fall wurden die geneigten, inneren Wände mit in Rottönen und mit Grün und Blau ergänzten mindestens acht beinahe identischen Szenen bemalt: Ihre Wiederholung verstärkte die Macht der Bilder ▸12.5. Sie stellen ein Aderlassritual dar, das die Fruchtbarkeit des Bodens und wahrscheinlich ebenso die menschliche Fruchtbarkeit befördern sollte. Die dargestellte Person ritzt ihre Haut mit einem harten, scharfen Stachel des äußeren Blattendes der Magueystaude ein, einer in Mexiko heimischen Agavenart, die Nahrungs- und Heilmittel war und die Fasern für Textilien, Seile, Papier und den berauschenden Pulque-Trank für religiöse Zeremonien lieferte. Im Zentrum jeder Szene ist ein Mann im Profil dargestellt, der eine riesige federgeschmückte Kopfbedeckung, einen weiteren Federbusch auf seinem Rücken und ein reiches Gewand trägt, die seinen herausragenden sozialen Status – Krieger, Priester oder beides – verdeutlichen, zugleich aber seinen gedrungenen Oberkörper verbergen. Er betet oder singt, was durch eine aus seinem Mund hervorquellende Schriftrolle dargestellt wird. Auf beiden Seiten stecken die blutigen Enden der Mangueyblätter im Boden. Eine zweiköpfige Schlange mit Vögeln in ihren rechteckigen Windungen ist im Fries darüber durch ein Zickzackband von der Hauptszene getrennt. Sie ist offensichtlich mit der Großen Gottheit, die über Leben und Kunst in Teotihuacán wachte, zu identifizieren.

Als diese Szenen gemalt wurden, scheint die Landwirtschaft zur Versorgung von Teotihuacán eingestellt worden zu sein, da sich durch einen Klimawechsel wüstenähnliche Bedingungen einstellten, die teilweise auch durch Abholzung zur Gewinnung von Brennholz für die Herstellung von Kalk hervorgerufen wurden. Nach einem Jahrhundert des Niedergangs wurde die Stadt um 650 geplündert. Dieses erste amerikanische Urbanisierungsexperiment hatte für viele Jahrhunderte keine Nachfolge.

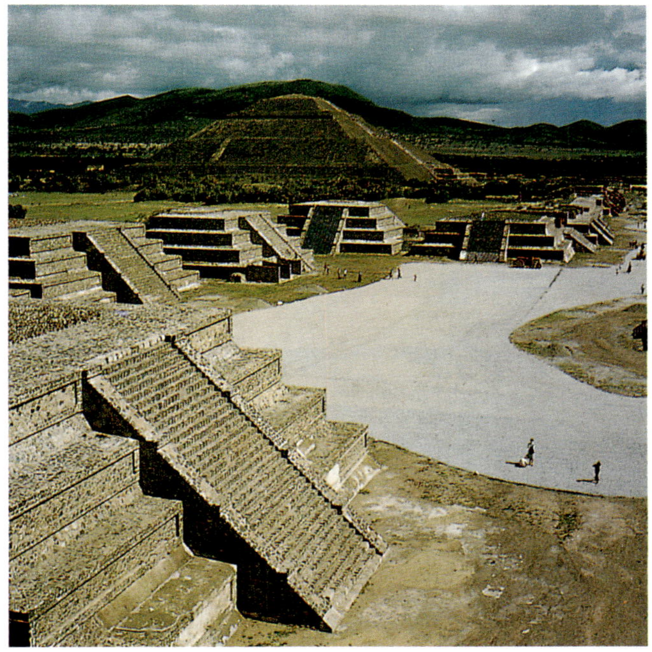

12.3 Teotihuacán, Mexiko, 1.–7. Jh.

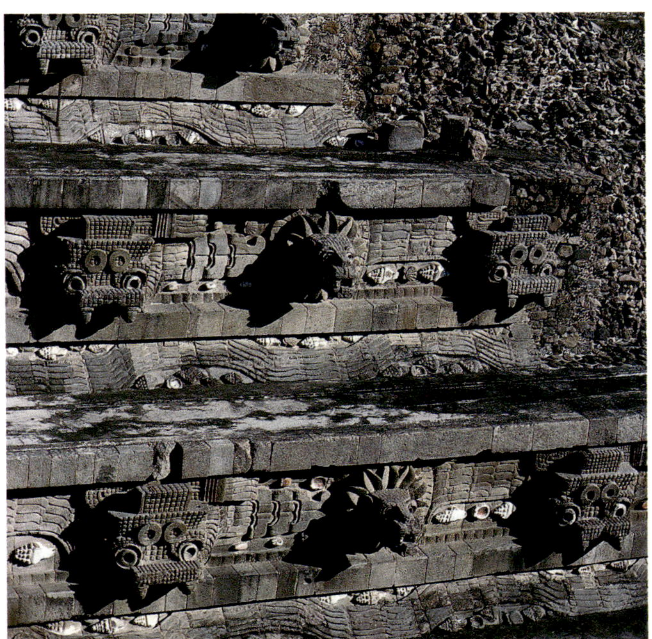

12.4 Pyramide der gefiederten Schlange, Teotihuacán, um 200–300.

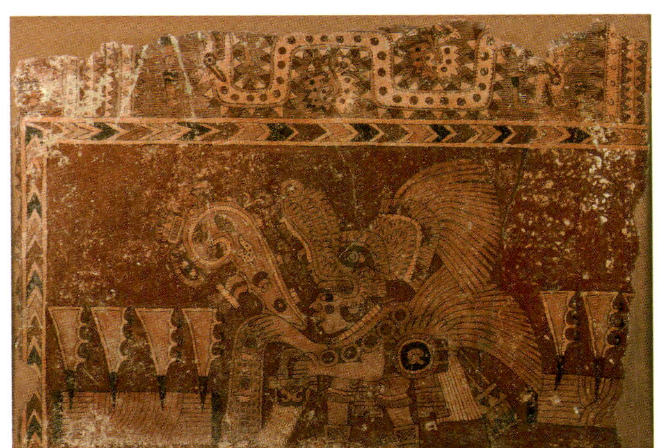

12.5 *Aderlassritus*, aus Teotihuacán, um 600, Pigment auf Stuck, 83,2 x 116,2 cm. Cleveland Museum of Art (Purchase J. H. Wade Fund).

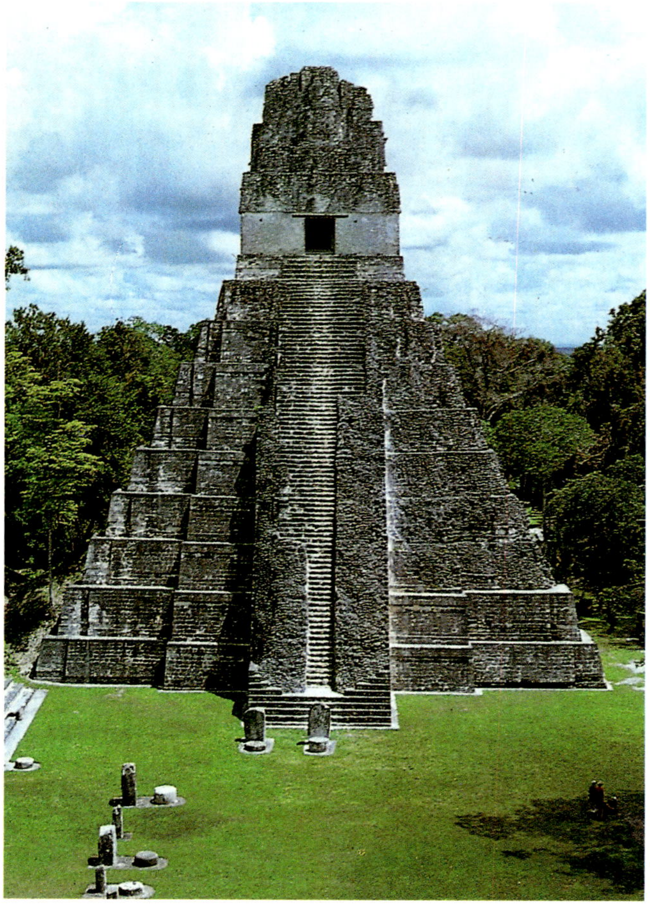

12.6 Stufenpyramide in Tikal ▸12.7

## *Die Maya, Tolteken und Mixteken*

Die Zivilisation der Maya entstand ein wenig früher als Teotihuacán, erreichte etwa zur gleichen Zeit ihre Blüte – die so genannte ›klassische‹ Periode vom späten 2. Jahrhundert an –, konnte sich aber im feuchten Klima der Halbinsel Yucatán (heute aufgeteilt zwischen Mexiko, Guatemala und Belize) sehr viel länger halten. Sie verdankte viele Eigenheiten den Olmeken, unter anderem auch den Kalender, der von einem Tag 0 gerechnet wurde, der dem 10. August 3113 v. Chr. entspricht. Die Maya waren das erste Volk Amerikas, das eine (heute fast vollständig entschlüsselte) Schrift entwickelte. Zahlreiche in Stein gemeißelte Inschriften werfen Licht auf die religiös-gesellschaftliche Struktur ihrer Zivilisation. Eine Reihe unabhängiger Staaten wurde von Erbkönigen regiert, deren Macht auf ihrer Beziehung zu den Göttern gründete. Dem Maya-Glauben zufolge hatten die Götter die Menschen durch eine Opferhandlung geschaffen und waren zu ihrer Erhaltung darauf angewiesen, dass die Menschen ihrerseits Blut vergossen: in Form des selbstzugefügten Aderlasses, vollzogen gleichermaßen von den Herrschern wie von ihren Untertanen, sowie durch Menschenopfer, die der Grund für regelmäßige Kriegszüge waren – nicht zur territorialen Expansion, sondern um Gefangene zu machen, die den Göttern geopfert werden konnten.

Die Städte der Maya nahmen riesige Flächen ein. Die größte war vermutlich Tikal (Guatemala), das sich über ein Gebiet von 15,5 $km^2$ erstreckte, in dem verschiedene kleine Hügel durch erhöhte Fußwege miteinander verbunden waren. Neun Hauptplätze waren von religiösen Bauten umgeben. Von den Behausungen der Bevölkerung sind keinerlei Überreste erhalten. Haltbare Materialien waren offenbar (wie auch im größten Teil Asiens) den Göttern vorbehalten. Die genaue Lage der Gebäude wurde durch astronomische Berechnungen bestimmt, die sie zum Kosmos in Beziehung setzten, denn den Maya war ebenso wie Völkern in anderen Teilen der Welt daran gelegen, eine harmonische Ordnung von Erde und Himmel zu bewahren. Beim rituellen Ballspiel, für das in jedem Tempelbezirk Höfe angelegt waren, versinnbildlichte der aus Kautschuk gefertigte Ball, der über die Köpfe der Spieler flog, aller Wahrscheinlichkeit nach die Sonne – und die Opferung der Verlierer, die sich manchmal an das Spiel anschloss, sollte zweifellos sicherstellen, dass die Sonne weiterhin ihre tägliche Bahn vollzog.

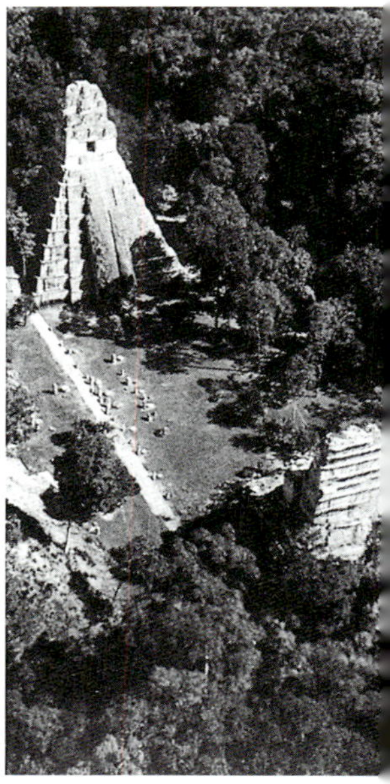

12.7 Stufenpyramiden in Tikal, Guatemala, vor 800.

Vom Beginn der ›klassischen‹ Periode an bauten die Maya mit Stein und einem ungewöhnlich festen Zement aus gebranntem Kalk, aus dem sie dann einen betonähnlichen Steinmörtel entwickelten, der für Füllungen verwendet wurde. Sie erfanden auch die bis dahin in Amerika unbekannte Technik des Kraggewölbes (s. S. 42). Doch ihre Tempelarchitektur war vor allem eine Architektur des Äußeren, denn sämtliche Rituale vollzogen sich im Freien. In Tikal erheben sich zwei einander zugewandte, ungewöhnlich steile Pyramiden, die oben auf ihrer Plattform Tempel tragen. Sie stehen auf einem Zeremonialhof, sind 70 m hoch und beherbergen in ihrem Inneren kleine Kultkammern ▸12.6;7. Wie überall wurde auch hier die Höhe der Tempel noch durch die vertikale Verlängerung der Rückwand zu einem ›Dachkamm‹, betont. Die gesamte Konstruktion kann auch als Thron mit hoher Rücklehne bezeichnet werden, der auf einem Podium steht. Bauten mit horizontaler Betonung – meist als Paläste bezeichnet, obwohl ihr ursprünglicher Zweck nicht bekannt ist – wurden im nördlich gelegenen Uxmal erhöht, indem man die Frontwand als falsche oder fliegende Fassade weit über das Dachniveau hochzog und manchmal auch eine zweite und höhere Wand dahinter errichtete. Diese Flächen wurden mit Stuckreliefs gegliedert, die erst figurativ, später vorwiegend geometrisch angelegt wurden. Man bemalte sie in leuchtenden Farben, polierte sie glänzend oder bereicherte sie abschließend um Mosaiken.

12.8 Megalith D, Quiriguá, Guatemala, 766, Sandstein, Höhe 10,7 m.

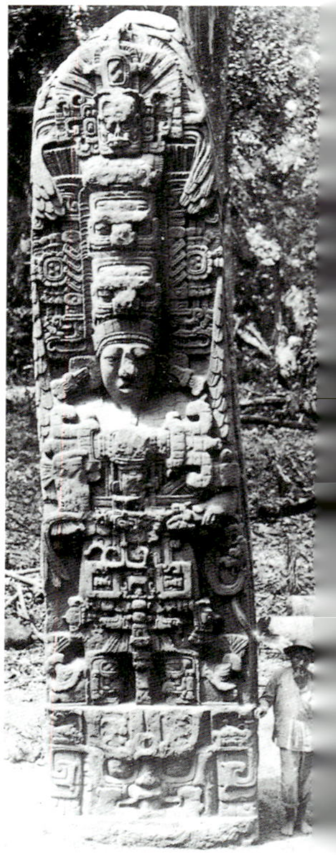

Monumentale Plastik trat hauptsächlich in Form von Reliefs und nicht als Rundplastik auf. Die Oberfläche großer Steinblöcke, ›Zoomorphe‹ genannt, wurden in Quiriguá mit Darstellungen gewundener Schlangen, Vögel, Ungeheuer und menschlicher Figuren überzogen. Megalithe von beeindruckender Größe trugen als Stelen die Bildnisse von Herrschern, die uns in vollem Ornat (in manchen Fällen von Vorder- wie Rückseite) anblicken. Die Bildnisreliefs wiederum werden umrahmt von üppig wuchernden Hieroglyphen, die ihre Abstammung und die genauen Daten von Geburt, Machtantritt, Heirat und Eroberungen dokumentieren sowie den Tag der Aufrichtung des Steins – ein wichtiges rituelles Ereignis. Der Megalith D in Quiriguá ist einer von mehreren, die unter König Cauac Sky zur Feier seiner Siege über den König des nahegelegenen Copán aufgestellt wurden ▸12.8. Die in Copán aufgestellten Stelen sind in der Form zwar ähnlich, unterschieden sich aber in der künstlerischen Auffassung: In jedem der Königreiche wurden die regionalen bildhauerischen Stile offenbar von Künstlern entwickelt, die eine ausgeprägte Individualität artikulieren konnten. Eine Reliefserie von der Fassade eines Gebäudes in Yaxchilán wird dem so genannten ›Meister der Ausstechform‹ zugeschrieben. Eines dieser Reliefs zeigt laut Inschrift König ›Schild Jaguar‹ mit dem Schrumpfkopf eines Geopferten in seiner federgeschmückten Krone; er hält eine brennende Fackel über seine Hauptgemahlin Xoc, die niederkniend eine Schnur mit eingeknoteten Dornen durch ihre durchbohrte Zunge zieht, um das daraus fließende Blut auf Papierstreifen tropfen zu lassen, die anschließend verbrannt und auf diese Weise den Göttern dargebracht werden ▸12.9. Der Tag, an dem dieses spezifische Aderlassritual vollzogen wurde, ist ebenfalls in der Inschrift festgehalten – das Datum entspricht nach unserer Zeitrechnung dem 28. Oktober 709. Nur selten drücken Werke der Maya so umfassend die religiösen und politischen Vorstellungen dieses Volkes in einem angemessenen sakralen Stil aus. Der schwerfälligen Unbewegtheit der Figuren entspricht die hartkantige Klarheit und stabile Ausgewogenheit der Komposition; der mystische Gehalt des Sujets wird durch den Realismus der Details noch unterstrichen: das gemusterte Gewand der Xoc, der Jadezierrat, der an Bändern hängend die Knie von König ›Schild Jaguar‹ und seine aus Jaguarhaut gefertigte Fußbekleidung umschließt. Das Relief wirkt eher wie ein Gemälde als ein bildhauerisches Werk: Aller Wahrscheinlichkeit nach wurden die Konturen auf die Oberfläche des Steins gezeichnet, der Hintergrund weggehauen und die Details eingraviert – mit einem erstaunlichen Feingefühl, wenn man bedenkt, dass nur Steinwerkzeuge zur Verfügung standen. Außerdem war das Relief ursprünglich mit leuchtenden Farben bemalt, von denen nur Restspuren geblieben sind.

Wandmalereien waren manchmal naturalistischer, und ein Zyklus aus der Zeit um 800 in Bonampak (Mexiko) stellt Szenen einer Schlacht dar: eine davon zeigt Gefangene, die auf ihre Opferung mit jenem Fatalismus warten, der für die figürliche Kunst der Maya größtenteils so charakteristisch ist.

Bilder auf Tongefäßen zeigen intimere und häufig auch lebendigere Seiten dieser Zivilisation. Obwohl nicht besonders groß (selten höher als 30 cm), zählen sie zu den bemerkenswertesten Kunstwerken Mittelamerikas. Auf einem dieser Gefäße ist ein Ballspiel zu sehen, bei dem es sich wohl eher um ein sportliches Ereignis als um ein ernstes Ritual handeln dürfte, zumal die durch Umrisslinien und matte Farben gestalteten Spieler mit unterschiedlicher Mimik und in verschiedenen Posen dargestellt sind ▸12.10.

Die Tiefenwirkung entsteht dadurch, dass die Figuren auf verschiedenen Grundlinien platziert werden. In freier Linienführung sind sie mit bislang unentzifferten Glyphen verbunden. Viele andere Gefäße aus dem 6. bis 8. Jahrhundert zeigen Bilder aus dem höfischen und religiösen Leben, von mythologischen Sujets und Tieren. Sie wurden als Engobe (Tonschlicker) ausgeführt, vorwiegend in Schwarz, Weiß und Rottönen, und weisen ein breites Spektrum persönlicher und regionaler Spielarten auf. In der Regel sind die Gefäße zylindrig, so dass man sie in der Hand drehen muss, wenn man die ringsum laufenden Szenen und Inschriften lesen will. Diese Malereien sind kein dekorativer Zierrat, sondern selbständige Kunstwerke, denen die Töpferware als Bildträger diente. Ebenso wenig bildeten sie eine Alternative zu teueren Metallarbeiten. Und obwohl viele von ihnen zusammen mit den Toten bestattet wurden, waren nicht alle als Grabbeigaben gedacht. In einigen von ihnen fanden sich Kakaospuren, die darauf hindeuten, dass sie als Trinkgefäße benutzt wurden, und Ausbesserungen zeigen, dass sie schon vor der Bestattung zu diesem Zweck benutzt wurden. Inschriften, welche die hochrangigen Persönlichkeiten benennen, für die sie herge-

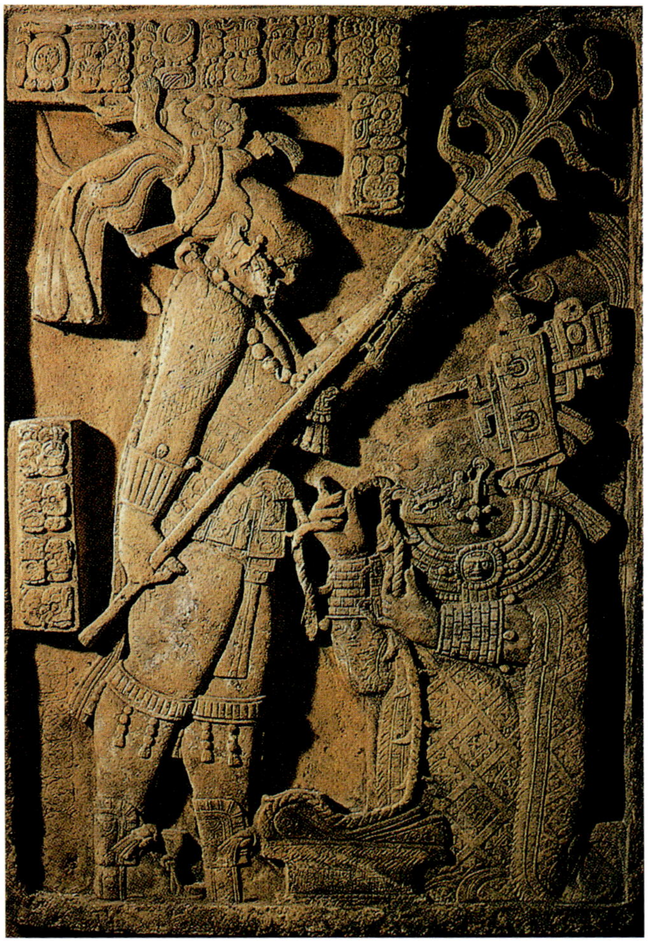

12.9 Relief eines Türsturzes mit der Darstellung eines Bußrituals, Yaxchilán, Mexiko, um 725, Kalkstein, Höhe 111 cm. British Museum, London.

12.10 *Ballspiel*, Vasenmalerei, um 600–900, Engobe auf Keramik, Höhe 23 cm. The Saint Louis Art Museum (Schenkung Morton D. May).

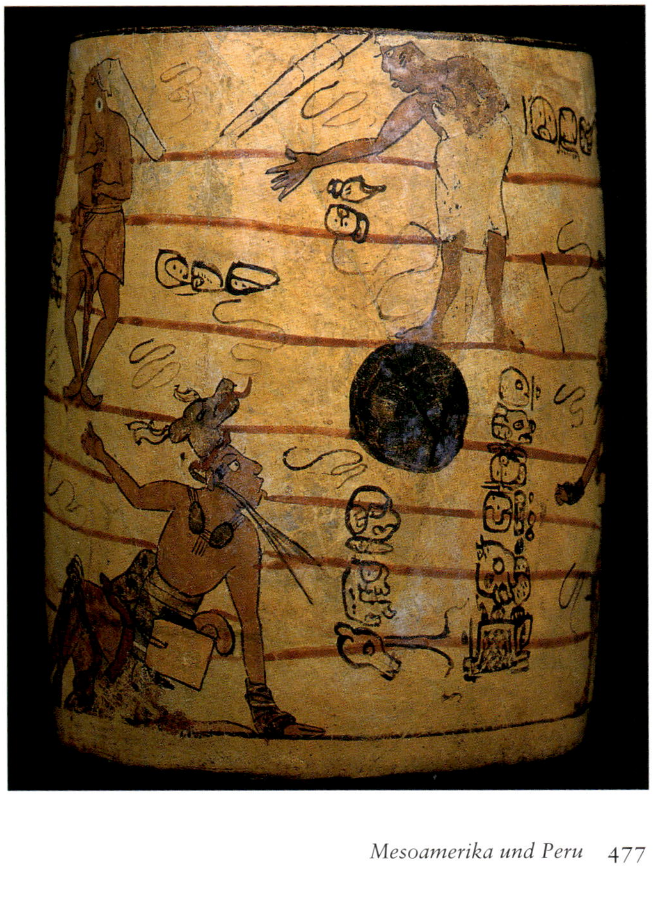

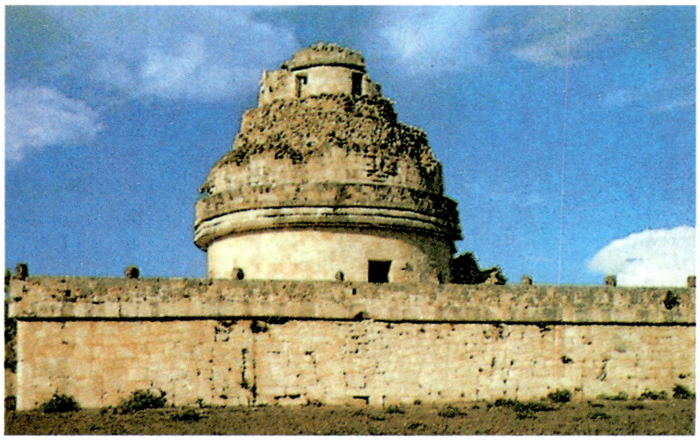

12.11 Das Observatorium (El Caracol), Chichén Itzá, Yucatán, vor 1200.

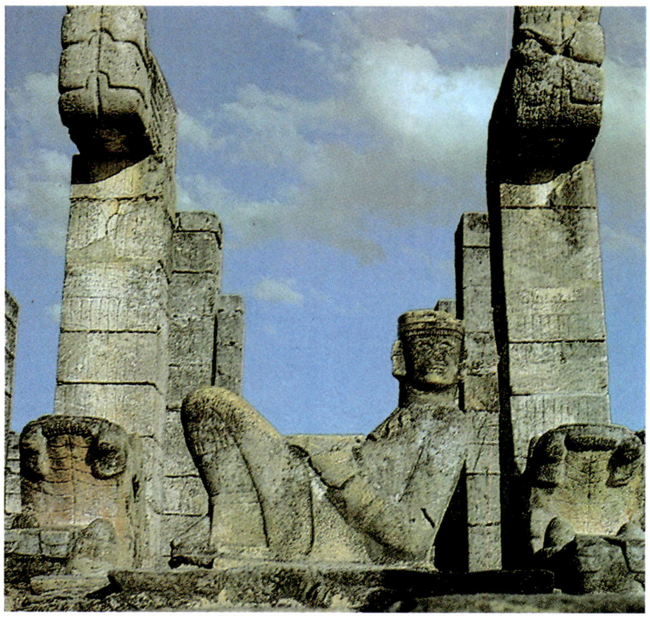

12.13 *Der Gott Chacmool* vor dem Eingang zur Säulenhalle des Kriegertempels in Chichén Itzá, um 1500.

12.15 *Atlanten*, vom Morgensterntempel, Tula, Mexiko, vor 1200, Basalt, Höhe 4,57 m.

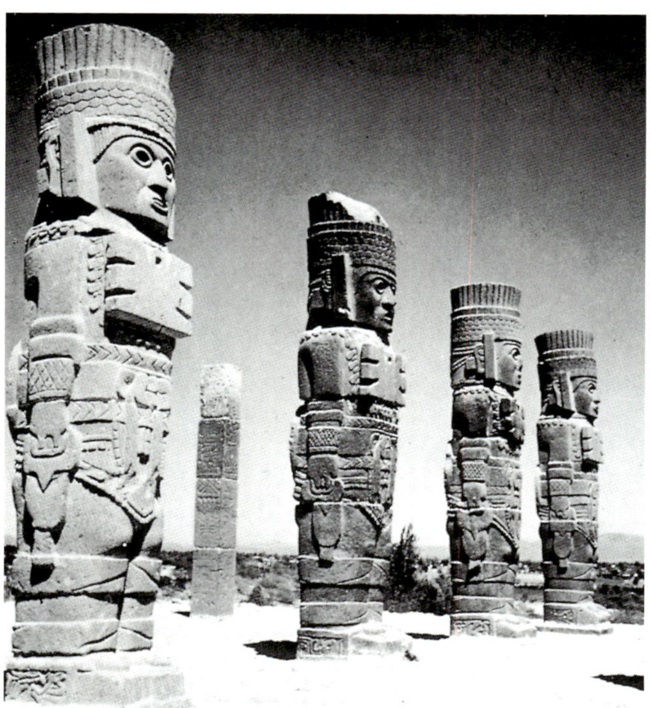

stellt wurden, legen die Vermutung nahe, dass es sich um Statussymbole handelte. Und die Künstler, die einige der schönsten Exemplare signierten – ihre Unterschriften sind die einzigen bekannten Künstlersignaturen im Amerika vor der Eroberung durch die Spanier – waren Schreiber, die wahrscheinlich auch Codices illustrierten (auch wenn sich diese nicht erhalten haben). Mitunter waren sie Söhne regierender Familien und stets Mitglieder der gebildeten Oberschicht, die ihre beste Zeit während des Baus der großen Maya-Monumente hatte.

Im 9. Jahrhundert setzte der Zerfall der Zivilisation der Maya ein. Verschiedene Städte im Süden ihres Territoriums wurden verlassen, und die Serie datierter Inschriften brach 909 ab. (Die Maya überlebten als ethnische Gruppe – die wenigen Handschriften, die sie hervorbrachten und die sich hauptsächlich mit dem Kalender und mit Astronomie befassten, datieren aus der Zeit vom 13. bis zum 16. Jahrhundert. Noch heute leben etwa zwei Millionen integriert in die moderne Gesellschaft ebenso wie auch in traditionellen Gemeinschaften auf der Halbinsel Yucatán.)

Ein Menschenschlag, dessen charakteristische Merkmale andere sind als die der Maya mit ihrer typischen schrägen Stirn und der abgestuften Frisur, traten als neue Herrscher in der Kunst der Region in Erscheinung. Ganz im Norden der Halbinsel wurde das Zeremonialzentrum Chichén Itzá unter der Herrschaft dieser Fremden erweitert, obgleich die Arbeiten selbst offenbar von Maya-Künstlern und -Handwerkern ausgeführt wurden. Das interessanteste Gebäude hier, eines, für das es in der mesoamerikanischen Baukunst keinerlei Vorbild gibt, ist das Observatorium ▸12.11;12, das im Innern zwei konzentrische ringförmige Passagen mit ungewöhnlich hohen Kraggewölben aufweist sowie ein Obergeschoss, zu dem eine Wendeltreppe (Spanisch: ›caracol‹) führt, nach der das Gebäude benannt wurde. Schächte, die strahlenförmig von der Mitte des oberen Stockwerks ausgehen, wurden so angelegt, dass sie sich auf Transitpunkte der Sonne und Sterne richten sowie auf die Ballspielplätze unten. Auf diese Weise ermöglichten sie die gleichzeitige Beobachtung kosmischer Bewegungen und irdischer Rituale und erlaubten folglich die Abstimmung der Zeremonien auf Himmelsphänomene.

Die Reliefs in Chichén Itzá lassen eine obsessivere und explizitere Beschäftigung mit der Menschenopferung erahnen, als sie aus der früheren Bildhauerei der Maya hervorging. Auf jeder Seite des Ballspielplatzes – der größte dieser Art in Mesoamerika, vgl. ▸12.14 – sind zwei Mannschaften in einer Reihe aufgestellt, wobei der Anführer der einen enthauptet ist. Andere Reliefs wieder zeigen feierlich paradierende Krieger, Adler und Jaguare, die Menschenherzen verschlingen, und Reihen über Reihen von gepfählten Schädeln vor einer Plattform, auf der vermutlich die Köpfe der Geopferten zur Schau gestellt wurden. Einige Motive bildlicher Darstellungen sind jedoch in der Kunst der Maya ohne jedes Vorbild, insbesondere die Statuen des Gottes Chacmool (sein Name geht auf das 19. Jahrhundert zurück): eine zu unpersönlich-strenger Geometrie reduzierte menschliche Figur, die, mit angezogenen Knien auf dem Rücken liegend, sich auf die Ellbogen stützt und im Schoss eine Opferschale hält, ihr Gesicht aber mit sichtbarer Gleichgültigkeit von dieser abwendet, so, wie Götter Menschenleben anzunehmen pflegen ▸12.13. Ähnliche Statuen wurden auch im weit entfernten Tula, Hidalgo, gefunden, der nördlichsten der alten Fundstätten in Mesoamerika und eine Hauptstadt der Tolteken, die späteren Überlieferungen zufolge

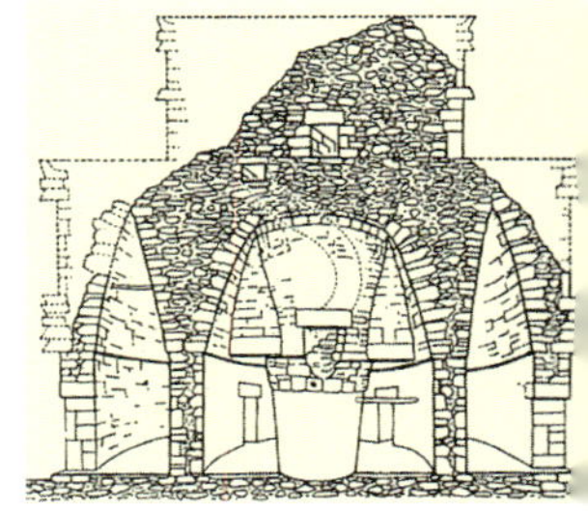

12.12 Observatorium von Chichén Itzá, Axonometrie ▸12.11

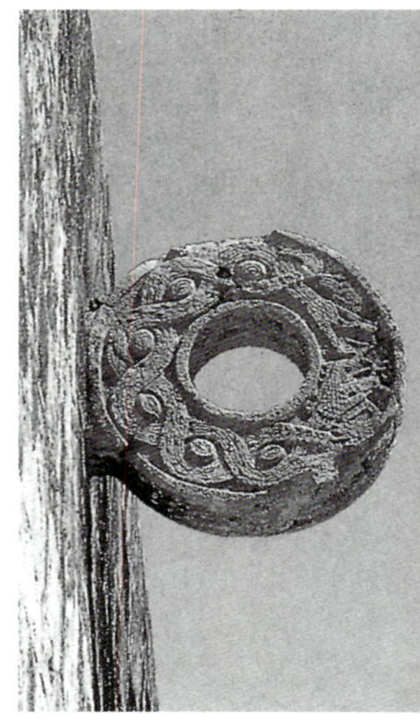

12.14 Steinring mit Schlangenornament, Ballspielplatz in Chichén Itzá, Yucatán, um 1500.

ihre Herrschaft von Mexiko bis in das Gebiet Yucatáns ausdehnten.

Tula, eine dicht besiedelte Stadt, war über einem annähernd gitterförmigen Grundriss an einer trockenen, windigen Stelle angelegt. Ihr am besten erhaltenes Monument ist eine pyramidenähnliche Plattform, die ursprünglich mit Reliefdarstellungen von Jaguaren, Adlern mit Herzen in ihren Schnäbeln und monströsen Kreaturen geschmückt war (von denen nur wenige erhalten sind). Auf ihrer Spitze befand sich ein Tempel mit einem vermutlich hölzernen Dach. Dieses wurde von Krieger-Atlanten gestützt, die wie bei einer feierlichen Parade in straffer Haltung stehen, schmetterlingsförmige Brustplatten tragen und Wurfspeere in der Hand halten ▸12.15. Sie sind alle identisch und bestehen jeweils aus vier durch Dübel zusammengehaltenen Steintrommeln; ursprünglich waren sie in leuchtenden Farben bemalt. Ähnliche Figuren kommen auf Reliefs in Chichén Itzá vor, und die Frage, ob die Kunst, die mit den Tolteken in Verbindung gebracht wird, im Talgebiet Mexikos entstand oder in Yucatán, ist noch ungeklärt. Tula wurde im späten 12. Jahrhundert zerstört. Chichén Itzá wurde wenig später verlassen, und eine neue Hauptstadt des Yucatán-Gebietes wurde in Mayapán gegründet, eine befestigte Stadt, die sich bis Mitte des 15. Jahrhunderts hielt. Ihre Kunst und Architektur lassen einen qualitativen Niedergang erkennen.

Es gab noch weitere Kulturen in Mittelamerika, insbesondere die der Mixteken, die im zweiten Jahrtausend im südlichen Berggebiet zur wichtigsten Macht emporstiegen. Die schönsten erhaltenen mesoamerikanischen Handschriften sind mixtekischer Herkunft, auf Pergamentblätter gemalt, die in langen Streifen aneinandergefügt und in buchartiger Form zusammengefaltet wurden ▸12.17. Nicht ganz zutreffend werden sie als ›Codices‹ bezeichnet. Die ›Schriften‹ handeln von Ritualen, die in Übereinstimmung mit dem so wichtigen astronomischen Kalender vollzogen wurden; auch genealogische Chroniken der herrschenden Familien sind darin erhalten. Hieratische strenge Figuren mit schwarzer Umrisszeichnung, in leuchtenden Farben ausgemalt, werden von vorn oder im Profil gezeigt und durch Symbole in Raum und Zeit lokalisiert. Der kunstvolle Goldschmuck, der in mixtekischen Gräbern gefunden wurde, deutet auf ein Verständnis für hochwertige handwerkliche Arbeit. Mixtekische Kunsthandwerker scheinen von den Azteken, die im 15. Jahrhundert einen großen Teil ihres Gebietes eroberten, viel beschäftigt worden

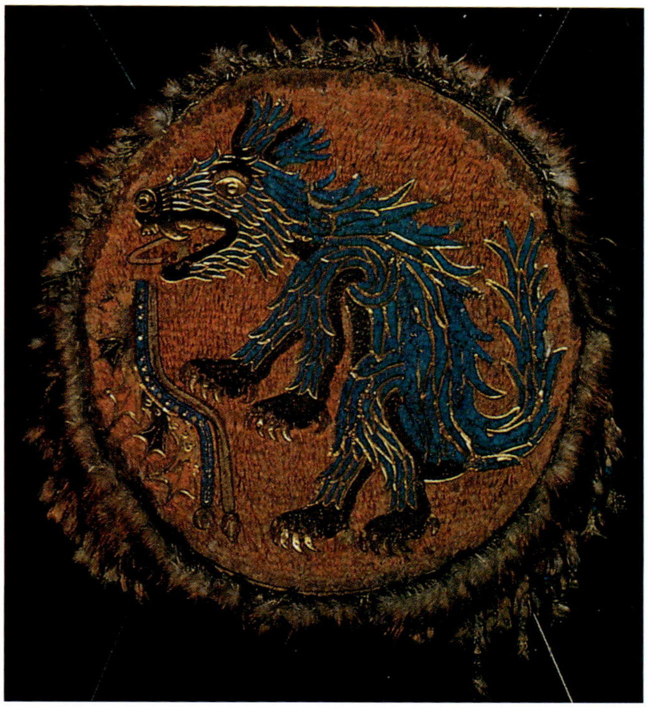

12.16 Schild von Tenochtitlán, vor 1519, Federarbeit, Durchmesser 70 cm. Museum für Völkerkunde, Wien.

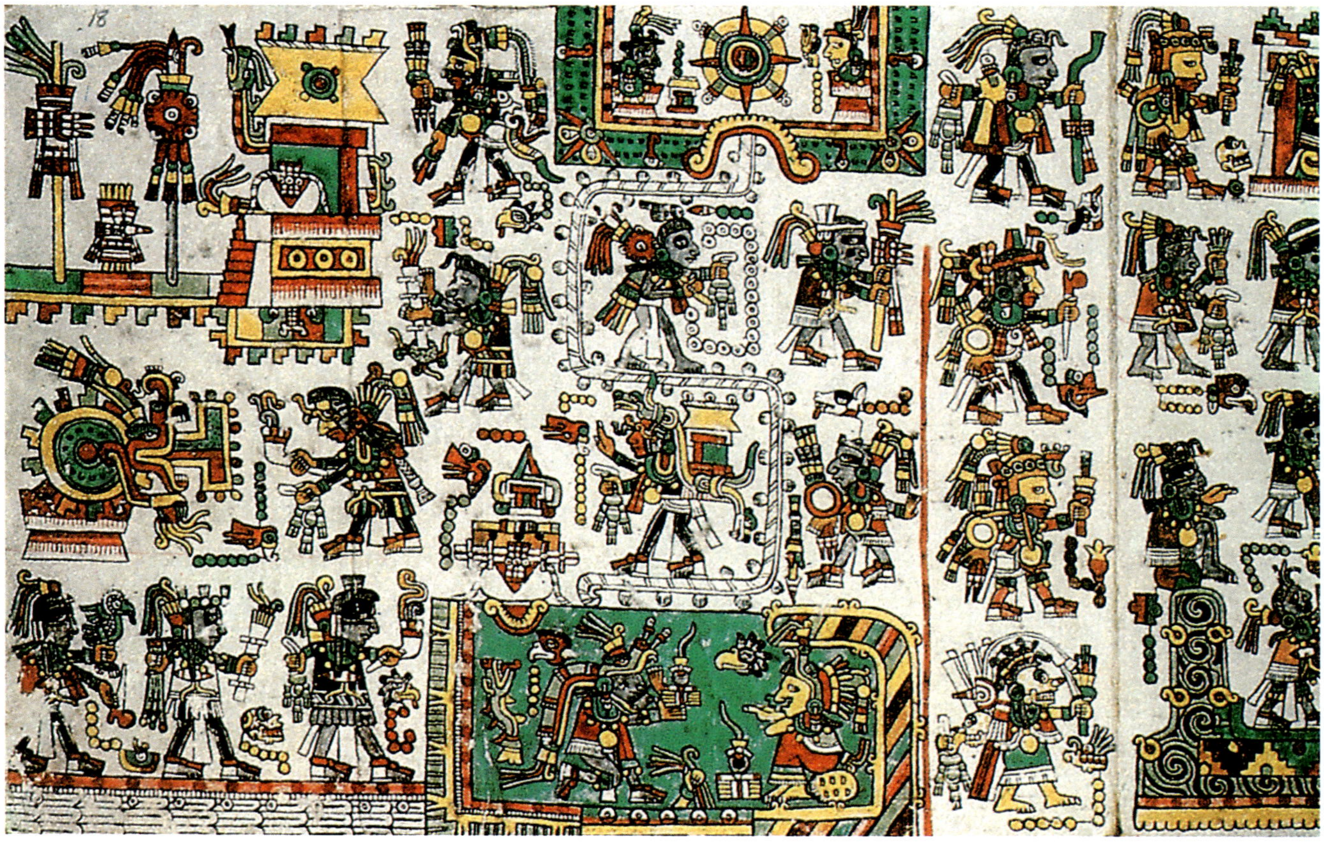

.17 Malerei auf einem
rgamentblatt aus Zouche-
ttal, um 1400–1500,
ckfarben auf Pergament,
he 25,5 cm.
tish Museum, London.

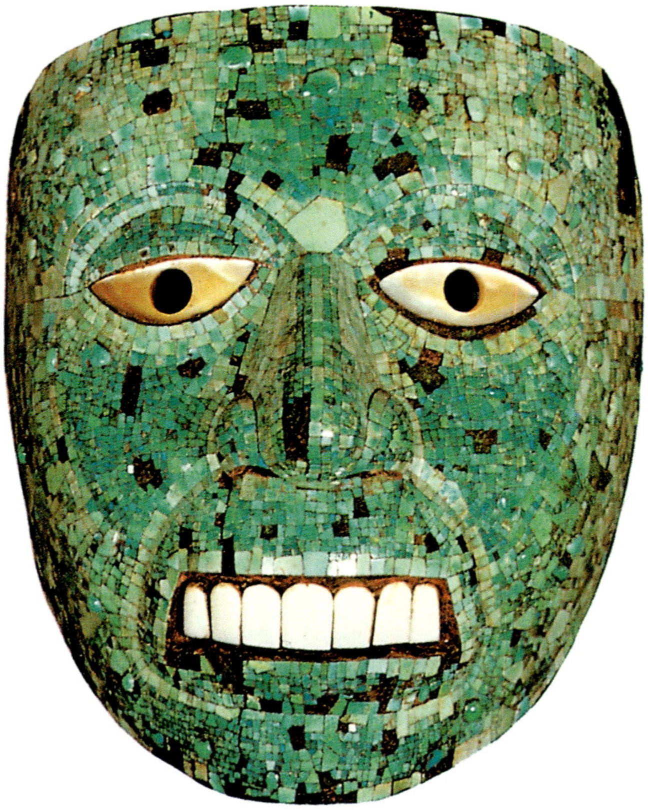

12.18 *Der Gott Quetzalcoatl* oder *Tonatiuh*, um 1500, Türkismosaik in Harz über Holz mit Augen in Perlmutt, Höhe 16,8 cm. British Museum, London.

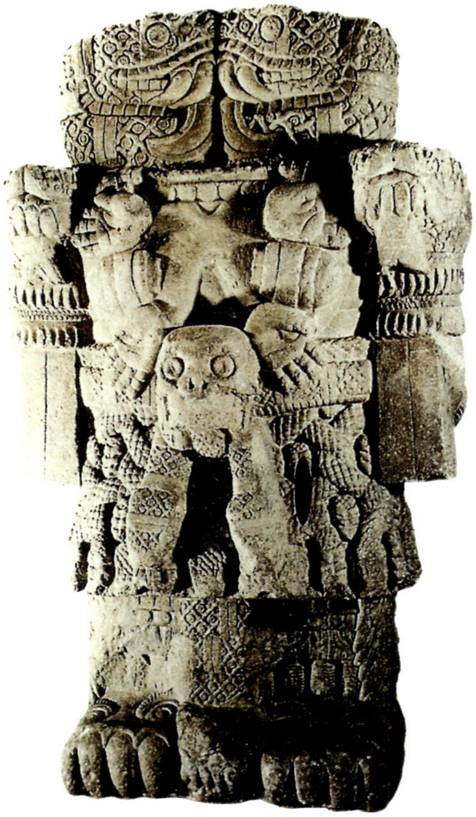

12.19 *Die Göttin Coatlicue*, spätes 15. Jh., Andesit, Höhe 252 cm. Museo Nacional de Antropología, Mexiko.

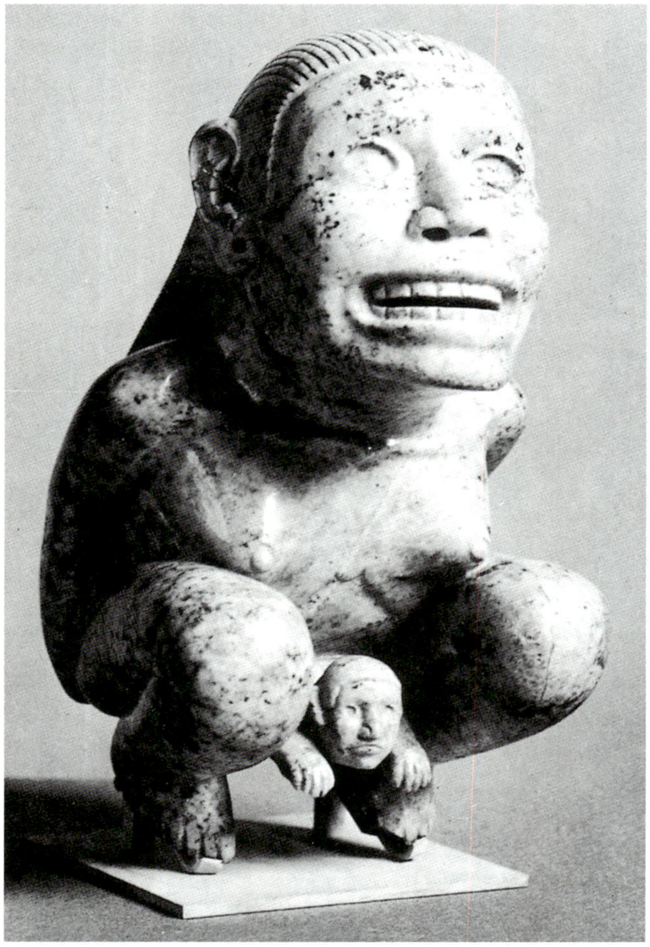

12.20 *Gebärende Göttin*, aus dem Mexikotal, um 1500, Stein (Wernerit), Höhe 21,6 cm. Dumbarton Oaks, Washington.

zu sein. Sie sind vor allem für ihre hervorragenden Federarbeiten bekannt, wie das hier abgebildete Beispiel mit dem Kojoten beweist ▸12.16. Mixteken haben vielleicht auch die Masken geschaffen, die, mit Türkismosaik inkrustiert, von den aztekischen Priestern getragen wurden ▸12.18. Tendenzen zum Naturalismus und zum abstrakten Symbolismus, die in der mesoamerikanischen Kunst seit frühen Zeiten bestanden, überschneiden sich in diesen drohenden und beunruhigenden Objekten.

## *Die Azteken*

Die Azteken stellten Künstler und Handwerker der unterworfenen Völker in ihren Dienst. Die Kunst, die sie förderten, verbindet Elemente verschiedener Traditionen. In der Figur einer gebärenden Frau aus grünlichem Stein, die wahrscheinlich im Tal von Mexiko um 1500 entstand, finden wir eine starke Ähnlichkeit mit der olmekischen Kunst ▸12.20. Sie hatte wohl als Symbol des Beginns einer Zeitperiode eine rituelle Bedeutung. Das angespannte, grimassenhafte Gesicht einer Mutter im Geburtsschmerz ist von einer Ausdruckskraft, die für die Kunst Mesoamerikas neu ist. Eine Kolossalstatue der Erdgöttin Coatlicue ist in anderer Weise ausdrucksstark: völlig entmenschlicht und doch beklemmend realistisch, eine bedrohliche Beschwörung des Unheilvollen in der Natur ▸12.19. Statt eines Kopfes sieht man zwei Schlangenköpfe, an den Ellbogen erscheinen die Giftzähne von Schlangen. Über ihren hängenden Brüsten liegt ein Halsband aus menschlichen Herzen und Schädeln, und ihr Rock besteht aus verflochtenen Schlangenkörpern. Ihre Füße enden in Tierklauen. Alle anderen Ungeheuer in der Kunst der Welt sind gegenüber diesem geradezu sanftmütig.

Als letzter Stamm, der von Norden her in das Mexikotal eindrang, siedelten die Azteken um 1370 auf der Insel Tenochtitlán (wo heute Mexico City liegt) am Texcoco-See. Hier erbauten sie ihre Stadt mit geräumigen Palästen und Gärten, mit tempelbekrönten Pyramiden, die auf die ersten Europäer, die sie sahen, wie eine Verzauberung wirkten. Die grausamen Riten jedoch, die in dieser herrlichen Umgebung vollzogen wurden, erschreckten selbst hartgesottene Abenteurer. Menschenopfer waren der zentrale Ritus der aztekischen Religion. Die Azteken und ebenso auch die Tolteken lebten im Glauben, dass die ersten Menschen aus Knochenmehl, vermischt mit dem Opferblut der Götter, geschaffen wurden und daher gottähnliche Eigenschaften erbten und zugleich die Verantwortung, den Kosmos vor ständig drohenden Verheerungen zu bewahren. Um die Fortdauer irdischen und göttlichen Lebens zu sichern, musste die Blutschuld vergolten werden. An bestimmten Daten, die durch den astronomischen Kalender festgelegt wurden, wurden Menschen geopfert, und um zu noch mehr Opfern zu kommen, machten die Azteken sich in der Mitte des 15. Jahrhunderts zu einem Feldzug imperialen Ausmaßes auf, dessen Erfolg vor allem der bedingungslosen Todesbereitschaft ihrer Soldaten zu verdanken war. So ist es möglicherweise verständlich, dass Cortés von den unterworfenen Völkerschaften, die ihm bei der Eroberung Mexikos halfen, als Befreier betrachtet wurde. Die aztekische Religion wurde zerschlagen und mit ihr die präkolumbianische Kunst.

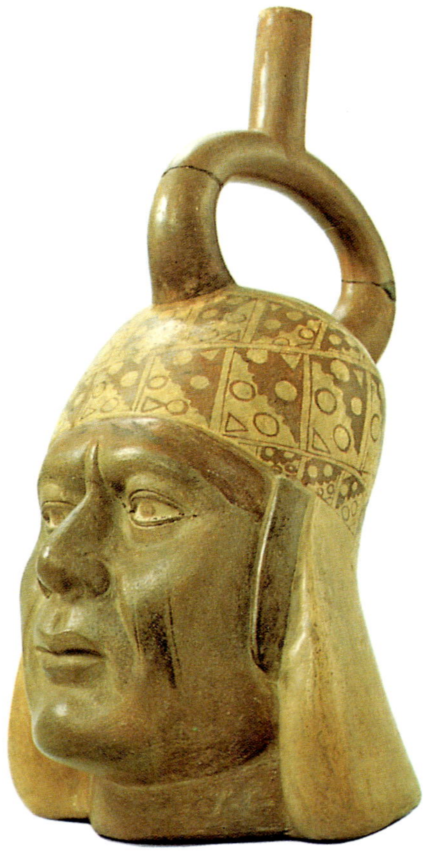

12.21 Steigbügelgefäß mit Bildnis, Moche, 200–500, Keramik, 35,6 x 24,1 cm. Art Institute of Chicago, Buckingham Fund.

### *Die Inka*

In Peru fanden die Spanier das Reich der Inka vor, das sich, eines der unerklärlichen Zusammentreffen der Geschichte, fast zur gleichen Zeit wie das Reich der Azteken ausgedehnt hatte. Es war sogar noch größer und umfasste um 1500 das gesamte Gebiet der Anden vom heutigen Ekuador bis Bolivien, Argentinien und zum südlichen Chile. Technische Errungenschaften hatten sich hier stärker als in Mesoamerika durchgesetzt. Die Webkunst war schon sehr früh bekannt (s. S. 115f.), die Metallurgie vor dem 1. Jahrtausend n. Chr. (mit der Herstellung einer Legierung aus Gold und Kupfer, gefolgt um 700–1000 von der Bronze), ebenso der Terrassenfeldbau und die Bewässerung der Felder. Die hochwertigsten Kunstprodukte der Andenvölker waren kunstvoll gearbeitete Textilien und Keramik, also Gegenstände des praktischen Gebrauchs.

In Ermangelung schriftlicher Urkunden kann die frühe Geschichte dieses Gebietes nur anhand von Artefakten erhellt werden, die eine Folge von Stilen von mehr als nur lokaler Bedeutung erkennen lassen. Wie wir bereits gesehen haben (s. S. 115ff.), ist der Chavín-Stil der erste, von dem deutliche Spuren erhalten sind. Eine andere Richtung, der Moche-Stil, entstand zu Beginn des 1. Jahrhunderts in den Tälern der Flüsse Moche und Chicama und breitete sich einige hundert Kilometer nach Süden aus. Eine aristokratische Gesellschaft, die in ummauerten, um Hügel herum gebauten Städten wohnte, scheint eine Bauernbevölkerung beherrscht zu haben, deren Land von langen Aquädukten und Kanälen bewässert wurde, die heute noch in Gebrauch sind. Ihre charakteristischsten künstlerischen Produkte sind ausgezeichnet gearbeitete Keramikgefäße mit steigbügelförmigen Ausgüssen, die für Südamerika typisch sind. Einige sind kugelig, mit lebhaft gemalten figürlichen Szenen, die manchmal betont erotisch sind. Andere sind wie menschliche Köpfe oder Körper geformt, wie Tiere oder auch Gebäude. Die Köpfe sind streng charakterisiert und von erstaunlich realistischer Wirkung ▸12.21. Ihr Ausdruck ist nachdenklich, grüblerisch oder grinsend, manche zeigen ein rätselhaftes Lächeln. All diese Gefäße waren wahrscheinlich Grabbeigaben.

Um das 7. Jahrhundert erschien ein völlig anderer Stil der Keramikmalerei, mit abstrakten Zeichnungen oder streng stilisierten naturalistischen Formen. Er breitete sich vom Süden her aus und bedeckte ein bedeutend größeres Gebiet, darunter auch das Moche-Tal. Dieser Stil wird nach der Stadt Tiahuanaco genannt, die hoch oben in den bolivianischen Anden liegt, ursprünglich ein Zeremonialzentrum, das im Lauf des 1. Jahrtausends n. Chr. durch massive Steinbauten erweitert wurde. Eine Gottheit mit zwei aufrecht stehenden Stäben, die mit geometrischer Geradlinigkeit in ein monolithisches Tor in Tiahuanaco gemeißelt wurde, ist ein häufiges Motiv der keramischen Malerei und der Textilkunst, ebenso der Federarbeiten. Der Stil scheint im Gefolge eines religiösen Kultes verbreitet worden zu sein, dessen Anhänger mit Misstrauen auf die Freiheit und Vielfalt des Moche-Stils blickten und auch den lebendigen, wenn auch weniger naturalistischen Stil der Keramikmalerei und des Textildekors verwarfen, der im Nazca-Tal seinen Mittelpunkt hatte und ebenfalls bald ausstarb. Es gibt jedoch Beweise für das Bestehen sich zunehmend vergrößernder politischer Einheiten, eine davon mit einer großen Hauptstadt in Huari, die ihren Namen einem Stil gegeben hat, der mit dem Stil von Tiahuanaco verwandt ist. Im weiter nördlich gelegenen Küstengebiet wurde Chanchan (in der Nähe des heutigen Trujillo), eine etwa im 11. Jahrhundert gegründete Siedlung, im 14. Jahrhundert die Hauptstadt des Chimu-Reiches, das um 1460 dem Reich der Inka eingegliedert wurde.

QUELLEN UND DOKUMENTE

## Cortés und Dürer über Mexiko und den Schatz des Montezuma

Hernán Cortés verließ Vera Cruz im August 1519, um gegen die Azteken-Hauptstadt Tenochtitlán zu ziehen. Sein Bericht über die von ihm eroberte Stadt beeindruckt nicht zuletzt durch den sachlich-distanzierten Ton. Cortés schreibt, die Stadt sei *»so groß wie Sevilla oder Córdoba. Die Hauptstraßen sind sehr breit und gerade, einige von ihnen führen über Land, aber die übrigen und alle kleineren befinden sich halb auf dem Land, halb auf Kanälen, auf denen sie mit ihren Kanus paddeln… Außerdem gibt es einen Platz, der doppelt so groß wie der von Salamanca und ringsum von Arkaden umgeben ist; auf diesen Platz kommen jeden Tag mehr als 60 000 Leute zum Einkaufen und Verkaufen von Schmuck aus Gold und Silber, Blei, Messing, Kupfer, Zinn, Steinen, Muscheln, Knochen und Federn.«*

Der Baumwollmarkt erinnert ihn an den Seidenmarkt in Granada und, so fährt er fort, sie *»…verkaufen genauso viele Farben für Maler, wie man sie auch in Spanien finden könnte, und alle in hervorragender Qualität.«*

Unter den Tempeln gibt es einen, *»…dessen Größe und Pracht keine menschliche Zunge beschreiben könnte, denn er ist so groß, dass sich innerhalb der Anlage, die von einer sehr hohen Mauer umgeben ist, leicht eine Stadt für etwa fünfhundert bauen ließe.«*

Im Allgemeinen, so schließt er im Tonfall besonnener Herablassung: *»Ich werde einfach nur sagen, dass diese Leute fast wie die in Spanien leben, und in ebenso großer Harmonie und Ordnung wie dort. Wenn man bedenkt, dass sie Barbaren und so weit von jeglicher Ordnung Gottes entfernt und von allen zivilisierten Nationen abgeschnitten sind, ist es wirklich bemerkenswert zu sehen, wie weit sie es gebracht haben.«*

Die Geschenke, die Montezuma ihm unmittelbar nach seiner Ankunft in Mexiko sandte, in der Hoffnung, seine Gier zu befriedigen und ihn davon abzuhalten, auf die Hauptstadt zu marschieren, hatten natürlich genau die entgegengesetzte Wirkung. Cortés machte sich sofort auf den Weg nach Tenochtitlán und sandte Montezumas Schätze der Königin von Spanien und ihrem Sohn Karl V., um seine von niemandem autorisierten Aktivitäten auf dem amerikanischen Festland zu rechtfertigen. Ein Jahr später sah ALBRECHT DÜRER diese Schätze in Brüssel, wo sich Karl V. eine Zeit lang aufgehalten hatte, bevor er in Aachen zum Kaiser des Heiligen Römischen Reiches gekrönt wurde. Am 27. August 1520 notierte DÜRER in sein Tagebuch: *»Auch sah ich die Dinge, die man dem König aus dem neuen Goldland gebracht hat: eine ganz goldene Sonne, eine ganze Klafter breit, desgleichen einen ganzen silbernen Mond, ebenso groß, desgleichen zwei Kammern voll Rüstungen der Leute dort, desgleichen allerlei Wunderliches von ihren Waffen, Harnischen und Geschossen; gar seltsame Kleidung, Bettgewand und allerlei wundersame Gegenstände zu menschlichem Gebrauch, was da viel schöner zu sehen ist als Wunderdinge. Diese Sachen sind alle so kostbar gewesen, dass man sie hunderttausend Gulden wert schätzte. Ich aber habe all' mein Lebtag nichts gesehen, das mein Herz so erfreut hätte, wie diese Dinge. Denn ich sah darunter wunderbare, kunstvolle Sachen und verwunderte mich über die subtilen Ingenia der Menschen in fremden Landen. Ja ich kann gar nicht genug erzählen von den Dingen, die ich da vor mir gehabt habe.«*

Nur wenige andere wussten die Schätze aus Mexiko gebührend zu würdigen, wenngleich auch der offizielle Historiker Westindiens, Peter Martyr, von der Federkleidung begeistert gewesen war. Karl V. und seine Minister hatten überhaupt keinen Sinn für sie und ließen das Gold und Silber schon bald einschmelzen und die kostbaren Steine herausnehmen. Von all den Werken, die DÜRER gesehen hatte, hat offenbar nur ein Werk überlebt – ein heute in der Österreichischen Nationalbibliothek befindlicher Codex ohne materiellen Wert, der als Kuriosität aufbewahrt wurde.

Hernán Cortés, Letters from Mexiko, übers. v. A. R. Pagden, New York 1971, und Dürers Briefe, Tagebücher und Reime, übers. v. Moritz Thausing, Osnabrück 1970 [1872]

Die Inka, ein Stamm unbekannter Herkunft, gründeten ihre Hauptstadt Cuzco im frühen 13. Jahrhundert und wurden nach etwa 200jährigen lokalen Fehden die herrschende Macht. Ihr Organisationsgenie ist nur noch mit dem der Römer zu vergleichen. Es fand seinen Ausdruck in imponierenden Werken ziviler und militärischer Architektur von massiver Festigkeit. Die große ›Königliche Straße der Berge‹, 9 m breit und von Mauern flankiert, zog sich geradlinig über 6000 km vom Süden des heutigen Kolumbien bis nach Chile. Es war die Hauptlinie eines feinmaschigen Nachrichtensystems, das die Spanier erstaunte, da in Europa nichts Vergleichbares existierte. In Cuzco gab es große mörtellos gefügte Mauern aus polygonalen Blöcken ▸12.26. Charakteristisch für die späte Inkazeit sind kleine, rechtwinklig behauene Quader, die reihenweise ohne Mörtel übereinander geordnet wurden. Die verschiedenen Konstruktionstechniken wurden in der befestigten Stadt Machu Picchu verwendet, wo sie den Sturm von fünf Jahrhunderten überdauert haben ▸12.22;23. Diese Stadt liegt auf einem Sattel der Anden, und die steilen Abhänge zum Tal hin (610 m) sind mit Terrassenfeldern bedeckt. Die Gebäude-

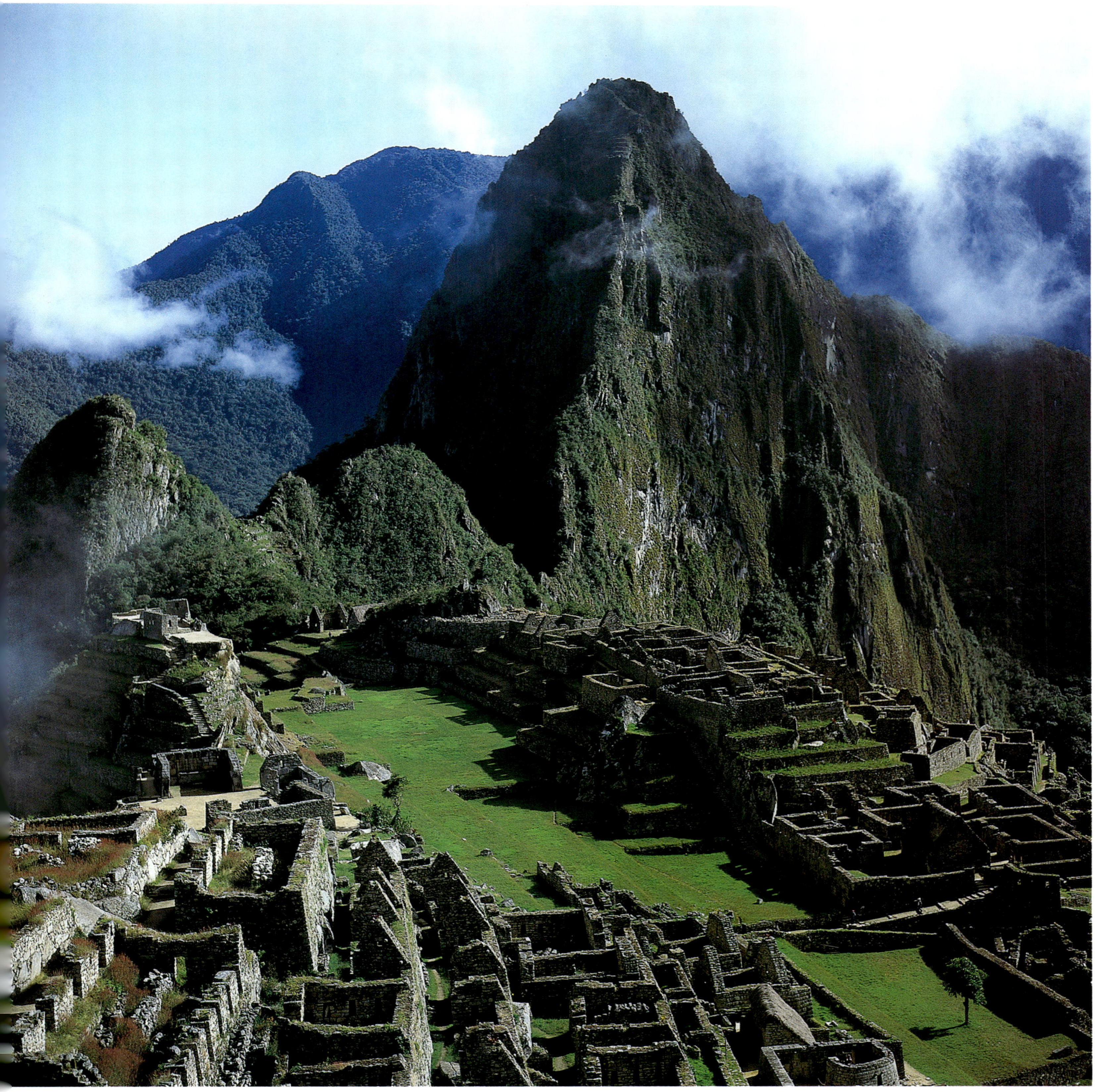

.22 Die Felsenfestung
achu Picchu, Peru, um 1500.

formen waren während des Inkareiches standardisiert: rechteckig oder rund mit trapezförmigen Türen und Fenstern. Architektonischer Schmuck ist selten. Auf Textilien und Keramikgefäßen herrschen geometrische Muster vor ▸12.25, die Farbgebung ist nüchtern, der Formenreichtum gering. Naturformen erscheinen nur auf kleineren geschnitzten Gegenständen, bei Gold- und Silberarbeiten. Die dargestellten Figuren sind getrieben, doch war auch das Wachsausschmelzverfahren bekannt, das zuerst in den nördlichen Anden angewendet und dann im Reich der Chimu vervollkommnet wurde, von wo Kunsthandwerker nach Cuzco kamen. Lamas, die einzigen Lasttiere, und Alpakas, die Wolle für die Kleidung lieferten, sind die bevorzugten Motive in den Tierdarstellungen ▸12.24. In der Kunst wie in der Struktur des gesamten Inkareiches fällt die Starrheit der Form auf. Das Reich wurde totalitär von einem Despoten regiert, den man als ›Sohn der Sonne‹ bezeichnete, und von einer Adelskaste verwaltet. Das Volk bezahlte seine Steuern in Form von Arbeit (es gab kein Geld und offiziell auch keinen Privatbesitz). Die Struktur war tatsächlich so starr, dass Francisco Pizarro und seine 180 spanischen Ge-

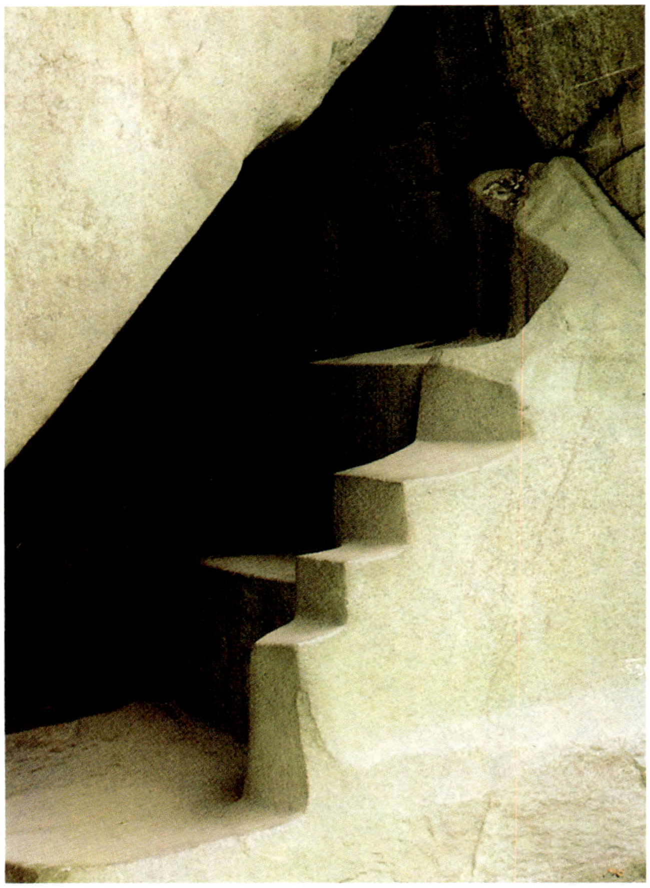

12.23 Aus dem Fels gehauene Kultstätte unter dem Observatorium, Machu Picchu, vor 1500.

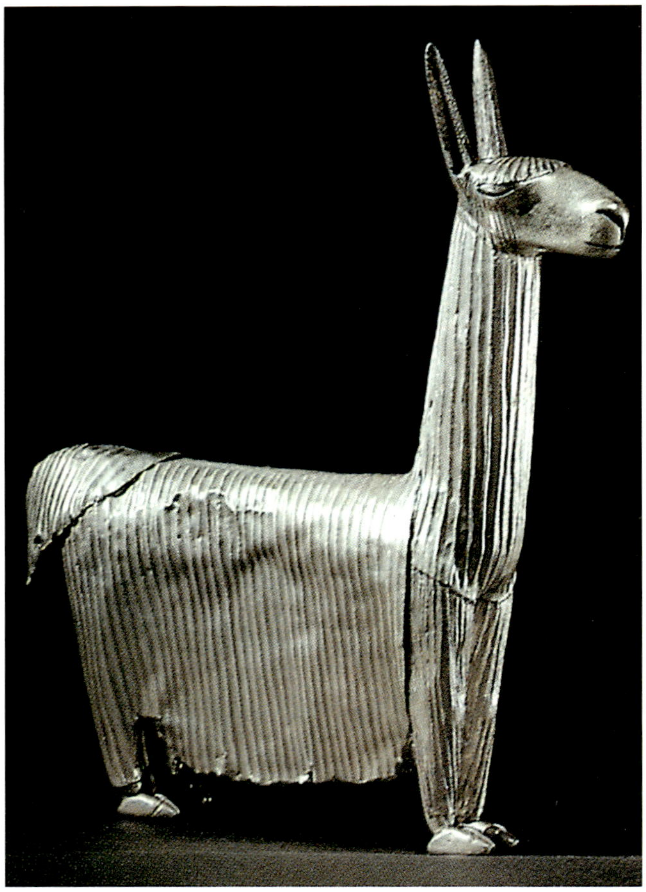

12.24 *Alpaka*, Cuzco-Stil, um 1500, Silber, Höhe 24cm. American Museum of Natural History, New York.

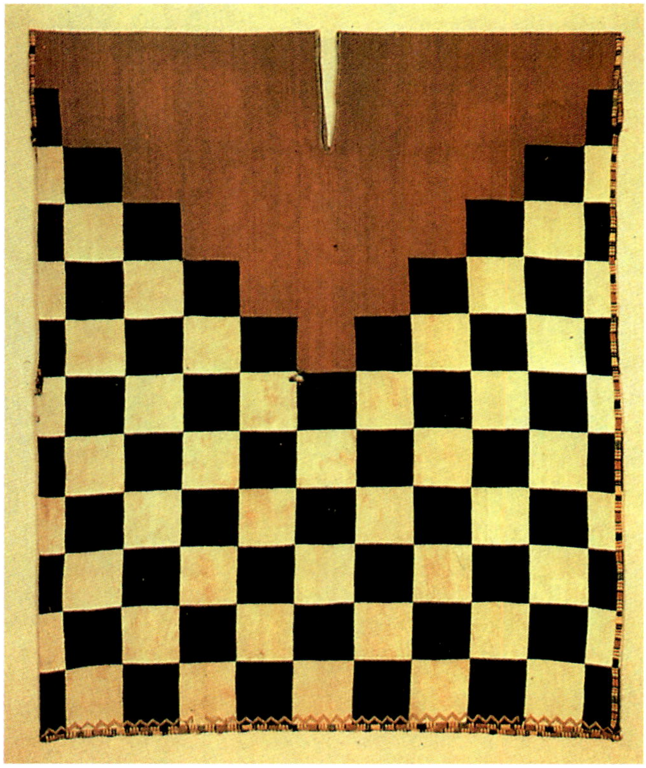

12.25 Inka-Poncho, 1400–1530, Wolle und Baumwolle, Höhe 92cm. Staatliches Museum für Völkerkunde, München.

folgsleute das gesamte System intakt übernehmen konnten, indem sie im Jahre 1533 den letzten Herrscher entthronten und erhängten.

## Afrika

Im Unterschied zu Amerika war Afrika nie ganz von Europa und Asien abgeschnitten. Ägypten war die wichtigste Scharnierstelle. In der Antike war dieses Land eng mit den Zivilisationen Westasiens und Europas verbunden, und ein Jahrhundert lang wurde es auch von Pharaonen aus Nubien – dem heutigen Sudan – regiert, bevor es ein hellenistisches Königreich und damit Teil des Römischen Reiches wurde. Das Christentum breitete sich im 4. Jahrhundert gen Süden bis nach Äthiopien aus. Ägypten war auch der Brückenkopf für die Ausdehnung des Islam über Nordafrika und die Ostküste hinab bis zu jenen Küstenstädten, die seit langem Handel mit Arabien, Iran, Indien und noch ferneren Ländern trieben. In diesen Gebieten wurden sogar Münzen der Tang-Dynastie Chinas ausgegraben. Die westafrikanischen Städte an der Atlantikküste waren mit dem Mittelmeer durch ein Netzwerk von Karawanenwegen verbunden, die durch die Sahara führten. Die Religion folgte dem Handel, und der Islam breitete sich bereits vor 1100 bis nach Mali aus. Die Europäer waren Nachzügler: Erst 1471 segelten portugiesische Seefahrer die Atlantikküste bis zum Äquator hinab, und erst 1498 umrundeten sie erstmals das Kap und reisten die Ostküste entlang nordwärts. Dort sahen sie, dass Städte wie Mombasa »viele helle Häuser aus Stein und Mörtel haben, sehr gut in Straßen

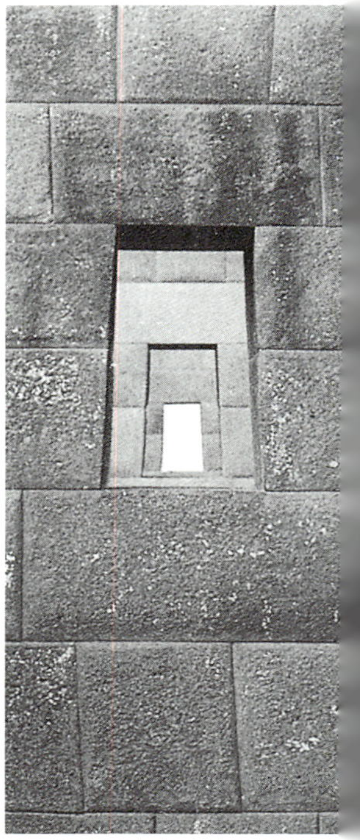

12.26 Coricancha, Sonnentempel von Cuzco, Blick durch eine Flucht von Fensteröffnungen, vor 1500.

angeordnet... mit hervorragend geschnitzten Holztüren und ausgezeichneten Schreinerarbeiten«. Doch lange gelang es den Europäern lediglich, vereinzelte Küstenstellungen zu begründen. Die afrikanischen Staaten, eifersüchtig übereinander wachend und durchaus in der Lage, eindringende Seefahrer abzuwehren, behaupteten im Allgemeinen ihre kulturelle Unabhängigkeit, wenn auch nicht immer die wirtschaftliche.

Die Kunstgeschichte Afrikas südlich der Sahara ist schwer nachzuvollziehen, nicht nur aufgrund mangelnder schriftlicher Zeugnisse, wobei Reiseberichte eine Ausnahme bilden. Unter diesen sind die ersten bemerkenswerten diejenigen des marrokanischen Gelehrten Ibn Battuta, der 1331 Südwestafrika und 1352 Mali bereiste. Die erhaltenen Skulpturen sind außerordentlich vielfältig, doch die Verwendung vergänglicher Materialien führte dazu, dass viele Werke der natürlichen Zerstörung anheim fielen. Die Tatsache, dass sich ein aus Holz geschnitzter Tierkopf, der sich mittels der Radiokarbonmethode auf etwa 750 n. Chr. datieren lässt, in einem wassergefüllten Erdloch in Angola erhalten hat, war ein glücklicher Zufall ▸ 12.27. Eine reiche Tradition der Holzbildhauerei, die bis in das 1. Jahrtausend zurück reicht, brachten die Tellem und ihre Nachfolger, die Dogon, im Süden des heutigen Mali hervor. Ihre bis weit in das 20. Jahrhundert lebendige Kultpraxis und die Aufbewahrung von Grabbeigaben in den Witterungseinflüssen entzogenen Felswänden von Bandiagara sorgten für die Erhaltung einer Vielzahl von Objekten. Im Übrigen aber gehören zu den wenigen Holzarbeiten aus der Zeit vor dem 18. Jahrhundert wohl nur jene, die der deutsche Kaufmann C. Weickmann vor 1659 nach Europa brachte (heute im Ulmer Museum) sowie zwei eher grobgeschnitzte Statuetten, die 1695 über Portugal nach Italien gelangten (heute im Museo L. Pigorini, Rom) und somit der Zerstörung durch Termiten entgingen. Auf ähnliche Weise hat sich zufällig eine Reihe von Raphiabast-Stoffen aus dem Königreich Kongo in einem Klima erhalten, das ihnen zuträglicher war als das des Regenwaldes. Einer dieser Stoffe, wahrscheinlich ein Kissen für einen Königsthron, zeichnet sich nicht nur durch seine raffinierte Musterung, sondern auch durch die technische Vollkommenheit des Gewebes mit seiner Kombination von glatten Abschnitten und Plüsch aus ▸ 12.28. Doch musste die Textiltradition zu dieser Zeit bereits viele Jahrhunderte alt gewesen sein. Arbeiten aus haltbaren Materialien – Stein, Terrakotta, Elfenbein und Metall – wurden wohl vorwiegend nur im westlichen und südlichen Afrika hergestellt, bilden aber wahrscheinlich nur ein Segment der gesamten künstlerischen Produktion. Und selbst dort haben sich keine Gegenstände gefunden, wo eineinhalb Jahrtausende die antiken Terrakotten der Nok-Kultur (s. S. 117) von den frühesten bekannten Bronzen trennen.

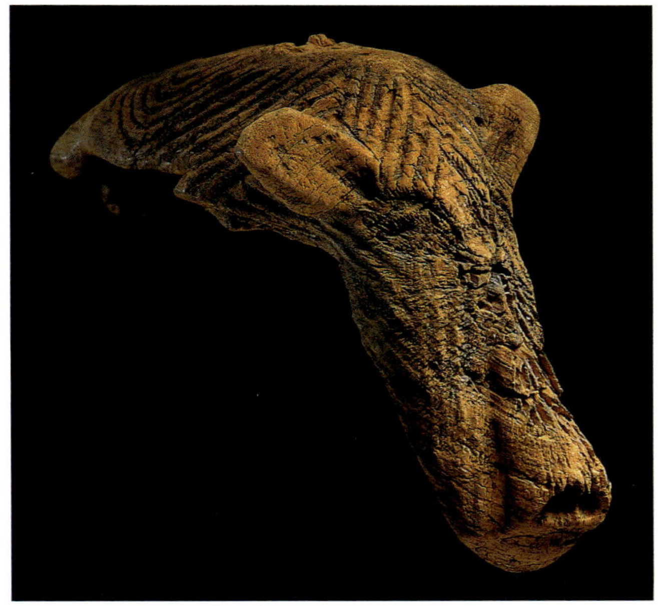

12.27 *Zoomorpher Kopf*, aus Zentralafrika, um 750, Holz, 50,5 x 15,5 cm. Musée royal de l'Afrique central, Tervuren, Belgien.

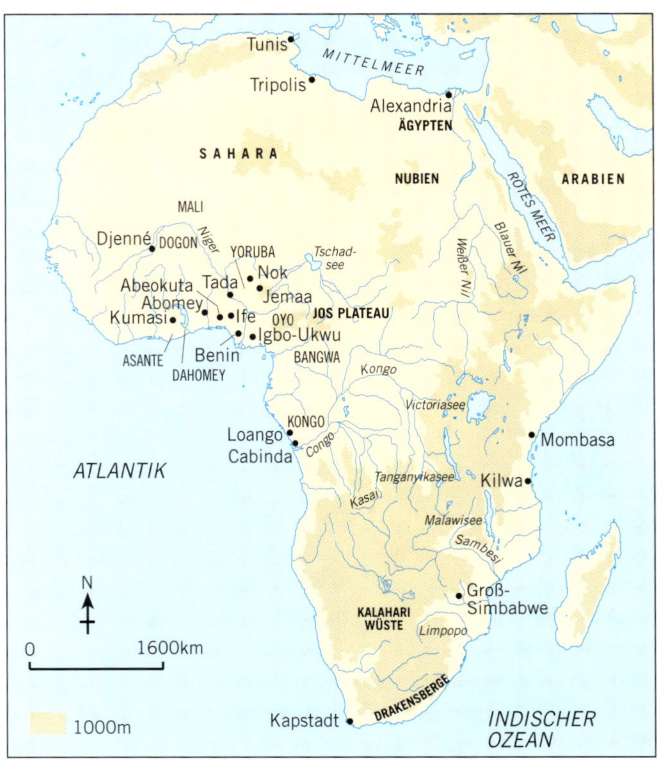


Afrika.

In Asien und Europa folgte der Bronzezeit eine Eisenzeit. In Westafrika stand jedoch das Eisen am Anfang und wurde vor dem Ende des 1. Jahrtausends v. Chr. zur Herstellung von Waffen, landwirtschaftlichem Gerät und vielleicht auch Kultbildern benutzt, die aber schon lange dem Rost zum Opfer gefallen sind. Die Einführung des Eisens wird in den Mythen als kulturelle Großtat gefeiert. Seine Verarbeitung wurde bis vor kurzem von Ritualen begleitet und geschützt, indem Fremde von den Werkstätten, vermutlich alten Ursprungs, ausgeschlossen blieben. Eine vollkommene Beherrschung des Bronzegusses beweisen dann plötzlich Funde, die wahrscheinlich aus dem 9. oder 10. Jahrhundert n. Chr. stammen und in dem Dorf Igbo-Ukwu im östlichen Nigeria entdeckt wurden. Bei einem Wassertopf, eingeschlossen von einem Netz aus nachgeahmtem Seil, handelt es sich um eine virtuose, im Wachsausschmelzverfahren hergestellte Arbeit, die ebenso elegant gestaltet wie kunstfertig ausgeführt ist ▸ 12.29. Andere Objekte desselben Fundorts sind mit leuchtend bunten Glasperlen inkrustiert oder mit kunstvollen ornamentalen Mustern im Flachrelief geschmückt. Von höchster Feinheit sind die Gegenstände in Gestalt von Schlangen oder Muscheln. Die Legierung von Kupfer, Zinn und einem hohen Anteil an Blei ist ungewöhnlich, wenn nicht einzigartig. Über die Herkunft der Metalle wie auch über die Frage nach dem Anlass der Erfindung der Gusstechnik herrscht Ungewissheit. Zusammen mit den Bronzen wurden robuste gebrannte Tongefäße mit aufwendigen, eingeritzten und modellierten Dekor und viele tau-

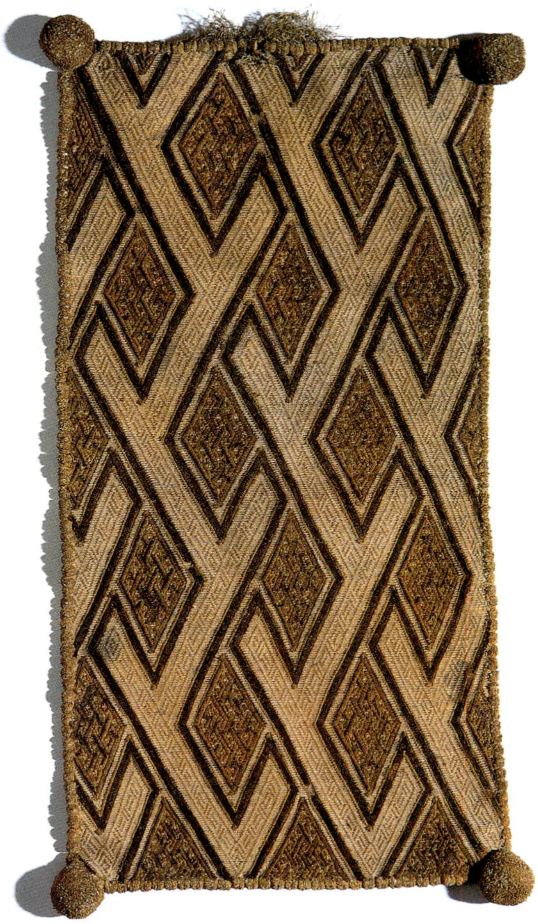

12.28 Kissenbezug der Kongo, Angola, frühes 17. Jahrhundert, Raphiabast und Pigment, 24 x 47 cm. Pitt Rivers Museum, Oxford.

12.29 Bronzegefäß mit imitiertem Seilgeflecht, aus Igbo-Ukwu, Ostnigeria, 9./10. Jh., Bronze, Höhe 32,3 cm. Nationalmuseum, Lagos.

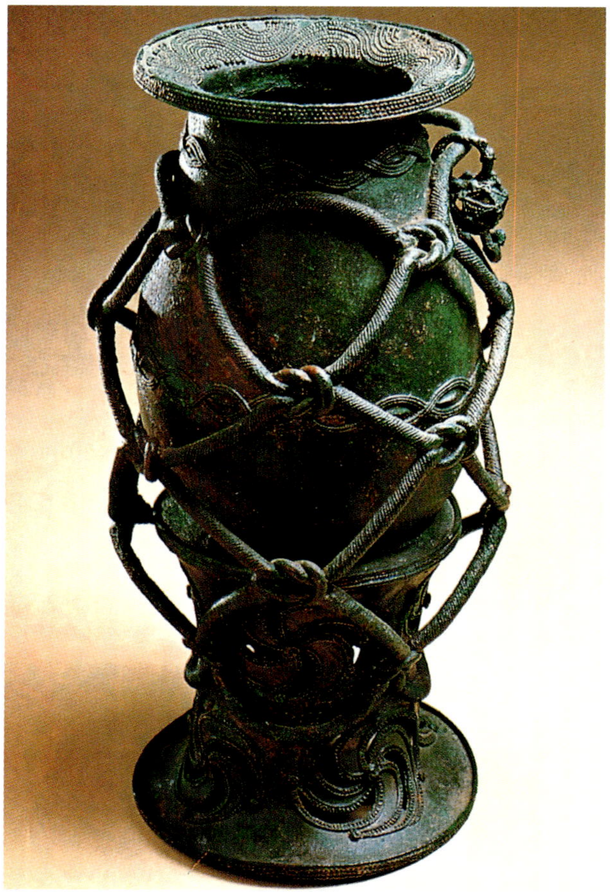

send Glas- und Karneolperlen gefunden. Aber man weiß nichts über die Menschen, von denen und für die diese luxuriösen Gegenstände hergestellt wurden. Die außergewöhnliche Kunst von Igbo-Ukwu ist archäologisch ohne Vorläufer, und sie verschwand, ohne eine Nachfolge gehabt zu haben.

Ein andersartiger, figürlich-plastischer Stil wurde etwa zwei Jahrhunderte später in Ife geschaffen, einem wichtigen religiösen und politischen Zentrum im Südwesten Nigerias. Die Ife-Plastik ist von einem Selbstbewusstsein, das ohne eine lange vorhergehende Entwicklungsperiode kaum hätte erreicht werden können. Die ersten noch erhaltenen Beispiele wurden im 12. oder 13. Jahrhundert, etwa 400 Jahre nach der Gründung der Stadt geschaffen ▸ 12.31. Zu ihnen gehört der Kopf einer Königin, ein Meisterwerk eines maßvollen Naturalismus. Menschliche Züge sind in ein Bildnis umgesetzt, das heiter und außerordentlich lebenswahr ist. Der aufwendige Kopfputz ist bis ins kleinste Detail wiedergegeben. Die vollen Lippen sind durch eine kleine Ausbuchtung an ihren äußeren Rändern betont, und die oberen Augenlider überlappen die unteren in den Winkeln mit der winzigen Andeutung eines Blinzelns. Andere ebenfalls jugendlich wirkende Köpfe sind diesem stilistisch ähnlich, ebenfalls idealisierend, doch weichen sie dabei auf eine Weise ab, dass sie Porträts sein könnten, mit einer Vorliebe für das, was die Yoruba in Nigeria ›jijora‹ nennen: eine verhaltene Ähnlichkeit mit dem Gegenstand, etwas zwischen höchster Abstraktheit und vollkommener Ähnlichkeit. Sie wurden aus Terrakotta modelliert oder in Kupfer bzw. Messing gegossen. Bei dem Kopf eines Königs ▸ 12.32 dienten die Löcher um den Mund der Befestigung eines Schleiers aus Glasperlen. Es gibt auch Bronzestatuetten von stämmigen, reich gewandeten Königen. Eine noch bemerkenswertere gegossene Kupferfigur, die im Dorf Tada am Niger, etwa 190 km nördlich von Ife, gefunden wurde, könnte das Werk eines Bildhauers einer verwandten, jedoch unabhängigen Schule sein ▸ 12.34.

Die Figur ist etwas mehr als halb lebensgroß, die Körperproportionen und Züge sind naturgetreu zu einem spannungsvollen Umriss vereinfacht. Diese naturalistischen Werke entstanden zur gleichen Zeit wie andere, bei denen die menschlichen Formen zu kaum erkennbaren Abstraktionen reduziert wurden. Weiter stromaufwärts am Niger, in Djenne (Mali), wurde etwa im 13. Jahrhundert ein völlig unterschiedlicher, gespannt-expressiver Stil entwickelt, der in kleinen Figuren zum Ausdruck kommt, die Kinn und Bart herausfordernd vorstrecken ▸ 12.30.

Als man zu Beginn unseres Jahrhunderts in Ife die Terrakotta- und Bronzeköpfe entdeckte, nahm man an, dass eine Verbindung zum Mittelmeer bestanden haben müsse. Sie stehen jedoch in ihrem Wesen der gleichzeitigen buddhistischen Kunst Indiens und Südostasiens sehr viel näher als der europäischen Kunst, obwohl es keine Beweise für einen direkten Kontakt mit diesen Kulturgebieten gibt. Tatsächlich wurde in Europa in der Zeit nach dem Niedergang des Römischen Reiches und selbst noch einige Jahrhunderte nach der Entstehungszeit der besten Ife-Arbeiten keine Skulptur von so großer technischer Vollkommenheit, geistiger Ruhe und Klarheit geschaffen. Die Metalle dürften aus den Gebieten jenseits der Sahara importiert worden sein, und den technischen Verarbeitungsprozess könnten die Moslems vermittelt haben, die damals als die geschicktesten Metallarbeiter galten, wenn auch ihre Arbeiten niemals naturalistisch waren. Die Eigenständigkeit dieser westafrikanischen Kunst ist gleichwohl unübersehbar

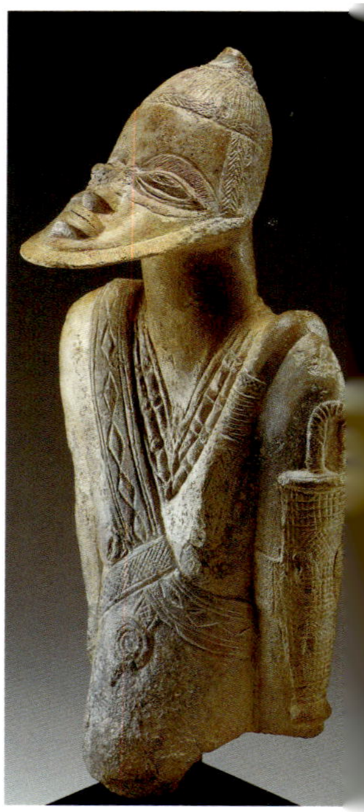

12.30 Bärtige Figur, aus Djen Mali, 14. Jh., Terrakotta, Höhe 38 cm. Detroit Institute of Art, Eleanor Clay Ford Fur for African Art.

12.31 *Kopf einer Königin*, 12./13. Jh., Terrakotta, Höhe 25 cm. Museum of Ife Antiquities, Ife, Nigeria.

12.32 *Kopf eines Ooni (König) von Ife*, Yoruba, 12.–15. Jh., Messing, Höhe 31 cm. Museum of Ife Antiquities, Ife, Nigeria.

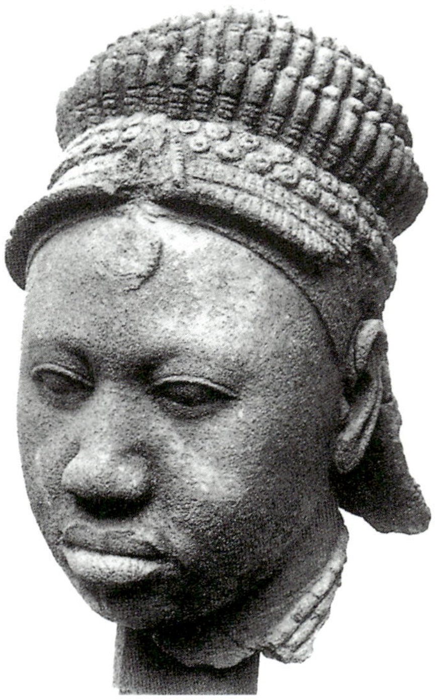

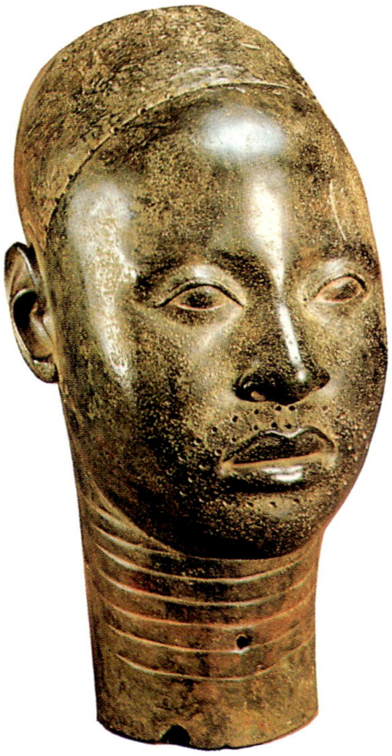

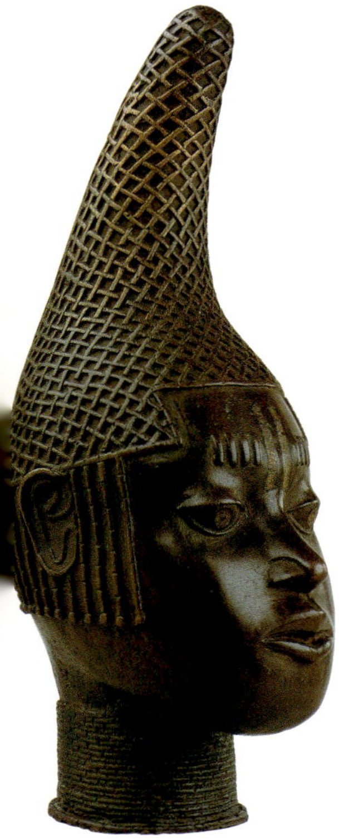

12.33 *Kopf einer Königin-Mutter*, Nigeria, um 1500–1550, Bronze, Höhe 39 cm. British Museum, London.

bar. Die lebenswahren Bildnisse der Könige entstanden wohl für Begräbnisrituale und den Ahnenkult, von dem die Könige ihre Autorität bezogen. Bezeichnenderweise ist die Plastik der Stadt Benin stilisierter als die von Ife, nachdem in den Jahren um 1480 Handelsbeziehungen mit Portugal aufgenommen worden waren.

Einander widersprechende lokale Traditionen schreiben die Gründung der Schule von Benin einem Meister von Ife oder den Portugiesen zu. Einige Ähnlichkeiten mit der Kunst von Ife zeigen ein edler Bronzekopf einer jungen Königin-Mutter, von dem mehrere Versionen existieren ▸12.33, und eine mächtige und trotzdem sehr fein geschnitzte Elfenbeinmaske, die wahrscheinlich für den Oba oder König von Benin gefertigt wurde, der zu der Zeit regierte, als die Portugiesen ankamen ▸12.35. Die Portugiesen, die als langhaarige und bärtige Köpfe in der Krone erscheinen, tauschten Kupfer und Messing gegen Elfenbein und Sklaven und wurden auch auf einigen Reliefplatten und Statuetten aus Bronze abgebildet. Ursprünglich waren diese Platten an den Säulen des Königspalastes in Benin angebracht. Sie sind in ihrer Form rechteckig, was in der afrikanischen Kunst sehr selten ist. Thematisch befassen sich diese Platten mit der Geschichte und den Ritualen des Königreiches. Die rahmenähnliche Form kann mit den europäischen Buchillustrationen zusammenhängen, die im 16. Jahrhundert mit den Portugiesen nach Benin gekommen sein könnten. Stilistisch haben die Platten jedoch wenig mit der europäischen Kunst der damaligen Zeit gemeinsam. Die Figuren stehen isoliert vor einem fein gemusterten flachen Hintergrund, frontal ausgerichtet, steif in der Haltung, jedoch voll geballter Energie. Jeder Gestalt sind die Insignien ihres Ranges beigegeben. Eine Platte zeigt einen Oba, der zwei Leoparden opfert oder seine Macht über sie bekundet, indem er sie an ihren Schwänzen herumschwingt ▸12.36. Seine Beine sind fischförmig gestaltet, was auf den Meeresgott Olokun hinweist, vielleicht aber auch darauf anspielt, dass die Füße des Königs nicht mit der Erde in Berührung kommen sollten. Der Oba sah sich als Abkömmling eines Oni (oder König) von Ife, der als Sohn eines Gottes galt, und diese Tradition isolierte ihn von seinen Untertanen. Er besaß ein Monopol auf Bronzeskulpturen (Häuptlinge durften ihre Ahnenfiguren nur in Terrakotta anfertigen), und die Metallarbeiter waren deshalb Diener des Oba. Die Kunst der Benin war eine dynastische Kunst und stand so eng im Zusammenhang mit den Ritualen im Dienst göttlichen Königtums, dass sie sich nur wenig verän-

12.34 *Sitzende Figur*, aus Tada, mittlere Nigerregion, spätes 13.–14. Jh., Kupfer, Höhe 53,7 cm. Museum of Classical Antiquities, Lagos.

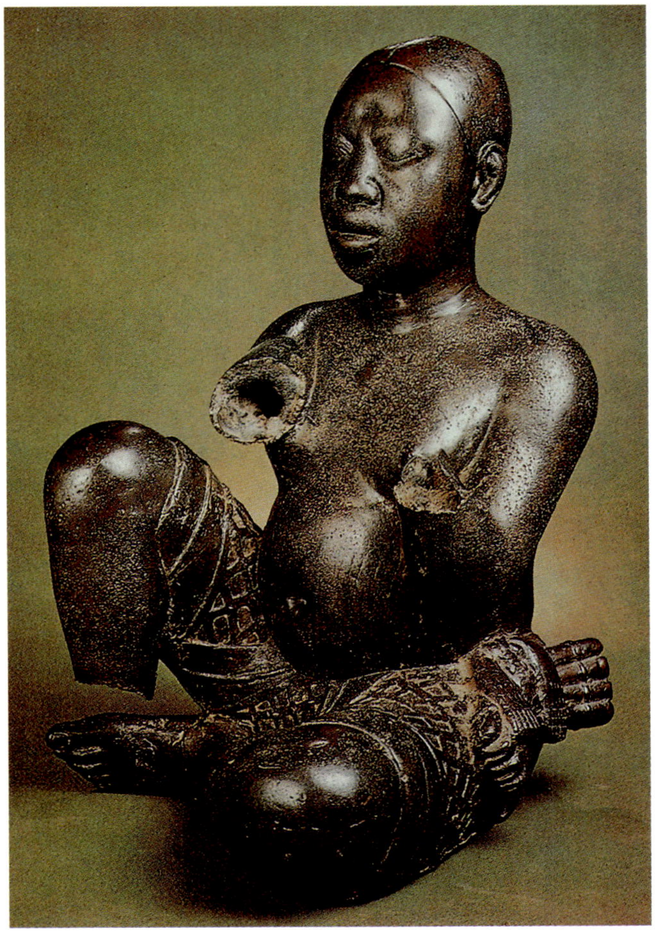

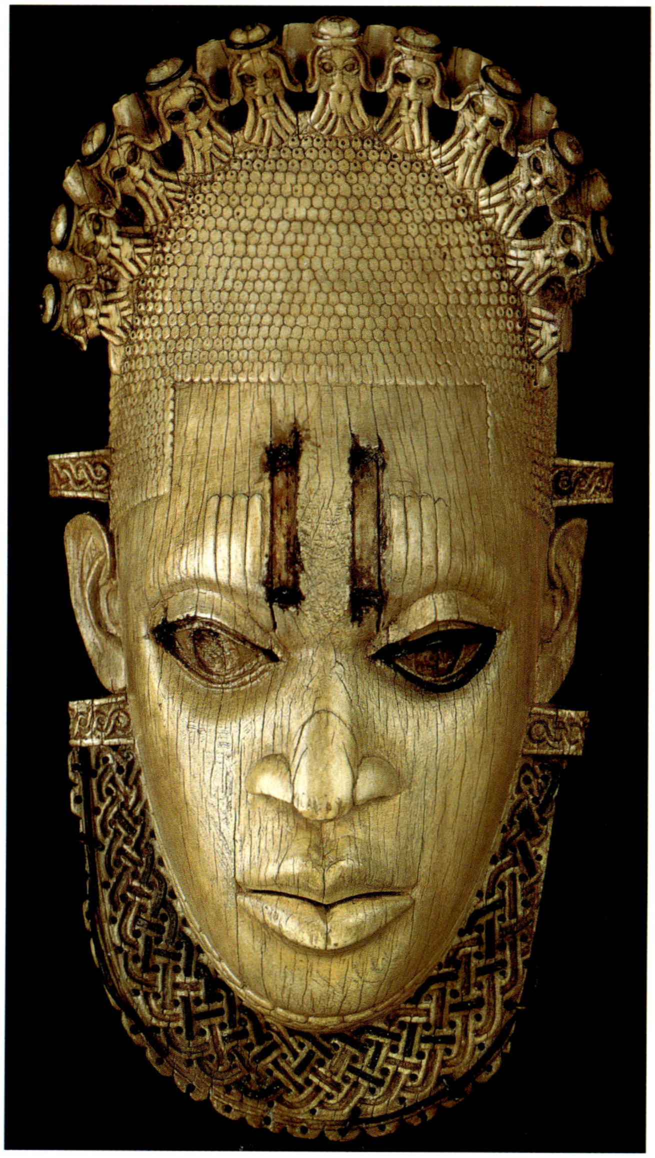

12.35 Brust- oder Hüftmaske, Benin, Nigeria, frühes 16. Jh., Elfenbein, Höhe 25 cm. British Museum, London.

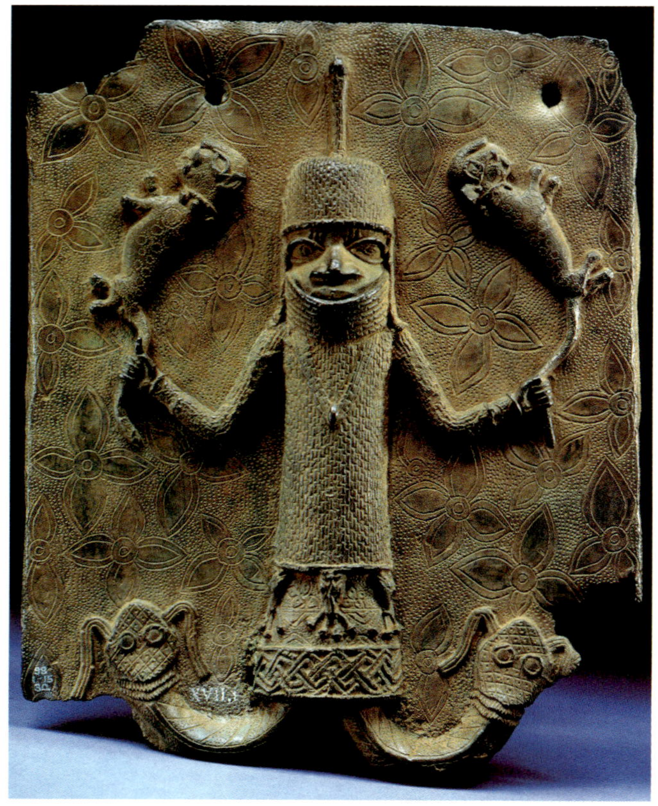

12.36 *Der Oba von Benin als Halbgott*, 16. Jh., Bronze, Höhe 40 cm. British Museum, London.

derte. Einige neue Objekttypen entstanden im frühen 18. Jahrhundert, als größere Mengen Bronze (vor allem durch den Sklavenhandel) zur Verfügung standen. Die Bildhauer arbeiteten jedoch weiter nach ihrer altehrwürdigen Tradition, wenn auch mit einigem Verlust an Vitalität, bis im Jahre 1897 eine britische Strafexpedition den Oba beseitigte, seinen Palast plünderte und die meisten seiner Kunstwerke fortschaffte.

Der Palast des Oba, der fast die ganze Stadt Benin einnahm, bestand aus Lehmziegeln und Holzbalken; die Wände und Pfosten waren mit den bereits erwähnten Reliefplatten verkleidet. Die Räume ordneten sich um Höfe, und die Dächer fielen schräg nach innen ab, um das Regenwasser in Zisternen sammeln zu können – ein wenig wie bei einer antiken römischen Villa. Mit Stein wurde offenbar nur in Ostafrika gebaut. In Groß-Simbabwe sind eindrucksvolle Überreste erhalten geblieben ▸12.37; 38, die Zeugnis ablegen von der Größe und Bedeutung dieser einst wichtigen Hauptstadt eines Königreiches, das sich vom Sambesi bis zum Limpopo erstreckte – ein Gebiet, das die wichtigsten Goldlagerstätten umschloss – und den Gipfel seiner Macht und seines Reichtums in der Mitte des 15. Jahrhunderts erreichte. Zu diesen Überresten zählen Gebäude mit elliptischem Grundriss sowie ein konischer Turm innerhalb einer massiven Einfriedungsmauer von etwa 9 m Höhe und fast 240 m Gesamtlänge, verkleidet mit sauber geschnittenen Granitblöcken ▸12.38. An mehr als hundert weiteren Fundstätten sind Ruinen von Steinbauten entdeckt worden. Die Überreste der Handelsstädte an der Küste, darunter auch Kilwa – das der arabische Reisende Ibn Battuta 1331 als »eine der schönsten und bestgebauten Städte der Welt« beschrieb –, beweisen, wie tief die Kunst und auch die Religion des Islam in diesen Teil Afrikas eingedrungen waren.

12.37 Lageplan von Groß-Simbabwe.

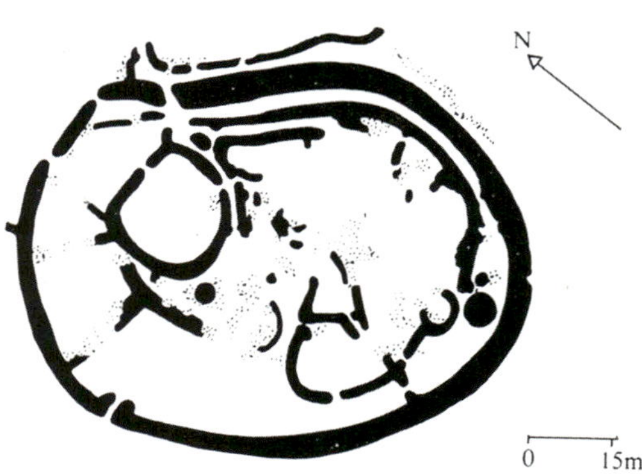


## Die islamische Welt

Zu Beginn des Tagebuchs der Reise, die zur Entdeckung der Neuen Welt führen sollte, berichtet Kolumbus, wie er, einige Monate bevor er im August 1492 die Anker lichtete, die Banner der spanischen Könige »siegreich auf den Türmen der Alhambra emporsteigen« sah. Im gleichen Augenblick schritt der letzte der moslemischen Emire von Granada aus dem Tor der Stadt, um die Hände der katholischen Majestäten Ferdi-

QUELLEN UND DOKUMENTE

## Dapper über Benin

Der früheste europäische Bericht über den Königspalast von Benin wurde 1668 in Amsterdam von Olfert Dapper (gest. 1690), einem Arzt und Sammler historisch-geographischer Werke, veröffentlicht. Dapper war selbst nie in Afrika gewesen, aber seine Darstellung beruht auf älteren holländischen Berichten, die aus erster Hand zu stammen scheinen. Deutsche und englische Übersetzungen erschienen 1670. Dapper nahm in seiner Publikation auch Stiche von Benin auf, aber diese scheinen auf der Basis mündlicher Berichte in Europa entstanden zu sein und nicht nach vor Ort angefertigten Skizzen, so dass sie von geringerem Interesse sind.

Dapper zufolge waren die Stadtmauern von Benin 4,8 km lang und 3 m hoch, bestanden aus einer Doppel-Palisade aus dicken Baumstämmen, die mit leichteren Pfählen zusammengebunden und mit rotem Ton verkleidet waren. Die Tore bestanden aus massivem Holz, waren 2,4 bis 2,7 m hoch und 1,5 m breit, drehten sich in Angeln und führten auf die Hauptstraßen der Stadt. Insgesamt gab es dreißig Hauptstraßen, die völlig gerade und 36,6 m breit waren. Die Häuser waren in Reihen angelegt, und obwohl selten mehr als einstöckig, waren sie ziemlich geräumig. Jedes von ihnen hatte einen eigenen Brunnen mit frischem Wasser. Der Königspalast, der sich auf einem Areal befand, das ebenso groß war wie die Stadt selbst, erregte Dappers besonderes Interesse. Sein Bericht ist schon deshalb so wichtig, weil der Palast 1898 zerstört wurde. Bei Dapper heißt es: *»Das Schlos des Koeniges ist viereckig und stehet auf der rechten Seite der Stadt wan man zu Gottenischen Tohre hineinkomt. Es ist wohl so grosz als die Stadt Harlem und rund herum mit einer sonderlichen Mauer umgeben. Es ist in viel praechtigen Wohnungen eingeteilet und hat schoene lange viereckichte Lustgaenge, die ohngefaehr grosz seynd als die Boerse zu Amsterdam. Doch einer ist groesser als der andere. Das Tach derselben stehet auf hoelzernen Seulen, welche von unten bis nach oben zu mit Missinge ueberzogen, darauf ihre Krieges tahten und Feldschlachten seynd abgebildet. Alles wird sehr reinlich unterhalten. Die meisten koeniglichen Wohnungen seynd mit Palmenblaettern ueberdeckt, an stat viereckichter Breter: und ein ieder Guebel ist mit einem Tuernlein geziert, welches oben spitz zu leuft. Darauf stehen Vogel von Kupfer gegossen, mit ausgebreiteten Fluegeln sehr kuenstlich nach dem Leben gebildet.«*

Dapper berichtet weiter vom König: *»Nur einmahl des Jahrs kommt er auf einen gewissen Festtag aus seinem Hofe vor die Gemeine. Und alsdan erscheinet er zu Pferde im königlichen Schmucke auf das praechtigste ausgezieret. Drey oder vierhundert Edelleute folgen ihm so wohl zu Pferd als zu Fusze mit einer groszen maenge Spielleute; welche so wohl hinten als vornen sich befinden und auf allerley Spielzeugen sich hoeren laszen... Als dan lesset etliche zahme Leuparden, die er zu seiner Lust haelt, an Ketten herum fueren, als auch viel Zwaerge und Tauben, damit er sich ebenmaeszig erlustiget.«*

Armand Duchâteau, Benin. Kunst einer afrikanischen Königskultur, München/New York 1995

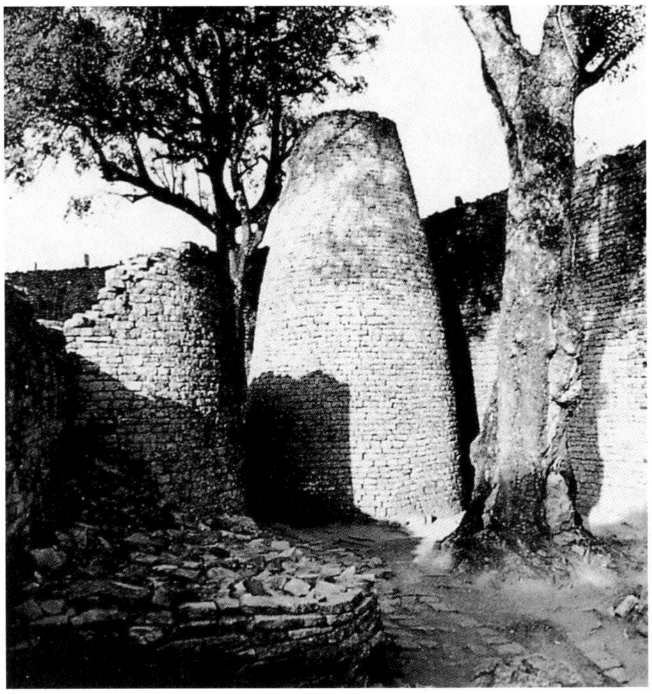

.38 Haus eines Stammes-
-uptlings, um 1470,
-oß-Simbabwe.

nand und Isabella zu küssen. Ein beinahe 700jähriger Krieg zwischen Christen und Moslems in Spanien war zu Ende. Ferdinand und Isabella nahmen den wohl luxuriösesten Palast des damaligen Europa in Besitz. Begonnen als Wohnsitz eines jüdischen Veziers um die Mitte des 11. Jahrhunderts, als ein Fleckenteppich halb unabhängiger islamischer Staaten drei Viertel der iberischen Halbinsel bedeckte, wurde die Alhambra, nachdem Granada im späten 13. Jahrhundert Hauptstadt eines Emirates geworden war, zur Palaststadt ausgebaut.

Unter den Emiren von Granada blühte die islamische Kunst, und die Alhambra ist das schönste Denkmal des spanisch-maurischen Stils. Wie in einem Brennspiegel zeigt sie auch den paradoxen Charakter der gesamten islamischen Architektur, die sich gleichzeitig an die Sinne, den Intellekt und die Seele wendet, und besonders ihre Fähigkeit, sich Elemente aus anderen Traditionen anzuverwandeln und zu neuen Formen zu gestalten, die so unverwechselbar moslemisch sind wie der Turban und das Gewand des Mullah. Die Alhambra gehört in die gleiche Überlieferung mittelmeerischen Palastbaus wie die großen römischen Kaiserpaläste, von denen so viel weniger erhalten blieb. In der Alhambra umschließt ein

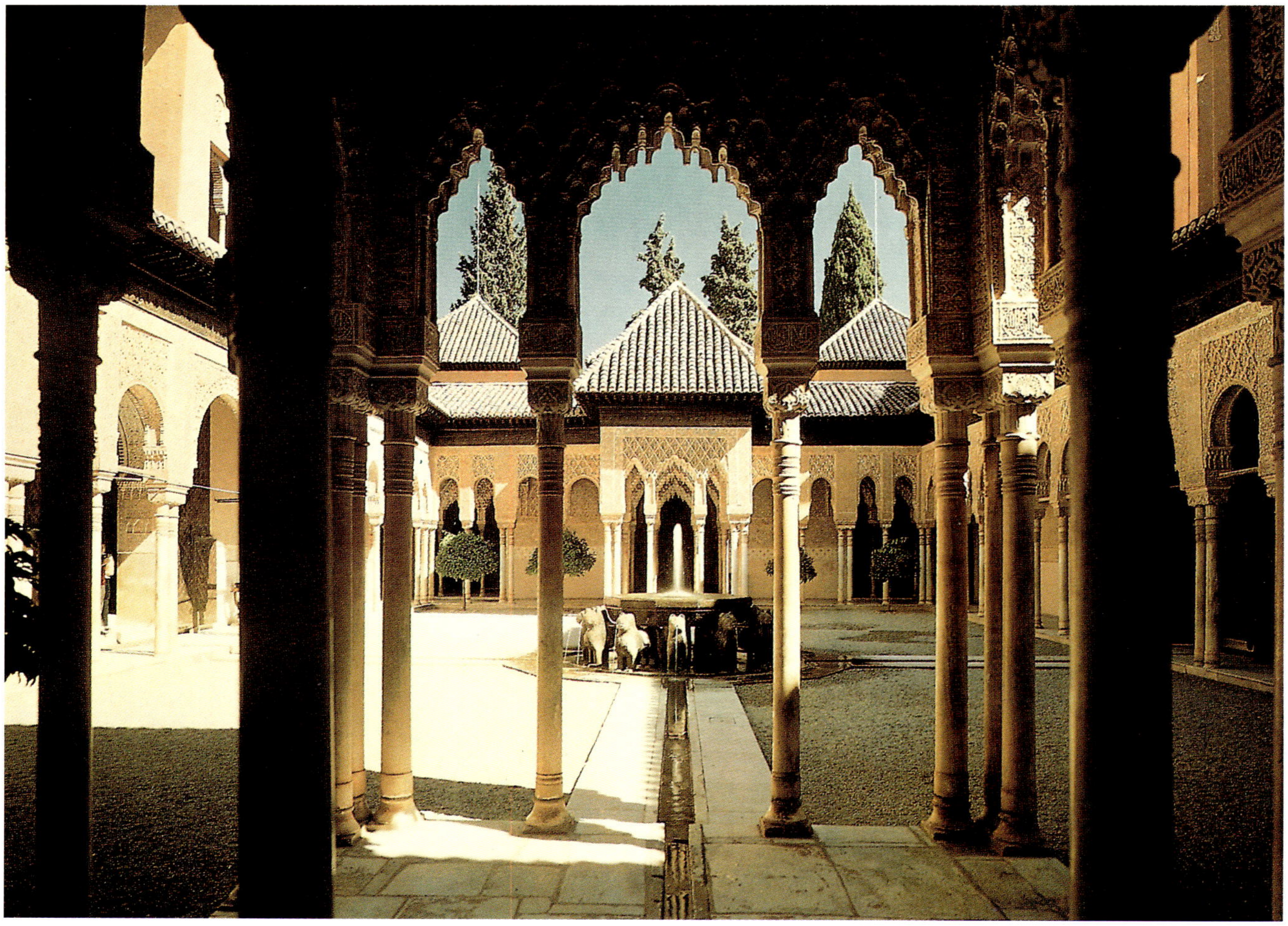

12.39 Der Löwenhof der Alhambra, Granada, 1354–1391.

abweisend strenges und befestigtes Äußeres einen Komplex kühler Räume, geschickt beheizter Bäder, sonnendurchfluteter Höfe. Die Wandflächen sind überzogen mit raffiniert erdachten Dekorationen als Rahmen für ein Leben von kultiviertem Luxus. Zugleich zeigen sich an den ins Auge fallenden Stellen Inschriften zum Preis Allahs mit Anspielungen auf die Vergänglichkeit alles Irdischen. Hier finden sich säulenumgebene Innenhöfe mit Pflanzengrün und rinnendem Wasser wie in Domitians Palast in Rom oder Hadrians Villa in Tivoli. Kuppelsäle mit kosmischer Symbolik erinnern an das Goldene Haus des Nero. In der Alhambra gehen alle diese eindrucksvoll symmetrisch gruppierten Räume unerwartet ineinander über wie die aufeinander folgenden Episoden einer der ziellos schweifenden Geschichten aus *Tausendundeine Nacht*.

Der erlesenste Teil der Alhambra, der Löwenhof, ist ein hellenistisches Peristyl, das durch islamisches Kultur- und Gedankengut neues Leben und tieferen Bedeutungsgehalt gewonnen hat ▸12.39;41. Die schlanken Säulen, auf denen die Bogen leicht aufruhen, stehen nicht im gleichen Abstand. Manchmal einzeln, manchmal paarweise in regelloser, aber rhythmischer Folge, treten sie an beiden Enden des Hofes anmutig vor, um Pavillons zu bilden. Einander durchdringende überdeckte und offene Räume modulieren das Licht und mildern scharfe Kontraste. Wie sich seine Intensität und seine Einfallrichtung vom Morgen bis zum Abenddämmer wandeln, so verwandelt das Licht auch sanft die optische Erscheinung des Hofes und der anschließenden Räume, löst ihre Substanz zu einem unwirklichen und schwerelosen Eindruck auf. Stuck und Fayencemosaik bedecken die Wände vollständig mit abstrakter Ornamentik, deren geometrischer Charakter (selbst

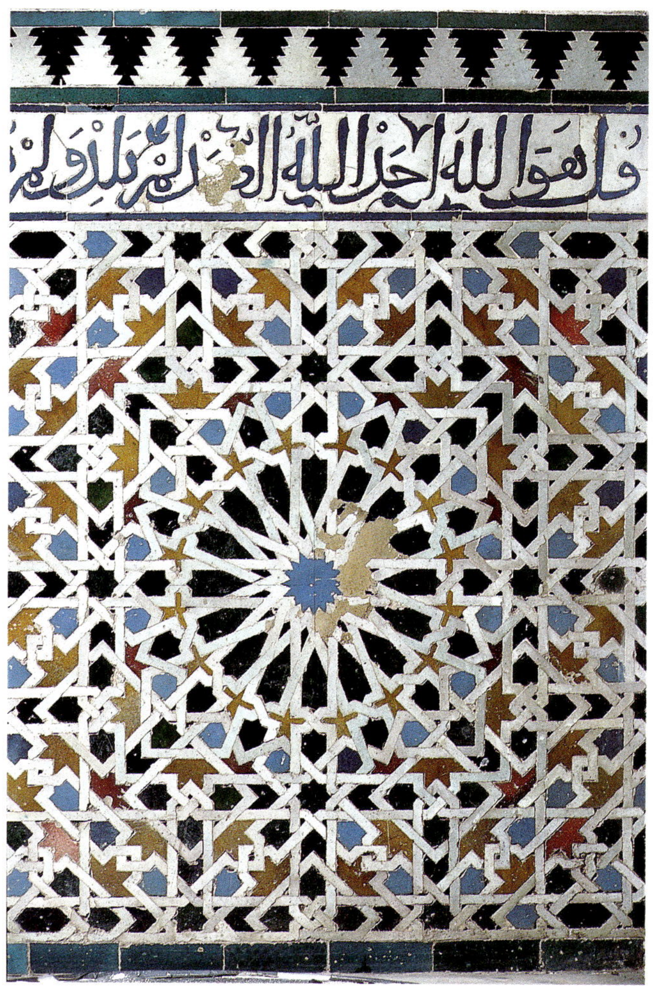

12.40 Dekor aus Stuck und Fayencemosaik in der Alhamb ▸12.39.

bei vegetabilen Formen) durch die zugrunde liegende mathematische Struktur zutiefst islamisch ist ▸12.40. Es gibt keinen Hintergrund, jedes Motiv nimmt in gleicher Weise aktiv am Gesamten des Musters Anteil. Genau wie auf die kosmische Symbolik des anschließenden Kuppelsaales durch Versinschriften hingewiesen wird, spiegelt diese Ausschmückung mit Myriaden von Teilen wesentliche Charakterzüge und Werte des Islam. Man hat die Ornamentik sogar als Übertragung der kosmischen Schau islamischer Mystik ins Sichtbare gedeutet. Nicht weniger typisch islamisch ist, dass sie sich nicht nach außen, sondern nach innen wendet. Licht und Schatten, Wasser und Stein gehen eine Symbiose ein, wie die köstlichen Motive an den Kapitellen der Säulen und an den Wänden. Wasser funkelt aus dem Brunnen in der Mitte und rieselt in vier sich kreuzenden Kanälen, um einen Vorgeschmack des Paradieses zu vermitteln, eines spezifisch islamischen himmlischen Paradieses, wie es der Koran für die Gläubigen beschreibt – »Gärten, durch welche Bäche fließen, wo sie für immer bleiben sollen«. Mit diesen mystischen Anspielungen verträgt sich auch die Vorstellung eines mehr sinnlichen Paradieses physischen Wohlbehagens und wollüstiger Ausschweifungen. Die vier Wasserläufe erinnern an die vier Flüsse, die dem Garten Eden entströmen, oder die vierteiligen Gärten (Tschehar Bagh) im späteren Iran und in Indien. Auch die komplexe Symbolik um den Brunnen des Lebens in der christlichen Kunst- und Gedankenwelt kann assoziiert werden. In der islamischen Kunst jedoch ist das Symbol weit eher Metapher als Allegorie, daher mehrdeutig und kann manchmal seinen Sinn ins Gegenteil verkehren. Die zwölf Löwen des Brunnens zum Beispiel sollten, wie ein Gedicht des 11. Jahrhunderts belegt, ursprünglich auf Salomon, den ersten großen Palasterbauer, hinweisen. Als sie im 14. Jahrhundert neu verwendet wurden, um das Mittelstück des Hofes zu bilden, wurden sie zu ›Löwen des Heiligen Krieges‹, vielleicht in Anspielung auf die Einnahme von Algeciras im Jahre 1369, den letzten Triumph des Islam in Spanien.

Die Vertreibung der Moslems aus Spanien im Jahr 1492 war nur ein unbedeutender Rückschlag für den Islam, der damals an allen Abschnitten seiner weit gespannten Grenzen – von Afrika bis Indonesien und quer durch Zentralasien zum Balkan – im Vormarsch war. Aber sie veranlasste Ferdinand und Isabella, Kolumbus' epochemachende Fahrt zu finanzieren, deren erklärtes Ziel es war, mit dem ›Großkhan‹ Verbindung aufzunehmen, der als Hauptgegner des Islam in Asien galt. Sie scheinen nichts von den Wandlungen gewusst zu haben, die sich in den letzten 300 Jahren dort vollzogen hatten. Das riesige Mongolenreich, das Dschingis Khan (1167–1227) errichtet hatte, war unter seinen Nachkommen zwar erweitert, aber auch aufgeteilt worden. Ein Enkel, Kubilai, gründete die Yuan-Dynastie der chinesischen Kaiser, deren Herrschaft nach weniger als einem Jahrhundert 1368 endete (s. S. 506ff.). Ein anderer Enkel, Hulagu, der den dynastischen Titel eines Ilkhan annahm, wurde Herr des westlichen Gebiets von Iran über Mesopotamien bis nach Syrien und zerstörte 1258 Bagdad (s. S. 324). Er war ein entschiedener Gegner des Islam und sympathisierte mit dem Christentum. Sein Urenkel jedoch, der 1295 als fünfter Ilkhan an die Regierung kam, war bereits Moslem. Somit wurde der Islam erneut Staatsreligion des Iran, der noch einmal zu einem der großen Zentren islamischer Kunst und Kultur aufstieg.

Unter den Mongolen kamen die dekorativen Künste Chinas und des Iran in enge Beziehung, es gab gegenseitige

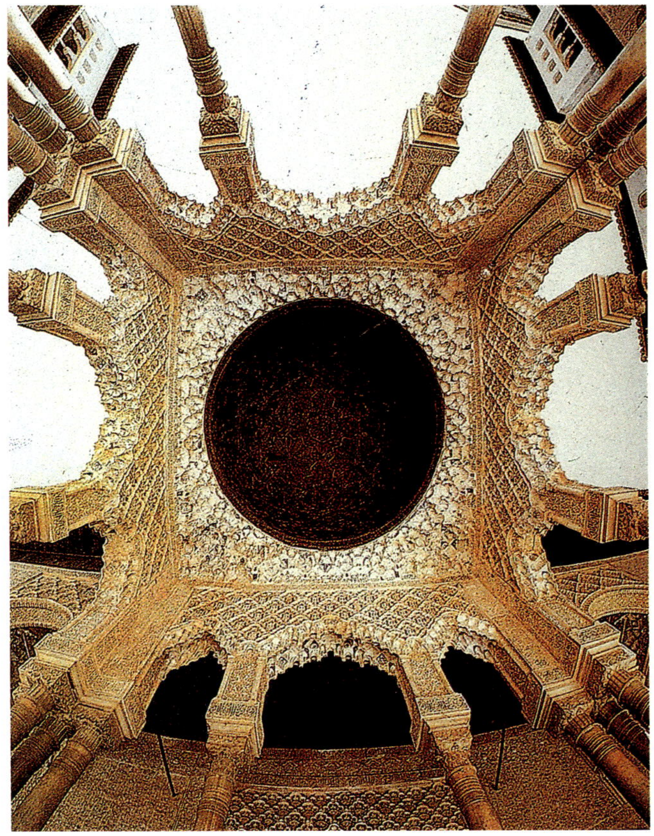

12.41 Kuppel über dem Löwenhof der Alhambra, Granada, 1354–1391.

Einflüsse, aber die religiöse Architektur des Iran bewahrte über die annähernd ein Jahrhundert währende Unterbrechung hinweg seldschukische und ältere Traditionen – oder kehrte zu ihnen zurück. Der ›Iwan‹, der letztlich aus der sassanidischen Architektur stammt (s. S. 319f.), blieb das charakteristische Element: ein großes nischenartiges Gebilde in der Mitte einer oder mehrerer Seiten eines Innenhofes, das auch zur Portalgestaltung verwendet wurde. In Yazd, gut 300 km südöstlich von Isfahan, bildet ein außergewöhnlich hoher und schöner Iwan, bekrönt von Minaretts, die an seldschukische Grabtürme erinnern, den Eingang zum Hof der Freitagsmoschee ▸12.42. Er ist von einem komplizierten System von Strebepfeilern in die Höhe gestützt und dient keinem praktischen Zweck, nur der Repräsentation und Dekoration für eine ältere Moschee. Seine Außenhaut ist mit glasierten Fliesen überzogen, wie sie seit dem frühen 14. Jahrhundert in der iranischen Baukunst eine führende Rolle spielten und noch den massivsten Bauten etwas von farbenfreudiger, schimmernder Zerbrechlichkeit verleihen ▸12.53; 54.

Auf die weitere Entwicklung der Kunst und Architektur im Iran hatte der Wechsel der Dynastien kaum einen Einfluss. Nach 1380 wurde das Land dem Reich des Timur Lenk (1336–1405) einverleibt, eines Fürsten von türkisch-mongolischer Herkunft, dessen Heere Asien überfluteten und im Norden bis Moskau, im Süden nach Indien und im Westen bis Zentralanatolien vordrangen. Aber er war nicht nur ein erbarmungsloser Eroberer, sondern auch ein bemerkenswerter, wenn auch kaum weniger gewalttätiger Mäzen – wenn ihm ein Bauwerk nicht gefiel, ließ er dem Architekten den Kopf abschlagen! Er holte Künstler und Kunsthandwerker aus allen eroberten Gebieten nach Samarkand und machte aus dieser seiner Hauptstadt das Weltwunder seiner Zeit. Die erlesene Eleganz des Mausoleums, das er für seinen Sohn errichten ließ

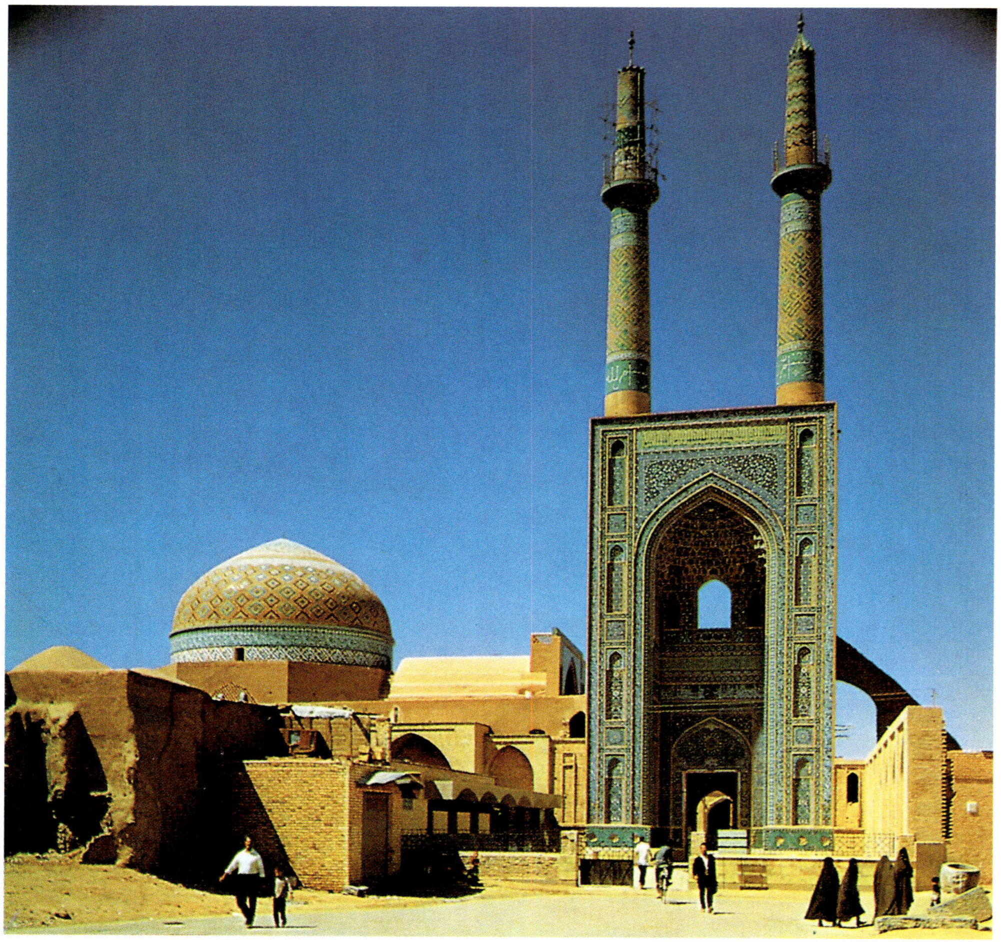

12.42 Freitagsmoschee, Yazd, Iran, vollendet 1330.

und in dem er selbst begraben liegt, scheint gar nicht seinem Charakter zu entsprechen ▸12.43;44. Der Baumeister war ein Perser aus Isfahan. Wieder sind es glasierte Fliesen, die der gerippten, weit über das Dach ragenden Kuppel ihre wundervolle Wirkung verleihen. Eine den Tambour umlaufende kufische Inschrift verkündet: ›Gott ist die Ewigkeit‹.

### *Osmanische Architektur*

Timurs Reich begann sofort nach seinem Tode zu zerfallen. Die Kleinfürsten, die er zu Vasallen gemacht hatte, gewannen ihre Unabhängigkeit zurück, und die Osmanli oder osmanischen Türken nahmen ihre nach Westen gerichtete Expansion wieder auf, die unter Timur unterbrochen worden war. Ein Clan aus Zentralasien, benannt nach dem ersten bedeutenden Anführer Osman (gest. 1324), der die Macht über das seldschukische Sultanat in Anatolien (s. S. 329ff.) errungen hatte, veranlasste 1354 die Überquerung der Dardanellen. Die osmanischen Türken nahmen 1382 Sofia ein und legten eine Zange um Konstantinopel, das ihnen 1453 anheim fiel. Danach eroberten sie rasch Griechenland, Serbien und Albanien. Um 1520 hatten sie ihr Reich auch nach Süden, über Syrien und Ägypten, ausgedehnt. Aber die Stoßrichtung nach Europa wurde beibehalten: 1521 nahmen sie Belgrad, 1526 Buda, 1529 standen sie zum ersten Mal vor Wien. Auch über den Atlantik richteten sie ihren Blick. 1513 zeichnete ein türkischer Kartograph für seinen Sultan eine Karte der Neuen Welt, und 1580 drückte ein türkischer Geschichtsschreiber der spanischen Kolonisation in Amerika die Hoffnung aus, dass »diese wertvollen Länder von der Familie des Islam erobert und – von Moslems bewohnt – Teil des osmanischen Landbesitzes werden« möchten. Damals aber war der Höhepunkt osmanischer Macht bereits überschritten. Sultane aus dem Hause Osmans herrschten jedoch noch bis 1922 – es war die langlebigste Dynastie in der Geschichte des Islam.

Sofort nach der Einnahme Konstantinopels oder Istanbul, wie es in der griechischen Umgangssprache hieß, ritt Mehmet der Eroberer zur Hagia Sophia ▸7.52, sprang auf den Altar, warf sich dort im Gebet vor Allah nieder und nahm die Kirche damit für den Islam in Besitz. Die Moslems waren immer schnell bei der Hand, wenn christliche Kirchen zu Moscheen umgewandelt werden sollten. Sie wussten auch, wie wir sahen, geschickt den Baustil der eroberten Länder ihren eigenen Absichten dienstbar zu machen. Schon bevor die Osmanen in Europa einbrachen, enthielten ihre Bauten byzantinische wie auch seldschukische Elemente. Sie hatten den Haustein dem zentralasiatischen Ziegel vorgezogen. Aber ein neuer und ausgesprochen osmanischer Stil, von dem byzantinischen Vorbild weniger abgeleitet als zum Wettstreit herausgefordert, war im 15. Jahrhundert herangereift. Der Vollendung führte ihn der Architekt SINAN (1489–1588) entgegen, der daher später KOCA MIMAR SINAN (der große Architekt Sinan) genannt wurde. Bauliche Logik ist der hervorstechende Charakterzug seiner Werke, großer, durch flache Kuppeln überwölbter Zentralräume ohne dunkle Ecken oder geheimnisvoll verschattete Anbauten. Die eher nüchterne Außengestaltung aus breitgelagerten Massen wird von schlanken, bleistiftspitzen Minaretts begleitet.

SINAN begann seine Laufbahn als Soldat, erst 1538 wurde er zum Hofbaumeister Sultan Süleymans des Prächtigen (1520–1566) ernannt. Die große Zahl der Bauten, die er in den folgenden 50 Jahren entwarf und deren Ausführung er über-

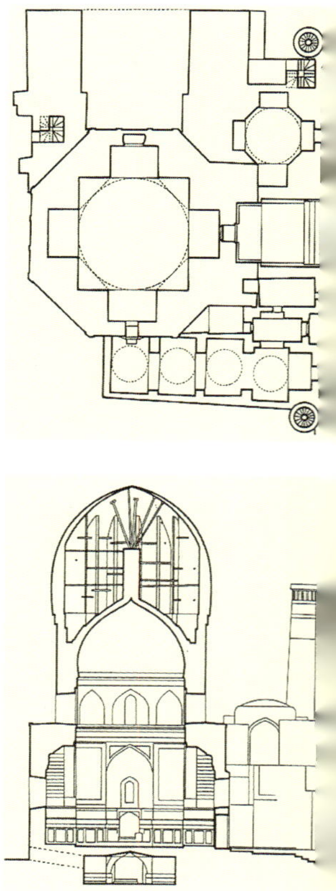

12.43 Grundriss und Schnitt des Gur-i-Mir-Mausoleums de Timur Lenk ▸12.44.

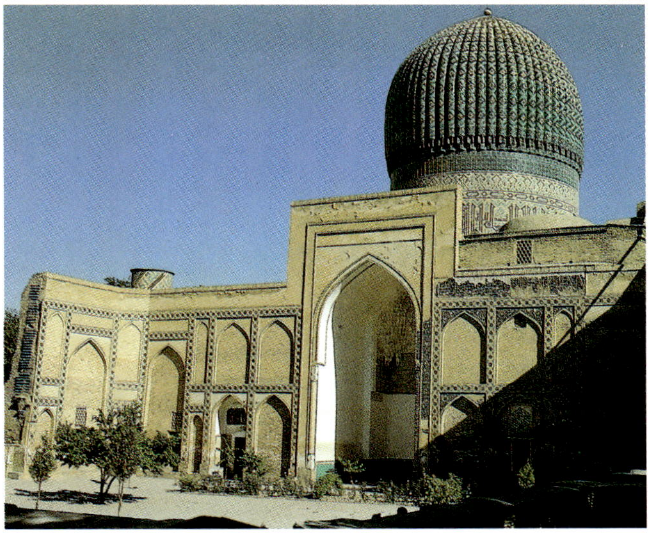

12.44 Das Gur-i-Mir-Mausoleum des Timur Lenk, Samarkand, Usbekistan, 1403–1405.

wachte, zeugt von seinem Genie und seiner unermüdlichen Tatkraft, auch von dem Reichtum der Osmanen in jener Zeit. Verlässlich werden ihm 81 Freitagsmoscheen, 50 kleinere Bethäuser, 55 Schulen, 34 Paläste, 33 öffentliche Bäder und 19 Mausoleen zugeschrieben. Die Hospitäler, Suppenküchen, Brücken und Anlagen zur Wasserversorgung eingerechnet, ergibt sich die stattliche Zahl von 334 Bauwerken. Die vielen davon, die bis heute erhalten blieben, zeichnen sich durch einen gleichbleibend hohen Standard von Entwurf wie handwerklicher Ausführung aus, meisterhaft behauenes Mauerwerk und präzis-frische Details. Die vorzüglich glasierten Fliesen für die Verkleidung der Innenwände wurden eigens in den Werkstätten von Iznik angefertigt. Schlagend der Kontrast mit der Zahl der Bauten, die MICHELANGELO in etwa der gleichen Zeit oder irgendein anderer westeuropäischer Baumeister vor dem 18. Jahrhundert schuf. SINAN konnte auch in größtem Maßstab jene Idee freistehender Zentralbauten verwirklichen, die zwar die Phantasie italienischer Renaissancearchitekten beschäftigt hatte, aber nur selten über das Entwurfsstadium hinausgekommen war.

Die funktionellen Forderungen an eine Moschee sind natürlich einfacher als die an eine katholische oder orthodoxe Kirche. Im wesentlichen besteht eine Moschee aus einem großen Saal. SINAN schuf eine eindrucksvolle Vielfalt von Räumen, die bedingt waren durch die Gestalt des Baugrundes und die Mittel der Stifter. Als sein Meisterwerk betrachtete er die Selimiye-Moschee in Edirne, der ersten osmanischen Hauptstadt auf europäischem Boden, die er Selim II., dem Sohn und Nachfolger Süleymans, erbaute ▸12.47–49. Es hatte ihn betrübt, so erklärte er später, dass nichts vom Rang der Kuppel der Hagia Sophia gebaut worden war und man vor einem vergleichbaren Bauwerk zurückschreckte. Die Selimiye besitzt nicht nur eine etwas größere Kuppel (mehr als 30 m Durchmesser), die auf acht eleganten Pfeilern aus rosigem Sandstein ruht, sondern ›korrigiert‹ auch die Anlage der Hagia Sophia durch die größere Einfachheit des zentralisierten Planes – ein in ein Viereck eingeschriebenes Achteck –, die gleichmäßige Helligkeit der Beleuchtung, die Sparsamkeit an Dekor und die monumentale Regelmäßigkeit des Äußeren, das vollkommen die Volumina des Innenraums ausdrückt. SINAN schuf damit ein Werk von Weltrang, das Meisterstück einer als Raumgestaltung aufgefassten Architektur. Mit nicht geringerem Erfolg arbeitete er auch im kleineren Maßstab, wie bei der Moschee des Sokullu Mehmet Paşa an einem beengten Abhang in Istanbul, erbaut für die Gattin des Großveziers, eine Tochter Selims II. ▸12.46. Ihr Plan zeigt ein in ein Rechteck eingestelltes Sechseck mit einer zentralen Kuppel, deren Gewicht durch vier Halbkuppeln abgefangen wird ▸12.45. Die entstehende Bauwirkung lässt sich mit keinem Bauwerk innerhalb der byzantinischen Architektur vergleichen. Für diesen intimen Bau entwarf SINAN einen Dekor von besonderer Zartheit, der Flächen weißen Marmors gegen Tafeln mit emaillierten Fliesen setzt, die den Raum mit einem sanften Türkisschimmer erfüllen.

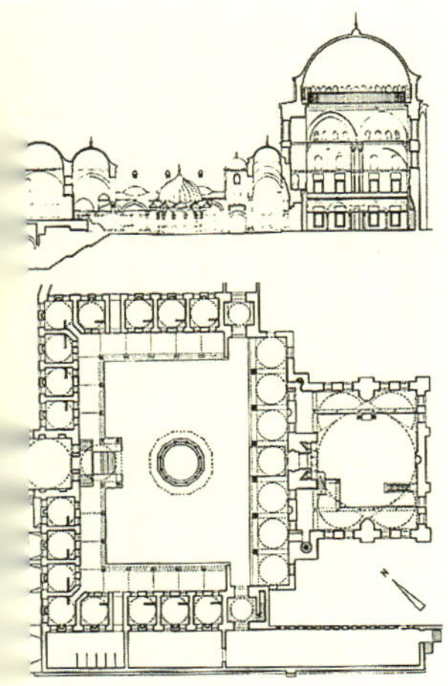

.45 Längsschnitt und undriss der Sokullu Mehmet şa-Moschee, Istanbul, 1571.

### *Safavidische Kunst*

Den mächtigsten Staat an der Ostgrenze des Osmanischen Reiches – den modernen Irak, Iran und einen guten Teil Afghanistans umfassend – beherrschte seit 1502 die Dynastie der Safaviden. Die Gebietsaufteilung korrespondiert mit dem Großen Schisma innerhalb des Islam (s. S. 323). Während die Osmanen sunnitisch waren, propagierten die Safaviden, die sich ihrer Abkunft von dem Schwiegersohn und Nachfolger des Propheten Mohammed rühmten, einen wiederbelebten und nachhaltig gestärkten schiitischen Glauben. Sie erhoben ihn zur Staatsreligion und gaben damit dem Iran seine besondere nationale Identität, die sich bis heute erhalten hat. Die Safaviden betrachteten sich auch als die Nachfolger der Herrscher des alten Persien und rühmten sich, von Cyrus dem Großen abzustammen. Wie die Miniaturgemälde zeigen, sind die Unterschiede zwischen safavidischer und osmanischer Kunst jedoch eher auf verschiedene lokale Traditionen zurückzuführen als auf Unterschiede in Politik oder Religion.

Wie bereits erläutert (s. S. 319), war die Einstellung der Moslems zur gegenständlichen Kunst von Anfang an nicht fest umrissen. Der Koran verdammt nur Götzenbilder – Überlieferungen, die sich auf die Darstellung von Menschen beziehen, wurden hingegen unterschiedlich ausgelegt. Nur aus dem reli-

12.46 SINAN, Sokullu Mehmet Paşa-Moschee, Istanbul, 1571.

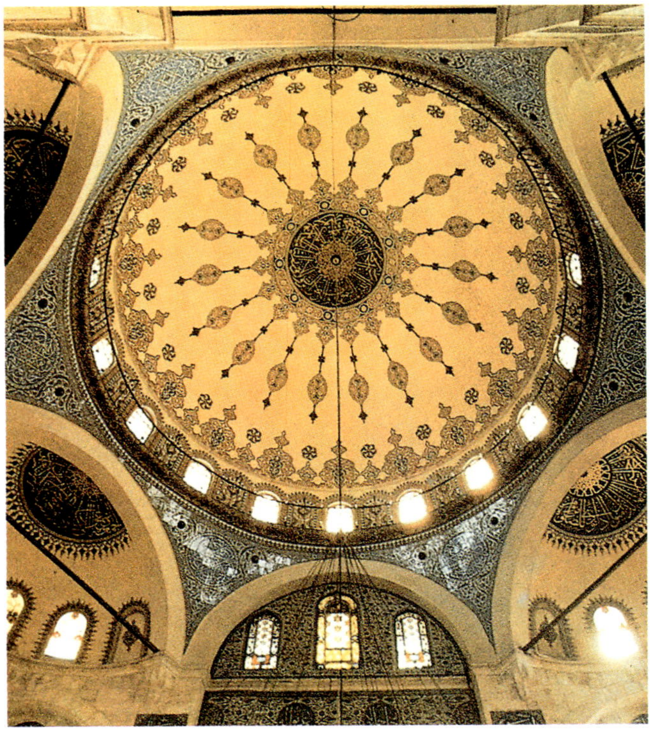

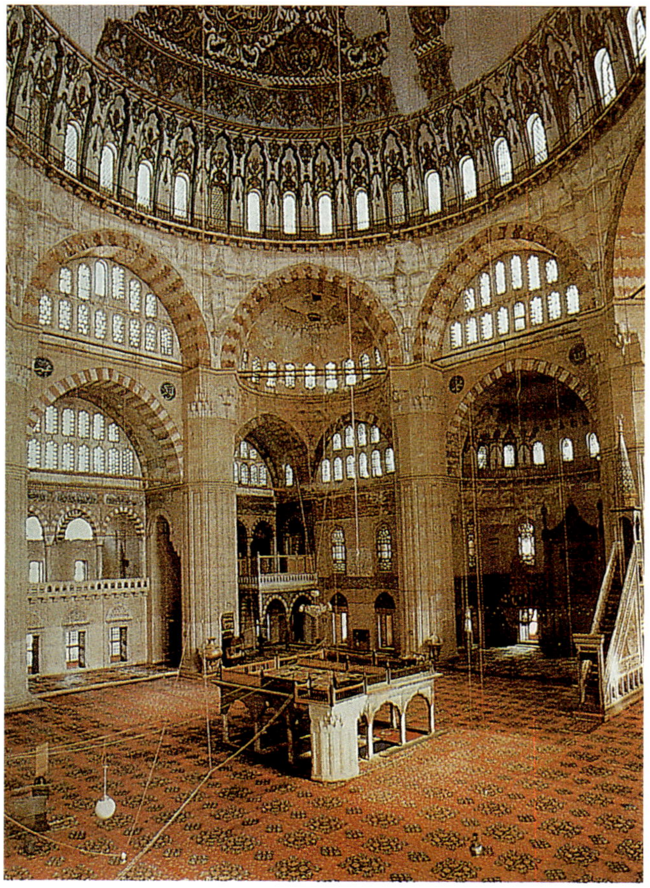

12.47 Innenraum der Selimiye-Moschee ▸12.48; 49.

giösen Bereich war sie verbannt. Figürliche Szenen dienten oft den Palastwänden zur Zier und finden sich in arabischen Manuskripten spätestens seit dem 9. Jahrhundert. Abschriften des Koran freilich wurden nicht illustriert, dafür häufig mit prachtvollen Ornamenten versehen. Durch die Mongolen kam im 13. Jahrhundert die islamische mit der chinesisch-buddhistischen Kunst in Berührung, und aus der gegenseitigen Befruchtung erwuchs – auf mesopotamischen Grundlagen – die islamische Miniaturmalerei. Schon unter dem Patronat der Herrscher von Schiraz im Südiran und der Nachfolger Timur Lenks hatte sie sich in Herat (Afghanistan) entfaltet. Voll erblühte sie aber erst unter den Safaviden von Täbris.

Eine Miniatur, die zeigt, wie der Engel Sorush (in Weiß) Gayumarth, dem legendären ersten Schah des Iran, ankündigt, dass sein goldenes Zeitalter bald zu Ende gehen werde, stammt aus einer Handschrift des *Schahnameh* (Königsbuch), des persischen Nationalepos, das der Dichter Abu'l Qasim Firdausi im frühen 11. Jahrhundert verfasste ▸12.50. In der Figurenauffassung und in landschaftlichen Motiven finden sich Parallelen zur chinesischen Kunst, doch die Gesamtwirkung der juwelenhaften Farben, des flüssigen Rhythmus der Komposition ist als Synthese zwischen östlichen (Herat) und westlichen Traditionen (Täbris) islamisch. Das Bild wird dem Maler SULTAN-MUHAMMAD (tätig etwa 1510–1545) zugeschrieben, dem größten Maler der Safavidenzeit, von dem diese Synthese ausging. Es ist ein in jeder Hinsicht kostbares Werk, Frucht jahrelanger Arbeit, mit viel Gold und Lapislazuliblau.

Solche Bilder sollten vor allem das Auge erfreuen, das den kurvigen Linien folgt, die Lebensfülle jedes kleinsten Details, besonders der Tiere, bewundernd genießt. Die vielen Miniaturen des Buches, das der erste Safavidenschah Isma'il (1502–1524) in Auftrag gegeben hatte und das unter seinem bibliophilen Sohn Tahmasp (1524–1576) vollendet wurde, sind das Werk verschiedener Hände. Der Vergleich der Kunst des einen Meisters mit der des anderen mag wesentlich zum Vergnügen des Betrachters beigetragen haben. Jede Eintönigkeit ist vermieden. Die dargestellten Szenen sind vielfältigster Art, wechseln in Farbskala und Komposition. Die einen sind in die Rahmenleisten streng eingefügt, andere sprengen sie, so dass der goldgesprenkelte Rand eher als Hintergrund wirkt. Schah Tahmasp beschäftigte eine ganze Schar von Künstlern, die alle grundsätzlichen Konventionen in der Raumauffassung, Figurentyp und so weiter folgten. Sie wurden alle den gleichen hohen Ansprüchen an allersubtilste Handwerkskunst gerecht und verfügten über eine erstaunliche Ausdrucksskala: vom Lyrischen und Visionären bis zum Humoristischen und zart Erotischen.

Miniaturmaler und Kalligraphen hatten an den safavidischen Höfen wichtige Positionen inne und standen den Schahs nahe, die diese Kunst selbst ausübten und Entwürfe für Teppiche fertigten, die in den königlichen Werkstätten hergestellt wurden. Die Kunst des Teppichknüpfens wurde bereits in vorgeschichtlicher Zeit von den Nomaden Zentralasiens gepflegt (s. S. 152f.). Die Teppiche Anatoliens (im späten Mittelalter und in der Renaissance in Westeuropa hoch geschätzt) führten die alten Traditionen fort und reduzierten Pflanzen- und Tiermotive – bedingt durch das rechtwinklige Grundgewebe, in welches die Wollfäden eingeknüpft wurden, auf geometrische Formen. Doch unter den Safaviden entstand ein völlig anderer, in technischer Hinsicht schönerer Typus mit einem Seidengrund und bis zu 400 aus verschiedenfarbiger Wolle geknüpfte Knoten pro Quadratzoll (6,45 cm): Eine Fülle naturalistisch wiedergegebener Blumen oder über die symmetrischen Muster verstreute Tiere finden wir dargestellt. Zwei der schönsten und größten Teppiche, vermutlich für den Schrein eines der Ahnen der safavidischen Schahs von Ardabil gefertigt, sind von einem

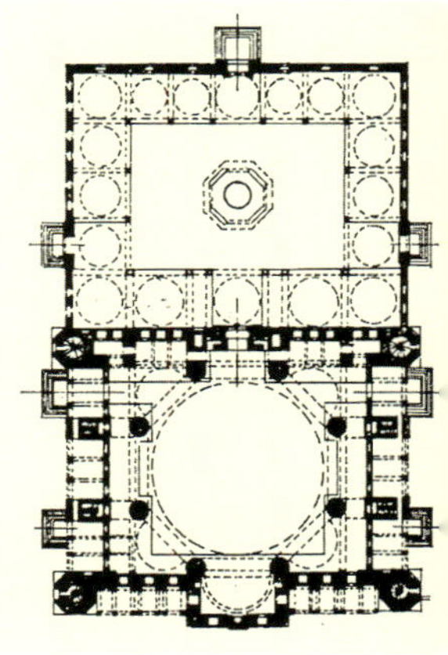

12.48 Grundriss der Selimiye-Moschee.

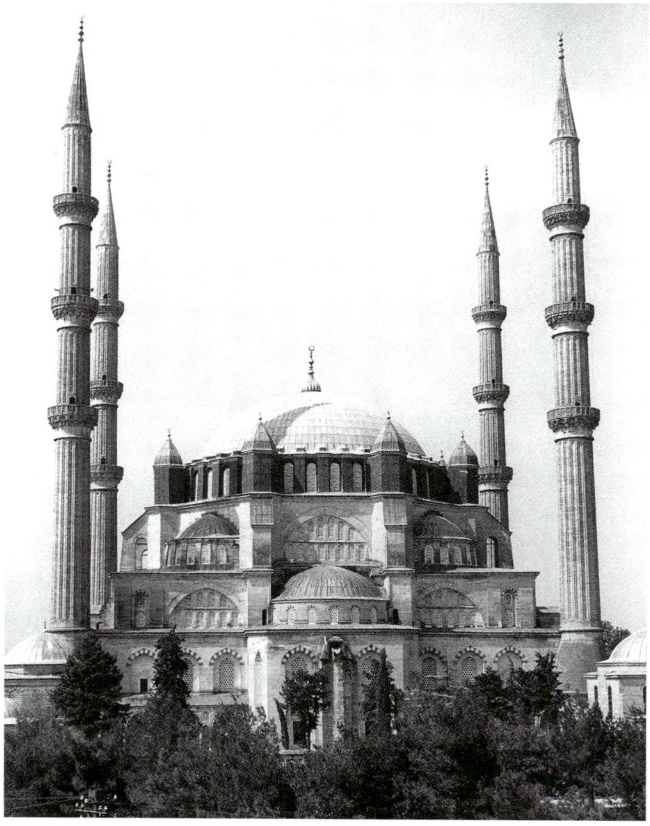

12.49 SINAN, Selimiye-Moschee, Edirne, Türkei, 1567–1574.

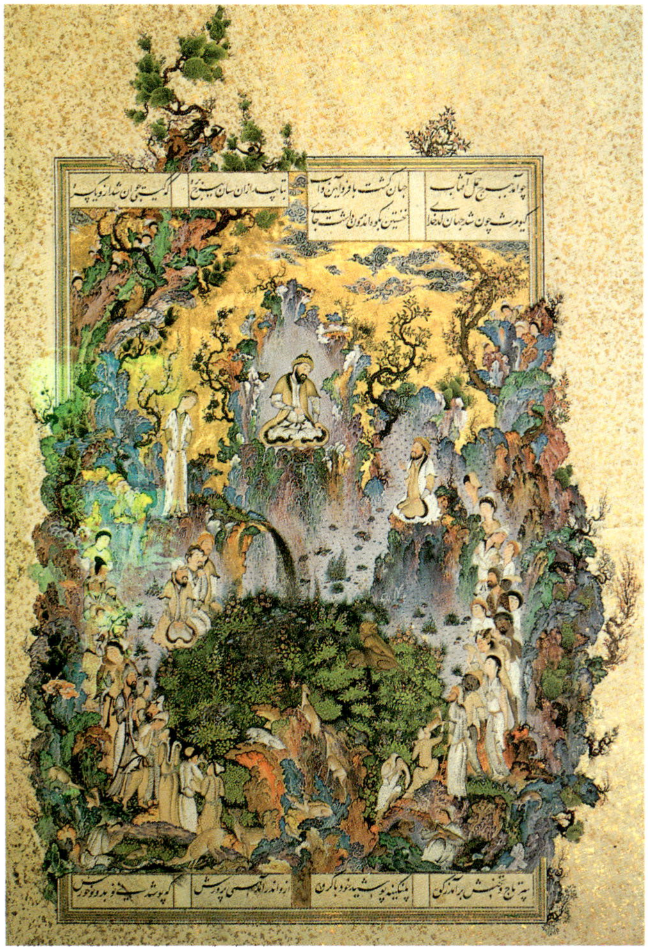

12.50 Unbekannter Künstler (SULTAN-MUHAMMAD?), *Der Hof des Gayumarth*, aus dem *Schahnameh (Königsbuch)*, um 1525–1535, Pigment und Gold auf Papier, 47,3 x 31,8 cm. The Metropolitan Museum of Art, New York.

Diener des Hofes signiert: Muqsud aus Kaschan'. Von ihm stammt wahrscheinlich der Entwurf, und er dürfte auch die Ausführung durch die zahlreichen, vornehmlich weiblichen Arbeiter überwacht haben ▸ 12.51.

Die Kalligraphen in den Handschriftenateliers beeinflussten und entwarfen mitunter auch die Inschriften auf den Kacheln der Moscheen und anderer Sakralbauten. Auf einem der schönsten Mihrabs des frühen 16. Jahrhunderts umziehen Ranken und verschlungene Blütenmuster Koranverse in der schön fließenden Thulut-Schrift ▸ 12.53. Der waagerecht verlaufende Text in der Nische ist eine Warnung an jene, die ohne Andacht und heuchlerisch beten. Die das Bogenfeld umschließende Schrift lautet: »*Seid beständig im Gebet und spendet Almosen; und alles Gute, das ihr euren Seelen vorangesandt habt, werdet ihr bei Allah wiederfinden.*« Solche Inschriften haben eine ähnliche Funktion wie diejenigen auf christlichen Altären, aber da sie in die scheinbare Unendlichkeit der raffiniert verschlungenen Motive integriert sind, keinen Fixpunkt haben und kein Raum- oder Zeitgefühl vermitteln, helfen sie dem Gläubigen, seine Aufmerksamkeit auf den Raum jenseits der Mauer zu konzentrieren, den die Kacheln wie ein glänzender Schleier verhüllen. Besser als jeder andere Werkstoff werden bemalte und glasierte Keramikkacheln den widersprüchlichen Funktionen des Mihrab gerecht, der die Gebetsrichtung festlegt, ohne selbst Gegenstand der Verehrung zu sein: Er zeigt die Bedeutung der Quiblawand zugleich physisch an und leugnet sie doch spirituell. Die einzigen naturalistischen Motive sind Blüten. Obwohl ihre Symbolik nicht festgelegt ist (wie etwa die der Lilie in der christlichen oder des Lotos in der buddhistischen Kunst), vermitteln sie doch die Vergänglichkeit des Lebens wie auch die Vorstellung der sufischen Mystik von der Immanenz des Göttlichen in der Natur.

Der genannte Mihrab stammt aus der safavidischen Frühzeit, aus der sich praktisch keine vollständigen Gebäude erhalten haben. 1555 verlegte Schah Tahmasp seine Hauptstadt von Täbris, das gefährlich nahe am Gebiet des osmanischen Reiches lag, nach Qasvin, wo er einen Palast errichten und mit Bildern zu literarischen Themen ausschmücken ließ, von denen sich jedoch wegen der vielen Erdbeben in dieser Region nur Bruchstücke erhalten haben. Während seiner langen Regentschaft wurde die safavidische Autorität durch Überfälle der Osmanen, die im Irak zwei bedeutende schiitische Schreine eroberten, sowie innerpolitisch durch Kämpfe um die Thronnachfolge geschwächt. Nach einem unruhigen Interregnum stellte Schah Abbas I. (1588–1629) die Ordnung wieder her und begann den Staat zu festigen. In den neunziger Jahren des 16. Jahrhunderts verlegte er die Hauptstadt nach Isfahan in der Mitte des Landes und erweiterte die alte Stadt um einen gewaltigen Komplex von Moscheen, Palästen, Basaren, Grünflächen und von Bäumen gesäumten ›Boulevards‹ – ein für die damalige Zeit und noch lange danach einzigartiges Paradigma des Städtebaus. Eigentümlicherweise wurde fast zur gleichen Zeit, wenn auch aus völlig anderen Gründen, Rom nach den Plänen von Sixtus V. einer völligen Umgestaltung unterzogen (s. S. 452f.).

In Isfahan entwickelte sich eine charakteristische safavidische Architektur, die deutliche Anklänge an die Bauten Timur Lenks aufweist, aber leichter wirkt als diese und höchst raffiniert, ja beinahe preziös ausgeschmückt ist. Der Eingang zu der 1603 begonnenen, über einen offenen Hof zugänglichen Lutfullah-Moschee ist mit Feldern aus Keramikfließen ausgekleidet, die den erlesensten Teppichen und Seidenstoffen ähneln ▸ 12.52; 54. Dieses kleine Gebäude, das innen noch reicher ausgeschmückt ist, diente vermutlich dem Schah als privates Gebetshaus und wurde später nach Scheich Lutfullah benannt, einem bedeutenden Gelehrten und religiösen Lehrer, der auf Einladung Abbas' I. in Isfahan lebte. Die nahegelegene

12.51 Der Ardabil-Teppich (Detail), um 1540, Wollknüpfung, 10,5 x 5,3 m. Victoria & Albert Museum, London.

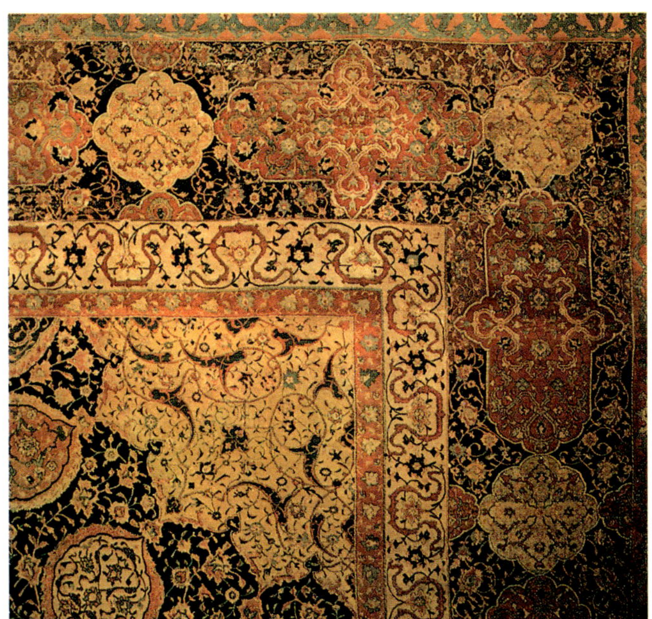

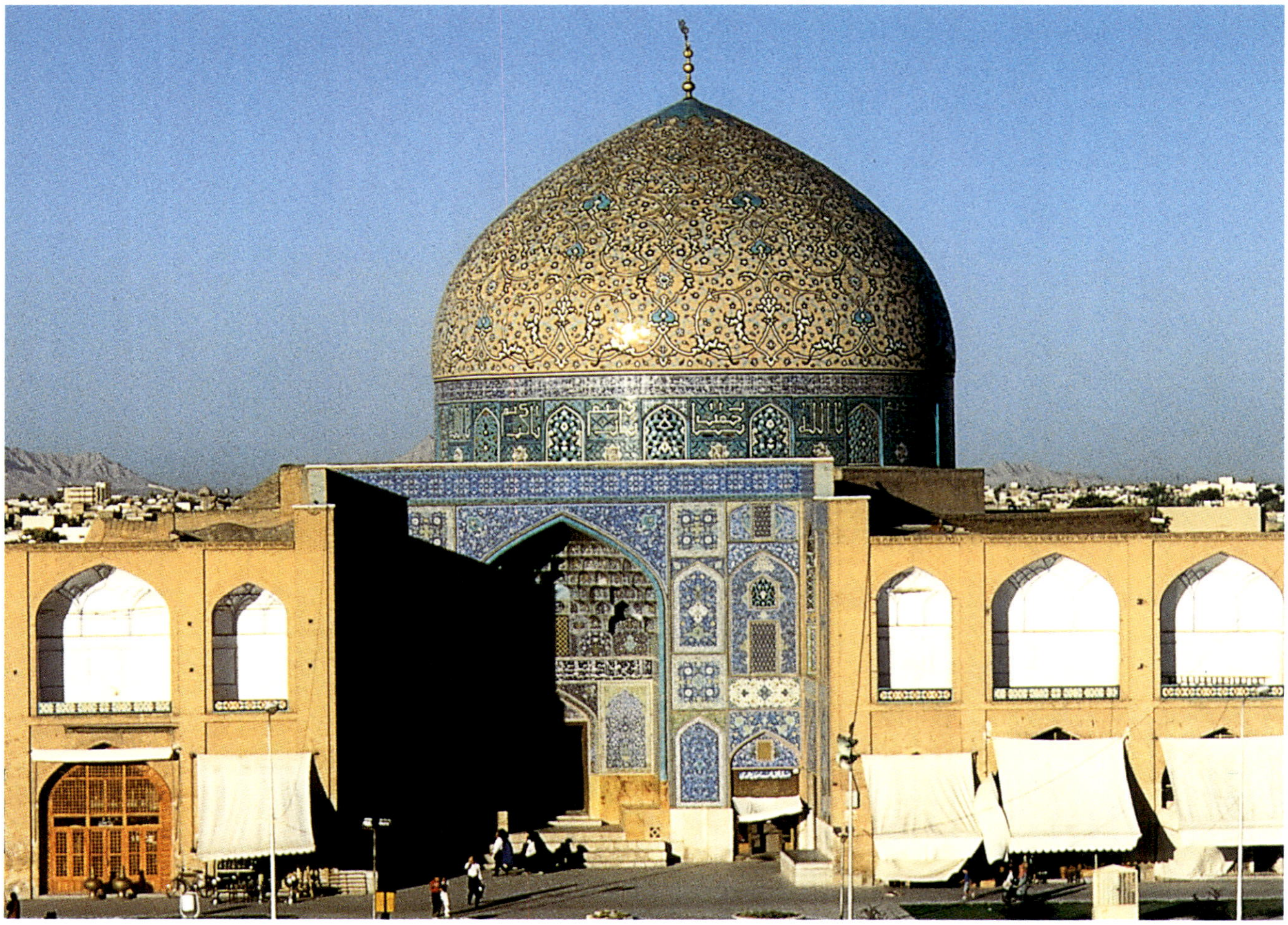

12.52 Lutfullah-Moschee, Isfahan, Iran, begonnen 1603.

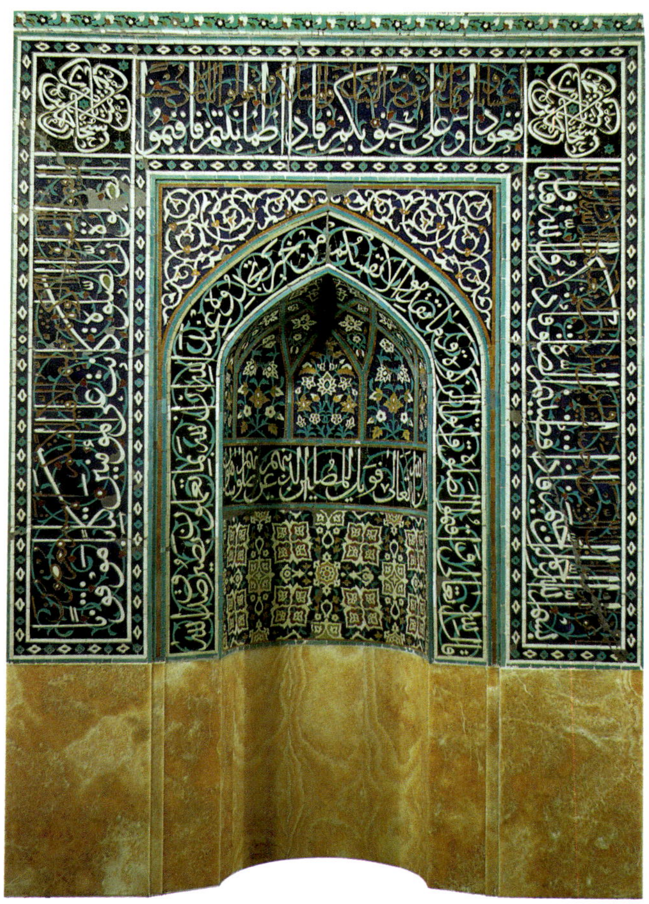

12.53 Iranischer Mihrab, frühes 16. Jh., zinnglasierte Tonfliesen, Höhe 200 cm. Museum für Islamische Kunst, Berlin.

Schah-Moschee, eine Versammlungsmoschee (nach der islamischen Revolution 1979 im Iran in Imam-Moschee umbenannt) wurde 1611–38 errichtet, um die Freitagsmoschee in der alten Stadt zu entlasten, wenn nicht gar zu ersetzen. Die aus der Zeit vom 8. bis zum 13. Jahrhundert stammende Moschee ist eine der größten im Iran und vereinigt in sich wie viele europäische gotische Kathedralen Stilelemente aus verschiedenen Epochen. Die Schah-Moschee ist eine einheitliche und streng symmetrische Konstruktion auf einem Vier-Iwan-Grundriss (d.h. sie ist um einen rechteckigen Hof herum erbaut, mit einem Iwan in der Mitte jeder der von Arkaden gesäumten Seiten). Dieser Typus entwickelte sich während der vorausgegangenen drei Jahrhunderte in Asien, wurde aber nie mit einer solchen würdevollen Eleganz und Ausgewogenheit, solch einem Proportionsgefühl verwirklicht ▸12.55; 56. Alle diese Oberflächen, einschließlich derjenigen zweier Gebetshallen im Gebäudeinneren, die im Winter benutzt wurden, sind mit glasierten Ziegeln verkleidet, welche die Strukturen aufzulösen scheinen und dem Gläubigen oder Besucher das Gefühl vermitteln, er sei von einem reflektierenden Farbschleier umgeben. Natürlich sind beide Moscheen nach Mekka ausgerichtet, da ihre Fassaden aber auf den Maidan orientiert sind, den großen rechteckigen Platz für königliche Zeremonien, Militärparaden, Polospiele und Handel, der früher schon angelegt worden war, haben ihre Eingänge eine schräge Stellung und fungieren als Mittler zwischen der profanen und der religiösen Welt und Kunst.

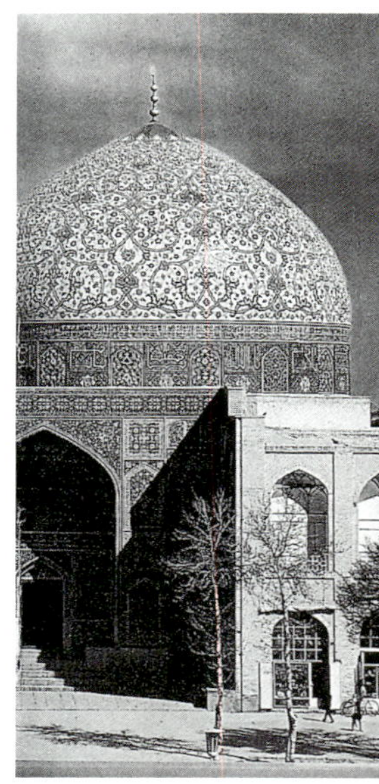

12.54 Kuppel, Tambour und Front der Lutfullah-Moschee, Isfahan, Iran, begonnen 1603

### *Kunst und Architektur der Moguln*

Aus dem Iran drang die safavidische Miniaturkunst nach Indien. Der größte Teil des Subkontinents stand im beginnenden

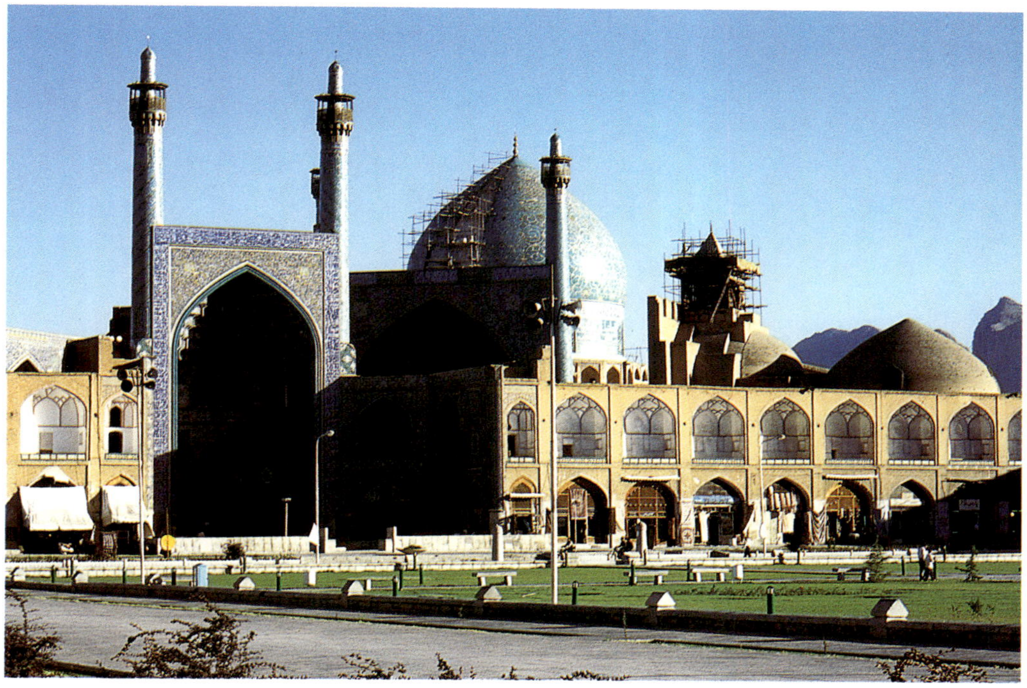

12.55 Schah-Moschee, Isfahan, Iran, 1611–1638. Blick vom neuen Maidan.

16. Jahrhundert schon seit langem unter der Herrschaft moslemischer Sultane. Im Jahre 1526 rissen zwei militärische Abenteurer aus Turkestan, Babur (gest. 1530) und sein Sohn Humayun (1508–1556), die Macht an sich und gründeten das Mongolen- oder Mogulreich. Humayun stieß jedoch auf Widerstand und lebte zwölf Jahre lang im Iran am Hofe Tahmasps, der ihm half, seine Herrschaft zurückzugewinnen. Im Exil fand er Geschmack an der iranischen Kunst, vor allem der Miniaturmalerei, und als der Schah begann, sein Interesse an bebilderten Handschriften zu verlieren, nahm er zwei von dessen besten Künstlern in seine Dienste. Humayuns Sohn Akbar (1542–1605) festigte und erweiterte das Mogulreich bis Bengalen im Osten und südlich bis zum Godavari-Fluss. Er war ein noch eifrigerer Förderer der Kunst und richtete in Agra, Delhi und Fatehpur Sikri Hofwerkstätten ein, in denen er auch hinduistische Künstler aus allen Teilen Indiens versammelte. Damit vollzog sich ein tiefer Wandel in der islamischen Kunst.

Obwohl einer der klügsten Herrscher – vielleicht die bedeutendste Gestalt im Zeitalter Karls v. in Europa und Süleymans in der Türkei –, war Akbar des Lesens und Schreibens unkundig. Daraus erklärt sich seine Vorliebe für Bilder, besonders für solche drastisch erzählenden Inhalts, wie er den meisten iranischen Miniaturen fremd war. Die Geschichte seiner langen Herrschaft illustriert glanzvoll eine Chronik aus seinem persönlichen Besitz, die sein Minister Abu'l Fazl etwa 1586–1590 verfasste. Ein Blatt von der Hand des Hinduma-

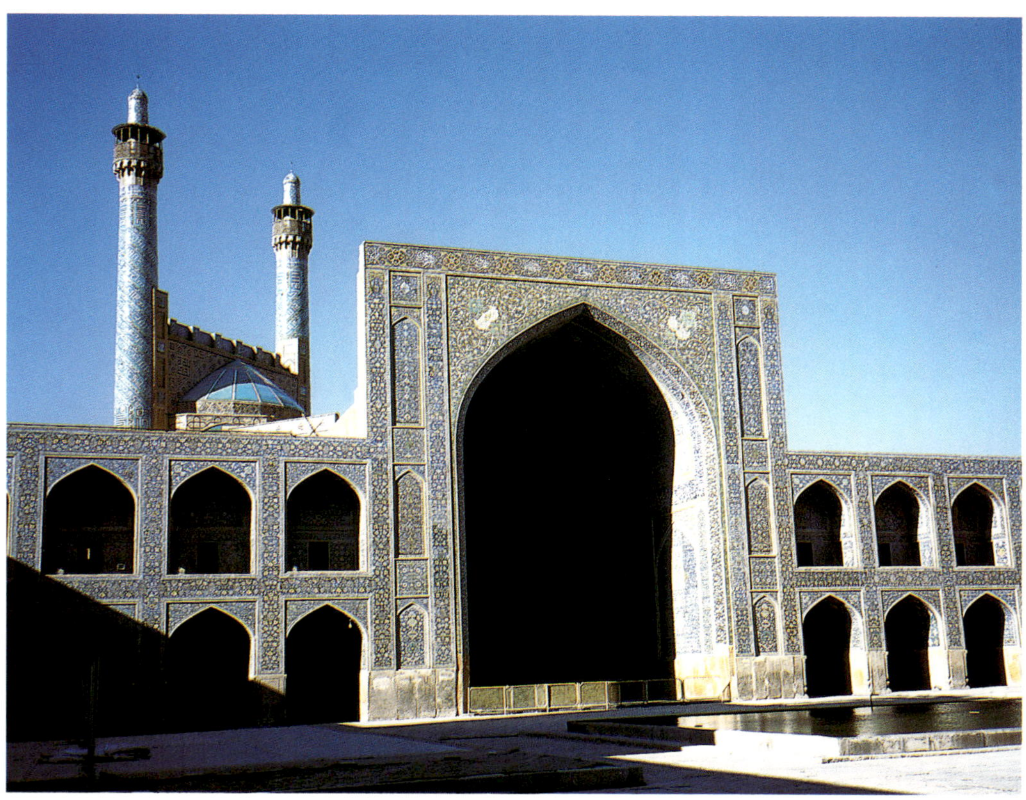

12.56 Schah-Moschee, Isfahan, Iran, 1611–1638.

# *Isfahan und Samarkand* Islamischer Städtebau

Die Scheich-Lutfullah-Moschee ▸12.52 und die Schah-Moschee ▸12.55 in Isfahan sind Teil der großen Stadterweiterung, die Schah Abbas I. ab 1598 vornahm. Diese Erweiterung stellt eine bemerkenswerte Innovation im Städtebau dar, da sie erstmals neue Formen und Räume für eine verbesserte menschliche Umwelt schuf – gesund, luftig und pflanzenbegrünt, mit Wasserbecken und Kanälen sowie einem ausgedehnten öffentlichen Platz (Maidan), der ein Gegengewicht bildet zu einer schattigen Allee, die an einen europäischen Boulevard des 19. Jahrhunderts erinnert. Gemeinsam bilden sie ein urbanes Ensemble, das in der damaligen Welt seinesgleichen suchte und sich zum Teil bis heute erhalten hat ▸12.57. Doch so innovativ das Konzept auch war, wie schon bei früheren islamischen Städten breitete sich die Stadt auch hier in der Fläche aus, statt sich um einen festen Kern zu ballen wie in Europa.

Als die moslemischen Armeen im 7. Jahrhundert aus Arabien ausschwärmten, eroberten sie alte Städte wie Damaskus, verwandelten heidnische Tempel und ihre Vorplätze in Moscheen sowie Straßen mit Säulengängen in überdachte Basare. Neue Siedlungen waren auf Garnisonstädte beschränkt, die nach einem schlichten Rasterschema angelegt waren. Wie in Fustat in Ägypten wuchsen sie, indem zu der ursprünglichen Siedlung immer neue Enklaven hinzukamen, bis das Stadtgebiet von Kairo schließlich eine gewaltige Fläche umfasste. Die meisten islamischen Städte breiteten sich auf diese Weise aus, und Isfahan bildete nur durch seine Eleganz und die Berücksichtigung der Belange der Einwohner eine Ausnahme. Ziel Schah Abbas' I. war es, eine neue politische und religiöse Hauptstadt zu gründen, die zugleich, wie im Islam nicht unüblich, mit einem neuen Handelszentrum verbunden sein sollte. Dafür wurde ein unerschlossenes Gebiet zwischen der Altstadt und dem Ziyamanda-Fluss ausgewählt und die große Freitagsmoschee der Altstadt mit der neuen Schah-Moschee durch einen 2,4 km langen Basar verbunden. Geschäfte in einer einheitlichen zweistöckigen Arkade, deren äußere Gestalt derjenigen um den Hof der neuen Schah-Moschee ähnelte und damit optisch das säkulare und das religiöse Leben der Stadt miteinander verband, umschließen einen neuen rechteckigen, zwanzig Morgen (acht Hektar) großen Maidan, der größer ist als jede Piazza in Europa. Dahinter umringen die Korridore des Basars, die von zahllosen Flachkuppeln überdacht sind, den gesamten Komplex. Am anderen Ende der Maidan befindet sich das glitzernde, von Fayencekacheln ummantelte Iwan-Portal der Schah-Moschee ▸12.56; gegenüber liegt das kaum weniger reich verzierte der königlichen Münze bzw. des Eingangs zum Basar. Auf einem Drittel der Strecke zwischen dem Königspalast von Ali Kapu (Hohes Tor), mit einer vornehmen, mit schlanken Säulen ausgestatteten Terrasse im oberen Stockwerk, von wo aus man Zeremonien, Paraden und Polospielen beiwohnen konnte, erhebt sich über dem Niveau der Ladenarkaden gegenüber die zauberhafte Scheich-Lutfullah-Moschee ▸12.52. Man lockte Kaufleute und Künstler in die neue Stadt, indem man ihnen Geschäfte und Grundstücke zu günstigen Preisen vermietete. Nirgendwo sonst wurde dem Handel eine elegantere und freundlichere Aufnahme zuteil.

Eines der Hauptkennzeichen der Stadtanlage war die gerade, 4 km lange und nach dem vierteiligen islamischen Garten an ihrer Spitze (Tschehar Bagh) benannte Prachtstraße. Mit ihrem Kanal, den Springbrunnen, Bäumen, blühenden Sträuchern und beidseitig gelegenen Grundstücken für die Gärten und Häuser des Adels hatte sie bis in die Mitte des 19. Jahrhunderts nichts ihresgleichen in Europa. Sie führte direkt zum Ziyamanda-Fluss, der sie und mit ihr die ganze neue Stadt mit Frischluft versorgte. An der Stelle, wo sie auf den Fluss traf, führte eine 1602 erbaute Brücke zu einem königlichen Park auf dem gegenüberliegenden Ufer sowie zu einer Vorstadt, wo Armenier angesiedelt waren, die aus dem unruhigen Grenzgebiet zum ottomanischen Reich stammten. Etwa fünfzig Jahre später ließ Schah Abbas II. stromabwärts eine

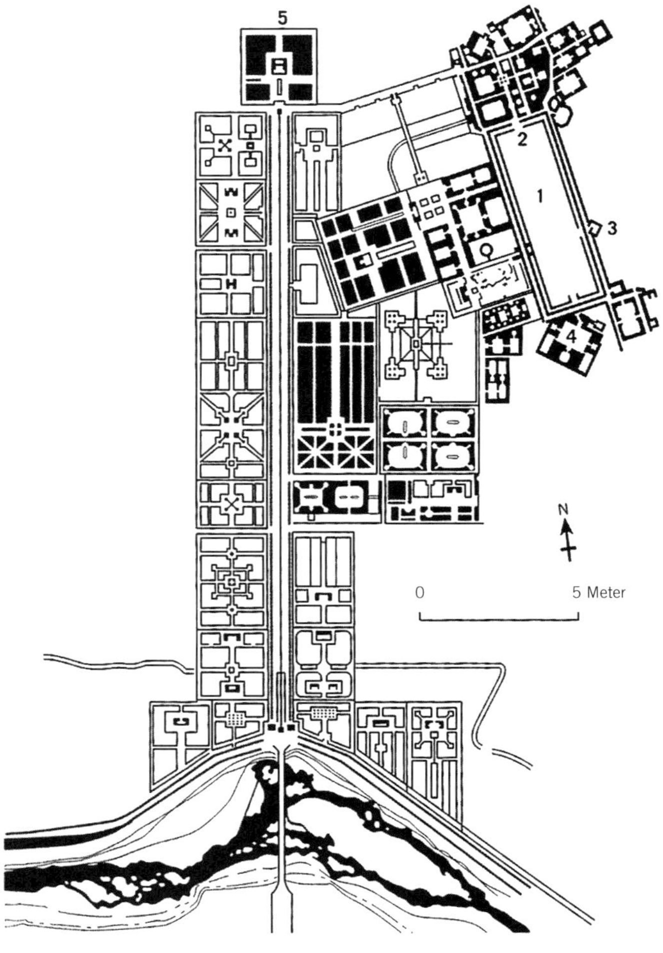


12.57 Stadtplan von Isfahan, Iran, von Schah Abbas I. ab 1598 konzipiert.

1 Neuer Maidan
2 Basarportal
3 Lutfullah-Moschee
4 Schah-Moschee
5 Tschehar Bagh

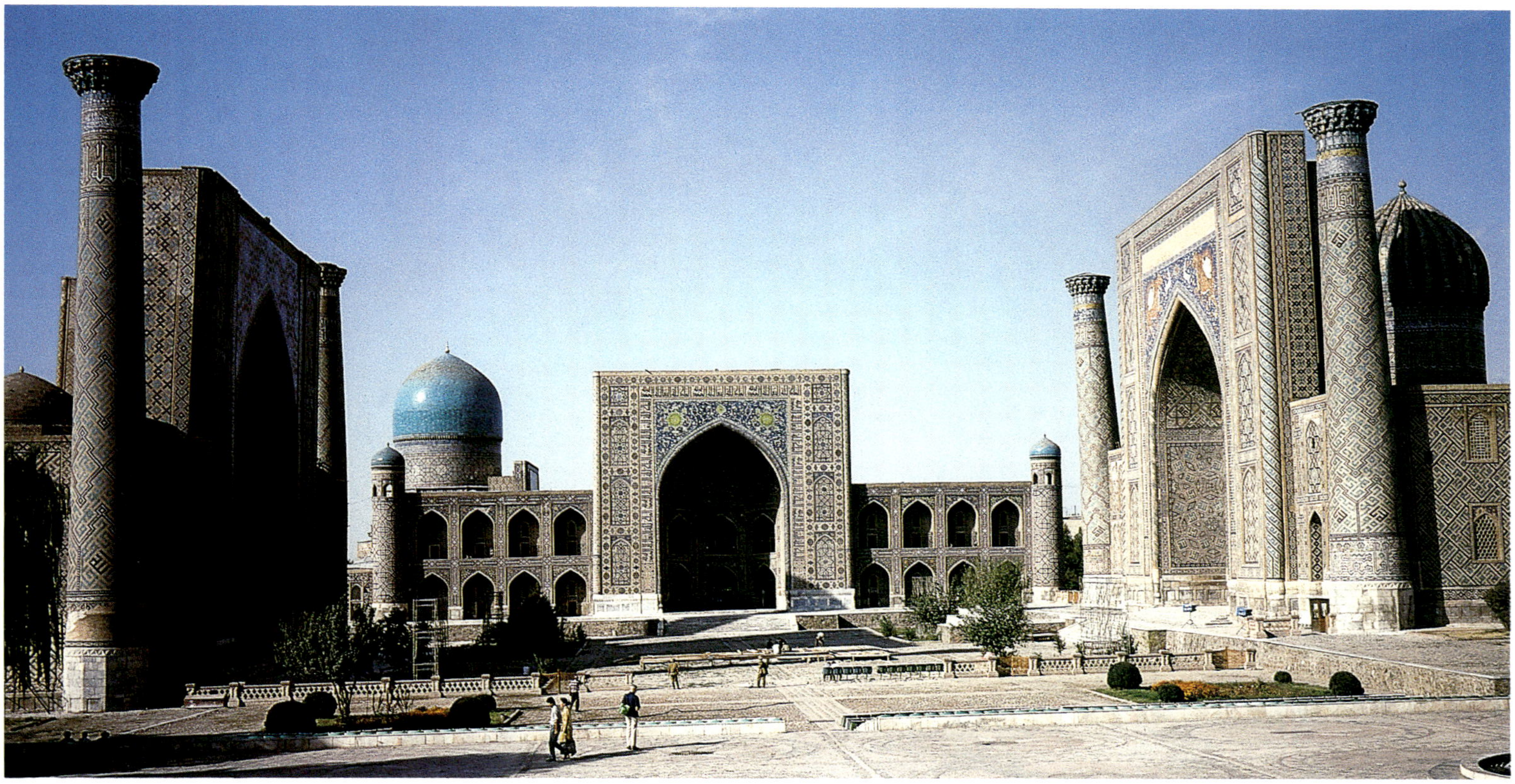

weitere Brücke errichten, die zugleich als Damm diente; drei Bahnen erlaubten die Trennung der Fußgänger vom übrigen Verkehr, und elegante Kioske ragten über das vorbeirauschende Wasser. Hier können die Bewohner und Besucher bis heute die kühle, erfrischende Luft genießen ▸12.59. Besucher aus den verrauchten, überfüllten Städten Europas zeigten sich beeindruckt. Einer von ihnen schrieb 1624, Isfahan sei »so lieblich und grün, dass man es als ein zweites Paradies bezeichnen kann«.

Das einzige städtische Projekt, das sich mit dem Isfahan von Schah Abbas I. vergleichen lässt, befindet sich in Samarkand (Usbekistan), wo der Registan 1417 von Timur Lenks intellektuellem Enkel Ulughbeg begonnen wurde. Er errichtete eine außergewöhnliche große Medrese sowie ein Hospiz für Sufis (Khanqah), die Wandermystiker des Islam. Beide Bauwerke stehen einander am Registan (›Platz aus Sand‹) gegenüber und vor einer riesigen Karawanserei für Kaufleute, die auf der von China zum Mittelmeer führenden Seidenstraße reisten. Doch blieb der Registan für zwei weitere Jahrhunderte unvollendet, bis das Hospiz durch eine zweite Medrese (1616–1636) und die Karawanserei in der Mitte des 17. Jahrhunderts durch eine dritte Medrese ersetzt wurde ▸12.58. Ihre monumentalen Fassaden mit den zentralen Iwans, die an den würdevollen Ernst der Portale gotischer Kathedralen in Frankreich erinnern und deren freistehende Minarette das Ensemble wie antike römische Triumphsäulen durchsetzen, umfangen mit ihren glitzernden Oberflächen aus Fayenceziegeln einen Platz, der als »der vornehmste öffentliche Platz der Welt« beschrieben worden ist.

12.58 Registan, Samarkand, Usbekistan, begonnen 1417, vollendet Mitte 17. Jahrhundert.

12.59 Brücke Schah Abbas II., Isfahan, Iran, um 1650.

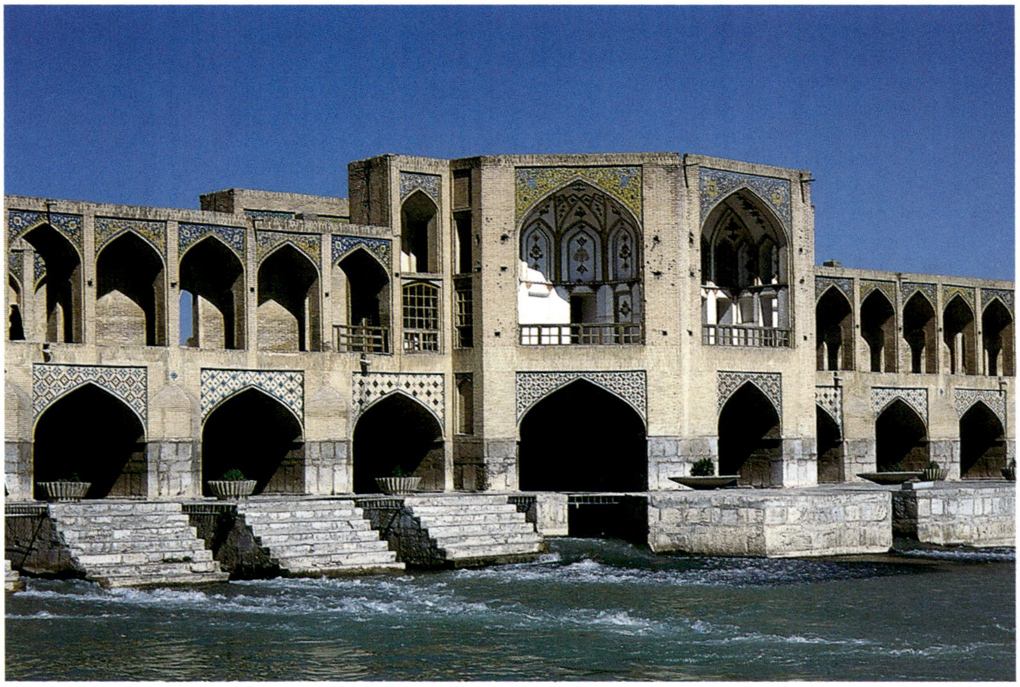

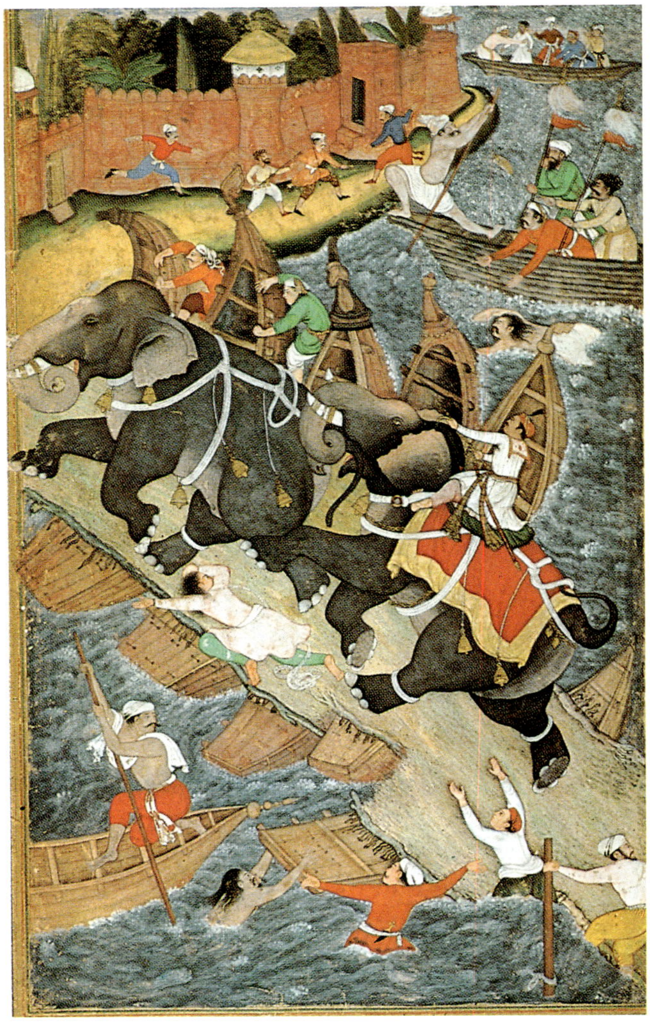

12.60 BASAWAN, *Akbar reitet den Elefanten Hawa'i*, um 1590, Papier, 34,5 x 21,7 cm. Victoria & Albert Museum, London.

lers BASAWAN (tätig 1590–1605), der den klassischen Erzählstil der Mogulmalerei begründete, stellt eine seiner Jugendtaten dar: wie Akbar auf einem als unlenksam und störrisch geltenden Elefanten reitet und einen anderen über eine Pontonbrücke verfolgt ▸ 12.60. Akbar hat seinem Biographen anvertraut, dass er absichtlich gefährliche Elefanten bestiegen habe, um sich der Gnade Gottes anheim zu stellen. Technisch folgt das Bild der iranischen Praxis, Umrisslinien mit Farben zu füllen (wobei der Zeichner nicht zugleich auch der Maler sein musste), doch die kräftigen Kontraste von Rot und Blau, Grün und Gelb verdanken mehr der Hindukunst. Dass Entfernteres in verkleinertem Maßstab wiedergegeben wird, wurde wohl den Europäern abgesehen, die an Akbars Hof willkommen waren.

Unter Akbar war die Malerei weitgehend eine ›offizielle‹ Kunst, fast einzig auf die Illustration von Geschichtswerken und Chroniken beschränkt, und gelegentlich – anlässlich öffentlicher Lesungen – wurden die Bilder auch ausgestellt. Viele von ihnen hatten beträchtliche Maße, wie die 1400 Blätter, die 1567 für das *Hamzaname* (*Geschichten des Hamza*) bestellt wurden, die 115 cm im Quadrat maßen und von denen etwa 100 überlebt haben. Sie zeigen meist dramatisch bewegte Szenen: Schlachten, Belagerungen, Jagden und so weiter, und sie unterscheiden sich in der Stimmung deutlich von den zuständlichen Schilderungen der Safaviden. Akbar gab auch Porträts in Auftrag. Der Großmeister dieses bedeutenden Zweiges der Mogulmalerei, ABU'L HASAN (geb. 1589), arbeitete für Akbars Nachfolger Dschahangir (1569–1627). In dieser Zeit steigerte sich der höfische Charakter der Malerei, um dem privaten Genuss eines Liebhabers zu dienen. Die Bilder wurden kleinformatiger, die Farben heller und gewählter. Die erzählenden Sujets kamen aus der Mode und wichen Darstellungen von Tieren, Vögeln, Blumen, von Genreszenen oder Porträts, die nicht ein Buch illustrieren sollten, sondern als autonome Kunstwerke in Alben gesammelt und um ihrer selbst willen geschätzt wurden. Eines seiner Alben beinhaltete etwa ein Porträt Schah Tahmasps von der Mogul-Prinzessin Sahifa Banu, eine unter verschiedenen herausragenden Künstlerinnen dieser indischen Periode ▸ 12.62. Dschahangir rühmte sich, er könne nicht nur ganze Bilder ihrem Meister zuschreiben, sondern selbst Teile in einem Gemeinschaftswerk.

*»Wenn jemand das Auge oder die Brauen in ein Gesicht gemalt hat, kann ich erkennen, wer das Antlitz und wer Braue und Auge gemalt hat.«*

Als ihm die Portugiesen von Goa einen Truthahn zum Geschenk sandten (ein damals in der Alten Welt noch seltenes Tier, das erst ein Jahrhundert zuvor aus Amerika eingeführt worden war), beauftragte Dschahangir einen seiner Lieblingsmaler, AL-MANSUR, als ›Wunder seiner Epoche‹ bekannt, das Tier im Bild festzuhalten ▸ 12.61. Der Truthahn ist in Farbe und Glanz seines Gefieders getreulich und prächtig wiedergegeben.

Der Detailrealismus nimmt in den Menschendarstellungen dann einen befremdlichen Zug an, wenn das Verhältnis zwischen Maler und Modell von einer gewissen Gleichgültigkeit geprägt ist. So wurde 1618 einer von Dschahangirs Höflingen, der, dem Opium verfallen, zu Haut und Knochen abgemagert war, vor den Herrscher gebracht, der notierte: »Da mir sein Zustand außergewöhnlich schien, habe ich die Maler angehalten, ihn zu porträtieren« ▸ 12.63. Kaum jemals wieder ist ein kühl-objektiveres Bild eines Menschen an der Schwelle des Todes gemalt worden. Zwischen diesem außerordentlichen Werk und dem dekorativen Stil iranischer Miniaturmalerei gibt es keine Gemeinsamkeit.

Das Mäzenatentum der frühen Mogulkaiser gilt nicht nur der Malerei, sondern ebenso der Architektur und den dekorativen Künsten. Der bedeutendste Bauherr war Dschahangirs Nachfolger Schah Dschahan (1592–1666). Das Tadsch Mahal in Agra ▸ 12.64, ein Bauwerk der reinsten Proportionen, gewaltig in seinen Ausmaßen, köstlich in seinem opalisierenden Farbschimmer und der Raffinesse des gemeißelten und inkrustierten Details, wurde auf seinen Befehl als Mausoleum für seine Lieblingsfrau Mumtaz Mahal (1593–1631) errichtet. Ein Grabbau dieser Dimension für eine Frau war im ganzen Islam ohne Vorbild. Sicherlich symbolisiert die vierteilige Anlage des weiten persischen ›Tschehar-bagh‹-Gartens mit den sich schneidenden Kanälen das Paradies mit seinen vier Flüssen, wie es der Koran beschreibt.

Der Architekt scheint USTAD AHMAD LAHORI (gest. 1649) gewesen zu sein, ein Perser, der später die Empfangshalle ▸ 12.65 und andere Bauten des Roten Forts von Delhi entwarf. Doch die Wirkung des riesigen weißen Oktogons, das eine gewaltige minarettflankierte Kuppel von 43 m Höhe krönt, ist nicht eigentlich iranisch, trotz der ins Auge fallenden iranischen Formen wie der Iwane und der bauchigen Doppelkuppel wie am Timur-Grabmal von Samarkand ▸ 12.44. Nördlich des Hindukusch gibt es kein Bauwerk, das sich mit dem Tadsch vergleichen ließe. Es stellt vielmehr den zu äußerstem Raffinement entwickelten Höhepunkt eines Stils dar, der mit dem

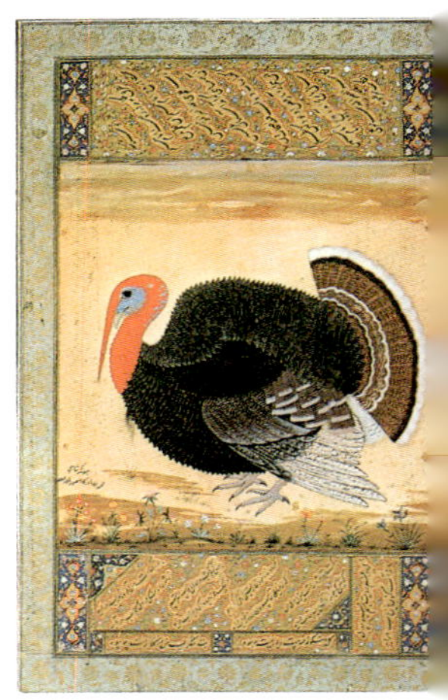

12.61 AL-MANSUR, *Truthahn* 1605–1627, Papier, 13,2 x 13 Victoria & Albert Museum, London.

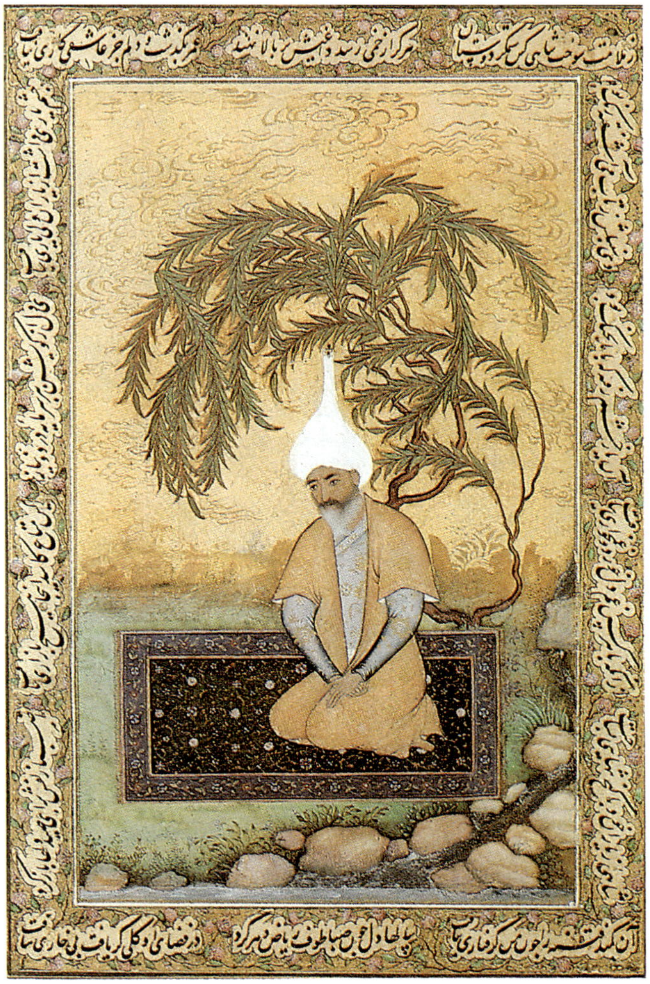

12.62 SAHIFA BANU, *Porträt von Schah Tahmasp*, Anfang 17. Jh., Papier, 15 x 9,5 cm. Victoria & Albert Museum, London.

Grabmal Humayuns in Delhi (vollendet um 1570) beginnt, sich in Akbars neuer Stadt Fatehpur Sikri (1568–1575) und später in Akbars Grabmal in Sikandra (vollendet 1613) ausgeformt hatte. Alle diese Bauten verbinden hinduistische mit islamischen Elementen – zu letzteren zählen echte Bogen und echte Gewölbe, die mit den Moslems nach Indien gelangt waren und ein Markenzeichen ihrer Kultur bleiben sollten – und spiegeln damit die auf Aussöhnung bedachte Politik. Akbar verdankte seine Erfolge als Herrscher nicht zuletzt seiner religiösen Toleranz, durch die es ihm gelang, die Hindufürsten für sich zu gewinnen. Er versuchte sogar, eine vereinigte Weltreligion zu gründen, und ließ eine Halle für Religionsgespräche zwischen Moslems der verschiedenen Sekten und Hindus, Anhängern der Zarathustra-Religion, Jainas und Christen erbauen.

Die Bautätigkeit der frühen Moguln galt in erster Linie ihren einmalig ausgestatteten Mausoleen und Palästen, nicht den Moscheen für die Masse der Gläubigen. »Wenn es ein Paradies auf Erden gibt, dann ist es hier, ist es hier, hier«, lautet die Inschrift, die Schah Dschahan in seiner Audienzhalle in Delhi anbringen ließ. Seine Hofkunst verrät auch weitgespannte geistige Interessen. Die verworrenen Geheimnisse der indischen Theologie faszinierten Schah Dschahans Lieblingssohn Dara Schikoh, das gebildetste Mitglied des Herrscherhauses. Für ihn entstand wahrscheinlich das von objektiver Realistik bestimmte Bild einer Gruppe hinduistischer Asketen ▸12.66. Das Werk lässt das Ausmaß des künstlerischen Einflusses Europas auf die damalige indische Kunst erahnen. Die Haltung des Jüngers (›chela‹) im Vordergrund entstammt einem italienischen Druck, Tiefenräumlichkeit wird mit Hilfe der Luftperspektive erzeugt.

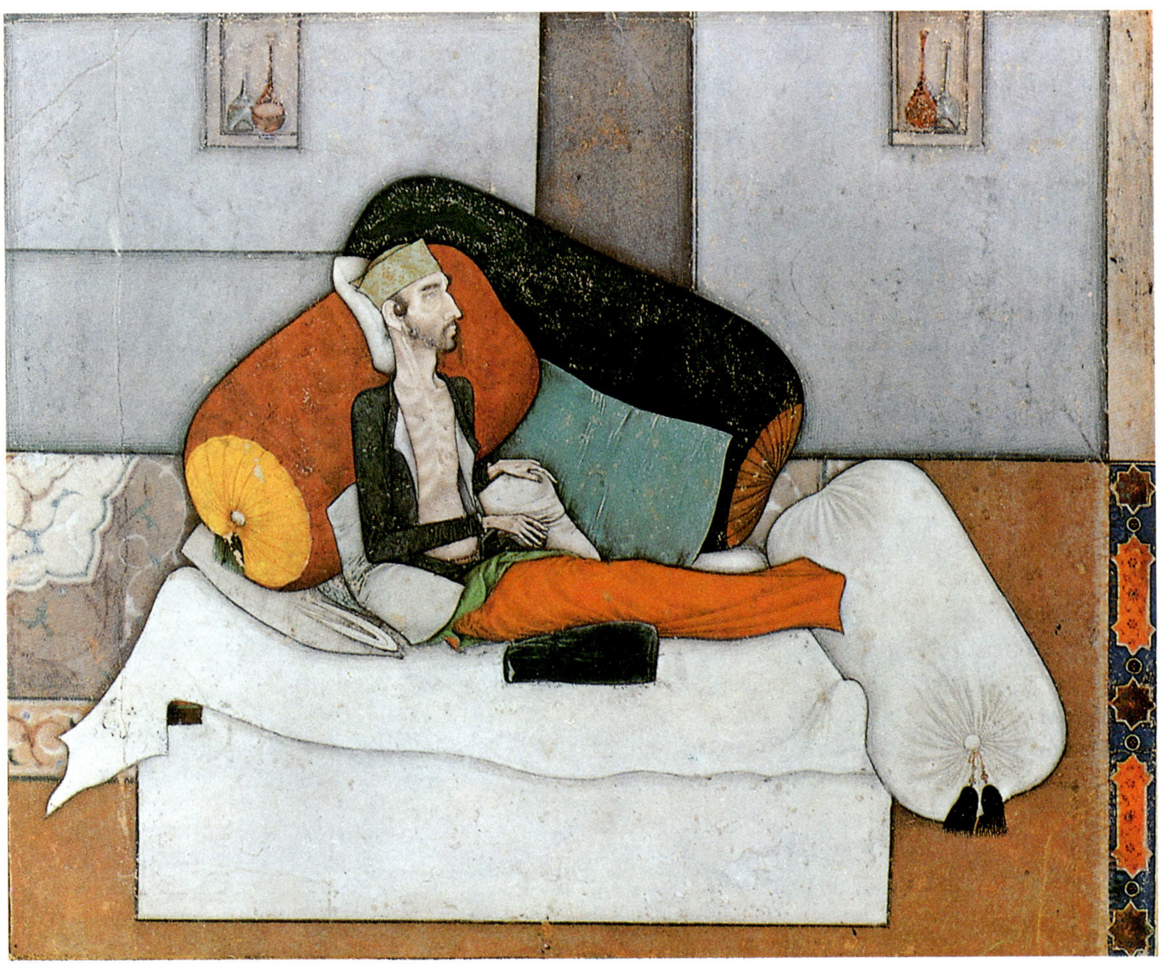

2.63 Unbekannter Künstler, *nayat Khan auf dem erbebett*, um 1618, Papier, 2,5 x 15,3 cm. Curators of the odleian Library, Oxford (MS useley Add. 1716, fol. 4v).

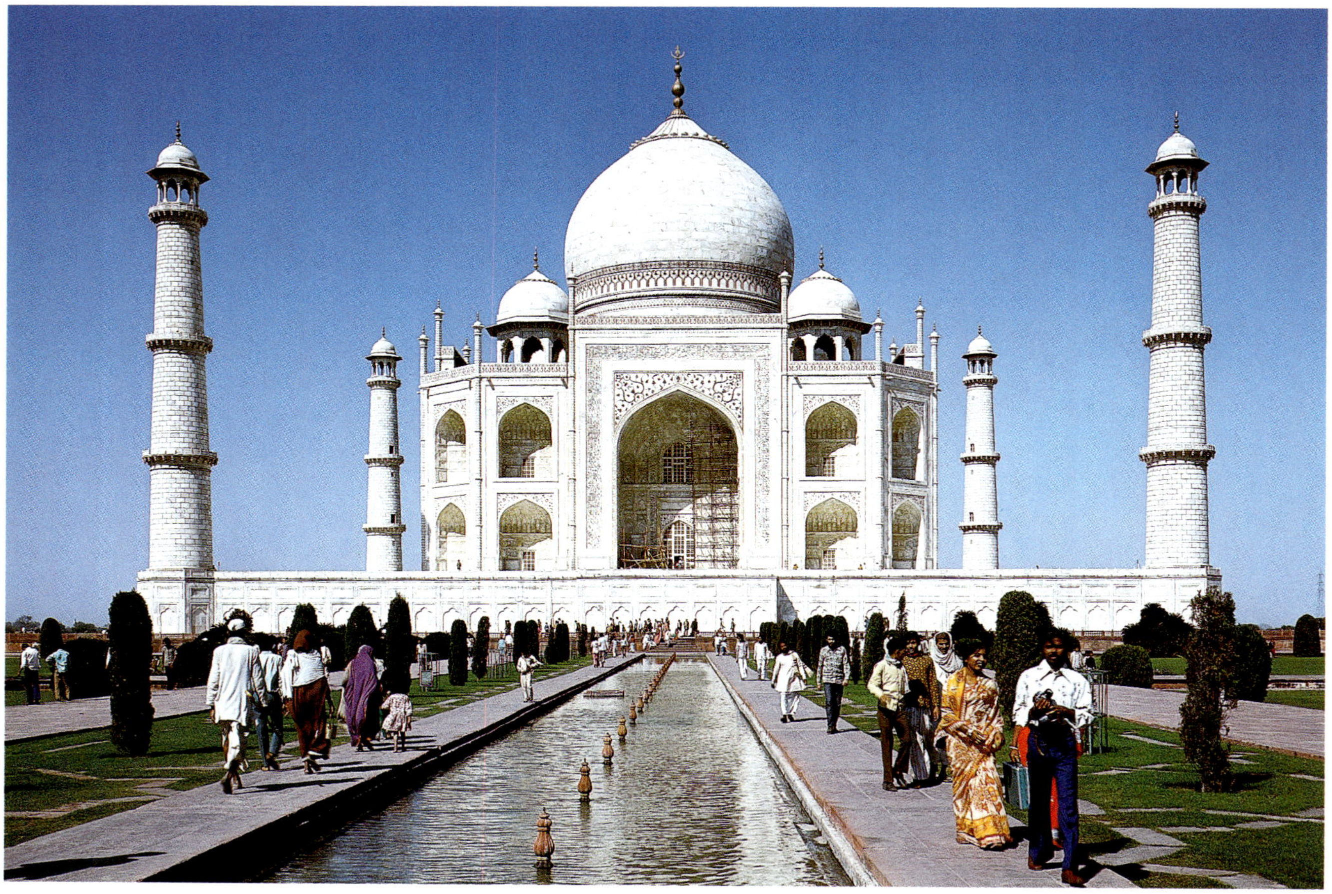

12.64 Tadsch Mahal, Agra, Indien, 1632–1648.

Ein tiefgreifender Wandel nicht nur auf künstlerischem Gebiet setzte nach 1658 ein, als Aurangseb (1618–1707) den Thron an sich riss, den Vater einkerkern, den Bruder Dara Schikoh wegen Ketzerei hinrichten ließ und versuchte, den sunnitischen Islam dem gesamten Reich, das er fast bis an die Südspitze des Subkontinents ausdehnte, als einzige Religion aufzuzwingen. Er unterdrückte die Miniaturmalerei, widmete sich der Vervielfältigung des Korans und dem Bau von Moscheen an der Stätte zerstörter Hindutempel. Das Ergebnis seiner Regierungszeit war jedoch die Spaltung. Nach seinem Tod 1707 kehrte Indien wieder zum Zustand dauernder innerer Kriege zurück, wie er vor den Moguln geherrscht hatte und welcher der europäischen Kolonisation den Weg bahnte.

Im tiefen Süden, den die Invasoren, die im Lauf der Jahrtausende immer wieder aus Zentralasien nach Indien einfielen, nie ganz erobern konnten, blieb die Tradition der Hindukunst ungebrochen und erfuhr einen Auftrieb durch den Zustrom von Flüchtlingen. Im frühen 16. Jahrhundert entstand hier die gut 2590 Hektar umfassende Stadt Vijayanagar mit riesigen, reich skulptierten Tempeln, »so wohlgebaut, als wären sie in Italien entstanden«, wie ein portugiesischer Reisender um 1520 berichtete. Im Jahre 1565 aber fiel sie den Moslems des Dekkan in die Hände, die ein ganzes Jahr lang mit Sprengpulver und Brecheisen an ihrer Zerstörung arbeiteten, obgleich in der entvölkerten Stadt vieles erhalten blieb. Der Einfluss der islamischen Architektur zeigt sich in Palastbauten wie dem Lotos Mahal, einem Pavillon mit elegant gestalteten Zackenbogen im Erdgeschoss ▸12.72. Sakralbauten aber waren betont hinduistisch, ja, fast trotzig anti-islamisch in der wuchernden Figurenfülle ihres bildhauerischen Schmucks, in dem der Glaube an eine Vielheit von Gottheiten verherrlicht wurde. Im Reich von Vijayanagar entwickelte sich eine erweiterte Vorstellung von einem Tempel, der nun nicht mehr aus einem einzigen Schrein bestand, sondern aus einem ganzen Komplex verstreuter Bauten innerhalb konzentrischer Einfriedungen. Die Öffnungen in diesen Einfriedungen markierten hohe ›gopuras‹ (Tortürme), die von der inneren Mauer bis zur äußeren an Größe zunahmen und dadurch den in der Regel alten Hauptschrein klein erscheinen ließen, während sie selbst weithin sichtbar waren. Zu den Gebäuden gehörten Nebenschreine für die Begleiter der Götter und ihre Gefährte (Shivas Stier, Vishnus Adler), Säulengänge um runde Wasserbehälter für rituelle Waschungen sowie ›mandapas‹ (Hallen) für sakrale Schauspiele und Tänze, Unterricht und öffentliche Versammlungen. Diese Tempelanlagen waren erstmals stärker in das Leben einer Stadt eingebunden und manifestierten deutlicher und eindrucksvoller die Religion des Staates. Sie waren mit einer ungewöhnlichen Fülle bildhauerischen Schmucks ausgestattet. Die äußeren Säulen der ›mandapas‹ waren mit Darstellungen ganzer Kriegerkohorten geschmückt, die sich

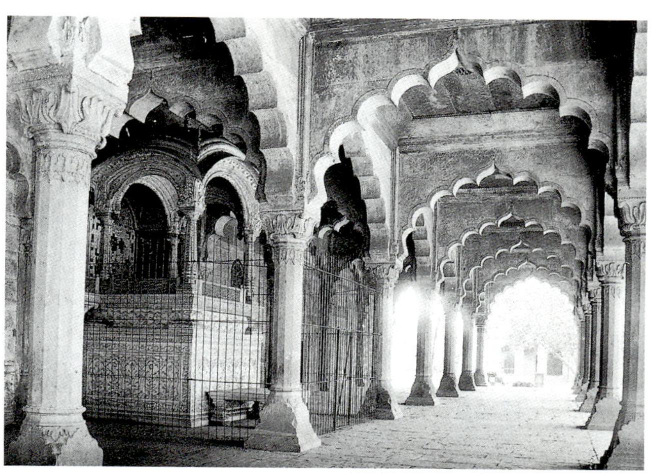

12.65 Audienzhalle mit Königsthron, Rotes Fort bzw. Lal-Qila, Delhi, 1639–1648.

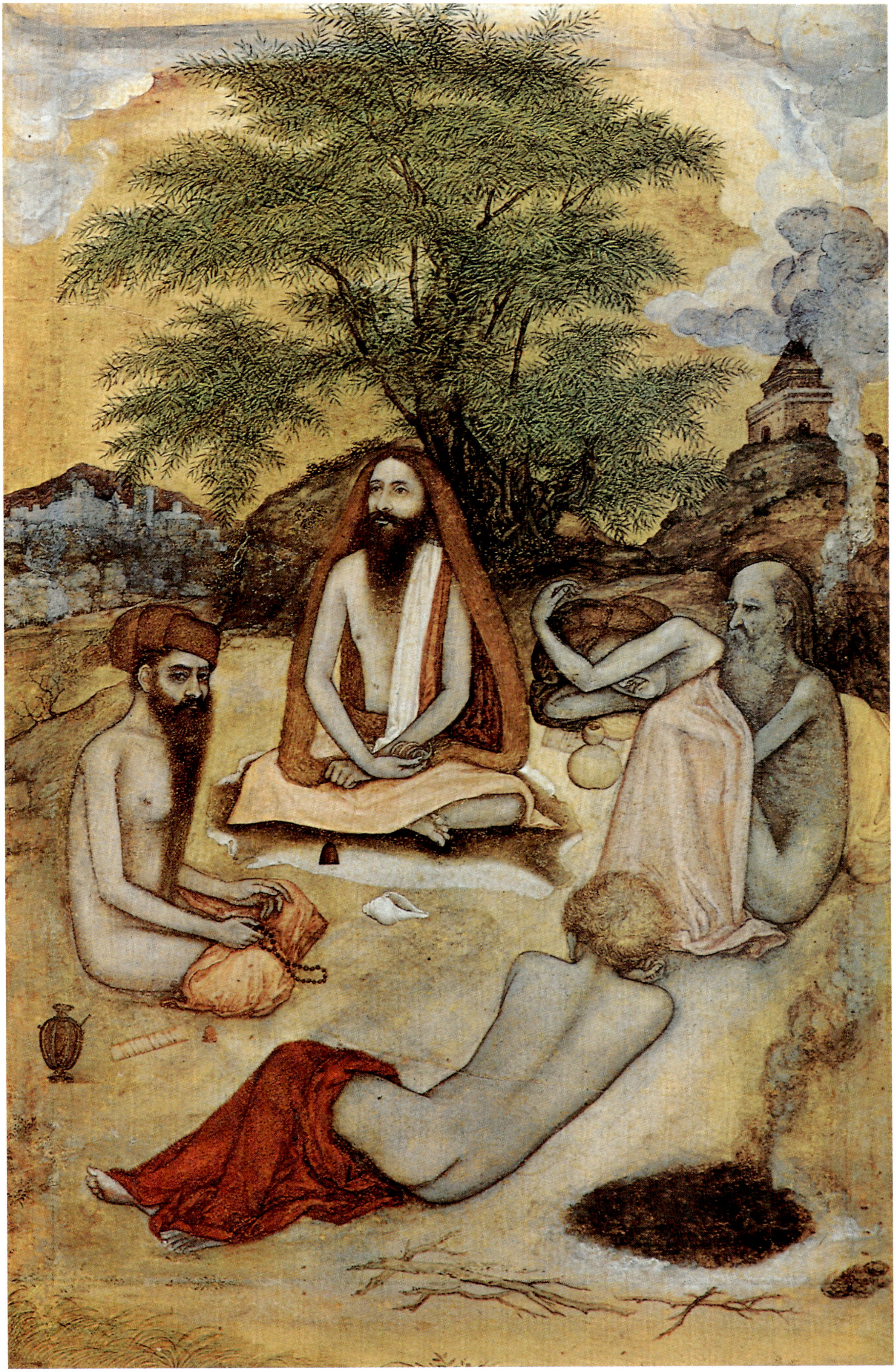

2.66 Unbekannter Künstler (GOVARDHAN?), *Hindu-Asketen*, um 1625, Papier, 23,8 x 15,2 cm. Privatsammlung.

IM KONTEXT

## *Nur-Dschahan und Dschahangir*
## Kunst am Hof der Moguln

Ein Jahrzehnt bevor mit dem Bau des Tadsch Mahal begonnen wurde, hatte weißer Marmor mit inkrustierten Blumenmotiven aus leuchtenden Halbedelsteinen beim Mausoleum eines persischen Adligen, des Hofkämmerers und ersten Ministers des Mogulkaisers Dschahangir (der ihm den Titel Itmad-ud-Daula, ›Säule der Regierung‹, verlieh), erstmals in der Baukunst der Moguln Verwendung gefunden ▸12.67. Dieses kleine, erlesene Bauwerk mit einem quadratischen Grundriss, dessen Breite 21,3 m nicht übersteigt, ist in die Mitte eines Gartens persischen Stils mit Plattenwegen, rechteckigen Wasserbecken und Brunnen innerhalb einer ummauerten Anlage gestellt. Man betritt diese durch hohe Tore aus rotem Sandstein, die von der Oberflächenbeschaffenheit wie von der Farbe her mit dem glatten weißen Marmor kontrastieren. Die dominierenden Horizontalen des Gebäudes und die in die Breite gezogene Kuppel über seinem Pavillon, der sich über dem Erdgeschoss erhebt und durch nur wenig höhere Minarette schön ausbalanciert wird, tragen zu einer Atmosphäre glückseliger Ruhe in einem Paradies verfeinerter Sinnlichkeit bei.

Der Bau dieses Mausoleums wurde 1622 von der Tochter Itmad-ud-Daulas in Auftrag gegeben. Sie war in Persien geboren und vermählte sich 1611 mit Dschahangir, der sie Nur-Dschahan (›Licht der Welt‹) nannte in Entsprechung zu seinem eigenen Titel, der Welteroberer bedeutet. Sie zählt zu den wenigen Frauen, die aus der Anonymität der Mogul-Harems herausragen. Eine Meisterschützin mit dem Steinschlossgewehr, unternahm sie Jagdexpeditionen mit dem Großmogul, tat sich aber ebenso als Förderin der Künste und als wohltätige Stifterin mehrerer Waisenhäuser für Mädchen hervor. Dschahangir war ihr in Liebe zugetan, wie aus seinen Erinnerungen hervorgeht, und gab Goldmünzen in ihrem Namen aus – eine beispiellose, nie wiederholte Auszeichnung im Islam. Nachdem er dem Alkohol entsagt hatte, verfiel Dschahangir immer mehr dem Opium, das er angeblich mit dem Löffel aß, als handle es sich um Streichkäse, und aus diesem Grund wuchs Nur-Dschahan eine wichtige Rolle in der Verwaltung des Mogul-Reiches zu. Als

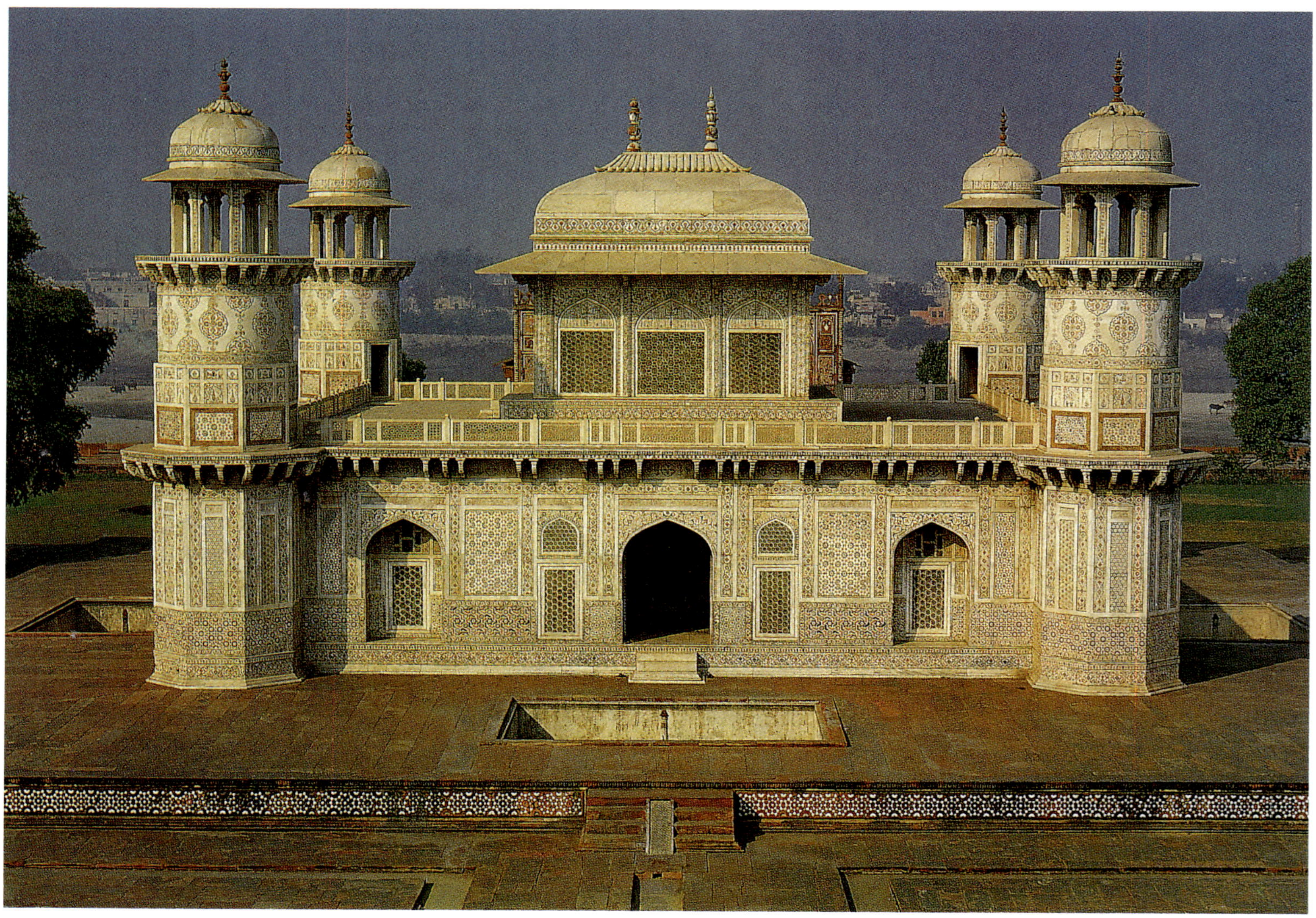

12.67 Mausoleum des Itmad-ud-Daula, Agra, 1622–1628.

zentrale Figur einer persischen Landsmannschaft am Hof intrigierte sie zugleich gegen den Thronerben, der sie, als er 1628 als Schah Dschahan (›Herrscher der Welt‹) auf den Thron folgte, nach Shadhara nahe Lahore verbannte. Er hatte allerdings ihre Nichte Mumtaz Mahal geheiratet, für die er später das Tadsch Mahal baute.

Dschahangir war ein kenntnisreicher Liebhaber von Teppichen und anderer Stoffkunst, von Schmuck und vor allem Steinschneidearbeiten. Zu einem selten erreichten und nie übertroffenen Gipfel der Verfeinerung gelangten die dekorativen Künste einschließlich der Bauornamentik ▸12.65 jedoch während der langen Herrschaft seines Nachfolgers. Eine Trinkschale, die 1656/57 für Schah Dschahan gefertigt wurde, zählt zu den schönsten Objekten, die jemals aus Jade geschnitten wurden ▸12.68. Sie scheint weniger durch Schneiden und Schleifen als vielmehr durch schiere Liebkosung geformt worden zu sein. Aus dem rohen Stück weichen, eher wie Seife aussehenden Materials, das der Form Grenzen setzte, schuf der Künstler eine Schale in Gestalt einer Kürbishälfte, aus der der als Henkel dienende Kopf eines Steinbocks organisch herauszuwachsen scheint. Ähnliche Raffinesse zeigt sich in Entwurf und Ausführung von Gebetsteppichen, auf denen Gläubige fünfmal täglich zum Gebet niederknieten. Auf den Baumwollgrund eines solchen Stoffstreifens ist mit roter, blauer und grüner Seide ein Muster aus winzigen Blumen gestickt, das ein zentrales Bildfeld in Form eines in die Richtung Mekkas zeigenden Mihrab (s. S.322) mit einer stilisierten Lilie in voller Blüte darin einrahmt ▸12.69. Blumenmotive dieser Art waren während der Herrschaft Dschahangirs durch persische Kunst bekannt geworden, erhielten aber bald ein ausgesprochenes Mogul-Gepräge.

Die Mogulkunst war der Inbegriff einer höfischen Kunst, zu der die breite Masse der unterjochten Hindubevölkerung keinen Zugang hatte, ja die dieser unbekannt war. Die Hofwerkstätten erhoben Alleinanspruch auf die erlesensten Materialien und beschäftigten die begabtesten Künstler, um Luxuswaren für Kaiser und Adlige herzustellen, oft als Geschenke, die unter diesen von Hand zu Hand gingen. Ihre exquisite Kostbarkeit steht in auffallendem Gegensatz zur brutalen Realität der Machtkämpfe an den Höfen, die sie verschönerten. Ihre hoch zivilisierte und oft erlesene Grazilität ging auf Persien zurück, und die in Persien geborene Nur-Dschahan spielte bei dieser Entwicklung offenbar eine führende Rolle.

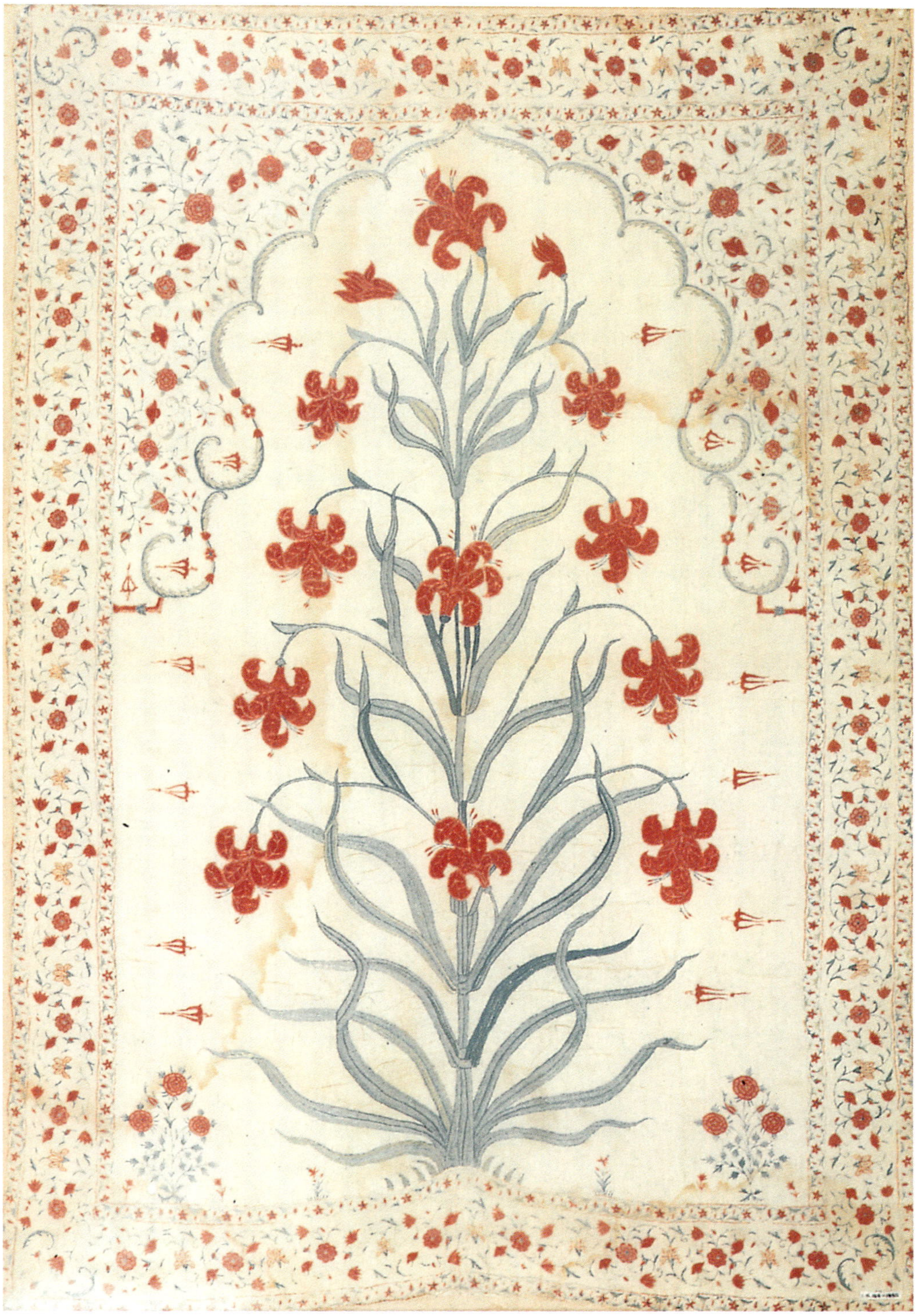

12.69 *Bestickter Gebetsteppich*, um 1650–1700. Baumwolle und Seide, 117x81,3 cm. Victoria & Albert Museum, London.

12.68 Trinkschale Schah Dschahans, 1656/57, Jade, Länge 18,7 cm. Victoria & Albert Museum, London.

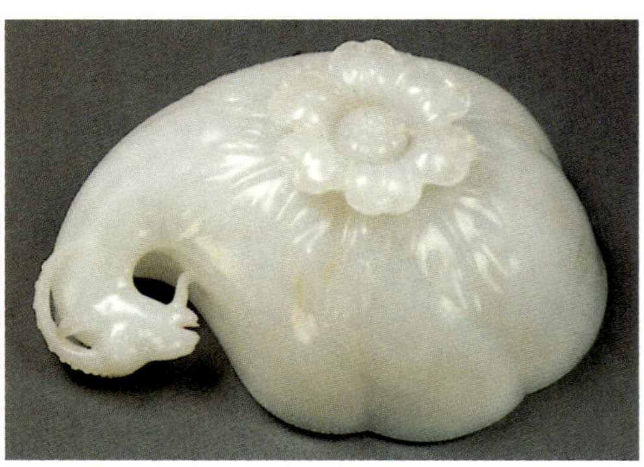

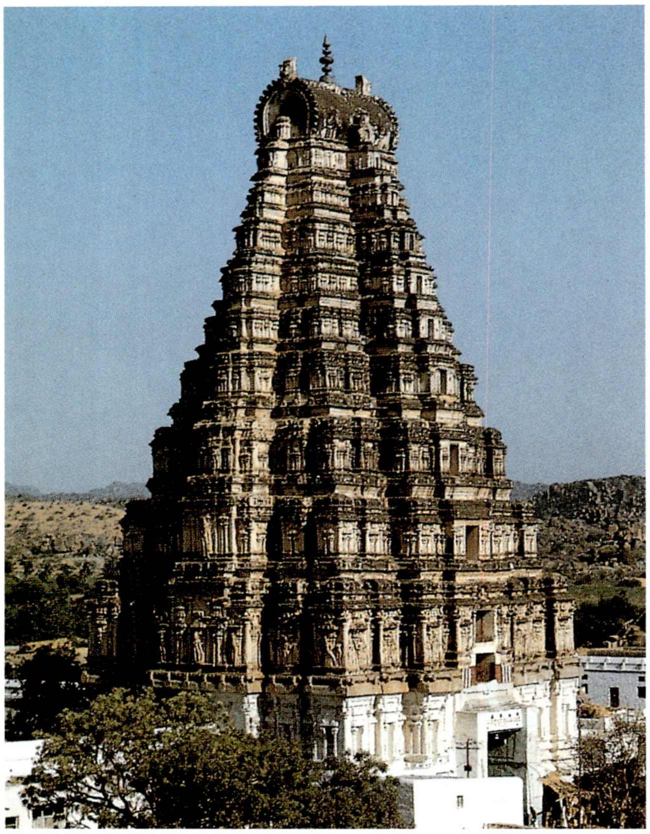

12.70 Gopura des Pampapati-Tempels, Vijayanagar, Indien, 16. Jh. (erneuert im 17. Jh.).

12.71 Mandapa des Tempels, Srirangam, Indien, 16. Jh.

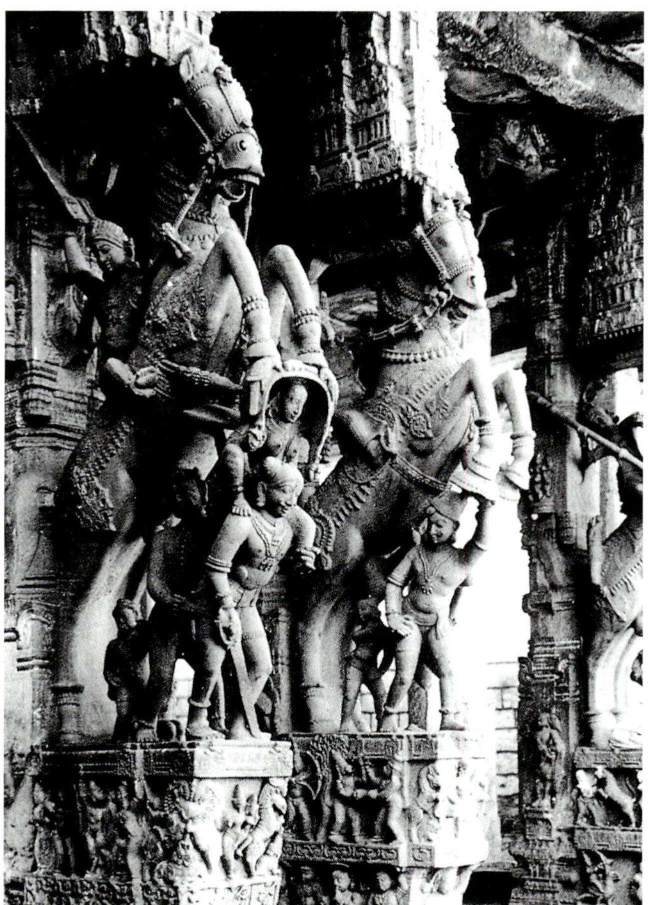

auf lebensgroßen Rössern über Menschen und Tiger hinwegsetzen ▸12.71. ›Gopuras‹ waren von unten bis oben mit übereinandergeschichteten Figurenfriesen überzogen, auf denen sämtliche Gottheiten des hinduistischen Pantheons in Stuck modelliert und leuchtend bemalt waren ▸12.70. Dieser Prozess der Erweiterung und Ausschmückung von Tempeln dauerte auch nach dem Fall Vijayanagars noch mehr als ein Jahrhundert lang an, insbesondere in der bedeutenden Tempelstadt Madura. Tempelbauten wie diese stehen in krassem Gegensatz zu den glatten Flächen und klar umrissenen Volumina islamischer Bauwerke wie dem Tadsch Mahal in Agra. In der Sinnlichkeit und Diesseitigkeit ihrer Überfülle an verschlungenen Formen und Figuren lebt die altindische Vorstellung von Baukunst als einer plastischen Kunst, von Architektur als einer lebendigen, organischen Masse weiter.

## China

### *Die Yuan-Zeit*

Mit der Eroberung Chinas durch die Mongolen, die von Dschingis Khan 1210 begonnen und von seinem Enkel Kubilai abgeschlossen wurde, als dieser sich im Jahr 1279 zum ersten Kaiser der Yuan-Dynastie machte, kam die Herrschaft über den größten Teil Asiens in die Hände einer einzigen Familie. Dadurch wurde China für einige Zeit den Europäern leichter zugänglich. Marco Polo, der zwischen 1271 und 1295 ausgedehnte Reisen durch Asien unternahm und als Beamter unter Kubilai diente, und Pater Oderich von Pordenone, der als Missionar 1324 Peking besuchte, hinterließen Berichte von ihren Erlebnissen; und sie waren keineswegs die einzigen europäischen Besucher Chinas. 1340 versicherte ein italienisches Handbuch für Kaufleute, dass die Strecke zwischen dem Schwarzen Meer und Peking vollkommen ungefährlich sei, »bei Tag und in der Nacht«. So kam es, dass größere Mengen Seide und anderer Artikel als jemals zuvor quer durch den Kontinent geschickt wurden und europäische Künstler und Handwerker in ihren Arbeiten immer häufiger asiatische Motive nachahmten. So etwa gehen die Drachen, mit denen die Mitra des hl. Ludwig von Toulouse auf einem Gemälde

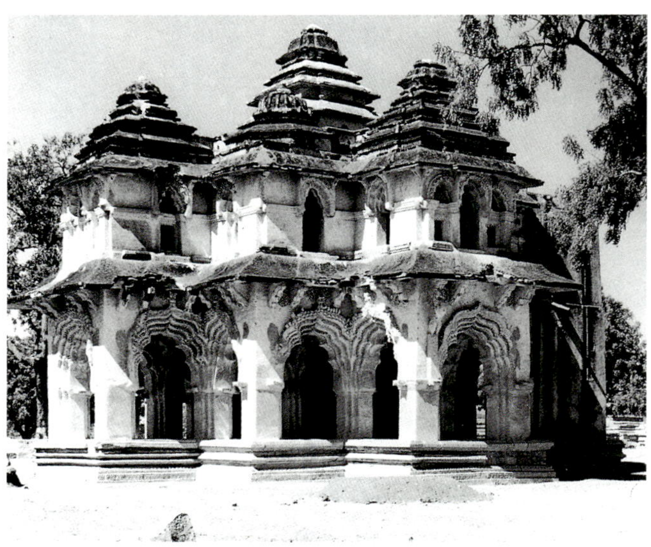

12.72 Lotus Mahal, Vijayanagar, Indien, 16. Jh.

QUELLEN UND DOKUMENTE

# Domingo Paes über Vijayanagar

Domingo Paes, ein portugiesischer Kaufmann und Reisender aus Goa, sah die große hinduistische Stadt Vijayanagar auf dem Höhepunkt ihrer Größe und Pracht. Sein kurz nach 1520–22 entstandener Bericht ist lebendig und anschaulich:

*»In dieser Stadt finden sich Menschen aus allen Nationen und Völkern, weil es dort so viel Handel und so viele Edelsteine, vor allem Diamanten, gibt.«*

Er konnte ihre Größe und Ausdehnung nicht beschreiben, *»weil man sie von keinem Punkt aus ganz überblicken kann. Aber ich bestieg einen Hügel, von dem aus ich einen großen Teil von ihr sehen konnte. Ganz überblicken konnte ich sie nicht, da sie zwischen mehreren Hügelketten liegt. Was ich von dort aus sah, schien mir so groß wie Rom und bot einen sehr schönen Anblick. Es finden sich dort in den Gärten der Häuser zahlreiche Haine mit Bäumen und viele Kanäle, die hindurchfließen, und vereinzelt gibt es auch Seen. Der König besitzt in der Nähe seines Palastes einen Palmenhain und andere reiche Frucht tragende Obstbäume.«*

Nur wenige der von Paes beschriebenen Gebäude lassen sich heute noch identifizieren. Unter diesen ist das Lotus Mahal ▸12.72 das bemerkenswerteste. Paes nannte es »ein kleines Haus«.

*»Sobald man das Innere betreten hat, sieht man auf der linken Seite zwei Kammern übereinander, die folgendermaßen angelegt sind: Die untere liegt unter dem Niveau des Erdbodens und hat zwei kleine Stufen aus vergoldetem Kupfer, und von dort bis zur Spitze ist alles mit Gold überzogen (ich sage nicht ›vergoldet‹, sondern ›überzogen‹), während sie außen kuppelförmig ist. Das Haus besitzt ein vierseitiges Portal aus Rohrgeflecht, über dem sich eine Arbeit aus Rubinen und Diamanten und einer Vielzahl anderer Steine und Perlen befindet, und über dem Portal befinden sich zwei Anhänger aus Gold. Sämtliche Arbeiten aus Edelsteinen sind herzförmig und durch einen Zwirn aus dicken Zwergperlen miteinander verflochten. Auf der Kuppel befinden sich Anhänger aus demselben Material. In dieser Kammer stand ein Bett, das ähnliche Füße hatte wie das Portal und dessen Querleiste mit Gold überzogen war. Auf dem Bett lag eine Matratze aus schwarzem Satin. Ringsum verlief ein Perlengeländer, das eine Handspanne breit war: Auf dem Bett befanden sich zwei Kissen, aber kein Überzug. Von der Kammer darüber werde ich nicht sagen, ob sie etwas enthielt, da ich sie nicht gesehen habe, sondern nur die darunter auf der rechten Seite. In diesem Haus gibt es einen Raum mit Säulen aus geschnittenen Steinen. Dieser Raum besteht ganz aus Elfenbein, die Kammer ebenso wie die Wände, von oben bis unten, und die Säulen der Querbalken oben trugen Rosen und Lotusblumen, alle aus Elfenbein und alle sehr gut ausgeführt, so dass keine besseren vorstellbar sind. Der Raum ist so reich und schön, dass sich schwerlich ein vergleichbarer finden lassen dürfte. Auf dieser selben Seite sind auf Gemälden die Lebensweisen aller Menschen dargestellt, die je hier gewesen sind, bis hin zu den Portugiesen, so dass die Frauen des Königs verstehen können, auf welche Weise jeder von ihnen in seinem Land lebt, bis hin zu den Blinden und Bettlern. In diesem Haus gibt es zwei Stühle, die mit Gold überzogen sind, und ein kleines Bett aus Silber mit Vorhängen.«*

Keine 50 Jahre später besuchte 1567 Cesare Frederici, ein italienischer Reisender, Vijayanagar. Er berichtete, dass nach der Plünderung, als die Moslems wieder nach Norden zurückgekehrt waren, ein Versuch unternommen wurde, wieder Menschen in der Stadt anzusiedeln. Er schrieb: *»Sie war nicht völlig zerstört worden, die Häuser standen noch, aber sie waren leer, und es heißt, dass in ihnen nur noch Tiger und andere wilde Tiere leben.«*

A Forgotton Empire, übers. v. R. Sewell, London 1924: Paes; S. Purchas, Purchas his Pilgrimes, London 1625: Federici

von SIMONE MARTINI bestickt ist, auf chinesische Vorbilder zurück, und das Podest, auf dem sich im gleichen Bild der Thron erhebt, steht auf einem türkischen Teppich ▸9.101. Stärker wirkte sich chinesischer Einfluss auf die persische Kunst aus, wie wir bereits sehen konnten ▸12.50, und in einer Gegenbewegung tauchen persische Motive bei chinesischen Porzellanen und Metallarbeiten auf. In der Tat scheinen die Mongolen so etwas wie einen internationalen asiatischen Stil im Kunsthandwerk angeregt zu haben. Chinas bedeutendste Kunstform aber, die Landschaftsmalerei, blieb weiterhin im Ausland so gut wie unbekannt (außer in Japan).

Marco Polo hatte von der Pracht an Kubilais Hof und der Effizienz des Verwaltungssystems in den höchsten Tönen gesprochen, die Chinesen selber aber waren da anderer Meinung; sie stöhnten unter einer Steuerlast, die von den Grundbesitzern nur aufgebracht werden konnte, indem sie die Bauern zu Leibeigenen machten. Das Land war verwüstet, und die Bevölkerung, die in der frühen Song-Zeit auf 100 Millionen geschätzt worden war, ging unter den Mongolen auf 45 Millionen zurück, wovon 7,5 Millionen offiziell als vom Hungertod bedroht bezeichnet wurden. 1325 gab es einen Volksaufstand gegen chinesische Grundbesitzer und die Herrschaft der Yuan, 1348 kam es im Osten des Reiches zur Rebellion, und 1368 zogen sich die Mongolen zurück. Im selben Jahr bestieg der erste Kaiser der chinesischen Ming-Dynastie den Drachenthron.

Trotz ihrer Kurzlebigkeit und der unter ihrer Herrschaft stattfindenden wirtschaftlichen Zerrüttung prägte die Yuan-Dynastie die weitere Entwicklung der chinesischen Kunst ganz entscheidend. Die Mongolen waren besonders am kunstgewerblichen Bereich interessiert: Sie führten die Fabrikation von Teppichen ein, gaben feine Metallarbeiten in Auftrag, ließen bei Keramiken einen größeren Formen- und Farbenreichtum entstehen und setzten ganz allgemein ihre ›barbarischen‹ Geschmacksvorstellungen durch, die auch nach ihrer Herrschaft noch ihre Spuren hinterließen. Was die Malerei angeht, wirkte sich der Einfluss der Yuan ganz unmittelbar auf die religiöse Kunst aus. Zur Bevölkerung ihres Reiches zählten Moslems, Christen, Taoisten und Buddhisten verschiedener Schulen sowie die Vertreter des Schamanismus, denen sie am nächsten standen. Es gab keinerlei religiöse Verfolgung unter der Mongolenherrschaft. Obgleich sie die islamischen Staaten in Westasien auf das heftigste bekämpften, wurden den zahlreichen Moslems in China keine Restriktionen auferlegt, wie deren Moscheen bezeugen (insbesondere jene in Peking und Xian, auch wenn diese später umgebaut wurden und sich mit ihren pagodenförmigen Minaretten äußerlich kaum mehr von chinesischen Tempeln unterscheiden lassen). Das Interesse der Khane an der Magie führte allerdings dazu, dass sie besonders den tantrischen Buddhismus tibetischer Provenienz förderten und den esoterischen Taoismus mit seiner Verheißung der Unsterblichkeit.

Der Yonglegong, ein taoistischer Tempel in der Provinz Shanxi unweit des Gelben Flusses, datiert fast zur Gänze aus der Yuan-Zeit. An der Stelle eines niedergebrannten älteren Tempels wurde 1247, als das Gebiet bereits von den Mongolen besetzt war, mit der Errichtung der heutigen Bauten begonnen. Sie sind in dem schlichten, würdevollen Stil gehalten, der sich in dieser Region unter der Liao-Dynastie herausgebildet hatte (s. S. 265f.), und wie alle chinesischen Tempel und Paläste axial angelegt, mit einem südlichen Tor, das zu einer Reihe aufeinander folgender Hallen führt, zwischen denen reichlich Platz für Gärten gelassen wurde ▸12.73. (Die ursprüngliche Anordnung wurde beibehalten, als der gesamte Komplex 1959–1963 an seinen heutigen Standort verlegt wurde, weil die Gebäude durch den Bau eines Damms überflutet zu werden drohten.) Sämtliche Gebäude sind im Innern mit Wandmalereien ausgeschmückt, und im größten, der 1325 vollendeten *Halle der Reinen Dreieinigkeit,* bilden diese Malereien eine äußerst beeindruckende Folge, welche die Wände von der Sockelzone bis zu den (hauptsächlich ornamentalen) Deckenkonsolen in etwa 4,25 m Höhe bedeckt. Die Malereien zeigen die taoistischen Gottheiten, umringt vom versammelten himmlischen Hofstaat, Himmelsgenerälen, ›Jademaiden‹ und weiteren Begleitern, allesamt gekleidet in wallende juwelenbesetzte und bestickte Gewänder ▸12.74. Ihr Maler, MA JUNXIANG, stammte aus Luoyang, der ehemaligen Hauptstadt der Song-Dynastie, und arbeitete in einem Stil, der sich dort auf der Grundlage einer auf die Tang-Zeit zurückgehenden Kunst entwickelt hatte. Doch obgleich er ein meisterhafter Figurenmaler war – in seiner Ausdrucksvielfalt und elegant-gewandten Linienführung vergleichbar mit italienischen Malern des späten 15. Jahrhunderts (z. B. FRANCESCO DEL COSSA s. S. 415) –, ist MA JUNXIANGS Name nur bekannt, weil er sein Werk im Yonglegong signierte. Wie die meisten anderen Berufsmaler, die groß angelegte öffentliche Arbeiten ausführten, wurde er von den chinesischen Geschichtsschreibern ignoriert. Diese erhoben Berufsmaler wie MA JUNXIANG nicht in den selben Rang wie ›Künstler‹, jene, die privat auf Papier oder Seide arbeiteten und ihre Malereien nicht verkauften.

Die Yuan-Zeit war die Epoche, in der sich jene Kluft auftat, welche die Geschichte der chinesischen Malerei in ihrem gesamten weiteren Verlauf prägen sollte: die Kluft zwischen Berufsmalern wie MA JUNXIANG und den gebildeten Literatenmalern oder ›literati‹, wie sie meist genannt wurden, welche die Malerei – hauptsächlich die schwarzweiße Tuschmalerei – als eine höchst persönliche und private Kunstform im Einklang mit den philosophischen und religiösen Idealen der intellektuellen Elite betrieben. Die Berufsmaler, die gesellschaftlich auf einer Stufe mit Unterhaltern und Prostituierten standen, wurden von den chinesischen Kunstliebhabern und Kunsttheoretikern – die natürlich fast immer selbst Literatenmaler waren – als einfache Handwerker betrachtet. Die ›literati‹ werden im Westen vielfach irreführend als Amateurmaler bezeichnet, denn auch wenn sie ihre Kunst nicht ausübten, um mit ihr den Lebensunterhalt zu verdienen, so war ihr Leben doch fast ausschließlich dieser Kunst – der Malerei, der Kalligraphie und der Poesie – gewidmet, und unter Umständen verkauften sie sogar gelegentlich eine Bildrolle. Die Unterscheidung zwischen Berufs- und Literatenmalern war zugleich eine erzieherische und eine gesellschaftliche, da nur die Kinder der Oberschicht Zugang zu den Klassikern hatten. In der Yuan-Zeit zogen sie sich mehr als je zuvor in die Abgeschiedenheit des Kammergelehrtendaseins zurück – im Gegensatz zu früher hatten jetzt nur noch wenige Personen von ihnen hohe Regierungsämter inne. Sie neigten immer mehr zur Kontemplation und Introspektion und blickten ehrfurchtsvoll zurück auf die frühe Kunst Chinas, die von ruhmreicheren Epochen in der Geschichte des Landes hervorgebracht worden war. Ihre Malereien bieten eine überzeugende Schau der natürlichen Welt – was für die frühen Künstler Chinas immer ein Hauptkriterium gewesen war –, doch wird nun mehr auf die Innenwelt des Künstlers eingegangen. »Ein Bild ist nichts weiter als eine Idee«, schrieb HUANG GONGWANG (1269–1354); »am

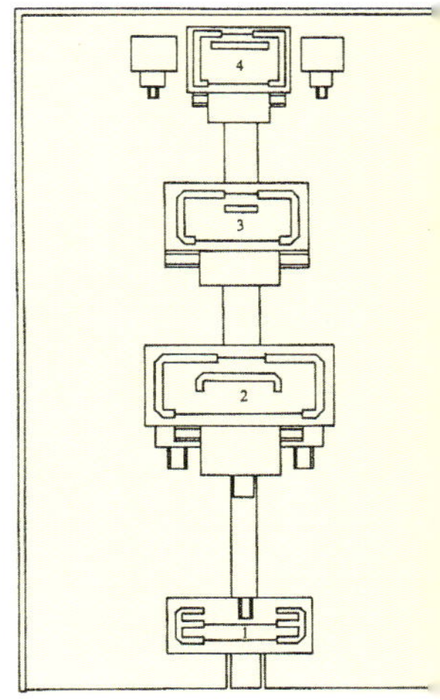


12.73 Grundriss von Yonglegong, Ruicheng, Shanxi, China

1 Tor der Unendlichkeit
2 Halle der Reinen Trinität
3 Chunyang Halle
4 Chongyang Halle

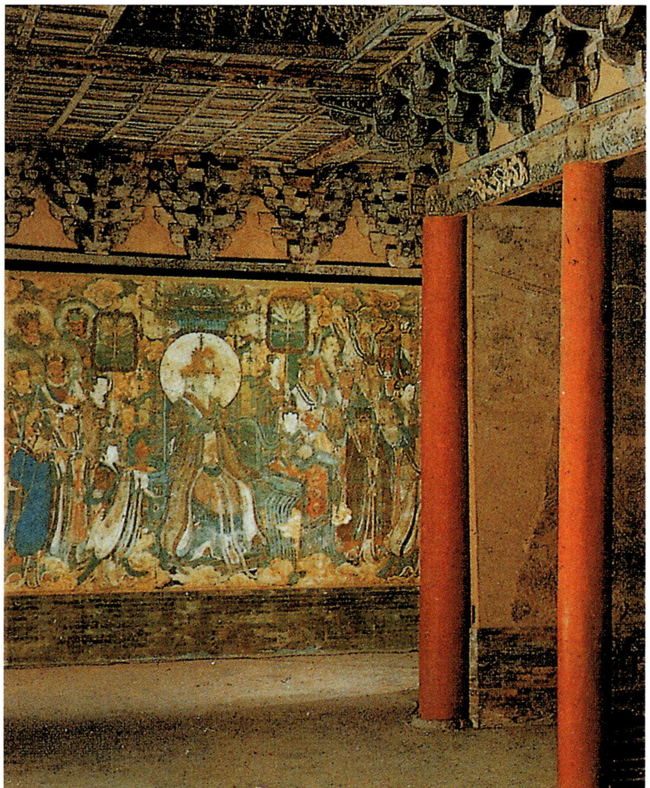

12.74 MA JUNXIANG, *Taoistische Götter*, Wandmalerei aus der Halle d[er] Reinen Dreieinigkeit, Yonglegong, Ruicheng, Shanx[i], vollendet 1325.

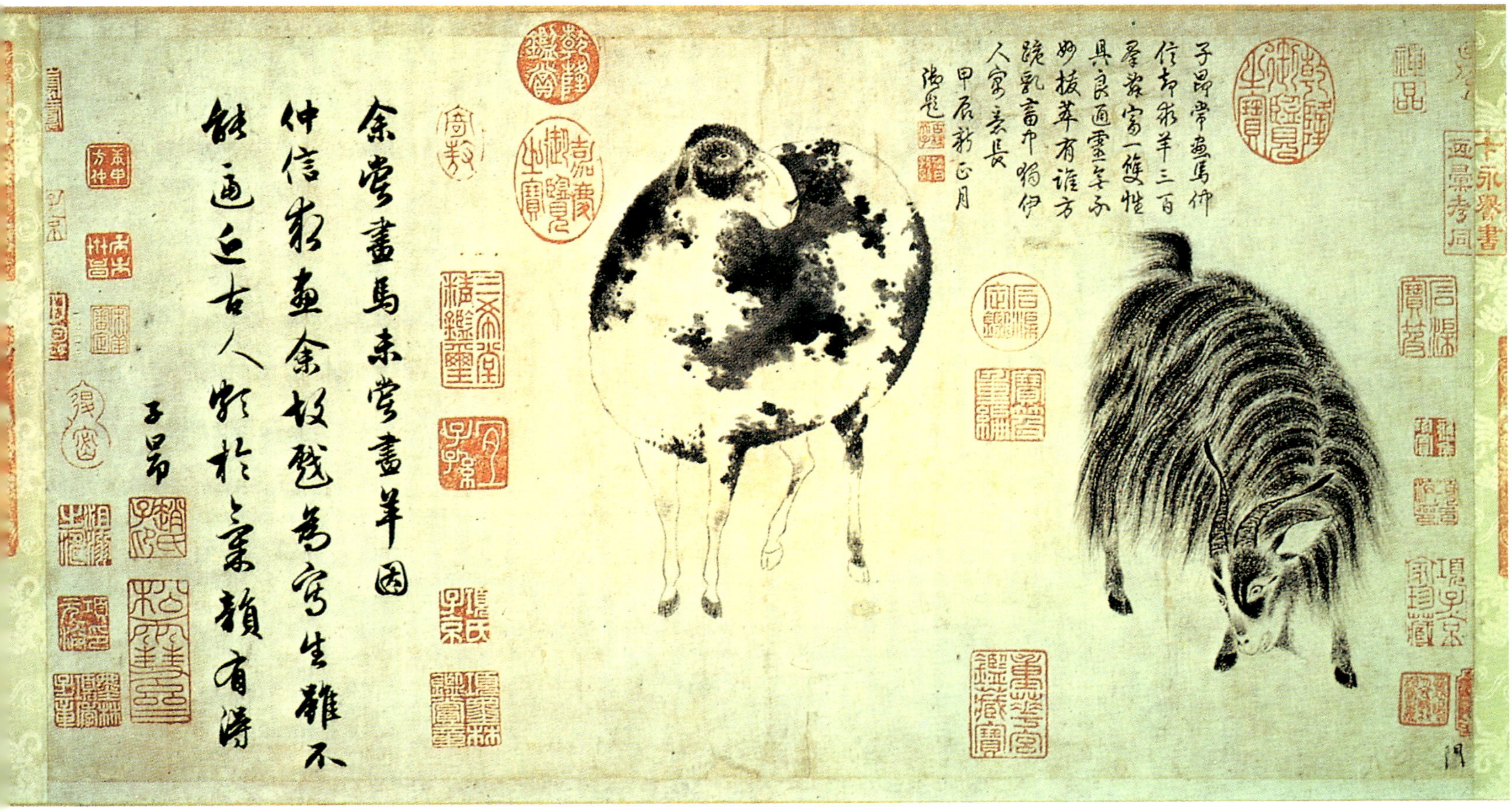

2.75 ZHAO MENG FU, *Schaf* *ıd Ziege*, um 1300, Ausschnitt ıs einer Querrolle, Tusche auf ıpier, Höhe 25 cm. Freer allery of Art, Smithsonian ıstitution, Washington.

wichtigsten bei der Ausführung ist das Prinzip der Korrektheit« – und Korrektheit bedeutete Wahrung der Tradition, im moralischen wie im künstlerischen Sinn.

Das Bild eines Schafs und einer Ziege von ZHAO MENG FU (1254–1322) zeigt die Verhaftung der Yuan-zeitlichen Literatenmaler mit der Vergangenheit, in diesem Fall mit dem Realismus der frühen Song, ihre manchmal fast aggressive ›Amateur‹-Haltung und ihr ernstes Bemühen um einen tieferen Sinn in der Kunst ▸12.75. In seiner Aufschrift bemerkt ZHAO MENG FU, dass er diese Tiere bisher noch nie gemalt habe und es jetzt »zum Vergnügen« tue, einem Freund zuliebe. Die für Ziegen charakteristische Körperhaltung ist allerdings meisterhaft festgehalten und ihr Fell durch die feine Verteilung von Lavis und trockenen Pinselstrichen und mit nur sehr wenigen Umrisslinien gekonnt wiedergegeben. Solche naturalistischen Effekte waren für ZHAO MENG FU jedoch nur Mittel, um die Bewegung des Lebendigen, den Odem des Lebens zu veranschaulichen, den man in den Formen der Natur spüren kann ▸12.76. Dies war auch in den Bildern der alten Meister enthalten, ließ sich einem Werk jedoch nicht durch simples Kopieren mitteilen. Dennoch verleitete ›der Geist des Altertums‹ manchmal – wie bei ZHAO – zu forcierten Archaismen. ZHAO gehörte zu den führenden Propagandisten einer Rückkehr zum Malstil der Tang- und frühen Song-Zeit. Er war auch einer der wenigen Angehörigen des Geburts- und zugleich des geistigen Adels – er stammte in der elften Generation vom Begründer der Song-Dynastie ab und stand im Rang eines Herzogs; unter Kubilai bekleidete er ein staatliches Amt und stieg in der Beamtenhierarchie auf: Diese ›Kollaboration‹ wurde ihm von anderen Literatenmalern, die die Geschichte der chinesischen Kunst schrieben, nie ganz verziehen.

Ganz anders verhielt es sich mit NI ZAN (1301–1374), dessen Leben und Werk gleichermaßen als vorbildlich galten. Er entstammte einer reichen Kaufmannsfamilie und widmete sich ausschließlich intellektuellen Beschäftigungen; 1352, durch Steuerzahlungen verarmt, entledigte er sich seiner restlichen Habe und zog auf ein kleines Hausboot, mit dem er die herrlichen Flüsse und Seen im südöstlichen Jiangsu befuhr. Die zarte lyrische Manier der späten Song-Zeit (s. S. 263ff.) lehnte er ab und schuf einen Stil von strenger Distanz und Zurückhaltung ohne alle Stimmungselemente und Zurschaustellung technischer Gewandtheit. Sein Medium war schwarze Tusche, sparsam auf saugfähiges Papier aufgetragen, das man zu jener Zeit der prächtigeren Seide als Malgrund vorzog. Menschen

12.76 ZHAO MENG FU, *Das Vergnügen des Fischens an einem Dorffluss*, um 1300, fächerförmiges Albumblatt. C. C. Wang Collection, New York.

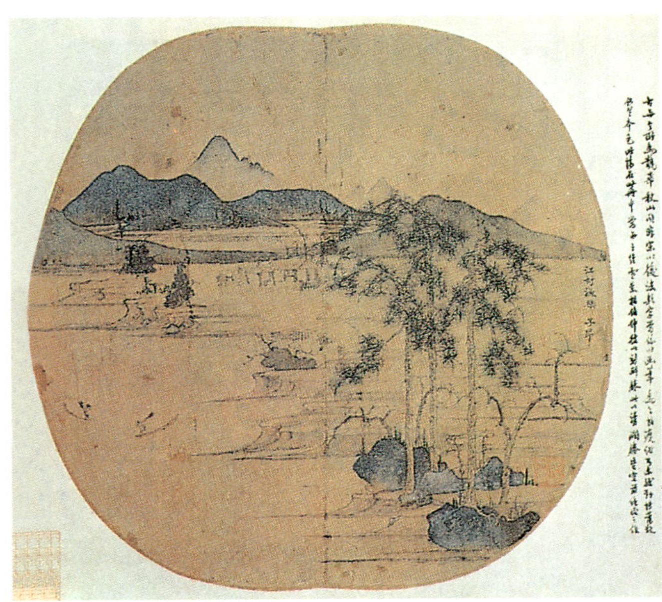

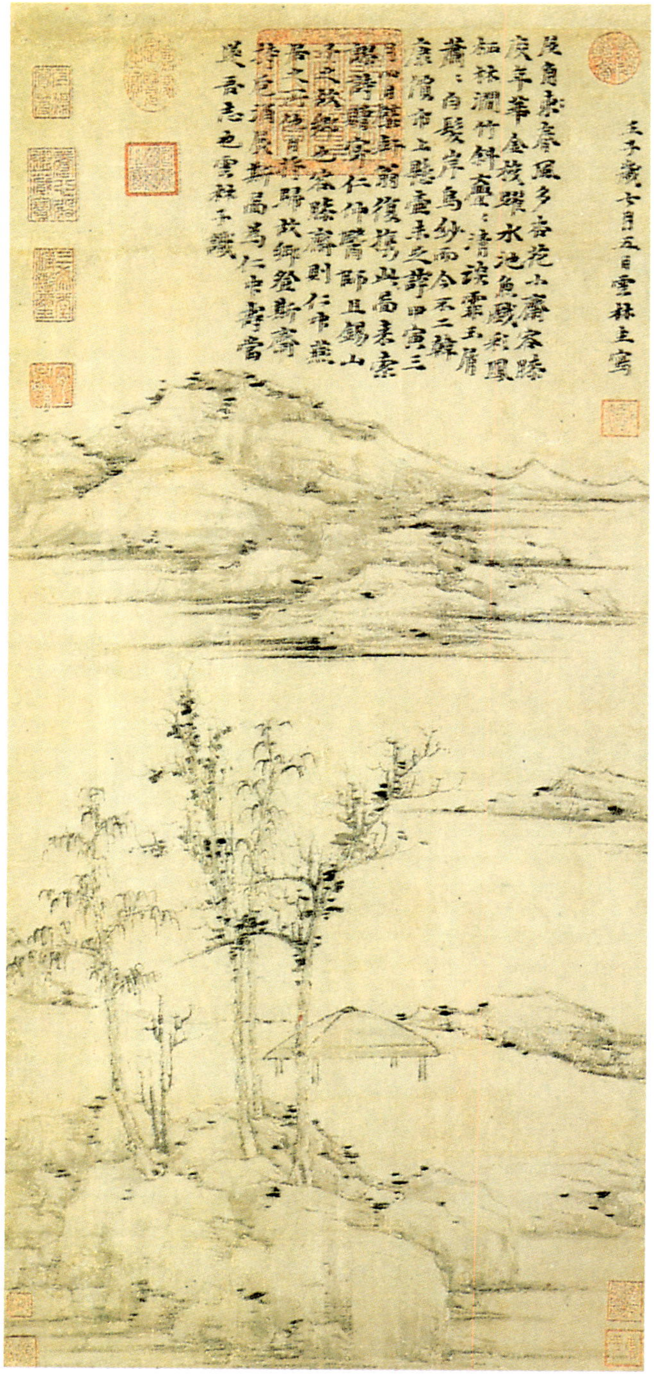

12.77 NI ZAN, *Der Pavillon von Rongxi*, 1372, Inschrift 1374, Hängerolle, Tusche auf Papier, Höhe 173 cm. National Palace Museum, Taipei, Taiwan.

treten nur ganz selten in seinen Landschaften auf, die fast immer die gleiche imaginäre Szene wiedergeben, eine Gruppe spärlich belaubter Bäume, den verlassenen Pavillon eines Gelehrten am Ufer eines Wassers und dazu niedrige Hügel am jenseitigen Ufer ▸12.77. »Sie sind von solch extremer Feinheit und Klarheit beseelt, dass ihre Kälte den Betrachter überwältigt«, schrieb ein chinesischer Maler im späten 17. Jahrhundert und verglich sie mit »Wellen an sandiger Küste oder Flüssen zwischen Gestein, die rollen und fließen und aus eigener Kraft dahinströmen«. In seinen Bildern wirken moralische Qualitäten, die von den Chinesen hoch geschätzt werden: kraftvoll, doch ohne die Stärke unnötig zu betonen, elegant ohne Geziertheit, ungezwungen, doch nicht nachlässig – durchdrungen von den Tugenden des gebildeten Menschen, zurückhaltend und unprätentiös und auf strenger Selbstdisziplinierung und unablässiger Hingabe beruhend.

Manche Motive hatten für die Literatenmaler einen starken symbolischen Beiklang. Der widerstandsfähige, immergrüne Bambus zum Beispiel wurde dem rundum gebildeten Edlen gleichgesetzt, der sich den herrschenden Winden beugt, anpassungsfähig ist und dabei doch seine Integrität bewahrt; und es ist kein Zufall, dass diese Pflanze in der für die ›literati‹ bitteren Yuan-Zeit, als diese moralischen Qualitäten besonders wichtig waren, öfter als je zuvor gemalt wurde. Die Bambusmalerei bildete sich zu einem eigenständigen Genre heraus. Das Rohr und die spitz zulaufenden Blätter hatten einen besonderen Reiz für Maler, die gleichzeitig Kalligraphen waren, und seine sich ständig je nach Jahreszeit, Tageszeit und Luftfeuchtigkeit wandelnde Erscheinung wirkte als eine Herausforderung auf jene, die in Bildern oder Worten das Grundprinzip der Natur zu fassen versuchten. LI KAN (tätig 1260–1310) befasste sich sein ganzes Leben lang mit dieser Pflanze, reiste zum Studium verschiedener Arten bis nach Assam, spürte ältere Bambusmalereien auf und verfasste *Umfassende Aufzeichnungen über den Bambus*. Er riet davon ab, ihn direkt nach der Natur zu malen. Der Künstler solle, so meinte er, seine Beobachtungen speichern, bis er den Bambus geistig vollkommen »beherrsche«, und dann die Bilder des inneren Auges zu Papier bringen. Nur so könne die ihm innewohnende Spannung durch den Maler als Medium auf das Papier übertragen werden und von dort den Betrachter erreichen. Auf einer seiner wenigen erhaltenen Bildrollen sieht man verschiedene Arten von Bambus in zwei Gruppen sowie ein einzelnes Rohr; bei der Wiedergabe ist auf botanische Korrektheit genauso viel Wert gelegt wie auf die naturalistische Darstellung der sprießenden Blätter und sanft schwankenden Rohre in warmer Luft und auf die komplexe Anordnung der Pinselstriche zu einer äußerst sorgfältig durchdachten Komposition, die dennoch mit spontanem künstlerischen Schwung auf das Papier gewischt zu sein scheint ▸12.79. Da es oben und unten abgeschnitten ist, scheint das Objekt ganz nahe an der Bildoberfläche zu liegen, und der Betrachter vermag sozusagen eine persönliche Beziehung herzustellen.

Eine kurze Handrolle mit dem Titel *Zehntausend Bambusrohre in Nebelschleiern*, datiert 1308, stammt von GUAN DAOSHENG (1262–1319), eine der berühmtesten chinesischen Malerinnen und zugleich die früheste in der Reihe jener, deren Werk auf uns gekommen ist ▸12.80. Die Darstellung zeigt eine Szene von vollendeter, ungestörter Ruhe; nicht die leichteste Brise lässt die Blätter rascheln oder zerteilt den Nebel, der zwischen den schön beobachteten Bambusrohren im Vordergrund und jenen im Hintergrund hängt. Verschiedene ihrer Malereien stellen Bambusrohre nicht, wie sonst üblich, einzeln dar, sondern in Stauden an einem Flussufer wachsend – eine von ihr selbst erfundene Kompositionsform, die Bewunderung und Nachahmung fand. In der Tat zeigt die große Wertschätzung, die ihr Werk genoss, dass die chinesischen Sammler und Kunstkritiker in ihrer Beurteilung der Fähigkeiten eines Künstlers in der Regel dem Geschlecht keine Bedeutung beimaßen, besonders nicht bei einer Künstlerin wie GUAN DAOSHENG, die, von vornehmer Geburt und hochgebildet, in jeder Hinsicht eine Literatenmalerin war und darüber hinaus die Ehegattin des noch vornehmeren Malers ZHAO MENGFU. Doch nur unter den ›literati‹ waren Künstlerinnen auf diese Weise akzeptiert. Außerdem verfestigte sich in der Yuan-Zeit, möglicherweise bedingt durch den allmählichen Ausschluss der

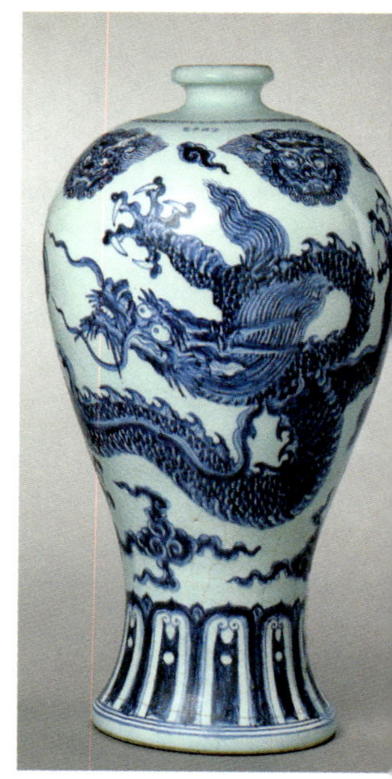

12.78 *Mei-ping-Vase*, 1426–1435, Ming-Dynastie, Porzellan, Höhe 55,2 cm. Nelson-Atkins Museum of Art, Kansas City.

2.79 LI KAN, *Bambus*, ‍m 1300, Ausschnitt aus einer ‍uerrolle, Tusche auf Papier, ‍öhe 37,5 cm. Nelson-Atkins ‍Iuseum of Art, Kansas City.

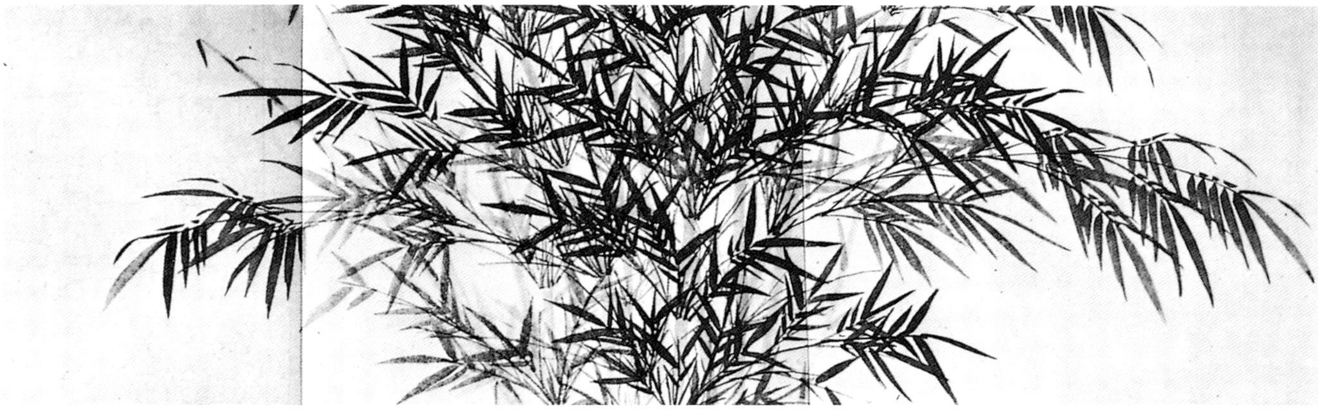

2.80 GUAN DAOSHENG, *‍ehntausend Bambusrohre ‍Nebelschleiern*, 1308, ‍androlle, Tusche auf Papier, ‍öhe 15 cm. National Palace ‍Iuseum, Taipei, Taiwan.

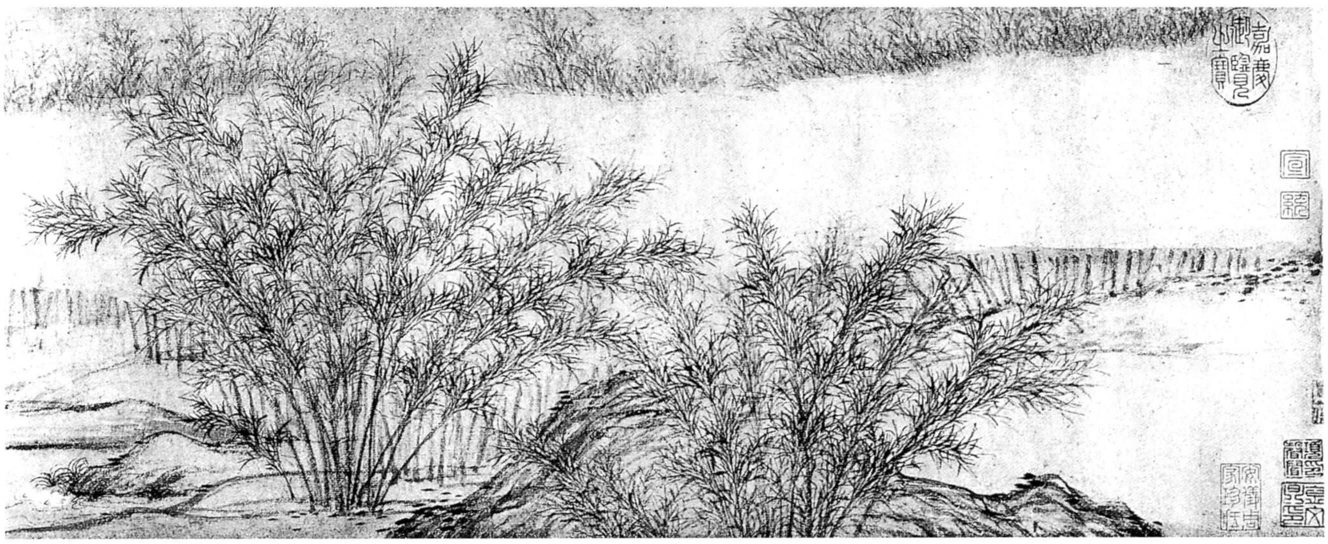

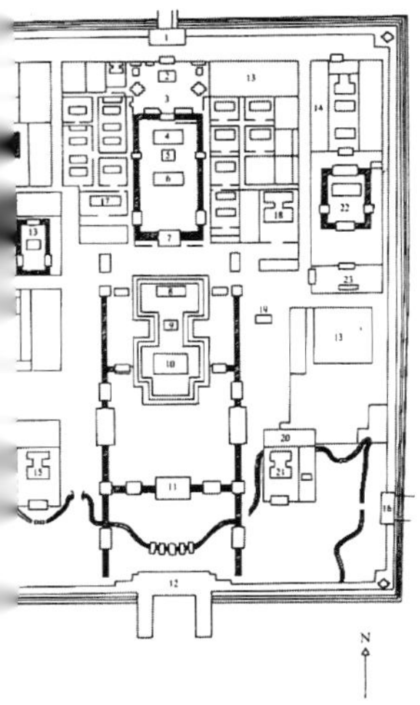

.81 Plan des Kaiserlichen ‍lastes, Peking.

Tor des Göttlichen Stolzes
Pavillon des Kaiserlichen Friedens
Kaiserlicher Garten
Palast der Irdischen Ruhe
Halle der Einigkeit
Palast der Himmlischen Reinheit
Tor der Himmlischen Reinheit
Halle der Erhaltung der Harmonie
Halle der Vollkommenen Harmonie
Halle der Höchsten Harmonie
Tor der Höchsten Harmonie
Meridian-Tor
Küchen
Gärten
Ehemalige Kaiserliche Druckerei
Blumentor
Palast der geistigen Kultur
Halle der Ahnenverehrung
Pavillon der Pfeile
Kaiserliche Bibliothek
Kulturpalast
Palast des Friedens und des langen Lebens
Wandschirm der Neun Drachen

intellektuellen Elite aus dem Staatsapparat, die Unterscheidung zwischen Literaten- und Berufsmalern. Unter der Ming-Dynastie sollte sich diese Situation nicht verändern.

## *Die Ming-Zeit*

Wenn auch die Mongolen von den Malern wenig geschätzt wurden, wirkte sich ihr Einfluss auf das Kunsthandwerk durch die Einführung neuer Techniken entscheidend und anhaltend aus. Die besonders im Westen als für chinesisches Porzellan so typisch geltende blau-weiße Dekoration entwickelte sich während ihrer Herrschaft aus einer Kombination chinesischer und persischer Techniken und Materialien. China stellte das Porzellan das dort schon vor langer Zeit entwickelt worden war (s. S. 261), Persien das Kobaltoxyd, mit dem man im Nahen Osten Irdenware bemalte. Es war leicht zu handhaben bei der Bemalung unter der Glasur und wurde in China zuerst für persisch inspirierte Dekors von Porzellangefäßen nach der Art mongolischer Metallwaren verwendet. Diese Farbgebung wurde während der Ming-Zeit beibehalten, jedoch wurde der Dekor von allen Fremdeinflüssen gereinigt, und das blau-weiße Porzellan der Ming ist in der Form wie im Design rein chinesisch ▸12.78. Ebenso wurde die zur Mongolenzeit entwickelte →Cloisonné-Emaillierung zur Verzierung von Bronzegefäßen verwendet, deren Formen auf die Shang-Zeit zurückgehen und deren farbenfroher Schmuck an die Tang-Ornamentik erinnert.

Der erste Kaiser der Ming-Dynastie, Hong wu (1368–1399), war ein Mann aus dem Volk und eroberte sich den Thron mit Waffengewalt durch den Sieg über die verhassten Fremdherrscher. So wurde die Rückkehr zu den alten nationalen Traditionen zu einem Leitmotiv. Der Beamtenapparat wurde wieder aufgebaut mit einer noch weniger flexiblen Struktur als ehedem. Klassisches Gelehrtentum erlangte wieder Ansehen, und im Jahr 1403 veranlasste der dritte Ming-Kaiser, Yongle, die Zusammenfassung des gesamten Wissens in einer Enzyklopädie mit 11095 Bänden. Die Achtung vor der Tradition wurde durch einen zunehmenden Hang zur Prachtentfaltung geschwächt. Als Yongle 1417 die Hauptstadt von Nanjing nach Peking verlegte, ließ er den Palast gemäß zhou-zeitlichen Ritualvorschriften anlegen, denen zufolge der ›Sohn des Himmels‹ von drei Höfen aus zu regieren habe. Die Anlage erhob sich auf dem Gelände von Kubilais Palast, verwendete Teile der alten Fundamente und sollte an Prächtigkeit jene Gebäude übertreffen, von denen Marco Polo geschrieben hatte, sie seien »so großartig, so üppig geschmückt und herrlich zu schauen, dass niemand auf Erden etwas Wunderbares schaffen kann«. Eine 24 km lange Mauer umgab die achsensymmetrisch angelegten Höfe, die von den drei großen Staatshallen beherrscht waren; auch als man sie später erneuerte und umbaute, hielt man stets die geheiligten Traditionen ein, mit hölzernen Pfosten und Balken und weit ausschwingenden Dächern, die mit leuchtenden gelb glasierten Ziegeln gedeckt waren – eine Farbe, die kaiserlichen Gebäuden vorbehalten war ▸12.81.

Das äußere Tor (1420 errichtet und 1647 sowie 1801 restauriert) gewährt Zutritt zum ersten Hof, der vom ›Fluss des Goldenen Wassers‹ durchquert wird ▸12.82. Auf einen

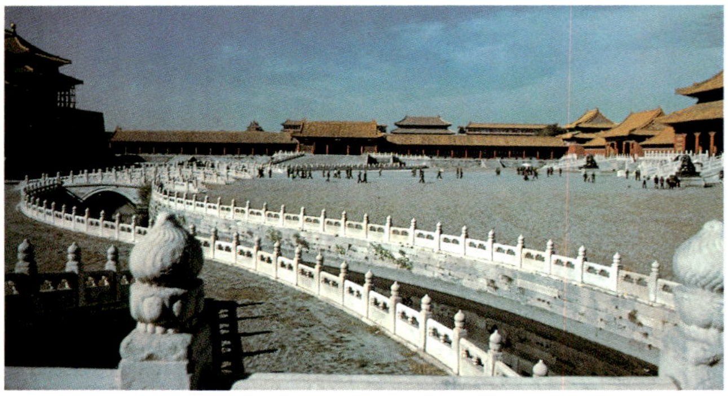

12.82 Erster Hof des Kaiserlichen Palastes, Peking, 1420 (später restauriert).

noch größeren Hof gelangt man durch das ›Tor der Höchsten Harmonie‹ jenseits des Wassers. Nach der Hofetikette war für Audienzen beim Kaiser die Stunde der Morgendämmerung festgesetzt, und dies war der Platz, an dem jene, die empfangen werden sollten, im Morgengrauen, wenn die Gebäude besonders einschüchternd wirkten, niederknieten und ihren Kotau machten. Die drei Haupthallen liegen erhöht über dem Hof auf einer dreigeschossigen Plattform aus weißem Marmor. Die ›Halle der Höchsten Harmonie‹, die einzige, die von der Ebene des Hofes aus zu sehen ist, ist ca. 61 m breit und 30,5 m tief; vor ihrer hinteren Wand erhebt sich auf einem hohen Podest der kaiserliche Thron. Die Halle wurde 1669 nach einem älteren Entwurf erbaut. Die beiden anderen Gebäude auf der Plattform stammen aus der Ming-Zeit: die quadratische ›Halle der Zentralen Harmonie‹, in der der Kaiser uralte Rituale wie etwa die Prüfung von Saatgut vor der Frühjahrssaat durchführte, und die ›Halle der Erhaltung der Harmonie‹, in der die höchste Prüfung für den Staatsdienst ihren Abschluss fand ▸12.83. Ein dritter Hof trennt die Plattform vom übrigen Bereich der Verbotenen Stadt, der nur für die dort ständig Residierenden zugänglich war. Hier befinden sich in der Mitte der private Palast des Kaisers, dahinter der der Kaiserin sowie, diese auf beiden Seiten einrahmend, Wohnhäuser für Witwen und Nebengattinnen an Höfen, die an langen, geraden Straßen liegen ▸12.84. Die strenge Anordnung und Einförmigkeit der Gebäude in diesem Bereich, die sich einzig in der Größe voneinander unterschieden, wurde allerdings durch kleine Gärten und eine Fülle an Pflanzen in Porzellantöpfen belebt.

Der kaiserliche Palast war der Mittelpunkt eines Reiches, das sich, nach chinesischer Überzeugung, über die ganze Welt erstreckte: Ausländische Botschafter wurden dort bis weit in das 19. Jahrhundert hinein nur als Überbringer der Tributleistungen von Vasallen empfangen. Die Hauptgebäude liegen auf der Nord-Süd-Achse des Himmelsmeridians, der für die gesamte Anordnung bestimmend war. So blickte der Kaiser, der sich als Herrscher im Auftrag des Himmels verstand, von seinem Thron in der ›Halle der Höchsten Harmonie‹ gleichsam wie vom Polarstern gen Süden und hinab auf die Menschenwelt. Und die Rituale, die er durchführte, sollten für Harmonie auf Erden im Einklang mit der Harmonie des Kosmos sorgen. Obgleich kosmische Symbolik bereits seit frühester Zeit und in den verschiedensten Teilen der Welt, namentlich in Mittel- und Südamerika (s. S. 474ff.), ein wichtiger Bestandteil der Palastarchitektur gewesen war, wurde sie nirgendwo strenger und in einem größeren Maßstab umgesetzt als in China. Der so genannte Tempel des Himmels, ein in der Ming-Zeit angelegter, fast 10,5 Quadratkilometer einnehmender heiliger Bezirk, erstreckt sich von einem auf einer Bodenerhebung gelegenen Freilufttempel, wo der Kaiser Opfer darbrachte und mit dem Himmel in Verbindung trat, zum ›Kaiserlichen Himmelsgewölbe‹ ▸12.86 und mehr als 600 m weiter nördlich bis zur wesentlich größeren ›Halle der jährlichen Gebete‹ mit ihrem dreifachen Dach: Gebäude, die alle auf einem kosmisch bedeutsamen kreisförmigen Grundriss errichtet wurden. Die Kosmologie war sogar Richtschnur bei der Planung privater Wohnsitze, deren Hauptgebäude nach Süden orientiert waren. Der kaiserliche Palast war im Sinne der mehrfachen Unterteilung in gleichförmige Einheiten darüber hinaus eine Art Modell der Verwaltungsstruktur des ›Himmlischen Reiches‹, wie es passenderweise genannt wurde.

Die riesigen unterirdischen Paläste, die ungefähr 50 km nördlich von Peking als Grabmäler für die Ming-Kaiser angelegt wurden, weisen einen ähnlich symmetrisch durchkomponierten Grundriss auf und waren kaum weniger prächtig. Im Unterschied zu den ebenerdigen Tempeln darüber – den Hallen des kaiserlichen Palastes ähnliche Holzbauten in der üblichen chinesischen Bauweise mit gelb glasierten Dachziegeln – waren ihre verschiedenen Gemächer mit Stein verkleidet und mit Gewölben versehen. Man nähert sich ihnen über einen ›Geisterweg‹, rechts und links flankiert von großen Steinskulpturen von Menschen und Monstern, lebensgroßen Kamelen

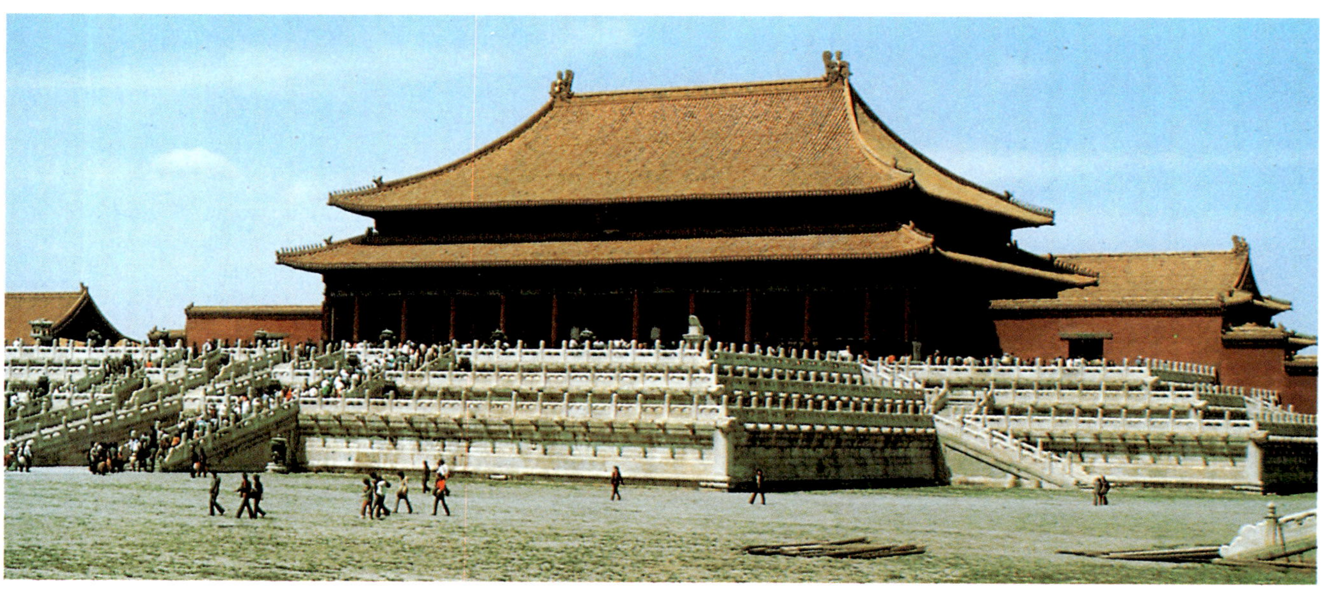

12.83 Halle der Erhaltung der Harmonie, Kaiserlicher Palast, Peking, 15. Jh. (später restauriert).

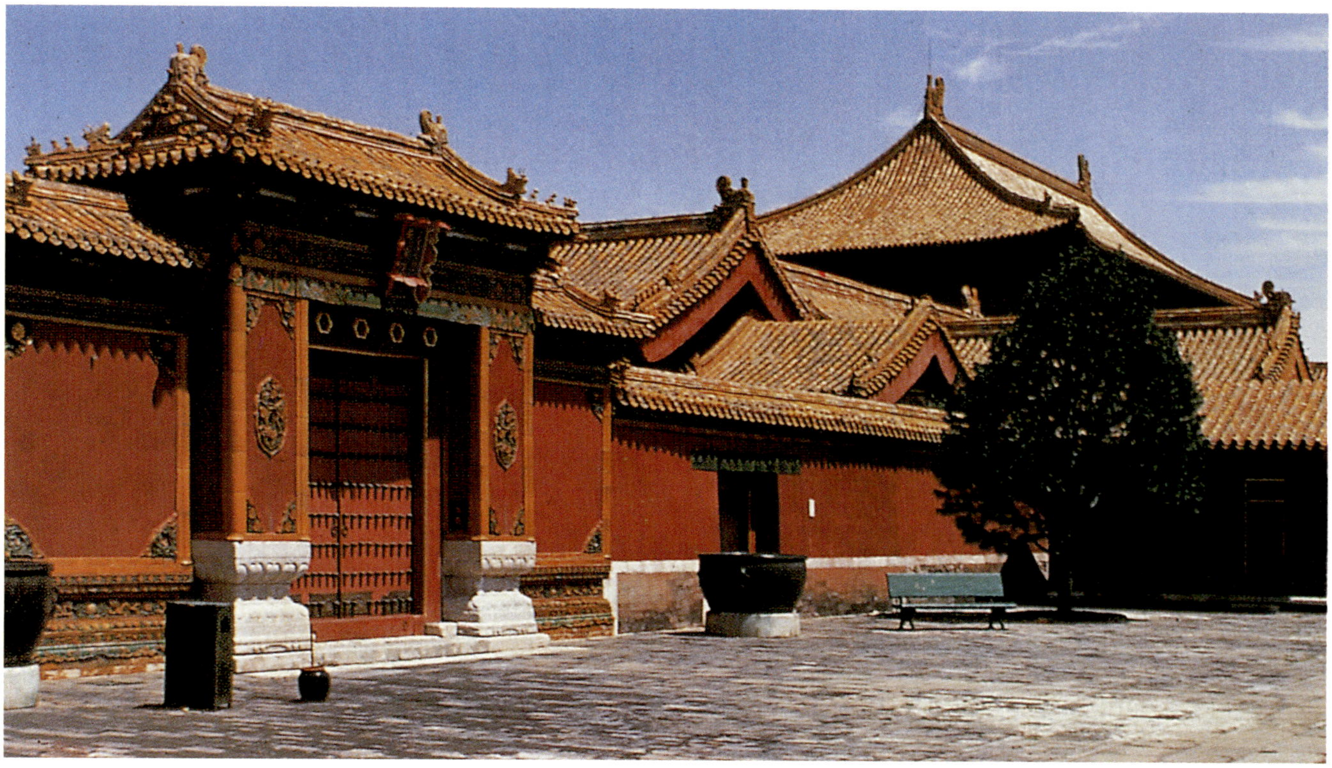

ı.84 Straße im Kaiserlichen ılast, Peking.

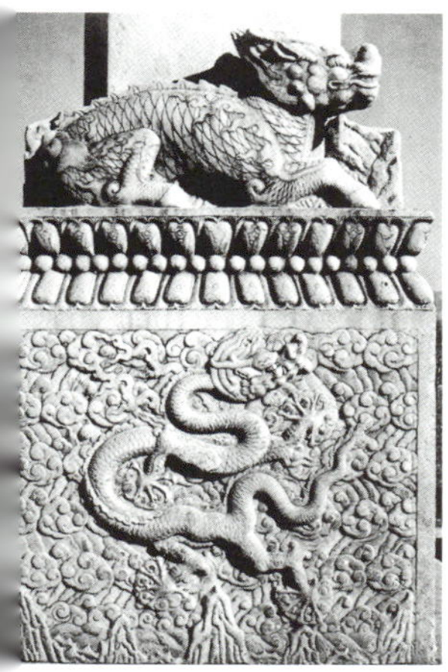

.85 Gedenkpfeiler, 16. Jh., ing-Dynastie, Marmor, remonialeingang zu den ing-Gräbern bei Peking.

und Elefanten, deren kühner Realismus an Plastiken der Tang-Zeit gemahnt ▸12.87. Ein Gedenkpfeiler an einem der Tore mit dem feinteilig gearbeiteten Relief eines Drachens, der aus einem dichten Wolkenmuster auftaucht, repräsentiert vielleicht eher den typischen Geschmack der Ming-Zeit ▸12.85.

Konservatismus, Naturalismus und Üppigkeit sind die Kennzeichen der am Ming-Hof geschätzten Malerei. Die *Winterszene* von LÜ JI (1477–1521) mit Schnee, Wasser, Felsen, knorrigen Baumstämmen, einem buntgefiederten Fasan und zwei weiteren kleinen Vögeln, Pflaumenblüten und kräftigroten Kamelien gründet sich auf die Blumen- und Vogel-Malerei der frühen Song-Künstler, die sich allerdings mit zwei Motivelementen und halb soviel Farbe begnügt hätten ▸12.88. Der reißende Fluss hält die Komposition zusammen und verleiht dem ganzen Werk einen Schwung, der später bei Darstellungen des gleichen Themas deutlich fehlt, wie sie in Mengen nach Europa exportiert wurden und dort einen falschen Eindruck von der chinesischen Kunst vermittelten. Diese Art von Malerei war als Schmuck für die Wände eines fürstlichen Palastes gedacht und nicht als Gegenstand minuziöser Studien in der Abgeschiedenheit einer Gelehrtenstube.

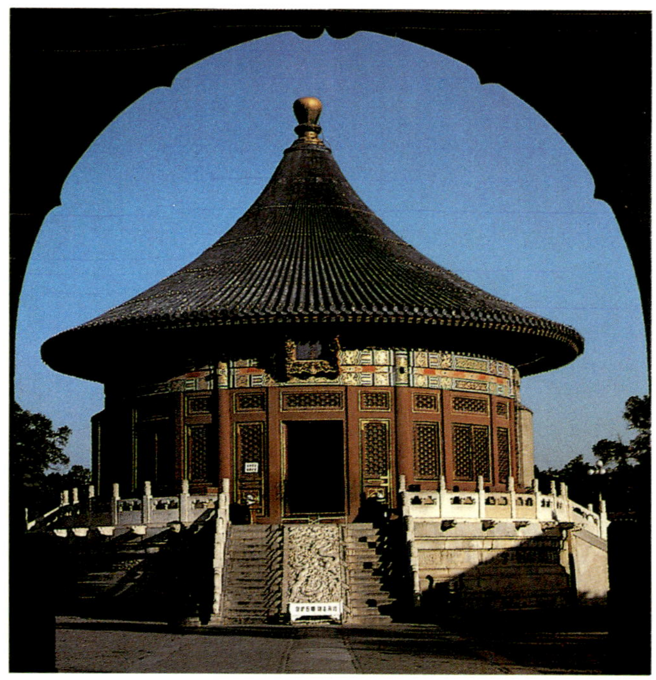

12.86 Kaiserliches Himmelsgewölbe, Tempel des Himmels, Peking, 1530 (1752 und später restauriert).

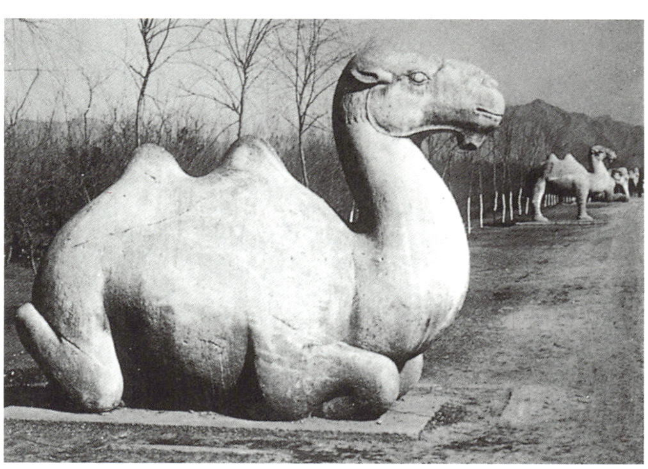

87 Kamel, 15./16. Jh., ng-Dynastie, Stein, he ca. 250 cm. Weg zu den ng-Gräbern bei Peking.

Es ist ein sehr professionell ausgeführtes Werk von einem der begabtesten Mitglieder der kaiserlichen Akademie, die, wie schon erwähnt, von den gutsituierten Amateurmalern fast mit den Handwerkern auf eine Stufe gestellt wurden.

Der erste Ming-Kaiser stand den Literatenmalern ablehnend gegenüber, und sie ihrerseits fanden das Hofleben und die Intrigen seiner Nachfolger abstoßend. Die sensibleren und finanziell unabhängigen Maler ließen sich weit von der Hauptstadt in den sonnigeren Gegenden von Hangzhou und Suzhou nieder, wo sie ihren Neigungen nachgingen und im wörtlichen Sinn ihre Gärten bestellten – die als dreidimensionale Landschaftsbilder konzipiert waren, wo Bäume und sonderbar geformte Felsen von den Pfosten und dem Gitterwerk

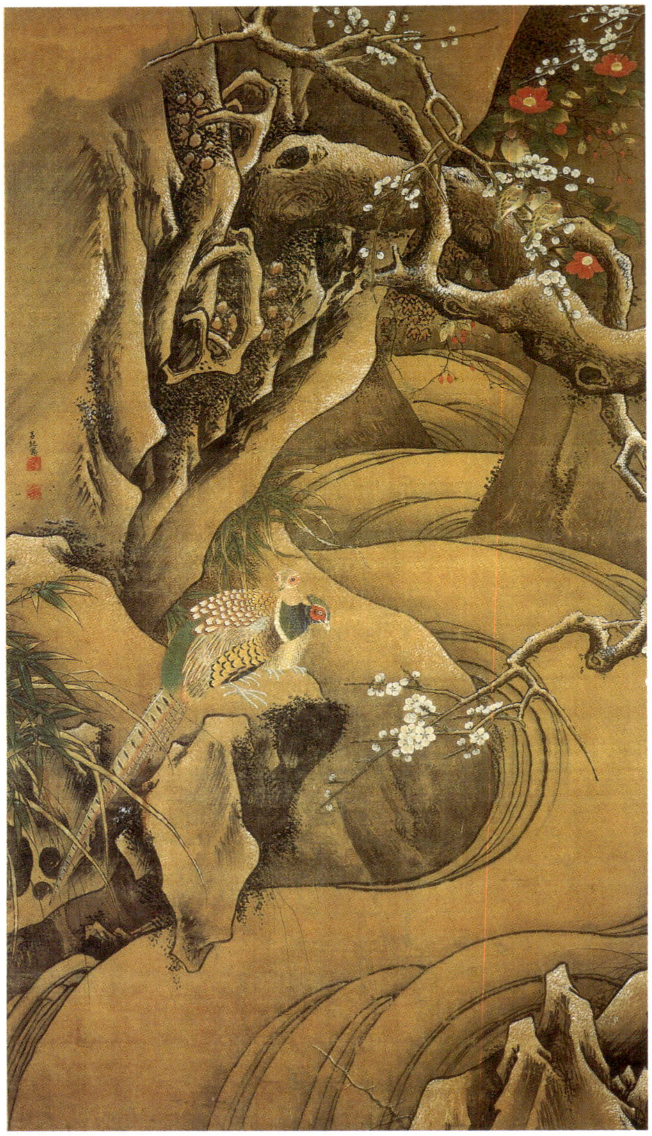

12.88 LÜ JI, *Winter*, um 1500, Ming-Dynastie, Hängerolle, Tusche und Farbe auf Seide, Höhe 175,2 cm. Nationalmuseum, Tokio.

gedeckter Wege eingerahmt wurden ▸12.89. Ihr Leben war ganz der Gelehrsamkeit sowie den freien Künsten der Malerei, Kalligraphie und Dichtung gewidmet, und Amateure waren sie nur insofern, als sie ihre Werke nicht verkauften. Ein kleines Albumblatt, auf dem SHEN ZHOU (1427–1509) sich selbst der Welt entrückt auf einem Berg stehend dargestellt hat ▸12.91, versinnbildlicht ihre Ziele und Einstellungen ebenso klar wie das wehmütige Gedicht, das er betrachtet:

*»Wie ein Gürtel umschlingen weiße Wolken*
*des Berges Taille.*
*Ein Felsriff ragt weit in den Raum,*
*dazu der ferne schmale Weg.*
*Auf einen Brombeerstecken gestützt blicke ich*
*in die Weite,*
*Entlocke meiner Flöte Töne als Antwort*
*auf das Tosen des Wassers ringsum«* (nach R. Edwards).

Während der Ming-Zeit wurde das Gedicht des Künstlers häufiger als zuvor als integraler Bestandteil seines Werkes im visuellen wie im gedanklichen Sinn aufgefasst, und seine Kalligraphie war nicht weniger wichtig als die Malerei. SHEN ZHOU war ein aufmerksamer Schüler und fähiger Imitator der alten Meister, zu denen nun auch NI ZAN und andere geschätzte Amateurmaler der Yuan-Dynastie gezählt wurden, und er entwickelte verschiedene Manieren, die er dem Thema entsprechend benutzte. Bei *Dichter auf einem Berg* verwendete er die Breitstrich-Manier, mit dicken Pinselstrichen, Tupfen unterschiedlicher Stärke zur Andeutung von Vegetation und Verteilung der Schwerpunkte, und zusammengehalten wird das Bild durch Tuschlavierung in abgestufter Tönung. Später befreundete er sich mit WEN ZHENGMING (1470–1559), der sich erst ernsthaft der Malerei zuwandte, nachdem er über 28 Jahre hinweg vergeblich an den Beamtenprüfungen teilgenommen und einen kleinen Posten als Historiker an der Akademie in Peking innegehabt hatte. Trotz seines späten Starts fand WEN ZHENGMING zu einem ganz eigenen Stil besonders in der Darstellung von Zedern, einem Symbol für Vitalität im Alter, und vieles andere ▸12.92. Die Bildrolle, die hier im Ausschnitt abgebildet ist, trägt eine Aufschrift, in der die Bäume als »makellose Wesen, unermessliche Geister« bezeichnet werden, die »den Palast der Sterne heiligen, Diener der himmlischen Majestät sind«. Daneben kommt aber auch ein ausgeprägtes Verständnis und Sinn für reine Form zum Ausdruck, was es bisher in der chinesischen Malerei nicht gegeben hatte.

*»Die Malerei kann es nicht mit den Bergen und Wassern aufnehmen, was die Faszination der Landschaft betrifft, aber Berge und Wasser haben nichts, was dem schieren Wunder des Pinsels und der Tusche gleichkommt«*, schrieb DONG QICHANG (1555–1636) und formulierte damit eine Auffassung, die sich bei den ›literati‹ immer mehr durchsetzte und die Kunst immer weiter von der direkten Abbildung der natürlichen Welt entfernte ▸12.90. Die konventionellen Elemente der Landschaftsmalerei wurden dabei auseinander genommen und in monumentaler Weise neu arrangiert, wobei WEN strikt alles ausklammerte, was Gefühlswert besaß, einschließlich atmosphärischer Effekte. Größte Bedeutung kam den Pinselstrichen zu, die die Tusche so dünn über die Oberfläche auszogen, dass das Papier durchscheint, und die an nur wenigen Stellen und dort in dichter Konzentration aufgetragen wurden. Das Resultat ist von beeindruckender Nüchternheit. Unter den wichtigen Malern der Ming-Zeit war er der einzige echte ›wenren‹ oder ›Mann von Bildung‹, und er wurde schließlich zum Präsidenten des allgewaltigen Amtes für das Zeremonienwesen ernannt. Als Prüfer war er so streng, dass es bei den Studenten zum Aufruhr kam, und mit seinen Bauern ging er so hart um, dass sie

12.89 Wanshihyaan-Garten, Suzhou, 16. Jh., Ming-Dynastie.

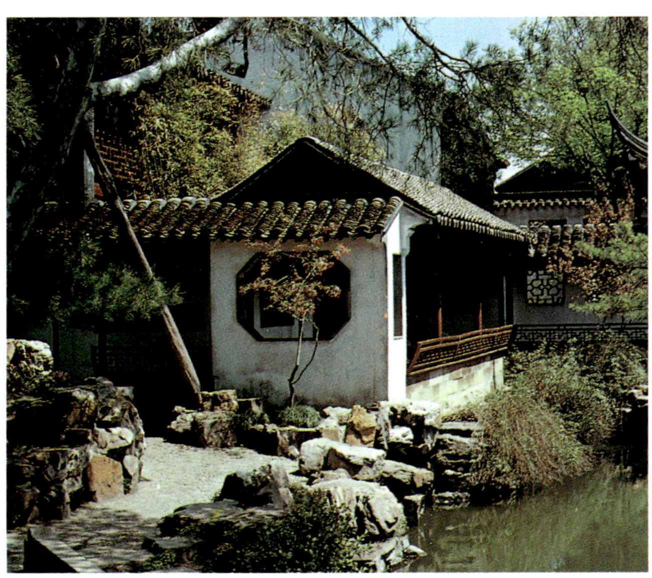

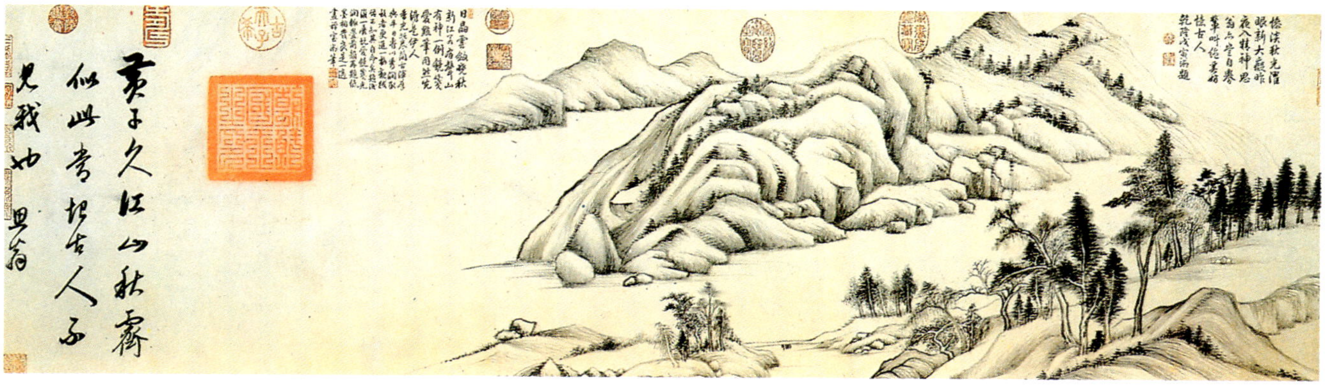

2.90 DONG QICHANG, *erge im Herbst*, Anfang 17. Jh., ing-Dynastie, Abschnitt einer uerrolle, Höhe 38,4 cm. leveland Museum of Art.

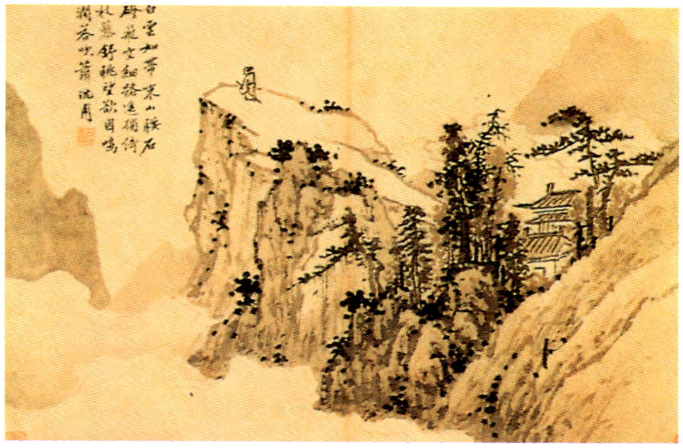

12.91 SHEN ZHOU, *Dichter auf einem Berg*, Albumblatt, Ende 15. Jh., Ming-Dynastie, Tusche auf Papier, Höhe 38,7 cm. Nelson-Atkins Museum of Art, Kansas City.

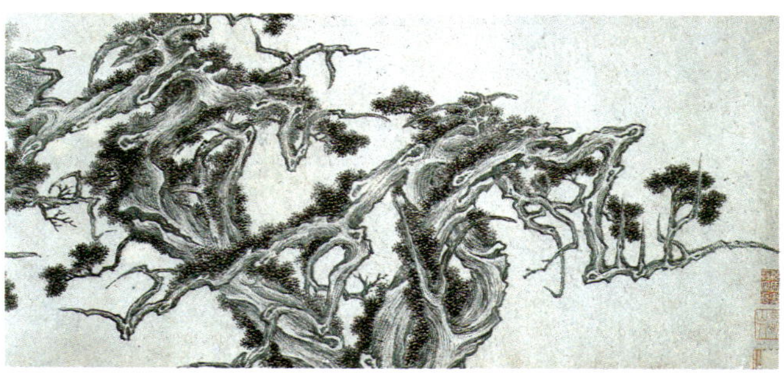

12.92 WEN ZHENGMING, *Sieben Wacholderbäume*, 1532, Ming-Dynastie, Abschnitt einer Querrolle, Tusche auf Papier, Höhe 28,3 cm. Honolulu Academy of Arts, Hawaii.

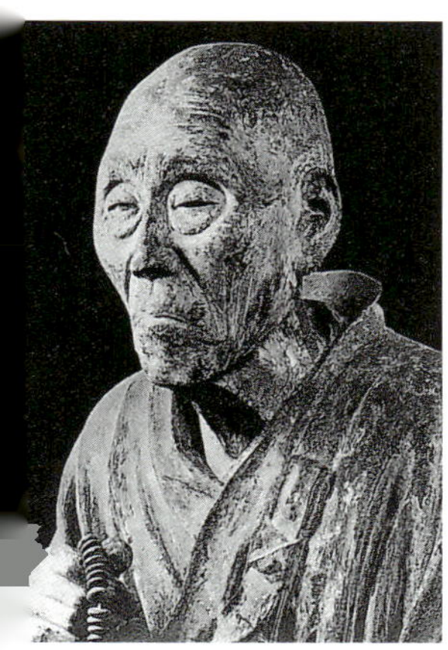

93 *Der Priester Shunjo*, älfte 13. Jh., bemaltes Holz, he 82,2 cm. Todaiji, Nara.

revoltierten und sein Haus in Brand steckten. Ebenso autoritär verfuhr er mit der Kunst, und in seinen einflussreichen Schriften setzte er sich für einige wenige Maler der Song, Yuan und Ming ein, die er für vorbildlich hielt – sämtlich Gelehrte, die den Kern jener später als Süd-Schule bezeichneten Gruppe bildeten. Weil ihm besonders die seelische Komponente bei Kunstwerken am Herzen lag, hielt er eine Warnung für nötig, die von vielen chinesischen Malern später ignoriert wurde: »Wer die alten Meister studiert und nichts Neues einführt, lebt wie hinter Mauern. Folgt man den Vorbildern zu genau, so entfernt man sich oft nur von ihnen.« Das war die Rechtfertigung für seine eigenen kühnen Verstöße gegen die Orthodoxie – und für den noch radikaleren Individualismus, den verschiedene Maler im späten 17. und im 18. Jahrhundert praktizierten (s. Kapitel 16).

## Japan – Kamakura bis Edo

Die Versuche der Mongolen in den Jahren 1274 und 1281 in Japan einzufallen, scheiterten, und der gut ein Jahrhundert zuvor formulierte nationale Stil (s. S. 271 f.) blühte isoliert von Außeneinflüssen während der gesamten Kamakura-Zeit (1185–1333). Tendenzen hin zu naturalistischer Darstellung, die in der säkularen Kunst stärker bemerkbar sind als in der religiösen – deren Ikonographie auf der buddhistischen Kunst Chinas basiert –, werden besonders beim Porträt deutlich, einer Kunstsparte, in der die Japaner sich schon früher hervorgetan hatten ▸6.147 und die nun auf der Ebene der Malerei und Bildhauerei praktiziert wurde ▸12.93, vielleicht durch ein Zusammenwirken mit dem Ahnenkult. So findet sich die Plastik des Kriegsherrn UESUGI SHIGEFUSA in einem von seinen Nachkommen errichteten Tempelbau ▸12.94. Formal konzipiert, frontal ausgerichtet, mit einer nur ganz leichten Abweichung vom Grundsatz der Symmetrie in der Handhaltung, den gesamten Körper vollständig in die bauschigen Stofflagen der Hofkleidung gehüllt, an der sein Rang in der Hierarchie der japanischen Feudalgesellschaft abzulesen ist, ist die Skulptur doch das Porträt eines ganz bestimmten Individuums, das plastische Abbild eines Angehörigen der Oberschicht, auch wenn sie in Wirklichkeit ein Jahrhundert nach dem Tod des Dargestellten geschnitzt wurde. Weitere Bildnisskulpturen aus der gleichen Zeit, die sich in der Haltung und Kleidung ähneln und mit den gleichen Zeremonienstäben ausgestattet sind, weisen jeweils eine ausgeprägte Individualität der Gesichtszüge und des Ausdrucks auf. Im Realismus solcher Arbeiten äußert sich die Vorliebe für das Direkte und Ungeschminkte, die bei den Aristokraten der damaligen Zeit verbreitet war und vielleicht öfter in der Malerei auftaucht, gepaart mit der Freude der Japaner am kräftigen, dekorativen Design.

Die Kunst der erzählenden Bildrolle, die zunächst im Gefolge des Buddhismus aus China nach Japan kam, wurde etwa seit dem 11. Jahrhundert auch für weltliche Themen verwendet, als man Werke der Dichtung zu illustrieren begann, insbesondere Murasaki Shikibus berühmte *Geschichte vom Prinzen Genji* ▸12.96. Malereien dieses Typs nennt man ›Yamato-e‹, ›japanische Malerei‹, um sie von Malereien im chinesischen Stil zu unterscheiden. Die Rollen, die selten mehr als 38 cm hoch sind, aber über 9 m lang sein können, um eine Vielzahl von Einzelszenen aufzunehmen, unterscheiden sich von den Landschaftspanoramen der Chinesen sowohl im Format (schmaler und viel länger) als auch im Stil und in der Thematik. Ein zeitgenössischer chinesischer Schriftsteller bemerkte dazu, dass die japanischen Maler »die Dinge der Natur, Landschaften und Szenen aus dem Privatleben, wie sie in ihrem Land vorkommen, darstellen. Sie tragen die Pigmente

QUELLEN UND DOKUMENTE

## Dong Qichang über Malerei: Das Studium der Natur und der Alten Meister

Dong Qichangs umfangreiche Schriften (die nicht datiert sind, aber kurz nach seinem Tod 1636 erschienen) dienten vor allem dazu, einen Kanon der Meister der Landschaftsmalerei zu bilden, allesamt Literaten der Song- und Yuan-Dynastie, die er als nachahmenswerte Vorbilder empfahl.

*»Jemand hat gesagt, dass jeder seine eigene Schule bilden muss, aber das stimmt nicht«*, erklärte er und zitierte die verschiedenen Künstler, die sich bei der Darstellung von Trauerweiden, Kiefern oder alter Bäume besonders ausgezeichnet hatten.

*»Diese sind Teil der Tradition und können nicht verändert werden, doch selbst wenn man sie abänderte, würden sie sich nicht sehr weit von den ursprünglichen Quellen entfernen… Wenn man also bei der Darstellung von Bäumen die schönsten Aspekte der alten Meister miteinander kombiniert und die eigene Energie nicht auf Steine verschwendet, werden die Bäume ganz von selbst so schön und feucht werden wie in der Natur. Diejenigen, die heutzutage in die Fußstapfen der alten Meister zu treten wünschen, stellen einen Band mit Kopien ihrer Bäume her, der ihnen als Vorrat dient.«*

Gleichwohl sollte das Kopieren mit der direkten Beobachtung einhergehen:

*»Man sollte jeden Morgen die wechselnden Wirkungen der Wolken beobachten, aufhören, gemalte Berge abzumalen und stattdessen einen Spaziergang in den richtigen Bergen machen. Wenn man eigentümliche Bäume sieht, sollte man sie von den vier Seiten her erfassen. Die Bäume haben eine linke Seite, die nicht Teil des Bildes ist, und eine rechte, die Teil des Bildes ist. Das Gleiche gilt für die Vorder- und die Rückseite. Man sollte sie gründlich beobachten und ihren Geist auf natürliche Weise übertragen, und hierfür ist die Form notwendig. Die Form, das Herz und die Hand müssen sich in Einklang miteinander befinden, und man muss die Imagination (das, was der Geist anbietet) vollständig ausschalten. Dann werden auf dem Bild tatsächlich Bäume sein, die auch auf Seide zu Leben erwachen. Sie werden üppig sein, aber nicht dicht gedrängt, kräftig und elegant, ohne den Blick zu verstellen, und sie werden zueinander passen wie die Mitglieder einer Familie.«*

Dong Qichang erteilte auch Ratschläge hinsichtlich weiterer Elemente der Landschaft:

*»Die gemalten Figuren müssen sich umschauen und sprechen. Die Blumen und Früchte müssen sich im Wind bewegen und von Tau benetzt sein; die Vögel sollten flattern und die Tiere laufen. Der Geist muss den wirklichen Dingen entspringen. Berge und Wasser, Wälder und Quellen müssen rein, still, einsam und groß sein. Häuser und Hütten müssen Tiefe haben und (gegen den Bildgrund) zurückweichen. Brücken und Fähren müssen mit ankommenden und aufbrechenden Personen dargestellt werden.«*

Derartige Details beruhten zweifellos auf dem Studium der Natur, doch die Kompositionsprinzipien selbst waren von den alten Meistern aufgestellt worden:

*»Wenn die alten Meister große Bilder malten, nahmen sie nur drei oder vier markante Unterteilungen vor und schufen auf diese Weise die ganze Komposition. Sie bestand aus vielen schönen Teilen, doch diese waren der allgemeinen Wirkung unterworfen, und diese war das Wichtigste.«*

In einem anderen Abschnitt traf er eine Aussage von allgemeiner Bedeutung:

*»Wann immer man eine Landschaft malt, muss man auf die richtige Aufteilung und Kombination achten; die Raumaufteilung ist das Hauptprinzip. Es gibt die Raumaufteilung der gesamten Komposition und die Raumaufteilung der einzelnen Teile des Bildes. Wenn man das versteht, hat man mehr als die Hälfte aller Prinzipien der Malerei verstanden.«*

The Chinese on the Art of Painting, übers. v. O. Sirén, Peking 1936

sehr dick auf und verwenden großzügig Gold und Jadefarben.« Er beklagte das Fehlen jeglichen philosophischen Gehalts und fand sie nur deshalb erwähnenswert, »weil sie die Menschen und Sitten eines fremden Landes in einem wenig bekannten Erdstrich zeigen, eines rauen und abgelegenen Landes, unzivilisiert und ohne Zeremonien und Anstand«.

Auf verschiedenen ›Yamato-e‹-Bildrollen des 13. Jahrhunderts findet man Darstellungen zur Zeitgeschichte, so auch die Kämpfe zwischen verfeindeten Linien des Kaiserhauses, die 1159 in Kioto ausbrachen und mit der Errichtung der Diktatur in Kamakura endeten. Eine Folge von Szenen ist in klaren, kontrastreichen Farben aus der Vogelperspektive dargestellt, wobei Architekturelemente diagonal die Bildfläche zerschneiden und gelegentlich Einblicke in das Innere der Gebäude geben – ein typisches Merkmal des ›Yamato-e‹. Besonderer Wert wird auf Details, vor allem bei den Militärtrachten, und auf bewegungsreiche, dynamische Szenen gelegt, die das Auge des Betrachters von einer turbulenten Episode zur nächsten leiten ▸12.95. Ochsen ziehen Wagen mit sich drehenden Rädern, Pferde sprengen im Galopp dahin, im Kampfgetümmel rasseln Soldaten mit Säbeln und fuchteln mit Langbogen, aber dennoch ist die ganze Szene mit dekorativem Schwung und großer erzählerischer Fähigkeit komponiert, die in ständiger Bewegung das Auge des Betrachters von rechts nach links lenkt.

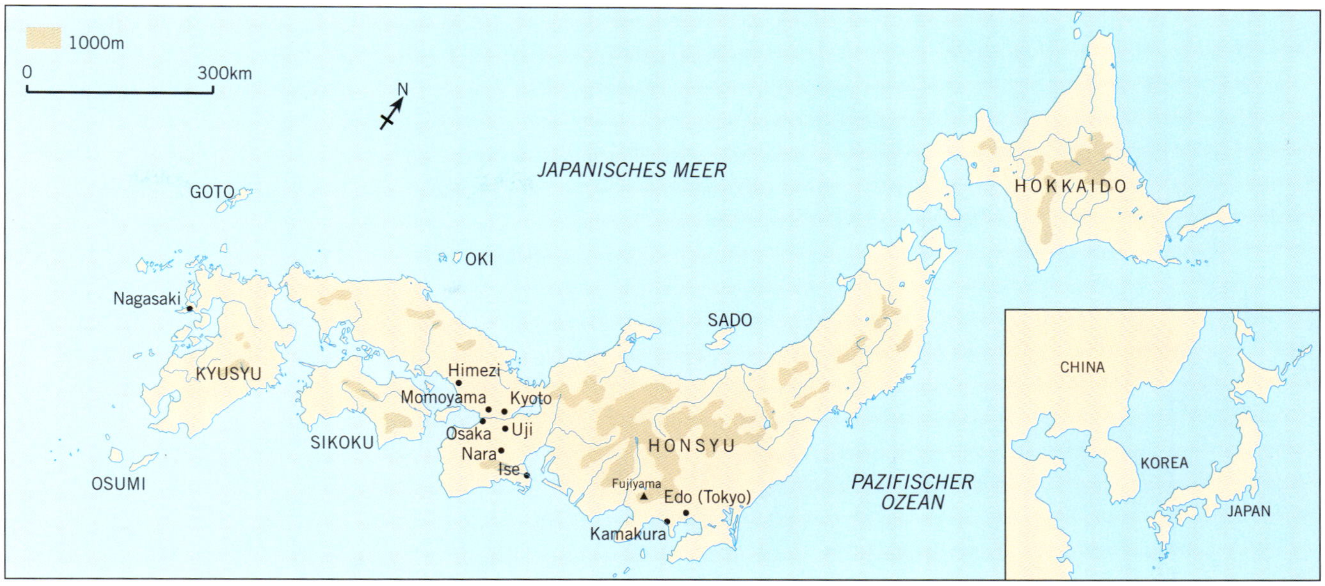


Japan.

Diese Rollbilder schwelgen in aufregenden Kampfszenen und in militärischem Pomp, eine Vorliebe, die den Japanern der Oberschicht und dem damaligen Ritterstand in Europa gemeinsam war, und sie sind durch Welten getrennt von den Träumereien der chinesischen Literatenmaler aus etwa der gleichen Zeit. Vor dem Ende der Kamakura-Periode jedoch lebte der Einfluss der chinesischen Malerei wieder auf.

Die wechselnde japanische Einstellung zu China gleicht in mancherlei Hinsicht jener der Europäer zur griechischen und römischen Antike. Die – säkulare und religiöse – chinesische Literatur genoss das Ansehen, das in Europa dem Latein zukam, und der chinesischen Kunst war ein ähnlich ›klassischer‹ Status eigen, auch wenn sie natürlich das Produkt einer lebenden zeitgenössischen Kultur war. (Die Japaner reagierten auf Veränderungen in der chinesischen Kunst ungefähr so, wie die Europäer seit dem 15. Jahrhundert der Antike immer wieder neue Seiten abgewannen.) Manch ein japanischer Künstler begnügte sich damit, chinesische Vorbilder direkt zu kopieren. Viele aber schufen Interpretationen, die sich von den chinesischen Malereien fast genauso stark unterschieden wie vom ›Yamato-e‹. Tatsächlich wurden zwei verschiedenartige Stile nebeneinander – und mit einem gewissen Austausch untereinander – gepflegt, ein wenig in der Art, wie japanische Formen des Buddhismus neben den religiösen Anschauungen und Bräuchen des Shintoismus existierten. Der Einfluss der chinesischen Kunst ist in jenen Bildern am deutlichsten, die vom Chan-Buddhismus inspiriert sind (s. S. 261f.).

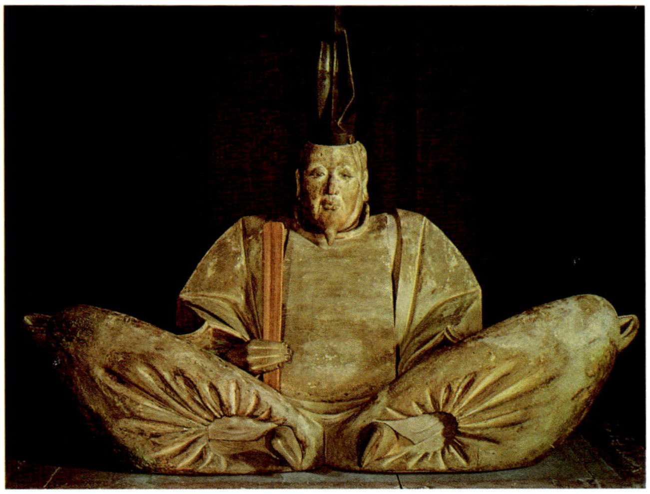

12.94 *Uesugi Shigefusa*, 14. Jh., Kamakura-Periode, bemaltes Holz, Höhe 70 cm. Meigetsuin, Kamakura, Kanagawa-Präfektur, Japan.

12.95 Querrolle mit Darstellungen des *Nachtangriffs auf den Sanjo-Palast*, Detail aus den *Geschichten vom Heiji-Aufstand*, 2. Hälfte des 13. Jh. (Kamakura-Periode), Deckfarbe und Gold auf Papier, Höhe ca. 41 cm. Museum of Fine Arts, Boston (Fenollosa-Weld Collection).

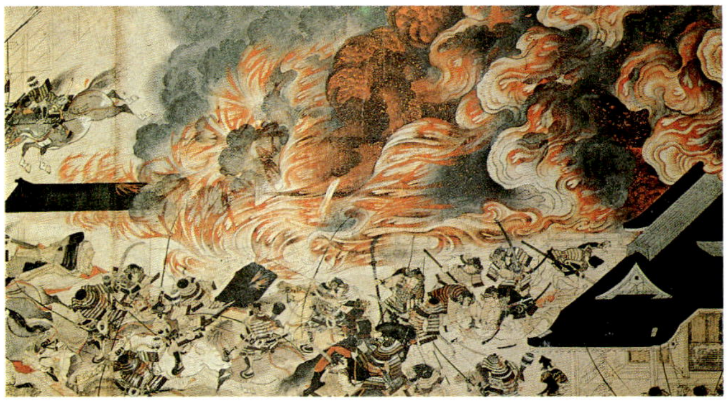

## *Der Einfluss des Zen-Buddhismus*

Die Chan-Sekte gewann in Japan erst in der frühen Kamakura-Zeit an Einfluss, als sie plötzlich eine große Anhängerschaft unter der Führung zweier japanischer Mönche fand, die China bereist hatten. Das Chan hatte sich, obgleich angeblich indischer Herkunft, seit dem 6. Jahrhundert als eine spezifisch chinesische, stark von taoistischen Naturvorstellungen beeinflusste Form des Buddhismus entwickelt. Die ersten Chan-Klöster, die in Japan errichtet wurden, waren direkte Kopien chinesischer Vorbilder, und manche von ihnen wurden von chinesischen Äbten geführt. Gleichwohl besaß das Chan viele Eigenschaften, die den Japanern zu dieser Zeit auf ganz eigene Weise willkommen waren, so dass es bald als Zen (wie die Japaner ›Chan‹ aussprachen) eingebürgert und – bis heute – ein wesentlicher Bestandteil ihrer Kultur wurde. Seine völlige Assimilation mag teilweise auf Affinitäten mit dem einheimischen Shintoismus zurückzuführen sein, eine Religion, die ebenfalls ohne ethische Grundsätze, Dogmen, heilige Schriften

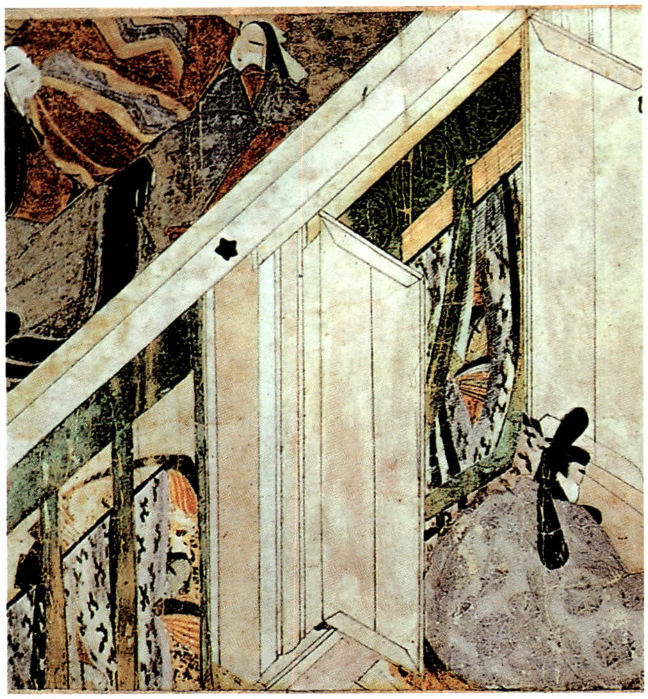

12.96 FUJIWARA TAKAYOSHI zugeschrieben, Szene aus der *Geschichte vom Prinzen Genji*, 12. Jh., Aquarell auf Reispapier. Tokugawa Reimei-kai Foundation, Tokio.

oder Andachtsbilder auskommt. Darüber hinaus kam dem Zen im 13. Jahrhundert im Hinblick auf jene neue soziale Schicht eine besondere Bedeutung zu, die sich anschickte, das Land unter den Shogunen zu beherrschen. Mit seinem undogmatischen und unsystematischen, antilogisch-intuitiven und beinahe schon an Irreligiosität grenzenden Charakter fand Zen direkten Anklang bei den ›daimyo‹ und ›samurai‹ (Feudalherren und ›Ritter‹), die für das verweichlichte zeremonielle Leben am kaiserlichen Hof nur Verachtung empfanden und für die geheimen Rituale und esoterischen Lehren des tantrischen Buddhismus offenbar wenig Zeit hatten. Zen bot eine kraftvolle praktische Disziplin zur Stärkung des Einzelnen in seinem Streben nach Selbsterkenntnis und als ein Mittel gegen zu starke Ich-Bindung. Ein Leben in genügsamer Schlichtheit und Unempfindlichkeit gegenüber sinnlichem Genuss ebenso wie gegenüber physischem Schmerz wurden zu höchsten Tugenden erhoben, wohingegen Bücherwissen, rationales Argumentieren und Philosophie als wertlos abgetan wurden. Zur Lehrmethode der Zen-Meister gehörte es, den Geist ihrer Schüler durch Paradoxien – die so genannten ›koans‹ – zu verwirren, bis sie zur unmittelbaren Schau des eigentlichen Seins der Dinge, der letzten Realität, fanden. Krieg konnte als ein von jeder Furcht befreiter Kampf auf Leben und Tod verstanden werden, ein Kampf nicht nur mit einem äußeren Gegner, sondern auch mit sich selbst: Für den Zen-Buddhisten ist das Ich der größte Feind.

Zen lässt sich vielleicht am besten als ein das ganze Leben währender Prozess der Ausbildung von Geist und Körper begreifen. Die größeren Klöster waren Bildungsanstalten für angehende Mönche wie für die Söhne der ›samurai‹. Unter den Gebäuden eines Zen-Klosters, das im chinesischen Stil axial angelegt und Ausdruck der strengen Disziplin der Sekte war, nahm nicht ein Tempel oder die Behausung einer Statue den Ehrenplatz ein, sondern eine Vortragshalle. In deren Mittelpunkt stand nicht eine Buddhafigur, sondern ein einfacher Thron auf einem erhöhten Podest, auf dem der Abt saß und lehrte. Die einzigen Zen-Skulpturen sind Bildnisse herausragender Lehrmeister, die vielfach auch Gründer eines Klosters waren. Diese Arbeiten sind so augenfällig japanisch wie kaum ein anderes Genre und tragen auch eine spezielle japanische Bezeichnung: ›chinso‹. Die Figur des Muji Ichien (1226–1312), vermutlich unmittelbar nach dessen Tod geschnitzt (die meisten japanischen Bildnisse entstanden postum), ist ein Meisterwerk der realistischen Charakterisierung, die ohne jede Beschönigung auskommt – nicht einmal die Warze auf seinem linken Augenlid wurde ausgespart ▸12.97. Er sitzt in entspannter Haltung, trägt das einfache Gewand seines Ordens und hält in der Rechten einen Wedel, um eitle Gedanken zu verscheuchen. Die Skulptur ist das sachlich-nüchterne Porträt eines alten Meisters, der mit dem Menschsein ins Reine gekommen war und als letzte Botschaft an seine Schüler ein kurzes Gedicht hinterließ:

*»Eine Seemöwe schwebt über dem Meer / Sieben und achtzig Jahre. / Der Wind hat sich gelegt, geglättet sind die Wellen, Ruhe, wie in längst verflogenen Tagen.«*

Im 15. Jahrhundert waren die Zen-Klöster als die wichtigsten kulturellen Zentren Japans etabliert. Zu dieser Zeit waren die Beziehungen zu China, ein letztes Mal, wieder enger geworden. Die Mönche lasen und verfassten Naturdichtungen in chinesischer Sprache. Darüber hinaus bewunderten und betrieben sie die Tuschmalerei chinesischer Prägung, in der sie ein Mittel sahen, um durch Überwindung der Hindernisse der materiellen Welt zur höchsten Wirklichkeit vorzustoßen. Ein Grundsatz der Zen-Philosophie besagt, dass »viele Farben das Auge blenden«.

In den Klöstern befinden sich noch heute einige der kostbarsten frühen Chan-Malereien aus China, unter anderem die *Sechs Persimonen* des MUQI und das imaginäre *Porträt des Li Bo* von LIANG KAI, die beide zu den Begründern dieser Rich-

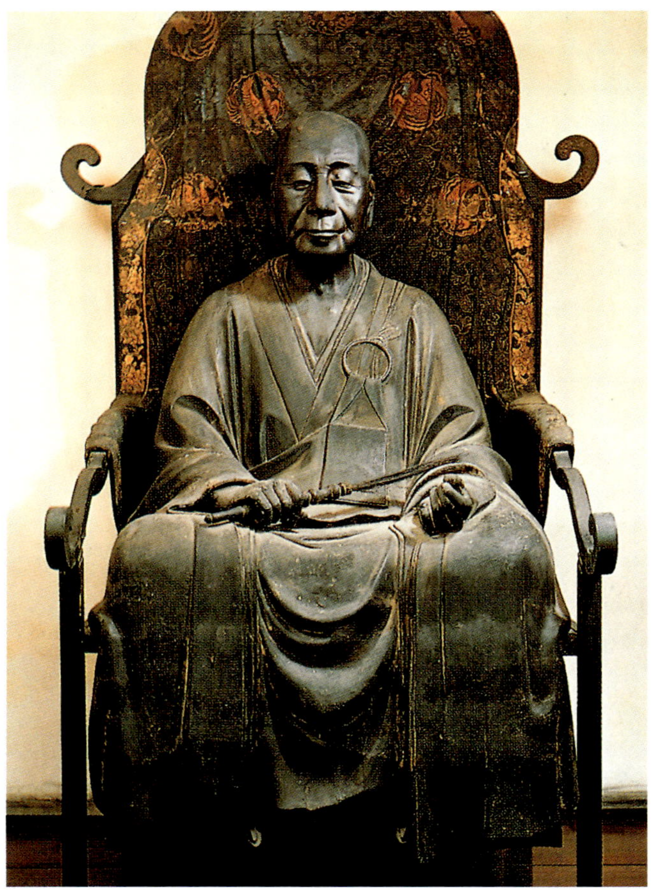

12.97 *Muji Ichien*, um 1312, bemaltes Holz, Höhe 79,4 cm. Chomoji, Aichi-Präfektur.

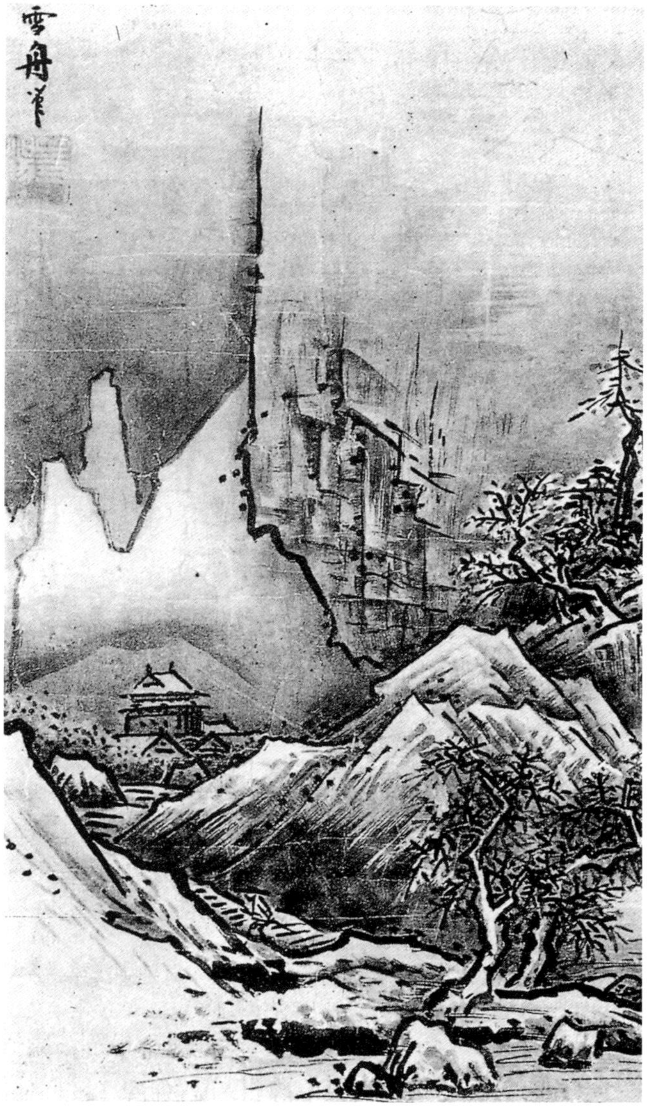

12.98 SESSHU, *Winterlandschaft*, um 1495, Muromachi-Periode, Tusche auf Papier, leicht koloriert, 45 x 27 cm. Nationalmuseum, Tokio.

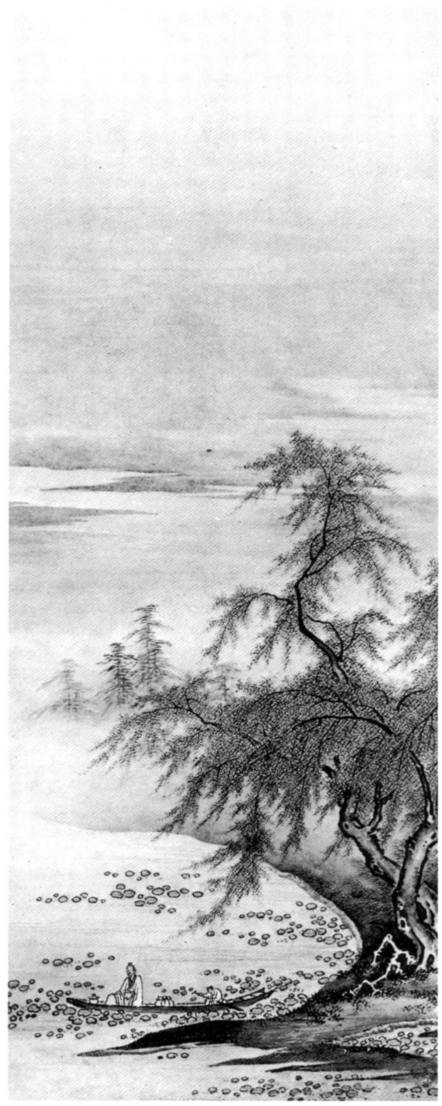

12.99 KANO MASANOBU, *Zhou Maoshu Lotos bewundernd*, um 1500, Muromachi-Periode, Tusche auf Papier, leicht koloriert, 89,9 x 32 cm. Nationalmuseum, Tokio.

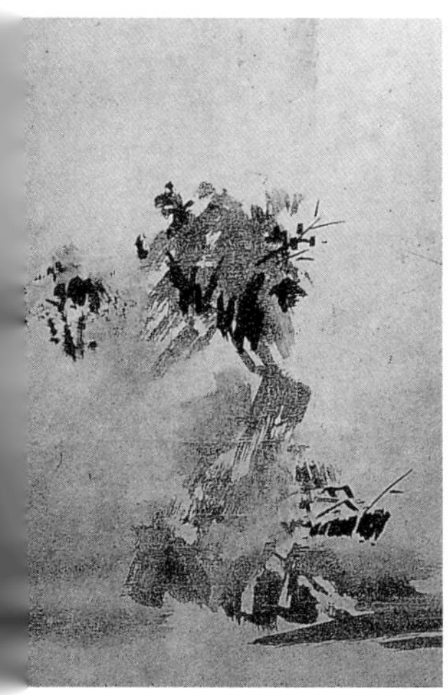

2.100 SESSHU, Ausschnitt
us einer Landschaft, um 1495,
usche auf Papier,
reite 32,6 cm.
ationalmuseum, Tokio.

tung zählen und in Japan höher geschätzt wurden als in ihrer Heimat ▸6.121. Der größte Meister der Tuschmalerei in Japan, SESSHU (1420–1506), erhielt seine Ausbildung in Zen-Klöstern und wurde zum ›gaso‹, zum Malerpriester – schon eine solche Wortprägung deutet auf den hohen Wert, den die Zen-Buddhisten der Malerei beimaßen. SESSHU reiste 1467–1469 durch China und studierte dort die Kunst ebenso wie die wirkliche Landschaft, die für ihn zu einer ständigen Quelle der Inspiration wurde. Seine Arbeiten sind jedoch in keiner Weise nachahmend, wie man an der *Winterlandschaft* sehen kann ▸12.98. Im Gegensatz zum feinen Pinselduktus und den sanften Stimmungseffekten der chinesischen Werke sind seine Landschaften aus kräftigen Strukturen mit festen, abrupten Strichen aufgebaut. Die konventionellen Elemente der chinesischen Landschaftsdarstellung, die knorrigen Bäume, Felsen, Klippen und zerklüfteten Abhänge, ein Tempel und eine winzige ihm zustrebende menschliche Figur wirken wie vom plötzlichen kalten, verflachenden Licht eines Blitzes erhellt – eine jähe Vision analog zur blitzartigen Erleuchtung des Geistes im transzendentalen Zen-Erlebnis ▸12.100.

Auch Künstler, die weniger mit Zen in Verbindung standen, schufen Tuschmalereien, insbesondere KANO MASANOBU (1434–1530), der Begründer von sechs Generationen von Malern – einer der mehrmals vorkommenden Familiendynastien, die in der japanischen Kunstgeschichte eine wichtige Rolle spielen. Seine friedvolle Darstellung des chinesischen Philosophen Zhou Maoshu, der auf einem See vom Boot aus Lotospflanzen betrachtet, ist ein klassisches Beispiel für die Zen-Verehrung der Natur und der Tugenden, aber in der Ausführung wird den kleinsten dekorativen Effekten mit der gleichen Sorgfalt nachgegangen wie den literarischen beziehungsweise moralischen Anspielungen ▸12.99. Das Format dieser Hängerolle wurde im 15. Jahrhundert mit der Einführung des ›tokono-ma‹, der Bildernische, populär, die noch heute in japanischen Häusern üblich ist. Auch Wandschirme wurden mit monochromer Tuschmalerei verziert. Von HASEGAWA TOHAKU (1539–1610) stammt ein Paar von Wandschirmen mit Pinien, die in der von SESSHU und anderen Zen-Meistern gepflogenen aufgespritzten Tuschtechnik bemalt sind und die japanische Kühnheit und Knappheit der asymmetrischen Komposition auf die Spitze treiben ▸12.101.

Solche delikaten und feinfühligen Dekors findet man auf Wandschirmen jedoch recht selten, meist wurden sie schwungvoll in den kräftigen Farben der ›Yamato-e‹-Palette und mit

12.101 HASEGAWA TOHAKU, *Kiefern*, 1539–1610, Momoyama-Periode, Tusche auf Papier, Höhe 155 cm. Nationalmuseum, Tokio.

großen Mengen Gold bemalt. Mit bemalten Wandschirmen und Schiebewänden konnte man die ansonsten nüchternen, kahlen und gänzlich unmöblierten Wohnräume jener Zeit beleben, wie man es noch in den für die Daimyos, die Feudalfürsten, erbauten Palästen sehen kann. Nach der von fast ununterbrochenen Bürgerkriegen gezeichneten Muromachi-Periode (1334–1573) errichtete man Burgen, in denen sich Stärke und Eleganz vereinten und wo die Wahl des Standorts fast ebenso sehr von der landschaftlich schönen Lage wie von der verteidigungsmäßig günstigen Position beeinflusst war. In Himeji sind die massiven steinernen Befestigungsanlagen von einem fünfstöckigen Aufbau aus Holz überragt, mit weißem Mörtel verputzt, gekrönt mit einem verwickelten System von Giebeln und Dachtaufen mit aufgeschwungenen Enden, die den Bau fast schwerelos erscheinen lassen ▸12.102. Das hohe Fundament war durch die Einführung europäischer Schusswaffen in der Mitte des 16. Jahrhunderts nötig geworden, und vielleicht ist auch das Abweichen von den normalerweise ebenerdigen japanischen Häusern auf europäischen Einfluss zurückzuführen.

In der Architektur der verschiedenen Sekten des Mahayana-Buddhismus dagegen bestand die wichtigste Veränderung

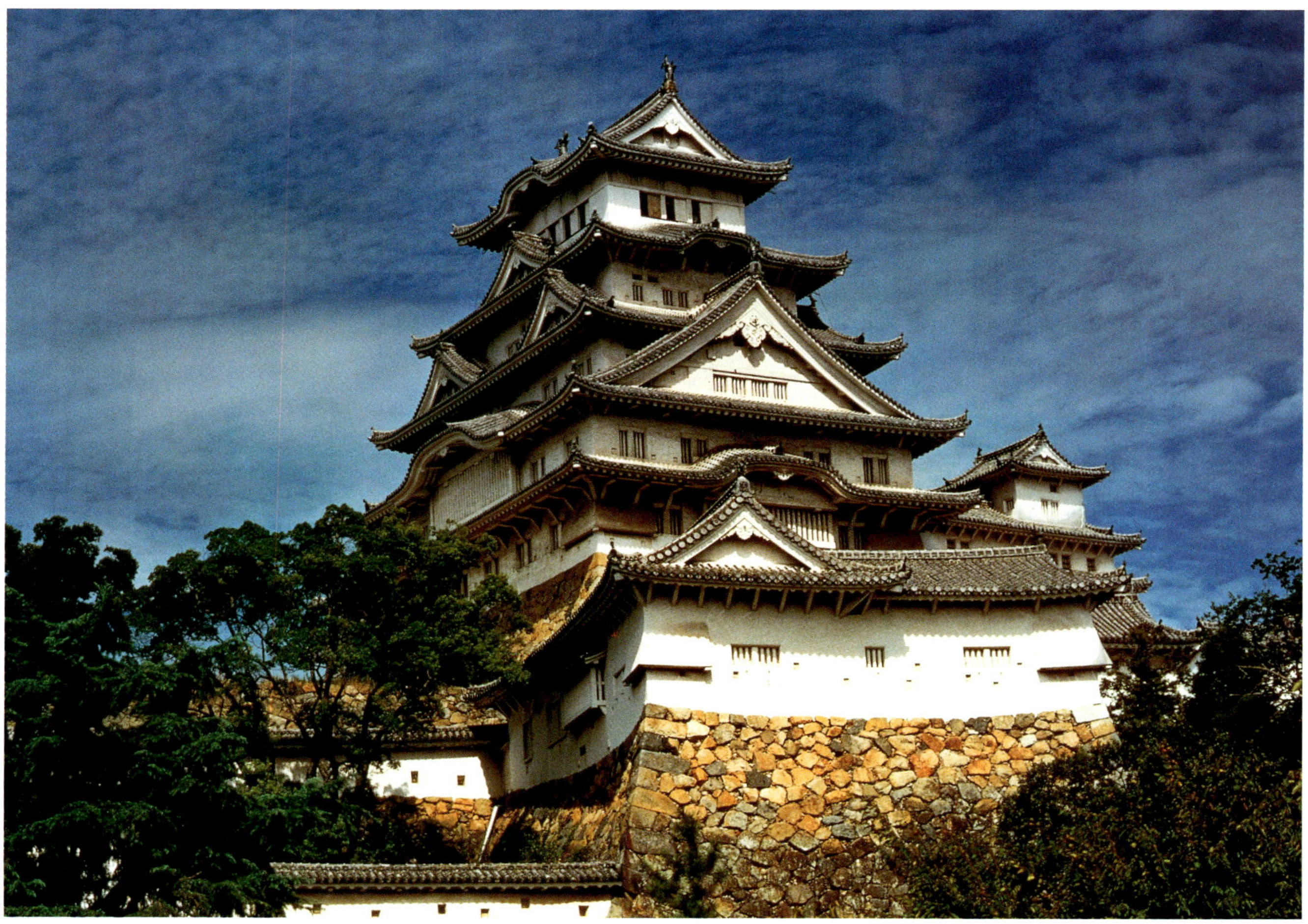

12.102 Schloß Himeji, Hyogo-Präfektur, Japan, 1601–1613, Momoyama-Periode.

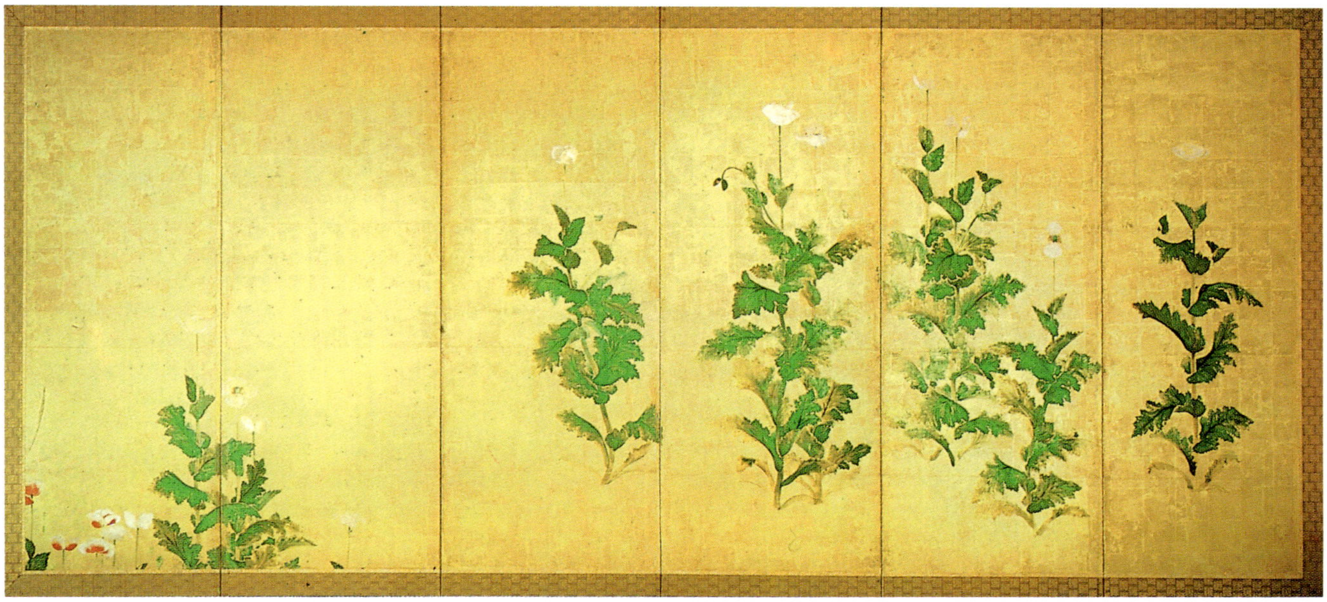

2.103 TAWAYARA SOTATSU, *Iohn*, vor 1643, Edo-Periode, arbe und Blattgold auf Papier, löhe 150 cm. Museum of Fine rts, Boston (Schenkung Irs. W. Scott Fitz).

.104 TAWAYARA SOTATSU, *er Zen-Priester Choka*, r 1643. Edo-Periode, Tusche f Papier, 96 x 38,8 cm. eveland Museum of Art orman O. Stone und Ella Stone Memorial Fund).

nach dem 13. Jahrhundert in einer Entwicklung hin zur stärkeren Ausschmückung herkömmlicher Formen. Zahlreiche in den Bürgerkriegen zerstörte Tempel wurden rekonstruiert, so etwa das riesige Daibutsuden, die ›Große Buddha-Halle‹, des Todaiji-Tempels in Nara, die 1708 ein zweites Mal mit einem leicht verkleinerten Grundriss, aber unter Hinzufügung eines geschwungenen Ziergiebels über einem Fenster in der Mitte der Fassade wieder aufgebaut wurde ▸6.140. Die Haupthallen der großen Zen-Klöster wurden eher streng konservativ, unter Beibehaltung des Stils und der axialen Anlage ihrer chinesischen Vorbilder, wieder aufgebaut. Aber die Wohnunterkünfte dieser großen Klöster und auch die kleineren Zen-Einrichtungen, die es in großer Zahl in den Hügeln um Kioto herum gibt, waren nach außen hin von auffallender Schlichtheit (auch wenn sie im Innern häufig mit exquisit bemalten verschiebbaren Wandschirmen ausgestattet waren); ähnlich wie einfache Privathäuser formlos angelegt, gehen ihre Räume auf Gärten, die mitunter nur aus Steinen bestehen, welche mit überlegter Unregelmäßigkeit in geharktem Kies platziert sind.

Auch in der friedlicheren Atmosphäre der Edo-Zeit von 1615–1867 (so benannt nach ihrer Hauptstadt, die seit 1868 Tokio heißt), in der die Kontakte zu China begrenzt waren, blieb der prägende Einfluss des Zen-Buddhismus auf Japan erhalten. In der Malerei, die sich mit Zen-Sujets befasste, trat ein neuer dekorativer Aspekt in Erscheinung. Eine hängende Bildrolle von der Hand TAWAYARA SOTATSUS (gest. 1643), die den Mönch Choka meditierend auf einem Baum zeigt, ist in doppelter Hinsicht aufschlussreich ▸12.104. Lebhaft charakterisierte und bisweilen grotesk karikierende Darstellungen von Patriarchen und Lehrmeistern der Sekte waren in der Zen-Kunst ganz alltäglich und hatten ihren Ursprung in China. SOTATSUS Darstellung basiert tatsächlich auf einem sehr viel älteren Holzschnitt, auf dem der ganze Baum zu sehen und die Figur des Mönchs klarer umrissen war. Doch er verwandelte diese Figur durch einen weicheren Stil und köstlich-respektlosen Witz, deutete gerade noch den Stamm des Baumes an, um alles andere der Phantasie zu überlassen. Zur fließenden Eleganz des Malduktus gesellt sich ein scharfes Auge für die dekorativen Möglichkeiten einer gewagten Asymmetrie. SOTATSU war ein Berufskünstler und kein Mönch. Dennoch zeigt ein Wandschirm, den er mit Mohnblumen auf Goldgrund bemalte, wie ein Kunstwerk, das in erster Linie einem dekorativen Zweck dient, von einem typisch zenbuddhistischen Naturempfinden beseelt sein kann ▸12.103.

Bei den Laien fanden die Ideale des Zen ihren deutlichsten Niederschlag in dem zwanglosen Ritual der Teezeremonie, der ›Cha-no-yu‹ mit ihrer formellen Informalität, der hohen Kultivierung des Kunstlosen und ihrer künstlichen Natürlichkeit. Der Genuss von Tee, der mit dem Buddhismus aus China eingeführt worden war, war ein Teil des Gemeinschaftslebens in den Zen-Klöstern. Gegen Ende des 16. Jahrhunderts hatten die dafür bestimmten Räume einen eigenen Stil entwickelt oder vielmehr eine raffinierte Stillosigkeit mit grob bearbeiteten Naturwerkstoffen, rohen Baumstämmen, Bambus und Schilf, mit rechteckigem Grundriss und unregelmäßig, fast könnte man glauben: zufällig platzierten Fenstern ▸12.105. Um eine solche Atmosphäre auch in der Stadt einfangen zu können, wurden auf dem Gelände der Paläste und Stadtvillen der Oberschicht kleine strohgedeckte Teehäuser, ›Chachitsu‹, errichtet in entsprechend naturartigen und scheinbar wildwuchernden Gärten, mit bemoosten Steinen, Flechten und Laub. Hier traf sich unter der Leitung eines Teemeisters, der gleichzeitig Arbiter elegantiarum und Wächter über die Etikette war, eine ausgesuchte Gruppe, um in beschaulicher Harmonie

12.105 Teezeremonien-Räume, Daitokuji-Kloster, Kioto, um 1573–1615, Manoyama-Periode

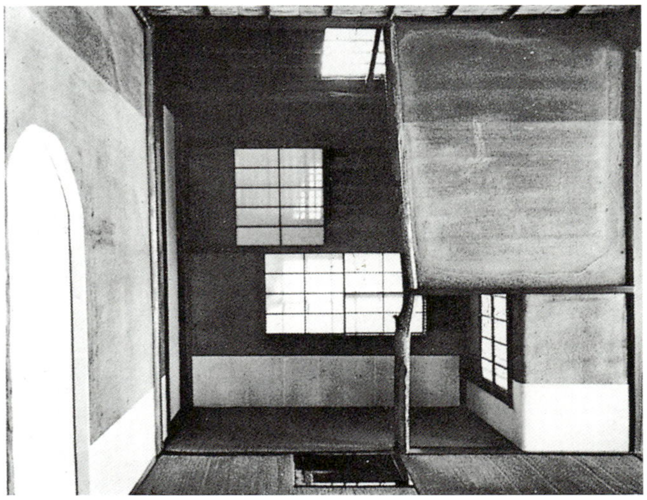

# *Namban-Wandschirme*
# Japans Begegnung mit den Europäern

Die Ankunft der Europäer in Japan in der Mitte des 16. Jahrhunderts wurde von japanischen Malern auf traditionellen Wandschirmen festgehalten, deren lebendiger Malstil sich allerdings grundlegend von dem der Zen-Malerei unterscheidet ▸12.101. In den leuchtenden, klaren Farben der nationalen Yamato-e-Palette (s. S. 516) mit reichlich Blattgold gestaltet, zeigen sie narrative, schirmfüllende Szenen mit großen Galeonen und Schwärmen bewegter Figuren (▸ 12.107). Die Figuren – Kauf- und Seeleute, darunter einige Afrikaner – sind in Gestik und Einzelheiten der Kleidung und Physiognomie genau erfasst. Die Darstellungen unterscheiden sich jedoch nicht nur in ihrem nüchternen, deskriptiven Stil vom Schaffen der Zen-Maler und anderer Künstler der Zeit. Sie dokumentieren ein kulturelles Phänomen, das nirgendwo sonst in Asien zu beobachten ist: jene eigentümlich japanische Empfänglichkeit für das Neue und die Neugierde auf fremde Kulturen.

Die ersten Europäer, die in Japan landeten, waren Portugiesen – einige Seeleute, die 1541 Schiffbruch erlitten hatten, gefolgt von einer Handelsexpedition zwei Jahre später. Da sie aus dem Süden kamen, wurden sie der japanischen Kosmologie entsprechend ›Namban‹, südliche Barbaren, genannt. Zu dieser Zeit war das Land durch die Kriege zwischen den Daimyo (Feudalherren) zerstritten, welche die Muromachi-Periode beendeten (s. S. 520). Händler fanden daher einen aufnahmebereiten Markt für europäische Schusswaffen vor, die bis dahin in Japan unbekannt waren. Im Jahr 1549 schiffte sich der Jesuit Franziskus Xaver mit drei Begleitern ein und wurde als Vertreter des Königs von Portugal am kaiserlichen Hof in Kioto wohlwollend empfangen. Er erhielt die Erlaubnis, zu predigen und eine christliche Mission zu gründen, der ein größerer Erfolg beschieden sein sollte als den Missionen in China. Die Jesuiten konzentrierten sich auf die Bekehrung von Angehörigen der feudalen Oberschicht, die offenbar angezogen wurden durch die Tatsache, dass sich die Jesuiten von China und allem Chinesischen distanzierten. Noch verlockender allerdings war vielleicht die Aussicht, von den Händlern, die die Missionare begleiteten, Waffen zu erwerben. Spanische Franziskaner, die wenig später eintrafen, verkündeten das Evangelium den breiten Schichten. 1582 gab es bereits rund 150000 neu bekehrte Christen, und ihre Zahl nahm weiterhin zu. Das Christentum würde sich, so schien es, bald ebenso durchsetzen wie der Buddhismus ein Jahrtausend zuvor (s. S. 270f.).

Die Missionare und Händler brachten Möbel von in Japan bis dahin nie gesehener Art mit. Die Einheimischen kopierten diese Möbel der Form nach, verzierten sie aber mit einer Art von Einlegearbeit, die kurz vorher aus Korea eingeführt worden war. Zu den erlesensten Beispielen zählt ein faltbares, auf einen Altar zu stellendes Lesepult für ein aufgeschlagenes Messbuch. Das Pult ist aus Holz mit einem Überzug aus Lack, in den Blattgold und Perlmutt eingelegt sind ▸12.106. Umrahmt von geometrischen Motiven prangt in der Mitte das Symbol der Jesuiten – die Buchstaben IHS mit dem Kreuz und den Nägeln der Kreuzigung. Den unteren Teil des Pultes schmücken für die dekorative Kunst Japans typische Blumenmotive.

Die Verbreitung des Christentums in Japan wurde gefördert durch Oda Nobunaga, einen General, der mit Hilfe europäischer Waffen 1576 das Inselreich unter seine Herrschaft brachte und die Christen als Gegengewicht zu den reichen und mächtigen buddhistischen Gemeinschaften und als Mittler im Handel mit dem Westen unterstützte. Er wurde jedoch 1582 ermordet, und sein Nachfolger, der skrupellose und von Macht besessene Toyotomi Hideyoshi, misstraute zunehmend den Missionaren. Diese standen unter dem Schutz der Könige von Portugal und Spanien, die bereits andernorts in Asien und auf den philippinischen Inseln Kolonien errichtet hatten. 1587 verfügte Hideyoshi die Ausweisung europäischer Priester in der Hoffnung, die religiöse Bewegung zu kontrollieren, ohne des einträglichen Außenhandels verlustig zu gehen. Doch spanische Franziskaner bemühten sich weiterhin um die Bekehrung der widerspenstigen unteren Klassen. 1597 wurden sieben von ihnen sowie neunzehn japanische Konvertiten in Nagasaki gekreuzigt. Es war dies die erste von zahlreichen Verfolgungswellen, die mit Unterbrechungen fortdauerten, bis nur noch einige wenige einheimische Christen am Leben waren. Sämtliche Ausländer waren inzwischen vertrieben worden, mit Ausnahme von protestantischen Kaufleuten aus den Niederlanden, die sich nicht außerhalb einer Insel in der Bucht von Nagasaki bewegen durften.

Hideyoshi war wie viele Krieger ein begeisterter Anhänger der Zen-Teezeremonie (s. S. 521 und 524). Zudem war er bestrebt, das Land durch die Wiedereinführung des Konfuzianismus als Staatsdoktrin zu einen, »die Grundlage unserer Beziehungen zwischen Souverän und Minister, Eltern und Kind, Mann und Frau«. Wie er 1591 in einem Brief schrieb, seien diese durch das Christentum leider untergraben worden. Wie es der Zufall wollte, ließ er im gleichen Jahr für eines seiner Schlösser den ältesten bezeugten Namban byobu, einen Wandschirm, anfertigen, auf dem Europäer dargestellt sind. Die ›südlichen Barbaren‹ belustigten – oder beeindruckten – ihn so sehr, dass er und seine Höflinge sich gern mit Mützen, Mänteln und Pumphosen in portugiesischer Tracht herausputzten. Andere Japaner verfielen einem regelrechten Okzidentalismus, dem genauen Gegenstück zum europäischen Orientalismus. Denn diese Namban-Wandschirme waren im Grunde rein dekorativ und entbehrten religiös-philosophischer Nebenbedeutungen von Zen-Wandschirmen der Art HASEGAWA TOHAKUS. Sie entstanden oft nach Skizzen, die vor Ort im Hafen von Nagasaki angefertigt wurden. So lagen dem Schirm, den KANO NAIZEN (1570–1616) im Jahr 1593 malte, Zeichnungen zugrunde, die im gleichen Jahr in Nagasaki entstanden

12.106 Lesepult für Messbücher, 2. Hälfte 16. Jh. goldener, silberner und schwarzer Lack, Perlmuttinkrustationen, 35,8 x 34 x 46 cm. Nationalmuseum, Tokio.

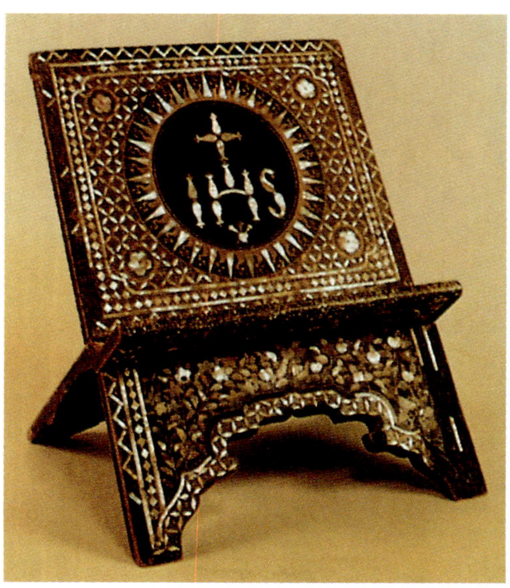

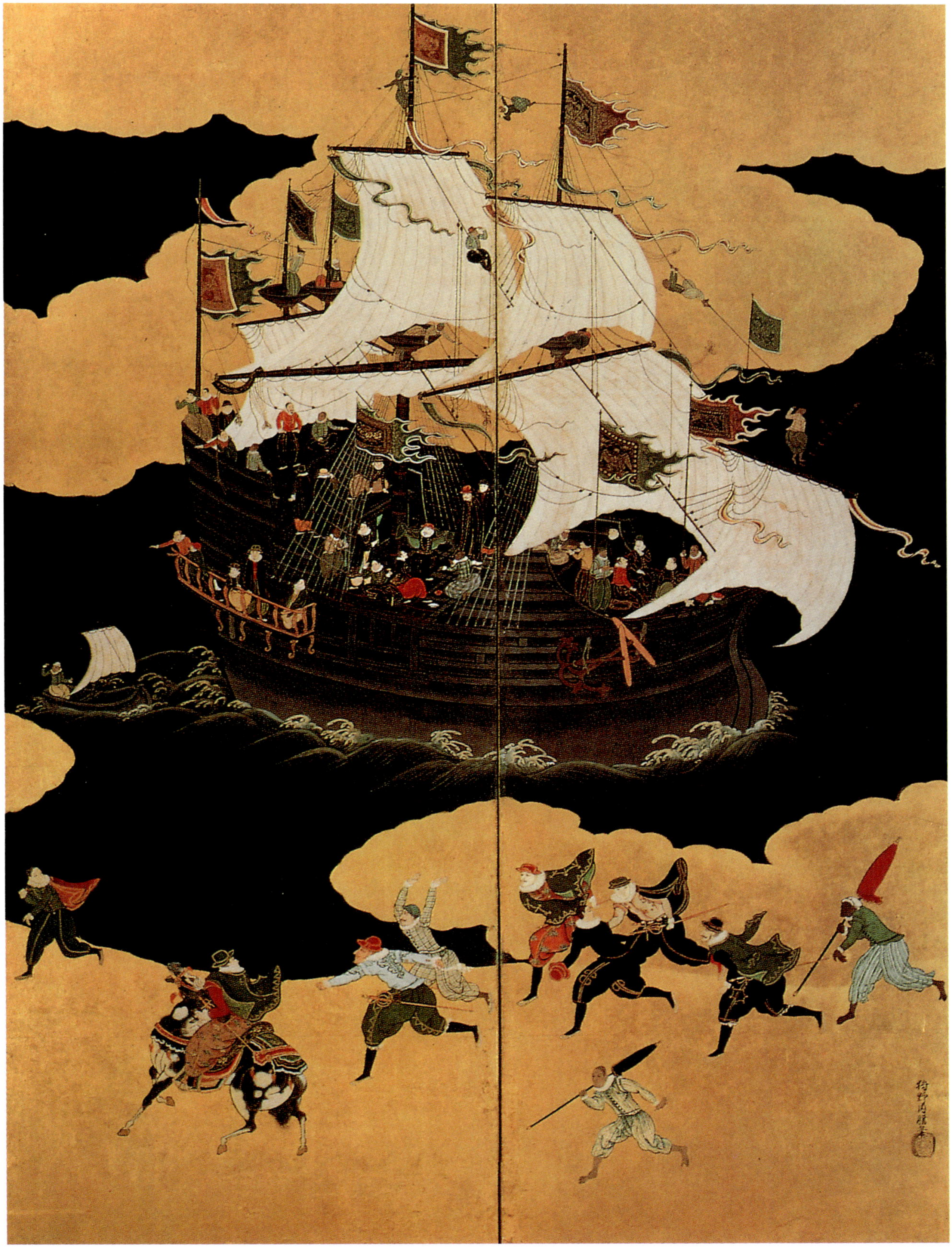

waren ▸12.107. Die grotesken Züge, grellfarbigen Trachten und das wenig zivilisierte Benehmen der Barbaren werden unterstrichen – zweifellos zur Belustigung der Japaner. Wandschirme dieser Art wurden auch noch Jahrzehnte nach dem Verbot des Christentums in Japan gemalt.

12.107 KANO NAIZEN, *Ankunft der Portugiesen*, zwei Teile eines sechsteiligen Wandschirms, 1593, Blattgold und Farbe auf Papier, Gesamtgröße 155 x 363 cm. Kobe Shiritsu Namban Bijutsukan, Kobe.

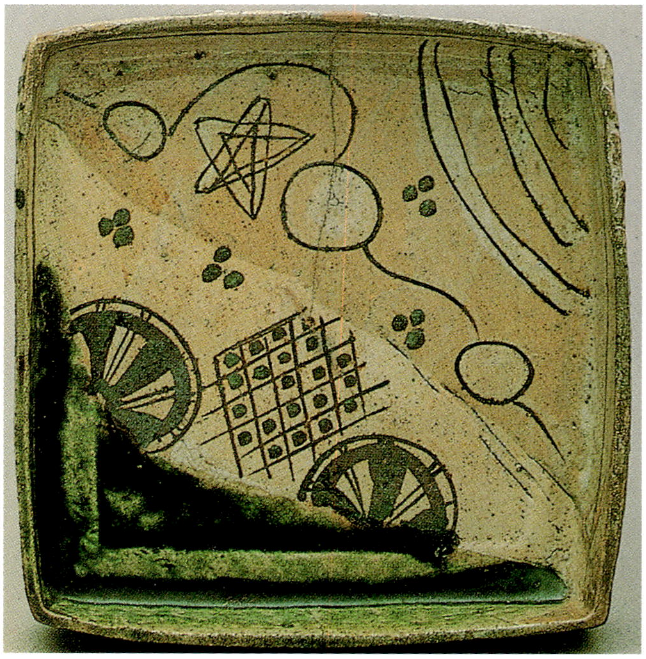

12.108 Oribe-Teller, 17. Jh., Edo-Periode, Steingut mit grüner und durchsichtiger Glasur über Dekor in braunem Schlicker, Durchmesser 20,3 cm. Seattle Art Museum (Eugene Fuller Memorial Collection).

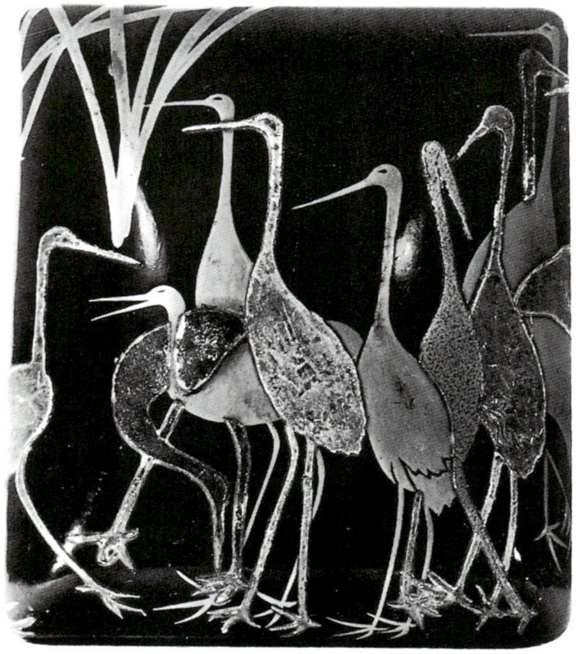

12.109 Lackschreibkasten, 17. Jh., Edo-Periode, schwarzer Lack auf Holz mit Goldbemalung sowie Blei- und Zinneinlagen, 21,6 x 23,2 cm. Seattle Art Museum.

Tee zu trinken und Dichtung, Malerei und Blumenarrangements zu bewundern und zu diskutieren. Für die Gefäße nahm man grobe Töpferware, ursprünglich importierte Bauernkeramik aus China, später aber eigens für diesen Zweck in Japan fabrizierte Stücke von erratischer Form, unebener Oberfläche und mit Dekorationen von scheinbar kunstloser Spontaneität ▸ 12.108. Man bewunderte und bewundert noch heute das Zusammenspiel von Form, Stoff und Gewicht gemäß einer der logischen Analyse nicht zugänglichen Ästhetik. Der Sinn für zufällig entstandene Effekte, Unregelmäßigkeiten und Asymmetrie, in dem sich die Japaner so krass von den Chinesen unterscheiden, tritt nirgendwo so deutlich zutage wie bei diesen kleinen Schalen und Kummen. Die Anhänger der Teezeremonie schätzten jedoch ebenso die perfekt gearbeiteten Produkte der Kunst und des Handwerks wie zum Beispiel goldbemalte und mit Metall eingelegte Lackdosen ▸ 12.109.

Ein ähnlicher, wenngleich weniger extremer Hang zu Schlichtheit und formeller Informalität kennzeichnet die Anlage des großartigsten Beispiels der japanischen Architektur des 17. Jahrhunderts, der Katsura-Villa in Kioto, die für einen Prinzen des Kaiserhauses erbaut wurde ▸ 12.110. Es handelt sich um eine ebenerdige Struktur von asymmetrischem und ganz unmonumentalem Grundriss ▸ 12.112. Die Räume, die alle ineinander übergehen, sind unterschiedlich groß, aber die Grundfläche ist immer nach dem gleichen Modul proportioniert, der sich aus dem Einheitsmaß der Strohmatten (180 x 90 cm) ergibt, die die einzelnen Zimmer unauffällig zu einer harmonischen räumlichen Einheit verbinden. Die Außenwände sind streng geradlinig, im Gegensatz zum umliegenden Garten, wo Geraden sorgfältig vermieden wurden. An den für die Innenräume bestimmenden Proportionen orientieren sich auch die Fenstermaße, die in asymmetrische Beziehung zu den Dachgiebeln gesetzt sind. Von jeder Blickrichtung aus – es fehlt eine Hauptfassade im europäischen oder chinesischen Sinn – bietet sich eine subtile Balance von Horizontalen und Vertikalen, von geschlossenen und offenen Flächen, linearen und räumlichen Elementen. Dekoration ist auf die Innenwän-

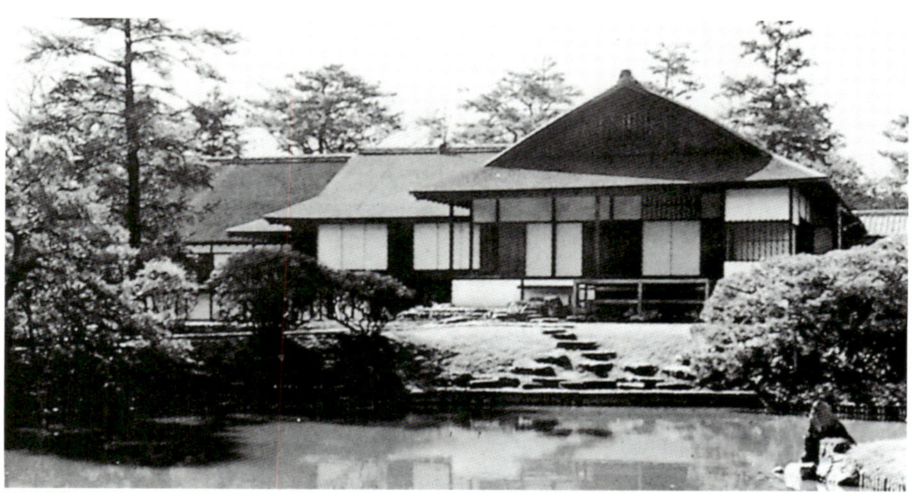

12.110 Katsura-Palast, Kioto, 16. Jh., Edo-Periode.

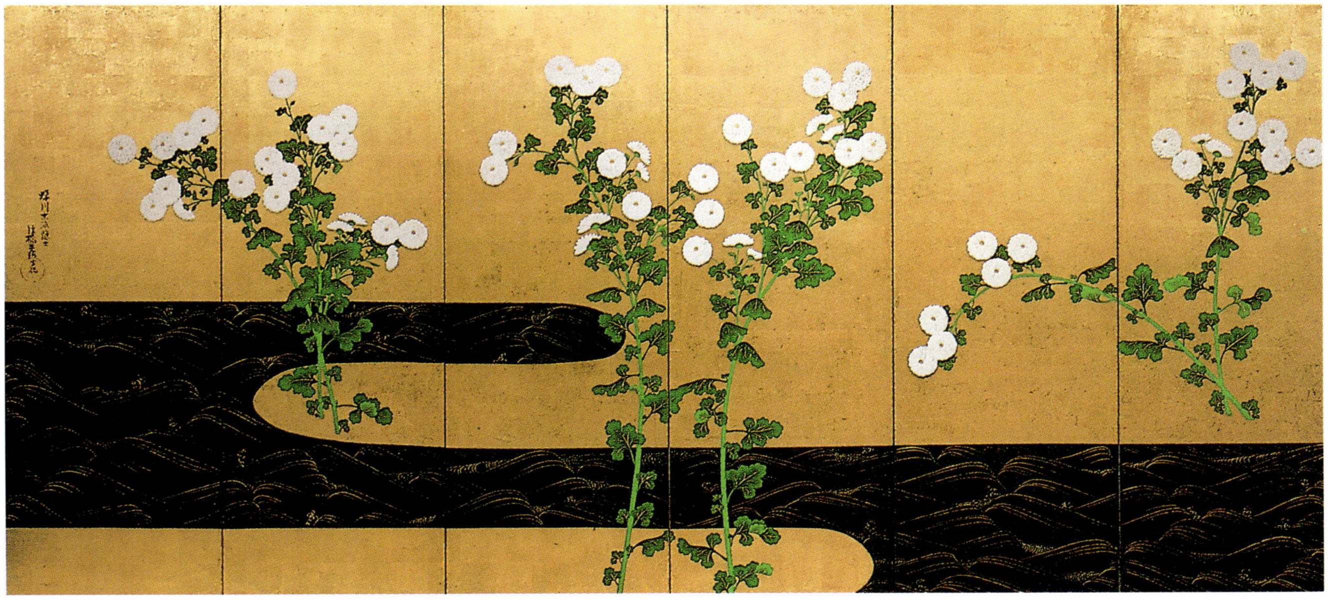

2.111 OGATA KORIN,
*hrysanthemen an einem Fluss*,
m 1700, Edo-Periode,
arbe und Gold auf Papier,
öhe 170 cm. Cleveland
Iuseum of Art (Schenkung des
Ianna Fund).

de beschränkt, die sich zum Teil zurückschieben lassen und so einzelne Räume miteinander verbinden. Die Holzverarbeitung innen wie außen ist von höchster Präzision und erfüllt so den Wunsch nach perfekter Handwerksarbeit zusätzlich zu dem nach der Rustikalität des nahe gelegenen Teehauses.

Der Frieden, den das zentralisierte Herrschaftssystem der Edo-Zeit Japan bescherte, förderte den Handel und den Aufstieg einer wohlhabenden Kaufmannsschicht. Unter diesen Umständen florierte die Profankunst wie nie zuvor. Unter den bemalten Stellwänden, die in großer Zahl für die Inneneinrichtung hergestellt wurden, finden sich einige der schönsten Beispiele einer rein dekorativen Kunst, die jemals hervorgebracht wurden. Ein von OGATA KORIN (1658–1716), einem führenden Meister seiner Zeit, dekoriertes Paar vereint meisterhafte abstrakte Ornamentik mit naturalistischer Wiedergabe ▸12.111. Die graziös geschwungenen Stängel der Chrysanthemen heben sich scharf von der strengen Vertikalität der Paneele ab und von den schematisierten Windungen des Flusses, und ihre Blüten, zu zweien, dreien oder vieren gruppiert, kreieren einen fugenartigen Rhythmus. Die Farbgebung beschränkt sich auf Azurblau, Smaragdgrün, Jadegrün, Gold und für die Blüten ein reliefartig verwendetes reines Weiß. Solche Stellwände waren natürlich Luxusgüter, doch sind sie von zurückhaltendem Prunk. In Form, Stil und Thematik sind sie die Quintessenz der japanischen Kunst.

Die Integrität dieser Art von Malerei wurde während der ganzen Edo-Zeit durch Konservatismus und die Isolationspolitik der Regierung bewahrt. Japan kappte jede Verbindung zur Außenwelt im Jahr 1638, als man portugiesische Kaufleute, die 1542 das Land zum ersten Mal betreten hatten, auswies. Das Christentum, das der hl. Franz Xaver eingeführt hatte, wurde verboten. Der Handel mit Europa wurde von nun an über die Holländer abgewickelt, die die Japaner aber auf Abstand hielten und denen sie lediglich eine Insel vor dem Hafen von Nagasaki zuwiesen. Die Exportgüter, vor allem Lackwaren und Porzellane, wurden eigens für den europäischen Markt entworfen, und dadurch hatten die Europäer lange Zeit einen sehr einseitigen und falschen Eindruck von der japanischen Kunst wie auch aus den gleichen Gründen von der chinesischen Kunst.

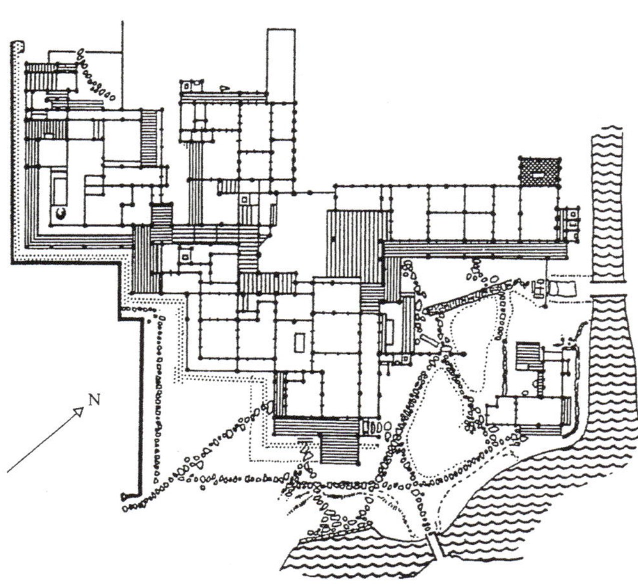


2.112 Grundriss des Katsura-
alastes, Kioto.

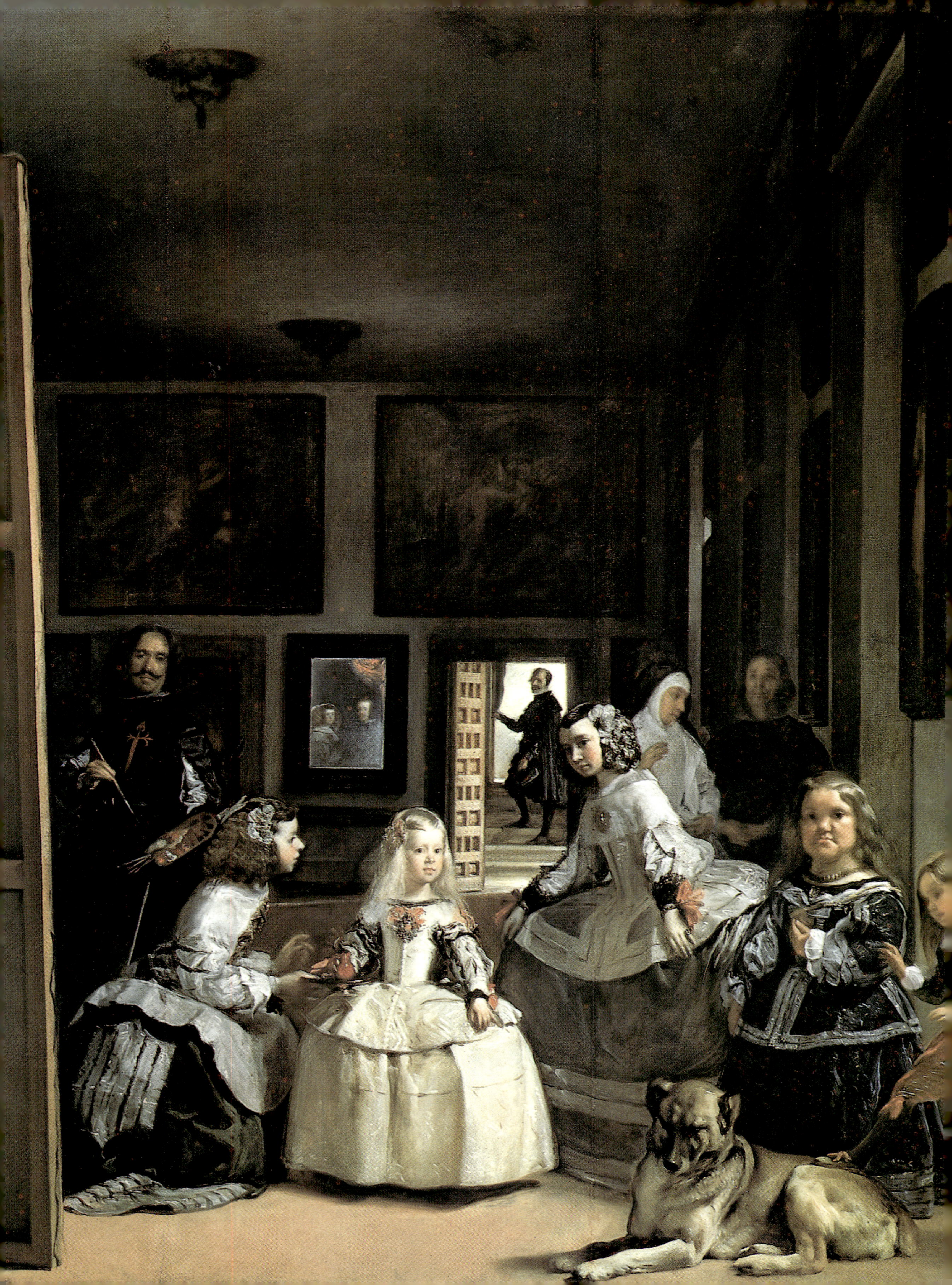

# 13
# Das 17. Jahrhundert in Europa

Der Aufstieg der holländischen Republik war das bedeutsamste Ereignis in der europäischen Geschichte des 17. Jahrhunderts. Er fiel zeitlich zusammen mit dem Niedergang Spaniens und dem Dreißigjährigen Krieg (1618–1648), der Deutschland verwüstete und die Macht des Heiligen Römischen Reiches erschütterte. Aus Holland und sechs anderen Provinzen der Niederlande, die sich gegen die spanische Herrschaft aufgelehnt hatten, wurde einer der reichsten und bei weitem tolerantesten europäischen Staaten. Sein Wohlstand gründete auf freier Wirtschaft im eigenen Land und weltweitem Seehandel. Hierin glich er England, wo sich die parlamentarische Regierungsform allmählich durchsetzte. Überall in Europa, aber besonders im Norden, wurden althergebrachte Ordnungen in Frage gestellt, am meisten auf wissenschaftlichem Gebiet, wo große Fortschritte in der Astronomie und der Mathematik erzielt wurden. Francis Bacon gelangen zu Beginn des Jahrhunderts experimentelle Versuche in der Physik, deren Erkenntnisse sich am Ende des Jahrhunderts durchsetzen sollten. Die westliche Philosophie löste sich aus einer zweitausendjährigen Abhängigkeit von Plato und Aristoteles, vor allem durch das Denken René Descartes' (1596–1650), dessen *Discours de la méthode pour bien conduire sa raison & chercher la vérité dans les sciences* (Leiden 1637) eine neue Erkenntnistheorie aufstellte, eine extreme Form von Skeptizismus, die beim systematischen Fortschreiten des Zweifels zu dem berühmten Schluss führte: »Cogito, ergo sum – Ich denke, also bin ich.« Dies gab dem Geist mehr Gewissheit als der Materie und dem individuellen Denken die höchste Ge-

| | BILDENDE KUNST |
|---|---|
| 1597–1600 | CARRACCI, Deckenfresko im Palazzo Farnese, Rom ▸ 13.3 |
| Um 1601 | CARAVAGGIO, *Bekehrung des hl. Paulus* ▸ 13.1 |
| 1616/17 | RUBENS, *Die Wunder des hl. Franciscus Xaverius* ▸ 13.10 |
| Um 1620 | ARTEMISIA GENTILESCHI, *Judith und Holofernes* ▸ 13.15 |
| 1624–33 | BERNINI, Baldachin in St. Peter, Rom ▸ 13.21 |
| 1628–30 | FRANS HALS, *Der fröhliche Trinker* ▸ 13.37 |
| 1633 | VAN DYCK, *Karl I.* ▸ 13.14 |
| 1635 | RUBENS, *Landschaft mit Regenbogen* ▸ 13.11 |
| 1642 | REMBRANDT, *Die Nachtwache* ▸ 13.40 |
| 1645–52 | BERNINI, *Ekstase der hl. Teresa* ▸ 13.23 |
| 1656 | VELÁZQUEZ, *Las Meninas* ▸ 13.36<br>Bau des Schlosses von Vaux-le-Vicomte begonnen ▸ 13.62 |
| Um 1660–70 | CLAUDE LORRAIN, *Der Vater Psyches bringt Apoll ein Opfer* ▸ 13.33 |
| 1667–70 | Ostfront des Louvre, Paris ▸ 13.63 |
| Um 1669 | REMBRANDT, *Rückkehr des verlorenen Sohnes* ▸ 13.44<br>Bau des Schlosses von Versailles begonnen ▸ 13.64–66 |
| Um 1670 | VERMEER, *Die Malkunst* ▸ 13.58 |
| 1689 | HOBBEMA, *Die Allee von Middelharnis* ▸ 13.53 |

| | HISTORISCHE & KULTURELLE DATEN |
|---|---|
| 1600 | Giordano Bruno wegen Ketzerei in Rom verbrannt |
| 1605 | Cervantes, *Don Quichote* (Teil I);<br>Francis Bacon, *Advancement of Learning* |
| 1616 | Tod Shakespeares;<br>Kopernikus von der römischen Kirche verurteilt |
| 1618 | Beginn des Dreißigjährigen Krieges |
| 1620 | Die ersten Puritaner landen in Neuengland |
| 1623 | Wahl Urbans VIII. zum Papst |
| 1624 | Kardinal Richelieu wird erster Minister von Frankreich |
| 1625 | Karl I. wird König von England |
| 1632 | Galileo Galilei, Schrift über das ptolemäische und kopernikanische Weltsystem |
| 1635 | Richelieu gründet die Académie Française |
| 1637 | Descartes, *Discours de la méthode* |
| 1642 | Der Jansenismus wird vom Papst verurteilt;<br>Beginn des Bürgerkrieges in England |
| 1643 | Ludwig XIV. wird König von Frankreich |
| 1649 | Enthauptung Karls I.: England wird ein freies ›Commonwealth‹ |
| 1656–57 | Blaise Pascal, *Lettres provinciales* gegen die Jesuiten |
| 1660 | Erhebung Karls II. auf den englischen Thron |
| 1661 | Ludwig XIV. übernimmt persönlich die Regierung in Frankreich |
| 1667 | John Milton, *Paradise Lost* |
| 1672 | Isaak Newton, Gravitationsgesetze |
| 1685 | Aufhebung des Edikts von Nantes: Massenflucht der Hugenotten aus Frankreich |
| 1689 | Peter der Große wird Zar von Russland |

IEGO VELÁZQUEZ,
*as Meninas*, Ausschnitt,
556, Leinwand, 323 x 276 cm.
rado, Madrid.

wissheit, mit allen hieraus resultierenden Folgerungen. Obgleich Franzose und Katholik, schrieb und veröffentlichte Descartes in der holländischen Republik, wo er sich 1629 niedergelassen hatte, da hier größere Geistesfreiheit herrschte.

Diese Blüte spekulativen Denkens hatte keine unmittelbare Wirkung auf die bildende Kunst. (Eine Zeitlang verliefen Kunst und Philosophie nicht mehr phasengleich, obwohl sich die holländische Malerei schon bald darauf entfaltete (s. S. 544 ff.) Sie fiel zusammen mit der neuen Erstarkung des Papsttums, das die heftigen Erschütterungen der protestantischen Reformation überwunden hatte, so dass Rom wieder zum wichtigsten künstlerischen Zentrum wurde, während in Frankreich eine Autokratie von unumschränkter Pracht der Selbstdarstellung herrschte.

## Neue Anfänge in Rom

In Rom wurde alten Formen neues Leben eingehaucht durch zwei Künstler aus Norditalien, ANNIBALE CARRACCI (1560–1609) und CARAVAGGIO (Michelangelo Merisi, 1571–1610). Obwohl sie später als die Begründer von zwei unvereinbar divergierenden Stilrichtungen (Idealismus und Naturalismus) angesehen wurden, genossen beide zu ihrer Zeit ein gleich hohes Ansehen, oft bei denselben Mäzenen. Im Jahr 1600 gab zum Beispiel ein kirchlicher Rechtsgelehrter für seine Grabkapelle in Santa Maria del Popolo in Rom ein Altarbild bei CARRACCI in Auftrag und zwei weitere Gemälde für die Seitenwände bei CARAVAGGIO.

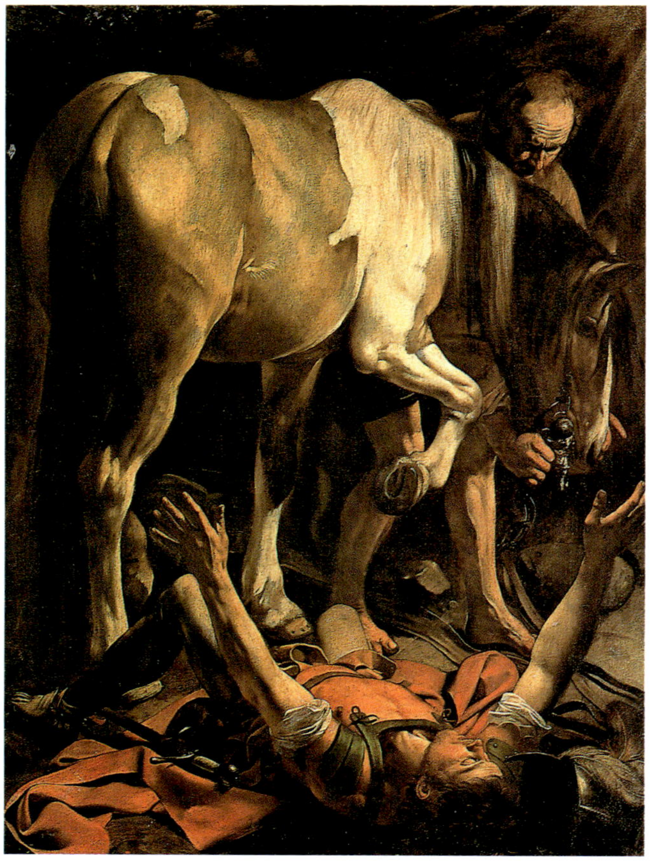

13.1 CARAVAGGIO, *Bekehrung des hl. Paulus*, um 1601, Leinwand, 230 x 175 cm. S. Maria del Popolo, Rom.

In einem dieser beiden Gemälde, der *Bekehrung des heiligen Paulus*, hat der Naturalismus vollständig den in der religiösen Malerei bis dahin üblichen Symbolismus verdrängt ▸ 13.1. Es gibt keine rhetorischen Antithesen und künstlerischen Versatzstücke, wie sie die Manieristen in der Mitte des 16. Jahrhunderts pflegten. Das Bild hat die gleiche Direktheit wie der neutestamentliche Bericht über Saulus, den Christenverfolger, der auf wunderbare Weise in einen Apostel verwandelt wurde. Es ist, als habe CARAVAGGIO die Kraft und Überzeugung der Hochrenaissancekunst angenommen, aber ohne ihre Idealisierung. Der hl. Paulus ist ein junger Soldat mit derben Zügen und sprießendem Bart, sein Pferd eine derbe Schecke, die von einem alten, fast kahlen Mann mit struppigen Brauen festgehalten wird. Er ist einer der Bauern, deren häufige Wiederkehr in späteren Bildern CARAVAGGIOS einige Zeitgenossen schockierte. Grobe Kleidungsstücke sind mit frappierendem Illusionismus wiedergegeben, doch nicht als Selbstzweck. Das Gemälde stellt wirkungsvoll, wie es der Auftrag vorsah, »das Mysterium der Bekehrung des heiligen Paulus« dar. Wie in mystischem Erleben liegt er, vom göttlichen Licht geblendet, auf dem Boden ausgestreckt. CARAVAGGIO kannte höchstwahrscheinlich die Bedeutung der *Geistigen Übungen* des hl. Ignatius von Loyola, die sich in dem Versuch, spirituelle Erfahrung zu wecken, mehr an die Sinne wenden als an den Intellekt. So ist CARAVAGGIOS lebensgroßes Werk eine offene Einladung, an dem Mysterium der Bekehrung teilzunehmen.

Nur drei Jahre nach der Fertigstellung dieses Gemäldes veröffentlichte der holländische Maler und Schriftsteller CAREL VAN MANDER (1548–1606) einen Bericht über die »bemerkenswerten Dinge«, die CARAVAGGIO in Rom vollbrachte: *»Er erklärt, dass alle Bilder nichts als ›bagatelles‹ sind, Kindereien, egal welches Thema sie darstellen und von wem sie gemalt sind, außer sie sind nach dem lebendigen Vorbild gemalt, und dass nichts gut sein kann und nichts besser, als der Natur zu folgen. Daher will er nicht einen Pinselstrich tun, ohne sorgfältig das lebendige Vorbild zu studieren, das er kopiert und abmalt. Sicher ist das kein falscher Weg, um ein gutes Ziel zu erreichen. Denn nach Skizzen zu malen, selbst wenn sie nach der Natur entstanden sind, ist weniger verlässlich, als das lebendige Vorbild zu studieren und der Natur in all ihrer Buntheit zu folgen.«* (›Het Schilder-Boeck‹, Haarlem 1604)

CARAVAGGIO widersetzte sich praktisch allen Postulaten der theoretischen Schriften des 16. Jahrhunderts, und doch empfahl ihn VAN MANDER als »Vorbild, dem unsere jungen Künstler folgen sollten«. In der Tat breitete sich der Caravaggismus, wie er genannt wurde, über Italien bis nach Spanien, Frankreich und den Niederlanden innerhalb eines Jahrzehnts aus. Es gab plötzlich überall zahlreiche Bilder mit nichtidealisierten, kräftig gezeichneten Figuren vor einem in Dunkelheit getauchten Hintergrund. In die gleiche Zeit, die so sensibel auf neue Anregungen reagiert, fällt, auch von VAN MANDER publik gemacht, die Neuigkeit von ANNIBALE CARRACCIS jüngstem Werk im Palazzo Farnese in Rom ▸ 13.3.

ANNIBALE CARRACCI brach mit der unmittelbaren Vergangenheit nicht weniger radikal als CARAVAGGIO. Sein erster Biograph, der einflussreiche Kunsttheoretiker Giovanni Pietro Bellori (um 1615–1696), behauptete, dass er die Malerei vom Manierismus erlöste – ein Begriff, der jetzt seine negative Bedeutung bekam (s. S. 462 ff.). Die Decke der Sixtinischen Kapelle ▸ 11.40 war eine Quelle der Inspiration für die Decke im Palazzo Farnese, doch vereinfachte CARRACCI MICHELANGELOS Entwurf, indem er die einzelnen Bedeutungsebenen stärker abgrenzte. Der dekorative Rahmen mit Stuckreliefs der

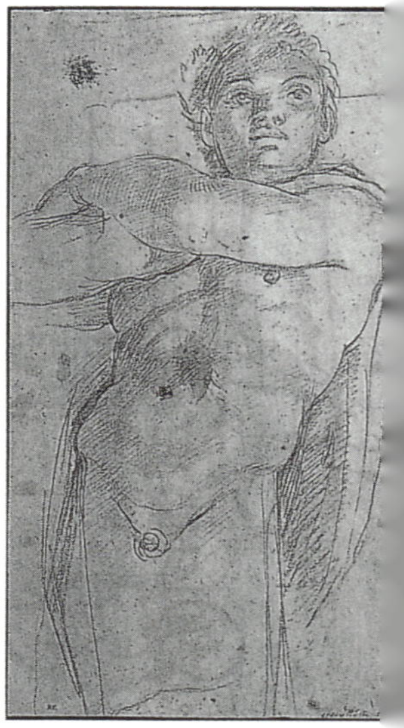

13.2 ANNIBALE CARRACCI, *Atlant*, Studie für das Deckenfresko im Palazzo Farnese, 34,5 x 19,8 cm. Louvre, Paris.

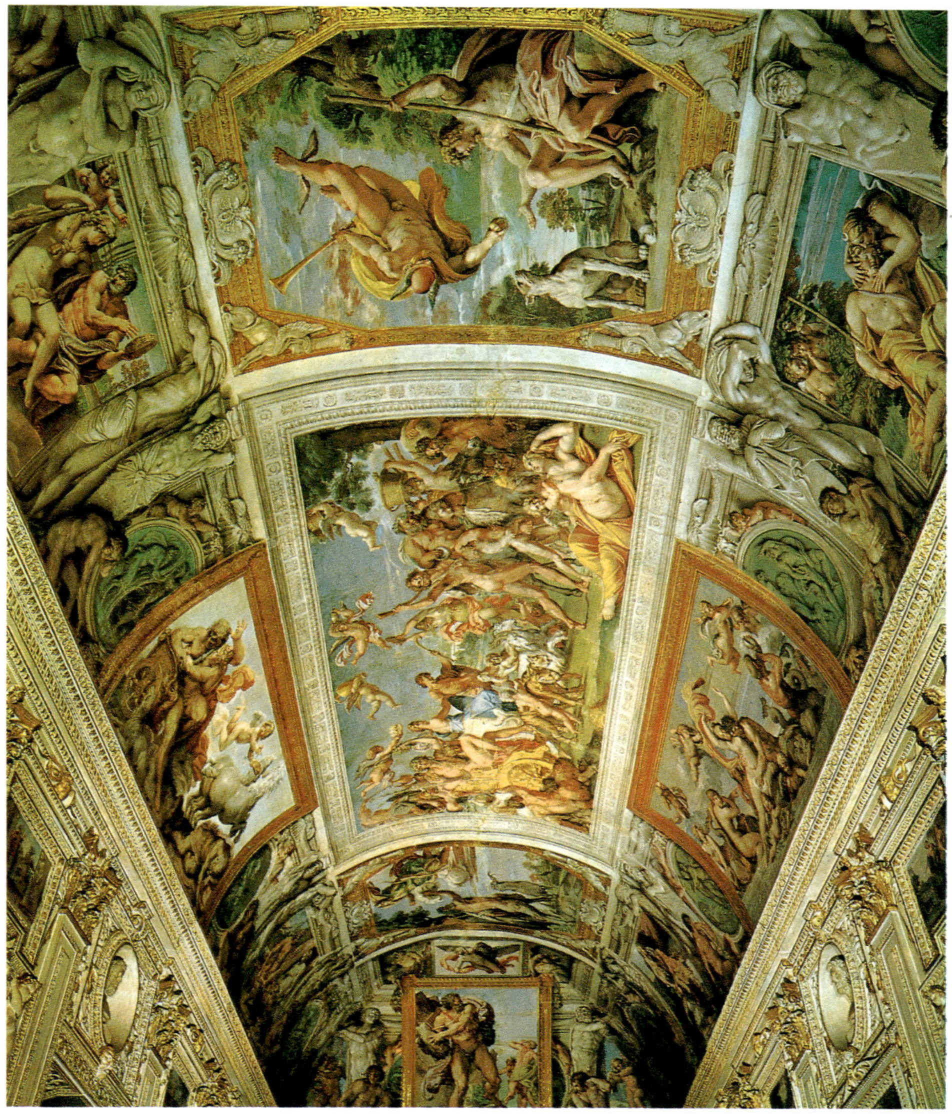

13.3 ANNIBALE CARRACCI, *Deckenfresko*, 1597–1600. Palazzo Farnese, Rom.

Atlanten und Bronzemedaillons ist illusionistisch gemalt und erscheint wie von einer echten Lichtquelle darunter beleuchtet. Die erzählerischen Szenen dagegen, die die göttliche Macht der Liebe feiern, werden wie gerahmte Gemälde (quadri riportati) behandelt. Ihr Stil ist von RAFFAEL und antiken Skulpturen abgeleitet: klassische, gleichmäßig ausgeleuchtete Kompositionen mit Figuren parallel zur Bildebene.

ANNIBALE CARRACCI unterschied sich von CARAVAGGIO auch in seinen Arbeitsmethoden. Die Farnese-Decke bereitete er mit über 500 Zeichnungen vor ▸ 13.2. Er, sein Bruder AGOSTINO (1557–1602) und ihr Vetter LODOVICO CARRACCI (1555–1619) waren alle unermüdlich im Skizzieren. Sie zeichneten Bildkompositionen, Modelle im Studio, Leute auf der Straße und die ersten Karikaturen (das Wort ist ihre Erfindung). Ihr Ziel war eine von allen gröberen Elementen gereinigte Naturtreue, für die die antike Skulptur und die Meister der Hochrenaissance das Vorbild waren. ANNIBALE CARRACCI war kein Theoretiker, doch sollte sein Werk mehr als 200 Jahre lang die Grundlage der akademischen Kunstlehre bilden.

In den achtziger Jahren des 16. Jahrhunderts organisierten die CARRACCI in Bologna Zusammenkünfte von Künstlern, die ›Accademia degli Incamminati‹ (Akademie der Eingeweihten). Diese war eine der zwanglosen Gruppen, in denen Künstler das theoretische Gespräch und gemeinsames Zeichnen pflegten. Die Bezeichnung ›Akademie‹ war damals allgemein literarischen Vereinigungen vorbehalten, deren Mitglieder ein hohes intellektuelles Prestige genossen. Die erste Künstlerakademie wurde 1563 in Florenz gegründet und besaß ähnliche soziale Ambitionen, gemeinsam mit dem eher praktischen Ziel, Maler und Bildhauer von den Einschränkungen der Handwerksgilden zu befreien. Beide Akademietypen waren in der ›Accademia di S. Luca‹ in Rom vereint, die vom frühen 17. Jahrhundert an theoretische Vorlesungen anbot und ein praktisches Programm durchführte, um die Ausbildung des Lehrlings im Maleratelier zu ergänzen. Vergleichbare Akademien entstanden auch in anderen Städten Italiens und Nordeuropas, vor allem in Paris, wo die Kunsterziehung straffer organisiert werden sollte als irgendwo sonst (s. S. 556).

Daneben und vielleicht nicht ohne Zusammenhang mit der Entwicklung der Akademien stieg vielerorts das Interesse für das Sammeln von Kunstwerken, von alten Meistern wie zeitgenössischen Arbeiten; es war die Geburtsstunde des modernen Kunsthandels. Dies lenkte die Aufmerksamkeit von großformatigen Wandgemälden und anderen traditionellen Formen auf die leichter zu transportierenden und eher verkäuflichen Staffeleibilder, die nun in der europäischen Kunst den wichtigsten Platz einzunehmen begannen. Dieses Phänomen ist ohne Parallele in anderen Kulturen. Gewaltige Sammlungen wurden angelegt von Karl I. in England, Philipp IV. in Spanien, der freiwillig im Exil lebenden Königin Christina von Schweden, Kardinal Mazarin, dem eigentlichen Herrscher Frankreichs während der langen Minderjährigkeit von Lud-

# *Natur, Imitation, Erfindung.* Die Entstehung der akademischen Theorie

In den Abhandlungen, die vom 17. bis 19. Jahrhundert die Grundlage der Ausbildung in Kunstakademien bildeten, spielten die Begriffe ›Natur‹, ›Imitation‹ und ›Erfindung‹ eine entscheidende Rolle, bedeuteten aber etwas anderes als heute. Natur bezeichnete die kreative Macht, die in der physischen Welt am Werke ist, aber auch das reine Wesen ihrer Schöpfungen, die die Künstler vor allem bei ihren Darstellungen des Menschen ›imitieren‹ sollten. Imitation in diesem Sinne war nicht gleichbedeutend mit bloßem Kopieren, sondern meinte vielmehr das Erfassen und die Wiedergabe eines zugrunde liegenden Prinzips. Ebenso wenig bedeutete ›Erfindung‹ Originalität. Vielmehr bezog sich der Begriff auf die Auswahl und Präsentation des Themas in Historienbildern, also Gemälden, die bedeutende und moralisch erbauliche menschliche Handlungen zum Gegenstand hatten, die der Bibel, der klassischen Mythologie oder vor allem der antiken Geschichte entstammten.

Die Verfasser dieser Abhandlungen waren, von ALBERTI bis BELLORI, klassisch gebildete Männer, die sich an den Stammvätern der abendländischen Philosophie orientierten – an Platon und seinem Begriff der ›Ideen‹ sowie an Aristoteles und dessen Auffassung, dass Männer und Frauen nicht so dargestellt werden sollen, wie sie sind, sondern so, wie sie von der Natur beabsichtigt worden waren. Diese Philosophen hatten sich zwar mit der bildenden Kunst nur am Rande befasst, da aber die Griechen Malerei und Plastik zusammen mit der Poesie und Musik zu den mimetischen oder imitativen Künsten gezählt hatten, ging man davon aus, dass sich ihre Theorien auf alles anwenden ließen. Ein Brücke zwischen Literatur- und Kunsttheorie schlug Horaz mit seiner *Ars poetica* und der Formulierung ›ut pictura poesis‹ (›Gedichte sind wie Gemälde‹), ergänzt um die Beobachtung, dass manche Bilder aus der Nähe erfreuen, andere aus der Ferne, einige auf den ersten Blick, andere erst, wenn man sie zehn Mal gesehen hat. Doch die Theoretiker der Renaissance und späterer Zeiten lösten die drei Worte ›ut pictura poesis‹ aus dem Kontext, kehrten ihre Bedeutung um und zitierten sie immer wieder zur Stützung ihrer Auffassung, dass Gemälde wie Gedichte moralisch erbaulichen Inhalts sein und sowohl belehren als auch erfreuen sollen.

Die Grundlagen der Kunsttheorie der Renaissance legte LEON BATTISTA ALBERTI (vgl. S. 400 ff.) in seiner 1435 verfassten Abhandlung *De pictura*. Ziel der Malerei sei die »Darstellung gesehener Dinge«, doch die Maler sollten das, was sie sehen, idealisieren oder »Schönheit hinzufügen«, indem sie von »allen schönen Körpern den lobenswertesten Teil« auswählen. Auch Alberti zitierte die Legende, dass Zeuxis für ein einziges Bildnis fünf verschiedene Modelle beschäftigt habe (vgl. S. 140). Außerdem schlug ALBERTI den Malern vor, sich von Dichtern helfen zu lassen und mit diesen im Hinblick auf narrative Bilder zu wetteifern, denn für ihn bildeten diese die höchste bildnerische Gattung. *De pictura* hatte nur einen begrenzten Leserkreis und wurde erst 1540 (auf Lateinisch, 1547 auf Italienisch) veröffentlicht, zu einem Zeitpunkt, als die Maler versuchten, als Vertreter einer freien Kunst statt als bloße Kunsthandwerker anerkannt zu werden. Es folgten Abhandlungen ähnlicher Art, die aber in der Regel pedantischer waren, so die Vorlesungen zur Kunsttheorie, die in den folgenden Jahrzehnten an den neu eingerichteten, öffentlich getragenen Akademien angeboten wurden (vgl. S. 531). Zu ihnen zählte etwa diejenige, die der manieristische Maler FREDERICO ZUCCARO (1540/3–1609) an der Accademia di San Luca in Rom hielt, deren Präsident er war. Doch die Version, die die akademische Lehre nachhaltig prägen sollte, wurde erst Mitte des 17. Jahrhunderts in Rom verfasst.

1664 hielt Giovanni Pietro Bellori (1613–1696), ein Antiquar und Historiker, kein Künstler, aber ein enger Freund und vermutlich auch Berater von NICOLAS POUSSIN (vgl. S. 541 f.), an der Accademia di San Luca eine Vorlesung mit dem Titel: *Die Idee des Malers, Bildhauers und Architekten.* In dieser modifizierte er die platonische Ideenlehre und übertrug diese aus dem metaphysischen in den praktischen Bereich, wobei er die Idee im Bewusstsein oder der Imagination des Künstlers lokalisierte. »Die Idee des Künstlers stellt die Vervollkommnung der natürlichen Schönheit dar und verbindet die Wahrheit mit der Wahrscheinlichkeit dessen, was dem Auge erscheint«, erklärte er. Er tadelte Künstler wie CARAVAGGIO, weil sie die Fehler der gewöhnlichen Natur kopierten, andere, weil sie die gewöhnliche Natur gar nicht studierten, sondern stattdessen »auf manieristische Weise« nach einer »fantastischen Idee« arbeiteten, und wieder andere – die schlimmsten von allen – dafür, dass sie die Ideen ihrer Künstlerkollegen plagiierten und damit Werke schufen, »die keine legitimen Kinder sind, sondern Bastarde der Natur«. Künstler, so meinte er, sollten sowohl die Natur studieren als auch ihre »berichtigten Schönheiten«, wie sie sich in »den vollkommensten antiken Skulpturen« offenbart haben. Daher zeichneten Studenten in Kunstakademien nicht nur Akt, sondern auch nach Gipsabgüssen berühmter Antiken. Belloris Vorlesungen wurden 1672 als Vorwort zu seinen *Leben der modernen Maler, Bildhauer und Architekten* gedruckt, die er mit ANNIBALE CARRACCI begann. Als dem herausragenden Beispiel für seine Theorien und Kunstlehren widmete er CARRACCIS Deckenfresko im Palazzo Farnese ▸ 13.3 und dessen mythologischen Bildern und ihrer moralischen Bedeutung fast dreißig Seiten seines Buches.

Bellori widmete seine *Leben* dem französischen Minister Jean-Baptiste Colbert (vgl. S. 556), dem Vorsteher der Königlichen Akademie in Paris: Seine Theorien wurden zur Grundlage der akademischen Lehre in Frankreich. Ergänzt wurden sie um diejenigen weiterer Franzosen, die in Rom studiert hatten, insbesondere von Belloris Freund Charles-Alphonse Dufresnoy (1611–1668), dessen *De Arte graphica* zahlreiche Übersetzungen erfuhr, von CHARLES LEBRUN (vgl. S. 556), ein Schüler POUSSINS und späterer diktatorischer Direktor der Académie française, und schließlich von André Pélibien (1619–1695), der die akademische Lehre am schlüssigsten formulierte. Er schrieb die Hierarchie der *Genres* fest, die vom Stillleben – der »gewöhnlichen Natur« – zur Landschaft, von dort zu den Porträts und dann zur Spitze, der Historienmalerei mit moralisch erbaulichen Geschichten, aufstieg. In dieser gipfelte die akademische Theorie Pélibiens. Ihre Begriffe sollten die bildende Kunst Europas bis ins späte 18. Jahrhundert dominieren und noch weit bis ins 19. Jahrhundert wirksam bleiben.

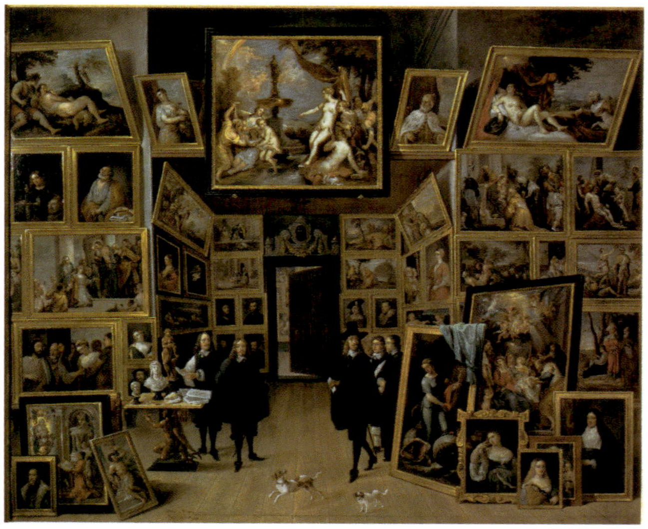

13.4 DAVID TENIERS, *Die Bildergalerie des Erzherzogs Leopold Wilhelm von Österreich*, um 1647, Leinwand, 106 x 129 cm. Prado, Madrid.

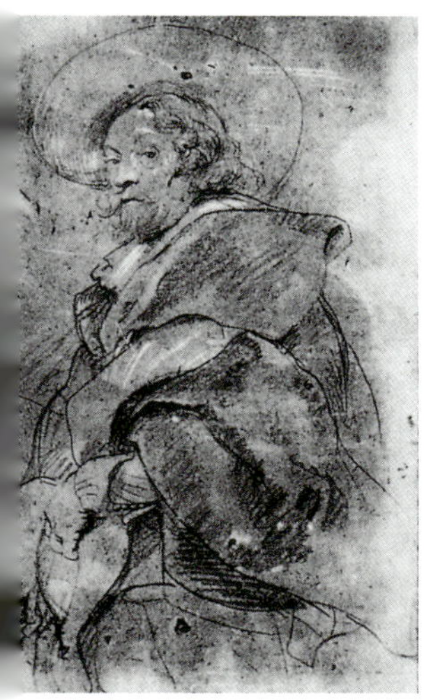

.5 PETER PAUL RUBENS, *lbstbildnis*, um 1637/39, hwarze Kreide, 46,1 x 28,7 cm. uvre, Paris.

wig XIV., und nicht zuletzt den Aristokraten von niedrigerem Rang und den reichen Bankiers. Ein Teil der Sammlung des Erzherzogs Leopold Wilhelm von Österreich, des Statthalters der Spanischen Niederlande, wurde von DAVID TENIERS dargestellt ▸ 13.4 – ein Raum, vollgestopft mit Gemälden von GIORGIONE (*Die drei Philosophen* ▸ 11.57 sind rechts sichtbar), TIZIAN (oberste Reihe) und anderen Venezianern. RAFFAELS *Heilige Margarethe* lehnt gegen eine große Skizze von RUBENS für die *Beschneidung Christi*. Hier hingen die Andachtsbilder neben Stillleben, Landschaften und mythologischen Szenen und waren damit ihrer ursprünglichen Funktion enthoben. Wie andere Sujets wurden sie erworben, um die soziale Stellung, den Wohlstand und den guten Geschmack des Besitzers zu demonstrieren. Eine Vorliebe für die bereits seltenen und sehr teuren Werke der Meister der Hochrenaissance deckte sich mit deren Wertschätzung in der akademischen Lehre; aber Mitte des 17. Jahrhunderts gab es auch schon weitsichtige Sammler, die ein Gespür für andere als die von den Theoretikern geschätzten Qualitäten hatten, wie Freiheit in der technischen Ausführung und die Wahl gewagter Themen. In der Geschichte der europäischen Malerei wurde ihr Geschmack immer maßgebender.

Ein besonders klares Zeichen für diese neue Einstellung gegenüber der Kunst in Kreisen außerhalb der Akademien ist die wachsende Beliebtheit der Stillleben, die von Theoretikern verächtlich angesehen, aber in ganz Europa von führenden figürlichen Malern (wie CARAVAGGIO und RUBENS) ebenso wie von darauf spezialisierten Malern gemalt und wegen rein malerischer Qualitäten bewundert wurden ▸ 13.6.

## Barocke Kunst und Architektur

Wie viele andere Stilbezeichnungen war auch der Ausdruck ›Barock‹ zuerst ein Schmähwort. Es ist etymologisch interessant, denn es leitet sich von zwei im 16. Jahrhundert gebräuchlichen Worten ab, dem italienischen ›barocco‹, das quälende, mittelalterliche Pedanterie bedeutete, und dem portugiesischen ›barrocco‹, einer unregelmäßig geformten Perle. Beide bezeichneten Abweichungen von der Norm, und in diesem Sinn benutzten die Theoretiker in der Mitte des 18. Jahrhunderts das Wort ›Barock‹, um Kunstwerke – besonders Architektur – zu beschreiben, die ihnen unklar und verworren erschienen.

Obwohl der Ausdruck nicht mehr abwertend verwendet wird, bezeichnet er doch immer noch eine bestimmte Richtung in der Kunst des 17. Jahrhunderts, die sich durch religiöse Gefühlsbetontheit, Pathos und überschwängliche dekorative Fülle auszeichnet. Diese Entwicklung wurzelte in Rom, erreichte von dort über das übrige Europa die europäischen Kolonien in Amerika und Indien. Neben dieser Hauptrichtung des Barock liefen im 17. Jahrhundert andere Stilarten parallel, die sich durch einen besonderen Naturalismus oder Klassizismus auszeichnen. Die barocke Kunst ist das Werk einzelner starker Persönlichkeiten, von denen einige zu den größten aller europäischen Künstler zählen. Außer PETER PAUL RUBENS (1577–1640) sind sie alle im Abstand weniger Jahre geboren: NICOLAS POUSSIN (1594–1665), GIANLORENZO BERNINI (1598–1664), ANTHONIS VAN DYCK (1599–1641), DIEGO VELÁZQUEZ (1599–1660), CLAUDE LORRAIN (1600–1682) und REMBRANDT HARMENSZ VON RIJN (1606–1669).

### *Rubens und Van Dyck*

RUBENS ▸ 13.5 hebt sich von dieser Gruppe nicht nur altersmäßig ab, sondern auch durch seine soziale Stellung, denn er war als hochdotierter Künstlerfürst zugleich ein einflussreicher Diplomat von internationalem Rang. Als Sohn eines angesehenen Juristen und Ratsherrn der Stadt Antwerpen erhielt RUBENS eine klassische Erziehung und lebte dann eine Zeitlang in einem adeligen Haushalt, um sich aristokratische Umgangsformen anzueignen, bevor er seine Ausbildung als Maler begann. 1598 wurde er als Meister in die Antwerpener Künstlergilde aufgenommen. Zwei Jahre später zog er nach Italien, wo er an dem kleinen Fürstenhof von Mantua seine künstlerische Karriere begann und seine Technik auf ausgedehnten Reisen vervollkommnete. Zurück in Antwerpen,

13.6 GEORG FLEGEL, *Stillleben*, Holz, 22 x 28 cm. Alte Pinakothek, München.

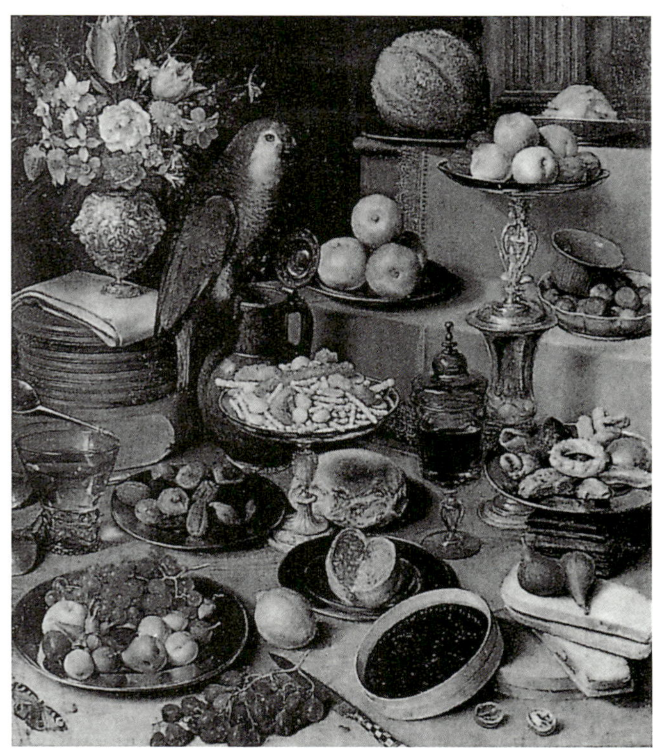

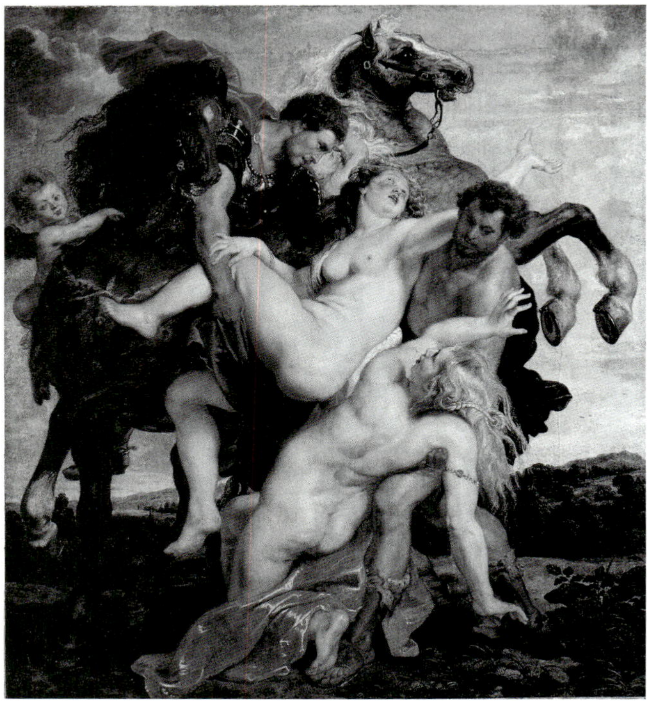

13.7 PETER PAUL RUBENS, *Raub der Töchter des Leukippos*, um 1616/17, Leinwand, 222,3 x 209 cm. Alte Pinakothek, München.

wurde er 1609 vom habsburgischen Regenten der Niederlande zum Hofmaler ernannt und war bald der angesehenste Künstler in Europa – seine Stellung war ähnlich der TIZIANS im 16. Jahrhundert.

Kein Künstler hat jemals die Werke der italienischen Meister sorgfältiger studiert als RUBENS – er kopierte sie in Hunderten von Zeichnungen und Malskizzen. Seine kraftvolle Sinnlichkeit und fruchtbare Phantasie drücken seinen Kopien den Stempel eines starken, individuellen Charakters auf. Ein Gemälde der Dioskuren Castor und Pollux, wie sie die Töchter des Leukippos entführen ▸ 13.7, könnte von TIZIANS *Raub der Europa* ▸ 11.63 inspiriert sein, das er in Spanien kopiert hatte. Auch Anklänge an VERONESE in den glänzenden Seidendraperien sind spürbar, und das Gewicht der flämischen Maler, besonders PIETER BRUEGHELS, ist in den Landschaften sichtbar. Alle diese Einflüsse sind jedoch in der Glut der Phantasie RUBENS' vollständig aufgesogen und verwandelt worden. Ein neues und sehr persönliches weibliches Schönheitsideal, vollbrüstig, breithüftig, mehr fraulich als mädchenhaft, wird überschwänglich gefeiert. Die Falten und Grübchen im Fleisch seiner üppigen Frauengestalten sind mit perligen, durchscheinenden Farben gemalt, die die Weichheit und Wärme der Haut wiedergeben.

13.8 PETER PAUL RUBENS, *Die drei Grazien*, Leinwand, 221 x 181 cm. Prado, Madrid.

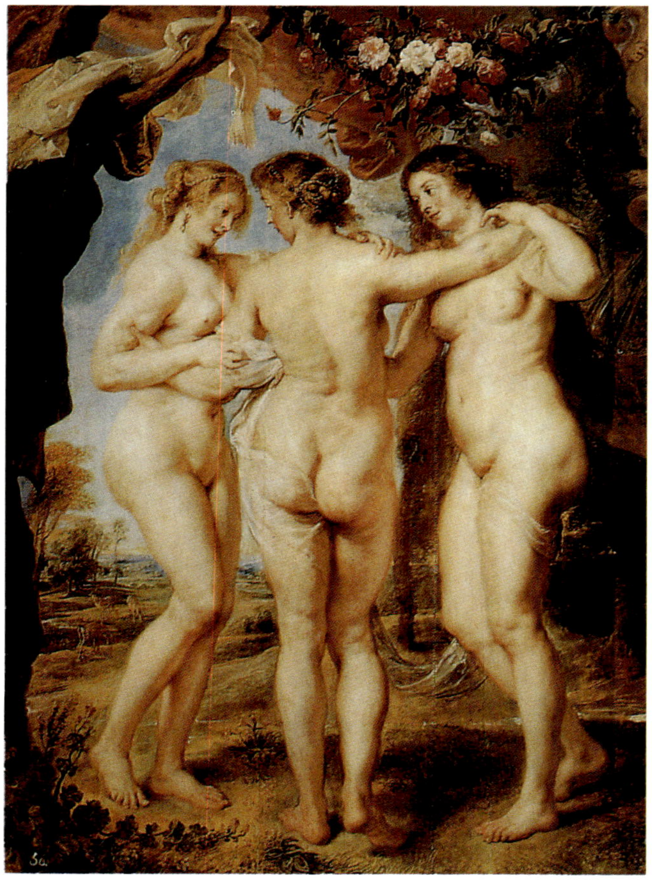

RUBENS verwarf die Statik einer Komposition in Pyramidenform. Im *Raub der Töchter des Leukippos* setzt er durch sich überschneidende Diagonalen, weitschwingende Bewegung, Drehung und Gegendrehung dynamische Impulse. Harte Demonstration von Gewalt wie bei CARAVAGGIO ist vermieden, die zentrale Figur scheint aufwärts zu schweben, wird von den muskulösen Armen der beiden Götter gestützt. Trotz des Themas ist die Wirkung seltsam unerotisch – ähnlich wie RUBENS' religiöse Bilder unmystisch sind.

Ob er ein mythologisches oder religiöses Thema malte, RUBENS konzentrierte sich auf die Vitalität und Körperlichkeit der Figuren ▸ 13.8. Er versuchte auf diese Weise, die übernatürliche Welt für die menschliche Erfahrung begreifbar zu machen. Viele seiner religiösen Bilder waren für Jesuitenkirchen bestimmt, so ein ganzer Zyklus für den Orden in Antwerpen, wo, wie ein Zeitgenosse schrieb, »der prachtvolle Innenraum des Gebäudes die Gedanken zum himmlischen Wohnsitz hinführt«. Die ursprüngliche Strenge ihrer Mutterkirche in Rom ▸ 11.77 wurde von den Jesuiten in Antwerpen aufgegeben. Dort, an der umkämpften Grenze des Katholizismus, wurde das Bild zum Mittel visueller Propaganda. Zwei riesige Gemälde der ersten Jesuitenheiligen Ignatius von Loyola und Franciscus Xaverius hingen abwechselnd über dem Hochaltar. Das des hl. Franciscus Xaverius (1506–1552), der das Evangelium in Indien, Ceylon, Südostasien und Japan gepredigt hatte, verzeichnet die Wunder, die er vollbrachte, und feiert die weltweite Mission der Gesellschaft Jesu ▸ 13.10. Es ist ganz deutlich ein eurozentrisches Bild der Welt. Lediglich der liegende Hindu mit dem kahlgeschorenen Kopf zur Linken ist ein Orientale. Der heidnische Tempel, von dem der Götze herabfällt, hat korinthische Säulen, und der Heilige selbst steht da wie ein römischer Kaiser vor seinen Truppen – ein Motiv, das vom Konstantinsbogen stammt. Wie mehrere Zeichnungen verraten, fertigte RUBENS Naturstudien für einzelne Figuren an, aber das endgültige Werk ist eher aus Farbe und Licht aufgebaut als aus Linien und Umrissen. Der dramatische Charakter des Themas ermöglichte es ihm, mit feiner Differenzierung in den Gesichtern eine breite Skala menschlicher Gefühle auszudrücken. Er teilte vollauf das Interesse seiner Zeitgenossen an den ›Leidenschaften der Seele‹, wie man sie nannte, und er soll eine Abhandlung über dieses Thema verfasst haben »mit passenden Illustrationen nach den besten Vorbildern, besonders Raffael«. In dieser Hinsicht hat RUBENS vielleicht tatsächlich versucht, sich mit den *Wundern des heiligen Franciscus Xaverius* an RAFFAELS *Verklärung* ▸ 11.46 zu messen. RUBENS'

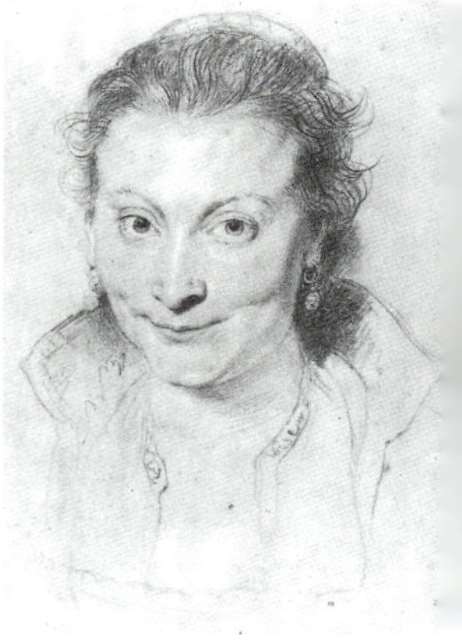

13.9 PETER PAUL RUBENS, *Bildnis der Isabella Brant*, um 1622, schwarze, rote und weiße Kreide mit Wasserfarbe auf hellbraunem Papier, 38,1 x 29,5 cm. British Museum, London.

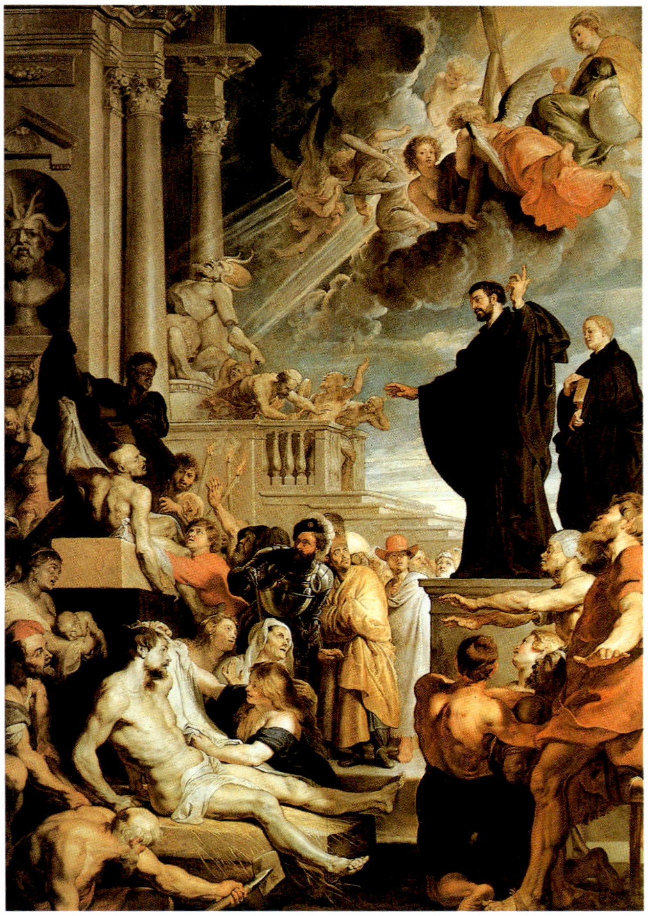

13.10 PETER PAUL RUBENS, *Die Wunder des hl. Franciscus Xaverius*, 1616/17, Leinwand, 535 x 395 cm. Kunsthistorisches Museum, Wien.

schwungvolle Figurenverflechtung führt von den Blinden, die sich rechts unten im Bild vorwärts tasten, zu dem Mann, der von den Toten erweckt wurde, an dem kranken Hindu vorbei und den Lichtstrahlen folgend, die auf den Tempel als visionäre Verkörperung des Glaubens fallen.

»Meine natürliche Veranlagung macht es mir leichter, großformatige Arbeiten auszuführen als kleine Kabinettstücke«, schrieb RUBENS 1621 in einem Brief. »Es hat mir nie an Mut gefehlt, ein Werk in Angriff zu nehmen, egal wie groß das Format oder wie ungewöhnlich der Stoff.« Der Beweis sind seine 3,7 m hohen Gemälde, die das Leben der Maria von Medici, Königin von Frankreich, darstellen (entstanden zwischen 1621 und 1625, jetzt im Louvre). Trotzdem sind auch seine kleinen, intimen Werke unübertroffen in ihrer Zartheit und Kraft. Das Brustbild seiner ersten Frau, Isabella Brant, ist eines der faszinierendsten ▸ 13.9. Es zeigt auch, dass er jedes Thema grundsätzlich mit den Augen des Malers sah, sogar bei Kreidezeichnungen. RUBENS' erstaunliche Fähigkeit, eine Form in einer schnell hingeworfenen Skizze perfekt zu definieren, hatte jedoch eine zweifelhafte Nebenwirkung: Einen Großteil der Aufträge konnte RUBENS nach eigenen Entwürfen von seinen Gehilfen ausführen lassen. Oftmals überging er nur noch das fertige Gemälde (allerdings passte er die Preise dem Ausmaß seiner eigenen Beteiligung an). Die Produktion war so umfangreich, dass man sein Atelier mit einer Fabrik verglich, wenn auch unter der Leitung eines genialen Meisters.

RUBENS verdiente ein Vermögen und kaufte 1635 einen Landsitz, Château de Steen, ein paar Kilometer südlich von Antwerpen. Die Umgebung inspirierte ihn zu einer Serie von Gemälden, die plötzlich, als er hoch in den Fünfzigern war, einen neuen Aspekt seiner Kunst enthüllten. Denn obwohl er oft vor der Natur skizziert hatte, stellte er erst jetzt die Landschaft Flanderns um ihrer selbst willen und im großen Format dar ▸ 13.11. Der Stolz auf seinen Landbesitz mag zu diesen Arbeiten geführt haben, die er offenbar für sich selbst schuf. Aber sie erscheinen noch persönlicher in einem tieferen Sinn – als reifer Mann, der gerade seine zweite, 25 Jahre jüngere Frau geheiratet hatte und eine neue Familie gründete, feierte er in ihnen die Güte und Fülle der Schöpfung. Diese Landschaften vermitteln in dem großzügigen, allumfassenden ›barocken‹ Rhythmus ein sehr lebendiges Gefühl des unaufhörlichen Wachstums und Wandels. In den Naturbildern RUBENS'

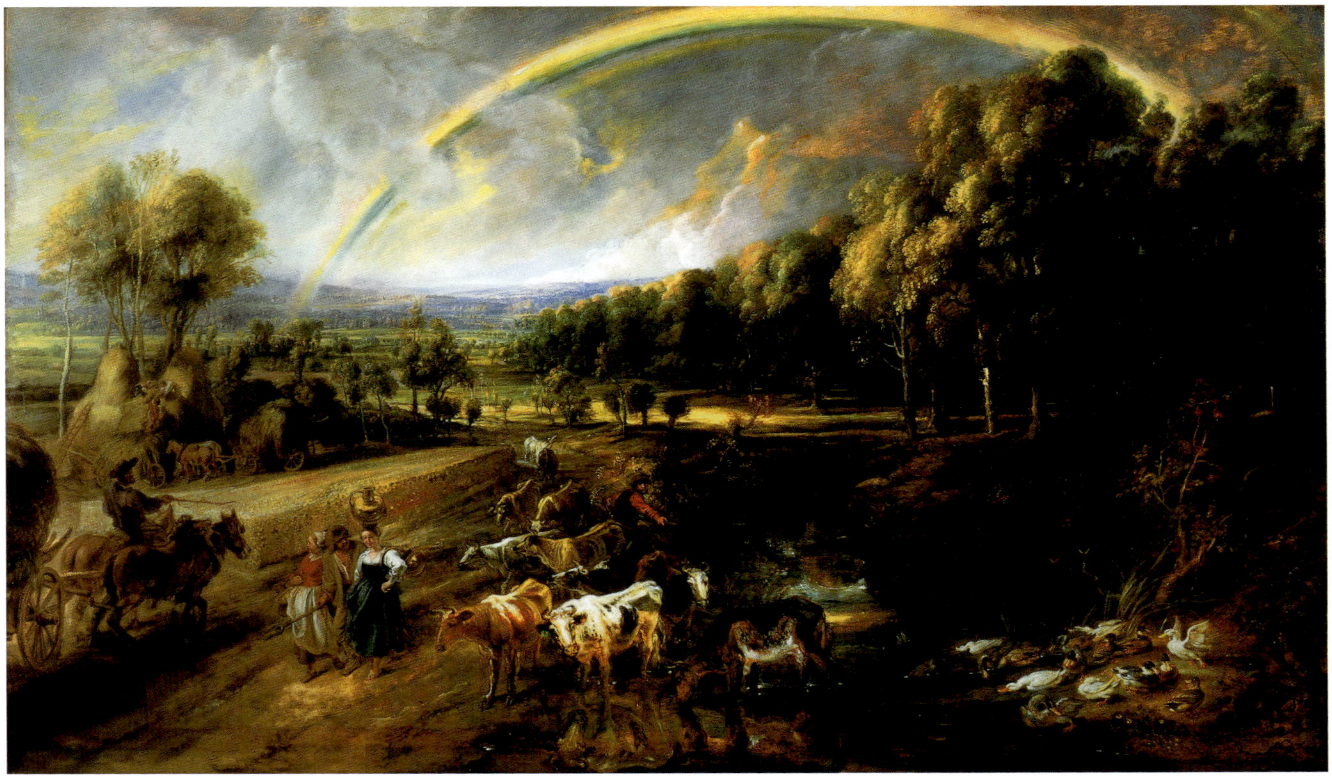

.11 PETER PAUL RUBENS, *ndschaft mit Regenbogen*, n 1635, Holz, 94,6 x 123,2 cm. te Pinakothek, München.

IM KONTEXT

## *Die Jesuiten-Mission*
## Evangelisierung und Kolonialisierung

Das Altarbild der *Wunder des hl. Franciscus Xaverius*, das RUBENS 1616/17 malte, war eine von vielen Verherrlichungen jesuitischer Missionare ▸ 13.10. In den Jahren 1691–1694 malte ANDREA POZZO (1642–1709), ein Laienbruder des Jesuitenordens und nach Auskunft seiner ersten Biographen bestrebt, »des hl. Ignatius großen Eifer bei der Verbreitung des katholischen Glaubens über die gesamte Welt darzustellen«, die Decke der diesem Heiligen geweihten Kirche in Rom mit einem riesigen allegorischen Fresko aus ▸ 13.12. Dieses verherrlicht den Beitrag der Jesuiten zum Triumph des Katholizismus. Ein Lichtstrahl geht von Christus aus zum hl. Ignatius und wird von diesem vierfach gebrochen auf dem Weg über den hl. Franciscus Xaverius und andere Missionare zu Personifikationen der vier Erdteile, die über stürzenden Gestalten der heidnischen und ketzerischen Feinde der katholischen Kirche sitzen. Die Figuren sind allesamt aus der Untersicht dargestellt, die Wände der Kirche sind scheinbar nach oben hin verlängert, was einen geradezu Schwindel erregenden Effekt erzeugt. Die Decke hat sich gleichsam geöffnet, um eine Vision des Himmels zu offenbaren. Die geometrische Präzision der Perspektive in dieser himmlisch-irdischen Vision scheint die Aussage des Freskos zu bekräftigen, auch wenn es tatsächlich nur eine einzige, durch eine Metallplatte im Boden markierte Stelle gibt, von der aus die optische Illusion vollkommen überzeugt. Zudem war die Botschaft nur aus katholischer und eurozentrischer Perspektive zu akzeptieren.

Für die Personifikationen der vier Erdteile griff POZZO auf ikonographische Vorbilder zurück, die in der zweiten Hälfte des 16. Jahrhunderts entwickelt worden waren. Sie sind als Frauen dargestellt: Asien auf einem Kamel, Afrika dunkelhäutig auf einem Krokodil, Amerika barbusig einen Pfeil schwingend und mit einer Federhaube auf dem Kopf und Europa bezeichnenderweise mit einem Zepter in der einen Hand, die andere Hand auf einer Kugel aufliegend und mit einer Königskrone auf dem blonden Haar. Die Figuren verbildlichen damit die absurde, aber weit verbreitete Vorstellung, derzufolge Europa »dazu berufen ist, über Afrika, Asien und Amerika zu herrschen«, wie es ein italienisches Mitglied der Gesellschaft Jesu 1591 auf den Begriff brachte. Dies erklärt die Beliebtheit allegorischer

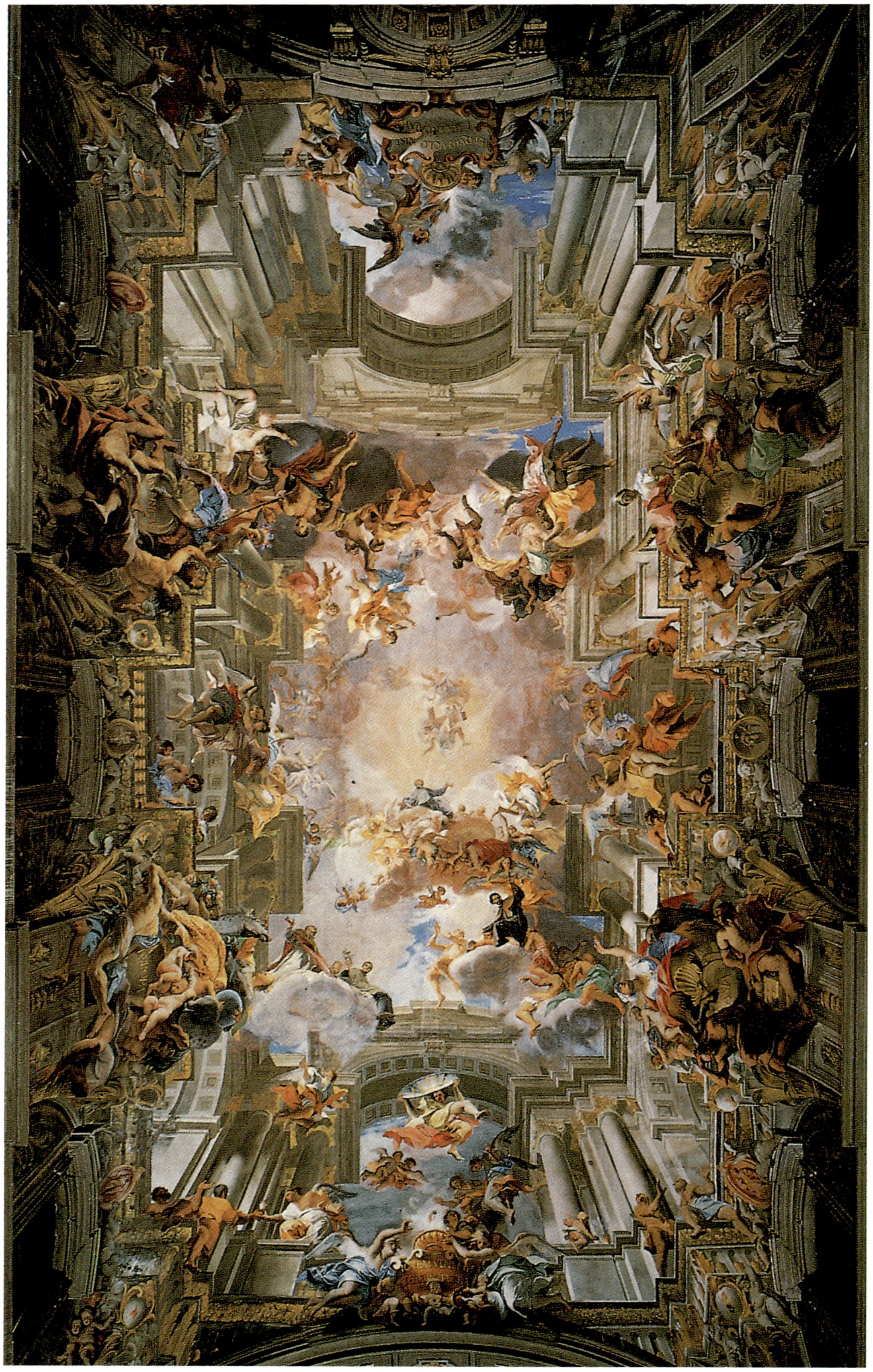

13.12 FRA ANDREA POZZO, *Himmelfahrt des hl. Ignatius*, 1691–1694. Deckenfresko, S. Ignazio, Rom.

Darstellungen der Erdteile als Gegenstand von Gemälden ▸ 14.26, Bildteppichen, Stichen, Skulpturen ▸ 13.24 und sogar Keramiken, Silberarbeiten und Möbeln im Europa des 17. und 18. Jahrhunderts. Sie begegnen in der Sakral- ebenso wie in der Profankunst, denn Evangelisierung und Kolonisierung gingen miteinander Hand in Hand. Das Christentum schlug tatsächlich nur dort Wurzeln, wo europäische Kolonien fest etabliert waren, d. h. in Nord- und Südamerika, auf den Philippinen und einigen wenigen anderen Inseln, in Afrika und Asien nur begrenzt in Küstengebieten, die zunächst nicht mehr als Handelsposten waren. Missionare verfassten gleichwohl optimistische Berichte über ihre Tätigkeit im Binnenland Indiens und Chinas und machten nebenbei detaillierte und aus kommerzieller Sicht nützliche Angaben über Bodenschätze und Naturprodukte. Die Bräuche und religiösen Vorstellungen der Eingeborenen hielten sie meist für exotisch und rückständig.

Die Europäer verspürten ein Bedürfnis, in die Vielfalt der Völker, die sich ihnen durch die Entdeckungen des 15. Jahrhunderts auftat, als der Seeweg um Afrika nach Indien und in den Fernen Osten geöffnet und der amerikanische Kontinent erkundet worden war, eine gewisse Ordnung zu bringen. 1590 teilte ein spanischer Jesuit in Peru, José Acosta, die nichtchristliche Bevölkerung in vier Kategorien ein, die eine Rangordnung ergaben: an erster Stelle jene, die wie die Chinesen und Japaner des Lesens und Schreibens fähig waren, als nächstes jene, die wie die Mexikaner und Peruaner in dauerhaften Siedlungen mit organisierter Verwaltung und Religion lebten, und eine Stufe darunter die ›Wilden‹, die wiederum unterteilt wurden in solche mit rudimentären Organisationsformen und die übrigen, die aus Sicht José Acostas wilden Tieren glichen. Er wollte zeigen, dass jede Kategorie eine andere Herangehensweise seitens der Missionare erforderte, denen er nahe legte, den Glauben der Menschen, die sie zu bekehren suchten, zu studieren. Dieses Einteilungsprinzip, dem die unausgesprochene Vorstellung von einer gesellschaftlichen Entwicklung zugrunde lag, die von Wildheit zu Zivilisiertheit führe, wurde von den europäischen Kolonialmächten für die Verwaltung ihrer Kolonien übernommen und sollte sich bis in die zweite Hälfte des 19. Jahrhunderts im Wesentlichen unverändert erhalten.

1638–1643 beschäftigte der niederländische Generalgouverneur von Brasilien, Prinz Johann Maurits von Nassau-Siegen, ein Team von Wissenschaftlern und Künstlern, um alle Eigenheiten der Kolonie, ihre Landschaft, ihre Flora und Fauna und ihre Bewohner, zu dokumentieren. Letztere wurden von ALBERT ECKHOUT (um 1607–1665) auf Leinwand gebannt, der auf einem seiner Brasilien-Bilder Männer des Tapuya-Stammes beim Kriegstanz zeigt: Völlig nackt und drohend ihre Waffen schwingend, wirbeln sie im Kreis, während zwei Frauen eine Begleitung summen ▸ 13.13. Aus Zeichnungen geht hervor, dass er nach dem lebenden Modell gezeichnete Studien von Einzelfiguren als Vorlage für sein Gemälde verwendete, um ein ethnographisch genaues Bildwerk vorzulegen. Das Ergebnis ist die höchst anschauliche Darstellung einer Lebensform, die die Missionare und Kolonisten als ein Hindernis für die Christianisierung und die wirtschaftliche Ausbeutung zu unterdrücken bestrebt waren, ein Prozess, der leider bis zum heutigen Tag andauert. ECKHOUTS Gemälde ist von Europäern als ein Bilddokument gesehen worden. In Kunstwerken bevorzugten sie bis in die zweite Hälfte des 18. Jahrhunderts Fantasiefiguren von fügsamen Amerikanern, Afrikanern und Asiaten, gelegentlich bei der Herstellung von Gütern für den Genuss im zivilisierten Luxus Europas, wie auf GIOVANNI BATTISTA TIEPOLOS 1752/53 entstandenem Deckenfresko im Treppenhaus der fürstbischöflichen Residenz in Würzburg ▸ 14.26.

13.13 ALBERT ECKHOUT, *Kriegstanz der Tapuya*, um 1641–1643. Leinwand, 294 x 183 cm. Dänisches Nationalmuseum, Kopenhagen.

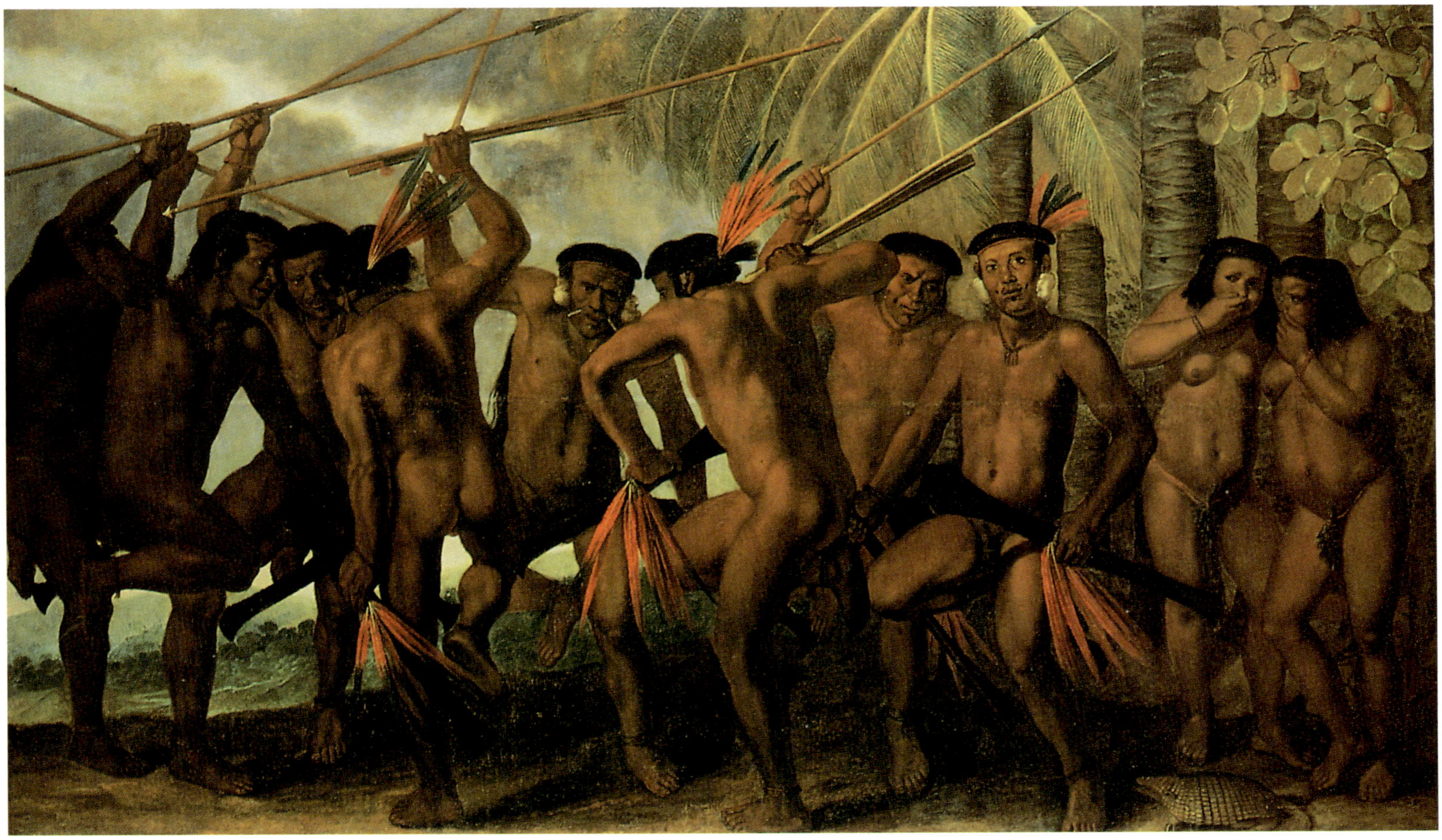

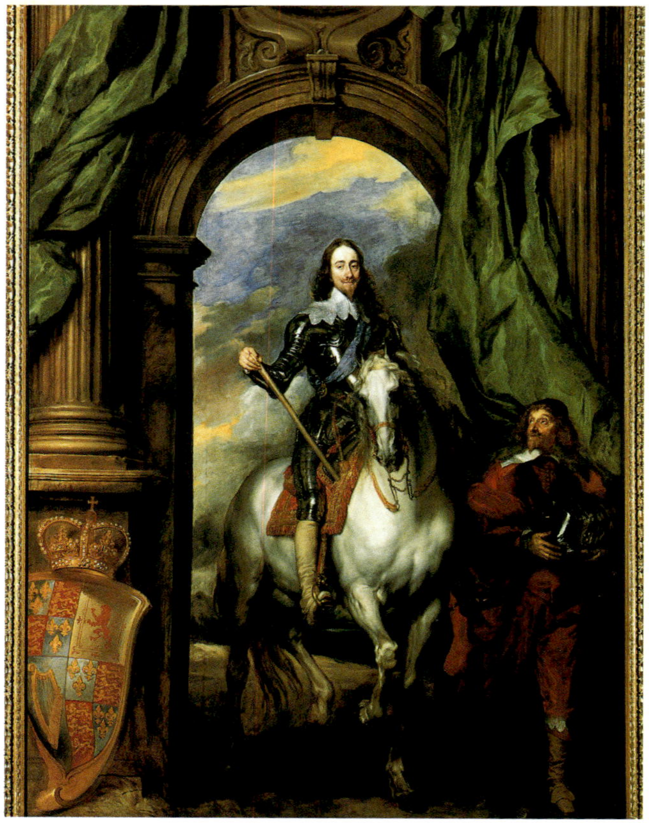

13.14 ANTHONIS VAN DYCK, *Karl I. mit M. de St. Antoine*, 1633, Leinwand, 368,4 x 269,9 cm. Buckingham Palace, London.

nähert sich die flämische Malerei der Lebenswahrheit der holländischen Landschafter.

Unter RUBENS' vielen Gehilfen und Nachfolgern war ANTHONIS VAN DYCK (1599–1641) der bedeutendste. Er malte sowohl religiöse als auch mythologische Themen, aber vor allem als Porträtmaler zeichnete er sich aus. 1632 wurde er von Karl I. von England (1625–1649) zum Hofmaler ernannt. Karls I. Bedürfnis nach Selbstdarstellung fand in mehr als 20 Porträts von der Hand VAN DYCKS Ausdruck, die den Monarchen in verschiedenen stark symbolischen Rollen zeigen – als St.-Georgs-Ritter und Feldherrn, als den geistig und körperlich vollendeten Renaissancemenschen, als treuen Ehemann und liebenden Vater seiner Kinder und der Nation. Karl I., der in Wirklichkeit winzig und unscheinbar war, wirkt in diesen Porträts höchst repräsentativ. In einem erscheint er in imperialer Haltung zu Pferd wie Marc Aurel unter einem Triumphbogen ▸ 13.14. Ein tiefer Blickpunkt sorgt dafür, dass der König sich in einem grandiosen architektonischen Rahmen als Silhouette gegen den Himmel abhebt. Das Bild muss an seinem ursprünglichen Platz noch eindrucksvoller gewirkt haben, am Ende einer langen Galerie, in der Gemälde der antiken römischen Kaiser von GIULIO ROMANO und TIZIAN hingen, Meisterwerke aus der großartigen Kunstsammlung Karls I. Der propagandistische Wert von Bildern alter und moderner Meister wurde nirgendwo besser ausgenutzt.

## *Das italienische Staffeleibild*

Aber trotz des Ruhms von RUBENS und VAN DYCK waren es Werke der italienischen Schule, die Sammler am meisten begehrten. Zu Beginn seiner Regentschaft hatte Karl I. zwei Maler aus Bologna nach England eingeladen. Sie scheuten aber die Reise, und so holte er ORAZIO GENTILESCHI (1563–1639) an seinen Hof, dem sich eine kurze Zeit lang seine Tochter ARTEMISIA (1593–1652) zugesellte, die erste berühmte Malerin. Sie war eine Nachfolgerin CARAVAGGIOS, doch in Werken wie ihrem blutrünstigen Bild *Judith und Holofernes* übertrafen das ›chiaroscuro‹ und eine nichtidealisierte Darstellung des Menschen das Vorbild noch an Heftigkeit ▸ 13.15. Während Judith langsam und überlegt den Kopf des Holofernes abschneidet, wendet sie ihren Körper von dem hervorspritzenden Blut ab. Das Thema ist oft behandelt worden, oft als politisch aktuelle Rechtfertigung des Tyrannenmords. Der Bericht des apokryphen ›Buches Judith‹ wurde in ein Meisterstück des dramatischen Realismus umgesetzt, um als solches in eine Kunstsammlung aufgenommen zu werden – es wurde vom Großherzog der Toskana auf Anraten Galileo Galileis gekauft. Im späten 17. Jahrhundert schrieb ein Florentiner, dass es »keinen geringen Schrecken« auslöste, zumal gerade eine Frau eine Mörderin als Heldin gemalt habe. ARTEMISIA spezialisierte sich auf Szenen, in denen Frauen eine beherrschende Rolle spielen. Sie hätte guten Grund gehabt, Männern zu misstrauen – sie war von ihrem Lehrer für Perspektive verführt worden, und als ihr Vater ihn vor Gericht brachte, war sie mit Daumenschrauben gefoltert worden, um die Wahrheit ihrer Zeugenaussage zu ermitteln. Doch war die Wahl ihrer Themen durch die Erwartungen ihrer Kundschaft ebenso bestimmt wie durch ihre persönlichen Gefühle. Ihre Briefe enthüllen einen kühlen und geschäftsmäßigen Charakter.

ARTEMISIA GENTILESCHI arbeitete hauptsächlich in Neapel. Dort blühte der Realismus dank der Förderung durch die spanischen Herrscher und die Anregung spanischer Maler wie JUSEPE DE RIBERA (1591–1652), der dort von 1616 an lebte. In Rom dagegen verlangte man in großformatigen religiösen und mythologischen Werken eine idealisierende Auffassung,

13.15 ARTEMISIA GENTILESCHI, *Judith und Holofernes*, um 1620, Leinwand, 199 x 162,5 cm. Uffizien, Florenz.

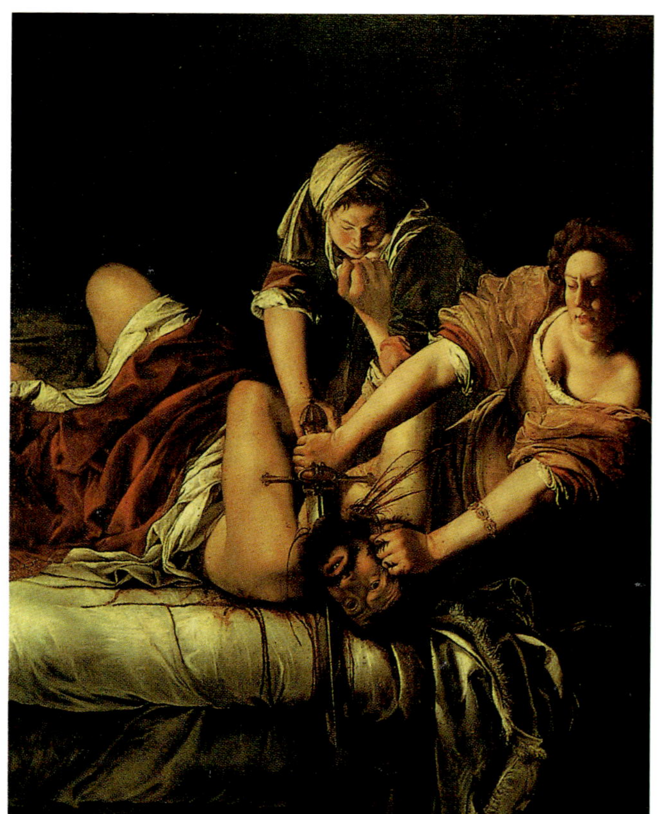

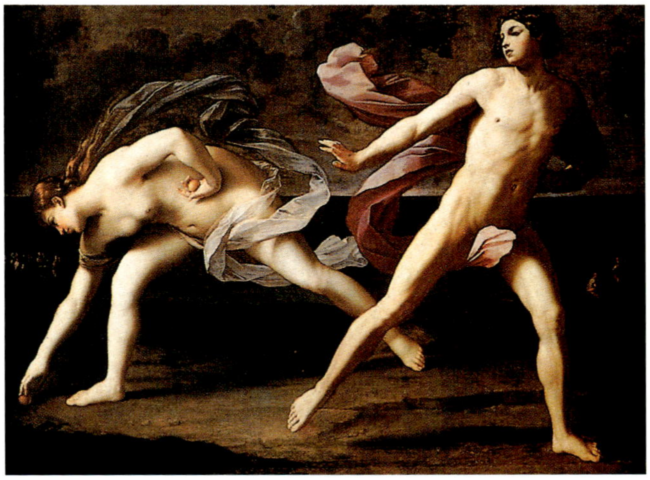

13.16 GUIDO RENI, *Atalante und Hippomenes*, um 1625, Leinwand, 206 x 297 cm. Prado, Madrid.

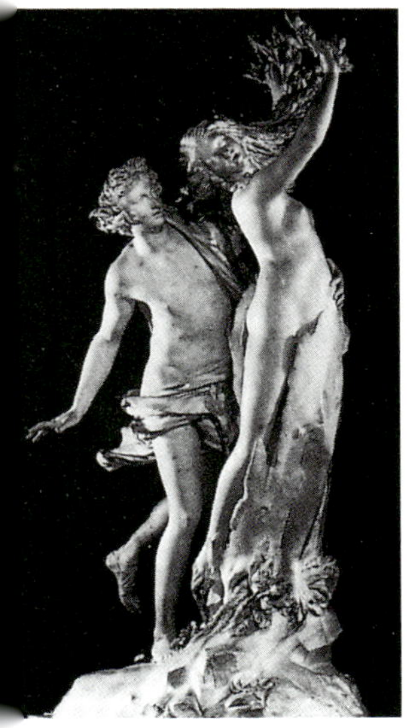

.17 GIANLORENZO BERNINI, *ollo und Daphne*, 1622/23. alleria Borghese, Rom.

trotz der großen Beliebtheit kleiner Bilder von Bauern und Bettlern, die meist flämische Künstler malten, die sich in der Stadt niedergelassen hatten. Das erklärt den Erfolg GUIDO RENIS (1575–1642), eines Bologneser Malers, der lange in Rom lebte und CARAVAGGIOS dramatischen Einsatz des ›chiaroscuro‹ übernahm, um den Adel seiner Gestalten hervorzuheben. Er war fast gleichaltrig mit RUBENS, und sein erster Lehrmeister, ein manieristischer Maler, kam aus Antwerpen. Bald zog es RENI in den Kreis um die CARRACCI. Selbst so ein reifes Werk wie *Atalante und Hippomenes* erinnert in der gewählten Figurenkomposition an die Stilisierung des 16. Jahrhunderts ▸ 13.16. Die jugendlichen Körper sind jedoch kräftiger und natürlicher proportioniert, und ihre sinnliche Wiedergabe geht deutlich auf CORREGGIO zurück. Ferner ist das Bild, dessen Thema von Ovid stammt, wie ein antikes Flachrelief komponiert – oder wie eines der ›quadri riportati‹ an der Decke des Palazzo Farnese – mit einer parallel zur Bildebene ablaufenden Bewegung.

Ein anderer Künstler aus der Gegend von Bologna, bekannt unter seinem Spottnamen IL GUERCINO, der Schielende (Giovanni Francesco Barbieri, 1591–1666), malte zuerst in einer dunkeltonigen Manier, ging aber später zu einer leichteren Palette und weniger dramatischen Lichteffekten über, um, wie er einem Freund erklärte, »die meisten Leute soweit wie möglich zufrieden zu stellen, besonders jene, die Bilder bestellten und das Geld hatten, sie zu bezahlen«. Manche bedauerten jedoch den Wechsel; um 1660 bat ihn ein sizilianischer Sammler, als Pendant zu einem REMBRANDT ein Bild in seinem »frühen kraftvollen Stil« zu malen. Dass REMBRANDT zu dieser Zeit von einem sizilianischen Mäzen als Vorbild hingestellt wurde, ist ebenso interessant wie die Bewunderung für seine Kupferstiche, die GUERCINO in seiner Antwort erwähnt. GUERCINOS eigenes graphisches Werk war fast so umfangreich wie das REMBRANDTS und entstand gleichfalls hauptsächlich zu seinem eigenen Vergnügen oder als Arbeitsskizzen, wie die hier abgebildete ▸ 13.18. Die meisterhafte Studie entstand nach dem Modell, natürlich und spontan ist die Haltung erfasst. Die vollen Körperformen des Modells sind mit ein paar flüchtigen Federstrichen und einer äußerst sparsam verwendeten Wasserfarbe eingefangen. Diese Skizzen sollten keine fertigen Kunstwerke sein, sondern gaben zum eigenen Gebrauch des Malers Seherfahrungen unmittelbar wieder. GUERCINO verkaufte sie nur ungern.

## *Bernini*

Paradoxerweise fällt GUERCINOS stilistische Rückkehr zu einem maßvollen Klassizismus in seiner Malerei zusammen mit dem ruhmvollen Aufstieg eines Künstlers, aus dessen Werk man vor allem die Idee barocken Überschwangs hergeleitet hat: GIANLORENZO BERNINI (1598–1680). Wie MICHELANGELO ein Jahrhundert vorher sah sich BERNINI selbst in erster Linie als Bildhauer, obwohl er nicht weniger begabt war als Architekt, dazu Maler und Dichter. Und wie MICHELANGELO verdankte er viel der Förderung durch künstlerisch aufgeschlossene Päpste. Er war der erste Künstler mit genügend Selbstvertrauen, um sich mit MICHELANGELO ohne Scheu zu messen. Aber in ihrem Charakter stellten sie vollkommene Gegensätze dar. BERNINI war extrovertiert, ein guter Gesellschafter, witziger Gesprächspartner, mit aristokratischen Umgangsformen und Lebensstil, ein guter Familienvater, der als sehr frommer Mensch wenig Sinn für philosophische Spekulation hatte. Er war ein erstaunlich schneller Arbeiter mit einem unstillbaren Drang, alles, was er anfing, zu beenden, ein systematischer und äußerst fähiger Organisator eines großen Mitarbeiterstabes. Ein halbes Jahrhundert lang beherrschte er die künstlerische Szene in Rom, und niemand trug zum heutigen Erscheinungsbild der Stadt so viel bei wie BERNINI. »Sie sind für Rom gemacht, und Rom ist für Sie gemacht«, soll Papst Urban VIII. zu ihm gesagt haben.

BERNINI war der Sohn eines Bildhauers und machte sich zuerst einen Namen mit mythologischen Gruppen ▸ 13.17 und Porträtbüsten. Letztere schuf er sein Leben lang, und gerade diese Skulpturen dokumentieren seine erstaunliche technische Meisterschaft, seine Fähigkeit, weißen Marmor so zu behauen und zu feilen, dass er zu Fleisch, Haar und Stofffalten zu werden schien, ja sogar Farben andeutete. In der Büste von Fran-

13.18 GUERCINO, *Sich entkleidende Frau*, um 1620, Feder, Tinte und Wasserfarbe auf Papier, 25,6 x 20,6 cm. British Museum, London.

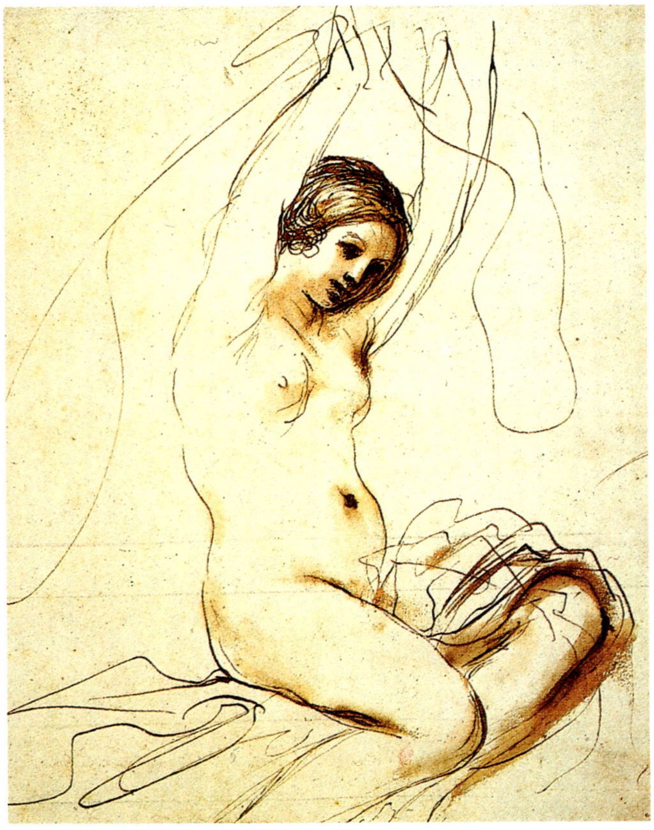

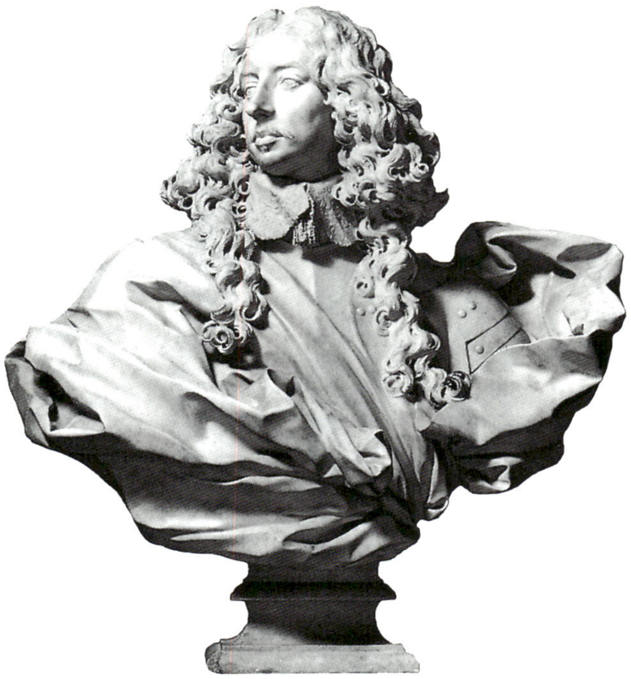

13.19 GIANLORENZO BERNINI, *Francesco I. d'Este*, 1651, Marmor, Höhe mit Sockel 100 cm. Galleria e Museo Estense, Modena.

cesco I. d'Este, dem Herzog von Modena, gelang es BERNINI, eine Vorstellung von der ganzen Figur zu geben, obwohl nur der Kopf mit dem Brustausschnitt dargestellt ist ▸ 13.19. Die souveräne technische Beherrschung des Marmors erlaubte es, ein Maximum an illusionistischer Wirkung zu erzeugen, die sich mit pathetischen Motiven – scharfe Wendung des Kopfes, bewegte Draperie – verbindet. BERNINI, der den Herzog nie gesehen hatte, klagte über die Schwierigkeiten, nach einem gemalten Porträt zu arbeiten. In diesem Werk schuf er eines der lebendigsten Bildnisse königlicher Größe. Er setzte einen neuen Maßstab für das repräsentative Barockporträt, den er nicht einmal mit seiner Büste von Ludwig XIV. in Versailles übertraf.

13.21 GIANLORENZO BERNINI, Baldachin in St. Peter, Rom, 1624–1633, vergoldete Bronze, Höhe 29 m.

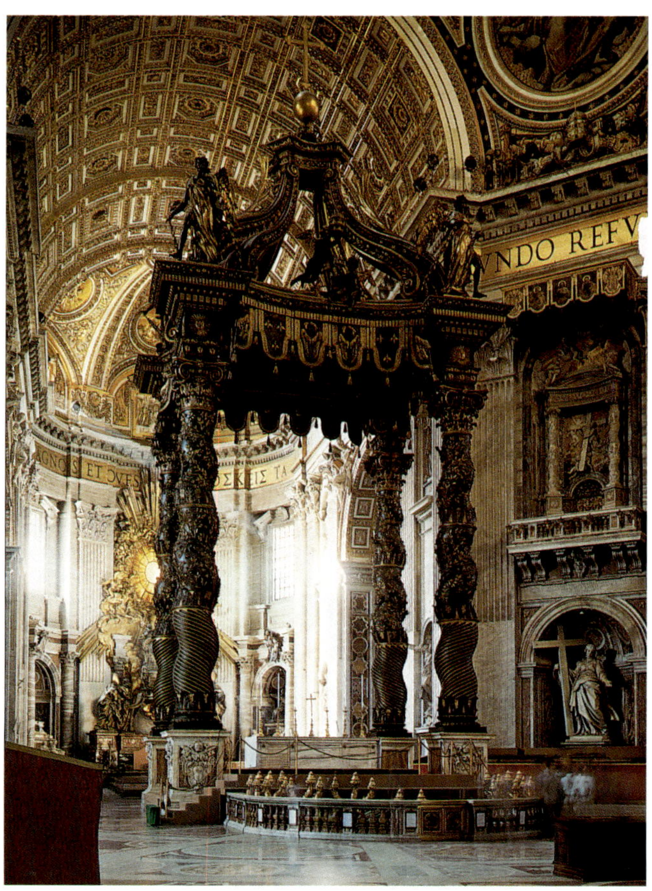

BERNINI erhielt seinen ersten päpstlichen Auftrag im Alter von 26 Jahren. Der neugewählte Papst Urban VIII. (1623–1644) übertrug ihm die Aufgabe, einen ›baldacchino‹ für den Hauptaltar des Petersdomes über dem Grab mit den Reliquien der Heiligen Petrus und Paulus zu entwerfen. Diese gewaltige, 29 m hohe Konstruktion aus teilweise vergoldeter Bronze erhebt sich zu majestätischer Wirkung und bildet den Brennpunkt von St. Peter ▸ 13.20; 21. Die gewundenen Säulen geben stark vergrößert jene wieder, die von Salomons Tempel in Jerusalem stammen sollen (sie waren in die Konstantinsbasilika eingebaut worden). Der mit Quasten geschmückte Volant imitiert den Stoff eines auf Stützen ruhenden Baldachins, unter dem der Priester das Sakrament bei der Prozession trägt. Die Bekrönung erinnert an die eines → Ziboriums, das man häufig über Altären findet. BERNINIS Baldachin erhebt all diese Vorbilder ins Monumentale, eine überschwängliche Verkörperung der Gegenreformation.

BERNINI konzipierte auch die Vierung im Petersdom neu. MICHELANGELOS große Pfeiler wurden so umgewandelt, dass sie auf vier berühmte Reliquien Bezug nahmen, die in ihnen aufbewahrt wurden. In den oberen Nischen der Wandung verwendete BERNINI die gewundenen Säulen der Konstantinsbasilika, um die Reliefs der Reliquien zu flankieren, die von weißen Marmorengeln vor einem goldgelben Himmel mit purpurroten Wolken getragen werden – ein bisher noch nie gewagter Einsatz von Farben. Die unteren Nischen füllte er mit den gewaltigen Statuen der beiden Männer und Frauen, deren Reliquien hier ruhen. Jede drückt ›Leidenschaft der Seele‹ aus, die Männer blicken in Ekstase zum Himmel auf, die Frauen zum Altar. Auf diese Weise wurde aus der Vierung mit dem ›baldacchino‹ als Schwerpunkt in der Mitte ein Gesamtkunstwerk, in dem alle Elemente inhaltlich und formal in einem Gewebe verflochten sind – ein grandioses Konzept, das die Kontinuität der Kirche und ihren Triumph über die Reformation feiert.

Dieser Anspruch erfuhr vor der Peterskirche eine weitere Steigerung, als BERNINI 1656–1667 zwei prächtige Kolonnaden um eine ovale Piazza erbaute. Diese umfangen den Petersplatz, sagte BERNINI, wie die mütterlichen Arme der Kirche, »die die Katholiken umarmen, um ihren Glauben zu stärken, Ketzer, um sie mit der Kirche zu versöhnen, und Ungläubige, um sie vom wahren Glauben zu unterrichten«.

BERNINIS Absicht bei St. Peter war es, die Einheit der katholischen Kirche zu verkünden. Er setzte alle verfügbaren künstlerischen Mittel ein, Architektur, Plastik, Malerei, und führte sie zu einem harmonischen Ganzen – ›un bel composto‹ – zusammen. In einer bescheideneren Größenordnung erlangte er die gleiche einheitliche Wirkung bei einer Kapelle, die der heiligen Teresa von Avila geweiht ist ▸ 13.22. Sie wurde von Kardinal Federico Cornaro als seine Begräbnisstätte und als ein Erinnerungsmal an seine Familie bestellt. Das Innere ist verwirrend reich und prächtig, vom eingelegten Fußboden bis zu den freskengeschmückten Gewölben. Die vielfältigen architektonischen Elemente sind aus verschiedenfarbigem Marmor (überwiegend gelb und grün) aufgebaut und mit Glanzlichtern aus Goldbronze versehen. Der nicht sehr hohe Raum ist so

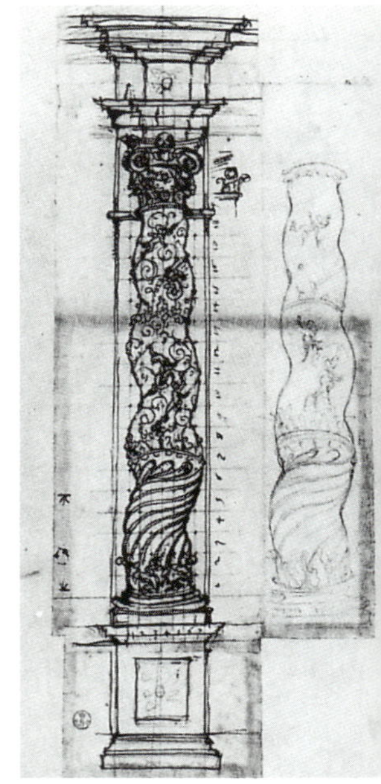

13.20 GIANLORENZO BERNINI, Studien für die gedrehten Säule des Baldachins von St. Peter. Uffizien, Florenz.

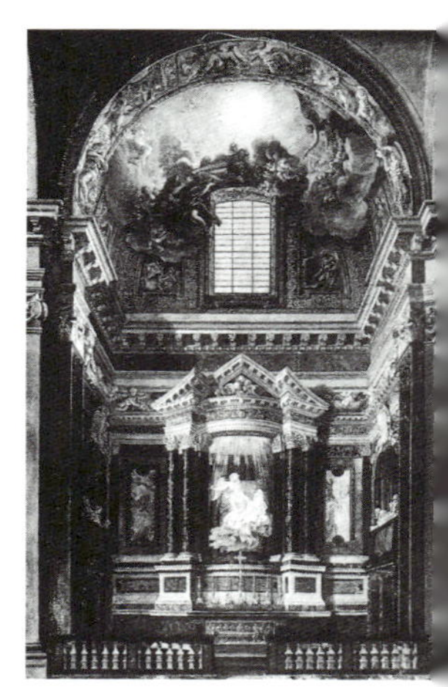

13.22 GIANLORENZO BERNIN Cornaro-Kapelle, Santa Maria della Vittoria, Rom, 1645–16 nach einem anonymen Gemäl des 18. Jh. Staatliches Museum Schwerin.

geschickt beleuchtet, dass er – wie überhaupt barocke Architektur – mit einem theatermäßigen Konzept vergleichbar ist. Das Hauptwerk ist eine weiße Marmorgruppe, *Die Ekstase der heiligen Teresa von Avila* ▸ 13.23. Die Skulptur wird von oben durch ein verstecktes Fenster erhellt und ist mit außerordentlicher illusionistischer Meisterschaft aus dem Stein gehauen – ebenso wie die Halbfiguren der Cornaro-Familie hinter ihren marmornen Kirchenpulten (nicht Theaterlogen) an den Seitenwänden. BERNINI konzipierte die Großplastik nach einer Vision der hl. Teresa von einem Engel, wie sie die Mystikerin selbst in Worte fasste:

*»In seinen Händen sah ich einen langen goldenen Speer, und am Ende der eisernen Spitze glaubte ich einen feurigen Punkt zu sehen. Diesen schien er mir mehrfach ins Herz zu stoßen, so dass er meine Eingeweide durchdrang. Als er ihn herauszog, dachte ich, er zöge sie mit heraus, und er ließ mich brennend vor Liebe zu Gott zurück. Der Schmerz war so stark, dass ich mehrmals stöhnte, und die Süße, die dieser tiefe Schmerz in mir hervorrief, war so überwältigend, dass man sie nie verlieren wollte, ebenso wie die Seele niemals wieder mit weniger als Gott zufrieden sein kann. Es ist kein körperlicher Schmerz, sondern ein seelischer, obwohl der Körper teil daran hat, einen großen Teil sogar.«* (Heilige Teresa, ›Vida‹)

Der fromme BERNINI, der jeden Tag in Il Gesù betete und die ›Nachfolge Christi‹ (s. S. 426) verehrte, reagierte instinktiv auf die sinnlich-sinnenhafte Metaphorik in den mystischen Schriften der hl. Teresa und dachte nicht gering von dem »wesentlichen Anteil«, den der Körper an der spirituellen Erfahrung hat. Sein Engel, der an einen geflügelten Cupido von CORREGGIO ▸ 11.74 erinnert, und seine *Heilige Teresa,* in einer Haltung körperlicher Hingabe mit zurückgeworfenem Kopf, offenem Mund und geschlossenen Augen, zeigen deutliche erotische Anklänge und riefen unterschiedliche Kommentare bei den Zeitgenossen hervor. Von derselben Heiligen sind Levitations-Erfahrungen nach der Kommunion überliefert oder jene wundersame Verwandlung in eine schöne junge Frau im Augenblick des Todes. Die Gruppe gibt ein überzeugendes Bild dieses Zustands zwischen Irdischem und Himmlischem, wo sich Geist und Materie treffen.

Die weitere Ausgestaltung des Innenraums bringt die Erlösung der Heiligen in einen allgemeinen Zusammenhang. Das Abendmahl erscheint als Relief auf der Vorderseite des Altars, auf dem Fußboden erstehen die Toten aus ihren Gräbern, die Cornaro-Familie meditiert über die göttlichen Mysterien und nimmt an ihnen teil. Hoch darüber tragen Engel eine Schriftrolle mit der Heilsbotschaft in den Worten, mit denen Christus in einer Vision zur hl. Teresa sprach, die sich aber an alle Gläubigen richten: ›Wenn ich das Himmelreich nicht schon erschaffen hätte, würde ich es für dich allein tun.‹

Während die Arbeit an der Kapelle fortschritt, war BERNINI gleichzeitig mit einem anderen Projekt beschäftigt, dem

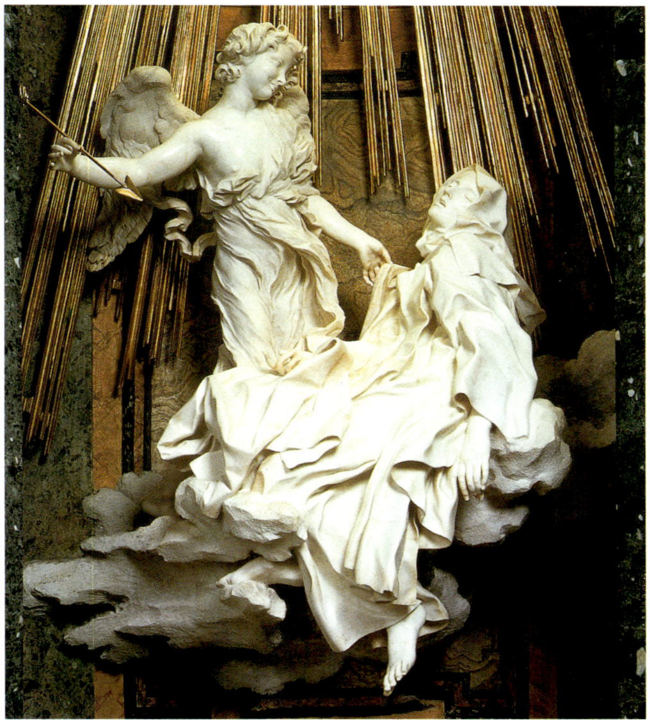

13.23 GIANLORENZO BERNINI, *Die Ekstase der hl. Teresa,* 1645–52, Detail des Altars in Santa Maria della Vittoria, Rom, Marmor, Höhe ca. 3,5 m.

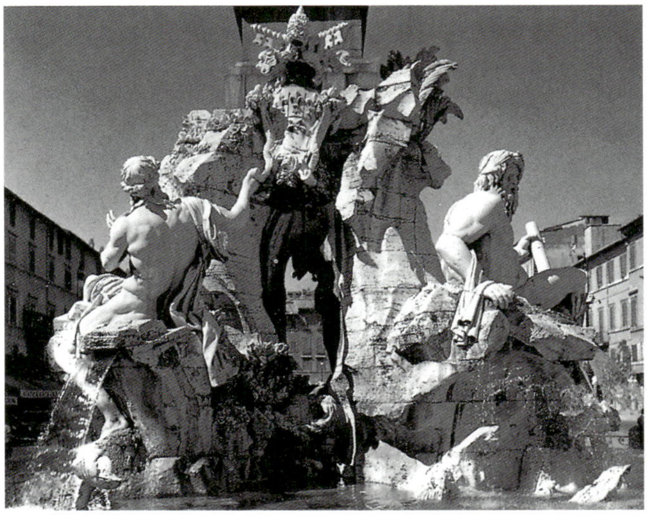

.24 GIANLORENZO BERNINI, *erströmebrunnen* (Detail) 13.25.

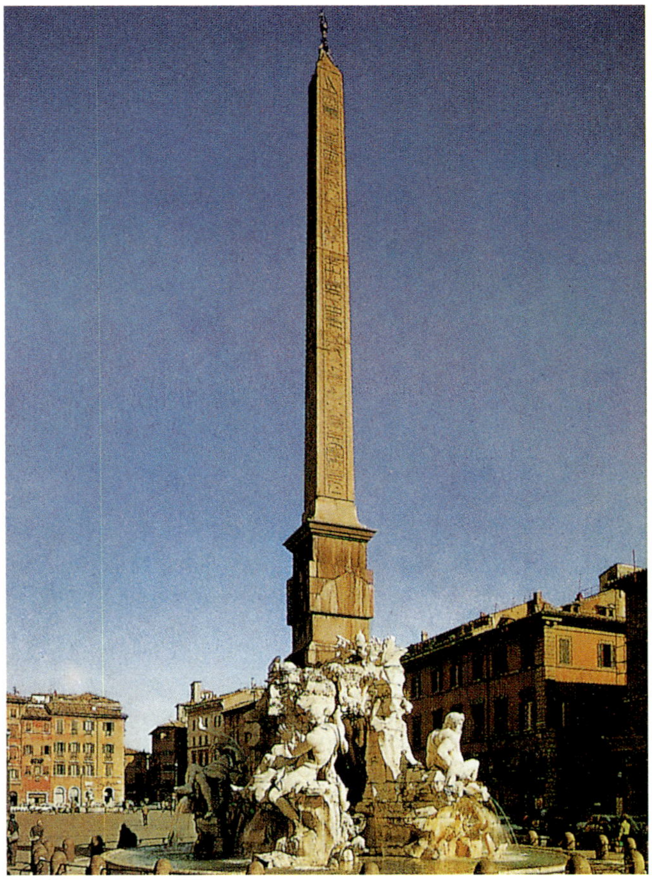

13.25 GIANLORENZO BERNINI, *Vierströmebrunnen,* 1648–1651, Travertin und Marmor, Piazza Navona, Rom.

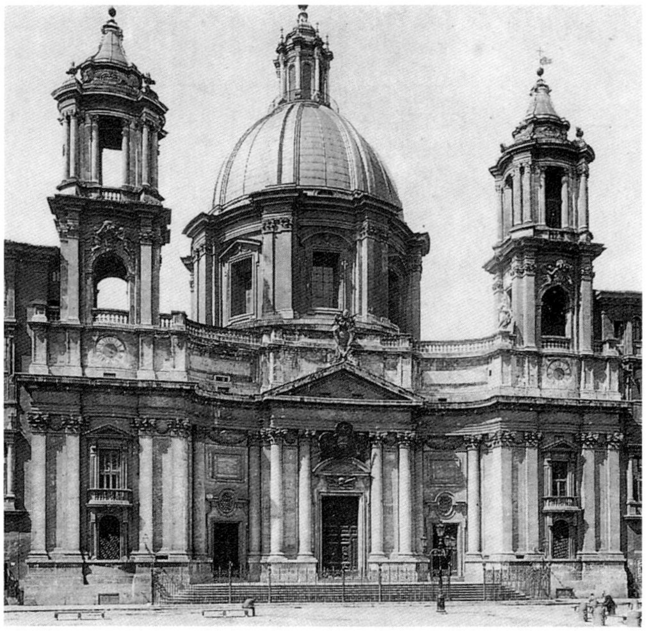

13.26 FRANCESCO BORROMINI, *Sant' Agnese*, Rom, 1653–1655, 1666 vollendet.

gewaltigen Brunnen auf der Piazza Navona. Obwohl zunächst von paganem Erscheinungsbild, besitzt der *Vierströmebrunnen* eine verwandte Bedeutung ▸ 13.24; 25. Als Basis für einen ägyptischen Obelisken entworfen, stellt er ein Symbol des göttlichen Lichts und der Ewigkeit dar, gekrönt vom Heiligen Geist in Gestalt einer Taube, dem persönlichen Zeichen des Auftraggebers, Papst Innozenz' X. (1644–1655). Vier Kolosse in unterschiedlichen Sitzstellungen verkörpern die großen Flüsse (lebensspendende Wasser) der vier Kontinente, jeder mit einem typischen Attribut – der südamerikanische Rio de la Plata zum Beispiel mit einem Gürteltier. Aber sie verweisen auch auf die vier Flüsse, die aus dem Paradies fließen, und der Felsen in der Mitte auf den Kalvarienberg. So ist die Idee der Errettung durch die Kirche verwoben mit der des katholischen Sieges über die vier Erdteile in einem vielschichtigen ›concetto‹, wie es die Gebildeten des 17. Jahrhunderts liebten. Andere soziale Schichten waren jedoch weniger von BERNINIS Werk begeistert, und in der Umgebung angeschlagene Zettel lauteten: »Wir brauchen Brot nötiger als Obelisken und Brunnen – Brot, Brot, Brot.«

## *Borromini*

Die große Kirchenfassade, die hinter dem Brunnen aufragt, ist weitgehend von FRANCESCO BORROMINI (1599–1667) entworfen. Die Kuppel über einem konkaven Mittelteil ist nicht wie gewöhnlich zurückgesetzt, sondern scheint über der Front aufzusteigen ▸ 13.26. BORROMINI war ausgebildeter Steinmetz und kam 1619 nach Rom, wo er als Bildhauer sowie als Zeichner für Dekorationsaufgaben Beschäftigung fand. Später arbeitete er unter BERNINI und anderen an dem ›baldacchino‹ im Petersdom, doch die Gegensätzlichkeit ihrer Temperamente machte Freundschaft zwischen ihnen unmöglich. BORROMINI war unzufrieden, streitlustig und neurotisch – schließlich beging er Selbstmord. Die Freiheiten, die er sich mit den von Vitruv aufgestellten Regeln nahm, veranlassten BERNINI zu der Bemerkung, dass er dazu ausersehen sei, »Architektur zu zerstören«. Im Grunde verstand er jedoch von der Architektur des antiken Rom mehr als BERNINI; er beschäftigte sich ausgiebiger mit strukturellen Problemen – und fand zu weit kühneren Lösungen, oft mit aufregenden räumlichen Wirkungen. Sein Werk beeindruckt eher intellektuell als emotionell. Er war ein einfallsreicher Geometriker, und es ist verführerisch zu spekulieren, ob nicht die neue Auffassung Galileis von der regelmäßigen Unregelmäßigkeit der planetaren Umlaufbahnen – obgleich von der römischen Kirche verdammt – ihn dazu ermutigte, die einfachen Würfel, Zylinder und Kugeln mit ihrer althergebrachten kosmischen Bedeutung zu verwerfen, Formen, auf denen so viele architektonische Entwürfe aufgebaut hatten.

Seine selbständige Karriere begann BORROMINI erst im Alter von 35 Jahren. Er vollendete verhältnismäßig wenige Bauten, von denen San Ivo della Sapienza einer der schönsten ist ▸ 13.28. San Ivo wurde als Kapelle des Archiginnasio (der späteren Universität) von Rom gebaut, die einen geeigneten Raum für die vor den Studenten gehaltenen Predigten bieten sollte. BORROMINI war hierdurch von den üblichen Einschränkungen für den Kirchenbau der Gegenreformation befreit und entwarf ein einziges großes, umfassendes Gebäude von komplizierter Homogenität. Ein ideenreicher Entwurf mit sich überschneidenden gleichschenkligen Dreiecken und Kreisen schafft einen höchst ungewöhnlichen sechseckigen Mittelraum ▸ 13.27. Die Kuppel ist einzigartig – sie entsteht im Inneren durch eine Fortführung des Wandsystems nach oben bis in den Lichtgaden unter der Laterne ▸ 13.29. Nichts stört diese Linienführung. Vollkommene räumliche Einheit wird erreicht ohne einen Verlust an Vielfältigkeit und Bewegung. Auch der

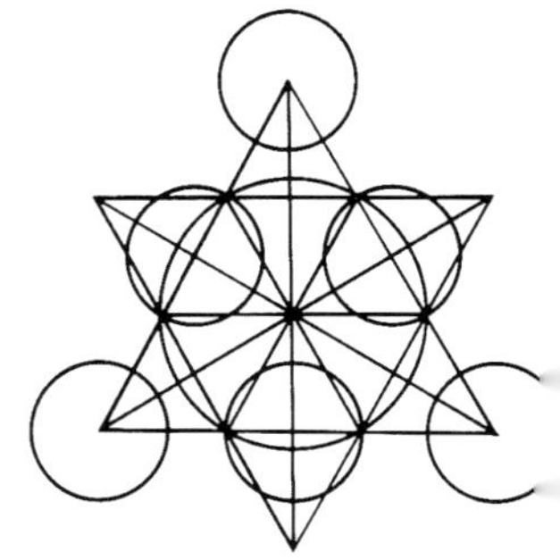

13.27 Grundriss-Schema von San Ivo della Sapienza.

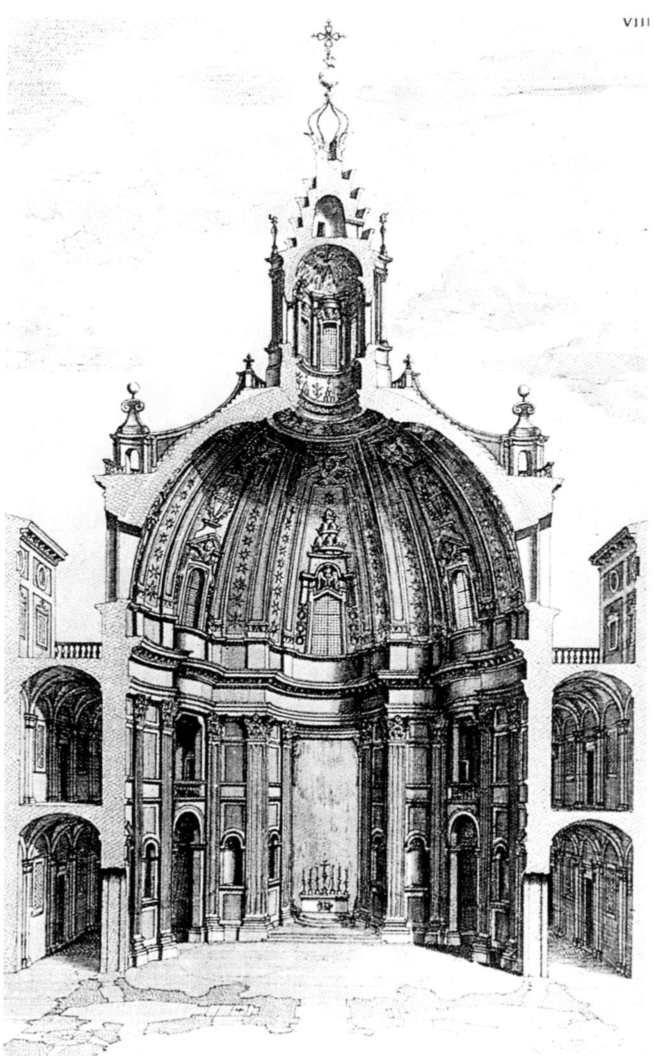

13.28 FRANCESCO BORROMINI, San Ivo della Sapienza, Rom, begonnen 1642. Schnitt, Kupferstich aus dem 17. Jh.

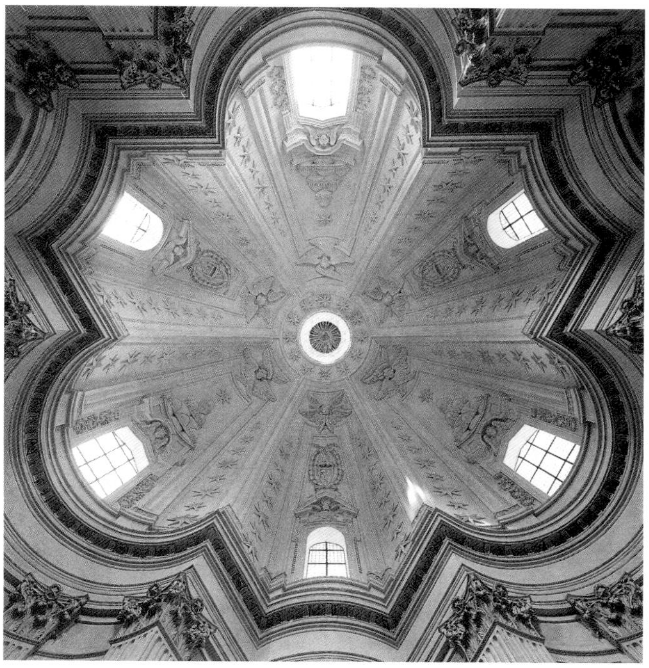

13.29 Innenansicht der Kuppel von San Ivo della Sapienza ▸ 13.28.

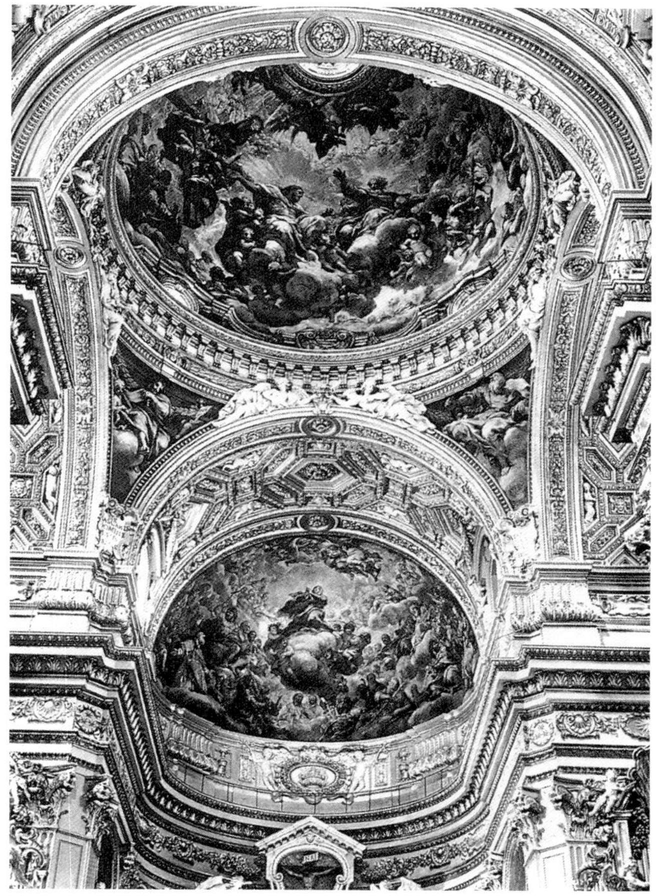

13.30 PIETRO DA CORTONA, *Die Heilige Dreifaltigkeit im Himmel* (Kuppel), 1647–1651; *Die Himmelfahrt Mariä* (Apsis), 1655–1660, Fresken. Santa Maria in Vallicella, Rom.

Symbolismus spielt eine Rolle in diesem bemerkenswerten Entwurf. Der Plan basiert angeblich auf der schematischen Zeichnung einer Biene mit gefalteten Flügeln, dem Wappen der Familie Barberini. Ihr gehörte Urban VIII. an, der zu der Zeit, als BORROMINI mit dem Werk begann, Papst war. Der sechszackige ›Davidstern‹, aus zwei übereinander gelegten Dreiecken gebildet, erscheint in den Stuckdekorationen der Kuppel und ist ein Symbol der Weisheit, daher besonders passend für eine Universitätskapelle. In der Tat war das Ganze begriffen als ein Symbol der Weisheit (›sapienza‹) in Verbindung mit der Ausgießung des Heiligen Geistes, die den Aposteln zu Pfingsten das Verständnis fremder Sprachen gab; eine vergoldete Taube schwebt in der Mitte der Laterne. Eine Besonderheit des Äußeren ist die spiralförmige zikkuratartige Krone für die Laterne. Sie mag auf die Verwirrung der Sprachen anspielen, die als die alttestamentliche Parallele zum Geschenk der Sprache beim Pfingstwunder gesehen wurde.

In seinen Innenräumen benutzte BORROMINI keine wertvollen Materialien, wie sie BERNINI schätzte. So ist San Ivo ausschließlich mit Stuck ausgekleidet, ursprünglich weiß oder in Abstufungen von gebrochenem Weiß. Viele der größeren römischen Kirchen hatten jedoch zu dieser Zeit freskengeschmückte Gewölbe, die sich zu Visionen des Himmelreichs öffneten. In Santa Maria in Vallicella (auch als die Chiesa Nuova bekannt), für die RUBENS 1608 das Hochaltarbild gemalt hatte, besaß die Kuppel Fresken mit der Heiligen Dreifaltigkeit im Himmel, und die Wölbung der Apsis zeigte die Himmelfahrt Mariä ▸ 13.30. CORREGGIOS Kuppelfresko in Parma hatte erstmals gezeigt, wie dieses heitere Gefühl des Schwebens erzeugt werden kann. Aber dort ist die Komposition in großen geschwungenen Kurven klarer, und die Themen sind deutlicher lesbar. Die Fresken stammen von PIETRO DA CORTONA (Pietro Berrettini, 1596–1669), dem führenden italienischen Maler seiner Generation, der auch ein ausgezeichneter Architekt war, obgleich überschattet von dem einfallsreicheren BORROMINI und dem grandioseren BERNINI.

## *Poussin und Lorrain*

Die angesehensten Maler, die um die Mitte des 17. Jahrhunderts in Rom arbeiteten, waren keine Italiener, sondern Franzosen: NICOLAS POUSSIN (1594–1665) und CLAUDE LORRAIN (1600–1682), die beide den größten Teil ihres Lebens in dieser Stadt verbrachten. POUSSIN kam 1624 nach Rom. Er war gebildet und kannte sich in der lateinischen Literatur aus, was ihm die Bewunderung römischer Gelehrter eintrug, aber als Künstler entwickelte er sich langsam. Eine Zeit lang arbeitete er in dem Atelier von DOMENICHINO (Domenico Zampieri, 1581–1641), einem Bologneser, der ANNIBALE CARRACCIS Gehilfe bei der Galerie im Palazzo Farnese gewesen war. 1628 hatte POUSSIN sich in deren Stil so vervollkommnet, dass ihm der Auftrag für ein großes Altarbild im Petersdom übergeben wurde. Aber sein Werk gefiel nicht, und er malte nie wieder für eine Kirche oder ein anderes öffentliches Gebäude in Rom. Stattdessen konzentrierte er sich auf relativ kleine Bilder für die Kabinette von Sammlern, besonders solche, deren intellektuelle Interessen er teilte. POUSSIN wandte sich von der zeitgenössischen römischen Kunst ab und suchte Inspiration bei den Venezianern, wie man an einem Bild von 1630 sehen kann ▸ 13.31. Der kräftige Figurenstil, das goldene Licht und der freie Kolorismus erinnern an TIZIAN, von dem einige der besten Werke damals in Rom zu sehen waren. TIZIANS sinnliche Vitalität ist dennoch vollständig verwandelt in eine Beschwörung der herbstlich-elegischen Stimmung bukolischer Poesie. Schäfer sind dargestellt, die auf einem Sarkophag die Worte ›Et in Arcadia Ego‹ lesen – Ich, das heißt der Tod, bin selbst in Arkadien. Man kennt keine antike Quelle für diese

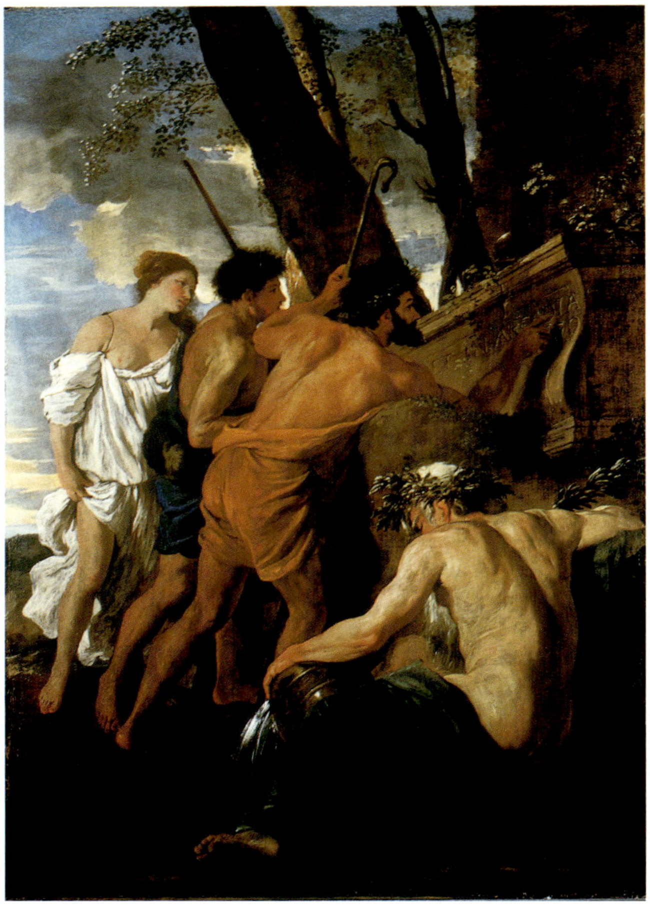

13.31 NICOLAS POUSSIN, *Et in Arcadia Ego*, um 1630, Leinwand, 101 x 82 cm. Devonshire Collection, Chatsworth, Derbyshire, England.

Inschrift, POUSSIN erfand sie wahrscheinlich. Die klassisch zurückhaltende Prägnanz dieser Worte weist auf den symbolischen Gehalt des Bildes hin und drückt meisterhaft Melancholie und die Trauer über die Vergänglichkeit aller Freuden aus.

Zu der Zeit, als POUSSIN *Die Heilige Familie auf der Treppe* malte, hatte seine Kunst fast ihre Phase stoischer Strenge erreicht ▸ 13.32. Sein antikisches Figurenideal verdankt RAFFAEL und MICHELANGELO viele Anregungen. Der meisterhaft gemalte Korb mit Äpfeln spielt auf die verbotene Frucht und den Sündenfall des von Christus erlösten Menschen an. POUSSIN schrieb von einem seiner Bilder, dass es so gerahmt werden solle, dass »das Auge, während es alle Teile betrachtet, konzentriert bleibt und nicht über die Grenzen des Bildes abschweift«. Seine Gemälde verlangen und belohnen solche Aufmerksamkeit wie Gedichte, die man erst auswendig lernen muss, bevor man sie ganz versteht. POUSSIN war, wie BERNINI auf seine Stirn zeigend sagte, »ein Maler, der da oben arbeitet«.

13.32 NICOLAS POUSSIN, *Die Heilige Familie auf der Treppe*, 1648, Leinwand, 72,4 x 111,7 cm. Cleveland Museum of Art (Purchase Leonard C. Hanna Jr. Bequest).

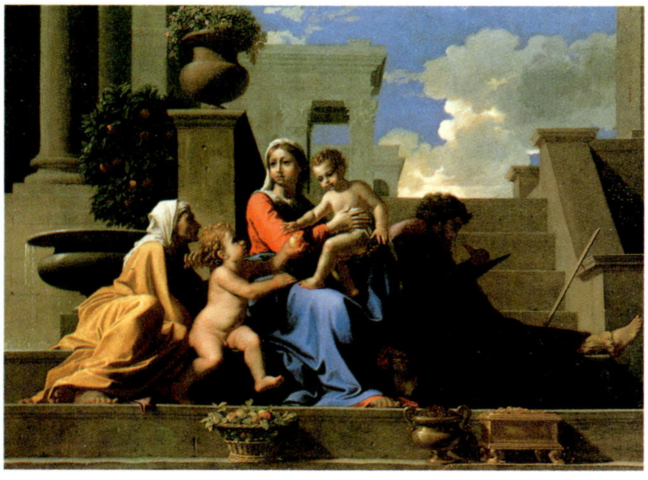

Der Name Claude Gellée, bekannt als CLAUDE LORRAIN, wird oft zusammen mit dem POUSSINS genannt, und die beiden Künstler kannten sich mit Sicherheit. Allerdings waren sie in ihrem Charakter und ihrer Kunst so verschieden wie die beiden großen französischen Dramatiker derselben Zeit, Corneille und Racine. CLAUDE hatte keine klassische Erziehung genossen; er war in seiner Heimat Lothringen als Konditor ausgebildet worden und kam mit etwa 13 Jahren nach Rom zu einem Maler in die Lehre. Er blieb fast den ganze Rest seines Lebens dort. CLAUDE konnte wahrscheinlich lateinische Poesie nur in der Übersetzung lesen, jedoch prägten seine Gemälde dem europäischen Bewusstsein das Bild der dort beschriebenen Landschaft unauslöschlich ein. Der Typus der ›klassischen Landschaft‹ war eigentlich seine Schöpfung, und die Erhebung der Landschafts- zu einer der Historienmalerei ebenbürtigen Gattung ist ihm zu verdanken. Bis zur Mitte des 17. Jahrhunderts hatte man darin nicht einmal ein vollwertiges, eigenständiges Bildthema gesehen. CLAUDES Landschaften wurden von der europäischen Aristokratie und Königen gekauft, unter anderem von Philipp IV. von Spanien und von Mäzenen, die in Typus und Stand verschieden waren von den Gelehrten, Juristen und Staatsbeamten, die POUSSINS intellektuell anspruchsvolleres Werk bewunderten. CLAUDES Erfolg war sehr groß, und um 1635 wurden seine Arbeiten in einem Ausmaß gefälscht, dass er Aufzeichnungen über alle Originalbilder machte, ihre Komposition skizzierte und ihre Käufer vermerkte; dieses Buch heißt *Liber Veritatis* und befindet sich heute im British Museum.

CLAUDES Landschaften ▸ 13.33 erscheinen heute so zeitlos, dass es schwer fällt, ihre damalige Neuartigkeit zu würdigen. Sie stellen die pastorale Welt des klassischen goldenen Zeitalters dar, ein in der europäischen Literatur und Kunst häufig wiederkehrendes Thema. CLAUDE erhielt aber seine unmittelbare Anregung durch die Umgebung Roms – die ›campagna‹ –, die erstaunlicherweise bis dahin keine Maler angezogen hatte, abgesehen von denen, die nach antiken Ruinen suchten. Er verbrachte Tag für Tag mit seinen Skizzenbüchern in diesem ausgedehnten, einsamen, sanft gewellten Weideland, wo er dessen undramatischen, fast monotonen Charakter unter den verschiedensten Lichtverhältnissen beobachtete und aufzeichnete. Antike Mythen erstanden zu neuem Leben in seinen Bildern, die gleichzeitig idealisiert und scharf beobachtet sind – weite Aussichten von subtiler Mannigfaltigkeit. Vor allem wurde CLAUDES Luminismus als neuartig empfunden. Sein Licht strömt vom Horizont dem Betrachter entgegen, reflektiert vom Wasser, aufgesogen vom Stein. Es durchdringt die äußeren Zweige der großen Eichen, die Schatten auf den Vordergrund werfen, und vereinheitlicht die gesamte Komposition. Im Allgemeinen vermied CLAUDE das grelle Mittagslicht mit seinen dramatischen Gegensätzen von Licht und Schatten und zog den gleichmäßiger verteilten Schein des Morgens und frühen Abends vor. Nichts verband ihn mehr mit seinen Zeitgenossen als diese intensive Beschäftigung mit dem Licht; sie rückte ihn an die Seite so verschiedener Künstler wie CARAVAGGIO, BERNINI, REMBRANDT, VERMEER und VELÁZQUEZ.

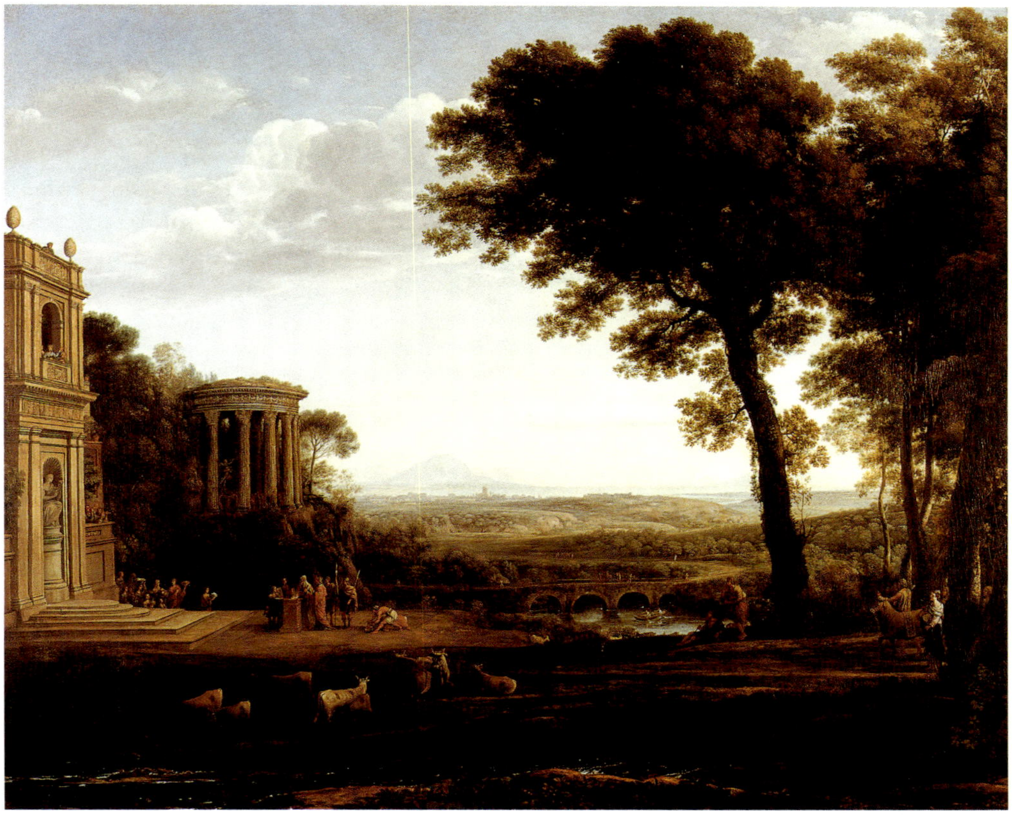

13.33 CLAUDE LORRAIN, *Der Vater Psyches bringt Apoll ein Opfer*, um 1660–1670, Leinwand, 175 x 223 cm; National Trust (Fairhaven Collection), Anglesey Abbey, Cambridgeshire, England.

## *Velázquez*

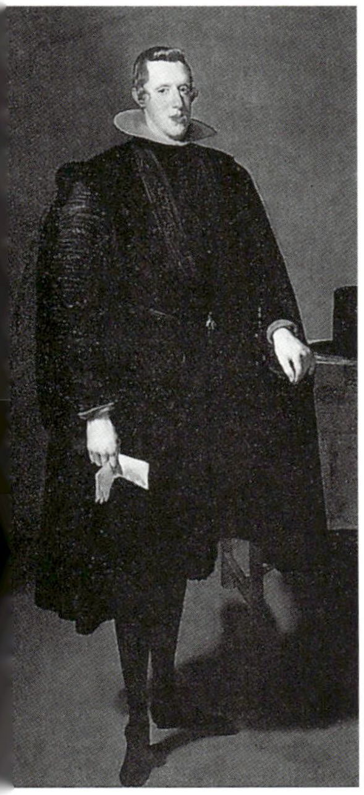

.34 DIEGO VELÁZQUEZ, *ilipp* IV., vor 1628, 1 x 102 cm. Prado, Madrid.

DIEGO DE VELÁZQUEZ (1599–1660) gehörte zu den vielen Künstlern, die Rom in der Mitte des 17. Jahrhunderts besuchten. Er kam 1630 dorthin, erneut 1650/51 und war wie die meisten anderen eher von den Ruinen der Antike als von der zeitgenössischen römischen Kunst und Architektur angezogen. Er begann in einem Stil von solidem, fast plastischem Realismus, der – wenn auch nur indirekt – von CARAVAGGIO beeinflusst war, dessen Werk schon früh in Spanien bekannt geworden war.

Die Spanier reagierten besonders sensibel auf solch unverwässerten Realismus. Miguel de Cervantes (1547–1616) benutzte bezeichnenderweise im Prolog zu *Don Quijote* (1605) eine aus der Malerei übernommene Metapher für den »ebenen und einfachen« Schreibstil, den er anstrebte. FRANCISCO DE ZURBARÁN (1598–1664), der fast gleichaltrig mit VELÁZQUEZ war, besann sich ebenfalls auf eine einfache, strenge Bildsprache. ZURBARÁNS Bilder von betenden Mönchen, schweigend in der Gegenwart Gottes, die hauptsächlich für südamerikanische und spanische Klöster gemalt waren, kombinieren auf einzigartige Weise die nüchterne Wirklichkeit mit der ekstatischen Verzückung der Gegenreformation ▸ 13.35. Die weitere Entwicklung der Kunst VELÁZQUEZ' verlief jedoch ganz anders.

1623 trat er in den Dienst des jungen Königs Philipp IV. (1621–1665), der großes Gefallen an ihm fand und fast das ganze spätere Schaffen des Künstlers für sich beanspruchte ▸ 13.34. Die königliche Sammlung öffnete VELÁZQUEZ' Augen für die Pracht der venezianischen Kunst, besonders für TIZIAN, dessen großartige Zyklen, ›poesie‹, den Palast in Madrid schmückten. Diese Bilder bestätigten VELÁZQUEZ in seiner Vorliebe für das Malerische – und seiner Gleichgültigkeit gegenüber RAFFAEL und der eher linearen Tradition. Schließlich ging er sogar über TIZIANS geschickte Handhabung von

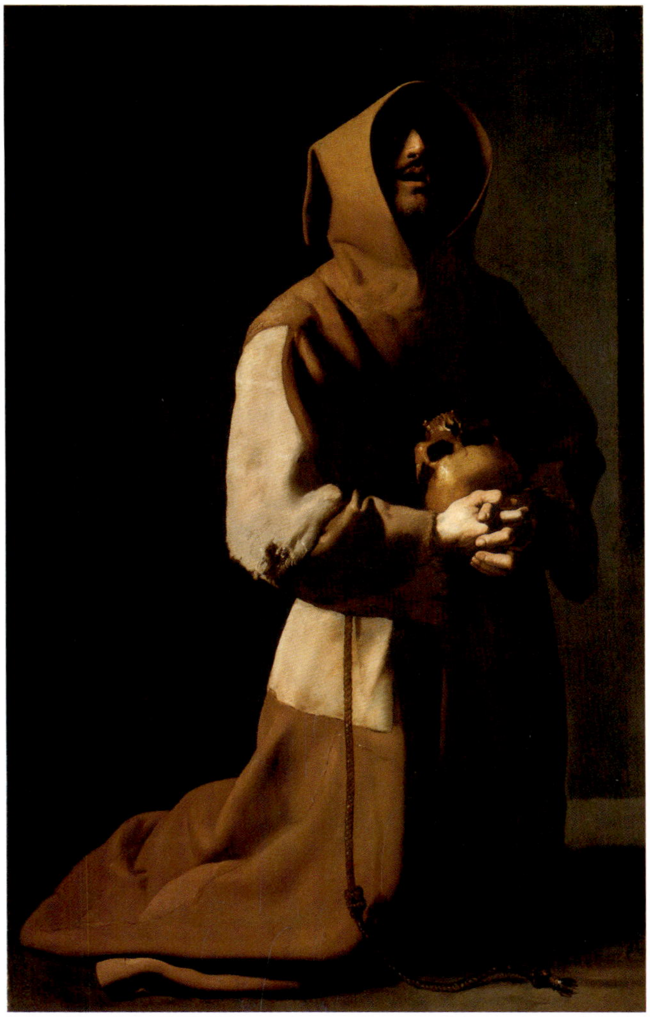

13.35 FRANCISCO DE ZURBARÁN, *Der hl. Franziskus*, Ausschnitt, um 1639, Leinwand, 152 x 99 cm. National Gallery, London.

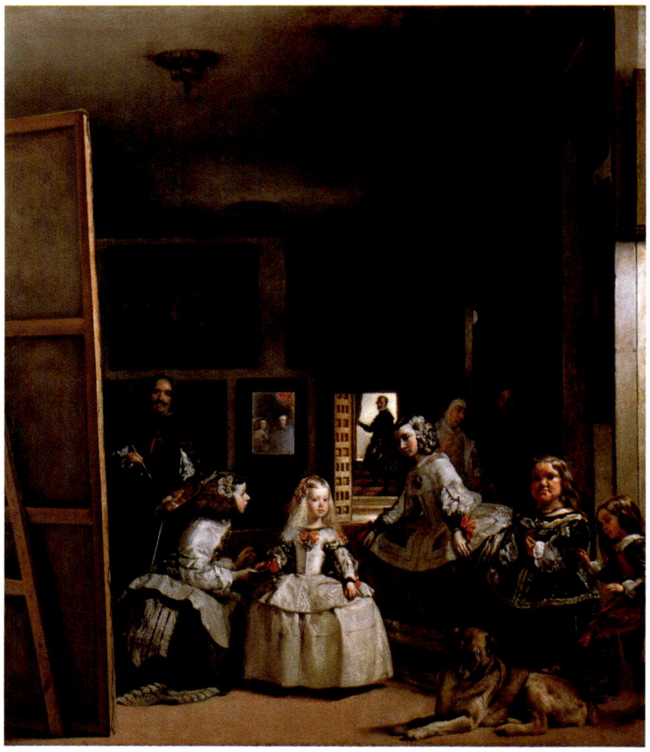

13.36 DIEGO VELÁZQUEZ, *Las Meninas*, 1656, Leinwand, 323 x 276 cm. Prado, Madrid.

gebrochenen und fließenden Pinselstrichen hinaus, manchmal mit so dünn aufgetragener Farbe, dass die Struktur der Leinwand sichtbar bleibt.

Das Bild, das ursprünglich *Die Familie Philipps IV.* hieß, heute aber besser bekannt ist als *Las Meninas* (Die Hofdamen), ist VELÁZQUEZ' größtes Meisterwerk, eine in hohem Maße bewusste Zurschaustellung dessen, was Malerei leisten konnte, und vielleicht die letzte Auslotung der Möglichkeiten der Staffeleimalerei ▸ 13.36. Schon vor dem Ende des 17. Jahrhunderts bezeichnete ein italienischer Künstler das Bild als »Theologie der Malerei«, und es ist tatsächlich als Gemälde über die Malerei aufzufassen. Die zentrale Figur ist die fünfjährige Infantin Margarita, die ihre Eltern, Philipp IV. und seine zweite Frau, bei einer Porträtsitzung überrascht hat. Das Bild der Porträtierten erscheint im Spiegel an der rückwärtigen Wand. Die Infantin wird begleitet von zwei Hofdamen, die dem Bild seinen modernen Titel geben. Zwei Zwerginnen stehen hinter dem großen schläfrigen Hund, eine Kinderfrau und ein Diener unterhalten sich, noch weiter im Hintergrund erblickt man die schwarze Gestalt eines Höflings in dem erhellten Türrahmen. VELÁZQUEZ selbst steht mit Pinsel und Palette vor einer riesigen Leinwand. Alle Personen sind Mitglieder des königlichen Hofstaates, einschließlich des Malers, der zum Rang eines Kämmerers aufgestiegen war. Es gab keinerlei Vorbilder für solch ein Bild, das ein offenbar alltägliches Ereignis am Hofe in einem Format festhält, das bisher formellen Ganzfigurenporträts und historischen Themen vorbehalten gewesen war. Aber hinter diesem scheinbar flüchtigen Augenblick, der im Spiegel der Kunst eingefangen ist, liegen mehrere Bedeutungsschichten.

*Las Meninas* zeigt zunächst das einzigartige Vermögen des Malers, das Leben darzustellen, wie es sich vor unseren Augen abspielt, die Zeit gleichsam im Moment anzuhalten. Die wie zufällig wirkende Verteilung der Figuren und die neutrale, unbeteiligte Haltung des Malers führten dazu, dass man das Bild oft mit einer fotografischen Momentaufnahme verglichen hat. Doch eine so überzeugende Illusion von Realität kann nur durch einen großartigen und unsichtbaren Kunstgriff erzeugt werden. Gleichermaßen führt die vollständig leidenschaftslose Darstellung der grotesk hässlichen Zwergin dazu, die bezaubernde Schönheit der Infantin und ihrer Gefährtinnen glaubhaft zu machen. Die persönliche Anwesenheit des Malers im Bild erinnert an das geschickte Spiel mit verschiedenen Realitätsebenen im *Don Quijote*, in welchem der Titelheld und Sancho Panza von einem Autor und dem Buch sprechen, das von ihnen handelt. Dennoch findet sich keine Spur der gekünstelten, irreführenden optischen Tricks des →›trompe l'œil‹ in dieser Illusionsmalerei. VELÁZQUEZ' Malweise ist außergewöhnlich frei, und wenn man sich *Las Meninas* nähert, gibt es einen Punkt, an dem sich die Gestalten plötzlich in Flecke und Farbkleckse auflösen. Die langstieligen Pinsel, die VELÁZQUEZ benutzte, ermöglichten es ihm, beim Malen relativ weit entfernt vom Bild zu stehen und den Gesamteffekt zu beurteilen – einen umschlossenen Raum, der beleuchtet wird von den Fenstern an der rechten Wand, von der Tür und – am wichtigsten – von dem imaginären Raum vor der Bildebene, das heißt dem Teil des Zimmers, in dem der König und die Königin in der Vorstellung stehen. Diese drei Lichtquellen schließen harte und theatralische Schatten aus. Darüber hinaus bietet der rechteckige Bildraum einen Rahmen, in dem die Gestalten sich zufällig getroffen zu haben scheinen, ohne irgendwie gestellt zu wirken. Sie werden zusammengehalten durch ihre Beziehung zu dem Betrachter, der da steht, wo sich augenscheinlich der König und die Königin befinden, deren Bild vom Spiegel reflektiert wird. Auf diese Weise wird der Betrachter zum Teil des Ganzen; er wird in das Bild hineingezogen.

Ein zweites Thema in *Las Meninas* ist das der Malerei als einer der freien Künste und daran anknüpfend das der sozialen Stellung des Künstlers. Als er das Bild malte, bewarb sich VELÁZQUEZ gerade um Aufnahme in einen der Ritterorden, was ihn in den niedrigen Adelsstand erhoben hätte. Ihre veralteten Statuten schlossen jedoch Angehörige ›handwerklicher‹ Berufe aus sowie jeden von maurischer oder jüdischer Herkunft. So war die Frage, ob die Malerei eine freie oder lediglich eine handwerkliche Kunst sei, von größter Bedeutung. Das Problem war in Spanien seit einiger Zeit heftig diskutiert worden. Die Stellung als freier Künstler brachte bedeutende Vorteile mit sich, wie zum Beispiel die Befreiung von Steuern und vom Militärdienst. Es gab viele, einschließlich des berühmten Dramatikers Lope de Vega (1562–1635), die die Forderung der Maler unterstützten, und man kann *Las Meninas* als Beitrag des Künstlers zu dieser Debatte ansehen. Die beiden Gemälde an der rückwärtigen Wand sind Kopien von zwei Werken des geadelten RUBENS, die die göttliche Beteiligung an den Künsten zum Thema haben. Darüber hinaus stellte sich VELÁZQUEZ als Hofbeamten dar, der seine Insignien, die Schlüssel, am Gürtel trägt. Tatsächlich wurde er zwei Jahre später zum stolzesten aller spanischen Adelsorden zugelassen, zu den Santiago-Rittern, deren Kreuz später auf Geheiß des Königs auf den Brustlatz gemalt wurde.

## Holländische Malerei

Die Bedeutung der holländischen Republik für das Geistesleben in Europa während des 17. Jahrhunderts kann kaum überschätzt werden. Sie war das Land, in dem es Freiheit des Den-

QUELLEN UND DOKUMENTE

# Pacheco über Kunst im Dienste der Religion

Der Maler FRANCISCO PACHECO (1564–1654) war der bedeutendste spanische Kunstschriftsteller des 17. Jahrhunderts. Durch seinen Onkel, den Kanonikus der Kathedrale von Sevilla, kannte er Dichter, humanistische Gelehrte und Theologen. Er war mit EL GRECO befreundet, und VELÁZQUEZ war sein Schwiegersohn. Als Kunstinspektor für die Inquisition in Sevilla richtete er sich gewissenhaft nach den Lehren des Trienter Konzils (1563), und sein Werk *Geschichte der Kunst, Ihr Alter und ihre Größe* (Sevilla 1649) zeichnet sich durch jenen inquisitorischen Geist aus, welcher der Malerei im Dienste des Katholizismus angemessen schien.

Für ihn sollte das Hauptziel eines Malers als christlicher Künstler ausschließlich darin bestehen, »durch das Studium und die Ausübung dieses Berufs den Zustand der Gnade zu erlangen. Wir können also«, fuhr er fort, *»sagen, dass die Malerei, die zuvor nur die Nachahmung zum Ziel hatte, jetzt als tugendhafte Handlung ein neues und prächtiges Gewand besitzt, und außerdem wird sie erhöht, indem sie sich einem erhabenen Zweck widmet, nämlich der Kontemplation der ewigen Herrlichkeit. Und indem sie die Menschen vom Laster abhält, führt sie sie zur wahren Verehrung Gottes unseres Herrn.*

*Das Gute, das heilige Bilder bewirken, kann kaum hoch genug veranschlagt werden: Sie vertiefen unser Verständnis, stärken unseren Willen und frischen unsere Erinnerung an die göttlichen Dinge auf. Sie erheben unser Gemüt… und zeigen unseren Augen und Herzen die heroischen und großherzigen Taten der Geduld, der Gerechtigkeit, der Keuschheit, Bescheidenheit, Nächstenliebe und der Verachtung weltlicher Dinge und veranlassen uns so unmittelbar, die Tugend anzustreben und das Laster zu meiden; sie weisen uns die Wege, die zur Seligkeit führen.*

*Außer dem bereits Gesagten gibt es noch einen weiteren wichtigen Aspekt der christlichen Malerei, der das Ziel des katholischen Malers betrifft, welcher im Gewand des Priesters, die Menschen zu überzeugen und sie mittels seiner Malerei dazu zu bringen sucht, die Religion von ganzem Herzen anzunehmen.*

*Dieses Ziel, die Menschen zu überzeugen, wird auf unterschiedliche Weise gemäß den jeweiligen Umständen erreicht, so wie im Falle des Redners, dessen vorrangiges Ziel darin besteht, sein Publikum zu überzeugen, und der dennoch einmal dem Krieg, einmal dem Frieden das Wort redet, einmal zu bestrafen, ein anderes Mal zu vergeben oder zu belohnen raten wird und so weiter. So können auch dem Maler mehrere Ziele vorschweben, je nach der Vielfalt der Dinge, die er darstellen soll. Aber ich sage, dass das höchste Ziel christlicher Bilder immer darin bestehen wird, die Menschen zur Frömmigkeit anzuhalten und zu Gott zu führen… obwohl auch andere Zwecke eine Rolle spielen mögen, wie etwa diejenigen, die Menschen zur Reue zu veranlassen, zum freudigen Leiden, zur Mildtätigkeit, zur Verachtung der Welt oder zu anderen Tugenden. Dies alles sind Möglichkeiten, den Menschen mit Gott zu vereinen, was tatsächlich das höchste Ziel ist, welches das Malen heiliger Bilder anstreben kann…*

*Sollte es den Anschein haben, ich sei von meiner ursprünglichen Absicht, mich mit der Frage nach den heiligen Bildern auseinander zu setzen, abgewichen, werde ich darauf bestehen, dass sie zwar nicht der einzige Zweck der Malerei, doch ihr prächtigster und majestätischster Teil sind, der Teil, der ihr den größten Ruhm und die größte Herrlichkeit verleiht, weil sie dazu eingesetzt werden, die heiligen Geschichten und göttlichen Geheimnisse zu veranschaulichen, die den Glauben, die Werke Christi und seiner Allerheiligsten Mutter, das Leben und den Tod der heiligen Märtyrer, Glaubenszeugen und Jungfrauen lehren und alles, was sonst noch dazu gehört. Und da es mit der strengen Verpflichtung zu Wahrheit, Natürlichkeit und Schicklichkeit einhergeht, der so wenige gerecht zu werden vermögen, selbst wenn sie große Maler sind, ist dies der schwierigste Teil dieser edlen Kunst.«*

kens und Forschens gab, wo Descartes aus Frankreich und Spinoza, der jüdische Häretiker aus Portugal, ihre revolutionären philosophischen Werke schreiben und veröffentlichen konnten. Der Aufstand in den Spanischen Niederlanden hatte zwar begonnen mit dem Widerstand der Handelsstädte gegen die spanische Zentralisierungspolitik Philipps II., was diese als Bedrohung ihrer althergebrachten Privilegien empfanden, er war aber bald zum Kampf für religiöse wie bürgerliche Freiheit geworden. Denn der spanische Grundsatz ›Ein König, ein Gesetz, ein Glaube‹ hatte zur gnadenlosen Verfolgung der Protestanten geführt, von denen sich Tausende in die sieben Vereinigten Provinzen des Nordens geflüchtet hatten (im Allgemeinen, wenn auch inkorrekt, nach der reichsten unter ihnen ›Holland‹ genannt). Sie hatten Philipp II. 1581 offiziell die Gefolgschaft aufgekündigt, und ihre Unabhängigkeit war 1609 stillschweigend anerkannt worden. Obwohl sie versuchten, den Calvinismus als alleinigen Glauben durchzusetzen, wurden andere protestantische Richtungen geduldet. Man gewährte den Juden Asyl, die vor der Verfolgung in Spanien und Portugal geflohen waren, ein offizielles Verbot des Katholizismus wurde großzügig ausgelegt, und Freidenkerei wurde nicht überwacht.

Die niederländischen Generalstaaten waren auch in anderer Hinsicht einzigartig – ein von einzelnen Staaten umgebener

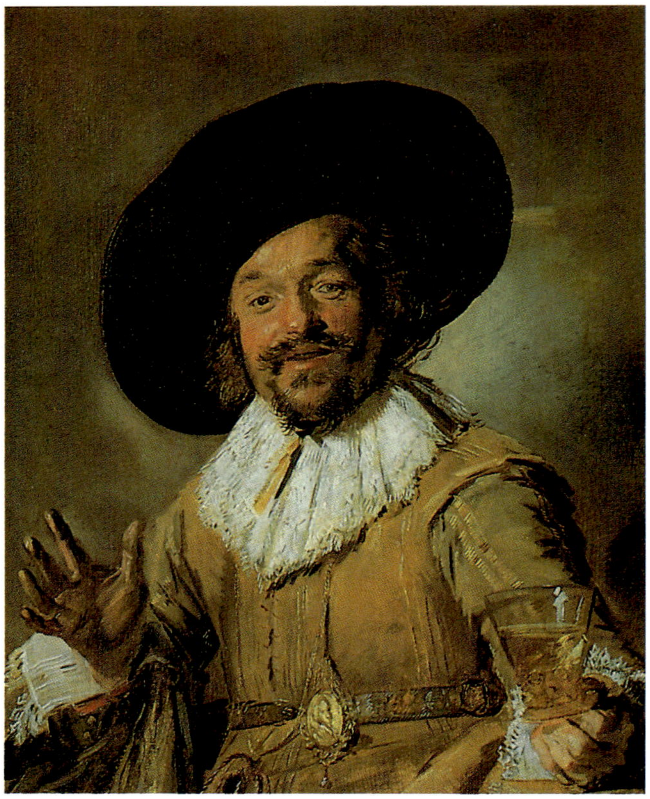

13.37 FRANS HALS, *Der fröhliche Trinker*, 1628–1630, Leinwand, 81 x 66,5 cm. Rijksmuseum, Amsterdam.

Staatenbund, der weit demokratischer war als andere nominelle Republiken (etwa Venedig), in der Außenpolitik auf Verteidigung bedacht statt auf Angriff, mit einer Wirtschaft, die nicht auf der Landwirtschaft, sondern dem Handel aufbaute. Die Aristokratie verließ das Land mit den Spaniern; die Macht der Fürsten von Oranien, die während des größten Teils des Jahrhunderts den Titel eines Statthalters innehatten, war stark eingeschränkt. Bankiers, Kaufleute, Reeder und Gewerbetreibende bildeten die Oberschicht, und dank ihrer Förderung blühte die weltliche Malerei auf wie nie zuvor und nirgendwo sonst. »Die Kunst der Malerei und die Begeisterung der Leute für Bilder werden von nichts übertroffen«, schrieb 1640 ein Engländer auf einer Reise durch Holland.
*»Alle versuchen ihre Häuser, besonders die nach außen und zur Straße hin gelegenen Räume, kostbar zu schmücken, Metzger und Bäcker sogar ihre Läden, die hübsch hergerichtet werden, ja oftmals haben sogar Schmiede, Schuster und so weiter Bilder in ihren Werkräumen und Ställen. Solchermaßen sind die allgemeine Ansicht, Neigung und Begeisterung dieses Volkes zur Malerei.«* (›Die Reisen des Peter Munday in Europa und Asien: 1608–1667‹)

Natürlich wurden ausschließlich Staffeleibilder gekauft. Und mit der Ausbildung verschiedener Gattungen – Landschaften, Seestücke, Porträts, Genremalerei, Stillleben – brachten die Holländer die Staffeleimalerei zu ihrem Höhepunkt. Man könnte fast behaupten, dass im 17. Jahrhundert die europäische Kunst in der holländischen Malerei ihren stärksten Ausdruck fand. Es bestand wenig oder gar keine Nachfrage nach Altarbildern und anderen großen religiösen Gemälden, auch nicht nach monumentaler Architektur und Plastik.

## *Frans Hals*

FRANS HALS (um 1581/85–1666) wird allgemein als Begründer der holländischen Malschule betrachtet. Er spezialisierte sich auf Porträts – meist von Haarlemer Bürgern, einzeln oder in Gruppen – und auf porträtähnliche Bilder von Menschen seiner Zeit ▸ 13.38. In den letzteren, die vor allem Ausdrucks- und Charakterstudien waren, konnte er ohne Rücksichtnahme auf den Porträtierten seinen persönlichen Malstil entwickeln. Das Bild, das bekannt ist unter dem Namen *Der fröhliche Trinker* ▸ 13.37, war wahrscheinlich gedacht als eine Allegorie auf den Geschmackssinn oder aufs Trinken, vielleicht auch mit politischen Anspielungen (eine Medaille des Fürsten Moritz von Oranien stellt die Verbindung her zwischen dem Trinker und der Anti-Bürger-Partei, die beinahe die junge Republik in eine Monarchie verwandelt hätte). Aber welche Zusammenhänge auch immer beabsichtigt waren, sie werden vollständig von dem vitalen Eindruck des Dargestellten überdeckt. Mit vom Alkohol gerötetem Gesicht, blitzenden Augen, den Mund halb geöffnet, als wolle er gerade etwas sagen, eine Hand ungestüm erhoben, mit der anderen ein Glas Wein umklammernd, scheint der Mann überrascht durch das Auftauchen des Betrachters vor ihm. Der Eindruck unmittelbarer Lebendigkeit wird durch die sichtbare Spontaneität der Pinselführung geschaffen, dunkle Farbspritzer für Bart und Schnurrbart, weiße Flecken für Reflexe auf dem Glas und der schweißbedeckten Stirn. Dunkle, schwungvoll hingeworfene Striche markieren die Falten im Ärmel, und die gezackte Außenlinie des Arms deutet eine plötzliche Bewegung an. Ein Großteil der sprudelnden Lebendigkeit rührt von den zum Schluss aufgesetzten Glanzlichtern. Auf dem hart konkurrierenden holländischen Kunstmarkt standen Individualität und Neuartigkeit hoch im Kurs, mit dem Ergebnis, dass das Ansehen der Maler einem raschen Wechsel unterworfen war. FRANS HALS, dessen spontan gemalte Arbeiten so sehr den ungestümen Optimismus der ersten Jahrzehnte der holländischen Generalstaaten einzufangen scheinen, verlor in den vierziger Jahren des 17. Jahrhunderts an Gunst. Der flämische Einfluss mit einer weicheren Malweise kam in Mode, an dessen aristokratischem Flair sich das neureiche Bürgertum orientierte. Auch REMBRANDT führte dieser Geschmackswandel in die Isolation, auch wenn er sich vielfältig von FRANS HALS unterschied.

Infolge ausbleibender Aufträge oft in Geldnot, führte HALS entgegen dem allgemeinen Trend seinen Pinsel so frei wie eh und je, wobei er die Palette zunehmend abdunkelte. Sein ergreifendes Gruppenbildnis der *Regentinnen des Altmännerhauses in Haarlem* von 1664 ▸ 13.39 bevorzugt puritanische

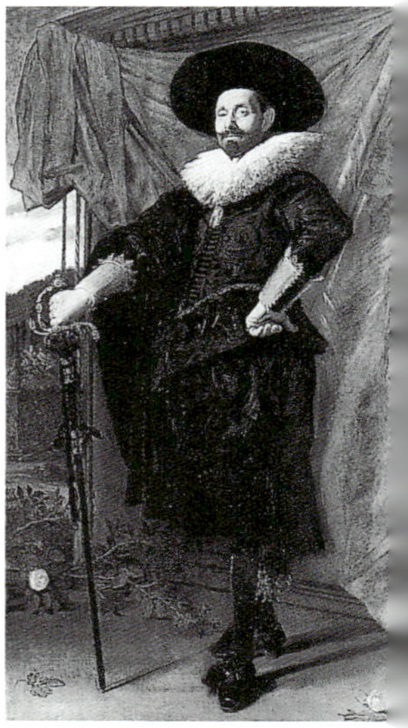

13.38 FRANS HALS, *Willem van Heythuysen*, um 1625, Leinwand, 204,5 x 134,5 cm. Alte Pinakothek, München.

13.39 FRANS HALS, *Regentinnen des Altmännerhauses*, um 1664, Leinwand, 171 x 250 cm. Frans Hals Museum, Haarlem.

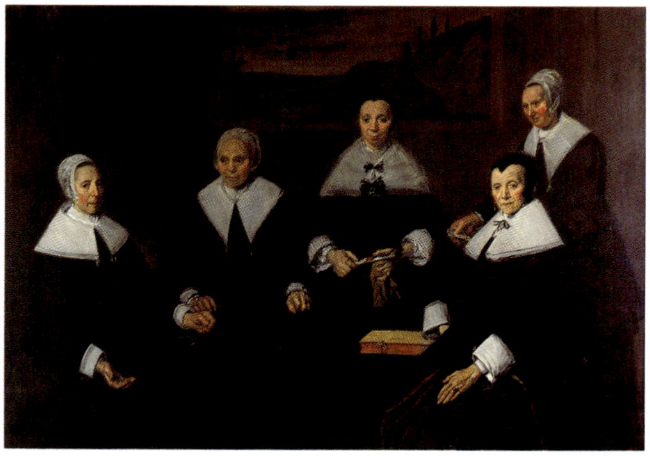

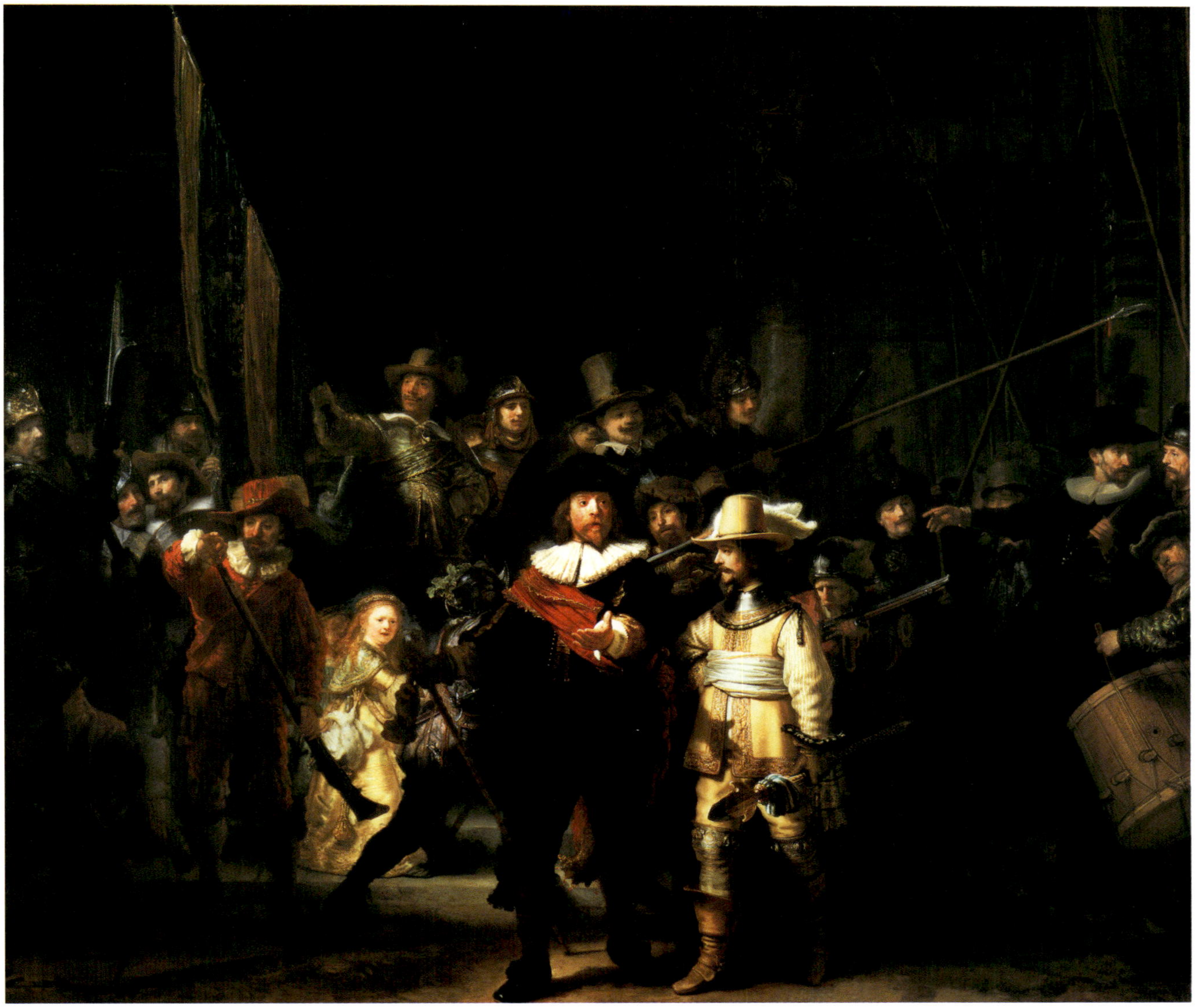

3.40 REMBRANDT, *)ie Nachtwache ⁾ie Compagnie des Haupt-ıanns Frans Banning Cocq)*, 642, Leinwand, 370 x 445 cm. ijksmuseum, Amsterdam.

Weiß- und Grautöne sowie ein reich moduliertes Schwarz. Das Bild ist ein Meisterwerk des psychologischen Realismus. Die fünf Gestalten sind in Ausdruck und Charakterisierung gegeneinander reich differenziert. Rechts außen eine Dienerin, links außen die jüngste der Regentinnen. Die Einsamkeit des Alters, dessen Bitterkeit sie mit Geduld ertragen, scheint selbst innerhalb dieses Gruppenzusammenhangs greifbar. HALS war damals über 80 und zuweilen völlig mittellos, bis er von der Stadt Haarlem eine kleine Pension erhielt. Man möchte das Gemälde gerne als seinen lange überdachten und tief empfundenen Kommentar über seine persönliche Situation wie auch diejenige der Regentinnen deuten. Das Bild leistete auch dem Mythos Vorschub, dass HALS selbst Insasse dieses Armenhauses gewesen sei. Demgegenüber scheint er aber für dieses Bild wie auch für ein Gegenstück, das *Porträt der Regenten*, anständig bezahlt worden zu sein.

## *Rembrandt*

REMBRANDT HARMENSZ VAN RIJN (1609–1669) begann mit Bibelszenen in drastischen Kompositionen, die von dem Manieristen LASTMAN und dem starken ›chiaroscuro‹ der holländischen Nachfolger CARAVAGGIOS beeinflusst waren. Sein ganzes Leben lang war REMBRANDT ungewöhnlich aufgeschlossen für die Werke anderer Künstler, hauptsächlich der italienischen Renaissance, aber auch, was zu dieser Zeit eine Ausnahme war, nichteuropäischer Künstler – er besaß und kopierte Mogulminiaturen. Aber jeder Einfluss wurde vollständig in sein Schaffen integriert, das sich als eine kontinuierliche künstlerische wie geistige Entwicklung darstellt. Nach 1631/32, als er von seiner Heimatstadt Leiden ins wohlhabendere Amsterdam zog, das führende Wirtschaftszentrum der Niederlande, wurde er schon bald als der führende Maler seiner Zeit anerkannt, vor allem für Bildnisse. Das Werk, das allgemein *Die Nachtwache* heißt – obwohl es weder eine Nachtszene darstellt noch Soldaten auf Wache –, war als Gruppenporträt einer Bürgerwehr in Auftrag gegeben und 1642 vollendet worden ▸ 13.40. Damals waren holländische Schützenkompanien nur noch Ess- und Trinkklubs für Männer. FRANS HALS porträtierte die Haarlemer Kompanie am reich gedeckten Bankett-Tisch. Aber REMBRANDT wagte eine dramatischere Lösung des Problems, zahlreiche Porträts in eine Bildkomposition einzufügen, indem er die Schützen beim frühmorgendlichen Aufbruch aus der Stadt zeigt, vielleicht anlässlich des offiziellen Empfangs der Maria von Medici in Antwerpen 1638. Dies ermöglichte es ihm, ein unbedeutendes Ereignis als großartiges historisches Schauspiel in einem riesigen Format wiederzugeben – die Figuren haben Lebensgröße, und das Bild war ursprünglich sogar noch größer. (Als es 1715 ins Rathaus gebracht wurde, beschnitt man es rundherum. Auf der linken Seite war dies ein großer Verlust, weil die Symmetrie der Architektur im Hintergrund zerstört wurde.)

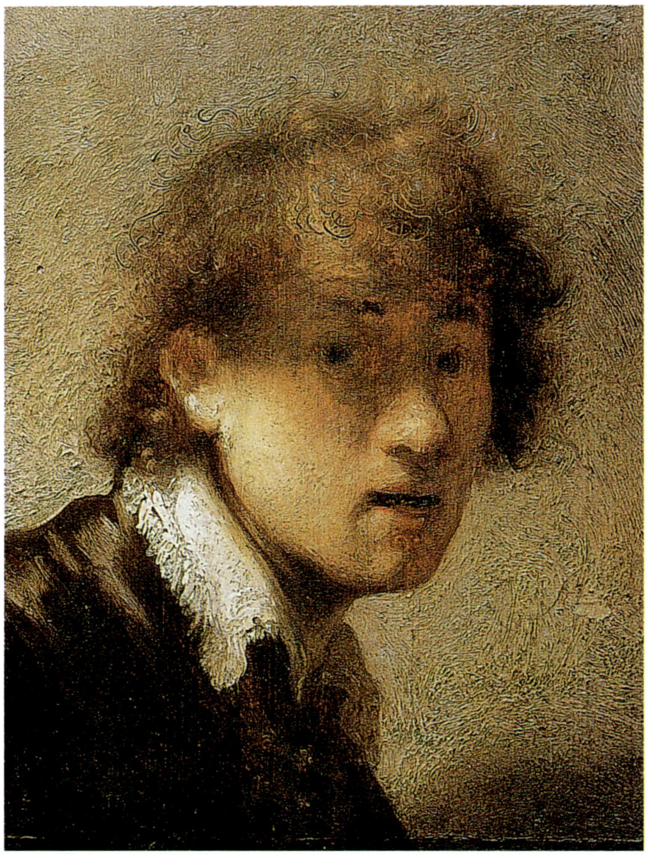

13.41 REMBRANDT, *Selbstbildnis in jungen Jahren*, um 1628, Holz, 23,4 x 17,2 cm. Staatliche Kunstsammlungen Schloss Wilhelmshöhe, Kassel.

Das riesige Gemälde ist von pulsierendem Leben erfüllt: Eine Trommel wird gerührt, ein Hund bellt, Fahnen und Piken werden erhoben, aufgeregte Kinder laufen zwischen den Milizmännern herum. REMBRANDT machte von allen Mitteln Gebrauch, um eine erregende Atmosphäre zu schaffen, mit starken Gegensätzen von Licht und Schatten, leuchtenden und matten Farben, einer Vielfalt von Haltungen, Mienen und Gesten in kontrastierenden Bewegungen gegen die Bildebene und aus ihr heraus. Frans Banning Cocq, der Hauptmann im Zentrum des Bildes, war ein wohlhabender Kaufmann. Auch die anderen Schützen, die alle einen bestimmten Betrag für das Bild bezahlten, je nachdem, wie stark sie darin hervortraten, kamen wahrscheinlich aus den oberen Schichten der Amsterdamer Gesellschaft. Milizkompanien hielten die Erinnerung an die heroischen Tage des Kampfes gegen die spanische Herrschaft lebendig, und einige der älteren Männer auf dem Bild können durchaus Kriegsveteranen gewesen sein.

*Die Nachtwache* ist immer als REMBRANDTS Meisterwerk angesehen worden. Danach sanken sein Ruf und Wohlstand aufgrund des allgemeinen Geschmackswandels und der immer stärker mit ihm kontrastierenden Stilentwicklung REMBRANDTS. Dass er als Bildnismaler immer weniger gefragt war, führte ihn später dazu, Mitglieder seines eigenen Umfeldes als Modelle zu nehmen – und sich selbst. Kein Künstler vor ihm hat sich selbst so häufig porträtiert. Er begann damit in den zwanziger Jahren und führte es sein Leben lang fort; dadurch ließ er über 100 gemalte und radierte Selbstbildnisse zurück, die eine einzigartige bildliche Autobiographie darstellen, wenngleich dies auch sicher nicht seine Absicht war. Die meisten entstanden wahrscheinlich als Charakter- und Ausdrucksstudien und können gut als solche von Sammlern gekauft worden sein, die nicht wussten, wer darauf abgebildet war. Er nimmt eine Vielzahl von Rollen an: die des rebellischen Jünglings, des guten Bürgers, bewaffneten Ritters, exzentrisch im phantastischen orientalischen Kostüm, die des heiteren Zechers, Heiligen und Weisen. Seine kräftigen, derben Züge, das breite Gesicht und die knollige Nase sind überall zu erkennen ▸ 13.41;42. Auch als Maler stellte sich REMBRANDT dar. In einem solchen Selbstbildnis, das aus den letzten traurigen Jahren nach seinem finanziellen Ruin 1656 stammt, ist er weißhaarig, versonnen und wirkt über äußere Unbill erhaben ▸ 13.43. Es ist so vollständig leidenschaftslos, so unbeteiligt, dass es fast scheinen könnte, als habe REMBRANDT mit einem Anhänger Descartes', Arnold Geulincx (1624–1669), der damals in Leiden lehrte, den Glauben geteilt, dass die Seele weder vom Körper angeregt werde noch ihn bewege, sondern ihr der Status eines unbeteiligten Zeugen zukomme. Diese stämmige, ungepflegte Gestalt jedoch vermittelt in ihrer einfachen und ruhigen frontalen Haltung einen Eindruck von wachsamer Innerlichkeit und tiefer, ernster Meditation. Eine große, bescheidene Würde und natürlicher Adel kommen zum Ausdruck, betont von den beiden großen Bogen an der Wand dahinter.

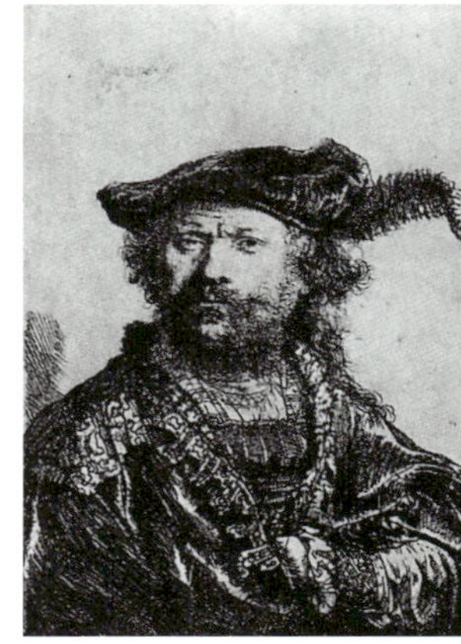

13.42 REMBRANDT, *Selbstbildnis mit federgeschmücktem Barett*, 1638, Radierung, 13,4 x 10,3 cm.

Trotz seines überragenden Talents als Bildnismaler scheint REMBRANDT sich selbst in erster Linie als religiösen Maler gesehen zu haben. Er schuf Werke, die von einer höchst persönlichen Deutung religiösen Geschehens künden. Er war als Calvinist aufgewachsen, verkehrte aber in Amsterdam mit Mitgliedern der undogmatischen, pazifistischen Mennoniten-Sekte, die keine andere Autorität als die der Bibel anerkannten und der Lehre der Bergpredigt zu folgen bemüht waren. Ihre Ideale scheinen in der Radierung *Christus heilt die Kranken* angesprochen zu sein, bekannt als ›100-Gulden-Blatt‹ wegen des Preises, der angeblich für einen guten Abzug zu REMBRANDTS Lebzeiten bezahlt wurde ▸ 13.46. Obwohl es vollen

13.43 REMBRANDT, *Selbstbildnis*, um 1660, Leinwand, 114,3 x 96,5 cm. Ivaegh-Stiftung, Kenwood, London.

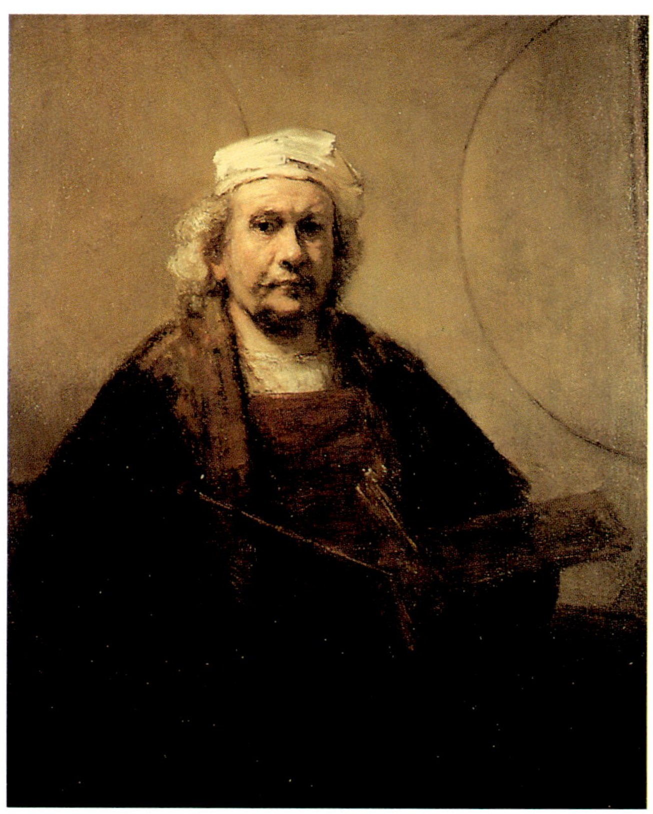

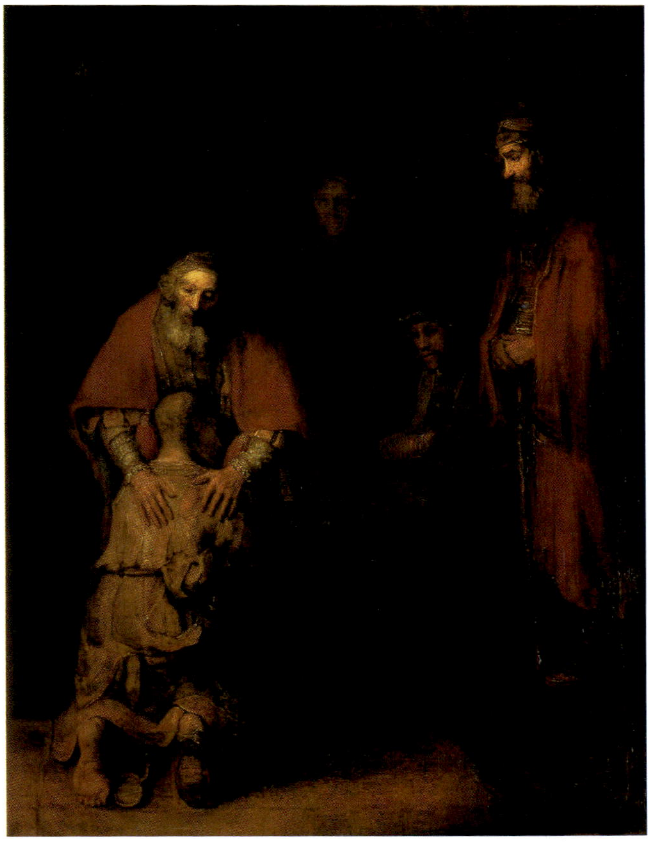

13.44 REMBRANDT, *Rückkehr des verlorenen Sohnes*, um 1669, Leinwand, 265,4 x 208,3 cm. Eremitage, St. Petersburg.

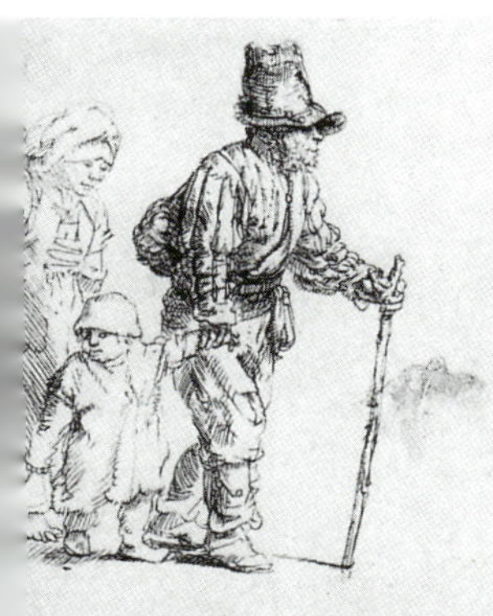

3.45 REMBRANDT, *Bauern-amilie auf der Wanderschaft*, 652, Radierung. Teylers Auseum, Haarlem.

Gebrauch von den barocken Kompositionsmitteln macht, um das Auge auf einen geschwungenen dreidimensionalen Weg zu führen, ist es im Geist weit entfernt von einem barocken Altarbild, einer für die Gegenreformation typischen Verherrlichung katholischen Glaubens wie RUBENS' *Wunder des heiligen Franciscus Xaverius* ▸ 13.10.

Beides sind komplizierte Figuralkompositionen, aber das Wunder, das REMBRANDT darstellt, ist das einer Heilung der Seele, nicht des Körpers. Kein Künstler hatte bis dahin die Armen und Verlassenen, die von der Gesellschaft Ausgestoßenen, mit größerer Anteilnahme dargestellt als REMBRANDT. Hier füllen sie die gesamte rechte Hälfte des Blattes, die gut Gekleideten und Gesunden sind auf der anderen Seite. Alle sind gleichermaßen tief in Gedanken versunken, als setzten sie sich mit etwas in ihrem Inneren auseinander, das sie über sich selbst hinausführt. Düsternis, Mysterium und eine dunkle, flackernde Geistigkeit erfüllen die Szene.

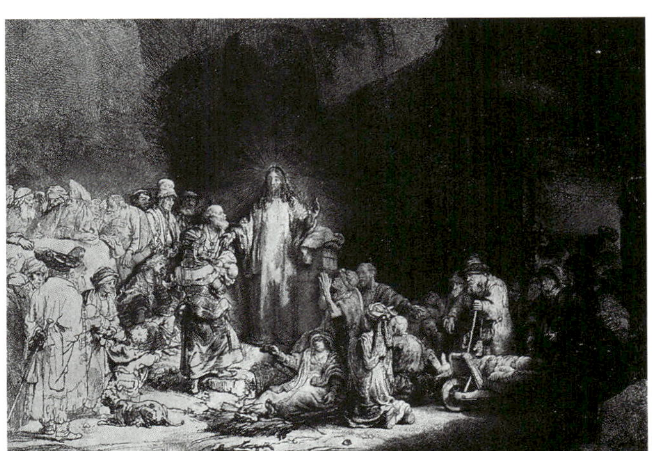

3.46 REMBRANDT, *hristus heilt die Kranken*, og. Hundertguldenblatt, m 1648–1650, Radierung, 8 x 39,3 cm. British Museum, ondon.

Die 250 oder mehr Radierungen, die REMBRANDTS Ruhm über ganz Europa verbreiteten, sind oft klein im Format und wirken gelegentlich unvollendet – ein Werk galt als fertig, »wenn der Meister seine Absicht damit erreicht hat« ▸ 13.45. Dagegen sind die großformatigen religiösen Bilder seiner späteren Jahre höchst privat, so persönlich in ihren Interpretationen der Heiligen Schrift wie in Ausdruck und Technik. In der *Rückkehr des verlorenen Sohnes* sind REMBRANDTS Menschlichkeit, seine spiritualisiert durchfühlende Deutung auf dem Gipfel angelangt ▸ 13.44. Man ahnt den müden Körper des knienden Sohnes unter der zerfetzten Kleidung und den leichten Druck der alten Hände des Vaters auf seinen Schultern. Volle, dunkle Farben haben eine innere Wärme, die in der rotgoldenen Kleidung des Vaters wie Kohle glüht. REMBRANDT konzentriert die Aufmerksamkeit auf das Verhältnis zwischen den Hauptpersonen, die in ein mysteriöses, übernatürliches Licht getaucht sind, das auch auf das Gesicht und die gefalteten Hände des unversöhnlichen, tugendhaften älteren Bruders fällt. Keine heftigen Gesten oder Bewegungen stören die Atmosphäre solenner Stille. Die höhere Bedeutung des Gleichnisses wird offenbar in diesem bemerkenswert schlichten, aber tief empfundenen Bild demütiger Reue und zärtlicher väterlicher Vergebung, in dem die Heimkehr eine Metapher für Erlösung und die innigste Berührung des Menschen mit Gott ist.

### *Landschaft*

Kurz nach Gründung der holländischen Republik, jenem für Europa so epochalen Ereignis (vgl. S. 527), setzte sich dort die neue Sicht und Darstellungsweise einer völlig undramatischen, flachen und von Gewässern durchsetzten Landschaft durch, die keinerlei Höhepunkte aufzuweisen schien. Die Maler, denen diese Entwicklung zu verdanken ist, bauten auf der flämischen Kunst des 15. und 16. Jahrhunderts auf, vor allem der Luftperspektive, doch sind ihre Landschaften weder Büh-

13.47 WILLEM KALF, *Stillleben*, um 1650–1690, Leinwand, 71,5 x 62 cm. Rijksmuseum, Amsterdam.

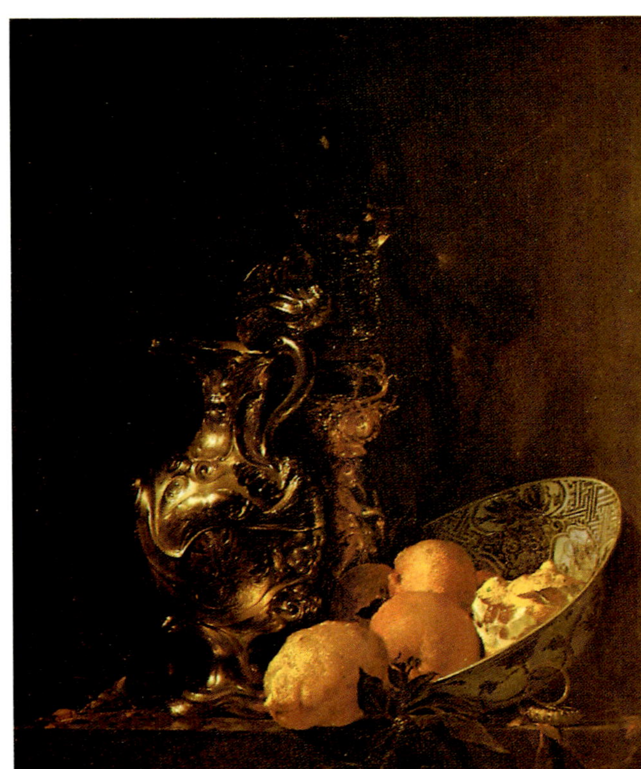

IM KONTEXT

## *Rembrandts Hundertguldenblatt*
## Die Entwicklung grafischer Verfahren

Unter den verschiedenen druckgraphischen Verfahren, die in Europa seit dem 15. Jahrhundert Anwendung fanden (s. S. 422), nahmen der Stich und die Radierung einen besonderen Platz ein. In der Weise, wie sie von Rembrandt und anderen entwickelt wurden, erlaubten sie es dem Künstler, eine Zeichnung in aufeinander folgenden Schritten in eine Kupferplatte zu stechen oder zu radieren. In jedem Stadium kann die Zeichnung überprüft und modifiziert, notfalls auch überarbeitet werden. Der Vorteil für den Künstler ist gewaltig. Es erleichtert nicht nur Korrekturen, sondern gestattet auch, eine Komposition während der Arbeit an der Kupferplatte nahezu unbegrenzt weiterzuentwickeln. Keine andere Technik erlaubt dies in vergleichbarem Maße, und dieser Aspekt des Verfahrens ist mindestens ebenso wichtig wie der der Reproduzierbarkeit. Die Entwicklung der mechanischen Reproduktion, die sich auf die gesamte bildende Kunst so nachhaltig auswirken sollte, erfolgte erst viel später.

Für eine Radierung wird die Platte zunächst mit einer dünnen Wachsschicht überzogen, in die der Künstler mit einer Stahlnadel zeichnet. Die Platte wird anschließend mehrere Minuten lang in ein Ätzbad eingetaucht, so dass die Säure in die von der Nadel freigelegten Linien einwirken kann (Ätzung). Nach Entfernung des Wachses werden sich die eingeätzten Linien mit Farbe füllen, und die Zeichnung kann seitenverkehrt auf ein auf die Platte gepresstes Blatt Papier gedruckt werden. In jedem Stadium können Probedrucke angefertigt werden; ebenso lässt sich der Vorgang des Zeichnens in den Wachsgrund wiederholen, und Teile der Platte können poliert werden, so dass unpolierte Linien tiefer eingeätzt sind. Der Künstler kann auch direkt auf die blanke Platte zeichnen, also ohne Wachs aufzutragen, indem er mit einer Radiernadel, d. h. einer spitzen, gelegentlich mit einer Diamantspitze versehenen Schneidenadel (Kaltnadelradierung), oder mit einem Grabstichel, der tiefere, V-förmige Furchen erzeugt (Kupferstich), in sie graviert.

Diese Werkzeuge erzeugen Striche verschiedener Art und Stärke. Eine Radiernadel, mit der ein Künstler genauso ungehindert und mit leichtem oder stärkerem Druck der Hand zeichnen kann wie mit einer Feder oder einem Bleistift auf Papier, erzeugt Striche von gleichmäßiger Stärke. Die Kaltnadel bedarf einer kräftigeren Führung und lässt seitliche Metallgrate entstehen, welche die Farbe fassen und dem Strich eine weiche, samtene Fülle verleihen. Der Grabstichel ist schwerer zu handhaben und hinterlässt einen schärferen, härteren Strich. Wenn eine Platte zum Drucken verwendet wird, schwächen sich die verschiedenen Stricharten allmählich ab, jedoch in unterschiedlichem Maße. Während von einer gestochenen Platte mehrere Hundert Drucke von gleichmäßiger Qualität angefertigt werden können, erlaubt eine geätzte Platte lediglich fünfzig von hervorragender und vielleicht etwa 200 von guter Qualität. Wesentlich weniger Drucke lässt eine Kaltnadelplatte zu: in der Regel nicht mehr als zehn. Danach trägt sich der Grat allmählich ab. Abgenutzte oder beschädigte Platten wurden oft überarbeitet, und jedes Mal wenn dies geschah, wurde eine neue Auflage (Zustand genannt) gedruckt. Wenn vom ursprünglichen Künstler ausgeführt, beschränkten sich diese Überarbeitungen üblicherweise auf die Verstärkung schwacher Striche und die Anbringung geringfügiger Korrekturen, im Allgemeinen nur an Details. REMBRANDTS populärste Radierungen erlebten Auflagen in bis zu acht verschiedenen Zuständen, wobei die letzten oft verpfuscht sind durch Stecher, denen die Platten nach REMBRANDTS Tod in die Hände gefallen waren.

REMBRANDT machte sich all diese Verfahren zunutze. Er fing um 1625 mit reinen Ätzradierungen an, bearbeitete seine Platten aber bald abschließend in Kaltnadel. In *Christus heilt die Kranken* ▸ 13.46 sind die Figuren links geätzt, doch im Lauf der Jahre, in denen er mit Unterbrechungen an der Platte arbeitete, machte er zunehmend von der Kaltnadel und dem Grabstichel Gebrauch, um die Schatten zu vertiefen und die Wirkung eines gleich-

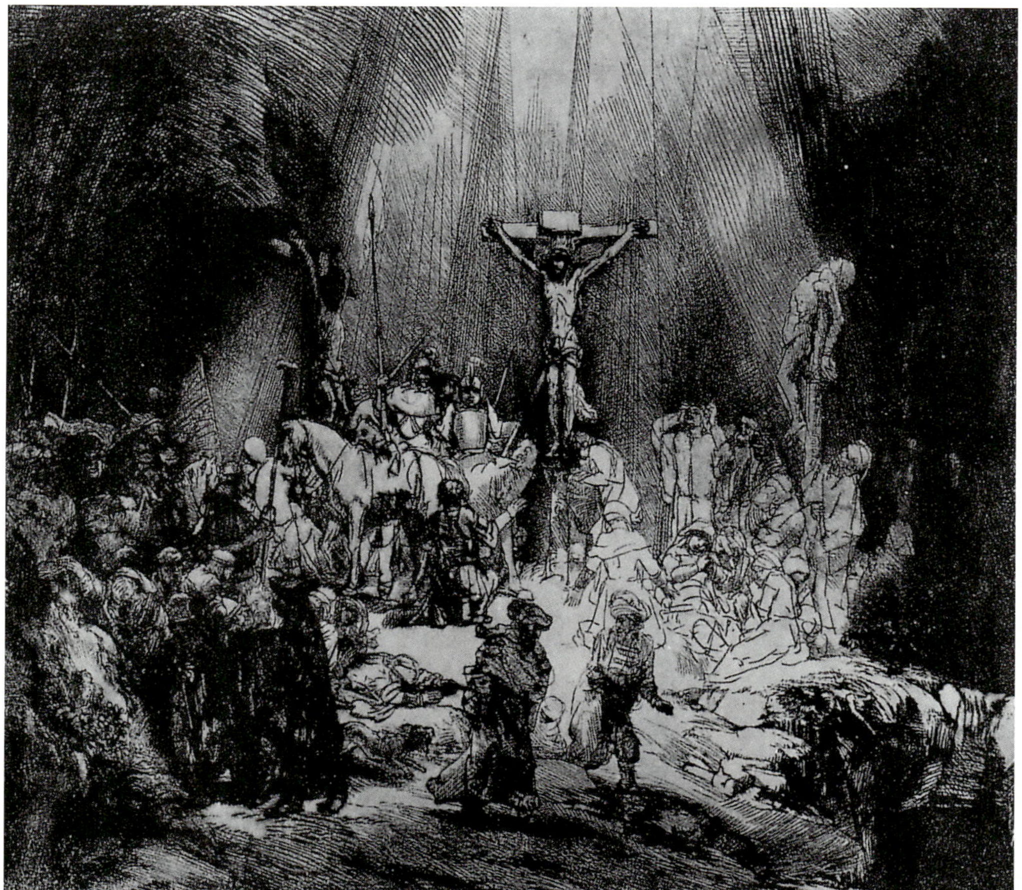

13.48 REMBRANDT, *Die drei Kreuze*, 2. Zustand, um 1653, Kaltnadel- und Ätzradierung auf Pergament, 38,4 x 45 cm. The Metropolitan Museum of Art, New York (Schenkung Felix M. Warburg und Familie).

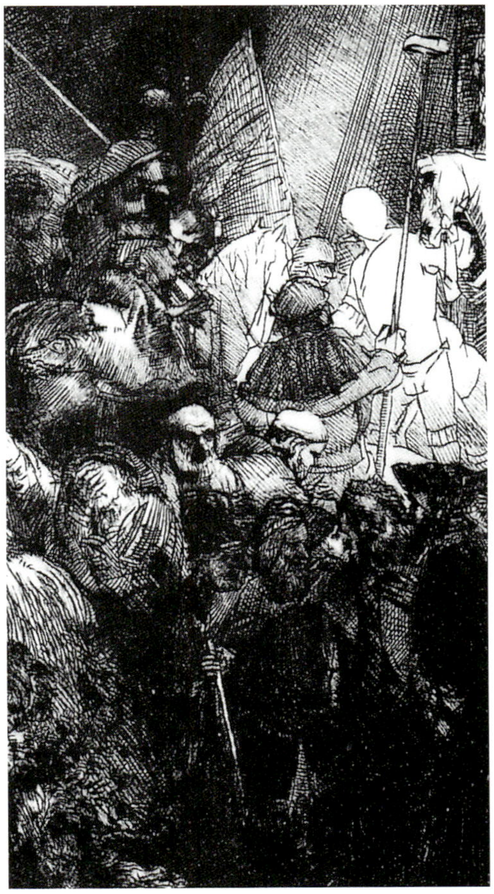

13.49 REMBRANDT, *Die drei Kreuze*, Detail des 3. Zustandes, 1653. British Museum, London.

sam von Christus ausgehenden Lichts zu erzeugen. Die Folge ist am Ende eine eher malerische als zeichnerische Wirkung. Es bestehen Unterschiede nicht nur zwischen den verschiedenen Zuständen dieses Blattes, sondern aufgrund der allmählichen Abtragung der Kaltnadelgrate auch zwischen den einzelnen Blättern eines einzigen Zustandes. Dies erklärt den hohen Kaufpreis, der für ein besonders gelungenes Blatt, das sogenannte *Hundertguldenblatt*, gezahlt worden sein soll.

Ab etwa 1640 bis 1660 scheint Rembrandt der Zeichnung und Radierung mehr Zeit gewidmet zu haben als der Malerei. Einige Blätter aus diesen Jahren entstanden in Kaltnadeltechnik mit sparsamer Verwendung des Grabstichels, aber ohne eingeätzte Linien. Von der Radierung *Die drei Kreuze* machte er Auflagen mehrerer Zustände; der zweite Zustand wurde nicht auf Papier, sondern, was ungewöhnlich war, auf Pergament gedruckt ▸ 13.48. Jedes Mal nahm er geringfügige Korrekturen vor, um schadhafte Stellen auszubessern, Licht und Schatten wieder in ein ausgewogenes Verhältnis zu bringen, bestimmte Details zu entfernen und andere zu akzentuieren ▸ 13.49. Der um 1660 entstandene vierte Zustand ist das Ergebnis einer durchgreifenden Überarbeitung. Die Szenerie ist dunkler geworden, kräftige Lichtstrahlen aus dem Himmel sind ersetzt durch ein geheimnisvolles Flackern, Vordergrundfiguren und zahlreiche ablenkende Details sind entfernt worden, um eine Wirkung von beinahe archaischer Schlichtheit zu erzielen. Der Schächer am rechten Kreuz ist völlig von der Dunkelheit verschluckt worden, während vor dem linken eine Reiterfigur eingefügt wurde ▸ 13.50. Figuren, die vorher miteinander kommunizierten, sind nunmehr isoliert und richten ihren Blick entweder auf Christus oder blicken aus dem Bild heraus. Im Zentrum der Aufmerksamkeit steht der Tod Christi, und was angefangen hatte als eine narrative Illustration des neutestamentlichen Berichts, hat sich in ein Bild von zeitloser Symbolik verwandelt.

Der englische Kunstschriftsteller John Evelyn sprach 1662 vom »unvergleichlichen Reinbrand [sic]«, dessen Radierungen von besonders hohem Wert sind‹. Zu seinen Lebzeiten und noch länger als ein Jahrhundert danach beruhte REMBRANDTS internationaler Ruhm weniger auf seinen Gemälden als auf seinen Radierungen. Sie fanden in ganz Europa Verbreitung. Im Unterschied zu den großformatigen, sorgfältig ausgefeilten Stichen (häufig Kopien nach Gemälden), zum Einrahmen und Aufhängen gedacht, waren REMBRANDTS Radierungen meist kleinformatig, manchmal geradezu winzig und wurden in der Regel in einer Mappe aufbewahrt. Genaues Hinsehen erfordernd und belohnend, fanden sie Anklang bei einem wachsenden Publikum von Sammlern, die hohen Wert legten auf die individuelle Hand des Künstlers sowie auf Seltenheit, etwa die von Probedrucken und frühen Zuständen, von denen manchmal nur ein einziges Blatt bekannt war. Diese Sammler waren oft Künstler, wie REMBRANDT, der eine bedeutende Sammlung von Radierungen und Zeichnungen zusammentrug. Zeichnungen wurden ebenso geschätzt und gesammelt, weil sie Einblick in den Schaffensprozess gewährten und ihre Spontaneität in den fertigen Gemälden, für die sie als Studien dienten, oft verloren gegangen war. Zahlreiche Radierungen zeichnen sich durch die gleiche Unmittelbarkeit aus. Selbst in einer abgeschlossenen Arbeit wie *Christus heilt die Kranken* sind manche der Figuren in Umrissen ohne Modellierung dargestellt, und ein Kopf wurde in den ersten drei Zuständen der *Drei Kreuze* ▸ 13.48; 49 als leeres Oval belassen. Bezeichnend ist vielleicht, dass zu denen, die sich für Radierungen interessierten, auch und vielleicht sogar vor allem Angehörige der ›höheren‹ Berufsstände zählten, die zu diesem Zeitpunkt begannen, eine Rolle in der Kunstförderung zu spielen.

13.50 REMBRANDT, *Die drei Kreuze*, 4. Zustand, um 1660, Kaltnadel- und Ätzradierung auf Papier, 38,4 x 45 cm. British Museum, London.

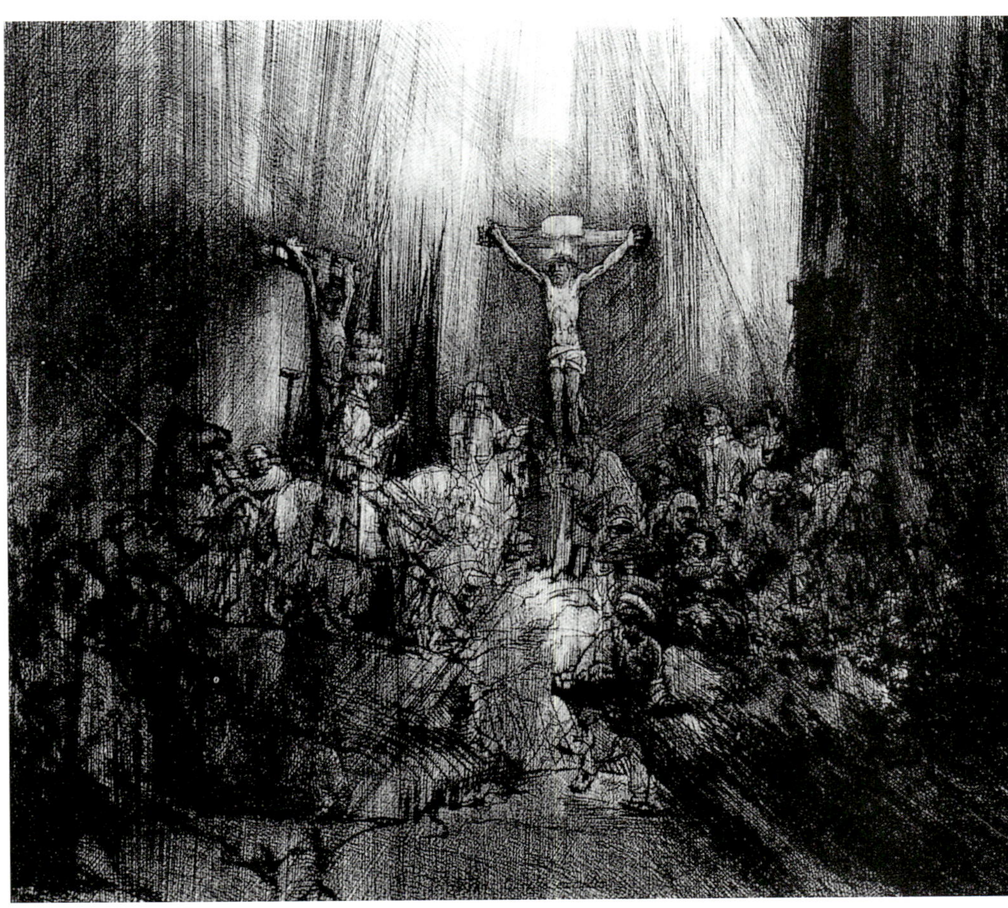

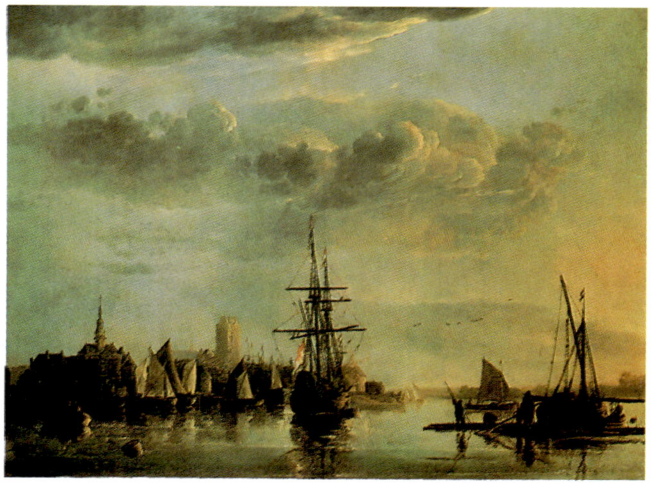

13.51 AELBERT CUYP, *Die Maas bei Dordrecht*, um 1650–1690, Leinwand, 97,8 x 136,8 cm. Ivaegh-Stiftung, Kenwood, London.

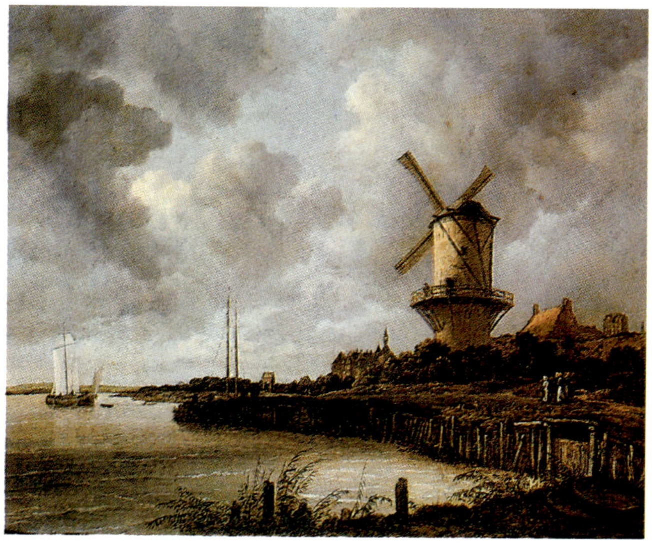

13.52 JACOB VAN RUISDAEL, *Windmühle von Wijk*, um 1665, Leinwand, 83 x 101 cm. Rijksmuseum, Amsterdam.

nen für biblische oder mythologische Geschichten noch Beschwörungen der Landarbeit wie PIETER BRUEGHELS *Monate* (s. S. 467 ff.) ▸ 11.84; 85 Bar jedes narrativen Inhalts setzten sie sich auch von den in anderen Ländern Europas im 17. Jahrhundert gemalten Landschaften ab. Ein Stolz auf eigenen Besitz, wie ihn RUBENS' Ansichten seiner privaten Ländereien offenbaren ▸ 13.11 wird ebenso wenig beschworen wie eine klassische Vergangenheit, in der Art der Gemälde von CLAUDE LORRAIN (1600–1682).

Die Zahl überlieferter holländischer Landschaftsbilder, die wir heute kennen, ist erstaunlich groß. Allein von JAN VAN GOYEN (1596–1656) stammen 1200 Bilder, die allein schon die Popularität dieses Sujets belegen. Nur selten wurden sie von Privatpersonen in Auftrag gegeben, sondern für den freien Markt gemalt. Ihr Verkauf und Erwerb spielte sich auf Jahrmärkten ab. Wie Inventare erkennen lassen, gehörten städtische Kaufleute, Mitglieder der Zünfte und bessergestellte Handwerker eher zu ihren Käufern als die Aristokratie mit ihrem italienischen Geschmack. Vor allem zum Zwecke häuslicher Dekoration geschaffen, bargen sie doch auch eine Bedeutung, die über das Anschauliche hinausgeht. Biblische Erzählungen und die Natur hielt man gemeinhin für den rechten Weg, um Gott zu verstehen. »Gottes Güte ist auf der Spitze jeder Sanddüne zu verspüren«, schrieb der fromme Calvinist Constantijn Huygens (1596–1687), ein Altersgenosse VAN GOYENS. Immer wieder erscheinen die Türme mittelalterlicher Kirchen in den Gemälden: In protestantische Gotteshäuser umgeweiht, erinnerten sie an den religiösen Ursprung und den von der Vorsehung behüteten Fortbestand der Republik. Einen expliziten Symbolismus treffen wir hingegen nur selten an. Obwohl es sich bei der Vielzahl dieser Bilder um exquisite Meisterwerke handelt, in Komposition und Farbabstimmung von höchster Kultur, wurden die meisten von der Staffelei weg zu niedrigen Preisen verkauft: Landschaftsbilder aus der Region, naturgetreu und wieder erkennbar. Sie sind insofern symbolhaft, als sie eine nationale Ikonographie bereitstellen und

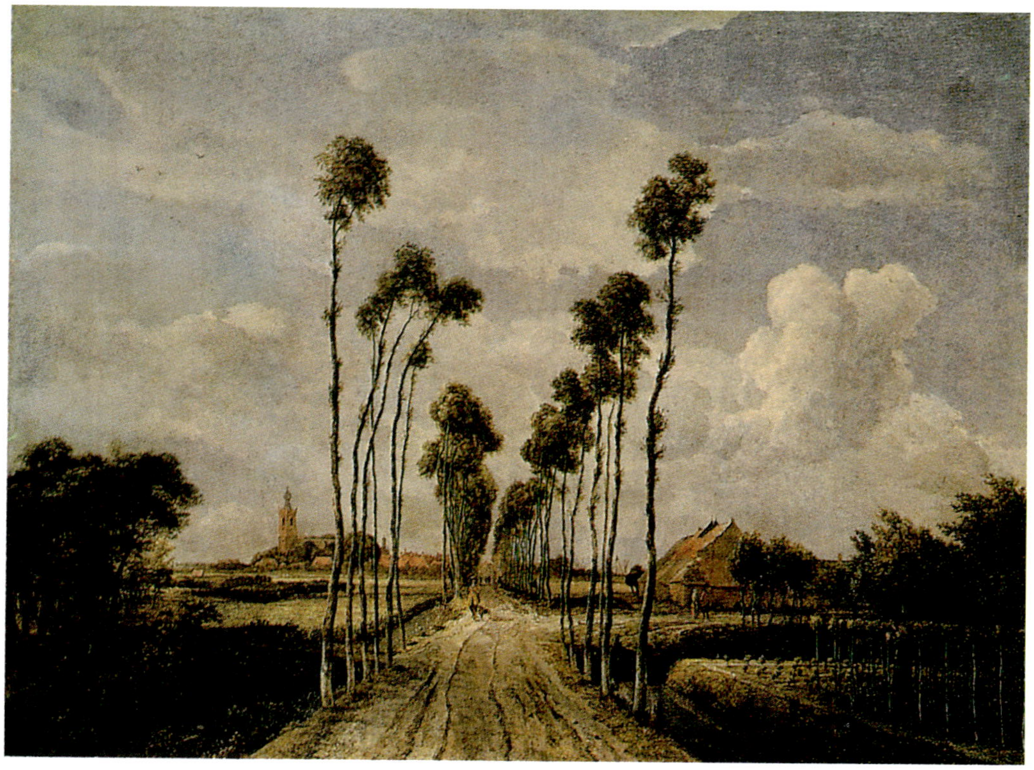

13.53 MEINDERT HOBBEMA, *Die Allee von Middelharnis*, 1689, Leinwand, 103,5 x 141 cm. National Gallery, London.

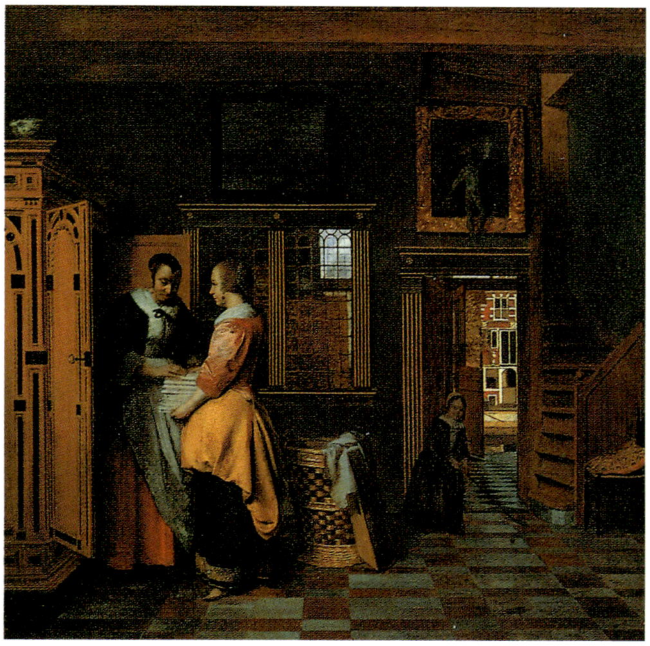

13.54 PIETER DE HOOCH, *Der Leinzeugschrank*, 1663, Leinwand, 73 x 77,5 cm. Rijksmuseum, Amsterdam.

an gemeinsamen Vorstellungen, Erinnerungen und Gefühlen, welche die Angehörigen einer Gemeinschaft zusammenbinden, teilhaben. Die Gebäude, das Leben am Fluss, moderner Transportverkehr, die Kleidung der Figuren belegen ein Interesse am Zeitgenössischen. Auch wenn man dies alles zunächst als ein Naturzitat betrachten möchte und in der Tat vielfach ein bestimmter Landschaftsausschnitt nachgewiesen werden kann, ist doch selten topographische Akkuratesse angestrebt. Den Malern ging es stattdessen um Ähnlichkeit in dem Sinne, wie es 1678 der holländische Maler und Kunsttheoretiker Samuel van Hoogstraten »keurlijke natuurlijkheid« nannte, was so viel wie selektive Übereinstimmung mit der Natur meint. Die Künstler fühlten sich frei, das Gesehene nach Herzenslust abzuändern, abzustimmen und umzuarrangieren.

JAN VAN GOYEN war in der ersten Jahrhunderthälfte vielleicht der begabteste und profilierteste Landschafter. Eines seiner größten und bemerkenswertesten Naturstücke ist die *Ansicht von Rhenen* ▸ 13.55, ein südlich von Utrecht am Nordufer des Rheins gelegenes Städtchen, zugleich eine Grenzbastion der sieben Provinzen, die sich 1579 gegen die spanische Tyrannei zusammengeschlossen hatten (Beginn des holländischen Unabhängigkeitskrieges). Rhenen war für die Maler ein besonderer Anziehungspunkt und wurde von JAN VAN GOYEN mindestens 26 Mal dargestellt. Das Bild zeigt eine bewohnte Alltagslandschaft mit Schifffahrt auf dem Fluss, drei Männern in einem Kahn in einem Seitenarm, Leute zu Fuß und eine Kutsche. All dies Motive gehen ebenso wie die mittelalterliche Stadtmauer in einer Vision von Frieden und Harmonie in gedeckten Braun- und Grautönen auf. Wie in vielen holländischen Landschaftsbildern machen zwei Drittel der Bildfläche den Himmel aus.

JACOB VAN RUISDAEL (1628/29–1682) ist bereits ein Vertreter der nächsten Generation. Er erweiterte wieder die Palette und bevorzugte eine Dramatisierung der Landschaft, so in seinem Gemälde *Die Windmühle von Wijck* ▸ 13.52, gelegen nahe Duurstede am Leeck, einem Nebenfluss des Rheins. Die Mühle, ein damals moderner Zweckbau, der die kleine Stadt überragt (der massige erzbischöfliche Palast aus dem 15. Jahrhundert ist links neben der Mühle erkennbar), wurde von RUISDAEL stark überzeichnet; die Stadtmauer und das Frauentor ließ er kurzerhand weg, um an deren Stelle drei weibliche Staffagefiguren unterzubringen. Minutiös gab er die Pfosten der Uferbefestigung wieder, welche die Holländer regelmäßig erneuern mussten. Holländische Schriftsteller schrieben den Windmühlen – RUISDAELS Lieblingsmotiv – eine verblüffende Vielzahl von Bedeutungen zu. Ihre Segel brachte man mit dem Kreuz Christi in Zusammenhang, das von ihnen gemahlene Getreide mit der Eucharistie usw. Sie galten darüber hinaus als Symbole von Glück, Narretei, Tugend usw. Ob RUISDAEL mit seinem Bild eine dieser Bedeutungen ansprechen wollte, sei dahingestellt. In jedem Fall aber verkörpert bei ihm die Windmühle einen Heroismus, wie er in klassischen Landschaften allein den Bauten aus der römischen Antike zukommt.

In der Verbindung von Zeitgenossenschaft und zeitlosem Symbolismus geht die 1689 gemalte *Allee von Middelharnis* ▸ 13.53 von dem Ruisdael-Schüler MEINDERT HOBBEMA (1638–1709) noch weiter. Die Allee mit den gestutzten Erlen ist 1665 angelegt worden und der Leuchtturm neben der Scheune im Jahr 1682. Viele Zeitgenossen mögen diese Gegend damals als belanglos empfunden haben, während HOBBEMA das scheinbar Banale durch fast unmerkliche Arrangements in das Sublime zu steigern wusste. Sollte die schmale Allee als Reminiszenz an den schwierigen Pfad der Tugend, der zum Himmel führt, verstanden worden sein?

ALBERT CUYP (1620–1691) vertrat wieder eine ganz andere Position. Während sein Frühwerk in seiner Schlichtheit dem Stil JAN VAN GOYENS verwandt ist, gewann seine Palette bald an farblicher Intensität, und die Weichheit der Züge erinnert an Werke der Italienreisenden unter den holländischen Künstlern. Jene badeten ihre Leinwände in warmer, mediterraner Luft und wurden von den Vertretern der Oberschicht nach ihrer Rückkehr mit reichen Aufträgen bedacht. CUYP wurde in der blühenden Handelsstadt Dordrecht geboren, arbeitete dort vorrangig für die dort ansässigen Adelsfamilien, heiratete 1658 eine reiche Witwe und hängte bald darauf die Malerei an den Nagel. Seine Bilder ergehen sich in einem Gefühl bürgerlichen Wohlstands.

13,55 JAN VAN GOYEN, *Ansicht von Rhenen*, 1646, Leinwand, 102 x 136 cm. The Corcoran Gallery of Art, Washington (William A. Clark Collection).

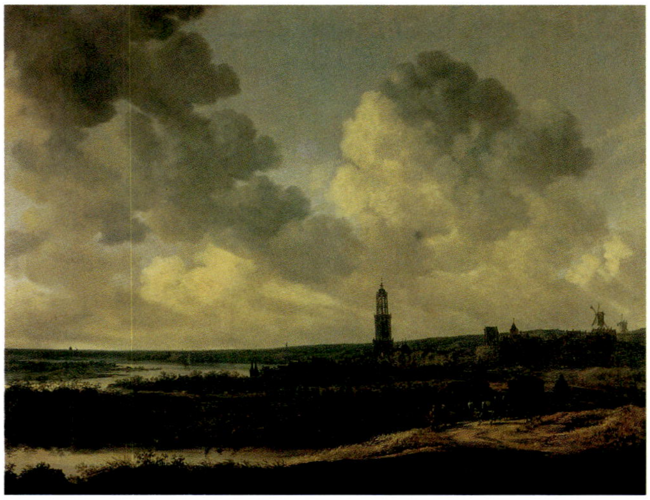

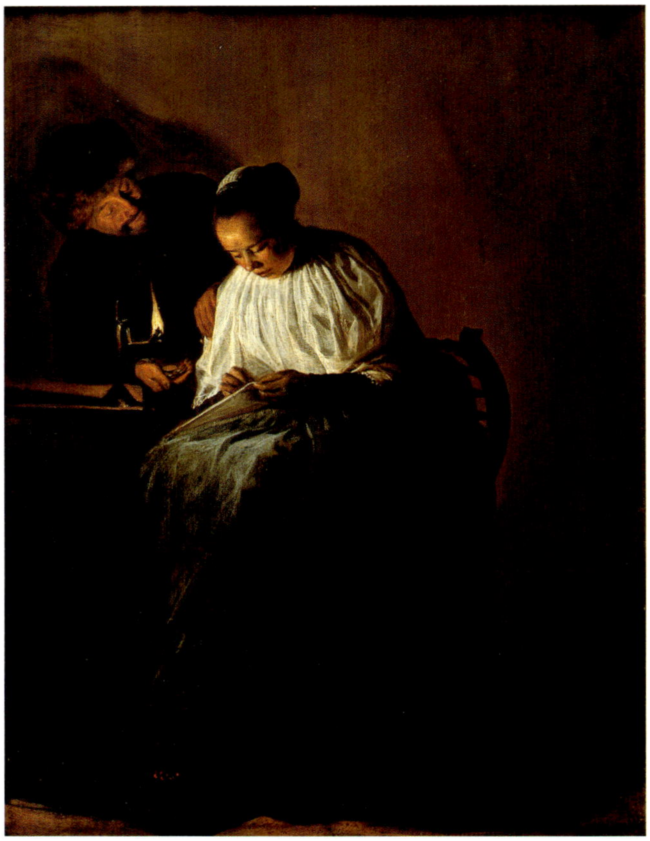

13.56 JUDITH LEYSTER, *Der Vorschlag*, 1631, Holz, 30,9 x 24,2 cm. Mauritshuis, Den Haag.

## *Stillleben und Genre*

REMBRANDTS Kunst überragte alle an Außergewöhnlichkeit und Vielschichtigkeit. Andere holländische Zeitgenossen hingegen spezialisierten sich auf ganz bestimmte Sujets und engten so ihr Wirkungsfeld ein. Ein Maler von Stillleben etwa beschränkte sich nunmehr darauf, gewisse Gegenstände darzustellen. WILLEM KALF (1619–1693), einer der versiertesten auf diesem Gebiet, malte immer wieder eine fast identische Anzahl luxuriöser Gegenstände wie silberne Kannen, türkische Teppiche und chinesische Porzellanschalen mit Orangen und Zitronen (zu dieser Zeit besonders teure Früchte in Nordeuropa). Sein Gefühl für die Komposition galt nicht nur der Bewältigung einer täuschend echten Illusion, sondern das Ganze sollte auch in einer prachtvollen, Ruhe ausstrahlenden Harmonie der Farben, Oberflächen und Lichtpunkte wiedergegeben werden ▸13.47. Als zu dieser Zeit auch noch das wissenschaftliche Interesse – insbesondere für die Botanik und Zoologie – zunahm, war es der größte Wunsch vieler Künstler, diese Vielfalt und Fülle in der Natur in den Bildern auszudrücken. Besonders deutlich wird dies in den Blumenstillleben von RACHEL RUYSCH (1664–1750), die erste Frau, welche sich als Künstlerin internationale Anerkennung verschaffte.

Die unmittelbaren Vorgänger der verschiedenen Arten von Stilllebenmalerei banden *memento-mori*-Symbole wie etwa einen Totenschädel oder eine ausgeblasene Kerze in die Motive mit ein – als Zeichen der Vergänglichkeit mit dem Verweis darauf, dieses daher ausgiebig zu genießen. Die Darstellung von Haushaltsgegenständen hingegen ging auf das 15. Jahrhundert zurück.

Vorzugsweise kaufte das kunstbeflissene holländische Publikum Szenen aus dem Alltag – Innenraumansichten mit Blick auf eine Landschaft oder Stillleben. Solche Genre-Bilder (die man erst im 18. Jahrhundert so bezeichnete)waren klein im Format, höchst detailgetreu gemalt und hielten das Familienleben des Mittelstandes in dessen unverwechselbarem Ambiente fest. Sie sind Spiegel des Geschmacks ihrer Eigentümer – eigenwillige Kaufleute, die als bodenständige Pragmatiker der Hinwendung zum Schönen und Idealen misstrauisch gegenüberstanden. Hinter der realistischen Darstellungsweise dieser Bilder verbarg sich oft auch eine moralische Botschaft, die stärker als in den *memento-mori*-Stillleben vieldeutig war. Zahlreiche Anspielungen auf sexuelle Übertretungen (Untreue) sind zu finden, die aber so verhalten daherkommen, dass sie es dem Betrachter überlassen, sich genussvoll darüber zu amüsieren oder den bedenklichen Fehltritt zu verurteilen: Die calvinistische Prädestinationslehre hatte den Grundsatz christlicher Willensfreiheit nicht angetastet. *Der galante Offizier* von GERARD TER BORCH ist ein gelungenes Beispiel für Darstellungen verfänglicher Szenen, ebenso JUDITH LEYSTERS (1629 bis nach 1688) Gemälde *Der Vorschlag* ▸13.56, auf dem eine Frau ihren Verehrer und dessen Zudringlichkeiten abwehrt, indem sie seine Goldmünzen offerierende Hand ignoriert. *Der Leinzeugschrank* ▸13.54 von PIETER DE HOOCH (1629–1688) wiederum zeigt einen perfekt aufgeräumten Haushalt mit glänzend polierten Fluren. Dargestellt sind eine ihrer Herrin saubere Wäsche reichende Magd und ein spielendes Kind. Über der Tür thront eine Statuette von Merkur, Gott des Handels, mit einem Geldbeutel in der Hand. Es ist ein selten poetisches Bild von Häuslichkeit, dem eine zurückhaltende, warme Farbigkeit, feinsinnige Lichtabstufungen und eine komplexe räumliche Gliederung seine Wirkung verleiht: Durch einen anderen Raum und die geöffnete Haustür schauen wir auf ein sonnenbeschienenes Haus auf der anderen Seite des Kanals.

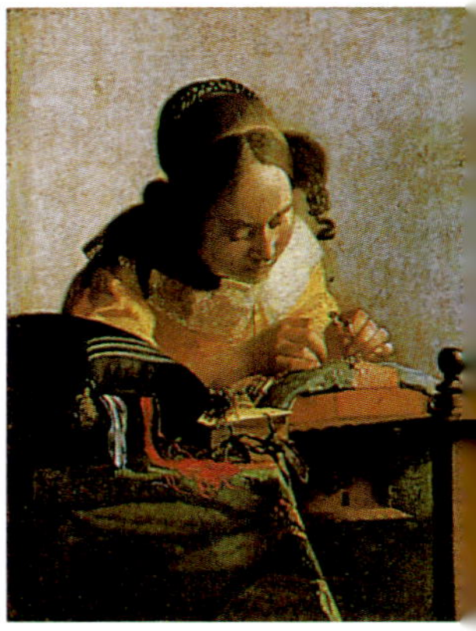

13.57 JAN VERMEER, *Die Spitzenklöpplerin*, um 1670, 24 x 21 cm. Louvre, Paris.

13.58 JAN VERMEER, *Die Malkunst (Allegorie der Malerei)*, um 1670, Leinwand, 120 x 100 cm. Kunsthistorisches Museum, Wien.

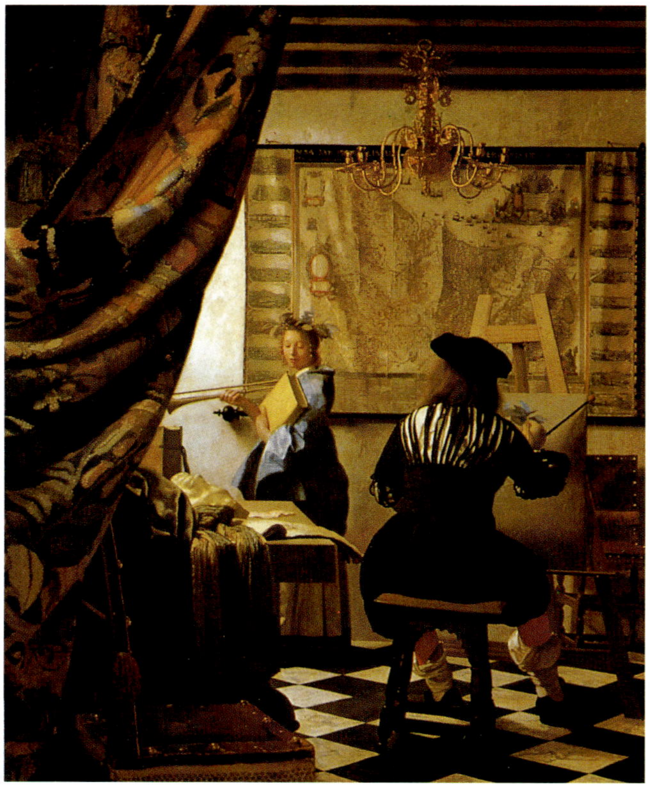

*Vermeer*

Auch JAN VERMEER (1632–1675) war ein Spezialist des Genres. Er malte sehr wenig – nicht mehr als 35 erhaltene Bilder können ihm zugeschrieben werden – und unterhielt seine große Familie anscheinend als Gastwirt und Kunsthändler. Aber er unterschied sich von seinen Zeitgenossen durch die ihm eigene fast bebend-empfindsame Wiedergabe von Licht und seine höchst verfeinerte Farbkultur. Die erstaunliche Leuchtkraft seiner Gemälde entstand aus der Beobachtung und einem intuitiven Gefühl für die Feinheiten sich gegenseitig durchdringender, reflektierter Farben. Einzigartig ist seine Methode, funkelndes Licht in winzigen perlartigen Punkten einzufangen, die über die Umrisslinien von Gegenständen hinausgehen ▸ 13.57. Seine Werke hat man oft fälschlich für nüchterne Abbilder des täglichen Lebens gehalten; und eines, so glaubte man, sollte den Künstler selbst in seinem Atelier darstellen, bis man entdeckte, dass seine Witwe ihm den Titel *De Schilderconst – Die Malkunst* – gegeben hatte. Der Maler trägt ein burgundisches Kostüm aus dem 16. Jahrhundert, und sein Modell ist dargestellt mit den Attributen Klios, der Muse der Geschichte ▸ 13.58. Der reiche Vorhang erinnert an die üppigen Draperien der offiziellen Porträts ▸ 13.14. An der Wand hängt eine zeitgenössische holländische Landkarte, wie es sie in vielen Häusern zu jener Zeit gab und wie sie auch auf anderen Bildern von ihm erscheinen. Wollte VERMEER mit diesem Gemälde den Anspruch der Malerei auf Anerkennung als freie Kunst unterstützen, so wie auch VELÁZQUEZ in *Las Meninas* ▸ 13.36 (Damals suchten holländische und spanische Maler diesen gehobenen Status für sich durchzusetzen und sich von den Handwerkszünften abzugrenzen.)

Seit der Mitte des 17. Jahrhunderts dominierte der französische Einfluss in den Niederlanden. VERMEERS Name wurde in den akademisch orientierten Geschichtsbüchern der holländischen Kunst übergangen, und sein Werk war fast vollständig vergessen, bis es in der Mitte des 19. Jahrhunderts neu entdeckt wurde.

## Deutschland und Frankreich

In den Niederlanden gab es keine mit der Malerei vergleichbare plötzliche und fruchtbare Blüte der Architektur. Das klassisch proportionierte Mauritshuis in Den Haag mit seinen Giebeln und seiner riesigen Reihe ionischer Pilaster ist eine Ausnahme ▸ 13.59. Es wurde 1630 von JAKOB VAN CAMPEN (1595–1657) für Maurits van Nassau, einen ungewöhnlich gelehrten Humanisten und Gönner der Künstler und Wissenschaftler, entworfen. Mit diesem Gebäude führte VAN CAMPEN eigentlich einen reinen klassischen Stil, der von dem Nachfolger PALLADIOS, VINCENZO SCAMOZZI (1552–1616), und den Palästen Genuas, so wie RUBENS sie gemalt hatte, abgeleitet war, in den Niederlanden ein. Er entwarf ebenfalls das Rathaus von Amsterdam (heute das Königliche Schloss), in dem Einflüsse französischer ebenso wie italienischer Architektur wirksam wurden. Die eindrucksvolle Tempelfassade mit den zwei Reihen korinthischer Pilaster außen und die großartigen Säle im Inneren sind eine machtvolle Zurschaustellung niederländischen Selbstvertrauens und Reichtums. Es wurde im Jahre 1648 begonnen, im Jahre des Westfälischen Friedens, durch den die Unabhängigkeit der Vereinigten Provinzen offiziell anerkannt wurde. Hier, wie auch in England und Deutschland, wurde bis ins späte 17. Jahrhundert hauptsächlich der klassische Stil bei der Errichtung öffentlicher Gebäude angewandt.

Die Stellung ELIAS HOLLS (1573–1646) in Deutschland und INIGO JONES' (1573–1652) in England in der Architekturgeschichte entspricht der VAN CAMPENS in den Niederlanden. Zur gleichen Zeit entwickelten beide einen klassizistischen Stil nach italienischer Art, allerdings mit einigen bedeutsamen Unterschieden. JONES war Hofarchitekt, der ebenso oft Festlichkeiten des Hofes in Szene zu setzen wie Gebäude zu entwerfen hatte (sein Banquetting House in Whitehall, London, ist am bekanntesten). HOLL war ab 1602 Stadtwerkmeister, oberer Baumeister für Hoch- und Tiefbau sowie Stadtgeometer der freien Reichsstadt Augsburg und gestaltete als solcher ebenso Zweck- wie Monumentalbauten, bis er 1635 als Protestant entlassen wurde. Während JONES einen großartigen fürstlichen Rahmen für Karl I. und seinen Hof herstellte, brachte HOLL die eher nüchternen Ideale seiner praktischer denkenden Auftraggeber, der wohlhabenden Augsburger Kaufleute, zum Ausdruck, etwa in der St.-Anna-Schule (entworfen 1613, Originalausstattung im Zweiten Weltkrieg untergegangen). Der erste Entwurf für sein Hauptwerk, das Rathaus, war streng – ein massiver Block mit einem bossierten Unterbau, vorspringenden Ecken, zwei Stockwerken quadratischer Fenster zu beiden Seiten eines Säulenportals und zwei weiteren Stockwerken mit Fenstereinfassungen nach PALLADIO. Die Notwendigkeit eines geräumigen Empfangssaals, der die ganze Tiefe des Gebäudes einnehmen sollte, zwang ihn jedoch dazu, den mittleren Teil der Fassade nach oben zu schieben. Er versah sie darauf mit einem Giebel, was dem Gebäude einen unerwarteten vertikalen Akzent gab. Bevor noch das Rathaus vollendet war, brach der Dreißigjährige Krieg aus, und bis zum Ende des Jahrhunderts wurde im zerstörten Deutschland kein Bau dieser Größe mehr aufgeführt.

Frankreich blieb durch die Staatskunst der Kardinäle Richelieu und Mazarin, die das Land zur ersten Macht in Europa machten, von Unruhen wie in Deutschland verschont. Die bildenden Künste waren innerhalb eines staatlichen Kulturkonzepts in den Dienst der absolutistischen Herrschaft getreten. Kein Kunststil drückt die politischen Ziele und Leitungen eines Monarchen direkter aus als das nach Ludwig

13.59 JACOB VAN CAMPEN, Mauritshuis, Ansicht von Süden, 1633–1644, Den Haag.

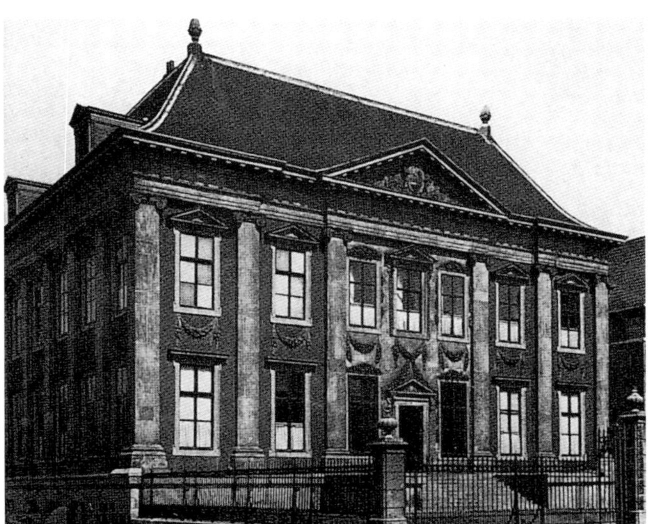

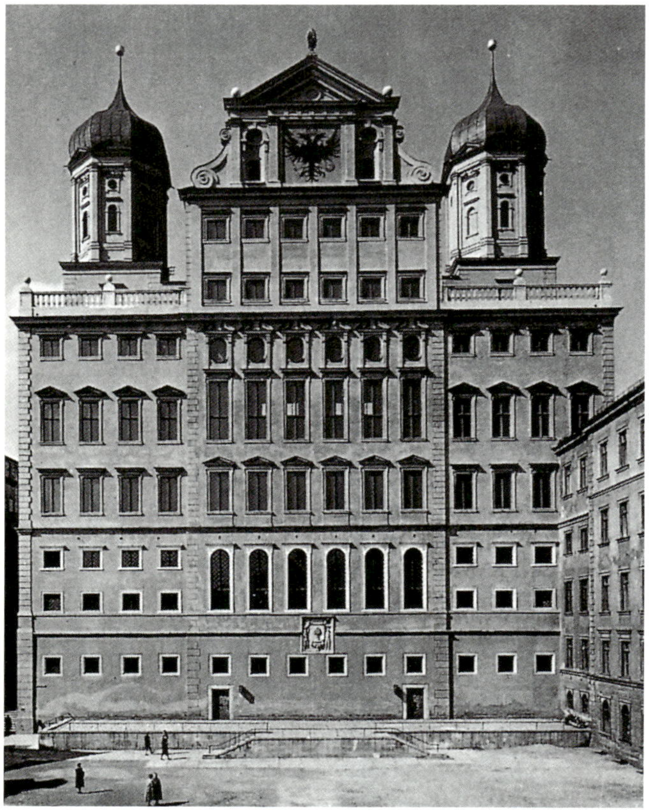

13.60 ELIAS HOLL, Rathaus Augsburg, Rückseite, 1610–1620.

XIV. (1643–1715) benannte Louis-quatorze. Wie überhaupt nichts bezeichnender für die Symbiose von Staat und Kunst ist als die Stil- und Epochenbegriffe der französischen Kunst, die nach den Regierungszeiten der Könige benannt werden. Bevor Ludwig XIV. 1661 seine lange Regierungszeit antrat, waren die größten Hindernisse für die zentralisierte Organisation eines absolutistischen Staates bereits beseitigt worden. Unter ihm wurde die alte Feudalaristokratie auf rein höfische Funktionen reduziert, so dass unlängst geadelte Familien (die ›noblesse de la robe‹) Macht erlangen und schließlich sogar Inhaber der wichtigsten Regierungsämter werden konnten. In diesem Kreis der Oberschicht fand der größte französische Maler seiner Zeit, NICOLAS POUSSIN, Käufer für seine späten ›klassizistischen‹ Werke. Für einen der Reichsten unter ihnen, den Finanzminister Nicolas Fouquet, entwarf der Architekt LOUIS LE VAU (1612–1670) ein luxuriöses Schloss in Vaux-le-Vicomte, das Vorbild für Versailles ▸ 13.62;66. Alle bildenden Künste, einschließlich der Gartenarchitektur, wurden in Vaux-le-Vicomte zur Verherrlichung des Absolutismus eingesetzt. Prinzipien logischer Klarheit und eindrucksvolle raumgreifende Pracht fanden ihre konsequente Realisierung. Ludwig war äußerst beeindruckt, so stark, dass er Fouquet wegen Veruntreuung verhaften ließ und dessen Architekten, Künstler und Handwerker selbst übernahm.

13.63 CLAUDE PERRAULT, LOUIS LE VAU und CHARLES LEBRUN, Ostfront des Louvre, Paris, 1667–1670.

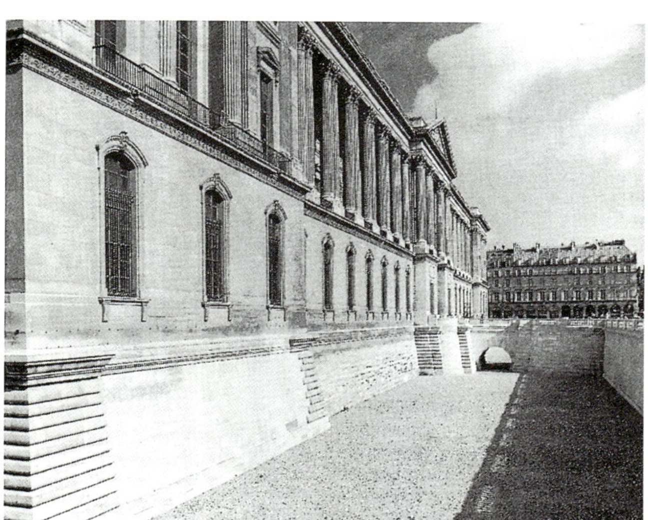

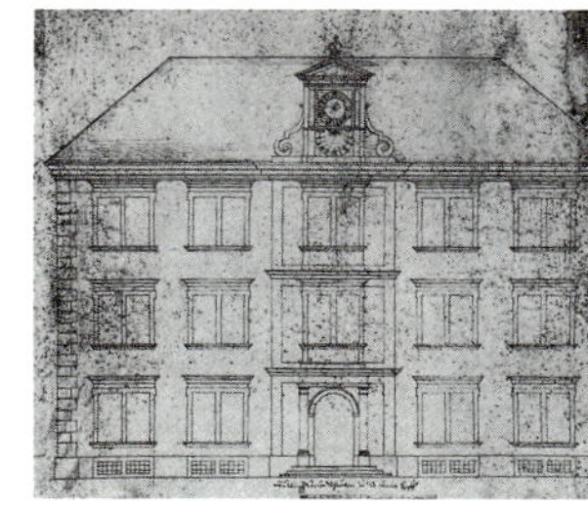

13.61 ELIAS HOLL, Schaufassade des Anna-Gymnasiums, Augsburg, Werkzeichnung. Städtische Kunstsammlungen, Augsburg.

Die Einbeziehung der Künste in den Dienst der Monarchie war eine der großen administrativen Leistungen von Jean-Baptiste Colbert (1619–1683), einem Mann von einfacher Herkunft, der zum Ratgeber des Sonnenkönigs in politischen, wirtschaftlichen, religiösen und künstlerischen Fragen wurde. Er versammelte die besten Teppichweber, Möbelschreiner und andere Handwerker in einer einzigen Fabrik, den ›Gobelins‹, um die Ausstattung für die königlichen Paläste herstellen zu lassen. Die Leitung wurde CHARLES LEBRUN (1619–1690) übertragen, einem Maler, der sehr von POUSSIN beeinflusst war. Colbert reformierte auch die Pariser Malerakademie, indem er sie fast zu einem Teil der Staatsverwaltung machte und sie zu einem Lehrinstitut entwickelte, das die gründlichste künstlerische Ausbildung bot, die man sich denken konnte. Von der Neigung der Akademie zur Systematisierung und Reglementierung – auch von ihrem autoritären Ton – legen LEBRUNS Vorlesungen ein beredtes Zeugnis ab. Unter anderem wurden Richtlinien erstellt, wie Leidenschaften ›korrekt‹ darzustellen seien. Die Tradition, vielversprechende Studenten nach Rom zu schicken, damit sie dort die Meisterwerke antiker Skulptur und der Renaissancemalerei studieren und kopieren konnten, sollte die Orientierung am klassischen Geschmack sichern.

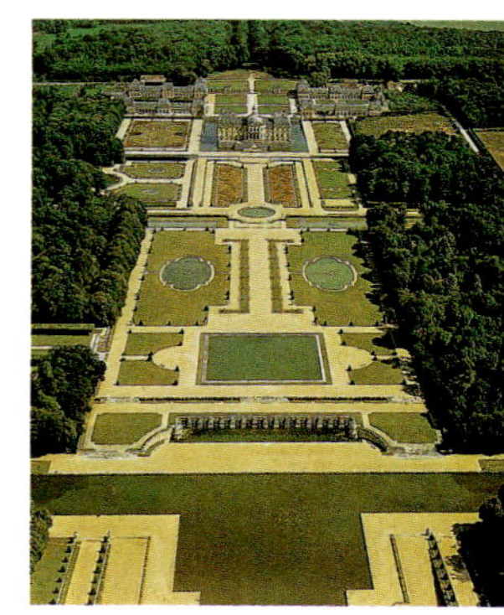

13.62 LOUIS LE VAU, Schloss Vaux-le-Vicomte bei Melun; ANDRÉ LE NÔTRE, Schlosspark, 1656–1660.

In einem Memorandum an den König schrieb Colbert: *»Ihre Majestät wissen, dass abgesehen von Kampfhandlungen im Krieg nichts so geeignet ist, die Größe und den Geist von Fürsten aufzuzeigen wie Bauten; und die Nachwelt wird sie nach dem Maßstab jener prächtigen Baulichkeiten beurteilen, die sie zu ihren Lebzeiten errichtet haben.«* Als erste Aufgabe übernahm der König die Vollendung des Louvre, des Königspalastes in Paris. 1665 wurde BERNINI als Ratgeber hinzugezogen. Aber man lehnte seine Entwürfe ab. Der König stimmte einem von zwei Alternativplänen zu, die ihm ein Komitee vorlegte, bestehend aus LEBRUN, LOUIS LE VAU und CLAUDE PERRAULT (1613–1688), einem Wissenschaftler und Kenner der klassischen Architektur. Mit ihren streng römischen Details, ihrer Klarheit in der Definition der Proportionen und ihrer trockenen, kühlen Eleganz der Gliederung ist die neue Ostfront klassisch in einem strengeren Sinn als jedes frühere Gebäude in Frankreich ▸ 13.63. Es gab jedoch kein Vorbild für die Doppelsäulen und die bekrönten Fenster, die so auffallend zur ›Modernität‹ des Gebäudes beitragen.

Während die Ostfront des Louvre gebaut wurde, beschloss Ludwig XIV., seinen Hauptwohnsitz außerhalb von Paris zu nehmen, in Versailles. Ein relativ kleines Schloss, das sein Vater gebaut hatte, wurde erst von LE VAU, dann von JULES HARDOUIN-MANSART (1646–1708) in den größten und prächtigsten Palast der Welt verwandelt ▸ 13.66. Er liegt in einem riesigen, nach Plänen von ANDRÉ LE NÔTRE (1613–1700) gestalteten Park. Das Schloss von Versailles gab dem endlosen Zeremoniell des höfischen Lebens den passenden Rahmen. Zudem war es eine Manifestation der Entschlossenheit Ludwigs XIV., als größter Herrscher in Europa zu gelten. Versailles

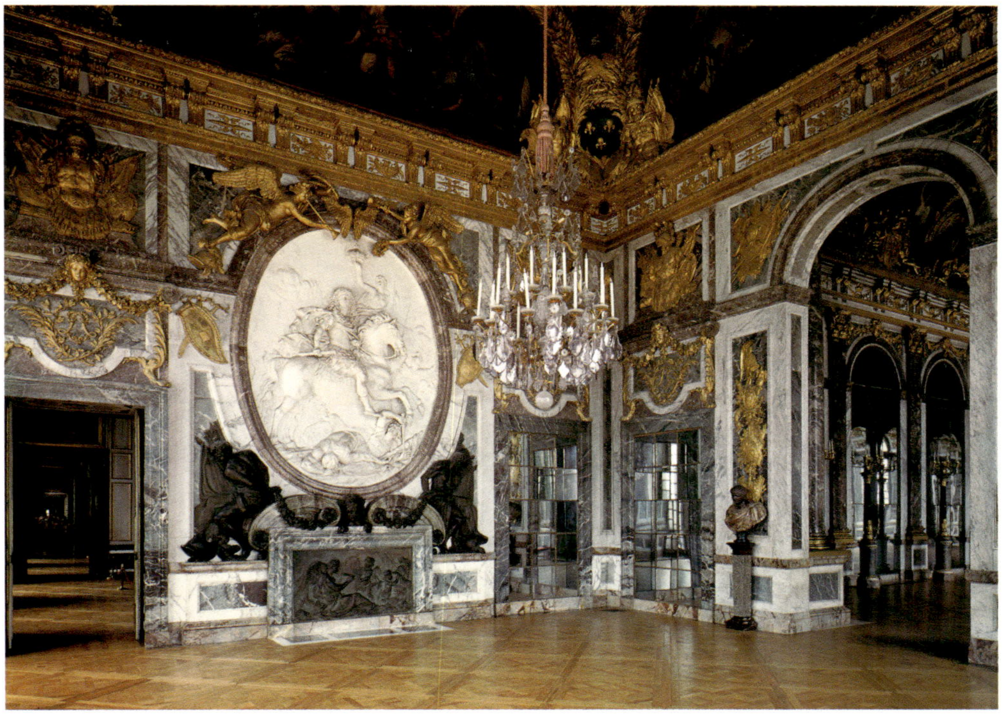

13.64 ANTOINE COYSEVOX, *Ludwig XIV. zu Pferd*, 1683–1685, Stuckrelief, überlebensgroß, Salon des Krieges, Versailles.

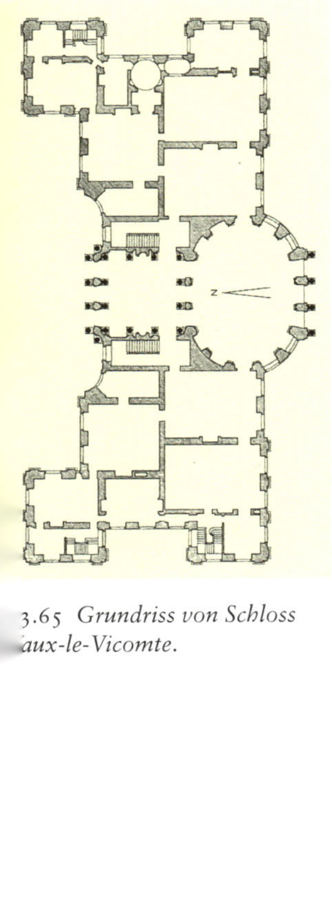

3.65 *Grundriss von Schloss aux-le-Vicomte.*

ist das Werk mehrerer Generationen von Architekten, Künstlern und Handwerkern, das über fast ein halbes Jahrhundert lang allmählich und nicht nach einem festen Plan ausgeführt wurde. Dennoch ist der ganze Komplex von Gebäuden und Gärten ungewöhnlich einheitlich. Die persönliche Zustimmung des Königs war selbst für kleinere dekorative Einzelheiten erforderlich – von denen die meisten entweder direkt oder allegorisch auf ihn anspielten.

Eine ganze Reihe von Staatsgemächern entstand nach 1678, als die Kriege gegen Spanien, die Niederlande und das Heilige Römische Reich mit großem territorialen Gewinn für Frankreich zu Ende gingen. An der Decke der Spiegelgalerie von Versailles übersetzte LEBRUN die Geschichte der Kriege in die Bildersprache der klassischen Mythologie mit dem König in der Gestalt Apolls. Den Salon des Krieges, der zur Galerie führt, beherrscht ein überlebensgroßes Stuckrelief des Königs zu Pferd von ANTOINE COYSEVOX (1640–1720) ▸ 13.64.

Wie von Ludwig XIV. beabsichtigt, zog Versailles die Aufmerksamkeit ganz Europas auf sich. Das Schloss wurde zum Vorbild für jeden Königshof, und sogar der Sultan von Marokko wetteiferte mit ihm in Meknès. CHRISTOPHER WREN (1632–1723) nahm darauf Bezug, als er Hampton Court in der Nähe von London für Ludwigs Hauptwidersacher, Wilhelm von Oranien, Statthalter der holländischen Republiken und seit 1688 König von England, vergrößerte. In Frankreich jedoch wuchs Widerstand gegen diese Künstlichkeit an, und gegen Ende des Jahrhunderts wurden Stimmen laut gegen den beherrschenden Klassizismus der Akademie. Bewunderer von RUBENS bestritten die Überlegenheit POUSSINS, und zum ersten Mal begann der Geschmack der Kunstmäzene aus dem Mittelstand, die holländische und flämische Genrebilder sammelten, in der Entwicklung der französischen Kunst eine Rolle zu spielen.

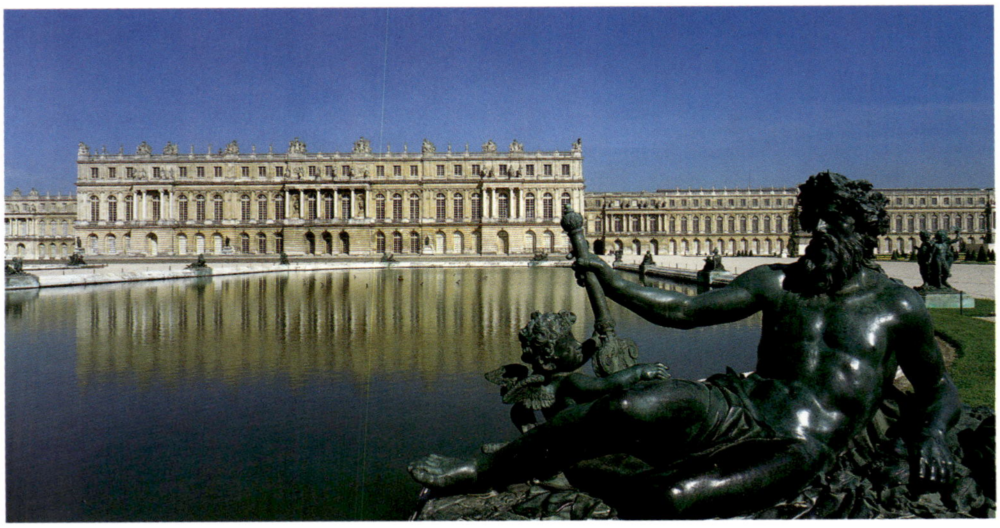

13.66 JULES HARDOUIN MANSART, Nordflügel des Schlosses von Versailles, 1685–1689.

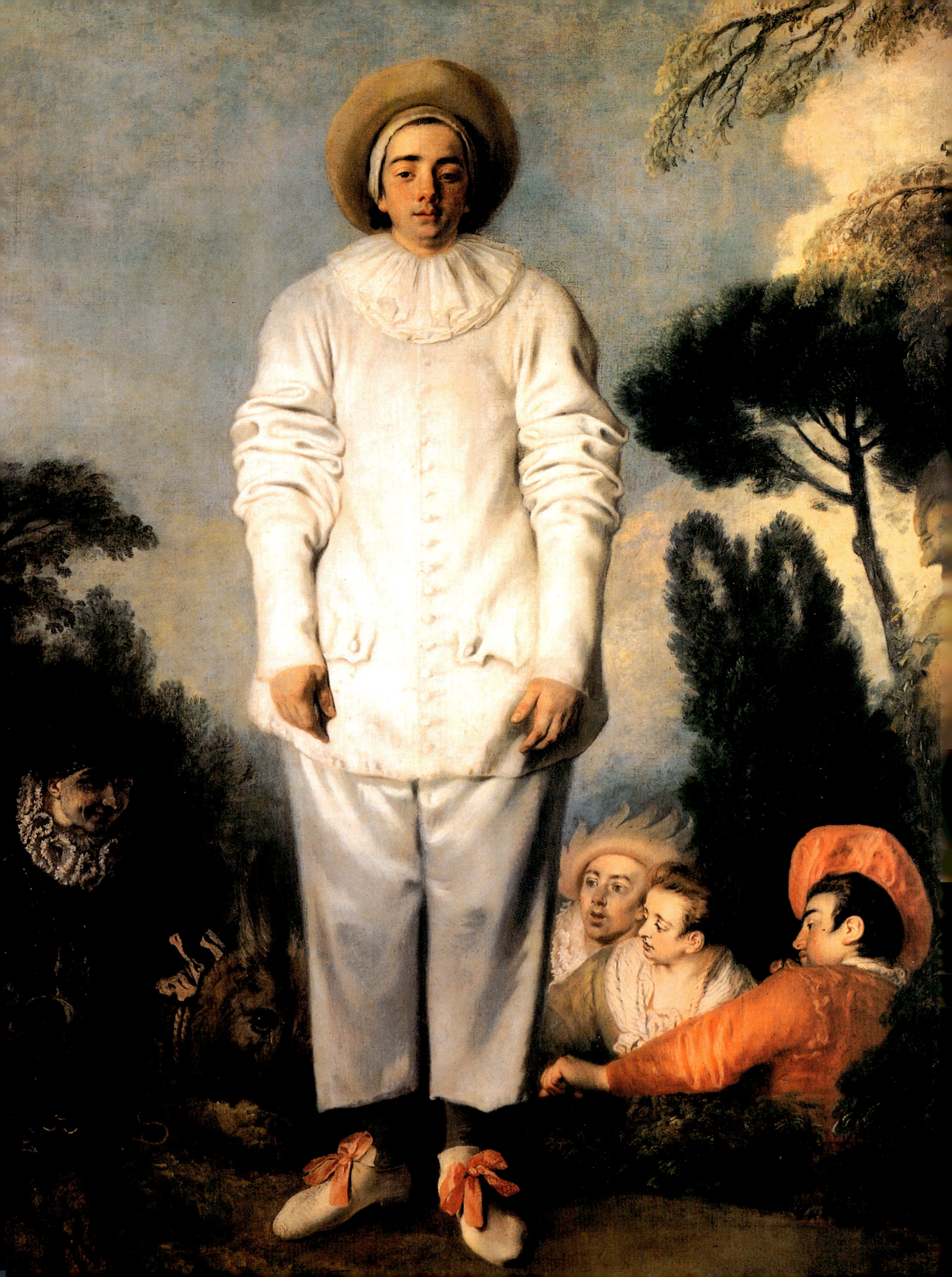

# 14
# Aufklärung und Freiheit

Fast alles, was die moderne westliche Welt von früheren Jahrhunderten unterscheidet – industrielle Produktion, bürokratisierte Regierung, die neuen Ideen, welche die Wissenschaft in die Philosophie einführte, die ganze Spannweite der Gedanken und Meinungen –, überschnitt sich im 18. Jahrhundert mit der alten politischen und sozialen Ordnung, dem Ancien régime. Es war die letzte Epoche, in der noch weitgehend galt, dass »Könige von Gottes Gnaden eingesetzt sind«, die erste, in der gefordert werden konnte (in den Worten der amerikanischen Unabhängigkeitserklärung, 1776):
*»Alle Menschen sind gleich geschaffen, sie sind von ihrem Schöpfer mit bestimmten unveräußerlichen Rechten ausgestattet, zu denen Leben, Freiheit und das Streben nach Glück gehören.«*

Die Unvereinbarkeit dieser Forderungen mit den traditionellen monarchischen oder oligarchischen Herrschaftsformen zeigte sich erst im letzten Jahrzehnt des Jahrhunderts, als die Französische Revolution den Gedanken von ›Freiheit, Gleichheit und Brüderlichkeit‹ eine neue und explosive Bedeutung gab. Die Revolution, mit der das Jahrhundert endete, war weder unvermeidlich noch unvorhersehbar gewesen. Aufgeklärte Repräsentanten des Ancien régime – besonders Friedrich der Große von Preußen (1740–1786) und Joseph II. von Österreich (1780–1790), sogar bis zu einem gewissen Grad Ludwig XVI. von Frankreich (1774–1793) – bemühten sich, gemeinsam mit fähigen Ministern, materiellen Fortschritt zu fördern und Toleranz und Humanität zu stärken, oft unter Umgehung der Vorrechte des Adels, der Kirche und Zünfte.

Bis zum Ende des Jahrhunderts behielt das Christentum seine Macht, noch zweifelte die Masse der Bevölkerung in protestantischen und katholischen Ländern nicht daran. Dies spiegelt sich deutlich in den Künsten wider. In dem Zeitabschnitt, der mit Johann Sebastian Bach (1685–1750) und Georg Friedrich Händel (1685–1759) begann und mit Wolfgang Amadeus Mozart (1756–1791) und Joseph Haydn (1732–1809) endete, waren trotz der Entwicklung von Opern- und Kammermusik viele der bedeutendsten Musikwerke religiös. Das katholische Europa ließ im Bauen und bei der Aus-

| | BILDENDE KUNST |
|---|---|
| 1711–22 | PÖPPELMANN, Zwinger, Dresden ▸ 14.16;17 |
| Um 1717/18 | WATTEAU, *Les fêtes vénitiennes* ▸ 14.3 |
| 1730 | RESTOUT, *Tod der hl. Scholastica* ▸ 14.1 |
| 1739 | CHARDIN, *Die Gouvernante* ▸ 14.9 |
| 1743 | HOGARTH, *Marriage à la mode* ▸ 14.31 |
| 1745–54 | ZIMMERMANN, Wieskirche bei Steingaden ▸ 14.19;20 |
| 1752–53 | TIEPOLO, Deckenfresko in der Würzburger Residenz ▸ 14.26;28 |
| 1760–69 | ADAM, Syon House, Middlesex ▸ 14.35 |
| Um 1770 | WEST, *Tod des Generals Wolfe* ▸ 14.39 |
| 1771–72 | FRAGONARD, *Die Überraschung* ▸ 14.13 |
| 1784–85 | DAVID, *Der Schwur der Horatier* ▸ 14.44 |
| 1785–96 | HOUDON, *Porträtstatue von Washington* ▸ 14.42 |
| 1787–93 | CANOVA, *Amor und Psyche* ▸ 14.41 |
| 1789 | HOUDON, *Porträtbüste Jeffersons* ▸ 14.40 |
| 1793 | DAVID, *Der ermordete Marat* ▸ 14.46 |

| | HISTORISCHE & KULTURELLE DATEN |
|---|---|
| 1714 | Georg I. wird König von England |
| 1715 | Tod Ludwigs XIV.; Regentschaft bis 1723 |
| 1719 | Defoe, *Robinson Crusoe* |
| 1720 | Staatsbankrott in Frankreich |
| 1735 | Linné, *Systema naturae* |
| 1738 | In England wird die erste Spinnmaschine patentiert |
| 1740 | Friedrich II. (der Große) wird König von Preußen |
| 1751–52 | Diderot und d'Alembert, *Encyclopédie* |
| 1754 | Erstes Eisenwalzwerk (England) |
| 1759 | Die Engländer nehmen Quebec; der Weg wird frei zur Annexion Kanadas |
| 1762 | Rousseau, *Contrat social* |
| 1764 | Winckelmann, *Geschichte der Kunst des Altertums* |
| 1771 | Erste Spinnereimanufaktur (England) |
| 1773 | Unterdrückung der Jesuiten; ›Boston Tea Party‹ |
| 1774 | Ludwig XVI. wird König von Frankreich |
| 1776 | Amerikanische Unabhängigkeitserklärung; Gibbon, *Decline and Fall of the Roman Empire,* Bd. I |
| 1783 | Friede von Versailles: Die europäischen Großmächte erkennen die Vereinigten Staaten von Amerika an |
| 1787 | Mozart, *Don Giovanni* |
| 1789 | Sturm auf die Bastille; Erklärung der Menschenrechte |
| 1791 | Paine, *Rights of Man* |
| 1792 | Wollstonecraft, *Rights of Women*; erster dampfbetriebener Webstuhl (England) |
| 1793 | Hinrichtung Ludwigs XVI. |
| 1799 | Napoleon Bonaparte wird Erster Konsul |

AN-ANTOINE WATTEAU,
*illes*, Leinwand, 184 x 149 cm.
ouvre, Paris.

gestaltung von Kirchen, Klöstern und religiösen Stiftungen nicht nach. Vor allem in Frankreich folgte das meiste bewährten Mustern. Bessere Arbeiten stehen meist mit einer Theologie in Zusammenhang, die persönliche Andacht favorisierte, was in der Kunst zu größerer Einfachheit und Strenge führte. Die Darstellung des *Todes der hl. Scholastica*, der Gründerin der Benediktinerinnen ▸ 14.1 von JEAN RESTOUT (1692–1768), ist hierfür ein gutes Beispiel. In überdurchschnittlicher Weise wird hier die Intensität religiöser Erfahrung anschaulich. Jenes für das 18. Jahrhundert so zentrale Gefühl, die Sensibilität, wird hier ins Dramatische gewendet.

Weltliche Werke machten nur einen Teil im gesamten Schaffen von französischen, deutschen, spanischen und italienischen Malern und Bildhauern aus – allerdings ist dies der Teil, der im historischen Rückblick hervorsticht. Ähnlich waren die Denker der Aufklärung, die die christliche Lehre in Zweifel zogen, eine kleine Minderheit, und nur sehr wenige verwarfen die Religion pauschal. Die Brillanz ihrer Schriften und der Einfluss ihres Denkens allerdings waren so stark, dass das ganze Jahrhundert auch als ›Zeitalter der Aufklärung, der Vernunft‹ bezeichnet werden kann.

Die Aufklärung ging von den philosophischen und wissenschaftlichen Gedanken des 17. Jahrhunderts aus, besonders von denen Descartes' (s. S. 527 f.), John Lockes (1632–1704), der eine auf empirischer Beobachtung und dem ›common sense‹ basierende Philosophie vertrat, und von Isaac Newton (1642–1704), der eine rationale Erklärung für die den Aufbau und die Funktion des Universums bestimmenden Gesetze entwickelte. Trotz grundlegender Unterschiede verband die geistigen Führer der Aufklärung im 18. Jahrhundert die gemeinsame Überzeugung, dass die Macht des menschlichen Ver<standes jedes Problem lösen könne. Sie glaubten an eine Vervollkommnung des Einzelnen und damit an die Möglichkeit des idealen Menschen wie der menschlichen Gemeinschaft. Dieser Optimismus prägte die naturwissenschaftliche Forschung und die Soziallehre. Das Wissen wurde in dieser Periode stark erweitert und fand systematisiert seinen Niederschlag in der großen französischen Enzyklopädie, die 1751 zu erscheinen begann.

»Wage zu wissen! Habe den Mut, deinen Verstand zu nutzen; das ist das Motto der Aufklärung«, erklärte Immanuel Kant 1784, obwohl ihn seine philosophische Erkenntnis schließlich dazu führte, die Unzulänglichkeiten und Irrtümer des Rationalismus bloßzulegen (s. S. 581 f.).

## Das französische Rokoko

Gerade die zarte, sensualistische und oft kapriziöse Kunst der ersten Hälfte des 18. Jahrhunderts in Frankreich scheint auf den ersten Blick im Gegensatz zu stehen zu dem vernunftbestimmten Denken der Aufklärung. Und in der Tat wurde sie von den meisten zeitgenössischen Theoretikern aus dieser Perspektive kritisiert. Später, in der Revolutionszeit, gab man ihr den Namen Rokoko und diskreditierte sie als einen Versuch, die Launen einer ausschweifenden Oberschicht zu befriedigen. Der Begriff Rokoko bezeichnete ursprünglich eine lose Anhäufung von Muscheln und muschelartigen Formen. Aber wenn es auch keinem streng durchdachten Programm folgte, so fehlte ihm doch nicht der theoretische Hintergrund. Forderungen nach Freiheit von akademischen Beschränkungen und Regeln, nach Spontaneität und Neuheit waren die treibenden Kräfte. Das Rokoko lebte von Nuancen, feinen Gegenüberstellungen von Formen, zarten Abstufungen und Mischungen von Farben. Man verstieß leichten Herzens gegen die aus der Klassik stammenden Regeln der Bildkomposition und überging die traditionellen Architekturregeln. Es bestand einhellige Zuversicht, dass sich – in den Worten von Alexander Popes *Essay on Criticism* (1711) – einige bisher unerkannte Formen der Schönheit durchsetzen könnten und dass es »namenlose Schönheit gibt, die Regeln nicht gelehrt, nur eine Meisterhand sie uns beschert«.

Solche Qualitäten konnte nur der ›Geschmack‹ erkennen, den Voltaire (François Marie Arouet, 1694–1778), der führende Geist der Aufklärung in Frankreich, so definierte: »Eine rasche Urteilskraft, schnelle Erkenntnis, die, wie der Geschmackssinn des Gaumens, dem Nachdenken zuvorkommt; wie der Gaumen genießt der Geschmack alles, was gut ist, mit vollkommener und lustvoller Empfindsamkeit und lehnt das Gegenteil mit Abscheu und Ekel ab.« Ohne Kenntnis der klassischen Regeln konnte ein Mann von Geschmack jedoch nicht das Pikante der Abweichungen von ihnen auskosten. Geschmack war das besondere Privileg einer gebildeten Schicht.

Das Rokoko entwickelte sich zunächst in Frankreich, wo der Klassizismus zum Leitprinzip eines strengen Systems künstlerischer Erziehung erhoben worden war (s. S. 555 ff.). 1698 verlangte Ludwig XIV. Bilder, die unbeschwerter und ›jugendlicher‹ sein sollten als die bisher für Versailles in Auftrag gegebenen. Auch schenkte er seine Gunst nicht mehr den Künstlern, die die offizielle Lehre der Akademie unterstützten, sondern jenen, die neue Wege gingen. Der Streit dieser beiden Parteien betraf die Bedeutung von Zeichnung und Farbe am Beispiel von POUSSIN und RUBENS. Die ›Poussinisten‹, angeführt von CHARLES LEBRUN (dem Direktor der Akademie), erklärten, dass die Zeichnung, die sich an den Intellekt wende, der Farbe überlegen sei, die nur das Auge anspreche. Die ›Rubenisten‹ dagegen argumentierten, dass Farbe notwendig sei für eine wahrheitsgetreue Nachahmung der Natur, welche sie als Hauptziel der Kunst ansahen. Dass Farbe eher die Sinne beeindrucke als den Verstand, war ihnen ein willkommener Vorzug. Von philosophischer Seite fanden sie Unterstützung ihrer Thesen. John Locke behauptete in seinem *Essay Concerning Human Understanding* (1690), dass alle Gedanken letzten Endes aus der Erfahrung hervorgingen und nie von sich aus entstünden. Man erkannte bald die Konsequenzen für die Ästhetik, und 1719 bemerkte ein führender französischer Theoretiker, Jean-Baptiste Dubos (1670–1742), dass alles, was mit dem Verstand aufgenommen werde, blass und unbedeutend scheine verglichen mit dem, was die Sinne wahrnehmen könnten. Bilder berühren Menschen stärker als Dichtung, so sagte er, weil sie *»direkt auf uns wirken durch das Sehorgan; und der Maler benutzt keine künstlichen Mittel, um seinen Effekt zu erzielen … Das Vergnügen, das wir der Kunst verdanken, ist ein körperliches Vergnügen.«*

### *Watteau, de Troy und das Interieur des Rokoko*

Der größte Maler des frühen 18. Jahrhunderts, JEAN-ANTOINE WATTEAU (1684–1721), kam nicht aus dem Kreis der Hofkünstler und stand dem kunsttheoretischen Denken fern. Sein Geburtsort ist Valenciennes, das noch sechs Jahre zuvor zu den Spanischen Niederlanden gehört hatte. Dort wurde er auch im Malerhandwerk ausgebildet. RUBENS und den großen venezianischen Koloristen des 16. Jahrhunderts galt seine Ver-

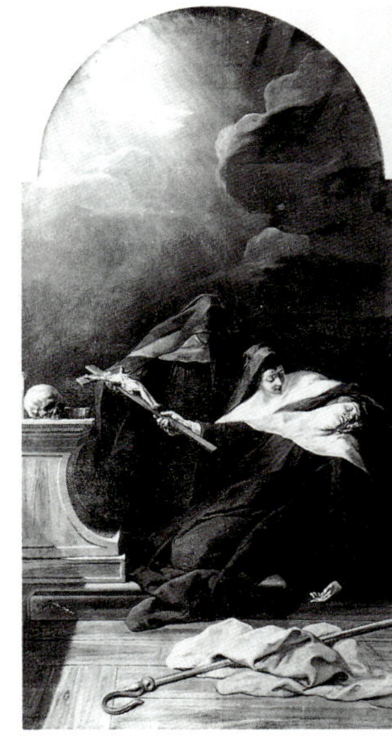

14.1 JEAN RESTOUT, *Der Tod der hl. Scholastica*, 1730, Leinwand, 3,38 x 1,9 m. Musée des Beaux-Arts, Tours.

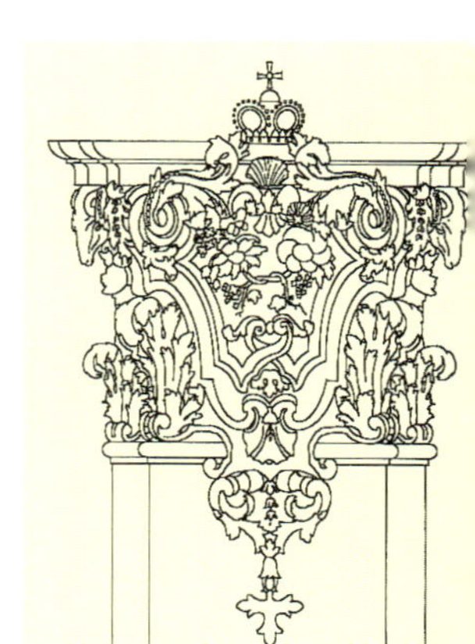

14.2 Kapitell mit Rokoko-Ornamentik.

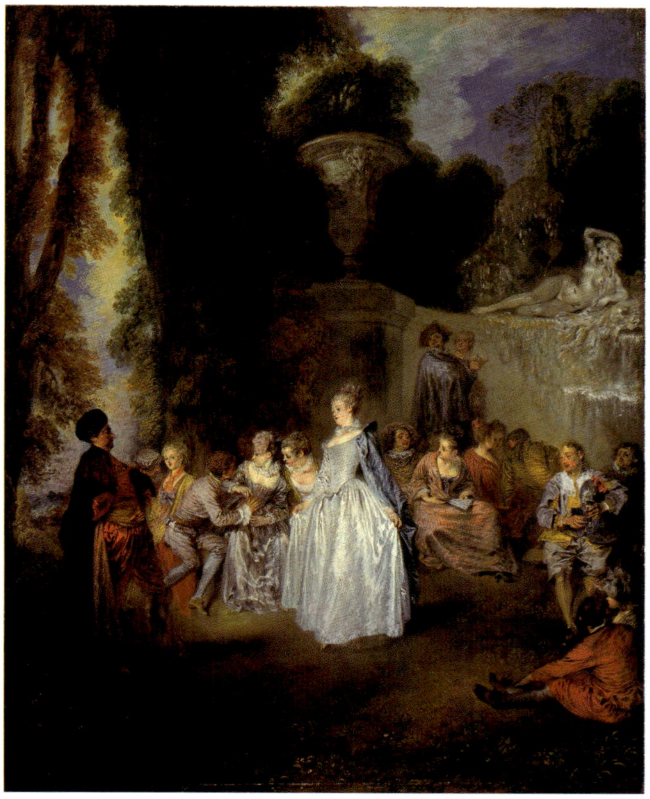

14.3 JEAN-ANTOINE WATTEAU, *Les fêtes vénitiennes*, um 1717/18, Leinwand, 55 x 45 cm. National Gallery of Scotland, Edinburgh.

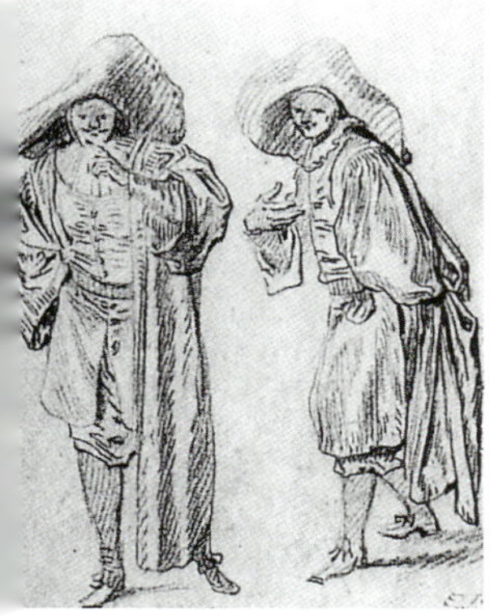

.4 JEAN-ANTOINE WATTEAU, udienblatt, Rötel, ,7 x 16,4 cm. Teylersmuseum, aarlem.

ehrung. Er malte eine Vielzahl von Themen: religiöse Bilder, Porträts, Genre- und mythologische Szenen. Aber seine eigentliche Begabung fand ihren Ausdruck in den ›fêtes galantes‹ – phantasievollen Darstellungen schön gekleideter Menschen, die sich im Freien vergnügen. In ihnen sahen seine Zeitgenossen ihre Ideale eines Lebens in der eleganten Gesellschaft verwirklicht ▸ 14.3–5. Bilder dieser Art waren von den Venezianern des frühen 16. Jahrhunderts inspiriert – besonders von GIORGIONES *Ländlichem Konzert* ▸ 11.59, das sich damals in der Königlichen Sammlung in Versailles befand. In anderer Hinsicht waren die ›fêtes galantes‹ von sprühender Modernität. *Der Tanz* (später *Les fêtes vénitiennes* genannt) ist in die Szenerie eines Parks gesetzt, wie sie erst seit kurzem angelegt wurden. Der Pinselduktus WATTEAUS ist von größter Spontaneität. In der Tonalität des Bildes verschmelzen die Figuren mit der Parklandschaft. Gleichwohl herrscht zwischen Künstlichen und dem Natürlichen eine ungewöhnlich reizvolle Balance.

Man mag bezweifeln, ob das Bild wirklich eine so einfache und unkomplizierte Verherrlichung der Freuden dieser Welt ist, wie es zuerst scheint. Der als Orientale verkleidete Mann links könnte ein Bildnis des Künstlers Nicolas Vleughels sein, die tanzende junge Frau in der Mitte ist vielleicht eine Schauspielerin, und der Dudelsackspieler rechts im Bild stellt wahrscheinlich WATTEAU selbst dar, in der Kleidung eines Bauern. Phantasie und Realität und das Wechselspiel zwischen ihnen sind das Thema des Bildes. Ironie war ein vorherrschender Zug in WATTEAUS Wesen – »er ist sarkastisch geboren«, bemerkte ein Zeitgenosse. WATTEAUS Bildern wurde ein reicher Erfolg zuteil. Sie wurden nicht nur als Gemälde kopiert, sondern erschienen auf Porzellan, Lack, Stoffen, Emaille, Silber, selbst goldenen Schnupftabakdosen. Drucke nach seinen Bildern und Zeichnungen waren in ganz Europa bekannt und inspirierten so unterschiedliche Künstler wie BOUCHER, GAINSBOROUGH und GOYA.

Einen anderen Aspekt des französischen Ideals vom eleganten Leben im frühen 18. Jahrhundert zeigt das Bild *Eine Lesung von Molière* ▸ 14.6 von JEAN-FRANÇOIS DE TROY (1679–1752). Es schildert wahrscheinlich eine Szene aus einem Roman oder Theaterstück, aber die Charakterisierung jeder einzelnen Gestalt ist so scharf und die Einzelheiten der Raumdekoration sind mit solcher Genauigkeit wiedergegeben, dass man es oft für ein Gruppenbildnis gehalten hat. Die Gestalten sind nach der letzten Mode der späten zwanziger Jahre des 18. Jahrhunderts gekleidet (zwei Damen tragen Seide mit einem Muster, das 1728 in Lyon gewebt wurde). Da von der Innenarchitektur des frühen 18. Jahrhunderts nur wenig überkommen ist, stellt TROYS Bild ein wichtiges Zeugnis dieser Kunstgattung dar. Nach der auf monumentale Raumwirkung bedachten Architektur des Hochbarock verspürte das Rokoko einen Sinn für das Intime, für überschaubare, bequeme Räumlichkeit. Nach dem Tod Ludwigs XIV. verließ die des Hofzeremoniells müde gewordene Hofgesellschaft Versailles fluchtartig und suchte in Paris ihrem Bedürfnis nach Privatheit in neuen architektonischen Lösungen Ausdruck zu verleihen. Mittelpunkt des gesellschaftlichen Lebens wurde der Salon.

Der feinste erhaltene Innenraum ist wahrscheinlich der Salon der Prinzessin im Hôtel de Soubise in Paris ▸ 14.7. Er befindet sich im ersten Stock eines Pavillons (mit einem sehr

14.5 JEAN-ANTOINE WATTEAU, *Die Einschiffung nach Cythera*, 1720, 130 x 192 cm. Schloss Charlottenburg, Berlin.

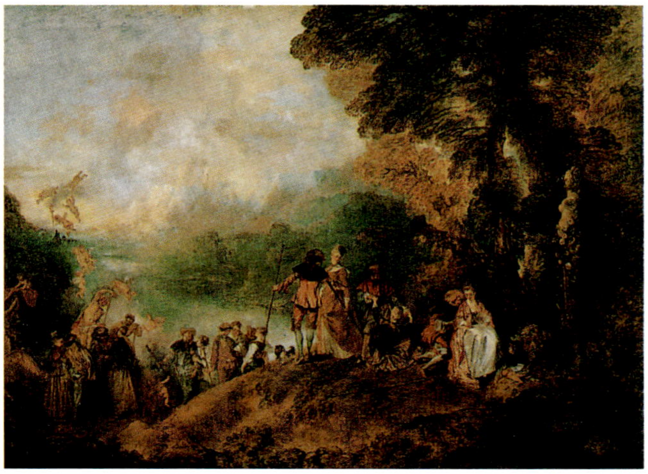

14.6 JEAN-FRANÇOIS DE TROY, *Eine Lesung von Molière*, um 1728, Leinwand, 72 x 91 cm. Sammlung Marquess of Cholmondely.

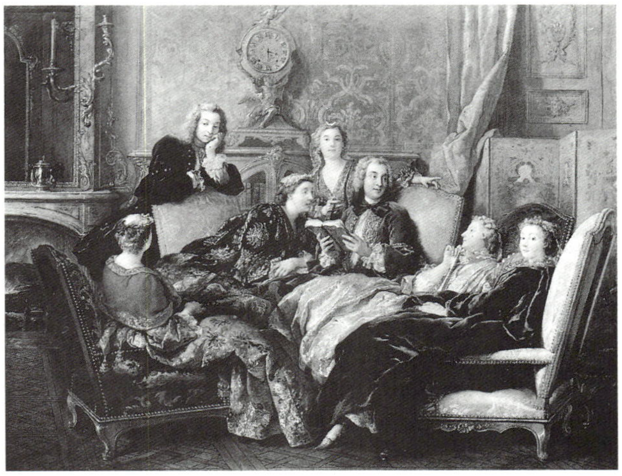

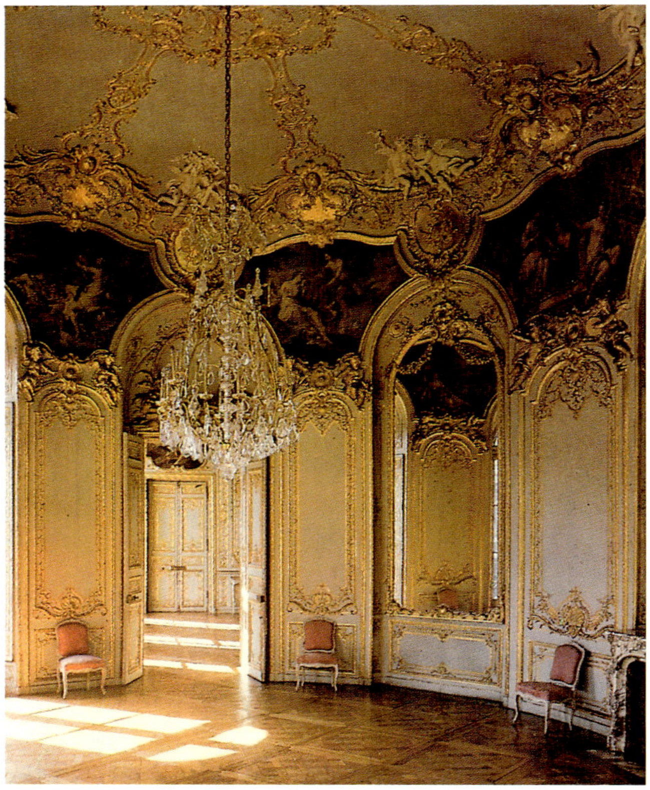

14.7 GABRIEL-GERMAN BOFFRAND, Salon der Prinzessin, Hôtel de Soubise, Paris, 1737–1740.

zurückhaltenden, fast unscheinbaren Äußeren, wie es für die französische Wohnhausarchitektur in diesen Jahren typisch war), entworfen von GABRIEL-GERMAIN BOFFRAND (1667–1754) und vollendet 1738–1740. Der ovale Grundplan erfreute sich in dieser Zeit großer Beliebtheit, da er einen freieren Eindruck schafft als Rechteck oder Kreis. Die reiche Stuckdekoration entfaltet ihr Spiel erst unter der Flut des Lichts, das durch hohe Rundbogen-Fenstertüren ins Zimmer strömt und sich in vielen Spiegeln bricht. In die Ausführung des Gesamtwerks teilten sich Künstler und Handwerker der verschiedensten Zweige. Die gefassten Schnitzereien der Wände, die zarten Stuckdekorationen an der Decke und die Puttoreliefs sind nicht weniger wichtig als die eingelassenen Bilder nach der Legende von Amor und Psyche. Letztere stammen von CHARLES-JOSEPH NATOIRE (1700–1777), einem führenden Pariser Künstler jener Zeit, der seine Kompositionen den ungewöhnlich geformten Kartuschen zwischen den Fensterbogen und dem geschwungenen Gesims anpasste. Für ein Privathaus ist dieser Raum selbst nach den Maßstäben jener Zeit recht groß, aber dabei so leicht und luftig, dass er intim wirkt. Das Rokoko weckte nicht nur den Sinn für kleine Zimmer – wie das Boudoir –, sondern stillte auch einen Bedarf nach Räumen, die einem praktischen Zweck dienten und menschlichen Maßstäben angepasst waren. Hohe Pilaster und alle anderen dekorativen Elemente, die die Bewohner klein erscheinen lassen könnten, wurden weggelassen.

### *Boucher, Chardin und Fragonard*

Der Salon im Hôtel de Soubise ist ein Meisterwerk des ›genre pittoresque‹, eines Stils, der die architektonischen Motive den ›malerischen‹ unterordnete. Zu seinen Ornamenten gehörten Muscheln, Blumen, eigenwillige Ranken, hervorsprießende Blätter und die verschiedensten Schnörkel. Leichtigkeit, Eleganz und Originalität waren die Ziele von NICOLAS PINEAU (1693–1750) und JUSTE-AURÈLE MEISSONIER (um 1693–1750), die diesen dekorativen Stil begründeten.

Koketterie und das Spiel mit dem Zweideutigen begegnen sich vielfach in der Malerei des Rokoko. Eine fast wollüstige Sinnlichkeit bringt FRANÇOIS BOUCHER (1703–1770) zur An-

14.8 FRANÇOIS BOUCHER, *Herkules und Omphale*, um 1730, Leinwand, 90 x 74 cm. Puschkin-Museum, Moskau.

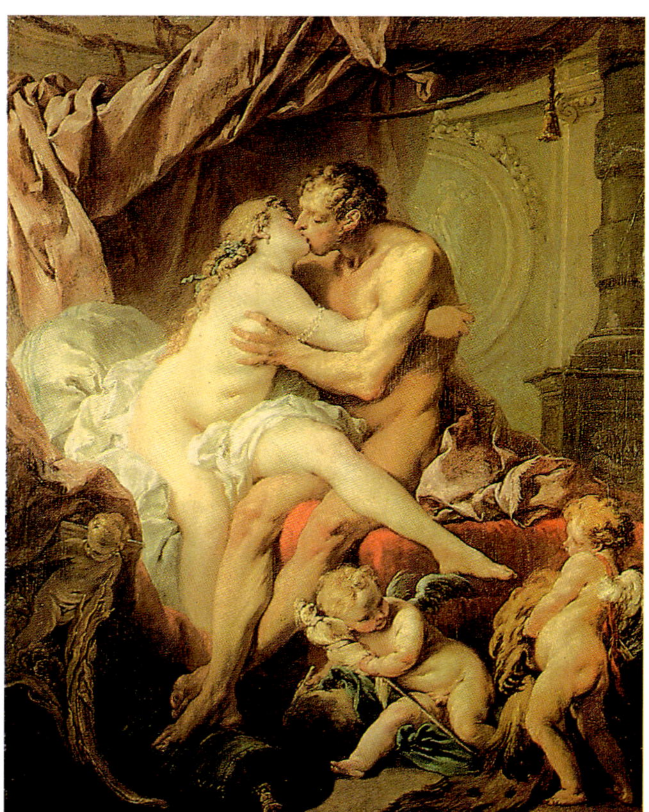

14.9 JEAN SIMÉON CHARDIN, *Die Gouvernante*, 1739, Leinwand, 46,7 x 37,5 cm. National Gallery of Canada, Ottawa.

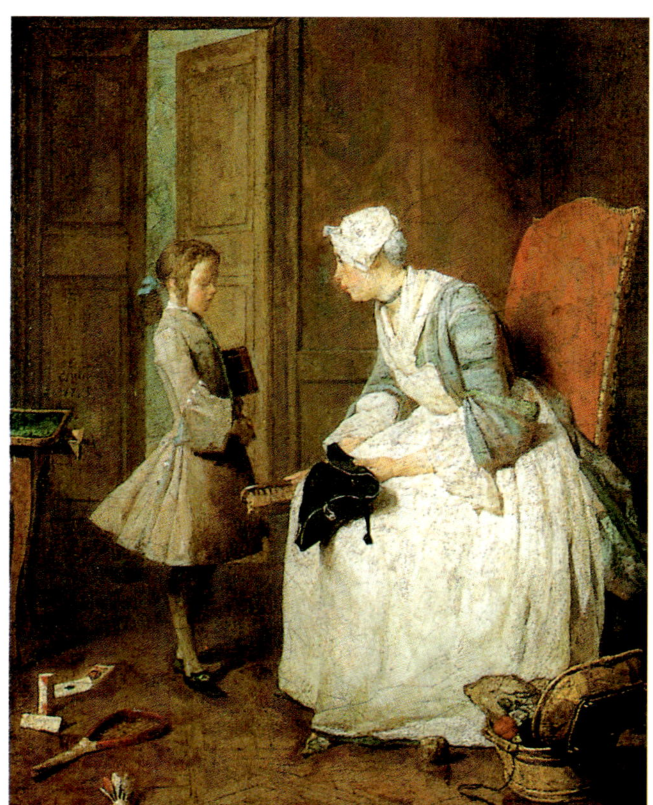

QUELLEN UND DOKUMENTE

## Diderot über Boucher, Greuze und Chardin

Denis Diderot (1713–1784), der Schriftsteller, Essayist und Herausgeber der großen französischen Enzyklopädie, besprach in den sechziger Jahren des 18. Jahrhunderts regelmäßig die Pariser Salons. Er mied die Theorie und schrieb so, als stünde er direkt vor dem Kunstwerk und ließe dieses langsam auf sich wirken. Seine Urteile sind geprägt von strenger säkularer Moral und betonen die lehrreichen und erhebenden Aspekte der Werke. Über BOUCHER schrieb er:
*»Was für eine Verschwendung von Talent und Zeit! Dieser Mann ist der Ruin unserer jungen Studenten der Malerei. Sobald sie in der Lage sind, Pinsel und Palette in der Hand zu halten, beginnen sie über girlandengeschmückten Putti zu schwitzen, rosige Hinterteile mit Grübchen zu malen und sich allerlei Überspanntheiten hinzugeben.«*

Seine Reaktion auf die nüchternen moralisierenden Gemälde eines GREUZE hingegen fiel wohlwollender aus. Über zwei seiner Gemälde schrieb er 1765:
*»Ich betrachte diese Skizzen als Meisterwerke der Komposition... Sie haben nichts Aufgesetztes oder Künstliches an sich, sondern das Interesse ist einfach und treffend und spricht zugleich jedermann an. Aber heute gibt es so wenig wahres Kunstempfinden, dass diese Skizzen vielleicht nie als Bilder ausgeführt werden, und wenn doch, dann würde Boucher eher fünfzig von seinen gewöhnlichen, liederlichen Puppen verkaufen als Greuze diese beiden erhabenen Kompositionen.«*

Schließlich sollte Diderot CHARDIN noch über GREUZE stellen und über jenen schreiben:
*»Er ist der wahre Maler, er ist der wahre Kolorist. Man macht sich keine Vorstellung von dieser Magie. Dicke Farbschichten übereinander aufgetragen, durchdringen einander von der unteren bis zur oberen Schicht. An anderen Stellen wirkt es, als habe man einen Dunst auf die Leinwand gehaucht, an anderen, als sei leichter Schaum darauf gespritzt... Nähern sie sich, und alles verschwimmt, wird flach und verschwindet: Treten Sie zurück, und alles nimmt wieder Gestalt an.«*

Einige Jahre später, zwischen 1776 und 1781, fasste Diderot seine Gedanken über Kunst in einer Sammlung aphoristischer Fragmente zusammen. Einige davon in Auswahl: *»Jedes Werk der Skulptur oder der Malerei muss Ausdruck eines großen Prinzips sein, eine Lektion für den Betrachter – andernfalls bleibt es stumm.«*
*»Eine Frage, die nicht so lächerlich ist, wie es vielleicht scheinen mag: Ist es möglich, einen reinen Geschmack zu haben, wenn man ein unreines Herz hat?«*
*»Alles Gewöhnliche ist einfach, aber nicht alles Einfache ist gewöhnlich. Einfachheit ist eines der Hauptkennzeichen der Schönheit; sie ist wesentlich für das Erhabene.«*
*»Ich bin kein Kapuziner, aber ich gebe zu, dass ich mit Freuden das Vergnügen opfern würde, attraktive Akte zu sehen, wenn ich dafür den Augenblick beschleunigen könnte, in dem eine schicklicher und moralischer gewordene Malerei und Skulptur mit den anderen Künsten darum ringen werden, zur Tugend zu inspirieren und die Sitten zu läutern. Mir scheint, ich habe genügend Titten und Hinterteile gesehen. Diese verführerischen Dinge stören die Empfindungen der Seele, indem sie die Sinne verwirren.«*
*»In dem Moment, in dem ein Künstler an Geld denkt, verliert er sein Gespür für Schönheit.«*

Denis Diderot, Sur l'art et les artistes, Paris 1967

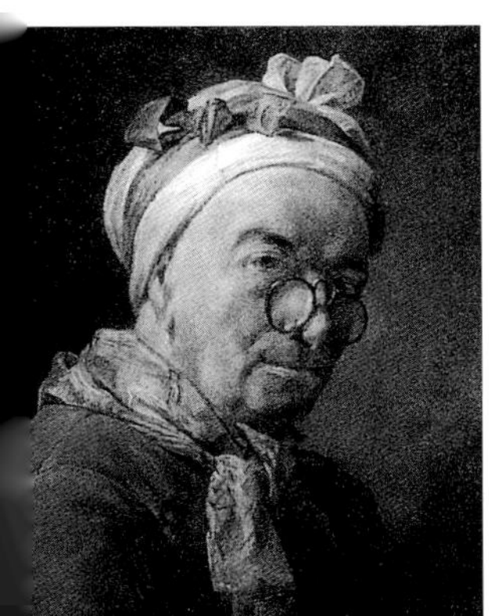

4.10 JEAN SIMÉON CHARDIN, *lbstbildnis mit Brille*, 1771, astell, 45,9 x 37,5 cm. Louvre, aris.

schauung, besonders deutlich in einem Gemälde wie *Herkules und Omphale*, wenngleich dieses Werk nicht so typisch für Boucher ist, der sonst der Fantasie gern mehr Spielraumließ. Der aus einem vergoldeten Tischbein kletternde Cupido gibt bereits das Thema des Bildes an. Von den Moralisten unter den Ästhetikern musste sich BOUCHER den Vorwurf der Frivolität gefallen lassen. Auch die starke Verwendung von Rosatönen, generell seine Naturferne und Neigung zum Artifiziellen forderten die Kritik heraus. BOUCHERS Szenen spielen sich oft im Boudoir ab und waren wohl auch zur Dekoration dieses Raumes gedacht. Seine Palette ist hell, voll perlig-fleischiger Töne und zeigt einen Anflug von Schminke. Seine Pinselführung ist leicht und flüssig mit einer stark glänzenden Oberfläche. Über allem liegt ein Hauch parfümierter, gepuderter Künstlichkeit.

Es scheint ein weiter Weg von den Bildern BOUCHERS zu denen seines Zeitgenossen JEAN SIMÉON CHARDIN ▸ 14.10 (1699–1779) zu sein. Dessen Malerei ist nämlich von bürgerlichem Charakter. CHARDIN bevorzugte erdfarbene und kräftige Töne. Seine Bilder scheinen aus dicken Pigmentblöcken langsam, methodisch aufgebaut zu sein. Alles ist schlicht und sparsam, nicht wie bei BOUCHER verspielt und sinnlich. Und dennoch wurden die beiden Künstler, wenn auch aus völlig verschiedenen Gründen, weitgehend von denselben Mäzenen geschätzt. Beide waren in den Sammlungen Ludwigs XV. vertreten, in der seiner Mätresse Madame de Pompadour, des Königs von Schweden, des Königs von Preußen und Katharinas der Großen von Russland, ohne die zahlreichen wohlhabenden Kunstliebhaber zu erwähnen. *Die Gouvernante* wurde von einem reichen Pariser Bankier gekauft, der das Bild später an den Fürsten von Liechtenstein veräußerte ▸ 14.9. Die Erzieherin mit einem Arbeitskorb neben sich macht ihrem jungen Zögling Vorwürfe, dessen Müßigkeit durch ein Federballspiel und Spielkarten auf dem Boden angedeutet ist. Das Bild setzt die moralisierende Tradition der holländischen Genreszenen des 17. Jahrhunderts fort, die während des ganzen 18. Jahr-

# *Fragonard und Greuze*
# Lustobjekte und tugendhafte Mütter

Die leicht verschleierte Erotik von FRAGONARDS *Die Überraschung* ▸ 14.13, die für Madame Dubarry zu viel des Guten war, hatte fünf Jahre zuvor in *Die Schaukel* wesentlich unverblümteren Ausdruck gefunden ▸ 14.11. Eine Frau auf einer Schaukel war in der französischen Kunst des Rokoko ein bekanntes Motiv, insbesondere in den Darstellungen der ›fêtes galantes‹, den poetischen Festen adligen Müßiggangs. Kinder wurden gelegentlich bei diesem Zeitvertreib dargestellt, Männer nur sehr selten. Frauen und Mädchen hatten ein Monopol darauf, und die Schaukel erhielt bald weitere Nebenbedeutungen. Sie war geradezu ein Inbild des vergnügungssüchtigen, freizügigen Geistes des Ancien Régime und vor allem der den Frauen – insbesondere aus den vornehmen Kreisen – zugeschriebenen Flatterhaftigkeit und Unstetheit im ewigen Hin und Her spielerischer Unbeschwertheit.

Die Entstehungsgeschichte von FRAGONARDS Gemälde *Die Schaukel* ist zufällig bekannt. Der Schriftsteller Charles Collé überliefert, wie er am 2. Oktober 1767 dem Maler GABRIEL-FRANÇOIS DOYEN begegnete, der zu ihm sagte: »*Sie werden es nicht glauben, was mir passiert ist.*« Ein Herr vom Hofe habe ihn zu sich bestellt, kurz nachdem ein religiöses Gemälde von seiner Hand in Paris zu sehen gewesen war, und als DOYEN sich einfand, fand er ihn in seinem ›Freudenhaus‹ zusammen mit seiner Mätresse vor. »*Zunächst umschmeichelte er mich mit Höflichkeiten*«, erzählte DOYEN, »*um mir schließlich zu eröffnen, dass er darauf brenne, ein Bild von mir malen zu lassen, dessen Idee er mir gleich in groben Zügen beschreiben wolle. "Ich möchte gern", so fuhr er fort, "dass Sie Madame (er zeigte auf seine Mätresse) malen auf einer Schaukel, die von einem Bischof zum Schwingen gebracht wird. Sie sollen mich dergestalt platzieren, dass es mir möglich wäre, die Beine des lieblichen Mädchens zu sehen, oder besser noch, wenn Sie Ihr Bild noch etwas lebendiger gestalten wollen ..."*« »*Ich gestehe*«, sagte DOYEN zu mir, »*dass dieser Vorschlag, den ich nicht erwartet hatte in Anbetracht der Natur des Gemäldes, das mich zu ihm geführt hatte, mich verdutzte und mir einen Moment lang die Sprache verschlug. Ich fasste mich jedoch so weit, um einzuwerfen: "Oh Monsieur, die Grundidee für Ihr Bild ist unbedingt dadurch zu ergänzen, dass man die Schuhe von Madame in die Luft fliegen und von einigen Putten fangen lässt."*« DOYEN nahm den Auftrag jedoch nicht an und gab ihn an FRAGONARD weiter. Die Identität des Auftraggebers ist nicht bekannt, eine Zeit lang glaubte man aber, es habe sich um Baron de Saint-Julien, den Generalsteuereinnehmer des französischen Klerus, gehandelt, was den Wunsch nach Einbeziehung eines die Schaukel schwingenden Bischofs erklären würde. Diese Idee wurde vom Auftraggeber, wer auch immer er war, offensichtlich ebenso fallen gelassen wie die, sich selbst und seine Mätresse darstellen zu lassen. Am Ende kam eine personenneutrale und dank FRAGONARDS sinnlicher Imagination allgemein gültige Darstellung lustvoller und unbekümmerter Sexualität heraus.

Das Thema ist das der Liebe und der aufwallenden Leidenschaft, wie auch durch die Skulpturengruppe etwas unterhalb der Bildmitte angedeutet. (Delphine, die von Amoretten angetrieben werden und das Wasserfahrzeug der Venus ziehen, symbolisieren das ungeduldige Aufwallen der Liebe.) Links unterhalb des Mädchens auf der Schaukel liegt voll freudiger Erwartung der junge Liebhaber in einem großen Busch, einem Gewirr von Blumen und Laub – offensichtlich, da eingezäunt, einem privaten Ort. Der Jüngling hat jedoch irgendwie hineingefunden. Erregt vom Anblick, der sich ihm jetzt darbietet, streckt der Jüngling die Hand aus, in der er seinen Hut hält. (In erotischen Darstellungen des 18. Jahrhunderts bedeckte ein Hut nicht nur den Kopf, sondern auch, wenn versehentlich entblößt, einen anderen Teil des männlichen Körpers.) Das weibliche Gegenstück zum Hut war der Schuh, und auf unserem Bild löst sich der Schuh des Mädchens von dessen hübschem Fuß, um im Gestrüpp zu verschwinden. Diese Idee war ursprünglich von DOYEN vorgeschlagen worden, wie er Collé erzählte, und auf französischen Gemälden der Zeit verbin-

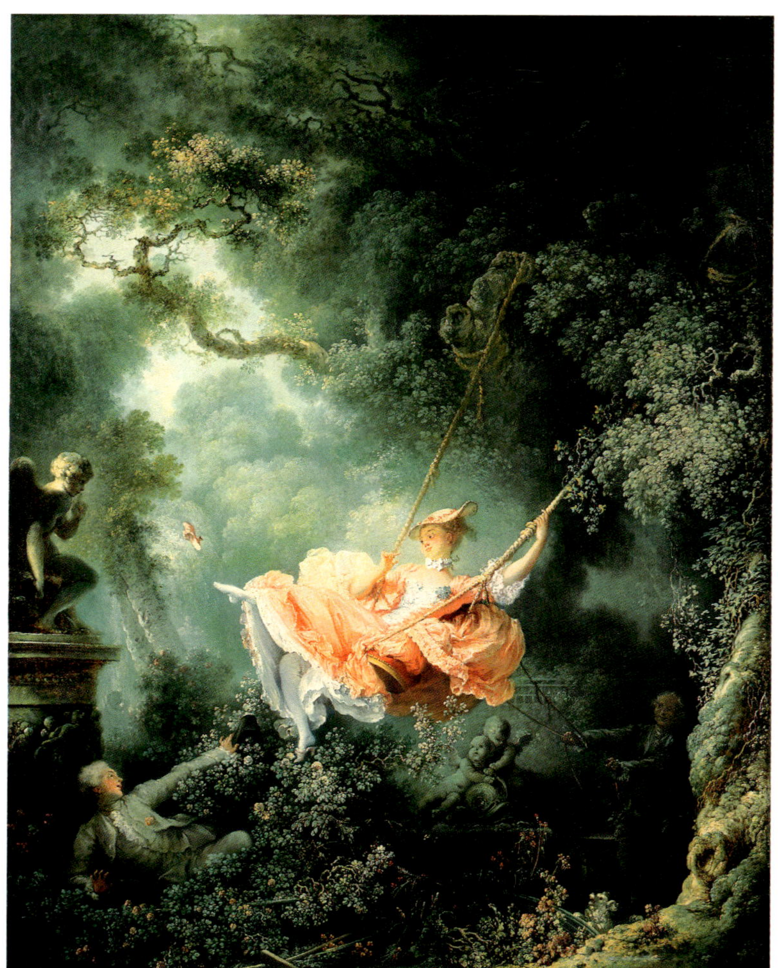

14.11 JEAN-HONORÉ FRAGONARD, *Die Schaukel*, 1767, Leinwand, 81 x 64,2 cm. Wallace Collection, London.

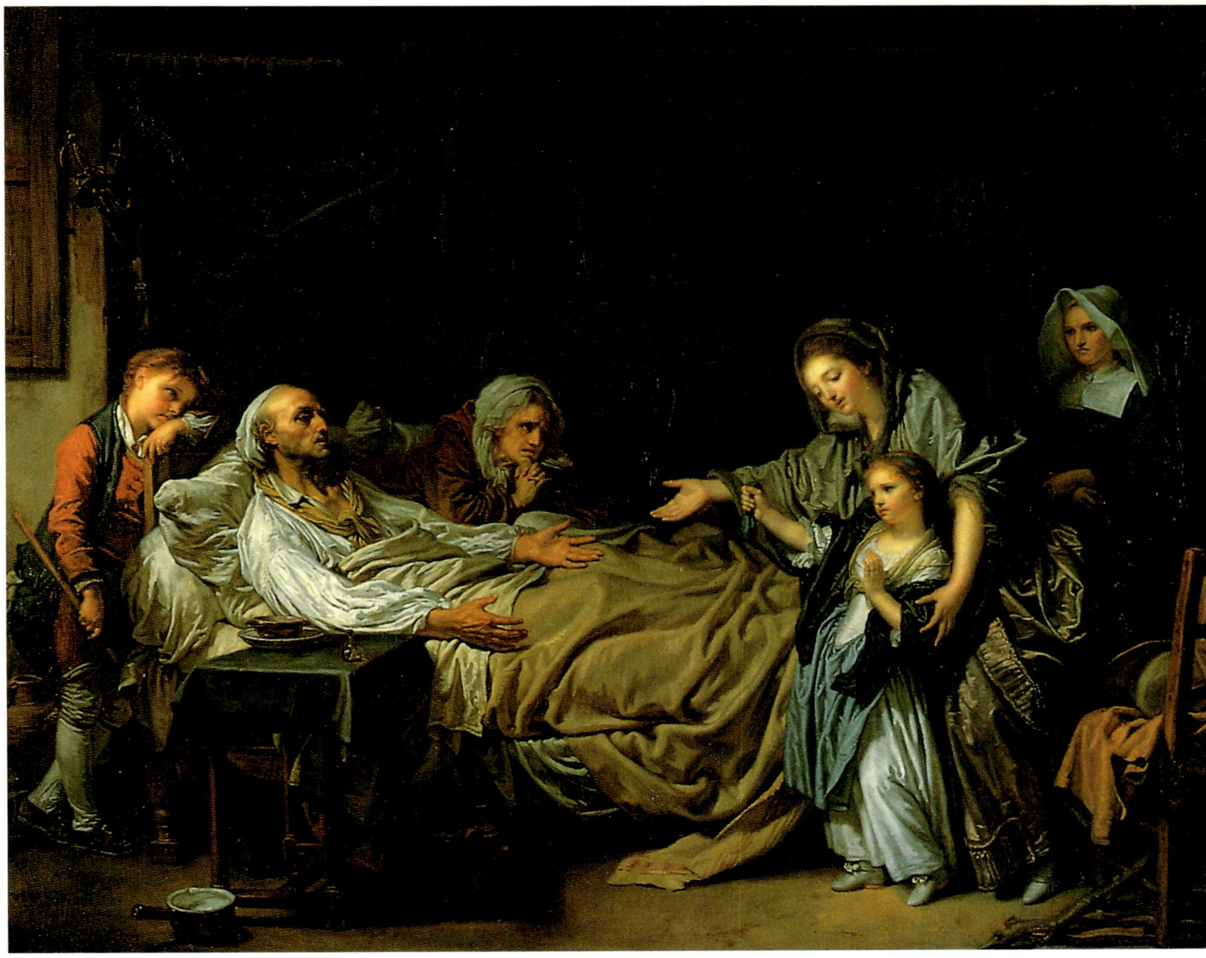

14.12 JEAN-BAPTISTE GREUZE, *Die Wohltäterin*, 1775, Leinwand, 114 x 147 cm. Musée des Beaux-Arts de Lyon.

den sich ein unbeschuhter Fuß und ein verlorener Schuh oft mit dem vertrauteren zerbrochenen Krug als Sinnbild der verlorenen Unschuld.

All diese erotischen Symbole wären jedoch schwerfällige, unbelebte Bildelemente geblieben, hätte FRAGONARD nicht das gesamte Gemälde mit der amourösen Überschwänglichkeit und Freude einer ungestümen Hingabe an die Liebe aufgeladen. Im Schimmer von Baum- und Rosenblütenblättern, beleuchtet durch einen funkelnden Strahl Sonnenlichts, schwingt das Mädchen in einem wallenden cremefarbenen und tiefrosaroten Kleid auf der Schaukel, gedankenlos glücklich und ausgelassen. Ihre Beine sind auseinander gespreizt, ihre Röcke geöffnet. Der Jüngling im Rosenstrauch streckt, Hut ab, den Arm nach ihr. Plötzlich, als sie den höchsten Punkt ihres Schwungs erreicht, löst sich ihr Schuh.

Auch die eheliche Liebe wurde von FRAGONARD und anderen Malern der Zeit mit der gleichen oder nahezu gleichen vibrierenden Sinnlichkeit gefeiert. Gelobt wurden, meist aus der Sicht des Ehemannes, die Freuden des Familienlebens, und Mutterschaft war vor allem mit sexuellem Genuss assoziiert. Später jedoch, als sich das gesellschaftliche und sittliche Klima wandelte, wurden andere Seiten des weiblichen Geschlechts betont, insbesondere die der tugendhaften Mutter oder der Frau als Trösterin und Wohltäterin. Diese moralisierenden Werke wandten sich an ein neues und anderes Publikum. Während FRAGONARD und andere hedonistische Rokokomaler ihre Bilder für private Auftraggeber und häufig, wie im Fall der *Schaukel*, ausschließlich für den privaten Genuss schufen, rechneten die Maler, die für Sujets wie das der tugendhaften Mutter schwärmten, auf eine breitere Öffentlichkeit. In der zweiten Hälfte des 18. Jahrhunderts lockten die alle zwei Jahre stattfindenden Salons inzwischen zahlreiche Besucher an, die sich nicht mehr aus einer bestimmten Gesellschaftsschicht rekrutierten. Die Folgen dieses breiteren Interesses wurden bald spürbar und noch wesentlich dadurch verstärkt, dass die Besucher Stiche nach den von ihnen bewunderten Gemälden erwarben, wodurch sich ein neues, breiteres Kunstpublikum herausbildete.

Das Gemälde *Die Wohltäterin* von JEAN-BAPTISTE GREUZE (1725–1805) ist typisch für dieses neue Genre ▸ 14.12. Eine gut gekleidete Frau besucht einen betagten Kranken, wohl in einem Krankenhaus und gepflegt von einer Nonne, die im Hintergrund steht. Krankenbesuch war einer der auf das Matthäusevangelium zurückgehenden Sieben Taten der Barmherzigkeit. Die Frau hat ihre Tochter mitgebracht, um diese christliche Tugendhaftigkeit zu lehren. Obgleich das Gemälde nicht im Salon ausgestellt wurde, weil Greuze sich mit der Akademie überworfen hatte, erlangte es bald Bekanntheit, und sein Fehlen wurde öffentlich bedauert. Es wurde für ein erbauliches Werk gehalten, erhaben im Geist ebenso wie im Gefühl. Diderot, der nie müde wurde zu wiederholen, dass »Greuze entscheidende sittliche Fragen ansprach«, dürfte das Bild sehr geschätzt haben als ein Beispiel für »jene Poesie, die an unsere Empfindungen rührt, die uns belehrt, uns besser macht und uns zu tugendhaftem Handeln auffordert«. Noch sechs Jahre später wurde es wegen seines Feingefühls in der Darstellung eines moralischen Sujets hervorgehoben – man könnte hinzufügen, bei dem einer Frau die zentrale Rolle als Inbild christlicher Tugendhaftigkeit zugewiesen wird. Der Kontrast zu der Welt unbekümmerter Eskapaden mit Frauen als Lustobjekten, die es FRAGONARD gerade noch ein Jahrzehnt zuvor angetan hatten, könnte nicht größer sein.

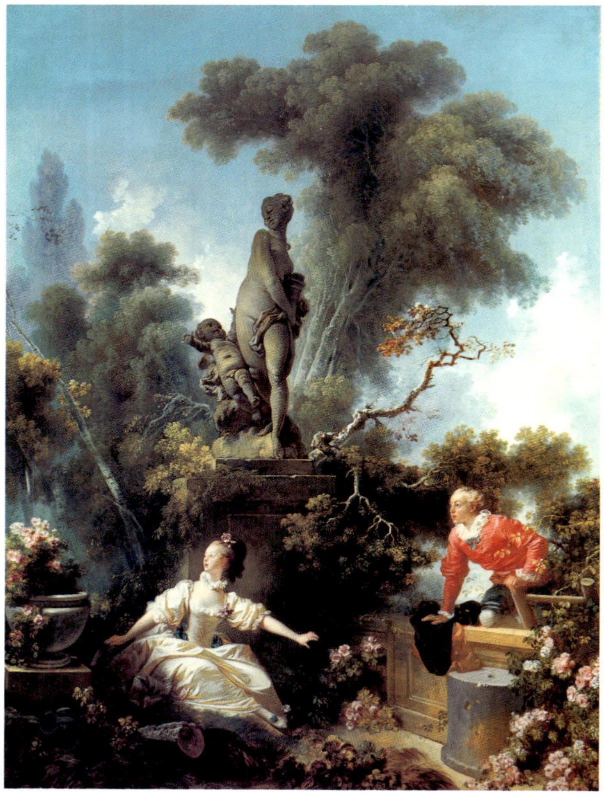

14.13 JEAN-HONORÉ FRAGONARD, *Die Überraschung*, 1771–1772, Leinwand, 318 x 244 cm. Sammlung Frick, New York.

hunderts bei Sammlern äußerst beliebt waren (obwohl sie von der Akademie abgelehnt wurden). CHARDINS Gemälde standen oft im Kontrast zu dem verwöhnten Leben seiner Käufer. Die unteren Gesellschaftsschichten sind in seinen Bildern gewöhnlich durch Bedienstete in wohlhabenden Häusern vertreten. CHARDIN gefiel wegen seiner malerischen Meisterschaft, seines sensiblen Könnens, die stoffliche Wirklichkeit von Dingen wiederzugeben. »Er versteht wirklich die Harmonie von Farben und Reflexionen«, schrieb 1763 Denis Diderot, der feinfühligste Kunstkritiker des Jahrhunderts. »O Chardin! Du mischst nicht Rot, Weiß und Schwarz auf deiner Palette, sondern das wahre Wesen der Dinge. Luft und Licht sind es, die du mit deiner Pinselspitze aufnimmst und auf der Leinwand festhältst.«

14.15 MARIE LOUISE ELISABETH VIGÉE-LEBRUN, *Die Künstlerin und ihre Tochter*, um 1785, Leinwand, 130 x 94 cm. Louvre, Paris.

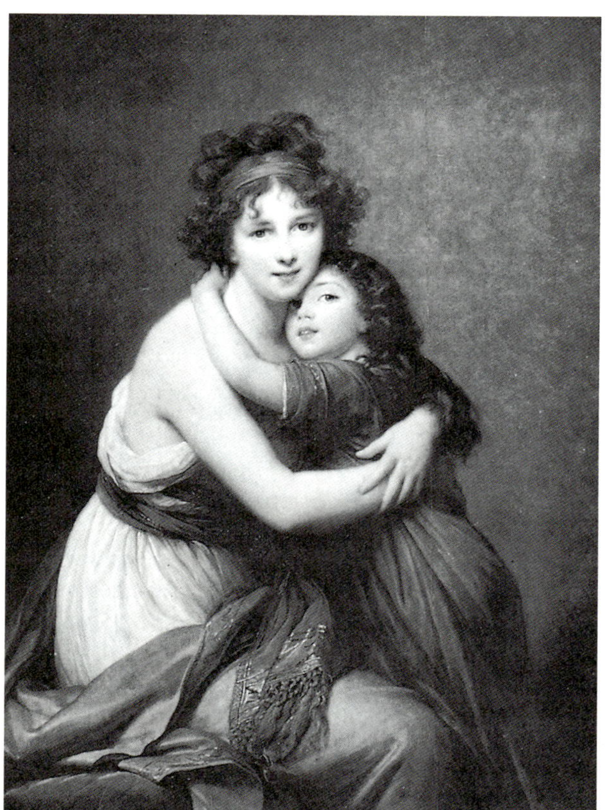

Die robuste Empfindsamkeit CHARDINS und die Sinnlichkeit BOUCHERS hatten Einfluss auf JEAN-HONORÉ FRAGONARD (1732–1806), der sechs Monate Lehrling bei ersterem und etwas länger bei letzterem gewesen war, bevor er im offiziellen System der Kunsterziehung in Paris und Rom zu wirken begann. Sein erstes bedeutendes Gemälde wurde vom Staat gekauft, und er wurde als Mitglied in die Akademie aufgenommen; allerdings gehörte er nicht zu den Hauptvertretern dieser Institution und zeigte seine Werke nur selten auf den Ausstellungen des Salons alle zwei Jahre – der einzig wichtigen Kunstausstellung im 18. Jahrhundert in Frankreich. Es gab genug private Sammler in Paris, die sein Genie als Zeichner und Maler anerkannten und es ihm ermöglichten, sich von der offiziellen Kunstwelt fernzuhalten ▸ 14.14. Sein Meisterwerk, eine Serie großformatiger Bilder unter dem Titel *Stationen der Liebe,* war von Madame Dubarry, einer Mätresse Ludwigs XV., für einen Pavillon in Louveciennes in Auftrag gegeben worden.

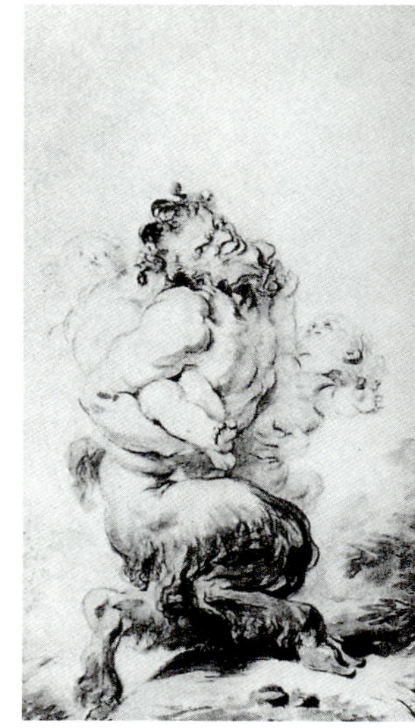

14.14 JEAN-HONORÉ FRAGONARD, *Ein Satyr wird von zwei Kindern gehänselt*, 46 x 34,9 cm. Yale University Ar Gallery, New Haven.

Die vier Szenen der *Stationen der Liebe* zeigen als Hintergrund einen Park mit Statuen und Steinbalustraden zwischen üppig wachsenden Blumen und Bäumen. In der ersten wird ein junges Mädchen im schneeweißen Kleid, zerbrechlich wie eine Porzellanfigur, von einem über die Mauer kletternden Jüngling überrascht ▸ 14.13. Die hohe Gartenplastik kommentiert den Vorgang: Noch ist Venus nicht bereit, Amor einen Pfeil aus dem Köcher zu geben. Madame Dubarry hielt die *Stationen der Liebe* für unpassend für ihren neuen Pavillon. Sie schickte die Bilder an FRAGONARD zurück und beauftragte JOSEPH-MARIE VIEN (1716–1809) – einen älteren und unbedeutenderen Maler, der aber einem neuen Geschmack mehr entsprach –, eine Serie von Bildern des gleichen Themas zu malen, aber mit feierlichen klassischen Tempeln im Hintergrund, Figuren in antiken, nicht zeitgenössischen Kostümen und mit mehr Nachdruck auf dem Sentiment als auf spontaner Lebhaftigkeit. Der kritische Widerstand gegen das Rokoko, der immer wieder im Laufe des Jahrhunderts laut geworden war, hatte sich zu sehr verstärkt, um von der modebewussten Madame Dubarry ignoriert werden zu können. Auch eine so mondäne Malerin wie MARIE LOUISE ELISABETH VIGÉE-LEBRUN (1755–1842) griff zu dieser Zeit zu einem beruhigten Stil einfacherer Formen, auch wenn sie dem Kult der Sensibilität weiterhin verbunden blieb. ▸ 14.15.

## Das Rokoko in Deutschland und Italien

In Frankreich entstand das Rokoko als Antithese zu den Lehren der Akademie, die weiterhin ihren normativen Einfluss geltend machte und in der Mitte des 18. Jahrhunderts ihr Ansehen wieder kräftig behauptete. Dagegen entwickelte sich das deutsche Rokoko, obwohl es Frankreich viel verdankte, aus einem überschwänglichen, in der italienischen Tradition stehenden Barock-Stil. BORROMINI (s. S. 540 f.) und der italienische Architekt GUARINO GUARINI (1624–1683), die von den Franzosen stets skeptisch betrachtet worden waren, gaben den Anstoß zu höchster räumlicher Komplexität und Gliederung, die deutsche Baumeister bis hin zur Auflösung der architektonischen Vertikale und Horizontale führten. In Deutschland wie in Italien vollzog sich der Übergang vom Barock zum Rokoko nur allmählich, der jeweilige stilistische Standort muss von Fall zu Fall bestimmt werden. (Das Vorhanden- oder Nichtvorhandensein des klassischen Formenkanons kann nur als grobes Unterscheidungsmerkmal gelten.)

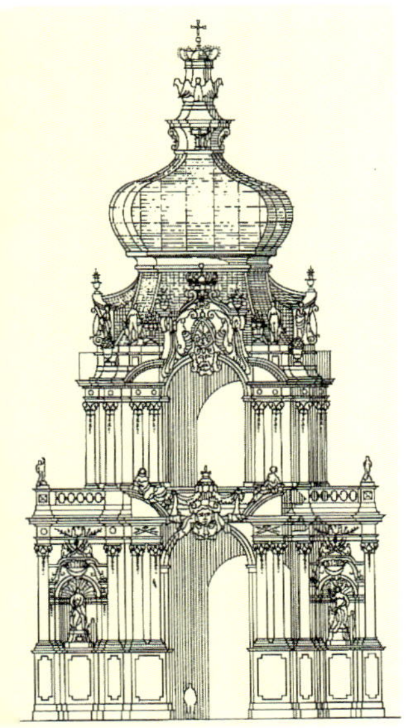

14.16 Zwinger, Aufriss.

Der Zwinger in Dresden ▸14.16;17 ist von übersprudelnder Grazie, die sich über jede stilistische Klassifizierung hinwegsetzt. So unglaublich es scheinen mag – der Baumeister MATTHÄUS DANIEL PÖPPELMANN (1662–1736) behauptete, dass er das Bauwerk in Übereinstimmung mit den Regeln des Vitruv entworfen habe: Er nannte seinen Bau ein ›Römisches Theater‹! Es gibt klassische Vorbilder für alle dekorativen Elemente, doch er dehnte sie aus und zog sie zusammen, kombinierte und zerlegte sie ohne Rücksichtnahme auf den römischen Dekorationssinn. In der Idee geht dieser Bau zurück auf die für festliche Anlässe errichteten und hernach wieder abgebauten Architekturkulissen. Aufwendige Feste im Freien hatten seit der Renaissance eine wichtige Rolle im Leben der europäischen Höfe gespielt; sie dienten gleichzeitig der Unterhaltung und allegorischer Belehrung – über die Herrlichkeit, Weisheit und Macht der Fürsten. Der Zwinger (mit diesem Ausdruck bezeichnete man den äußeren Hof) ersetzte ein hölzernes Amphitheater als Schauplatz für Paraden, Aufstellung von Karussells und andere Belustigungen.

Der Stifter des Baus war August der Starke (1694–1733), und die Statue des Herkules als Krönung der Ehrentribüne verherrlichte seine Stärke und die übernommene Last, die er als König von Polen und Kurfürst von Sachsen trug. Er hatte sich vorgenommen, ein Schloss zu errichten, das alle anderen in den Schatten stellen sollte, und schickte daher seinen Baumeister PÖPPELMANN auf eine Studienreise nach Österreich und Italien, damit er Ideen sammle, doch der Zwinger blieb der einzige Teil, der gebaut wurde. Nach seiner Rückkehr machte PÖPPELMANN eine Reihe von Plänen, die zeigen, dass er allmählich von der Derbheit und Wucht des späten 17. Jahrhunderts abrückte zugunsten immer komplizierterer und reicherer Entwürfe – vielleicht auf Wunsch des Kurfürsten, dessen Geschmack in der Kunst zum Erlesenen neigte. (Er gründete 1710 die Manufaktur in Meißen, die als erste in Europa echtes Porzellan herstellte.) Der Zwinger verdankt seine bezaubernde Wirkung weitgehend der glücklichen Zusammenarbeit zwischen dem Baumeister und dem Bildhauer BALTHASAR PERMOSER (1651–1732), unter dessen Leitung die Wände mit Blumen und Masken, Satyrn und muskulösen Trägerfiguren belebt wurden. Zusammen schufen sie ein einzigartiges Kunstwerk, in dem Architektur und Plastik vollkommen integriert sind.

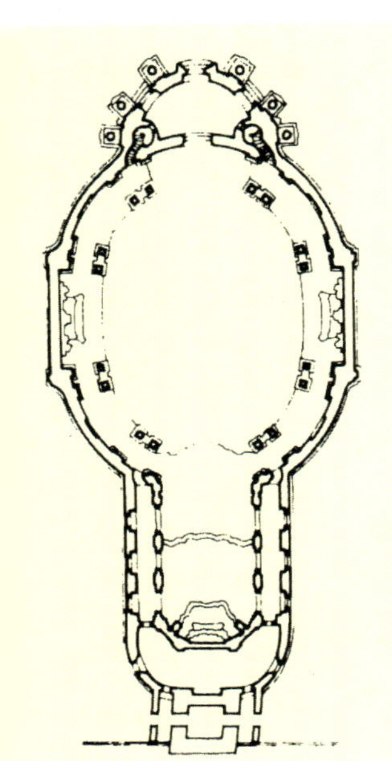

14.18 Grundriss der Wieskirche.

Der Zwinger ist in ungewöhnlicher Weise Außenarchitektur (die Räume in den Pavillons enttäuschten in gewissem Sinne, selbst vor dem Brand von 1944). Der gewaltige Hof nämlich ist wie ein Innenraum behandelt; ein umschlossener Platz, den man nur ganz würdigen kann, indem man ihn durchquert oder von den oberen Fenstern der Pavillons auf ihn hinuntersieht. Zu Beginn des 18. Jahrhunderts waren die Baumeister im Allgemeinen mehr an der Behandlung des Raumes interessiert als an der äußeren Form. Das zeigt sich ebenso deutlich an französischen Stadthäusern wie an süd-

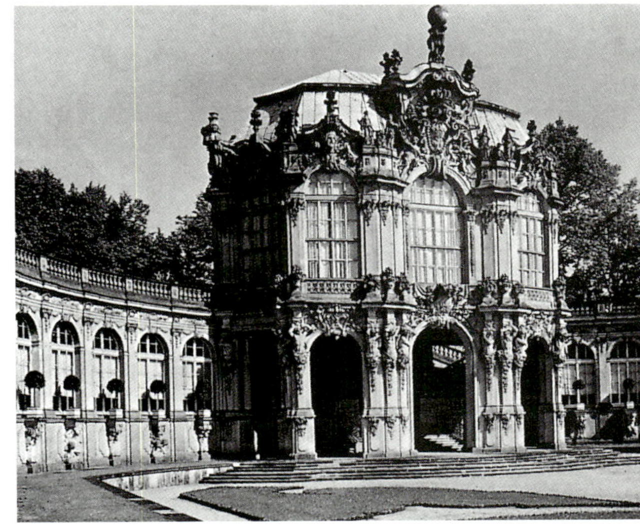

14.17 MATTHÄUS DANIEL PÖPPELMANN, Zwinger, Dresden, 1711–1722.

deutschen Kirchen, die außen selten Hinweise auf die Pracht im Inneren geben.

Die Wieskirche, mitten in der südbayerischen Landschaft bei Füssen und Oberammergau, ist äußerlich wenig auffallend. Im Inneren ist die Pilgerkirche ein Wunder aus Licht und Farbe und wirbelnden, allumfassenden dekorativen Motiven, die in dem eintretenden Besucher ein überwältigendes Gefühl hervorrufen ▸14.18–20. Der Baumeister, DOMINIKUS ZIMMERMANN (1685–1766), war als Stuckateur ausgebildet. Er besaß ein hoch entwickeltes Raumempfinden und ein äußerst verfeinertes Gefühl für Ornamente. In der Wieskirche fließt das recht breite Oval des Kirchenschiffs in einen länglichen Chor. Sie zieht den Betrachter nicht nur durch die Schwingungen der Wände und die Platzierung der Säulen zum Altar, sondern auch durch die sich steigernden Farben und die reiche Dekoration an – von dem überwiegend weißen Kirchenschiff,

14.19 DOMINIKUS ZIMMERMANN, Wieskirche, bei Steingaden, 1745–1754.

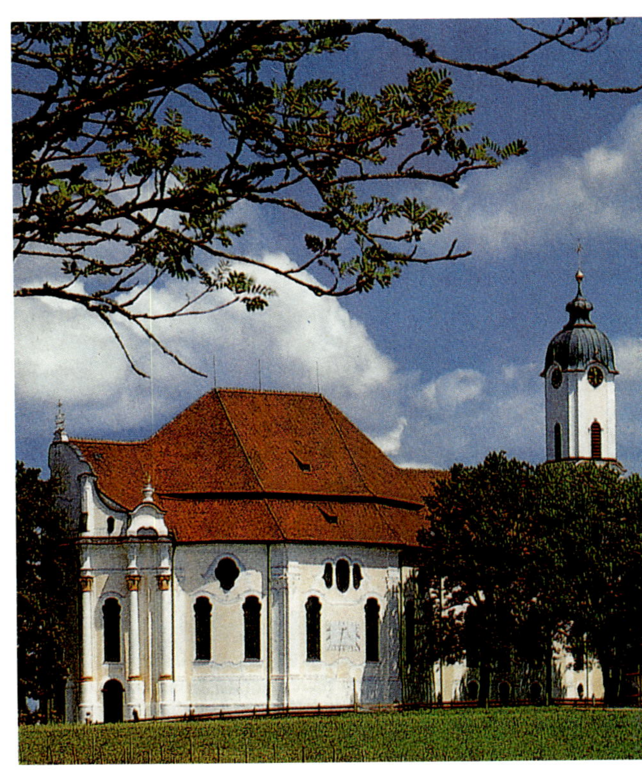

in dem Motive in Gold, Rosa- und Blautönen herausgehoben sind, zu der leuchtend rosa Kanzel mit ihren Details in strahlendem Weiß. Der Baukörper löst sich auf und lässt die dekorativen Motive wie frei im Raum schwingend zurück; sogar die große und reich geschmückte Kanzel scheint in der Luft zu schweben.

Solche Kirchenräume gaben dem Besucher und besonders dem bäuerlichen Pilger eine Vision des Himmelreichs. Darin bestand ihr Hauptzweck. In Ottobeuren verlangte der Abt von JOHANN MICHAEL FISCHER (1692–1766), eine Kirche zu entwerfen, die »neu, prächtig und des Königs über Himmel und Erde würdig« sei. Die Wallfahrtskirche Vierzehnheiligen von JOHANN BALTHASAR NEUMANN (1687–1753), dem begabtesten und produktivsten deutschen Architekten seiner Zeit, ist intellektuell komplex in der Anlage und von sinnlich anziehender Wirkung ▸ 14.23. Sowohl der Grundriss wie auch die Gewölbe basieren auf einer Aneinanderreihung von Ovalen, was einen atemberaubend aufregenden Raum ergibt, der durch die schäumenden und wirbelnden Rokokodekorationen noch gesteigert wird ▸ 14.22. Nirgendwo sonst kam der bewegte Charakter des Rokoko besser zum Ausdruck: nicht nur die Statuen, sondern sogar die Säulen scheinen ein elegantes Menuett zu tanzen. Dennoch, ihren prunkvollen Dekorationen, auch ihren Farben wurde oft eine religiöse Bedeutung zugeschrieben. Die Wieskirche ist dem gegeißelten Christus geweiht, und die roten Säulen im Chor symbolisieren sein Blut. Mit sicherem Gefühl ist hier die schlichte Frömmigkeit mit dem Sinn für das Mondäne und Phantastische vereint. Kein Anflug von Verweltlichung ist sichtbar, eher wird das Gegenteil, eine Weihe des Weltlichen, erstrebt.

Unter den Bildhauern, die für die bayerischen Kirchen arbeiteten, ragt IGNAZ GÜNTHER (1725–1775) hervor. Seine Skulpturen sind aus Holz, oft naturalistisch gefasst, aber dieses simple, rustikale Material wird ausgeglichen durch die übernatürliche Anmut seiner großen, schlanken und leichtfüßigen Figuren, in denen sich Verfeinerung so vollkommen mit argloser Unschuld verbindet. Diese beiden Eigenschaften

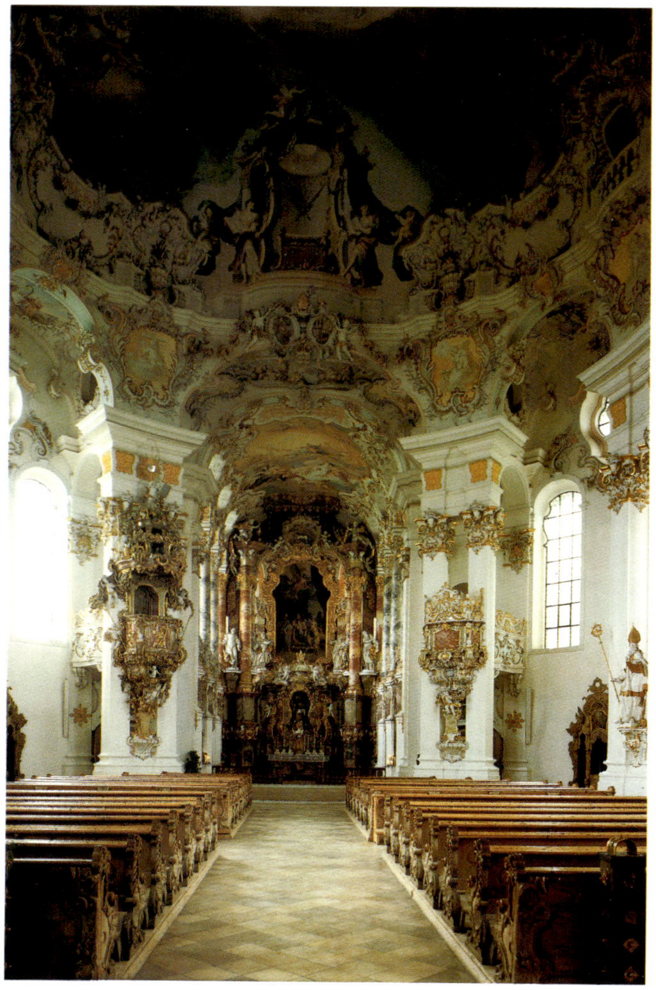

14.20 DOMINIKUS ZIMMERMANN, Wieskirche, 1745–1754.

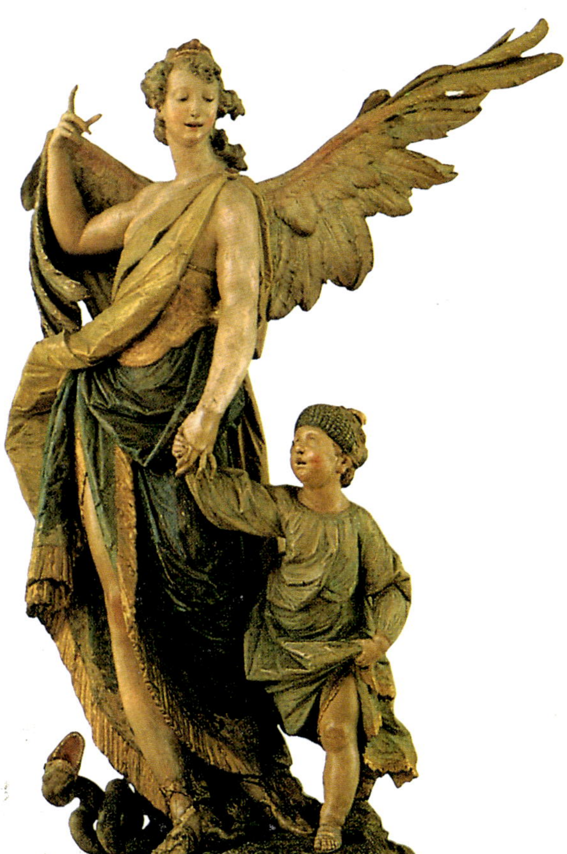

14.21 IGNAZ GÜNTHER, *Tobias und der Engel*, 1763, Lindenholz, Höhe 177 cm. Bürgersaal-Kirche, München.

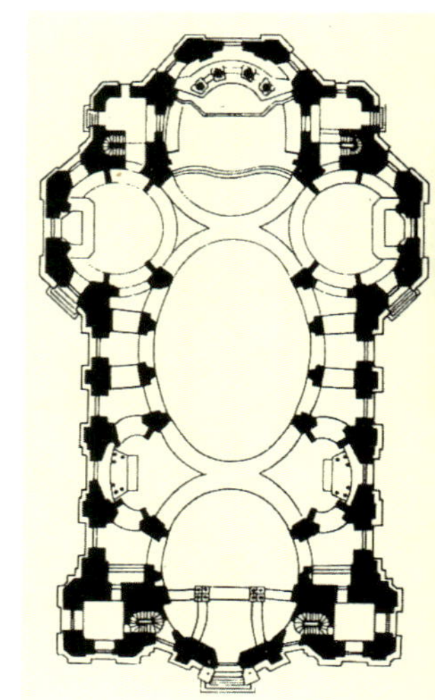

14.22 Grundriss der Klosterkirche Vierzehnheiligen.

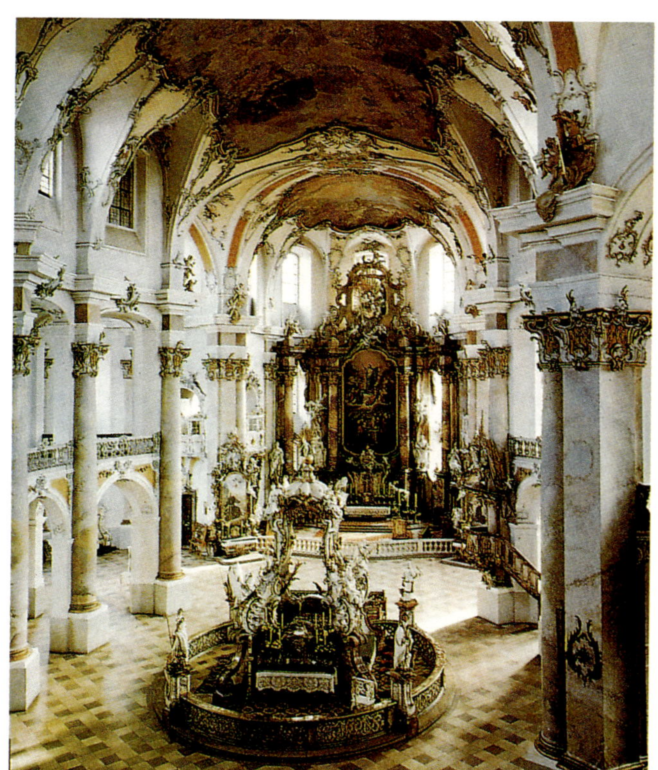

14.23 BALTHASAR NEUMANN, Klosterkirche Vierzehnheiligen, 1743–1772, Blick ins Hauptschiff mit dem Nothelferaltar.

sind kontrapunktiert in der Skulpturengruppe mit dem rundlichen, erdhaften Bauernjungen Tobias, der die Hand des recht überlegen wirkenden Engels hält ▸ 14.21. GÜNTHER hatte die Skulpturen aus dem späten 16. Jahrhundert in München studiert, und der Einfluss des italienischen Manierismus, besonders der ›figura serpentinata‹ (s. S. 466), ist in seinen wie in vielen Werken des Rokoko deutlich sichtbar. Aber er stand auch in der deutschen Tradition der naturalistischen Holzschnitzerei, die bis ins Mittelalter zurückreicht, wo die Vorstellung von hochmodisch gekleideten Heiligen und Engeln genauso wenig als unpassend oder unreligiös empfunden worden war. 1754 zum Bildhauer für den Kurfürsten von Bayern ernannt, unterschied sich GÜNTHER in der spezifischen Religiosität seines Werkes von den anderen Hofkünstlern.

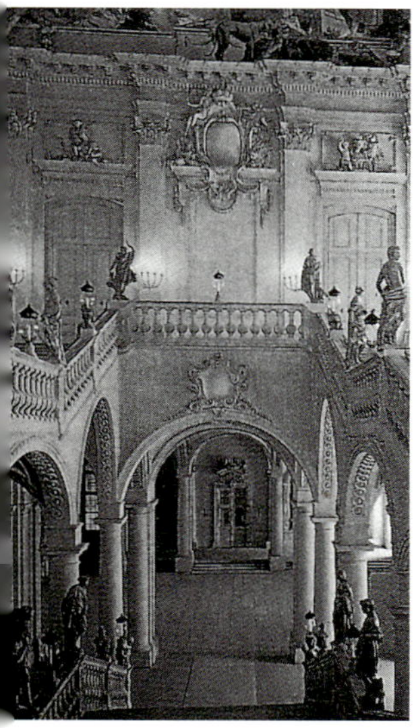

4.25 BALTHASAR NEUMANN, Treppenhaus der Würzburger Residenz, begonnen 1737.

## *Tiepolo, Guardi und Canaletto*

Um die Mitte des 18. Jahrhunderts galt für viele deutsche Fürstenhöfe Frankreich als führend in allen modischen Fragen: An einigen Höfen wurde sogar französisch gesprochen. Das ›genre pittoresque‹, das durch Radierungen und Stiche verbreitet worden war, beeinflusste architektonische Dekorationen und das Mobiliar, das dazu passend hergestellt wurde. Der bayerische Hofarchitekt FRANÇOIS CUVILLÉS (1695– 1768) war in Paris ausgebildet worden und führte in Deutschland eine gesteigerte Weiterentwicklung des Rokoko der französischen Innenarchitektur ein, das man in seiner besten Ausformung in den erlesenen Holzschnitzereien und Stuckdekorationen des Reichen Zimmers in der Residenz in München (1730–1737) und der Amalienburg in Nymphenburg (1734–1739) sehen kann ▸ 14.24. Aber in der Malerei (wie in der Oper) galt vor allem das Vorbild Italien. Als der Fürstbischof von Würzburg seinem riesigen Palast die letzte Krönung verleihen wollte, verpflichtete er den größten (und teuersten) Freskenmaler seiner Zeit, den Venezianer GIOVANNI BATTISTA TIEPOLO (1696–1770).

In Würzburg bemalte TIEPOLO die Decke des Kaisersaals – in dem der Kaiser des Heiligen Römischen Reiches empfangen wurde – und die Decke des dorthin führenden Treppenhauses

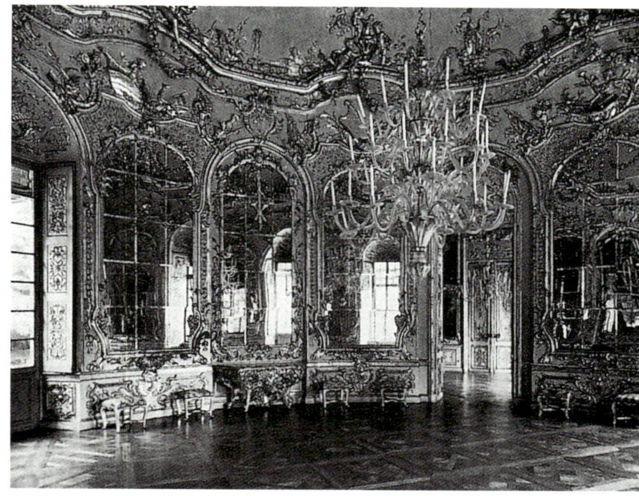

14.24 JOHANN BAPTIST ZIMMERMANN und JOACHIM DIETRICH, Amalienburg im Nymphenburger Schlosspark, München, 1734–1739.

▸ 14.26; 28. Das Treppenhaus selbst ist eine eindrucksvolle dramatische Schöpfung von JOHANN BALTHASAR NEUMANN, der ein Meister eleganter und einfallsreicher räumlicher Kompositionen von großer intellektueller und visueller Vielfalt war ▸ 14.25. Das Deckenfresko TIEPOLOS verherrlicht den die vier Weltteile und den Olymp überstrahlenden Ruhm des Fürstbischofs Carl Philipp von Greiffenklau. Anders als die meisten früheren Deckengemälde sollte es von einer Folge von Blickpunkten aus betrachtet werden. Das Auge des Besuchers, der von der beinahe höhlenartigen Halle im Erdgeschoss den ersten Treppenabsatz hinaufsteigt, wird sofort angezogen von einer nackten Frauengestalt mit Federn im Haar, die Amerika symbolisiert – die Neue Welt, Quelle unermesslicher Reichtümer. Eine Wendung auf dem Treppenabsatz nach rechts oder links bringt bizarr gekleidete Gestalten und exotische Tiere als Vertreter Asiens und Afrikas ins Blickfeld. Wenn man einen der beiden Doppelflügel der Treppe zum Hauptgeschoss emporsteigt, steht man schließlich Europa gegenüber und dem Bildnis des Fürstbischofs, das in einem von Gottheiten und

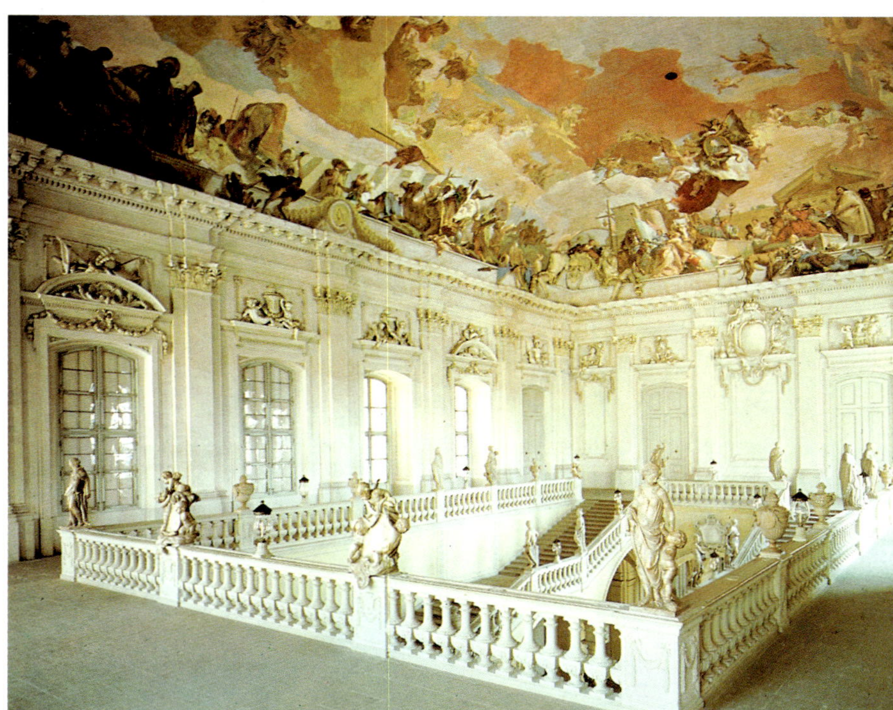

14.26 GIOVANNI BATTISTA TIEPOLO, Deckenfresko im Treppenhaus der Würzburger Residenz, 1752–1753.

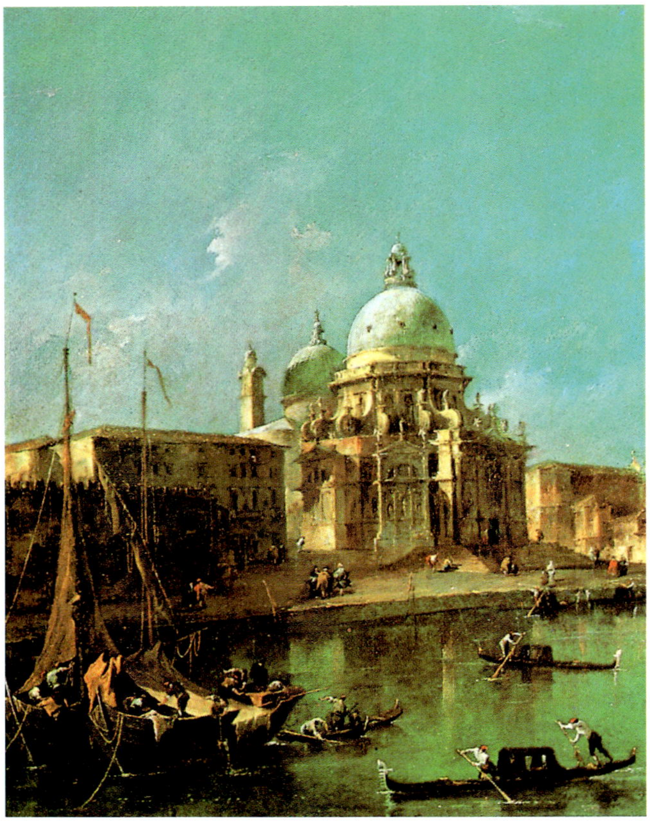

14.27 FRANCESCO GUARDI, *Santa Maria della Salute, Venedig*, um 1765, Leinwand, 48 x 38 cm. National Gallery of Scotland, Edinburgh.

berühmten Persönlichkeiten bevölkerten Himmel schwebt. Die gesamte Decke, eine Fläche von rund 560 m², ist unter Beherrschung aller Register illusionistischer Kunst ausgemalt. Sie wird außerdem durch Einfälle belebt, die TIEPOLOS Humor bekunden. Den Architekten NEUMANN stellte TIEPOLO in der Uniform eines Artillerieoffiziers mit einem grazilen Hund dar, der an einem ›trompe l'œil‹-Sims lehnt, das die freskenbemalte Decke mit den Reliefdekorationen der Wände verbindet ▸ 14.28. Malerei, Architektur und Bildhauerei (Stuckfiguren und riesige Muscheln in den Ecken) durchdringen sich gegenseitig, um einen künstlerischen Raum zu schaffen, der die Grenze zwischen Wirklichkeit und Phantasie überspielt.

Die Decke bietet ein enzyklopädisches Bild der Welt, wie es die Denker der Aufklärung liebten, die von fremden Ländern fasziniert waren – ihrer Fauna und Flora, ihren Kunsterzeugnissen und den Bräuchen und Religionen ihrer Bewohner –, aber die Überzeugung von der europäischen Überlegenheit nie in Frage stellten. Auf TIEPOLOS Decke produzieren Afrika, Amerika und Asien die Güter, die von dem zivilisierten Europa in Ruhe genossen werden. An der Küste Asiens, wo Händler die Perlenstränge, die ihnen von einem Orientalen mit Turban dargeboten werden, prüfen, liegen verlockend aussehende Bündel und Gefäße. Die Europäer widmen sich dagegen den Künsten der Musik, Architektur, Bildhauerei und Malerei. Die Decke ist ein Tribut an die venezianische Schule und besonders an die Kunst PAOLO VERONESES (s. S. 458 ff.). Die Uniform der Pagen, die auf verschiedenen Teilen der Decke auftauchen, ist eine venezianische Livree des 16. Jahrhunderts, und die thronende weibliche Figur, die Europa symbolisiert (links von den Musikern, rechte Bildhälfte), ist fast exakt kopiert nach einer der Allegorien, die VERONESE von der Stadt Venedig gemalt hat.

Die italienische Kunst des 18. Jahrhunderts blieb vielfach lokalen Traditionen verhaftet und begann, von ihrer künstlerischen Vergangenheit zu leben. Die Bologneser hingen zäh an ihren Meistern des frühen 17. Jahrhunderts. Rom wurde beherrscht vom Klassizismus der Hochrenaissance. Die Venezianer schauten zurück auf den Reichtum und die Farbe TIZIANS, die Eleganz VERONESES und die dramatischen Lichteffekte TINTORETTOS (s. S. 458). FRANCESCO GUARDI (1712–1793) versteht man vielleicht am besten als letzten Vertreter einer Tradition, die sich von TINTORETTO herleitet. GUARDI begann mit seinem Bruder GIANANTONIO (1699–1760) als figürlicher

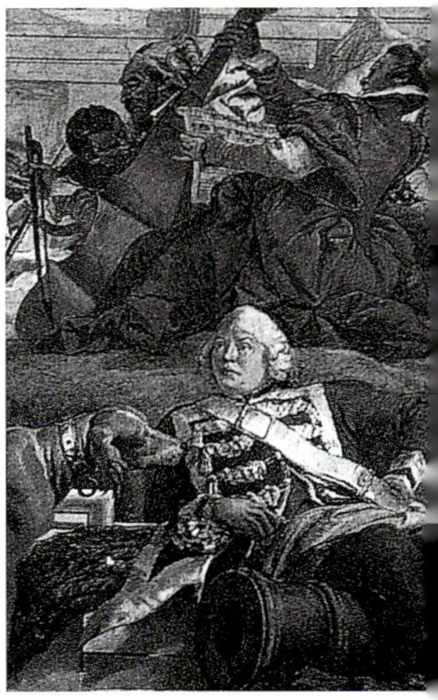

14.28 Detail vom Deckenfresko der Würzburger Residenz mit dem Bildnis Balthasar Neumanns ▸ 14.26

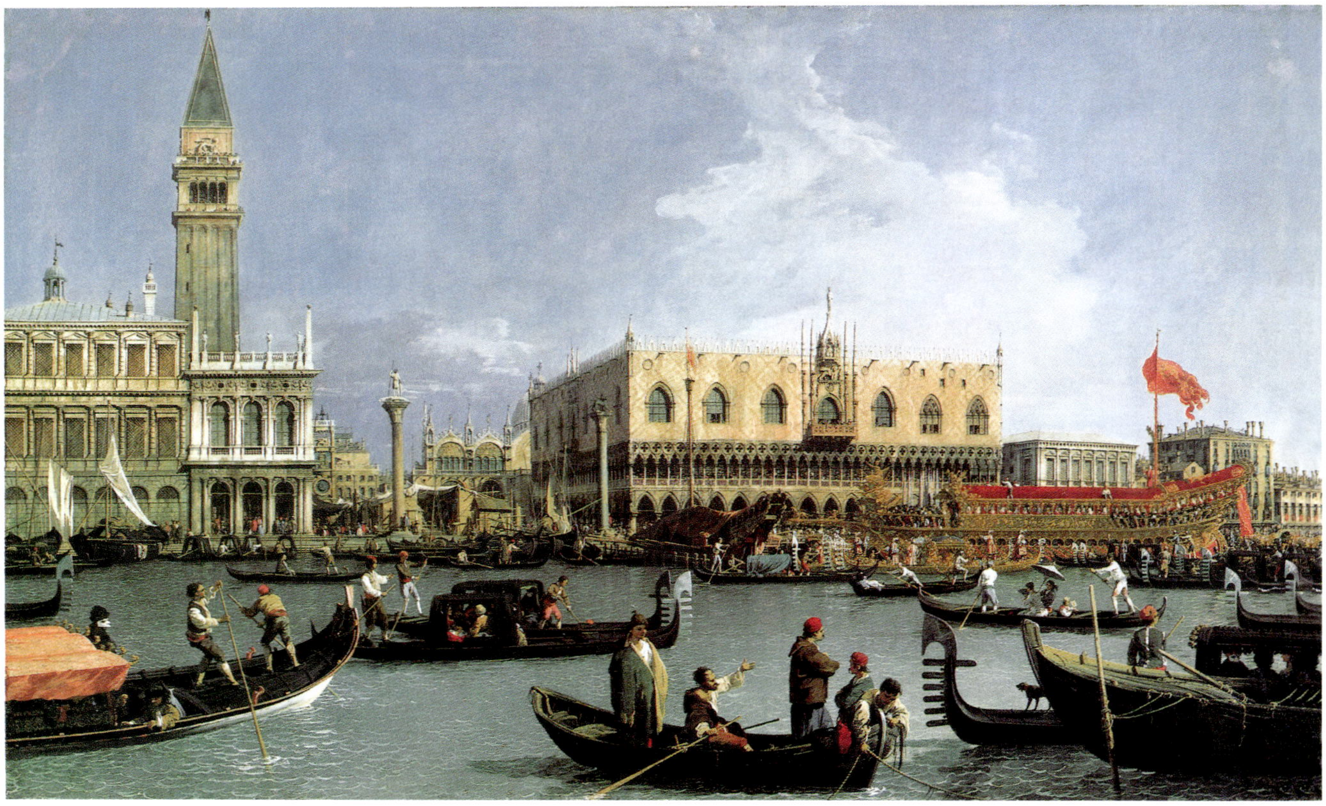

14.29 GIOVANNI ANTONIO CANAL genannt CANALETTO, *Das Bacino von San Marco an Himmelfahrtstag, Venedig*, 1732–1735, Leinwand, 76,8 x 116,8 cm. Windsor Cast

Maler. Aber erst die venezianischen → Veduten begründeten seinen Ruhm ▸ 14.27. Die dunstige Atmosphäre in der Lagunenstadt verstand er wundervoll einzufangen. Nur sehr wenige Bilder sind datiert, und man weiß kaum etwas über das Publikum, für das er sie malte. Er hatte auf jeden Fall nicht den gleichen Erfolg bei reichen ausländischen Besuchern Venedigs wie CANALETTO (1697–1768), dessen kühle, klare Ansichten der Stadt dem Geschmack der Engländer entsprachen ▸ 14.29. Gleichwohl waren Engländer seine besten Kunden, von denen sich manche während ihres Venedig-Aufenthaltes gern auch von ROSALBA CARRIERA (1675–1757), der damals bedeutendsten Porträtmalerin, konterfeien ließen ▸ 14.30. Unter der Brillanz von GUARDIS spritzigem Farbauftrag verlieren das Stadtbild, Menschen und Gondeln an Konsistenz und werden in ein luftiges Medium aufgelöst. Die Analogie zur politischen Auflösung der Serenissima drängt sich auf. Schon über ein Jahrhundert vom gesellschaftlichem Verfall gezeichnet, fiel die Stadt nur vier Jahre nach GUARDIS Tod dem französischen Heer unter Napoleon in die Hände.

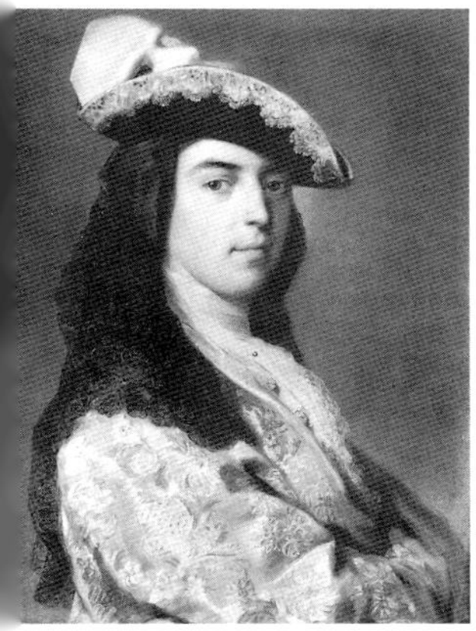

4.30 ROSALBA CARRIERA, *Charles Sackville, 2. Duke von Dorset*, um 1740, Pastell auf Papier, 63,5x48,3. Lord Sackville Collection, Knole, Kent.

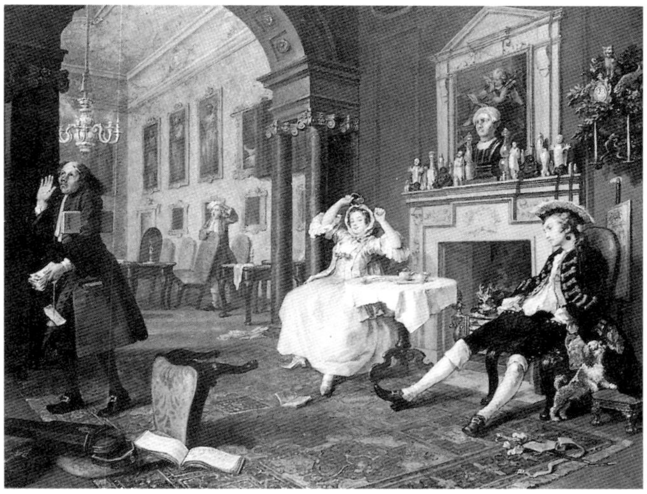

14.31 WILLIAM HOGARTH, *Marriage à la Mode II*, 1743, Leinwand, 70x91cm. National Gallery, London.

## England: Gefühl und Verstand

Der italienische Barock, der deutsche Baumeister inspirierte, wurde in Großbritannien vom frühen 18. Jahrhundert an mit Misstrauen betrachtet. »Wie gekünstelt und unzüchtig die Werke von Bernini sind«, schrieb der schottische Architekt COLEN CAMPBELL (1676–1729). »Wie übertrieben die Entwürfe Borrominis sind, der versucht hat, die Menschheit mit seinen seltsamen und phantastischen Schönheiten zu verderben« (*Vitruvius Britannicus*, 1715). Diese Kombination von rationaler und moralischer Ablehnung isolierte Großbritannien in künstlerischen Fragen vom übrigen Europa. CAMPBELL war der Sprecher einer Gruppe von Architekten, zu denen der Earl of Burlington und andere reiche Amateure gehörten, die eine Rückkehr zu den klassischen Prinzipien nach dem Vorbild ANDREA PALLADIOS (s. S. 460 ff.) erstrebten. Burlington baute sich auch wirklich in Chiswick bei London eine der englischen Versionen von PALLADIOS ›Villa Rotonda‹. Gebäude im neopalladianischen Stil tauchten zuerst in England auf und wurden dann in den amerikanischen Kolonien übernommen. Ihr Klassizismus war römisch und schien die von Cicero gerühmten und jedem englischen Schulkind jahrelang vorgehaltenen republikanischen Tugenden zu verkörpern, die nie höher geschätzt waren als nach Einführung der konstitutionellen Monarchie, unter der mit Georg I. (1714–1727) die Land besitzende Aristokratie politische Macht errang. Ein neopalladianisches Haus verkündete den Respekt seines Eigentümers vor Anstand und Sitte, und mit seinem verkleideten Mauerwerk, mit Säulen und Giebel betonte es dessen sozialen Rang viel deutlicher als das Backsteinhaus eines Gentleman im 17. Jahrhundert.

### *Hogarth und Gainsborough*

Dieser soziale Aspekt des Stils kommt klar zum Vorschein in den Bildern von WILLIAM HOGARTH (1697–1764). In der zweiten Szene seines Zyklus *Marriage à la Mode* wird ein kaum zueinander passendes Paar (ein junger Graf und eine Kaufmannstochter) in einem typisch neopalladianischen Raum mit Säulen und klassischen Ornamenten gezeigt ▸ 14.31. Die Bilder im italienischen Stil an den Wänden verraten den Geschmack der Oberschicht. Aber es gibt auch einige bezeichnende Stilbrüche: chinesische Porzellanfiguren zu beiden Seiten einer römischen Büste auf dem Kaminsims und eine groteske Rokokouhr zur Rechten. HOGARTH empfand diesen Stil als gefühllos und affektiert – eine Abweichung von der Natur in Leben und Kunst. Aber seine Haltung zum Rokoko war ambivalent. HOGARTH pflegte enge Beziehungen mit den Künstlern, die durch Entwürfe für Möbel, Metallarbeiten und die Titelseiten von Büchern eine englische Version des ›genre pittoresque‹ förderten. Die wundervoll freien Pinselstriche seiner Gemälde deuten auf den Einfluss französischer Künstler seiner Zeit hin. Und er wählte in England arbeitende französische Kupferstecher aus für die Drucke, die ihn und seine Bilder berühmt machen sollten.

HOGARTH unterschied sich von seinen Zeitgenossen auf dem europäischen Kontinent durch seine moralischen Ansichten, die eher weltlich und bürgerlich als protestantisch waren. Diese Ethik wurde von den beiden führenden Journalisten und Schriftstellern der Zeit, Joseph Addison und Richard Steele, gelehrt. HOGARTH' Satire auf die übliche Vernunftehe, die zu Unglück und Unmoral führt, kann gut von einer Abhandlung inspiriert worden sein, die Addison 1712 für den ›Spectator‹ geschrieben hatte. Er hatte darin das Ideal der sich auf Liebe gründenden Ehe – in angenehmen finanziellen Verhältnissen natürlich – gepriesen. Das Thema wurde von zahllosen englischen Erzählern und Dramatikern aufgegriffen. Liebe wurde als eine ›natürliche Leidenschaft‹ dargestellt, die aber in einem vernünftigen Rahmen sozialer Konventionen gehalten werden sollte. Addison in seinen Aufsätzen und Alexander Pope in seiner Dichtung rühmten die miteinander verwandten Ideen von Natur und Freiheit – Begriffe, die erst am Ende des Jahrhunderts ihre moderne Bedeutung erhalten sollten. Das Natürliche wurde damals einfach als das Gegenteil vom Künstlichen, Affektierten, Irrigen verstanden. Natur bezeichnete nicht das Wilde und Gesetzlose, sondern das von Gott geordnete Universum, wie Newton es darstellte, in dem allem ein bestimmter Platz zukommt. In Analogie zu diesem Modell galt es auch gesellschaftliche Freiheit nur innerhalb eines strengen Gefüges zu verwirklichen.

Diese Gedanken werden auch ausgedrückt in einem der sprechendsten englischen Bilder aus der Mitte des Jahrhunderts, dem Porträt des Landjunkers Robert Andrews und seiner Frau, kurz nach der Hochzeit 1748 von dem jungen THO-

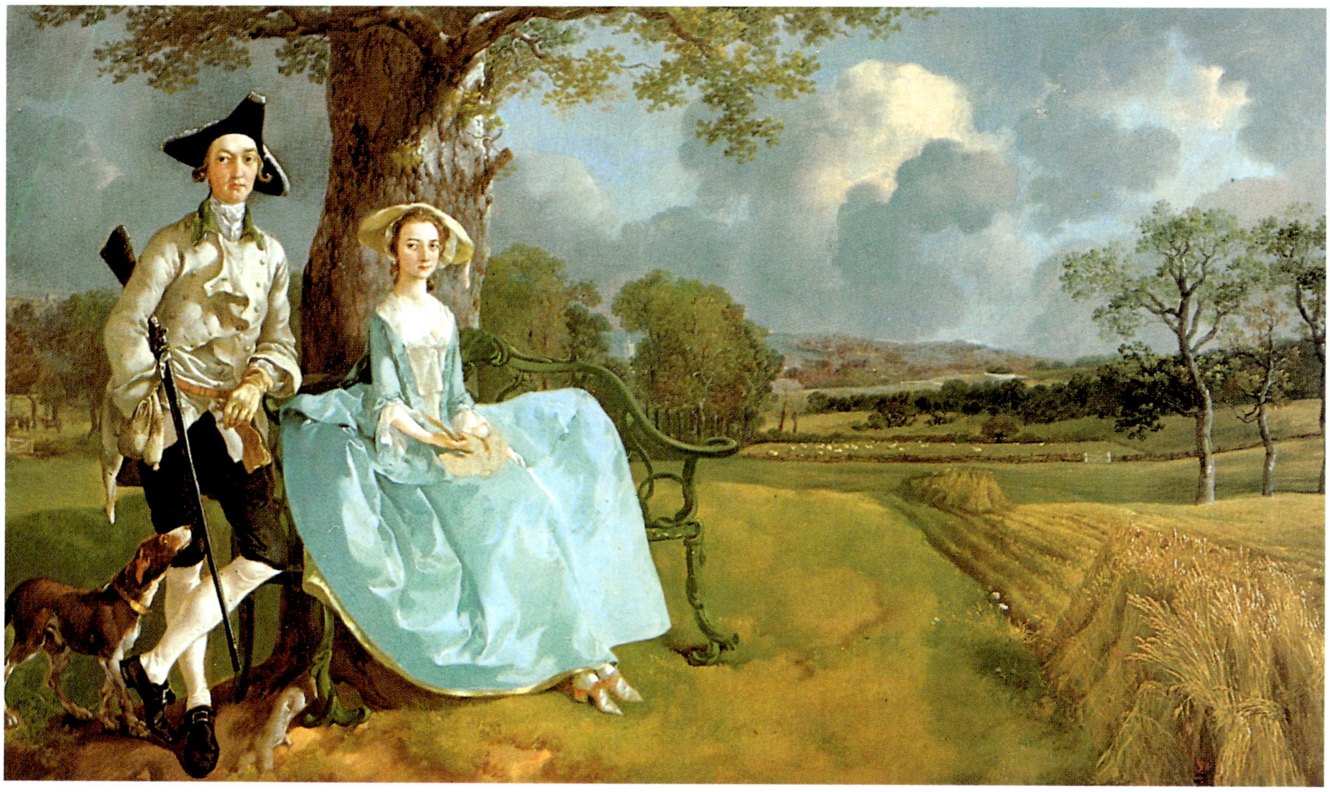

14.32 THOMAS GAINSBOROUG *Mr. und Mrs. Andrews*, um 17 Leinwand, 70 x 119 cm. National Gallery, London.

MAS GAINSBOROUGH (1727–1788) gemalt ▸ 14.32. Es ist ein wundervoll frisches kleines Gemälde mit einem Hintergrund, der offenbar eine wirklich existierende Landschaft wiedergibt. Trotz ihrer feinen Kleidung haben Mr. und Mrs. Andrews etwas Unbeholfenes, Provinzielles an sich; sie stellen einen ebenso auffallenden Gegensatz zu den Figuren im Freien der französischen Malerei dar wie die Landschaft Suffolks zu den französischen Gärten mit Statuen und Balustraden (wie von WATTEAU und FRAGONARD dargestellt ▸ 14.3; 13). Die Umgebung, in der die beiden gezeigt werden, ist ihr eigener Landbesitz. Sie sind an der Stelle platziert, wo der Park mit seinen Baumgruppen in das wohlbestellte landwirtschaftliche Gebiet übergeht, mit ordentlichen Hecken und Toren, den Bündeln frisch geschnittenen Korns im Vordergrund und den auf einer entfernten Wiese grasenden Schafen.

## *Landschaft und Klassizismus*

Der Landschaftspark, vielleicht der wichtigste britische Beitrag zur bildenden Kunst des 18. Jahrhunderts, wurde im Gegensatz zum streng formalen französischen Garten, der analog zum Absolutismus die Natur reglementierte, als freiheitliches Symbol verstanden. Englische Gärten besaßen oft ein Monument britischer Freiheit – in Form einer Ruine, die an die Kriege der Barone oder die ›Magna Charta‹ erinnerte, oder eines Tempels für britische Helden –, der Freiheit, wie sie von Locke definiert und von der Land besitzenden Klasse genossen wurde. Der Graben oder ›ha-ha‹, der den Park eines Herrenhauses von der ihn umgebenden Welt der unkultivierten Natur trennte, war eine höchst diskrete, ja fast unsichtbare Schranke, obgleich sie kaum weniger fest und wirkungsvoll war als die, welche die Eigentümer von anderen Gesellschaftskreisen trennte. Ideale selbstbewusster Lässigkeit, unaufdringlichen Wohlstandes, nichttyrannischer Macht spiegeln diese Parks und Landschaftsgärten. Wie die neopalladianischen Landhäuser waren sie das Produkt einer Kultur auf klassischer Grundlage, geschaffen von und für die Gebildeten und Begüterten. Manchmal wurde eine direkte Verbindung zum klassischen Altertum gesucht. In Stourhead in der Grafschaft Wiltshire verwandelte Henry Hoare (Spross einer Bankiersfamilie, die nach der Revolution von 1688 ein gewaltiges Vermögen erlangt hatte) seinen Besitz in eine vergilsche Landschaft mit murmelnden Bächlein, Seen, gemischten Baumgruppen, klassischen Tempeln und einer geheimnisvollen Grotte ▸ 14.34. In der Wirkung erinnert die Anlage an Gemälde von CLAUDE LORRAIN ▸ 13.33.

Während des ganzen 18. Jahrhunderts durchzog die klassische Vergangenheit die englische Kultur sowie die anderer europäischer Länder ▸ 14.33. Abweichungen in gotische und chinesische Architekturstile lieferten lediglich amüsante Gegensätze, die die Überlegenheit der klassischen Norm betonten. Doch diese Einstellung begann sich in der Mitte des Jahrhunderts zu wandeln. Als der Architekt ROBERT ADAM (1728–1792) auf der Grand Tour – jener großen Bildungsreise eines jeden Absolventen einer klassischen Erziehung – nach Italien kam (1754), merkte er schnell, dass die neopalladianischen Häuser, die er in Schottland gebaut hatte, kaum eine Ähnlichkeit mit den Monumenten des antiken Rom hatten.

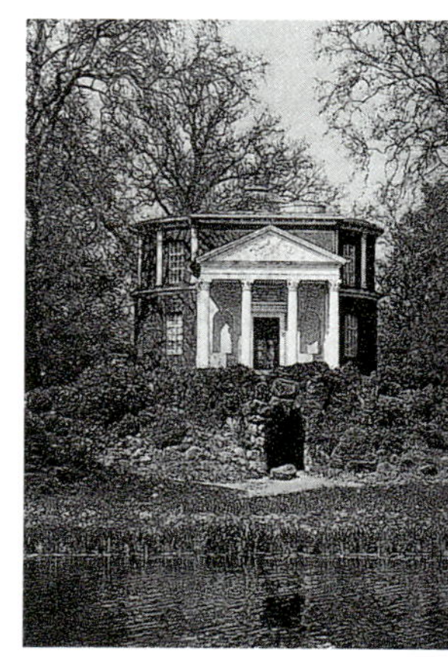

14.33 FRIEDRICH WILHELM ERDMANNSDORFF, Pantheon, 1795–1797, Schlosspark von Wörlitz.

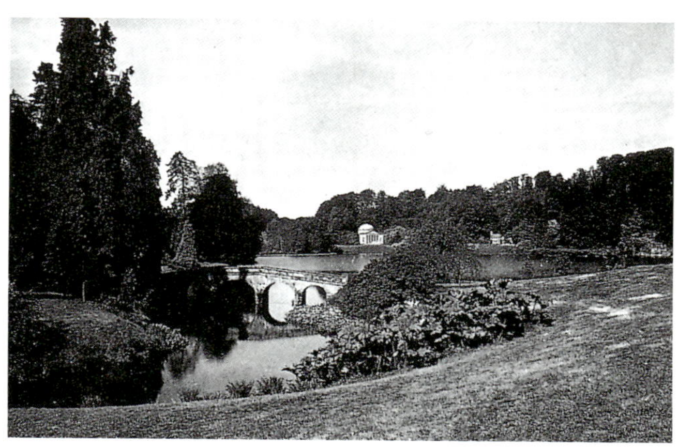

14.34 Der Park von Stourheac Wiltshire, angelegt 1743.

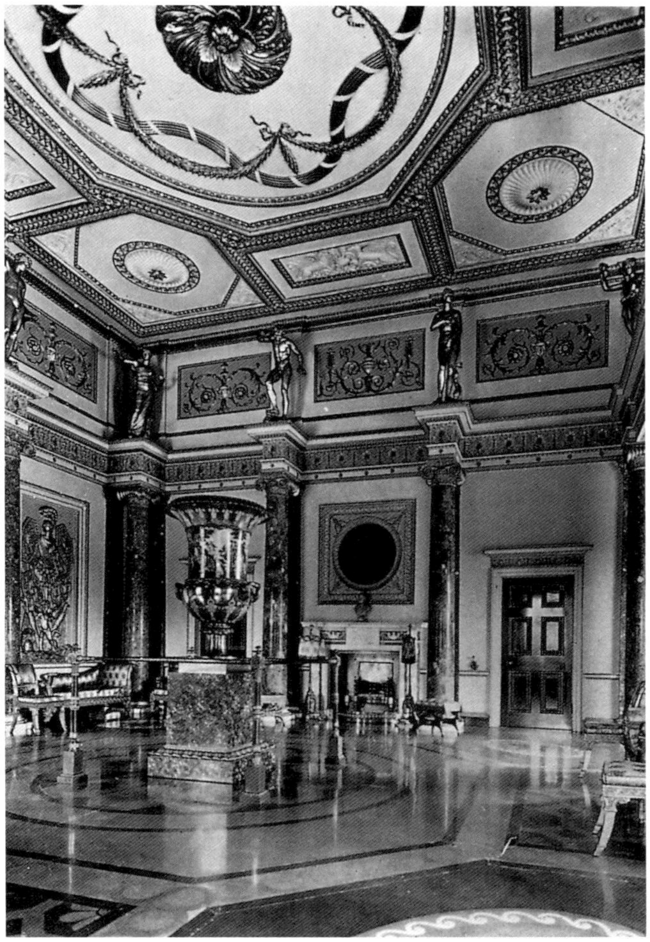

14.35 ROBERT ADAM, Vorzimmer im Syon House, Middlesex, 1760–1769.

Wie der italienische Kupferstecher und Architekt GIOVANNI BATTISTA PIRANESI ▸14.36 (1720–1778) war er empfänglich für den Reichtum, die Vielfalt und Pomp der römischen Architektur der Kaiserzeit. Diese Eigenschaften wollte er in einer neuen Architektur verwirklichen, welche er bald nach Gründung seines Ateliers 1758 in London zu entwerfen begann. Die Thermen des alten Rom (s. S. 207f.) animierten ihn zu einer fantasievollen Verwendung unterschiedlicher Raumformen und -größen, oft in wechselnder Abfolge. Im Syon House in der Nähe von London, wo er die Mauern eines Gebäudes aus dem frühen 17. Jahrhundert umgestaltete, öffnet sich eine strenge Eingangshalle mit horizontaler Betonung in einen hohen, quadratischen Raum von kaiserlich-römischer Pracht mit großen vergoldeten Waffentrophäen an den Wänden und goldenen Statuen auf hohen grünen Marmorsäulen ▸14.35. Die beiden folgenden Räume sind rechteckig, aber mit kontrastierender Dekoration, ein Speisezimmer mit Kopien berühmter antiker Statuen in den Nischen und ein Wohnraum, in dem die Einheit und Größenordnung der Ausstattung zugunsten einer intimeren, weniger formellen Wirkung zurücktreten.

Nicht nur die Wandflächen, sondern auch das Mobiliar, die Teppiche, sogar die Türgriffe und Beschläge waren in ADAMS Büro entworfen worden. Kunsthandwerker hatten die Entwürfe so präzise wie möglich auszuführen. ADAMS Stil war gut geeignet für eine industrielle Produktion. In der Fabrik des JOSIAH WEDGWOOD (1730–1795) in Staffordshire gingen stereotyp vereinfachte klassische Muster als Dekor für Keramik in Serie. Die persönliche Note des Handwerkers war nicht mehr gefragt. Daraus folgte eine immer größer werdende Kluft zwischen Künstlern und Handwerkern, besonders hier in England, wo die Industrialisierung schneller voranschritt als anderswo. Aus diesem und anderen Gründen verlangten Künstler die Anerkennung ihrer Überlegenheit, die teilweise durch die Gründung der Royal Academy 1768 erreicht wurde.

Der erste Präsident der Royal Academy, SIR JOSHUA REYNOLDS (1723–1792), wurde im Jahr nach ihrer Gründung geadelt. Er war der Sohn eines Geistlichen und Lehrers und kam somit aus einer höheren Gesellschaftsschicht als die meisten englischen Künstler jener Zeit. Schon als Jüngling hatte er seinen Ehrgeiz erklärt, mehr als ein ›gewöhnlicher Maler‹ sein zu wollen. Wie ROBERT ADAM machte er die Grand Tour nach Rom und begeisterte sich dort für die Werke RAFFAELS, MICHELANGELOS und der Bologneser Meister des 17. Jahrhunderts. Sein Ideal war der ›grand style‹, aber er war klug genug, zu sehen, dass der Markt für die Historienmalerei in England sehr begrenzt war, wo die alten Meister eifrig gesammelt, lebende Maler aber hauptsächlich als Porträtisten gebraucht wurden. Daher nahm er sich vor, die Bildnismalerei auf ein höheres Niveau zu heben. Männliche Modelle wurden von ihm wie antike Statuen in Positur gestellt; die Damen behandelte er fast wie Gestalten in mythologischen Kompositionen. Lady Sarah Bunbury (eine der berühmtesten Schönheiten ihrer Zeit, die Georg III. heiraten wollte) stellte er als Priesterin dar, die den Grazien opfert ▸14.37. Dieser ›grand style‹ blieb für gesellschaftlich hochstehende Kunden reserviert: Literaten, so wie Dr. Johnson, wurden in alltäglicherer Haltung und in Alltagskleidung wiedergegeben. Obwohl er zum tonangebenden englischen Bildnismaler seiner Zeit wurde, verachtete REYNOLDS alles Modische und forderte junge Künstler auf, ihm darin zu folgen. 1771 erklärte er in einem der *Discourses*, die er Jahr für Jahr in der Royal Academy hielt: »Wenn ein Bildnismaler seinen Gegenstand erheben und verbessern will, kann er das nur, indem er ihn einer allgemeinen Idee annähert.« Er sollte auch die Kleidung verändern, »von der gegenwärtigen Mode zu einer bleibenden, der kein Anflug von Niedrigkeit durch Vertrautheit anhängt«.

ANGELIKA KAUFFMANN (1741–1807) war eine enge Freundin von REYNOLDS und widmete sich ganz der Historienmalerei und dem Bildnis. In der Schweiz geboren und in Italien ausgebildet, ließ sie sich 1766 in London nieder und heiratete zunächst einen schwedischen Abenteurer (der sich, der Bigamie beschuldigt, bald absetzte), später dann einen venezianischen Maler. Im Alter lebte sie in Rom. Ihrem kosmopoliti-

14.36 GIOVANNI BATTISTA PIRANESI, *Die Konstantinsbasilika in Rom*, 1774, Radierung, 48,6 x 71 cm.

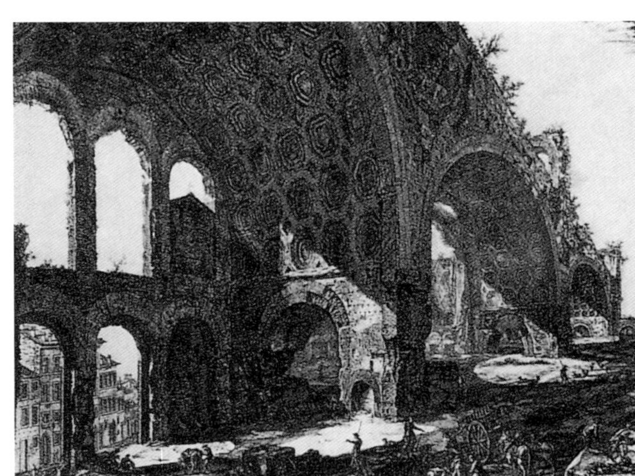

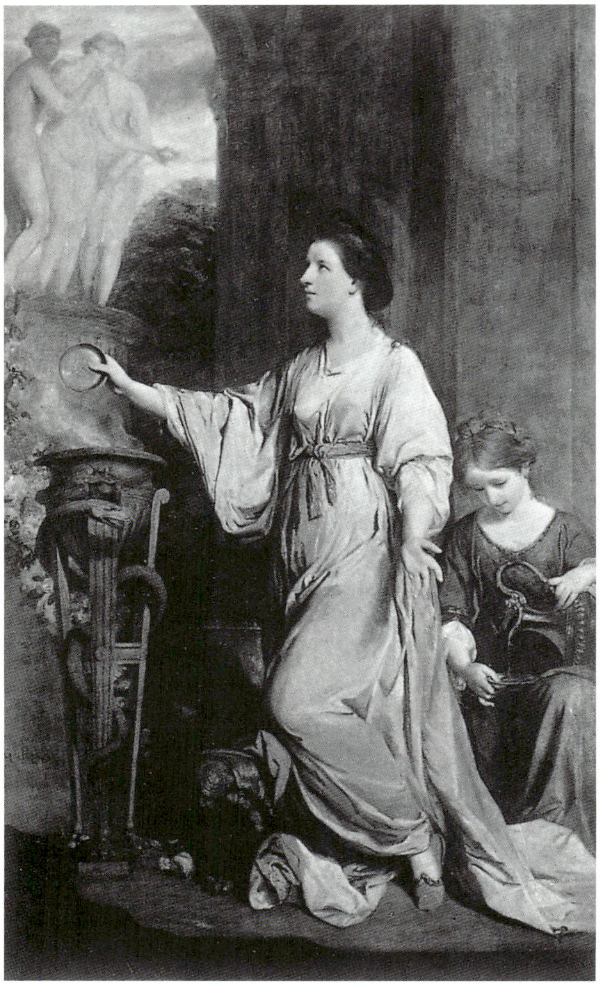

14.37 SIR JOSHUA REYNOLDS, *Lady Sarah Bunbury opfert den drei Grazien*, 1765, Leinwand, 242 x 152 cm. Art Institute of Chicago (W. W. Kimball Collection).

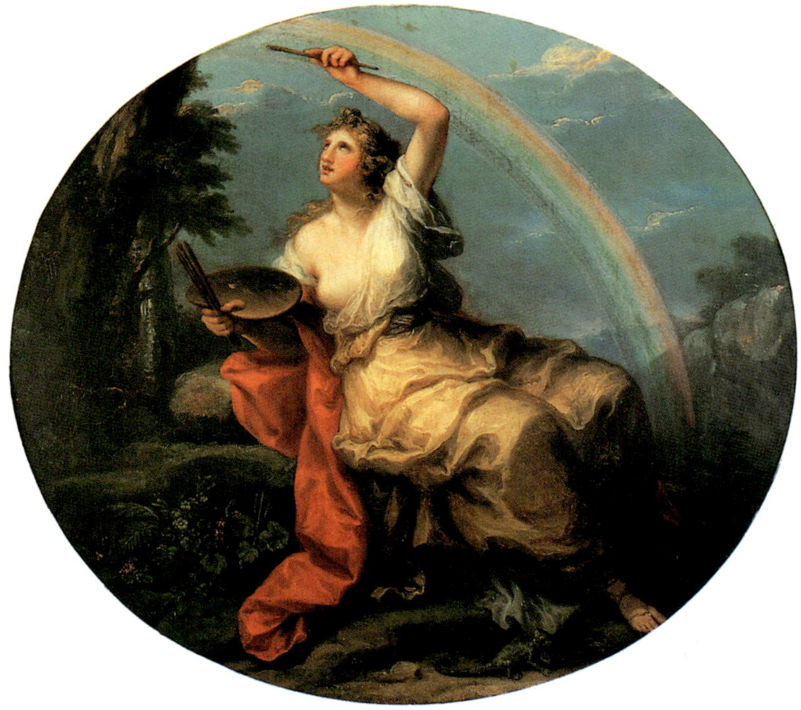

14.38 ANGELIKA KAUFFMANN, *Die Farbe*, aus dem Zyklus der *Allegorien der vier Grundelemente der Malerei*, 1779, Leinwand, 132 x 150 cm. Royal Academy of Arts, London.

schen Leben entsprechend bediente sie eine internationale Kundschaft. In London gehörte sie neben einer weiteren Frau zu den Gründungsmitgliedern der Royal Academy, einer im Übrigen bis in die 20er Jahre des 20. Jahrhunderts von Männern beherrschten Gesellschaft. Wie sehr man sie schätzte, ist schon daran zu erkennen, daß sie 1779 den Auftrag für die vier großen Ovalbilder an der Decke des Vortragssaales der Academy erhielt – Allegorien der vier Grundelemente der Malerei: Farbe ▸ 14.38, Zeichnung, Komposition und Erfindung. KAUFFMANN kannte u. a. die theoretischen Schriften von Winckelmann (vgl. S. 577), den sie porträtierte, doch sind ihre Bilder für den Vortragsraum frei von Pedanterie.

14.39 BENJAMIN WEST, *Tod des Generals Wolfe*, um 1770, Leinwand, 151 x 213 cm. National Gallery of Canada, Ottawa.

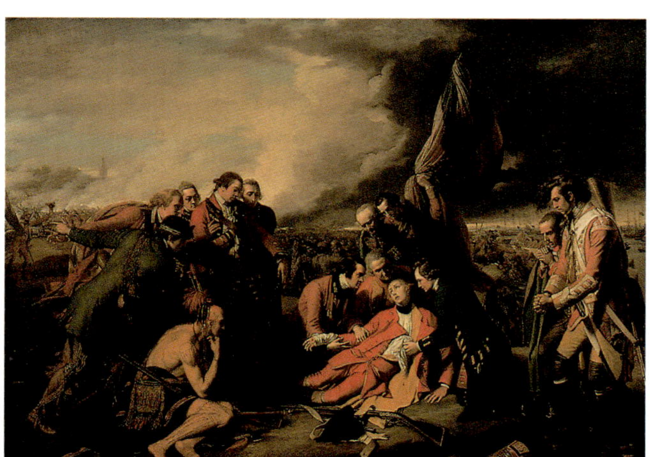

Es heißt, REYNOLDS sei schockiert gewesen, als er hörte, BENJAMIN WEST (1738–1820), ein in London ansässiger Amerikaner, male in einem historischen Bild Personen in zeitgenössischer Kleidung. Das Gemälde stellt den Tod von General James Wolfe dar, dem Sieger über die Franzosen in der Schlacht von Quebec, die eine Wende im kanadischen Kolonialkrieg brachte ▸ 14.39. Es gab anerkannte Traditionen für die Behandlung einer solchen Szene. Sie konnte als Allegorie wiedergegeben werden, mit den Personifizierungen von Sieg, Krieg und so weiter, oder als eine heroische Szene mit den Gestalten in klassischen Kostümen. Die Form der Reportage wurde von Theoretikern abgelehnt. WEST aber versuchte, die historische Szene authentisch darzustellen, indem er Schauplatz, Kostüme und Personen möglichst detailliert erfasste. Mit einer gewissen Steigerung des Pathos erreichte er eine Annäherung an die idealisierte Historie. Der nachdenkliche Indianer im Vordergrund – das ›Porträt‹ eines Mohikaners aus den Hilfstruppen der Engländer – kann als Personifizierung Amerikas gedeutet werden.

Die überwältigende Popularität, die WEST mit den Stichen nach dem Gemälde *Tod des Generals Wolfe* gewann (der Kupferstecher soll 15 000 Pfund daran verdient haben), verdankte er jedoch weitgehend dem Lauf der politischen Ereignisse. Nur fünf Jahre, nachdem das Bild in London ausgestellt worden war, unterschrieb man in Philadelphia die Unabhängigkeitserklärung. Nordamerika wurde plötzlich zum gelobten Land der Aufklärung. Sowohl die Deklaration als auch die Verfassung der Vereinigten Staaten verliehen den Menschenrechten den Status von Naturgesetzen (s. S. 559 f.). Und wenn Amerikaner diesen politischen Idealen künstlerischen Ausdruck verleihen wollten, wandten sie sich den Meisterwerken der Antike zu, nicht weil sie in Europa so beliebt waren, sondern weil sie ästhetische Prinzipien gleichermaßen zeitlos und allgemeingültig zu verkörpern schienen. So wählte THOMAS JEFFERSON (1743–1826) die Maison Carrée in Nîmes (s. S. 189 f.) – er nannte sie »ohne Zweifel ... das vollkommenste und kostbars-

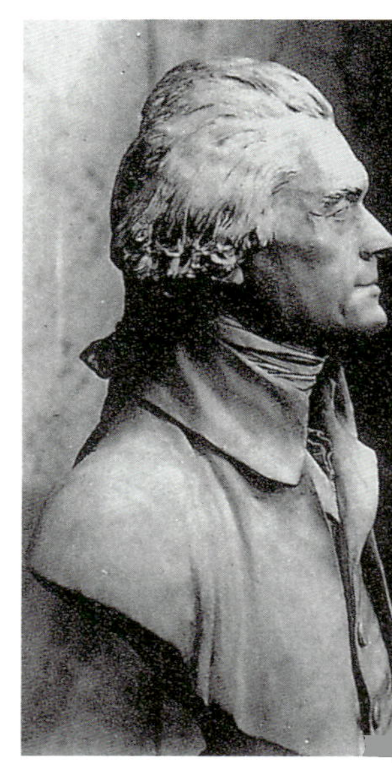

14.40 JEAN-ANTOINE HOUDON, *Thomas Jefferson*, 1789, Marmor, Höhe 55 cm. Library of Congress, Washington.

# Washington und Jefferson: Antike versus moderne Kleidung

Am 24. Juni 1784 beschloss die Versammlung des Bundesstaates Virginia, eine Statue George Washingtons in Auftrag zu geben, und bat Thomas Jefferson, der im Begriff stand, Benjamin Franklin in Paris als amerikanischen Minister für Frankreich abzulösen, den besten Bildhauer in Europa zu finden. Jefferson berichtete, HOUDON stehe im Ruf, der beste zu sein, und verlor keine Zeit, mit ihm über diesen Auftrag zu sprechen. Man einigte sich darauf, dass die Statue lebensgroß sein sollte, aber HOUDON betrachtete es als unmöglich, die Plastik auf der Grundlage eines ebenfalls lebensgroßen zu malenden Porträts von CHARLES WILLSON PEALE zu schaffen. Doch Jefferson berichtete Washington auch, HOUDON sei

*»... so begeistert davon, derjenige zu sein, der den Auftrag für dieses Werk erhalten hat, dass er anbietet, selbst nach Amerika zu reisen, um Ihre Büste nach dem lebenden Modell zu bilden und in der Zwischenzeit alle seine hiesigen Geschäfte ruhen zu lassen. Er meint, dass ihm ein dreiwöchiger Aufenthalt genügen würde, ein Gipsmodell anzufertigen, mit dem er dann hierher zurückkehren würde, und dass die Arbeit drei Jahre in Anspruch nehmen wird.«*

Im Juli 1785 waren die Vertragsbedingungen geklärt: 25 000 Livres (1100 Pfund Sterling) für die Statue und das Piedestal plus Aufwendungen und 10 000 Livres Lebensversicherung für den Fall, dass HOUDON auf der Reise sterben sollte. Jefferson wies nochmals darauf hin, dass HOUDON, um nach Amerika zu kommen und dort Washingtons »wahres Gesicht in Augenschein zu nehmen und auszumessen«, mehrere königliche Porträts unvollendet zurücklasse und, nicht ohne gewisse Schwierigkeiten, einen Auftrag der Zarin von Russland zurückgegeben habe. Da HOUDON eine Woche oder länger Washingtons Gast sein werde, fügte Jefferson noch hinzu, der Bildhauer sei

*»... unvoreingenommen, großzügig, offen, ruhmbegierig und verdient unter allen Umständen Ihre Wertschätzung. Er wird von einer untergeordneten Hilfskraft oder zweien begleitet, die aber natürlich nur mit Leuten ihres eigenen Ranges verkehren werden.«*

HOUDON traf am 14. September mit drei Mitarbeitern in Philadelpia ein, da aber ihr Gepäck abhanden gekommen war, kamen sie in Mount Vernon erst am 2. Oktober an, »nachdem wir bereits zu Bett gegangen waren (um elf Uhr)«, wie Washington schrieb. In seinem Tagebuch vermerkte er unter dem 7. Oktober, er habe »heute wie bereits gestern für Mr. Houdon, der meine Büste formt, Modell gesessen«, aber abgesehen von einem längeren Vermerk über das Verfahren der Gipsherstellung schrieb Washington sonst nichts über den Besuch des Bildhauers. HOUDON schuf das Terrakottamodell einer Büste Washingtons (die sich noch heute in Mount Vernon befindet, und ›HOUDON F. 1785‹ signiert und datiert ist), und er muss von dieser eine Gipsform und mindestens einen Gipsabguss angefertigt haben. Im Januar 1786 befand er sich wieder in Paris.

Ungeklärt war aber noch die Frage, in was für einem Gewand, einem antiken oder einem zeitgenössischen, Washington dargestellt werden sollte. Jefferson nahm sich der Angelegenheit an, und im August antwortete Washington:

*»... da ich mit der Kunst der Skulptur nicht hinreichend vertraut bin, um mein Urteil dem Geschmack der Kenner entgegenzusetzen, möchte ich in dieser Angelegenheit nichts vorschreiben. Im Gegenteil werde ich vollkommen mit allem einverstanden sein, was man für angemessen und schicklich erklären wird. Kaum hätte ich die Vermutung zu äußern gewagt, dass eine sklavische Treue zu den Gewändern der Antike vielleicht nicht ganz so passend sein dürfte wie eine kleine Abweichung zugunsten moderner Kleidung, wäre mir nicht seitens Oberst Humphreys zu Ohren gekommen, dass auf diesen Umstand bereits in einem Gespräch zwischen Herrn West und Herrn Houdon hingewiesen wurde. Dieser Geschmack, der durch West in die Malerei eingeführt wurde, ist, wie ich höre, mit großem Beifall aufgenommen worden und weit verbreitet.«*

Die zeitgenössische Kleidung, die von BENJAMIN WEST in seinem Bild *Der Tod von General Wolfe* ▸ 14.39 eingeführt wurde, hatte für große Aufmerksamkeit gesorgt, aber es war noch immer umstritten, ob sie auch in der Bildhauerei angemessen sei. Inwieweit sich Washington der Bedeutung und Implikationen zeitgenössischer Kleidung bewusst war, ist nicht bekannt. Möglich ist, dass er sich von den Bildnissen europäischer Herrscher distanzieren wollte, auf denen diese normalerweise in antiken oder antikisierenden Kostümen dargestellt wurden. Sowohl Jefferson als auch HOUDON bevorzugten antike Kleidung. Houdon schwebte Washington als ein moderner Cincinnatus vor, als Schutzherr der Landwirtschaft, der sich mittlerweile zwar auf seinen Landsitz zurückgezogen hatte, aber sein Volk gleichwohl im Frieden noch genauso führte wie im Krieg. Jefferson war von der Angemessenheit antiker Kleidung für derartige Werke fest überzeugt und schrieb einige Jahre später, er sei sicher, dass *»... jede Person von Geschmack in Europa die römische Kleidung bevorzugt, deren Wirkung zweifellos von ganz anderer Art ist. Unsere Stiefel und Regimentsuniformen hingegen wirken sehr bescheiden.«*

Trotz seiner vermeintlichen Zurückhaltung hatte Washington jedoch sehr deutlich gemacht, dass er in zeitgenössischer Kleidung dargestellt zu werden wünschte, und diese trug die Skulptur denn auch.

H. H. Arnason, The Sculptures of Houdon, New York 1975

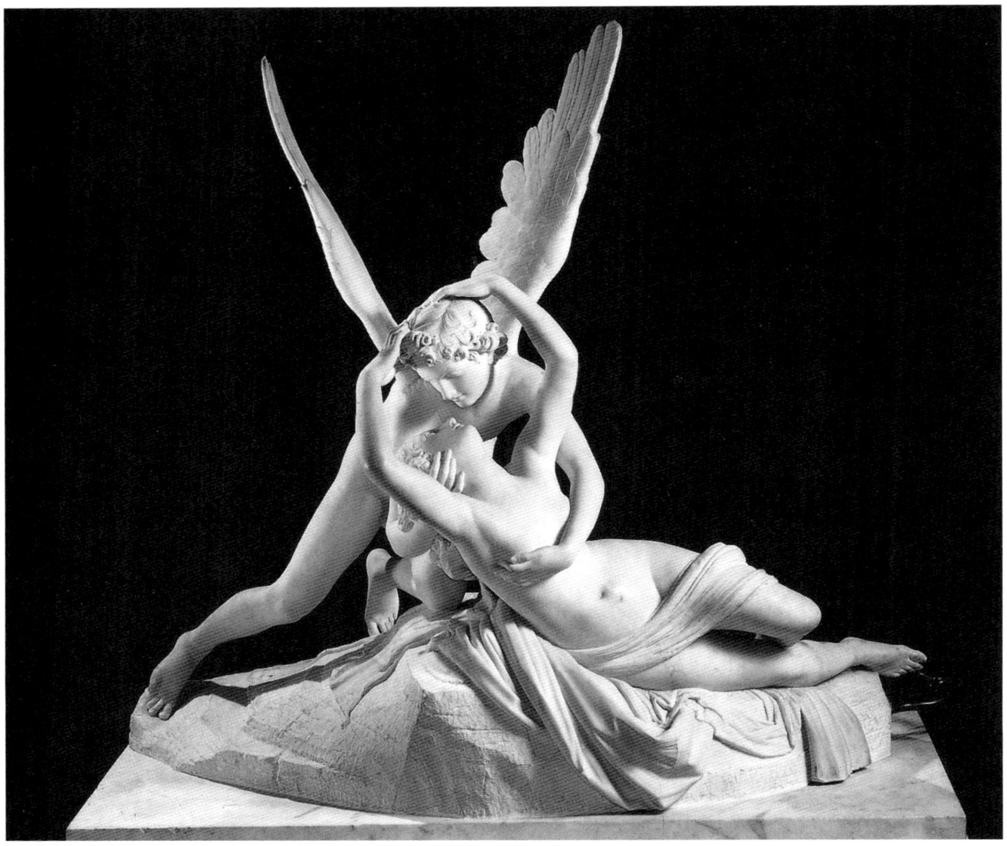

14.41 ANTONIO CANOVA, *Amor und Psyche*, 1787–1793, Marmor, Höhe 155 cm. Louvre, Paris.

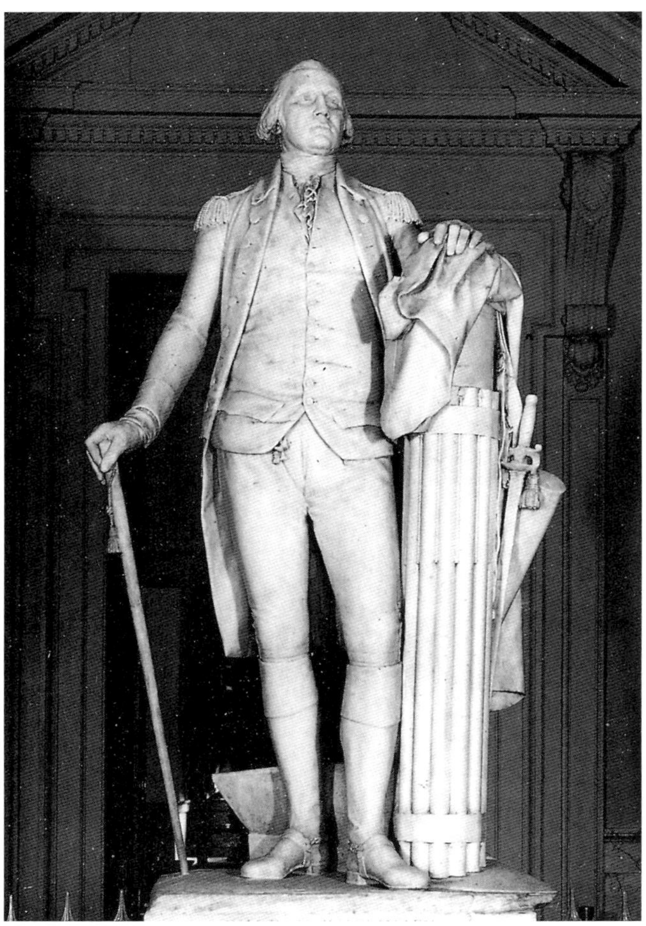

14.42 JEAN-ANTOINE HOUDON, *George Washington*, 1785–1796, Marmor, Höhe 188 cm. State Capitol, Richmond, Virginia.

te erhaltene Relikt der Antike« – als Vorbild für das Kapitol von Virginia, das er in Zusammenarbeit mit dem französischen Architekten CHARLES-LOUIS CLÉRISSEAU (1721–1820), der Zeichenlehrer von ROBERT ADAM gewesen war, entwarf.

## Neoklassizismus und der ›wahre Stil‹

Die Gründer der Vereinigten Staaten sind oft als Gestalten der antiken Welt gesehen und manchmal auch so dargestellt worden. Es gibt ein Porträt von Benjamin Franklin, auf dem er eine Toga wie ein römischer Senator trägt. Doch die Büste von Jefferson zeigt diesen in moderner Kleidung ▸ 14.40, ebenso wie das Standbild George Washingtons, das auf Jeffersons Empfehlung hin für das Kapitol von Virginia geschaffen wurde. Schöpfer dieser Werke war JEAN-ANTOINE HOUDON (1741–1828), der führende französische Porträtbildhauer seiner Zeit. Er skulptierte die Büsten berühmter Zeitgenossen – Voltaires, Diderots, Rousseaus, Washingtons ▸ 14.41 und anderer – sowie der Führer der amerikanischen Revolution. Wiederholungen dieser Porträts entstanden in HOUDONS Werkstatt in verschiedenen Größen und Materialien, begünstigt durch einen Kult um die großen Männer der Zeit, den die Aufklärung förderte. Diese Büsten zeigen die Dargestellten mit natürlichem Haar oder einer Perücke, in Kostümen der Zeit oder stilisierten antiken Stoffdraperien. Gleichwie, der Forderung, der Rokokogeziertheit zu entsagen und Rousseaus Ruf ›Zurück zur Natur!‹ zu folgen, wurde in der zweiten Hälfte des 18. Jahrhunderts immer mehr entsprochen.

Die Gegenbewegung zum Rokoko setzte um 1750 fast gleichzeitig in Frankreich, Deutschland und England ein, wenn auch aus verschiedenen und komplexen Motiven. Die Denker der Aufklärung mit ihrer Forderung nach Logik, Klarheit, Einfachheit und moralischer Rechtschaffenheit spielten eine wichtige Rolle. Jean-Jacques Rousseau (1712–1778), der strengste Kritiker der Verderbtheit des zeitgenössischen Gesellschaftslebens und der leidenschaftlichste Befürworter freien Gefühlsausdrucks, verlangte 1750 eine didaktische Kunst – Skulpturen und Bilder von »Männern, die ihr Land verteidigt haben, oder den noch größeren, die es mit ihrem Genius bereicherten«. Mit Worten, die an BOUCHERS Gemälde erinnern ▸ 14.8, verdammte er »Darstellungen jedweder Verderbtheit von Herz und Verstand, die mit Geschick aus der antiken Mythologie entnommen sind«. Gleichzeitig führte eine Rückbesinnung auf den Ruhm des ›großen Jahrhunderts‹ unter Ludwig XIV. zur Missbilligung des Stils, der in seiner Nachfolge aufgeblüht war. Man vernahm sogar die Forderung nach einer ›neuen‹ Kunst, einem wahren ›Stil‹, der viel später Neoklassizismus genannt werden sollte. In England verbanden sich diese Tendenzen mit dem Ehrgeiz von Künstlern wie REYNOLDS, eine nationale Schule zu gründen, die sich mit der italienischen des 16. Jahrhunderts messen konnte. In Deutschland war die Bewegung von einer bürgerlichen Feindlichkeit gegenüber der frankophilen Kultur der Fürstenhöfe gefärbt.

Der Ausdruck ›Neoklassizismus‹, der in der Mitte des 19. Jahrhunderts geprägt wurde, ist irreführend, da er auf einen Stil schließen lässt, der hauptsächlich antike Formen wiederbelebt. Die alten römischen Gebäude und antiken Statuen wurden in der Tat in der ganzen ersten Hälfte des 18. Jahrhunderts bewundert, nachgeahmt und oft kopiert. Ihre überragende Bedeutung wurde niemals ernsthaft in Frage gestellt. Sie erschienen jedoch in einem neuen Licht, als Johann Joachim Winckelmann (1717–1768) eine völlige Neueinschätzung der Kunst der Antike (wie man sie seit der Renaissance verstand) vornahm und den Weg zu einer Neubelebung der Kunst seiner eigenen Zeit ebnete. Sein erstes Buch, *Gedanken über die Nachahmung der griechischen Werke in der Malerei und Bildhauerkunst* (Dresden 1755), sagte sich los von der trockenen Altertümelei der früheren klassischen Forschung. Da er vom Standpunkt eines Ästheten aus schrieb, als ›empfindsamer Mensch‹ und Vertreter der Aufklärung, verstand und diskutierte er griechische Statuen als lebendige Kunstwerke von ewigem Wert (ohne allerdings zu wissen, dass viele von ihnen keine Originale waren). Für ihn verkörperten sie das wahre Wesen des griechischen Geistes, dessen Freiheit und Liebe zum Schönen und Wahren. »Der einzige Weg, groß und wenn möglich unnachahmlich zu werden«, schrieb er, »führt über die Nachahmung der Alten« – natürlich nicht durch einfaches Kopieren der Antiken, sondern durch ein Streben nach ihren wesentlichen ästhetischen und moralischen Qualitäten, die er mit der berühmten Wendung ›edle Einfalt, stille Größe‹ umschrieb. Winckelmanns Verbindung der Gedanken der Aufklärung mit der Kunst der Antike ließ so berühmte Werke wie den *Apoll vom Belvedere* ▸ 5.6 neu sehen, auch die Neuentdeckungen in Herculaneum, 1738, und Pompeji, 1748 (s. S. 176 ff.). Aber Winckelmann ging noch weiter. Er gab der Ablehnung des Rokoko eine Zielbewusstheit. Seine Akzentverschiebung von der Form zu geistigem Inhalt trug einer neuen Kunsttheorie bei, die eher expressiv als nachahmend war.

## *Canova und David*

Winckelmanns Einfluss war weitreichend, aber am meisten spürte man ihn in Rom, wo er 1755–1768 lebte und man die meisten der von ihm gepriesenen Statuen sehen konnte. Hier

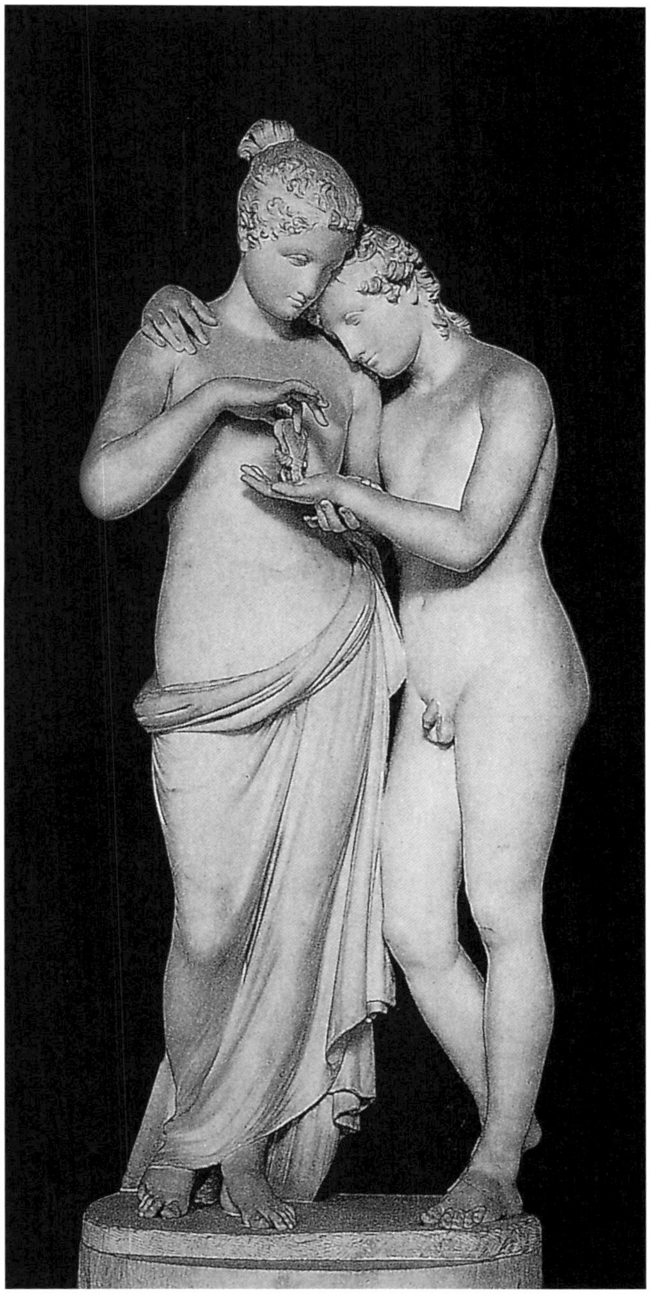
14.43 ANTONIO CANOVA, *Amor und Psyche mit Schmetterling*, 1796–1800, Marmor, 150 x 68 cm. Louvre, Paris.

erfuhren auch der Bildhauer ANTONIO CANOVA (1757–1822) und der Maler JACQUES-LOUIS DAVID (1748–1825) eine Art künstlerischer Offenbarung und Bekehrung. CANOVA hatte seine Karriere im Venedig GUARDIS begonnen; er hatte Gestalten aus dem Stein, die die anmutige Leichtigkeit und den sinnlichen Charme der Figuren in TIEPOLOS Fresken haben, geschlagen. Bevor er zwanzig war, hatte er schon die venezianischen Kunstkenner mit seiner technischen Meisterschaft in Erstaunen versetzt. Aber 1779 besuchte er Rom, wo er sich im nächsten Jahr niederließ, sich mit einer Gruppe internationaler (überwiegend englischer) Künstler, Archäologen und Theoretiker anfreundete und einen neuen Skulpturenstil von revolutionärer Strenge und kompromissloser idealistischer Reinheit zu entwickeln begann ▸ 14.43. Sein ernstes Standbild von Papst Clemens XIV. (SS Apostoli, Rom), 1787 vollendet, brachte ihm internationalen Ruhm und zahllose Aufträge ein. Er wurde als Erbe der antiken griechischen Tradition, als moderner PHIDIAS, bejubelt.

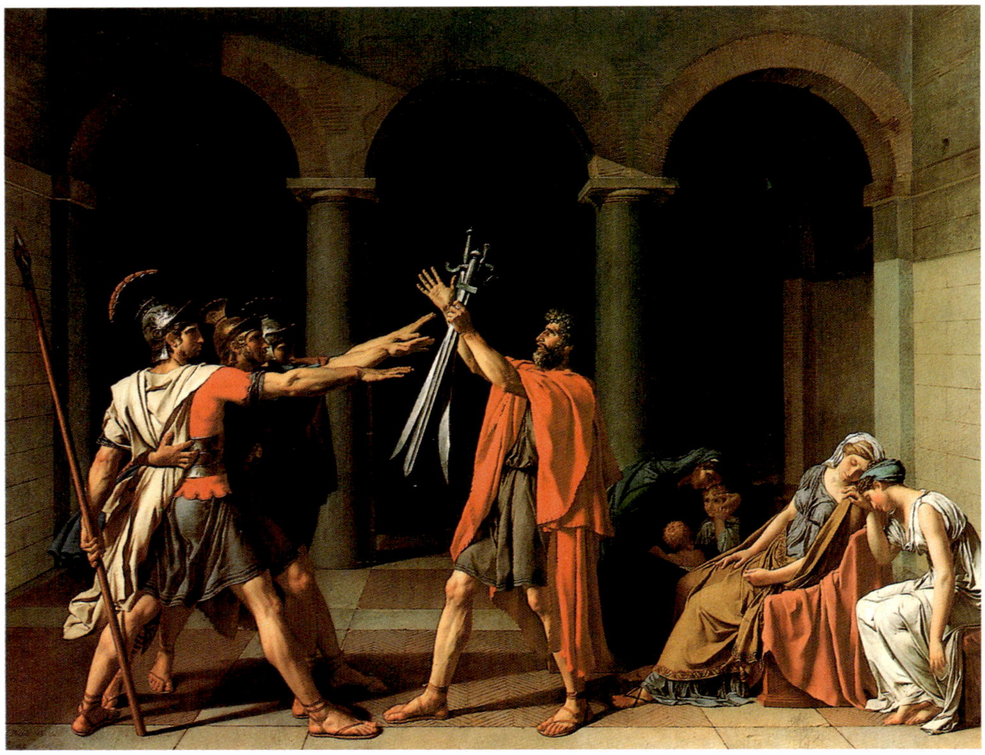

14.44 JACQUES-LOUIS DAVID, *Der Schwur der Horatier*, 1784–1785, Leinwand, 727 x 335 cm. Louvre, Paris.

Die freistehenden Statuen und Figurengruppen, die CANOVA später in einem sanfteren, persönlicheren Stil gestaltete, wurden sogar noch begeisterter aufgenommen. Seine Themen entstammen der klassischen Mythologie und forderten manchmal den Vergleich mit den meistbewunderten Werken der Antike heraus. Aber sie waren stets durchtränkt mit der Empfindsamkeit seiner eigenen Zeit. CANOVAS Plastik *Amor und Psyche* etwa ist gefühlsmäßig ebenso weit entfernt von griechischen und römischen Skulpturen wie von denen des frühen 18. Jahrhunderts ▸ 14.42. Sie stellt – nach Apuleius' Version der Fabel – den Augenblick dar, in dem Amor die sterbende Psyche wiederbelebt. Die porzellanhaften Gestalten, die ohne Seitenblick auf den Betrachter völlig aufeinander bezogen sind, bilden eine geschlossene Einheit. In den Augen seiner Zeitgenossen ›belebte‹ CANOVA nicht nur die Kunst der Plastik, sondern befreite sie auch von dem architektonischen Rahmen, dem im Barock außer Porträtskulpturen die meisten Werke untergeordnet gewesen waren. Es ist als ein Zeichen der Zeit zu verstehen, dass einige seiner neuen Statuen direkt für Museen gedacht waren – die ersten großen Kunstwerke, die speziell für diesen Zweck entstanden. Museen wurden jetzt zum ersten Mal als Einrichtungen für die öffentliche Erziehung betrachtet.

JACQUES-LOUIS DAVID begann wie CANOVA in einem deutlich dem 18. Jahrhundert zugehörigen Stil. Er erfuhr das französische System künstlerischer Erziehung, kurz nachdem es noch starrer geworden war: zuerst Student der Akademie in Paris und dann 1775–1780 der französischen Akademie in Rom. 1784 kehrte er nach Rom zurück und malte dort sein erstes Monumentalwerk *Der Schwur der Horatier* ▸ 14.44. Mit einer Reihe anderer Bilder war es für die Krone in Auftrag gegeben worden in der Absicht, die öffentliche Moral durch die bildenden Künste zu heben. Doch gestaltete DAVID wohl die Szene selbständig, die weder in der antiken noch späteren Literatur beschrieben ist. Um einen politischen Streit zu entscheiden, bekämpften die drei römischen Horatier drei Brüder aus der Nachbarstadt Alba. DAVID schilderte den selbstlosen Entschluss der Horatier, ihr Leben für die Heimat zu opfern. Nur ein Horatier überlebte, der nach seiner Rückkehr als Sieger in Rom seine Schwester tötete, weil sie den Tod eines der drei Brüder aus Alba, ihres Verlobten, beweinte. DAVID schlug damit einen Themenkreis aus der Frühzeit des antiken Rom an, der im 17. Jahrhundert von Pierre Corneille nach Livius dramatisiert worden war.

Der Adel des altrömischen Stoizismus und Patriotismus ist die Botschaft, die DAVID mit einer dafür angemessenen Sparsamkeit der bildlichen Mittel beschwor. Er zeigt eine heroische Welt, geprägt von einfachen, unkomplizierten Leidenschaften und schlichten, kompromisslosen Wahrheiten. Männliche Tapferkeit und Entschlusskraft werden weiblicher Zärtlichkeit und Fügsamkeit gegenübergestellt. Die kompositionelle Klarheit wird verstärkt durch das helle Licht des frühen Morgens und die ursprüngliche Reinheit der Farben sowie die elementare Einfachheit des kastenartigen Raumes ohne große Tiefe, mit seinen einfachen dorischen Säulen und den Rundbogen. DAVID ließ diesem Werk ein zweites im gleichen riesigen Format folgen. Der römische Konsul Brutus sitzt in seinem Haus, während Liktoren die Leichname seiner beiden Söhne hereintragen, die auf seinen Befehl wegen Verschwörung und Verrats getötet wurden (Louvre, Paris). Auch dieses Bild war eine Auftragsarbeit für die Krone und wurde 1789, ein paar Wochen nach dem Sturm auf die Bastille, im Salon ausgestellt. Beide Gemälde waren in künstlerischer Hinsicht revolutionär; ob sie es allerdings auch politisch waren, wie später gern angenommen wurde, ist ungewiss.

Die Ereignisse von 1789 – die Besetzung der Bastille, womit man bewies, dass der König die Kontrolle über Paris verloren hatte, die Bildung einer Nationalversammlung und ihre Erklärung der Menschenrechte, die Verstaatlichung des Kirchenbesitzes, die Abschaffung der Feudalrechte, Aufruhr überall im Land – zwangen jeden Franzosen zu einer politischen Entscheidung von größter Tragweite. DAVID schlug sich auf die Seite der extremen Revolutionäre, des Klubs der Jakobiner. 1792 wurde er in den Nationalkonvent gewählt und

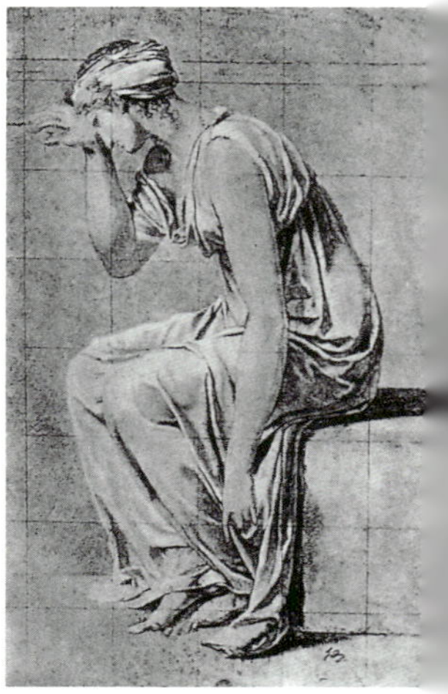

14.45 JACQUES-LOUIS DAVID, Studie zu *Der Schwur der Horatier*, um 1784, Kreide, 58 x 45 cm. Musée Bonnat, Bayonne.

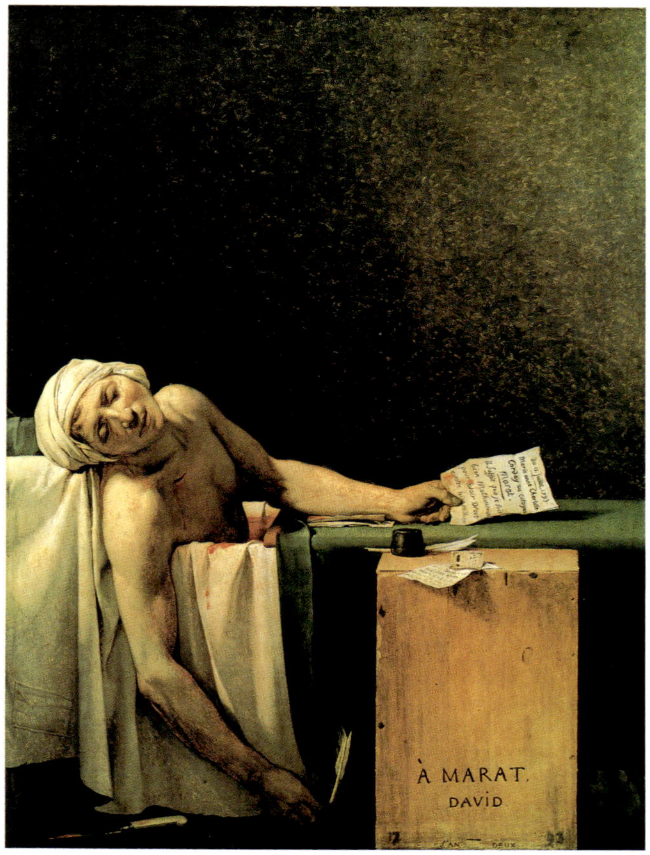

14.46 JACQUES-LOUIS DAVID, *Der ermordete Marat*, 1793, Leinwand, 160 x 125 cm. Musées Royaux des Beaux-Arts, Brüssel.

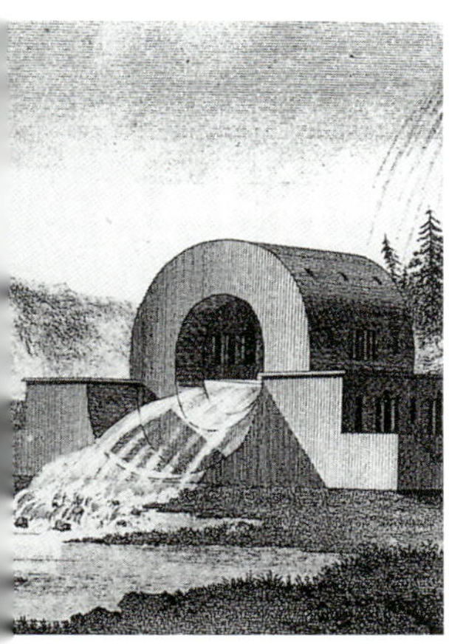

4.47 CLAUDE-NICOLAS EDOUX, Maison des Directeurs e la Loue, 1804.

stimmte für den Tod des Königs. Schließlich wurde er Mitglied des Komitees für die allgemeine Sicherheit, das weitgehend für die Schreckensherrschaft verantwortlich war. Als sich 1794 gemäßigtere Ansichten durchzusetzen begannen, warf man ihn ins Gefängnis. Während der Jahre unter den Jakobinern stellte DAVID seine Kunst in den Dienst der neuen Republik und fand heraus, dass der Stil, den er für die Darstellung antiker Tugend gefunden hatte, auch ein ausgezeichnetes Mittel war, um die ›Märtyrer‹ der Revolution zu verewigen. Ihre Bilder wurden im Nationalkonvent aufgehängt: Der Schriftsteller Jean-Paul Marat, der von Charlotte Corday im Bad ermordet worden war, der junge Joseph Barra, den königstreue Truppen erschossen hatten und Lepeletier de Saint-Fargeau, ebenfalls ein Mitglied des Konvents, der während des Prozesses, den man Ludwig XVI. machte, von einem Royalisten getötet worden war.

*Der ermordete Marat* ist das bewegendste von allen Werken DAVIDS und vielleicht das größte ›politische‹ Bild der Französischen Revolution ▸ 14.46. DAVIDS *Marat* ist eine revolutionäre Ikone, eine weltliche Pietà, geschaffen, um den Jakobiner in der Erinnerung seiner Mitmenschen festzuhalten, so unbarmherzig in seiner Logik und unnachgiebig in seiner Strenge wie die politischen Ideale seiner Partei – ein Denkmal für den Schriftsteller, der den ›Despotismus der Freiheit‹ gepriesen hatte.

Architektonische Parallelen zu DAVIDS radikalem Stil der neunziger Jahre des 18. Jahrhunderts, aber ohne dessen politische Bedeutung, kann man in den Entwürfen von ÉTIENNE-LOUIS BOULLÉE (1728–1799) und CLAUDE-NICOLAS LEDOUX (1736–1806) finden. In ihren Werken erhielt die Reaktion auf das Rokoko um die Mitte des Jahrhunderts eine positive Richtung – eine Rückkehr zur Antike, die zur Schaffung einer neuen Architektur von erstaunlicher Kühnheit und Schlichtheit führte ▸ 14.47. Sie nahmen an einer allgemeinen Bewegung teil, die das architektonische Konzept des Barock ablehnte – diesen Prozess des Verbindens und Verschränkens von Teilen zu einer organischen Einheit, so dass die Strukturelemente unmerklich ineinander übergingen. Auch die barocke Dekorationslust, die die Tektonik verschleierte und überspielte, wurde heftig abgelehnt. Eine neue Syntax setzte sich durch: ungebrochene Umrisse, klar geschnittene Linien im rechten Winkel, einfach geformte Öffnungen in den Wänden ohne Umrahmungen, die den Blick ablenken konnten. Das architektonische Ideal verlagerte sich vom frei fließenden Raum zur statischen Masse und zu dem, was der englische Dichter Mark Akenside (1721–1770) »die reinen Formen / Von Dreieck oder Kreis, Würfel oder Kegel« nannte.

Solch eine Architektur der reinen Geometrie konnte nur auf dem Papier bis zur letzten Konsequenz geführt werden, wie in BOULLÉES Projekt eines Denkmals für den großen Helden der Aufklärung, Isaac Newton ▸ 14.48. Das Äußere sollte an einen Planeten erinnern, das Innere an den Nachthimmel mit Sternen, der mittels in die Decke gebohrter Löcher beleuchtet worden wäre. Wie das Pantheon in Rom bestand dieser Bau aus einem Zylinder und einer Kugel; aber BOULLÉE ging über die Antike hinaus zurück zum ursprünglichen platonischen Sein. Abgesehen von dem Sarkophag hatte das Monument keine antiken Elemente. Der Architekt »darf sich nicht zum Sklaven der Alten« machen, schrieb BOULLÉE. Er sollte zum »Sklaven der Natur« werden – aber einer Natur, wie Newton und die nachfolgenden Denker sie verstanden hatten, eines geordneten Systems, nicht des undurchdringlichen Mysteriums, das bald schon die Phantasie der Romantiker befeuern und ihre Seelen beunruhigen sollte.

14.48 ÉTIENNE-LOUIS BOULLÉE, Entwurf eines Denkmals für Isaac Newton, 1784, Tinte und Wasserfarbe auf Papier, 39 x 65 cm. Bibliothèque Nationale, Paris.

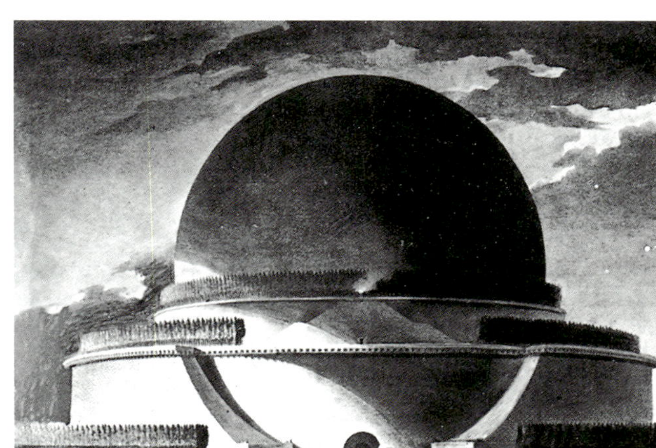

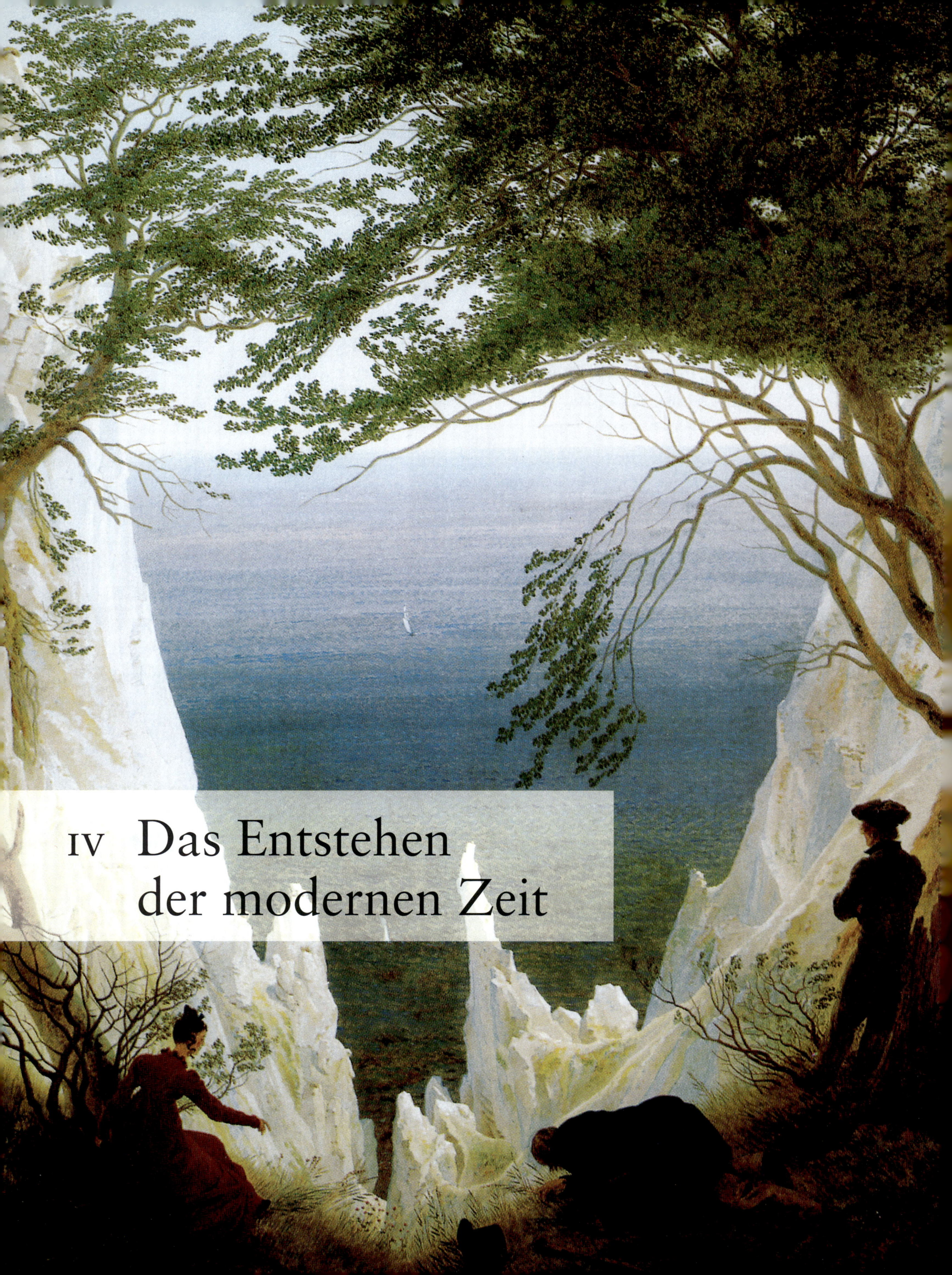

# IV Das Entstehen der modernen Zeit

# 15
# Von der Romantik zum Realismus

Im ausgehenden 18. und beginnenden 19. Jahrhundert erlebte das allgemeine Bewusstsein, im Besonderen auch die Einstellung zur Kunst, einen tiefen Wandel, der modernes westliches Denken vorbereitete. Aus den Unruhen der revolutionären Epoche erwuchsen die Ideen, die bald zu selbstverständlichen Voraussetzungen wurden für bildende Künstler, Architekten, Schriftsteller, Komponisten und das Publikum, für das sie arbeiteten – Gedanken über die individuelle Schöpferkraft des Künstlers, die Einzigartigkeit seines Werkes und sein Verhältnis zur übrigen Gesellschaft, über künstlerische Ehrlichkeit und Integrität und, vor allem, über die Macht des Künstlers, rationales Denken zu transzendieren und zu einer Wahrnehmung zu gelangen, die außer- oder unterhalb der bewussten Kontrolle des Geistes liegt. Eine Kunst, die auf dem Optimismus der Aufklärung und ihrem Glauben an die Vernunft und menschliche Vollkommenheit beruhte, konnte die Französische Revolution nicht lange überleben. Die Unzulänglichkeit der Vernunft, die Macht des Fanatismus und die Rolle

| | BILDENDE KUNST |
|---|---|
| 1800 | BENOIST, *Porträt einer Schwarzen* ▸ 15.10 |
| 1814 | GOYA, *Der 3. Mai 1808* ▸ 15.14 |
| 1814–15 | CONSTABLE, *Das Tal von Stour und die Kirche von Dedham* ▸ 15.44 |
| Um 1817–18 | FRIEDRICH, *Der Wanderer über dem Nebelmeer* ▸ 15.29 |
| 1819 | GÉRICAULT, *Das Floß der Méduse* ▸ 15.19 |
| 1824–25 | CONSTABLE, *Das springende Pferd* ▸ 15.45 |
| 1830 | DELACROIX, *Der 28. Juli: Die Freiheit führt das Volk* ▸ 15.27 |
| 1834 | COROT, *Volterra* ▸ 15.52 |
| 1839–52 | BARRY und PUGIN, Parlament, London ▸ 15.74 |
| 1841–52 | UPJOHN, Trinity Church, New York ▸ 15.73 |
| 1842 | TURNER, *Schneesturm: Dampfschiff vor einer Hafenmündung* ▸ 15.47 |
| 1845 | BINGHAM, *Fellhändler den Missouri hinabfahrend* ▸ 15.101 |
| 1849–50 | COURBET, *Ein Begräbnis in Ornans* ▸ 15.83 |
| 1852–62 | MILLET, *Mann mit Hacke* ▸ 15.87 |
| 1859–63 | INGRES, *Das türkische Bad* ▸ 15.22 |
| 1863 | MANET, *Frühstück im Freien* ▸ 15.91<br>O' SULLIVAN, Fotografie, *Erntezeit des Todes, Das Schlachtfeld von Gettysburg* ▸ 15.115 |
| 1867 | MANET, *Die Erschießung Kaiser Maximilians von Mexiko* ▸ 15.92 |
| 1875 | EAKINS, *Die Klinik des Dr. Gross* ▸ 15.107 |
| 1878 | MUYBRIDGE, Fotoaufnahmen *Galoppierendes Pferd* ▸ 15.114 |

| | HISTORISCHE & KULTURELLE DATEN |
|---|---|
| 1798 | Wordsworth und Coleridge, *Lyrical Ballads* |
| 1802 | Friede von Amiens |
| 1804 | Kaiserkrönung Napoleons; Beethoven, *Eroica* |
| 1812 | Napoleon nimmt Moskau ein, ist aber bald zum Rückzug gezwungen |
| 1814 | Erste funktionstüchtige Dampfmaschine |
| 1815 | Schlacht von Waterloo |
| 1818 | Byron, *Don Juan* |
| 1826 | Fenimore Cooper, *Der letzte Mohikaner* |
| 1830 | Juli-Revolution. Louis-Philippe wird König von Frankreich |
| 1831 | Faraday entdeckt den Elektromagnetismus |
| 1834 | Aufhebung der Sklaverei in Großbritannien |
| 1837 | Victoria wird Königin von England |
| 1839 | Erfindung der Fotografie |
| 1840 | Proudhon, »Eigentum ist Diebstahl« |
| 1845 | Wagner, *Tannhäuser* |
| 1848 | Revolutionen in fast allen großen europäischen Staaten; in Frankreich Gründung der Zweiten Republik; Marx und Engels, *Das kommunistische Manifest* |
| 1849 | Ruskin, *Seven Lamps of Architecture* |
| 1852 | Harriet Beecher Stowe, *Onkel Toms Hütte* |
| 1857 | Flaubert, *Madame Bovary*; Baudelaire, *Fleurs du mal* |
| 1859 | Darwin, *Die Entstehung der Arten* |
| 1861 | Beginn des amerikanischen Bürgerkriegs. In Australien erhalten Frauen Stimmrecht |
| 1865 | Ermordung Lincolns |
| 1870 | Frankreich erklärt Preußen den Krieg; Napoleon III. kapituliert. |

CASPAR DAVID FRIEDRICH, *Kreidefelsen auf Rügen*, um 1818, Leinwand, 90,5 x 71 cm. Stiftung Oskar Reinhart, Winterthur.

des Zufalls, Widersprüche in den Vorstellungen von Freiheit und Gleichheit waren durch den Verlauf der Revolution schmerzhaft deutlich geworden. Die ursprünglich höchst vernünftigen Reformen, mit denen eine konstitutionelle Monarchie eingeführt worden war, hatten zum Republikanismus geführt und von dort zu unkontrollierbarem Terror und der ›Tyrannei der Freiheit‹, gefolgt von dem autokratischen Imperialismus Napoleons.

Diese politischen Ereignisse fielen zeitlich mit fast gleichermaßen revolutionären Veränderungen in der Philosophie zusammen. Die Wissenschaft schien nun das Universum eher noch geheimnisvoller zu machen. Isaac Newtons mechanistische Vorstellung von der Schöpfung – ein geordnetes System, von einem »göttlichen Uhrmacher« in Bewegung gesetzt – wurde von einem dynamischen und organischen Bild verdrängt. Die Einteilung der Arten in der Natur, wie sie von Carl von Linné (1707–1778) und anderen vorgenommen wurde, führte allmählich zu der Erkenntnis, dass diese nicht in endgültigen Formen geschaffen, sondern das Ergebnis eines langen Evolutionsprozesses waren. Spekulative Evolutionstheorien wurden in Frankreich von Jean-Baptiste Lamarck (1744–1829) und in England von Erasmus Darwin (1731–1802), dem Großvater Charles Darwins (s. S. 607), entwickelt. Gleichzeitig erhielt die Philosophie eine neue Richtung durch Immanuel Kant (1724–1804), der ihren Brennpunkt von den für empirische Forschung und rationale Ableitung zugänglichen Problemen, von selbstverständlichen Axiomen weg auf eine Analyse der allgemeinen Begriffe und Kategorien verschob. Er beendete den heroischen Versuch, die Philosophie zu einem Zweig der Naturwissenschaften zu machen, und brach vollständig mit den Traditionen des Rationalismus und der Empirik. Die Unterscheidungen, die er zwischen den verschiedenen Arten der Aussage traf, je nach dem Beweis, den sie verlangen, und den gegenseitigen Verbindungen zwischen den Vorstellungen, die sie voraussetzen, lieferten eine neue Grundlage für die Diskussion von Religion, Moral und auch Ästhetik, die zum ersten Mal im westlichen Denken von der Peripherie zum Mittelpunkt der philosophischen Systeme rückte. Goethe schrieb 1799 in einem Aufsatz über Winckelmann (s. S. 577), dass kein gebildeter Mensch die von Kant eingeleitete philosophische Bewegung ungestraft zurückweisen oder bekämpfen könne – ein Tribut des größten schöpferischen Dichters an den größten Denker der Zeit. Und dennoch führte die Geistesgeschichte zu einer romantischen Philosophie, die Goethe beklagen sollte.

15.1 HONORÉ DAUMIER, *Allegorie der Republik*, 1848, Leinwand, 73 x 53 cm. Musée Ingres, Montauban.

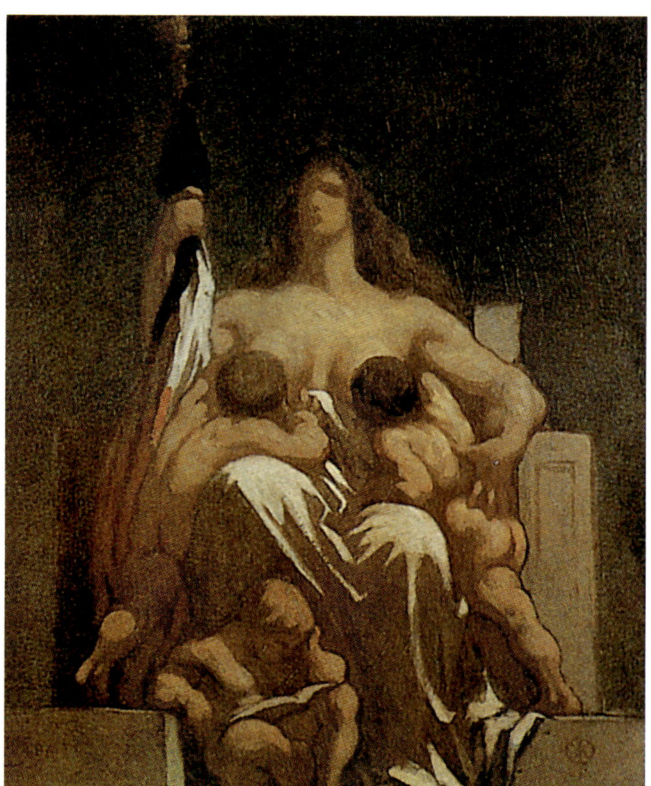

Mit der Französischen Revolution begann eine Periode politischer und sozialer Unruhe. Ihre Armeen wurden ausgesandt, um die Welt zu revolutionieren, und ihre Ideen verbreiteten sich über Europa hinaus bis nach Südamerika, in den Nahen Osten und nach Indien. In Frankreich hatte die Revolution die Verlagerung der Macht von der alten Aristokratie auf das Bürgertum zur Folge. Alle späteren französischen Regierungen konnten ungeachtet ihrer politischen Richtung und der Umstände, die sie an die Macht gebracht hatten, nur überleben, wenn es ihnen gelang, die bürgerliche Gesellschaft vor den beiden Gefahren des jakobinischen Republikanismus und einer Rückkehr zu den Privilegien und Beschränkungen des Ancien régime zu bewahren – das Direktorium (1794–1799), die Herrschaft Napoleons als Erster Konsul von 1799 an und als Kaiser ab 1804, die restaurierte Monarchie der Bourbonen (1815–1830), die konstitutionelle Monarchie Louis-Philippes (1830–1848), die Zweite Republik (1848–1851) und das Zweite Kaiserreich von Napoleon III. (1851–1870), dem die Dritte Republik folgte.

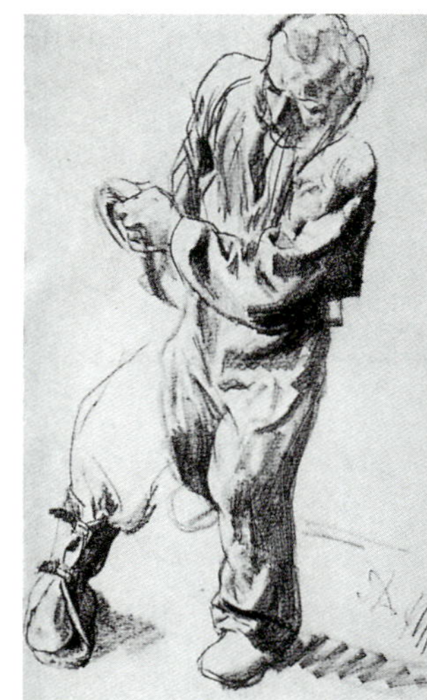

15.2 ADOLPH MENZEL, *Studie eines Arbeiters*, Bleistiftzeichnung, 37,9 x 24,7 cm. Nationalgalerie, Berlin.

Außerhalb Frankreichs siegte nach 1815 die Reaktion, obwohl es 1830 und 1848 an vielen Orten Revolutionen gleichzeitig mit denen in Paris gab, alle angeführt von Angehörigen des Mittelstandes, die eine Beteiligung an der Regierung verlangten. In Ländern unter fremder Herrschaft (Belgien bis 1830, Teile Norditaliens bis 1866) wurden die Revolutionen zusätzlich von nationalen Bestrebungen angefeuert. Überall gab es den Konflikt zwischen den Mächten der Kontinuität (Monarchie, begüterter Adel und Kirche) und neuen Kräften des Wandels. Rapides Bevölkerungswachstum, industrielle Produktion und der neue Reichtum der Unternehmer, die Landflucht und das sich dadurch bildende städtische Proletariat – all dies führte zur Entwicklung neuer sozialer Strukturen, die von den alten auf statischer Ordnung und unwandelbaren Werten beruhenden Regierungssystemen nicht mehr gesteuert werden konnten ▸ 15.2.

Die industrielle Revolution begann in England in den achtziger Jahren des 18. Jahrhunderts mit der Massenproduktion von Verbrauchsgütern. Das Gewerbe war hier nicht durch Zunftbestimmungen eingeengt, der Handel nicht behindert durch Zollschranken, wie sie auf dem europäischen Kontinent noch bestanden. Die Expansion wurde durch die Ausnutzung von Märkten in Übersee ermöglicht, besonders in dem immer noch anwachsenden Kolonialreich (die Annexion Indiens hatte reichlich für den Verlust der Vereinigten Staaten entschädigt). Die durch Industrie reich gewordenen Klassen wurden durch Parlamentsreformen beschwichtigt. Aber das Ausmaß menschlichen Leidens in den unteren sozialen Schichten war erschreckend ▸ 15.3. »Aus diesem faulen Abflussrohr fließt der größte Strom menschlicher Produktion, um die ganze Welt zu befruchten«, schrieb der politische Analytiker Alexis de Tocqueville 1835 über Manchester.

*»Aus dieser schmutzigen Kloake fließt pures Gold. Hier erreicht die Menschheit ihre vollständigste Entwicklung und ihre niedrigste, hier vollbringt die Zivilisation Wunder, und gleichzeitig wird der zivilisierte Mensch fast in einen Wilden verwandelt.«*

Nur knapp ein Jahrzehnt später überzeugten die Zustände in Manchester Karl Marx (1818–1883), dass das System der industriellen Produktion den Schlüssel zum Problem historischer Veränderungen bereithalte. Mit Friedrich Engels (1820–1895) – der in Manchester eine deutsche Baumwollfirma vertrat – schrieb er *Das kommunistische Manifest* (London 1848), das zum »gewaltsamen Umsturz aller gegenwärtigen gesellschaftlichen Bedingungen« aufrief. Obwohl es nur eine geringe unmittelbare Wirkung zeitigte, errang diese Schrift innerhalb von zwei Jahrzehnten die Stellung eines nahezu heiligen Textes. Marx führte in Umkehrung idealistischer Philosophie die Menschheitsentwicklung auf materielle Entwicklungen, besonders der Produktivkräfte, zurück. Der dialektische Fortgang der Geschichte würde, so glaubte er, unweigerlich zum Sieg des Proletariats führen.

Künstler waren von den politischen und sozialen Konflikten im frühen 19. Jahrhundert genauso betroffen wie andere Schichten. Und seit diese Umwälzungen als Konflikte zwischen Progressiven und Reaktionären interpretiert werden, hat man der Kunstgeschichte dieser Zeit eine ähnliche Struktur unterlegt. Diese Parallele stimmt jedoch nicht. Maler, Bildhauer und Architekten, die künstlerisch erneuernd wirkten, vertraten nicht immer fortschrittliche politische Ansichten. Selbst politisch stark engagierte Künstler waren gewöhnlich mehr an künstlerischer als an politischer Freiheit interessiert. Allgemein arbeiteten sie mehr und mehr für den Mittelstand, dem viele von ihnen entstammten – die ›Bourgeoisie‹ die Marx bekämpfte. Und diese Öffentlichkeit verlangte nach eskapistischer Kunst, nach Bildern vergangener Zeiten, ferner Länder, einer glücklichen Landbevölkerung sowie der Schönheiten der Natur. Im Einklang mit diesen Wünschen schufen auch die Stadtplaner und Architekten im Auftrag von Mitgliedern der aufstrebenden Mittelklasse Bauten, die durch klassizistische oder pseudomittelalterliche Fassaden und entsprechende Innenräume den Eindruck von Größe vermittelten. Nur die großen, vielstöckigen Fabriken, die in England im Rahmen der Industriellen entstanden – die »dunklen Mühlen Satans«, wie WILLIAM BLAKE sie nannte –, waren reine Zweckbauten und machten so gut wie keine Konzessionen an die Ästhetik. Ihre avancierte Konstruktionstechnik unter Verwendung von Eisen, um die Brandgefahr zu verringern, beeindruckte ausländische Besucher, unter ihnen KARL FRIEDRICH SCHINKEL (s. S. 605 f.), der eine solche Industrieansiedlung 1826 in Manchester skizzierte ▸ 15.4. Er schrieb, dass hier im Aufschwung der Nachkriegszeit 400 neue Baumwollspinnereien errichtet worden seien. Manche davon seien so groß wie das Stadtschloss von Berlin, mit Tausenden rauchender Obeliske von den Dampfmaschinen ringsum und schon damals so schwarz, als befänden sie sich seit über hundert Jahren in Betrieb. Doch hatte die Überproduktion bereits zu einer wirtschaftlichen Rezession geführt. Tausende von Arbeitslosen versammelten sich in den Straßen, und SCHINKEL bewertete die weitere Entwicklung angesichts dieser beängstigenden Lage sehr skeptisch. Erfolgreiche Fabrikbesitzer besaßen Landhäuser und Parks in lieblichen Tälern, die nicht sehr weit, aber weit genug

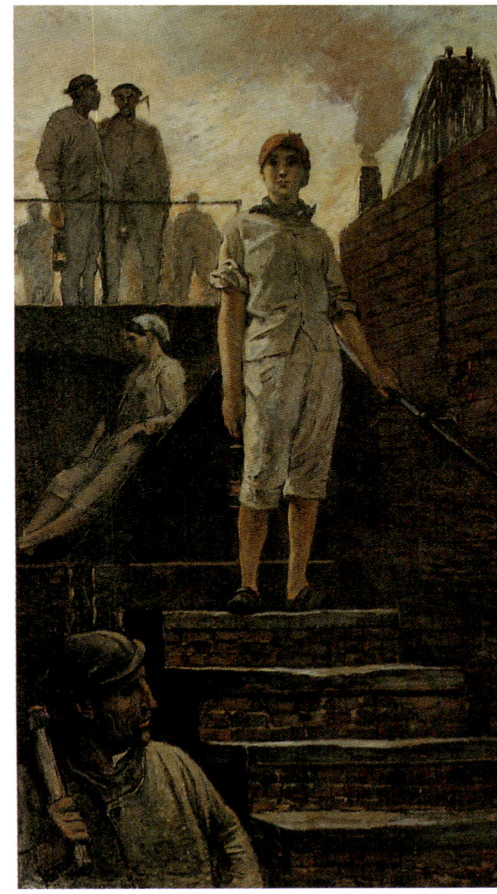

15.3 CONSTANTIN MEUNIER, *Bergarbeiterin, in die Grube hinabsteigend*, um 1882, Leinwand, 85 x 50 cm. Musée des Beaux-Artes, Charleroi.

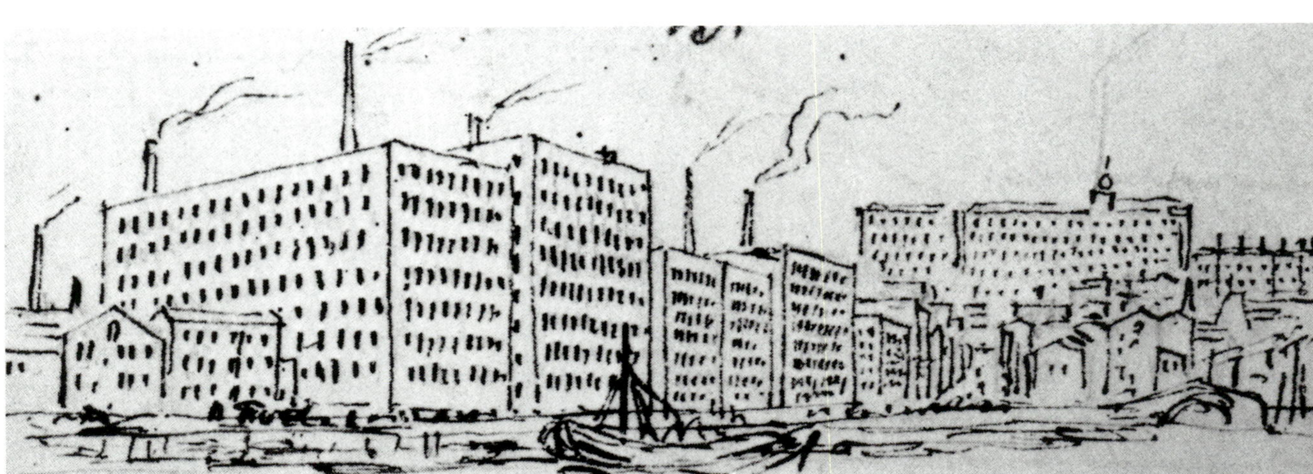

5.4 KARL FRIEDRICH CHINKEL, *Union Street, ncoats, Manchester, England, iit den McConnel- und Iurray-Fabriken vorn am anal*, 1826, Bleistift und usche. Staatliche Museen reußischer Kulturbesitz, erlin.

# *Fabriken und öffentliche Grünanlagen*
# Owen, Nash und Olmsted

Zu Beginn des 19. Jahrhunderts hatte die industrielle Revolution vor allem in England zu einem sprunghaften Anstieg der Zahl der Fabriken geführt, deren Umgebung, in der die Arbeiter lebten, stark verschmutzt war. Der erste Versuch, ein alternatives Modell zu entwickeln, war zwar bescheiden, aber nicht uninteressant. 1800 wurde ROBERT OWEN (1771–1858) Teilhaber an einer Baumwollspinnerei in New Lanark im schönen Clydetal von Südschottland und verblüffte seine Zeitgenossen mit dem Bau einer Siedlung für seine Angestellten mit einer Schule, einer Krankenstube, einem Gemeinschaftszentrum und einem Genossenschaftsladen statt der für abseits gelegene Fabriken üblichen barackenartigen Unterkünfte. Außerdem zahlte er reguläre Löhne, bot Kranken und Alten Sicherheit, beschränkte die Arbeitszeit auf zehneinhalb Stunden pro Tag und beschäftigte keine Kinder, die jünger als zehn Jahre waren. Durch diese nur aus heutiger Sicht bescheidenen Abweichungen von der gängigen Praxis wurde New Lanark international berühmt. Als Modell für erfolgreiches Fabrikmanagement zog es viele Besucher an, darunter den Zaren von Russland, dessen Kommentare zu OWENS utopisch-sozialistischen Plänen, die dieser erstmals in *Eine neue Auffassung von der Gesellschaft* (London 1813) vorlegte, freilich nicht überliefert sind.

In seinem *Bericht für das Komitee des Verbands zur Linderung des Loses der werktätigen Armen* (London 1817) empfahl er die Einrichtung autarker ›Genossenschaftsdörfer‹ für 800 bis 1200 in Industrie und Landwirtschaft tätige Einwohner ▸ 15.5. Da er dieses Projekt in Großbritannien nicht realisieren konnte, wandte er sich den weiten Landschaften der USA zu, erwarb 1825 eine kleine deutsche Protestantensiedlung in Indiana, die er New Harmony nannte, und beschäftigte einen Architekten damit, ein aufwendiges Modell für seine Gebäude zu entwerfen, bei denen die aktuellsten Bau-, Belüftungs- und Beleuchtungstechniken zum Einsatz kommen sollten. Aber kein einziger Bau wurde an diesem Ort ausgeführt. OWEN verlor vier Fünftel seines Vermögens, kehrte nach England zurück und verbrachte den Rest seiner Tage damit, die Gewerkschaften, die Genossenschaftsbewegung und den Spiritualismus zu propagieren. Im gleichen Zeitraum entwickelte der französische Sozialtheoretiker Charles Fourier (1772–1837) sein Projekt ›Phalanstère‹, ein großes Gebäude, das sich im Gemeinschaftsbesitz von etwa 1600 Einwohnern befinden und mit einem gemeinsamen Speisesaal, einer Bibliothek und Werkstätten ausgestattet sein sollte. Die Privatwohnungen öffneten sich gegen im Innern zirkulierende Straßen, während sich das Äußere am Schloss von Versailles orientierte. Ähnliche Kommunen, kleinere und mit schlichteren Gebäuden, entstanden in Frankreich und in den USA. Einflussreicher waren die utopischen Projekte OWENS und Fouriers überall dort, wo sie sich ihrer sozialistischen Ideologie entledigt hatten. In den dreissiger Jahren begannen paternalistische Fabrikbesitzer, die erkannten, dass das physische und psychische Wohlbefinden ihrer Angestellten nicht weniger wichtig war als das Ölen und die Wartung ihrer Maschinen, so genannte ›Unternehmensstädte‹ zu errichten. In der Regel besaß jede dieser Städte eine Kirche oder Kapelle gemäß der konfessionellen Zugehörigkeit des Fabrikbesitzers, eine Schule, eine Bibliothek, einen Laden und einen öffentlichen Park zur Erholung, aber kein Lokal mit Alkoholausschank. Es verwundert daher kaum, dass viele Arbeiter das unstetere Leben in der Stadt vorzogen.

Solche utopischen Projekte und ›Firmenstädte‹ vermieden die Probleme, die mit dem kontinuierlichen Wachstum der Industriestädte einhergingen. Bereits im 17. Jahrhundert hatte man erkannt, dass Grünpflanzen bei der Reinigung verseuchter Luft eine wichtige Rolle spielen. Man begann Plätze mit Bäumen und Büschen anzulegen, die ein Wahrzeichen des Londoner Stadtbildes wurden und auch in die Planung Philadelphias und anderer Kolonialstädte in Amerika einbezogen wurden. London erfreute sich des Vorzugs großer königlicher Parks, ›grüner Lungen der Stadt‹, und auch die meisten anderen europäischen Hauptstädte besaßen solche Einrichtungen, die der Öffentlichkeit teilweise offen standen. Doch erst 1789 wurde der erste, ausdrücklich für die Bevölkerung gedachte Park angelegt – der Englische Garten in München, der sich auf einem Grundstück befindet, das der bayerische Prinzregent der Stadt geschenkt hatte. Wie bereits der Name andeutet, wurde der Garten wie ein typischer englischer Landschaftspark gestaltet (vgl. S. 572 f.) und bot der Öffentlichkeit Annehmlichkeiten, die bis dahin den Besitzern großer Anwesen vorbehalten waren. Dieser Parktypus, mit unregelmäßigen Seen, sanften Hügeln und Pfaden, die sich durch Baumgruppen schlängeln, wurde auch in England bei der Erschließung von Wohngebieten für die Mittelklasse und in Vorstädten übernommen. Eine der ersten dieser Gartenanlagen war der Regent's Park in London, der 1812 von dem Architekten und Stadtplaner JOHN NASH (1752–1835) entworfen wurde. Er ist von Terrassenhäusern gesäumt, die durch ihre prächtigen Fassaden wie große Paläste wirken und so angelegt sind, dass die Fenster ähnliche Ausblicke bieten wie auf Landsitzen der Oberschicht ▸ 15.6.

Doch galt ein Landschaftspark nicht nur in visueller Hinsicht als angenehm, sondern er hatte auch Anteil an der seelischen Erholung, die von der Natur ausgehen sollte. In den USA war der erste für die Öffentlichkeit bestimmte Landschaftspark der 1831 ursprünglich als Friedhof entworfene Mount Auburn bei Boston. Die Anlage von Parks in Wohngebieten der Arbeiterklasse begann in Deutschland

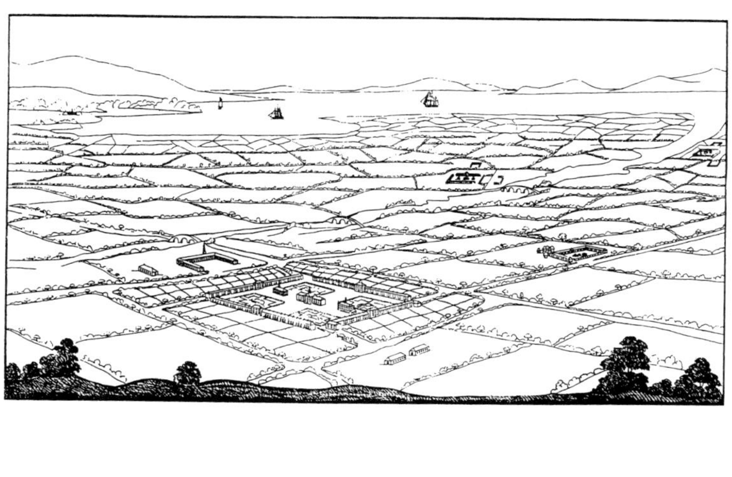

15.5 ROBERT OWEN, Entwurf für ein ›Genossenschaftsdorf‹, aus seinem *Bericht an das Komitee zur Linderung des Loses der werktätigen Armen*, London 1817.

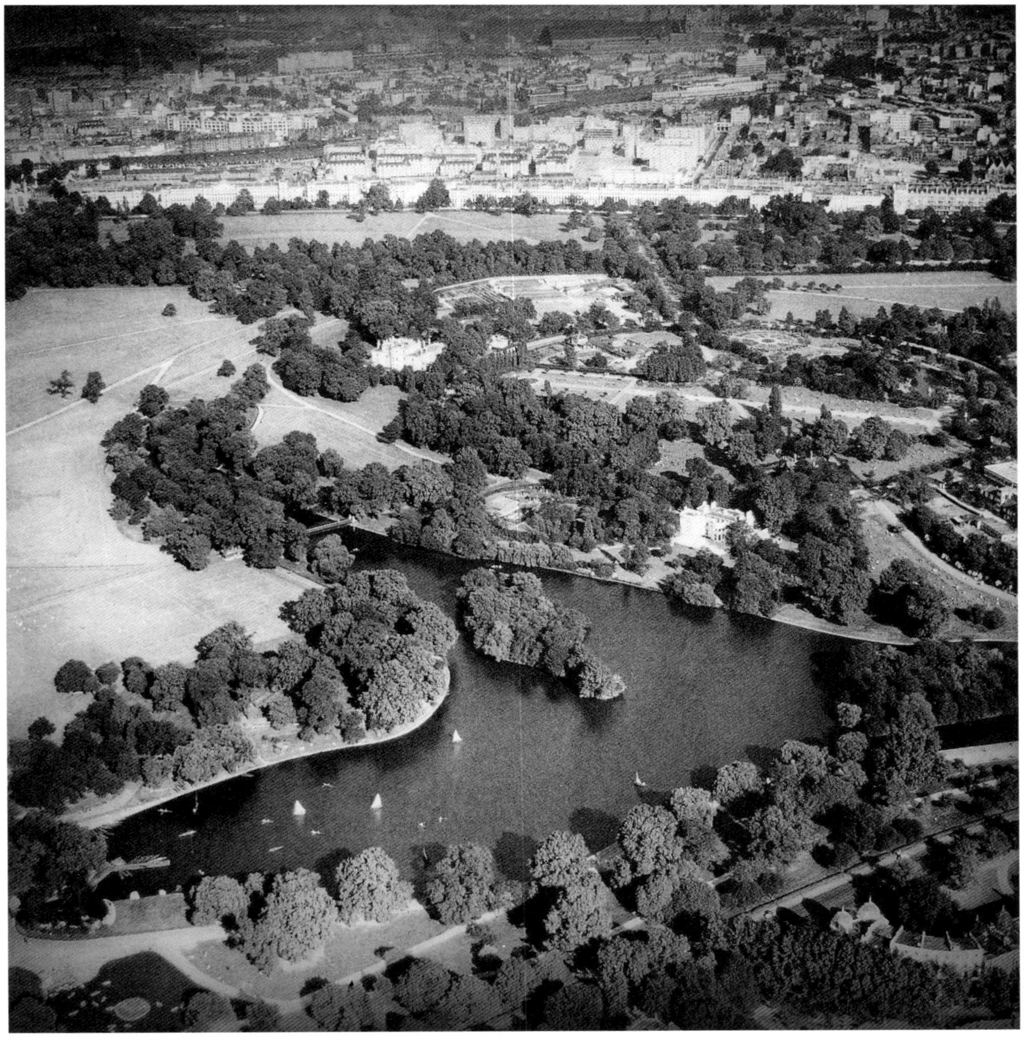

15.6 JOHN NASH, Regent's Park, London, 1811–1830, Luftansicht nach Osten.

und England in den vierziger Jahren des 19. Jahrhunderts, einem Jahrzehnt der Armut und politischer Unruhen in den Industriezentren. Drei solcher Parks entstanden im notorisch ungesunden Manchester. Ein weiterer in der neuen Schiffbauerstadt Birkenhead bei Liverpool wurde 1850 von dem Amerikaner FREDERICK LAW OLMSTED (1822–1903) besucht, der feststellte, dass er »sich bei allen Klassen großer Beliebtheit erfreut«, während es im demokratischen Amerika nichts gäbe, »was sich mit diesem Garten des Volkes« ▸ 15.7 vergleichen ließe. OLMSTED war damals Journalist, doch 1858 erhielt er in Zusammenarbeit mit dem Architekten CALVERT VAUX (1824–1895) den Auftrag, den New Yorker Central Park auf einem 341 Hektar großen Grundstück anzulegen, das sich am nördlichen Ende von Manhattans rechteckigem Straßenraster befand. Das Gebiet, das wesentlich größer war als die 24 Hektar von Birkenhead, erlaubte die Anlage einer abwechslungsreicheren Landschaft mit ›wilden‹ Waldflächen, Seen, Hügeln und Ebenen, mit einer innovativen Trennung von Fußwegen mit Hilfe von Brücken und Tunnels ▸ 15.8. Es sollte, wie OLMSTEDT schrieb »unmittelbar Abhilfe schaffen, indem es die Menschen den schädlichen Einflüssen des alltäglichen Lebens in der Stadt entzieht und das wieder erlangen lässt, was sie durch dasselbe verlieren«. Ob sich dies tatsächlich verwirklichen ließ oder nicht – der Central Park bleibt trotz späterer Veränderungen und Eingriffe – eine der bemerkenswertesten künstlerischen Errungenschaften des 19. Jahrhunderts. Viele weitere öffentliche Parks wurden in Amerika und Europa angelegt, wohingegen die meisten Projekte zur Verbesserung der Wohnbedingungen der Unterschicht über den Entwurf nicht hinauskamen.

15.7 JOSEPH PAXTON, Birkenhead Park, Liverpool, 1843–1844.

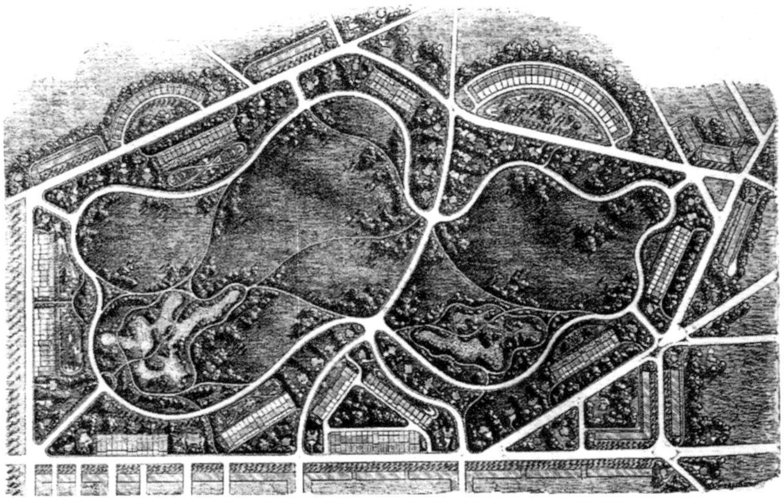

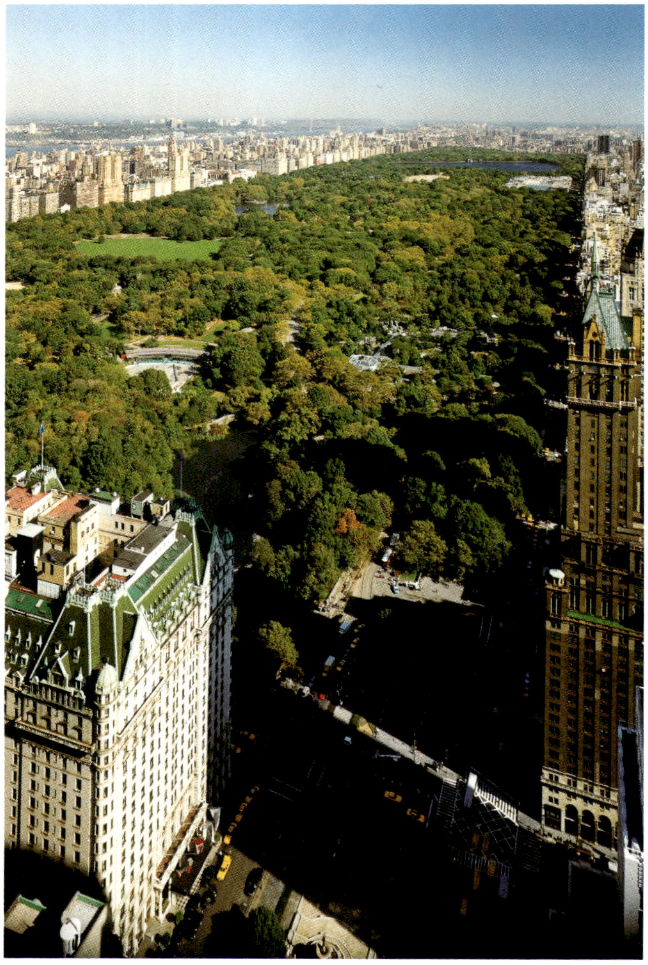

15.8 FREDERICK LAW OLMSTED und CALVERT VAUX, Central Park, New York, geplant 1858, begonnen 1863.

entfernt waren, während die Unterkünfte der Arbeiter von Spekulanten errichtet wurden: billige Reihenhaus-Siedlungen aus rotem Backstein, die in der Nähe der Fabriken lagen und sich schon bald in Slums verwandelten.

Die bedrückende *Lage der arbeitenden Klasse in England* (der Titel von Engels erstem, 1844 veröffentlichten Buch), bereits von Charles Dickens (1812–70) ungeschönt beschrieben, verursachte zahllose Probleme und beschäftigte viele – diejenigen, die einen Umsturz fürchteten, ebenso wie die Revolutionäre. Wie ließen sich die Lebensbedingungen des Proletariats verbessern? Indem man neue Industrieansiedlungen auf dem Land errichtete, wo die Luft noch sauber war? Oder indem man die verpestete Atmosphäre der Städte reinigte und zu Erholungszwecken öffentliche Parks ins Gewebe der Stadt implantierte? Diese Strategie kam vielfach zum Zuge und wurde überall im Westen zu einem Kennzeichen der Stadtplanung des 19. Jahrhunderts: Der 1863 begonnene New Yorker Central Park ist das großflächigste Beispiel dafür ▸ 15.8. Sämtliche Lösungen beruhten auf dem Glauben an die heilsame und moralisch aufbauende Kraft der Natur, ein Glaube, der zahlreiche romantische Dichter und Künstler von Wordsworth bis zu den Landschaftsmalern in Europa und Amerika inspirierte.

## Die Romantik

Die Romantik war eine keinesfalls einheitliche Reaktion auf die Situation zu Beginn des Jahrhunderts. Weder gab es eine einzige romantische Richtung, noch kann die Vielfalt romantischer Ideen auf eine einfache Formel gebracht werden. Wie Literaten seinerzeit bemerkten, war das Wort ›Romantik‹ übernommen worden, weil ein besseres fehlte, um zu definieren, was sich bisher einer Definition entzogen hatte. Der Begriff ›Romantik‹ war ursprünglich im Mittelalter benutzt worden, um Lieder in der französischen Umgangssprache von denen in Latein zu unterscheiden. Aber die Neubeurteilung der mittelalterlichen Literatur und Kunst war nur einer der Faktoren in der vollständig neuen Bewertung aller Künste aller Länder und Zeiten, einschließlich der klassischen Antike. Die Romantiker – antiakademisch, wie sie waren – beurteilten die Werke in Kunst, Literatur und Musik nicht nach festen Regeln, sondern nach dem, was sie als Einzelne dafür empfanden.

Während sich neoklassizistische Künstler um einen Stil der unpersönlichen Klarheit bemüht hatten, ging es den Romantikern nur um den subjektiven Ausdruck ihrer Seelenregungen, Überzeugungen, Hoffnungen und Ängste in all ihren unzähligen Formen ▸ 15.9. JOHN CONSTABLE (s. S. 597) sagte, Malen sei für ihn »nur ein anderes Wort für Fühlen«, und CASPAR DAVID FRIEDRICH (s. S. 593), das einzige Gesetz für den Künstler seien seine eigenen Gefühle. Der französische Dichter Charles Baudelaire (1821–1867), der auch der größte und scharfsichtigste Kritiker der bildenden Künste seiner Zeit war, bemerkte später, dass »die Romantik sich weder in der Wahl des Themas noch in der genauen Wahrheit, sondern in der Art des Fühlens« äußere. Hierauf gründet die neue Bedeutung der Skizze als der spontansten Kunstform, die auf direkteste Art die individuelle Note des Künstlers zu erkennen gibt. Eine ebenso intime, höchst gefühlvolle Sicht der Welt konnte auch in äußerst genau detaillierten, unpersönlich-präzisen Gemälden und Zeichnungen vermittelt werden, die die übersensible Reaktion des Künstlers auf die Schönheit und Erlesenheit der natürlichen Form ausdrücken – etwa bei den deutschen ›Nazarenern‹. In solcher oft scheinbar widersprüchlichen Vielfalt entzieht sich das Wesen der Romantik einer Definition.

Die romantische Haltung schloss die Entwicklung eines einzigen Stils aus, sie war weder einfach eine Reaktion auf andere Stile noch ihre bloße Fortsetzung. Eher ging eine Anzahl individueller Stile vom Neoklassizismus aus. Das Verhältnis zwischen Klassizismus und Romantik ist daher nicht zu vergleichen etwa mit dem zwischen Gotik und Renaissance. Der Klassizismus wurde nicht verworfen, sondern zerlegt. Gewisse in der neoklassizistischen Theorie latente Ideen (besonders in Winckelmanns Schriften, s. S. 577) wurden

15.9 CASPAR DAVID FRIEDRICH, *Abtei im Eichwald*, 1809/10, Leinwand, 110,4 x 171 cm. Schloss Charlottenburg, Berlin.

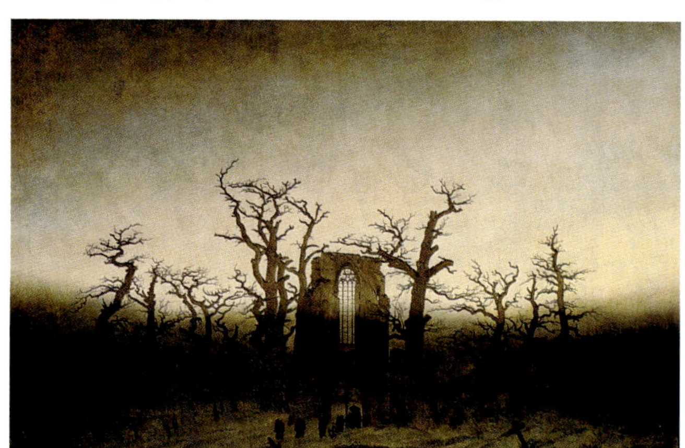

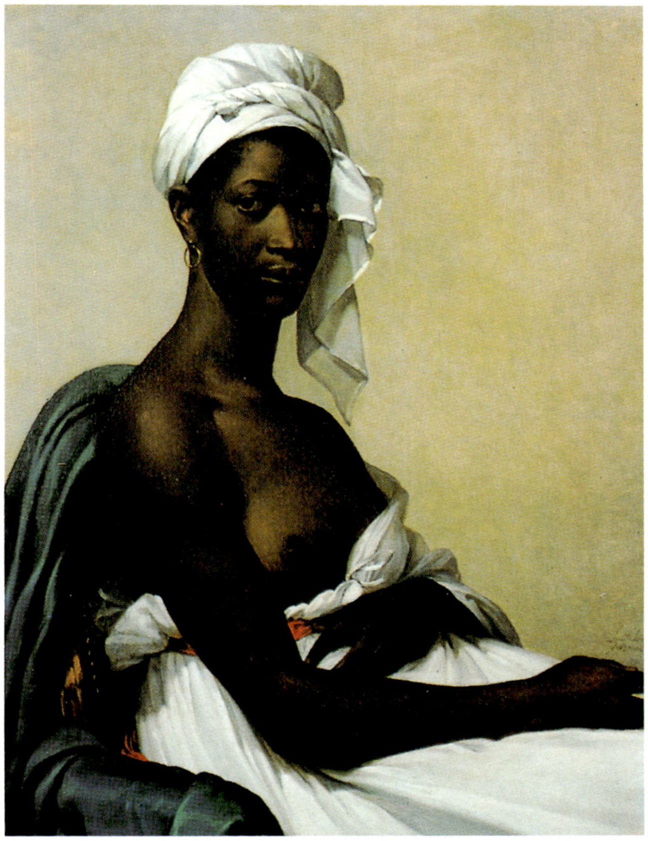

15.10 MARIE GUILLEMINE BENOIST, *Porträt einer Schwarzen*, 1800, Leinwand, 81 x 65 cm. Louvre, Paris.

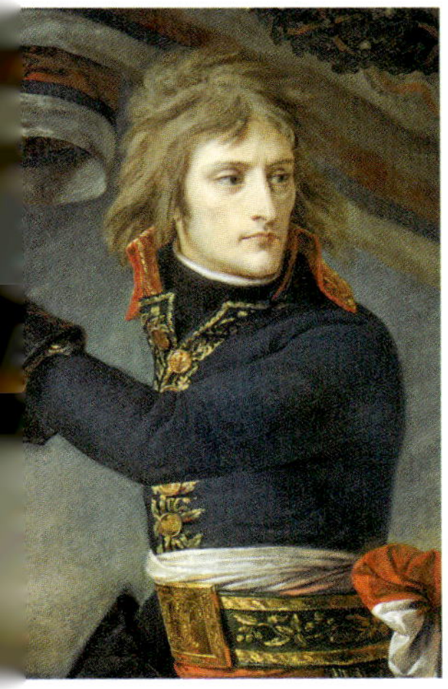

5.11 ANTOINE-JEAN GROS, *apoleon bei der Brücke von rcole (17. November 1796)*, einwand, 73 x 59 cm. Louvre, aris.

weiterentwickelt. Wie ein früherer Schüler JACQUES-LOUIS DAVIDS später bemerkte, war die neue Bewegung in der französischen Malerei eine Revolution, kein Aufstand. DAVID selbst hatte nach dem Fall Robespierres und seiner eigenen Freilassung die Strenge seiner jakobinischen Bilder gemildert. Er avancierte zum offiziellen Maler Napoleons.

## *Die Erben Davids*

DAVID hatte zu Beginn der Revolution einige junge Frauen unter seinen Schülern, von denen sich besonders MARIE GUILLEMINE LEROUX DE LA VILLE hervortat, die besser bekannt ist unter ihrem ehelichen Namen BENOIST (1768–1826). Man konnte »an der Reinheit ihrer Zeichnung leicht erkennen, dass sie eine Schülerin Davids war«, bemerkte ein Kritiker, als ihr fesselndes Porträt einer Schwarzen im Salon von 1800 gezeigt wurde ▸ 15.10. Mit diesem menschlich-einfühlsamen Bildnis brach MARIE BENOIST radikal mit der Tradition des 18. Jahrhunderts, Nichteuropäer als malerische, exotische ›Typen‹ darzustellen. Die Schwarze wurde als Individuum porträtiert. Und da die Künstlerin das Gemälde fast sicher aus eigener Initiative begann (es blieb bis 1818 in ihrem Besitz), ist man versucht, ihm eine persönliche Bedeutung beizumessen. MARIE BENOIST kannte sicher die zahlreichen Drucke von schwarzen Männern und Frauen mit ihren Freiheitsmützen, die nach der gesetzlichen Abschaffung der Sklaverei auf französischem Gebiet, 1794, erschienen. Vielleicht hat sie diesen humanitär-aufklärerischen Akt mit der Emanzipation der Frau verbunden, einem zu jener Zeit viel diskutierten Thema, das allerdings im Augenblick noch wenig mehr als eine Hoffnung für die Zukunft blieb. Sie war eine von mehreren Künstlerinnen, die im späten 18. Jahrhundert berühmt wurden, trotz der Schwierigkeiten, die ihnen besonders in Frankreich in den Weg gelegt wurden, wo sie nicht zu den offiziellen Kunstschulen und schon gar nicht zu den Modellklassen zugelassen wurden. Die Beschränkungen wurden noch fast das ganze 19. Jahrhundert hindurch aufrechterhalten, und Frauen trugen zu den bildenden Künsten in der Romantik viel weniger bei als zur Literatur, obwohl ein deutlicher Anstieg in der Zahl der professionellen Malerinnen zu verzeichnen ist. Ihr Ausschluss von den Modellklassen erschwerte ihnen die Darstellung figürlicher Themen, die auch weiterhin als die höchste Kunstform angesehen wurden. (MARIE BENOISTS erste Werke behandelten moralisierende Themen wie ›Unschuld zwischen Tugend und Laster‹ – bei dem das Laster von einem hübschen jungen Mann verkörpert wurde. Aber ihre Karriere fand in der Restauration ein frühes Ende, als ihr Mann, ein Royalist, zu einem Minister des Königs ernannt wurde und man ihre Arbeit als unpassend empfand. So gab MARIE BENOIST die Malerei auf.)

DAVIDS liebster und erfolgreichster Schüler war ANTOINE-JEAN GROS (1771–1835) ▸ 15.12, dessen Gemälde die Bestrebungen des Kaiserreichs so lebhaft widerspiegeln, wie sein Lehrer die der Republik ausgedrückt hatte. Auf Riesenleinwänden feierte er den Ruhm Napoleons und den Segen seiner Herrschaft ▸ 15.11. Er begann mit einem Ereignis aus dem Ägyptenfeldzug 1799, dem Besuch General Bonapartes bei seinen pestkranken Truppen in Jaffa ▸ 15.13. Es ist eine Darstellung im ›grand style‹, mit Elementen der Reportage, die Authentizität vortäuschen. Die verschiedenen Symptome und

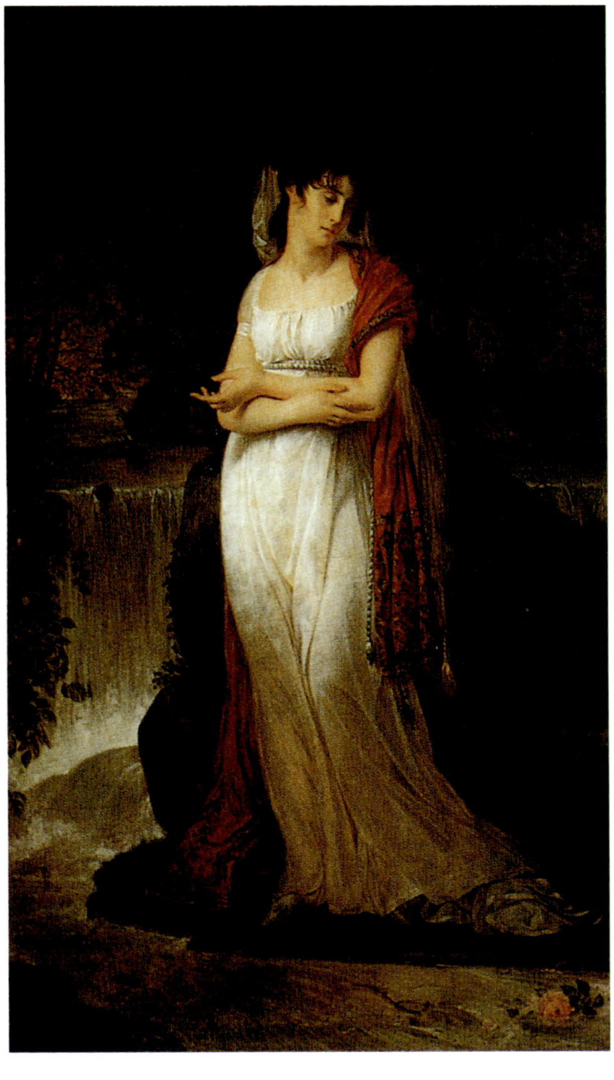

5.12 ANTOINE-JEAN GROS, *hristine Boyer*, um 1800, einwand, 214 x 134 cm. ouvre, Paris.

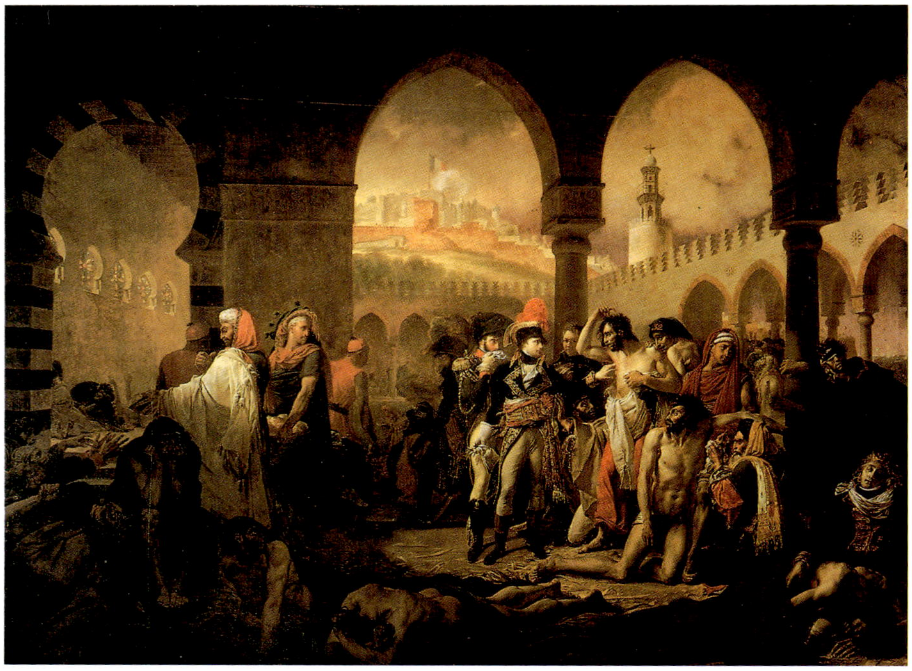

15.13 ANTOINE-JEAN GROS, *Bonaparte bei den Pestkranken von Jaffa*, 1804, Leinwand, 532 x 720 cm. Louvre, Paris.

Folgen der Pest werden gezeigt – Pestbeulen, Abmagerung, Fieberdurst und Erbrechen –, und einer von Bonapartes Adjutanten hält sich ein Taschentuch als Schutz gegen den Geruch vor die Nase. Napoleon, der einen Kranken mit der Geste eines an Christus erinnernden Heilers berührt, ist von einer Aura unverletzlicher Erhabenheit umgeben.

Das äußerst sorgfältig durchdachte Programm des Bildes *Bonaparte bei den Pestkranken von Jaffa* stellt eine Verbindung zu den moralisierenden Werken her, die im späten 18. Jahrhundert für die Bourbonen gemalt wurden. Klassizistische Einfachheit, Klarheit, Reinheit der Linie und Farbe haben Reichtum, Vielfalt und einer bravourösen Pinselführung Platz gemacht. GROS hatte von RUBENS ebenso viel wie von DAVID gelernt. Es tritt jedoch ein Zwiespalt auf zwischen der scharfkantigen Präzision, mit der Bonaparte und seine Begleiter wiedergegeben werden, und den breiter angelegten übrigen Figuren. Und obwohl dies offenbar dazu dienen sollte, die Aufmerksamkeit auf die zentrale Gruppe zu lenken, sollte es bald genau die gegenteilige Wirkung haben – sowohl bildmäßig, da der von GROS eingeführte freiere Malstil sich allgemein durchsetzte, als auch emotional, da die Aufmerksamkeit sich von der Person Napoleon Bonapartes auf das heldenhafte Leiden seiner Truppen – auf dem Rückzug von Moskau so oft dargestellt – verlagerte.

## *Goya*

Indem GROS die realistischen Elemente in DAVIDS Werk auf Kosten der idealistischen oder klassischen betonte, schuf er einen neuen Typus der modernen → Historienmalerei. Er wurde zum einflussreichsten Maler seiner Generation, zum großen Teil durch Drucke, die seine Hauptwerke einem breite-

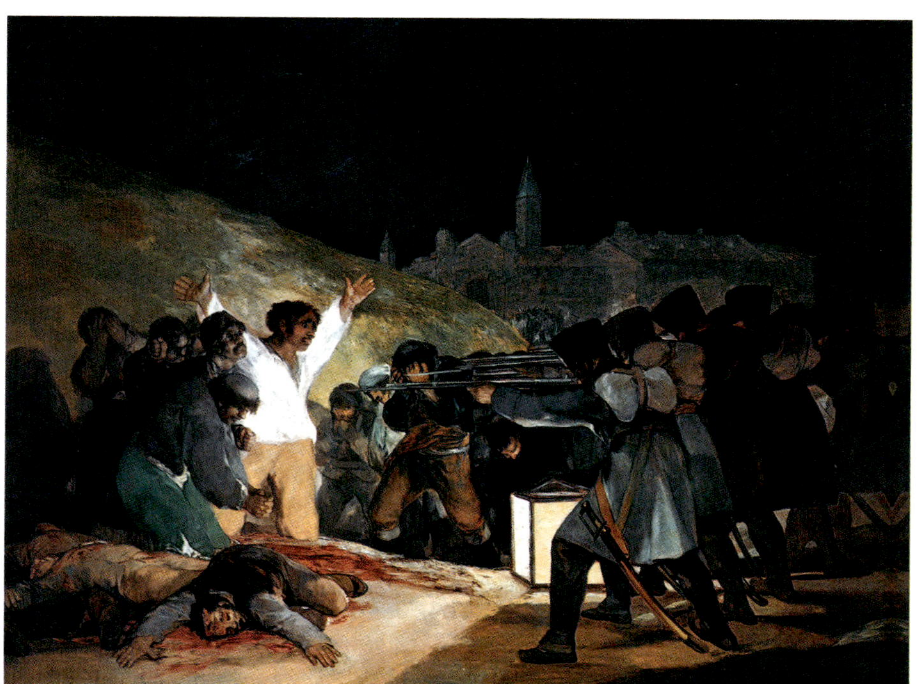

15.14 FRANCISCO DE GOYA, *Der 3. Mai 1808*, 1814, Leinwand, 260 x 345 cm. Prado, Madrid.

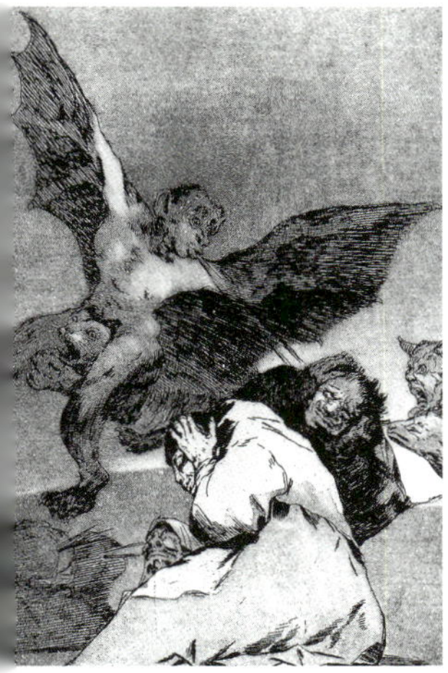

:5.15 FRANCISCO DE GOYA, *3läser*, Nr. 48 der *Caprichos*, :799, Radierung und Aquatinta, .1,5 x 15 cm. Victoria & Albert Museum, London.

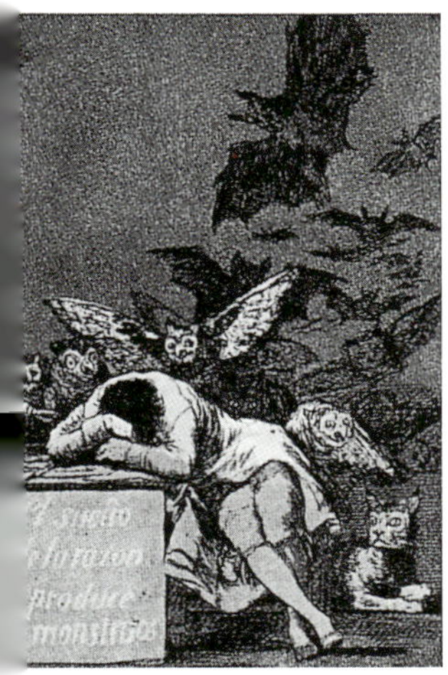

5.16 FRANCISCO DE GOYA, *)er Traum der Vernunft erzeugt Ingeheuer*, aus den *Caprichos*, 797/98, Radierung und quatinta, 21,6 x 25,2 cm. rivatsammlung, Hamburg.

ren Publikum zugänglich machten. FRANCISCO DE GOYA (1746–1828), ein weit größerer Künstler, konzipierte vielleicht ursprünglich seine beiden Gemälde *Der 2. Mai 1808* (Prado, Madrid) und *Der 3. Mai 1808* ▸ 15.14 als Antwort auf GROS. Sowohl kompositorisch wie auch thematisch mutet *Der 3. Mai 1808* wie eine direkte Erwiderung auf GROS' *Kapitulation von Madrid* an (Versailles). GOYAS französische Soldaten schießen auf eine Gruppe schutzloser Zivilisten, die nach dem Aufstand des Vortages gegen die französische Besatzungsarmee in Madrid zusammengetrieben worden waren. Die Sympathie des Malers gilt den Opfern, besonders dem Mann im weißen Hemd, der mit christusähnlich ausgestreckten Armen vor dem gesichtslosen Schießkommando steht.

GOYA, ein Zeitgenosse DAVIDS, wurde in den achtziger Jahren des 18. Jahrhunderts zum führenden Maler Spaniens. Er kannte die wenigen Spanier, die die Aufklärung begrüßten, und er teilte ihren Hass auf Ungerechtigkeit, religiösen Fanatismus, Aberglauben und Grausamkeit. In diesem Geist entstand seine erste große Serie von Radierungen, *Caprichos*, die 1799 veröffentlicht wurden, in dem Jahr, als er zum Hofmaler ernannt wurde ▸ 15.15; 16. Unterschriften erläuterten die moralisierende Botschaft der Blätter: eine beunruhigende Sicht der Welt, die von niedrigen, fast unmenschlichen Kreaturen mit tierischen Gelüsten bewohnt wird. Sie zeigen, wie sehr GOYA an seinem frühen optimistischen Glauben an die Macht der Vernunft und Menschlichkeit irre geworden war. Noch erschütternder ist GOYAS radierter Zyklus *Schrecken des Krieges*, der die Gräueltaten der französischen Truppen bei ihrem Versuch schildert, den Volksaufstand gegen die napoleonische Herrschaft in Spanien zu unterdrücken ▸ 15.18. Der krasse Realismus der Bilder entblößt Opfer und Sieger aller Anzeichen von körperlicher und seelischer Würde, Phantasmagorien menschlicher Tollheit. In den Jahren 1820–1830 bedeckte GOYA die Innenwände seines Hauses außerhalb von Madrid mit den so genannten schwarzen Bildern, die Manifestationen schrecklicher Wahnvorstellungen darstellen ▸ 15.17. Diese privaten Arbeiten sahen nur wenige, bevor man sie 1881 in den Prado nach Madrid brachte. Auch die *Schrecken des Krieges* wurden erst 35 Jahre nach GOYAS Tod veröffentlicht.

*Der 3. Mai 1808* dagegen war für die öffentliche Ausstellung bestimmt ▸ 15.14. GOYA malte das Bild unmittelbar nach der Restauration der spanisch-bourbonischen Monarchie 1814 zur Erinnerung an den spanischen Befreiungskrieg; offenbar wollte er damit erklären, dass die 1808 Erschossenen nicht vergeblich gestorben waren.

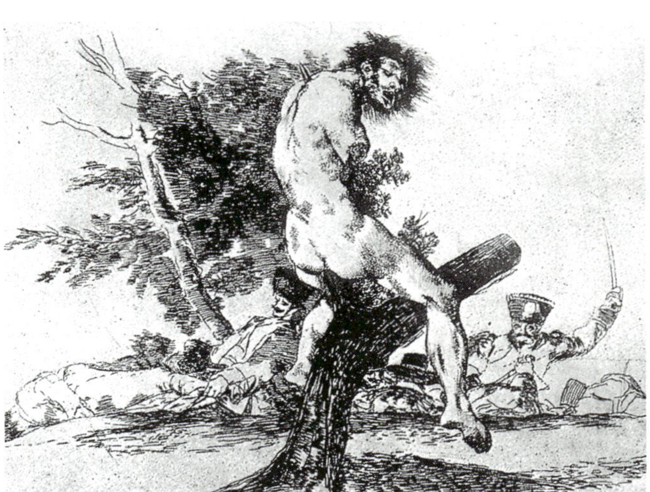

5.18 FRANCISCO DE GOYA, *as ist schlimmer :sto es peor)*, Nr. 37 (32) *:r Schrecken des Krieges .os Desastres de la Guerra)*, 312–1815, Radierung, 5,7 x 10,7 cm.

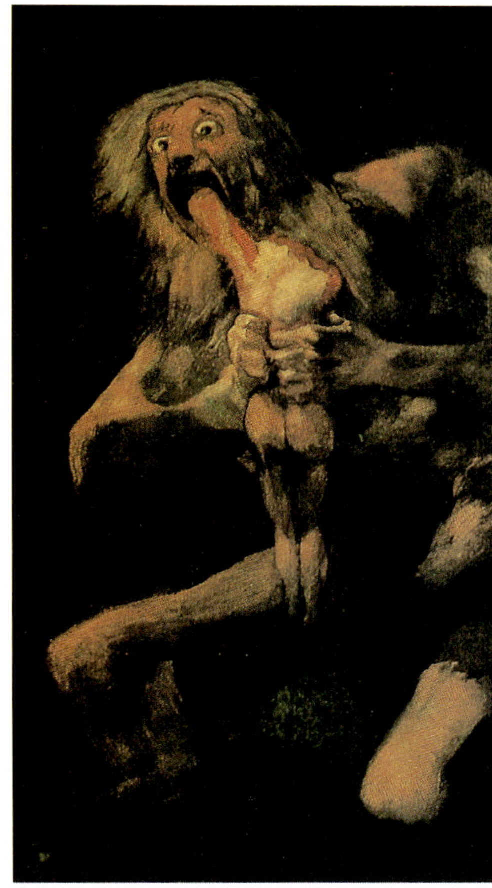

15.17 FRANCISCO DE GOYA, *Saturn verschlingt eines seiner Kinder*, 1820–1823, Wandmalerei in Öl, auf Leinwand übertragen, 146 x 83 cm. Prado, Madrid.

## *Géricault*

Das vom Heldentum auf das Leiden, von den Siegern auf die Besiegten verschobene Interesse zeigt sich auch im Werk des französischen Malers THÉODORE GÉRICAULT (1791–1824). Sein erstes ausgestelltes Werk von 1812 stellt einen Kavallerieoffizier dar, der im Schlachtenlärm, dem Donnern der Kanonen und Pfeifen der Kartätschen, vor Erregung zittert. Ein Bild von 1814 zeigt dagegen einen verwundeten Kürassier, der sich aus dem Kampf zurückzieht (beide im Louvre). GÉRICAULT vertrat als Maler einen neuen sozialen Typus. Er stammte aus dem Mittelstand, und sein privates Einkommen genügte, um ihn nicht auf Auftragsarbeiten angewiesen sein zu lassen. Solche finanzielle Selbständigkeit trug dazu bei, den Begriff der künstlerischen Unabhängigkeit zu formen. Um sich im Pariser Salon von 1819 einen Namen zu machen, wählte er ein Thema ganz nach seinem persönlichen Geschmack und malte es in gewaltigem Format: die Überlebenden vom Wrack der französischen Regierungsfregatte ›La Méduse‹ ▸ 15.19.

Als das Schiff sank (1816), nahmen der Kapitän und seine höheren Offiziere das einzige seetüchtige Rettungsboot und überließen die 150 Passagiere und Besatzungsmitglieder ihrem Schicksal auf einem behelfsmäßigen Floß, auf dem nur 15 Menschen die nächsten qualvollen 13 Tage überlebten.

Die Männer auf dem Floß waren keine Helden im üblichen Sinn. Keiner legte Starkmut oder stoische Selbstkontrolle an den Tag; sie benahmen sich wie Menschen in äußerster Not. Heroismus, Hoffnung, Verzweiflung und Leiden – GÉRICAULT erhob ihr Schicksal zu universaler Bedeutung. Als das Bild zum ersten Mal ausgestellt wurde, waren die Kommentare in

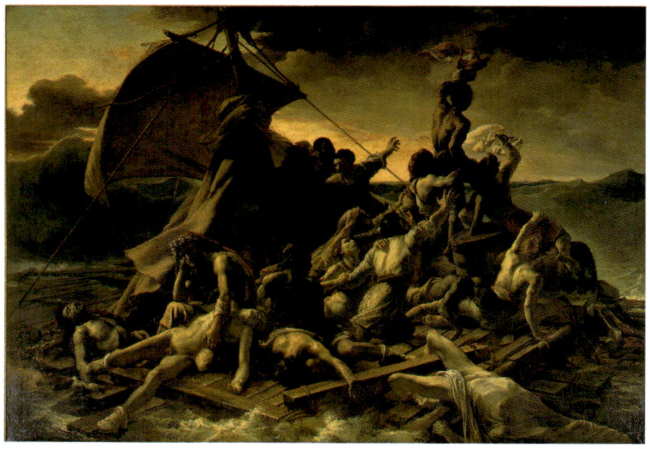

15.19 THÉODORE GÉRICAULT, *Das Floß der Méduse*, 1819, Leinwand, 491 x 716 cm. Louvre, Paris.

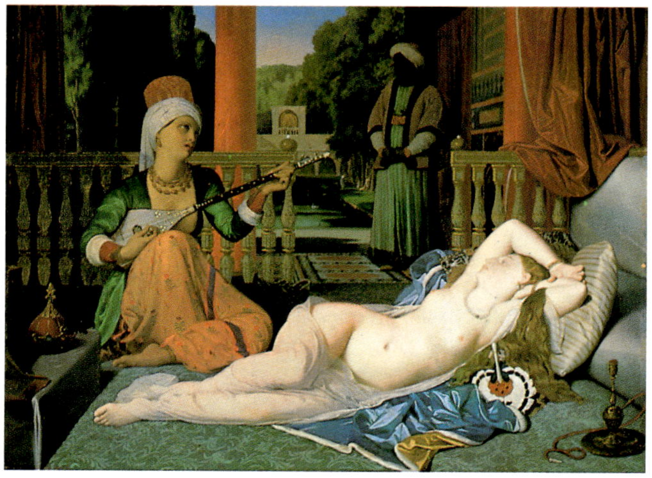

15.20 JEAN-AUGUSTE-DOMINIQUE INGRES, *Odaliske mit einer Sklavin*, 1842, Leinwand, 71 x 100 cm. Walters Art Gallery, Baltimore.

der Presse stark gefärbt von dem Skandal um ›La Méduse‹ (der Kapitän war ein heimgekehrter royalistischer Emigrant). Indem GÉRICAULT ein aktuelles Thema, bei dem er zudem untere Gesellschaftsschichten darstellte, zu solch gewaltigem und heroischem Format erhob, konnte man ihn verdächtigen, damit nicht nur die lang etablierte Rangordnung der Bildgattungen anzugreifen, sondern zugleich die kürzlich erfolgte Restauration der Bourbonen. Später wurde sein Gemälde als eine politische Allegorie von tieferer Bedeutung angesehen. »Frankreich selbst, unsere ganze Gesellschaft ist auf dem Floß«, schrieb der Historiker Jules Michelet 1847, als sich die Wolken der Revolution erneut über dem Land zusammenzogen.

Trotz des provozierenden Themas wurde *Das Floß der Méduse* in künstlerisch einflussreichen Kreisen positiv aufgenommen. GÉRICAULT erhielt dafür eine Goldmedaille und den Auftrag für ein großes religiöses Gemälde, den er an den jungen DELACROIX (s. S. 590ff.) weitergab. Seine pyramidale Komposition entsprach dem akademisch anerkannten Typus. Individuelle Gestalten waren mit der edlen Körperlichkeit griechischer Athleten dargestellt – nicht wie sie nach ihrer Rettung auftauchten: bärtig, abgemagert, von Geschwüren und Wunden bedeckt. Im Salon von 1819 war es JEAN-AUGUSTE DOMINIQUE INGRES (1780–1867), den man für eine gewagte Neuerung in den Bildern einer Odaliske und einer Szene von Ludovico Ariostos Ritterroman kritisierte.

## *Ingres*

Die *Odaliske* von 1819 war die erste von vielen nackten Gestalten des Nahen Ostens, die INGRES im Laufe seiner langen Schaffenszeit malte, einschließlich der *Kleinen Odaliske* und des *Türkischen Bades* ▸ 15.22, auf dem er stolz sein Alter von 82 Jahren vermerkte. Komposition und ›Requisiten‹ sind jeweils verschieden, aber alle enthüllen die gleiche erotische Sinnlichkeit, die mit äußerst verfeinerter Linienführung, oft in leuchtenden, intensiven Farben ausgedrückt ist. In der Tat ist es der unerwartete Kontrast zwischen der warmen Üppigkeit des Themas und der kühlen, scharfen Präzision der Malerei, zwischen der schwülen Atmosphäre und der sorgfältig bearbeiteten, glatten Oberfläche, der diesen Bildern ihre Faszination verleiht. Die Komposition des Bildes *Odaliske mit einer Sklavin* ist so dicht wie das Muster eines Perserteppichs ▸ 15.20. Die Farben sind scharf nebeneinander gestellt und wiederholen sich in verschiedenen Kontrastwirkungen. INGRES war auch der Hauptmeister des französischen Porträts der Romantik. *Mme Moitessier,* in schwarze Spitze und Tüll gekleidet und mit Rosen im Haar, steht vor einer tapezierten oder stoffbezogenen Wand in der Farbe von Parmaveilchen ▸ 15.21. Nach seinen frühen Jahren in Rom, wo INGRES sich seinen Lebensunterhalt mit Porträtmalerei verdienen musste – hauptsächlich, indem er sein außerordentliches Zeichentalent anwandte –, malte er nur noch Leute, die sein Interesse erregten. Bei *Mme Moitessier* reizte ihn, was er ihre »schreckliche Schönheit« nannte, und er stellte sie wie eine geheimnisvolle Göttin dar.

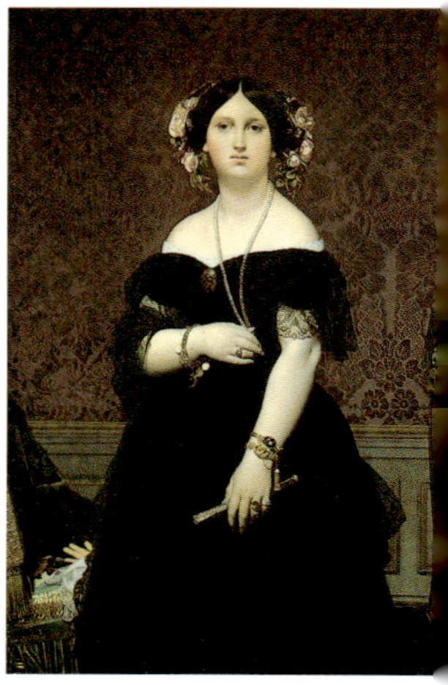

15.21 JEAN-AUGUSTE-DOMINIQUE INGRES, *Mme Moitessier*, 1851, Leinwand, 146 x 100 cm. National Gallery of Art, Washington (Samuel H. Kress Collection, 1946).

## *Delacroix*

INGRES, der ein aufrührerischer Schüler von DAVID gewesen war, wurde Mitte des 19. Jahrhunderts zum selbsternannten Hüter der klassischen Tradition: zum Anhänger RAFFAELS, zum Vertreter der linearen Maltheorie und zum leidenschaftlichen Gegner des Koloristen EUGÈNE DELACROIX (1798–1863). Ein Karikaturist zeigte sie im Zweikampf – der eine einen Zeichenstift schwingend, der andere einen Malpinsel. DELACROIX war nach der Revolution geboren und damit fast eine Generation jünger als INGRES. Als Student hatte ihn GÉRICAULT stark beeindruckt, mit dem er befreundet war. Für eine der Figuren im *Floß der Méduse* stand er Modell (als der tote

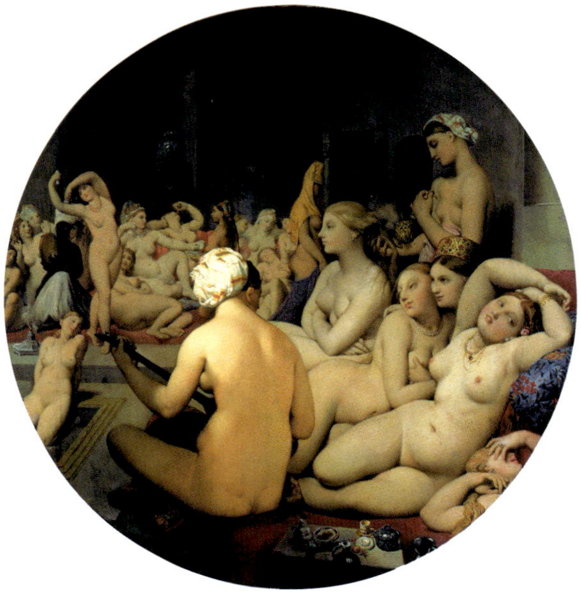

15.22 JEAN-AUGUSTE-DOMINIQUE INGRES, *Das Türkische Bad*, 1859–1863, Leinwand, Durchmesser 108 cm. Louvre, Paris.

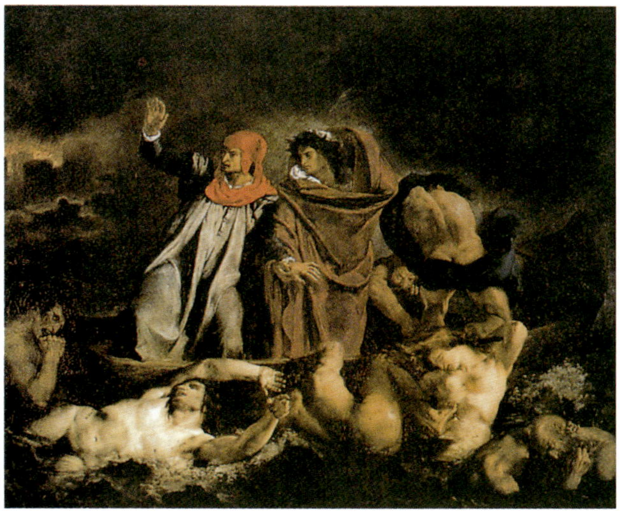

15.23 EUGÈNE DELACROIX, *Die Dantebarke (Dante und Vergil in der Vorhölle)*, 1822, Leinwand, 189 x 246 cm. Louvre, Paris.

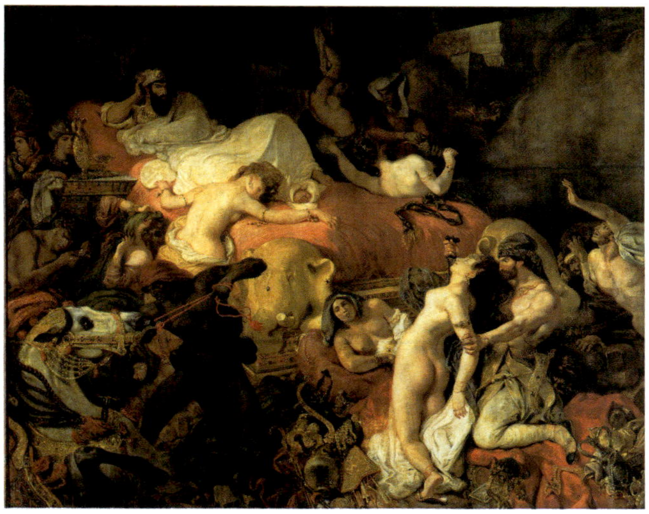

15.24 EUGÈNE DELACROIX, *Der Tod des Sardanapal*, 1828, Leinwand, 390 x 495 cm. Louvre, Paris.

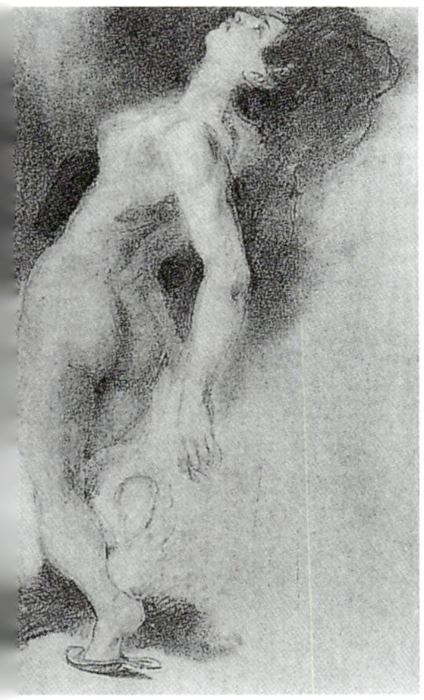

5.25 EUGÈNE DELACROIX, *)er Tod des Sardanapal*, Detail-tudie, 1827, Pastell. Louvre, aris.

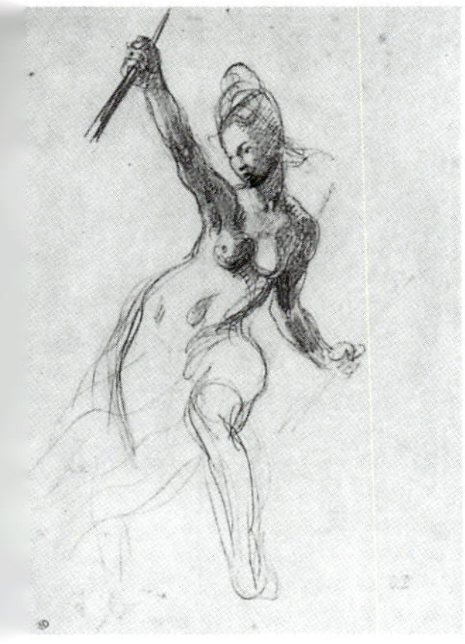

5.26 EUGÈNE DELACROIX, tudie für *Die Freiheit führt das 'olk*, Detail, 1830, Bleistift, eiße Kreide, 29 x 19,6 cm. ouvre, Paris.

Jüngling, der vorn in der Mitte mit dem Gesicht nach unten auf dem Boden liegt). Es war sein Ehrgeiz, in der Tradition MICHELANGELOS und RUBENS Historienbilder in großem Format und im großen Stil zu malen. Das glückte ihm so gut, dass sein erstes ausgestelltes Werk, *Dante und Vergil in der Hölle* ▸ 15.23, vor 1822 für die Krone angekauft wurde. DELACROIX sollte sein Leben lang vom Staat gefördert werden und bekam zahlreichere und wichtigere offizielle Aufträge als INGRES. Er entwickelte einen immer ausgeprägteren dynamischen Stil mit reichen Farben, die er in großzügigen Linien und Flecken auftrug. Einen künstlerischen Höhepunkt bildet der *Tod des Sardanapal,* ein so riesiges Werk, dass sogar seine Bewunderer darüber erschraken ▸ 15.24.

*Der Tod des Sardanapal* stellt die Geschichte des Königs von Ninive dar, der angesichts der drohenden Niederlage im Krieg den gewaltsamen Tod seiner gesamten Gefolgschaft anordnet, bevor auch er in seinem Palast getötet wird. Eine Tragödie Byrons, des berühmtesten Dichters der Zeit, hatte DELACROIX zu diesem Thema inspiriert. Eine berauschende Atmosphäre von Gewalt und Enthemmung liegt über diesem üppig-schwülstigen Gemälde. Es vibriert von Farbe und Licht, das sich in Gold, Perlen und Edelsteinen bricht. Die kraftvolle Männlichkeit des schwarzen Sklaven, der ein Pferd tötet, und die schönen, leidenschaftlichen Körper der Frauen, die sich in wilder Erschöpfung oder im Schmerz, der fast Verzückung ist, verzehren, machen aus diesem Gemetzel beinahe eine Orgie ▸ 15.25. Obwohl das Thema aus der Antike stammt und bestimmte Motive schon in der antiken Kunst vorkommen, könnte nichts vom klassizistischen Ideal der ›edlen Einfalt und stillen Größe‹ weiter entfernt sein. Es gibt keine Berührungspunkte mit der apathisch-trägen Haremswelt, die von INGRES mit solch kühler und berechnender Erotik dargestellt worden war. *Der Tod des Sardanapal* ist aus klaren Massen komponiert, die wie Rauchwolken aus einem Brennofen über die Leinwand wallen. Räumliche Beziehungen sind unklar, die traditionellen Gesetze der Perspektive werden ignoriert. Die Anatomie ist willkürlich verzerrt, und eine Illusion der Solidität wird durch gewagte Farbkombinationen, blaue und graue Flecken auf Fleischtönen, nicht durch feste Umrisse und sorgfältig abgestufte Modellierung geschaffen. Das Bild ist eine Art Manifest künstlerischer Autonomie und des romantischen Glaubens an den Maler als Schöpfer und Zerstörer von Kunst und Leben.

Das Gemälde wurde 1828 im letzten Salon der Restauration gezeigt, zu einer Zeit, als man Romantik in der Kunst mit Liberalismus in der Politik gleichsetzte. DELACROIX' nächstes großes Werk, *Der 28. Juli: Die Freiheit führt das Volk an* ▸ 15.27, feierte die Revolution vom Juli 1830 und wurde im ersten Salon des neuen Regimes unter Louis-Philippe gezeigt. Für diese Darstellung der Kämpfe auf den Barrikaden – es ist vielleicht das berühmteste Revolutionsbild, das je geschaffen wurde – kehrte er zu einer Verbindung von ›grand style‹ und Reportage, Allegorie und wahrem Leben zurück. Idealisierter als die vielen anderen Darstellungen dieser Julitage, aber auch lebhafter und aufregender – so jedenfalls scheint das Bild auf Zeitgenossen gewirkt zu haben. Der Staat kaufte es, und da man es für zu aufrührerisch hielt, um lange ausgestellt zu werden, wurde es bis unmittelbar nach der Revolution von 1848 zurückgezogen. Für die Öffentlichkeit wurde es allerdings erst 1861 wieder dauernd zugänglich. Von einem Pistolen schwingenden Gassenjungen, einem Bürger im Zylinderhut und einem Proletarier mit Säbel begleitet, stürmt die Freiheit, das Gewehr mit Bajonett in der einen Hand, die Trikolore in der anderen, unaufhaltsam auf den Betrachter zu, von dem sie sich abwendet, um ihre Gefolgschaft anzufeuern ▸ 15.26. Ihre Haltung und die lebensgroßen Leichname am Boden – einer erin-

15.27 EUGÈNE DELACROIX, *Der 28. Juli: Die Freiheit führt das Volk*, 1830, Leinwand, 260 x 325 cm. Louvre, Paris.

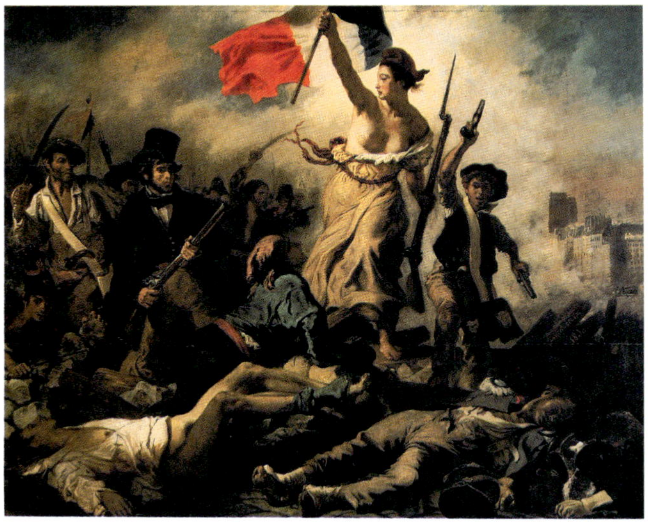

QUELLEN UND DOKUMENTE

## Heine über *Die Freiheit führt das Volk* von Delacroix

Der Dichter Heinrich Heine (1797–1856) verließ Deutschland 1831 vor allem aus politischen Gründen und zog nach Paris. In diesem Jahr besprach er in einer Kritik den Pariser Salon und lobte dabei vor allem DELACROIX' *Die Freiheit führt das Volk*, da in diesem Bild ein großer Gedanke atme:

*»Eine Volksgruppe während den Juliustagen ist dargestellt, und in der Mitte, beynahe wie eine allegorische Figur, ragt hervor ein jugendliches Weib, mit einer roten phrygischen Mütze auf dem Haupte, einer Flinte in der einen Hand und in der anderen eine dreyfarbige Fahne. Sie schreitet dahin über Leichen, zum Kampfe auffordernd, entblößt bis zur Hüfte, ein schöner, ungestümer Leib, das Gesicht ein kühnes Profil, frecher Schmerz in den Zügen, eine seltsame Mischung von Phryne, Poissarde [Fischweib] und Freyheitsgöttin. Dass sie eigentlich letztere bedeuten solle, ist nicht ganz bestimmt ausgedrückt, diese Figur scheint vielmehr die wilde Volkskraft, die eine fatale Bürde abwirft, darzustellen… – aber das ist es eben, ein großer Gedanke hat diese gemeinen Leute, diese Crapüle geadelt und geheiligt und die entschlafene Würde in ihrer Seele wieder aufgeweckt….*

*Auf keinem von allen Gemälden des Salons ist so sehr die Farbe eingeschlagen, wie auf Delacroix' Julirevoluzion. Indessen, eben diese Abwesenheit von Firniß und Schimmer, dabey der Pulverdampf und Staub, der die Figuren wie graues Spinnweb bedeckt, das sonnengetrocknete Colorit, das gleichsam nach einem Wassertropfen lechzt, alles dieses giebt dem Bilde eine Wahrheit, eine Wesenheit, eine Ursprünglichkeit, und man ahnt darin die wirkliche Physiognomie der Julitage.*

*Unter den Beschauern waren so manche, die damals entweder mitgestritten oder doch wenigstens zugesehen hatten, und diese konnten das Bild nicht genug rühmen: ›Matin!‹ rief ein Epicier, ›Diese Gamins haben sich wie Riesen geschlagen!‹ «*

Heinrich Heine, ›Delacroix‹, in: ders., Französische Maler, Französische Zustände, Über die französische Bühne, Historisch-kritische Gesamtausgabe der Werke, Bd. 12/1, hrsg. v. Manfred Windfuhr, Hamburg 1980

nert an eine Gestalt im *Floß der Méduse* ▸ 15.19 – geben zu erkennen, dass DELACROIX sich der Ambivalenz bewusst war – dem Unterschied zwischen negativer Freiheit, das heißt der Freiheit von Unterdrückung, und positiver Freiheit, das heißt der Freiheit zu selbstbestimmter Lebensweise. In der Tat ruft das Bild eine Bemerkung des französischen Novellisten und liberalen Politikers Benjamin Constant (1767–1830) in Erinnerung: *»Einzelne Menschen werden Theorien geopfert; die Massenvernichtung von Individuen geschieht für das Volk.«*

15.28 HONORÉ DAUMIER, *Pressefreiheit: Mischt euch nicht in ihre Belange!*, 1834, Lithografie.

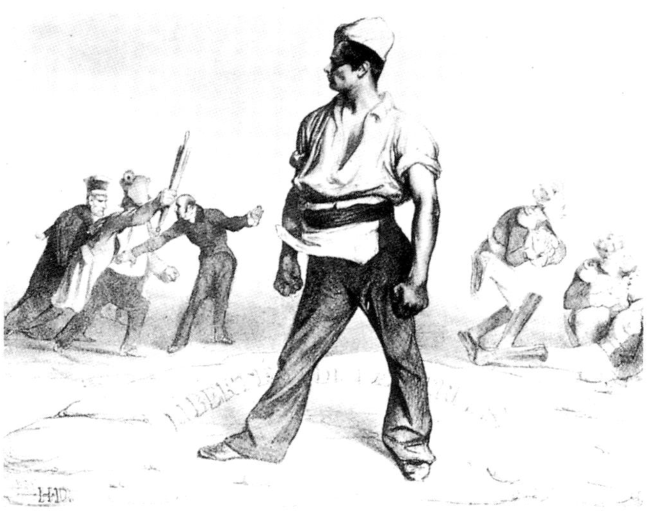

Engagierte und eindeutig politische Bilder findet man bei den Karikaturisten jener Zeit, die für die immer größer werdende Zahl von Zeitungen arbeiteten. Eine neue Reproduktionstechnik, die 1798 erfundene Lithografie, erlebte eine Blüte. Der Druckvorgang, der von der Zeichnung mit fetthaltiger Kohle auf Stein ausgeht, macht den ›Mittelsmann‹, den Graveur, überflüssig und bewahrt so die persönliche Note des Künstlers. Typisch romantische Wirkungen von spontaner Flüssigkeit konnten erzielt werden. In einer Karikatur-Lithografie nach der anderen spottete der Maler und Bildhauer HONORÉ DAUMIER (1808–1879) über die Lächerlichkeit und Wichtigtuerei der neureichen Bourgeoisie, besonders der Richter, Anwälte und reaktionären Politiker. Oft stellte er die Folgen ihres inhumanen Handelns dar. DAUMIER war dem Liberalismus verpflichtet, doch in seiner Zeichnung *Pressefreiheit: Mischt euch nicht in ihre Belange!* ging es ihm wohl fast im gleichen Maß um künstlerische wie um politische Freiheit ▸ 15.28. Die Pressezensur war einer der unmittelbaren Anlässe für die Revolution von 1830 in Frankreich, und in diesem Druck von 1834 ist der Drucker, der den letzten Bourbonenkönig niedergeschlagen hat, bereit, es mit Louis-Philippe aufzunehmen. Der muskulöse Arbeiter mit geballten Fäusten, aufgerollten Ärmeln und offenem Hemd über der behaarten Brust ist wahrhaftig keine blasse Abstraktion. Er ist ein Individuum, das bereit ist, die Integrität und Unabhängigkeit seiner Arbeit zu verteidigen, »wahr, eindrucksvoll und ehrlich« – wie DAUMIER selbst von Victor Hugo (1802–1885), dem führenden Schriftsteller der französischen Romantik, beschrieben wurde.

Der Wert der Aufrichtigkeit in Kunst und Literatur gilt heute allgemein als so selbstverständlich, dass oft vergessen wird, vor wie kurzer Zeit er erst erkannt wurde. Seine Würdigung als eine wünschenswerte künstlerische Qualität geht wesentlich auf die Romantik zurück. (Keiner von GIOVANNI BATTISTA TIEPOLOS Zeitgenossen hätte sich die Mühe gemacht zu fragen, ob es ›aufrichtig‹ war, den Fürstbischof von Würzburg zu rühmen.) Der Wert der Ehrlichkeit war stillschweigend inbegriffen in der romantischen Ansicht, dass ein Kunstwerk vor allem der Ausdruck von Gefühlen und Überzeugungen eines Künstlers zu sein habe, besonders von solchen, die jenseits des logisch Erfassbaren zu liegen schienen. 1824 schrieb der junge EUGÈNE DELACROIX in sein Tagebuch: *»Ich finde in Madame de Staël genau die Entwicklung meiner Vorstellungen über Malerei. Diese Kunst ist, wie Musik, ›höher als der Intellekt‹, und beide sind der Literatur überlegen – in ihrer Unbestimmtheit.«*

Er bezog sich damit auf Germaine de Staël, die französische Schriftstellerin, durch deren Buch über Deutschland (*De l'Allemagne*, 1813) die Ideen deutscher Philosophen und Dichter nach Frankreich und England gelangten.

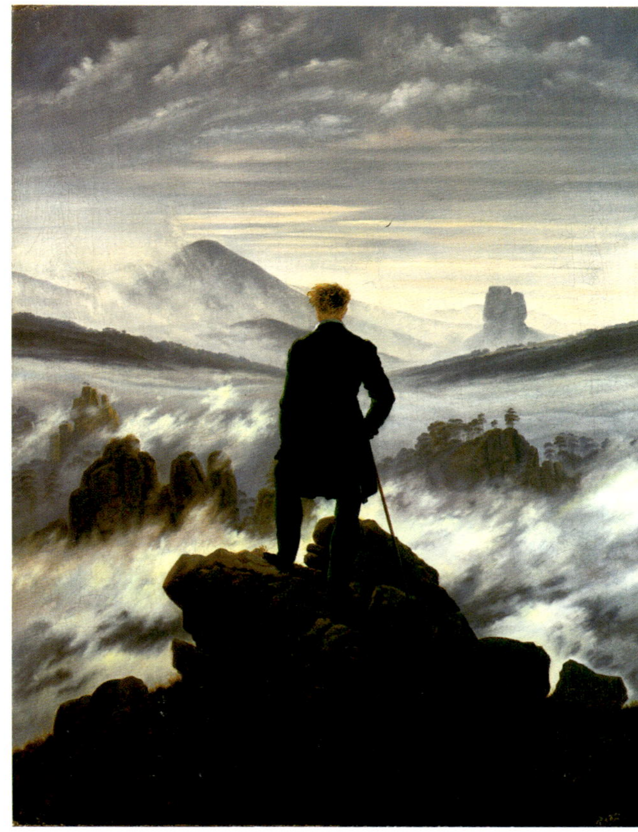

15.29 CASPAR DAVID FRIEDRICH, *Der Wanderer über dem Nebelmeer*, um 1817/18, Leinwand, 75 x 95 cm. Hamburger Kunsthalle.

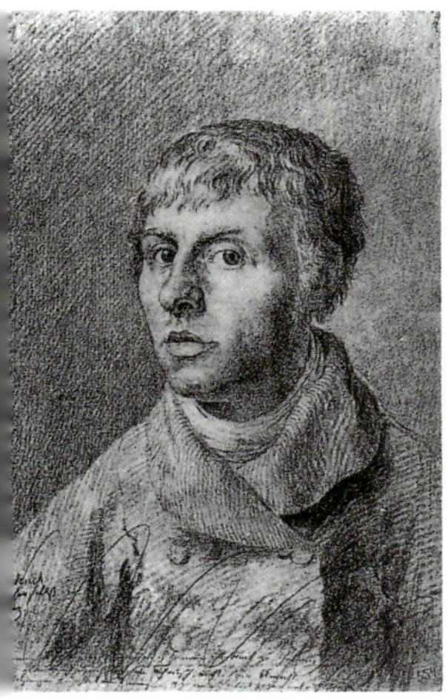

5.30 CASPAR DAVID
RIEDRICH, *Selbstbildnis*, 1800,
hwarze Kreide, 42 x 27,6 cm.
önigliches Kupferstichkabinett,
openhagen.

## Romantik und Philosophie

### *Caspar David Friedrich*

Die deutsche Romantik ist das Ergebnis einer eigenständigen Entwicklung, stark gefärbt von den nationalen Ideen des Philosophen Johann Gottfried Herder (1744–1803) und den neuen Vorstellungen von Deutschtum, die sich in den Befreiungskriegen gegen das napoleonische Frankreich 1813–1815 herauskristallisiert hatten. Die Maler waren in Deutschland viel enger mit Dichtern und Denkern verbunden als in Frankreich, besonders mit denen, die in der Nachfolge Immanuel Kants damit begannen, die traditionellen Ansichten der Aufklärung über die menschliche Vernunft, Religion, Natur und Bestimmung der Künste in Frage zu stellen. CASPAR DAVID FRIEDRICH (1774–1840) wollte mit seinen Bildern Gedanken und Gefühle ausdrücken, die nicht in Worte zu fassen waren. Was er von der Arbeit eines Künstlerkollegen sagte, lässt sich ebenso gut auf ihn selbst anwenden:
*»So wie der fromme Mann betet, ohne ein Wort zu sagen, und der Allmächtige ihn erhört, so ›malt‹ der Künstler mit wahren Gefühlen, und empfindsame Menschen verstehen und erkennen es.«*

5.31 CASPAR DAVID
RIEDRICH, *Der Mönch am*
*eer*, 1808–1810, Leinwand,
0 x 171,5 cm. Verwaltung
r Staatlichen Schlösser und
ärten, Schloss Charlottenburg,
erlin.

FRIEDRICH ▸15.30 kam aus einer frommen norddeutschen Protestantenfamilie, was seine Haltung sowohl zur Kunst als auch zur Religion bestimmte. Seine Weigerung, als Kunststudent die traditionelle Pilgerreise nach Rom zu unternehmen, kann sich durchaus mit antikatholischen Gefühlen erklären lassen. Er lehnte den Begriff der Autorität sowohl hinsichtlich der Akademie als auch der Kirche ab. Sein fester Glaube an das innere Licht und sein Beharren auf dem ›persönlichen Urteil‹ des Einzelnen als dem einzig zuverlässigen Führer zur Interpretation der ›Bibel der Natur‹ sind künstlerisch und religiös zutiefst protestantisch. Das erklärt den intimen und mystischen Ton seiner Stimmungslandschaften, die das Ergebnis einsamer Selbsterforschung zu sein scheinen. FRIEDRICHS Werk offenbart ein Ringen mit den Problemen von Kunst und Realität – die quälenden Zweifel eines gläubigen Mannes, der mit einer Natur konfrontiert wird, in der die göttliche Ordnung nicht mehr sichtbar ist. Seine Figuren gehören im Allgemeinen nicht zu der Landschaft, in der sie gezeigt werden – wie der *Wanderer über dem Nebelmeer* ▸15.29, weder jener Welt noch unserer angehörend, stehen sie an der Grenze der Realität. Unbeweglich, isoliert scheinen sie innerhalb und gleichzeitig außerhalb der Natur angesiedelt zu sein, zugleich heimisch darin und fremd – Symbole des Ungewissen und der Entfremdung. Große visuelle Feinheit, eine einzigartige Seh- und Darstellungsweise geben seinen Bildern eine faszinierende Ausdruckskraft. Der Blickpunkt ist selten der eines naturalistischen Malers mit beiden Beinen auf dem Boden: Wir hängen sozusagen in der Luft, wenn wir seine Bilder anschauen. Der *Wanderer über dem Nebelmeer* ist von einem Punkt im Raum aus dargestellt, der in gleicher Höhe mit seinem Kopf liegt.

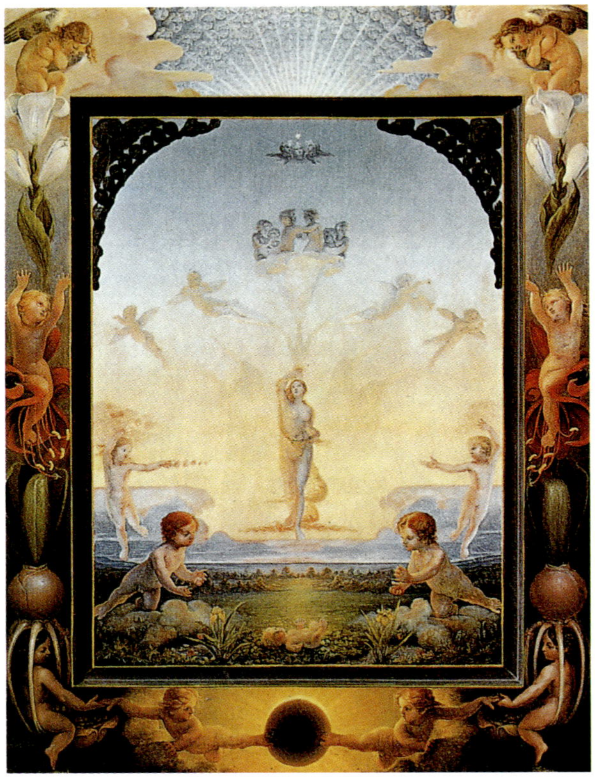

15.32 PHILIPP OTTO RUNGE, *Der kleine Morgen*, 1808, Leinwand, 109 x 85,5 cm. Hamburger Kunsthalle.

## *Runge*

Nach PHILIPP OTTO RUNGE (1777–1810) konnte die »tiefste Mystik der Religion« nur in einer neuen Kunst der »Landschafterey« ausgedrückt werden. In Worten, die Bilder FRIEDRICHS zu beschreiben scheinen, aber auch die Schriften protestantischer Mystiker des 16. Jahrhunderts widerspiegeln (s. S. 434), schrieb er 1802 an seinen Bruder Daniel:
*»Wenn der Himmel über mir von unzähligen Sternen wimmelt, der Wind sanft durch den weiten Raum, die Woge bricht sich brausend in der weiten Nacht, über dem Walde röthet sich der Aether, und die Sonne erleuchtet die Welt; das Thal dampft und ich werfe mich im Grase unter funkelnden Thautropfen hin, jedes Blatt und jeder Grasshalm wimmelt von Leben, die Erde lebt und regt sich unter mir, alles tönet in einen Accord zusammen, da jauchzet die Seele laut auf, und fliegt umher in dem unermesslichen Raum um mich, es ist kein unten und kein oben mehr, keine Zeit, kein Anfang und kein Ende, ich höre und fühle den lebendigen Odem Gottes, der die Welt hält und trägt, in dem alles lebt und würkt: hier is das Höchste, was wir ahnen – Gott!«*

Dennoch spielte die Landschaft im normalen Wortsinn nur eine untergeordnete Rolle bei RUNGES Auffassung von »Landschafterey«. Sein Ziel war nicht so sehr Darstellung als vielmehr Vereinigung von Natur und Mensch, Pflanzen und Personen ▸ 15.32; 33. Um dahin zu gelangen, entwickelte er eine neue Sprache visueller Formen, die er als Hieroglyphen begriff, durch die Gott seine Gegenwart in der natürlichen Welt bezeugt. Zuweilen griff er auf traditionelle Pflanzensymbole zurück, wie etwa in *Die Hülsenbeckschen Kinder* ▸ 15.34, wo die Sonnenblume ein vertrautes Bild ist für das Erdgebundene, das zum Göttlichen aufstrebt. Dieses Gemälde ist nicht einfach ein Porträt der zwei Söhne und der Tochter von Daniel Runges Geschäftspartner in Hamburg: Es ist eines der bedeutendsten Kinderbilder, das in der deutschen (und englischen) Kunst und Literatur der Romantik eine herausragende Stellung einnimmt. Schiller hatte geschrieben (*Über naive und sentimentalische Dichtung*, 1795/96): *»Dem Menschen von Sittlichkeit und Empfindung wird ein Kind deswegen ein ›heiliger‹ Gegenstand sein, ein Gegenstand nämlich, der durch die Größe einer Idee jede Größe der Erfahrung vernichtet und der, was er auch in der Beurteilung des Verstandes verlieren mag, in der Beurteilung der Vernunft wieder in reichem Maße gewinnt.«*

Über die Kinder selbst: *»Sie sind, was wir waren; sie sind, was wir wieder werden sollen. Wir waren Natur wie sie, und unsere Kultur soll uns, auf dem Wege der Vernunft und Freiheit, zur Natur zurückführen.«*

Aber RUNGE war in seiner Begeisterung für die Naiven noch radikaler als Schiller.
*»Die Kunst, wie sie nun ist und gewesen ist, ist ein verkehrtes und gelehrtes Ding, sehen wir sie so an, wie sie angesehen wird«*, schrieb er 1803, *»wenn aber nur die Menschen wie Kinder die Welt ansähen, so wäre die Kunst eine artige Sprache.«*

Sein Bild lässt uns verstehen, dass die Hülsenbeckschen Kinder mit ihren hellen, unschuldigen Augen die ursprüngliche Schönheit der Welt noch sehen können, vielleicht sogar die Anwesenheit Gottes in der Welt, wovon der erwachsene Betrachter vielleicht nur noch in der zart gemalten Landschaft hinter ihnen einen flüchtigen Schimmer erhascht.

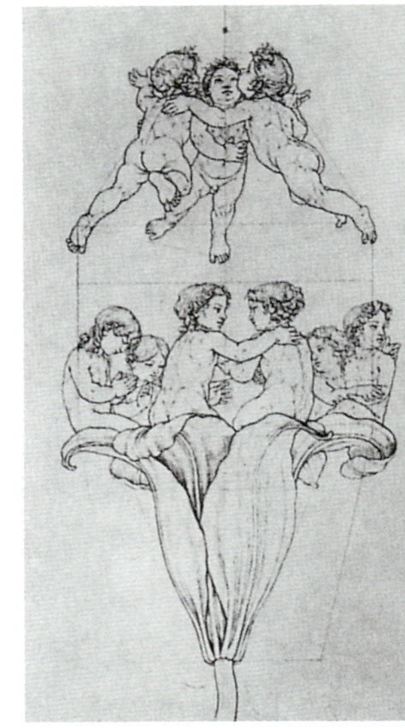

15.33 PHILIPP OTTO RUNGE, *Die Lichtlilie*, 1809, Detail zu ▸ 15.32 Feder in Schwarz über Spuren von Blei, 61 x 44,5 cm. Hamburger Kunsthalle.

15.34 PHILIPP OTTO RUNGE, *Die Hülsenbeckschen Kinder*, 1805, Leinwand, 131,5 x 143,5 cm. Hamburger Kunsthalle.

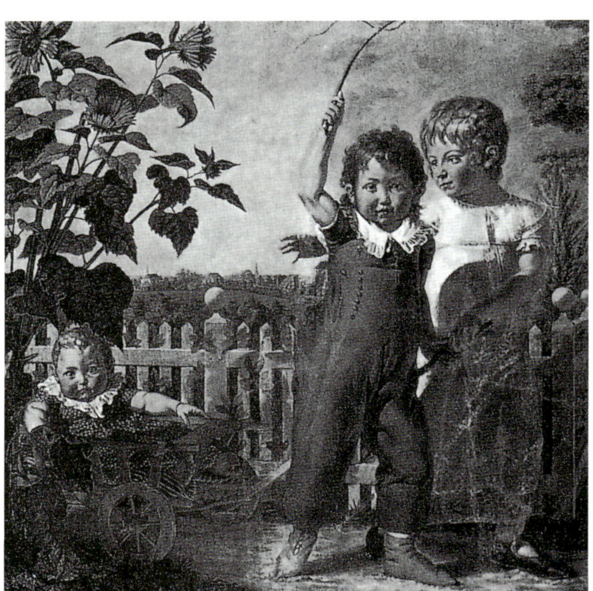

## *Die Nazarener*

Den Wunsch, die Unschuld des Sehens in einer Kunst wiederzugewinnen, die weder ›verkehrt‹ noch ›gelehrt‹ war, haben mehrere Künstler in den ersten Jahren des 19. Jahrhunderts ziemlich unabhängig voneinander zum Ausdruck gebracht. FRIEDRICH OVERBECK (1789–1869) und FRANZ PFORR (1788–1812), Kunststudenten in Wien, waren schockiert über die Sinnlichkeit alter Meister wie CORREGGIO, TIZIAN, die CARRACCI und GUIDO RENI, deren Werke allgemein zur Nachahmung empfohlen wurden. »Wir sahen oft ein kaltes Herz hinter kühnen Pinselstrichen und schönen Farben verborgen oder dass Maler zum höchsten Ziel sich nur die Erweckung

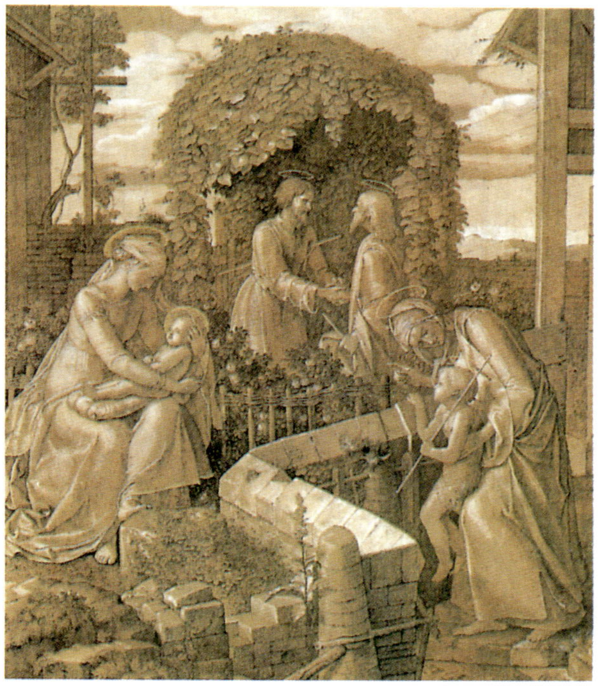

15.35 JULIUS SCHNORR VON CAROLSFELD, *Der Besuch der Eltern des Johannes bei den Eltern Jesu*, 1816, Feder, Pinsel und Bleistift, 36,8 x 31,5 cm. Nationalgalerie, Berlin.

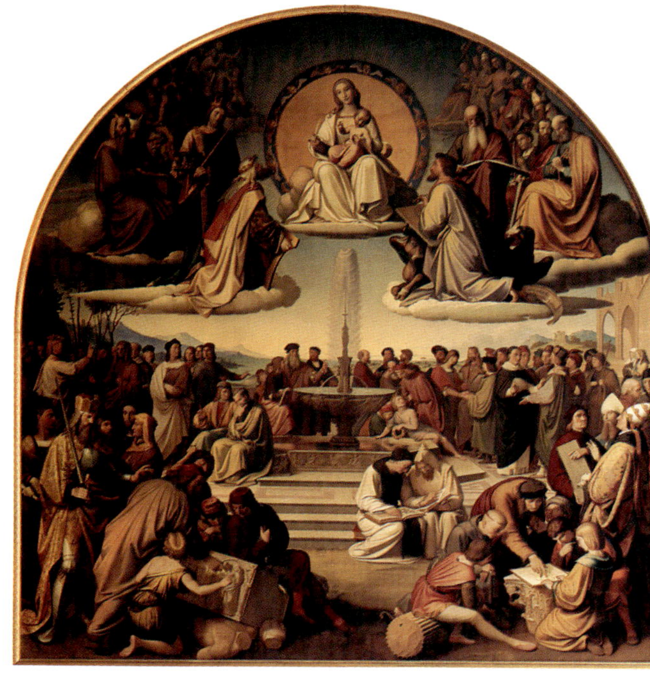

15.36 FRIEDRICH JOHANN OVERBECK, *Der Triumph der Religion in den Künsten*, 1832–1840, Leinwand, 389 x 390 cm. Städelsches Kunstinstitut, Frankfurt am Main.

einer wollüstigen Empfindung genommen hatten«, bemerkte PFORR. Jedoch Gemälde PERUGINOS und vor allem der frühen deutschen Meister übten eine unmittelbare Anziehungskraft aus: *»Die edle Einfalt sprach mit der bestimmten Charakteristik laut an unser Herz, hier keine Bravour des Pinsels, keine kühne Behandlungsart, einfach stand alles da, als wäre es nicht gemalt, sondern so gewachsen.«* Fast wie durch einen Taschenspielertrick verwandelt er das durch Winckelmann ein halbes Jahrhundert früher formulierte künstlerische Programm (s. S. 577) zu der Forderung nach der Einfachheit des Kinderglaubens, andächtiger Stille, Adel in einem religiösen Sinn und Themen, die christliche Wahrheit und Tugend ausdrückten. Dies waren die Qualitäten, um die sich PFORR in dem Bild *Der Graf von Habsburg* bemühte, zu dem er sich von Schillers Ballade hatte inspirieren lassen ▸ 15.38. Hierin leiht der zukünftige Kaiser sein Pferd einem Priester, der einem Sterbenden die Sakramente bringt. Der Gebrauch klarer, heller Lokalfarben ohne ›trügerische‹ Schatten, die steifen Posen der flachen, ›ausgeschnittenen‹ Figuren und die auffallende Einfachheit der Komposition tragen dazu bei, eine Atmosphäre naiven Wunders zu schaffen.

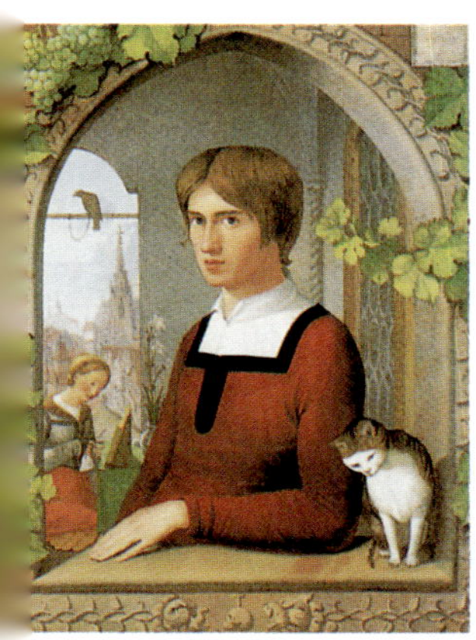

5.37 FRIEDRICH JOHANN VERBECK, *Franz Pforr*, 810, Leinwand, 62 x 47 cm. ationalgalerie, Berlin.

1809 schlossen sich PFORR ▸ 15.37, OVERBECK und vier weitere junge Künstler zur Lukasbruderschaft, nach dem Vorbild einer mittelalterlichen Künstlergilde, zusammen. Später jedoch gingen sie nach Rom, wo sie eine Art Mönchsleben führten und wegen ihres langen Haars und ihrer langen Bärte den Spitznamen ›Nazarener‹ bekamen. Ihre Vorliebe für das Mittelalter stammte von Wilhelm Wackenroder und Ludwig Tieck, vor allem von dessen *Franz Sternbalds Wanderungen* (1789), obwohl sie ebenso, wenn nicht sogar noch stärker beeinflusst waren durch Schlegels Ideal einer tief religiös empfundenen christlichen Kunst, die eine deutliche Grenze zur Körperverherrlichung heidnischer Kunst zieht. Durch eine Rückkehr zum Stil des 15. und 16. Jahrhunderts hofften sie, Kunst und Malerei in ihrer, wie sie glaubten, am höchsten entwickelten Form wieder zu beleben – das heißt, ehe noch die Künstler durch ihre Bewunderung für die klassische Antike und insbesondere antike Marmorstatuen korrumpiert wurden. So malte JULIUS SCHNORR VON CAROLSFELD (1794–1872), der sich den Nazarenern in Rom anschloss, die *Familie Johannes' des Täufers bei der Familie Christi* (1817, Gemäldegalerie Neue Meister, Dresden) sowohl mit Zartheit als auch mit einer Art absichtlicher Unbeholfenheit, die der italienisch-flämischen Kunst des 15. Jahrhunderts nachempfunden war ▸ 15.35. (Es ist bezeichnend, dass die Personen in SCHNORRS vorbereitender Kompositionszeichnung stärker modelliert und lebendiger sind.) Das größte visuelle Glaubensbekenntnis der Nazarener findet sich jedoch in OVERBECKS späterem Bild *Der Triumph der Religion in den Künsten*, wo die Antike, dargestellt durch die zerschmetterte Statue eines männlichen Aktes und eine umgestürzte korinthische Säule, von einer Menge Künstler, unter ihnen DÜRER, LUCAS VAN LEYDEN, MEMLING, FRA ANGELICO, BRUNELLESCHI und RAFFAEL, ignoriert wird

15.38 FRANZ PFORR, *Der Graf von Habsburg*, 1809, Leinwand, 45,5 x 54,5 cm. Städelsches Kunstinstitut, Frankfurt am Main.

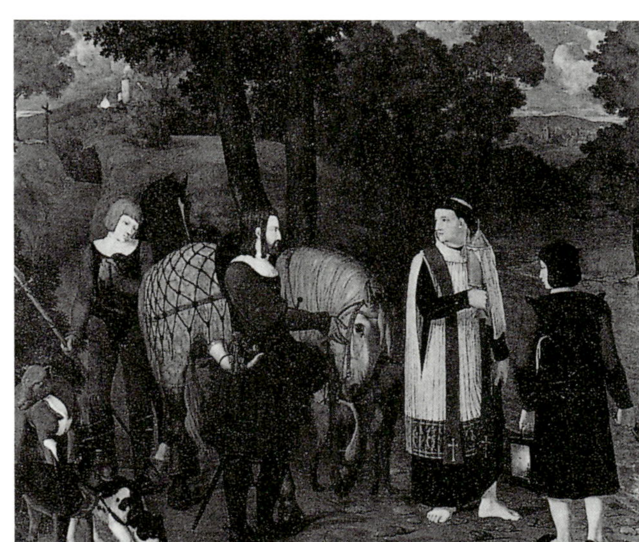

– wenn auch NICOLA PISANO einen frühchristlichen Sarkophag studiert, wodurch er zur Schaffung einer ›höheren‹ Kunst der Bildhauerei befähigt wird ▸ 15.36. Im Hintergrund befindet sich eine unfertige gotische Kathedrale, die zweifellos, wie der Kölner Dom, vervollständigt werden soll. OVERBECK war katholischer Konvertit, und auch alle anderen Nazarener waren katholisch. Ihre Gemälde mit religiösen Themen suggerierten einen derart ungetrübten Glauben, dass sie nur zu leicht in den volkstümlichen sentimentalen Bildern der Jahrhundertmitte und später trivialisiert wurden.

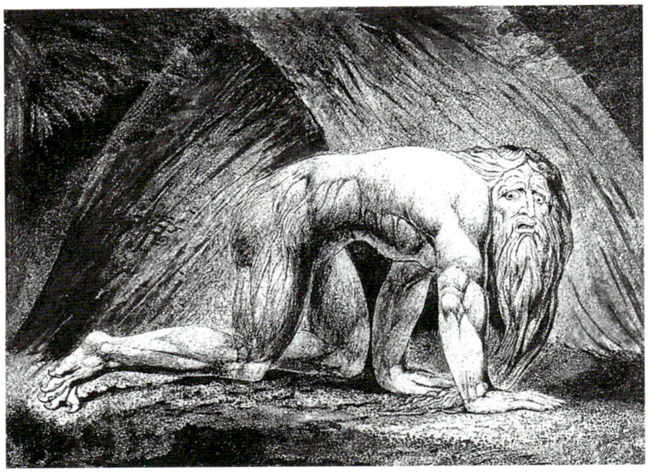

15.39 WILLIAM BLAKE, *Nebukadnezar*, 1795, aquarellierter Stich, 44 x 61 cm. Tate Gallery, London.

## *Blake*

Die Kunst des großen englischen Mystikers, Dichters und Malers WILLIAM BLAKE (1757–1827) steht – wie die von FRIEDRICH – einer Welt gegenüber, in der die Überzeugungen von Christentum und Aufklärung umwölkt sind ▸ 15.41. BLAKE bejahte viele Gedanken der Aufklärung, vor allem den Wunsch nach Toleranz und sozialer Gerechtigkeit, und begrüßte die Revolutionen in Amerika und Frankreich. Aber wie andere Romantiker bemängelte er, dass die Denker der Aufklärung auf einige lebenswichtige Fragen keine Antworten gefunden und so einen leeren Raum im Zentrum ihres Systems gelassen hatten. Ähnlich war seine Haltung zur klassizistischen Kunsttheorie: Er unterstützte ihr Verlangen nach großer Ernsthaftigkeit, Universalität und Reinheit, lehnte aber die Unterwerfung der Einbildungskraft unter die Vernunft ab. Die gottgegebene Fähigkeit der Phantasie sollte das fehlbare menschliche Verständnis kontrollieren, meinte er, und nicht umgekehrt. Als REYNOLDS (s. S. 573) in seinen *Discourses* schrieb, dass »selbst mitten in den schönsten Höhenflügen der Phantasie und Einbildungskraft die Vernunft von Anfang bis Ende regieren solle«, bemerkte BLAKE dazu: »Wenn das stimmt, ist es eine verteufelt närrische Sache, ein Künstler zu sein.«

15.40 WILLIAM BLAKE, *The Ancient of Days*, 1794, kolorierte Reliefätzung, 30,4 x 23,6 cm. Frontispiz zu *Europe, a Prophecy*. Fitzwilliam Museum, Cambridge, England.

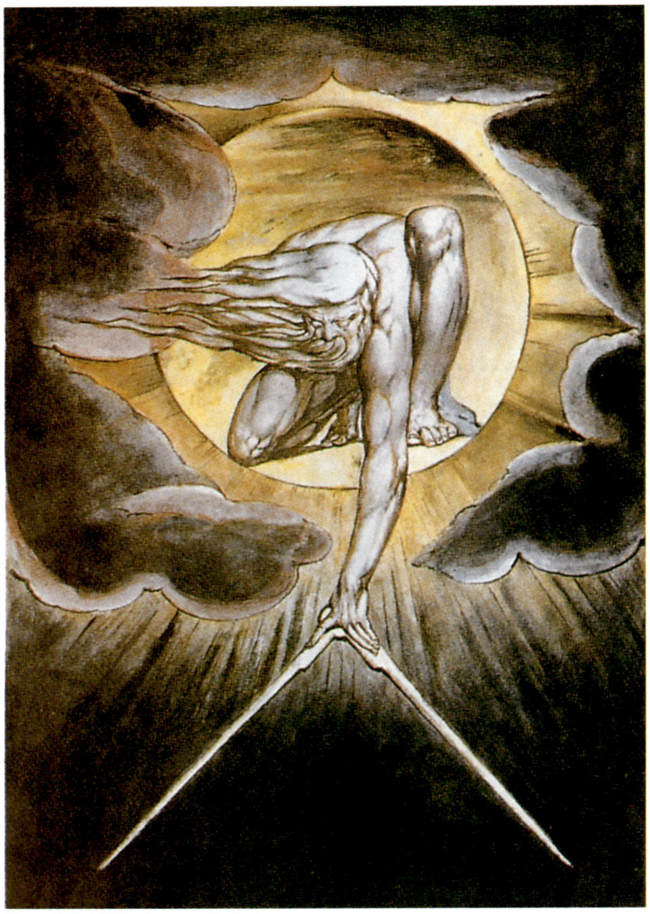

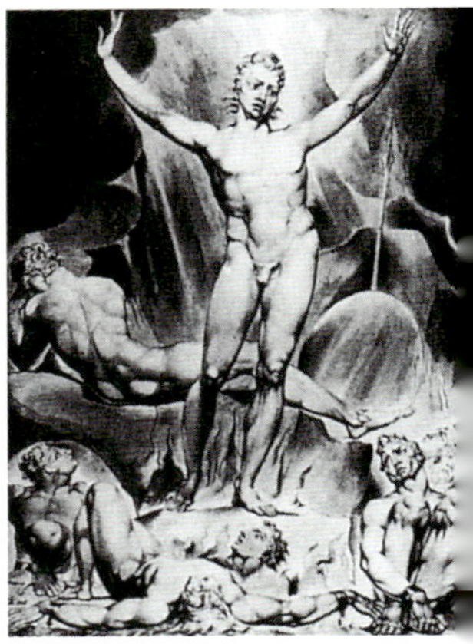

15.41 WILLIAM BLAKE, *Satan Calling up His Legions*, 1808, Aquarell, 51,8 x 39,3 cm. Illustration zu Miltons *Paradise Lost*. Victoria & Albert Museum, London.

BLAKES Malerei und Schriftstellerei (die nicht getrennt voneinander verstanden werden können) spiegeln sein brennendes Bedürfnis, die quälenden Konflikte, die er in sich austrug, zu lösen ▸ 15.42 – Phantasie und Verstand miteinander zu versöhnen, das Ideal vom Menschen mit der realen Erfahrung des Menschen. Vor allem war seine Ahnung des Göttlichen mit den traditionellen Vorstellungen von Gott, sei es dem eifernden Gott des Alten Testamentes oder der ›treibenden Kraft‹ eines mechanischen Universums der Rationalisten, in Synthese zu bringen ▸ 15.40. In einigen seiner besten Drucke ist eine Unvereinbarkeit jedoch erkannt und angenommen. Newton zum Beispiel erscheint als makelloser, klassisch-schöner Akt, eingetaucht in das Wasser des Materialismus, selbstvergessen beim Studium der Geometrie. Zu ihm gehört ein Druck von Nebukadnezar, dem Mann, der aller Vernunft entsagt – eines von BLAKES erschreckendsten und eindrucksvollsten Blättern ▸ 15.39. Vernunft mag ungenügend sein, scheint die Darstellung Newtons zu sagen, aber Nebukadnezars tierisches Gefühl ist nicht besser. Beide Figuren sind mit kräftigen Umrisslinien gezeichnet, wie es die klassizistischen Theoretiker empfahlen, und mit Wasserfarbe koloriert (es sind Stiche, von denen nur wenige handkolorierte Abdrucke angefertigt wurden). »Mein Werk ist visionär und schöpferisch«, schrieb BLAKE 1810: *»Diese Welt der Phantasie ist die Welt der Ewigkeit; es ist der göttliche Busen, zu dem wir nach dem Tod des vegetativen Körpers alle eingehen werden. Die Welt der Phantasie ist grenzen- und zeitlos, die Welt des Vegetativen oder Gewachsenen dagegen räumlich und zeitlich begrenzt. In dieser ewigen Welt existieren die beständigen Realitäten aller Dinge, die wir in diesem vegetativen Spiegel reflektiert sehen.«* (Eine Vision des jüngsten Gerichts)

Viele Ideen BLAKES können über die protestantischen Mystiker (s. S. 434) zu den Neuplatonikern (s. S. 209 f.) zurückverfolgt werden. Seine überaus religiöse und künstlerische Weltsicht entzieht sich insgesamt einer Kategorisierung.

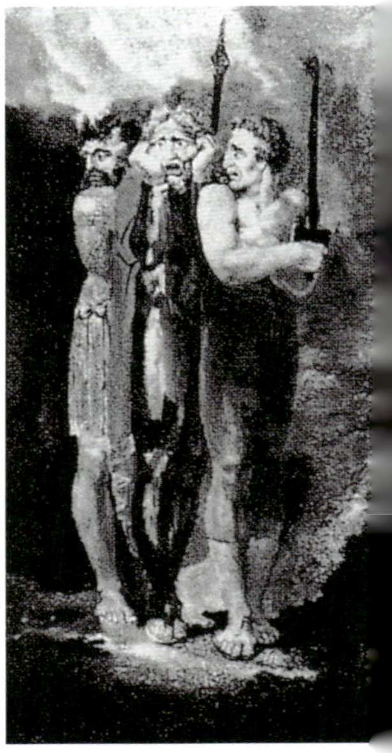

15.42 WILLIAM BLAKE, *Die Ankläger*, um 1794/95, Kupferstich, Farbdruck, 21 x 11,6 cm. British Museum, London.

# Romantische Landschaftsmalerei

## *Constable*

Der »vegetative Spiegel der Natur« war genau das, was JOHN CONSTABLE (1776–1837) am meisten ansprach, der seinen Ehrgeiz bekannte, in erster Linie »ein natürlicher Maler« zu sein. Eines der schönsten Bilder seiner Heimat Dedham in der englischen Grafschaft Suffolk zeigt Männer bei der Arbeit neben einem Dunghaufen ▸ 15.44. Kein Maler hat die englische Landschaft naturgetreuer dargestellt: den glitzernden Tau auf dem Gras, funkelnden Sonnenschein, die edle Form großer Ulmen, und demzufolge sind seine Gemälde weit mehr als rein topographische Aufzeichnungen. Er versuchte, in ihnen eine Kindheitsvision von der Harmonie der Natur in all ihrer unschuldigen Reinheit einzufangen und sie im Licht gereifter Reflexion erneut zu überprüfen. In dem Gefühl, ein Teil der Schöpfung zu sein, könnte eine Parallele zu William Wordsworth (1770–1850) bestehen, den CONSTABLE kannte und dessen erste Verse für Coleorton ▸ 15.43 und tief nachdenkliche autobiographische Dichtung er liebte.

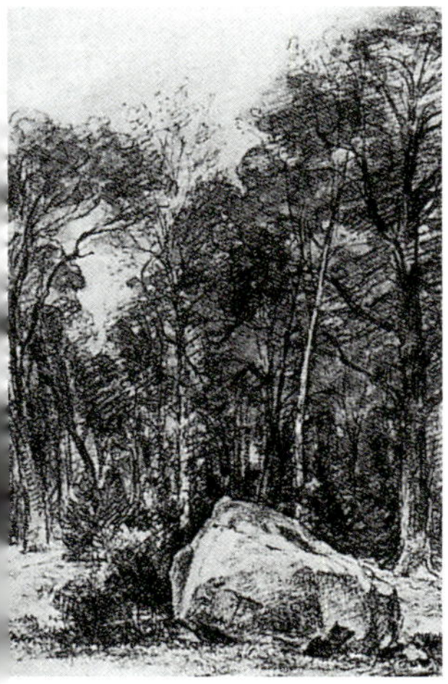

15.43 JOHN CONSTABLE, *Stein mit einer Widmung an Richard Wilson im Hain von Coleorton Hall*, 1823, Bleistift und Tusche, grau laviert, 26 x 18 cm. Victoria & Albert Museum, London.

CONSTABLE, der Sohn eines recht wohlhabenden Bauern und Müllers, wuchs an der flachen Ostküste Englands, East Anglia, auf. Es war keine wilde Landschaft; sie war durch die Arbeit der Vorfahren viele Generationen hindurch kultiviert worden. CONSTABLE sagte, er male lieber künstliche Kanäle und Dämme als Bergbäche und Wasserfälle, die die romantischen Dichter inspirierten. »Das Geräusch des Wassers, wenn es über den Mühldamm schwappt, Weiden, halbverrottete Planken, schleimige Pfosten und Backsteine: Das sind die Dinge, die ich liebe«, schrieb CONSTABLE 1821. »Solange ich male, werde ich nie aufhören, solche Dinge darzustellen.« Auf fast allen seinen Bildern ist das Land bearbeitet. Der Mist, der die Felder düngt, ebenso wie der Regen, der sie wässert, die Mühlen, in denen das Korn gemahlen wird, oder die Boote, mit denen man es auf den Kanälen in die Städte bringt – alles spielt eine Rolle in der göttlichen Harmonie der physischen Welt, wie er sie verstand. Immer wieder taucht der Turm der Gemeindekirche von Dedham in seinen Suffolk-Bildern auf, als Erinnerung eher denn als Symbol für die Gegenwart Gottes. In dem hier abgebildeten Gemälde erscheint die Kirche direkt über dem Dunghaufen.

CONSTABLES Vision der englischen Landschaft gipfelt in einer Serie von sieben großen Bildern – ›Sechs-Fuß-Leinwände‹

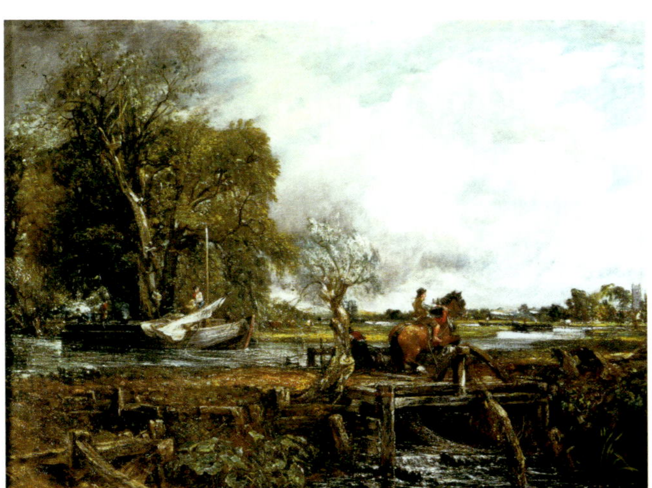

15.45 JOHN CONSTABLE, *Das springende Pferd*, 1824/25, Leinwand, 142 x 187 cm. Royal Academy of Arts, London.

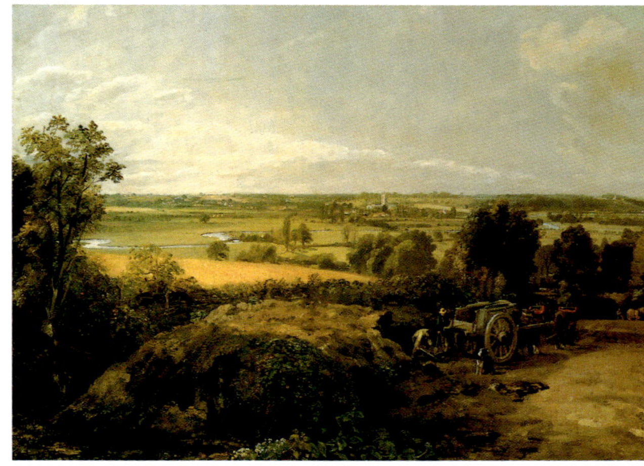

15.44 JOHN CONSTABLE, *Das Tal von Stour und die Kirche von Dedham*, 1814/15, Leinwand, 55 x 78 cm. Museum of Fine Arts, Boston (Warren Collection).

nannte er sie – mit Szenen aus der Gegend, in der er seine Kindheit verbracht hatte, einer so wenig eindrucksvollen Landschaft, dass niemand sie bisher des Malens für würdig erachtet hatte – schon gar nicht in so großem Format. Man spürt den Pulsschlag des Universums in der Bewegung der Wolken und dem Wellenschlag im Fluss, im Glitzern des Laubes an den großen Bäumen, wenn eine Sommerbrise darüber hinwegweht, und in der Geschäftigkeit von Menschen und Tieren. Jedes Bild behandelt eine alltägliche Begebenheit, manchmal unerwartet leicht abgewandelt – ein schwerfälliges Zugpferd etwa, das sich aufbäumt, um ein Hindernis zu überspringen. In der ›Augenblicklichkeit‹ bilden sie das malerische Gegenstück zu den ›Zeitflecken‹ in Wordsworth' *The Prelude* – jenen so lebendig erinnerten Kindheitsmomenten, die »einen erneuernden Wert haben« und durch die im späteren Leben »unsere Seelen ernährt und wieder unsichtbar aufgerichtet« werden. CONSTABLE bereitete diese Bilder sorgfältig vor, über Zeichnungen bis hin zu originalgroßen Skizzen. Die Skizzen beeindrucken durch ihre frische Spontaneität und Natürlichkeit, die meisterhafte Technik schwerer Pinselstriche und der mit dem Spachtel bearbeiteten Farbe ▸ 15.45. Die fertigen Bilder wirken ruhig und besinnlich, bewusster, vielleicht zu ausgearbeitet. CONSTABLE hätte dem jedoch nicht zugestimmt. Er bezeichnete eine Skizze als etwas, das »nur einer Gemütsverfassung entspricht und von dem man nicht immer wieder trinken kann«. Seine ›Sechs-Fuß-Skizzen‹ waren Versuche, den ursprünglichen Moment des Betrachtens einzufangen, die fertigen Bilder spiegeln seine gereifte Reflexion. Das Verhältnis ähnelt dem von einem Tagebuch und einer Autobiographie.

## *Turner*

Die reifen Landschaften von CONSTABLES Zeitgenossen WILLIAM TURNER (1775–1851) sind nicht weniger persönlich, wenn auch auf andere und oft vieldeutige Art. Der Künstler steht wörtlich im Mittelpunkt eines elementaren Wirbels in dem Bild *Schneesturm: Dampfschiff vor einer Hafenmündung*, von dem er sagte: »Ich habe es nicht gemalt, um verstanden zu werden« ▸ 15.47. In mancher Hinsicht ist TURNERS Naturtreue größer als CONSTABLES, weniger nachdenklich, impulsiver und interessiert an den sichtbaren Erscheinungen und besonders den flüchtigen Lichteffekten. Ihm ging es auch mehr um das Malen an sich. Nebelschwaden, die die getrennten Objekte visuell verwandeln und vereinigen, oder

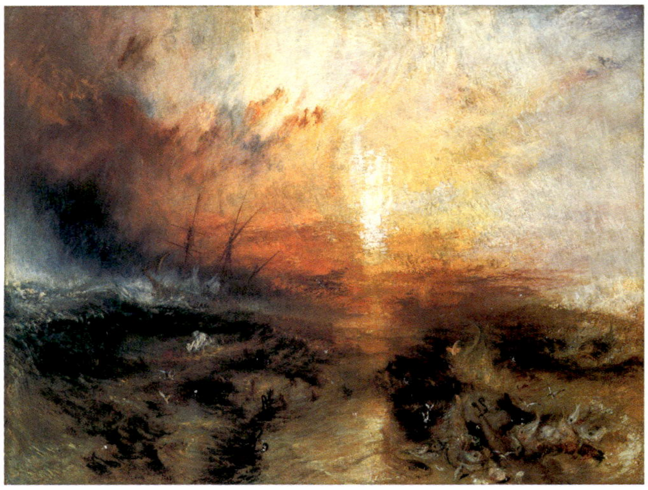

15.46 WILLIAM TURNER, *Das Sklavenschiff*, 1840, Leinwand, 90,8 x 122,6 cm. Museum of Fine Arts, Boston (Henry Lillie Pierce Fund).

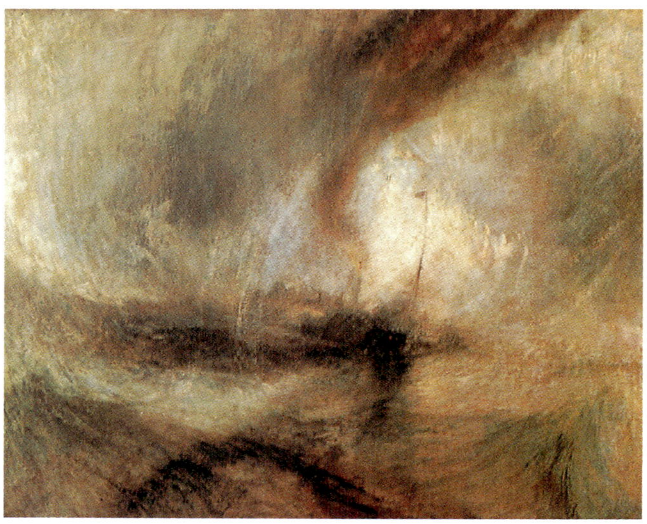

15.47 WILLIAM TURNER, *Schneesturm: Dampfschiff vor einer Hafenmündung*, 1842, Leinwand, 91,5 x 122 cm. Tate Gallery, London.

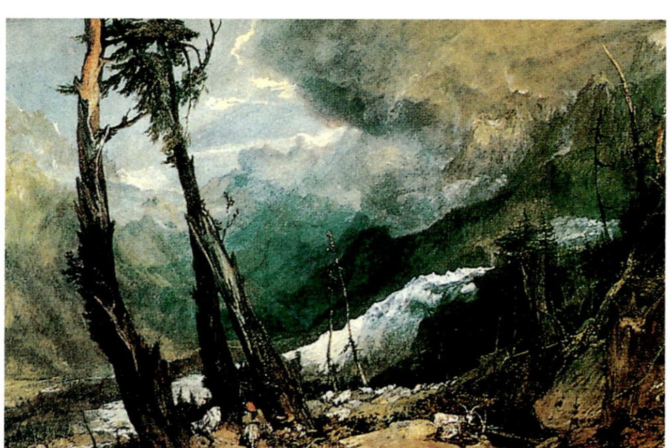

15.48 WILLIAM TURNER, *Gletscher und Quelle des Aveyron*, Chamonix, 1802/03, Aquarell, 68 x 101 cm. Yale Center for British Art, New Haven, Connecticut. (Sammlung Paul Mellon).

Himmel in schillernden Rot- und Gelbtönen mit dem tiefen Glühen der auf- oder untergehenden Sonne veranlassten ihn zu intensiven Farbvisionen. TURNER setzte schließlich die Farben, die er auf Papier oder Leinwand auftrug, mit der atmosphärischen Färbung, die zwischen dem Künstler und dem abgebildeten Objekt hängt, gleich. Denn er begriff Malerei weder als die Komposition klar definierter fester Formen noch als Nachahmung der Natur, sondern als autonome, eigenen Wirkungsgesetzen folgende Kunst. Ihm ging es eher darum, Lichteffekte neu zu erschaffen, als sie darzustellen – in seinen eigenen Worten »die Natur durch die Macht und Ausübung seiner Kunst zu bewundern und seine Kunst durch die von der Natur empfangenen Eindrücke zu beurteilen«.

Er begann (wie CONSTABLE und FRIEDRICH) mit topographisch präzisen Aquarellen und Zeichnungen ▸ 15.49. Das Aquarell war vor allem im Orient eine seit langer Zeit gepflegte Technik, in Europa wurde es nur selten – vor allem von DÜRER – aufgegriffen, bis es in der zweiten Hälfte des 18. Jahrhunderts besonders in England für kleinformatige Landschaften Anwendung fand. TURNERS Begabung errang bald offizielle Anerkennung, und 1799 wurde der junge Maler außerordentliches Mitglied der Royal Academy, 1802 volles Mitglied (CONSTABLE musste bis 1819 auf seine außerordentliche Mitgliedschaft warten und auf seine Vollmitgliedschaft sogar noch weitere zehn Jahre). Sein früher Stil zeigt sich am besten in so großen Aquarellen wie *Gletscher und Quelle des Arveron, Chamonix*, das er unmittelbar nach seiner ersten Reise auf den Kontinent 1802 malte ▸ 15.48. Es ist eine ›romantische Landschaft‹ im Sinne des 18. Jahrhunderts. Es gibt keinerlei Metaphysik im Sinne der Gemälde CASPAR DAVID FRIEDRICHS ▸ 15.31 oder Hinweise auf Wordsworth' ›Freude der erhabenen Gedanken‹ wie bei CONSTABLE. Der Blickpunkt ist sorgfältig so gewählt, dass die Szene im Rahmen der bestehenden Regeln für ›erhabene Ansichten‹ genau wiedergegeben werden konnte. Nur durch eine etwas flüssigere Technik unterscheidet sich das Aquarell von den Bergbildern des englischen Malers JOHN ROBERT COZENS (1752–1797), die TURNER studiert hatte. Seine Ölgemälde dieser Zeit, bei denen die Farbe wie auf die Leinwand geschleudert erscheint und mit dem Spachtel geschichtet wird, weichen radikal von der akademischen Norm ab und entsetzten konservative Kritiker ▸ 15.50. Der Schweizer Maler HEINRICH FÜSSLI (1741–1825), Professor der Malerei an der Royal Academy in London, formulierte das Axiom, »*je weniger deutlich man sieht, wie ein Bild entstanden ist, desto mehr gleicht es dem Werk der Natur.*« Die Natur, wie TURNER sie sah, konnte kaum einfach wiedergegeben werden durch eine Kunst, die den Malprozess verbarg. Seine Technik reagierte mit immer heftigerer Farbe auf die Visionen kämpfender Elementarkräfte. Die konventionellen Bestandteile der Landschaft verlieren an Bedeutung. Alles wird in Licht und Wasser verwandelt wie im *Sklavenschiff* ▸ 15.46, wo ein Strudel das kämpfende Schiff ins Chaos aufzulösen scheint. Dieses erstaunliche Bild, das 1842 in der Royal Academy einem verwunderten Publikum gezeigt wurde, ist die Aufzeichnung eines Sturms, den TURNER selbst erlebt hatte (um ihn ganz mitzuerleben, hatte er sich an den Schiffsmast binden lassen). In vielen seiner späten Gemälde (die er nicht mehr ausstellte) gibt es überhaupt keine Menschen mehr, nur Wasser und Himmel in flackernden Farben, geladen mit der pulsierenden Energie der schöpferischen Kraft.

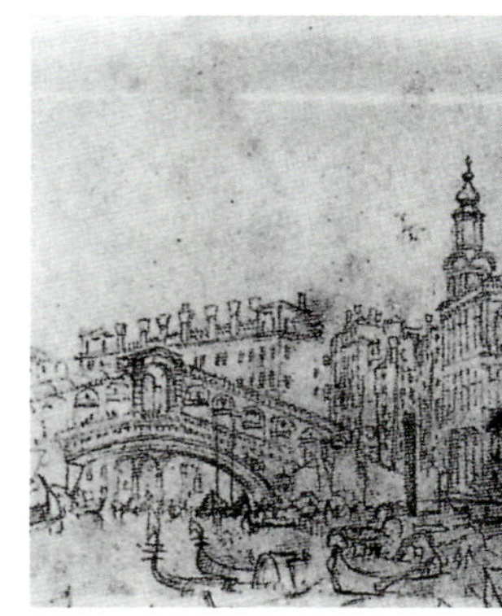

15.49 WILLIAM TURNER, *Der Canal Grande mit Blick auf die Rialto*, Ausschnitt, 1819, Bleistift, 11 x 37,5 cm. British Museum, London.

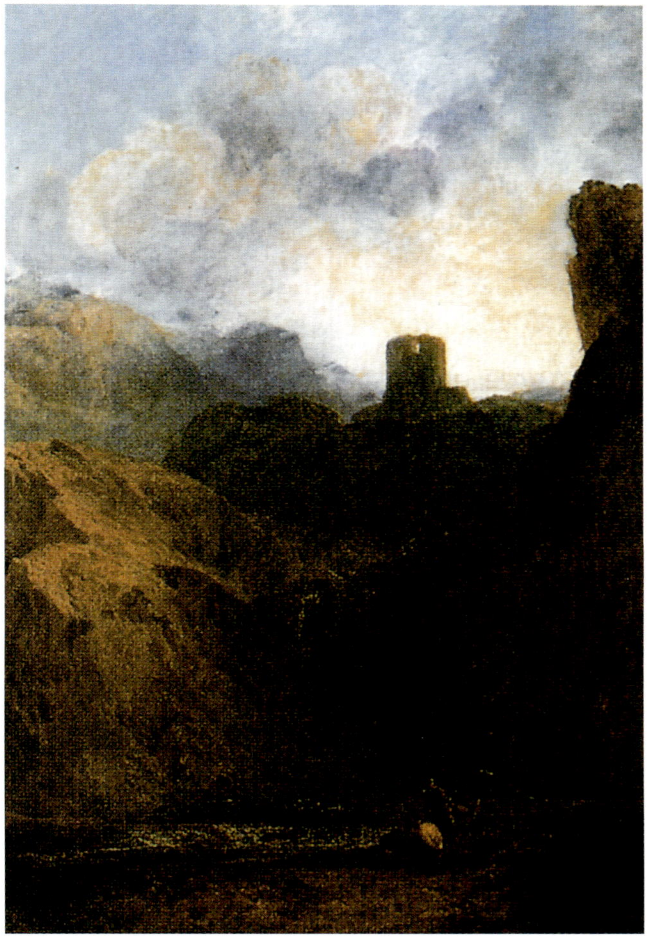

15.50 WILLIAM TURNER, *Dolbadern Castle, North Wales*, 1802, Leinwand, 119,5 x 90,2 cm. Royal Academy of Arts, London.

## *Corot und die études*

In Frankreich vollzog sich der Wandel der Kunst der Landschaftsmalerei in der romantischen Periode langsamer als in Deutschland und England, dafür aber nachhaltiger. Wenn auch nicht so sehr von den transzendenten Ideen der romantischen Dichter und Denker berührt, war sie doch nicht weniger tief beeinflusst von den neuen Forderungen nach Spontaneität, Gefühlsechtheit und künstlerischer Freiheit. Jean-Jacques Rousseau (s. S. 577) hatte schon im späten 18. Jahrhundert die Schönheit und reinigende Kraft der unverdorbenen Natur gerühmt. Noch ausschlaggebender war der von ihm geförderte Kult der individuellen Empfindsamkeit. Aber die französische Landschaftsmalerei entwickelte sich nicht, wie man annehmen könnte, im Widerspruch zur akademischen Theorie und Praxis. Der Landschaft wurde sogar zu akademischem Ansehen verholfen, das ihr bisher gefehlt hatte, als 1817 ein Stipendium der französischen Akademie in Rom eingerichtet wurde für Maler ›historischer Landschaften‹, das heißt idealisierter Italienansichten à la CLAUDE LORRAIN und POUSSIN (s. S. 541 f.). Ein genaues Studium der Natur war dennoch unumgänglich. Das Malen und Zeichnen in der freien Natur wurde zum Gegenstück der Modellklassen des Aktstudiums. Präzise Darstellungen von Bäumen und Felsen, der Wirkungen von Licht und Atmosphäre, die im Freien um ihrer selbst willen entstanden (nicht als vorbereitende Skizzen), betrachtete man als unerlässliche Voraussetzungen für einfallsreiche Kompositionen, die im Atelier gemalt wurden. Man nannte sie Studien oder ›études‹. Diese Praxis war keineswegs auf Frankreich beschränkt.

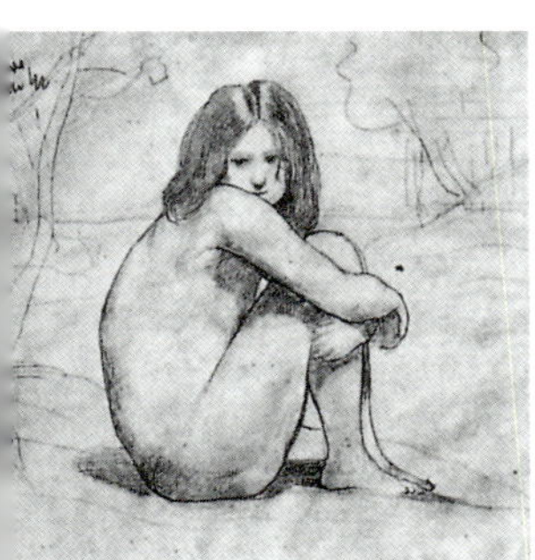

5.51 JEAN-BAPTISTE-CAMILLE OROT, *Kauerndes kleines 1ädchen*, um 1839/40, Bleistift, ıit schwarzer Feder übergan- en, 22 x 26,2 cm. Louvre, Paris.

CONSTABLE arbeitete ganz ähnlich, und TURNER sprach von »Bildern aus Einzelheiten«. Der Eindruck, den eine von CONSTABLES ›Sechs-Fuß-Leinwänden‹ bei ihrer Ausstellung in Paris 1824 hervorrief, beruhte darauf, dass es ihm gelungen war, die Frische einer ›étude‹ in einem großen Ausstellungsstück zu bewahren.

JEAN-BAPTISTE CAMILLE COROT (1796–1875), der größte französische Landschaftsmaler seiner Zeit, hatte bei einem ›historischen Landschaftsmaler‹ gelernt, obgleich er bald schon »das Studium der Natur ganz allein aufnahm«. Wie GÉRICAULT und andere romantische Künstler war er für seine bescheidenen Bedürfnisse ausreichend finanziell versorgt, und das ermöglichte ihm, seinen ›études‹ mehr Zeit zu widmen als die meisten Maler ▸ 15.51. Obwohl er regelmäßig Landschaften mit biblischen oder mythologischen Themen für den Pariser Salon beisteuerte, arbeitete er nicht mehr nur für die Ausstellungsstücke. Viele kleine Darstellungen der italienischen und französischen Landschaft, frei gemalt mit farbschwerem Pinsel, zeigen COROTS subtiles Gefühl für die verschiedenen Werte von Licht und Atmosphäre. Es war sein Ziel, sagte er, »so gewissenhaft wie möglich wiederzugeben, was ich vor mir sehe«. Dem steht folgende Aussage COROTS entgegen: *»Bei meinem gewissenhaften Bemühen, nachzuahmen, verliere ich für keinen Moment das Gefühl, das mich beherrschte«*, denn *»wenn wir wirklich berührt sind, überträgt sich die Echtheit unserer Empfindung auf andere.«*

Der Naturalismus dieser ›études‹ ist so überzeugend, so frei von jeglicher künstlicher Bildbegrenzung oder anderen Kunstgriffen, dass seine Kompositionen – wie die Bilder eines Fotografen – durch nichts als die Wahl des Standpunktes bestimmt zu sein scheinen. In einer von COROTS Ansichten von Volterra etwa ist ein kleiner, mit undefinierbarem Gestrüpp bewachsener Hügel augenfälliger im Bild platziert und auch malerisch stärker hervorgehoben als die ferne Zitadelle ▸ 15.52. Das Bild entstand nur vier Jahre, bevor 1839 LOUIS-JACQUES-MANDÉ DAGUERRE (1787–1851) in Frankreich und WILLIAM HENRY FOX TALBOT (1800–1877) in England ihre unabhängig voneinander gemachte Erfindung der Fotografie der Öffentlichkeit vorstellten.

15.52 JEAN-BAPTISTE-CAMILLE COROT, *Volterra*, 1834, Leinwand, 47 x 82 cm. Louvre, Paris.

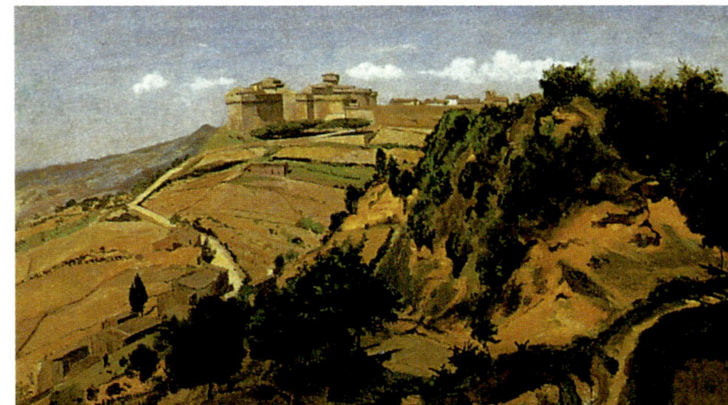

# *Turners Sklavenschiff*
# Bilder der Sklaverei

TURNERS Gemälde *Das Sklavenschiff* ▸ 15.46 vermag nicht zuletzt deshalb auch heute noch zu schockieren, weil die Wirkung verzögert wird. In diesem herrlichen Sonnenuntergang auf See wird nicht sogleich die Kulisse für eine Gräueltat erkennbar. Wenn man die Bedeutung des Bildes erkannt hat, entpuppt es sich als eine der verstörendsten bildlichen Darstellungen des atlantischen Sklavenhandels überhaupt. John Ruskin, der große Bewunderer TURNERS, erwarb das Gemälde und behielt es eine Zeit lang, verkaufte es schließlich aber, so sehr er dessen malerische Qualitäten auch schätzte, weil das Dargestellte – »das Über-Bord-Werfen der Toten und Sterbenden, die, umringt von Haien und Möwen, verzweifelt ringend im Wasser zu sehen sind – zu schmerzlich geworden war«, wie er zu sagen pflegte, »um damit leben zu können«. Der atlantische Sklavenhandel, ein Verbrechen gegen die Menschlichkeit, war aufgenommen worden, nachdem die Europäer angefangen hatten, Nord- und Südamerika zu kolonisieren, und nahm weiterhin zu, während sich Mitte des 18. Jahrhunderts Christen (hauptsächlich Quäker in Amerika und England) aus einem neuen Verständnis von Mildtätigkeit als einem moralischen Gebot sowie Freidenker mit neuen Vorstellungen von der Freiheit als einem Naturrecht für seine Abschaffung stark machten. Nicht zuletzt infolge der Bemühungen dieser Gruppen wurde der Sklavenhandel 1792 (mit Wirkung von 1803) von Dänemark und anschließend von Großbritannien, den USA, Frankreich und schließlich 1831 von Brasilien abgeschafft, obgleich er dort noch zwei weitere Jahrzehnte in großem Umfang illegal fortgesetzt wurde. Gesetze gegen den Sklavenhandel wurden im Allgemeinen nur von Staaten erlassen, die einsahen, dass er ihre übrigen Handelsinteressen gefährdete. Dabei war es ihnen nur um den Sklavenhandel, nicht um die Sklaverei an sich zu tun. Diese galt als innere Angelegenheit der jeweils betroffenen Länder. Sie blieb in Großbritannien und dessen Kolonien bis 1834 legal, in Frankreich und seinen Kolonien bis 1848, in den USA bis 1865, in den spanischen Kolonien bis 1873 und in Brasilien bis 1888. Die Abschaffung der Sklaverei war in all diesen Fällen die Folge einer Kombination von humanitären Forderungen und wirtschaftlichem und politischem Druck. Wer für die Abschaffung der Sklaverei eintrat, tat dies häufig aus mehreren Beweggründen, und die bildlichen Darstellungen, zu denen der Abolitionismus inspirierte, waren in ihrer Aussage ebenso oft zweideutig.

Künstler wurden jedoch in den Dienst dieser neuen Sache gestellt, wobei die zwei einflussreichsten Bilder jene waren, die von der Britischen Gesellschaft zur Erwirkung der Abschaffung des Sklavenhandels in Auftrag gegeben wurden: deren Emblem von 1787, das einen um seine Freilassung flehenden schwarzen Sklaven in Ketten zeigt, und die schematische Darstellung eines Sklavenschiffs, die anschaulich macht, auf welch unmenschliche Art und Weise Afrikaner während der Atlantiküberquerung untergebracht wurden. Die Künstler richteten ihr Augenmerk vor allem auf den Sklavenhandel und nicht auf die Sklaverei, da Freiheit ein politisch heikles Thema war, insbesondere nach der Französischen Revolution. In Frankreich plante THÉODORE GÉRICAULT ein großes Bild zum Thema Sklavenhandel, das er jedoch nie verwirklichte. Sein Gemälde *Das Floß der Méduse* aber, auf dem er die hilflos im Atlantik treibenden Überlebenden eines auf dem Weg von der französischen Kolonie Senegal untergegangenen Schiffes gleichsam als eine Pyramide des Elends mit einem Afrikaner an der Spitze darstellte, spielt möglicherweise auf das Thema an ▸ 15.19.

Eine Lithographie nach einer Zeichnung von JOHANN MORITZ RUGENDAS (1802–1858), die im Pariser Salon von 1827 ausgestellt wurde, zeigt einen erschreckenden Blick in den Frachtraum eines Sklavenschiffs auf dem Weg nach Brasilien mit Afrikanern, deren Haltung von Verzweiflung bis verdrossener Resignation reicht. Sie sind im stinkenden Bauch des Schiffes zusammengepfercht, während weiße Seeleute eine Leiche hinaustragen ▸ 15.53. Obwohl es das erste Mal war, dass eine Darstellung des Sklavenhandels in einem offiziellen Rahmen gezeigt wurde, fand das Bild wenig Beachtung. Im Salon von 1835 stellte AUGUSTE-FRANÇOIS BIARD (1798–1882) ein großes (verloren gegangenes) Gemälde aus, das Sklaven zeigte, die nach ihrer Ankunft in einem amerikanischen Küstenort verkauft werden. Ein Gemälde dieser Art hätte private Sammler wohl kaum angesprochen, und BIARD hoffte vielleicht auf einen Ankauf durch das Nationalmuseum zeitgenössischer französischer Kunst, was jedoch nicht geschah. Das Thema war wohl ein zu heißes Eisen, solange die Sklaverei in den französischen Kolonien legal war. Die Engländer hin-

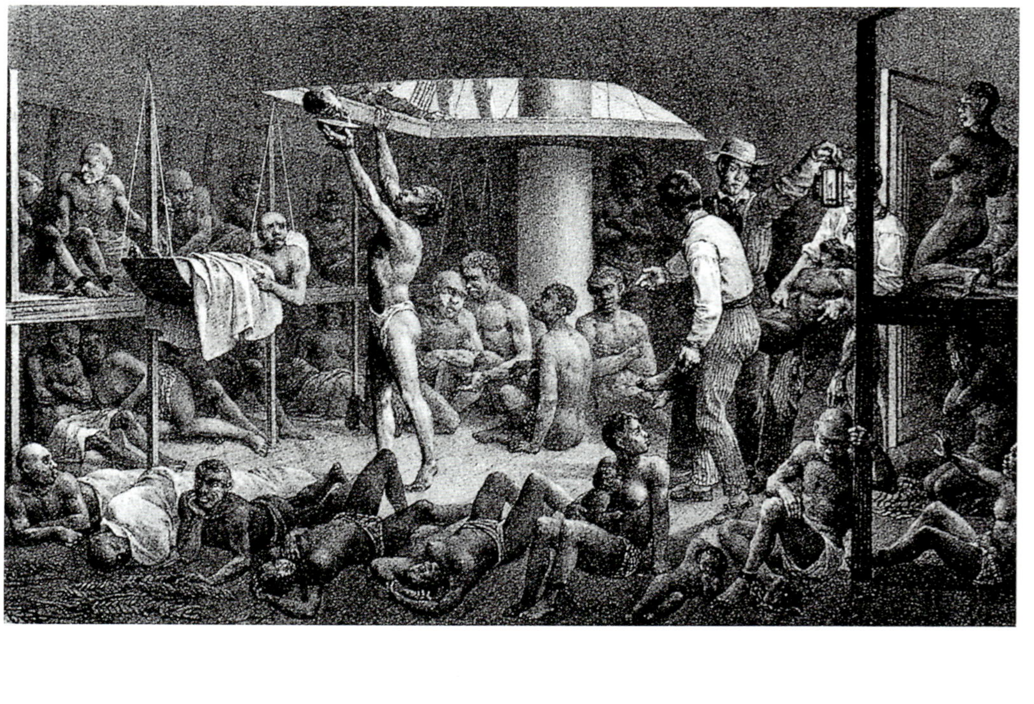

15.53 JOHANN MORITZ RUGENDAS, *Im Frachtraum eines Sklavenschiffes*, 1827, Lithografie, 15,4 x 25,5 cm. Abbildung aus J. M. Rugendas, *Voyage pittoresque dans le Brésil*, Paris 1827–1835.

gegen bildeten sich viel darauf ein, die Sklaverei abgeschafft zu haben, und BIARD schickte ein ebenso großformatiges Gemälde nach London, das Sklaven zeigte, die an der afrikanischen Küste zur Einschiffung nach Amerika zusammengetrieben werden ▸ 15.54. Es wurde 1840 in der Sommerausstellung der Royal Academy gezeigt, die einen Monat vor der ersten internationalen Tagung der British and Foreign Anti-Slavery Society eröffnet wurde. Dass TURNER *Das Sklavenschiff* in der gleichen Ausstellung zeigte, war kein bloßer Zufall: Er muss über die Vorbereitungen für die Tagung im Bilde gewesen sein.

BIARDS Gemälde stieß auf ein positives Echo bei englischen Kritikern, die hervorhoben, dass nicht nur die Sklaven, sondern auch die Männer, die sie verkauften, Afrikaner waren. Sie rühmten die *»furchtbare Genauigkeit, mit der die Gräueltaten der Missgeburten, die sich mit diesem abscheulichen Handel abgeben, dargestellt wurde«*. Gleichwohl konnte sich eine bewundernswerte abolitionistische Gesinnung dieser Art mit rassistischen Vorstellungen verbinden. So sprach ein Kritiker vom *»hilflosen tierischen Leiden, das zutage tritt in den unglücklichen Scharen, die zum Markt getrieben werden, ebenso verständnislos in ihrem Elend wie die Herde von Schafen, die zur Schlachtbank geführt werden«* und verwies auf *»den elenden und verrohten Häuptling, der, federngeschmückt und in vollem Staat, seine Kriegsgefangenen oder vielleicht sogar seine eigenen Verwandten verschachert für Luxuswaren und Gold, deren Genüsse und Nutzen kaum zu seinem dumpfen Bewusstsein durchdringen«*. Für die englische Öffentlichkeit war die Sklaverei zu diesem Zeitpunkt etwas weit Entferntes, das selbstgerechte Empörung auslöste. Sie konnte jedoch gefahrlos verurteilt werden, da sie gleichzeitig die wirtschaftliche Ausbeutung Afrikas behinderte.

In den Vereinigten Staaten von Amerika war die Sklaverei ein ständig schwelendes Problem. Afroamerikaner wurden des öfteren auf Bildern dargestellt, jedoch meist ohne Hinweis auf ihre Stellung als freie Männer und Frauen oder als Sklaven. Im Jahr 1841 lehnte es die Artist Fund Society of Phildelphia ab, ein von NATHANIEL JOCELYN gemaltes Bildnis auszustellen, das einen Westafrikaner namens Cinque zeigte, der auf einem spanischen Sklavenschiff eine Meuterei angeführt hatte ▸ 15.55. Cinque wurde in den USA eingesperrt und anschließend in einem Prozess freigesprochen. Der Sekretär der Gesellschaft schrieb, *»es entspreche nicht den Gepflogenheiten, derartige Werke auszustellen, da sich dies in unseren unruhigen Zeiten für die Gesellschafter ebenso wie für die Institution selbst als schädlich erweisen könnte«*. Das Bildnis war von einem führenden Abolitionisten, Robert Purvis, in Auftrag gegeben worden, der seinerseits als ›Schwarzer‹ eingestuft wurde, weil seine Mutter die in Freiheit geborene Tochter einer Sklavin war, obwohl sein Vater weiß war. Purvis äußerte, dass es deshalb nicht zur Ausstellung zugelassen worden sei, weil der Porträtierte ein Held war, und *»ein Schwarzer hat kein Recht, ein Held zu sein«*. Dieses Bild stolzer Herausforderung steht in auffallendem Kontrast zum Gros der europäischen Gemälde versklavter Afrikaner, die eher Mitleid als Bewunderung erregten.

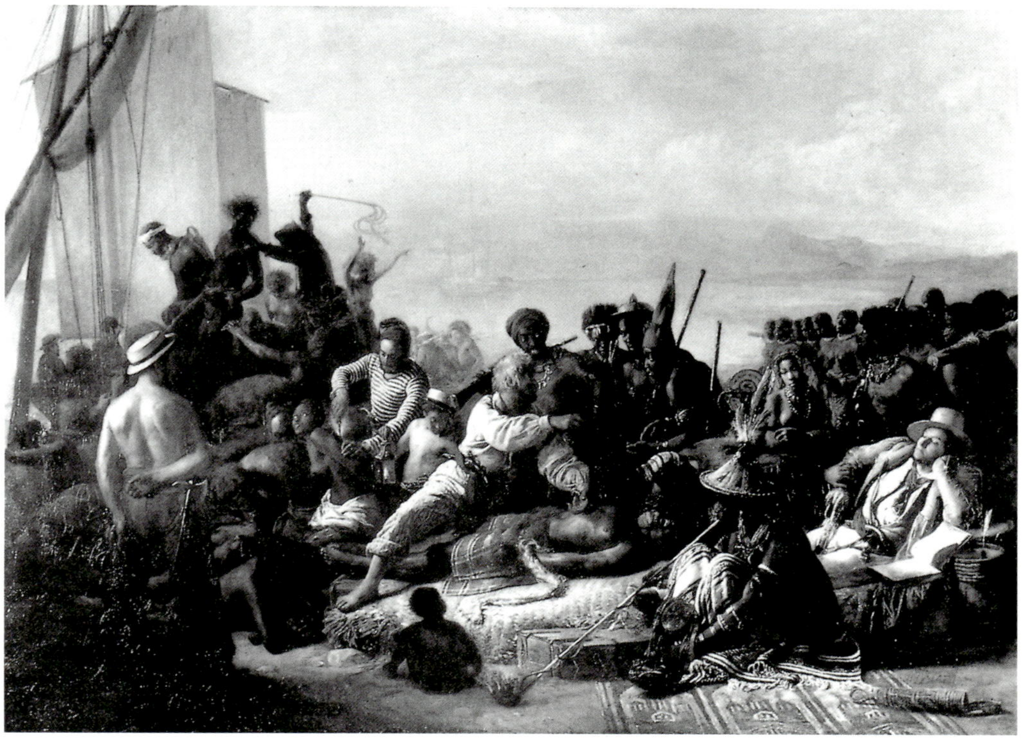

15.54 AUGUSTE-FRANÇOIS BIARD, *Der Sklavenhandel*, 1840, Leinwand, 163 x 229 cm. Wilberforce House, Hull City Museums and Art Galleries, Hull.

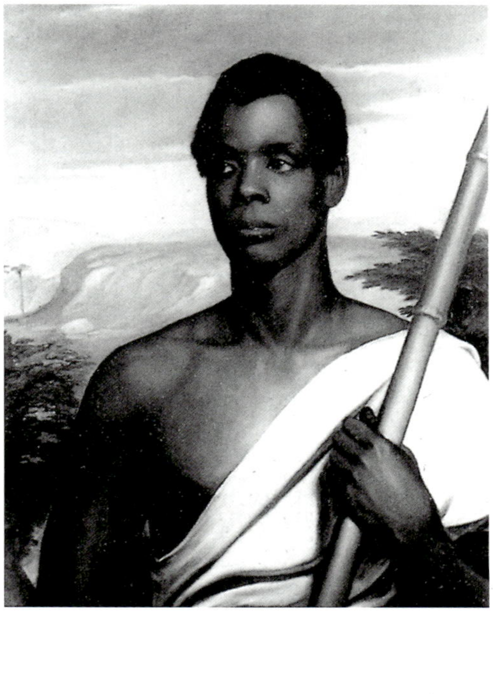

15.55 NATHANIEL JOCELYN, *Cinque*, um 1840, Leinwand, 76,8 x 64,8 cm. New Haven Colony Historical Society, New Haven (Schenkung Charles B. Purvis, 1898, Inv. 1971.205).

## Fotografie

Die Erfinder der Fotografie scheinen von dem gleichen Wunsch motiviert gewesen zu sein wie die zeitgenössischen Landschaftsmaler in ihren ›études‹: dem Wunsch, einzelne Partikel von Zeit und Raum als Determinanten des Eindrucks von Wirklichkeit genau zu registrieren, nicht ein Ideal zu beschwören, das dem Antlitz der Natur zugrunde liegen soll. So waren beide stark von romantischen Vorstellungen beeinflusst. FOX TALBOT erinnerte sich, wie ihm die entscheidende Anregung zu seiner Erfindung gekommen war. Auf seiner Hochzeitsreise 1833 versuchte er, die ihrer Schönheit wegen berühmte Landschaft um den Comer See mit Hilfe eines Gerätes zu zeichnen, das es dem Künstler gestattete, in einem Prisma das Sujet und das Papier, auf dem er arbeitete, zu sehen. Sein Mangel an einer zeichnerischen Ausbildung machte sich bemerkbar, und er gab auf, entsann sich aber, wie er in einer ›Camera obscura‹ *»die einzigartige Schönheit der von der Natur gemalten Bilder« gesehen hatte, »die die Glaslinse der Camera gebündelt auf das Papier wirft – magische Bilder, Schöpfungen eines Augenblicks, dazu bestimmt, sich ebenso rasch wieder zu verflüchtigen«.* Und er überlegte sich, *»wie reizvoll es wäre, wenn es gelänge, dass sich diese Naturbilder auf Dauer einprägten und auf dem Papier fixiert blieben«.*

Auch wenn der Wunsch ein ästhetischer war – in gewisser Weise jenem Bedürfnis ähnlich, das kurz vorher zur Entwicklung der Lithografie geführt hatte, die die unmittelbare Vervielfältigung einer eigenhändigen Kreidezeichnung des Künstlers ermöglichte –, die Mittel waren naturwissenschaftlicher, optischer und chemischer Natur und bereits jeweils für sich verfügbar. Die von FOX TALBOT erwähnte ›Camera obscura‹ war eine Erfindung des 16. Jahrhunderts, die auf noch ältere Beobachtungen zurückging: dass sich durch Licht, das durch eine punktförmige Öffnung einfällt, Bilder von Gegenständen auf die gegenüberliegende Seite einer dunklen Kammer projizieren lassen ▸ 15.58. Dieses Gerät, das die Form einer Schachtel mit einer Linse, einem Spiegel und einer Mattglasscheibe hatte, war seit geraumer Zeit immer wieder von Künstlern verwendet worden, darunter vermutlich VERMEER und mit Sicherheit CANALETTO, wenn auch kaum jemals zu einem anderen Zweck denn als Vorbereitungshilfe bei der Darstellung von Stadtansichten. Außerdem hatte man Anfang des 18. Jahrhunderts die Entdeckung gemacht, dass sich manche Chemikalien bei Lichteinwirkung dunkler färbten; doch erst 1800 wurde deren möglicher Nutzen für die Aufzeichnung von Bildern untersucht, allen voran – mit freilich nur partiellem Erfolg – von THOMAS WEDGWOOD (1771–1805), dem Sohn des Keramikherstellers aus Staffordshire, den ein Interesse an der Vervielfältigung von Ornamenten leitete. In Frankreich gelang es zwischen 1816 und 1827 NICÉPHORE NIÉPCE (1765–1833), der sich hauptsächlich mit der Lithografie und anderen Vervielfältigungsmethoden befasste, die Bilder in einer ›Camera obscura‹ auf Metall- und Glasplatten zu fixieren. Die Ergebnisse waren nicht besonders beeindruckend, die Möglichkeiten aber, die das Verfahren in sich barg, wurden sogleich von DAGUERRE erkannt, der in dessen Geheimnis eingeweiht wurde ▸ 15.56. DAGUERRE, ein akademischer Maler, war mit der ›Camera obscura‹ vertraut, die er als Hilfsmittel beim Malen riesiger illusionistischer ›Dioramen‹ (dramatisch beleuchteter Panoramen, die sich beim Pariser Publikum großer Beliebtheit erfreuten) eingesetzt hatte. Er entwickelte das Verfahren weiter und war 1837 soweit, dass er eine Pariser Straßenszene auf einer mit Silber beschichteten Kupferplatte festzuhalten imstande war. So entstand eine der ersten ›Daguerreotypien‹, eine Bezeichnung, die er zwei Jahre später patentieren ließ ▸ 15.57. Währenddessen hatte in England FOX TALBOT unabhängig von DAGUERRE weiter experimentiert und vor 1839 sein ehrgeiziges Ziel realisiert, auf natürlichem Wege projizierte Bilder durch ein völlig anderes, zweistufiges Verfahren zu fixieren: Seine Kamera zeichnete ein negatives Bild auf lichtdurchlässigem Papier auf, das fixiert, auf ein weiteres Blatt lichtempfindlichen Papiers gelegt und nochmals belichtet werden musste, um einen positiven Abdruck zu erhalten.

Das Verfahren DAGUERRES, das bald technisch verbessert wurde, fand einige Jahrzehnte lang breite Anwendung in Europa und insbesondere in Amerika, wo es einen rasch wachsenden Bedarf an Porträts befriedigte. Das erste amerikanische Daguerreotypie-Atelier wurde 1840 eröffnet, und gegen 1853 gab es davon allein 86 in der Stadt New York. Im Staat Massachusetts wurden 1854/55 in einem Zeitraum von zwölf Monaten mehr als 400000 Daguerreotypie-Porträts aufgenommen. Mit einem Mal war einem viel größeren Teil der Bevölkerung als je zuvor die Möglichkeit eröffnet, sich porträtieren zu lassen – jedem, der es sich leisten konnte, 2 Dollar und schließlich sogar nicht mehr als 12,5 Cents auszugeben, was ein Bruchteil dessen war, was ein Maler verlangte. Die

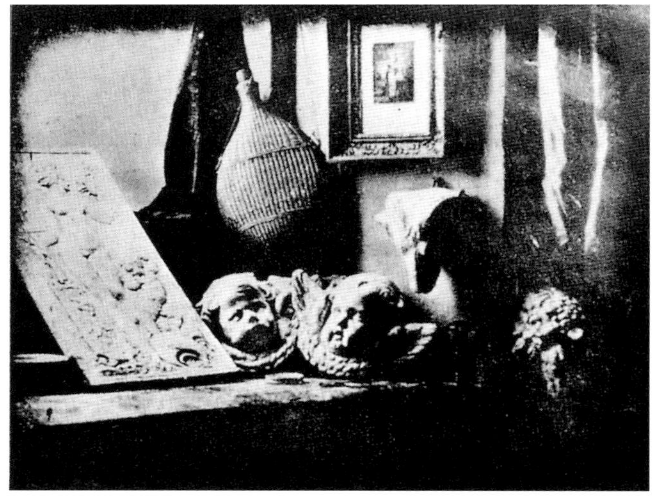

15.56 LOUIS-JACQUES-MANDÉ DAGUERRE, *Das Atelier des Künstlers*, 1837, Daguerreotypie. Société Française de Photographie, Paris.

15.57 LOUIS-JACQUES-MANDÉ DAGUERRE, *Boulevard du Temple, Paris*, um 1838, Daguerreotypie. Bayerisches Nationalmuseum, München.

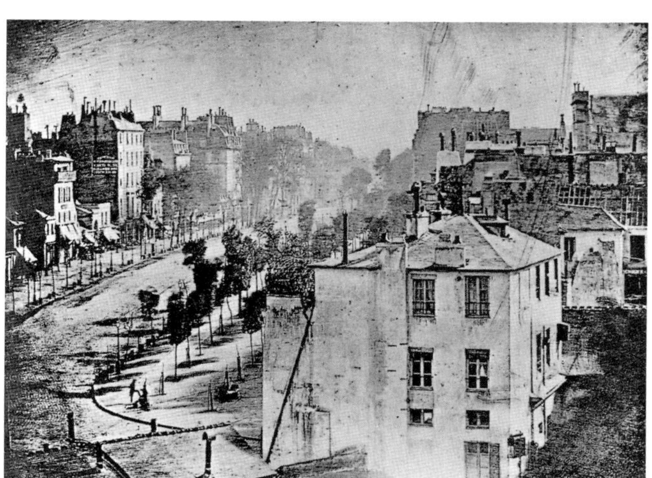

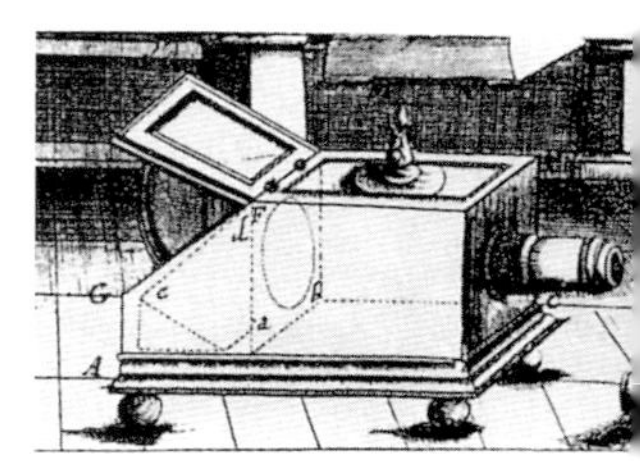

15.58 Camera Obscura (Transportable Zeichenkamera), 1685, Kupferstich aus J. Zahns *Optik*.

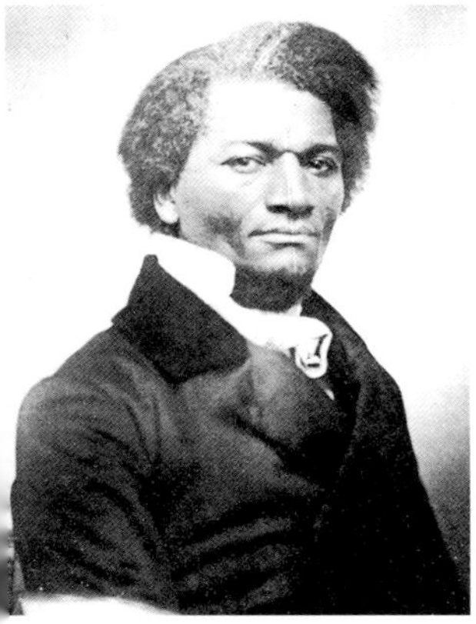

15.59 Anonym, *Frederick Douglass*, 1847, Daguerreotypie. National Portrait Gallery, Smithsonian Institution, Washington (William Rubel Collection).

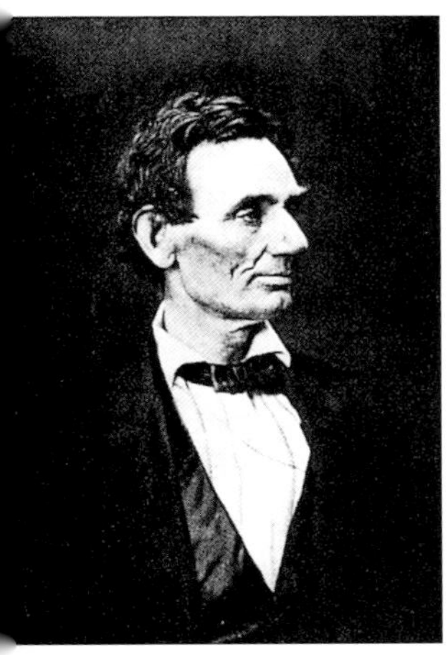

15.60 ALEXANDER HESLER, *Präsident Abraham Lincoln*, 1860. George Eastman House, Rochester, New York.

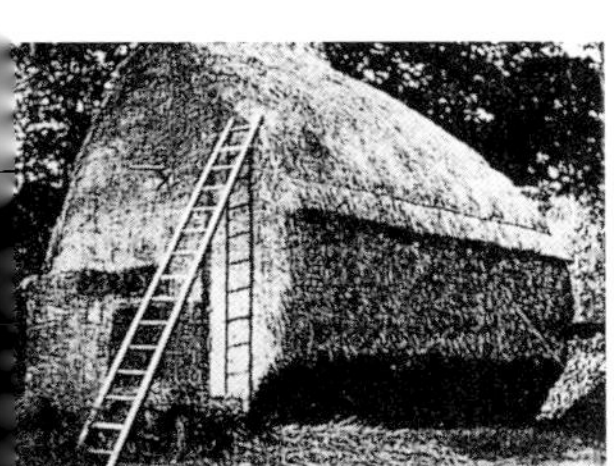

15.61 WILLIAM HENRY FOX TALBOT, *Der Heuschober*, 1843, Salzpapierabzug nach einem Kalotypienegativ. Abbildung aus *The Pencil of Nature*, London 1844–1846. Fox Talbot Museum, Lacock, England.

Neuheit mag den Erfolg der Daguerreotypie teilweise erklären, es lässt sich jedoch nicht bezweifeln, dass der Wunsch, absolut naturgetreu mit Hilfe eines Verfahrens porträtiert zu werden, das eines der Wunder der modernen Wissenschaft darstellte, auch Ausdruck einer zunehmend materialistisch orientierten Kultur war.

Die übergroße Mehrheit der Porträtierten gehörte der Mittelschicht an. Einige aber waren berühmte Personen wie etwa der ehemalige Sklave Frederick Douglass, dessen Daguerreotypie-Porträt, zum Zeitpunkt seiner Wahl zum Vorsitzenden der ›New England Anti-Slavery Society‹ aufgenommen, einen Eindruck seiner Willenskraft vermittelt, die ihn zum Schwarzenführer Amerikas machen sollte – treffender als irgendeines seiner gemalten Porträts, in denen seine Gesichtszüge weicher dargestellt wurden ▸ 15.59. Wie Nathaniel Hawthorne 1851 schrieb, vermochte »der helle, klare Sonnenschein des Himmels« in Daguerreotypien »die verborgene Natur mit einer Genauigkeit« zutage treten zu lassen, »die sich ein Maler nie erlauben würde«. Dass die Daguerreotypien so viel sichtbar machten, wurde jedoch nicht immer als Vorteil empfunden. Gemalte Porträts, die meist das Resultat einer gewissen, bewusst oder unbewusst getroffenen, Absprache zwischen Modell und Künstler waren, büßten nichts von ihrer Attraktivität ein für die Menschen, die sie sich leisten konnten. Außerdem lieferten sie den Männern hinter der Kamera Kompositionsvorbilder. Die steifen Posen der auf Daguerreotypien dargestellten Figuren mit ihrem Ausdruck starrer Feierlichkeit waren nicht nur auf die Notwendigkeit zurückzuführen, während der Belichtungszeit (anfangs mehrere Minuten in grellem Licht) absolut bewegungslos zu bleiben, sondern auch auf den Wunsch nach würdevollen Abbildern, die man der Nachwelt überliefern konnte ▸ 15.60. Sie wurden mit Glas überdeckt, um die empfindliche Oberfläche zu schützen, und vielfach wie gemalte Porträtminiaturen eingerahmt.

Daguerreotypien galten im Allgemeinen als Alternative zu gemalten Bildern. Es gab unter ihnen nicht nur Porträts, sondern auch Ansichten von Gebäuden oder Städten, Sujets, die für den Erfinder selbst den Ausgangspunkt gebildet hatten. Außerdem war jede einzelne Daguerreotypie ein Unikat. Das Verfahren von FOX TALBOT dagegen gestattete die Herstellung einer Reihe von Abzügen von einem einzigen Negativ – ein wenig in der Art, wie Lithographien vom Stein abgezogen wurden ▸ 15.63. Als er *The Pencil of Nature* veröffentlichte (zwischen 1844 und 1846 in sechs Teilen erschienen), wies er eigens darauf hin, dass jede einzelne der 24 Abbildungen in jedem Exemplar ein ausschließlich mit Hilfe von Licht und ohne jeden Eingriff durch einen Künstler geschaffener Abzug eines Negativs sei ▸ 15.61. Dies zeigte die Möglichkeiten seiner Erfindung als einem neuen Medium des künstlerischen Ausdrucks auf. Seine Themenwahl war allerdings durch konservative Vorstellungen davon eingeengt, was sich zur Darstellung eigne und ›pittoresk‹ sei. Außerdem kann man bei einer seiner Fotografien, *Die offene Tür,* deutlich erkennen, dass sehr wohl die ›Hand des Künstlers‹ eingegriffen hatte: dass er einen Besen an die Wand gelehnt, eine Laterne aufgehängt und gewartet hatte, bis die Sonne die Szene so beleuchtete, wie er es sich wünschte ▸ 15.62. Das Bild ist so durchkomponiert wie nur irgendein Stilllebengemälde und in seiner angedeuteten Kontrastierung des natürlichen Lichts mit der Laterne nicht ohne eine unterschwellige allegorische Bedeutung. In seiner Anmerkung zu dieser Fotografie schrieb er: »*Wir sind in der niederländischen Schule der Malerei hinreichend bewandert, um als Gegenstand der Darstellung Szenen aus dem täglichen uns vertrauten Leben zu nehmen. Der Blick eines Malers wird häufig von Dingen gefesselt, an denen gewöhnliche Menschen nichts Bemerkenswertes finden. Ein unerwarteter Strahl Sonnenlicht, ein Schatten, der quer über einen Weg geworfen wird, eine altersschwache Eiche oder ein moosbewachsener Stein können eine Kette von Gedanken, Empfindungen und bildhaften Vorstellungen in Gang setzen.*« Er nannte seine Negative Kalotypien, ›Schöne Bilder‹, eine Zusammensetzung aus altgriechischen Wörtern.

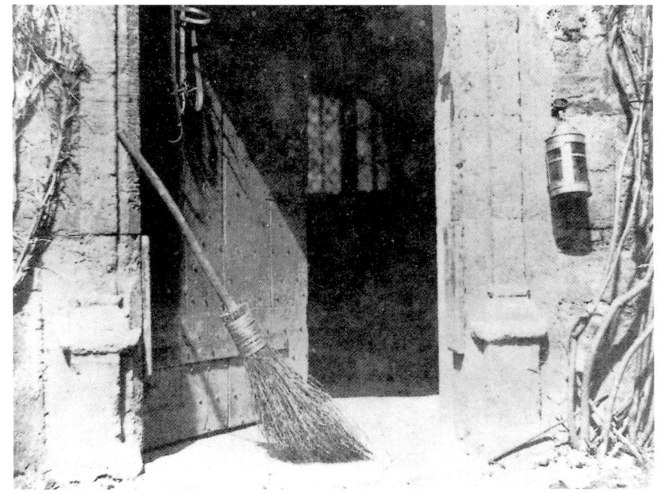

15.62 WILLIAM HENRY FOX TALBOT, *Die offene Tür*, 1843, Salzpapierabzug von einem Kalotypienegativ. Fox Talbot Collection, Science Museum, London.

FOX TALBOTS Verfahren wurde bald aufgegriffen von denen, die ihm ein Honorar zu zahlen bereit waren, darunter insbesondere von ROBERT ADAMSON (1821–1848), der vier Jahre lang mit einem schottischen Maler namens OCTAVIUS HILL (1802–1870) zusammenarbeitete und dabei in und um Edinburgh eine Unmenge von Fotografien machte. Ihre Verbindung nahm ihren Anfang, als HILL den Auftrag erhielt, ein Gruppenbild jener Versammlung zu malen, die 1843 die Freikirche Schottlands gegründet hatte: Um sich die (bei einem Auftragswerk dieser Art übliche) Arbeit zu ersparen, die

15.63 WILLIAM HENRY FOX TALBOT, *Segelschiffe*, um 1845, Abzug nach einem originalen Kalotypienegativ. Fox Talbot Collection, Science Museum, London.

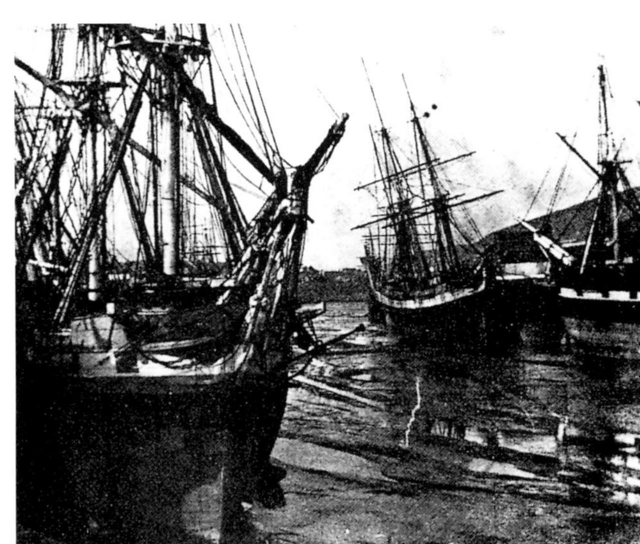

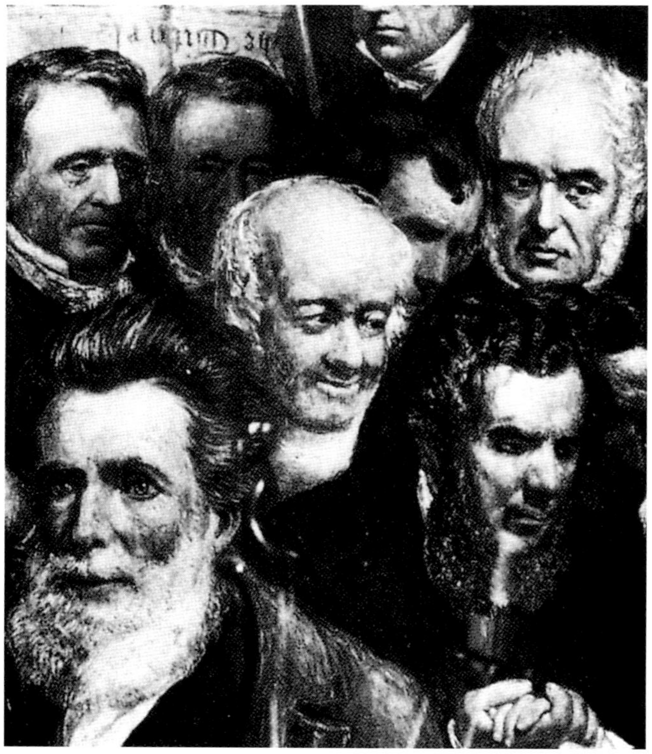

15.64 DAVID OCTAVIUS HILL, *The First General Assembly of the Free Church of Scotland* (Ausschnitt), 1843, Leinwand. Scottish National Portrait Gallery, Edinburgh.

15.65 EUGÈNE DELACROIX, *Fotografische Aktstudie*, um 1853, aus dem Album von Delacroix. Reproduktion aus dem Archiv Schmoll gen. Eisenwerth, München.

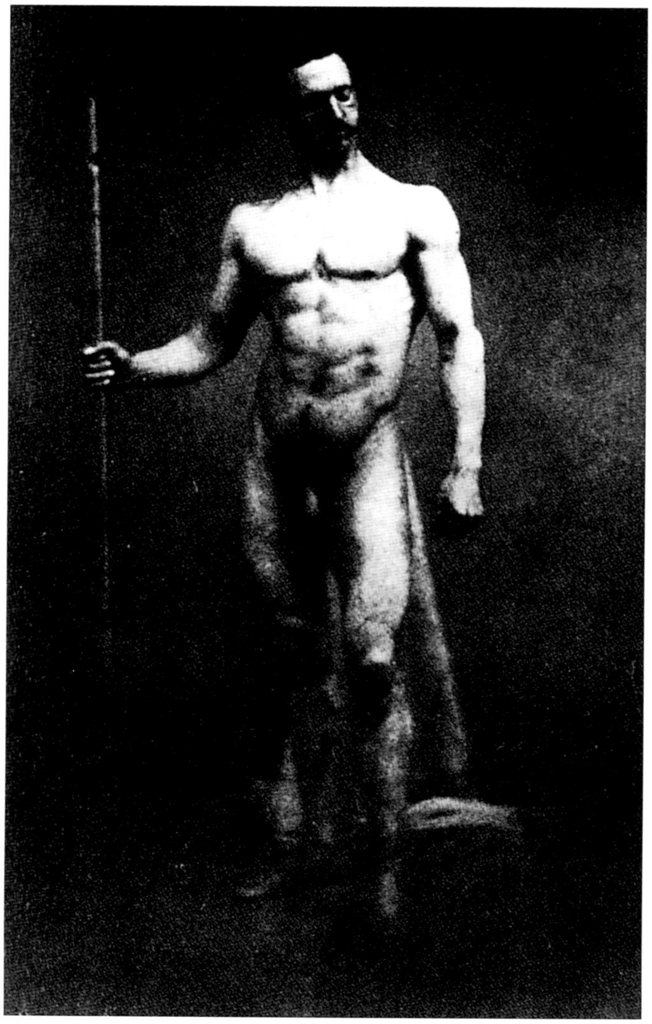

Köpfe von 457 Männern und Frauen zu zeichnen, beschloss er, nach Fotografien von ihnen zu arbeiten ▶ 15.64; 66. ADAMSON und HILL nahmen auch zahlreiche Szenen aus dem Alltagsleben auf, die zwar manchmal zu offensichtlich gestellt, hin und wieder aber auch spontan wirken, wie etwa in der Aufnahme der ›Highland Guard‹ ▶ 15.67. Einzelne Abzüge wurden ausgestellt und wie Stiche und Radierungen von Kunsthändlern verkauft. Aufgrund der rauen Oberfläche und der ungleichmäßigen Struktur des Papiers waren Abzüge von einer Kalotypie deutlich weniger scharf als Daguerreotypien, »und genau das«, so HILL, »macht ihre Lebendigkeit aus«; sie »sehen aus wie unvollkommenes Werk von Menschenhand und nicht wie das vollkommene Werk Gottes in stark herabgesetzter Form«. Andere Fotografen wieder bedienten sich des Verfahrens für Landschaftsbilder. Obgleich es in den 1850er Jahren durch die Einführung von Negativen aus Glas verdrängt wurde, mit denen sich eine größere Schärfe erzielen ließ, wurden leicht verschwommene Effekte häufig angestrebt. Vor allem Fotografen, die ihre Abzüge in erster Linie als Kunstwerke und nicht als reine Bilddokumente begriffen, bedienten sich gerne dieser Technik.

Die Vorstellung, dass Fotografie ein neues Medium für den künstlerischen Ausdruck sei oder werden könne, blieb nicht unwidersprochen. Im Jahr 1859 setzte Charles Baudelaire, der Dichter und große Kunstkritiker, der für eine Kunst des ›modernen Lebens‹ plädierte, zu einem Angriff an. Seit dem Augenblick ihrer Erfindung, schrieb er, »drängt sich unsere elende Gesellschaft wie ein einziger Narziss danach, ihr banales Abbild auf einem Stück Metall zu sehen«. Er wandte sich insbesondere gegen Fotografien von Menschen, die diese gekleidet und in Posen wie auf Historiengemälden zeigen.
*»Wenn es der Fotografie gestattet wird, die Kunst in einigen ihrer Funktionen zu ergänzen, so wird sie diese alsbald gänzlich verdrängt oder verdorben haben«,* protestierte er.
*»Wenn ihr gestattet wird, in den Bereich des Ungreifbaren und nur in der Phantasie Existierenden einzudringen, auf all die Dinge überzugreifen, deren Wert einzig darauf beruht, dass ihnen etwas von der Seele eines Menschen mitgegeben ist, dann wird es umso schlimmer für uns sein!«*

Die Fotografie hatte den Romantikern einen ihrer Wünsche erfüllt – das Verlangen nach unmittelbaren Aufzeichnungen dessen, was sich dem Auge darbietet, und als solche wurden sie von FOX TALBOT zugleich als Produkte und als Darstellungen der Natur betrachtet. Doch ihr nicht zu verleug-

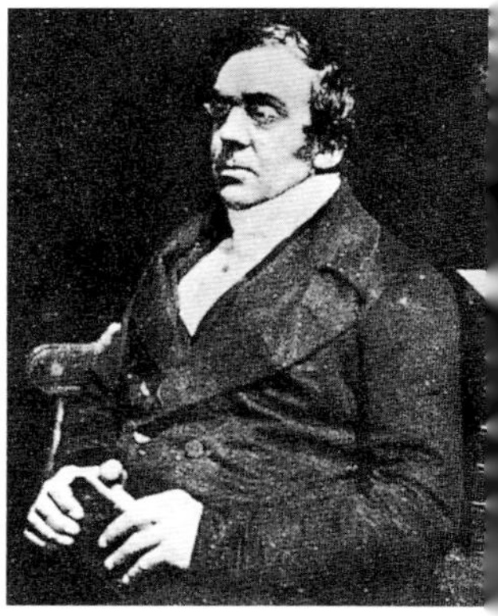

15.66 Fotografisches Porträt von HILL und ADAMSON in Zusammenhang mit dem Gemälde *The First General Assembly of the Free Church of Scotland* ▶ 15.64, Archiv Schmoll gen. Eisenwerth, München.

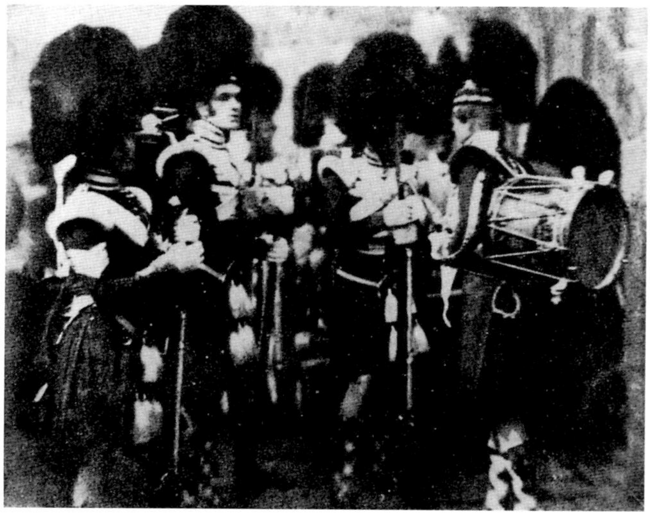

15.67 DAVID OCTAVIUS HILL und ROBERT ADAMSON, *Highland Guard*, um 1844, Salzpapierabzug von einem Kalotypienegativ. Royal Photographic Society, Bath.

nender mechanischer Charakter ließ Zweifel daran aufkommen, ob es der Fotografie gelänge, dem einzigartigen Empfindungsvermögen eines Künstlers, dem, wie COROT es nannte, »Gefühl, das mich beherrschte«, Ausdruck zu verleihen. Denn die Möglichkeit, in der Darstellung irgendeine fühlbare oder sichtbare Spur der Künstlerhand zu hinterlassen, war ebenso wie andere Formen des persönlichen Ausdrucks stark begrenzt. Von Anbeginn war das Verhältnis zwischen Fotografie und Malerei sehr komplex. Wie bereits erwähnt, wurden die von den frühen Fotografen ausgewählten Sujets und Blickpunkte, ob bewusst oder unbewusst, durch Konventionen der Malerei bestimmt. Umgekehrte Einflüsse lassen sich nicht so leicht dingfest machen. DELACROIX machte – wie andere neben ihm – Zeichnungen nach fotografischen Aktaufnahmen ▸ 15.65;68, wobei jedoch die Figuren meist in Posen gesetzt waren, die denjenigen der Aktmodelle im akademischen Malunterricht entsprachen – welche selbst wiederum vielfach von antiken Statuen übernommen waren! Wichtiger war, dass die Fotografie genauere Zeugnisse als jemals zuvor von älteren Werken der Kunst und insbesondere der Baukunst lieferte: Produkte jenes – durch sie zugleich noch angefachten – Geschichtsinteresses, das im Denken des 19. Jahrhunderts eine so zentrale Rolle spielte.

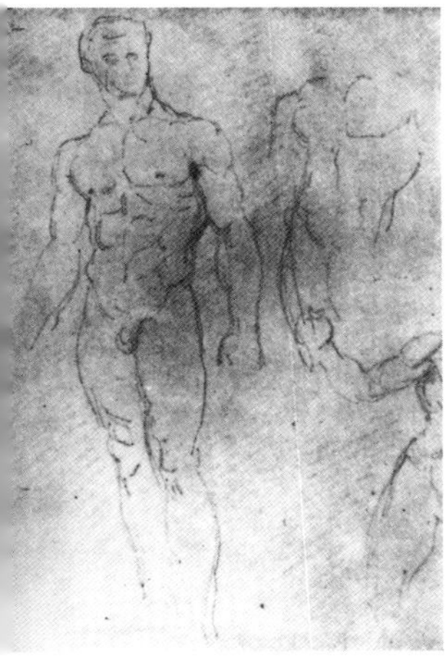

15.68 EUGÈNE DELACROIX, *Aktstudie*, um 1854, Zeichnung nach fotografiertem Modell. Musée Bonnat, Bayonne.

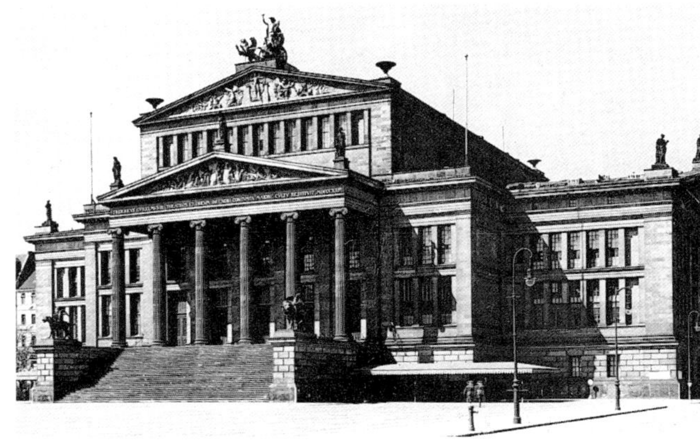

15.69 KARL FRIEDRICH SCHINKEL, Theater am Gendarmenmarkt, Berlin, 1818–1821.

## In welchem Style sollen wir bauen?

Romantische Ideen waren eine schwere Belastung für die Architekten, die weit mehr als die Maler von den Wünschen ihrer Auftraggeber abhängig und durch Stilregeln und technische Erfordernisse eingeschränkt waren. Aber das Bedürfnis nach einer »neuen Architektur« als Verkörperung der Ideen des 19. Jahrhunderts war groß und wurde von 1820 an, nach dem plötzlichen Niedergang des von Napoleon geförderten ›Empirestils‹, wiederholt zum Ausdruck gebracht. *In welchem Style sollen wir bauen?* hieß ein von dem deutschen Kritiker Heinrich Hübsch 1829 veröffentlichtes Buch. »Jede Hauptzeit hat ihren Stil hinterlassen in der Baukunst«, schrieb der führende preußische Architekt KARL FRIEDRICH SCHINKEL (1781–1841), »warum wollen wir nicht versuchen, ob sich nicht auch für die unsrige ein Stil auffinden lässt?«

SCHINKEL hatte unter dem brillanten, jung verstorbenen FRIEDRICH GILLY (1772–1800) gelernt, dessen Entwürfe in ihrer geometrischen Reinheit und rationalen Strenge an BOULLÉE erinnern ▸ 14.48. In der Folge übernahm und adaptierte SCHINKEL eine Reihe von historischen Stilen – griechisch, römisch, romanisch, gotisch, italienische Renaissance ▸ 15.70;71 –, wobei er teilweise schon Gusseisen für Konstruktion sowie Dekoration verwendete. Seine Bauten zeigen immer ein individuelles Gefühl für Masse, für die zarte Balance der Proportionen und akzentuierende Gliederung der Details, die eher maschinell gefertigt als handwerklich gearbeitet wirken, ohne allerdings auf die Technik hinzuweisen. Die Außenfassade seines Berliner Theaters (1945 schwer beschädigt) häuft hinter einem vorgelagerten ionischen Tempelportikus rechteckige Fensterformen in dichter Reihung ▸ 15.69. Antike Elemente stehen neben stark reduzierten, geometrischen Formen. Das Ornament ist auf ein Minimum beschränkt. Spätere Bauten SCHINKELS entfalten ihre Wirkung fast allein aus proportionalen Verhältnissen. Die aus Ziegelsteinen erbaute Bauakademie in Berlin (1831–1836, im Zweiten Weltkrieg beschädigt und 1961 abgerissen), die nicht nur

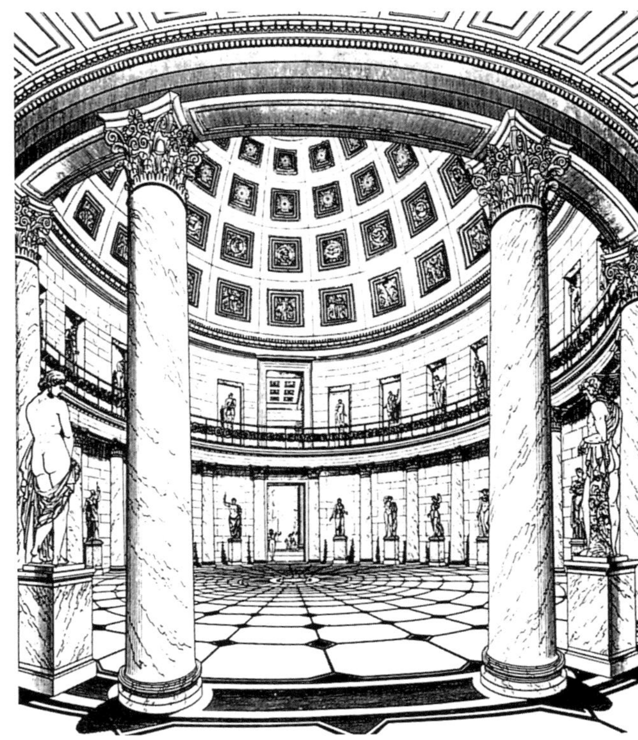

15.70 KARL FRIEDRICH SCHINKEL, Kuppelsaal im Museum am Lustgarten in Berlin, 1823–1830.

15.71 KARL FRIEDRICH SCHINKEL, Schauspielhaus, Berlin, Darstellung des Zuschauerraumes, 1819.

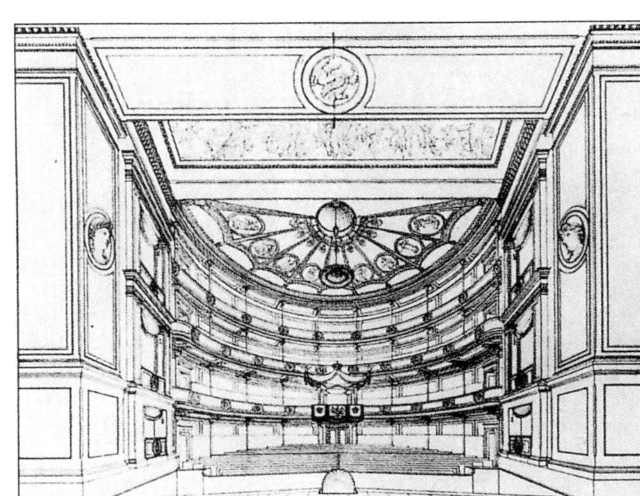

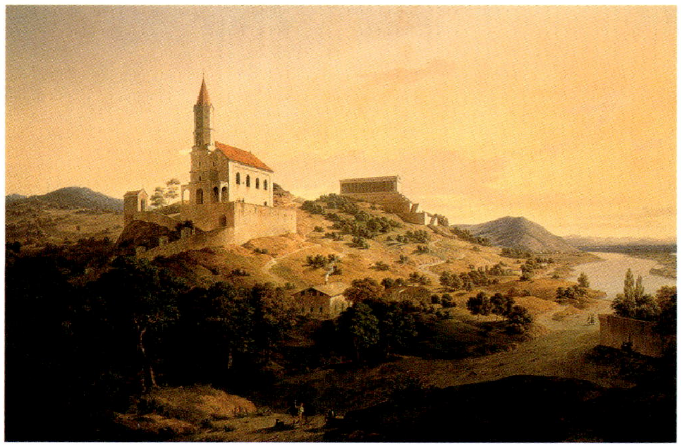

15.72 LEO VON KLENZE, *Walhalla mit Salvatorkirche in Donaustauf*, 1839, Leinwand, 80 x 125 cm. Museum der Stadt Regensburg.

als bloßer Unterrichtsort gedacht zu sein scheint, sondern auch als ein Beispiel für die Architekten der Zukunft, besitzt nur wenige dekorative Details ▸ 15.75. Andeutungen von Pilastern in schmalen vertikalen Streifen gliedern die Fassaden. Das Gebäude bekräftigt die Überzeugung:

*»In der Architektur muss alles wahr sein, jedes Maskieren, Verstecken der Konstruktion ist ein Fehler. Die eigentliche Aufgabe ist hier, jeden Teil der Konstruktion in seinem Charakter schön auszubilden.«*

Die Größe und Bedeutung SCHINKELS liegen darin, dass er sich der Gefahr der Einseitigkeit, die in solchen Überzeugungen lag, sehr stark bewusst wurde und es ihm gelang, jede hieraus folgende Einseitigkeit zu überwinden. Er sagte später einmal:

*»Sehr bald geriet ich in den Fehler der rein radikalen Abstraktion, wo ich die ganze Konzeption für ein bestimmtes Werk der Baukunst aus seinem nächsten trivialen Zweck allein und aus der Konstruktion entwickelte; in diesem Falle entstand etwas Trockenes, Starres, das der Freiheit ermangelte und zwei wesentliche Elemente, das Historische und das Poetische, ganz ausschloss.«*

SCHINKELS Beschäftigung mit architektonischen eher als stilistischen Problemen war ungewöhnlich. Die meisten seiner Zeitgenossen neigten dazu, Baukunst mit der Vergegenwärtigung historischer Stile gleichzusetzen, deren Imitation umso treuer wurde, je besser die Architektur der Alten zugänglich war. So baute LEO VON KLENZE (1784–1864) auf den Hügeln über Regensburg die griechisch-dorische Walhalla und in Donaustauf die Salvatorkirche im Rundbogenstil – und gab beide stolz auf ein und demselben Gemälde wieder ▸ 15.72. Sobald der klassizistische Glaube an einen allen anderen zugrunde liegenden ›wahren‹ Stil erschüttert war, öffnete sich Architekten und Auftraggebern eine immer größere Auswahl. Eklektizismus wurde jedoch zunächst missbilligt: Man erwartete von einem Bauwerk, dass es in allen Teilen einem einzigen Stil folgte. Vor dem 19. Jahrhundert war klassische Architektur in griechische und römische eingeteilt worden. Jetzt wurde auch die mittelalterliche Architektur, die man im England des 18. Jahrhunderts ›gotisch‹ genannt hatte, entdeckt und in zeitliche und lokale Stilarten unterteilt, jede mit ihren eigenen Regeln und geschichtlichen Bezügen.

In England hatte die Gotik länger überdauert und wurde früher wiederbelebt als irgendwo sonst in Europa: Im frühen 18. Jahrhundert überlappten sich das Fortbestehende und das Neuentdeckte. Dennoch war die 1836 getroffene Entscheidung, das kurz zuvor ausgebrannte Londoner Parlament in einem mittelalterlichen statt einem klassischen Stil wieder aufzubauen, Gegenstand heftiger Kontroversen. Die Klassizisten propagierten die Rationalität und Klarheit der griechisch-römischen Architektur. Doch wurde die Gotik seit einiger Zeit als Nationalstil betrachtet, entwickelt zur Zeit der Kriege der Barone, die zur Magna Charta geführt hatten, dem Grundstein britischer Freiheit. Das endgültige Gebäude, dessen Entwurf von CHARLES BARRY (1795–1860) stammt und das von NORTHMORE PUGIN mit reichen gotischen Ornamenten innen und außen dekoriert wurde (1812–1852), stellt eine Art Kompromiss beider Richtungen dar ▸ 15.74. Denn obwohl die Silhouette mit dem massiven Victoria-Turm, der an einem Ende einen robusten Vertikalakzent setzt, und dem leichteren Glockenturm (Big Ben) am anderen Ende äußerst malerisch ist (wie viele Künstler entdeckt haben), ist der Plan vollkommen logisch in seiner Klarheit, die Ornamente wiederholen sich regelmäßig, und jeder Teil des Gebäudes ist streng symmetrisch. PUGIN selbst soll sich beklagt haben, dass die dem Fluss zugekehrte Seite »ganz griechisch« sei – ein klassischer Bau im mittelalterlichen Kleid.

1836, als der erste Entwurf für das Parlament entstand, verdammte JOHN CONSTABLE die Wiederbelebung der Gotik als einen »vergeblichen Versuch, eine tote Kunst zu neuem Leben zu erwecken, bei dem man im besten Fall einen Körper ohne Seele erhält«: ein höchst romantischer Gedanke. Im 18. Jahrhundert war das Prinzip der Nachahmung in der Architektur kaum in Frage gestellt worden. Spezifisch ›seelische‹ Qualitäten berücksichtigte die Architekturtheorie nicht. Aber PUGIN nutzte das Argument gegen das ›Gothic Revival‹ zu seinem eigenen Vorteil. Für ihn war die gotische Kunst nie untergegangen, sie war lediglich nach Renaissance und Reformation in Vergessenheit geraten. Die Gotik, verkündete er, war kein Stil, sondern ein Prinzip – so ewig gültig wie die Lehre der römischen Kirche, zu der er konvertiert war. Er legte zwei »große Regeln« vor: erstens, dass ein Bau nichts aufweisen solle, das nicht zum angenehmen Eindruck beitrage, konstruktiv oder zweckmäßig sei; zweitens, dass alle Ornamente der Bereicherung der Grundstruktur des Baues dienen sollten. Diese Prinzipien seien nur in der gotischen Architektur zu erfüllen, erklärte er. Griechische Tempel, die Vorbilder aus Holz in Marmor monumentalisieren, erschienen PUGIN als unecht. PUGINS Ideen sollten noch viel weiter verbreitet werden durch den militanten, antipäpstlich gesinnten JOHN RUS-

15.74 SIR CHARLES BARRY und AUGUSTUS WELBY NORTHMORE PUGIN, Parlament, London, 1839–1852.

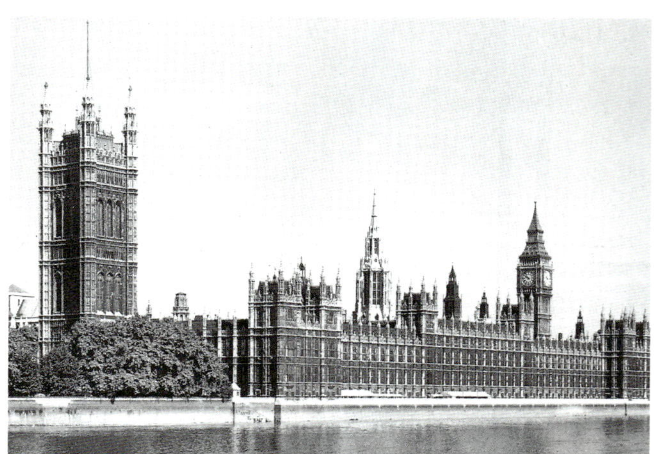

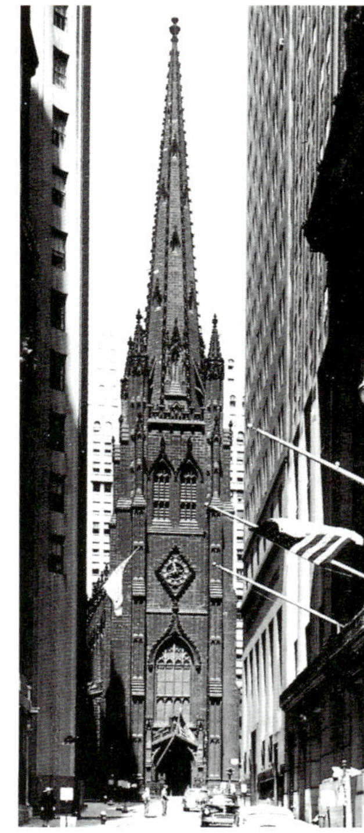

15.73 RICHARD UPJOHN, Trinity Church, New York, 1841–1852.

QUELLEN UND DOKUMENTE

## Pugin über die Prinzipien der christlichen Architektur

BARRYS Entwürfe für die Houses of Parliament ▸ 15.74 wurden 1836 angenommen, in jenem Jahr, in dem auch PUGIN das erste seiner polemischen Bücher über gotische Architektur publizierte: *Kontraste, oder: Eine Parallele zwischen den noblen Gebäuden des 14. und 15. Jahrhunderts und ähnlichen Gebäuden der Gegenwart, die den gegenwärtigen Geschmacksverfall veranschaulicht.* Es wurde, wie er schrieb, von keinem anderen Gefühl inspiriert als von dem, die Sache der Wahrheit gegenüber der des Irrtums voranzutreiben. PUGINS Bekehrung zur Gotik war zur gleichen Zeit erfolgt wie seine Übertritt zum Katholizismus, und er beklagte gleichermaßen den »Sündenfall« der Menschheit in der Architektur wie in der Religion und betonte bei beiden die Notwendigkeit zur »Aufrichtigkeit«. Wenn die Gotik wirklich wieder belebt werden sollte, musste man ihre Prinzipien verstehen und diesen folgen. Einfach nur ihre Formen und Ornamente zu imitieren, wie dies im 18. Jahrhundert geschah, schien ihm zwecklos, wenn nicht unmoralisch. Mittelalterliche Baumethoden mussten wieder belebt und die Natur der Baumaterialien respektiert werden, so dass die Architektur ihre Struktur und Funktion wieder wahrhaft zum Ausdruck bringen konnte. Auf diese Weise befreite PUGIN neogotische Gebäude von dem Stigma der Scharlatanerie. Indem er nicht mehr die Stile betonte, sondern die Bauweise, schuf er die Grundlage für spätere funktionale Theorien (s. S. 737 ff.), deren Resultate ihn freilich entsetzt hätten.

*Die »wahren Prinzipien gotischer oder christlicher Architektur«* lassen sich auf zwei große Regeln reduzieren, schrieb er:

*»Erstens, dass ein Gebäude keine Merkmale aufweisen soll, die nicht aus Gründen der Angemessenheit, der Konstruktion oder der Schicklichkeit erforderlich sind; zweitens, dass sämtliche Ornamente der Bereicherung der wesentlichen Konstruktion des Gebäudes dienen sollten. Die Missachtung dieser beiden Regeln ist die Ursache für die ganze schlechte Architektur der Gegenwart...*

*In der reinen Architektur scheint noch das kleinste Detail eine Bedeutung zu haben oder einem Zweck zu dienen, und auch die Bauweise selbst sollte mit dem benutzten Material variieren und die Gestaltung dem Material angepasst werden, in dem sie ausgeführt sind.*

*So merkwürdig dies auch anmuten mag, nur in der gotischen Architektur sind diese großen Prinzipien realisiert worden, und ich werde sie von der riesigen Kathedrale bis zum einfachsten Bau veranschaulichen können. Außerdem waren die Architekten des Mittelalters die ersten, die die natürlichen Eigenschaften der verschiedenen Materialien ganz in Rechnung und ihre Funktionsweise in den Dienst ihrer Kunst stellten.«*

A. Welby Pugin, The True Principles of Pointed or Christian Architecture, London 1841

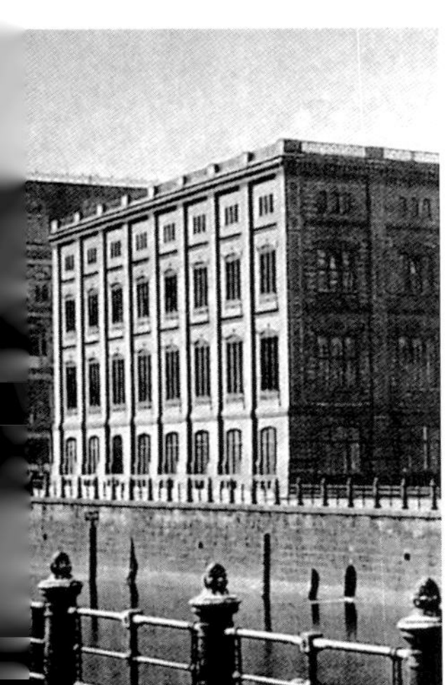

[1]5.75 KARL FRIEDRICH [S]CHINKEL, Bauakademie, Berlin, [1]831–1836 (im Zweiten Welt[k]rieg beschädigt und 1961 [a]bgerissen).

KIN (1819–1900), den genialen Schriftsteller, Sozialreformer und Kunstkritiker.

PUGINS Prinzipien wurden von Architekten überall in der angelsächsischen Welt (zum Teil auch in Frankreich und Deutschland) weitgehend akzeptiert. Man wählte die Gotik ebenso wegen ihrer geschichtlichen Bezüge wie wegen ihrer strukturellen Konsequenz. RICHARD UPJOHN (1820–1878) – in England geboren, aber in Amerika ausgebildet – ließ in seiner sonst korrekt in Stein gebauten Trinity Church in New York ein ›täuschendes‹ Stuckgewölbe zu ▸ 15.73. Diese Kirche zeigt den englischen Stil des frühen 14. Jahrhunderts, der von der anglikanischen Hochkirche und der Episkopalkirche besonders geschätzt wurde, unter anderem, weil es die ›klassische‹ Phase der Gotik war (reicher als der frühe englische Stil, reiner als der ›Flamboyant‹ – (und der ›Perpendicular‹-Stil), und wahrscheinlich auch deshalb, weil er entstanden war, bevor John Wyclifs Reformvorschläge 1382 verdammt wurden. UPJOHN baute nur für die Episkopalkirche im gotischen Stil, für die Kongregationskirchen wählte er den frühchristlichen oder romanischen Stil mit Rundbogen.

## Historismus und Realismus

Die Geschichte beherrschte nicht nur die Architektur, sondern fast jeden Aspekt westlichen Denkens während des ganzen 19. Jahrhunderts und nahm damit weitgehend den Rang ein, den die Vernunft im 18. Jahrhundert innegehabt hatte. Der Ausdruck ›Historismus‹ ist speziell für diese Erscheinung geprägt worden. Politische, soziale, ökonomische sowie künstlerische Probleme sah man in historischen Bezügen. Hegel und Marx gründeten ihre Philosophie auf historischen Forschungen. Während die Naturforscher des 18. Jahrhunderts die Arten eingeteilt hatten, versuchten die des 19. Jahrhunderts ihre Evolution zu verfolgen – besonders Charles Darwin (1809– 1882) in seinem fundamentalen Werk *Über die Entstehung der Arten durch natürliche Zuchtwahl* (1859). »Wenn wir jedes Werk der Natur auf seine Geschichte hin ansehen«, schrieb er, »wie viel interessanter – und ich spreche aus Erfahrung – wird dadurch das Studium der Naturgeschichte!« In der Literatur erreichten historische Romane ungeahnte Popularität, wie die von Walter Scott in Großbritannien, James Fenimore Cooper in den Vereinigten Staaten, Victor Hugo in Frankreich und

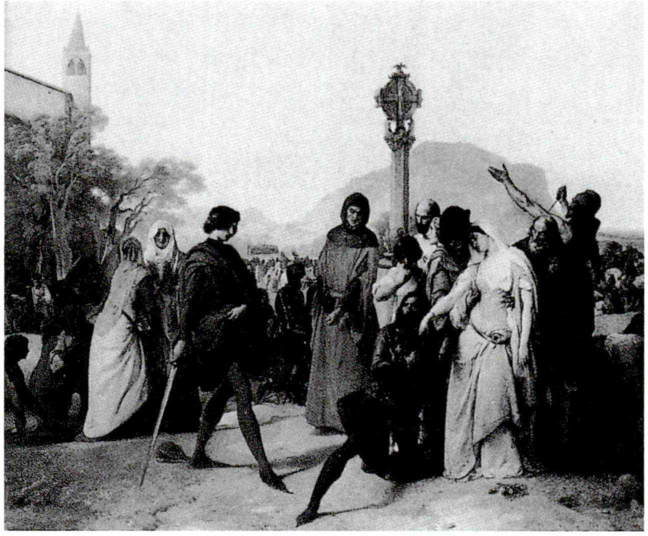

15.76 FRANCESCO HAYEZ, *Die sizilianische Vesper*, 1846, Leinwand, 225 x 300 cm. Galleria Nazionale d'Arte Moderna, Rom.

Alessandro Manzoni in Italien. Die Mehrzahl der Opern behandelten historische Themen; Giuseppe Verdis *Troubadour* (1853), *Don Carlos* (1867) und *Aida* (1871) gehören zu den bekanntesten ▸ 15.76. Die Ausstellungshallen in Europa und Amerika waren voll von Gestalten aus der mittelalterlichen und späteren Geschichte, von Bildern historischer Ereignisse aus einem immer größer werdenden Zeitraum – vom Ursprung menschlichen Lebens mit den Affenmenschen der Popularwissenschaft bis zur Französischen Revolution und ihren Helden und Opfern.

Die Maler des späten 18. Jahrhunderts wählten sowohl mittelalterliche als auch antike Themen als moralische Exempla. Historische Anekdoten mit leicht didaktischem Unterton entsprachen eher dem Geschmack des 19. Jahrhunderts; sie erzählten vom Leben, Lieben und Sterben der Menschen in früheren Zeiten: Die Vergangenheit wurde um ihres eigenen lebendigen, farbigen Selbst willen aufgezeichnet. Obwohl solche Themen von INGRES und DELACROIX gemalt wurden, verzeichneten die Künstler am meisten Erfolg, die einen mittleren Kurs hielten und alle Extreme vermieden. Sie wurden die Maler des ›juste milieu‹ (des goldenen Mittelweges) genannt, ein Ausdruck, der in der Politik durch Louis-Philippe populär wurde, welcher 1831 seine Absicht erklärte, ein Übermaß an Macht des Volkes ebenso zu vermeiden wie den Missbrauch königlicher Souveränität. Dieses Genre verlangte Details – Lokalkolorit im wörtlichen wie künstlerischen Sinn –, und zwar Details, die mit illusionistischer Treue wiedergegeben wurden: das Knopfloch eines Mantels, der Knauf eines Dolches. Künstler mussten historische Forschung betreiben, um Anachronismen zu vermeiden. *Die Hinrichtung der Lady Jane Grey* von PAUL DELAROCHE (1797–1856), dem anerkannten Führer des ›juste milieu‹ in Frankreich, ist eines der berühmtesten dieser historischen Bilder ▸ 15.78. Die dramatische Beleuchtung konzentriert sich auf die Heldin in ihrem weißen Seidenkleid – die Wirkung lässt sich mit der einer Schlussszene auf der Bühne vergleichen. Das Thema ist höchst pathetisch – der Tod der unglücklichen Lady Jane Grey auf dem Schafott, die 1553 gegen ihren Willen, in Opposition zu Mary Tudor, auf den englischen Thron erhoben worden war. In Deutschland machte KARL THEODOR VON PILOTY (1824–1886), der kurze Zeit bei DELAROCHE in Paris gelernt hatte, sich einen Namen mit dem Bild *Seni vor der Leiche Wallensteins*. Von der Wallenstein-Trilogie Schillers inspiriert, malte er ein ›Schlussbild‹, den Astrologen, über dem Körper des großen Soldaten meditierend, dessen Tod er vorausgesagt hatte ▸ 15.80.

Bilder dieses Typus entstanden in allen europäischen Ländern, auch in den Vereinigten Staaten. Manchmal enthielten sie deutliche politische Bezüge ▸ 15.77, besonders in Italien, wo Themen, die das ›Risorgimento‹, den Kampf für nationale Einheit und Unabhängigkeit, thematisierten, für Bilder ebenso beliebt waren wie für Opern – die Schlacht von Legnano zum Beispiel, in der der deutsche Kaiser 1176 von den Mailändern besiegt worden war. Trotz oder vielleicht gerade wegen ihrer Popularität beim breiten Publikum stieß diese Malerei bei ernsthaften Kritikern und Malern auf Ablehnung. Sie entsprach selten dem romantischen Verlangen nach künstlerischer Echtheit, nach Originalität und war um Gefälligkeit bemüht, statt die eigenen Gefühle des Malers und seine innersten Überzeugungen auszudrücken. Gegen ihre oberflächliche Romantik – die die ganze romantische Bewegung in Verruf brachte – rebellierte eine Anzahl junger Künstler in Frankreich, England und Deutschland um die Jahrhundertmitte.

JOHANN PETER HASENCLEVER (1810–1853) karikierte den Malstil, der an der Düsseldorfer Akademie, wo er studiert

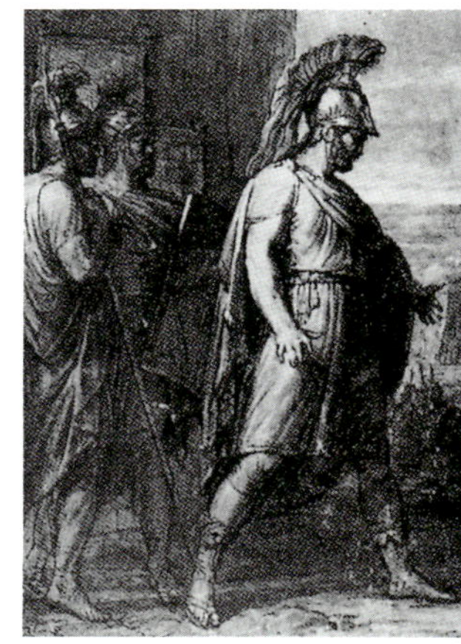

15.77 ANDREA APPIANI, *Veturia und die römischen Frauen von Coriolan*, Ausschnitt, Feder und Pinsel, weiß gehöht, 26,5 x 53 cm. Castello Sforzesco, Mailand.

15.78 PAUL DELAROCHE, *Die Hinrichtung der Lady Jane Grey*, 1833, Leinwand, 250 x 300 cm. National Gallery, London.

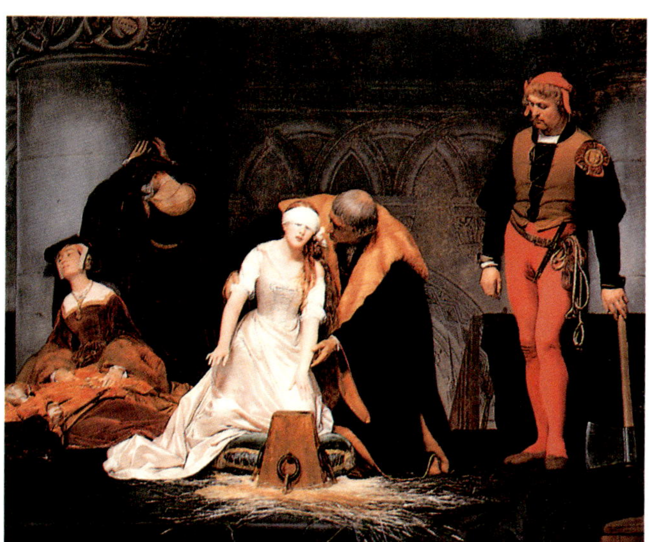

15.79 JOHANN PETER HASENCLEVER, *Das Atelierfest*, 1836, Leinwand, 72 x 88 cm. Kunstmuseum, Düsseldorf.

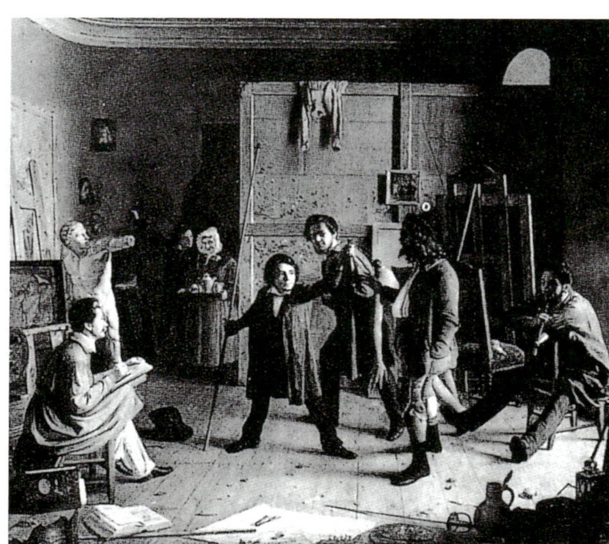

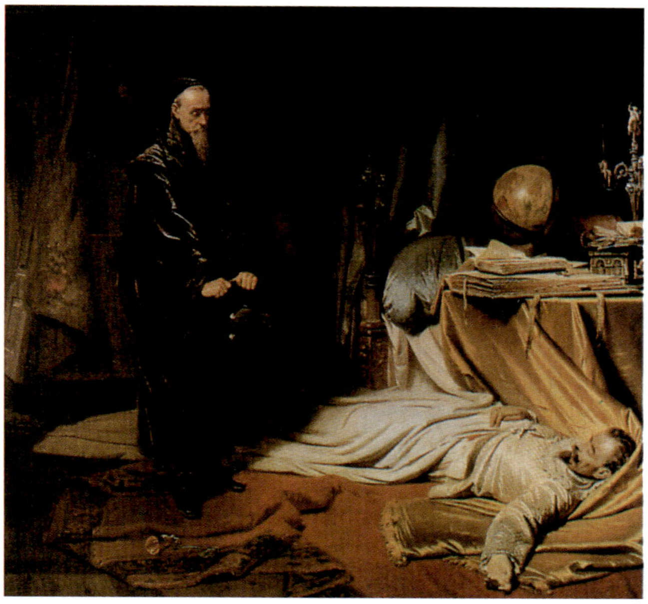

15.80 KARL THEODOR VON PILOTY, *Seni vor der Leiche Wallensteins*, 1855, Leinwand, 312 x 364,5 cm. Neue Pinakothek, München.

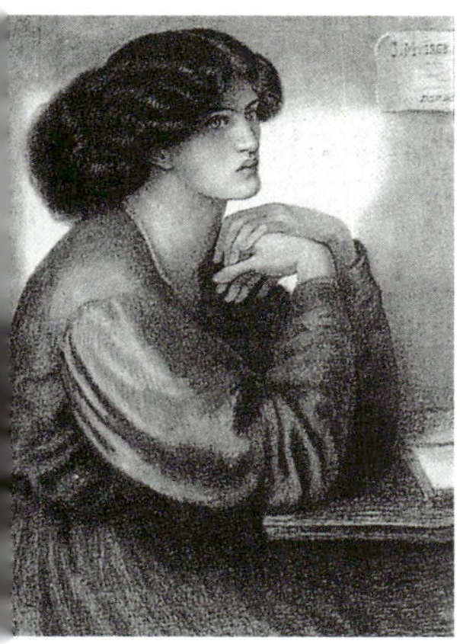

5.81 DANTE GABRIEL ROSSETTI, *ane Morris*, 1868, Pastell. Hamurger Kunsthalle.

hatte, gelehrt wurde ▸ 15.79. Auf den ersten Blick scheint sein Bild zwar nur ein Eindruck der ›vie bohème‹ zu sein, aber jedes Detail hat eine Bedeutung. Teile einer Rüstung und ein Schwert, unentbehrlich für historische Kostümbilder, liegen auf dem Boden zusammen mit optischen Apparaten, wie sie in der illusionistischen Malerei verwendet wurden. Das Modell eines menschlichen Fußes symbolisiert die akademische Konzentration auf das Zeichnen einzelner Körperteile. Die Antikenklasse ist durch den Gipsabguss einer Statue vertreten, deren Geste einer der Künstler nachahmt. In der Mitte des Bildes schleppt HASENCLEVER selbst eine Gliederpuppe fort. Ein anderer Maler mit langem Haar und Bart posiert im Kostüm eines italienischen Banditen. Eine riesige Leinwand, die für eine ›grande machine‹ vorbereitet ist, dient als Zwischenwand. Zur Demonstration der Atmosphäre bürgerlicher Gemütlichkeit in der Akademie bringt eine alte Dienstmagd mit einem weißen Häubchen ein Tablett mit Kaffee herein. HASENCLEVER ging über die üblichen Vorwürfe der Romantiker gegen die Institutionen der Akademien, dass sie die Individualität des Künstlers erstickten, hinaus. Sein Protest richtete sich gegen eine Kunst, die mit den Realitäten des Lebens nicht in Berührung kam. Er sollte später Kommunist werden, eine Rolle in der Revolution von 1848 spielen, und sein Werk wurde von Marx und Engels besprochen. Jedoch erst in der zweiten Hälfte des Jahrhunderts wurde von deutschen Künstlern allgemein Kritik an der ›Schaueromantik‹ geübt.

### *Die Präraffaeliten*

In England gründete 1848 eine Gruppe von Malern – WILLIAM HOLMAN HUNT (1827–1910), JOHN EVERETT MILLAIS (1829– 1896), DANTE GABRIEL ROSSETTI (1828–1882) ▸ 15.81 und vier andere – die Präraffaelitische Bruderschaft. Der Name ist etwas irreführend, da sie nicht zur Rückkehr zur Kunst vor RAFFAEL aufriefen und auch nicht viel von jener Epoche verstanden. Ihr erklärtes Ziel waren eine ›Rückkehr zur Natur‹ und eine Ablehnung akademischer Praktiken, deren Traditionskette sie zurückverfolgten über SIR JOSHUA REYNOLDS (den sie Sir Sploshua nannten) und die Bologneser Schule des 17. Jahrhunderts bis zu den ersten Nachahmern RAFFAELS. Der Name wurde gewählt, erklärte HUNT, »um stets unser Ziel in Erinnerung zu behalten, gegen die frivole Kunst der Zeit anzukämpfen«. Bald fand er zu religiösen Themen mit spezifischer Tendenz ▸ 15.82. *Unsere englischen Küsten, 1852* bezieht sich auf die Schutzlosigkeit der englischen Kirche gegen die Angriffe des Papsttums. (Papst Pius IX. hatte gerade die Wiedereinführung der römisch-katholischen Hierarchie in England verkündet.) Es ist eine wundervoll naturgetreue Ansicht der Küstenlandschaft Sussex', voll Aufmerksamkeit für die Einzelheiten der Naturformen, die vom kalten, hellen Sonnenlicht der Küste klar beleuchtet sind. Das Bild ist im Freien gemalt worden, eine Praxis, die gelegentlich CONSTABLE oder COROT anwandte, doch generell erst nach der Mitte des Jahrhunderts zahlreiche Anhänger fand. Der Originaltitel wurde schnell vergessen, und man betrachtete *Unsere englischen Küsten, 1852* als reines Landschaftsbild ohne tiefere Bedeutung.

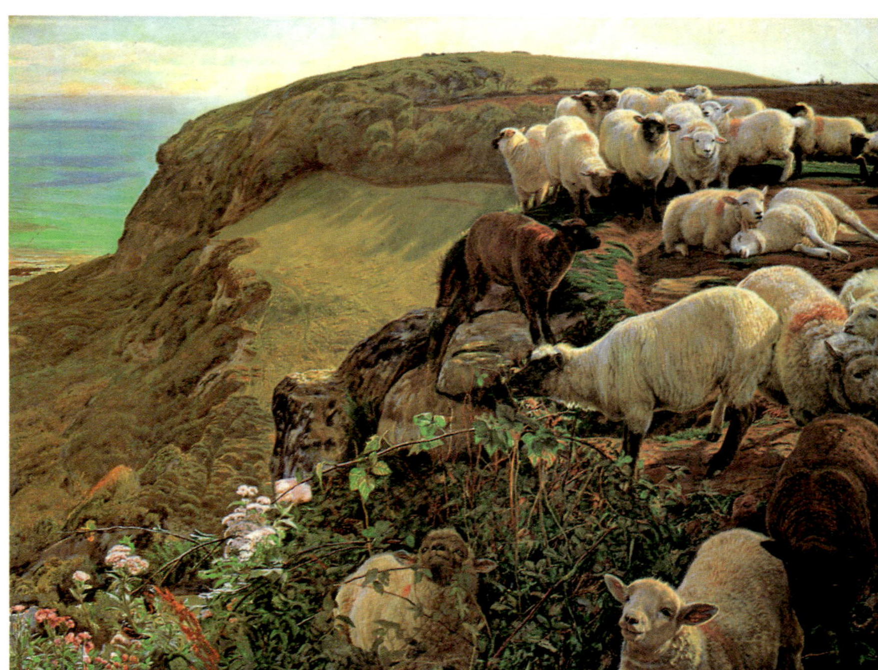

15.82 WILLIAM HOLMAN HUNT, *Unsere englischen Küsten,* 1852, Leinwand, 43 x 58 cm. Tate Gallery, London.

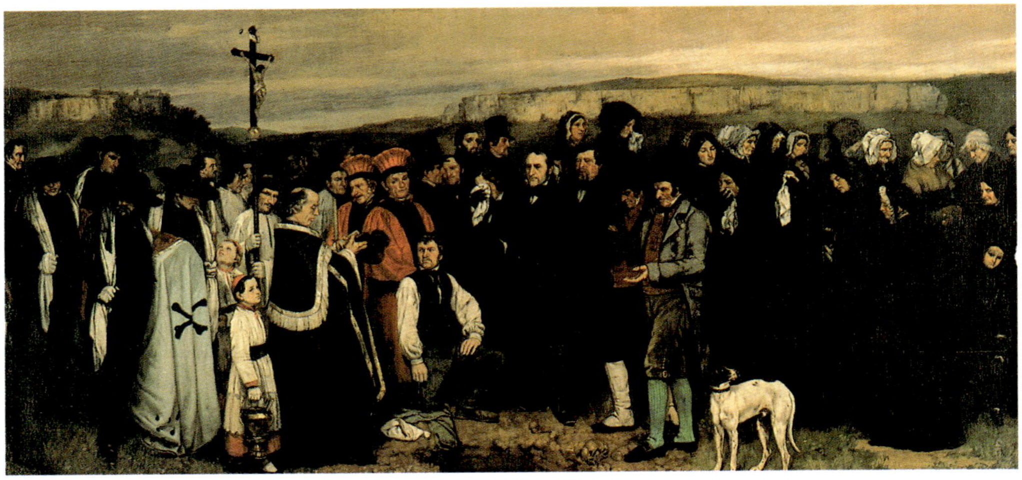

15.83 GUSTAVE COURBET, *Ein Begräbnis in Ornans,* 1849–1850, Leinwand, 315 x 665 cm. Musée d'Orsay, Paris.

## *Courbet*

In Frankreich reagierte ein weit größerer Maler, GUSTAVE COURBET (1819–1877), auf die ›frivole‹ Kunst des Tages mit anderen Mitteln. Er begann mit Porträts, darunter mehreren Selbstdarstellungen in mittelalterlichem Kostüm, gab aber schon bald all das auf, was er den ›Putz der Romantik‹ nannte. Nach der Ausstellung seines ersten Hauptwerkes, *Ein Begräbnis in Ornans,* 1850/51, bezeichnete man ihn als Realisten, genauso wie der Begriff Romantiker, so schrieb er, »den Männern von 1830« aufgedrückt wurde ▸ 15.83. Diese Bemerkung taucht in COURBETS Vorwort zum Katalog der Einzelausstellung auf, die er 1855 organisierte, um Bilder zu zeigen, die von der Weltausstellung in Paris abgelehnt worden waren. Dieser Text ist ein wichtiges Manifest des Realismus:

*»Ich habe ohne System und ohne Vorurteil die Kunst der Alten und der Modernen studiert. Weder wollte ich die einen imitieren noch die anderen kopieren; noch weniger war mein Ziel ein triviales ›l'art pour l'art‹! Nein! Ich wollte lediglich aus meiner vollkommenen Vertrautheit mit der Tradition das überlegte und unabhängige Bewusstsein meiner eigenen Individualität ziehen. Kennen und verstehen, um schöpferisch tätig zu sein – das war meine Idee. Fähig zu sein, die Sitten, Gedanken, Erscheinungen meiner Epoche nach meiner eigenen Einschätzung zu übersetzen; nicht nur ein Maler zu sein, sondern zugleich ein Mensch; kurz, eine lebendige Kunst zu schaffen – das war mein Ziel.«*

15.84 GUSTAVE COURBET, *Pierre Joseph Proudhon im Jahr 1853,* 1865, Leinwand, 147 x 198 cm. Musée du Petit Palais, Paris.

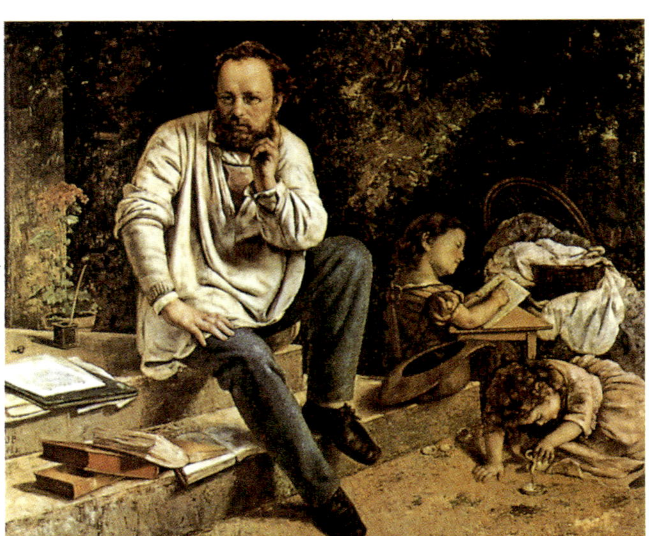

COURBET hatte mit dem ›Putz der Romantik‹ nicht alle romantischen Gedanken verworfen. Doch seine Bilder zeigen besser als seine Schriften, wie seine kraftvolle Persönlichkeit und seine Lebensumstände eine von DELACROIX weit entfernte Kunst schufen, von DELAROCHE ganz zu schweigen. COURBET war der Sohn eines wohlhabenden Bauern aus Ornans, nicht weit von der Schweizer Grenze. 1839 ging er nach Paris, wo er sich die Malerei durch das Studium im Louvre und in den ›ateliers libres‹ beibrachte, die für eine kleine Gebühr ein Modell stellten, aber keinen formellen Lehrplan hatten. Zu seinen Freunden zählten Baudelaire und Pierre-Joseph Proudhon (1809–1865), von dem der Ausspruch ›Eigentum ist Diebstahl‹ stammt und dessen sozialistische Ansichten er teilte ▸ 15.84.

*Ein Gemälde mit menschlichen Figuren, historische Aufzeichnung eines Begräbnisses in Ornans,* wie COURBET selbst es nannte, ist ein Bild im gleichen riesigen Format wie GROS' Pesthaus in Jaffa ▸ 15.13, GÉRICAULTS *Floß der Méduse* ▸ 15.19, DELACROIX' *Sardanapal* ▸ 15.24 und *Die Freiheit führt das Volk an* ▸ 15.27. Aber es fehlt der ›grand style‹, der in diesen gewaltigen Leinwänden noch lebt – ›grandes machines‹, wie man sie bald nannte –, wenngleich ein fernes und vielleicht bezeichnendes Echo des ›bourgeoisen‹ Gruppenporträts aus der holländischen Malerei des 17. Jahrhunderts spürbar ist. Heroische Gesten sind vermieden, auf eine strenge kompositorische Durchführung ist verzichtet. Die Gruppe ist kaum merkbar organisiert durch Unterbrechungen, die dem friesartigen Arrangement einen langsamen skandierenden Rhythmus geben. Das Fehlen des Bravourösen auch in der Farbigkeit: gedämpfte Erdfarben werden gegenüber leuchtenden Tönen bevorzugt.

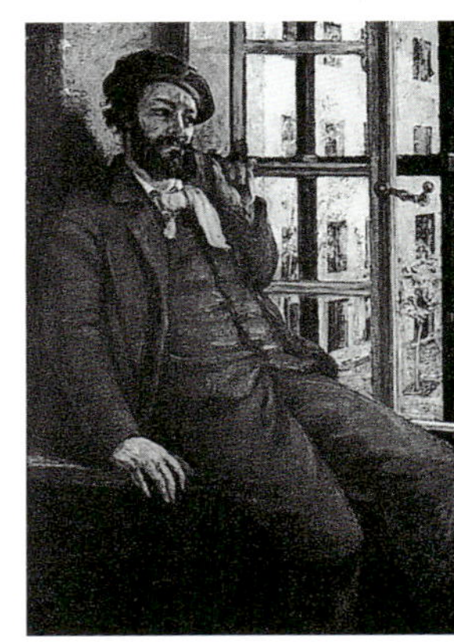

15.85 GUSTAVE COURBET, *Selbstbildnis in Sainte-Pélagie,* 1871–1872, Leinwand, 92 x 72,5 cm. Musée Gustave Courbet, Ornans.

Das Thema ist betont allgemein gehalten – ein Begräbnis in Ornans, egal wessen. Der Tod macht alle in mehr als nur einem Sinn gleich; er vereint um das Grab Mitglieder aus den verschiedenen Kreisen der ländlichen Gesellschaft, den Priester, Bürgermeister, die Bauern und Landarbeiter mit ihren Frauen und Kindern. COURBET wählte als Schauplatz den neuen Friedhof von Ornans, der erst ein Jahr vor Inangriffnahme des Bildes eröffnet worden war. Und er malte die Figuren, darunter seinen Vater und seine Schwestern, in Lebensgröße und ohne jede Beschönigung, ja so ehrlich, dass seine Pariser Kritiker vermuteten, er wolle sich über den Priester mit seinem leicht geistlosen Ausdruck lustig machen, ebenso über die Sakristane mit ihren roten Nasen oder die Frauen mit ihren

QUELLEN UND DOKUMENTE

## L'art pour l'art: Ästhetizismus versus Realismus

Der Begriff der ›Kunst um der Kunst willen‹, der Autonomie eines Kunstwerks, das keinen moralischen, gesellschaftlichen, politischen oder irgendeinen anderen didaktischen Zweck erfüllt, stand im Mittelpunkt zahlreicher Theorien des 19. Jahrhunderts und wurde sowohl enthusiastisch begrüßt als auch vehement angefeindet. Er geht zurück auf Immanuel Kant (s. S. 582), der in seiner *Kritik der Urteilskraft* (1790) mit der traditionellen Ästhetik brach, indem er die bis dahin in eins gesetzten Begriffe des Guten, des Wahren und des Schönen als voneinander unabhängige Kategorien analysierte. Das Wohlgefallen am Schönen ist, so Kants These, subjektiv und interesselos – unberührt vom Zweck eines Gegenstandes. In vereinfachter Form wurde seine Philosophie von Germaine de Staël in ihrem 1813 erschienen Buch *Über Deutschland* verbreitet (s. S. 593). Das Schlagwort ›l'art pour l'art‹ wurde 1818 von dem französischen Philosophen Victor Cousin (1792–1867) geprägt. Vor allem bei den Romantikern, die gegen die akademischen Regeln aufbegehrten, erfreute sich der Begriff großer Beliebtheit.

Zu letzteren zählte der französische Dichter Théophile Gautier (1811–1878), dessen Vorwort zu seinem 1835 veröffentlichten Roman *Mademoiselle de Maupin* bald als Manifest dieser Kunstauffassung galt. Er stellte darin die Scheinheiligkeit der prüden moralischen Zensoren bloß und wandte sich gegen die Auffassung, der Wert von Kunstwerken stehe in einem Zusammenhang mit ihrer Nützlichkeit. »*Wozu ist Musik gut? Wozu ist die Malerei gut?*«, fragte er. »*Nichts, das wirklich schön ist, kann zu irgendetwas benutzt werden; alles Nützliche ist hässlich, denn es ist Ausdruck eines Bedürfnisses ... Der nützlichste Raum in einem Haus ist der Abort.*« Auf subtilere Weise unterstrich Charles Baudelaire (s. S. 613) die Autonomie und Integrität von Kunstwerken. Die Malerei, so schrieb er, sei eine »*Beschwörung, ein magischer Vorgang*«, der seine Wirkung durch die Farbe und die Linie erzielt und ein eigenes Leben führt, dessen Prinzip sich nur in der Seele des Künstlers finden lässt.

Die Lehre von der ›Kunst um der Kunst‹ willen diente aber auch einfach der Rechtfertigung für einen hedonistischen Ästhetizismus, wie etwa in den Schriften WHISTLERS (s. S. 652 f.) in England oder Edmond Goncourts (1822–1896) in Frankreich. Goncourt, ein begeisterter Anhänger der Malerei des 18. Jahrhunderts und japanischen Holzschnittkunst, konstatierte: »*Kunst nimmt vom Nutzlosen ihren Ausgang: Sie zielt auf das ab, was den Wenigen angenehm ist. Sie ist die selbstische Zierde der Aristokratien.*« Natürlich war eine solche Definition Sozialreformern und den Befürwortern des Realismus in der Kunst ein Dorn im Auge. Pierre-Joseph Proudhon (1809–1865), der führende französische Sozialist und Urheber des Satzes »Eigentum ist Diebstahl«, schrieb in einer Interpretation des Realismus seines Freundes COURBET: »*... es stimmt nicht, dass die einzige Absicht der Kunst das Vergnügen ist, denn das Vergnügen ist kein Ziel; es stimmt nicht, dass sie kein anderes Ziel hat als sich selbst, denn alles hängt mit allem zusammen, alles ist miteinander verknüpft, alles hat ein Ziel in der Humanität und Natur ... Die Kunst will uns zu einem Wissen unserer selbst führen ... Es war uns nicht gegeben, uns mit Mythen zu speisen, uns an Illusionen zu berauschen ..., sondern vielmehr uns von diesen schädlichen Illusionen zu befreien, indem wir sie anprangern.*

Dennoch dominierte der Ästhetizismus am Ende des Jahrhunderts in Europa und Amerika, als Georgi Plenkhanow (1857–1918), der Gründer der ersten marxistischen Vereinigung in Russland, schrieb, dass sich »*Kunst um der Kunst willen*« dann entwickele, wenn Künstler »*einen hoffnungslosen Widerspruch zwischen ihren Zielen und den Zielen der Gesellschaft, der sie angehören, empfinden*«

hageren Gesichtern. Das Ziel COURBETS aber war es, den feierlichen Akt so aufzuzeichnen, wie er wirklich stattgefunden hatte. Seine ruhige, sachliche Ehrlichkeit verleiht dem großartigen Gemälde eine noch heute anhaltende Macht. Die Szene wird von dem Kreuz dominiert. Obwohl Sozialist, bezweifelte COURBET kaum seine Bedeutung, denn das Leben auf dem Land wurde in Frankreich immer noch von der Kirche beherrscht. Sozialismus und Christentum waren dort nie so eng verbunden wie in diesem Moment, kurz bevor Napoleon III. die Macht ergriff. Als sich später seine politischen und antikirchlichen Ideen gefestigt hatten und er nach seiner Beteiligung an der Pariser Kommune 1871 im Schweizer Exil lebte ▸15.85, sagte COURBET 1873, dass *Ein Begräbnis in Ornans* »nichts wert sei«. Zu dem Zeitpunkt teilte er bereits Marx' Ansicht, dass »*christlicher Sozialismus nichts ist als das geweihte Wasser, mit dem der Priester das Sodbrennen des Aristokraten segnet*«.

### *Millet*

Die Hauptgestalten in COURBETS Bild waren Angehörige des ländlichen Mittelstandes, zu dem seine eigene Familie gehörte, seltener einfache Arbeiter auf dem Land ▸15.86. Der fast gleichaltrige JEAN-FRANÇOIS MILLET (1814–1875) dagegen spezialisierte sich auf die Darstellung der besitzlosen Landarbeiter. Aber auch er wurde missverstanden. Der Maler CAMILLE PISSARRO (1830–1903), ein überzeugter Anarchist,

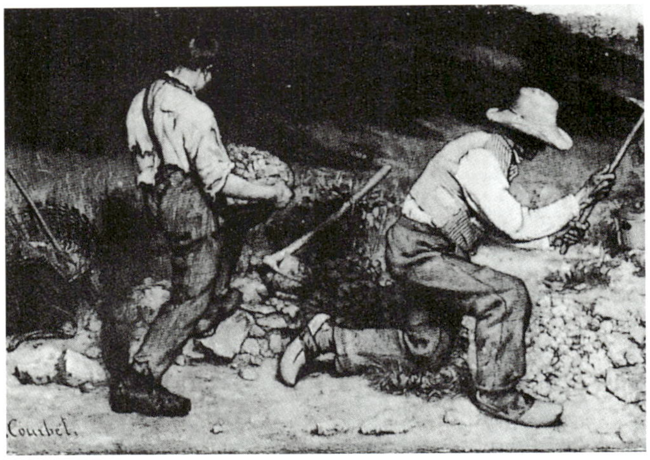


15.86 GUSTAVE COURBET, *Die Steinklopfer*, 1849, Leinwand, 165 x 257 cm. Ehem. Dresden, zerstört 1945.

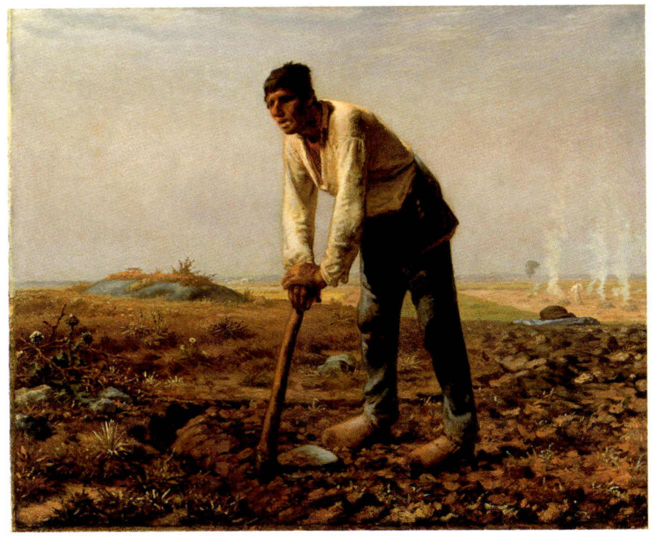

15.87 JEAN-FRANÇOIS MILLET, *Mann mit Hacke*, 1852–1862, Leinwand, 81 x 100 cm. J. Paul Getty Museum, Malibu.

bemerkte später: »*Aufgrund seines Bildes ›Der Mann mit Hacke‹ dachten die Sozialisten, Millet sei auf ihrer Seite. Sie nahmen an, dass ein Mann, der so gelitten hatte, dieser geniale Bauer, der die Trauer des bäuerlichen Lebens ausgedrückt hatte, notwendigerweise ihre Ideen teilen müsse. Aber keineswegs … Er war einfach ein bisschen zu biblisch. Wieder einer dieser Blinden, Anführer oder Mitläufer, die, nichts begreifend von der Bewegung moderner Ideen, die Idee verteidigen, ohne sie zu kennen, sich selbst zum Trotz!*« (Brief an seinen Sohn, 2. Mai 1887)

MILLETS hartnäckige Weigerung, die sozialistische Interpretation seines Werkes anzuerkennen, gehörte zu dem Mythos, der um ihn entstand – dem Mythos des ungebildeten Bauern, der bis zum Alter von 21 Jahren das Land bearbeitet hatte. In Wirklichkeit jedoch war er der Sohn eines keineswegs armen Bauern, der ihn als 18-jährigen zum Kunststudium nach Cherbourg schickte. 1837 ging er nach Paris, wo er ein Lieblingsschüler DELAROCHES wurde (s. S. 608). Er war verbittert, als ihm ein Stipendium für die französische Akademie in Rom versagt blieb. Von 1849 an lebte er in Barbizon, einem Dorf am Rande des Waldes von Fontainebleau (südlich von Paris), wo sich unter der Führung von THÉODORE ROUSSEAU (1812–1867) eine Gruppe naturalistischer Landschaftsmaler niedergelassen hatte – die so genannte ›Schule von Barbizon‹.

15.89 ÉDOUARD MANET, *Stillleben mit Melone und Pfirsichen*, 1866 (?), Leinwand, 69 x 92,2 cm. National Gallery of Art, Washington.

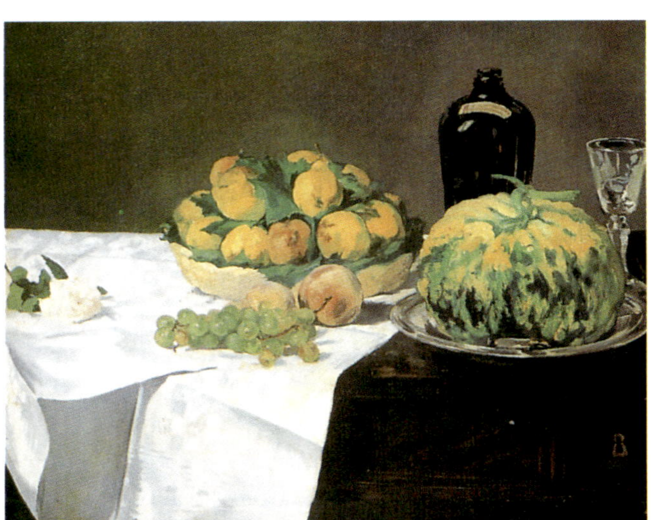

Auch wenn der ›Bauernmaler‹ MILLET weitgehend ein Mythos ist, so war der Künstler doch politisch nicht unredlich. Die von ihm dargestellten Bauern gehörten zu jener Schicht, die immer noch über die Hälfte der französischen Bevölkerung ausmachte, doch vom wachsenden Wohlstand um die Jahrhundertmitte kaum profitiert hatte. In Marx' Gesellschaftsbild waren sie nicht mehr als blasse Hintergrundfiguren, die die breite Masse des ›industriellen Heeres für die Landwirtschaft‹ stellten. Aber der *Mann mit Hacke* ▸ 15.87, der, zerschlagen von seiner mühseligen Arbeit, einen Augenblick lang ausruht, zeugt von einer fatalistischen und pessimistischen Weltsicht. Er erinnert an eine Beschreibung, die einer von MILLETS bevorzugten Autoren, der Essayist Michel de Montaigne, im 16. Jahrhundert von einem Bauern verfasste. Doch der Bedeutungshorizont ist noch weiter gespannt. Im ersten Buch der Genesis lautet Gottes Urteil über Adam:

»*Verflucht sei der Acker um deinetwillen, mit Kummer sollst du dich darauf nähren dein Leben lang. Dornen und Disteln soll er dir tragen, und sollst du das Kraut auf dem Felde essen. Im Schweiße deines Angesichts sollst du dein Brot essen, bis dass du wieder zu Erde werdest, davon du genommen bist …*«

Mit epigrammatischer Prägnanz fasste MILLET seine Bildaussage zusammen, er vereinigte eine straffe Linienführung mit verfeinerter, zarter Farbgebung. Doch die pflügenden, säenden oder ährenlesenden Landarbeiter ▸ 15.88, deren Realismus auf viele Zeitgenossen schockierend wirkte, verschleierte bald eine Nostalgie, die den zahllosen Reproduktionen einen unwiderstehlich sentimentalen Charakter verlieh. Die ländliche Welt stand infolge der Mechanisierung der Landwirtschaft an der Schwelle zu einem gewaltigen Umbruch (der zu diesem Zeitpunkt in den Vereinigten Staaten bereits im Gange war).

## *Manet*

Ganz anders und weit nüchterner wurde die Realität des zeitgenössischen Lebens von ÉDOUARD MANET (1832–1883) interpretiert, der COURBET und MILLET nicht einmal um ein Jahrzehnt überlebte, aber in eine andere, spätere Epoche zu

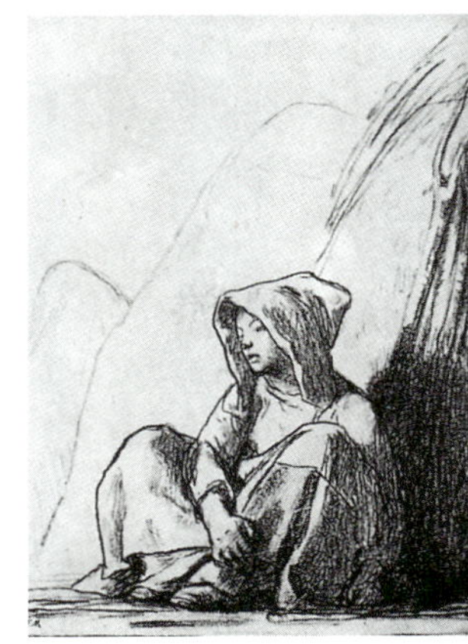

15.88 JEAN-FRANÇOIS MILLET, *Junges Bauernmädchen vor einem Heuhafen sitzend*, Kreide auf beigefarbenem Papier, 33,5 x 26,5 cm. Louvre, Paris.

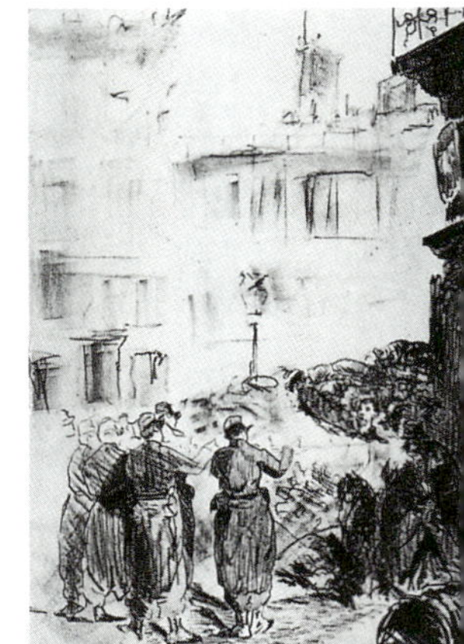

15.90 ÉDOUARD MANET, *La barricade*, 1871 (?), Lithografie, 46,5 x 33,4 cm. Museum of Fine Arts, Boston.

QUELLEN UND DOKUMENTE

## Baudelaire »Wozu Kritik?«

Der französische Dichter Baudelaire (1821–1867) war der hellsichtigste Kunstkritiker des 19. Jahrhunderts. Die erste unter seinem Namen erscheinende Publikation war eine Kritik des Salons von 1845. Zeit seines Lebens besprach er Ausstellungen, ohne dabei jemals die Position des distanzierten Beobachters einzunehmen. Er schrieb als ein Künstler, als ein Dichter, der mit den Problemen der Maler und Bildhauer, deren Werk er rezensierte, persönlich zu tun hatte und mit denen er sich unmittelbar auseinander setzte. Für Baudelaire lag die Quelle aller Kunst ausschließlich in der Fähigkeit des einzelnen Künstlers, Bilder durch die Imagination und Kraft der Ideen zu schaffen. Von diesen rührt die Vitalität der Künstler her und ihre Fähigkeit, auf das ›moderne Leben‹ zu reagieren. Er forderte eine Kunst, die vor allem die Veränderung der Gesellschaft des 19. Jahrhunderts berücksichtigen sollte. Er schloss seine Besprechung des Salons von 1845 mit einem leidenschaftlichen Appell, dass ein Maler dem Zeitalter einen Spiegel vorhalten und es deuten möge. Ein Künstler sollte die paradoxen Spasmen des ›Heroismus‹ – inmitten seiner moralischen und geistigen Verzweiflung – phantasievoll erfassen.

*»Es herrscht kein Mangel an Themen oder Farben, um Epen zu schaffen. Der Maler, der wahre Maler, nach dem wir suchen, wird derjenige sein, der die epische Seite des heutigen Lebens zu erfassen vermag und uns mit dem Pinsel oder dem Bleistift sehen und verstehen lässt, wie groß und poetisch wir in unseren Krawatten und Glanzlederstiefeln sind. Nächstes Jahr, so lasst uns hoffen, dass die wahren Suchenden uns das außerordentliche Vergnügen gönnen mögen, die Ankunft des Neuen feiern zu können!«*

Im folgenden Jahr erneuerte er diesen Appell und endet seine Besprechung mit der Bemerkung:

*»Es fällt mir auf, dass die meisten Künstler, die sich modernen Sujets zugewandt haben, sich mit öffentlichen und offiziellen Sujets begnügt haben... Freilich tun sie das nur mit Murren.«*

Baudelaire drängte sie, ihre Augen zu öffnen für *»das Schauspiel des eleganten Lebens und der unzähligen schwer bestimmbaren Existenzen, die die unterirdischen Bezirke einer großen Stadt bevölkern... Wir brauchen nur die Augen aufzutun, um unseren Heroismus zu erkennen... Das Pariser Leben ist reich an poetischen und wunderbaren Sujets. Das Wunderbare umgibt uns und durchtränkt uns wie die Luft; doch wir sehen es nicht.«*

Aber es gab auch ein grundsätzliches Problem:

*»Wozu Kritik? Ja, wozu? – Ungeheueres und furchtbares Fragezeichen, das die Kritik am Kragen packt, gleich beim ersten Schritt in ihr erstes Kapitel... Offen gestanden halte ich die unterhaltsame, poetische Kritik für die beste und nicht die kalte, algebraische Kritik, die unter dem Vorwand, alles zu erklären, weder Hass noch Liebe kennt und sich freiwillig jeder Art von Temperament entäußert... um gerecht zu sein, das heißt um ihre Daseinsberechtigung zu haben, muss die Kritik parteiisch, leidenschaftlich, politisch sein, das heißt, sie muss unter einem ausschließlichen Gesichtspunkt erfolgen, unter einem Gesichtspunkt jedoch, der möglichst viele Horizonte eröffnet.«*

Charles Baudelaire, ›Critique d'art‹, Paris 1992; ders., ›Der Künstler und das moderne Leben‹, Leipzig 1990. Das erste Zitat stammt aus dem ›Salon von 1845‹, die von W. Drost übersetzten übrigen aus dem ›Salon von 1846‹

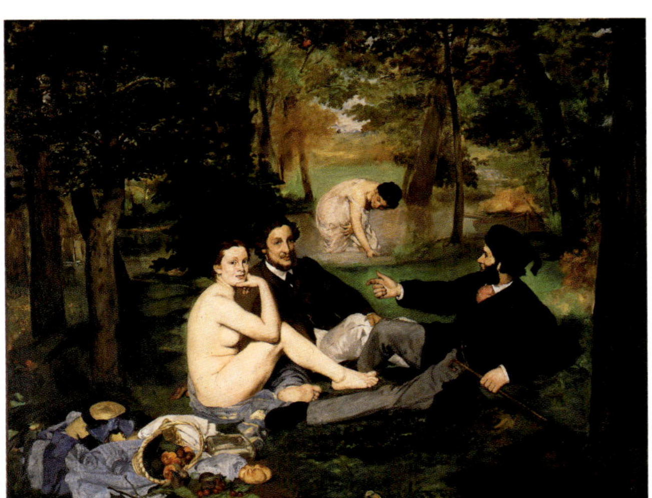

15.91 ÉDOUARD MANET, *Frühstück im Freien*, 1863, Leinwand, 214 x 279 cm. Musée d'Orsay, Paris.

gehören scheint – oft wird er der erste moderne Maler genannt. Er selbst nahm nur das bescheidene Verdienst für sich in Anspruch, dass er »lediglich versucht habe, er selbst zu sein und nicht jemand anders«. Im Katalog der Einzelausstellung, die er veranstaltete, als er 1867 von der Weltausstellung in Paris ausgeschlossen wurde, schrieb er: »Der Künstler sagt heutzutage nicht: ›Komm und sieh makellose Arbeit‹, sondern: ›Komm und sieh ehrliche Arbeit.‹ Diese Ehrlichkeit gibt dem Werk seinen Protestcharakter, obgleich der Maler nur seine Eindrücke wiederzugeben versucht hat.« Bei MANET findet man Rebellion und Konformismus Seite an Seite ▸ 15.90. Er war zugleich ein überzeugter Sozialist und respektabler Bürger (er stammte aus dem gehobenen Mittelstand). Wenige Künstler haben deutlicher auf die Meister der Vergangenheit zurückgegriffen ▸ 15.89 – RAFFAEL, GIORGIONE, VELÁZQUEZ, HALS, WATTEAU, CHARDIN, GOYA – und dabei noch deutlicher mit der traditionellen Malweise gebrochen. Sein *Frühstück im Freien* von 1863 ▸ 15.91 steht dafür beispielhaft. Er wollte vom Salon akzeptiert werden und zugleich dessen Organisato-

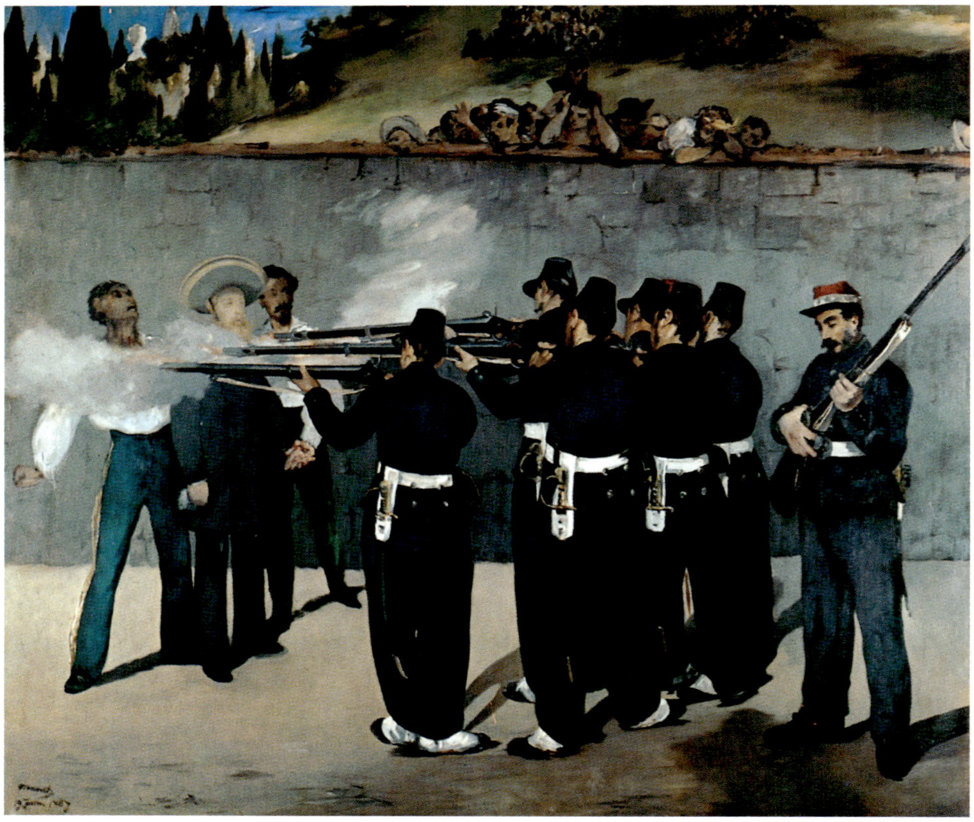

15.92 ÉDOUARD MANET, *Die Erschießung Kaiser Maximilians von Mexiko*, 1867, Leinwand, 250 x 305 cm. Kunsthalle Mannheim.

ren und Besucher schockieren. In seiner Ambition nach offizieller Anerkennung wollte er ein monumentales öffentliches Werk in der großen französischen Tradition malen. Das Bild, das diesem Anspruch am ehesten gerecht wird – *Die Erschießung Maximilians von Mexiko* –, war wegen seines Themas bis 1879 von öffentlichen Ausstellungen ausgeschlossen ▸ 15.92.

Der Tod des Erzherzogs Maximilian von Österreich im Jahr 1867 war der Schlusspunkt in der tragischen Politik Napoleons III., einen von Frankreich abhängigen Staat in der Neuen Welt zu schaffen. Mit Hilfe französischer Truppen war Maximilian Kaiser von Mexiko geworden, als man sie aber zurückzog, wurde er von mexikanischen Nationalisten gefangen genommen und erschossen. In MANETS Bild trägt das Schießkommando jedoch nicht mexikanische, sondern französische Uniformen, wodurch Maximilian wie ein unschuldiges Opfer der kaiserlichen Regierung wirkt, die MANET hasste. (Die Zensoren durchschauten die Absicht MANETS und verboten die Veröffentlichung der Lithographie dieses Bildes.)

Ein Kunstgriff MANETS förderte den Realitätscharakter der Bilder. Wie COURBET und andere Künstler benutzte er Fotografien als visuelle ›Hilfen‹. Seine Augen sagten ihm, dass die meisten früheren Künstler visuelle Erscheinungen verfälscht hatten. So wie DELACROIX herausgefunden hatte, dass Schatten nicht einfach nur verdunkelte lokale Farben sind, so entdeckte MANET, dass die Halbtöne akademischer Künstler lediglich eine Konvention waren.

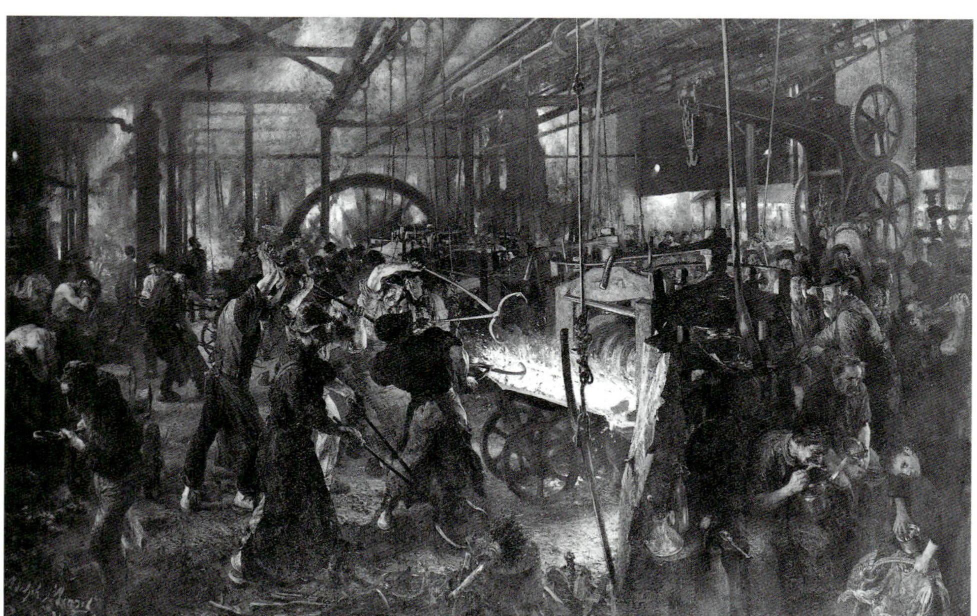

15.93 ADOLPH VON MENZEL, *Eisenwalzwerk*, 1875, Leinwand, 160 x 255 cm. Alte Nationalgalerie, Berlin.

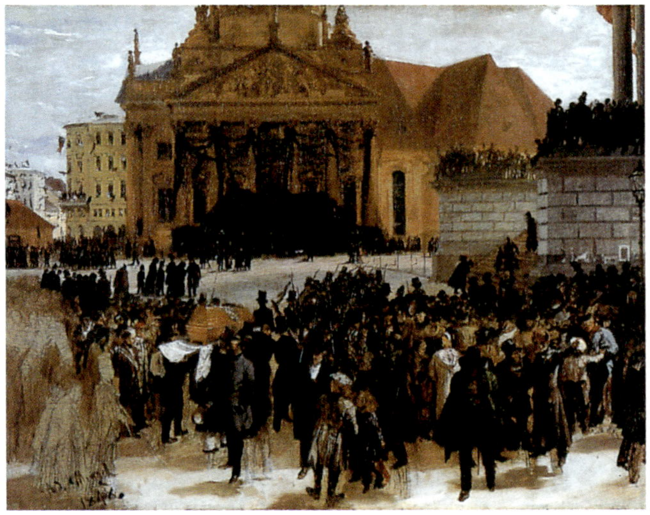

15.94 ADOLPH VON MENZEL, *Aufbahrung der Märzgefallenen*, 1848, Leinwand mit Bleistiftvorzeichnung, unvollendet, 45 x 63 cm. Hamburger Kunsthalle.

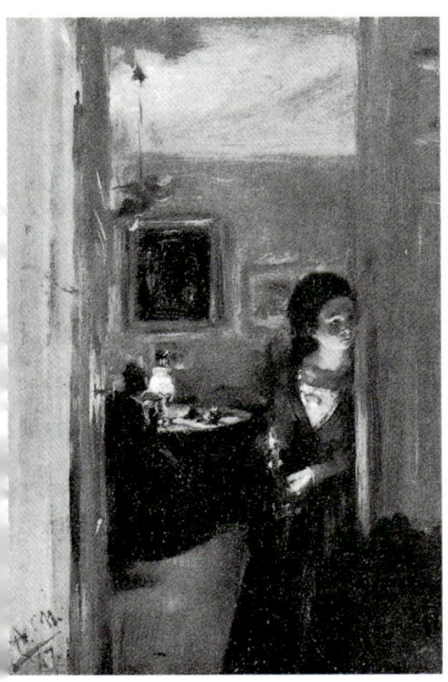

15.95 ADOLPH VON MENZEL, *Wohnzimmer mit Menzels Schwester*, 1847, Öl auf Papier, 46,1 x 31,6 cm. Neue Pinakothek, München.

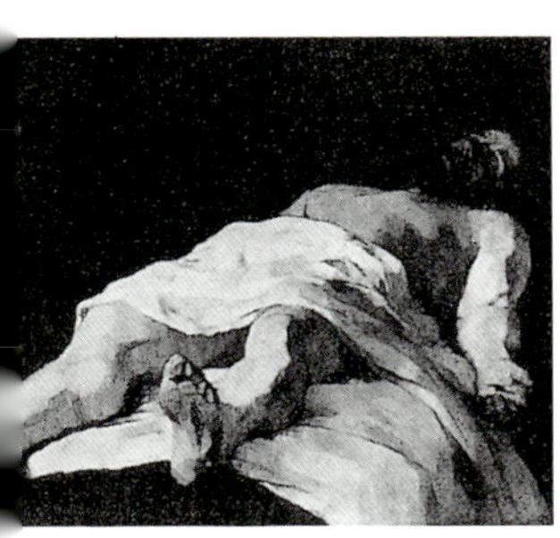

15.96 WILHELM TRÜBNER, *Christus im Grabe III*, 1874, Leinwand, 89 x 101 cm. Neue Pinakothek, München.

Als MANET *Die Erschießung Maximilians von Mexiko* malte, war ihm GOYAS Bild *Der 3. Mai 1808* ▸ 15.14 bereits durch einen Druck bekannt, doch sind beide Werke grundlegend voneinander verschieden. MANETS Bild fehlen das Drama und Pathos von GOYAS Meisterwerk. Es ist ohne Leidenschaft: Zeitgenossen fanden es gefühllos. Es gibt keinen Hinweis darauf, auf welcher Seite seine Sympathien lagen, bei den Nationalisten oder ihrem Opfer. Die Sachlichkeit in Haltung und Gesichtsausdruck des Hauptmanns, der das Kommando anführt und mit der Rechten seinen Gewehrhahn spannt, ist kennzeichnend für die gesamte Szene, die der Maler mit der gleichen desinteressierten, fast gleichgültigen Neugier zu beobachten scheint wie die Gestalten, die über die Mauer blicken. Dies ist ein Beispiel für die Art, wie MANET den romantischen Begriff der Ehrlichkeit neu definierte, nicht so sehr als gefühlsmäßige und weltanschauliche Integrität, sondern als künstlerische Ehrlichkeit. Er unternahm einen weiteren Versuch, in diesem großen Format zu malen, als er 1879 anbot, Wandgemälde mit sozialen Themen (Märkte, Eisenbahnen und Docks) für das Ratszimmer des Pariser Rathauses zu malen. Aber sein Vorschlag wurde abgelehnt, und danach arbeitete er nur noch an mittelgroßen oder kleinen Bildern für Privatsammler (s. S. 646 ff.).

## *Menzel und Leibl*

Das Motto der Realisten, ›il faut être de son temps‹ – man muss seiner eigenen Zeit angehören –, war im Grunde eine romantische Idee, die das neue Geschichtsverständnis ergänzte. Indem sie eine Ablehnung der oberflächlich romantischen Themen rechtfertigte, ermutigte sie Künstler und Schriftsteller, weniger malerische, dafür aber unkonventionelle und manchmal unschöne Themen auszusuchen. Dies erforderte nicht notwendigerweise einen Bruch mit der Vergangenheit in der Malweise wie bei COURBET und MANET und es setzte auch nicht notwendigerweise eine rebellische Haltung zum gesellschaftlichen System voraus. Das Bild eines Eisenwalzwerkes von ADOLF VON MENZEL (1815–1905) ist dafür ein Beispiel ▸ 15.93. MENZELS Sympathie für den Geist der Revolution von 1848 ist festgehalten in einem unvollendeten Gemälde des Begräbnisses der Toten vom Märzaufstand in Berlin ▸ 15.94. Der größte Teil seines Werkes jedoch besteht aus frisch gemalten Studien, Landschaften oder Interieurs, auch großformatigen historischen Bildern, wie etwa den Szenen aus dem Leben Friedrichs des Großen, die fast pedantisch eine sorgfältig recherchierte historische Treue erzielen wollten und vom preußischen Staat und von der Berliner Akademie genehmigt wurden (an der er 1856 Professor wurde). Das *Eisenwalzwerk* feierte höchst dramatisch und zugleich realistisch, was MENZEL die »zyklopische Welt der modernen Technik« nannte – eher eine Beschreibung als eine Stellungnahme zum Verhältnis des Menschen zur Industriewelt. MENZELS kleine und intime Arbeiten aus dem Jahre 1840, sowohl fertige Gemälde wie auch Skizzen, die den vorbeifließenden Moment festhalten, scheinen die Ziele der französischen Impressionisten vorwegzunehmen, vor allem durch ihre Konzentration auf die Wiedergabe des Widerscheins von natürlichem und künstlichem Licht ▸ 15.95. Jedenfalls machte er eine von den Genreszenen der preußischen Künstler des frühen 19. Jahrhunderts unabhängige Entwicklung durch.

WILHELM LEIBL (1844–1900) und eine Gruppe gleich gesinnter Künstler entwickelten eine Form von Realismus, die näher an Frankreich anschloss, vor allem an COURBET, dessen Werke sie 1869 in München ausgestellt sahen, ohne dessen politisches Engagement allerdings. WILHELM TRÜBNER (1851–1917) erklärte, dass *»jeglicher Gegenstand interessant ist, selbst der unwichtigste von allen ist für den Künstler interessant genug. Tatsächlich, je einfacher der Gegenstand, desto interessanter kann ich ihn durch das Malen, Farbe und Zeichnung machen.«* Die Folge daraus war, dass auch das ›interessanteste‹ Thema zum Anlass für realistische malerische Gestaltung werden konnte, wie zum Beispiel bei seinem völlig unidealisierten *Christus im Grabe* ▸ 15.96.

## *Russland*

Im Gefolge eines Artikels unter dem Titel *Die ästhetische Beziehung der Kunst zur Wirklichkeit*, den Nikolai Tschernischewski (1828–1889) im Jahr 1855 in St. Petersburg veröffentlichte und in dem er die Künstler dazu aufforderte, sich mit sozialen und ethischen Fragen auseinanderzusetzen, ent-

15.97 ILJA REPIN, *Sie erwarteten ihn nicht*, 1881, Leinwand, 161 x 168 cm. Tretjakow-Galerie, Moskau.

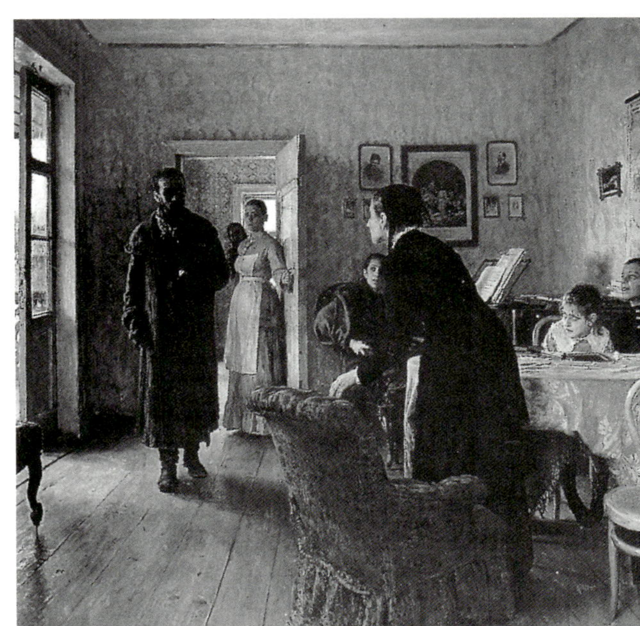

stand in Russland eine realistische Bewegung: »Ein Kunstwerk muß so wenig Abstraktes beinhalten wie möglich; alles muß in lebendigen Szenen und individuellen Bildern konkret zum Ausdruck gebracht werden.« Tschernischewski machte aus seiner Kritik am zaristischen Regime kein Hehl und wurde zu Zwangsarbeit nach Sibirien deportiert. Immerhin gelang es ihm dort, einen Roman zu schreiben, der unter dem Titel *Was ist zu tun?* heimlich in Umlauf gebracht werden konnte und in den folgenden Jahrzehnten, in denen die politische Unterdrückung mit revolutionärem Terror beantwortet wurde, vielen Künstlern Anregung bot. Zu seinen eifrigen Lesern gehörten auch ILIJA E. REPIN (1844–1930) und andere Maler, die sich zu einer Gruppe zusammen schlossen mit dem Ziel, ihre Werke in Städten auf dem Lande auszustellen. Dies in Analogie zu den Initiativen politischer Aktivisten, welche die Landbevölkerung für ihre neuen Ideen zu gewinnen versuchten.

REPIN wandte sich in einer Zeit revolutionären Themen zu, als es in den siebziger Jahren unter der demokratischen Opposition zu Massenverhaftungen kam. Gemälde wie *Revolutionäre Versammlung, Die Verhaftung eines Propagandisten* oder *Revolutionärin in Erwartung ihrer Exekution* waren allerdings so unverhohlen politisch, daß sich eine öffentliche Präsentation von vonherein ausschloss. Ihre Botschaft drang kaum aus dem Atelier REPINS. Wenn auch kein politischer Aktivist, erkannte er, dass *»all die Sklaverei, die erbarmungslosen Strafen und Willkürherrschaft eine so scharfe Opposition und die schrecklichen Ereignisse geradezu provozierten«*. REPIN meinte damit das Attentat auf Zar Alexander II. im Jahr 1881. In einem Brief an einen Freund bemerkte er zwei Jahre später: *»Nach besten Kräften versuche ich meine Ideen wahrheitsgetreu umzusetzen. Das Leben um mich herum verursacht mir ununterbrochen Verdruss und lässt mich keine Ruhe finden, es verlangt nach der Leinwand. Die Wirklichkeit ist zu schockierend, um sich wie eine wohlerzogene Dame feingestickter Ornamentik hinzugeben.«* Zu dieser Zeit nahm er die Arbeit an dem Gemälde *Sie erwarteten ihn nicht* auf ▸ 15.97, das er in einer Wanderausstellung zeigte.

Gegenüber anderen Werken des Realismus mit politischem Inhalt zeichnet sich dieses durch eine bewusste Irritation aus. Es zeigt einen bürgerlichen Innenraum, der mit großer Detailfreude wiedergegeben ist. Eine Magd mit weißer Schürze hat den nach langer Zeit zurückgekehrten Hausherrn mit abgehärmten Zügen hereingelassen: einer der Oppositionellen, der aus der Haft entlassen wurde bzw. aus der sibirischen Verbannung zurückgekehrt ist. Zar Alexander III. hatte eine Amnestie verkündet und seine Polizei nur noch auf potentiell gewalttätige Personen angesetzt. An der Wand hängt das Porträt eines Schriftstellers, der mit Tschernischewski zusammengearbeitet hatte. Wir erkennen aber auch ein Foto des aufgebahrten Alexander II., was vermuten lässt, daß sich die Familie gegenüber dem Zaren loyal verhalten hatte, während der Vater Bakunins Aufruf gefolgt war, *»alle zarten Bande von Familie, Freundschaft, Liebe und Dankbarkeit... zugunsten einer einzigen kalten Leidenschaft für die revolutionäre Sache aufzugeben«*. REPIN beschäftigte sich in diesem Gemälde mit dem moralischen Problem, dem sich Aufständische gegenüber sahen, wenn ihre Aktivitäten ihre Familie wie auch sich selbst der Gefahr aussetzten. Obwohl den Radikalen verbunden, war er selbst eher ein Gemäßigter und ein Freund des großen Fürsprechers des passiven Widerstandes, des Denkers, Sozialreformers und Romanciers Leo Tolstoi. REPIN wurde später Präsident der Petersburger Akademie und verließ 1917 das revolutionäre Petrograd, um seine letzten Lebensjahre in Finnland zu verbringen. Das kommunistische Regime sollte seine Werke später als Musterbeispiele des Sozialistischen Realismus feiern.

## *Die USA*

In den Vereinigten Staaten bedeutete das ›der eigenen Zeit angehörig sein‹ für Künstler gleichzeitig dem eigenen Land verbunden sein. Themen aus der Bibel, der klassischen Mythologie und der älteren Geschichte waren wenig beliebt – man zog ihnen Porträts, Genreszenen, Stillleben und insbesondere Landschaften vor. Der Maler THOMAS COLE (1801–1848) fand, dass Künstler, die amerikanische Landschaften darstellten, *»Vorteile haben, die allen anderen überlegen sind. Die ganze Natur hier ist neu für die Kunst.«* Es gab hier keine Gegenden wie die römische Campagna, die Jahrhunderte lang immer wieder gemalt worden waren. COLE war gebürtiger Engländer, wanderte mit 17 Jahren in die Vereinigten Staaten aus und begann als Künstler zu arbeiten. Er malte Ansichten

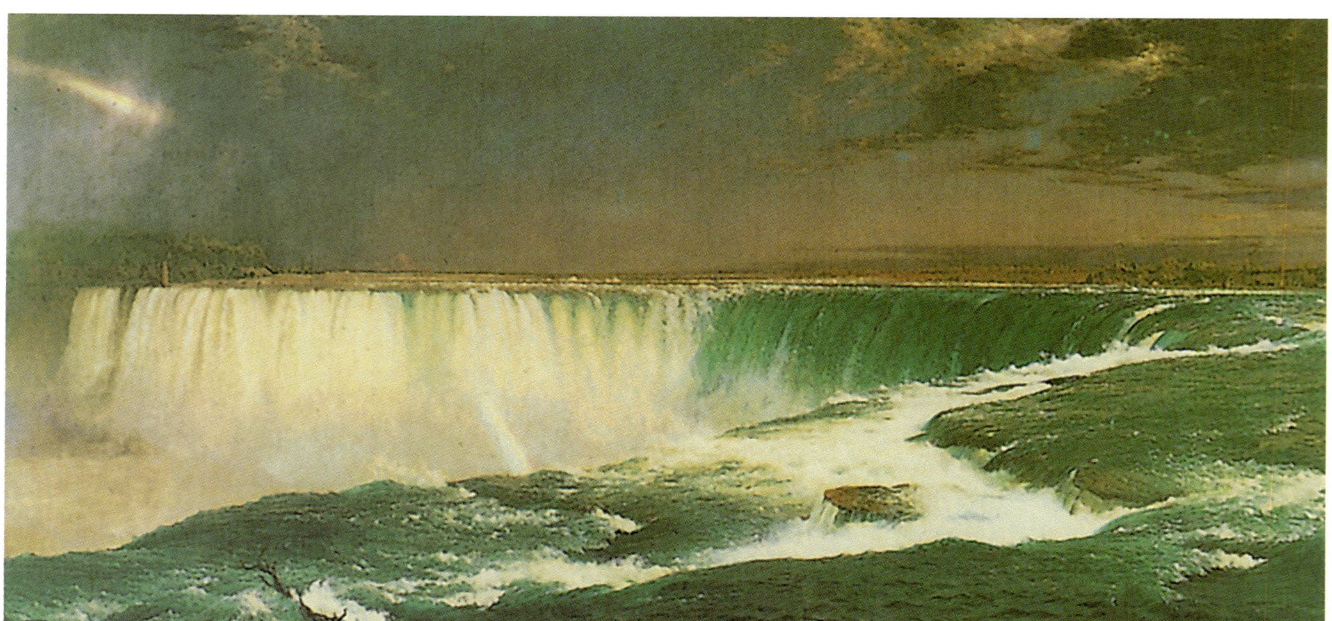

15.98 FREDERICK EDWIN CHURCH, *Niagarafälle*, 1857, Leinwand, 108 x 230 cm. Corcoran Gallery of Art, Washington.

des Hudsontales, die in New York sofort Käufer fanden. 1839 gehörte er zu den Gründern der New Yorker ›Apollo Association‹, die später in ›American Art-Union‹ umbenannt wurde. Sie stellte zeitgenössische amerikanische Kunst aus, kaufte und verkaufte sie. Ebenso wurden durch die Organisation Gemälde in einer Lotterie verlost und Drucke an all diejenigen verteilt, die Lose erwarben, wodurch einem großen Teil der Bevölkerung quer über den ganzen Kontinent ermöglicht wurde, Kunst zu sammeln. Das Ziel der Künstler bestand darin, eine ›Amerikanische Schule‹ zu begründen. Anregungen von antiken Statuen und den Alten Meistern Europas liefen dem »Geist des Zeitalters zuwider«: »Für uns Moderne liegt die Hoffnung in der modernen Kunst.«

COLE und einige andere New Yorker Künstler wurden in einer frühen Kritik ›The Hudson River School‹ genannt. Der Name blieb, obwohl sich ihre Motive nicht auf diesen Fluss beschränkten. Sie skizzierten in der freien Natur, wobei sie unkultivierte Landstriche bevorzugten. Sie erschien ihnen »voller Lehren von hoher und heiliger Bedeutung, die nur vom Licht der Offenbarung übertroffen«, wie der Theoretiker unter ihnen, ASHER B. DURAND (1796–1886), in seinen 1855 in New York erschienenen *Briefen über Landschaftsmalerei* schrieb. In ihren Werken übernahmen sie gleichwohl die formalen Konventionen europäischer Malerei: den dunklen Vordergrund und die starken Repoussoirs. Zudem stellten sie gewöhnlich einige kleine menschliche Figuren dar, um die Größenverhältnisse zu verdeutlichen. Der junge, FREDERICK EDWIN CHURCH (1826–1900) vernachlässigte diese Konventionen in seiner riesigen Panoramaansicht der *Niagarafälle* ▸ 15.98, die 1857 in einer New Yorker Galerie ausgestellt und gepriesen wurde als »vielleicht bestes Bild, das jemals von einem Amerikaner gemalt wurde; zumindest ist es das gefühlvollste«. Die Wasserfälle an der Grenze zu Kanada, eines der Weltwunder, begann eine Art amerikanisches Wahrzeichen zu werden, das zahlreiche Künstler und noch mehr Touristen anzog. Doch darauf weist in CHURCHS Bild nichts hin: Der Betrachter glaubt sich in einer Einsamkeit allein, gefährlich am Rand des tosenden Abgrundes stehend, überwältigt vom Schauspiel der Wassermassen und ihrer ungestümen, unwiderstehlichen Kraft. Trotz seines außerordentlichen Formats und des Motivs hat das Bild große Delikatesse in der Farbgebung: violette und rosafarbene Tupfer brechen das Weiß des fallenden Wassers auf. Der Regenbogen im Gischtdunst ist zwar ein natürliches Phänomen, gibt dem Bild aber eine andere Dimension, beschwört religiöse Ehrfurcht, von der an diesem Ort viele Besucher erfasst werden. So schrieb Charles Dickens: »Ich fühlte, wie nah ich meinem Schöpfer stand.« CHURCH widmete seine meisten Bilder den Horseshoe-Wasserfällen auf der kanadischen Seite, aber der Regenbogen überwölbt in ihnen, vielleicht nicht zufällig, die Vereinigten Staaten auf der linken Seite der Leinwand.

Amerikanische Bilder von Naturwundern übertrafen in ihrer Größe alles bisher in Europa Gesehene. ALBERT BIERSTADT (1830–1902) begann 1859 die noch wenig bekannten und selten dargestellten Berge, Klüfte und Cañons der Rocky Mountains zu erkunden: Er fertigte Skizzen an, machte Fotografien, trug Material zusammen, um dieses anschließend auf riesigen Leinwänden zu verarbeiten. Zwar wuchs er ab dem zweiten Lebensjahr in Massachusetts auf, war aber in Deutschland geboren, wohin er zu seiner künstlerischen Ausbildung an die Düsseldorfer Akademie zurückkehrte, wo noch andere amerikanische Studenten waren. Später überquerte er

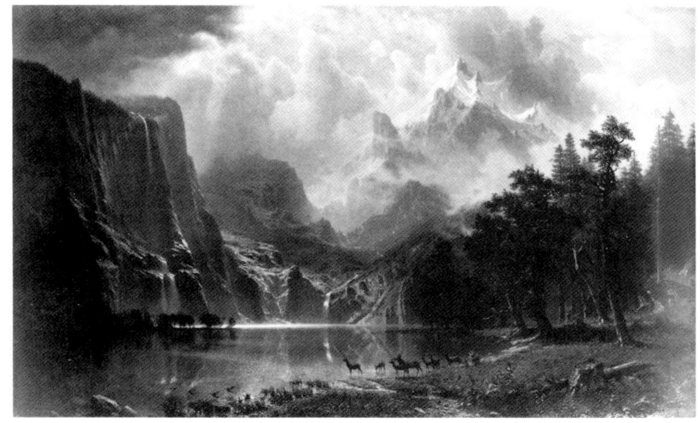

15.99 ALBERT BIERSTADT, *In der kalifornischen Sierra Nevada*, 1868, Leinwand, 183 x 305 cm. National Museum of American Art, Smithsonian Institution, Washington.

noch mehrmals den Atlantik. Die durchdachte Komposition und die sorgfältige Behandlung der Details in seinem drei Meter breiten Gemälde *In der kalifornischen Sierra Nevada* verraten sein Studium in Deutschland, während die fließend gemalten Wolken den Einfluss des von ihm bewunderten TURNER nahe legen ▸ 5.99. Das Bild ist keine topografisch genaue Wiedergabe, sondern eine komponierte Impression aus Sonnenlicht, das nach einem Sturm in den Bergen durch die Wolken bricht, einem ruhigen See, Wasservögeln und Hirschwild - »eine perfekte Typisierung dessen, wie unsere Landschaft sein sollte, wenn sie so in der Realität nicht ist«, wie ein Rezensent in der *Boston Post* bemerkte. BIERSTADT schuf dieses erstaunliche Gemälde weit entfernt von Kalifornien während eines Besuchs in Rom und stellte es in Berlin, London und Paris aus. Vermutlich wollte er seinen internationalen Ruf begründen, um amerikanische Sammler mit seinem Prestige in Europa zu beeindrucken. Das Bild wurde von Alvin Adams aus Watertown, Massachusetts, dem Inhaber eines Postunternehmens erworben. BIERSTADT verkaufte ebenso große Rocky Mountains-Landschaften an andere Unternehmer, die aktiv die Erschließung der Region vorantrieben, besonders an einen der Finanziers der Central Pacific Railroad.

Solch sorgfältig ausgewählte und idealisierte Ansichten weiter Gebiete mit noch unerschlossenen natürlichen Ressourcen besaßen für Amerikaner eine besondere Anziehungskraft, die John O'Sullivans (1813–1895) Glauben von »unserer offensichtlichen Bestimmung, diesen uns von der Vorsehung zugeteilten Kontinent für die freie Entwicklung unserer sich jährlich vervielfachenden Millionen zu erobern« teilten. Sie verkörperten auch das, was der Historiker Francis Parkman (1823–93) »ernste und feierliche Poesie« nannte, die die urzeitliche amerikanische Wildnis »atmet«. Seit dem 17. Jahrhundert hatten sich die Amerikaner über ihr Verhältnis zur Wildnis definiert. Sie verschwand im 19. Jahrhundert stetig, was viele bedauerten, unter ihnen der hochangesehene Henry David Thoreau (1817–1862). Ungeachtet des Bürgerkrieges erließ der Kongress 1864 ein Gesetz, um das spektakuläre Yosemite-Tal in der kalifornischen Sierra Nevada zu schützen. 1872 wurden etwa 800 000 Hektar Land im nordwestlichen Wyoming zum Yellowstone Nationalpark erklärt. Zum ersten Mal wurde die natürliche Wildnis im großen Stil geschützt, ein kulturelles Phänomen, das schließlich globale Bedeutung erlangen sollte, sich aber nur in einem Land mit einer florierenden Wirtschaft verwirklichen ließ. Zu den leidenschaftlichsten Fürsprechern derartiger Projekte gehörte FREDERICK LAW

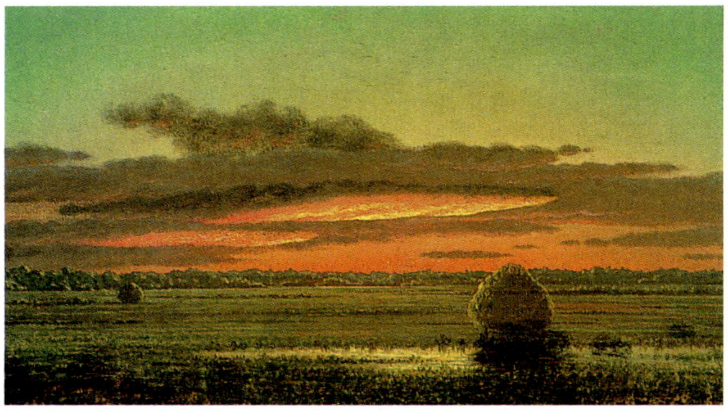

15.100 MARTIN JOHNSON HEADE, *Sonnenuntergang über den Salzmarschen*, um 1863, Leinwand, 26x46,4 cm. Museum of Fine Arts, Boston (M. und M. Karolik Collection).

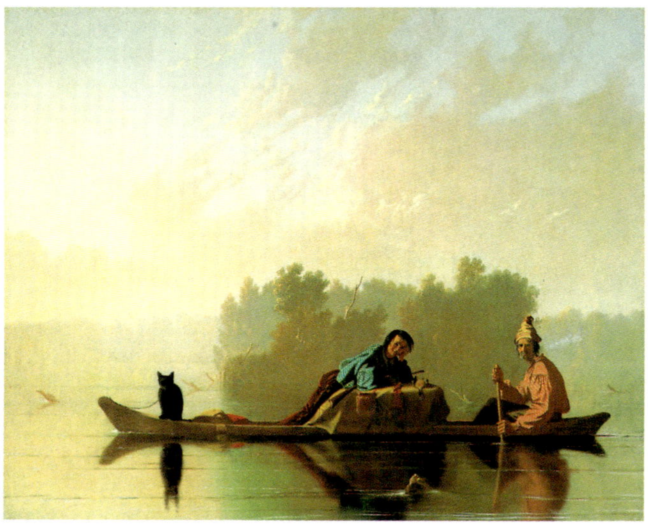

15.101 GEORGE CALEB BINGHAM, *Fellhändler den Missouri hinabfahrend*, 1845, Leinwand, 73,7x92,7 cm. The Metropolitan Museum of Art, New York (Morris K. Jesup Fund, 1933).

OLMSTED, der führende Landschaftsarchitekt jener Zeit und geistige Vater des Central Park in New York sowie weiterer Grünanlagen, die der Stadtbevölkerung zur Erholung dienen sollten s. S. 584 ff..

Das unspektakuläre flache Ackerland an der Ostküste war ebenso wie die Wildnis der Rocky Mountains im Westen ein Teil der amerikanischen Landschaft, doch zog er nur wenige Maler an, unter ihnen MARTIN JOHNSON HEADE (1819–1904). In den 1860er Jahren unternahm er ausgedehnte Reisen durch die Vereinigten Staaten, Südamerika, Europa und auf die Westindischen Inseln, kehrte jedoch immer wieder an die Ostküste zurück - nach Massachusetts, Rhode Island und New Jersey. Er malte mehr als 100 Ansichten der Salzmarschen. Auf diesen Landschaftsgemälden stehen vor scheinbar unendlichen winddurchfurchten Wiesen oder vor Lachen, die die Flut zurückließ, fast immer Heuhaufen. Nur gelegentlich brechen einige Kühe, Menschen oder das Segel eines kleinen Bootes die gleichförmigen Flächen auf ▸ 5.100. Im Wesentlichen sind es Darstellungen des Lichts aus einem mal klaren, mal bewölkten, selten gewittrigen Himmel, das durch die feuchte Atmosphäre gebrochen und zu unterschiedlichen Tageszeiten – von der Morgendämmerung bis zum Einbruch der Dunkelheit – genau wiedergegeben wird, jedoch keineswegs als einfache meteorologische Studien. Indem sie eine Stimmung gleichmütiger Meditation hervorrufen, scheinen sie von Gefühlen jener Art inspiriert, wie sie RALPH WALDO EMERSON (1803–1882) 1836 beschrieb: »*Auf nacktem Boden stehend – mein Kopf gebadet in der heiteren Luft und erhoben im unendlichen Raum, verschwindet die ganze schäbige Selbstsucht. Ich werde ein durchsichtiges Auge. Ich bin nichts, ich sehe alles. Die Ströme des universalen Seins durchlaufen mich. Ich bin ein wesentlicher Teil Gottes.*« Dieses transzendentale Verhältnis zur Natur, das um die Jahrhundertmitte dominierte, wurde wahrscheinlich von CHURCH (einem engen Freund HEADES) und BIERSTADT geteilt. HEADES Gemälde der Salzmarschen fanden zwar Käufer, er erlangte aber nur eine bescheidene Reputation. Lange vor seinem Tod war er bereits vergessen und wurde erst in den 1940ern wieder entdeckt.

Der Begriff des ›Luminismus‹ wurde in den 1950ern für die Werke HEADES und einiger seiner Zeitgenossen geprägt. Er kann ebensogut auf die zauberhaften *Fellhändler, den Missouri herunterfahrend* aus dem Jahr 1845 von GEORGE CALEB BINGHAM (1811–1879) angewandt werden ▸ 5.101. Selten wurde die Wirkung des frühen Morgenlichts, das den Nebel auflöst, so wunderbar wiedergegeben. Der Kontrast zwischen den Bäumen, die aus dem Dunstschleier auftauchen und den scharf erfassten Figuren in leuchtend bunter Kleidung, die sich im langsam fließenden Wasser spiegeln, geben dem Bild etwas Traumverlorenes. Dadurch unterscheidet es sich von den meisten Genreszenen in freier Natur, die sich in den Vereinigten Staaten damals einer Beliebtheit erfreuten, wie sie sonst nur Landschaftsgemälde genossen. Gefragt waren Bilder, die den Mythos vom einfachen, glücklichen Landleben bewahrten, es mit großer Liebe zum Detail, jedoch ohne Hinweise auf soziale Probleme wiedergaben. BINGHAMS Gemälde wurde von der American Art Union für lumpige 75 Dollar angekauft und 1845 in ihrer jährlichen Lotterie verlost, nachdem der ursprüngliche, leicht verwirrende Titel *Französischer Händler und sein Mischlingssohn* in den heute allgemein bekannten geändert worden war.

Die Nachfrage nach Bildern des Lebens in der Natur setzte sich nach dem Bürgerkrieg fort, der zu einer ängstlichen Gewissenserforschung über das Problem der nationalen Identität führte, das schärfer in den sprach- als in bildkünstlerischen Werken erörtert wurde. WINSLOW HOMER (1836–1910) war einer der Maler, die sich vorwiegend dieser Aufgabe widmeten, auch wenn er sich von seinen Vorgängern sowohl thematisch als auch stilistisch unterschied. Der erste international anerkannte Maler, der in den USA geboren war, dort gelernt und fast ausschließlich gearbeitet hatte, begann seine Laufbahn als Zeichner für verschiedene Zeitschriften. Während des Bürgerkrieges hatte man ihn an die Front geschickt, um Zeichnungen für *Harper's Weekly* anzufertigen. Dort fand er sich neben Fotografen wieder, die dieselben Ereignisse dokumentierten. Die Fotografie wies neue Wege, um die dreidimensionale Realität auf eine Fläche zu bannen. Jedoch verdankte der höchst individuelle Stil, den er nach dem Krieg fand, mindestens ebenso viel den Malern der vorangegangenen zwei oder drei Jahrzehnte. 1867 besuchte HOMER Frankreich und malte kurz nach seiner Rückkehr den beliebten Ferienort *Long Branch, New Jersey* ▸ 15.102 mit modisch gekleideten Damen – eine Motivwahl, wie sie von französischen Künstlern wie EUGÈNE BOUDIN getroffen wurde (s. S. 644). Das Gemälde erinnert in seiner Asymmetrie, dem Bildausschnitt, den klar umrissenen Formen und seinem leichten, hellen Farbschema (Weiß, Blassblau, Hellgrün und Sandgelb) ebenso an gleichzeitige Arbeiten von MONET.

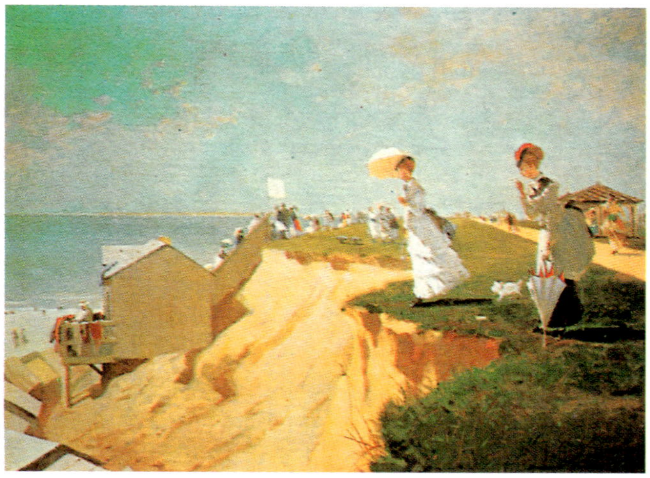

15.102 WINSLOW HOMER, *Long Branch, New Jersey*, 1869, Leinwand, 40x55cm. Museum of Fine Arts, Boston.

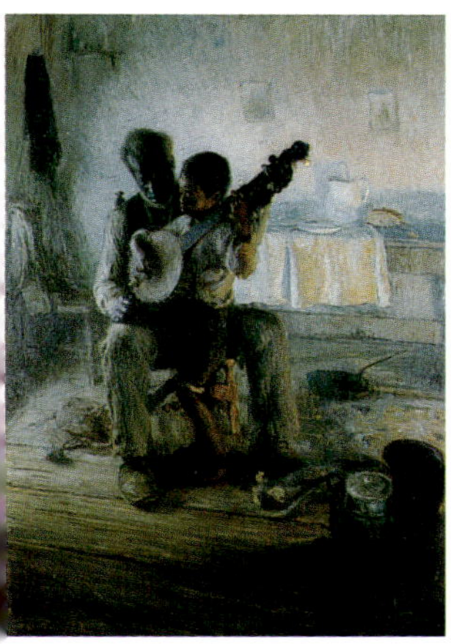

15.103 HENRY OSSAWA TANNER, *Die erste Unterrichtsstunde*, um 1893; Leinwand, 121,9x88,9cm. Hampton University Museum, Hampton, Virginia.

Manchmal erinnern Gemälde an Stellen aus Romanen von Henry James (1843–1916), der HOMER mit einfachen Worten Bewunderung zollte: »*Er ist ein echter Maler, das heißt sehen und wiedergeben, was er sieht, ist seine einzige Sorge« (1875).* »*Er hat nicht nur keine Phantasie, sondern es gelingt ihm sogar, dies blasse Negativ in ein blühendes, respektables Positiv zu verwandeln.*«

HOMER war stärker als jeder andere Künstler seiner Generation von dem betroffen, was sicherlich die schwerwiegendste Frage der Nachkriegsperiode war: die Notlage der Afroamerikaner, die zwar von der Sklaverei befreit, nicht jedoch in die demokratische Gesellschaft integriert waren. *Verkleidet für den Karneval* aus dem Jahr 1877, gemalt in grellen, vibrierenden Farben, scheint auf den ersten Blick nichts weiter zu sein als eine pittoreske, sonnenüberflutete, Szene in den Südstaaten ▸15.104. Bei näherem Hinsehen erscheint das Leid im Sonnenlicht. Der Mann in der Mitte wird von zwei Frauen, deren Ausdruck alles andere als fröhlich ist, mit einem Clownskostüm bekleidet. Sogar die Kinder scheinen in ihrer Stimmung etwas gedrückt. Dass zwei von ihnen kleine amerikanische Fahnen halten, suggeriert, dass der Mann für die Teilnahme an der Jahrhundertfeier zum 4. Juli gekleidet wird. HOMER könnte durchaus an eben diesem Tag in Virginia Zeuge einer solchen Szene geworden sein. In einer Stadt in den Südstaaten jedenfalls waren Afroamerikaner, die in Militäruniformen an der Jahrhundertfeierparade teilgenommen hatten, schikaniert worden, und einige wurden wenige Tage später ermordet. Bevor HOMER das Bild beendete, hatte sich die Situation noch weiter verschlechtert. Die fragwürdigen Wahlen im Herbst 1876 führten zu einem Kompromiss, bei dem die Demokraten aus dem Süden einen republikanischen Präsidenten akzeptierten mit der stillschweigenden Übereinkunft, dass die Bundestruppen aus dem Süden abgezogen und keine weiteren Anstrengungen unternommen werden, den 15. Abänderungsantrag zur Verfassung, allen Menschen unabhängig von ihrer »Rasse, Hautfarbe oder ihrem früheren Sklavenstand« durchzusetzen. Die hoffnungsvolle Periode der ›Reconstruction‹ (Umstrukturierung) war beendet, und die Rassentrennung wurde sogar noch verschärft. Deshalb könnten das verschlossene Tor und das Clownskostüm in *Verkleiden für den Karneval* symbolische Bedeutung haben.

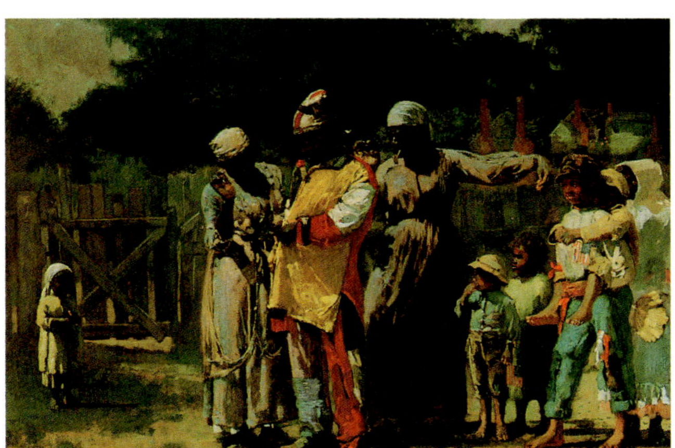

15.104 WINSLOW HOMER, *Verkleiden für den Karneval*, 1877, Leinwand, 50,8x76,2cm. The Metropolitan Museum of Art, New York (Amelia B. Lazarus Fund, 1922).

Auch wenn die Weißen die Afroamerikaner fast immer auf der anderen Seite der Rassenschranke sehen wollten, wurden sie in der folgenden Zeit in Genreszenen häufiger einbezogen als jemals zuvor. Ihre Darstellung folgte Klischees, die die Zufriedenheit der Sklaven suggerierte: entweder in der Haltung dienstfertiger Ehrerbietung, oder grinsend und tanzend. Solche Bilder hielten den Mythos von einer stabilen sozialen Struktur der Gesellschaft aufrecht. Andere Opfer des ökonomischen Systems wurden ähnlich gezeigt, ohne dass auf etwaige Spannungen Bezug genommen worden wäre. Von Künstlern wurde nicht erwartet, dass sie das Leid der Armen im Land der Freiheit dokumentierten. »*Wie schlecht das ihn Umgebende auch ist, für den Künstler steht die Sonne immer im Zenit. Es ist seine Berufung, jeglichen Teil der Realität, den er malt im bestmöglichen Licht erscheinen zu lassen*«, bemerkte 1871 der aus Virginia stammende Schriftsteller und Gegner der Sklaverei Moncure F. Conway (1832–1907): »Der anderswo bewundernswerte Eifer der Reformer ... steht im Widerspruch zur Gelassenheit des Geistes, durch die der Künstler Schönheit gewinnt.«

Allerdings entstanden auch Bilder, die von den Stereotypen abwichen. Mitunter wurden Afroamerikaner als menschliche Individuen porträtiert, etwa von HENRY OSSAWA TANNER (1859–1937). Der Sohn des Theologen und späteren Bischofs der Afrikanischen Methodistischen Episkopalkirche in Philadelphia war teilweise afrikanischer Abstammung, hellhäutig, aber in den Vereinigten Staaten als ›Schwarzer‹ klassifiziert. Zunächst malte er schlichte Landschaften, Seeansichten und Genreszenen im Freien. 1891 ging er zum Studium nach Paris, wo er überwiegend blieb. 1893 kehrte er zu einem Besuch nach Philadelphia zurück und, wie er zu dieser Zeit schrieb, »malte zumeist Negermotive ... wegen des Wunsches, die ernsthafte und pathetische Seite ihres Lebens zu zeigen«. Eines von ihnen, dem er den Titel *Die erste Unterrichtsstunde* ▸15.103 gab, zeigt einen älteren Mann, der einen Knaben das Banjospielen lehrt, was normalerweise mit Komik behandelt wurde. Wahrscheinlich wählte Tanner dieses Thema, um das Stereotyp zu unterlaufen. Die scheinen den Betrachter nicht zu bemerken. Dieses Bild menschlicher Beziehung ist so ernsthaft und anrührend wie sonst nur zwischen einem weißen Großvater und seinem Enkel – mit der Aufforderung, Afroamerikaner sollten mit gleichen Augen betrachtet werden.

TANNER war an der Akademie in Philadelphia von THOMAS EAKINS (1844–1916) unterrichtet worden und mit ihm befreundet. Neben HOMER, von dem er sich in fast jeder Hinsicht unterschied, war EAKINS der namhafteste Künstler, der in den Vereinigten Staaten arbeitete. HOMERS Bilder sind kleinformatig (er malte auch ausgezeichnete Aquarelle), EAKINS arbeitete auf größeren Leinwänden. Sein erstes Mei-

# Caleb Binghams *Fellhändler*
# Kunst und die Siedlungsgrenze

Caleb Binghams Gemälde *Fellhändler den Missouri hinabfahrend* oder, wie der Maler es ursprünglich betitelt hatte, *Französischer Händler und sein Mischlingssohn* ▸ 15.101, wurde 1845 in der American Art Union in New York zusammen mit einem anderen Gemälde ausgestellt, das mit dem ersteren in Komposition, Sujet und Größe korrespondierte und den Titel *Indianergestalt – der versteckte Feind* trug ▸ 15.105. Als Pendants gedacht, beschwören die beiden Bilder das Leben im Staat Missouri, als dieser sich noch an der Siedlungsgrenze der USA befand. Der ›französische Händler‹ ist ein Vertreter der ›Voyageurs‹ oder Trapper, die häufig amerikanische Eingeborene zur Frau nahmen, und der ›Indianer‹ weist die Frisur und die Körperbemalung eines Osage auf. Beide passten jedoch in den 1840er Jahren nicht mehr in die Zeit, denn bis dahin hatten große Handelskompanien mit Dampfschiffen (statt Kanus) den Fellhandel an sich gerissen, und der Stamm der Osage war, nachdem ihm im Zuge des Indian Remoral Act von 1830 Land in Kansas zugewiesen worden war, 1837 durch einen Feldzug aus Missouri vertrieben worden. Doch Binghams Bilder eines Westens, der bereits nicht mehr existierte, sprachen die breite Öffentlichkeit in den östlichen Bundesstaaten zu einer Zeit an, als die Lederstrumpf-Romane, jenes großartige Epos der nordwestlichen Siedlungsgrenze von James Fennimore Cooper (1789–1851), sich großer Beliebtheit erfreuten. Sie entsprachen gleichzeitig der patriotischen Forderung der Art Union nach Bildern, die »die Besonderheit dieses Landes gegenüber allen anderen herausstellten«.

In New York wurde Bingham ›der Künstler von Missouri‹ genannt, in seinem Heimatstaat aber genoss er nicht geringere Bekanntheit als die Politiker. Er war der Sohn eines erfolgreichen Farmers aus Franklin und hatte sich selbst das Malen beigebracht. 1838 reiste er nach Philadelphia, wo er Abgüsse antiker Skulpturen, Zeichnungen und Stiche kaufte, die er kopierte. Bald machte er sich auf lokaler Ebene einen gewissen Namen mit Porträts und Genreszenen im Freien. Gleichzeitig fing er an, sich aktiv in der Lokalpolitik zu engagieren und trat in die Partei der Whigs ein (die später in Republikanische Partei umbenannt wurde). Im Vorfeld der Präsidentenwahl von 1841 zählte er zu den Rednern auf Whig-Kundgebungen, für die er in einem Fall ein großes Transparent malte (heute zerstört). Der Kandidat der Whigs, William Henry Harrison, gewann die Wahl, und Bingham siedelte nach Washington über in der Hoffnung auf ein Amt. In dieser Hoffnung wurde er enttäuscht, und nach drei Jahren kehrte er rechtzeitig nach Missouri zurück, um sich im Wahlkampf für die nächste Präsidentenwahl für die Kandidatur von Henry Clay stark zu machen. Für diesen Wahlkampf malte er drei Transparente, von denen eines (wie wir heute nur dank zeitgenössischer Beschreibungen wissen) auf der Vorderseite Clay mit einem Farmer sowie eine Eisenbahn, Handelsschiffe und Fabriken zeigte. Auf der Rückseite war eine unberührte Prärie zu sehen, die von Bisons durchquert wurde. Ein weiteres Transparent, das von Bingham vorgeschlagen, vom Parteiausschuss aber abgelehnt wurde, hätte Missouri den Grenzerheld Daniel Boone, »bei einem seiner Kämpfe auf Leben und Tod mit einem Indianer« gezeigt. Seine Gemälde *Der Fellhändler* und *Der versteckte Feind* datieren aus dem gleichen Jahr und leisteten einen ähnlichen Beitrag zur Mythologie der amerikanischen Siedlungsgrenze.

Clay hatte als einziger Senator gegen die Behandlung der amerikanischen Eingeborenen im Sinne des Indian Remoral Act protestiert, obwohl er offenbar hauptsächlich gegen die Art der Umsetzung sowie gegen die demokratische Politik der weiteren territorialen Expansion Einspruch erhob. Sein ›Amerikanisches System‹ zielte auf die Förderung der Landwirtschaft, des Handels und der Industrie in den bereits besiedelten Gebieten ab. Der demokratische Präsident Andrew Jackson verlieh gleichwohl dem Standpunkt der Mehrheit Ausdruck, als er 1837 erklärte: *»Die Staaten, die so lange in ihrer Entwicklung aufgehalten worden sind durch die mitten unter ihnen lebenden Indianerstämme, sind endlich befreit vom Übel, und dieses unglückliche Volk – die*

15.105 George Caleb Bingham, *Indianergestalt – Der versteckte Feind*, 1845, Leinwand, 74,3 x 92,7 cm. Stark Museum of Art, Orange, Texas.

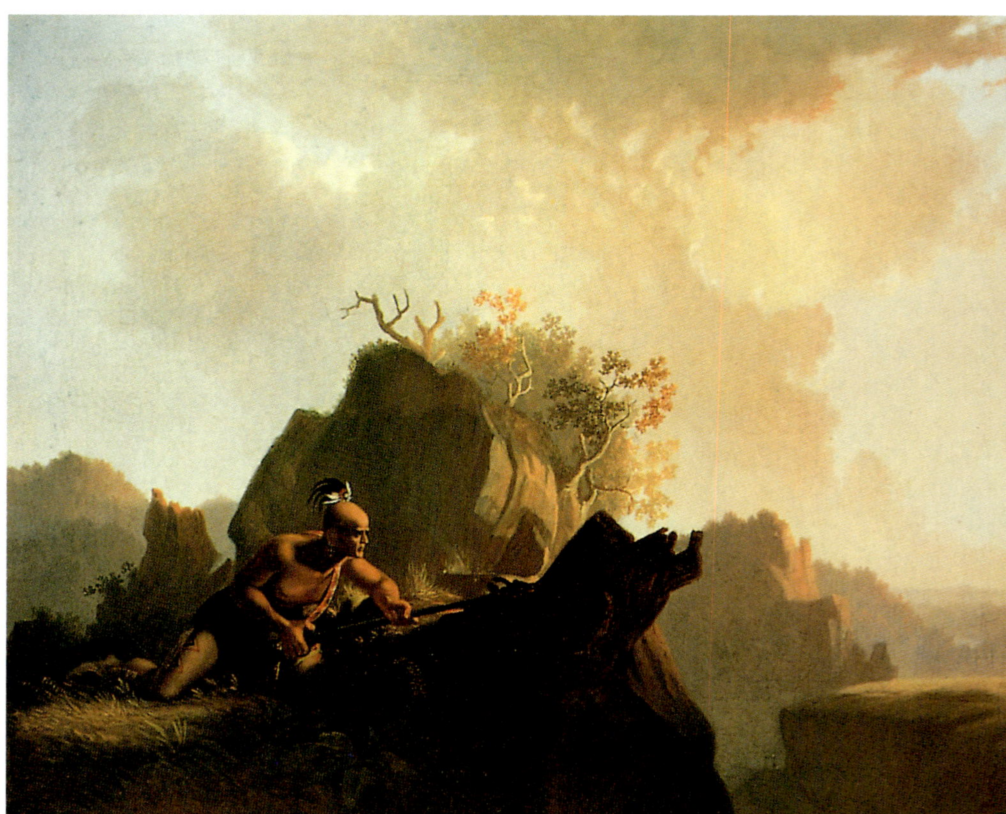

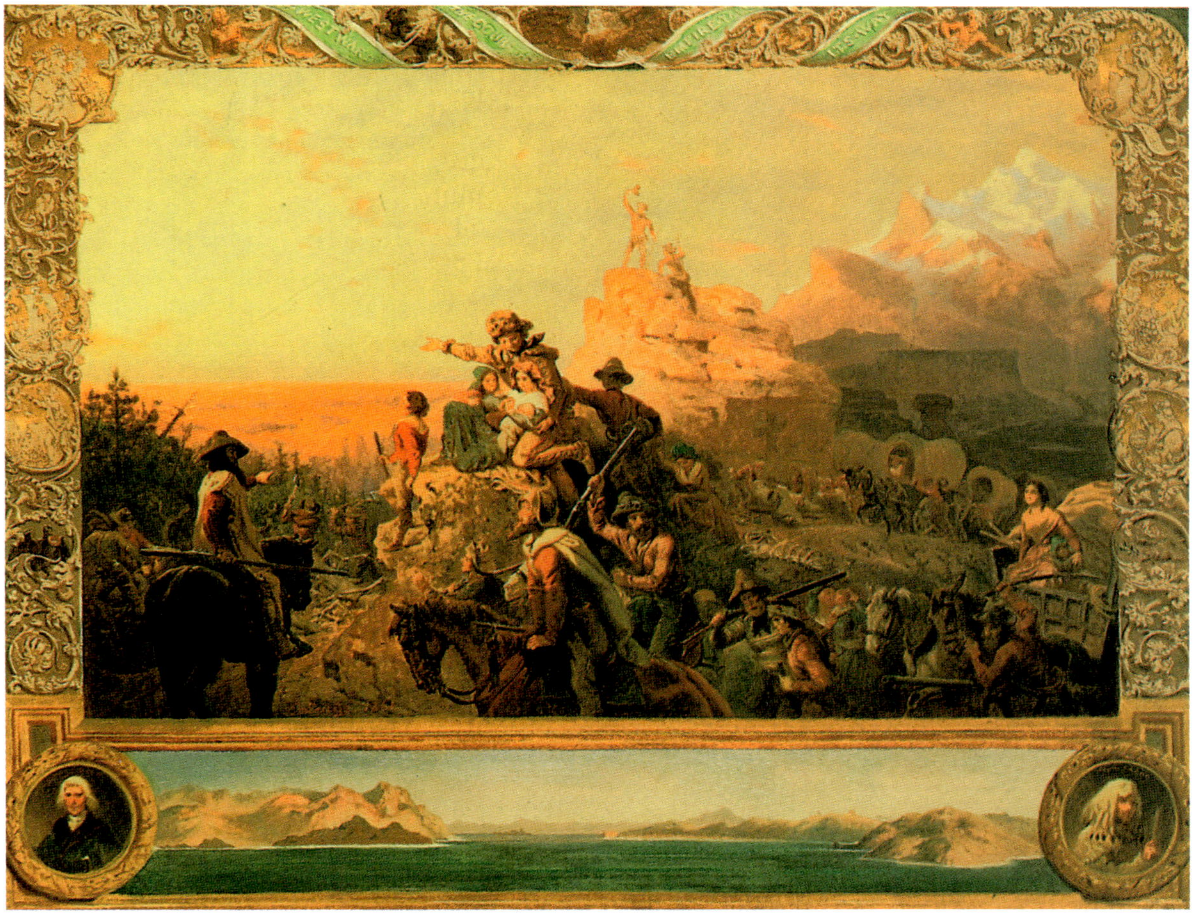

15.106 EMANUEL GOTTLIEB LEUTZE, *Westwärts nimmt der Weg des Reiches seinen Lauf (Auf nach Westen!)*, 1861, Leinwand, 84,5 x 110,2 cm. National Museum of American Art, Smithsonian Institution, Washington (Vermächtnis Sara Carr Upton).

*Ureinwohner unseres Landes – befindet sich jetzt in einer Situation, in der es, so ist stark zu hoffen, an den Segnungen der Zivilisation teilhaben wird.«* Die amerikanischen Eingeborenen waren seit den Anfängen der europäischen Besiedlung immer als Feinde der Zivilisation betrachtet worden, und ihr Bündnis mit den Engländern im amerikanischen Unabhängigkeitskrieg wirkte sich nachteilig für sie aus. BINGHAMS *Versteckter Feind* war nur eine von unzähligen indianerfeindlichen Darstellungen.

Die ab den 1820er Jahren für das Kapitol in Washington in Auftrag gegebenen Gemälde und Skulpturen, die die Erkundung und Besiedlung Nordamerikas darstellten, propagierten die damals gültige Ideologie der nationalen Expansion: dass die Besiedlung durch weiße Christen und die daraus resultierende Vertreibung der Indianer eine schicksalhafte Erfüllung von Gottes Zivilisierungsplan sei. Die amerikanischen Ureinwohner wurden zwar nicht völlig ausgeklammert wie die Afroamerikaner, sie figurierten aber meist als Hemmschuh des Fortschritts. Auf einem die weiße Überlegenheit feiernden Gemälde von EMANUEL LEUTZE sind sie an den Rand gedrängt ▸ 15.106, so wie die übrig gebliebenen Stämme durch die Umsiedlungspolitik der Bundesregierung in die unfruchtbaren Gebiete am Rande der westlichen Siedlungsgrenze verbannt worden waren. Wir sehen sie auf LEUTZES dekorativem Rahmen, gefangen in den Schnörkeln beiderseits des Symbol-Adlers über einer Darstellung, die die Expansion nach Westen verherrlicht. EMANUEL GOTTLIEB LEUTZE (1816–1868) war in Deutschland geboren, kam als Kind nach Philadelphia, kehrte aber 1841 nach Deutschland zurück und verbrachte die nächsten 18 Jahre in Düsseldorf, wo er sein Atelier gelegentlich mit anderen Malern aus den Vereinigten Staaten, namentlich ALBERT BIERSTADT (s. S. 617), teilte. Er machte sich dort einen Namen mit großformatigen Gemälden von Ereignissen aus der amerikanischen Geschichte und anderen historischen Sujets, insbesondere *George Washington überquert den Delaware* (The Metropolitan Museum, New York) von 1851. Wieder in den Vereinigten Staaten, erhielt er den Auftrag zur Ausmalung der Sitzungsräume des Kapitols, obwohl zu diesem Zeitpunkt der Bürgerkrieg auf seinem Höhepunkt war. Er machte sich gleich daran, Skizzen der Rocky Mountains anzufertigen, und vollendete bald die hier gezeigte vorbereitende Studie. Der Titel *Westwärts nimmt der Weg des Reiches seinen Lauf* war einem 1728–30 auf Bermuda entstandenen Gedicht des irischen Philosophen und anglikanischen Geistlichen George Berkeley (1684–1783) entlehnt, das die Unausweichlichkeit der ›Ausbreitung des Reiches und der Künste‹ westlich von Europa beschwor. LEUTZE zeigt den bedeutungsschwangeren Augenblick, wenn die Emigranten von den Bergen das gelobte Land erblicken (auf der Predella ist eine Ansicht der Bucht von San Francisco dargestellt). Die Pyramidenform, die das Bild beherrscht, sollte jedoch eher die Stabilität eines bereits errungenen Reiches andeuten. Als er das Wandbild im Kapitol malte, das 6 x 9 Meter misst, nahm LEUTZE einige bezeichnende Änderungen gegenüber dieser Vorlage vor und fügte der Figurengruppe im Vordergrund einen Afroamerikaner hinzu, den ersten, dessen Präsenz im Kapitol überhaupt geduldet wurde. Hinweise auf das Vorhandensein von Afrikanern in den Vereinigten Staaten waren bis dahin stets ausgeklammert worden. Lincolns Proklamation zur Befreiung aller Sklaven im September 1862, als LEUTZE an dem Wandgemälde arbeitete, unterbreitete ein vom Norden, von der Union gehegtes Bild der Lage der Nation.

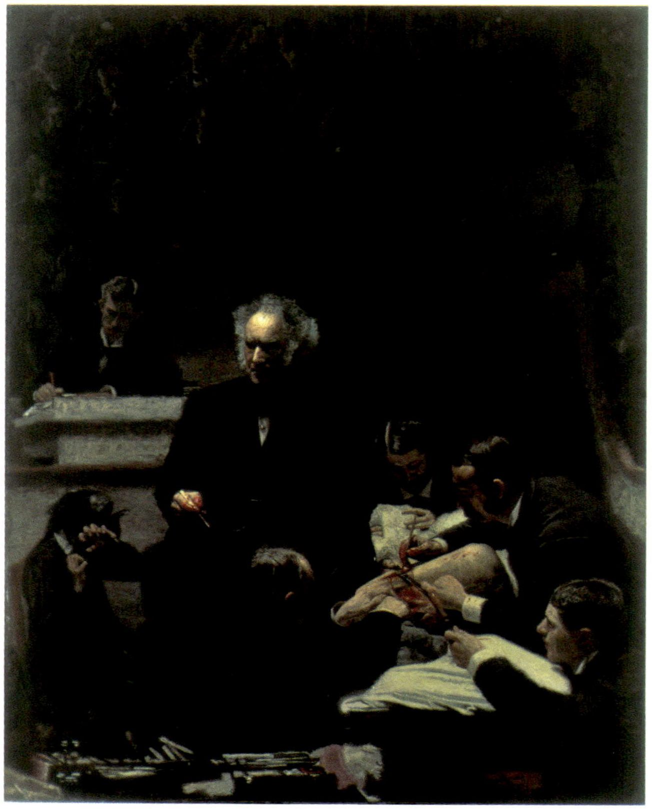

15.107 THOMAS EAKINS, *Die Klinik des Dr. Gross*, 1875, Leinwand, 244 x 198 cm. The Jefferson Medical College, Philadelphia.

sterwerk, *Die Klinik des Dr. Gross* ▸ 15.107, zeigt im Vordergrund lebensgroße Figuren. In seiner Jugend besuchte EAKINS in Philadelphia Anatomieklassen am Medizinischen College und Zeichenstunden an der Akademie. Dann ging er nach Paris und studierte bei JEAN-LÉON GÉRÔME (1824–1904), einem Schüler von DELAROCHE, der sich auf historische, vor allem antike Themen spezialisiert hatte. Doch REMBRANDT, VELÁZQUEZ und RIBERA inspirierten ihn, zu ihrem ›Realismus‹ ein amerikanisches Gegenstück des 19. Jahrhunderts zu schaffen. Vielleicht versuchte er sogar, sich an REMBRANDTS *Anatomie des Dr. Tulp* (Mauritshuis, Den Haag) zu messen, als er *Die Klinik des Dr. Gross* malte: Der berühmte amerikanische Chirurg Dr. Samuel Gross führt vor seinen Studenten eine Operation am Schenkel eines Mannes aus. EAKINS stellte nicht wie REMBRANDT die Sektion einer Leiche dar, sondern die Operation an einem Patienten unter Narkose – ein Triumph der modernen Wissenschaft. Die sorgfältige Führung des Lichtes, das auf Dr. Gross' Stirn, Hand und das nackte Bein des Patienten fällt, macht das Bild zu einer hochdramatischen Komposition und zeigt, wieviel mehr als nur die Themenwahl EAKINS REMBRANDT schuldet. Es handelt sich nicht um das Protokoll eines alltäglichen Geschehens im Leben eines vielbeschäftigten Chirurgen. Der konzentrierte Ausdruck des Gesichts von Dr. Gross, die dramatische Beleuchtung und die Komposition verleihen dem Bild den Ernst und die Erhabenheit einer Betrachtung über die Geheimnisse der Wissenschaft.

## Die Fotografie wird erwachsen

Eine kleine Schwarzweißwiedergabe der *Klinik des Dr. Gross* könnte man auf den ersten Blick für eine Fotografie halten, wenn auch für eine aus einer späteren Zeit. Fotografische Aufnahmen von ähnlichen Szenen in Operationssälen existierten damals durchaus; doch mit ihrer strengen Anordnung der Figuren, die starre Posen einnehmen und geduldig einen ernsten Gesichtsausdruck wahren, vermitteln sie einen geringeren realistischen Eindruck als das Gemälde, was teilweise auf die Notwendigkeit einer langen Belichtungszeit und einer starken, gleichmäßigen Ausleuchtung zurückzuführen ist. Trotzdem war die am hartnäckigsten gegen die Werke COURBETS und anderer Realisten ins Feld geführte Kritik die, dass sie Daguerreotypien glichen. Dieser absurde Vorwurf barg immerhin die stillschweigende Annahme in sich, dass die Fotografie nichts weiter als ein wissenschaftliches Verfahren zur bildlichen Dokumentation sei. Die Frage, ob sie als eine Kunstform betrachtet werden könne, war Gegenstand heftiger Diskussionen und stellte zugleich den Streitpunkt in einem Prozess dar, der 1861–1862 die Pariser Justiz beschäftigte und mit der richterlichen Entscheidung ein Ende fand, Fotografien könnten – der Konjunktiv ist wichtig – gedankliche und geistige Schöpfungen, erfüllt von Geschmack und Verstand, geprägt von einer persönlichen Handschrift und demzufolge Kunstwerke sein. Nichtsdestoweniger wurden Fotografien nach 1850 aus den Salons ausgeschlossen (als einige zwischen Lithografien aufgehängt worden waren) und von 1859 an gesondert in offiziell geförderten Jahresausstellungen im Palais de l'Industrie gezeigt. Auch zu den Ausstellungen der Royal Academy in London wurden sie nicht zugelassen, wenngleich 1861 unwissentlich eine handkolorierte Fotografie angenommen wurde. Diese Ablehnung sollte sich bis in das 20. Jahrhundert fortsetzen.

In den 1850er Jahren war die Fotografie in ihrer technischen Leistungsfähigkeit bereits stark verbessert worden; zugleich erkannte man jetzt deutlicher, dass ihre technischen

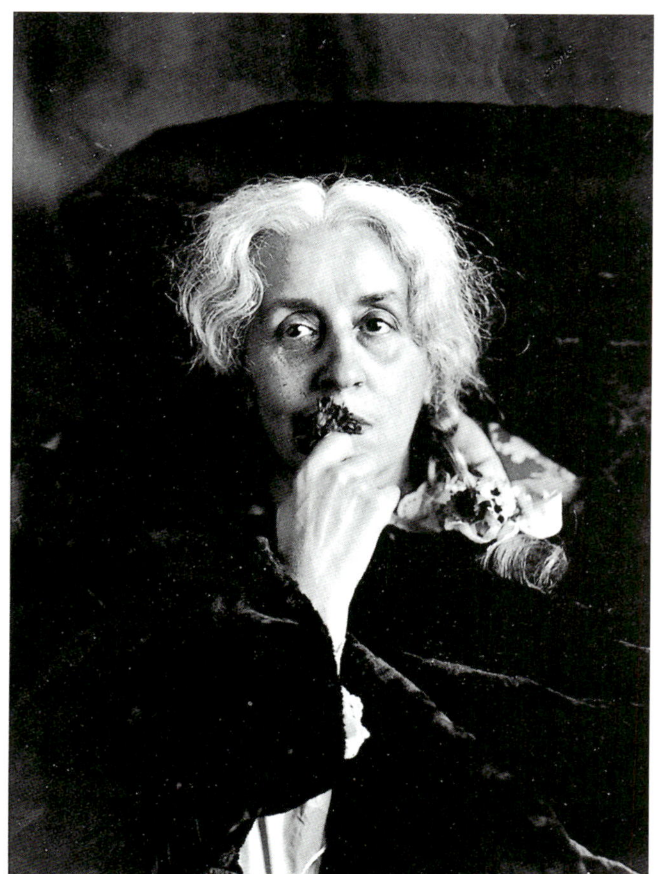

15.108 NADAR (GASPARD-FÉLIX TOURNACHON), *Die Frau des Fotografen*, 1853, Gelatinesilber-Abzug von einem Kollodium-Negativ. Menil Foundation, Houston.

Grenzen eben auch ihren eigenen Charakter und ihre einzigartigen Möglichkeiten ausmachten. Fotografische Bilder sind rein vom Tonwert bestimmt, bestehend aus Abstufungen von Grau- oder Brauntönen (bis zur Entwicklung der Farbfotografie, die auf einer begrenzten Reihe von Farbtönen basiert). Die Vertrautheit mit dem Medium begann sich allmählich auf die Wahrnehmung auszuwirken – auf die der Natur ebenso wie auf die von Kunstwerken. Die Künstler, die eine Petition gegen die französische Gerichtsentscheidung von 1862 einreichten, nach der Fotografien Kunstwerke »sein könnten«, wurden von INGRES und anderen angeführt, die eher in einem linearen als in einem tonig-malerischen Stil arbeiteten – bezeichnenderweise lehnte es DELACROIX ab, seinen Namen für die Petition herzugeben. Die Kamera kann nur verschiedene Grade von Licht registrieren; Fotografie, so der Dichter Alphonse de Lamartine, »ist mehr als eine Kunst, sie ist ein Sonnenphänomen, bei dem sich der Künstler der Mitwirkung der Sonne bedient«. Einer, der dies klar erkannte, war Gaspard-Félix Tournachon, besser bekannt unter dem Namen NADAR (1820–1910). »Das Gespür für das Licht ist für einen Fotografen von elementarer Bedeutung«, schrieb er 1856. »Wie das Licht auf dem Gesicht liegt, das ist es, was ein Künstler einfangen muss.« Keiner erkundete auf abenteuerlichere Art und Weise, was eine Kamera festhalten konnte: Er stieg in einem Luftballon auf und in die Katakomben hinab, um Paris von oben und von unten zu fotografieren ▸ 15.109. Seine denkwürdigsten Aufnahmen aber sind die, die Schriftsteller, Künstler und Musiker aus seinem Freundeskreis zeigen, und, vielleicht von allen die gelungenste, die Aufnahme seiner Frau, bei der sich der nachdenkliche Gesichtsausdruck und der feste Blick, verbunden mit einer Andeutung verhaltener Spannung in der nervösen Umklammerung der Hand, zu einem eindringlichen Porträt verdichten ▸ 15.108. NADAR hatte seine Laufbahn als Karikaturist begonnen und dabei gelernt, physische Merkmale hervorzuheben, in denen sich der Charakter offenbart; diese Erfahrung setzte er in brillanter, wenngleich gänzlich anderer Art und Weise in seinen fotografischen Porträts um ▸ 15.111.

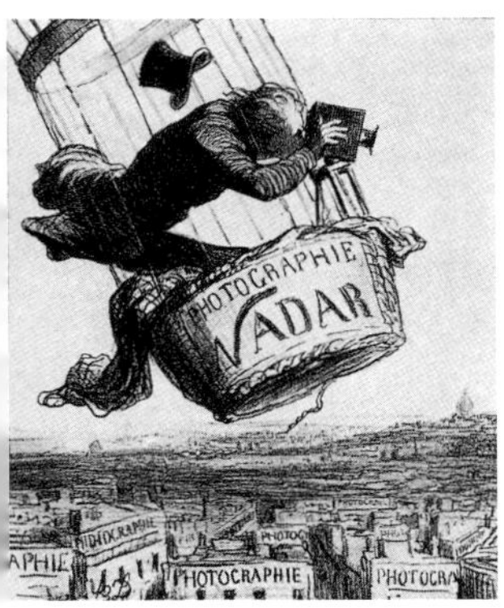


15.109 HONORÉ DAUMIER, *Nadar hebt die Fotografie auf die Stufe der Kunst*, *Le Charivari*, 25. Mai 1862. The Metropolitan Museum of Art, New York.

»*Die Fotografie ist eine wunderbare Erfindung, eine Wissenschaft, die die größten Geister angezogen hat, eine Kunst, die die klügsten Köpfe reizt – und die zugleich noch der Dümmste ausüben kann. Die Theorie der Fotografie lässt sich in einer Stunde vermitteln, ihre technische Praxis im Wesentlichen an einem Tag*«, meinte NADAR. Nicht vermittelbar sei es, wie man »*die Persönlichkeit des Modells erfasse; um statt eines banalen Porträts, das ein reines Zufallsergebnis ist, ein treffendes Bildnis zu schaffen, muss man sich sogleich völlig auf das Modell einlassen, seine Gedanken und seinen besonderen Charakter eintaxieren*«. Da die Geräte immer einfacher zu beschaffen waren und auch ihre Bedienung unproblematischer wurde, versuchten sich immer mehr Amateure in der Fotografie, die in Porträts von Verwandten und Freunden häufig wesentlich überzeugender Charaktere zu ergründen vermochten als die Mehrzahl der Berufsfotografen. Das berühmteste Beispiel ist JULIA MARGARET CAMERON (1815– 1879), nicht nur, weil sie das Glück hatte, prominente Freunde wie den Dichter Alfred Tennyson, den viktorianischen ›Weisen‹ Thomas Carlyle und den Astronomen John Frederick William Herschel zu ihren Modellen zählen zu dürfen ▸ 15.110. Ihre Fotografien sind die lebendigsten Bildnisse dieser großen, vom Alter gezeichneten Männer und übertreffen hierin jedes der gemalten oder gemeißelten Porträts, die uns von ihnen überliefert sind. Gleichermaßen bemerkenswert sind die Bilder von Kindern, auf denen flüchtige Augenblicke einer vollkommenen körperlichen Schönheit, mitunter auch der Unbeholfenheit oder der (für die Älteren) entnervenden Schläue der Kindheit festgehalten sind. Einer Fotografie gab sie, vielleicht scherzhaft gemeint, den Titel *Paul und Virginie* in Anspielung auf Bernardin de Saint Pierres Geschichte von jugendlicher Unschuld aus dem späten 18. Jahrhundert, machte aber gar nicht den Versuch, die Tatsache zu verschleiern, dass der Gegenstand der Darstellung zwei Kinder ihrer eigenen Zeit waren ▸ 15.112.

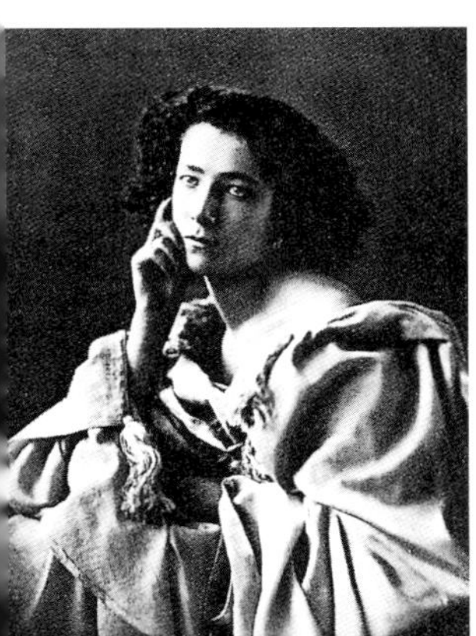

15.111 NADAR, *Sarah Bernhardt*, 1859, Abzug von einem Kollodium-Negativ der Bibliothèque Nationale, Paris.

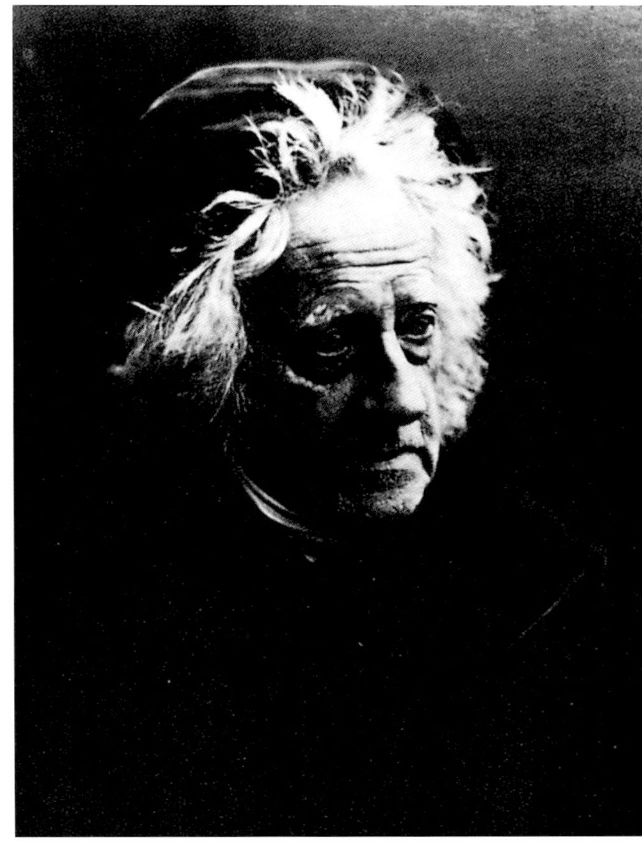

15.110 JULIA MARGARET CAMERON, *Sir John Herschel*, 1867. The Museum of Modern Art, New York, und George Eastman House, Rochester.

Auch wenn Fotografien Kunstwerke sein konnten, wurden – und werden – sie in der übergroßen Mehrzahl auch, und mitunter sogar ausschließlich, als Sofortaufzeichnungen von momentaner Wirklichkeit geschätzt. Sie sind nicht bloß Darstellungen, sondern unmittelbare Spiegelungen der realen Welt, die ein unbestreitbares Zeugnis dessen liefern, wie sich Dinge darboten. Daher die Wichtigkeit von Porträts, Ansichten von Gebäuden und Eindrücken von historischen Ereignissen, denen, unabhängig von ihrer künstlerischen Qualität, eine dokumentarische Bedeutung zugemessen wird. Die Kamera kann nicht lügen; bald aber wurde es als angenehm empfunden, dass sie nicht die ganze Wahrheit zu sagen brauchte. Im Jahr 1855 wurde ROGER FENTON (1819–1869) von der britischen Regierung zum Kriegsschauplatz auf die Krim geschickt, um Fotografien aufzunehmen, die Berichte über verheerende Fehlentscheidungen der militärischen Führung widerlegen sollten. Im amerikanischen Bürgerkrieg (1861–1865) befanden sich Fotografen an der Kampffront, hauptsächlich auf Seiten der Armee der Nordstaaten. MATTHEW BRADY (1823–1896), der ein erfolgreiches Porträtstudio betrieben hatte,

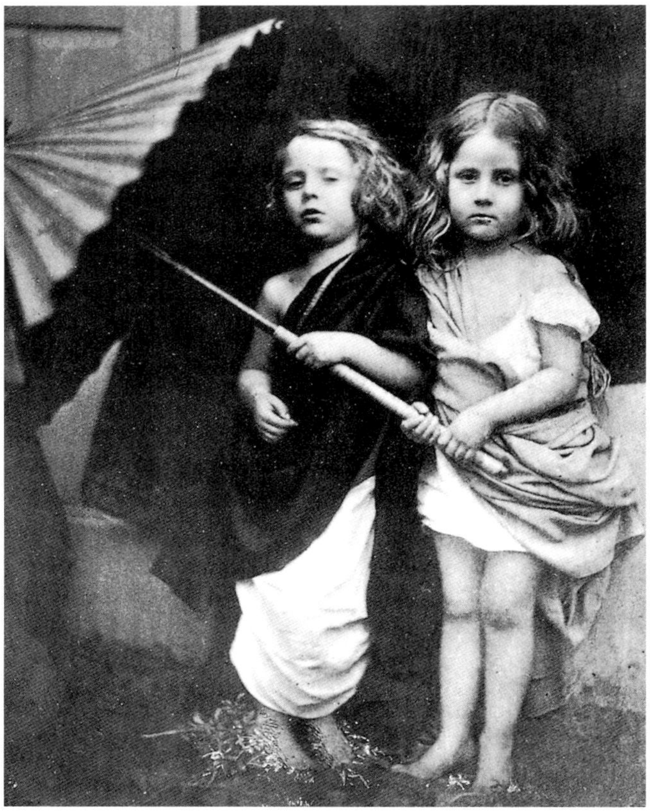

15.112 JULIA MARGARET CAMERON, *Paul und Virginia*, um 1867, Albuminabzug. Royal Photographic Society, Bath.

baute eine Truppe von etwa zwanzig Männern mit Kameras auf, um jede Phase der Auseinandersetzung festzuhalten. Noch Hunderte anderer arbeiteten für eine Öffentlichkeit, die von der Gerechtigkeit ihrer Sache überzeugt war, dokumentierten ohne jede Zurückhaltung die Schrecken des Krieges, für die die Schuld dem Feind zugewiesen wurde. Früher hatten Schlachtenbilder das Heldentum und den Sieg gefeiert. Aber TIMOTHY O'SULLIVAN (1840–1882), der begabteste von BRADYS Männern, fotografierte tote Soldaten der Nordstaatenarmee auf dem Schlachtfeld von Gettysburg liegend, ihrer Stiefel und des Inhalts ihrer Taschen beraubt ▸ 15.115. Obgleich in erster Linie als Reportagefoto gedacht, ist dieses keine ›zufällige‹ Darstellung der Folgen einer Schlacht. Der Standpunkt muss sehr sorgfältig gewählt worden sein, um jene betonte Horizontalität herbeizuführen, die den Eindruck erweckt, dass jenseits der seitlichen Bildränder weitere tote Männer ausgestreckt liegen; zugleich wird die Horizontalität aufgewogen durch eine Mittelachse, die den Blick an der scharf umrissenen Figur im Vordergrund vorbei zu dem Reiter und zwei anderen Überlebenden und in den Dunst der Ferne lenkt.

Zu dieser Zeit war es den Fotografen wegen der mehrere Sekunden erfordernden Belichtungszeit immer noch nicht möglich, flüchtige Bewegung festzuhalten. Die Entwicklung empfindlicherer Platten und die Erfindung eines mechanischen Verschlusses, der sich nur für den Bruchteil einer Sekunde öffnet, ermöglichten es EADWEARD MUYBRIDGE (1830–1904), Bewegungsabläufe bei Tieren und Menschen einzufangen ▸ 15.113. Sein ursprünglicher Name war Edward Muggeridge, doch er bevorzugte die vermeintlich angelsächsische Namensform, und obgleich Engländer, war er hauptsächlich in den Vereinigten Staaten tätig, wo er zunächst Landschaften fotografierte. 1878 gelang es ihm, mit Kameras, die entlang einer Rennbahn aufgestellt waren, eine Sequenz von zwölf Aufnahmen eines galoppierenden Pferdes zu machen ▸ 15.114. Das Ergebnis war verblüffend, denn die Bilder zeigten, dass der so genannte ›fliegende Galopp‹, in dem Pferde – alle vier Beine über dem Boden gestreckt – schon seit altägyptischer Zeit dargestellt worden waren, auf einer optischen Täuschung basiert. THOMAS EAKINS, einer der ersten, der von der Arbeit MUYBRIDGES beeindruckt war, arbeitete einige Zeit lang mit ihm zusammen und entwickelte eine eigene Methode, um seine Ateliermodelle in fließender Bewegung zu fotografieren (allerdings zählte er zugleich auch zu den ersten, die den eher begrenzten Nutzen von fotografischen Aufzeichnungen dieser Art als Hilfsmittel beim Malen erkannten). Im Allgemeinen trugen naturalistische Maler den Fotografien von MUYBRIDGE unverzüglich Rechnung. Man konnte sie kaufen, direkt vom Negativ abgezogen und auf 781 Blättern, die entweder einzeln oder gebunden in einer elfbändigen Ausgabe mit dem Titel

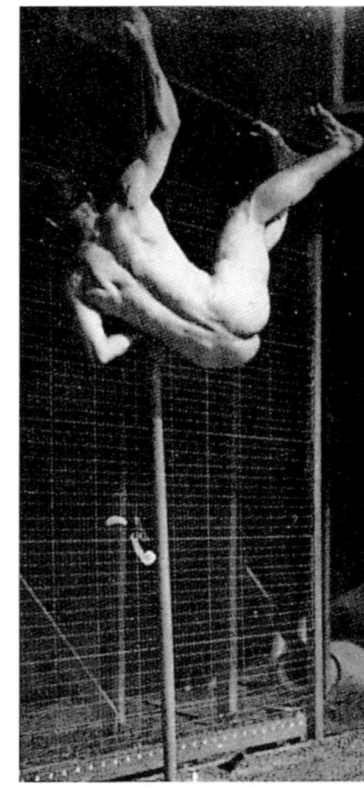

15.113 EADWEARD MUYBRIDGE *Stabspringer*, 1885, Gelatinesilber-Abzug von dem Originalnegativ im Museum of Modern Art, New York.

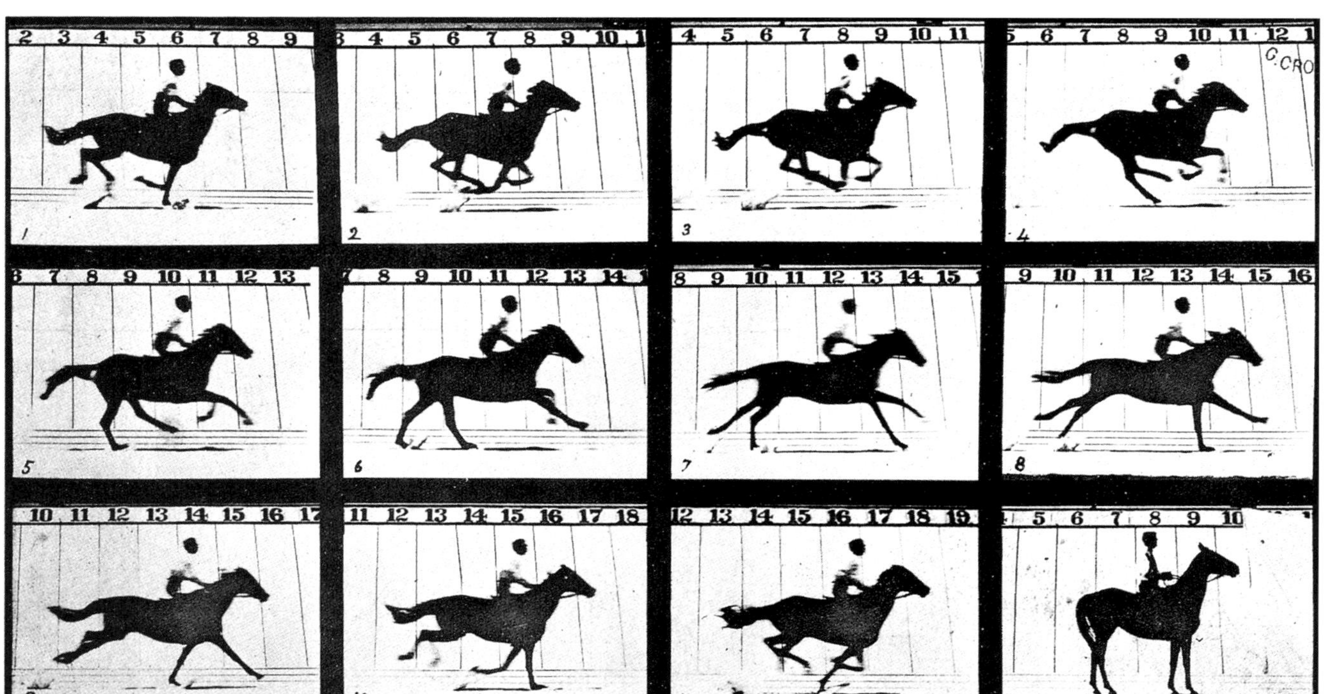

15.114 EADEWEARD MUYBRID[GE] *Galoppierendes Pferd*, 1878, Albuminabzug. George Eastma[n] House, Rochester.

15.115 TIMOTHY H. O'SULLIVAN, *Erntezeit des Todes, Schlachtfeld von Gettysburg, Pennsylvania*, Juli 1863, Albuminabzug. Rare Books and Manuscript Division, New York Public Library, Astor, Lenox and Tilden Foundation.

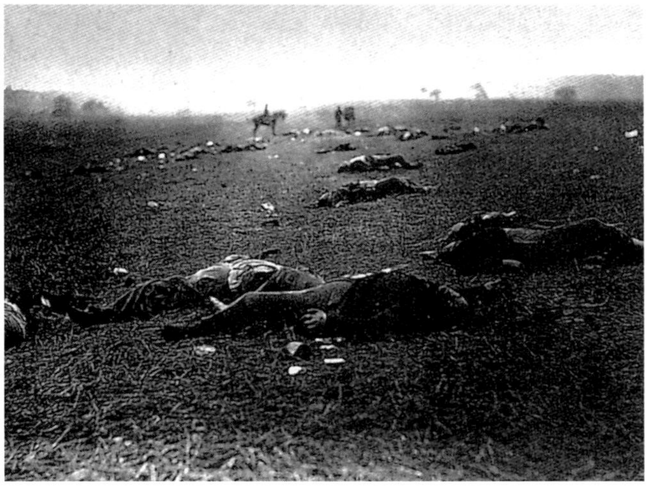

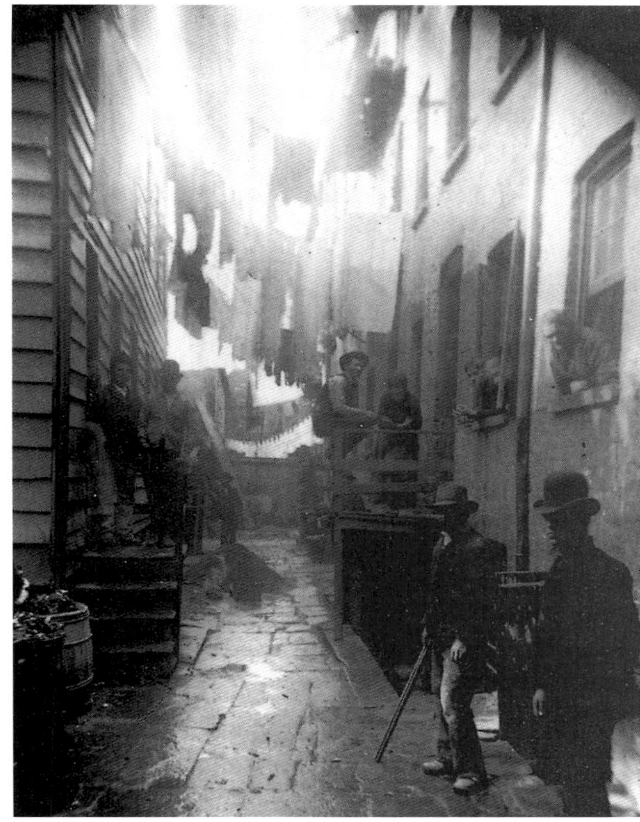

15.116 JACOB A. RIIS, *Banditenlager, New York*, 1888, Gelatinesilber-Abzug vom Originalnegativ. The Museum of the City of New York.

*Animal Locomotion, an Electro-Photographic Investigation of Successive Phases of Animal Movements* (1887) verkauft wurden. In der Folgezeit tauchten in akademischen Gemälden Akte in einer breiteren Vielfalt von Haltungen auf, als sie ein Modell im Malunterricht je einnehmen konnte. Pferde im fliegenden Galopp verschwanden von Schlachtenbildern. Die wichtigste Wirkung dieses und nachfolgender Werke bestand darin, dass es die Beziehungen zwischen der Kunst und der sichtbaren Welt der Erscheinungen zu definieren half. Denn die fotografische Aufnahme lässt Details sichtbar werden, die (laut FOX TALBOT) normalerweise unbemerkt bleiben, und zugleich fängt sie flüchtige Momente ein, die vom menschlichen Auge nicht registriert werden – etwa die Speichen eines sich drehenden Rades. »Der Künstler ist wahrhaftig, und die Fotografie lügt«, meinte RODIN (s. S. 659 f.). Fotografen mit künstlerischen Ambitionen bevorzugten denn auch weiterhin weich gezeichnete Aufnahmen von bewegungslosen Sujets.

Dokumentarfotografen dagegen eigneten sich die neueste Technologie an. JACOB A. RIIS (1849–1914) erkundete 1888 mit einer relativ kleinen Kamera und Blitzlichtpulver (das im Jahr zuvor erfunden worden war) die Elendsviertel von New York, um sie im Bild festzuhalten ▸ 15.116. Sein erklärtes Ziel war es, »das Elend der Laster, das er gesehen hatte, so vor Augen zu führen, wie dies eine bloße Beschreibung niemals vermag … und Anregungen zu geben, in welcher Form Gutes bewirkt werden könnte«. In seinem Buch *How the Other Half Lives* (1890) waren einige seiner Aufnahmen im neu entwickelten Halbtonverfahren reproduziert, das ohne hohen Kostenaufwand eine weite Verbreitung fotografischer Bilder möglich machte, wenngleich es Details eher verwischte und die Wirkung der Bilder eher dämpfte. Er verwendete eigene Lichtbilder auch als Anschauungsmaterial für Vorträge, die er zur Erheiterung mit »humorvollen und abenteuerlichen Anekdoten« gespickt haben soll. Man kann sich schwer einen COURBET, MILLET oder EAKINS in dieser Rolle vorstellen! Die Fotografien von RIIS machten es Angehörigen der Mittelschicht faktisch möglich, frei von Unbehagen die Slums aufzusuchen. Ob bewusst oder unbewusst, er griff in der Wahl seiner Blickpunkte und auch in der Auswahl der Fotografien, die er für erhaltenswert hielt, auf herkömmliche künstlerische Kompositionsprinzipien zurück, mit der Folge, dass sie eine geradezu neutralisierende Distanz zum ›schäbigen‹ Darstellungsgegenstand herstellten. Das Gleiche lässt sich von den vielen frühen Fotografien vom täglichen Leben in Indien, China und an anderen Fernzielen sagen. Sie trugen dazu bei, die Menschen im Abendland in ihrem Glauben an die eigene moralische, ökonomische und technologische Überlegenheit zu bestärken. Zur Darstellung von Szenen dieser Art wurden Gemälde und Zeichnungen nach und nach von Fotografien verdrängt, die in ihrer vermeintlichen Objektivität umso verfänglicher waren.

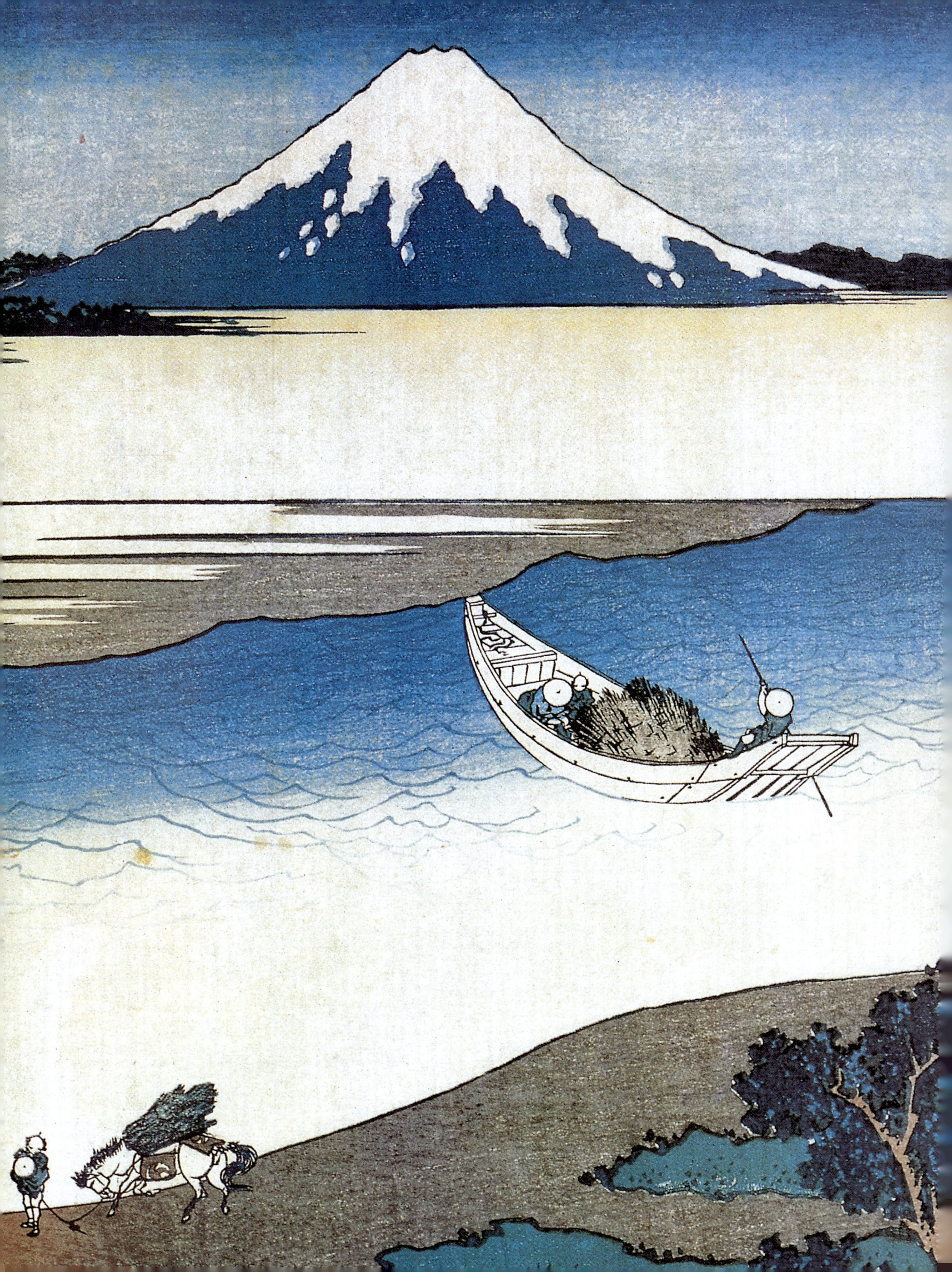

# 16
# Die Traditionen des Ostens

Die Weltausstellung, die 1851 in London stattfand, war eine Apotheose des materiellen Fortschritts. Dem Prinzgemahl zufolge, der dem Organisationskomitee vorstand, gab sie »ein anschauliches Bild von dem Entwicklungsstand, den die gesamte Menschheit erreicht hat«, und markierte »einen neuen Ausgangspunkt für die weiteren Bemühungen aller Nationen«. Über 100000 Exponate waren aus allen Teilen der Welt herbeigetragen worden, Proben der verschiedensten Rohstoffe, Maschinen, Werkzeuge und Handwerksprodukte – alles zur Verherrlichung der kolonialen Expansion der europäischen Mächte und der industriellen Revolution. Diese beispiellose Schaustellung war im Crystal Palace untergebracht, dem von JOSEPH PAXTON (1803–1865) entworfenen Kristallpalast ▸ 16.1, der selbst ein Wunderwerk der modernen Technik darstellte, war er doch mit einer Länge von 563 m und einer Breite von 124 m fast vollständig aus Gusseisen und Glas konstruiert (s. S. 662 f.).

Die Architekten waren vom Kristallpalast wenig beeindruckt – die meisten gingen sogar so weit, ihn der Architektur gar nicht zuzurechnen. Hochgesinnte Kritiker bemängelten die Vulgarität und überladene Raffinesse der ausgestellten Erzeugnisse westlichen Kunstgewerbes und lobten einzig handgefertigte Objekte einer Handwerkskunst, welche sich an vorindustriellen Traditionen orientierte. Keine kritische Stimme scheint sich jedoch gegen das schallende Glaubensbekenntnis der Organisatoren erhoben zu haben, die den Sieg des Menschen über die Natur und die Überlegenheit der Europäer über den Rest der Welt feierten. Bei den Ausstellungsstücken aus

| | BILDENDE KUNST | | HISTORISCHE & KULTURELLE DATEN |
|---|---|---|---|
| Um 1650–1700 | YUN SHOUPING, Aquarell *Lotos* ▸ 16.5<br>GONG XIAN, Tuschbild *Landschaft* ▸ 16.4 | 1682 | Die Mandschu vollenden ihre Eroberung Chinas |
| | | 1685 | Öffnung chinesischer Häfen für den Handel mit dem Ausland |
| | | 1690 | Die Engländer errichten einen Handelsplatz in Kalkutta |
| 1732 | HUA YAN, Rollbild *Unterhaltung im Herbst* ▸ 16.6 | 1736 | Qianlong wird Kaiser von China |
| Um 1740 | Thron des Kaisers Qianlong ▸ 16.11 | 1764 | Die britische Ostindische Kompanie nimmt Bengalen |
| Um 1790 | *Dr. George Wombwell, Lucknow*<br>*Utamaro*, Farbholzschnitt *Die Stunde des Ebers* ▸ 16.22 | | |
| 1794 | SHARAKU, Farbholzschnitt *Segawa Tomisaburo* ▸ 16.23 | 1794 | Begründung der Qajar-Dynastie in Persien |
| Um 1800 | KIYONAGA, Holzschnitt *Szene im Badehaus* ▸ 16.19 | | |
| 1817 | HOKUSAI, Holzschnitt, *Manga* ▸ 16.25 | | |
| 1823–29 | HOKUSAI, Farbholzschnitt *Die große Welle von Kanazawa* ▸ 16.26 | 1824 | Die Briten nehmen Rangun (Birma) |
| | | 1839 | Die Briten landen in Hongkong |
| | | 1843 | Mit der Annexion von Sind (im späteren Pakistan) beherrschen die Briten den indischen Subkontinent |
| | | 1850–66 | Taiping-Aufstand gegen die Mandschu-Herrschaft in China |
| | | 1854 | Commodore Perry zwingt Japan zur Öffnung seiner Häfen für Ausländer |
| 1857 | HIROSHIGE, Farbholzschnitt, *Ahornblätter am Tekona-Schrein*, Mamma ▸ 16.28 | 1857 | Großer Aufstand in Indien gegen die britischen Kolonialherren |
| | | 1858 | China lässt ausländische Botschafter zu |
| | | 1859 | Die Franzosen besetzen Saigon |
| | | 1858 | Die Franzosen erobern Kotschinchina (Indochina) und unterstellen Kambodscha ihrem Protektorat |
| | | 1869 | Meiji-Ära, Tokio wird Hauptstadt Japans |
| 1889 | Halle der jährlichen Gebete, Peking ▸ 16.12 | 1877 | Königin Viktoria nimmt den Titel ›Kaiserin von Indien‹ an |

OKUSAI, *Der Berg Fuji durch en Nebel über dem Tama-Fluss esehen*, Ausschnitt, 1831, olzschnitt, 24,7 x 36,7 cm. eter Morse Collection, Hawaii.

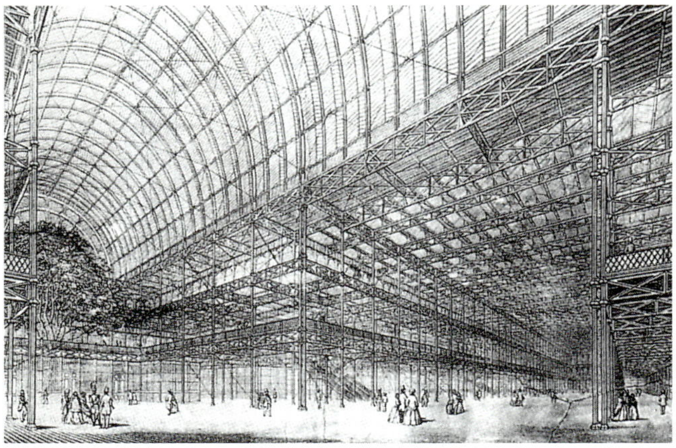

16.1 JOSEPH PAXTON, *Kristallpalast in London*, 1851. Stich von R. P. CUFF nach W. B. BROUNGER, 46,5 x 64 cm. Drawings Collection, Royal Institute of British Architects, London.

Indien – »Produkte eines Volkes, das von vielen jenseits der Zivilisation angesiedelt wird« – gesteht der Erinnerungskatalog der Ausstellung zwar zu, dass einige moderne Techniken ihren Ursprung in Asien hätten, bemerkt aber sogleich, dass diese natürlich erst in Europa »ausgereift« seien. Auf späteren Weltausstellungen in Paris und Wien wurde nichteuropäischen Ländern zwar mehr Platz eingeräumt, aber der Anspruch der Überlegenheit Europas in der Kunst wie in der Technik blieb unreflektiert weiter aufrechterhalten.

Im Jahr 1851 wurde ein großer Teil der bewohnten Welt von Europäern oder Menschen europäischer Abstammung regiert, und dieses ganze Gebiet wurde mehr und mehr von europäischen Kunstvorstellungen durchdrungen. In Indien erlebte von der Mitte des 18. Jahrhunderts bis in die zwanziger Jahre des 19. Jahrhunderts die Kunst der Miniaturmalerei eine kurze, aber wunderbare Blüte am Hof der Hindu-Herrscher von Radschputana, dem Punjab und bei den britischen Statthaltern und ihrem Kreis, verwelkte aber langsam mit der Ausdehnung der englischen Herrschaft ▸ 16.2. Es waren nicht nur die englischen Beamten, die Werke im westlichen Geschmack verlangten. Auch die halb abhängigen Prinzen, die die einzigen sonstigen Mäzene waren, folgten ihrem Beispiel. Westliche Kunst gelangte auch in die politisch unabhängigen Staaten Asiens. Die osmanischen Sultane der Türkei etwa ließen Paläste und sogar Moscheen erbauen, welche ebenso sehr an französischer wie an islamischer Architektur orientiert waren. Die Schahs der Kadschar-Dynastie, die im Iran seit 1794 regierten, förderten die Imitation europäischer Vorlagen einschließlich der Porträtmalerei in Öl. Unter dem Kunsthandwerk aus China, das auf der Weltausstellung gezeigt wurde, befanden sich Gegenstände mit italienischen Renaissancemotiven; solche Stücke aber waren durchaus untypisch und ausschließlich für den Export hergestellt; in China selbst wie auch in Thailand oder Japan wurden die einheimischen Traditionen sorgfältig gepflegt.

16.2 Anonym, *Dr. George Wombwell, Lucknow*, um 1790, Gouache auf Papier, 32,3 x 25,5 cm. Fondation Custodia, Collection Frits Lugt, Paris.

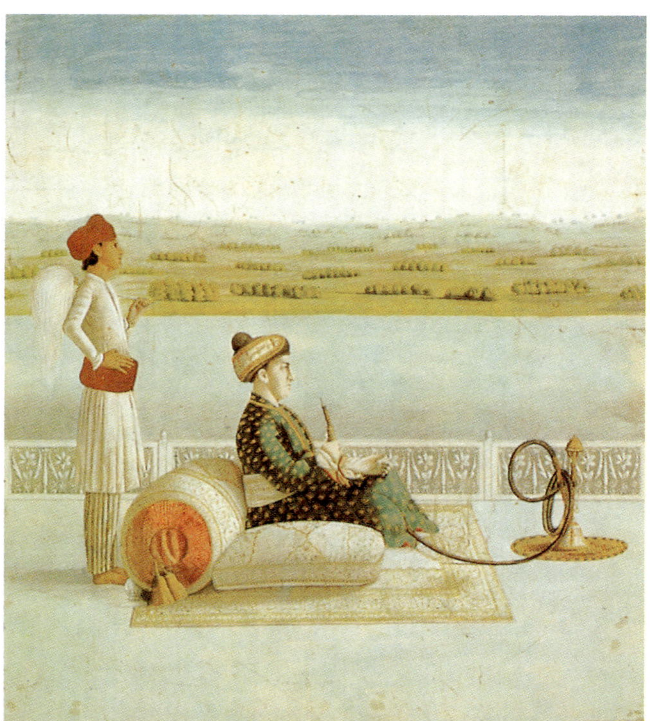

## Das China der Qing-Zeit

Die Fremdherrschaft unter den Qing oder Mandschus aus der Mandschurei nördlich der Großen Mauer löste 1644 den letzten Kaiser der Ming ab. 1682 hatten sie die Eroberung des ganzen chinesischen Reiches abgeschlossen, das sie bis 1911 regierten. Da die Mandschurei bereits seit geraumer Zeit kulturell unter dem Einfluss Chinas gestanden hatte, wirkte sich die Machtübernahme der Qing weniger einschneidend auf das Leben und die Kunst aus als bei den Yuan vier Jahrhunderte früher. Sie brachten keinen eigenen Kunststil mit. Schon vor dieser Zeit war die chinesische Malerei recht eklektisch geworden und zeigte stilistisch eine breite Palette konservativer und auch neuer Richtungen.

YUN SHOUPING (1633–1690) gehörte mit seiner Blumenmalerei zu einer Tradition, die sich über mehrere Jahrhunderte zurückverfolgen lässt und am Hof der Song beliebt gewesen war. Einer der Kaiser gehörte zu den Meistern dieser Kunstgattung, die ihren Ursprung wahrscheinlich in der buddhistischen Kunst hatte. Sein Albumblatt mit einem Lotos ist eine hervorragende Arbeit in der von den Chinesen als ›knochenlos‹ bezeichneten Manier – mit Farblavierung ohne Umrisslinien ▸ 16.5. Form und Textur der wächsernen Blätter und empfindlichen durchscheinenden Blütenblätter sind naturgetreu, die Komposition ist ausgewogen: Die schwungvoll um die Blüte greifenden Gräser auf der linken Seite werden von zwei Reihen lockerer, kräftiger Kalligraphie ausbalanciert. Es handelt sich hier jedoch nicht um eine nüchterne botanische Zeichnung. Der Symbolismus, mit dem die Buddhisten den Lotos belegten, hat sich hier zu einem allgemeinen Empfinden für die schöpferische Kraft der Natur erweitert, für das ›Tao‹, das aller Natur immanent ist. Dieses Bild ist das Ergebnis konzentrierter Meditation, die YUN SHOUPING auch anderen Malern zu kultivieren riet, bevor sie den Pinsel auf das Papier setzten. »Ihr müsst euch von jeder menschlichen Gegenwart befreien«, schrieb er, »dann teilt sich die schöpferische Dynamik eurer Hand mit, und die ursprüngliche Inspiration wird in vollem Maß fließen.« Er hielt die Ideale der Literatenmaler aufrecht, obwohl er auf den Verkauf seiner Bilder angewiesen war, um sich und seinen Vater, einen einstigen Beamten der Ming, zu ernähren – eine Schmach, die jene nie hatten erleiden müssen. Seine Albumblätter brachten ihm die Anerkennung,

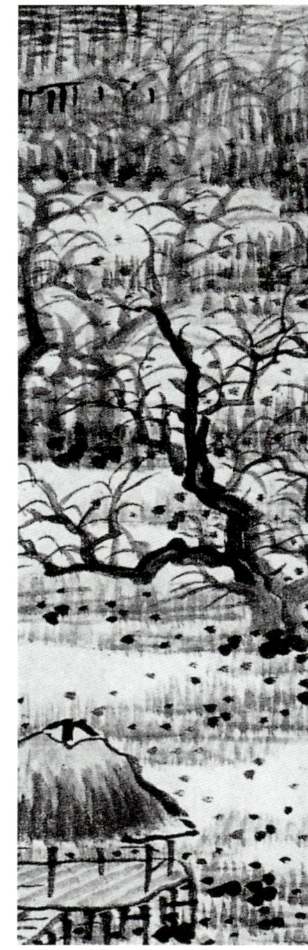

16.3 GONG XIAN, *Marschlandschaft*, 1684, Tusche auf Papier, 24 x 24,2 cm. Richard Hobart, Cambridge, Mass.

der letzte Vertreter der großen Tradition der Blumenmalerei zu sein, und sie wurden später immer wieder kopiert, manchmal, so scheint es, aus zweiter oder dritter Hand, wobei die ›schöpferische Dynamik‹ langsamer floss.

Ablehnung des neuen Regimes bedeutete jedoch nicht notwendigerweise eine nostalgische Rückbesinnung auf die Kunst früherer Zeiten. GONG XIAN (1617/18–1689), der sich während der ersten Jahre der Mandschu-Herrschaft zurückgezogen hatte, ist vielleicht der bemerkenswerteste der individualistischen Landschaftsmaler. Er distanzierte sich von allen anerkannten Schulen mit der Bemerkung, vor ihm habe es niemanden gegeben, und nach ihm werde niemand kommen. Über GONG XIANS von traditionellen Themen bestimmten Bildern liegt eine Trauer, die manchmal an Verzweiflung grenzt. Kein menschliches Wesen ist auf der Querrolle einer geisterhaften Landschaft zu sehen, mit einem grabesähnlichen Tempel und abweisenden Felswänden, die schroff aus einer wie glasierten unnatürlich stillen Wasserfläche herausragen ▸ 16.4. Auch in der Technik ging er unorthodoxe Wege. Er verwandte häufig schwere Lagen tiefschwarzer Tusche, gelegentlich von einem Lichtstrahl durchbrochen, und gleichmäßige, kurze Pinselstriche ▸ 16.3. Eine Vielzahl kleiner Tupfen ruft einen diesigen Effekt hervor. In der Aufschrift auf einem seiner Bilder fasst er eine Kunstauffassung zusammen, die sich im Lauf des vorausgegangenen Jahrhunderts langsam entwickelt hatte. Im Altertum habe es Bilder, aber keine Malerei gegeben, schreibt er.

*»Ein Bild zeigt Gegenstände, gibt Personen wieder, hält Episoden fest. Bei einem Gemälde ist das nicht unbedingt der Fall.«*

Selbstverständlich wurde Malerei immer nur gegenständlich verstanden, aber der Schwerpunkt konnte wechseln. Die Thematik war weniger wichtig als die Ausführung, zumal die Themen ohnehin recht begrenzt waren. »Berge in Wolkenmassen, nebelverhüllte Bäume, steile Felsen, kühle Quellen, Holzbrücken und ländliche Behausungen« nannte GONG XIAN und fügte hinzu: »Personen können vorkommen oder auch fehlen.« Ähnliche Unterscheidungen wurden davon unabhängig in Europa im 19. Jahrhundert getroffen (s. S. 649 und 652 ff.), ihre Konsequenzen aber zog erst das 20. Jahrhundert.

Eine derartige Einstellung führte die begabtesten Maler der Qing-Zeit zu einer fast besessenen Konzentration auf die Technik. *Unterhaltung im Herbst* von HUA YAN (1682 bis um 1762) ist ein meisterhaftes Werk mit farbig lavierten Bergen in der ›knochenlosen‹ Technik, Kontrasten von trockenem und feuchtem Tuschauftrag, raschen, dann wieder lang gezogenen, gleichmäßig starken Pinselstrichen ▸ 16.6. *Unterhaltung im Herbst* bringt das Gefühl der Geborgenheit in der Natur und geistiger Gemeinschaft zum Ausdruck, wie sie seit mehr als einem Jahrtausend so häufig in der chinesischen Literatur und Kunst angesprochen wurde. HUA YAN galt als Exzentriker, auch wenn er nicht so weit ging wie GAO QIPEI (um 1672–1734) ▸ 16.8, der mit den Fingern malte und seine langen Fingernägel in die Form von Federkielen schnitt. In der Aufschrift wird *Unterhaltung im Herbst* als von den Ideen yuanzeitlicher Meister inspiriert bezeichnet, aber es handelt sich eher um eine sehr freie Interpretation als um eine direkte Nachahmung. In

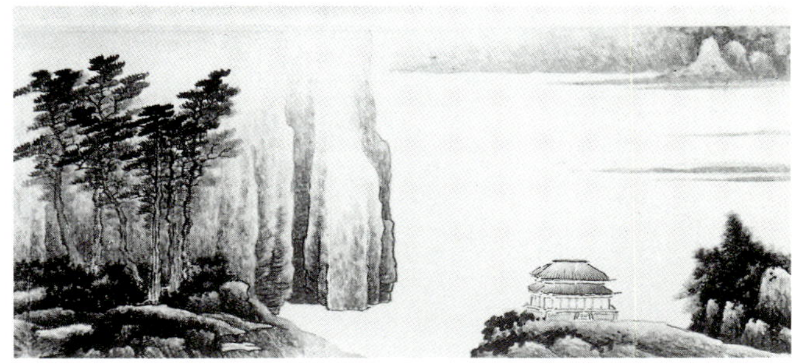

16.4 GONG XIAN, *Landschaft* (Ausschnitt), spätes 17. Jh., Qing-Dynastie, Tusche auf Papier, Höhe 26,7 cm. Nelson-Atkins Museum of Art, Kansas City.

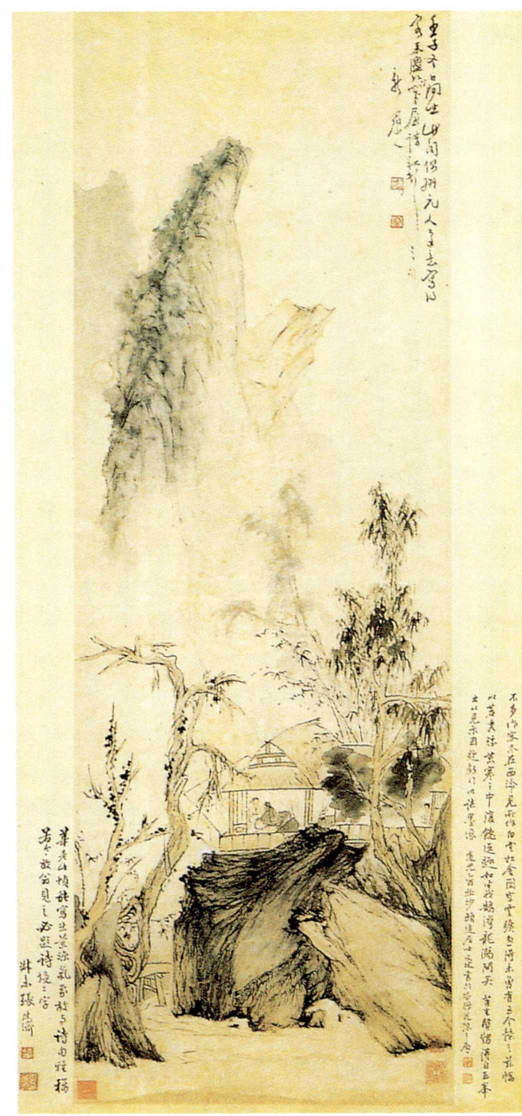

16.6 HUA YAN, *Unterhaltung im Herbst*, 1732, Hängerolle, Tusche und Farbe auf Papier, 115,3 x 39,7 cm. Cleveland Museum of Art (John L. Severance Fund).

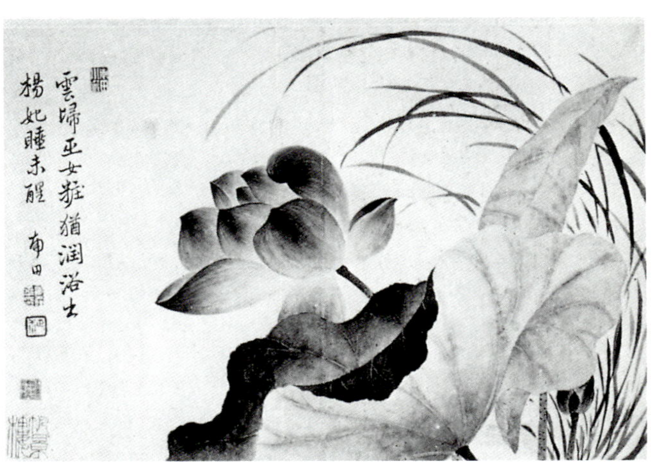

6.5 YUN SHOUPING, *Lotos*, pätes 17. Jh., Qing-Dynastie, quarell auf Papier, saka Museum, Osaka.

IM KONTEXT

# Wang Hui und andere: *Porträt des An Qi*
## Maler und ihre Auftraggeber unter der Qing-Dynastie

Ein Rollbild mit dem *Porträt des An Qi* ist deutlich geprägt von einer Ästhetik, wie sie im China der ersten Hälfte des 18. Jahrhunderts vorherrschte ▸ 16.7. Die Beischrift besagt, dass im Jahre 1715 TU LUO das Bildnis, YANGJIN die Landschaft und »der 84-jährige WANG HUI den Bambus und den Felsen« gemalt habe. Der ansonsten unbekannte TU LUO war vermutlich ein Berufsmaler, der sich auf Porträts spezialisierte, und blieb als solcher ausgeklammert aus den von den »literati« verfassten Kunstgeschichten, in deren Mittelpunkt die Landschaftsmalerei stand. Einer der wenigen Theoretiker, der die Porträtmalerei behandelte (Wang Yi während der Yuan-Zeit), schrieb, der Porträtmaler solle genauso vorgehen, wie wenn er eine Landschaft male, und sich während eines »lebhaften Gesprächs« – also nicht während einer offiziellen Sitzung – die »fünf Berge« oder vorspringenden Teile des Gesichts des zu Porträtierenden einprägen und aus dem Gedächtnis arbeiten. In der späten Ming-Zeit (erste Hälfte 17. Jahrhundert) malten einige wenige Literatenmaler auf diese Weise Bildnisse ihrer Freunde. Im Übrigen wurden Porträts nicht einmal als richtige Kunstwerke angesehen. Die unzähligen Porträts, die im 18. Jahrhundert entstanden, darunter von Kaisern und deren Konkubinen, waren das Werk der verachteten Berufsmaler, die sich selten trauten, mit Namen zu signieren. TU LUO verlieh den Zügen An Qis eine gewisse Individualität, vielleicht unter dem Einfluss europäischer Kunst, insbesondere der Malerei des Jesuiten GIUSEPPE CASTIGLIONE (1688–1766), der sich in China niedergelassen hatte und von Kaiser Kangxi mit Aufträgen versorgt wurde. Aus chinesischer Sicht jedoch lag das künstlerische Verdienst dieses Rollbildes in seiner landschaftlichen Kulisse, die von dem betagten WANG HUI (1632–1717) und seinem Assistenten YANGJIN (1644–nach 1726) gemalt wurde.

16.7 TU LUO, YANGJIN und WANG HUI, *Porträt des An Qi*, 1715, Tusche und Farbe auf Papier, 121,8 x 53,5 cm. Cleveland Museum of Arts, Cleveland.

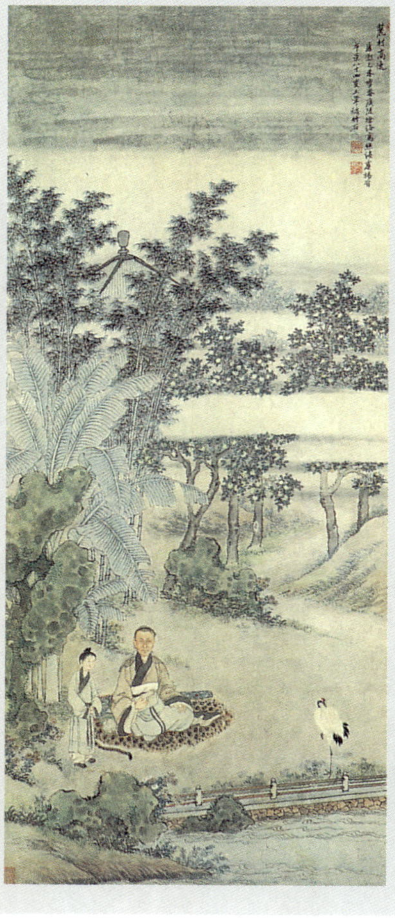

WANG HUI war bestrebt, Lebensart und künstlerische Maßstäbe der »literati« hochzuhalten, obwohl er gezwungen war, sich von seiner Arbeit als Maler zu ernähren. Er war einer der »vier Wangs«, Maler aus der Provinz Jiangsu, die den gleichen Familiennamen trugen (obwohl nur zwei von ihnen miteinander verwandt waren) und allgemein als die vortrefflichsten Traditionalisten der frühen Qing-Zeit galten. Wie er selbst schrieb, suchte er die Stile der Vergangenheit zu einer Synthese zu führen: »die Pinselführung der Yuan, der Aufbau der Berge der Song und die Vergeistigung der Tang«. Für seine Auftraggeber schuf er tatsächlich vor allem Kopien und Pasticcios in diesen verschiedenen Stilarten. Im Jahr 1692 jedoch wurde er nach Peking gerufen, um die Leitung über ein kaiserliches Auftragsprojekt zu übernehmen: Auf 12 Handrollen mit einer Gesamtlänge von rund 200 Metern sollte »die Reise von Kaiser Kangxi durch den Süden« illustriert werden. Die Darstellungen sind in leuchtenden Farben gehalten und zeigen Tausende, ja Hunderttausende von Figürchen, die über Berge, an Flüssen entlang und durch Städte ziehen (heute im Palastmuseum, Peking). Kein wahrer Literatenmaler hätte jemals eine Arbeit auf sich genommen, die von seinem Ideal der Malerei so weit entfernt war. Für die »literati« war die Malerei eine Form der Meditation über die Natur. Als *Die Reise von Kaiser Kangxi durch den Süden* vollendet war, wurde WANG HUI, den man nunmehr »den reinen und glänzenden« Maler der Landschaft nannte, vom Kaiser eine Dauerstellung am Hofe angeboten. Er zog es jedoch vor, sich nicht zu verändern, und machte sich wieder daran, die Art von Bildern zu malen, die ihn vorher beschäftigt hatten, wobei das Prestige, dessen er sich nun erfreute, auf einen Auftraggeber wie An Qi Eindruck gemacht haben mag.

An Qi war der Sohn eines Koreaners, der sich in Tianjin (an der Küste unweit von Peking) niedergelassen, Arbeit im Staatsdienst gefunden und im halb legalen Salzhandel ein Vermögen gemacht hatte. Er war einer der vielen Nutznießer des Aufschwungs, den China während der friedlichen Herrschaft Kangxis erlebte. Wie die Mandschu-Kaiser vertiefte er sich in die chinesische Kultur und wurde ein urteilssicherer Kenner. Er trug eine bedeutende Sammlung von kalligraphischer Kunst und Gemälden zusammen, darunter eines der wenigen erhalten gebliebenen Rollbilder, die möglicherweise auf das 6. Jahrhundert zurückgehen, sowie zahlreiche Rollbilder aus späteren Perioden, die in der Mehrzahl schließlich in den Besitz des besitzgierigen Kaisers Qianlong übergehen sollten (heute im Nationalen Palastmuseum, Taipeh). An Qi ließ sich von TU LUO in der Pose eines Gelehrten porträtieren in Anlehnung an die Gelehrtendarstellungen aus der ersten Hälfte des 7. Jahrhunderts. Mit einer Schriftrolle in der Hand und einem Bündel weiterer neben sich sitzt er auf einem Tigerfell. Ein verkleinert dargestellter, jugendlicher Diener steht neben ihm. Der Garten ist einer jener künstlichen Naturgärten, die die »literati« für ihr eigenes, privates Vergnügen anlegten, mitsamt den alten Felsen, die sie besonders schätzten. Verschiedene Symbole sind zu erkennen: Der Kranich im Vordergrund wurde mit den taoistischen Unsterblichen assoziiert. Der Bambus, mit größtem Feingefühl von WANG HUI gemalt, war ein Symbol des vollendet gebildeten Herren (s. S. 510). Glück verheißende Herbstchrysanthemen blühen, und ein über und über mit goldenen Früchten behangener Baum spielt auf alten Reichtum an.

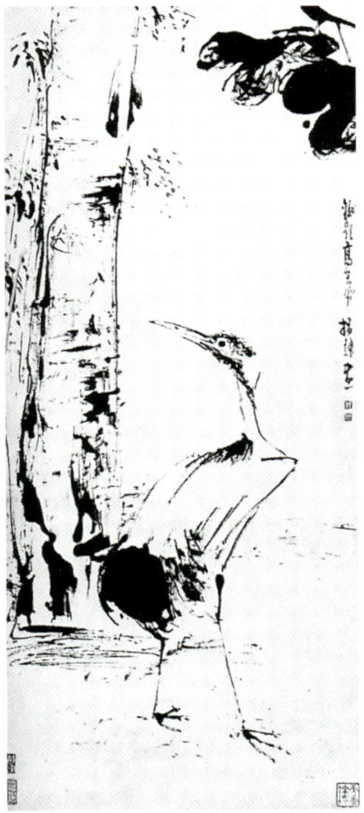

16.8 GAO QIPEI, *Junger Kranich unter Wutung Baum*, 1. Hälfte 18. Jh., Hängerolle, Tusche auf Papier, 95 x 44 cm. R. W. Finlayson, Toronto.

ganz ähnlichem Geist ließen sich einige Maler des 17. Jahrhunderts, unter ihnen GONG XIAN, hin und wieder von europäischen Drucken inspirieren, die jesuitische Missionare nach China mitgebracht hatten. Die chinesische und die abendländische Sehweise jedoch waren unvereinbar, wie sogar WU LI (1632–1719), ein zum Christentum übergetretener chinesischer Maler und geweihter Priester, erkannte: *»Unsere Malerei zielt weder auf Ähnlichkeit ab, noch ist sie auf bestimmte Muster festgelegt, und wir nennen sie geistig und frei«*, schrieb er. Die Malerei der Europäer dagegen *»geht völlig auf in der Beschäftigung mit Problemen von Licht und Schatten, Vorder- und Rückseite, formaler Ähnlichkeit und festgelegten Mustern, mit denen sie sich mühsam auseinander setzt, ... und ihr Stil ist nicht mit dem unseren zu vergleichen«*.

»Ausländische Malerei«, so brachte einer der Hofmaler von Kaiser Kangxi, der eine große Bewunderung für das handwerkliche Niveau Europas hegte, die Sache schlicht und einfach auf den Punkt, »kann man nicht als Kunst bezeichnen«. Die meisten chinesischen Maler des 18. Jahrhunderts begnügten sich hingegen damit, auf Rollbildern und Albumblättern die alten Meister zu imitieren und gefällige und fast immer technisch perfekte Werke zu schaffen, denen aber nur sehr selten etwas von den tiefen religiösen und philosophischen Vorstellungen der Alten Meisterwerke innewohnt. Die Maler scheinen oft auf Bücher wie *Das Mallehrbuch vom Senfkorngarten* (1679–1701) zurückgegriffen zu haben, wo auf Holzschnitten die Darstellung von Bäumen, Felsen, Wasserfällen und so weiter in den tradierten Stilarten der Song-, Yuan- und Ming-Zeit erklärt wird. Gerade diese Maler waren bei Hof besonders geschätzt.

Und doch gab es neben den Vertretern der Orthodoxie sehr begnadete Künstler, die den Lehren von Dong Qichang treu blieben (vgl. S. 514 ff.), unter ihnen der Maler WANG HUI (1632–1717). Seine Kopien nach Alten Meistern vermitteln zunächst den Anschein perfekter Nachahmung. Seine originären Arbeiten lassen hingegen eine große Eigenständigkeit erkennen, so etwa sein Beitrag für das Bildnis des An Qi ▸ 16.7. Präzision des Pinselstrichs und Beherrschung der Nuancen waren bei Mitgliedern des Hofes und der neu entstandenen Klasse von Auftraggebern, zu denen auch reiche Kaufleute gehörten, mehr gefragt als Originalität.

## *Architektur und Kunstgewerbe*

Trotz ihrer fremden Herkunft, oder vielleicht auch gerade deswegen, verlangten die ersten Qing-Kaiser minuziöse Einhaltung der alten chinesischen Traditionen der komplizierten Hofetikette, des weit verzweigten Verwaltungssystems, der Erziehung, Literatur und bildenden Kunst. In der kaiserlichen Palastanlage – der Verbotenen Stadt innerhalb von Peking – wurde die große Audienzhalle, die *Halle der Höchsten Harmonie*, die 1627 errichtet, aber bei Bauernaufständen vor der Thronbesteigung der Mandschus bald wieder zerstört worden war, im Jahr 1645 sogleich wieder aufgebaut. Bei den umfangreichen Umbauarbeiten in den Jahren 1669–1699 und 1765 sowie bei späteren Renovierungen scheint man kaum wesentlich von der ursprünglichen Grundform und Ausstattung abgewichen zu sein, einschließlich des Doppeldaches mit den gelbglasierten Ziegeln, die wie Gold leuchten, und den rotlackierten und vergoldeten Schnitzereien ▸ 16.9, die alle auf sehr frühe Vorbilder zurückgehen ▸ 12.82; 83. Es gab kein mächtigeres Sinnbild für die ungebrochene Autorität des Him-

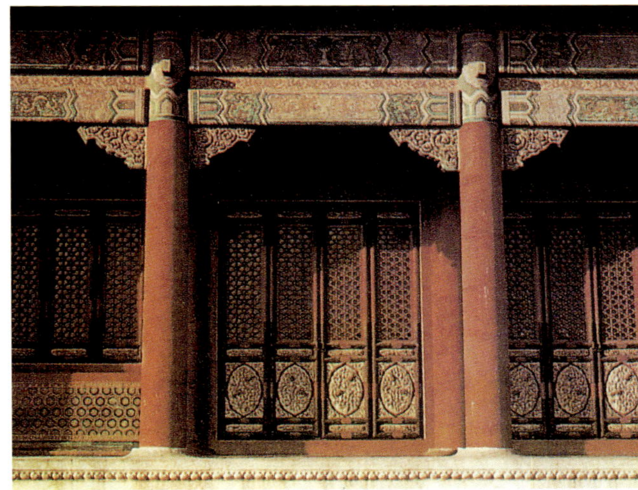

16.9 Detail der Vorderseite der Halle der Höchsten Harmonie, Peking.

melssohns. Auch andere Gebäude in der Verbotenen Stadt wurden restauriert, wenn nicht sogar im Ganzen rekonstruiert. Der Großteil des malerischen Schmucks, der fein ziselierten weißen Marmorbalustraden, kunstvoll geschnitzten Holzdecken, der die Dächer bunt schmückenden Tonornamente und in Mauern eingefügten Plaketten datiert aus dem 18. und 19. Jahrhundert ▸ 16.10. Ihr gegenwärtiges Gesicht erhielt die riesige Gesamtanlage unter den Qing-Kaisern. Das Gleiche gilt für die Mehrzahl der Tempelbauten in ganz China. Unabhängig von der Frage, ob sie nun ganz oder nur teilweise in dieser Zeit errichtet wurden, sind sie durchweg in dem unter den Ming entwickelten Stil gehalten. (Aus der Zeit vor dem 15. Jahrhundert sind nur relativ wenige Gebäude erhalten.)

Die Tradition bestimmte den Grundriss, das äußere Erscheinungsbild und die Ausschmückung der Wohnhäuser der Oberschicht in Peking und anderen Städten, die immer aus einstöckigen Gebäuden bestanden, die um mehrere Höfe herum angeordnet waren; solche Anlagen ermöglichten die

16.10 Tor mit Keramikverzierungen, Herrscherpalast in der Verbotenen Stadt, Peking, 19. Jh.

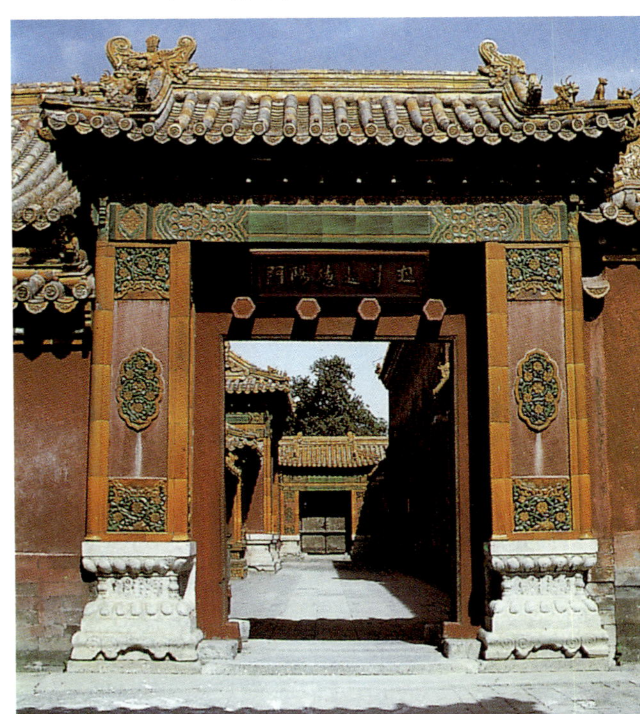

Unterbringung verschiedener Teile einer weit verzweigten Familie. Lebenssitten, Etikette und Alltag in derartigen Haushalten – der Herr, seine Gemahlin und Konkubinen, Kinder und zahlreiche Diener, die zum Teil regelrechte Sklaven waren – werden einprägsam geschildert in einem der größten Meisterwerke der chinesischen Literatur, Cao Xueqins 1792 erstmals erschienenem Roman *Die Geschichte vom Stein* (auch *Der Traum der roten Kammer* genannt). Nur wenige Gebäude dieser Art haben die Umwälzungen des 20. Jahrhunderts überdauert (das berühmteste ist die Residenz der von Konfuzius abstammenden Kong-Familie in Qufu in der Provinz Shandong), doch sind zahlreiche Beispiele von Möbeln, Tafelgeschirr und dekorativen Gegenständen, die für sie geschaffen wurden, erhalten geblieben.

Die dekorativen Künste wurden von den Qing-Kaisern auf das großzügigste gefördert. Kangxi (1662–1722) gab den kaiserlichen Porzellanmanufakturen der Ming-Zeit neuen Auftrieb und ließ in der Umgebung des Palastes Werkstätten für Lack, Glas, Email und Jade einrichten. Ihre Produkte bestimmten das hohe Niveau, dem andere Handwerker nachzueifern versuchten, wenn sie Gebrauchsgegenstände für die ständig wachsende Zahl von Regierungsbeamten und Kaufleuten produzierten, die unter den Mandschus zu Wohlstand kamen. Der chinesische Perfektionismus, der sich in der Malerei oft so negativ ausgewirkt hatte, führte im kunstgewerblichen Bereich zu erfreulicheren Ergebnissen. Die handwerkliche Perfektion von Spitzenstücken chinesischen Porzellans aus dem 18. Jahrhundert ist nirgendwo und zu keiner Zeit übertroffen worden, wenn man bei ihnen auch die besondere Qualität der Oberflächenstruktur, wie sie die Waren der Tang- und Song-Zeit auszeichnen, vermissen mag. (Die Unterschiede lassen sich am deutlichsten bei den Imitationen früherer Waren feststellen, die unter den Qing-Kaisern immer häufiger wurden, um einer wachsenden Nachfrage gerecht zu werden.) Und auch Jade und Lack waren nie zuvor mit vergleichbarer Präzision geschnitzt worden.

Ein Thron aus Lack ▸ 16.11 zeugt vom Können der Palasthandwerker in dieser höchst anspruchsvollen Technik (s. S. 109). Er wurde für Kaiser Qianlong (1736–1796) hergestellt und weist jenen ausgefeilten Dekor auf, der während seiner langen Regierungszeit immer beliebter wurde. Zu den Motiven gehört der kaiserliche Drache, der in eleganten Schwüngen einer flammenden Perle, einem Sinnbild der Sonne, nachjagt ▸ 16.13. Ihm fehlt jedoch die einschüchternde Kraft der mingzeitlichen Drachen. Die Sinnbilder sind hier tatsächlich so dicht verwoben, dass sie in der üppigen Gesamtdekoration fast verschwinden. Ihre Abwertung ist vielleicht teilweise auf den Einfluss des Westens zurückzuführen, arbeiteten doch zu dieser Zeit viele chinesische Handwerker in der Hauptsache für den europäischen Markt, wobei sie in Antwort auf die europäische Begeisterung für Exotika die Porzellane, Lackarbeiten und Emailwaren mit ausgefallenen Dekors überluden. Qianlong selber fand Gefallen an europäischer Kunst, aber sein Geschmack war nicht höher entwickelt als jener der europäischen Herrscher der gleichen Zeit, die sich für chinesische Kunst interessierten. Während sie zerbrechliche Chinoiserie-Pavillons in Potsdam und anderswo errichten ließen, baute er sich einen Sommerpalast im europäischen Rokokostil (der 1860 fast völlig zerstört wurde). Er nahm auch einen jesuitischen Missionar in seine Dienste, GIUSEPPE CASTIGLIONE (1688–1766), der ab 1716 unter dem Namen Lang Shining in China lebte, um für den Kaiser Bilder in einem sino-italienischen Stilgemisch mit Schattenfall und Linearperspektive zu malen, darunter atemberaubende ›Porträts‹ von Pferden. Qianlong scheint jedoch nie die Überlegenheit der chinesischen Kultur angezweifelt zu haben und trug die größte aller Sammlungen von Werken früherer chinesischer Meister und ihrer zeitgenössischen Epigonen zusammen.

Als die westlichen Mächte seit 1842 mit Gewalt nach China vordrangen, wo sie mit militärischen Mitteln Handelskonzessionen erzwangen, sich in den so genannten ›Vertragshäfen‹ einschließlich Shanghai etablierten und dort Bauten in ihrem jeweils eigenen nationalen Stil errichteten, wurden die chinesischen Künstler und ihre Förderer immer weniger flexibel in der Bewahrung ihrer eigenen Traditionen. 1860 entsandten die Engländer und Franzosen unter Ausnutzung eines Bürgerkrieges eine militärische Expedition, die sogar bis nach Peking vordrang. Die zahlreichen Gebäude des Sommerpalastes, die um einen See nordöstlich der Stadt verstreut lagen, wurden geplündert und niedergebrannt. Doch bereits 1888 wurde die gesamte riesige Anlage für die berüchtigte Kaiserinwitwe Cixi (1835–1908), eine begeisterte, aber eher unkritische Förderin der Künste und selbst Malerin, wieder neu aufgebaut: Mit Tempeln und Pavillons, verbunden durch lange überdachte Säulengänge, entstand auf diese Weise der im tra-

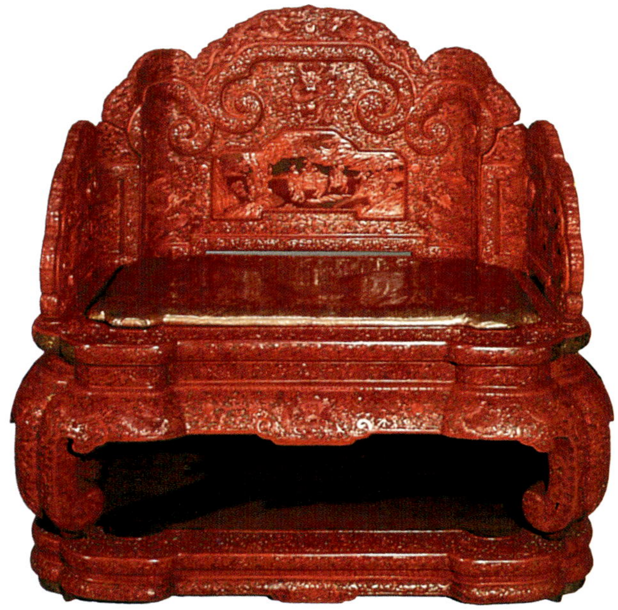

16.11 Thron des Kaisers Qianlong, um 1740, roter Lack, Höhe 119,3 cm. Victoria & Albert Museum, London.

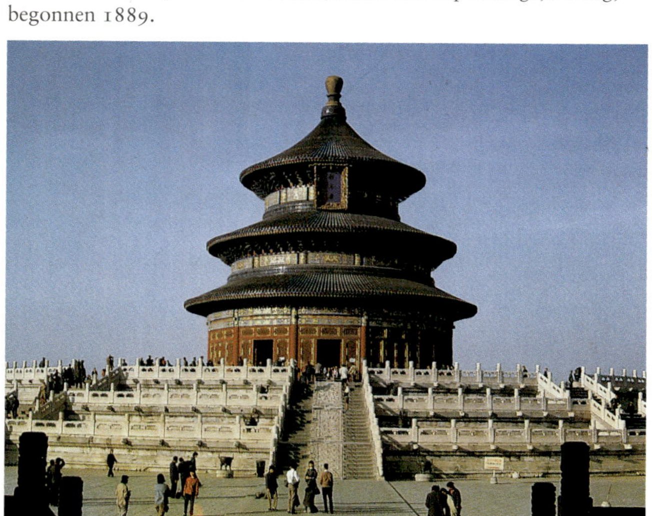

16.12 Halle der jährlichen Gebete, Himmelstempelanlage, Peking, begonnen 1889.

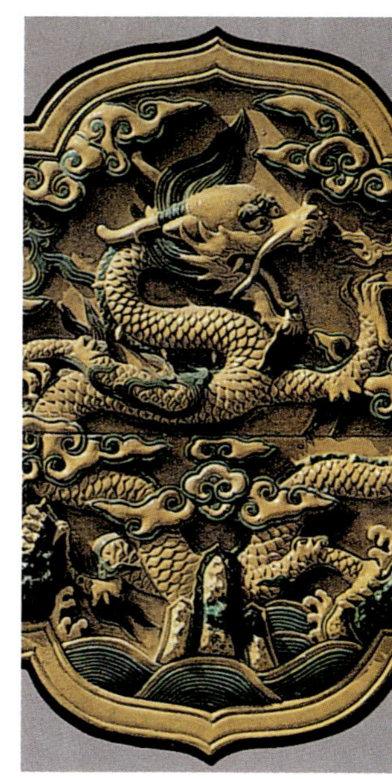

16.13 Kachelmedaillon an einer Mauer der Verbotenen Stadt, Peking, 18. Jh.

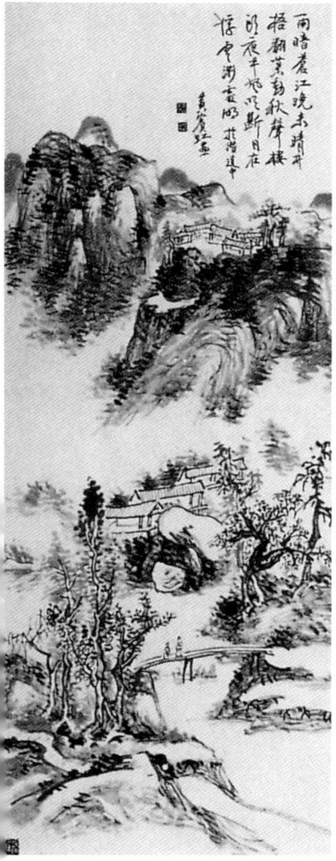

16.14 HUANG BINHONG, *Landschaft mit Brücke*, Tusche auf Seidenpapier, Hängerolle, 115x45,7 cm. Nationalgalerie, Prag.

ditionellen Stil gehaltene ›Garten, in dem die Ruhe kultiviert wird‹. Der Kaiserinwitwe wurde damals vorgeworfen, Gelder für dieses Projekt abgezweigt zu haben, die bereits für die Flotte zurückgestellt waren. Auf keinerlei Kritik jedoch stieß der vollständige Wiederaufbau der ›Halle der Jährlichen Gebete‹ des Himmelstempels in Peking, die 1889 von einem Blitz getroffen worden und abgebrannt war; sie galt als unentbehrlich für das Wohl des Kaiserreichs. Äußerlich und auch von der Größe her war die Rekonstruktion eine exakte Replik des Originals: Auf einer aus drei Schichten aufgebauten weißen Marmorterrasse erhebt sich dieser ganz aus Holz bestehende Bau bis zu einer Höhe von 43 m mit einem dreifachen konischen Dach aus dunkelblau glasierten Ziegeln ▸ 16.12; 16. Der in der chinesischen Architektur ungewöhnliche Zentralbau steht in unmittelbarem Zusammenhang mit der chinesischen Vorstellung von den Himmeln. Im Innern sind konzentrische Kreise aus zwölf Säulen angelegt, die die Monate des Jahres und die Stunden des Tages darstellen. Sie umgeben vier größere Säulen, die für die Jahreszeiten stehen. Die geschnitzten und besonders die gemalten Dekorationen allerdings sind von keiner besonderen Qualität.

Nur der Kaiser und sein Gefolge näherten sich der ›Halle der Jährlichen Gebete‹; ihre tiefblauen Dächer aber waren weithin sichtbar als imposantes Symbol der kaiserlichen Herrschaft ›im Auftrag des Himmels‹. Dieser auffallendste unter den Bauten des weit verstreuten Gebäudekomplexes von ›Tiantan‹, der Himmelstempel, war in der frühen Ming-Zeit errichtet und (wie der Kaiserpalast) um die Mitte des 18. Jahrhunderts umfassend restauriert worden. Der herrschende Kaiser begab sich zu Beginn des ersten Kalendermonats zu der Halle, um Opfergaben darzubringen und für eine gute Ernte zu beten, sowie zur Wintersonnenwende, um ›mit den Himmeln zu sprechen‹ und ihnen von den Geschehnissen des vergangenen Jahres zu berichten. Sie war also mehr als nur ein Symbol. Am ersten chinesischen Nationaltag nach der Revolution von 1911, die zur Abdankung des letzten Qing-Kaisers geführt hatte, begab sich ein Minister der neuen Regierung zur ›Halle der Jährlichen Gebete‹, um dem Allerhöchsten im Namen der Republik Opfergaben darzubringen. Und der Präsident Yuan Shikai, der sich selbst als Kaiser zu etablieren versuchte, stattete ihr zur Wintersonnenwende 1914 einen feierlichen Besuch ab.

In dem unruhigen halben Jahrhundert, das auf die Revolution folgte, wurden Versuche unternommen, die chinesische Kunst der des Westens anzunähern. Man gründete Kunstakademien, und die Studenten mussten nach Gipsmodellen und – zum Entsetzen der Konservativen – nach Aktmodellen arbeiten. JUPEON (XU BEIHONG, 1895–1953) ist der bekannteste Vertreter jener Richtung, die einen Kompromiss zwischen den heimischen Traditionen und dem Realismus der westlichen Kunst des späten 19. Jahrhunderts zustande zu bringen suchte ▸ 16.15. Es gab jedoch auch eine Reihe von Künstlern, die sich von den ›Individualisten‹ der frühen Qing-Zeit inspirieren ließen und so der Herausforderung der westlichen Kultur des 20. Jahrhunderts begegneten, ohne in einen künstlichen sinowestlichen Mischstil zu verfallen; dazu gehören HUANG BINHONG ▸ 16.16 (1864–1955) und FU BAOSHI (1904–1965). Später wurden Einflüsse einzelner europäischer Maler des 20. Jahrhunderts, insbesondere PAUL KLEES (1879–1940), dessen Sensibilität dem chinesischen Sinn für Feinheit entsprach, in neue Formen chinesischer Malerei verarbeitet, vor allem durch ZHAO WUJI (geb. 1921) und andere.

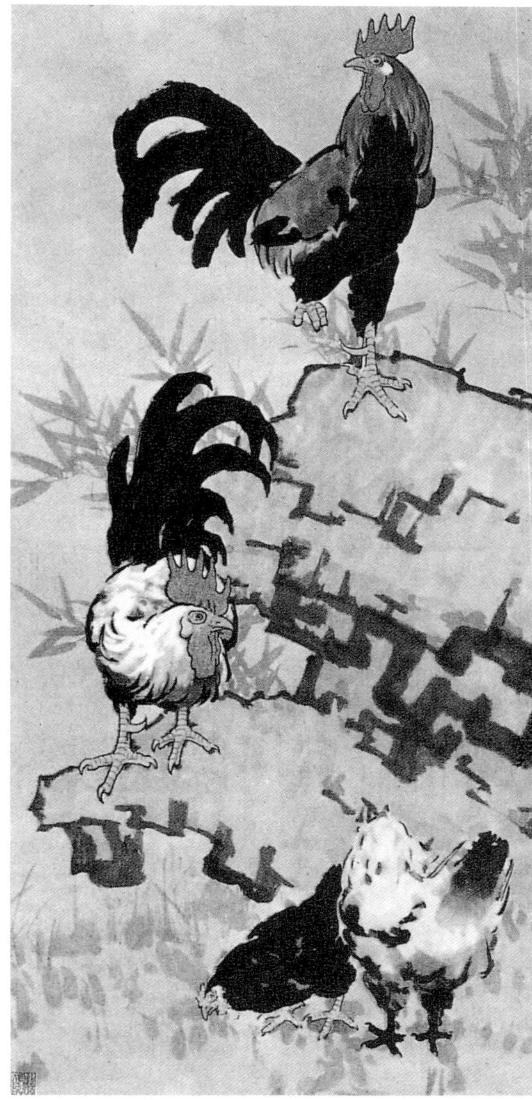

16.15 XU BEIHONG, *Hähne und Hennen*, Papier, Hängerolle, 109,7x55 cm. Nationalgalerie, Prag.

16.16 Himmelstempelanlage (Luftansicht), Peking.

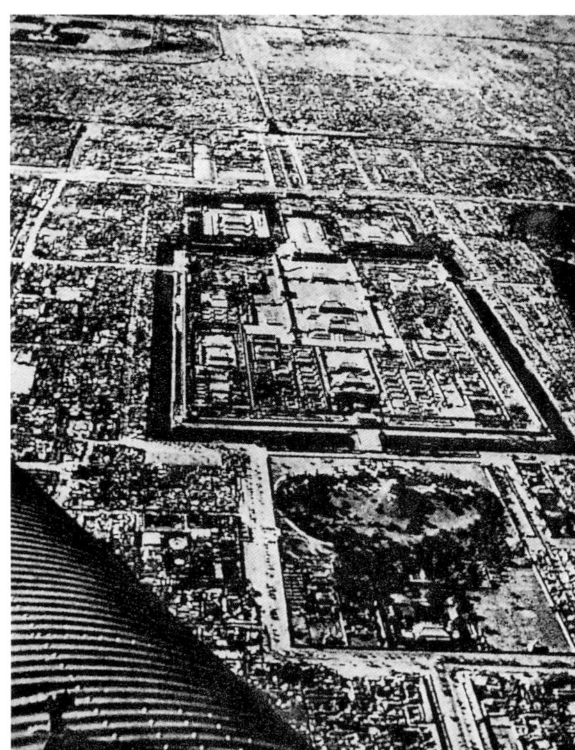

## Japan zur Edo-Zeit

Ein japanischer Holzdruck des späten 18. Jahrhunderts im so genannten ›Ukiyo-e-Stil‹ ist von allen Formen chinesischer Kunst durch Welten getrennt ▸ 16.19. Ebenso wenig wie er in China der Kunst zugerechnet worden wäre, hätten dies Japaner der oberen Schichten getan. Es handelt sich eher um eine populäre Kunstgattung. Das Thema ist die Hauptsache, und es hat oft einen wenig erhabenen Charakter. Die Formen sind mit kräftigen geschwungenen oder geraden Linien wiedergegeben.

Die dargestellte Szene ist dem Alltagsleben entnommen: eine Gruppe von Frauen in einem öffentlichen Badehaus und ein hockender Mann im Nebenraum, von dem der Kopf und ein Knie durch Öffnungen in der Wand zu sehen sind – vielleicht verstand sich der Künstler selbst als Voyeur. Extreme Formen von Realismus und Stilisierung, von Ungelenkheit und Eleganz existieren bei den nackten und bekleideten Gestalten nebeneinander. Verteilung und Haltung der Figuren sind informell, der Oberkörper einer Frau im Hintergrund ist von einer Wand verdeckt, an der Drucke mit Vögeln über dem Meer hängen, wodurch noch auf eine andere Ebene künstlerischer Wirklichkeit hingewiesen wird. So künstlerisch anspruchslos das Bild auch wirken soll, ist dieser Effekt höchst kunstvoll, wie die europäischen Künstler mit Erstaunen feststellten, als sie ›Ukiyo-e‹-Drucke in der zweiten Hälfte des 19. Jahrhunderts zum ersten Mal sahen. Das hier abgebildete Blatt hängte EDGAR DEGAS (s. S. 648 ff.) über sein Bett.

Seit den dreißiger Jahren des 17. Jahrhunderts, als der christliche Glaube verboten und die portugiesischen Kaufleute des Landes verwiesen wurden, war Japan so gut wie vollständig von der übrigen Welt abgeschnitten. Deshalb ist die japanische Kunst des 18. und 19. Jahrhunderts ausschließlich ein Produkt der besonderen politischen, sozialen und wirtschaftlichen Situation des Inselreiches. Während der gesamten Edo-Zeit (1615–1867) hatten die Kaiser in ihrem Palast in Kioto nur repräsentative Funktion. Die wirkliche Macht hatte sich in die Hände der Shogune (Diktatoren) aus der Tokugawa-Familie verlagert, die von Edo, dem späteren Tokio, aus regierten. Obwohl sie nach außen hin den konfuzianischen Grundsätzen des weisen Herrschens zu folgen vorgaben, bestand die einflussreiche Schicht unter ihnen nicht aus Gelehrten, sondern aus ›Daimyos‹ und ihren ›Samurais‹ (Feudalherren und Rittern). Es gab vier klar abgegrenzte soziale Schichten: an der Spitze das Militär, dann die Bauern, danach die Handwerker und zuunterst die Kaufleute. Jeder blieb in seinem Stand, und so blieb das Malen auf Söhne und Adoptivsöhne von Malern beschränkt (obzwar es Ausnahmen gab und manche Mitglieder der Militärschicht auf ihre Privilegien verzichteten, um Künstler zu werden). Die Gesetze, die jeden sozialen Aufstieg unterbanden, erlaubten Mobilität innerhalb der Klassen, solange dadurch die Autorität der Militärkaste nicht bedroht wurde. In der langen Periode des Friedens, die auf 200 Jahre Bürgerkrieg folgte, verarmten die Samurais zunehmend. Die Kaufmannsschicht hingegen wurde immer wohlhabender und ließ zunehmend Künstler und Kunsthandwerker für sich arbeiten. Sie setzte sich für den Fortbestand des hohen Niveaus ein, das im 17. Jahrhundert in der Wandschirmmalerei und Lackkunst ▸ 16.17 erreicht worden war. Auch die traditionelle Vorliebe Japans für exquisite Porzellane, die seit 1616 im Lande selbst hergestellt wurden, blieb bestehen. Elegante Formen mit feinem Dekor wurden neben grober Töpferware für die Teezeremonie ▸ 16.20 produziert, die von scheinbar kunstloser Schlichtheit war. Chinesischer Einfluss machte sich kaum geltend, außer in der Landschaftsmalerei, die wie die Literatenmalerei eines vergangenen China lediglich von Intellektuellen gefördert und manchmal auch praktiziert wurde.

Die wichtigste Neuerung waren die ›Ukiyo-e‹-Holzdrucke, die im Wesentlichen von und für die unteren Schichten der Bevölkerung angefertigt wurden, vor allem von den städtischen Unterschichten in Edo (Tokio), das unter der Herrschaft der Shogune zu einer riesigen, volkreichen und wohlhabenden Stadt anwuchs. Im ›Ukiyo-e‹ kamen der Geschmack und das Interesse einer Subkultur zum Ausdruck. Ihre artistische Meisterschaft war zu ihrer Zeit einmalig auf der Welt. Keine ande-

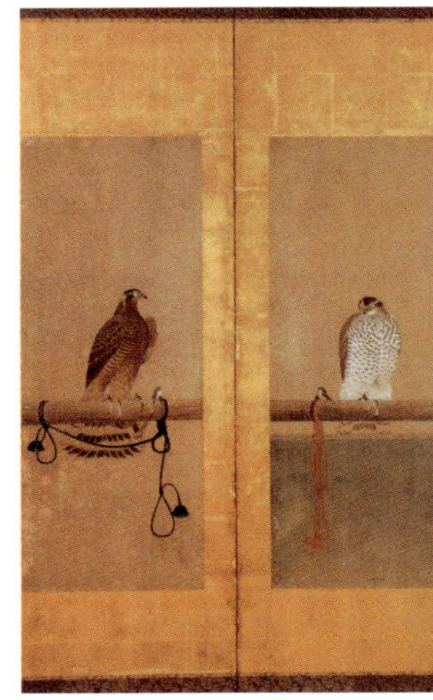

16.17 KAMIYA HARUZANE, *Falken*, Detail eines achtteiligen Faltschirms, 19. Jh., Tinte und Farbe auf Papier, jedes Bild 91,5 x 37,4 cm.

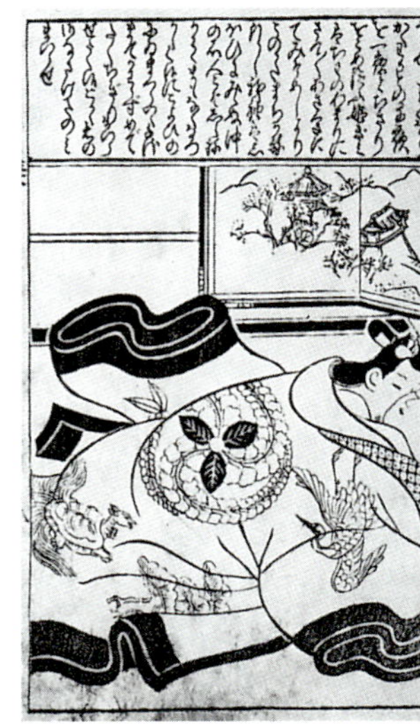

16.18 HISHIKAWA MORONOBU, *Liebespaar von Dienerin belauscht*, 1687, Holzschnitt. Sammlung Winzinger, Regensburg.

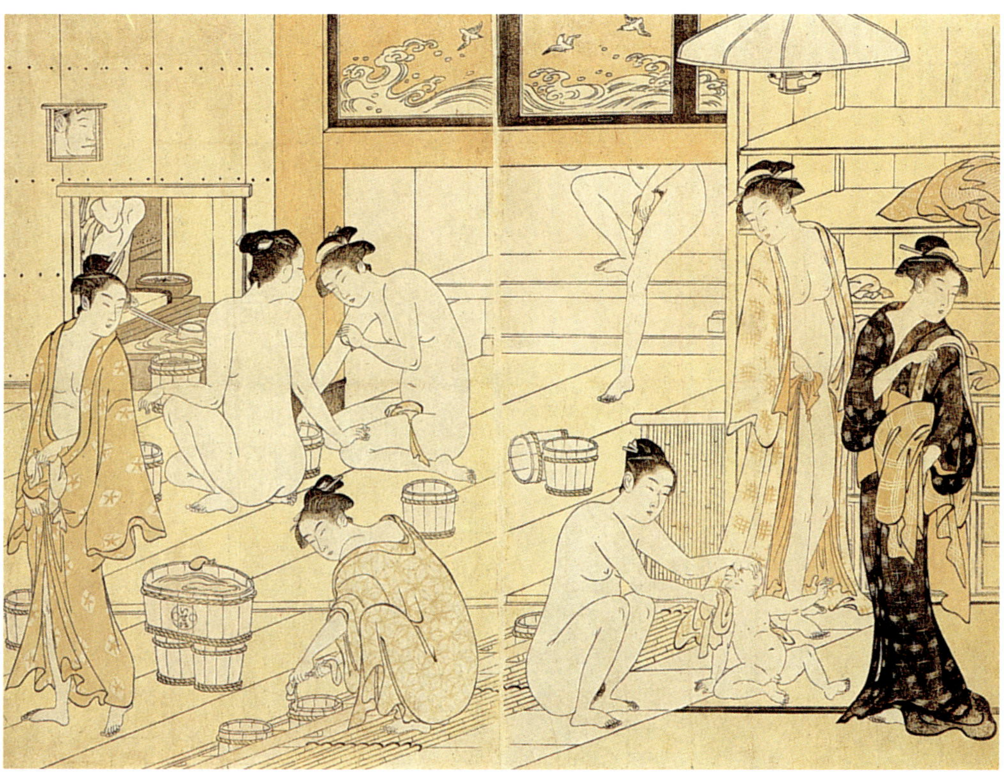

16.19 TORII KIYONAGA, *Szene im Badehaus*, um 1800, Holzschnitt, 38,7 x 51 cm. Museum of Fine Arts, Boston (William Sturgis Bigelow Collection).

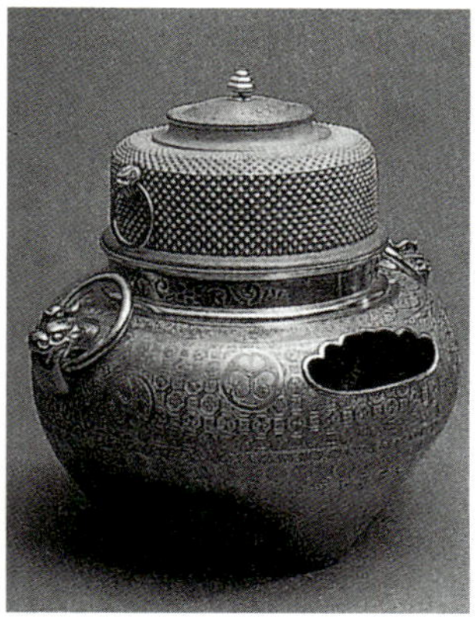

16.20 Teekessel mit Kocher, 17. Jh., Gold.

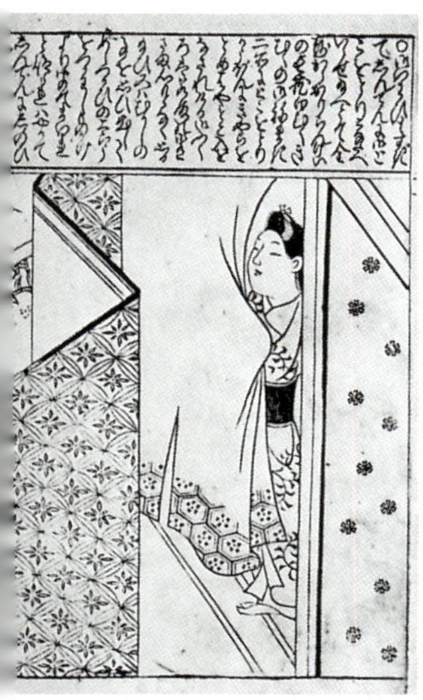

re ähnlich weltliche, plebejische (manchmal ausdrücklich antiaristokratische) und strikt inhaltlich bestimmte Kunstform hat je die Großartigkeit der volkstümlichen ›Ukiyo-e‹-Holzschnitte erreicht. Der Begriff ›Ukiyo-e‹ bezeichnete ursprünglich die ›Malerei einer fließenden Welt‹, das heißt Bilder vom wechselvollen oder modischen gesellschaftlichen Treiben. Aber die Holzdrucker des späten 18. und frühen 19. Jahrhunderts gaben dem Wort eine breitere Bedeutung, die man mit ›modern‹ gleichsetzen kann. Den begabtesten unter ihnen gelang es, den derbsten und trivialsten Sujets eine seltsam rührende Schönheit zu verleihen und traditionelle Themen mit neuer proletarischer Kraft zu beleben.

Die Ursprünge des ›Ukiyo-e‹ lassen sich auf zwei verschiedene Quellen zurückverfolgen, auf volkstümliche religiöse Holzschnitte und auf ›Yamato-e‹, ›Malerei im japanischen Stil‹, die zumeist höfische Szenen darstellte (s. S. 515 ff.). Die Technik des Holzplattendrucks war im 8. Jahrhundert mit dem Buddhismus aus China gekommen, wurde später für die Illustration von buddhistischen Schriften und seit dem frühen 17. Jahrhundert auch von Liebesgedichten und romantischer Dichtung weiterentwickelt. Zunächst betrachtete man gedruckte Bücher als Ersatz für die teuren handgeschriebenen und -bemalten Rollen, denen sie nachgeahmt waren – so fügte man etwa gelegentlich bedruckte Blätter zu Rollen aneinander. Aber auch Bilderbücher für das breite Volk wurden produziert, wobei vor allem HISHIKAWA MORONOBU (um 1625–1695) zu erwähnen ist, der allgemein als der Begründer des ›Ukiyo-e‹ gilt. Obwohl er in den konservativsten Traditionen ausgebildet war, wandte er sich der Darstellung volkstümlicher Themen zu, vor allem dem Treiben im Yoshiwara-Bezirk in Edo, wo die Kurtisanen lebten ▸ 16.21. Gegen 1670 begann MORONOBU auch Einzelblätter zu entwerfen, die sich offensichtlich solcher Beliebtheit erfreuten, dass andere seinem Beispiel folgten. Die Themen reichten von Vögeln und Blumen, die in Japan schon immer sehr geschätzt waren, über Porträts schöner Frauen, meist promenierender Königinnen von Yoshiwara, bis hin zu freizügigsten Beischlafszenen ▸ 16.18. Meist waren die Blätter klein und wahrscheinlich zur Aufbewahrung in Alben gedacht, die größeren aber konnten als Hängerollen montiert werden. Sie wurden in Schwarz auf weißem Papier gedruckt, Farben mussten von Hand aufgelegt werden. Als sich in der zweiten Hälfte des 18. Jahrhunderts die Techniken des Mehrplattenfarbdrucks schnell vervollkommneten, stieg der Reiz des ›Ukiyo-e‹ beträchtlich. Die ersten Vielfarbdrucke waren noch recht kostspielig und wurden wohl hauptsächlich von reicheren Kaufleuten erworben, weniger von Leuten aus der Handwerkerschaft. Ihre Herstellung war eine Gemeinschaftsarbeit und unterschied sich von der in Europa verwendeten Technik. Man klebte die Zeichnung eines Künstlers auf eine Platte aus Birn- oder Kirschbaumholz und schnitt alles bis auf die feinen Linien weg; so entstand ein Druckstock, dessen Abzüge zum Schneiden weiterer Druckstöcke benutzt wurden, manchmal bis zu fünfzehn Stück, jeder für eine andere Farbe, die dann in Form eines wasserlöslichen Pigments mit dem Pinsel auf das Holz aufgetragen wurde. Die Abzüge wurden nicht in der Druckpresse hergestellt, sondern von Hand, indem man das Papier auf die Platte legte und mit einem runden Werkzeug über die Rückseite rieb. Bei geschickter Handhabung konnten durch diese Technik sehr fein abgestufte Tonwerte erzielt werden.

Im voll entwickelten ›Ukiyo-e‹ werden am häufigsten Frauen abgebildet, jung, elegant im Auftreten und von den

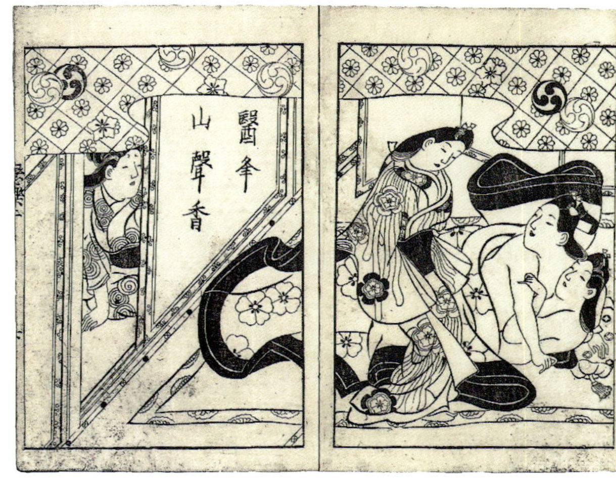

16.21 HISHIKAWA MORONOBU, *Belauschtes Liebespaar*, Sumizuri-e, Doppelseite aus dem dreibändigen Werk *Die Vergnügungen der Liebe*, Holzschnitt, 22,6 x 29,6 cm. Sammlung Winzinger, Regensburg.

Zehenspitzen ihrer winzigen Füße bis zu dem pechschwarzen, mit Kämmen und Nadeln hochgesteckten Haar nach dem ›letzten Schrei‹ städtischer Mode gekleidet. Mal treten sie allein auf und raffen exquisit gemusterte Kimonos mit leicht überraschter Miene, mal in Gruppen, im Badehaus ▸ 16.19 oder auf einem Flussboot, wo sie sich den Nachmittag vertreiben, den Mondaufgang betrachten oder in einer warmen Sommernacht Leuchtkäfer fangen. Es sind ausnahmslos Geschöpfe sinnlicher Freuden, und häufig lassen sie sich als die hochkultivierten Kurtisanen identifizieren, für die Edo berühmt war.

16.22 KITAGAWA UTAMARO, *Die Stunde des Ebers*, um 1790, Farbholzschnitt, 24,5 x 38 cm. British Museum, London.

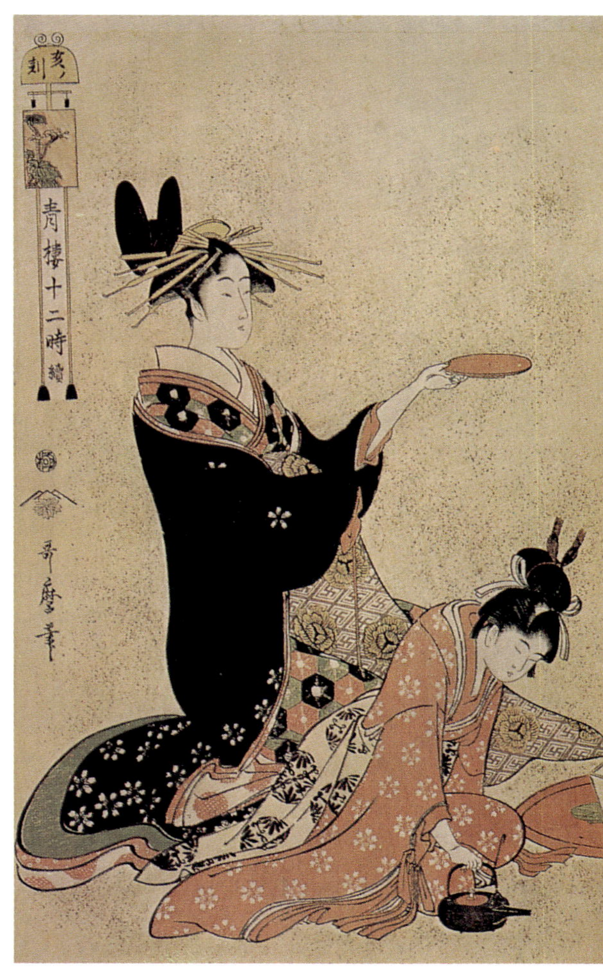

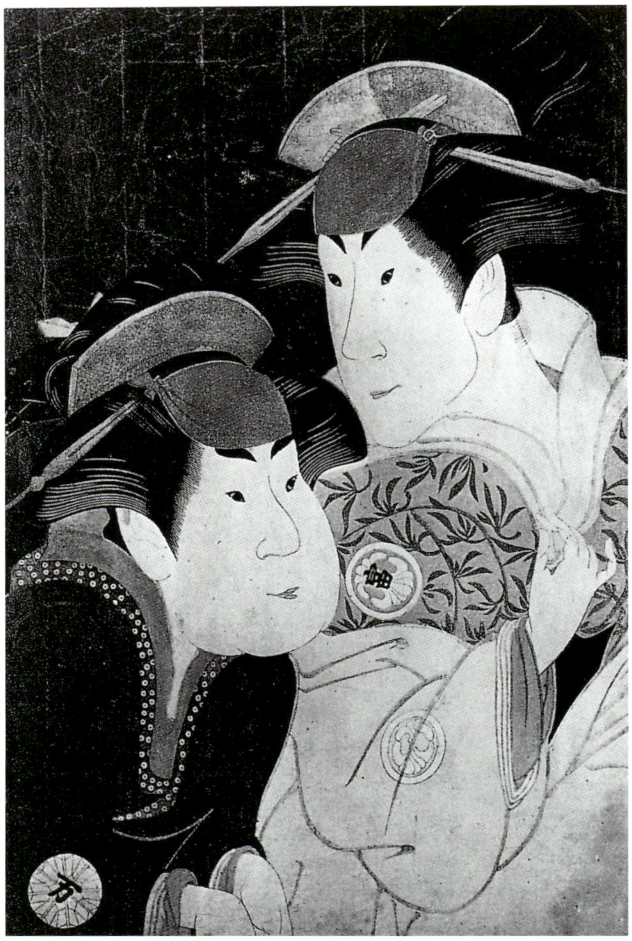

16.23 SAITO SHARAKU, *Der Schauspieler Segawa Tomisaburo als Yadorigi*, 1794, Farbholzschnitt, 36,2 x 23,5 cm. Art Institute of Chicago (Clarence Buckingham Collection).

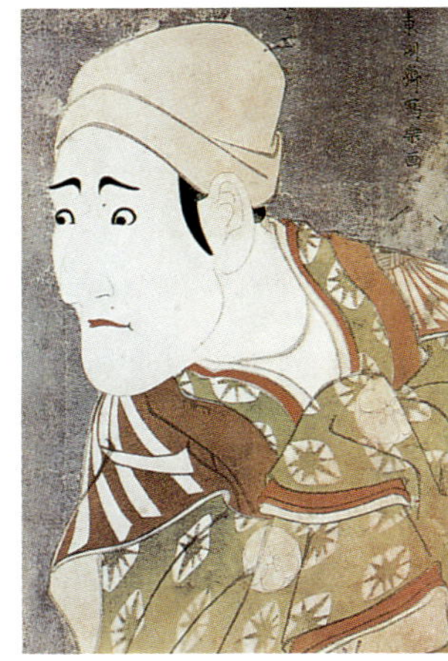

16.24 SAITO SHARAKU, *Der Schauspieler Morita Kanya VIII. in der Rolle des Uguisu no Jirôsaku*, 1794, Farbholzschnitt, 37,3 x 24,8 cm. Kunstbibliothek, Berlin.

Eine von ihnen ist dargestellt, wie sie ihrem unsichtbaren Kunden mit zierlicher Geste ein Schälchen mit Sake reicht, den ihre noch in der Ausbildung befindliche Helferin aufgewärmt hat ▸ 16.22. Der Holzschnitt trägt den Titel *Die Stunde des Ebers* (9–11 Uhr abends) und gehört zu einer Serie von Illustrationen der *Zwölf Stunden in den grünen Häusern* (Bordellen) von KITAGAWA UTAMARO (1753 bis 1806), einem der ersten und größten Meister dieses Genres. Das Kabuki-Theater, eine populärere und mitreißendere Form der Unterhaltung als die von der Aristokratie bevorzugten formalisierten und verwickelt symbolreichen No-Dramen, lieferte den Holzschneidern zahllose Motive. SAITO SHARAKU (tätig 1794/95) spezialisierte sich während seiner sehr kurzen Karriere auf Schauspielerporträts ▸ 16.24, insbesondere der berühmtesten Frauendarsteller ▸ 16.23. Der Realismus geht hier ins Karikaturhafte über, und es ist nicht auszuschließen, dass der spitzbübische Gesichtsausdruck des Segawa Tomisaburo eine Ironisierung seiner Darstellungsweise sein soll. SHARAKU war selber No-Schauspieler in den Diensten eines Daimyo. Trotzdem werden in seinen Arbeiten alle dekorativen Möglichkeiten dieses Mediums voll ausgeschöpft, wo kräftige Farbflächen sich gegen einen metallisch glänzenden Glimmergrund abheben, einen Ersatz für Gold, das zu benutzen den unteren Schichten nicht erlaubt war.

## *Hokusai und Hiroshige*

Der größte Meister des ›Ukiyo-e‹ im frühen 19. Jahrhundert, KATSUSHIKA HOKUSAI (1760–1849), war wie SHARAKU bei einem Holzschneider für Theaterbilder in die Lehre gegangen, thematisch aber setzte er sich keine Grenzen. Er war ebenso produktiv wie begabt und schuf etwa 30000 Zeichnungen, von denen die meisten als Buchillustrationen erschienen. Eine unvergleichliche Darstellung vom Leben seiner Zeit, besonders vom Straßenleben in Edo und Umgebung, findet sich in den 15 Bänden seiner *Manga*, die er 1814 zu veröffentlichen begann. Keine menschliche Tätigkeit scheint seinen scharf beobachtenden Augen und seinem ausdrucksvollen Pinsel entgangen zu sein. Seine Linien sind kräftig, sein Stil ist männlich und seine Betrachtungsweise der Menschen amüsant und sachlich. Er unternahm keinen Versuch, etwa die ungraziösen Körper von Akrobaten zu verschönen, die sich unbeobachtet fühlten ▸ 16.25. Gegen Ende seines Lebens signierte er als ›der alte Mann, der aufs Zeichnen versessen ist‹. Sein wichtigster Beitrag zur Kunst des Mehrplattenfarbdrucks waren Landschaften, die es so in Japan und China noch nie gegeben hatte: starkfarbige Ansichten, deren Vorbild leicht wiederzuerkennen ist, die aber weder realistisch noch idealisiert sind. Der schneebedeckte Gipfel des Fudschijama taucht darin immer wieder auf; in seinem berühmtesten Blatt sieht man ihn im Tal einer ungeheuren Welle, deren Gischt wie Drachenkrallen über zerbrechlichen Booten steht ▸ 16.26. Seine Holzschnitte äußern ein intensives Interesse an Naturformen und meisterhaften dekorativen Mustern, die für die japanische Kunst schon immer typisch waren, dort, wo sie sich am wenigsten auf die chinesische stützte. Das Gleiche gilt für die Landschaftsdrucke seines jüngeren Kollegen ANDO HIROSHIGE (1797–1858), der für die Japaner wie für den Westen zum Inbegriff Japans wurde. Sie sind realistischer, oft auch poetischer und weniger stilisiert als die HOKUSAIS ▸ 16.27. Häufig deutete er Entfernung im Bild an, indem er den Hintergrund durch einen

16.25 KATSUSHIKA HOKUSAI, Seite aus *Manga*, Band 8, 1817, Holzschnitt, 22,8 x 14,6 cm. British Museum, London.

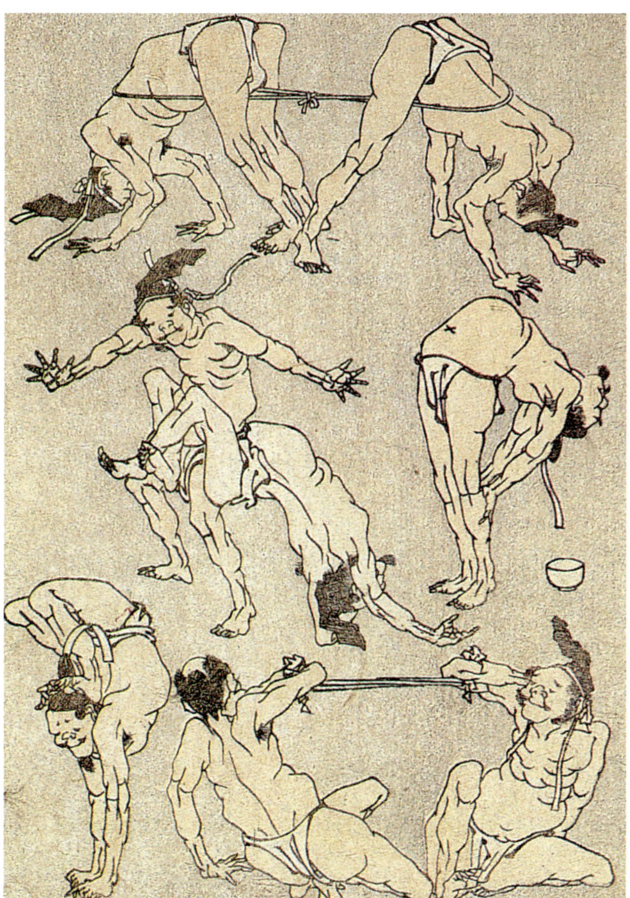

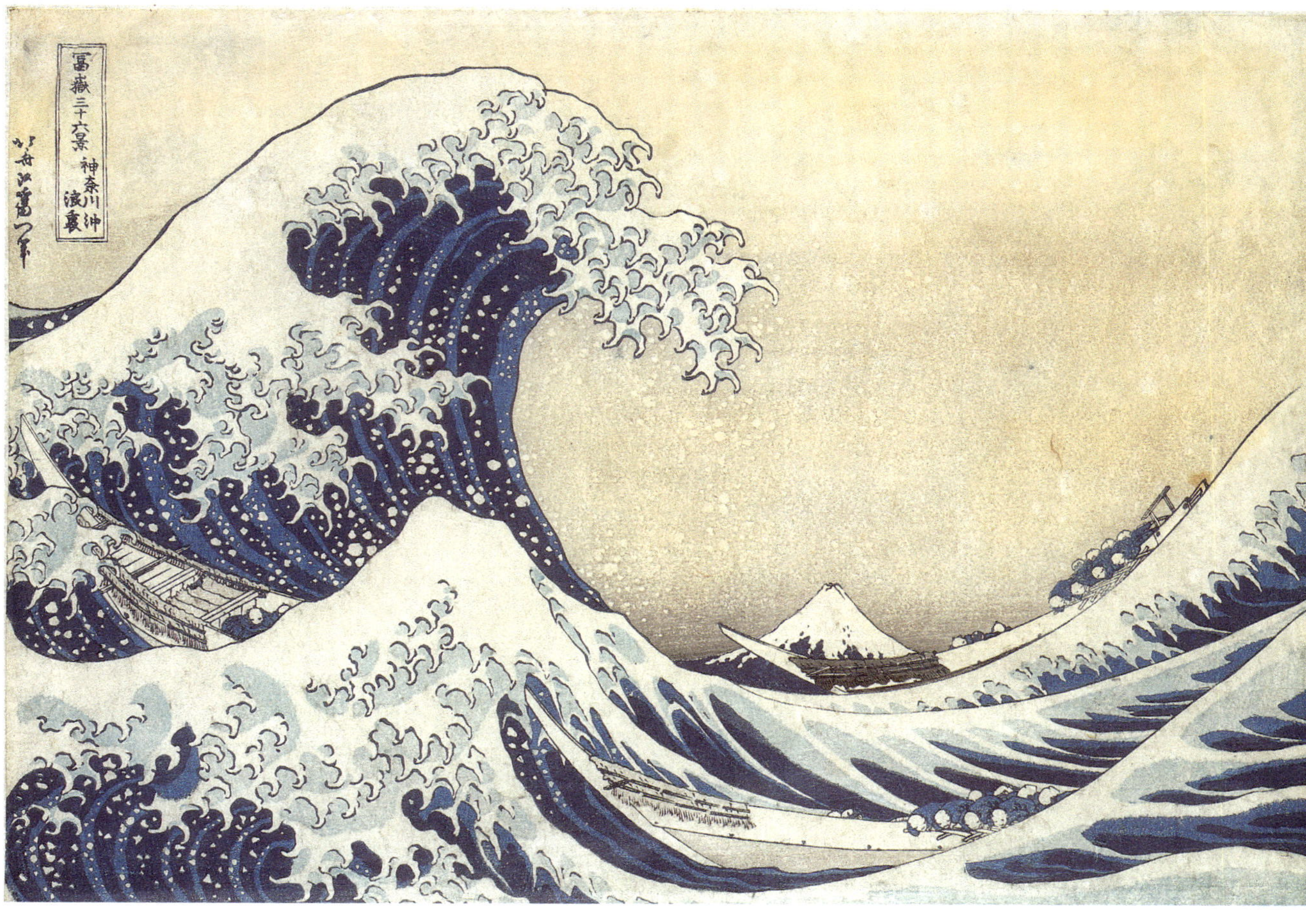

16.26 KATSUSHIKA HOKUSAI, *Die große Welle von Kanazawa*, 1823–1829, Farbholzschnitt, 25,5 x 37,5 cm. Victoria & Albert Museum, London.

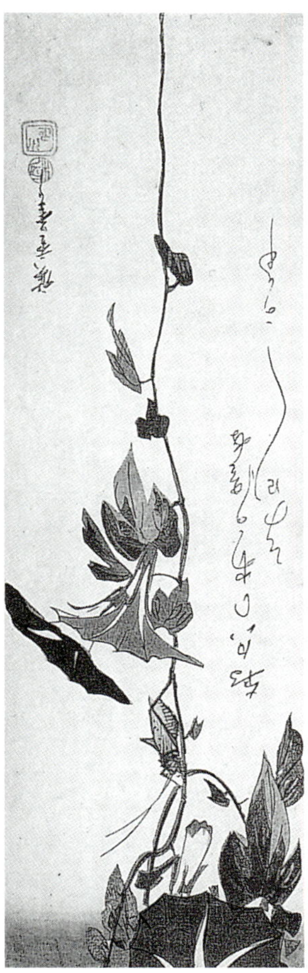

16.27 ANDO HIROSHIGE, *Purpurwinde und Grille*, um 1840, Holzschnitt, 38 x 13 cm. William Lawrence Keane, Yokohama.

›umrahmenden‹ Vordergrund aus Pflanzen hindurch erscheinen ließ, mal aus Iris, mal aus Ahornblättern ▸ 16.28.

Vier Jahre nach HOKUSAIS Tod endete Japans Isolierung, und fast gleichzeitig fanden seine Drucke den Weg nach Europa, wo sie jene Maler faszinierten, die aus den Konventionen der westlichen Kunst auszubrechen versuchten (s. S. 649 und 652 ff.). Im Jahr 1854 zwang der amerikanische Geschwaderkommandant Matthew Calbraith Perry die Japaner, ihre Häfen ausländischen Händlern zu öffnen. Radikale innenpolitische Veränderungen folgten rasch. 1868 wurde der letzte Shogun unter dem Druck einer Gruppe von ›Samurai‹, die im Namen des 15-jährigen neuen Kaisers Meiji – der 122. in der japanischen Geschichte – die Macht an sich gerissen hatten, zur Abdankung gezwungen. Um einen deutlichen Bruch mit der unmittelbaren Vergangenheit zu signalisieren, wurden der kaiserliche Hof wie auch die neue Verwaltung in Edo angesiedelt, das in Tokio (wörtlich: Östliche Hauptstadt) umbenannt wurde. Die Kunst der nachfolgenden Meiji-Periode (1868–1912) war von zwei sich scheinbar widersprechenden Tendenzen geprägt: einer Neigung zu Verwestlichung auf der einen und zu aggressivem Nationalismus auf der anderen Seite. Westliche Technologie wurde bald aufgenommen; der Prozess des Umbaus einer im Wesentlichen feudal organisierten Agrargesellschaft in eine Industrienation nahm seinen Anfang. Zur gleichen Zeit erhielt die Verehrung des Kaisers als lebender Gott neuen Auftrieb, und Versuche wurden unternommen, den Shintoismus auch durch Unterdrückung buddhistischer Sekten als einzige Staatsreligion durchzusetzen, was zur Folge hatte, dass zahlreiche buddhistische Tempel und Kunstwerke zerstört wurden. Die Konkurrenz mit dem Westen führte zur Einführung der Ölmalerei (allerdings hauptsächlich für traditionelle japanische Sujets, namentlich Landschaften) und zur

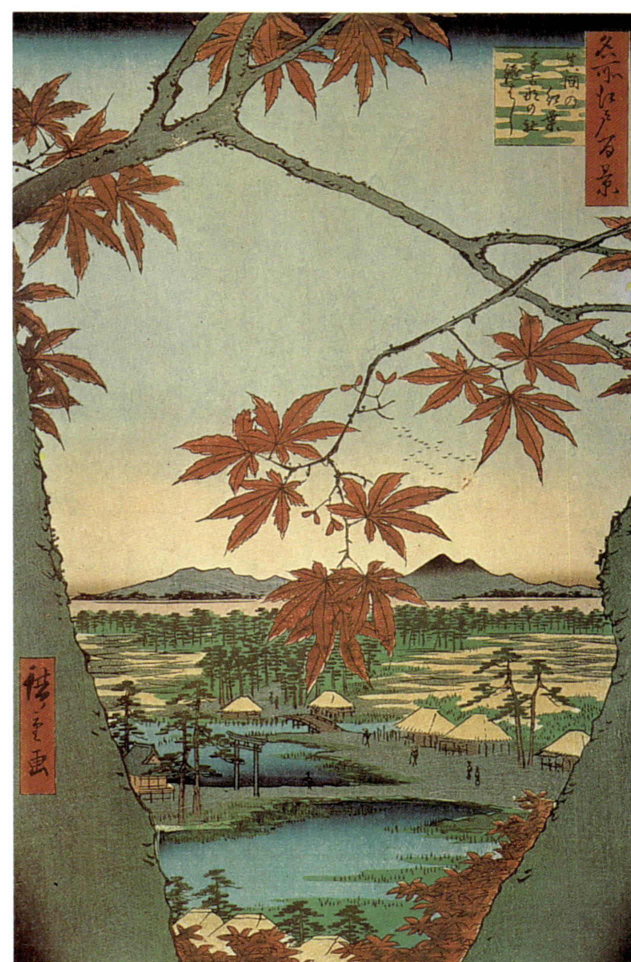

16.28 ANDO HIROSHIGE, *Ahornblätter am Tekona-Schrein, Mamma*, 1857, Farbholzschnitt, 35 x 24 cm. British Museum, London.

QUELLEN UND DOKUMENTE

## Hokusai und Frank Lloyd Wright über japanische Druckgraphik

Hokusai war 75 Jahre alt, als er 1834 den ersten Band seiner *Hundert Ansichten des Fuji* veröffentlichte. Dieses Werk war gewissermaßen ein Gebet für Unsterblichkeit, von der man glaubte, dass sie im Herzen des Vulkans verborgen sei. Um dieser Hoffnung Ausdruck zu verleihen, gab er die Änderung seines – fünften – Namens in ›Manji, Alter Mann verrückt nach Malerei‹ bekannt. Tatsächlich sollte Hokusai noch weitere 15 Jahre leben und erst 1849 sterben. Auf seine Signatur folgte seine bekannte Erklärung: »*Seit ich sechs Jahre alt war, neigte ich dazu, die Form der Dinge zu kopieren, und seit ich 50 war, wurden meine Bilder häufig publiziert, aber bis ich 70 Jahre alt war, war nichts von dem, was ich zeichnete, wirklich erwähnenswert. Mit 73 war ich einigermaßen im Stande, das Wachstum der Pflanzen und Bäume zu erfassen sowie den Bau der Vögel, Tiere, Insekten und Fische. Ich hoffe also mit 80 weiter vorangeschritten zu sein und mit 90 eine tiefere Einsicht in die den Dingen zugrunde liegenden Prinzipien gewonnen zu haben, so dass ich mit 100 Jahren einen göttlichen Zustand in meiner Kunst erreicht haben werde und mit 110 jeder Punkt und jeder Strich lebendig wirken wird. Diejenigen von Ihnen, die lange genug leben, werden Zeuge sein, dass sich diese meine Worte als wahr und nicht als falsch erweisen.*«

Etwa 70 Jahre später, als japanische Druckgraphiken im Westen bereits bekannt und vorbildhaft geworden waren (s. S. 649 und 652 ff.), hielt der amerikanische Architekt Frank Lloyd Wright in Chicago anlässlich einer japanischen Ausstellung, in der auch Werke Hokusais gezeigt wurden, einen Vortrag.

»*Der unaufdringlich kolorierte japanische Holzschnitt mit seinen markanten Linien auf dünnem Papier, das die Farbe von den geschnittenen und unterschiedlich gefärbten Holzstöcken abgeküsst hat, ist für die Ausübung der schönen Künste sehr nützlich und lässt sich auch in anderen Belangen des Lebens mit ebenso großem Nutzen heranziehen. Es handelt sich um eine Lektion, die vor allem für den Westen sehr wertvoll ist, denn damit wir es überhaupt begreifen, müssen wir einen Standpunkt einnehmen, der uns als Volk und insbesondere unseren Künstlern wenig vertraut ist – den rein ästhetischen Standpunkt... Versenken Sie sich so weit wie möglich in ihre Erfahrung, um herauszufinden, dass Schönheit an sich die schönste Art von Moral ist – rein ethisch, die wesentliche Tatsache, meine ich, aller Moral und Sitte...*

*Da er nun in einer Sprache spricht, die umso verständlicher ist, als sie uns, die wir durch unseren materiellen Reichtum verarmt sind, nicht angeboren ist, ist der bescheidene japanische Künstler des alten Japan höchst bedeutend geworden als Übersetzer einer Sache, die die Angelegenheiten, die Bedingungen seines Alltagslebens – ob Gesetze, Sitten, Manieren, Kostüme, Utensilien oder Zeremonien – mit dem Lebensprinzipien seiner Rasse in Einklang bringen kann. Es geht um lebendige einheimische Formen, menschlich bedeutende, menschlich Freude vermittelnde – eine Kunst, eine Religion, in immer neuen Stimmungen. In flüchtiger Lieblichkeit hat er den Fudschijama geschaffen – jenes Bild des Menschen im gewaltigen Raum, – der Gott von Nippon.*«

H. Smith, Einleitung zu Hokusai, One Hundred Views of Mount Fuji, London 1988; F.L. Wright, The Japanese Print. An Interpretation, New York 1912

Massenfertigung von Porzellanwaren für den Export und den inländischen Markt, die mit den ornamentalen Motiven Japans von einer völlig ungewohnten Aufdringlichkeit überladen waren. Die Kalligraphie aber blieb davon unberührt, und die Bildrollen- und Paraventmalerei wurde nur geringfügig von westlicher Kunst beeinflusst. In ländlichen Gebieten wurden Töpferwaren, Lackarbeiten und Textilien weiterhin wie früher hergestellt und regten – resistent gegen eine ›Verwestlichung‹ – europäische und amerikanische Designer und Kunsthandwerker an. Es war diese eigentümliche Ambivalenz von politischem Nationalismus und kulturellem Pluralismus, die der erstaunlichen Entwicklung der japanischen Kunst und insbesondere der Architektur im späteren Verlauf des 20. Jahrhunderts zugrunde liegen sollte (s. S. 774 f.).

# Thailand

Die Verwestlichung wurde, wie schon im 6. Jahrhundert die chinesische Kultur, Japan von den Japanern selbst aufgedrängt. Gegen Ende des 19. Jahrhunderts aber stand der größte Teil des südlichen und südöstlichen Asien unter der Kontrolle europäischer Kolonialmächte, die zwar die archäologische Forschung förderten, den lebenden einheimischen Künsten aber so gut wie kein Interesse entgegenbrachten. Eines der ganz wenigen Reiche, die ihre Unabhängigkeit bewahrten, war Thailand, das damals Siam hieß. Das Königreich von Sukhothai, das sich Anfang des 13. Jahrhunderts am Rande des Khmer-Reiches herausgebildet hatte, wurde von dem Ayuthia-Königreich geschluckt, das sich im 15. Jahrhundert weithin über das heutige Thailand und bis nach Burma und Kambodscha hinein ausdehnte (Angkor wurde 1431 eingenommen). Die Staaten Südostasiens führten jedoch immer wieder Krieg gegeneinander, und 1767 wurde die Stadt Ayuthia von den Burmesen geplündert; eine neue Hauptstadt – das heutige Bangkok – wurde weiter südlich gegründet und noch eindrucksvoller gestaltet als ihre Vorgängerin.

Unter mehreren aufeinander folgenden mächtigen Königen erlebte Thailand eine Zeit der Blüte. Nach der Mitte des vorigen Jahrhunderts wurde die Verwaltung des Reiches modernisiert und u. a. die Sklaverei abgeschafft. Man führte im Bauwesen westliche Technologie ein und brach mit dem alten Brauch, dauerhafte Materialien ausschließlich Sakralbauten vorzubehalten, auch wenn Häuser weiterhin größtenteils aus Holz errichtet wurden und die religiöse (d. h. theravada-buddhistische) Architektur und Plastik der Tradition verhaftet blieben. So werden etwa Klosterhallen noch heute in der gleichen Grundform errichtet, die bereits in Ayuthia zu finden ist. Ältere Stilformen wurden hin und wieder von Bildhauern neu belebt, die die Buddha-Figuren der Sukhota-Zeit nachbildeten ▸ 16.29, und ähnliche historische Elemente finden sich auch in der Architektur. So sind beispielsweise im heiligen Bezirk von Wat Phra Keo, der Tempelanlage des Königspalastes in Bangkok, die Bibliothek für religiöse Bücher mit ihrem eleganten Spitzdach und das Hauptgebäude des Pantheons (das Statuen der Thai-Könige beherbergt) mit seinen an den Giebelwänden in bogenförmige Schlangenkopf-Ornamente mündenden Dächern in einer verfeinerten Version des Ayuthia-Stils gehalten, während letzteres von einer hohen Spitze aus Stein bekrönt wird, die auf die Tempelbauten der Khmer zurückgeht ▸ 16.30. Diese Gebäude strahlen eine ähnliche vitale Selbstsicherheit aus wie die noch üppigere historistische Architektur Europas im vorigen Jahrhundert. Die Überladenheit ihrer Ausschmückung, der im Sonnenlicht schimmernden Mosaiken aus buntem Glas und der Verkleidung aus Porzellan mag auf das westliche Auge sehr wild, ja beinahe grotesk wirken. Aber ähnlich farbenfroher Schmuck, der ursprünglich zahlreiche ältere Gebäude in Südostasien und anderswo bedeckte, ist heute nur noch als ockerbrauner Schutt erhalten.

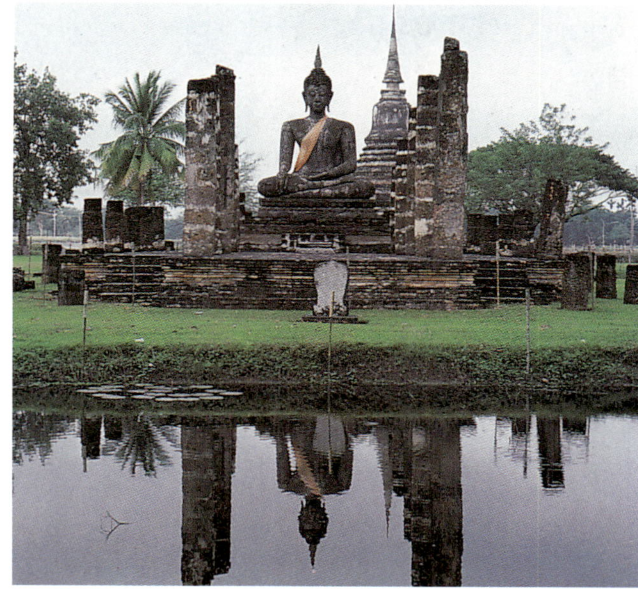

16.29 Buddhastatue, 19. Jh., Laterit und Gips, Sukothai, Thailand.

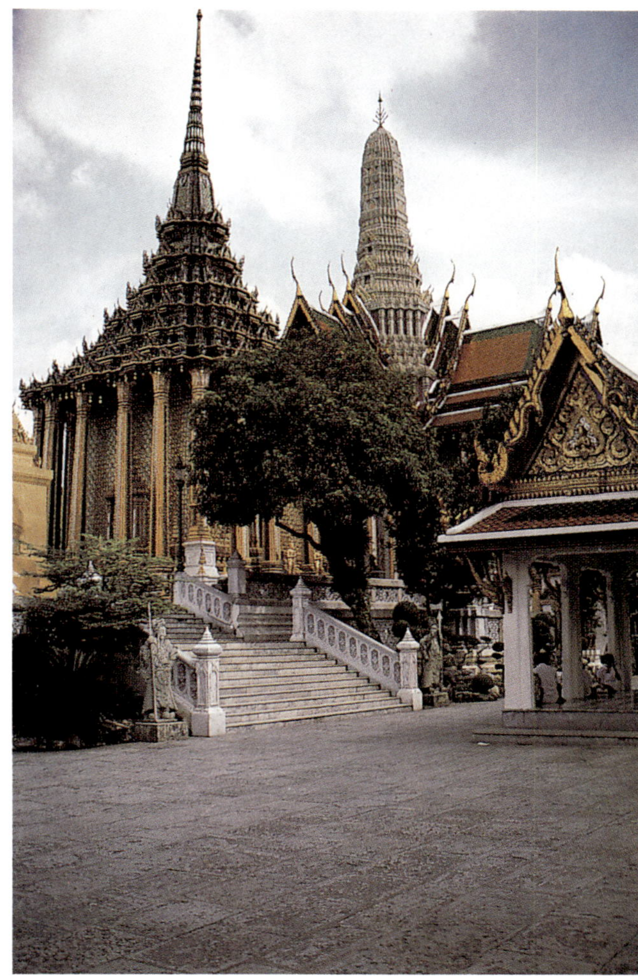

16.30 Bezirk Wat Pha Keo, Bangkok, 19. Jh.

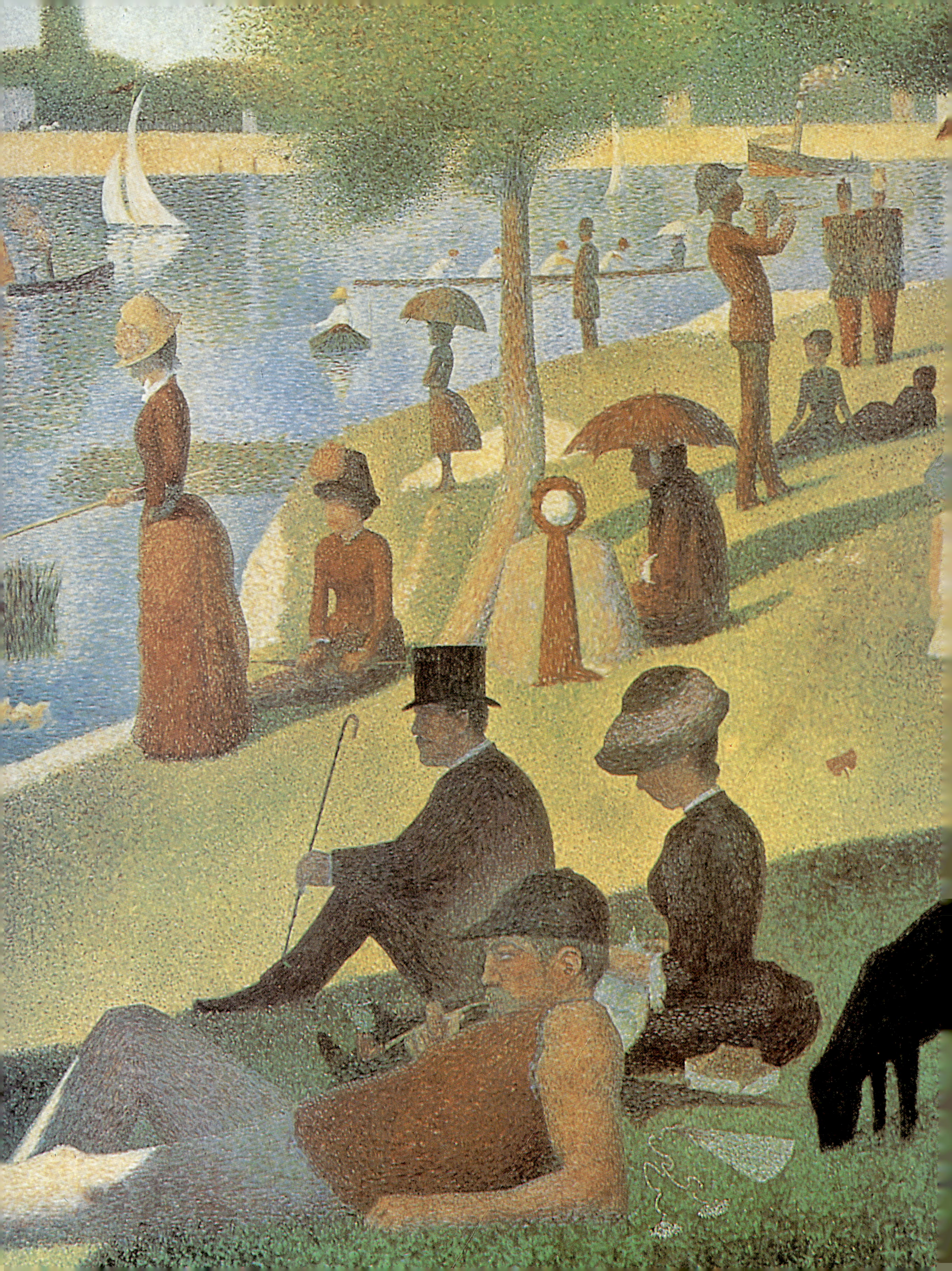

# 17
# Vom Impressionismus zum Postimpressionismus

Nur drei Jahre nach der Weltausstellung von 1867, mit der das französische Kolonialreich sich selbst feierte und Paris sich in westlichen Augen als künstlerische Welthauptstadt durchsetzte, erlitt Frankreich eine demütigende Niederlage. Der Deutsch-Französische Krieg endete mit der Kapitulation, gefolgt von politischem Zusammenbruch und Revolution. In Versailles wurde 1871 der erste deutsche Kaiser proklamiert, während in Paris die ›Kommune‹ mit beispielloser Härte unterdrückt wurde. Doch sollten diese traumatischen Erfahrungen bemerkenswert wenige Spuren hinterlassen. Einem bürgerlichen Kaiserreich folgte eine bürgerliche Republik. 1871 wurde kein Einschnitt in der intellektuellen und künstlerischen Geschichte Frankreichs. Mit Ausnahme des alten COURBET, der wegen seines Eintretens für die Kommune hart bestraft wurde, waren die meisten Künstler nicht engagiert. CLAUDE MONET und ALFRED SISLEY etwa entzogen sich den heimatlichen Wirren und gingen nach London. Ihr Freund, der Kritiker Théodore Duret, machte eine Weltreise.

Wie um diese bürgerliche Beständigkeit zu feiern, wurde das typischste Bauwerk des Zweiten Kaiserreiches, die 1861 von CHARLES GARNIER (1825–1898) entworfene Pariser Oper, im vierten Jahr der Dritten Republik eröffnet ▸ 17.1. Der schillernde Prunk, die sinnlos-extravagante Mischung aus Neurenaissance und Neubarock mit ihren verschwenderischen skulpturalen Dekorationen und die luxuriöse Anwendung kostbarer Materialien fassten die Atmosphäre beider Regime zusammen und waren charakteristisch für die offizielle Kunst. Unter den lebensgroßen Figuren der Fassade befindet sich ein

| | BILDENDE KUNST |
|---|---|
| 1861–74 | GARNIER, Pariser Oper ▸ 17.1 |
| 1865–66 | MONET, *Frühstück im Grünen* ▸ 17.3 |
| Um 1869 | RENOIR, *La Grenouillère* ▸ 17.4 |
| 1872 | MONET, *Impression, Sonnenaufgang* ▸ 17.8 |
| 1874 | DEGAS, *Ballettprobe* ▸ 17.13 |
| 1880–1917 | RODIN, *Das Höllentor* ▸ 17.48; 50 |
| 1881–82 | MANET, *Bar in den Folies-Bergère* ▸ 17.12 |
| 1882–83 | RICHARDSON, Stoughton House ▸ 17.63 |
| 1883–84 | SEURAT, *Badende, Asnières* ▸ 17.33 |
| 1885–87 | CÉZANNE, *Blick über das Arctal mit Sainte-Victoire* ▸ 17.65 |
| 1888 | GAUGUIN, *Vision nach der Predigt* ▸ 17.30 |
| | VAN GOGH, *Nachtcafé in Arles* ▸ 17.42 |
| Um 1890–95 | CÉZANNE, *Kartenspieler* ▸ 17.69 |
| 1892–93 | HORTA, Haus Tassel, Brüssel ▸ 17.55 |
| 1893 | MUNCH, *Der Schrei* ▸ 17.47 |
| 1894–95 | SULLIVAN, Guaranty Building, Buffalo ▸ 17.56 |
| 1895 | MORBELLI, *Für achtzig Centesimi* ▸ 17.37 |
| 1897 | VOYSEY, Norney, Surrey ▸ 17.62 |
| 1898 | VAN DE VELDE, *Tropon* ▸ 17.57 |

| | HISTORISCHE & KULTURELLE DATEN |
|---|---|
| 1863 | Wendepunkt im amerikanischen Sezessionskrieg: Niederlage der Konföderierten in Gettysburg |
| 1864 | Tolstoi, *Krieg und Frieden* |
| 1865 | Ende des amerikanischen Bürgerkrieges |
| 1867 | Marx, *Das Kapital*, Bd. I; Verdi, *Don Carlos* |
| 1869 | Eröffnung des Suezkanals; Erste transkontinentale Eisenbahnverbindung in den USA |
| 1870 | Deutsch-Französischer Krieg: Napeleon III. kapituliert |
| 1871 | Niederschlagung der Pariser Commune |
| 1872 | Edison erfindet die Duplextelegraphie |
| 1876 | Bell patentiert das Telefon; Edison erfindet den Phonographen |
| 1879 | Ibsen, *Nora oder Ein Puppenheim* |
| 1880 | Elektrische Straßenbeleuchtung in New York |
| 1884 | Mark Twain, *Huckleberry Finn*; Maschinengewehr technisch perfektioniert |
| 1885 | Daimler erfindet den Verbrennungsmotor |
| 1886 | Henry James, *The Bostonians* |
| 1888 | Dunlop erfindet den Luftreifen; Strindberg, *Fräulein Julie* |
| 1889 | Eastman erfindet den Zelluloid-Rollfilm |
| 1891 | Edison erfindet den Kinetographen (Filmkamera) |
| 1892 | Erdbeben in San Francisco |
| 1894 | Dreyfus-Affäre; Chinesisch-japanischer Krieg |
| 1895 | Marconi erfindet die drahtlose Telegraphie; Entdeckung der Röntgen-Strahlen; Lumière erfindet den Kinematographen; Rimbaud, *Le Bateau ivre*. Oscar Wilde, *The Importance of being Earnest* |
| 1896 | Puccini, *La Bohème*. Tschechow, *Die Möwe* |
| 1897 | Griechisch-Türkischer Krieg |
| 1899 | Beginn des Burenkrieges |

EORGES SEURAT,
*Sonntagnachmittag auf der Île le la Grande Jatte* (Ausschnitt),
885, Leinwand, 206 x 306 cm.
Art Institute, Chicago.

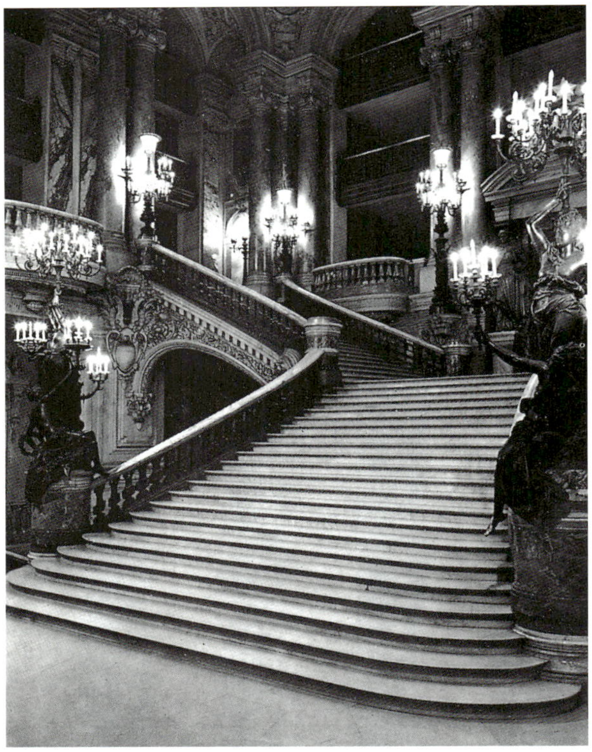

17.1 CHARLES GARNIER, Pariser Oper, Haupttreppe, 1861–1874.

stürmisch ausgelassener Tanz von JEAN-BAPTISTE CARPEAUX (1827–1875) – eine virtuose Zurschaustellung naturalistisch-malerischer Skulptur. CARPEAUX verband Beschwingtheit mit Sensibilität für menschliche Formen in dieser rhythmischen Komposition ▸ 17.2. Dennoch war dies das einzige Detail des Gebäudes, das scharf kritisiert wurde wegen Sittenwidrigkeit. Die Wiedergabe von nackter Haut war für die Zimperlichen zu lebensnah, und es wurde versucht, das Werk zu zerstören.

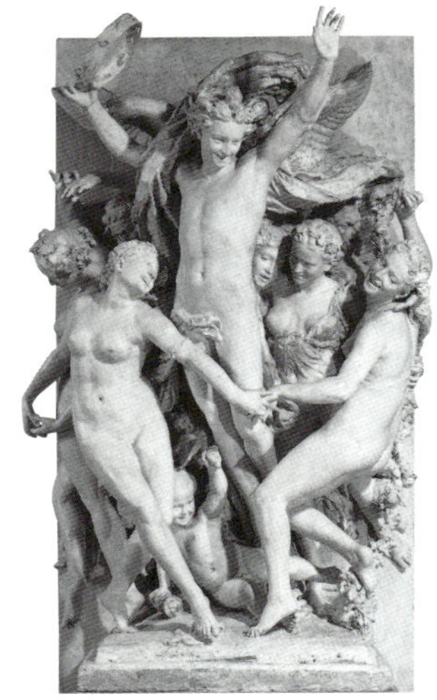

17.2 JEAN-BAPTISTE CARPEAUX, *Der Tanz*, 1867–1869, Gips, ca. 4,6 x 2,6 cm. Musée de l'Opéra, Paris.

## Impressionismus

Angriffe eines wütenden Publikums gegen Künstler waren charakteristisch für das mittlere Jahrhundert, und dies nicht nur in Frankreich. Doch mit der Eröffnung des ›Salon des Refusés‹, 1863, für Werke, die vom offiziellen Salon zurückgewiesen wurden, und später mit der Organisation unabhängiger Ausstellungen, insbesondere solcher der Impressionisten, spitzte sich die Lage in Paris scharf zu. Diese Ausstellungen bildeten den ersten Versuch, der Tyrannis der offiziellen Kunstwelt der Salons zu entfliehen, die in Frankreich allein Anerkennung und Erfolg verhieß. Die Feindseligkeit gegenüber solchen Initiativen war von einer Heftigkeit, die heute schwer zu verstehen ist. Schon damals konnte MANET nicht begreifen, weshalb Werke wie sein *Frühstück im Freien* von 1863 ▸ 15.91 vom Salon zurückgewiesen wurden, und noch weniger verstand er, weshalb es einen solchen Entrüstungssturm auslöste. Natürlich hatte das Publikum, an die geschmeidige Malweise der Salonmaler gewöhnt, Schwierigkeiten, die impressionistischen Gemälde in ihrer skizzenhaften Malweise mit den über die ganze Fläche verteilten Farbtupfern zu verstehen. Ein Kritiker schrieb:

*›Beim heiligen St. Michael, was um Himmels willen ist das?‹*
*›Man sieht ... Raureif auf tief gepflügten Furchen.‹*
*›Das sollen Furchen sein? Das soll Raureif sein? Das sind doch Farbkleckse, eintönig auf einer schmutzigen Leinwand ange-*

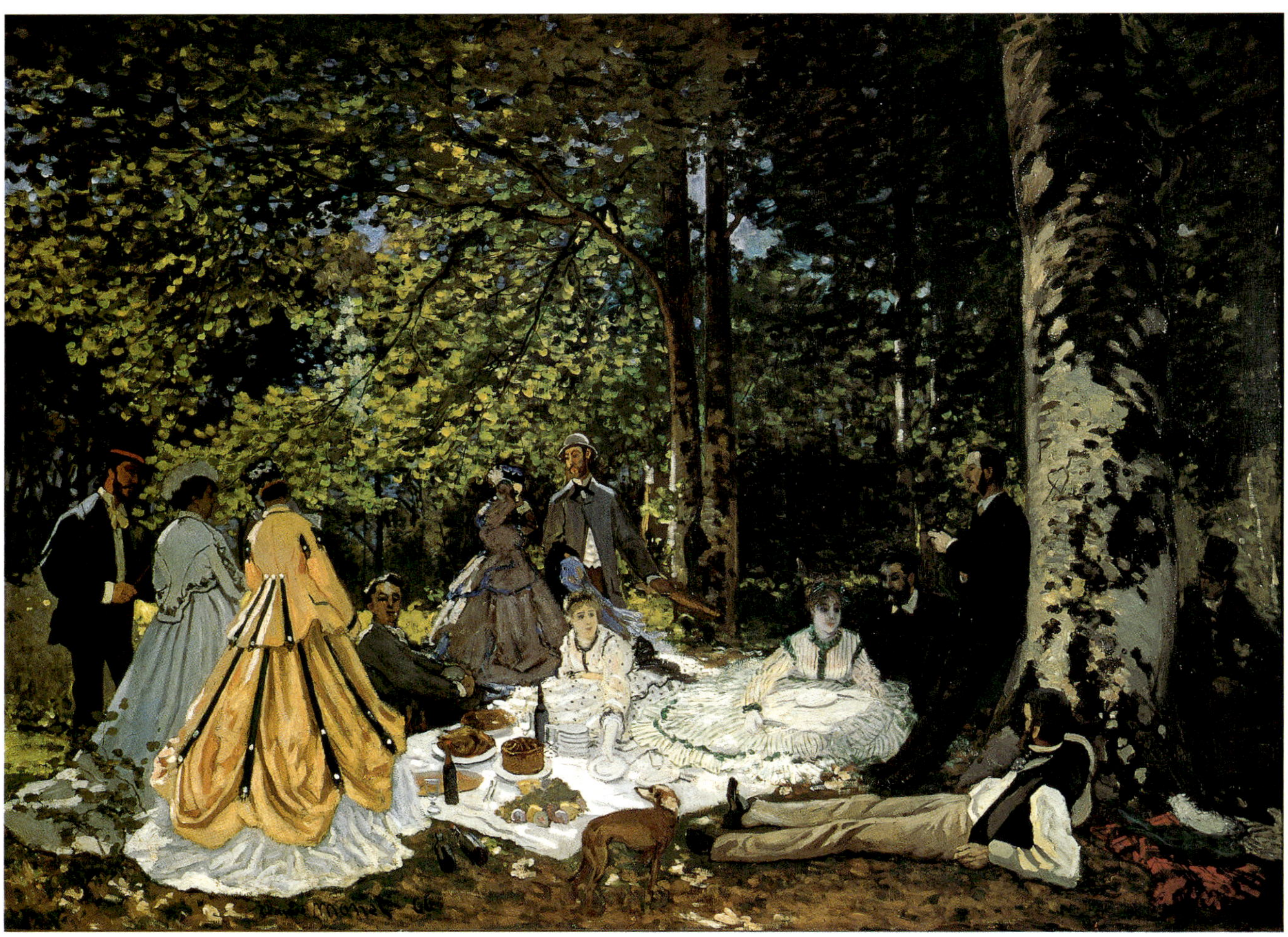

17.3 CLAUDE MONET, Ölskizze zu *Frühstück im Grünen*, 1865/66, Leinwand, 130 x 181 cm. Puschkin-Museum Moskau.

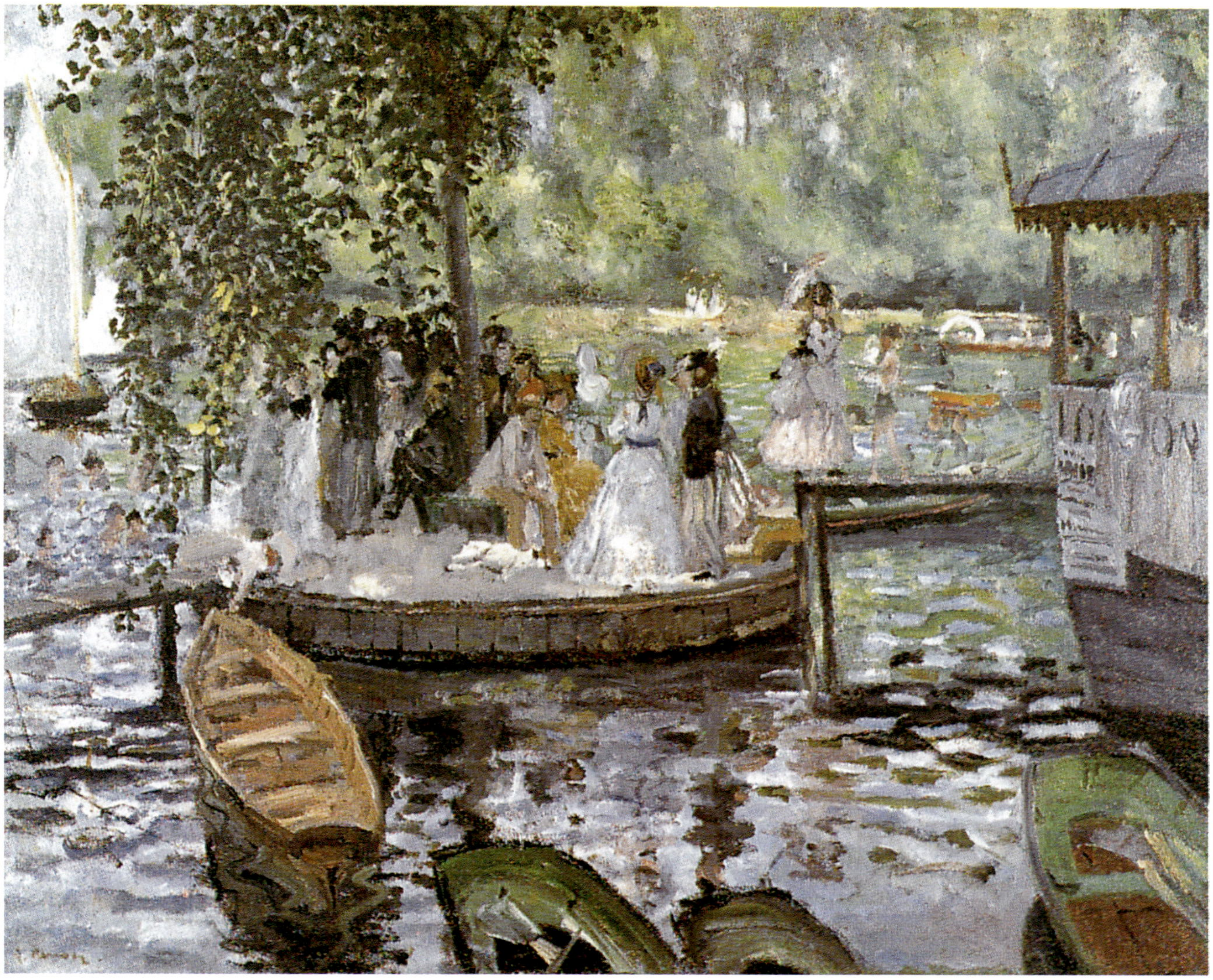

17.4 PIERRE-AUGUSTE RENOIR, *La Grenouillère*, um 1869, Leinwand, 66 x 81 cm. Nationalmuseum, Stockholm.

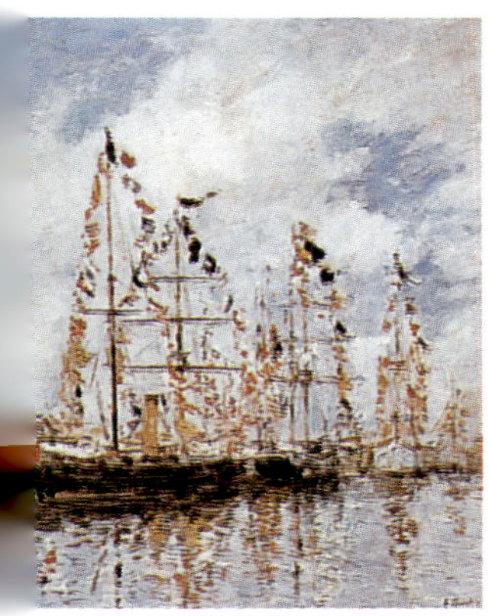

17.5 EUGÈNE BOUDIN, *Segelschiffe im Hafen von Trouville-Deauville*, um 1895–1896, Öl auf Holz, 45,8 x 37 cm. National Gallery of Art, Washington.

*ordnet. Es hat weder Kopf noch Schwanz, weder Hände noch Füße, weder Anfang noch Ende.‹*
*›Vielleicht ... aber die Empfindung ist doch drin.‹*
*›Ja schon, aber was für eine komische Empfindung! ...‹*
(Louis Leroy in *Charivari*, 25.4.1874)

Die Impressionisten konnten die offizielle Kunstwelt nie ganz auf ihre Seite ziehen, doch wurden sie von der gebildeten Oberschicht immerhin akzeptiert. MONET war so erfolgreich, dass er sich für sein Landhaus in Giverny sechs Gärtner leisten konnte. Andererseits wird berichtet, dass noch 1900 der der Akademie angehörende JEAN-LÉON GÉRÔME (1824–1904) den französischen Staatspräsidenten am Betreten des Impressionistensaales auf der Weltausstellung mit den Worten hinderte: »Gestatten Sie, Herr Präsident, dies hier gereicht Frankreich zur Schande!« Solche Anekdoten nährten den Mythos von der Entfremdung zwischen Künstler und Gesellschaft.

Die Impressionisten dachten kaum an Provokation. Weit davon entfernt, Rebellen zu sein, waren einige von ihnen, wie MANET, von gutbürgerlicher Herkunft und genossen die Vorzüge ihrer Stellung. Ihre Arbeiten repräsentierten genau die Werte, die echte Rebellen verachtet hätten. Sie vermittelten die Vorstellung der Mittelklasse vom Glück – unabsichtlich natürlich, denn die Impressionisten behaupteten, von den Themen geistig unberührt zu sein. Dazu gehörte eine sonnige, freundlichfröhliche Welt, in der sich jedermann guter Gesundheit erfreute und sich während eines nicht endenden warmen Sommerwochenendes in der Natur entspannte. Sorglos und extrovertiert, reichlich mit Essen und Trinken versehen, vertrieb man sich die Zeit mit Musik, Gelächter und gelegentlichen Flirts ▸ 17.12.

Dies geht schon aus dem großen Gemälde eines Picknicks hervor, mit dem CLAUDE MONET (1840–1926) sich im Salon 1866 einen Namen zu machen hoffte, das jedoch nie vollendet wurde ▸ 17.3. Wie andere junge Leute aus Paris verbrachte MONET mit seinen Freunden die Sommerwochenenden in Fontainebleau, und er versuchte mit diesem Gemälde, Baudelaires Forderung nach einer Kunst des ›modernen Lebens‹ zu erfüllen, indem er ein alltägliches Thema objektiv und leidenschaftslos an Ort und Stelle festhielt. Mit seinem gleichzeitigen Interesse am Gegenstand und an optischer Treue fasste der frühe MONET die Ziele der jungen avantgardistischen Künstler im Paris des mittleren 19. Jahrhunderts zusammen. Doch erst 1869, als MONET und PIERRE-AUGUSTE RENOIR (1841–1919) den Sommer zusammen in Bougival an der Seine verbrachten, kann man als Geburtsstunde des Impressionismus bezeichnen. Sie arbeiteten so eng zusammen, dass einige ihrer Werke nur schwer einem von beiden zugeordnet werden können, so die Ansichten des Ausflugsortes ›La Grenouillère‹ ▸ 17.4. Nie zuvor haben Gemälde diese unschuldige Freude an der sichtbaren Welt gezeigt.

Der Impressionismus hat weder eine ästhetische Theorie noch ein festgelegtes Programm – MONET und RENOIR verabscheuten es, zu theoretisieren –, aber er kann im weitesten Sinne als letzte Phase des Realismus interpretiert werden (s.S. 607ff.). Er spiegelt die positivistische wissenschaftliche Haltung der Jahrhundertmitte wider, in der die Untersuchung der optischen und psychologischen Prinzipien der Wahrnehmung vorangetrieben wurde, so von Hermann von Helmholtz (1821–1894) und von dem Farbentheoretiker Michel Eugène Chevreul (1786–1889). Der Positivismus als philosophisches System war das Werk von Auguste Comte (1798–1857), der lehrte, dass wissenschaftlich nicht nachprüfbare Erklärungen der Naturphänomene, das menschliche Leben eingeschlossen, unzulässig seien, dass unsere sinnlichen Wahrnehmungen die einzig annehmbare Basis des Wissens bildeten. Der Einfluss dieser Ideen wird bei den Realisten in der Ablehnung historischer und spekulativer Themen deutlich. Sie waren der Ansicht, dass sich ein Künstler nur mit der Welt um ihn herum und nicht mit Erfindungen abgeben solle; er müsse sich auf die Wahrheit und die Tatsachen der gegenwärtigen Erfahrung, auf das Sichtfeld beschränken. Die Impressionisten versuchten, eine völlig objektive Umsetzung der alltäglichen Welt zu geben, von Atelier und Akademie in die freie Natur hinaus zu entfliehen und ihre unmittelbaren, momentanen Empfindungen mit der größtmöglichen Treue festzuhalten. Für sie wurde die Gegenwart zum Augenblick des Bewusstseins, in dem man seine Existenz erkennt. Sagte nicht Baudelaire, dass die »Modernität das Vorübergehende, das Fließende, das Zufällige« sei? Dennoch trat unvermeidlich eine Spur des Künstlichen in ihr Werk, so wenn einige der scheinbar spontansten ›Impressionen‹ MONETS Einflüsse japanischer Holzschnitte erkennen lassen.

Der Archetypus eines impressionistischen Gemäldes zeigt ein in der Natur festgehaltenes Motiv, verhältnismäßig klein im Format und meistens, wenn auch nicht immer, an Ort und Stelle gemalt. Auf eine mit Weiß, nicht dem traditionellen Braun, grundierte Leinwand ist eine fein getönte Palette von hellen, leuchtenden Farben aufgetragen. Es wird versucht, den prismatischen Charakter des natürlichen Lichts einzufangen, indem die Spektralfarben gleichmäßig in kleinen Farbflecken verwendet werden, die sich bei einer bestimmten Distanz optisch vermischen. Die Komposition, zufällig wie ein Schnappschuss, ist im Ganzen aus Farben aufgebaut und vermeidet soweit wie möglich Farbkontraste. Gelegentlich wurden alle diese Elemente schon früher von Malern mehr oder weniger vorweggenommen, doch ihre Kombination war neu. Einige wurden sogar an der Akademie gelehrt, doch nur für Skizzen oder Studien (s.S. 598). MONETS Freund und Lehrer EUGÈNE BOUDIN (1824–1898) empfahl diese speziell, und Baudelaire lobte 1859 den Schwung von BOUDINS ›études‹ im Unterschied zu den ›fertigen‹ Bildern ▸ 17.5. Nur war es jetzt natürlich keine Skizze, sondern ein fertiges Bild, das vor der Natur gemalt wurde, damit der Eindruck der ersten unmittelbaren Empfindung nicht verloren ging. Schon seit 1820 hatten einzelne Künstler vor dem Motiv Bilder ausgeführt, so COROT, die Maler der Schule von Barbizon (s.S. 612) und CHARLES-FRANÇOIS DAUBIGNY (1817–1878), der holländische Maler JOHAN BARTHOLD JONGKIND (1819–1891) sowie in England CONSTABLE und später FORD MADOX BROWN (1821–1893) und HUNT (1827–1910), der RUSKINS Auffassung von Naturtreue folgte. Doch die Impressionisten gingen weit darüber hinaus.

## *Monet*

*Impression, Sonnenaufgang,* das Gemälde, das der Bewegung ihren Namen gab, als es 1874 ausgestellt wurde, ist ein gutes Beispiel dafür, wie MONET die gesamte Komposition einzig auf Farben aufbaute und durch einen hohen Blickpunkt den Vordergrund und hin und wieder auch den Horizont ausschaltete ▸ 17.8. Umrisslinien werden fallen gelassen. Nichts erscheint deshalb eindeutig und dauerhaft festgelegt. MONET nämlich erlebte die Natur als entfernte Dinge, in der Atmosphäre verschwimmend, als flimmernde Eindrücke von Licht und Farbe, nicht als Gestalt und Form. Alle ›Inhalte‹ sowie Motive im traditionellen Sinne sind gleichfalls verschwunden. Licht und Atmosphäre sind das Motiv – die optischen Eindrücke von Nebel, Rauch und trüber Reflexion im schmutzigen Wasser eines Hafens. Dies ist einzig die Wiedergabe eines flüchtigen Moments, das Aufleuchten der Sonne, wie sie durch die sich rasch auflösenden Nebel der Morgendämmerung bricht. Nur wenige Minuten, ja nur wenige Sekunden später werden die Sonne höher geklettert und die Farben verändert sein, das kleine Boot wird sich bewegt haben, alles wird anders aussehen.

MONET versuchte, mit den Farben einen Gegenwert für die optischen Sensationen zu finden oder, wie die Wissenschaftler dieser Zeit gesagt hätten, den neurologischen Reaktionen der Retina auf die Lichtwellen, von einer phänomenalen Welt reflektiert, nachzuspüren. 1889 sagte MONET zu einem jungen amerikanischen Künstler:
*»Wenn du in der Natur malst, versuche zu vergessen, welche Objekte du vor dir hast – einen Baum, ein Haus, ein Feld oder*

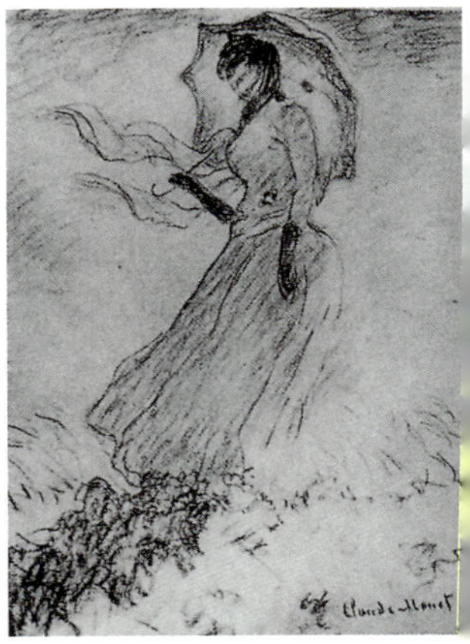


17.6 CLAUDE MONET, *Frau mit Sonnenschirm*, 1891, Zeichnung, 53,5 x 41 cm. Verbleib unbekannt.

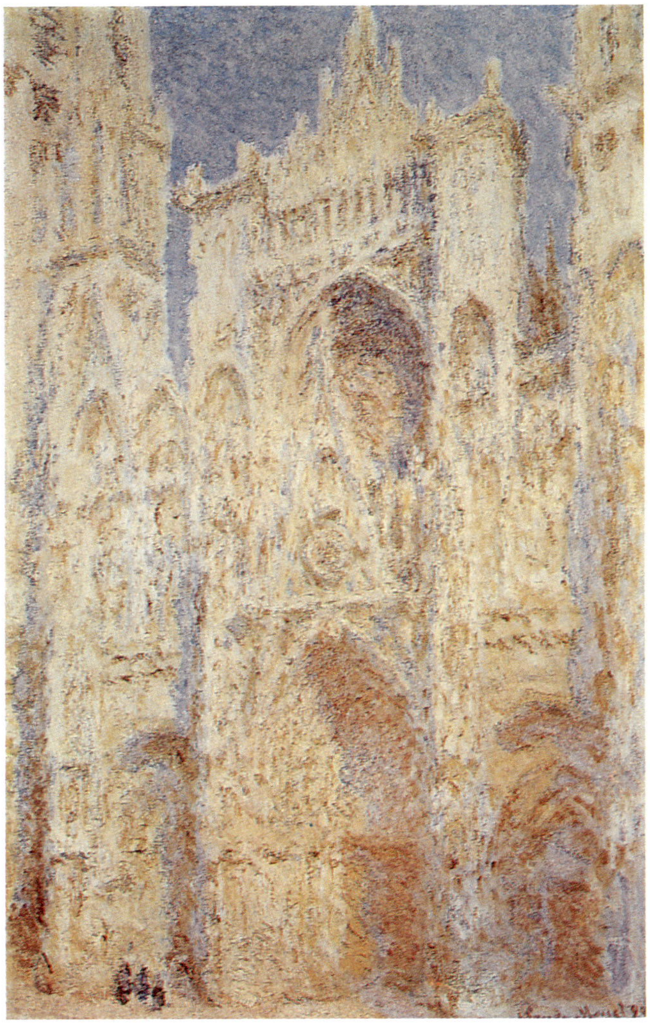

17.7 CLAUDE MONET, *Portal der Kathedrale von Rouen im Sonnenlicht*, 1892–1894, Leinwand, 100 x 65 cm. Nation Gallery of Art, Washington.

# Laforgue über den Impressionismus

Der französische Dichter Jules Laforgue (1860–1887) kannte die meisten impressionistischen Maler persönlich. Ihre Ziele entsprachen weitgehend seinen eigenen in der Lyrik, und in seiner Wohnung hingen Bilder MONETS, SISLEYS, RENOIRS und anderer. Seine Interessen waren weit gespannt und schlossen die Naturwissenschaften sowie die experimentelle Psychologie ein, für die Charles Henry sein Interesse geweckt hatte, der später zum einflussreichen Freund SEURATS und der Neoimpressionisten werden sollte. Einen Essay, den Laforgue 1883 für eine Ausstellung in Berlin mit Werken von PISSARRO, DEGAS, RENOIR und anderen verfasste, ist eine der ersten und eindringlichsten Analysen der impressionistischen Bewegung und ihrer Inhalte.

*»Objekt und Subjekt befinden sich ... unwiederbringlich in Bewegung, nicht wahrnehmbar und unbemerkt. In den Blitzen der Identität zwischen Subjekt und Objekt liegt die Natur des Genies.«*

Laforgues Essay ist der erste zusammenhängende Ausdruck der modernen Sicht auf Kunst und setzt den von Baudelaire eingeschlagenen Weg fort, der 1860 geschrieben hatte. Das *»Moderne ist das Vorübergehende, das Flüchtige, das Kontingente...«*

Das akademische Auge und das impressionistische Auge: Polyphonie der Farbe. *»In einer lichtüberfluteten Landschaft, in der die Lebewesen wie in kolorierter Grisaille konturiert sind, wo der akademische Maler nichts als eine breite weiße Fläche sieht, sieht der Impressionist Licht, das aber nicht alles in ein tödliches Weiß taucht, sondern in tausend vibrierende und miteinander ringende Farben in reicher prismatischer Aufspaltung. Wo der Akademiker nur die äußere Kontur der Dinge sieht, nimmt er die wirklichen lebendigen Linien wahr, aber nicht in geometrischen Formen, sondern in tausend unregelmäßigen Pinselstrichen, die aus einiger Entfernung, Leben erzeugen. Wo der Akademiker die Dinge auf ihre jeweiligen regelmäßigen Flächen reduziert sieht, gemäß einem, auf einen rein theoretischen Entwurf reduzierbaren Skelett, sehen die anderen, wie die Perspektive durch tausend schlichte Farbtöne und Pinselstriche ins Leben gerufen wird, durch die Vielzahl atmosphärischer Zustände, die durch bewegte Flächen hervorgerufen werden...«*

Laforgue gibt eine Erklärung für scheinbare impressionistische Übertreibungen: *»Das gewöhnliche Auge der Öffentlichkeit und des nicht künstlerischen Kritikers ist geschult, die Realität in jenen Harmonien zu sehen, die durch die Fülle mittelmäßiger Maler festgelegt und etabliert wurde – dieses Auge kann als Auge nicht mit den scharfen Augen des Künstlers mithalten. Da letztere empfindlicher sind für die Variationen des Lichts, hält er auf der Leinwand das Verhältnis zwischen seltenen, unerwarteten und unbekannten Feinheiten der Variation des Lichts fest. Aber selbst wenn man Nachsicht mit einem Auge übt, das von der Hast dieser in der Hitze des Sinnenrausches aufgezeichneten impressionistischen Notizen verwirrt und erschöpft ist, wäre die Sprache der Palette im Hinblick auf die Realität noch immer eine herkömmliche Sprache, die für eine neue Würze empfänglich wäre. Und ist diese neue Würze nicht künstlerischer, lebendiger und daher für die Zukunft fruchtbarer als immer wieder dieselben alten traurigen Rezepte der akademischen Farbgebung?«*

Laforgues Programm für zukünftige Maler lautet: *»Einige der lebendigsten, couragiertesten Maler, die man je gekannt hat, und zugleich die aufrichtigsten, da sie inmitten von Spott und Gleichgültigkeit leben – das heißt fast im Elend, da ihnen nur ein kleiner Teil der Presse Aufmerksamkeit schenkt –, fordern heute, dass sich der Staat aus der Kunst heraushalten, man die Schule von Rom (die Villa Medici) verkaufen, das Institut schließen und es keine Medaillen oder Preise mehr geben solle. Es sei den Künstlern erlaubt, in jener Anarchie zu leben, die das Leben darstellt, was bedeutet, ein jeder nach seinen Mitteln und nicht eingeschränkt oder zerstört durch eine akademische Ausbildung, die von der Vergangenheit lebt. Keine offizielle Schönheit mehr! Die Öffentlichkeit wird ohne Hilfe lernen, für sich selbst zu sehen, und wird sich auf natürliche Weise zu jenen Malern hingezogen fühlen, die sie modern und lebendig findet. Genauso wenige offizielle Salons und Medaillen wie es sie für die Schriftsteller gibt! Wie Schriftsteller, die in der Einsamkeit arbeiten und sich darum bemühen, dass man ihre Produktionen in den Schaufenstern der Verleger ausstellt, werden Maler auf ihre eigene Weise arbeiten und sich darum bemühen, dass ihre Gemälde in den Galerien hängen. Die Galerien werden ihre Salons sein.«*

Jules Laforgue, L'Impressionisme, in: ders., Mélanges posthumes, Paris 1903

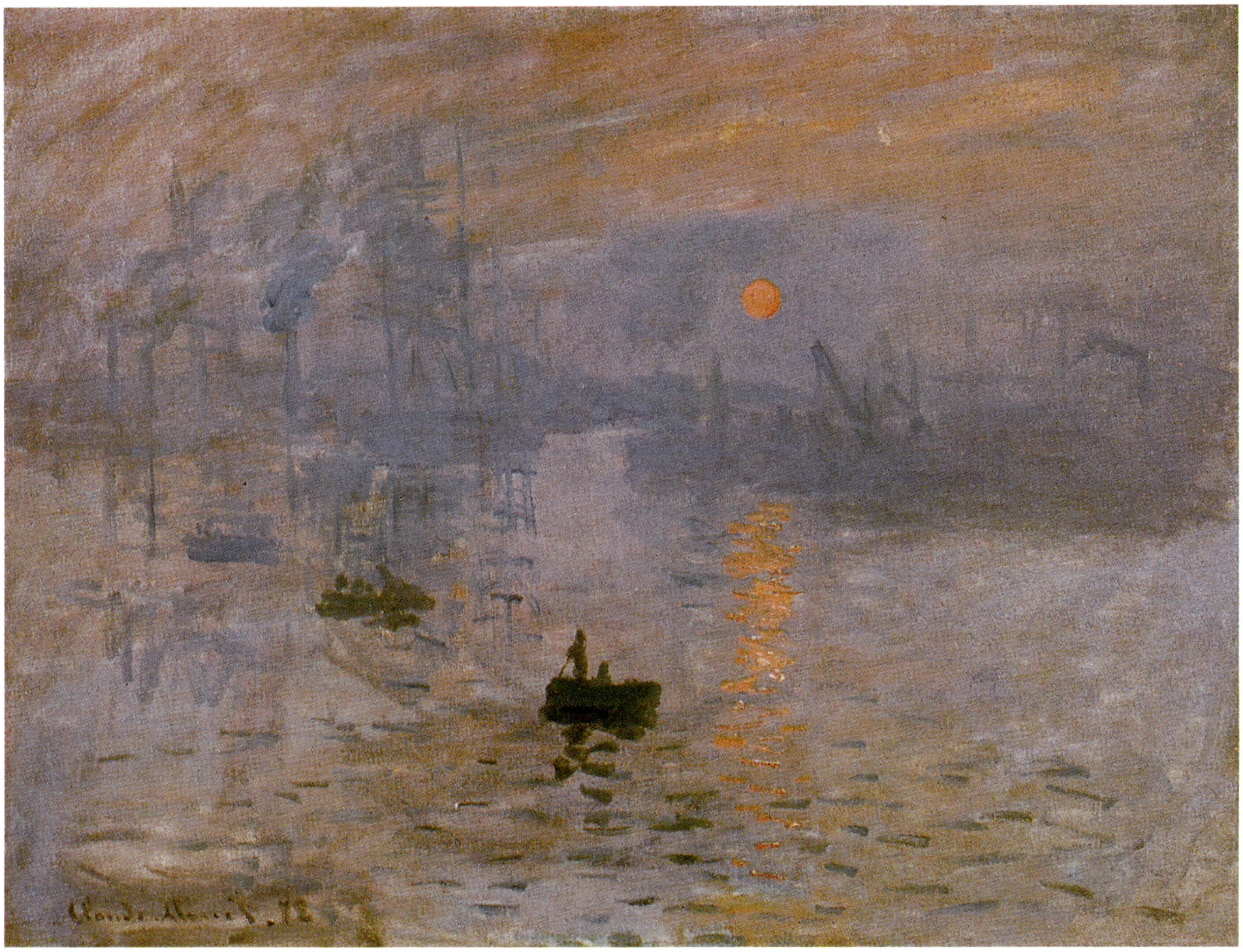

17.8 CLAUDE MONET, *Impression, Sonnenaufgang*, 1872, Leinwand, 49,5 x 64,8 cm. Musée Marmottan, Paris.

*was auch immer. Stell dir besser vor, hier ist ein kleiner Fleck blauer Farbe, hier ein rotes Rechteck, dort ein gelber Streifen, und male dies genauso, wie du es siehst, die präzise Farbe und Form, bis du den eigenen einfachen Eindruck der Szene vor dir hast.«*

Er sagte, dass er wünsche, blind geboren worden zu sein, um plötzlich das Augenlicht zu gewinnen, und dann, ohne die Bedeutung der Dinge vor sich zu kennen, mit dem Malen beginnen zu können. Den ersten Blick auf das Motiv hielt er für den wichtigsten und unbefangensten ▸ 17.6. So vermitteln seine Bilder normalerweise keinen Eindruck von räumlicher Tiefe. Man war der Meinung, dass dem unwissenden Auge die Welt flach erscheine. Sein Zeitgenosse Helmholtz, der Begründer einer physiologischen Wahrnehmungstheorie, wies gleichermaßen darauf hin:

*»In dem Moment, da wir eine unübliche Position einnehmen und die Landschaft beispielsweise mit dem Kopf unter dem Arm betrachten oder zwischen den Beinen hindurch, erscheint uns alles wie ein flaches Bild.«*

Wir sehen, nach den wissenschaftlichen Theorien jener Zeit, keine dritte Dimension. Alles, was wir sehen können, ist ein Gemisch von Farbflecken. MONETS Überzeugung, dass unser Wissen von dem, was wir sehen, unseren Eindruck verfälsche, könnte ihn möglicherweise dazu geführt haben, das zu verfolgen, was er ›Momentanheit‹ nannte. Er malte Serien von Bildern mit Ansichten desselben Motivs, zu verschiedenen Tageszeiten, in den verschiedensten Zuständen von Licht und Atmosphäre, um später noch flüchtigere Lichteffekte festzuhalten, speziell auf dem und durch das Wasser. Ihn interessierte es nicht, ob es ein Heustock oder eine Kathedrale war ▸ 17.7. PAUL CÉZANNE soll gesagt haben: »Monet ist nur ein Auge, aber bei Gott, was für eines!« MONET war in der Tat mit einem einzigartigen Auge, das die sublimsten Tonabstufungen, die differenziertesten Empfindungen der Farben aufzunehmen vermochte, begnadet. Er drückte die Beschaffenheit des Lichts auf der Leinwand brillanter aus als jeder andere Künstler vor oder nach ihm. Doch er wusste um die Zweideutigkeiten und Gegensätzlichkeiten, die dem Impressionismus eigen waren (s. S. 642 ff.), und seine Sicht war nicht so vollkommen spontan, wie er behauptete.

## *Morisot, Renoir und Manet*

ALFRED SISLEY (1839–1899) war der reinste, aber auch der einfachste aller Impressionisten. Er blieb den ursprünglichen Impulsen der Bewegung treu, auch wenn seine Inspiration in späteren Jahren nachließ. BERTHE MORISOT (1841–1895) begann zunächst unter dem Eindruck COROTS zu arbeiten und fand dann zu einem sehr frischen und spontanen Stil, wie dies der kompositorisch nicht überstrapazierte *Blick auf Paris vom Trocadéro* erkennen lässt ▸ 17.11. Das Gemälde lehnt sich an eine Ansicht der Pariser Weltausstellung 1867 von MANET an (Nationalgalerie, Oslo), einem engen Freund, dessen Bruder MORISOT heiratete. Innerhalb dieser Künstlerfreundschaft kam es zu vielfacher gegenseitiger Anregung, wobei hinsichtlich der Freiluftmalerei die Impulse von ihr ausgingen. Ihr *Blick auf Paris vom Trocadéro* ist weniger eine Vedute als ein persönliches Bild. Sie malte es vom Ende der Straße aus, in der sie wohnte, in einem zwischen den Trocadéro-Gärten und dem Bois de Boulogne gelegenen westlichen Vorort namens Passy. Die beiden herausgeputzten Damen im Vordergrund und das Mädchen waren wohl Nachbarinnen, wenn nicht Verwandte der Künstlerin. Während die Männer wochentags ihrer Arbeit in der Stadt nachgingen, war die Gegend ein Treffpunkt von Frauen und Kindern. MORISOT ging es wohl eher um diesen Sachverhalt als um die Sicht auf die entfernte Stadt Paris, der die Figuren auch keine Aufmerksamkeit schenken. Paris war die Stadt der Männer, der Armen und der Begüterten. Passy war ein Ort der Frauen, die nur selten nach Paris ›hinuntergegangen‹ sein sollen.

Seit 1874 stellte MORISOT regelmäßig zusammen mit den Impressionisten aus, gab dann aber ihren Formen alsbald mehr Festigkeit, wobei sie weiterhin Themen aus ihrem persönlichen Umfeld bevorzugte. Auch RENOIR stellte fest, dass er die Möglichkeiten des Impressionismus ausgereizt hatte, »ausgewrungen«, wie er sagte, obschon er selbst ursprünglich die Initiative mit seiner ›Regenbogenpalette‹ ergriffen hatte. RENOIR war zwar gegenüber MONET in seiner Auseinandersetzung mit der menschlichen Figur traditioneller, doch sein *Ball im Moulin de la Galette* von 1876 und seine *Bootspartie* von 1881 sind ganz impressionistisch ▸ 17.9; 10. Sein durchscheinendes Farbgeflecht fängt die unter Bäumen sich vergnügenden Menschen ein. Durch die zitternden Blätter werden sie von diffusem Licht überflutet, das sich in ihrer Haut, den Gläsern und bunten Stoffen fängt. Die Luft vibriert. Um 1882 jedoch, nach einer Italienreise, hatte RENOIR erhebliche Zweifel an der fehlenden Form des Impressionismus, an seinem Bildaufbau und seinem Mangel an Inhalt, und er suchte eine Erneuerung in der Entwicklung traditionellerer Formen und Methoden.

MANETS *Bar in den Folies-Bergère* wurde ebenfalls 1881 vollendet ▸ 17.12. Er stellte zwar nie mit den Impressionisten aus, aber seit den frühen siebziger Jahren verband er sich mit ihnen und benutzte ihre illusionistischen Erfindungen in seinen Bildern. Er experimentierte mit der ›Regenbogenpalette‹, behielt jedoch gleichwohl die klare Struktur seiner früheren Kompositionen bei. 1874 arbeitete MANET oft in Argenteuil und malte zusammen mit MONET und RENOIR idyllische, vergnügliche Uferszenen. Doch seine *Bar in den Folies-Bergère,* kurz vor seinem Tod entstanden, ist ein Meisterwerk ganz

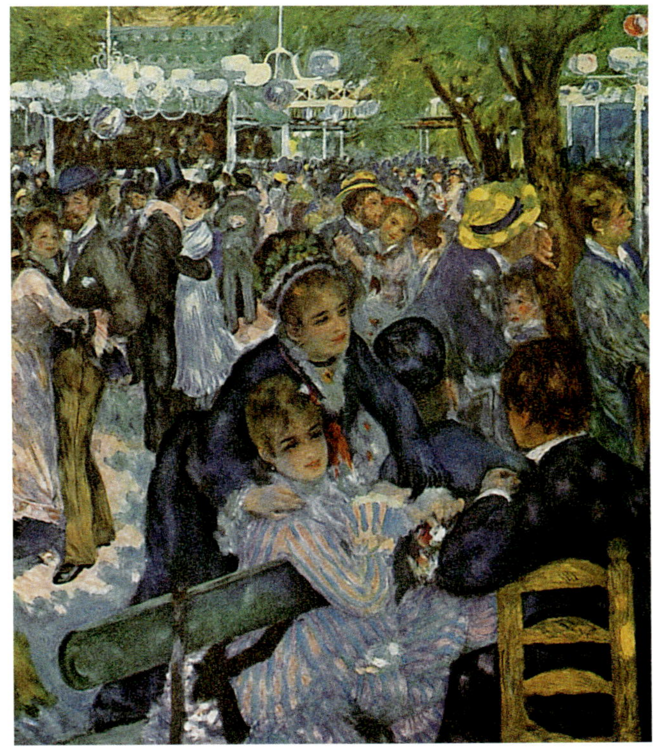

17.9 PIERRE-AUGUSTE RENOIR, *Der Ball im Moulin de la Galette*, Ausschnitt, 1876, Leinwand, 131 x 175 cm. Louvre, Paris.

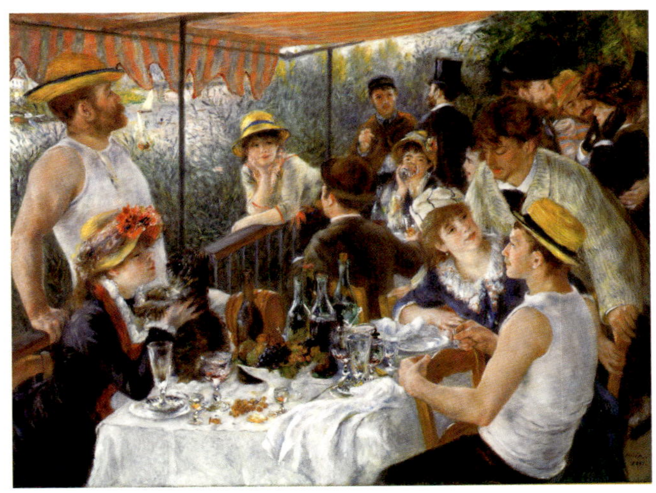

17.10 PIERRE-AUGUSTE RENOIR, *Die Bootspartie*, 1881, Leinwand, 130 x 173 cm. Phillips Collection, Washington.

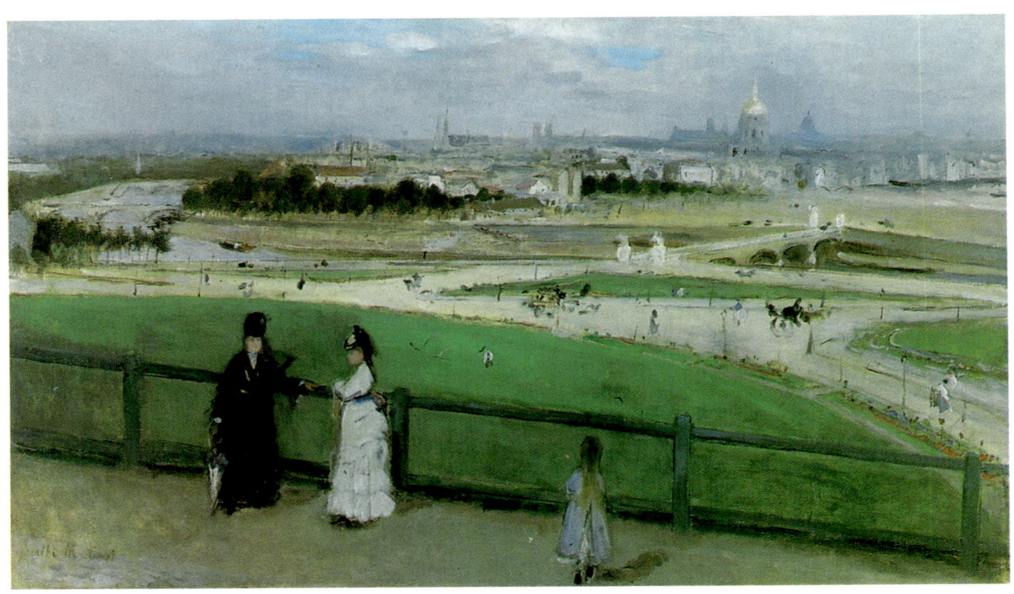

17.11 BERTHE MORISOT, *Blick auf Paris vom Trocadéro*, 1872, Leinwand, 45,9 x 81,4 cm. Collection of the Santa Barbara Museum of Art (Schenkung Mrs. Hugh N. Kirkland).

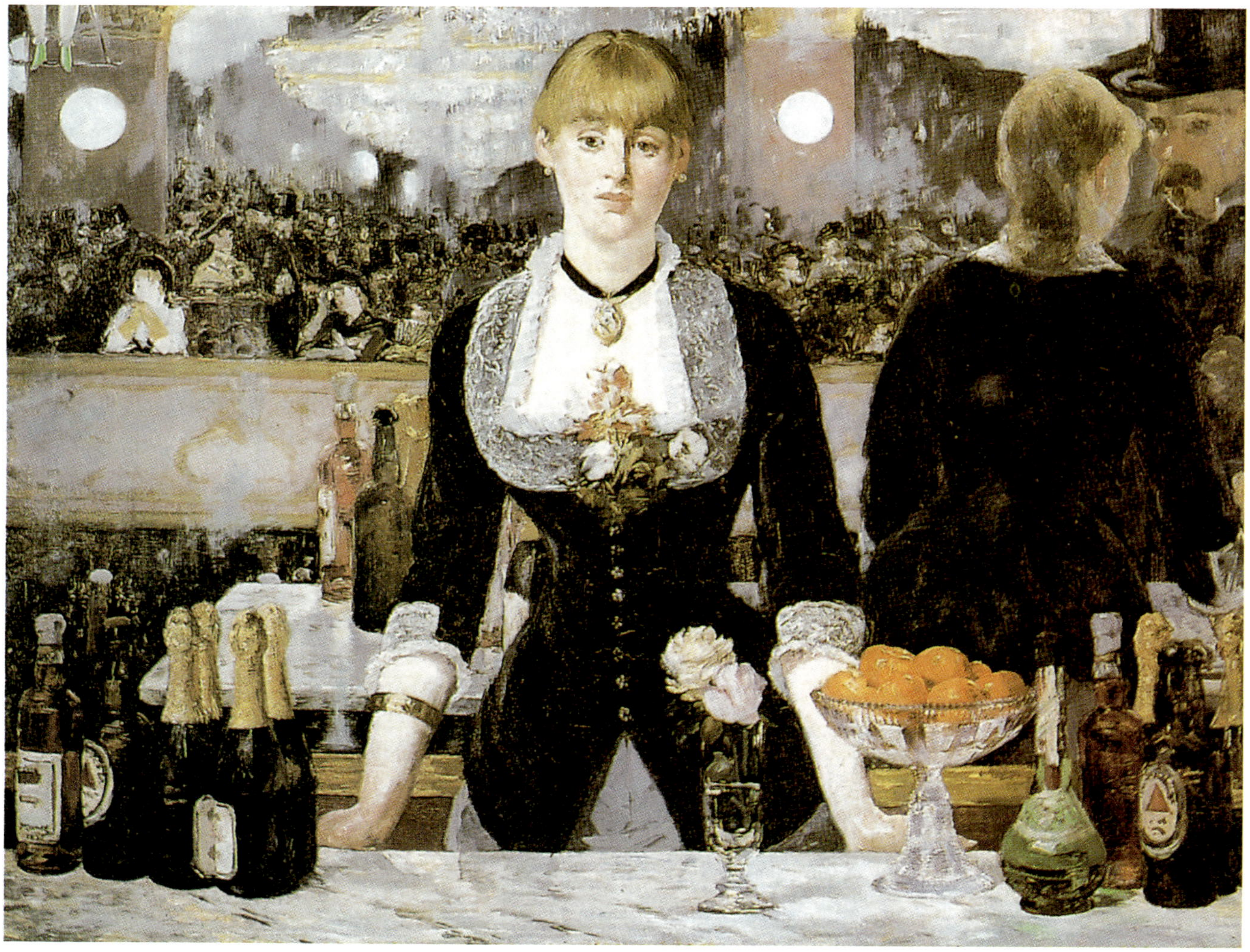

17.12 ÉDOUARD MANET, *Bar in den Folies-Bergère*, 1881/82, Leinwand, 95,2 x 129,5 cm. Courtauld Institute Galleries, University of London.

anderer Art. Städtisches Nachtleben und die namenlose Vitalität der Straßen und Cafés, der Bars und Cabarets interessierten die Impressionisten ebenso wie die naturalistischen Schriftsteller Zola und Maupassant. Die Kombination von Natürlichem und Künstlichem, von Illusion und Realität in dieser nächtlichen Welt inspirierten sie zu überwiegend ›modernen‹ Bildern des zeitgenössischen Lebens. MANETS Gemälde ist eines der subtilsten und beschwörendsten. Es ist weitgehend die Reflexion einer Reflexion, der gesamte Hintergrund erscheint als Spiegel. Wir blicken in die Widerspiegelung des Cabarets hinter uns. Das Bild besitzt keine eigentliche Tiefe, doch indem er die Bar am unteren Bildrand anschneidet, weist MANET darauf hin, dass das Bild eher nach außen als nach innen zeigt. Die gesamte Konzeption ist mehrdeutig: Weshalb werden wir nicht vom Spiegel reflektiert? Wer ist der Mann mit dem Zylinder, der mit der Bardame spricht? MANET fängt aber auch im nichtssagenden Blick des Mädchens etwas von der Einsamkeit und Enttäuschung des Stadtlebens ein, dieser Atmosphäre von Isolation und Entfremdung, der so typisch für die moderne Sensibilität ist.

17.13 EDGAR DEGAS, *Ballettprobe*, 1874, Leinwand, 58 x 84 cm. Burrell Collection, Glasgow Museum & Art Galleries.

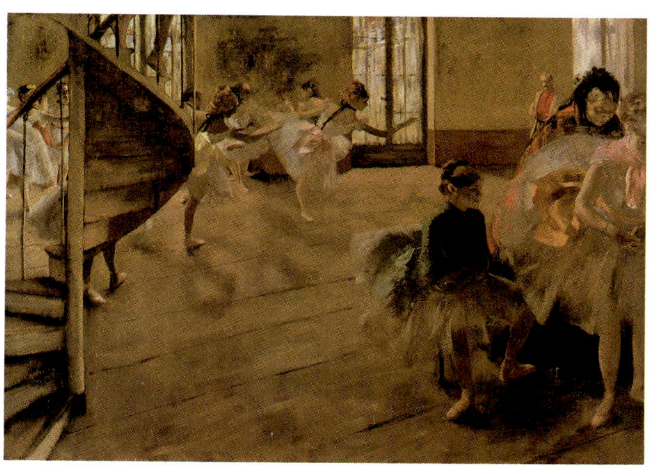

### *Degas*

Der mit der Darstellung des Großstadtlebens am stärksten befasste Künstler war EDGAR DEGAS (1834–1917). Obwohl er mit den Impressionisten ausstellte, hatte er nur lockere Beziehung zu ihnen, denn Landschaften interessierten ihn nicht. Er malte im Atelier und kaum vor Ort. Er beschäftigte sich in erster Linie mit der Zeichnung und mit der Kunst der Vergangenheit. Doch sein Gefühl für die Wirklichkeit war so authentisch wie das aller Impressionisten, und in gewisser Weise war er sogar radikaler als sie. Er bevorzugte das Nachtleben der gasbeleuchteten Straßen und Cafés. »Für euch ist Natürlichkeit notwendig, für mich das künstliche Leben«, bemerkte er eines Abends im Zirkus Fernando zu einem Impressionisten-Freund, während die Akrobatin Miss La La – Motiv eines seiner besten Gemälde – buchstäblich an ihren Zähnen über ihnen hing ▸ 17.14.

DEGAS sei »in die moderne Welt verliebt«, schrieb Edmond de Goncourt über die Gemälde der Wäscherinnen und Balletteusen, die er 1874 an den Wänden von DEGAS' Atelier sah.

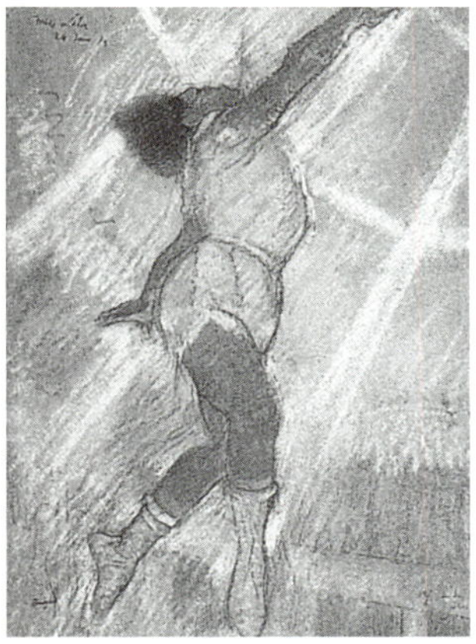

17.14 EDGAR DEGAS, *Studie für Miss La La im Zirkus Fernando*, 1879, Pastell, 61 x 48 cm. Tate Gallery, London.

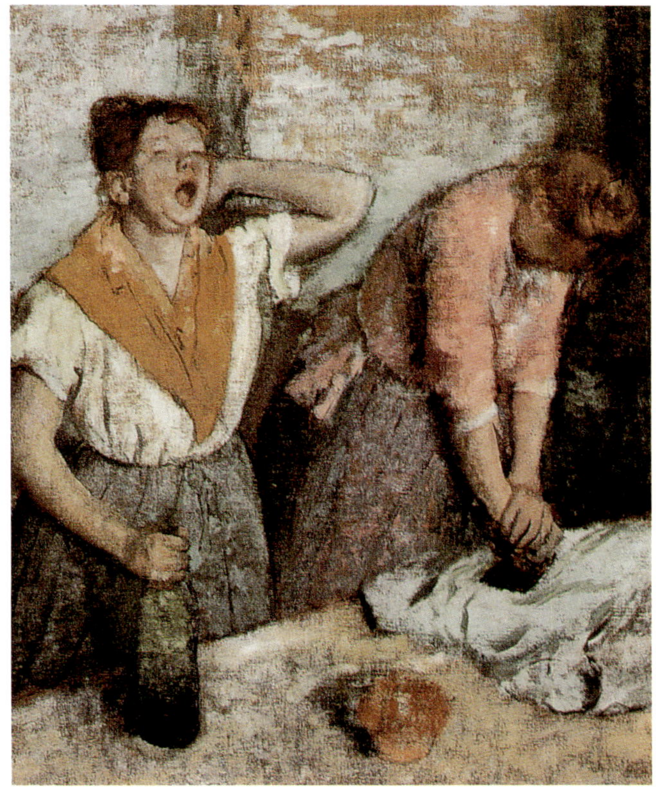

17.15 EDGAR DEGAS, *Zwei Büglerinnen*, um 1884, Leinwand, 76 x 81,5 cm. Louvre, Paris.

Schein und Wirklichkeit – die flitterhafte Verkleidung und die nackte Wahrheit – sind in diesen Kompositionen kunstvoll einander gegenübergestellt ▸ 17.17. Das hübsche Glitzerwerk ist aus der Sicht der glanzlosen Hinterbühne beobachtet. Dort üben die Tänzerinnen an der Stange oder kauern müde und atemlos mit eingefallenen Gesichtszügen und hervortretenden Muskeln. Sie ruhen anmutslos ihren Körper aus, die Beine weit von sich gestreckt, bar jedes Charmes. Noch schonungsloser in der Beobachtung sind die Darstellungen der Büglerinnen und Wäscherinnen, wie sie gähnen und ihre Rücken strecken ▸ 17.15.

Diese Gemälde und die späteren Pastelle der Frauen bei ihrer Morgentoilette gaben dem Gerede von DEGAS als Weiberhasser Nahrung. Aber seine Sachlichkeit entsprang künstlerischer Absicht. Dem irischen Schriftsteller George Moore erzählte er:

*»Die Nackte ist immer in Posen dargestellt worden, die ein Publikum voraussetzen. Aber meine Frauen gehören zum einfachen, ehrlichen Volk, allem anderen als ihrem physischen Zustand gegenüber gleichgültig. Hier ist eine andere, sie wäscht sich ihren Fuß. Es ist, wie wenn man durch ein Schlüsselloch späht.«*

Sicher ist es diese Schlüssellochästhetik, die seinem Werk die beißende Schärfe gibt, am meisten seinen Plastiken. Obwohl DEGAS zu seinen Lebzeiten nur eine einzige Figur ausgestellt hatte – die *Vierzehnjährige Tänzerin* (1880/81) –, war er dauernd mit bildhauerischen Problemen beschäftigt. Er war sicher ein ebenso guter Bildhauer wie Maler. RENOIR behauptete immer, dass DEGAS der größte Bildhauer des 19. Jahrhunderts sei. Arbeiten wie die *Tänzerin, die die Sohle ihres rechten Fußes betrachtet* ▸ 17.16 sind so vollkommen dreidimensional ausgeführt, dass der Betrachter um sie herumgehen muss, wie etwa um GIOVANNI DA BOLOGNAS *Apollo* ▸ 11.83.

Für DEGAS war der Körper ein unerschöpflicher Komplex und ein anpassungsfähiger Organismus, niemals ruhig, immer veränderbar. So erscheint die Körperlichkeit seiner Figuren beinahe wie vorläufig, so als ob die Körper noch nicht ganz ihre endgültige Form gefunden hätten. In der Privatsphäre geformt und bis nach seinem Tod niemals gegossen, bedürfen diese erstaunlichen Figuren der revolutionären Anwendung echter Materialien (Musselin, Satin, menschliches Haar), was einen Kritiker zur Bemerkung veranlasste, die *Vierzehnjährige Tänzerin* hätte die Tradition der Skulptur auf einen Streich über den Haufen geworfen. Aber sie sind vielleicht noch auf eine weit radikalere Weise modern. Sie sind mindestens ebenso sensibel behandelt wie seine besten Pastelle und Gemälde.

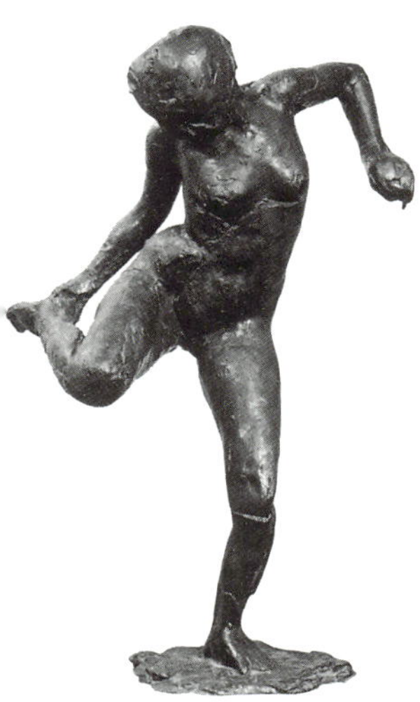

17.16 EDGAR DEGAS, *Tänzerin, die die Sohle ihres rechten Fußes betrachtet*, nach 1896, Bronze, Höhe 48,5 cm. The Metropolitan Museum of Art, New York.

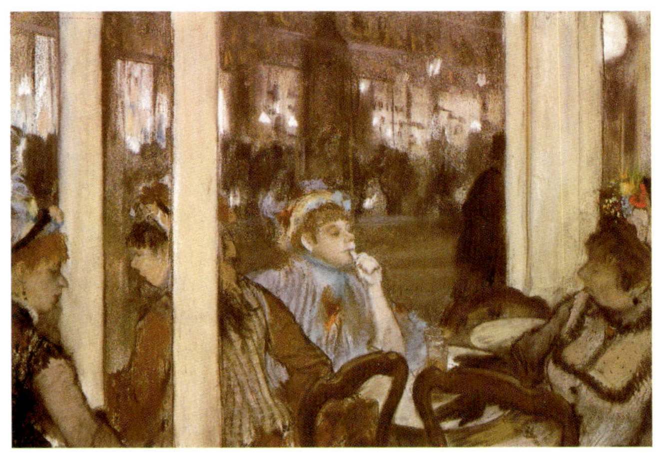

17.17 EDGAR DEGAS, *Un Café Boulevard Montmartre*, um 1877, Pastell über Monotypie auf Papier, 40 x 60 cm. Louvre, Paris.

In den späten siebziger Jahren hat DEGAS die Ölmalerei zugunsten der Pastelltechnik aufgegeben, oder er hat eine Mischung von Öl- und Pastelltechnik angewandt. Manchmal griff er auch zu anderen Techniken wie Gouache, Feder und Wasserfarbe und kombinierte diese mit der Monotypie und anderen Druckverfahren, so in *Un Café Boulevard Montmartre* ▸ 17.17. Dieses Meisterwerk ist nur im Format klein; es vereinigt viele Aspekte seiner Kunst, nicht zuletzt seine außergewöhnliche Fertigkeit, die Künstlichkeit des Bildaufbaus als zufällig erscheinen zu lassen. »Ein Gemälde«, sagte er, »ist eine künstlerische Arbeit, die außerhalb der Natur existiert, und sie erfordert ebenso viel Geschicklichkeit wie die Verübung eines Verbrechens.« Die in einem Café sitzende Frau scheint wie bei einem Schnappschuss erfasst worden zu sein, photographiert von jemandem, der über die Boulevards schlendert oder vorbeifährt. In Wirklichkeit ist die Komposition aber genau ausgeklügelt, mit sorgfältig ausgewogenen, aus- und angeschnittenen Figuren, die einen Eindruck von Unruhe bewirken. Einige dieser Kunstgriffe lernte DEGAS von den japanischen Holzschnitten. Keinesfalls der erste in Europa, der sie bewunderte und sammelte, wurde er nach 1870 stark davon beeinflusst ▸ 17.21. Eine Badeszene von KIYONAGA hing über seinem Bett ▸ 16.19. Er verarbeitete die japanischen Anregungen jedoch so vollständig und einfühlsam, dass sie kaum auffallen.

## Japonismus

Japanische Holzschnitte beeinflussten in der zweiten Hälfte des 19. Jahrhunderts auf dramatische Weise die Entwicklung der westlichen Kunst. Sie wirkten als Katalysator, der dem

# *Degas und Manet*
# Lichter der Großstadt und die Ausbeutung der Frau

Als DEGAS 1877 auf der dritten Impressionisten-Ausstellung das Bild *Un Café Boulevard Montmartre* ▸ 17.17 zeigte, war es das Sujet, das Aufmerksamkeit erregte und nicht der impressionistische Duktus, die neuartige Mischtechnik oder die außerordentlich raffinierten und innovativen formalen Bildmittel, die wir heute schätzen. In den Augen der Pariser jener Zeit waren die Frauen offensichtlich Prostituierte. »Monsieur Degas scheint den Philistern den Fehdehandschuh hingeworfen zu haben«, schrieb ein Kritiker. »Sie sind diesen geschminkten, schmuddeligen, von Verderbtheit triefenden Geschöpfen, die zynisch über ihr Geschäft des Tages berichten, zweifellos schon einmal begegnet: Sie kennen sie und sie werden ihnen auf dem Boulevard wieder begegnen.« Zwölf Jahre zuvor hatte MANETS *Olympia* ▸ 17.18 einen noch größeren Skandal verursacht, denn auch dieses Gemälde war unmissverständlich das Porträt einer Prostituierten – in jeder Hinsicht schamloser und in Lebensgröße dargestellt. Eine junge Frau liegt splitternackt, aufreizenderweise bis auf ihren Hausschuh, einen Armreif und eine enge Halskette, auf einem unordentlichen Bett, hinter ihr eine Schwarze, die ihr einen Strauß Blumen bringt, und am rechten Bildrand eine schwarze Katze mit aufgerichtetem Schwanz.

MANETS *Olympia* wurde im Salon von 1865 ausgestellt, dem wichtigsten Kunstereignis des Jahres für das Pariser Publikum. Schon der Name ›Olympia‹ genügte, um Stirnrunzeln hervorzurufen, da die exklusiveren Bordelle von Floras, Aspasias, Lucretias und dergleichen nur so wimmelten. Das Publikum, das den ruhigen Blick Olympias erwiderte und in die Augen der ungerührten Katze starrte, war verdutzt. »Nie zuvor hat ein Gemälde so viel Gelächter, Spott oder Pfuirufe hervorgerufen«, meinte ein Kritiker. DAUMIER zeichnete eine Kleinbürgerfamilie, die das Gemälde verwirrt anstarrt ▸ 17.20. Weniger begabte Künstler karikierten es. Mindestens dreißig Kritiker übergossen es in der Presse mit Hohn und beschwerten sich lautstark über die scheinbar ungestüme und schludrige Malweise sowie über das unangenehm provozierende und ausgesprochen ›moderne‹ Sujet. Émile Zola, der mit MANET befreundet war und bald Ruhm erlangen sollte mit Romanen, die eher die Schattenseiten des modernen Großstadtlebens beschrieben, antwortete ihnen, indem er auf die malerischen Qualitäten des Bildes zu sprechen kam. »Du wolltest«, so schrieb er, als wende er sich direkt an den Künstler, »einen Akt malen, und Du nahmst Olympia, die Erstbeste, die Dir über den Weg lief. Dir waren leuchtend helle Partien wichtig, und du hast einen Blumenstrauß hineingemalt. Für Dich waren schwarze Partien wichtig, und Du hast eine Negerin und eine Katze in der Ecke eingefügt. Worin die Bedeutung all dessen besteht? Du wirst es kaum wissen und ich ebensowenig.« Das war natürlich nicht ganz aufrichtig. Zola muss zumindest in der streunenden Katze ein Sinnbild der Promiskuität erkannt haben. Es traf jedoch zu, dass es MANET bei diesem Gemälde darum zu tun war, eine neue Art der bildlichen Darstellung zu entwickeln: Er experimentierte mit dem Farbton, indem er starke Kontraste zwischen verwandten Schattierungen an beiden Enden der Skala herstellte und die dämpfenden Zwischentöne ausklammerte. Das ist einer der Gründe, weshalb es auf junge Künstler, für die es einen Durchbruch darstellte, einen derart starken Eindruck machte. Nach MANETS Tod sollten sie die Ausfuhr des Gemäldes nach Amerika verhindern, indem sie sich in eine Subskriptionsliste eintrugen, um es für den Louvre zu erwerben.

Es ist leicht ersichtlich, weshalb die *Olympia* bei der breiten Öffentlichkeit Anstoß erregte, wenn man sie mit anderen Aktdarstellungen vergleicht, die im gleichen Salon ausgestellt waren und vom französischen Staat angekauft wurden ▸ 17.19. Im Duktus unterscheidet es sich krass von diesen Bildwerken mit ihrer geschmäcklerischen Farbgebung und gleichmäßigen Malweise. Auch der schlanke, jugendliche Körper der Olympia kontrastiert auffallend mit deren üppigen Figuren, die eine konventionelle Form bürgerlicher Weiblichkeit und Sexualität widerspiegeln. Vollbusige Frauen mit schlanker Taille und breiten Hüften bevölkerten einen Salon nach dem anderen und übten einen starken erotischen Reiz aus auf die Männer des Zweiten Kaiserreichs, deren Ehefrauen ihre Körper in enge Korsetts pressten, damit sie selbst in Gesellschaftskleidung die gleichen prallen Rundungen aufwiesen. Frauen auf pornografischen Fotografien der Zeit sind gleichermaßen vollschlank und

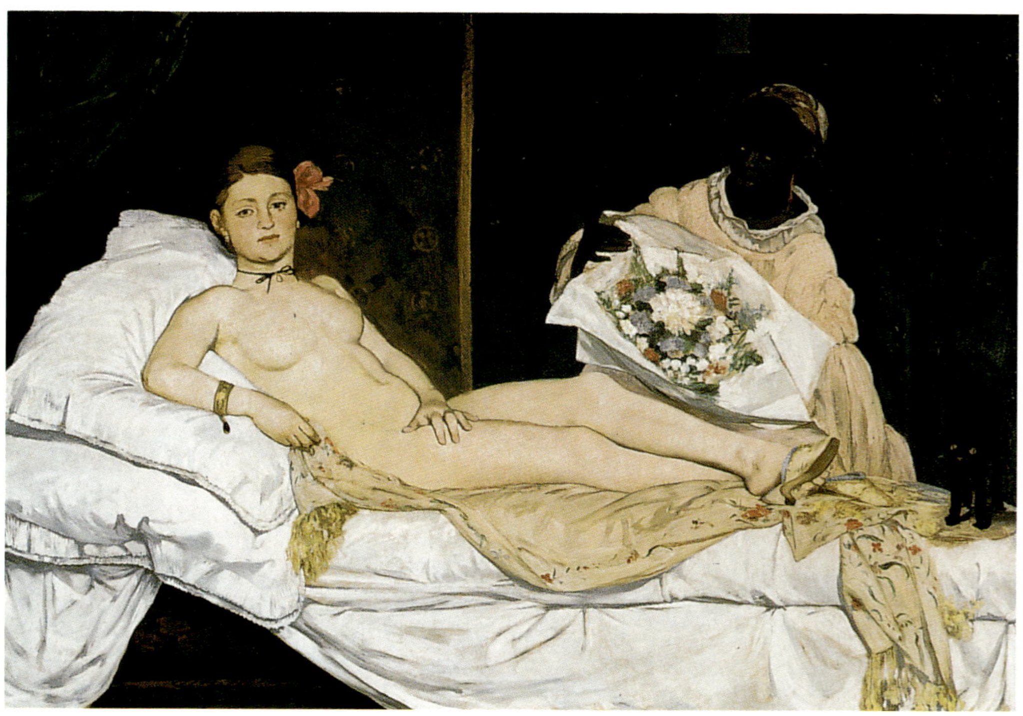

17.18 ÉDOUARD MANET, *Olympia*, 1862/63, Leinwand, 130 x 190 cm. Musée d'Orsay, Paris.

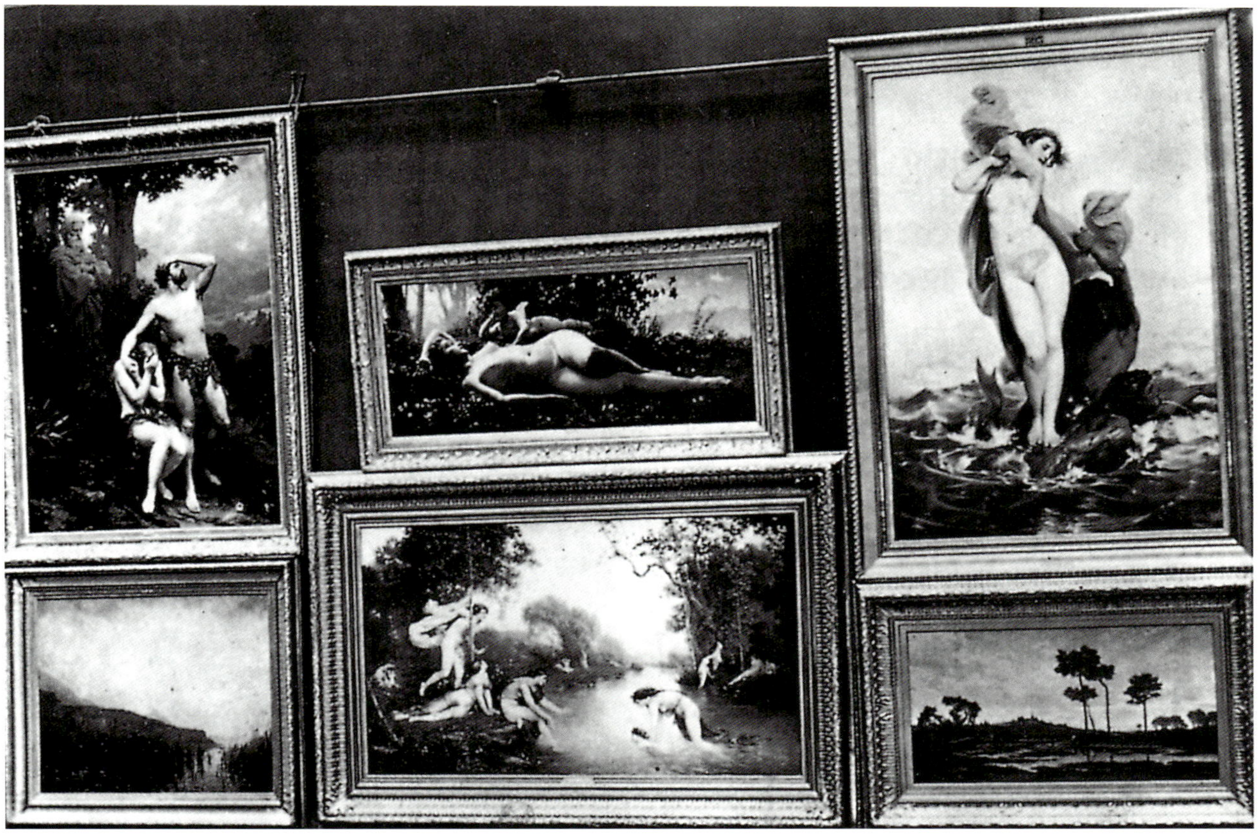

17.19 Staatliche Ankäufe aus dem Salon von 1865, zeitgenössische Aufnahme.

drall. Auf Gemälden wurden sie züchtig in zeitliche und räumliche Distanz gerückt und in Göttinnen verwandelt, die dem Schaum einer südlichen See entsteigen oder in arkadischen Lichtungen ruhen. Sie stellen ihre Körper unbefangen zur Schau, ohne dass allerdings je Schamhaar zu sehen ist, als anspruchslose Objekte der Begierde, die der männlichen Umarmung harren. Sie erzeugen nicht ihre eigene Bedeutung, sondern sind reine Projektionsflächen für die voyeuristischen Phantasien, die der bestimmende männliche Blick in sie hinein projiziert.

MANET distanzierte sich nicht nur vom Kitsch solcher Gemälde, sondern sah sich selbst als einen Maler, der die große Tradition der abendländischen Malerei fortführte, und war entsetzt über die feindseligen Reaktionen und das Unverständnis, auf das sein Werk stieß. TIZIANS *Venus von Urbino* ▸ 11.64, die er als Student kopiert hatte, dürfte ihn ebenso angeregt haben wie die Odalisken von INGRES ▸ 15.20, für den er besondere Bewunderung hegte, obgleich sein Verhältnis zu diesen beiden Malern nicht frei von Ironie war. Dass man damals glaubte, TIZIANS Venus sei eine Kurtisane gewesen, ist kein Zufall. Doch Olympia unterscheidet sich von diesen Vorläuferinnen. Ihr erhobener Kopf und die Augen der Katze begegnen dem Betrachter, als hätte dieser gerade das Zimmer betreten. Sie fesselt seinen Blick, beantwortet männliche Begierde. Der Blick des Betrachters wird auf ihre linke Hand gelenkt, die sich nicht wie die der Venus TIZIANS in einer ausgesprochen aufreizenden Geste leicht nach innen dreht, sondern sich fest auf den Körper presst.

Prostitution wurde im Frankreich des 19. Jahrhunderts als ein notwendiges Übel anerkannt und war gesetzlich geregelt. Wenn sie bei der Polizei gemeldet waren, durften Prostituierte als »filles publiques« in Bordellen arbeiten oder als »filles en carte« auf der Straße um Freier werben, wobei beide sich regelmäßig medizinischen Untersuchungen zu unterziehen hatten. Zola zufolge malte MANET die 16-jährige Olympia »in ihrer jugendlichen, befleckten Nacktheit – ein Mädchen unserer Zeit, dem wir oft auf der Straße begegnet sind«. Das Modell, Victorine Meurent (1844–1927), war damals tatsächlich 16 Jahre alt, wie Zola sagte, ein Strichmädchen jedoch war sie, sofern bekannt, nicht. Sie saß häufig für MANET Modell, der sie mindestens neun Mal malte (insbesondere im *Frühstück im Freien* ▸ 15.91, und wurde später Malerin. Auf dem Gemälde *Olympia* versetzte MANET sie in das luxuriöse Ambiente einer Kurtisane, die über dem System der polizeilichen Kontrolle stand, eine Frau, deren Gunst dem höheren Bürgerstand vorbehalten war – daher dessen Verlegenheit. Tatsächlich entzogen sich vermutlich die meisten Prostituierten der Überwachung, und ein Autor beklagte 1870: »Sie sind überall, in den Café concerts, in den Theatern, auf den Bällen. Sie finden sich auf sämtlichen Promenaden, auf den meisten Caféterrassen«, wie eben auf DEGAS' *Un Café Boulevard Montmartre*. Sie waren ein Teil des modernen Großstadtlebens.

17.20 HONORÉ DAUMIER, *Vor dem Gemälde Monsieur Manets*, 1865, Lithografie. Bibliothèque Nationale, Paris.

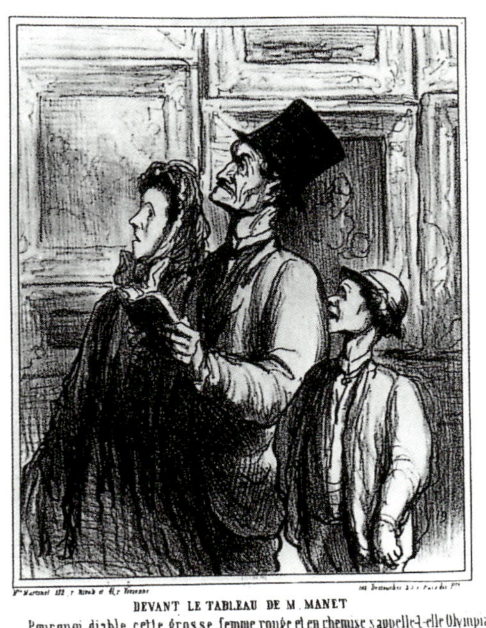

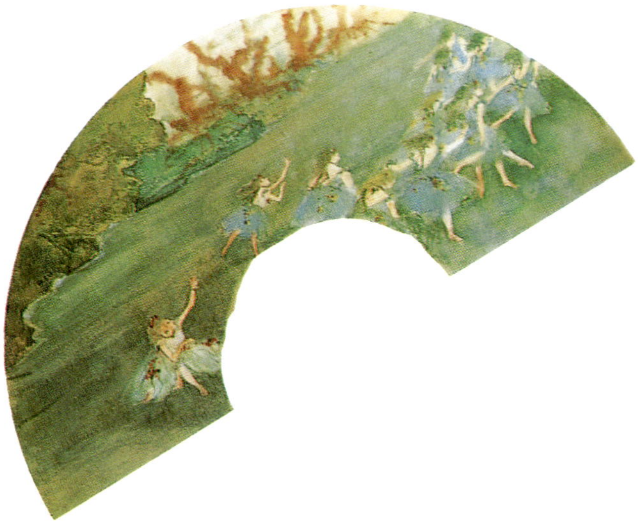

17.21 EDGAR DEGAS, *La Farandole*, vor 1879, Fächerbild, Gouache auf Seide, 30,7 x 61 cm. Klipstein & Kornfeld, Bern.

Maler half, aus dem Rahmen der klassischen Tradition auszubrechen, sich von der Autorität der alten Meister zu befreien und zu neuen Konzeptionen, zu neuen Sehweisen zu finden. Die japanischen Holzschnitte waren gewöhnlich volkstümlich, manchmal unsittlich im Inhalt, unorthodox in der Bildanlage und ebenso frisch und brillant in den Farben wie lebhaft in der Form. Von ihnen ausgehend, bezeugte DEGAS, habe er gelernt, was Zeichnung wirklich bedeute – »einen Weg, um Form zu sehen«. Ohne diese Holzschnitte wären MONET und die Impressionisten nicht fähig gewesen, so rasch und umfassend ihre neue Sicht der Welt zu realisieren. »Es klingt seltsam«, schrieb 1878 Théodore Duret, Autor der ersten seriösen Auseinandersetzung mit dem Impressionismus, »aber es ist wirklich wahr: bevor die japanischen Bücher bei uns eintrafen, wagte es in Frankreich niemand, sich an das Ufer eines Flusses zu setzen und nebeneinander auf seine Leinwand ein Dach in frechem Rot, eine weißgewaschene Wand, eine grüne Pappel, eine gelbe Straße und blaues Wasser zu malen.« Der Einfluss des japanischen Holzschnitts ▸ 17.27 war wohl noch größer als der der Fotografie (s. S. 622 ff.), wie bereits in Zusammenhang mit DEGAS angedeutet (der selbst ein leidenschaftlicher Photograph war). Die Anregung war möglicherweise noch stärker in der umgekehrten Richtung, das heißt, ausgehend von den japanischen Holzschnitten und naturalistischen Malern auf Photographen. Aus der Fotografie *Der verschneite Garten* von PETER HENRY EMERSON (1856–1936) spricht sehr deutlich der Einfluss japanischer Kunst – allerdings eher der Kunst der Paraventmalerei ▸ 12.101 als der der Holzschnitte –, ein Einfluss, der die Wahl des Sujets ebenso wie den gewählten Standpunkt betrifft, bei dem die Pflanzen im Vordergrund durch eine weiße, schneebedeckte Fläche von den Bäumen und Gebäuden im Hintergrund getrennt sind ▸ 17.24. EMERSON war ein Verfechter des Weichzeichners, der die Theorien von Helmholtz (s. S. 644) auf die Photographie anwandte und die Ansicht vertrat, die Kamera solle nur die Dinge scharf festhalten, die das Auge in einem bestimmten Moment wahrnimmt. Seine Ansicht zur gleichmäßig verteilten Schärfe, bei der jedes Detail einer Szene mit der gleichen Präzision erfasst wird, glich der Einstellung der Impressionisten zur Lokalfarbe. Im Jahre 1891 hatte er nach eigenen Angaben einen Gedankenaustausch mit einem ›großen Maler‹ über das Verhältnis zwischen Kunst und Natur; aller Wahrscheinlichkeit nach handelte es sich dabei um WHISTLER, der durchaus EMERSONS Aufmerksamkeit auf die Kunst Japans gelenkt haben könnte, die damals gerade die westliche Naturbetrachtung zu verändern begann. *Der verschneite Garten* ist nach dieser Begegnung aufgenommen worden.

Der ›Japonismus‹ des 19. Jahrhunderts unterscheidet sich grundlegend von früheren Orientalismen – beispielsweise der ›Chinoiserie‹ des 17. und 18. Jahrhunderts. Diese war wesentlich eine Kunst der Phantasie und des Exotismus, blasierter Laune und eleganten Blendwerks. Es wurde kein Versuch unternommen, die chinesische Kunst zu verstehen oder die Prinzipien, auf der sie aufgebaut ist. Erst nach der Mitte des 19. Jahrhunderts näherten sich westliche Künstler der nichtwestlichen Kunst aufnahmebereit und bescheiden, um von ihr zu lernen. Dann war der Anstoß so stark, dass fast jeder wichtige Maler des späteren 19. Jahrhunderts beeinflusst worden ist, oft sogar fundamental. Die Geschichte der modernen Kunst im Westen ist in hohem Maße durch aufeinander folgende Entdeckungen fremder Kulturen geprägt, die einen befreienden und belebenden Anstoß ausübten, zuerst der des Ostens und später der der so genannten ›Primitiven‹.

Japanische Holzschnitte waren nach 1854, als Japan durch die Vereinigten Staaten für Ausländer geöffnet wurde, frei erhältlich – seit 1638 war es unzugänglich gewesen, einzig den Holländern war eine Handelsstation in Nagasaki erlaubt. Die ersten Künstler, in deren Werk sich japanische Einflüsse nachweisen lassen, sind die Amerikaner JOHN LA FARGE (1835–1910) und JAMES ABBOTT MCNEILL WHISTLER (1834–1903). WHISTLER lebte seit 1859 in London, und er wurde zum radikalsten Ästhetizisten, ein Apostel der Kunst um der Kunst willen. Beschränkte er sich zuerst auf die Übernahme japanischer

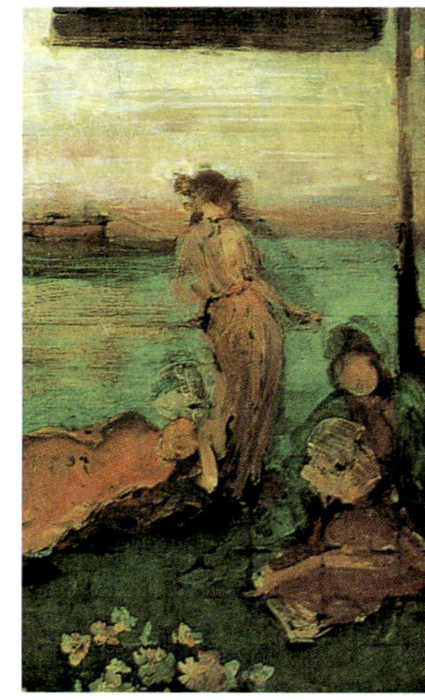

17.22 JAMES ABOTT MCNEILL WHISTLER, *Studie für den Balkon*, um 1867–1870, Öl auf Holz, 61 x 48,2 cm. Birnie Philip Bequest, University of Glasgow.

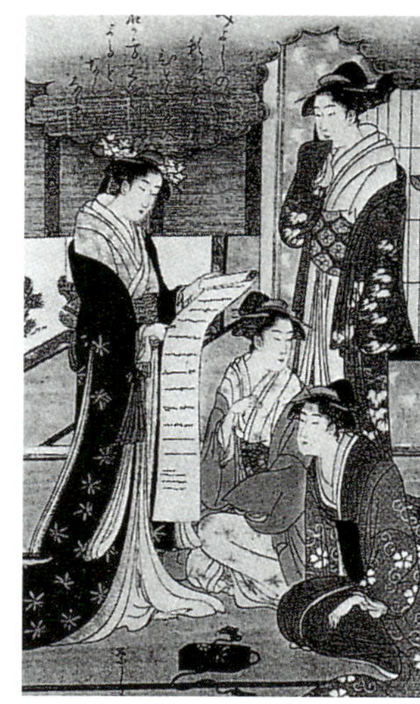

17.23 HOSODA EISHI, *Vier vornehme Damen*, um 1792, Vielfarbenholzschnitt Ôban, 36,7 x 24,7 cm. Sammlung Franz Winzinger, Regensburg.

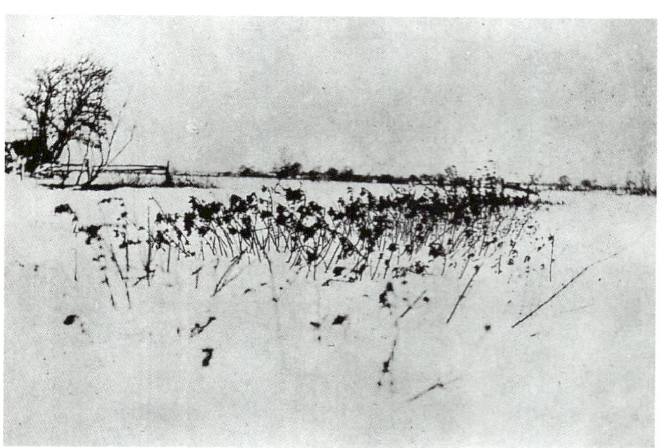

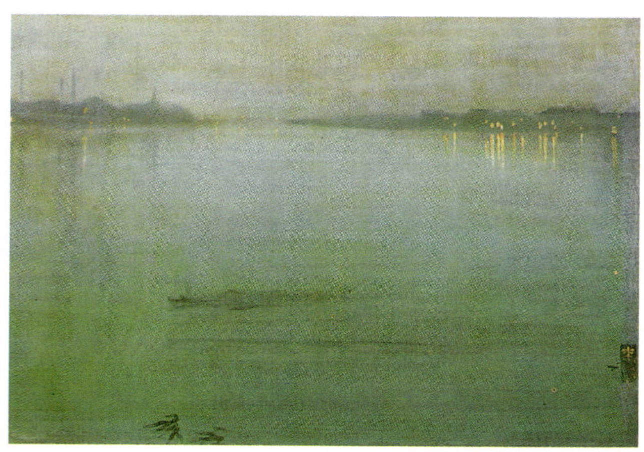

17.24 PETER HENRY EMERSON, *Der verschneite Garten*, aus *Sumpflandschaft*, um 1895, Fotogravüre, Abzug von einem Negativ. The Metropolitan Museum of Art, New York.

17.25 JAMES ABOTT MCNEILL WHISTLER, *Nocture in Blue and Silver, Cremorne Lights*, 1872, Leinwand, 40 x 74 cm. Tate Gallery, London.

Motive ▸ 17.22;23, so begann er sich in den frühen sechziger Jahren immer mehr in die fernöstliche Kunst zu versenken und versuchte, sie gestalterisch mit seiner eigenen zu verschmelzen. Eine vollständige Angleichung wurde wenige Jahre später in Werken wie *Nocturne in Blue and Silver, Cremorne Lights* erreicht ▸ 17.25. Eine glatte Wasserfläche, von hohem Horizont begrenzt, wird zu einem unbestimmten Raum, in dem da und dort zarte Andeutungen von Objekten frei schweben. Trotz des naturalistischen Bildaufbaus nähert sich die empfindliche Anordnung der Linien und Zwischenräume gewissen abstrakten ›Arrangements‹ an, so dass man das Gemälde in gewisser Weise als Umsetzung japanischer Kunst in westliche Begriffe verstehen kann.

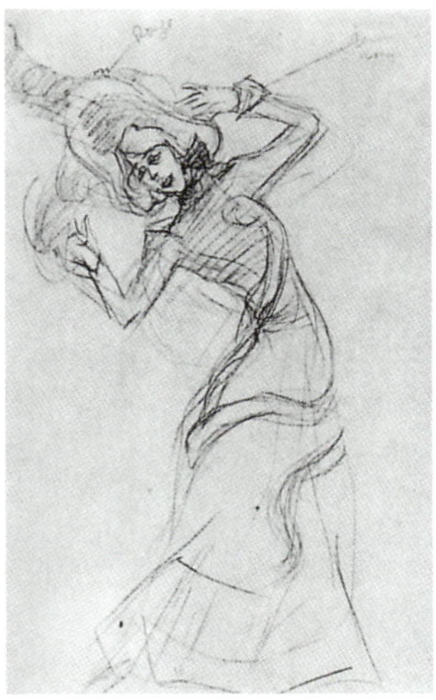

17.26 HENRI DE TOULOUSE-LAUTREC, *Jane Avril*, 1899, Bleistiftzeichnung auf weißem Velinpapier, 56x37,8cm. Privatsammlung.

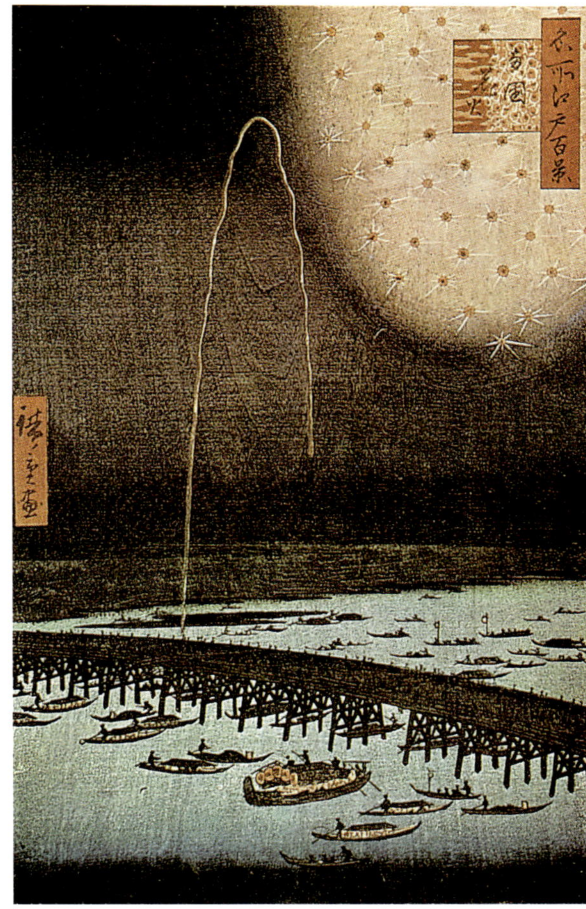

17.27 ANDO HIROSHIGE, *Feuerwerk in Ryogoku*, 1856–1858, Farbholzschnitt.

WHISTLERS *Nocturne in Blue and Silver* wurde fast gleichzeitig mit MONETS *Impression, Sonnenaufgang* ▸ 17.8 gemalt, und ein Vergleich offenbart, wie stark beide Japan verpflichtet waren. Der Impressionismus scheint die Antithese zur japanischen Kunst zu sein, und damit wäre MONET, der reinste Exponent des Impressionismus, der Künstler, der den fernöstlichen Einflüssen gegenüber die meisten Vorbehalte hätte haben müssen. Dennoch war er davon ergriffen, seit er als Siebzehnjähriger seinen ersten japanischen Druck erstanden hatte. Die Frische und der Glanz der Farbe, die Fremdartigkeit der Komposition und das Motiv gefielen ihm gleichermaßen. Vor allem wies die japanische Kunst ihm einen Weg zur Lösung des Problems, den malerischen dreidimensionalen Illusionismus mit der flachen Malfläche als Feld der Erfindung in Einklang zu bringen. Dies wurde zum eigentlichen Problem aller Maler des späteren 19. Jahrhunderts, und im Zusammenhang damit wurde der japanische Einfluss besonders stark in Werken von Künstlern wie LAUTREC spürbar, der das Problem direkt und auf die einfachste Weise anging ▸ 17.26. Aber auch bei den bemerkenswerten, technisch so innovativen Farbdrucken von MARY CASSATT (1844–1926) stellen wir ihn fest, der bedeutendsten amerikanischen Künstlerin ihrer Generation, die seit 1879 zusammen mit den Impressionisten ausstellte ▸ 17.28.

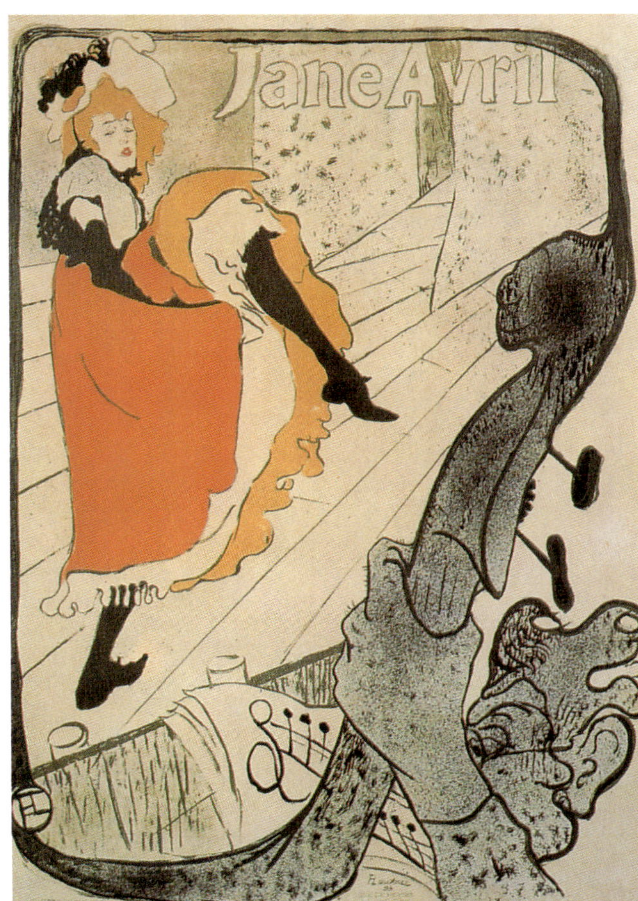


17.29 HENRI DE TOULOUSE-LAUTREC, *Jane Avril*, 1893, Lithografie, 129x94cm. Musée de la Publicité, Paris.

HENRI-MARIE-RAYMOND DE TOULOUSE-LAUTREC (1864–1901) revolutionierte die Plakatkunst, indem er in japanischer Manier den illusionistischen Raum verflachte und die Muster der malerischen Elemente mit denen der Buchstaben vereinigte. Die Entwicklung der Lithographie zu einem mehrfarbigen Ausdrucksmittel wandelte die Plakate, die früher hauptsächlich auf typographische Lösungen beschränkt waren, zu einer neuen Art öffentlicher Kunst, die LAUTREC sofort zur Meisterschaft brachte. In *Jane Avril* sind das Fehlen der Tiefe, die Sparsamkeit der Linien und die Einbeziehung des weißen Papiergrundes in die Komposition von Japan hergeleitet, genauso wie das Anschneiden des kühn verkürzten Cellos und dessen Verwendung als Rahmenornament ▸ 17.29.

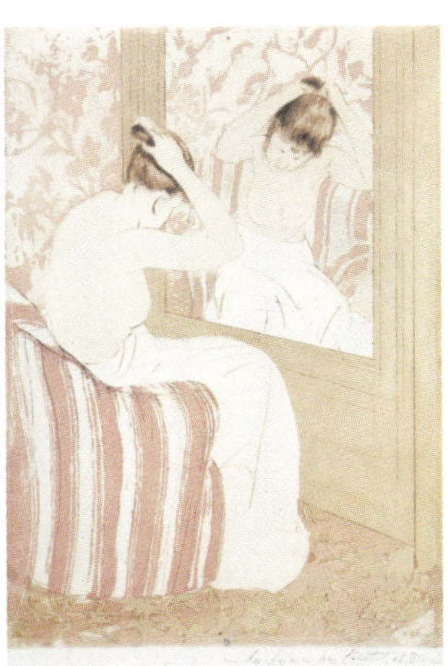

17.28 MARY CASSATT, *Die Frisur*, 1891, Farbdruck in Mischtechnik 36,5x26,7cm. The Cleveland Museum of Art (Vermächtnis Charles T. Brooks).

Der japanische Einfluss ist kaum weniger stark im Werk der Symbolisten, speziell bei PAUL GAUGUIN (s. S. 657ff.), der begeistert japanische Drucke sammelte und mit ihnen sein Atelier in der Südsee schmückte, wo er auch Anregungen anderer nichteuropäischer Kulturen aufnahm. In seinem ersten rein symbolistischen Gemälde *Vision nach der Predigt* ist die ›Vision‹ des mit dem Engel ringenden Jakob von der Zeichnung einer ähnlichen Kampfszene in HOKUSAIS *Manga* abgeleitet ▸ 17.31. Doch der japanische Einfluss geht tiefer. Er ist nachvollziehbar in der gesamten Konzeption des Gemäldes, in den abgeflachten Formen mit ihren dunklen Konturen, der Weglassung der Schatten in den unmodulierten Stellen reiner,

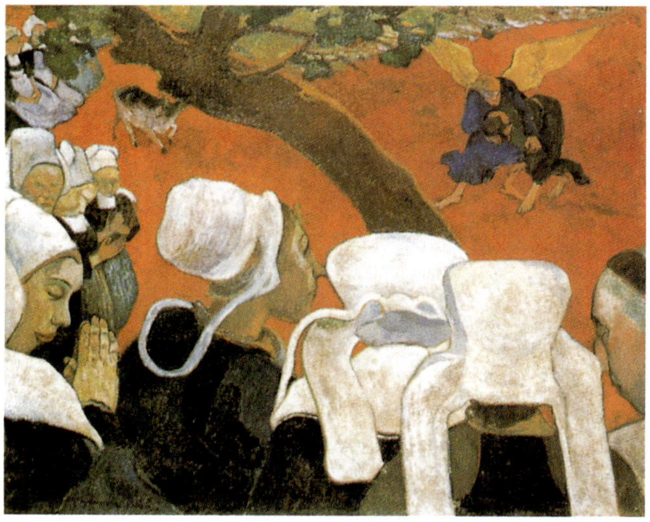

17.30 PAUL GAUGUIN, *Vision nach der Predigt*, 1888, Leinwand, 73x92cm. National Gallery of Scotland, Edinburgh.

oft unnatürlicher Farben, wie bei dem dominierenden Rot im Vordergrund. Bei VAN GOGH (s.S. 657ff.) ging der Einfluss weit über den gelegentlichen Gebrauch von japanischen Motiven hinaus, so stark bemerkbar diese in seinen Kopien nach HIROSHIGE und in seinen direkt japanisch inspirierten Gemälden auch sein mögen ▸ 17.31. VAN GOGH setzte sich in den letzten vier Jahren seines Lebens intensiver mit japanischer Kunst auseinander als jeder andere Künstler dieser Zeit.

17.31 VINCENT VAN GOGH, *Die Brücke (Japanserie)*, Kopie nach Hiroshige, 1886–1888, Leinwand, 55x46cm. Rijksmuseum Vincent van Gogh, Amsterdam.

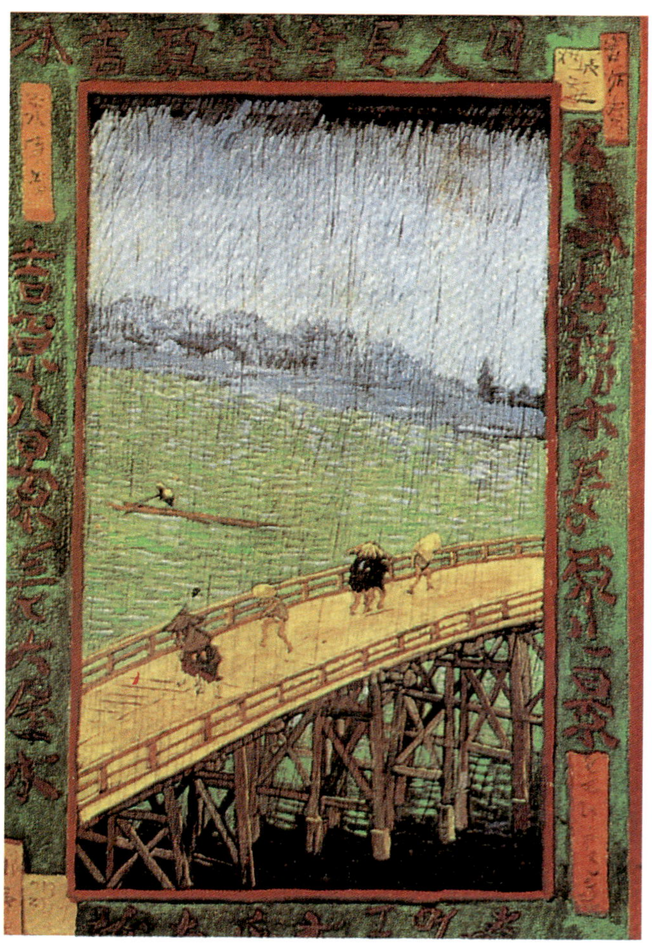

## Der Neoimpressionismus

Die Krise des Impressionismus, auf die wir oben angespielt haben (s.S. 646), führte in den mittleren achtziger Jahren zu einer bewussten Reaktion, als junge Künstler versuchten, von dieser Malweise loszukommen und über sie hinauszugehen. Die Abhängigkeit des Impressionismus von der Natur und die objektive Wiedergabe sichtbarer Erscheinungen, die Beschränkung auf das Fließende und Zufällige auf Kosten des Beständigen und Monumentalen erschienen ihnen als eine selbstauferlegte Beschränkung, die zur Formlosigkeit führte, zum Skizzenhaften und zum Verlust jeder tieferen Bedeutung. Die Belanglosigkeit des Inhalts, ursprünglich als eine Tugend des Impressionismus angesehen, wurde jetzt bedauert. Für RENOIR war das Wichtige am Impressionismus gewesen, »dass die Malerei von der Bedeutung des Motivs ›befreit‹ wurde (unter Ludwig XV. wäre ich gezwungen gewesen, nichts als bestimmte Motive zu malen). Ich bin frei, Blumen zu malen und diese einfach ›Blumen‹ zu nennen, ohne einen Zwang, daraus eine Geschichte zu machen.« Erneut sollten jetzt Künstler der Kunst einen bedeutsamen Inhalt geben, ›sinnvoller‹ werden.

Natürlich vereinfachte diese Reaktion die Dinge stark. Der Impressionismus war mehrdeutig, und daher stammen auch die Schwierigkeiten der Impressionisten, ihre Ziele zu erklären. Ihre Vorstellung der ›Impression‹ war gleichzeitig objektiv und subjektiv, um die individuelle und einzigartige ›Empfindung‹ des einzelnen Künstlers mit einzubeziehen. MONET sprach über »meine mir eigene Empfindung«, und PISSARRO verließ sich auf seine ›Empfindung‹ als »das Einzige, was zählt«.

### *Seurat, Divisionismus und Sozialismus*

Eine Lösungsmöglichkeit dieser Krise wurde von GEORGES SEURAT (1859–1891) in seiner *Badende, Asnières* aufgezeigt ▸ 17.33. Diese monumentale Darstellung einer Uferlandschaft bei Paris an einem Wochenende ist eine Kombination von Gegensätzen, von impressionistischem Naturalismus und akademischem Formalismus. Sie ist eine freudige Anbetung des Sonnenlichts wie je bei MONET oder RENOIR, aber die Skizzenhaftigkeit des typisch impressionistischen Motivs ▸ 17.4 wurde durch einen Geist zeitloser Universalität ersetzt. Ähnliches ist in gewissen mythologischen Szenen von PIERRE PUVIS DE CHAVANNES (1824–1898) zu finden, einem akademischen Maler, dessen Subtilität und Verklärtheit trotz der ziemlich blassen idealistischen Bilderwelt von den Künstlern bewundert wurde. Ein Vergleich der *Baignade* mit PUVIS' *Pays Doux,* 1882 im Salon ausgestellt, zeigt, dass SEURATS Beziehung zu diesem akademischen Maler tiefer ging, als man annehmen könnte ▸ 17.32. SEURAT war aber mehr als ein modernisierender PUVIS. Ausgehend von zahlreichen kleinen impressionis-

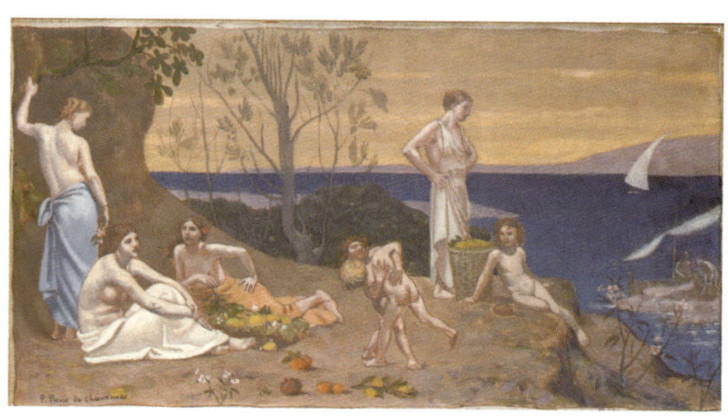

17.32 PIERRE PUVIS DE CHAVANNES, *Pays Doux*, 1882, Leinwand, 25,6x39,7cm. Yale University Art Gallery (Mary Gertrude Abbey Fund), New Haven, Conn.

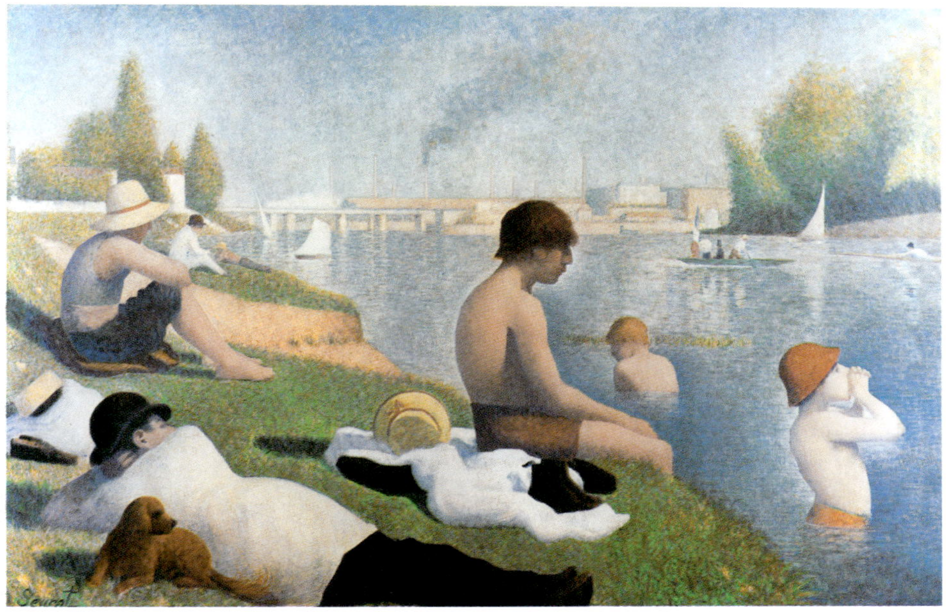

17.33 GEORGES SEURAT, *Badende, Asnières*, 1883/84, Leinwand, 201 x 301 cm. National Gallery, London.

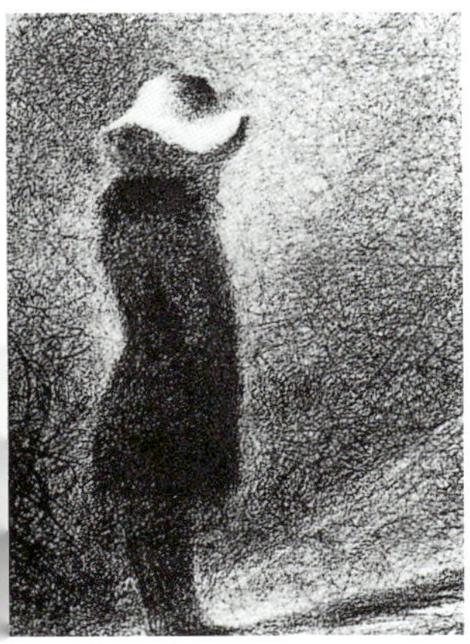

17.34 GEORGES SEURAT, *Mädchen mit Chapeau niniche*, um 1883/84, Conté-Kreide, 31,7 x 24 cm. Privatsammlung, New York.

tischen Skizzen, vor Ort schnell hingeworfen, wurde das Bild im Atelier komponiert und methodisch in einer von SEURAT erfundenen Technik gemalt, die er ›Chromo-Luminarismus‹, ›Divisionismus‹ oder ›Pointillismus‹ nannte ▸ 17.36. Farbtupfen werden wie Mosaiksteinchen nebeneinander gesetzt. Die reinen, ›dividierten‹ Farben der Punkte werden erst im richtigen Abstand vom Auge des Betrachters optisch gemischt. Man hoffte damit eine zunehmende Lichthaftigkeit zu erzielen, besonders durch die Kombination von komplementären Farben (rot-grün, gelb-violett, orange-blau usw.). Der Divisionismus war die Systematisierung der impressionistischen Praxis, doch unterschied ihn der mühevolle Arbeitsvorgang von der Spontaneität und Frische der impressionistischen Malweise. Die klaren Umrisse von SEURATS Figuren und die Anwendung von parallelen Diagonalen, verbunden mit der beherrschenden Waagerechten, führen zu einem stark strukturierten Effekt, sehr verschieden dem der flüchtigen atmosphärischen Ungenauigkeit der impressionistischen Malerei.

SEURATS Szenen des Großstadtlebens ▸ 17.34 waren gegenüber jenen der Impressionisten mehr der Arbeiterwelt zugetan. Sein politischer Standort ist ungewiss, doch einige seiner Bewunderer, namentlich PAUL SIGNAC (1863–1935), der zum Sprecher der Divisionisten oder Neoimpressionisten, wie sie seit 1899 genannt wurden, aufrückte ▸ 17.35, waren aktive Anhänger der sozialistisch-anarchistischen Bewegung in Frankreich. Plumpen propagandistischen Ideen abhold, gaben die Neoimpressionisten, wie SIGNAC schreibt, mit ihren Gemälden proletarischer Motive Zeugnis »vom großen sozialen Kampf zwischen Arbeitern und Kapital«. Und er fährt fort: »Es wäre ein Irrtum, eine ausdrückliche sozialistische Tendenz in den Kunstwerken zu fordern«, aber »wahre Ästheten, Revolutionäre in ihrem Temperament«, die das malen, »was

17.36 GEORGES SEURAT, *Modell*, 1886/87, Öl auf Leinwand, 25 x 16 cm. Musée d'Orsay, Paris.

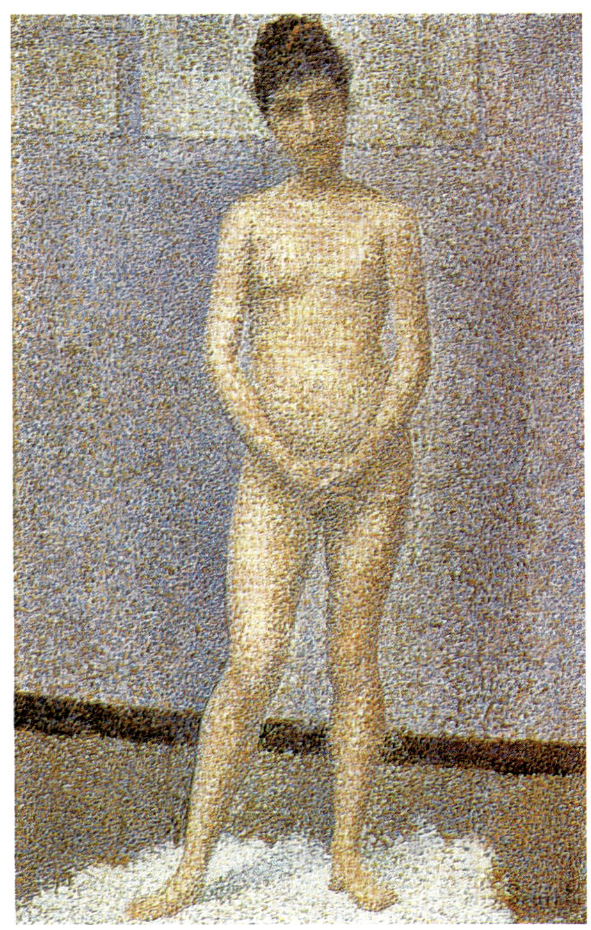

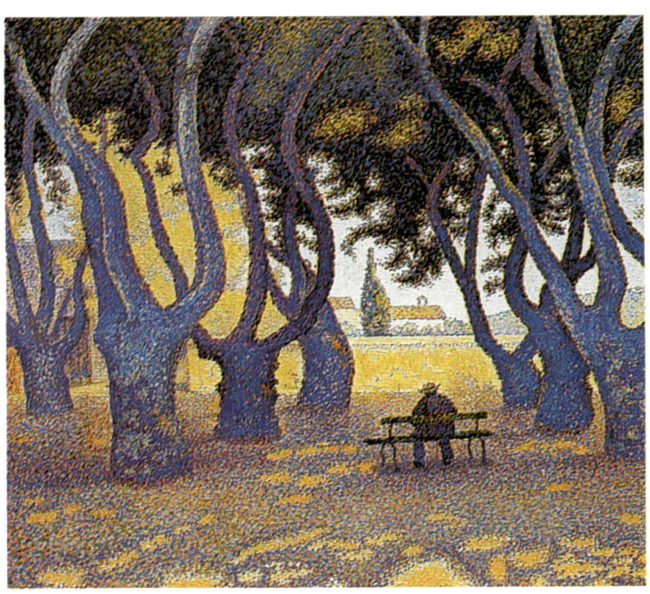

17.35 PAUL SIGNAC, *Place des Lices, Saint-Tropez*, 1893, Leinwand, 65,4 x 81,8 cm. The Carnegie Museum of Art, Pittsburgh.

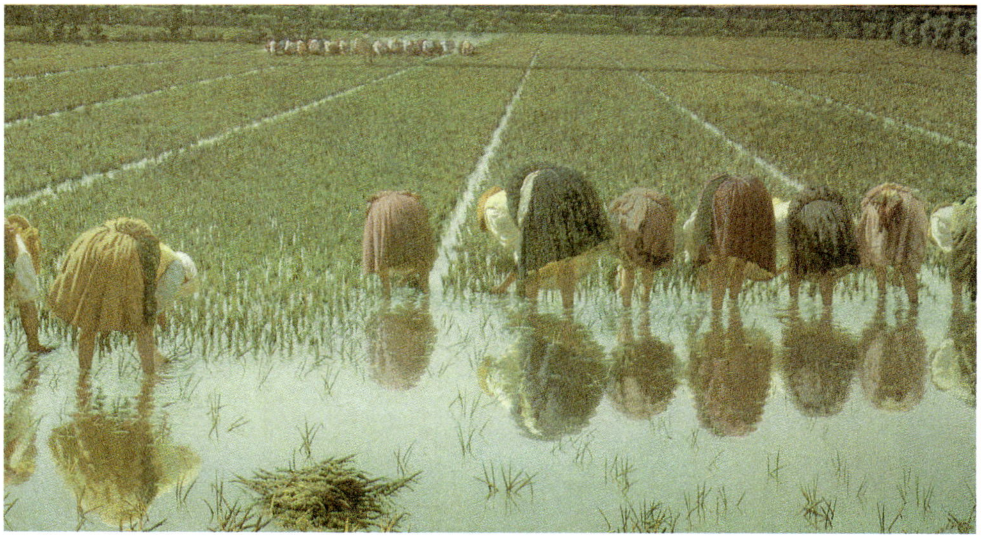

17.37 ANGELO MORBELLI, *Für achtzig Centesimi*, 1895, Leinwand, 124x70cm. Museo Antonio Borgogna, Vercelli.

sie sehen, so wie sie es fühlen, versetzen sehr oft den alten sozialen Strukturen einen starken Stoß mit der Spitzhacke ...« (›Impressionistes et Revolutionnaires‹, in ›La Revolte‹, Juni 1891).

Die neoimpressionistischen Gemälde von SIGNAC, PISSARRO, HENRI-EDMOND CROSS und anderen Mitgliedern der Gruppe erscheinen heute mehr lyrisch als politisch provokativ. Doch spielte im Werk der italienischen Divisionisten, die sich unabhängig von den französischen entwickelten, der Sozialismus eine sehr bestimmende Rolle. In Gemälden wie *Für achtzig Centesimi* von ANGELO MORBELLI (1853–1919) ist die soziale Botschaft eindringlich und ohne jedes Pathos vermittelt, dabei ohne jeden Verlust an Freiheit der Farbe, Handlung oder Komposition ▸17.37. Es zeigt Bäuerinnen, die in der Nähe von Casale Monferrato im Piemont Reisfelder jäten. Es wurde sofort als mächtige Anklage identifiziert, unter welch entsetzlichen Bedingungen Frauen zur Arbeit verurteilt waren. Doch dieser soziale Protest wird nicht aggressiv vorgetragen, sondern er ist eingebettet in feinfühlige Transparenz und Lichtfülle, eingefangen in einer sehr persönlichen divisionistischen Technik, in der die dominierenden Grüntöne nicht ihrer Komplementärfarbe Rot gegenübergestellt werden, sondern als Kontraste in Form von Lichtstrahlen dem Purpur.

Während der letzten Jahre seines kurzen Lebens begann SEURAT die Möglichkeiten von Linie und Farbe systematisch zu erforschen, und seine Ideen hätten vermutlich in eine Art von wissenschaftlichem ›Synthetismus‹ gemündet, parallel zu dem mehr intuitiven Synthetismus eines GAUGUIN und der symbolistischen Maler der Schule von Pont-Aven. Denn der Symbolismus in seinen verschiedenen Formen war in den letzten zwei Jahrzehnten des Jahrhunderts die Gegenströmung zum Impressionismus.

## Symbolismus

In der Abkehr vom objektiven Naturalismus fanden viele junge Künstler zur Phantasie und zur Einbildung, zur intimen Welt des Selbst zurück, die Baudelaire zu einem Kult erhoben hatte. Die Idee, dass die Farbe eher expressiven als beschreibenden Charakter haben könnte, leitete sich von DELACROIX und den Romantikern her. Ähnliche Möglichkeiten wurden in den Linien und der Form gefunden, ohne dass schon der Vorstoß zur vollen Abstraktion erfolgte.

Für die Schriftsteller wurde die Bewegung 1886 durch das Symbolistische Manifest von Jean Moréas verkündet, der den Naturalismus Zolas zugunsten einer ganz neuen Schule zurückwies, deren Ziel es war, »die ›Idee‹ in eine sensitive Form zu kleiden«. Eine Deklaration des symbolistischen Dichters Gustave Kahn ging noch weiter:

*»Wir sind des Alltäglichen müde, des Naheliegenden und Zeitgenössischen; wir wünschen, fähig zu sein, die Entwicklung des Symbols in jede Zeit zu legen, selbst in Träume (Träume können vom Leben nicht unterschieden werden) ... Das wichtigste Ziel unserer Kunst ist es, die Subjektivität zu objektivieren (Herausstellung der Idee) statt das Objekt zu subjektivieren (Natur durch die Augen des Temperaments gesehen). So treiben wir die Analyse des Selbst ins Extrem.«* (In ›L'Événement‹, 1886)

Die Beziehung des Schriftstellers und des Künstlers zu seinem Objekt wurde umgekehrt: Statt ihre Motive in der sinnlichen äußeren Welt zu suchen, schauten sie nun nach innen, so dass ihre Gefühle und Ideen zum Ausgangspunkt ihrer Kunstwerke wurden. Es kam zu einer Ablehnung des Impressionismus und des Neoimpressionismus. Gleichermaßen konsequent und folgerichtig verlief die Entwicklung im Falle des Malers ÉMILE BERNARD (1868–1941) ▸17.38. Bis 1886 hatte BERNARD neoimpressionistisch gemalt. In diesem Herbst besuchte er SIGNACS Atelier, um »die letzten Neuigkeiten über die chro-

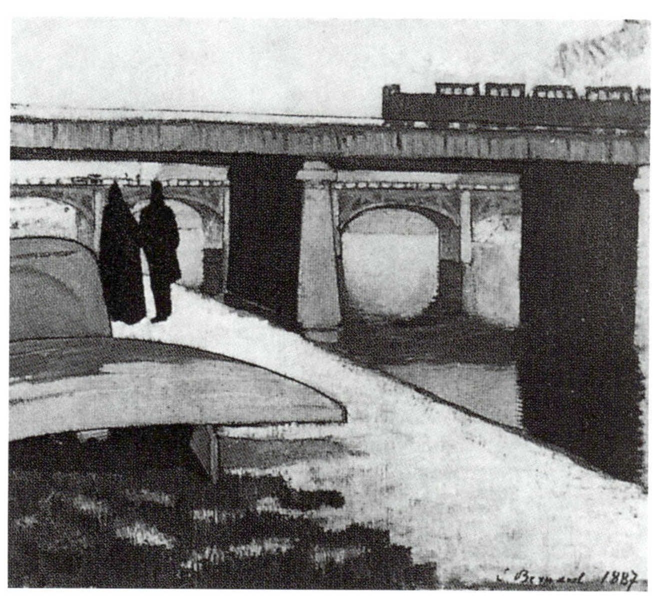

17.38 ÉMILE BERNARD, *Die Eisenbahnbrücken*, 1887, Leinwand, 46x54cm. The Museum of Modern Art, New York.

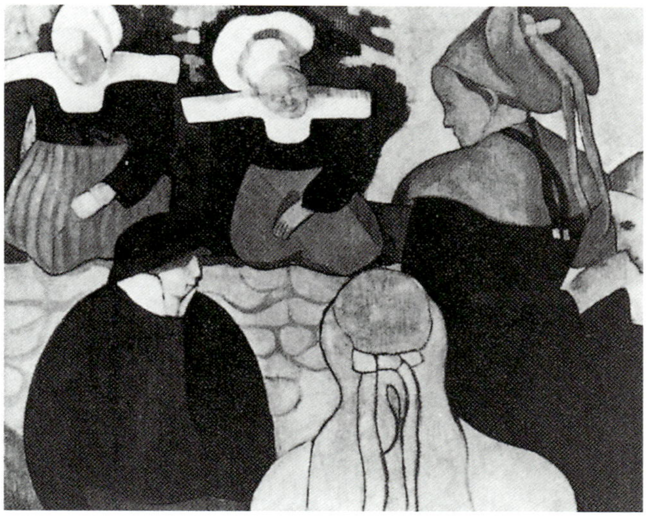

17.39 ÉMILE BERNARD, *Bretonische Frauen auf einer Mauer*, 1892, Leinwand, 83 x 115 cm. Josefowitz Collection, Schweiz.

matischen Forschungen von den Lichttheoretikern zu erhalten«. In plötzlichem Gefühlsumschwung gab er den Neoimpressionismus auf, um, wie er später schrieb, »den Ideen zu erlauben, die Technik des Malens zu dominieren«. Er zerstörte seine neoimpressionistischen Werke, verließ Paris und ging in die noch unverdorbene dörfliche Bretagne. Dort, hauptsächlich in Pont-Aven, experimentierte er mit bäuerlichen Motiven in einer antinaturalistischen Technik, bis er zu einem einfachen Stil mit starken Umrisslinien und farbiger Flächigkeit fand (›Cloisonnismus‹ genannt) ▸ 17.39, der nach seiner Behauptung zum Katalysator für die *Vision nach der Predigt* seines Freundes GAUGUIN wurde, das erste Beispiel des Synthetismus oder des malerischen Symbolismus ▸ 17.30.

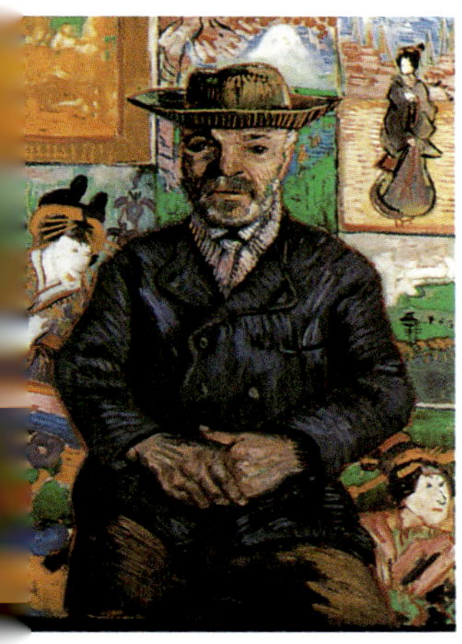

17.40 VINCENT VAN GOGH, *Bildnis Père Tanguy*, 1887, Leinwand, 65 x 51 cm. Stavros S. Niarchos Collection.

## *Gauguin und van Gogh*

PAUL GAUGUIN (1848–1903) gab 1883 eine einträgliche Karriere als Börsenmakler auf, um zu malen. Er stellte zweimal mit den Impressionisten aus, bevor er sich 1886 in der Bretagne niederließ. In Briefen und Gesprächen hatte er die Ziele seines neuen Stils formuliert, aber es waren die malerischen Entdeckungen BERNARDS, die ihn letztlich von den Ideen des Impressionismus lösten und zu Gemälden befähigten, in denen das Traumhafte und Gedachte vorherrschten. 1888 schrieb er aus Pont-Aven:

*»Die Kunst ist eine Abstraktion: leite diese Abstraktion aus der Natur ab, während du von ihr träumst, aber denke mehr an das Erschaffen als an das Ergebnis.«*

Sehr wahrscheinlich hatte GAUGUIN bretonische Dorffeste mit Ringkämpfen, roten Fahnen und Freudenfeuern gesehen, bevor er die *Vision nach der Predigt* malte; aber dieses Gemälde ist dennoch die Wiedergabe von etwas Gedachtem. Auf den ersten Blick kann es auch gesehen werden als Ausdruck einer inneren und äußeren Erfahrung – der Priester, die Bauern und ihre Erinnerung an die Predigt über Jakob, der mit dem Engel ringt, die sie eben gehört hatten –, aber die Vision ist eine zweifache: die religiöse Sicht der bretonischen Frauen und die innere Schau des Künstlers.

GAUGUINS symbolistische Ziele wurden von dem holländischen Maler VINCENT VAN GOGH (1853–1890) geteilt, dem Kunst ein Anliegen persönlicher Erfüllung war. VAN GOGH ist ein einzigartiger Fall. Erst 1881 wurde er zum Künstler, er fühlte sich dazu ›berufen‹. »Trachte das letzte Wort von dem zu verstehen, was die großen Künstler in ihren Meisterwerken sagen, die ernsten Meister, Gott wird drinnen sein«, schrieb er 1880. Bis 1890, als er nach zeitweiligen Schüben einer Geisteskrankheit und mehreren Monaten in einer Irrenanstalt Selbstmord beging, malte er über 800 Gemälde – neben den Zeichnungen und dem umfangreichen Briefwechsel mit seinem Bruder Theo. Es ist dies eine der unerbittlichsten Abrechnungen auf der Suche nach dem Selbst und eine der direktesten Erklärungen, die je ein Künstler über Idee, Absichten und Ziele seiner Kunst gab. Während der letzten 70 Tage seines Lebens bemalte er 70 Leinwände. Von all seinen Gemälden konnte er aber nur ein einziges verkaufen. Dennoch darf die Auswirkung seiner Armut und Unbeachtetheit nicht überbewertet werden; seine Reaktion auf die einzige positive Erwähnung in der Presse ist klarsichtig.

VAN GOGH studierte Theologie, um in einem armseligen belgischen Kohlerevier Seelsorger zu werden. Als Künstler befriedigte er sein Verlangen nach geistiger Erfüllung in der Arbeit, die, wie er glaubte, sozial nützlich sein könnte. »Ich tauge zu etwas, ich habe eine Existenzberechtigung«, schrieb er 1880 an seinen Bruder Theo. »Womit könnte ich nützlich sein, wozu könnte ich dienen? Es ist etwas in mir, was ist es doch?« Jedes seiner Gemälde wurde zu einem Schmerzensschrei, während er kämpfte, um sich von seinen heftigen, hemmungslosen Leidenschaften zu befreien. 1888 schrieb er, »Ich habe eine schreckliche geistige Klarheit in gewissen Momenten. Ich bin meiner nicht mehr bewusst, und das Bild erscheint mir wie im Traum.« Leidende, flammengleiche Formen ▸ 17.41 und eine erregte Malweise ▸ 17.40, mit einer beinahe seherischen Kraft vermittelt, übertragen die Zuckun-

17.41 VINCENT VAN GOGH, *Zypressen, zwei Frauen im Vordergrund*, 1889, Schwarze Kreide, Rohrfeder, Tusche, 31 x 23 cm. Rijksmuseum Kröller-Müller, Otterlo.

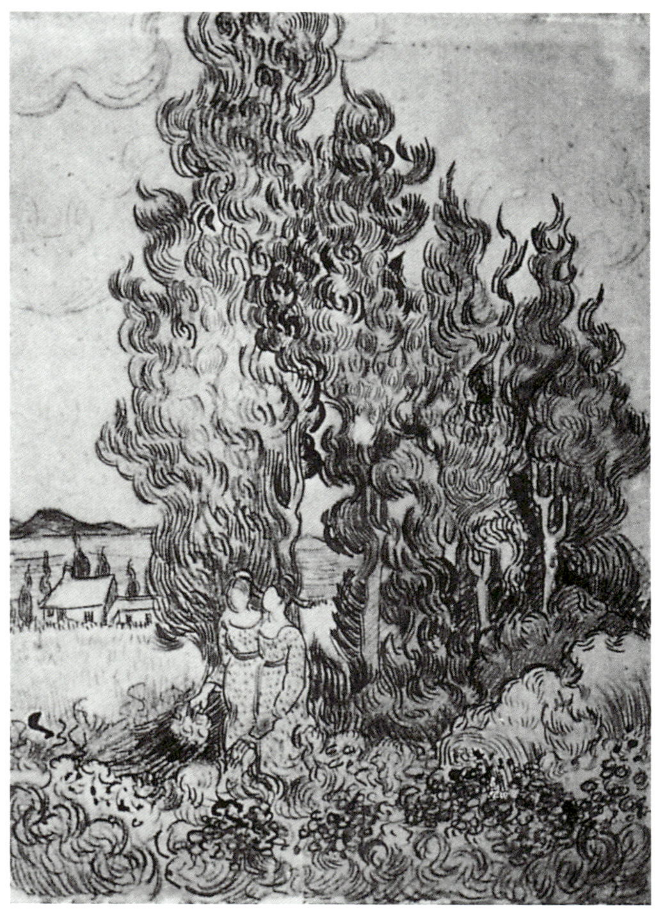

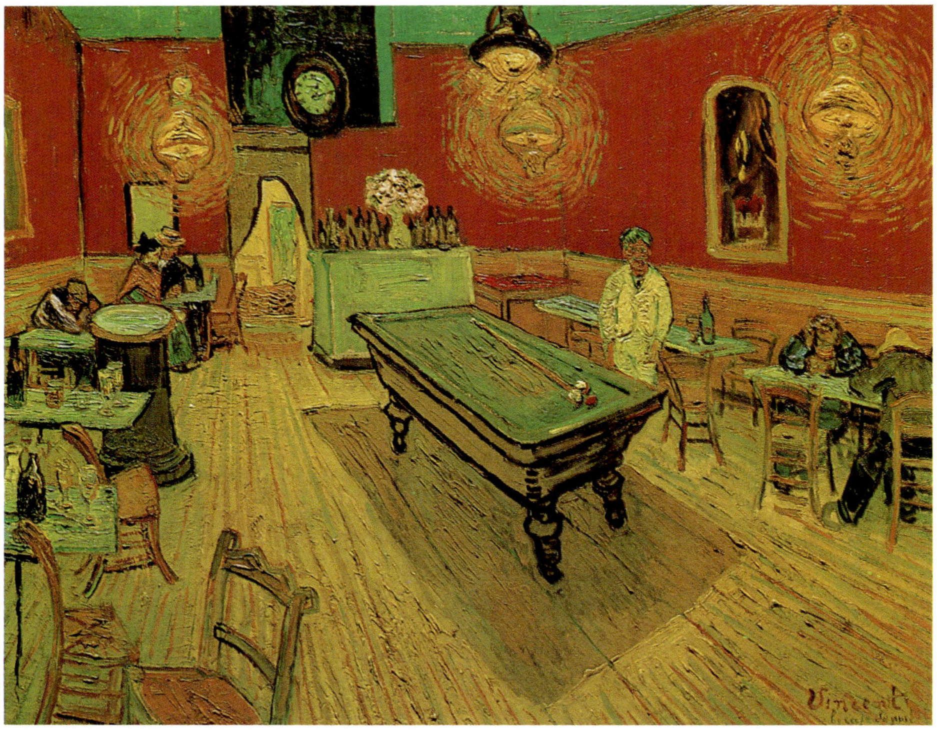

17.42 VINCENT VAN GOGH, *Nachtcafé in Arles*, 1888, Leinwand, 72,4 x 92,1 cm. Yale University Art Gallery (Vermächtnis Stephen C. Clark, 1903), New Haven, Conn.

gen seiner aufgewühlten Sensibilität und, in solchen Werken wie *Nachtcafé in Arles*, den Zustand von fast ständiger Angst und das Gefühl der Unruhe, die ihn zu verschlingen drohten ▸ 17.42. Es ist disharmonisch in Rot, Grün und Gelb gemalt. Er schrieb, *»um die schrecklichen leidenschaftlichen Zustände der Menschheit auszudrücken ... In meinem Caféhausbild versuchte ich auszudrücken, dass das Café ein Ort ist, wo man verrückt werden und Verbrechen begehen kann. Ich versuchte es durch die Gegensätze von zartem Rosa, Blutrot und dunkelroter Weinfarbe, durch ein süßes Grün à la Louis-quinze und Veroneser Grün, das mit Gelbgrün und hartem Blaugrün kontrastiert. Dies alles drückt eine Atmosphäre von glühender Unterwelt aus, ein bleiches Leiden ... Dies alles unter einem Schein japanischer Heiterkeit ...«*

Das Konzept von Kunst als neuer Religion war eine Glaubenssache sowohl für GAUGUIN wie für VAN GOGH. Beide waren inspiriert im gleichen Bestreben, die Aufrichtigkeit und Reinheit einfacher, unverdorbener Menschen wieder zu entdecken, unbestochen von der Zivilisation und vom modernen städtischen Leben ▸ 17.44. Solche Mythen der Ursprünglichkeit haben die westliche Phantasie seit der Klassik verfolgt, weit über die romantischen Ideen des ›edlen Wilden‹ zurückgehend zu jenem frühen Paradies, in dem Menschen noch im Naturzustand lebten. Aber vor GAUGUIN hatte noch kein Künstler versucht, sie in die Wirklichkeit umzusetzen. Er kehrte Europa den Rücken und fuhr 1891 in die Südsee, um sich in einem Eingeborenendorf auf Tahiti niederzulassen.

17.43 PAUL GAUGUIN, *Manaò Tupapaú – Der Geist der Toten wacht*, 1892, Leinwand, 73 x 92 cm. Albright-Knox Art Gallery, Buffalo, N. Y. (A. Conger Goodyear Collection).

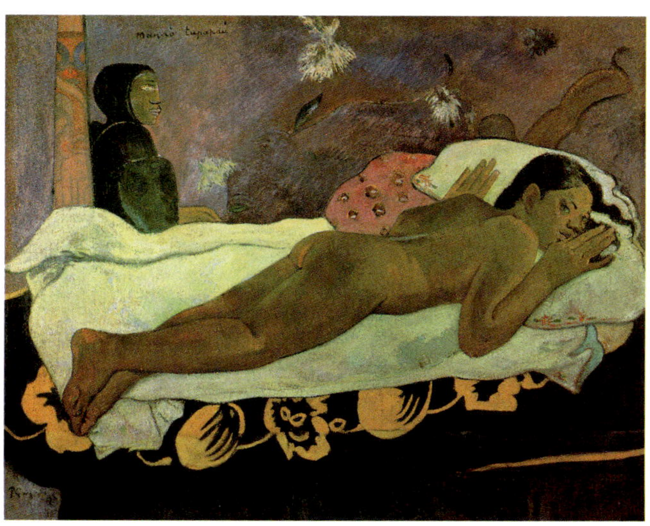

Unschuld und Wissen, der Wilde und der Angepasste, wurden für GAUGUIN zu wichtigen Themen, nachdem er Europa verlassen hatte, obgleich er fand, dass er nicht mehr fähig war, die westliche Zivilisation auf Tahiti aufzugeben. In der Südsee wurden seine Gemälde eher weniger als mehr ›primitiv‹. Wenn auch exotischer im Motiv und in der Farbe, die wichtigsten Eigenschaften seines Stils blieben unverändert. Und da er eine Anzahl Reproduktionen mit sich führte – von altägyptischen Reliefs, vom Parthenon-Fries, einer Rembrandt-Zeichnung, von Reliefs des Borobodur-Tempels –, die er benutzte, wie er dies früher mit den japanischen Drucken und den bäuerlichen bretonischen Skulpturen tat, wirken seine Südseebilder öfters zusammengesetzt. Seine synthetische Methode der Bildgestaltung bleibt wie befangen unter dem Schock und dem Anstoß der neuen Umgebung, wie er es in der Beschreibung der Entstehung von *Manaò Tupapaú – Der Geist der Toten wacht* erklärt ▸ 17.43. Er begann, »ergriffen von einer Form, einer Bewegung«, eine sorgfältig ausgeführte Zeichnung von einer jungen Tahitierin »ohne andere Absicht, als einen Akt zu machen«. Er fühlte sich veranlasst, »diese mit dem Gefühl, dem Charakter und der Tradition des Natürlichen auszufüllen«, und fügte den hellen ›Pareo‹ und die gelbe Rindenstoffdecke hinzu, die »im Betrachter etwas Unerwartetes auslösen« sollten. Um einen Hintergrund von »Schrecken« ahnen zu lassen, setzte er etwas Purpur dagegen. Auf diese Weise wurde der »musikalische Teil des Gemäldes« realisiert. Die »Idee« des Bildes hingegen, die ihm während der Arbeit kam und aus dem Wort »Schrecken« ersichtlich ist, machte er damit noch nicht sichtbar. Um das zu tun, musste er die gesamte Arbeit

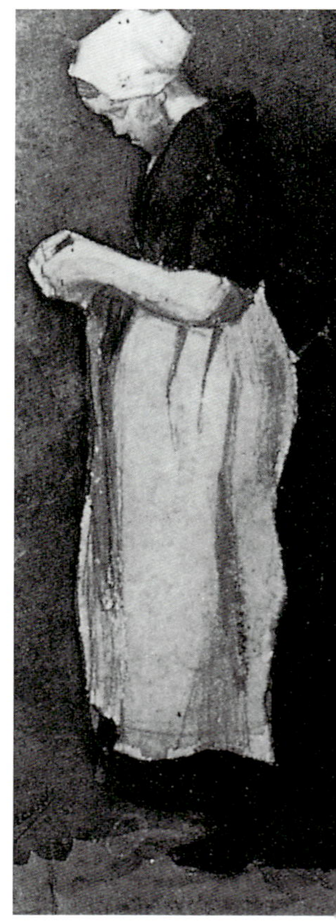

17.44 VINCENT VAN GOGH, *Junge Fischersfrau aus Scheveningen*, 1881, Wasserfarbe, 23,5 x 9,5 cm. Rijksmuseum Vincent van Gogh, Amsterdam.

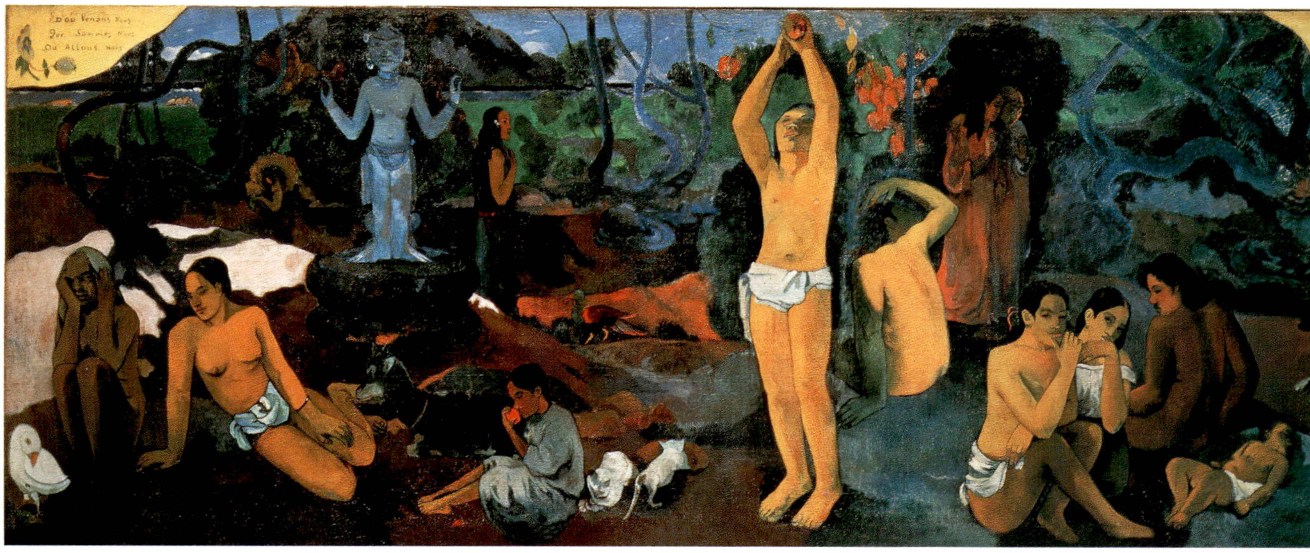

17.45 PAUL GAUGUIN, *Woher kommen wir? Wer sind wir? Wohin gehen wir?*, 1897, Leinwand, 139 x 374 cm. Museum of Fine Arts, Boston (Tompkins Collection).

erneut überdenken. »Ich sehe nur Angst. Welche Art von Angst?« fragte er sich.

*»Sicher nicht Susannas Angst, die von den Alten überrascht wird. Das gibt es in Ozeanien nicht. Der ›Tupapaú‹ (Der Geist der Toten) ist klar gekennzeichnet. Für die Eingeborenen ist dies ein dauernder Traum. Wie ich einmal meinen ›Tupapaú‹ gefunden habe, habe ich mich fest an ihn gebunden und machte ihn zum Thema meines Bildes. Die Nackte kommt erst an zweiter Stelle.*

*Was kann der Geist für eine Maorifrau bedeuten? … Sie denkt unvermeidlich an etwas, das sie gesehen hat. Mein Geist kann nur eine ganz gewöhnliche Frau sein. Der Titel hat zwei Bedeutungen, entweder denkt sie an den Geist, oder der Geist denkt an sie.«* (Aus GAUGUINS Manuskript ›Cahier pour Aline‹)

*Der Geist der Toten wacht* veranschaulicht Gauguins synthetische-symbolische Arbeitsweise und vor allem sein außerordentliches Verständnis der polynesischen Kultur und Religion, das sich einer (für einen Europäer) ungewöhnlichen Vertrautheit mit der einheimischen Bevölkerung Tahitis und der Marquesasinseln verdankt. Deren komplexe Sexualität ist mit großem Einfühlungsvermögen dargestellt, insbesondere in der androgynen nackten Gestalt, auch wenn diese vielleicht etwas gar zu direkt an bekannte klassische Skulpturen von Hermaphroditen erinnert. Gleichwohl war seine Leistung groß. Sein Antinaturalismus und seine Konzentration auf poetische und rhythmische Effekte, auf Klarheit der Linien und schöpferische Selbständigkeit der Farbe, sein Anruf an die Phantasie, all dies war enorm wichtig. Er sagte, dass er das Recht forderte, alles zu wagen. »Das Publikum schulde ihm nichts, denn sein malerisches Werk sei nur relativ gut, doch die Maler, die heute von dieser Freiheit ihren Nutzen ziehen, schuldeten ihm viel.«

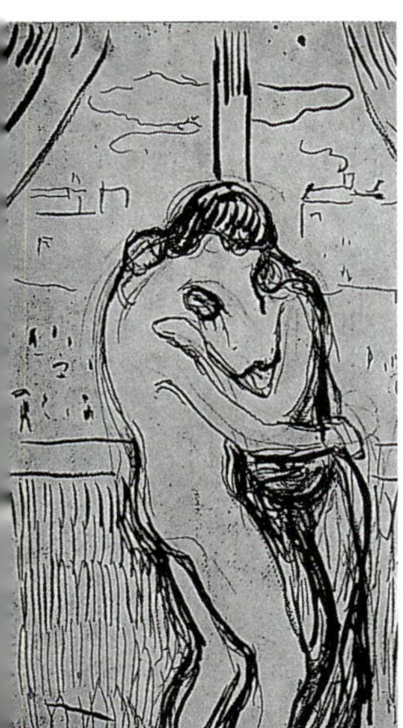

17.46 EDVARD MUNCH, *Der Kuss*, 1894/95, Bleistift, Tusche auf Pappe, 60,3 x 39 cm. Munch-Museum, Oslo.

## *Allegorien des modernen Lebens: Munch und Rodin*

GAUGUINS größtes Werk *Woher kommen wir? Wer sind wir? Wohin gehen wir?* ▸ 17.45 ist als eine Art persönliches Testament vor seinem Selbstmordversuch im Jahr 1897 gemalt. Es ist weniger gewagt als viele seiner früheren Bilder, dafür aber typischer im symbolischen Gehalt des Motivs, eine Allegorie auf das menschliche Leben zwischen früher Kindheit und Tod. Allegorien beschäftigen auch viele andere Künstler dieser Zeit, erwähnt seien EDVARD MUNCH (1863–1944) und AUGUSTE RODIN (1840–1917). MUNCH verließ Norwegen 1889, um in Paris zu studieren, wo er auf die Wirkung des Impressionismus und auf SEURAT, VAN GOGH und GAUGUIN stieß. Doch gehörte er eher zur dunklen nordischen Welt, voll bohrendem Nachdenken und neurotischen Obsessionen, zur zutiefst pessimistischen, fatalistischen Welt der Ibsen- und Strindberg-Stücke. Seine als Serien konzipierten Gemälde und Zeichnungen drücken Gemütszustände aus, die oft ans Pathologische grenzen. Sein *Fries des Lebens*, der ihn über viele Jahre hinweg beschäftigte, ist von Liebesleiden geprägt. Ein Zyklus hochgradig subjektiver Bilder inszeniert die Gefühlszustände von Anziehung, Vereinigung, Enttäuschung, Eifersucht und Verzweiflung ▸ 17.46. Obwohl nie vollendet, bildet der *Fries des Lebens* die stärkste Aussage eines Künstlers über die ›Fin-de-siècle‹-Enttäuschung, die ihren Höhepunkt in MUNCHS

17.47 EDVARD MUNCH, *Der Schrei*, 1893, Öl, Pastell und Kasein auf Pappe, 91 x 73,5 cm. Nasjonalgalleriet, Oslo.

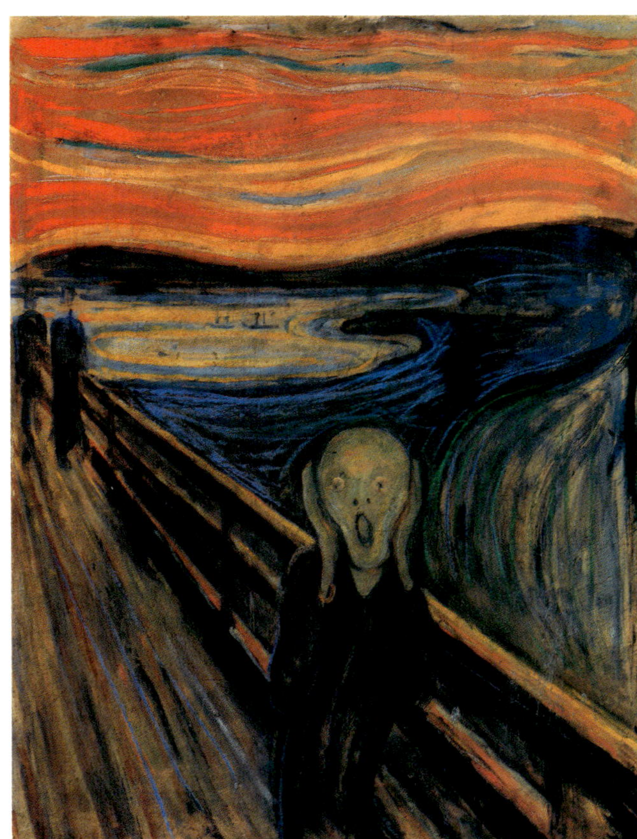

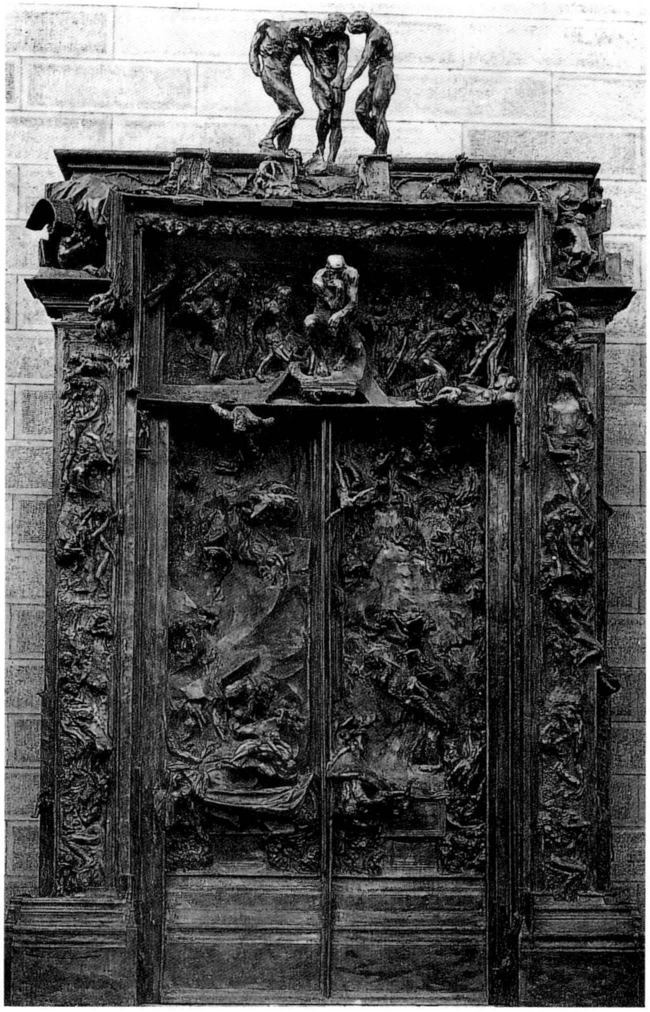

17.48 AUGUSTE RODIN, *Das Höllentor*, 1880–1917, Bronze, Höhe 5,5 m. Musée Rodin, Paris.

berühmtestem Gemälde, *Der Schrei* ▸ 17.47, findet. »Ich stand dort, vor Angst zitternd«, schrieb er, »ich fühlte den großen, unendlich langen Schrei durch die Natur.« Die Verzweiflung und der Schrecken der Figuren im Vordergrund werden mit der Landschaft und dem Himmel sichtbar gemacht, wie wenn sich der Schrei in Wellen neurotischer, blinder Angst ausbreiten würde.

RODIN lehnte es ab, ein Symbolist genannt zu werden. Wie die Impressionisten arbeitete er nach der Natur, und eines seiner frühen Werke war so realistisch, dass er beschuldigt wurde, es nach Gipsabgüssen lebender Modelle gemacht zu haben. Doch sind seine Skulpturen viel mehr als nur naturalistische Kunstwerke: Sie bezeugen Gemüts- und Gefühlszustände. Sein damaliger Sekretär, der Dichter Rainer Maria Rilke, sagte, »Rodins Kunst war es, einer Zeit zu helfen, deren Unglück darin bestand, dass alle ihre Konflikte im Unsichtbaren lagen.« In seiner ehrgeizigsten Arbeit, dem *Höllentor* ▸ 17.48, das er in 20 Jahren nicht vollendete, nahmen der Pessimismus, die Angst und die psychische Erschöpfung des ›Fin-de-siècle‹ Form an und wurden in der gleichen Unmittelbarkeit sichtbar wie in den Bildern MUNCHS und VAN GOGHS. So zeigen einige Figuren im *Höllentor* Parallelen zu MUNCH, etwa die knienden Jugendlichen mit den ausgestreckten Armen und den zurückgeworfenen Köpfen, »Schreie ausstoßend, die sich im Himmel verlieren«, wie RODIN sagte ▸ 17.50. In seiner gesamten Konzeption als modernes Inferno in ununterbrochenem Fluss, ist dieses gewaltige Portal mit seiner unbestimmten Komposition ein beunruhigendes Symbol psychischer Haltlosigkeit. RODIN ist vielleicht eher der letzte große Exponent einer alten Tradition als der erste einer neuen ▸ 17.49. Doch die bildnerische Welt, die er gestaltete, ist der der aufwühlenden Visionen eines VAN GOGH vergleichbar.

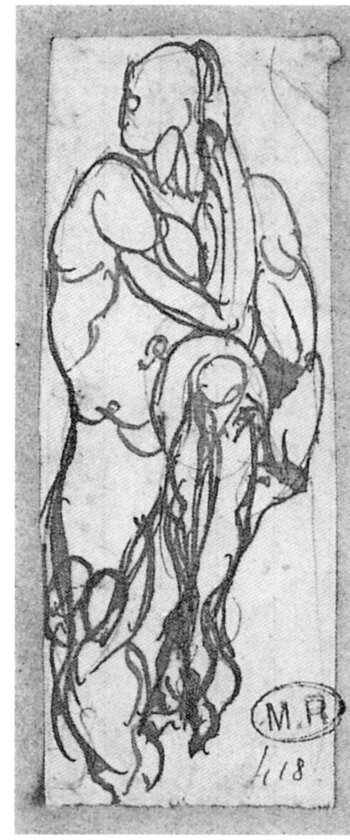


17.49 AUGUSTE RODIN, *Sitzender Nackter mit auf dem Knie aufgestütztem Arm, frontal*, um 1880 (?), Bleistift, Feder und braune Tusche, 10,8 x 4 cm. Musée Rodin, Paris.

17.50 AUGUSTE RODIN, *Höllentor*, Detail zu ▸ 17.49.

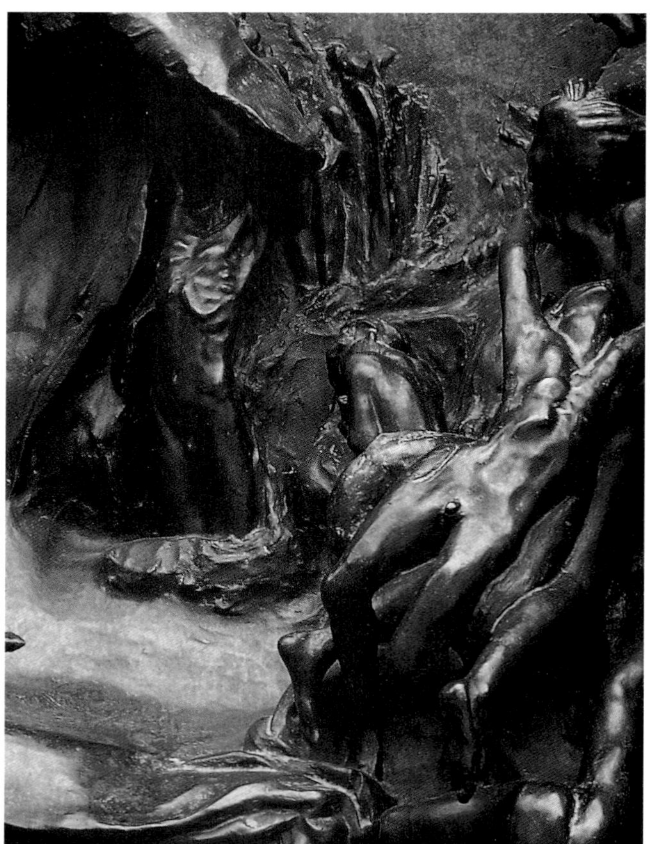

## Jugendstil und neue Architektur

MUNCHS *Schrei* liegt zeitlich gleich mit dem Tassel-Haus in Brüssel ▸ 17.55, erbaut von VICTOR HORTA (1861–1947). Drei Jahre später, 1896, folgte die erste Ausstellung MUNCHS in Paris in einer kurz zuvor eröffneten Galerie mit dem Namen ›Art Nouveau‹. Sie, die von einem anderen belgischen Architekten, HENRY VAN DE VELDE (1863–1957), gestaltet worden war, sollte dem neuen Stil den Namen geben. Diese zeitlichen Parallelen sind nicht unwichtig. Die ausschweifenden floralen Ornamente im Innern des Tassel-Hauses, so charakteristisch für den Jugendstil, sind verwandt mit den Linien im *Schrei* und in anderen Werken der symbolistischen Maler, einschließlich solcher von GAUGIN und VAN GOGH.

Die Verbindung zwischen Symbolismus und Jugendstil ist jedoch nur formaler Natur. Während die quälenden Linien des *Schreis* große suggestive und expressive Kraft besitzen, sind die linearen Muster des Tassel-Hauses weich, ausgeglichen und rein dekorativ. Die gleichen oberflächlichen Ähnlichkeiten und die tiefer liegenden Unterschiede werden in zwei kleinen, aber meisterhaften Entwürfen von VAN DE VELDE deutlich ▸ 17.51; 57. Im Holzschnitt für die Titelseite des Gedichtbandes *Dominical* von Max Elskamp ist die Gestaltung so ausdrucksstark wie in einem symbolistischen Gemälde. Lebhaft vermittelt sind Andeutungen von Raum und Stimmung ohne jede Form der Modulierung oder Verkürzung. Das Plakat für die ›Tropon‹-Konserven andererseits, obwohl gleichermaßen linear, entbehrt jeder Andeutung von Tiefe, jeglicher weiterge-

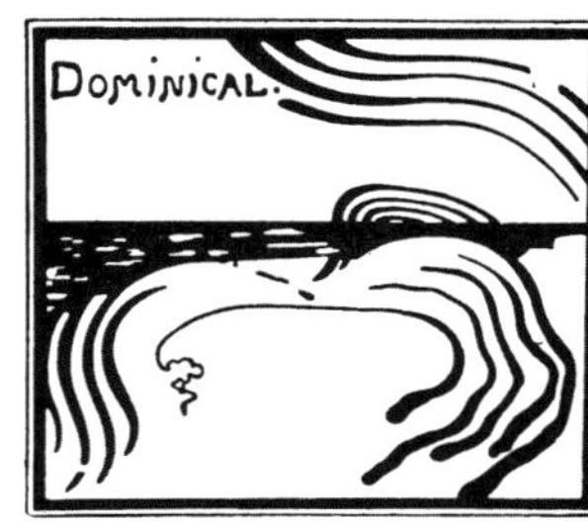


17.51 HENRY VAN DE VELDE, *Dominical*, 1892, Holzschnitt, 26 x 32,5 cm.

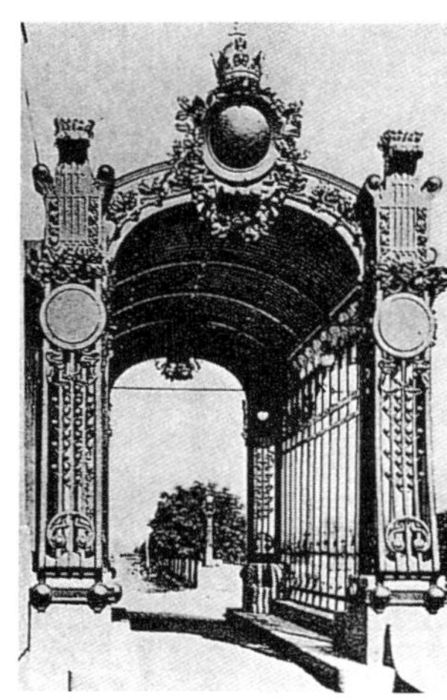

17.52 OTTO WAGNER, Stadtbahnhaltestelle Karlsplatz, Wien, 1894/95.

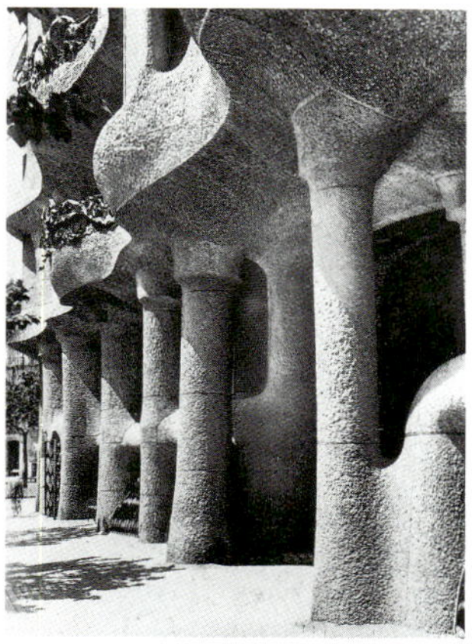

17.53 ANTONI GAUDI, Casa Milá, Barcelona, 1905–1907.

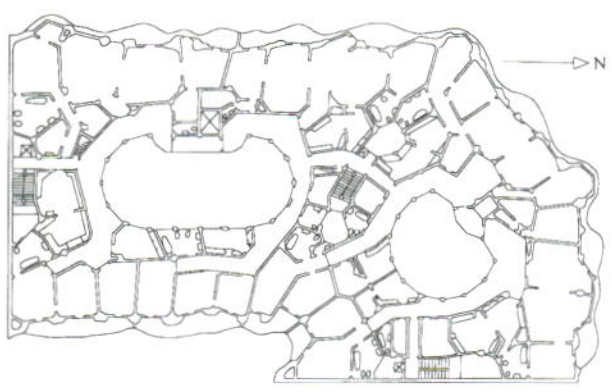

17.54 Grundriss der Casa Milá.

henden Bedeutung. Die Gestaltung ist flach und ornamental. – Ungeachtet des Rufes von Dekadenz, der über einem großen Teil des Jugendstils schwebt, war die Bewegung in Wirklichkeit eine positive, die letzte von mehreren ernsthaften Bemühungen, einen wahrhaft zeitgemäßen und ›modernen‹, keine früheren Perioden imitierenden Stil zu verwirklichen. Der Historismus (s. S. 606 f.) und die Wiedergeburt der alten Stile haben wiederholt den Wunsch nach einem ›Stil des 19. Jahrhunderts‹ provoziert. Doch Gebäude, bei denen industrielle Materialien und Methoden benutzt wurden, wurden von den Zeitgenossen selten als ›Architektur‹ akzeptiert ▸ 17.59. Der Jugendstil war der erste erfolgreiche Versuch, den aufeinander folgenden Neuauflagen historischer Stile Einhalt zu gebieten.

Beziehungen zum Rokoko-Ornament und zum keltischen Dekor können zwar nachgewiesen werden, ebenso wie Anlehnungen an die präraffaelitischen Maler, an den englischen Gestalter, Dichter und Theoretiker WILLIAM MORRIS (1834–1896) und an das Arts and Crafts Movement. Aber von den extremsten Jugendstil-Künstlern wurde ein ›neuer‹ Stil zustande gebracht, so etwa von dem spanischen Architekten ANTONI GAUDÍ (1852–1926). Er kombinierte an einigen Gebäuden in Barcelona ganz freie, asymmetrische und zerklüftete Flächen mit zügellos extravaganten und willkürlichen Formen, ohne gerade Wände, ohne rechte Winkel, alles wellenförmig in einem beispiellosen organischen Ineinandergreifen von Innen und Außen ▸ 17.53; 55. In Wien verwendete OTTO WAGNER (1841–1918) Jugendstilmotive bei einem neuen Bautyp, der aus Eisen gestalteten Stadtbahnhaltestelle ▸ 17.52.

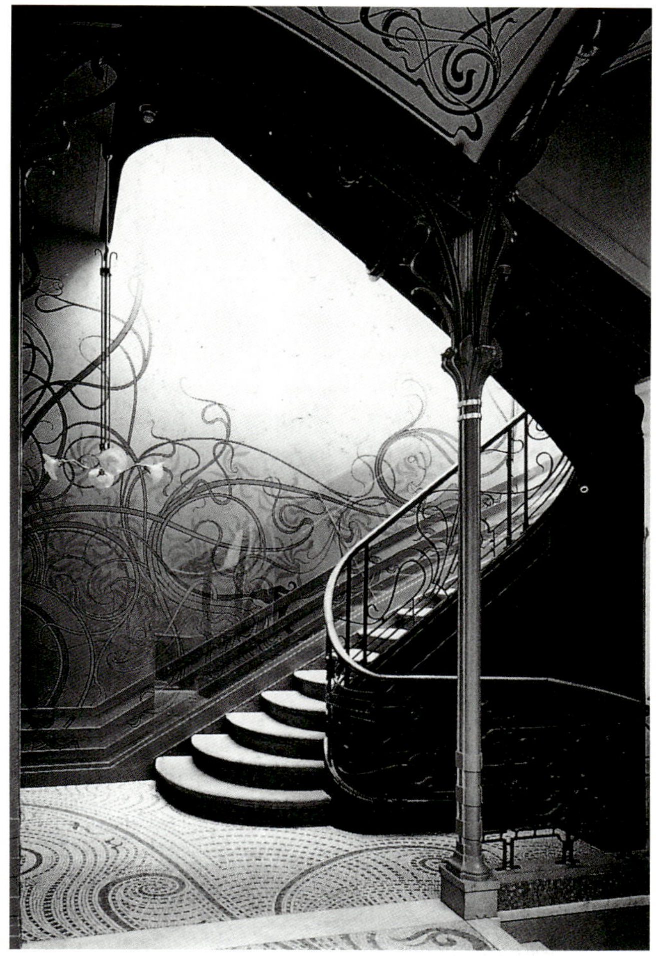

17.55 VICTOR HORTA, Haus Tassel, Brüssel, 1892/93.

### *Sullivan und der Wolkenkratzer*

Die schnelle Ausbreitung des Jugendstils über ganz Europa wurde durch die Weltausstellungen und durch reich illustrierte Kunstzeitschriften gefördert. So war der schottische Jugendstil-Architekt CHARLES RENNIE MACKINTOSH (1868–1928) in Wien besser bekannt und einflussreicher als in Glasgow. Auf dem gleichen Weg erreichte der Stil bald die Vereinigten Staaten, wo allerdings bereits ein eigenständiger Proto-Jugendstil bestand, geschaffen von dem Architekten LOUIS HENRY SULLIVAN (1856–1924), der jedoch ohne große Bedeutung blieb. SULLIVANS Wirkung liegt an anderer Stelle, in einer weit zeitgemäßeren Architektur als alles, was sich die Jugendstil-Architekten in Europa ausgedacht haben. Bereits 1892 schrieb SULLIVAN, dass es für die Sache der Ästhetik bedeutsam sein werde, wenn »wir uns für eine gewisse Zeit des Gebrauchs des Ornaments ganz enthalten«, um stattdessen unsere Gedanken auf die Erstellung schön disponierter Gebäude in ansprechender Nacktheit zu konzentrieren.

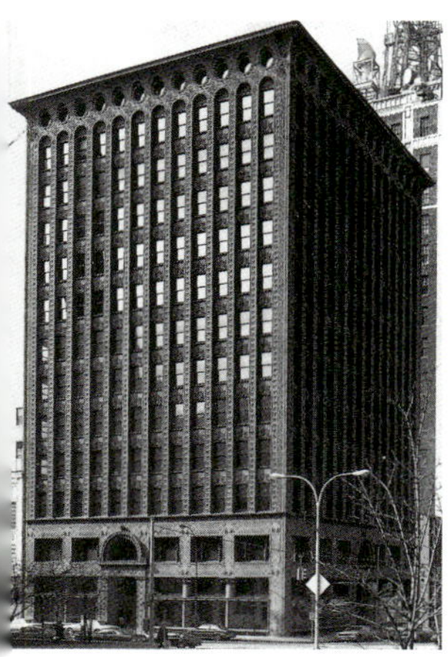

17.56 LOUIS HENRY SULLIVAN, Guaranty Building, Buffalo, N. Y. 1894/95.

SULLIVAN arbeitete in Chicago, wo ein Stadtbrand im Jahr 1871 einen Bauboom mit einem plötzlichen und außergewöhnlichen Ausbruch architektonischer Erfindungen auslöste. In den Jahren nach 1870 erreichten in New York Bürogebäude zehn bis zwölf Etagen, doch war es unmöglich, mit traditionellen Methoden noch höher zu bauen. Die weitere Entwicklung war von der Einführung des Stahlskelettes abhängig, das 1883 in Chicago von WILLIAM LE BARON JENNEY (1832–1907) für das (inzwischen abgerissene) *Home Insurance Building* verwendet wurde. Skelettkonstruktionen, an denen die Wände frei aufgehängt wurden, folgten bald darauf mit dem *Tacoma Building* von HOLABIRD & ROCHE in Chicago (1886–1889), obwohl die neuen Konstruktionsgrundlagen äußerlich

17.57 HENRY VAN DE VELDE, *Tropon*, 1898, Farblithographie, 29 x 21,5 cm.

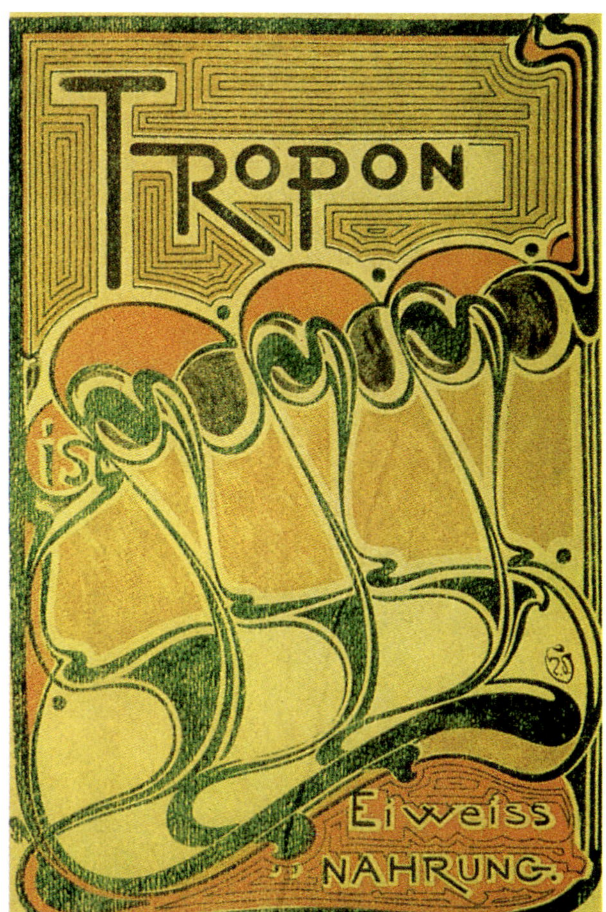

IM KONTEXT

## *Der Kristallpalast und die Freiheitsstatue*
## Metall und neue Bautechniken

Wie wir gesehen haben, war Metall als Baumaterial von entscheidender Bedeutung für die Entwicklung des Wolkenkratzers in Chicago in den 1880er Jahren (s. S. 661). Es sollte diese für die Architektur in den USA ebenso wie in Europa im weiteren Verlauf des 19. Jahrhunderts behalten. Metall war allerdings bereits seit einiger Zeit in Verbindung mit anderen Baumaterialien verwendet worden, zunächst für Brücken – ein gutes Beispiel ist die Brücke in Coalbrookdale, England (1775/76) – und anschließend für Eisenskelettbauten, angefangen mit dem 1796 von BENYON, BAGE und MARSHALL entworfenen Fabrikgebäude in Shrewsbury, England. Metall erleichterte auch die Massenfertigung von Bauelementen, die wenig später einsetzte, so dass es bereits in den 1840er Jahren in mehreren amerikanischen Städten sogenannte ›cast iron districts‹ (Gusseisenviertel) gab, insbesondere in New York, wo die Gusseisenfassaden, die von JAMES BORGARDUS (1800–1874) entwickelt wurden, ebenfalls die Entwicklung der Vorfabrikation bestimmten. Es war dies eine der bedeutendsten Innovationen der Industriellen Revolution. Mitte des Jahrhunderts wurden von England aus komplette vorfabrizierte Häuser aus Eisen in die ganze Welt verfrachtet: Eines wurde 1843/44 am Kalaba-Fluss in Zentralafrika errichtet, ganz zu schweigen von den ›transportablen‹ Häusern der australischen Pioniere und der kalifornischen Goldsucher oder den vorfabrizierten Kirchengebäuden aus Metall für die Missionare in den Kolonien. Das Epoche machende Ereignis in der Geschichte des Metallbaus ebenso wie in der Vorfabrikation war jedoch der Bau des ›Crystal Palace‹ 1851 in London durch JOSEPH PAXTON (1803–1865), einem Gärtner, der sich durch Entwürfe für Gewächshäuser hervorgetan hatte. Der Kristallpalast war als ein Gebäude auf Zeit gedacht, das die ›Great Exhibition of the Works of Industry of All Nations‹ beherbergen sollte, eine 1851 in London veranstaltete Schau, die die Wunderwerke der Industriellen Revolution und der durch die Wissenschaft entwickelten neuen Techniken feierte.

Der 563 m lange und 124 m hohe Kristallpalast wurde nahezu vollständig aus Gusseisen und Glas konstruiert. Die große Neuerung, die seinerzeit nicht richtig gewürdigt wurde, war seine Vorfabrikation. Sämtliche Standardelemente des Bauwerks waren in Serienproduktion in Fabriken hergestellt und anschließend am Bauplatz montiert worden, was den Bedarf an Facharbeitern erheblich reduzierte und zugleich Zeit sparte. Es war dies die Antwort der Industriellen Revolution auf eine neunmonatige Frist für die Fertigstellung des Gebäudes. Kein vorfabriziertes Bauelement durfte mehr als eine britische Tonne (1016 kg) wiegen, und die Länge der größten herstellbaren Glasscheibe (124,5 cm) gab die Maßeinheit für das gesamte Bauwerk vor. Eine radikalere Abkehr von sämtlichen bisherigen Entwurfsprinzipien als dieses rein zweckmäßige Baukastensystem war kaum denkbar. Da es sich um ein Provisorium und einen reinen Zweckbau handelte, wurde der Kristallpalast nach Schließung der Ausstellung zerlegt und an einem anderen Standort, in einer Vorstadt Londons, wieder aufgebaut. Bewunderung seitens zeitgenössischer Architekten fand der Kristallpalast kaum, ja die meisten von ihnen wollten ihn gar nicht erst als Architektur gelten lassen. Indem man auf jede Ornamentik verzichtete, gingen dem Gebäude die stilistischen und historischen Bezüge zu bisheriger Architektur ab, mit denen Berufsarchitekten damals ihre Bauten zu verkleiden pflegten (s. S. 605 ff.). Selbst wenn sie sich der ungeheuren innovativen Möglichkeiten für Entwurf und Bauweise, die die neuen Materialien und Techniken boten, in vollem Umfang bewusst waren, sträubten sich die Architekten, die Vergangenheit mit ihren traditionellen Formen und Stilen aufzugeben. Dies führte zu Zwitterbildungen und Ungereimtheiten der Optik, so etwa bei dem 1866–1876 erbauten Bahnhof St. Pancras in London. Dort wurde eine

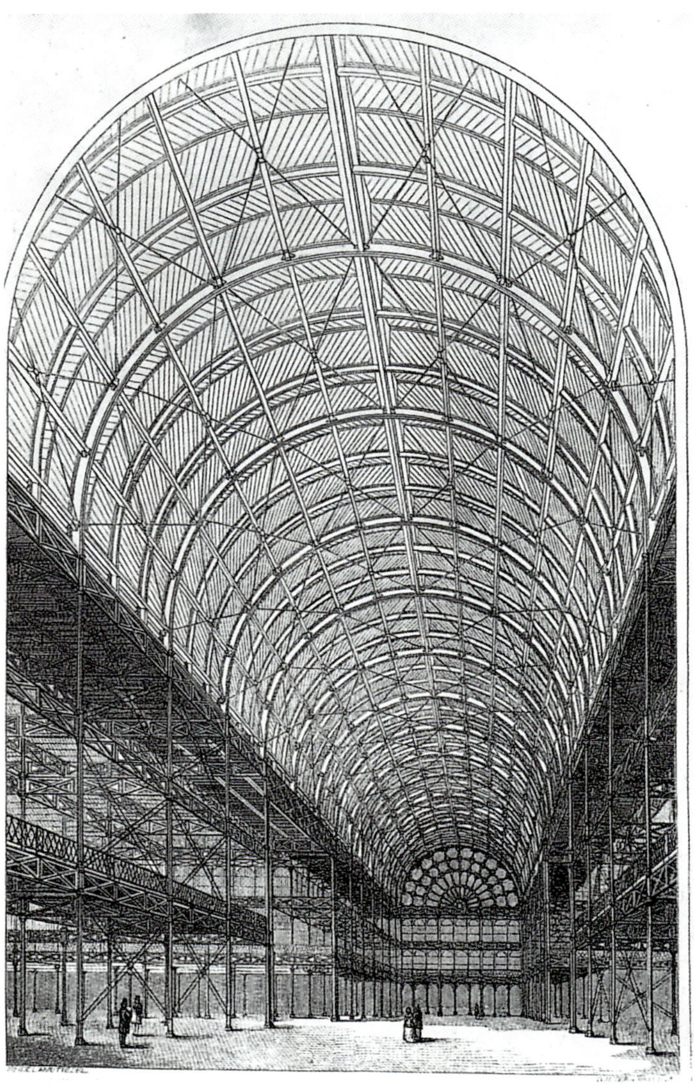

17.58 JOSEPH PAXTON, *Kristallpalast*, London, 1851. Stich von R. P. CUFF nach W. B. BROUNGER. Royal Institute of British Architects, London.

bemerkenswerte und im Entwurf ingeniöse Bahnsteigüberdachung mit einer Spannweite von knapp 23 m, viele Jahre lang die weiteste der Welt, gleich nach Fertigstellung den Blicken entzogen, weil unmittelbar davor ein aufwendiges und buntes neugotisches Bahnhofshotel, ein Gebäude aus leuchtend rotem Backstein mit rotem und grauem Granit sowie beigefarbenem Stein errichtet wurde. Ähnlich, wenn auch weniger drastisch verband der amerikanische Brückenbauer JOHN A. ROEBLING (1806–1869) bei seiner Brooklyn Bridge ▸ 17.59, die eine eineinhalb mal größere Spannweite als jede bisherige Brücke aufwies und von gedrehten Kabeln aus galvanisiertem Gussstahl getragen wurde, seine technische Pionierleistung mit imposanten gemauerten Pfeilern, die von gotischen Bogenöffnungen durchbrochen werden. In Zwitterbildungen dieser Art offenbart sich die beunruhigende Schizophrenie einer Epoche, die von der Vergangenheit und deren Stilen besessen war und gleichzeitig dem Zauber (und den praktischen Vorteilen) der neuen Techniken, die die Wissenschaft und die Industrielle Revolution bereitstellten, nicht widerstehen konnte.

Den gleichen Widerspruch lässt in umgekehrter Weise, wenngleich nicht sichtbar, die Freiheitsstatue im New Yorker Hafen erkennen. In diesem Fall wird das wallende Gewand einer Kolossalstatue aus getriebenem Kupfer – eine altrömische Augusta-Figur als Symbol der Freiheit, die die Welt erleuchtet – durch eine ausgeklügelte Tragkonstruktion aus Schmiedeeisen gestützt, die von dem französischen Ingenieur GUSTAVE EIFFEL (1832–1923) entworfen wurde. Das komplexe Gerüst, das er schuf, besteht aus einem 29,5 m hohen Pylon mit waagerechten Stützen, Winkelträgern und doppelten diagonalen Streben, die das gesamte Tragewerk zu einer mächtigen, versteiften Einheit verschnüren ▸ 17.60; 61. Auf seinen beiden oberen Geschossen ist die komplexere Tragkonstruktion aufgehängt, die als Kern des fackeltragenden Arms, ausschwenkt und insgesamt 19,8 m in die Höhe ragt (um 12,4 m höher als die Spitze des Pylonen). Die ungeheure Elastizität des Pylon und des Armgerüstes kann jeder am eigenen Leib erfahren, der unbesonnen genug ist, an einem stürmischen Tag oben auf der Fackel zu stehen, wo man spürt, wie die 46 m hohe Tragkonstruktion wie eine riesige, biegsame Feder auf die Windstöße reagiert.

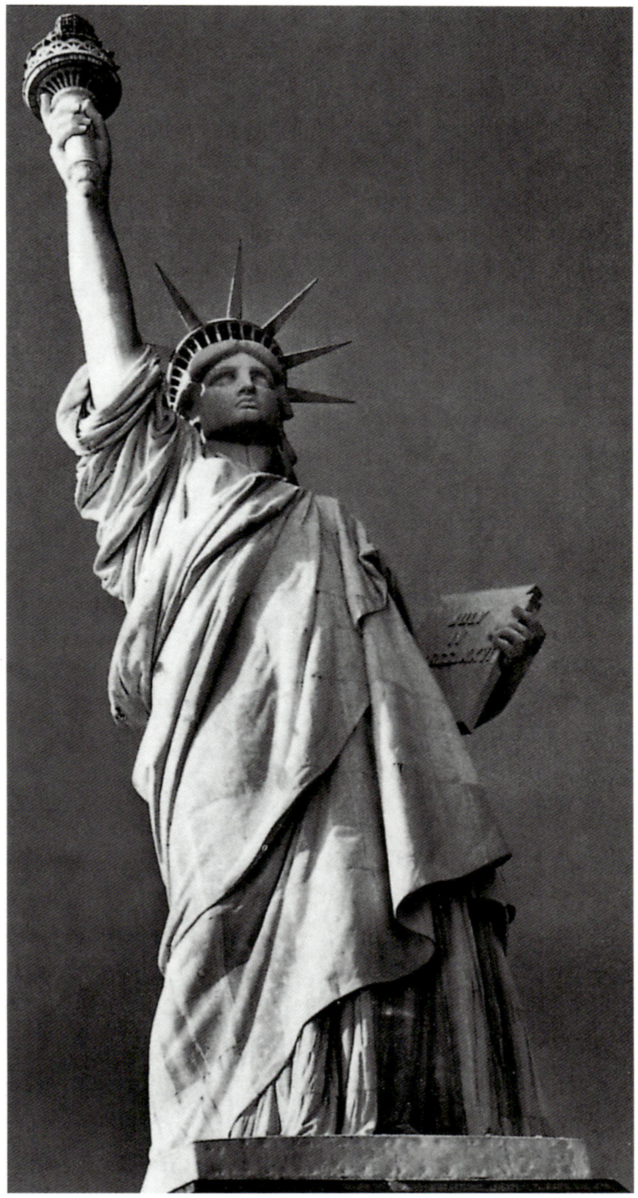

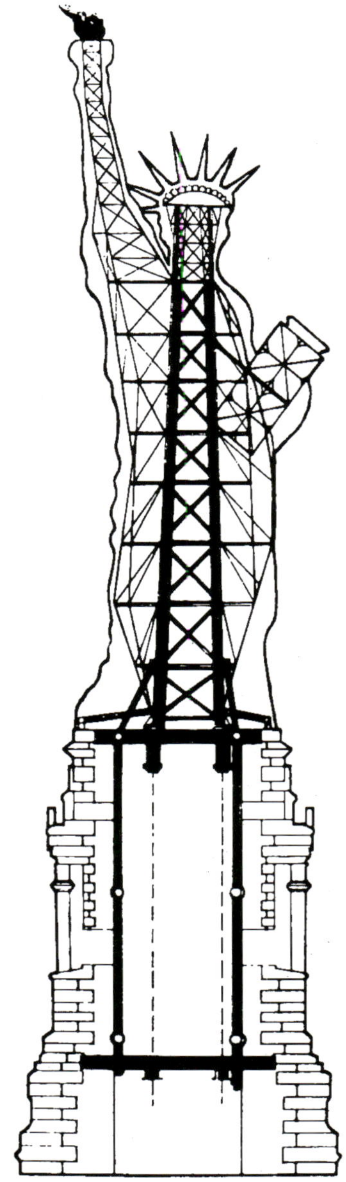

17.60 FRÉDÉRIC AUGUSTE BARTHOLDI, *Die Freiheitsstatue* (ursprünglich *Die Freiheit, die die Welt erleuchtet* genannt), New Yorker Hafen, 1870–86.

17.61 GUSTAVE EIFFEL, Konstruktionsschema der *Freiheitsstatue*.

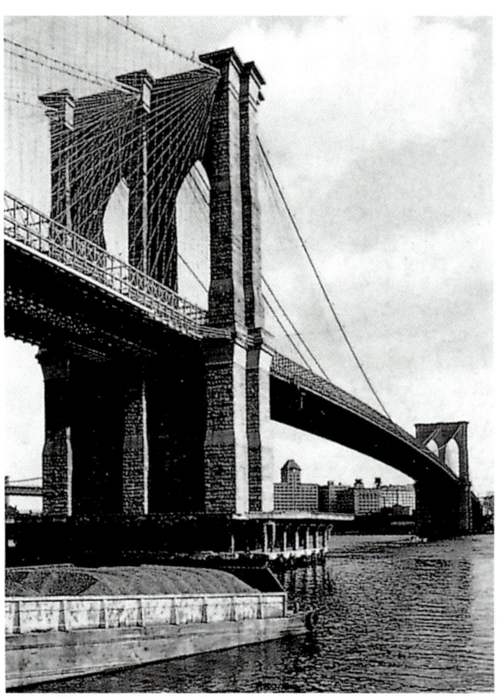

17.59 JOHN A. ROEBLING, Brooklyn Bridge, New York, 1869–83.

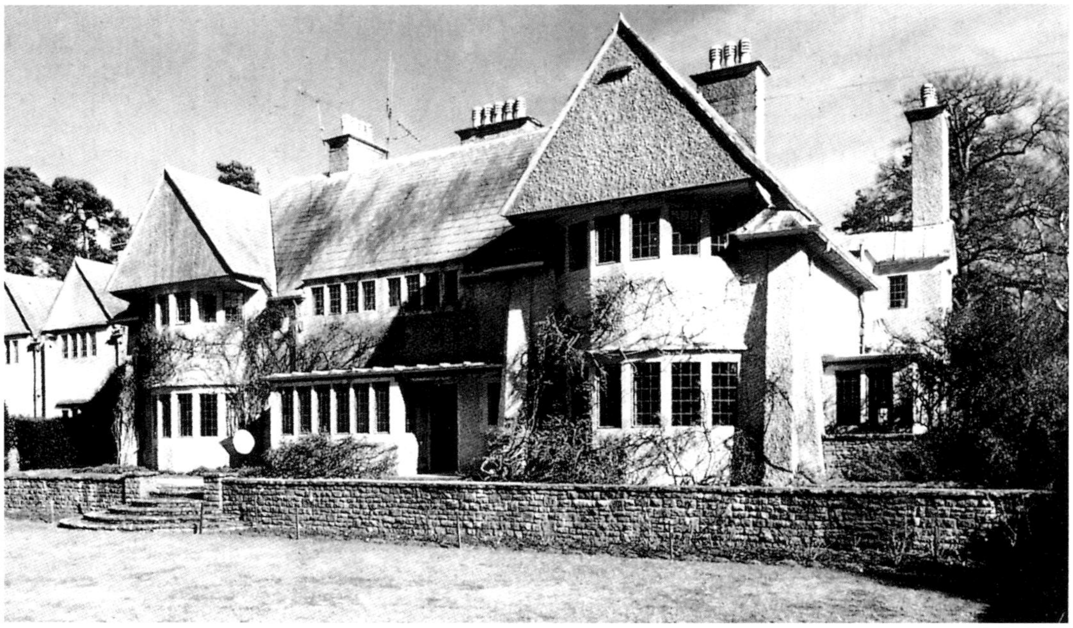

17.62 CHARLES FRANCIS ANNESLEY VOYSEY, Norney (in der Nähe von Shackleford) Surrey, England, 1897.

noch nicht sichtbar gemacht wurden. SULLIVAN gab dann das klassische Beispiel mit seinem Meisterwerk, dem *Guaranty (Prudential) Building* in Buffalo ▸ 17.56. Bei diesem monumentalen Bauwerk dominiert das unterlegte Gitterwerk des Stahlrahmens die gesamte Gestaltung, so dass eine absolute Freiheit von allen klassischen Stilen erreicht wird. Die Fassade erhielt ein einfaches, aber rhythmisch-schönes Muster von Fenstern und Simsen zwischen elegant aufwärts strebenden Elementen. SULLIVAN interpretiert seinen berühmten Ausspruch »Die Form folgt immer der Funktion«, ohne die doktrinäre Steifheit späterer Funktionalisten, die diesen Ausspruch zu ihrem Slogan erhoben.

### *Das private Wohnhaus*

Wolkenkratzer gehörten zu Amerika, doch ein anderes architektonisches Phänomen erschien fast gleichzeitig auf beiden Seiten des Atlantiks: das vom Architekten gestaltete Einzelhaus der Mittelklasse. Kein Aspekt der Kunst und der Architektur des 19. Jahrhunderts ist so grundsätzlich bürgerlich. Bis zu dieser Zeit bauten Architekten nur Häuser für die höheren Klassen. Nun begannen Kunden der Mittelklasse, Architekten damit zu beauftragen, ihre persönlichen Bedürfnisse zu befriedigen. In England begann eine ›pittoreske‹ Tradition kleiner Einzelhäuser mit JOHN NASH (1752–1835). Das berühmte *Red House* in Boxley Heath (Kent), das PHILIP WEBB (1831–1915) 1859/60 für MORRIS erbaute, lag in dieser Tradition, einfach und komfortabel, doch auf die speziellen Bedürfnisse des Kunden ausgerichtet. In den Vereinigten Staaten begann eine vergleichbare Entwicklung in Neu-England und erreichte ihren Höhepunkt im Schindelhaus-Stil von HENRY HOBSON RICHARDSON (1838–1886), der wegen seiner offenen, freien Anordnung auch für Europa einflussreich wurde ▸ 17.63. Gegen Ende des Jahrhunderts brachte in England CHARLES FRANCIS ANNESLEY VOYSEY (1857–1941) diese zwanglos rustikale Richtung des Eigenheimbaus zu einem anspruchslosen, aber meisterhaften Abschluss mit Häusern wie dem von *Norney* in Surrey ▸ 17.62. VOYSEYS Häuser sind in keiner Weise repräsentativ, doch immer sensibel auf die umgebende Gartennatur abgestimmt. Ihre hohen, wohnlichen Räume schaffen eine Atmosphäre des Wohlbefindens. Alles ist sinnvoll, freundlich und nützlich – der perfekte Ausdruck des Traums der mittelständischen Stadtbewohner von der verlorenen ländlichen Seligkeit.

## Cézanne

Die von der industriellen Revolution ausgelöste Sehnsucht nach ländlichem Leben inspirierte die Kunst des 19. Jahrhunderts nachhaltig, vor allem den Impressionismus, und wirkte am stärksten auf den wichtigsten Künstler des Jahrhundertendes, PAUL CÉZANNE (1839–1906). Kein Künstler begriff die Einschränkungen und inneren Widersprüchlichkeiten des Impressionismus so gut wie er. »Beim Malen gibt es zwei Dinge – das Auge und das Gehirn«, sagte er oft. Seine Gemälde sind das Ergebnis langen Sinnierens vor der Natur und nicht des momentanen Eindrucks der flüchtigen Erscheinungen. Er wollte »etwas Gutes und Dauerhaftes« über den Impressionismus hinaus machen, an dem ihm Einfachheit, Größe und speziell der Geist strukturierter Einheit zu fehlen schienen.

»Kunst ist eine Harmonie parallel zur Natur«, schrieb CÉZANNE in einem oft zitierten Satz. Das Problem war, wie die impressionistischen Entdeckungen diesem Ziel angepasst werden konnten, wie man den Seherscheinungen in ihrer Wahrheit treu bleiben konnte, ohne jeden Ordnungssinn zu opfern, und wie Form und Dauerhaftigkeit wiedergewonnen werden konnten, ohne die Leuchtkraft der impressionistischen Farben zu verlieren. Es ging darum, wie dies durch die Farbe zu verwirklichen sei und wie die Fläche der Leinwand mit einer Illusion von Tiefe in Einklang gebracht werden könne. Denn CÉZANNE hatte in hohem Maße die Fähigkeit, beides gleichzeitig zu sehen, Tiefe und Struktur, und er spürte, dass ein Bild als flache Zeichnung existieren musste, bevor es eine dreidimensionale Illusion hervorrief ▸ 17.64. Jungen Künstlern der Jahrhundertwende erschien, als sein Werk bekannt wurde, die Größe und Einsamkeit dieser Suche heroisch.

CÉZANNE stellte 1873 und 1877 mit den Impressionisten aus, doch verließ er Paris nach wenigen Jahren und kehrte in seine Heimatstadt Aix-en-Provence zurück, in der sein Vater als Bankier lebte. Hier widmete er sich in Abgeschlossenheit seiner Kunst. Finanziell unabhängig, brauchte er sich nicht um

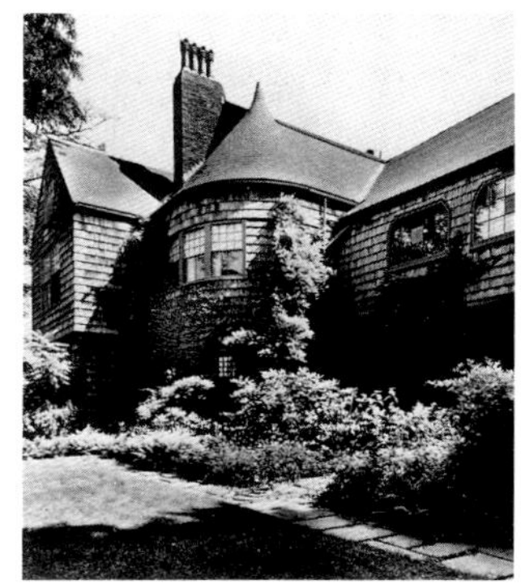

17.63 HENRY HOBSON RICHARDSON, Stoughton House, Cambridge, Mass., 1882/83.

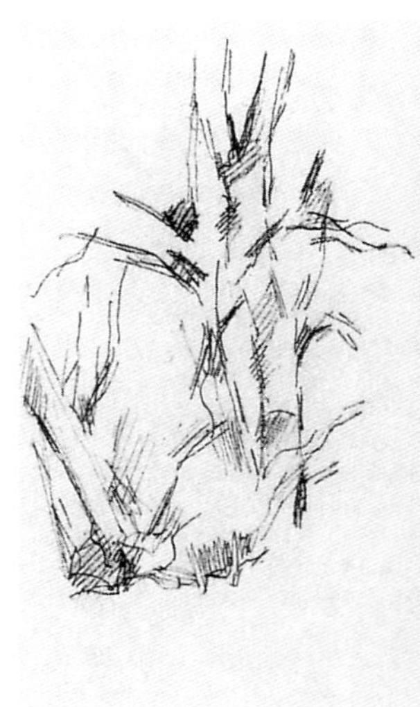

17.64 PAUL CÉZANNE, *Bäume*, um 1887, Bleistift, 20,8 x 13,1 cm Kupferstichkabinett, Kunstmuseum, Basel.

# Cézanne an Emile Bernard

Auch wenn in stilistischer und grammatischer Hinsicht mitunter unbeholfen, vermitteln CÉZANNES Briefe einen unschätzbaren Einblick in seine Arbeit als Künstler. Seine Schwierigkeiten, sich in Worten auszudrücken, erinnern an die Mühe, mit der er seine künstlerischen Ziele zu erreichen suchte. Wenngleich nicht ohne ein gewisses Pathos, offenbaren die Briefe jene zielstrebige Aufrichtigkeit, mit der sich CÉZANNE der Herausforderung stellte, die er sich selbst auferlegt hatte. Der Maler und Kritiker EMILE BERNARD (1863–1941) war in den achtziger und neunziger Jahren, als er CÉZANNES Bilder zum ersten Mal sah, ein prominentes Mitglied von GAUGUINS Symbolistenkreis in Pont-Aven. Obwohl er bereits 1891 eine kurze Biographie über CÉZANNE verfasste, lernten sie sich erst 1904 kennen, als BERNARD nach Aix kam. Der anschließende Briefwechsel ist die wichtigste Quelle für CÉZANNES Gedanken über die Kunst und kommt einer zusammenhängenden kunsttheoretischen Äußerung zu seinem Werk am nächsten. Am 15. April schrieb er an BERNARD seine inzwischen berühmten Zeilen, die man jedoch nicht als Vorschrift missverstehen sollte, alles auf die Geometrie zu reduzieren: *»... behandeln Sie die Natur gemäß Zylinder, Kugel, Kegel, das Ganze dabei in Perspektive gebracht, dass nämlich jede Seite eines Gegenstandes, einer Fläche zu einem zentralen Punkt hinführt. Die zu dem Horizont parallel laufenden Linien geben die räumliche Ausbreitung, also einen Ausschnitt der Natur oder, wenn Ihnen das lieber ist, des Schauspiels, das der Pater Omnipotens Aeterna Deus vor unseren Augen entrollt. Die senkrecht zu diesem Horizont stehenden Linien geben die Tiefe. Nun liegt aber die Natur für uns Menschen mehr in der Tiefe als in der sichtbaren Fläche, daher die Notwendigkeit, in unsere durch die roten und gelben Farben repräsentierten Schwingungen des Lichts eine genügende Menge Blautöne hineinzubringen, damit man die Luft spürt.«*

Einen Monat später schrieb er BERNARD:
*»Ich gehe sehr langsam vor, denn die Natur bietet sich mir sehr vielgestaltig dar, und die Fortschritte, die noch zu machen sind, nehmen kein Ende. Man muss sich seine Modelle gut anschauen und alles ganz genau wahrnehmen und muss sich außerdem noch vornehm und kraftvoll ausdrücken.«*

Und Ende Juli 1904 bekräftigte er seine Überzeugung, dass es, um Fortschritte zu machen, nur die Natur gibt und das Auge im Kontakt mit ihr erzogen werde. Ein Jahr später unterstrich er diese Überzeugung noch einmal:
*»Der Louvre ist das Buch, in dem wir lesen lernen. Wir dürfen uns freilich nicht damit zufrieden geben, die schönen Formen unserer erlauchten Vorgänger beizubehalten. Machen wir uns doch frei davon und studieren wir die schöne Natur, versuchen wir ihren Geist herauszuheben, suchen wir uns doch so auszudrücken, wie es unserem persönlichen Temperament entspricht.«*

Am 23. Oktober 1905 formulierte CÉZANNE in einem seiner letzten Briefe an BERNARD Gedanken, die fast zu seinem künstlerischen Vermächtnis wurden. Er dankte BERNARD für die Möglichkeit,
*»auf meiner Hartnäckigkeit herumzureiten, mit der ich die Realisierung jenes Stückes Natur betreibe, das uns, dieweil es uns unter die Augen kommt, das Bild liefert. Nun also, die zu klärende Streitfrage ist die, dass wir – unabhängig vom Temperament, das wir haben, oder von unserer Kraft angesichts der Natur – das Abbild dessen liefern, was wir sehen, und dabei doch alles vergessen, was vor uns in Erscheinung getreten ist. Was, wie ich glaube, dem Künstler die Freiheit geben muss, seine ganze Persönlichkeit darzulegen, ob sie nun groß ist oder klein.*
*Nun denn, im Alter, so an die siebzig, sind meine Farbeindrücke, die das Licht ergeben, Ursachen von Gedankengängen, die es mir nicht erlauben, meine Leinwand voll zu decken, noch die Umgrenzung der Gegenstände fortzusetzen, wenn die Berührungsstellen hauchdünn und zart sind: woraus sich ergibt, dass mein Bild oder Gemälde unvollständig ist. Andererseits fallen die Flächen übereinander, woraus der Neoimpressionismus entsprang, der die Konturen mit einem schwarzen Strich umschreibt, ein Fehler, den man mit aller Kraft bekämpfen muss. Nun aber liefert uns die Natur, so wir sie zu Rate ziehen, die Mittel, dies Ziel zu erreichen.«*

Kurz vor seinem Tod sprach er in einem Brief an seinen Sohn Paul nochmals von der Gefahr für einen Künstler, Museen zu besuchen und sich auf die Muster der großen Künstler der Vergangenheit zu verlassen. BERNARD etwa kehre *»... doch absolut allem dem Rücken, was er in seinen Schriften darlegt. Als Zeichner produziert er bloß alte Hüte, worin sich seine Träume von Kunst verraten, die ihm nicht das Naturerlebnis eingab, sondern alles, was er so im Museum hat sehen können, und erst recht eine philosphierende Geisteshaltung, die bei ihm aus der allzu großen Kenntnis jener Meister herstammt, die er bewundert.«*

Paul Cézanne, Ein Traum von Kunst. Der Maler in seinen Briefen, übers. und hrsg. von Fritz Erpel, Berlin 1984

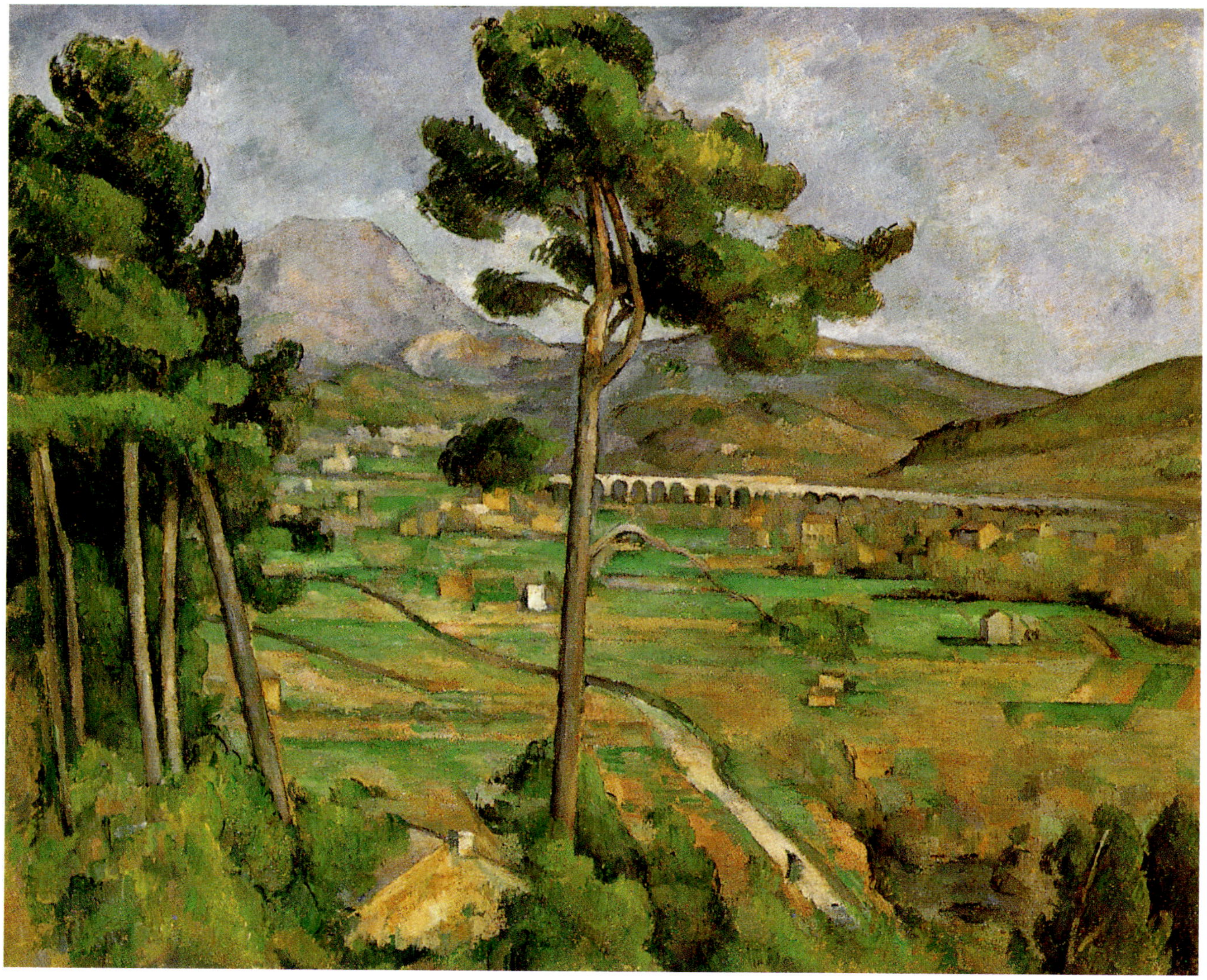

17.65 PAUL CÉZANNE, *Blick über das Arctal mit Sainte-Victoire und Eisenbahnviadukt*, 1885–1887, Leinwand, 64,5 x 81,6 cm. The Metropolitan Museum of Art, New York.

Käufer zu kümmern und blieb beinahe ganz unbeachtet bis 1895, als er auf Anraten von PISSARRO eine erste Einzelausstellung in Paris beschickte. Von da an gewann sein Werk unaufhaltsam Anerkennung, wurde aber erst durch die Gedächtnisausstellung von 1907 allgemeiner bekannt.

Auf den ersten Blick war CÉZANNE vom Stillleben angezogen. Tief versunken in das, was vor seinen Augen lag, variierte er immer wieder seine Reaktionen, bis er sein Motiv ›richtig‹ sah. »Wenn ich das nur realisieren könnte«, war ein Satz, den er oft aussprach. Der Begriff ›Realisieren‹ war für ihn von größter Wichtigkeit bei der Suche nach seinem Ziel.

Die Schwierigkeit bestand darin, seinen natürlichen Sinn für Flächenstrukturen mit dem Bewusstsein von klarer Form zu vereinbaren. Dies führte manchmal zu ungewöhnlichen Verzerrungen. In einem seiner bekanntesten Stillleben scheinen die horizontalen Flächen nach unten zu kippen ▸ 17.66. Doch ein außergewöhnliches Gefühl für tiefe Bedeutung, dafür, dass alles seinen ihm bestimmten Platz hat, wird durch diese Darstellung eines alltäglichen Motivs hervorgerufen. Die Gestaltung ist verwoben, jeder Teil der Leinwand gleichermaßen bearbeitet, alles auf seine ursprüngliche Grundform vereinfacht.

CÉZANNES genießerischer Sinn für Farbe und seine Geduld für den präzisen Bildaufbau führten zu einmaligen Effekten von Masse und Volumen in der Stilllebenmalerei. Bei den schwerer faßbaren Landschaftsmotiven wurde das Problem, durch Farbe Tiefe zu erzeugen, entscheidend. Die lineare Perspektive und das farbliche Modulieren würden von der Wahrheit der optischen Eindrücke ablenken und wurden deshalb gemieden. »Die Farbe muss jeden Zwischenraum in der Tiefe offenbaren«, sagte er. Durch das Infragestellen des Dargestellten bewies er all den Mut und die Größe seiner Vision. Um 1882 begann er, mit einer reduzierten Palette von fahlem Grün, Erdfarben und einem weiten Spektrum von Blautönen flächig zu malen. Damit konnte die Szenerie der heimatlichen

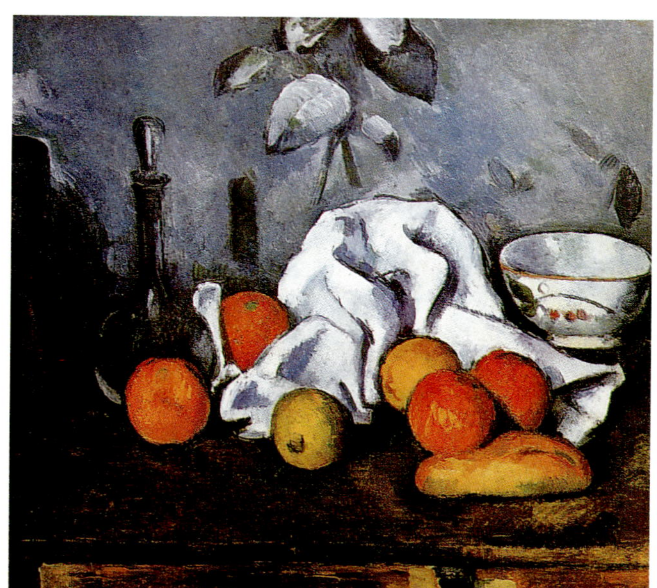

17.66 PAUL CÉZANNE, *Stillleben mit Obstaufsatz*, 1877–1879, Leinwand, 46 x 55 cm. Sammlung René Lecomte, Paris.

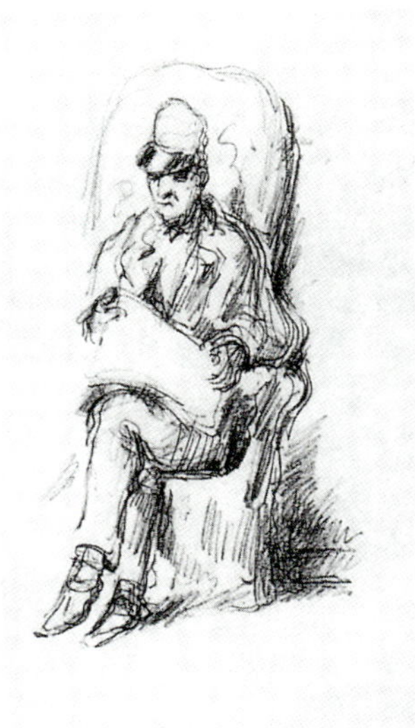

17.67 PAUL CÉZANNE, *Bildnis des Louis-Auguste Cézanne*, 1879–1882, Bleistift, 20,7 x 12,5 cm. Kupferstichkabinett, Kunstmuseum, Basel.

Provence – eine Gegend, die vorher kaum jemals gemalt wurde – mit all der Noblesse einer klassischen Landschaft erfüllt werden. Die scheinbare Einfachheit und die Ehrlichkeit seiner Ansichten des Mont Sainte-Victoire verdecken die sehr komplexen und verfeinerten Kompositionen ▸ 17.65. Parallele Linien, korrespondierende Formen und ausbalancierte Kontraste vereinigen sich zu gemusterten Flächenstrukturen, die bei gleichzeitiger Tiefe aufzeigen, dass die totale Integration seiner doppelten Vision erreicht wurde. Wir blicken über das Tal hinweg, über eine immergrüne Pinie, dem Mont Sainte-Victoire entgegen. CÉZANNE malte diesen Berg bei Aix immer wieder, zu jeder Tages- und Jahreszeit, bis dessen ausgefallene, meist unwirklichen Umrisse die Verzückung, die er früher erfahren hatte, symbolisierten. Oder, wie er sich ausdrückte, »einen Ausschnitt der Natur oder, wenn Sie lieber wollen, des Schauspiels, das der ›Pater Omnipotens Aeternus Deus‹ vor unseren Augen ausbreitet«. Die Geistigkeit in CÉZANNES Werken ist besonders fühlbar in seinen letzten Gemälden dieses so fremdartigen Berges – entlegen, unveränderlich, göttlich in seinem Zeugnis des Ewigen ▸ 17.68.

CÉZANNES Porträts ▸ 17.67, besonders die seiner Haushälterin, gehören zu seinen besten Werken. Jene seines Gärtners Vallier oder das einer alten Frau mit Rosenkranz – von ihr wird vermutet, dass sie eine alte Nonne gewesen, aus einem Kloster entflohen und von CÉZANNE als Haushaltsgehilfin aufgenommen worden sei – besitzen die ganze monumentale Größe seiner Landschaften wie auch eine tiefe Menschlichkeit. Obwohl anonym, ist die Gruppe der Kartenspieler in einem Kaffeehaus gleichermaßen persönlich und von menschlicher Wärme erfüllt. Eines seiner letzten Werke zeigt zwei seiner Bauernnachbarn, die in stiller Konzentration an einem Kaffeetisch in die Karten blicken ▸ 17.69. Die äußerste Verfeinerung der Farbharmonien, die Zurückhaltung und Direktheit vermitteln die ganze moralische Würde CÉZANNES individueller Suche nach dem Ideal. Mit solchen Meisterwerken gab er eine Antwort – nicht die einzige, aber eine wunderbar verständliche – auf die grundlegenden Fragen, die der Impressionismus in Bezug auf Kunst und Natur, Einfühlungsvermögen und Realität aufgeworfen hatte.

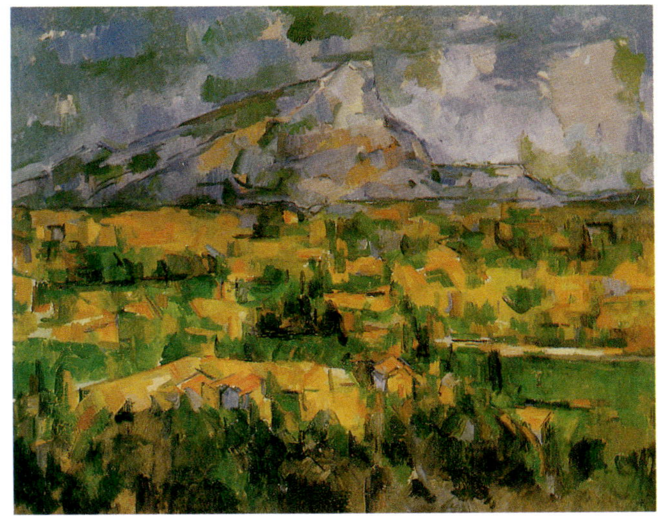

17.68 PAUL CÉZANNE, *Mont Sainte-Victoire*, 1902–1904, Leinwand, 70 x 89,5 cm. Philadelphia Museum of Art (George W. Elkins Collection).

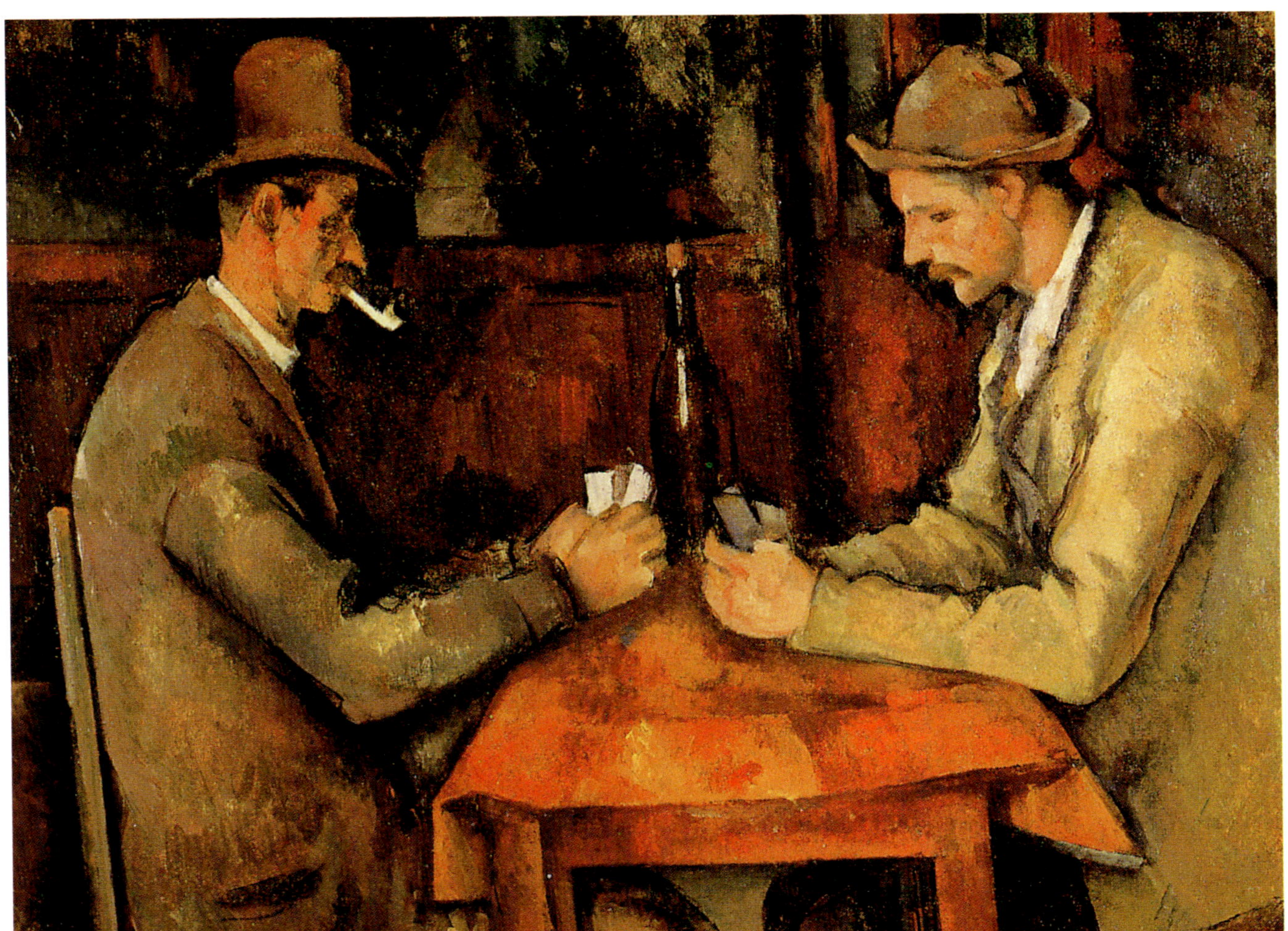

17.69 PAUL CÉZANNE, *Kartenspieler*, um 1890–1895, Leinwand, 47,5 x 57 cm. Louvre, Paris.

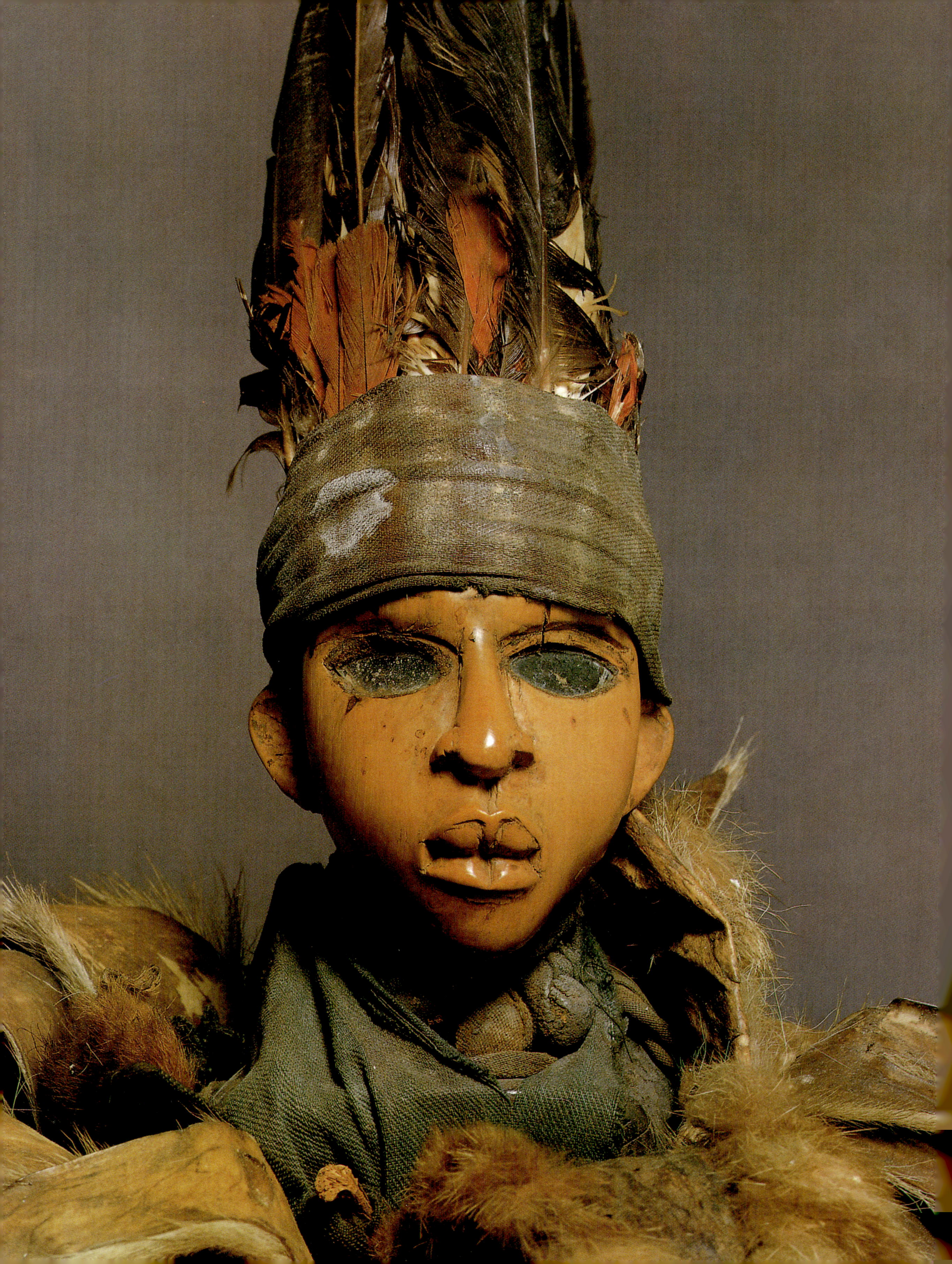

# 18 Die Kunst in Afrika, Nord- und Südamerika, Australien und Ozeanien

Der Begriff ›primitive Kunst‹ wurde erst zu Beginn des 20. Jahrhunderts geprägt, um Werke zu bezeichnen, die im Westen überhaupt nicht als ›Kunst‹ angesehen wurden: Arbeiten aus den Randgebieten der Zivilisationen oder außerhalb der kulturellen Einflüsse Europas, des Nahen Ostens, Indiens, Chinas oder Japans. In der bahnbrechenden Studie über ›primitive Kulturen‹ (1871) erwähnte Edward Tylor, der erste Professor für Anthropologie in Oxford, diese Künste nur insofern, als sie halfen, das »Verhältnis des geistigen Zustandes der Wilden zum zivilisierten Menschen zu bestimmen«. Die Völkerkundemuseen, die im 19. Jahrhundert gegründet wurden – Kopenhagen 1841, Berlin 1856, Leiden 1864, München 1868, Dresden 1875, Paris 1878 und andere –, hatten die programmatische Absicht, zu erläutern, von welcher Basis aus sich die westliche Kunst aufgeschwungen habe. Sie sind daher als Denkmäler jenes Fortschrittskultes zu betrachten, den auch Charles Darwins ›Über die Entstehung der Arten‹ (1859), mit dem Untertitel ›Die Erhaltung der begünstigten Rassen im Kampf ums Dasein‹, implizierte.

Objekte, die früher als ausgefallene und absonderliche Beispiele menschlichen Einfallsreichtums in Sammlungen von ›natürlichen und künstlichen Kuriositäten‹ aufbewahrt wurden – den ›Wunderkammern‹, wie sie in der deutschen Renaissance genannt wurden (s. S. 473 f.) –, fanden sich nun neben

| | BILDENDE KUNST |
|---|---|
| Vor 1779 | *Der Kriegsgott Kukailimoku*, Hawaii ▸ 18.3 |
| Vor 1821 | *Der Gott A'a*, Rurutu-Insel ▸ 18.5 |
| Vor 1823 | *Stab-Gott*, Rarotonga ▸ 18.4 |
| Vor 1835 | *Bugaufsatz eines Kanus* der Maori ▸ 18.6 |
| Um 1840 | *Bären-Jagdschutz* der Tlingit ▸ 18.23 |
| Um 1842 | *Ahnenfigur* der Maori ▸ 18.7 |
| Um 1850 | *Maske* der Tlingit ▸ 18.21; 25 |
| Um 1880 | *Totempfahl* der Tlingit, Sitka ▸ 18.17 |
| Um 1890 | *Gesichtsmaske* der Wobe/Grebo ▸ 18.44 |
| | *Wächterfigur* der Kota ▸ 18.43 |
| Um 1900 | *Königspaar* der Bangwa ▸ 18.41 |
| Um 1910 | *Memorialpfähle* der Asmat ▸ 18.11 |

| | HISTORISCHE & KULTURELLE DATEN |
|---|---|
| 1776–79 | Cooks dritte Reise: Nordwestküste Amerikas und Hawaii |
| 1804–05 | Lewis und Clark durchqueren Nordamerika |
| 1807 | Verbot des Sklavenhandels in Großbritannien |
| 1830 | Beginn der französischen Eroberung Algeriens |
| 1840 | Neuseeland wird von den Briten annektiert |
| 1846 | Melville, *Typee: a Peep at Polynesian Life* |
| 1851 | Die Briten besetzen Lagos (Nigeria) |
| 1859 | Mit Oregon endet die Ausdehnung der Vereinigten Staaten über den nordamerikanischen Kontinent |
| 1864 | Die Briten annektieren den Süden der Goldküste (Ghana) |
| 1873–74 | Erster britischer Krieg gegen die Aschanti: die Hauptstadt Kumasi wird geplündert |
| 1874 | Britische Annexion der Fidschi-Inseln |
| 1878 | Blutige Kämpfe zwischen Briten und Zulu |
| 1879 | Aufstand gegen die europäischen Kolonialherren in Lesotho |
| 1880 | Französische Annexion Tahitis |
| 1884–85 | Konferenz von Berlin: Aufteilung Afrikas unter den europäischen Großmächten. Der Kongo geht an den belgischen König Leopold II.; Deutschland annektiert Tanganjika und Sansibar sowie den nördlichen Teil Neu-Guineas |
| 1891 | Gauguin läßt sich auf Tahiti nieder |
| 1893 | Guinea und die Elfenbeinküste werden französische Kolonien |
| 1897 | Benin wird von den Briten geplündert |
| 1898 | Die Vereinigten Staaten annektieren Hawaii und die Philippinen |
| 1902 | Joseph Conrad, *Heart of Darkness* |
| 1904 | Nationalistische Aufstände in Deutsch-Südwestafrika niedergeschlagen |
| 1919 | Die deutschen Kolonien in Afrika fallen an Großbritannien und Frankreich |

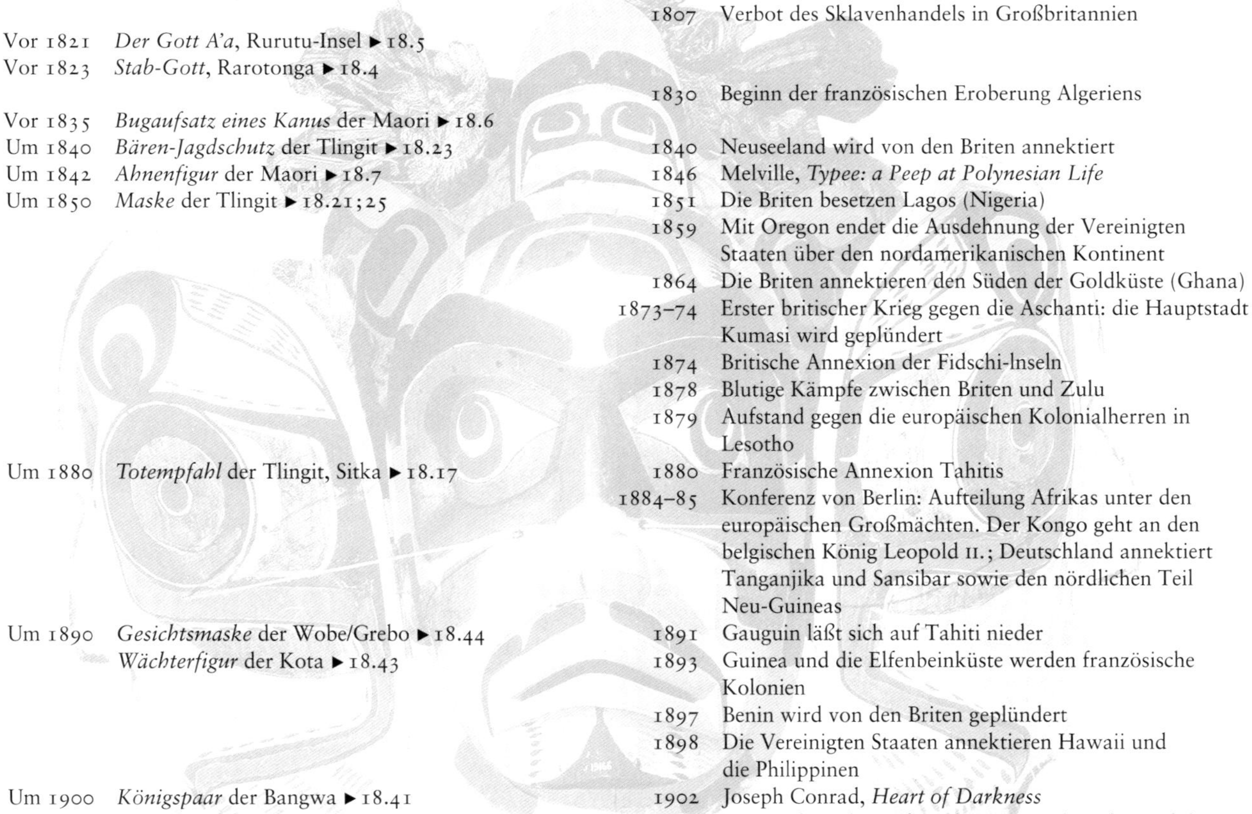

*Zauberfigur (nduda)* aus Mayombe, Kongo (Detail), vor 1893, Holz, Glas, Leder, Federn, Tuch, Höhe 34 cm. Staatliches Museum für Völkerkunde, München ▸ 18.38.

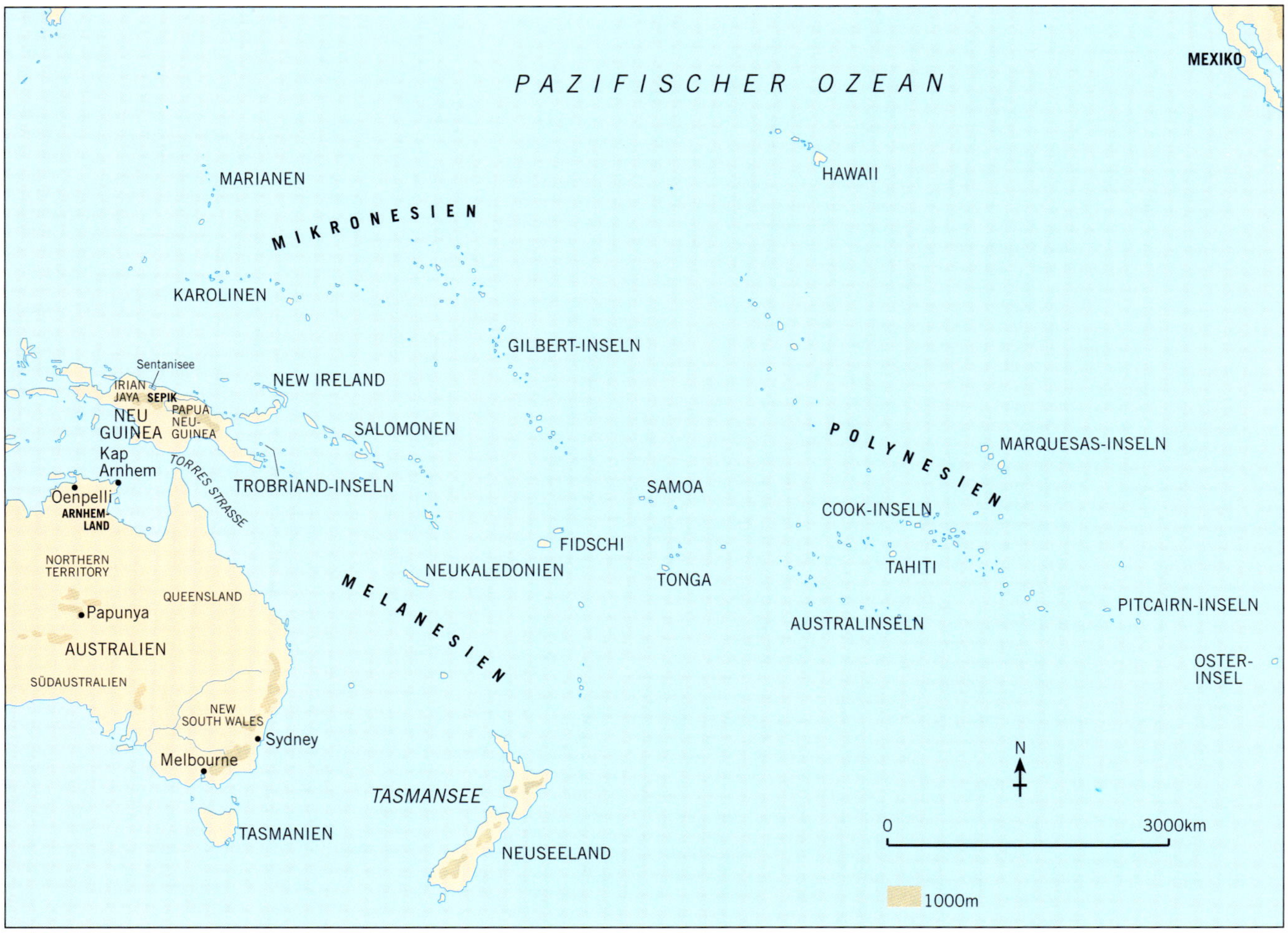


Ozeanien.

prähistorischen Fundstücken als Beispiele der Entwicklung der Kultur. Ihre fremdartige Seltsamkeit wurde durch die Eingliederung in das Umfeld jenes Kultes von Geschichte oder ›Geschichtlichkeit‹ neutralisiert, der zur Hauptbeschäftigung des westlichen Denkens im 19. Jahrhundert wurde. Der größte Teil der Ausstellungsstücke in den Völkerkundemuseen waren Waffen und Gebrauchsgegenstände, die von Entdeckern, Reisenden und Missionaren aus Afrika, Amerika und, nach der Mitte des 18. Jahrhunderts, von den Südseeinseln mitgebracht worden waren. Spezialisiertere Sammlungen sind von den Kolonialmächten aufgebaut worden. So wurden Kolonialausstellungen durchgeführt (Amsterdam 1883, London 1887, Tervuren außerhalb von Brüssel 1897). Ihre Absicht wurde deutlich in der Eingangshalle des Museums von Tervuren angesprochen, in der zeitgenössische europäische Skulpturen ausgestellt waren, die beweisen sollten, wie Belgien Frieden, Wohlstand und das Christentum in den Kongo bringe!

Obschon diese Ideologie, auf die sich die Museen gründeten, zusammen mit dem Kolonialismus, den sie feierte, in Verruf geriet, wird das Wort ›primitiv‹ noch immer auf die ausgestellten Objekte angewandt (obwohl heute oft ›Stammeskunst‹ vorgezogen wird). Im Zusammenhang mit der modernen Entfremdung von der Natur, der Rückbesinnung des Städters auf ursprüngliche Lebensformen, erfuhr das ›Primitive‹ eine Neubewertung und kann mittlerweile wertfrei, wenn nicht sogar positiv verstanden werden. Die fremdartigen Schnitzereien, Malereien und Kompositionen aus verschiedenen Materialien, welche unter die Kategorie ›primitiv‹ fielen, haben oft nichts Gemeinsames, außer dass sie sich von den westlichen Formidealen, speziell dessen Naturalismus, unterscheiden. Wie beinahe alle großen künstlerischen Formen alter Kunst entstanden sie in engster Verbindung mit Religion und Magie. Sie sind Ausdruck der täglichen und immer wieder neuen menschlichen Bemühung, mit der Natur in Harmonie zu leben oder die natürlichen und übernatürlichen Kräfte zu beherrschen. Nur selten ist ›primitive Kunst‹ rein dekorativ. Es sind Schöpfungen in hohem Maße ungleicher sozialer Gruppen, die die Künste in komplexe Strukturen von Recht, Sitte, Moral, Wissen und Glauben eingliederten. Und ungleich der darstellenden Kunst der missionierenden Weltreligionen neigt die ›primitive Kunst‹ absichtlich zum Geheimnisvollen. Das Wissen um die genaue Bedeutung eines Kultobjektes, einer Maske, die während eines Rituals getragen wird, des Schnitzwerks an einer Dachstütze oder der Malerei auf einem Schild, war auf die Eingeweihten, oft nur auf einen kleinen Teil der Gesellschaft beschränkt, und sie wurde immer weniger zugänglich, als sich die Strukturen dieser Gesellschaften änderten, falls sie im Kontakt mit der westlichen Welt nicht ganz zerstört wurden.

## Ozeanien

Das weite Gebiet des Pazifik, als Ozeanien bekannt, wird üblicherweise in drei geographische und kulturelle Gebiete getrennt: Polynesien, ein Dreieck mit je 6400 km Seitenlänge von Neuseeland bis nach Hawaii im Norden und Rapanui – bekannter unter dem Namen Osterinsel – im Osten; Melanesien, mit Neuguinea und einer Inselgruppe, die an das westliche Polynesien angrenzt, sowie Mikronesien, eine zersplitterte

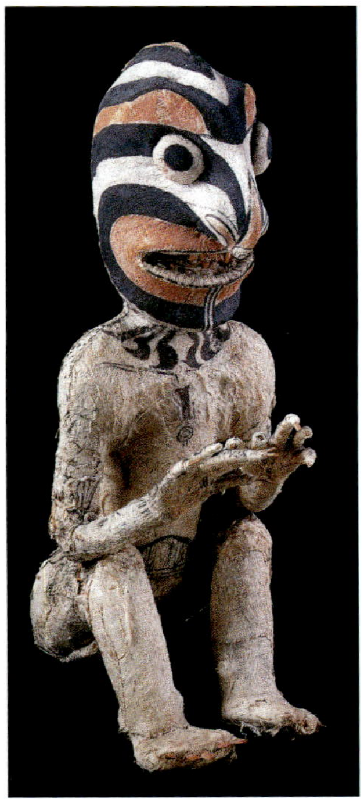

18.1 *Sitzende Figur von der Osterinsel*, vor 1899, bemaltes Holz und Naturfaser, Höhe 38 cm. Peabody Museum of Ethnology and Archeology, Harvard University, Cambridge, Mass.

Gruppe von kleinen Inseln nördlich von Melanesien. Die Urbevölkerung dieser Gebiete wanderte von Asien ein. Nach ungefähr 26 000 v. Chr. siedelten sich Gruppen in Melanesien an, das vielsprachig blieb. Polynesien war der letzte Teil der Erde, der bevölkert wurde – die Fidschi-Inseln um 1300 v. Chr., Tonga um 1200 v. Chr. und Samoa um 1000 v. Chr. Erst kurz vor der Zeitwende kamen Völker auf die westlichen Fidschi-Inseln und breiteten sich zwischen 300 und 600 bis Hawaii und zur Osterinsel und zwischen 750 und 1000 bis Neuseeland aus. Sie waren Ackerbauern, Fischer und geschickte Kanu-Bauer mit einer Erbfolge-Hierarchie und sprachen eine allen gemeinsame australonesische Sprache. Hieraus entwickelten sich später die Dialekte in den verschiedenen Untergruppen der Inseln. Auch die Künste entwickelten sich ähnlich von einem einzigen Ursprung her.

## *Polynesien*

Nach der ursprünglichen Besiedlung blieb Polynesien jedoch bis zur Mitte des 18. Jahrhunderts von der übrigen Welt isoliert. Obwohl Fidschi von A. J. Tasman 1643 besucht wurde und die Osterinsel 1722 von einem anderen holländischen Seefahrer, Jacob Roggeveen, erreichten die Europäer Tahiti im Zentrum des polynesischen Dreiecks erst nach 1760 – ein englischer Kapitän, Samuel Wallis (1767), der französische Wissenschaftler und Entdecker Louis de Bougainville im folgenden Jahr und James Cook während dreier Entdeckungsreisen (1768–1779). Diesen Entdeckern und dabei besonders dem aufmerksamen Cook mit seinen geschulten Naturwissenschaftlern und Künstlern verdankt unser Wissen über die polynesische Kultur am meisten. Der Kontakt mit der fremden Welt wurde für die Polynesier verhängnisvoll, die bald aus Europa eingeschleppten Krankheiten, besonders der Syphilis, erlagen. Ihre Lebensweise änderte sich durch die Einführung von Metallwerkzeugen und Feuerwaffen; ihren ursprünglichen Glauben und ihre Rituale untergruben die christlichen Missionare.

Die bis zu 18.5 m hohen monolithischen Köpfe und Halbfiguren der Osterinsel sind die eindrucksvollsten polynesischen Skulpturen ▸ 18.2. Mehr als 600 blieben erhalten, gemeißelt in der langen Zeit zwischen 900 n. Chr. und 1500 (spätestens um 1700), als die meisten wahrscheinlich in einem Stammeskrieg umgestürzt wurden. Andere blieben in dem Vulkankrater, aus dem sie herausgehauen sind, unvollendet liegen. Die Körper sind nur angedeutet, und die Köpfe sind nichts mehr als große Masken, alle mit der gleichen kraftvollen Stirn, der hervorstehenden Nase, den zusammengekniffenen Lippen, großen Ohren und tief eingesunkenen Augenhöhlen. Einige, die zylindrische Kronen aus rotem Stein tragen, wurden mit dem Rücken zum Meer auf einer Steinplattform aufgestellt, neben der die Toten nahe dem Ufer begraben wurden. Bei anderen ist zu vermuten, dass sie drei lange Straßen durch das Innere der Insel markierten. Zur Zeit von Cooks Aufenthalt schien es, als hätten die Inselbewohner das Interesse an ihnen verloren, doch erkannte Cook den Zusammenhang mit dem Ahnenkult einer herrschenden Kaste. Heute werden sie als Symbole der Macht über ganz Polynesien gedeutet, die die herrschenden Fürsten von den Göttern geerbt haben sollen und über den Tod hinaus beibehielten, nachdem sie selbst vergöttlicht wurden. Auf diese Weise sind sie mit anderen Beispielen göttlichen Königtums vergleichbar – so die unerklärlichen Gesichter, die von den Türmen Angkor Thoms starren (zeitgleich mit einigen Skulpturen der Osterinsel; s. S. 245), oder die viel früheren altägyptischen Königsstatuen und die große Sphinx (s. S. 62). Alle Monumentalskulpturen dieser Art wären somit gleichermaßen Ausdruck einer erblichen politisch-religiösen Struktur. Ihre eigentümliche vorspringende Blockform wird begünstigt durch das einzig erhältliche Material der Osterinsel für eine großformatige Arbeit, einen körnigen, leicht zu bearbeitenden Tuffstein. Denn man verfügte nur über Stein-, Muschel- und Knochenwerkzeuge.

Anderenorts in Polynesien wurden gleichfalls Steinskulpturen gemeißelt, wenn auch nicht in dieser Größe noch in solcher Vielzahl. Eine größere Anzahl von Kunstwerken findet man in Holz, das es jedoch auf der Osterinsel kaum gab und das darum nur für kleine Figuren ▸ 18.1 sowie für Tafeln, in die Hieroglyphen eingeritzt wurden, verwendet werden konnte. (Sie sind möglicherweise mit einer frühen chinesischen Schrift verwandt, deren Entzifferung noch nicht abgeschlossen ist.) Auf Hawaii wurden einzelne Götterbilder aus Flechtwerk, mit roten, gelben und schwarzen Federn überzogen, mit Hundezähnen für den Mund sowie Perlmuscheln für die Augen zusammengefügt ▸ 18.3. Priester trugen sie bei religiösen Zeremonien und auch in Stammeskriegen, die beinahe ein Ritual waren. Die Häuptlinge trugen dabei Helme ähnlicher Form

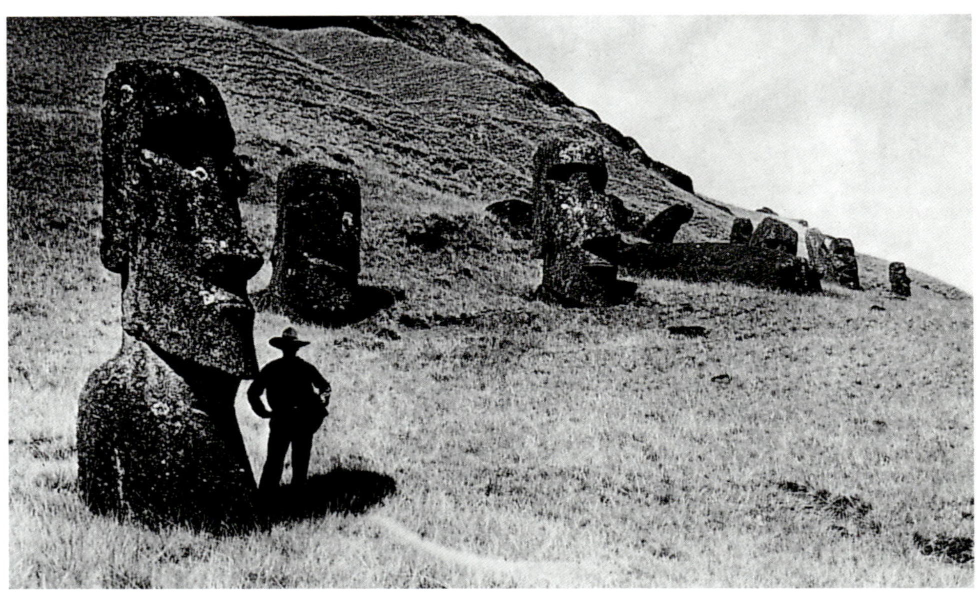

18.2 *Monolithische Steinfiguren*, zwischen 400 und 1600, bei Rano Raroku, Osterinsel.

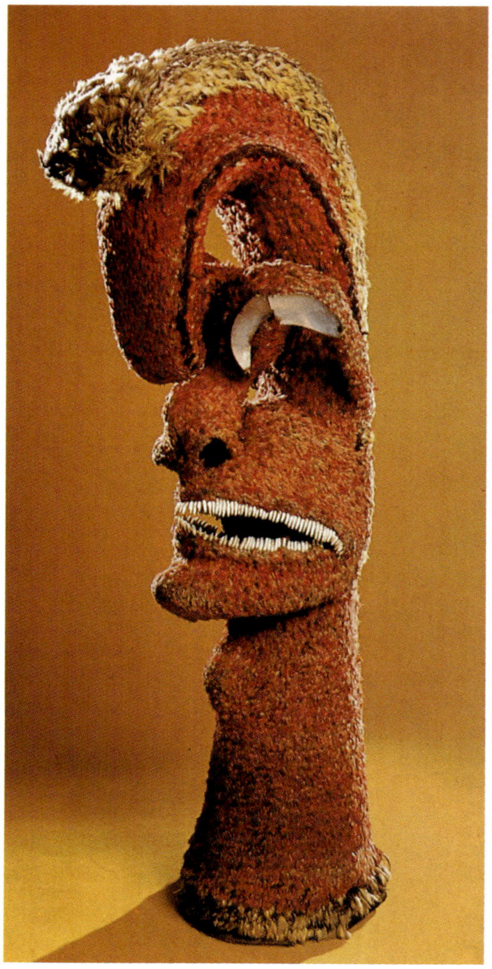

18.3 *Der Kriegsgott Kukailimoku*, Hawaii, vor 1779, Federn über Flechtwerk, mit Perlmuscheln und Hundezähnen, Höhe 103,5 cm. British Museum, London.

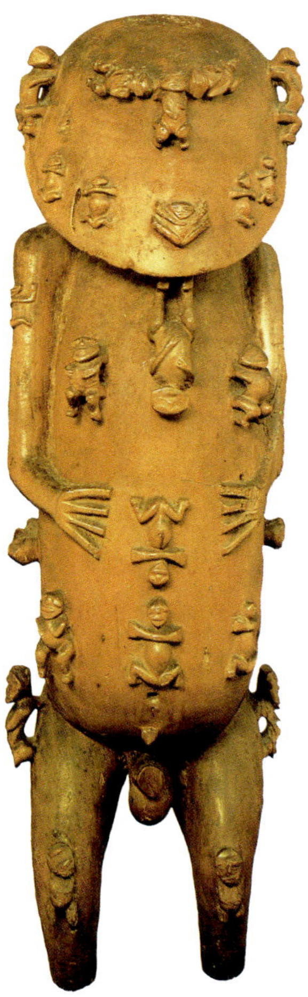

und Umhänge aus erlesenstem Federgeflecht – ein Privileg der Götter und der von ihnen abstammenden Familien. Das abgebildete Beispiel zeigt einen Helm aus Cooks Sammlung von 1779, als er von den Hawaiibewohnern als Gott verehrt wurde. Die Stücke von Cook stellen die frühesten bekannten Beispiele dar, die heute über die Museen der Welt verstreut sind. Flechtwerk und Federschmuck verderben, wie Holz, in tropischen Gebieten sehr rasch.

Nur wenige der noch vorhandenen geschnitzten Holzobjekte sind lange vor der Ankunft der Europäer entstanden, und die Großzahl derer, die in den folgenden Jahrzehnten geschaffen wurden, sind zerstört worden, als sich das Christentum im 19. Jahrhundert über Polynesien ausbreitete. Nur einige wenige konnten gerettet werden, vor allem von Missionaren, die sie als ›Trophäen‹ ihres Sieges über das Heidentum zu Ausstellungen nach Europa schickten. Eine der bedeutendsten Holzskulpturen wurde 1821 von einem englischen Missionar mitgenommen, der auch ihre Bedeutung überlieferte ▸ 18.5. ›A'a‹, der zum Gott erhobene Vorfahre des herrschenden Clans auf der Rurutu-Insel (in der Austral-Inselgruppe südlich von Tahiti), wird mit seiner Nachkommenschaft dargestellt, winzigen Relieffiguren, die an die Stelle der Körpermerkmale treten, sowie einer Anzahl von Statuetten, die in einer rückseitigen Höhlung eingeschlossen sind. Die phallische Form unterstreicht den Fruchtbarkeitssymbolismus. Andere Kultfiguren, Zeremonialkeulen genannt, aus Rarotonga (von den Cook-Inseln, westlich von Tahiti) vereinigen auf ähnliche Weise Götterbilder mit deren Nachkommen ▸ 18.4. Sie sind zwischen 75 cm und 5,5 m hoch und wurden horizontal getragen oder gelegt. An einem Ende befinden sich ein höchst abstrahierter platt geschnittener Kopf sowie die Arme eines Zeugungsgottes, darunter eine Folge von kleinen Figuren, die seinem Körper entspringen, entweder in Vorderansicht oder im Profil (mit erigiertem Penis). Der Stab selbst endet in einem Phallus. Doch auf Rarotonga hat diese sorgfältig geschnitzte Sexualbilderwelt weniger Bedeutung als die Federn und die Muschelteile, die die Seele des Gottes kennzeichnen, eingeschlossen in einer langen Rindenstoffbahn, die um die Mitte des Stabes gewunden ist. Missionare nannten sie Götzenbilder, doch die Polynesier betrachteten die Kultbilder nur als zeitweilige ›Behälter‹, in denen der Geist eines Gottes durch Rituale seinen Sitz nehmen kann. (Götzendienst, die direkte Anbetung der von Menschen geschaffenen Kultgegenstände, ist in Stammesgesellschaften selten.) Einfachere nackte, meist männliche Figuren wurden in Polynesien als Bugaufsätze von Kanus in einer bemerkenswerten Vielfalt von lokalen Stilen geschnitzt ▸ 18.6. Alle vermitteln einen ähnlichen religiösen und magischen Glauben.

Die Maori, deren Vorfahren sehr wahrscheinlich Kanubesatzungen waren, die vom zentralen Polynesien durch Stürme an die Ufer Neuseelands getrieben wurden, schufen eine Kunst, die vom kälteren Klima, von den andersartigen natürlichen Werkstoffen und von einer Sozialstruktur abhängig war, die mehr von Verwandtschaft als von einer klassengesellschaftlichen Hierarchie bestimmt wurde. Sie schufen monumentale Reliefschnitzereien, die für Kanus, Türbalken, Ausleger und Pfeiler der Gemeinschaftshäuser, der gesellschaftlichen Lagerhäuser sowie der Palisaden, die ihre Dörfer beschützten, bestimmt waren. Das einheimische ›totara‹- und ›kauri‹-Pinienholz, das widerstandsfähiger, dauerhafter und viel weicher ist als die Holzarten, die im tropischen Polynesien vorkommen, erlaubte Wirkungen von größerer Detailfreudigkeit und schwungvoller Vitalität. Mit Spiralen, dem bevorzug-

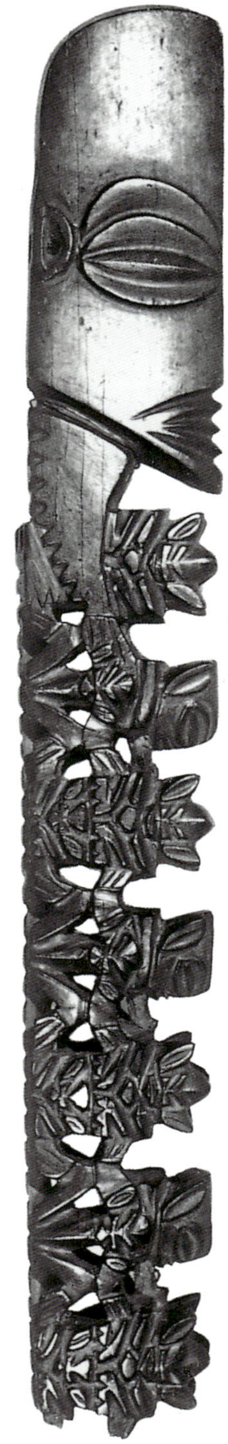

18.4 *Stab-Gott*, Rarotonga, Cook-Inseln, vor 1823, Holz, Länge 72,5 cm. University Museum of Archeology and Ethnology, Cambridge (GB).

18.5 *Statue des Gottes A'a*, Rurutu-Insel (Austral-Inseln), vor 1821, Holz, Höhe 112 cm. British Museum, London.

# James Cook und die Kunst des Pazifik

Auf den drei Entdeckungsreisen, die James Cook (1728–1779) zwischen 1768 und 1779 unternahm, waren weder er selbst noch die Zeichner, die ihn begleiteten, besonders beeindruckt von den Kunstwerken, die sie dort vorfanden. Sie empfanden sie als Kuriositäten und Merkwürdigkeiten. Der Zeichner Sydney Parkinson (gest. 1771) beschrieb neuseeländische Paddel als »kurios gefleckt« und die Maori selbst als »kurios tätowiert«. Gelegentlich ging er so weit zu sagen, dass eine Arbeit aus Holz »höchst kunstfertig ausgeführt« und ein Flachsgewand »mit einer schön gearbeiteten Bordüre« versehen sei. Cook selbst bewunderte tahitianische Kanus, über die er schrieb: *»Sie haben hohe, gekrümmte Hecks, auch der Kopf ist ein wenig gekrümmt, und beide sind mit dem Bild eines in Holz geschnitzten Mannes verziert, das dem, was normale Schiffsschnitzer in England tun, kaum nachsteht.«*

Nach Cooks Meinung waren die Schnitzereien auf neuseeländischen Kanus weder »schlecht gestaltet noch schlecht ausgeführt« ▸ 18.6, und Parkinson ging noch weiter: *»Die Männer haben einen ganz bestimmten Geschmack, in dem sie ihre Boote, ihre Paddel, die Bretter auf ihren Häusern, die Spitzen ihrer Spazierstöcke schnitzen, und selbst ihre Boot* VALENS *sind in einer Vielzahl von ungebrochenen Ranken, Schnörkeln und Windungen geschnitzt. Aber ihre Lieblingsfigur scheint die Volute oder Spirale zu sein, die sie auf vielfache Weise variieren, einzeln, doppelt und dreifach und so wahrheitsgetreu, als beruhten sie auf geometrischen Zeichnungen: Doch die einzigen Werkzeuge, die wir gesehen haben, sind ein Meißel und eine Steinaxt. Ihre Phantasie ist wirklich sehr wild und ausschweifend, und ich habe in ihren Werken keine Naturnachahmungen gesehen. Nur den Kopf und die herzförmige Zunge, die aus dem Mund heraushängt, kann man vielleicht als natürlich bezeichnen.«*

Auf Cooks zweiter Reise fiel das Urteil etwas freundlicher aus. Maorigewänder etwa hätten solch »elegante Bordüren«, dass sie »als Arbeit einer wesentlich zivilisierteren Nation durchgehen könnten«. Verblüfft waren die Forschungsreisenden gleichwohl von den Skulpturen auf der Osterinsel ▸ 18.2. Zu einer der Figuren bemerkte Georg Forster (1754–1794), einer der wissenschaftlichen Begleiter Cooks, der auch zeichnete: *»...In der Mitte dieses Platzes stand eine steinerne Säule, aus einem Stück, die eine Menschen-Figur bis auf die Hüften abgebildet, vorstellen sollte und 20 Fus hoch und 5 Fus dick war. Diese Figur war schlecht gearbeitet, und bewies, dass die Bildhauerkunst hier noch in der ersten Kindheit sey. Augen, Nase und Mund waren an dem plumpen ungestalten Kopfe, kaum angedeutet. Die Ohren waren nach der Landes-Sitte ungeheuer lang, und besser als das übrige gearbeitet, ob sich gleich ein europäischer Künstler derselben geschämt haben würde.«*

Auf seiner letzten Reise erkundete Cook im Frühjahr 1778 die Küste Alaskas und den Nordwesten Amerikas und war dort beeindruckt von den hölzernen Vogelmasken der Nootkan-Indianer, über die er in sein Tagebuch schrieb: *»Bei manchen Gelegenheiten trugen die Männer Masken, von denen sie viele und unterschiedliche Arten haben, etwa das menschliche Gesicht, Köpfe von Vögeln und anderen Tieren, von denen die meisten gut gestaltet und ausgeführt sind. Ob diese Masken als Schmuck bei ihren öffentlichen Darbietungen getragen werden oder, wie von manchen vermutet, um das Gesicht vor den Pfeilen der Feinde zu schützen oder als Köder auf der Jagd – das sagen zu können, gebe ich nicht vor: wahrscheinlich bei allen diesen Gelegenheiten. Wir sahen sie nur ein einziges Mal bei einigen ihrer Häuptlinge, als sie uns einen feierlichen Besuch abstatteten und einige ihrer Lieder sangen.«*

R. Joppien und B. Smith, The Art of Captain Cook's Voyages, New Haven und London 1985

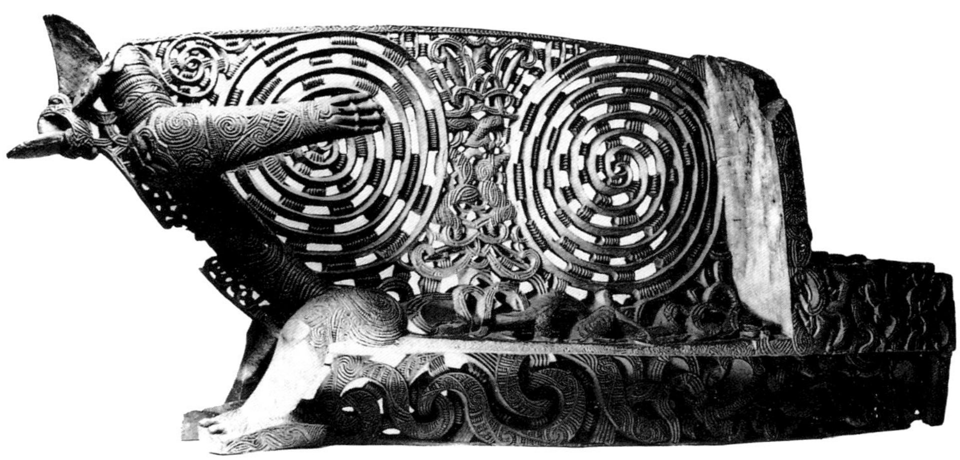

18.6 *Bugaufsatz eines Kanus*, Maori, Neuseeland, vor 1835, Holz, 75 x 180 cm. Musée d'Histoire Naturelle, Ethnographie et Préhistoire, Rouen.

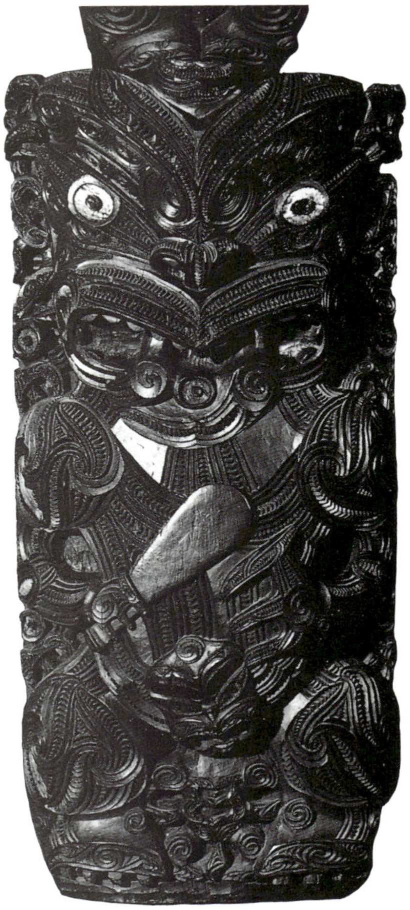

18.7 *Ahnenfigur*, Maori, Neuseeland, um 1842, Holz, 140 x 64 cm. National Museum of New Zealand, Wellington.

18.8 *Schild*, Trobriand-Inseln, spätes 19. Jahrhundert, bemaltes Holz und Schilfrohr, Höhe 84 cm. University Museum of Archeology and Ethnology, Cambridge (GB).

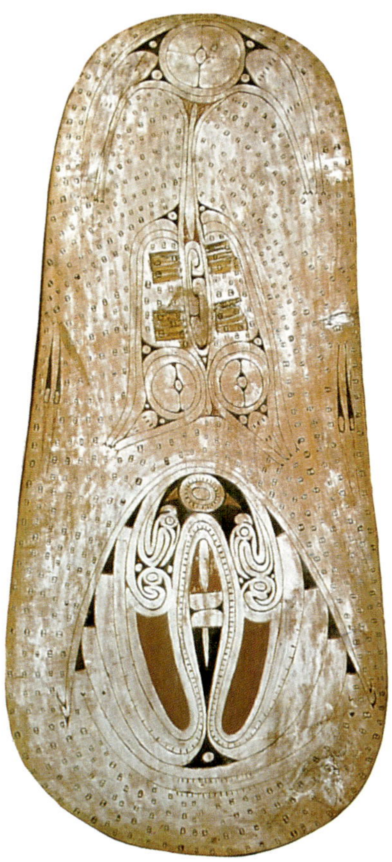

ten Motiv, Schneckenlinien und Winkeln wurden komplexe Oberflächenwirkungen erzielt. Charakteristisch ist ein Relief eines Ahnen mit einer Keule in der Hand ▸ 18.7. Die Zunge ist aus dem geöffneten Mund gestreckt, die Körpergelenke sind in Spiralen übersetzt, die die Fähigkeit der Bewegung andeuten. Das Relief schmückte ursprünglich eine der Stützen eines Gemeinschaftshauses, der äußeren Verkörperung eines Stammes, in dem die Mitglieder von den guten Ahnengeistern umgeben und beschützt sind, welche nur gegenüber dem Außenstehenden böse sind. Das Gesicht erinnert an bronzene Ritualgefäße der Shang-Dynastie in China, ungefähr zwei Jahrtausende vor der Besiedlung Neuseelands. Andere Maori-Schnitzereien sind noch näher den ›T'ao-t'ieh‹-Masken in ihrer Kombination von zwei Profilen mit der frontalen Ansicht ▸ 2.93.

Eine direkte Verbindung kann nicht aufgestellt werden, eher gibt uns vielleicht die Tätowierung, mit der die Maori und andere Polynesier ihre Körper dekorierten, einen Schlüssel. Diese Bezeichnung für eine bestimmte Form der Körpermalerei ist wie das Wort Tabu polynesischen Ursprungs und wurde durch Cook in die europäischen Sprachen eingeführt. Die Begriffe werden heute für weit verbreitete Phänomene in vielen Kulturen angewandt (s. S. 152). Die Körperbemalung, aus der sich das Tätowieren entwickelte, ist wahrscheinlich die älteste Kunst der Menschheit. Nicht länger als ein Menschenleben bestehend, ist sie extrem unbeständig, aber paradoxerweise stark von Traditionen bestimmt, die von einer Generation zur anderen übergehen. Sie konnte Motive weitergeben, die in zeitlich und räumlich weit entfernten dauerhafteren Medien erscheinen. Tätowierung in den verwickeltsten Mustern war und ist immer noch im weiten Gebiet zwischen China, Indonesien und dem Südpazifik verbreitet ▸ 18.9.

Die Verzierung des lebenden menschlichen Körpers ist nahe mit der eines Schildes verbunden, der zu seinem Schutz angefertigt wird. Die Schilde sind vielleicht die besten Beispiele dafür, wie einem praktischen Gegenstand durch Kunstmittel zusätzliche Bedeutung oder magische Kraft verliehen werden konnte. Die Schnitzereien und die Bemalung scheinen nur selten ornamental gewesen zu sein, selbst wenn sie nicht mehr die Mitgliedschaft des Trägers zu einer Gruppe oder seinen Status anzeigten. Doch ist die genaue Bedeutung der Zeichen meist nur sehr schwer zu erklären. Die Bemalung eines Schildes der Trobriand-Inseln außerhalb Neuguineas ist von Anthropologen auf verschiedene Weise als die Darstellung einer Hexe – eine melanesische Medusa lässt einen Feind vor Angst versteinern – oder als Paarungsszene gedeutet worden ▸ 18.8. Es gibt verschiedene andere Schilde aus dem gleichen Gebiet mit symmetrischen, geschwungenen Formen, die offensichtlich von Teilen des menschlichen Körpers abgeleitet wurden. Sie enthalten nicht nur einen geheimnisvollen Symbolismus, sondern zeigen auch ästhetische Vorlieben der Trobriand-Insulaner.

Auf einem Rindenstoff aus dem Gebiet des Sentanisees an der Nordküste von Irian Jaya (West-Neuguinea) findet sich eine faszinierende Komposition mit Wellenmotiven, die von Winkelformen flankiert werden ▸ 18.10. Obwohl Rindenbaststoff auch in Afrika und Südamerika hergestellt wird, ist es ein typisches Erzeugnis Ozeaniens und wird als ›tapa‹ bezeichnet (die Verballhornung eines hawaiianischen Wortes). Viele Reisende, unter ihnen Herman Melville in seinem halbfiktiven Roman *Typee* (1846), haben beschrieben, wie Streifen der faserhaltigen inneren Rinde des Maulbeerbaums und anderer Bäume eingeweicht und dann aufwendig zu biegsamen, papierdünnen Bögen gehämmert werden. Diese Arbeit wird fast

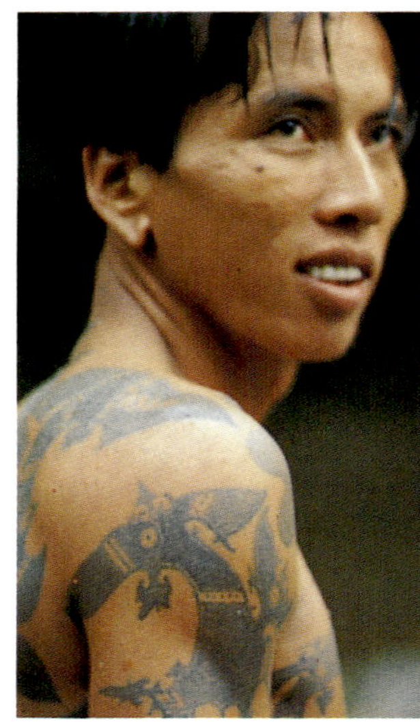

18.9 Tätowierung der Iban auf Sarawak.

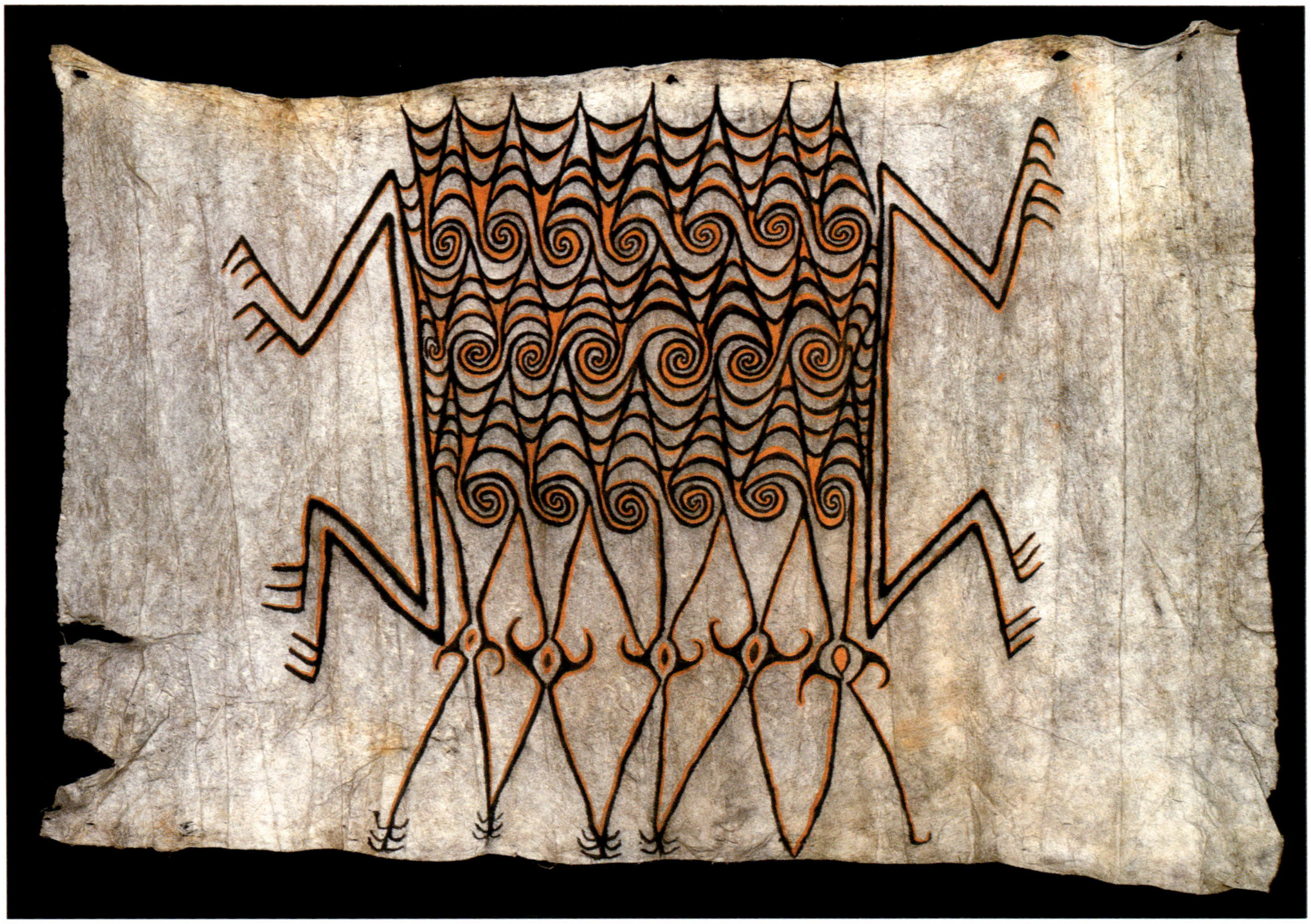

18.10 *Totengewand*, aus Saboiboi am Sentanisee, Nordküste von Irian Jaya, 1926, Schwarze und rote Farbe auf Rindenbaststoff, 112 x 175 cm. Museum der Kulturen, Basel.

ausschließlich von Frauen ausgeführt: ihr bedeutendster Beitrag zur Kunst Ozeaniens. Die Inseln hallten wider vom hellen und melodischen Klang der Hammerschläge, mit denen die ständige Nachfrage nach Stoffen befriedigt wurde. Viele dieser Stoffe wurden in der Sonne gebleicht, bis sie leuchtend weiß waren. Man färbte sie in Rot oder Gelb, gestaltete sie mit Malereien in unterschiedlichen Stilen, die auf lokale Traditionen und historische Ereignisse zurückgehen. Man verwendete sie als Kleidung für die Lebenden und als Leichentücher für die Toten, als Überzug für Masken und Figuren aus Holz oder Flechtwerk. Ab der Mitte des 19. Jahrhunderts wurden sie auch an Ausländer verkauft und manchmal sogar eigens für diese angefertigt.

Am bemerkenswertesten sind jene bis zu 2,70 m breiten und mehrere hundert Meter langen Stoffe, die für das Ritual des Gabentauschs angefertigt wurden, ein Hauptereignis im Leben auf den Inseln, und dann im eingerollten Zustand in den Häusern der Elite als Statussymbole aufbewahrt wurden. Aufgrund ihrer Vergänglichkeit dürften die Gemälde nur eine temporäre, jeweils aktuelle Bedeutung gehabt haben, die sich heute nicht mehr ermitteln lässt, selbst wenn sich Stoffe zufällig erhalten haben. Dies ist auch bei dem hier abgebildeten Tuch der Fall, wenngleich die eckigen Elemente an das Motiv der Gottesanbeterin erinnern, das in der Kunst der Kopfjägergruppen häufiger vorkommt ▸ 18.10. Solche Stoffe wurden als Trauerkleidung getragen und im Sentanigebiet über die Gräber gehängt. (Auch wenn inzwischen aus praktischen Gründen importierte Stoffe an seine Stelle getreten sind, wird Rindenstoff noch heute von manchen Frauen zu zeremoniellen Zwecken, doch vor allem zum Verkauf angefertigt.)

### *Melanesien und Mikronesien*

In Melanesien entwickelte sich eine weit größere Vielfalt künstlerischer Stile als auf den zerstreuten Inseln Polynesiens. Sie können grob unterteilt werden, wie die 800 oder mehr auf Neuguinea gesprochenen Sprachen in linguistische Gruppen, die ›phyla‹, unterschieden werden, obwohl sich diese und die Kunststile leider nicht decken. Ihre Verschiedenartigkeit spiegelt die Individualität der vielen kleinen Stammesgruppen, die noch bis vor kurzer Zeit ständig Krieg gegeneinander führten. Die Asmat, die in der sumpfigen Küstenebene von Südwestneuguinea leben, entwickelten zum Beispiel ihre eigene Art von Mahnmalen für die Opfer der Kopfjägerei, an denen die Köpfe der Feinde aufgehängt wurden ▸ 18.11: bis zu 11 m hohe schmale Pfähle, die aus einem einzigen Baumstamm geschnitzt sind, mit menschlichen Figuren, die einer über dem anderen balancieren. Da die Kopfjägerei eine rituelle sexuelle Bedeutung besaß, wurde auch geglaubt, dass diese Pfähle die Fruchtbarkeit begünstigen. Die kunstvoll geschnitzten vorspringenden Teile haben phallisches Aussehen. Pfähle der gleichen Bedeutung und Funktion sind auch von den benachbarten Mimika geschnitzt worden, doch in einem anderen Stil, der solide und weit weniger elegant und dynamisch ist. Im Gebiet des Sepik-Flusses im nördlichen Neuguinea ist dieser Stilpluralismus bis heute erhalten. Die auffallendsten Arbeiten sind Masken, die während der Rituale übergestülpt getragen oder an einer Hüttenwand aufgehängt wurden. Sie sind bunt bemalt und oft mit Muscheln, Eberhauern und menschlichen Haarlocken geschmückt ▸ 18.13. Sie entfalten einen erstaunlichen Einfallsreichtum in der Zusammenstellung der Materiali-

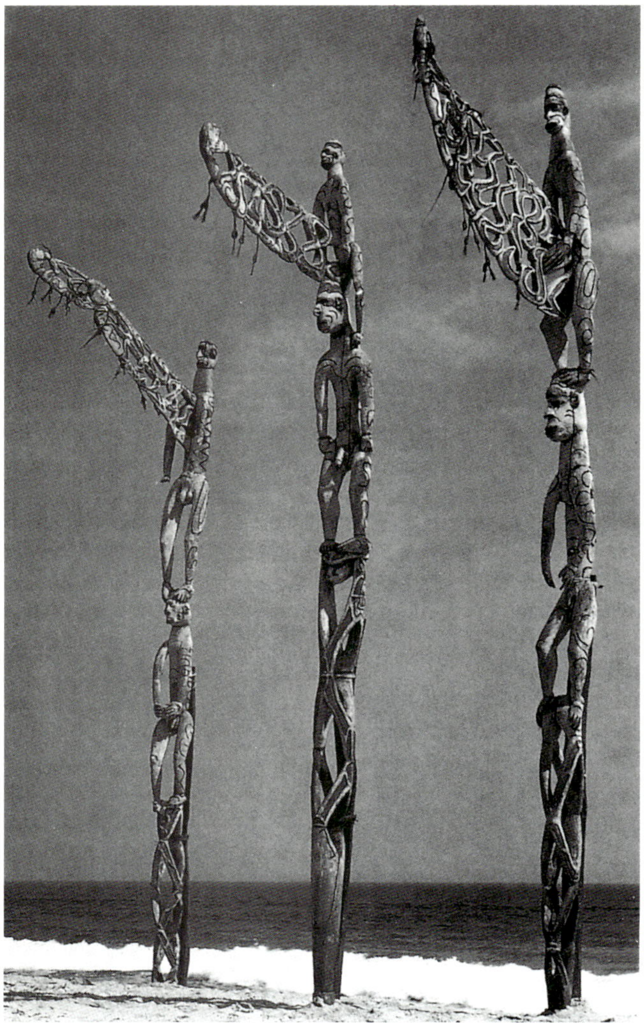

18.11 *Memorialpfähle*, Asmat, Westirian, frühes 20. Jahrhundert, Holz, Farbe und Sagopalmblätter, Höhe 5,2–5,5 m.

18.12 *Doppelendiger Haken*, mittlerer Sepik, Papua-Neuguinea, frühes 20. Jahrhundert, geschnitztes und bemaltes Holz, Höhe 74 cm. Musée de l'Homme, Paris.

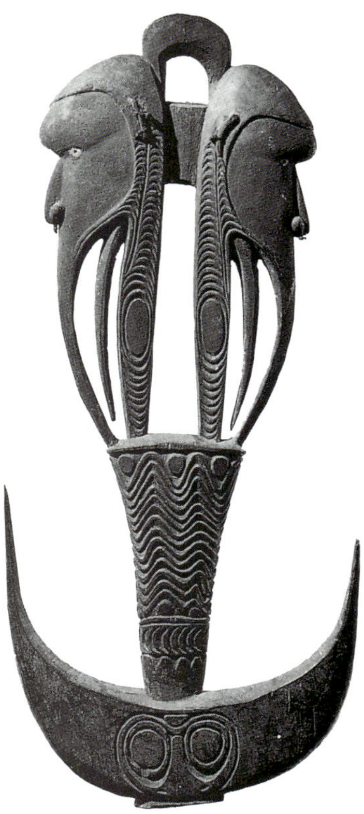

en, um Bilder von vehementer Eindringlichkeit zu schaffen. Große hölzerne Haken werden am Dachbalken befestigt, um an ihnen Körbe für Nahrung, Kleidung und wertvolle Gegenstände aufzuhängen. Diese sind oft komplizierte skulpturale Arbeiten, in die menschliche Wesen oder langnasige Köpfe, ähnlich denen der Masken, integriert sind ▸ 18.12.

Auf der Neuirland-Insel nordöstlich von Neuguinea richtete sich das künstlerische Schaffen auf die ›màalanggan‹, ein Begriff, der gleichermaßen die Totenzeremonien wie auch die dabei benutzten Statuen, Masken, geschnitzten und bemalten Schilde und Saiteninstrumente einschließt. Viele dieser Arbeiten wurden für eine einzelne bestimmte Zeremonie hergestellt und nachher wieder zerstört. Andererseits wurden Ahnenfiguren in eigens dafür errichteten Hütten eine Zeit lang aufbewahrt ▸ 18.14. Sie sind von einem unpersönlichen, gemeinschaftlichen Charakter und offensichtlich nicht Darstellungen von Einzelpersonen. Normalerweise symmetrisch im Aufbau, sind sie mit großer Subtilität aus einem einzelnen Holzstück geschnitzt, mit hellen Farben bemalt, manchmal mit Muscheln bestückt und gewöhnlich mit Pflanzenfasern als Haaren versehen. Obwohl sie als Menschenbilder identifizierbar sind, vermindern die umfassende Anwendung durchbrochener Schnitzerei und die verwickelten farblichen Muster auf der Oberfläche ihre Festigkeit. Sie wirken mehr wie unwirkliche, abstrakte ›Geistigkeit‹ denn wie körperliche Erscheinungen. Abweichende Stile der Schnitzkunst wurden in den verschiedenen Teilen Neuirlands gepflegt, obwohl die Insel kaum 320 km lang und sehr schmal ist. Ihre Skulpturen sind aber dennoch untereinander so ähnlich, dass sie von anderen Typen oder Stilen der melanesischen Kunst leicht zu unterscheiden sind.

Das Amt des Häuptlings vererbte sich in Melanesien nur selten; es gab darum kaum oder gar keine dynastische Kunst. Die Macht innerhalb eines Stammes wurde durch persönliche Tapferkeit erlangt, durch Kopfjägerei oder auf andere Weise. Dies führte zu einem Mangel an Interesse an Objekten, die dazu bestimmt waren, eine gewisse Zeit zu überdauern. Nur wenige der erhaltenen Beispiele der melanesischen Kunst können vor die Mitte des 19. Jahrhunderts datiert werden. Obwohl traditionelles Stammesleben bis heute in Neuguinea überlebt hat und mehr Masken als früher hergestellt werden, wenn auch mit Metallwerkzeugen, haben die Rituale, für die sie gemacht werden, mit der Befriedung der Insel viel von ihrer Kraft verloren. Im Sepik-Gebiet werden bei der Errichtung eines Zeremonialhauses anstelle von Menschen heute Schweine getötet, und deren Schädel hängen nun vom Dach. Seit die Kopfjägerei mit Gewalt unterdrückt wird, sinkt paradoxerweise die Bevölkerungszahl. Der große Anthropologe Bronislaw Malinowski, der sein Leben dem Studium Melanesiens widmete, bemerkte 1932:

*»... die Ethnologie ist in einer tragikomischen, wenn nicht sogar tragischen Lage, dass in dem Moment, da sie endlich arbeiten kann ... das Material ihrer Studien in hoffnungsloser Geschwindigkeit hinwegschmilzt.«*

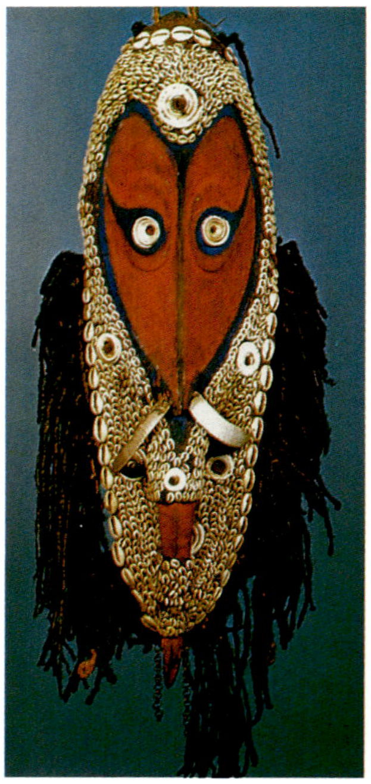

18.13 *Maske,* aus Kanganaman, mittlerer Sepik, Papua-Neuguinea, Holz, darüber Kaurischnecken und Eberhauer, Höhe 59 cm. Tropenmuseum, Amsterdam.

## Australien

Die ersten menschlichen Ansiedlungen in Australien sind möglicherweise bis zu 70 000 Jahre alt, als der Kontinent noch problemlos von Asien aus auf dem Landweg erreichbar war. Doch blieb Australien durch den Anstieg des Meerspiegels vor etwa 14 000 Jahren (abgesehen von Papua-Neuguinea und der

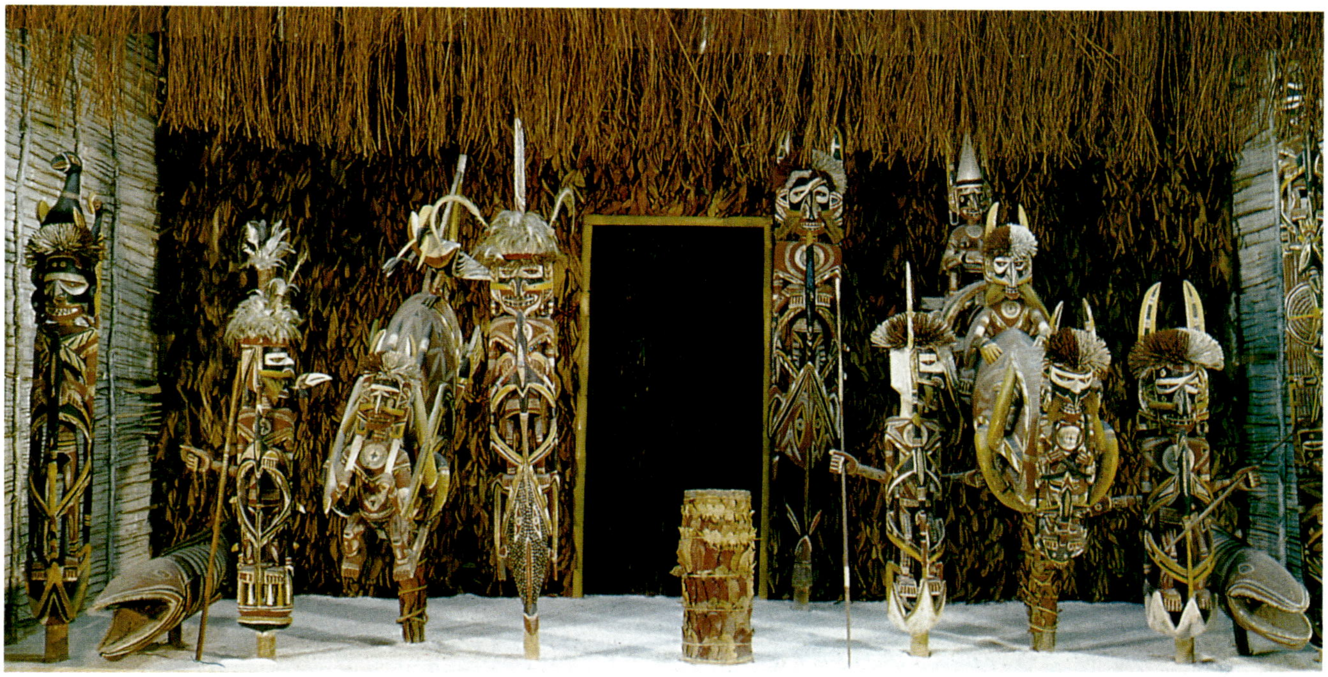

18.14 *Malanggan-Masken und -Figuren*, Neuirland, Bambus, Palm- und Kroton-Blätter, Holz, bemalt. Museum der Kulturen, Basel.

Inseln in der Torresstraße) vom Rest der Welt abgeschnitten, bis vor etwas mehr als 200 Jahren britische Siedler dort eintrafen. Die Bevölkerung der gewaltigen Landmasse bestand aus weit zerstreut lebenden Kleingruppen von Jägern und Sammlern ohne zentralisierte Strukturen. Sie sprachen zwar verschiedene Sprachen, hatten aber ähnliche religiöse Überzeugungen und Rituale, die sich auf ihr natürliches Umfeld bezogen, sowie einen Sittenkodex, der auf die mythischen Ahnen zurückging, welche einst durch das Land gezogen waren und alle Dinge geschaffen hatten. Nachfahren der Urbevölkerung, die ›Aborigines‹ haben für diesen Ideenkomplex – das zentrale Thema ihrer Kunst – aus dem Pidgin-English den Begriff ›Träumereien‹ übernommen, der auf einer Fehlübersetzung beruht, und ihm eine Bedeutung gegeben, die sich von dem grundsätzlich unterscheidet, was man in Europa unter Traum versteht. ›Träumereien‹ sind weder Visionen, die man im Schlaf erlebt, noch beschränken sie sich auf Ereignisse aus der Geschichte der Menschwerdung. Vielmehr sind sie stets gegenwärtig: ob Lebewesen, an heiligen Orten, ganzen Landschaftsabschnitten oder den Wegen, die von den Ahnen zurückgelegt wurden. Im Laufe des 19. Jahrhunderts, als sich die Briten alle fruchtbaren Regionen des Kontinents aneigneten, ging die ursprüngliche nomadische Lebensweise allmählich zurück, bis sie außerhalb der Wüste im Herzen Australiens und außerhalb des tropischen Nordens fast verschwand. Doch wird die einheimische Kunst dort noch immer mit großem Elan in verschiedenen regionalen und individuellen Stilen ausgeübt.

Einige Felsbilder Australiens sind vermutlich die ältesten, die jemals entdeckt wurden. Sie gehen bis auf die Zeit um 40000 v. Chr. zurück, auch wenn die Mehrzahl von ihnen wesentlich jünger ist. Einige stammen aus den sechziger Jahren des 20. Jahrhunderts. Sie reichen von ›negativen‹, durch das Übersprühen ausgestreckter Hände entstandenen Abdrücken, bis zu schematischen oder naturalistischen Darstellungen von menschlichen und mythologischen Lebewesen, Tieren und Pflanzen. Im Gegensatz zu den prähistorischen Gemälden in Europa blieben sie über die Jahrtausende an den heiligen Orten sichtbar und zeugen von einer außerordentlichen Kontinuität künstlerischen Arbeitens, die auch bei wenig dauerhaften Oberflächen wie dem Erdboden oder dem menschlichen Körper deutlich wird. Malereien auf der vergänglichen Rinde von Eukalyptusbäumen sind ausnahmslos jüngeren Datums und werden noch heute von den Einwohnern von Arnhemland hergestellt, denen wir im wesentlichen unsere Kenntnisse der Bildwerke verdanken. Sie sind Ausdruck eines Weltbildes, in dem es keine klaren Trennungen gibt zwischen Säkularem und Sakralem, Natürlichem und Übernatürlichem, ja nicht einmal zwischen Sichtbarem und Unsichtbarem. Manche zeigen in einer nur aus Australien her bekannten Weise, die an Röntgenbilder erinnert, sowohl das Äußere als auch das Innere von Tieren. Auf diese Weise wurden vermutlich im ersten Millennium vor Chr. etwa Fische auf einem Felsüberhang dargestellt, der sich auf dem Gebiet des heutigen Kakadu Nationalparks befindet (Northern Territory). Ein Ameisenbär, 1950 von NGULEINGULEI aus Gunbalanaya in Nord-Arnhemland gemalt, ist im Hinblick auf seine Konturierung naturalistisch erfasst; die Schnauze ist genau beobachtet, ebenso die hervorschießende Zunge, während die Eingeweide des Tieres auf schematischere Weise wiedergegeben sind ▸ 18.15. Andere Gemälde dieser Region aus derselben Zeit gleichen Plänen und Landkarten, etwa jenes, das von dem die Gumaidji-Sprache

18.15 NGULEINGULEI, *Ameisenbär*, um 1950, bemalte Baumrinde, 48 x 30 cm. Anthropology Research Museum, University of Western Australia, Perth.

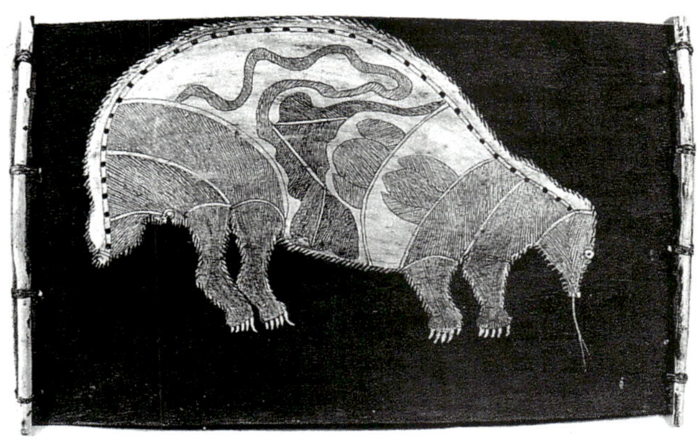

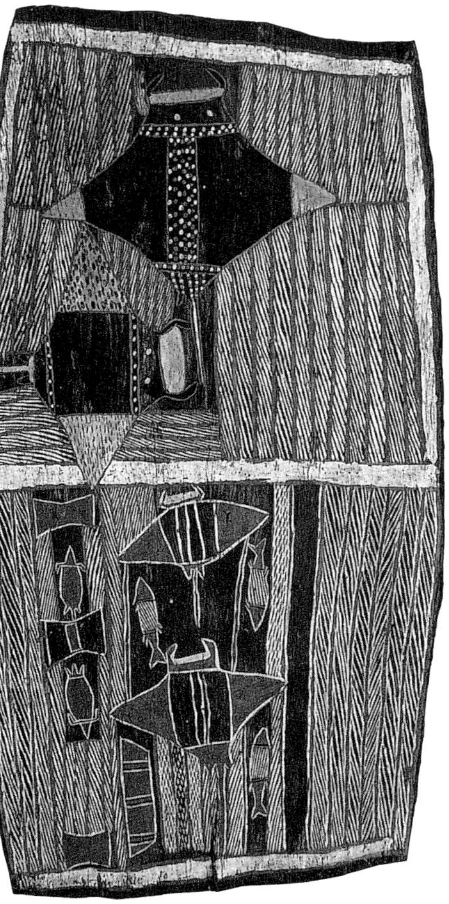

18.16 BUNNUGGA, *Seestück*, um 1950, bemaltes Holz, 42x84 cm. Anthropology Research Museum, University of Western Australia, Perth.

sprechenden Künstler BUNNUGA gemalt wurde und das das Meer mit Nagelrochen, Sonnenfischen, zwei Schildkröten und einem Janu inmitten der Riffe von Kap Arnhem in Australien darstellt ▸ 18.16.

Bilder dienten und dienen der Bewahrung des Ethos einer Gruppe. Alle Mitglieder einer Gemeinschaft lernten Zeichnen oder Malen als Teil ihrer Initiation in die Mysterien der Gruppe, von denen viele bis heute für Außenstehende ein Geheimnis sind. Aber auch der Akt des Malens konnte ein Ritual sein, am offensichtlichsten in der mit Assemblagen kombinierten Malerei auf Sand, die in der Wüste im Herzen Australiens gepflegt wurde. Die Stammesältesten sind die Hüter des Glaubens, der Moral sowie der Geheimnisse einer Gruppe, und daher sind sie auch deren wichtigste Künstler. Stile und Inhalte der Darstellung werden von der Tradition beherrscht, lassen aber dennoch Raum für individuellen Ausdruck. So gewährleisten sie beides, Wandel und Kontinuität, was vor allem in den Werken der letzten Jahrzehnte zum Ausdruck kommt. An die Stelle der roten und gelben Ockertöne, des weißen Kaolins und der schwarzen Holzkohle, der einzigen Farben, die früher zur Verfügung standen, sind künstliche Pigmente getreten, die auf einen festen Träger, die Leinwand, Papier oder Baumrinde aufgetragen werden. Nach wie vor arbeiten Künstler auch auf traditionelle Weise, bewegen sich um den auf dem Boden liegenden Bildträger herum und schaffen auf diese Weise Kompositionen, die sich von Staffeleibildern deutlich unterscheiden. Auch werden traditionelle Themen weiterhin dargestellt.

*Kleines Känguruh Tjukurrpa* (oder *Träumend*) von TIM LEURAH TJAPALTJARRI (um 1939–1984), der in Papunya im Herzen des Kontinents lebte, ist sowohl in geistiger wie in geografischer Hinsicht eine Art Landschaft ▸ 18.18. Die kreisförmige Scheibe in der Mitte, die Sickerwasser und einen heiligen Ort versinnbildlicht, der mit dem kleinen Känguruh-Felsen assoziiert wird, ist von Halbkreisen mit als Punkte dargestellten Zeremonieteilnehmern umgeben; mehrere ähnliche Konfigurationen bezeichnen Lagerplätze. Rechts davon befindet sich ein Schild, der für eine Zeremonie verziert ist, noch weiter rechts eine naturalistisch wiedergegebene Gruppe von Männern. Die Ecke links oben wird von einer großen Echse dominiert, deren Spuren ebenso wie die des kleinen Känguruhs in der Ecke links unten zu sehen sind. Die Jäger werden durch ihre Fußabdrücke und Waffen beschworen – Bumerang, Steinbeil, Keule und Speer. Der Hintergrund besteht aus sorgfältig aufgetragenen Punkten in den Farben Rauchgrau, Olivgrün, Gelb, Violett, roter Ocker und Umbra, die einen opalisierenden Schimmer erzeugen, als sähe man die Umgebung des Künstlers durch einen leichten Hitzeschleier hindurch. Es handelt sich um eines der vielen Bilder, die seit den 60er Jahren des 20. Jahrhunderts immer häufiger von Berufskünstlern, Frauen wie Männern, für den Kunstmarkt geschaffen wurden. Sie haben zur Stärkung künstlerischer Traditionen beigetragen, die sich seit der Ankunft der britischen Siedler und in jüngerer Zeit überdies durch die offizielle Politik der Assimilierug sowie der Urbanisierung vieler Aborigines, heftiger Bedrohungen zu erwehren hatte. Die Verbreitung dieser Werke hat die internationale Aufmerksamkeit auf die Werte der Aboriginеskultur gelenkt sowie auf die schwierige Lage dieser ihres Landes beraubten Bevölkerung.

## Der Nordwesten Amerikas

Der 1600 km lange Streifen der Nordwestküste Amerikas vom südlichen Alaska bis zum Staat Washington in den Vereinigten Staaten bildete eine ideale Umgebung für die Entwicklung dauerhafter Gemeinschaften. Trotz der nördlichen Breite ist das Klima gemäßigt. Das Land war ursprünglich so reich, dass sich die Bewohner vom Sammeln, von Fischerei und Jagd ernähren konnten, ohne auf Viehzucht oder Ackerbau zusätzlich angewiesen zu sein. Die ausgedehnten Wälder lieferten Holz für die Gebäude, Boote und für oft riesige Skulpturen. Die Rocky Mountains bildeten eine unüberwindliche Barriere für Plünderer. Die Geschichte des Gebietes vor 1770, als die Entdeckungsreisen der Europäer begannen, liegt im Dunkeln. James Cook war unter den ersten und sammelte die frühesten verbliebenen Beispiele der Kunst dieses Landes. Der amerikanische Nordwesten scheint in der Mitte des 1. Jahrtausends durch Stämme unterschiedlichen Ursprungs besiedelt worden zu sein, die sich verschiedener Sprachen bedienten und sich bis heute untereinander nicht verständigen können: im Norden die Tlingit, die Haida auf der Königin-Charlotte-Insel, die Tsimshian und Bella-Coola an der Küste sowie im Süden schließlich die Kwakiutl und die Nootka (auch als Nuuchanuta bekannt) auf Vancouver Island. Die Kultur, der sie angehörten, zeichnet sich nichtsdestoweniger durch eine große Einheitlichkeit aus, so dass sie ebenso von Polynesien wie von den Nomaden der nordamerikanischen Ebenen und Wälder unterschieden ist.

Die Völker Nordwestamerikas unterhielten einen regen Handelsverkehr und trugen Kriege aus. Diese Kontakte mögen teilweise für die Ausbreitung der kulturellen Eigentümlichkei-

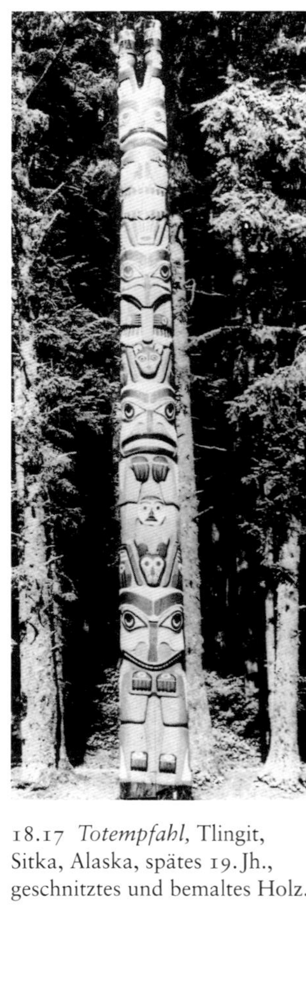

18.17 *Totempfahl*, Tlingit, Sitka, Alaska, spätes 19. Jh., geschnitztes und bemaltes Holz.

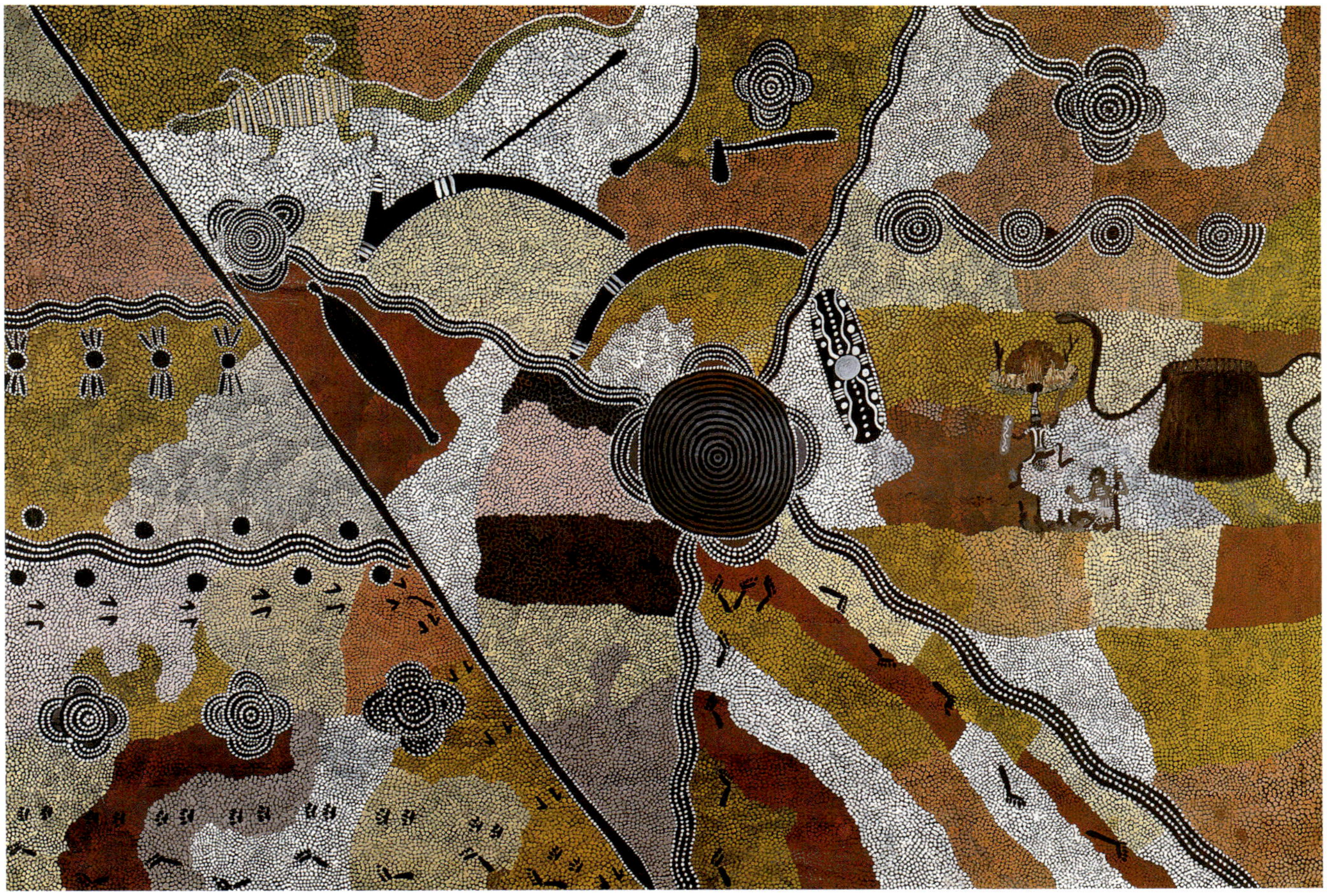

18.18 TIM LEURAH TJAPALTJARRI, *Kleines Känguruh Tjukurrpa*, 1982, Kunstharz auf Leinwand, 121 x 179 cm. National Gallery of Victoria, Melbourne.

ten und der künstlerischen Motive verantwortlich sein ▸ 18.19. Mit den Jägerstämmen Sibiriens teilten sie das schamanistische Ritual, die älteste Form des Magischen, die sie wahrscheinlich in ferner Vergangenheit von gemeinsamen Vorfahren geerbt hatten. Ungeachtet der verschiedenen Schöpfungsmythen und Vorstellungen von den höchsten Göttern erkannten alle die Macht der Schamanen an, mit den Geistern des Wassers und der Wälder Verbindung aufnehmen zu können, die Kranken zu heilen und die Zukunft vorherzusagen. Die Ausstattung des Schamanen mit Masken und anderen rituellen Objekten war eine Hauptaufgabe ihrer Kunst. Das übrige Schaffen ist weltlich und entspricht ihrem Interesse an der Erbfolge als der Grundlage ihrer vielschichtig ausgebildeten sozialen Strukturen.

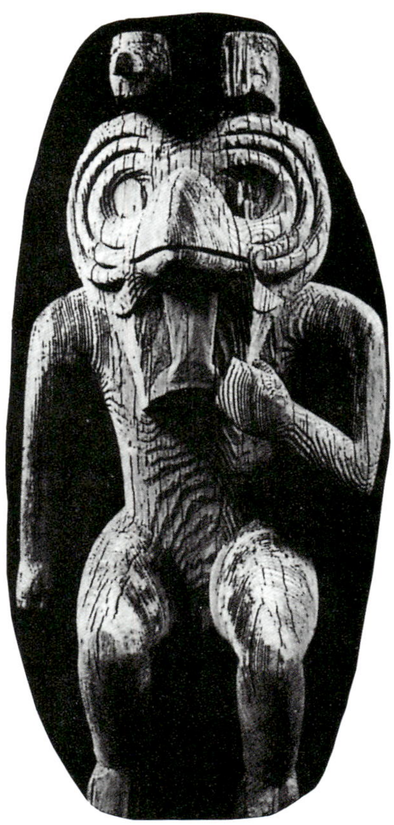

18.19 *Totemfigur*, Britisch-Kolumbien, Holz, Höhe 117,5 cm. Ethnologisches Museum, Berlin.

Die Tlingit und andere Volksgruppen verteilten sich auf selbständige Dorfgemeinschaften aus einer oder mehreren Familien, jede mit ihrem eigenen ›Häuptling‹, der seine Stellung über die mütterliche Herkunft erbte. Sie hatten keine zentralisierte politische oder religiöse Organisation, den Zusammenhalt garantierte ein durch Heirat entstandenes Geflecht von Verwandtschaftsbeziehungen. Männer und Frauen durften nicht innerhalb des Clans, in den sie hineingeboren waren, heiraten, um die Dominanz einer Familie durch ihren Reichtum zu verhindern. Obwohl untereinander politisch von gleichem Rang, wetteiferten ihre Häuptlinge in der Anhäufung von Reichtümern, speziell im ›Potlatsch‹, einem Fest, an dem Geschenke ausgetauscht ▸ 18.20 sowie die Mythen, mit denen die Geschichte der Familie verknüpft war, theatralisch aufgeführt wurden. Die ›Totem‹-Pfähle, das charakteristischste künstlerische Objekt des Nordwestens, waren gleicherweise sichtbare Zeichen des Prestiges und der Abstammung, durch die es erlangt wurde, wie die Wappen des europäischen Adels ▸ 18.17.

Diese prächtigen Skulpturen, die sich wahrscheinlich von den Grabstelen herleiten, wurden erstmals im späten 18. Jahrhundert von Reisenden beschrieben, doch stammen die ältesten erhaltenen erst aus der Mitte des 19. Jahrhunderts. Sie wurden aus einem einzigen Zedernstamm geschnitzt, und als

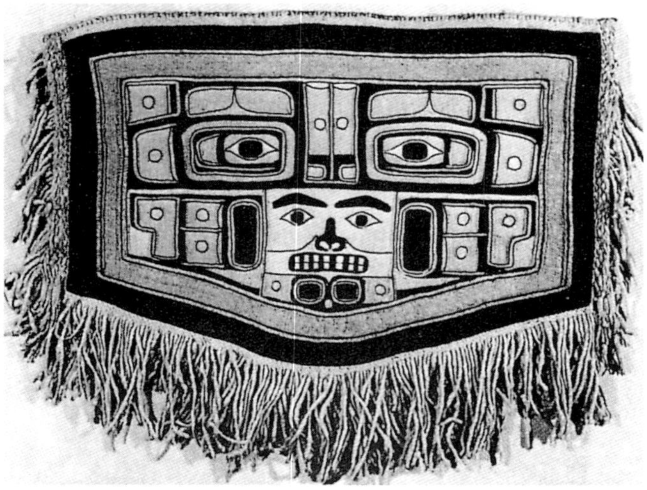

18.20 *Decke*, Tlingit, Alaska, gefärbte Wolle und Bast aus Zedernrinde, Höhe 56 cm. Museum of the American Indian, Heye Foundation, New York.

vermehrt Metallwerkzeuge zur Verfügung standen, wurden immer komplexere Kompositionen von bis zu 27 m Höhe möglich. Die dargestellten Figuren – Adler, Bären, Biber, Wale oder Seeungeheuer – waren Embleme des Häuptlings und seines Clans. Weder waren die Pfähle Objekte der Anbetung, noch bedeuteten die geschnitzten Tiere Totems, mit denen Einzelne in übernatürlicher Beziehung standen. Möglicherweise repräsentierten sie aber Schutzgeister. Die Pfähle sind symmetrisch angelegt; ihre einzelnen Bestandteile scheinen organisch auseinander hervorzugehen und bilden eine formale und symbolische Einheit. In dem Haida-Dorf Skidegate wurden außerhalb der Häuser, in denen die Großfamilien wohnten, Pfosten aufgestellt, die manchmal die Asche des eingeäscherten Häuptlings und ein Verzeichnis der ›Potlatschs‹ enthielten, die dieser veranstaltet hatte. Im Inneren der Häuser standen ähnliche, aber kürzere Pfosten. Die Bildhauer der Haida arbeiten aber bis heute auch in kleineren Formaten und schnitzen Holzmasken sowie winzige Figuren aus Argillit, einem schieferähnlichen Stein. Eine solche Kleinplastik illustriert den Mythos der Bärenmutter: Eine Frau windet sich im Todeskampf, während ein – teils menschliches teils an ein Bärenjunges erinnerndes Geschöpf – an ihrer Brust saugt ▸ 18.22.

Die Masken verfügen über die größte Formenvielfalt im Nordwesten, wo sie zum Gemeinschaftsleben wesentlich beitragen. Ihr Stil reicht vom fast abstrakten Symbolismus über Kombinationen aus menschlichen und tierhaften Zügen bis hin zu einem lebensnahmen Naturalismus, der manchmal an das Karikaturistische grenzt und bei Kriegshelmen der Tlingit bis an die äußerste Grenze getrieben wurde ▸ 18.21. Einige Unterschiede sind durch die verschiedenen kulturellen Kontexte zu erklären, in denen die Masken entstanden sind. Jedoch kann ihr Entstehungsort nicht immer ermittelt werden, da ihr Besitz zwischen den benachbarten Völkern durch Handel oder Krieg gewechselt haben dürfte. Obwohl sich die Schnitzer an traditionelle Regeln hielten, gleichen sich zwei Masken nie völlig. Selbst bei stilistischer Ähnlichkeit ist das handwerkliche

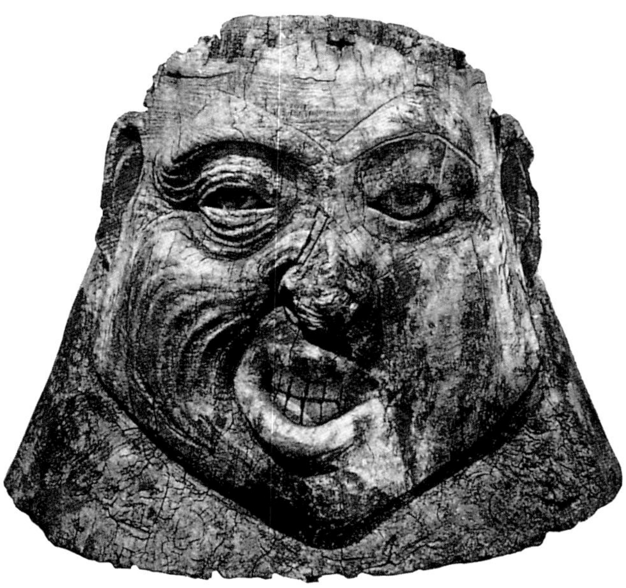

18.21 *Maske*, Tlingit, Südostalaska, frühes 19. Jahrhundert, Höhe 30 cm. American Museum of Natural History, New York.

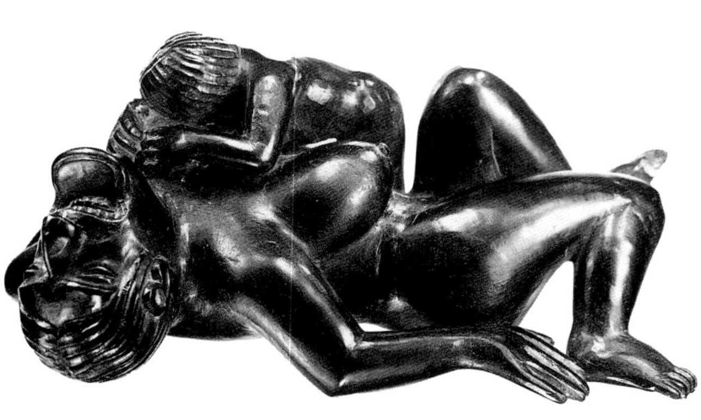

18.22 *Stillende Mutter*, Haida, aus Skidegate, Britisch-Kolumbien, um 1880, Argillit, Länge 14 cm. Smithsonian Institution, Washington.

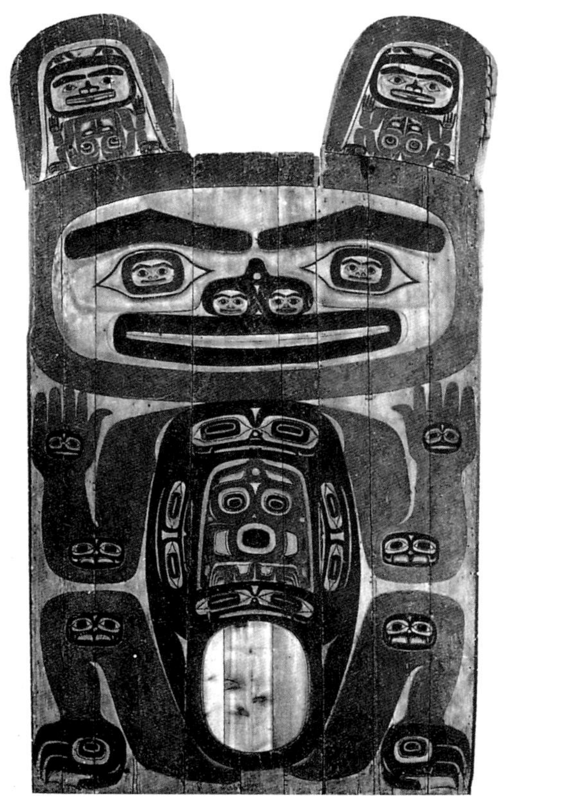

18.23 *Bären-Jagdschutz*, Tlingit, Alaska, um 1840, bemaltes Holz, 4,60 x 2,75 cm. Denver Art Museum.

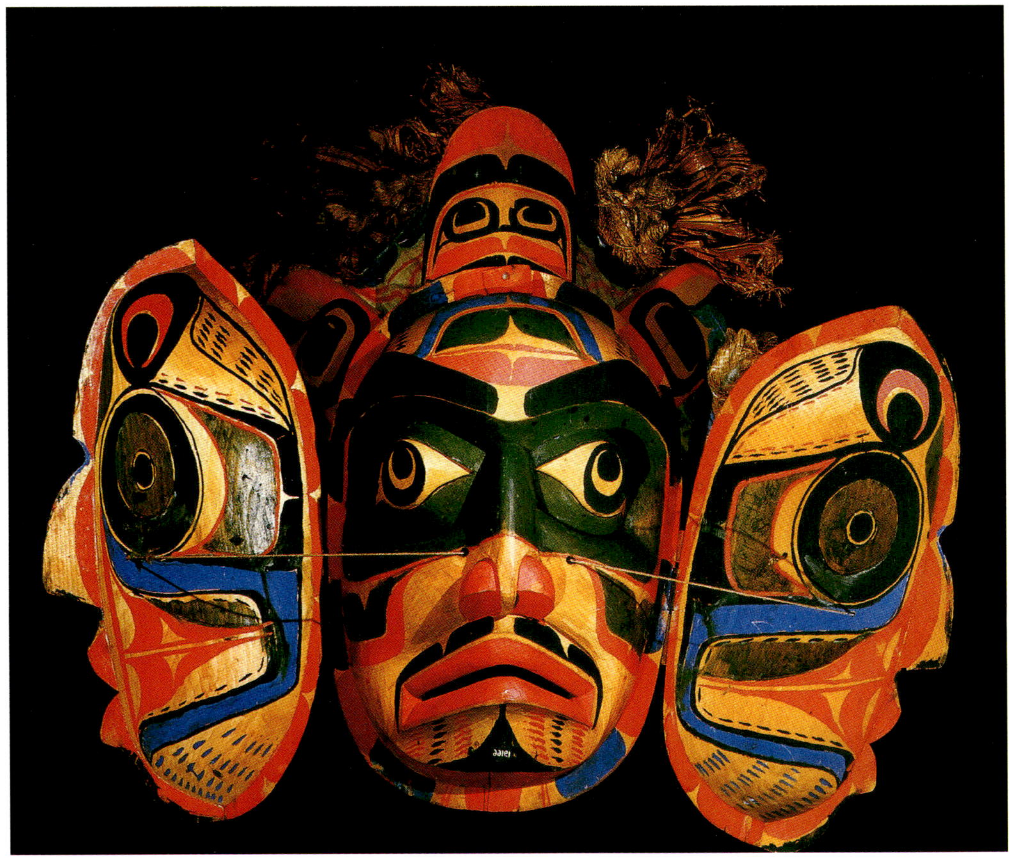

18.24 *Transformationsmaske*, Kwakiutl, spätes 19. Jh., geschnitztes und bemaltes Holz, Pflanzenfasern, Höhe 50 cm. Field Museum of Natural History, Chicago.

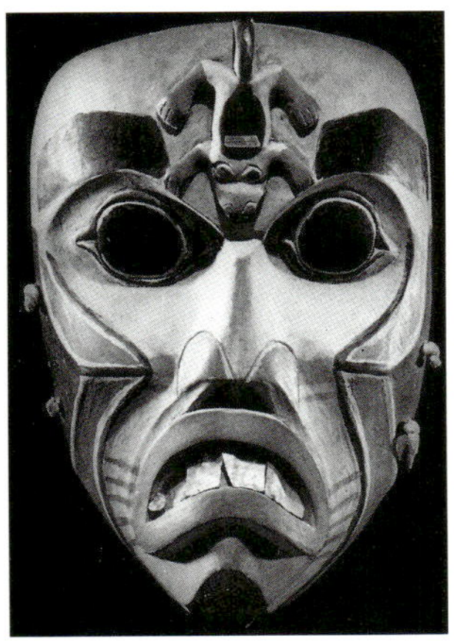

18.25 *Maske*, Tlingit, Alaska, Mitte 19. Jh., geschnitztes und bemaltes Holz, Muscheln, Höhe 23,5 cm. Musée de l'Homme, Paris.

Geschick oft sehr unterschiedlich. Bei der Tsimshian-Maske eines männlichen Gesichts kann die einfühlsame Modellierung um Augen und Mund, die zusammen mit der asymmetrischen Tatanierung auf Wangen und Stirn einen lebendigen Eindruck seelischer Qual wiedergibt, nur von einem Meisterschnitzer stammen ▸ 18.26.

Die Hauptunterschiede zwischen den Masken wurden von ihrem Zweck bestimmt. Manche stellten Häuptlinge und ihre Ahnen dar und wurden hergestellt, um bei einem Potlach zur Schau gestellt zu werden und als Erbstücke die Erinnerung zu bewahren. Obwohl sie offenbar die für verschiedene Gruppen typischen Gesichtstatauierungen dokumentieren, lässt sich schwer sagen, ob sie als Porträts im europäischen Sinn gedacht waren oder eher als verallgemeinernde Bilder, auch wenn Künstler der Haida in der Mitte des 19. Jahrhunderts Bildnisse schnitzten, die ihnen wahrheitsgetreue Darstellungen von Besuchern europäischer Abstammung zu sein schienen. Zum Teil ausgesprochen große Masken wurden in großer Zahl geschnitzt, um bei einer Art Tanztheater getragen zu werden, das die Mythen einer Kultur zur Anschauung brachte und die Erinnerung an sie wachhielt. Diese Darbietungen fanden gewöhnlich während der langen Winternächte in Innenräumen statt. Wenn die Zuschauer die Masken bei flackerndem Fackellicht erblickten, müssen diese eine Ehrfurcht einflößende, übernatürliche Präsenz gehabt haben. Transformationsmasken der Kwakuitl sind besonders aufwändig gestaltet; sie bestehen aus zwei Schichten, so dass ein Erzähler oder Schauspieler durch das Ziehen von Bändern die äußere öffnen und die innere Maske enthüllen kann, um damit etwa ein Seeungeheuer oder einen Bären in ein menschliches Wesen zu verwandeln. Das hier abgebildete Beispiel zeigt die halb geöffnete Maske einer untergehenden Sonne, hinter der ein grimassierendes menschliches Gesicht zum Vorschein kommt ▸ 18.24. Manche von ihnen repräsentieren Geister und sind deshalb mit jenen Masken verwandt, die Schamenen zu verschiedenen Anlässen trugen: bei der Voraussage der Zukunft, zur Wetterbeeinflussung, Krankenheilung oder bei der Leitung von Initationsfeiern. Viele Tlingit-Masken wurden für Schamanen hergestellt und stellen ihre Seelentiere dar ▸ 18.25. Indem sie Naturkräfte des Meeres, der Wälder oder des Himmels heraufbeschworen, vermittelten sie wie die Schamenen zwischen dem Leben auf Erden und den unergründlichen diesseitigen und jenseitigen Kräften.

Zu welchem Zweck auch immer, Masken wurden mit Sinn für die ausdrucksvolle skulpturale Form geschnitzt. Auf der anderen Seite waren Malereien bewusst flach und wenig naturalistisch. Sie zeigen hauptsächlich Tiere in Mustern, die rätselhafter Weise auf beiden Seiten des Pazifik in der Kunst auftauchen. Manchmal sind die Tiere gewissermaßen geöffnet,

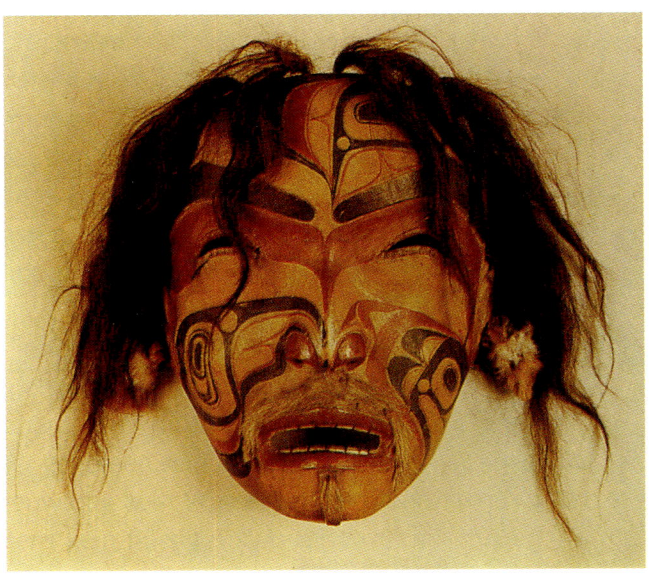

18.26 *Maske*, Tsimshian, um 1875, bemaltes Holz, Haar und Fell, Höhe 30,5 x 24,8 cm. Privatsammlung

# Die Maske eines Schamanen
## *Kunst und Magie*

Das Wort ›Schamane‹ wurde ursprünglich von den Tungusen, den Nomaden der Weiten Ostsibiriens, als Bezeichnung für einen Menschen verwendet, dessen Verbindung zur Geisterwelt ihn in die Lage versetzte, das Wetter zu kontrollieren, die Zukunft vorherzusagen und vor allem Kranke oder geistig Verwirrte zu heilen. Später fand das Wort auch andernorts Verwendung für Männer, selten Frauen, denen entsprechende übersinnliche Gaben zugeschrieben wurden. Der von ihm abgeleitete Begriff ›Schamanismus‹ jedoch ist in gewisser Weise irreführend, da er ein in sich geschlossenes Glaubenssystem suggeriert, das sich in früher Zeit herausgebildet und über die Welt verbreitet habe. An manchen Orten kam dem Schamanen die Rolle eines Priesters zu. Doch die Schöpfungsmythen und Kosmologien der Kulturen, in denen sie ihr Amt ausübten, darunter die der autonomen Gemeinschaften im Nordwesten Amerikas, waren von großer Vielfalt, und manchmal bekleideten Schamanen eine Stellung neben den Führern organisierter Religionen, insbesondere des Buddhismus und Taoismus. Die Geister, mit denen sie in Verbindung standen, bewohnten in der Regel ein Zwischenreich zwischen den Sterblichen und den Schöpfergottheiten.

Ein Mann wurde zum Schamanen – oder behauptete, einer geworden zu sein – infolge eines Berufungserlebnisses, manchmal auch indem ihm das Amt von einem Verwandten (einem Onkel mütterlicherseits in matrilinearen Gesellschaften) vererbt wurde, worauf meist eine Lehrzeit bei einem anerkannten Schamanen folgte. Die Geschichte eines Inuit-(Eskimo-)Schamanen ist typisch. Auf dem Heimweg von einem Sommerzeltlager zu seinem Dorf sah er, wie sich ein im Vorjahr verstorbener Schamane in einem Boot vom Mond herab senkte. Dieser Schamane verwandelte sich anschließend in eine groteske Gestalt mit einem großen Auge, das auf den Inuit zu tanzte. Dieser rannte zwar weg, musste aber feststellen, dass er von ihm besessen war und einige Monate später seinerseits von den Bewohnern seines Dorfes als Schamane anerkannt wurde. Bei den Tlingit zog sich ein Mann, der die Möglichkeit geerbt hatte, ein Schamane zu werden, in die Berge zurück, wo er sich ausschließlich von Wurzeln und Blättern ernährte, bis er einem Geist begegnete und sich dessen Hilfe versicherte. Bei diesen Geistern handelte es sich meist um die Seele eines Meeressäugetieres oder Landtieres, wobei die des Landotters die mächtigste war. In seiner Stellung als Schamane wurde er bestätigt, wenn ihm eine Heilung gelungen war, was von seinem Glauben an die eigene Zauberkraft und demjenigen des Kranken abhing sowie von den Erwartungen der Gemeinschaft, innerhalb derer die Beziehung zwischen den beiden angesiedelt war. Ein Schamane konnte auch Hexen abschrecken, die Wanderung von Jagdtieren vorhersagen, Kriegszüge begleiten und beraten sowie Übergangsriten leiten, d. h. Geburt, Initiationen und Tod beiwohnen.

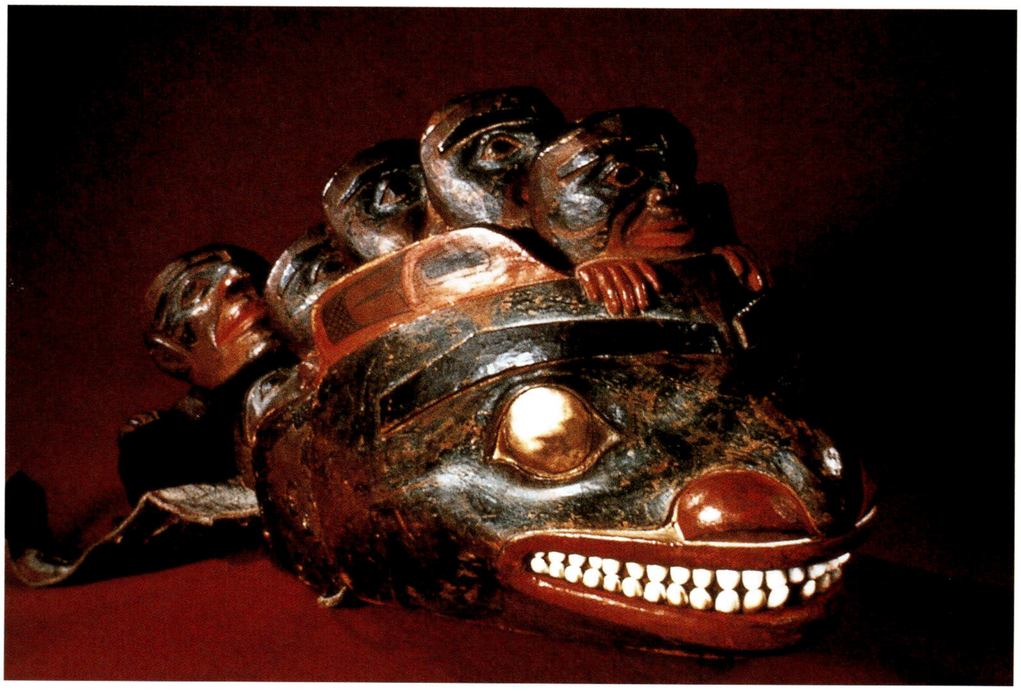

18.27 *Schamanenmaske eines Wassergeistes*, Tsimshian, um 1850–1875, geschnitztes und bemaltes Holz, Höhe 54,6 cm. Royal Ontario Museum, Toronto.

Bei aller Bedeutung, die den Schamanen unter den Nomaden Zentral- und Nordostasiens zukam, waren die Gegenstände ihrer Ausrüstung – Kostüm, Trommel etc. – gleichwohl nicht für die Ewigkeit gemacht. Nur unter den sesshaften Gemeinschaften des Nordwestens Amerikas hinterließen sie Spuren in Form dauerhafter Artefakte, insbesondere geschnitzte Holzmasken, die ihr Ethos eindrucksvoll dokumentieren. Diese zählen zugleich zu den fesselndsten Werken der Bildhauerei überhaupt, ohne dass eine derartige Wirkung angestrebt war: Sie sollten den Schamanen lediglich mit seinem Geisterhelfer identifizieren, was allerdings durch eine gekonnt geschnitzte und bemalte Maske zweifellos am besten gelang. Der Schamane verfügte über mehrere Masken für verschiedene Gelegenheiten. Manche zeigen lebensechte menschliche Gesichter ▸ 18.26. Andere wieder beziehen Tiergestalten ein ▸ 18.25. Die meisten Masken haben hauptsächlich zoomorphen Charakter, so etwa die Tsimshian-Maske eines Wassergeistes mit der Schnauze eines Wals, aus der hinten fünf menschliche Köpfe ragen ▸ 18.27. Masken wie diese wurden entweder vom Schamanen selbst oder von unter seiner Aufsicht arbeitenden Schnitzern gefertigt, um die Geister darzustellen, mit denen er kommuniziert hatte. Trotz dieses personengebundenen Ursprungs wurden sie in der Regel offenbar von Generation zu Generation weitergegeben. Die Maske verwandelte den, der sie trug, und ohne sie unterschied sich der Schamane nicht von den übrigen Angehörigen seiner Gemeinschaft.

und ihre Hauptzüge finden sich auf einer flachen Oberfläche ausgebreitet. Dieses Kunstgriffs bedienten sich sowohl die Chinesen als auch die Maori in Neuseeland ▸ 18.7. Körpereigenheiten des einen Tieres wurden wie im Tierstil der Skythen einem anderen einverleibt (s. S. 149 ff). Im Bild eines Braunbären ▸ 18.23 starren Gesichter aus den Ohren, Augen, Nasenlöchern, Pfoten und Gelenken. Um diesem Bild, das aus einer parallel zur realen Wirklichkeit bestehenden Welt heraufbeschworen ist, Monumentalität zu verleihen, wurde Großformatigkeit mit großzügiger Flächengestaltung und einfachem Farbschema kombiniert. Der Braunbär war ein Clanzeichen der Tlingit. Dieses Bild befand sich an der Innenwand eines Häuptlingshauses in Wrangell, Alaska, und wurde um 1840 ausgeführt; es soll aber nach einem alten Vorbild kopiert worden sein.

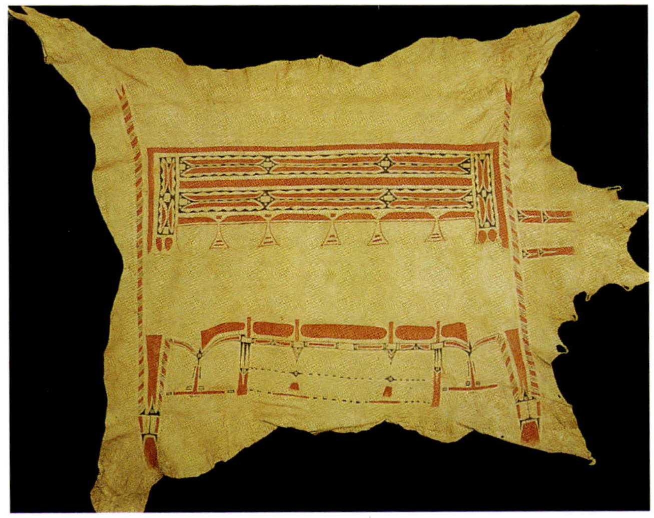

18.28 *Bemalte Büffelhaut*, Dakota Sioux, 135 x 185 cm. Linden-Museum, Stuttgart.

## Die nordamerikanischen Plains und die Trockensavannen

Eine Büffelhaut ▸ 18.28, die 1830 von einem europäischen Entdeckungsreisenden erworben wurde, ist ein bemerkenswertes Beispiel für die Kunst der Sioux, die in den großen Zentralplains Nordamerikas lebten. Für einen Außenstehenden ist es eine wohldurchdachte abstrakte Komposition aus einigen schwarzen und roten Elementen, die auf der leeren Fläche so platziert sind, dass sie die Weite des offenen, winddurchfegten Landes andeuten könnten. Einige andere Gewänder haben ähnliche ›Kasten- und Bordüren-Motive‹. Sie wurden von Frauen bemalt und während der Pubertätsriten von Mädchen getragen. Zweifellos hatten die Zeichnungen eine symbolische Bedeutung, die wahrscheinlich mit der Erde und der Idee einer Erdmutter zusammenhing und nur den Eingeweihten bekannt war. Anthropologen haben herausgefunden, dass in Nordamerika Männer, Frauen und Mitglieder der Nachbarstämme Symbole verschieden interpretierten. Spätere Beispiele für solche Gewandmalereien neigen zu größerer Farbigkeit, und manchmal wurden sie mit europäischen Glasperlen geschmückt.

Mitte des 19. Jahrhunderts bildeten die Sioux eine große Gruppe von Stämmen, die in Dakota, Minnesota und Nebraska lebten. Sie sprachen Dialekte derselben Sprache (Siouan) und teilten eine Kosmologie, die den Glauben an einen Großen Geist und die Macht der Schamanen (die manchmal auch Stammeshäuptlinge stellten) einschloss. Ihre Gesellschaften waren hierarchisch gegliedert, dominiert von polygamen Männern. Die Frauen widmeten sich dem Haus und künstlerischen Tätigkeiten mehr als die Männer, die oft auf die Jagd und Kriegszüge gingen. Diese Völker der Plains scheinen ein friedliches, halbagrarisches Leben geführt zu haben, bevor Europäer in ihr Land eindrangen. Sie schleppten nicht nur tödliche Krankheiten ein, sondern brachten auch Pferde und Feuerwaffen. Pferde, die aus den spanischen Kolonien importiert wurden und von denen es bis in das späte 18. Jahrhundert nur wenige gab, veränderten das Leben völlig: Die Jagd auf Büffel wurde erleichtert, und die steigende Mobilität ermutigte zur territorialen Expansion mit der Folge, dass Stämme, die weit entfernt voneinander lebten, sich einander in Kriege verwickelten. Die größere Beweglichkeit spiegelte sich bald auch in den Künsten wieder. Viel Aufmerksamkeit wurde Pferdedarstellungen gewidmet. Pferde wurden auf Büffelroben dargestellt, um die Heldentaten der Männer zu dokumentieren, die sie trugen. Das geschnitzte galoppierende Pferd, das sich, einen Reiter auf den Rücken (verloren), beinahe in die Lüfte

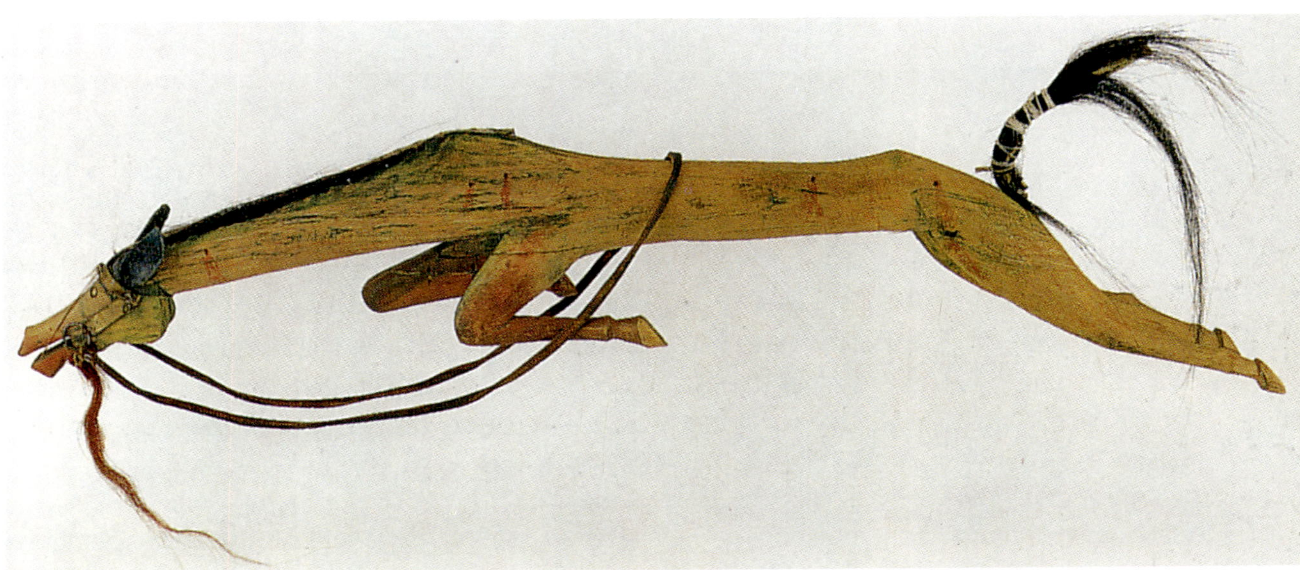

18.29 *Bildnis eines Pferdes*, Dakota Sioux, Holz, Leder, Pferdehaar, Farbe. South Dakota State Historical Society, Pierre, South Dakota.

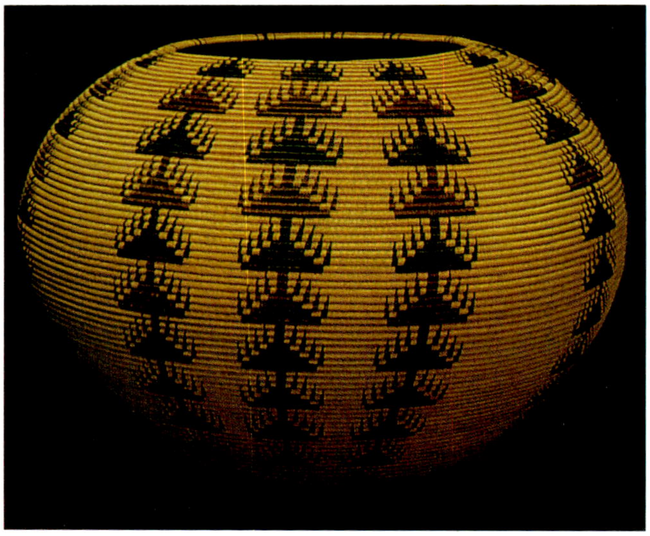

18.30 DAT SO LA LEE, *Flechtkorb*, 1918, Weide, Farnkraut, Rinde. Clark Field Collection, Philbrook Art Center, Tulsa, Oklahoma.

erhebt, ist jedoch einzigartig in der nordamerikanischen Kunst ▸ 18.29. Da der Raub von Pferden eines der Ziele von Kriegszügen war, wurde diese Figur wahrscheinlich bei Siegestänzen zur Schau gestellt. Sie wurde von der Missionarin Mary C. Collins aufbewahrt, die bei den Sioux lebte. Sie war mit Sitting Bull befreundet, dem großen Schamanen, Häuptling und einer der Führer der Geistertanz-Bewegung. Letztere führte tragischerweise zur Dezimierung seines Volkes und der Einweisung der Überlebenden in Reservate.

Gebrauchsgegenstände der amerikanischen Ureinwohner unterschieden sich voneinander so sehr wie die Landschaften und kulturellen Strukturen der Gesellschaften, in denen diese lebten. Viele waren aus unbeständigen Materialien gefertigt, und ihre Geschichte kann kaum über den Zeitpunkt hinaus zurückverfolgt werden, als sie erstmals von Außenstehenden erworben wurden. Im Südwesten jedoch sind wegen des trockenen Klimas Körbe erhalten geblieben, die bereits im 8. Jahrtausend v. Chr. entstanden. Ebenso wurden dort, wie nirgends sonst in Nordamerika, Töpferwaren hergestellt. Die Korbflechterei wurde hauptsächlich von Frauen mit großem technischen Variantenreichtum praktiziert, der von der Verfügbarkeit der Materialien abhing. Ähnlich wie die Gefäßkeramik auf der ganzen Welt dienten Körbe vorrangig der Aufbewahrung. Erst im späten 19. Jahrhundert, zu einer Zeit als das Kunsthandwerk allgemein neu bewertet wurde, begannen europäischstämmige Amerikaner zu erkennen, dass diese Körbe einen der Keramik vergleichbaren künstlerischen Wert haben. Dies führte zu ihrer Produktion speziell als Sammelobjekt und nicht als Gebrauchsgegenstand.

Frauen der Washoe, ein Volk von Jägern und Sammlern, das um den Tahoe-See an der Grenze zu Nevada und Kalifornien lebte, hatten zuvor eher derbe Körbe für den Hausgebrauch gefertigt und versuchten nun für diesen neuen Markt zu produzieren. Die berühmteste, DAT SO LA LEE (das bedeutet ›breite Hüfte‹), wobei sie es vorzog, unter ihrem englischen Namen, LOUISA KEYSER (1850–1925) bekannt zu werden, wurde von den Inhabern eines Bekleidungs- und Raritätenkaufhauses in Carson City, Nevada, beschäftigt. Ab 1895 versorgten sie sie im Austausch für ihre gesamte Produktion mit Essen, Unterkunft und medizinischer Betreuung. In diesem Umfeld entwickelte sie ihre künstlerische Begabung, kreierte eine neue Technik und eine ganz eigene Ornamentik. Der *degikup* oder Opferkorb, für den sie 1917/18 fast ein ganzes Jahr benötigte, um ihn aus Weide, Judasbaum und Adlerfarn in einer selbst entworfenen, außergewöhnlichen Form zu flechten, ist eines der bedeutendsten Werke der Korbflechterei, zugleich ein ungewöhnlich erfolgreiches Zeugnis der Akkulturation, der Veränderung einer Kultur unter der Einwirkung einer anderen ▸ 18.30.

## Afrika

Die Kunst Afrikas südlich der Sahara erlaubt ebenso wenig Verallgemeinerungen wie die Kunst der gesamten Menschheit. Sie weist eine Vielfalt von Funktionen, Mitteln und Stilen auf, die ebenso komplex wie auf anderen Kontinenten ist. Auch entwickelte sie sich nicht in totaler Isolierung von Europa und Asien. Die Afrikaner trieben Überseehandel, lange bevor die Europäer ins Innere des Kontinents vorstießen. Materialien wurden importiert und Techniken übernommen. An der Westküste wurden vor allem Elfenbeinschnitzereien spätestens seit dem frühen 16. Jahrhundert für den Export hergestellt. Im Übrigen stand die Kunst Afrikas vielfach mit den religiösen Riten, die den Kult von Ahnen und Gott-Königen mit einschlossen im Zusammenhang, oder sie genügte dem Bedürfnis nach Wohlstands- und Statussymbolen. Religiöse Überzeugungen besaßen eine jeweils lokale Ausprägung; es gab keine einheitliche Religion mit einer eindeutig bestimmten Ikonographie. Selbst in Gebieten, in denen seit dem Mittelalter der

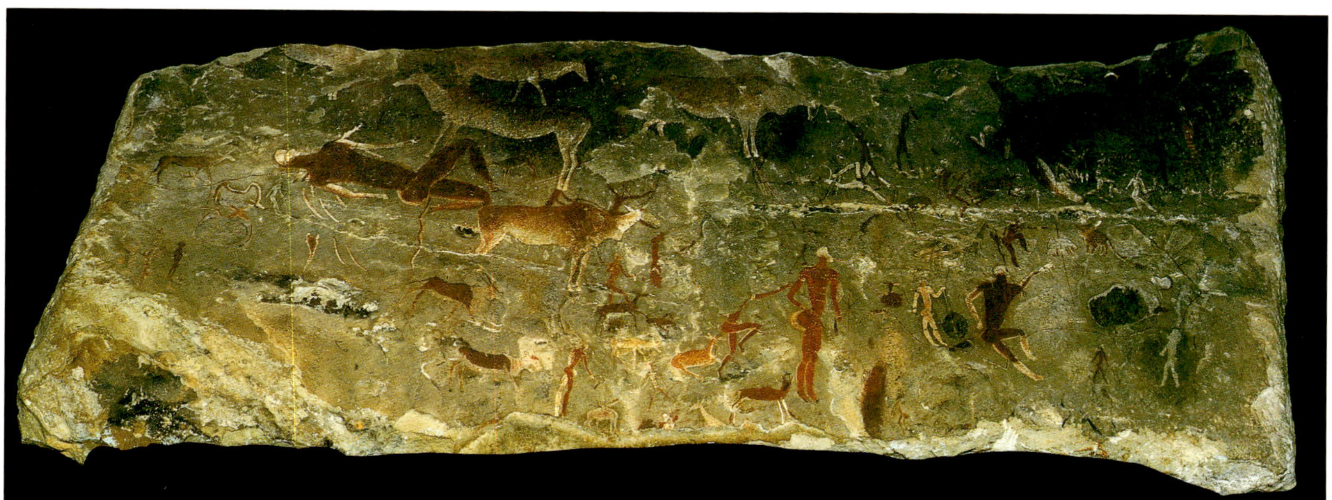

18.31 *Schamanen und Tiere*, 18.–19. Jh., Ocker und andere Farbpigmente auf Stein, 85 x 205 cm. South African Museum, Kapstadt.

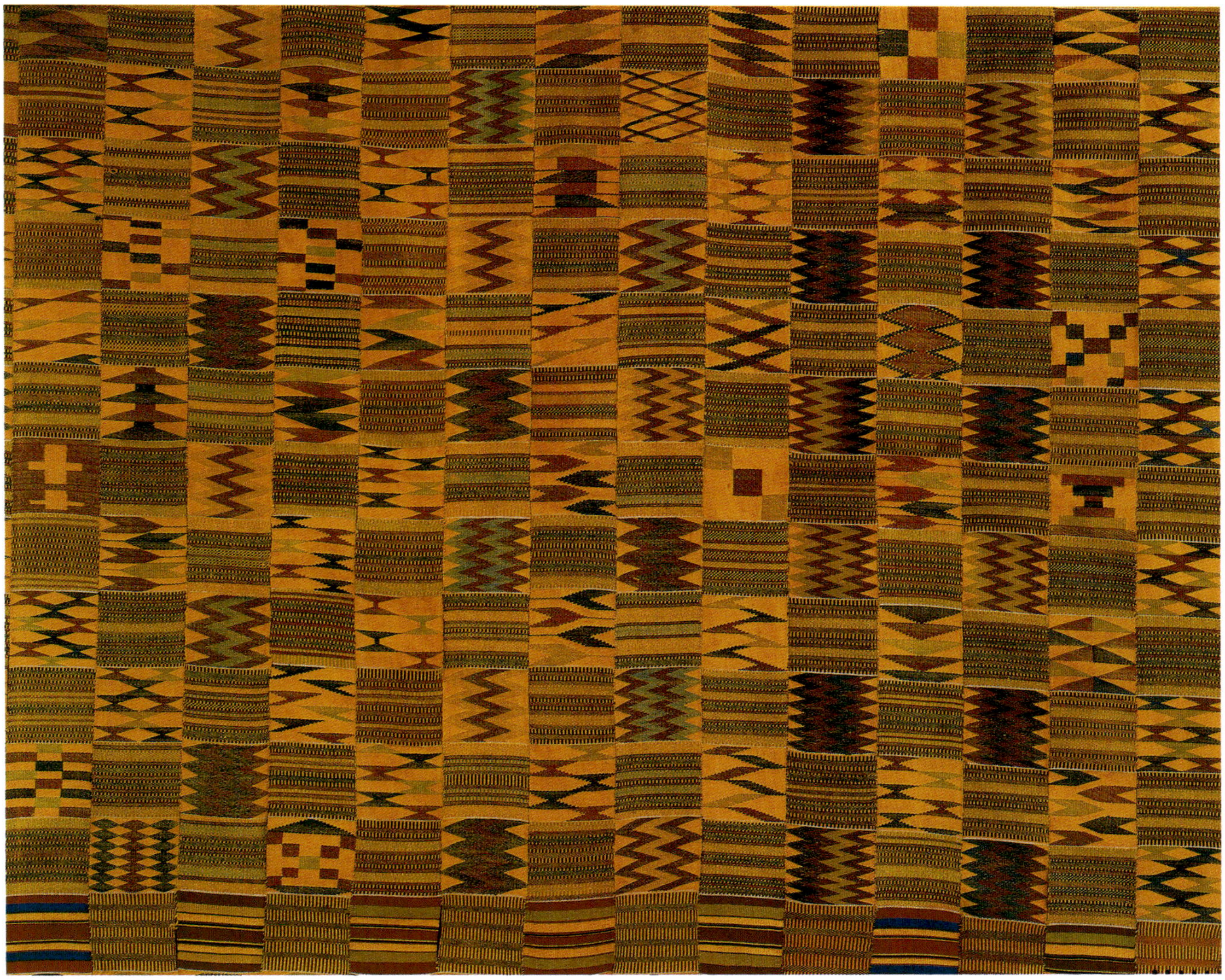

18.32 *Kente-Stoff*, Ausschnitt, Ashanti, Ghana, 19. oder 20. Jh., Baumwolle und Seide, 179 x 180 cm. Fowler Museum of Cultural History, University of California, Los Angeles.

Islam als offizielles Glaubensbekenntnis vorherrscht oder wo es seit Mitte des 19. Jahrhunderts eine christliche Mehrheit gibt, überlebten animistische und pantheistische Kulte. Des Weiteren haben viele ethnische Gruppen mit eigenen Sprachen die afrikanische Kunst hervorgebracht. Sie entstand innerhalb verschiedenster sozialer Gebilde: von kleinen Stammesgemeinschaften bis zu den zentralistisch organisierten Königtümern wie Benin, Dahomey oder dem der Ashanti.

Die Künstler Afrikas verwendeten alle üblichen Materialien: Stein, Metall, Holz, Elfenbein, verschiedene Farbpigmente, ebenso Hörner und Zähne von Tieren, Federn, Muscheln und getrocknete Gräser. Die figürlichen Darstellungen im südlichen Afrika entstanden über einen sehr langen Zeitraum, von kleinen Kohle- und Ockerbildern von Tieren auf Schieferstücken aus der Zeit um 25 000 v. Chr. bis zu den mehr als 15 000 Felszeichnungen, die bis Ende des 19. Jahrhunderts von verschiedenen, unter dem Oberbegriff San (früher Buschmänner genannt) zusammengefassten Jäger- und Sammlergruppen hergestellt wurden. Dass sie gewisse Ähnlichkeiten mit den zur gleichen Zeit entstandenen Felszeichnungen in Australien aufweisen (s. S. 676 ff.), ist lediglich ein Zufall, wenn auch ein interessanter. Wie die Felsritzungen im Norden Afrikas ▸ 1.20 und im Gegensatz zu den prähistorischen Höhlenmalereien in Europa waren sie während des gesamten Zeitraums zugänglich und trugen so zur Bewahrung bildlicher Darstellungstraditionen bei. Das Innere einer Felsenhöhle in den südlichen Drakensbergen (Südafrika) wurde wahrscheinlich im späten 18. Jahrhundert mit Bildern von Menschen – darunter auch Schamanen und Tiere, insbesondere der Elenantilope, mit der man vielfältige symbolische Assoziationen verband – ausgeschmückt ▸ 18.31. Schamanen können Kranke heilen, Tiere, die eine Hauptnahrungsquelle bildeten, anlocken, Regen machen und im Tancezustand in die Welt der Geister eintreten, indem sie ihre eigenen Körper verlassen und in den eines Tieres schlüpfen. Auf dem hier gezeigten Fragment sind sie in verschiedenen Haltungen dargestellt. Einer von ihnen liegt in Trance am Boden, während sich seine Füße in Hufe verwandelt haben.

Abgesehen von Schilden und Gewändern aus Rindenbaststoff waren Bilder auf beweglichen Oberflächen bis vor kurzem ungebräuchlich. Die wichtigste zweidimensionale Kunstform waren Textilien, die mit hoher Meisterschaft und außerordentlichem Gespür für Farbe und Musterung geschaffen wurden. Die Webkunst hatte sich zu Beginn des 17. Jahrhunderts zu einer ungegenständlichen Kunstform entwickelt ▸ 12.25. Im Königreich der Ashanti (im modernen Ghana), im Laufe des 18. Jahrhunderts sehr mächtig und wohlhabend geworden, stellte man einige der schönsten, als ›kente‹ bezeichneten Textilien aus Baumwolle und seit Beginn des 19. Jahrhunderts auch aus Seide her. Diese gewann man durch Auftrennen europäischer und chinesischer Stoffe, aus deren Seide man dann ganz anders gestaltete Textilien wob ▸ 18.32. Lange, auf horizontalen Webstühlen hergestellte Streifen wurden zu großen Tüchern zusammengenäht, die man wie eine

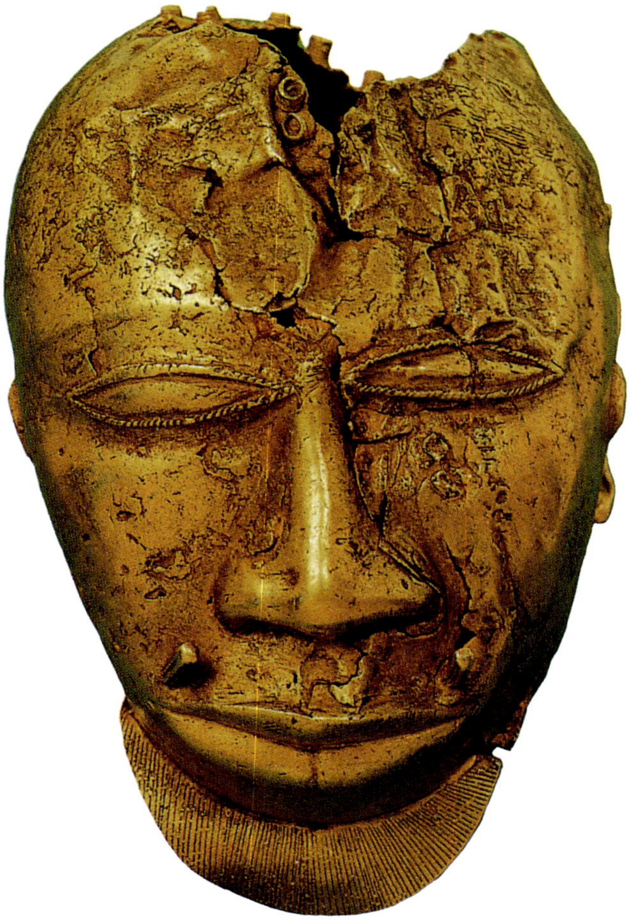

18.33 *Kopfplastik*, Ashanti, Ghana, vor 1870, Gold, Höhe 17,5 cm. Wallace Collection, London.

Toga trug. Große Kunstfertigkeit wurde auf den Umgang mit farbigen Kett- und Schussfäden verwandt, mit denen man rechteckige Muster schuf, die mit verschiedenen (teilweise symbolischen) und durch die Webart bestimmten Motiven gefüllt waren, so dass es sich bei jedem Stück um ein einzigartiges Kunstwerk handelte, das einen Titel erhielt: ›Kunstfertigkeit ist erschöpft‹ lautet derjenige des hier abgebildeten Kente-Stoffs. Die als ›adwinasa‹ bezeichnete Seide war dem König vorbehalten, der die erste Wahl treffen durfte, sowie den örtlichen Stammesfürsten. Baumwollstoffe mit ähnlichen Mustern wurden aber auch zum allgemeinen Gebrauch angefertigt, und werden in Ghana noch heute von Hand gewebt, wenn auch inzwischen nicht mehr nur mit natürlichen, sondern auch mit synthetischen Fasern.

Der wichtigste Beitrag Afrikas zur Kunst liegt im Bereich der Skulptur: Schreinfiguren, Machtattribute und Masken bis hin zu Sitzen und anderen Möbeln, die nicht nur Gebrauchszwecken dienten. Figürliche Skulpturen entstanden spätestens seit der Mitte des ersten Jahrtausends v. Chr. (s. S. 149 ff.), und die Kunst des Metallgusses war bereits im 9. Jahrhundert n. Chr. perfektioniert (s. S. 486 f.). Am Hof der Obas von Benin wurden ab dem 15. Jahrhundert Messingfiguren (Köpfe und Reliefs) gegossen, bis die Stadt 1897 von den Briten geplündert wurde und sich ihre Schätze der Welt auf dramatische Weise offenbarten. Im Reich der Ashanti florierte ab dem 17. Jahrhundert die kleinformatige Metallskulptur. Ein eindrucksvoller Goldkopf war einer von mehreren, mit denen man feindlicher Führer gedachte, die bei der Unterwerfung benachbarter Völker erschlagen worden waren ▸ 18.33. Die Augen sind geschlossen, und ursprünglich befand sich vor dem Mund ein Knebel, der von zwei vorspringenden Stiften herabhing. Er war Teil des Königsschatzes in der Hauptstadt Kumasi, die 1874 von den Briten geplündert wurde. Die Ashanti sind auch für eine für Afrika ungewöhnliche säkulare und populäre Kunst berühmt. Kleine Gewichte zum Wägen von Goldstaub wurden in der Gestalt von lebhaft bewegten menschlichen und tierischen Figuren gegossen, die manchmal Sprichwörter illustrieren und vom 17. bis zum Beginn des 20. Jahrhunderts hergestellt wurden.

Zwischen dem Reich der Ashanti und dem Königreich Benin (jetzt der Südwesten Nigerias, Benin und Togo) lag das Land der Yoruba – eine der größten ethnischen Gruppen Afrikas –, das im 16. Jahrhundert als Oyo-Königreich vereint war. Im frühen 19. Jahrhundert jedoch zerfiel dieses Gebiet in kleine Staaten mit einem religiösen Zentrum in Ife. Ihre Herrscher scheinen bei der Ausschmückung ihrer Paläste miteinander gewetteifert zu haben. Geschnitzte Verandapfosten und Türen lassen einen Stil erkennen, der sich wahrscheinlich aus der Kunst Ifes ableitet, obwohl von ihr das dazwischen liegende Jahrtausend nur sehr wenig überdauert hatte. Trotz dieser Kontinuität kam es auch zu einem Wandel, der den politischen Umständen und der individuellen Leistung der Künstler zu verdanken ist und der in den Werken des späten 19. und des frühen 20. Jahrhunderts ganz offensichtlich wird. Die Türflügel vom Palast des *ogga*, des Königs von Ikere (Nigeria), zeigt ein neues Motiv: Der rechte Flügel stellt den Besuch eines britischen Kolonialbeamten um 1895 dar ▸ 18.34. Er wird in einer Sänfte getragen. Der Bildhauer war OLOWE VON ISE (gest. 1938), der ähnliche Türen für andere Yoruba-Herrscher schnitzte. Vermutlich hatte er damit begonnen, Figuren im Hochrelief zu schnitzen, deren Köpfe sich vom Untergrund abheben. In der gleichen Zeit eigneten sich jedoch auch andere Yoruba-Bildhauer, deren Namen überliefert sind, verschiedene Stile an. Sie alle waren auf weltliche Themen spezialisiert, die einen persönlicheren Ausdruck erlaubten als religiöse Bilder, die mit der spirituellen Welt und den Traditionen einer Gruppe zusammenhingen, in die Heranwachsende initiiert wurde. Solche Werke wurden danach bewertet, inwieweit sie dem Kult dienlich waren und nicht zwingend nach ihrem künstlerischen Wert. Traditionell trat die Individualität des Bildhauers vor dem Zweck seiner Schöpfung zurück.

Eine hölzerne Schale, die im frühen 17. Jahrhundert von einem deutschen Sammler erworben wurde (heute im Ulmer Museum), ist beinahe mit jenen identisch, die die Yoruba gut 300 Jahre später geschnitzt haben: ein exemplarischer Fall, der zeigt, über welche Zeiträume in Afrika Kontinuität möglich war. Doch gibt es Anzeichen von Wandel ebenso wie für Kontinuität. Die afrikanische Kunst des 19. und frühen 20. Jahrhunderts ist das Ergebnis eines langen Entwicklungsprozesses, beeinflusst von umfangreichen Völkerwanderungen, vom Aufblühen und Verfall der Staaten, von der Einführung fremder Materialien und Techniken und von den Intentionen einzelner Künstler.

Kontinuität und Wandel treten bei einzigartigen magischen Figuren offen zu Tage, die früher als ›Fetische‹ bezeichnet wurden (ein Begriff, der wegen der gänzlich anderen Bedeutung, die er in der Psychologie angenommen hat, in diesem Zusammenhang nicht länger verwendet wird). Sie entstanden in Zusammenarbeit zwischen Bildhauern, Auftraggebern, die die natürlichen oder übernatürlichen Mächte zu beherrschen

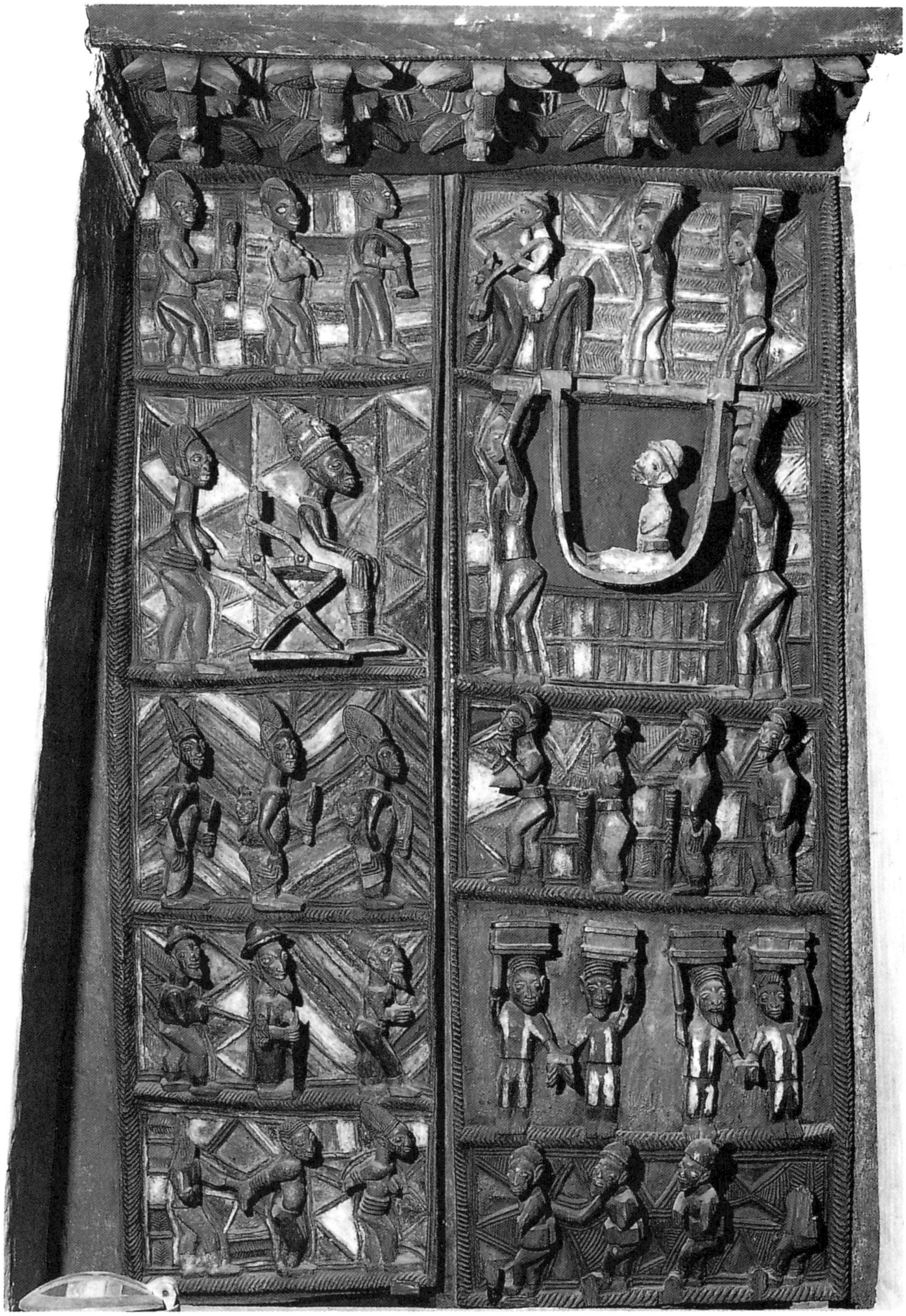

18.34 OLOWE VON ISE, *Portal zum Palast des Königs von Ikere*, Nigeria, um 1916, bemaltes Holz, Höhe 2,13 m. British Museum, London.

suchten und Wahrsagern, die Substanzen zur Verfügung stellten, denen traditionell magische Eigenschaften zugeschrieben wurden. Häufig enthielten die Figuren Spiegelglas, das frühstens ab dem 16. Jahrhundert, meist jedoch wesentlich später nach Afrika gelangt war. Man glaubte, dass die bösen Geister schlechter Menschen durch Reflexionen ihrer selbst abgeschreckt würden oder dass der Spiegel das Bildnis des Betrachters sozusagen verschlingen würde, so dass dieser durch die magischen, in die Figur integrierten Substanzen zerstört würde. Spiegelglas lieferte ein vollkommeneres Spiegelbild als polierte Steine oder Muscheln, die vermutlich früher benutzt worden waren. Diese Zauberfiguren wurden jedoch nicht angebetet und verehrt wie Kultfiguren (oder die mit diesen mehr oder weniger vergleichbaren Reliquien in christlichen Kulturen). Wenn sie ihren Zweck erfüllt hatten oder wirkungslos geworden waren, legte man sie einfach beiseite.

Einige sind große Meisterwerke der Plastik, etwa eine Figur der Mayombe (Zaire): der Kopf eines Mannes von heller Hautfarbe, wie sie bei vielen Bewohnern dieser Gegend zu beobachten ist, geschnitzt mit einem feinfühligen Naturalis-

# *Palasttüren aus Ikere*
# Afrikanische Bilder von Europäern

Der gesellschaftliche Rang des *ogoga* von Ikere wurde eindrucksvoll durch die Komplexität und aufwendige Eleganz der Türen und Verandapfosten demonstriert, die OLOWE (s. S. 686), der vermutlich renommierteste Yoruba-Bildhauer des frühen 20. Jahrhunderts, für dessen Palast schnitzte ▸ 18.34. Zeit und Kunstfertigkeit, die darauf verwendet wurden, waren ein Indiz für den Reichtum und die Macht des Herrschers, der sie in Auftrag gegeben hatte. Die dargestellten Szenen hatten eine präzise Bedeutung. Zur Linken ist der *ogaga* selbst zu sehen. Er trägt eine mit Glasperlen verzierte Krone und sitzt auf einem Thron. Seine Hauptfrau, der er gemäß der Yoruba-Tradition seine Autorität verdankt, steht hinter ihm. Unter ihm befinden sich drei weitere Ehefrauen, von denen jede ein Baby auf dem Rücken trägt. Bei den drei bärtigen Männern in dem Bildfeld darunter muss es sich um Fremde handeln, da Bärte bei den Yoruba nicht üblich sind, und derjenige mit dem Fes auf dem Kopf ist eindeutig ein Moslem, möglicherweise ein Händler. Die meisten Fremden in den Städten der Yoruba waren Moslems aus dem Norden. Auf dem rechten Türflügel ist vis à vis dem thronenden *ogoga* ein Europäer dargestellt, der in einer Sänfte getragen wird und als der britische Reisekommissar Captain Ambrose identifiziert wurde. Er ist eher als ein Besucher denn als kolonialer Herrscher dargestellt und wirkt wenig imposant. In der Szene darüber reitet ein Mann, dem zwei Träger folgen, und auch die vier Männer in dem Bildfeld darunter, von denen zwei europäische Hüte tragen, scheinen Teil seines Gefolges zu sein. Zwei an den Handgelenken angekettete Männerpaare mit Lasten auf dem Kopf – offenbar handelt es sich um Gefangene oder Sklaven – sind auf dem nächsten Paneel dieses Türflügels dargestellt, aber es ist nicht sicher, ob sie mit Captain Ambrose in Zusammenhang stehen. In dem äußerst reichen, für den Palast von Ikere geschnitzten plastischen Programm ist sein Erscheinen lediglich Beiwerk. Allerdings wurde er von OLOWE auch auf einer für einen anderen Palast geschnitzten Tür hoch zu Ross dargestellt (heute im Nationalmuseum, Lagos).

Diese Bilder eines britischen Offiziers hatten eine ähnliche Bedeutung wie die Europäerdarstellungen in der Hofkunst von Benin, wo man den Portugiesen im späten 15. Jahrhundert eine Handelsgenehmigung bewilligt hatte. Portugiesische Soldaten, die dem König von Benin auf Feldzügen gegen benachbarte Staaten gedient hatten, wurden mit ihren Musketen und Armbrüsten auf Bronzeplatten dargestellt, die Teil der Dekoration des Königspalastes waren. Bärtige Gesichter von Portugiesen bekrönen eine Elfenbeinmaske, die der Oba bei den Gedächtnisfeiern für seine Mutter, die Zeugin der ersten Ankunft der Europäer gewesen war, auf der Hüfte trug ▸ 12.35. Solche Darstellungen sind Hinweise auf die Macht der Herrscherfamilie.

18.35 *Französischer Kolonialoffizier*, um 1900, geschnitztes und bemaltes Holz, 1,49 m. Staatliches Museum für Völkerkunde, München.

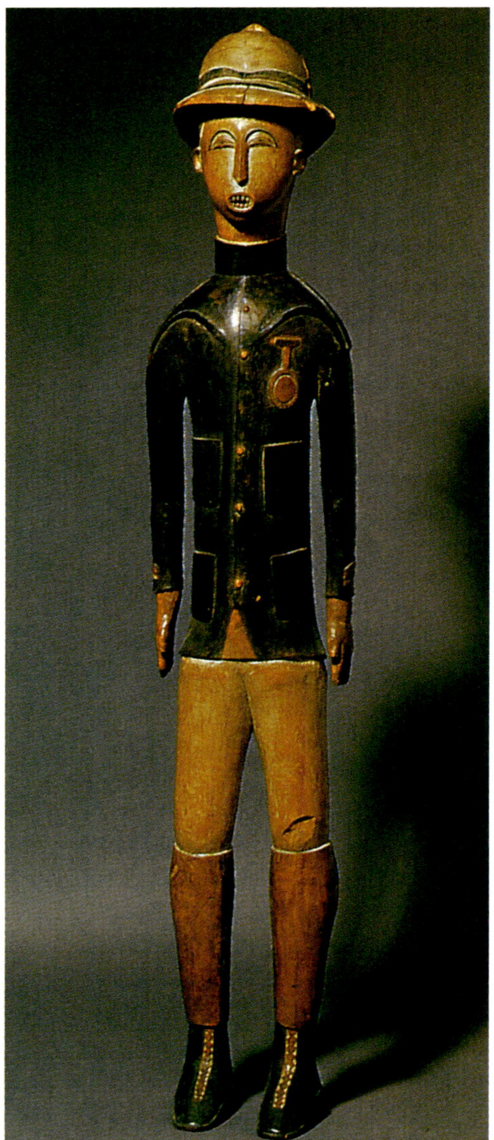

Ende des 19. Jahrhunderts hatten sich die Beziehungen zwischen Afrikanern und Europäern in diesem Teil des Kontinents völlig gewandelt. Obwohl die Europäer nur hier und da einzelne Vorposten an der Küste erobert hatten, von wo aus sie den transatlantischen Sklavenhandel betrieben, lösten sie eine Spirale der Zerstörung aus, bei der afrikanische Herrscher Krieg gegeneinander führten, um Gefangene zu machen und diese an die Sklavenhändler zu verkaufen. Als Gegenleistung erhielten sie Waffen, die sie dann in weiteren Kriegen einsetzten. Die Abschaffung des Sklavenhandels durch die europäischen Mächte zu Beginn des 19. Jahrhunderts trug zwar einerseits dazu bei, dass in den verwüsteten Landstrichen Frieden einkehrte, machte es aber zugleich für andere Formen der Ausbeutung anfällig. So unterzeichneten die Briten 1851 einen Anti-Sklaverei-Vertrag mit dem König von Lagos, einer unmittelbar vor der afrikanischen Westküste gelegenen Insel, die ein Jahrzehnt später britische Kolonie wurde. Von dort aus konnten Handelsgesellschaften ins Landesinnere vordringen, und im Laufe des nächsten halben Jahrhunderts wurde das gesamte moderne Nigeria ein britisches Protektorat, in dem die lokalen Herrscher nominell unabhängig waren, dafür aber einige Rechte an die Briten abtraten, um im Gegenzug vor benachbarten Staaten, insbesondere den Kolonien anderer europäischer Staaten, geschützt zu werden. Captain Ambrose war offenbar der erste britische Kolonialoffizier, der Ikere und andere kleine Yoruba-Staaten im Landesinneren besuchte. Zu dem Zeitpunkt, als OLOWE sein Bild auf der Tür schnitzte, war Nigeria jedoch bereits formal zur Kolonie erklärt worden, so dass die örtlichen Herrscher kaum noch etwas von ihrer früheren Macht besaßen. Die Türen wurden nach London gesandt, um dort auf der ›British Empire Exhibition‹ von 1924 gezeigt zu werden. Im Anschluss daran erwarb sie das Britische Museum vom *ogoga*, der OLOWE damit beauftragte, ein neues Paar zu schnitzen.

Die fast lebensgroße Statue eines europäischen Soldaten wurde um 1900 von einem Bildhauer der Baule geschaffen, einem Volk in der damaligen französischen Kolonie Elfenbeinküste ▸ 18.35. Sein herzförmiges Gesicht ähnelt den Masken der Baule. Aber der Bildhauer verwendete auch große Mühe auf die Details der Uniform: Tropenhelm, eng anliegende Jacke mit der Medaille auf der Brust, Hose und Stiefel. Die Proportionen des Körpers und die steife militärische Pose der Figur, die in Hab-Acht-Stellung dargestellt ist, unterscheiden sich grundlegend von Figuren der Baule oder anderen afrikanischen Bildwerken, die in Europa im frühen 20. Jahrhundert so eifrig gesammelt und von Künstlern wie PICASSO bewundert wurden. Unabhängig davon, ob die Statue des europäischen Soldaten von einem Europäer oder einem Afrikaner in Auftrag gegeben wurde, verrät sie die Flexibilität des Bildhauers und seine Fähigkeit, seinen Stil an eine neue Aufgabe anzupassen. Gleiches gilt für Figuren von Europäern, die ab Mitte des 19. Jahrhunderts im Mündungsgebiet Kongo auf Elfenbein-Stoßzähne geschnitzt wurden. Auf einem solchen Objekt sind mehrere Europäer zu sehen, darunter zwei ins Gespräch vertiefte Männer – wahrscheinlich ein Kaufmann und ein Ladenbesitzer, der einen Schlüssel in der Hand hält – und ein anderer, der in einem Kanu sitzt. Obwohl sie nicht unkomisch wirken, sind sie mit dem gleichen Augenmerk für charakteristische Kleidung und Mimik dargestellt wie die Afrikaner um sie herum ▸ 18.36. Nicht unbemerkt bleiben sollte freilich, dass auf der Spitze dieses Stoßzahns die Figur eines Affen sitzt.

Europäer wirkten auf Afrikaner häufig unheimlich, die mitunter fürchteten, dass diese wie böse Geister Besitz von ihnen ergreifen könnten. Stets waren sie Fremde, über die man sich lustig machen konnte, vor allem in Theaterstücken für ein ausschließlich afrikanisches Publikum. Gleichwohl bleibt die ursprüngliche Bedeutung einer geschnitzten Holzgruppe, die von der Figur eines mondgesichtigen Missionars bekrönt wird, welcher auf einem Pferd reitet und von einer Gruppe afrikanischer Musiker umgeben ist, rätselhaft ▸ 18.37. Vermutlich wurde sie von OJERINDE geschnitzt, der 1854 eine bedeutende Bildhauerwerkstatt in Abeokuta (Nigeria), etwa 80 km nördlich von Lagos, gründete. Der Körper eines der Afrikaner in der unteren Reihe ist anlässlich eines lokalen religiösen Rituals mit weißem Ton überzogen, und sein Gesicht ist mit Linien bedeckt. Bei den Leichen am Rand der Plattform, welche die beiden Szenen voneinander trennt, handelt es sich vermutlich um Menschenopfer. Ist diese Gruppe eine Anspielung auf die Unterdrückung von Menschenopfern durch Missionare und Kolonialoffiziere? Verschmilzt sie christliche Elemente mit traditionellen afrikanischen Glaubensüberzeugungen und Praktiken? Solche großen Skulpturen wurden während volkstümlicher Tanzfeste, die zugleich Fruchtbarkeitsriten waren und der Unterhaltung dienten, von jungen Männern auf dem Kopf getragen. (Ihre Größe und ihr Gewicht sollten die Fähigkeit der Tänzer unter Beweis stellen, sich zu wiegen und herumzuspringen, während sie die Plastik trugen.) Die Gruppe mit dem Missionar war mit Sicherheit für ein afrikanisches Publikum bestimmt, dessen ambivalente Einstellung gegenüber Europäern sie deutlich widerspiegelt.

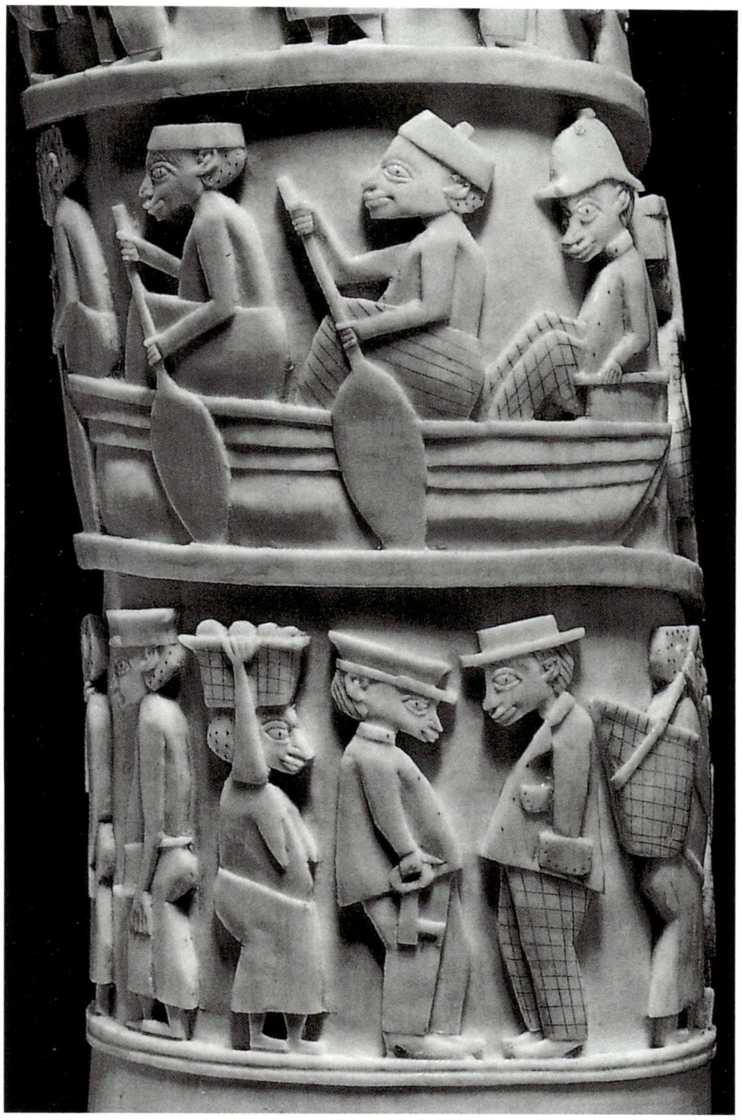

18.36 *Afrikaner und Europäer*, um 1850–1900, Detail von einem beschnitzten Stoßzahn aus Elfenbein, Länge 68,5 cm. Staatliches Museum für Völkerkunde, München.

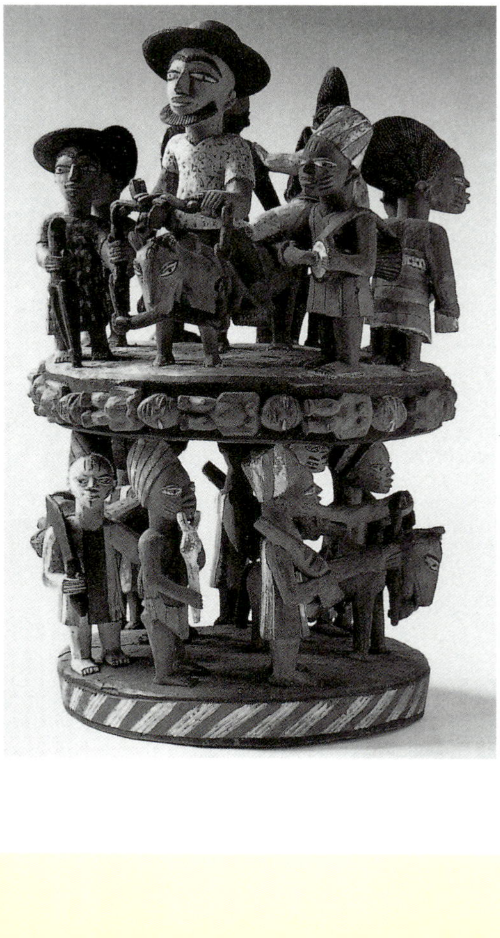

18.37 OJERINDE (?), *Mehrfigurige Skulptur*, aus Abeokuta, Nigeria, zweite Hälfte 19. Jh., bemaltes Holz, Höhe 83,3 cm. Hamburgisches Museum für Völkerkunde, Hamburg.

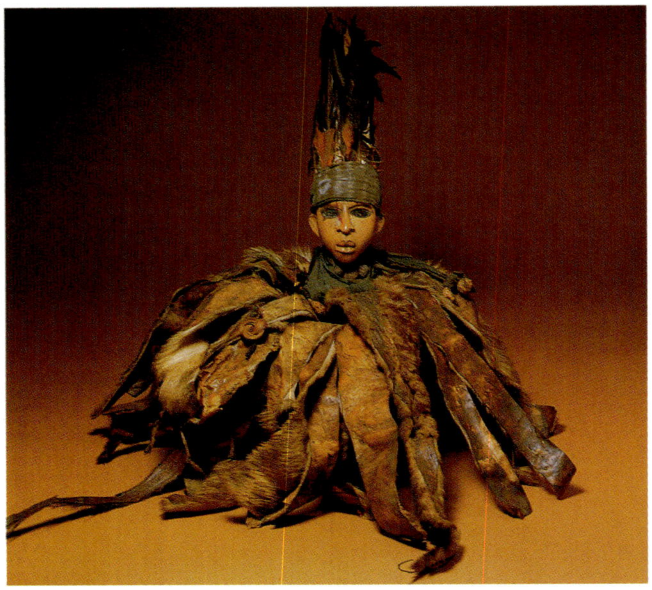

18.38 *Zauberfigur (nduda)*, Mayombe, Demokr. Republik Kongo, vor 1893, Holz, Glas, Leder, Federn, Tuch, Höhe 34 cm. Staatliches Museum für Völkerkunde, München.

mus und eingefasst mit Lederstreifen, Binden aus Haut und Federn: königliche Insignien, die auf die Zauberkraft der hinter den Spiegelglasaugen eingelagerten Substanzen hindeuten ▸ 18.38. Andere ›Zauberfiguren‹, so genannte (*nkondi*), starren vor Eisennägeln und -klingen, die in sie eingeschlagen wurden, um magische Kräfte zu aktivieren, die sowohl heilend als auch zerstörend wirken konnten ▸ 18.39. Diese Nägel stammen aus Europa (Holznägel wurden möglicherweise bereits früher verwendet), und es wurde vermutet, dass die Idee, Nägeln übernatürliche Kraft zuzuschreiben, von Kruzifixen angeregt worden sein könnte: Vom frühen 16. bis zum späten 17. Jahrhundert war im Königreich Kongo (beiderseits des Kongo), wo diese Figuren gefunden wurden, das Christentum Staatsreligion.

Eisen hatte in Afrika allerdings eine wesentlich ältere symbolische Bedeutung, die sich von seinem Gebrauch im Feldbau, bei der Jagd und im Kriegswesen ableitet, älter als jede mögliche Symbolik, die durch das Christentum eingeführt wurde (s. S. 117). In traditionellen afrikanischen Gesellschaften gehörten die Eisenschmelzer und -schmiede zu einer besonderen ›Kaste‹, innerhalb derer dieser Beruf weitervererbt wurde. In einigen dieser Gesellschaften gab es einen engen Zusammenhang zwischen dem Metallwesen und Königtum, bei dem auch bestimmte Vorstellungen von Natur, Fruchtbarkeit und politischer Macht eine Rolle spielten. Doch verhinderten überkommene Riten eine Produktion im großen Maßstab. Gleichwohl wurden immer größere Mengen Alteisen importiert, und die Afrikaner gerieten zum Teil auch aus diesem Grunde in den Teufelskreis des transatlantischen Sklavenhandels. Gefangene konnten gegen Eisenbarren getauscht werden, die zu Waffen geschmiedet und dann im Krieg dazu verwendet wurden, neue Gefangene zu machen. Als Benutzer eiserner Gegenstände verehrten die Yoruba den Gott Ogun, der das Metall bei ihren Vorfahren eingeführt hatte, und trugen Eisenamulette, zu denen früher auch kleine Sklavenhandfesseln zählten. Die benachbarte Gruppe der Fon in der Republik Benin verehrte den Gott des Eisens und des Krieges unter dem Namen Gu. Um 1860 gab König Glele (1858–1889) eine lebensgroße Statue in Auftrag, die ihn selbst und seinen Vater als Krieger in Gestalt des Gu, der ein großes Schwert in der Hand hält und eine Krone aus Miniaturwaffen auf dem Kopf trägt, darstellte (nicht naturgetreu porträtierte) – eines der faszinierendsten Kunstwerke Afrikas ▸ 18.40. Obwohl König Glele auch eine Messingstatue in Auftrag gab, die Gu nackt zeigt (Fondation Dapper, Paris), wurden Gottheiten in der afrikanischen Kunst selten so unmittelbar dargestellt. Die Materie wurde eher als Sitz des Geistes denn als seine physische Manifestation begriffen. Dieser grundlegende konzeptionelle und formale Unterschied trennt die afrikanischen von der

18.39 ›*Nagelfetisch*‹ *nkondi*, Loango, Republik Kongo, spätes 19. oder frühes 20. Jh., Holz, Eisennägel, Klingen, Länge 88 cm. Musée de l'Homme, Paris.

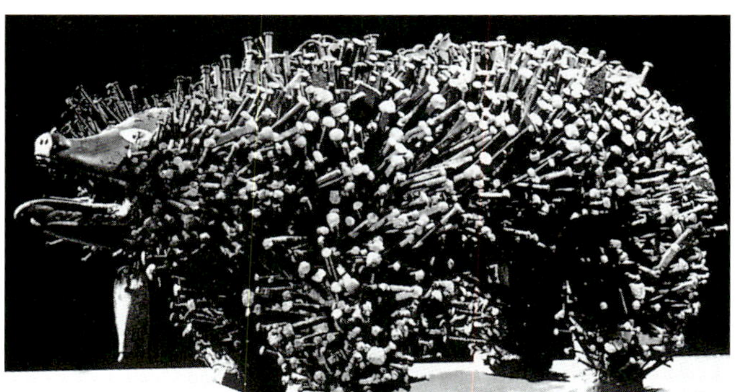

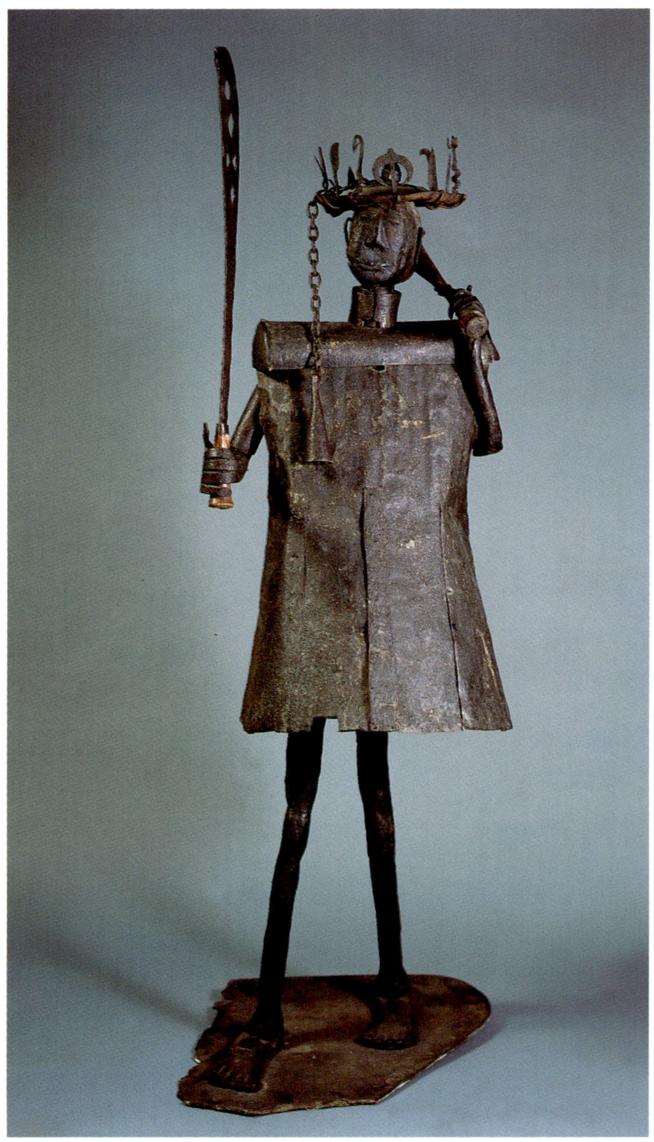

18.40 *Gu, Gott des Eisens und des Krieges*, Benin, spätes 19. Jh., Höhe, 165 cm. Musée de l'Homme, Paris.

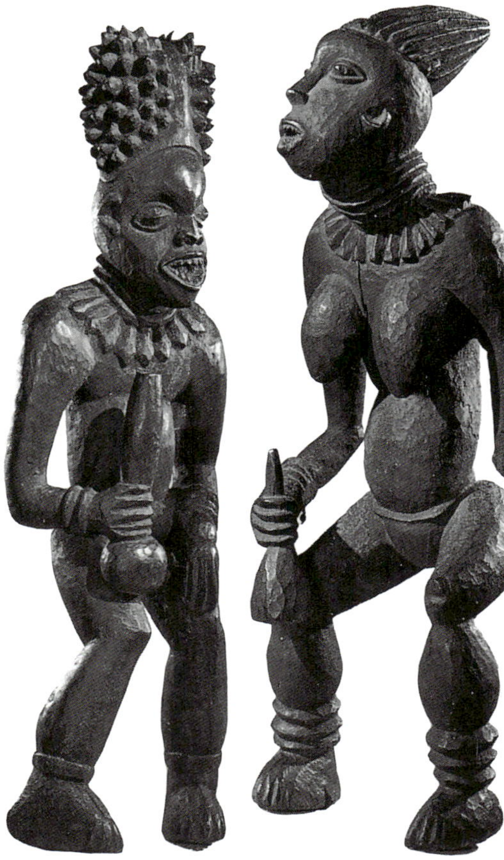

18.41 *Tanzendes Königspaar*, Bangwa, Kamerun, spätes 19. oder frühes 20. Jh., Holz, Höhe je 87 cm, Privatsammlung.

westlichen und überwiegend auch von der asiatischen Skulptur. Die Gu-Figur soll ein Werk des Bildhauer-Schmiedes AKATE AKPELE KENDO sein, der bei König Gleles erstem erfolgreichen Kriegszug dessen Kriegsgefangener wurde und dann in einer umzäunten Schmiede außerhalb des Königspalastes in Abomey festgehalten wurde. Man schrieb dem Bild die Macht zu, im Krieg zum Sieg zu verhelfen, und die meiste Zeit wurde es, umgeben von schweren Waffen in einem Kriegsschrein im Palast aufbewahrt, sofern man es nicht auf das Schlachtfeld trug, um Gleles Feinde zu bedrohen und einzuschüchtern. Dort pries man es als *Agoije* und glaubte zu hören, dass es beim Vormarsch »Gebt Acht!« ruft.

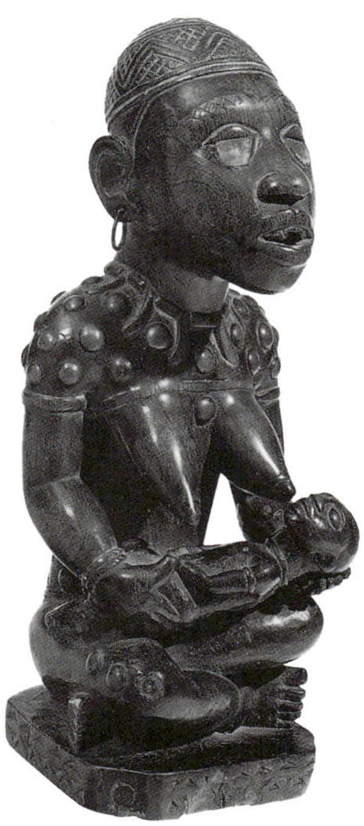

18.42 *Mutter und Kind*, Yombe, Demokr. Republik Kongo, vor 1913, Holz, Höhe 25 cm. Museum Rietberg, Zürich.

Das Schnitzen von Holzskulpturen wurde in vielen Teilen Afrikas von Ritualen begleitet, vom Fällen eines Baumes und der Versöhnung mit dessen Geist bis zu einer Art Opfer bei Vollendung des Werks. Ihre bevorzugt organische Form scheint außerdem den weitverbreiteten Glauben an die der Natur innewohnenden Kräfte zum Ausdruck zu bringen, welcher die Kulte der Geister, Ahnen, Könige und die Magie der Zauberfiguren mit einschließt. Organische Formen werden durch Vereinfachung und Symmetrie geordnet, etwa in den monumentalen Statuen des Königreiches der Bangwa im Kameruner Grasland ▸ 18.41. Beide Arbeiten stammen von demselben Bildhauer, aber ob sie ein Paar bildeten, wissen wir nicht. Die eine Figur stellt einen König mit aufwendigem Kopfputz u.a. aus Leopardenkrallen dar, der in der einen Hand ein phallusförmiges Palmweinbehältnis hält – Symbol königlicher Macht. Die andere Figur mit Kaurihalsband und Armreif hält eine Rassel in Händen, was sie als Mutter von Zwillingen ausweist und damit als eine Frau, der in einem Kameruner Palast und im Rahmen der Fruchtbarkeitsrituale eine wichtige Rolle zugewiesen wurde. Die jugendliche Erscheinung spiegelt eher die Beschäftigung mit dem Lebenszyklus – mit Wachstum und Fruchtbarkeit – als mit den damit einhergehenden ästhetischen Eigenschaften. Kennzeichnend für diese Werke ist ihr verhaltener Naturalismus und die klare Artikulation der Teile.

Ähnliche Eigenschaften weist die Statuette einer völlig anderen Kultur, der im Kongo lebenden Yombe auf, die eine sitzende Frau mit einem Kind auf ihrem Schoß darstellt ▸ 18.42. Sie ist eine Personifikation der Mutterschaft und Fruchtbarkeit, durch ihren Schulterschmuck und statische Frontalität auf die höchste königliche Stufe erhoben. Es ist kein Zufall, dass die Clans der Yombe matrilinear bestimmt sind, das heißt, die Erbfolge richtet sich strikt nach der mütterlichen und nicht nach der väterlichen Linie. Die Betonung liegt eindeutig auf der Mutterschaft, und zwischen dieser Skulptur und den Fruchtbarkeitsbildern anderer Kulturen, die oft unverblümt die erotischen Reize des weiblichen Körpers beschwören, besteht ein auffallender Unterschied. Diese Statuette und mehrere ähnlicher Art sind offenbar das Werk desselben Bildhauers. Andererseits sind einige Mutterschaftsfiguren aus derselben Region auffällig anders gestaltet. Ihre Schöpfer arbeiteten offensichtlich auf voneinander so verschiedene Weise wie etwa zwei europäische Künstler, die an entfernten Orten eine Madonna schufen – auch diese im übrigen eine königliche Figur.

Im Hinblick auf ihre Flächigkeit, ihre sparsame geometrische Metaphorik und die Negation jeder Individualität und jedes Naturalismus könnten die von den Kota in Gabun geschaffenen Wächterfiguren für die Reliquienschreine kaum verschiedener sein ▸ 18.43. Sie wurden aus Holz geschnitzt, mit Blechen beschlagen und dann auf geflochtene Weidenkör-

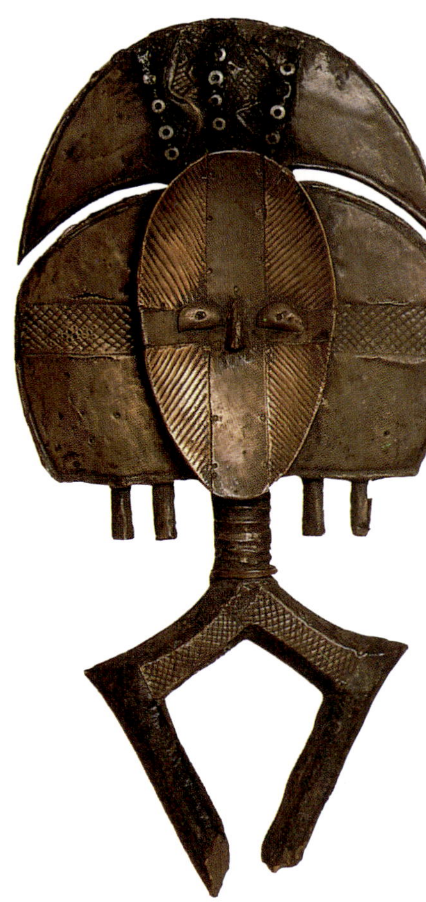

18.43 *Wächterfigur*, Kota, Gabun, spätes 19. Jh., Holz und Kupferblech, Höhe 68 cm. British Museum, London.

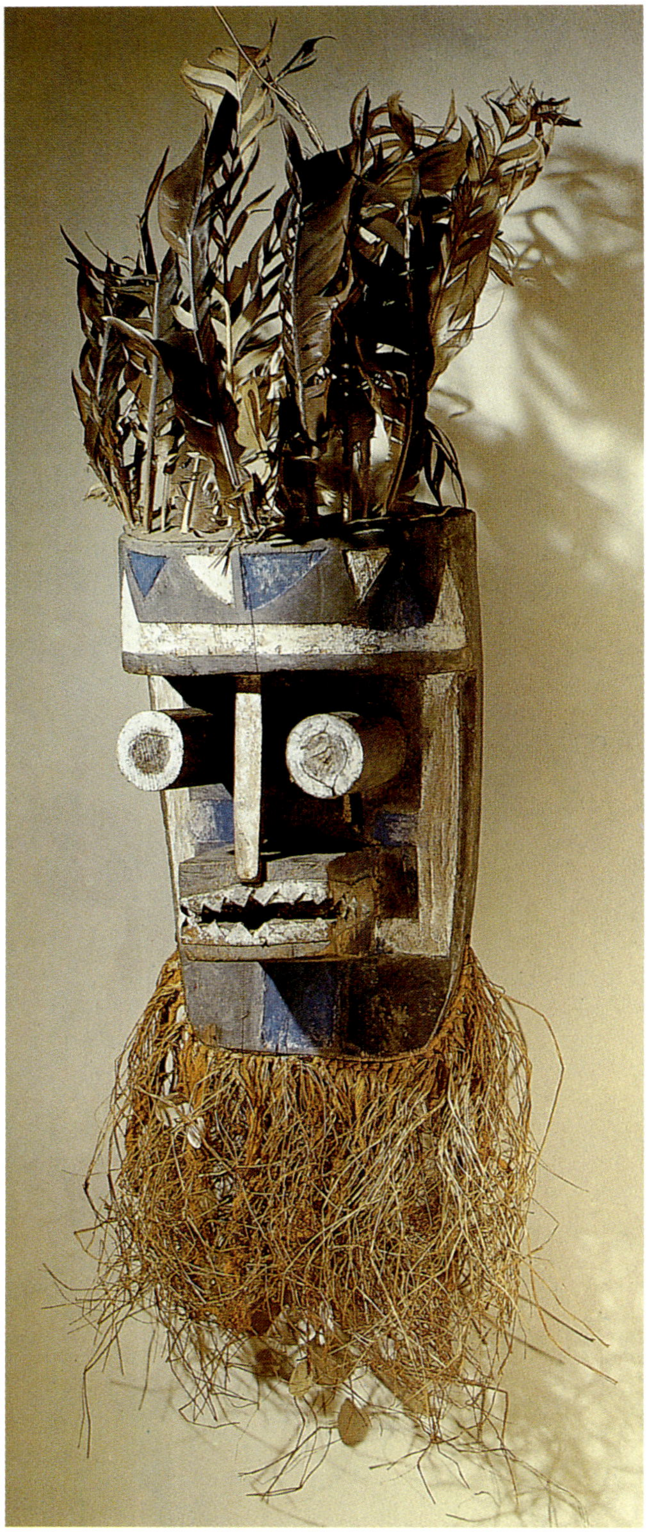

18.44 *Gesichtsmaske*, Wobe oder Grebo, Elfenbeinküste, spätes 19. Jh., Holz, Federn und Bast, Höhe 28 cm. Musée de l'Homme, Paris.

be gestellt, die die Schädel und Knochen von Häuptlingen, großen Kriegern, Dorfgründern und anderen Notabeln enthielten. Da sie keine Porträts der Personen sind, deren Reliquien sie behüteten, waren sie vielleicht die wirkunsgvollsten aller Bildwerke von buchstäblich körperlosen Geistern, deren Augen dem Betrachter aus oralen Gesichtern entgegenstarren. Diese wurden von verschiedenen halbmondförmigen Elementen bekrönt und hatten auf beiden Seiten flügelartige Elemente. Gleichwohl ermöglichte die Grundform zahlreiche Variationen der geritzten oder in Flachrelief modellierten Oberfläche, die Verwendung von Kupferdraht sowie Messing- und Kupferblech, um farbliche Kontraste hervorzurufen.

Aber Kultbilder, von denen viele nach Fertigstellung selten und einige überhaupt nicht mehr gesehen werden konnten, haben in der afrikanischen Kunst insgesamt eine geringere Bedeutung als in der europäischen. Die Fähigkeit des Lesens und Schreiben führte in Europa zur Zerstörung der ursprünglichen Orchestrierung der Sinne und richtete die Aufmerksamkeit auf statische Bilder und lesbare Zeichen. In Afrika wie im Nordwesten Amerikas und in Melanesien (doch seltsamerweise nicht in Polynesien) war ein Großteil des plastischen Schaffens den Masken gewidmet, angefertigt, um bei Zeremonien, oftmals von Musik begleitet, in Bewegung gesehen zu werden.

Ihre rituellen Zwecke waren verschieden: um Sicherheit und Weiterleben zu erreichen, Fruchtbarkeit und genügend Nahrung zu gewährleisten in einer ständig gefährdeten Welt. Durch die Initiation der Jungen nach der Ahnentradition wurden Kontinuität und Stabilität einer sozialen Gruppe sichergestellt. Ihre Mythen wurden durch die theatralische Darstellung im Gedächtnis lebendig gehalten. Gelegentlich wurden die Masken so auf dem Kopf getragen, dass sie nur von oben von den Geistern gesehen werden konnten, doch waren sie normalerweise allen Teilnehmern sichtbar und durch sorgfältig gearbeitete Kostüme, die den Tänzer von den Blicken der Zuschauer verbargen, zur Geltung gebracht. So wurde die ganze Erscheinung zu einem beseelten Bild. Bei den Baga in Guinea trugen während der Reisernte Tänzer schwere geschnitzte Holzbüsten der Muttergöttin Nimba auf ihren Schultern. Durch Löcher in Brusthöhe konnten sie heraussehen, waren aber selbst durch ein Kostüm aus knisterndem Bast vollständig verdeckt ▸ 18.46.

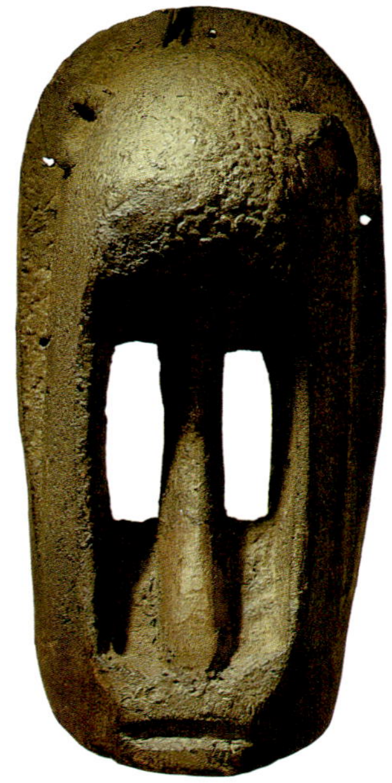

18.45 *Schwarzer Affe*, Maske der Dogon, Mali, spätes 19. Jh., Holz, Höhe 37 cm. Musée de l'Homme, Paris.

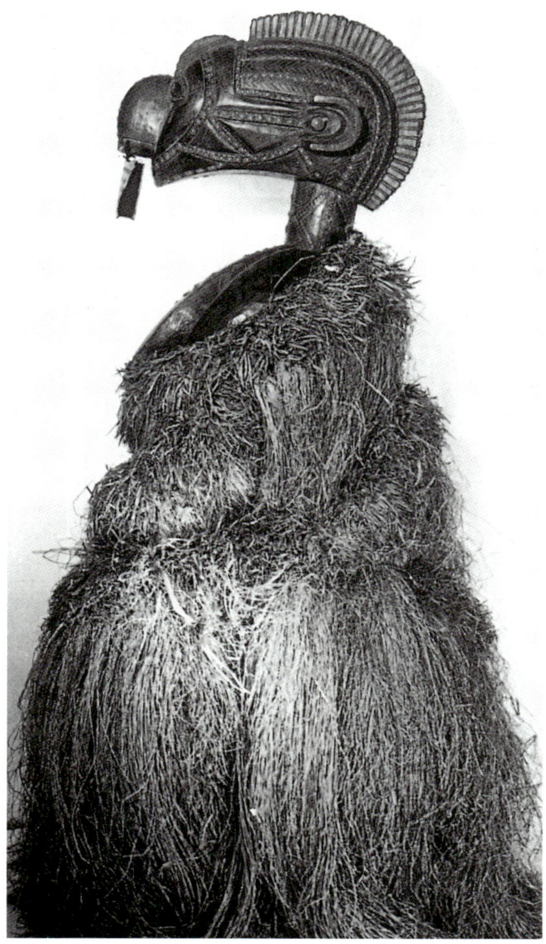

18.46 *Die Göttin Nimba*, Guinea, spätes 19. Jh., geschnitztes Holz mit Kupfernägeln und Bastfasern, Höhe 220 cm. Musée de l'Homme, Paris.

Eine Maske aus dem Gebiet des Sassandra in der Elfenbeinküste ist eine der vielen, die für den PORO-Bund hergestellt wurde, eine männliche Initiationsgesellschaft, die verschiedenste öffentliche Aufgaben – zivile, religiöse, administrative, juristische und soziale – wahrnahm ▸ 18.44. Die Maske ist aus fast geometrischen Elementen zusammengesetzt und stellt einen furchteinflößenden menschlichen Kopf dar – eine flache rechteckige Tafel mit einem halbkreisförmigen Block als Brauen und Stirn, Röhrenaugen sowie einem vertikalen Streifen als Nase. Eine in den 70er Jahren bei den Dogon im westafrikanischen Mali aufgenommene Fotografie zeigt vier Tänzer, die durch Masken mit imposanten Aufbauten in den mächtigen Geist Sirige verwandelt wurden und auf die zwei weitere Masken eines weiblichen Kriegsgeistes folgen, welche den Mut der Frauen feiern ▸ 18.49. Solche Masken besaßen die Macht, die Lebenskräfte einzufangen und zu kontrollieren, wenn sie in rituellen Tänzen aktiviert wurden, bei denen die Kunstfertigkeit ihrer Schöpfer und die Geschicklichkeit des Maskentänzers gleichermaßen wichtig waren. Viele von ihnen sind höchst eindrucksvolle Skulpturen, insbesondere die Maske des ›Schwarzen Affen‹, eine Maske voll finsterer Macht, die bei Tänzen getragen wurde, die das Ende einer Trauerzeit anzeigten ▸ 18.45.

Auch Masken wurden in Ausnahmefällen in Schatzhäusern aufbewahrt und nur bei bedeutenden Zeremonien wie Initiationsriten oder der Amtseinführung eines Königs hervorgeholt. Aufwändige Exemplare – mit Kupfer, Kaurischnecken und Glasperlen verziert – wurden in dem kleinen, aber reichen Königreich Kuba im Gebiet des Kasai im Herzen des Kongo hergestellt. In diesem stabilen Staatswesen wurde die Genealogie der Könige, die bis ins 17. Jahrhundert zurückreicht und die sich dank verschiedener Hinweise auf den Halleyschen Kometen erhärten lässt, mündlich überliefert. Eine Maske aus einer Dreiergruppe, die getragen wurde, um den Mythos vom Ursprung der Königsherrschaft ▸ 18.48 darzustellen, verkörpert Mbwoom, einen Pygmäen, der mit seinem älteren Bruder, dem König, um die Gunst ihrer Schwester kämpft (wobei Mbwoom zugleich mit den normalen Stammesmitgliedern und die Schwester mit Frauen allgemein identifiziert wird). Bei dieser Maske handelt es sich um ein Beispiel höfischer Kunst, das sich durch vorzügliche Verarbeitung und die Kostbarkeit der Verzierung auszeichnet. Im Gegensatz dazu stehen nicht zentralisierte kleinere Sozialverbände, bei denen Masken zu bestimmten Anlässen hervorgeholt wurden, die aus Hartholz geschnitzt sein konnten und von einer Generation zur nächsten weitergereicht wurden. Eine solche weibliche Schönheit verkörpernde Maske, von den Dan der Elfenbeinküste geschnitzt, orientiert sich den Angaben der Schnitzer zufolge an bestimmten ästhetischen Vorlieben: Symmetrie um eine vertikale Achse mit Ausgewogenheit, Rhythmus und Harmonie im Verhältnis der Massen, Oberflächen und Linien ▸ 18.47. Diese dreidimensionalen Qualitäten, die so viele europäische und amerikanische Künstler seit Beginn des 20. Jahrhunderts in ihrem Schaffen beeinflussten, bleiben bestehen, selbst wenn die Maske isoliert betrachtet wird. Doch verliert die Kunst Afrikas wie diejenige Ozeaniens, Australiens oder des Nordwestens Amerikas ihre vierte Dimension, wenn sie entwurzelt und aus ihrem rituellen Umfeld herausgerissen wird – so wie Menschen, die in städtischen und industrialisierten Gesellschaften leben, dazu neigen, ihren sechsten Sinn zu verlieren.

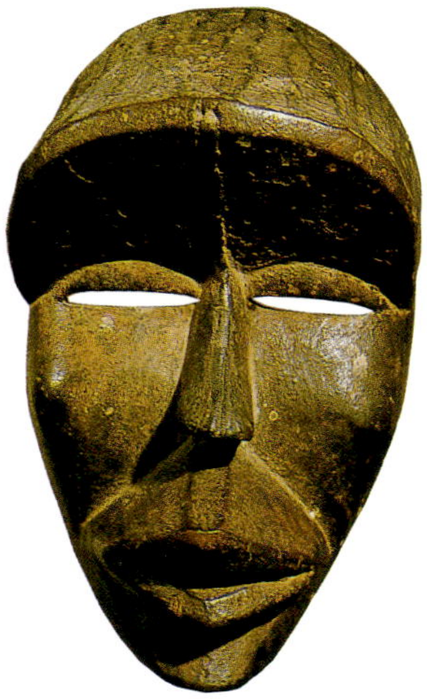

18.47 *Gesichtsmaske*, Dan, Elfenbeinküste oder Liberia, spätes 19. Jh., Holz, Höhe 24,5 cm. Musée de l'Homme, Paris.

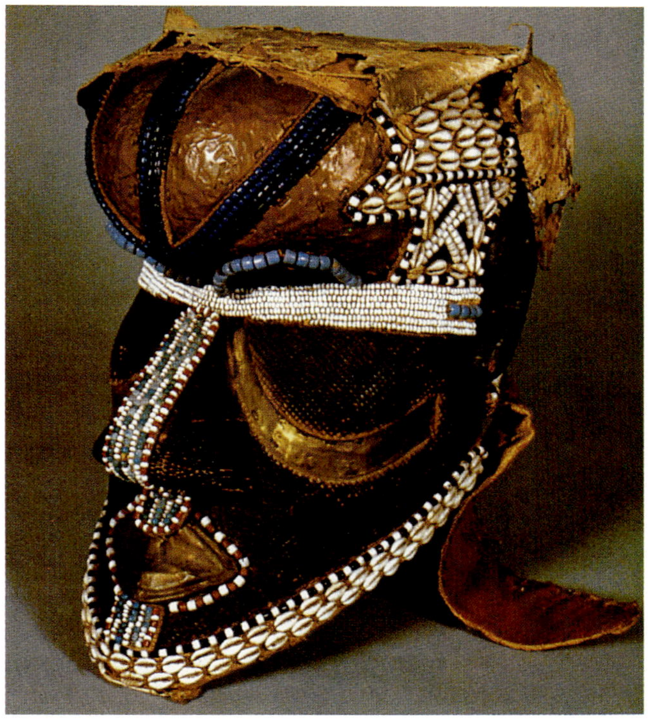

18.48 *Mbwoom-Stülpmaske* (Bombo-Typus), Bakuba, Holz, Kupfer, Glasperlen, Kaurischnecken und Samenkörner, Höhe 33 cm. Musée royal de l'Afrique centrale, Tervuren (Belgien).

18.49 Dogon-Tänzer tragen *Sirige*-Masken und Masken eines weiblichen Kriegsgeistes, Fotografie von 1972/75. The Metropolitan Museum of Art, New York (Schenkung Lester Wundermann, 1996).

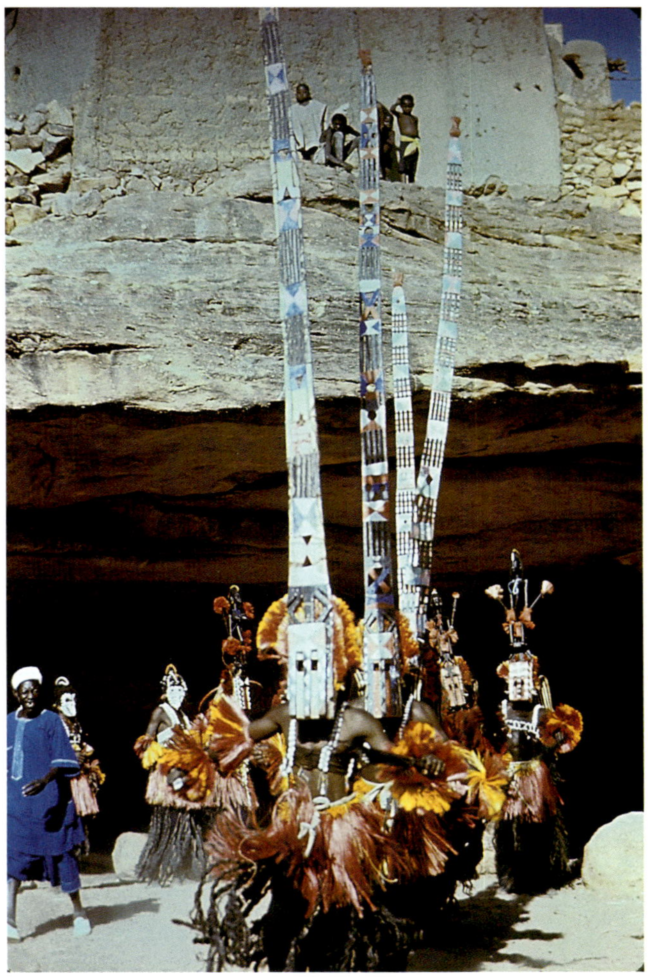

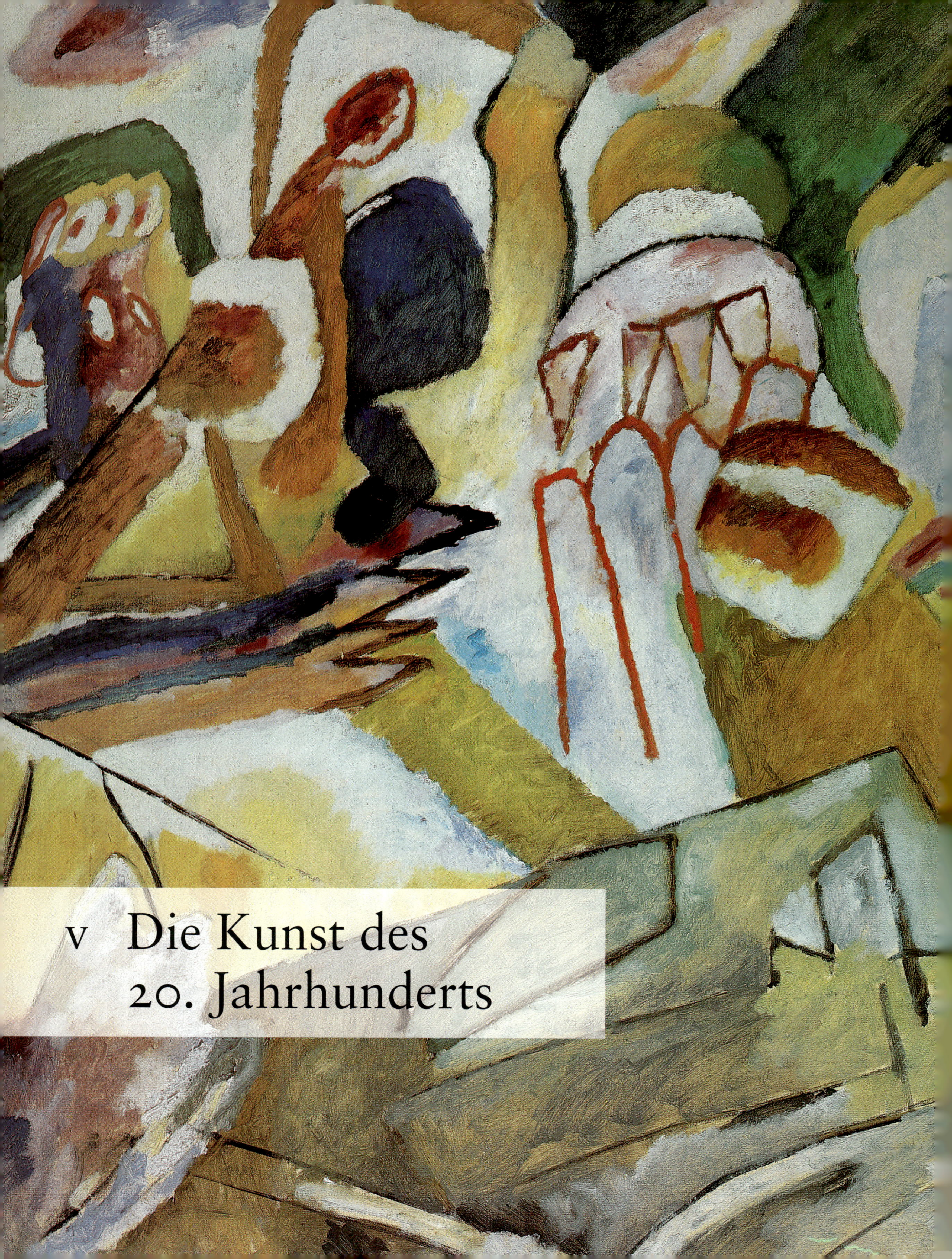

# v Die Kunst des 20. Jahrhunderts

# 19
# Kunst von 1900 bis 1919

Zu Beginn des 20. Jahrhunderts war die Auflehnung gegen jede Form von Naturalismus in vollem Gange: Das Jahrzehnt vor dem Ersten Weltkrieg wurde zu einer der kühnsten und abenteuerlichsten Perioden in der gesamten Geschichte der westlichen Kunst. Grundlegend neue Ideen und Methoden wurden in allen Gattungen der Kunst, in den Geistes- und Naturwissenschaften gewonnen, die den Grundstein für alle späteren Entwicklungen, bis heute, legten. Zwei gegensätzliche Tendenzen wurden gegen Ende des 19. Jahrhunderts immer einflussreicher, der Subjektivismus der Symbolisten und der Objektivismus, den CÉZANNE anstrebte. Beide wurden mit höchster Konsequenz weiterverfolgt und damit künstlerische Traditionen, die auf GIOTTO und das frühe 14. Jahrhundert zurückgingen, ihrem Ende zugeführt. Schon um 1912 wurde in der einen Richtung die Grenze mit dem ersten völlig abstrakten Werk in der Kunstgeschichte erreicht. Die Künstler selbst fanden sich mit einem unlösbaren Dilemma konfrontiert, indem sie unentschlossen zwischen dem Kult der reinen Form und dem Kult der inneren Wahrheit schwankten – obwohl das Dilemma mehr scheinbar als real war.

Die Suche nach neuen Wegen in der Betrachtung der Welt, verbunden mit der Bereitschaft, mit allen anerkannten Gewohnheiten und Vorurteilen zu brechen, ist ganz allgemein charakteristisch für die Zeit um die Jahrhundertwende. Zwischen den Neuerungen in den Künsten und im Geistesleben können enge Parallelen festgestellt werden – in besonderem Maße bei Henri Bergson (1859–1941) und Benedetto Croce (1866–1952). Doch die Ideen mit dem weitreichendsten Einfluss waren jene des Wiener Psychologen Sigmund Freud (1856–1939), dessen *Traumdeutung* 1900 erstmals veröffent-

| | BILDENDE KUNST |
|---|---|
| 1904 | WRIGHT, Larkin Building, Buffalo ▸ 19.60;61 |
| 1906 | MATISSE, *Die Lebensfreude* ▸ 19.9 |
| | DERAIN, *The Pool of London* ▸ 19.11 |
| | MODERSOHN-BECKER, *Mutter mit Kind* ▸ 19.17 |
| 1907 | HENRI ROUSSEAU, *Schlangenbeschwörerin* ▸ 19.1 |
| | PICASSO, *Les Demoiselles d'Avignon* ▸ 19.3 |
| | MONET, *Wasserrosen* ▸ 19.4 |
| 1907–09 | WRIGHT, Robie House, Chicago ▸ 19.59 |
| 1908 | MATISSE, *Harmonie in Rot, Serviertisch* ▸ 19.13 |
| | BRAQUE, *Häuser und Bäume* ▸ 19.33 |
| 1908–09 | PICASSO, *Drei Frauen* ▸ 19.35 |
| 1909 | BEHRENS, AEG-Turbinenfabrik, Berlin ▸ 19.23 |
| 1910 | PICASSO, *Frauenakt* ▸ 19.36 |
| 1911 | BRAQUE, *Der Portugiese (Der Emigrant)* ▸ 19.37 |
| 1911–12 | GROPIUS und MEYER, Fagus-Werke, Alfeld ▸ 19.63 |
| 1912 | PICASSO, *Gitarre* ▸ 19.41 |
| | SONIA DELAUNAY, *Simultane Kontraste* ▸ 19.45 |
| 1912–13 | GONTSCHAROWA, *Katzen* ▸ 19.53 |
| 1913 | KANDINSKY, *Improvisation 30* ▸ 19.27 |
| | BRAQUE, *Le Courrier* ▸ 19.38 |
| | BALLA, *Abstrakte Geschwindigkeit* ▸ 19.48 |
| | MONDRIAN, *Komposition VII* ▸ 19.58 |
| | STELLA, *Schlacht der Lichter, Coney Island* ▸ 19.49 |
| 1914 | MARC, *Kämpfende Formen* ▸ 19.29 |
| | DUCHAMP-VILLON, *Pferd* ▸ 19.52 |
| 1915 | PICASSO, *Harlekin* ▸ 19.40 |
| | BRANCUSI, *Der verlorene Sohn* ▸ 19.54 |

| | HISTORISCHE & KULTURELLE DATEN |
|---|---|
| 1900 | Freud, *Traumdeutung*; Max Planck entwickelt die Quantentheorie |
| 1901 | Tod Königin Victorias |
| 1902 | Ende des Burenkrieges; Debussy, *Pelléas et Mélisande* |
| 1903 | Erster Motorflug (USA) |
| 1904 | Russisch-Japanischer Krieg |
| 1905 | Fehlgeschlagene Revolution in Russland; Einstein, *Relativitätstheorie*; Fünf-Cent-Kino öffnet in Pittsburgh |
| 1907 | Bergson, *Die schöpferische Entwicklung* |
| 1909 | Diaghilevs Russisches Ballett in Paris; Gertrude Stein, *Three Lives* |
| 1911 | Marokkokrise; Kandinsky, *Über das Geistige in der Kunst*; Strauss, *Der Rosenkavalier* |
| 1913 | Proust, *Du côte de chez Swann*; Strawinsky, *Le Sacre du Printemps* |
| 1914 | Beginn des Ersten Weltkrieges |
| 1915 | Zweite Schlacht bei Ypern |
| 1916 | Erste Schlacht an der Somme |

WASSILY KANDINSKY, *Improvisation 18 (mit Grabstein)*, 1911, Leinwand, 141 x 120 cm. Städtische Galerie im Lenbachhaus, München.

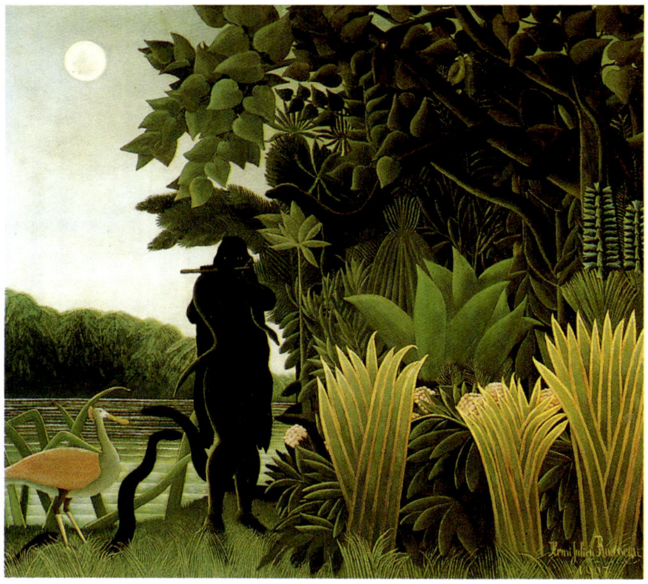

19.1 HENRI ROUSSEAU, *Schlangenbeschwörerin* (*La charmeuse de serpents*), 1907, Leinwand, 169 x 190 cm. Musée d'Orsay, Paris.

licht wurde. Freuds umwälzende Gedanken über die Bedeutung des Unbewussten, speziell des Sexualtriebes, veränderten die Haltungen und die Werte des frühen 20. Jahrhunderts. Die Forderung nach einem Verständnis der instinktiven Seite der menschlichen Natur, die Behauptung, dass Emotionen und Empfindungen, speziell die unbewussten Triebe, als Schlüssel menschlichen Verhaltens wichtiger als rationales Denken seien, führten zu tiefen Auswirkungen auch in der Kunst.

Der Einfluss freudschen Denkens begünstigte eine Neubewertung des Ursprünglichen – jenen ›Mythos des Primitiven‹, über den bereits im Zusammenhang mit GAUGUIN gesprochen wurde (S. 657ff.). Die Auffassung setzte sich durch, dass sich in der Ethik der Urvölker größere Unmittelbarkeit, Ausdruckskraft und Aufrichtigkeit finden. Die Künstler wurden sich der Werke der ›Primitiven‹ erstmals als ›Kunst‹ bewusst, die als umso anregender empfunden wurde, je mehr sie den westlichen Traditionen widersprach. Diese Kunst konnte noch immer nur in ethnographischen und anthropologischen Museen, nicht in Kunstmuseen, gesehen werden. In ihrer Suche nach unmittelbarem, instinktivem Ausdruck wandten sich die Künstler in zunehmendem Maße von der zivilisierten ›schönen‹ zur primitiven Kunst, besonders der ›Neger‹-Skulptur zu. (Afrika wurde in Kunstdingen damals nicht von Ozeanien unterschieden). Sie suchten die Verbindung mit der naiven und der Volkskunst, selbst mit den Äußerungen der Kinder. 1911 erklärte der Schriftsteller André Gide in einem bekannten Satz, dass »die Zeit der Sanftheit und des Dilettantismus vorüber ist; was jetzt benötigt wird, sind Barbaren«. Um 1915 wurde die afrikanische Skulptur als eine der größten, die je geschaffen wurden, bezeichnet. Und BRAQUE, ein Künstler, der kaum von ihr beeinflusst schien, bekannte: »Auch die Masken der Neger eröffneten mir einen neuen Horizont. Sie erlaubten mir, mit instinktiven Dingen Kontakt aufzunehmen, mit wirklichen Offenbarungen, die einem falschen Traditionalismus, den ich verabscheue, entgegengesetzt sind.«

## *Neue Sehweisen*

Das erste Jahrzehnt des Jahrhunderts erlebte den Höhepunkt der einzigartigen Laufbahn des ›Douanier‹ ROUSSEAU. HENRI ROUSSEAU (1844–1910), ein pensionierter Zollbeamter, war ein naiver Künstler von unzweifelhafter Genialität. Es ist bezeichnend, dass seine Größe einzig von den wenigen genialen Künstlern und Schriftstellern jener Tage erkannt wurde, so von PICASSO, der mehrere seiner Gemälde besaß und zu seinen Ehren 1908 ein heute legendäres Bankett gab. ROUSSEAU begann in seinen mittleren Jahren ohne jede Schulung zu malen; er hatte jedoch öffentliche Kunstausstellungen besucht und war über die neuesten Entwicklungen orientiert. Doch seine technische und begriffliche Naivität schenkte ihm, obwohl er Paris nie verlassen hatte, das unschuldige Auge eines Wilden. In seiner Einbildungskraft wucherten exotische Bilder mysteriöser und bedrohlicher tropischer Dschungel – wahre Landschaften des Unbewussten ▸ 19.1. Der Dichter Guillaume Apollinaire (1880–1918) schrieb, dass ROUSSEAU, während er solche Szenen malte, die Realität ihrer Imagination so stark fühlte, dass er die Fenster aufreißen musste, um dem selbst geschaffenen Zauber zu entfliehen. Obwohl er seine Bilder mit einer zwanghaften Genauigkeit und Detailfreudigkeit malte, ordnete er mit einem außergewöhnlichen Kompositionstalent jedes Detail dem hypnotisierenden Trommelrhythmus der im Bild ineinander verwobenen Vertikalen und Diagonalen unter.

In PICASSOS Atelier standen die großen Leinwände von ROUSSEAU mit den vielen afrikanischen Masken und ozeanischen Skulpturen eng zusammen. PICASSO war nicht der erste Künstler in Paris, der afrikanische Skulpturen entdeckte, doch waren sie für ihn, wie er später bekannte, eine schöpferische Offenbarung und Quelle befreiender Kraft. Neue Sehweisen zwangen ihn zu einer ungestümen Wende, deren unmittelbare Auswirkung in den *Demoiselles d'Avignon* sichtbar wurde ▸ 19.3. Die beiden Figuren auf der rechten Seite übermalte PICASSO, nachdem ihn die Kraft der afrikanischen Skulptur begeistert hatte (obwohl er behauptete, die ethnographische Sammlung im Trocadéro [Musée de l'Homme, Paris] erst später gesehen zu haben). Dieses riesige Gemälde bedeutete einen entscheidenden Wendepunkt: Mit ihm wagte PICASSO den revolutionären Bruch mit der traditionellen westlichen, darstellenden Kunst. Statt das Bild als ein Fenster anzusehen, das

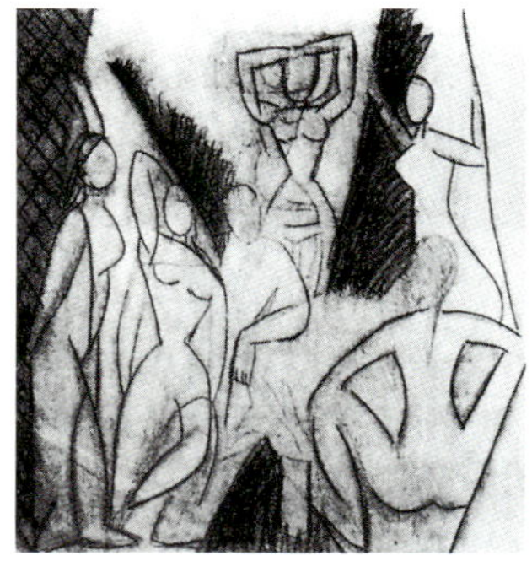

19.2 PABLO PICASSO, Entwurf zu *Les Demoiselles d'Avignon*, 1907, Bleistiftzeichnung, 48 x 48 cm. Musée Picasso, Paris.

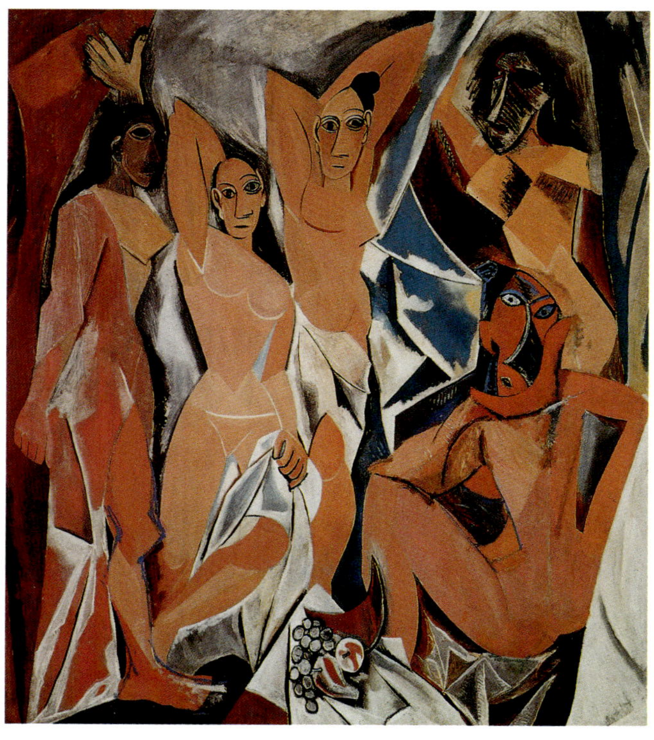

19.3 PABLO PICASSO, *Les Demoiselles d'Avignon* (Ausschnitt), begonnen im Mai, überarbeitet im Juli 1907, Leinwand, 244 x 233,7 cm. The Museum of Modern Art, New York (Lilie P. Bliss Bequest).

sich zur dahinter liegenden sichtbaren Welt öffnet, verselbständigte er es als einen Komplex erfundener Formen. »Es war mein erstes exorzistisches Gemälde«, äußerte PICASSO gegenüber dem Schriftsteller André Malraux.

Die *Demoiselles* begann PICASSO als eine bewusste Neukonzeption ▸ 19.2 – er hatte die gewaltige Leinwand speziell bestellt –, sehr wahrscheinlich als Reaktion auf folgende Meisterwerke: *La joie de vivre* von MATISSE, das beim Salon von 1906 Aufsehen erregt hatte ▸ 19.9, und auf die späten großen Figurenkompositionen von CÉZANNE, die eben zu dieser Zeit bekannt wurden. Die Generation der Kubisten würdigte CÉZANNE als den geistigen Vater der Abstraktion. Die *Demoiselles d'Avignon* (benannt nach dem Rotlichtbezirk in Barcelona, wo PICASSO zeitweise die Akademie besuchte) sind als Bordellszene begonnen worden, mit allegorischen Anspielungen, angedeutet durch einen Seemann, der inmitten nackter Frauen sitzt, sowie einen Studenten, der einen Totenschädel hält. Noch in einem frühen Stadium eliminierte PICASSO diese Figuren und damit jede symbolische oder erzählerische Komponente. Das Erotische hingegen wurde immer lauter, je mehr er Bilder und Formen der Primitiven hineinnahm – eine aggressive Erotik im vollkommenen Gegensatz zur Sinnlichkeit der Salonmaler oder INGRES (dessen *Türkisches Bad* ▸ 15.22 eine ursprüngliche Quelle für eine oder mehrere der Frauen in den *Demoiselles* gewesen sein könnte).

PICASSO wandte sich verschiedenen Quellen der Inspiration zu, so den Werken CÉZANNES und der iberischen (vorrömisch-spanischen) Skulptur, bevor ihm die afrikanische Kunst die Augen für neue Wege in der Betrachtung der sichtbaren Welt öffnete. Er erklärte, dass die afrikanische Kunst ihm weit vernunftbegabter erscheine – das heißt stärker konzeptionell strukturiert als die westliche Kunst –, mehr aus dem Wissen als aus dem Sehen entstehe. Indem er den einzelnen Blickpunkt und die geläufigen Proportionen aufgab, die Anatomie weitgehend auf Rhomben und Dreiecke reduzierte, ordnete er das Bild vom Menschen gänzlich neu. Es ist die totale Abkehr von lange anerkannten westlichen Gewohnheiten, die die *Demoiselles* zu einem so revolutionären Kunstwerk machte. Seine Schöpfung bedeutete einen wichtigen intellektuellen Durchbruch, nicht nur, indem sie neue Methoden in der Behandlung von Raum und Form erschloss (s. S. 706ff.), sondern auch im Hervorrufen von früher nicht darstellbaren Emotionen und Gemütszuständen. Die konventionelle Beurteilung der Bildeinheit wurde verworfen, es scheint fast, als sei der stilistische Bruch auf der rechten Seite der *Demoiselles* absichtlich ungelöst gelassen.

MONET wird in diesem Zusammenhang selten erwähnt, obschon er in diesen Jahren mit seiner letzten großen Gemäldeserie begann. Der Impressionismus fand in seinen *Nymphéas* (*Wasserrosen*) zu seinem Höhepunkt ▸ 19.4. Das neue, durch die *Demoiselles* verkörperte Konzept von Malerei kann als Reaktion gegen die illusionistische Ästhetik des Impressionismus gedeutet werden. Der Gegensatz zwischen dem zarten Farbgeflecht, den außergewöhnlich subtilen Harmonien der sich nach allen Seiten ausdehnenden mittelpunktlosen Kompositionen der *Wasserrosen* und der rauen Handhabung greller und schartiger Formen in den *Demoiselles* ist groß. Beide Gemälde entstanden 1907. MONETS Ziel war immer noch die Darstellung einer unmittelbaren Erfahrung der Natur, doch enthielt der Wasserrosen-Garten in Giverny für ihn Andeutungen von Unendlichkeit, und seine kontemplative Phantasie gibt einen flüchtigen Blick auf ein endloses Ganzes frei. Seine

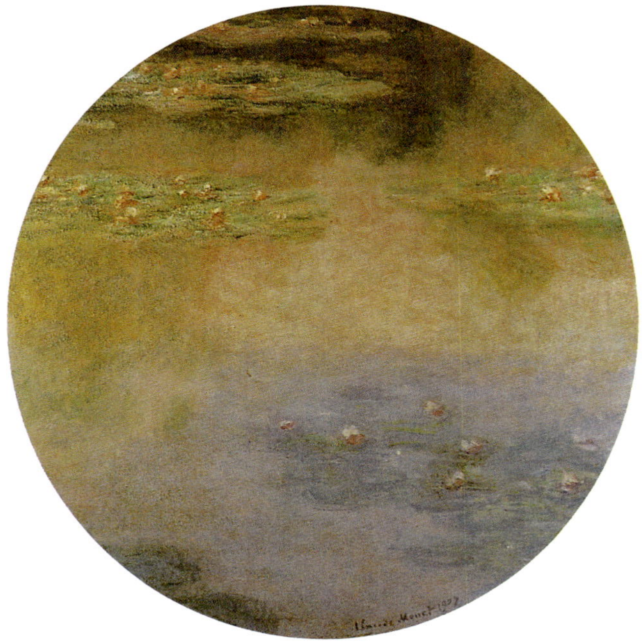

19.4 CLAUDE MONET, *Wasserrosen* (*Nymphéas*), 1907, Leinwand, Durchmesser 80 cm. Musée d'Art et d'Industrie, Saint-Étienne.

beinahe tiefelosen Ansichten auf und durch die Oberfläche des Teiches wurden zu schimmernden, unfassbaren Farbschleiern. Die natürliche Welt verliert sich in ein fast abstraktes Muster von vibrierendem Licht und Atmosphäre. Diese Gemälde waren ebenso radikal wie die von PICASSO, doch führte der Weg MONETS in eine andere Richtung.

War PICASSO ein Pionier in der Einschätzung der formalen Qualität afrikanischer Kunst, so reagierten andere Künstler, die die primitive Kunst ebenso früh, wenn nicht sogar eher entdeckt hatten, mehr emotional. Die fauvistischen Maler, denen PICASSO wahrscheinlich seine Bekanntschaft mit der afrikanischen Kunst verdankte, waren weniger offensichtlich beeinflusst. Doch um 1904 reagierten verschiedene Künstler in Deutschland sehr sensibel auf die ›Kunst‹ in den völkerkundlichen Museen und ließen sich stärker von ihr beeinflussen als

19.5 EMIL NOLDE, *Masken*, 1911, Leinwand, 73 x 77,5 cm. Nelson-Atkins Museum of Art, Kansas City (Schenkung der Kunstfreunde).

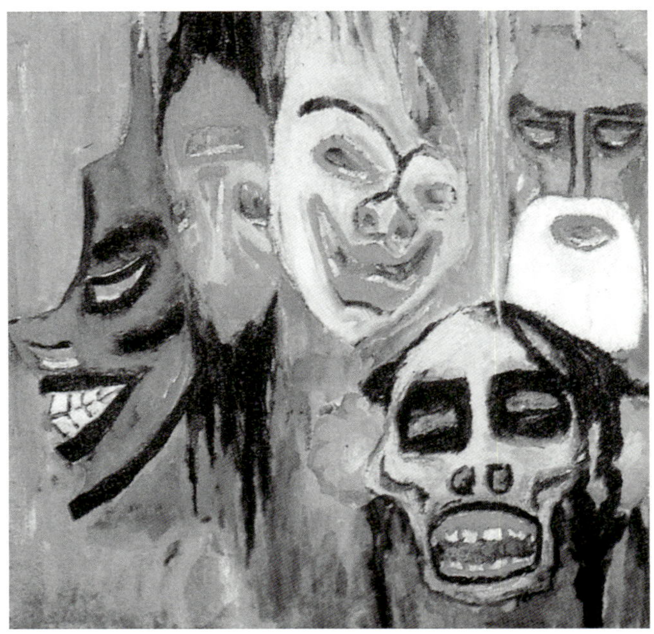

# Picassos *Demoiselles d'Avignon* Anarchismus, Kolonialismus und die Kunst als Exorzismus

Sein Gemälde *Les Demoiselles d'Avignon* ▸ 19.3 brach nicht nur einem neuen Form- und Raumverständnis in der Malerei Bahn, sondern hatte eine weitergehende Bedeutung sowohl für PICASSO als auch seine Freunde, die jahrelang die Einzigen waren, die es in Paris zu Gesicht bekamen. Während seiner langen Reifezeit verarbeitete das Gemälde die verschiedensten Einflüsse: iberische Plastik, Figurenbilder des späten CÉZANNE und sogar die Malerei EL GRECOS, dessen *Vision des hl. Johannes von Gott* (The Metropolitan Museum of Art, New York) eine – seitenverkehrt verwendete – Vorlage für die drei Demoiselles links abgab. Der letzte und entscheidende Katalysator aber war die Kunst Afrikas. Sie schickte PICASSO auf einen halsbrecherischen Kurs, als er sie »entdeckte«, nachdem er die Arbeit am Gemälde bereits aufgenommen hatte. Der mächtige Eindruck den die afrikanische Plastik machte, hielt die Lösung zu einem Doppelproblem bereit, das PICASSO beschäftigte: Wie konnte man eine strukturelle und formale Radikalisierung bewerkstelligen, ohne dabei wichtige inhaltliche Elemente und Wirklichkeitsbezüge aufzugeben?

Afrikanische Kunst gab es in Paris bereits in den 1890er Jahren nicht nur im Völkerkundemuseum zu sehen, sondern ebenso in Trödelläden, wo es Fetische aus den französischen Kolonien zu kaufen gab. PICASSO und seinen Malerfreunden DE VLAMINCK, DERAIN und anderen, die bald die afrikanische Kunst entdecken sollten, muss sie jahrelang durchaus vertraut gewesen sein, jedoch ohne ihnen offenbar mehr als ein schwaches Interesse zu entlocken, bis Tagesereignisse in Frankreich das ganze Thema Afrika aufs Tapet brachten. Ein Skandal, der die französischen Kolonien betraf, machte 1904/05 Schlagzeilen. Willkürliche Hinrichtungen und Morde, für die zwei französische Kolonialbeamte namens Gaud und Toqué verantwortlich waren, kamen ans Licht und fanden ein starkes Presseecho, insbesondere in der wöchentlich erscheinenden Illustrierten *L'Assiette au beurre*, zu der PICASSOS Malerfreunde JUAN GRIS und FRANTIŠEK KUPKA –beide später bedeutende kubistische Maler– regelmäßig Illustrationen beisteuerten. Im März 1905 erschien ein Sonderheft über *Die Folterung der Schwarzen*. Die schockierendsten Fälle waren die so genannten Treibjagden und die Feiern zum 14. Juli im französischen Kongo. Eine Abbildung zeigt eine solche ›Treibjagd‹: Die weißen Jäger im Tropenanzug mit Helm erheben sich von ihren Feldstühlen und legen an, während ein Schwarm nackter Afrikaner vermutlich von als ›Treibern‹ fungierenden französischen Armeeangehörigen an ihnen vorbeigejagt wird. Im gleichen Heft wurde ausgerechnet der französische Nationalfeiertag – an dem ganz Frankreich den Sturm auf die Bastille feiert, der die Französische Revolution einläutete – illustriert durch eine Lithographie der Feiern in Brazzaville, der Hauptstadt Französisch-Kongos ▸ 19.6. Diese zeigt französische Kolonialbeamte, die Beifall klatschend und spöttelnd zuschauen, wie ein Afrikaner mit am Körper angebrachtem Dynamit in einen menschlichen Knallfrosch verwandelt wird.

Der Gaud-Toqué-Skandal wurde zwar am Ende vertuscht, doch es gab heftige Debatten in der Deputiertenkammer, und Empörung erfasste weite Teile der Öffentlichkeit. Antikoloniale Gesellschaften wurden gegründet und blieben bis 1910 oder darüber hinaus aktiv. Auf einer ihrer Versammlungen hielt Pierre Quillard, den PICASSO kannte, eine bemerkenswerte Rede, in der er sich den Afrikanern zu keinem Zeitpunkt anbiederte oder sie bemitleidete, sondern seine »Brüder anderer Haut und anderer Farbe« bat, »uns bitte die Verbrechen zu vergeben, die wir an ihnen verübt haben«. Quillard war wie mehrere von PICASSOS Freunden ein erklärter Anarchist, und obgleich PICASSO sich niemals – zumindest nicht politisch – festgelegt zu haben scheint, war er nicht minder angezogen vom Anarchismus wie sie. Denn was Künstler und Intellektuelle am Anarchismus reizte, war dessen Kultivierung der Unabhängigkeit des Geistes, der Freiheit des Handelns und der Erfahrung als Selbstzweck. Das große Interesse, das PICASSO und seine Freunde plötzlich dem ›Schwarzen Kontinent‹ und der afrikanischen

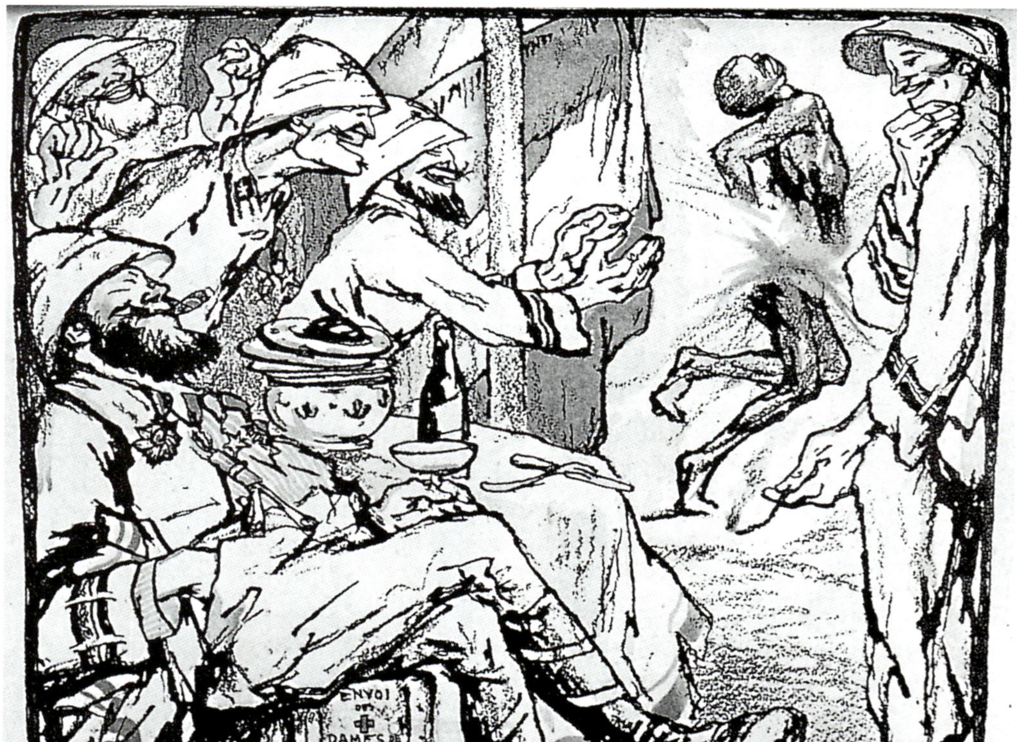


19.6 BERNARD NAUDIN, *La Fête du 14 Juillet à Brazzaville*, Karikatur aus *L'Assiette au beurre*, 11. März 1905.

Kunst entgegenbrachten, war eine radikale Avantgardegeste, eine Provokation und nicht nur eine Frage der Ästhetik.

Das Ausmaß von PICASSOS Engagement zeigt eine Fotografie aus dem Jahr 1908, von einem amerikanischen Schriftsteller namens Gelett Burgess aufgenommen, der sie 1910 als Abbildung zu einem Artikel mit dem Titel *Die wilden Männer von Paris* verwendete. Für diese Aufnahme posierte PICASSO in seinem Pariser Atelier inmitten seiner afrikanischen und ozeanischen Skulpturen ▸ 19.8. Im Jahr davor hatte er ein wilderes und sogar noch provokativeres Werk als die *Demoiselles* gemalt, ein kleinformatiges, von ihm *Mutter und Kind* betiteltes Gemälde, dem unübersehbar der herkömmliche Bildtypus der Madonna mit Kind samt Nimbus und blauem Himmelsgewand, das die Heilige Jungfrau traditionell trägt, zugrunde lag ▸ 19.7. Die Umwandlung eines solchen, ohne weiteres als heilige Ikone des weißen Mannes erkennbaren, Motivs durch eine Art der Darstellung, die man 1907 als eine grobe und brutalisierende Malweise afrikanischer Prägung aufgefasst haben dürfte, die Assoziationen mit Stammesmagie, Aberglauben, Irrationalität, Dunkelheit und Schrecken weckte, war eine unmissverständliche anarchische Geste. Sie machte sich eine vertraute anarchische Strategie der Umkehrung zunutze, um das ›Wilde‹ dem ›Zivilisierten‹ anzugleichen und gleichzustellen.

PICASSO war nie sehr mitteilsam, wenn es um afrikanische Kunst ging und die Frage, was sie für ihn bedeutete. Dem Schriftsteller André Malraux gab er jedoch 1937 einen ungewöhnlich offenen Bericht über seinen ersten Besuch des Völkerkundemuseums rund dreißig Jahre zuvor. Jedes Detail hatte sich seinem Gedächtnis eingeprägt, als habe es sich am Vortag ereignet. »Ich war ganz alleine. Ich wollte hinaus. Aber ich ging nicht fort. Ich blieb, ich begriff, dass es sehr wichtig war«, erzählte er Malraux. »Die Masken waren nicht einfach irgendwelche Skulpturen. Ganz und gar nicht. Sie waren magische Objekte... Sie waren gegen alles – gegen unbekannte, bedrohliche Geister. Ich habe mir immer Fetische angeschaut. Ich begriff: Auch ich war gegen alles... Geister, das Unbewusste (man sprach darüber noch nicht viel), Emotion – sie sind alle ein und dasselbe. Ich begriff, weshalb ich Maler war. Ganz allein in dem furchtbaren Museum, mit Masken, Puppen der Rothäute, verstaubten Figuren. Die Idee zu *Les Demoiselles d'Avignon* muss mir noch am selben Tag gekommen sein, aber keineswegs der Formen wegen, nein, weil es mein erstes Exorzismusbild war – ja, ganz recht!«

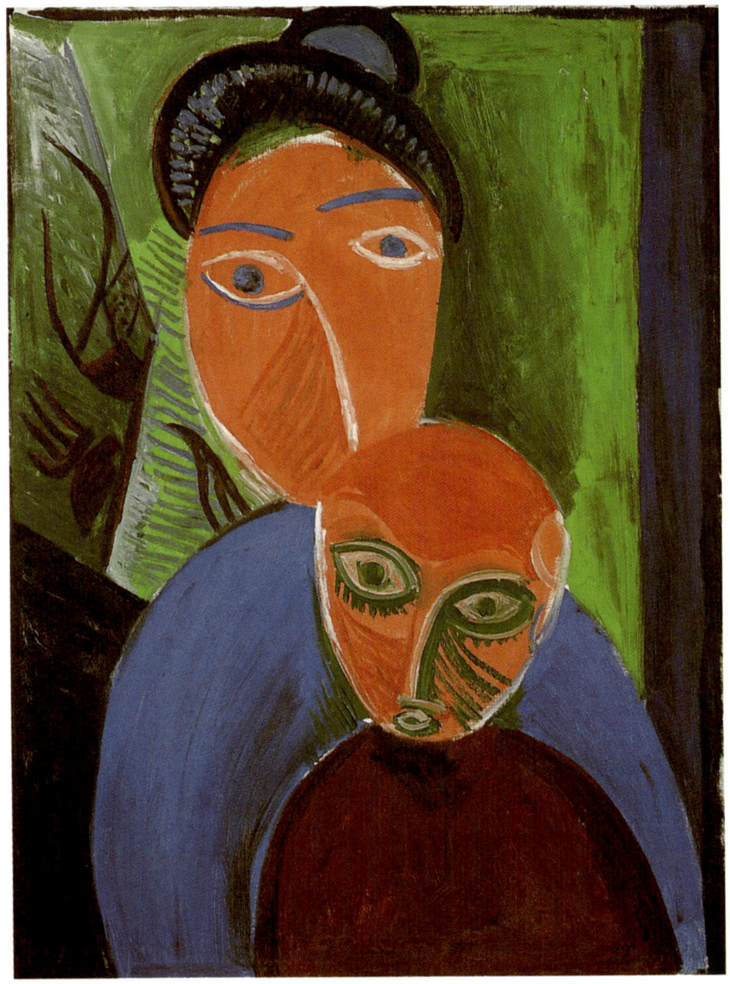

19.7 Pablo Picasso, *Mutter und Kind*, 1907, Leinwand, 81 x 60 cm. Musée Picasso, Paris.

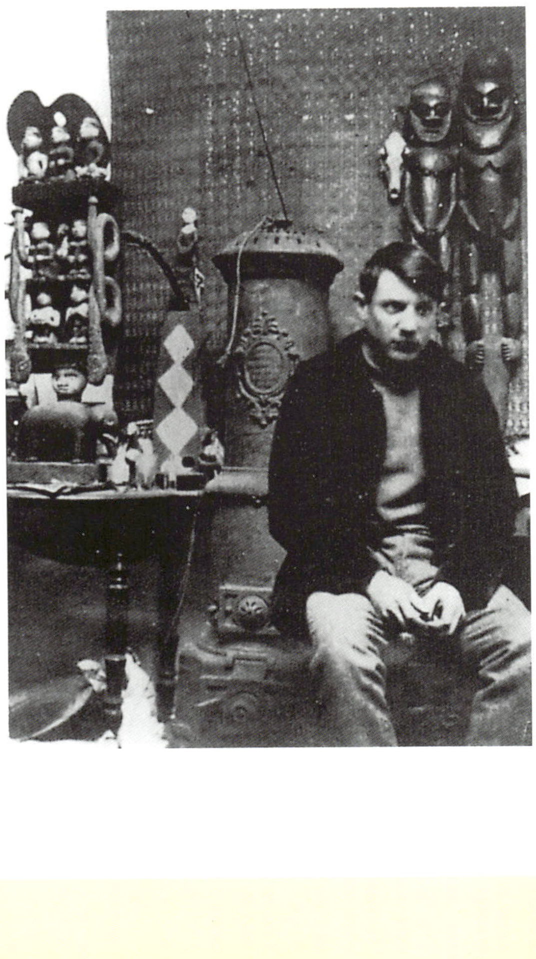

19.8 Picasso im Bateau-Lavoir, 1908, Fotografie von Gelett Burgess. Musée Picasso, Paris.

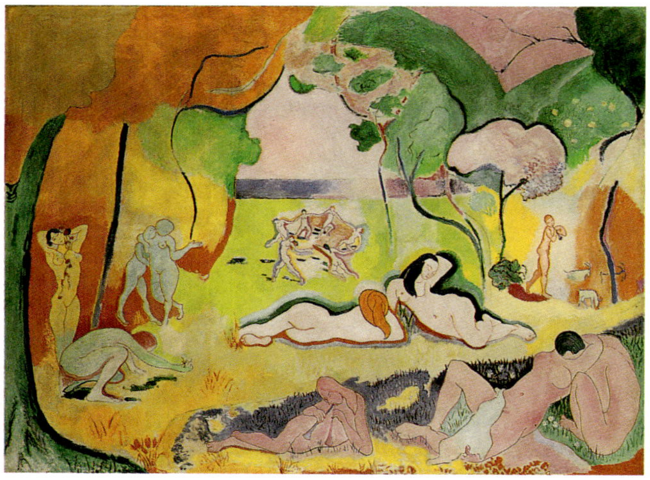

19.9 HENRI MATISSE, *Die Lebensfreude*, 1906, Leinwand, 175 x 239 cm. The Barnes Foundation, Merion.

alle anderen. Für sie bedeutete sie hauptsächlich ein sinnliches Erwachen. Was sie faszinierte, war ihre Kraft, die Offenheit und Unmittelbarkeit der Primitiven. EMIL NOLDE beeindruckte »ihre absolute Primitivität, ihre Intensität, oftmals auch der groteske Ausdruck von Kraft und Leben in der einfachsten Form«. In den Serien der Masken suchte NOLDE diese Eindrücke zu verarbeiten ▸ 19.5. Wenige Jahre später erweiterten die expressionistischen Maler des ›Blauen Reiter‹ das Feld der als ursprünglich geltenden Kunst. In ihrem *Almanach* von 1912 ▸ 19.10 brachten sie Abbildungsbeispiele aus Neukaledonien, der malaiischen Halbinsel, der Osterinsel, aus Kamerun, Brasilien und Mexiko ebenso wie russische und bayerische Volkskunst sowie Kinderzeichnungen und -bilder. Unter den Meistern des Abendlandes faszinierte lediglich EL GRECO. FRANZ MARC, Mitherausgeber des Almanachs, schrieb 1912:

*»Wir müssen mutig sein und unsere Rücken gegen alles das wenden, was bis jetzt gute Europäer wie wir selbst für kostbar und unentbehrlich hielten.«*

Um diese Zeit hatte WASSILY KANDINSKY bereits einen PICASSO vergleichbaren großen Durchbruch geschafft, als er die erste seiner *Improvisationen* malte. Dabei verdankte er der primitiven Kunst ebenso viel wie PICASSO in seinen *Demoiselles*. Über seine Sympathie und ›geistige Verwandtschaft‹ zur primitiven Kunst sagte KANDINSKY, dass »diese Künstler wie wir in ihren Werken daran denken, nur innerliche Wahrheiten auszudrücken, und in der Konsequenz alle Rücksichten auf äußerliche Formen ablehnen«.

19.11 ANDRÉ DERAIN, *The Pool of London*, 1906, Leinwand, 66 x 99 cm. Tate Gallery, London.

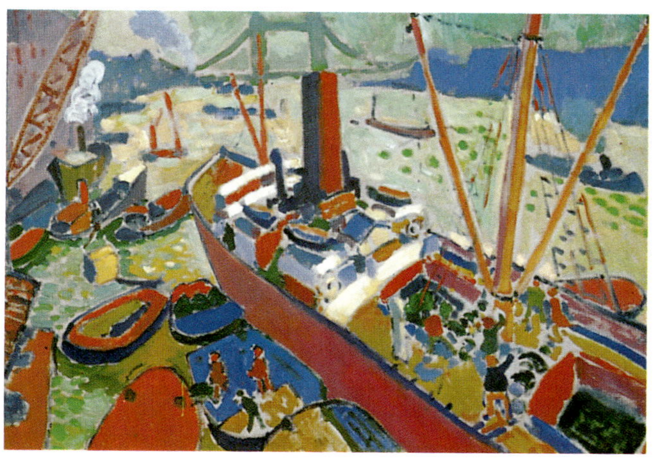

## Die Fauves und der Expressionismus

Paris war noch immer die kulturelle Hauptstadt der westlichen Zivilisation, und hier fand 1905 eine Ausstellung statt, die seither als eines der ersten Aufsehen erregenden ›Ereignisse‹ in der Kunst des 20. Jahrhunderts betrachtet wird. Im ›Salon d'Automne‹ dieses Jahres zeigte eine Gruppe von jungen Künstlern, die von HENRI MATISSE (1869–1954) angeführt wurde, einen Raum mit Werken voll derart schriller Farben, wilder Pinselführung und verzerrter antinaturalistischer Zeichnung, dass sie den Spottnamen ›Les Fauves‹ (Die Wilden) erhielten. Der Kunstkritiker Elie Faure verwies in seinem Katalogvorwort auf sie als junge ›Primitive‹. Ihre geistige Verwandtschaft mit der naiven Kunst wurde dadurch hervorgehoben, dass im selben Raum eine der beunruhigendsten Dschungel-Visionen ROUSSEAUS, *Der hungrige Löwe*, aufgehängt war.

MATISSE war der Älteste der Gruppe und in ihr der einzige einigermaßen anerkannte Künstler. Von den anderen waren ANDRÉ DERAIN (1880–1954) und MAURICE DE VLAMINCK (1876–1958) die begabtesten. DERAINS Ansichten Londons aus den Jahren 1905 und 1906 fassen die intensive fauvistische Koloristik zusammen, heftige und ganz willkürliche Farben, die DERAIN »beabsichtigte Missklänge« nannte ▸ 19.11. Alle naturalistischen Effekte sind aufgehoben. Durch die Befreiung der Farbe von der traditionell beschreibenden Rolle in der Darstellung wiesen die Fauves den Weg zu ihrer reinen Artikulation.

### *Matisse*

Das große fauvistische Meisterwerk ist *Die Lebensfreude* von MATISSE, dessen Farben noch mehr als bei DERAIN subjektive Ausstrahlung besitzen ▸ 19.9, während die Formen so drastisch vereinfacht werden, dass sie zu einem reinen linearen Muster werden. Nicht ohne Reminiszenzen an den Jugendstil ist die Oberfläche des Bildes zu einer einfachen räumlichen Ebene vereinheitlicht.

Beziehungspunkte zu arkadischer Klassizität wie in *Die Lebensfreude* wurden in Zukunft vermieden. In *Harmonie in Rot, Serviertisch* ▸ 19.13 fasste MATISSE die fauvistischen Bestrebungen in einer vibrierenden Komposition von Linien und flachen Farbzonen zusammen, ein brillanter Versuch eines reinen, fast kindlich schöpferischen Spiels mit den einfachsten bildnerischen Mitteln: wenige kontrastierende warme und kalte Töne sowie einfache gekrümmte und gerade Linien. Perspektive und plastische Raumwirkung sind fast ganz aufgehoben, das Licht erhielt die Funktion flacher Farben und besitzt keine atmosphärische oder formbildende Qualität mehr. Breiten Raum nehmen Arabeskenmotive ein. MATISSE schrieb 1908 in seinen *Notizen eines Malers*:

*»Was ich vor allem zu erreichen suche, ist der Ausdruck. Er ist in der ganzen Anordnung meines Bildes: der Raum, den die Körper einnehmen, die leeren Partien um sie, die Proportionen: das alles hat seinen Teil daran.«*

Die *Notizen eines Malers* wurden in weiten Kreisen gelesen und sofort ins Deutsche und Russische übersetzt. Obwohl MATISSE die auf das Emotionale gerichtete Methode seiner Kunst mit Lebhaftigkeit vorbrachte, vermied er es, etwas zu sagen, das als Programm verstanden werden konnte. Sein vielleicht enthüllendster Kommentar war, dass »die Wahl der Farben auf keiner wissenschaftlichen Theorie beruht. Sie basiert

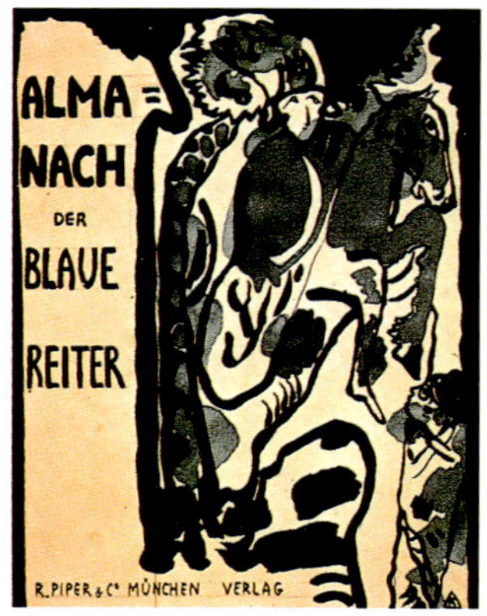


19.10 WASSILY KANDINSKY, Endgültiger Entwurf für den Umschlag des Almanachs ›Der Blaue Reiter‹, 1911, Tusche und Aquarell, 27,9 x 21,9 cm. Städtische Galerie im Lenbachhaus, München.

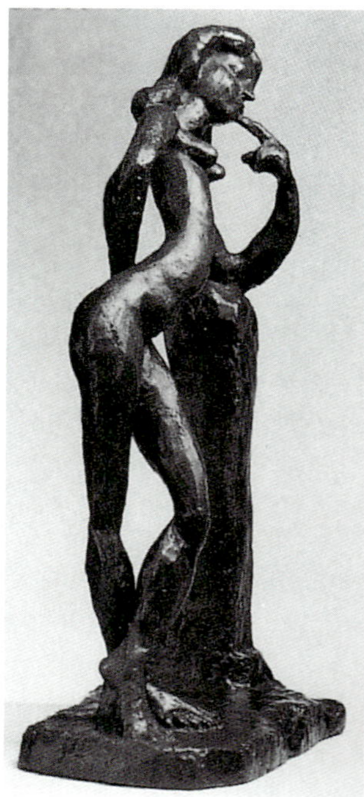

19.12 HENRI MATISSE, *Die Serpentine*, 1909, Bronze, 56,5 x 29,2 x 19 cm. Musée Matisse, Nizza.

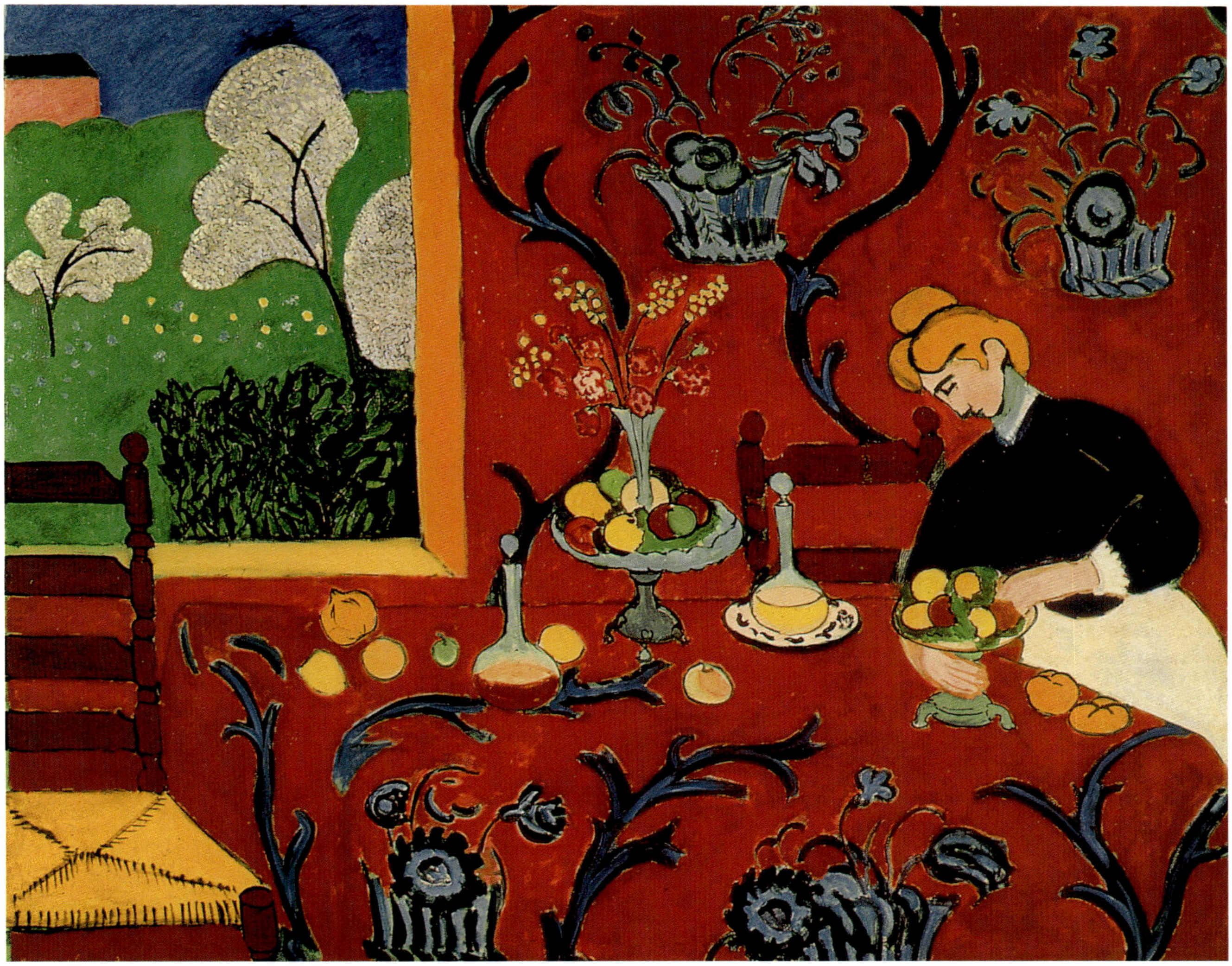

19.13 HENRI MATISSE, *Harmonie in Rot, Serviertisch*, 1908, Leinwand, 180 x 220 cm. Staatliche Eremitage, St. Petersburg.

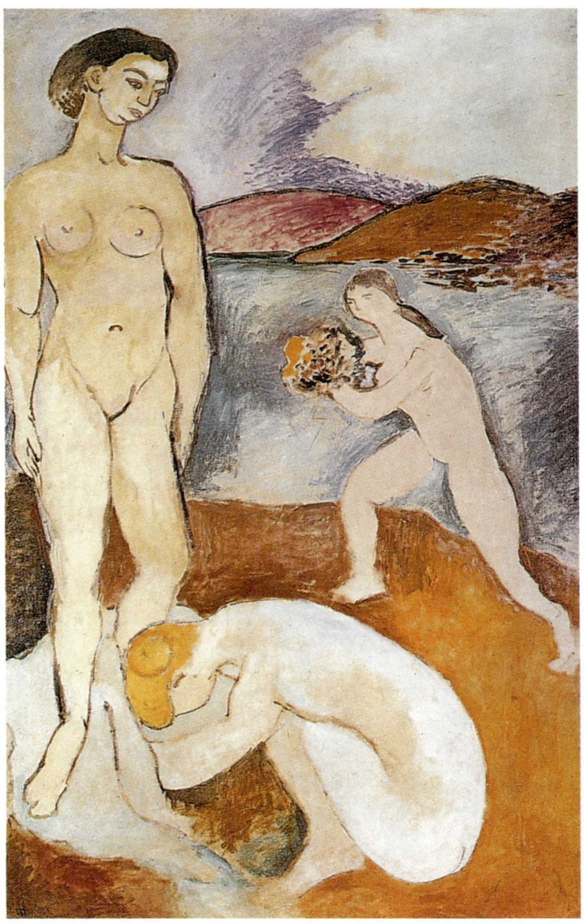

19.14 HENRI MATISSE, *Luxus I*, 1907, Leinwand, 210 x 138 cm. Musée National d'Art Moderne, Paris.

auf der Beobachtung, dem Gefühl und der eigentlichen Natur jeder Erfahrung« ▸ 19.14. Das Ziel war, »jenen Zustand von Verdichtung der Empfindungen zu erreichen, der ein Bild ergibt«. Er beschrieb auch, wie langsam und mühevoll seine Gemälde entstanden. Sie sind nur scheinbar ungestüm und spontan. Sie sind das Resultat eines langen, fortschreitenden Prozesses von kontinuierlichen kleinen Schritten, bis die Beziehungen von Farbe zu Farbe, Form zu Form und Farbe zu Form den Punkt erreichten, den MATISSE als die genau ›richtige Balance‹ empfand. Der Prozess, gleichermaßen im malerischen wie plastischen Werk ▸ 19.12, verbindet nach innen und außen gerichtetes Beobachten. Während er malte, beobachtete MATISSE seine Reaktionen auf jeden Pinselstrich und malte und übermalte, bis der Arbeitsvorgang selbständig wurde und das Bild aus sich selbst wie aus dem Unbewussten entstand. Während des Malvorgangs, so schrieb er, bin »ich mir nur der Kräfte bewusst, die ich benutze, und ich werde dazu von einer Idee geleitet, die ich selbst nur verstehe, indem sie mit dem Bild wächst«.

Der Fauvismus wurde nie zu einer Bewegung, entwickelte keine geschlossene künstlerische Theorie, und um 1908 begann sich die lockere Verbindung aufzulösen. Einige Mitglieder hatten sich schon früher losgelöst, namentlich GEORGES ROUAULT (1871–1958), der zum hervorragendsten religiösen Maler des 20. Jahrhunderts werden sollte ▸ 19.15. Seine inbrünstigen Gemälde haben in der Tat wenig mit den Fauves gemeinsam. Mit ihnen verband ihn die Verwendung grober malerischer Mittel, um starke Stimmungen hervorzuru-

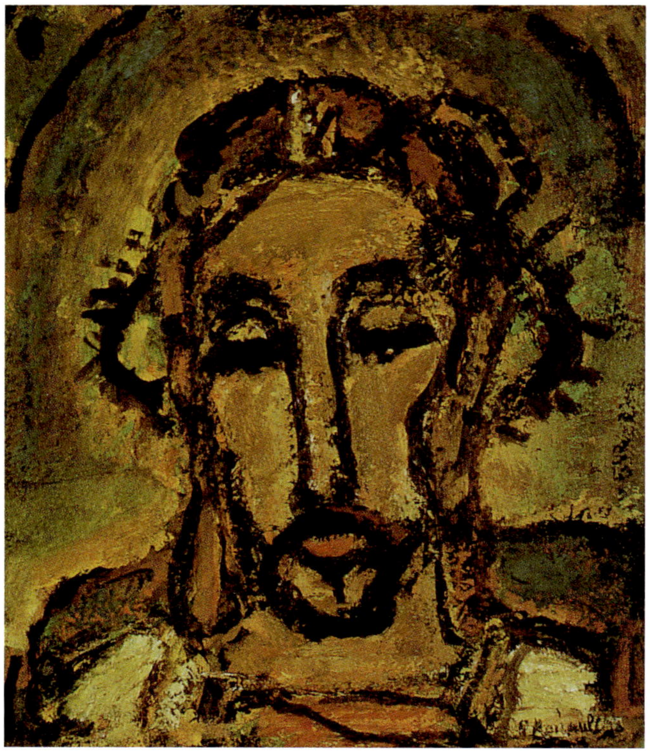

19.15 GEORGES ROUAULT, *Ecce Homo*, 1952, Öl auf Holz, 80 x 74 cm. Vatikanische Museen, Rom.

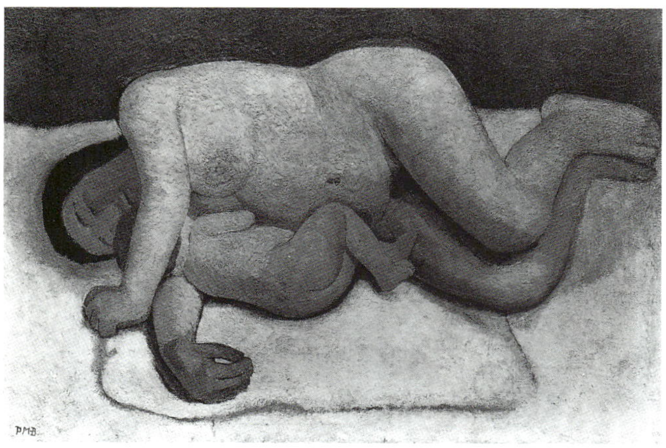

19.17 PAULA MODERSOHN-BECKER, *Mutter und Kind*, 1906, Leinwand, 82 x 124,7 cm. Privatsammlung, Bremen.

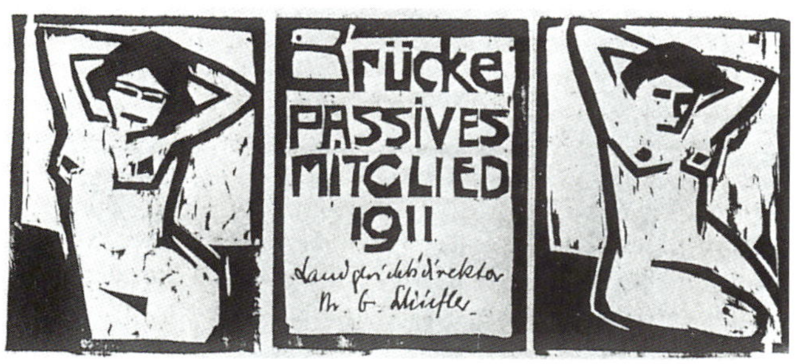


19.18 KARL SCHMIDT-ROTTLUFF, ›Brücke‹-Mitgliedskarte, 1911, Holzschnitt auf orangefarbenem Karton, 17 x 12,7 cm. Brücke-Museum, Berlin.

fen: glühende Farben, die er durch dicke dunkle Umrisslinien trennte, die an Fragmente frühmittelalterlicher Kirchen-Glasfenster erinnern. (Er hatte zunächst die Laufbahn eines Fenstermalers und Restaurators eingeschlagen.) Seine Bilder sind persönliche Zeugnisse, erfüllt von seelischer Qual und dem Glauben an einen neu belebten Katholizismus. Die polemischen katholischen Schriftsteller jener Tage wie Léon Bloy, Charles Péguy und Jacques Maritain wurden seine Freunde und Bewunderer. Ebenso wie Bloy fand er die Wahrheiten des religiösen Erlebens, wie VAN GOGH die Inspiration seiner ›sakramentalsten‹ Bilder, bei den Armen und Hilflosen und anderen Ausgestoßenen der industriellen Gesellschaft. Das typisch fauvistische Gemälde dagegen war frei von sozialer Stellungnahme. ROUAULT war ein Expressionist im weiteren europäischen Sinne und stand vielleicht deutschen Malern wie NOLDE näher als allen seinen französischen Zeitgenossen.

## Die deutschen Expressionisten

EMIL NOLDE (1867–1956) war eine einsame Gestalt, dessen Werk tief religiöse und intensive menschliche Gefühlsregungen vermittelt. Er betrachtete sich selbst als eine Art mystischer Evangelist. Obwohl er um einiges älter war als die meisten deutschen Expressionisten, offenbarte sich seine ganze künstlerische Kraft erst nach 1900. In dieser Zeit, als sich die nihilistische Philosophie Friedrich Nietzsches (1844–1900) verbreitete, erwartete eine ganze Generation von Schriftstellern und Künstlern einen gewaltsamen Umschwung. Ihr Werk strahlte eine schwere, beklemmende Atmosphäre von Unbehagen, Schuld und schlimmer Ahnung aus, besonders verdichtet in den Romanen und Erzählungen Franz Kafkas (1883–1924). In der bildenden Kunst findet sich um die Jahrhundertwende ein Äquivalent für diese Zeitstimmung im Werk von Käthe Kollwitz (1867–1945). Sie könnte als Pionier des Expressionismus gelten, wäre sie nicht stets eine leidenschaftliche Einzelgängerin ohne jede Gruppenzugehörigkeit gewesen. Sie selbst betrachtete sich als Realistin ▸ 19.19. 1903 gestaltete sie einen sieben Blätter umfassenden Radierzyklus mit Szenen aus den Bauernkriegen des frühen 16. Jahrhunderts (vgl. S. 431f.). Auf einem der Blätter mit dem Titel *Ausbruch* sehen wir die legendäre Gestalt der schwarzen Anna mit erhobenen Armen, welche ein mit Mistgabeln und Sensen bewaffnetes Heer antreibt. Insgesamt war aber die deutsche Malerei des Expressionismus, wie sie unmittelbar vor dem Ersten Weltkrieg entstanden war, zusehends mit der seelischen Situation des zeitgenössischen Menschen befasst. Die expressionistische Malerei entsprang einer Rebellion für eine neue Spontaneität und Lebensintensität. Die Expressionisten fühlten sich aufgerufen, ihre Angst, Frustration und Ärger vor der modernen Welt zu bekennen. Noch weit subjektiver als die Fauves suchten sie nach ›Durchgeistigung‹, nach seelischer Durchdringung. Oft nationalistisch gesinnt, nahmen sie eine selbstbewusste antifranzösische Haltung ein. Für sie war primitive Kunst in erster Linie eine emotionale und geistige Erfahrung. NOLDE war bemüht, den Anstoß von afrikanischer und ozeanischer Kunst in seinen eigenen, tief persönlichen christlichen Bildern zu verarbeiten, die durch ihre extremen Vereinfachungen und rohen Farben eine beinahe ekstatische Kraft erreichten. Als ihm ein Kritiker riet, sein Werk zu mildern, antwortete NOLDE, »Ich bemühe mich genau um das Gegenteil, um Strenge und Gefühlstiefe.«

Die erste organisierte Gruppe der deutschen Expressionisten, die ›Brücke‹, wurde 1905 in Dresden gegründet ▸ 19.16. Ihre Ziele waren bereits im Werk von PAULA MODERSOHN-BECKER (1876–1907) ▸ 19.17 und EDVARD MUNCH (s. S. 659f.) vorgezeichnet, der in diesen Jahren in Berlin lebte. Im ›Brücke‹-Programm schrieb der führende Künstler, ERNST LUDWIG KIRCHNER (1880–1938):

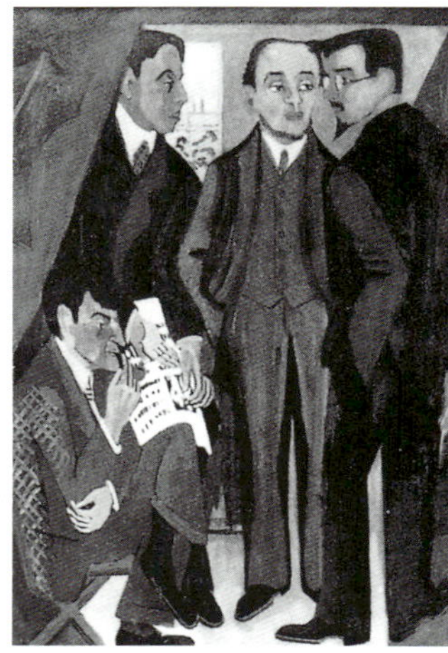

19.16 ERNST LUDWIG KIRCHNER, *Die Maler der Künstlervereinigung Brücke*, 1925, Leinwand, 167 x 125 cm. Museum Ludwig, Köln.

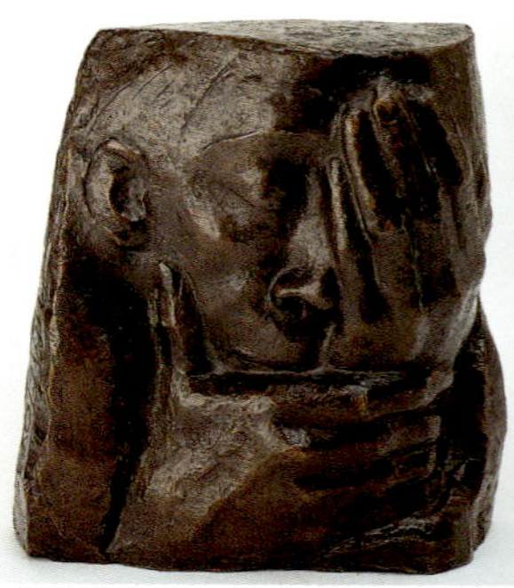

19.19 KÄTHE KOLLWITZ, *Die Klage*, 1938/40, Bronze, 26 x 24,5 x 9 cm. Museum Ostdeutsche Galerie, Regensburg.

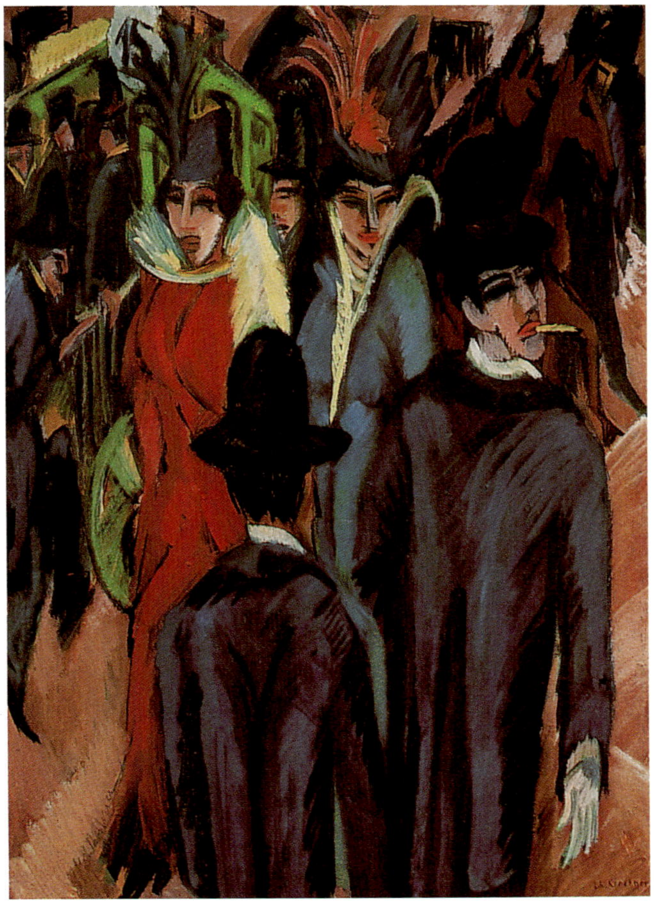

19.20 ERNST LUDWIG KIRCHNER, *Berliner Straßenszene*, 1913, Leinwand, 200 x 150 cm. Brücke-Museum, Berlin.

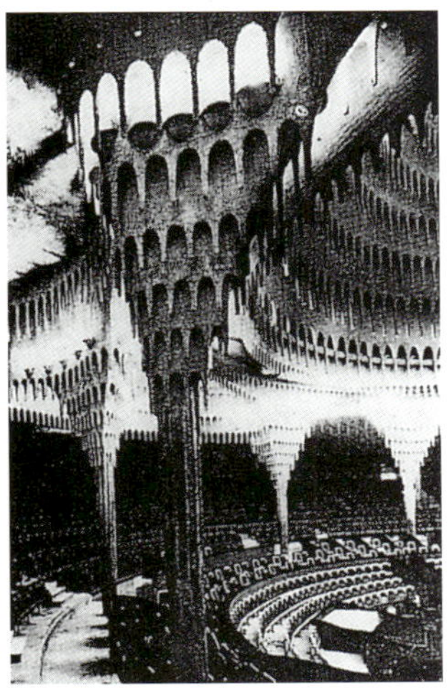

19.21 HANS POELZIG, Großes Schauspielhaus am Schiffbauerdamm, Zuschauerraum, 1918–1919, Berlin.

*»Jeder gehört zu uns, der unmittelbar und unverfälscht wiedergibt, was ihn zum Schaffen drängt.«*

Jedoch ging die Gruppe nicht weit über einen anfänglichen Avantgarde-Protest gegen den akademischen Naturalismus hinaus, auch nicht in den Berliner Straßenszenen KIRCHNERS mit Flaneuren und Prostituierten, unwiderstehlichen Bildern, die die moderne Stadt als Zerstörer der menschlichen Seelen und als Gärungsstoff der Angst zeigen ▸ 19.20. Das eindrucksvollste Medium der Gruppe war die Graphik. Indem sie all die delikaten und atmosphärischen Feinheiten abwiesen, die mit enormer technischer Geschicklichkeit und Erfindungsgabe von den Impressionisten und Neoimpressionisten in der Lithographie und verschiedenen Mischtechniken erzielt wurden, benutzten die Künstler der ›Brücke‹ die einfachsten und primitivsten Methoden des Holz- und Linolschnitts mit derben und unbändigen Effekten ▸ 19.18. In diesen fand ihr Primitivismus das perfekte Mittel, um die emotionale Unruhe auszudrücken.

Der Begriff ›Expressionismus‹ wurde erstmals 1911 von Wilhelm Worringer (1881–1965), dem Autor von *Formprobleme der Gotik* und *Abstraktion und Einfühlung* (s. S. 704), im Zusammenhang mit VAN GOGH und MATISSE benutzt. Bald wurde er allgemein für Künstler und sogar für Architekten angewandt, obwohl expressionistische Architektur nicht leicht zu definieren ist. In Deutschland und im nördlichen Europa, wo die Expressionisten ihre Ursprünge in überlieferten Traditionen fanden, vereinigten sich organische Jugendstil-Formen mit der antiklassischen vereinfachenden Richtung der Industriebauten auf eine Weise, die es den Architekten erlaubte, die Bauformen mit ihrem kreativen Willen expressiv durchzugestalten. Sie zielten auf jene »gesamthafte Umsetzung einer persönlichen Idee in ein Werk«, die KIRCHNER von den Künstlern forderte. In diesem Sinne können Architekten wie HANS POELZIG (1869–1936) und ERICH MENDELSOHN (1887–1953) als Expressionisten bezeichnet werden. Die offenkundigsten ›expressionistischen‹ Gebäude sind POELZIGS Großes Schauspielhaus in Berlin von 1918/19 ▸ 19.21 (zerstört) und das Einstein-Observatorium in Potsdam ▸ 19.22, das MENDELSOHN 1919 baute. Speziell das Schauspielhaus mit seinem Stalaktitengewölbe war eine großartige erfinderische Konzeption, die einen Meilenstein in der Theaterarchitektur bildet. Auch andere Gebäude im Vorkriegs-Deutschland waren, obwohl weniger offenkundig, expressionistisch. Die berühmte AEG-Turbinenhalle in Berlin, 1908/09 von PETER BEHRENS (1868–1940) in Glas und Stahl erbaut, vermittelt trotz strenger Funktionalität einen monumentalen expressiven Ausdruck der Energie, der zur Bestimmung des Gebäudes in Beziehung steht ▸ 19.23. Ähnliche Ausdruckswerte besitzt die große Jahrhunderthalle in Breslau, 1911 von MAX BERG (1870–1947) erbaut. In diesen Jahren fand die Verbindung eines linken politischen Utopismus mit der künstlerischen Avantgarde ihren stärksten Ausdruck unter den Architekten. Ihre Ideologie individueller Schöpferkraft und der Autonomie der Phantasie führten leicht zu Formen des Anarchismus.

Während die Fauves und die Maler der ›Brücke‹ in verschiedenen Graden gegenständlich arbeiteten, unternahm die wenig später entstandene Gruppe ›Der Blaue Reiter‹ in München zwischen 1912 und 1916 den entscheidenden Schritt über die Welt der sichtbaren Erscheinungen hinaus und schuf einige der ersten völlig abstrakten Kunstwerke. Die Frage, wer das erste abstrakte Bild geschaffen habe, kann endlos diskutiert werden. Sicher war KANDINSKY, der führende Maler des ›Blauen Reiter‹, nicht der einzige, der um 1910–1912 begann, in seinem Werk alle Verweise auf die objektive Realität zu eliminieren. Es gab andere Künstler in Frankreich, Italien, Russland, Holland und anderswo (s. S. 751f.), die ähnlich KANDINSKY die Einbildungskraft, den emotionalen und geisti-

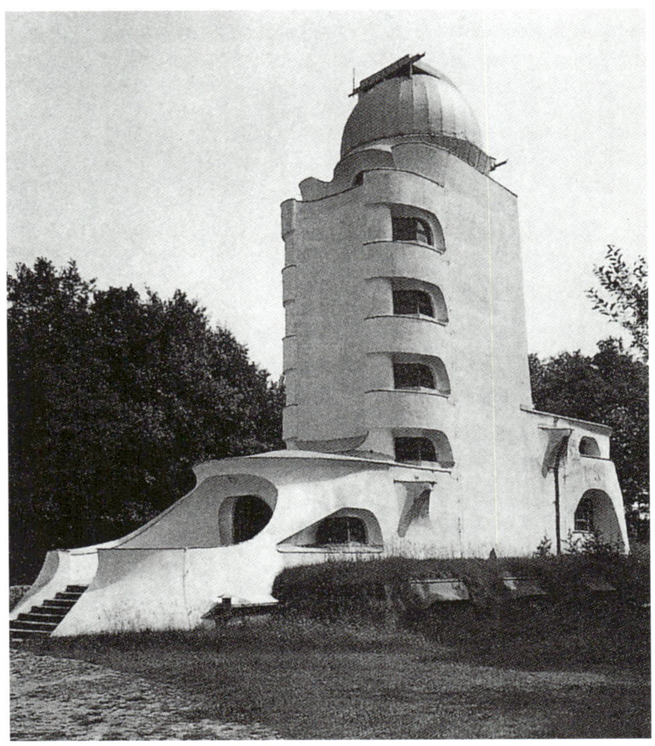

19.22 ERICH MENDELSOHN, Einsteinturm, 1919–1920, Potsdam, Ansicht der Eingangsseite.

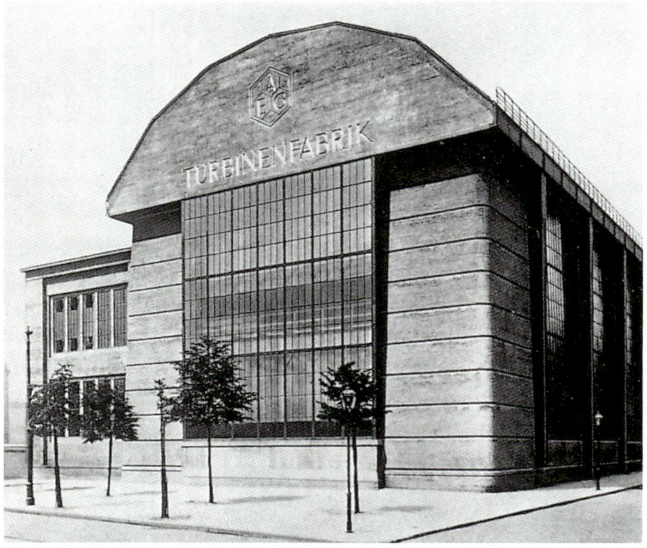


19.23 PETER BEHRENS, AEG-Turbinenfabrik, Berlin, 1909.

gen Inhalt ihrer Werke verstärken wollten. Es gibt nichts an kalter Theorie und Geometrie in KANDINSKYS frühem Werk, das im Gegenteil lebhaft, spontan und organisch ist. »Ich kann nicht länger an den Möglichkeiten eines emotionalen Ausdrucks durch diese abstrakten, sichtbaren Zeichen zweifeln«, schrieb 1913 Roger Fry, nachdem er in London eine der *Improvisationen* KANDINSKYS gesehen hatte, »sie sind reine visuelle Musik«.

Wie Fry erkannte, gehen die Ursprünge der abstrakten Kunst auf die Theorien der Romantiker zurück, dass alle Künste – Musik, Literatur, Malerei, Skulptur und Architektur – im Innersten eins und die höchsten künstlerischen Erfahrungen synästhetisch seien. Angeregt durch ihr Verständnis vom direkt anregenden Charakter der Musik, die ohne die Hilfe der Beschreibung und Anleihen in anderen Bereichen ihre Wirkung entfaltet, waren sich schon die Romantiker der expressiven Kraft von Form und Farbe bewusst. So bereiteten sie den Schritt zur Abstraktion vor. Im späten 19. Jahrhundert näherten und entfernten sich die Künstler abwechselnd der Schwelle zur ungegenständlichen Kunst. Die Symbolisten und andere Künstler, wie WHISTLER in seinen *Nocturnes* ▸ 17.25, gelangten in ihrer Anwendung der Farben und Formen, um Empfindungen zu wecken, nahe an diesen Punkt.

## *Kandinsky*

Der russische Maler WASSILY KANDINSKY (1866–1944) lebte von 1896 bis zum Kriegsausbruch 1914 in München, dazwischen lagen längere Aufenthalte in Italien und Paris. Er hatte eine Professur für Jurisprudenz an einer russischen Universität abgelehnt, um Künstler zu werden. In seinem Frühwerk übernahm er die flachen Muster, die breiten Farbfelder und die rhythmischen Linien des deutschen Jugendstils. Doch um 1910 begann er sich der Abstraktion zuzuwenden, als seine lyrischen und volltönenden slawischen Farben zunehmend die beschreibende Funktion verloren und sich von der Form lösten ▸ 19.25. Er sagte, dass er Musik immer in Farbbegriffen und die Farbe von ihrer emotionalen Wirkung her verstanden habe. KANDINSKY näherte sich der Abstraktion behutsam. GABRIELE MÜNTER (1877–1962), seine ehemalige Schülerin und Gefährtin, mit der er sich in Murnau südlich von München niederließ, ging mit ihm gemeinsam diesen Weg der Abstraktion ▸ 19.26. KANDINSKY selbst datierte sein vollständiges Verständnis für das Abstrakte auf einen Abend im Jahr 1910, als er eine seiner Leinwände im Atelier zufälligerweise verkehrt aufgestellt erblickte und ein Gemälde »von außergewöhnlicher Schönheit sah, voll innerer Ausstrahlung«. Diese Offenbarung des inhärenten Ausdrucks von Form und Farbe überzeugte ihn, dass die Darstellung der Wirklichkeit überflüssig sei. Sie stimmte auch mit seiner antimaterialistischen, mystischen Vorstellungswelt überein, war er doch sehr an den okkulten und theosophischen Theorien Rudolf Steiners (1861–1925) interessiert, der die Ansicht vertrat, dass Kunst und künstlerische Erfahrungen den besten Antrieb für die Erfahrung des reinen Geistigen bilden. Steiner lebte in den Vorkriegsjahren in München, und sehr wahrscheinlich kannte ihn KANDINSKY, der sicherlich seine Vorlesungen besuchte. Er könnte auch von den theosophischen Zeichnungen der ›Geistesformen‹ beeinflusst worden sein. KANDINSKYS ›Offenbarung‹ abstrakter Kunst stimmte auch auf andere Weise mit modernen Gedanken seiner Zeit überein, so zum Beispiel mit jenen des französischen Philosophen Bergson, der auf der Bedeutung der Intuition im Erfassen der Wahrheit bestand, oder den Ideen der bahnbrechenden ›Gestaltpsychologen‹, die behaupteten, dass Form, Größe, Farbe, räumliche Orientierung und so weiter bestimmte wahrnehmbare Effekte auslösen. ›Bedeutungen‹ seien innerhalb der Formen und Farben verborgen, die sich, unabhängig vom Inhalt, direkt übertragen würden, vgl. ▸ 19.24. Dass 1908 in München Worringers *Abstraktion und Einfühlung* veröffentlicht wurde, worin die abstrakten Tendenzen der Kunst dem menschlichen Bedürfnis zugeschrieben werden, sich von der materialistischen Welt zurückzuziehen und einen »Rastplatz im Flug der Geschehnisse« zu finden, war mehr als ein Zufall.

1910 beendete KANDINSKY sein Buch *Über das Geistige in der Kunst*, doch wurde es erst 1912 veröffentlicht. Er formu-

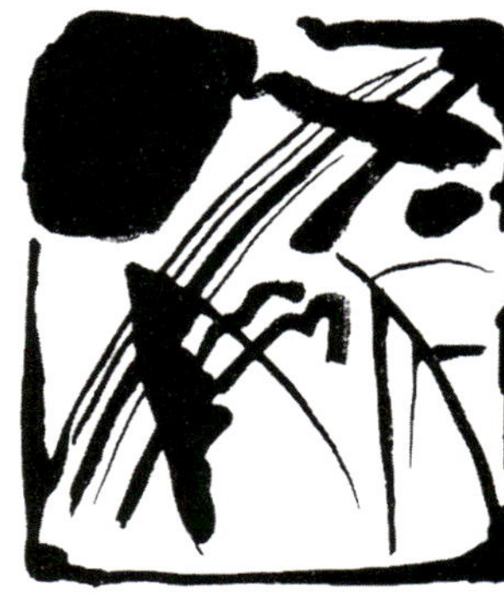

19.24 WASSILY KANDINSKY, Fünf Entwürfe zu Vignetten (Ausschnitt), 1911, Tuschpinsel über Bleistift, 7,8 x 6,8 cm. Städtische Galerie im Lenbachhaus, München.

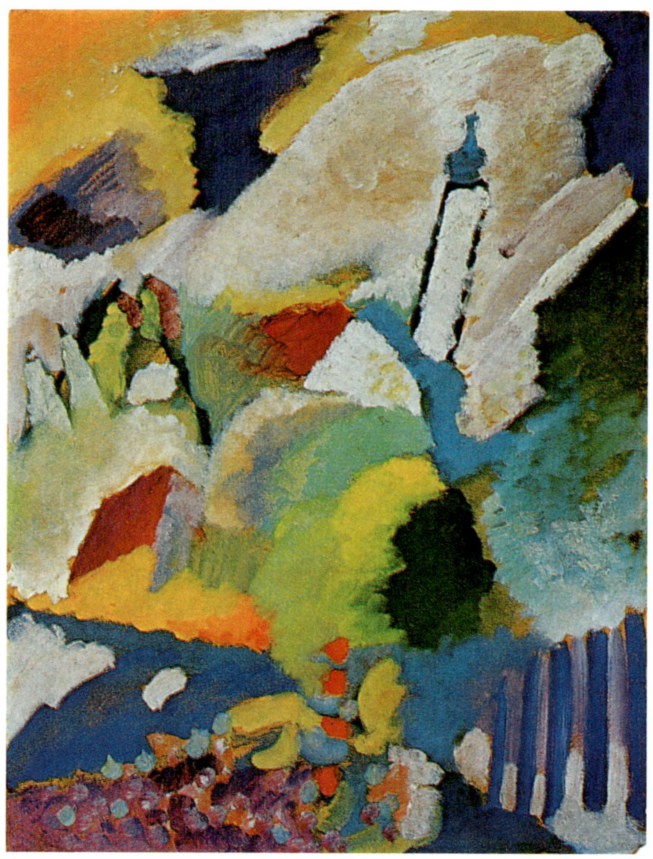

19.25 WASSILY KANDINSKY, *Murnau mit Kirche I*, 1910, Öl auf Pappe, 64,7 x 50,2 cm. Städtische Galerie im Lenbachhaus, München.

QUELLEN UND DOKUMENTE

## Kandinsky über Farbe

Die Farbe spielte eine Schlüsselrolle in KANDINSKYS Theorien über den Ausdruckswert oder ›geistigen‹ Gehalt der Kunst und ihre Unabhängigkeit vom natürlichen Erscheinungsbild. In *Über das Geistige in der Kunst* (1912) formulierte er ein Programm für die abstrakte Malerei:

*»Wenn man die Augen über eine mit Farben besetzte Palette gleiten lässt, so entstehen zwei Hauptresultate:*
*1. es kommt eine rein physische Wirkung zustande... Der Schauende empfindet ein Gefühl von Befriedigung, Freude, wie ein Gastronom, wenn er einen Leckerbissen im Munde hat. Oder es wird das Auge gereizt, wie der Gaumen von einer pikanten Speise. Es wird auch wieder beruhigt oder abgekühlt, wie der Finger, wenn er Eis berührt. Dies alles sind jedenfalls physische Gefühle, welche als solche nur von kurzer Dauer sein können. Sie sind auch oberflächlich...*
*2. das zweite Hauptresultat des Beobachtens der Farbe ist die psychische Wirkung derselben. Hier kommt die psychische Kraft der Farbe zutage, welche eine seelische Vibration hervorruft... Freilich muss das Sehen nicht nur mit dem Geschmack, sondern auch mit allen anderen Sinnen in Zusammenhang stehen. Dieses ist auch der Fall. Manche Farben können unglatt stechend aussehen, wogegen andere wieder als etwas Glattes, Samtartiges empfunden werden, so dass man sie gern streicheln möchte (Ultramarinblau dunkel, Chromoxydgrün, Krapplack). Selbst der Unterschied zwischen kalt und warm des Farbentones beruht auf dieser Empfindung. Es gibt ebenso Farben, die weich erscheinen (Krapplack) oder andere, die stets als harte vorkommen (Kobaltgrün, grünblau Oxyd), so dass die frisch aus der Tube ausgepresste Farbe für trocken gehalten werden kann.*
*Der Ausdruck ›duftende Farbe‹ ist allgemein gebräuchlich. Endlich ist das Hören der Farben so präzis, dass man vielleicht keinen Menschen findet, welcher den Eindruck von Grellgelb auf den Basstasten des Klaviers wiederzugeben suchen oder Krapplack dunkel als eine Sopranstimme bezeichnen würde...*
*Wer von Chromotherapie gehört hat, weiß, dass das farbige Licht eine ganz besondere Wirkung auf den ganzen Körper verursachen kann... dass das rote Licht belebend, aufregend auch auf das Herz wirkt, das blaue dagegen zu zeitlicher Paralyse führen kann...*
*Im Allgemeinen ist also die Farbe ein Mittel, einen direkten Einfluss auf die Seele auszuüben. Die Farbe ist die Taste. Das Auge ist der Hammer. Die Seele ist das Klavier mit vielen Saiten.*
*Der Künstler ist die Hand, die durch diese oder jene Taste zweckmäßig die menschliche Seele in Vibration bringt.«*

Wassily Kandinsky, Über das Geistige in der Kunst, Bern 1952

lierte darin sein Konzept ungegenständlicher Kunst, die einem »inneren Bedürfnis« des Künstlers entspringe, eine »geistige« Kunstform zu finden, die von allen Beziehungen zur äußerlichen Welt befreit sei. Abstrakte formale Kriterien waren für KANDINSKY von ebenso geringer Bedeutung wie die gegenständlichen Qualitäten: Sie galten nur insofern als bedeutungsvoll, als sie zu einer wahren geistigen Realität beitrugen. KANDINSKY war sich der Gefahr bewusst, dass abstrakte Kunst als rein dekorativ missverstanden werden könnte, dass eine Kunst mit reinen Farben und Formen zu bedeutungslosen dekorativen Mustern degenerieren könnte, »etwa gleich einem Schlips oder einem Teppich«, wie er schrieb.

Deshalb behielt er in seinen frühen abstrakten Gemälden von 1911–1913 Hinweise und Andeutungen von erkennbaren Gegenständen, versteckten oder verborgenen Bildern, um den Betrachter in seine geistige Welt und apokalyptischen Visionen zu führen, wie in *Improvisation 30 (Kanonen)* ▸ 19.27. KANDINSKYS vierzig so genannte *Improvisationen* waren, wie er sagte, »weitgehend unbewusste, spontane Projektionen des innerlichen Charakters, in der Natur nicht materiell«. In *Improvisation 30* hingegen können noch ganz klar zwei Kanonen in der rechten unteren Ecke erkannt werden. Auf den Untertitel des Gemäldes befragt, äußerte KANDINSKY 1914:

*»Die Benennung ›Kanonen‹ wurde von mir für meinen eigenen Gebrauch ausgewählt, und sie darf nicht als Hinweis auf die ›Inhalte‹ des Bildes verstanden werden. Diese Inhalte sind in der Tat das, was der Betrachter ›erlebt‹ oder was er unter dem Eindruck von ›Form und Farbe‹ in den Kombinationen des Bildes ›fühlt‹ ... was ich weitgehend unbewusst in einem Zustand von starker innerer Spannung gemalt habe. Ich fühlte die Notwendigkeit einiger der Formen so sehr, dass ich mich erinnern kann, mir selbst laut Anweisungen gegeben zu haben, so zum Beispiel ›aber die Ecken müssen gewichtig werden!‹«*

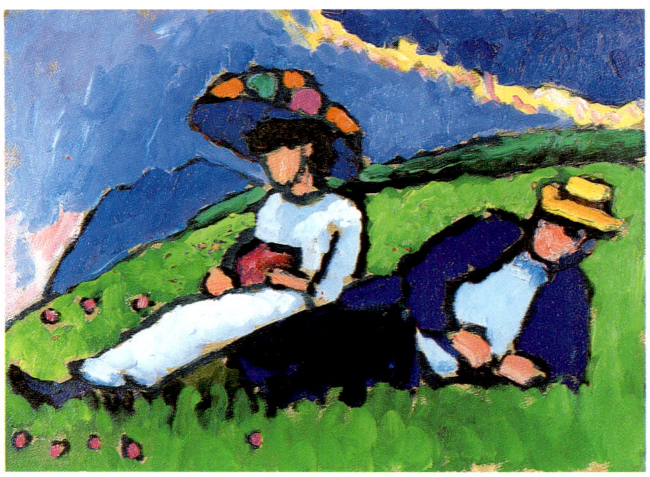

19.26 GABRIELE MÜNTER, Jawlensky und Werefkin, 1908/09, Öl auf Karton, 32,7 x 44,5 cm. Städtische Galerie im Lenbachhaus, München.

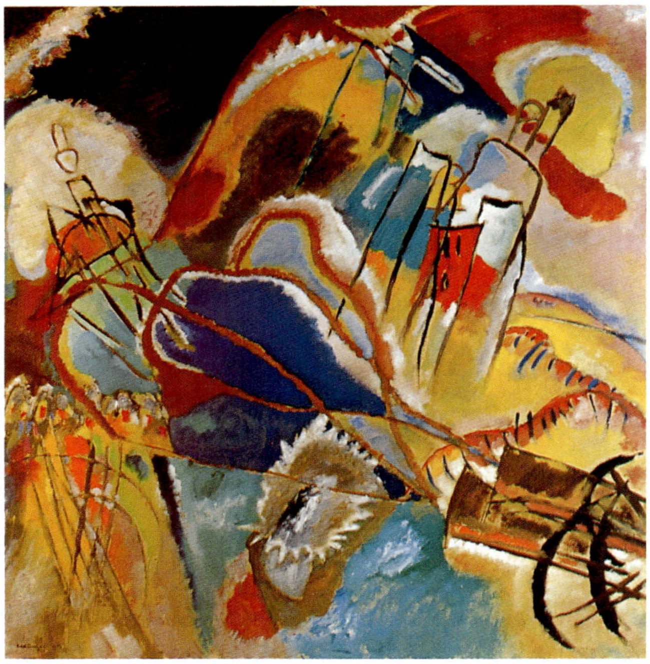

19.27 WASSILY KANDINSKY, *Improvisation 30 (Kanonen)*, 1913, Leinwand, 110 x 110 cm. Art Institute, Chicago.

KANDINSKY scheint andeuten zu wollen, dass die Kanonen Form angenommen haben, während er ohne eine bewusste Absicht malte, und dass der Betrachter gleicherweise seinem unbewussten Empfinden freies Spiel gewähren solle. Wieweit er tatsächlich in diesen Bildern die Richtung des automatistischen kreativen Prozesses späterer Künstler einschlug, ist ungewiss. Seine weiter ausgearbeiteten Gemälde der gleichen Jahre, *Kompositionen* genannt, waren bewusster konzipiert und in vorausgehenden Zeichnungen und Skizzen sorgfältig vorbereitet ▸ 19.28. In diesen *Kompositionen* gelang es ihm, gegenständliche Elemente gänzlich verschwinden zu lassen. Er beschrieb dies 1912 als »Ausdruck eines langsam gewachsenen inneren Gefühls, geprüft und wiederholt reflektiert, meistens pedantisch … Vernunft, Bewusstsein, Absicht spielen eine übermächtige Rolle. Doch nichts ist Berechnung: nur Gefühl.« Ein Werk wie *Komposition VII* lässt alle traditionellen Wertmaßstäbe der Bildkomposition weit hinter sich. Die farbigen Erscheinungen fließen und wirbeln in einem fortwährend sich ausdehnenden und zusammenziehenden Raum.

### *Marc*

FRANZ MARC (1880–1916) war nach KANDINSKY das bedeutendste Mitglied des ›Blauen Reiter‹. Er näherte sich erst kurz bevor er im Ersten Weltkrieg fiel KANDINSKYS Grad von symbolischer Abstraktion an. Sein Werk ist beherrscht von einem leidenschaftlichen Gefühl für Tiere, die er für schöner und reiner als den Menschen hielt. Er glaubte, dass die Menschen durch sie zu einer näheren Beziehung zur Natur gelangen könnten. MARC suchte symbolische Formen, um seinen Empfindungen vom »Eintauchen in die Natur« Ausdruck zu verleihen. Ansätze zu einer ungegenständlichen Kunst schienen für ihn dem zu entsprechen, was er die »absoluten Rhythmen der Natur« nannte ▸ 19.30. Um 1911, dem Jahr, als er und KANDINSKY den ›Blauen Reiter‹ in München gründeten, hatte MARC bereits in seinen berühmten Gemälden *Rote Pferde* und *Blaue Pferde* die Eigenfarben aufgegeben ▸ 19.31. Im folgenden Jahr sah er in Paris Arbeiten des Futurismus und des Kubismus (s. S. 713f. und 706ff.). Inspiriert von ihren dynamischen Neuerungen, nahm er seine letzten Werke in Angriff, die *Tierschicksale* (1913, Kunstmuseum Basel) und das beinahe völlig ungegenständliche Werk *Kämpfende Formen* ▸ 19.29. Dieses entstand zu Beginn des Jahres 1914, blieb jedoch unvollendet, da MARC bei Kriegsausbruch einberufen wurde. Hier erreichte er eine mit KANDINSKY vergleichbare Freiheit der Formen, die von wirbelnder Energie getragen werden.

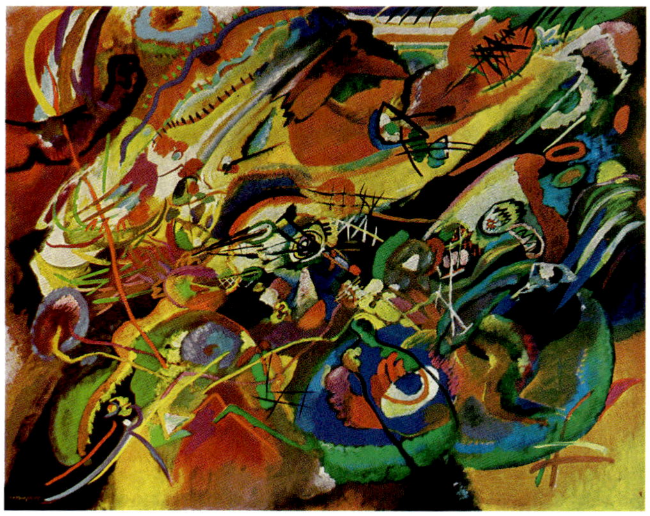

19.28 WASSILY KANDINSKY, Studie für *Komposition VII* (Nr. 2), 1913, Leinwand, 78 x 99,5 cm. Städtische Galerie im Lenbachhaus, München.

19.29 FRANZ MARC, *Kämpfende Formen*, 1914, Leinwand, 91 x 129 cm. Bayerische Staatsgemäldesammlungen, München.

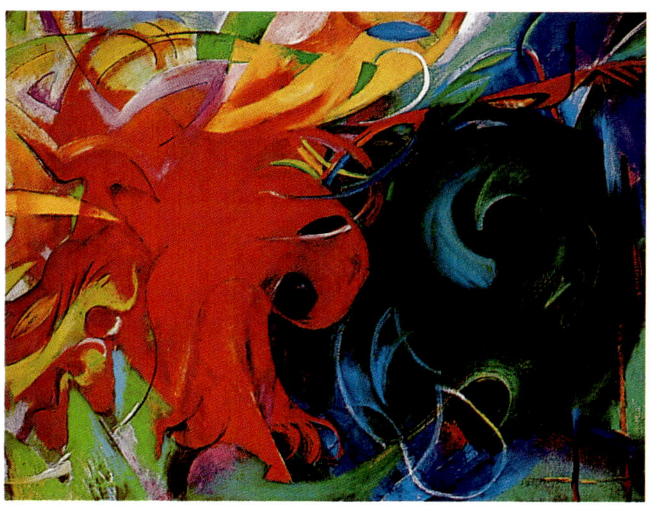

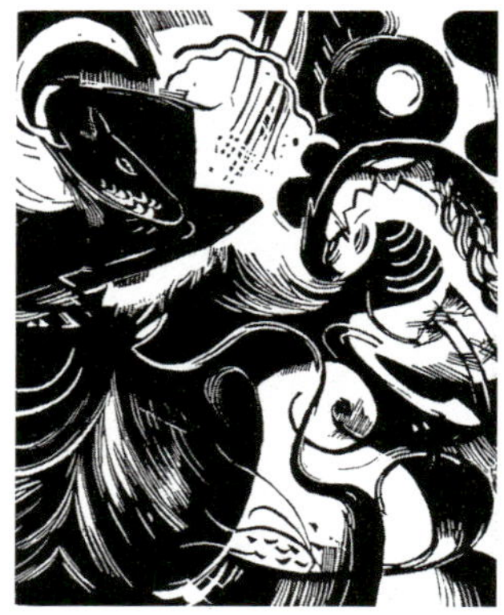

19.30 FRANZ MARC, *Schöpfungsgeschichte II*, 1914, Holzschnitt, 23,7 x 20 cm. Städtische Galerie im Lenbachhaus, München.

## Der Kubismus

Als PICASSO und BRAQUE zum Kubismus fanden, vermieden sie es, theoretische Erklärungen abzugeben – ohne Zweifel aus dem gleichen Grund, aus dem der Schriftsteller T. S. Eliot es immer ablehnte, *Das wüste Land* zu erklären. Oder wie der Dichter Archibald MacLeish schrieb: »Ein Gedicht soll nichts bedeuten, sondern sein.« Der Begriff ›Kubismus‹ wurde 1911 zum Markenzeichen einer Gruppe von Künstlern (zu denen PICASSO und BRAQUE nicht zählten, obwohl von ihnen die entscheidenden Impulse ausgingen), die in Paris zusammen ausstellten. Im folgenden Jahr fanden in ganz Europa Ausstellungen statt – wieder ohne PICASSO und BRAQUE –, und ein Buch mit dem Titel *Über den Kubismus* wurde von zweien der

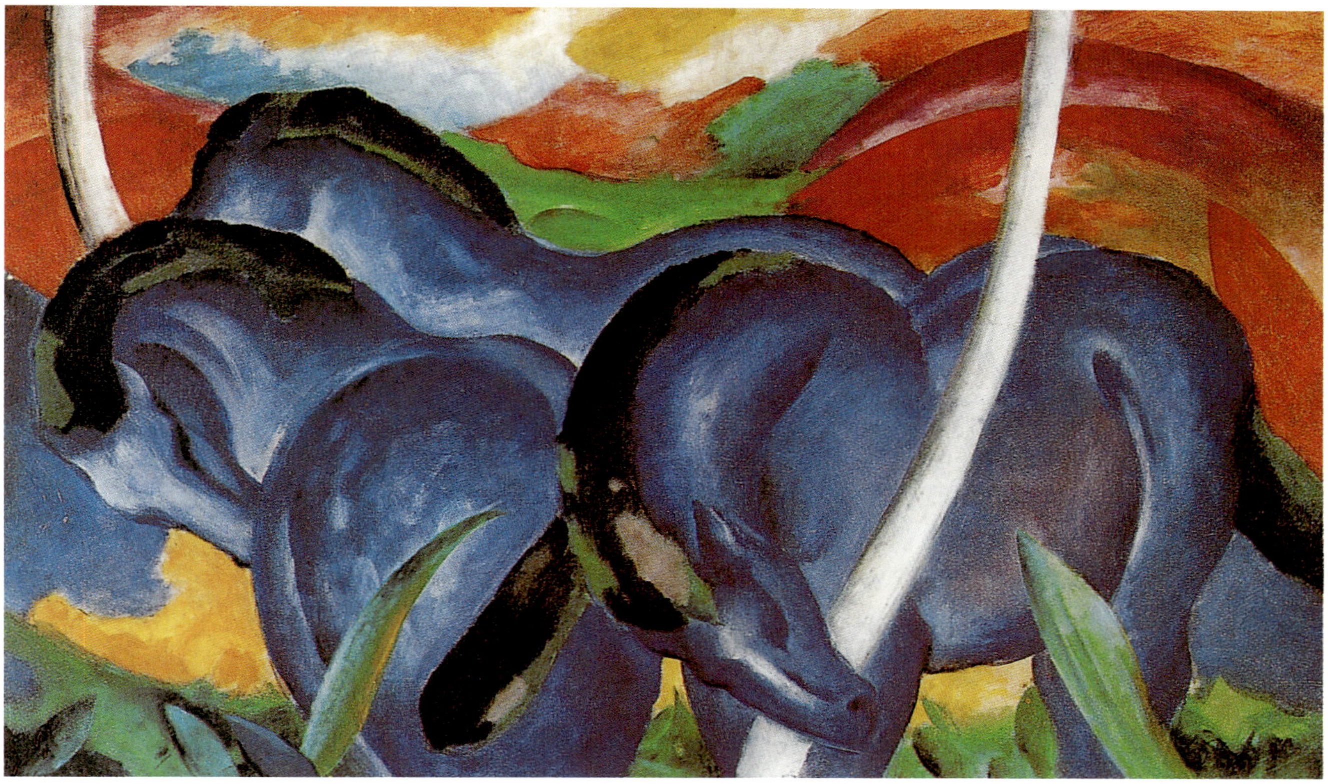

19.31 FRANZ MARC, *Blaues Pferd I*, 1911, Leinwand, 112 x 84,5 cm. Städtische Galerie im Lenbachhaus, München.

Künstler veröffentlicht, ALBERT GLEIZES (1881–1953) und JEAN METZINGER (1883–1956). 1913 machte die Ausstellung der Armory Show in New York den Kubismus in Amerika bekannt.

Obwohl sich PICASSO und BRAQUE von der Bewegung, die sie begründet hatten, fern hielten, waren sie sich wahrscheinlich ihrer Tragweite weit mehr bewusst als ihre Zeitgenossen. Die Alternative Gegenständlichkeit oder Abstraktion war bewusst und ernsthaft zu erwägen. PICASSO äußerte zu dieser Frage: »Es gibt keine abstrakte Kunst, man muss immer mit etwas beginnen.« ▸19.41 Was auch immer spätere abstrakte Künstler aus dem Kubismus lernten – er wurde zur unmittelbaren Quelle abstrakter Kunstrichtungen, wie Orphismus, De Stijl, Konstruktivismus und so weiter (s. S. 715f.): Ihre Schöpfer wollten Gegenständlichkeit sicher nicht ausschließen.

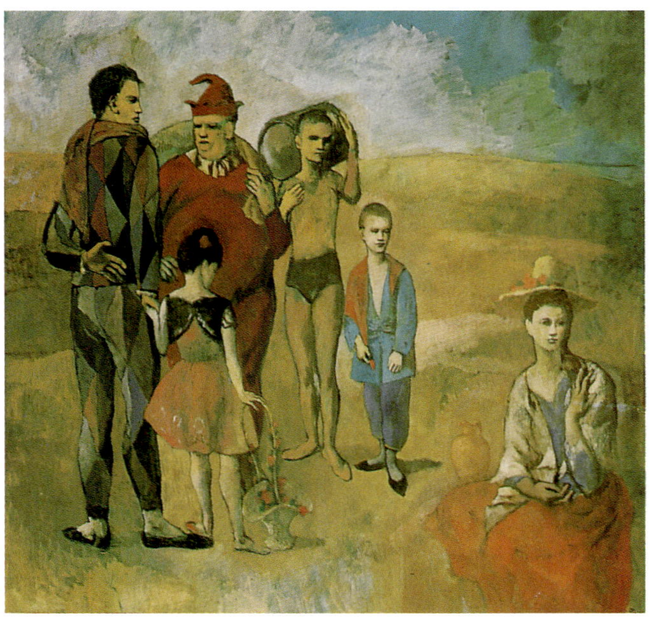

19.32 PABLO PICASSO, *Gauklerfamilie*, 1905, Leinwand, 213 x 230 cm. National Gallery of Art, Washington (Chester Dale Collection).

## *Picasso und Braque: analytischer und synthetischer Kubismus*

PABLO PICASSO (1881–1973) war ein Wunderkind. Als er mit 19 Jahren das erste Mal von Barcelona nach Paris kam, beherrschte er bereits jeden Kniff des akademischen Malerrepertoires, und viele seiner Gemälde der ›Blauen Periode‹ von 1903–1906 sind Meisterwerke sinnender Poesie. Die *Demoiselles d'Avignon*, 1907, markieren einen völligen und bewussten Stimmungsumschwung ▸19.3. Wie rasant diese Entwicklung verlief, lehrt der Vergleich zwischen diesem Bild und der nur zwei Jahre früher entstandenen *Gauklerfamilie* ▸19.32. Vom Thema her stehen sich beide Gemälde sehr nah. Beide handeln von Außenseitern – Straßenmusikanten und Artisten eines Wanderzirkus im einen Fall, Prostituierte im anderen –, und doch liegen Welten zwischen ihnen: und nicht nur ästhetische. *Les Demoiselles d'Avignon* waren eine vollständige Kehrtwendung. Ihre Einfachheit und augenscheinliche Ungeschicklichkeit waren absichtlich. Schon in den letzten Werken CÉZANNES kündigte sich der Kubismus an, noch deutlicher in seinem berühmten Gebot, die Natur in Begriffen von Kugel, Zylinder und Kegel zu behandeln. Eine zweite wichtige Quelle des Kubismus ist die afrikanische Skulptur, in der PICASSO den Schlüssel zu seinem Grundproblem, einer zugleich gegenständlichen und antinaturalistischen Kunst fand. Es ist bezeichnend, dass PICASSOS Anlehnung an die afrikanische Kunst in den am stärksten kubistischen Teilen des Gemäldes *Les Demoiselles d'Avignon* am offensichtlichsten wird, etwa in der kauernden Figur rechts, bei der die Zentralperspektive und damit die einheitliche Ansicht aufgegeben ist, um mehrere Ansichten in einem einzigen Bild zu vereinigen. Die Figuren sind in glatte Flächen, Facetten, aufgebrochen, die in spitzen Winkeln aneinander stoßen. Die Formen werden aus verschiedenen Richtungen, so wie es die Gesamtkonzeption erfordert, beleuchtet. Der Raum ist beinahe ganz eliminiert, und die konstituierenden Formen der Figuren wurden auf die Fläche projiziert. Das Bild wird als autonome Konstruktion verstan-

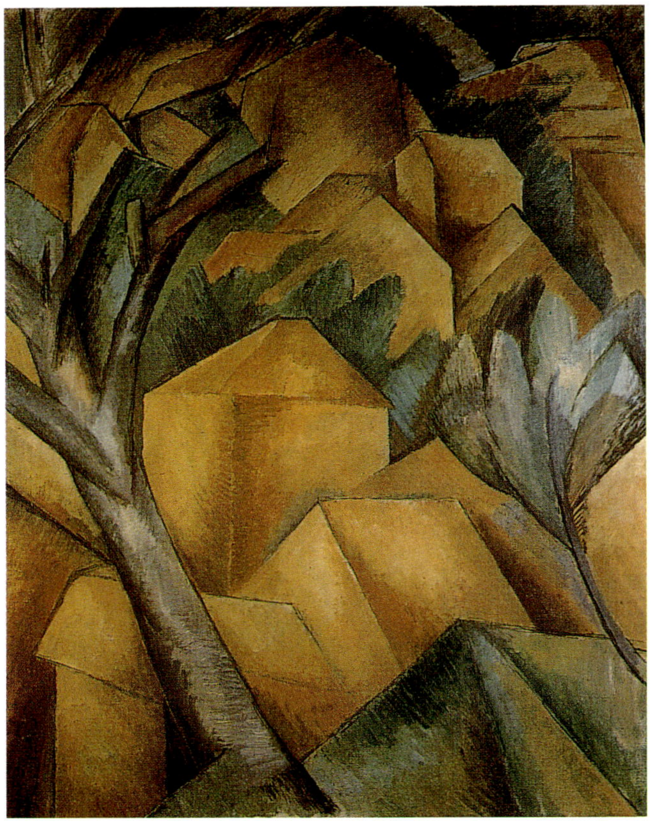

19.33 GEORGES BRAQUE, *Häuser und Bäume*, 1908, Leinwand, 73 x 60 cm. Kunstmuseum, Bern (Stiftung Hermann and Margrit Rupf Foundation).

den – was die Kubisten später als ›Tableau-Objet‹ oder Bildobjekt bezeichneten.

Kurz nachdem PICASSO die *Demoiselles* gemalt hatte, traf er mit GEORGES BRAQUE (1882–1963) zusammen, der wie jedermann zuerst von der absichtlichen Hässlichkeit des Bildes schockiert war. Doch wenig später kam BRAQUES eigene Malerei in Bewegung, zurückhaltender und ausgeglichener und doch parallel zu PICASSO, mit dem er von 1908–1914, als er zum Militärdienst einberufen wurde, zusammenarbeitete. Der Kubismus ist ihre gemeinsame Erfindung. Einmalig eng und vertraut war ihre Zusammenarbeit, sie verband mehr als MONET und RENOIR in den frühen Jahren des Impressionismus. Sie waren, wie BRAQUE einmal sagte, »wie angeseilte Bergsteiger«. In der Tat können ihre Werke um 1911 kaum voneinander unterschieden werden, und sie selbst waren später unsicher, wer welche Bilder gemalt hatte.

Zuerst schien BRAQUE die Führung übernommen zu haben, doch waren beide um 1908 mit Werken wie *Häuser in L'Éstaque* ▸ 19.33 und *Drei Frauen* ▸ 19.35 an der Schwelle zum Kubismus angelangt. CÉZANNE war nun das anerkannte Vorbild, am augenfälligsten in den geometrischen Vereinfachungen im Bild von BRAQUE, worin die natürlichen Formen in ein halb abstraktes Gesamtmuster sich überdeckender Flächen aufgebrochen werden, die in der Dichte eine eigengesetzliche Rhythmik entfalten. PICASSO ist CÉZANNE kaum weniger verpflichtet, wie es bereits die Zeichnung von 1908 zeigt ▸ 19.34. *Drei Frauen* plante PICASSO ursprünglich in seiner ›afrikanischen‹ Art, mit gewagt kontrastierenden, pastos aufgetragenen Farben wie bei den *Demoiselles* in den Figuren rechts. Er übermalte es darauf in einer kontrollierteren und konsequenteren Weise mit einem engen Bereich nahe beieinander liegender Töne (hauptsächlich mit Terrakottafarben und gedämpftem, gebrochenem Grün), so dass die gesamte Oberfläche ein facettiertes Muster ohne Abstände und Lücken bildete. Das Bild ist weniger räumlich als das von BRAQUE. Die großen Figuren besitzen ein greifbares Körpervolumen, während das Bild selbst flach wie ein Steinrelief bleibt.

Nach 1910 wurden PICASSOS Gemälde schrittweise weniger skulptural, die Konturen verloren an Konsistenz, so dass sein und BRAQUES Werk während dieser Jahre des so genannten ›analytischen Kubismus‹ (1910–1912) als eine malerische Auflösung ihrer Art von 1908/09 beschrieben werden kann. Der Begriff ›analytischer Kubismus‹ wurde einige Jahre später von dem spanischen Kubisten JUAN GRIS (1887–1927) eingeführt. PICASSO und BRAQUE arbeiteten nach keinem Modell, selbst nach keinem im Atelier aufgebauten Stillleben. Dies führte unweigerlich zur Abstraktion, zu einer Auflösung der Bildgegenstände beinah bis zu ihrer Unkenntlichkeit. Wie weit und wie schnell sie sich von der Erkennbarkeit entfernten, kann in PICASSOS *Frauenakt* von 1910 und in BRAQUES *Le Portugais* von 1911 gesehen werden ▸ 19.36; 37.

Im *Frauenakt* ist der Effekt kaum noch skulptural stattdessen masselos, eine Anordnung von fließenden, sich überschneidenden und sich meidenden Flächen. In *Le Portugais* wurde die traditionelle Beziehung zwischen Figur und Hintergrund zugunsten einer einheitlichen malerischen Flächenanordnung aufgegeben, die einen höchsten Grad an Zersplitterung erreicht. Charakteristisch für den analytischen Kubismus sind in beiden Bildern die fast monochromen Farben (vorwiegend Ocker und Silbergrau), die matte Oberfläche, die welligen Pinselstriche. Ein gegenständliches Motiv mag selten mehr als ein Vorwand für einen letztlich völlig abstrahierenden Fragmentierungsprozess gewesen sein.

Es war diese Konzentration auf malerische Struktur und Sprache auf Kosten des Sujets, die zur kubistischen These von der selbständigen Natur des Kunstwerks führte, einem Anspruch auf ›l'art pour l'art‹. Dass die Künstler selbst realisierten, wie gefährlich nahe sie der Abstraktion gekommen

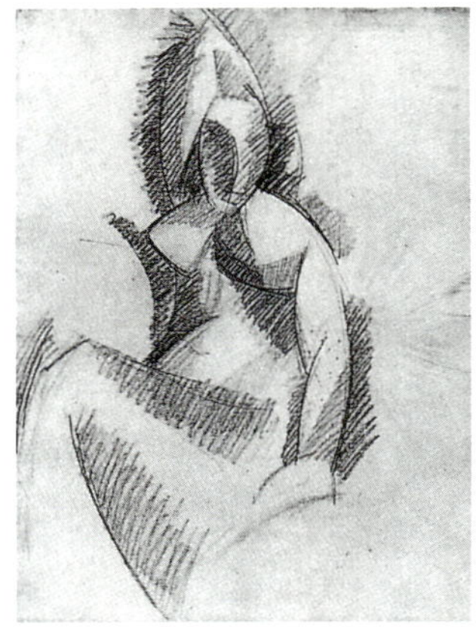

19.34 PABLO PICASSO, *Frau mit erhobenem Arm*, 1908, Conté-Kreide, 62,5 x 47,4 cm. Privatsammlung.

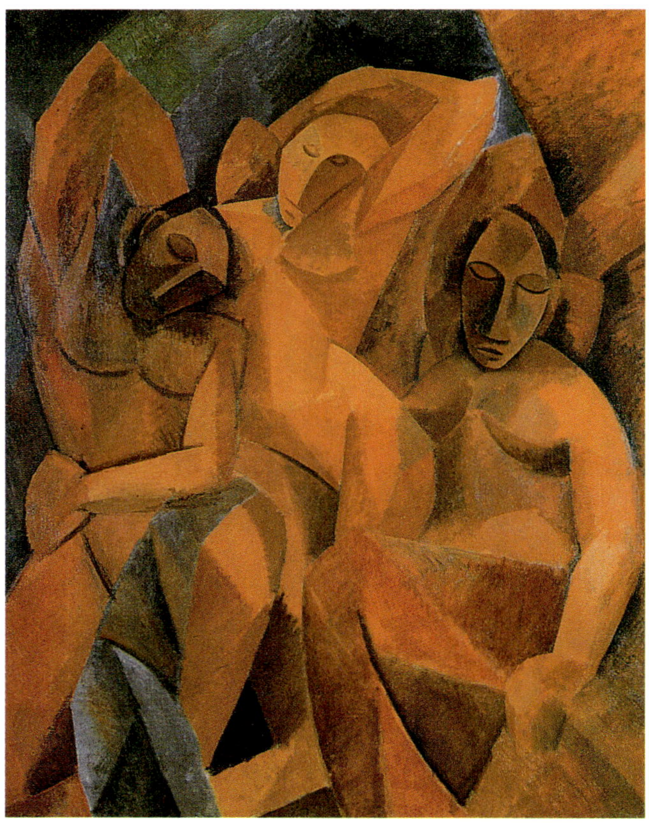

19.35 PABLO PICASSO, *Drei Frauen*, 1908/09, Leinwand, 200 x 178 cm. Eremitage, St. Petersburg.

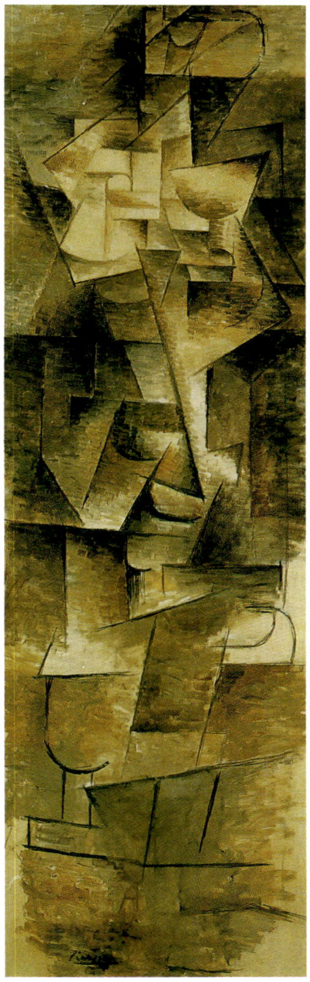

19.36 PABLO PICASSO, *Frauenakt*, 1910, Leinwand, 187x61 cm. National Gallery of Art, Washington (Ailsa Mellon Bruce Fund, 1972).

waren, zeigte sich darin, dass sie begannen, kleine, doch leicht erkennbare Details, wie die schablonierten Buchstaben in *Le Portugais,* in die späteren analytisch-kubistischen Bilder einzufügen. Mit diesem Schritt beeinflusste der Kubismus die Kunst des 20. Jahrhunderts vielleicht am nachhaltigsten, mit der Erfindung der ›Collage‹ (Montage). In ein Stillleben von 1912 fügte PICASSO ein Stück eines handelsüblichen bedruckten Wachstuches mit der Imitation eines Rohrgeflechts ein, um damit den Stuhl anzudeuten, auf dem das Stillleben aufgebaut war. In einem gewissen Sinne war dies das logische Ergebnis des Kubismus. Der nächste von PICASSO unternommene Schritt war es, tatsächliche Objekte oder Fragmente in seine Bilder aufzunehmen. Damit ging er über das Spiel mit natürlicher und künstlicher Realität in seiner ersten ›Collage‹ mit der Stuhlbespannung hinaus, denn nun konnten die Elemente der Realwelt auch in ihren eigenen Bedeutungsbezügen verstanden werden.

Eine weitere Verfeinerung der ›Collage‹ wurde von BRAQUE erfunden, als er die aufgeklebten Elemente auf Papierstücke beschränkte. Mit völlig unräumlichen ›papiers collés‹ – geklebte Papiere, wie sie genannt wurden – konnte der illusionistische Raum endgültig eliminiert werden, obschon räumliche Beziehungen noch durch Überlappungen anzudeuten waren. Die Wirkung der ›papiers collés‹ lag jedoch in der Ambivalenz der Methode. Die Streifen geklebten Papiers konnten nach einem ästhetisch unabhängigen (oder abstrakten) Schema angeordnet werden, während Form und Farbe der Objekte immer noch herausgelesen werden konnten. Die atemberaubende Handfestigkeit, mit welcher BRAQUE diese Dualität ausschöpfte, ist besonders schön ersichtlich in *Le Courrier* ▸ 19.38. Flasche, Weinglas und Zigarettenschachtel, die Zeitung und die Spielkarten, welche die Bildgegenstände darstellen, sind transparente Erscheinungen über der quadratischen Tischplatte. Sie können durch das zarte Gewebe eines abstrakten Arrangements aufgeklebter Farbflächen mehr gefühlt als gesehen werden.

Während BRAQUE die ›Collage‹ logisch und gesetzmäßig als ein Instrument benutzte, um sensible und wohltönende visuelle Harmonien zu erzielen, war PICASSO begeistert, seine Kühnheit im paradoxen Witz zu entfalten, um eine Realität in eine andere zu verwandeln. Wie durch eine visuelle Alchemie gingen etwa Zeitungen in Violinen über. Neue Bedeutungen

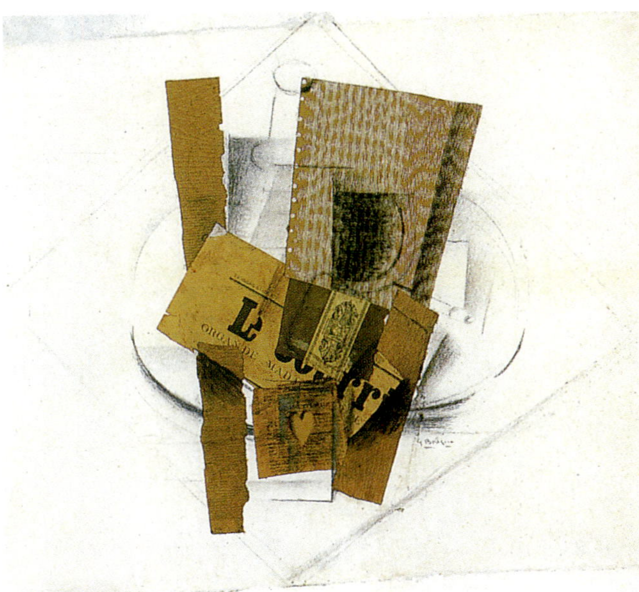

19.38 GEORGES BRAQUE, *Le Courrier*, 1913, Papiercollage und Kohlezeichnung, 51x57 cm. Philadelphia Museum of Art (A. E. Gallatin Collection).

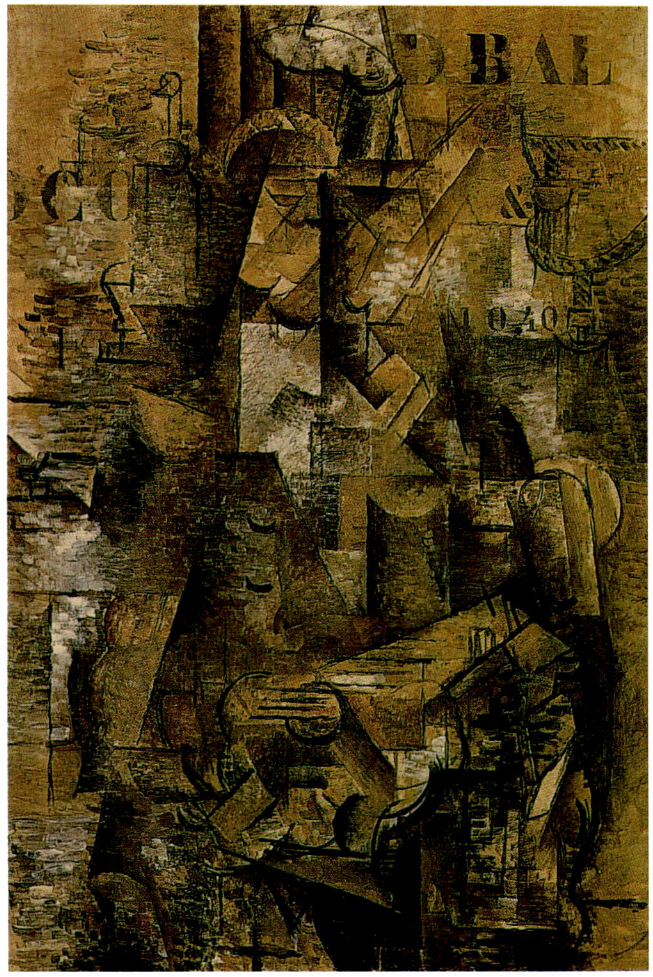

19.37 GEORGES BRAQUE, *Der Portugiese (Der Emigrant)*, 1911, Leinwand, 117x81,5 cm. Kunstmuseum, Basel.

entstanden aus alten Formen, indem er ungewöhnliche Zusammenhänge herstellte. Dies gab ihm auch die Möglichkeit, als äußerstes Ziel des kubistischen Ideals das ›Tableau-Objet‹ zu schaffen – ein konstruiertes Objekt, von der äußeren Welt unabhängig, doch diese neu bildend.

*»Das Ziel des ›papier collé‹ war es«,* so erklärte PICASSO später, *»zu zeigen, dass verschiedene Strukturen in eine Komposition eingehen können, um jene Realität in der Malerei entstehen zu lassen, die mit der Realität der Natur wetteifert. Wir versuchten, von dem ›trompe l'œil‹ loszukommen, um ein ›trompe l'esprit‹ zu finden ... Wenn ein Teil einer Zeitung eine Flasche werden kann, gibt uns das auch über die Verbindung der beiden, der Zeitung und der Flasche, zu denken. Das umgesetzte Objekt hat eine Welt betreten, für die es nicht gemacht wurde und in der es in einem gewissen Sinne seine Fremdartigkeit behält. Und über diese Fremdartigkeit wollten wir die Leute nachdenken lassen, weil wir uns bewusst waren, dass unsere Welt sehr fremd wurde und nicht beruhigend.«*

Die gedruckten Worte auf den Zeitungsausschnitten, Zigarettenpackungen, Flaschenetiketten und so weiter, die für die Collagen benutzt wurden, können einen gewissen assoziativen Wert für die Künstler bedeutet haben, doch kam ihnen kaum eine weitergehende inhaltliche Relevanz zu.

Die erste kubistische Skulptur entstand ebenfalls 1912, und PICASSO behauptete, sie sei der Collage ein wenig vorausgegangen. BRAQUE schuf eine Zeit lang Kartonmodelle als Vorlage für seine kubistischen Gemälde. PICASSO, der ihm darin folgte, erkannte in ihnen die Möglichkeit für eine kubis-

# Braque und Picasso über den Kubismus

Braques Aphorismen zur Kunst, die er ursprünglich auf den Rand von Zeichnungen gekritzelt haben soll, wurden erstmals 1917 zusammengestellt und publiziert. Sie betonen die Autonomie des Kubismus, seine »Erzeugung eines malerischen Sachverhalts« und seinen Status als eine Darstellungsform. Die folgenden Aphorismen sind eine Auswahl aus den zwanzig, die 1917 publiziert wurden:

1. *In der Kunst besteht Fortschritt nicht in der Ausdehnung, sondern in der Kenntnis ihrer Grenzen.*
2. *Die Grenzen der verwendeten Mittel bestimmen den Stil, bringen die neue Form hervor und zwingen zur Kreation.*
3. *Reiz und Kraft von Kinderzeichnungen beruhen häufig auf den beschränkten Mitteln, die in ihnen zum Einsatz kommen. Umgekehrt ist die Kunst der Dekadenz ein Erzeugnis der Ausdehnung.*
4. *Neue Mittel, neue Sujets.*
5. *Das Sujet ist nicht der Gegenstand. Es ist die neue Einheit, der Lyrismus, der ganz und gar von den benutzten Mitteln herrührt.*
6. *Der Maler denkt in Formen und Farben.*
7. *Ziel ist nicht, ein anekdotisches Faktum nachzubilden, sondern ein malerisches Faktum zu bilden.*
8. *Die Malerei ist ein Darstellungsmodus.*
9. *Man darf nicht nachahmen, was man kreieren will.*
10. *Man ahmt die Erscheinung nicht nach: Die Erscheinung ist das Ergebnis.*
11. *Um reine Erscheinung zu sein, muss die Malerei von den Erscheinungen abstrahieren.*
12. *Die Sinne deformieren, der Geist formt. Daran arbeiten, den Geist zu vervollkommnen. Es gibt keine Gewissheit, außer in dem, was der Geist erfasst.*
13. *Größe kommt von gezügelter Emotion.*
14. *Emotion darf nicht durch überschwängliches Zittern dargestellt werden. Es ist nichts, das hinzugefügt oder nachgeahmt wird. Es ist der Keim, das Werk ist die Blüte.*
15. *Ich liebe die Regel, welche die Emotion korrigiert.*

Erstmals veröffentlicht durch P. Reverdy in ›Nord-Sud‹, Dezember 1917

Die einzigen schriftlich niedergelegten Bemerkungen Picassos über den Kubismus stammen aus einem Gespräch, das der amerikanische Kritiker Marius de Zayas 1923 mit dem Künstler führte. Wie die folgenden Auszüge zeigen, war Picasso höchst skeptisch gegenüber allen Versuchen, den Kubismus zu intellektualisieren. Für ihn handelte es sich um eine Kunst wie jede andere, die es nach ihren Ergebnissen zu beurteilen galt und nicht nach ihren Absichten. Seine Bemerkungen wurden erstmals 1923 in einer von ihm selbst gebilligten Übersetzung veröffentlicht.

*»Meiner Meinung nach bedeutet das Suchen nichts in der Malerei. Auf das Finden kommt es an... Wir alle wissen, dass Kunst nicht die Wahrheit ist. Kunst ist eine Lüge, die uns die Wahrheit realisieren lässt, zumindest die Wahrheit, die wir zu verstehen vermögen. Der Künstler muss wissen, auf welche Weise er die anderen von der Wahrheit seiner Lügen überzeugen kann... Man bringt den Naturalismus in einen Gegensatz zur modernen Malerei. Ich wüsste gerne, ob irgendjemand schon einmal ein natürliches Kunstwerk gesehen hat. Natur und Kunst sind zwei verschiedene Dinge, können nicht dasselbe sein. Durch die Kunst bringen wir unseren Begriff dessen zum Ausdruck, was die Natur nicht ist...*

*Der Kubismus unterscheidet sich nicht von anderen Schulen der Malerei. Allen sind dieselben Prinzipien und dieselben Elemente gemeinsam... Viele denken, dass der Kubismus eine Kunst des Übergangs ist, ein Experiment, das äußere Resultate hervorbringen soll. Der Kubismus ist weder ein Same noch ein Fötus, sondern eine Kunst, die sich primär mit Formen auseinandersetzt, und wenn eine Form realisiert ist, ist sie da, um ihr eigenes Leben zu führen.*

*Man hat Mathematik, Trigonometrie, Chemie, Psychoanalyse, Musik und was nicht alles mit dem Kubismus in Verbindung gebracht, um seine Deutung zu erleichtern. Aber all dies war reine Literatur, um nicht zu sagen Unsinn, der zu schlechten Resultaten geführt hat und die Leute durch Theorien geblendet hat.*

*Der Kubismus hat sich selbst innerhalb der Schranken und Beschränkungen der Malerei bewegt und nie vorgegeben, darüber hinauszugehen. Die Zeichnung, der Entwurf und die Farbe werden im Kubismus in demselben Geist und auf dieselbe Weise verstanden, wie sie auch in allen anderen Schulen verstanden und praktiziert werden. Unsere Sujets mögen sich voneinander unterscheiden, da wir in die Malerei Objekte und Formen eingeführt haben, die man früher ignorierte. Wir haben unsere Augen für unsere Umgebung offen gehalten – und unseren Verstand.«*

Erstmals erschienen unter dem Titel ›Picasso Speaks‹ in: The Arts, Mai 1923

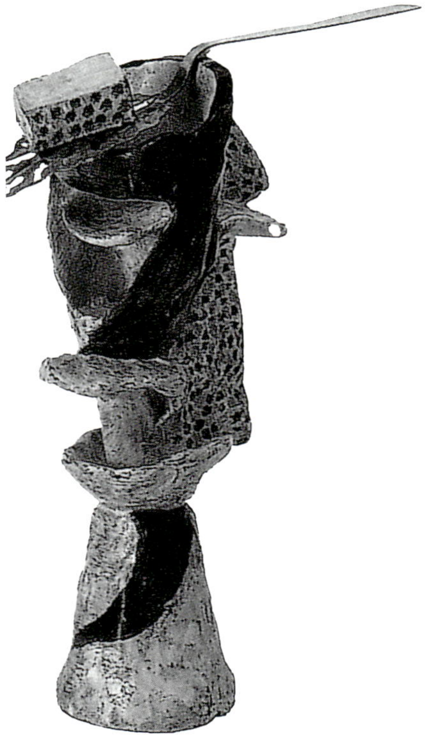

19.39 PABLO PICASSO, *Absinthglas*, 1914, bemalte Bronze mit Sand und perforiertem Absinthlöffel, 21,5 x 16,5 x 8,5 cm. Musée National d'Art Moderne, Paris.

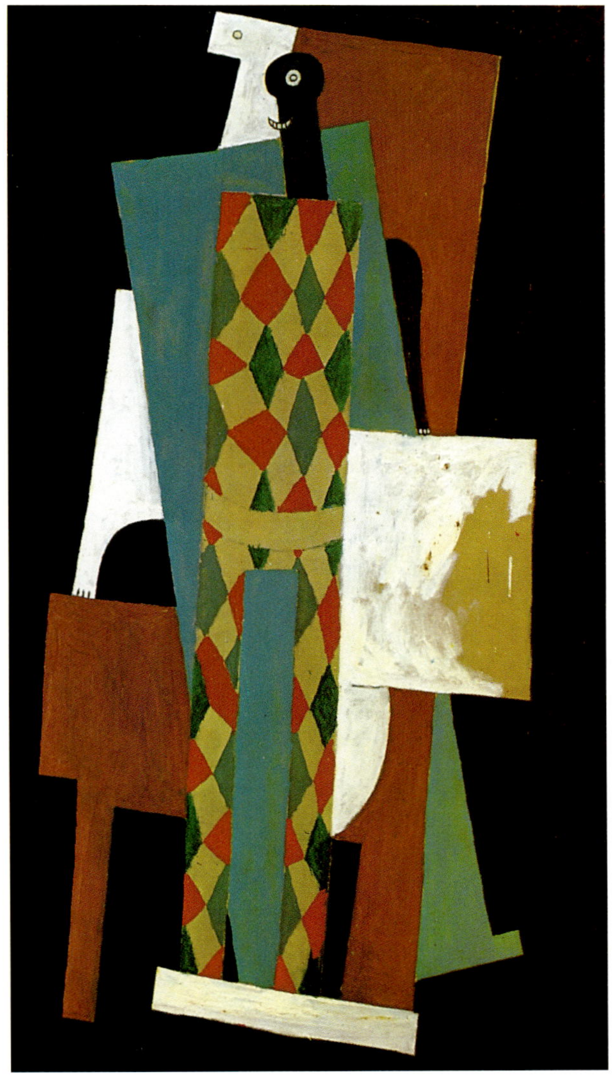

19.40 PABLO PICASSO, *Harlekin*, 1915, Leinwand, 183,5 x 105 cm. The Museum of Modern Art, New York (Lillie P. Bliss Bequest).

tische Skulptur. Er schuf ein plastisches Gebilde aus Metallblech und Draht und löste damit eine bildhauerische Revolution aus ▸ 19.41. Man kann den bahnbrechenden Einfluss PICASSOS auf die Skulptur kaum überbewerten, der den seiner Malerei noch übertrifft. Mit der *Gitarre* änderte sich das Gesicht der Skulptur. Bis dahin wurde die gesamte westliche Skulptur in Stein gemeißelt, in Holz geschnitzt, in Ton modelliert oder in Bronze oder einem anderen Metall gegossen. PICASSOS Skulpturen bestanden aus Holz, Zinn, Karton, Papier, Saiten und anderen Materialien, oft von einem besonders unpersönlichen Charakter. Wie die Collagen kamen sie durch Addition von Einzelelementen zustande. PICASSOS Anleihe bei afrikanischer Skulptur, besonders einer Wobé-Maske, die er besaß, ist augenfällig. Generell wurde die Plastik durch PICASSO von ihren traditionellen Materialien und Techniken sowie den Sujets befreit und erhielt eine neue geistige Dimension. Insbesondere TATLIN und BOCCIONI griffen diese Ideen auf (s. S. 738f. und 714). Und seit PICASSOS konstruierte Objekte selbst Objekte darstellten, erhielten sie in einem hohen Maße die Selbständigkeit, die die Kubisten erreichen wollten ▸ 19.39. Seine späteren Konstruktionen waren unbeschwerter und provokativer. Im *Stillleben* hängt ein Imbiss an der Wand mit einer hölzernen Salami, Brotscheiben, einem Messer sowie einem halbgefüllten Weinglas ▸ 19.42. Letzteres diente ursprünglich als dreidimensionales Modell für ein analytisch-kubistisches Gemälde eines Weinglases. Eine dunkle gemusterte Holzleiste mit geschnitzten Motiven, als ›trompe l'œil‹ gemalt, und unten ein Stück echten goldgewirkten Saums vervollständigen diese Assemblage. Die kubistische Skulptur von JACQUES LIPCHITZ (1891–1973), HENRI LAURENS (1885–1954) und ALEXANDER ARCHIPENKO (1887–1964) ist demgegenüber zahm und formalistisch. Die meisten Bildhauer, so ARISTIDE MAILLOL (1861–1944), gebrauchten auch weiterhin die traditionellen Techniken, Materialien und Motive (Akte).

Die letzte oder synthetische Phase des Kubismus entwickelte sich parallel zur Collage und verfolgte den umgekehrten Weg des ›analytischen Kubismus‹: Die Künstler wandten sich nun von der Abstraktion zur Gegenständlichkeit zurück. Flache und kolorierte Flächen wurden dekorativ auf der Leinwand arrangiert, so eine Basis schaffend, auf der durch spätere Angleichungen und hinzugefügte Zeichen das Objekt sichtbar gemacht wird. Die malerische Oberfläche bleibt ein Arrangement von tiefelosen Formen, die keine Beziehung zur Gestalt der festgehaltenen Figur oder zum Objekt beinhalten

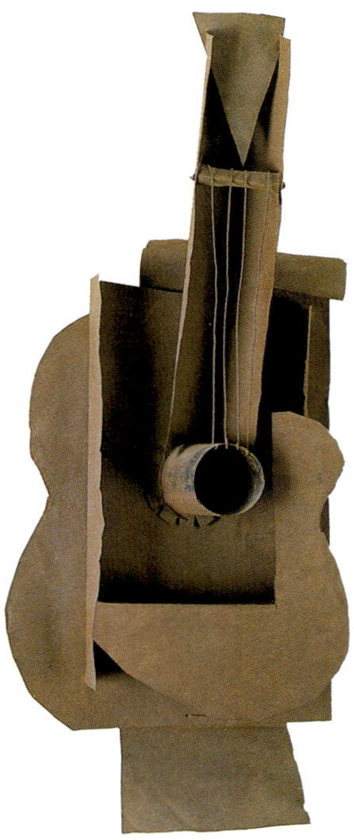

19.41 PABLO PICASSO, *Gitarre*, 1912, Blech und Draht, 77,5 x 35 x 19,3 cm. The Museum of Modern Art, New York (Geschenk des Künstlers).

19.42 PABLO PICASSO, *Stillleben*, 1914, bemaltes Holz mit Stofftroddeln, 25,5 x 48 x 10 cm. Tate Gallery, London.

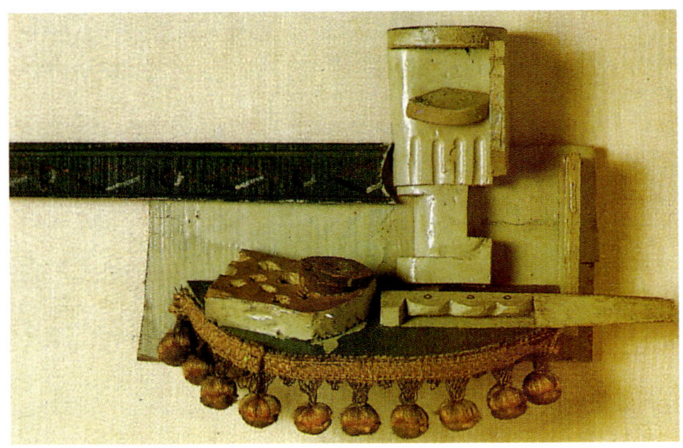

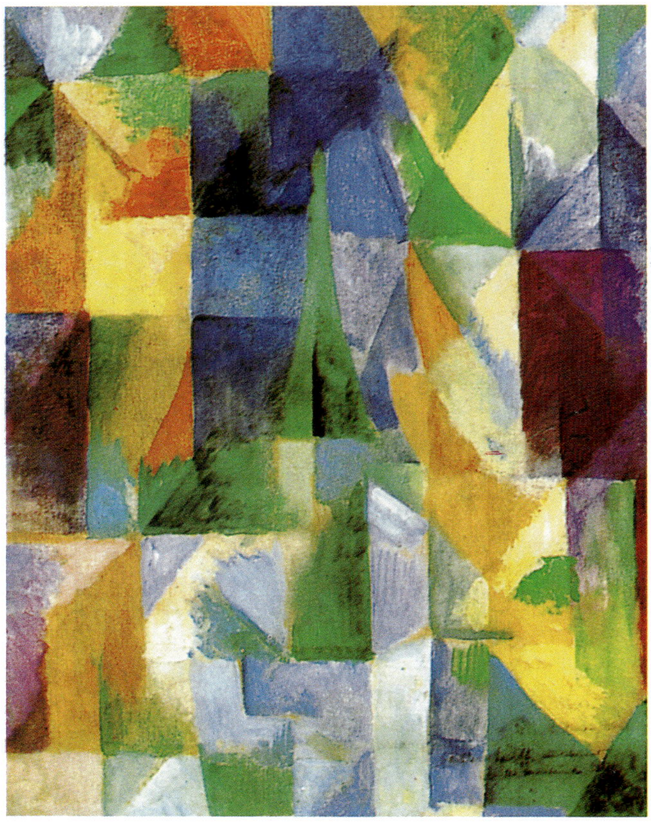

19.43 ROBERT DELAUNAY, *Gleichzeitig geöffnete Fenster* (1. Teil, 3. Motiv), 1912, Leinwand, 46 x 37,5 cm. Tate Gallery, London.

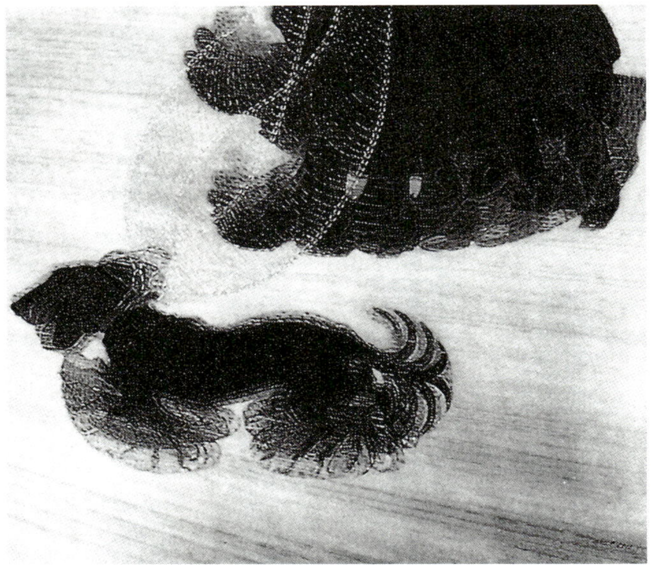

19.44 GIACOMO BALLA, *Dynamismus eines Hundes an der Leine*, 1912, Leinwand, 89,8 x 109,8 cm. Albright-Knox Art Gallery, Buffalo, New York.

und die aussehen, als wären sie ausgeschnitten und auf die Leinwand geklebt. Doch ist das Sujet deutlich erkennbar. Zu dieser Zeit hielt PICASSO seinen synthetisch-kubistischen *Harlekin* für »das Beste, was ich je gemacht habe« ▸ 19.40. Das Bild fasst den Stil dieser Jahre in seinen kühnen Vereinfachungen, hellen, beinahe grellen dekorativen Farben und Spannungen zusammen. Zu dieser Zeit arbeitete PICASSO wieder allein, denn BRAQUE, der 1917 verwundet aus der französischen Armee entlassen wurde, nahm seine Zusammenarbeit mit ihm nicht wieder auf.

## *Orphischer Kubismus*

Obwohl der Kubismus eine Erfindung und Schöpfung allein PICASSOS und BRAQUES war, gab es doch um 1914 eine Anzahl abweichender Kubismen, von denen der erste, der als neue und charakteristische Richtung hervortrat, der Orphismus oder orphistische Kubismus war. Er wurde 1912 von Apollinaire, einem engen Freund PICASSOS, als eine Art ›reiner Malerei‹ angekündigt, in der das Sujet überhaupt nicht mehr zählt. Die Hauptvertreter des Orphismus waren ROBERT DELAUNAY (1885–1941) und SONIA DELAUNAY-TERK (1885–1979), FERNAND LÉGER (1881–1955), MARCEL DUCHAMP (1887–1968) und FRANCIS PICABIA (1879–1953). ROBERT und SONIA DELAUNAY waren in erster Linie an der Farbe interessiert, die zu dieser Zeit von PICASSO und BRAQUE aus ihrem Werk ausgeschlossen war ▸ 19.45, doch übernahm DELAUNAY für seine *Fenster-Serie* trotzdem eine kubistische methodische Struktur ▸ 19.43. Es sind dies Kompositionen prismatischer Farben, die in simultanen Kontrasten und Wechseln gleichmäßig über die Leinwand verteilt sind. Das Motiv, wie auch das der *Sonnenscheiben,* einer Serie aus dem Jahre 1913, ist das Licht und seine Quelle, die Sonne. Für DELAUNAY entspringt das Leben wie die Farbe aus einem Prisma als eine Auffächerung einer alles durchdringenden Energie. Seine Farbkonzeption ist von KANDINSKY weit entfernt, für den sie Träger unbestimmbarer Emotionen war. Die Vibrationen der Farben DELAUNAYS vermitteln hingegen eine Dynamik im Einklang mit der Bewegkraft des Lebens, obwohl sie den Forderungen Apollinaires für den Orphismus nicht ganz entsprechen: *»Werke der orphistischen Künstler müssen gleichzeitig ein reines ästhetisches Vergnügen bieten, eine Struktur, die für sich selbst spricht, eine sublime Bedeutung, das heißt ein Thema. Dies ist reine Kunst.«*

LÉGERS Beziehungen zum Kubismus waren persönlicher und enger als die DELAUNAYS, und er schuf so etwas wie eine eigenständige Alternative. Schon um 1910 begann er in seinem Werk die harten, strahlenden geometrischen Formen seiner Motive hervorzuheben, indem er die Figuren in zunehmend mechanisierten Kompositionen zu röhrenförmigen Strukturen reduzierte. Wie DELAUNAY glaubte er, dass sich die Malerei mit Kontrasten befassen sollte, jedoch nicht nur der Farben, sondern auch der Linien und Formen. Statt von der Dynamik des Lichts handeln seine Gemälde von Dynamik und Disharmonie des modernen städtischen Lebens. Schritt für Schritt eli-

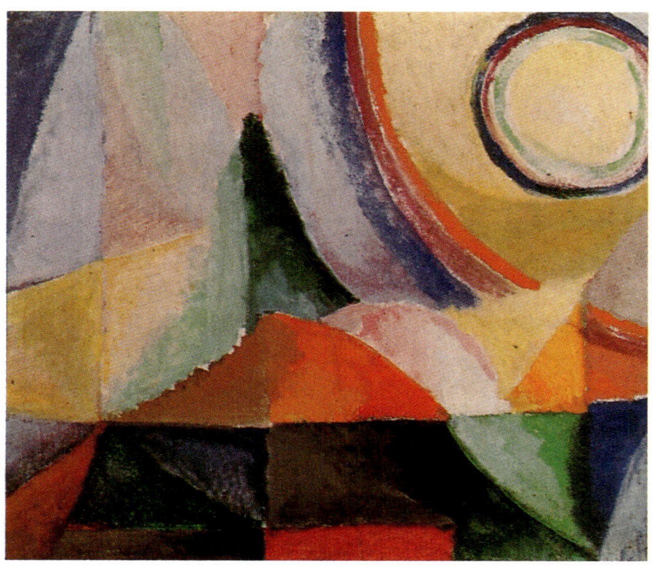

19.45 SONIA DELAUNAY, *Simultane Kontraste*, 1912, Leinwand, 55 x 45,5 cm. Musée National d'Art Moderne, Paris.

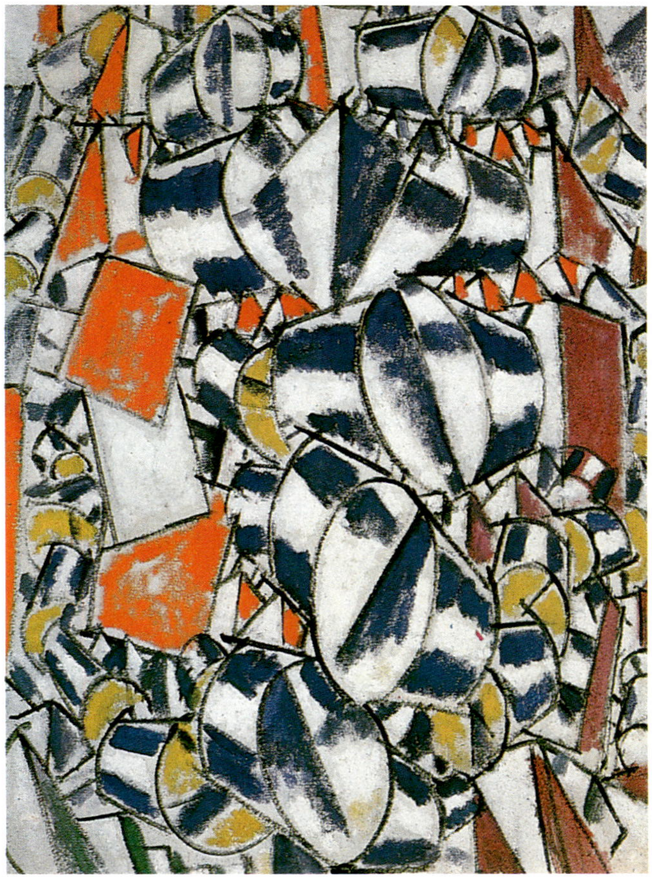

19.46 FERNAND LÉGER, *Formkontraste*, 1913, Leinwand, 130,5 x 97,5 cm. Philadelphia Museum of Art (Louise and Walter Arensberg Collection).

minierte er nahezu alle gegenständlichen Elemente, bis seine Kompositionen um 1913/14 das erreichten, was er »Kontraste der Formen« nannte, röhrenförmige Formen und flache Zonen rhythmisch einander gegenübergestellt, so dass ein maximaler Kontrast und plastische Vitalität erzielt wurden 19.55. Das Resultat kam der Abstraktion nahe, doch LÉGERS Interesse an formalen Werten war immer mit der Leidenschaft für Modernität und Technologie verbunden. So wurde er nach seiner Entlassung aus dem Militärdienst (1917) zu einem Künstler des Maschinenzeitalters par excellence.

## Der Futurismus

Im Unterschied zu vielen anderen modernen Bewegungen war der Futurismus nicht auf die bildende Kunst beschränkt. Er war weniger ein Stil als eine Ideologie. 1908 in Mailand von dem italienischen Dichter Filippo Tommaso Marinetti lanciert und im folgenden Jahr in Paris publiziert, fand das *Futuristische Manifest* sofort internationale Beachtung. Eine Reihe weiterer Manifeste und öffentlicher Auftritte verbreitete die futuristische Idee über Europa, von Italien bis zum zaristischen Russland und selbst in die Vereinigten Staaten. Der Futurismus war bekannter und weiter verbreitet als der Kubismus – ein Phänomen, das in keinem Verhältnis zu seinen künstlerischen Leistungen steht.

Angeregt von Dynamik und Lärm in der modernen Stadt, wollte Marinetti alle Tradition auslöschen, speziell Kult und Kultur der italienischen Vergangenheit – »Legt Feuer an die Museen! Trocknet die Kanäle von Venedig aus!« –, und sie durch eine neue Gesellschaft, eine neue Literatur und eine neue Kunst ersetzen, die auf neuen dynamischen Empfindungen gründen sollten. »Wir erklären, dass sich die Herrlichkeit der Welt um eine neue Schönheit bereichert hat: die Schönheit der Geschwindigkeit«, schrieb er im Manifest, »ein wie ein Maschinengewehr aufheulendes Auto ist schöner als die Nike von Samothrake«. Unter den Künstlern, die Marinettis Ruf folgten, war der begabteste UMBERTO BOCCIONI (1882–1916). Zugleich Maler und Bildhauer, war BOCCIONI hauptverantwortlich für die Manifeste der futuristischen Malerei um 1910, in denen proklamiert wurde, *»dass der universelle Dynamismus als dynamische Empfindung wiedergegeben werden muss; ... dass Bewegung und Licht die Stofflichkeit des Körpers zerstören«*.

Später, nachdem er und andere futuristische Maler nach Paris gereist waren und dort kubistische Gemälde gesehen hatten, umschrieb er ihr Ziel: *»... nicht die sichtbare oder analytische Empfindung wiederzugeben, sondern die psychische und gesamte Erfahrung ...«*.

Dies bedeutet, dass die Futuristen den Expressionisten ebenso nahe standen wie den Kubisten. Sie bedienten sich der kubistischen Sprache der aufgebrochenen Formen, und sie hätten in der Tat ohne diese Anregung ihre ›dynamischen‹ Visionen auch gar nicht realisieren können. Der grundlegende Unterschied zum Kubismus liegt offensichtlich nicht nur in ihrer Betonung von Intuition und Aktion, sondern auch in der

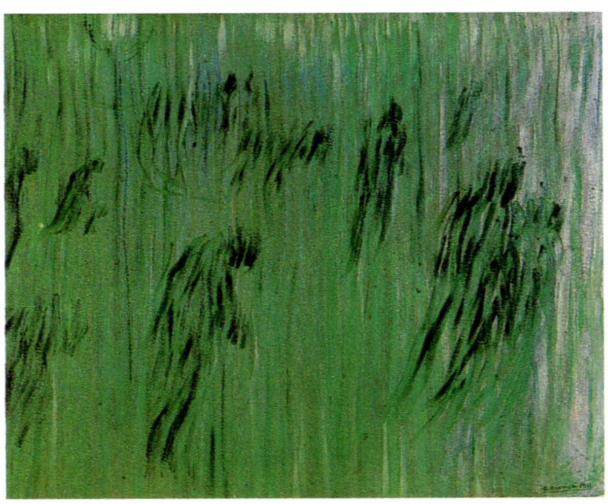

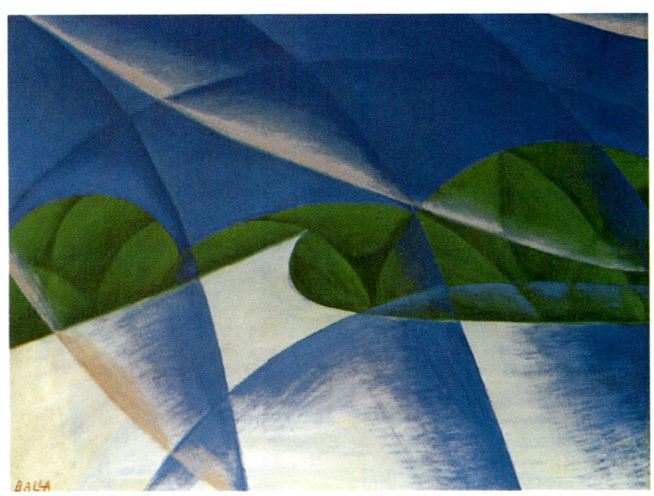



19.47 UMBERTO BOCCIONI, *Diejenigen, die bleiben – Gemütszustände*, 1911, Leinwand, 71 x 96 cm. Civico Museo d'Arte Contemporanea, Mailand.

19.48 GIACOMO BALLA, *Abstrakte Geschwindigkeit, vorbeifahrendes Automobil*, 1913, Leinwand, 50 x 65,5 cm. Tate Gallery, London.

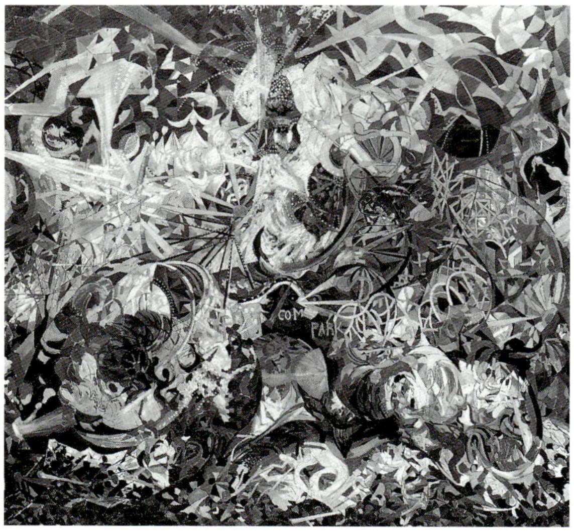

19.49 JOSEPH STELLA, *Schlacht der Lichter, Coney Island*, 1913, Leinwand, 193 x 214 cm. Yale University Art Gallery, New Haven (Schenkung der Société Anonyme).

Ablehnung von ausbalancierten statischen Kompositionen zugunsten eines Ideals, das sie ›Simultaneität‹ nannten. Ihre Bilder verstanden sich als kleine Ausschnitte aus zusammenhängenden Ganzheiten. Die Aktion, die das Sujet ihrer Bilder ist, geht durch sie hindurch und besitzt keine Mitte wie in BALLAS *Abstrakte Geschwindigkeit, vorbeifahrendes Automobil*, einem typisch futuristischen Werk ▸ 19.48. GIACOMO BALLA (1871–1958) malte den berühmten *Hund an der Leine* von 1912 ▸ 19.44, auf der Basis von EADWEARD MUYBRIDGES Fotoserien. In seinen anderen Werken ist der Dynamismus weniger evident, und in seinen Studien der *Irisierenden Durchdringungen*, ebenfalls von 1912 ▸ 19.50, schuf er einige der frühesten nichtgegenständlichen Gemälde.

19.51 UMBERTO BOCCIONI, *Besondere Formen in der Kontinuität im Raum*, 1913, Bronze, gegossen 1931, 111,2 x 88,5 x 40 cm. The Museum of Modern Art, New York (Lillie P. Bliss Bequest).

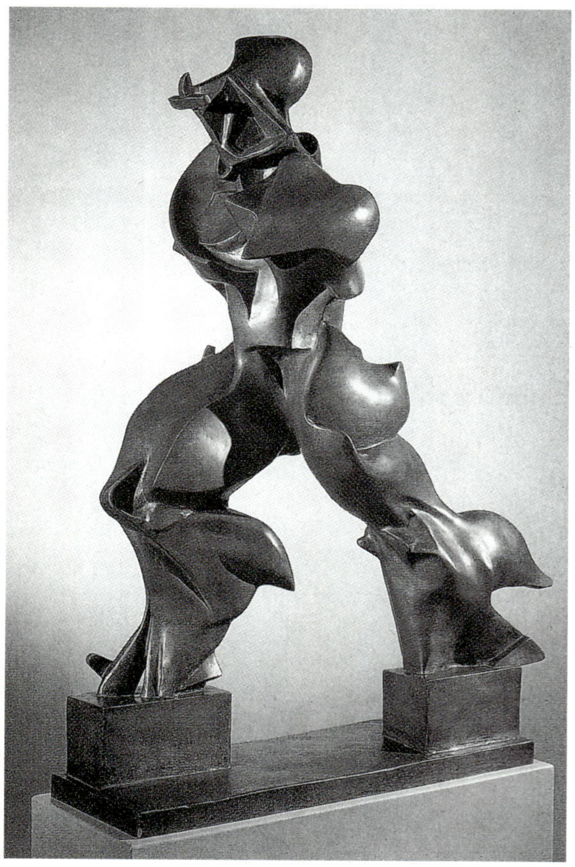

BOCCIONIS Gemälde sind naturalistischer, und seine Arbeiten mit dem Titel *Gemütszustände* (1911/12) haben eine beträchtliche poetische Kraft ▸ 19.47. Aber er zeichnete sich vor allem als Bildhauer aus. In *Besondere Formen in der Kontinuität im Raum* gelang es ihm auf bemerkenswerte Weise, die Ziele der Bewegung zu veranschaulichen ▸ 19.51. Die Figur ist weniger Symbol für Bewegung, sie wird vielmehr durch eine Abfolge von Flächen ausgedrückt, die sich unablässig aufzulösen und neu zu bilden scheinen. BOCCIONIS Ziel war »nicht die absolute Form, sondern der reine plastische Rhythmus, nicht die Konstruktion von Körpern, sondern die Konstruktion der ›Aktion‹ von Körpern«.

BOCCIONI ging in seinem *Technischen Manifest der futuristischen Bildhauerkunst* von 1912 darüber hinaus. Dieses entstand gleichzeitig, wenn nicht sogar vor dem Durchbruch, der PICASSO in diesem Jahr mit seinen ersten konstruierten Skulpturen gelang ▸ 19.41. BOCCIONI proklamierte *»die absolute und vollständige Abschaffung der endlichen Linien und der in sich geschlossenen Statue. Reißen wir die Figur auf, und schließen wir die Umwelt in sie hinein … So können durchsichtige Flächen, Gläser, Metallplatten, Drähte, elektrische Außen- oder Innenbeleuchtungen die Ebenen, die Richtungen, die Töne und die Halbtöne einer neuen Wirklichkeit anzeigen.«*

Andere eher ungewöhnliche Materialien wurden später vorgeschlagen – Karton, Eisen, Zement, Rosshaar, Leder, Stoff, Spiegel, sogar Motoren, um Skulpturen in Bewegung zu versetzen. Die wenigen erhaltenen Arbeiten BOCCIONIS sind weniger revolutionär als sein Manifest. Er selbst fiel im Ersten Weltkrieg, und dem Futurismus war 1916 das Ende beschieden. Ein Versuch, ihn nach dem Krieg wiederzubeleben, scheiterte daran, dass er sich mit dem Faschismus eingelassen hatte.

Der Futurismus bildete eine kurzlebige, meteorhafte Episode, doch reichte sein Einfluss sehr weit. In Amerika wurden seine Überschwänglichkeit und sein Optimismus in Werken wie *Schlacht der Lichter, Coney Island* ▸ 19.49, von JOSEPH STELLA, verarbeitet. Nahezu alle europäischen zeitgenössischen Kunstbewegungen waren mit dem Futurismus in Berührung gekommen, einschließlich des Kubismus in seiner letzten, synthetischen Phase, die von seiner anarchistischen Vitalität wohl nicht unbeeinflusst blieb. Ebenso die talentierten jungen Brüder DUCHAMP in Paris. Der außergewöhnliche Dynamismus im *Pferd* von RAYMOND DUCHAMP-VILLON (1876–1918), dem Bruder MARCEL DUCHAMPS (s. S. 720f.), ist offensichtlich BOCCIONI und der futuristischen Malerei verpflichtet ▸ 19.52. Dieses bemerkenswerte Werk überträgt lebendige animalische Energie in mechanistische Formen, die den Bewegungsapparat oder die ›Maschinerie‹ eines Pferdes symbolisieren. Nicht völlig abstrakt, sind manche Formen als Sehnen und Muskeln zu deuten, die sich zu einer bildnerischen Zusammenfassung potentieller Kraft verbinden – mechanischer Pferdekraft.

Der rumänische Bildhauer CONSTANTIN BRANCUSI (1876–1957), der sich 1904 in Paris niederließ, ist vermutlich ebenfalls durch die Futuristen angeregt worden, obwohl er sich ihnen in keiner Weise anschloss. Wenigstens eine seiner frühen Skulpturen scheint in ihrem Dynamismus und ihrer Maschinenästhetik von ihnen beeinflusst worden zu sein ▸ 19.54. Die ›primitiven‹ und folkloristischen Ursprünge von BRANCUSIS Kunst – die Skulpturen Afrikas und die bäuerlichen, kunst-

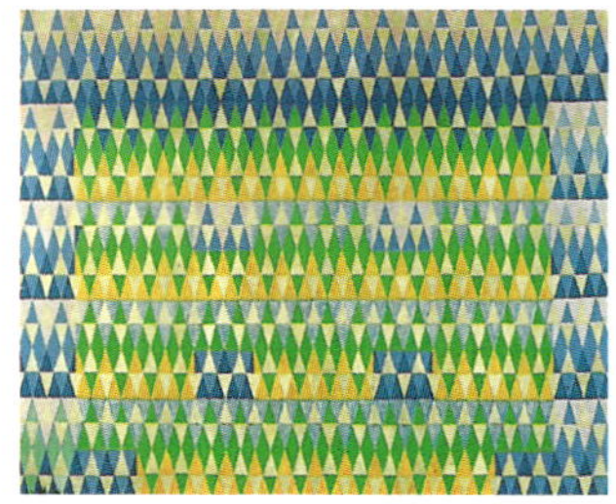

19.50 GIACOMO BALLA, *Irisierende Durchdringung Nr. 5 – Eukalyptus*, 1914, Leinwand, 100 x 120 cm. Privatsammlung.

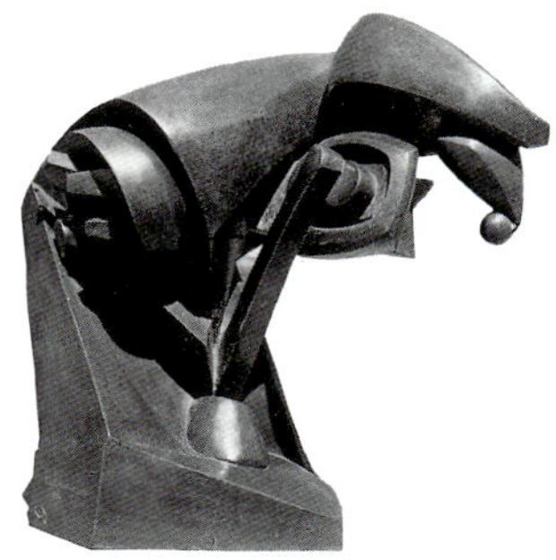

19.52 RAYMOND DUCHAMP-VILLON, *Pferd*, 1914, Bronze, gegossen um 1930/31, 101,1 x 100,1 x 56,7 cm. The Museum of Modern Art, New York (Van Gogh Purchase Fund).

handwerklichen Gegenstände seinr Heimat Rumänien – standen natürlich völlig im Gegensatz zu futuristischen Zielrichtungen. BRANCUSIS einmaliges Gespür für Form, eher ausgesparte als modellierte, geschnitzte oder im Raum konstruierte Form, und sein beinahe leidenschaftliches Gefühl für Oberflächenstrukturen und die innewohnenden Qualitäten seines Arbeitsmaterials fanden Ausdruck in Holzskulpturen wie *Der verlorene Sohn*. Die spannungsgeladene Strenge des Holzes und seine Eignung für verschiedene Arten der Behandlung (Hauen und Sägen ebenso wie Schnitzen) geben diesem Werk eine organische, von Hand geschaffene Qualität einer Art, die die Futuristen verachteten. Die späteren und berühmteren Skulpturen BRANCUSIS sind funkelnde, präzis gearbeitete Strukturen, weit ausdrucksvoller als jedes futuristische Werk der Zeit vor dem Ersten Weltkrieg ▸ 20.62.

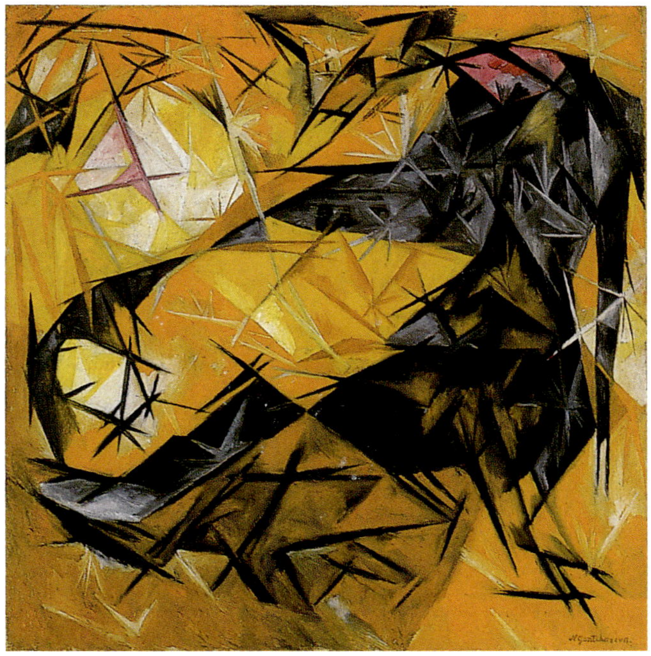

19.53 NATALIA GONTSCHAROWA, *Katzen*, 1912/13, Leinwand, 84,4 x 83,8 cm. Solomon R. Guggenheim Museum, New York.

## Die abstrakte Kunst

Seit die Formen innerhalb eines Gemäldes ausgedacht und unabhängig davon existierend gesehen werden konnten, wofür sie in der Welt der Erscheinungen standen, konnte die Kunst abstrakt sein, eine völlig selbstgenügsame Ganzheit von Werten. Gegen diese Implikationen des Kubismus sträubten sich PICASSO und BRAQUE lange.

Solche Ideen waren nicht neu. Sie gehen auf die Theorien der Romantiker im frühen 19. Jahrhundert zurück, wie dies schon im Zusammenhang mit KANDINSKY gezeigt wurde, der sich 1910–1912 auf die Suche nach dem Ungegenständlichen machte. Die abstrakte Kunst, zu welcher der Kubismus den schöpferischen Anstoß gab, war jedoch von der KANDINSKYS weltanschaulich verschieden. Die Kubisten zergliederten ihre Motive in abstrakte oder halbabstrakte Formen, die vorwiegend geometrisch waren. Dies schien den Glauben zu bestätigen, dass die der Kunst zugrunde liegenden Gesetze mit denen der Geometrie und der Mathematik übereinstimmen, obwohl sie im orphischen Kubismus, der völlig abstrakt wurde, nur eine zufällige Rolle spielten ▸ 19.43. Aber dann kamen andere, die die universellen Gesetze in ihrer Kunst zu verwirklichen suchten und glaubten, dass dies nur mit abstrakten Formen, die dem Geist des Künstlers entspringen, zu erreichen sei. Die verfeinerte, geistige Natur dieser Annäherung führte sie zu einer abstrakten Kunst, die sich als eine Art Modell für eine ideale Harmonie zwischen dem Menschen und seiner Umgebung begriff. Ein neuer Sinn für soziale Bezüge verband sich mit zeitgenössischen politischen und sozialen Theorien.

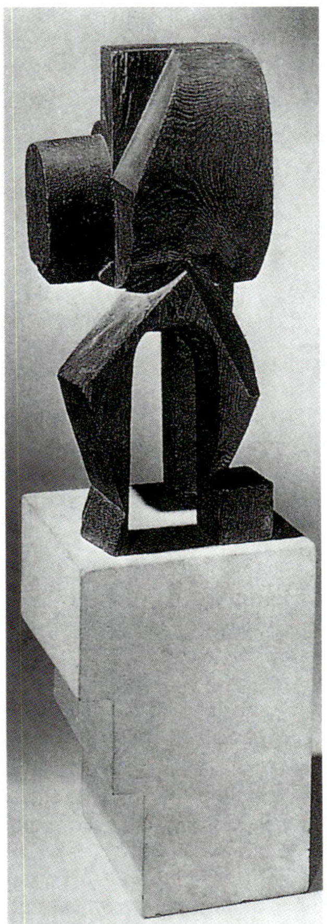

19.54 CONSTANTIN BRANCUSI, *Der verlorene Sohn*, 1915, Eiche auf Steinsockel, Höhe der Skulptur 44,5 cm. Höhe des Sockels 31,3 cm. Philadelphia Museum of Art (Louise and Walter Arensberg Collection).

### *Suprematismus und De Stijl*

Avantgardekunst konnte vor dem Krieg im zaristischen Russland so gut gesehen werden wie in Paris, denn von 1910 an wurden in Moskau und St. Petersburg regelmäßig Ausstellungen zeitgenössischer westlicher Kunst gezeigt. Für PICASSO und MATISSE waren wohlhabende Moskauer Kaufleute zu dieser Zeit wichtige Mäzene, deren Sammlungen dem Publikum zugänglich waren. Deshalb waren die russischen Künstler über die neuesten Entwicklungen informiert, und 1912/13 entstand die erste russische abstrakte Bewegung, angeführt von MICHAIL LARIONOW (1881–1964) und NATALIA GONTSCHAROWA (1881–1962) ▸ 19.53. Sie wurde von LARIONOW ›Rayonismus‹ genannt, denn seine abstrakten Gemälde ähnelten Lichtstrahlen. In ihm trafen die künstlerischen Theorien und Inspirationen der Zeit zusammen; er beeinflusste allen voran KASIMIR MALEWITSCH (1878–1935) sowie eine jüngere Generation von Künstlern, die die konstruktivistische Bewegung während und nach der Revolution bilden sollten (s. S. 737ff.), unter ihnen LJUBOW SERGEEWNA POPOWA ▸ 19.55.

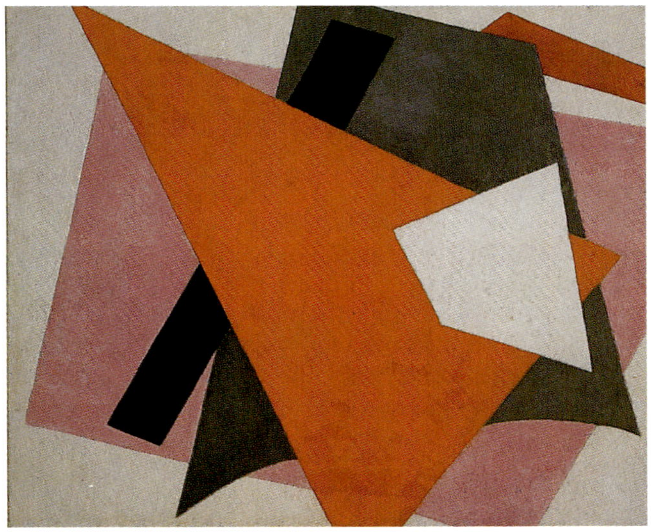

19.55 LJUBOW SERGEEWNA POPOWA, *Malerische Architektonik*, 1917, Leinwand, 80 x 98 cm. The Museum of Modern Art, New York (Philip Johnson Fund).

1912 malte MALEWITSCH in einem Stil, den er ›Kubo-Futurismus‹ nannte, was seine Quellen deutlich genug bezeichnet ▸ 19.57. 1913 fand er zu einer absolut reinen und geometrischen Form völliger Abstraktion. Er nannte diese ›Suprematismus‹, und von dem ersten suprematistischen Bild, einem schwarzen Quadrat auf einer weißen Fläche, behauptete er, es 1913 gemalt zu haben, obschon die Bewegung erst im übernächsten Jahr öffentlich bekannt wurde. Mit KANDINSKY und dessen theosophischen Ideen hatte MALEWITSCH viel gemeinsam, er war überzeugter Christ von mystischer Gefühlsneigung. Unter Suprematismus verstand MALEWITSCH die »Überlegenheit des Fühlens in der schöpferischen Kunst«, und dies schien ihm mit den einfachsten Elementarformen wie dem

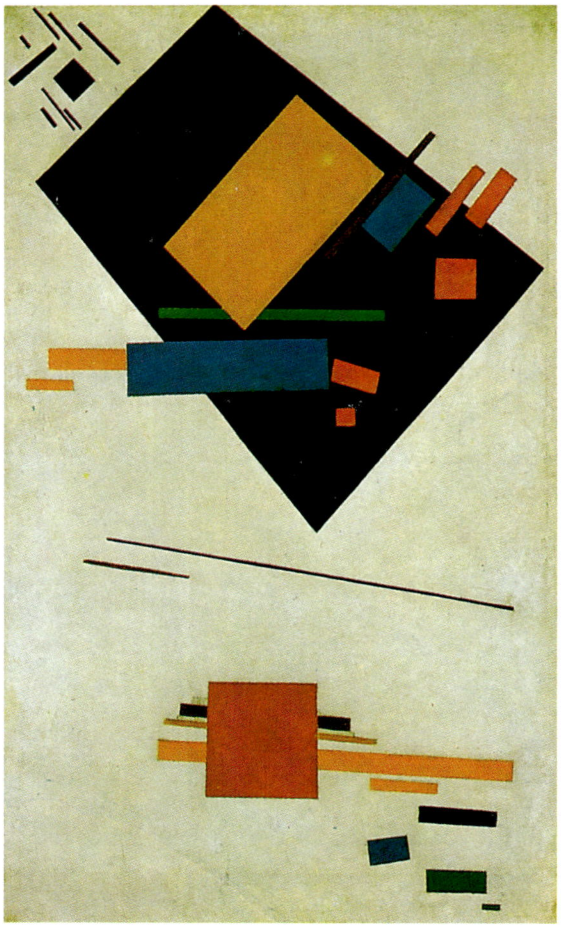

19.56 KASIMIR MALEWITSCH, *Ohne Titel (suprematistisches Bild)*, auch bekannt als *Schwarzes Trapez und rotes Quadrat*, 1915, Leinwand, 62 x 101,5 cm. Stedelijk Museum, Amsterdam.

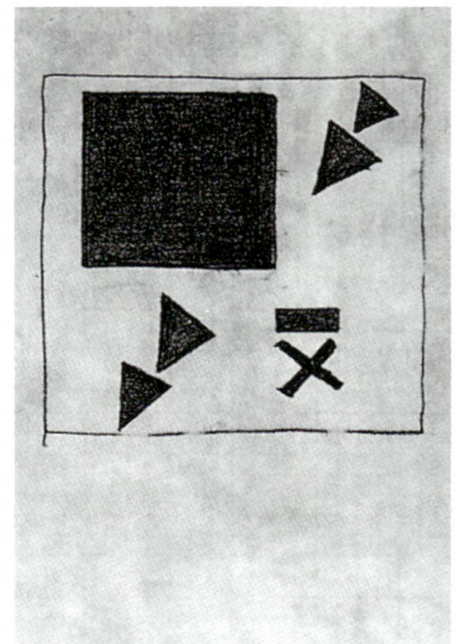

19.57 KASIMIR MALEWITSCH, *Kubosuprematismus*, 1914/15, Bleistift auf Papier, 16,5 x 11,1 cm. Museum Ludwig, Köln.

Quadrat realisierbar, um die Überlegenheit des Geistes über die Materie und das Chaos der Natur zu visualisieren.

MALEWITSCH entwickelte auch eine schrittweise Progression der Formen: Dem Quadrat folgten der Kreis, das Dreieck, zwei gleiche Quadrate dicht zusammen, ungleichgroße Quadrate, die durch die Farbe in einem bestimmten Verhältnis zueinander stehen, und so weiter. Diese Elemente bildeten das Vokabular seiner dynamischeren und verwickelteren Kompositionen wie zum Beispiel *Ohne Titel (suprematistisches Bild)* ▸ 19.56. Solche Werke beeinflussten ALEXANDER RODTSCHENKO, EL LISSITZKY, WLADIMIR TATLIN und andere, die seine reinen und hochfliegenden Ideen in der Zeit nach der Revolution praktisch anwandten (s. S. 737ff.). Trotz seines Glaubens an die Kunst als geistige und unpragmatische Tätigkeit begrüßte MALEWITSCH die Revolution und blieb in Russland. Doch beendete die offizielle Doktrin des Sozialistischen Realismus die Wirkung seiner Ästhetik. Die rationalistischste und gleichzeitig idealistischste aller abstrakten Bewegungen war die holländische Gruppe ›De Stijl‹ (Der Stil), die 1917 von den Malern PIET MONDRIAN (1872–1944), THEO VAN DOESBURG (1883–1931) und dem Architekten JACOBUS JOHANNES PIETER OUD (1890–1963) gegründet wurde. Sie waren der Ansicht, dass der Kubismus *»die logischen Konsequenzen seiner eigenen Entdeckungen nicht angenommen hat; er entwickelte die Abstraktion nicht bis zum letzten Ziel«*.

MONDRIAN, der vom Impressionismus zum Symbolismus gekommen war, ließ sich 1911 in Paris nieder, wo er bis Kriegsausbruch 1914 lebte. Er kannte die Kubisten und ihr Werk sehr gut, verfolgte aber von Anbeginn einen individuellen und einzelgängerischen Weg zu einer geistigeren Kunst. Obschon er dem Kubismus für seine subtilen Ocker- und Graufarben-Harmonien und den klaren Bildaufbau verpflichtet war, sind MONDRIANS Vorkriegsbilder oft ohne erkennbare Motive völlig abstrakt. Wenn er jedoch gegenständlich malte, verwendete er keine Ateliersujets wie die Kubisten, sondern organische Strukturformen wie etwa Bäume. Dies ist vielleicht der Grund, weshalb sein Werk so dynamisch, so eng gefügt und vibrierend ist ▸ 19.58. MONDRIAN schrieb:
*»Ich bemühte mich lange Zeit, diejenigen Besonderheiten von Form und Naturfarbe zu entdecken, welche subjektive Gefühlszustände erwecken und die reine Realität trüben. Hinter den wechselnden natürlichen Formen liegt die unveränderliche reine Realität. Man muss also die natürlichen Formen auf reine unveränderliche Verhältnisse zurückführen und die natürlichen Farben auf die Primärfarben reduzieren. Das Ziel ist nicht, andere bestimmte Formen und Farben mit all ihren Einschränkungen zu schaffen, sondern im Interesse einer größeren Einheit auf ihre Aufhebung hin zu arbeiten.«*

Hohe Ideale von absoluter Reinheit, Harmonie und Einfachheit inspirierten alle ›Stijl‹-Künstler. Sie schufen ein Modell für den perfekt ausgewogenen Organismus, zu dem, wie sie glaubten, der Mensch als Individuum werden könnte wie auch die menschliche Gesellschaft insgesamt. Die ethischen Untertöne spiegeln ihren strengen calvinistischen Hintergrund wider, der auch ihren Sinn für Pflicht und Sendung erklärt. DOESBURG soll gesagt haben: »Das Quadrat ist für uns das Gleiche wie das Kreuz für die frühen Christen.« Die großen Leistungen des ›De Stijl‹ – die Bauten RIETVELDS und das reife Werk MONDRIANS – entstanden nach 1918 und werden im nächsten Kapitel besprochen.

## Architektur

### *Frank Lloyd Wright*

Die Entwicklung der Architektur in den ersten beiden Jahrzehnten des 20. Jahrhunderts entspricht in gewisser Weise derjeniger in den anderen Künsten. Erstmals nahmen mit den Gebäuden FRANK LLOYD WRIGHTS (1869–1959), des größten

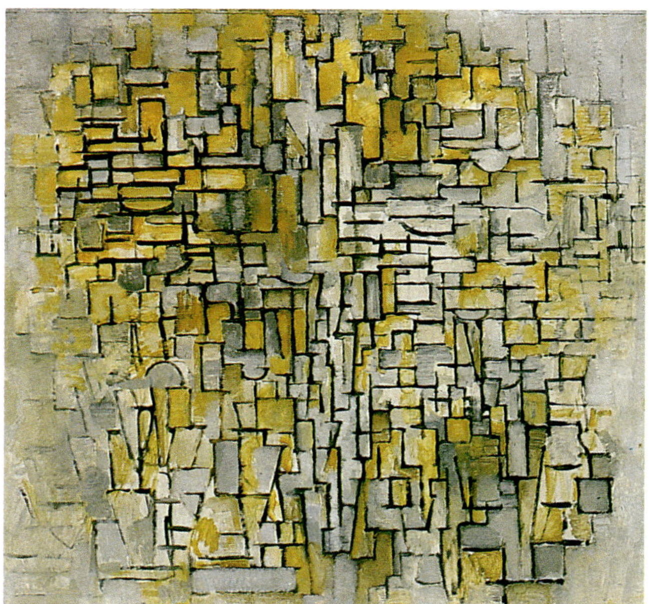

19.58 PIET MONDRIAN, *Komposition VII*, 1913, Leinwand, 105 x 114 cm. Solomon R. Guggenheim Museum, New York.

amerikanischen Architekten seiner Zeit, die Vereinigten Staaten eine führende Rolle ein. WRIGHT begann im Atelier von LOUIS SULLIVAN (s. S. 661ff.), den er hoch schätzte und mit dessen Guaranty Building in Buffalo die Stahlskelett-Konstruktion eines Wolkenkratzers ihre klassische Form erreichte ▸ 17.56.

SULLIVAN erlaubte dem unterlegten Gitter des strukturellen Stahlrahmens, die gesamte Erscheinung zu dominieren, so dass endlich eine völlige Unabhängigkeit von allen geschichtlichen Stilen erreicht wurde. Die Fassaden wurden auf ein einfaches, ganz unornamentales, doch rhythmisch schönes Muster von Fensterpfosten und Simsen reduziert. Dies stellte einen ebenso radikalen Bruch mit der Vergangenheit dar, wie ihn einige Jahre später junge Künstler und Architekten Europas vollzogen. SULLIVAN nahm vieles vom fortgeschrittenen architektonischen Denken im Europa der Jahrhundertwende vorweg. Der österreichische Architekt ADOLF LOOS (1870–1933), dessen berühmtes Buch *Ornament und Verbrechen* von 1908 zum Evangelium des Funktionalismus und der modernen Entwicklung in der Architektur wurde, studierte um 1890 in Chicago, wo er zweifellos mit SULLIVANS Ausspruch »Die Form folgt der Funktion« bekannt wurde.

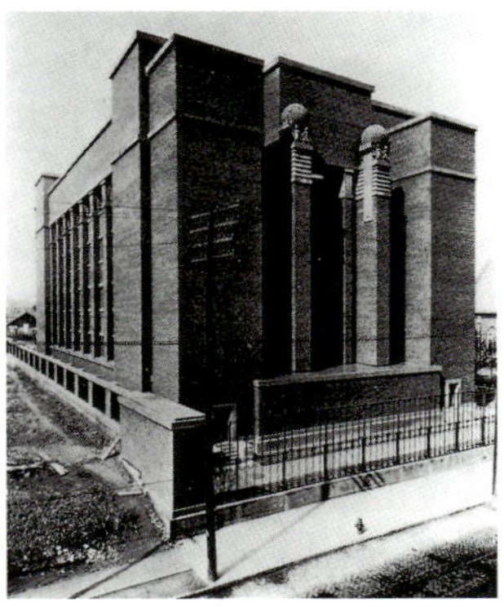

19.60 FRANK LLOYD WRIGHT, Larkin Building, Buffalo, 1904 (abgerissen 1950), Rückseite.

WRIGHT hatte den gleichen Hintergrund, und seine Genialität ließ ihn einen weiteren Schritt tun. Er besaß ein instinktives Gespür für Architektur als Obdach und ihre Beziehung zur Natur, für die möglichen Verwandtschaften zwischen von Menschen geschaffenen und natürlichen Strukturen, so dass seine Bauten aus ihrer Umgebung ›herauswachsen‹. WRIGHT suchte eine ›organische Architektur‹ zu verwirklichen: »Architektur entwickelt sich von innen nach außen in Harmonie mit den Bedingungen ihrer selbst.« Dieser Grundsatz ist bereits in seinen frühen ›Prärie-Häusern‹ erkennbar, die mit ihrer bodenhaftenden Anlage die weiten, tief liegenden Horizonte der weiten Ebenen des Mittleren Westens zu reflektieren scheinen. Seine ›Prärie-Häuser‹ erreichen ihren Höhepunkt in der ausgedehnten Horizontalität und dem frei ineinander fließenden inneren und äußeren Raum des *Robie House* in Chicago ▸ 19.59; 62. In diesem revolutionären Bauwerk, das aus römischen Backsteinen erbaut ist, wurde die Symmetrie vollkommen aufgehoben, ebenso die beherrschende Stellung der Fassade. Die Ausarbeitung der Details und die Güte des Handwerklichen lassen die Radikalität dieses bemerkenswerten Gebäudes fast vergessen. Unter anderem verleihen die Innenräume dem Äußeren seine Gestalt. Die Wände wurden zu Blenden, die langen Linien der Balkonbrüstungen und frei auskragenden Dächer bestimmen die Silhoutte usw.

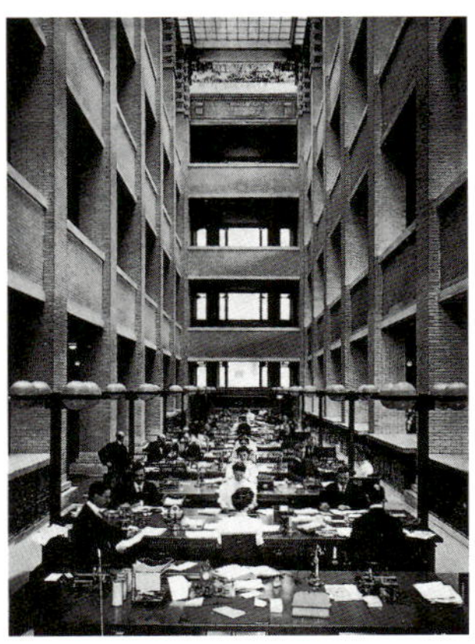

19.61 FRANK LLOYD WRIGHT, Larken Building, Inneres des Verwaltungsgebäudes ▸ 19.60.

WRIGHT genügte die Planung eines Hauses allein nicht. Seine ›organische Architektur‹ verstand sich auch als Forderung nach einer ökologischen Integration. *»Dieses moderne Gebäude ist ein organisches Ganzes«*, schrieb er 1910, *»im Gegensatz zu den früheren sinnlosen Anhäufungen von Einzelteilen. Wir haben hier sicher ein höheres Ideal der Einheit, einen intimeren Ausdruck des menschlichen Lebens in seiner Umwelt. Ein Ding anstelle von vielen Dingen; eine große Sache anstelle einer Sammlung von vielen kleinen ... denn in der organischen Architektur ist es unmöglich, das Gebäude als eine Sache zu betrachten, die Ausstattung als ein anderes und seine Umwelt als noch etwas anderes.«*

Diesen Weg der Integration hatte er bereits in der Realisation seines Larkin-Gebäudes in Buffalo beschritten ▸ 19.60; 61, in dem alles Mobiliar (aus Stahl), die Büroeinrichtung und die Armaturen von ihm selbst gestaltet waren.

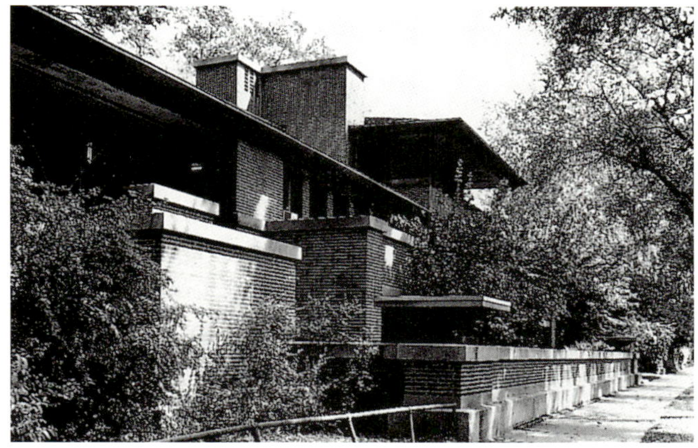

19.59 FRANK LLOYD WRIGHT, Robie House, Chicago, 1907–1909.

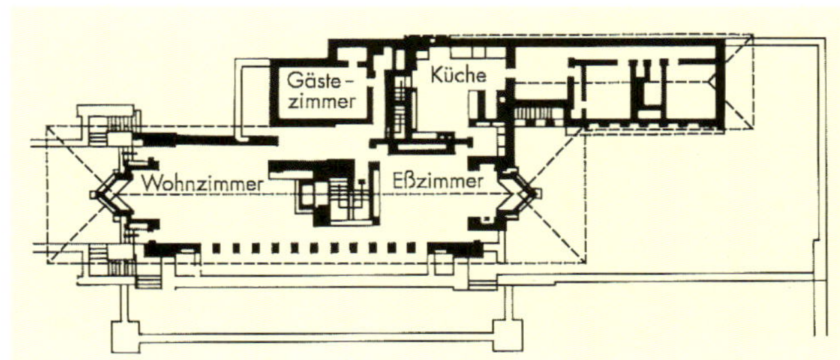



19.62 Grundriss Robie House.

WRIGHTS Ruf war schon 1910 international, teilweise als Ergebnis einer im selben Jahr in Berlin veröffentlichten prächtigen Buchdokumentation seines Werks. Sein Einfluss war jedoch weniger groß. Deutschland erlangte eine überragende Stellung in Europa, die es in den nächsten Jahrzehnten in der Architektur und in den architektonischen Theorien behaupten sollte. In der Fagus-Schuhfabrik in Alfeld bei Hannover nahmen WALTER GROPIUS (1883–1969) und ADOLPH MEYER (1881–1929) den übernationalen Stil der Nachkriegsjahre in einem verblüffenden Ausmaß vorweg – Glas, aufgehängte Wände, Flachdächer ohne Simse, der freie kubische Block, dessen Ecken von jeder Stütze befreit sind ▸ 19.63. Der Schmuck ist auf die einfachsten waagrechten Bänder beschränkt. Die Wirkung ist die eines durchsichtigen Volumens, nicht einer festen Masse.

19.63 WALTER GROPIUS und ADOLPH MEYER, Fagus-Werke, Alfeld, 1911–1914.

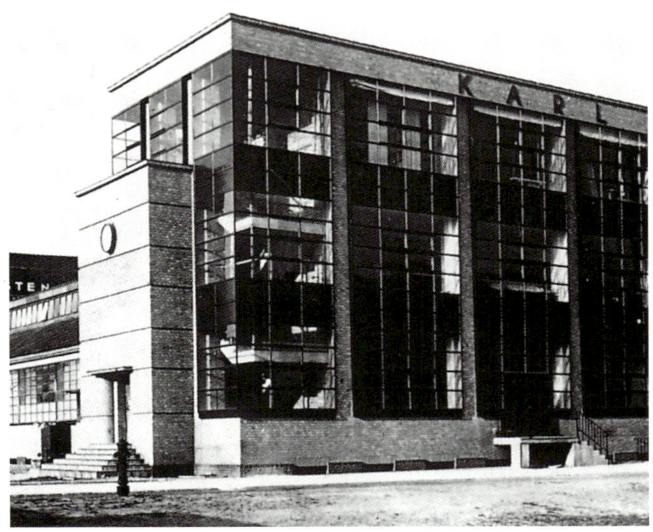

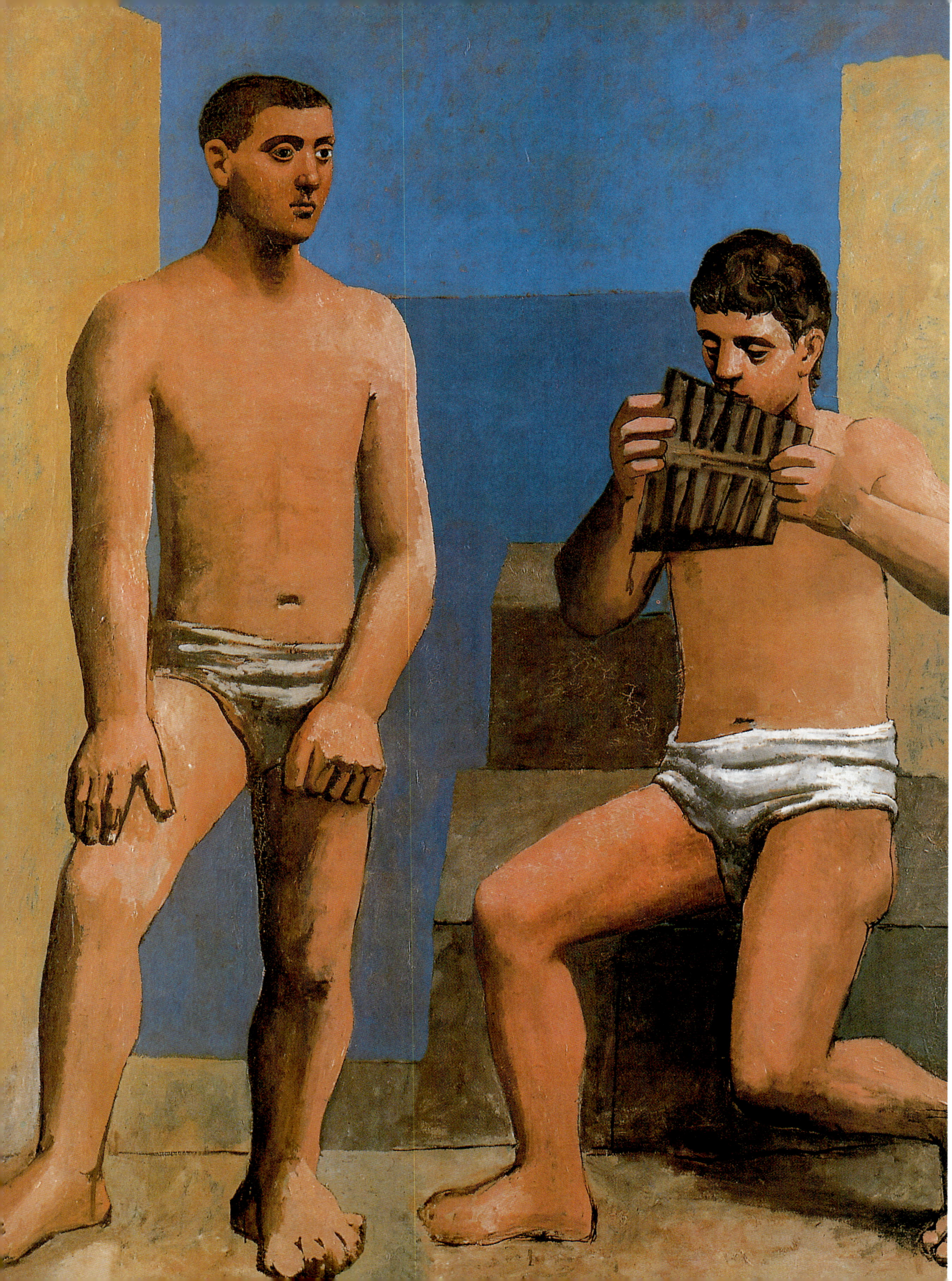

# 20
# Zwischen den Weltkriegen

Der Erste Weltkrieg führte zu einer tieferen Zäsur in der westlichen Kultur als ein Jahrhundert zuvor die Kriege Napoleons. Eine lange Periode zunehmenden Wohlstands in Europa riss ab, ebenso stockte der große Aufbruch künstlerischen Schaffens im späten 19. und frühen 20. Jahrhundert. Die westliche Kultur überwand diesen Einschnitt nie ganz. Großartige Bilder und Kunstwerke wurden auch noch in den zwanziger und dreißiger Jahren geschaffen, so etwa von PICASSO, BRAQUE und MATISSE, aber sie waren weit weniger kühn und wegweisend als vorher. Die Strenge und Kraft der großen kubistischen und fauvistischen Meisterwerke fehlen den Nachkriegsbildern von BRAQUE und MATISSE, so vorzüglich diese auch sein mögen. Beide Maler begnügten sich damit, ihr außergewöhnliches Talent und ihren ›guten Geschmack‹ zur Schau zu stellen, die Verfeinerung von Farbe, Dichte, Technik und die rein malerischen Qualitäten, die in Paris geschätzt und hoch kultiviert wurden. Die nachlassende Spannung zeigte sich auch in der Wahl der Motive: Austern und Zitronen, sonnige Rivieralandschaften, schmachtende Akte und Strandszenen, exotische Früchte und Blumen, all die anspruchslosen und tröstenden Wonnen eines bürgerlichen Lebens, das auf wunderbare Weise den Krieg überdauert hatte. Auch PICASSO hatte die unerbittliche Direktheit der kubistischen Jahre verloren, griff frühere Bildlösungen wieder

| | BILDENDE KUNST |
|---|---|
| 1917 | DUCHAMP, *Brunnen* ▶ 20.4 |
| 1919–20 | TATLIN, *Denkmal für die III. Internationale* ▶ 20.40 |
| 1921–22 | MATISSE, *Maurischer Wandschirm* ▶ 20.8 |
| 1922 | LE CORBUSIER, Entwurf für eine Stadt ▶ 20.63 |
| 1923 | PICASSO, *Sitzender Harlekin* ▶ 20.2 |
| | DUCHAMP, *Das große Glas* ▶ 20.5 |
| 1924–25 | LISSITZKY, *Proun 99* ▶ 20.42 |
| | RITLVELD, Haus Schröder, Utrecht ▶ 20.54 |
| 1928 | BRANCUSI, *Vogel im Raum* ▶ 20.62 |
| 1928–30 | LE CORBUSIER, Villa Savoye, Poissy ▶ 20.59 |
| | VAN ALEN, Chrysler Building, New York ▶ 20.64 |
| 1929 | BRAQUE, *Das Tischchen* ▶ 20.7 |
| | MAX ERNST, *La femme 100 têtes* ▶ 20.18 |
| 1930 | MONDRIAN, *Fox Trot A* ▶ 20.56 |
| 1930–31 | PICASSO, *Frauenkopf* ▶ 20.25 |
| 1931 | DALI, *Die Beharrlichkeit der Erinnerung* ▶ 20.19 |
| | MIES VAN DER ROHE, Wohnraum ▶ 20.60 |
| 1933 | HEARTFIELD, *Ein Pangermane* ▶ 20.35 |
| 1934 | MAGRITTE, *Le viol (Die Vergewaltigung)* ▶ 20.21 |
| 1934–35 | LLOYD WRIGHT, *Broadacre City Project* ▶ 20.52 |
| 1936 | OPPENHEIM, *Objekt (Die Pelztasse)* ▶ 20.20 |
| 1937 | PICASSO, *Guernica* ▶ 20.65 |
| 1938 | MIRÓ, *Kopf einer Frau* ▶ 20.24 |

| | HISTORISCHE & KULTURELLE DATEN |
|---|---|
| 1917 | Kriegseintritt der USA; Bolschewistische Revolution in Russland |
| 1918 | Zweite Schlacht an der Somme, Waffenstillstand |
| 1919 | Friedenskonferenz von Versailles III.; Kommunistische Internationale; Erste Atomspaltung (Großbritannien) |
| 1920 | Erste öffentliche Rundfunkübertragung (USA und Großbritannien) |
| 1921 | Schönberg, *Klaviersuite op 25* |
| 1922 | Mussolinis Marsch auf Rom;. T. S. Eliot, *Waste Land;* Joyce, *Ulysses* |
| 1923 | Offizielle Gründung der UdSSR |
| 1924 | Tod Lenins |
| 1925 | Hitler, *Mein Kampf*; Kafka, *Der Prozeß*; Ezra Pound, *XVI Cantos* |
| 1926 | Erfindung des Fernsehens durch Baird; Alban Berg, *Wozzeck* |
| 1927 | Proust, *A la recherche tu temps perdu* (posthum) *The Jazz Singer* (erster Tonfilm) |
| 1928 | William Yeats, *The Tower* |
| 1929 | 29. Oktober ›Schwarzer Freitag‹ an der New Yorker Börse |
| 1932 | Roosevelt wird Präsident der Vereinigten Staaten; W.H. Auden, *The Orators* |
| 1933 | Hitler wird deutscher Reichskanzler; ›New Deal‹ in den USA |
| 1935 | Italienischer Einfall in Abessinien |
| 1936 | Beginn des Spanischen Bürgerkrieges; Erste regelmäßige Fernsehausstrahlungen (England) |
| 1937 | Erfindung des Düsentriebwerks durch Whittle; Die Nationalsozialisten organisieren die Ausstellung ›Entartete Kunst‹ |
| 1938 | ›Anschluß‹ Österreichs; Münchner Abkommen |
| 1939 | Deutscher Einfall in Polen: Beginn des Zweiten Weltkrieges |

PABLO PICASSO, *Panflöte*, 1923, Leinwand, 205 x 174,5 cm. Musée Picasso, Paris.

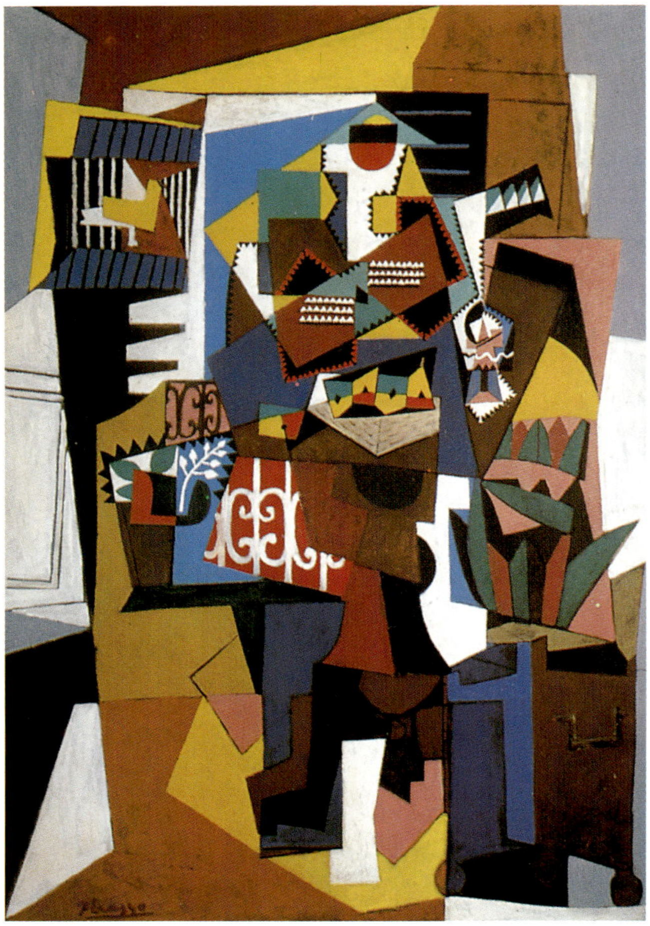

20.1 PABLO PICASSO, *Der Vogelkäfig*, 1923, Öl und Kohle auf Leinwand, 200,7 x 140,5 cm. Collection Mr. and Mrs. Victor W. Ganz, New York.

auf und malte manchmal zur gleichen Zeit in zwei oder drei verschiedenen Stilen, ▸ 20.1; 2. In der Zeit zwischen den beiden Weltkriegen blieb Paris die Hauptstadt der westlichen Kunst – ebenso wie auf dem Gebiet der ›Haute Couture‹ und des Modedesigns –, obwohl der Niedergang ihrer einflussreichen Position auf den meisten anderen kulturellen und wissenschaftlichen Gebieten bereits begonnen hatte.

## Dada, Surrealismus und Sachlichkeit

Dada und Surrealismus, die beiden verwandten Bewegungen, hatten sich schon vor 1914 angekündigt, um dann die Jahre zwischen den beiden Kriegen zu beherrschen. Auch auf sie traf zu, was Lenin aus seinem Schweizer Exil schrieb: »Der Krieg ist ein großer Beschleuniger von Ereignissen.« In den Züricher Cafés und Cabarets wimmelte es von – nicht nur politischen – revolutionären Emigranten. Schriftsteller wie James Joyce und Komponisten wie Igor Strawinsky, Künstler und Intellektuelle aller Richtungen sammelten sich in der Kriegszeit in der Schweiz. Hier und in den Vereinigten Staaten, die bis 1917 neutral blieben, formierte sich ein Protest gegen die Gesellschaft, die einen solchen Krieg entfesselt hatte. Im Frühjahr 1916, während sich die deutschen und alliierten Truppen in den Gräben von Verdun festgerannt hatten, entstand der Dadaismus.

Nach der Aussage seines Sprechers, des rumänischen Poeten Tristan Tzara (1896–1963), war der Dadaismus anarchisch, nihilistisch und zerstörerisch, mehr eine Geisteshaltung als eine literarische oder künstlerische Bewegung. Die Dadaisten mokierten sich über alle überlieferten Werte, über alle traditionellen Vorstellungen von gutem Geschmack, in Kunst und Literatur und über die kulturellen Symbole einer Gesellschaft, die, wie sie glaubten, sich auf Habgier und Materialismus stützte und jetzt in tiefer Agonie lag. Der Begriff Dada – ein Nonsens-Wort aus der Kleinkindersprache – bedeutet nichts und passte gut zur ganzen Antihaltung des Dadaismus. Dada verneinte sogar die Kunst, betrieb den Kult der Nichtkunst und endete bei seiner eigenen Negierung. »Der wahre Dadaist ist gegen Dada.«

Die Züricher Dadaisten waren in erster Linie Schriftsteller und Lyriker, so auch der einzige bedeutende Maler unter ihnen, JEAN (HANS) ARP (1887–1966), dessen Experimente mit dem Automatismus und den Gesetzen des Zufalls ihn zu einigen bemerkenswerten und rein zufällig schönen ›papiers collés‹ führten. Er zerriss farbige Papiere, ließ die Einzelteile unkontrolliert fallen und fixierte sie (manchmal nach leichten Anpassungen) in den abstrakten Mustern, die sie gebildet hatten. Viel radikalere ›Nichtkunst‹ dagegen waren die ›ready mades‹ von DUCHAMP, 1915 zum ersten Mal in New York ausgestellt, wo er die meisten Kriegsjahre verbrachte.

### *Duchamp*

MARCEL DUCHAMP (1887–1968), der jüngere Bruder des Bildhauers DUCHAMP-VILLON (s. S. 714), war vielleicht der anregendste Geist in den bildenden Künsten unseres Jahrhunderts – ironisch, witzig und eindringlich: ein geborener Anarchist. Wie sein Bruder begann er nach einigen Jahren der Suche in verschiedenen gängigen Stilen mit einer dynamischen, futuristischen Interpretation des Kubismus, von der seine Gemälde *Akt, die Treppe herabsteigend* von 1912 ▸ 20.3 das bekannte-

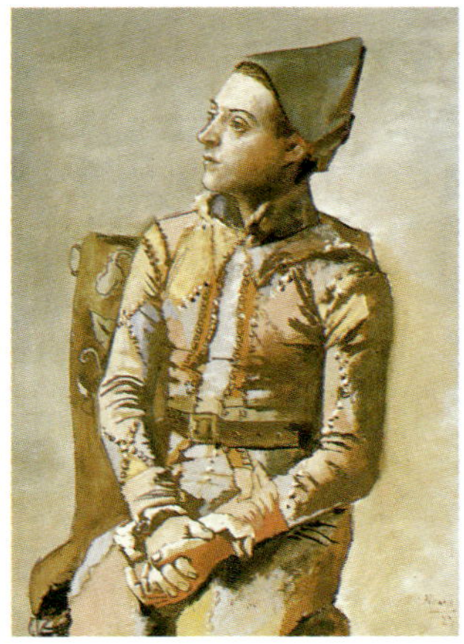

20.2 PABLO PICASSO, *Sitzender Harlekin* (Bildnis des Malers Jacinto Salvado), 1923, Tempera auf Leinwand, 130,5 x 97 cm. Kunstmuseum, Basel.

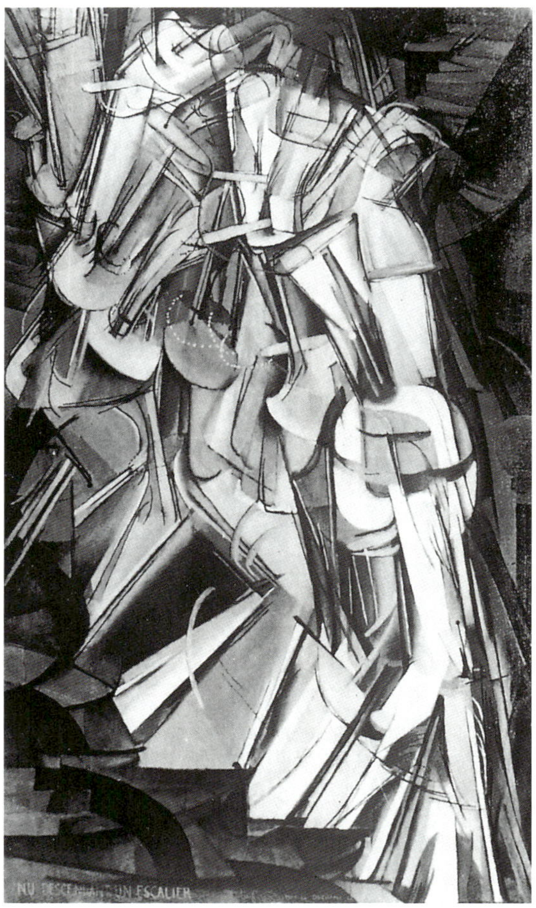

20.3 MARCEL DUCHAMP, *Akt, die Treppe herabsteigend. Nr. 2*, 1912, Leinwand, 147 x 89 cm. Louise and Walter Avensberg Collection, Philadelphia Museum of Art.

ste Beispiel ist. Es führte 1913 bei der Armory Show, der legendären Ausstellung für moderne Kunst, in New York zu einem Skandal. Die ›ready mades‹ von DUCHAMP sind alltägliche Gebrauchsgegenstände, die einzig und allein durch die Tat des Künstlers, sie auszuwählen, zu Kunstobjekten wurden. Auf verschiedenste Weise sind sie der größte bilderstürmerische Akt, den je ein Künstler unternahm – eine Tat der totalen Ablehnung und Revolte gegen akzeptierte künstlerische Regeln. Die Reduzierung des künstlerischen Aktes auf eine Wahl von ready mades verunglimpft das ›Kunstwerk‹, den Geschmack und die künstlerische Technik. DUCHAMP bestand auf der Feststellung, dass seine Wahl der ready mades nie ästhetischen Gesichtspunkten unterliege.

Das früheste war das auf einen Küchenstuhl montierte Rad eines Fahrrades (1913), das ausgefallenste ready made der *Brunnen* ▸ 20.4, ein industriell hergestelltes Porzellanurinal, umgekehrt aufgestellt und mit ›R. Mutt‹ signiert. Als es 1917 von den unabhängigen New Yorker Künstlern abgelehnt wurde, ist es (anonym, aber sehr wahrscheinlich nicht von DUCHAMP selbst) wie folgt verteidigt worden:

*»Es ist gleichgültig, ob Herr Mutt diesen Brunnen mit seinen eigenen Händen geschaffen hat oder nicht. Er hat ihn ausgesucht. Er wählte einen gewöhnlichen Gegenstand aus dem Alltagsleben, platzierte diesen so, dass dessen nützliche Bedeutung durch den neuen Titel und durch die neue Betrachtungsweise aufgehoben wurde. Er hat einen neuen Gedanken für diesen Gegenstand geschaffen.«*

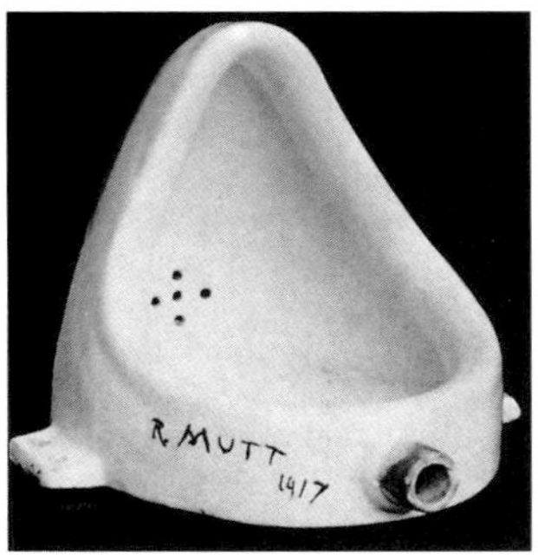


20.4 MARCEL DUCHAMP, *Brunnen*, 1917, ›ready made‹, Höhe 61 cm. Verbleib unbekannt.

Anders gesagt, die Bedeutung des ready made als ›Kunst‹ liegt nicht in seinen ästhetischen Qualitäten, die entweder erkannt werden können oder auch nicht, sondern in der ästhetischen Fragestellung, die zum Nachdenken zwingt.

Zusammen mit einem wohlhabenden kubanischen Maler, FRANCIS PICABIA (1879–1953), bildete DUCHAMP während des Krieges die New Yorker Dada-Gruppe. PICABIAS satirisch vereinfachte Zeichnungen von wirklichen oder erfundenen mechanischen Formen, die ihren eigenen Symbolgehalt vermitteln – in wohl überlegtem Kontrast zur futuristischen Maschinen-Ästhetik –, entsprechen dem extremsten und verblüffendsten aller dieser Werke: DUCHAMPS *Die Braut, von ihren Junggesellen entblößt, sogar,* besser bekannt als *Das große Glas* ▸ 20.5. Seit 1912 beschäftigte DUCHAMP der Plan zu diesem außergewöhnlichen Werk, das er zwischen 1915 und 1923 mit Unterbrechungen realisierte, ehe er es unvollendet aufgab. Auf dem Rücktransport von einer Ausstellung in Brooklyn 1927 bekam das Glas Sprünge in zwei gegenläufigen Richtungen, da es in zwei Hälften – die eine lag auf der anderen – transportiert wurde, und dieser rein zufällige Effekt ›vollendete‹ sein Meisterwerk, wie DUCHAMP erklärte.

*Das große Glas* ist ein rätselhaftes Werk und als solches auch gedacht, die Illusion einer Illusion, umso verwirrender, als die Umwandlung der realen Welt auf der anderen Seite des Glases daran Anteil nimmt, ebenso wie der Betrachter, der gelegentlich durch die Widerspiegelung einbezogen ist. In der oberen Hälfte wird die Braut, eine Verschmelzung mechanischer und biologischer Funktionen, bei der Entkleidung gezeigt. Auf die Aussage des Werkes angesprochen, sagte DUCHAMP, dass es »keine Lösung gibt, denn es existiert auch kein Problem«. Maler und Künstler erkannten in ihm die radikalste Opposition gegen eine rein visuelle Kunstkonzeption. Es macht den Anspruch eines Kunstwerkes geltend, ein ›Zeichen‹, eine »Maschine, die Bedeutung produziert«, zu sein und die den Betrachter zum aktiven Nachdenken und kreativer Teil-

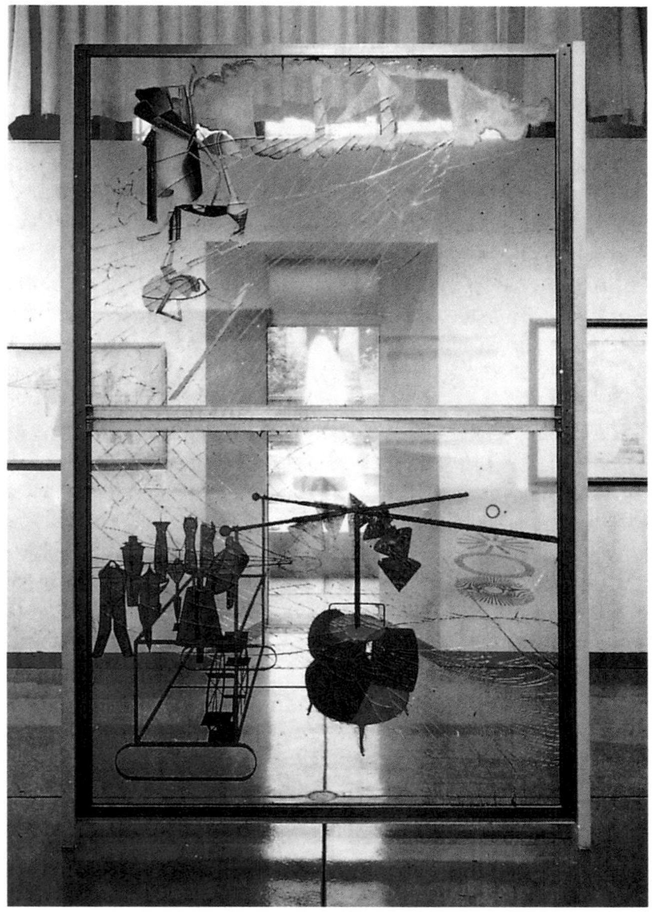

20.5 MARCEL DUCHAMP, *Die Braut, von ihren Junggesellen entblößt, sogar* (auch *Das große Glas* genannt), 1915–1923, Ölfarbe, Lack, Bleifolie, Bleidraht und Staub zwischen Glasplatten, 277,5 x 175,8 cm. Philadelphia Museum of Art.

nahme zwingt. DUCHAMP drückte sich sehr klar aus. Es sei nicht seine Absicht gewesen, sagte er, »ein Bild für die Augen« zu machen. Er wolle das Malen wieder einmal mehr in den Dienst des Fühlens stellen. Dass sein Werk als ›literarisch‹ und ›intellektuell‹ abgetan werde, störe ihn nicht. Der Begriff ›Literatur‹ habe eine sehr verschwommene Bedeutung. »Und in der Tat sind bis zu den letzten hundert Jahren alle Bilder literarisch oder religiös gewesen: Sie alle standen im Dienste des Gemüts.« Diese Eigenschaften seien erst während des 19. Jahrhunderts verloren gegangen, von Impressionismus und Kubismus am konsequentesten verworfen. Der Dadaismus sei für ihn, so fuhr DUCHAMP fort, der radikale Protest gegen eine rein visuelle Auffassung der Malerei.

DUCHAMP hielt Abstand zur Politik, doch implizierte die Dada-Bewegung unverkennbar politische Anliegen, vor allem in Berlin in den Jahren unmittelbar nach dem Ersten Weltkrieg. Der deutsche Maler MAX ERNST (1891–1976) bestritt 1920 in Köln eine damals berüchtigte Ausstellung, die durch eine öffentliche Toilette (›Zugang nur für Herren‹) betreten wurde. Die Besucher der Eröffnung fanden am Eingang ein junges Mädchen im Kommunionkleid, das unanständige Gedichte aufsagte, und wurden dann aufgefordert, die Ausstellungsobjekte mit einem bereitliegenden Beil zu zerstören. Mit solchen provokativen Gesten gegen den Schwulst respektabler bürgerlicher Gesellschaft, gegen alles, was ernstgenommen wurde und als kulturell ehrwürdig galt, suchten die Dadaisten Wege für einen neuen intellektuellen und künstlerischen Ausdruck. Konstruktive Schritte unternahmen erst ihre

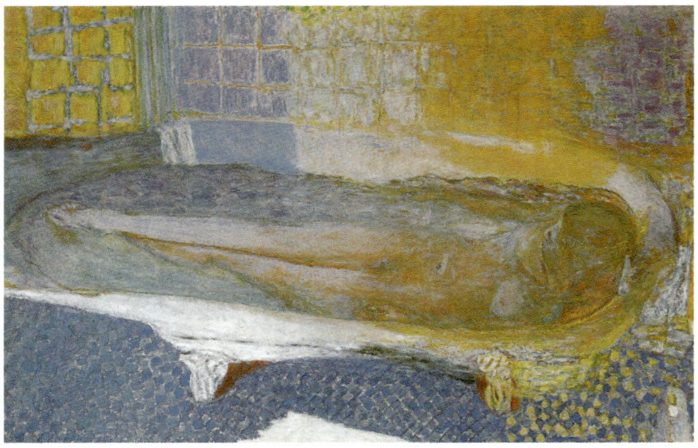

20.6 PIERRE BONNARD, *Weiblicher Akt in der Badewanne*, 1935, Öl auf Leinwand, 93 x 147 cm. Musée d'Art Moderne de la Ville de Paris.

Nachfolger, die Surrealisten. Sie pflegten enge Beziehungen zur politischen Revolution und eine Zeit lang zur Kommunistischen Partei. Ihre Ziele wurden sogar von den Sowjetrussen begrüßt. Lunatscharski, der von Lenin eingesetzte Kommissar für Volksbildung, soll gesagt haben: *»Die Surrealisten haben ganz richtig begriffen, dass es die Aufgabe aller revolutionären Intellektuellen unter einem kapitalistischen Regime ist, die bürgerlichen Werte zu brandmarken. Diese Anstrengung verdient, unterstützt zu werden.«*

Dieses Bündnis dauerte jedoch nicht lange. Die Surrealisten, die sich der Partei angeschlossen hatten, verließen sie nach vier Jahren wieder.

Die bürgerlichen Werte, es muss daran erinnert werden, wurden während der gleichen Zeit von zwei anerkannten Meistern der Moderne zelebriert, BRAQUE und MATISSE, in Gemälden von äußerster Vollendung und sinnlicher Schönheit. Werke wie *Das Tischchen* ▸ 20.7 von BRAQUE und *Maurischer Wandschirm* ▸ 20.8 von MATISSE implizieren ein Ideal von physischem und seelischem Wohlbefinden, von Luxus und Wohlstand – die Verkörperung all dessen, was die Dadaisten und Surrealisten verabscheuten. Widerwillig erkannten sie die reine Schönheit des Werkes von MATISSE an, doch sie beklagten seinen Einfluss und alles das, wofür er einstand.

20.7 GEORGES BRAQUE, *Das Tischchen*, 1929, Leinwand, 147 x 117 cm. Phillips Collection, Washington.

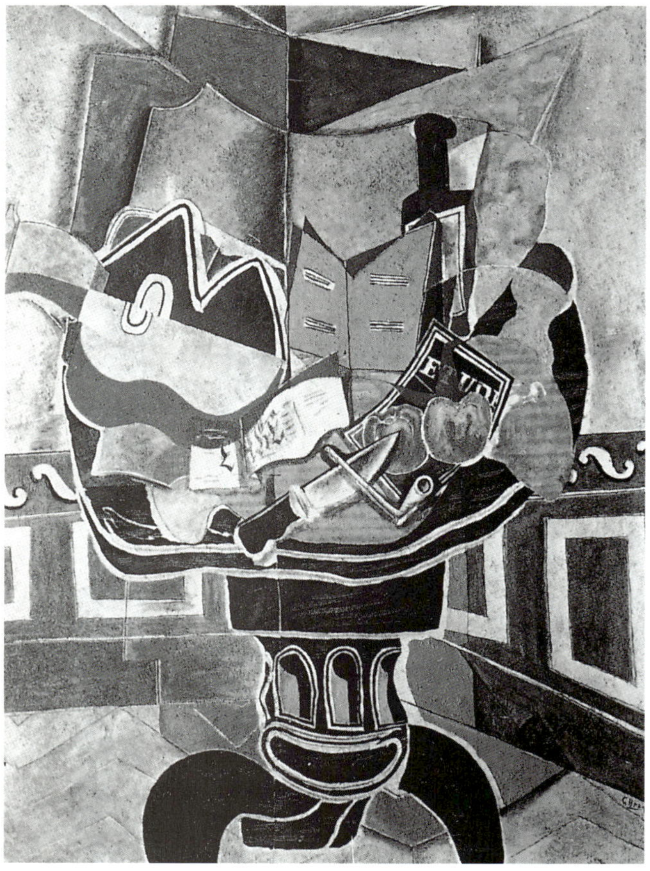

Mit vollendetem und beinahe mühelosem Geschick erreichte MATISSE endlich jene »Kunst voll Gleichgewicht, Reinheit, Ruhe, ohne beunruhigende, die Aufmerksamkeit beanspruchende Sujets«, von der er lange träumte – eine Kunst, die »wie ein schöner Lehnstuhl« besänftigt und beruhigt und damit bürgerliche Werte ansprach. In jungen Jahren hatte BONNARD zusammen mit seinem Malerfreund JEAN EDOUARD VUILLARD (1868–1940) und anderen zu den Vorreitern des Symbolismus gezählt. Sie nannten sich ›Nabis‹, was ›Propheten‹ bedeutet, und nahmen in ihrem Werk spätere Entwicklungen vorweg, insbesondere mit den kräftigen, unmodulierten Farbflächen in den Gemälden PAUL SÉRUSIERS (1864–1927). In den 1920er Jahren jedoch malten sie reizvolle intimistische Bilder, Ansichten einer bürgerlichen, provinziellen Welt häuslicher Geborgenheit – in BONNARDS Fall unter der Glasglocke des mediterranen Sonnenlichts in der Nähe von Cannes. Bei aller Verfeinerung und Kultiviertheit waren diese Bilder allzu privat, schwelgten sie zu sehr in ihrer eigenen Erlesenheit, um im Nachkriegsklima noch ernst genommen zu werden. Für PICASSO waren sie ein alter Hut, ein »Potpourri der Unentschiedenheit«. BONNARD selbst sagte, der Erste Weltkrieg habe ihn und seine Freunde »in der Luft hängen« lassen. Sie hätten »in die gleiche Richtung gehen wollen wie die Impressionisten, allerdings einen Schritt weiter als diese bei der Wiedergabe der Farbe in ihrer eigentlichen Erscheinung in der Wirklichkeit. Doch Kunst und Natur sind zweierlei ... Und der Fortschritt brach schneller über uns herein, als irgendjemand erwartet hätte ..., bevor wir uns über unsere Ziele völlig im Klaren waren.«

Mit größerem zeitlichen Abstand jedoch sah man in Bonnards Gemälden – insbesondere in seinen großartigen Badezimmerszenen, die Vollendung des französischen Ideals eines bescheidenen, aber kultivierten Lebensstils – ungezwungen, unprätentiös, entspannt und mit »guten Geschmack«, der jede Spur des Ordinären, insbesondere der Neureichen vermeidet. Sie sind locker gemalt, mit scheinbar spontanem impressionistischen Gestus, als wären sie an einem leuchtenden Spätsommervormittag auf die Schnelle hingeworfen und am nächsten Tag allenfalls hier und da ausgebessert worden. Das Bild bleibt daher immer bis zu einem gewissen Grad unausgeführt, leicht unwirklich, fast so, als wäre es dabei, sich in den schimmernden Farben zu verflüchtigen, aus denen es aufgebaut ist. Wenn man die Kunst des 20. Jahrhunderts als eine logische Abfolge verschiedener Richtungen betrachtet, wird man sich schwer tun, diesen bemerkenswerten Gemälden einen Platz zuzuweisen. Clement Greenberg hat in einem Aufsatz von 1948 das Problem auf den Punkt gebracht: *»Das Problem für die Kritik besteht darin, zu erklären, weshalb die Generation der Kubisten und die unmittelbar Nachfolgenden, im Gegensatz zu Künstlern vor ihnen, in mittlerem oder höherem Alter nachgelassen haben, während verspätete Impressionisten wie Bonnard und Vuillard in den letzten 15 Jahren im Vergleich dazu ein durchgehend hohes Niveau wahren konnten ... und weshalb schließlich Matisse mit seinem herrlichen Stil, der aller-*

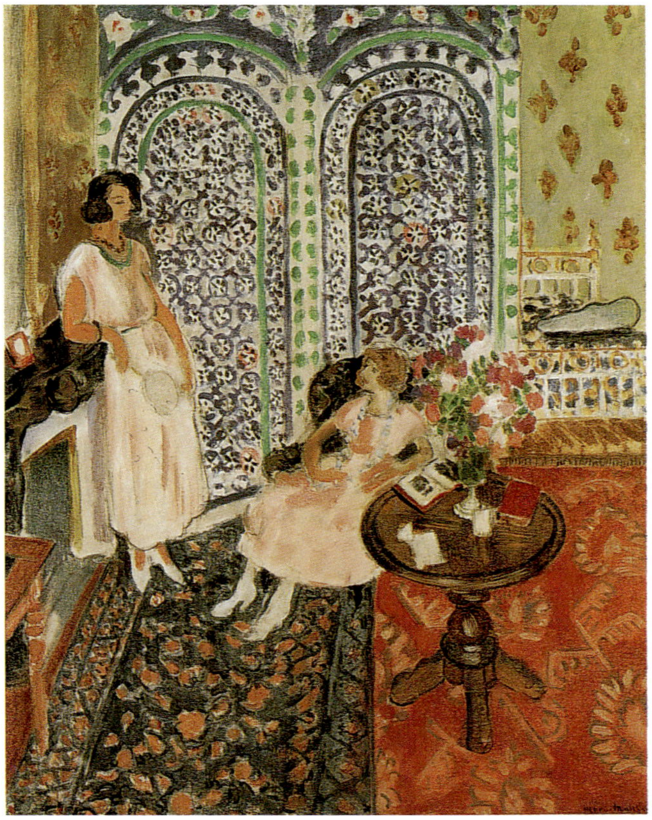

20.8 HENRI MATISSE, *Maurischer Wandschirm*, 1922, Leinwand, 92 x 74,3 cm. Philadelphia Museum of Art, Vermächtnis Lisa Norris Elkins.

*dings ein Übergangsstil war und dessen historische Bedeutung nicht mit der des Kubismus zu vergleichen ist, derart fest im Sattel sitzt als der größte Meister des 20. Jahrhunderts.«* Greenberg konnte sich das Phänomen nur so als Folge dessen erklären, was er als das »Debakel« der »Epoche des Experiments« bezeichnete, womit er im Bereich der bildenden Kunst den Kubismus meinte. Für Greenberg hatte »die kubistische Mission und deren Hoffnung in Übereinstimmung mit der des Marxismus und der gereiften Tradition der Aufklärung auf eine Humanisierung der Welt« zentrale Bedeutung. Zu welchen Leistungen auch immer der Spätfauvismus und Spätimpressionismus von MATISSE und BONNARD fähig gewesen war, der Kubismus blieb das Höchste, die »epochale Leistung der Kunst des 20. Jahrhunderts, eine Stilrichtung, die das Gesicht der abendländischen Kunst ebenso radikal verändert und geprägt hat wie einst der Naturalismus der Renaissance.« Selbst PICASSO folgte – wenn auch offensichtlich ohne Überzeugung – diesem Aufruf zur Ordnung, der nach dem Krieg von dem äußerst vielseitigen Dichter, Theaterautor, Filmemacher und Künstler JEAN COCTEAU (1889–1963) erhoben wurde, mit dem er bereits früher zusammengearbeitet hatte, als er für Diaghilews ›Ballets Russes‹ Kostüme und Bühnenbilder entwarf. Unverbindliche und gefällige Porträts à la Ingres wechselten nun ab mit gigantischen pompejanischen Beschwörungen der klassischen mediterranen Welt und einem hoch dekorativen und leuchtend farbigen Kubismus. Kein anderer wichtiger Künstler zuvor hat gleichzeitig in so ganz und gar verschiedenen Stilen gemalt ▸ 20.1; 2. Eine solche Uneinheitlichkeit geht weit über eine stilistische Beweglichkeit hinaus. Doch vergingen nur wenige Jahre, bis eine alles verzehrende Leidenschaft die Wandlungskräfte PICASSOS einmal mehr schürte, um Werke zu schaffen, die in ihrem Einfluss mit denen der Vorkriegsjahre vergleichbar sind ▸ 20.9.

### *Amerika und die präzisionistische Sicht*

Beinahe ebenso schwer einzuordnen in eine abfolgeorientierte Darstellung der Zeit zwischen den zwei Weltkriegen wie BONNARD sind die amerikanischen Maler EDWARD HOPPER (1882– 1967) und CHARLES SHEELER (1883–1965). In Bezug auf die tonangebenden Richtungen der Zeit – abstrakte Kunst, Realismus und Surrealismus – würden sie naturgemäß in die zweite Rubrik fallen, doch keiner der beiden hätte eine derartige Einordnung akzeptiert. Ebenso wenig ließen sie sich in die Nähe irgendeiner der zeitgenössischen realistischen Gruppen in den USA rücken, sei es die der Maler der American Scene oder die der Regionalisten der Ära des New Deal, insbesondere THOMAS HART BENTON (1889–1975), GRANT WOOD (1891–1942) und JOHN STEUART CURRY (1897–1946). HOPPER wies die Zuordnung sogar empört zurück. »Was mich wütend macht, ist diese Sache mit der American Scene«, erklärte er 1964 in einem Interview. *»Ich habe niemals versucht, die amerikanische ›Szenerie‹ wiederzugeben, wie dies Benton und andere taten. Die Maler der American Scene schufen nach meinem Dafürhalten eine Karikatur Amerikas. Ich war immer darauf aus, selbst etwas wiederzugeben.«* Während jene sich eine nachgerade chauvinistische Art von amerikanischem künstlerischen Isolationismus zu Eigen gemacht und sich auf der Suche nach ursprünglichen, konservativen amerikanischen Werten in die ländlichen Regionen des mittleren Westens, des Herzens der USA, zurückgezogen hatten, malte HOPPER die städtische Landschaft in einem ähnlichen, aber natürlich nicht wirklich vergleichbaren Geist, wie dies vor dem Krieg die deutschen Expressionisten wie etwa KIRCHNER ▸ 19.20 getan hatten. Die Stadt hatte die Expressionisten zugleich angezogen und abgestoßen, hatte ihre Neurosen genährt und ihr Gefühl der Einsamkeit vertieft. Auch für HOPPER war die industrielle Metropole das große Thema – die Stadt als Kondensator des modernen Lebens mitsamt seinen Gefühlen der Entfremdung und der Verlorenheit –, allerdings mit stiller Verzweiflung und sogar Resignation, ohne die für die Expressionisten typischen Anzeichen der Hysterie.

So weit HOPPERS Gemälde von jeglichem Avantgardetum entfernt waren, so sehr waren sie geprägt von seinen Jahren in Paris und seiner eingehenden Beschäftigung mit der französischen Kunst des 19. Jahrhunderts, insbesondere jener MANETS. Die entnervende Konsequenz seiner Sehweise jedoch hatte ihre Wurzeln in der Neuen Welt, in der unerbittlich präzisen Beobachtung eines bestimmten Districts im Downtown nach seiner Rückkehr nach New York. HOPPER durchlebte die Wirtschaftskrise, die mit dem Börsenkrach von 1929 ihren Anfang nahm, ihr Widerhall blieb seinem Schaffen stets erhalten. Seine menschenleeren Großstadtstraßen mit von Fliegen übersäten Schaufensterfronten, die gut beleuchteten, aber herrenlosen Vororttankstellen, die einsamen Kaffeetrinkerinnen in leeren Restaurants ▸ 20.10, der einsame Mann, der in seiner Verlorenheit aus dem Fenster eines Hochbahnzuges starrt – ihnen allen wird durch die Ehrlichkeit und Zurückhaltung, mit der HOPPER sie darstellt, großes Pathos und zugleich ein Gefühl der moralischen Würde verliehen. Es ist, als hätte er seine Solidarität mit ihnen unter Beweis stellen wollen in ihrer gemeinsamen Sorge um »das Dilemma des Amerikanertums«.

CHARLES SHEELER liebte die Stadt ebenso sehr wie HOPPER und war von der gleichen protestantischen Ethik durchdrungen. Er arbeitete zunächst als Berufsfotograf und spezialisierte sich auf Architekturmotive, wobei seine besondere

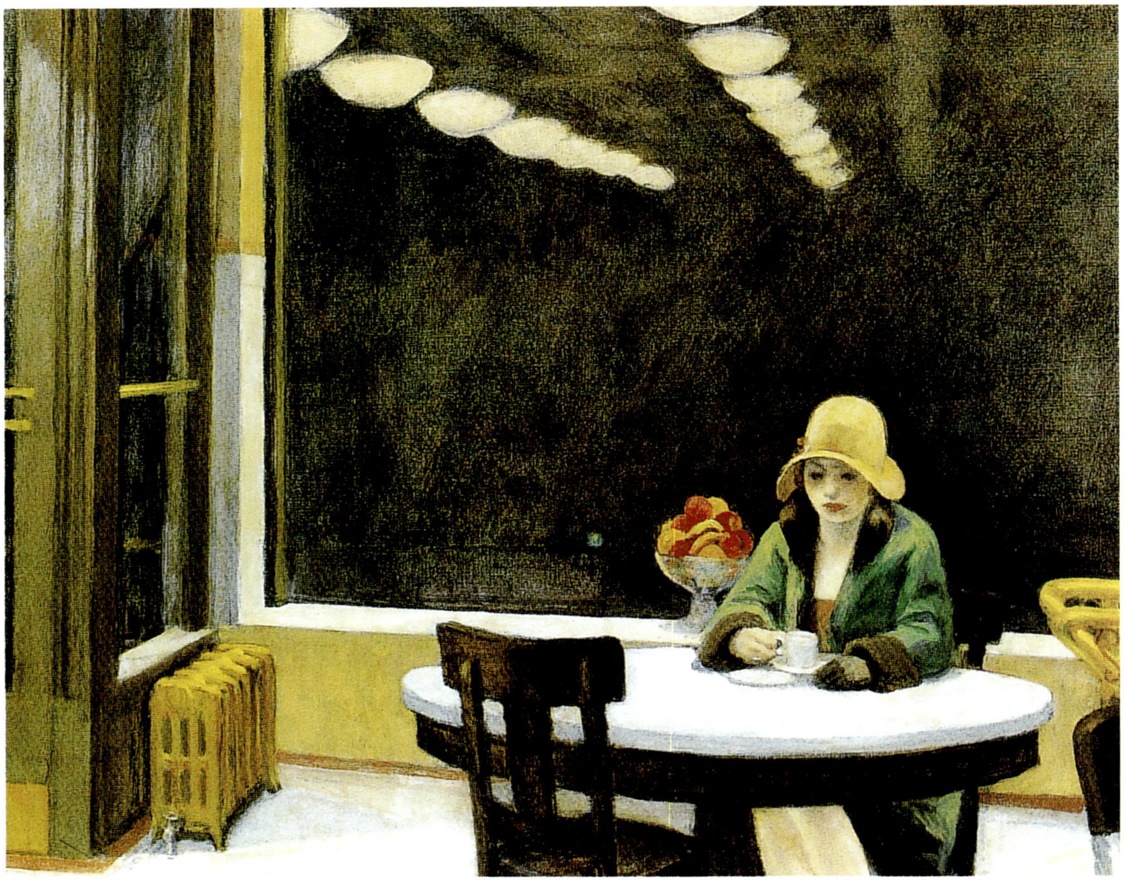

20.9 EDWARD HOPPER, *Cafeteria*, 1927, Öl auf Leinwand, 71,4 x 91,5 cm. De Moines Art Center.

Vorliebe volkstümlicher Baukunst des frühen Amerika galt. Später verlegte er sich jedoch auf zeitgenössische Ansichten und wurde bahnbrechend in der Art, wie er die Schärfewirkung stilistisch nutzte, insbesondere nach 1920, als er mitwirkte an einem Film mit dem an Walt Whitmans Gedicht *Mannahatta* angelehnten Titel *Manhatta*, in dem Wolkenkratzer und andere Großstadtbauten würden darin aus extremen Blickwinkeln, diagonal von oben oder unten, gezeigt. Ähnliche Perspektiven finden wir in Gemälden wie *Church Street E1* ▸ 20.10: Die Verbindung von Titel und Motiv ist exemplarisch, und die kräftigen Konturen und kühnen Perspektiven des Kamerablickes verbinden sich mit dem Nebeneinander von Flächen, wie er sie am Kubismus bewundert hatte. Sie läuteten einen neuen, bald auf den Namen Präzisionismus getauften Stil ein, in dem sich strenge Geometrie mit einer Liebe zur Technik verband, um ein Spiegelbild des modernen Amerika zu schaffen. 1927/28 erhielt SHEELER von der Ford Motor Company den Auftrag, deren Fabrik in River Rouge im US-Bundesstaat Michigan zu dokumentieren, und dies bestärkte ihn in seiner Bewunderung für die Mechanisierung und den technischen Blick. SHEELERS Bild von Amerika ist merkwürdig unbehaglich: Es ist das Bild eines gesäuberten und ausgetrockneten Paradieses. Seine Landschaften sind entvölkert, obgleich alles in ihnen Menschenwerk ist: Straßen, Bahnstrecken, Gasometer, Kraftwerke, Wassertürme, Kräne, Maschinen und natürlich die imposanten Fabriken.

20.10 CHARLES SHEELER, *Church Street E1*, 1920, Öl auf Leinwand, 40,6 x 48,5 cm. Cleveland Museum of Art, Mr. and Mrs. William H. Marlatt Fund.

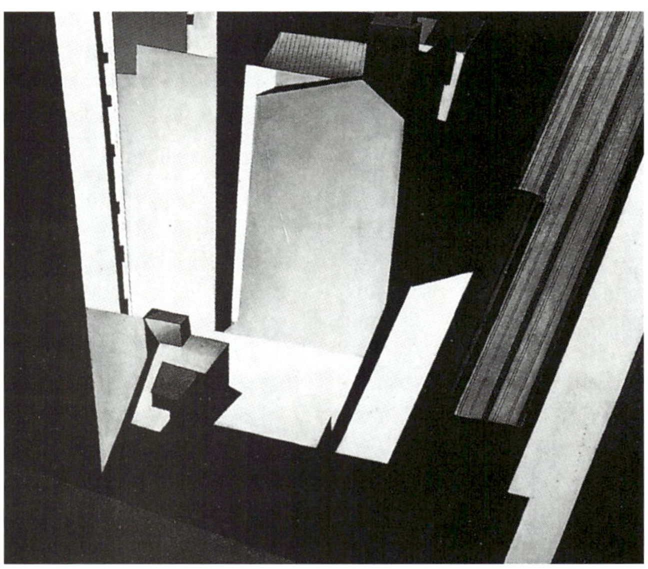

### *Diego Rivera und die mexikanischen Muralisten*

In den kulturellen Beziehungen zwischen Nord- und Südamerika in der ersten Hälfte des 20. Jahrhunderts spielte der mexikanische Maler DIEGO RIVERA (1866–1957) eine Schlüsselrolle. RIVERA liefert wie kein anderer Künstler Anschauungsmaterial für die Diskussion über ›einheimische‹ oder ›nationale‹ gegenüber ›internationalen‹ Stilrichtungen, eine Diskussion, in die damals Kommunisten wie Faschisten in Europa ebenso wie in Nord- und Südamerika mit aller Vehemenz eingreifen sollten. Nachdem er in der Zeit zwischen 1908 und 1921 mehr als zehn Jahre in Europa verbracht hatte – überwiegend in Paris, wo er mit PICASSO bekannt war und häufig in den Kreisen kubistischer Maler verkehrte, ohne sich die kubistischen Ästhetik ganz zu verschreiben – , ließ sich RIVERA dazu überreden, nach Mexiko zurückzukehren und sich der nationalen Bewegung anzuschließen. Die neue mexikanische Regierung hatte den zehnjährigen Bürgerkrieg für sich entschieden und ein Programm zum Aufbau einer volkstümlichen, den Massen zugänglichen öffentlichen Kunst verabschiedet. Bevor RIVERA

Europa verließ, reiste er ausgiebig in Italien und studierte die großen Freskenzyklen von GIOTTO, MASACCIO, PIERO DELLA FRANCESCA, MANTEGNA und MICHELANGELO. Er sah sich selbst bald als einen Künstler, dazu bestimmt, durch die Verbindung der einheimischen Künste des präkolumbischen Mexiko, mit denen der postkolonialen Zeit Entscheidendes zu bewirken. Er trat der Kommunistischen Partei bei und wurde neben OROZCO und SIQUEIROS (s. S. 726f.) zur Leitfigur der neuen mexikanischen Kunst. Mit seinen eigentümlichen Synthesen von mechanischen Formen, Köpfen und Körpern mexikanischer Bauern und deren Verfremdung durch Anleihen bei präkolumbischer Plastik und der monumentalen Renaissancemalerei Italiens schuf RIVERA einige der eindringlichsten Gemälde im Dienste der Politik im 20. Jahrhundert. »Zum ersten Mal in der Geschichte der Kunst«, so behauptete er, »hat die mexikanische Wandmalerei die Massen zum Helden einer monumentalen Kunst gemacht.«

Zu seinen frühesten und in vielfacher Hinsicht gelungensten, weil unmittelbarsten und eingängigsten Werken zählen die großen Wandgemälde, mit denen er 1923–1928 die Wände um einen der Innenhöfe des Erziehungsministeriums in Mexico City ausschmückte – nicht weniger als 117 Freskenfelder, die insgesamt 1600 qm Wandfläche bedecken. Mit ihnen machte er sich einen Namen. Bald war er bei nordamerikanischen Auftraggebern gesucht, die eine ähnliche öffentliche Kunst in den Vereinigten Staaten zu begründen suchten, auch wenn sie mit Rivera politisch nichts gemein hatten. Die bekanntesten unter den millionenschweren amerikanischen Kapitalisten sind unter den Bösewichten seiner Wandgemälde in Mexico City sogar prominent vertreten. Auf einem Bildfeld finden sich John D. Rockefeller, J. P. Morgan und Henry Ford zusammen mit ihren juwelengeschmückten und elegant gekleideten Ehefrauen dargestellt: Während sie dasitzen und Champagner trinken, spult sich aus einem Fernschreiber vor ihnen ein goldener Papierstreifen mit Börsennotierungen ab, und die Freiheitsstatue ist zu einer Tischlampe umfunktioniert. Sein etwas später entstandener nationalistischerer und weniger politisch-agitatorischer Freskenzyklus zur *Geschichte von Cuernavaca und Morelos* im Cortes-Palast in Cuernavaca war von einem der Ihren, Dwight D. Morrow, dem amerikanischen Botschafter, in Auftrag gegeben worden. Nicht lange danach nahm Rivera Aufträge von der Börse in San Francisco, vom Detroit Institute of Arts und vom Rockefeller Center in New York an, wobei letzterer allerdings wieder zurückgenommen wurde, weil sich Rivera weigerte, die Figur Lenins wegzulassen.

Weshalb nahm Rivera diese Aufträge von den verhassten Kapitalisten entgegen? Er war gerade von einem etwas stürmischen Jahr in der Sowjetunion als Gast der kommunistischen Regierung zurückgekehrt. In den USA hatte die Zeit der Großen Depression begonnen. Vielleicht hegte er die Hoffnung, das Licht des gesellschaftlichen und politischen Bewusstseins, wenn nicht gar die kommunistische Lehre selbst verbreiten zu können. *»Die Wandmalerei muss dem Menschen behilflich sein in seinem Bestreben, Mensch zu werden«, schrieb er, »und zu diesem Zweck muss sie leben, wo sie nur kann: Kein Platz ist unter ihrer Würde, solange es ihr gestattet ist, ihre Hauptfunktionen der Ernährung und Aufklärung zu erfüllen.«* In ebendiesem optimistischen Geist führte er einen Auftrag für die San Francisco Art Association aus, obgleich ausbedungen war, dass er nichts »von politischer Art« malen sollte. Die Kraft seiner öffentlichen Kunst erscheint nirgendwo so klar und gelassen wie in diesem reifen Werk ▸ 20.11. Obgleich streng säkular und materialistisch, weist es eine leise ja fast sakramentale Feierlichkeit und Monumentalität auf. Von sei-

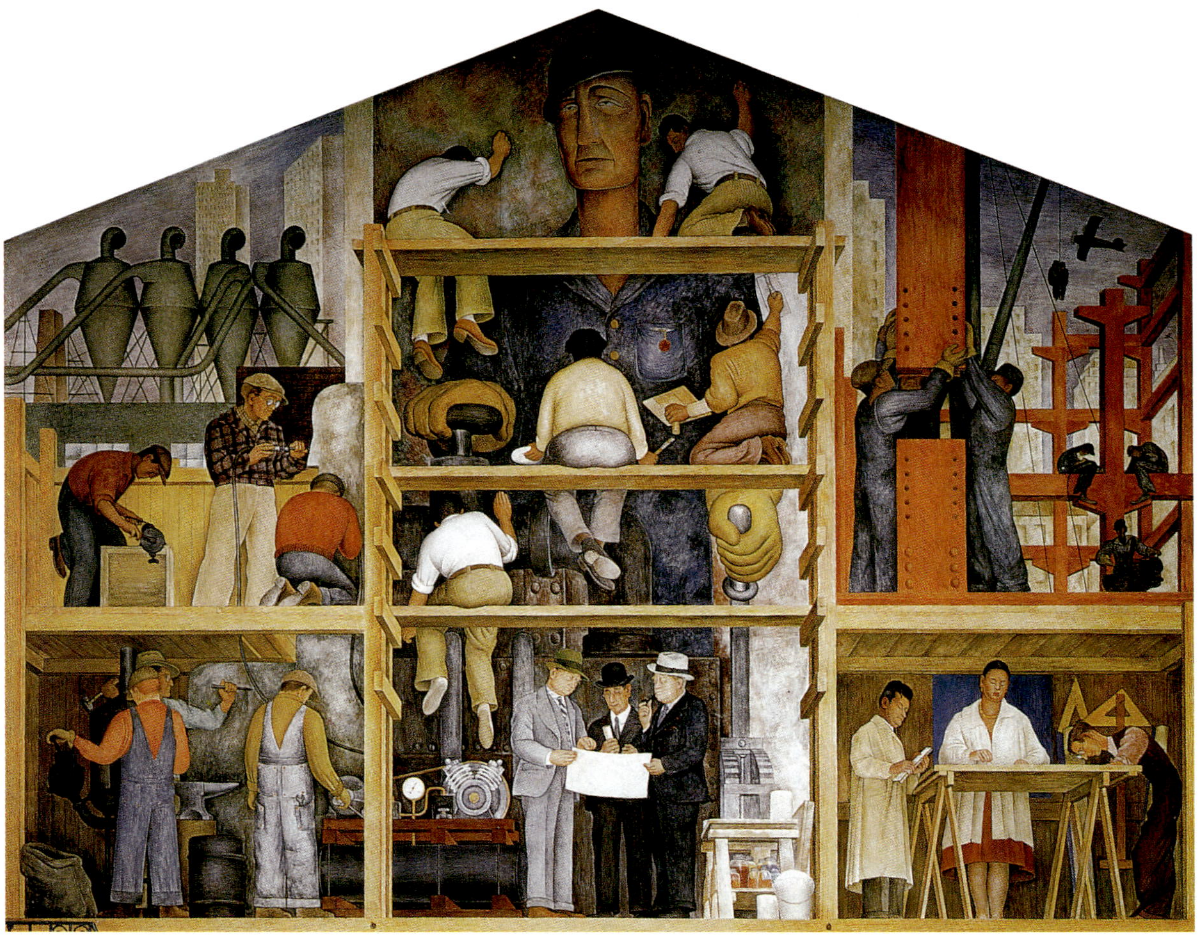

20.11 DIEGO RIVERA, *Die Entstehung eines Freskos, das den Bau einer Stadt zeigt*, 1931, Fresko, 6,6 x 9,25 m. San Francisco Art Institute.

# *Orozoco, Rivera und Siqueiros*
# Kunst und Politik

Obwohl die Politik seit jeher auf jede nur denkbare Art und Weise ihren Einfluss auf die Künste ausgeübt hat, namentlich im Römischen Reich und während der Revolutions- und Reaktionsjahre des 19. Jahrhunderts, hat sie selten eine derart prominente Rolle gespielt wie in den zwanziger und dreißiger Jahren des 20. Jahrhunderts. Zwischen Kommunismus und Kunst bestanden enge Beziehungen, auch wenn diese in Russland ebenso wie in Westeuropa einem Zickzackkurs folgten (s. S. 737ff.). Faschismus und Nationalsozialismus zeigten ebenfalls ein reges Interesse an Kunst als Propaganda. Und die Epoche fand ihren Abschluss mit einem von PICASSOS Hauptwerken, das zugleich sein einziges ausdrücklich politisches Gemälde ist ▸ 20.65. Die Beziehung zwischen Politik und Kunst trug in dieser Zeit jedoch nirgendwo derart reiche Früchte wie in Mexiko: Einerseits weil die mexikanischen Künstler selbst größtenteils die theoretischen Grundlagen formulierten, auf denen ihr Programm für eine neue öffentliche Kunst aufgebaut war, andererseits weil sie sich mit dem Bemühen verband, zu einer nationalen Identität zurückzufinden. Als DIEGO RIVERA (1886–1957) *Die Entstehung eines Freskos, das den Bau einer Stadt zeigt* ▸ 20.11 malte, hatte der revolutionäre Eifer seiner frühen Jahre zwar ein wenig nachgelassen, dieser beseelte aber weiterhin sein ganzes Schaffen und das seiner ehemaligen Weggefährten JOSÉ CLEMENTE OROZCO (1883– 1949) und DAVID ALFARO SIQUEIROS (1894– 1974).

Mexiko hatte sich 1821 von der spanischen Kolonialherrschaft befreit. Es folgte ein stürmisches Jahrhundert, das geprägt war vom Abtritt von New Mexico, Texas, Kalifornien, Nevada, Utah, Arizona und Teilen Colorados und Wyomings an die USA im Jahr 1848. Zwanzig Jahre später unternahm Napoleon III. seinen katastrophalen Versuch, sich das Land unter den Nagel zu reißen und Erzherzog Maximilian als Kaiser einzusetzen ▸ 15.92 und s. S. 613 f. Als 1910 die mexikanische Revolution begann, waren 90 Prozent der Bauern enteignet und gezwungen, unter einem ungerechten System der Schuldknechtschaft tyrannischen Großgrundbesitzern zu dienen, die nicht unbedingt alle Mexikaner waren. Ein Jahrzehnt des Bürgerkriegs endete 1920 mit der Wahl von Alvaro Obregón zum Präsidenten und der Einsetzung eines revolutionären nationalistischen Regimes mit kaum kommunistischem oder sozialistischem Gepräge. Dieses stellte sogleich ein ehrgeiziges kulturelles Programm auf die Beine, für das Siqueiros (dessen bedeutendste Werke viel später entstehen sollten) 1922 eine offizielle ›Erklärung gesellschaftlicher, politischer und ästhetischer Grundsätze‹ formulierte, der folgender Auszug entnommen ist: *»Das erhabene Schaffen unseres Volkes ist bis hin zu seinen unbedeutendsten geistigen und physischen Manifestationen in seinen Wurzeln einheimisch (und im Wesentlichen indianisch). Mit ihrer bewundersewerten und außergewöhnlichen Begabung, Schönheit hervorzubringen, und zwar eine ihm eigentümliche Schönheit, ist die Kunst des mexikanischen Volkes der heilsamste geistige Ausdruck der Welt, und diese Tradition ist unser größter Schatz. Groß, weil sie der ganzen Volksgemeinschaft gehört, und dies ist der Grund, weshalb es unser höchstes ästhetisches Ziel sein muss, den künstlerischen Ausdruck zu sozialisieren und den bürgerlichen Individualismus auszuradieren.*
*Wir verwerfen die sogenannte Staffeleimalerei und jede Art von Kunst, die von ultraintellektuellen Kreisen bevorzugt wird, weil sie elitär ist, und wir preisen die Monumentalkunst in all ihren Formen, weil sie Allgemeinbesitz ist. Wir verkünden, dass in dieser Zeit des gesellschaftlichen Wandels von einer zerfallenen Ordnung zu einer neuen die Schöpfer des Schönen alles in ihrer Macht stehende tun müssen, um ideologische Kunstwerke für das Volk hervorzubringen: Die Kunst darf nicht länger der Ausdruck individueller Befriedigung sein, der sie heute ist, sondern sollte sich zum Ziel setzen, eine kämpferische, erzieherische Kunst für alle zu werden.«*

20.12 DIEGO RIVERA, *Der Agitator*, 1926, Fresko, 2,45 x 5,55 m. Universidad Autónoma de Chapingo, Mexiko.

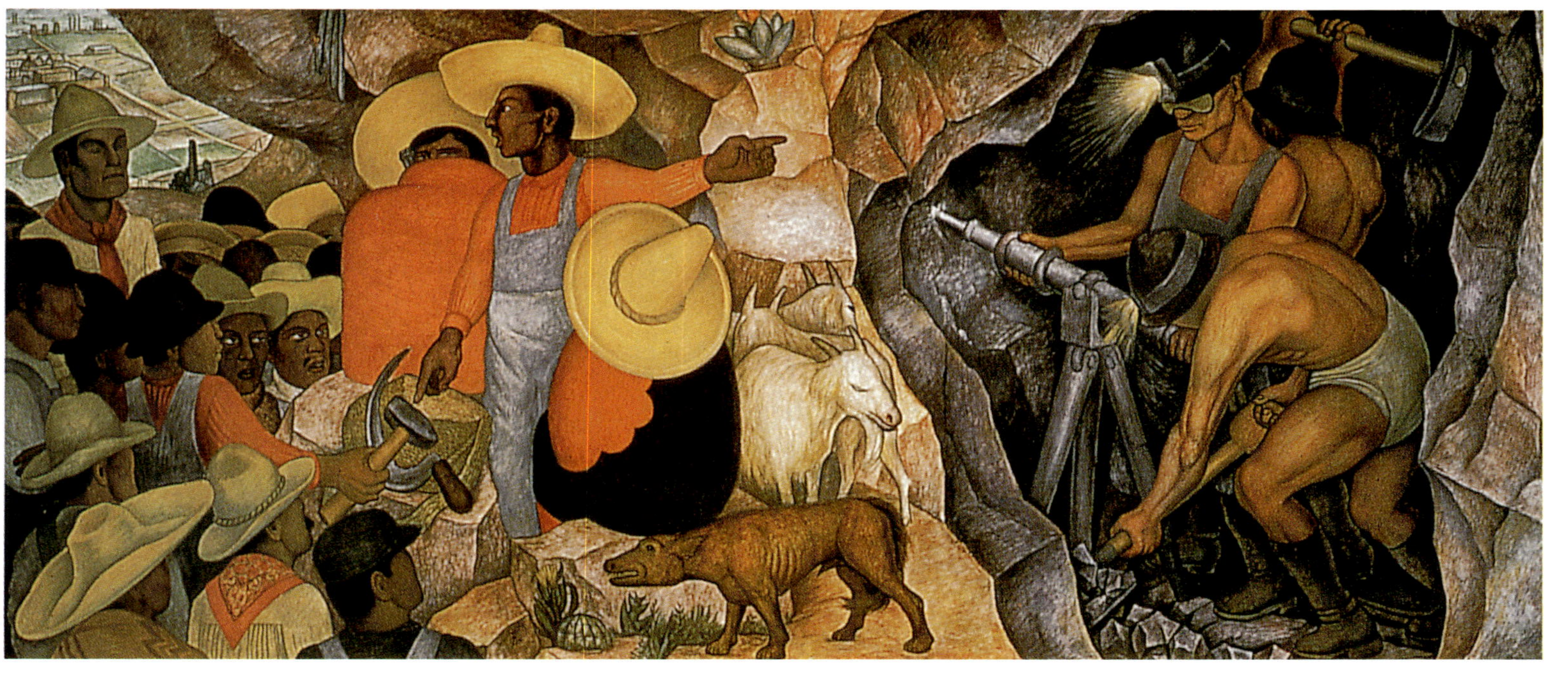

Bevor RIVERA seinen ersten großen Freskenzyklus für das Erziehungsministerium in Mexiko City (s. S. 724f.) vollendet hatte, malte er einen anderen, kaum weniger ambitionierten Zyklus für die Nationale Landwirtschaftsschule im nahe gelegenen Chapingo. Fragen der Agrar- und Landreform hatten bereits seit 1910 im Brennpunkt der mexikanischen Revolution gestanden, und indem er diesem Thema seinen gesamten Zyklus widmete, konnte RIVERA seine beiden großen didaktischen Themen – soziale und politische Revolution sowie die nationale Identität Mexikos – umfassender als in irgendeinem anderen Werk realisieren. Indianer und Bauern waren auf seinen Wandgemälden allmählich immer häufiger als Personifikationen Mexikos in Erscheinung getreten, und in Chapingo rückten sie wie selbstverständlich in den Mittelpunkt, zusammen mit dem Land selbst, auf das der gesamte Zyklus eine einzige Hymne anstimmt, ausgehend von den Worten Emiliano Zapatas: »Hier wird gelehrt, das Land auszubeuten, nicht den Menschen.« Es gibt Bildfelder, die der *Teilung des Landes* sowie der *Guten* und *Schlechten Regierung* gewidmet sind, wobei letztere, und sei es auch nur vom Titel her, LORENZETTIS Fresken in Siena in Erinnerung rufen ▸ 9.103. In der ehemaligen Kapelle der Landwirtschaftsschule stellen zwei sorgfältig ausbalancierte Bilderfolgen in komplementärer Anordnung die revolutionäre Übertragung des Grundeigentums und die biologische und geologische Evolution der Erde dar und bringen auf diese Weise RIVERAS Sicht der einen als Gegenstück zur anderen zum Ausdruck. Das Gesamtthema findet sich zusammengefasst auf zwei Bildfeldern beiderseits des Kapelleneingangs: *Der Agitator* ▸ 20.12 und *Das Blut der Märtyrer der Revolution befruchtet die Erde*.

Im Unterschied zu RIVERAS Werken in den USA war OROZCO eine unverblümtere Sprache eigen, insbesondere bei den Wandbildern, die er 1932 für die Bibliothek des Dartmouth College in Hanover (New Hampshire) malte. OROZCO ließ sich keineswegs durch die Tatsache einschüchtern, dass sich das Dartmouth College zu einer renommierten Ostküstenbastion weißer angelsächsischer Bevorrechtigung entwickelt hatte – trotz eines ausdrücklich auch auf die nordamerikanische Indianerbevölkerung bezogenen Bildungsauftrages. Die fragwürdige Geschichte des College gab sogar das Thema vor, nämlich das eines Kontinentes, geprägt von den Antagonismen seiner indianischen und europäischen Geschichte. OROZCOS Konzept der amerikanischen Idee, zentriert um den Mythos des Quetzalcoatl, wurde auf den beiden Hauptwänden der Bibliothek in Fresken ausgebreitet, die die präkolumbische Zivilisation Amerikas dem Amerika nach Cortés gegenüberstellten. Die letzten Bildfelder der Folge zeigen zuerst eine deprimierende Welt puritanischer Konformität mit weißen Schulkindern, die gehorsam um ihre sittenstrenge Lehrerin herumstehen. Im Gegensatz dazu ist Lateinamerika dargestellt durch eine tragische, aber auch potenziell heroische Welt, in der der Rebell Emiliano Zapata als einzige aufrechte Figur inmitten korrupter Politiker und Generäle erscheint ▸ 20.13. OROZCO meinte mit Blick auf dieses starke Bild: *»Die treffendste Verkörperung des lateinamerikanischen Idealismus, nicht als abstrakte Idee, sondern als vollendete Tatsache, wäre meiner Meinung nach die Figur eines Rebellen: nach der Zerschlagung der bewaffneten Revolution (sei es gegen einen ausländischen Aggressor oder gegen einen inländischen Ausbeuter oder Diktator) ein triumphierendes Ideal mit der Chance der Verwirklichung. Sofern es überhaupt nötig ist, das höchste Ideal des lateinamerikanischen Menschen in einem Satz zusammenzufassen, so würde dieser lauten: ›Gerechtigkeit um jeden Preis.‹«*

Auf OROZCOS Wandbild wird Zapata rücklings erdolcht von einem nordamerikanischen General, der bezeichnenderweise von einigen von Zapatas eigenen Landsleuten sowie von ausländischen Geschäftsleuten begleitet wird. Im letzten Bildfeld gab OROZCO sein zutiefst pessimistisches Urteil über das moderne Amerika ab. In Anlehnung an Quetzalcoatls Verurteilung der Abgötterei, der sein Volk verfallen war, geißelte er das falsche Wissen seiner Zeitgenossen, deren Anbetung von Geld und Macht sowie blinden Nationalismus. Als letzte Geste der Verzweiflung malte er im Hintergrund einen Schrotthaufen, den Müll der Industrie- und Konsumgesellschaft.

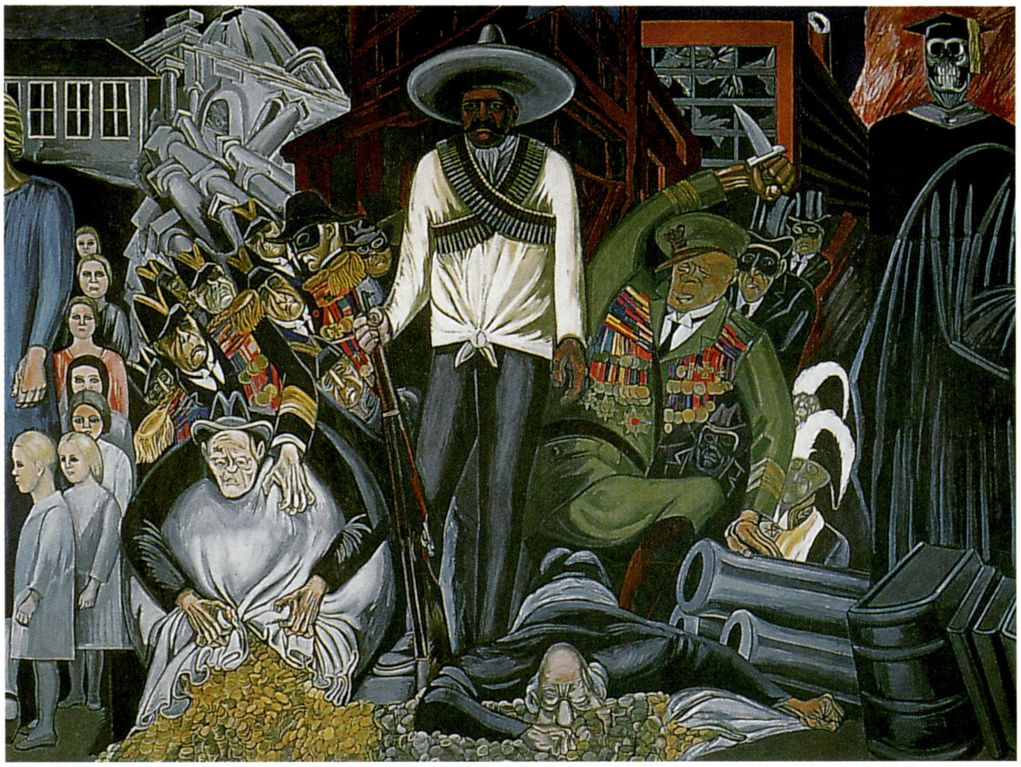

20.13 JOSÉ CLEMENTE OROZCO, *Die amerikanische Zivilisation - Lateinamerika*, Ausschnitt der Bildfolge nach Cortés, 1932, Fresko, 3 x 3 m. Entstanden im Auftrag der Trustees des Dartmouth College, Hanover, New Hampshire.

nen kubistischen Lehrjahren und seine Eindrücke der italienischen Freskomalerei hatte er eine Freude an der mathematischen Konstruktion und an dem, was er ›geheime‹ Geometrie nannte, bewahrt, die hier ihre Erfüllung fand: Ein die gesamte Komposition durchdringendes Baugerüst ist hier geschickt eingesetzt um die fünf Szenen zu rahmen. Rivera selbst erscheint als Rückenansicht in der Mitte mit seinen Assistenten, darunter stehen die Fabrikleiter zu Füßen der riesigen Gestalt eines Arbeiters, der sie in seinem Overall überragt mit der gütigen, gelassenen Ausstrahlung einer großen Buddha-Figur. Weitere Arbeiter, darunter Figuren am Reißbrett, sind auf den Bildfeldern links und rechts dargestellt. Das Fresko verherrlicht auf unaufgeregte Art und Weise einen Moment des amerikanischen Traums, von dem Rivera einen Eindruck gewinnen konnte, bevor seine Konfrontation mit John D. Rockefeller seinen amerikanischen Flitterwochen ein Ende setzte.

Auch das Werk MARC CHAGALLS (1887–1985) stand abseits einer die bürgerlichen Werte zersetzenden Ästhetik. Der Surrealismus trug lediglich dazu bei, die Phantastik und den Traumcharakter seiner Bildwelt flüssiger und freier zu machen. Von Kubismus und Fauvismus beeindruckt, fand er in den zwanziger Jahren zu einem sehr lyrischen Stil, in dem Motive seiner russischen Heimat und jüdischen Glaubenswelt in eine träumerisch-bunte Phantasie eingeschmolzen werden ▸ 20.15. Raum und Zeit sind transzendiert: Hermetisch von jeder Alltäglichkeit abgeschlossen, ruhen CHAGALLS Farbsymphonien ganz in sich.

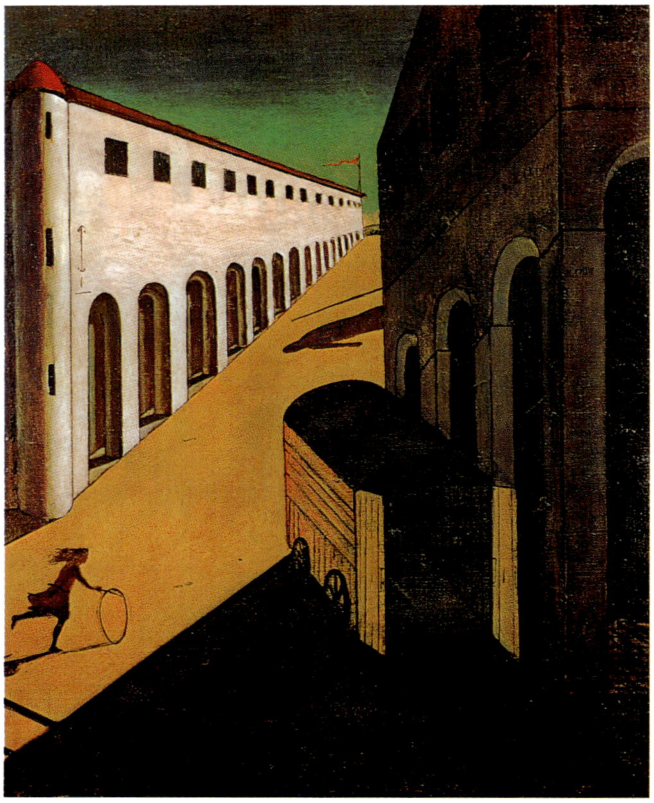

20.14 GIORGIO DE CHIRICO, *Geheimnis und Schwermut einer Straße*, 1914, Leinwand, 87 x 73 cm. Privatsammlung

## *Breton, de Chirico und Max Ernst*

Der Surrealismus war so antibürgerlich wie der Dadaismus, doch fehlte ihm die anarchische Spontaneität der Dada-Bewegung. Er besaß eine Theorie und ein Programm und wurde schließlich fast doktrinär. Doch schlossen sich ihm die meisten Dadaisten an, als der Dichter André Breton (1896–1966), der zum Anführer und Theoretiker der Bewegung wurde, 1924 in Paris das ›Erste Surrealistische Manifest‹ veröffentlichte. Dieses beschäftigte sich fast ausschließlich mit Dichtung und phantasiereicher Literatur (und kaum mit den schönen Künsten), doch galt der Aufruf zur totalen Befreiung allen Künstlern. Das Ziel war, die Welt der psychischen Erfahrung und der psychoanalytischen Forschung im Sinne Freuds zu untersuchen und »diese scheinbar so gegensätzlichen Zustände von Traum und Wirklichkeit in eine Art absoluter Realität, wenn man so sagen kann: Surrealität« umzuwandeln.

Breton hatte während des Krieges einige Erfahrungen als Militärpsychiater gesammelt und später Freud in Wien besucht. Die ideologischen Ursprünge des Surrealismus liegen eindeutig in den Theorien Freuds, und die freudschen Methoden wurden zum Modell für schriftstellerische und künstlerische Untersuchungen des Unbewussten. Das automatische Schreiben, ›écriture automatique‹, sollte das Gefühl von der bewussten Kontrolle befreien, um Bilder aus dem Unbewussten an die Oberfläche fließen zu lassen. Obwohl Breton später seine ursprüngliche Definition des Surrealismus für zu eng hielt, lohnt es sich, sich die Hauptpunkte in Erinnerung zu rufen: *»Reiner psychischer Automatismus, durch den man mündlich oder schriftlich oder auf jede andere Weise den wirklichen Ablauf des Denkens auszudrücken sucht ... Der Surrealismus beruht auf dem Glauben an die höhere Wirklichkeit gewisser bis dahin vernachlässigter Assoziationsformen, an die Allmacht des Traumes, an das zweckfreie Spiel des Denkens.«*

Breton nannte Freud einen der drei großen Vorläufer des Surrealismus – einen der drei Männer, die, wie er sagte, das moderne Leben an seinen Wurzeln revolutioniert hätten. Die beiden anderen waren Trotzki und, seltsamerweise, aber eher typisch, ein wenig bekannter Autor, der als Comte de Lautréamont (in Wirklichkeit Isidore-Lucien Ducasse) 1868 eine Sammlung verderbter und sadistischer Prosagedichte mit dem Titel ›Les Chants de Maldoror‹ veröffentlicht hatte, aus denen die Surrealisten ihr Motto ableiteten – »schön wie die zufällige Begegnung einer Nähmaschine und eines Regenschirms auf einem Operationstisch«. Noch viele andere Schriftsteller wurden als Vorläufer erwähnt. Maler und Bildhauer kamen dagegen nicht vor. Doch gerade im Medium der Malerei und Skulptur erreichte der Surrealismus ein größeres Publikum. Breton bekannte später seine Verpflichtung gegenüber mehreren Künstlern, speziell DE CHRIRICO, den er den »größten surrealistischen Maler« nannte.

GIORGIO DE CHIRICO (1888–1978) war eine verwirrende Figur. Zwischen 1911 und 1919 schuf er einige der markantesten und beunruhigendsten Bilder der modernen Kunst – Unheil verkündende Beschwörungen verlassener italienischer Plätze, in denen der Schlüssel zu einer drohenden Katastrophe verborgen zu sein scheint ▸ 20.14. Er verließ schon 1919 die Welt der Träume zugunsten von verschiedenen zunehmend akademischen Stilen. Auch andere Maler der italienischen Pittura Metafisica wie CARLO CARRÀ (1881–1966) und GIORGIO MORANDI (1890–1964) gaben den beruhigenden surrealen Aspekt Anfang der zwanziger Jahre auf und orientierten sich an klassischen Vorbildern. MORANDI wurde in zunehmendem Maße ergriffen von der Unnahbarkeit der Dinge und ihrer Würde. Er sammelte weggeworfene Flaschen und Büchsen,

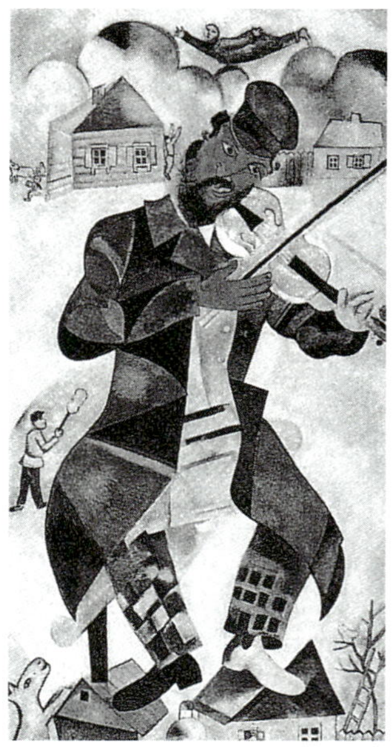

20.15 MARC CHAGALL, *Der grüne Geiger*, 1910, Leinwand, 77,7 x 42,3 cm. Solomon R. Guggenheim Museum, New York.

QUELLEN UND DOKUMENTE

## Louis Aragon, Max Ernst und andere geben eine surrealistische Erklärung heraus

Der Surrealismus begann als eine literarische Bewegung, doch spielte er schon bald in politischer und kultureller Hinsicht eine größere revolutionäre Rolle. Nach Bretons erstem *Surrealistischen Manifest* (1924) gaben die Surrealisten 1925 eine Erklärung heraus. An der Spitze der Unterzeichner, zu denen unter anderen auch MAX ERNST zählte, stand Louis Aragon (1897–1982):

*»In Anbetracht einer Fehldeutung unseres in der Öffentlichkeit auf blödsinnige Weise verbreiteten Versuchs liegt uns daran, der gesamten vor sich hin stammelnden Literatur-, Theater-, Philosophie-, Exegese- und sogar Theologiekritik von heute folgendes zu erklären:*

1. *Wir haben mit Literatur nichts zu schaffen, aber notfalls sind wir sehr wohl imstande, uns ihrer zu bedienen wie alle Welt.*
2. *Der* Surrealismus *ist kein neues oder einfacheres Ausdrucksmittel oder gar eine Metaphysik der Poesie. Er ist ein Mittel zur totalen Befreiung des Geistes und all dessen, was ihm ähnelt.*
3. *Wir sind fest entschlossen, eine Revolution zu machen.*
4. *Wir haben das Wort* Surrealismus *einzig und allein deshalb mit dem Wort* Revolution *verknüpft, um das Uneigennützige, Indifferente und sogar gänzlich Verzweifelte dieser Revolution deutlich zu machen.*
5. *Wir haben nicht vor, an der Lebensweise der Menschen irgendetwas zu ändern, aber wir beabsichtigen sehr wohl, ihnen die Brüchigkeit ihrer Ansichten vor Augen zu führen, und auf welch schwankenden Grund, auf was für Hohlräume sie ihre wackligen Häuser gebaut haben.*
6. *Wir schleudern der Gesellschaft diese feierliche Warnung entgegen: Sie gebe auf ihre Entgleisungen acht, bei keinem Fehltritt ihres Geistes wird sie uns durch die Lappen gehen.*
7. *An jeder Ecke ihres Denkens wird die Gesellschaft uns wieder finden.*
8. *Wir sind Spezialisten der Revolte. Es gibt kein Aktionsmittel, das wir nicht notfalls zu benutzen wüssten.*
9. *Ganz besonders der westlichen Welt sagen wir: der* Surrealismus *existiert – Was für ein neuer Ismus tötet uns denn nun wieder den Nerv? Der* Surrealismus *ist keine dichterische Form. Er ist ein Schrei des Geistes, der zu sich selber zurückkehrt und fest entschlossen ist, die Hindernisse, die sich ihm entgegenstellen, verzweifelt zu zermalmen, und das notfalls mit materiellen Hämmern.«*

›Es brennt! Pamphlete der Surrealisten‹, übers. u. hrsg. v. Heribert Becker, Hamburg 1998

bemalte sie, um dann aus ihnen Stillleben zusammenzustellen, die er abmalte ▸ 20.16. Diese doppelte Transponierung erhob die einfachen Gegenstände wieder in ihren ursprünglichen Rang im Zusammenhang alles Geschaffenen und verlieh ihnen eine feierliche Schönheit von großer Intensität.

Die erste surrealistische Ausstellung fand 1925 in Paris statt, im selben Jahr mit einer anderen, viel größeren Ausstellung, an der LE CORBUSIER und andere Künstler der internationalen Moderne wie des Art Déco teilnahmen (s. S. 748). An der surrealistischen Ausstellung waren die früheren Dadaisten HANS ARP und MAX ERNST beteiligt, aber auch JOAN MIRÓ; von den bekannten Künstlern fehlten einzig RENÉ MAGRITTE und SALVADOR DALÍ, die sich erst später der Bewegung anschlossen. ERNST war der erste und erfolgreichste Exponent dessen, was man freudianische Kunst nennen könnte. Die Idee Freuds von den Träumen und übersinnlichen, traumähnlichen Zuständen als Äußerungen des Unbewussten ließ es als möglich erscheinen, die vollständige Freiheit des unbewussten Zustandes in der Kunst zu erreichen, so dass der Schriftsteller und Künstler gleich einem Betrachter zum unbeteiligten Zeugen der Geburt des Werkes werden konnte. Die Vorstellung führte die surrealistischen Schriftsteller zum automatistischen oder unbewussten Schreiben. ERNST fand nun eine korrespondierende Bildtechnik, die er ›Frottage‹ (Durchreibung) nannte. Indem er mit Graphit Frottagen von abgenutzten Fußbodenbrettern oder anderen Oberflächen machte, wie Kinder von Münzen, schuf ERNST einige geheimnisvoll schöne und anregende Bilder ▸ 20.18. »Ich war überrascht von der plötzlichen Verstärkung meiner visuellen Möglichkeiten und der halluzinatorischen Folge gegensätzlicher und übereinander geschichteter Bilder«, sagte er. Theoretisch vermied diese Methode jede bewusste Kontrolle, doch in der Praxis wurden die zu durchreibenden Flächen ausgewählt und die Frottagen selbst zugeschnitten und arrangiert, womit sie nicht ganz die Idealbedingungen des automatistischen Schreibens erfüllten.

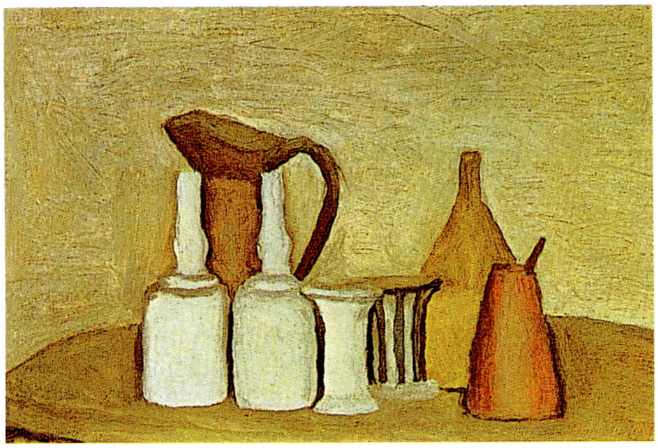

20.16 GIORGO MORANDI, *Stillleben*, 1946, Leinwand, 32,5 x 53 cm. Privatsammlung, London.

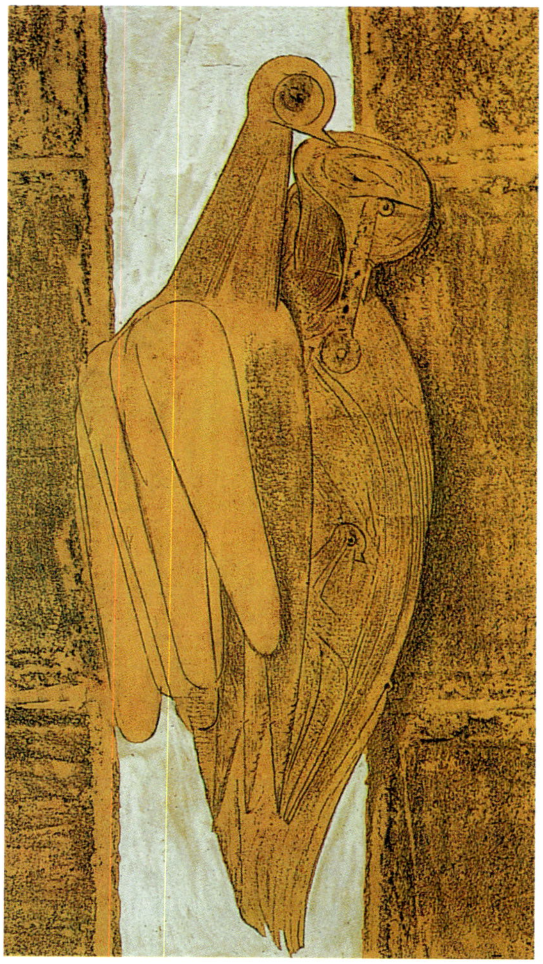

20.17 MAX ERNST, *Die vermählten Diamanten*, 1925, Frottage, Bleistift auf Papier, 42 x 24 cm. Privatsammlung.

Der alternative Weg zum Surrealismus beinhaltet nach Breton die Aufzeichnung oder das Festhalten eines ›Trompe l'œil‹ von Träumen, und dieser Weg wurde von ERNST in seinen Collagen-Romanen angewandt. Er benutzte auf brillante Weise jenes Prinzip des zufälligen Nebeneinanderstellens, das unseren Realitätssinn verwirrt und aufspaltet – wie es Lautréamonts erwähnte Metapher andeutet. Durch solche unerwarteten Kombinationen und Konfrontationen entsteht ein neuer Sinn für Realität und Surrealität. ERNSTS erster Collagen-Roman von 1929, *La Femme 100 têtes* – der Titel ist unübersetzbar, denn ›100‹, französisch ausgesprochen, kann ›hundert‹ oder ›ohne‹ bedeuten – enthält 149 Collagen-Illustrationen oder ›ready-made-Realitäten‹. Diese wurden von ERNST hauptsächlich aus Holzschnitt-Buchillustrationen des 19. Jahrhunderts zusammengesucht, ausgeschnitten und in freier Assoziation zusammengefügt. Die so geschaffene Geschichte ist überzeugend traumhaft und überschreitet oftmals die Grenze zum Alptraumhaften ▸ 20.18. Nur selten erreichte ERNST in seinen Bildern die gleiche inhaltlose, rätselhafte und zwingende Qualität.

20.19 SALVADOR DALÍ, *Die Beharrlichkeit der Erinnerung*, 1931, Leinwand, 26,3 x 36,5 cm. The Museum of Modern Art, New York.

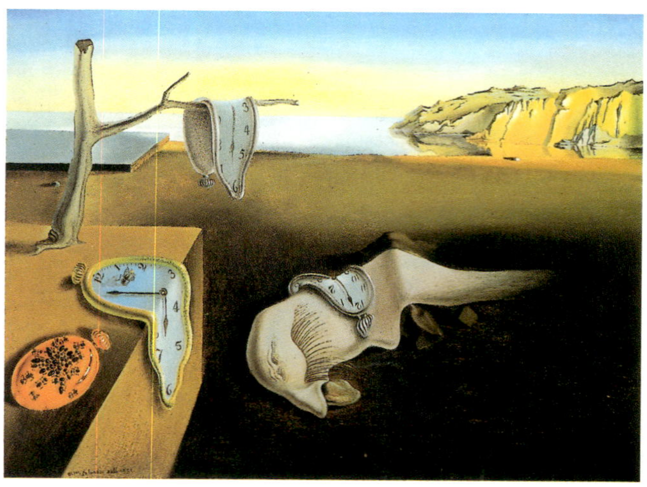

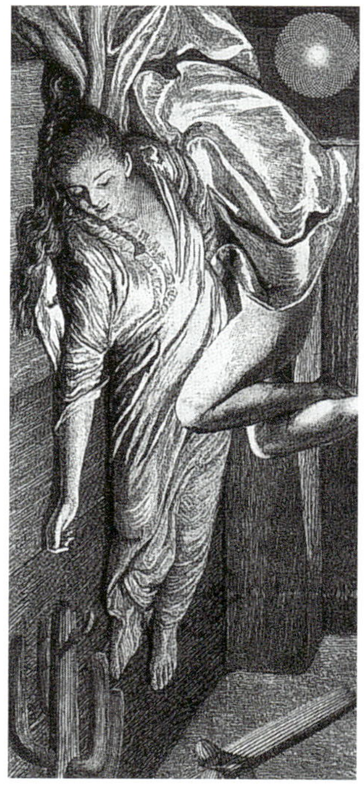

20.18 MAX ERNST, *Die hundertköpfige Frau öffnet ihren erhabenen Ärmel*, 1929, Collage, 32,7 x 16,9 cm. Illustrationsvorlage zu ›La femme 100 têtes‹. The Menil Collection, Houston.

## *Dalí, Magritte und Miró*

Der spanische Maler SALVADOR DALÍ (1904–1989) versuchte gleichfalls die halluzinatorische Klarheit der Träume in seinen so genannten ›handgemalten Traum-Fotografien‹ festzuhalten, von denen vielleicht *Die Beharrlichkeit der Erinnerung* besonders befremdlich ist ▸ 20.19. Die Zeit steht im Gemüt des Träumers still, wie in Freuds zeitlosem Unbewussten, so dass in DALÍS dürrer, luftloser Landschaft die Metalluhren weich werden und für immer stillstehen. Sie schmelzen und zersetzen sich sogar, locken schillernde Insekten an und nehmen organische Gestalt an wie jene herabfließende Uhr, ähnlich einer verfaulenden Frucht, am nackten Zweig eines toten Baumes. DALÍ beschreibt seine schöpferische Methode in seinem Buch ›Die sichtbare Frau‹ (1930). Er ging in seiner Wirkung über die bisher radikalsten Surrealisten hinaus, und an die Stelle ihres passiven Automatismus setzte er das, was er »den paranoischen und aktiven Fortschritt des Gemüts« nannte. Er schlug einen Gemütszustand vor, der andauernd verwirrt sein sollte. Der einzige Unterschied zwischen ihm und einem Verrückten sei, dass er nicht verrückt sei.

*»Ich glaube, dass der Moment nahe ist, in dem es durch ein Verfahren von aktiv-paranoischem Denken möglich sein wird, die Konfusion zu systematisieren und die Welt der Realität in totalen Misskredit zu bringen.«*

Die Paranoia, die er für seine gemalten Erscheinungen – speziell für seine Doppel-Bilder – verantwortlich machte, verarbeitet freudsches Gedankengut. DALÍS zynische Selbstüberschätzung führte schließlich zu seinem Ausschluss aus Bretons surrealistischer Gruppe.

Der Symbolismus Freuds – die phallischen Nasen, der Haar-Fetischismus – ist im Werk DALÍS nicht zu übersehen und breitet sich ganz allgemein in der surrealistischen Bildwelt aus ▸ 20.19. MERET OPPENHEIMS (1913–1985) *Objekt (Die Pelztasse)* von 1936 ▸ 20.20 ist hierfür eines der berühmtesten Beispiele. Ihre Kombination von Porzellan und Pelz, des Haarigen mit dem Glatten, des Weichen mit dem Hart-Polierten aktiviert die Phantasie unseres Unbewußten auf unvergesslich freudsche Weise. Der belgische Maler RENÉ MAGRITTE (1898–1967) entlockte dem Symbolischen neue Facetten. Sind DALÍS Gemälde verwirrend, so sind die MAGRITTES wahrhaft mysteriös – umso mehr, als sie in einer absichtlich anspruchslosen Technik ausgeführt wurden, die MAGRITTE in seiner Arbeit für Plakat-, Anzeigen- und Tapetenentwürfe anwandte. Oft stellt sich die Verbindung des Bildtitels mit dem Dargestellten als zweideutig oder gar als nichtexistent heraus. *Le viol* ist dafür typisch: die Identifikation eines Kopfes mit einem weiblichen Torso ▸ 20.21. Durch die Hinzufügung ›Le viol‹ deutet MAGRITTE eine Bedeutung an, die in Wirklichkeit nicht existiert. Doch hat sie die Wirkung eines Zeitzünders. *Le viol* wurde von den Surrealisten als eine nachdrückliche Darstellung ihrer Ziele aufgefasst, und Breton benutzte 1934 eine Vorzeich-

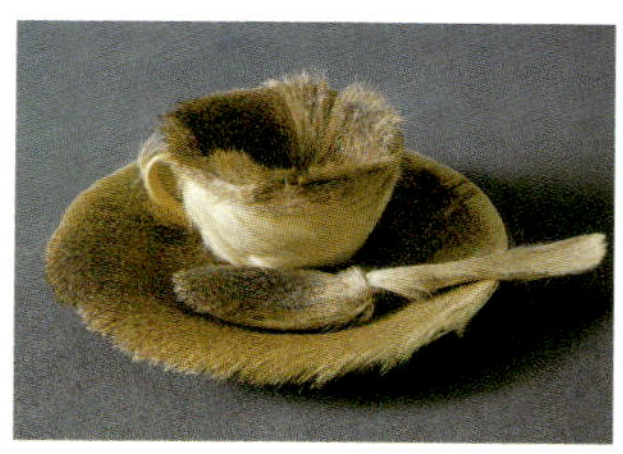

20.20 MERET OPPENHEIM, *Objekt (Die Pelztasse)*, 1936, mit Fell überzogene Tasse, Untertasse und Löffel, Höhe 7,3 cm. The Museum of Modern Art, New York.

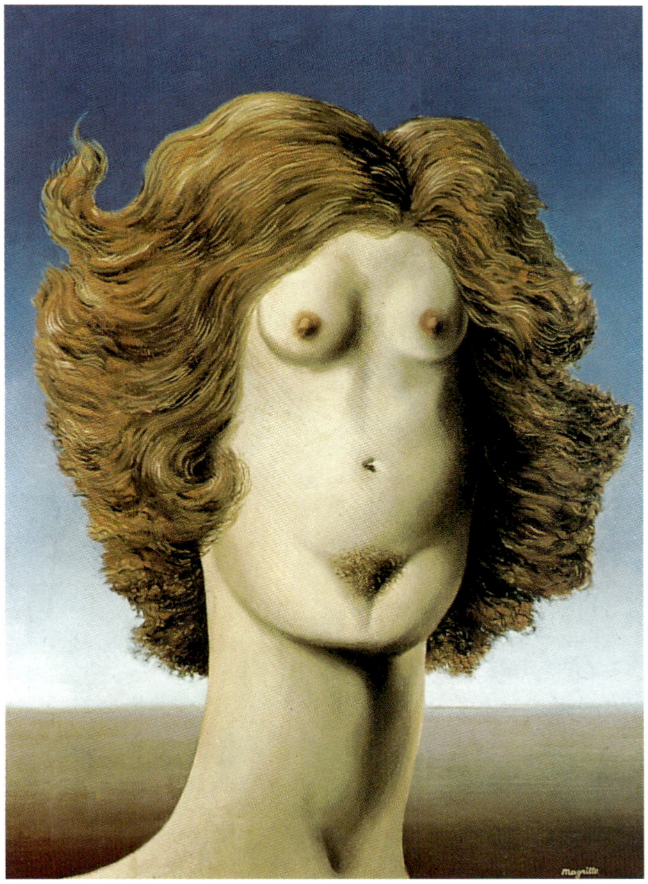

20.21 RENÉ MAGRITTE, *Le viol (Die Vergewaltigung)*, 1934, Leinwand, 73,2 x 54,3 cm. Menil Foundation, Houston.

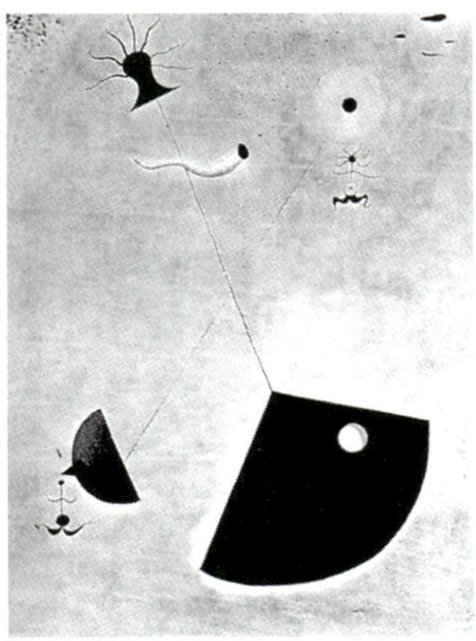

20.22 JOAN MIRÓ, *Mutterschaft*, 1924, Leinwand, 91 x 74 cm. Sammlung Roland Penrose, London.

nung für die Umschlagseite der Schrift ›Was ist Surrealismus‹. Breton schätzte MAGRITTE als einen Künstler, *»der entdeckte, was sich aus der Verbindung konkreter Worte von großer Resonanz mit Formen ergeben könnte … die sich ihnen verleugnen oder zumindest rational mit ihnen nicht übereinstimmen«.*

Die mexikanische Malerin FRIDA KAHLO (1907–1954) galt wie MERET OPPENHEIM als eine der Entdeckungen des Surrealismus. Keine andere moderne Kunstrichtung hat Frauen eine so prominente, wenn auch problematische und zwiespältige Rolle eingeräumt wie der Surrealismus. »Das Problem der Frau«, so schrieb Breton 1929, »ist das wunderbarste und beunruhigendste Problem der Welt.« Das »Problem« wurde jedoch aus einem männlichen, meist von Ängsten geprägten freudianischen Blickwinkel betrachtet. Als Breton das berühmte surrealistische Treffen einberief, bei dem über Sexualität diskutiert werden sollte, war keine Frau zugegen. Frauen wurden einzig und allein als eine Projektion männlicher Wünsche und Bedürfnisse gesehen, als unnahbare Muse, unschuldiges Kind, kastrierende Verführerin oder Objekt sadistischer Befriedigung. Dies macht ihre Beteiligung an der Bewegung bis zu einem gewissen Grad problematisch, obgleich sich viele Frauen an ihr beteiligten. KAHLO begegnete Breton, als dieser 1938 nach Mexiko reiste, um unter anderem Trotzki kennenzulernen, der sich damals als Gast bei DIEGO RIVERA, KAHLOS Ehemann, aufhielt (s. S. 724ff.). Das berühmte antistalinistische Manifest aus diesem Jahr, *Für eine freie revolutionäre Kunst*, erschien von Breton und RIVERA gemeinsam unterzeichnet, war aber in Wirklichkeit hauptsächlich von Trotzki verfasst. Ein Selbstporträt KAHLOS hing in Trotzkis Arbeitszimmer; Breton bewunderte es und hieß die Malerin in der surrealistischen Bewegung willkommen. Sie verharrte jedoch trotzig in der Rolle einer Außenstehenden. Sie malte, wie sie ganz unmissverständlich erklärte, ihre eigene Wirklichkeit. Und sie behauptete nicht nur ihre unabhängige Sehweise, sondern erkannte auch die latente Misogynie surrealistischer Fantasien und die Tatsache, dass es für eine Künstlerin mit einer von männlichen Projektionen und Fantasien unabhängigen Identität in der Bewegung keinen eigenen Platz geben konnte.

KAHLOS Œuvre besteht fast ausschließlich aus Selbstporträts, in denen sie die Realität ihres Leibes und ihres Bewusstseins, die Dualität von sexueller und kultureller Identität auslotete. Obwohl sie in der Öffentlichkeit als exotische Schönheit gefeiert wurde und zusammen mit Rivera ein ausgefülltes und stürmisches Leben genoss, hatte sie einen nüchternen Blick für sich selbst. Sie war durch unentwegte gesundheitliche Probleme und chronisches Leiden gezeichnet und litt unter nahezu ständigen Schmerzen, seitdem sie als Heranwachsende bei einem Straßenbahnunfall eine bleibende Behinderung davongetragen hatte. Ihre Ehe mit RIVERA scheiterte infolge ihrer Unterordnung sowohl als Künstlerin wie auch als Mensch. Ihre Scheidung erfolgte in der Zeit, als eines ihrer in seiner Ehrlichkeit beeindruckendsten Selbstporträts, *Die Zwei Fridas* ▸ 20.23 entstand. Die eine Frida ist jene, die RIVERA liebte, und die andere jene, die er nicht mehr liebte, wobei diese Dualität gekoppelt ist mit derjenigen ihrer Doppelrolle als einer traditionellen mexikanischen und einer modernen Frau. Die beiden halten sich die Hand, doch ist die Schlagader, die sie verbindet, gerissen. Die verschmähte Frida versucht den Blutstrom aufzuhalten mit einer Zange, und sie sitzen weiterhin Seite an Seite, die eine in einem hochgeschlossenen, elegant bestickten traditionellen mexikanischen Brautkleid, die andere in einem modernen ärmellosen Kleid mit tiefem Ausschnitt, beide persönlich vom Schicksal der Frauen Zeugnis ablegend. In *Das zweite Geschlecht* hatte Simone de Beauvoir das Bild des Spiegels als den Schlüssel zur Situation der Frau beschrieben. Frauen, so meinte sie, beschäftigen sich mit ihrem eigenen Bild, Männer mit dem vergrößerten Selbstbild, durch ihre Widerspiegelung in einer Frau. KAHLO bringt ersteres in ihrer Kunst auf den Punkt, die Surrealisten letzteres.

Ein anderer spanischer Maler, der Katalane JOAN MIRÓ (1893–1983), war dagegen nach Bretons Meinung der »am

20.23 FRIDA KAHLO, *Die zwei Fridas*, 1939, Öl auf Leinwand, 175 x 175 cm. Museo de Arte Moderno, Mexico City.

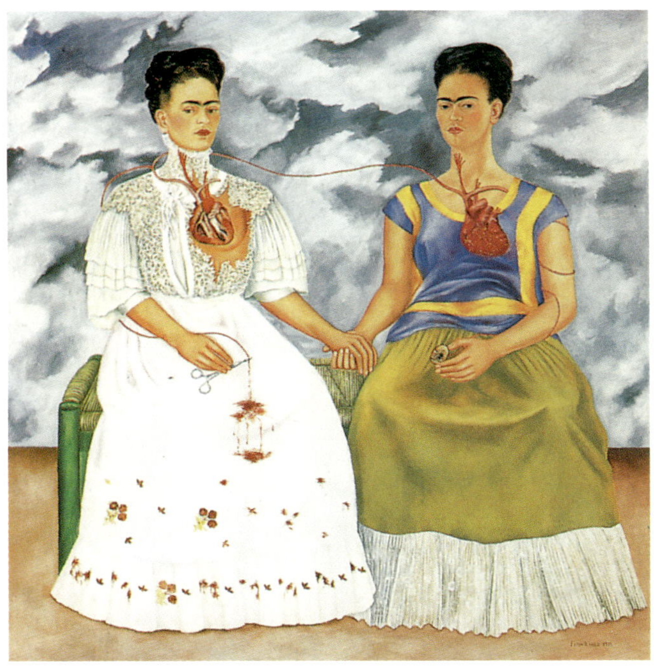

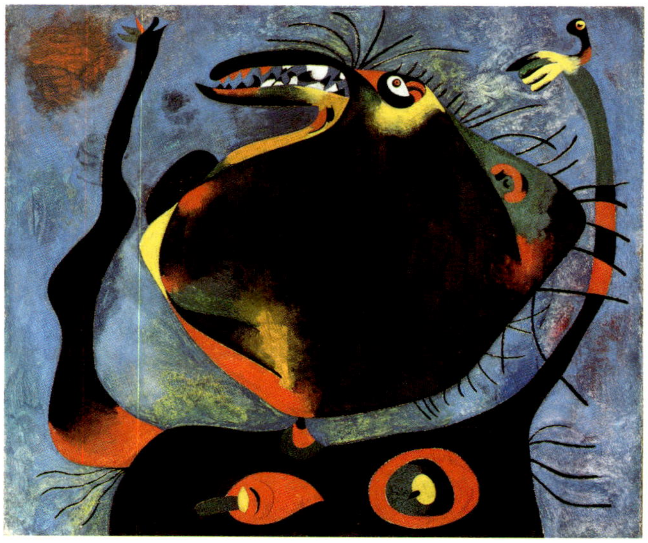

20.24 JOAN MIRÓ, *Kopf einer Frau*, 1938, Leinwand, 46 x 55 cm. Minneapolis Institute of Arts.

meisten surrealistische von (uns) allen«. MIRÓ arbeitete in verschiedenen Stilen, bevor er vom Surrealismus angezogen wurde – im Fauvismus 1919, nachdem er PICASSO getroffen hatte, im Kubismus und einige Jahre später im Dadaismus. Der Surrealismus eröffnete ihm einen neuen Weg in seiner Kunst und half ihm, sich von früheren Einflüssen zu befreien. Er entwickelte, was Breton einen »reinen übersinnlichen Automatismus« nannte und seinem Unterbewusstsein ein gänzlich freies Spiel in der Schaffung von halbabstrakten Formen erlaubte. *»Ich beginne zu malen, und während ich male, beginnt sich das Bild selbst unter meinem Pinsel durchzusetzen oder auf sich hinzudeuten. Die Form wird zum Zeichen einer Frau oder eines Vogels, während ich arbeite.«*

Viele seiner frühen surrealistischen Gemälde haben eine wunderbar kindliche Unschuld voller Heiterkeit und freier Erfindungsgabe. Doch mit dem Ausbruch des Spanischen Bürgerkrieges und der drohenden Möglichkeit eines folgenden Weltkrieges verdüsterte sich seine Sicht. Die Formen wurden zunehmend unheilvoll und amöbenhaft – ›biomorph‹ – und schweben in einem immateriellen Raum wie medizinische Präparate in einem Spiritusglas. Werke wie *Kopf einer Frau* bezeugen den wütend-ohnmächtigen Ausdruck als Vorgefühl des drohenden Schreckens, das zu dieser Zeit in Europa weit verbreitet war ▸ 20.24. Nur PICASSOS *Guernica* ▸ 20.65 ist ihnen an Intensität vergleichbar. Als 1939 der Krieg ausbrach, suchten die meisten der Surrealisten, einschließlich Breton, Asyl in New York. Sie arbeiteten weiter, organisierten Ausstellungen und andere öffentliche Auftritte und gewannen noch weitere Künstler wie den in Armenien geborenen ARSHILE GORKY (s. S. 753f.) für ihren Kreis. Sie halfen, den Boden für die amerikanischen Nachkriegsbewegungen, besonders den Abstrakten Expressionismus zu bereiten.

## Geschweißtes Metall: Eine Revolution in der Plastik

Die von Dada und Surrealismus gemachte Entdeckung, dass es möglich sei, durch die überraschende Verbindung von wertlosem Altmetall und sonstigem Trödel Kunstwerke zu schaffen, zählte zu deren fruchtbarsten Erkenntnissen. PICASSOS *Stierkopf* aus dem Sattel und der Lenkstange eines Fahrrades ist das bekannteste Beispiel. Bei Werken wie diesen ging es zwar um mehr als nur um die Verwendung von Altmaterial. Es war aber ihre Entdeckung von industriellem Metall, insbesondere Eisen, die den Weg für die zweite und letzte Phase jener bemerkenswerten Revolution in der Plastik des 20. Jahrhunderts ebnete, die PICASSO 1912 eingeleitet hatte. Für dessen kubistische Skulpturen fanden Holzstücke, Blech, Pappe, Bindfaden und anderes Altmaterial Verwendung, die ähnlich der Methode, die er bei seinen Collagen anwandte (s. S. 707ff.), als Assemblagen zusammengesetzt wurden. Jetzt vollzog er den nächsten, entscheidenden Schritt weg von der ›geschlossenen‹, massiven hin zur ›offenen‹ d. h. konstruierten Form hin zu einer Plastik, die nicht mehr aus einem Block gehauen oder gemeißelt, modelliert oder zusammengebaut war wie kubistische Skulpturen, sondern frei konstruiert um einen leeren Raumkern. Dazu wurden geschmiedetes Metall oder geschweißte Metallstäbe und Metallplatten benötigt, und PICASSO fand hier für den erfahrenen JULIO GONZÁLEZ (1876–1942) als Mitarbeiter. Er und GONZÁLEZ kannten sich seit ihrer Jugend in Barcelona. Beide hatten Ende der 1890er Jahre Spanien den Rücken gekehrt und sich in Paris niedergelassen, wo González sich hauptsächlich als Kunstgewerbler betätigte und Metalldosen, Broschen, Halsketten und dergleichen mehr herstellte. Erst 1927 dehnte er vermutlich auf Betreiben PICASSOS, sein Arbeitsfeld auf die Plastik aus. Ohne GONZÁLEZ jedoch hätte die Entwicklung der modernen Plastik womöglich einen ganz anderen Weg genommen.

GONZÁLEZ entstammte einer Familie von Kunstschmieden in Barcelona, wo Eisen in der ganzen Stadt für dekorative Zwecke verwendet wurde, insbesondere an Gebäuden in der lebendigen katalanischen Spielart des Jugendstils ▸ 17.53; 54. Einer der Bewunderer der Metallarbeit der Familie GONZÁLEZ schrieb, er glaube, er sehe *»in ihrer verrußten Werkstatt unter dem Kehrreim unablässigen Hämmerns auf den Amboss eine Kunst dem Feuer entspringen ... eine Kunst ohne ästhetische Regeln oder absurde Einschränkungen, eine Kunst frei wie Rauch, geboren aus dem Feuer und im Feuer geformt«*. Es war die Werkstatt von JULIO GONZÁLEZ in Paris, wo PICASSO und ihm der Sprung zu einer Plastik der offenen Form gelang, zunächst mit PICASSOS Drahtfiguren, für welche dieser 1927/28 Zeichnungen machte, und anschließend in konstruierten Metallplastiken von GONZÁLEZ und PICASSO. Obwohl GONZÁLEZ PICASSO in der Schmiede assistierte, arbeitete er auch unabhängig. PICASSO war weniger kühn und radikal als GONZÁLEZ in der Ausreizung der räumlichen und sonstigen Möglichkeiten der neuen künstlerischen Technik, die sie erfunden hatten. Selbst einige seiner optisch frappierendsten Skulpturen aus geschweißtem Metall lösten sich nicht ganz von seinem Schaffen der Zeit vor dem Ersten Weltkrieg, sondern führten die Idee der Assemblage mit dem Geschweißten zusammen. Die Alltagsgegenstände, die er in sie einbaute, erfuhren keine vollständige Bearbeitung. So bleiben beim *Frauenkopf* ▸ 20.25 die Spiralfedern und andere Fundobjekte ohne weiteres erkennbar. Bei einer GONZÁLEZ-Plastik hingegen, etwa bei seiner *Frau beim Haarekämmen II* ▸ 20.26, sind nicht nur die Teile bearbeitet, so dass sie ihre ursprüngliche, funktionale Bedeutung verloren haben, sondern, was wichtiger ist, die Plastik ist nicht als ein massives Gebilde, sondern als eine Ansammlung von im Raum und um Raum herum angeordneten Elementen aufgefasst. Die Elemente wirken wie ständig in Bewegung, wenn der Betrachter die Plastik umschreitet.

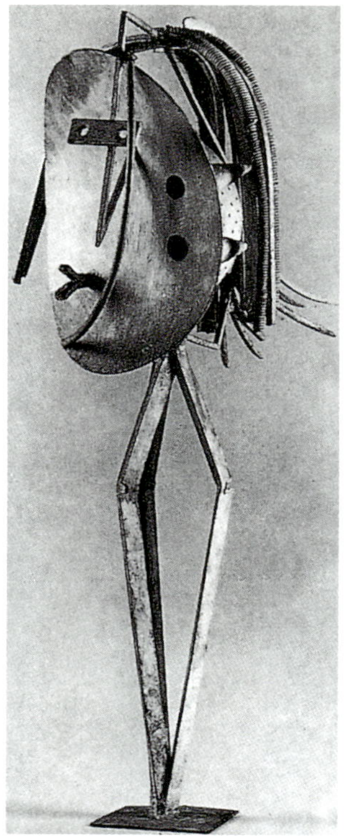

20.25 PABLO PICASSO, *Frauenkopf*, 1930/31, weiß bemaltes Eisen, Blech, Sprungfedern und zwei Salatsiebe, 100 x 37 x 59 cm. Musée Picasso, Paris.

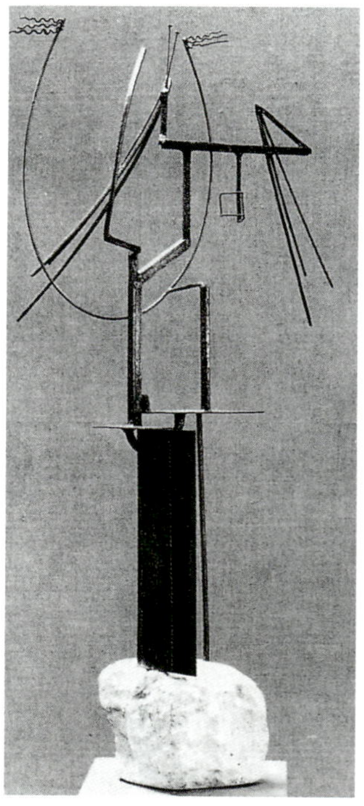

20.26 JULIO GONZÁLEZ, *Frau beim Haarekämmen II*, 1934, Eisen, 121 x 60 x 29 cm. Moderna Museet, Stockholm.

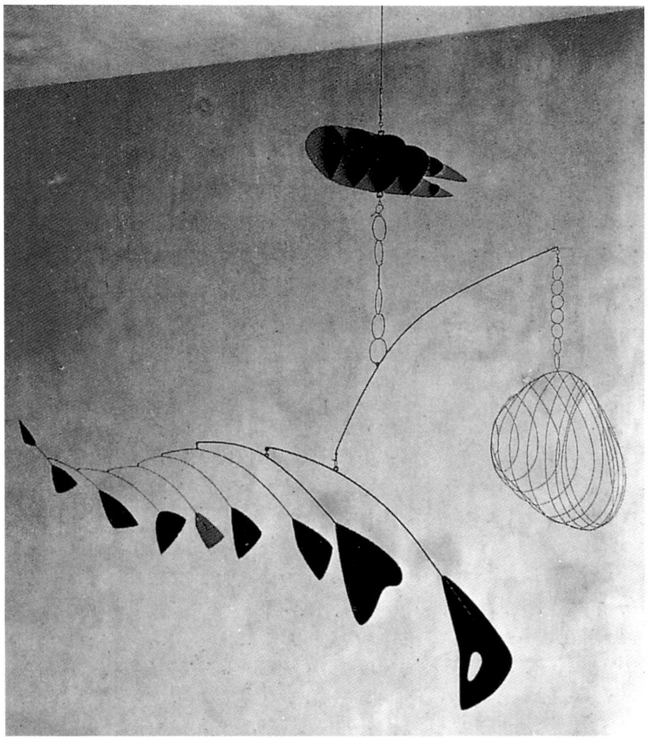

20.27 ALEXANDER CALDER, *Hummerfalle und Fischschwanz*, 1939, Mobile, bemalter Metalldraht und Aluminium, 2,6 x 2,9 cm. The Museum of Modern Art, New York

Das Prinzip der offenen Form, das GONZÁLEZ aufs konsequenteste umgesetzt hatte, wurde noch einen Schritt weiter geführt von den Amerikanern ALEXANDER CALDER (1898–1976) und DAVID SMITH (1906–1965). CALDER hatte eine Ausbildung als Ingenieur, gab diesen Berufsweg jedoch auf und begab sich 1926 nach Paris, wo er als Bildhauer arbeitete und dabei seine Erfahrung mit Metallen und sein technisches Wissen mit konstruktivistischen und surrealistischen Theorien verband, die er dort aufschnappte. Überraschend schnell entwickelte er in Anlehnung an die Malerei MIRÓS ein Vokabular aus flachen biomorphen Formen, die er, entweder von der Decke oder von einem dreibeinigen Gestell herabhängend, im Raum schweben ließ. Bald entfiel der Sockel, und es folgten kinetische Plastiken mit sich bewegenden Teilen. Versuche, die Bildhauerei um das Element der Bewegung zu erweitern, hatte es bereits früher gegeben, allerdings gestützt auf Aufziehmechanismen oder Motoren. CALDER entwickelte leichte, behutsam ausbalancierte Plastiken, die durch Lufströme in Bewegung versetzt wurden. DUCHAMP war einer der ersten, der sie zu schätzen wusste, und gab ihnen ihren Namen: Mobiles. CALDERS spätere freistehende Metallplastiken, die sich nicht bewegen, sollten auf den Namen Stabiles getauft werden.

CALDERS Mobiles und Stabiles sind überwiegend abstrakt, weisen aber Anklänge an die Tierwelt auf, wie ihre Titel andeuten, etwa *Hummerfalle und Fischschwanz* ▸ 20.24. Diese Arbeit beschwört, wenn sie sich langsam mit den Luftströmen bewegt, aufs lebendigste die graziöse Bewegung schwimmender Fische. Eine heitere Fantasie spricht ebenfalls aus diesen Werken CALDERS Sie erinnern an KLEES verfeinerte Lust am Launigen, wie sie in Gemälden wie dessen *Zwitschermaschine* zum Ausdruck kommt.

DAVID SMITH, der aus einer Familie von Schmieden stammte, war von jungen Jahren an mit Eisen, Stahl und anderen Metallen vertraut und kannte sich mit deren Bearbeitung aus. Darüber hinaus lernte er in der Studebaker-Automobilfabrik in Indiana mit Fabrikgerät und -werkzeug umzugehen. Später verlegte er sich in New York aufs Malen, doch erst um 1930 wandte er sich, nachdem er Reproduktionen von Arbeiten von GONZÁLEZ und PICASSO gesehen hatte, resolut der Bildhauerei zu. Als CALDER seine ersten Mobiles in Paris ausstellte, hatte SMITH 1932/33 bereits eine Bildhauerwerkstatt in den ›Terminal Iron Works‹ in Brooklyn eingerichtet. Zwar prägten seine Anfänge als Maler seine ersten Plastiken, doch besaß er bereits die Kühnheit, sich herkömmlichen Formensprachen durch die Entwicklung von *space frames* zu widersetzen. ›Raum-Rahmen‹, wie sie später genannt werden sollten, die ihm dazu dienten, in der Plastik eine Bildebene für eine frontal angelegte und doch raumgreifende Komposition zu schaffen. Seine frühen geschweißten Eisen- und Stahlplastiken gleichen frei schwebenden Zeichnungen im Raum. Die gelungensten Werke dieser Art datieren allerdings aus der Zeit nach dem Zweiten Weltkrieg, während dem er als Schweißer im Werk der American Locomotive Company in Schenectady im US-Bundesstaat New York arbeitete ▸ 21.15.

## Fotografie und moderne Richtungen

In der Zeit zwischen den beiden Weltkriegen wurde die Beziehung zwischen fotografischen Bildern und anderen Formen der Bildnerei komplexer als zuvor. Wie wir gesehen haben (s. S. 622ff.), hatten einige Maler des 19. Jahrhunderts selbst Fotografien gemacht und sich fotografischer Bilder als Hilfsmittel bedient, während die Fotografen im Allgemeinen in der Wahl ihres Gegenstandes und Blickwinkels, ja, überhaupt in ihrer gesamten Konzeption des fotografischen Bildes stark von der Malerei beeinflusst wurden. Doch ungeachtet des wiederholt erhobenen Anspruchs, dass Fotografien Kunstwerke sein könnten, wurden sie nach wie vor meist als eine einem getrennten und untergeordneten Bereich zugehörige Bildform betrachtet, dem die Aura des Handgefertigten ebenso fehlt wie das künstlerische Prestige eines Gemäldes, einer Zeichnung oder sogar einer Radierung (die in der Regel eine streng limitierte Anzahl von Abzügen hatte). Infolge der Massenproduktion leicht zu bedienender Kameras und der automatisierten Vervielfältigung von Abzügen waren inzwischen Millionen von Männern und Frauen fotografisch tätig, überwiegend Amateure, die nur zu einem geringen Teil die Entwicklungen der Kunst seit der Mitte des 19. Jahrhunderts kannten und die zu einem noch geringeren Teil diesen Entwicklungen überhaupt irgend etwas abgewinnen konnten. Hinzu kommt folgender Umstand: Während ihrem Selbstverständnis nach ›künstlerische‹ Fotografen sich an traditionelle Kompositionsvorstellungen und Weichzeichner klammerten, waren die zentralen technischen Entwicklungen auf dem Gebiet der Fotografie, die auf eine erhöhte Bildschärfe und größere Unmittelbarkeit abzielten, gegenüber den Entwicklungen in den anderen Künsten in gleicher Weise phasenverschoben. Anfang des 20. Jahrhunderts ließen sich einige wenige Maler, namentlich GIACOMO BALLA in Italien und MARCEL DUCHAMP in Frankreich (s. S. 713f. und 720f.), von Fotografien anregen, die nach dem Vorbild von MUYBRIDGE und EAKINS Figuren in Bewegung zeigten. Es dauerte jedoch bis in die Zeit des Ersten Weltkrieges, ehe Fotografen allmählich an die bildnerische Avantgarde Anschluss fanden. 1917 erfand der Amerikaner ALVIN LANGDON COBURN (1882–1966), der bis dahin so ›unkünstlerische‹ Sujets wie rauchende Fabrikschlote fotografiert hatte, ein auf dem Kaleidoskop basierendes Gerät, mit dem er eine Serie ganz und gar ungegenständlicher Bilder machte, die der mit ihm befreundete Dichter Ezra Pound

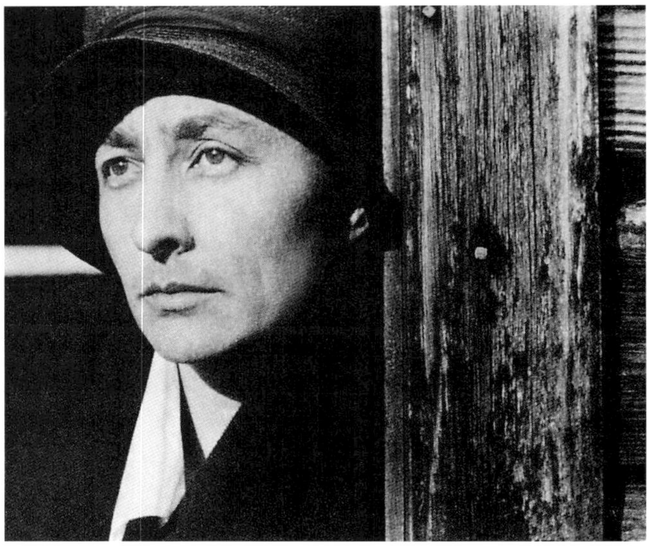

20.28 ALFRED STIEGLITZ, *Georgia O'Keeffe*, 1922, Palladium-Abzug. The George Eastman House, Rochester.

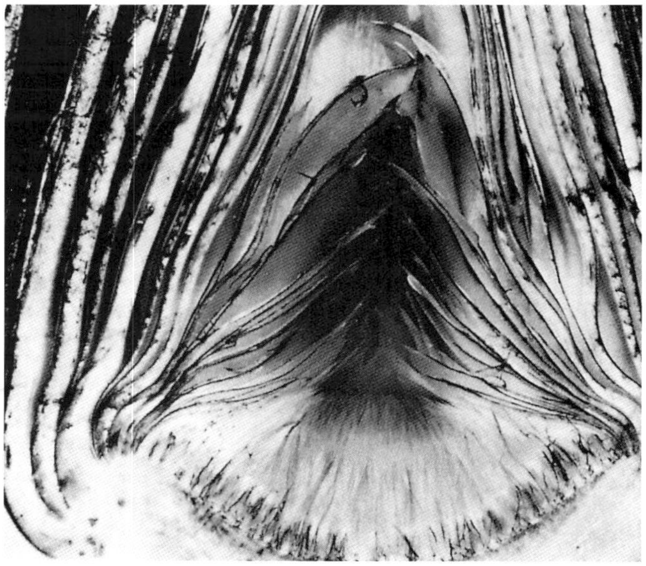

20.30 EDWARD WESTON, *Schnitt einer Artischocke*, 1930. The Museum of Modern Art, New York. George Eastman House, Rochester.

▸ 20.29 ›Vortografien‹ taufte (nach dem Vortizismus, dem kurzlebigen englischen Abkömmling des Kubismus). Die zentrale Figur in den Vereinigten Staaten jedoch war ALFRED STIEGLITZ (1864–1946), der sich nach einer technischen Ausbildung in Deutschland in New York niederließ und dort die moderne Stadtlandschaft fotografierte, wobei er, wie ihm ein Zeitgenosse 1899 bescheinigte, »die Empfindsamkeit und die zarte Schönheit in Sujets zum Vorschein« brachte, »die früher als bar jeglichen Reizes galten«. 1902 gründete er in New York eine Vereinigung, die er in Anspielung auf die Künstlergruppen, die sich in Österreich und Deutschland vom akademischen Ausstellungsbetrieb lossagten, ›Photographic Secession‹ nannte. Von 1905 an leitete er zudem gemeinsam mit EDWARD STEICHEN (1879–1973), einem amerikanischen Fotografen, der einige Zeit in Paris lebte, eine kleine Galerie an der Fifth Avenue 291, New York, in der es neben Fotografien Gemälde von PICASSO und MATISSE sowie afrikanische Skulpturen gab, die dort zum ersten Mal in Amerika ausgestellt wurden. Dies brachte ihn in Kontakt mit der New Yorker Dada-Gruppe (s. S. 721) – seiner Fotografie ist es zu verdanken, dass DUCHAMPS *Brunnen* ▸ 20.4 weltbekannt wurde. Er trat auch für das Werk der eher abenteuerlichen jungen amerikanischen Maler ein, unter ihnen ARTHUR G. DOVE sowie GEORGIA O'KEEFFE, die er 1924 heiratete (s. S. 752). Keiner leistete so viel wie er, um die neuen künstlerischen Ideen aus Europa in Amerika bekannt zu machen und der Fotografie als einem Medium, in dem sich diese Ideen ausdrücken ließen, zum Durchbruch zu verhelfen. Seine eigenen Fotografien allerdings – feinfühlig-empfindsame Porträts, Akte, Landschaften – lassen auf den ersten Blick keinen klaren Bruch mit der Vergangenheit erkennen ▸ 20.28. Nur die Aufnahmen von Wolken, die er *Äquivalente* nannte, weisen eine Affinität mit zeitgenössischer Malerei jener Art auf, die er bewunderte ▸ 20.31. *»Ich wollte Wolken fotografieren, um meine Lebensphilosophie darzulegen, um zu zeigen, dass meine Fotografien nicht durch ihren Gegenstand definiert werden.«*

Zwar waren seit dem frühen 19. Jahrhundert häufig Wolkenstudien gemalt worden, doch hatte STIEGLITZ zu ihnen eine gänzlich andere Einstellung: In ihren immateriellen, veränderlichen und sich auflösenden Formen fing er Wechselspiele von Licht und Schatten ein, die für ihn seinen Gefühlen zu entsprechen schienen.

»Ich wurde in Hoboken geboren«, erklärte STIEGLITZ. »Ich bin Amerikaner. Fotografie ist meine Leidenschaft. Die Suche nach Wahrheit füllt mich voll und ganz aus.« Er war ausschließlich Fotograf und erweiterte in beachtlichem Maße die üblichen Grenzen des Mediums, ohne diese zu durchbrechen. Das Gleiche ließe sich von EDWARD WESTON (1886–1958) sagen, dessen gestochen scharfe Aufnahmen von Pflanzen, seltsam geformten Früchten, des Schnitts einer Artischocke ▸ 20.30 oder eines menschlichen Körpersegments häufig die gesteigerte Präsenz und Strenge ungegenständlicher Darstellungen eigen ist. Der Ansatz jüngerer, eng mit dem Dadaismus verbundener Künstler aber war ein völlig anderer.

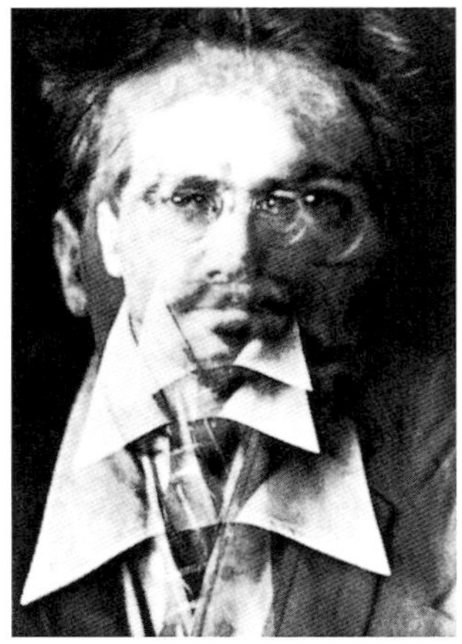

20.29 ALVIN LANGDON COBURN, *Portrait von Ezra Pound*, 1916, Fotografie, Mehrfachbelichtung.

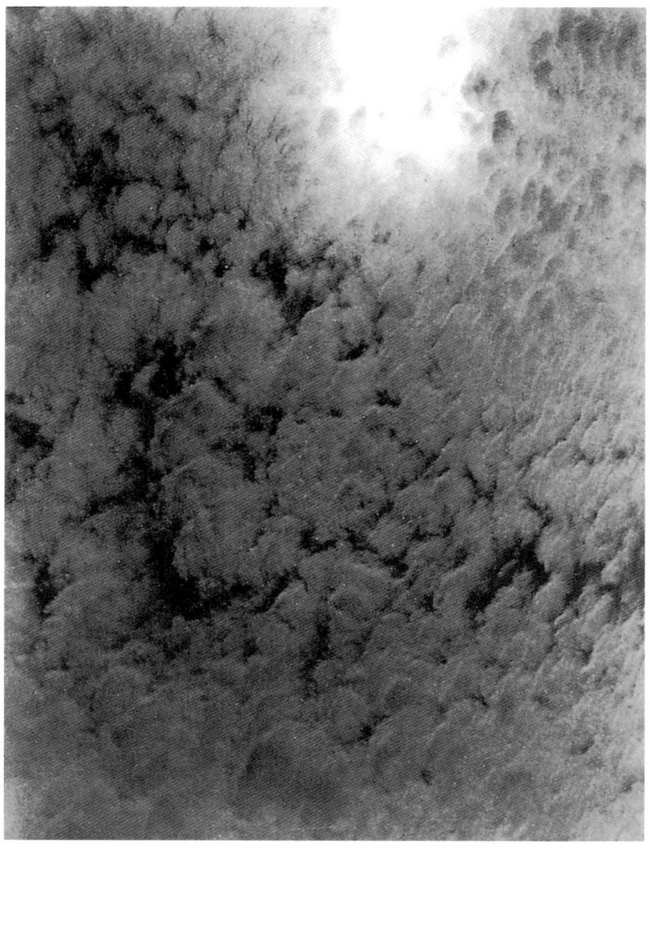

20.31 ALFRED STIEGLITZ, *Äquivalent*, um 1927, Gelatinesilber-Abzug. The Alfred Stieglitz Collection, Philadelphia Museum of Art.

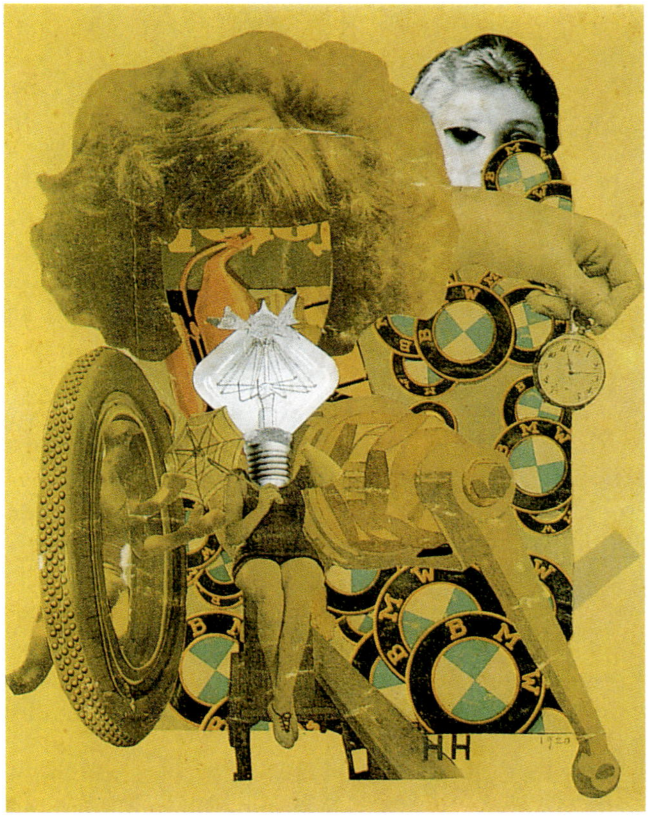

20.32 HANNAH HÖCH, *Das schöne Mädchen*, 1919/20, Collage, 36 x 29,5 cm. Privatsammlung.

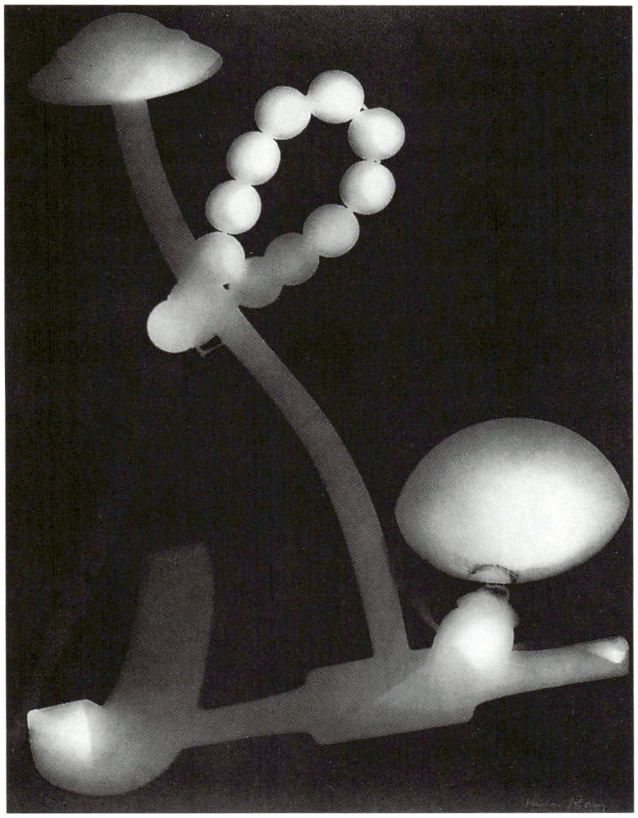

20.33 MAN RAY, *Photogramm*, 1923, Gelatine-Silber-Abzug, 29,1 x 23,3 cm. The Museum of Modern Art, New York.

Emanuel Rudnitsky, der sich selbst MAN RAY (1890–1976) nannte, hatte eine Ausbildung als Maler und wurde in New York von PICABIA und DUCHAMP aufgenommen: Er fotografierte den Staub, der sich auf DUCHAMPS *Großem Glas* angesammelt hatte. Sie führten ihn in den Dadaistenkreis in Paris ein, als er sich 1921 dort niederließ. Eines Tages platzierte er in seiner Dunkelkammer, einer plötzlichen Regung folgend, einige Gegenstände auf ein Stück lichtempfindlichen Papiers, ließ kurz das Licht darauf fallen und entwickelte den fotografischen Abdruck, der von dem Dichter Tristan Tzara zu ›Dada pur‹ ausgerufen wurde. MAN RAY machte danach noch weitere derartige ›Fotografien ohne Kamera‹, die er Rayografien nannte: Er suchte sich unterschiedlichste opake und lichtdurchlässige Alltagsgegenstände aus, die er über das Papier verteilte, und schuf auf diese Weise Bilder von einer seltsam mehrdeutigen, zugleich konkreten und abstrakten Art ▸ 20.33. Jede einzelne Rayografie war zunächst ein Unikat, zwölf aber wurden in einem Band mit dem Titel *Les champs délicieuses* reproduziert (›Wonnevolle Felder‹, Paris 1922), eingeleitet von einem typisch abstrusen Tzara-Text, in dem es unter anderem hieß, MAN RAY schenke »dem Raum ein Bild, das über ihn hinausreicht; und die Luft, mit ihren zusammengepressten Händen und ihrem Vorteil, alles zu überragen, fängt es und behält es in ihrer Brust.« Die Rayografien und ähnliche ›kamera-lose‹ Bilder, die bald danach auch von anderen geschaffen wurden, sind allerdings Werke, die den Idealen der Dadaisten weniger nahe kamen als jenen der Surrealisten, unter denen sich MAN RAY bald als eine führende Figur hervortat.

Von einer Gruppe von Berliner Dadaisten wurde die Fotografie zu anderen Zwecken eingesetzt: für eine Art von Collage, die als Fotomontage bezeichnet wurde. Wie wir gesehen haben, schufen PICASSO und BRAQUE seit 1913 Collagen (s. S. 707ff.): Werke von höchster Vervollkommnung und anspruchsvollstem Bildwitz. Im Berlin der Nachkriegszeit aber bedienten sich RAOUL HAUSMANN (1886 bis 1971), HANNAH HÖCH (1889–1979), JOHN HEARTFIELD (1891–1968) und andere dieser Technik für allgemeinere und gewagtere Zwecke, dabei zugleich die beim Bürgertum beliebte Form des Zeitvertreibs verspottend, Papierschnipsel um eines dekorativen oder sentimentalen Effekts willen zusammenzukleben ▸ 20.32;34. Wie alle Dada-Schöpfungen waren auch die ersten Fotomontagen – bestehend aus scheinbar willkürlich angeordneten Fragmenten von Fotografien, Fetzen Zeitungspapier etc. – allen ehrbaren Werten der Mittelschicht und der hohen Kunst subversiv entgegengesetzt ▸ 20.32 (die Bezeichnung ›Montage‹ assoziierte sie mit Formen industrieller Produktion). Sie sind Metaphern für das Chaos der kapitalistischen Gesellschaft in der Kriegs- und unmittelbaren Nachkriegszeit. Doch trotz der Verwendung unzusammenhängend kombinierter fotografischer Bilder – eine Praxis, die sich gleichzeitig gegen den Expressionismus und gegen jegliche Form von Illusionismus richtete – waren die Fotomontagen selbst Unikate und als solche Kunstwerke, die sich mitunter – wohl eher unbeabsichtigt – durch einen hohen ästhetischen Reiz auszeichneten. Sie waren Ausgangspunkt für einige der wirkungsvollsten politischen Bildwerke, die es je gegeben hat, insbesondere jene, die JOHN HEARTFIELD schuf, als er sich mit jenen konfrontiert sah, die weit gefährlicher waren als expressionistische Maler und das selbstgefällige Bürgertum. HEARTFIELD war Sohn eines sozialistischen Schriftstellers, änderte während des Krieges aus Protest seinen ursprünglichen Namen Helmut Herzfeld und war nach dem Krieg an der Gründung der Deutschen Kommunistischen Partei beteiligt (1933 zwangen ihn die Nationalsozialisten zur Emigration, zunächst nach Prag, dann nach London; getreu seinen Grundsätzen aber sollte er später zurückkehren und sich, wie sein Freund Bertolt Brecht, in Ostdeutschland niederlassen). Seine unzähligen antifaschistischen Fotomontagen – *One Man's War Against Hitler (Einmannkrieg gegen Hitler)* nannte er 1939 eine Ausstellung dieser Arbeiten in London – waren

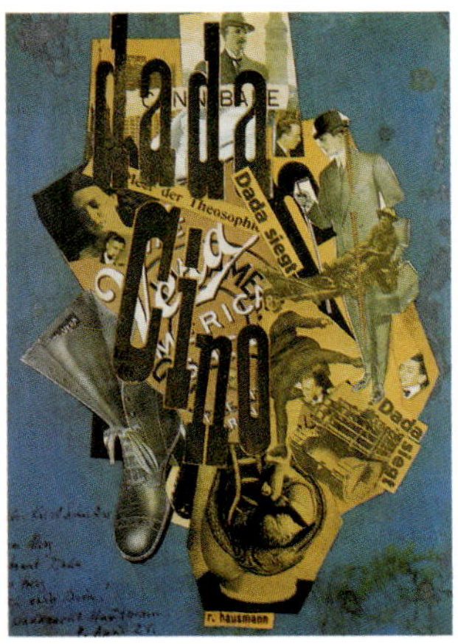


20.34 RAOUL HAUSMANN, *dada-Cino*, 1921, Gouache auf Collage, 40 x 30 cm. Privatsammlung.

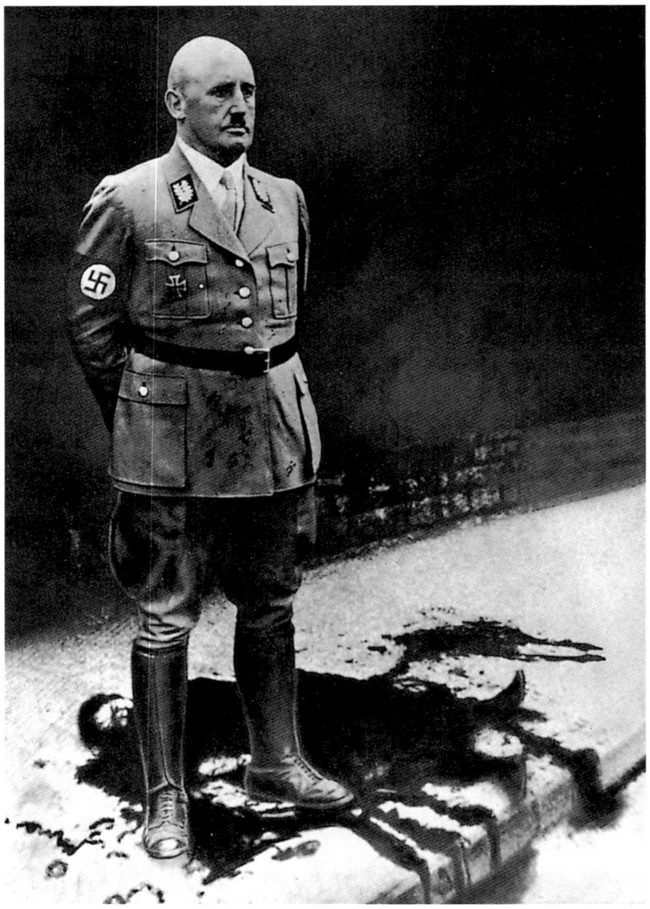

20.35 JOHN HEARTFIELD, *Ein Pangermane*, 2. Nov. 1933, Fotomontage. Akademie der Künste, Berlin.

zur Vervielfältigung in Zeitschriften und auf Plakaten konzipiert. In der Mehrzahl waren sie aus ausgeschnittenen Photoaufnahmen führender Nazis zusammengesetzt, die mit anderen Bildern kombiniert wurden – z. B. Julius Streicher mit dem verstümmelten Leichnam eines ermordeten Mannes –, wobei Aufschriften ihre Botschaft noch unterstrichen ▸ 20.35; 36. Einige haben eine allgemeinere Bedeutung, so vor allem das Plakat *Wie im Mittelalter so im Dritten Reich:* die Fotografie eines an ein Hakenkreuz genagelten nackten Mannes, darüber die schlichte Abbildung einer gotischen Bildhauerarbeit, die von HEARTFIELD allerdings falsch gedeutet wurde (sie versinnbildlichte die Menschheit auf dem Rad des göttlichen Gerichts und nicht strafende Folter). Werke dieser Art sind wirkungsvoller als von Hand gezeichnete Karikaturen, weil sie eben aus Fotografien bestehen, das heißt direkten, überzeugend wirkenden Abbildern der Wirklichkeit, auch wenn die Nahtstellen zwischen einzelnen Bildern sichtbar blieben. Es verwundert kaum, dass die Fotomontage alsbald von der Nazipropaganda und von der Werbung aufgegriffen wurde – um die Wirklichkeit zu verfälschen.

In lobender Hervorhebung HEARTFIELDS schrieb Walter Benjamin 1934, abgesehen von dessen Werk und dem einiger weniger anderer sei die Fotografie immer feinsinniger, immer moderner geworden, mit dem Ergebnis, dass es ihr jetzt unmöglich sei, ein Mietshaus oder einen Schutthaufen zu fotografieren, ohne diese zu verklären. Es sei ihr gelungen, noch die tiefste Armut dadurch, dass sie sie auf modische, technisch perfekte Art und Weise gestalte, in ein Objekt der Freude zu verwandeln. Diese Bemerkung lässt unwillkürlich an viele jener fotografischen Bildaufnahmen ländlicher Armut in den Vereinigten Staaten denken, die in den Jahren der Großen Depression für die amtliche ›Farm Security Administration‹ aufgenommen wurden. Sie dienten dem Zweck, sowohl das Elend der aus ihrem Pachtverhältnis entlassenen ›sharecropper‹ zu dokumentieren als auch die staatlichen Aufwendungen für deren Wiederansiedlung zu rechtfertigen. Sie waren das Werk eines Teams, zu dem einige herausragende Fotografen zählten, namentlich WALKER EVANS (1903–1975) und DOROTHEA LANGE (1895–1965), und das unter der Leitung von ROY E. STRYKER (1893–1976) stand. Ungeachtet der Zeit, die inzwischen vergangen ist, haben sie nichts von ihrer schockierenden Wirkungskraft eingebüßt.

*»Nach der Betrachtung dieser Bilder«*, schrieb der Dichter und Kritiker Lincoln Kirstein 1938, *»in ihrer ganzen eindeutigen, scheußlichen und wunderbaren Detailliertheit, ihrem offenkundigen Wahnsinn und ihrer erbärmlichen Erhabenheit, vergleiche man diese Sicht eines Kontinents, wie er sich tatsächlich darstellt, und nicht, wie er hätte sein können oder wie er einmal war, mit jeder beliebigen anderen zusammenhängenden Sicht, die uns seit dem Ersten Weltkrieg geboten worden ist. Welcher Dichter hat annähernd Ähnliches in Worten ausgedrückt? Welcher Maler hat annähernd Ähnliches in Bildern gezeigt?«*

*Wanderarbeiterin mit ihren Kindern, Nipomo, Kalifornien* von 1936 wurde bald die berühmteste dieser Fotografien ▸ 20.37. Gemacht hatte sie DOROTHEA LANGE, die zunächst als konventionelle Porträtfotografin gearbeitet hatte, sich aber dann in ihrem Entsetzen über die Auswirkungen der Depression darauf verlegte, dokumentarische Aufnahmen von den Obdach- und Arbeitslosen zu machen und sich STRYKERS Team anschloss.

*»Ganz gleich, was ich fotografiere«*, sagte sie, *»ich belästige niemanden, pfusche an nichts herum und arrangiere nichts. Was immer ich fotografiere, versuche ich in seinem jeweiligen Stellenwert in Bezug auf die Vergangenheit oder die Gegenwart zu zeigen.«*

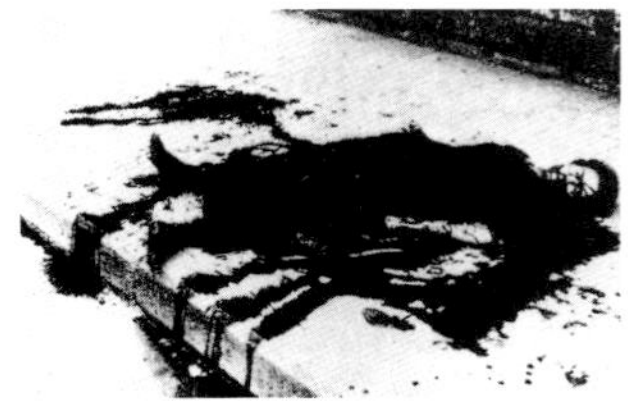

20.36 *Stuttgarter Polizeifotografie von einem ›Mordopfer in Friedenszeiten‹*, montiert in ›Ein Pangermane‹ ▸ 20.35.

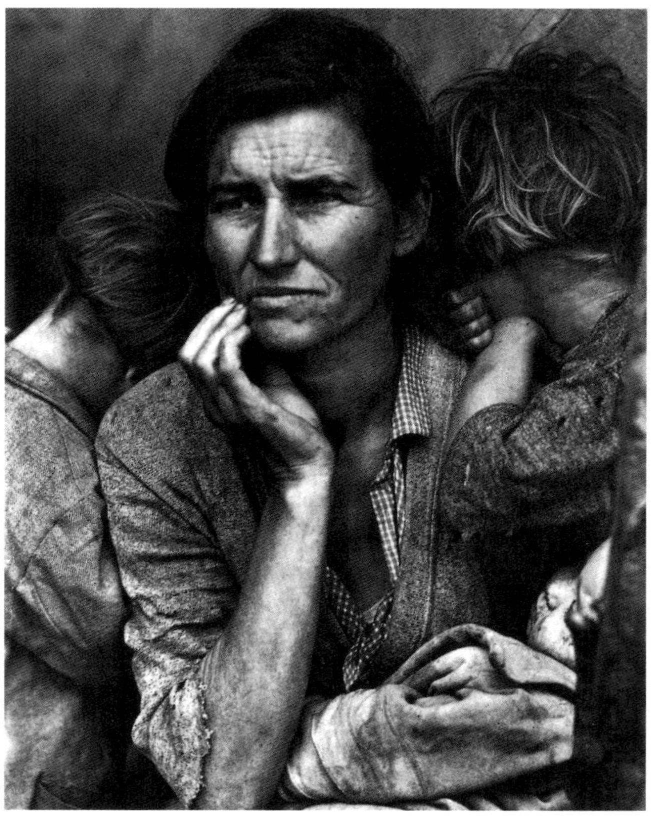

20.37 DOROTHEA LANGE, *Wanderarbeiterin mit ihren Kindern*, Nipomo, Kalifornien, 1936, Gelatinesilber-Abzug. Library of Congress, Washington

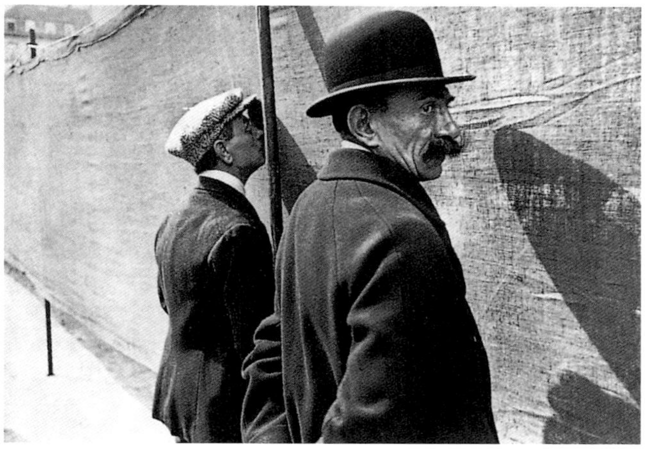

20.38 HENRI CARTIER-BRESSON, *Brüssel*, 1932, Gelatinesilber-Abzug. J. Paul Getty Museum, Malibu.

Doch die Gruppe der umherziehenden Mutter, die dem Unglück ins Auge blickt, und ihrer drei Kinder hätte von einem Bildhauer nicht wirkungsvoller komponiert werden können. Und obgleich die Aufnahme nur dazu diente, die damalige Lage in Kalifornien zu dokumentieren, scheint sie das Elend der Vertriebenen zu allen Zeiten, die unsere eingeschlossen, darzustellen.

Noch eine andere Fotografin bereiste die Südstaaten: Es war MARGARET BOURKE-WHITE (1904–1971), begleitet von dem Romancier Erskine Caldwell, die eine unabhängige Fotodokumentation der sozialen Verhältnisse erstellte. In dem wohlfeilen und weit verbreiteten Buch *You Have Seen Their Faces* (1937), das daraus hervorging, stellte sie den Mythos vom glücklichen Landleben, wie ihn die Städter kultivierten, in Frage.

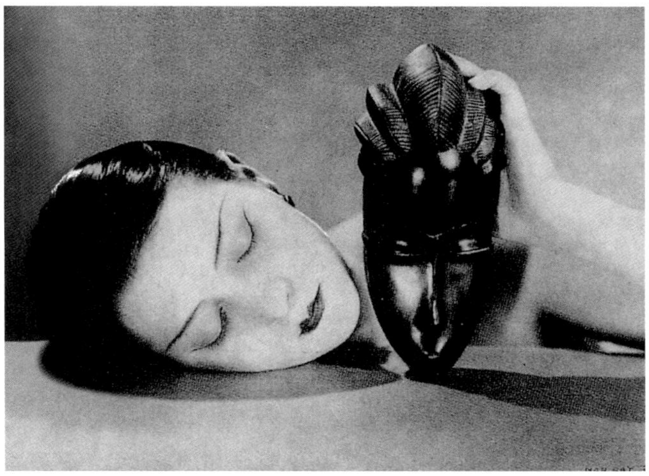

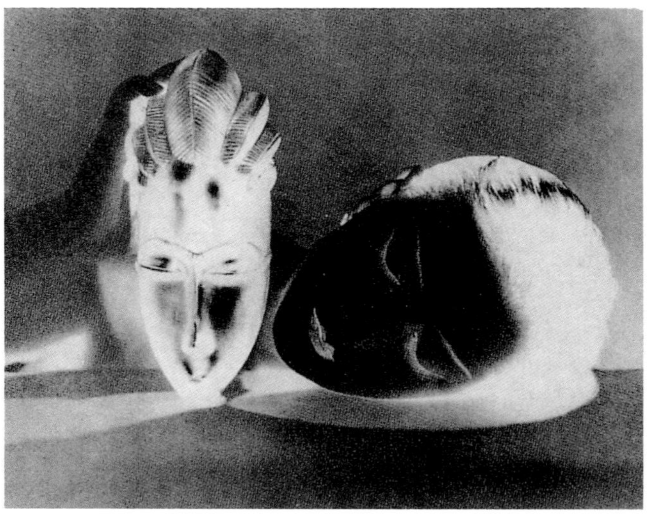

20.39 MAN RAY, *Noire et blanche*, 1926, Fotoabzüge, montiert.

Zur damaligen Zeit wurden Momentaufnahmen, ›Schnappschüsse‹, bereits überall in der Welt gemacht. Keiner jedoch konnte dermaßen geschickt dem Großstadtleben Bilder abringen, die die Unberechenbarkeiten menschlichen Verhaltens sichtbar machen, wie der Franzose HENRI CARTIER-BRESSON (geb. 1908), der sich mit einer Kamera gleich seinem dritten Auge in den Straßen umhertrieb, um eine psychologische vierte Dimension einzufangen. Sein *Brüssel 1932* zählt zu den denkwürdigsten Fotografien, die je gemacht wurden ▸ 20.38. Er vermittelte den Eindruck, nur ein unbeteiligter Zuschauer gewesen zu sein, so sehr achtete er darauf, die Neutralität des Kameraauges zu wahren; seine Sujetwahl aber (und seine Auswahl derjenigen Bilder, die er aus der Masse seiner Aufnahmen zur Reproduktion aussuchte) war von einem feinen intellektuellen Spürsinn geleitet. Die Surrealisten, die Poesie der Symbolisten, die Psychologie Freuds und die marxsche Gesellschaftstheorie hatten auf ihn als Jugendlichen einen starken Eindruck gemacht. Von 1936 an arbeitete er für eine kommunistische Zeitung in Paris. In den meisten seiner Fotografien jedoch sind, sieht man einmal von den Aufnahmen aus dem Spanischen Bürgerkrieg ab, seine politischen Sympathien selten ausdrücklich thematisiert. Die Bilder vom Bürgertum sind eher leicht humorvoll als kritisch, dabei aber sehr wohl subversiv. Sein Freund und politischer Mitstreiter, der Schriftsteller Louis Aragon, der sich bereits in seiner früheren surrealistischen Dichtung verstörend-beunruhigender Bilder bedient hatte, stellte 1936 in Anspielung auf CARTIER-BRESSON fest: *»Die Fotografie hat das Atelier verlassen und ihren statischen, akademischen Charakter, ihre Starrheit abgelegt. Sie hat sich in das Leben begeben; überall, wo sie hingegangen ist, hat sie das Leben überrascht; und wieder einmal erwies sie sich in ihrer Fähigkeit bloßzustellen gegenüber der Malerei als überlegen ... Das Seltsame an dieser Wiederentdeckung ist die Tatsache, dass plötzlich, während die Malerei in ihrer Zaghaftigkeit längst auf kühne kompositorische Arrangements verzichtet hat, der Fotografie fast spielerisch, wie von selbst – auf den Straßen oder wo auch immer – die frühesten Kühnheiten der Maler gelingen.«*

Die Fotografie und die anderen bildenden Künste waren, nach ihrer vorübergehend engen Verbindung in den zwanziger Jahren, in der jedes Medium die Rolle des jeweils anderen zu definieren half, schließlich jede ihren eigenen Weg gegangen. MAN RAY, der zweigleisig arbeitete, äußerte einmal, er fotografiere, was er nicht malen, und male, was er nicht fotografieren könne ▸ 20.39.

## Konstruktivismus, De Stijl und Internationaler Stil

### *Kunst und Revolution*

Wie bereits dargelegt, begrüßten MALEWITSCH und andere russische Künstler die Revolution von 1917, und während der folgenden verworrenen und unsicheren Jahre erfreuten sich einige von ihnen, darunter viele erfinderische und radikale Künstler und Architekten, einer kurzen glücklichen Spanne offizieller Anerkennung. Die Avantgarde schien endlich zu ihrem Recht zu kommen. Lunatscharski, der lange Zeit als

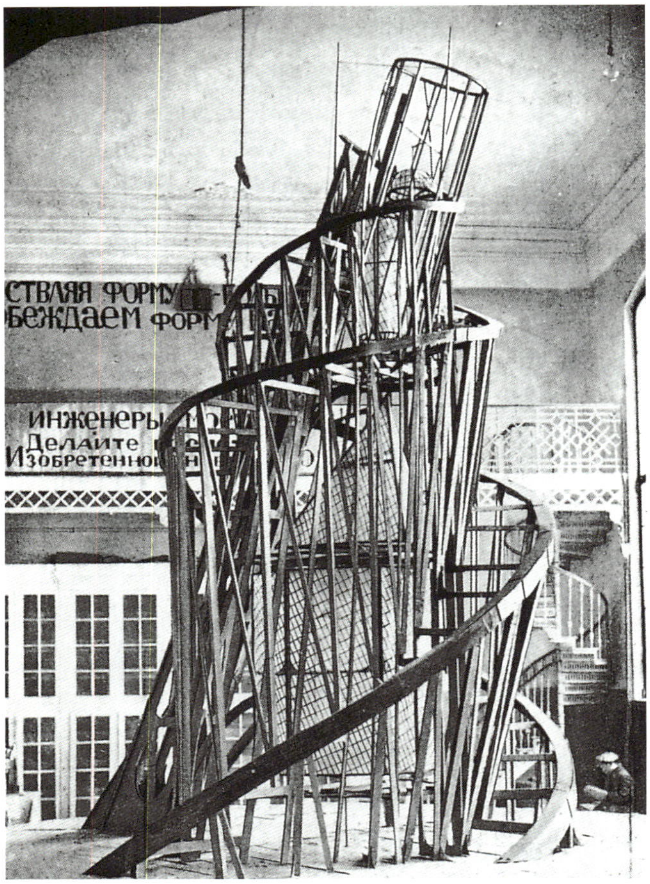

20.40 WLADIMIR TATLIN, *Projekt für das Monument der* III. *Internationale*, 1919/20.

20.41 ALEXANDER RODTSCHENKO, Flug, Entwurf für den Umschlag des Sammelbandes ›Luftfahrtgedichte‹, 1923, Gouache und Deckweiß auf Papier, 24,9 x 15,6 cm.

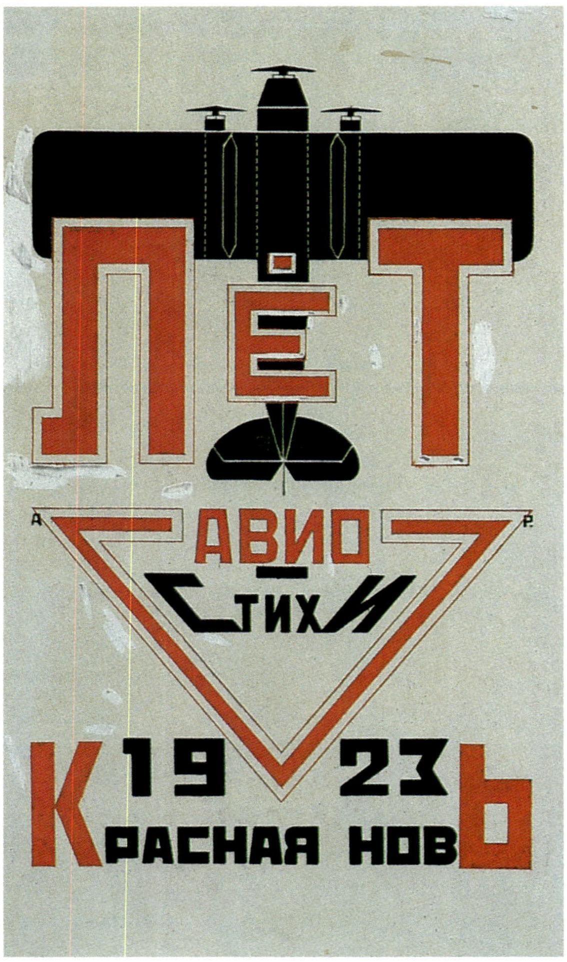


Schriftsteller und Theaterautor in Paris gelebt hatte, ließ ihnen als erster Kommissar für Volksbildung volle Unterstützung und Ermutigung zukommen, ebenso wie Trotzki. Lenin dagegen blieb gleichgültig.

Unter den Malern waren MALEWITSCH, CHAGALL (s. S. 728) und KANDINSKY (s. S. 704ff.) die prominentesten. Doch die Anführer der fortschrittlichsten neuen Bewegung, des Konstruktivismus, waren die Architekten, Bildhauer und Gestalter WLADIMIR TATLIN (1885–1953) und EL (LASAR MARKOWITSCH) LISSITZKY (1890–1941). TATLIN sah 1913 in Paris die Assemblagen von PICASSO und arbeitete nach seiner Rückkehr nach Russland an ähnlichen Konstruktionen aus verschiedenen alltäglichen Materialien, doch ohne gegenständliche Elemente. Sie waren vollkommen abstrakt und so unter den ersten dieser Art. 1917 erhielten sie architektonische Bedeutung in seiner Ausstattung für das ›Café Pittoresque‹ in Moskau. 1919 begann er sein Monument für die Dritte Internationale, eine gigantische schräge Doppelspirale von durchbrochenen Trägern mit auf verschiedenen Höhen aufgehängten rotierenden Raumkörpern. Die ganze Konstruktion sollte eine Höhe von 400 m erreichen. Obschon nie realisiert, ist TATLINS Entwurf ein Symbol des revolutionären Modernismus und des konstruktivistischen Geistes nützlicher Einfachheit ▸ 20.40. Die konstruktivistische Ideologie war weitgehend antiästhetisch, entsprechend der Behauptung von Marx, dass die Produktionsweise der materiellen Güter die sozialen, politischen und geistigen Prozesse bestimme. Ihre Ziele waren in erster Linie sozial, utilitaristisch und materialistisch. Die Aufgabe des Künstlers war es, die Wünsche des revolutionären Proletariats auszudrücken sowie die physischen und geistigen Bedingungen der Gesellschaft im Ganzen zu verbessern – daher die freudige Zustimmung der Konstruktivisten zur maschinellen Produktion, zum Ingenieurwesen, zu den seriengefertigten Materialien sowie zur Fotografie und zu den anderen modernen Mitteln der Massenkommunikation. Außer in der Architektur finden sich ihre besten und einflussreichsten Werke in der Typographie, der Werbung und der Ausstellungsgestaltung.

LISSITZKYS bekanntestes Werk, sein Projekt für die Lenin-Tribüne von 1924 (nach einem weitergeführten Entwurf von 1920 für die Rednertribüne eines Schülerkollektivs), gelangte, wie das TATLINS, nie über das Zeichenbrett hinaus. Aber seine Gemälde, die er ›Proun‹ nannte – nach den Anfangsbuchstaben für das ›Russische Projekt zur Bestätigung des Neuen‹ –, sind im Charakter sehr architektonisch und drücken seine Vision unmissverständlich aus. Er beschrieb ›Proun‹ als »Haltestelle auf dem Aufbauweg der neuen Gestaltung«. Solche Werke scheinen oftmals zwischen isometrischer Projektion und abstrakter Komposition zu schweben ▸ 20.42. Das abgebildete Beispiel ist in seiner kühlen Präzision einer Ingenieurzeichnung nicht unähnlich, typisch für die konstruktivistische Maschinen-Ästhetik. Ein Würfel ist im Raum über einem Gitter von perspektivischen Linien und vor einem leicht aus der Mitte gerückten farbigen Balken aufgehängt, der oben und unten mit Halbkreisen verankert ist. Das subtile Spiel mit Intervallen, Schwere und Gleichgewicht ist im Wesentlichen architektonisch.

Die konstruktivistische Utopie war indessen kurzlebig. Nach der Einführung von Lenins ›Neuer Ökonomischer Politik‹ (1921) wurde die Nützlichkeit der Bewegung ernsthaft in Frage gestellt, und mehrere ihrer Mitglieder beeilten sich, Russland zu verlassen. 1922 ging LISSITZKY nach Westeuropa,

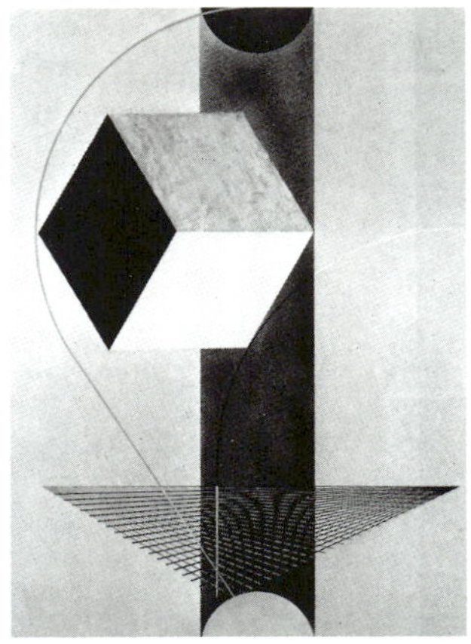

20.42 EL LISSITZKY, *Proun 99*, 1924/25, Leinwand, 129 x 99 cm. Yale University Art Gallery, Gift of the Société Anonyme, New Haven, Conn.

QUELLEN UND DOKUMENTE

## Walter Gropius über das Bauhaus

Der große Einfluss des Bauhauses beruhte vor allem darauf, dass es im Hinblick auf die Massenproduktion und die Industrialisierung schon sehr früh die vollständige Einbeziehung moderner Gestaltungsprinzipien propagierte. Dieses höchst rationale, technologische Programm ging Hand in Hand mit dem Geist der Utopie, der für die Jahre nach dem Ersten Weltkrieg so charakteristisch ist. In dem folgenden Auszug fasst GROPIUS die Ziele der Bauhauslehre zusammen.

*»Der Aufbau der Bauhauslehre gipfelt also in der Forderung nach einer großen neuen Arbeitseinheit, die den schöpferischen Gestaltungsvorgang als unteilbares Ganzes auffasst. Der bildnerisch Begabte soll das richtige Gefühl einer miteinander verwobenen Werk- und Formarbeit wiedergewinnen. Die Lust am Bauen im weitesten Sinne des Wortes muss die papierene Entwurfsarbeit verdrängen. Der Bau eint alle gestaltenden Arbeiten, vom einfachen Handwerker und Arbeiter bis zum außerordentlichen Künstler, im gemeinsamen Werk. Daher muss die Grundlage der gemeinsamen Schulung so breit sein, dass jede Begabung über sie ihren Weg findet. Da ein allgemein gültiger methodischer Weg zur Auswahl der Begabung von vornherein nicht möglich ist, muss der Einzelne im Laufe seiner Entwicklung das ihm gemäße Arbeitsfeld im Rahmen der Gemeinschaft selbst finden. Die Mehrzahl wird zum Träger der Produktion, die wenigen, außerordentlich Begabten lassen sich keine Grenzen setzen. Nachdem sie den Gang der Werk- und Formausbildung durchlaufen haben, fällt ihnen die freie spekulative Versuchsarbeit zu, die die Arbeit der Gesamtheit immer von Neuem befruchtet und zukunftsweisende Werte schafft. Von der modernen Malerei, die ihre alten Grenzen durchbrach, gingen zahllose Anregungen aus, die noch ungenutzt ihrer Verwirklichung harren. Sind aber die zukünftigen Urheber solcher schöpferischen Werte erst wieder aus dem Werkleben hervorgegangen, so werden sie selbst die Mittel zu ihrer Verwirklichung in der Werkwelt kennen und ihr die Wege vorbereiten. Sie werden die Maschine in den Dienst ihrer Idee zwingen, und die Idee wird ihre umfassende Bildung suchen.«*

Walter Gropius, Idee und Aufbau des Staatlichen Bauhaus Weimar‹ [1905], in: ders., Die neue Architektur und das Bauhaus. Grundzüge und Entwicklung einer Konzeption, Mainz u. Berlin 1965

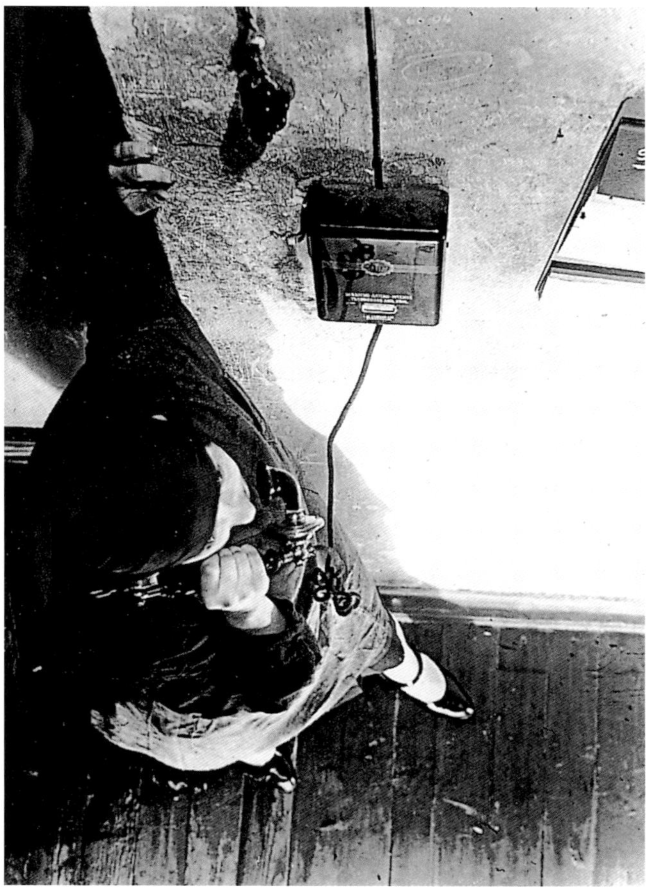

20.43 ALEXANDER RODTSCHENKO, *Frau am Telefon*, 1928, Gelatinesilber-Abzug, 39,4 x 29 cm. The Museum of Modern Art, New York.

wo er für die nächsten neun Jahre blieb. Ihm ist es weitgehend zu verdanken, dass die konstruktivistischen Ideen in den Westen gelangten. In Russland blieb ihr Vermächtnis weitgehend Papier. Die Moskauer Arbeiterklubs von KONSTANTIN MELNIKOW (1890–1974) und ILJA GOLOSOW (1883–1945) sind die hervorragendsten konstruktivistischen Gebäude, die überdauerten, vom letzteren speziell der Klub Sujew (Klub der Moskauer Kommunalarbeiter, 1927–1928). ALEXANDER RODTSCHENKO (1891–1956), ein enger Weggefährte EL LISSITZKYS und TATLINS, blieb in Russland. Er war ein vielseitig begabter Künstler, der zunächst als Maler tätig war und später ein Meister der Fotomontage wurde – einige seiner Fotomontagen zählen zu den wirkungsvollsten Verbildlichungen der Ideale der Revolution; er war zudem ein hervorragender Grafiker und Industriedesigner ▸ 20.41. Keiner war von der Bedeutung der Kunst als Katalysator gesellschaftlichen Wandels mehr überzeugt als er, doch wurde sein Schaffen bald als zu intellektuell und elitär empfunden. Von 1925 an betätigte er sich hauptsächlich als Fotograf, und obgleich einige seiner Aufnahmen von Bauarbeitern zu Propagandazwecken verwendet wurden, stieß seine Wahl ungewöhnlicher Blickwinkel mit schräg nach oben oder unten gekippter Kamera gleichermaßen auf Kritik ▸ 20.3. 1942 wandte er sich wieder der Malerei zu und entwickelte einen abstrakt-expressionistischen Stil, der der staatlichen Kunstpolitik diametral entgegengesetzt war und in frappierender Weise das Werk JACKSON POLLOCKS in den Vereinigten Staaten vorwegnahm (s. S. 754f.). RODTSCHENKO jedoch blieb eine Ausnahme. Die Unterdrückung der Künstlergruppen (1932) gab das Zeichen

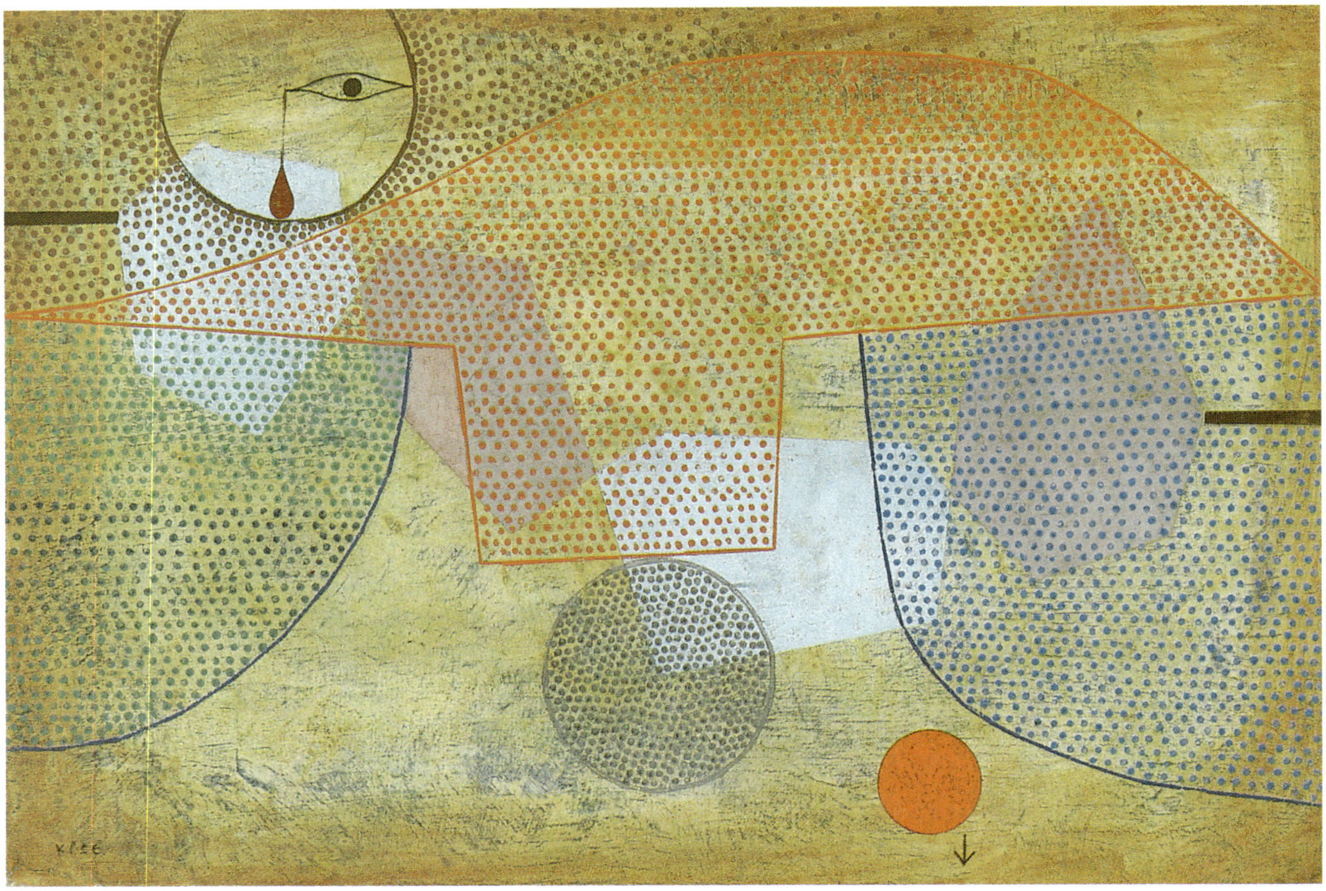

20.44 PAUL KLEE, *Sonnenuntergang*, 1930, Öl auf Leinwand, 46,2 x 70,2 cm. Art Institute of Chicago (Schenkung Mary and Leigh B. Block).

für einen radikalen Wechsel in der sowjetischen Kunstpolitik, die schließlich alle modernistischen Tendenzen zugunsten von erneuerten Stilen in der Architektur und dem Sozialistischen Realismus in der Kunst ausmerzte. Die Versuche, die Lücke zwischen der Avantgarde und der Arbeiterklasse, zwischen dem Künstler und den Massen zu überbrücken, mündeten schließlich in einen platten offiziellen Stil, dem es gleichermaßen an der künstlerischen Originalität des elitären Werkes wie an der ursprünglichen Vitalität der Volkskunst mangelte.

## *Das Bauhaus*

Auch im Nachkriegsdeutschland gab es viele, die glaubten, dass der Künstler mithelfen könne, durch die Schaffung einer neuen visuellen Umgebung neue soziale Bedingungen zustande zu bringen. Nicht nur für Deutschland, auch für Europa wurde das Bauhaus in Weimar das Zentrum solchen Bestrebens. 1919 wurde es von GROPIUS (s. S. 717) mit einem leidenschaftlichen, expressionistischen Manifest als eine Schule begründet, in der Künstler und Architekten gemeinsam am großen Ziel der »Erschaffung der Zukunft« mitarbeiten konnten. Was er anstrebte, war eine Vereinheitlichung von Kunst und Design. Das Endziel des Bauhauses, so schrieb er, bestehe in kollektivem Kunstwerk, bei dem Baukunst und angewandte Kunst nahtlos ineinander übergingen. Bildende Künstler und Architekten sollten gemeinsam auf das große Ziel des »Hauses der Zukunft« hinarbeiten. In den Anfangsjahren des Bauhauses wurde GROPIUS durch Vermittlung der Wiener Sezession und der Wiener Werkstätten von den Ideen von William Morris und der englischen Arts-and-Crafts-Bewegung beeinflusst (s. S. 662f.), verbunden mit expressionistischer Inbrunst und Utopismus. Der expressionistische Zug hingegen wandelte sich um 1922/23 durch den Kontakt mit ›De Stijl‹ (s. S. 715f.), dem sich LISSITZKY nach seiner Ausreise aus Russland angeschlossen hatte und der unter seinem Einfluss noch strenger und zielbewusster wurde. Das Bauhaus bewegte sich in ähnlicher Richtung auf kühle kubische Vereinfachung und Funktionalismus zu, besonders im Industriedesign, wie es von GROPIUS in seiner Denkschrift ›Kunst und Technik – eine neue Einheit‹ umrissen wurde. Während die frühen Beispiele des Bauhaus-Designs in Wirklichkeit kunsthandwerkliche Produkte waren, denen man durch Formgebung das Gepräge industrieller Herstellung verlieh, wurde GROPIUS bald zur Maschinenästhetik bekehrt, nachdem er erkannt hatte, dass maschinell Hergestelltes durchaus seine eigenen Vorzüge haben konnte. Er erkannte zudem, dass die Unterschiede zwischen Industrie und Handwerk weniger auf die Art der benutzten Werkzeuge zurückzuführen sei als vielmehr auf die Arbeitsteilung im einen Fall und

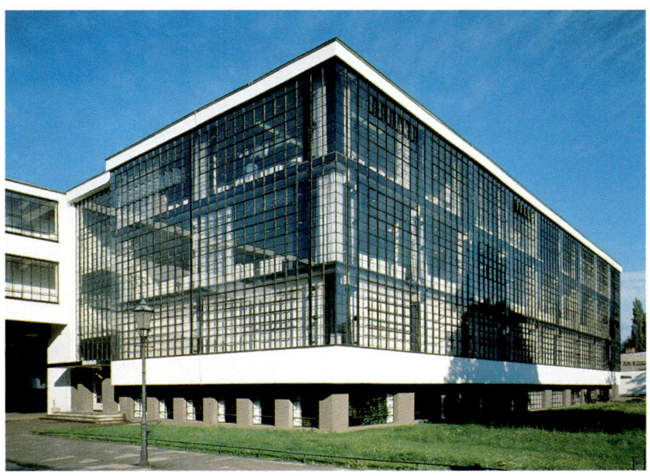

20.45 WALTER GROPIUS, Mitteltrakt des Bauhauses in Dessau, 1925/26.

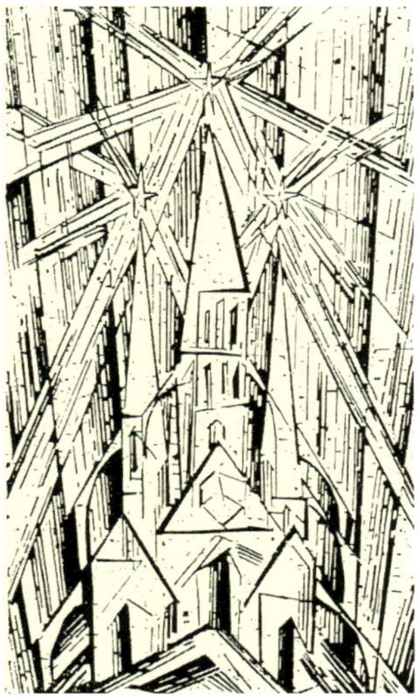

20.46 LYONEL FEININGER, *Holzschnitt für das Gründungsmanifest des Bauhauses*, 1919.

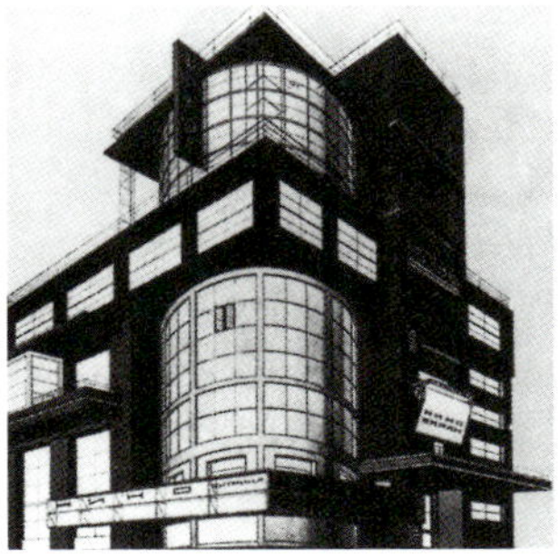

20.48 ILJA GOLOSOW, *Sujew-Klub*, Moskau, 1927/28. Entwurf.

die persönliche Kontrolle durch einen einzigen Handwerker im anderen. In seiner Betonung der Notwendigkeit kollektiver Arbeit an den Problemen des Industriedesigns sowie der kreativen Verantwortung des Designers gegenüber der Gesellschaft ist seine linke politische Gesinnung zu erkennen. Sie sorgte am Bauhaus für ein Klima, das ganz verschieden war von dem, welches einige Jahre später in der Taliesin-Gemeinschaft im US-Bundesstaat Wisconsin herrschen sollte, wo FRANK LLOYD WRIGHT, dessen frühe Bauten GROPIUS spürbar beeinflusst hatten, seine Studenten dazu ermutigte, Individualisten zu werden. Ziel des Bauhauses war es, Prototypen für die Massenfertigung von Gegenständen des täglichen Gebrauchs herzustellen, ein Ziel, das am erfolgreichsten im Bereich der Möbelherstellung verwirklicht wurde, wofür der 1925 von MARCEL BREUER entworfene Sessel aus verchromtem Stahlrohr das charakteristischste Beispiel darstellt. Der Sessel *Wassily* wird auch rund 90 Jahre später immer noch hergestellt.

1925 zog das Bauhaus nach Dessau um, wo GROPIUS für die Hochschule ein neues Gebäude entwarf, in dem die funktionalen und korporativen Ideale des Bauhauses auf bewundernswerte Weise zum Ausdruck kamen ▸20.45. Der Komplex aus Werkstätten, Ateliers, Unterrichts- und Ausstellungsräumen, einer Bibliothek, Büroräumen und Unterkünften wurde äußerlich vereinheitlicht durch eine präzise und schmucklose, gleichwohl aber einladende asymmetrische Anordnung sich schneidender geradliniger Gebäudeblöcke. Großflächige Glaswände wurden durch ein Skelett aus Stahlträgern und Pfeilern aus Stahlbeton ermöglicht, was im Fall des Werkstättengebäudes dazu führte, dass sich das äußere Mauerwerk auf zwei schmale weiße Streifen oben und unten beschränkte. Dieses Gebäude wurde für das nächste halbe Jahrhundert zum Schulbeispiel für den Internationalen Stil und überstand den Zweiten Weltkrieg unbeschädigt. Die Hochschule selbst freilich wurde 1933 von den Nationalsozialisten geschlossen. GROPIUS war bereits 1928 als Direktor zurückgetreten, woraufhin Mies van der Rohe den Posten übernommen hatte. Die Bauhauslehrer zerstreuten sich und trugen ihre Ideale mit sich, insbesondere in die USA, wo GROPIUS an der Universität Harvard lehrte und MIES VAN DER ROHE in Chicago, dort gründete der ehemalige Bauhausmeister LÁSZLÓ MOHOLY-NAGY (1895–1946) 1937 das Chicago Institute of Design (heute das Illinois Institute of Technology). Gleichzeitig entwickelten im israelischen Tel Aviv aus Deutschland geflohene Architekten nach Bauhausprinzipien die ›Weiße Stadt‹, ein einzigartiges Beispiel des Bauhausstils auf städtebaulicher Ebene.

Zu den namhaften Künstlern, die dem Lehrkörper des Bauhauses angehörten, zählten sowohl KANDINSKY als auch der Schweizer Maler PAUL KLEE (1870–1940), während andere, wie etwa MONDRIAN, die Hochschule als Gast besuchten. KLEE arbeitete in der Regel in kleinem Format, doch sind seine Gemälde keineswegs bescheiden in ihrem Anspruch. Die Tatsache, dass er seiner Vorlesungsreihe zur Formenlehre den Titel *Das bildnerische Denken* gab, deutet den intellektuellen Charakter seines Verständnisses der bildenden Kunst an. Sein Denken wurzelte in der Philosophie der deutschen Romantik und späteren Schriften zur Psychologie, insbesondere von Freud und Jung, die auch die Surrealisten anschließend aufgriffen. Er suchte nach dem Wesentlichen der Form und nach Ursymbolen, wobei der irrationale Stimulus der freien Assoziation (etwa in Form seiner ›Kritzelei‹, einer Form von psychischem Automatismus) ihn letzeren näher brachte. Kinder-

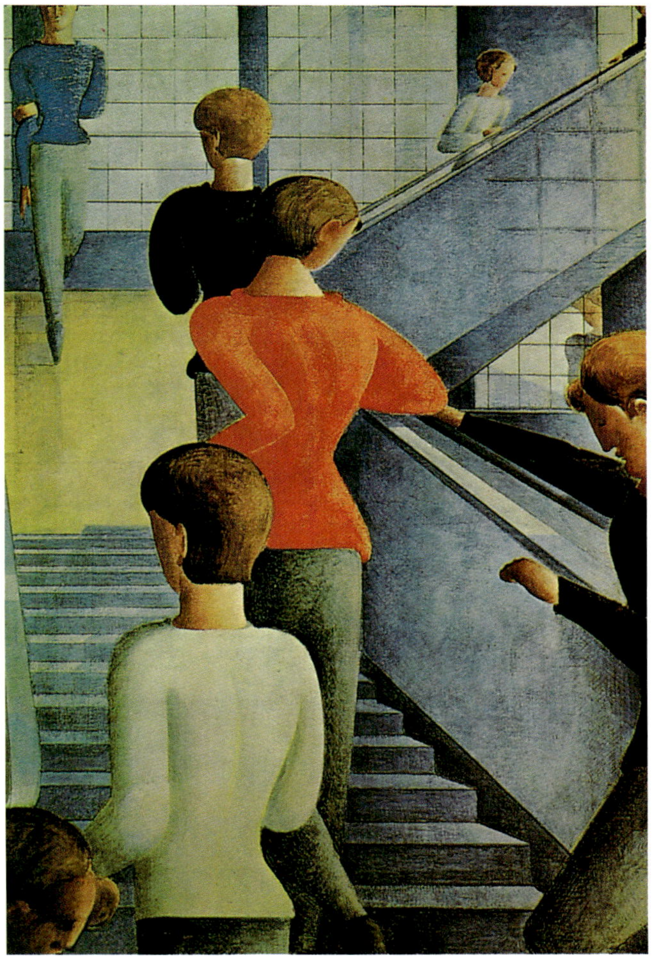

20.47 OSKAR SCHLEMMER, *Bauhaustreppe*, 1932, Leinwand, 161 x 113 cm. The Museum of Modern Art, New York.

20.49 LYONEL FEININGER, *Marktkirche in Halle*, 1930, Leinwand, 102 x 80,4 cm. Neue Pinakothek, München.

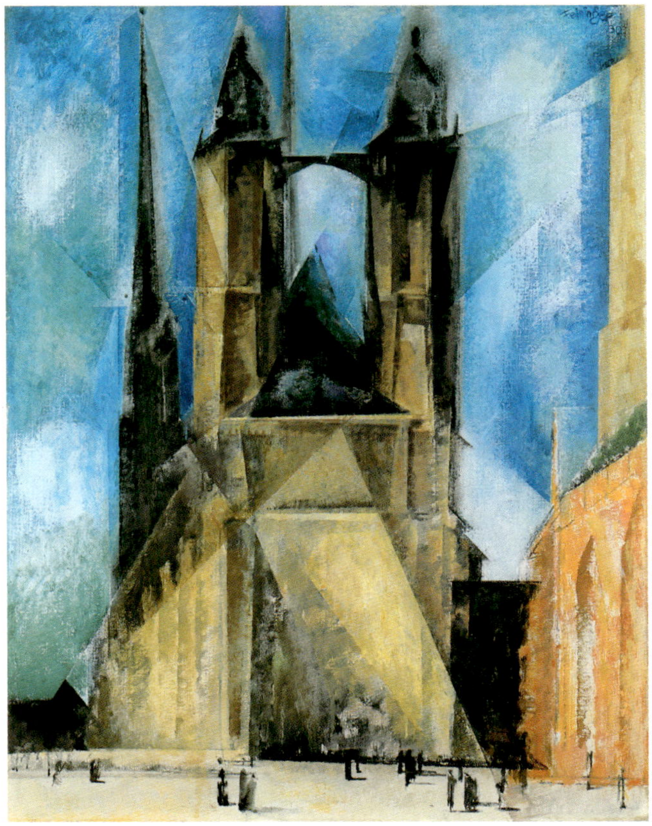

# *Städte der Zukunft*
# Le Corbusier und Frank Lloyd Wright

LE CORBUSIERS *Zeitgenössische Stadt für drei Millionen Einwohner* ▸ 20.63, der damaligen Bevölkerungszahl von Paris, und sein Buch *Urbanisme* von 1925 schlugen radikal moderne und rationale Lösungen für Probleme vor, die seit der industriellen Revolution immer drängender geworden waren. Er formulierte vier Forderungen:

1. Wir müssen die Zentren unserer Städte entlasten.
2. Wir müssen die Dichte erhöhen.
3. Wir müssen die Fortbewegungsmöglichkeiten verbessern.
4. Wir müssen die Zahl der Parks und Freiflächen erhöhen.

Die bereits ergriffenen Maßnahmen – der Bau breiter Straßen zur Erleichterung des Verkehrs, den Baron Georges Haussmann (1809–1891) im Zweiten Kaiserreich in Paris durchgesetzt hatte, die Anlage großer öffentlicher Parks (S. 584f.) und von Gartenvorstädten für die Mittelschicht – verschleierten seiner Meinung nach nur das eigentliche Problem. Er verlangte neue Städte, die sich am zeitgenössischen Leben orientieren und zukünftige Entwicklungen prägen sollten. Aber er war keineswegs der erste, der dies tat. Mehrere zukunftsweisende Projekte dieser Art waren während des vorausgegangenen halben Jahrhunderts entwickelt worden. Das einflussreichste war das von Ebenezer Howard (1850–1928) 1898 in London veröffentlichte Buch Morgen: *Ein friedlicher Weg zu einer wirklichen Reform*, das vier Jahre später bezeichnenderweise unter dem neuen Titel *Gartenstädte von morgen* wieder aufgelegt wurde. Inspiriert von der Gesellschaftskritik John Ruskins und William Morris' verbrachte Howard, der kein Architekt war, fünf Jahre in den USA, wo er in den Bannkreis der Metaphysik Ralph Waldo Emersons und Henry Thoreaus geriet und von wo aus er mit der Überzeugung nach London zurückkehrte, dass sich das Gesellschaftssystem durch eine einfallsreiche Stadtplanung auch ohne revolutionäre Gewalt verändern ließe, wenn man in den neuen Städten nur die Möglichkeit einer alternativen Lebensweise biete. Dies brachte ihn auf die Idee seines Lebens – eine Gartenstadt, die – als eigenständige Stadt, nicht als Vorstadt konzipiert – im Grünen lag und sowohl ländlichem Wohnen als auch Industrieunternehmen Platz bot und alle kulturellen Annehmlichkeiten erlaubte. Die Gartenstadt sollte der Gemeinschaft gehören und wirtschaftlich selbständig sein, zugleich aber auch größer und komplexer als die von ROBERT OWEN und Charles Fourier ins Auge gefassten Kommunen (s. S. 584f.). In einem breiten Grüngürtel aus Ackerland sollten die städtischen Gebäude an zentraler Stelle in einem von glasüberdachten Ladenarkaden und Ringstraßen mit Häusern umgebenen Park angesiedelt werden, an dessen Peripherie sich die Fabriken befänden ▸ 20.50. Im Idealfall sollten dort 32 000 Menschen wohnen und die Gesamtzahl 58 000 nicht überschreiten. Bei mehr Einwohnern empfahl er die Errichtung zusätzlicher kleinerer, jeweils in einem eigenen Grünstreifen angesiedelter und per Eisenbahn und Kanal miteinander verbundener Satellitenstädte. Howards Idee wurde in der ersten Gartenstadt Letchworth, 64,4 km nördlich von London gelegen, realisiert. Sie wurde 1903 von Raymond Unwin (1863–1940) begonnen, entwickelte sich aber weniger rasch als geplant. Außerdem sah er sich zu Konzessionen im Hinblick auf die private Eigentümerschaft gezwungen. Ähnliche Projekte wurden in Großbritannien, Deutschland und den USA realisiert. Für alle war eine Sehnsucht nach dem dörflichen Leben bezeichnend, wie es vor der industriellen Revolution existiert hatte – mit Häusern in beschaulichem Stil, an gewundenen, von Bäumen gesäumten Straßen, die ohne Berücksichtigung der zunehmenden Zahl von Autos geplant wurden, denn noch betrachtete man diese nicht als Gefahr für die Fußgänger.

Bereits vor dem Ersten Weltkrieg hatte es radikalere Vorschläge gegeben: 1914 der für eine Città Nuova von dem futuristischen Architekten ANTONIO SANT'ELIA (s. S. 713f.) und 1904–1917 der von TONY GARNIER (1869–1948) entwickelte Plan für eine Cité Industrielle. Erst 1925 schrieb LE CORBUSIER, dass die »moderne Stadtplanung mit einer neuen Architektur geboren wird« und »ein gewaltiger, überwältigender brutaler Schritt in der Evolution die Verbindungen zur Vergangenheit zerstört hat«. Für die überfüllten Zentren der alten Städte bot er nur eine einzige Lösung an: den vollständigen Abriss und den Neubau auf der Basis eines geometrischen Plans mit mehrstöckigen Autobahnen. »Sich windende Straßen sind etwas für Esel«, erklärte er, »geradlinige etwas für Menschen« – das heißt für Autos. Obwohl er stillschweigend einige von Howards Ideen übernahm, insbesondere die des ›Grüngürtels‹ und ›Zonenbildung‹ zur Untergliederung von Gebieten nach funktionalen Gesichtspunkten, sollte seine zeitgenössische Stadt keine öffentlichen Parks enthalten, sondern selbst eine riesige, mit Hochhäusern bebaute Grünfläche bilden. In der Mitte sollte der Bahnhof liegen, auf dessen Dach ein Landeplatz für Lufttaxis vorgesehen war, die zwischen der Stadt, deren Zentrum von 185 m hohen Wolkenkratzern umgeben war, und dem außerhalb gelegenen Flughafen hin- und herpendeln sollten. Er veranschaulichte seine Ideen anhand eines Plans für die urbane Erneuerung von Paris, der die Zerstörung ganzer Viertel auf der rechten Seite der Seine vorsah, um Platz für eine Grünfläche zu schaffen, auf der achtzehn glasverkleidete Wolkenkratzer stehen sollten ▸ 20.51. Zwar wurde keine dieser Visionen realisiert, doch erfuhren seine Ideen durch die ›Internationalen Kongresse Moderner Architektur‹ (CIAM) in der ›Charta von Athen‹ 1933 internationale Anerkennung.

Etwa zur selben Zeit arbeitete FRANK LLOYD WRIGHT (s. S. 716f.) 1931–1935 an seiner ganz anders gearteten, dezentralen und

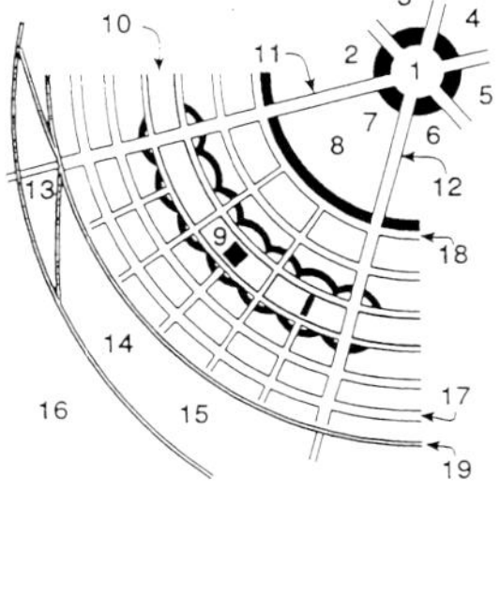


1 Garten
2 Museum und Galerie
3 Krankenhaus
4 Bibliothek
5 Theater
6 Konzerthalle
7 Rathaus
8 Zentralpark
9 Schule
10 Grand Avenue
11 Boulevard Columbus
12 Boulevard Newton
13 Bahnhof
14 Schrebergärten
15 Molkereien
16 Große Bauernhöfe
17 First Avenue
18 Fifth Avenue
19 Eisenbahnlinie

20.50 Ebenezer Howard, ›Gartenstadtbezirk und Zentrum‹, 1898.

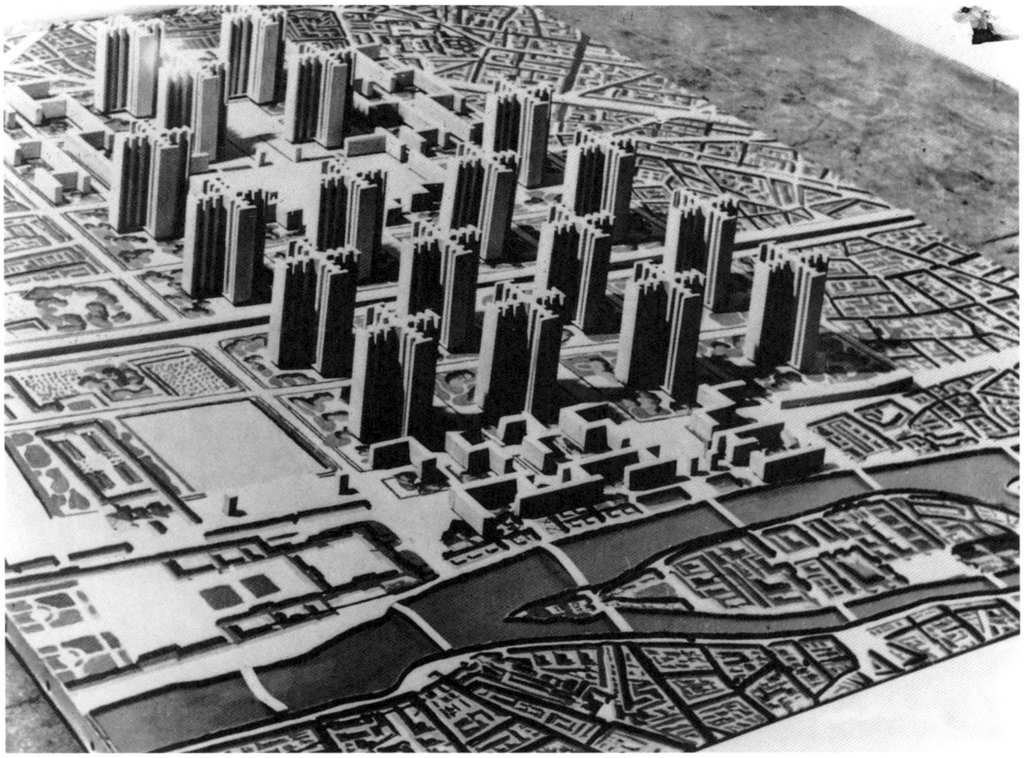

20.51 LE CORBUSIER, *Plan Voisin* für Paris, 1925.

ländlichen Broadacre City. Die zentralisierte Planung war nach WRIGHTS Auffassung durch das Auto und das Telefon überflüssig geworden. Das 10,36 qkm messende Broadacre sollte vor allem aus Kleinlandbesitzungen (mit einer Grundfläche von mindestens 0,4 Hektar und einem Einfamilienhaus aus Fertigteilen) bestehen, nach den Wünschen und Bedürfnissen der Bewohner gestaltet: Auch diese Häuser im nordamerikanischen Stil verkörperten also sozialreformerisches Gedankengut ▸ 20.52. Wie LE CORBUSIER sah WRIGHT sich selbst als Prophet, wenn auch von jener merkwürdigen Art, bei dem sich fortschrittliche und konservative Elemente auf einzigartige Weise miteinander vermischen. In seinen Schriften betonte er stets die individuelle Einheit, die »kleinen Bauernhöfe, kleinen Fabriken, kleinen Schulen«. Wie Ebenezer Howard, dem er uneingestandenermaßen viel verdankte, ging es ihm darum, die Gesellschaft durch die Schaffung einer neuen Umwelt zu reformieren. Er wollte es den Amerikanern ermöglichen, sich sowohl von der Tyrannei des zentralisierten urbanen Kapitalismus als auch vom zentralisierten Städtebau zu befreien und auf diese Weise die ländlichen Tugenden individueller Freiheit und des Vertrauens in ein Modell à la Jefferson zurückzugewinnen. Seine utopische Broadacre-Vision wurde zwar nicht realisiert, doch hatten seine Ideen Bestand und gewannen nach dem Zweiten Weltkrieg mit der zunehmenden Dezentralisierung der Vorstädte neue Bedeutung. In den USA erinnerten Wohnprojekte wie Levitown in Hicksville im Staat New York (1947–1951), das erfolgreich den amerikanischen Individualismus mit der kollektiven Planung für entlassene GIs auf Haussuche verband, mit jedem seiner 16 000 Häuser mit mehr oder weniger offenen Etagenflächen lebhaft an Wrights Visionen.

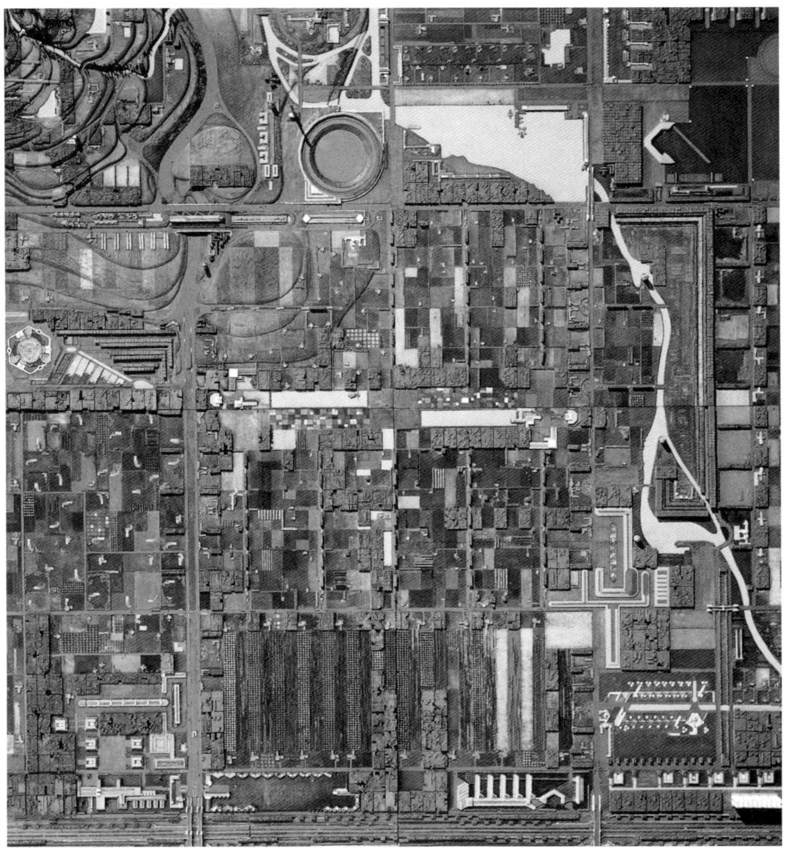

20.52 FRANK LLOYD WRIGHT, Modell des Broadacre City Projects, 1931–1935.

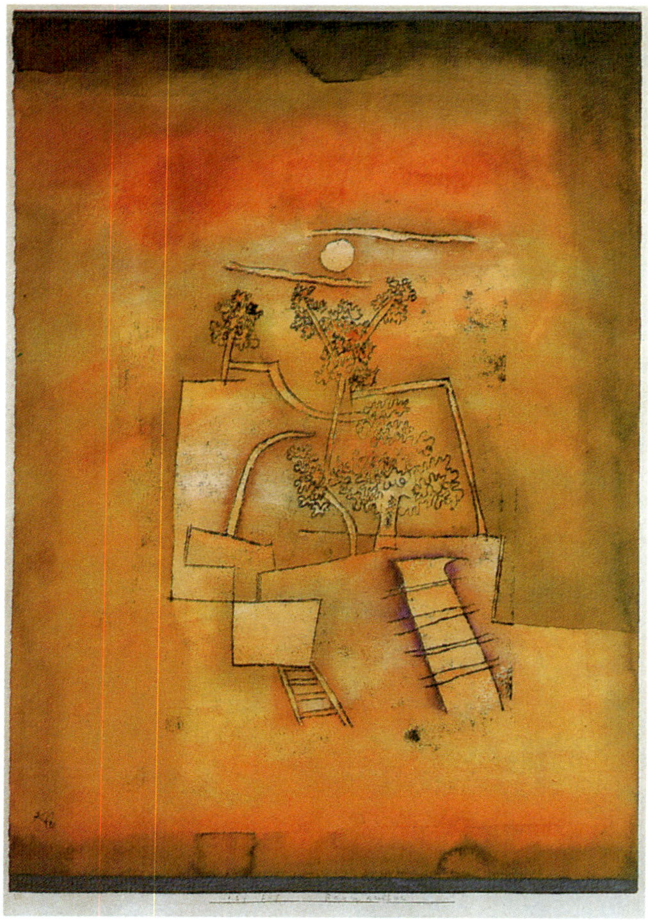

20.53 PAUL KLEE, *Baumkultur*, 1924, Aquarell und Tusche auf Papier, 18,1 x 13,1 cm. Solomon R. Guggenheim Museum, New York.

zeichnungen und die Kunst der – wie man sie damals nannte – ›Primitiven‹, mit denen ihn die deutschen Expressionisten bekannt gemacht hatten, waren für ihn in seinem Bestreben wichtig, sich von traditionellen abendländischen Vorbildern zu befreien. Vor dem Ersten Weltkrieg hatte er in München der Künstlergruppe ›Der Blaue Reiter‹ angehört. In Werken wie *Sonnenuntergang* ▸ 20.44 ließ seiner Vorstellungskraft in linearen Abstraktionen freien Lauf, die sowohl natürliche Urformen als auch piktografische Zeichen einschlossen, deren Potential er weiter entwickelte.

Im Werk OSKAR SCHLEMMERS (1888–1943), den GROPIUS 1920 nach Weimar berief, ist die Wandlung der Ästhetik des Bauhauses von einer expressionistisch gestimmten ersten Phase zu einer seit 1923 vorherrschenden puristisch-konstruktivistischen nachzuvollziehen. Seine auf die Grundvolumina reduzierten Figuren sind nach einem streng stereometrischen Raster in leeren, fast steril wirkenden Räumen platziert ▸ 20.47. Individualität und Emotion der Personen sind ausgemerzt zugunsten einer Figur und Raum umgreifenden rationalen Ordnung.

Bei dem in den Jahren 1919–1933 am Bauhaus lehrenden LYONEL FEININGER (1871–1956) ist das Figürliche gegenüber einer den gesamten Bildraum strukturierenden Architektur- und Raumtektonik zurückgetreten. Er sublimierte die kubistische Methode, indem er nuancenreich gegeneinander abgesetzte Farbflächen wie kristalline Feinstrukturen behandelte ▸ 20.46. Zu FEININGERS bedeutendsten Werken gehören die elf im Auftrag der Stadt Halle entstandenen Stadtansichten. Waren FEININGERS Werke vor 1920 noch dynamisch und voll innerer Unruhe, so zeigt sich hier 1929 bis 1931 die Wirkung der auf rationale Klarheit und Geordnetheit ausgerichteten Ästhetik des Bauhauses: Es sind Bilder von ruhiger Ausgeglichenheit ▸ 20.49.

Zusammen mit KANDINSKY, KLEE und JAWLENSKY gründete FEININGER 1926 die Gruppe ›Blaue Vier‹. PAUL KLEE (1879–1940), den GROPIUS im selben Jahr wie SCHLEMMER an das Bauhaus holte, vermochte sich am wenigsten der konstruktivistischen Disziplin seiner Kollegen anzuschließen. Elemente des Surrealistischen, des Dada, von Traum und Kinderei durchzogen auch die Werke aus seiner Zeit am Bauhaus ▸ 20.53. Das spielerisch Experimentelle entsprach seinem Temperament mehr als ein um Rationalisierung des Formalen ringender Purismus. KLEES Einfallsreichtum bei der Wahl technischer Mittel ist nur mit MAX ERNST vergleichbar, jedoch steht er dessen freudianisch geprägtem Surrealismus fern. KLEE wirkte nicht nur als ein von künstlerischen Einfällen reich beschenkter Maler auf die Kunst des 20. Jahrhunderts nachhaltig ein, auch die moderne Ästhetik verdankt ihm vielerlei Anregung.

Die zunehmend konstruktivistische Tendenz am Bauhaus seit 1922/23 vollzog sich nicht ohne den Einfluss des holländischen ›Stijl‹. Der Theoretiker des ›Stijl‹, der Maler THEO VAN DOESBURG (1883–1931), hielt 1922 vor den Bauhaus-Schülern Vorträge, und dessen führender Architekt, GERRIT THOMAS RIETVELD (1888–1964), vollendete in den frühen zwanziger Jahren das Haus Schröder in Utrecht als ein beispielhaftes Meisterwerk ▸ 20.54; 55. Diese kleine, halb freistehende Vorstadtvilla kündigt all die Merkmale an, die später den Stil auszeichneten, der vom Bauhaus und in der Folge überall in Europa und Amerika als so genannter Internationaler Stil verfochten wurde: asymmetrische Komposition, nicht entlastete kubische Form von klarer Präzision, Flachdächer, oft an den Ecken vorkragend, große Fenster in durchgehender horizontaler Ordnung, das völlige Fehlen von Simsen und anderem Schmuck sowie eine Vorliebe für weißen Farbanstrich. Die von tragenden Wänden freie Skelettkonstruktion und monumentale Öffnungen ermöglichten den Architekten, jenen Eindruck von Offenheit und Leichtigkeit, der zum auffallendsten Charakteristikum des Internationalen Stils wurde.

20.54 GERRIT THOMAS RIETVELD, Haus Schröder, 1924, Utrecht.

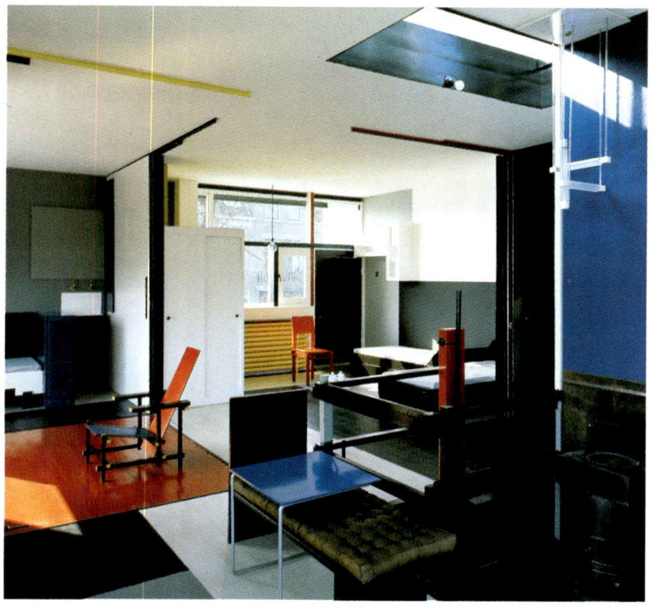

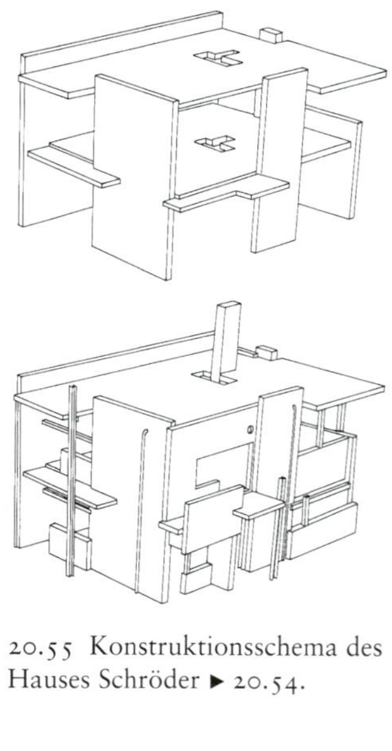

20.55 Konstruktionsschema des Hauses Schröder ▸ 20.54.

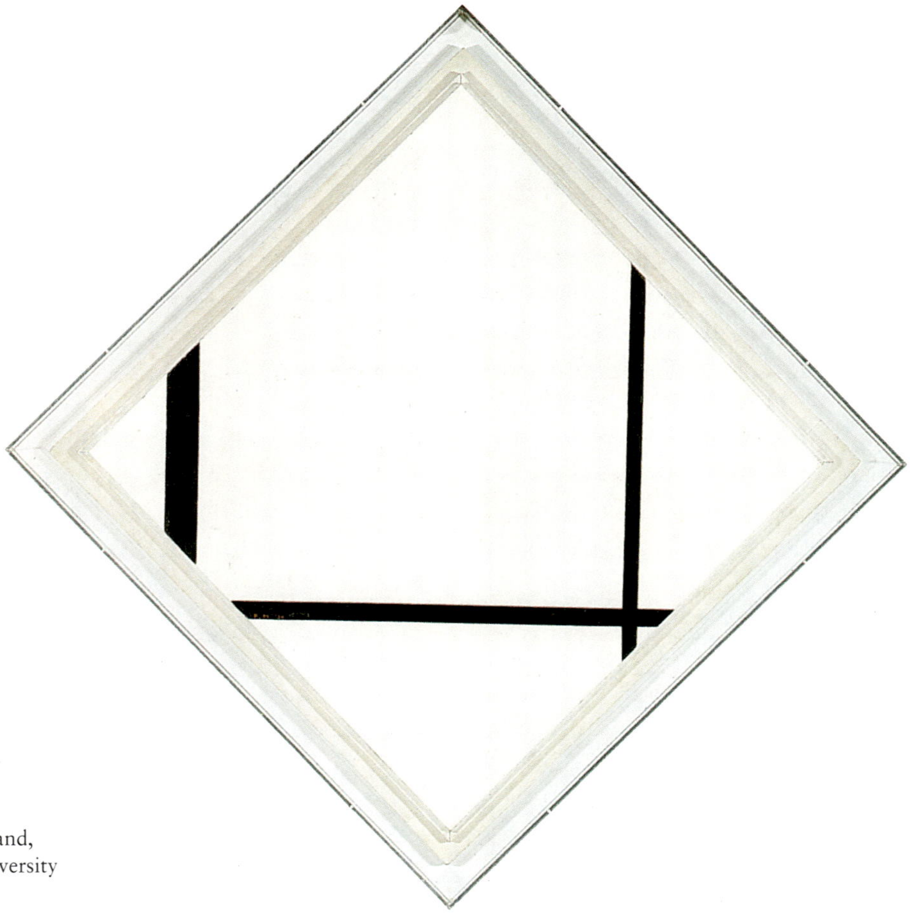

20.56 PIET MONDRIAN, *Fox Trot A*, 1930, Leinwand, Breite 109,8 cm. Yale University Art Gallery, New Haven.

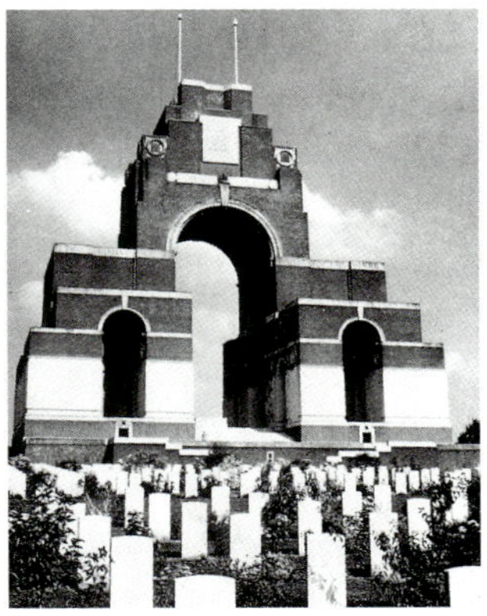

20.57 SIR EDWIN LUTYENS, Mahnmal für die Gefallenen an der Somme, Thiepval, 1927–1932.

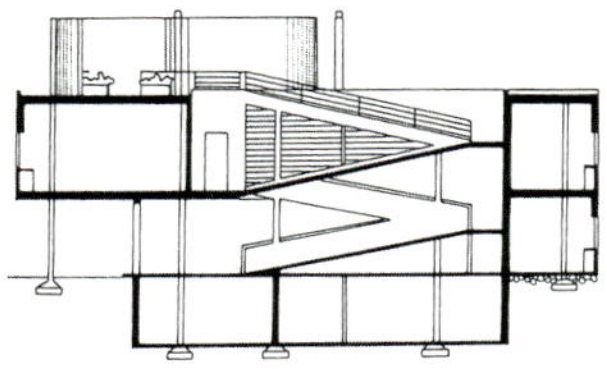

20.58 Aufriss der Villa Savoye ▸ 20.59.

## *Mondrian*

Das Haus Schröder mutet fast wie die dreidimensionale Realisierung eines Gemäldes von MONDRIAN an. PIET MONDRIAN (s. S. 716) erlangte in der Zeit zwischen den Kriegen seine Meisterschaft. 1924 distanzierte er sich von DOESBURG und zog sich von der ›Stijl‹-Gruppe aus prinzipiellen Gründen zurück, obschon er auch weiterhin für deren Zeitschrift Artikel verfasste. Er verfocht die ideelle calvinistische Reinheit und Bewegung mit einer Unnachgiebigkeit, in der ihm selbst DOESBURG nicht mehr folgen konnte. MONDRIAN wollte absurderweise den Gebrauch der Diagonalen nicht erlauben! Aber MONDRIANS Askese und seine Starrköpfigkeit sind untrennbar verbunden mit der Intensität seiner Vision und Utopie. Die universelle Harmonie, die er in seiner Kunst zelebrierte, würde, so hoffte er, eines Tages alle Formen und Tätigkeiten des Lebens bestimmen.

Seine Aufgabe sah er darin, »die reinen Mittel« zu entdecken, mittels derer die universelle Harmonie, die letzte Wahrheit hinter den sichtbaren Erscheinungen deutlich gemacht werden könne. Der Kubismus hatte für ihn kurz vor der letzten Konsequenz haltgemacht. Es war diesem nicht gelungen, den tieferen Sinn seiner Entdeckungen zu erkennen und so zur Abstraktion zu gelangen. Indem er sich auf Linien und Rechtecke sowie auf die Primärfarben, Schwarz und Weiß beschränkte, suchte er eine »Kunst von reinen Beziehungen« zu schaffen. Er meinte damit nicht etwa Statisches, sondern Dynamisches, nicht eine Symmetrie und ein Gleichgewicht, sondern eine belebende Spannung. Die Wirkung seiner Bilder ist manchmal von fast lyrischer Intensität. Eines seiner sachlichsten und anspruchsvollsten Gemälde, *Fox Trot A* ▸ 20.56, kommt mit drei geraden schwarzen Linien auf weißem Grund aus – eine selbst von den Chinesen nie erreichte Sparsamkeit der Mittel. Je länger wir diese scheinbar einfache Konfiguration betrachten, umso komplexer und mehrdeutiger wird sie. MONDRIANS Sparsamkeit der Mittel schließt auch plastische Wirkung und Perspektive aus. Trotzdem bleibt die Wirkung nicht flach, sondern gibt Raumimpulse.

## *Le Corbusier und Mies van der Rohe*

Es ist diese geradlinige, nüchterne Eigenschaft, die die Gebäude zweier führender Architekten dieser Zeit auszeichnet, die des Schweizer Maler-Architekten CHARLES-ÉDOUARD JEANNERET (1887–1965), besser unter seinem Pseudonym LE CORBUSIER bekannt, sowie die des deutschen Architekten und Designers LUDWIG MIES VAN DER ROHE (1886–1969), der 1930 Direktor des Bauhauses wurde. Sie hatte sogar einen gewissen Einfluss auf so etablierte Architekten wie AUGUSTE PERRET (1874–1954) in Frankreich oder SIR EDWIN LUTYENS in England (1869–1944) ▸ 20.57.

LE CORBUSIERS berühmte Definition eines Hauses als einer ›Wohnmaschine‹ ist, um ihn zu diffamieren, oftmals missverstanden und missbraucht worden. Er hatte damit nicht sagen wollen, dass ein Haus ein kunstloser, entseelter und mechanischer Behälter für Roboter sein solle. Für ihn, wie für die russischen Konstruktivisten oder die Bauhaus-Architekten, war die ›Maschine‹ etwas Nützliches. Er meinte, dass ein Haus in einer zweckmäßigen Art (so wie Autos oder Flugzeuge) ausgedacht und gestattet werden sollte und dass traditionelle, unsinnig geplante Häuser das Versprechen der neuen Zeit und des schönen Lebens nicht einlösten, das die Maschine allen bringen könnte. Viele andere begabte junge Architekten und Designer wurden durch die gleichen Ideale inspiriert. »*Unser*

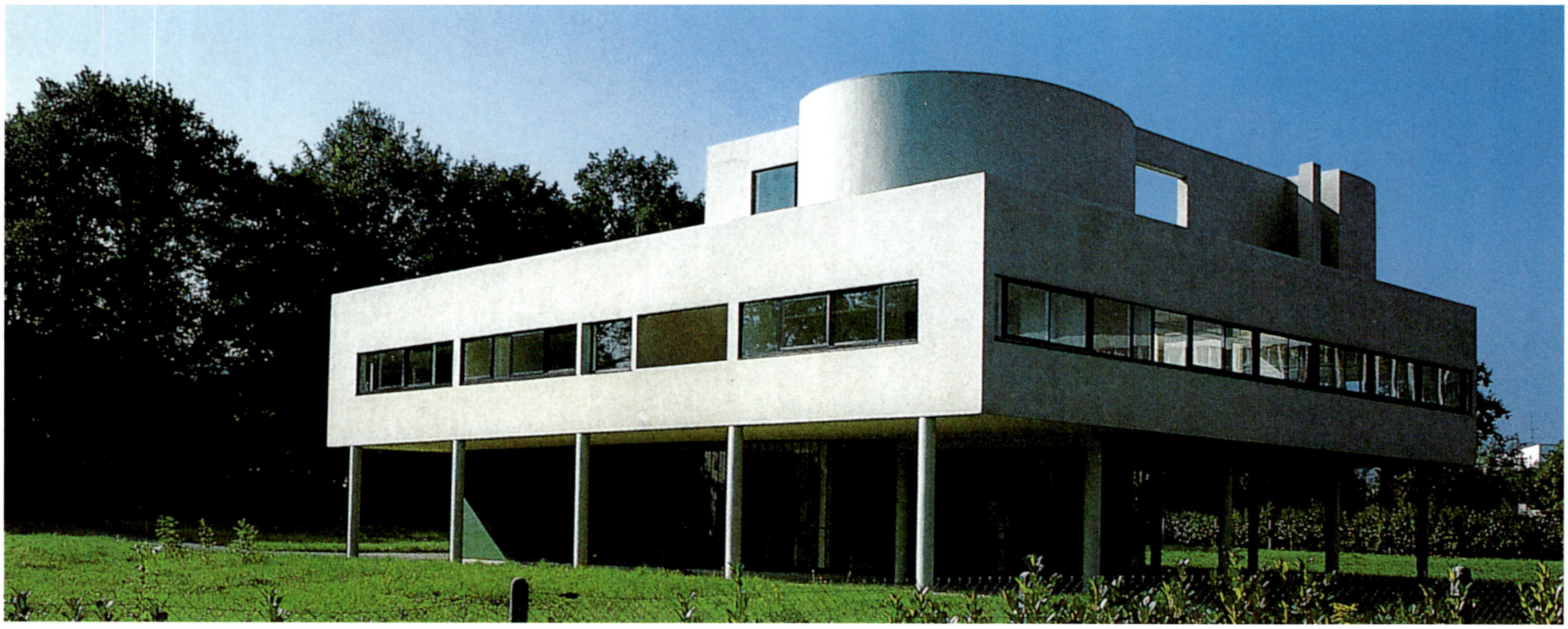

20.59 LE CORBUSIER, Villa Savoye, 1928–1930, Poissy (Frankreich).

*Ziel«*, sagte GROPIUS über die Meister und Gesellen am Bauhaus, *»ist eine klare, organische Architektur, deren innere Logik strahlend und unverhüllt, unbelastet von falschem Äußeren und Schwindel ist; wir wollen eine Architektur, die unserer Welt der Maschinen, Radios und schnellen Autos angepasst ist; eine Architektur, deren Funktion in ihrer Beziehung zur Form klar erkennbar ist.«*

Dieser Vision nahe kam die Villa Savoye ▸ 20.59, 1928 bis 1930 von LE CORBUSIER am Rande von Paris erbaut, sowie im folgenden Jahr MIES VAN DER ROHES Berliner Projekt eines Vorstadt-Einfamilienhauses mitsamt der gleichfalls von ihm konzipierten Inneneinrichtung ▸ 20.60. Die Bauten MIES VAN DER ROHES bestehen hauptsächlich aus Stahl und Glas, die von LE CORBUSIER aus Eisenbeton, aber beide schöpften die großen Freiheiten aus, die ihnen die Skelettkonstruktion für eine räumlich freie und offene Architektur bot. Die Villa Savoye ist ein Kubus auf Stelzen oder Pfählen aus verstärktem Beton, ›pilotis‹ genannt. Dies war ein von LE CORBUSIER bevorzugter Kunstgriff, der dem Raum erlaubte, unter und durch das Gebäude zu fließen, und der den Eindruck von Volumen im Gegensatz zur Masse, wie dies bereits bei RIETVELD ▸ 20.54;55 bemerkt wurde, sehr verstärkt. LE CORBUSIER ging auf gewisse Weise weiter als RIETVELD, denn das kubische Volumen der Villa Savoye ist auf drei Seiten ausgehöhlt, hauptsächlich auf der südwestlichen und südöstlichen, so dass das Sonnenlicht direkt das Zentrum des Gebäudes erreicht. Da tragende Wände fehlen, konnte das Innere völlig freigehalten werden. Die eine Wand gegenüber der inneren Terrasse ist in ihrer ganzen Länge von oben bis unten verglast. Da keine echte Fassade existiert, kein Vorn und Hinten, besteht Offenheit nach allen Seiten. Dass das Gebäude unmöglich aus einem einzigen Betrachtungswinkel zu erfassen ist, bestätigt nur, wie vollständig LE CORBUSIER sein Ziel der totalen Integration von äußeren und inneren Räumen erreicht hat.

20.60 LUDWIG MIES VAN DER ROHE, Wohnraum, Projekt für ein Einfamilienhaus, 1931.

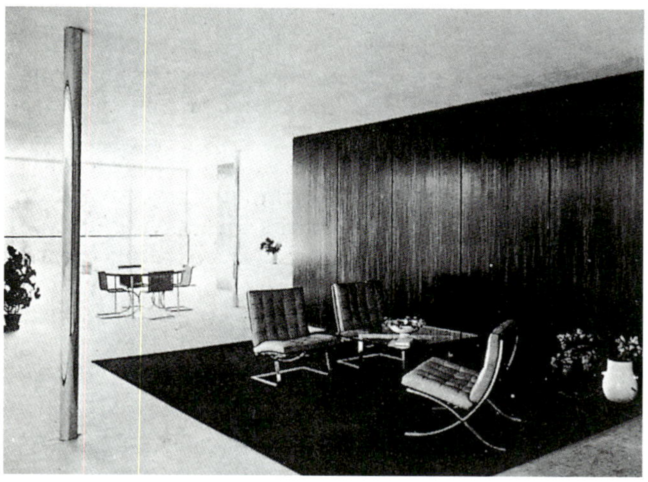

Die gleichen Prinzipien bestimmen MIES VAN DER ROHES Projekt für Berlin (1931), in dem die Wände ganz offensichtlich verschiebbare Abtrennungen sind, um die man beliebig herumgehen kann ▸ 20.60. Hier findet jedoch auch die Maschinen-Ästhetik in der Inneneinrichtung ihren Ausdruck, die die Eleganz eines fein abgestimmten Präzisionswerkzeuges besitzt: die berühmten Stuhlschöpfungen von 1929 im Vordergrund und die freitragenden Stahlrohrstühle von 1926 im Hintergrund brechen endgültig mit der Kunstgewerbetradition zugunsten einer Gestaltung für serielle Produktion. Die Stahlrohrstühle MIES VAN DER ROHES sind nicht die ersten ihrer Art. Der holländische Architekt MART STAM (1899–1986) führte 1924 das freitragende Element ein, und der in Ungarn geborene Architekt MARCEL BREUER (1902–1981) entwickelte 1925 am Bauhaus die ersten Chromstahlstühle. Doch sind MIES' Sessel mit ihrem makellosen Glanz, ihrer schwebenden Eleganz, die klassische Formulierung dieses revolutionären Designkonzepts. Ihr Eindruck maschineller Serienfertigung darf allerdings nicht darüber hinwegtäuschen, dass an diese Sitzmöbel am Ende doch Hand angelegt werden muss, damit im ›Finishing‹ der Eindruck von Maschinenherstellung entsteht.

## *Brancusi*

Die gleiche Zweideutigkeit kann in den Skulpturen von CONSTANTIN BRANCUSI aus diesen Jahren erkannt werden (s.

S. 714f.), obschon er sich dem Ideal der absoluten Form von einem ganz anderen Ausgangspunkt, als das Bauhaus es tat, annäherte. Zu dieser Zeit wurde BRANCUSIS Weltbild immer subjektiver und geistiger, beinahe mystisch. Ungleich vielen anderen Bildhauern vor und nach ihm schuf er alle seine Skulpturen mit eigener Hand. Er glaubte an die traditionelle Handwerkskunst. Eigenhändiges Schnitzen und Meißeln, so sagte er, sei »der echte Weg zur Skulptur«. Aber nicht nur ließ er häufig seine Marmorwerke in Bronze gießen und verneinte damit die Selbständigkeit des Mediums – auch die extrem subtilen und feinen Oberflächen, an denen er Tage und Wochen in Einsamkeit wie ein Mönch arbeitete, verbergen sorgfältig alle Spuren seiner Hand, so dass sie wie maschinell bearbeitet aussehen.

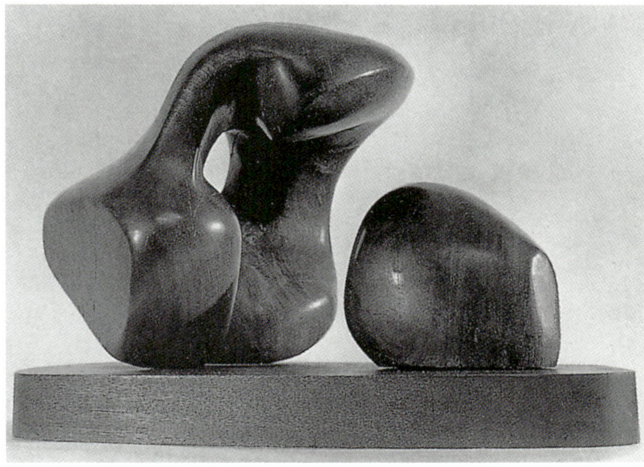

20.61 HENRY MOORE, *Zwei Formen*, 1934, Holz, 54,6x30,8 cm (einschließlich zweites Objekt). The Museum of Modern Art, New York (Sir Michael Sadler Fund).

Von den meisten Skulpturen BRANCUSIS gibt es viele Varianten, denn er verfeinerte unablässig seine ursprüngliche Idee. Vom *Vogel im Raum* stellte er von 1923 an gut 15 Fassungen her, von denen hier die zehnte abgebildet ist ▸ 20.62. Obwohl sie in keiner Weise einem fliegenden Vogel gleicht noch die Vorstellung eines Vogelfluges andeutet, werden Analogien evoziert, die an eine kontinuierlich anwachsende Bewegung und die Poesie des Fluges erinnern. Die schillernde, fleckenlose Oberfläche der glattpolierten Bronze und die Stromlinienform assoziieren die Euphorie der Geschwindigkeit, ein Gefühl von Schwerelosigkeit und Lösung von allem Irdischen und Begrenzten.

Der englische Bildhauer HENRY MOORE (1898–1986) hatte ebenso wie BRANCUSI, ein außergewöhnliches Gespür für die taktilen und sonstigen Eigenschaften der von ihm verwendeten unterschiedlichen Materialien. Ob Alabaster oder afrikanischer Wunderstein, Ton oder Beton, Marmor oder Blei, Pynkadoholz oder *lignum vitae*, oft scheint nicht nur die Form, sondern auch das Motiv der Skulpturen durch das Material nahe gelegt worden zu sein. Dies wird sogar bei seinen abstraktesten Skulpturen wie *Zwei Formen* von 1934 spürbar ▸ 20.61. Vorstellungen der Verwundbarkeit und des Schutzes Gestalt gebend, werden diese sich geschmeidig und zart entfaltenden Formen zu einem Urbild der Mutter-Kind-Beziehung. Die eine Form ließe sich dergestalt ausdehnen, dass sie die andere umklammert und umschließt, oder die gedrängte Form ließe sich nahtlos in die andere einpassen. Eine nicht bloß formale Beziehung innerer und äußerer Art kommt in dieser zweiteiligen Skulptur zum Ausdruck.

Bei Werken wie diesen bewegte sich MOORE weiter als jemals danach in die Richtung einer Plastik der offenen Form, wie sie nur wenig früher von GONZÁLEZ und PICASSO als erste entwickelt worden war (s. S. 732f.). Er suchte sich von der traditionellen abendländischen Bildhauerei zu lösen und verwarf die Formensprache der griechischen Antike und der Renaissance zugunsten der Vitalität und formalen Kraft, die er in der präkolumbischen, der sumerischen und anderer außereuropäischer Plastik fand. »*Für mich*«, so schrieb er 1934, »*kommt es zunächst darauf an, dass ein Werk eine ihm eigene Vitalität besitzt. Damit meine ich nicht einen Abglanz der Vitalität des Lebens, der Bewegung, des körperlichen Tuns, herumhüpfende tanzende Figuren und dergleichen mehr, sondern dass ein Werk eine angestaute Energie in sich bergen kann, ein intensives Eigenleben unabhängig von dem Gegenstand, den es vielleicht darstellt. Wenn das Werk diese starke Vitalität besitzt, verbinden wir damit nicht den Begriff Schönheit. Schönheit im spätgriechischen Sinn oder im Sinn der Renaissance ist nicht das Ziel meiner Bildhauerei.*« Sein Konzept war bemerkens-

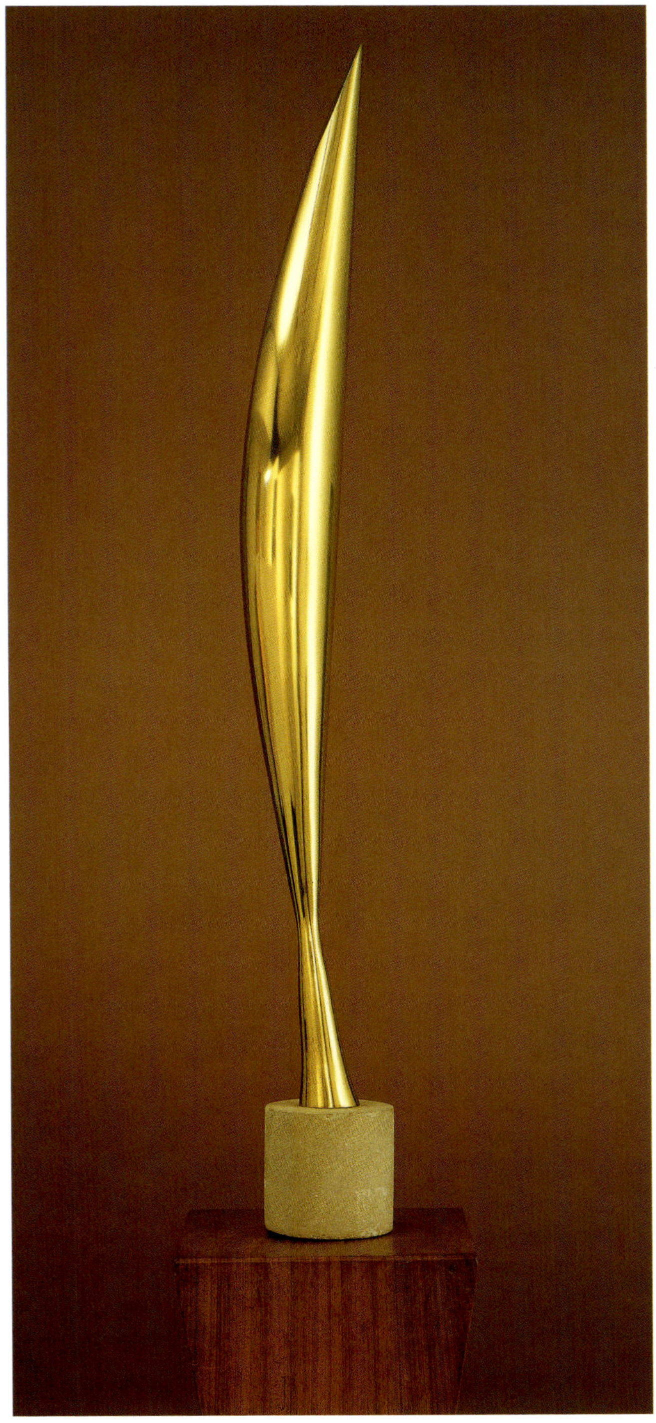

20.62 CONSTANTIN BRANCUSI, *Vogel im Raum*, 1928, Bronze, Höhe 137,5 cm. The Museum of Modern Art, New York.

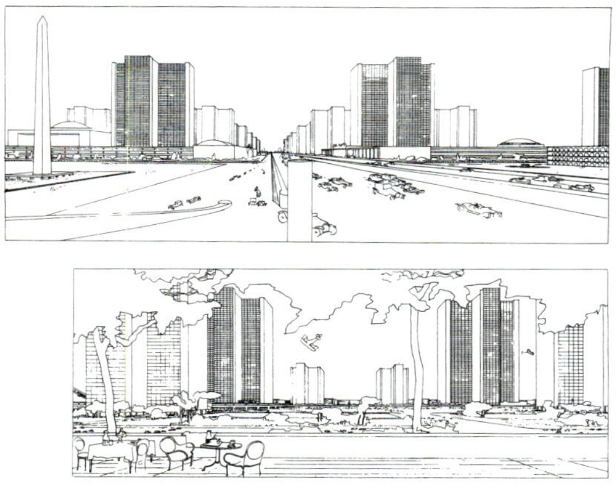

20.63 LE CORBUSIER, Zeitgenössische Stadt für drei Millionen Einwohner, 1922.

wert universal. Die *»gleichen Formen und Formbeziehungen können«*, wie er später feststellte, *»an weit voneinander entfernten Orten und in den verschiedensten Epochen der Geschichte ähnliche Inhalte ausdrücken, so dass das gleiche Form-Sehen bei einer Neger- und einer Wikinger-Schnitzerei, einer kykladischen Steinfigur und einer Nukuoro-Holzstatuette zu beobachten ist«*. Allerdings war ihm ein zutiefst konservativer Grundzug eigen, und dieser führte zusammen mit einer Neigung, Monumentalität durch schiere Größe zu erzielen, schließlich dazu, dass seine Arbeiten der Zeit nach dem Zweiten Weltkrieg an Intensität einbüßten, obwohl sie sich oftmals bestens als öffentliche Plastik eignete.

### *Art Déco*

Die Stromlinienform wurde zum Kennzeichen des nichtfunktionalen Modernismus, den Architekten und Designer in den späten zwanziger und den dreißiger Jahren aufnahmen. Erst spät ist es möglich geworden, mit dem zeitlichen Abstand, dies als einen authentischen Stil dieser Periode zu sehen, der parallel zum Internationalen Stil verläuft – Art Déco, wie er heute genannt wird. Die Kraft und die Vitalität der Volkskunst, die der Internationale Stil der Reinheit opferte, fanden im Art Déco verschwenderischen Spielraum. Es ist bezeichnend, dass die Pariser Ausstellung dekorativer Kunst im Jahr 1925, nach der der Stil benannt wurde, LE CORBUSIERS ›Pavillon de l'Esprit Nouveau‹, der einige seiner besten und fortschrittlichsten Konzepte aufzeigte, mit einbezog. Doch er erweckte nur wenig Aufmerksamkeit und wurde von den Ausstellungsorganisatoren an den Rand verwiesen. In der Architektur fand der Art Déco seinen bemerkenswertesten Ausdruck in New York, wo das Chrysler Building ▸ 20.64 und die Radio City Music Hall mit ihrem Jazz-Zeitalter-Mobiliar und der Einrichtung von ARTHUR DESKEY den Stil rein zum Ausdruck bringen. Nur in New York – im Rockefeller Center, zu dem die Radio City Music Hall gehört – kam eine der großen neuen urbanistischen Konzeptionen der zwanziger Jahre in der Realisation dem riesigen Maßstab nahe, den sich LE CORBUSIER und andere vorgestellt hatten. LE CORBUSIER veröffentlichte eine ganze Anzahl von Stadtplänen, mit einem Zentrum von Wolkenkratzern mit vorgehängten Glaswänden, die symmetrisch um einen Park angelegt werden sollten, mit niedrigeren Gebäuden und mit einem verwickelten Verkehrssystem dazwischen. Sein Projekt aus dem Jahr 1922 für eine Stadt mit drei Millionen Einwohnern ist darunter das überwältigendste ▸ 20.63. Das Rockefeller Center ist eine Gruppe von 14 Gebäuden, welche eine Fläche von drei Blöcken innerhalb des engen Rasters von Mid-Town Manhattan einnehmen. Die Bauten sind als Ensemble konzipiert. Zwar fehlen der für LE CORBUSIER so wichtige rahmende Park und auch andere Bestandteile des utopischen Schemas seiner modernen Stadt. Doch war zum ersten Mal ein einheitliches planerisches Konzept von jener Größenordnung in ein lebendiges Stadtzentrum eingeführt worden, wie er es sich vorgestellt hatte.

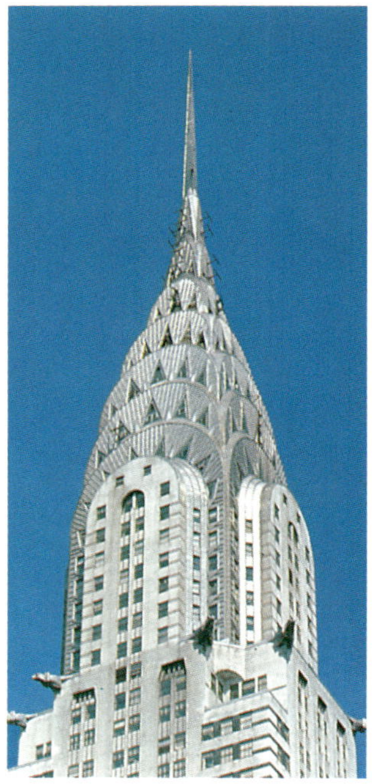

20.64 WILLIAM VAN ALEN, Chrysler Building, New York, 1928, Spitze aus rostfreiem Stahl.

20.65 PABLO PICASSO, *Guernica*, 1937, Leinwand 3,5 x 7,8 m. Prado, Madrid.

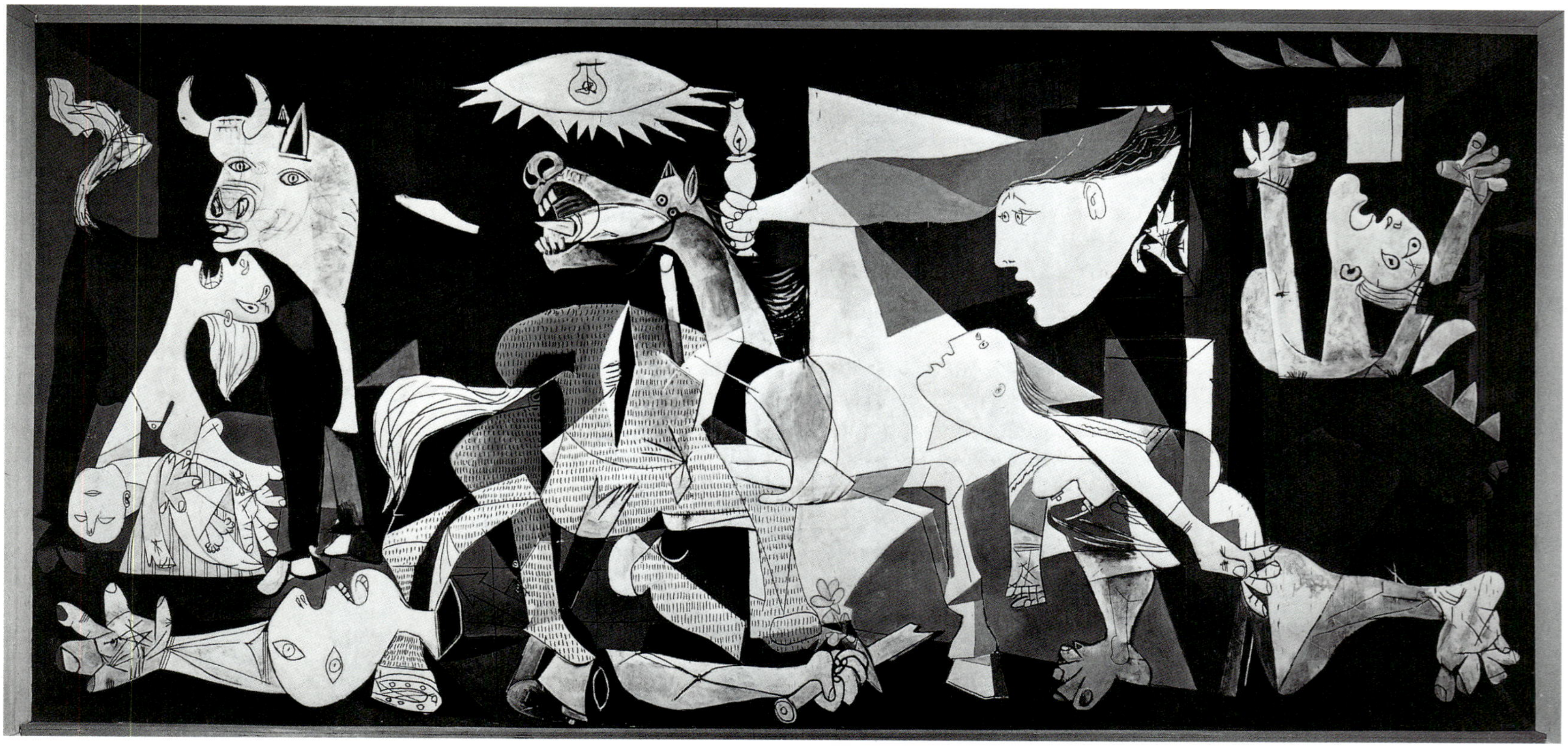

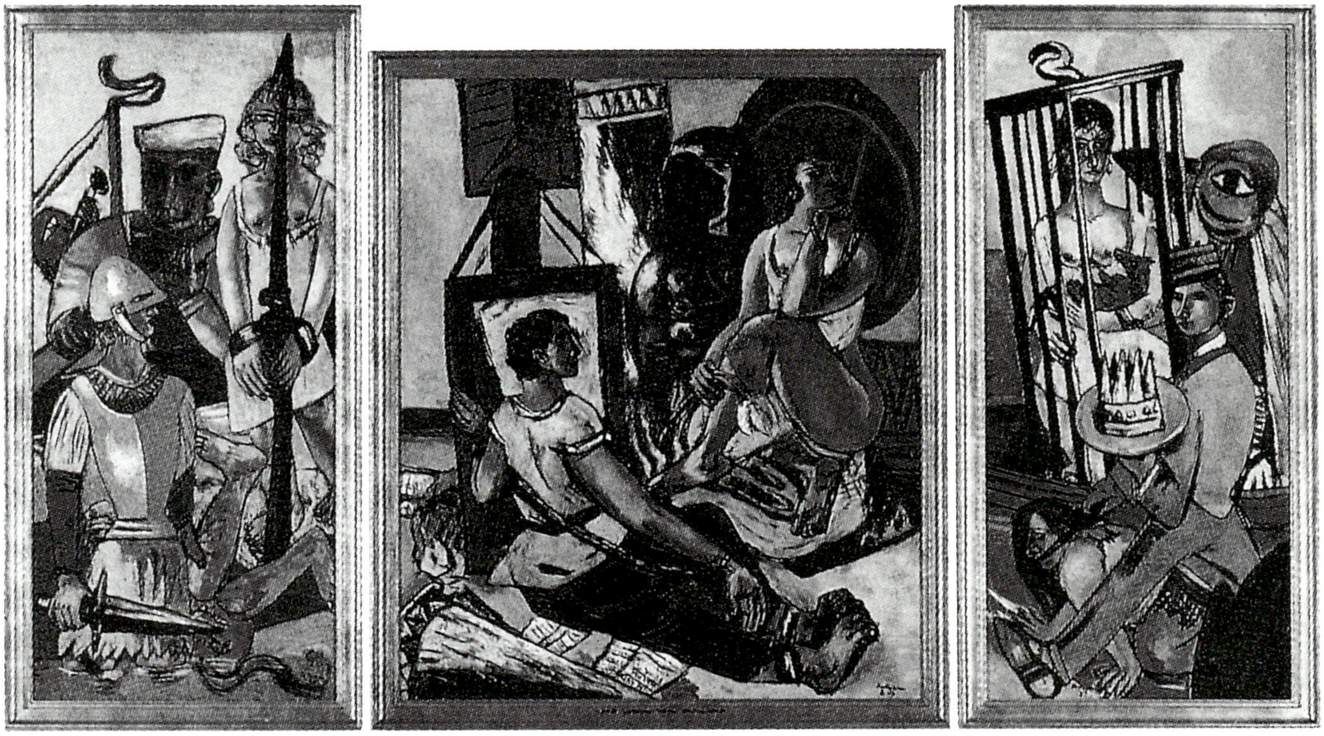

20.66 MAX BECKMANN, *Die Versuchung*, Triptychon, 1936/37, Leinwand, Mittelteil 205,5 x 170,5 cm. Seitenflügel je 215,5 x 100 cm. Staatsgalerie moderner Kunst, München.

Während in New York das Rockefeller Center errichtet wurde, gingen in Europa einmal mehr die Lichter langsam aus. Ende 1936 brach der Spanische Bürgerkrieg aus, und im April des nächsten Jahres fand die erste einer neuen Reihe von Gräueltaten statt, als das kleine, ungeschützte baskische Städtchen Guernica von Nazibombern, die im Dienste der spanischen Faschisten standen, zerstört wurde. PICASSOS berühmtestes Gemälde gedenkt dieser Barbarei ▸ 20.65. Es ist bei weitem sein größtes und in gewisser Weise sein ehrgeizigstes Werk. Sein Ziel war es, all die hoch entwickelten malerischen Techniken der modernen Kunst in den Dienst seiner Aussage zu stellen. Seine Wut und Empörung über das mitleidlose Hinschlachten von wehrlosen Flüchtlingen und unbewaffneten Zivilisten schürten seine visuelle Vorstellungskraft, so dass die Zeichen, die er in früheren Gemälden um ihres individuellen Ausdrucks willen oder der rein formalen Qualitäten wegen geschaffen hatte, nun in Symbole umgewandelt wurden, die von jedermann verstanden werden konnten. Das sterbende Pferd, das in vielen Stierkampfgemälden PICASSOS die tragische Hauptgestalt ist, erhält hier eine universelle Bedeutung, ebenso der unversöhnliche Stier, den er kurz vorher für eine surrealistische Zeitschrift gezeichnet hatte und der die irrationalen Kräfte im Menschen und in der Natur verkörpert. Doch die verzweifelten Gesichter der Mütter und die schrecklichen Verstümmelungen stiegen spontan unter dem Eindruck dieses schrecklichen Ereignisses in ihm auf.

Im Entstehungsjahr von PICASSOS *Guernica* erlebte ein anderer europäischer Künstler die Schrecken eines totalitären Regimes am eigenen Leibe. MAX BECKMANN (1884–1950), der 1933 auf Betreiben der Nationalsozialisten aus seinem Lehramt in Frankfurt entfernt und wie viele seiner progressiven Kollegen als ›entarteter Künstler‹ verfemt wurde, wanderte 1937 nach Amsterdam aus. Das Thema des erniedrigten und gedemütigten Menschen bildet ein Leitmotiv seiner stark expressiven Kunst. Mehr noch als bei PICASSO spiegelt sich in BECKMANNS Werk die Auseinandersetzung mit der politischen und menschlichen Realität, die in oft erschütternden Szenen geschildert wird. In den seit 1932–1933 entstandenen neun gewaltigen Triptychen wird die Lage des Menschen drastisch ins Monumentale erhoben, zugleich in einer Umdeutung des Aktuellen auf die Ebene des Symbolhaften gerückt ▸ 20.67.

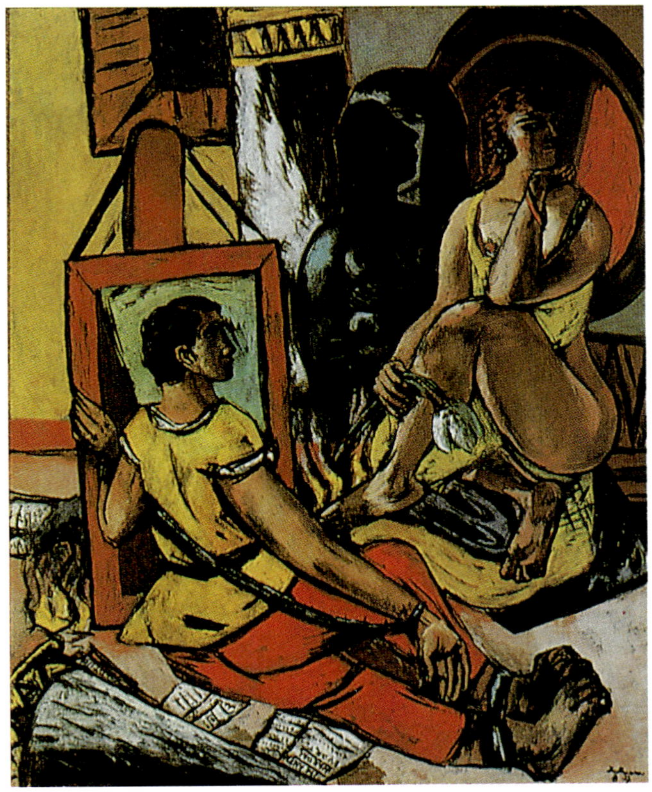

20.67 MAX BECKMANN, Mitteltafel des Triptychons ›*Die Versuchung*‹, 1936/37, Leinwand, 205,5 x 170,5 cm. Detail von ▸ 20.66.

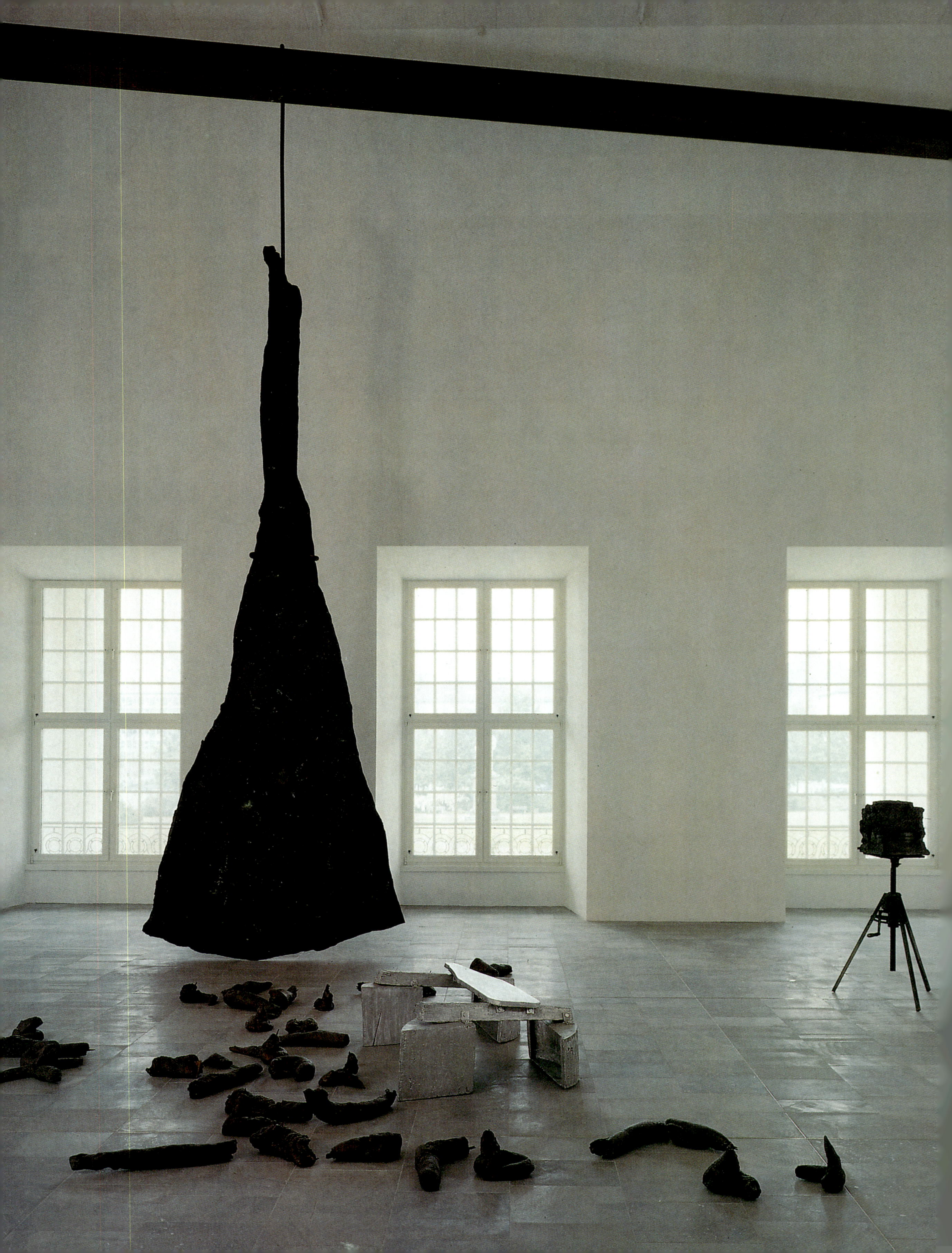

# 21
# Von der Nachkriegszeit zur Postmoderne

Die Vereinigten Staaten standen bereits seit dem späten 19. Jahrhundert in der Entwicklung der Architektur an vorderster Stelle und übernahmen mit FRANK LLOYD WRIGHT im frühen 20. Jahrhundert hierin eine führende und allgemein anerkannte Rolle. Abgesehen davon hatte sich jedoch Paris als lebendiges Zentrum der modernen Kunstströmungen behaupten können, bis mit dem Ausgang des Krieges eine entscheidende Wende eintrat: Paris verlor seinen Rang als Brennpunkt der neuen Kunst und wurde von New York abgelöst. Das Zusammentreffen der amerikanischen und russischen Armeen an der Elbe im Jahre 1945 dokumentierte über das Ende des Krieges in Europa hinaus das Ende des europäischen Imperialismus. Der Verlust der politischen und wirtschaftlichen Macht bedeutete zugleich den Verlust der kulturellen Vorherrschaft Europas zugunsten der Vereinigten Staaten, wo sich der Schwerpunkt der westlichen Kunst nunmehr manifestierte.

Der Auszug der Intellektuellen und Künstler aus Europa nach Amerika in den dreißiger Jahren war für den bevorstehenden Niedergang symptomatisch. Sie kamen als Flüchtlinge vor der politischen und rassistischen Verfolgung, hauptsächlich aus dem nationalsozialistischen Deutschland. Der bedeutendste Wissenschaftler des 20. Jahrhunderts, Albert Einstein, floh 1933 in die Vereinigten Staaten, und ihm folgten viele andere Intellektuelle, darunter Komponisten wie Béla Bartók, Arnold Schönberg und Igor Strawinsky, sowie zahlreiche Künstler, als erster HANS HOFMANN (1880–1966). 1932, kurz

**BILDENDE KUNST**

| | |
|---|---|
| 1945–50 | MIES VAN DER ROHE, Farnsworth House, Illinois ▸ 21.49 |
| 1947 | ARSHILE GORKY, *Die Verlobung* ▸ 21.5 |
| 1950 | POLLOCK, *Autumn Rhythm* ▸ 21.6 |
| | LE CORBUSIER, Notre Dame du Haut, Ronchamp ▸ 21.52 |
| 1953 | MATISSE, *L'Escargot* ▸ 21.17 |
| 1954 | CLYFFORD STILL, *1952-A* ▸ 21.11 |
| 1956 | ROTHKO, *Green on Blue* ▸ 21.13 |
| | HAMILTON, *Just what is it that makes today's homes so different, so appealing?* ▸ 21.28 |
| 1958 | JOHNS, *Three flags* ▸ 21.20 |
| 1962 | OLDENBURG, *Giant Hamburger* ▸ 21.24 |
| | BACON, *Kreuzigung* ▸ 21.29 |
| 1964 | WARHOL, *Disaster 22* ▸ 21.30 |
| | TWOMBLY, *Untitled 1964* ▸ 21.47 |
| 1965 | LICHTENSTEIN, *Big Painting No. 6* ▸ 21.25 |
| | VENTURI, Chestnut Hill House, Pennsylvania ▸ 21.56 |
| 1969 | CHRISTO, *Verpackte Küste* ▸ 21.38 |
| 1970 | SMITHSON, *Spiral Jetty* ▸ 21.39 |
| 1974 | ISOZAKI, Kaijima House, Tokyo ▸ 21.61; 62 |
| 1978–79 | MOORE, Piazza d'Italia, New Orleans ▸ 21.59 |
| 1980 | GRAVES, Portland Public Service Building, Portland ▸ 21.57 |

**HISTORISCHE & KULTURELLE DATEN**

| | |
|---|---|
| 1945 | Deutsche Kapitulation; Die USA werfen Atombombe auf Hiroshima |
| 1947 | Gründung des ›Kommunistischen Informationsbüros‹ |
| 1949 | Gründung der Kommunistischen Volksrepublik China; Orwell, *1984* |
| 1950 | Beginn des Koreakrieges |
| 1952 | Beckett, *Waiting for Godot* |
| 1953 | Tod Stalins; Waffenstillstand in Korea; Erste Wasserstoffbombe (USA) |
| 1957 | Start des ersten sowjetischen Erdsatelliten Sputnik I |
| 1958 | Pasternak, *Dr Schiwago* |
| 1959 | Resnais, *Hiroshima mon amour;* Erster digitaler Computer (USA). |
| 1961 | Erster Mensch im Weltall (UdSSR); DNA-Molekül analysiert (USA) |
| 1962 | II. Vatikanisches Konzil: Reform der Liturgie |
| 1963 | Ermordung John F. Kennedys |
| 1964 | Bob Dylan, *The times they are a'changing* |
| 1965 | US-Offensive in Vietnam |
| 1968 | Ermordung Martin Luther Kings |
| 1969 | Erster Mensch auf dem Mond (USA) |
| 1973 | In den USA setzt eine Rezession ein; Ende des Vietnamkrieges |
| 1974 | Watergate: Nixon tritt zurück |
| 1976 | Tod Mao Tse-tungs |
| 1979 | US Amerikaner werden im Iran als Geiseln gehalten |
| 1983 | Reagan verkündet das SDI-Programm |

JOSEF BEUYS, *Blitzschlag mit Lichtschein auf Hirsch*, 1958–1985, Environment, Bronze, Eisen, Aluminium, Höhe 6,24 m (Blitzschlag). Museum für Moderne Kunst, Frankfurt.

vor der Machtübernahme durch die Nationalsozialisten, verließ er Deutschland. Nur wenige Jahre später retteten sich GEORGE GROSZ (1893–1959) und einige der führenden Männer des Bauhauses in die Vereinigten Staaten (so WALTER GROPIUS, MIES VAN DER ROHE, MARCEL BREUER, LUDWIG HILBERSHEIMER, LÁSZLÒ MOHOLY-NAGY, JOSEF ALBERS). Ein neues Bauhaus, später The Institute of Design genannt, wurde in Chicago gegründet. Nach der Niederlage Frankreichs (1940) kam aus Paris ein weiterer Schub von Flüchtlingen, unter ihnen mehrere der bekanntesten Maler und Bildhauer jener Zeit, LÉGER, MONDRIAN, GABO, MAX ERNST, DALÍ, CHAGALL, LIPCHITZ und andere, die sich vor allem in New York niederließen.

So konzentrierten sich die zwei wichtigsten europäischen Kunstströmungen der Zeit zwischen den Kriegen in New York: der rationale, formalistische, rein abstrakte Trend, den MONDRIAN, LÉGER und die Designer des Bauhauses repräsentierten, sowie die irrationale, emotional-expressive Richtung der Surrealisten ERNST, DALÍ und BRETON (gleichermaßen auch von MARCEL DUCHAMP vertreten, der seit 1915 unter anderem auch in New York lebte). In Paris waren diese beiden Richtungen gewöhnlich als entgegengesetzt, wenn nicht sogar als sich gegenseitig ausschließend angesehen worden. Doch die amerikanischen Künstler waren für beide Richtungen offen und empfänglich. Es gab in der Tat in Amerika seit dem ersten Jahrzehnt des Jahrhunderts mit mehr emotionalen und expressiven denn formalen Zielen eine kleine, doch kräftige und stetige Tendenz zur Abstraktion. Die Künstler, die dieser Spur nachgingen, waren gewöhnlich isoliert – Amerika war immer reich an talentierten Einzelgängern –, und erst heute ist zu erkennen, dass sie die Malerei nach dem Zweiten Weltkrieg in New York vorwegnahmen. Der Wichtigste von diesen Vorläufern war ARTHUR DOVE (1880–1946). Seine ›Extractions‹ aus der Natur, wie er sie nannte (1910), gehören sicher zu den frühesten abstrakten Gemälden (s. S. 704ff.). Wie sehr er sich der romantischen Ursprünge seiner Kunst bewusst war, wird durch seine Bemerkung deutlich, sein Ehrgeiz richte sich darauf, die Natur in ihren einfachsten Erscheinungen festzuhalten ▸ 21.2; 3. Wind, Wasser, Sand, und alles auf »Farbe, Kraftlinien und Körperlichkeit, wie dies die Musik mit den Klängen macht, zu vereinfachen«, sei sein Ziel – in hohem Maße der Romantik ähnlich, wie dies in Gemälden wie *Fog Horns*

21.2 ARTHUR G. DOVE, *Tanz*, 1934, Leinwand, 63,5 x 88,9 cm. Privatsammlung.

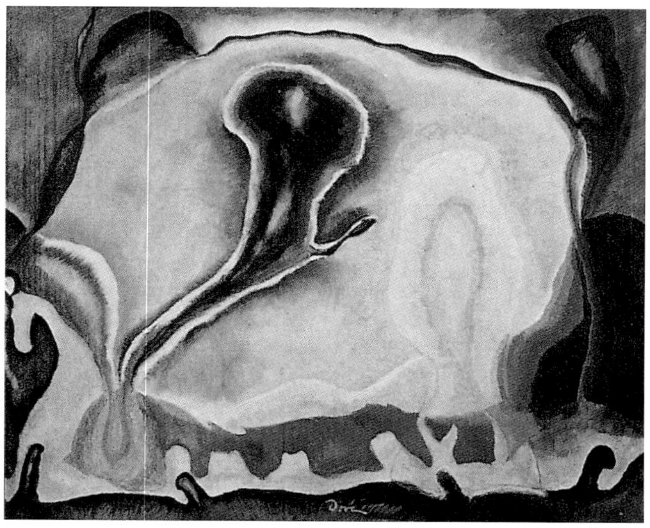

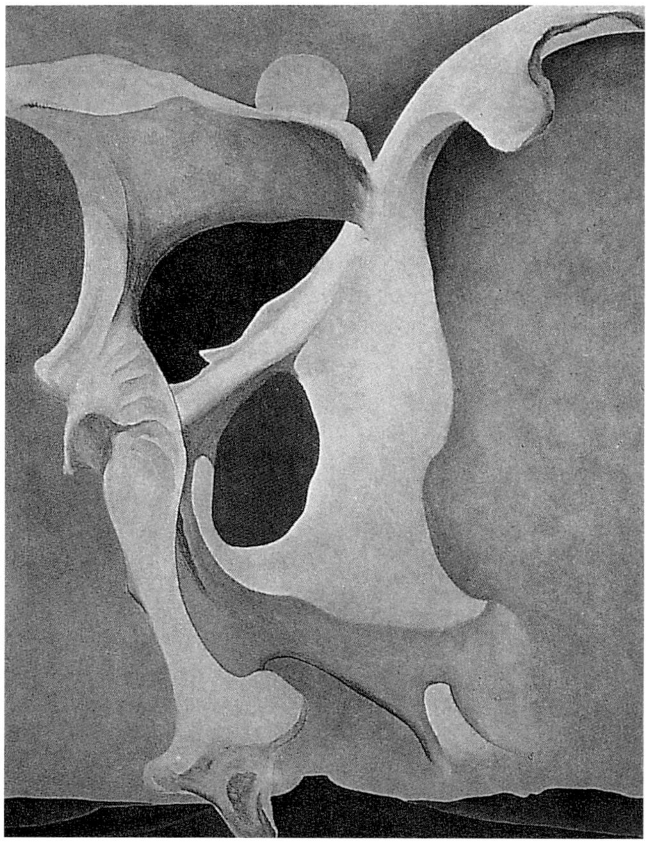

21.1 GEORGIA O'KEEFFE, *Beckenknochen mit Mond*, 1943, Leinwand, 76,2 x 61 cm. Norton Gallery of Art, Florida.

(1929) zum Ausdruck kommt (Colorado Fine Arts Center, Denver). Obwohl nicht so folgerichtig abstrakt, schuf GEORGIA O'KEEFFE (1887–1986) doch eine Sprache persönlicher Formen, die durch ihre Umwandlung in Symbole oftmals mehrdeutig zwischen Darstellung und Abstraktion schweben ▸ 21.1. Zart, bebend und manchmal äußerst sinnlich und wollüstig, scheinen sie ein Eigenleben zu führen. Doch so bemerkenswert DOVE, O'KEEFFE und wenige andere einzelgängerische amerikanische Künstler waren – O'KEEFFE wurde für einige Zeit zum Vorbild der emanzipierten Frau in Amerika wie die Tänzerin Isadora Duncan und die Schriftstellerin Gertrude Stein. Die während des Krieges in New York lebenden Surrealisten aus Paris zeigten mit dem Automatismus und anderen Techniken zur Freilegung des Unterbewussten den Weg zu jener Welt, die 1945 die jungen amerikanischen Künstler konfrontierte.

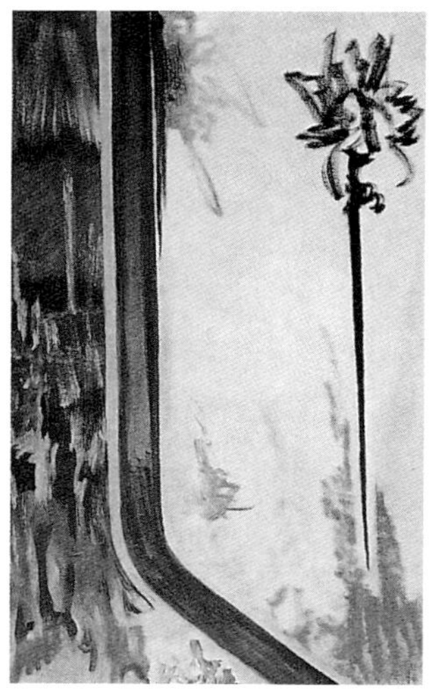

21.3 ARTHUR G. DOVE, *Mond*, 1935, Leinwand, 89 x 63,5 cm. Sammlung Zurier.

## Abstrakter Expressionismus

Die New Yorker Maler, auf die man in den späten vierziger und den fünfziger Jahren aufmerksam wurde, bildeten keine Bewegung, obschon sie sich untereinander alle kannten und alle fast gleichaltrig waren. JACKSON POLLOCK (1912–1956) war einer der jüngsten, zusammen mit FRANZ KLINE (1910–1962), AD REINHARDT (1913–1967) und ROBERT MOTHERWELL (1915–1991). Die anderen, wenig älter, liegen nur drei Jahre auseinander – ADOLPH GOTTLIEB (1903–1974), MARK ROTHKO (1903–1970), WILLEM DE KOONING (1904–1997), CLYFFORD STILL (1904–1980) und BARNETT NEWMAN (1905–1970). Ihr Werk hat kein einheitliches stilistisches Gepräge. Einige malten mit offensichtlich unkontrollierter

Spontaneität, andere mit der strengsten Selbstbeherrschung. Oberflächlich scheinen sie wenig gemeinsam zu haben. Sie hatten auch kein Programm, und sie veröffentlichten keine Manifeste. Aber sie alle brachten eine fieberhafte Energie und einen Extremismus, der ebenso typisch amerikanisch wie ihre Vorliebe für das Gigantische war, in ihre Arbeit ein. Sie fühlten sich alle in der gleichen menschlichen Notlage, alle gleicherweise demselben komplexen Schicksal unterworfen, nach dem Ende des Zweiten Weltkrieges Amerikaner zu sein. Der Maler BARNETT NEWMAN schrieb 1945:

*»Wie die Surrealisten voraussagten, hat uns der Krieg unsere versteckten Ängste geraubt, denn Angst kann nur existieren, wenn die Kräfte der Tragödie unbekannt sind. Wir kennen nun den Schrecken, der uns erwartet. Hiroshima zeigte ihn uns. Wir sehen uns nicht mehr einem Mysterium gegenüber. War es nicht schließlich ein Amerikaner, der es tat?«*

Alles, was sie gemeinsam empfanden, fand Ausdruck in sehr persönlichen Bildern. Es waren die Kritiker, die ihnen ein Etikett gaben – Abstrakte Expressionisten oder Action Painter. Harold Rosenberg, ihr inoffizieller Sprecher, schrieb 1952: *»Zu einem gewissen Zeitpunkt begannen die Leinwände einem amerikanischen Maler nach dem anderen als eine Arena zu erscheinen, in der man handeln konnte – eher denn als ein Raum, in dem ein wirkliches oder erdachtes Objekt wiedergegeben, neu gezeichnet, analysiert oder ausgedrückt wurde. Was auf die Leinwand kam, war nicht ein Bild, sondern ein Ereignis. Nicht länger näherte sich der Maler seiner Staffelei mit einem Bild im Kopf; mit Material in der Hand ging er auf sie zu, um etwas mit jenem anderen Stück Material ihm gegenüber zu machen. Das Bild sollte das Resultat dieser Begegnung werden.«*

Der Abstrakte Expressionismus und Action Painting unterschieden sich von anderen Phasen der modernen Kunst, denn, wie sich Harold Rosenberg ausdrückte, sie hatten einen unterschiedlichen »Anlass, das Objekt auszumerzen«:

*»Die neue amerikanische Malerei ist nicht ›reine‹ Kunst, denn die Austreibung des Objektes geschah nicht um der Ästhetik willen. Die Äpfel wurden nicht vom Tisch gewischt, um Platz für perfekte Beziehungen zwischen Raum und Farbe zu schaffen. Sie hatten zu verschwinden, damit nichts dem Malakt im Wege stünde. Diesem Gestikulieren mit Materialien wurde auch die Ästhetik untergeordnet. Form, Farbe, Komposition, Zeichnung sind Hilfsmittel, von denen jedes – oder praktisch alle, wie es logischerweise mit unbemalter Leinwand versucht wurde – weggelassen werden kann. Worauf es immer ankommt, ist die Enthüllung, die im Malakt enthalten ist.«* (›The American Action Painters‹, 1952)

Allein die Tätigkeit, Farbe auf die Leinwand aufzutragen, zählte bei den Action Painter und führte sie zur Abstraktion. Sie stellen nicht ihre Emotionen oder Erfahrungen dar, sondern lebten diese vor der Leinwand aus.

Eine entscheidende Figur für die Entwicklung des Abstrakten Expressionismus war der Maler HANS HOFMANN. Er hatte direkte Erfahrungen mit Kubismus, Fauvismus und Expressionismus gemacht, als er sich zwischen 1904 und 1914 in Paris aufhielt, dort neben anderen PICASSO und MATISSE kennen lernte. Später, in München, bewahrte er während des Ersten Weltkrieges viele Frühwerke KANDINSKYS auf, jene Arbeiten im Übergang vom Expressionismus zur Abstraktion. In New York wurde die Hofmann-Kunstschule zu einem Zentrum, von der aus eine Synthese von Kubismus und Fauvismus propagiert wurde, eine neue Einheit von Farbe und Form, die seinen Glauben an die Dualität der Kunstwelt und der Welt der Erscheinungen widerspiegelt. Er selbst war eine kraftvolle Persönlichkeit und erzielte in seinem Werk eine ungewöhnliche Kombination von malerischem Ausdruck und Abstraktion, speziell in den frühen vierziger Jahren, als er mit ›Tropf‹- und Mischtechniken – Ölfarbe, chinesischer Tusche, Kasein, Aluminiumfarbe und so weiter – experimentierte ▸21.4. Für ihn bedeutete Malerei, mit Farbe Form zu schaffen, und seine Definition des Begriffs Komposition wurde berühmt: »Wechselspiel« von formalen und farblichen Spannungen über der Oberfläche der Leinwand. Sein Lehren war sehr einflussreich. Doch es war der Armenier ARSHILE GORKY (1905–1948), dessen Familie 1920 in die USA ausgewandert war, der zum erfolgreichsten Vermittler zwischen der europäischen und der neuen amerikanischen Malerei wurde.

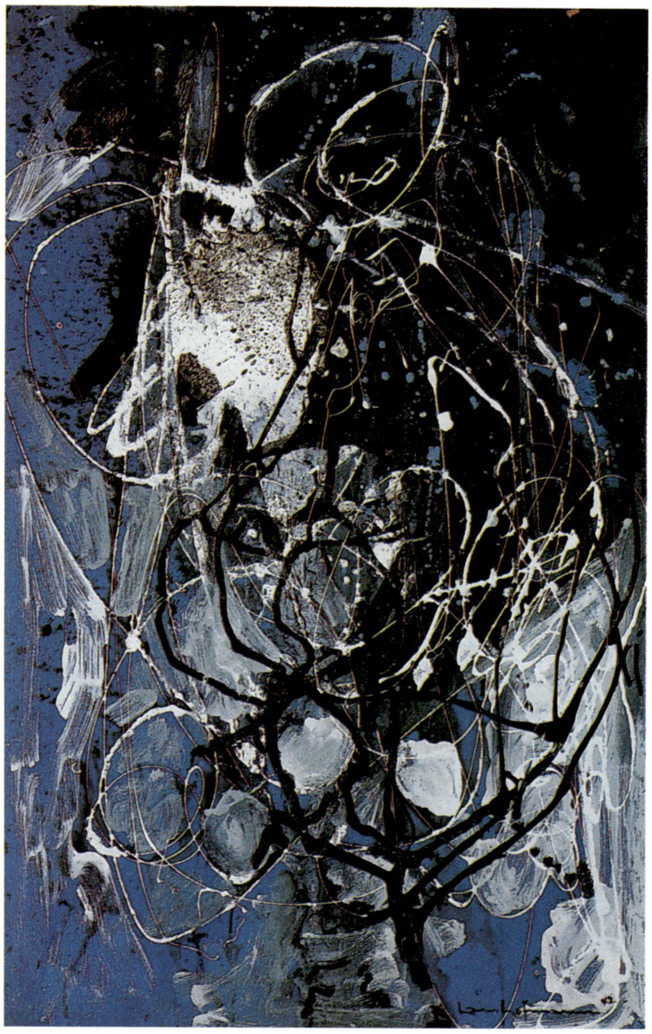

21.4 HANS HOFMANN, *Der Wind*, um 1942–1944, Öl, Duco-Farbe, Gouache und Tusche auf Karton, 111,4x70,5 cm. University Art Museum, Berkeley.

Ob GORKY eher als letzter Surrealist oder als erster Abstrakter Expressionist anzusehen ist, könnte endlos diskutiert werden. Lange Jahre beschäftigte ihn die künstlerische Auseinandersetzung mit Vorbildern, vor allem KANDINSKY und MIRÓ, bevor er, in den letzten Jahren seines kurzen Lebens, sich plötzlich seines außergewöhnlichen Talents ganz bewusst wurde. Ihm glückte die Versöhnung des früher Unversöhnlichen, der abstrakten Maler mit der surrealistischen Bildwelt ebenso wie mit der literarischen Welt von Breton, der ihn bewunderte und anspornte. In GORKYS letzten gedämpften,

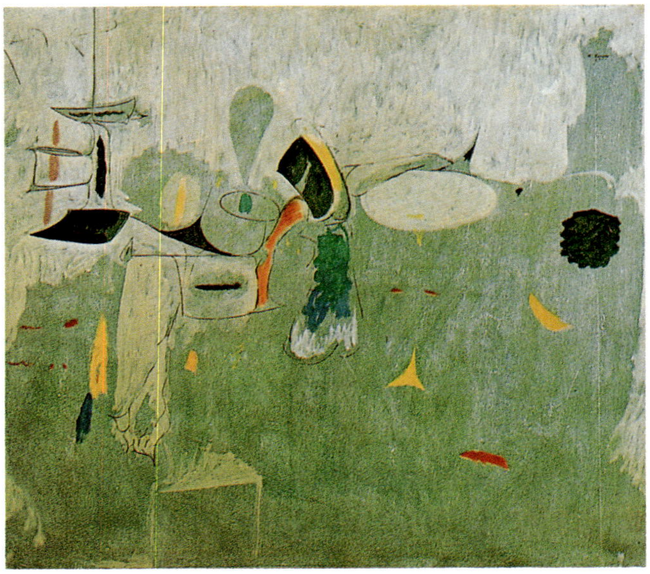

21.5 ARSHILE GORKY, *Die Verlobung*, 1947, Öl auf Papier, auf Jute aufgezogen, 129 x 158,7 cm. Kunsthandel, New York.

gequält anmutenden Bildern scheinen die embryonalen Formen bereit zu verschmelzen und einzugehen in den hauchzarten, mysteriös farbigen Strom, in dem sie treiben, für immer in der Schwebe in einer unbestimmbaren Welt von Sein und Nichtsein ▸ 21.5. Dies sind private Mythen. »Ich male nicht vor der Natur, sondern aus der Natur heraus«, sagte GORKY.

### *Pollock und de Kooning*

Den Platz des führenden abstrakten expressionistischen Malers, den GORKY, hätte er länger gelebt, wahrscheinlich innegehabt hätte, wurde von einem noch verstörteren und melancholischeren Künstler eingenommen, von JACKSON POLLOCK, einem Urbild des amerikanischen Einzelgängers – roh, heftig und verzehrt von Neurosen und Frustrationen. Er wurde in Cody, Wyoming, geboren – der Heimat von Buffalo Bill – verbrachte seine Kindheit in Arizona und wuchs im südlichen Kalifornien auf; seine Verbundenheit mit der Indianerkunst des Südwestens, speziell mit den Sandgemälden, blieb ihm immer erhalten und tauchte in seinen großen abstrakten expressionistischen Gemälden wieder auf. Doch auf den ersten Blick bereitet scheinbar nichts aus seinem frühen Leben auf die Bilder der frühen fünfziger Jahre vor. Seine Lehrzeit bei dem Regionalisten und Wandbildmaler THOMAS HART BENTON (1889–1975), seine Übernahme und spätere Ablehnung des Sozialistischen Realismus, so der beiden Mexikaner DAVID ALFARO SIQUEIROS (1898–1974) und JOSÉ CLEMENTE OROZCO (1883–1949), seine Hochachtung vor PICASSO und besonders vor *Guernica* ▸ 20.65, die Vertrautheit mit dem surrealistischen Automatismus und der jungschen Analyse – all diese Faktoren mögen zu der Neuartigkeit von Gemälden wie *Autumn Rhythm* ▸ 21.6 beigetragen haben, doch machen sie es um nichts leichter erklärbar.

POLLOCKS beste Werke entstanden in einer relativ kurzen Zeitspanne, von 1947–1951. Er war kein mit Naturtalenten gesegneter Künstler und rang in Raserei und Jähzorn mit seinem Unvermögen, die traditionellen Techniken zu beherrschen. Doch plötzlich schien er sich wie in einer Erleuchtung bewusst zu werden, dass er Erfüllung finden konnte, indem er seinen Kampf nach außen lenkte, indem er den Akt des Malens zu seinem eigentlichen Thema machte. Er gab Staffelei und Palette – ja selbst Pinsel – auf. Die Zeichen auf der Leinwand wurden von jeder möglichen Bedeutung befreit; sie hielten ganz einfach sein Engagement mit dem Medium fest, bedeuteten eine Art Diagramm seiner Emotionen, wie er mit der Konsistenz der Farbe kämpfte. 1947 schrieb er:
*»Meine Malerei entsteht nicht auf der Staffelei. Ich spanne die Leinwand selten auf, bevor ich male. Ich befestige sie lieber an der harten Wand oder auf dem Boden. Ich brauche den Widerstand einer harten Fläche. Auf dem Boden fühle ich mich wohler. Ich fühle mich mehr eins mit dem Bild, auf diese Weise kann ich mich um das Bild bewegen, von allen vier Seiten, und buchstäblich ›in‹ dem Bild sein. Dies ist die Technik der indianischen Sandmaler des Westens ... Wenn ich in der Malerei drinstecke, bin ich mir nicht bewusst, was ich tue. Erst nach einer Art Eingewöhnungszeit erkenne ich, was mir dabei*

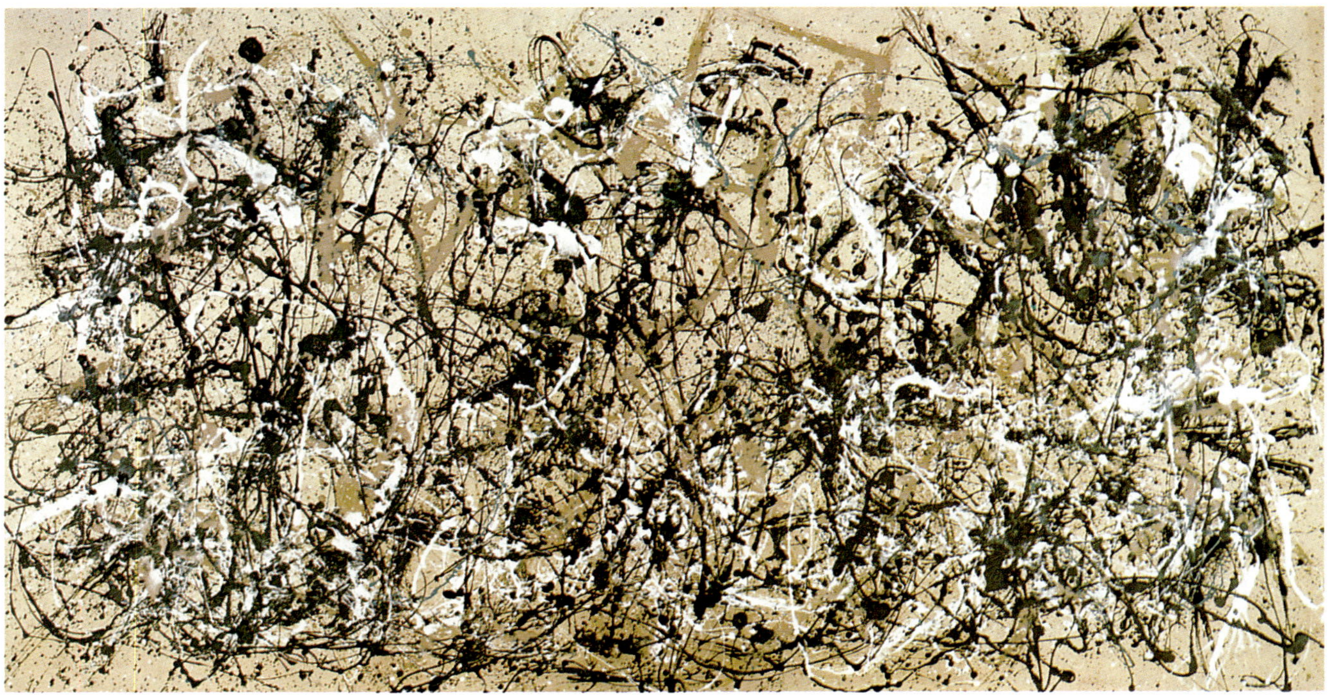

21.6 JACKSON POLLOCK, *Autumn Rhythm: Number 30*, 1950, Leinwand, 2,70 x 5,38 cm. The Metropolitan Museum of Art, New York.

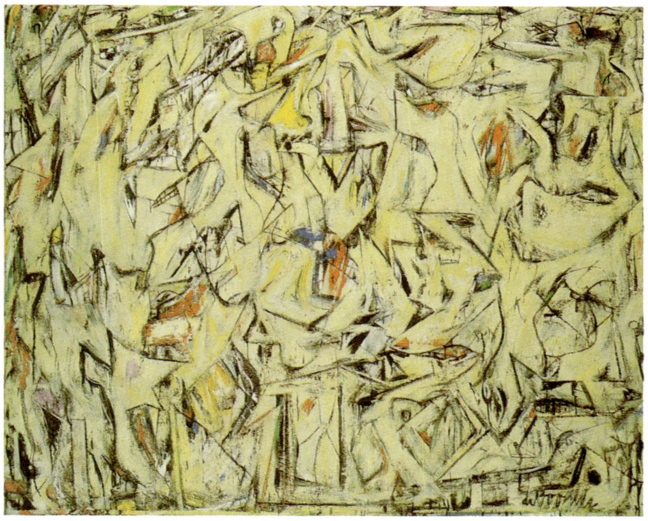

21.7 WILLEM DE KOONING, *Ausgrabung*, 1950, 204 x 254 cm. Art Institute of Chicago.

*eigentlich vorschwebte. Ich habe keine Angst, Änderungen zu machen, die Darstellung zu zerstören usw., weil das Bild ein Eigenleben hat. Ich versuche ihm zum Durchbruch zu verhelfen. Nur wenn ich den Kontakt mit dem Bild verliere, wird es Pfusch. Ansonsten gibt es völlige Übereinstimmung, ein leichtes Geben und Nehmen, und das Bild wird gut.«* (My Painting, in Possibilities, I, 1947/48)

Indianische Sandbilder entstanden als Teil eines religiösen Kultes: Man ließ rhythmisch Sand in verschiedenen Farben rieseln und schuf so vergängliche Symbolbilder. Ähnlich entstanden POLLOCKS Bilder. Er pflegte sich frei im Kreis um die Leinwand oder auf ihr zu bewegen, um die Duco-Farbe aus Dosen sowie andere Aluminium- und Emailfarben zu vergießen, zu spritzen oder zu schleudern, während er sich, seine Arme in großen Bogen und Halbkreisen herumwirbelnd, in der Art eines Derwischtänzers um sich selbst drehte. Sein Körper wurde miteinbezogen, nicht nur seine Hände und seine Arme. Trotz aller Ekstase waren seine Bewegungen nicht völlig willkürlich, wie er später bekannte.

*»Während ich male, habe ich eine generelle Vorstellung von dem, was ich tun will. Ich kann den Fluss der Farbe kontrollieren. Da gibt es keinen Zufall, genauso wenig wie alles ohne Anfang und Ende ist.«*

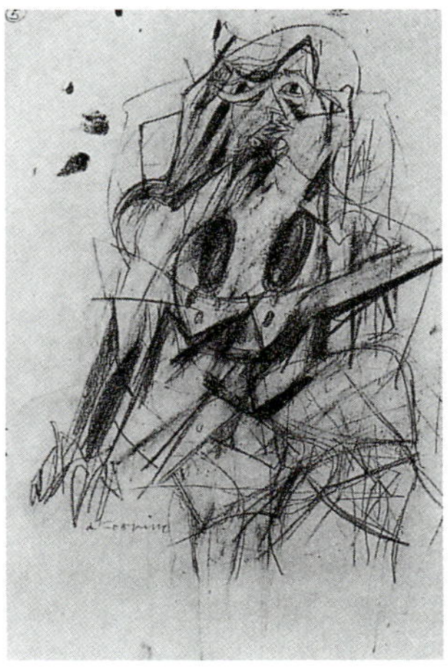

21.8 WILLEM DE KOONING, *Frau*, um 1951, Bleistift auf Papier, 31,8 x 24,2 cm. Mr. und Mrs. Steven J. Ross, USA.

Diese Unbestimmtheit, dieses Gefühl von Grenzenlosigkeit gehört zu den auffallendsten Charakteristika von POLLOCKS Werk. Er benutzte außergewöhnlich große Leinwände – ›tragbare Fresken‹ wurden sie einmal genannt –, so groß, dass der Betrachter die Empfindung hat, in ihnen eingeschlossen und verschlungen zu sein, wenn seine Augen von einem wirbelnden Farbstrudel zum anderen wandern. Das Netzwerk und die Farbsträhnen, die er eine über die andere tropfte oder goss, von einem zum anderen Rand über die gewaltige Ausdehnung des Malfeldes, bilden ein endloses rhythmisches Palimpsest von sich gegenseitig durchdringenden Mustern. Ob dieser vollendete Effekt von reiner schöpferischer Kraft bewusst geplant war, ist ungewiss. POLLOCK sagte, seine ›All-Over‹-Methode sei einfach »das aus einem Bedürfnis heraus natürlich Gewachsene«.

POLLOCK blieb eine isolierte Figur. Er schloss sich keiner Gruppe oder Künstlervereinigung an, und er hatte weder Schüler noch Nachfolger. WILLEM DE KOONING war ihm künstlerisch, wenn auch nicht vom Temperament her, der Nächste, und man neigt heute dazu, in ihnen beiden die Führer des Action Painting innerhalb des Abstrakten Expressionismus zu sehen. DE KOONING emigrierte 1926 aus Holland in die Vereinigten Staaten, freundete sich mit GORKY an, mit dem er eine Zeit lang das Atelier teilte, und fand in den späten vierziger Jahren als einer der großen Abstrakten Expressionisten Anerkennung. Er war der einzige, der bis zu einem gewissen Grad gegenständlich blieb, indem er sogar die menschliche Figur zu einem seiner Hauptthemen machte ▸21.8. Aber sein abstraktes Werk ist wohl von größerer Ausstrahlung ▸21.7. Aggressiv und harsch, oftmals beinahe rau in der Farbe mit saftigem, fleischigem Rosa, fahlem Gelb und beißendem Grün, die Struktur dick und schwer, so als ob sie unerbittlich immer und immer wieder überarbeitet worden wäre, haben seine Bilder nichts von der Feinheit und Flüchtigkeit POLLOCKS. Überdies sind sie nie restlos abstrakt. Die Formen sind immer schwach erkennbar, lasten aufeinander mit beladenen Pinselstrichen in dichten und vollgestopften Kompositionen, die beinahe aus dem malerischen Feld ausbrechen.

Der andere namhafte Exponent dieser Art gestischer Malerei war FRANZ KLINE ▸21.9. Er begann in den späten dreißiger Jahren mit Stadtlandschaften von New York. Seine späteren, beinahe ganz abstrakten Ölbilder in Schwarz und Weiß wurden gleichermaßen von der Dynamik des städtischen Amerika inspiriert. In diesen, so bekräftigte er, male er Erfahrungen. Er schuf keine formalen Abstraktionen und auch nicht »Brückenkonstruktionen oder Wolkenkratzer«. Sein Werk jedoch beschwört gerade solche städtischen Impressionen sehr häufig.

21.9 FRANZ KLINE, *Zinkgelb*, 1959, Leinwand, 236,2 x 201 cm. The Chrysler Museum, Virginia.

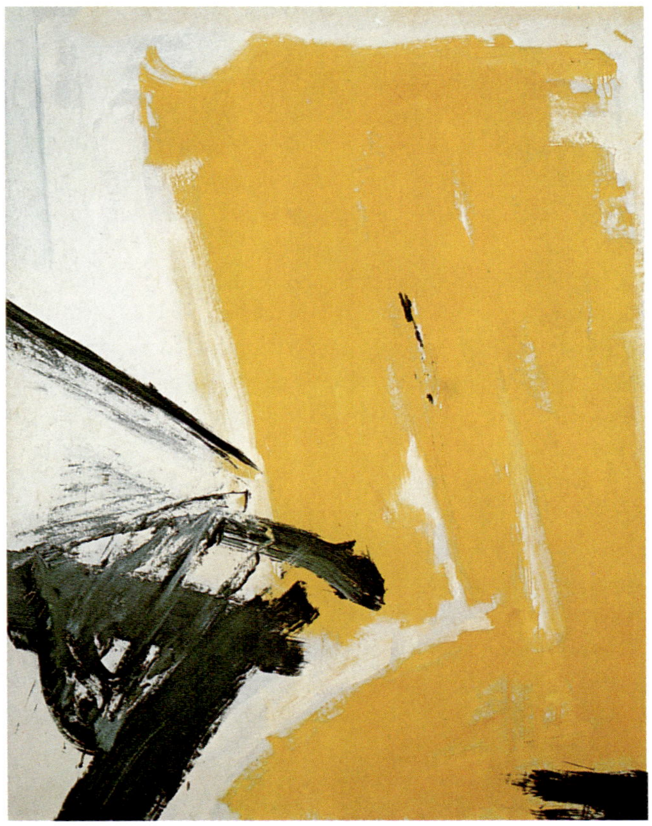

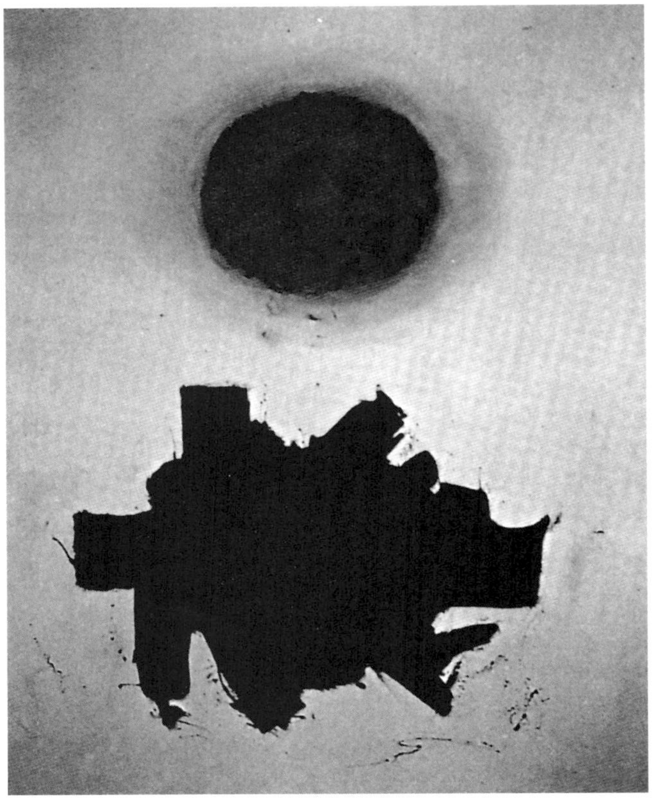

21.10 ADOLF GOTTLIEB, *Cool Blast*, 1960, Leinwand, 228,5 x 183 cm.

## *Still, Rothko und Newman*

Die Malerei des Abstrakten Expressionismus wird in zwei Richtungen unterteilt: die der Gestik, des ›Action Painting‹, wovon gerade die Rede war, und die der ›Color Field‹-Maler, deren wichtigste Exponenten CLYFFORD STILL, MARK ROTHKO und BARNETT NEWMAN sind. STILL ist in gewisser Weise mit POLLOCK vergleichbar und vermittelt zwischen den beiden Gruppen. In North Dakota geboren und im Wilden Westen und in Kanada aufgewachsen, war er ein weiterer Grenz- und Einzelgänger, selbst noch in New York, wo er nach 1950 lebte. Er schrieb damals über *»die Reise, die man machen muss, geradeaus wandernd und allein ... bis man die dunklen, öden Täler durchquert hat und schließlich in die klare Luft kommt und auf einer hohen und endlosen Ebene stehen kann«*.

Der religiöse, beinahe messianische Klang dieser und anderer Aussagen ist für STILL charakteristisch. 1943 schloss er sich ROTHKO und ADOLPH GOTTLIEB ▸21.10 an, die an die ›New York Times‹ einen heute legendären Brief sandten, in dem erstmals die Absicht des Abstrakten Expressionismus skizziert wurde.

*»Für uns ist Kunst ein Abenteuer in einer unbekannten Welt, die nur von denen erforscht werden kann, die bereit sind, Risiken auf sich zu nehmen. Wir befürworten den einfachen Ausdruck des komplexen Gedankens. Wir sind für die große Form, denn sie hat die Wucht des Eindeutigen. Wir wünschen, die malerische Fläche erneut zur Geltung zu bringen. Wir sind für flache Formen, denn sie zerstören die Illusion und enthüllen die Wahrheit ... Wir bekennen uns zur geistigen Verwandtschaft mit der primitiven und archaischen Kunst.«*

STILL war wie POLLOCK ein Pionier der riesigen Leinwände. Vielleicht bewusster als die anderen, leitete er die Abkehr von Europa und speziell von der französischen Kultur und Tradition ein, der zu einem gewissem Grade ROTHKO, NEWMAN und andere noch verbunden waren. Im Jahr 1946 fand seine Vision ihre natürliche Ausdrucksform, und sein Werk blieb von da an bemerkenswert einheitlich. Große symmetrisch geordnete zackige Flächen oder räumliche Formationen – die Farbe ist in großen Farbstrichen so dick aufgetragen, dass die Oberfläche Relief erhält – breiten sich über die ganze Leinwand aus, ohne dass sie sich überlappen oder voneinander abheben. STILL lässt ein Gefühl von Dichte entstehen, doch kaum, wenn überhaupt, von Räumlichkeit ▸21.11.

MARK ROTHKO wurde in Russland geboren und emigrierte 1913 mit seiner Familie in die USA. Wie POLLOCK oder STILL war er melancholisch und menschenscheu, und seine Bilder wurden zunehmend düster. Er war sich sicher der spirituellen Dimensionen der abstrakten Kunst bewusst, und sein reifes Werk ist tief religiös. Es sind Objekte zur Kontemplation. Sie verlangen Ruhe und die Vertieftheit des Betrachters.

*»Ich bin an den Beziehungen von Farbe und Form oder irgend etwas anderem nicht interessiert, ich bin nur daran interessiert, die grundlegenden menschlichen Emotionen auszudrücken – Tragik, Ekstase, Untergang und so weiter –, und die Tatsache, dass viele Leute beim Anblick meiner Bilder zusammenbrechen und weinen, zeugt davon, dass ich mit diesen menschlichen Gefühlen kommuniziere. Die Leute, die vor meinen Bildern weinen, erleiden die gleiche religiöse Erfahrung wie ich, als ich sie damals malte. Und wenn Sie, wie Sie sagen, nur durch ihre Farbe bewegt werden, verfehlen Sie den wichtigsten Punkt.«* (S. Rodman, Conversations with Artists, New York 1957)

Obwohl ROTHKO das Staffeleibild nicht so heftig wie POLLOCK oder STILL ablehnte, wirkt sein Werk im Maßstab ebenso einhüllend. Weiche, schwebende, wolkige Formen mit ausgefransten Rändern füllen beinahe die gesamte Fläche seiner Bilder ▸21.13. Doch wo bei POLLOCK die Struktur der Malerei expressiv wird, bleibt sie bei ROTHKO ebenmäßig und ausgeglichen, als wäre die Leinwand getränkt statt bemalt. Die

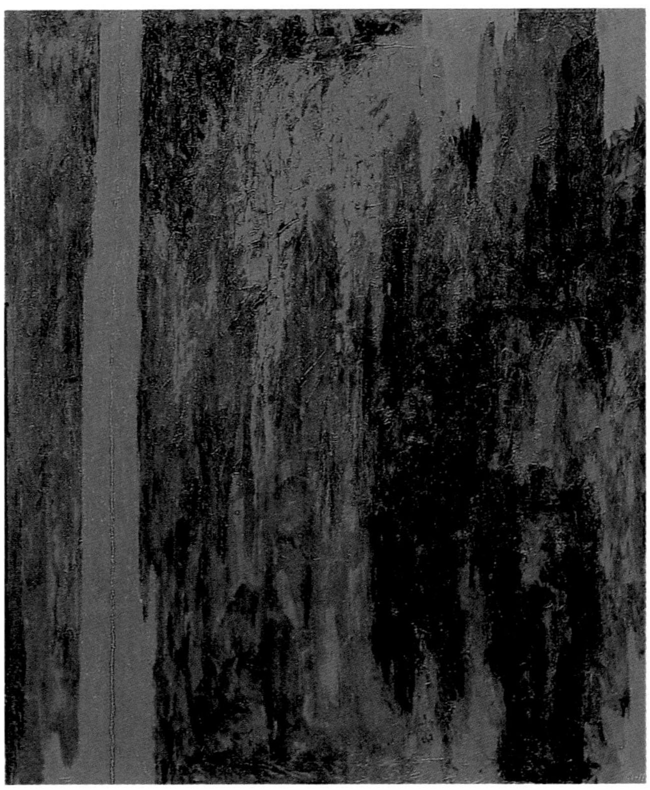

21.11 CLYFFORD STILL, *1952-A*, 1954, Leinwand, 300 x 270 cm. Albright-Knox Art Gallery, Buffalo, New York.

zwei oder drei Farbzonen der Komposition sind über andere sehr dünn gemalte farbige Blöcke gelegt, wodurch eine erhabene Wirkung lichtvoller Intensität entsteht. Im Kontrast zur strengen Einfachheit der Formen ist die Farbe verschwenderisch und subtil; die Formen glühen und pochen, wenn der Betrachter vor ihnen wie an der Schwelle zu einer großen leuchtenden Leere steht.

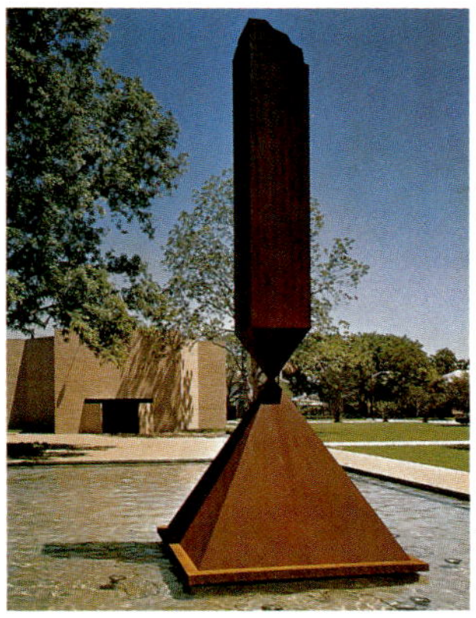

21.12 BARNETT NEWMAN, *Broken Obelisk*, 1963–1967, Stahl, Höhe 7,65 m. Institute of Religion and Human Developement, Houston.

Wie ROTHKO, dessen Streben schließlich über die Subjektivität des Abstrakten Expressionismus hinausging, suchte BARNETT NEWMAN eine neue Form von Kunst, die eine generelle menschliche Bedeutung in sich tragen könnte. Obwohl seine Bilder als nichts mehr als Anordnungen von Farbe und Raum erscheinen könnten, erläutern seine zahlreichen Aussagen die Bedeutung, die NEWMAN dem Inhalt zumaß. Für ihn war Kunst die Suche nach dem Unerkennbaren und dem Sublimen. Er schrieb: *»Ich glaube, dass hier in Amerika einige von uns, befreit vom Einfluss der europäischen Kultur, die Antwort finden, indem wir völlig verwerfen, dass Kunst irgend etwas mit dem Problem der Schönheit zu tun habe, noch wie sie zu finden sei ... Wir bekräftigen das natürliche menschliche Verlangen nach der Verherrlichung, nach der Möglichkeit, mit den absoluten Emotionen in Beziehung zu treten ... Wir befreien uns selbst von den Hindernissen der Erinnerung, der Assoziation, der Nostalgie, der Legenden, der Mythen, oder was immer das Motto der westlichen europäischen Malerei war.«* (The Sublime is Now in Tiger's Eye, *Nr. 6, 1948)*

Um 1950 malte NEWMAN die Art von Bilder, über die er hier schrieb – zum Beispiel *Vir Heroicus Sublimis,* eine riesige Leinwand als gleichmäßiges rotes Feld, aufgeteilt durch vier schmale scharfrandige Vertikalstreifen oder ›zips‹ (Reißverschlüsse), wie er sie nannte, die in der Farbe wie in der Breite leicht variieren ▸21.14. Diese Gemälde gehen in der Reduzierung der malerischen Sprache auf deren Grundelemente weiter als MONDRIAN, obwohl daran gezweifelt werden kann, ob sie das Gewicht der Bedeutung, die ihre Titel manchmal andeuten, tragen können. 1966 nannte NEWMAN eine 14-teilige Folge solcher Leinwände *The Stations of the Cross* (1958–1966). ROTHKO arbeitete zu dieser Zeit ebenfalls an einer großen (seiner letzten) Serie von Gemälden, die für eine speziell zur Aufnahme dieser Bilder entworfene und erbaute Kapelle in Houston, Texas, bestimmt waren. Vor ihrem Eingang, in einem Wasserbecken, steht eine bemerkenswerte Skulptur

21.13 MARK ROTHKO, *Green on Blue*, 1956, Leinwand, 228,2 x 160,8 cm. University of Arizona Museum of Art.

NEWMANS, datiert von 1963–1967. In ihr fand seine erhabene und tragische Kunstkonzeption eine leichter zugängliche Form als in der Malerei – eine große polierte Stahlpyramide (Symbol zeitloser Beständigkeit), die auf ihrer Spitze in perfekter Balance die Spitze eines umgekehrten und zerbrochenen Obelisken trägt ▸21.12.

Abstrakte Gestaltungen in der Plastik fand auch der Bildhauer DAVID SMITH (1906–1965), der viele der Interessen der Abstrakten Expressionisten teilte, ohne jedoch offiziell mit ihnen verbunden zu sein (vgl. S. 733).

21.14 BARNETT NEWMAN, *Vir Heroicus Sublimis*, 1950/51, Leinwand, 243,6 x 541,7 cm. The Museum of Modern Art, New York.

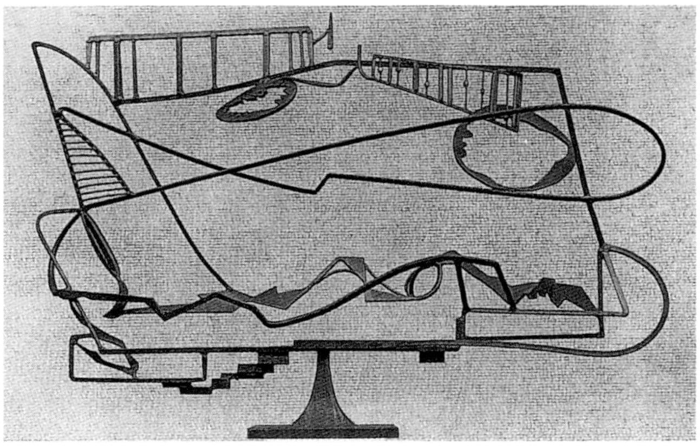

21.15 DAVID SMITH, *Hudson River Landscape*, 1951, geschweißter Stahl, 190,5 x 125,7 x 42,5 cm. Whitney Museum of American Art, New York.

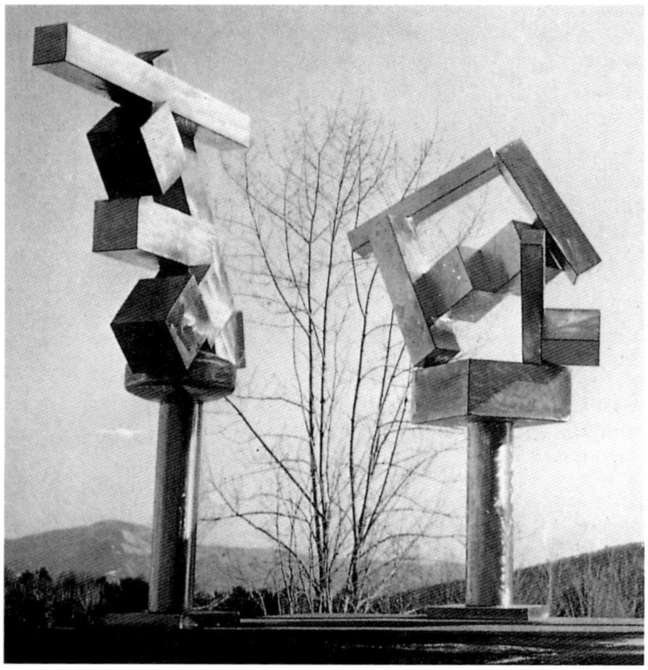

21.16 DAVID SMITH, *Cubi XVIII* und *Cubi XVII*, 1963/64, rostfreier Stahl, Höhe 295/274 cm. Museum of Fine Arts, Boston, und Dallas Museum of Fine Arts.

Er studierte in New York Malerei, wandte sich in den frühen dreißiger Jahren der Plastik zu und fand, dass für ihn zwischen den beiden Medien kein wesentlicher Unterschied besteht. Seine Skulpturen neigten zur Frontalität und einer malerischen Auffassung, welche die Schwerkraft leugnete. Seine frühen offen gestalteten Metallplastiken waren PICASSO und GONZÁLEZ verpflichtet, denen er, wie er sagte, seine »technische Befreiung« zu verdanken hatte. Seine nach dem Krieg entstandenen Arbeiten hingegen hatten mindestens ebenso, wenn nicht viel mehr seinen persönlichen Erfahrungen als Monteur an einem Fließband bei Studebaker bzw. danach in einer Lokomotivfabrik zu verdanken. Die Plastiken der vierziger und fünfziger Jahre waren offen und linear, wobei sie manchmal aus einem Zentrum heraus wie metallische Kalligrafie ausstrahlten. Wie ›Zeichnungen in der Luft‹ suggerierten sie dreidimensionale Szenen innerhalb eines ›räumlichen Rahmens‹. Anfänglich verraten die Linearität in ihrem psychischen Automatismus sowie die unbewusste Gewalt seiner Bilder surrealistische Einflüsse. Später erinnern der Linienrhythmus und All over-Kompositionen in Objekten wie *Hudson River Landscape* ▸21.15 an zeitgenössische Bilder von POLLOCK. In solchen Werken erreichte SMITH auch eine an POLLOCK erinnernde Freiheit und lyrische Wirkung. Zugleich zogen ihn Grobmetall und Maschinenästhetik immer an. Nie fühlte er sich dem Maschinenzeitalter enthoben, und in seinen letzten Jahren – vor seinem frühen Tod bei einem Autounfall – nahm er verschiedene Serien großer polierter Plastiken aus rostfreiem Stahl in Angriff, die eine neue Phase der amerikanischen Bildhauerei einleiteten. Trotz der Größe seiner *Cubi* ▸21.16 kommen diese nie schwerfällig daher, und ihre Dynamik und Balance stehen zu ihrer Dichte in einem überraschenden Gegensatz. Die Oberflächen sind stark poliert, so dass sie die Farben der Umgebung aufnehmen. Zartheit und Kraft, Natürlichkeit und Fabrikcharakter verbinden sich in einer Weise, die an Hemingway erinnert.

## Europäische Überlebende

Der abstrakte Expressionismus war ein rein amerikanisches Phänomen. Trotz seines hochtrabenden metaphysischen Anspruchs hat er Großartiges geleistet. In Europa entstand in den Nachkriegsjahres nichts Vergleichbares.

Kurz nach Kriegsende schuf HENRI MATISSE, jetzt schon über 80 Jahre alt und teilweise ans Bett gefesselt, einige der lyrischsten und fröhlichsten seiner Arbeiten. So beendete er 1947 ein Buch, *Jazz*, mit handgeschriebenen Textseiten und Illustrationen aus ausgeschnittenen und eingefärbten Papieren. Diese Technik sollte die letzte Phase seiner langen künstlerischen Entwicklung auslösen, der heitersten und vielleicht der entscheidendsten von allen – »eine Blütezeit nach 50 Jahren Anstrengung« nannte er sie. Er färbte die Papiere in Gouache ein, präparierte sie und schnitt sie dann aus. »In die Farbe zu schneiden erinnert mich an die direkte Arbeit des Bildhauers, der den Stein meißelt«, sagte er, und diese Methode hatte für ihn mehr als nur physische Vorteile. Mit ihr gestaltete er einen außergewöhnlichen Reichtum an Farbkompositionen, von Entwürfen für Glasfenster und Wanddekorationen bis zu Buchumschlägen. In den Jahren vor seinem Tode erreichte seine Kunst ihre Vollendung in den großen Papierschnitten wie *Souvenir d'Océanie* (Erinnerung an Ozeanien) und *L'Escargot* (Die Schnecke) ▸21.17, die seine lebenslange Suche nach einer Unschuld, die er erstmals um die Jahrhundertwende in der primitiven Kunst entdeckt hatte, zusammenfassen. »Sehen ist in sich selbst schon eine schöpferische Tat, die eine Anstrengung verlangt«, schrieb er 1953.

*»Alles, was wir im täglichen Leben sehen, wird mehr oder weniger durch unsere erworbenen Gewohnheiten entstellt, und diese Tatsache ist in einer Zeit wie der unsrigen vielleicht in einer besonderen Weise spürbar, da wir vom Film, von der Reklame und den Illustrierten mit einer Flut vorgefertigter Bilder überschwemmt werden, die sich zu einer Vision ungefähr so verhalten wie ein Vorurteil zur Erkenntnis. Die zur Befreiung von diesen Bildfabrikaten nötige Anstrengung verlangt einen gewissen Mut, und dieser Mut ist für den Künstler unentbehrlich, der alles so sehen muss, als ob er es zum ersten Mal sähe. Man muss zeitlebens so sehen können, wie man als Kind die Welt ansah …«* (Farbe und Gleichnis, Zürich 1955)

Der Schweizer Bildhauer ALBERTO GIACOMETTI (1901–1966) ist in den dreißiger Jahren Schöpfer außergewöhnlicher

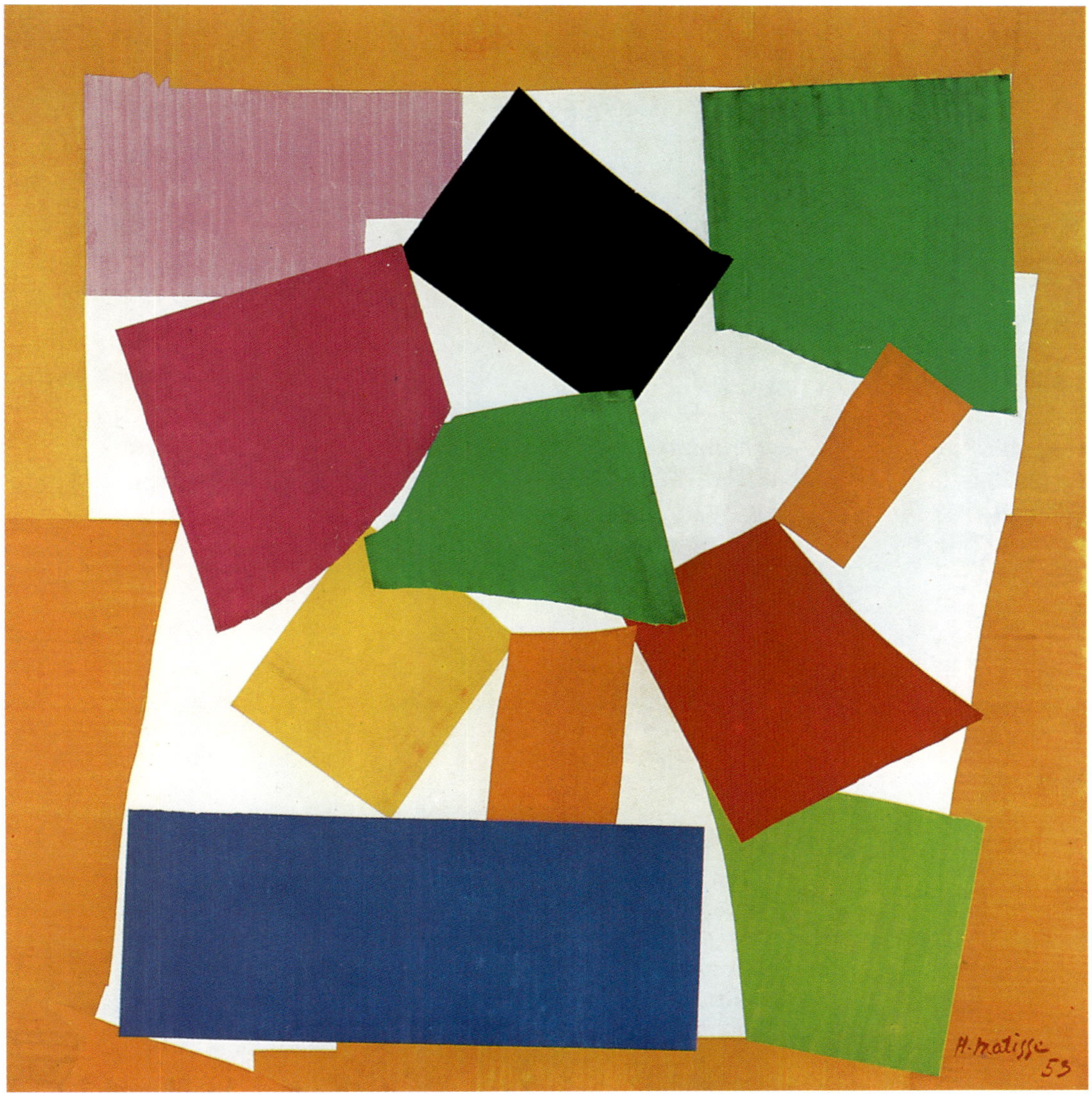


21.17 HENRY MATISSE, *L'Escargot* (Die Schnecke), 1953, Gouacheschnitt, 286 x 287 cm. Tate Gallery, London.

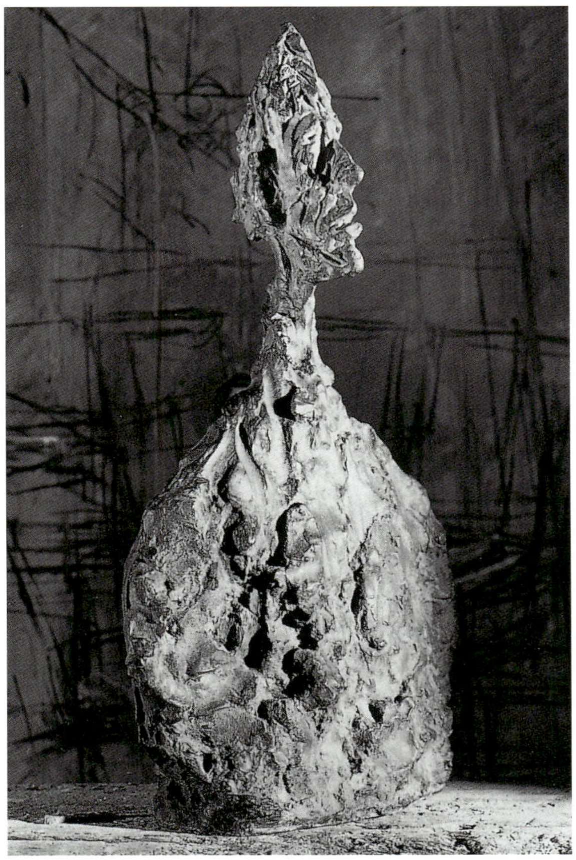

21.18 ALBERTO GIACOMETTI, *Diego II*, 1955, Bronze, 56,6 x 31 x 15 cm. Privatsammlung

surrealistischer Skulpturen, vor allem von Metallkonstruktionen und ›erotisch-kinetischen Objekten‹. Entfernt stehen sie mit den Plastiken von PICASSO, GONZÁLEZ und CALDER aus dieser Zeit in Zusammenhang. Nach seiner Rückkehr nach Paris nach dem Krieg kommt es zu einem Bruch in GIACOMETTIS Werk. 1947 begann er mit kleinen, frontalen Bronzefiguren, aus denen sich in der Folge die Serien überlängter Gestalten entwickelten, für die er so berühmt wurde. Der existenzialistische Philosoph Jean Paul Sartre schrieb ausführlich über GIACOMETTIS Plastiken dieser Jahre. In den fünfziger Jahren erlebte GIACOMETTI eine weitere Schaffenskrise und fand zu einer visionären, ja geradezu mystischen Auffassung. In den gelegentlich bemalten Bronzeköpfen seiner letzten Schaffensjahre, meistens Bildnisse von Freunden und seinem Bruder, dem er sehr nahe stand, gelang ihm, wie Sartre 1954 schrieb, »das Unmögliche, uns mit der Macht einer körperlichen Präsens zu konfrontieren«. GIACOMETTI suchte nicht Ähnlichkeit mit dem Porträtierten herzustellen, sondern eine Realität, die mit dem Wesentlichen einer Persönlichkeit in Beziehung stand. Wie ein scharfsichtiger Kritiker damals schrieb, sind sie die »rudimentärsten Darstellungen von Körperlichkeit, die man sich vorstellen kann, nahezu eine Verneinung der organischen Existenz der Personen. Aber ähnlich den Gesichtern alter Menschen haben sie umso mehr Tiefe, Wissen und Stille... Es ist jeweils der Kern einer Persönlichkeit, und dieser zieht den umgebenden Raum mit seiner Stille in Bann.«

## ›Post Painterly Abstraction‹

In den frühen sechziger Jahren erreichte der Abstrakte Expressionismus seinen Höhepunkt, während sich das künstlerische Klima sowohl in den Vereinigten Staaten wie in Europa rasch änderte. Den Sparmaßnahmen und dem Druck der Nachkriegszeit folgten der Überfluss und Wohlstand der Konsumgesellschaft und der kurzlebige Optimismus der Kennedy-Jahre. In einer Analyse der Situation überdachte der Kritiker und Verfechter der Abstrakten Expressionisten, Clement Greenberg, die Zukunft der Künstler. Nach der »Pompösität des Abstrakten Expressionismus«, so schrieb er, sei eine disziplinierte, formalistische Kunst nötig, eine, die das Wesentliche erkenne und sich darauf konzentriere.

*»Die Unreduzierbarkeit der Malerei besteht in nur zwei wesentlichen Konventionen oder Normen, der Flachheit und der Abgrenzung der Flachheit.«*

Die Künstler, deren Werk die erwünschte Kühle erreichten, die zurückhaltend und elegant die eher beschränkten Ziele der so genannten ›Post Painterly Abstraction‹ verfolgten, sind MORRIS LOUIS (1912–1966), KENNETH NOLAND (*1924) und JULES OLITSKI (*1922). Ihre Bilder wurden in den sechziger Jahren hoch geschätzt.

Ebenso wie die geometrischen Abstraktionen der Op Art, die in ihren besten Arbeiten mehr als nur illusionistische Tricks vorführt, genossen ihre Gemälde in den sechziger Jahren einen guten Ruf. Insbesondere BRIDGET RILEY (geb. 1931) gelangen mit die ausgeklügeltsten poetischen Metaphern für die geistige Unruhe der sechziger Jahre ▸ 21.19.

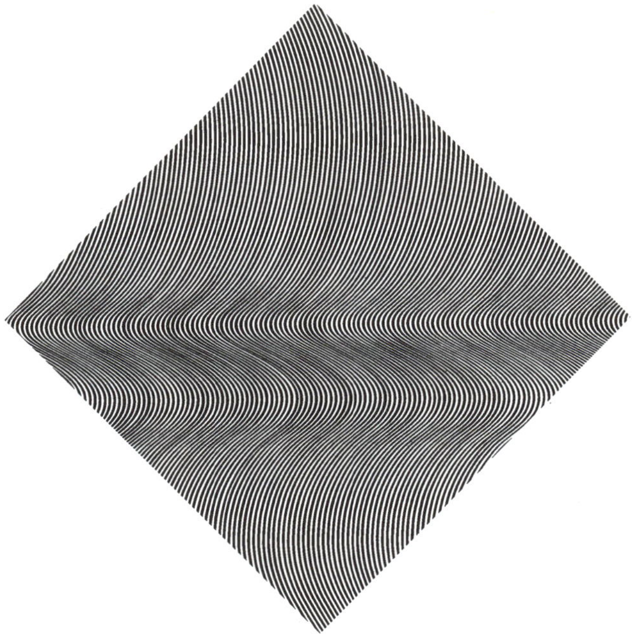

21.19 BRIDGET RILEY, *Crest* (Der Kamm) 1964, Dispersionsfarbe auf Spanplatte, 206 x 146 cm. Privatsammlung.

## Jasper Johns und Robert Rauschenberg

Als in den fünfziger Jahren der abstrakte Expressionismus Triumphe feierte und dazu verurteilt war, die Macht und die Segnungen des amerikanischen Liberalismus in alle Welt hinauszuposaunen, sahen sich die Wortführer der ungegenständlichen Kunst in New York mit den lauten Objektbildern von JASPER JOHNS (geb. 1930) und ROBERT RAUSCHENBERG (geb. 1925) konfrontiert. Auch wenn die Verbindung nur sehr vage war, bezeichnete man ihre Arbeiten damals als neodadaistisch. Beide Maler nahmen oft wörtlich gegenständliche Motive bzw. erkennbare Objekte in ihre Arbeiten mit hinein. Vor Banalitäten schreckten sie nicht zurück. Die *Drei Fahnen* von JOHNS ▸ 21.20 sind in Enkaustik gemalt, einer alten Technik, die einem selbst für ein ausgesprochen elitäres Publikum sperrigen Thema eine altmeisterliche Aura verleiht. Machte sich JOHNS über die amerikanische Fahne lustig – oder über die Kunst?

Die Anziehungskraft solcher Themen bestand für JOHNS genau darin, dass sie konventionell und anonym, vertraut und jedermann zugänglich waren. Es waren Dinge, die »man schon kennt«, wie er sagte: »Sie ließen mir Raum, um mich mit anderen Dingen zu befassen«. Er interessierte sich auch deswegen für sie, weil sie »die Welt meinen und nicht die Persönlichkeit«, ein Grundwiderspruch zu den Prinzipien des abstrakten Expressionismus, der die persönliche künstlerische Ausdruckskraft heroisiert hatte. JOHNS malte bald Serien ähnlich banaler Themen mit dem Titel *Targets* (Zielscheiben), in denen das Format des Bildes mit der Scheibenform in eins gesetzt wurde. Als fortgesetzte Meditationen über die Bedeutung in der Kunst, ihre Konstruktion und ihre Flüchtigkeit, auch über Fragen der Wahrnehmung – sehen, was wir wissen, und wissen, was wir sehen – wurden sie interpretiert. Ähnlich wie DUCHAMPS Ready-mades stellen sich angesichts der *Drei Fahnen* so viele Fragen, wie Antworten gegeben werden. Zwar wurde der Beweis erbracht, dass Kunst alles abstrakt machen kann – selbst einen bedeutungsschweren Gegenstand wie die ›Stars and Stripes‹ –, und doch sind diese Werke eine Übung in Ironie und paradoxem Denken. Noch mehr gilt dies für Werke wie *Periscope (Hart Crane)* von 1963, ein entferntes Echo auf eine Stelle in Cranes Gedicht *Cape Hatterass,* wobei die Arbeit selbst einem untergegangenen Labyrinth ähnlich zu sein scheint.

Im selben Jahr als JOHNS seine *Fahnen* malte, schuf RAUSCHENBERG das *Bett.* Er hatte die Farbe wie ein ›action painter‹ auf die weißen Baumwollbezüge und den hübschen Patchwork-Quilt seines eigenen Bettes geschmiert und dieses dann senkrecht vor der Wand einer Galerie aufgestellt. Die Geste war so provozierend wie das Gemälde der amerikanischen Fahne und von DUCHAMP ähnlich abhängig, der sein Pissoir außer Betrieb genommen hatte, indem er es flach hinlegte und diese ›Plastik‹ mit Signatur und Datum versah. Nach dem *Bett* entstanden RAUSCHENBERGS ›combine paintings‹, in denen er

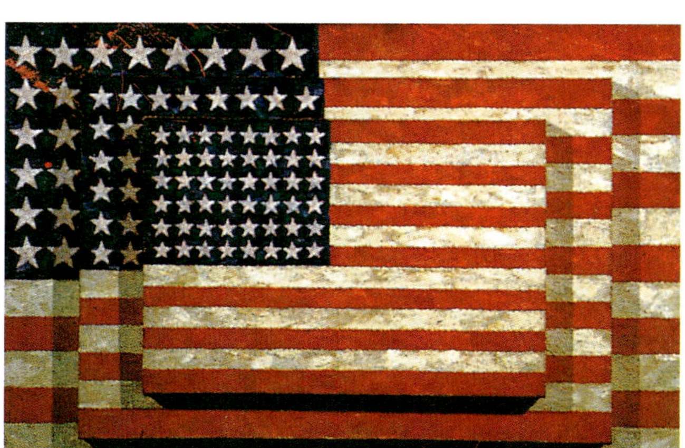

21.20 JAPSER JOHNS, *Three Flags,* 1958, Enkaustik auf Leinwand, 78,4 x 115 cm. Whitney Museum of American Art, New York.

## Moderne und Formalismus

Die Begriffe ›Moderne‹ bzw. ›Moderne Kunst‹ – wie im Namen des 1939 gegründeten Museums of Modern Art in New York – bezeichnen die innovativen Künste des späten 19. bis in die siebziger Jahre des 20. Jahrhunderts Der Begriff der Moderne fand seinen prägnantesten Ausdruck im Internationalen Stil der Architekten GROPIUS und LE CORBUSIER in den zwanziger Jahren des 20. Jahrhunderts. Dieser ging weit über die seit den zwanziger Jahren des 19. Jahrhunderts erhobene Forderung nach einem charakteristischen Stil (s. S. 605 ff.) für die je eigene Zeit hinaus, indem er den Stilbegriff an sich negierte. Ihre Bauten waren von allem Ornamentalen und von nostalgischen Verweisen auf die Vergangenheit gesäubert, betonten den funktionalen Aspekt, machten sich neue Technologien zunutze und schlugen im Rahmen der Stadtentwicklung Lösungen vor, die den sozialen Bedingungen des 20. Jahrhunderts angemessen waren. Auch die Maler und Bildhauer der Avantgarde lehnten die Vergangenheit und deren Stile ab und entwickelten Alternativen, die vom Expressionismus, Kubismus, Futurismus und der abstrakten oder ungegenständlichen Kunst bis zum Surrealismus und Abstrakten Expressionismus reichen. Für diese war wie schon für Baudelaire in der Mitte des 19. Jahrhunderts (s. S. 613), die Erfahrung der Modernität die entscheidende Herausforderung.

Das Bedürfnis der Künstler, Teil ihrer eigenen Zeit zu sein, ließ sie die Innovation betonen, und neue Lösungen für malerische und skulpturale Probleme zu suchen. Die Auseinandersetzung mit zeitgenössischen Themen und der zeitgenössischen Kultur wurde als wesentlich für einen ›modernen‹ Künstler empfunden. Ebenso wichtig war die Berücksichtigung der tiefgreifenden Veränderungen, die die Geschichte des Westens in den letzten 150 bis 200 Jahren geprägt hatte – Veränderungen, zu denen in der Theorie wie in der Praxis auch politische Entwicklungen (vor allem der Marxismus), die Industrialisierung und naturwissenschaftlich-technische Fortschritte aller Art gehören. Dies gipfelte im Realismus und Naturalismus des späten 19. Jahrhunderts, als sich Maler wie MANET und die Impressionisten auf objektive, unpathetische Weise mit Alltagsthemen befassten. Gleichwohl konnten einige ihrer Gemälde auch anders, nämlich als abstrakte Oberflächen ohne Inhalt verstanden – oder missdeutet – werden. Die Möglichkeiten, die dieser Dualität innewohnten, führten die Künstler schließlich zum Formalismus und der Erkundung der reinen Form in einer völlig autonomen Kunst, die sich ausschließlich mit sich selbst befasst.

Dem Formalismus entsprechend, wie ihn die Künstler in der Mitte des 20. Jahrhunderts verstanden, war nach dem New Yorker Kunstkritiker Clement Greenberg (1909–1994) das Kunstobjekt eine im wesentlichen selbständige Einheit mit eigenen Regeln, eigener Ordnung, eigenen Materialien, unabhängig von seinem Schöpfer, seinem Publikum und der Welt ganz allgemein. Er sah die Aufgabe des Künstlers als eine der Selbstreinigung, und Kunst als ein Phänomen, das hauptsächlich, wenn nicht ausschließlich durch Oberflächen und Muster charakterisiert ist. 1961 schrieb er, das Wesen der Kunst bestehe in dem, was an der Natur des Mediums einzigartig sei: »... *Realistische, illusionistische Kunst hatte das Medium verstellt und Kunst benutzt, um Kunst zu verbergen. Die Beschränkungen, die das Medium der Malerei ausmachen – plane Oberfläche, die Gestalt des Bildträgers, die Eigenschaften des Pigments – waren von den Alten Meistern als negative Faktoren behandelt worden, die nur implizit oder indirekt anerkannt werden konnten. Die moderne Malerei fasst dieselben Beschränkungen als positive Faktoren auf, die offen anerkannt werden müssen.*«

Greenbergs kompromisslose Haltung fand ihre Rechtfertigung in der ›Post-Painterly Abstraction‹ (vgl. S. 760), einer Bewegung, die er nachhaltig propagierte und unterstützte. Doch schließlich regte sich Widerstand, vor allem seitens der Konzeptualisten. Heute erscheint seine extreme Version der Moderne in vieler Hinsicht als ein Produkt des Kalten Krieges und als ein Spiegel des ideologischen und politischen Klimas jener Zeit.

reale Gegenstände und Fotografien mit gemalten Bildflächen verband. Indem er dreidimensionale Objekte verwendete, wandte er sich von dem illusionistischen Raum der abstrakten Expressionisten ab. »In dem Spalt zwischen Kunst und Leben zu arbeiten«, darin sah RAUSCHENBERG das Ziel seiner Kunst. Er wusste sich darin mit dem Komponisten JOHN CAGE einig, mit dem er persönlich befreundet war und von dem er viele Anregungen erhielt. Wie Cage suchte er die Fokussierung des Betrachters durch eine simultane und komplexe Bildlichkeit aufzuheben. In einem seiner provozierendsten ›combines‹ mit dem Titel *Monogram* ▶21.21 kehrte er das beim *Bett* angewandte Verfahren um, nahm das Bild von der Wand, legte es auf den Boden und stellte eine Angoraziege darauf, die durch einen gebrauchten Autoreifen geschoben ist. Das Gemälde als solches, in dem Holz- und Metallteile mit großen malerischen Gesten collagiert sind, liegt flach ausgebreitet vor uns. *Monogram* hat versteckte und auch weniger zweideutige Bedeutung.

RAUSCHENBERG gehört zu jenen Künstlern, die auf die zunehmende Macht des Fernsehgeräts in den sechziger Jahren am stärksten reagiert haben. Die Tag und Nacht ablaufende Parade auswechselbarer Bilder, deren Gesamtwirkung an Surrealität nichts zu wünschen übrig lässt und alles zu einem wohlfeilen Spektakel stilisiert, trugen zu einem erneuten Interesse an zweidimensionalen Arbeiten bei. RAUSCHENBERG

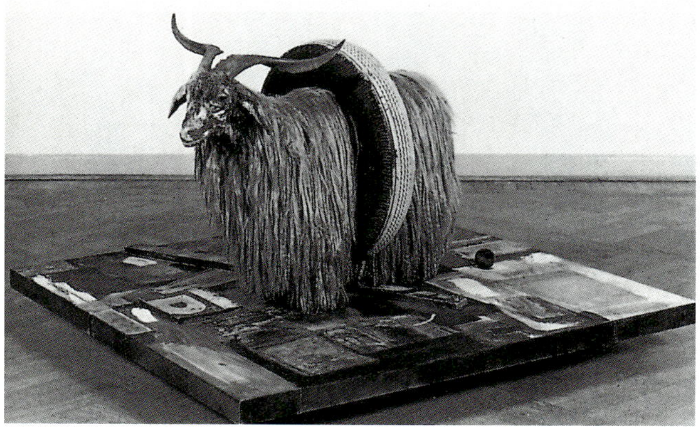

21.21 ROBERT RAUSCHENBERG, *Monogram*, 1959, Konstruktion mit ausgestopftem Widder, Autoreifen, Collage und Acryl, 122 x 183 x 183 cm. Modern Museum, Stockholm.

hatte bereits in einer neuartigen Frottage-Technik in der Art der Siebdrucke von ANDY WARHOL Zeitungs- und Illustriertenabbildungen in seine Bilder zu transferieren gelernt, und bald konnte er mit ihr die disparatesten Themen und Gegenstände zusammenbringen, so etwa in seinem Bild *Retroactive I* ▸21.23. Die Bestandteile wurden auf die Leinwand grafisch direkt übertragen in einer Gitterstruktur, die er dem Dada abgeschaut hatte. Im Anschluss daran traten Pinselstriche oder Tropfen von Ölfarbe hinzu. Diese aufgrund ihres Formats scheinbar traditionelleren Arbeiten entstanden vor dem Hintergrund von RAUSCHENBERGS insgesamt weitgefächerten visuellen Interessen. Zusammen mit CAGE nahm er – noch vor BEUYS (vgl. S. 779f.) – an einem der ersten Happenings teil und experimentierte im Kreis von Ingenieuren und Wissenschaftlern mit der möglichen künftigen Verwendung neuer Technologien in der Kunst.

21.23 ROBERT RAUSCHENBERG, *Retroactive I*, 1964, Öl auf Leinwand, 213 x 152 cm, Wadsworth Atheneum, Hartford Conn. (Schenkung Susan Morse Hilles).

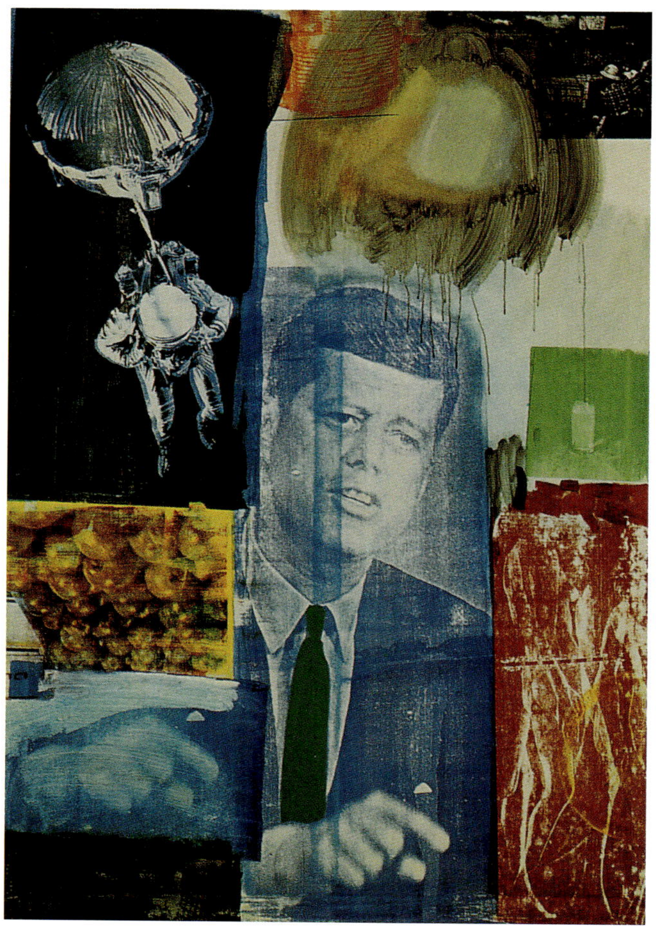

## Pop-Art

Die eigentliche Reaktion auf den Abstrakten Expressionismus jedoch war von keckerer und positiverer Natur.

*Big Painting No. 6* von ROY LICHTENSTEIN (1923–1997) drückt diese Reaktion – die Pop-Art – auf das schlagendste aus ▸21.25. Der Pinselhieb der Abstrakten Expressionisten wurde von LICHTENSTEIN unpersönlich, ja ironisch behandelt, als Kommentar zur maßlosen Subjektivität ihres Kultes der gestischen Behandlung der Farbe und des befreiten, spontanen Selbstausdrucks. Was entstand, ähnelt einem Stillleben von grafischem Material für einen Messestand einer Farbenfabrik. 1966 schrieb er: »*Wir glauben, dass die letzte Generation, die Abstrakten Expressionisten, auf der Suche waren, in ihrem Unterbewusstsein fündig zu werden, und tiefer als je zuvor, indem sie Thema und Gegenstand einfach übergingen. Wenn wir darüber nachdenken, was Pop-Art genannt wird – obgleich ich meine, dass es keine sehr gute Idee ist, alle in die gleiche Schublade zu stecken und zu glauben, dass alle das Gleiche tun – nehmen wir an, dass alle Künstler versuchen, sich außerhalb ihres Werkes zu begeben. Ich selbst habe das Gefühl, dass ich in meinem eigenen Werk programmiert und unpersönlich aussehen wollte, doch glaube ich nicht wirklich, dass ich unpersönlich bin, wenn ich das tue ... Doch das unpersönliche Aussehen ist es, was ich erreichen wollte.*« (›Artforum‹, 1966)

Pop-Art – definiert als ›aus der Unpersönlichkeit einen Stil machen durch den Gebrauch der Bilderwelt der kommerziellen Kunst und anderer Quellen in den Massenmedien‹ ▸21.22 – entstand gleichzeitig, doch unabhängig voneinander, in England und in den Vereinigten Staaten. Die Collage *Just what is it that makes today's homes so different, so appealing?* des englischen Malers RICHARD HAMILTON (*1922) kann als das erste echte Werk der Pop-Art angesehen werden ▸21.28. Es enthält oder spielt an auf männliche oder weibliche Pin-up-Vorlagen, auf das Fernsehen, die Groschenheft-Romantik, die Konservenwelt, Verpackungen, Filme und die Auto-Heraldik. Als es in London erstmals ausgestellt wurde, legte man es fälschlicherweise als einen Angriff auf die Kunst oder auf die Konsumwelt aus. Doch, wie HAMILTON erklärte, zielte er »*im Gegenteil auf eine neue Kunst, die ›populär‹, vergänglich sein sollte, entbehrlich, billig, in großer Auflage produziert, jung, geistreich, sexy, trickreich, verzaubernd und geschäftstüchtig*«. Es war nicht als »*ein höhnischer Kommentar zu unserer Gesellschaft*« geplant. »*Ich möchte gern meine Absicht als ein Suchen nach dem ansehen, was in alltäglichen Motiven und alltäglichen Haltungen episch ist.*«

Während aber die Bilder aus den Massenmedien auf Europäer exotisch und verlockend wirkten, empfanden amerikanische Künstler diese als banal. Die amerikanische Pop-Art zeichnete sich von Anfang an durch eine besondere Komplexität aus. Peinliche und provokative Fragen drängten sich 1962 angesichts des *Giant Hamburger* von CLAES OLDENBURG (*1929) auf. Auf Segeltuch gemalt, im Maßstab übergroß aufgeblasen (Durchmesser über 2 m) und mit Schaumgummi gepolstert, wirkt der *Giant Hamburger* weich wie ein Federbett. Alle überlieferten Begriffe von Skulptur werden in Frage gestellt, die Grenzen dessen, was Kunst sein kann, erwei-

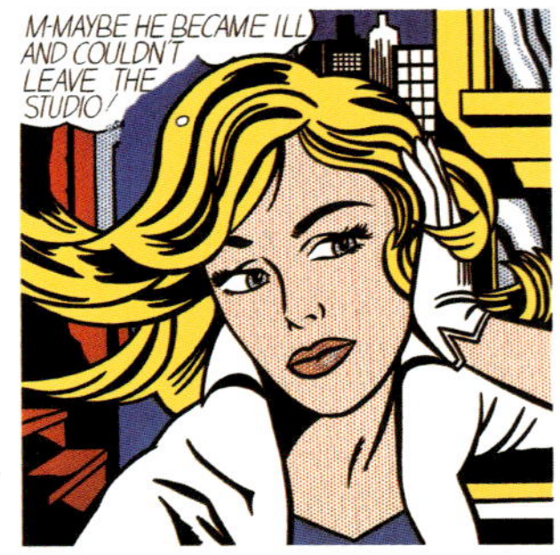


21.22 ROY LICHTENSTEIN, *M-Möglicherweise* (Bild eines Mädchens), 1965, Magna auf Leinwand, 152 x 152 cm. Museum Ludwig, Köln.

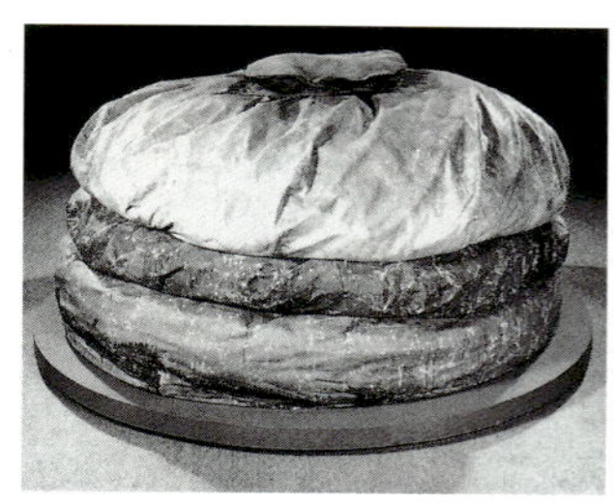

21.24 CLAES OLDENBURG, *Giant Hamburger*, 1962, übermaltes Segeltuch gefüllt mit Schaumgummi, 132,1 x 213,3 cm. Art Gallery of Ontario, Toronto.

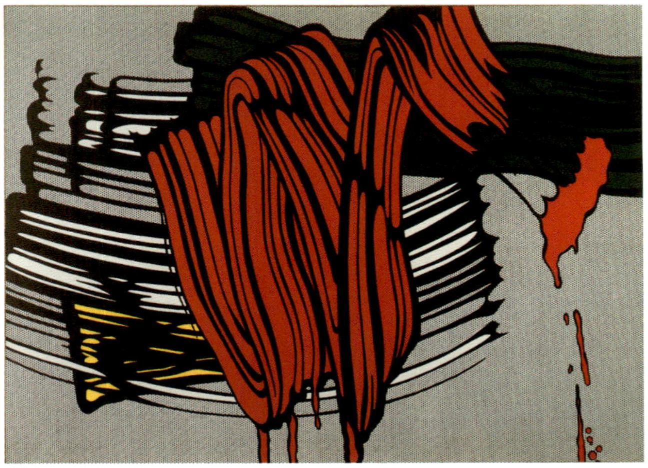

21.25 ROY LICHTENSTEIN, *Big Painting No. 6*, 1965, Leinwand, 233 x 327 cm. Kunstsammlung Nordrhein-Westfalen, Düsseldorf.

tert ▸ 21.24. OLDENBURG fühlte leidenschaftlich das Bedürfnis, nach all der gedämpften Feierlichkeit und der großen Ernsthaftigkeit des Abstrakten Expressionismus die Kunst zum normalen Leben zurückzuführen. Er verkaufte seine Werke in vorgetäuschten Läden zusammen mit anderen Waren, als ob sie für den Supermarkt hergestellt worden wären und nicht für eine Galerie. *»Ich bin für eine Kunst, die sich in den alltäglichen Kram verwickelt und trotzdem nach oben kommt«*, sagte er ▸ 21.26.

Während OLDENBURG die Produkte des Ehernen Zeitalters durch ›softing‹ ad absurdum führte, machte der Schweizer JEAN TINGUELY (1925–1991) sich durch den Humor seiner Nonsens-Maschinen über das Maschinenzeitalter lustig ▸ 21.27, indessen ALEXANDER CALDER (1898–1976), der 1932 mit seinen abstrakten Mobiles Furore gemacht hatte, in monumentalen geschmiedeten Eisenplastiken die neuen Dimensionen ansteuerte. Der Belgier PANAMARENKO (*1940) dagegen, besessen von dem Gedanken der Vollkommenheit, erhob in seinen ebenso schönen wie perfekt-präzisen Autos und Flugapparaten die technischen Träume unserer Zeit in die zweckfreie Welt der Kunst.

Sind LICHTENSTEIN und OLDENBURG die ungestümen Vertreter der Pop-Art, so ist ANDY WARHOL (1928–1987) extrem und subversiv. WARHOL war ein erfolgreicher Werbegrafiker auf der Madison Avenue, der für ›Glamour‹ und andere Zeitschriften arbeitete, bevor er Maler und später Filmemacher, Plastiker, Schriftsteller, Leiter einer Pop-Gruppe und Schöpfer des Pop-Lebensstils wurde. Er stellte alle Theorien der Massenkultur auf den Kopf, speziell Walter Benjamins marxistische Vorhersagen über das Ersticken der Kunst in der Fülle der technischen Reproduktionen. WARHOL sagte, er liebe die mechanistische Wiederholung, und er wäre gern selbst eine Maschine. »Ich bin der Meinung, es wäre fabelhaft, wenn alle Menschen gleich wären.« Er machte einen Kult daraus, sich langweilig, banal und oberflächlich zu zeigen: *»Schauen Sie ruhig auf die Oberfläche meiner Bilder und meiner Filme und auf mich selbst, und dort bin ich. Nichts ist dahinter.«*

Er ließ seine Bilder von Assistenten mit einer Siebdrucktechnik, die er als erster für Gemälde benutzte, herstellen. Seine Motive waren als populäre Klischees der Konsumkultur vorgegeben (Campbell-Suppendosen, Marilyn Monroe und so weiter). Diese extremste Form von Nichtauswahl bestimmte auch seine Kompositionen oder Nichtkompositionen, die alles durch Wiederholung und Trivialisierung zur Nichtigkeit redu-

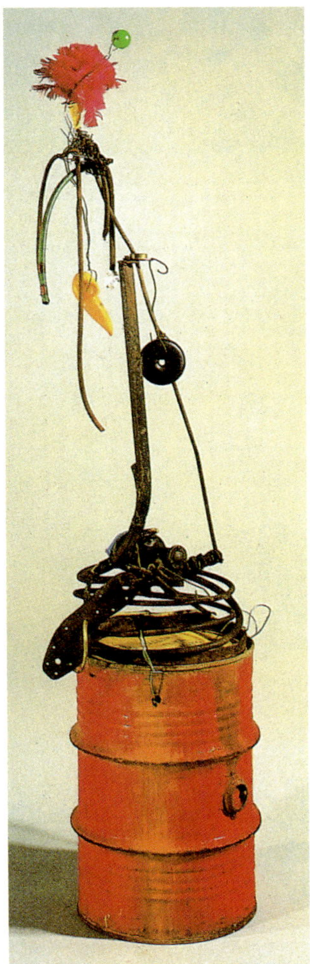

21.27 JEAN TINGUELY, *Baluba*, 1961/62, Assemblage aus Plastik, Metall, Draht, Plastikschlauch und Federwisch mit Motor auf Shell-Fass, 187 x 56,5 x 45 cm. Musée national d'art moderne, Paris.

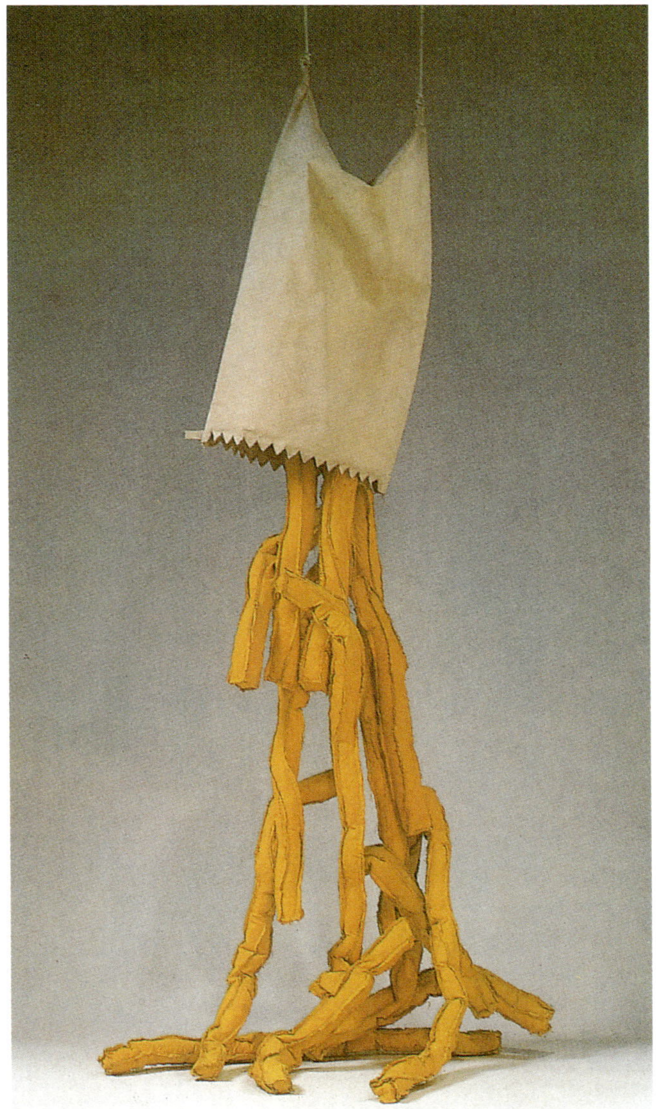

21.26 CLAES OLDENBURG, *Falling Shoestring Potatoes*, 1966, bemaltes Leinen und Kapok, 203 x 116,8 x 106,7 cm. The Walker Art Center, Minneapolis.

21.28 RICHARD HAMILTON, *Just what is it that makes today's homes so different, so appealing?*, 1956, Collage, 25 x 26 cm. Kunsthalle Tübingen.

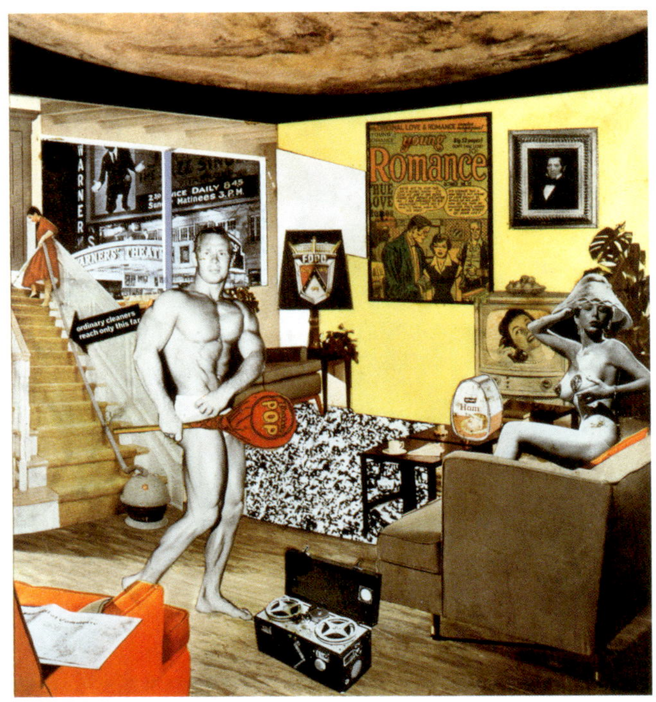

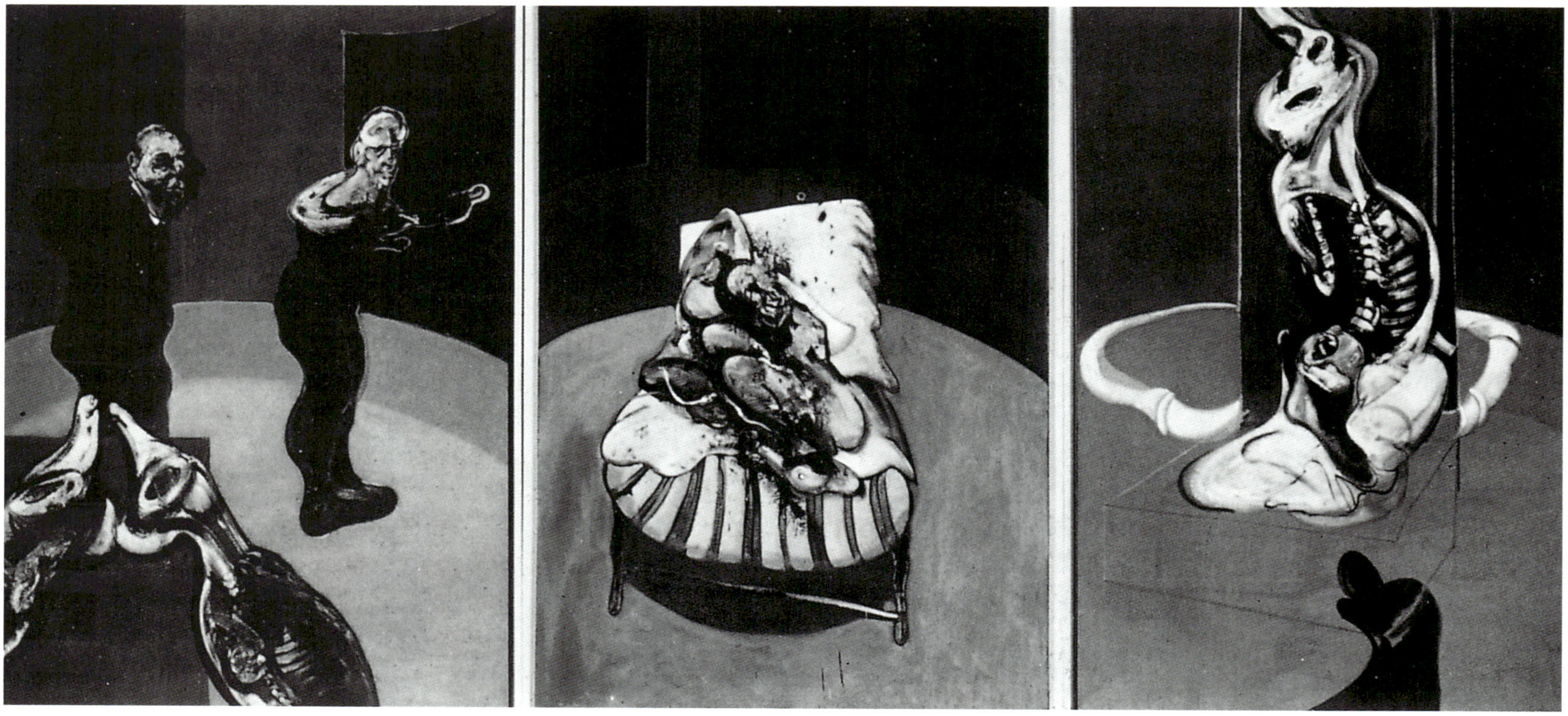

21.29 FRANCIS BACON, *Drei Studien für eine Kreuzigung*, 1962, Öl und Sand auf Leinwand, jede Tafel 198 x 145 cm. Solomon R. Guggenheim Museum, New York.

zieren. Eine Spur von Motivation jedoch bestimmte deutlich seine eindringlichsten Bilder, jene Serien von Unglücksfällen, in denen der wirkliche Schrecken eher in der Verfeinerung des Geschmacks liegt, mit dem die sinnlose Wiederholung und Banalität der Konzeption behandelt ist, als im grausigen Thema selbst ▸ 21.30.

Eine Generation älter, schuf der englische Maler FRANCIS BACON (1909–1992) in den sechziger und siebziger Jahren Werke von einer unvergleichlichen Kraft. Obwohl auch er weitgehend Bilder lebender Personen (Presseaufnahmen, Filme und so weiter) verwendete, wiesen seine Werke keine auch noch so entfernte Beziehung zur gleichzeitigen künstlerischen Entwicklung in Amerika auf. Für BACON ist Kunst eine Methode, Gemütsfelder zu öffnen, weit mehr als nur die Abbildung eines Motivs. Die ›Kreuzigung‹ wird zu einem vieldeutigen Trauma, oft erlebt in schäbigen, beengenden Hotelzimmern, mit Körpern, die teilweise aussehen wie zerstückelte Kadaver, in einer Art von unsagbarer sexueller Umarmung ▸ 21.29. Es gibt schöne, sogar außergewöhnliche Malpartien in diesen ›Triptychen‹ von BACON, aber ihr Anblick ist erschreckend und schockierend wie eine Kreuzigung von MATTHIAS GRÜNEWALD, doch ohne jenen Trost, den die Religion vermittelt. Für BACON wurde die Leinwand zu einem Schlachtfeld von Zufall und Aggression.

21.30 ANDY WARHOL, *Disaster 22*, 1964, Siebdruck auf Acryl, auf Leinwand, 269,2 x 208,3 cm.

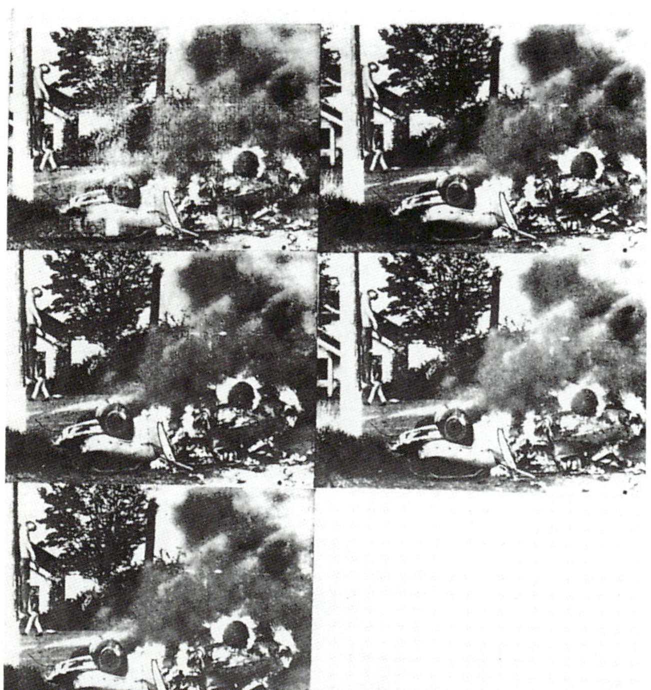

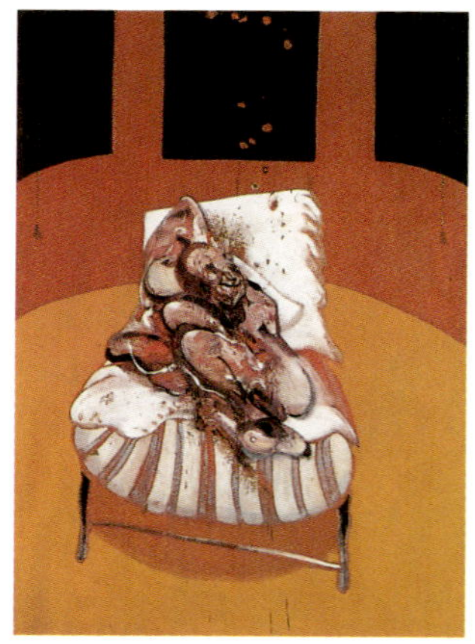

21.31 FRANCIS BACON, Mitteltafel zu *›Drei Studien für eine Kreuzigung‹* ▸ 21.29

## Die Sprache der Fotografie

Die Bedeutung, welche die Fotografie in den achtziger Jahren und im späten 20. Jahrhundert im Werk von Künstlern wie GILBERT & GEORGE (*1943, 1942) ▸ 22.24, CINDY SHERMAN (*1954) ▸ 22.18; 19, 1485, ANSELM KIEFER (*1945) ▸ 22.13 und GERHARD RICHTER (*1932) ▸ 22.14; 15 erlangen sollte, hatte sich bereits in den sechziger Jahren bei ANDY WARHOL und anderen Popkünstlern angekündigt, namentlich bei RICHARD HAMILTON in seiner Collage *Just what is it that makes today's homes so different, so appealing* ▸ 21.28. Rückblickend ließe sich sogar behaupten, der Geist jenes traumatischen Jahrzehnts und speziell die Spannungen und Zwänge, denen sich Amerikaner in dieser Ära ausgesetzt sahen, seien von Fotografen einprägsamer ins Bild gebracht worden als von anderen Künstlern. Ein eindrückliches Bild wie *Boy with a straw hat waiting to march in a pro-war parade, N. Y. C., 1967* von DIANE ARBUS ▸ 21.33 scheint heute das ganze Dilemma jener frustrierten Generation einzufangen: das vertrauensvoll-sanftmütige Unverständnis, mit dem Amerika in der Schlichtheit seines Gemüts den entbrannten Emotionen der Zeit begegnete. DIANE ARBUS (1923–1971) hatte wie ANDY WARHOL in der Welt der Modezeitschriften angefangen, verließ diese dann aber, um mit ihrer Kamera, wie sie es formulierte, das zu suchen, was man »auf einer Fotografie nicht sehen kann«. Sie war der Ansicht, dass die Kamera und, mehr noch, die Methoden der Bildentwicklung, wenn mit Bedacht und Phantasie ›manipuliert‹, innere Geheimnisse und psychologische Wahrheiten ans Licht bringen könnten – daher ihr Interesse für eineiige Zwillinge und ›misfits‹ jeglicher Art, die sie mit einem großem Einfühlungsvermögen porträtierte.

Es ist bezeichnend, dass das bekannteste Bild der Zeit, ja, überhaupt das berühmteste aller modernen revolutionären Bilder eine Fotografie war und nicht ein Gemälde, eine Grafik, eine Skulptur oder irgendein anderes ›Kunstwerk‹ im herkömmlichen Sinne. Das berühmte Porträt Che Guevaras von ALEXANDER KORDA (*1928) wurde im März 1960 bei einer Trauerkundgebung in Havanna nach dem Anschlag auf einen Frachter mit militärischem Nachschubmaterial aufgenommen ▸21.32. Aber es ist mehr als ein gelungenes Porträt oder ein gutes Pressefoto. Von unten gesehen, vermittelt der noch jugendliche Che (er war damals 32) mit seinem zerzausten Haar, die Insignie des Kommunismus – den roten Stern – am Barett, dem nach oben gerichteten, ›himmelnden‹ Blick der glühenden Augen, einen Eindruck, der sich radikal von dem anderer Politiker der Zeit mit ihrer rhetorischen Gestik und ihrem aufgesetzten Lächeln unterscheidet. Das Bild wurde schließlich in jeder nur denkbaren Form und Größe reproduziert, nicht nur in der Presse sowie auf Plakaten und anderem Propagandamaterial, sondern auch, stark vereinfacht, auf T-Shirts. Kaum hat je ein anderes Foto weltweit eine solch breite Anerkennung, gleichsam als eine ›Ikone‹, gefunden. Es ist die eindringliche Projektion eines exemplarischen politischen Helden der Zeit um die Mitte dieses Jahrhunderts. Und es hat in nicht geringem Maße zu Che Guevaras Ruhm als bedeutender politischer Figur außerhalb Lateinamerikas und auch dort selbst beigetragen. Für eine nonkonforme Generation, der es überwiegend schwer gefallen ist, sich auszudrücken, wurde das Foto zu einem Sinnbild ihrer Ideale, insbesondere während der Studentenunruhen des Jahres 1968, ein Jahr, nachdem Che Guevara als Guerillero im Kampf gegen die rechtsgerichtete Regierung Boliviens getötet worden war.

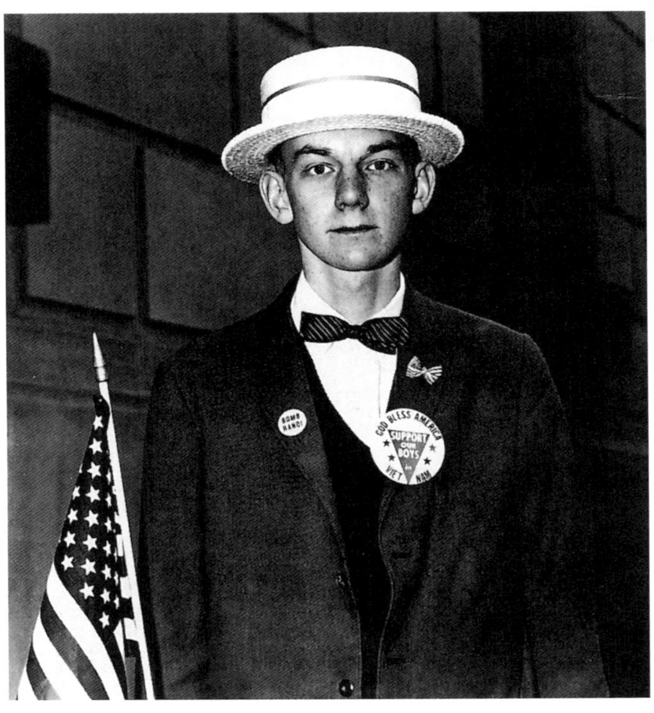


21.33 DIANE ARBUS, *Boy with a straw hat waiting to march in a pro-war parade, N. Y. C., 1967*, Gelatinesilber-Abzug. Fogg Art Museum, Cambridge, Mass.

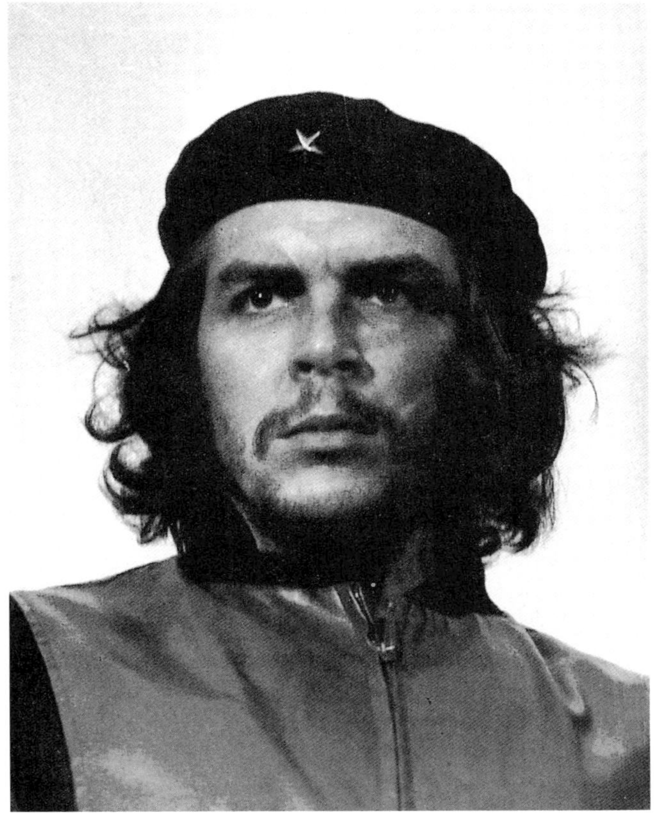

21.32 ALEXANDER KORDA, *Che Guevara*, 1960, Fotografie.

## Von der Minimal-Art zur Konzeptkunst

Die amerikanischste aller künstlerischen Nachkriegsbewegungen war die Minimal-Art, die auf absolute Reinheit und Ehrlichkeit abzielte, auf die Reduktion der Kunst zu dem, was unabdingbar schien, und die Elimination alles Überflüssigen. Durch die Reduzierung der künstlerischen Mittel auf das offenbare Minimale erhoffte man eine absolut einheitliche Tätigkeit – wie auch eine einheitliche Erfahrung für den Betrachter.

*»Alles, was ich aus meinen Bildern entnommen wissen will ... ist, dass man die ganze Idee ohne irgendwelche Verwirrung sehen kann«*, erklärte der Maler FRANK STELLA (*1936). *»Was man sieht, ist das, was man sieht.«*

Auch wenn STELLA den Minimalismus nicht erfand, so spielten doch seine ›schwarzen Gemälde‹ von 1959–60 bei der Verringerung der Rolle des Künstlers beim Zustandekommen eines Kunstwerks eine Vorreiterrolle: Es handelt sich dabei um große Leinwände mit ca. 6 cm breiten schwarzen Streifen in im voraus festgelegter symmetrischer Anordnung. Der gleichmäßige Farbauftrag auf Rohleinwand – zuweilen in einfachsten Mustern – unterdrückte die persönliche Geste und den Ausdruck, jene beiden Qualitäten, die den abstrakten Expressionisten über alles gingen. Nicht nur der Ausdruckswert, sondern auch Räumlichkeit sowie jegliche Metaphorik wurden aufgegeben. Kunst geriet zum intellektuellen Spiel, in dem die Identität des Urhebers irrelevant wurde, zu Statements des Unpersönlichen, dem viele minimalistische Künstler im folgenden Jahrzehnt auf schmalem Pfad gefolgt sind. Die Entwicklung der Plastik hin zur totalen Anonymität war radikaler als die der Malerei. Die Plastiker beschränkten sich vielfach auf den Entwurf von Konzepten, die dann von anderen umgesetzt wurden. Die mechanische Präzision und harten Oberflächen

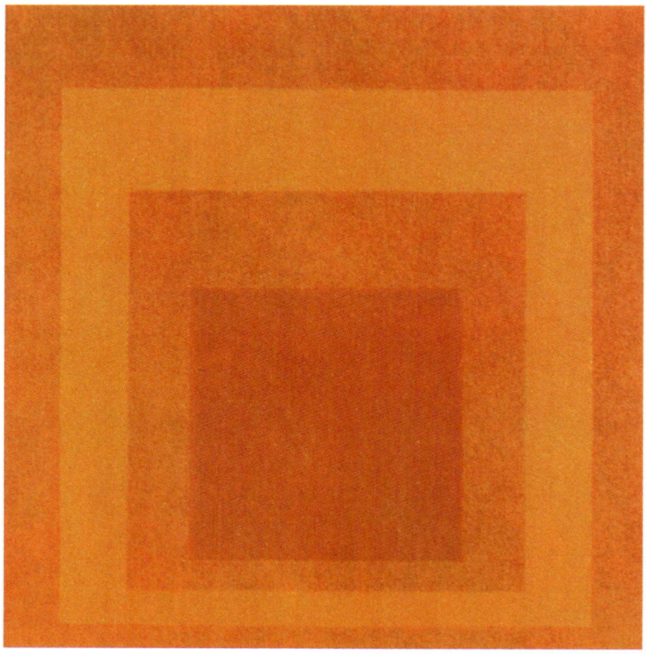

21.34 JOSEF ALBERS, *Hommage to the Square: Rot Va*, 1967, Öl auf Hartfaserplatte, 121 x 121,5 cm. Kunstsammlung Nordrhein-Westfalen, Düsseldorf.

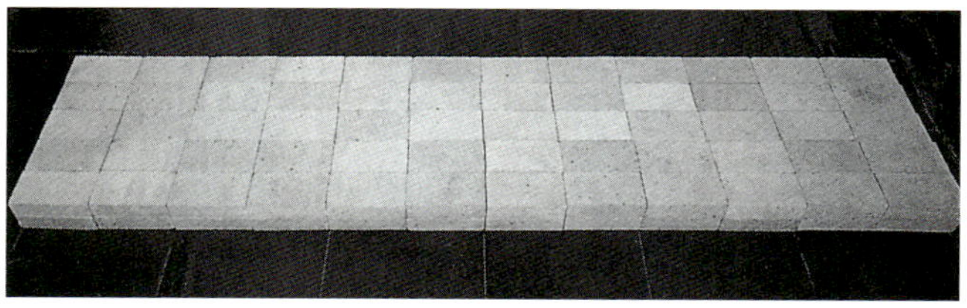

21.35 CARL ANDRE, *Equivalents*, 1966, 120 Schamottesteine, 12,5 x 274 x 57 cm. Saatchi Collection, London.

von Arbeiten von DONALD JUDD (1928–1994), ROBERT MORRIS (geb. 1931) und CARL ANDRÉ (geb. 1932) stehen exemplarisch für die angestrebte Selbstgenügsamkeit und Wortwörtlichkeit, die oftmals durch Wiederholung eher charakterloser Fabrikprodukte erzielt wurde, z.B. Backsteine oder Metallplatten wie im Falle von ANDRÉS *Equivalents* ▸21.35. ANDRÉS Werk ist aber mehr als die Umsetzung einer simplen Theorie oder Attitüde und weist daneben auf künftige Entwicklungen in der Konzeptkunst voraus. ANDRÉ beschrieb seine Arbeiten im Hinblick auf eine Transformation von Form, Struktur und Ort. Oftmals entstanden sie für einen bestimmten Ort und beeinflussten die Art und Weise, wie ein Betrachter den Raum benutzte und wahrnahm. Vielfach können die flach auf dem Boden verteilten gleichförmigen Elemente vom Betrachter beschritten werden.

Das Bemühen um Reduktion bis hin zu einer Grundform verweist zurück auf MALEWITSCH ▸19.56;57 (s.S. 715f.), die Nicht-Kunst von DUCHAMP sowie insbesondere auf die Lehren des früheren Bauhaus-Meisters JOSEF ALBERS (1888–1976) und seine ›Homage to the Square‹-Bilder der späten fünfziger Jahre ▸21.34. Die Minimalisten waren sich vielleicht klarer als ihre Vorgänger der Auswirkungen ihrer extremen Stellungnahme bewusst. MORRIS äußerte: »*Ein einzelner, reiner Sinneseindruck kann eben deshalb nicht übertragbar sein, weil man immer gleichzeitig mehrere als Bestandteile einer bestimmten Situation empfängt: wenn Farbe, dann auch Ausdehnung; wenn Flächigkeit, dann auch Textur und so weiter.*« Er hatte zweifellos an sein eigenes neueres Werk gedacht ▸21.36, als er weiter bemerkte: »*Einfachheit der Form ist nicht notwendig das Gleiche wie Einfachheit der Erfahrung. Einheitliche Formen verringern nicht die Beziehungen. Sie ordnen sie. Fungiert das beherrschende, hierarchische Wesen der einheitlichen Form als Konstante, werden dadurch nicht all jene Eigentümlichkeit bewirkenden Beziehungen des Maßstabes, der Proportionen und dergleichen abgeschafft. Sie werden vielmehr enger und unlösbarer miteinander verknüpft. Die Verherrlichung dieses wichtigsten skulpturellen Einzelwerts, der Form, macht im Verein mit größerer Vereinheitlichung und mit stärkerer Integration aller anderen wesentlichen skulpturellen Werte einerseits die vielteiligen, modulatorischen Erscheinungen vergangener Bildhauerei zu etwas Fremdem und verschafft andrerseits der Skulptur sowohl eine neue Grenze wie auch eine neue Freiheit.*« (›Über Kunst‹, Köln 1974)

Die Rigorosität des Minimalismus, die Selbstauflösung des Künstlers und seine ironische Distanz zu jedwedem Inhalt sowie älteren künstlerischen oder handwerklichen Traditionen trugen wechselseitig dazu bei, die Attraktivität dieser Kunstrichtung einzuschränken. Ende der sechziger Jahre lösten sich einige der Künstler von dem exzessiven Reduktionismus dieser Bewegung und gestanden es sich zu, Ansätze bildnerischer Prozesse wieder zuzulassen. EVA HESSE (1936-1970) gehört zu diesen Postminimalisten. Ihre informellen plastischen Arrangements hingen von der Decke, lehnten an der Wand oder waren über den Boden verteilt, wobei oft biegsame oder unbeständige Materialien – Latex, Gummi, Fiberglas, Seil und Tuch – Verwendung fanden. HESSE beschrieb ihre Arbeiten als »Nicht-Kunst, ohne Nebenbedeutung, nicht anthropomorph, nicht geometrisch, nicht Nichts, alles, aber von anderer Art, Vision, Sorte«. Ihre frühe Arbeit *Hang Up* ▸21.37 parodierte auf fast dadaistische Weise eines der Axiome der westlichen Kunst – den Bilderrahmen. Sie spielte mit dessen Zwei- und Dreidimensionialität und dessen Rolle als Bühne künstlerischen Ausdrucks. HESSES Rahmen ist mit Tuch bandagiert, völlig leer – das vorspringende Metallkabel wäre zum Aufhängen an der Wand ungeeignet.

Die Entwicklung hin zu einer Eliminierung der künstlerischen Handschrift gipfelte in den späten sechziger Jahren in der Konzeptkunst und ihrer »Dematerialisierung des künstlerischen Gegenstandes«. Ausgangspunkt der Konzeptkunst ist

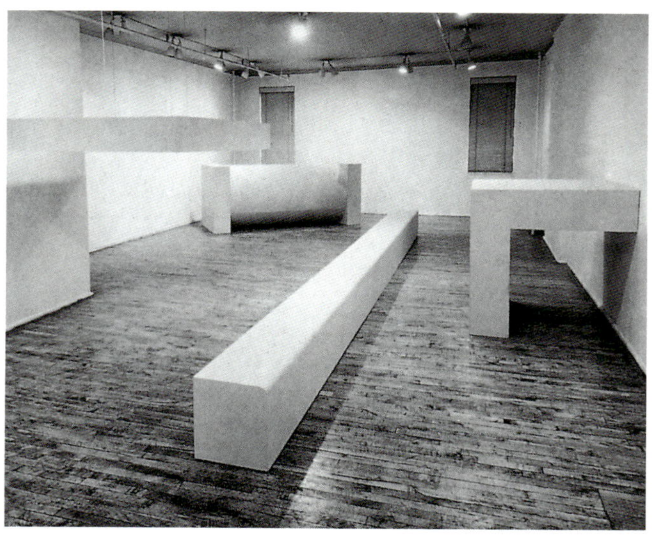

21.36 ROBERT MORRIS, *Ausstellung in der Green Gallery*, New York, 1964.

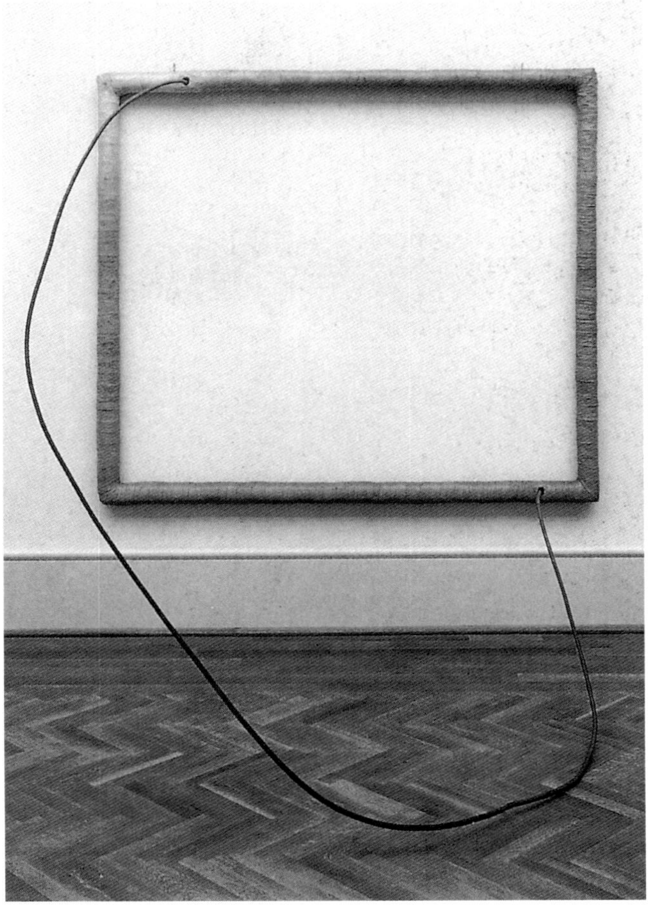

21.37 EVA HESSE, *Hang Up*, 1996, Acryl auf stoffüberzogenem Holz und Stahl, 183 x 213 x 198 cm. Art Institute of Chicago.

die Behauptung, dass Kunst im wesentlichen aus einer Idee besteht, die nicht zwingend zu einer sichtbaren Form führen muss. Diesem Gedanken wurde von JOHN CAGE vorgearbeitet dessen 1954 komponiertes Stück mit dem Titel *4'33"* aus 4 Minuten und 33 Sekunden ohne Musik bestand, aus Stille also, die allein durch jene Geräusche unterbrochen wurde, die in dieser Zeit zufällig zu hören waren. 4 Jahre später zeigte eine von dem französischen Maler YVES KLEIN (1928–1962) in Paris organisierte ›Ausstellung‹ weiße Räume einer Galerie, die außen blau gestrichen war. Ihr Titel lautete *Die Leere* und beschwor die Fähigkeit des Künstlers zu einer Erfahrung, die auf eine Umsetzung in ein physisch greifbares Werk verzichten kann.

## Land-Art

Die vergänglichen Werke des bulgarisch-amerikanischen Künstlers CHRISTO (Christo Javacheff, geb. 1935) existierten zunächst im Kopf des Künstlers. Viele von ihnen wurden auch nie ausgeführt, und jene, die realisiert wurden, mussten danach wieder abgebaut werden. Doch überlebten sie zusammen mit detaillierten Planungen – Skizzen, Inventare, Anweisungen, Zeitpläne – als Konzepte. Zu seinen frühen Arbeiten gehören Projekte, bei denen Gegenstände gestapelt wurden, z.B. für eine große *Mastaba* aus zwei Millionen Ölfässern in Abu Dhabi (begonnen 1979), oder mit Stoffbahnen verhüllte Objekte oder Gebäude, die durch Seile fixiert wurden, etwa ein 93 000 qm großer Küstenabschnitt in Australien ▸21.38. 1976 nahm CHRISTO den *Running Fence* in Angriff, eine 39 km lange Stoffbahn aus Synthetik-Faser, welche die Hügel zwischen Sonoma und Marin Counties und dem Pazifik durchzog. 1983 umgab er 11 kleine Inseln in der Biscayne Bay vor Miami mit 6,5 Millionen Quadratmetern eines rosaroten Polypropylen-Stoffs, die sich aus der Luft wie flamingofarbene Wasserlilien ausnahmen. Hatte die Landschaft in den USA seit dem 19. Jahrhundert als künstlerisches Thema eine nationale Metaphorik (s.S. 616ff.), wurde sie jetzt unmittelbar zum Medium künstlerischen Ausdrucks, bei dem die natürliche physische Welt einer vollständigen Verwandlung unterzogen wurde. Sehen wir einmal von den weiträumigen Erdzeichnungen aus dem ersten Jahrtausend v.Chr. in Peru ab oder den etwas später entstandenen Monumenten in Nordamerika ▸3.72;73, so war derlei auf Erden noch nicht zu sehen gewesen. Der Erdwall in Gestalt einer Spirale, den der zunächst minimalistisch arbeitende ROBERT SMITHSON (1928–1973) im großen Salzsee von Utah aufschüttete, sind noch am ehesten vergleichbar.

Wie andere Erdarbeiten entstand auch der *Spiral Jetty* ▸21.39 aus einer zutiefst amerikanischen Reaktion auf die Landschaft. *»Als ich auf das Areal schaute«*, schrieb SMITHSON, *»hallte es bis zum Horizont wieder, ein bewegungsloser Zyklon... Das Ufer des Sees wurde zum Rand der Sonne, eine brodelnde Kurve, eine Explosion, die sich in Feuerglut erhebt.«*

Zwei Jahre zuvor hatte WALTER DE MARIA (geb. 1935) sein erstes Land-Art-Projekt vollendet, die *Mile Long Drawing* in der kalifornischen Mojave-Wüste und seit 1974 das beeindruckende *Lightning Field* (Blitzfeld) in New Mexico. Das erst genannte Projekt besteht aus zwei parallelen Linien über die ausgebrannte Wüstenfläche; das letztere ist ein aus 400 Edelstahlstäben in einem Rasterschema bestücktes Areal. Die oft von Gewittern heimgesuchte Gegend bildet das Panorama für ein großartiges Schauspiel. DE MARIA betonte allerdings, dass die Lichtwirkungen wichtiger sind als die Gewitter. Bei voller Mittagssonne verschwindet das Blitzfeld fast völlig, während es in der Dämmerung zu voller Wirkung kommt.

Das bedeutendste Projekt in diesem Zusammenhang brachte die Inbesitznahme der Erde als Kunstform mit sich und suchte die Einbindung in die kosmischen Zyklen. Für das *Roden Crater Project* ▸21.40 nahm JAMES TURRELL (geb. 1943) einen nicht mehr aktiven Vulkan im Norden von Arizona vollständig in Beschlag. 1973 hatte NANCY HOLT (geb. 1938) eine kosmische Beobachtungsstation in der Great Basin

21.38 CHRISTO, *Verpackte Küste*, Little Bay, Australien, 1969, 93 000 qm.

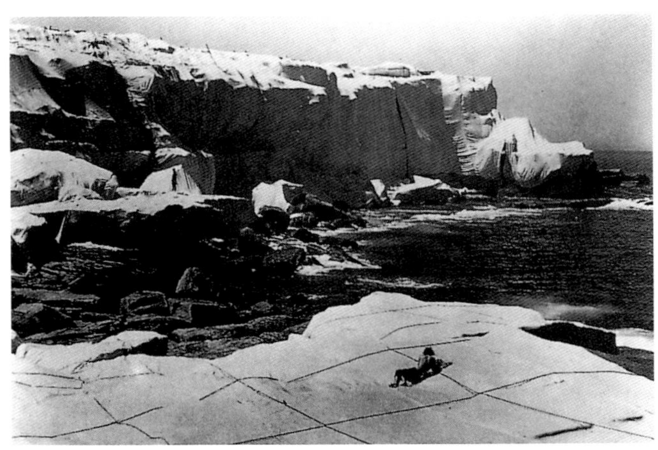

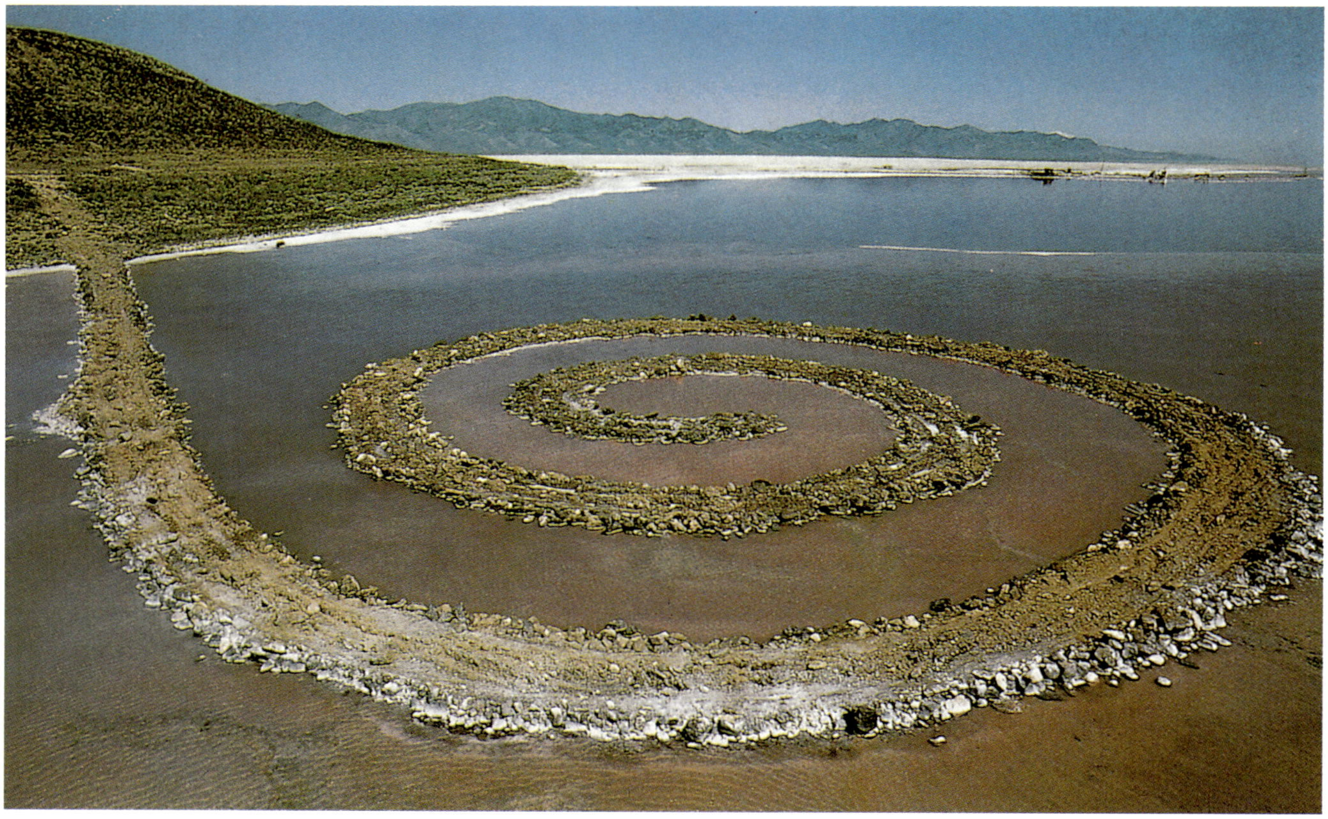

21.39 ROBERT SMITHSON, *Spiral Jetty*, Great Salt Lake, Utah, 1970, Breite des Walls 4,6 m.

Dessert von Utah installiert, indem sie große Rohre auf den Stand der aufgehenden Sonne bei Sommer- und Wintersonnwende ausrichtete. Die Rohre sind mit Löchern versehen, die sich auf Sternenpositionen beziehen und ähnlich wie Stonehenge (S. 42 f.) Erd- und Sonnenbewegung aufeinander beziehen.

In einem viel größeren und komplexeren Maßstab eröffnet auch das *Roden Crater Project* Blicke in die Unendlichkeit. Die unterirdischen Räume, die TURRELL im Innern des Kraters schafft, dienen als Observatorium für Himmelserscheinungen.

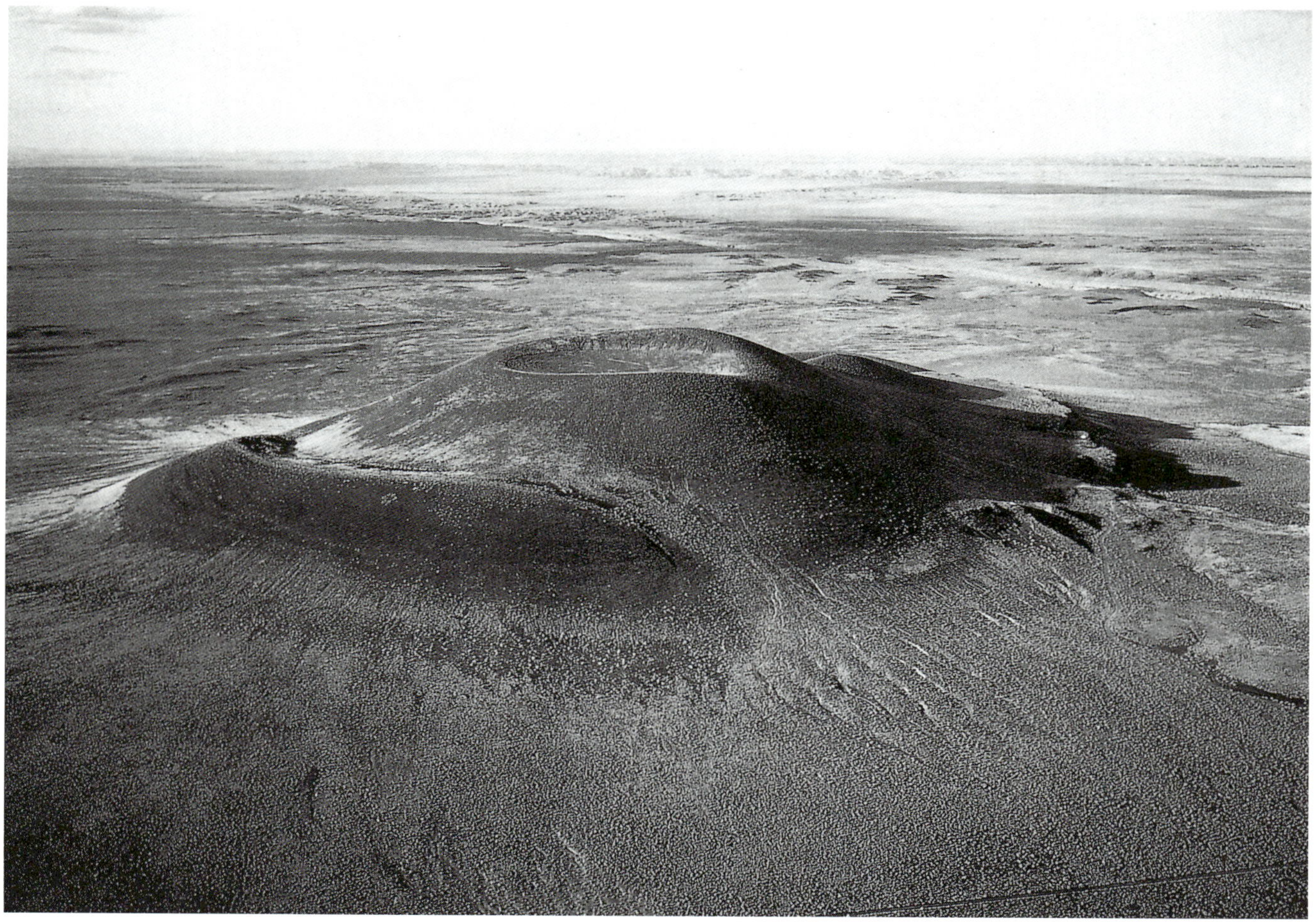

21.40 JAMES TURELL, *Roden Crater Project*, 1974 begonnen, San Francisco Peaks, nahe Flagstaff, Arizona.

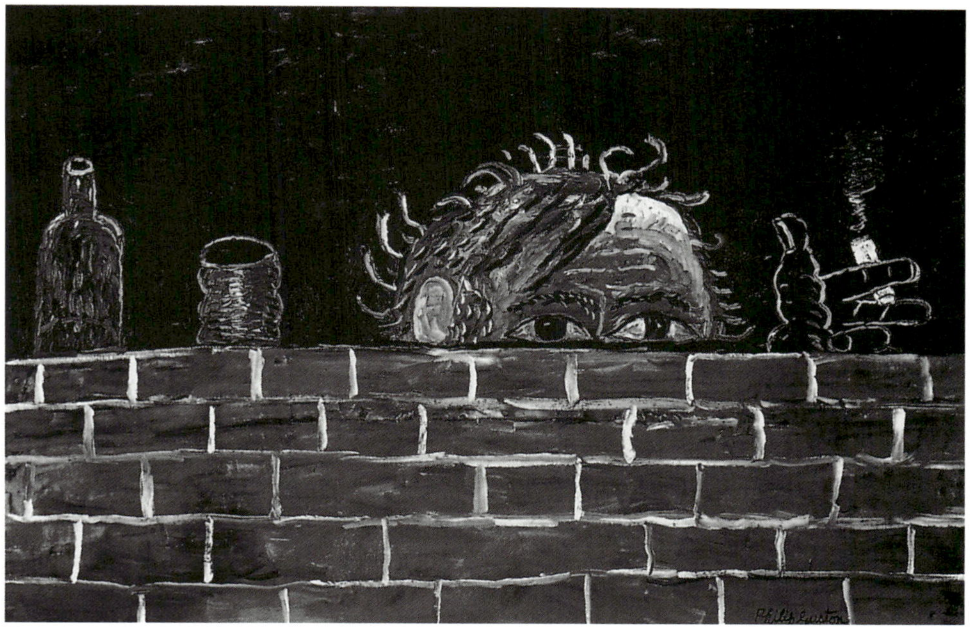

21.41 PHILIP GUSTON, *Der Maler*, 1976, Öl auf Leinwand, 188 x 295 cm. Sammlung Richard E. Lang, James M. Davis, Medina, Virginia.

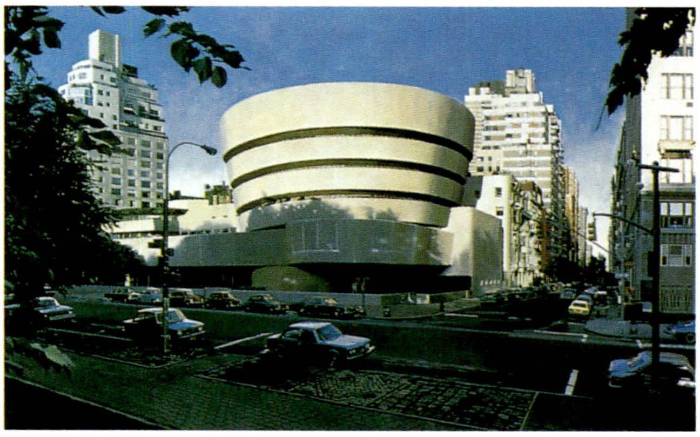

21.42 RICHARD ESTES, *Solomon R. Guggenheim Museum*, 1979, Leinwand, 79 x 140 cm. Solomon R. Guggenheim Museum, New York.

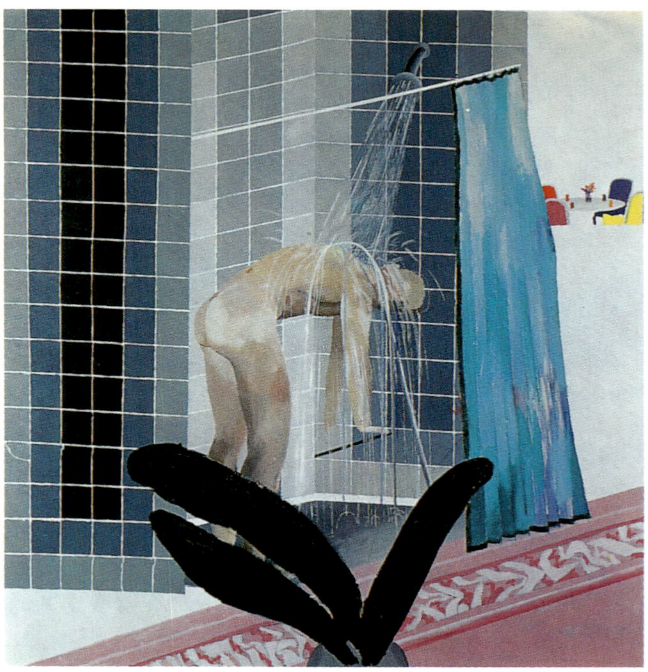

21.43 DAVID HOCKNEY, *Man Taking a Shower in Beverly Hills*, 1964, Acryl auf Leinwand, 167 x 167 cm. Harry N. Abrams Family Collection, New York.

## Fotorealismus und Neue Figuration

Der extreme Purismus und Formalismus der Minimal-Art provozierte verschiedene Gegenbewegungen, zu denen der oft missverstandene Fotorealismus (Hyper-Realismus) gehört. Keineswegs handelt es sich bei ihm um die Renaissance eines akademischen Realismus, sondern um einen objektiven und gegenstandsorientierten Stil, vergleichbar mit dem Minimalismus. Naturalistische Bilder und illusionistische Räume werden als flache Schnappschüsse mit augentäuscherischer Virtuosität präsentiert. RICHARD ESTES (geb. 1936) ist der bekannteste Vertreter dieser Richtung ▸21.42, auch wenn CHUCK CLOSE (geb. 1940) bei seinem ersten Auftritt in den späten sechziger Jahren aufsehenerregender war. Seine gigantischen Kopfgemälde, frontal und eher ausdruckslos, sind so statisch und ikonisch wie minimalistische Arbeiten.

Die Fotorealisten standen in keiner Beziehung mit den Malern der Neuen Figuration, die in den späten sechziger Jahren in den USA auf den Plan traten. Auch kehrte keiner der Hyperrealisten zu traditionellen Darstellungsweisen zurück. Figürliche Darstellungen waren in Europa nie zur Gänze aufgegeben worden, wo figurative Maler wie BALTHUS (Balthazar Klossowski de Rola, geb. 1908) und DAVID HOCKNEY (geb. 1937) bis heute prominente Künstler sind. HOCKNEY wurde zunächst unter die Pop-Künstler eingereiht, was er aber weit von sich wies. Er fand seine Erfüllung in den USA, wo er in Kalifornien ein gleichermaßen befreiendes wie optisch und sinnlich stimulierendes Ambiente fand. MATISSE war es etwa 50 Jahre früher in Marokko ähnlich ergangen ▸21.43.

In den USA wurde die Rückkehr zur Figürlichkeit in den sechziger Jahren allerdings sofort als Affront verstanden, zumal die Initiative von einem bekannten Vertreter des abstrakten Expressionismus ausging.

PHILIP GUSTON (1913-1980) war während des Studiums mit JACKSON POLLOCK befreundet, mit dem zusammen er 1930 von einer Kunstschule in Los Angeles flog. Er leistete in der Folge zur amerikanischen Kunst der Jahrhundertmitte wichtige Beiträge, zunächst als Muralist für das WPA/FAP (Works Progress Administration Federal Arts Project), für das

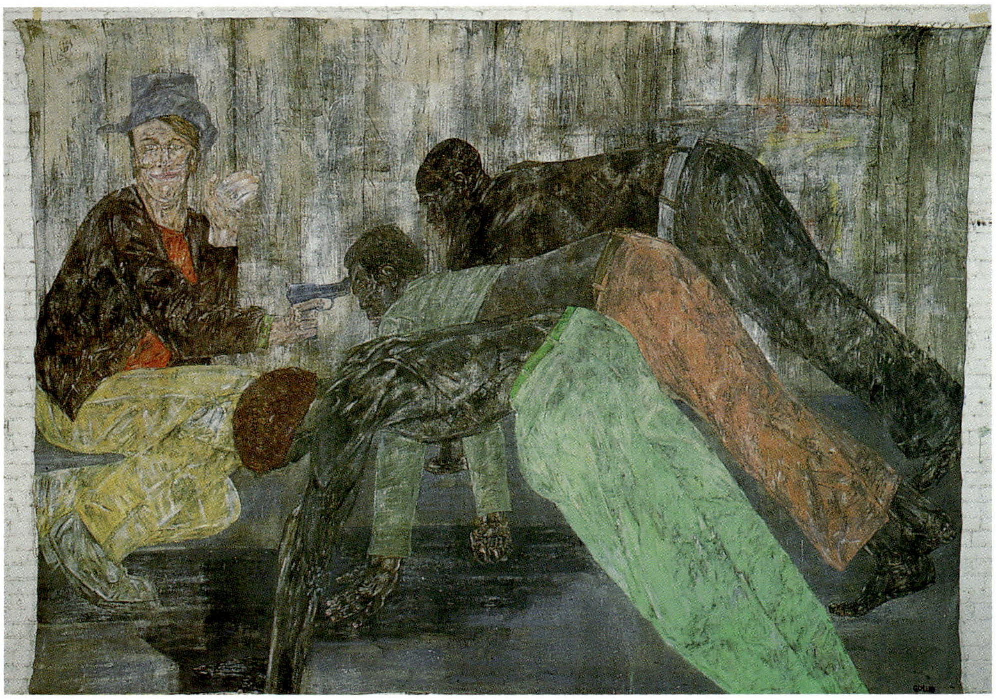

21.44 Leon Golub, *Mercenaries V*, 1984, Acryl auf Leinwand, 305 x 437 cm. Saatchi Collection, London.

er und andere den ›New Deal Style‹ kreierten. Mexikaner wie Diego Rivera und amerikanische Regionalisten, vor allem Pollocks Lehrer Thomas Hart Benton (1889-1975), hatten hier Pate gestanden. Nach dem Krieg wandte sich Guston einer Abstraktion mit weich kolorierten und pastos bemalten Leinwänden zu, die ihn zum ›Lyriker‹ des abstrakten Expressionismus werden ließen. Seine plötzliche Kehrtwendung, als er 1967/68 zur Figürlichkeit zurückkehrte, war umso überraschender, als er sich zugleich dem Grotesken verschrieb ▸21.41. Zu seinem figürlichen Inventar gehören Klu Klux Klansmen und große Köpfe ebenso wie unbeholfen wirkende Stilleben von unbestimmbarer, zugleich aber bedrohlicher Ikonografie.

In den fünfziger Jahren gehörte Leon Golub (geb. 1922) zu den Malern der in Chicago beheimateten ›Monster School‹, die vom Thema menschlicher Verworfenheit geradezu besessen war. Seine Figuren, die nur aus Muskeln und Sehnen zu bestehen scheinen, waren damals alles andere als im Trend

21.45 Bruce Nauman, *Portrait of the Artist as a Fountain*, 1966, aus der Serie ›Photograph Suite‹, Farbfotografie, 51 x 60,5 cm. Whitney Museum of American Art, New York.

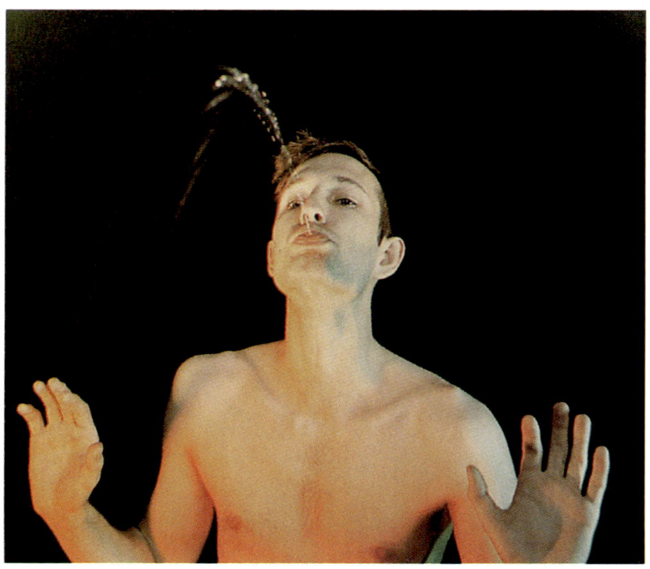

und bildeten eher eine Randerscheinung. Erst als Folge von Bildern, wie sie das Fernsehen aus Vietnam übermittelte, gewannen Golubs verwirrend kühle Menschenbilder an Aktualität. Zwei Serien lebensgroßer Gemälde, die unter dem Titel *Napalm* bzw. *Vietnam* in den siebziger Jahren entstanden, sollten wie alle seine Werke vor allem schockieren, umso mehr, als es sich um Kunst im großen Format handelte, die nur in Galerien zu besichtigen war. Die Konsequenz, mit der er brisante Themen aufgriff, ist beeindruckend, und auch nach dem Vietnam-Krieg verfolgte er diesen Weg mit narrativen Serien weiter: *Mercenaries, Interrogation* und *White Squads*. Golub äußerste 1987:

*»Die meisten dieser Gemälde handeln von Lateinamerika, einige von Südafrika, aber sie sind auch für New York, Chicago oder London aktuell. Sie treffen den Kern im Falle des heutigen Lateinamerika, vor allem El Salvador, besser als in London oder New York, doch kommt es – wie es so schön heißt – aus Versehen in allen großen Städten zu ähnlichen Vorfällen... Terrorismus auf der einen Ebene ist Sadismus auf einer anderen, je nachdem welchen Blickwinkel man einnimmt. Wir sehen uns selbst als nobel an, während die anderen Monster sind. Diese mögen uns als Monster sehen und sich selbst als Noble.«* Der Betrachter dieser grausamen Szenen wird unversehens zum Komplizen ▸21.44.

## Körper- und Prozesskunst

Die Voraussetzung aller Post-Minimal-Art und der Konzeptkunst ist die, dass das künstlerische Werk weniger Bedeutung hat als der Prozess, der es zum Leben erweckt und von dem es nur ein Zeugnis ist – daher die enge Verflechtung der Konzeptkunst mit der Fotografie. Es ist in der Tat schwer vorstellbar, dass Robert Smithsons ›Erdarbeiten‹, Christos Verpackungen oder Werke der ›body art‹ wie *Portrait of the Artist as a Fountain* von Bruce Nauman (*1941) überhaupt jemals konzipiert worden wären, hätten sie nicht in Form von Fotografien festgehalten werden können ▸21.45. Wichtiger noch aber,

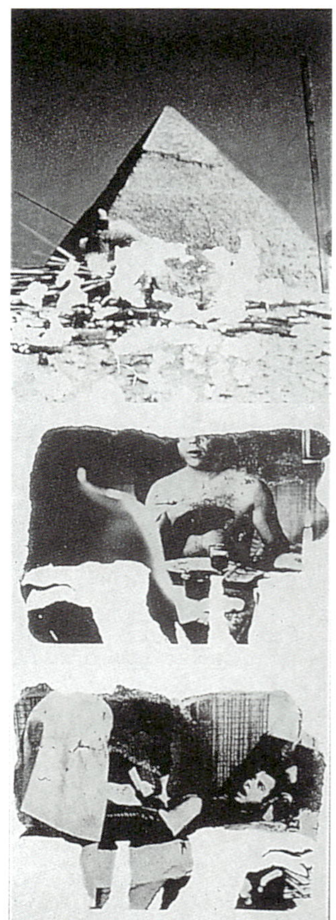

21.46 John Baldessari, *Ancient Wisdom*, 1987, Fotocollage, 210 x 75 cm. Sonnabend Gallery, New York.

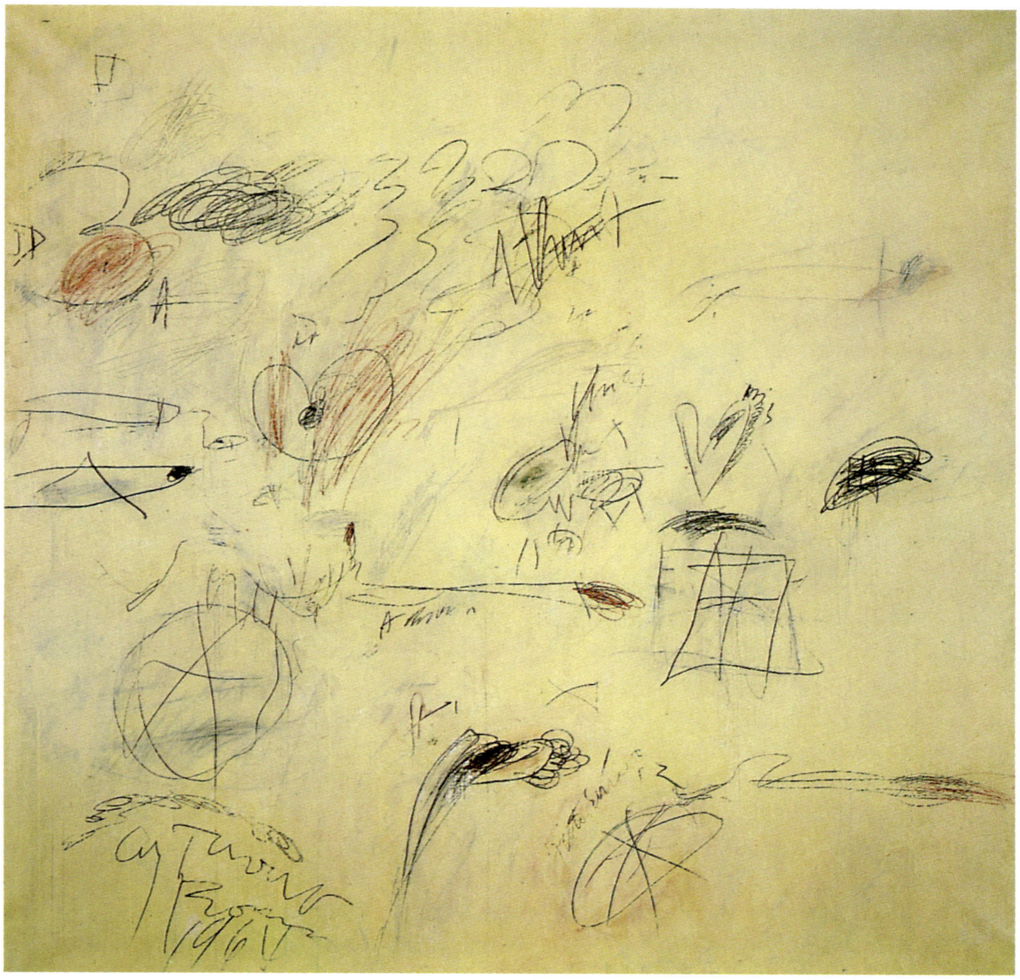

21.47 CY TWOMBLY, *Untitled 1964*, ursprünglichTeil eines Triptychons 1964, Farbe, Kreide, Bleistift auf Leinwand, 200 x 206 cm. Saatchi Collection, London.

besonders mit Blick auf den Einfluss, den die Konzeptkunst auf spätere Entwicklungen im Bereich der Fotografie haben sollte, war die Tatsache, dass diese Kunstform die Fotografie schlicht als eine Sprache verstand, als ein Transportmittel für Ideen und kulturelle Botschaften und nicht als eine Kunstgattung. Popkünstler wie WARHOL hatten dies natürlich ebenfalls erkannt ▸21.30. Sie betrachteten das fotografische Bild eben nicht als einen ›Kunstgegenstand‹, der aufgrund seiner formalen, expressiven oder sonstigen ästhetischen Qualitäten, namentlich jener, die mittlerweile als spezifisch ›fotogen‹ geschätzt wurden, zu würdigen sei. Eingebürgerte Vorstellungen von der Kunst der Fotografie wurden untergraben – und mit ihnen die Vormachtstellung des Silbergelatineabzugs und der Präzisionskult. Für Konzeptkünstler war die Fotografie einfach ein Hilfsmittel, das der visuellen Erkundung oder der reinen Imagination diente, und da sie außerhalb des herrschenden Wertesystems des Kunstbetriebs stand, lag es nahe, sie anderen bildnerischen Techniken vorzuziehen.

Konzeptkünstler wie VITO ACCONCI (*1940) und EDWARD RUSCHA (*1937) produzierten denkwürdige fotografische Arbeiten, meist in Form von Bilderserien wie ACCONCIS *Twelve Pictures* (1969) und RUSCHAS *Thirty-four Parking Lots in Los Angeles* (1967). Als besonders fruchtbar für spätere Entwicklungen hat sich aber das Schaffen von JOHN BALDESSARI (*1931) in den Vereinigten Staaten und jenes von BERND und HILLA BECHER (*1931 bzw. 1934) in Deutschland erwiesen, deren Einfluss in den achtziger Jahren seinen Höhepunkt erreichte. Das Werk BALDESSARIS ist, getragen von einem ausgeprägten Gespür für die Wirkung von Film, Fernsehen, Werbung, Photojournalismus usw. in unserer mediengesättigten Gesellschaft, ein fortgesetzter und zunehmend ambivalenter Kommentar zu deren Bilderwelt, der voller – beabsichtigter wie auch unbeabsichtigter – versteckter Botschaften und paradoxer Bedeutungen steckt ▸21.46.

PAUL KLEE hatte betont, Kunst sei in erster Linie ein Schaffensvorgang und könne nie nur als reines Produkt empfunden werden. Die Gemälde des Amerikaners CY TWOMBLY (*1929) wirken häufig wie Bilder, die gerade entstehen, mit Ansätzen, die teils verworfen und wieder ausradiert oder begonnen und nicht weiterentwickelt wurden. Flüchtig hingeworfene Linien, Wörter und Zahlen aus flüchtig gesetzten Bleistiftstrichen, Spuren von Kreide, verschmierte Farbkleckse – das geistige wie malerische Gegenstück zu dem, was sich auf einem Boden alles zusammenkehren lässt – werden über die Bildoberfläche verstreut oder einfach treiben gelassen. Diese – kollektiven ebenso wie individuellen – Gedächtnisspuren liegen zum Teil weit auseinander, und die Leere, in der sie schweben, erinnert daran, wie auf chinesischen und japanischen Bildrollen Raum eingesetzt wurde – Raum zum Träumen und Sinnieren. Auch die Verbindung von bildlichen Elementen und Beschriftungen erinnert an orientalische Kunst, auch wenn erstere selten klar umrissen und letztere zwar deutlich, aber bewusst nicht kalligrafisch gestaltet sind wie etwa in *Untitled 1964* (gelegentlich auch *A Roma* genannt). Die Bilder bergen zugleich Andeutungen einer zen-ähnlichen, aus irrationalen Fragen und Antworten erstehenden Erleuchtung – besonders in dem krassen Gegensatz zwischen ihrem äußeren Erscheinungsbild, das an Graffiti auf den Wänden öffentlicher Toiletten erinnert, und dem intellektuellen Anspielungsreichtum der auf die Leinwand geschriebenen oder zum Teil im Titel verwendeten

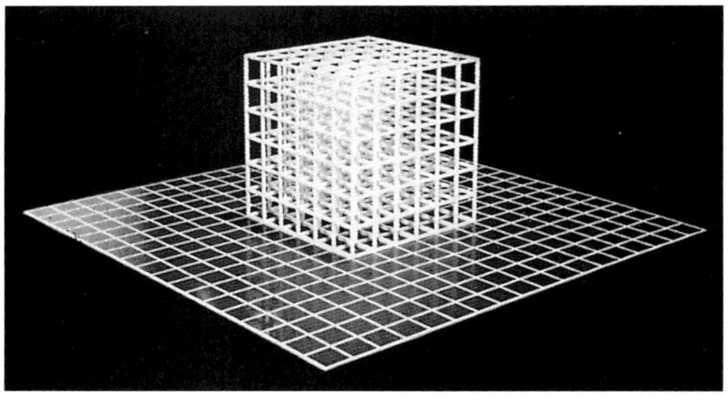

21.48 SOL LEWITT, *Untitled Cube (6)*, 1968, weiß bemaltes Metall, 39 x 39 x 39 cm. Whitney Museum of American Art, New York.

Namen wie Vergil, Goethe, TATLIN. Wie allein schon diese Namen und auch suggestive Titel wie *Orpheus, Leda und der Schwan* ▸ 21.47 oder *Ode an Psyche* verraten, hat sich TWOMBLY mehr als irgendein anderer amerikanischer Künstler der Moderne in die mediterrane Kultur versenkt (er lebt seit 1957 in Rom). Seine Bilder und Zeichnungen präsentieren sich hartnäckig als in herkömmlichem Sinn einzurahmende und an die Wand zu hängende ›Kunstwerke‹.

In den sechziger Jahren jedoch ging die Vorstellung von Kunst als Prozess einher mit einem zunehmenden Abscheu der Künstler vor dem Kunstmarkt und dem gesamten System, in das sie unweigerlich hineingezogen wurden. Sie waren entschieden der Meinung, dass Kunst nicht identifiziert werden könne mit einer bestimmten Art von Objekt (einer ausstellbaren, reproduzierbaren Art von Objekt, das zu einer Handelsware werden kann) oder mit einem bestimmten Ort (Kunstgalerie oder Museum). Damit hofften sie einen Weg zu finden, um das System zu umgehen – speziell dessen komplexe Strukturen, die dem Werk ungewollte Exklusivität, Seltenheitswert und Luxuscharakter verliehen.

## Moderne und Postmoderne

Während der siebziger Jahre begann man, die puristischen Richtungen, von der Post-Painterly Abstraction bis zur Minimal-Art, als die letzte Phase der Moderne anzusehen. Zunehmend schienen sie die gesamte moderne Bewegung dem Vorwurf des künstlerischen Narzissmus auszusetzen, speziell in den USA, wo der Minimalismus besonders extrem ausfiel. Sicherlich bezog sich das Kunstschaffen vielfach auf sich selbst. Die Skulptur näherte sich mehr und mehr der Architektur an, das Minimal-Netz wurde zu einer charakteristischen Form, beinahe zu einem Emblem, wie zum Beispiel in *Untitled Cube (6)* von SOL LEWITT (*1928) ▸ 21.48. Ein junger amerikanischer Maler, JOHN PERRAULT schrieb 1979: *»Jetzt brauchen wir mehr als ruhige Kuben, leere Leinwände und leuchtend weiße Wände. Wir haben genug von kalten Plätzen und einförmigen Wolkenkratzern mit blendenden Wänden.«*

21.49 LUDWIG MIES VAN DER ROHE, Farnsworth House, Fox River, Illinois, 1945–1950.

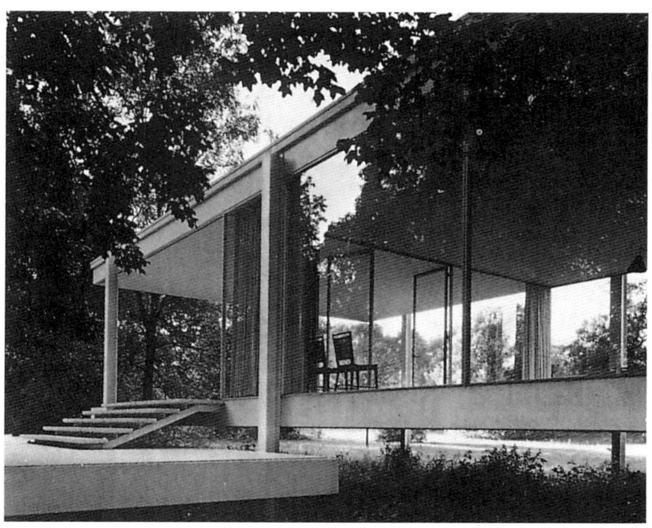

Der Protest gegen diese Art urbaner Entwicklung wurde immer lautstarker – von Seiten der Bewohner allerdings vehementer vorgebracht als von den Architekten. 1961 erschien JANE JACOBS (geb. 1916) *Death and Life of Great American Cities*, ein leidenschaftliches Plädoyer für eine Rückkehr zum traditionellen Leben in der Stadt mit seiner sozialen und beruflichen Vielfalt, mit Straßen als Orten menschlicher Interaktion und mit einer Mischung aus alter und neuer Architektur.

Die Architektur, sehr viel klarer und konsequenter als Malerei und Skulptur, stellte die hochgesinnte Nüchternheit und Selbstverleugnung der modernen Bewegung vor Augen und lockte nun zur Ausspannung mit lustvollen ›Unreinheiten‹. In der Architektur wurde die momentane Situation als Moderne und Postmoderne polarisiert.

Obschon rein europäisch im Ursprung, erreichte der Internationale Stil den Punkt, wo er als typisch amerikanisch angesehen wurde. GROPIUS und andere führende ›Meister‹ des Bauhauses waren in den späten dreißiger Jahren nach den Vereinigten Staaten ausgewandert, und dort, in den Jahren unmittelbar nach dem Zweiten Weltkrieg, sollte der Stil in MIES VAN DER ROHE (s. S. 745) seinen wichtigsten Exponenten finden. Nur sehr wenige seiner Entwürfe wurden in Europa ausgeführt. In jenen optimistischen Nachkriegsjahren jedoch war in Amerika kein Zeugnis von reiner, idealer Form für die Verwirklichung in Amerika zu platonisch. Die saubere und vor allem rationale Schönheit der Entwürfe von MIES VAN DER ROHE schien die neue Technik und ihre Zukunftsgläubigkeit zu symbolisieren. Solche ›idealen‹ Lösungen von Entwurfsproblemen wie das Farnsworth House ▸ 21.49 und die Lake Shore Drive Apartments ▸ 21.50 vereinigten kubische Einfachheit mit der eleganten Ausführung von Einzelheiten zu Gestaltungen von höchster Ruhe und Ausgeglichenheit. In schneller Folge wurden Wolkenkratzer mit vorgehängten Metall- und Glaswänden produziert, speziell in den Vereinigten Staaten, begonnen mit dem Lever House in New York (1951/52) von GORDON BUNSHAFT (*1909) vom Architekturbüro Skidmore, Owings and Merrill. Es gab jedoch Kritiker, die selbst die meisterhaften Entwürfe von MIES VAN DER ROHE als großartige Fehlleistungen betrachteten. Lewis Mumford sprach vermutlich für viele, als er schrieb:

*»Mies van der Rohe benutzte die Möglichkeiten, die sich ihm mit Stahl und Glas anboten, um einige elegante Monumente der Bedeutungslosigkeit zu schaffen. Sie haben den trockenen Stil von Maschinenformen ohne deren Inhalt. Sein eigener keuscher Geschmack gab diesen hohlen Glashüllen eine kristalline Reinheit der Form; aber sie existierten nur in der platonischen Welt, die er sich vorstellte, und hatten keine Beziehung zu Ort, Klima, Isolation, Funktion oder innerer Aktivität; sie lassen diese Realitäten ganz außer acht, genau wie die starr arrangierten Stühle seiner Wohnräume, die offen die notwen-*

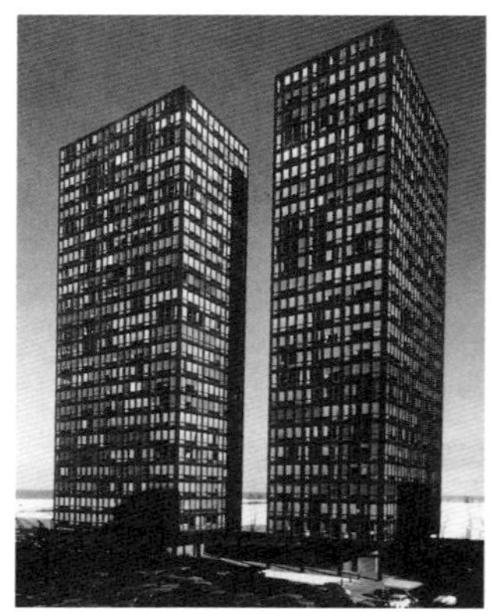

21.50 LUDWIG MIES VAN DER ROHE, Lake Shore Drive Apartment-Häuser, Chicago, 1950–1952.

*dige Intimität und das Informelle von Konversation nicht beachten.«* (The Case against Modern Architecture, 1964)

Gegnerschaft zum Purismus und zur Unpersönlichkeit des Internationalen Stils wurde kurz nach 1945 auch in bedeutenden Werken von FRANK LLOYD WRIGHT (s. S. 716 f.) und LE CORBUSIER (s. S. 745 f.) spürbar. Schon immer hatte WRIGHT seinen eigenen Weg beschritten, auch schloss er sich nie einer Bewegung oder einem ›Stil‹ an. Sein Entwurf von 1943–1959 für das Guggenheim-Museum in New York mit der spiralförmigen Rampe (ursprünglich als ein ›Drive-in‹-Planetarium gedacht) wurde als ein bewusster Affront der Funktionalisten betrachtet. In Wirklichkeit bringt er ein feines Empfinden, insbesondere in einem städtischen Zusammenhang, zur Geltung ▸21.42. Bereits einige Jahre vor dem Zweiten Weltkrieg hatte LE CORBUSIER den Purismus in seiner Malerei aufgegeben – er war gleichermaßen Maler wie Architekt –, doch erst etwa um 1950 machte sich der Expressionismus in seiner Architektur bemerkbar, mit amöbenhaften Rundungen, biomorphen Formen und unregelmäßigen Grundrissen. Die Pilgerkapelle auf einer Hügelspitze in der Nähe von Ronchamp in Ostfrankreich ▸21.51; 52 entstand unter Missachtung aller geometrischen, rationalen Prinzipien seines früheren Werks. Obwohl er jegliche spezifisch religiöse Inspiration bestritt, ist dieses kleine Bauwerk reich an Bedeutung und geht über einen architektonischen Symbolismus hinaus, um eine neue architektonische Sprache des bildnerischen Ausdrucks anzukünden. In dem Gerichtsgebäude, das er einige Jahre später als Teil des neuen Regierungssitzes in Chandigarh in Indien entwarf, wurde der Konflikt zwischen Plastizität und Geometrie, der der Kapelle von Ronchamp Dynamik verleiht, mit kraftvoller Monumentalität in einem riesigen Maßstab gelöst ▸21.53. In Deutschland kamen zu dieser Zeit die durch den Internationalen Stil verdrängten ›Organiker‹ wie HANS SCHAROUN (1893–1972) zu neuem Ansehen. Dessen *Berliner Philharmonie* (1956–1963) wurde zu einem Markstein der neuen Entwicklung ▸21.54.

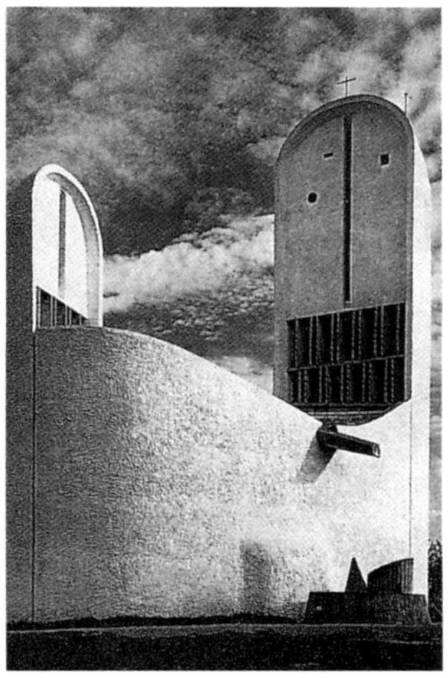

21.51 LE CORBUSIER, Notre Dame du Haut ▸21.52

Arbeiten wie diese sollten eine Anzahl von jungen Architekten in der ganzen Welt in den späten fünfziger und frühen sechziger Jahren zu ebenso skulpturalen, beinahe irrationalen, aggressiv rauen, so genannten ›brutalistischen‹ Bauten anregen – PAUL RUDOLPH (*1918) in Amerika, JAMES STERLING (1926–1992) in England, KENZO TANGE (1913–1992) und verschiedene andere in Japan.

Eine andere Variante dieser Zeit war die Entdeckung des Zeltes als Vorbild einer neuen Architektur. Nachdem JØRN UTZON (*1918) mit seinem Entwurf für das Opernhaus in Sydney (1956) und FREI OTTO (*1925) und ROLF GUTBROD (*1910) mit ihrem Weltausstellungspavillon in Montreal (1967) Furore gemacht hatten, realisierte OTTO zusammen mit den Architekten BEHNISCH & PARTNER 1972 die Sportanlagen anlässlich der Olympischen Spiele in München ▸21.55.

Doch erst in den siebziger Jahren, als Folge der Publikationen ›Complexity and Contradiction in Architecture‹ und ›Learning from Las Vegas‹ der Architekten ROBERT VENTURI (*1925) und DENISE SCOTT BROWNE (*1931), trat eine radikalere und deutlicher artikulierte Reaktion auf den immer noch blühenden Internationalen Stil in Erscheinung, Postmoderne genannt. Er war die Schöpfung von Architekten, von denen die meisten für die sparsame Disziplin des Internationalen Stils ausgebildet worden waren. Eben diesen wollten sie verändern, indem sie seine »elitäre Sprache in die Umgangssprache, der Tradition entgegengesetzt und dem gewöhnlichen

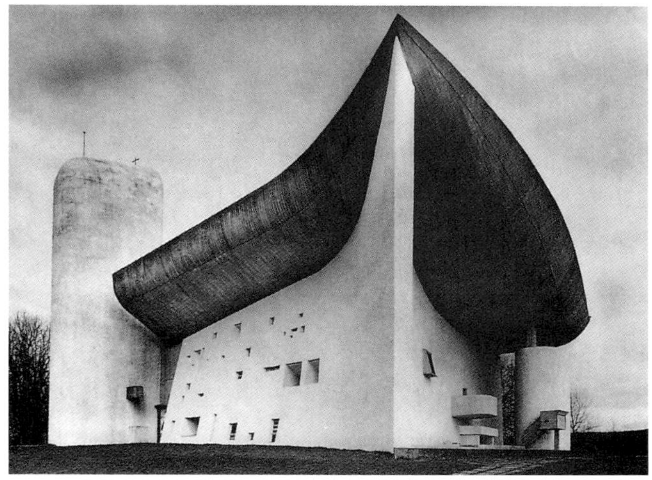

21.52 LE CORBUSIER, Notre Dame du Haut, Ronchamp (Frankreich), 1950–1954, Ansicht von Südosten.

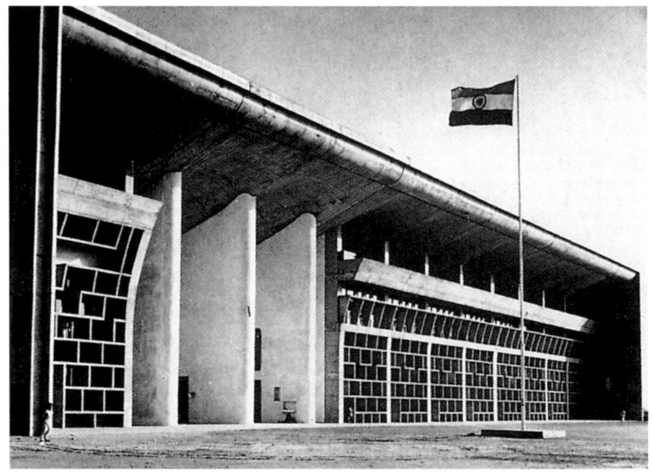

21.53 LE CORBUSIER, Gerichtshof, Chandigarh, Indien, 1956.

21.54 HANS SCHAROUN, Philharmonie, Berlin, 1956–1963.

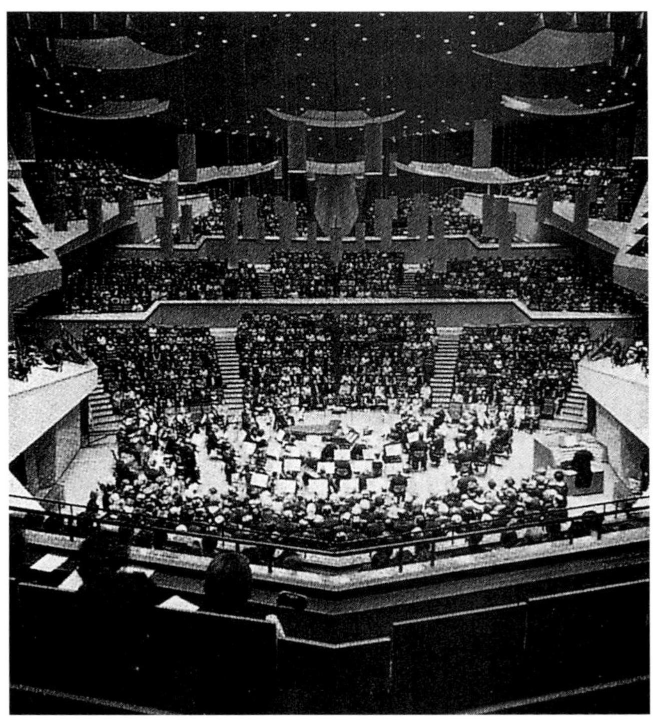

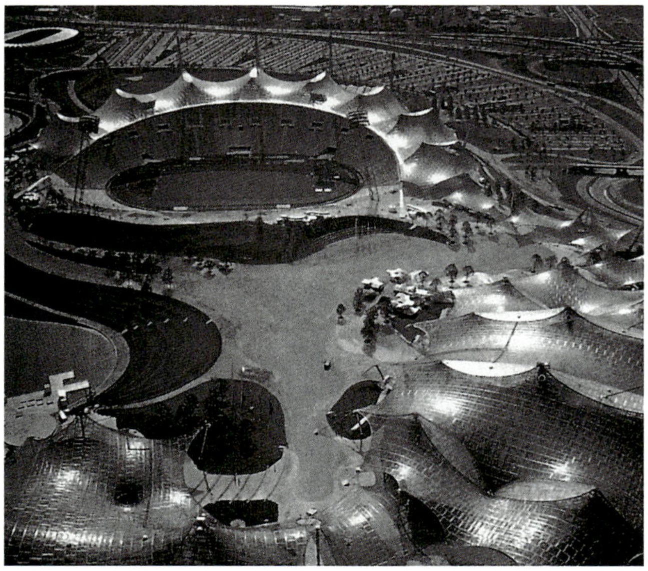

21.55 BEHNISCH & PARTNER und OTTO & PARTNER, Olympiastadion, München, 1968–1972.

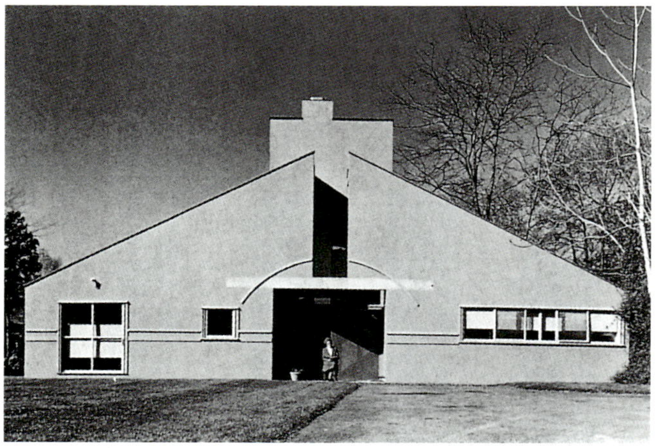

21.56 ROBERT VENTURI, Chestnut Hill House, Pennsylvania, 1965.

Slang der Straße entsprechend«, umsetzten (Charles Jencks, ›The Language of Post-Modern Architecture‹, 1978).

Die utopische, kollektivistische, revolutionäre, technische und funktionale Ideologie, von der man annahm, dass sie die Moderne in der Architektur stütze – und ihm damit ein einfaches, rational bezeichnetes Ziel gab –, wurde zugunsten von etwas zwar weniger vorsätzlich Idealistischem und Ernsterem abgelehnt, aber, so hoffte man, etwas mehr Demokratischem. Der Eklektizismus, zu dem dies führte, reichte von der Pop-Bilderwelt bis zu einem reizvollen Historizismus, besonders in VENTURIS eigenen Bauwerken. So belebte das Haus, das er für seine Mutter entwarf ▸21.56, traditionelle Prinzipien und charakteristische Formen der Vormoderne-Architektur – zum Beispiel Symmetrie oder der wie ein manieristisch gebrochenes Tympanon gestaltete Giebel – doch da diese dem Modernismus der flachen Ebenen und der standardisierten Kleingliederung entgegenstehen, verleiht ihre Gegensätzlichkeit dem Gebäude Bedeutung. Spätere Beispiele des Postmodernismus sind, nicht immer unbeabsichtigt, weniger ausgeklügelt und theatralischer. 1964 lobte CHARLES WILLARD MOORE (*1925) Disneyland als eine der bemerkenswertesten öffentlichen Stätten Amerikas und eine Verwirklichung des amerikanischen Traumes, der sein eigenes Werk inspiriert habe. Die Piazza d'Italia, die er für die italienisch-amerikanische Bevölkerung in New Orleans entwarf (1978–1979), ist reich an Farben, einige von ihnen durch Neonlicht erzeugt, mit einer Tempelfront sowie einer Fontäne, die sich über eine Landkarte Italiens ergießt ▸21.59. Das bis heute monumentalste Beispiel der Postmoderne jedoch ist das *Public Service Building* von MICHAEL GRAVES (*1934) in Portland, Oregon ▸21.57. Hier wird die internationale Moderne, versinnbildlicht durch riesige Felder von plattiertem Glas, als einer von mehreren ›historischen‹ Stilen behandelt, der neben der Wolkenkratzer-Bildwelt und Elementen aus Art déco und Jugendstil steht (flatternde Fiberglasgirlanden). Auch Charakteristika der puristischen Revolutionsarchitektur des späten 18. Jahrhunderts in Frankreich und übersetzte klassische Elemente wie hohe Säulen und ein gigantischer roter Schlussstein treten auf. »Disziplin, das Rückgrat der Architektur als einer öffentlichen Kunst, wird verhöhnt«, beklagte sich ein Verfechter der internationalen Moderne – Worte, die lebhaft die Einwände in Erinnerung rufen, die ein halbes Jahrhundert zuvor die Traditionalisten beim Anblick der Werke von LE CORBUSIER vorbrachten. Doch GRAVES' Ziel war es, in einer Stadt voll unpersönlichen Betons, von Stahl- und Glaskästen ein Bauwerk zu schaffen, das die bildlichen Reichtümer der Architektursprache mit vielfältigen Schichten von Formen, Raum und Symbolik benutzt – Architektur also, die nicht nur eine professionelle Elite, sondern auch den Mann von der Straße ansprechen wollte.

In Europa sind die bekanntesten Architekten der Postmoderne der Spanier RICCARDO BOFILL (*1939) ▸21.59 und der Italiener ALDO ROSSI (*1931), dessen vorgeblich selbständige Architektur vieles der Vergangenheit verdankt. BOFILLS ausgedehntes, grandioses Wohnprojekt *Les Arcades du Lac* in der Nähe von Versailles fordert offen den Vergleich mit der Schlossarchitektur heraus. In einer Stellungnahme bemerkte BOFILL, dass es, *»ohne zu kopieren, verschiedene Themen der Vergangenheit aufnimmt, doch in einer prüfend-auswählenden Art, bestimmte Momente der Geschichte nebeneinander stellt und so eine neue Epoche vorwegnimmt«.*

Solche neohistoristischen Ambitionen drehten auch in dem Palast des Abraxas zutage, eine städtische Wohnanlage in einem östlichen Vorort von Paris ▸21.58. Das Formengut ALDO ROSSIS ist oftmals BOULLÉE entlehnt (s. S. 579), ist aber in einen, wie er es nennt, »erweiterten Rationalismus übersetzt, der emotional und metaphorisch ist«. Die Mehrzahl seiner Projekte ist wie auch viele Planungen seines Vorbilds nicht über das Entwurfsstadium hinausgekommen.

Die großen Hoffnungen auf eine reichere Architektur, symbolhafter und lebhafter, die die Postmoderne inspirierten, wurden vielleicht am besten in Japan verwirklicht, wo die Synthese aus populärem Inhalt und hoch entwickelter ›Form‹ in der Kunst schon einmal realisiert worden war. Postmoderne Architekten wie ARATA ISOZAKI (*1931), KISHO KUROKAWA (*1934) und MINORU TAKEYANA (*1934) zeigen etwas von der gleichen Eleganz (ohne Vornehmheit) und dem proletarischen Geschmack (ohne Vulgarität) wie die großen Meister der Ukiyo-e-Drucke (s. S. 636 ff.). ISOZAKIS höchst persönlicher Gebrauch selbst der einfachsten Formen, speziell von Zylindern und Kuben, führte zu einem Effekt von Internationalismus, der ganz verschieden war von jenem des internationalen modernen Stils in seinen Anspielungen auf das architektonische Erbe der Welt ▸21.61; 62. Damit bestätigte er die Schuld gegenüber PALLADIO, SINAN und BOULLÉE wie auch gegenüber seinem eigenen japanischen kulturellen Hintergrund als ein Zeichen unserer pluralistischen Welt.

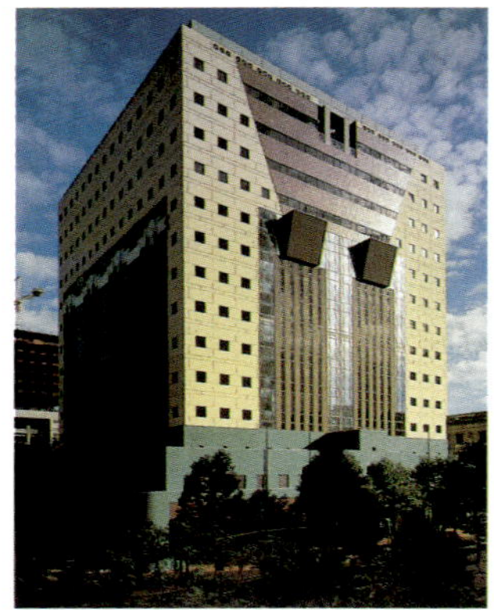

21.57 MICHAEL GRAVES, Portland Public Service Building, Portland, Oregon, 1980, Zeichnung.

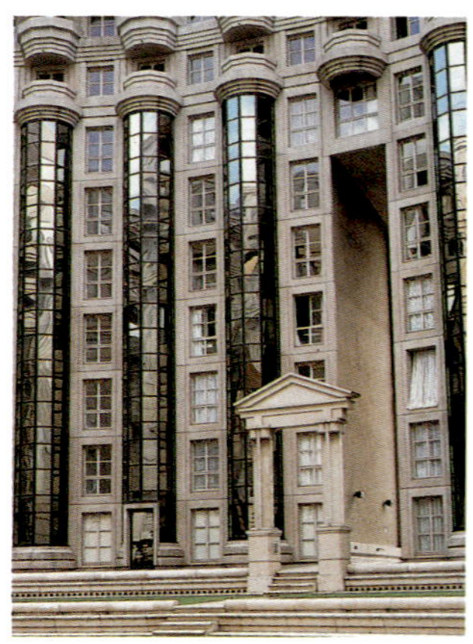

21.58 RICCARDO BOFILL, Der Palast des Abraxas, Marne-la-Vallée, nahe Paris, 1978–1983.

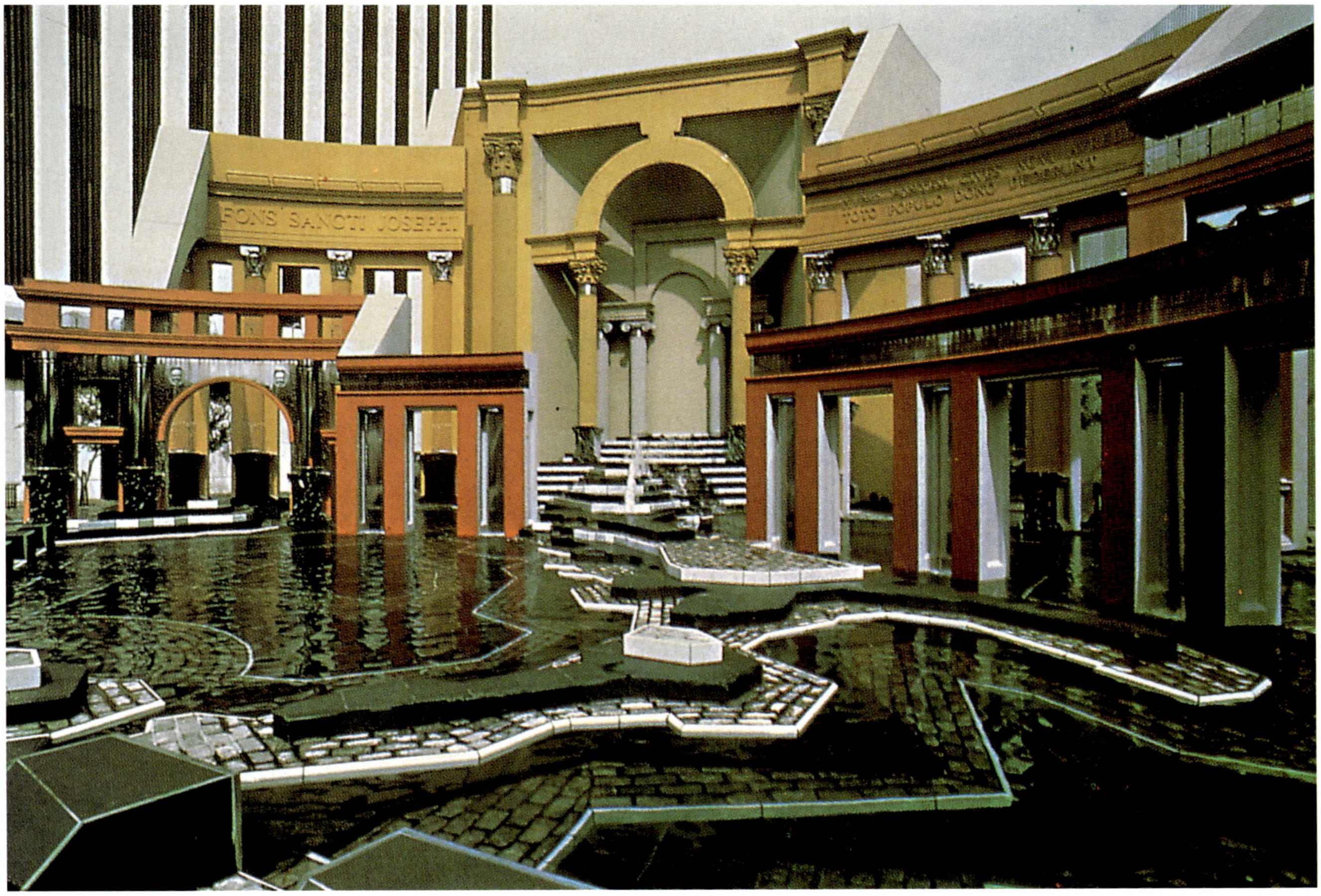

21.59 CHARLES MOORE, St. Joseph's Fountain, Piazza d'Italia, New Orleans, 1978–1979.

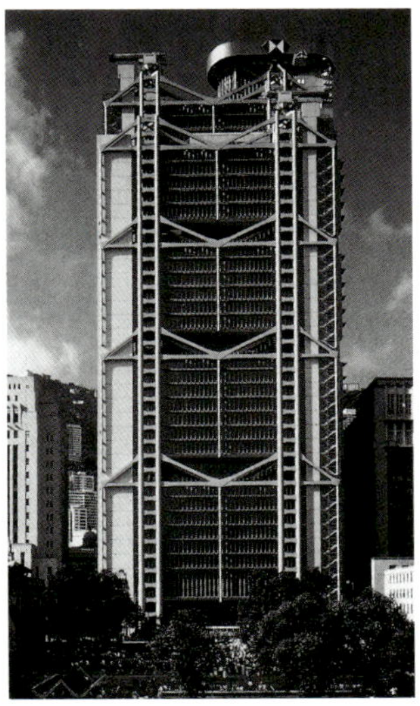

21.60 NORMAN FOSTER, Hongkong und Shanghai Bank, Hongkong, 1986 fertiggestellt.

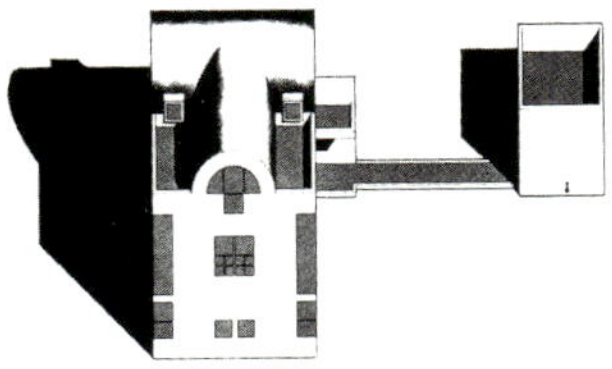

21.61 ARATA ISOZAKI, Axonometrische Zeichnung des Kaijima Hauses ▸ 21.62

Die unter der Bezeichnung ›High Tech‹ bekannt gewordene Architektur- und Designrichtung – eine Richtung im Übrigen, die eher eine Idee, eine Sicht der Architektur verkörpert als einen bestimmten Stil – ist in einem gewissen Sinn der Postmoderne entgegengesetzt. Ihr Ansatz unterscheidet sich darin von anderen, dass sie tunlichst jede Bezugnahme auf volkstümliches Bauen und auf den populären Geschmack, dem die Postmoderne so großen Wert beimaß, vermeidet. ›High Tech‹ basiert auf moderner Technologie und eifert der Schlichtheit und leicht gewichtigen Präzisionstechnik nach, wie sie etwa bei der Konstruktion von Überschallflugzeugen eine Rolle spielt; darüber hinausgehende ästhetische Ambitionen hat ›High Tech‹ nicht, oder zumindest behaupten dies die Exponenten dieser Richtung. Ihre Stärke indes liegt gerade in ihrem fein ausgeprägten Sinn für Proportion, Ausgewogenheit und andere ästhetische Kategorien. Unter den international bedeutsamen Richtungen dieses Jahrhunderts zeichnet sich ›High Tech‹ dadurch aus, dass sie als einzige rein englischen Ursprungs ist; ihre Vorläufer hat sie in PAXTON und dem Crystal Palace >16.1; 17.58, und auch in ihrer späteren Entwicklung ist sie wieder überwiegend englisch geprägt, obgleich mehrere ihrer herausragendsten Bauwerke von englischen Architekten außerhalb Englands – in Frankreich, Hongkong und den Vereinigten Staaten – errichtet worden sind. Das 1986 fertig gestellte Gebäude von Lloyd's of London von RICHARD ROGERS (*1933) und die von NORMAN FOSTER (*1935) in Hongkong errichtete Zentrale der Hongkong and Shanghai Bank aus dem gleichen Jahr sind bis dato die Meisterwerke des ›High Tech‹. Besonders die Zentrale der Hongkong Bank verkörpert in Reinform ihre Prinzipien: elegant, anspruchsvoll und ohne irgendwelche Zugeständnisse an den Geschmack, sei es an den guten oder an den schlechten >21.60. ›High Tech‹ lässt sich als Kulmination einer Reihe von Tendenzen der Moderne sehen, die ihrerseits wiederum verschiedene reaktionäre Gegenbewegungen auslöste, so etwa den traditionalistischen, unechten, georgianischen Stil von Richmond Riverside, London, ein 1984–1989 von QUINLAN TERRY (*1937) ausgeführtes Erschließungsprojekt, und den weniger vornehmen, aber gleichermaßen ›unechten‹ Neuengland-Stil, der in den gleichen Jahren von FRANÇOIS SPOERRY (*1912) bei einem Erschließungsprojekt in der New Yorker Hafengegend, dem so genannten ›Port Liberté‹, entwickelt wurde.

21.62 ARATA ISOZAKI, Kaijima-Haus, Kichijoji, Musashino City, Tokio, 1974–1976.

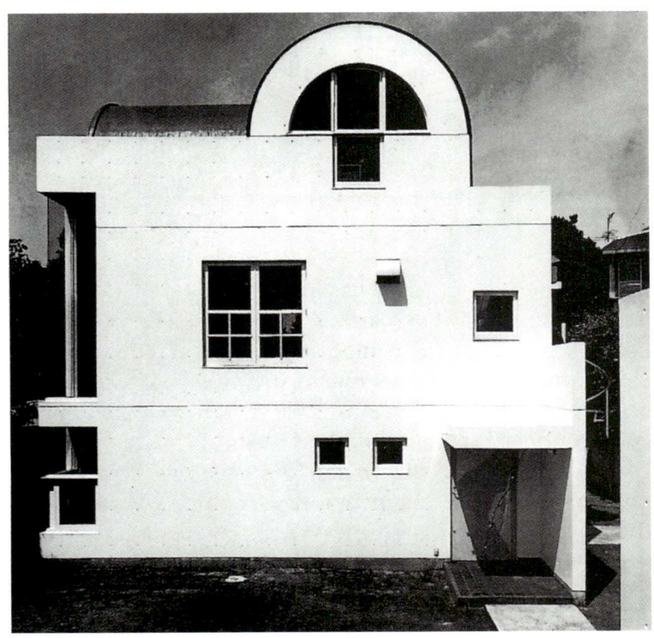

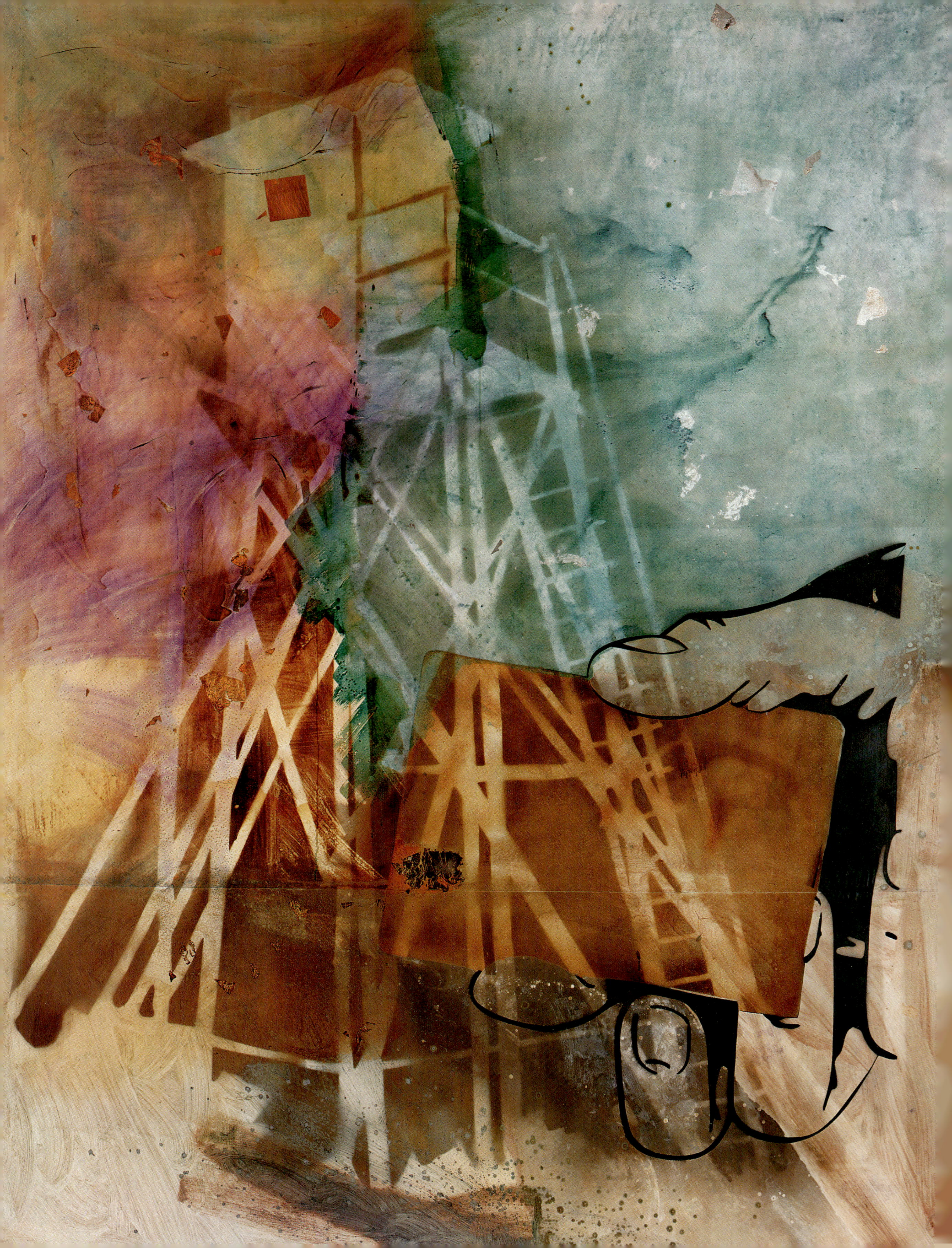

# 22
# An der Schwelle zum 3. Jahrtausend

Wie die 1780er Jahre waren auch die 1980er Jahre von den politischen Ereignissen überschattet, die das Ende des Jahrzehnts markieren sollten. Nur wenige Monate nach dem Fall der kommunistischen Regime in Osteuropa, wo die politischen und gesellschaftlichen Strukturen auseinanderfielen, wurde 1989 die Zweihundertjahrfeier der Französischen Revolution begangen, des ersten Schrittes in einem langen Prozess, der u.a. die Voraussetzung zum Kommunismus schaffen sollte. Kurz danach verlor die Kommunistische Partei die Kontrolle über die Sowjetunion, die darauf in unabhängige Staaten zerfiel. Der Kalte Krieg war zu Ende. Aber damit setzte nicht etwa eine neue Epoche des Friedens, geschweige denn des Wohlstands ein. Einige kommunistische Parteien blieben an der Macht, insbesondere in China, wo im Juni 1989 eine mehrtägige öffentliche Demonstration auf dem Platz des Himmlischen Friedens in Peking vor den Fernsehkameras der Welt blutig niedergeschlagen wurde. Instabilere Regierungen in Mittel- und Südamerika, Afrika und Indien gerieten immer stärker unter Druck, und ständig brachen neue regionale Konflikte und Bürgerkriege aus. AIDS drohte sich zu einer globalen Seuche auszuweiten, und die verheerenden Folgen der Überbevölkerung, des Raubbaus an den natürlichen Ressourcen, der Umweltzerstörung und Luftverschmutzung drangen immer stärker ins Bewusstsein. All dies führte zu einer weitverbreiteten Atmosphäre der Unsicherheit und Angst.

Vor diesem düsteren Hintergrund sah sich die Welt – die westliche wie die östliche – mit den Spektakeln einer von den Massenmedien verbreiteten Massenkultur und mit von multinationalen Konzernen produzierten Massenkonsumgütern

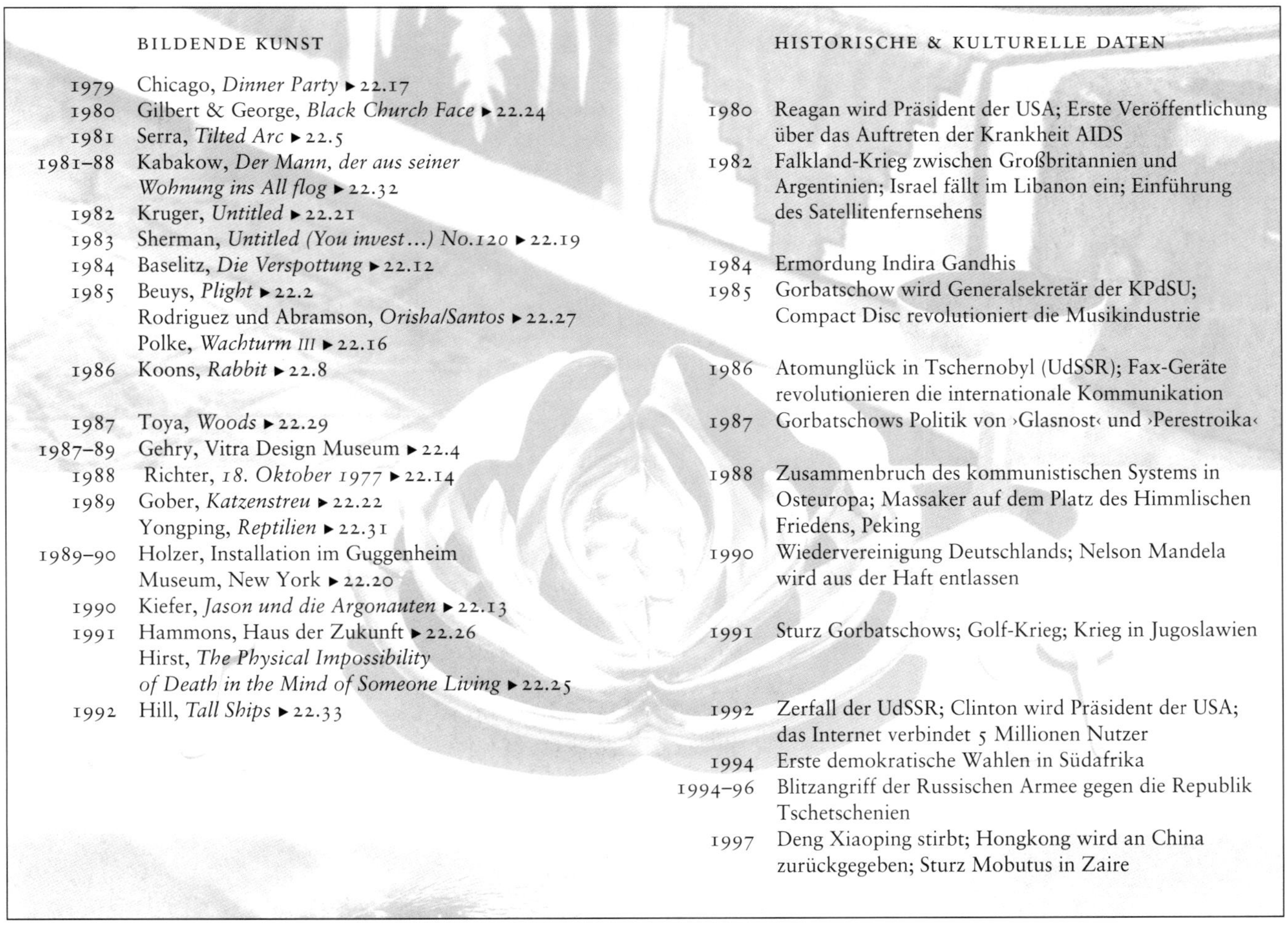

| | BILDENDE KUNST |
|---|---|
| 1979 | Chicago, *Dinner Party* ▸ 22.17 |
| 1980 | Gilbert & George, *Black Church Face* ▸ 22.24 |
| 1981 | Serra, *Tilted Arc* ▸ 22.5 |
| 1981–88 | Kabakow, *Der Mann, der aus seiner Wohnung ins All flog* ▸ 22.32 |
| 1982 | Kruger, *Untitled* ▸ 22.21 |
| 1983 | Sherman, *Untitled (You invest…) No.120* ▸ 22.19 |
| 1984 | Baselitz, *Die Verspottung* ▸ 22.12 |
| 1985 | Beuys, *Plight* ▸ 22.2 |
| | Rodriguez und Abramson, *Orisha/Santos* ▸ 22.27 |
| | Polke, *Wachturm III* ▸ 22.16 |
| 1986 | Koons, *Rabbit* ▸ 22.8 |
| 1987 | Toya, *Woods* ▸ 22.29 |
| 1987–89 | Gehry, Vitra Design Museum ▸ 22.4 |
| 1988 | Richter, *18. Oktober 1977* ▸ 22.14 |
| 1989 | Gober, *Katzenstreu* ▸ 22.22 |
| | Yongping, *Reptilien* ▸ 22.31 |
| 1989–90 | Holzer, Installation im Guggenheim Museum, New York ▸ 22.20 |
| 1990 | Kiefer, *Jason und die Argonauten* ▸ 22.13 |
| 1991 | Hammons, Haus der Zukunft ▸ 22.26 |
| | Hirst, *The Physical Impossibility of Death in the Mind of Someone Living* ▸ 22.25 |
| 1992 | Hill, *Tall Ships* ▸ 22.33 |

| | HISTORISCHE & KULTURELLE DATEN |
|---|---|
| 1980 | Reagan wird Präsident der USA; Erste Veröffentlichung über das Auftreten der Krankheit AIDS |
| 1982 | Falkland-Krieg zwischen Großbritannien und Argentinien; Israel fällt im Libanon ein; Einführung des Satellitenfernsehens |
| 1984 | Ermordung Indira Gandhis |
| 1985 | Gorbatschow wird Generalsekretär der KPdSU; Compact Disc revolutioniert die Musikindustrie |
| 1986 | Atomunglück in Tschernobyl (UdSSR); Fax-Geräte revolutionieren die internationale Kommunikation |
| 1987 | Gorbatschows Politik von ›Glasnost‹ und ›Perestroika‹ |
| 1988 | Zusammenbruch des kommunistischen Systems in Osteuropa; Massaker auf dem Platz des Himmlischen Friedens, Peking |
| 1990 | Wiedervereinigung Deutschlands; Nelson Mandela wird aus der Haft entlassen |
| 1991 | Sturz Gorbatschows; Golf-Krieg; Krieg in Jugoslawien |
| 1992 | Zerfall der UdSSR; Clinton wird Präsident der USA; das Internet verbindet 5 Millionen Nutzer |
| 1994 | Erste demokratische Wahlen in Südafrika |
| 1994–96 | Blitzangriff der Russischen Armee gegen die Republik Tschetschenien |
| 1997 | Deng Xiaoping stirbt; Hongkong wird an China zurückgegeben; Sturz Mobutus in Zaire |

22.16 SIGMAR POLKE, *Wachturm III*, 1985, Silber, Silbernitrat, Jod, Kobalt II, Chlorid und Kunstharz auf Leinwand, 300 x 225 cm. Staatsgalerie, Stuttgart.

konfrontiert. Abwehrversuche blieben hauptsächlich auf islamische Länder beschränkt und konnten kaum etwas ausrichten. Im Bereich der Künste war parallel dazu jedoch ein entgegengesetztes Phänomen zu beobachten, das vielleicht sogar eine der Triebfedern dieser um sich greifenden Homogenisierung war: eine entdeckungsfreudige Vielfalt. Eine gewaltige Erweiterung des ›imaginären Museums‹ – durch Fotografien und Reproduktionen bekannt gewordene Werke der Kunst und Architektur – sowie die neuen Reisemöglichkeiten in der zweiten Hälfte des 20. Jahrhunderts hatten generell zu offeneren Einstellungen geführt. Gemälde und Skulpturen, die in verschiedenen Kulturen und für unterschiedliche Zwecke und keineswegs immer als ›Kunstwerke‹ hervorgebracht worden waren, wurden in Wanderausstellungen, in Büchern, Zeitschriften und Zeitungen und häufig auch in der Werbung präsentiert. Entwicklungen und Innovationen in der zeitgenössischen Kunst wurden unverzüglich in aller Welt bekannt gemacht. Wie in keiner Epoche davor wurden sich die Künstler des Reichtums und der Vielfalt in den Künsten der ganzen Welt, von prähistorischer Zeit bis zur Gegenwart, bewusst. In Frage gestellt wurden Begriffe wie ›Qualität‹ oder ›Stil‹, die ebenso wie ›Kennerschaft‹, Schönheit oder der künstlerische Geniebegriff in Misskredit gerieten. In Zeiten, in denen die Kunst überwiegend im sakralen Bereich zuhause war – wie heute noch in weiten Teilen Asiens und Afrikas (eine der größten Buddha-Statuen der Welt wurde 1994 in Hongkong errichtet und geweiht) –, hatten sich solche Fragen kaum gestellt. Im Westen hat die Kunst nicht nur ihre religiöse Bedeutung verloren, sondern auch die Anbindung an moderne weltliche Ideologien. Ein Großteil der westlichen Kunst des späten 20. Jahrhunderts stellt eine Absage an die politischen und sonstigen Kräfte einer Gesellschaft dar, die die Kunst früher in hierarchische Strukturen eingebunden hat.

Herkömmliche Trennlinien zwischen den ›schönen‹ Künsten, ›primitiver‹ Kunst und ›Volkskunst‹ sind ebenso verwischt und schließlich aufgehoben worden wie diejenigen zwischen Malerei, Bildhauerei und Kunsthandwerk. Die Vorstellung vom ›Fortschritt‹ in der Kunst und verwandte Konzepte wie ›Mainstream‹, ›Avantgarde‹ und progressive ›Bewegungen‹ sind ebenso in Frage gestellt worden wie der Anspruch auf die Dauerhaftigkeit eines Kunstwerks, von Begriffen wie ›Qualität‹ und ›Geschmack‹ ganz zu schweigen. Der Status des einzigartigen Kunstobjekts und der individuellen Kreativität des Künstlers wird angefochten. Keine Künstlerpersönlichkeit könnte heute die überragende Position PICASSOS für sich beanspruchen.

Die Kunst, die vor diesem Hintergrund einer Neuorientierung im Lichte theoretischer Entwürfe des späten 20. Jahrhunderts entstand, ist als ›postmodern‹ bezeichnet worden – ein vager Begriff, der zuerst in den 1970er Jahren auf die Architektur (s. S. 772 ff.) angewandt und später auf Malerei und Skulptur ausgedehnt wurde, auf die das Wort ›modern‹ im Sinne des Namens des 1929 gegründeten New Yorker Museum of Modern Art – für Werke die damals ›modern‹ waren – nicht mehr zutraf. Tatsächlich richtet sich ein großer Teil der Kunst der 80er und der frühen 90er Jahre gegen akzeptierte ästhetische und andere Werte, wie sie bis heute von Museen und Galerien für moderne Kunst hochgehalten werden, ohne dass man sie als ›antimodern‹ in dem Sinne bezeichnen könnte, wie die Kunst der Renaissance eine Antigotik oder der Klassizismus ein Anti-Rokoko war. Neben dem Wandel gab es auch Kontinuität. Doch die Postmoderne verstand sich als Gegenmodell zur Moderne und den von ihr bevorzugten Begriffen: Reinheit als Ziel und Dekorum als Wirkung; Historismus als Hintergrund und das Museum als Kontext; der Künstler als Originalgenie und das Kunstwerk als einzigartig. Angefochten wurde die Bedeutung, die die Ausdrucksmittel als solche für die Moderne mit ihrer Betonung der Reinheit hatten. Die postmoderne Kunst sucht Raum zwischen, ober- oder außerhalb dieser herkömmlichen Ausdrucksmittel, in neuen oder zuvor vernachlässigten Medien wie dem Video oder der Fotografie und in einer Vielfalt oft aufgelöster, struktureller oder flüchtiger Formen. Nicht nur die Rolle des Künstlers und die Werte, die bislang der Kunst ihre Gültigkeit verliehen, sind sämtlich in Frage gestellt, sondern der ganze Bereich der Kultur wurde zur Disposition und Transformation. Wie der Kritiker und Theoretiker Craig Owens feststellte: *»Aneignung, Standortbindung, Unbeständigkeit, Akkumulation, Diskursivität, Hybridisierung – diese unterschiedlichen Strategien charakterisieren einen großen Teil der Kunst der Gegenwart und unterscheiden sie von ihren modernistischen Vorgängern.«* Die Aneignung – ein Werk wird genau kopiert, um das Konzept der Gleichsetzung von Originalität mit dem Anspruch auf Ruhm anzufechten – wurde von SHERRIE LEVINE (geb. 1947) bis an die äußerste Grenze getrieben, die 1980 ihre Fotografien von Fotografien berühmter männlicher Fotografen auszustellen begann. Ein ortsspezifisches Werk ist ein für einen bestimmten Standort, oft im Freien, konzipiertes Werk, dessen Dauerhaftigkeit nicht angestrebt ist. Unbeständigkeit ist auch ein Charakteristikum der meisten temporär eingerichteten Installationen in Innenräumen. Als umfassende Environments, oft mit Plunder und Fundobjekten aus der Natur und sogar mit Lebewesen einschließlich des Künstlers, unterscheiden sie sich deutlich von Einzelausstellungen, in denen Kunstwerke wohl geordnet in einem Raum untergebracht sind. Die Wände sind manchmal mit Texten überzogen. Alternativ kann sich eine Installation aus mehreren computergesteuerten Videobildschirmen zusammensetzen, der vitalsten unter den neueren Entwicklungen. In ihrem Bezug auf aktuelle gesellschaftliche und andere Probleme unterscheiden sich Installationen prinzipiell von den als in sich geschlossene und autonome Gebilde konzipierten Kunstwerken der Moderne (mit Ausnahme derer DUCHAMPS).

Nicht nur für Künstler, sondern auch für Schriftsteller und Musiker war die Moderne eine befreiende Kraft. Die Betonung der Originalität der Künstler und der Autonomie ihrer Werke zeitigte jedoch eine Tendenz zur Trennung der Künste vom Leben. Sowohl als theoretisches Gedankengebäude wie auch als Geisteshaltung dehnt sich die Postmoderne dagegen nicht nur auf die Künste, sondern auch auf andere Bereiche aus, vor allem auf die Soziologie, die Philosophie, die postfreudianische Psychologie und die Sprachtheorie. Sehr stark beeinflusst ist sie von der Theorie der ›Dekonstruktion‹, der Analyse des Prozesses, durch den in Wörtern, die unsere Einstellung etwa zu geschlechtsspezifischen und ethnosoziologischen Fragen konditionieren, Bedeutung konstruiert wird (viele bemerkenswerte Kunstwerke der 80er und 90er Jahre sind schlicht nur aus Wörtern zusammengesetzt). Und während die Moderne eine ausschließlich westliche Erscheinung war, ist die Postmoderne ein globales Phänomen und somit eng mit Pluralismus und multikulturellen Gesellschaftsformen verbunden. Die pluralistische Vorstellung, unterschiedliche Kulturen seien nicht miteinander vergleichbar und bedürften jeweils verschiedener Beurteilungskriterien, geht auf das 18. Jahrhundert zurück und wurde – eine Überlegenheit des Westens voraussetzend – für gewöhnlich nur auf nichtwestliche Kulturen angewandt. Erst in jüngerer Zeit wird im Zeichen des Pluralismus Kritik am Eurozentrismus der Moderne geübt. Der (in den frühen 80er Jahren geprägte) Begriff einer multikulturellen Gesellschaft setzt voraus, dass Menschen unterschiedlicher ethnischer Herkunft an einem Ort zusammenleben, ohne Vorurteile oder Illusionen über Rassen-, Geschlechts- und Altersbarrieren hinwegsehen und sich in eine gemischte Gesellschaft integrieren können. In den USA und in Australien ist dieser Begriff von Mitgliedern des Establishment gelegentlich zu Verteidigungszwecken und als Kontrollinstrument eingesetzt worden, und auch für die Expansion des Kunstmarktes musste er herhalten. Er hat jedoch deutlich machen können, dass die in den USA produzierte Kunst keineswegs von Amerikanern europäischer Herkunft dominiert wird, geschweige denn auf diese Bevölkerungsgruppe beschränkt ist. Die postmoderne Hinterfragung der Voraussetzungen der westlichen Kunst ist nur insofern nützlich gewesen, als sie dazu beigetragen hat, Barrieren zwischen Menschen unterschiedlicher Herkunft niederzureißen. Nicht so sehr die Moderne als solche war das Angriffsziel, sondern vielmehr die gesellschaftlichen und politischen Institutionen und Praktiken, mit denen sie einherging. Die Postmoderne setzte Energien für künstlerische Ausdrucksformen frei, die politisch provozierend, ästhetisch widersprüchlich, emanzipatorisch und interdisziplinär waren – die auf die Dringlichkeiten des Lebens in allen Teilen der Welt im späten 20. Jahrhundert reagierten.

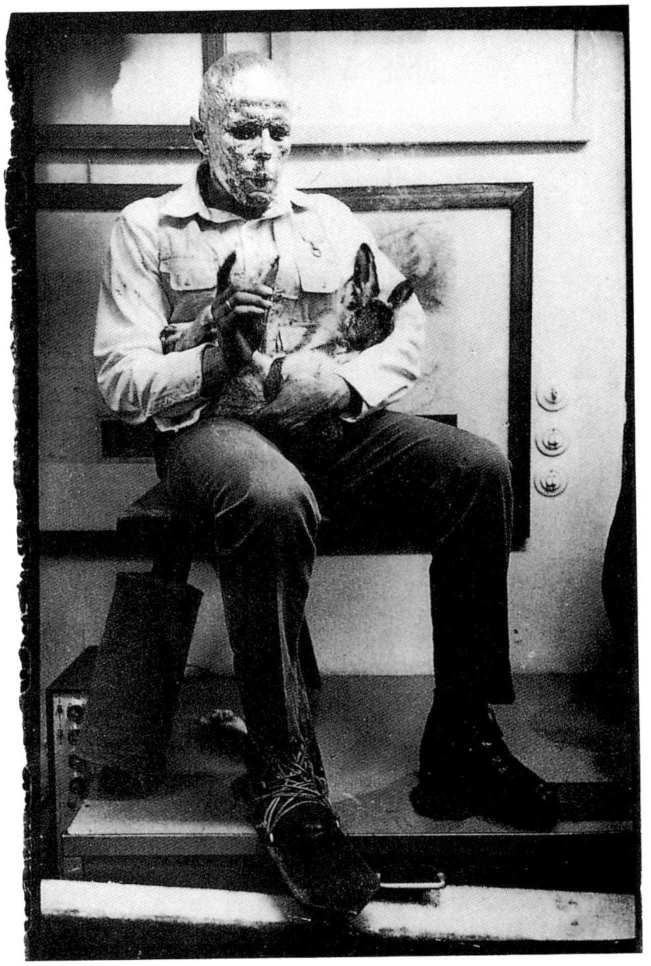

22.1 JOSEPH BEUYS, *Wie man dem toten Hasen die Bilder erklärt*, Fluxus-Veranstaltung, 1965, Düsseldorf.

## Abkehr von der Moderne

Besonders provokativ wurden sämtliche überkommene Kunstbegriffe von dem deutschen Bildhauer JOSEPH BEUYS (1921–1986) in Frage gestellt, der sehr persönliche und zugleich weithin relevante, vergängliche und dabei suggestive Bilder schuf. Sein Wirken als Pädagoge und seine charismatische Persönlichkeit inspirierten ebenso wie sein Werk eine Generation von Künstlern in aller Welt. Nachdem er im Krieg in der Luftwaffe gedient hatte, studierte er an der traditionellen Düsseldorfer Akademie, wo er 1961 zum Professor für ›Monumentalbildhauerei‹ ernannt wurde. 1972 wurde er entlassen, hauptsächlich aufgrund seiner politischen Aktivitäten als Mitbegründer der Deutschen Studentenpartei (1967) und der Organisation für direkte Demokratie (1970). Seine Skulpturen gestaltete er aus Fundobjekten und so unkonventionellen Materialien wie tierischem Fett, Filz und Bienenwachs, die eine besondere Bedeutung für ihn hatten. 1943 über der Krim abgeschossen, war BEUYS von Nomaden gerettet worden, die ihn mit Fett und Filz bedeckten und ihn offenbar auch in ihren Schamanismus einführten. »Meine Objekte verstehen sich als Stimulantien für die Transformation der Idee von Plastik, von Kunst überhaupt«, sagte er 1978 in einem Interview. *»Sie sollten Gedanken darüber auslösen, was Plastik sein kann und wie das Konzept plastischen Gestaltens auf die unsichtbaren Materialien, die jeder benutzt, ausgedehnt werden kann.«* Sein Ziel war die Verwirklichung der »Sozialen Plastik«, der kreativen Gestaltung der Welt durch die in ihr lebenden Menschen. Sein Leitprinzip als Lehrer war: *»Man kann nicht mehr von dem alten akademischen Konzept ausgehen, große Künstler auszubilden – das bleibt ein glücklicher Zufall. Wovon man aber ausgehen kann, ist die Idee, dass Kunst und aus Kunst gewonnene Erkenntnisse ein rückfließendes Element ins Leben bilden können.«*

Seine Performance oder – um seinen Begriff zu verwenden – seine ›Aktion‹ *Wie man dem toten Hasen die Bilder erklärt* von 1965 war eine eindringliche Auseinandersetzung mit Problemen des Denkens und der Kommunikation in komplexer szenischer Form unter Einbeziehung oft ›biographischer‹ ritueller, magischer und mythischer Elemente ▸22.1. Den Kopf mit Honig (einer ihm ›heiligen‹ Substanz) und Blattgold bedeckt und in Schuhen, von denen der eine mit Blei und der andere mit Filz besohlt war, murmelte er in dem leeren Raum einer Düsseldorfer Galerie drei Stunden lang unhörbar auf einen toten Hasen ein, der in seinen Armen lag. Im Verlauf der Aktion trat er mit dem Hasen an die Bilder an der Wand heran: *»Ich erlärte ihm alles, was zu sehen war. Ich ließ ihn die Bilder mit seinen Pfoten berühren und sprach dabei zu ihm über sie… Ich erklärte sie ihm, weil ich sie den Menschen nicht erklären mag. Ein Hase versteht mehr als viele Menschen mit ihrem sturen Rationalismus.«* BEUYS war vor allem ein Lehrer, und das, was er vermitteln wollte, ging über den damals geläufigen Kunstbegriff weit hinaus.

In einigen seiner Performances oder ›Aktionen‹ bediente er sich großer Wandschultafeln, wie sie konventioneller Pädagogik und damit der Festigung der gesellschaftlichen Strukturen dienen, die BEUYS unterminieren wollte. In seinem unverwechselbaren Aufzug – Filzhut, Anglerjacke und Stiefel – und mit lebendigem Mienenspiel auf seinem ausdrucksvollen Gesicht

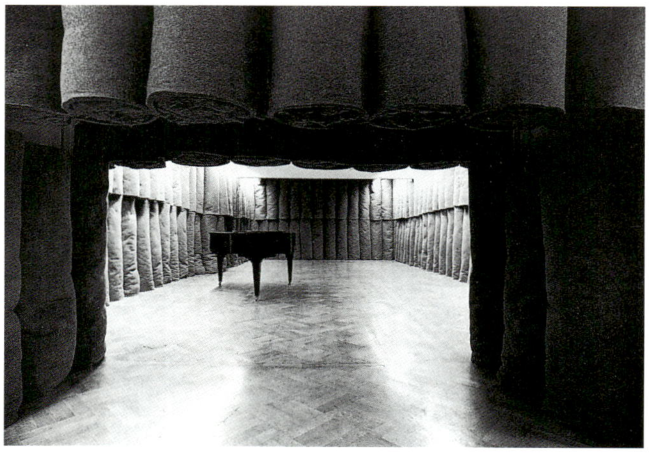

22.2 JOSEPH BEUYS, *Plight*, 1985, Installation mit Filz, Flügel, Wandtafel und Fieberthermometer. Courtesy Anthony d'Offay Gallery, London.

bewegte er sich in der Art eines tanzenden Schamanen, hielt Vorträge und schrieb und zeichnete dazu die Tafeln voll. 1974 beschriftete er während einer mehrwöchigen Ausstellung in London Tag für Tag eine von 100 Tafeln, die schließlich auf ein Podest verteilt wurden (auf dem auch drei Staffeleien mit jeweils einer Tafel standen) und eine Rauminstallation bildeten, der er den Titel *Richtkräfte* gab. Eine Tafel findet sich auch in seinem letzten und vielleicht großartigsten Werk, *Plight*, einer Ende 1985, wenige Monate vor seinem Tod, in London realisierten Installation von bezwingender Kraft, in der es ihm gelang, seine Vision vom Los der Menschen des späten 20. Jahrhunderts prägnant zum Ausdruck zu bringen ▸22.2. Zwei mit in doppelter Reihe übereinander geschichteten Filzrollen völlig ausgekleidete Räume, in denen sich als einziges Objekt ein Flügel befand, auf dem eine unbeschriebene Schultafel und ein Fieberthermometer lagen, boten dem Besucher eine stille, klaustrophobische, gefängnis- oder mutterleibähnliche Raumerfahrung – eine höchst beziehungsreiche Metapher, nicht nur für die persönliche Situation des Künstlers, sondern auch für die des in den herrschenden politischen, kulturellen und gesellschaftlichen Systemen gefangenen Menschen überhaupt.

Auch von anderen Künstlern kennen wir ähnliche ›Aktionen‹, Installationen und Assemblagen aus unkonventionellen Materialien, wie BEUYS sie schuf. Seines ausgeprägten sozialen Engagements wegen steht sein Werk jedoch beispielhaft für Tendenzen, die in den 1970er Jahren erstarkten und in vielerlei Hinsicht von den Prinzipien der Moderne abwichen. Einer noch größeren medialen Bandbreite – einschließlich Zeichnung, Skulptur, Neonlicht, Performance, Fotografie, Video und Laser-Hologramm – bedient sich der amerikanische Künstler BRUCE NAUMAN (geb. 1941), um einen Komplex von philosophischen, ethischen, sozialen und sexuellen Anliegen und Positionen zum Ausdruck zu bringen. Seine Distanz und Welt der Moderne ist evident, und Malerei sucht man in seinem Werk vergebens. Er wurde in Indiana geboren, begann seine Laufbahn in Kalifornien und zog später nach Neu-Mexiko, ohne sich in New York, der Hauptstadt des modernistischen Amerika, auch nur blicken zu lassen. Erst 1968 besuchte er die Stadt zum ersten Mal – anlässlich einer Ausstellung seines eigenen Werks, die sofort internationales Aufsehen erregte. Sein frühes *Self Portrait as a Fountain* von 1966 ▸21.45 spielt schelmisch auf DUCHAMP ▸20.4;5 an, dessen Einfluss die Moderne wie auch die Postmoderne durchzieht. NAUMANS Interesse gilt jedoch weniger der Definition von ›Kunst‹ als vielmehr der des Ich, und in viele seiner späteren Werke sind sogar Wachsabdrücke von Teilen seines Körpers integriert. In einem anderen frühen Werk ist der sehr Beuyssche Satz »The true artist helps the world by revealing mystic truths« (Der wahre Künstler hilft der Welt, indem er mystische Wahrheiten enthüllt) als Neonspirale zu lesen. Oft präsentiert er in Neonlicht aufleuchtende Wörter; widersprüchliche Befehle wie »life and die/die and live/live and live« oder Bemerkungen wie »Human Nature/knows/doesn't know/ care...« erscheinen in zahlreichen Kombinationen und Permutationen. Die Folter war das Thema der Skulptur *South American Circle* von 1981, und in *Punch & Judy (Kick in the Groin/Slap in the Face)* – Umrisse lebensgroßer Figuren in abwechselnd blauem und rotem Neonlicht – bezog er sich auf den politischen Kampf zwischen den Geschlechtern ▸22.3.

Der Paradigmenwechsel von der Form zur Bedeutung im Werk von BEUYS, NAUMAN und anderen stieß nicht nur bei älteren Künstlern, Kritikern und Museumskuratoren auf Widerstand. »Es gibt heute eine starke Tendenz, die abstrakte Kunst als gesellschaftlich irrelevant abzutun«, beklagte sich 1976 der amerikanische Bildhauer RICHARD SERRA (geb. 1939). »Ich bin immer davon überzeugt gewesen, dass Kunst sich nur als Kunst rechtfertigen muss.« Er wurde als Nachkomme russischer und spanischer Einwanderer in San Francisco geboren und arbeitete in einem Stahlwerk, um sein Studium zu finanzieren. Seit dieser Zeit war er von Eisen und Stahl fasziniert. Er begann mit abstrakten Formationen aus Gummi und Neonröhren. Darauf entwickelte er ein skulpturales Äquivalent zu POLLOCKS Action Painting (s. S. 754 f.), indem er geschmolzenes Blei in Raumecken warf. Schließlich wandte er sich immer größer werdenden geometrischen Formen zu, insbesondere Stahlplatten, die gegeneinander gelehnt oder aufein-

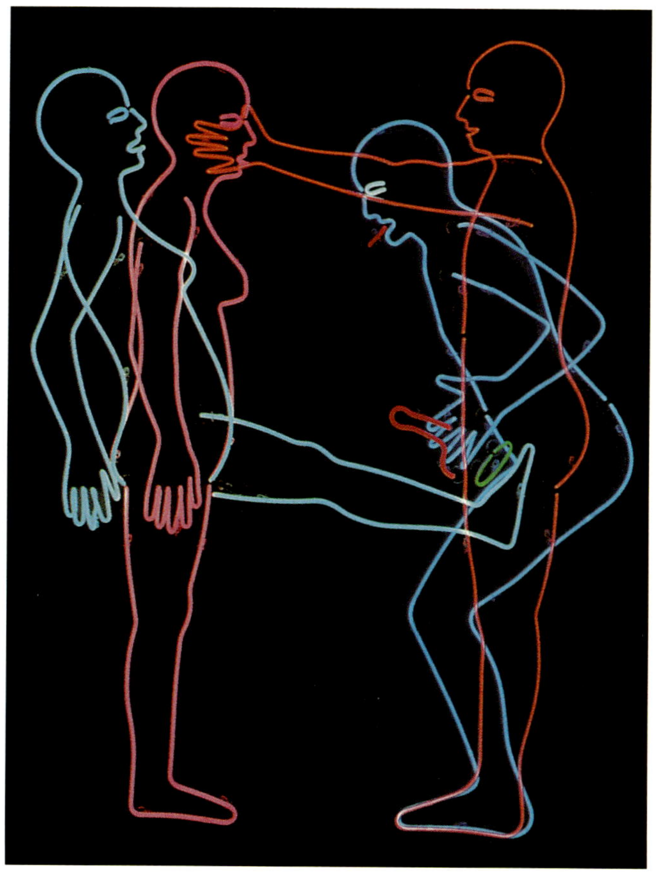

22.3 BRUCE NAUMAN, *Punch & Judy (Kick in the Groin/Slap in the Face)*, 1985, Neon und Glasröhren auf weißem Aluminium montiert, 195,6 x 154,9 x 35,6 cm. Courtesy Leo Castelli Gallery, New York.

ander gestapelt wurden. Diese Arbeiten gaben dem Begriff ›Minimalismus‹, mit dem sie belegt wurden, eine neue Bedeutung. 1979 wurde er im Rahmen des Art-in-Architecture-Programms von der General Services Administration mit einer Skulptur für die Federal Plaza in New York beauftragt. Das Ergebnis war der *Tilted Arc*, eine 36,6 m lange, 3,66 m hohe und 6,4 cm dicke gebogene Wand aus CorTen-Stahl, die sich um 30,5 cm nach innen neigte ▸22.5. SERRA hatte angekündigt, dass nach der Aufstellung »der Raum als eine Funktion der Skulptur verstanden« werde; ein Gegenkonzept zum herkömmlichen Verständnis von Skulpturen im öffentlichen Raum als Ausschmückung ihrer Umgebung. Er hatte bereits eine Reihe von ›ortsspezifischen‹ abstrakten Skulpturen für urbane Räume ausgeführt und war der Überzeugung, dass bei der Konzeption zwar der Verkehrsfluss zu berücksichtigen sei, die potentiellen Widerstände der Anwohner und der Lokalpolitiker aber außer Acht gelassen werden könnten. Tatsächlich waren seine Skulpturen im öffentlichen Raum schon oft auf Widerstand gestoßen, nie zuvor jedoch auf eine so heftige Ablehnung, wie sie dem *Tilted Arc* entgegenschlug. In der Kontroverse um dieses Werk wurde es als Gefahr für die öffentliche Ordnung angegriffen, da es eine effiziente polizeiliche Überwachung des Platzes verhindere, und als antiautoritäre politische Geste verteidigt. Während sich Museumskuratoren und Kunsthändler des modernistischen Establishments für die Skulptur aussprachen, wurde sie von vielen Kritikern als ein überholtes und zudem gesellschaftlich irrelevantes Kunstobjekt abgelehnt, das der Öffentlichkeit auf autoritäre Weise aufgezwungen worden sei. 1989 gab die General Services Administration, die 175 000 Dollar für die Skulptur ausgegeben hatte, dem Druck der Öffentlichkeit schließlich nach und ließ den *Tilted Arc* entfernen. Der Konflikt zwischen Moderne und Postmoderne setzte sich jedoch fort.

RICHARD SERRAS Werk ist überaus beeindruckend, und die meisten seiner ortsspezifischen Skulpturen waren überzeu-

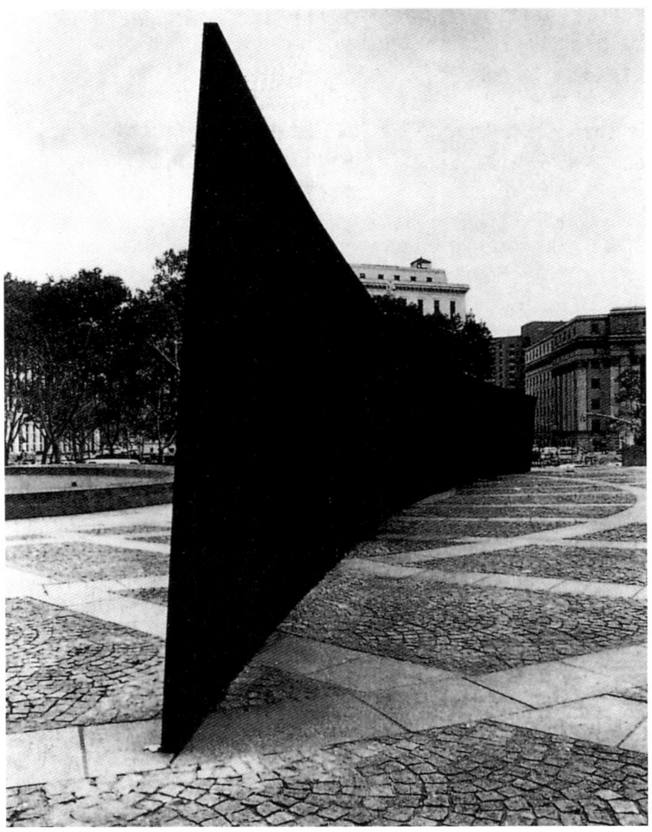

22.5 RICHARD SERRA, *Tilted Arc*, 1981, Cor-Ten-Stahl, 3,66 m x 33,6 m x 6,4 cm. Federal Plaza, New York (auf Beschluss der General Services Administration von Washington DC wieder entfernt). Foto von Kim Steele.

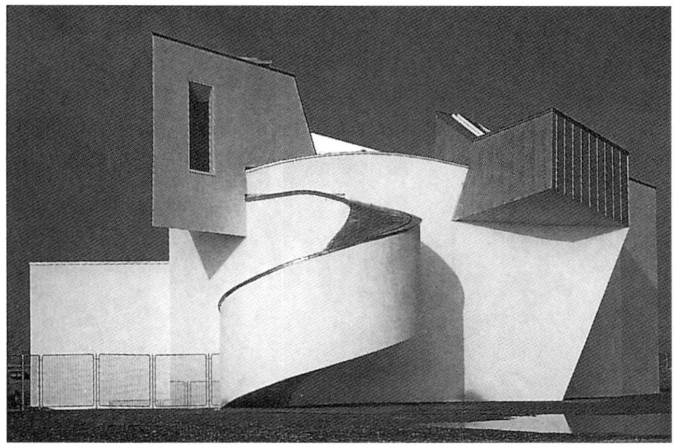

22.4 FRANK O. GEHRY, Vitra Design Museum, Weil am Rhein, 1987–89.

gende Projekte. Meist werden sie der Minimal Art zugerechnet, doch ihr einziges minimalistisches Merkmal ist die Einfachheit der Formen, wie sie auch für die gigantischen Eisenkuben charakteristisch ist, die er 1993 für eine Ausstellung in der Londoner Tate Gallery schuf. Ihre Oberflächen jedoch sind roh, und das Spiel des Lichts verleiht ihnen eine kraftvolle Vitalität, die ihrer formalen Reinheit einen realistischen Zug verleiht. Tatsächlich sind SERRAS Werke als Beispiele für den ›dirty realism‹ bezeichnet worden. Der Begriff wurde 1983 für die Literatur dieser Zeit geprägt, die das Alltagsleben in einer mit dem erdrückenden Schutt der modernen Konsumgesellschaft vollgestopften Welt behandelte. Dieser Begriff ist auch auf Gebäude des 1929 in Kanada geborenen Architekten FRANK O. GEHRY angewandt worden, der in Los Angeles lebt und mit SERRA befreundet ist. 1970 begann er mit rauen industriellen Baumaterialien wie Wellblech, Stahlblech, Zink und Kupfer, Drahtgeflecht und großen sichtbaren Trägern zu arbeiten. Typisch für seine Entwürfe ist das Vitra Design Museum in einem Industriegelände in Weil am Rhein ▸22.4. Nichts könnte weiter entfernt sein von der asketischen Geometrie des Internationalen Stils, der historisch inspirierten Detaillierung der Postmoderne oder dem eleganten Rationalismus des High Tech als dieses außergewöhnliche Gebäude mit seinem scheinbaren Wirrwarr aus gebogenen und schrägen spitzwinkligen Formen. GEHRY wollte es mit Stahlblech verkleiden, um es »wie eine alte Ölkanne« aussehen zu lassen. Der Bauherr bestand jedoch auf einer glatt verputzten Fassade mit nur einigen Stahlblechelementen. Dennoch stellt das Museum eine Herausforderung an alle Architekturregeln dar. Und in dem 1997 fertiggestellten Guggenheim Museum im nordspanischen Bilbao konnte GEHRY seine Vorstellungen in einem größeren Maßstab verwirklichen.

Es ist mehr als nur ein Zufall, dass eine Folge von Fotografien von *Gaswaschanlagen* (Details) ▸22.6 der deutschen Fotografen BERNHARD und HILLA BECHER (geb. 1931 und 1934) in dasselbe Jahr fällt wie das Vitra Museum und die Kontroverse über SERRAS *Tilted Arc*. Die BECHERS hatten schon einige Zeit zuvor begonnen, ihre standardisierten Fotografien von Lagerhäusern, Kühltürmen und anderen Bestandteilen von Industriebrachen aufzunehmen und auszustellen. Internationale Aufmerksamkeit erlangten sie durch einen Artikel, den der Konzeptkünstler und Minimalist CARL ANDRÉ, der in ihren Fotografien Affinitäten zu seinen eigenen Arbeiten erkannte ▸21.35 sah, 1972 in Artforum veröffentlichte. Die scheinbar absolute Wirklichkeitstreue und die Monotonie

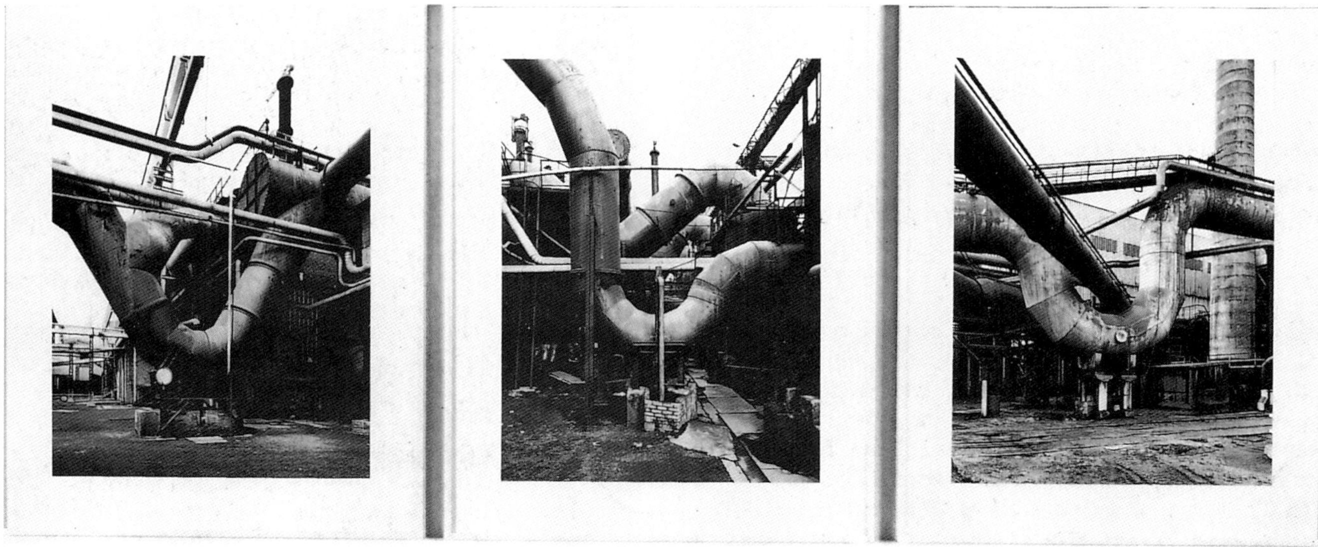

22.6 BERNHARD und HILLA BECHER, *Gaswaschanlagen*, 1988, Gelatinsilber-Abzug, montiert, jeweils 50,8 x 40,6 cm. Sonnabend Gallery, New York.

ihrer repetitiven, rasterartig angeordneten Typologien machen ihre Bilder bezwingend, manchmal fast hypnotisierend – und deuten zugleich ihren möglicherweise doppeldeutigen Charakter an.

Der englische Bildhauer TONY CRAGG (geb. 1949), der sich 1977 in Deutschland niederließ, spielt in seinem Werk auf die industrialisierte Welt und die Natur an, sowohl auf organische wie auf anorganische Materie. Er hat Naturwissenschaften studiert, nennt sich einen »extremen Materialisten« und definiert seine Kunst als eine »visuelle Materialsprache«. Zu Beginn seiner Laufbahn fügte er bunte Kunststoffabfälle zu Assemblagen zusammen. In *New Stones – Newton's Tones* von 1978 arrangierte er sie in der Farbenfolge des Spektrums auf einem Fußboden. In seinen dreidimensionalen Werken finden sich auf Handwerkszeug beruhende Formen, altmodisch wirkende Laborgefäße und in *Raleigh* von 1986/87 ein Poller und Nebelhörner auf einem Granitbrocken in monumentalen Proportionen ▸ 22.7. Sie sind in traditionellen Materialien wie Stein oder Gussmetall ausgeführt und verraten in der Beziehung der Oberflächenstrukturen zu den kühnen Formen auch traditionelle Eigenschaften frei stehender Skulpturen. Vollständig enthüllen sie ihre Formen nur, wenn man sie von den verschiedensten Standpunkten aus betrachtet. Nicht weniger bedeutsam ist jedoch ihre Beziehung zu den Objekten, die ihnen zugrunde liegen, und eben darin unterscheiden sie sich so augenfällig von abstrakten, als völlig eigenständige Objekte konzipierten Skulpturen.

Das Werk des Amerikaners JEFF KOONS (geb. 1955) ist radikaler und provokativer. Er selbst sieht seine Aufgabe darin, »die Kunst ins 21. Jahrhundert zu führen«. Tatsächlich hat kein anderer Künstler die Vorstellungen von Kunst, die die westliche Welt seit drei Jahrtausenden beherrscht haben, dreister und einnehmender anzufechten versucht, mit Humor und einer entwaffnenden Unschuldsattitüde. Seine anfangs in allen Medien präsenten Arbeiten erzwingen geradezu Spekulationen über das Verhältnis von Kunst zu Handwerk und maschineller Produktion, die Rolle des Künstlers als Macher, Konzipierer oder Aneigner, und die gemeinhin getroffenen Unterscheidungen zwischen der in Museen verwahrten hohen Kunst und kommerzieller Kunst, Dekoration, Kitsch und Pornografie. Solche Fragen waren natürlich schon vorher aufgeworfen worden, von DUCHAMP und PICABIA (s. S. 720 f.), den Vertretern der Pop Art (s. S. 762 ff.), insbesondere von WARHOL, und aus anderen Blickwinkeln von BEUYS, immer jedoch in einem Klima des ästhetischen Agnostizismus des 20. Jahrhunderts. Für KOONS scheinen sich diese Fragen erledigt, solche Unterscheidungen einfach keine Bedeutung mehr zu haben, und genau das macht sein Werk so verstörend ▸ 22.9.

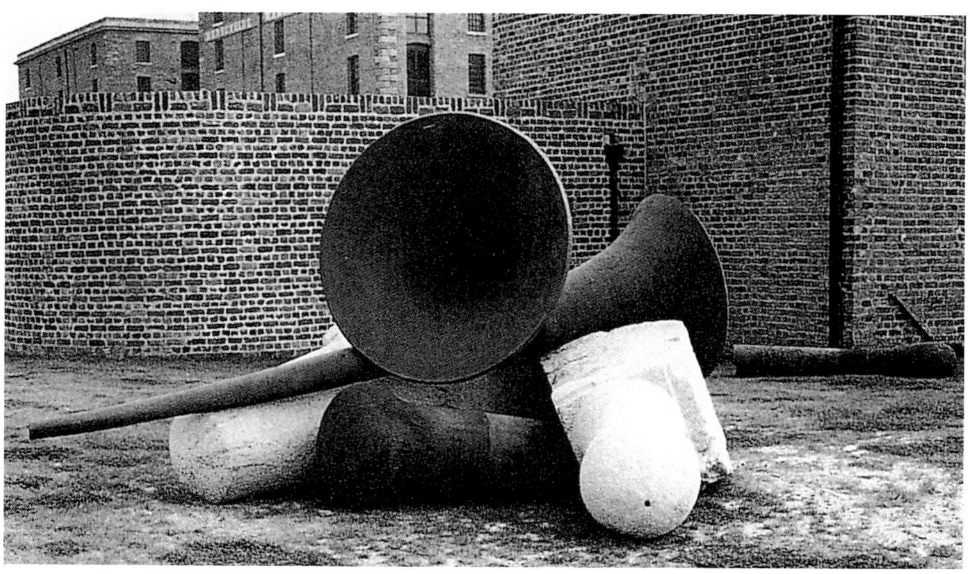

22.7 TONY CRAGG, *Raleigh*, 1986/87, Eisen und Granit, 175 x 350 cm. Im Besitz des Künstlers.

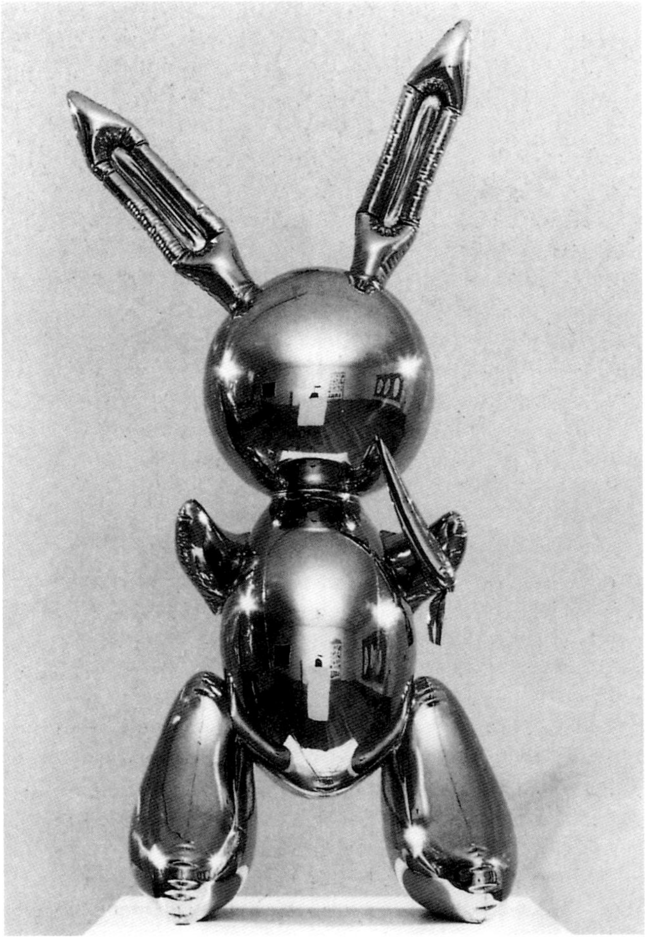

22.8 JEFF KOONS, *Rabbit*, 1986, Edelstahl, 104,1 x 48,3 x 30,5 cm. Anthony d'Offay Gallery, London.

## Neoexpressionismus

Anfang der 1980er Jahre herrschte, wie der Streit über SERRAS *Tilted Arc* zeigt, auf breiter Ebene das Gefühl vor, die abstrakte Kunst sei zu einer neuen, der Moderne verpflichteten Orthodoxie erstarrt, streng und rigoros puritanisch, von einer Elite von Kritikern und Museumsleuten einer Öffentlichkeit aufgezwungen. Ungegenständliche Kunst von höchster Subtilität und ruhiger Kraft wurde weiterhin hervorgebracht von Malern und Malerinnen wie ROBERT RYMAN, (geb. 1930), BRICE MARDEN (geb. 1938) und AGNES MARTIN (geb. 1912), wobei dem Werk der letzteren vielleicht die größte Bedeutung zukommt ▸ 22.10. Abstrakte Kunst und vor allem Minimalismus riefen jedoch eine ebenso heftige Gegenreaktion hervor wie jeder akademisch gebilligte Kunststil der Vergangenheit. Das übliche Muster des Konfliktes zwischen den Generationen verschärfte sich und kehrte sich gewissermaßen um. Dem Understatement des Minimalismus, seiner Eleganz und seinem guten Geschmack, seiner Strenge ebenso wie seiner Unaufdringlichkeit – seinem »anorektischen Ästhetizismus« – setzte sich beiderseits des Atlantik eine jugendliche, subversive, jedoch entschieden rückwärts gewandte Tendenz entgegen. Man griff wieder zurück auf Illusionismus und Expressivität zur Schaffung einer neuen figurativen Bildersprache, verbunden mit der Rückkehr zu einer eher malerischen Verwendung der Farbmittel. Anstelle der coolen und makellosen, delikat asketischen, fast schon aseptischen minimalistischen Bildfläche verlegten sich verschiedene Künstler wieder auf eine Sprache, die maßlos gestisch, wild und rau in der Wirkung war, insbesondere in den USA und Deutschland. In Deutschland in offenkundiger Anspielung auf den deutschen Expressionismus der ersten Jahrzehnte des 19. Jahrhunderts als Neue Wilde etikettiert, bezeichnete man sie in den USA vor allem als Neoexpressionisten oder Vertreter einer gestischen figurativen Malerei, ein Begriff, der sie in die Nähe der gestischen Malerei des Abstrakten Expressionismus rückt, sie aber zugleich von diesem abgrenzt.

Eine ähnliche Entwicklung vollzog sich zu gleicher Zeit in Italien. Das 1982 entstandene Gemälde *Mitternachtssonne II* des Neapolitaners FRANCESCO CLEMENTE (geb. 1952) verschafft nicht bloß der figurativen Bildsprache, sondern auch dem Symbolismus, der Fantasie und einer offenkundigen Erotik neue Geltung ▸ 22.10. Als Jugendlicher war CLEMENTE von den Lehren des JOSEPH BEUYS und von der Malerei CY TWOMBLYS (s. S. 771 f.) stark beeinflusst worden. »Was ich von Twombly gelernt habe, ist, so hoffe ich, eine gewisse Eleganz und ein Gefühl fürs abschließende Bearbeiten und Ausfeilen«, hat er einmal gesagt. In der Zeit bis 1980 schloss sich CLEMENTE einer Gruppe italienischer Figurativer an, die sich Trans-Avantgarde nannte, um anzudeuten, dass sie den Weg dessen, was seinerzeit als Avantgarde galt, überquert, man könnte auch sagen: umgangen hatten. CLEMENTE hat in vielen traditionellen Techniken gearbeitet: Öl, Gouache, Pastell, Mosaik und sogar Enkaustik und Fresko. Kaum ein Künstler hat so sehr von den verbesserten Reisemöglichkeiten profitiert wie er: Er hat zur Zeit drei Domizile auf drei verschiedenen Kontinenten: in Rom, New York und Madras. Zugleich bezieht er Anregungen aus den verschiedensten Quellen wie der klassischen Mythologie, dem Christentum, Buddhismus und Hinduismus. Auf dem Bild *Mitternachtssonne II* haben die auf einem Feld treibenden Augen Segel wie die Schiffe auf antiken griechischen Vasen. Die beiden zentralen Figuren sind in der Pose ekstatisch Liebender dargestellt, die des öfteren im Skulpturenschmuck von Hindu-Tempeln begegnet ▸ 6.47. Hinter ihnen blickt jedoch der Kopf des Künstlers selbst hervor, der, mandeläugig und mit kurzgeschorenem Haar, in zahlreichen seiner Gemälde auftaucht, wie ein Schamane, der Geister der Vergangenheit beschwört.

22.9 AGNES MARTIN, *The Gate 1985*, 1985, Acryl und Bleistift auf Leinwand, 183 x 183 cm. Courtesy The Pace Gallery.

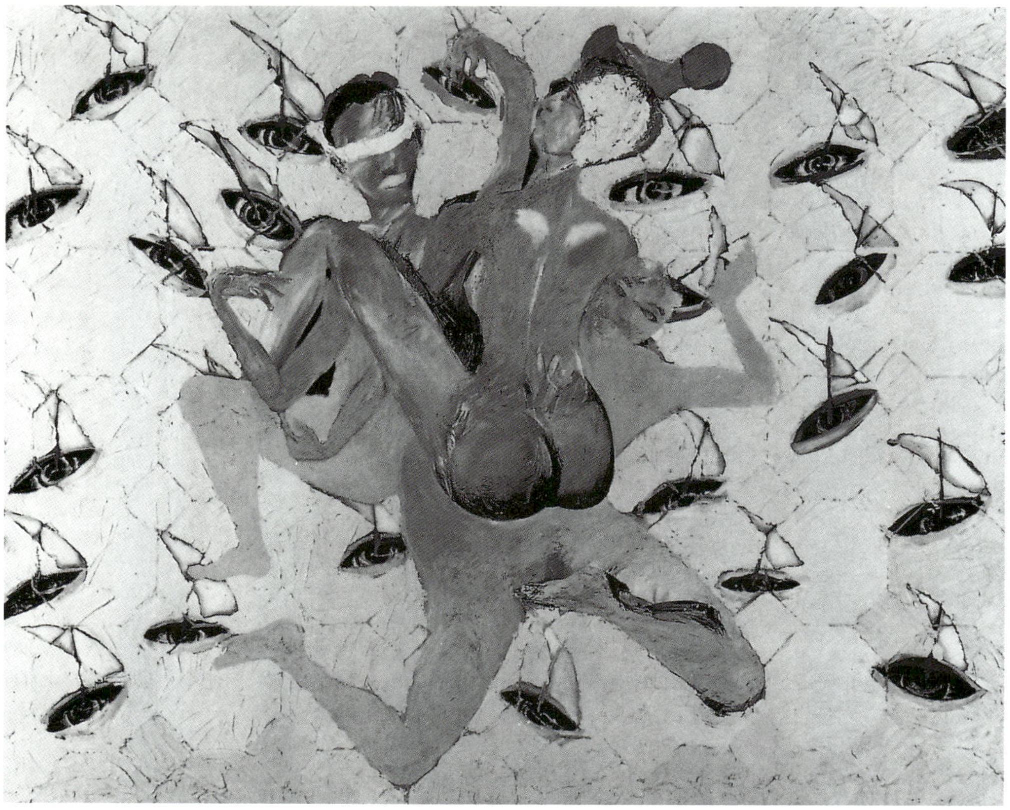

22.10 FRANCESCO CLEMENTE, *Midnight Sun II*, 1982, Öl auf Leinwand, 200 x 250 cm. Tate Gallery, London.

Der führende amerikanische Vertreter des Neoexpressionismus oder Maximalismus, wie diese Richtung im Hinblick auf ihren antiminimalistischen Impuls manchmal auch genannt wird, ist JULIAN SCHNABEL (geb. 1951). SCHNABELS riesiges Bild *Pre History: Glory, Honor, Privilege and Poverty*, mit Öl auf Ponyhaut gemalt und hier und da mit Geweihsprossen versehen, ist in seiner rohen Kraft, seinem maßlosen Ehrgeiz und seiner völligen Hemmungslosigkeit typisch für den Maximalismus ▸22.11. Anfangs richtete sich SCHNABELS Hauptaugenmerk auf Format und Oberfläche, und er baute seine überdimensionalen Gemälde aus Gips, zerbrochenem Geschirr und Großstadtmüll auf, als sei es ihm darum zu tun, die minimalistische Reinheit und Unversehrtheit der Oberfläche mit größtmöglicher Brutalität zu schänden und den oft übergroßen Bildmotiven Greifbarkeit zu verleihen. Die Bildmotive materialisieren sich im üppigen Farbdickicht der Bildoberfläche, ohne ihre Bedeutung, wenn überhaupt, ganz preiszugeben. Bildoberfläche und Bildmotiv verbinden sich nie richtig, um eine Einheit zu bilden. Hinter der scheinbaren Offenheit lauert ein Unbehagen, eine Unruhe, die auch das Werk der übrigen Neoexpressionisten, insbesondere in Deutschland, prägt.

Unter den Vertretern der Neuen Figuration in Deutschland nimmt GEORG BASELITZ (geb. 1938) eine herausragende Stel-

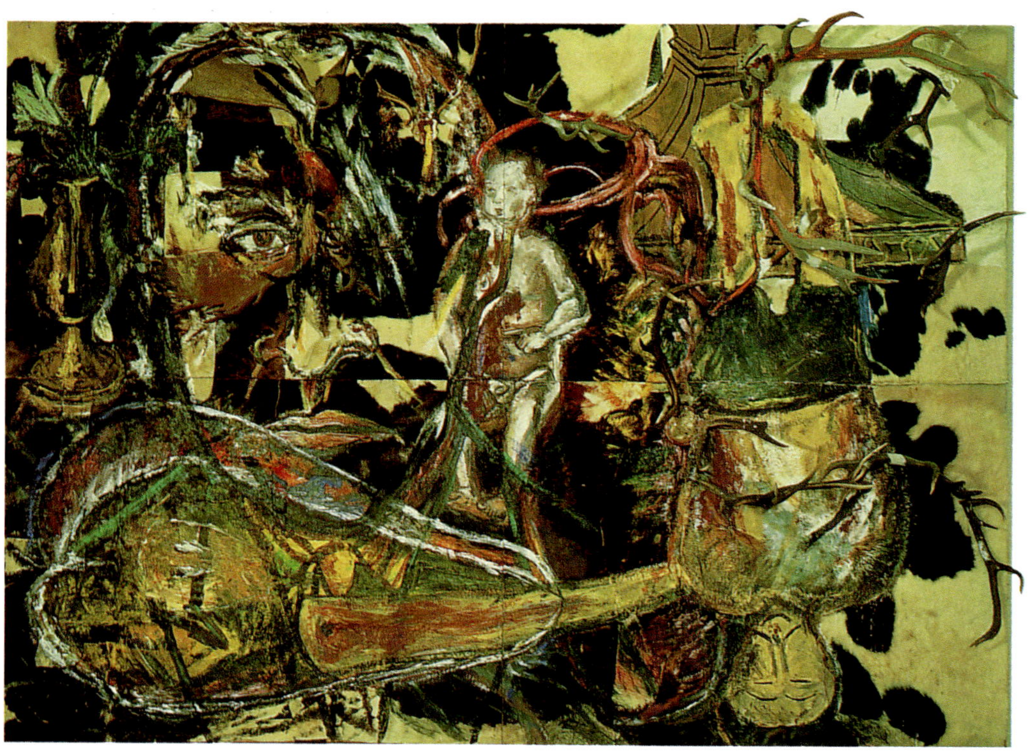

22.11 JULIAN SCHNABEL, *Pre History: Glory, Honor, Privilege and Poverty*, Öl auf Ponyhaut mit Geweihsprossen, 324 x 450 cm. Saatchi Collection, London.

lung ein. Man könnte sogar sagen, dass die gesamte postminimalistische figurative und gestische Malerei in der resoluten, unbeirrten Kunst von BASELITZ gipfelt. Er hat stets behauptet, sein Werk sei im Grunde abstrakt, beschäftige sich vorrangig mit ästhetischen und bildnerischen Problemen und stehe in keinerlei Beziehung zum Schaffen der deutschen Expressionisten. Seine Sujets suggerieren jedoch oft die gleichen extremen Gemüts- und Geisteszustände, die sich bei VAN GOGH, MUNCH und NOLDE finden, und BASELITZ zitiert diese Maler auch ausdrücklich in seinen Bildern. Ab 1969 stellte BASELITZ seine Welt auf den Kopf und malte fortan seine Motive mit beängstigender Konsequenz verkehrt herum – angeblich um ihre Bedeutung und subjektive Wirkung zu neutralisieren. In den 1980er Jahren jedoch straft deren offenkundige Ernsthaftigkeit und Suggestivkraft diese Intention Lüge. Wenn, wie etwa beim *Abendmahl in Dresden* von 1983, der *Verspottung* ▸22.12 oder bei der großformatigen *Auferstehung* von 1984, das Motiv zutiefst im visuellen Bewusstsein des Betrachters verankert ist, so scheint die Umkehrung die verstörende Wirkung nur noch zu verstärken. Sicherlich kann man diese Gemälde nicht einfach als abstrakte Bilder auffassen, und seien sie von der Malweise her auch noch so köstlich und üppig. Sie sind eben auch metaphorisch.

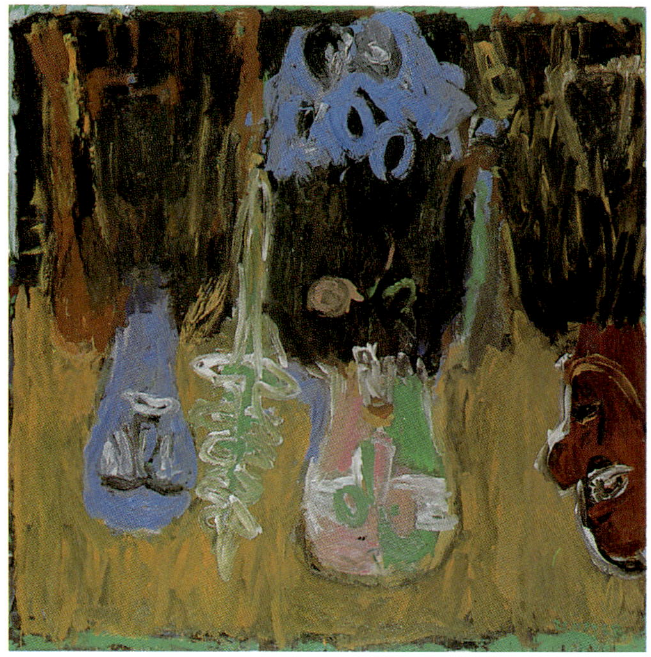

22.12 GEORG BASELITZ, *Die Verspottung*, 1984, Öl auf Leinwand, 250 x 200 cm. Waddington Gallery, London.

Im Werk eines anderen deutschen Künstlers, ANSELM KIEFER (geb. 1945), kommt dem Gehalt eine herausragende Bedeutung zu, selbst wenn diese bisweilen gewollt dunkel ist. Seine düsteren, grüblerischen und stark überkrusteten Gemälde rücken tabuisierte Motive wieder ins Blickfeld: Wagnersche Mythen und Helden sowie – höchst provokativ – aus jüngerer Zeit stammende, schuldbeladene Legenden und Erinnerungen an die NS-Vergangenheit. Man hat ihn einen Historienmaler genannt, und er sagt von sich selbst, er bringe Dinge ans Tageslicht, die vorbei und vergessen sind und an die viele nicht erinnert werden wollen. Seine Gemälde nehmen häufig ihren Ausgang von Fotos, die, mit Pinselstrichen überzogen oder, in Kohle oder Ölfarbe mit Worten bekritzelt, des öfteren auf der Leinwand zurückbleiben – Werke, die einen nicht loslassen, selbst wenn Ernsthaftigkeit in Geschwollenheit umschlägt. Seine von ihm selbst gebundenen fotografischen Alben, die Abläufe in der Landschaft oder Stadien einer eigens dazu aufgebauten Installation im Atelier dokumentieren, sind überzeugender. Von der Vergangenheit durchtränkt, ja manchmal ihrerseits wie unter Trümmern und Ablagerungen, dem Schutt einer unliebsamen Vergangenheit, begraben wirkend, vermitteln sie aufs eindringlichste eine melancholische, elegische Stimmung, insbesondere in *Jason und die Argonauten* von 1990, einem Werk, in dem Flugzeuge aus Blei verkohlte und verstümmelte Nachthemden hinter sich her ziehen – ein Bild, das kindliche Wunschträume mit erwachsenen Alpträumen verquickt ▸22.13.

So offenkundig KIEFER von der deutschen Romantik und dem deutschen Expressionismus beeinflusst ist, so eindeutig ist die Abneigung gegen diese beiden auf Seiten GERHARD RICHTERS. RICHTER, der 1932 im Osten Deutschlands geboren wurde, siedelte 1960 in die Bundesrepublik über und studierte an der Düsseldorfer Kunstakademie. Seine beiden bemerkenswertesten Bildergruppen, die 1988/89 entstanden, verbinden großformatige ungegenständliche Diptychen, die düstere Waldlandschaften suggerieren, mit einer Serie scheinbar direkter und konventioneller gegenständlicher Darstellungen nach Polizeifotos von den letzten Tagen der Baader-Meinhof-Gruppe (Roten-Armee-Fraktion), der berüchtigsten Terrorgruppe Nachkriegsdeutschlands, deren Untergrundkampf gegen das herrschende System in der Entführung und Ermordung Hanns Martin Schleyers, Präsident des Bundesverbandes der Deutschen Industrie und wichtigster Vertreter der Macht des Kapitalismus, gipfelte. Ihre Anführer wurden schließlich gefasst, und drei von ihnen, Andreas Baader, Gudrun Ensslin und Carl Raspe, wurden in der gleichen Nacht in ihren jeweiligen Zellen im eigens für sie erbauten Hochsicherheitsgefängnis Stuttgart-Stammheim tot bzw. sterbend aufgefunden. Nach offizieller Darstellung der Ereignisse jener Nacht, die viele Fragen offen lässt, hatten sie Selbstmord verübt. (Eine restlose Aufklärung der Umstände ihres Todes hat es nie gegeben.) Der Titel von RICHTERS Zyklus *18. Oktober 1977* ▸22.14 bezieht sich auf das Datum ihrer gemeinsamen Beerdigung.

Die unterkühlte, lakonische Art, mit der RICHTER dieses zutiefst verstörende Thema angeht, findet ihren Ausdruck in seiner reservierten und kontrollierten Malweise sowie in der Distanz, die die Arbeit nach Fotos mit sich bringt. Die glatte, makellose Oberfläche der 15 Gemälde scheint jedes nähere

22.13 ANSELM KIEFER, *Jason und die Argonauten*, 1990, Fotografie der Installation.

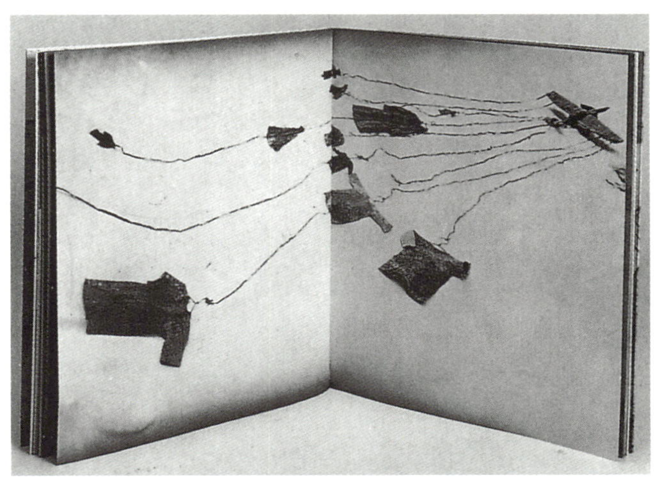

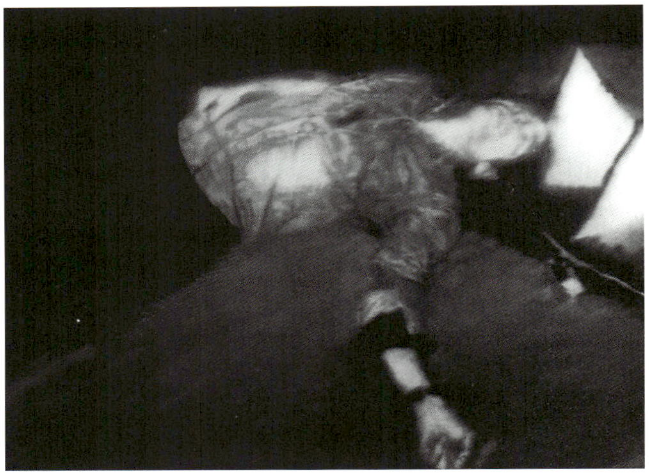

22.14 GERHARD RICHTER, *18. Oktober 1977*, *›Shot Down (1)‹*, 1988, Öl auf Leinwand, 100 x 140 cm. Museum für Moderne Kunst, Frankfurt am Main.

Sich-Einlassen abzuwehren, doch ihre Zurückhaltung und Diskretion, ihre ›Wortkargheit‹, zieht den Betrachter langsam, aber umso unaufhaltsamer in die emotionalen und sonstigen Vertracktheiten des Themas hinein. »Ich komme aus Ostdeutschland und bin kein Marxist« wird RICHTER zitiert, »also konnte ich mich damals überhaupt nicht mit den Ideen oder der Ideologie dieser Leute identifizieren.« Tatsächlich lehnt er nicht nur deren Ideologie, sondern überhaupt jede Ideologie ab. »Ich betrachte jede Art von Glauben, von der Astrologie bis zu jeder höheren Religion und allen größeren Ideologien, als überflüssig und lebensbedrohlich«. Das Ende der Baader-Meinhof-Gruppe war ihm wichtig als Sinnbild für das Scheitern aller jugendlichen Idealismen und Utopien, insbesondere der Illusion, dass sich die Welt verändern ließe.

Die sich langsam aufbauende Gesamtwirkung der 15 Gemälde des Zyklus *18. Oktober 1977*, das Gefühl der Distanz zum Gegenstand, das sie vermitteln, ihre verhaltene und melancholische Farbwirkung, die klageliedähnlichen Wiederholungen, all dies zusammen erzeugt die Atmosphäre einer ins Dunkel getauchten, für sich stehenden Zeit der Bedrückung, die den Betrachter eingeschüchtert verstummen lässt. Ihr Pathos liegt im Fehlen jeglicher deklamatorischen Geste.

Bezeichnenderweise jedoch folgte auf diese düsteren, zutiefst pessimistischen Gemälde eine Gruppe von drei Diptychen – *Januar*, *Dezember* ▸ 22.15 und *November* – in denen die zuvor so entschieden unterdrückte persönliche emotionale Beteiligung des Künstlers im ›abstrakten‹ Bild endlich ein Ventil fand. RICHTER hatte seit Jahren gleichzeitig in zwei unterschiedlichen, sich scheinbar widersprechenden Stilarten, einer gegenständlichen und einer abstrakten, gearbeitet und diese oft in Ausstellungen seiner Werke bewusst einander gegenübergestellt. Diese Zweigleisigkeit im Stil – besser: Stilvielfalt – ist tatsächlich das auffallendste Merkmal seines Schaffens. Die zwiespältige und dennoch zwingende Beziehung zwischen beiden Stilarten hatte allerdings niemals einen derart erschöpfenden Ausdruck gefunden wie in diesen beiden Bildergruppen von 1988/89.

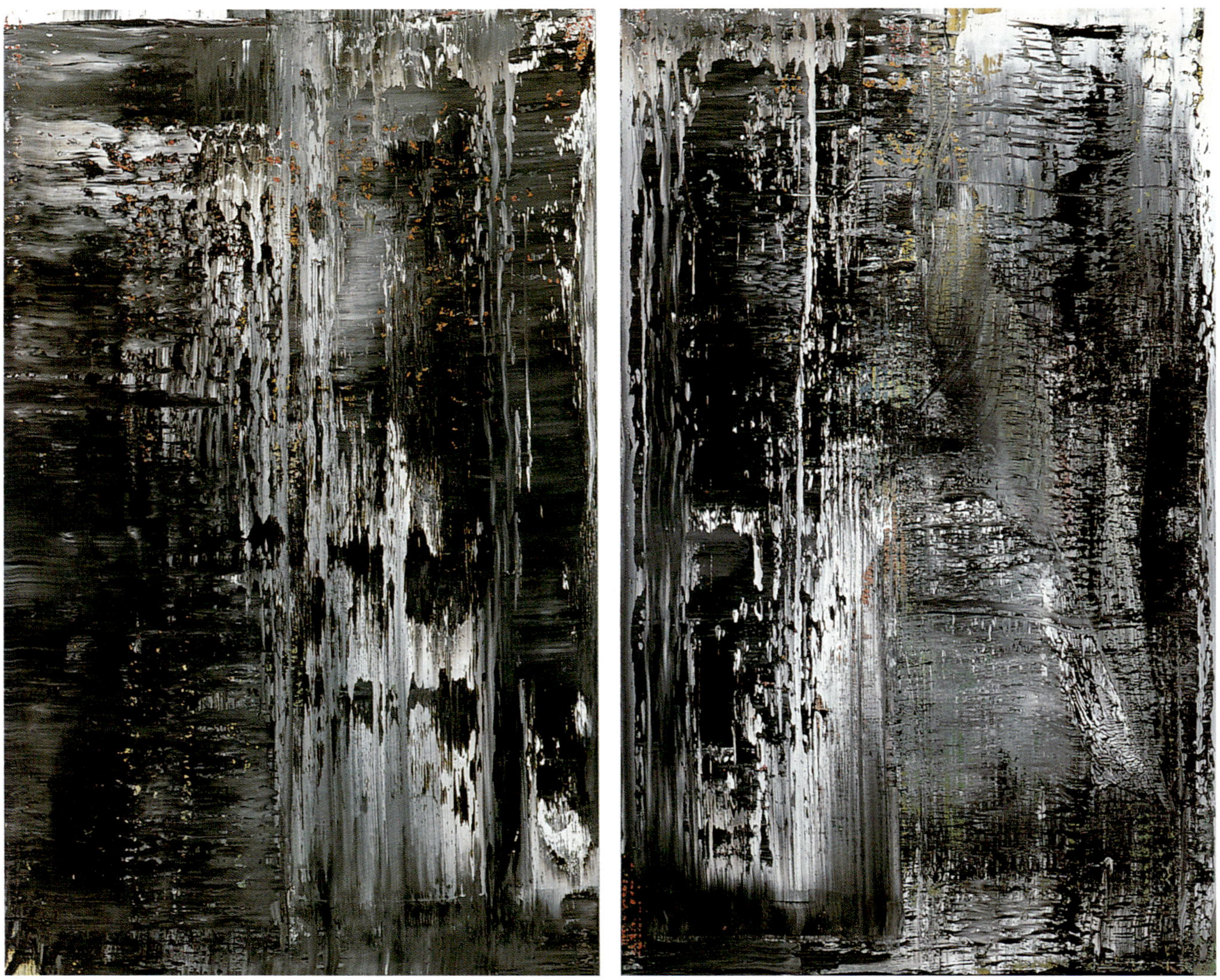

22.15 GERHARD RICHTER, *Dezember 1989*, Diptychon, jeweils 320 x 200 cm.

Während seines Studiums an der Düsseldorfer Kunstakademie befreundete sich RICHTER mit dem jüngeren SIGMAR POLKE (geb. 1941), der im Alter von 12 Jahren aus der DDR geflohen war. In den 1960er Jahren begründeten sie gemeinsam den von ihnen so genannten Kapitalistischen Realismus, von dem beide allerdings bald wieder abrückten, um in jeweils unterschiedliche Richtungen weiterzuarbeiten. Auf die amerikanische Pop Art reagierend, fing POLKE an, mit Werbeanzeigen für Konsumgüter entlehnten Motiven zu arbeiten. Er verwendete sie jedoch in einem ganz anderen Geist und stellte sie als die Objekte der Begierde dar, die sie in einem Deutschland, das sich erst allmählich von den Entbehrungen der Nachkriegszeit erholte, nach wie vor waren. In der Folgezeit parodierte er Stilrichtungen der Moderne mit gewinnender Ironie. So trug ein Farbfeldgemälde in grauem und schwarzem Lack auf einer rechteckigen Leinwand folgende wie mit der Schreibmaschine geschriebene Aufschrift: ›Höhere Wesen befahlen: rechte obere Ecke schwarz malen.‹ Ruhelos experimentierend, benutzte er bedruckte Möbel- oder Kleiderstoffe und sogar Decken sowie Leinwand als Bildträger, auf die er mit einer erstaunlichen Vielfalt von Materialien malte, denen zum Teil eine alchimistische Bedeutung zukommt. Einige der von ihm verwendeten Farben veränderten sich je nach dem auf sie fallenden Licht grundlegend, und er fand einige andere Farben, deren chemische Zusammensetzung bewirkt, dass sie sich je nach Temperatur und Luftfeuchtigkeit verändern. Verschiedene seiner Werke lassen sich nicht reproduzieren oder allenfalls in ihrer momentanen Erscheinungsform. Seine Experimente mit verschiedenen Techniken waren Teil seiner Suche nach neuen Ausdrucksmöglichkeiten; wichtiger sind die Themen, derer er sich annimmt. *Wachturm III* von 1985, mit Silber, Silbernitrat, Jod, Kobalt II, Chlorid und Kunstharz auf Leinwand gemalt, zählt zu einer Reihe halluzinatorischer Visionen des gleichen Motivs (Darstellungen, für die jeweils verschiedene Malmaterialien Verwendung fanden) ▸22.16. Der auf Pfählen gebaute Beobachtungsstand hat vielerlei Bedeutungen: als Hochsitz für Jäger (wie er in vielen Teilen Deutschlands zum Landschaftsbild gehört), als Wachturm für Grenzwächter, etwa am ›eisernen Vorhang‹ zwischen Ost- und Westdeutschland, oder für KZ-Wächter. Wie eine gespenstische Erscheinung ragt der Turm bedrohlich vor dem Betrachter auf und suggeriert, dass dieser unter Bewachung steht, dass er beim Betrachten gleichzeitig selbst Gegenstand der Betrachtung ist.

1988 schuf POLKE eine Gemäldeserie zum 200. Jahrestag der Französischen Revolution, der im darauf folgenden Jahr mit gemischten Gefühlen begangen wurde. Unter Verwendung konventionellerer Malmittel als sonst behandelte er Themen, die er Druckgrafiken aus der ersten Hälfte der 1790er Jahre entlehnte. Auf dem Bild *Freiheit, Gleichheit, Brüderlichkeit* sind drei abgehackte und aufgespießte Köpfe vor der Spitze eines Kirchturms zu sehen. Der Kontrast zwischen Titel und Dargestelltem ist offenbar nicht bloß ironisch, sondern auch als Erinnerung an die Gewalt, mit der die humanistischen Ideale der Aufklärung in der Revolution verwirklicht worden waren, als schlichte Tatsache nüchtern dargestellt. Die übrigen acht Bilder der Serie dokumentieren ebenfalls das Blutvergießen, das bei der Zweihundertjahrfeier überwiegend heruntergespielt, wenn nicht gar völlig verdrängt wurde. Ihre Thematik beschränkt sich offenbar nicht auf die Ereignisse von 1789, sondern schließt auch das unterschiedliche Freiheitsverständnis ein, das 1988 in Ost- und Westdeutschland

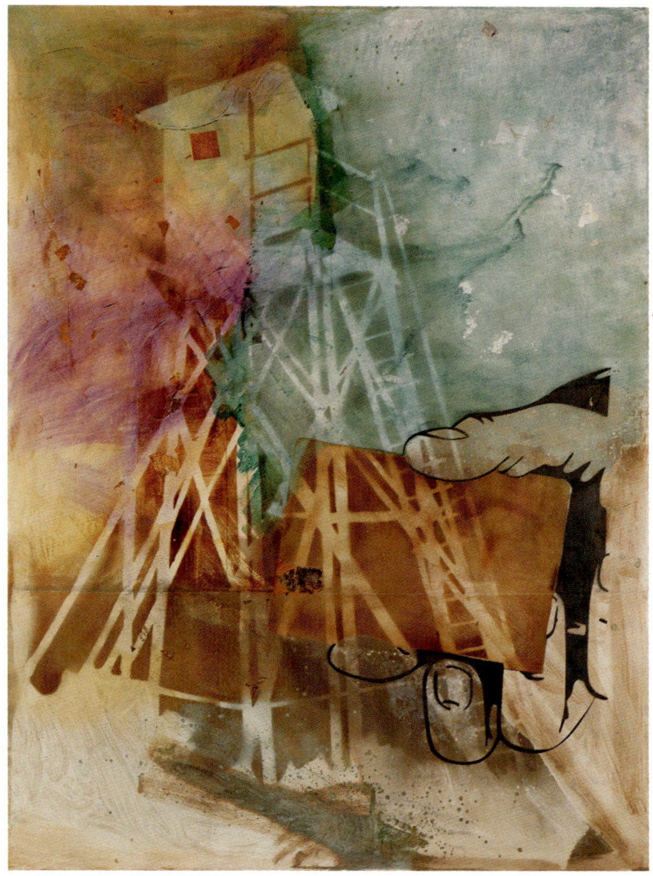

22.16 SIGMAR POLKE, *Wachturm III*, 1985, Silber, Silbernitrat, Jod, Kobalt II, Chlorid und Kunstharz auf Leinwand, 300 x 225 cm. Staatsgalerie, Stuttgart.

bestand und spiegelt POLKES eigene Sicht eines Gemäldes als einer Stätte des ästhetischen und außerästhetischen Konflikts.

## Kunst als Identität

1979 stellte JUDY CHICAGO (geb. 1939), eine Malerin abstrakt-floraler Vaginamotive, *The Dinner Party* aus, das aufwendigste und emblematischste feministische Kunstwerk, das je geschaffen wurde ▸22.17. Etwa fünf Jahre zuvor hatte sie die Idee gehabt, einen Esstisch mit 13 Gedecken – der Zahl der Männer beim Letzten Abendmahl und der Frauen in dessen traditionellem Gegenbild, dem Hexensabbat – zur Grundlage eines Werkes zu machen, für das mehr als hundert Frauen unter CHICAGOS Anleitung Teller bemalten und Untersetzer bestickten. Jeder Teller und jeder Untersetzer bezogen sich auf eine Frau, die in der Geschichte des Westens eine besondere Rolle gespielt hatte. Doch die Anzahl wurde schon bald verdreifacht und drei Tische hergestellt, die ein gleichseitiges Dreieck bilden – ein bis in die Vorgeschichte zurückreichendes Symbol des Weiblichen, zugleich auch Hinweis auf die Forderung der Feministinnen nach geschlechtlicher Gleichstellung. Jeder Tisch bezieht sich auf einen historischen Abschnitt: von der präpatriarchalen Vorgeschichte bis zum Ende der Römerzeit, vom Beginn des christlichen Zeitalters bis zur Reformation und vom 17. bis zum 20. Jahrhundert. Alternativ zur christlichen Zeiteinteilung – vor dem Gesetz, unter dem Gesetz, im Zeichen der Gnade – beginnen die Tische in einem Zeitraum, in dem Frauen gesellschaftliche und politische Kontrolle ausüben, veranschaulichen, CHICAGO zufolge die

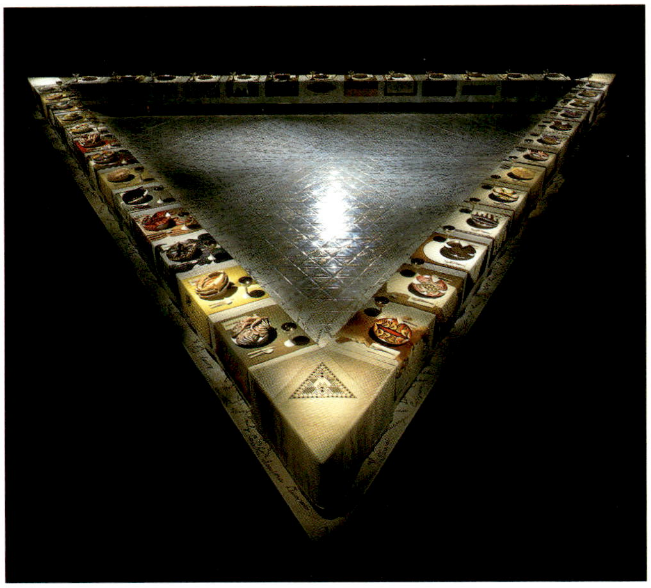

22.17 JUDY CHICAGO, *The Dinner Party,* 1979, Multimedia, 14,63 x 14,63 x 14,63 m.

»Beherrschung der Frauen durch die Männer und gehen der Institutionalisierung dieser Unterdrückung und der Reaktion der Frauen darauf nach«. Die Tische mit Gedecken für 39 Gäste, darunter die ägyptische Königin Hatschepsut (s. S. 88 ff.), GEORGIA O'KEEFFE (s. S. 752) und Virginia Woolf sowie weitere Künstlerinnen und Schriftstellerinnen stehen auf einem Boden aus dreieckigen Porzellankacheln, auf denen in golden glänzender Schrift die Namen weiterer 999 hervorragender Frauen stehen. Damit sollte deutlich gemacht werden, dass die Frauen am Tisch »aus jenem Boden hervorgegangen sind, der durch die Leistungen der anderen bereitet worden ist«. Die Teller sind mit Schmetterlingen bemalt, welche die Befreiung und die Sehnsucht nach Freiheit symbolisieren. In CHICAGOS eigenen Worten: *»Während sich die Arbeit entfaltet, durchläuft die Schmetterlingsform verschiedene Stadien der Verwandlung. Mal stagniert sie, mal versucht sie vom Larven- zum Erwachsenenstadium überzugehen, mal ist sie kaum mehr als Schmetterling zu erkennen, und mal verwandelt sie sich fast in ein ungezwungenes Wesen...«*

Andere feministische Kunstwerke waren weniger symbolisch und polemisch. Mittels der Fotografie entstanden fiktional-narrative Darstellungen, ein ›Theater‹ des Ichs sowie weitere Werke mit imaginären Identifikationsangeboten. Frauen spielten bei dieser Entwicklung eine Schlüsselrolle, insbesondere CINDY SHERMAN (geb. 1954) mit ihren ikonenhaften Selbstporträts, in denen auf listige und mitunter verstörende Weise ein zersplitterter Ich-Begriff zum Ausdruck gebracht wird. Angefangen mit ihrer Bilderserie *Untitled Film Stills* von 1980, deren Vorbild ursprünglich die standardmäßig im Format 18 x 24 cm auf Glanzpapier abgezogenen Schwarzweiß-Werbefotos der Filmbranche waren ▸ 22.18, und den bald darauf entstandenen Farbfotos in größeren Formaten ▸ 22.19, hat SHERMAN eine ganze Reihe von Masken für sich selbst kreiert, die auf den gängigen Mythen, Stereotypen und Mediendarstellungen der Frau beruhen. Jede der weiblichen Rollen wird von der Künstlerin dekonstruiert. Für sie ist das Foto das moderne Äquivalent der Maske. Es bietet die Möglichkeit, alle unsere Ichs vorzuführen – bis auf eines. Indem sie ihre verschiedenen Ichs mittels fotografischer Pseudoszenarien eine Rolle spielen lässt, führt sie uns vor Augen, dass es sich hierbei nicht einfach um Darstellungen von Frauen handelt, sondern um zeichenhafte Bilder der Differenz, um Notate oder negative Schablonen der Männlichkeit. Wenn Frauen in einer derart ironischen Maskerade ›das Weibliche‹ ausagieren, dann deshalb, weil ihr wahres Ich im Bemühen, sich männlichen Vorstellungen von Weiblichkeit zu entziehen, immer noch nicht auftaucht.

JENNY HOLZER (geb. 1950) verfolgt eine ganz andere Strategie, um – von einem weiblichen Standpunkt aus – einen breiteren Themenkreis anzusprechen als der Feminismus. Sie verwendet die Sprache als Medium und setzt Billboards, Plakate, T-Shirts, Schirmmützen, Bronzetafeln, Steinplatten mit eingravierten Inschriften und elektronische Leuchttafeln mit Laufschrift als Mittel ein, um ihre Botschaft mitzuteilen. »Ich wollte da den Kontext hineinbringen, etwas vom Inhalt abstrakter Kunst Verschiedenes«, äußerte sie über ihre frühen Arbeiten, zu denen u.a. ihre Truisms zählen, aus einfachen Zeilen beste-

22.18 CINDY SHERMAN, *Untitled Film Still,* 1980, Fotografie.

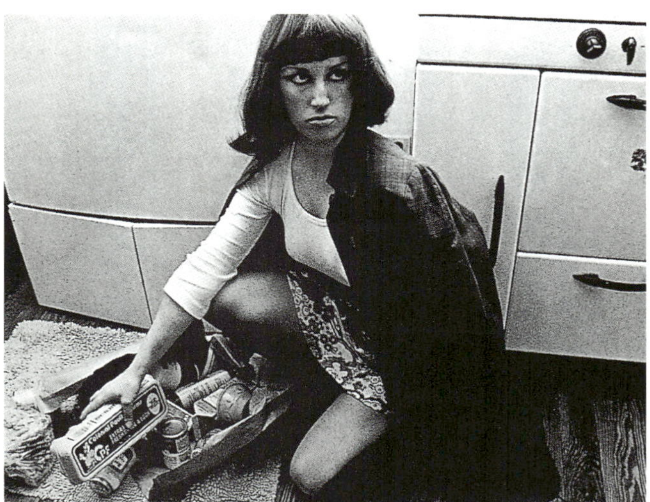

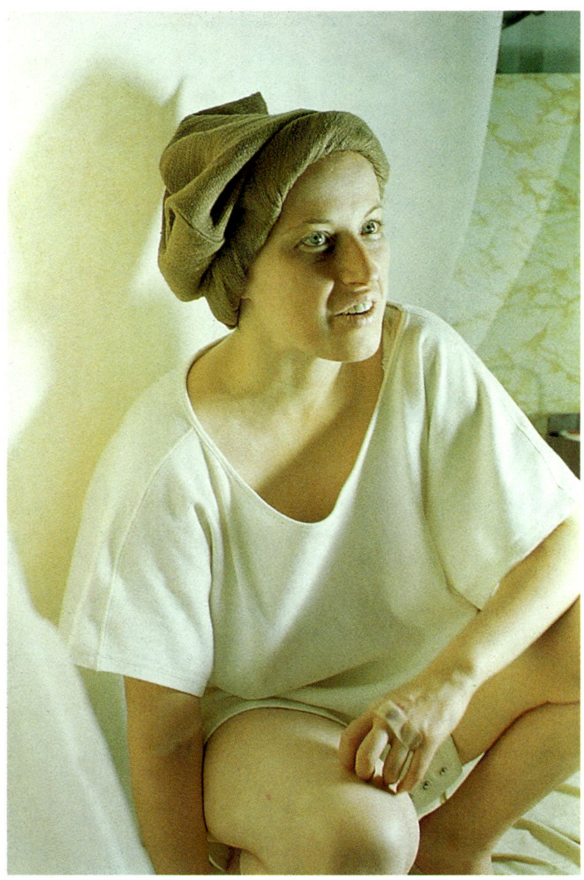

22.19 CINDY SHERMAN, *Untitled No. 120,* 1983, Fotografie. Courtesy Cindy Sherman und Metro Pictures.

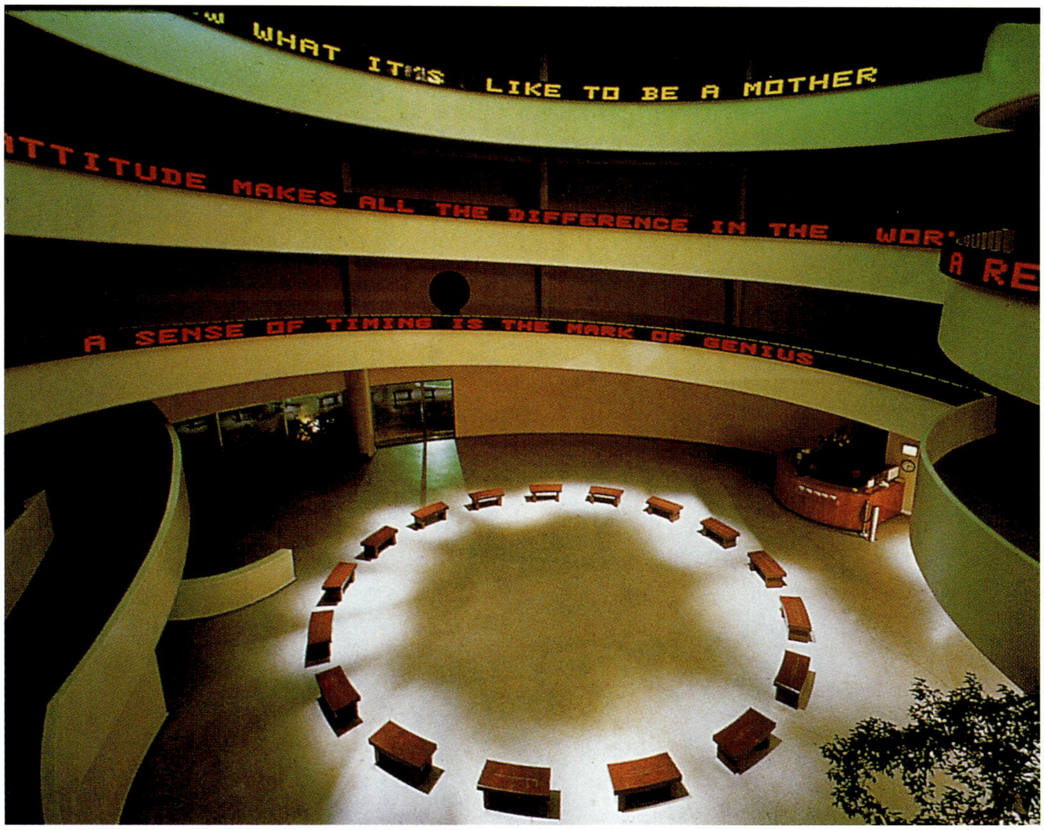


22.20 JENNY HOLZER, Installation im Solomon R. Guggenheim Museum, New York, 1989/90 dreifarbige L.E.D. Laufschrift und 17 rote Granitbänke.

hende banale Aussagen, die etwa lauten: EVERYONES'S WORK IS EQUALLY IMPORTANT, HUMANISM IS OBSOLETE oder MEN ARE NOT MONOGAMOUS BY NATURE. Solche Sätze wurden nicht nur im Stadtgebiet von New York öffentlich präsentiert, und nicht selten wurden sie von Passanten gebührend bearbeitet, überkritzelt oder ganz getilgt. Außerhalb von deren Reichweite leuchtete 1985–86 ihr elektronisches Zeichen PROTECT ME FROM WHAT I WANT über dem Times Square. Seit 1983 arbeitet sie an Installationen. In ihrer Installation im Guggenheim Museum in New York wanden sich 330 dieser verwirrend trivialen, manchmal auch flammenden Sätze (»Klischee-Imitate« wie sie sie nennt) in gelb, grün und rot leuchtender Laufschrift spiralförmig an den Wänden im Innern von FRANK LLOYD WRIGHTS Gebäude empor, während weitere Sprüche in 17 Granitbänke eingemeißelt waren ▸22.20. Das Nebeneinander fluktuierender hypermoderner Technologie und statisch-dauerhafter, von Hand eingemeißelter Steininschriften mit deren Assoziation von Altertum und Sterblichkeit war natürlich eine wichtiger Bestandteil dieser wirkungsvollen Bedeutungsstrudel. *»Die einzelnen Aussagen mögen einfach sein«, äußerte sie über diese Satzfolgen, »aber die Serie insgesamt ist es nicht, und die Weise, wie sich die Sätze gegeneinander ausspielen, ist es auch nicht.«*

Auch BARBARA KRUGER (geb. 1945) verwendet Worte als Waffen, die direkt auf den Betrachter abzielen. Häufig enthalten ihre Poster, Fotos und Installationen auch fremde Bilder, derer sie sich bedient. Nachdem sie als Grafikerin begonnen und für das New Yorker Modemagazin *Mademoiselle* gearbeitet hatte, unterrichtete sie vier Jahre lang in Los Angeles und befasste sich dort in zunehmendem Maße mit politischen und sozialen Themen. Obwohl wie viele andere von den literaturtheoretischen, sozialwissenschaftlichen und psychologischen Schriften Roland Barthes', Michel Foucaults, Jacques Lacans und Jean Baudrillards beeinflusst, bringt sie ihren persönlichen Standpunkt mit der Unverblümtheit einer Branche zum Ausdruck, mit der jene Autoren sicherlich nicht in Verbindung gebracht werden wollten – der Werbeindustrie. Deren manipulative Praktiken werden in KRUGERS Attacken auf politische und kommerzielle Propaganda auf raffinierte Weise auf sie selbst angewandt. KRUGERS Sätze sind ebenso prägnant wie die eingängigsten Werbeslogans und die mit ihnen kombinierten Bilder ebenso suggestiv. Auf einem Fotosiebdruck streckt eine Hand dem Betrachter eine rote Karte mit weißen Buchstaben entgegen: »I shop therefore I am«, eine Variation von Descartes' berühmtem Diktum (s. S. 527 f.), die den Konsum als identitätsstiftendes Moment bloßlegt. »We don't need another hero« steht auf einem Poster; es zeigt ein Mädchen, das auf die gespannten Muskeln eines kleinen Jungen weist. Die Frage »Do I have to give up me to be loved by you?« schwebt über dem farbigen Anatomiefoto eines eben noch lebendigen menschlichen Herzens. Viele ihrer Werke nehmen Bezug auf die Kunst. Die Worte »Your gaze hits the side of my face« neben der Aufnahme einer im Profil wiedergegeben weiblichen Marmorbüste erinnern daran, dass Frauen in den meisten Werken der westlichen Kunst männlicher Erbauung des Mannes dienten, aber auch daran, dass der Blick die Macht besitzt, den betrachteten Gegenstand zu fixieren und zu versteinern. »You invest in the divinity of the masterpiece« steht auf einem Detail der Hände in Michelangelos *Schöpfung Adams* ▸11.40;42, eine Arbeit, die sowohl den Warencharakter der Kunst kritisiert als auch die Vorstellung künstlerischer Kreativität als etwas typisch Männlichem ▸22.21. Das berühmteste Bild des Patriarchats in der westlichen Kunst wird dekonstruiert.

In dieser und anderer Form haben Künstlerinnen auf eine Ikonografie reagiert, welche die Geschlechterdifferenz innerhalb der patriarchalischen Kultur widerspiegelt und fortschreibt. MIRIAM SHAPIRO (geb. 1923), deren Frühwerk in

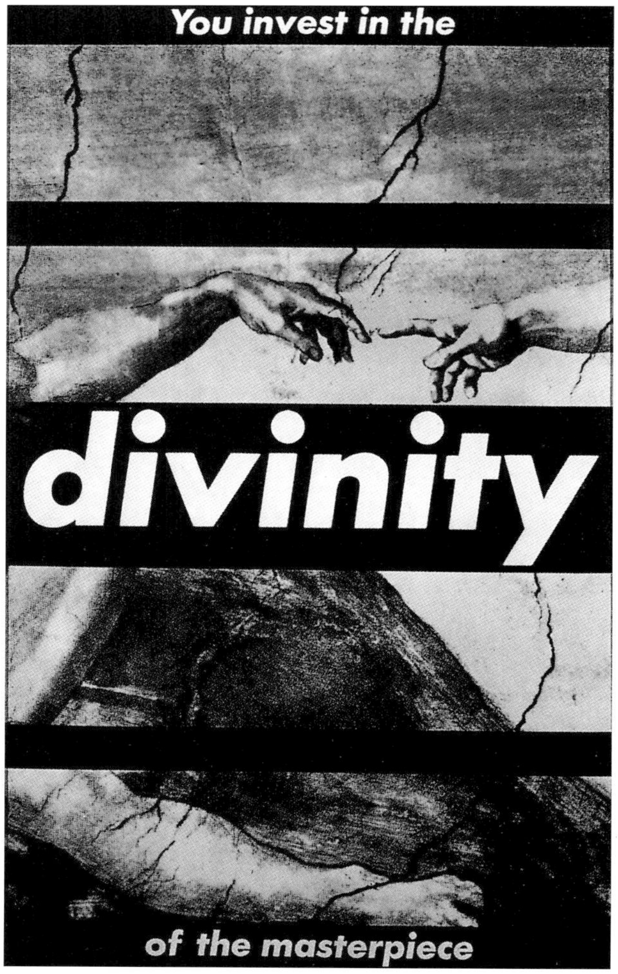


22.21 BARBARA KRUGER, *Untitled (You Invest in the Divinity of the Masterpiece)*, Druck, Unikat, 182 x 116 cm, mit Rahmen 1,86 x 1,19 m. The Museum of Modern Art, New York.

der damals vorherrschenden Sprache formalistischer Abstraktion wurzelt, begann in den siebziger Jahren, Gemälde mit Textilcollagen zu kombinieren, die sie *Femmages* nannte, ein Kunstwort, das die Begriffe Assemblage, Découpage und Fotomontage miteinander verbindet, »wie von Frauen praktiziert, die in ihrer Kunst traditionelle weibliche Techniken anwendeten – Nähen, Perforieren, Häkeln, Schneiden, Applizieren, Kochen usw. –, Tätigkeiten, die auch von Männern ausgeübt, aber historisch den Frauen zugeschrieben werden«. Die Strategie, ein Klischee zu unterlaufen, indem man seinen Kontext verändert, verfolgten Afroamerikanerinnen als Protest gegen Rassismus und Sexismus. In den achtziger Jahren des 20. Jahrhunderts begann die Malerin FAITH RINGOLD (geb. 1930) Quilts zu nähen, eine traditionelle Kunst, die zwar in ganz Nordamerika, aber ausschließlich von Frauen ausgeübt wird. Auf den Quilts der Serie *Bitter Nest* sind mehrfarbige Stoffdreiecke mit Acrylgemälden kombiniert. Diese illustrieren die Geschichte einer schwarzen Ärztin, die links und rechts davon mit sauberer Handschrift beschriebenen Spalten erzählt wird ▸22.23. Ihre anderen Quilts berichten von der Sklaverei, von einem Mord an Kindern in Atlanta, vom Straßenleben in New York und von den Schriftstellern und Musikern der Harlem Renaissance in den zwanziger Jahren. RINGGOLD hat in diesen Arbeiten importierte afrikanische Textilien verwendet.

In anderer Form und aus dem Blickwinkel eines Homosexuellen hat sich ROBERT GOBER (geb. 1954) die heiklen Themen Geschlechts-, Rassen- und Klassenzugehörigkeit vorgenommen. Ihm geht es weniger um den Ruf nach Befreiung als darum, eine von heterosexuellen Männern beherrschte Gesellschaftsstruktur offenzulegen. Aber sein Werk ist keineswegs eine Feier des homoerotischen Begehrens, eher das Gegenteil. Der männliche Körper wird in GOBERS Installationen immer nur ausschnittweise gezeigt, als ein verstümmelter oder auf dem Boden liegender Körper, in dem Kerzen stecken, oder als ein verletzlich nackter und von Abflusslöchern übersäter – vielleicht ein Hinweis auf das verfließende Leben eines AIDS-Opfers. Möglicherweise liefert GOBERS Herkunft aus einem frommen katholischen Umfeld eine Erklärung für den ausgiebigen Gebrauch, den er von Symbolen wie etwa geweihten Kerzen oder der Küchenspüle macht, in der sich – metaphorisch gesprochen – die Schuld abwaschen lässt. In der Mitte des Abflussfilters aus poliertem Metall, den er fast signaturhaft in vielen seiner Werke verwendet, befindet sich ein Kreuz. Andere Alltagsobjekte werden von ihm in Installationen, die an surrealistische Gemälde erinnern, aber wesentlich verstörender sind als diese, in komplexe Sinnbilder verwandelt, die den Betrachter mit einer vieldeutigen Symbolik konfrontieren, der man sich kaum entziehen kann.

Im Mittelpunkt eines Raumes, erstmals 1989 in der Paula Cooper Gallery in New York gezeigt, befindet sich ein weißes Brautkleid aus Satin, wie es nach gängiger männlicher Überzeugung jede junge Frau gerne einmal tragen würde ▸22.22. Das schöne und aufwendige Kleid wurde von GOBER genäht, da er Wert darauf legte, diese traditionell Frauen zugeschriebene Tätigkeit selbst auszuführen. Auch wenn die Farbe Weiß ein altes Symbol jungfräulicher Reinheit ist, hängt doch die Schleppe des Kleides im Schmutz. An den Wänden des Raumes lehnen Papiersäcke (aus Gips bestehend und von GOBER modelliert und bemalt), auf denen in fetten Buchstaben *Cat Litter* steht: Katzenstreu soll die strengen Düfte absorbieren, die sich in dem von GOBER geschaffenen Kontext auf das Ehe-

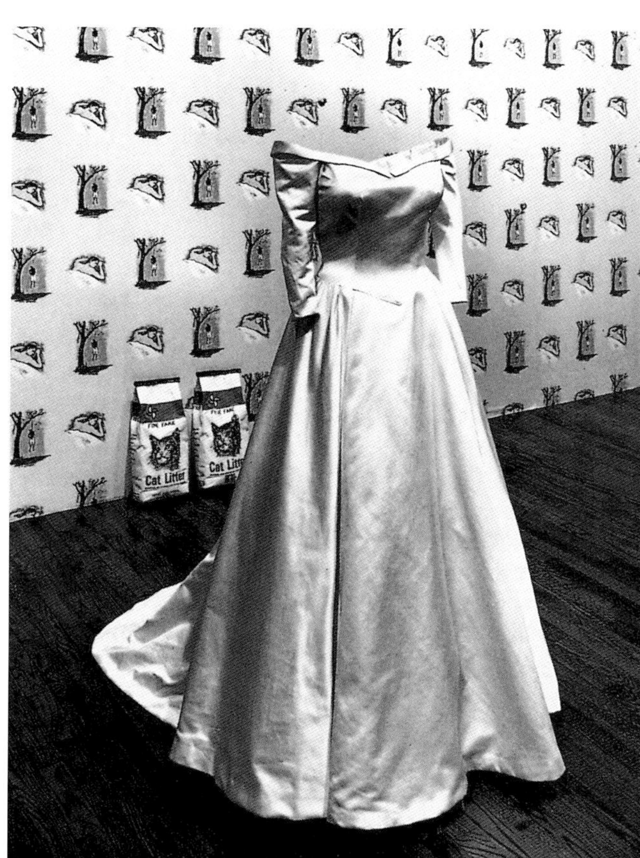


22.22 ROBERT GOBER, *Katzenstreu*, 1989, Installation. Paula Cooper Gallery, New York.

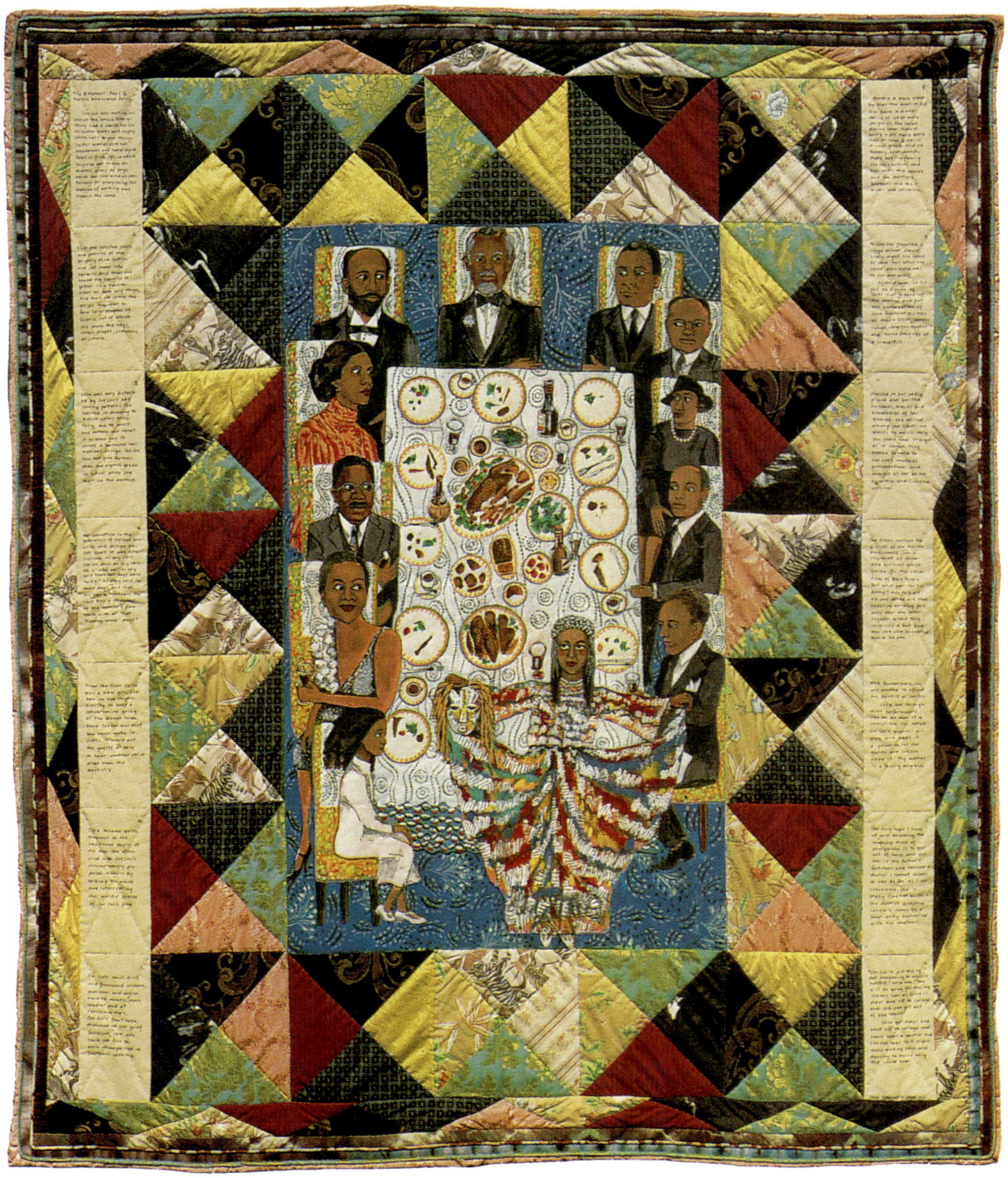

22.23 FAITH RINGGOLD, *Bitter Nest Part II: Harlem Renaissance Party*, 1988, Acryl auf Leinwand, Stoff, 2,39 x 2,08 m, Faith Ringgold, Inc.

leben beziehen. Die Säcke mit dem Katzenstreu sind GOBER zufolge *»vor allem eine Metapher für die Intimität des Paares – wenn man sich auf eine intime Beziehung einlässt, dann heißt das auch, dass man sich um den Körper der anderen Person kümmert, ob sie krank oder gesund ist... Ich habe ein niedriges Symbol mit einem hohen Symbol kombiniert.«* Die in zarten Gelb- und Blautönen gehaltene Tapete, die zunächst so wirkt, als sei sie für ein anheimelndes Wohnzimmer in einem normalen Haushalt bestimmt, zeigt im monotonen Wechsel das Motiv eines schlafenden Weißen und das eines gelynchten Schwarzen, der an einem Baum hängt. Hat der eine einen durch Schuldgefühle verursachten Alptraum, in dem er von dem anderen träumt? Ignoriert er dessen Leid? Oder sind sie beide Opfer derselben Gesellschaft?

In England sind GILBERT & GEORGE (Gilbert Proesch, geb. 1943, und George Passmore, geb. 1942) die bemerkenswertesten unter jenen Künstlern, die sich vom abstrakten Ästhetizismus entfernt und statt dessen sich selbst mit ins Spiel gebracht haben. Bekannt geworden sind sie zunächst als Performancekünstler durch ihre *Singenden Skulpturen*, bei denen sie ihre eigenen Person als Material ihrer Kunst einsetzten, ähnlich wie dies bereits Konzeptkünstler wie YVES KLEIN und VITO ACCONCI getan hatten: Makellos gekleidet in Dreiteilern sangen sie ein populäres Lied aus den dreißiger Jahren. In den späten siebziger Jahren begannen sie mit Fotoarbeiten, in denen sie sich sehr provokant mit Fragen der Gesellschaft, der Rassenproblematik und der Sexualität auseinandersetzten. In einem der eindrucksvollsten dieser oft riesigen Tableaus, *Death after Life* von 1984 (Breite 13,7 m), schufen sie eine psychedelische Traumszenerie industrieller Verseuchung – weniger in einem konkreten als vielmehr in einem geistigen Sinn. Die Künstler treten immer selbst in der Hauptrolle auf, als durchlebten sie die Problemzonen des modernen Lebens gleichsam zu unserer Erbauung, wie malende Prediger in der Vergangenheit, die ›Visionen‹ hatten und diese dann ins Bild brachten. Wenn auch komplexer und in einem aufrichtigeren Sinne ›unschuldig‹, ist GILBERT & GEORGE in diesen ›Bildpredigten‹ eine zutiefst romantische protestantisch-pietistische Sehweise eigen, die in ihrer Ernsthaftigkeit an viktorianische Glasmalereien erinnern, in denen Texte von Ruskin oder Morris veranschaulicht werden. Wenn auch manchmal steif und ans Peinliche grenzend, wirken sie doch imponierend und ergreifend. In *Black Church Face* rücken das Bild eines schwarzen Jungen en face und darüber die Innenaufnahme irgendeiner zweckentfremdeten neogotischen Kirche in einem Londoner Vorort zusammen ▸22.24. Ist der offene, vertrauensvolle Blick des Jungen kurz davor, durch eine frömmelnde Kirche von seinem Gesicht verscheucht zu werden? »To be

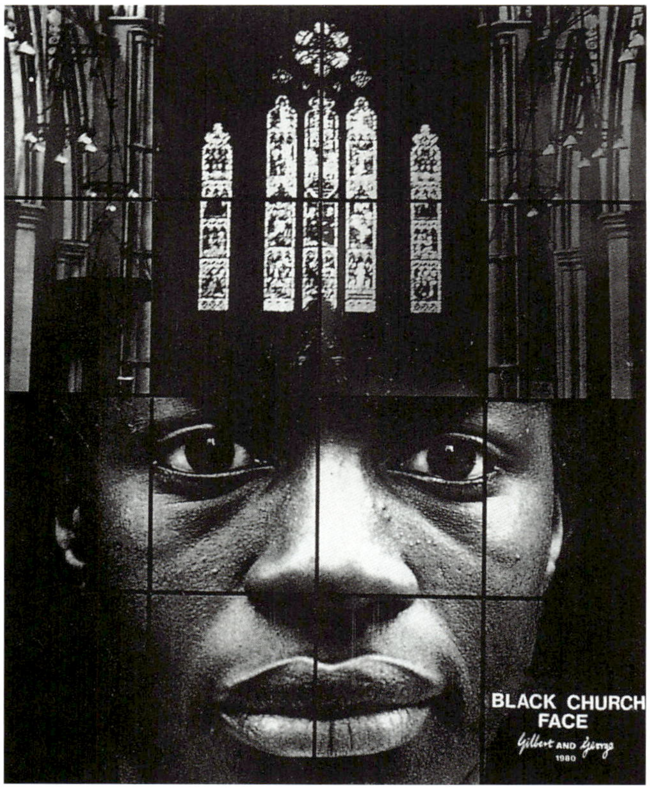


22.24 GILBERT & GEORGE, *Black Church Face*, 1980, Fotoarbeit, 2,42 x 2,01 m. Michael Sonnabend Collection, New York.

with art is all we ask« (Alles, was wir wollen, ist, der Kunst verbunden zu sein) lautet mittlerweile der von dem Künstlerduo wie ein Markenzeichen gepflegte vieldeutige Leitspruch.

Viele Aspekte der jungen britischen Kunst der sogenannten ›yBa‹ – der neunziger Jahre sind ähnlich vieldeutig, sind auf die Symptome Sex, Gewalt und Kriminalität in den im Niedergang begriffenen Zentren der Großstädte fixiert und suchen soziale Themen aus dem ›wirklichen Leben‹ anzusprechen. RACHEL WHITEREAD (geb. 1963) etwa stellte Betonabgüsse der Innenräume von dreistöckigen viktorianischen Reihenhäusern her, die vor dem Abriss standen. Nachdem Mauerwerk, Türen und Fenster des Hauses entfernt worden waren, blieben nur noch

22.25 DAMIEN HIRST, *The Physical Impossibility of Death in the Mind of Someone Living*, 1991, Tigerhai, Glas, Stahl, 5% Formaldehyd-Lösung, 2,75 x 8 x 2,75 m. Saatchi Collection, London.

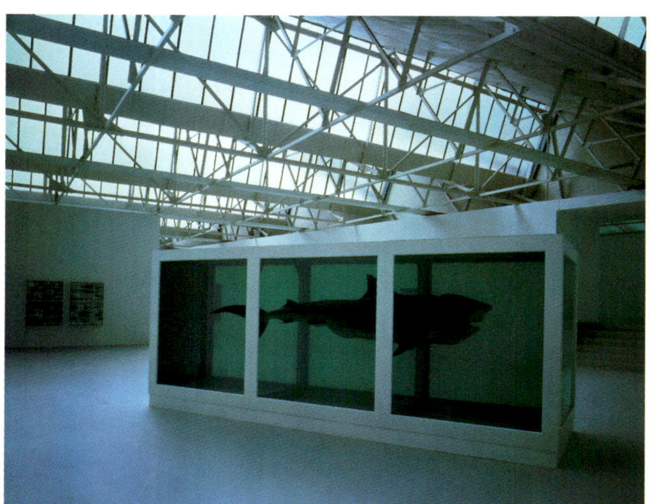

diese Abgüsse als Spur oder Mahnmal zurück – weniger des Hauses selbst als des Lebens der Menschen, das sich darin abgespielt hatte. WHITEREAD hat außerdem durchscheinende farbige Harzabgüsse des Raumes unterhalb von Stühlen hergestellt und auf diese Weise Leerräume in Festkörper verwandelt, die transitorisch wirken und Begriffe wie Präsenz und Absenz, Leben und Tod heraufbeschwören. Noch verstörender sind die Werke von DAMIEN HIRST (geb. 1965). 1990 stellte er *A Thousand Years* aus, einen großen, in zwei Hälften unterteilten Glaskasten; in dem einen kamen Fliegen zur Welt, die sich von einem verwesenden Kuhkopf ernährten, sich paarten und dann in den anderen flogen, wo sie von einem blauleuchtenden elektrischen Insektizid-Gerät getötet wurden, wie es in Metzgereien verwendet wird. HIRSTS Titel sind nicht rein deskriptiv, sondern Teil des Werkes und erweitern dieses um eine zusätzliche Dimension. *The Physical Impossibility of Death in the Mind of Someone Living* verleiht einem 4,26 m langen, wie ein Exponat in einem Naturkundemuseum in einer Formaldehydlösung schwebenden Tigerhai eine neue Bedeutung außerhalb und jenseits der Naturwissenschaft. Offensichtlich soll der Betrachter über die makellos stromlinienförmige Gestalt und das furchterregend aufgerissene Maul des Hais in Erstaunen geraten ▸22.25. *Some Comfort Gained from the Acceptance of the Inherent Lies in Everything* lautet HIRSTS mehrdeutiger Titel von 1996 für die einzelnen Segmente eines Kuhkörpers, die in zwölf Glaskästen konserviert werden, zwischen denen die Betrachter sich frei hin- und herbewegen können, fasziniert oder angewidert von der ›eingefrorenen‹ Komplexität des ausgestellten Organismus. Für derartige Arbeiten sind der Kontext und die Präsenz eines Ausstellungspublikums entscheidend. Freilich gibt es einen Unterschied zwischen einer Arbeit, die die Rolle des Kontexts anerkennt und einer die bekräftigt, dass Kunst ganz und gar kontextabhängig ist, d.h. davon, wo und wie sie installiert ist.

## Postmoderner Multikulturalismus

In der zweiten Hälfte des 20. Jahrhunderts verweigerte sich eine zunehmende Zahl von afroamerikanischen, latinoamerikanischen, von indianischen oder asiatischen Vorfahren abstammenden Künstlern der USA nicht nur der kulturellen Assimilation, sondern sie fanden auch Wege, sich zu artikulieren, ohne die Verbindung zu ihren eigenen Traditionen abzubrechen oder globale Entwicklungen der Moderne und der Postmoderne zu ignorieren. DAVID HAMMONS (geb. 1943) ist einer der bemerkenswertesten unter ihnen. Er schuf zunächst Assemblagen, in denen die ›Stars and Stripes‹ der amerikanischen Flagge gegen Embleme von ethnischen und kulturellen Klischees anspielte. 1974 zog er nach Manhattan und begann Installationen, in die er das Haar von Afroamerikanern und städtische Abfälle wie Hühnerknochen, Papierbeutel und leere Flaschen einbezog. Diese wurden in der nicht-kommerziellen ›Just Above Midtown‹-Galerie ausgestellt, wo derartige Arbeiten auf ein empfängliches, mit JOSEPH BEUYS vertrautes Publikum stießen. Dieser besuchte New York 1974. Ob von ihm direkt beeinflusst oder nicht, jedenfalls verlagerte HAMMONS seine Kunst im selben Jahr aus der Galerie auf die Straße, wo, wie er sagte, »das Publikum wesentlich menschlicher ist und die Meinung aus dem Herzen kommt«. Auf freien Plätzen und an anderen Orten in Brooklyn, Lower Manhatten und Harlem entstanden Assemblagen, bei denen er afrikanische Kultobjek-

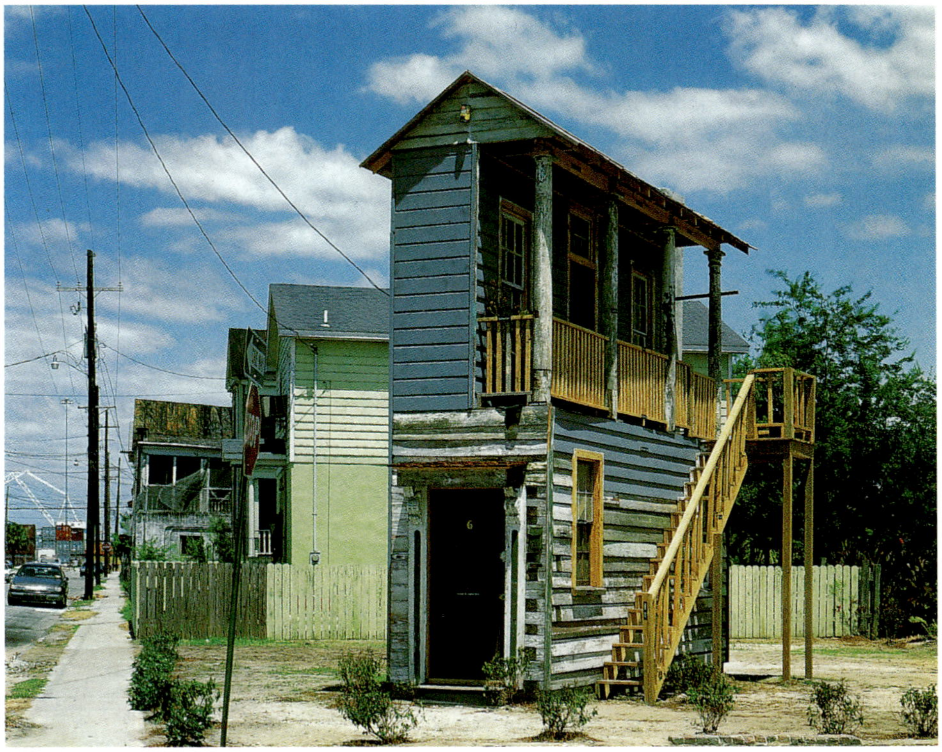

22.26 DAVID HAMMONS,
House of the Future, Charleston,
South Carolina, 1991.

te mit lokalem Abfall kombinierte. Mit seinen Werken wandte er sich vor allem an andere Afroamerikaner, etwa indem er auf Basketball als ›Armutsspiel‹ anspielte, das wenig kostet, eine gewisse Geschicklichkeit erfordert und vielen jungen Schwarzen den Weg zum Erfolg gebahnt hat.

Als HAMMONS 1991 zur Teilnahme an einer Ausstellung mit zeitgenössischen Installationen in Charleston, South Carolina, eingeladen wurde, die den Titel ›Places with a Past‹ tragen sollte, stellte er fest, dass kaum Afroamerikaner in diese Veranstaltung einbezogen waren, obwohl 56 Prozent der Bevölkerung Schwarze waren und Charleston in deren Geschichte eine wichtige Rolle gespielt hatte. Als seinen Ausstellungsbeitrag errichtete er in einem von Schwarzen bewohnten Stadtteil ein baufälliges Haus, das stilistisch den Wohnungen der Schwarzen in den amerikanischen Südstaaten nachempfunden war. In der Bauphase des Hauses entwickelte es sich zunehmend zu einer Art Lernzentrum, in dem junge Leute aus dem Viertel ein Gefühl des Stolzes auf ihre Kultur entwickeln konnten; es erhielt den Namen *House of the Future* ▸22.26. Die architektonischen Bestandteile stammten alle aus demselben Bezirk: ein Tür- und Fensterrahmen, Verschalungen, Pfeiler, Geländer und drei verschiedene Arten von Dachbelag. Am Giebel wurde eine Dose mit Ananassaft aufgehängt – eine Anspielung auf die steinernen Ananasskulpturen, die den Eingangsbereich vieler Häuser der Oberschicht in Charleston zieren. Das Obergeschoß diente als Atelier für einen jungen Maler, LARRY JACKSON, und die Rückseite des Gebäudes schmückt ein Zitat des Afroamerikaners Ishmael Reed: *»Der Afroamerikaner ist Erbe der Mythen, dass es besser ist, arm als reich, besser ein Angehöriger der Unterschicht als einer der Mittel- oder Oberschicht, besser faul als fleißig, besser extravagant als sparsam und besser Athlet als Akademiker zu sein.«* Auf der gegenüberliegenden Seite des Hauses legte Hammonds einen kleinen Garten an, in dem er einen großen Fahnenmast aufstellte, von dem seine Version der ›Stars and Stripes‹ in den Farben Rot, Schwarz und Grün der Black Nationalists wehte. Außerdem ersetzte er Zigarettenwerbung durch eine große Aufnahme von Kindern aus dem Viertel, die hoffnungsfroh zu dem Atelier emporblicken. Kein Kunstwerk neueren Datums vermittelt seine Botschaft mit größerer Ernsthaftigkeit und Direktheit.

Eine Installation, die 1985 von JORGE RODRIGUEZ (geb. 1944), einem Puertoricaner, und CHARLES ABRAMSON (1945–1987), einem Afroamerikaner, geschaffen wurde, ist ihrer Bildsprache noch komplexer und trägt den Titel *Orisha Santos: An Artistic Interpretation of the Seven African Powers* ▸22.27. ABRAMSON war ein *Santero*, ein Priester der Santeria, einer afro-karibischen Religion mit römisch-katholischen Elementen, die von Sklaven aus Brasilien und der Karibik ins Leben gerufen wurde und inzwischen etwa 100 Millionen Anhänger in Lateinamerika und 5 Millionen in den USA hat. Die Installation verband Objekte jener Art, wie sie in den Häusern der Gläubigen auf den Altären stehen, mit Skulpturen aus gewelltem Stahlblech, die von RODRIGUEZ für diese Gelegenheit angefertigt wurden. Die sieben afrikanischen Mächte des Titels sind Elegua, Ogun, Obatala, Orunia, Ochun, Yemaya und Shango – die Götter der Straßenkreuzungen, des Krieges, des Friedens, der Wahrsagekunst, der erotischen Liebe, der mütterlichen Liebe und des Feuers –, wobei sich ihre Darstellung an der Ikonografie der katholischen Heiligen orientierte. Yemaya, die Göttin der mütterlichen Liebe, erscheint in Gestalt der Muttergottes mit dem Jesuskind. Auf diese Weise hatten Sklaven die afrikanischen Gottheiten verkleidet, zu denen sie beteten, und sich zugleich dem christlichen Glauben angepasst, zu dem sie gegen ihren Willen bekehrt worden waren. Doch die Santeria ist heute in den USA nicht nur eine Religion, sondern hilft den Immigranten aus Lateinamerika auch, ihre Identität zu bewahren und den Kontakt zu Heimat, Elternhaus und Ahnen aufrechtzuerhalten. Die Installation *Orisha/Santos* ist auch Ausdruck der anhaltenden Vitalität der puertoricanischen Kultur und ihrer Fähigkeit, in ikonografischer wie konzeptioneller Hinsicht Einflüsse aus der europäischen und amerikanischen Kunst aufzunehmen und weiterzuverarbeiten.

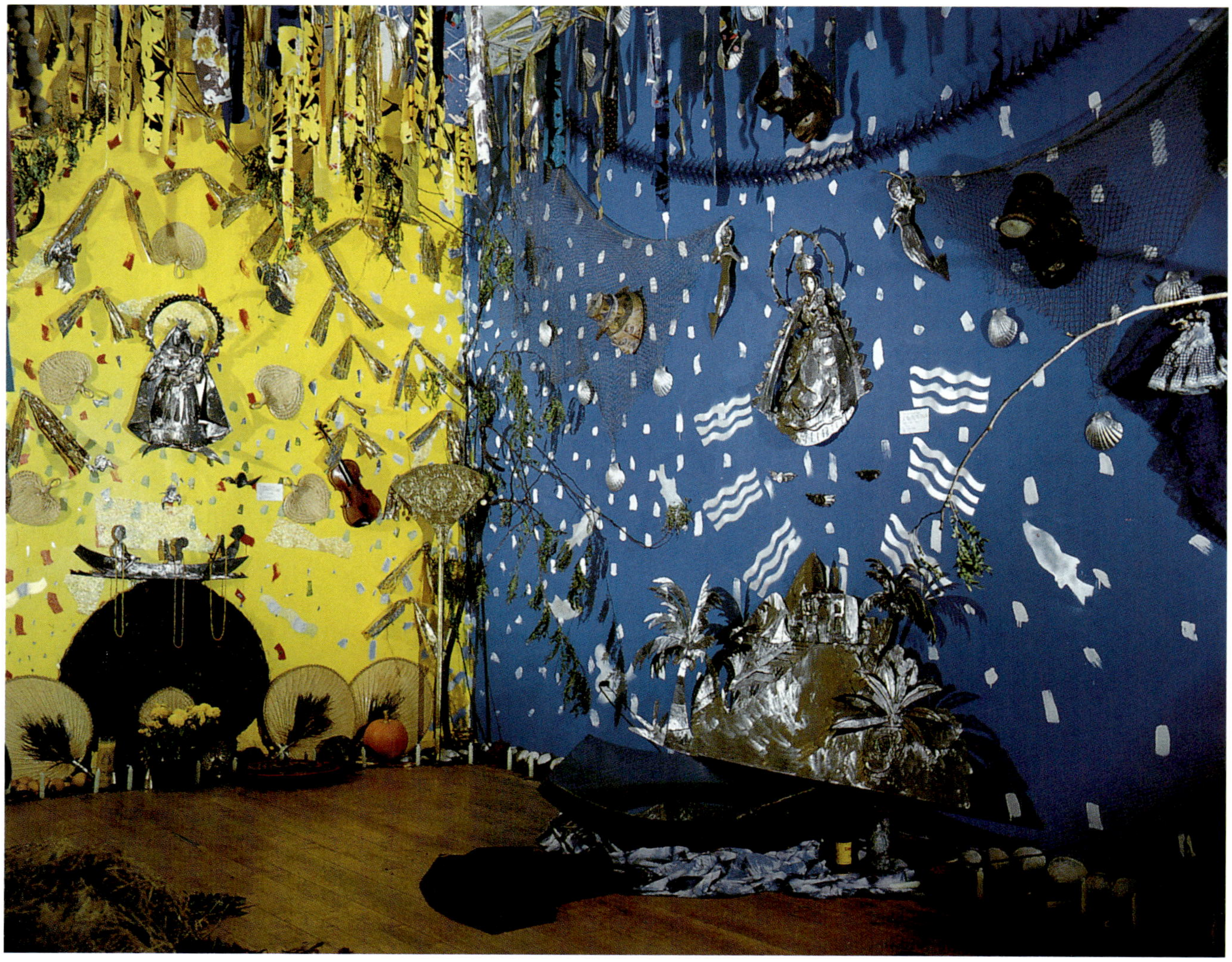

22.27 JORGE RODRIGUEZ und CHARLES ABRAMSON, *Orisha/Santos: An Artistic Interpretation of the Seven African Powers*, 1985, Installation im Museum of Contemporary Hispanic Art, New York.

In einem interkontinentalen Kontext globaler Medien und Märkte, in denen die industriellen Produkte des Westens und Japans allgegenwärtig sind, verschwinden kulturelle Grenzen, und an ihre Stelle treten unterschiedliche Formen globaler Kunst. Künstler haben sehr unterschiedlich auf diese Entwicklungen reagiert, und nirgendwo fielen die Reaktionen vielfältiger aus als im stark industrialisierten Japan. In Städten mit hochaufragenden Wolkenkratzern werden dort bei formellen Anlässen noch immer traditionelle Gewänder getragen, vornehmlich von Frauen, und westlich gekleidete Geschäftsleute mit internationalen Verbindungen nehmen an Teezeremonien teil, die vom Zen-Buddhismus inspiriert sind. Japanische Designer von Gebrauchsgütern und deren Verpackungen zählen zu den besten der Welt, doch werden gleichzeitig Vertreter der traditionellen Künste des Töpferns, Webens, Lackierens und der Puppenherstellung in Japan nicht minder hoch geschätzt. Ihre offizielle Bezeichnung lautet: ›Inhaber bedeutender unantastbarer Kulturgüter‹, doch kennt man sie eher unter der Bezeichnung ›Lebender nationaler Kulturschatz‹.

Bis zum Ende des 19. Jahrhunderts, als sich Übersetzer aus westlichen Sprachen den Begriff *bijutsu* ausdachten, gab es im Japanischen keinen Ausdruck für ›bildende Kunst‹. *Bijitsu* bedeutet wörtlich ›Technik der Schönheit‹. Später wurde eine Unterscheidung zwischen nationalen und ausländischen Techniken und Stilen getroffen. Noch heute müssen sich Studenten an japanischen Kunstschulen zwischen einem Kurs in *nihonga*, traditioneller Tuschmalerei, oder *yoga* entscheiden, dem Zeichnen nach Gipsabgüssen klassischer griechischer und römischer Skulpturen und nach dem lebenden Modell. Für beide Sparten gibt es eigenständige, nicht miteinander kompatible Strukturen, Galerien und Märkte. Dennoch haben mehrere Künstler, die sich in letzter Zeit von diesem System distanziert haben, da sie sich entweder weigerten, Stilen zu folgen, die seit dem späten 18. Jahrhundert fast unverändert sind, oder von zeitgenössischen westlichen Strömungen vereinnahmt zu werden, erfolgreich den Versuch unternommen, die japanische Kunst neu zu erfinden.

*Woods* von SHIGEO TOYA (geb. 1947), eine in regelmäßigen Abständen angeordnete Gruppe von 28 jeweils über zwei Meter hohen Holzpfosten hat abgesehen von dem Glauben an die abstrakten Möglichkeiten der Skulptur kaum etwas mit westlicher Kunst gemein ▸ 22.29. Auch im Westen wäre die Idee für eine solche Installation eher neueren Datums. Grob geschnitzt, mit einer Kettensäge bearbeitet und nicht poliert vermitteln diese Texturen jenes Gespür für organische Materialien, das jahrhundertelang eines der charakteristischen Merkmale der japanischen Kunst war und mit der buddhistischen und shintoistischen Einstellung zur Natur zusammenhängt.

Nach Auskunft des Künstlers ist die Arbeit von einem vom Sturm gepeitschten Wald inspiriert, in dem sich die Bäume wie lebendige Wesen zu krümmen und zu jammern schienen. Aber er brachte *Woods* auch mit den Schornsteinen von Krematorien in Verbindung, in denen für die große Mehrheit der Japaner die letzten Rituale abgehalten werden.

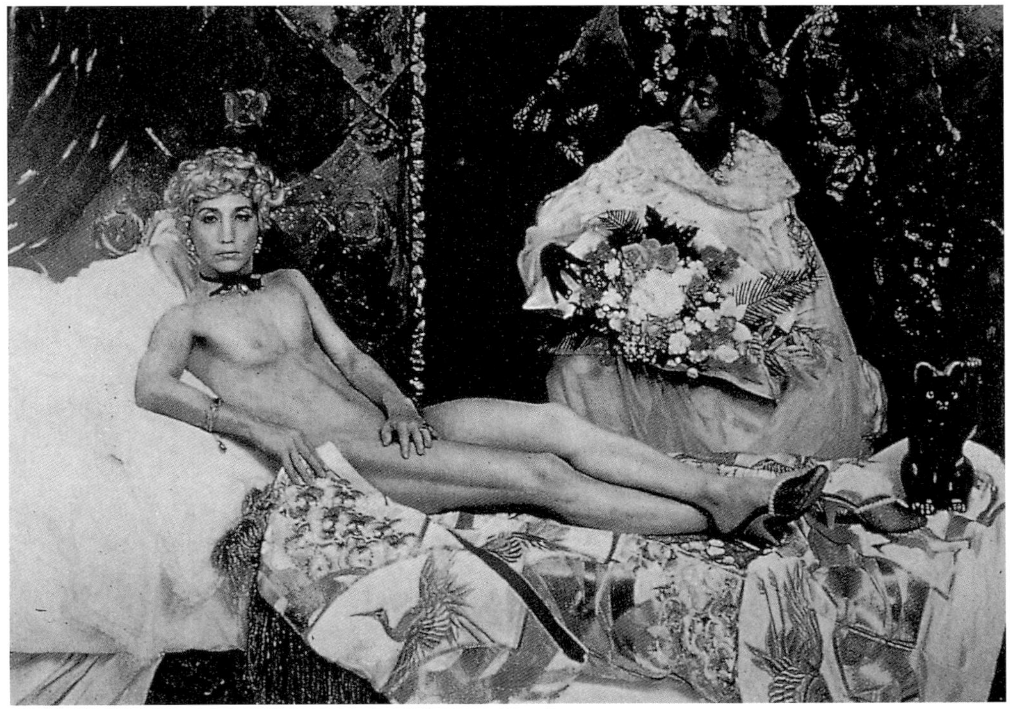

22.28 YASUMASA MORIMURA, *Portrait (Twin)*, 1988, Fotografie, 2,1 x 3 m. Im Besitz des Künstlers (Courtesy Luhring Augustine, New York).

YASAMATA MORIMURA (geb. 1951) hat auf den Kult der westlichen Kunst in Japan reagiert, indem er sich deren Motive aneignete und diese unterwanderte. Mit seinen Arbeiten fordert er sowohl westliche wie japanische Vorstellungen von gutem Geschmack und Kunst heraus. Wie bei den meisten seiner Landsleute beschränkte sich seine Kenntnis europäischer Malerei auf Reproduktionen von französischen Gemälden des späten 19. Jahrhunderts, ergänzt um einige Originale, die von japanischen Sammlern zu Rekordpreisen und begleitet von einem weltweiten Medienrummel erworben wurden. Er wählte beliebte Ikonen der frühen modernen Kunst von MANET und anderen aus, rekonstruierte die dargestellte Szene in Gips und fotografierte sich selbst – nackt oder bekleidet – geschminkt in den Posen der jeweiligen Figuren. (Bei neueren Arbeiten hat er mit Diaaufnahmen der Gemälde gearbeitet und sich selbst digital in die als Vorlagen für Ausdrucke dienenden Bilder ›implantiert‹.) In seiner Version von MANETS *Olympia* (s. S. 650 f.) nimmt er sowohl die Stelle Olympias als auch die der schwarzen Dienerin ein ▸ 22.28; die witzige Travestie eines Bildes, dessen malerische Qualität zwar offenkundig ist, das aber durch schlechte Reproduktionen, in denen sämtliche Spuren der expressiven Pinselführung ausgelöscht wurden, gar zu bekannt geworden ist. MORIMURA schlägt eine Brücke zwischen der Prostitution, dem eigentlichen Thema des Bildes, und der zunehmenden Kommerzialisierung der Kunst; zugleich überschreitet er aber auch Geschlechter- und ethnische Grenzen.

Nach dem Niedergang der Quing-Dynastie im Jahr 1912 wurden in China die Ölmalerei und Ausbildungsmethoden der europäischen Akademien als Teil einer offiziellen, mit der

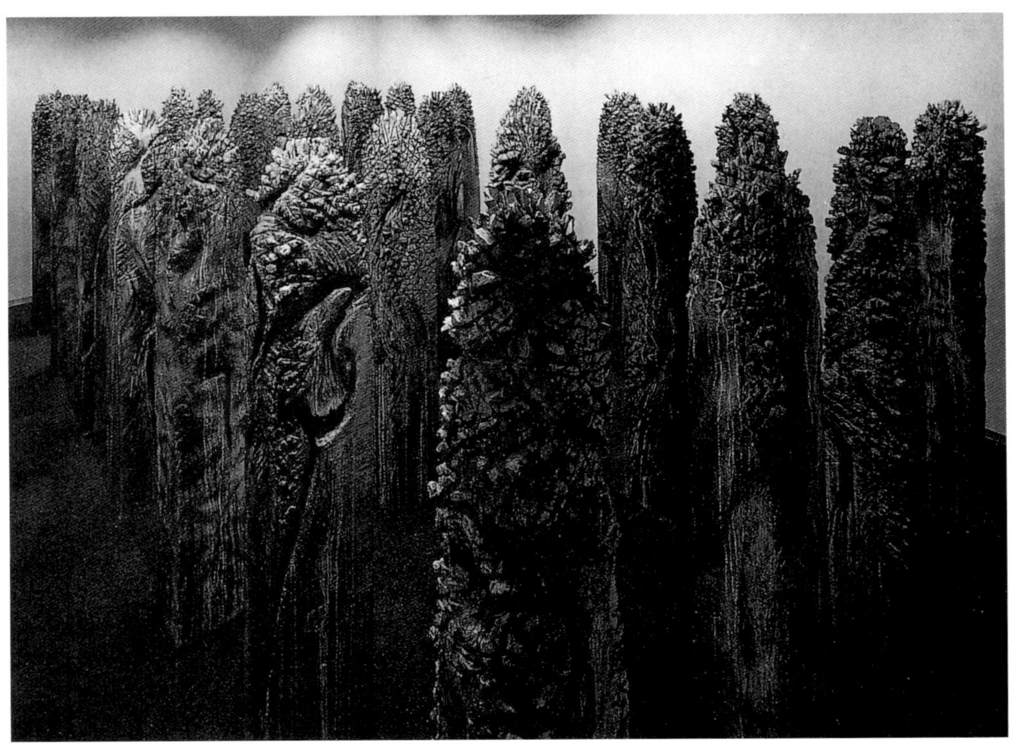

22.29 SHIGEO TOYA, *Woods*, 1987, Acryl und Holz, 213 x 29,8 cm. Ludwig Forum für Internationale Kunst, Aachen.

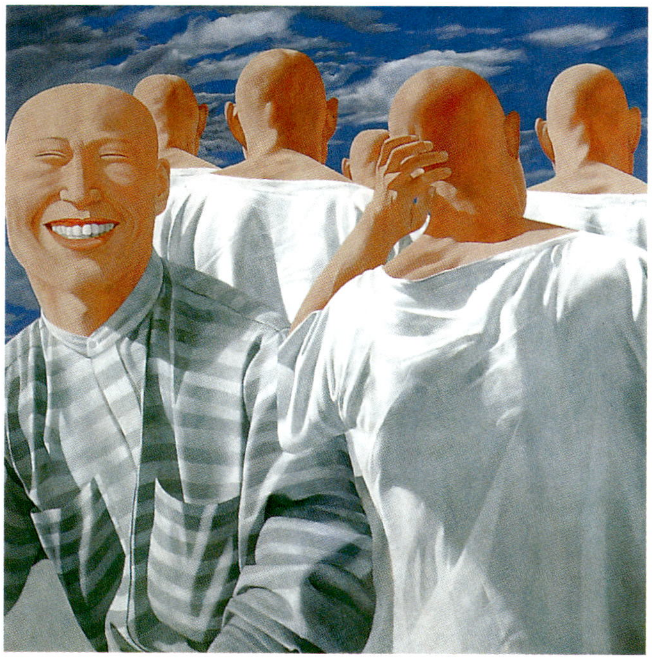

22.30 FANG LIJUN, *Group Two Nr. 3*, 1992, Öl auf Leinwand, 2 x 2 m. Im Besitz des Künstlers.

Verwestlichung gleichgesetzten Modernisierungspolitik eingeführt. Aber viele Künstler schufen auch weiterhin Tuschzeichnungen und setzten so eine Tradition fort, die mit kleineren Modifikationen bis zum heutigen Tag überlebt hat. Mao Tsetung bezeichnete jene Kunst, die in der Vergangenheit ausschließlich von und für eine Elite ausgeübt worden sei, als konterrevolutionär. 1942 forderte er einen Malstil, der »eng mit den Massen verknüpft« sein und ihre Gedanken und Gefühle zum Ausdruck bringen sollte. Er bevorzugte Ölgemälde und Druckgrafiken in einem Stil, den er als sozialistischen Idealismus bezeichnete – in Abgrenzung zum Sozialistischen Realismus in der Sowjetunion – und der der Verherrlichung der Partei und vor allem seiner selbst diente.

Unter dem 1949 an die Macht gelangten Regime gerieten Künstler, die sich weigerten, sich anzupassen, ins Abseits. Während der Kulturrevolution (1966–76) wurden sie verfolgt, konnten aber danach wieder unbehelligt arbeiten. Vertreter traditioneller Techniken wurden von den Parteiführern weiterhin begünstigt, deren Angriffe sich statt dessen auf die Aktivitäten jüngerer, angeblich vom Ausland korrumpierter Künstler richteten. Bis 1980 wusste man in China über westliche Kunst praktisch nur, dass sie ein Produkt des bürgerlichen Kapitalismus sei. Doch nach und nach verbreiteten sich illustrierte Bücher und Zeitschriften, Werke europäischer Künstler wurden in Ausstellungen gezeigt; diejenigen der sozial engagierten KÄTHE KOLLWITZ ▸ 19.19 und PICASSOS, der Mitglied der Kommunistischen Partei Frankreichs war, erregten größte Aufmerksamkeit. ROBERT RAUSCHENBERGS Wanderausstellung ›Overseas Cultural Exchange‹ mit eigenen, dem Weltfrieden gewidmeten Werken wurde 1985 in Peking gezeigt, und in den folgenden fünf Jahre lernten chinesische Künstler die Ideen und Ausdrucksmittel des Westens kennen. Expressionismus, Dada, abstrakte Kunst, Surrealismus, Action Painting, Minimalismus, Pop Art und Land Art bildeten Ansatzpunkte für Experimente und gefällige Nachahmung. Große künstlerische Energien wurden frei, die durch sakrosankte Traditionen und die offizielle Politik unter Mao unterdrückt waren. Illustrierte Zeitschriften unterrichteten Künstler davon, was sich in weit voneinander entfernten chinesischen Städten abspielte. Nach dreijährigen Vorbereitungen wurde im Februar 1989 in der Chinesischen Nationalgalerie Peking die große Ausstellung ›China/Avant-garde‹ eröffnet, die alle aktuellen nicht-akademischen künstlerischen Tendenzen präsentierte. Sie enthielt Installationen und Fotografien von Performancekunst aber auch Feder- und Tuschzeichnungen sowie Ölgemälde. Künstler aus der südchinesischen Küstenstadt Xiamen installierten ein Seil, das sich durch das gesamte Gebäude zog und an dem Etiketten mit der Aufschrift »Xiamen Dada« hingen. Die Eröffnung der Ausstellung wurde von Pistolenschüssen begleitet, da zwei Künstler auf ihre eigenen Werke feuerten; infolge weiterer Happenings wurde die Ausstellung von der Polizei im Verlauf ihrer zweiwöchigen Dauer zweimal geschlossen. Drei Monate später spielten Künstler eine aktive Rolle bei den politischen Großkundgebungen auf dem Tiananmen Platz, die am 4. Juni von der Armee blutig niedergeschlagen wurden. Unmittelbar danach erfolgte eine (1992 wieder gelockerte) Kampagne gegen alle Formen von Kunst, die zu einer ›Verwestlichung‹ neigten oder Ausdruck von ›bürgerlichem Liberalismus‹ waren.

FANG LIJUN (geb. 1963) war einer der jüngeren Künstler in der Ausstellung ›China/Avant-garde‹ von 1989. Nachdem er zunächst kleine figurative Grisaillebilder gemalt hatte, entwickelte er einen eindrucksvollen persönlichen Stil. Seine in einer hellen Palette aus Weiß-, Blau- und Rosatönen gehaltenen Bilder von Glatzköpfigen sind verstörend und denkwürdig, brutal und zart zugleich ▸ 22.30.

FANG LIJUN und andere Künstler aus seiner Altersgruppe werden von den Älteren als verlorene Generation bezeichnet. Darauf antwortet er: *»Das ist Unsinn, der von Leuten verbreitet wird, die wollen, dass wir so gut denken, leben und funktionieren, dass wir ihre egoistischen Bedürfnisse befriedigen wie ihre Legebatteriehennen. Aber das werden wir nicht tun. Weder gehorchen wir den Lebensregeln, die sie uns aufzwängen, noch erhalten wir ein Gehalt als Staatsdiener wie sie. Aber wir verhungern nicht, haben mehr Geld als sie, sind entspannter und glücklich, haben mehr Frauen und Zeit, uns zu amüsieren und herumzureisen. Darum werden wir die verlorene Generation genannt. Aber insgeheim denken die Leute, dass wir eine Generation sind, die man erschießen sollte.«*

HUANG YONGPING (geb. 1954) war einer der Begründer der Dada-Gruppe von Xiamen, die in besagter Ausstellung vertreten war, emigrierte aber noch im selben Jahr nach Paris. Die Vertreter der Dada-Bewegung hatten seinerzeit den bürgerlichen Materialismus in Europa kritisiert (s. S. 720 ff.), doch eignete sich HUANG YONGPING ihre Strategien in einem ganz anderen gesellschaftlichen Klima an, um Ideen zum Ausdruck zu bringen, die von Ludwig Wittgensteins Sprachphilosophie, Michel Foucaults Diskursanalyse, dem Dekonstruktivismus und den Werken Jacques Derridas (die in den achtziger Jahren ins Chinesische übersetzt wurden) inspiriert waren, noch mehr aber durch den Irrationalismus des Taoismus und den Chan- oder Zen-Buddhismus. 1987 füllte er eine Waschmaschine mit den Buchseiten einer Geschichte der chinesischen Kunst sowie der Übersetzung einer Geschichte der modernen Kunst im Westen und präsentierte die zerfledderten Reste als eine gesäuberte Symbiose von östlicher und westlicher Kultur. In der Arbeit *Reptiles* ▸ 22.31, einer Installation für die Ausstellung ›Magiciens de la terre‹ in Paris 1989, blieb er an diesem Thema weiter dran, indem er Waschmaschinen an der Wand aufstell-

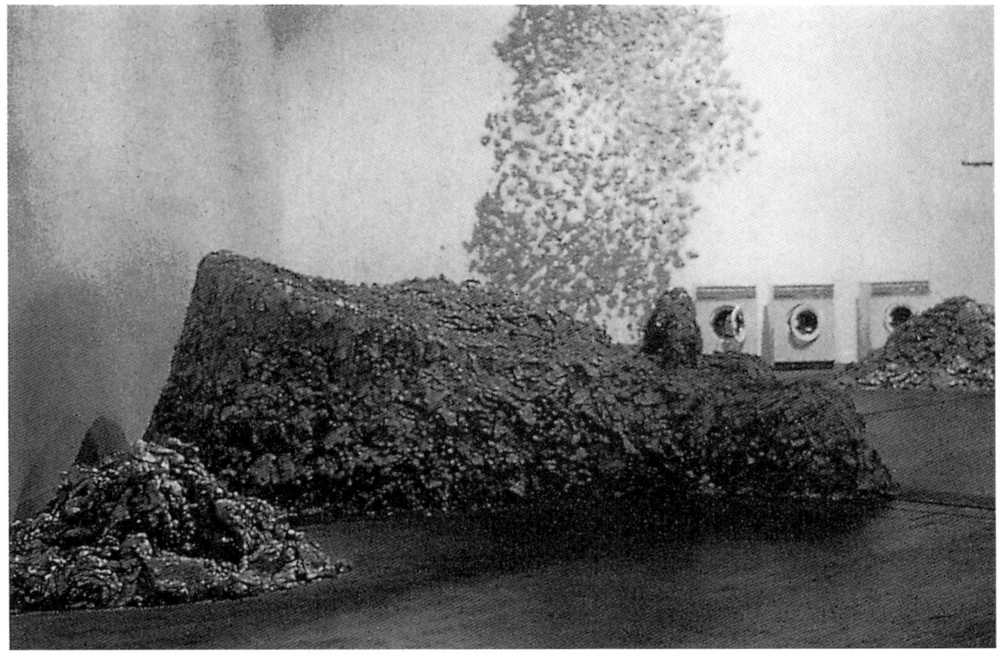

22.31 HUANG YONGPING, *Reptiles*, 1989, Waschmaschine und Papiermaché, 14 x 7 x 4 m, Installation der Ausstellung in ›Les Magiciens de la terre‹, 1989. Centre Georges Pompidou, Grande halle de la Villette, Paris.

te und vor ihnen einen Papierpulpehaufen aus chinesischen und französischen kommunistischen Zeitungen errichtete, der die Form einer riesigen Schildkröte hatte, ein Symbol der Unsterblichkeit, das sich in China häufig auf Grabsteinen findet. »Die Geschichte hat eine Unmasse von Schriften und Texten hinterlassen«, schrieb er im selben Jahr. »*Wir stecken inmitten eines riesigen Müllhaufens, darunter finden wir die Kultur – Philosophie, Religion und Kunst. Sie lässt sich nach Belieben manipulieren und aussortieren. Wenn man sie nicht aus dem Müll herauszieht (unsere Geschichte, unser Denken und unsere Kultur) wird man von all den verschiedenen Theorien, Werten und Lektüren erdrückt.*«

Seit den frühen achtziger Jahren dienen Installationen den Künstlern weniger als Ausdruck ihrer Expressivität als zur Vermittlung ihrer Forderungen, Hoffnungen, Enttäuschungen und Befürchtungen. ILYA KABAKOV (geb. 1933) gehört zu denjenigen, die Environments von höchst persönlicher, doch zugleich universaler Bedeutung geschaffen haben. Seine Kindheit und Jugend verbrachte er in der Sowjetunion der Stalinzeit, wo er ein künstlerisches Doppelleben führte. Einerseits arbeitete er als ein für das Regime akzeptabler Buchillustrator, andererseits fand er in Zeichnungen und Gemälden, die er mit den Fertigkeiten eines im Sozialistischen Realismus versierten grafischen Künstlers ausführte, ein Ventil für seine abweichenden Auffassungen. Innerhalb von eineinhalb Jahrzehnten schuf er etwa siebzig ›Alben‹ – tatsächlich handelt es sich um Schachteln –, in denen er auf Karten gleicher Größe seine miteinander verknüpften Illustrationen zeitgenössischen Lebens montierte, Aufzeichnungen von außerordentlichen Ereignissen, der inneren Aufgewühltheit und der Psychosen von

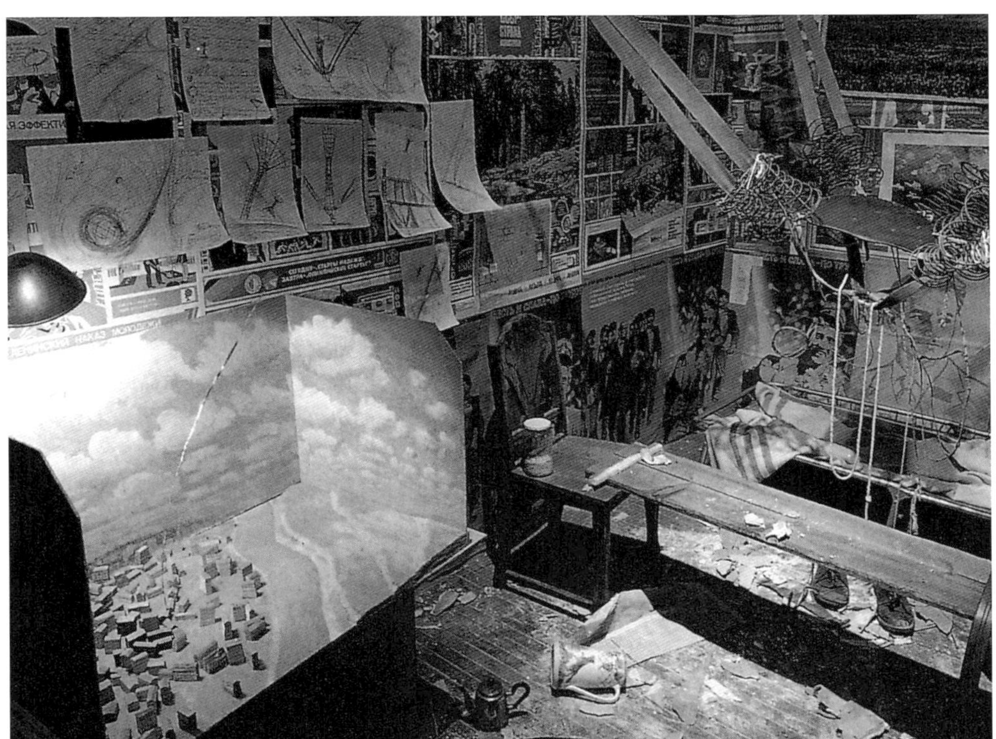

22.32 ILYA KABAKOV, *Der Mann, der aus seiner Wohnung ins All flog*, 1981–1988, Installation in: ›Zehn Charaktere‹, Ronald Feldman Fine Arts, 1988.

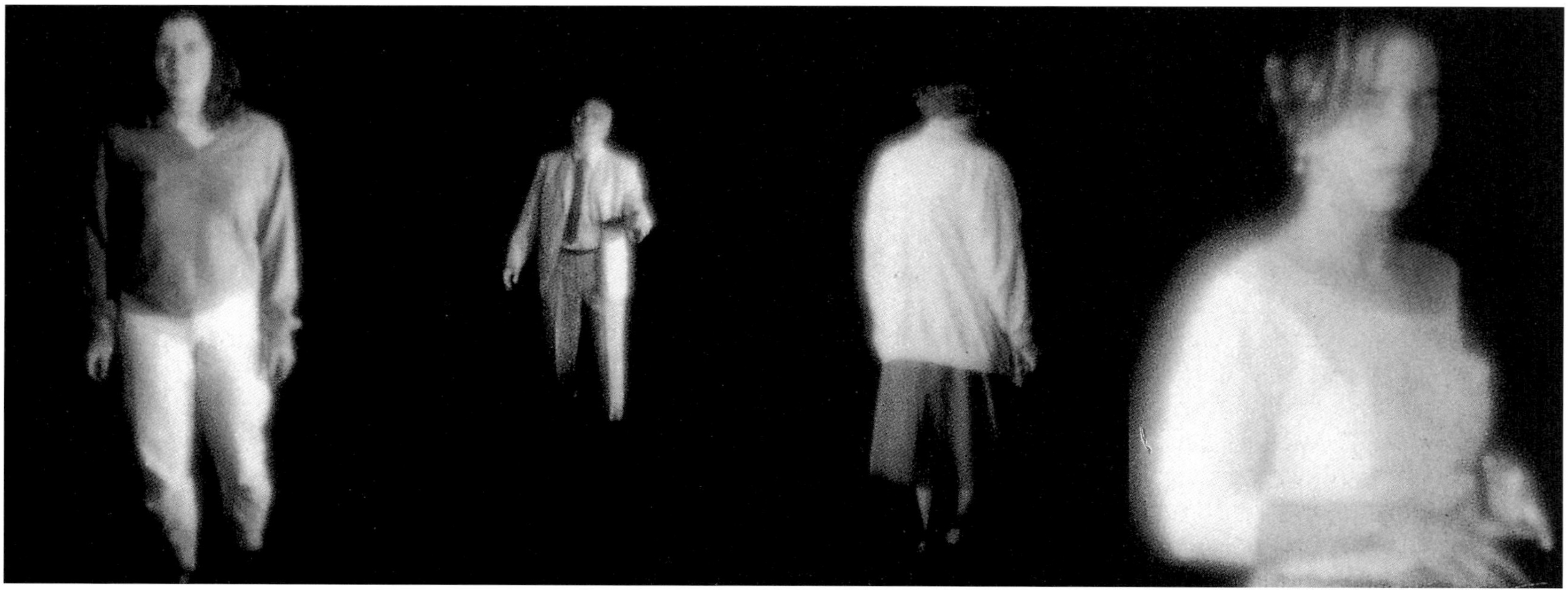

22.33 GARY HILL, *Tall Ships*, 1992, Videoinstallation.

Menschen, die sich um eine »Neuordnung des Universums« bemühen, zusammen mit philosophischen und religiösen Kommentaren, die widersprüchliche moralische Auffassungen bündeln, mit Zitaten aus der klassischen russischen Literatur sowie Spitzelberichten sowjetischer Bürger über ihre Nachbarn.

Seitdem er 1988 Russland verließ, hat er viele dieser Blätter in Installationen wie *Der Mann, der aus seiner Wohnung ins All flog* ▸ 22.32 wiederverwendet. Obwohl er kaum einen Unterschied zwischen Bild und Text macht, sind seine Installationen nicht einfach Kombinationen von beidem. In einem Interview sagte KABAKOV 1992: »*Wie früher beschäftige ich mich mit dem Verhältnis von Objekt und Raum, mit dem Ort des Objekts im Raum – wenn das Objekt nicht den ganzen Raum in Beschlag nimmt und der Raum das Objekt nicht völlig verschlingt, so dass das Verhältnis zwischen ihnen problematisch wird. Der Klärung dieses Verhältnisses sind meine Installationen gewidmet – formale Probleme fallen hier mit meinen ganz persönlichen zusammen.*« Er spricht davon, dass er den emotionalen Inhalt seiner Arbeiten in eine »harte, konstruktive Form« verpacke, die er als »totale Installation« bezeichnet. »*Dabei ist auch in formaler Hinsicht wichtig, dass ich in meinen Installationen Dinge verwende, die in der Epoche des Minimalismus abgelehnt worden sind, das Sujet, die Literatur, die gesprochene Sprache, den menschlichen Inhalt. Diese Dinge waren bereits vergessen, haben sich eine Zeit lang ›erholt‹ und können deshalb jetzt wieder konstruktiv verwendet werden. So lassen sich die inhaltlichen und rein formalen Probleme gut miteinander verknüpfen.*« (Aus Boris Groys im Dialog mit Ilya Kabakov, Parkett 34, 1992)

Bei *Der Mann, der aus seiner Wohnung ins All flog* handelt es sich um ein zertrümmertes Zimmer in einem russischen Mietshaus, in dem überall verstreut sorgfältig ausgeführte Zeichnungen von Maschinen liegen, die der Mieter erfunden hat – eine verrückte Reinkarnation LEONARDO DA VINCIS, der sich durch die Zimmerdecke katapultiert hat. KABAKOV begann die Arbeit an den Zeichnungen und der Geschichte in den frühen achtziger Jahren, noch bevor er die Erlaubnis erhielt, aus der Sowjetunion in den Westen zu reisen, der ihm und vielen anderen Russen wie ein Paradies erschien. Die 1989 in Paris ausgestellte Installation ist jedoch nicht nur Ausdruck der Desillusionierung angesichts des Scheiterns der kommunistischen Utopie und noch weniger eine Darstellung der Enttäuschungen, die das Leben in einem in Auflösung begriffenen System bereit hält. Vielmehr gewann diese Situation infolge der späteren politischen Ereignisse wieder an Attraktivität. Das eigentliche Thema ist der ungelöste Konflikt zwischen dem Wunsch nach einer rationalen, wenn auch möglicherweise utopischen, Gesellschaftsordnung und der Sehnsucht nach unbegrenzter, wenn auch möglicherweise selbstzerstörerischer persönlicher Freiheit: ein in der russischen Literatur von Tolstoi und Dostojewski bis auf den heutigen Tag immer wiederkehrendes Thema und wie die großen russischen Romane des 19. Jahrhunderts von universeller Relevanz. KABAKOV hat seine Geschichte des Mannes, der ins All flog, in Worten erzählt, so wie er dies auch mit anderen von Flucht handelnden Geschichten getan hat. Doch werden in seinen Installationen die realistischen, ironischen und fantastischen Aspekte der Geschichten rein visuell, ohne Erläuterungen des Schriftstellers KABAKOV entfaltet, so dass sich die Bilder wechselseitig erhellen.

## Videokunst

In einer Welt, in der das Fernsehen die Meinungen, Überzeugungen und Vorurteile der Öffentlichkeit maßgeblich beeinflusst und umgekehrt selbst zu einem ständig präsenten Überwachungsauge geworden ist, haben Künstler in Videoinstallationen eine neue Kunstform entdeckt, die in der Kunstgeschichte ohne Beispiel ist. Wir betrachten Bildschirme, die vermeintlich nicht lügen können, und werden selbst auf ihnen betrachtet. Bereits in den frühen sechziger Jahren hat ANDY WARHOL Videofilme gedreht. Der in Korea geborene, aber vor allem in den Vereinigten Staaten tätige NAM JUNE PAIK (geb. 1932) begann schon 1963 das Medium für Sequenzen mit ungegenständlichen Bildern zu nutzen. Seine TV *Clock* etwa bestand aus 24 Bildschirmen, deren jeder einen vom Zen inspirierten, jeweils in einem etwas anderen Winkel angeordneten Farbstreifen zeigte. Wie WARHOL und jene Künstler, die in China und andernorts Happenings organisierten und filmten, behandelte PAIK die Videokamera als eine Erweiterung des menschlichen Auges und den Bildschirm als Pendant zum Gemälde. Erst später erkannte man das große innovative Potential von Video, das es den Künstlern erlaubte, die metaphorische Kraft des Mediums voll auszuschöpfen und eine neue Form bildhafter ›Geschichten‹ zu erfinden. Und erst in den späten achtziger Jahren erkannte man, dass Video im Grunde nicht die Wirkungsweise des menschlichen Auges nachahmt, sondern das Bewusstsein, nicht den Prozess des Sehens, sondern den des Denkens. Künstler wie BILL VIOLA (geb. 1951) und GARY HILL (geb. 1951) haben sich diese Einsicht zunutze gemacht und Video in ein Medium verwandelt, das den Bewusstseinsstrom einfängt. Sie erkannten den Unterschied zwischen der bloßen Reizung der Netzhaut und dem durch Nachdenken, Literatur oder Musik hervorgerufenen Bilderstrom und erkundeten die vielfältigen Möglichkeiten des neuen Mediums, die weit über das rein Visuelle hinausreichen. Beide Künstler haben die Abstraktion, mit der sie begannen, zugunsten der menschlichen Gestalt und natürlicher Phänomene aufgegeben. Von christlicher Mystik und tantrischem Buddhismus inspiriert, hat sich VIOLA in seinem *Nantes Triptych* von 1992 mit den Mysterien von Geburt und Tod auseinander gesetzt. Drei verschiedene Videowände, jede von ihnen über 4,60 m hoch, zeigen seine Frau während der Geburt eines Kindes, seine sterbende Mutter und auf einem Schwarzweiß-Bildschirm dazwischen den Künstler selbst beim Schwimmen unter Wasser.

Anfangs waren GARY HILLS Videoinstallationen von der Malerei des Abstrakten Expressionismus inspiriert, doch schon bald bezog er die menschliche Gestalt und Stimme mit in sie ein, insbesondere in *Primarily Speaking* von 1983. 1992 verzichtete er dann in *Suspension of Disbelief* wieder auf das gesprochene Wort. Etwa dreißig Monitore ohne Gehäuse wurden nebeneinander und parallel zu einem Stahlbalken installiert. Auf den Bildschirmen sind die dahingleitenden Körper einer Frau und eines Mannes zu sehen, wobei die Kamera in unterschiedlicher Geschwindigkeit über sie hinwegfährt, manchmal so schnell, dass das Auge nicht auf ein bestimmtes Bild fokussieren kann. Mitunter überschneiden sich die Anatomien der beiden Körper, werden ausgeblendet, verschmelzen, doch zu keinem Zeitpunkt schließen sie sich zu einem einheitlichen Raumbild zusammen.

Auch die Arbeit *Tall Ships*, ebenfalls von 1992, entbehrt auf fast gespenstische Weise des Tons ▸ 22.33. Der Titel bezieht sich auf die Verse des amerikanischen Dichters Longfellow über »Schiffe, die des Nachts vorübergleiten und einander beim Vorübergleiten grüßen ... Nur ein Blick und eine Stimme, dann wieder Dunkelheit und Schweigen.« Schwarzweiß-Bilder von Passanten, die einem überall begegnen könnten, werden schwach auf die Wände eines dunklen Ganges projiziert. Sie sind klein und weit entfernt, doch wenn ein Besucher davor stehenbleibt, setzt sich das Bild dank einer elektronischen Schaltung in Bewegung. Die Figur kommt aus der Dunkelheit auf den Betrachter zu, bis sie in Lebensgröße vor ihm steht. Einige von ihnen versuchen Kontakt mit ihm aufzunehmen, ein kleines Mädchen rennt vor, ein Mann mit einem vorwurfsvollen Blick kommt näher, wendet sich dann aber wieder ab. All dies geschieht wie hinter einer undurchdringlichen Wand aus Glas und erinnert an die Schatten der Bewohner des Hades in der antiken Mythologie. Doch der Betrachter hat eher das Gefühl, angeschaut zu werden, als selbst zu schauen, als ob er selbst an die Stelle des Anderen rücke, zur Erinnerung daran, dass ein Mensch nie wirklich Kontakt mit einem anderen aufnehmen kann – immer gibt es da eine letzte Schranke. HILL versucht mit seiner Arbeit an die undurchdringliche Einsamkeit im Kern des Bewusstseins zu rühren, er schaltet das Licht an, um die Dunkelheit zu zeigen.

# Glossar

**Acryl-Malerei** Um 1960 entwickelte synthetische Farbe, die unter Beibehaltung der Leuchtkraft schnell trocknet. Sie ermöglicht transparente Effekte und → Impasto-Malerei, doch wird sie gewöhnlich für Arbeiten mit flachen Farben verwendet ▸ 21.43.

**Akanthus** Pflanze des Mittelmeerraumes mit dicken, stacheligen Blättern, aus der sich vermutlich viele Blattverzierungen, z. B. auf den korinthischen Kapitellen, ableiten ▸ 4.71.

**Akroter** Bekrönung griechischer Giebel in Form von skulptierten Palmetten, Voluten oder → Akanthus-Firstakroter, Eckakroter.

**Albuminabzug** Fotografisches Verfahren, für das ein mit einem Eiweißfilm (Albumin) beschichtetes Papier verwendet wird, das wiederum mit einer Silbernitratlösung lichtempfindlich gemacht ist, in der Zeit von 1850 bis ca. 1920 allgemein im Gebrauch.

**Altarbild** s. S. 367 ff.

**Anastasis** In der byzantinischen Malerei Darstellung der Auferstehung als Höllenfahrt Christi, s. S. 370; ▸ 9.84.

**Ang** Bei der chinesischen Dachkonstruktion ein langer, schräg verlaufender Konsolenarm mit Hebelfunktion. Ein ›ang tou‹ liegt direkt unter der abschwingenden Dachdecke.

**Antefix** Den Reihen der Ziegel am Rand des Daches vorgesetzte dekorative Bauelemente, meist bemalte Reliefs aus → Terrakotta oder Marmor.

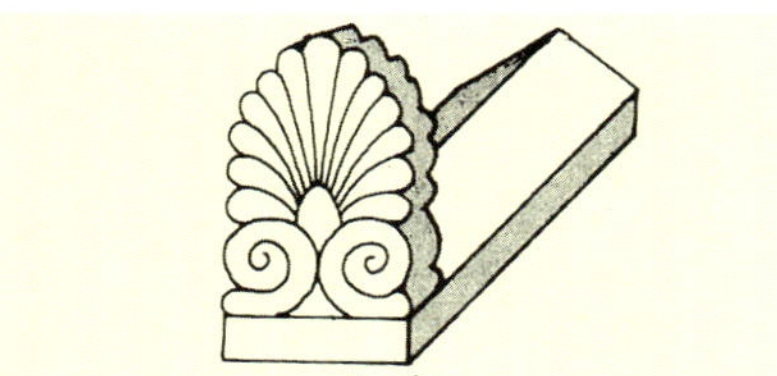

Antefix

**Apadana** Der von Säulen getragene (Hypostylen-) Audienzsaal persischer Könige, z. B. in Persepolis, s. S. 105

**Apsara** Himmlisches Wesen der buddhistischen Paradiese; in der hinduistischen Kunst Angehörige von Indras Harem.

**Apsis** (Chorhaupt) Überwölbter, halbrunder Raumteil am Ende eines Gebäudes, speziell einer Kirche ▸ 7.18; 45.

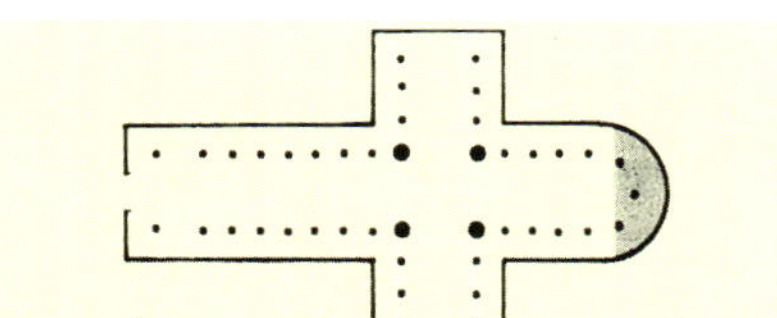

Apsis

**Aquarell** (Wasserfarbe) Mit Gummi gemischte Farbpigmente, die sich in Wasser lösen und im Auftrag eine halbtransparente Farbe ergeben. Eine saugfähige Oberfläche, normalerweise Papier, wird als Farbträger verwendet.

**Arabeske** Verwickelt verschlungene, unfigürliche Oberflächen-Dekoration in Pflanzenform, Spiralen, Knoten usw. → Groteske.

**Architrav** Der den Oberbau tragende Hauptbalken über den Säulen antiker Tempel und daraus abgeleiteter Architektur. → Ordnungen.

**Archivolte** Abgesetzte Stirn eines Rundbogens, auch Bogenläufe romanischer oder gotischer Portale, in denen sich die Gewändegliederung fortsetzt.

**Armarium** Aufbewahrungsschrein für zerbrechliche, aus Ton hergestellte Skulpturen.

**Atrium** Innerer, offener Hauptraum der etruskischen und röm. Häuser ▸ 3.28, gleichfalls der säulenumstellte Vorhof der frühchristlichen Basilika.

**Aufriss** Architekturzeichnung mit der schematisierten Darstellung eines Bauwerks oder von Gebäudeteilen ▸ 9.22.

**Balkenkonstruktion** Eine Bauweise, die hauptsächlich darauf beruht, dass – wie beim griechischen Tempel – senkrechte Elemente die horizontalen tragen, auch ›Trag- und Sturzbauweise‹ genannt, im Unterschied zur Bogenkonstruktion der römischen Ingenieurkunst.

**Basilika** s. S. 185 und S. 283 ff.

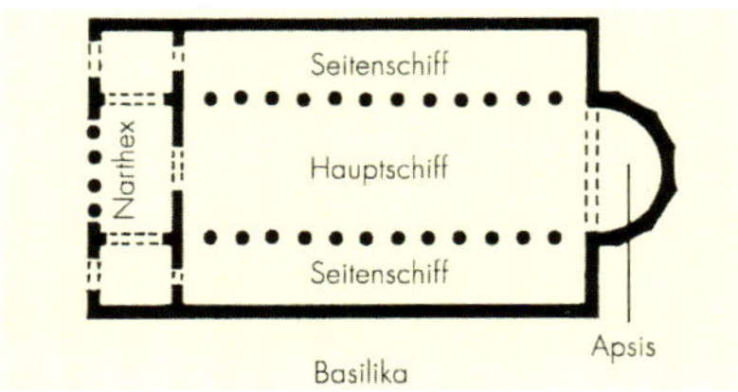


Basilika

**Bildebene** Die flache Oberfläche eines Gemäldes, die gemäß den westlichen Vorstellungen der Perspektive als eine durchsichtige Ebene (oder Fenster) zwischen Betrachter und Bildraum gedacht ist.

**Bildersturm** s. S. 301 f.

**Bodhisattva** Wesenheit des Buddhismus, die zur Erlösung der Menschheit ablehnt, ins Nirvana einzugehen.

**Bogenkonstruktion** Eine über Bögen konstruierte Architektur im Unterschied zur rechtwinkligen Konstruktion mit Trag- und Sturzbalken. → Balkenkonstruktion.

**Bolus** (griech. bolos = Erdscholle) Tonerde, die u. a. als Unterlage zur Goldfassung von Holzplastik oder Grundierung von Tafelbildern dient.

**Caitya** Ein Tempel oder Schrein des indischen Buddhismus bzw. Hinduismus. Die ›Caitya‹-Halle ▸ 6.9; 10 hat wie die → Basilika eine → Apsis und Seitenschiffe. Der ›Caitya‹-Bogen war ursprünglich die Ausführung eines Strohhüttengiebels in Stein, bekam allmählich aber die Form eines Hufeisens.

**Camera obscura** Der Vorläufer der fotografischen Kamera: eine ›dunkle Kammer‹, in die durch Licht, das durch eine winzige Öffnung oder Linse eintritt, auf eine rückwärtige Wand Abbilder von Gegenständen projiziert werden. Im 17. Jahrhundert entwickelt in Form eines tragbaren Kastens mit einem Spiegel, der das Abbild auffing, das durch eine Mattscheibe auf der oberen Seite sichtbar gemacht wurde; in dieser Form wurde die Camera obscura gelegentlich von Künstlern als Hilfsmittel beim Zeichnen verwendet. Zur Erfindung der Fotografie kam es über die Entdeckung lichtempfindlicher chemischer Substanzen, mit deren Hilfe sich diese Abbilder fixieren ließen.

**Cartoon** Satirische oder spaßhafte Zeichnung, speziell in Zeitungen.

**Cella** Der für das Kultbild bestimmte Hauptinnenraum eines antiken Tempels.

**Chashitsu** In Japan kleines Gebäude oder der Raum für die Teezeremonie ▸ 12.105.

**Chattra** Ein Ehrenbaldachin oder -schirm bei Hindu-Tempeln und indischen Palästen, der auch in Stein ausgeführt sein kann wie etwa als Bekrönung eines buddhistischen → Stupa ▸ 6.6; 7.

**Chiaroscuro** Helldunkel in der Malerei. Durch den kontrastreichen Wechsel von Licht und Schatten werden plastische Wirkungen erzielt.

**Chigi** Japanische Bezeichnung für die gekreuzten Giebelhölzer an Shinto-Schreinen.

**Chorabschluss** (franz. Chevet) Bezeichnung für das östliche Ende einer Kirche mit dem Chor, Chorumgang, → Apsis und evtl. Kapellen.

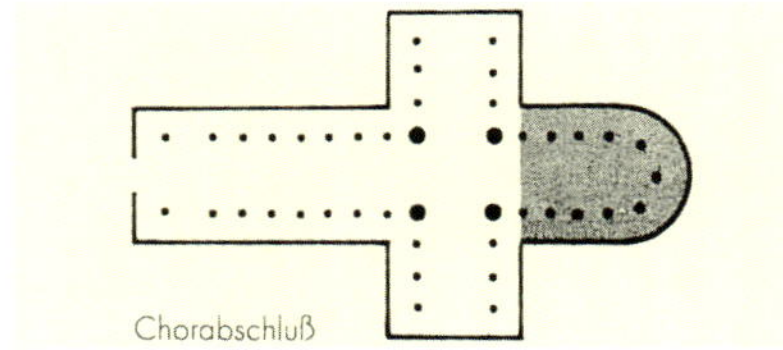

Chorabschluß

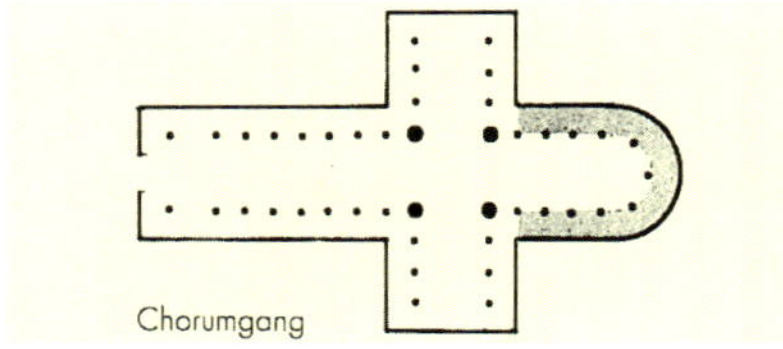

Chorumgang

**Chorumgang** Gang um den Chor oder den Altar einer Basilika, der mit offenen Bogenstellungen vom Chorraum geschieden ist ▸ 9.43.

**Chromogener Farbabzug** Fotografisches Verfahren, für das in eine Silbergelatineemulsion eingebundene Farbstoffe verwendet werden. In den dreißiger Jahren in Amerika entwickelt und zuerst von Kodak vervollkommnet.

**Cloisonné** → Email (Zellenschmelz).

**Collage** Komposition mit aufgeklebten Papierstücken, Stoff oder anderen banal-alltäglichen Elementen ▸ 19.38.

**Crayon** Farbpigmentpulver, das, mit Wachs oder Paraffin vermischt, zum Zeichnen in ein Stäbchen eingefüllt wird.

**Dachfirst** Waagerechter, längslaufender Balken im First eines Sattel-Daches, der die Enden der Dachsparren trägt.

**Dachstuhlpfette** Waagerechter, längslaufender Balken im Dachgebälk.

**Dagaba** oder **Dagoba** In Sri Lanka übliche Bezeichnung für einen → Stupa.

**Daguerreotypie** Von Louis Jacques Mandé Daguerre (s. S. 602 ff.) erfundenes und 1839 patentiertes fotografisches Verfahren zur Fixierung positiver Abbilder auf silberbeschichteten Metallplatten, bis zu den 1860er Jahren insbesondere für Porträtaufnahmen häufig angewandt. Jede Daguerreotypie ist ein Unikat, das Verfahren wurde abgelöst durch Weiterentwicklungen des → Kalotypie-Verfahrens, welche die Herstellung zahlreicher Abzüge von einem einzigen Negativ ermöglichten.

**Deesis** Vor allem in der byzantinischen Kunst verbreitete Darstellung des thronenden Christus zwischen der Jungfrau Maria und Johannes dem Täufer.

**Dipteros** (Dipteraltempel) Klassischer griechischer Tempel mit einem doppelten Säulenumgang an allen Seiten.

**Diptychon** Zweiflügeliges, aufklappbares Gemälde oder Relief.

**Dorisch** → Ordnungen.

**Eisenbeton** Moderne Entwicklung der Betontechnik, bei der man den Beton durch Zusatz von Stahlgeflechten oder -stangen verstärkt.

**Elektrum** Natürliche Legierung von Gold und Silber.

**Email** Glasmasse, die unter Hitzeeinwirkung mit einer Metalloberfläche verschmolzen werden kann. ›Champlevé‹-Emaille wird in Rillen gegossen, die man in Metall eingeritzt hat ▸ 9.74. ›Cloisonné‹-Emaille wird in ›cloisons‹ gegossen, d. h. in Fächer aus einem Netz von Metallstreifen, deren obere Kanten freiliegen, um Farbbereiche voneinander zu trennen ▸ 9.20.

**Engobe** (franz. Beguss) Mischung von feinem Ton und Wasser (Schlicker). Wird als Überzug für Gefäße aus grobkörnigem, durchlässigem Ton verwendet und mit dem Träger zusammen gebrannt. Die Engobe wird oftmals dekorativ gebraucht.

**Enkaustik** Antikes Malverfahren, wobei in Wachs gebundene Farben durch heiße Werkzeuge mit der Malfläche verschmolzen werden.

**Entasis** Leichte, konvexe Schwellung des Säulenschaftes, s. S. 130

**Farbe** Pigmentstoffe, mit einem flüssigen Mittel vermischt. → Acryl-Farbe, Fresko, Öl-Farbe, Aquarell, Tempera.

**Farben** Sinneswahrnehmung, durch Lichtwellen im Auge hervorgerufen. Die Spektralfarben werden unterteilt in drei Primärfarben – Gelb, Rot und Blau –, von denen jede eine Komplementärfarbe besitzt, die sich aus der Mischung der beiden anderen ergibt. Die Farbwerte werden durch die Lichtmenge der verschiedenen Farbabstufungen (Gelb hat einen höheren, Blau einen tieferen Wert) bezeichnet, und sie sind unabhängig von der Sättigung oder der Reinheit der Farben. → Lokal-Farben.

**Fassade** Die architektonisch besonders akzentuierte Front- oder Stirnseite eines Gebäudes.

**Fayence** Nach dem italienischen Ort Faenza benannte Keramik mit Zinnglasur (Glasur aus Blei- und Zinn-Oxyden mit Silikat und Pottasche), in Italien auch ›maiolica‹ genannt ▸ 10.57. Auch ein im Nahen Osten und der Ägäis des Altertums hergestellter durchsichtiger Stoff aus pulverisiertem Quarz.

**Fetisch** Gegenstand, dem magische Kraft zugesprochen wird.

**Figura Serpentinata** (ital. serpentino = schlangenartig) Eine vielfach in der Bewegung verschränkte, spiralförmig gewundene Figur, wie sie vor allem der europäische Manierismus liebte (Michelangelo, Giovanni da Bologna). Körperstudien, Malereien und Skulpturen des 16. Jh. zeigen eine Vorliebe für komplexe, oft artifizielle Figurenkompositionen, ▸ 11.83.

**Figurenkapitell** Ein Ornament mit menschlichen oder tierischen Figuren.

**Fresko** Wand- und Deckengemälde auf frischem (ital. fresco) Putz, der die Farbpigmente absorbiert. Das Verfahren, die Farben erst nach dem Trocknen des Putzes aufzutragen, trägt die technische Bezeichnung ›al secco‹ (ital. trocken), s. S. 376 und 378.

**Fries** Fortlaufendes Horizontalband aus skulpturalen oder dekorativen Elementen.

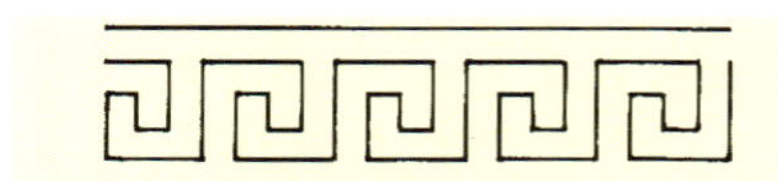

Fries

**Fusuma-e** Japanische Malerei auf Schiebetüren aus festem Papier, die Zwischenwände bilden.

**Gaden** (Fenster-, Licht- oder Obergaden) Über der Bogenstellung eines Mittelschiffs sich erhebender Wandabschnitt mit den Hochfenstern.

**Gebälk** → Ordnungen.

**Gemme** Harter Stein oder ein Muschel- oder Schneckengehäuse mit zwei Farbschichten, wobei entweder in die obere Schicht eine Darstellung graviert wird und der Rest erhaben stehen bleibt (Intaglio) oder außer dem reliefierten Bild auf der oberen Schicht alles weggenommen wird (Kamee).

**Genre-Malerei** Darstellung des alltäglichen Lebens, s. S. 554 f.

**Genres** Die verschiedenen Gattungen der Malerei, z. B, Historie, Landschaft, Porträt, Stillleben usw.

**Gesims** Der obere, hervorspringende Abschnitt des Gebälks in der klassischen Architektur, auch jede hervortretende Schmuckform am obersten Teil einer Mauer, eines Bogens usw.

**Gesso** (Gessomalerei, Gipsmalerei) Gemisch aus Gips oder Kalk, gelegentlich auch mit einem

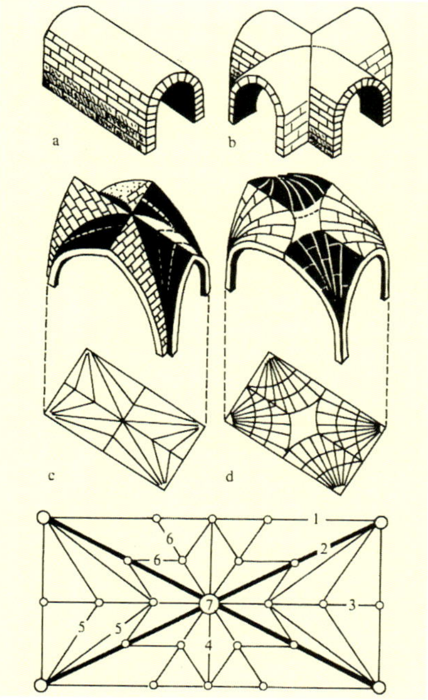


**Gewölbe** a = Tonnengewölbe, b = Kreuzgratgewölbe, c = Kreuzrippengewölbe, d = Fächergewölbe; 1 = Querrippe, 2 = Diagonalrippe, 3 = Quer-Rückenrippe, 4 = Längs-Rückenrippe, 5 = Streberippe, 6 = Neben- oder Zwischenrippe, 7 = Knauf.

anderen Material vermischt. Auf eine Leinwand aufgetragen, bildet es eine weiche, saugfähige weiße → Grundierung für Malerei, besonders für die → Tempera-Technik. Es kann auch für Reliefs benutzt werden. Der Begriff ›gesso‹ wird manchmal auch für Mörtel (Pariser Gips) benutzt, einem weißen Gipspulver, das, zusammen mit Wasser gemischt, eine Paste bildet und sich zu einer Masse härtet, die von Bildhauern für Gussformen und Abgüsse verwendet wird.

**Gewölbe** Eine Bedachung oder Decke aus Mauerwerk gemäß dem Prinzip des Bogens. Die einfachste Form ist das Tunnel- oder Tonnengewölbe mit kontinuierlichem halbkreisförmigen oder spitzbogigen Querschnitt, das nicht durch kreuzende Gewölbe unterbrochen wird. Die Überschneidung zweier Tonnengewölbe gleicher Form führt zu einem Kreuzgratgewölbe. Ein Rippengewölbe verfügt über ein Gerüst aus gebogenen Diagonalrippen, wobei die dazwischenliegenden Felder mit leichterem Stein ausgefüllt sind ▸ 9.26. Es wird vierteilig genannt, wenn jede Mauerfläche in vier Teile geteilt wird oder sechsteilig bei weiterer Diagonalteilung ▸ 9.42. Eine ›Kuppel‹ ist ein Gewölbe mit gleichmäßiger Krümmung über kreisförmigem Grundriss und segmentärem, halbkreisförmigem, spitzbogigem oder zwiebelförmigem Querschnitt. Die einfachste Form wird durch Kragsteine konstruiert, s. S. 76. Wird eine Kuppel auf einem quadratischen Sockel errichtet, müssen an den Ecken → Pendentifs oder → Strebebögen eingefügt werden, um zwischen Quadrat und Kreis zu vermitteln.

**Glasur** In der Töpferei ein durchsichtiger, wasserundurchlässiger Überzug, erreicht durch den Schmelzvorgang von Silikaterden mit einem flüssigen oxidierten Metall, z. B. Zinn.

**Gopuram** Monumentale Eingangstore an Hindu-Tempeln.

**Gouache** Malerei mit undurchsichtiger → Wasserfarbe.

**Grafik** Bereich der bildenden Kunst, der mehr von der Zeichnung als von der Farbe abhängig ist.

**Groteske** Phantasiereiches Ornament, in dem menschliche Figuren, Tiere und Architekturteile vorkommen können, von der → Arabeske zu unterscheiden.

**Grundierung** Eine auf die Malfläche aufgetragene Schicht, auf der gemalt wird. Eine Leinwand für ein Ölgemälde wird normalerweise mit Leim (eine dünne Lösung einer klebrigen oder harzigen Substanz) eingestrichen und dann mit Bleiweiß eingefärbt.

**Guillochieren** Das Gravieren verschlungener Linienornamente in präziser Regelmäßigkeit auf Metall, Holz oder Elfenbein, z. B. bei der Verzierung von Taschenuhren, der Schnitzmusterung von Banknoten etc.

**Gummiarabikum-Abzug** Fotografisches Verfahren, bei dem mit einer lichtempfindlichen Schicht aus Gummiarabikum überzogenes Papier verwendet wird. Im Prozess der Fixierung lassen sich Tönungen regulieren, Details entfernen usw.; Abzüge vom gleichen Negativ können sich folglich deutlich voneinander unterscheiden. Nach diesem Verfahren hergestellte Abzüge wurden erstmals 1858 der Öffentlichkeit vorgeführt und waren das bevorzugte Medium insbesondere von Kunstfotografen des späten 19. Jahrhunderts.

**Guttae** → Ordnungen.

**Historienbild** Darstellung der bildenden Kunst mit biblischem, mythologischem oder dichterischem Inhalt (auch Thema einer Heiligenvita). Innerhalb der Sujets nahm das Historienbild im Bereich der abendländischen Kunst bis ins 19. Jahrhundert die höchste Rangstufe ein. Die Gattungen des Porträts, Stilllebens, der Landschafts- und Genremalerei wurden im Gegensatz zu asiatischen Kunsttraditionen von der akademischen Theorie niedriger eingestuft.

**Holzschnitt** Druck von einer Holzplatte, auf deren Oberfläche alle Teile, die keine Farbe abgeben sollen, ausgespart sind ▸ 10.61. Die Holzplatte wird aus einem glatten, gleichmäßigen Stück geschnitten, dessen Fasern parallel zur Oberfläche verlaufen. Ein Abdruck von einem sehr harten Holz, dessen Fasern senkrecht dazu laufen und das mit einem Stichel bearbeitet ist, wird Holzstich genannt.

**Hua** Konsoleneinheiten bei chinesischen Dächern, von denen meist mehrere ein → ›tou kung‹ bilden.

**Hypostylos** (Hypostylensaal) Ein großer Raum, dessen Dach von Säulenreihen getragen wird.

**Ikone** s. S. 301 f.

**Ikonoklasmus** (Bildersturm) s. S. 301 f.

**Ikonostase** In einer byzantinischen Kirche die Scheidewand, die das Allerheiligste vom Gemeinderaum trennt und meist mit → Ikonen bestückt ist.

**Illuminierte Handschrift** Eine mit Zeichnungen oder Malereien geschmückte Handschrift, → Miniaturmalerei, ▸ 7.76; 77.

**Impasto** Das dicke Auftragen der Farbe.

**Informel** Von ›Art informel‹, eine von dem franz. Kunstkritiker Michel Tapié 1950 vorgeschlagene Bezeichnung für Malerei, bei der die Leinwand ›formlos‹ zum Begehungsfeld der persönlichen Impulse des Malers wird, wie bei Wols, Pollock u. a.

**Intaglio** → Gemme.

**Interkolumnie** Abstand zwischen zwei Säulen, speziell als Grundeinheit eines Bauwerks.

**Ionisch** → Ordnungen.

**Italisch** Die alten Völker Italiens und ihre Kulturen, außer den Etruskern, Römern und Kolonialgriechen.

**Iwan** In der Architektur des Nahen Ostens ein hohes Tor oder eine flache Halle mit gespitztem Tonnengewölbe wie im sassanidischen Palast von Ktesiphon ▸ 8.3 und vielen späteren islamischen Bauwerken, in denen der Iwan als Portal ▸ 12.42 oder als Mittelstück der Hoffassade auftritt ▸ 12.52.

**Joch** Senkrechte Unterteilung der äußeren oder inneren Wand eines Gebäudes, durch Fenster, Säulen, Gewölbeeinheiten usw. festgelegt.

**Kakemono** Japanische Malerei, die als Hängebild montiert ist. Drucke in dieser Manier werden ›Kakemono-e‹ genannt.

**Kalk** Kalziumverbindung, verwendet für Zeichnungen, mit Pigmenten vermischt für → Pastell und Grundierungspulver, gleichfalls Bestandteil des → Gesso.

**Kalligrafie** Künstlerisch gestaltete Handschrift, Schönschreibkunst ▸ 8.2.

**Kalotypie** Bezeichnung, die William Henry Fox Talbot 1841 für sein fotografisches Verfahren patentieren ließ: Ein Bild wird auf ein lichtempfindliches Blatt Papier projiziert und als Negativ chemisch fixiert; wenn dieses Blatt auf ein anderes lichtempfindliches Blatt Papier gelegt und belichtet wird, entsteht ein positiver Abzug. Das erste Negativ-Positiv-Verfahren und die Grundlage für andere, die es ablösen sollten.

**Kamee** (cameo) Eine erhaben gearbeitete → Gemme aus Stein oder Perlmutt mit zwei Farbschichten, von denen die obere als Relief geschnitzt und die untere als Grund verwendet wird ▸ 5.85.

**Kämpfer** Widerlager als Kämpfergesims oder Kämpferkapitell, auf dem ein Gewölbe oder Bogen aufliegt, dient zur Aufnahme und Weiterleitung von Schubkräften.

**Kannelur** Flache konkave Längsrille an Säulenschaft, Pfeiler oder Pilaster.

**Kapitell** Ausladendes Kopfstück einer Säule oder eines Pfeilers, → Ordnungen.

**Karnies** ›Glockenleiste‹, profilierter Teil des Gesims mit S-förmigem Querschnitt in der Art von Hohlkehle und Stab.

**Karton** Eine 1:1-Vorzeichnung (Skizze) für ein Gemälde.

**Kollodiumnegativ** Eine mit einer lichtempfindlichen Emulsion von Kollodium (einer Lösung von Nitrozellulose in Alkohol) und anderen Chemikalien beschichtete Glasplatte, die in eine Kamera eingelegt wurde und, um ein fotografisches Negativ zu erhalten, noch in nassem Zustand belichtet werden mußte. Negative dieser Art fanden in der Zeit von 1850 bis zu den 1870er Jahren häufig Verwendung.

**Kollotypie** Ein der Lithografie verwandtes fotomechanisches Druck-Verfahren, bei dem ein auf einem Negativ fixiertes Bild auf eine Platte übertragen wird, die mit einer Gelatineschicht überzogen ist; diese Schicht härtet bei Belichtung aus und absorbiert Tinte. Das Verfahren wurde 1855 erfunden.

**Kompositkapitell** Verschmelzung des ionischen mit dem korinthischen Kapitell in der römischen Architektur, → Ordnungen.

**Kondo** Die Haupthalle eines japanischen buddhistischen Klosters ▸ 6.137.

**Kontinuierende Darstellung** Form bildlichen Erzählens, die die zeitliche Abfolge eines Geschehens innerhalb einer Bildeinheit durch Darstellung mehrerer Phasen realisiert (z. B. röm. Triumphsäulen, frühchristl. Buchmalerei). Die Hauptfiguren eines Geschehens treten dabei pro Bildeinheit mehrfach in Erscheinung.

**Kontrapost** Körperhaltung der griech. Statue, bei der ein Körperteil in die Gegenrichtung zu einem anderen gebogen ist, Wechsel von Stand- und Spielbein.

**Korinthische Ordnungen** → Ordnungen.

**Kragsteinstütze** Lagen aus Mauerstein, von denen jede über der darunterliegenden hervorragt, um eine Stütze oder grobe Bögen, Gewölbe oder Kuppeln zu bilden.

**Kreuz** Eines der ältesten Symbole. Zwei Haupttypen wurden für die Grundrisse der christlichen Kirchen verwendet, das Griechische Kreuz mit gleichlangen Armen und das Lateinische Kreuz, bei dem die horizontalen Arme kürzer als die vertikalen sind. Andere Formen wurden für Symbole und Ornamente gebraucht, so das Malteserkreuz mit keilförmigen Armen, deren Spitzen sich in der Mitte berühren.

**Kreuzgang** In einem christlichen Kloster der innere, umschlossene Hof, der von überdeckten Wandelgängen umgeben ist.

**Kreuzgratgewölbe** → Gewölbe.

**Kreuzschraffur** Schattierungsmethode in Zeichnung und Radierung, wobei über eine Schraffur eine weitere in anderer Richtung gelegt wird.

**Krypta** (Unterkirche) Raum oder Gewölbe unter dem Kultraum.

**Kupferstich** Druck von einer Metallplatte, in die die Zeichnung mit einem sog. ›Stichel‹, der auf dem Metall spezielle Schraffuren hinterlässt, eingeritzt wird. Im Gegensatz zur Radierung, bei der die Zeichnung nach der Arbeit mit der Radiernadel auf einer beschichteten Metallplatte mit Säure eingeätzt wird.

**Kuppel** → Gewölbe.

**Lack** Die wasserfeste Substanz aus dem Saft eines chinesischen Baumes (›Rhus vernicifera‹), hauptsächlich als Schmuck- und Schutzüberzug verwendet, s. S. 109; ▸ 3.62. In China und Japan werden große, aber leichte Plastiken im ›Trockenlack‹-Verfahren hergestellt, dabei wird Hanfgewebe mit Lack getränkt und mit weiteren Lackschichten überzogen. Nach der Trocknung kann das formgebende Holzgestell oder der Tonkern entfernt werden, der Kern des Objekts bleibt hohl.

**Lasur** Die Schichtung von durchsichtiger oder durchscheinender Ölfarbe über einer anderen ergibt einen luziden, perlmuttartigen Farbeffekt, der die Bildwirkung kostbarer macht. Die Meister der Lasur, die frühen Niederländer, lasierten bis zu 16 Schichten.

**Lehrgerüst** Holzkonstruktion als Hilfsmittel beim Bau von Bögen und Gewölben, die entfernt wird, wenn der Mörtel fest geworden ist.

**Lichtgaden** In der → Basilika der obere Teil der Hauptschiffwand, die sich über die Dächer der Seitenschiffe erhebt und von Fenstern unterbrochen wird ▸ 9.50.

**Linearperspektive** → Perspektive.

**Lingam** Phallus-Symbol der Hindu-Gottheit Shiva, meist eine einfache zylindrische Form mit gerundeter Spitze ▸ 6.32.

**Lisene** Erhabener vertikaler Wandstreifen, ähnlich dem Pilaster, doch ohne Basis und Kapitell.

**Lithografie** Flachdruckverfahren von einem mit Ölstift bearbeiteten Stein, s. S. 592; ▸ 15.28, 1796/98 von Alois Senefelder erfunden.

**Liwan** In der nahöstlichen Architektur eine große Säulenhalle oder eine flache Halle mit einem Tonnengewölbe, so im sassanidischen Palast von Ktesiphon ▸ 8.3, und viel später in islamischen Gebäuden der Raum vor dem Eingang oder vor dem Hofraum.

**Lokalfarbe** Eigenfarbe des dargestellten Gegenstandes in der Bildwiedergabe, sie ist weder durch Zwischentöne gebrochen noch durch Licht oder Schatten mit den umgebenden Farbtönen verbunden.

**Luftperspektive** → Perspektive.

**Luftziegel** (Adobe) Ungebrannter, in der Sonne getrockneter Lehmziegel.

**Lünette** (franz. Halbmond) Halbkreisförmig begrenztes Bogenfeld.

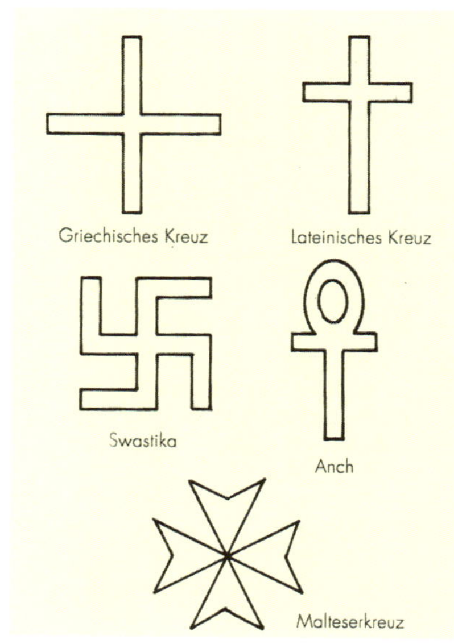

**Mäander** Nach einem windungsreichen Fluss in Kleinasien benanntes Motiv der antiken Ornamentik. Als rechtwinklig gebrochenes Ornamentband war der Mäander wichtiges Dekorationselement in der Baukunst und Malerei und trat in verschiedenen Ausformungen auf: Treppenmäander, Zinnenmäander, Hakenmäander u. a.
**Maestà** Italienische Bezeichnung für hieratisch strenge Gemälde der Madonna mit Kind, ›in Herrlichkeit thronend‹.
**Maiolika** → Fayence.
**Malanggan** Ritual, das in Neu-Irland (Melanesien) beheimatet ist, sowie Bezeichnung der Gegenstände, die in diesem verwendet werden ▸ 18.49.
**Malerisch** Charakteristik eines Gemäldes, in dem die Formen eher durch Farben als durch Linien bestimmt sind.
**Mandala** Schaubild des buddhistischen Kosmos, s. S. 213 ff.
**Mandapa** Große offene Halle, vorwiegend in einem hinduistischen Tempelkomplex ▸ 12.71.
**Mandorla** Mandelförmiger Heiligenschein (Nimbus) um eine Figur, meistens um den auferstandenen Christus oder die Jungfrau.
**Maßwerk** Geometrisch konstruiertes Bauornament der Gotik; ursprünglich nur zur Aufteilung großer Bogenfenster entwickelt, wurde es später auch zur Gliederung von Wandflächen, Giebeln, als Blende und für Brüstungen oder als durchbrochenes Muster verwendet.

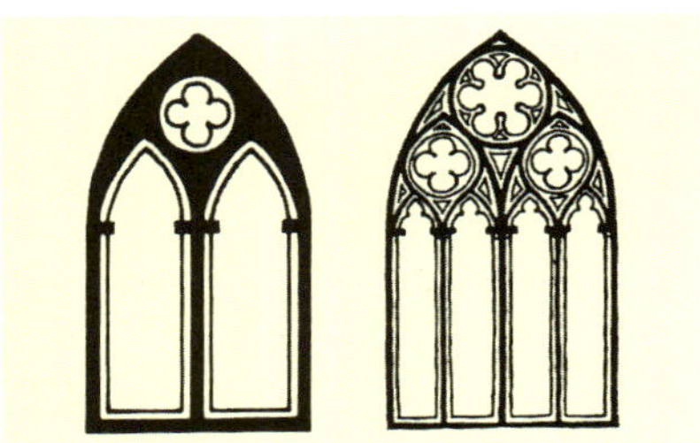

Maßwerk

**Mastaba** Bau über altägyptischen Gräbern. Ein massiver Hügel aus Ziegeln oder Steinen mit Mauern über einem rechtwinkligen Grundriss, die sich nach oben verjüngen.

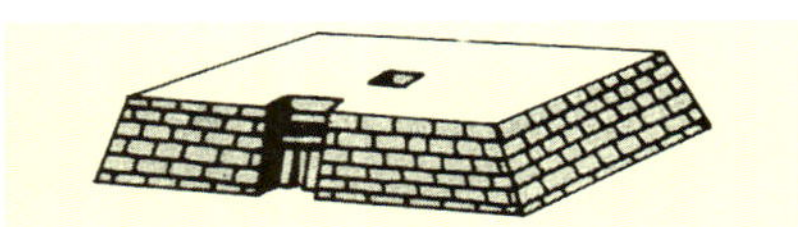

Mastaba

**Mbis** Geschnitzte hölzerne Erinnerungspfähle, von den Asmat in Neu-Guinea aufgestellt ▸ 18.11.
**Medrese** Islamische Lehranstalt für Theologie und religiöses Recht.
**Megalith** Großer Steinblock in unregelmäßiger Form, der grob behauen oder unverändert belassen wurde ▸ 1.38.
**Metope** → Ordnungen.
**Mihrab** Nische oder flache Platte in der → Qiblawand einer → Moschee.
**Mimbar** Die steile Kanzel, von der aus ein Imam das Gemeinschaftsgebet leitet und sich an die in der → Moschee versammelten Gläubigen wendet.
**Minarett** Hoher Turm einer → Moschee, von dem aus die Moslems zum Gebet gerufen werden ▸ 8.21; 12.49.
**Miniaturmalerei** Malerei mit Figuren, in ›minium‹ (rotes Farbpigment) ausgeführt. Normalerweise ein illuminiertes Manuskript, früher jede kleine Malerei, auch Bildnismalerei in kleinem Format.
**Modul** Maßeinheit zur Regelung von Gebäudeproportionen.
**Montage** Bild aus Drucken, Fotografien usw., die ausgeschnitten und zusammenmontiert werden ▸ 19.38.
**Mosaik** Bildkomposition aus kleinen bunten Steinen (Kieselmosaik) oder mit Würfeln aus Stein, Glas usw., die in Mörtel eingefasst sind ▸ 5.5; 5.30; 7.40.
**Moschee** Stätte für das gemeinschaftliche Gebet der Moslems, s. S. 317 ff.
**Namban** (Südbarbaren) Japanische Lackarbeiten mit europäischen Motiven oder Figuren.
**Narthex** Vor- oder Eingangshalle hinter der Front einer Kirche.
**Oculus** Runde Fensteröffnung in einer Wand oder in einer Kuppel ▸ 5.72.
**Ogee** Doppelt geschwungene Linie mit konkaver und konvexer Kurve (in Form eines S oder umgekehrten S), die als Paar einen Ogee-Bogen ergeben (ogivaler Bogen).
**Ölmalerei** Malen mit Farben, deren Bindemittel Leinöl (auch Mohn- oder Nussöl) ist.
**Ordnungen** Regelsystem der Bauglieder in der klassischen Architektur, bestehend aus Säule mit Basis und Kapitell, Architrav und Gesims, die in den Proportionen aufeinander abgestimmt sind. Von kanonischer Gültigkeit sind mehrere Grundtypen, (s. Darstellung unten).
**Orthogonale** Zur Bildebene rechtwinklig in den Raum verlaufende Linien, die den Gesetzen der Linearperspektive folgen.
**Orthostat** Hochkant stehender Steinblock am Fuß einer Mauer, oft mit Reliefs geschmückt.
**Pagode** Westliche Bezeichnung des buddhistischen Tempelturms im Fernen Osten; die chinesische Bezeichnung ist ›t'a‹ ▸ 6.126, die japanische ›shoro‹, wenn es sich um einen Glockenturm ▸ 6.139, und ›tahoto‹, wenn es sich um einen Raum mit komplizierter Dachkonstruktion handelt.
**P'ai lou** Großes chinesisches Ehrentor, das meist aus Stein errichtet ist.
**Pantokrator** In der byzantinischen Kunst Darstellung Christi als Weltenherrscher, meist in der Kuppel oder Apsis einer Kirche mosaiziert ▸ 7.70.

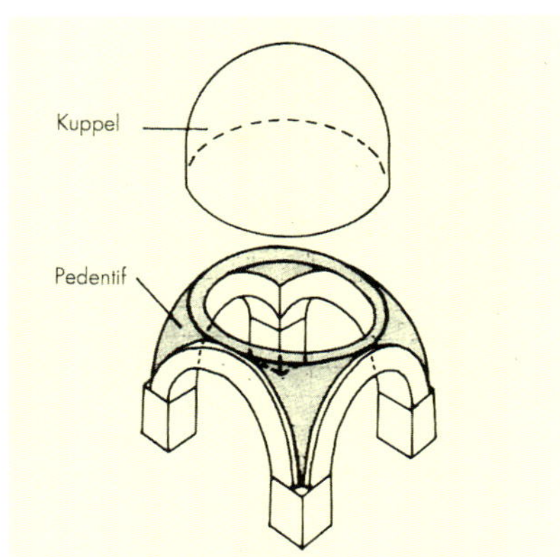


Pendentifkuppel (Schema)

**Pastell** Trockenmalerei, getrocknetes pulverisiertes Farbpigment, mit wenig Gummi als Bindemittel vermischt.
**Pendentif** (Hängezwickel) Konkaver Gewölbeteil, der vom Winkel zweier Wände zur Basis einer runden Kuppel führt ▸ 7.57.
**Peripteros** Klassischer griechischer Tempel mit einem einfachen Säulenumgang an allen Seiten.
**Peristyl** Kolonnade um das Innere eines Hofes oder eines Hauses, auch der Raum, der von einer Säuenhalle umgeben ist.
**Perspektive** System der Darstellung von Gegenständen in räumlicher Verkürzung, s. S. 391 f. (lineare Perspektive) und s. S. 436 f. (Luftperspektive).
**Pfeiler** Massive gemauerte Stütze mit rechtwinkligem Querschnitt.
**Pfetten** → Dachstuhlpfette.
**Pietà** Darstellung der Jungfrau mit dem Leichnam Christi auf dem Schoß.
**Pilaster** Flacher Wandpfeiler, der sich nur wenig von der Wandfläche abhebt und eine tektonische oder dekorative Funktion erfüllen kann.
**Polyptychon** Gemälde oder Relief, meist ein Altarbild, das aus mehr als drei Teilen besteht, → Diptychon, → Triptychon.
**Predella** Altarstaffel, bei mittelalterlichen oder Renaissancealtären der malerisch oder plastisch geschmückte Unterbau des Altarbildes.
**Putto** Schon in der Antike auftretende nackte oder leicht bekleidete Kinder- oder Knabenfiguren (Eroten, Amoretten) mit oder ohne Flügel.
**Pylon** Ein Turmpaar in Kegelstumpfform, das bei der altägyptischen Tempelarchitektur den Tordurchgang flankiert ▸ 3.27.
**Qiblawand** Die in einer Moschee nach Mekka weisende Wand, der sich die Gläubigen beim Gebet zuwenden.
**Querschiff** (Transept) Die Querarme einer kreuzförmig angelegten Kirche.
**Radierung** → Kupferstich.
**Radiokarbon-Datierung** Methode der Altersbestimmung von organischem Material (Holz, Knochen usw.) durch die Messung des Rückstandes der radioaktiven Kohlenstoffisotope (C14). Diese werden in der Atmosphäre durch Stickstoff (N14) als kosmische Strahlung von allen Verbindungen lebender Materie aufgenommen. 1946 entdeckte man, dass beim Tod lebender Organismen das eingenommene C14 zu zerfallen beginnt. Messungen der Radioaktivität einer Probe ergeben die Zeit, die seit dem Tod der Organstruktur verstrichen ist, und dies mit einer Sicherheit von 68% für die ersten 130 Jahre, mit 95% Sicherheit für 260 Jahre und mit 99,5% Sicherheit für 390 Jahre. Die Töpferei ist für die Radiokarbon-Methode nicht geeignet, aber die Thermoluminiszenz-Tests (gleichfalls auf der Radioaktivität basierend) zeigen mit 10% Sicherheit die Zeitspanne an, in der die mineralischen Kristalle im Ton gebrannt wurden.
**Repoussé** Eine Reliefverzierung auf Metall hauptsächlich bei Gold, Silber und Kupfer, die durch Hämmern an der Unterseite geschaffen wird ▸ 2.66.
**Retabel** Rückseitiger Aufsatz des Atartisches, dessen weiterentwickelte Form der Altarschrein, Flügel- und Wandaltar darstellen.
**Rustika** Eine Mauerwerksstruktur mit grob behauenen Buckelsteinen, oftmals in Gips nachgemacht ▸ 10.28; 17.58.
**Sacra Conversazione** (ital. ›Heilige Unterhaltung‹) Ein in der ital. Renaissance entwickelter Darstellungstypus der Jungfrau mit Kind und Heiligen ▸ 10.66
**Säulenordnungen** ▸ Ordnungen.
**Schachtgrab** Tiefe, enge Grube für die sterblichen Überreste eines Toten.
**Schamane** Priester (Medizinmann), dem man zutraut, mit guten und bösen Geistern in Kontakt zu treten und diese zu beherrschen, speziell in den Kulturen Nordost-Asiens und Nordwest-Amerikas.
**Schiff** Versammlungsbereich in einer Kirche, gewöhnlich im westlichen Teil von Seitenschiffen flankiert.
**Schlicker** → Engobe.
**Schlussstein** Der zuoberst eingesetzte Stein im Scheitelpunkt eines Bogens oder Kreuzrippengewölbes.

Schiff

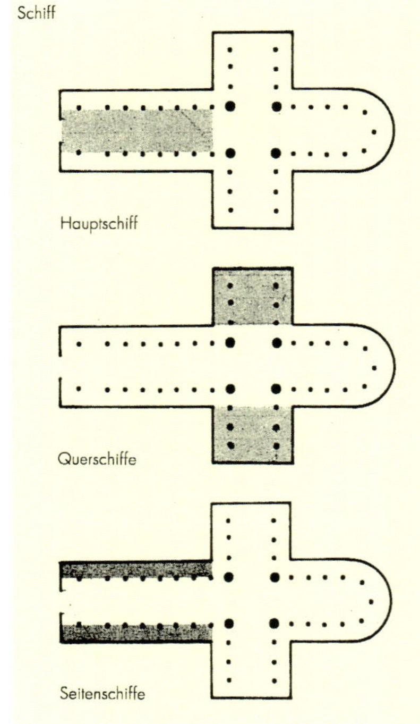


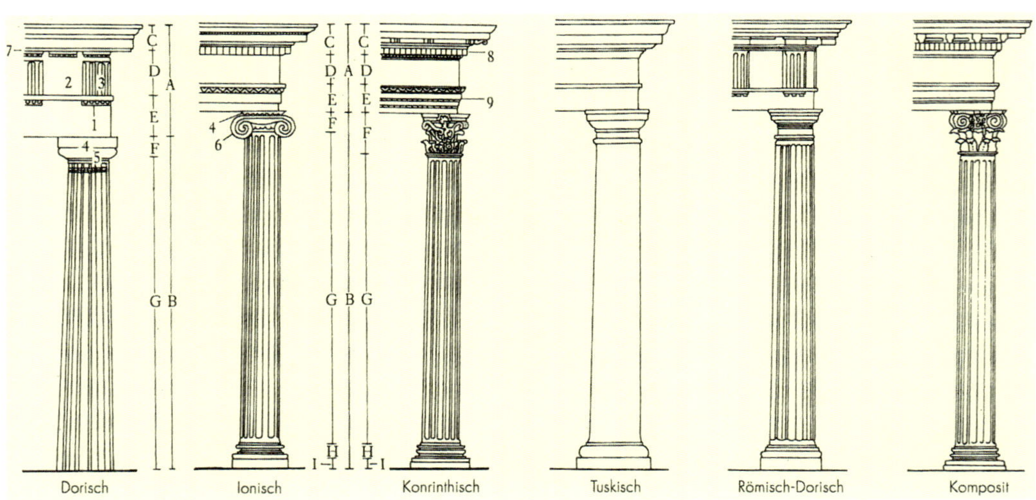


**Ordnungen** A = Gebälk, B = Säulen, C = Sims (Karnies), D = Fries, E = Architrav, F = Kapitell, G = Schaft, H = Basis, I = Plinthe; 1 = Guttae, 2 = Metopen, 3 = Triglyphen, 4 = Abakus, 5 = Echinus, 6 = Voluten, 7 = Kannelierung, 8 = Zahnschnitt, 9 = Faszien des Architravs.

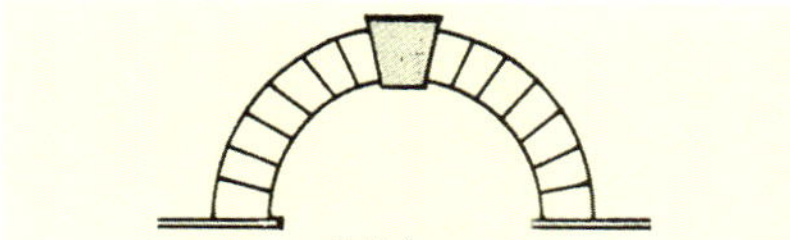

Schlußstein

**Schraffur** Parallele Linien, die in einer Zeichnung oder einer Radierung den Schatten andeuten.
**Serigrafie** → Siebdruck.
**Sfumato** (ital. ›rauchig‹) Eine vor allem von Leonardo entwickelte Darstellungsweise in der Ölmalerei, die eine atmosphärische, die → Lokalfarben auflösende tonale Wirkung erzielt, s. S. 437.
**Shoro** → Pagode.
**Siebdruck** Nach 1930 von Künstlern entwickeltes Druckverfahren, bei dem die Farbe durch einen Seidenstoff gedrückt wird, auf dem gewisse Teile maskiert sind. Unterschiede in den Abzügen können durch Variation der Stärke der Farben erzielt werden.
**Sikhara** Dachspitze oder Turm über einem Schrein indischer Tempel ▸ 6.48.
**Silbergelatinedruck** Fotomechanisches Druckverfahren, für das ein Papier verwendet wird, das mit Silbersalzen in Gelatine lichtempfindlich gemacht ist. Papier dieser Art war erstmals in den 1880er Jahren erhältlich, die Qualität wurde in der Zeit danach verbessert, und es wird heute gemeinhin immer noch für Schwarzweißfotos verwendet.
**Sims** → Gesims.
**Sinopie** Rötlich-brauner Farbstoff, auch die Vorzeichnung für ein → Fresko, die meistens mit diesem Farbstoff ausgeführt wird.
**Spondrille** → Zwickel.
**Stahlstich** Gestochene Zeichnung, gleichfalls Abzug von einer gestochenen Stahlplatte. → Kupferstich.
**Stele** Aufrecht stehende Platte als Denk- oder Grabmal mit einer Inschrift oder einem Relief.
**Stereotomie** (Steinschnittlehre) Die Kunst, Stein in geometrische Körper zu hauen.
**Stoa** Antike Säulenhalle, die an die Agora oder das Forum, den offenen Markt, grenzt.
**Strebepfeiler** Ein quer zur Längsflucht eines Baues stehender Pfeiler, der zur Verstärkung hoher Mauern und zur Ableitung von Schubkräften bei Bögen, Dächern oder Gewölben dient.
**Strebesystem** System der Strebepfeiler und Strebebögen an hochgotischen Kathedralen, das die Schubkräfte der Hochgewölbe ableitet.

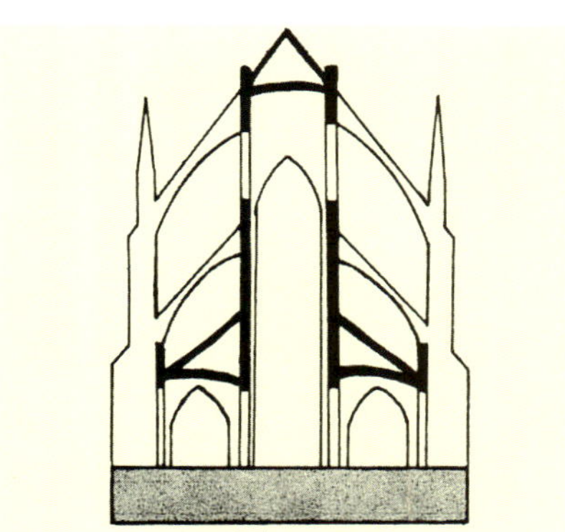

Strebesystem

**Stuck, Stuckatur** Wandüberzug aus verschiedenen Arten von Mörtel als Schutz oder zur Dekoration. Eine Mischung aus Kalk und pulverisiertem Marmor (›stucco lustro‹) wurde an den Decken und Innenwänden seit dem 16. Jahrhundert in Europa als Reliefschmuck verwendet.
**Stupa** In Indien ein heiliger Grabhügel, ursprünglich Grabmal, später von den Buddhisten als Bau errichtet, um eine Reliquie zu verwahren oder um einen heiligen Platz zu kennzeichnen ▸ 6.6; 7.
**Sturz** Horizontaler Balken oder Stein, der eine Öffnung überbrückt.
**Stützbogen** → Strebepfeiler.
**Surinomo** Japanische Glückwunschblätter auf besonderem Papier.
**Sutra** Ausschnitt oder ›Vers‹ aus buddhistischen kanonischen Schriften oder hinduistischen Texten. Berühmt vor allem die Yoga-Sutren des Patanjali.
**T'a** → Pagode.
**Tahoto** → Pagode.
**T'ao-t'ieh** Chinesischer Begriff für die stilisierte Drachenmaske auf den Bronzegefäßen der Shang-Dynastie ▸ 2.92; 93.
**Temenos** Der hl. Bezirk eines griechischen Tempels; auch einer Gottheit geweihtes Land.
**Tempera** Vor der Entwicklung der → Ölmalerei angewandte Technik, um Farbpigmente durch die Beimischung (lat. ›temperare‹ = mischen) von Eigelb und Wasser zu verflüssigen. In Europa vom frühen Mittelalter bis ins 16. Jahrhundert anzutreffen ▸ 9.86.
**Terrakotta** Gebrannter, unglasierter Ton.
**Thermolumineszenz** → Radiokarbon-Datierung.
**Tholos** Griechische Bezeichnung für ein Gebäude über kreisförmigem Grundriss, in der Regel ein Tempel oder eine Grabstätte.
**Tokonoma** (Bildnische) Nische in japanischen Häusern für ein Bild, eine Kalligrafie oder eine Vase mit Blumen.
**Tondo** Bildformat in Kreisform. Vor allem in der Malerei der Renaissance als Kompositionsmittel zur Erzeugung idealer bildnerischer Harmonie erprobt.
**Torana** Indisches Eingangstor, besonders im Steinzaun (Vedikā) eines buddhistischen → Stupa.
**Toreutik** Bezeichnung für die antike Metallbearbeitung durch Treibtechnik, bei der das Metallblech über einem positiven oder negativen Formkern meist aus Holz zum Relief gehämmert wurde. Eine weitere Detailwirkung der Oberfläche konnte durch → Ziselieren erfolgen.
**Totem** Emblem einer Familie oder eines Clans, gewöhnlich eine Tierdarstellung. Das Wort stammt ursprünglich von den Indianern der amerikanischen Nordwest-Küste (Ojiwa) ab und wird heute in verschiedener Weise benutzt.
**Tou kung** Chinesische Bezeichnung für das Konsolensystem, das über einem Säulenschaft vorkragt und die Dachsparren und überstehenden Traufen stützt.
**Trag- und Sturzbauweise** → Balkenkonstruktion.
**Transept** → Querschiff der Kreuzbasilika.
**Treibarbeit** → Ziselieren.
**Tribhanga** (dreifache Biegung) Kurvenreiche Haltung in der Kunst und den Tänzen Indiens.
**Triforium** Laufgang über den Bögen und unter den → Lichtgaden im Gewände des Hauptschiffs einer romanischen oder gotischen → Basilika.
**Triglyphe** → Ordnungen.
**Trilith** Zwei aufrechte → Megalithen, die einen waagerechten tragen.
**Triptychon** Dreiteiliges Gemälde.
**Triumphbogen** Freistehender monumentaler Bogen, von den Römern im frühen 2. Jahrhundert n. Chr. entwickelt ▸ 5.91. Auch der Querbogen am östlichen Ende einer christlichen Kirche, der den Chor und die → Apsis gegen das Langhaus abtrennt.
**Trompe l'œil** Ein illusionistisches, das Auge täuschende Gemälde.
**Trumeau** Steinpfosten, der die Mitte eines → Tympanons stützt ▸ 9.33.
**Ts'un** Chinesischer Ausdruck für die Binnenzeichnung der in Umrisslinien gegebenen Formen, z. B. bei der Landschaftsmalerei die Textur für Felsen, Berge, Bäume usw.
**Tympanon** (Bogenfeld) Die Fläche zwischen dem Türsturz und dem darüber liegenden Bogen ▸ 9.31.
**Ukiyo-e** Darstellungen des Alltagslebens in der japanischen Kunst, meist als Holzdrucke, aber auch Malereien ▸ 16.18.
**Vedute** Nach dem Prinzip der Sachlichkeit und Naturtreue gestaltete Ansicht einer Stadt oder Landschaft. In der abendländischen Kunst erst spät entwickelt, ist die Vedute ein Ergebnis der häufigeren Bildungsreisen in der Barockzeit, u. a. nach Rom. Bedeutendste Vertreter dieses Genres: Piranesi, Canaletto, Guardi.
**Verkürzung** Die auf eine einzelne Form angewandte Perspektive, z. B. die Darstellung eines Fußes, der zur Bildebene nicht parallel ist, sondern aus ihr herausweist ▸ 4.14.
**Verlorene Form** → Wachsausschmelzverfahren.
**Vierung** Der Raum im Kreuzungspunkt des Schiffes, des Chores und Querschiffes einer Kirche ▸ 13.21.

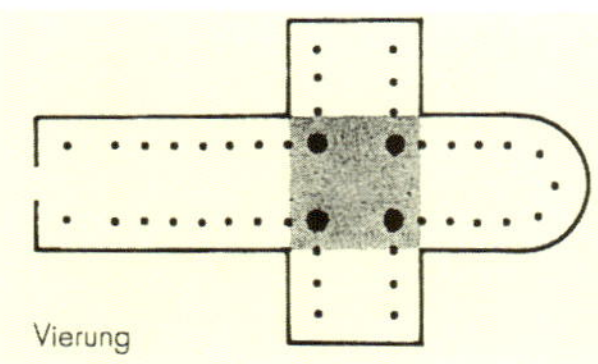

Vierung

**Vihara** Indische Bezeichnung für ein buddhistisches oder jainistisches Kloster.
**Vimana** Schrein in einem hinduistischen Tempel mit seinen Oberbauten.
**Vitruv-Rolle** → Wellenband.
**Volute** Der spiralförmige Schnörkel bei den Kapitellen der ionischen und – weniger hervorstechend – der korinthischen und der Kompositordnung.
**Vorkragung** Mauerwerk, bei dem jede höhere Zeile über die untere hinausragt, als Konsole oder für einfache Bögen, Gewölbe oder Kuppeln.
**Wachsausschmelzverfahren** (franz. ›Cire Perdue‹ – verlorenes Wachs) Technik des Bronzegusses zur Herstellung von Großplastiken. Über einem grob modellierten Kern (Ton, Gips) wird Wachs in der Dicke des späteren Metalls aufgetragen, fein ausgearbeitet und wiederum mit einer Formmasse überzogen. Derart zwischen dem inneren Kern und dem Formmantel fixiert, wird das Wachs beim Guss durch flüssiges Metall ersetzt, das durch Kanäle in der Ummantelung eingelassen wird. Der Kern wird später herausgeschlagen (Verfahren mit verlorener Form). Das Wachsausschmelzverfahren ist bei optimaler Anwendung der kostspieligen Bronze sehr wirtschaftlich und erlaubt die Herstellung leicht transportabler Großplastik. Wegen des beträchtlichen Schwundes bei der Abkühlung größerer Metallmassen und der damit verbundenen Gefahr der Rissbildung können nur kleinere Figuren im Vollguss hergestellt werden. Dabei bildet ein massiv aus Wachs geformtes und ausgearbeitetes Modell den Kern, der, mit Lehm ummantelt, vom eindringenden Metallfluss verdrängt wird.
**Wasserfarbe** → Aquarell.
**Wellenband** (Vitruv-Rolle) Ein Band von wiederholten, wellengleichen Rollen, das in → Friesen der klassischen Architektur auftritt.
**Wen-jen-hua** Chinesischer Begriff für einen Malstil, wie er von den Gebildeten praktiziert wurde, Gelehrtenmalerei, Literatenmalerei.
**Westwerk** Westabschluss karolingischer oder romanischer Kirchen, der mit einem Mittelturm und zwei seitlichen Treppentürmen nach außen dreiteilig in Erscheinung tritt. Im Inneren befindet sich zwischen dreigeschossigen Seitenräumen ein großer Raum, der sich über einer niedrigen Eingangshalle zum Mittelschiff öffnet.
**Yakshi** Indische Naturgottheit, männlich ›Yaksha‹.
**Yamato-e** Japanische Bezeichnung für Malerei im japanischen Stil, im Unterschied zur chinesischen Malweise.
**Zellenschmelz** → Email.
**Zeremonialstab** Polynesisches Kultbild. Geschnitzter Holzstab, der mit Stoff umwickelt ist ▸ 18.4.
**Ziborium** (Gehäuse) Eine Art Baldachin, der, von Säulen gestützt, den Altar einer Kirche überfängt.
**Zikkurat** Hochterrasse auf rechteckigem Grund mit zurücktretenden, treppenartigen Mauern, dessen oberste Ebene ein Tempel beherrscht.
**Ziselieren** Die Bearbeitung von Metall mit Meissel, Punze, Stichel etc. Das Gussziselieren dient der Verfeinerung und Ausbesserung eines Metallgusses durch besondere Behandlung der Oberflächen (→ Wachsausschmelzverfahren). In einem erweiterten Sinn fällt auch die Treibarbeit unter den Begriff Ziselieren (→ Toreutik).
**Zwickel** Dreiseitiges Flächenstück, das aus der Umgrenzung eines Bogens mit einer Rechteck-Rahmung entsteht.

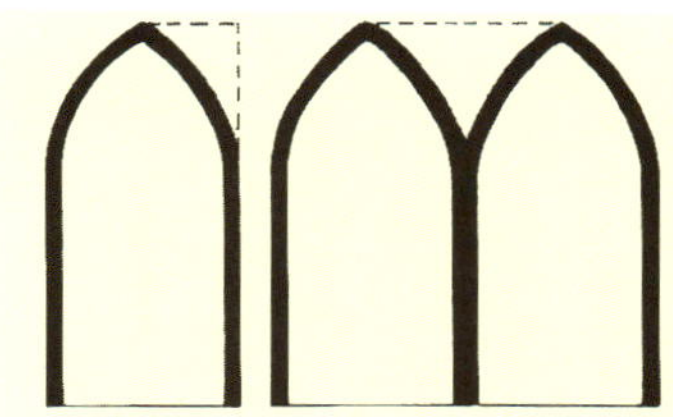

Zwickel

**Zyklopenmauerwerk** Mauerwerk aus riesigen unregelmäßigen Blöcken ▸ 2.76.

# Literatur


*Allgemeine Literatur – von den Anfängen bis zur Gegenwart*

Frizot, M. (Hrsg.), *Neue Geschichte der Fotografie*, Köln 1998

Gombrich, E. *Die Geschichte der Kunst*, Köln 1996

Klotz, H., Geschichte der Architektur – Von der Urhütte zum Wolkenkratzer, München/New York 1991

Kultermann, U., *Geschichte der Kunstgeschichte*, München/New York 1990/96

Malraux, A., Salles, G. (Hrsg.), *Universum der Kunst*, München 1962

Nervi, P. L., *Weltgeschichte der Architektur*, Stuttgart 1985 ff.

Nicolaus, K., *Dumonts Handbuch der Gemäldekunde*, Köln 1986

Pevsner, N., *Europäische Architektur*, München 1987 (9. Auflage)

Pevsner, N., Honour, H., Fleming, J., *Lexikon der Weltarchitektur*, München 1992 (3. Auflage)

Propyläen Kunstgeschichte, Berlin

## 1 Die vorgeschichtliche Zeit
(S. 29–43)

Almagro, M., u. a., *Mittlere Steinzeit, Jäger- und Sammlerkulturen* (Hdb. d. Urgeschichte, Bd. 1) München 1966

Chauvet, J.-M., u. a., *Grotte Chauvet*, Sigmaringen 1995

Clark, J. G. D., *Frühgeschichte der Menschheit*, Stuttgart 1964

Giedion, S., *Ewige Gegenwart – Ein Beitrag zu Konstanz und Wechsel*, Köln 1964
Bd. 1: *Die Entstehung der Kunst*
Bd. 2: *Der Beginn der Architektur*

Graziosi, P., *Die Kunst der Altsteinzeit*, Stuttgart o. J.

Kenyon, K. M., *Archäologie im Heiligen Land*, Neukirchen 1967

Leroi-Gourhan, A., *Prähistorische Kunst – Die Ursprünge der Kunst in Europa*, Freiburg i. Br. 1971

Leroi-Gourhan, A., *Höhlenkunst in Frankreich*, Bergisch-Gladbach 1981

Mellaart, J., *Çatal Hüyük, Stadt aus der Steinzeit* (Neue Entdeckungen der Archäologie), Bergisch-Gladbach 1967

Müller-Beck, H., und Albrecht, H., *Die Anfänge der Kunst vor 30000 Jahren*, Stuttgart 1987

Piggott, S., *Vorgeschichte Europas – Vom Nomadentum zur Hochkultur*, München 1972

## 2 Die frühen Hochkulturen
(S. 45–81)

## 3 Kulturelle Entwicklungen auf den Kontinenten
(S. 83–117)

*Mesopotamien und Iran*

Bittel, K., *Grundzüge der Vor- und Frühgeschichte Kleinasiens*, Tübingen 1950

Ghirshman, *Iran. Protoiranier, Meder und Achämeniden* (Universum der Kunst), München 1964

Heinrich, E., *Bauwerke in der altsumerischen Bildkunst*, Wiesbaden 1957

Orthmann, W., *Der Alte Orient* (Propyläen Kunstgeschichte), Bern 1975

Parrot, A., *Sumer. Die mesopotamische Kunst von den Anfängen bis zum 12. vorchristlichen Jahrhundert* (Universum der Kunst), München 1962

Strommenger, E., Hirmer, M., *Fünf Jahrtausende Mesopotamien. Die Kunst von den Anfängen um 5000 v. Chr. bis zu Alexander dem Großen*, München 1962

Thimme, I., *Frühe Randkulturen des Mittelmeerraumes, Kykladen, Zypern, Malta, Altsyrien*, Baden-Baden 1968

Kat. Ausst. *Sumer, Assur, Babylon*, Museum für Vor- und Frühgeschichte, Berlin (Mainz 1989)

*Indus-Tal*

Belenickij, A., *Zentralasien* (Archaeologia mundi), München 1968

Wheeler, R. E. M., *Alt-Indien und Pakistan bis zur Zeit des Königs Ashoka*, Köln 1959

Kat. Ausst. *Vergessene Städte am Indus*, Mainz 1987

*Alt-Ägypten*

Emery, W. B., *Ägypten, Geschichte und Kultur der Frühzeit 3200–2800 v. Chr.*, München 1964

Lange, K., Hirmer, M., *Ägypten*, München 1985

Michalowski, K., *Ägypten. Kunst und Kultur*, Freiburg i. Br. 1983

Saleh, M., und Sourouzian, H., *Das Ägyptische Museum Kairo*, Mainz 1986

Stadelmann, R., *Die ägyptischen Pyramiden*, München 1991

Vandersleyen, C., *Das Alte Ägypten*, Berlin 1975

Wolf, W., *Die Kunst Ägyptens, Gestalt und Geschichte*, Stuttgart 1957

Kat. Ausst. *Tutanchamun*, Ägyptisches Museum, Berlin (Mainz 1989)

*Ägäis*

Bossert, H. Th., *Altkreta, Kunst und Handwerk in Griechenland, Kreta und der Ägäis von den Anfängen bis zur Eisenzeit*, Berlin 1937

Demargne, P., *Die Geburt der griechischen Kunst (Vorgeschichte bis 6. Jh. v. Chr.)*, München 1965

Scharmeyr, F., *Die ältesten Kulturen Griechenlands*, Stuttgart 1955

Sinos, S., *Die vorklassischen Hausformen in der Ägäis*, Mainz 1971

*Amerika*

Anton, F., Dockstader, F. J., *Das Alte Amerika* (Kunst im Bild), Baden-Baden 1967

Disselhoff, H.-D., *Geschichte der altamerikanischen Kulturen*, München 1967

Haberland, W., *Nordamerika, Indianer, Eskimo, Westindien* (Kunst der Welt), Baden-Baden 1965

José, A., *Die Kunst des Alten Amerika*, Freiburg i. Br. 1981

Krickeberg, W., *Altmexikanische Kulturen*, Berlin 1971

Trimborn, H., *Das Alte Amerika* (Große Kulturen der Frühzeit), Stuttgart 1966

Willey, G. R., *Das Alte Amerika*, Berlin 1974

Kat. Ausst. *Inka Peru*, Haus der Kulturen der Welt, Berlin/Tübingen 1992

*Afrika*

Brentjes, B., *Fels- und Höhlenbilder Afrikas*, Heidelberg 1965

Holm, E., *Die Felsbilder Südafrikas, Deutung und Bedeutung* (Die großen Rätsel der Vergangenheit, 2), Tübingen 1969

Leiris, M., Delange, J., Afrika, *Die Kunst des schwarzen Erdteils* (Universum der Kunst), München 1968

Striedter, K. H., *Felsbilder der Sahara*, München 1984

## 4 Die Griechen und ihre Nachbarn
(S. 119–163)

*Griechenland*

Arias, P. E., und Hirmer, M., *Tausend Jahre Griechische Vasenkunst*, München 1960

Boardman, J., *Griechische Plastik*, Bd. 1/2, Mainz 1989

Boardman, J., Dörig, J., Fuchs, W. und Hirmer, M., *Die griechische Kunst*, München 1966

Buschor, E., *Die Plastik der Griechen*, München 1958

Charbonneaux, J., *Das archaische Griechenland*, München 1969

Charbonneaux, J., u. a., *Das klassische Griechenland* (Universum der Kunst), München 1971

Fuchs, W., *Die Skulptur der Griechen*, München 1983

Gruben, G., *Die Tempel der Griechen*, München 1986

Hampe, R., Simon, E., *Tausend Jahre frühgriechische Kunst*, München 1980; *Griechisches Leben im Spiegel der Kunst*, Mainz 1985

Homann-Wedeking, E., *Das archaische Griechenland* (Kunst der Welt), Baden-Baden 1966

Kraiker, W., *Die Malerei der Griechen*, Stuttgart 1958

Langlotz, E., *Die Kunst der Westgriechen in Sizilien und Unteritalien*, München 1963

Lullies, R., *Griechische Plastik von den Anfängen bis zum Ausgang des Hellenismus*, München 1960

Marinatos, S., *Kreta und das mykenische Hellas*, München 1986

Papaioannou, K., *Griechische Kunst*, Freiburg i. Br. 1980

Richter, G. M. A., *Handbuch der griechischen Kunst*, Köln 1965

Rolley, C., *Griechische Bronzen*, München 1983

Schefold, K., *Die Griechen und ihre Nachbarn*, (Propyläen Kunstgeschichte 1), Berlin 1967

Schmidt, S., *Hellenistische Grabreliefs: Typologische und chronologische Beobachtungen*, Köln 1991

Simon, E., *Die griechischen Vasen*, München 1981

*Skythen*

Jettmar, K., *Die frühen Steppenvölker – Der euroasische Tierstil, Entstehung und sozialer Hintergrund* (Die Kunst der Welt), Baden-Baden 1964

Potratz, J. A. H., *Die Skythen in Südrussland*, Basel 1963

Rice, T. T., *Die Skythen – Ein Steppenvolk an der Zeitenwende* (Alte Kulturen und Völker), Köln 1957

Kat. Ausst. *Gold der Skythen aus der Leningrader Eremitage*, Staatliche Antikensammlungen, München 1984

*Kelten*

Daumheimer, H., Gerhard, R., *Das keltische Jahrtausend*, Mainz 1993

Eggers, H. J., u. a., *Kelten und Germanen in heidnischer Zeit* (Kunst der Welt), Baden-Baden 1964

Hatt, J. J., *Kelten und Galloromanen* (Archaeologia mundi), München 1970

Moreau, J., *Die Welt der Kelten* (Große Kulturen der Frühzeit, N. F.), 4. Aufl., Stuttgart 1965

Kat. Ausst. *I Celti*, Palazzo Grassi, Venedig (Mailand 1991)

Kat. Ausst. *Irische Kunst aus drei Jahrtausenden*, Wallraf-Richartz-Museum/Römisch-Germanisches Museum, Köln (Mainz 1989)

*Etrusker*

Bandinelli, B., Giuliano, A., *Etrusker und Italiker vor der römischen Herrschaft* (Universum der Kunst), München 1974

Banti, L., *Die Welt der Etrusker* (Große Kulturen der Frühzeit), Stuttgart 1960

Boitani, F., u. a., *Die Städte der Etrusker*, Freiburg 1974

Dohrn, T., *Grundzüge etruskischer Kunst*, Baden-Baden 1958

Sprenger, M., Bartoloni, G., *Die Etrusker*, München 1990

Steingräber, S., *Etrurien*, München 1981

Vacano, O. W. von, *Die Etrusker in der Welt der Antike* (Rowohlts Deutsche Enzyklopädie), Hamburg 1957

## 5 Hellenistische und römische Kunst
(S. 165–211)

Andreae, B., *Römische Kunst*, Freiburg 1973

Bandinelli, B., *Rom, das Zentrum der Macht* (Universum der Kunst), München 1970

Bandinelli, B., *Rom, das Ende der Antike* (Universum der Kunst), München 1971

Charbonneaux, J., *Das hellenistische Griechenland* (Universum der Kunst), München 1971

Kähler, H., *Rom und seine Welt, Bilder zur Geschichte und Kultur*, München 1958/60

Kraus, T., *Das römische Weltreich* (Propyläen Kunstgeschichte), Berlin 1967

Lippold, G., *Kopien und Umbildungen griechischer Statuen*, München 1923

Paulsen, V., *Römische Kunst, Bildwerke und Bauten*, Königstein i. T. 1964

Riegl, A., *Spätrömische Kunstindustrie* (Nachdr.), Darmstadt 1964

Zanker, P., Vierneisel, K., *Die Bildnisse des Augustus*, München 1979

## 6 Die Kunst und die Weltreligionen
(S. 213–275)

Alex, W., *Architektur der Japaner* (Große Zeiten und Werke der Architektur), Ravensburg 1965

Barrett, D., Gray, B., *Indische Malerei* (Die Kunstschätze Asiens), Genf 1963

Barth, O. W. (Hrsg.), *Lexikon der östlichen Weisheitslehren*, Bern/München 1986

Bechert, H., Gombrich, R. (Hrsg.), *Die Welt des Buddhismus*, München 1984

Brasch, K., Senzoku, T., *Die kalligrafische Kunst Japans*, Tokio 1963

Brasch, K., *Hakuin und Zen-Malerei*, Tokio 1957

Cahill, J., *Chinesische Malerei*, Genf 1960

Dexel, T., *Die Formen chinesischer Keramik*, Tübingen 1955

Elisseeff, D. und V., *Japan. Kunst und Kultur*, Freiburg i. Br. 1981

Frédéric, L., *Südost-Asien, Tempel und Skulpturen*, Essen 1968

Fontein, J. H., Hempel, R. H., *China – Korea – Japan* (Propyläen Kunstgeschichte), Berlin 1968

Goepper, R., *Vom Wesen chinesischer Malerei*, München 1962

Goetz, H., *Indien, Fünf Jahrtausende indischer Kunst* (Kunst der Welt), 4. Aufl., Baden-Baden 1962

Härtel, H., *Indische Skulpturen Tl. 1: Die Werke der frühindischen klassischen und frühmittelalterlichen Zeit*, Berlin 1960

Herberts, K., *Das Buch der ostasiatischen Lackkunst*, Düsseldorf 1959

Lee, S. E., *Kunstgeschichte des Fernen Ostens*, Köln 1966

Moeller, V., *Die Mythologie der Vedischen Religionen und des Hinduismus* (Wörterbuch der Mythologie), Stuttgart 1966

Rau, H., *Die Kunst Indiens bis zum Islam*, Stuttgart 1958

Seckel, D., *Einführung in die Kunst Ostasiens*, München 1960

Smith, B., *Japan, Geschichte und Kunst*, München 1965

Speiser, W., *Lackkunst in Ostasien*, Baden-Baden 1965

Volwahsen, A., *Indien, Bauten der Hindus, Buddhisten und Jainas* (Weltkulturen und Baukunst), München 1968

Watson, W., *China. Kunst und Kultur*, Freiburg i. Br. 1981

## 7 Frühchristliche und byzantinische Kunst
(S. 277–315)

Brenk, B., *Spätantike und frühes Christentum* (Propyläen Kunstgeschichte), Berlin 1977
Coche de LaFerté, *Byzantinische Kunst*, Freiburg i. Br. 1982
Gerke, F., *Spätantike und frühes Christentum* (Kunst der Welt), Baden-Baden 1967
Grabar, A., *Die Kunst des frühen Christentums – Von den ersten Zeugnissen christlicher Kunst bis zur Zeit Theodosius' I.* (Universum der Kunst), München 1967
Grabar, A., *Die Kunst im Zeitalter Justinians, Vom Tod Theodosius' I. bis zum Vordringen des Islam* (Universum der Kunst), München 1967
Rice, D. T., *Byzantinische Kunst*, München 1964
Volbach, W. F., *Frühchristliche Kunst – Die Kunst der Spätantike in West- und Ostrom*, München 1958
Weihmann, K., *Die Ikone. Bildkunst der Ostkirche vom 6. bis 14. Jahrhundert*, München 1978
Weitzmann, K., *Spätantike und frühchristliche Buchmalerei*, München 1977

## 8 Kunst des frühen Islam
(S. 317–333)

Du Ry, C. J., *Die Welt des Islam* (Kunst im Bild), Baden-Baden 1970
Grube, E. J., *Welt des Islam, Architektur, Keramik, Malerei, Teppiche, Metallarbeiten, Schnitzkunst* (Schätze der Weltkunst), Gütersloh 1968
Otto-Dorn, K., *Kunst des Islam* (Kunst der Welt), Baden-Baden 1964
Papadopoulo, A., *Islamische Kunst*, Freiburg i. Br. 1981
Rice, D. T., *Die Kunst des Islam*, München 1967

## 9 Das europäische Mittelalter
(S. 335–385)

Braunfels, W., *Die Kunst im Heiligen Römischen Reich Deutscher Nation*, Bd. 1, ff., München 1979
Demus, O., *Corpus der byzantinischen Miniaturhandschriften*, Stuttgart 1977
Demus, O., *Romanische Wandmalerei*, München 1968
Durliat, M., *Romanische Kunst*, Freiburg i. Br. 1983
Erlande-Brandenburg, A., *Gotische Kunst*, Freiburg i. Br. 1984
Filitz, H., *Das Mittelalter 1.* (Propyläen Kunstgeschichte), Berlin 1969
Huizinga, J., *Herbst des Mittelalters*, München 1924
Kimpel, D., Suckale, R., *Die gotische Architektur in Frankreich*, München 1985
Koehler, W., *Buchmalerei der Jesuiten des Mittelalters*, München 1972
Legner, A., *Deutsche Kunst der Romanik*, München 1982
Meckseper, C., *Kleine Kunstgeschichte der deutschen Stadt im Mittelalter*, Darmstadt 1982
Meiss, M., *French Painting in the Time of Jean de Berry*. 2 Bde. London 1967/74
Mütherich, F., *Karolingische Buchmalerei*, München 1976
Pächt, O., *Buchmalerei des Mittelalters*, München 1984
Panofsky, E., *Die Renaissancen der Kunst*, Frankfurt 1979
Patzelt, E., *Die karolingische Renaissance*, Graz 1965
Rupprecht, B., *Romanische Skulptur in Frankreich*, München 1984
Sauerländer, W., *Die Skulptur des Mittelalters*, Frankfurt 1962
Sauerländer, W., *Gotische Skulptur in Frankreich*, München 1970
Sauerländer, W., *Das Jahrhundert der großen Kathedralen, 1140–1260*, München 1989
Schramm, P. E., Mütherich, F., *Denkmale der deutschen Könige und Kaiser*, München 1981
Sedlmayr, H., *Die Entstehung der Kathedrale*, Zürich 1976
Simson, Otto von, *Das Mittelalter II.* (Propyläen Kunstgeschichte), Berlin 1972
Swoboda, K., *Geschichte der bildenden Kunst* (I. Die Epoche der Romanik, II. Die Gotik von 1150–1300, III. Die Spätgotik), München 1978

## 10 Das 15. Jahrhundert in Europa
(S. 387–423)

Baxandall, M., *Die Wirklichkeit der Bilder: Malerei und Erfahrung im Italien des 15. Jahrhunderts*, Frankfurt 1980
Bialostocki, J., *Spätmittelalter und beginnende Neuzeit* (Propyläen Kunstgeschichte), Berlin 1972
Braunfels, S., *Der vermessene Mensch – Die Antike-Rezeption in den Wissenschaften während der Renaissance*, Weinheim 1983
Burckhardt, J., *Geschichte der Renaissance in Italien*, Enzlingen 1924
Burckhardt, J., *Die Kultur der Renaissance in Italien*, Leipzig 1924
Busch, H., Lohse, B. (Hrsg.), *Europäische Plastik der Spätgotik und Renaissance* (Monumente des Abendlandes), Frankfurt 1963
Heydenreich, L. H., *Italienische Renaissance, Anfänge und Entfaltung in der Zeit von 1400 bis 1460*, München 1972
Meiss, M., *Das große Zeitalter der Freskomalerei*, München 1973
Pächt, O., *Altniederländische Malerei*, München/New York 1991

## 11 Harmonisierung und Dynamik
(S. 425–471)

Alexander, J. J. G., *Italienische Buchmalerei der Renaissance*, München 1977
Battisti, E., *Hochrenaissance und Manierismus*, Baden-Baden 1970
Baumgart, F., *Renaissance und die Kunst des Manierismus*, Köln 1963
Chastel, A., *Die Kunst Italiens*, München 1987
Hauser, A., *Der Manierismus – Die Krise der Renaissance und der Ursprung der modernen Kunst*, München 1964
Huse, N., Wolters, W., *Venedig. Die Kunst der Renaissance*, München 1986
Kauffmann, G., *Die Kunst des 16. Jahrhunderts* (Propyläen Kunstgeschichte), Berlin 1970
Jestaz, B., *Die Kunst der Renaissance*, Freiburg i. Br. 1985
Panofsky, E., *Das Leben und die Kunst Albrecht Dürers*, München 1977
Passavant, G., *Italienische Renaissance – Die großen Meister in der Zeit von 1500 bis 1540*, München 1975
v. Planiscig, *Venezianische Bildhauer der Renaissance*, Wien 1921
Poeschke, J., *Die Skulptur der Renaissance in Italien*, München 1990
Pope-Hennessy, J., *Italian Renaissance Sculpture*, London 1971
Pope-Hennessy, J., *Italian High Renaissance and Baroque Sculpture*, London 1970
Swoboda, K. M., *Geschichte der bildenden Kunst 5. Die Renaissance*, München 1979
Warnke, M., *Der Vater der Kunstgeschichte: Giorgio Vasari*, Luzern/Frankfurt 1976
Warnke, M., *Studien zur Hofkunst in der Renaissance*, Münster 1969
Weihrauch, H. R., *Europäische Bronzestatuetten, 15.–18. Jahrhundert*, Braunschweig 1967
Wittkower, R., *Grundlagen der Architektur im Zeitalter des Humanismus*, München 1969
Würtenberger, F., *Der Manierismus – Der europäische Stil des 16. Jh.*, Wien 1962

## 12 Der Horizont erweitert sich
(S. 473–525)

Anton, F., Dockstader, F. J., *Das Alte Amerika* (Kunst im Bild), Baden-Baden 1967
Baudez, C. F., *Mittelamerika* (Archaeologia mundi), München 1970
Bushnell, G. H. S., *Peru, von den Frühkulturen zum Kaiserreich der Inka* (Alte Kulturen der Völker), Köln 1957
Coe, M. D., *Die Maya, Aufstieg, Glanz und Untergang einer indianischen Kultur*, Bergisch-Gladbach 1968
Disselhoff, H. D., *Geschichte der altamerikanischen Kulturen* (Geschichte der Völker und Staaten), München 1967
Disselhoff, H. D., Linné, S., *Alt-Amerika – Die Hochkulturen der Neuen Welt* (Kunst der Welt), Baden-Baden 1964
Eggebrecht, A. (Hrsg.), *Glanz und Untergang des Alten Mexiko*, Mainz 1986
José, A., *Die Kunst des Alten Amerika*, Freiburg i. Br. 1981
Nachtigall, H., *Alt-Kolumbien – Vorgeschichtliche Indianerkulturen*, Berlin 1961
Trimborn, H., Haberland, W., *Alte Hochkulturen Südamerikas – Die Kulturen Meso- und Zentralamerikas*, Frankfurt 1969
Wiley, G. R., *Das alte Amerika* (Propyläen Kunstgeschichte), Berlin 1974
Kat. Ausst. *Inka Peru*, Haus der Kulturen der Welt, Berlin/Tübingen 1992

### *Indien*

Barrett, D., Gray, B., *Indische Malerei*, Genf 1963
Sivaramamurti, C., *Indien – Kunst und Kultur*, Freiburg i. Br. 1975
Franz, H. G., *Hinduistische und islamische Kunst Indiens*, Leipzig 1967
Härtel, H., *Indien und Südostasien* (Propyläen Kunstgeschichte), Berlin 1971
Volwahsen, A., *Islamisches Indien* (Weltkulturen und Baukunst), München 1969
Welch, S. C., *Indische Buchmalerei unter den Großmoguln*, München 1978

### *Afrika*

Baumann, H., *Die Völker Afrikas und ihre traditionellen Kulturen*, Wiesbaden 1975
Cornet, J., *Afrikanische Kunst, Schätze von Zaire*, Genf 1973
Duchâteau, A., *Benin – Kunst einer afrikanischen Königskultur*, München/New York 1995
Davidson, B., *Urzeit und Geschichte Afrikas*, Reinbek 1961
Elisofon, E., Fagg, W., *Die afrikanische Plastik*, Köln 1958
Fagg, W., *Bildwerke aus Nigeria*, München 1963
Hahner-Herzog, I., u. a., *Afrikanische Masken aus der Sammlung Barbier-Mueller*, München/New York 1997
Koloss, H.-J. (Hrsg.), *Afrika – Kunst und Kultur*, München/London/New York 1999
Leuzinger, E., *Die Kunst von Schwarz-Afrika*, Recklinghausen 1976
Leuzinger, E., *Kunst der Naturvölker* (Propyläen Kunstgeschichte), Berlin 1978
Schmalenbach, W. (Hrsg.), *Afrikanische Kunst aus der Sammlung Barbier-Mueller*, München 1988

### *Islam*

Diez, E., *Islamische Kunst*, Berlin 1964
Erdberg-Consten, E. von, *Die Baukunst Chinas und Japans*, Frankfurt 1964
Ipsiroglu, M. S., *Das Bild im Islam, Ein Verbot und seine Folgen*, Wien 1971
Paret, R., *Symbolik des Islam*, Stuttgart 1958
Renz, A., Geschichte und Stätten des Islam von Spanien bis Indien, München 1977
Sourdel-Thomine, I., Spuler, B., *Die Kunst des Islam* (Propyläen Kunstgeschichte), Berlin 1973

## 13 Das 17. Jahrhundert in Europa
(S. 527–557)

Alpers, S., *The Art of Describing – Dutch Art in the Seventeenth Century*, Chicago 1983
Bergmann, G., *Claude Lorrain – Das Leuchten der Landschaft*, München 2000
Bauer, H., *Holländische Malerei des 17. Jahrhunderts*, München 1979
Brown, C., *Holländische Genremalerei im 17. Jahrhundert*, München 1984
Haag, B., *Das goldene Zeitalter der holländischen Malerei*, Köln 1984

Hubala, H., *Die Kunst des 17. Jahrhunderts* (Propyläen Kunstgeschichte), Berlin 1970
Langner, J., *Das Schloß von Versailles – Meilensteine der europäischen Kunst*, München 1965

## 14 Aufklärung und Freiheit
(S. 559–579)

Bauer, H., *Rocaille. Zur Herkunft und zum Wesen eines Ornamentmotivs*, Berlin 1962
Bauer, H., *Rokokomalerei, 6 Studien*, Mittenwald 1980
Feulner, A., *Bayerisches Rokoko*, München 1923
Hitchcock, H.-R., *Rococo Architecture in Southern Germany* und *German Rococo: The Zimmermann Brothers*, beide London 1968
Keller, H., *Die Kunst des 18. Jahrhunderts* (Propyläen Kunstgeschichte), Berlin 1971
Kitson, M., *Barock und Rokoko*, Gütersloh 1967
Minguet, P., *Estétique du Rococo*, Paris 1966
Nerdinger, W., Philipp, K. J., Schwarz, H.-P. (Hrsg.), *Revolutionsarchitektur – Ein Aspekt der europäischen Architektur um 1800*, Kat. Ausst. Frankfurt 1990, München 1990
Rupprecht, B., *Die bayerische Rokoko-Kirche*, Kallmünz 1959
Scheinfuss, K. (Hrsg.), *Von Brutus zu Marat, Kunst im Nationalkonvent 1769 bis 1795*, Dresden 1973
Vogt, A. M., *Russische und französische Revolutionsarchitektur 1917, 1789*, Köln 1974
Zeitler, R., *Klassizismus und Utopia*, Stockholm 1954

## 15 Von der Romantik zum Realismus
(S. 581–625)

Börsch-Supan, H., *Deutsche Romantiker. Deutsche Maler zwischen 1800 und 1850*, München, Gütersloh/Wien 1972
Buttler, A. von, *Der Landschaftsgarten*, München 1980
Gallwitz, K. (Hrsg.), *Die Nazarener* (Städelsches Kunstinstitut), Frankfurt 1977
Giedion, S., *Spätbarocker und romantischer Klassizismus*, München 1922
Hamlynn, R., Heilmann C., *Viktorianische Malerei – Von Turner bis Whistler*, München 1993
Hederer, O., *Klassizismus*, München 1976
Kat. Ausst. *Caspar David Friedrich – Meeresufer und Mondschein*, Berlin 1992
Kat. Ausst. *Romantiker, Realisten, Revolutionäre*, München/Housten/Leipzig 2000
Kat. Ausst. *Zwei Jahrhunderte englische Malerei*, München 1979/80
Koja, S. (Hrsg.), *America – Die neue Welt in Bildern des 19. Jahrhunderts*, München/London/New York 1999
Milde, K., *Neorenaissance in der deutschen Architektur des 19. Jahrhunderts*, Dresden 1981
Nerdinger, W. (Hrsg.), *Leo von Klenze – Architekt zwischen Kunst und Hof 1784–1864*, München 2000

Schoenemann, H., *Karl Friedrich Schinkel – Charlottenhof, Potsdam, Sanssouci*, Berlin 1997
Vaughan, W., *Europäische Kunst im 19. Jahrhundert*, Band 1: 1780–1850. *Vom Klassizismus zum Biedermeier*, Freiburg i. Br. 1990

## 16 Die Traditionen des Ostens
(S. 627–639)

Bachhofer, L., *Die Kunst der japanischen Holzschnittmeister*, München 1922
Hempel, R., *Japanische Holzschnitte-Sammlung Scheiwe* (1957), Wolfsburg 1959, und *Ukiyo-e-Sammlung Scheiwe*, Essen 1972
Hillier, J. R., *Die Meister des japanischen Farbendrucks*, Köln 1954

## 17 Vom Impressionismus zum Postimpressionismus
(S. 641–667)

Beenken, H., *Das 19. Jahrhundert in der deutschen Kunst*, München 1944, und *Schöpferische Bauideen der deutschen Romantik*, Mainz 1952
Benz, R., Schneider, A. von, *Die Kunst der deutschen Romantik*, München 1939
Berger, K., *Japonismus in der westlichen Malerei 1860–1920*, München 1980
Chachin, F., *Europäische Kunst im 19. Jahrhundert II, Band 2: 1850–1905. Realismus – Impressionismus – Jugendstil*, Freiburg i. Br. 1991
Einem, H. von, *Deutsche Malerei des Klassizismus und der Romantik*, München 1975
Grote, L. (Hrsg.), *Historismus und bildende Kunst*, München 1965, und *Beiträge zur Motivkunde des 19. Jahrhunderts*, München 1970
Hofmann, W., *Das irdische Paradies, Motive und Ideen des 19. Jahrhunderts*, München 1974
Lankheit, K., *Revolution und Restauration*, Baden-Baden 1965
Zeitler, R., *Die Kunst des 19. Jahrhunderts* (Propyläen Kunstgeschichte), Berlin 1960

## 18 Primitive Alternativen
(S. 669–693)

Bodrogi, T., *Die Kunst Ozeaniens*, Würzburg 1960
Buhler, A., u. a., *Ozeanien und Australien, Die Kunst der Südsee* (Kunst der Welt), Baden-Baden 1965
Gardi, R., *Sepik, Land der sterbenden Geister, Bilddokumente aus Neuguinea*, Bern 1958
Kerchache, J., Paudrat, J., Stephan, L., *Die Kunst des Schwarzen Afrika*, Freiburg i. Br. 1989
Leuzinger, E., *Kunst der Naturvölker* (Sammlung Parthenon), Stuttgart 1956
Métraux, A., *Die Osterinsel*, Stuttgart 1957
Phillips, T. (Hrsg.), *Afrika - Die Kunst eines Kontinents*, München/New York 1996
Schmitz, C. A., *Ozeanische Kunst, Skulpturen aus Melanesien*, München 1962
Stingl, M., *Kunst der Südsee*, Leipzig 1985
Völger, G. (Hrsg.), *Kunst der Welt im Raufenstrauch-Joest-Museum*, Köln, München/London/New York 1999

## 19 Kunst von 1900 bis 1919
(S. 695–717)

Apollonio, V., *Der Futurismus, Manifeste und Dokumente einer künstlerischen Revolution*, Köln o. J. (Mailand 1972)
Fabre Palau i., J., *Picasso Cubism 1907–1917*, New York 1990
Hofstätter, H. H., *Symbolismus und die Kunst der Jahrhundertwende*, Köln 1965
Kahnweier, D.-H., *Der Weg zum Kubismus*, Stuttgart 1958
Rubin, W., *Picasso und Braque – Die Geburt des Kubismus*, München/New York 1990
Rubin, W. (Hrsg.), *Primitivismus in der Kunst des 20. Jahrhunderts*, München 1991
Zweite, A., Hoberg, A. (Hrsg.), *Der blaue Reiter im Lenbachhaus München*, München 1991

## 20 Zwischen den Weltkriegen
(S. 719–749)

Braque, E., Spreitz, H., *José Clemente Orozco 1883–1949*, Berlin 1981
Breton, A., *Der Surrealismus und die Malerei*, Berlin 1967
Cabanne, P., Gespräche mit Marcel Duchamp, Köln 1972
Grohmann, W., *Bildende Kunst und Architektur (zwischen den beiden Kriegen)*, Berlin 1953
Richter, H., *Dada – Kunst und Antikunst*, Köln 1964
Schifferli, P. (Hrsg.), *Dada, Die Geburt des Dada, Dichtung und Chronik der Gründer*, Zürich, 1957
Spies, W., *Max Ernst. Retrospektive zum 100. Geburtstag*, München 1993
Tibol, R., *Mexikanische Kunst des 19. u. 20. Jahrhunderts.*, München 1970
Zander Rudenstine, A., *Russische Avantgarde-Kunst. Die Sammlung George Costakis*, Köln 1982

## 21 Von der Nachkriegszeit zur Postmoderne
(S. 751–775)

Adelmann, M., *Europäische Plastik der Gegenwart*, Stuttgart 1966
Argan, G. C., *Die Kunst des 20. Jahrhunderts. (1880–1940)*, Propyläen Kunstgeschichte, Berlin 1977
*Architektur im 20. Jahrhundert*, initiiert vom Deutschen Architekturmuseum, Frankfurt, bisher erschienen: Deutschland, Griechenland, Irland, Österreich, Portugal, Schweden, Schweiz, Spanien, München/London/New York 1995ff.
Banham, R., *Die Revolution der Architektur, Theorie und Gestaltung im Ersten Maschinenzeitalter*, Reinbek 1964
Blok, C., *Geschichte der abstrakten Kunst 1900–1960*, Köln 1976
Haftmann, W., *Malerei im 20. Jahrhundert.* Textbuch: *Eine Entwicklungsgeschichte.* Tafelbuch: *Bild-Enzyklopödie*, München 1979 (6. Auflage)
Hofmann, W., Kultermann, U., *Baukunst unserer Zeit*, Essen 1969
Hofmann, W., *Grundlagen der modernen Kunst, Eine Einführung in ihre symbolischen Formen*, Stuttgart 1966
Huse, N., *Neues Bauen 1918/33. Moderne Architektur in der Weimarer Republik*, München 1975
Joachimides, C., Rosenthal, N. (Hrsg.), *American Art in the Twentieth Century*, München/New York 1993
Joachimides, C., Rosenthal, N., Schmied, W. (Hrsg.), *Deutsche Kunst im 20. Jahrhundert – Malerei und Plastik 1905–1985*, München 1986
Krens, Th., u. a. (Hrsg.), *Neue Figuration. Deutsche Malerei 1960–88*, München 1989
Kellein, T. (Hrsg.), *Clyfford Still 1904–1980*, München 1992
Kultermann, U., *Neue Dimensionen der Plastik*, Tübingen 1967
Livingstone, M. (Hrsg.), *Pop-Art*, München/New York 1992
Lucie-Smith, E., Hunter, S., Vogt, A. M., *Kunst der Gegenwart* (Propyläen Kunstgeschichte), Berlin 1978
Newhall, B., *Geschichte der Fotografie*, München 1984
O'Neil, J. P., *Barnett Newman Selected Writings and Interviews*, New York 1990
Pahl, J., *Architekturtheorie des 20. Jahrhunderts*, München/London/New York 1999
Pehnt, W., *Die Architektur des Expressionismus*, Stuttgart 1973
Pevsner, N., *Wegbereiter der modernen Formgebung, von Morris zu Gropius*, Reinbek 1957
Pollock, P., *Die Welt der Fotografie, von ihren Anfängen bis zur Gegenwart*, Düsseldorf 1962
Prestel-Lexikon: *Kunst und Künstler im 20. Jahrhundert*, München/London/New York 1999
Rose, B., *Amerikas Weg zur Modernen Kunst, von der Mülltonnenschule zur Minimal Art*, Köln 1967
Rosenblum, R., *Der Kubismus und die Kunst des 20. Jahrhunderts.*, Stuttgart 1960
Rowell, M., *Skulptur im 20. Jahrhundert*, München 1986
Ruhrberg, K., *Die Malerei unseres Jahrhunderts*, Düsseldorf/Wien/New York 1987
Sharp, D., *Architektur im 20. Jahrhundert*, München 1973
Stepan, P.(Hrsg.), *Fotografie! Das 20. Jahrhundert*, München/London/New York 1999
Tafuri, M., *Architektur der Gegenwart*, Stuttgart 1977
Thiel-Siling, S. (Hrsg.), *Architektur! Das 20. Jahrhundert*, München/London/New York 2000

## 22 An der Schwelle zum 3. Jahrtausend
(S. 777–799)

Archer, M., *Art since 1960*, London 1997
Bätschmann, O., *Der Künstler in der modernen Welt*, Köln 1997
Broude, N., Gerrard D., *The Power of Feminist Art*, New York 1994
Clark, T., *Art and Propaganda in the Twentieth Century*, London/New York 1997
Goodman, C., *Digital Visions, Computers and Art*, New York 1996
Isaak, J. A., *Feminism and Contemporary Art*, London/New York 1996
Kat. Ausst. *documenta X*, 21.06–28.09.1997, Kassel 1997
Kat. Ausst. *Hamburger Bahnhof – Museum für Gegenwart*, Berlin 1996/97
Lauf, C., *Contemporary Artists and Authors*, New York 1998
Lovejoy, M., *Postmodern Currents, Art and Artists in the Age of Electronic Media*, Ann Arbor/London 1989
Risatti, H. (Hrsg.), *Postmodern Perspectives*, Englewood Cliffs, New York 1990
Schodek, D. L., *Structure in Sculpture*, Cambridge, Mass./London 1993
Smith-Lucie, E., *Visual Arts in the Twentieth Century*, London 1996
Stiles, K., Selz, P., *Theories and Documents of Contemporary Art: A Sourcebook of Artists' Writings*, Berkeley, Ca./London 1996
Varnedoe, K., Gopnik, A., *High and Low – Moderne Kunst und Trivialkultur*, München 1990

# Register

*Kursive Ziffern verweisen auf Abbildungsnummern*

# Bildnachweis

Autoren und Verlag danken den in den Bildlegenden genannten Museen und Sammlungen für die Bereitstellung von Bildvorlagen. Abbildungen stammen ferner aus dem Archiv des Verlages sowie aus den nachstehend genannten Archiven, Fotoateliers und Verlagen.

Van Abbemuseum, Eindhoven 21.64
Achille Weider, Zürich 1.6
©ADAGP, Paris, und DACS, London 1991/1999 19.4; 19.11; 19.15; 19.27; 19.33; 19.38; 19.46; 19.53; 19.54; 20.7; 20.21; 20.24; 20.26; 20.27; 20.62; 21.18
Adam Rzepka, Paris 17.49
Aerofilms, Hertfordshire 8.21; 15.6
Aerofilms Ltd, London 9.48
Agraci, Paris 15.52
Akademische Druck- und Verlagsanstalt Graz 16.18; 16.21
Alan Hutchison Library, London 12.6
Albert Renger-Patzsch, Wamel 14.17
Albert Teschemacher, München 5.75
Alex Starkey, London 12.42
Alinari, Florenz 0.1; 0.4; 0.9; 4.55; 4.57; 4.65; 5.18; 5.45; 5.62; 5.70; 5.92; 5.93; 5.94; 5.96; 5.113; 7.18; 7.20; 7.34; 7.71; 7.74; 9.15; 9.79; 9.81; 9.82; 9.86; 9.87; 9.89; 9.90; 10.7; 10.14; 10.16; 10.27; 10.31; 10.34; 10.35; 10.37; 10.38; 10.44; 10.45; 10.47; 10.67; 11.36; 11.38; 11.44; 11.83; 13.26; 13.30
Alison Frantz, Princeton, New Jersey 2.73; 4.9; 4.19; 4.36
Courtesy American Museum of Natural History, New York 18.2
Ampliaciones y Reproducciones MAS, Barcelona 8.29; 13.4; 13.16; 15.17; 17.53
Anatolian Studies (British Institute of Archaeology at Ankara) 1963 – James Mellaart 1.24; 1.27
Ancient Art & Architecture Collection, London / Middlesex 2.70; 4.66; 7.59; 7.66; 12.19
Anderson, Rom (Alinari, Florenz) 4.105; 4.107; 5.6; 5.7; 10.28; 10.30; 10.33
Andreas Schmid, Haus der Kulturen der Welt, Berlin 22.30
Andreas Toscano del Banner 9.11
Andy Warhol Foundation for the Visual Arts / © ARS, New York, und DACS, London 1999/Monroe Estate, Curtis Management Agency, Indianapolis 21.30
Ann & Burry Peerless, Birchington-on-Sea, UK 6.6; 6.25; 6.59; 6.61; 16.30
Ann Münchow, Aachen 9.3; 10.73; 10.74
Angelo Hornak, London 8.8; 8.37; 9.53; 14.20; 20.64
Anselm Kiefer, Foto Philip de Bay, London 22.13
Anthony d'Offay Gallery, London 21.40; 22.24
Archaeological Survey of India, Neu Delhi 6.10; 6.43; 12.71
Archiv Schmoll gen. Eisenwerth 15.65; 15.68
Araldo De Luca, Rom 5.78; 13.23
Arlette Mellaart, London 1.26
Arnold-Heinemann Publishers, Neu Delhi 6.47
Artia Prag, Nationalgalerie Prag 16.14; 16.15
©Artists Rights Society, New York, und DACS, London 1999 19.62; 21.14; 21.12; 21.45; 21.48
Artothek, Peißenberg 10.75; 11.17; 13.7; 19.29
Artothek, Planegg b. München S. 750; 11.16; 11.90; 20.66
Art Resource, New York 15.99; 15.106
Asukaen, Nara, Japan 6.132; 6.141
Atlantis Verlag, Zürich S. 334 (Henri Stierlin) 5.49; 12.43; 12.45 (José Conesa); 12.47
Courtesy Augustine Luhring, New York 22.28
Aurora Kunstverlag, St. Petersburg 3.35; 4.79; 4.80; 4.81; 4.83; 17.5;
Autrum-Mulzer, S., München 18.35
Bauhaus Archiv, Berlin 19.63
Badisches Landesmuseum, Karlsruhe 2.57
Barbara Haller Photo Library, London / Robert Aberman 12.38
Barnaby's Picture Library, London 5.60
Becocci Editore, Florenz 10.36
Belser Verlag, Stuttgart/Zürich 2.86; 3.57 (Cultural Relics Publishing House, Peking, Kong Lihang, Zhang Pingl); 7.28; 7.46; 7.56; 7.61; 8.6; 8.7; 8.9; 8.17 (Scala Florenz); 8.22 (Jaca Book/Archiv, G. Constantino ); 8.23 (Scode/S. Ventimiglia); 8.27 (Oronoz); 10.51 (Scala, Florenz); 11.24; 12.41 (Oronoz); 13.17; 13.20; 13.45;
Benjamin Blackwell 21.4; 21.11
Benteli Verlag 20.29
Bergerhausen Fotostudio, Mannheim 15.92
Berger-Levrault , Paris 15.109
Bernard, Chantilly 9.106
Bertelsmann Kunstverlag Reinhard Mohn, Gütersloh 8.16; 8.41; 8.42; 8.43; 16.24 (Bildarchiv Preußischer Kulturbesitz)
Bildarchiv Cassella-Riedel 4.72; 4;73
Bildarchiv Marburg, Deutschland 2.34; 2.50; 4.71; 7.58; 7.86; 7.90; 9.38; 9.62; 9.77; 11.3
Bildarchiv Preußischer Kulturbesitz, Berlin 4.46; 5.31; 15.4
Bob Schalkwijk, Mexico City, © DACS 1999 20.12
Böhm, Mainz 1.23
Boudot-Lamotte, E. 2.77; 3.48; 3.51; 3.54; 6.34; 6.42; 6.49; 6.55
The Bridgeman Art Library, London 11.5; 11.11; 11.12; 11.40: 11.88; 13.44; 13.53; 14.11; 14.44; 14.45; 14.46; 15.13; 15.14; 15.45; 15.91; 15.107; 16.11; 16.28; 17.3; 17.43; 19.1
Bridgeman, © ADAGP, Paris 19.45
Bridgeman, ADAGP, Paris, und DACS, London 1999 20.3; 20.5
British Museum, London 12.8
Brogi, Florenz 11.37
Bulloz, Paris 14.1; 14.15

Caisse Nationale des Monuments Historiques et des Sites, Paris 1.11; 10.29; 15.108
Calmann & King Archives, London / Ralph Liebermann / © FLC / ADAGP, Paris, und DACS, London 1999 21.52
Cameraphoto Arte, Venedig 7.40; 7.41; 9.17; 9.20; 10.69
©Carl André / VAGA ©, New York / DACS, London 1999 21.35
Caroline Courtauld, Hongkong 6.81
Castelli Gallery / © Artists Rights Society, New York, und DACS, London 1999 21.36; 22.3
Cercle d'Art Ziolo / SPADEM, Paris 14.8
Charles Jencks, London 12.82
Charles W. Moore, FAIA, Centerbrook Architects, Essex, Connecticut / Foto Norman McGrath 21.59
Charlotte Benton 20.58; 20.59
C. H. Beck Verlag München 9.50; 9.51 (Gallimard Jean Bernard) 9.52; 9.59; (Gallimard Erich Lessing); 9.64; 11.8 (Wolf Lücking)
China Pictorial S. 2; 2.84; 6.102; 6.104; 6.108
Clottes, J., Ministère de la Culture et de la Communication – Direction du Patrimoine-sous Direction de l'Archéologie 1.8; 1.13; 1.14
Colorfoto Hans Hinz, Allschwil, Schweiz 1.7; 18.14
Conway Library, Courtauld Institute of Art, London 9.75; 11.32
Corrigan G. & P. / Biofotos, Farnham, Surrey 6.113
Country Life, London 14.35
Courtauld Institute of Art, London 13.28; 13.29; 13.31; 14.30
Cuban Embassy, London / © Alexander Korda 21.32; 22.12

©David Smith / VAGA, New York / DACS, London 1999 21.15; 21.16
©DACS 1991–1995–1999 19.18; 19.20; 19.48; 20.12; 20.13; 20.20; 20.23; 20.35; 20.40; 20.42; 20.32; 20.4; 22.2
De Antonis, Rom 12.94
Deidi von Schaewen, Paris 21.58; 22.4
Delphin Verlag 17.14
Detroit Insitute of Arts 12.29; 12.32
Deutsches Archäologisches Institut, Athen 0.3; 4.3; 4.5
Deutsches Archäologisches Institut, Istanbul 5.1; 5.2; 5.27
Deutsches Archäologisches Institut, Rom 4.114; 5.12; 5.14; 5.81; 5.82; 5.86; 5.87; 5.88; 5.84; 5.97; 5.108
Deutscher Kunstverlag Berlin 9.39; 9.40 (Walter Hege)
Deutscher Taschenbuchverlag, München 9.100
Deutsche Verlagsanstalt, Stuttgart 7.48; 7.49; 11.76; 13.62
Dinodia, Bombay 6.29; 6.35; 6.52
Dirk Bakker, Detroit 2.27
Dixon, C.M., Canterbury, Kent 6.58
Don Cole 18.32
Donald Woodman 22.17
Douglas Dickins, London 4.33; 6.64
Dumbarton Oaks Center for Byzantine Studies, Washington, DC 7.69; 9.84
DuMont Verlag, Köln 1.21 (Giedion); 7.1; 11.58 (Fabbri, Mailand); 17.44 (Repro Abt. Stedelijik Museum)

E. A. Seemann, Verlag, Leipzig 3.71 (Ferdinand Anton); 9.8; (Dr. Wiedemann, Hildesheim); 13.5 (Archives Photographiques, Paris)
Econ Verlag, Düsseldorf 16.16
Echter Verlag 9.35 (Zodiaque)
Ediciones Polígrafa S.A., Barcelona 10.25; 13.8
Edimedia, Paris 14.7
Editions d'Art Albert Skira, Genf 8.10; 8.14, 8.15
Ekdotike Athenon, Athen S. 164; 15.9
Electa 15.11 (Soprintendenza per i Beni Artistici e Storici di Napoli, J. E. Bulloz Paris); 15.76 (Soprintendenza per i Beni Artistici e Storici di Roma); 15.77 (Artistici e Storici di Milano)

Fabbri, Mailand 7.23; 7.30; 9.94; 9.97; 11.78
Felbermeyer, Rom 5.40
©FLC / ADAGP, Paris, und DACS, London 1999 20.51; 20.63
Foto Biblioteca Vaticana 7.6
Fotografia Foglia, Neapel 4.50; 5.37
Foto Fürbock, Graz 4.95
Foto Heini Schneebeli 12.28
Fotoarchiv Hirmer, München 2.4; 2.16; 2.35; 2.44; 2.53; 2.58; 2.59; 2.60; 2.62; 2.64; 2.66; 2.67; 2.68; 2.69; 2.74; 2.75; 2.78; 2.80; 3.18; 3.23; 3.36; 3.37; 4.1; 4.2; 4.4; 4.7; 4.8; 4.11; 4.13; 4.14; 4.15; 4.16; 4.18; 4.21; 4.22; 4.24; 4.27; 4.28; 4.30; 4.35; 4.37; 4.40; 4.42; 4.43;; 4.47; 4.49; 4.51; 4.52; 4.53; 4.56; 4.59; 4.60; 4.61; 4.63; 4.68; 4.69; 4.124; 5.3; 5.4; 5.5; 5.26; 5.29; 5.110; 5.111; 5.112; 7.2; 7.5; 7.10; 7.11; 7.22; 7.33; 7.37; 7.50; 7.51; 7.52; 7.57; 7.64; 9.9; 9.43; 9.74; 9.78 (Stefan Diller); 14.21; 14.43; 14.47
Foto Meyer, Wien 5.85; 7.94; 10.42; 10.63; 11.79; 13.58
Fotostudio Grünke, Hamburg 20.32
Fototeca Unione of the American Academy in Rome 5.48; 5.54; 5.68; 5.96; 5.99; 5.102
Foto Wettstein & Kauf, Zürich 6.57
©Nachlass Francis Bacon / ARS, New York, und DACS, London 1999 21.24
Courtesy Frank Lloyd Wright Foundation © ARS, New York und DACS, London 1999 20.52
Frobenius Institut, Frankfurt 1.20

Gallimard, Paris 2.12; 2.15
Courtesy Gerhard Richter 22.14; 22.15
Germanisches Nationalmuseum, Nürnberg 4.94; 4.92
Geschenk von Gillett G. Griffin in Erinnerung an David W. Steadman, Princeton Art Museum 3.66
George Braziller, New York 7.21 (Fototeca Unione, Rom)
Giancarlo Costa, Mailand 0.8; 7.29; 7.99
Giraudon, Paris 2.13; 3.15; 3.31; 4.96; 6.1; 6.12; 6.33; 7.68; 8.3; 9.22; 9.104; 9.105; 9.111; 10.20; 10.72; 11.28; 11.80; 13.64; 15.28; 17.1
Giraudon, © ADAGP; Paris & DACS, London 1999 19.37
Griffith Institute, Ashmolean Museum, Oxford 3.14
Gustav Lübbe Verlag, Bergisch-Gladbach 1.29 (James Mellaart)
Harcourt Brace Jovanovich Orlando 2.79; 4.110; 9.5; 9.6
Harry N. Abrams, Inc., New York 7.16; 7.17; 17.41
Harry Shunk 21.38
Haset Kitabevi, Istanbul 5.24
Haus der Kunst München e.V. 15.43
Hedrich-Blessing, New York 20.60; 21.49; 21.50
Helga Schmidt-Glassner, Stuttgart 9.76
Henri Cartier-Bresson / Magnum © 20.38
Herder Verlag, Freiburg 4.103 (Scala); 4.108 (Mauro Pucciarelli); 4.113; 4.115 (Pucciarelli); 4.121 (Pucciarelli); 5.34; 5.36; 5.52; 5.59; 5.65; 5.69; 6.11; 6.13; 6.14; 6.27; 6.30; 6.54; 6.56; 6.83; 6.99; 6.120; 6.138; 9.49 (Wolfgang Müller); 12.16 (Museum für Völkerkunde, Wien); 12.96; 12.100; 14.14; 14.25 (Wolfgang Müller)
©Herschel Mair / S.A. Museum 18.31
Hewicker 3.67
Higginson, R., London 5.89; 15.5; 15.7
Hillel Burger ZEFA, London 18.1
Holle Verlag, Baden-Baden 12.12; 13.19 (Scala Florenz)
Courtesy Huang Yongping / © DACS 1999 22.31
Hudson Hills Press, New York 17.35

Ian Lambot, London 21.60
India Office Library and Records, London 6.3; 6.32
Information Service of India / © FLC / ADAGP, Paris, und DACS, London 1999 21.53
Institut Amatller D'Art Hispanic, Barcelona 1.11
Institute of Archaeology Library, University of London 3.33
Istituto Centrale per il Catalogo e la Documentazione, Rom 5.104

Courtesy Jack Tilton Gallery, New York / Fotograf H. Mark Weidman 22.26
James Austin, Cambridge 9.55
James Morris, London 11.30
Janet und Colin Bord, Montgomery, Powys 7.84
Janet Chapman / Michael Holford, London 12.15
Japanese Agency for Cultural Affairs, Tokio 12.97
The Japan Architect, Tokio 21.61; 21.62
Japan Information and Cultural Centre, London 6.130; 6.133; 12.102; 12.105
©Jasper Johns / VAGA; New York / DACS, London 1999 21.20
Jeff Koons Studio, New York 22.8
Jericho Excavation Fund, London 1.27
Jörg P. Anders, Berlin 15.2; 15.30; 15.94
Johannes Kautzky, Rom / Innsbruck 9.19
John Fleming und Hugh Honour 0.2; 0.14; 2.37; 2.38; 3.11; 3.65; 6.28; 6.37; 6.40; 6.53; 6.60; 6.63; 6.67; 6.69; 6.70; 6.71; 6.79; 6.87; 6.91; 6.95; 6.96; 6.97; 6.98; 6.100; 6.101; 6.107; 6.112; 6.127; 6.136; 6.140; 9.83; 10.52; 12.52; 12.55; 12.56; 12.58; 12.59; 12.72; 12.83; 12.84; 16.10
John Hillelson Agency, London / Eric Lessing / Magnum 8.46
John Hillelson Agency, London / Georg Gerster 3.72
John C. Huntington, Ohio State University 6.20
John Ross, Rom 2.22; 2.32; 2.40; 2.43; 3.7
Courtesy Jorge Rodriguez und Charles Abramson 22.27
Josephine Powell, Rom 1.30; 3.1; 7.70; 8.30; 8.32; 9.85
Juda Rowan Gallery London / Gallery of Modern Art, Iwaki, Japan 21.19
Jürgen Liepe, Berlin S. 82; 8.1; 8.2

©Kate Rothko-Prizel und Christopher Rothko / DACS, London 1999 21.13
Kersting, A. F., London 1.31; 1.34; 2.41; 3.27; 5.63; 5.91; 6.41; 6.46; 6.48; 6.49; 9.42; 9.61; 9.66; 9.67; 9.72; 11.1; 12.64; 15.74
Kiddersmith, G. E., New York 5.101
Klaus Gallas, München S. 276
Konrad Theiss Verlag, Stuttgart 1.1 (Naturhistorisches Museum, Wien); 1.3; 1.4 (J. Feist, Pliezhausen), 1.5
Kunst Dias Blauel, München 13.11
Kunsthalle Bielefeld 17.46 (Erik Mörstad und Sissel Biørnstad)

Kunstkreis Verlag, Luzern / Stuttgart S. 316; 12.54
Kunstmuseum Basel 17.64; 17.67
Kunstverlag Maria Laach, Maria Laach, 9.41
Kunstverlag Peda 14.19 (Gregor Peda, Passau)

Landesbildstelle, Berlin 15.69
Landesmuseum Trier 5.106
Lauros-Giraudon / Bridgeman Art Library, London S. 334; 9.113
Lee Boltin, Croton-on-Hudson, New York 4.78; 4.82; 4.85; 4.90
Leonard von Matt, Buochs, Schweiz 4.117; 5.72; 7.24; 11.53
Lisson Gallery, London 22.7
A. Longo Verlag 7.26; 7.41; 7.42
Luca Carrà, Mailand 19.47

Macquitty International Collection, London 6.36; 6.38
M.A. Editions 3.17; 3.36
Maggie Jencks, London 12.89
Man Ray Trust / ADAGP, Paris, und DACS, London 1999, © Museum of Modern Art, New York 20.33
Marcello und Anita Tranchini 6.64
Margret Medley, London S. 212
Mark McLaughlin, Donald Young Gallery, Seattle 22.33
Martin Charles, Isleworth, Middlesex 17.55
Martin Robertson, Cambridge 4.41
Menil Collection, Houston / Foto Hickey Robertson 18.26
The Metropolitan Museum of Art, New York (Egyptian Expedition) 3.26; 16.26
Michael Graves, Princeton, New Jersey 21.57
Michael Holford, London 3.64; 9.26
Michael Larvey, Austin, Texas 5.35
© Mondrian / Holtzman Trust, c/o Beeldrecht, Amsterdam, Holland / DACS, London 1999 19.58; 20.56
Monika Nikolic, Kassel S. 750
© Munch Museum / Munch-Ellingsen Group / DACS, London 1999 17.47
Musei Civici Padova agli Erimitani / Studio Deganello, Padua 9.98
Musée de la Publicité, Paris-Photeb / DR 17.57
Musée de l'Homme, Paris 18.6; 18.44; 18.46
© Musée Rodin et © photo Adam Rzepka / ADAGP 17.48
Musée Rodin / B. Jarret © ADAGP, Paris, und DACS, London 1999 17.50
Museum für Kunst und Gewerbe, Hamburg 4.104; 4.120
Museum of the American Indian / Eric Pollitzer, New York 18.20
Museum of Art der Rhode Island School of Design / Bob Thorton 16.27
Museum of Fine Arts, Boston 17.45
Museum of Ife Antiquities 12.31
Courtesy The Museum of Modern Art, New York 17.29 (Kate Keller); 19.60; 19.61
Courtesy The Museum of Modern Art, New York © DACS 1999 20.14

Nasser D. Khalili Collection of Islamic Art (POT 1492), photograph © Nour Foundation 8.39
National Museum, Bangkok 6.80
National Museum of Photography, Film & Television, Bradford 15.62
National Trust Photographic Library / J. Whitaker, London 13.33
Naturalis Verlag 8.19 (F. Hewicker, Kaltenkirchen); 8.40
Nippon Television Network Corporation & Vatican Museum 11.41; 11.43

Orbis Verlag, München 11.2; 14.22
Orion Press, Tokio 6.147
Oronoz, Madrid 11.4; 11.91
Oskar Schlemmer bei Archiv und Familien Nachlass Schlemmer, Oggebbio, 2000 20.47
Osvaldo Böhm, Venedig S. 424; 9.108; 11.31; 11.62; 11.69
Otto Nelson, New York 20.46

Pace Gallery, New York City / photo Dith Prahn / © ARS, New York, und DACS, London 1999 22.5
© Paul M. R. Maeyaert, Mont de l'Enclus (Orroir), Belgien 0.5; 9.31; 9.32; 9.33; 9.34; 10.23; 13.66
Paula Cooper Gallery, New York / Foto Andrew Moore 22.22
Penguin Books Ltd, London 6.45; 6.51; 6.131; 6.134; 6.135; 17.51; 17.52
Peter Clayton Associates, Hemel Hempstead, Hertfordshire UK 5.98
Peter Morse, Hawaii S. 626
Peter Stepan, München S. 334; 4.10; 4.39; 5.61; 5.76; 5.109; 9.45; 9.65; 9.68; 10.15; 12.23; 12.26
Phaidon Press Ltd., London 9.27, 9.28
Phaidon Verlag, Wien 10.1
Philippe Sers Éditeur 20.39
Phillips Collection/Edward Owen © 17.10;
Photothèque des Musées de la Ville de Paris ADAGP, Paris, und DACS, London 1999 20.6
Photo Ressources, Canterbury 1.22; S. 28 und 1.33 ; 1.35
Phyllis D. Massar 11.70
© 1995 The Pollock-Krasner Foundation, © ARS, New York, und DACS, London 1999 21.6
Ponsard, D. 18.40
Pontificia Commissione di Archeologia ed Arte Sacra, Rom 7.7; 7.8; 7.9
Prestel Verlag München 1.5; 8.33; 8.34; 8.36; 9.69; 10.5; 10.18; 11.7; 12.46; 15.95; 19.23
Prestel © ADAGP, Paris, und DACS, London 1999 19.28
Propyläen Verlag, Berlin 2.39 (Hirmer); 3.49 (Giraudon, Paris); 3.50; 3.52; 4.34; 5.33 Deutsches Arch. Institut, Rom); 6.75 (H. Härtel und J. Auboyer, Indien u. Südostasien, Berlin, 1985); 7.60 (Ullstein Bilderdienst, Berlin); 7.92 (Fotohaus Zumbühl, St. Gallen); 8.10 (J. P. Zido, Paris / M. Babey); 8.13; 8.18 (Scala, Florenz); 8.25 (E. Böhm, Mainz);8.28 (R. Bencini, Florenz); 9.21; 9.37 (Jean Roubier, Paris); 11.18; 13.59; 13.65; 14.36 (K.-H. Paulmann, Berlin)
Punjab Government / Numatullah Shah 6.31

Raffaello Bencini, Florenz 8.31
Reise- und Verkehrsverlag Berlin 14.33
Rembrandt-Verlag 15.70
Réunion des Musées Nationaux (D.Arnaudet, G.Blot, C. Jean, J. Schormans u. a.) 2.48; 2.51; 3.3; 3.25; 3.34; 3.38; 3.46; 4.101; 4.119; 5.74
Réunion des Musées Nationaux, Paris S. 44; S. 718; 1.2; 2.1; 2.6; 2.45; 3.32; 4.62; 5.8; 5.16; 6.76; 6.129; 9.70; 10.21; 10.68; 11.25; 11.59; 13.57; 14.41; 15.10; 15.19; 15.23; 15.24; 15.25; 15.26; 15.27; 15.83;15.89; 15.90; 17.2; 17.8; 17.15; 17.17; 17.18; 17.36; 17.69; 19.8
Réunion des Musées Nationaux, Paris, © Succession Picasso / DACS 1999 S. 718; 19.7; 20.25
Rheinisches Bildarchiv, Köln 9.2; 9.4; 21.22
Richard Burger / Thames & Hudson 1992 S. 158 3.74; 3.75; 3.76
© Richard Hamilton. 1999 All rights reserved, DACS 21.28
Richard Lannoy, Bath 6.50
Rijksmuseum voor Volkenkunde, Leiden 6.72
Robert E. Mates, New York 20.53
Robert Harding, Picture Library, London 3.24; 3.63; 6.19; 6.39; 6.66; 6.74; 6.77; 6.85; 6.88; 6.90; 6.126; 12.40; 12.44; 12.67; 12.70; 12.86; 16.12; 16.29
Robert Harding / G.A. Mather 6.78
Robert Harding / John Ross 3.22
Robert Harding / Rainbird Collection 9.16
Robert Rauschenberg / VAGA, New York / DACS, London 1999 21.21; 21.23
Robert Smithson. The John Weber Gallery, New York 21.39
Roebild, Frankfurt 7.88
Rollin R. La France 21.56
Romana Società Editrice, Rom 5.42
Ronald Feldman Fine Arts, New York 22.32
Rowland Mainstone, St.Albans 17.59
© Nachlass Roy Lichtenstein / DACS 1999, Foto © Walter Klein, Düsseldorf 21.25
Royal Institute of British Architects 6.9; 12.37
The Royal Pavilion, Art Gallery and Museums, Brighton 17.62
Royal Photographic Society, Bath 15.67; 15.112

Sabine Möhler-Hendl 12.1; 12.13; 12.14
Sakamoto Photo Research Laboratory, Tokio 6.137; 6.142; 6.143; 12.110
© Salvador Dalí-Foundation Gala-Salvador Dalí / DACS 1999 20.19
Sammlung G. Costakis (Art Co. Ltd.) 20.41
Scala, Florenz S. 118; S. 386; 2.11; 2.25; 2.26; 2.63; 2.65;; 4.54; 4.99; 4.112; 4,123; 5.17; 5.30; 5.38; 5.39; 5.41; 5.80; 7.3; 7.4; 7.12; 7.25; 7.27; 7.35; 7.36; 7.38; 7.45; 7.62; 7.85; 7.95; 8.47; 9.13; 9.88; 9.91; 9.92; 9.95; 9.99; 9.101; 9.102; 9.103; 9.110;; 10.3; 10.4; 10.8; 10.10; 10.17; 10.22; 10.41; 10.46; 10.48; 10.50; 10.55; 10.56; 10.58; 10.62; 10.66; 10.70; 11.15; 11.35; 11.39; 11.46; 11.61; 11.64; 11.66; 11.65; 11.67; 11.73; 11.74; 11.75; 11.89; 12.39; 13.1; 13.3; 13.12; 13.15; 13.21; 13.25; 14.26; 15.1; 15.12 (Hubert Josse, Paris); 15.22
Schirmer/Mosel Verlag 15.61; 15.113
Schuler Verlag, Herrsching 17.21 (Claus Hansmann, München); 17.22; 17.23; 17.31
Scott Frances / ESTO 15.8
Courtesy Seattle Art Museum 21.41
The Shogun Age Exhibition Executive Committee 16.17; 16.20
Sidney Janis Gallery, New York © ADAGP, Paris, und DACS, London 1999 20.4
Silex, Madrid S. 526
Sonnabend Gallery, New York 22.6
Sonia Halliday, Weston Turville, UK 3.2; 4.38; 7.47; 7.62; 9.57; 9.58
Sonia Halliday / FHC Birch 3.4
Soprintendenza alle Gallerie di Milano 11.21
Soprintendenza alle Antichità dell'Etruria Meridionale 4.111
Soprintendenza alle Antichità delle Province di Napoli 6.5
South American Pictures / Tony Morrison, Suffolk 3.73; 12.4; 12.22
South Dakota Historical Society, Pierre 18.29
Staatliche Antikensammlungen und Glyptothek, München 4.84; 4.86; 4.88; 4.89 (alle Staatl. Eremitage, St. Petersburg)
Staatliche Antikensammlungen, München 4.58 (C.H. Krüger-Moessner); 4.122
Staatl. Museum für Völkerkunde München 16.3; 16.8 Robert Braunmüller
Staatsgalerie Stuttgart (Foto Adriani) S. 776 und 22.16
Stadtbildstelle Augsburg 13.61
Stanton, J.E. 18.15; 18.16
Stedelijk Museum, Amsterdam 20.54; 20.55
Studio Fotografico Quattrone, Florenz 5.90; 9.12; 10.11; 10.12;; 10.13; 10.59; 11.27; 11.37
Studio Guenzani, Mailand 22.18; 22.19
© Succession H. Matisse / DACS 1991/1999 19.9; 19.13; 20.8; 21.17
© Succession Picasso / DACS 1999 19.3; 19.32; 19.35; 19.36; 19.41; 19.40; 19.42; 20.1; 20.2; 20.65
Südwest Verlag, München 15.85; 15.84; 15.86

Taschen Verlag 11.72 (Paolo Marzon); 15.50
T.J. Clarke's *The Painting of Modern Life* (Thames & Hudson, London), 1985 S.41
Thames & Hudson Ltd, London S. 640; 6.119
Thera Foundation, London, from *The Wallpaintings of Thera* 2.71; 2.72
Tim Benton, Cambridge 13.63
Tradhart Ltd. 21.43

University of California Press, Berkeley 10.64
Ute Klophaus, Düsseldorf / © DACS 1995 22.1
Ursula Didoni 18.28

Vatikanische Museen, Rom 11.48
Verlag Benzinger 11.47; 11.49 (Takashi Okamura)
Verlag Gundermann, Würzburg 11.10
Verlag Klett-Cotta 13.41; 13.42
Verlag Kohlhammer, Stuttgart 1.9; 1.10 (Paolo Graziosi); 19.21 (Institut f. Denkmalpflege, Berlin); 19.22
Verlag Philipp von Zabern, Mainz 2.2; 2.5; 2.7; 2.19; 2.20; 2.22; 2.23; 2.24; 2.56 (Claus Hansmann, Stockdorf); 3.41; 3.42; 3.43; 4.70 (Bildarchiv Preuß. Kulturbesitz, Berlin); 5.23; 5.79 (B. Andreae); 12.33 (Dirk Bakker); 12.34
Verlag Philipp von Zabern, Mainz (Jürgen Liepe, Berlin) 1.28; 2.30; 2.31; 2.33; 2.36; 2.49; 3.9; 3.19; 3.21; 3.44; 3.45; 3.55; 4.64; 5.19; 5.21; 5.22; 5.77
Verlag R. Oldenbourg, München 12.3
Verlag von Anton Schroll und Co., Wien 10.53
Viking 14.2; 14.16
Vollmer Verlag, Wiesbaden S. 424; 11.20; 11.22; 11.26

Waddington Galleries, London 22.12
Wan-go Weng, Inc. / Wan-go Weng, Mike Chuang 16.9; 16.13
Wan-go Weng & Yang Boda 2.82; 2.85; 2.87; 2.88; 2.89; 2.91; 3.59; 3.60
Wayne Andrews, Grosse Pointe, Michigan 15.73; 17.56; 17.63; 19.59
Weidenfeld and Nicolson, London 17.38; 17.39; 17.40
Werner Forman Archive, London 3.8, 3.69; 4.12; 6.103; 6.106; 6.110; 6.139; 9.1; 12.11
Werner Neumeister, München 9.107; 10.2; 10.6
Courtesy White Cube, London 22.25
Wilkin Spitta, Zeitlarn 15.72
© Willem de Kooning / ARS, New York, und DACS, London 1999 21.7
William Watson, London 12.85; 12.87
Wim Swaan, London 9.23
Woodbridge, K. 14.34

Xavier Fourcade Inc., New York 21.8

Yale University Art Gallery, New Haven, Conn. 7.15; 17.42 (Dura Europos Collection)
Yale University Press 17.6; 17.7
Yan, Toulouse 1.15; 1.17; 9.25

The Zauho Press, Tokio 6.121; 6.144; 6.146; 12.88; 12.98; 12.99; 12.101
ZEFA / H: Gratwohl 12.3
ZEFA / London 18.9
ZEFA / Maroon 3.53
ZEFA / Starphoto 5.25

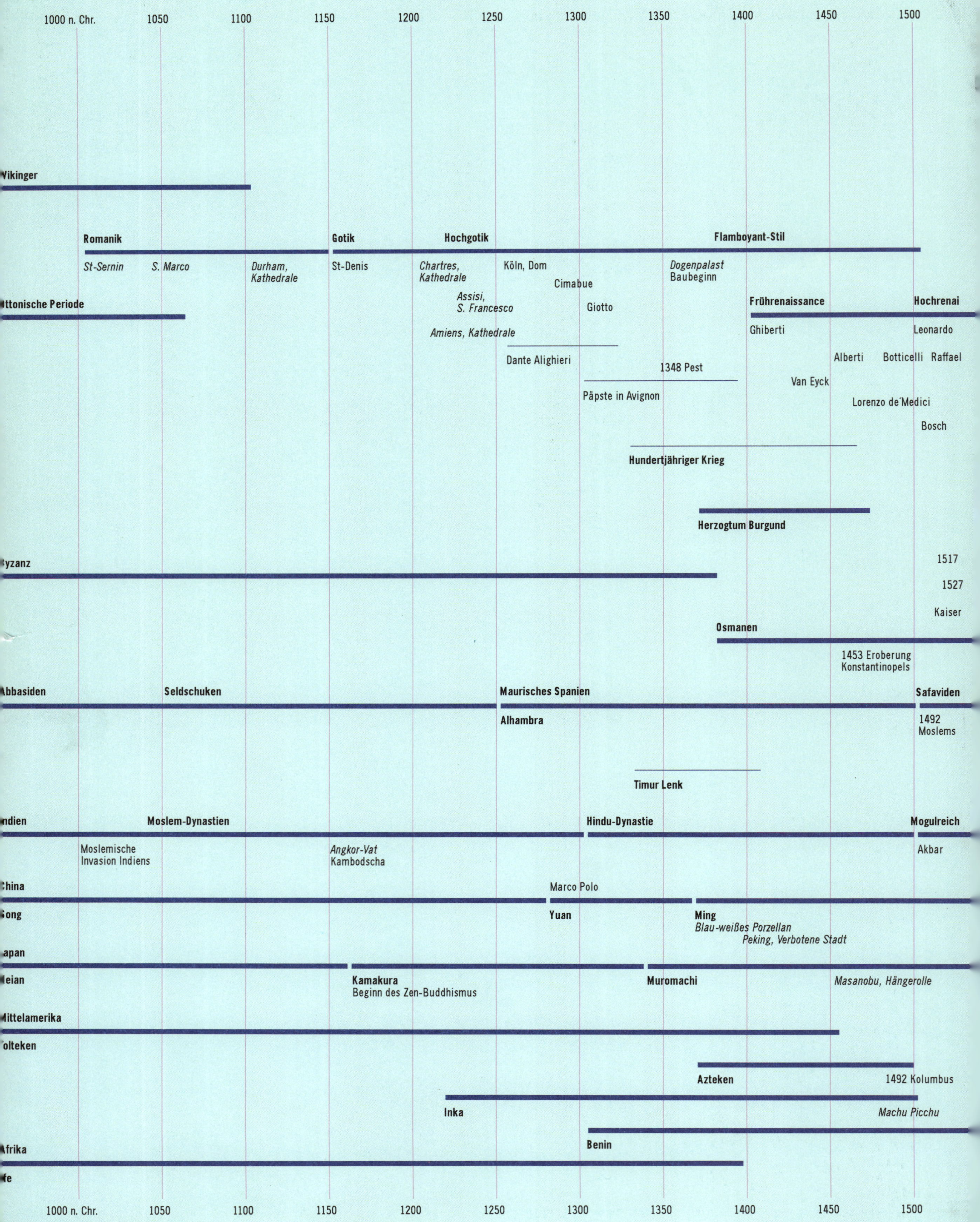


Fortsetzung siehe vordere Einbanddecke